Analytical Greek New Testament

Baker's Greek New Testament Library

Barbara Friberg *and* Timothy Friberg, *Editors*

Analytical Greek New Testament

Greek-Text Analysis
Edited by Barbara Friberg
and Timothy Friberg

Greek Text Edited by Kurt Aland,
Matthew Black, Carlo M. Martini,
Bruce M. Metzger, and Allen Wikgren
in cooperation with
the Institute for New Testament Textual Research

BAKER BOOK HOUSE
Grand Rapids, Michigan 49506

Copyright © 1981 by Baker Books
a division of Baker Book House Company
P.O. Box 6287, Grand Rapids, MI 49516-6287

Greek text copyright 1966, 1968, 1975 by
United Bible Societies
(American Bible Society, British and Foreign Bible Society,
National Bible Society of Scotland, Netherlands Bible Society,
and Württemberg Bible Society).
Used by permission.

ISBN: 0-8010-3496-5

Twelfth printing, December 1995

Printed in the United States of America

In memory of
John Beekman
1918–1980
Bible translator
in theory and practice
and by example

CONTENTS

FOREWORD

The *Analytical Greek New Testament* is a result of the creativity and energy of Timothy and Barbara Friberg. While a candidate for a Ph.D. degree in linguistics, Mr. Friberg developed, with his wife's indispensable assistance, a computer-stored research database to enable him to prepare a dissertation on the word order of the New Testament. As the database grew and news of it spread among biblical scholars, we began to receive requests for computer printouts and magnetic tape files of portions of the Greek New Testament organized and analyzed in various ways. Mr. Friberg at first responded to this demand by providing such materials through the University of Minnesota Computer Center. But when the increasing number of requests threatened to interfere with his research, we were led to the idea of publishing his research materials in book form. Baker Book House showed an early interest in publishing his work and has contracted with the Fribergs and the University of Minnesota to publish not only the *Analytical Greek New Testament* but also two concordances, one organized lexically, the other grammatically. These materials will also be available on magnetic tape from the University Computer Center for New Testament scholars in need of computer assistance. An analytical New Testament lexicon will be the final publication in Baker's Greek New Testament Library.

The University Computer Center supported the computing aspects of this research as part of a broad program, conducted at the University of Minnesota during the past five years, to encourage the application of computing to the humanities. The Fribergs' project, one of the more ambitious, could not have come about without the cooperation and expertise of faculty and staff who have fully supported this program. Many of these people and their contributions and projects are described in a recent volume, *Computing in the Humanities*.[1] The work of University of Minnesota graduate students finds a place in this book as well. The development of the Fribergs' database and its application to discourse analysis is presented as the volume's leading chapter.

1. Peter C. Patton, ed., *Computing in the Humanities* (Lexington, Mass.: Lexington Books, 1981).

We have all been challenged by the Fribergs' dedication to this research project in computational linguistics and impressed with the great dividends the published by-products promise to pay students of the New Testament. This husband-and-wife team bring a rich legacy of expertise to their chosen profession, which is the documentation of little-known Asian languages and the translation of the New Testament into those languages for the benefit of their native speakers.

Peter C. Patton
Director
University Computer Center
University of Minnesota

ACKNOWLEDGMENTS

We wish to acknowledge a large circle of people whose assistance has proven invaluable in undertaking and completing this work. If it proves valuable and worth the investment in time, energy, and finances, we certainly cannot congratulate ourselves. We can only thank God, whose hand has been seen at every turn, and a great number of his children. It is good to be people of vision and insight, but it only really matters that God sees the end from the beginning. It is also good to be clever and independent, but in this project, as in his church, God spreads his gifts among men. For these lessons learned and relearned, we praise God.

We have profited greatly from our association with the University of Minnesota Computer Center. Its director, Peter C. Patton, has been a partner in encouragement from 1977. His center was responsible for grants in computer time and supplies without which we would not have reached even the dreaming stage. The center's staff is superb. As representative of the whole, we acknowledge two here: Mary Dickel, the director's secretary, who was helpful in many situations; and Richard Hotchkiss, the associate director of systems services, whose concordance program GENCORD worked wonders, and who, when our needs became more complex, made valuable adjustments in the program.

This project was born in 1976 during a course in discourse analysis of the Greek text at the Dallas center of the Summer Institute of Linguistics (SIL). Special acknowledgment goes to the late John Beekman and to his assistant Michael Kopesec for early forbearance and later strong backing. The theory of discourse represented in this analysis has been thoughtfully developed over the last decade by the translation department of SIL. We are indebted to both theoretical and practical Bible translators, linguists, and scholars of Greek who have been available to us in the development of this project. Though inspired and encouraged by SIL, this project does not reflect the institute's official position, nor is the institute responsible for its claims, false or true.

We would like to name those who have helped in grammatical analysis and tireless checking and crosschecking. We give them all together, individuals on a team, before singling out a few: Philip Clapp, David Clark, Howard Cleveland, Peter Davids (and his students), Richard Gould,

ANALYTICAL GREEK NEW TESTAMENT

Harold Greenlee, Clarence Hale, Verlin Hinshaw, Arthur Killian, David Lewycky, Neva Miller, Edward Peters, Robert Smith, Charles Stephenson, John Werner, and Winifred Weter.

Three of these scholars—Neva Miller, Philip Clapp, and Robert Smith— were very close to the project, especially during the last year. Volumes of correspondence, hours of phone conversation, and fleeting visits transpired between Minneapolis and their different parts of the country. Like all the other participants, each of these three had a different strength and focus. The resultant analysis of the Greek New Testament text is stronger and better for their input.

Clearly the person closest to the project was John Werner. John has been so essential that it would be easier to explain what he did *not* do. We shall instead limit ourselves to a few of his contributions. John has the distinct advantage of being both a linguist and a Greek scholar, and as far as we can tell, he is the closest thing to a native speaker of Koine Greek. He checked the individual analyses of our volunteer grammarians, and every next analysis seemed to bring to him special delight. His complaints were never audible. He was especially involved in deliberations on the voice of verbs and on conjunctions. Many of the definitions and examples given in the appendix come directly from John. Whether it was his analogy of the purple stoplight or his insight into one problem derived from another construction, this analysis bears his distinguished stamp.

The Greek characters of the text were English transliterations through the development stage. The output tapes from the University of Minnesota Computer Center were sent to Logoi Systems, Hanover, New Hampshire, where the text was translated and typeset by Stephen V. F. Waite on a GSI CAT 8 typesetter, using an Ibycus computing system and the Kadmos typesetting program developed by David W. Packard of Los Angeles. We appreciate our typesetter's patience as we worked out the technical details relating to format. And we appreciate the product. We also are grateful to Allan Fisher, who represented the interests of the publisher.

As with any project someone must take final responsibility. Someone must say each final yes or no. Your editors take this responsibility. We have attempted to put together a new analysis of the Greek text based on the best available to us from Greek scholarship, translation theory, linguistic insights, and computer science.

When all is said and done, the key to the text is found elsewhere: "Then Jesus opened their minds to understand the Scriptures" (Luke 24.45).

Barbara Friberg
and Timothy Friberg

INTRODUCTION

The uniqueness of this edition of the Greek New Testament, and the feature that justifies the word *analytical* in its title, is the grammatical analysis located immediately below each word of the Greek text.

Every "grammatical tag" consists primarily of capital letters. The first letter indicates whether the Greek word is a noun (N); verb (V); adjective (A); determiner (i.e., definite article) (D); preposition (P); conjunction (C); or particle (Q). The category of "noun" includes both nouns (N-) and pronouns (NP). That of "adjective" includes those used substantively, or "pronominals," (AP); adverbs (AB); and attributive and predicate adjectives (A-).

Subsequent letters in the tag, then, further specify the form of the Greek word. For example, the tag for a noun begins with N. The next place tells whether the word is a pronoun (P) or not (-). The third place specifies the case; the fourth, gender; the fifth, person; and the sixth, number. A noun (N) that is not a pronoun (-) and that is nominative (N), feminine (F), and singular (S) would have below it this tag: N-NF-S. Chart 1 outlines for other parts of speech what has just been explained concerning the noun. For a complete listing of abbreviations used in the tags, see the chart on page xvi. The more complete one's mastery of those abbreviations, the more useful the *Analytical Greek New Testament* will be.

To further illustrate how to read the abbreviated grammatical analysis, the first seven words of John 3.16 are reproduced, with tags, below, after which the seven tags are deciphered:

$$Οὕτως \quad γὰρ \quad ἠγάπησεν \quad ὁ \quad θεὸς \quad τὸν \quad κόσμον.$$
$$AB \qquad CS \qquad VIAA\text{-}ZS \qquad DNMS \quad N\text{-}NM\text{-}S \quad DAMS \quad N\text{-}AM\text{-}S$$

οὕτως	adjective, adverb
γὰρ	conjunction, subordinating
ἠγάπησεν	verb, indicative, aorist, active, -, -, third person, singular
ὁ	determiner, nominative, masculine, singular
θεὸς	noun, -, nominative, masculine, -, singular
τὸν	determiner, accusative, masculine, singular
κόσμον	noun, -, accusative, masculine, -, singular

CHART 1

noun	(subcategory)	case	gender	person	number		
verb	mood / mode	tense	voice	case	gender	person	number
adjective	(subcategory)	(type)	case	gender	person	number	
determiner	case	gender	number				
preposition	case						
conjunction	(type)						
particle	(type)						

In some cases there has been added to the basic analysis of a word's form a secondary analysis of function. This results in a "complex" tag, the two elements of which are connected by a box (□). An example, from Matthew 1.20, is this tag for the word υἱὸς in the phrase Ἰωσὴφ υἱὸς Δαυίδ: N-NM-S□N-VM-S. The reader who is interested only in the word's form may simply stop reading at the box.

Other and less frequent kinds of complex tags are connected by a slash (/), meaning "or"; a dagger (†), also meaning "or"; and an ampersand (&), meaning "and." The slash and dagger indicate that two analyses are possible; the dagger is used in preference to the slash when the order of alternatives possesses significance. The ampersand conjoins two tags neither of which would be adequate by itself, as in the case of crasis.

A plus sign (+) immediately before or after a tag indicates a close relationship between the word above the tag and another word, as in cases of verbal periphrastics. The sign appears on the side of the tag on which the pairing occurs.

For a full explanation of the abbreviations and symbols used in the grammatical analysis, as well as of the very assumptions underlying that analysis, one should refer to the appendix. All serious readers will want to read at least sections 1–3 of the appendix:

The Greek text employed in this volume is that of the third edition of *The Greek New Testament* (1975). This is identical to the text of the twenty-sixth edition of *Novum Testamentum Graece* (1979) except for differences in punctuation, capitalization, and paragraphing. The *Analytical Greek New Testament* does not reproduce the textual apparatus, punctuation apparatus, cross-reference system, or subheadings in *The Greek New Testament*. It does, however, follow the latter in its use of boldface type for quotations from the Old Testament and of editorial bracketing (both single, [ ], and double, ⟦ ⟧) within the text itself. The longer ending of Mark (16.9–20) and the shorter ending (which follows 16.20) are the only portions of the text set off and identified by comment in this volume. The publisher of *The Greek New Testament,* the United Bible Societies, projects a "corrected third edition" and then a fourth edition, but in neither will any changes be made in the text itself. The corrected third edition will include minimal changes in punctuation only, while the fourth edition will vary only in its apparatuses.

Barbara Friberg
and Timothy Friberg

ABBREVIATIONS AND SYMBOLS

N noun

P pronoun -	N nominative G genitive D dative A accusative V vocative	M masculine F feminine N neuter -	X first person Y second person Z third person -	S singular P plural

V verb

I indicative S subjunctive O optative M imperative N infinitive P participle R participle (imperative sense)	P present I imperfect F future A aorist R perfect L pluperfect	A active M middle P passive E either middle or passive D middle deponent O passive deponent N middle or passive deponent	N nominative G genitive D dative A accusative V vocative -	M masculine F feminine N neuter -	X first person Y second person Z third person -	S singular P plural -

A adjective

P pronominal B adverb -	C cardinal O ordinal R relative I indefinite T interrogative D demonstrative M comparative S superlative -	N nominative G genitive D dative A accusative V vocative -	M masculine F feminine N neuter -	X first person Y second person -	S singular P plural -

D determiner (definite article)

N nominative G genitive D dative A accusative V vocative	M masculine F feminine N neuter	S singular P plural

P preposition

G genitive D dative A accusative

C conjunction

S subordinating C coordinating H superordinating (hyperordinating)

Q particle

S sentential T interrogative V verbal

Symbols

+	intertag connector
&	"and," crasis
□	function, "used as"
/	"or"
⌐	"or" (order is significant)

ΚΑΤΑ ΜΑΘΘΑΙΟΝ

1.1 Βίβλος γενέσεως Ἰησοῦ Χριστοῦ υἱοῦ Δαυὶδ υἱοῦ
N-NF-S   N-GF-S   N-GM-S   N-GM-S   N-GM-S N-GM-S N-GM-S

Ἀβραάμ.
N-GM-S

1.2 Ἀβραὰμ ἐγέννησεν τὸν Ἰσαάκ, Ἰσαὰκ δὲ ἐγέννησεν τὸν
N-NM-S   VIAA--ZS   DAMS N-AM-S N-NM-S CC VIAA--ZS   DAMS

Ἰακώβ, Ἰακὼβ δὲ ἐγέννησεν τὸν Ἰούδαν καὶ τοὺς ἀδελφοὺς
N-AM-S N-NM-S CC VIAA--ZS   DAMS N-AM-S CC DAMP N-AM-P

αὐτοῦ, 1.3 Ἰούδας δὲ ἐγέννησεν τὸν Φάρες καὶ τὸν Ζάρα ἐκ τῆς
NPGMZS   N-NM-S CC VIAA--ZS   DAMS N-AM-S CC DAMS N-AM-S PG DGFS

Θαμάρ, Φάρες δὲ ἐγέννησεν τὸν Ἐσρώμ, Ἐσρὼμ δὲ ἐγέννησεν
N-GF-S N-NM-S CC VIAA--ZS   DAMS N-AM-S N-NM-S CC VIAA--ZS

τὸν Ἀράμ, 1.4 Ἀρὰμ δὲ ἐγέννησεν τὸν Ἀμιναδάβ, Ἀμιναδὰβ
DAMS N-AM-S   N-NM-S CC VIAA--ZS   DAMS N-AM-S   N-NM-S

δὲ ἐγέννησεν τὸν Ναασσών, Ναασσὼν δὲ ἐγέννησεν τὸν
CC VIAA--ZS   DAMS N-AM-S   N-NM-S   CC VIAA--ZS   DAMS

Σαλμών, 1.5 Σαλμὼν δὲ ἐγέννησεν τὸν Βόες ἐκ τῆς Ῥαχάβ, Βόες
N-AM-S   N-NM-S CC VIAA--ZS   DAMS N-AM-S PG DGFS N-GF-S N-NM-S

δὲ ἐγέννησεν τὸν Ἰωβὴδ ἐκ τῆς Ῥούθ, Ἰωβὴδ δὲ ἐγέννησεν τὸν
CC VIAA--ZS   DAMS N-AM-S PG DGFS N-GF-S N-NM-S CC VIAA--ZS   DAMS

Ἰεσσαί, 1.6 Ἰεσσαὶ δὲ ἐγέννησεν τὸν Δαυὶδ τὸν βασιλέα.
N-AM-S   N-NM-S CC VIAA--ZS   DAMS N-AM-S DAMS N-AM-S

Δαυὶδ δὲ ἐγέννησεν τὸν Σολομῶνα ἐκ τῆς τοῦ Οὐρίου,
N-NM-S CC VIAA--ZS   DAMS N-AM-S   PG DGFS DGMS N-GM-S

1.7 Σολομὼν δὲ ἐγέννησεν τὸν Ῥοβοάμ, Ῥοβοὰμ δὲ ἐγέννησεν
N-NM-S   CC VIAA--ZS   DAMS N-AM-S   N-NM-S   CC VIAA--ZS

τὸν Ἀβιά, Ἀβιὰ δὲ ἐγέννησεν τὸν Ἀσάφ, 1.8 Ἀσὰφ δὲ
DAMS N-AM-S N-NM-S CC VIAA--ZS   DAMS N-AM-S   N-NM-S CC

ἐγέννησεν τὸν Ἰωσαφάτ, Ἰωσαφὰτ δὲ ἐγέννησεν τὸν Ἰωράμ,
VIAA--ZS   DAMS N-AM-S   N-NM-S   CC VIAA--ZS   DAMS N-AM-S

Ἰωρὰμ δὲ ἐγέννησεν τὸν Ὀζίαν, 1.9 Ὀζίας δὲ ἐγέννησεν τὸν
N-NM-S CC VIAA--ZS   DAMS N-AM-S   N-NM-S CC VIAA--ZS   DAMS

Ἰωαθάμ, Ἰωαθὰμ δὲ ἐγέννησεν τὸν Ἀχάζ, Ἀχὰζ δὲ ἐγέννησεν
N-AM-S N-NM-S   CC VIAA--ZS   DAMS N-AM-S N-NM-S CC VIAA--ZS

τὸν Ἑζεκίαν, 1.10 Ἑζεκίας δὲ ἐγέννησεν τὸν Μανασσῆ,
DAMS N-AM-S   N-NM-S   CC VIAA--ZS   DAMS N-AM-S

Μανασσῆς δὲ ἐγέννησεν τὸν Ἀμώς, Ἀμὼς δὲ ἐγέννησεν τὸν
N-NM-S   CC VIAA--ZS   DAMS N-AM-S N-NM-S CC VIAA--ZS   DAMS

1

Ἰωσίαν, 1.11 Ἰωσίας δὲ ἐγέννησεν τὸν Ἰεχονίαν καὶ τοὺς
N-AM-S   N-NM-S   CC   VIAA--ZS   DAMS   N-AM-S   CC   DAMP

ἀδελφοὺς αὐτοῦ ἐπὶ τῆς μετοικεσίας Βαβυλῶνος.
N-AM-P   NPGMZS   PG   DGFS   N-GF-S   N-GF-S

1.12 Μετὰ δὲ τὴν μετοικεσίαν Βαβυλῶνος Ἰεχονίας
     PA   CC   DAFS   N-AF-S   N-GF-S   N-NM-S

ἐγέννησεν τὸν Σαλαθιήλ, Σαλαθιὴλ δὲ ἐγέννησεν τὸν
VIAA--ZS   DAMS   N-AM-S   N-NM-S   CC   VIAA--ZS   DAMS

Ζοροβαβέλ, 1.13 Ζοροβαβὲλ δὲ ἐγέννησεν τὸν Ἀβιούδ, Ἀβιοὺδ
N-AM-S   N-NM-S   CC   VIAA--ZS   DAMS   N-AM-S   N-NM-S

δὲ ἐγέννησεν τὸν Ἐλιακίμ, Ἐλιακὶμ δὲ ἐγέννησεν τὸν Ἀζώρ,
CC   VIAA--ZS   DAMS   N-AM-S   N-NM-S   CC   VIAA--ZS   DAMS   N-AM-S

1.14 Ἀζὼρ δὲ ἐγέννησεν τὸν Σαδώκ, Σαδὼκ δὲ ἐγέννησεν τὸν
     N-NM-S   CC   VIAA--ZS   DAMS   N-AM-S   N-NM-S   CC   VIAA--ZS   DAMS

Ἀχίμ, Ἀχὶμ δὲ ἐγέννησεν τὸν Ἐλιούδ, 1.15 Ἐλιοὺδ δὲ
N-AM-S   N-NM-S   CC   VIAA--ZS   DAMS   N-AM-S   N-NM-S   CC

ἐγέννησεν τὸν Ἐλεάζαρ, Ἐλεάζαρ δὲ ἐγέννησεν τὸν Ματθάν,
VIAA--ZS   DAMS   N-AM-S   N-NM-S   CC   VIAA--ZS   DAMS   N-AM-S

Ματθὰν δὲ ἐγέννησεν τὸν Ἰακώβ, 1.16 Ἰακὼβ δὲ ἐγέννησεν τὸν
N-NM-S   CC   VIAA--ZS   DAMS   N-AM-S   N-NM-S   CC   VIAA--ZS   DAMS

Ἰωσὴφ τὸν ἄνδρα Μαρίας, ἐξ ἧς ἐγεννήθη Ἰησοῦς
N-AM-S   DAMS   N-AM-S   N-GF-S   PG   APRGF-S   VIAP--ZS   N-NM-S

ὁ λεγόμενος Χριστός.
DNMS□APRNM-S VPPPNM-S   N-NM-S

1.17 Πᾶσαι οὖν αἱ γενεαὶ ἀπὸ Ἀβραὰμ ἕως Δαυὶδ γενεαὶ
     A--NF-P   CH   DNFP   N-NF-P   PG   N-GM-S   PG   N-GM-S   N-NF-P

δεκατέσσαρες, καὶ ἀπὸ Δαυὶδ ἕως τῆς μετοικεσίας Βαβυλῶνος
A-CNF-P   CC   PG   N-GM-S   PG   DGFS   N-GF-S   N-GF-S

γενεαὶ δεκατέσσαρες, καὶ ἀπὸ τῆς μετοικεσίας Βαβυλῶνος ἕως
N-NF-P   A-CNF-P   CC   PG   DGFS   N-GF-S   N-GF-S   PG

τοῦ Χριστοῦ γενεαὶ δεκατέσσαρες.
DGMS N-GM-S   N-NF-P   A-CNF-P

1.18 Τοῦ δὲ Ἰησοῦ Χριστοῦ ἡ γένεσις οὕτως ἦν.
     DGMS   CC   N-GM-S   N-GM-S   DNFS   N-NF-S   AB   VIIA--ZS

μνηστευθείσης τῆς μητρὸς αὐτοῦ Μαρίας τῷ Ἰωσήφ, πρὶν ἢ
VPAPGF-S   DGFS   N-GF-S   NPGMZS   N-GF-S   DDMS   N-DM-S   AB   CS

συνελθεῖν αὐτοὺς εὑρέθη ἐν γαστρὶ ἔχουσα ἐκ πνεύματος ἁγίου.
VNAA   NPAMZP   VIAP--ZS   PD   N-DF-S   VPPANF-S   PG   N-GN-S   A--GN-S

1.19 Ἰωσὴφ δὲ ὁ ἀνὴρ αὐτῆς, δίκαιος ὢν καὶ μὴ θέλων
     N-NM-S   CH   DNMS   N-NM-S   NPGFZS   A--NM-S   VPPANM-S   CC   AB   VPPANM-S

αὐτὴν δειγματίσαι, ἐβουλήθη λάθρα ἀπολῦσαι αὐτήν. 1.20 ταῦτα
NPAFZS   VNAA   VIAO--ZS   AB   VNAA   NPAFZS   APDAN-P

δὲ αὐτοῦ ἐνθυμηθέντος ἰδοὺ ἄγγελος κυρίου κατ᾽ ὄναρ ἐφάνη
CH   NPGMZS   VPAOGM-S   QS   N-NM-S   N-GM-S   PA   N-AN-S   VIAP--ZS

αὐτῷ λέγων, Ἰωσὴφ υἱὸς Δαυίδ, μὴ φοβηθῇς
NPDMZS VPPANM-S N-VM-S N-NM-S□N-VM-S N-GM-S AB VSAO--YS□VMAO--YS

παραλαβεῖν Μαριὰμ τὴν γυναῖκά σου, τὸ γὰρ ἐν
VNAA N-AF-S DAFS N-AF-S NPG-YS DNNS□NPNNZS&APRNN-S CS PD

αὐτῇ γεννηθὲν ἐκ πνεύματός ἐστιν ἁγίου· 1.21 τέξεται δὲ υἱὸν
NPDFZS VPAPNN-S PG N-GN-S VIPA--ZS A--GN-S VIFD--ZS CC N-AM-S

καὶ καλέσεις τὸ ὄνομα αὐτοῦ Ἰησοῦν, αὐτὸς γὰρ σώσει τὸν
CC VIFA--YS□VMAA--YS DANS N-AN-S NPGMZS N-AM-S NPNMZS CS VIFA--ZS DAMS

λαὸν αὐτοῦ ἀπὸ τῶν ἁμαρτιῶν αὐτῶν. 1.22 Τοῦτο δὲ ὅλον
N-AM-S NPGMZS PG DGFP N-GF-P NPGMZP APDNN-S CH A--NN-S

γέγονεν ἵνα πληρωθῇ τὸ ῥηθὲν ὑπὸ κυρίου διὰ τοῦ
VIRA--ZS CH VSAP--ZS DNNS□NPNNZS&APRNN-S VPAPNN-S PG N-GM-S PG DGMS

προφήτου λέγοντος,
N-GM-S VPPAGM-S

1.23 Ἰδοὺ ἡ παρθένος ἐν γαστρὶ ἕξει καὶ τέξεται υἱόν,
QS DNFS N-NF-S PD N-DF-S VIFA--ZS CC VIFD--ZS N-AM-S

καὶ καλέσουσιν τὸ ὄνομα αὐτοῦ Ἐμμανουήλ,
CC VIFA--ZP DANS N-AN-S NPGMZS N-AM-S

ὃ ἐστιν μεθερμηνευόμενον Μεθ' ἡμῶν ὁ θεός.
APRNN-S VIPA--ZS+ +VPPPNN-S PG NPG-XP DNMS N-NM-S

1.24 ἐγερθεὶς δὲ ὁ Ἰωσὴφ ἀπὸ τοῦ ὕπνου ἐποίησεν ὡς
VPAPNM-S CH DNMS N-NM-S PG DGMS N-GM-S VIAA--ZS CC

προσέταξεν αὐτῷ ὁ ἄγγελος κυρίου καὶ παρέλαβεν τὴν
VIAA--ZS NPDMZS DNMS N-NM-S N-GM-S CC VIAA--ZS DAFS

γυναῖκα αὐτοῦ· 1.25 καὶ οὐκ ἐγίνωσκεν αὐτὴν ἕως
N-AF-S NPGMZS CC AB VIIA--ZS NPAFZS PG

οὗ ἔτεκεν υἱόν· καὶ ἐκάλεσεν τὸ ὄνομα αὐτοῦ
APRGM-S□APDGM-S&APRDM-S VIAA--ZS N-AM-S CC VIAA--ZS DANS N-AN-S NPGMZS

Ἰησοῦν.
N-AM-S

2.1 Τοῦ δὲ Ἰησοῦ γεννηθέντος ἐν Βηθλέεμ τῆς Ἰουδαίας ἐν
DGMS CC N-GM-S VPAPGM-S PD N-DF-S DGFS N-GF-S PD

ἡμέραις Ἡρῴδου τοῦ βασιλέως, ἰδοὺ μάγοι ἀπὸ ἀνατολῶν
N-DF-P N-GM-S DGMS N-GM-S QS N-NM-P PG N-GF-P

παρεγένοντο εἰς Ἱεροσόλυμα 2.2 λέγοντες, Ποῦ ἐστιν
VIAD--ZP PA N-AN-P VPPANM-P ABT VIPA--ZS

ὁ τεχθεὶς βασιλεὺς τῶν Ἰουδαίων; εἴδομεν γὰρ
DNMS□NPNMZS&APRNM-S VPAPNM-S N-NM-S DGMP AP-GM-P VIAA--XP CS

αὐτοῦ τὸν ἀστέρα ἐν τῇ ἀνατολῇ καὶ ἤλθομεν προσκυνῆσαι
NPGMZS DAMS N-AM-S PD DDFS N-DF-S CC VIAA--XP VNAA

αὐτῷ. 2.3 ἀκούσας δὲ ὁ βασιλεὺς Ἡρῴδης ἐταράχθη καὶ πᾶσα
NPDMZS VPAANM-S CH DNMS N-NM-S N-NM-S VIAP--ZS CC A--NF-S

Ἱεροσόλυμα μετ' αὐτοῦ, 2.4 καὶ συναγαγὼν πάντας τοὺς
N-NF-S PG NPGMZS CC VPAANM-S A--AM-P DAMP

3

ἀρχιερεῖς καὶ γραμματεῖς τοῦ λαοῦ ἐπυνθάνετο παρ᾽ αὐτῶν ποῦ
N-AM-P   CC   N-AM-P   DGMS N-GM-S VIIN--ZS   PG   NPGMZP ABT

ὁ   Χριστὸς γεννᾶται. 2.5 οἱ   δὲ εἶπαν   αὐτῷ,   Ἐν
DNMS N-NM-S   VIPP--ZS   DNMP□NPNMZP CH VIAA--ZP NPDMZS PD

Βηθλέεμ τῆς Ἰουδαίας· οὕτως γὰρ γέγραπται διὰ τοῦ προφήτου·
N-DF-S   DGFS N-GF-S   AB   CS VIRP--ZS PG DGMS N-GM-S

2.6 Καὶ σύ, Βηθλέεμ γῆ   Ἰούδα,
     CC NPN-YS N-VF-S N-VF-S N-GM-S

     οὐδαμῶς ἐλαχίστη εἶ   ἐν τοῖς ἡγεμόσιν Ἰούδα·
     AB   A-SNF-S VIPA--YS PD DDMP N-DM-P   N-GM-S

     ἐκ σοῦ   γὰρ ἐξελεύσεται ἡγούμενος,
     PG NPG-YS CS VIFD--ZS   VPPNNM-S

     ὅστις   ποιμανεῖ τὸν λαόν μου τὸν Ἰσραήλ.
     APRNM-S VIFA--ZS DAMS N-AM-S NPG-XS DAMS N-AM-S

2.7 Τότε Ἡρῴδης λάθρᾳ καλέσας τοὺς μάγους ἠκρίβωσεν
    AB   N-NM-S AB   VPAANM-S DAMP N-AM-P VIAA--ZS

παρ᾽ αὐτῶν τὸν χρόνον τοῦ   φαινομένου ἀστέρος, 2.8 καὶ
PG   NPGMZP DAMS N-AM-S DGMS□APRNM-S+ VPPEGM-S   N-GM-S   CC

πέμψας   αὐτοὺς εἰς Βηθλέεμ εἶπεν,   Πορευθέντες ἐξετάσατε
VPAANM-S NPAMZP PA N-AF-S VIAA--ZS VRAONMYP   VMAA--YP

ἀκριβῶς περὶ τοῦ παιδίου· ἐπὰν δὲ εὕρητε ἀπαγγείλατέ μοι,
AB   PG   DGNS N-GN-S   CS   CC VSAA--YP VMAA--YP   NPD-XS

ὅπως κἀγὼ   ἐλθὼν   προσκυνήσω αὐτῷ. 2.9 οἱ   δὲ
CS   AB&NPN-XS VPAANMXS VSAA--XS   NPDMZS   DNMP□NPNMZP CH

ἀκούσαντες τοῦ βασιλέως ἐπορεύθησαν, καὶ ἰδοὺ ὁ   ἀστὴρ
VPAANM-P   DGMS N-GM-S   VIAO--ZP   CC QS   DNMS N-NM-S

ὃν   εἶδον ἐν τῇ   ἀνατολῇ προῆγεν αὐτοὺς ἕως ἐλθὼν   ἐστάθη
APRAM-S VIAA--ZP PD DDFS N-DF-S VIIA--ZS NPAMZP CS VPAANM-S VIAP--ZS

ἐπάνω οὗ   ἦν   τὸ   παιδίον. 2.10 ἰδόντες δὲ τὸν
PG   ABR□APDGM-S&ABR VIIA--ZS DNNS N-NN-S   VPAANM-P CH DAMS

ἀστέρα ἐχάρησαν χαρὰν μεγάλην σφόδρα. 2.11 καὶ ἐλθόντες εἰς
N-AM-S VIAO--ZP N-AF-S A--AF-S AB   CC VPAANM-P PA

τὴν οἰκίαν εἶδον   τὸ   παιδίον μετὰ Μαρίας τῆς μητρὸς αὐτοῦ, καὶ
DAFS N-AF-S VIAA--ZP DANS N-AN-S PG   N-GF-S DGFS N-GF-S NPGMZS CC

πεσόντες προσεκύνησαν αὐτῷ, καὶ ἀνοίξαντες τοὺς θησαυροὺς
VPAANM-P VIAA--ZP   NPDMZS CC VPAANM-P   DAMP N-AM-P

αὐτῶν προσήνεγκαν αὐτῷ δῶρα, χρυσὸν καὶ λίβανον καὶ
NPGMZP VIAA--ZP   NPDMZS N-AN-P N-AM-S CC N-AM-S CC

σμύρναν. 2.12 καὶ χρηματισθέντες κατ᾽ ὄναρ   μὴ ἀνακάμψαι
N-AF-S   CC VPAPNM-P   PA   N-AN-P AB VNAA

πρὸς Ἡρῴδην, δι᾽ ἄλλης ὁδοῦ ἀνεχώρησαν εἰς τὴν χώραν αὐτῶν.
PA   N-AM-S PG A--GF-S N-GF-S VIAA--ZP   PA DAFS N-AF-S NPGMZP

2.13 Ἀναχωρησάντων δὲ αὐτῶν ἰδοὺ ἄγγελος κυρίου φαίνεται
     VPAAGM-P   CC NPGMZP QS   N-NM-S N-GM-S VIPE--ZS

κατ᾽ ὄναρ τῷ Ἰωσὴφ λέγων, Ἐγερθεὶς παράλαβε τὸ παιδίον
PA N-AN-S DDMS N-DM-S VPPANM-S VRAPNMYS VMAA--YS DANS N-AN-S

καὶ τὴν μητέρα αὐτοῦ καὶ φεῦγε εἰς Αἴγυπτον, καὶ ἴσθι ἐκεῖ ἕως
CC DAFS N-AF-S NPGMZS CC VMPA--YS PA N-AF-S CC VMPA--YS AB CS

ἂν εἴπω σοι· μέλλει γὰρ Ἡρώδης ζητεῖν τὸ παιδίον τοῦ
QV VSAA--XS NPD-YS VIPA--ZS+ CS N-NM-S +VNPA DANS N-AN-S DGNS

ἀπολέσαι αὐτό. 2.14 ὁ δὲ ἐγερθεὶς παρέλαβεν τὸ
VNAAG NPANZS DNMS□NPNMZS CH VPAPNM-S VIAA--ZS DANS

παιδίον καὶ τὴν μητέρα αὐτοῦ νυκτὸς καὶ ἀνεχώρησεν εἰς
N-AN-S CC DAFS N-AF-S NPGMZS N-GF-S CC VIAA--ZS PA

Αἴγυπτον, 2.15 καὶ ἦν ἐκεῖ ἕως τῆς τελευτῆς Ἡρώδου· ἵνα
N-AF-S CC VIIA--ZS AB PG DGFS N-GF-S N-GM-S CH

πληρωθῇ τὸ ῥηθὲν ὑπὸ κυρίου διὰ τοῦ προφήτου
VSAP--ZS DNNS□NPNNZS&APRNN-S VPAPNN-S PG N-GM-S PG DGMS N-GM-S

λέγοντος, Ἐξ Αἰγύπτου ἐκάλεσα τὸν υἱόν μου.
VPPAGM-S PG N-GF-S VIAA--XS DAMS N-AM-S NPG-XS

2.16 Τότε Ἡρώδης ἰδὼν ὅτι ἐνεπαίχθη ὑπὸ τῶν μάγων
AB N-NM-S VPAANM-S CH VIAP--ZS PG DGMP N-GM-P

ἐθυμώθη λίαν, καὶ ἀποστείλας ἀνεῖλεν πάντας τοὺς παῖδας τοὺς
VIAP--ZS AB CC VPAANM-S VIAA--ZS A--AM-P DAMP N-AM-P DAMP

ἐν Βηθλέεμ καὶ ἐν πᾶσι τοῖς ὁρίοις αὐτῆς ἀπὸ διετοῦς καὶ
PD N-DF-S CC PD A--DN-P DDNP N-DN-P NPGFZS PG AP-GM-S CC

κατωτέρω, κατὰ τὸν χρόνον ὃν ἠκρίβωσεν παρὰ τῶν μάγων.
ABM PA DAMS N-AM-S APRAM-S VIAA--ZS PG DGMP N-GM-P

2.17 τότε ἐπληρώθη τὸ ῥηθὲν διὰ Ἰερεμίου τοῦ
AB VIAP--ZS DNNS□NPNNZS&APRNN-S VPAPNN-S PG N-GM-S DGMS

προφήτου λέγοντος,
N-GM-S VPPAGM-S

2.18 Φωνὴ ἐν Ραμὰ ἠκούσθη,
N-NF-S PD N-DF-S VIAP--ZS

κλαυθμὸς καὶ ὀδυρμὸς πολύς·
N-NM-S CC N-NM-S A--NM-S

Ραχὴλ κλαίουσα τὰ τέκνα αὐτῆς,
N-NF-S VPPANF-S DANP N-AN-P NPGFZS

καὶ οὐκ ἤθελεν παρακληθῆναι, ὅτι οὐκ εἰσίν.
CC AB VIIA--ZS VNAP CS AB VIPA--ZP

2.19 Τελευτήσαντος δὲ τοῦ Ἡρώδου ἰδοὺ ἄγγελος κυρίου
VPAAGM-S CC DGMS N-GM-S QS N-NM-S N-GM-S

φαίνεται κατ᾽ ὄναρ τῷ Ἰωσὴφ ἐν Αἰγύπτῳ 2.20 λέγων,
VIPE--ZS PA N-AN-S DDMS N-DM-S PD N-DF-S VPPANM-S

Ἐγερθεὶς παράλαβε τὸ παιδίον καὶ τὴν μητέρα αὐτοῦ καὶ
VRAPNMYS VMAA--YS DANS N-AN-S CC DAFS N-AF-S NPGMZS CC

πορεύου εἰς γῆν Ἰσραήλ, τεθνήκασιν γὰρ οἱ
VMPN--YS PA N-AF-S N-GM-S VIRA--ZP CS DNMP□NPNMZP&APRNM-P

ζητοῦντες τὴν ψυχὴν τοῦ παιδίου. 2.21 ὁ   δὲ ἐγερθεὶς
VPPANM-P DAFS N-AF-S DGNS N-GN-S   DNMS□NPNMZS CH VPAPNM-S

παρέλαβεν τὸ παιδίον καὶ τὴν μητέρα αὐτοῦ καὶ εἰσῆλθεν εἰς
VIAA--ZS DANS N-AN-S CC DAFS N-AF-S NPGMZS CC VIAA--ZS PA

γῆν Ἰσραήλ. 2.22 ἀκούσας δὲ ὅτι Ἀρχέλαος βασιλεύει τῆς
N-AF-S N-GM-S VPAANM-S CC CH N-NM-S VIPA--ZS DGFS

Ἰουδαίας ἀντὶ τοῦ πατρὸς αὐτοῦ Ἡρῴδου ἐφοβήθη ἐκεῖ
N-GF-S PG DGMS N-GM-S NPGMZS N-GM-S VIAO--ZS AB

ἀπελθεῖν· χρηματισθεὶς δὲ κατ᾽ ὄναρ ἀνεχώρησεν εἰς τὰ μέρη
VNAA VPAPNM-S CC PA N-AN-S VIAA--ZS PA DANP N-AN-P

τῆς Γαλιλαίας, 2.23 καὶ ἐλθὼν κατῴκησεν εἰς πόλιν λεγομένην
DGFS N-GF-S CC VPAANM-S VIAA--ZS PA N-AF-S VPPPAF-S

Ναζαρέτ, ὅπως πληρωθῇ τὸ   ῥηθὲν διὰ τῶν
N-AF-S CH VSAP--ZS DNNS□NPNNZS&APRNN-S VPAPNN-S PG DGMP

προφητῶν ὅτι Ναζωραῖος κληθήσεται.
N-GM-P ABR N-NM-S VIFP--ZS

3.1 Ἐν δὲ ταῖς ἡμέραις ἐκείναις παραγίνεται Ἰωάννης ὁ
PD CC DDFP N-DF-P A-DDF-P VIPN--ZS N-NM-S DNMS

βαπτιστὴς κηρύσσων ἐν τῇ ἐρήμῳ τῆς Ἰουδαίας 3.2 [καὶ]
N-NM-S VPPANM-S PD DDFS AP-DF-S DGFS N-GF-S CC

λέγων, Μετανοεῖτε, ἤγγικεν γὰρ ἡ βασιλεία τῶν οὐρανῶν.
VPPANM-S VMPA--YP VIRA--ZS CS DNFS N-NF-S DGMP N-GM-P

3.3 οὗτος γάρ ἐστιν ὁ   ῥηθεὶς διὰ Ἡσαΐου τοῦ
APDNM-S CS VIPA--ZS DNMS□NPNMZS&APRNM-S VPAPNM-S PG N-GM-S DGMS

προφήτου λέγοντος,
N-GM-S VPPAGM-S

     Φωνὴ βοῶντος ἐν τῇ ἐρήμῳ,
     N-NF-S VPPAGM-S PD DDFS AP-DF-S

     Ἑτοιμάσατε τὴν ὁδὸν κυρίου,
     VMAA--YP DAFS N-AF-S N-GM-S

     εὐθείας ποιεῖτε τὰς τρίβους αὐτοῦ.
     A--AF-P VMPA--YP DAFP N-AF-P NPGMZS

3.4 Αὐτὸς δὲ ὁ Ἰωάννης εἶχεν τὸ ἔνδυμα αὐτοῦ ἀπὸ τριχῶν
NPNMZS CC DNMS N-NM-S VIIA--ZS DANS N-AN-S NPGMZS PG N-GF-P

καμήλου καὶ ζώνην δερματίνην περὶ τὴν ὀσφὺν αὐτοῦ, ἡ δὲ
N-GF-S CC N-AF-S A--AF-S PA DAFS N-AF-S NPGMZS DNFS CC

τροφὴ ἦν αὐτοῦ ἀκρίδες καὶ μέλι ἄγριον. 3.5 τότε ἐξεπορεύετο
N-NF-S VIIA--ZS NPGMZS N-NF-P CC N-NN-S A--NN-S AB VIIN--ZS

πρὸς αὐτὸν Ἱεροσόλυμα καὶ πᾶσα ἡ Ἰουδαία καὶ πᾶσα ἡ
PA NPAMZS N-NN-P CC A--NF-S DNFS N-NF-S CC A--NF-S DNFS

περίχωρος τοῦ Ἰορδάνου, 3.6 καὶ ἐβαπτίζοντο ἐν τῷ Ἰορδάνῃ
AP-NF-S DGMS N-GM-S CC VIIP--ZP PD DDMS N-DM-S

ποταμῷ ὑπ᾽ αὐτοῦ ἐξομολογούμενοι τὰς ἁμαρτίας αὐτῶν.
N-DM-S PG NPGMZS VPPMNM-P DAFP N-AF-P NPGMZP

3.7 Ἰδὼν δὲ πολλοὺς τῶν Φαρισαίων καὶ Σαδδουκαίων
VPAANM-S CC AP-AM-P DGMP N-GM-P CC N-GM-P

ἐρχομένους ἐπὶ τὸ βάπτισμα αὐτοῦ εἶπεν αὐτοῖς, Γεννήματα
VPPNAM-P PA DANS N-AN-S NPGMZS VIAA--ZS NPDMZP N-VN-P

ἐχιδνῶν, τίς ὑπέδειξεν ὑμῖν φυγεῖν ἀπὸ τῆς μελλούσης
N-GF-P APTNM-S VIAA--ZS NPD-YP VNAA PG DGFS□APRNF-S+ VPPAGF-S

ὀργῆς; 3.8 ποιήσατε οὖν καρπὸν ἄξιον τῆς μετανοίας· 3.9 καὶ μὴ
N-GF-S VMAA--YP CH N-AM-S A--AM-S DGFS N-GF-S CC AB

δόξητε λέγειν ἐν ἑαυτοῖς, Πατέρα ἔχομεν τὸν Ἀβραάμ,
VSAA--YP□VMAA--YP VNPA PD NPDMYP N-AM-S VIPA--XP DAMS N-AM-S

λέγω γὰρ ὑμῖν ὅτι δύναται ὁ θεὸς ἐκ τῶν λίθων τούτων
VIPA--XS CS NPD-YP CH VIPN--ZS DNMS N-NM-S PG DGMP N-GM-P A-DGM-P

ἐγεῖραι τέκνα τῷ Ἀβραάμ. 3.10 ἤδη δὲ ἡ ἀξίνη πρὸς τὴν
VNAA N-AN-P DDMS N-DM-S AB CC DNFS N-NF-S PA DAFS

ῥίζαν τῶν δένδρων κεῖται· πᾶν οὖν δένδρον μὴ ποιοῦν καρπὸν
N-AF-S DGNP N-GN-P VIPN--ZS A--NN-S CH N-NN-S AB VPPANN-S N-AM-S

καλὸν ἐκκόπτεται καὶ εἰς πῦρ βάλλεται. 3.11 ἐγὼ μὲν ὑμᾶς
A--AM-S VIPP--ZS CC PA N-AN-S VIPP--ZS NPN-XS CS NPA-YP

βαπτίζω ἐν ὕδατι εἰς μετάνοιαν· ὁ δὲ ὀπίσω μου
VIPA--XS PD N-DN-S PA N-AF-S DNMS□NPNMZS&APRNM-S CH PG NPG-XS

ἐρχόμενος ἰσχυρότερός μού ἐστιν, οὗ οὐκ εἰμὶ ἱκανὸς τὰ
VPPNNM-S A-MNM-S NPG-XS VIPA--ZS APRGM-S AB VIPA--XS A--NM-S DANP

ὑποδήματα βαστάσαι· αὐτὸς ὑμᾶς βαπτίσει ἐν πνεύματι ἁγίῳ
N-AN-P VNAA NPNMZS NPA-YP VIFA--ZS PD N-DN-S A--DN-S

καὶ πυρί· 3.12 οὗ τὸ πτύον ἐν τῇ χειρὶ αὐτοῦ, καὶ
CC N-DN-S APRGM-S DNNS N-NN-S PD DDFS N-DF-S NPGMZS CC

διακαθαριεῖ τὴν ἅλωνα αὐτοῦ, καὶ συνάξει τὸν σῖτον αὐτοῦ εἰς
VIFA--ZS DAFS N-AF-S NPGMZS CC VIFA--ZS DAMS N-AM-S NPGMZS PA

τὴν ἀποθήκην, τὸ δὲ ἄχυρον κατακαύσει πυρὶ ἀσβέστῳ.
DAFS N-AF-S DANS CC/CH N-AN-S VIFA--ZS N-DN-S A--DN-S

3.13 Τότε παραγίνεται ὁ Ἰησοῦς ἀπὸ τῆς Γαλιλαίας ἐπὶ
AB VIPN--ZS DNMS N-NM-S PG DGFS N-GF-S PA

τὸν Ἰορδάνην πρὸς τὸν Ἰωάννην τοῦ βαπτισθῆναι ὑπ᾽ αὐτοῦ.
DAMS N-AM-S PA DAMS N-AM-S DGNS VNAPG PG NPGMZS

3.14 ὁ δὲ Ἰωάννης διεκώλυεν αὐτὸν λέγων, Ἐγὼ χρείαν ἔχω
DNMS CH N-NM-S VIIA--ZS NPAMZS VPPANM-S NPN-XS N-AF-S VIPA--XS

ὑπὸ σοῦ βαπτισθῆναι, καὶ σὺ ἔρχῃ πρός με; 3.15 ἀποκριθεὶς
PG NPG-YS VNAP CC NPN-YS VIPN--YS PA NPA-XS VPAONM-S

δὲ ὁ Ἰησοῦς εἶπεν πρὸς αὐτόν, Ἄφες ἄρτι, οὕτως γὰρ
CH DNMS N-NM-S VIAA--ZS PA NPAMZS VMAA--YS AB AB CS

πρέπον ἐστὶν ἡμῖν πληρῶσαι πᾶσαν δικαιοσύνην. τότε ἀφίησιν
VPPANN-S+ +VIPA--ZS NPD-XP VNAA A--AF-S N-AF-S AB VIPA--ZS

αὐτόν. 3.16 βαπτισθεὶς δὲ ὁ Ἰησοῦς εὐθὺς ἀνέβη ἀπὸ τοῦ
NPAMZS VPAPNM-S CC DNMS N-NM-S AP-NM-S□AB VIAA--ZS PG DGNS

ὕδατος· καὶ ἰδοὺ ἠνεῴχθησαν [αὐτῷ] οἱ   οὐρανοί, καὶ εἶδεν [τὸ]
N-GN-S   CC QS   VIAP--ZP   NPDMZS DNMP N-NM-P   CC VIAA--ZS DANS

πνεῦμα [τοῦ] θεοῦ καταβαῖνον ὡσεὶ περιστερὰν [καὶ] ἐρχόμενον
N-AN-S DGMS N-GM-S VPPAAN-S   CS   N-AF-S   CC   VPPNAN-S

ἐπ᾽ αὐτόν· 3.17 καὶ ἰδοὺ φωνὴ ἐκ τῶν οὐρανῶν λέγουσα, Οὗτός
PA NPAMZS   CC QS   N-NF-S PG DGMP N-GM-P VPPANF-S APDNM-S

ἐστιν ὁ   υἱός μου ὁ   ἀγαπητός, ἐν ᾧ   εὐδόκησα.
VIPA--ZS DNMS N-NM-S NPG-XS DNMS A--NM-S PD APRDM-S VIAA--XS

4.1 Τότε ὁ   Ἰησοῦς ἀνήχθη εἰς τὴν ἔρημον ὑπὸ τοῦ
    AB   DNMS N-NM-S VIAP--ZS PA DAFS AP-AF-S PG DGNS

πνεύματος, πειρασθῆναι ὑπὸ τοῦ διαβόλου. 4.2 καὶ νηστεύσας
N-GN-S   VNAP   PG DGMS AP-GM-S   CC VPAANM-S

ἡμέρας τεσσεράκοντα καὶ νύκτας τεσσεράκοντα ὕστερον
N-AF-P A-CAF-P   CC N-AF-P A-CAF-P   APMAN-S□ABM

ἐπείνασεν. 4.3 Καὶ προσελθὼν ὁ   πειράζων εἶπεν
VIAA--ZS   CC VPAANM-S   DNMS□NPNMZS&APRNM-S VPPANM-S VIAA--ZS

αὐτῷ, Εἰ υἱὸς εἶ   τοῦ θεοῦ, εἰπὲ ἵνα οἱ   λίθοι οὗτοι ἄρτοι
NPDMZS CS N-NM-S VIPA--YS DGMS N-GM-S VMAA--YS CC DNMP N-NM-P A-DNM-P N-NM-P

γένωνται. 4.4 ὁ   δὲ ἀποκριθεὶς εἶπεν, Γέγραπται,
VSAD--ZP   DNMS□NPNMZS CH VPAONM-S   VIAA--ZS VIRP--ZS

Οὐκ ἐπ᾽ ἄρτῳ μόνῳ ζήσεται   ὁ   ἄνθρωπος,
AB PD N-DM-S A--DM-S VIFM--ZS□VMPA--ZS DNMS N-NM-S

ἀλλ᾽ ἐπὶ παντὶ ῥήματι ἐκπορευομένῳ
CH   PD A--DN-S N-DN-S VPPNDN-S

διὰ στόματος θεοῦ.
PG N-GN-S   N-GM-S

4.5 Τότε παραλαμβάνει αὐτὸν ὁ   διάβολος εἰς τὴν ἁγίαν πόλιν,
    AB   VIPA--ZS   NPAMZS DNMS AP-NM-S   PA DAFS A--AF-S N-AF-S

καὶ ἔστησεν αὐτὸν ἐπὶ τὸ   πτερύγιον τοῦ ἱεροῦ, 4.6 καὶ λέγει
CC VIAA--ZS NPAMZS PA DANS N-AN-S   DGNS AP-GN-S   CC VIPA--ZS

αὐτῷ, Εἰ υἱὸς εἶ   τοῦ θεοῦ, βάλε σεαυτὸν κάτω· γέγραπται
NPDMZS CS N-NM-S VIPA--YS DGMS N-GM-S VMAA--YS NPRAMYS AB   VIRP--ZS

γὰρ ὅτι
CS CC

Τοῖς ἀγγέλοις αὐτοῦ ἐντελεῖται περὶ σοῦ
DDMP N-DM-P   NPGMZS VIFD--ZS   PG   NPG-YS

καὶ ἐπὶ χειρῶν ἀροῦσίν σε,
CC PG N-GF-P VIFA--ZP NPA-YS

μήποτε προσκόψῃς πρὸς λίθον τὸν πόδα σου.
CS   VSAA--YS   PA   N-AM-S DAMS N-AM-S NPG-YS

4.7 ἔφη   αὐτῷ ὁ   Ἰησοῦς, Πάλιν γέγραπται, Οὐκ
    VIAA--ZS/VIIA--ZS NPDMZS DNMS N-NM-S AB   VIRP--ZS   AB

ἐκπειράσεις κύριον τὸν θεόν σου. 4.8 Πάλιν παραλαμβάνει
VIFA--YS□VMAA--YS N-AM-S DAMS N-AM-S NPG-YS AB   VIPA--ZS

αὐτὸν ὁ διάβολος εἰς ὄρος ὑψηλὸν λίαν, καὶ δείκνυσιν αὐτῷ
NPAMZS DNMS AP-NM-S PA N-AN-S A--AN-S AB CC VIPA--ZS NPDMZS

πάσας τὰς βασιλείας τοῦ κόσμου καὶ τὴν δόξαν αὐτῶν, 4.9 καὶ
A--AF-P DAFP N-AF-P DGMS N-GM-S CC DAFS N-AF-S NPGFZP CC

εἶπεν αὐτῷ, Ταῦτά σοι πάντα δώσω ἐὰν πεσὼν προσκυνήσῃς
VIAA--ZS NPDMZS APDAN-P NPD-YS A--AN-P VIFA--XS CS VPAANMYS VSAA--YS

μοι. 4.10 τότε λέγει αὐτῷ ὁ Ἰησοῦς, Ὕπαγε, Σατανᾶ·
NPD-XS AB VIPA--ZS NPDMZS DNMS N-NM-S VMPA--YS N-VM-S

γέγραπται γάρ,
VIRP--ZS CS

Κύριον τὸν θεόν σου προσκυνήσεις
N-AM-S DAMS N-AM-S NPG-YS VIFA--YS□VMPA--YS

καὶ αὐτῷ μόνῳ λατρεύσεις.
CC NPDMZS A--DM-S VIFA--YS□VMPA--YS

4.11 Τότε ἀφίησιν αὐτὸν ὁ διάβολος, καὶ ἰδοὺ ἄγγελοι
AB VIPA--ZS NPAMZS DNMS AP-NM-S CC QS N-NM-P

προσῆλθον καὶ διηκόνουν αὐτῷ.
VIAA--ZP CC VIIA--ZP NPDMZS

4.12 Ἀκούσας δὲ ὅτι Ἰωάννης παρεδόθη ἀνεχώρησεν εἰς τὴν
VPAANM-S CC CH N-NM-S VIAP--ZS VIAA--ZS PA DAFS

Γαλιλαίαν. 4.13 καὶ καταλιπὼν τὴν Ναζαρὰ ἐλθὼν κατῴκησεν
N-AF-S CC VPAANM-S DAFS N-AF-S VPAANM-S VIAA--ZS

εἰς Καφαρναοὺμ τὴν παραθαλασσίαν ἐν ὁρίοις Ζαβουλὼν καὶ
PA N-AF-S DAFS A--AF-S PD N-DN-P N-GM-S CC

Νεφθαλίμ· 4.14 ἵνα πληρωθῇ τὸ ῥηθὲν διὰ Ἠσαΐου
N-GM-S CH VSAP--ZS DNNS□NPNNZS&APRNN-S VPAPNN-S PG N-GM-S

τοῦ προφήτου λέγοντος,
DGMS N-GM-S VPPAGM-S

4.15 Γῆ Ζαβουλὼν καὶ γῆ Νεφθαλίμ,
N-NF-S/N-VF-S N-GM-S CC N-NF-S/N-VF-S N-GM-S

ὁδὸν θαλάσσης, πέραν τοῦ Ἰορδάνου,
N-AF-S N-GF-S PG DGMS N-GM-S

Γαλιλαία τῶν ἐθνῶν,
N-NF-S/N-VF-S DGNP N-GN-P

4.16 ὁ λαὸς ὁ καθήμενος ἐν σκότει
DNMS N-NM-S DNMS□APRNM-S VPPNNM-S PD N-DN-S

φῶς εἶδεν μέγα,
N-AN-S VIAA--ZS A--AN-S

καὶ τοῖς καθημένοις ἐν χώρᾳ καὶ σκιᾷ θανάτου
CC DDMP□APRNM-P+ VPPNDM-P PD N-DF-S CC N-DF-S N-GM-S

φῶς ἀνέτειλεν αὐτοῖς.
N-NN-S VIAA--ZS NPDMZP

4.17 Ἀπὸ τότε ἤρξατο ὁ Ἰησοῦς κηρύσσειν καὶ λέγειν,
PG AB□AP-GN-S VIAM--ZS DNMS N-NM-S VNPA CC VNPA

9

Μετανοεῖτε, ἤγγικεν γὰρ ἡ βασιλεία τῶν οὐρανῶν.
VMPA--YP VIRA--ZS CS DNFS N-NF-S DGMP N-GM-P

4.18 Περιπατῶν δὲ παρὰ τὴν θάλασσαν τῆς Γαλιλαίας εἶδεν
VPPANM-S CC PA DAFS N-AF-S DGFS N-GF-S VIAA--ZS

δύο ἀδελφούς, Σίμωνα τὸν λεγόμενον Πέτρον καὶ
A-CAM-P N-AM-P N-AM-S DAMS□APRNM-S VPPPAM-S N-AM-S CC

Ἀνδρέαν τὸν ἀδελφὸν αὐτοῦ, βάλλοντας ἀμφίβληστρον εἰς τὴν
N-AM-S DAMS N-AM-S NPGMZS VPPAAM-P N-AN-S PA DAFS

θάλασσαν· ἦσαν γὰρ ἁλιεῖς. 4.19 καὶ λέγει αὐτοῖς, Δεῦτε
N-AF-S VIIA--ZP CS N-NM-P CC VIPA--ZS NPDMZP ABDVMAA--YP

ὀπίσω μου, καὶ ποιήσω ὑμᾶς ἁλιεῖς ἀνθρώπων. 4.20 οἱ δὲ
PG NPG-XS CC VIFA--XS NPA-YP N-AM-P N-GM-P DNMP□NPNMZP CH

εὐθέως ἀφέντες τὰ δίκτυα ἠκολούθησαν αὐτῷ. 4.21 Καὶ προβὰς
AB VPAANM-P DANP N-AN-P VIAA--ZP NPDMZS CC VPAANM-S

ἐκεῖθεν εἶδεν ἄλλους δύο ἀδελφούς, Ἰάκωβον τὸν τοῦ
AB VIAA--ZS A--AM-P A-CAM-P N-AM-P N-AM-S DAMS DGMS

Ζεβεδαίου καὶ Ἰωάννην τὸν ἀδελφὸν αὐτοῦ, ἐν τῷ πλοίῳ μετὰ
N-GM-S CC N-AM-S DAMS N-AM-S NPGMZS PD DDNS N-DN-S PG

Ζεβεδαίου τοῦ πατρὸς αὐτῶν καταρτίζοντας τὰ δίκτυα αὐτῶν·
N-GM-S DGMS N-GM-S NPGMZP VPPAAM-P DANP N-AN-P NPGMZP

καὶ ἐκάλεσεν αὐτούς. 4.22 οἱ δὲ εὐθέως ἀφέντες τὸ
CC VIAA--ZS NPAMZP DNMP□NPNMZP CH AB VPAANM-P DANS

πλοῖον καὶ τὸν πατέρα αὐτῶν ἠκολούθησαν αὐτῷ.
N-AN-S CC DAMS N-AM-S NPGMZP VIAA--ZP NPDMZS

4.23 Καὶ περιῆγεν ἐν ὅλῃ τῇ Γαλιλαίᾳ, διδάσκων ἐν ταῖς
CC VIIA--ZS PD A--DF-S DDFS N-DF-S VPPANM-S PD DDFP

συναγωγαῖς αὐτῶν καὶ κηρύσσων τὸ εὐαγγέλιον τῆς βασιλείας
N-DF-P NPGMZP CC VPPANM-S DANS N-AN-S DGFS N-GF-S

καὶ θεραπεύων πᾶσαν νόσον καὶ πᾶσαν μαλακίαν ἐν τῷ λαῷ.
CC VPPANM-S A--AF-S N-AF-S CC A--AF-S N-AF-S PD DDMS N-DM-S

4.24 καὶ ἀπῆλθεν ἡ ἀκοὴ αὐτοῦ εἰς ὅλην τὴν Συρίαν· καὶ
CC VIAA--ZS DNFS N-NF-S NPGMZS PA A--AF-S DAFS N-AF-S CC

προσήνεγκαν αὐτῷ πάντας τοὺς κακῶς ἔχοντας ποικίλαις
VIAA--ZP NPDMZS AP-AM-P DAMP□APRNM-P AB VPPAAM-P A--DF-P

νόσοις καὶ βασάνοις συνεχομένους [καὶ] δαιμονιζομένους καὶ
N-DF-P CC N-DF-P VPPPAM-P CC VPPNAM-P CC

σεληνιαζομένους καὶ παραλυτικούς, καὶ ἐθεράπευσεν αὐτούς.
VPPNAM-P CC AP-AM-P CC VIAA--ZS NPAMZP

4.25 καὶ ἠκολούθησαν αὐτῷ ὄχλοι πολλοὶ ἀπὸ τῆς Γαλιλαίας καὶ
CC VIAA--ZP NPDMZS N-NM-P A--NM-P PG DGFS N-GF-S CC

Δεκαπόλεως καὶ Ἱεροσολύμων καὶ Ἰουδαίας καὶ πέραν τοῦ
N-GF-S CC N-GN-P CC N-GF-S CC PG DGMS

Ἰορδάνου.
N-GM-S

5.1 Ἰδὼν   δὲ   τοὺς   ὄχλους   ἀνέβη   εἰς   τὸ   ὄρος· καὶ
    VPAANM-S CH   DAMP   N-AM-P   VIAA--ZS PA   DANS N-AN-S CC

καθίσαντος αὐτοῦ προσῆλθαν αὐτῷ οἱ   μαθηταὶ αὐτοῦ· 5.2 καὶ
VPAAGM-S   NPGMZS VIAA--ZP   NPDMZS DNMP N-NM-P   NPGMZS   CC

ἀνοίξας τὸ   στόμα αὐτοῦ ἐδίδασκεν αὐτοὺς λέγων,
VPAANM-S DANS N-AN-S NPGMZS VIIA--ZS NPAMZP VPPANM-S

5.3   Μακάριοι οἱ   πτωχοὶ τῷ   πνεύματι,
     A--NM-P   DNMP AP-NM-P DDNS N-DN-S

        ὅτι αὐτῶν ἐστιν ἡ   βασιλεία τῶν οὐρανῶν.
        CS NPGMZS VIPA--ZS DNFS N-NF-S   DGMP N-GM-P

5.4   μακάριοι οἱ   πενθοῦντες,
     A--NM-P   DNMP□NPNMZP&APRNM-P VPPANM-P

        ὅτι αὐτοὶ παρακληθήσονται.
        CS NPNMZP VIFP--ZP

5.5   μακάριοι οἱ   πραεῖς,
     A--NM-P   DNMP AP-NM-P

        ὅτι αὐτοὶ κληρονομήσουσιν τὴν γῆν.
        CS NPNMZP VIFA--ZP   DAFS N-AF-S

5.6   μακάριοι οἱ   πεινῶντες καὶ διψῶντες τὴν
     A--NM-P   DNMP□NPNMZP&APRNM-P VPPANM-P CC VPPANM-P DAFS

        δικαιοσύνην,
        N-AF-S

        ὅτι αὐτοὶ χορτασθήσονται.
        CS NPNMZP VIFP--ZP

5.7   μακάριοι οἱ   ἐλεήμονες,
     A--NM-P   DNMP AP-NM-P

        ὅτι αὐτοὶ ἐλεηθήσονται.
        CS NPNMZP VIFP--ZP

5.8   μακάριοι οἱ   καθαροὶ τῇ   καρδίᾳ,
     A--NM-P   DNMP AP-NM-P DDFS N-DF-S

        ὅτι αὐτοὶ τὸν θεὸν ὄψονται.
        CS NPNMZP DAMS N-AM-S VIFD--ZP

5.9   μακάριοι οἱ   εἰρηνοποιοί,
     A--NM-P   DNMP AP-NM-P

        ὅτι αὐτοὶ υἱοὶ θεοῦ κληθήσονται.
        CS NPNMZP N-NM-P N-GM-S VIFP--ZP

5.10   μακάριοι οἱ   δεδιωγμένοι   ἕνεκεν
     A--NM-P   DNMP□NPNMZP&APRNM-P VPRPNM-P   PG

        δικαιοσύνης,
        N-GF-S

        ὅτι αὐτῶν ἐστιν ἡ   βασιλεία τῶν οὐρανῶν.
        CS NPGMZP VIPA--ZS DNFS N-NF-S   DGMP N-GM-P

5.11 μακάριοί ἐστε   ὅταν ὀνειδίσωσιν ὑμᾶς καὶ διώξωσιν καὶ
    A--NM-P   VIPA--YP CS   VSAA--ZP   NPA-YP CC VSAA--ZP CC

εἴπωσιν πᾶν πονηρὸν καθ᾽ ὑμῶν [ψευδόμενοι] ἕνεκεν ἐμοῦ·
VSAA--ZP A--AN-S AP-AN-S PG NPG-YP VPPNNM-P PG NPG-XS

5.12 χαίρετε καὶ ἀγαλλιᾶσθε, ὅτι ὁ μισθὸς ὑμῶν πολὺς ἐν τοῖς
VMPA--YP CC VMPM--YP CS DNMS N-NM-S NPG-YP A--NM-S PD DDMP

οὐρανοῖς· οὕτως γὰρ ἐδίωξαν τοὺς προφήτας τοὺς πρὸ ὑμῶν.
N-DM-P AB CS VIAA--ZP DAMP N-AM-P DAMP PG NPG-YP

5.13 Ὑμεῖς ἐστε τὸ ἅλας τῆς γῆς· ἐὰν δὲ τὸ ἅλας
NPN-YP VIPA--YP DNNS N-NN-S DGFS N-GF-S CS CH DNNS N-NN-S

μωρανθῇ, ἐν τίνι ἁλισθήσεται; εἰς οὐδὲν ἰσχύει ἔτι εἰ μὴ
VSAP--ZS PD APTDN-S VIFP--ZS PA APCAN-S VIPA--ZS AB CS AB

βληθὲν ἔξω καταπατεῖσθαι ὑπὸ τῶν ἀνθρώπων. 5.14 Ὑμεῖς ἐστε
VPAPNN-S AB VNPP PG DGMP N-GM-P NPN-YP VIPA--YP

τὸ φῶς τοῦ κόσμου. οὐ δύναται πόλις κρυβῆναι ἐπάνω ὄρους
DNNS N-NN-S DGMS N-GM-S AB VIPN--ZS N-NF-S VNAP PG N-GN-S

κειμένη· 5.15 οὐδὲ καίουσιν λύχνον καὶ τιθέασιν αὐτὸν ὑπὸ τὸν
VPPNNF-S CC VIPA--ZP N-AM-S CC VIPA--ZP NPAMZS PA DAMS

μόδιον ἀλλ᾽ ἐπὶ τὴν λυχνίαν, καὶ λάμπει πᾶσιν τοῖς ἐν τῇ οἰκίᾳ.
N-AM-S CH PA DAFS N-AF-S CC VIPA--ZS A--DM-P DDMP PD DDFS N-DF-S

5.16 οὕτως λαμψάτω τὸ φῶς ὑμῶν ἔμπροσθεν τῶν ἀνθρώπων,
AB VMAA--ZS DNNS N-NN-S NPG-YP PG DGMP N-GM-P

ὅπως ἴδωσιν ὑμῶν τὰ καλὰ ἔργα καὶ δοξάσωσιν τὸν πατέρα
CS VSAA--ZP NPG-YP DANP A--AN-P N-AN-P CC VSAA--ZP DAMS N-AM-S

ὑμῶν τὸν ἐν τοῖς οὐρανοῖς.
NPG-YP DAMS PD DDMP N-DM-P

5.17 Μὴ νομίσητε ὅτι ἦλθον καταλῦσαι τὸν νόμον ἢ
AB VSAA--YP□VMAA--YP CC VIAA--XS VNAA DAMS N-AM-S CC

τοὺς προφήτας· οὐκ ἦλθον καταλῦσαι ἀλλὰ πληρῶσαι. 5.18 ἀμὴν
DAMP N-AM-P AB VIAA--XS VNAA CH VNAA QS

γὰρ λέγω ὑμῖν, ἕως ἂν παρέλθῃ ὁ οὐρανὸς καὶ ἡ γῆ, ἰῶτα
CS VIPA--XS NPD-YP CS QV VSAA--ZS DNMS N-NM-S CC DNFS N-NF-S N-NN-S

ἓν ἢ μία κεραία οὐ μὴ παρέλθῃ ἀπὸ τοῦ νόμου ἕως ἂν
A-CNN-S CC A-CNF-S N-NF-S AB AB VSAA--ZS PG DGMS N-GM-S CS QV

πάντα γένηται. 5.19 ὃς ἐὰν οὖν λύσῃ μίαν τῶν
AP-NN-P VSAD--ZS APRNM-S□APDNM-S&APRNM-S QV CH VSAA--ZS APCAF-S DGFP

ἐντολῶν τούτων τῶν ἐλαχίστων καὶ διδάξῃ οὕτως τοὺς ἀνθρώπους,
N-GF-P A-DGF-P DGFP A-SGF-P CC VSAA--ZS AB DAMP N-AM-P

ἐλάχιστος κληθήσεται ἐν τῇ βασιλείᾳ τῶν οὐρανῶν· ὃς
A-SNM-S VIFP--ZS PD DDFS N-DF-S DGMP N-GM-P APRNM-S+

δ᾽ ἂν ποιήσῃ καὶ διδάξῃ, οὗτος μέγας κληθήσεται ἐν τῇ
CC/CH QV VSAA--ZS CC VSAA--ZS APDNM-S A--NM-S VIFP--ZS PD DDFS

βασιλείᾳ τῶν οὐρανῶν. 5.20 λέγω γὰρ ὑμῖν ὅτι ἐὰν μὴ
N-DF-S DGMP N-GM-P VIPA--XS CS NPD-YP CH CS AB

περισσεύσῃ ὑμῶν ἡ δικαιοσύνη πλεῖον τῶν γραμματέων
VSAA--ZS NPG-YP DNFS N-NF-S APRMAN-S□ABM DGMP N-GM-P

καὶ Φαρισαίων, οὐ μὴ εἰσέλθητε εἰς τὴν βασιλείαν τῶν οὐρανῶν.
CC N-GM-P AB AB VSAA--YP PA DAFS N-AF-S DGMP N-GM-P

5.21 Ἠκούσατε ὅτι ἐρρέθη τοῖς ἀρχαίοις, Οὐ φονεύσεις·
VIAA--YP CH VIAP--ZS DDMP AP-DM-P AB VIFA--YS□VMAA--YS

ὃς δ᾿ ἂν φονεύσῃ, ἔνοχος ἔσται τῇ κρίσει.
APRNM-S□APDNM-S&APRNM-S CC QV VSAA--ZS A--NM-S VIFD--ZS DDFS N-DF-S

5.22 ἐγὼ δὲ λέγω ὑμῖν ὅτι πᾶς ὁ ὀργιζόμενος τῷ
NPN-XS CH VIPA--XS NPD-YP CC AP-NM-S DNMS□APRNM-S VPPNNM-S DDMS

ἀδελφῷ αὐτοῦ ἔνοχος ἔσται τῇ κρίσει· ὃς δ᾿ ἂν
N-DM-S NPGMZS A--NM-S VIFD--ZS DDFS N-DF-S APRNM-S□APDNM-S&APRNM-S CC QV

εἴπῃ τῷ ἀδελφῷ αὐτοῦ, Ῥακά, ἔνοχος ἔσται τῷ συνεδρίῳ·
VSAA--ZS DDMS N-DM-S NPGMZS N-VM-S A--NM-S VIFD--ZS DDNS N-DN-S

ὃς δ᾿ ἂν εἴπῃ, Μωρέ, ἔνοχος ἔσται εἰς τὴν
APRNM-S□APDNM-S&APRNM-S CC/CH QV VSAA--ZS AP-VM-S A--NM-S VIFD--ZS PA DAFS

γέενναν τοῦ πυρός. 5.23 ἐὰν οὖν προσφέρῃς τὸ δῶρόν σου ἐπὶ
N-AF-S DGNS N-GN-S CS CH VSPA--YS DANS N-AN-S NPG-YS PA

τὸ θυσιαστήριον κἀκεῖ μνησθῇς ὅτι ὁ ἀδελφός σου ἔχει
DANS N-AN-S CC&AB VSAO--YS CC DNMS N-NM-S NPG-YS VIPA--ZS

τι κατὰ σοῦ, 5.24 ἄφες ἐκεῖ τὸ δῶρόν σου ἔμπροσθεν τοῦ
APIAN-S PG NPG-YS VMAA--YS AB DANS N-AN-S NPG-YS PG DGNS

θυσιαστηρίου, καὶ ὕπαγε πρῶτον διαλλάγηθι τῷ ἀδελφῷ σου,
N-GN-S CC VMPA--YS APOAN-S□AB VMAP--YS DDMS N-DM-S NPG-YS

καὶ τότε ἐλθὼν πρόσφερε τὸ δῶρόν σου. 5.25 ἴσθι εὐνοῶν
CC AB VRAANMYS VMPA--YS DANS N-AN-S NPG-YS VMPA--YS+ +VPPANMYS

τῷ ἀντιδίκῳ σου ταχὺ ἕως ὅτου εἶ μετ᾿
DDMS N-DM-S NPG-YS AP-AN-S□AB PG APRGM-S□APDGM-S&APRDM-S VIPA--YS PG

αὐτοῦ ἐν τῇ ὁδῷ, μήποτέ σε παραδῷ ὁ ἀντίδικος τῷ κριτῇ,
NPGMZS PD DDFS N-DF-S CS NPA-YS VSAA--ZS DNMS N-NM-S DDMS N-DM-S

καὶ ὁ κριτὴς τῷ ὑπηρέτῃ, καὶ εἰς φυλακὴν βληθήσῃ·
CC DNMS N-NM-S DDMS N-DM-S CC PA N-AF-S VIFP--YS

5.26 ἀμὴν λέγω σοι, οὐ μὴ ἐξέλθῃς ἐκεῖθεν ἕως ἂν ἀποδῷς τὸν
QS VIPA--XS NPD-YS AB AB VSAA--YS AB CS QV VSAA--YS DAMS

ἔσχατον κοδράντην.
A--AM-S N-AM-S

5.27 Ἠκούσατε ὅτι ἐρρέθη, Οὐ μοιχεύσεις. 5.28 ἐγὼ δὲ
VIAA--YP CH VIAP--ZS AB VIFA--YS□VMAA--YS NPN-XS CH

λέγω ὑμῖν ὅτι πᾶς ὁ βλέπων γυναῖκα πρὸς τὸ
VIPA--XS NPD-YP CC AP-NM-S DNMS□APRNM-S VPPANM-S N-AF-S PA DANS

ἐπιθυμῆσαι αὐτὴν ἤδη ἐμοίχευσεν αὐτὴν ἐν τῇ καρδίᾳ αὐτοῦ.
VNAAA NPAFZS AB VIAA--ZS NPAFZS PD DDFS N-DF-S NPGMZS

5.29 εἰ δὲ ὁ ὀφθαλμός σου ὁ δεξιὸς σκανδαλίζει σε, ἔξελε
CS CC DNMS N-NM-S NPG-YS DNMS A--NM-S VIPA--ZS NPA-YS VMAA--YS

αὐτὸν καὶ βάλε ἀπὸ σοῦ· συμφέρει γάρ σοι ἵνα ἀπόληται
NPAMZS CC VMAA--YS PG NPG-YS VIPA--ZS CS NPD-YS CS VSAM--ZS

ἐν τῶν μελῶν σου καὶ μὴ ὅλον τὸ σῶμά σου βληθῇ εἰς
APCNN-S DGNP N-GN-P NPG-YS CC AB A--NN-S DNNS N-NN-S NPG-YS VSAP--ZS PA

γέενναν. 5.30 καὶ εἰ ἡ δεξιά σου χεὶρ σκανδαλίζει σε,
N-AF-S CC CS DNFS A--NF-S NPG-YS N-NF-S VIPA--ZS NPA-YS

ἔκκοψον αὐτὴν καὶ βάλε ἀπὸ σοῦ· συμφέρει γάρ σοι ἵνα
VMAA--YS NPAFZS CC VMAA--YS PG NPG-YS VIPA--ZS CS NPD-YS CC

ἀπόληται ἐν τῶν μελῶν σου καὶ μὴ ὅλον τὸ σῶμά σου εἰς
VSAM--ZS APCNN-S DGNP N-GN-P NPG-YS CC AB A--NN-S DNNS N-NN-S NPG-YS PA

γέενναν ἀπέλθῃ.
N-AF-S VSAA--ZS

5.31 Ἐρρέθη δέ, Ὃς ἂν ἀπολύσῃ τὴν
VIAP--ZS CC APRNM-S□APDNM-S&APRNM-S QV VSAA--ZS DAFS

γυναῖκα αὐτοῦ, δότω αὐτῇ ἀποστάσιον. 5.32 ἐγὼ δὲ λέγω ὑμῖν
N-AF-S NPGMZS VMAA--ZS NPDFZS N-AN-S NPN-XS CH VIPA--XS NPD-YP

ὅτι πᾶς ὁ ἀπολύων τὴν γυναῖκα αὐτοῦ παρεκτὸς λόγου
CC AP-NM-S DNMS□APRNM-S VPPANM-S DAFS N-AF-S NPGMZS PG N-GM-S

πορνείας ποιεῖ αὐτὴν μοιχευθῆναι, καὶ ὃς ἐὰν
N-GF-S VIPA--ZS NPAFZS VNAP CC APRNM-S□APDNM-S&APRNM-S QV

ἀπολελυμένην γαμήσῃ μοιχᾶται.
VPRPAF-S VSAA--ZS VIPN--ZS

5.33 Πάλιν ἠκούσατε ὅτι ἐρρέθη τοῖς ἀρχαίοις, Οὐκ
AB VIAA--YP CC VIAP--ZS DDMP AP-DM-P AB

ἐπιορκήσεις, ἀποδώσεις δὲ τῷ κυρίῳ τοὺς ὅρκους σου.
VIFA--YS□VMPA--YS VIFA--YS□VMAA--YS CH DDMS N-DM-S DAMP N-AM-P NPG-YS

5.34 ἐγὼ δὲ λέγω ὑμῖν μὴ ὀμόσαι ὅλως· μήτε ἐν τῷ οὐρανῷ,
NPN-XS CH VIPA--XS NPD-YP AB VNAA AB CC PD DDMS N-DM-S

ὅτι θρόνος ἐστὶν τοῦ θεοῦ· 5.35 μήτε ἐν τῇ γῇ, ὅτι ὑποπόδιόν
CS N-NM-S VIPA--ZS DGMS N-GM-S CC PD DDFS N-DF-S CS N-NN-S

ἐστιν τῶν ποδῶν αὐτοῦ· μήτε εἰς Ἱεροσόλυμα, ὅτι πόλις ἐστὶν
VIPA--ZS DGMP N-GM-P NPGMZS CC PA N-AN-P CS N-NF-S VIPA--ZS

τοῦ μεγάλου βασιλέως· 5.36 μήτε ἐν τῇ κεφαλῇ σου
DGMS A--GM-S N-GM-S CC PD DDFS N-DF-S NPG-YS

ὀμόσῃς, ὅτι οὐ δύνασαι μίαν τρίχα λευκὴν ποιῆσαι ἢ
VSAA--YS□VMAA--YS CS AB VIPN--YS A-CAF-S N-AF-S A--AF-S VNAA CC

μέλαιναν. 5.37 ἔστω δὲ ὁ λόγος ὑμῶν ναὶ ναί, οὒ οὔ· τὸ δὲ
A--AF-S VMPA--ZS CH DNMS N-NM-S NPG-YP QS QS QS QS DNNS CS

περισσὸν τούτων ἐκ τοῦ πονηροῦ ἐστιν.
AP-NN-S APDGM-P/APDGN-P PG DGMS/DGNS AP-GM-S/AP-GN-S VIPA--ZS

5.38 Ἠκούσατε ὅτι ἐρρέθη, Ὀφθαλμὸν ἀντὶ ὀφθαλμοῦ καὶ
VIAA--YP CH VIAP--ZS N-AM-S PG N-GM-S CC

ὀδόντα ἀντὶ ὀδόντος. 5.39 ἐγὼ δὲ λέγω ὑμῖν μὴ ἀντιστῆναι
N-AM-S PG N-GM-S NPN-XS CH VIPA--XS NPD-YP AB VNAA

τῷ πονηρῷ· ἀλλ' ὅστις σε ῥαπίζει εἰς τὴν δεξιὰν
DDMS/DDNS AP-DM-S/AP-DN-S CH APRNM-S+ NPA-YS VIPA--ZS PA DAFS A--AF-S

σιαγόνα [σου], στρέψον αὐτῷ καὶ τὴν ἄλλην· 5.40 καὶ
N-AF-S   NPG-YS   VMAA--YS   NPDMZS AB DAFS AP-AF-S   CC

τῷ   θέλοντί σοι κριθῆναι καὶ τὸν χιτῶνά σου λαβεῖν,
DDMS□APRNM-S+ VPPADM-S NPD-YS VNAP   CC   DAMS N-AM-S NPG-YS VNAA

ἄφες αὐτῷ καὶ τὸ ἱμάτιον· 5.41 καὶ ὅστις σε ἀγγαρεύσει
VMAA--YS NPDMZS AB DANS N-AN-S   CC APRNM-S+ NPA-YS VIFA--ZS

μίλιον ἕν,   ὕπαγε μετ' αὐτοῦ δύο.   5.42 τῷ
N-AN-S A-CAN-S VMPA--YS PG NPGMZS APCAN-P   DDMS□NPDMZS&APRNM-S

αἰτοῦντί σε   δός,   καὶ τὸν   θέλοντα ἀπὸ σοῦ
VPPADM-S NPA-YS VMAA--YS CC DAMS□NPAMZS&APRNM-S VPPAAM-S PG   NPG-YS

δανίσασθαι μὴ ἀποστραφῇς.
VNAM   AB VSAP--YS□VMAP--YS

5.43 Ἠκούσατε ὅτι ἐρρέθη, Ἀγαπήσεις τὸν πλησίον σου
VIAA--YP   CH VIAP--ZS VIFA--YS□VMPA--YS DAMS AB□AP-AM-S NPG-YS

καὶ μισήσεις   τὸν ἐχθρόν σου. 5.44 ἐγὼ δὲ λέγω ὑμῖν,
CC VIFA--YS□VMPA--YS DAMS AP-AM-S NPG-YS   NPN-XS CH VIPA--XS NPD-YP

ἀγαπᾶτε τοὺς ἐχθροὺς ὑμῶν καὶ προσεύχεσθε ὑπὲρ
VMPA--YP DAMP AP-AM-P NPG-YP CC VMPN--YP   PG

τῶν   διωκόντων ὑμᾶς, 5.45 ὅπως γένησθε υἱοὶ τοῦ
DGMP□NPGMZP&APRNM-P VPPAGM-P NPA-YP   CS   VSAD--YP N-NM-P DGMS

πατρὸς ὑμῶν τοῦ ἐν οὐρανοῖς, ὅτι τὸν ἥλιον αὐτοῦ ἀνατέλλει ἐπὶ
N-GM-S NPG-YP DGMS PD N-DM-P   CS DAMS N-AM-S NPGMZS VIPA--ZS PA

πονηροὺς καὶ ἀγαθοὺς καὶ βρέχει ἐπὶ δικαίους καὶ ἀδίκους.
AP-AM-P   CC AP-AM-P   CC VIPA--ZS PA AP-AM-P   CC AP-AM-P

5.46 ἐὰν γὰρ ἀγαπήσητε τοὺς   ἀγαπῶντας ὑμᾶς,
CS CS VSAA--YP DAMP□NPAMZP&APRNM-P VPPAAM-P NPA-YP

τίνα μισθὸν ἔχετε; οὐχὶ καὶ οἱ τελῶναι τὸ αὐτὸ ποιοῦσιν;
A-TAM-S N-AM-S VIPA--YP QT AB DNMP N-NM-P DANS AP-AN-S VIPA--ZP

5.47 καὶ ἐὰν ἀσπάσησθε τοὺς ἀδελφοὺς ὑμῶν μόνον, τί
CC CS VSAD--YP DAMP N-AM-P NPG-YP AP-AN-S□AB A-TAN-S

περισσὸν ποιεῖτε; οὐχὶ καὶ οἱ ἐθνικοὶ τὸ αὐτὸ ποιοῦσιν;
AP-AN-S VIPA--YP QT AB DNMP AP-NM-P DANS AP-AN-S VIPA--ZP

5.48 Ἔσεσθε   οὖν ὑμεῖς τέλειοι ὡς ὁ   πατὴρ ὑμῶν ὁ
VIFD--YP□VMPA--YP CH NPN-YP A--NM-P CS DNMS N-NM-S NPG-YP DNMS

οὐράνιος τέλειός ἐστιν.
A--NM-S A--NM-S VIPA--ZS

6.1 Προσέχετε [δὲ] τὴν δικαιοσύνην ὑμῶν μὴ ποιεῖν
VMPA--YP   CC DAFS N-AF-S   NPG-YP AB VNPA

ἔμπροσθεν τῶν ἀνθρώπων πρὸς τὸ θεαθῆναι αὐτοῖς· εἰ δὲ μή γε,
PG   DGMP N-GM-P   PA DANS VNAPA   NPDMZP CS CS AB QS

μισθὸν οὐκ ἔχετε παρὰ τῷ   πατρὶ ὑμῶν τῷ ἐν τοῖς οὐρανοῖς.
N-AM-S AB VIPA--YP PD DDMS N-DM-S NPG-YP DDMS PD DDMP N-DM-P

6.2 Ὅταν οὖν ποιῇς ἐλεημοσύνην, μὴ σαλπίσῃς
CS   CH VSPA--YS N-AF-S   AB VSAA--YS□VMAA--YS

ἔμπροσθέν σου, ὥσπερ οἱ ὑποκριταὶ ποιοῦσιν ἐν ταῖς
PG   NPG-YS CS   DNMP N-NM-P   VIPA--ZP   PD DDFP

συναγωγαῖς καὶ ἐν ταῖς ῥύμαις, ὅπως δοξασθῶσιν ὑπὸ τῶν
N-DF-P   CC PD DDFP N-DF-P   CS   VSAP--ZP   PG DGMP

ἀνθρώπων· ἀμὴν λέγω ὑμῖν, ἀπέχουσιν τὸν μισθὸν αὐτῶν.
N-GM-P   QS   VIPA--XS NPD-YP VIPA--ZP DAMS N-AM-S NPGMZP

6.3 σοῦ δὲ ποιοῦντος ἐλεημοσύνην μὴ γνώτω ἡ ἀριστερά σου
    NPG-YS CH VPPAGMYS N-AF-S   AB VMAA--ZS DNFS AP-NF-S NPG-YS

τί ποιεῖ ἡ δεξιά σου, 6.4 ὅπως ᾖ σου ἡ ἐλεημοσύνη
APTAN-S VIPA--ZS DNFS AP-NF-S NPG-YS CS VSPA--ZS NPG-YS DNFS N-NF-S

ἐν τῷ κρυπτῷ· καὶ ὁ πατήρ σου ὁ βλέπων ἐν τῷ
PD DDNS AP-DN-S CC DNMS N-NM-S NPG-YS DNMS□APRNM-S VPPANM-S PD DDNS

κρυπτῷ ἀποδώσει σοι.
AP-DN-S VIFA--ZS NPD-YS

6.5 Καὶ ὅταν προσεύχησθε, οὐκ ἔσεσθε ὡς οἱ
    CC CS   VSPN--YP   AB   VIFD--YP□VMPA--YP CS DNMP

ὑποκριταί· ὅτι φιλοῦσιν ἐν ταῖς συναγωγαῖς καὶ ἐν ταῖς γωνίαις
N-NM-P   CS VIPA--ZP PD DDFP N-DF-P   CC PD DDFP N-DF-P

τῶν πλατειῶν ἑστῶτες προσεύχεσθαι, ὅπως φανῶσιν τοῖς
DGFP AP-GF-P VPRANM-P VNPN   CS   VSAP--ZP DDMP

ἀνθρώποις· ἀμὴν λέγω ὑμῖν, ἀπέχουσιν τὸν μισθὸν αὐτῶν.
N-DM-P   QS   VIPA--XS NPD-YP VIPA--ZP DAMS N-AM-S NPGMZP

6.6 σὺ δὲ ὅταν προσεύχῃ, εἴσελθε εἰς τὸ ταμεῖόν σου καὶ
    NPN-YS CH CS VSPN--YS VMAA--YS PA DANS N-AN-S NPG-YS CC

κλείσας τὴν θύραν σου πρόσευξαι τῷ πατρί σου τῷ ἐν τῷ
VRAANMYS DAFS N-AF-S NPG-YS VMAD--YS DDMS N-DM-S NPG-YS DDMS PD DDNS

κρυπτῷ· καὶ ὁ πατήρ σου ὁ βλέπων ἐν τῷ κρυπτῷ
AP-DN-S CC DNMS N-NM-S NPG-YS DNMS□APRNM-S VPPANM-S PD DDNS AP-DN-S

ἀποδώσει σοι. 6.7 Προσευχόμενοι δὲ μὴ βατταλογήσητε ὥσπερ
VIFA--ZS NPD-YS VPPNNMYP   CC AB VSAA--YP□VMAA--YP CS

οἱ ἐθνικοί, δοκοῦσιν γὰρ ὅτι ἐν τῇ πολυλογίᾳ αὐτῶν
DNMP AP-NM-P VIPA--ZP CS CC PD DDFS N-DF-S NPGMZP

εἰσακουσθήσονται. 6.8 μὴ οὖν ὁμοιωθῆτε αὐτοῖς, οἶδεν γὰρ
VIFP--ZP   AB CH VSAP--YP□VMAP--YP NPDMZP VIRA--ZS CS

ὁ πατὴρ ὑμῶν ὧν χρείαν ἔχετε πρὸ τοῦ ὑμᾶς
DNMS N-NM-S NPG-YP APRGN-P□APDAN-P&APRGN-P N-AF-S VIPA--YP PG DGNS NPA-YP

αἰτῆσαι αὐτόν. 6.9 Οὕτως οὖν προσεύχεσθε ὑμεῖς·
VNAAG   NPAMZS AB   CH VMPN--YP NPN-YP

Πάτερ ἡμῶν ὁ ἐν τοῖς οὐρανοῖς,
N-VM-S NPG-XP DVMS PD DDMP N-DM-P

ἁγιασθήτω τὸ ὄνομά σου,
VMAP--ZS DNNS N-NN-S NPG-YS

6.10 ἐλθέτω ἡ βασιλεία σου,
     VMAA--ZS DNFS N-NF-S NPG-YS

γενηθήτω τὸ θέλημά σου,
VMAO--ZS DNNS N-NN-S NPG-YS

ὡς ἐν οὐρανῷ καὶ ἐπὶ γῆς.
CS PD N-DM-S AB PG N-GF-S

6.11 Τὸν ἄρτον ἡμῶν τὸν ἐπιούσιον δὸς ἡμῖν σήμερον·
DAMS N-AM-S NPG-XP DAMS A--AM-S VMAA--YS NPD-XP AB

6.12 καὶ ἄφες ἡμῖν τὰ ὀφειλήματα ἡμῶν,
CC VMAA--YS NPD-XP DANP N-AN-P NPG-XP

ὡς καὶ ἡμεῖς ἀφήκαμεν τοῖς ὀφειλέταις ἡμῶν·
CS AB NPN-XP VIAA--XP DDMP N-DM-P NPG-XP

6.13 καὶ μὴ εἰσενέγκῃς ἡμᾶς εἰς πειρασμόν,
CC AB VSAA--YS□VMAA--YS NPA-XP PA N-AM-S

ἀλλὰ ῥῦσαι ἡμᾶς ἀπὸ τοῦ πονηροῦ.
CH VMAD--YS NPA-XP PG DGMS/DGNS AP-GM-S/AP-GN-S

6.14 Ἐὰν γὰρ ἀφῆτε τοῖς ἀνθρώποις τὰ παραπτώματα αὐτῶν,
CS CS VSAA--YP DDMP N-DM-P DANP N-AN-P NPGMZP

ἀφήσει καὶ ὑμῖν ὁ πατὴρ ὑμῶν ὁ οὐράνιος· 6.15 ἐὰν δὲ μὴ
VIFA--ZS AB NPD-YP DNMS N-NM-S NPG-YP DNMS A--NM-S CS CC AB

ἀφῆτε τοῖς ἀνθρώποις, οὐδὲ ὁ πατὴρ ὑμῶν ἀφήσει τὰ
VSAA--YP DDMP N-DM-P AB DNMS N-NM-S NPG-YP VIFA--ZS DANP

παραπτώματα ὑμῶν.
N-AN-P NPG-YP

6.16 Ὅταν δὲ νηστεύητε, μὴ γίνεσθε ὡς οἱ ὑποκριταὶ
CS CC VSPA--YP AB VMPN--YP CS DNMP N-NM-P

σκυθρωποί, ἀφανίζουσιν γὰρ τὰ πρόσωπα αὐτῶν ὅπως φανῶσιν
A--NM-P VIPA--ZP CS DANP N-AN-P NPGMZP CS VSAP--ZP

τοῖς ἀνθρώποις νηστεύοντες· ἀμὴν λέγω ὑμῖν, ἀπέχουσιν τὸν
DDMP N-DM-P VPPANM-P QS VIPA--XS NPD-YP VIPA--ZP DAMS

μισθὸν αὐτῶν. 6.17 σὺ δὲ νηστεύων ἄλειψαί σου τὴν κεφαλὴν
N-AM-S NPGMZP NPN-YS CH VPPANMYS VMAM--YS NPG-YS DAFS N-AF-S

καὶ τὸ πρόσωπόν σου νίψαι, 6.18 ὅπως μὴ φανῇς τοῖς
CC DANS N-AN-S NPG-YS VMAM--YS CS AB VSAP--YS DDMP

ἀνθρώποις νηστεύων ἀλλὰ τῷ πατρί σου τῷ ἐν τῷ κρυφαίῳ·
N-DM-P VPPANMYS CH DDMS N-DM-S NPG-YS DDMS PD DDNS AP-DN-S

καὶ ὁ πατήρ σου ὁ βλέπων ἐν τῷ κρυφαίῳ
CC DNMS N-NM-S NPG-YS DNMS□APRNM-S VPPANM-S PD DDNS AP-DN-S

ἀποδώσει σοι.
VIFA--ZS NPD-YS

6.19 Μὴ θησαυρίζετε ὑμῖν θησαυροὺς ἐπὶ τῆς γῆς, ὅπου σὴς
AB VMPA--YP NPD-YP N-AM-P PG DGFS N-GF-S ABR N-NM-S

καὶ βρῶσις ἀφανίζει, καὶ ὅπου κλέπται διορύσσουσιν καὶ
CC N-NF-S VIPA--ZS CC ABR N-NM-P VIPA--ZP CC

κλέπτουσιν· 6.20 θησαυρίζετε δὲ ὑμῖν θησαυροὺς ἐν οὐρανῷ,
VIPA--ZP VMPA--YP CH NPD-YP N-AM-P PD N-DM-S

17

ὅπου οὔτε σὴς οὔτε βρῶσις ἀφανίζει, καὶ ὅπου κλέπται οὐ
ABR CC N-NM-S CC N-NF-S VIPA--ZS CC ABR N-NM-P AB

διορύσσουσιν οὐδὲ κλέπτουσιν· 6.21 ὅπου γάρ ἐστιν ὁ
VIPA--ZP CC VIPA--ZP CS CS VIPA--ZS DNMS

θησαυρός σου, ἐκεῖ ἔσται καὶ ἡ καρδία σου.
N-NM-S NPG-YS AB VIFD--ZS AB DNFS N-NF-S NPG-YS

6.22 Ὁ λύχνος τοῦ σώματός ἐστιν ὁ ὀφθαλμός. ἐὰν οὖν
DNMS N-NM-S DGNS N-GN-S VIPA--ZS DNMS N-NM-S CS CH

ᾖ ὁ ὀφθαλμός σου ἁπλοῦς, ὅλον τὸ σῶμά σου φωτεινὸν
VSPA--ZS DNMS N-NM-S NPG-YS A--NM-S A--NN-S DNNS N-NN-S NPG-YS A--NN-S

ἔσται· 6.23 ἐὰν δὲ ὁ ὀφθαλμός σου πονηρὸς ᾖ, ὅλον τὸ
VIFD--ZS CS CC/CH DNMS N-NM-S NPG-YS A--NM-S VSPA--ZS A--NN-S DNNS

σῶμά σου σκοτεινὸν ἔσται. εἰ οὖν τὸ φῶς τὸ ἐν σοὶ σκότος
N-NN-S NPG-YS A--NN-S VIFD--ZS CS CH DNNS N-NN-S DNNS PD NPD-YS N-NN-S

ἐστίν, τὸ σκότος πόσον.
VIPA--ZS DNNS N-NN-S A-TNN-S

6.24 Οὐδεὶς δύναται δυσὶ κυρίοις δουλεύειν· ἢ γὰρ τὸν ἕνα
APCNM-S VIPN--ZS A-CDM-P N-DM-P VNPA CC CS DAMS APCAM-S

μισήσει καὶ τὸν ἕτερον ἀγαπήσει, ἢ ἑνὸς ἀνθέξεται καὶ τοῦ
VIFA--ZS CC DAMS AP-AM-S VIFA--ZS CC APCGM-S VIFM--ZS CC DGMS

ἑτέρου καταφρονήσει· οὐ δύνασθε θεῷ δουλεύειν καὶ μαμωνᾷ.
AP-GM-S VIFA--ZS AB VIPN--YP N-DM-S VNPA CC N-DM-S

6.25 Διὰ τοῦτο λέγω ὑμῖν, μὴ μεριμνᾶτε τῇ ψυχῇ ὑμῶν
PA APDAN-S VIPA--XS NPD-YP AB VMPA--YP DDFS N-DF-S NPG-YP

τί φάγητε [ἢ τί πίητε], μηδὲ τῷ σώματι ὑμῶν τί
APTAN-S VSAA--YP CC APTAN-S VSAA--YP CC DDNS N-DN-S NPG-YP APTAN-S

ἐνδύσησθε· οὐχὶ ἡ ψυχὴ πλεῖόν ἐστιν τῆς τροφῆς καὶ τὸ
VSAM--YP QT DNFS N-NF-S A-MNN-S VIPA--ZS DGFS N-GF-S CC DNNS

σῶμα τοῦ ἐνδύματος; 6.26 ἐμβλέψατε εἰς τὰ πετεινὰ τοῦ
N-NN-S DGNS N-GN-S VMAA--YP PA DANP AP-AN-P DGMS

οὐρανοῦ ὅτι οὐ σπείρουσιν οὐδὲ θερίζουσιν οὐδὲ συνάγουσιν εἰς
N-GM-S CC AB VIPA--ZP CC VIPA--ZP CC VIPA--ZP PA

ἀποθήκας, καὶ ὁ πατὴρ ὑμῶν ὁ οὐράνιος τρέφει αὐτά· οὐχ
N-AF-P CC DNMS N-NM-S NPG-YP DNMS A--NM-S VIPA--ZS NPANZP QT

ὑμεῖς μᾶλλον διαφέρετε αὐτῶν; 6.27 τίς δὲ ἐξ ὑμῶν μεριμνῶν
NPN-YP ABM VIPA--YP NPGNZP APTNM-S CC PG NPG-YP VPPANM-S

δύναται προσθεῖναι ἐπὶ τὴν ἡλικίαν αὐτοῦ πῆχυν ἕνα; 6.28 καὶ
VIPN--ZS VNAA PA DAFS N-AF-S NPGMZS N-AM-S A-CAM-S CC

περὶ ἐνδύματος τί μεριμνᾶτε; καταμάθετε τὰ κρίνα τοῦ
PG N-GN-S APTAN-S□ABT VIPA--YP VMAA--YP DANP N-AN-P DGMS

ἀγροῦ πῶς αὐξάνουσιν· οὐ κοπιῶσιν οὐδὲ νήθουσιν· 6.29 λέγω δὲ
N-GM-S ABT VIPA--ZP AB VIPA--ZP CC VIPA--ZP VIPA--XS CH

ὑμῖν ὅτι οὐδὲ Σολομὼν ἐν πάσῃ τῇ δόξῃ αὐτοῦ περιεβάλετο ὡς
NPD-YP CH AB N-NM-S PD A--DF-S DDFS N-DF-S NPGMZS VIAM--ZS CS

ἐν τούτων. 6.30 εἰ δὲ τὸν χόρτον τοῦ ἀγροῦ σήμερον ὄντα
APCNN-S APDGN-P CS CH DAMS N-AM-S DGMS N-GM-S AB VPPAAM-S

καὶ αὔριον εἰς κλίβανον βαλλόμενον ὁ θεὸς οὕτως
CC AB PA N-AM-S VPPPAM-S DNMS N-NM-S AB

ἀμφιέννυσιν, οὐ πολλῷ μᾶλλον ὑμᾶς, ὀλιγόπιστοι; 6.31 μὴ οὖν
VIPA--ZS QT AP-DN-S ABM NPA-YP AP-VM-P AB CH

μεριμνήσητε λέγοντες, Τί φάγωμεν; ἤ, Τί πίωμεν; ἤ,
VSAA--YP□VMAA--YP VPPANMYP APTAN-S VSAA--XP CC APTAN-S VSAA--XP CC

Τί περιβαλώμεθα; 6.32 πάντα γὰρ ταῦτα τὰ ἔθνη
APTAN-S VSAM--XP A--AN-P CS APDAN-P DNNP N-NN-P

ἐπιζητοῦσιν· οἶδεν γὰρ ὁ πατὴρ ὑμῶν ὁ οὐράνιος ὅτι
VIPA--ZP VIRA--ZS CS DNMS N-NM-S NPG-YP DNMS A--NM-S CC

χρῄζετε τούτων ἁπάντων. 6.33 ζητεῖτε δὲ πρῶτον τὴν βασιλείαν
VIPA--YP APDGN-P A--GN-P VMPA--YP CH APOAN-S□AB DAFS N-AF-S

[τοῦ θεοῦ] καὶ τὴν δικαιοσύνην αὐτοῦ, καὶ ταῦτα πάντα
DGMS N-GM-S CC DAFS N-AF-S NPGMZS CC APDNN-P A--NN-P

προστεθήσεται ὑμῖν. 6.34 μὴ οὖν μεριμνήσητε εἰς τὴν αὔριον,
VIFP--ZS NPD-YP AB CH VSAA--YP□VMAA--YP PA DAFS AB□AP-AF-S

ἢ γὰρ αὔριον μεριμνήσει ἑαυτῆς· ἀρκετὸν τῇ ἡμέρᾳ ἡ
DNFS CS AB□AP-NF-S VIFA--ZS NPGFZS A--NN-S DDFS N-DF-S DNFS

κακία αὐτῆς.
N-NF-S NPGFZS

7.1 Μὴ κρίνετε, ἵνα μὴ κριθῆτε· 7.2 ἐν ᾧ γὰρ κρίματι
AB VMPA--YP CS AB VSAP--YP PD APRDN-S+ CS N-DN-S

κρίνετε κριθήσεσθε, καὶ ἐν ᾧ μέτρῳ μετρεῖτε μετρηθήσεται
VIPA--YP VIFP--YP CC PD APRDN-S+ N-DN-S VIPA--YP VIFP--ZS

ὑμῖν. 7.3 τί δὲ βλέπεις τὸ κάρφος τὸ ἐν τῷ ὀφθαλμῷ
NPD-YP APTAN-S□ABT CC VIPA--YS DANS N-AN-S DANS PD DDMS N-DM-S

τοῦ ἀδελφοῦ σου, τὴν δὲ ἐν τῷ σῷ ὀφθαλμῷ δοκὸν οὐ
DGMS N-GM-S NPG-YS DAFS CH PD DDMS A--DMYS N-DM-S N-AF-S AB

κατανοεῖς; 7.4 ἢ πῶς ἐρεῖς τῷ ἀδελφῷ σου, Ἄφες ἐκβάλω
VIPA--YS CC ABT VIFA--YS DDMS N-DM-S NPG-YS VMAA--YS VSAA--XS

τὸ κάρφος ἐκ τοῦ ὀφθαλμοῦ σου, καὶ ἰδοὺ ἡ δοκὸς ἐν τῷ
DANS N-AN-S PG DGMS N-GM-S NPG-YS CC QS DNFS N-NF-S PD DDMS

ὀφθαλμῷ σου; 7.5 ὑποκριτά, ἔκβαλε πρῶτον ἐκ τοῦ ὀφθαλμοῦ
N-DM-S NPG-YS N-VM-S VMAA--YS APOAN-S□AB PG DGMS N-GM-S

σοῦ τὴν δοκόν, καὶ τότε διαβλέψεις ἐκβαλεῖν τὸ κάρφος ἐκ τοῦ
NPG-YS DAFS N-AF-S CC AB VIFA--YS VNAA DANS N-AN-S PG DGMS

ὀφθαλμοῦ τοῦ ἀδελφοῦ σου. 7.6 Μὴ δῶτε τὸ ἅγιον τοῖς
N-GM-S DGMS N-GM-S NPG-YS AB VSAA--YP□VMAA--YP DANS AP-AN-S DDMP

κυσίν, μηδὲ βάλητε τοὺς μαργαρίτας ὑμῶν ἔμπροσθεν τῶν
N-DM-P CC VSAA--YP□VMAA--YP DAMP N-AM-P NPG-YP PG DGMP

χοίρων, μήποτε καταπατήσουσιν αὐτοὺς ἐν τοῖς ποσὶν αὐτῶν καὶ
N-GM-P CS VIFA--ZP NPAMZP PD DDMP N-DM-P NPGMZP CC

στραφέντες ῥήξωσιν ὑμᾶς.
VPAPNM-P VSAA--ZP NPA-YP

7.7 Αἰτεῖτε, καὶ δοθήσεται ὑμῖν· ζητεῖτε, καὶ εὑρήσετε· κρούετε,
VMPA--YP CC VIFP--ZS NPD-YP VMPA--YP CC VIFA--YP VMPA--YP

καὶ ἀνοιγήσεται ὑμῖν. 7.8 πᾶς γὰρ ὁ αἰτῶν λαμβάνει
CC VIFP--ZS NPD-YP AP-NM-S CS DNMS□APRNM-S VPPANM-S VIPA--ZS

καὶ ὁ ζητῶν εὑρίσκει καὶ τῷ
CC DNMS□NPNMZS&APRNM-S VPPANM-S VIPA--ZS CC DDMS□NPDMZS&APRNM-S

κρούοντι ἀνοιγήσεται. 7.9 ἢ τίς ἐστιν ἐξ ὑμῶν ἄνθρωπος,
VPPADM-S VIFP--ZS CC A-TNM-S VIPA--ZS PG NPG-YP N-NM-S

ὃν αἰτήσει ὁ υἱὸς αὐτοῦ ἄρτον — μὴ λίθον ἐπιδώσει αὐτῷ;
APRAM-S VIFA--ZS DNMS N-NM-S NPGMZS N-AM-S QT N-AM-S VIFA--ZS NPDMZS

7.10 ἢ καὶ ἰχθὺν αἰτήσει — μὴ ὄφιν ἐπιδώσει αὐτῷ; 7.11 εἰ οὖν
CC AB N-AM-S VIFA--ZS QT N-AM-S VIFA--ZS NPDMZS CS CH

ὑμεῖς πονηροὶ ὄντες οἴδατε δόματα ἀγαθὰ διδόναι τοῖς τέκνοις
NPN-YP A--NM-P VPPANMYP VIRA--YP N-AN-P A--AN-P VNPA DDNP N-DN-P

ὑμῶν, πόσῳ μᾶλλον ὁ πατὴρ ὑμῶν ὁ ἐν τοῖς οὐρανοῖς δώσει
NPG-YP APTDN-S ABM DNMS N-NM-S NPG-YP DNMS PD DDMP N-DM-P VIFA--ZS

ἀγαθὰ τοῖς αἰτοῦσιν αὐτόν. 7.12 Πάντα οὖν ὅσα
AP-AN-P DDMP□NPDMZP&APRNM-P VPPADM-P NPAMZS AP-AN-P CC APRAN-P

ἐὰν θέλητε ἵνα ποιῶσιν ὑμῖν οἱ ἄνθρωποι, οὕτως καὶ ὑμεῖς
QV VSPA--YP CC VSPA--ZP NPD-YP DNMP N-NM-P AB AB NPN-YP

ποιεῖτε αὐτοῖς· οὗτος γάρ ἐστιν ὁ νόμος καὶ οἱ προφῆται.
VMPA--YP NPDMZP APDNM-S CS VIPA--ZS DNMS N-NM-S CC DNMP N-NM-P

7.13 Εἰσέλθατε διὰ τῆς στενῆς πύλης· ὅτι πλατεῖα ἡ πύλη
VMAA--YP PG DGFS A--GF-S N-GF-S CS A--NF-S DNFS N-NF-S

καὶ εὐρύχωρος ἡ ὁδὸς ἡ ἀπάγουσα εἰς τὴν ἀπώλειαν,
CC A--NF-S DNFS N-NF-S DNFS□APRNF-S VPPANF-S PA DAFS N-AF-S

καὶ πολλοί εἰσιν οἱ εἰσερχόμενοι δι' αὐτῆς·
CC AP-NM-P VIPA--ZP DNMP□NPNMZP&APRNM-P VPPNNM-P PG NPGFZS

7.14 τί στενὴ ἡ πύλη καὶ τεθλιμμένη ἡ ὁδὸς ἡ
APTAN-S□AB A--NF-S DNFS N-NF-S CC VPRPNF-S DNFS N-NF-S DNFS□APRNF-S

ἀπάγουσα εἰς τὴν ζωήν, καὶ ὀλίγοι εἰσὶν οἱ
VPPANF-S PA DAFS N-AF-S CC AP-NM-P VIPA--ZP DNMP□NPNMZP&APRNM-P

εὑρίσκοντες αὐτήν.
VPPANM-P NPAFZS

7.15 Προσέχετε ἀπὸ τῶν ψευδοπροφητῶν, οἵτινες ἔρχονται
VMPA--YP PG DGMP N-GM-P APRNM-P VIPN--ZP

πρὸς ὑμᾶς ἐν ἐνδύμασιν προβάτων, ἔσωθεν δέ εἰσιν λύκοι
PA NPA-YP PD N-DN-P N-GN-P AB CH VIPA--ZP N-NM-P

ἅρπαγες. 7.16 ἀπὸ τῶν καρπῶν αὐτῶν ἐπιγνώσεσθε αὐτούς· μήτι
A--NM-P PG DGMP N-GM-P NPGMZP VIFD--YP□VMPA--YP NPAMZP QT

συλλέγουσιν ἀπὸ ἀκανθῶν σταφυλὰς ἢ ἀπὸ τριβόλων σῦκα;
VIPA--ZP PG N-GF-P N-AF-P CC PG N-GM-P N-AN-P

7.17 οὕτως πᾶν δένδρον ἀγαθὸν καρποὺς καλοὺς ποιεῖ, τὸ δὲ
AB   A--NN-S   N-NN-S   A--NN-S   N-AM-P   A--AM-P   VIPA--ZS   DNNS   CC

σαπρὸν δένδρον καρποὺς πονηροὺς ποιεῖ· 7.18 οὐ δύναται
A--NN-S   N-NN-S   N-AM-P   A--AM-P   VIPA--ZS   AB   VIPN--ZS

δένδρον ἀγαθὸν καρποὺς πονηροὺς ποιεῖν, οὐδὲ δένδρον σαπρὸν
N-NN-S   A--NN-S   N-AM-P   A--AM-P   VNPA   CC   N-NN-S   A--NN-S

καρποὺς καλοὺς ποιεῖν. 7.19 πᾶν δένδρον μὴ ποιοῦν καρπὸν
N-AM-P   A--AM-P   VNPA   A--NN-S   N-NN-S   AB   VPPANN-S   N-AM-S

καλὸν ἐκκόπτεται καὶ εἰς πῦρ βάλλεται. 7.20 ἄρα γε ἀπὸ τῶν
A--AM-S   VIPP--ZS   CC   PA   N-AN-S   VIPP--ZS   CH   QS   PG   DGMP

καρπῶν αὐτῶν ἐπιγνώσεσθε αὐτούς.
N-GM-P   NPGMZP   VIFD--YP□VMPA--YP   NPAMZP

7.21 Οὐ πᾶς ὁ λέγων μοι, Κύριε κύριε,
AB   AP-NM-S   DNMS□APRNM-S   VPPANM-S   NPD-XS   N-VM-S   N-VM-S

εἰσελεύσεται εἰς τὴν βασιλείαν τῶν οὐρανῶν, ἀλλ᾽
VIFD--ZS   PA   DAFS   N-AF-S   DGMP   N-GM-P   CH

ὁ ποιῶν τὸ θέλημα τοῦ πατρός μου τοῦ ἐν
DNMS□NPNMZS&APRNM-S   VPPANM-S   DANS   N-AN-S   DGMS   N-GM-S   NPG-XS   DGMS   PD

τοῖς οὐρανοῖς. 7.22 πολλοὶ ἐροῦσίν μοι ἐν ἐκείνῃ τῇ ἡμέρᾳ,
DDMP   N-DM-P   AP-NM-P   VIFA--ZP   NPD-XS   PD   A-DDF-S   DDFS   N-DF-S

Κύριε κύριε, οὐ τῷ σῷ ὀνόματι ἐπροφητεύσαμεν, καὶ τῷ
N-VM-S   N-VM-S   QT   DDNS   A--DNYS   N-DN-S   VIAA--XP   CC   DDNS

σῷ ὀνόματι δαιμόνια ἐξεβάλομεν, καὶ τῷ σῷ ὀνόματι
A--DNYS   N-DN-S   N-AN-P   VIAA--XP   CC   DDNS   A--DNYS   N-DN-S

δυνάμεις πολλὰς ἐποιήσαμεν; 7.23 καὶ τότε ὁμολογήσω αὐτοῖς
N-AF-P   A--AF-P   VIAA--XP   CC   AB   VIFA--XS   NPDMZP

ὅτι Οὐδέποτε ἔγνων ὑμᾶς· ἀποχωρεῖτε ἀπ᾽ ἐμοῦ οἱ
CC   AB   VIAA--XS   NPA-YP   VMPA--YP   PG   NPG-XS   DVMP□NPVMYP&APRNMYP

ἐργαζόμενοι τὴν ἀνομίαν.
VPPNVMYP   DAFS   N-AF-S

7.24 Πᾶς οὖν ὅστις ἀκούει μου τοὺς λόγους τούτους καὶ
AP-NM-S   CC/CH   APRNM-S   VIPA--ZS   NPG-XS   DAMP   N-AM-P   A-DAM-P   CC

ποιεῖ αὐτοὺς ὁμοιωθήσεται ἀνδρὶ φρονίμῳ, ὅστις ᾠκοδόμησεν
VIPA--ZS   NPAMZP   VIFP--ZS   N-DM-S   A--DM-S   APRNM-S   VIAA--ZS

αὐτοῦ τὴν οἰκίαν ἐπὶ τὴν πέτραν. 7.25 καὶ κατέβη ἡ βροχὴ καὶ
NPGMZS   DAFS   N-AF-S   PA   DAFS   N-AF-S   CC   VIAA--ZS   DNFS   N-NF-S   CC

ἦλθον οἱ ποταμοὶ καὶ ἔπνευσαν οἱ ἄνεμοι καὶ προσέπεσαν
VIAA--ZP   DNMP   N-NM-P   CC   VIAA--ZP   DNMP   N-NM-P   CC   VIAA--ZP

τῇ οἰκίᾳ ἐκείνῃ, καὶ οὐκ ἔπεσεν, τεθεμελίωτο γὰρ ἐπὶ τὴν
DDFS   N-DF-S   A-DDF-S   CC   AB   VIAA--ZS   VILP--ZS   CS   PA   DAFS

πέτραν. 7.26 καὶ πᾶς ὁ ἀκούων μου τοὺς λόγους
N-AF-S   CC   AP-NM-S   DNMS□APRNM-S   VPPANM-S   NPG-XS   DAMP   N-AM-P

τούτους καὶ μὴ ποιῶν αὐτοὺς ὁμοιωθήσεται ἀνδρὶ μωρῷ, ὅστις
A-DAM-P   CC   AB   VPPANM-S   NPAMZP   VIFP--ZS   N-DM-S   A--DM-S   APRNM-S

ᾠκοδόμησεν αὐτοῦ τὴν οἰκίαν ἐπὶ τὴν ἄμμον. 7.27 καὶ κατέβη
VIAA--ZS NPGMZS DAFS N-AF-S PA DAFS N-AF-S CC VIAA--ZS

ἡ βροχὴ καὶ ἦλθον οἱ ποταμοὶ καὶ ἔπνευσαν οἱ ἄνεμοι καὶ
DNFS N-NF-S CC VIAA--ZP DNMP N-NM-P CC VIAA--ZP DNMP N-NM-P CC

προσέκοψαν τῇ οἰκίᾳ ἐκείνῃ, καὶ ἔπεσεν, καὶ ἦν ἡ πτῶσις
VIAA--ZP DDFS N-DF-S A-DDF-S CC VIAA--ZS CC VIIA--ZS DNFS N-NF-S

αὐτῆς μεγάλη.
NPGFZS A--NF-S

7.28 Καὶ ἐγένετο ὅτε ἐτέλεσεν ὁ Ἰησοῦς τοὺς λόγους
CC VIAD--ZS CS VIAA--ZS DNMS N-NM-S DAMP N-AM-P

τούτους ἐξεπλήσσοντο οἱ ὄχλοι ἐπὶ τῇ διδαχῇ αὐτοῦ·
A-DAM-P VIIP--ZP DNMP N-NM-P PD DDFS N-DF-S NPGMZS

7.29 ἦν γὰρ διδάσκων αὐτοὺς ὡς ἐξουσίαν ἔχων καὶ οὐχ ὡς
VIIA--ZS+ CS +VPPANM-S NPAMZP CS N-AF-S VPPANM-S CC AB CS

οἱ γραμματεῖς αὐτῶν.
DNMP N-NM-P NPGMZP

8.1 Καταβάντος δὲ αὐτοῦ ἀπὸ τοῦ ὄρους ἠκολούθησαν αὐτῷ
VPAAGM-S CC NPGMZS PG DGNS N-GN-S VIAA--ZP NPDMZS

ὄχλοι πολλοί. 8.2 καὶ ἰδοὺ λεπρὸς προσελθὼν προσεκύνει αὐτῷ
N-NM-P A--NM-P CC QS AP-NM-S VPAANM-S VIIA--ZS NPDMZS

λέγων, Κύριε, ἐὰν θέλῃς δύνασαί με καθαρίσαι. 8.3 καὶ
VPPANM-S N-VM-S CS VSPA--YS VIPN--YS NPA-XS VNAA CC

ἐκτείνας τὴν χεῖρα ἥψατο αὐτοῦ λέγων, Θέλω, καθαρίσθητι· καὶ
VPAANM-S DAFS N-AF-S VIAM--ZS NPGMZS VPPANM-S VIPA--XS VMAP--YS CC

εὐθέως ἐκαθαρίσθη αὐτοῦ ἡ λέπρα. 8.4 καὶ λέγει αὐτῷ ὁ
AB VIAP--ZS NPGMZS DNFS N-NF-S CC VIPA--ZS NPDMZS DNMS

Ἰησοῦς, Ὅρα μηδενὶ εἴπῃς, ἀλλὰ ὕπαγε σεαυτὸν
N-NM-S VMPA--YS APCDM-S VSAA--YS□VMAA--YS CH VMPA--YS NPRAMYS

δεῖξον τῷ ἱερεῖ, καὶ προσένεγκον τὸ δῶρον ὃ προσέταξεν
VMAA--YS DDMS N-DM-S CC VMAA--YS DANS N-AN-S APRAN-S VIAA--ZS

Μωϋσῆς, εἰς μαρτύριον αὐτοῖς.
N-NM-S PA N-AN-S NPDMZP

8.5 Εἰσελθόντος δὲ αὐτοῦ εἰς Καφαρναοὺμ προσῆλθεν αὐτῷ
VPAAGM-S CC NPGMZS PA N-AF-S VIAA--ZS NPDMZS

ἑκατόνταρχος παρακαλῶν αὐτὸν 8.6 καὶ λέγων, Κύριε, ὁ παῖς
N-NM-S VPPANM-S NPAMZS CC VPPANM-S N-VM-S DNMS N-NM-S

μου βέβληται ἐν τῇ οἰκίᾳ παραλυτικός, δεινῶς βασανιζόμενος.
NPG-XS VIRP--ZS PD DDFS N-DF-S AP-NM-S AB VPPPNM-S

8.7 καὶ λέγει αὐτῷ, Ἐγὼ ἐλθὼν θεραπεύσω αὐτόν. 8.8 καὶ
CC VIPA--ZS NPDMZS NPN-XS VPAANMXS VIFA--XS NPAMZS CC

ἀποκριθεὶς ὁ ἑκατόνταρχος ἔφη, Κύριε, οὐκ εἰμὶ ἱκανὸς
VPAONM-S DNMS N-NM-S VIAA--ZS/VIIA--ZS N-VM-S AB VIPA--XS A--NM-S

ἵνα μου ὑπὸ τὴν στέγην εἰσέλθῃς· ἀλλὰ μόνον εἰπὲ λόγῳ,
CC NPG-XS PA DAFS N-AF-S VSAA--YS CH AP-AN-S□AB VMAA--YS N-DM-S

καὶ ἰαθήσεται ὁ   παῖς μου. 8.9 καὶ γὰρ ἐγὼ ἄνθρωπός εἰμι
CC VIFP--ZS   DNMS N-NM-S NPG-XS   AB   CS   NPN-XS N-NM-S   VIPA--XS

ὑπὸ ἐξουσίαν, ἔχων   ὑπ' ἐμαυτὸν στρατιώτας, καὶ λέγω   τούτῳ,
PA   N-AF-S   VPPANMXS PA NPAMXS N-AM-P   CC VIPA--XS APDDM-S

Πορεύθητι, καὶ πορεύεται, καὶ ἄλλῳ,   Ἔρχου, καὶ ἔρχεται, καὶ τῷ
VMAO--YS   CC VIPN--ZS   CC AP-DM-S VMPN--YS CC VIPN--ZS CC DDMS

δούλῳ μου,   Ποίησον   τοῦτο, καὶ ποιεῖ. 8.10 ἀκούσας δὲ ὁ
N-DM-S NPG-XS VMAA--YS APDAN-S CC VIPA--ZS   VPAANM-S CH DNMS

Ἰησοῦς ἐθαύμασεν καὶ εἶπεν   τοῖς   ἀκολουθοῦσιν,
N-NM-S VIAA--ZS   CC VIAA--ZS DDMP□NPDMZP&APRNM-P VPPADM-P

Ἀμὴν λέγω   ὑμῖν, παρ' οὐδενὶ τοσαύτην πίστιν ἐν τῷ   Ἰσραὴλ
QS   VIPA--XS NPD-YP PD   APCDM-S A-DAF-S N-AF-S PD DDMS N-DM-S

εὗρον. 8.11 λέγω   δὲ ὑμῖν ὅτι πολλοὶ ἀπὸ ἀνατολῶν καὶ δυσμῶν
VIAA--XS   VIPA--XS CC NPD-YP CH AP-NM-P PG N-GF-P   CC N-GF-P

ἥξουσιν καὶ ἀνακλιθήσονται μετὰ Ἀβραὰμ καὶ Ἰσαὰκ καὶ
VIFA--ZP CC VIFP--ZP   PG   N-GM-S CC N-GM-S CC

Ἰακὼβ ἐν τῇ   βασιλείᾳ τῶν οὐρανῶν· 8.12 οἱ   δὲ   υἱοὶ   τῆς
N-GM-S PD DDFS N-DF-S   DGMP N-GM-P   DNMP CC/CH N-NM-P DGFS

βασιλείας ἐκβληθήσονται εἰς τὸ   σκότος τὸ   ἐξώτερον· ἐκεῖ
N-GF-S   VIFP--ZP   PA DANS N-AN-S DANS A-MAN-S   AB

ἔσται   ὁ   κλαυθμὸς καὶ ὁ   βρυγμὸς τῶν ὀδόντων. 8.13 καὶ
VIFD--ZS DNMS N-NM-S   CC DNMS N-NM-S DGMP N-GM-P   CC

εἶπεν   ὁ   Ἰησοῦς τῷ   ἑκατοντάρχῃ, Ὕπαγε, ὡς ἐπίστευσας
VIAA--ZS DNMS N-NM-S DDMS N-DM-S   VMPA--YS CS VIAA--YS

γενηθήτω σοι.   καὶ ἰάθη   ὁ   παῖς [αὐτοῦ] ἐν τῇ   ὥρᾳ ἐκείνῃ.
VMAO--ZS NPD-YS CC VIAP--ZS DNMS N-NM-S NPGMZS PD DDFS N-DF-S A-DDF-S

8.14 Καὶ ἐλθὼν   ὁ   Ἰησοῦς εἰς τὴν οἰκίαν Πέτρου εἶδεν   τὴν
     CC VPAANM-S DNMS N-NM-S PA DAFS N-AF-S N-GM-S VIAA--ZS DAFS

πενθερὰν αὐτοῦ βεβλημένην καὶ πυρέσσουσαν· 8.15 καὶ ἥψατο
N-AF-S   NPGMZS VPRPAF-S   CC VPPAAF-S   CC VIAM--ZS

τῆς χειρὸς αὐτῆς, καὶ ἀφῆκεν αὐτὴν ὁ   πυρετός· καὶ ἠγέρθη καὶ
DGFS N-GF-S NPGFZS CC VIAA--ZS NPAFZS DNMS N-NM-S   CC VIAP--ZS CC

διηκόνει αὐτῷ. 8.16 Ὀψίας δὲ γενομένης προσήνεγκαν αὐτῷ
VIIA--ZS NPDMZS   A--GF-S CC VPADGF-S VIAA--ZP   NPDMZS

δαιμονιζομένους πολλούς· καὶ ἐξέβαλεν τὰ   πνεύματα λόγῳ, καὶ
VPPNAM-P   AP-AM-P   CC VIAA--ZS DANP N-AN-P   N-DM-S CC

πάντας τοὺς   κακῶς ἔχοντας ἐθεράπευσεν· 8.17 ὅπως
AP-AM-P DAMP□APRNM-P AB   VPPAAM-P VIAA--ZS   CH

πληρωθῇ τὸ   ῥηθὲν   διὰ Ἠσαΐου τοῦ προφήτου
VSAP--ZS DNNS□NPNNZS&APRNN-S VPAPNN-S PG N-GM-S DGMS N-GM-S

λέγοντος,
VPPAGM-S

Αὐτὸς τὰς ἀσθενείας ἡμῶν ἔλαβεν
NPNMZS DAFP N-AF-P   NPG-XP VIAA--ZS

καὶ τὰς νόσους ἐβάστασεν.
CC　DAFP　N-AF-P　　VIAA--ZS

8.18 Ἰδὼν δὲ ὁ Ἰησοῦς ὄχλον περὶ αὐτὸν ἐκέλευσεν
VPAANM-S CC DNMS N-NM-S N-AM-S PA NPAMZS VIAA--ZS

ἀπελθεῖν εἰς τὸ πέραν. 8.19 καὶ προσελθὼν εἰς γραμματεὺς
VNAA PA DANS AB□AP-AN-S CC VPAANM-S A-CNM-S N-NM-S

εἶπεν αὐτῷ, Διδάσκαλε, ἀκολουθήσω σοι ὅπου ἐὰν ἀπέρχῃ.
VIAA--ZS NPDMZS N-VM-S VIFA--XS NPD-YS CS QV VSPN--YS

8.20 καὶ λέγει αὐτῷ ὁ Ἰησοῦς, Αἱ ἀλώπεκες φωλεοὺς ἔχουσιν
CC VIPA--ZS NPDMZS DNMS N-NM-S DNFP N-NF-P N-AM-P VIPA--ZP

καὶ τὰ πετεινὰ τοῦ οὐρανοῦ κατασκηνώσεις, ὁ δὲ υἱὸς τοῦ
CC DNNP AP-NN-P DGMS N-GM-S N-AF-P DNMS CH N-NM-S DGMS

ἀνθρώπου οὐκ ἔχει ποῦ τὴν κεφαλὴν κλίνῃ. 8.21 ἕτερος δὲ
N-GM-S AB VIPA--ZS ABT DAFS N-AF-S VSAA--ZS/VSPA--ZS AP-NM-S CC

τῶν μαθητῶν [αὐτοῦ] εἶπεν αὐτῷ, Κύριε, ἐπίτρεψόν μοι
DGMP N-GM-P NPGMZS VIAA--ZS NPDMZS N-VM-S VMAA--YS NPD-XS

πρῶτον ἀπελθεῖν καὶ θάψαι τὸν πατέρα μου. 8.22 ὁ δὲ
APOAN-S□AB VNAA CC VNAA DAMS N-AM-S NPG-XS DNMS CH

Ἰησοῦς λέγει αὐτῷ, Ἀκολούθει μοι, καὶ ἄφες τοὺς νεκροὺς
N-NM-S VIPA--ZS NPDMZS VMPA--YS NPD-XS CC VMAA--YS DAMP AP-AM-P

θάψαι τοὺς ἑαυτῶν νεκρούς.
VNAA DAMP NPGMZP AP-AM-P

8.23 Καὶ ἐμβάντι αὐτῷ εἰς τὸ πλοῖον ἠκολούθησαν αὐτῷ
CC VPAADM-S NPDMZS PA DANS N-AN-S VIAA--ZP NPDMZS

οἱ μαθηταὶ αὐτοῦ. 8.24 καὶ ἰδοὺ σεισμὸς μέγας ἐγένετο ἐν τῇ
DNMP N-NM-P NPGMZS CC QS N-NM-S A--NM-S VIAD--ZS PD DDFS

θαλάσσῃ, ὥστε τὸ πλοῖον καλύπτεσθαι ὑπὸ τῶν κυμάτων· αὐτὸς
N-DF-S CH DANS N-AN-S VNPP PG DGNP N-GN-P NPNMZS

δὲ ἐκάθευδεν. 8.25 καὶ προσελθόντες ἤγειραν αὐτὸν λέγοντες,
CC/CH VIIA--ZS CC VPAANM-P VIAA--ZP NPRAMZS VPPANM-P

Κύριε, σῶσον, ἀπολλύμεθα. 8.26 καὶ λέγει αὐτοῖς, Τί δειλοί
N-VM-S VMAA--YS VIPM--XP CC VIPA--ZS NPDMZP APTAN-S□ABT A--NM-P

ἐστε, ὀλιγόπιστοι; τότε ἐγερθεὶς ἐπετίμησεν τοῖς ἀνέμοις καὶ τῇ
VIPA--YP AP-VM-P AB VPAPNM-S VIAA--ZS DDMP N-DM-P CC DDFS

θαλάσσῃ, καὶ ἐγένετο γαλήνη μεγάλη. 8.27 οἱ δὲ ἄνθρωποι
N-DF-S CC VIAD--ZS N-NF-S A--NF-S DNMP CH N-NM-P

ἐθαύμασαν λέγοντες, Ποταπός ἐστιν οὗτος ὅτι καὶ οἱ ἄνεμοι
VIAA--ZP VPPANM-P A-TNM-S VIPA--ZS APDNM-S CH/CS AB/CC DNMP N-NM-P

καὶ ἡ θάλασσα αὐτῷ ὑπακούουσιν;
CC DNFS N-NF-S NPDMZS VIPA--ZP

8.28 Καὶ ἐλθόντος αὐτοῦ εἰς τὸ πέραν εἰς τὴν χώραν τῶν
CC VPAAGM-S NPGMZS PA DANS AB□AP-AN-S PA DAFS N-AF-S DGMP

Γαδαρηνῶν ὑπήντησαν αὐτῷ δύο δαιμονιζόμενοι ἐκ τῶν
AP-GM-P VIAA--ZP NPDMZS APCNM-P VPPNNM-P PG DGNP

μνημείων ἐξερχόμενοι, χαλεποὶ λίαν, ὥστε μὴ ἰσχύειν τινὰ
N-GN-P VPPNNM-P A--NM-P AB CH AB VNPA APIAM-S

παρελθεῖν διὰ τῆς ὁδοῦ ἐκείνης. 8.29 καὶ ἰδοὺ ἔκραξαν λέγοντες,
VNAA PG DGFS N-GF-S A-DGF-S CC QS VIAA--ZP VPPANM-P

Τί ἡμῖν καὶ σοί, υἱὲ τοῦ θεοῦ; ἦλθες ὧδε πρὸ καιροῦ
APTNN-S NPD-XP CC NPD-YS N-VM-S DGMS N-GM-S VIAA--YS AB PG N-GM-S

βασανίσαι ἡμᾶς; 8.30 ἦν δὲ μακρὰν ἀπ’ αὐτῶν ἀγέλη χοίρων
VNAA NPA-XP VIIA--ZS+ CC AP-AF-S□AB PG NPGMZP N-NF-S N-GM-P

πολλῶν βοσκομένη. 8.31 οἱ δὲ δαίμονες παρεκάλουν αὐτὸν
A--GM-P +VPPPNF-S DNMP CH N-NM-P VIIA--ZP NPAMZS

λέγοντες, Εἰ ἐκβάλλεις ἡμᾶς, ἀπόστειλον ἡμᾶς εἰς τὴν ἀγέλην
VPPANM-P CS VIPA--YS NPA-XP VMAA--YS NPA-XP PA DAFS N-AF-S

τῶν χοίρων. 8.32 καὶ εἶπεν αὐτοῖς, Ὑπάγετε. οἱ δὲ
DGMP N-GM-P CC VIAA--ZS NPDMZP VMPA--YP DNMP□NPNMZP CH

ἐξελθόντες ἀπῆλθον εἰς τοὺς χοίρους· καὶ ἰδοὺ ὥρμησεν πᾶσα ἡ
VPAANM-P VIAA--ZP PA DAMP N-AM-P CC QS VIAA--ZS A--NF-S DNFS

ἀγέλη κατὰ τοῦ κρημνοῦ εἰς τὴν θάλασσαν, καὶ ἀπέθανον ἐν
N-NF-S PG DGMS N-GM-S PA DAFS N-AF-S CC VIAA--ZP PD

τοῖς ὕδασιν. 8.33 οἱ δὲ βόσκοντες ἔφυγον, καὶ
DDNP N-DN-P DNMP□NPNMZP&APRNM-P CH VPPANM-P VIAA--ZP CC

ἀπελθόντες εἰς τὴν πόλιν ἀπήγγειλαν πάντα καὶ τὰ
VPAANM-P PA DAFS N-AF-S VIAA--ZP AP-AN-P CC DANP

τῶν δαιμονιζομένων. 8.34 καὶ ἰδοὺ πᾶσα ἡ πόλις
DGMP□NPGMZP&APRNM-P VPPNGM-P CC QS A--NF-S DNFS N-NF-S

ἐξῆλθεν εἰς ὑπάντησιν τῷ Ἰησοῦ, καὶ ἰδόντες αὐτὸν
VIAA--ZS PA N-AF-S DDMS N-DM-S CC VPAANM-P NPAMZS

παρεκάλεσαν ὅπως μεταβῇ ἀπὸ τῶν ὁρίων αὐτῶν.
VIAA--ZP CC VSAA--ZS PG DGNP N-GN-P NPGMZP

9.1 Καὶ ἐμβὰς εἰς πλοῖον διεπέρασεν καὶ ἦλθεν εἰς τὴν ἰδίαν
CC VPAANM-S PA N-AN-S VIAA--ZS CC VIAA--ZS PA DAFS A--AF-S

πόλιν. 9.2 καὶ ἰδοὺ προσέφερον αὐτῷ παραλυτικὸν ἐπὶ κλίνης
N-AF-S CC QS VIIA--ZP NPDMZS AP-AM-S PG N-GF-S

βεβλημένον. καὶ ἰδὼν ὁ Ἰησοῦς τὴν πίστιν αὐτῶν εἶπεν
VPRPAM-S CC VPAANM-S DNMS N-NM-S DAFS N-AF-S NPGMZP VIAA--ZS

τῷ παραλυτικῷ, Θάρσει, τέκνον· ἀφίενταί σου αἱ ἁμαρτίαι.
DDMS AP-DM-S VMPA--YS N-VN-S VIPP--ZP NPG-YS DNFP N-NF-P

9.3 καὶ ἰδού τινες τῶν γραμματέων εἶπαν ἐν ἑαυτοῖς, Οὗτος
CC QS APINM-P DGMP N-GM-P VIAA--ZP PD NPDMZP APDNM-S

βλασφημεῖ. 9.4 καὶ ἰδὼν ὁ Ἰησοῦς τὰς ἐνθυμήσεις αὐτῶν
VIPA--ZS CC VPAANM-S DNMS N-NM-S DAFP N-AF-P NPGMZP

εἶπεν, Ἱνατί ἐνθυμεῖσθε πονηρὰ ἐν ταῖς καρδίαις ὑμῶν; 9.5 τί
VIAA--ZS ABT VIPN--YP AP-AN-P PD DDFP N-DF-P NPG-YP APTNN-S

γάρ ἐστιν εὐκοπώτερον, εἰπεῖν, Ἀφίενταί σου αἱ ἁμαρτίαι, ἢ
CS VIPA--ZS A-MNN-S VNAA VIPP--ZP NPG-YS DNFP N-NF-P CC

25

εἰπεῖν, Ἔγειρε καὶ περιπάτει; 9.6 ἵνα δὲ εἰδῆτε ὅτι ἐξουσίαν
VNAA VMPA--YS CC VMPA--YS CS CC VSRA--YP CC N-AF-S

ἔχει ὁ υἱὸς τοῦ ἀνθρώπου ἐπὶ τῆς γῆς ἀφιέναι ἁμαρτίας —
VIPA--ZS DNMS N-NM-S DGMS N-GM-S PG DGFS N-GF-S VNPA N-AF-P

τότε λέγει τῷ παραλυτικῷ, Ἐγερθεὶς ἆρόν σου τὴν κλίνην
AB VIPA--ZS DDMS AP-DM-S VRAPNMYS VMAA--YS NPG-YS DAFS N-AF-S

καὶ ὕπαγε εἰς τὸν οἶκόν σου. 9.7 καὶ ἐγερθεὶς ἀπῆλθεν εἰς τὸν
CC VMPA--YS PA DAMS N-AM-S NPG-YS CC VPAPNM-S VIAA--ZS PA DAMS

οἶκον αὐτοῦ. 9.8 ἰδόντες δὲ οἱ ὄχλοι ἐφοβήθησαν καὶ ἐδόξασαν
N-AM-S NPGMZS VPAANM-P CH DNMP N-NM-P VIAO--ZP CC VIAA--ZP

τὸν θεὸν τὸν δόντα ἐξουσίαν τοιαύτην τοῖς ἀνθρώποις.
DAMS N-AM-S DAMS□APRNM-S VPAAAM-S N-AF-S A-DAF-S DDMP N-DM-P

9.9 Καὶ παράγων ὁ Ἰησοῦς ἐκεῖθεν εἶδεν ἄνθρωπον
CC VPPANM-S DNMS N-NM-S AB VIAA--ZS N-AM-S

καθήμενον ἐπὶ τὸ τελώνιον, Μαθθαῖον λεγόμενον, καὶ λέγει
VPPNAM-S PA DANS N-AN-S N-AM-S VPPPAM-S CC VIPA--ZS

αὐτῷ, Ἀκολούθει μοι. καὶ ἀναστὰς ἠκολούθησεν αὐτῷ. 9.10 Καὶ
NPDMZS VMPA--YS NPD-XS CC VPAANM-S VIAA--ZS NPDMZS CC

ἐγένετο αὐτοῦ ἀνακειμένου ἐν τῇ οἰκίᾳ, καὶ ἰδοὺ πολλοὶ τελῶναι
VIAD--ZS NPGMZS VPPNGM-S PD DDFS N-DF-S CH QS A--NM-P N-NM-P

καὶ ἁμαρτωλοὶ ἐλθόντες συνανέκειντο τῷ Ἰησοῦ καὶ τοῖς
CC AP-NM-P VPAANM-P VIIN--ZP DDMS N-DM-S CC DDMP

μαθηταῖς αὐτοῦ. 9.11 καὶ ἰδόντες οἱ Φαρισαῖοι ἔλεγον τοῖς
N-DM-P NPGMZS CC VPAANM-P DNMP N-NM-P VIIA--ZP DDMP

μαθηταῖς αὐτοῦ, Διὰ τί μετὰ τῶν τελωνῶν καὶ ἁμαρτωλῶν
N-DM-P NPGMZS PA APTAN-S PG DGMP N-GM-P CC AP-GM-P

ἐσθίει ὁ διδάσκαλος ὑμῶν; 9.12 ὁ δὲ ἀκούσας εἶπεν,
VIPA--ZS DNMS N-NM-S NPG-YP DNMS□NPNMZS CH VPAANM-S VIAA--ZS

Οὐ χρείαν ἔχουσιν οἱ ἰσχύοντες ἰατροῦ ἀλλ’
AB N-AF-S VIPA--ZP DNMP□NPNMZP&APRNM-P VPPANM-P N-GM-S CH

οἱ κακῶς ἔχοντες. 9.13 πορευθέντες δὲ μάθετε
DNMP□NPNMZP&APRNM-P AB VPPANM-P VRAONMYP CC VMAA--YP

τί ἐστιν, Ἔλεος θέλω καὶ οὐ θυσίαν· οὐ γὰρ ἦλθον καλέσαι
APTNN-S VIPA--ZS N-AN-S VIPA--XS CC AB N-AF-S AB CS VIAA--XS VNAA

δικαίους ἀλλὰ ἁμαρτωλούς.
AP-AM-P CH AP-AM-P

9.14 Τότε προσέρχονται αὐτῷ οἱ μαθηταὶ Ἰωάννου
AB VIPN--ZP NPDMZS DNMP N-NM-P N-GM-S

λέγοντες, Διὰ τί ἡμεῖς καὶ οἱ Φαρισαῖοι νηστεύομεν
VPPANM-P PA APTAN-S NPN-XP CC DNMP N-NM-P VIPA--XP

[πολλά], οἱ δὲ μαθηταί σου οὐ νηστεύουσιν; 9.15 καὶ εἶπεν
AP-AN-P□AB DNMP CH N-NM-P NPG-YS AB VIPA--ZP CC VIAA--ZS

αὐτοῖς ὁ Ἰησοῦς, Μὴ δύνανται οἱ υἱοὶ τοῦ νυμφῶνος
NPDMZP DNMS N-NM-S QT VIPN--ZP DNMP N-NM-P DGMS N-GM-S

πενθεῖν ἐφ' ὅσον μετ' αὐτῶν ἐστιν ὁ νυμφίος;
VNPA PA APRAM-S□APDAM-S&APRAM-S PG NPGMZP VIPA--ZS DNMS N-NM-S

ἐλεύσονται δὲ ἡμέραι ὅταν ἀπαρθῇ ἀπ' αὐτῶν ὁ νυμφίος, καὶ
VIFD--ZP CC/CS N-NF-P ABR VSAP--ZS PG NPGMZP DNMS N-NM-S CC

τότε νηστεύσουσιν. 9.16 οὐδεὶς δὲ ἐπιβάλλει ἐπίβλημα ῥάκους
AB VIFA--ZP APCNM-S CC VIPA--ZS N-AN-S N-GN-S

ἀγνάφου ἐπὶ ἱματίῳ παλαιῷ· αἴρει γὰρ τὸ πλήρωμα αὐτοῦ ἀπὸ
A--GN-S PD N-DN-S A--DN-S VIPA--ZS CS DANS N-AN-S NPGNZS PG

τοῦ ἱματίου, καὶ χεῖρον σχίσμα γίνεται. 9.17 οὐδὲ βάλλουσιν
DGNS N-GN-S CC A-MNN-S N-NN-S VIPN--ZS CC VIPA--ZP

οἶνον νέον εἰς ἀσκοὺς παλαιούς· εἰ δὲ μή γε, ῥήγνυνται οἱ
N-AM-S A--AM-S PA N-AM-P A--AM-P CS CS AB QS VIPP--ZP DNMP

ἀσκοί, καὶ ὁ οἶνος ἐκχεῖται καὶ οἱ ἀσκοὶ ἀπόλλυνται· ἀλλὰ
N-NM-P CC DNMS N-NM-S VIPP--ZS CC DNMP N-NM-P VIPP--ZP CH

βάλλουσιν οἶνον νέον εἰς ἀσκοὺς καινούς, καὶ ἀμφότεροι
VIPA--ZP N-AM-S A--AM-S PA N-AM-P A--AM-P CC AP-NM-P

συντηροῦνται.
VIPP--ZP

9.18 Ταῦτα αὐτοῦ λαλοῦντος αὐτοῖς ἰδοὺ ἄρχων εἷς ἐλθὼν
APDAN-P NPGMZS VPPAGM-S NPDMZP QS N-NM-S A-CNM-S VPAANM-S

προσεκύνει αὐτῷ λέγων ὅτι Ἡ θυγάτηρ μου ἄρτι
VIIA--ZS NPDMZS VPPANM-S CH DNFS N-NF-S NPG-XS AB

ἐτελεύτησεν· ἀλλὰ ἐλθὼν ἐπίθες τὴν χεῖρά σου ἐπ' αὐτήν, καὶ
VIAA--ZS CH VRAANMYS VMAA--YS DAFS N-AF-S NPG-YS PA NPAFZS CC

ζήσεται. 9.19 καὶ ἐγερθεὶς ὁ Ἰησοῦς ἠκολούθησεν αὐτῷ καὶ
VIFM--ZS CC VPAPNM-S DNMS N-NM-S VIAA--ZS NPDMZS CC

οἱ μαθηταὶ αὐτοῦ. 9.20 Καὶ ἰδοὺ γυνὴ αἱμορροοῦσα δώδεκα
DNMP N-NM-P NPGMZS CC QS N-NF-S VPPANF-S A-CAN-P

ἔτη προσελθοῦσα ὄπισθεν ἥψατο τοῦ κρασπέδου τοῦ ἱματίου
N-AN-P VPAANF-S AB VIAM--ZS DGNS N-GN-S DGNS N-GN-S

αὐτοῦ· 9.21 ἔλεγεν γὰρ ἐν ἑαυτῇ, Ἐὰν μόνον ἅψωμαι τοῦ
NPGMZS VIIA--ZS CS PD NPDFZS CS AP-AN-S□AB VSAM--XS DGNS

ἱματίου αὐτοῦ σωθήσομαι. 9.22 ὁ δὲ Ἰησοῦς στραφεὶς καὶ
N-GN-S NPGMZS VIFP--XS DNMS CH N-NM-S VPAPNM-S CC

ἰδὼν αὐτὴν εἶπεν, Θάρσει, θύγατερ· ἡ πίστις σου σέσωκέν
VPAANM-S NPAFZS VIAA--ZS VMPA--YS N-VF-S DNFS N-NF-S NPG-YS VIRA--ZS

σε. καὶ ἐσώθη ἡ γυνὴ ἀπὸ τῆς ὥρας ἐκείνης. 9.23 Καὶ ἐλθὼν
NPA-YS CC VIAP--ZS DNFS N-NF-S PG DGFS N-GF-S A-DGF-S CC VPAANM-S

ὁ Ἰησοῦς εἰς τὴν οἰκίαν τοῦ ἄρχοντος καὶ ἰδὼν τοὺς
DNMS N-NM-S PA DAFS N-AF-S DGMS N-GM-S CC VPAANM-S DAMP

αὐλητὰς καὶ τὸν ὄχλον θορυβούμενον 9.24 ἔλεγεν, Ἀναχωρεῖτε,
N-AM-P CC DAMS N-AM-S VPPPAM-S VIIA--ZS VMPA--YP

οὐ γὰρ ἀπέθανεν τὸ κοράσιον ἀλλὰ καθεύδει. καὶ κατεγέλων
AB CS VIAA--ZS DNNS N-NN-S CH VIPA--ZS CC VIIA--ZP

αὐτοῦ. 9.25 ὅτε δὲ ἐξεβλήθη ὁ ὄχλος, εἰσελθὼν ἐκράτησεν τῆς
NPGMZS   CS CH VIAP--ZS DNMS N-NM-S VPAANM-S VIAA--ZS DGFS

χειρὸς αὐτῆς, καὶ ἠγέρθη τὸ κοράσιον. 9.26 καὶ ἐξῆλθεν ἡ
N-GF-S NPGFZS CC VIAP--ZS DNNS N-NN-S   CC VIAA--ZS DNFS

φήμη αὕτη εἰς ὅλην τὴν γῆν ἐκείνην.
N-NF-S A-DNF-S PA A--AF-S DAFS N-AF-S A-DAF-S

    9.27 Καὶ παράγοντι ἐκεῖθεν τῷ Ἰησοῦ ἠκολούθησαν [αὐτῷ]
         CC VPPADM-S   AB   DDMS N-DM-S VIAA--ZP   NPDMZS

δύο τυφλοὶ κράζοντες καὶ λέγοντες, Ἐλέησον ἡμᾶς, υἱὸς
A-CNM-P AP-NM-P VPPANM-P CC VPPANM-P   VMAA--YS NPA-XP N-NM-S□N-VM-S

Δαυίδ. 9.28 ἐλθόντι δὲ εἰς τὴν οἰκίαν προσῆλθον αὐτῷ οἱ
N-GM-S   VPAADM-S CC PA DAFS N-AF-S VIAA--ZP NPDMZS DNMP

τυφλοί, καὶ λέγει αὐτοῖς ὁ Ἰησοῦς, Πιστεύετε ὅτι δύναμαι
AP-NM-P CC VIPA--ZS NPDMZP DNMS N-NM-S VIPA--YP CC VIPN--XS

τοῦτο ποιῆσαι; λέγουσιν αὐτῷ, Ναί, κύριε. 9.29 τότε ἥψατο τῶν
APDAN-S VNAA   VIPA--ZP NPDMZS QS N-VM-S   AB VIAM--ZS DGMP

ὀφθαλμῶν αὐτῶν λέγων, Κατὰ τὴν πίστιν ὑμῶν γενηθήτω ὑμῖν.
N-GM-P   NPGMZP VPPANM-S PA DAFS N-AF-S NPG-YP VMAO--ZS NPD-YP

9.30 καὶ ἠνεῴχθησαν αὐτῶν οἱ ὀφθαλμοί. καὶ ἐνεβριμήθη
     CC VIAP--ZP   NPGMZP DNMP N-NM-P   CC VIAO--ZS

αὐτοῖς ὁ Ἰησοῦς λέγων, Ὁρᾶτε μηδεὶς γινωσκέτω.
NPDMZP DNMS N-NM-S VPPANM-S VMPA--YP APCNM-S VMPA--ZS

9.31 οἱ δὲ ἐξελθόντες διεφήμισαν αὐτὸν ἐν ὅλῃ τῇ γῇ
     DNMP□NPNMZP CH VPAANM-P VIAA--ZP   NPAMZS PD A--DF-S DDFS N-DF-S

ἐκείνῃ.
A-DDF-S

    9.32 Αὐτῶν δὲ ἐξερχομένων ἰδοὺ προσήνεγκαν αὐτῷ
         NPGMZP CC VPPNGM-P   QS VIAA--ZP   NPDMZS

ἄνθρωπον κωφὸν δαιμονιζόμενον· 9.33 καὶ ἐκβληθέντος τοῦ
N-AM-S   A--AM-S VPPNAM-S   CC VPAPGN-S   DGNS

δαιμονίου ἐλάλησεν ὁ κωφός. καὶ ἐθαύμασαν οἱ ὄχλοι
N-GN-S   VIAA--ZS DNMS AP-NM-S CC VIAA--ZP DNMP N-NM-P

λέγοντες, Οὐδέποτε ἐφάνη οὕτως ἐν τῷ Ἰσραήλ. 9.34 οἱ δὲ
VPPANM-P AB   VIAP--ZS AB PD DDMS N-DM-S   DNMP CH

Φαρισαῖοι ἔλεγον, Ἐν τῷ ἄρχοντι τῶν δαιμονίων ἐκβάλλει τὰ
N-NM-P   VIIA--ZP PD DDMS N-DM-S DGNP N-GN-P   VIPA--ZS DANP

δαιμόνια.
N-AN-P

    9.35 Καὶ περιῆγεν ὁ Ἰησοῦς τὰς πόλεις πάσας καὶ τὰς
         CC VIIA--ZS DNMS N-NM-S DAFP N-AF-P A--AF-P CC DAFP

κώμας, διδάσκων ἐν ταῖς συναγωγαῖς αὐτῶν καὶ κηρύσσων τὸ
N-AF-P VPPANM-S PD DDFP N-DF-P   NPGMZP CC VPPANM-S DANS

εὐαγγέλιον τῆς βασιλείας καὶ θεραπεύων πᾶσαν νόσον καὶ
N-AN-S   DGFS N-GF-S   CC VPPANM-S A--AF-S N-AF-S CC

πᾶσαν μαλακίαν. 9.36 Ἰδὼν δὲ τοὺς ὄχλους ἐσπλαγχνίσθη
A--AF-S   N-AF-S   VPAANM-S CC DAMP N-AM-P   VIAO--ZS

περὶ αὐτῶν ὅτι ἦσαν ἐσκυλμένοι καὶ ἐρριμμένοι ὡσεὶ πρόβατα
PG   NPGMZP CS VIIA--ZP+ +VPRPNM-P CC +VPRPNM-P   CS   N-NN-P

μὴ ἔχοντα ποιμένα. 9.37 τότε λέγει τοῖς μαθηταῖς αὐτοῦ, Ὁ
AB VPPANN-P N-AM-S   AB   VIPA--ZS DDMP N-DM-P   NPGMZS DNMS

μὲν θερισμὸς πολύς, οἱ δὲ ἐργάται ὀλίγοι· 9.38 δεήθητε οὖν τοῦ
CC N-NM-S   A--NM-S DNMP CC N-NM-P A--NM-P   VMAO--YP CH DGMS

κυρίου τοῦ θερισμοῦ ὅπως ἐκβάλῃ ἐργάτας εἰς τὸν θερισμὸν
N-GM-S DGMS N-GM-S CC   VSAA--ZS N-AM-P PA DAMS N-AM-S

αὐτοῦ.
NPGMZS

10.1 Καὶ προσκαλεσάμενος τοὺς δώδεκα μαθητὰς αὐτοῦ
     CC VPADNM-S   DAMP A-CAM-P N-AM-P   NPGMZS

ἔδωκεν αὐτοῖς ἐξουσίαν πνευμάτων ἀκαθάρτων ὥστε ἐκβάλλειν
VIAA--ZS NPDMZP N-AF-S   N-GN-P   A--GN-P   CS   VNPA

αὐτὰ καὶ θεραπεύειν πᾶσαν νόσον καὶ πᾶσαν μαλακίαν.
NPANZP CC VNPA   A--AF-S N-AF-S CC A--AF-S N-AF-S

10.2 Τῶν δὲ δώδεκα ἀποστόλων τὰ ὀνόματά ἐστιν ταῦτα· πρῶτος
     DGMP CC A-CGM-P N-GM-P   DNNP N-NN-P VIPA--ZS APDNN-P A-ONM-S

Σίμων ὁ   λεγόμενος Πέτρος καὶ Ἀνδρέας ὁ   ἀδελφὸς
N-NM-S DNMS□APRNM-S VPPPNM-S N-NM-S CC N-NM-S DNMS N-NM-S

αὐτοῦ, καὶ Ἰάκωβος ὁ   τοῦ Ζεβεδαίου καὶ Ἰωάννης ὁ
NPGMZS CC N-NM-S DNMS DGMS N-GM-S   CC N-NM-S DNMS

ἀδελφὸς αὐτοῦ, 10.3 Φίλιππος καὶ Βαρθολομαῖος, Θωμᾶς καὶ
N-NM-S NPGMZS   N-NM-S   CC N-NM-S   N-NM-S CC

Μαθθαῖος ὁ   τελώνης, Ἰάκωβος ὁ   τοῦ Ἀλφαίου καὶ
N-NM-S   DNMS N-NM-S   N-NM-S DNMS DGMS N-GM-S CC

Θαδδαῖος, 10.4 Σίμων ὁ   Καναναῖος καὶ Ἰούδας ὁ
N-NM-S   N-NM-S DNMS N-NM-S   CC N-NM-S DNMS

Ἰσκαριώτης ὁ   καὶ παραδοὺς αὐτόν.
N-NM-S   DNMS□APRNM-S AB VPAANM-S   NPAMZS

10.5 Τούτους τοὺς δώδεκα ἀπέστειλεν ὁ   Ἰησοῦς
     A-DAM-P DAMP APCAM-P VIAA--ZS   DNMS N-NM-S

παραγγείλας αὐτοῖς λέγων, Εἰς ὁδὸν ἐθνῶν μὴ ἀπέλθητε, καὶ
VPAANM-S   NPDMZP VPPANM-S PA N-AF-S N-GN-P AB VSAA--YP□VMAA--YP CC

εἰς πόλιν Σαμαριτῶν μὴ εἰσέλθητε· 10.6 πορεύεσθε δὲ μᾶλλον
PA N-AF-S N-GM-P   AB VSAA--YP□VMAA--YP   VMPN--YP CH ABM

πρὸς τὰ   πρόβατα τὰ   ἀπολωλότα οἴκου Ἰσραήλ.
PA   DANP N-AN-P DANP□APRNN-P VPRAAN-P N-GM-S N-GM-S

10.7 πορευόμενοι δὲ κηρύσσετε λέγοντες ὅτι Ἤγγικεν ἡ
     VRPNNMYP   CC VMPA--YP   VRPANMYP CC VIRA--ZS DNFS

βασιλεία τῶν οὐρανῶν. 10.8 ἀσθενοῦντας θεραπεύετε, νεκροὺς
N-NF-S   DGMP N-GM-P   VPPAAM-P   VMPA--YP   AP-AM-P

ἐγείρετε, λεπροὺς καθαρίζετε, δαιμόνια ἐκβάλλετε· δωρεὰν
VMPA--YP AP-AM-P VMPA--YP N-AN-P VMPA--YP AB

ἐλάβετε, δωρεὰν δότε. 10.9 Μὴ κτήσησθε χρυσὸν μηδὲ
VIAA--YP AB VMAA--YP AB VSAD--YP◻VMAD--YP N-AM-S CC

ἄργυρον μηδὲ χαλκὸν εἰς τὰς ζώνας ὑμῶν, 10.10 μὴ πήραν εἰς
N-AM-S CC N-AM-S PA DAFP N-AF-P NPG-YP AB N-AF-S PA

ὁδὸν μηδὲ δύο χιτῶνας μηδὲ ὑποδήματα μηδὲ ῥάβδον· ἄξιος
N-AF-S CC A-CAM-P N-AM-P CC N-AN-P CC N-AF-S A--NM-S

γὰρ ὁ ἐργάτης τῆς τροφῆς αὐτοῦ. 10.11 εἰς ἣν δ᾽ ἂν πόλιν ἢ
CS DNMS N-NM-S DGFS N-GF-S NPGMZS PA A-RAF-S CH QV N-AF-S CC

κώμην εἰσέλθητε, ἐξετάσατε τίς ἐν αὐτῇ ἄξιός ἐστιν· κἀκεῖ
N-AF-S VSAA--YP VMAA--YP APTNM-S PD NPDFZS A--NM-S VIPA--ZS CC&AB

μείνατε ἕως ἂν ἐξέλθητε. 10.12 εἰσερχόμενοι δὲ εἰς τὴν οἰκίαν
VMAA--YP CS QV VSAA--YP VPPNNMYP CC PA DAFS N-AF-S

ἀσπάσασθε αὐτήν· 10.13 καὶ ἐὰν μὲν ᾖ ἡ οἰκία ἀξία,
VMAD--YP NPAFZS CC CS CC VSPA--ZS DNFS N-NF-S A--NF-S

ἐλθάτω ἡ εἰρήνη ὑμῶν ἐπ᾽ αὐτήν· ἐὰν δὲ μὴ ᾖ ἀξία, ἡ
VMAA--ZS DNFS N-NF-S NPG-YP PA NPAFZS CS CC AB VSPA--ZS A--NF-S DNFS

εἰρήνη ὑμῶν πρὸς ὑμᾶς ἐπιστραφήτω. 10.14 καὶ
N-NF-S NPG-YP PA NPA-YP VMAP--ZS CC

ὃς ἂν μὴ δέξηται ὑμᾶς μηδὲ ἀκούσῃ τοὺς
APRNM-S◻APDNM-S&APRNM-S QV AB VSAD--ZS NPA-YP CC VSAA--ZS DAMP

λόγους ὑμῶν, ἐξερχόμενοι ἔξω τῆς οἰκίας ἢ τῆς πόλεως ἐκείνης
N-AM-P NPG-YP VRPNNMYP PG DGFS N-GF-S CC DGFS N-GF-S A-DGF-S

ἐκτινάξατε τὸν κονιορτὸν τῶν ποδῶν ὑμῶν. 10.15 ἀμὴν λέγω
VMAA--YP DAMS N-AM-S DGMP N-GM-P NPG-YP QS VIPA--XS

ὑμῖν, ἀνεκτότερον ἔσται γῇ Σοδόμων καὶ Γομόρρων ἐν ἡμέρᾳ
NPD-YP A-MNN-S VIFD--ZS N-DF-S N-GN-P CC N-GN-P PD N-DF-S

κρίσεως ἢ τῇ πόλει ἐκείνῃ.
N-GF-S CS DDFS N-DF-S A-DDF-S

10.16 Ἰδοὺ ἐγὼ ἀποστέλλω ὑμᾶς ὡς πρόβατα ἐν μέσῳ λύκων·
QS NPN-XS VIPA--XS NPA-YP CS N-AN-P PD AP-DN-S N-GM-P

γίνεσθε οὖν φρόνιμοι ὡς οἱ ὄφεις καὶ ἀκέραιοι ὡς αἱ
VMPN--YP CH A--NM-P CS DNMP N-NM-P CC A--NM-P CS DNFP

περιστεραί. 10.17 προσέχετε δὲ ἀπὸ τῶν ἀνθρώπων·
N-NF-P VMPA--YP CH PG DGMP N-GM-P

παραδώσουσιν γὰρ ὑμᾶς εἰς συνέδρια, καὶ ἐν ταῖς συναγωγαῖς
VIFA--ZP CS NPA-YP PA N-AN-P CC PD DDFP N-DF-P

αὐτῶν μαστιγώσουσιν ὑμᾶς· 10.18 καὶ ἐπὶ ἡγεμόνας δὲ καὶ
NPGMZP VIFA--ZP NPA-YP AB PA N-AM-P CC CC

βασιλεῖς ἀχθήσεσθε ἕνεκεν ἐμοῦ εἰς μαρτύριον αὐτοῖς καὶ τοῖς
N-AM-P VIFP--YP PG NPG-XS PA N-AN-S NPDMZP CC DDNP

ἔθνεσιν. 10.19 ὅταν δὲ παραδῶσιν ὑμᾶς, μὴ μεριμνήσητε πῶς ἢ
N-DN-P CS CH VSAA--ZP NPA-YP AB VSAA--YP◻VMAA--YP ABT CC

τί λαλήσητε· δοθήσεται γὰρ ὑμῖν ἐν ἐκείνῃ τῇ ὥρᾳ τί
APTAN-S VSAA--YP VIFP--ZS CS NPD-YP PD A-DDF-S DDFS N-DF-S APTAN-S

λαλήσητε· 10.20 οὐ γὰρ ὑμεῖς ἐστε οἱ λαλοῦντες
VSAA--YP AB CS NPN-YP VIPA--YP DNMP□NPRNMYP&APRNMYP VPPANMYP

ἀλλὰ τὸ πνεῦμα τοῦ πατρὸς ὑμῶν τὸ λαλοῦν ἐν ὑμῖν.
CH DNNS N-NN-S DGMS N-GM-S NPG-YP DNNS□APRNN-S VPPANN-S PD NPD-YP

10.21 παραδώσει δὲ ἀδελφὸς ἀδελφὸν εἰς θάνατον καὶ πατὴρ
VIFA--ZS CC N-NM-S N-AM-S PA N-AM-S CC N-NM-S

τέκνον, καὶ ἐπαναστήσονται τέκνα ἐπὶ γονεῖς καὶ θανατώσουσιν
N-AN-S CC VIFM--ZP N-NN-P PA N-AM-P CC VIFA--ZP

αὐτούς. 10.22 καὶ ἔσεσθε μισούμενοι ὑπὸ πάντων διὰ τὸ ὄνομά
NPAMZP CC VIFD--YP+ +VPPPNMYP PG AP-GM-P PA DANS N-AN-S

μου· ὁ δὲ ὑπομείνας εἰς τέλος οὗτος σωθήσεται.
NPG-XS DNMS□APRNM-S+ CH VPAANM-S PA N-AN-S APDNM-S VIFP--ZS

10.23 ὅταν δὲ διώκωσιν ὑμᾶς ἐν τῇ πόλει ταύτῃ, φεύγετε εἰς τὴν
CS CC VSPA--ZP NPA-YP PD DDFS N-DF-S A-DDF-S VMPA--YP PA DAFS

ἑτέραν· ἀμὴν γὰρ λέγω ὑμῖν, οὐ μὴ τελέσητε τὰς πόλεις τοῦ
AP-AF-S QS CS VIPA--XS NPD-YP AB AB VSAA--YP DAFP N-AF-P DGMS

Ἰσραὴλ ἕως ἂν ἔλθῃ ὁ υἱὸς τοῦ ἀνθρώπου.
N-GM-S CS QV VSAA--ZS DNMS N-NM-S DGMS N-GM-S

10.24 Οὐκ ἔστιν μαθητὴς ὑπὲρ τὸν διδάσκαλον οὐδὲ δοῦλος
AB VIPA--ZS N-NM-S PA DAMS N-AM-S CC N-NM-S

ὑπὲρ τὸν κύριον αὐτοῦ. 10.25 ἀρκετὸν τῷ μαθητῇ ἵνα γένηται
PA DAMS N-AM-S NPGMZS A--NN-S DDMS N-DM-S CC VSAD--ZS

ὡς ὁ διδάσκαλος αὐτοῦ, καὶ ὁ δοῦλος ὡς ὁ κύριος αὐτοῦ. εἰ
CS DNMS N-NM-S NPGMZS CC DNMS N-NM-S CS DNMS N-NM-S NPGMZS CS

τὸν οἰκοδεσπότην Βεελζεβοὺλ ἐπεκάλεσαν, πόσῳ μᾶλλον τοὺς
DAMS N-AM-S N-AM-S VIAA--ZP APTDN-S ABM DAMP

οἰκιακοὺς αὐτοῦ.
N-AM-P NPGMZS

10.26 Μὴ οὖν φοβηθῆτε αὐτούς· οὐδὲν γάρ ἐστιν
AB CH VSAO--YP□VMAO--YP NPAMZP APCNN-S CS VIPA--ZS

κεκαλυμμένον ὃ οὐκ ἀποκαλυφθήσεται, καὶ κρυπτὸν ὃ οὐ
VPRPNN-S APRNN-S AB VIFP--ZS CC A--NN-S APRNN-S AB

γνωσθήσεται. 10.27 ὃ λέγω ὑμῖν ἐν τῇ
VIFP--ZS APRAN-S□APDAN-S&APRAN-S VIPA--XS NPD-YP PD DDFS

σκοτίᾳ, εἴπατε ἐν τῷ φωτί· καὶ ὃ εἰς τὸ οὖς
N-DF-S VMAA--YP PD DDNS N-DN-S CC APRAN-S□APDAN-S&APRAN-S PA DANS N-AN-S

ἀκούετε, κηρύξατε ἐπὶ τῶν δωμάτων. 10.28 καὶ μὴ φοβεῖσθε ἀπὸ
VIPA--YP VMAA--YP PG DGNP N-GN-P CC AB VMPN--YP PG

τῶν ἀποκτεννόντων τὸ σῶμα, τὴν δὲ ψυχὴν μὴ
DGMP□NPGMZP&APRNM-P VPPAGM-P DANS N-AN-S DAFS CH N-AF-S AB

δυναμένων ἀποκτεῖναι· φοβεῖσθε δὲ μᾶλλον τὸν
VPPNGM-P VNAA VMPN--YP CH ABM DAMS□NPAMZS&APRNM-S

31

δυνάμενον καὶ ψυχὴν καὶ σῶμα ἀπολέσαι ἐν γεέννη. 10.29 οὐχὶ
VPPNAM-S   CC   N-AF-S CC   N-AN-S VNAA   PD N-DF-S   QT

δύο στρουθία ἀσσαρίου πωλεῖται; καὶ ἓν ἐξ αὐτῶν οὐ
A-CNN-P N-NN-P N-GN-S VIPP--ZS CC APCNN-S PG NPGNZP AB

πεσεῖται ἐπὶ τὴν γῆν ἄνευ τοῦ πατρὸς ὑμῶν. 10.30 ὑμῶν δὲ καὶ
VIFD--ZS PA DAFS N-AF-S PG DGMS N-GM-S NPG-YP NPG-YP CC AB

αἱ τρίχες τῆς κεφαλῆς πᾶσαι ἠριθμημέναι εἰσίν. 10.31 μὴ οὖν
DNFP N-NF-P DGFS N-GF-S A--NF-P VPRPNF-P+ +VIPA--ZP AB CH

φοβεῖσθε· πολλῶν στρουθίων διαφέρετε ὑμεῖς.
VMPN--YP A--GN-P N-GN-P VIPA--YP NPN-YP

10.32 Πᾶς οὖν ὅστις ὁμολογήσει ἐν ἐμοὶ ἔμπροσθεν τῶν
AP-NM-S CC APRNM-S VIFA--ZS PD NPD-XS PG DGMP

ἀνθρώπων, ὁμολογήσω κἀγὼ ἐν αὐτῷ ἔμπροσθεν τοῦ πατρός
N-GM-P VIFA--XS AB&NPN-XS PD NPDMZS PG DGMS N-GM-S

μου τοῦ ἐν [τοῖς] οὐρανοῖς· 10.33 ὅστις δ' ἂν ἀρνήσηταί με
NPG-XS DGMS PD DDMP N-DM-P APRNM-S+ CC QV VSAD--ZS NPA-XS

ἔμπροσθεν τῶν ἀνθρώπων, ἀρνήσομαι κἀγὼ αὐτὸν ἔμπροσθεν
PG DGMP N-GM-P VIFD--XS AB&NPN-XS NPAMZS PG

τοῦ πατρός μου τοῦ ἐν [τοῖς] οὐρανοῖς.
DGMS N-GM-S NPG-XS DGMS PD DDMP N-DM-P

10.34 Μὴ νομίσητε ὅτι ἦλθον βαλεῖν εἰρήνην ἐπὶ τὴν
AB VSAA--YP◻VMAA--YP CC VIAA--XS VNAA N-AF-S PA DAFS

γῆν· οὐκ ἦλθον βαλεῖν εἰρήνην ἀλλὰ μάχαιραν. 10.35 ἦλθον γὰρ
N-AF-S AB VIAA--XS VNAA N-AF-S CH N-AF-S VIAA--XS CS

διχάσαι
VNAA

    ἄνθρωπον κατὰ τοῦ πατρὸς αὐτοῦ
    N-AM-S PG DGMS N-GM-S NPGMZS

        καὶ θυγατέρα κατὰ τῆς μητρὸς αὐτῆς
        CC N-AF-S PG DGFS N-GF-S NPGFZS

    καὶ νύμφην κατὰ τῆς πενθερᾶς αὐτῆς,
    CC N-AF-S PG DGFS N-GF-S NPGFZS

10.36   καὶ ἐχθροὶ τοῦ ἀνθρώπου οἱ οἰκιακοὶ αὐτοῦ.
         CC AP-NM-P DGMS N-GM-S DNMP N-NM-P NPGMZS

10.37 Ὁ   φιλῶν πατέρα ἢ μητέρα ὑπὲρ ἐμὲ οὐκ
      DNMS◻NPNMZS&APRNM-S VPPANM-S N-AM-S CC N-AF-S PA NPA-XS AB

ἔστιν μου ἄξιος· καὶ ὁ   φιλῶν υἱὸν ἢ θυγατέρα
VIPA--ZS NPG-XS A--NM-S CC DNMS◻NPNMZS&APRNM-S VPPANM-S N-AM-S CC N-AF-S

ὑπὲρ ἐμὲ οὐκ ἔστιν μου ἄξιος· 10.38 καὶ ὃς   οὐ
PA NPA-XS AB VIPA--ZS NPG-XS A--NM-S CC APRNM-S◻APDNM-S&APRNM-S AB

λαμβάνει τὸν σταυρὸν αὐτοῦ καὶ ἀκολουθεῖ ὀπίσω μου, οὐκ
VIPA--ZS DAMS N-AM-S NPGMZS CC VIPA--ZS PG NPG-XS AB

ἔστιν μου ἄξιος. 10.39 ὁ   εὑρὼν τὴν ψυχὴν
VIPA--ZS NPG-XS A--NM-S DNMS◻NPNMZS&APRNM-S VPAANM-S DAFS N-AF-S

αὐτοῦ ἀπολέσει αὐτήν, καὶ ὁ ἀπολέσας τὴν
NPGMZS VIFA--ZS NPAFZS CC DNMS□NPNMZS&APRNM-S VPAANM-S DAFS

ψυχὴν αὐτοῦ ἕνεκεν ἐμοῦ εὑρήσει αὐτήν.
N-AF-S NPGMZS PG NPG-XS VIFA--ZS NPAFZS

10.40 Ὁ δεχόμενος ὑμᾶς ἐμὲ δέχεται, καὶ
DNMS□NPNMZS&APRNM-S VPPNNM-S NPA-YP NPA-XS VIPN--ZS CC

ὁ ἐμὲ δεχόμενος δέχεται τὸν
DNMS□NPNMZS&APRNM-S NPA-XS VPPNNM-S VIPN--ZS DAMS□NPAMZS&APRNM-S

ἀποστείλαντά με. 10.41 ὁ δεχόμενος προφήτην
VPAAAM-S NPA-XS DNMS□NPNMZS&APRNM-S VPPNNM-S N-AM-S

εἰς ὄνομα προφήτου μισθὸν προφήτου λήμψεται, καὶ
PA N-AN-S N-GM-S N-AM-S N-GM-S VIFD--ZS CC

ὁ δεχόμενος δίκαιον εἰς ὄνομα δικαίου μισθὸν
DNMS□NPNMZS&APRNM-S VPPNNM-S AP-AM-S PA N-AN-S AP-GM-S N-AM-S

δικαίου λήμψεται. 10.42 καὶ ὃς ἂν ποτίσῃ ἕνα
AP-GM-S VIFD--ZS CC APRNM-S□APDNM-S&APRNM-S QV VSAA--ZS APCAM-S

τῶν μικρῶν τούτων ποτήριον ψυχροῦ μόνον εἰς
DGMP AP-GM-P A-DGM-P N-AN-S AP-GN-S A--AM-S/A--AN-S/AP-AN-S□AB PA

ὄνομα μαθητοῦ, ἀμὴν λέγω ὑμῖν, οὐ μὴ ἀπολέσῃ τὸν μισθὸν
N-AN-S N-GM-S QS VIPA--XS NPD-YP AB AB VSAA--ZS DAMS N-AM-S

αὐτοῦ.
NPGMZS

11.1 Καὶ ἐγένετο ὅτε ἐτέλεσεν ὁ Ἰησοῦς διατάσσων τοῖς
CC VIAD--ZS CS VIAA--ZS DNMS N-NM-S VPPANM-S DDMP

δώδεκα μαθηταῖς αὐτοῦ, μετέβη ἐκεῖθεν τοῦ διδάσκειν καὶ
A-CDM-P N-DM-P NPGMZS VIAA--ZS AB DGNS VNPAG CC

κηρύσσειν ἐν ταῖς πόλεσιν αὐτῶν.
VNPAG PD DDFP N-DF-P NPGMZP

11.2 Ὁ δὲ Ἰωάννης ἀκούσας ἐν τῷ δεσμωτηρίῳ τὰ ἔργα
DNMS CC N-NM-S VPAANM-S PD DDNS N-DN-S DANP N-AN-P

τοῦ Χριστοῦ πέμψας διὰ τῶν μαθητῶν αὐτοῦ 11.3 εἶπεν αὐτῷ,
DGMS N-GM-S VPAANM-S PG DGMP N-GM-P NPGMZS VIAA--ZS NPDMZS

Σὺ εἶ ὁ ἐρχόμενος ἢ ἕτερον προσδοκῶμεν;
NPN-YS VIPA--YS DNMS□NPNMZS&APRNM-S VPPNNM-S CC AP-AM-S VIPA--XP/VSPA--XP

11.4 καὶ ἀποκριθεὶς ὁ Ἰησοῦς εἶπεν αὐτοῖς, Πορευθέντες
CC VPAONM-S DNMS N-NM-S VIAA--ZS NPDMZP VRAONMYP

ἀπαγγείλατε Ἰωάννῃ ἃ ἀκούετε καὶ βλέπετε·
VMAA--YP N-DM-S APRAN-P□APDAN-P&APRAN-P VIPA--YP CC VIPA--YP

11.5 τυφλοὶ ἀναβλέπουσιν καὶ χωλοὶ περιπατοῦσιν, λεπροὶ
AP-NM-P VIPA--ZP CC AP-NM-P VIPA--ZP AP-NM-P

καθαρίζονται καὶ κωφοὶ ἀκούουσιν, καὶ νεκροὶ ἐγείρονται καὶ
VIPP--ZP CC AP-NM-P VIPA--ZP CC AP-NM-P VIPP--ZP CC

πτωχοὶ εὐαγγελίζονται· 11.6 καὶ μακάριός ἐστιν
AP-NM-P VIPP--ZP CC A--NM-S VIPA--ZS

33

ὃς   ἐὰν μὴ σκανδαλισθῇ ἐν ἐμοί. 11.7 Τούτων δὲ
APRNM-S☐APDNM-S&APRNM-S QV AB VSAP--ZS PD NPD-XS APDGM-P CC

πορευομένων ἤρξατο ὁ   Ἰησοῦς λέγειν τοῖς ὄχλοις περὶ
VPPNGM-P VIAM--ZS DNMS N-NM-S VNPA DDMP N-DM-P PG

Ἰωάννου, Τί   ἐξήλθατε εἰς τὴν ἔρημον θεάσασθαι; κάλαμον
N-GM-S APTAN-S VIAA--YP PA DAFS AP-AF-S VNAD N-AM-S

ὑπὸ ἀνέμου σαλευόμενον; 11.8 ἀλλὰ τί   ἐξήλθατε ἰδεῖν;
PG N-GM-S VPPPAM-S CH APTAN-S VIAA--YP VNAA

ἄνθρωπον ἐν μαλακοῖς ἠμφιεσμένον; ἰδοὺ οἱ   τὰ
N-AM-S PD AP-DN-P VPRPAM-S QS DNMP☐NPNMZP&APRNM-P DANP

μαλακὰ φοροῦντες ἐν τοῖς οἴκοις τῶν βασιλέων εἰσίν. 11.9 ἀλλὰ
AP-AN-P VPPANM-P PD DDMP N-DM-P DGMP N-GM-P VIPA--ZP CH

τί   ἐξήλθατε ἰδεῖν; προφήτην; ναί, λέγω ὑμῖν, καὶ
APTAN-S VIAA--YP VNAA N-AM-S QS VIPA--XS NPD-YP CC

περισσότερον προφήτου. 11.10 οὗτός ἐστιν περὶ
APMAM-S/APMAN-S N-GM-S APDNM-S VIPA--ZS PG

οὗ   γέγραπται,
APRGM-S☐APRGM-S&APDNM-S VIRP--ZS

Ἰδοὺ ἐγὼ ἀποστέλλω τὸν ἄγγελόν μου πρὸ προσώπου
QS NPN-XS VIPA--XS DAMS N-AM-S NPG-XS PG N-GN-S

σου,
NPG-YS

ὃς   κατασκευάσει τὴν ὁδόν σου ἔμπροσθέν σου.
APRNM-S VIFA--ZS DAFS N-AF-S NPG-YS PG NPG-YS

11.11 ἀμὴν λέγω ὑμῖν, οὐκ ἐγήγερται ἐν γεννητοῖς γυναικῶν
QS VIPA--XS NPD-YP AB VIRP--ZS PD AP-DM-P N-GF-P

μείζων Ἰωάννου τοῦ βαπτιστοῦ· ὁ   δὲ μικρότερος ἐν τῇ
APMNM-S N-GM-S DGMS N-GM-S DNMS CH APMNM-S PD DDFS

βασιλείᾳ τῶν οὐρανῶν μείζων αὐτοῦ ἐστιν. 11.12 ἀπὸ δὲ τῶν
N-DF-S DGMP N-GM-P A-MNM-S NPGMZS VIPA--ZS PG CC DGFP

ἡμερῶν Ἰωάννου τοῦ βαπτιστοῦ ἕως ἄρτι   ἡ   βασιλεία τῶν
N-GF-P N-GM-S DGMS N-GM-S PG AB☐AP-GM-S DNFS N-NF-S DGMP

οὐρανῶν βιάζεται, καὶ βιασταὶ ἁρπάζουσιν αὐτήν. 11.13 πάντες
N-GM-P VIPN--ZS CC N-NM-P VIPA--ZP NPAFZS A--NM-P

γὰρ οἱ   προφῆται καὶ ὁ   νόμος ἕως Ἰωάννου ἐπροφήτευσαν·
CS DNMP N-NM-P CC DNMS N-NM-S PG N-GM-S VIAA--ZP

11.14 καὶ εἰ θέλετε δέξασθαι, αὐτός ἐστιν Ἡλίας ὁ
CC CS VIPA--YP VNAD NPNMZS VIPA--ZS N-NM-S DNMS☐APRNM-S

μέλλων ἔρχεσθαι. 11.15 ὁ   ἔχων ὦτα ἀκουέτω.
VPPANM-S+ +VNPN DNMS☐NPNMZS&APRNM-S VPPANM-S N-AN-P VMPA--ZS

11.16 Τίνι   δὲ ὁμοιώσω τὴν γενεὰν ταύτην; ὁμοία ἐστὶν
APTDN-S CC VIFA--XS DAFS N-AF-S A-DAF-S A--NF-S VIPA--ZS

παιδίοις καθημένοις ἐν ταῖς ἀγοραῖς ἃ   προσφωνοῦντα τοῖς
N-DN-P VPPNDN-P PD DDFP N-DF-P APRNN-P VPPANN-P DDNP

έτέροις 11.17 λέγουσιν,
AP-DN-P   VIPA--ZP

    Ηὐλήσαμεν ὑμῖν καὶ οὐκ ὠρχήσασθε·
    VIAA--XP   NPD-YP CC AB VIAD--YP

    ἐθρηνήσαμεν καὶ οὐκ ἐκόψασθε.
    VIAA--XP   CC AB VIAM--YP

11.18 ἦλθεν γὰρ Ἰωάννης μήτε ἐσθίων μήτε πίνων, καὶ λέγουσιν,
      VIAA--ZS CS   N-NM-S   CC   VPPANM-S CC   VPPANM-S CC   VIPA--ZP

Δαιμόνιον ἔχει· 11.19 ἦλθεν ὁ   υἱὸς τοῦ ἀνθρώπου ἐσθίων καὶ
N-AN-S   VIPA--ZS   VIAA--ZS DNMS N-NM-S DGMS N-GM-S   VPPANM-S CC

πίνων, καὶ λέγουσιν, Ἰδοὺ ἄνθρωπος φάγος καὶ οἰνοπότης,
VPPANM-S CC   VIPA--ZP   QS   N-NM-S   N-NM-S   CC   N-NM-S

τελωνῶν φίλος καὶ ἁμαρτωλῶν. καὶ ἐδικαιώθη ἡ   σοφία ἀπὸ τῶν
N-GM-P   AP-NM-S CC   AP-GM-P   CC   VIAP--ZS   DNFS N-NF-S   PG   DGNP

ἔργων αὐτῆς.
N-GN-P   NPGFZS

    11.20 Τότε ἤρξατο ὀνειδίζειν τὰς πόλεις ἐν αἷς   ἐγένοντο αἱ
          AB   VIAM--ZS VNPA   DAFP N-AF-P   PD   APRDF-P VIAD--ZP   DNFP

πλεῖσται δυνάμεις αὐτοῦ, ὅτι οὐ μετενόησαν· 11.21 Οὐαί σοι,
A-SNF-P   N-NF-P   NPGMZS   CS   AB   VIAA--ZP   QS   NPD-YS

Χοραζίν· οὐαί σοι, Βηθσαϊδά· ὅτι εἰ ἐν Τύρῳ καὶ Σιδῶνι ἐγένοντο
N-VF-S   QS   NPD-YS N-VF-S   CS   CS PD N-DF-S CC   N-DF-S   VIAD--ZP

αἱ   δυνάμεις αἱ   γενόμεναι ἐν ὑμῖν, πάλαι ἂν ἐν σάκκῳ
DNFP N-NF-P   DNFP□APRNF-P VPADNF-P   PD NPD-YP AB   QV PD N-DM-S

καὶ σποδῷ μετενόησαν. 11.22 πλὴν λέγω ὑμῖν, Τύρῳ καὶ Σιδῶνι
CC   N-DF-S   VIAA--ZP   CH   VIPA--XS NPD-YP N-DF-S CC   N-DF-S

ἀνεκτότερον ἔσται ἐν ἡμέρᾳ κρίσεως ἢ ὑμῖν. 11.23 καὶ σύ,
A-MNN-S   VIFD--ZS PD   N-DF-S N-GF-S   CS NPD-YP   AB/CC NPN-YS

Καφαρναούμ,
N-VF-S

    μὴ ἕως οὐρανοῦ ὑψωθήσῃ;
    QT PG   N-GM-S   VIFP--YS

    ἕως ᾅδου καταβήσῃ.
    PG   N-GM-S VIFD--YS

ὅτι εἰ ἐν Σοδόμοις ἐγενήθησαν αἱ   δυνάμεις αἱ
CS   CS PD N-DN-P   VIAO--ZP   DNFP   N-NF-P   DNFP□APRNF-P

γενόμεναι ἐν σοί, ἔμεινεν ἂν μέχρι τῆς σήμερον. 11.24 πλὴν
VPADNF-P   PD NPD-YS VIAA--ZS QV PG   DGFS AB□AP-GF-S   CH

λέγω ὑμῖν ὅτι γῇ   Σοδόμων ἀνεκτότερον ἔσται ἐν ἡμέρᾳ
VIPA--XS NPD-YP CH   N-DF-S N-GN-P   A-MNN-S   VIFD--ZS PD   N-DF-S

κρίσεως ἢ σοί.
N-GF-S   CS NPD-YS

    11.25 Ἐν ἐκείνῳ τῷ   καιρῷ ἀποκριθεὶς ὁ   Ἰησοῦς εἶπεν,
         PD A-DDM-S DDMS N-DM-S VPAONM-S   DNMS N-NM-S VIAA--ZS

Ἐξομολογοῦμαί σοι, πάτερ, κύριε τοῦ οὐρανοῦ καὶ τῆς γῆς, ὅτι
VIPM--XS NPD-YS N-VM-S N-VM-S DGMS N-GM-S CC DGFS N-GF-S CS

ἔκρυψας ταῦτα ἀπὸ σοφῶν καὶ συνετῶν καὶ ἀπεκάλυψας αὐτὰ
VIAA--YS APDAN-P PG AP-GM-P CC AP-GM-P CC VIAA--YS NPANZP

νηπίοις· 11.26 ναί, ὁ πατήρ, ὅτι οὕτως εὐδοκία ἐγένετο
AP-DM-P QS DVMS N-NM-S□N-VM-S CS AB N-NF-S VIAD--ZS

ἔμπροσθέν σου. 11.27 Πάντα μοι παρεδόθη ὑπὸ τοῦ πατρός
PG NPG-YS AP-NN-P NPD-XS VIAP--ZS PG DGMS N-GM-S

μου, καὶ οὐδεὶς ἐπιγινώσκει τὸν υἱὸν εἰ μὴ ὁ πατήρ, οὐδὲ τὸν
NPG-XS CC APCNM-S VIPA--ZS DAMS N-AM-S CS AB DNMS N-NM-S CC DAMS

πατέρα τις ἐπιγινώσκει εἰ μὴ ὁ υἱὸς καὶ ᾧ
N-AM-S APINM-S VIPA--ZS CS AB DNMS N-NM-S CC APRDM-S□APDNM-S&APRDM-S

ἐὰν βούληται ὁ υἱὸς ἀποκαλύψαι. 11.28 Δεῦτε πρός με
QV VSPN--ZS DNMS N-NM-S VNAA AB□VMAA--YP PA NPA-XS

πάντες οἱ κοπιῶντες καὶ πεφορτισμένοι, κἀγὼ
AP-VM-P DVMP□APRNMYP VPPAVMYP CC VPRPVMYP CC&NPN-XS

ἀναπαύσω ὑμᾶς. 11.29 ἄρατε τὸν ζυγόν μου ἐφ᾽ ὑμᾶς καὶ
VIFA--XS NPA-YP VMAA--YP DAMS N-AM-S NPG-XS PA NPA-YP CC

μάθετε ἀπ᾽ ἐμοῦ, ὅτι πραΰς εἰμι καὶ ταπεινὸς τῇ καρδίᾳ, καὶ
VMAA--YP PG NPG-XS CS A--NM-S VIPA--XS CC A--NM-S DDFS N-DF-S CC

εὑρήσετε ἀνάπαυσιν ταῖς ψυχαῖς ὑμῶν· 11.30 ὁ γὰρ ζυγός μου
VIFA--YP N-AF-S DDFP N-DF-P NPG-YP DNMS CS N-NM-S NPG-XS

χρηστὸς καὶ τὸ φορτίον μου ἐλαφρόν ἐστιν.
A--NM-S CC DNNS N-NN-S NPG-XS A--NN-S VIPA--ZS

12.1 Ἐν ἐκείνῳ τῷ καιρῷ ἐπορεύθη ὁ Ἰησοῦς τοῖς
PD A-DDM-S DDMS N-DM-S VIAO--ZS DNMS N-NM-S DDNP

σάββασιν διὰ τῶν σπορίμων· οἱ δὲ μαθηταὶ αὐτοῦ ἐπείνασαν,
N-DN-P PG DGNP AP-GN-P DNMP CC N-NM-P NPGMZS VIAA--ZP

καὶ ἤρξαντο τίλλειν στάχυας καὶ ἐσθίειν. 12.2 οἱ δὲ Φαρισαῖοι
CC VIAM--ZP VNPA N-AM-P CC VNPA DNMP CH N-NM-P

ἰδόντες εἶπαν αὐτῷ, Ἰδοὺ οἱ μαθηταί σου ποιοῦσιν
VPRAANM-P VIAA--ZP NPDMZS QS DNMP N-NM-P NPG-YS VIPA--ZP

ὃ οὐκ ἔξεστιν ποιεῖν ἐν σαββάτῳ.
APRAN-S□APDAN-S&APRAN-S AB VIPA--ZS VNPA PD N-DN-S

12.3 ὁ δὲ εἶπεν αὐτοῖς, Οὐκ ἀνέγνωτε τί ἐποίησεν
DNMS□NPNMZS CH VIAA--ZS NPDMZP QT VIAA--YP APTAN-S VIAA--ZS

Δαυὶδ ὅτε ἐπείνασεν καὶ οἱ μετ᾽ αὐτοῦ; 12.4 πῶς εἰσῆλθεν εἰς
N-NM-S CS VIAA--ZS CC DNMP PG NPGMZS CC VIAA--ZS PA

τὸν οἶκον τοῦ θεοῦ καὶ τοὺς ἄρτους τῆς προθέσεως ἔφαγον,
DAMS N-AM-S DGMS N-GM-S CC DAMP N-AM-P DGFS N-GF-S VIAA--ZP

ὃ οὐκ ἐξὸν ἦν αὐτῷ φαγεῖν οὐδὲ τοῖς μετ᾽ αὐτοῦ, εἰ μὴ
APRAN-S AB VPPANN-S+ +VIIA--ZS NPDMZS VNAA CC DDMP PG NPGMZS CS AB

τοῖς ἱερεῦσιν μόνοις; 12.5 ἢ οὐκ ἀνέγνωτε ἐν τῷ νόμῳ ὅτι τοῖς
DDMP N-DM-P A--DM-P CC QT VIAA--YP PD DDMS N-DM-S CC DDNP

σάββασιν οἱ ἱερεῖς ἐν τῷ ἱερῷ τὸ σάββατον βεβηλοῦσιν
N-DN-P   DNMP N-NM-P PD DDNS AP-DN-S DANS N-AN-S   VIPA--ZP

καὶ ἀναίτιοί εἰσιν; 12.6 λέγω δὲ ὑμῖν ὅτι τοῦ ἱεροῦ μεῖζόν ἐστιν
CC A--NM-P VIPA--ZP   VIPA--XS CC NPD-YP CH DGNS AP-GN-S APMNN-S VIPA--ZS

ὧδε. 12.7 εἰ δὲ ἐγνώκειτε τί ἐστιν, Ἔλεος θέλω καὶ οὐ θυσίαν,
AB   CS CC VILA--YP APTNN-S VIPA--ZS N-AN-S VIPA--XS CC AB N-AF-S

οὐκ ἂν κατεδικάσατε τοὺς ἀναιτίους. 12.8 κύριος γάρ ἐστιν τοῦ
AB QV VIAA--YP   DAMP AP-AM-P   N-NM-S CS VIPA--ZS DGNS

σαββάτου ὁ υἱὸς τοῦ ἀνθρώπου.
N-GN-S DNMS N-NM-S DGMS N-GM-S

12.9 Καὶ μεταβὰς ἐκεῖθεν ἦλθεν εἰς τὴν συναγωγὴν αὐτῶν·
CC VPAANM-S AB VIIA--ZS PA DAFS N-AF-S NPGMZP

12.10 καὶ ἰδοὺ ἄνθρωπος χεῖρα ἔχων ξηράν. καὶ ἐπηρώτησαν
CC QS N-NM-S N-AF-S VPPANM-S A--AF-S CC VIAA--ZP

αὐτὸν λέγοντες, Εἰ ἔξεστιν τοῖς σάββασιν θεραπεῦσαι; ἵνα
NPAMZS VPPANM-P QT VIPA--ZS DDNP N-DN-P VNAA CS

κατηγορήσωσιν αὐτοῦ. 12.11 ὁ δὲ εἶπεν αὐτοῖς, Τίς
VSAA--ZP NPGMZS DNMS□NPNMZS CH VIAA--ZS NPDMZP A-TNM-S

ἔσται ἐξ ὑμῶν ἄνθρωπος ὃς ἕξει πρόβατον ἕν, καὶ ἐὰν
VIFD--ZS PG NPG-YP N-NM-S APRNM-S VIFA--ZS N-AN-S A-CAN-S CC CS

ἐμπέσῃ τοῦτο τοῖς σάββασιν εἰς βόθυνον, οὐχὶ κρατήσει αὐτὸ
VSAA--ZS APDNN-S DDNP N-DN-P PA N-AM-S QT VIFA--ZS NPANZS

καὶ ἐγερεῖ; 12.12 πόσῳ οὖν διαφέρει ἄνθρωπος προβάτου. ὥστε
CC VIFA--ZS APTDN-S CC/CH VIPA--ZS N-NM-S N-GN-S CH

ἔξεστιν τοῖς σάββασιν καλῶς ποιεῖν. 12.13 τότε λέγει τῷ
VIPA--ZS DDNP N-DN-P AB VNPA AB VIPA--ZS DDMS

ἀνθρώπῳ, Ἔκτεινόν σου τὴν χεῖρα. καὶ ἐξέτεινεν, καὶ
N-DM-S VMAA--YS NPG-YS DAFS N-AF-S CC VIAA--ZS CC

ἀπεκατεστάθη ὑγιὴς ὡς ἡ ἄλλη. 12.14 ἐξελθόντες δὲ οἱ
VIAP--ZS A--NF-S CS DNFS AP-NF-S VPAANM-P CH DNMP

Φαρισαῖοι συμβούλιον ἔλαβον κατ’ αὐτοῦ ὅπως αὐτὸν
N-NM-P N-AN-S VIAA--ZP PG NPGMZS CS NPAMZS

ἀπολέσωσιν.
VSAA--ZP

12.15 Ὁ δὲ Ἰησοῦς γνοὺς ἀνεχώρησεν ἐκεῖθεν. καὶ
DNMS CH N-NM-S VPAANM-S VIAA--ZS AB CC

ἠκολούθησαν αὐτῷ [ὄχλοι] πολλοί, καὶ ἐθεράπευσεν αὐτοὺς
VIAA--ZP NPDMZS N-NM-P A--NM-P CC VIAA--ZS NPAMZP

πάντας, 12.16 καὶ ἐπετίμησεν αὐτοῖς ἵνα μὴ φανερὸν αὐτὸν
A--AM-P CC VIAA--ZS NPDMZP CC AB A--AM-S NPAMZS

ποιήσωσιν· 12.17 ἵνα πληρωθῇ τὸ ῥηθὲν διὰ
VSAA--ZP CH VSAP--ZS DNNS□NPNNZS&APRNN-S VPAPNN-S PG

Ἡσαΐου τοῦ προφήτου λέγοντος,
N-GM-S DGMS N-GM-S VPPAGM-S

37

12.18 Ἰδοὺ ὁ   παῖς μου ὃν   ἡρέτισα,
QS   DNMS N-NM-S NPG-XS APRAM-S VIAA--XS

ὁ   ἀγαπητός μου   εἰς ὃν   εὐδόκησεν ἡ   ψυχή
DNMS AP-NM-S NPG-XS PA APRAM-S VIAA--ZS DNFS N-NF-S

μου·
NPG-XS

θήσω τὸ   πνεῦμά μου   ἐπ’ αὐτόν,
VIFA--XS DANS N-AN-S NPG-XS PA NPRAMZS

καὶ κρίσιν τοῖς ἔθνεσιν ἀπαγγελεῖ.
CC N-AF-S DDNP N-DN-P VIFA--ZS

12.19 οὐκ ἐρίσει οὐδὲ κραυγάσει,
AB VIFA--ZS CC VIFA--ZS

οὐδὲ ἀκούσει τις   ἐν ταῖς πλατείαις τὴν φωνὴν
CC   VIFA--ZS APINM-S PD DDFP AP-DF-P   DAFS N-AF-S

αὐτοῦ.
NPGMZS

12.20 κάλαμον συντετριμμένον οὐ κατεάξει
N-AM-S   VPRPAM-S   AB VIFA--ZS

καὶ λίνον τυφόμενον οὐ σβέσει,
CC N-AN-S VPPPAN-S AB VIFA--ZS

ἕως ἂν ἐκβάλῃ εἰς νῖκος τὴν κρίσιν.
CS QV VSAA--ZS PA N-AN-S DAFS N-AF-S

12.21 καὶ τῷ   ὀνόματι αὐτοῦ ἔθνη ἐλπιοῦσιν.
CC DDNS N-DN-S NPGMZS N-NN-P VIFA--ZP

12.22 Τότε προσηνέχθη αὐτῷ   δαιμονιζόμενος τυφλὸς καὶ
AB   VIAP--ZS   NPDMZS VPPNNM-S   A--NM-S CC

κωφός· καὶ ἐθεράπευσεν αὐτόν, ὥστε τὸν κωφὸν λαλεῖν καὶ
A--NM-S CC VIAA--ZS   NPRAMZS CH   DAMS AP-AM-S VNPA   CC

βλέπειν. 12.23 καὶ ἐξίσταντο πάντες οἱ   ὄχλοι καὶ ἔλεγον, Μήτι
VNPA   CC VIIM--ZP A--NM-P DNMP N-NM-P CC VIIA--ZP QT

οὗτός ἐστιν ὁ   υἱὸς Δαυίδ; 12.24 οἱ   δὲ Φαρισαῖοι ἀκούσαντες
APDNM-S VIPA--ZS DNMS N-NM-S N-GM-S   DNMP CH N-NM-P   VPAANM-P

εἶπον, Οὗτος οὐκ ἐκβάλλει τὰ   δαιμόνια εἰ μὴ ἐν τῷ   Βεελζεβοὺλ
VIAA--ZP APDNM-S AB VIPA--ZS DANP N-AN-P   CS AB PD DDMS N-DM-S

ἄρχοντι τῶν δαιμονίων. 12.25 εἰδὼς   δὲ τὰς ἐνθυμήσεις αὐτῶν
N-DM-S DGNP N-GN-P   VPRANM-S CH DAFP N-AF-P   NPGMZP

εἶπεν αὐτοῖς, Πᾶσα βασιλεία μερισθεῖσα καθ’ ἑαυτῆς ἐρημοῦται,
VIAA--ZS NPDMZP A--NF-S N-NF-S   VPAPNF-S PG NPGFZS VIPP--ZS

καὶ πᾶσα πόλις ἢ οἰκία μερισθεῖσα καθ’ ἑαυτῆς οὐ σταθήσεται.
CC A--NF-S N-NF-S CC N-NF-S VPAPNF-S PG NPGFZS AB VIFP--ZS

12.26 καὶ εἰ ὁ   Σατανᾶς τὸν Σατανᾶν ἐκβάλλει, ἐφ’ ἑαυτὸν
CC CS DNMS N-NM-S DAMS N-AM-S VIPA--ZS   PA NPRAMZS

ἐμερίσθη· πῶς οὖν σταθήσεται ἡ   βασιλεία αὐτοῦ; 12.27 καὶ εἰ
VIAP--ZS ABT CH VIFP--ZS   DNFS N-NF-S   NPGMZS   CC CS

ἐγὼ ἐν Βεελζεβοὺλ ἐκβάλλω τὰ δαιμόνια, οἱ υἱοὶ ὑμῶν ἐν
NPN-XS PD N-DM-S VIPA--XS DANP N-AN-P DNMP N-NM-P NPG-YP PD

τίνι ἐκβάλλουσιν; διὰ τοῦτο αὐτοὶ κριταὶ ἔσονται ὑμῶν.
APTDM-S/APTDN-S VIPA--ZP PA APDAN-S NPNMZP N-NM-P VIFD--ZP NPG-YP

12.28 εἰ δὲ ἐν πνεύματι θεοῦ ἐγὼ ἐκβάλλω τὰ δαιμόνια, ἄρα
CS CH PD N-DN-S N-GM-S NPN-XS VIPA--XS DANP N-AN-P CH

ἔφθασεν ἐφ᾽ ὑμᾶς ἡ βασιλεία τοῦ θεοῦ. 12.29 ἢ πῶς δύναταί
VIAA--ZS PA NPA-YP DNFS N-NF-S DGMS N-GM-S CC ABT VIPN--ZS

τις εἰσελθεῖν εἰς τὴν οἰκίαν τοῦ ἰσχυροῦ καὶ τὰ σκεύη αὐτοῦ
APINM-S VNAA PA DAFS N-AF-S DGMS AP-GM-S CC DANP N-AN-P NPGMZS

ἁρπάσαι, ἐὰν μὴ πρῶτον δήσῃ τὸν ἰσχυρόν; καὶ τότε τὴν
VNAA CS AB APOAN-S□AB VSAA--ZS DAMS AP-AM-S CC AB DAFS

οἰκίαν αὐτοῦ διαρπάσει. 12.30 ὁ μὴ ὢν μετ᾽
N-AF-S NPGMZS VIFA--ZS DNMS□NPNMZS&APRNM-S AB VPPANM-S PG

ἐμοῦ κατ᾽ ἐμοῦ ἐστιν, καὶ ὁ μὴ συνάγων μετ᾽
NPG-XS PG NPG-XS VIPA--ZS CC DNMS□NPNMZS&APRNM-S AB VPPANM-S PG

ἐμοῦ σκορπίζει. 12.31 Διὰ τοῦτο λέγω ὑμῖν, πᾶσα ἁμαρτία καὶ
NPG-XS VIPA--ZS PA APDAN-S VIPA--XS NPD-YP A--NF-S N-NF-S CC

βλασφημία ἀφεθήσεται τοῖς ἀνθρώποις, ἡ δὲ τοῦ πνεύματος
N-NF-S VIFP--ZS DDMP N-DM-P DNFS CH DGNS N-GN-S

βλασφημία οὐκ ἀφεθήσεται. 12.32 καὶ ὃς ἐὰν εἴπῃ λόγον
N-NF-S AB VIFP--ZS CC APRNM-S+ QV VSAA--ZS N-AM-S

κατὰ τοῦ υἱοῦ τοῦ ἀνθρώπου, ἀφεθήσεται αὐτῷ· ὃς δ᾽ ἂν
PG DGMS N-GM-S DGMS N-GM-S VIFP--ZS NPDMZS APRNM-S+ CH QV

εἴπῃ κατὰ τοῦ πνεύματος τοῦ ἁγίου, οὐκ ἀφεθήσεται αὐτῷ οὔτε
VSAA--ZS PG DGNS N-GN-S DGNS A--GN-S AB VIFP--ZS NPDMZS CC

ἐν τούτῳ τῷ αἰῶνι οὔτε ἐν τῷ μέλλοντι.
PD A-DDM-S DDMS N-DM-S CC PD DDMS□NPDMZS&APRNM-S VPPADM-S

12.33 Ἢ ποιήσατε τὸ δένδρον καλὸν καὶ τὸν καρπὸν αὐτοῦ
CC VMAA--YP DANS N-AN-S A--AN-S CC DAMS N-AM-S NPGNZS

καλόν, ἢ ποιήσατε τὸ δένδρον σαπρὸν καὶ τὸν καρπὸν αὐτοῦ
A--AM-S CC VMAA--YP DANS N-AN-S A--AN-S CC DAMS N-AM-S NPGNZS

σαπρόν· ἐκ γὰρ τοῦ καρποῦ τὸ δένδρον γινώσκεται.
A--AM-S PG CS DGMS N-GM-S DNNS N-NN-S VIPP--ZS

12.34 γεννήματα ἐχιδνῶν, πῶς δύνασθε ἀγαθὰ λαλεῖν πονηροὶ
N-VN-P N-GF-P ABT VIPN--YP AP-AN-P VNPA A--NM-P

ὄντες; ἐκ γὰρ τοῦ περισσεύματος τῆς καρδίας τὸ στόμα λαλεῖ.
VPPANMYP PG CS DGNS N-GN-S DGFS N-GF-S DNNS N-NN-S VIPA--ZS

12.35 ὁ ἀγαθὸς ἄνθρωπος ἐκ τοῦ ἀγαθοῦ θησαυροῦ ἐκβάλλει
DNMS A--NM-S N-NM-S PG DGMS A--GM-S N-GM-S VIPA--ZS

ἀγαθά, καὶ ὁ πονηρὸς ἄνθρωπος ἐκ τοῦ πονηροῦ θησαυροῦ
AP-AN-P CC DNMS A--NM-S N-NM-S PG DGMS A--GM-S N-GM-S

ἐκβάλλει πονηρά. 12.36 λέγω δὲ ὑμῖν ὅτι πᾶν ῥῆμα ἀργὸν
VIPA--ZS AP-AN-P VIPA--XS CC NPD-YP CH A--AN-S N-AN-S A--AN-S

ὃ   λαλήσουσιν οἱ   ἄνθρωποι ἀποδώσουσιν περὶ αὐτοῦ λόγον
APRAN-S VIFA--ZP   DNMP N-NM-P   VIFA--ZP   PG   NPGNZS N-AM-S

ἐν ἡμέρᾳ κρίσεως· 12.37 ἐκ γὰρ τῶν λόγων σου δικαιωθήσῃ, καὶ
PD N-DF-S N-GF-S   PG CS DGMP N-GM-P NPG-YS VIFP--YS   CC

ἐκ τῶν λόγων σου καταδικασθήσῃ.
PG DGMP N-GM-P NPG-YS VIFP--YS

12.38 Τότε ἀπεκρίθησαν αὐτῷ τινες τῶν γραμματέων καὶ
      AB   VIAO--ZP   NPDMZS APINM-P DGMP N-GM-P   CC

Φαρισαίων λέγοντες, Διδάσκαλε, θέλομεν ἀπὸ σοῦ σημεῖον ἰδεῖν.
N-GM-P   VPPANM-P   N-VM-S   VIPA--XP PG NPG-YS N-AN-S VNAA

12.39 ὁ   δὲ ἀποκριθεὶς εἶπεν αὐτοῖς, Γενεὰ πονηρὰ καὶ
      DNMS□NPNMZS CH VPAONM-S   VIAA--ZS NPDMZP N-NF-S A--NF-S CC

μοιχαλὶς σημεῖον ἐπιζητεῖ, καὶ σημεῖον οὐ δοθήσεται αὐτῇ εἰ μὴ
A--NF-S   N-AN-S VIPA--ZS CC N-NN-S AB VIFP--ZS   NPDFZS CS AB

τὸ σημεῖον Ἰωνᾶ τοῦ προφήτου. 12.40 ὥσπερ γὰρ ἦν   Ἰωνᾶς
DNNS N-NN-S N-GM-S DGMS N-GM-S   CS   CS VIIA--ZS N-NM-S

ἐν τῇ κοιλίᾳ τοῦ κήτους τρεῖς ἡμέρας καὶ τρεῖς νύκτας, οὕτως
PD DDFS N-DF-S DGNS N-GN-S A-CAF-P N-AF-P CC A-CAF-P N-AF-P AB

ἔσται ὁ   υἱὸς τοῦ ἀνθρώπου ἐν τῇ καρδίᾳ τῆς γῆς τρεῖς
VIFD--ZS DNMS N-NM-S DGMS N-GM-S PD DDFS N-DF-S DGFS N-GF-S A-CAF-P

ἡμέρας καὶ τρεῖς νύκτας. 12.41 ἄνδρες Νινευῖται ἀναστήσονται
N-AF-P CC A-CAF-P N-AF-P   N-NM-P N-NM-P   VIFM--ZP

ἐν τῇ κρίσει μετὰ τῆς γενεᾶς ταύτης καὶ κατακρινοῦσιν αὐτήν·
PD DDFS N-DF-S PG DGFS N-GF-S A-DGF-S CC VIFA--ZP   NPAFZS

ὅτι μετενόησαν εἰς τὸ κήρυγμα Ἰωνᾶ, καὶ ἰδοὺ πλεῖον Ἰωνᾶ
CS VIAA--ZP   PA DANS N-AN-S N-GM-S CC QS APMNN-S N-GM-S

ὧδε. 12.42 βασίλισσα νότου ἐγερθήσεται ἐν τῇ κρίσει μετὰ τῆς
AB   N-NF-S   N-GM-S VIFP--ZS   PD DDFS N-DF-S PG DGFS

γενεᾶς ταύτης καὶ κατακρινεῖ αὐτήν· ὅτι ἦλθεν ἐκ τῶν περάτων
N-GF-S A-DGF-S CC VIFA--ZS   NPAFZS CS VIAA--ZS PG DGNP N-GN-P

τῆς γῆς ἀκοῦσαι τὴν σοφίαν Σολομῶνος, καὶ ἰδοὺ πλεῖον
DGFS N-GF-S VNAA   DAFS N-AF-S N-GM-S   CC QS APMNN-S

Σολομῶνος ὧδε.
N-GM-S   AB

12.43 Ὅταν δὲ τὸ   ἀκάθαρτον πνεῦμα ἐξέλθῃ ἀπὸ τοῦ
      CS   CC DNNS A--NN-S   N-NN-S VSAA--ZS PG DGMS

ἀνθρώπου, διέρχεται δι’ ἀνύδρων τόπων ζητοῦν ἀνάπαυσιν, καὶ
N-GM-S   VIPN--ZS PG A--GM-P N-GM-P VPPANN-S N-AF-S   CC

οὐχ εὑρίσκει. 12.44 τότε λέγει, Εἰς τὸν οἶκόν μου ἐπιστρέψω ὅθεν
AB VIPA--ZS   AB   VIPA--ZS PA DAMS N-AM-S NPG-XS VIFA--XS   ABR

ἐξῆλθον· καὶ ἐλθὸν   εὑρίσκει σχολάζοντα σεσαρωμένον καὶ
VIAA--XS CC VPAANN-S VIPA--ZS VPPAAM-S   VPRPAM-S   CC

κεκοσμημένον. 12.45 τότε πορεύεται καὶ παραλαμβάνει μεθ’
VPRPAM-S   AB   VIPN--ZS   CC VIPA--ZS   PG

ἑαυτοῦ ἑπτὰ ἕτερα πνεύματα πονηρότερα ἑαυτοῦ, καὶ εἰσελθόντα
NPGNZS A-CAN-P A--AN-P N-AN-P A-MAN-P NPGNZS CC VPAANN-P

κατοικεῖ ἐκεῖ· καὶ γίνεται τὰ ἔσχατα τοῦ ἀνθρώπου ἐκείνου
VIPA--ZS AB CC VIPN--ZS DNNP AP-NN-P DGMS N-GM-S A-DGM-S

χείρονα τῶν πρώτων. οὕτως ἔσται καὶ τῇ γενεᾷ ταύτῃ τῇ
A-MNN-P DGNP APOGN-P AB VIFD--ZS AB DDFS N-DF-S A-DDF-S DDFS

πονηρᾷ.
A--DF-S

12.46 Ἔτι αὐτοῦ λαλοῦντος τοῖς ὄχλοις ἰδοὺ ἡ μήτηρ καὶ
AB NPGMZS VPPAGM-S DDMP N-DM-P QS DNFS N-NF-S CC

οἱ ἀδελφοὶ αὐτοῦ εἱστήκεισαν ἔξω ζητοῦντες αὐτῷ λαλῆσαι.
DNMP N-NM-P NPGMZS VILA--ZP AB VPPANM-P NPDMZS VNAA

[12.47 εἶπεν δέ τις αὐτῷ, Ἰδοὺ ἡ μήτηρ σου καὶ οἱ
VIAA--ZS CH APINM-S NPDMZS QS DNFS N-NF-S NPG-YS CC DNMP

ἀδελφοί σου ἔξω ἐστήκασιν ζητοῦντές σοι λαλῆσαι.]
N-NM-P NPG-YS AB VIRA--ZP VPPANM-P NPD-YS VNAA

12.48 ὁ δὲ ἀποκριθεὶς εἶπεν τῷ λέγοντι
DNMS□NPNMZS CH VPAONM-S VIAA--ZS DDMS□NPDMZS&APRNM-S VPPADM-S

αὐτῷ, Τίς ἐστιν ἡ μήτηρ μου, καὶ τίνες εἰσὶν οἱ ἀδελφοί
NPDMZS APTNF-S VIPA--ZS DNFS N-NF-S NPG-XS CC APTNM-P VIPA--ZP DNMP N-NM-P

μου; 12.49 καὶ ἐκτείνας τὴν χεῖρα αὐτοῦ ἐπὶ τοὺς μαθητὰς αὐτοῦ
NPG-XS CC VPAANM-S DAFS N-AF-S NPGMZS PA DAMP N-AM-P NPGMZS

εἶπεν, Ἰδοὺ ἡ μήτηρ μου καὶ οἱ ἀδελφοί μου· 12.50 ὅστις
VIAA--ZS QS DNFS N-NF-S NPG-XS CC DNMP N-NM-P NPG-XS APRNM-S+

γὰρ ἂν ποιήσῃ τὸ θέλημα τοῦ πατρός μου τοῦ ἐν οὐρανοῖς
CS QV VSAA--ZS DANS N-AN-S DGMS N-GM-S NPG-XS DGMS PD N-DM-P

αὐτός μου ἀδελφὸς καὶ ἀδελφὴ καὶ μήτηρ ἐστίν.
NPNMZS NPG-XS N-NM-S CC N-NF-S CC N-NF-S VIPA--ZS

13.1 Ἐν τῇ ἡμέρᾳ ἐκείνῃ ἐξελθὼν ὁ Ἰησοῦς τῆς οἰκίας
PD DDFS N-DF-S A-DDF-S VPAANM-S DNMS N-NM-S DGFS N-GF-S

ἐκάθητο παρὰ τὴν θάλασσαν· 13.2 καὶ συνήχθησαν πρὸς αὐτὸν
VIIN--ZS PA DAFS N-AF-S CC VIAP--ZP PA NPAMZS

ὄχλοι πολλοί, ὥστε αὐτὸν εἰς πλοῖον ἐμβάντα καθῆσθαι, καὶ πᾶς
N-NM-P A--NM-P CH NPAMZS PA N-AN-S VPAAAM-S VNPN CC A--NM-S

ὁ ὄχλος ἐπὶ τὸν αἰγιαλὸν εἱστήκει. 13.3 καὶ ἐλάλησεν αὐτοῖς
DNMS N-NM-S PA DAMS N-AM-S VILA--ZS CC VIAA--ZS NPDMZP

πολλὰ ἐν παραβολαῖς λέγων, Ἰδοὺ ἐξῆλθεν ὁ
AP-AN-P PD N-DF-P VPPANM-S QS VIAA--ZS DNMS□NPNMZS&APRNM-S

σπείρων τοῦ σπείρειν. 13.4 καὶ ἐν τῷ σπείρειν αὐτὸν
VPPANM-S DGNS VNPAG CC PD DDNS VNPAD NPAMZS

ἃ μὲν ἔπεσεν παρὰ τὴν ὁδόν, καὶ ἐλθόντα τὰ πετεινὰ
APRNN-P□APDNN-P CC VIAA--ZS PA DAFS N-AF-S CC VPAANN-P DNNP AP-NN-P

κατέφαγεν αὐτά. 13.5 ἄλλα δὲ ἔπεσεν ἐπὶ τὰ πετρώδη ὅπου οὐκ
VIAA--ZS NPANZP AP-NN-P CC VIAA--ZS PA DANP AP-AN-P ABR AB

41

εἶχεν γῆν πολλήν, καὶ εὐθέως ἐξανέτειλεν διὰ τὸ μὴ ἔχειν βάθος
VIIA--ZS N-AF-S A--AF-S CC AB VIAA--ZS PA DANS AB VNPAA N-AN-S

γῆς. 13.6 ἡλίου δὲ ἀνατείλαντος ἐκαυματίσθη καὶ διὰ τὸ μὴ
N-GF-S N-GM-S CH VPAAGM-S VIAP--ZS CC PA DANS AB

ἔχειν ῥίζαν ἐξηράνθη. 13.7 ἄλλα δὲ ἔπεσεν ἐπὶ τὰς ἀκάνθας, καὶ
VNPAA N-AF-S VIAP--ZS AP-NN-P CC VIAA--ZS PA DAFP N-AF-P CC

ἀνέβησαν αἱ ἄκανθαι καὶ ἔπνιξαν αὐτά. 13.8 ἄλλα δὲ ἔπεσεν
VIAA--ZP DNFP N-NF-P CC VIAA--ZP NPANZP AP-NN-P CC VIAA--ZS

ἐπὶ τὴν γῆν τὴν καλὴν καὶ ἐδίδου καρπόν, ὃ μὲν
PA DAFS N-AF-S DAFS A--AF-S CC VIIA--ZS N-AM-S APRNN-S□APDNN-S CC

ἑκατόν, ὃ δὲ ἑξήκοντα, ὃ δὲ τριάκοντα.
APCAN-P APRNN-S□APDNN-S CC APCAN-P APRNN-S□APDNN-S CC APCAN-P

13.9 ὁ ἔχων ὦτα ἀκουέτω.
DNMS□NPNMZS&APRNM-S VPPANM-S N-AN-P VMPA--ZS

13.10 Καὶ προσελθόντες οἱ μαθηταὶ εἶπαν αὐτῷ, Διὰ τί
CC VPAANM-P DNMP N-NM-P VIAA--ZP NPDMZS PA APTAN-S

ἐν παραβολαῖς λαλεῖς αὐτοῖς; 13.11 ὁ δὲ ἀποκριθεὶς
PD N-DF-P VIPA--YS NPDMZP DNMS□NPNMZS CH VPAONM-S

εἶπεν αὐτοῖς ὅτι Ὑμῖν δέδοται γνῶναι τὰ μυστήρια τῆς
VIAA--ZS NPDMZP CC/CS NPD-YP VIRP--ZS VNAA DANP N-AN-P DGFS

βασιλείας τῶν οὐρανῶν, ἐκείνοις δὲ οὐ δέδοται. 13.12 ὅστις γὰρ
N-GF-S DGMP N-GM-P APDDM-P CC AB VIRP--ZS APRNM-S+ CS

ἔχει, δοθήσεται αὐτῷ καὶ περισσευθήσεται· ὅστις δὲ οὐκ
VIPA--ZS VIFP--ZS NPDMZS CC VIFP--ZS APRNM-S+ CC/CH AB

ἔχει, καὶ ὃ ἔχει ἀρθήσεται ἀπ' αὐτοῦ.
VIPA--ZS AB APRAN-S□APDNN-S&APRAN-S VIPA--ZS VIFP--ZS PG NPGMZS

13.13 διὰ τοῦτο ἐν παραβολαῖς αὐτοῖς λαλῶ, ὅτι βλέποντες οὐ
PA APDAN-S PD N-DF-P NPDMZP VIPA--XS CS VPPANM-P AB

βλέπουσιν καὶ ἀκούοντες οὐκ ἀκούουσιν οὐδὲ συνίουσιν·
VIPA--ZP CC VPPANM-P AB VIPA--ZP CC VIPA--ZP

13.14 καὶ ἀναπληροῦται αὐτοῖς ἡ προφητεία Ἠσαΐου
CC VIPP--ZS NPDMZP DNFS N-NF-S N-GM-S

ἡ λέγουσα,
DNFS□APRNF-S VPPANF-S

Ἀκοῇ ἀκούσετε καὶ οὐ μὴ συνῆτε,
N-DF-S VIFA--YP□VMPA--YP CC AB AB VSAA--YP□VMAA--YP

καὶ βλέποντες βλέψετε καὶ οὐ μὴ ἴδητε.
CC VRPANMYP VIFA--YP□VMPA--YP CC AB AB VSAA--YP□VMAA--YP

13.15 ἐπαχύνθη γὰρ ἡ καρδία τοῦ λαοῦ τούτου,
VIAP--ZS CS DNFS N-NF-S DGMS N-GM-S A-DGM-S

καὶ τοῖς ὠσὶν βαρέως ἤκουσαν,
CC DDNP N-DN-P AB VIAA--ZP

καὶ τοὺς ὀφθαλμοὺς αὐτῶν ἐκάμμυσαν·
CC DAMP N-AM-P NPGMZP VIAA--ZP

μήποτε ἴδωσιν τοῖς ὀφθαλμοῖς
CS   VSAA--ZP   DDMP N-DM-P

καὶ τοῖς ὠσὶν ἀκούσωσιν
CC   DDNP N-DN-P VSAA--ZP

καὶ τῇ καρδίᾳ συνῶσιν καὶ ἐπιστρέψωσιν,
CC DDFS N-DF-S VSAA--ZP CC   VSAA--ZP

καὶ ἰάσομαι αὐτούς.
CC VIFD--XS NPAMZP

13.16 ὑμῶν δὲ μακάριοι οἱ   ὀφθαλμοὶ ὅτι βλέπουσιν, καὶ τὰ
      NPG-YP CH A--NM-P DNMP N-NM-P   CS VIPA--ZP   CC DNNP

ὦτα ὑμῶν ὅτι ἀκούουσιν. 13.17 ἀμὴν γὰρ λέγω ὑμῖν ὅτι πολλοὶ
N-NN-P NPG-YP CS VIPA--ZP   QS   CS VIPA--XS NPD-YP CC A--NM-P

προφῆται καὶ δίκαιοι ἐπεθύμησαν ἰδεῖν ἃ
N-NM-P   CC AP-NM-P VIAA--ZP   VNAA APRAN-P□APDAN-P&APRAN-P

βλέπετε καὶ οὐκ εἶδαν, καὶ ἀκοῦσαι ἃ   ἀκούετε
VIPA--YP CC AB VIAA--ZP CC VNAA   APRAN-P□APDAN-P&APRAN-P VIPA--YP

καὶ οὐκ ἤκουσαν.
CC AB VIAA--ZP

13.18 Ὑμεῖς οὖν   ἀκούσατε τὴν παραβολὴν τοῦ
      NPN-YP CC/CH VMAA--YP DAFS N-AF-S   DGMS□NPGMZS&APRNM-S

σπείραντος. 13.19 παντὸς ἀκούοντος τὸν λόγον τῆς βασιλείας
VPAAGM-S   AP-GM-S VPPAGM-S   DAMS N-AM-S DGFS N-GF-S

καὶ μὴ συνιέντος, ἔρχεται ὁ   πονηρὸς καὶ ἁρπάζει
CC AB VPPAGM-S   VIPN--ZS DNMS AP-NM-S CC VIPA--ZS

τὸ   ἐσπαρμένον ἐν τῇ καρδίᾳ αὐτοῦ· οὗτός ἐστιν
DANS□NPANZS&APRNN-S   VPRPAN-S   PD DDFS N-DF-S NPGMZS APDNM-S VIPA--ZS

ὁ   παρὰ τὴν ὁδὸν σπαρείς. 13.20 ὁ   δὲ
DNMS□NPNMZS&APRNM-S   PA   DAFS N-AF-S VPAPNM-S   DNMS□APRNM-S+   CC

ἐπὶ τὰ   πετρώδη σπαρείς, οὗτός ἐστιν ὁ   τὸν
PA DANP AP-AN-P VPAPNM-S APDNM-S VIPA--ZS DNMS□NPNMZS&APRNM-S DAMS

λόγον ἀκούων καὶ εὐθὺς   μετὰ χαρᾶς λαμβάνων αὐτόν·
N-AM-S VPPANM-S CC AP-NM-S□AB PG N-GF-S VPPANM-S NPAMZS

13.21 οὐκ ἔχει δὲ ῥίζαν ἐν ἑαυτῷ ἀλλὰ πρόσκαιρός ἐστιν,
      AB VIPA--ZS CH N-AF-S PD NPDMZS CH A--NM-S   VIPA--ZS

γενομένης δὲ θλίψεως ἢ διωγμοῦ διὰ τὸν λόγον εὐθὺς
VPADGF-S CH N-GF-S CC N-GM-S PA DAMS N-AM-S AP-NM-S□AB

σκανδαλίζεται. 13.22 ὁ   δὲ εἰς τὰς ἀκάνθας σπαρείς,
VIPP--ZS   DNMS□APRNM-S+   CC PA DAFP N-AF-P VPAPNM-S

οὗτός ἐστιν ὁ   τὸν λόγον ἀκούων καὶ ἡ   μέριμνα
APDNM-S VIPA--ZS DNMS□NPNMZS&APRNM-S DAMS N-AM-S VPPANM-S CC DNFS N-NF-S

τοῦ αἰῶνος καὶ ἡ   ἀπάτη τοῦ πλούτου συμπνίγει τὸν λόγον,
DGMS N-GM-S CC DNFS N-NF-S DGMS N-GM-S VIPA--ZS   DAMS N-AM-S

καὶ ἄκαρπος γίνεται. 13.23 ὁ   δὲ ἐπὶ τὴν καλὴν γῆν
CC A--NM-S VIPN--ZS   DNMS□APRNM-S+   CC PA DAFS A--AF-S N-AF-S

σπαρείς, οὗτός ἐστιν ὁ τὸν λόγον ἀκούων καὶ
VPAPNM-S APDNM-S VIPA--ZS DNMS□NPNMZS&APRNM-S DAMS N-AM-S VPPANM-S CC

συνιείς, ὃς δὴ καρποφορεῖ καὶ ποιεῖ ὃ μὲν ἑκατόν,
VPPANM-S APRNM-S QS VIPA--ZS CC VIPA--ZS APRAN-S□APDAN-S CC APCAN-P

ὃ δὲ ἑξήκοντα, ὃ δὲ τριάκοντα.
APRAN-S□APDAN-S CC APCAN-P APRAN-S□APDAN-S CC APCAN-P

13.24 Ἄλλην παραβολὴν παρέθηκεν αὐτοῖς λέγων, Ὡμοιώθη
A--AF-S N-AF-S VIAA--ZS NPDMZP VPPANM-S VIAP--ZS

ἡ βασιλεία τῶν οὐρανῶν ἀνθρώπῳ σπείραντι καλὸν σπέρμα ἐν
DNFS N-NF-S DGMP N-GM-P N-DM-S VPAADM-S A--AN-S N-AN-S PD

τῷ ἀγρῷ αὐτοῦ. 13.25 ἐν δὲ τῷ καθεύδειν τοὺς ἀνθρώπους
DDMS N-DM-S NPGMZS PD CH DDNS VNPAD DAMP N-AM-P

ἦλθεν αὐτοῦ ὁ ἐχθρὸς καὶ ἐπέσπειρεν ζιζάνια ἀνὰ μέσον τοῦ
VIAA--ZS NPGMZS DNMS AP-NM-S CC VIAA--ZS N-AN-P PA AP-AN-S DGMS

σίτου καὶ ἀπῆλθεν. 13.26 ὅτε δὲ ἐβλάστησεν ὁ χόρτος καὶ
N-GM-S CC VIAA--ZS CS CH VIAA--ZS DNMS N-NM-S CC

καρπὸν ἐποίησεν, τότε ἐφάνη καὶ τὰ ζιζάνια.
N-AM-S VIAA--ZS AB VIAP--ZS AB DNNP N-NN-P

13.27 προσελθόντες δὲ οἱ δοῦλοι τοῦ οἰκοδεσπότου εἶπον αὐτῷ,
VPAANM-P CH DNMP N-NM-P DGMS N-GM-S VIAA--ZP NPDMZS

Κύριε, οὐχὶ καλὸν σπέρμα ἔσπειρας ἐν τῷ σῷ ἀγρῷ; πόθεν
N-VM-S QT A--AN-S N-AN-S VIAA--YS PD DDMS A--DMYS N-DM-S ABT

οὖν ἔχει ζιζάνια; 13.28 ὁ δὲ ἔφη αὐτοῖς, Ἐχθρὸς
CH VIPA--ZS N-AN-P DNMS□NPNMZS CH VIAA--ZS/VIIA--ZS NPDMZP A--NM-S

ἄνθρωπος τοῦτο ἐποίησεν. οἱ δὲ δοῦλοι λέγουσιν αὐτῷ, Θέλεις
N-NM-S APDAN-S VIAA--ZS DNMP CH N-NM-P VIPA--ZP NPDMZS VIPA--YS

οὖν ἀπελθόντες συλλέξωμεν αὐτά; 13.29 ὁ δέ φησιν, Οὔ,
CH VPAANMXP VSAA--XP NPANZP DNMS□NPNMZS CH VIPA--ZS QS

μήποτε συλλέγοντες τὰ ζιζάνια ἐκριζώσητε ἅμα αὐτοῖς τὸν
CS VPPANMYP DANP N-AN-P VSAA--YP PD NPDMZP DAMS

σῖτον. 13.30 ἄφετε συναυξάνεσθαι ἀμφότερα ἕως τοῦ θερισμοῦ·
N-AM-S VMAA--YP VNPP AP-AN-P PG DGMS N-GM-S

καὶ ἐν καιρῷ τοῦ θερισμοῦ ἐρῶ τοῖς θερισταῖς, Συλλέξατε
CC PD N-DM-S DGMS N-GM-S VIFA--XS DDMP N-DM-P VMAA--YP

πρῶτον τὰ ζιζάνια καὶ δήσατε αὐτὰ εἰς δέσμας πρὸς τὸ
APOAN-S□AB DANP N-AN-P CC VMAA--YP NPANZP PA N-AF-P PA DANS

κατακαῦσαι αὐτά, τὸν δὲ σῖτον συναγάγετε εἰς τὴν ἀποθήκην
VNAAA NPANZP DAMS CH N-AM-S VMAA--YP PA DAFS N-AF-S

μου.
NPG-XS

13.31 Ἄλλην παραβολὴν παρέθηκεν αὐτοῖς λέγων, Ὁμοία
A--AF-S N-AF-S VIAA--ZS NPDMZP VPPANM-S A--NF-S

ἐστὶν ἡ βασιλεία τῶν οὐρανῶν κόκκῳ σινάπεως, ὃν λαβὼν
VIPA--ZS DNFS N-NF-S DGMP N-GM-P N-DM-S N-GN-S APRAM-S VPAANM-S

ἄνθρωπος ἔσπειρεν ἐν τῷ ἀγρῷ αὐτοῦ· 13.32 ὁ μικρότερον
N-NM-S VIAA--ZS PD DDMS N-DM-S NPGMZS APRNN-S A-MNN-S

μέν ἐστιν πάντων τῶν σπερμάτων, ὅταν δὲ αὐξηθῇ μεῖζον τῶν
CS VIPA--ZS A--GN-P DGNP N-GN-P CS CH VSAP--ZS A-MNN-S DGNP

λαχάνων ἐστὶν καὶ γίνεται δένδρον, ὥστε ἐλθεῖν τὰ πετεινὰ τοῦ
N-GN-P VIPA--ZS CC VIPN--ZS N-NN-S CH VNAA DANP AP-AN-P DGMS

οὐρανοῦ καὶ κατασκηνοῦν ἐν τοῖς κλάδοις αὐτοῦ.
N-GM-S CC VNPA PD DDMP N-DM-P NPGNZS

13.33 Ἄλλην παραβολὴν ἐλάλησεν αὐτοῖς· Ὁμοία ἐστὶν ἡ
A--AF-S N-AF-S VIAA--ZS NPDMZP A--NF-S VIPA--ZS DNFS

βασιλεία τῶν οὐρανῶν ζύμῃ, ἣν λαβοῦσα γυνὴ ἐνέκρυψεν εἰς
N-NF-S DGMP N-GM-P N-DF-S APRAF-S VPAANF-S N-NF-S VIAA--ZS PA

ἀλεύρου σάτα τρία ἕως οὗ ἐζυμώθη ὅλον.
N-GN-S N-AN-P A-CAN-P PG APRGM-S□APDGM-S&APRDM-S VIAP--ZS AP-NN-S

13.34 Ταῦτα πάντα ἐλάλησεν ὁ Ἰησοῦς ἐν παραβολαῖς τοῖς
APDAN-P A--AN-P VIAA--ZS DNMS N-NM-S PD N-DF-P DDMP

ὄχλοις, καὶ χωρὶς παραβολῆς οὐδὲν ἐλάλει αὐτοῖς· 13.35 ὅπως
N-DM-P CC PG N-GF-S APCAN-S VIIA--ZS NPDMZP CH

πληρωθῇ τὸ ῥηθὲν διὰ τοῦ προφήτου λέγοντος,
VSAP--ZS DNNS□NPNNZS&APRNN-S VPAPNN-S PG DGMS N-GM-S VPPAGM-S

Ἀνοίξω ἐν παραβολαῖς τὸ στόμα μου,
VIFA--XS PD N-DF-P DANS N-AN-S NPG-XS

ἐρεύξομαι κεκρυμμένα ἀπὸ καταβολῆς [κόσμου].
VIFD--XS VPRPAN-P PG N-GF-S N-GM-S

13.36 Τότε ἀφεὶς τοὺς ὄχλους ἦλθεν εἰς τὴν οἰκίαν. καὶ
AB VPAANM-S DAMP N-AM-P VIAA--ZS PA DAFS N-AF-S CC

προσῆλθον αὐτῷ οἱ μαθηταὶ αὐτοῦ λέγοντες, Διασάφησον
VIAA--ZP NPDMZS DNMP N-NM-P NPGMZS VPPANM-P VMAA--YS

ἡμῖν τὴν παραβολὴν τῶν ζιζανίων τοῦ ἀγροῦ. 13.37 ὁ
NPD-XP DAFS N-AF-S DGNP N-GN-P DGMS N-GM-S DNMS□NPNMZS

δὲ ἀποκριθεὶς εἶπεν, Ὁ σπείρων τὸ καλὸν
CH VPAONM-S VIAA--ZS DNMS□NPNMZS&APRNM-S VPPANM-S DANS A--AN-S

σπέρμα ἐστὶν ὁ υἱὸς τοῦ ἀνθρώπου· 13.38 ὁ δὲ ἀγρός ἐστιν
N-AN-S VIPA--ZS DNMS N-NM-S DGMS N-GM-S DNMS CC N-NM-S VIPA--ZS

ὁ κόσμος· τὸ δὲ καλὸν σπέρμα, οὗτοί εἰσιν οἱ υἱοὶ τῆς
DNMS N-NM-S DNNS CC A--NN-S N-NN-S APDNM-P VIPA--ZP DNMP N-NM-P DGFS

βασιλείας· τὰ δὲ ζιζάνιά εἰσιν οἱ υἱοὶ τοῦ πονηροῦ,
N-GF-S DNNP CC N-NN-P VIPA--ZP DNMP N-NM-P DGMS AP-GM-S

13.39 ὁ δὲ ἐχθρὸς ὁ σπείρας αὐτά ἐστιν ὁ
DNMS CC AP-NM-S DNMS□APRNM-S VPAANM-S NPANZP VIPA--ZS DNMS

διάβολος· ὁ δὲ θερισμὸς συντέλεια αἰῶνός ἐστιν, οἱ δὲ
AP-NM-S DNMS CC N-NM-S N-NF-S N-GM-S VIPA--ZS DNMP CC

θερισταὶ ἄγγελοί εἰσιν. 13.40 ὥσπερ οὖν συλλέγεται τὰ ζιζάνια
N-NM-P N-NM-P VIPA--ZP CH CH VIPP--ZS DNNP N-NN-P

καὶ πυρὶ [κατα]καίεται, οὕτως ἔσται ἐν τῇ συντελείᾳ τοῦ αἰῶνος·
CC　N-DN-S　VIPP--ZS　　　　AB　　　　VIFD--ZS PD DDFS N-DF-S　　DGMS N-GM-S

13.41 ἀποστελεῖ ὁ　υἱὸς τοῦ ἀνθρώπου τοὺς ἀγγέλους αὐτοῦ,
　　　VIFA--ZS　　DNMS N-NM-S DGMS N-GM-S　　DAMP N-AM-P　　NPGMZS

καὶ συλλέξουσιν ἐκ τῆς βασιλείας αὐτοῦ πάντα τὰ σκάνδαλα
CC　VIFA--ZP　　PG DGFS N-GF-S　NPGMZS A--AN-P DANP N-AN-P

καὶ τοὺς　　　　ποιοῦντας τὴν ἀνομίαν, 13.42 καὶ βαλοῦσιν
CC　DAMP⊓NPAMZP&APRNM-P VPPAAM-P DAFS N-AF-S　　　CC　VIFA--ZP

αὐτοὺς εἰς τὴν κάμινον τοῦ πυρός· ἐκεῖ ἔσται ὁ　κλαυθμὸς καὶ
NRAMZP PA DAFS N-AF-S　DGNS N-GN-S AB VIFD--ZS DNMS N-NM-S　　CC

ὁ　βρυγμὸς τῶν ὀδόντων. 13.43 Τότε οἱ δίκαιοι ἐκλάμψουσιν
DNMS N-NM-S　DGMP N-GM-P　　AB　DNMP AP-NM-P VIFA--ZP

ὡς ὁ　ἥλιος ἐν τῇ βασιλείᾳ τοῦ πατρὸς αὐτῶν.
CS DNMS N-NM-S PD DDFS N-DF-S DGMS N-GM-S NPGMZP

ὁ　　　　　　ἔχων ὦτα ἀκουέτω.
DNMS⊓NPNMZS&APRNM-S VPPANM-S N-AN-P VMPA--ZS

13.44 Ὁμοία ἐστὶν ἡ　βασιλεία τῶν οὐρανῶν θησαυρῷ
　　　A--NF-S VIPA--ZS DNFS N-NF-S DGMP N-GM-P　N-DM-S

κεκρυμμένῳ ἐν τῷ ἀγρῷ, ὃν　εὑρὼν ἄνθρωπος ἔκρυψεν, καὶ
VPRPDM-S　PD DDMS N-DM-S APRAM-S VPAANM-S N-NM-S　VIAA--ZS　CC

ἀπὸ τῆς χαρᾶς αὐτοῦ ὑπάγει καὶ πωλεῖ πάντα ὅσα ἔχει καὶ
PG DGFS N-GF-S NPGMZS VIPA--ZS CC VIPA--ZS AP-AN-P APRAN-P VIPA--ZS CC

ἀγοράζει τὸν ἀγρὸν ἐκεῖνον.
VIPA--ZS DAMS N-AM-S A-DAM-S

13.45 Πάλιν ὁμοία ἐστὶν ἡ　βασιλεία τῶν οὐρανῶν ἀνθρώπῳ
　　　AB　A--NF-S VIPA--ZS DNFS N-NF-S DGMP N-GM-P　N-DM-S

ἐμπόρῳ ζητοῦντι καλοὺς μαργαρίτας· 13.46 εὑρὼν δὲ ἕνα
N-DM-S　VPPADM-S　A--AM-P　N-AM-P　　　VPAANM-S CH A-CAM-S

πολύτιμον μαργαρίτην ἀπελθὼν πέπρακεν πάντα ὅσα εἶχεν καὶ
A--AM-S　N-AM-S　　VPAANM-S VIRA--ZS　AP-AN-P APRAN-P VIIA--ZS CC

ἠγόρασεν αὐτόν.
VIAA--ZS　NPAMZS

13.47 Πάλιν ὁμοία ἐστὶν ἡ　βασιλεία τῶν οὐρανῶν σαγήνῃ
　　　AB　A--NF-S VIPA--ZS DNFS N-NF-S DGMP N-GM-P　N-DF-S

βληθείσῃ εἰς τὴν θάλασσαν καὶ ἐκ παντὸς γένους συναγαγούσῃ·
VPAPDF-S PA DAFS N-AF-S　CC PG A--GN-S N-GN-S VPAADF-S

13.48 ἣν　ὅτε ἐπληρώθη ἀναβιβάσαντες ἐπὶ τὸν αἰγιαλὸν καὶ
　　　APRAF-S CS VIAP--ZS VPAANM-P　PA DAMS N-AM-S　CC

καθίσαντες συνέλεξαν τὰ καλὰ εἰς ἄγγη, τὰ δὲ σαπρὰ ἔξω
VPAANM-P VIAA--ZP DANP AP-AN-P PA N-AN-P DANP CC/CH AP-AN-P AB

ἔβαλον. 13.49 οὕτως ἔσται ἐν τῇ συντελείᾳ τοῦ αἰῶνος·
VIAA--ZP　　AB　VIFD--ZS PD DDFS N-DF-S　DGMS N-GM-S

ἐξελεύσονται οἱ ἄγγελοι καὶ ἀφοριοῦσιν τοὺς πονηροὺς ἐκ
VIFD--ZP　　DNMP N-NM-P CC VIFA--ZP DAMP AP-AM-P PG

μέσου τῶν δικαίων 13.50 καὶ βαλοῦσιν αὐτοὺς εἰς τὴν κάμινον
AP-GN-S DGMP AP-GM-P   CC VIFA--ZP NPAMZP PA DAFS N-AF-S

τοῦ πυρός· ἐκεῖ ἔσται ὁ κλαυθμὸς καὶ ὁ βρυγμὸς τῶν
DGNS N-GN-S AB VIFD--ZS DNMS N-NM-S CC DNMS N-NM-S DGMP

ὀδόντων.
N-GM-P

13.51 Συνήκατε ταῦτα πάντα; λέγουσιν αὐτῷ, Ναί.
     VIAA--YP APDAN-P A--AN-P VIPA--ZP NPDMZS QS

13.52 ὁ δὲ εἶπεν αὐτοῖς, Διὰ τοῦτο πᾶς γραμματεὺς
     DNMS□NPNMZS CH VIAA--ZS NPDMZP PA APDAN-S A--NM-S N-NM-S

μαθητευθεὶς τῇ βασιλείᾳ τῶν οὐρανῶν ὅμοιός ἐστιν ἀνθρώπῳ
VPAPNM-S DDFS N-DF-S DGMP N-GM-P A--NM-S VIPA--ZS N-DM-S

οἰκοδεσπότῃ ὅστις ἐκβάλλει ἐκ τοῦ θησαυροῦ αὐτοῦ καινὰ καὶ
N-DM-S APRNM-S VIPA--ZS PG DGMS N-GM-S NPGMZS AP-AN-P CC

παλαιά.
AP-AN-P

13.53 Καὶ ἐγένετο ὅτε ἐτέλεσεν ὁ Ἰησοῦς τὰς παραβολὰς
     CC VIAD--ZS CS VIAA--ZS DNMS N-NM-S DAFP N-AF-P

ταύτας, μετῆρεν ἐκεῖθεν. 13.54 καὶ ἐλθὼν εἰς τὴν πατρίδα αὐτοῦ
A-DAF-P VIAA--ZS AB   CC VPAANM-S PA DAFS N-AF-S NPGMZS

ἐδίδασκεν αὐτοὺς ἐν τῇ συναγωγῇ αὐτῶν, ὥστε ἐκπλήσσεσθαι
VIIA--ZS NPAMZP PD DDFS N-DF-S NPGMZP CH VNPP

αὐτοὺς καὶ λέγειν, Πόθεν τούτῳ ἡ σοφία αὕτη καὶ αἱ
NPAMZP CC VNPA ABT APDDM-S DNFS N-NF-S A-DNF-S CC DNFP

δυνάμεις; 13.55 οὐχ οὗτός ἐστιν ὁ τοῦ τέκτονος υἱός; οὐχ ἡ
N-NF-P   QT APDNM-S VIPA--ZS DNMS DGMS N-GM-S N-NM-S QT DNFS

μήτηρ αὐτοῦ λέγεται Μαριὰμ καὶ οἱ ἀδελφοὶ αὐτοῦ Ἰάκωβος
N-NF-S NPGMZS VIPP--ZS N-NF-S CC DNMP N-NM-P NPGMZS N-NM-S

καὶ Ἰωσὴφ καὶ Σίμων καὶ Ἰούδας; 13.56 καὶ αἱ ἀδελφαὶ αὐτοῦ
CC N-NM-S CC N-NM-S CC N-NM-S   CC DNFP N-NF-S NPGMZS

οὐχὶ πᾶσαι πρὸς ἡμᾶς εἰσιν; πόθεν οὖν τούτῳ ταῦτα πάντα;
QT A--NF-P PA NPA-XP VIPA--ZP ABT CH APDDM-S APDNN-P A--NN-P

13.57 καὶ ἐσκανδαλίζοντο ἐν αὐτῷ. ὁ δὲ Ἰησοῦς εἶπεν αὐτοῖς,
   CC VIIP--ZP PD NPDMZS DNMS CH N-NM-S VIAA--ZS NPDMZP

Οὐκ ἔστιν προφήτης ἄτιμος εἰ μὴ ἐν τῇ πατρίδι καὶ ἐν τῇ οἰκίᾳ
AB VIPA--ZS N-NM-S A--NM-S CS AB PD DDFS N-DF-S CC PD DDFS N-DF-S

αὐτοῦ. 13.58 καὶ οὐκ ἐποίησεν ἐκεῖ δυνάμεις πολλὰς διὰ τὴν
NPGMZS   CC AB VIAA--ZS AB N-AF-P A--AF-P PA DAFS

ἀπιστίαν αὐτῶν.
N-AF-S NPGMZP

14.1 Ἐν ἐκείνῳ τῷ καιρῷ ἤκουσεν Ἡρῴδης ὁ τετραάρχης
     PD A-DDM-S DDMS N-DM-S VIAA--ZS N-NM-S DNMS N-NM-S

τὴν ἀκοὴν Ἰησοῦ, 14.2 καὶ εἶπεν τοῖς παισὶν αὐτοῦ, Οὗτός ἐστιν
DAFS N-AF-S N-GM-S   CC VIAA--ZS DDMP N-DM-P NPGMZS APDNM-S VIPA--ZS

Ἰωάννης ὁ βαπτιστής· αὐτὸς ἠγέρθη ἀπὸ τῶν νεκρῶν, καὶ διὰ
N-NM-S DNMS N-NM-S NPNMZS VIAP--ZS PG DGMP AP-GM-P CC PA

τοῦτο αἱ δυνάμεις ἐνεργοῦσιν ἐν αὐτῷ. 14.3 Ὁ γὰρ Ἡρῴδης
APDAN-S DNFP N-NF-P VIPA--ZP PD NPDMZS DNMS CS N-NM-S

κρατήσας τὸν Ἰωάννην ἔδησεν [αὐτὸν] καὶ ἐν φυλακῇ ἀπέθετο
VPAANM-S DAMS N-AM-S VIAA--ZS NPAMZS CC PD N-DF-S VIAM--ZS

διὰ Ἡρῳδιάδα τὴν γυναῖκα Φιλίππου τοῦ ἀδελφοῦ αὐτοῦ·
PA N-AF-S DAFS N-AF-S N-GM-S DGMS N-GM-S NPGMZS

14.4 ἔλεγεν γὰρ ὁ Ἰωάννης αὐτῷ, Οὐκ ἔξεστίν σοι ἔχειν
VIIA--ZS CS DNMS N-NM-S NPDMZS AB VIPA--ZS NPD-YS VNPA

αὐτήν. 14.5 καὶ θέλων αὐτὸν ἀποκτεῖναι ἐφοβήθη τὸν ὄχλον, ὅτι
NPAFZS CC VPPANM-S NPAMZS VNAA VIAO--ZS DAMS N-AM-S CS

ὡς προφήτην αὐτὸν εἶχον. 14.6 γενεσίοις δὲ γενομένοις τοῦ
CS N-AM-S NPAMZS VIIA--ZP N-DN-P CC VPADDN-P DGMS

Ἡρῴδου ὠρχήσατο ἡ θυγάτηρ τῆς Ἡρῳδιάδος ἐν τῷ μέσῳ
N-GM-S VIAD--ZS DNFS N-NF-S DGFS N-GF-S PD DDNS AP-DN-S

καὶ ἤρεσεν τῷ Ἡρῴδῃ, 14.7 ὅθεν μεθ᾽ ὅρκου ὡμολόγησεν αὐτῇ
CC VIAA--ZS DDMS N-DM-S CH PG N-GM-S VIAA--ZS NPDFZS

δοῦναι ὃ ἐὰν αἰτήσηται. 14.8 ἡ δὲ
VNAA APRAN-S□APDAN-S&APRAN-S QV VSAM--ZS DNFS□NPNFZS CH

προβιβασθεῖσα ὑπὸ τῆς μητρὸς αὐτῆς, Δός μοι, φησίν, ὧδε
VPAPNF-S PG DGFS N-GF-S NPGFZS VMAA--YS NPD-XS VIPA--ZS AB

ἐπὶ πίνακι τὴν κεφαλὴν Ἰωάννου τοῦ βαπτιστοῦ. 14.9 καὶ
PD N-DM-S DAFS N-AF-S N-GM-S DGMS N-GM-S CC

λυπηθεὶς ὁ βασιλεὺς διὰ τοὺς ὅρκους καὶ τοὺς
VPAPNM-S DNMS N-NM-S PA DAMP N-AM-P CC DAMP□NPAMZP&APRNM-P

συνανακειμένους ἐκέλευσεν δοθῆναι, 14.10 καὶ πέμψας
VPPNAM-P VIAA--ZS VNAP CC VPAANM-S

ἀπεκεφάλισεν [τὸν] Ἰωάννην ἐν τῇ φυλακῇ· 14.11 καὶ ἠνέχθη
VIAA--ZS DAMS N-AM-S PD DDFS N-DF-S CC VIAP--ZS

ἡ κεφαλὴ αὐτοῦ ἐπὶ πίνακι καὶ ἐδόθη τῷ κορασίῳ, καὶ ἤνεγκεν
DNFS N-NF-S NPGMZS PD N-DM-S CC VIAP--ZS DDNS N-DN-S CC VIAA--ZS

τῇ μητρὶ αὐτῆς. 14.12 καὶ προσελθόντες οἱ μαθηταὶ αὐτοῦ
DDFS N-DF-S NPGFZS CC VPAANM-P DNMP N-NM-P NPGMZS

ἦραν τὸ πτῶμα καὶ ἔθαψαν αὐτό[ν], καὶ ἐλθόντες
VIAA--ZP DANS N-AN-S CC VIAA--ZP NPAMZS/NPANZS CC VPAANM-P

ἀπήγγειλαν τῷ Ἰησοῦ.
VIAA--ZP DDMS N-DM-S

14.13 Ἀκούσας δὲ ὁ Ἰησοῦς ἀνεχώρησεν ἐκεῖθεν ἐν πλοίῳ
VPAANM-S CH DNMS N-NM-S VIAA--ZS AB PD N-DN-S

εἰς ἔρημον τόπον κατ᾽ ἰδίαν· καὶ ἀκούσαντες οἱ ὄχλοι
PA A--AM-S N-AM-S PA AP-AF-S CC VPAANM-P DNMP N-NM-P

ἠκολούθησαν αὐτῷ πεζῇ ἀπὸ τῶν πόλεων. 14.14 καὶ ἐξελθὼν
VIAA--ZP NPDMZS AB PG DGFP N-GF-P CC VPAANM-S

εἶδεν πολὺν ὄχλον, καὶ ἐσπλαγχνίσθη ἐπ᾽ αὐτοῖς καὶ
VIAA--ZS A--AM-S N-AM-S CC VIAO--ZS PD NPDMZP CC

ἐθεράπευσεν τοὺς ἀρρώστους αὐτῶν. 14.15 ὀψίας δὲ γενομένης
VIAA--ZS DAMP AP-AM-P NPGMZP A--GF-S CC VPADGF-S

προσῆλθον αὐτῷ οἱ μαθηταὶ λέγοντες, Ἔρημός ἐστιν ὁ
VIAA--ZP NPDMZS DNMP N-NM-P VPPANM-P A--NM-S VIPA--ZS DNMS

τόπος καὶ ἡ ὥρα ἤδη παρῆλθεν· ἀπόλυσον τοὺς ὄχλους, ἵνα
N-NM-S CC DNFS N-NF-S AB VIAA--ZS VMAA--YS DAMP N-AM-P CS

ἀπελθόντες εἰς τὰς κώμας ἀγοράσωσιν ἑαυτοῖς βρώματα.
VPAANM-P PA DAFP N-AF-P VSAA--ZP NPDMZP N-AN-P

14.16 ὁ δὲ [Ἰησοῦς] εἶπεν αὐτοῖς, Οὐ χρείαν ἔχουσιν ἀπελθεῖν·
DNMS CH N-NM-S VIAA--ZS NPDMZP AB N-AF-S VIPA--ZP VNAA

δότε αὐτοῖς ὑμεῖς φαγεῖν. 14.17 οἱ δὲ λέγουσιν αὐτῷ,
VMAA--YP NPDMZP NPN-YP VNAA DNMP□NPNMZP CH VIPA--ZP NPDMZS

Οὐκ ἔχομεν ὧδε εἰ μὴ πέντε ἄρτους καὶ δύο ἰχθύας.
AB VIPA--XP AB CS AB A-CAM-P N-AM-P CC A-CAM-P N-AM-P

14.18 ὁ δὲ εἶπεν, Φέρετέ μοι ὧδε αὐτούς. 14.19 καὶ
DNMS□NPNMZS CH VIAA--ZS VMPA--YP NPD-XS AB NPAMZP CC

κελεύσας τοὺς ὄχλους ἀνακλιθῆναι ἐπὶ τοῦ χόρτου, λαβὼν τοὺς
VPAANM-S DAMP N-AM-P VNAP PG DGMS N-GM-S VPAANM-S DAMP

πέντε ἄρτους καὶ τοὺς δύο ἰχθύας, ἀναβλέψας εἰς τὸν οὐρανὸν
A-CAM-P N-AM-P CC DAMP A-CAM-P N-AM-P VPAANM-S PA DAMS N-AM-S

εὐλόγησεν καὶ κλάσας ἔδωκεν τοῖς μαθηταῖς τοὺς ἄρτους οἱ δὲ
VIAA--ZS CC VPAANM-S VIAA--ZS DDMP N-DM-P DAMP N-AM-P DNMP CH

μαθηταὶ τοῖς ὄχλοις. 14.20 καὶ ἔφαγον πάντες καὶ ἐχορτάσθησαν,
N-NM-P DDMP N-DM-P CC VIAA--ZP AP-NM-P CC VIAP--ZP

καὶ ἦραν τὸ περισσεῦον τῶν κλασμάτων δώδεκα
CC VIAA--ZP DANS□NPANZS&APRNN-S VPPAAN-S DGNP N-GN-P A-CAM-P

κοφίνους πλήρεις. 14.21 οἱ δὲ ἐσθίοντες ἦσαν ἄνδρες
N-AM-P A--AM-P DNMP□APRNM-P+ CS VPPANM-P VIIA--ZP N-NM-P

ὡσεὶ πεντακισχίλιοι χωρὶς γυναικῶν καὶ παιδίων.
AB A-CNM-P PG N-GF-P CC N-GN-P

14.22 Καὶ εὐθέως ἠνάγκασεν τοὺς μαθητὰς ἐμβῆναι εἰς τὸ
CC AB VIAA--ZS DAMP N-AM-P VNAA PA DANS

πλοῖον καὶ προάγειν αὐτὸν εἰς τὸ πέραν, ἕως
N-AN-S CC VNPA NPAMZS PA DANS AB□AP-AN-S PG

οὗ ἀπολύσῃ τοὺς ὄχλους. 14.23 καὶ ἀπολύσας
APRGM-S□APDGM-S&APRDM-S VSAA--ZS DAMP N-AM-P CC VPAANM-S

τοὺς ὄχλους ἀνέβη εἰς τὸ ὄρος κατ᾽ ἰδίαν προσεύξασθαι. ὀψίας
DAMP N-AM-P VIAA--ZS PA DANS N-AN-S PA AP-AF-S VNAD A--GF-S

δὲ γενομένης μόνος ἦν ἐκεῖ. 14.24 τὸ δὲ πλοῖον ἤδη σταδίους
CC VPADGF-S A--NM-S VIIA--ZS AB DNNS CH N-NN-S AB N-AM-P

πολλοὺς ἀπὸ τῆς γῆς ἀπεῖχεν, βασανιζόμενον ὑπὸ τῶν κυμάτων,
A--AM-P PG DGFS N-GF-S VIIA--ZS VPPPNN-S PG DGNP N-GN-P

ἦν γὰρ ἐναντίος ὁ ἄνεμος. 14.25 τετάρτῃ δὲ φυλακῇ τῆς
VIIA--ZS CS A--NM-S DNMS N-NM-S A-ODF-S CC N-DF-S DGFS

νυκτὸς ἦλθεν πρὸς αὐτοὺς περιπατῶν ἐπὶ τὴν θάλασσαν.
N-GF-S VIAA--ZS PA NPAMZP VPPANM-S PA DAFS N-AF-S

14.26 οἱ δὲ μαθηταὶ ἰδόντες αὐτὸν ἐπὶ τῆς θαλάσσης
DNMP CH N-NM-P VPAANM-P NPAMZS PG DGFS N-GF-S

περιπατοῦντα ἐταράχθησαν λέγοντες ὅτι Φάντασμά ἐστιν, καὶ
VPPAAM-S VIAP--ZP VPPANM-P CH N-NN-S VIPA--ZS CC

ἀπὸ τοῦ φόβου ἔκραξαν. 14.27 εὐθὺς δὲ ἐλάλησεν [ὁ
PG DGMS N-GM-S VIAA--ZP AP-NM-S□AB CH VIAA--ZS DNMS

Ἰησοῦς] αὐτοῖς λέγων, Θαρσεῖτε, ἐγώ εἰμι· μὴ φοβεῖσθε.
N-NM-S NPDMZP VPPANM-S VMPA--YP NPN-XS VIPA--XS AB VMPN--YP

14.28 ἀποκριθεὶς δὲ αὐτῷ ὁ Πέτρος εἶπεν, Κύριε, εἰ σὺ εἶ,
VPAONM-S CH NPDMZS DNMS N-NM-S VIAA--ZS N-VM-S CS NPN-YS VIPA--YS

κέλευσόν με ἐλθεῖν πρὸς σὲ ἐπὶ τὰ ὕδατα· 14.29 ὁ
VMAA--YS NPA-XS VNAA PA NPA-YS PA DANP N-AN-P DNMS□NPNMZS

δὲ εἶπεν, Ἐλθέ. καὶ καταβὰς ἀπὸ τοῦ πλοίου [ὁ] Πέτρος
CH VIAA--ZS VMAA--YS CC VPAANM-S PG DGNS N-GN-S DNMS N-NM-S

περιεπάτησεν ἐπὶ τὰ ὕδατα καὶ ἦλθεν πρὸς τὸν Ἰησοῦν.
VIAA--ZS PA DANP N-AN-P CC VIAA--ZS PA DAMS N-AM-S

14.30 βλέπων δὲ τὸν ἄνεμον [ἰσχυρὸν] ἐφοβήθη, καὶ ἀρξάμενος
VPPANM-S CH DAMS N-AM-S A--AM-S VIAO--ZS CC VPAMNM-S

καταποντίζεσθαι ἔκραξεν λέγων, Κύριε, σῶσόν με. 14.31 εὐθέως
VNPP VIAA--ZS VPPANM-S N-VM-S VMAA--YS NPA-XS AB

δὲ ὁ Ἰησοῦς ἐκτείνας τὴν χεῖρα ἐπελάβετο αὐτοῦ καὶ λέγει
CH DNMS N-NM-S VPAANM-S DAFS N-AF-S VIAD--ZS NPGMZS CC VIPA--ZS

αὐτῷ, Ὀλιγόπιστε, εἰς τί ἐδίστασας; 14.32 καὶ ἀναβάντων
NPDMZS AP-VM-S PA APTAN-S VIAA--YS CC VPAAGM-P

αὐτῶν εἰς τὸ πλοῖον ἐκόπασεν ὁ ἄνεμος. 14.33 οἱ δὲ ἐν τῷ
NPGMZP PA DANS N-AN-S VIAA--ZS DNMS N-NM-S DNMP CH PD DDNS

πλοίῳ προσεκύνησαν αὐτῷ λέγοντες, Ἀληθῶς θεοῦ υἱὸς εἶ.
N-DN-S VIAA--ZP NPDMZS VPPANM-P AB N-GM-S N-NM-S VIPA--YS

14.34 Καὶ διαπεράσαντες ἦλθον ἐπὶ τὴν γῆν εἰς Γεννησαρέτ.
CC VPAANM-P VIAA--ZP PA DAFS N-AF-S PA N-AF-S

14.35 καὶ ἐπιγνόντες αὐτὸν οἱ ἄνδρες τοῦ τόπου ἐκείνου
CC VPAANM-P NPAMZS DNMP N-NM-P DGMS N-GM-S A-DGM-S

ἀπέστειλαν εἰς ὅλην τὴν περίχωρον ἐκείνην, καὶ προσήνεγκαν
VIAA--ZP PA A--AF-S DAFS AP-AF-S A-DAF-S CC VIAA--ZP

αὐτῷ πάντας τοὺς κακῶς ἔχοντας, 14.36 καὶ παρεκάλουν
NPDMZS AP-AM-P DAMP□APRNM-P AB VPPAAM-P CC VIIA--ZP

αὐτὸν ἵνα μόνον ἅψωνται τοῦ κρασπέδου τοῦ ἱματίου αὐτοῦ·
NPAMZS CC AP-AN-S□AB VSAM--ZP DGNS N-GN-S DGNS N-GN-S NPGMZS

καὶ ὅσοι ἥψαντο διεσώθησαν.
CC APRNM-P□APDNM-P&APRNM-P VIAM--ZP VIAP--ZP

15.1 Τότε προσέρχονται τῷ Ἰησοῦ ἀπὸ Ἱεροσολύμων
AB VIPN--ZP DDMS N-DM-S PG N-GN-P

Φαρισαῖοι καὶ γραμματεῖς λέγοντες, 15.2 Διὰ τί οἱ μαθηταί
N-NM-P CC N-NM-P VPPANM-P PA APTAN-S DNMP N-NM-P

σου παραβαίνουσιν τὴν παράδοσιν τῶν πρεσβυτέρων; οὐ γὰρ
NPG-YS VIPA--ZP DAFS N-AF-S DGMP AP-GM-P AB CS

νίπτονται τὰς χεῖρας [αὐτῶν] ὅταν ἄρτον ἐσθίωσιν.
VIPM--ZP DAFP N-AF-P NPGMZP CS N-AM-S VSPA--ZP

15.3 ὁ δὲ ἀποκριθεὶς εἶπεν αὐτοῖς, Διὰ τί καὶ ὑμεῖς
DNMS□NPNMZS CH VPAONM-S VIAA--ZS NPDMZP PA APTAN-S AB NPN-YP

παραβαίνετε τὴν ἐντολὴν τοῦ θεοῦ διὰ τὴν παράδοσιν ὑμῶν;
VIPA--YP DAFS N-AF-S DGMS N-GM-S PA DAFS N-AF-S NPG-YP

15.4 ὁ γὰρ θεὸς εἶπεν, Τίμα τὸν πατέρα καὶ τὴν μητέρα, καί,
DNMS CS N-NM-S VIAA--ZS VMPA--YS DAMS N-AM-S CC DAFS N-AF-S CC

Ὁ κακολογῶν πατέρα ἢ μητέρα θανάτῳ
DNMS□NPNMZS&APRNM-S VPPANM-S N-AM-S CC N-AF-S N-DM-S

τελευτάτω· 15.5 ὑμεῖς δὲ λέγετε, Ὃς ἂν εἴπῃ
VMPA--ZS NPN-YP CH VIPA--YP APRNM-S□APDNM-S&APRNM-S QV VSAA--ZS

τῷ πατρὶ ἢ τῇ μητρί, Δῶρον ὃ ἐὰν ἐξ ἐμοῦ
DDMS N-DM-S CC DDFS N-DF-S N-NN-S APRAN-S□APDNN-S&APRAN-S QV PG NPG-XS

ὠφεληθῇς, 15.6 οὐ μὴ τιμήσει τὸν πατέρα αὐτοῦ· καὶ ἠκυρώσατε
VSAP--YS AB AB VIFA--ZS DAMS N-AM-S NPGMZS CC VIAA--YP

τὸν λόγον τοῦ θεοῦ διὰ τὴν παράδοσιν ὑμῶν. 15.7 ὑποκριταί,
DAMS N-AM-S DGMS N-GM-S PA DAFS N-AF-S NPG-YP N-VM-P

καλῶς ἐπροφήτευσεν περὶ ὑμῶν Ἠσαΐας λέγων,
AB VIAA--ZS PG NPG-YP N-NM-S VPPANM-S

15.8 Ὁ λαὸς οὗτος τοῖς χείλεσίν με τιμᾷ,
DNMS N-NM-S A-DNM-S DDNP N-DN-P NPA-XS VIPA--ZS

ἡ δὲ καρδία αὐτῶν πόρρω ἀπέχει ἀπ' ἐμοῦ·
DNFS CH N-NF-S NPGMZP AB VIPA--ZS PG NPG-XS

15.9 μάτην δὲ σέβονταί με,
AB CH VIPM--ZP NPA-XS

διδάσκοντες διδασκαλίας ἐντάλματα ἀνθρώπων.
VPPANM-P N-AF-P N-AN-P N-GM-P

15.10 Καὶ προσκαλεσάμενος τὸν ὄχλον εἶπεν αὐτοῖς, Ἀκούετε
CC VPADNM-S DAMS N-AM-S VIAA--ZS NPDMZP VMPA--YP

καὶ συνίετε· 15.11 οὐ τὸ εἰσερχόμενον εἰς τὸ
CC VMPA--YP AB DNNS□NPNNZS&APRNN-S VPPNNN-S PA DANS

στόμα κοινοῖ τὸν ἄνθρωπον, ἀλλὰ τὸ ἐκπορευόμενον ἐκ
N-AN-S VIPA--ZS DAMS N-AM-S CH DNNS□APRNN-S+ VPPNNN-S PG

τοῦ στόματος τοῦτο κοινοῖ τὸν ἄνθρωπον. 15.12 Τότε
DGNS N-GN-S APDNN-S VIPA--ZS DAMS N-AM-S AB

προσελθόντες οἱ μαθηταὶ λέγουσιν αὐτῷ, Οἶδας ὅτι οἱ
VPAANM-P DNMP N-NM-P VIPA--ZP NPDMZS VIRA--YS CC DNMP

Φαρισαῖοι ἀκούσαντες τὸν λόγον ἐσκανδαλίσθησαν;
N-NM-P　　VPAANM-P　　DAMS　N-AM-S　VIAP--ZP

15.13 ὁ δὲ ἀποκριθεὶς εἶπεν, Πᾶσα φυτεία ἦν οὐκ
DNMS□NPNMZS CH VPAONM-S VIAA--ZS A--NF-S N-NF-S APRAF-S AB

ἐφύτευσεν ὁ πατήρ μου ὁ οὐράνιος ἐκριζωθήσεται.
VIAA--ZS　DNMS N-NM-S NPG-XS DNMS A--NM-S VIFP--ZS

15.14 ἄφετε αὐτούς· τυφλοί εἰσιν ὁδηγοὶ [τυφλῶν]· τυφλὸς δὲ
VMAA--YP NPAMZP A--NM-P VIPA--ZP N-NM-P AP-GM-P AP-NM-S CC

τυφλὸν ἐὰν ὁδηγῇ, ἀμφότεροι εἰς βόθυνον πεσοῦνται.
AP-AM-S CS VSPA--ZS AP-NM-P PA N-AM-S VIFD--ZP

15.15 Ἀποκριθεὶς δὲ ὁ Πέτρος εἶπεν αὐτῷ, Φράσον ἡμῖν τὴν
VPAONM-S CH DNMS N-NM-S VIAA--ZS NPDMZS VMAA--YS NPD-XP DAFS

παραβολὴν [ταύτην]. 15.16 ὁ δὲ εἶπεν, Ἀκμὴν καὶ ὑμεῖς
N-AF-S A-DAF-S DNMS□NPNMZS CH VIAA--ZS AB AB NPN-YP

ἀσύνετοί ἐστε; 15.17 οὐ νοεῖτε ὅτι πᾶν τὸ
A--NM-P VIPA--YP QT VIPA--YP CC AP-NN-S DNNS□APRNN-S

εἰσπορευόμενον εἰς τὸ στόμα εἰς τὴν κοιλίαν χωρεῖ καὶ εἰς
VPPNNN-S PA DANS N-AN-S PA DAFS N-AF-S VIPA--ZS CC PA

ἀφεδρῶνα ἐκβάλλεται; 15.18 τὰ δὲ ἐκπορευόμενα ἐκ
N-AM-S VIPP--ZS DNNP□NPNNZP&APRNN-P CH VPPNNN-P PG

τοῦ στόματος ἐκ τῆς καρδίας ἐξέρχεται, κἀκεῖνα κοινοῖ τὸν
DGNS N-GN-S PG DGFS N-GF-S VIPN--ZS CC&APDNN-P VIPA--ZS DAMS

ἄνθρωπον. 15.19 ἐκ γὰρ τῆς καρδίας ἐξέρχονται διαλογισμοὶ
N-AM-S PG CS DGFS N-GF-S VIPN--ZP N-NM-P

πονηροί, φόνοι, μοιχεῖαι, πορνεῖαι, κλοπαί, ψευδομαρτυρίαι,
A--NM-P N-NM-P N-NF-P N-NF-P N-NF-P N-NF-P

βλασφημίαι. 15.20 ταῦτά ἐστιν τὰ κοινοῦντα τὸν
N-NF-P APDNN-P VIPA--ZS DNNP□NPNNZP&APRNN-P VPPANN-P DAMS

ἄνθρωπον, τὸ δὲ ἀνίπτοις χερσὶν φαγεῖν οὐ κοινοῖ τὸν
N-AM-S DNNS CH A--DF-P N-DF-P VNAAN AB VIPA--ZS DAMS

ἄνθρωπον.
N-AM-S

15.21 Καὶ ἐξελθὼν ἐκεῖθεν ὁ Ἰησοῦς ἀνεχώρησεν εἰς τὰ
CC VPAANM-S AB DNMS N-NM-S VIAA--ZS PA DANP

μέρη Τύρου καὶ Σιδῶνος. 15.22 καὶ ἰδοὺ γυνὴ Χαναναία ἀπὸ τῶν
N-AN-P N-GF-S CC N-GF-S CC QS N-NF-S A--NF-S PG DGNP

ὁρίων ἐκείνων ἐξελθοῦσα ἔκραζεν λέγουσα, Ἐλέησόν με, κύριε,
N-GN-P A-DGN-P VPAANF-S VIIA--ZS VPPANF-S VMAA--YS NPA-XS N-VM-S

υἱὸς Δαυίδ· ἡ θυγάτηρ μου κακῶς δαιμονίζεται.
N-NM-S□N-VM-S N-GM-S DNFS N-NF-S NPG-XS AB VIPN--ZS

15.23 ὁ δὲ οὐκ ἀπεκρίθη αὐτῇ λόγον. καὶ προσελθόντες
DNMS□NPNMZS CH AB VIAO--ZS NPDFZS N-AM-S CC VPAANM-P

οἱ μαθηταὶ αὐτοῦ ἠρώτουν αὐτὸν λέγοντες, Ἀπόλυσον αὐτήν,
DNMP N-NM-P NPGMZS VIIA--ZP NPAMZS VPPANM-P VMAA--YS NPAFZS

ὅτι κράζει ὄπισθεν ἡμῶν. 15.24 ὁ   δὲ ἀποκριθεὶς εἶπεν,
CS VIPA--ZS PG   NPG-XP   DNMS□NPNMZS CH VPAONM-S VIAA--ZS

Οὐκ ἀπεστάλην εἰ μὴ εἰς τὰ   πρόβατα τὰ   ἀπολωλότα
AB VIAP--XS CS AB PA DANP N-AN-P DANP□APRNN-P VPRAAN-P

οἴκου Ἰσραήλ. 15.25 ἡ   δὲ ἐλθοῦσα προσεκύνει αὐτῷ
N-GM-S N-GM-S   DNFS□NPNFZS CC VPAANF-S VIIA--ZS NPDMZS

λέγουσα, Κύριε, βοήθει μοι. 15.26 ὁ   δὲ ἀποκριθεὶς εἶπεν,
VPPANF-S N-VM-S VMPA--YS NPD-XS   DNMS□NPNMZS CH VPAONM-S VIAA--ZS

Οὐκ ἔστιν καλὸν λαβεῖν τὸν ἄρτον τῶν τέκνων καὶ βαλεῖν τοῖς
AB VIPA--ZS A--NN-S VNAA DAMS N-AM-S DGNP N-GN-P CC VNAA   DDNP

κυναρίοις. 15.27 ἡ   δὲ εἶπεν, Ναί, κύριε, καὶ γὰρ τὰ
N-DN-P   DNFS□NPNFZS CH VIAA--ZS QS N-VM-S AB CS DNNP

κυνάρια ἐσθίει ἀπὸ τῶν ψιχίων τῶν   πιπτόντων ἀπὸ τῆς
N-NN-P VIPA--ZS PG DGNP N-GN-P DGNP□APRNN-P VPPAGN-P PG DGFS

τραπέζης τῶν κυρίων αὐτῶν. 15.28 τότε ἀποκριθεὶς ὁ   Ἰησοῦς
N-GF-S   DGMP N-GM-P NPGMZP   AB   VPAONM-S DNMS N-NM-S

εἶπεν αὐτῇ, Ὦ γύναι, μεγάλη σου ἡ   πίστις· γενηθήτω σοι
VIAA--ZS NPDFZS QS N-VF-S A--NF-S NPG-YS DNFS N-NF-S VMAO--ZS NPD-YS

ὡς θέλεις. καὶ ἰάθη ἡ   θυγάτηρ αὐτῆς ἀπὸ τῆς ὥρας ἐκείνης.
CS VIPA--YS CC VIAP--ZS DNFS N-NF-S NPGFZS PG DGFS N-GF-S A-DGF-S

15.29 Καὶ μεταβὰς ἐκεῖθεν ὁ   Ἰησοῦς ἦλθεν παρὰ τὴν
      CC VPAANM-S AB   DNMS N-NM-S VIAA--ZS PA   DAFS

θάλασσαν τῆς Γαλιλαίας, καὶ ἀναβὰς εἰς τὸ ὄρος ἐκάθητο ἐκεῖ.
N-AF-S   DGFS N-GF-S   CC VPAANM-S PA DANS N-AN-S VIIN--ZS AB

15.30 καὶ προσῆλθον αὐτῷ ὄχλοι πολλοὶ ἔχοντες μεθ’ ἑαυτῶν
      CC VIAA--ZP NPDMZS N-NM-P A--NM-P VPPANM-P PG NPGMZP

χωλούς, τυφλούς, κυλλούς, κωφούς, καὶ ἑτέρους πολλούς, καὶ
AP-AM-P AP-AM-P AP-AM-P AP-AM-P CC AP-AM-P A--AM-P   CC

ἔρριψαν αὐτοὺς παρὰ τοὺς πόδας αὐτοῦ, καὶ ἐθεράπευσεν αὐτούς·
VIAA--ZP NPAMZP PA   DAMP N-AM-P NPGMZS CC VIAA--ZS   NPAMZP

15.31 ὥστε τὸν ὄχλον θαυμάσαι βλέποντας κωφοὺς λαλοῦντας,
      CH   DAMS N-AM-S VNAA   VPPAAM-P AP-AM-P VPPAAM-P

κυλλοὺς ὑγιεῖς, καὶ χωλοὺς περιπατοῦντας καὶ τυφλοὺς βλέποντας·
AP-AM-P A--AM-P CC AP-AM-P VPPAAM-P   CC AP-AM-P VPPAAM-P

καὶ ἐδόξασαν τὸν θεὸν Ἰσραήλ.
CC VIAA--ZP DAMS N-AM-S N-GM-S

15.32 Ὁ   δὲ Ἰησοῦς προσκαλεσάμενος τοὺς μαθητὰς αὐτοῦ
      DNMS CC N-NM-S VPADNM-S   DAMP N-AM-P NPGMZS

εἶπεν, Σπλαγχνίζομαι ἐπὶ τὸν ὄχλον, ὅτι ἤδη ἡμέραι τρεῖς
VIAA--ZS VIPN--XS   PA DAMS N-AM-S CS AB N-NF-P A-CNF-P

προσμένουσίν μοι καὶ οὐκ ἔχουσιν τί   φάγωσιν· καὶ
VIPA--ZP   NPD-XS CC AB VIPA--ZP APTAN-S VSAA--ZP CC

ἀπολῦσαι αὐτοὺς νήστεις οὐ θέλω, μήποτε ἐκλυθῶσιν ἐν τῇ ὁδῷ.
VNAA   NPAMZP A--AM-P AB VIPA--XS CS   VSAP--ZP PD DDFS N-DF-S

15.33 καὶ λέγουσιν αὐτῷ οἱ μαθηταί, Πόθεν ἡμῖν ἐν ἐρημίᾳ
CC   VIPA--ZP   NPDMZS DNMP N-NM-P   ABT   NPD-XP PD N-DF-S

ἄρτοι τοσοῦτοι ὥστε χορτάσαι ὄχλον τοσοῦτον; 15.34 καὶ λέγει
N-NM-P A-DNM-P   CS   VNAA   N-AM-S A-DAM-S   CC   VIPA--ZS

αὐτοῖς ὁ Ἰησοῦς, Πόσους ἄρτους ἔχετε; οἱ δὲ εἶπαν,
NPDMZP DNMS N-NM-S   A-TAM-P N-AM-P VIPA--YP DNMP□NPNMZP CH VIAA--ZP

Ἑπτά, καὶ ὀλίγα ἰχθύδια. 15.35 καὶ παραγγείλας τῷ ὄχλῳ
APCAM-P CC A--AN-P N-AN-P   CC VPAANM-S   DDMS N-DM-S

ἀναπεσεῖν ἐπὶ τὴν γῆν 15.36 ἔλαβεν τοὺς ἑπτὰ ἄρτους καὶ τοὺς
VNAA   PA DAFS N-AF-S   VIAA--ZS DAMP A-CAM-P N-AM-P CC DAMP

ἰχθύας καὶ εὐχαριστήσας ἔκλασεν καὶ ἐδίδου τοῖς μαθηταῖς, οἱ
N-AM-P CC VPAANM-S   VIAA--ZS CC VIIA--ZS DDMP N-DM-P   DNMP

δὲ μαθηταὶ τοῖς ὄχλοις. 15.37 καὶ ἔφαγον πάντες καὶ
CH N-NM-P   DDMP N-DM-P   CC VIAA--ZP AP-NM-P CC

ἐχορτάσθησαν, καὶ τὸ περισσεῦον τῶν κλασμάτων
VIAP--ZP   CC DANS□NPANZS&APRNN-S VPPAAN-S DGNP N-GN-P

ἦραν, ἑπτὰ σπυρίδας πλήρεις. 15.38 οἱ δὲ ἐσθίοντες
VIAA--ZP A-CAF-P N-AF-P   A--AF-P   DNMP□APRNM-P+ CS VPPANM-P

ἦσαν τετρακισχίλιοι ἄνδρες χωρὶς γυναικῶν καὶ παιδίων.
VIIA--ZP A-CNM-P   N-NM-P   PG   N-GF-P   CC N-GN-P

15.39 Καὶ ἀπολύσας τοὺς ὄχλους ἐνέβη εἰς τὸ πλοῖον, καὶ ἦλθεν
CC VPAANM-S DAMP N-AM-P VIAA--ZS PA DANS N-AN-S CC VIAA--ZS

εἰς τὰ ὅρια Μαγαδάν.
PA DANP N-AN-P N-GF-S

16.1 Καὶ προσελθόντες οἱ Φαρισαῖοι καὶ Σαδδουκαῖοι
CC VPAANM-P   DNMP N-NM-P   CC N-NM-P

πειράζοντες ἐπηρώτησαν αὐτὸν σημεῖον ἐκ τοῦ οὐρανοῦ
VPPANM-P   VIAA--ZP   NPAMZS N-AN-S PG DGMS N-GM-S

ἐπιδεῖξαι αὐτοῖς. 16.2 ὁ δὲ ἀποκριθεὶς εἶπεν αὐτοῖς,
VNAA   NPDMZP   DNMS□NPNMZS CH VPAONM-S VIAA--ZS NPDMZP

[Ὀψίας γενομένης λέγετε, Εὐδία, πυρράζει γὰρ ὁ οὐρανός·
A--GF-S VPADGF-S VIPA--YP N-NF-S VIPA--ZS CS DNMS N-NM-S

16.3 καὶ πρωΐ, Σήμερον χειμών, πυρράζει γὰρ στυγνάζων ὁ
CC AB   AB   N-NM-S VIPA--ZS CS VPPANM-S DNMS

οὐρανός. τὸ μὲν πρόσωπον τοῦ οὐρανοῦ γινώσκετε διακρίνειν,
N-NM-S DANS CS N-AN-S   DGMS N-GM-S VIPA--YP   VNPA

τὰ δὲ σημεῖα τῶν καιρῶν οὐ δύνασθε.] 16.4 Γενεὰ πονηρὰ καὶ
DANP CH N-AN-P DGMP N-GM-P AB VIPN--YP   N-NF-S A--NF-S CC

μοιχαλὶς σημεῖον ἐπιζητεῖ, καὶ σημεῖον οὐ δοθήσεται αὐτῇ εἰ μὴ
A--NF-S N-AN-S VIPA--ZS CC N-NN-S AB VIFP--ZS   NPDFZS CS AB

τὸ σημεῖον Ἰωνᾶ. καὶ καταλιπὼν αὐτοὺς ἀπῆλθεν.
DNNS N-NN-S   N-GM-S CC VPAANM-S NPAMZP VIAA--ZS

16.5 Καὶ ἐλθόντες οἱ μαθηταὶ εἰς τὸ πέραν ἐπελάθοντο
CC VPAANM-P DNMP N-NM-P PA DANS AB□AP-AN-S VIAD--ZP

ἄρτους λαβεῖν. 16.6 ὁ δὲ Ἰησοῦς εἶπεν αὐτοῖς, Ὁρᾶτε καὶ
N-AM-P VNAA DNMS CH N-NM-S VIAA--ZS NPDMZP VMPA--YP CC

προσέχετε ἀπὸ τῆς ζύμης τῶν Φαρισαίων καὶ Σαδδουκαίων.
VMPA--YP PG DGFS N-GF-S DGMP N-GM-P CC N-GM-P

16.7 οἱ δὲ διελογίζοντο ἐν ἑαυτοῖς λέγοντες ὅτι Ἄρτους
DNMP□NPNMZP CH VIIN--ZP PD NPDMZP VPPANM-P CH N-AM-P

οὐκ ἐλάβομεν. 16.8 γνοὺς δὲ ὁ Ἰησοῦς εἶπεν, Τί
AB VIAA--XP VPAANM-S CH DNMS N-NM-S VIAA--ZS APTAN-S□ABT

διαλογίζεσθε ἐν ἑαυτοῖς, ὀλιγόπιστοι, ὅτι ἄρτους οὐκ ἔχετε;
VIPN--YP PD NPDMYP AP-VM-P CS N-AM-P AB VIPA--YP

16.9 οὔπω νοεῖτε, οὐδὲ μνημονεύετε τοὺς πέντε ἄρτους τῶν
AB VIPA--YP CC&AB VIPA--YP DAMP A-CAM-P N-AM-P DGMP

πεντακισχιλίων καὶ πόσους κοφίνους ἐλάβετε; 16.10 οὐδὲ τοὺς
APCGM-P CC A-TAM-P N-AM-P VIAA--YP CC DAMP

ἑπτὰ ἄρτους τῶν τετρακισχιλίων καὶ πόσας σπυρίδας ἐλάβετε;
A-CAM-P N-AM-P DGMP APCGM-P CC A-TAF-P N-AF-P VIAA--YP

16.11 πῶς οὐ νοεῖτε ὅτι οὐ περὶ ἄρτων εἶπον ὑμῖν; προσέχετε δὲ
ABT AB VIPA--YP CC AB PG N-GM-P VIAA--XS NPD-YP VMPA--YP CH

ἀπὸ τῆς ζύμης τῶν Φαρισαίων καὶ Σαδδουκαίων. 16.12 τότε
PG DGFS N-GF-S DGMP N-GM-P CC N-GM-P AB

συνῆκαν ὅτι οὐκ εἶπεν προσέχειν ἀπὸ τῆς ζύμης τῶν ἄρτων
VIAA--ZP CC AB VIAA--ZS VNPA PG DGFS N-GF-S DGMP N-GM-P

ἀλλὰ ἀπὸ τῆς διδαχῆς τῶν Φαρισαίων καὶ Σαδδουκαίων.
CH PG DGFS N-GF-S DGMP N-GM-P CC N-GM-P

16.13 Ἐλθὼν δὲ ὁ Ἰησοῦς εἰς τὰ μέρη Καισαρείας τῆς
VPAANM-S CC DNMS N-NM-S PA DANP N-AN-P N-GF-S DGFS

Φιλίππου ἠρώτα τοὺς μαθητὰς αὐτοῦ λέγων, Τίνα λέγουσιν οἱ
N-GM-S VIIA--ZS DAMP N-AM-P NPGMZS VPPANM-S APTAM-S VIPA--ZP DNMP

ἄνθρωποι εἶναι τὸν υἱὸν τοῦ ἀνθρώπου; 16.14 οἱ δὲ
N-NM-P VNPA DAMS N-AM-S DGMS N-GM-S DNMP□NPNMZP CH

εἶπαν, Οἱ μὲν Ἰωάννην τὸν βαπτιστήν, ἄλλοι δὲ Ἠλίαν,
VIAA--ZP DNMP□APDNM-P CC N-AM-S DAMS N-AM-S AP-NM-P CC N-AM-S

ἕτεροι δὲ Ἰερεμίαν ἢ ἕνα τῶν προφητῶν. 16.15 λέγει αὐτοῖς,
AP-NM-P CC N-AM-S CC APCAM-S DGMP N-GM-P VIPA--ZS NPDMZP

Ὑμεῖς δὲ τίνα με λέγετε εἶναι; 16.16 ἀποκριθεὶς δὲ Σίμων
NPN-YP CH APTAM-S NPA-XS VIPA--YP VNPA VPAONM-S CH N-NM-S

Πέτρος εἶπεν, Σὺ εἶ ὁ Χριστὸς ὁ υἱὸς τοῦ θεοῦ
N-NM-S VIAA--ZS NPN-YS VIPA--YS DNMS N-NM-S DNMS N-NM-S DGMS N-GM-S

τοῦ ζῶντος. 16.17 ἀποκριθεὶς δὲ ὁ Ἰησοῦς εἶπεν αὐτῷ,
DGMS□APRNM-S VPPAGM-S VPAONM-S CH DNMS N-NM-S VIAA--ZS NPDMZS

Μακάριος εἶ, Σίμων Βαριωνᾶ, ὅτι σὰρξ καὶ αἷμα οὐκ
A--NM-S VIPA--YS N-VM-S N-VM-S CS N-NF-S CC N-NN-S AB

ἀπεκάλυψέν σοι ἀλλ᾽ ὁ πατήρ μου ὁ ἐν τοῖς οὐρανοῖς.
VIAA--ZS NPD-YS CH DNMS N-NM-S NPG-XS DNMS PD DDMP N-DM-P

16.18 κἀγὼ δέ σοι λέγω ὅτι σὺ εἶ Πέτρος, καὶ ἐπὶ ταύτῃ
AB&NPN-XS CC NPD-YS VIPA--XS CC NPN-YS VIPA--YS N-NM-S CC PD A-DDF-S

τῇ πέτρᾳ οἰκοδομήσω μου τὴν ἐκκλησίαν, καὶ πύλαι ᾅδου οὐ
DDFS N-DF-S VIFA--XS NPG-XS DAFS N-AF-S CC N-NF-P N-GM-S AB

κατισχύσουσιν αὐτῆς. 16.19 δώσω σοι τὰς κλεῖδας τῆς
VIFA--ZP NPGFZS VIFA--XS NPD-YS DAFP N-AF-P DGFS

βασιλείας τῶν οὐρανῶν, καὶ ὃ ἐὰν δήσῃς ἐπὶ
N-GF-S DGMP N-GM-P CC APRAN-S☐APDNN-S&APRAN-S QV VSAA--YS PG

τῆς γῆς ἔσται δεδεμένον ἐν τοῖς οὐρανοῖς, καὶ
DGFS N-GF-S VIFD--ZS+ +VPRPNN-S PD DDMP N-DM-P CC

ὃ ἐὰν λύσῃς ἐπὶ τῆς γῆς ἔσται λελυμένον ἐν
APRAN-S☐APDNN-S&APRAN-S QV VSAA--YS PG DGFS N-GF-S VIFD--ZS+ +VPRPNN-S PD

τοῖς οὐρανοῖς. 16.20 τότε διεστείλατο τοῖς μαθηταῖς ἵνα μηδενὶ
DDMP N-DM-P AB VIAM--ZS DDMP N-DM-P CC APCDM-S

εἴπωσιν ὅτι αὐτός ἐστιν ὁ Χριστός.
VSAA--ZP CC NPNMZS VIPA--ZS DNMS N-NM-S

16.21 Ἀπὸ τότε ἤρξατο ὁ Ἰησοῦς δεικνύειν τοῖς
PG AB☐AP-GN-S VIAM--ZS DNMS N-NM-S VNPA DDMP

μαθηταῖς αὐτοῦ ὅτι δεῖ αὐτὸν εἰς Ἰεροσόλυμα ἀπελθεῖν καὶ
N-DM-P NPGMZS CC VIPA--ZS NPAMZS PA N-AN-P VNAA CC

πολλὰ παθεῖν ἀπὸ τῶν πρεσβυτέρων καὶ ἀρχιερέων καὶ
AP-AN-P VNAA PG DGMP AP-GM-P CC N-GM-P CC

γραμματέων καὶ ἀποκτανθῆναι καὶ τῇ τρίτῃ ἡμέρᾳ ἐγερθῆναι.
N-GM-P CC VNAP CC DDFS A-ODF-S N-DF-S VNAP

16.22 καὶ προσλαβόμενος αὐτὸν ὁ Πέτρος ἤρξατο ἐπιτιμᾶν
CC VPAMNM-S NPAMZS DNMS N-NM-S VIAM--ZS VNPA

αὐτῷ λέγων, Ἵλεώς σοι, κύριε· οὐ μὴ ἔσται σοι τοῦτο.
NPDMZS VPPANM-S A--NM-S NPD-YS N-VM-S AB AB VIFD--ZS NPD-YS APDNN-S

16.23 ὁ δὲ στραφεὶς εἶπεν τῷ Πέτρῳ, Ὕπαγε ὀπίσω
DNMS☐NPNMZS CH VPAPNM-S VIAA--ZS DDMS N-DM-S VMPA--YS PG

μου, Σατανᾶ· σκάνδαλον εἶ ἐμοῦ, ὅτι οὐ φρονεῖς τὰ τοῦ
NPG-XS N-VM-S N-NN-S VIPA--YS NPG-XS CS AB VIPA--YS DANP DGMS

θεοῦ ἀλλὰ τὰ τῶν ἀνθρώπων. 16.24 Τότε ὁ Ἰησοῦς εἶπεν τοῖς
N-GM-S CH DANP DGMP N-GM-P AB DNMS N-NM-S VIAA--ZS DDMP

μαθηταῖς αὐτοῦ, Εἴ τις θέλει ὀπίσω μου ἐλθεῖν,
N-DM-P NPGMZS CS APINM-S VIPA--ZS PG NPG-XS VNAA

ἀπαρνησάσθω ἑαυτὸν καὶ ἀράτω τὸν σταυρὸν αὐτοῦ καὶ
VMAD--ZS NPAMZS CC VMAA--ZS DAMS N-AM-S NPGMZS CC

ἀκολουθείτω μοι. 16.25 ὃς γὰρ ἐὰν θέλῃ τὴν
VMPA--ZS NPD-XS APRNM-S☐APDNM-S&APRNM-S CS QV VSPA--ZS DAFS

ψυχὴν αὐτοῦ σῶσαι ἀπολέσει αὐτήν· ὃς δ' ἂν
N-AF-S NPGMZS VNAA VIFA--ZS NPAFZS APRNM-S☐APDNM-S&APRNM-S CH QV

ἀπολέσῃ τὴν ψυχὴν αὐτοῦ ἕνεκεν ἐμοῦ εὑρήσει αὐτήν.
VSAA--ZS DAFS N-AF-S NPGMZS PG NPG-XS VIFA--ZS NPAFZS

16.26 τί   γὰρ ὠφεληθήσεται ἄνθρωπος ἐὰν τὸν κόσμον ὅλον
APTAN-S CS VIFP--ZS   N-NM-S   CS DAMS N-AM-S A--AM-S

κερδήσῃ τὴν δὲ ψυχὴν αὐτοῦ ζημιωθῇ; ἢ τί   δώσει ἄνθρωπος
VSAA--ZS DAFS CH N-AF-S NPGMZS VSAP--ZS CC APTAN-S VIFA--ZS N-NM-S

ἀντάλλαγμα τῆς ψυχῆς αὐτοῦ; 16.27 μέλλει γὰρ ὁ   υἱὸς τοῦ
N-AN-S   DGFS N-GF-S NPGMZS   VIPA--ZS+ CS DNMS N-NM-S DGMS

ἀνθρώπου ἔρχεσθαι ἐν τῇ   δόξῃ τοῦ   πατρὸς αὐτοῦ μετὰ τῶν
N-GM-S   +VNPN   PD DDFS N-DF-S DGMS N-GM-S NPGMZS PG   DGMP

ἀγγέλων αὐτοῦ, καὶ τότε ἀποδώσει ἑκάστῳ κατὰ τὴν πρᾶξιν
N-GM-P NPGMZS CC AB   VIFA--ZS AP-DM-S PA   DAFS N-AF-S

αὐτοῦ. 16.28 ἀμὴν λέγω ὑμῖν ὅτι εἰσίν τινες τῶν
NPGMZS   QS   VIPA--XS NPD-YP CC VIPA--ZP APINM-P DGMP□NPGMZP&APRNM-P

ὧδε ἑστώτων οἵτινες οὐ μὴ γεύσωνται θανάτου ἕως ἂν ἴδωσιν τὸν
AB VPRAGM-P APRNM-P AB AB VSAD--ZP N-GM-S CS QV VSAA--ZP DAMS

υἱὸν τοῦ ἀνθρώπου ἐρχόμενον ἐν τῇ   βασιλείᾳ αὐτοῦ.
N-AM-S DGMS N-GM-S VPPNAM-S   PD DDFS N-DF-S   NPGMZS

17.1 Καὶ μεθ' ἡμέρας ἓξ   παραλαμβάνει ὁ   Ἰησοῦς τὸν
     CC PA   N-AF-P A-CAF-P VIPA--ZS   DNMS N-NM-S DAMS

Πέτρον καὶ Ἰάκωβον καὶ Ἰωάννην τὸν ἀδελφὸν αὐτοῦ, καὶ
N-AM-S CC N-AM-S CC N-AM-S DAMS N-AM-S NPGMZS CC

ἀναφέρει αὐτοὺς εἰς ὄρος ὑψηλὸν κατ' ἰδίαν. 17.2 καὶ
VIPA--ZS NPAMZP PA N-AN-S A--AN-S PA   AP-AF-S   CC

μετεμορφώθη ἔμπροσθεν αὐτῶν, καὶ ἔλαμψεν τὸ   πρόσωπον
VIAP--ZS   PG   NPGMZP CC VIAA--ZS DNNS N-NN-S

αὐτοῦ ὡς ὁ   ἥλιος, τὰ   δὲ ἱμάτια αὐτοῦ ἐγένετο λευκὰ ὡς τὸ
NPGMZS CS DNMS N-NM-S DNNP CC N-NN-P NPGMZS VIAD--ZS A--NN-P CS DNNS

φῶς. 17.3 καὶ ἰδοὺ ὤφθη αὐτοῖς Μωϋσῆς καὶ Ἠλίας συλλαλοῦντες
N-NN-S   CC QS   VIAP--ZS NPDMZP N-NM-S CC N-NM-S VPPANM-P

μετ' αὐτοῦ. 17.4 ἀποκριθεὶς δὲ ὁ   Πέτρος εἶπεν τῷ   Ἰησοῦ,
PG   NPGMZS   VPAONM-S   CH DNMS N-NM-S VIAA--ZS DDMS N-DM-S

Κύριε, καλόν ἐστιν ἡμᾶς ὧδε εἶναι· εἰ θέλεις, ποιήσω ὧδε τρεῖς
N-VM-S A--NN-S VIPA--ZS NPA-XP AB VNPA CS VIPA--YS VIFA--XS AB A-CAF-P

σκηνάς, σοὶ μίαν   καὶ Μωϋσεῖ μίαν   καὶ Ἠλίᾳ μίαν. 17.5 ἔτι
N-AF-P NPD-YS APCAF-S CC N-DM-S APCAF-S CC N-DM-S APCAF-S   AB

αὐτοῦ λαλοῦντος ἰδοὺ νεφέλη φωτεινὴ ἐπεσκίασεν αὐτούς, καὶ
NPGMZS VPPAGM-S QS   N-NF-S A--NF-S VIAA--ZS   NPAMZP CC

ἰδοὺ φωνὴ ἐκ τῆς   νεφέλης λέγουσα, Οὗτός ἐστιν ὁ   υἱός μου
QS   N-NF-S PG DGFS N-GF-S VPPANF-S APDNM-S VIPA--ZS DNMS N-NM-S NPG-XS

ὁ   ἀγαπητός, ἐν ᾧ   εὐδόκησα· ἀκούετε αὐτοῦ. 17.6 καὶ
DNMS A--NM-S   PD APRDM-S VIAA--XS VMPA--YP NPGMZS   CC

ἀκούσαντες οἱ   μαθηταὶ ἔπεσαν ἐπὶ πρόσωπον αὐτῶν καὶ
VPAANM-P   DNMP N-NM-P VIAA--ZP PA N-AN-S NPGMZP CC

ἐφοβήθησαν σφόδρα. 17.7 καὶ προσῆλθεν ὁ   Ἰησοῦς καὶ
VIAO--ZP   AB   CC VIAA--ZS DNMS N-NM-S CC

ἁψάμενος αὐτῶν εἶπεν, Ἐγέρθητε καὶ μὴ φοβεῖσθε.
VPAMNM-S NPGMZP VIAA--ZS VMAP--YP CC AB VMPN--YP

17.8 ἐπάραντες δὲ τοὺς ὀφθαλμοὺς αὐτῶν οὐδένα εἶδον εἰ μὴ
VPAANM-P CC DAMP N-AM-P NPGMZP APCAM-S VIAA--ZP CS AB

αὐτὸν Ἰησοῦν μόνον.
NRAMZS N-AM-S A--AM-S

17.9 Καὶ καταβαινόντων αὐτῶν ἐκ τοῦ ὄρους ἐνετείλατο
CC VPPAGM-P NPGMZP PG DGNS N-GN-S VIAD--ZS

αὐτοῖς ὁ Ἰησοῦς λέγων, Μηδενὶ εἴπητε τὸ ὅραμα ἕως
NPDMZP DNMS N-NM-S VPPANM-S APCDM-S VSAA--YP◻VMAA--YP DANS N-AN-S PG

οὗ ὁ υἱὸς τοῦ ἀνθρώπου ἐκ νεκρῶν ἐγερθῇ.
APRGM-S◻APDGM-S&APRDM-S DNMS N-NM-S DGMS N-GM-S PG AP-GM-P VSAP--ZS

17.10 καὶ ἐπηρώτησαν αὐτὸν οἱ μαθηταὶ λέγοντες, Τί
CC VIAA--ZP NRAMZS DNMP N-NM-P VPPANM-P APTAN-S◻ABT

οὖν οἱ γραμματεῖς λέγουσιν ὅτι Ἡλίαν δεῖ ἐλθεῖν πρῶτον;
CH DNMP N-NM-P VIPA--ZP CC N-AM-S VIPA--ZS VNAA APOAN-S◻AB

17.11 ὁ δὲ ἀποκριθεὶς εἶπεν, Ἡλίας μὲν ἔρχεται καὶ
DNMS◻NPNMZS CH VPAONM-S VIAA--ZS N-NM-S CS VIPN--ZS CC

ἀποκαταστήσει πάντα· 17.12 λέγω δὲ ὑμῖν ὅτι Ἡλίας ἤδη
VIFA--ZS AP-AN-P VIPA--XS CH NPD-YP CH N-NM-S AB

ἦλθεν, καὶ οὐκ ἐπέγνωσαν αὐτὸν ἀλλὰ ἐποίησαν ἐν αὐτῷ
VIAA--ZS CC AB VIAA--ZP NRAMZS CH VIAA--ZP PD NPDMZS

ὅσα ἠθέλησαν· οὕτως καὶ ὁ υἱὸς τοῦ ἀνθρώπου
APRAN-P◻APDAN-P&APRAN-P VIAA--ZP AB AB DNMS N-NM-S DGMS N-GM-S

μέλλει πάσχειν ὑπ᾿ αὐτῶν. 17.13 τότε συνῆκαν οἱ μαθηταὶ ὅτι
VIPA--ZS+ +VNPA PG NPGMZP AB VIAA--ZP DNMP N-NM-P CC

περὶ Ἰωάννου τοῦ βαπτιστοῦ εἶπεν αὐτοῖς.
PG N-GM-S DGMS N-GM-S VIAA--ZS NPDMZP

17.14 Καὶ ἐλθόντων πρὸς τὸν ὄχλον προσῆλθεν αὐτῷ
CC VPAAGM-P PA DAMS N-AM-S VIAA--ZS NPDMZS

ἄνθρωπος γονυπετῶν αὐτὸν 17.15 καὶ λέγων, Κύριε, ἐλέησόν μου
N-NM-S VPPANM-S NRAMZS CC VPPANM-S N-VM-S VMAA--YS NPG-XS

τὸν υἱόν, ὅτι σεληνιάζεται καὶ κακῶς πάσχει· πολλάκις γὰρ
DAMS N-AM-S CS VIPN--ZS CC AB VIPA--ZS AB CS

πίπτει εἰς τὸ πῦρ καὶ πολλάκις εἰς τὸ ὕδωρ. 17.16 καὶ
VIPA--ZS PA DANS N-AN-S CC AB PA DANS N-AN-S CC

προσήνεγκα αὐτὸν τοῖς μαθηταῖς σου, καὶ οὐκ ἠδυνήθησαν
VIAA--XS NRAMZS DDMP N-DM-P NPG-YS CC AB VIAO--ZP

αὐτὸν θεραπεῦσαι. 17.17 ἀποκριθεὶς δὲ ὁ Ἰησοῦς εἶπεν, Ὦ
NRAMZS VNAA VPAONM-S CH DNMS N-NM-S VIAA--ZS QS

γενεὰ ἄπιστος καὶ διεστραμμένη, ἕως πότε μεθ᾿ ὑμῶν
N-VF-S A--VF-S CC VPRPVFYS PG ABT◻APTGM-S PG NPG-YP

ἔσομαι; ἕως πότε ἀνέξομαι ὑμῶν; φέρετέ μοι αὐτὸν ὧδε.
VIFD--XS PG ABT◻APTGM-S VIFM--XS NPG-YP VMPA--YP NPD-XS NRAMZS AB

17.18 καὶ ἐπετίμησεν αὐτῷ ὁ Ἰησοῦς, καὶ ἐξῆλθεν ἀπ᾽ αὐτοῦ
CC VIAA--ZS NPDMZS DNMS N-NM-S CC VIAA--ZS PG NPGMZS

τὸ δαιμόνιον· καὶ ἐθεραπεύθη ὁ παῖς ἀπὸ τῆς ὥρας ἐκείνης.
DNNS N-NN-S CC VIAP--ZS DNMS N-NM-S PG DGFS N-GF-S A-DGF-S

17.19 Τότε προσελθόντες οἱ μαθηταὶ τῷ Ἰησοῦ κατ᾽ ἰδίαν
AB VPAANM-P DNMP N-NM-P DDMS N-DM-S PA AP-AF-S

εἶπον, Διὰ τί ἡμεῖς οὐκ ἠδυνήθημεν ἐκβαλεῖν αὐτό;
VIAA--ZP PA APTAN-S NPN-XP AB VIAO--XP VNAA NPANZS

17.20 ὁ δὲ λέγει αὐτοῖς, Διὰ τὴν ὀλιγοπιστίαν ὑμῶν·
DNMS☐NPNMZS CH VIPA--ZS NPDMZP PA DAFS N-AF-S NPG-YP

ἀμὴν γὰρ λέγω ὑμῖν, ἐὰν ἔχητε πίστιν ὡς κόκκον σινάπεως,
QS CS VIPA--XS NPD-YP CS VSPA--YP N-AF-S CS N-AM-S N-GN-S

ἐρεῖτε τῷ ὄρει τούτῳ, Μετάβα ἔνθεν ἐκεῖ, καὶ
VIFA--YP☐VMAA--YP DDNS N-DN-S A-DDN-S VMAA--YS AB AB CC

μεταβήσεται· καὶ οὐδὲν ἀδυνατήσει ὑμῖν.
VIFD--ZS CC APCNN-S VIFA--ZS NPD-YP

17.22 Συστρεφομένων δὲ αὐτῶν ἐν τῇ Γαλιλαίᾳ εἶπεν αὐτοῖς
VPPPGM-P CC NPGMZP PD DDFS N-DF-S VIAA--ZS NPDMZP

ὁ Ἰησοῦς, Μέλλει ὁ υἱὸς τοῦ ἀνθρώπου παραδίδοσθαι εἰς
DNMS N-NM-S VIPA--ZS+ DNMS N-NM-S DGMS N-GM-S +VNPP PA

χεῖρας ἀνθρώπων, 17.23 καὶ ἀποκτενοῦσιν αὐτόν, καὶ τῇ τρίτῃ
N-AF-P N-GM-P CC VIFA--ZP NPAMZS CC DDFS A-ODF-S

ἡμέρᾳ ἐγερθήσεται. καὶ ἐλυπήθησαν σφόδρα.
N-DF-S VIFP--ZS CC VIAP--ZP AB

17.24 Ἐλθόντων δὲ αὐτῶν εἰς Καφαρναοὺμ προσῆλθον
VPAAGM-P CC NPGMZP PA N-AF-S VIAA--ZP

οἱ τὰ δίδραχμα λαμβάνοντες τῷ Πέτρῳ καὶ
DNMP☐NPNMZP&APRNM-P DANP N-AN-P VPPANM-P DDMS N-DM-S CC

εἶπαν, Ὁ διδάσκαλος ὑμῶν οὐ τελεῖ [τὰ] δίδραχμα;
VIAA--ZP DNMS N-NM-S NPG-YP QT VIPA--ZS DANP N-AN-P

17.25 λέγει, Ναί. καὶ ἐλθόντα εἰς τὴν οἰκίαν προέφθασεν αὐτὸν
VIPA--ZS QS CC VPAAAM-S PA DAFS N-AF-S VIAA--ZS NPAMZS

ὁ Ἰησοῦς λέγων, Τί σοι δοκεῖ, Σίμων; οἱ βασιλεῖς τῆς
DNMS N-NM-S VPPANM-S APTNN-S NPD-YS VIPA--ZS N-VM-S DNMP N-NM-P DGFS

γῆς ἀπὸ τίνων λαμβάνουσιν τέλη ἢ κῆνσον; ἀπὸ τῶν υἱῶν
N-GF-S PG APTGM-P VIPA--ZP N-AN-P CC N-AM-S PG DGMP N-GM-P

αὐτῶν ἢ ἀπὸ τῶν ἀλλοτρίων; 17.26 εἰπόντος δέ, Ἀπὸ τῶν
NPGMZP CC PG DGMP AP-GM-P VPAAGM-S CH PG DGMP

ἀλλοτρίων, ἔφη αὐτῷ ὁ Ἰησοῦς, Ἄρα γε ἐλεύθεροί
AP-GM-P VIAA--ZS/VIIA--ZS NPDMZS DNMS N-NM-S CH QS A--NM-P

εἰσιν οἱ υἱοί. 17.27 ἵνα δὲ μὴ σκανδαλίσωμεν αὐτούς,
VIPA--ZP DNMP N-NM-P CS CH AB VSAA--XP NPAMZP

πορευθεὶς εἰς θάλασσαν βάλε ἄγκιστρον καὶ τὸν
VRAONMYS PA N-AF-S VMAA--YS N-AN-S CC DAMS☐APRNM-S+

ἀναβάντα πρῶτον ἰχθὺν ἆρον, καὶ ἀνοίξας τὸ στόμα αὐτοῦ
VPAAAM-S A-OAM-S N-AM-S VMAA--YS CC VPAANMYS DANS N-AN-S NPGMZS

εὑρήσεις στατῆρα· ἐκεῖνον λαβὼν δὸς αὐτοῖς ἀντὶ ἐμοῦ καὶ
VIFA--YS N-AM-S APDAM-S VRAANMYS VMAA--YS NPDMZP PG NPG-XS CC

σοῦ.
NPG-YS

18.1 Ἐν ἐκείνῃ τῇ ὥρᾳ προσῆλθον οἱ μαθηταὶ τῷ Ἰησοῦ
PD A-DDF-S DDFS N-DF-S VIAA--ZP DNMP N-NM-P DDMS N-DM-S

λέγοντες, Τίς ἄρα μείζων ἐστὶν ἐν τῇ βασιλείᾳ τῶν οὐρανῶν;
VPPANM-P APTNM-S CH A-MNM-S VIPA--ZS PD DDFS N-DF-S DGMP N-GM-P

18.2 καὶ προσκαλεσάμενος παιδίον ἔστησεν αὐτὸ ἐν μέσῳ αὐτῶν
CC VPADNM-S N-AN-S VIAA--ZS NPANZS PD AP-DN-S NPGMZP

18.3 καὶ εἶπεν, Ἀμὴν λέγω ὑμῖν, ἐὰν μὴ στραφῆτε καὶ γένησθε
CC VIAA--ZS QS VIPA--XS NPD-YP CS AB VSAP--YP CC VSAD--YP

ὡς τὰ παιδία, οὐ μὴ εἰσέλθητε εἰς τὴν βασιλείαν τῶν οὐρανῶν.
CS DNNP N-NN-P AB AB VSAA--YP PA DAFS N-AF-S DGMP N-GM-P

18.4 ὅστις οὖν ταπεινώσει ἑαυτὸν ὡς τὸ παιδίον τοῦτο, οὗτός
APRNM-S+ CH VIFA--ZS NPAMZS CS DNNS N-NN-S A-DNN-S APDNM-S

ἐστιν ὁ μείζων ἐν τῇ βασιλείᾳ τῶν οὐρανῶν. 18.5 καὶ
VIPA--ZS DNMS APMNM-S PD DDFS N-DF-S DGMP N-GM-P CC

ὃς ἐὰν δέξηται ἓν παιδίον τοιοῦτο ἐπὶ τῷ
APRNM-S☐APDNM-S&APRNM-S QV VSAD--ZS A-CAN-S N-AN-S A-DAN-S PD DDNS

ὀνόματί μου, ἐμὲ δέχεται.
N-DN-S NPG-XS NPA-XS VIPN--ZS

18.6 Ὃς δ᾽ ἂν σκανδαλίσῃ ἕνα τῶν μικρῶν τούτων
APRNM-S+ CC QV VSAA--ZS APCAM-S DGMP AP-GM-P A-DGM-P

τῶν πιστευόντων εἰς ἐμέ, συμφέρει αὐτῷ ἵνα κρεμασθῇ
DGMP☐APRNM-P VPPAGM-P PA NPA-XS VIPA--ZS NPDMZS CC VSAP--ZS

μύλος ὀνικὸς περὶ τὸν τράχηλον αὐτοῦ καὶ καταποντισθῇ ἐν τῷ
N-NM-S A--NM-S PA DAMS N-AM-S NPGMZS CC VSAP--ZS PD DDNS

πελάγει τῆς θαλάσσης. 18.7 οὐαὶ τῷ κόσμῳ ἀπὸ τῶν
N-DN-S DGFS N-GF-S QS DDMS N-DM-S PG DGNP

σκανδάλων· ἀνάγκη γὰρ ἐλθεῖν τὰ σκάνδαλα, πλὴν οὐαὶ τῷ
N-GN-P N-NF-S CS VNAA DANP N-AN-P CH QS DDMS

ἀνθρώπῳ δι᾽ οὗ τὸ σκάνδαλον ἔρχεται. 18.8 Εἰ δὲ ἡ χείρ
N-DM-S PG APRGM-S DNNS N-NN-S VIPN--ZS CS CH DNFS N-NF-S

σου ἢ ὁ πούς σου σκανδαλίζει σε, ἔκκοψον αὐτὸν καὶ
NPG-YS CC DNMS N-NM-S NPG-YS VIPA--ZS NPA-YS VMAA--YS NPAMZS CC

βάλε ἀπὸ σοῦ· καλόν σοί ἐστιν εἰσελθεῖν εἰς τὴν ζωὴν κυλλὸν
VMAA--YS PG NPG-YS A--NN-S NPD-YS VIPA--ZS VNAA PA DAFS N-AF-S AP-AM-S

ἢ χωλόν, ἢ δύο χεῖρας ἢ δύο πόδας ἔχοντα βληθῆναι εἰς τὸ
CC AP-AM-S CS A-CAF-P N-AF-P CC A-CAM-P N-AM-P VPPAAMYS VNAP PA DANS

πῦρ τὸ αἰώνιον. 18.9 καὶ εἰ ὁ ὀφθαλμός σου σκανδαλίζει
N-AN-S DANS A--AN-S CC CS DNMS N-NM-S NPG-YS VIPA--ZS

σε, ἔξελε αὐτὸν καὶ βάλε ἀπὸ σοῦ· καλόν σοί ἐστιν
NPA-YS VMAA--YS NPAMZS CC VMAA--YS PG NPG-YS A--NN-S NPD-YS VIPA--ZS

μονόφθαλμον εἰς τὴν ζωὴν εἰσελθεῖν, ἢ δύο ὀφθαλμοὺς ἔχοντα
AP-AM-S PA DAFS N-AF-S VNAA CS A-CAM-P N-AM-P VPPAAMYS

βληθῆναι εἰς τὴν γέενναν τοῦ πυρός.
VNAP PA DAFS N-AF-S DGNS N-GN-S

18.10 Ὁρᾶτε μὴ καταφρονήσητε ἑνὸς τῶν
VMPA--YP CS VSAA--YP APCGM-S/APCGN-S DGMP/DGNP

μικρῶν τούτων· λέγω γὰρ ὑμῖν ὅτι οἱ ἄγγελοι αὐτῶν
AP-GM-P/AP-GN-P A-DGM-P/A-DGN-P VIPA--XS CS NPD-YP CH DNMP N-NM-P NPGMZP

ἐν οὐρανοῖς διὰ παντὸς βλέπουσι τὸ πρόσωπον τοῦ πατρός
PD N-DM-P PG AP-GM-S VIPA--ZP DANS N-AN-S DGMS N-GM-S

μου τοῦ ἐν οὐρανοῖς. 18.12 Τί ὑμῖν δοκεῖ; ἐὰν γένηταί τινι
NPG-XS DGMS PD N-DM-P APTNN-S NPD-YP VIPA--ZS CS VSAD--ZS A-IDM-S

ἀνθρώπῳ ἑκατὸν πρόβατα καὶ πλανηθῇ ἓν ἐξ αὐτῶν, οὐχὶ
N-DM-S A-CNN-P N-NN-P CC VSAP--ZS APCNN-S PG NPGNZP QT

ἀφήσει τὰ ἐνενήκοντα ἐννέα ἐπὶ τὰ ὄρη καὶ πορευθεὶς ζητεῖ
VIFA--ZS DANP APCAN-P APCAN-P PA DANP N-AN-P CC VPAONM-S VIPA--ZS

τὸ πλανώμενον; 18.13 καὶ ἐὰν γένηται εὑρεῖν αὐτό,
DANS□NPANZS&APRNN-S VPPPAN-S CC CS VSAD--ZS VNAA NPANZS

ἀμὴν λέγω ὑμῖν ὅτι χαίρει ἐπ᾽ αὐτῷ μᾶλλον ἢ ἐπὶ τοῖς
QS VIPA--XS NPD-YP CC VIPA--ZS PD NPDNZS ABM CS PD DDNP

ἐνενήκοντα ἐννέα τοῖς μὴ πεπλανημένοις. 18.14 οὕτως οὐκ
APCDN-P APCDN-P DDNP□APRNN-P AB VPRPDN-P AB AB

ἔστιν θέλημα ἔμπροσθεν τοῦ πατρὸς ὑμῶν τοῦ ἐν οὐρανοῖς ἵνα
VIPA--ZS N-NN-S PG DGMS N-GM-S NPG-YP DGMS PD N-DM-P CC

ἀπόληται ἓν τῶν μικρῶν τούτων.
VSAM--ZS APCNN-S DGNP AP-GN-P A-DGN-P

18.15 Ἐὰν δὲ ἁμαρτήσῃ [εἰς σὲ] ὁ ἀδελφός σου, ὕπαγε
CS CC VSAA--ZS PA NPA-YS DNMS N-NM-S NPG-YS VMPA--YS

ἔλεγξον αὐτὸν μεταξὺ σοῦ καὶ αὐτοῦ μόνου. ἐάν σου ἀκούσῃ,
VMAA--YS NPAMZS PG NPG-YS CC NPGMZS A--GM-S CS NPG-YS VSAA--ZS

ἐκέρδησας τὸν ἀδελφόν σου· 18.16 ἐὰν δὲ μὴ ἀκούσῃ, παράλαβε
VIAA--YS DAMS N-AM-S NPG-YS CS CC AB VSAA--ZS VMAA--YS

μετὰ σοῦ ἔτι ἕνα ἢ δύο, ἵνα ἐπὶ στόματος δύο μαρτύρων
PG NPG-YS AB APCAM-S CC APCAM-P CS PG N-GN-S A-CGM-P N-GM-P

ἢ τριῶν σταθῇ πᾶν ῥῆμα· 18.17 ἐὰν δὲ παρακούσῃ αὐτῶν,
CC A-CGM-P VSAP--ZS A--NN-S N-NN-S CS CC VSAA--ZS NPGMZP

εἰπὲ τῇ ἐκκλησίᾳ· ἐὰν δὲ καὶ τῆς ἐκκλησίας παρακούσῃ,
VMAA--YS DDFS N-DF-S CS CC AB DGFS N-GF-S VSAA--ZS

ἔστω σοι ὥσπερ ὁ ἐθνικὸς καὶ ὁ τελώνης.
VMPA--ZS NPD-YS CS DNMS AP-NM-S CC DNMS N-NM-S

18.18 Ἀμὴν λέγω ὑμῖν, ὅσα ἐὰν δήσητε ἐπὶ
QS VIPA--XS NPD-YP APRAN-P□APDNN-P&APRAN-P QV VSAA--YP PG

τῆς γῆς ἔσται δεδεμένα ἐν οὐρανῷ καὶ ὅσα ἐὰν
DGFS N-GF-S VIFD--ZS+ +VPRPNN-P PD N-DM-S CC APRAN-P□APDNN-P&APRAN-P QV

λύσητε ἐπὶ τῆς γῆς ἔσται λελυμένα ἐν οὐρανῷ. 18.19 Πάλιν
VSAA--YP PG DGFS N-GF-S VIFD--ZS+ +VPRPNN-P PD N-DM-S AB

[ἀμὴν] λέγω ὑμῖν ὅτι ἐὰν δύο
QS VIPA--XS NPD-YP CC†APRAN-S□APDNN-S&APRAN-S CS†QV APCNM-P

συμφωνήσωσιν ἐξ ὑμῶν ἐπὶ τῆς γῆς περὶ παντὸς πράγματος
VSAA--ZP PG NPG-YP PG DGFS N-GF-S PG A--GN-S N-GN-S

οὗ ἐὰν αἰτήσωνται, γενήσεται αὐτοῖς παρὰ τοῦ πατρός
APRGN-S□APRAN-S QV VSAM--ZP VIFD--ZS NPDMZP PG DGMS N-GM-S

μου τοῦ ἐν οὐρανοῖς. 18.20 οὗ γάρ εἰσιν δύο ἢ τρεῖς
NPG-XS DGMS PD N-DM-P CS CS VIPA--ZP+ APCNM-P CC APCNM-P

συνηγμένοι εἰς τὸ ἐμὸν ὄνομα, ἐκεῖ εἰμι ἐν μέσῳ αὐτῶν.
+VPRPNM-P PA DANS A--ANXS N-AN-S AB VIPA--XS PD AP-DN-S NPGMZP

18.21 Τότε προσελθὼν ὁ Πέτρος εἶπεν αὐτῷ, Κύριε, ποσάκις
AB VPAANM-S DNMS N-NM-S VIAA--ZS NPDMZS N-VM-S ABT

ἁμαρτήσει εἰς ἐμὲ ὁ ἀδελφός μου καὶ ἀφήσω αὐτῷ; ἕως
VIFA--ZS PA NPA-XS DNMS N-NM-S NPG-XS CC VIFA--XS NPDMZS PG

ἑπτάκις; 18.22 λέγει αὐτῷ ὁ Ἰησοῦς, Οὐ λέγω σοι ἕως
AB□AP-GN-P VIPA--ZS NPDMZS DNMS N-NM-S AB VIPA--XS NPD-YS PG

ἑπτάκις ἀλλὰ ἕως ἑβδομηκοντάκις ἑπτά. 18.23 Διὰ τοῦτο
AB□AP-GN-P CH PG AB APCGN-P PA APDAN-S

ὠμοιώθη ἡ βασιλεία τῶν οὐρανῶν ἀνθρώπῳ βασιλεῖ ὃς
VIAP--ZS DNFS N-NF-S DGMP N-GM-P N-DM-S N-DM-S APRNM-S

ἠθέλησεν συνᾶραι λόγον μετὰ τῶν δούλων αὐτοῦ.
VIAA--ZS VNAA N-AM-S PG DGMP N-GM-P NPGMZS

18.24 ἀρξαμένου δὲ αὐτοῦ συναίρειν προσηνέχθη αὐτῷ εἷς
VPAMGM-S CC NPGMZS VNPA VIAP--ZS NPDMZS A-CNM-S

ὀφειλέτης μυρίων ταλάντων. 18.25 μὴ ἔχοντος δὲ αὐτοῦ
N-NM-S A-CGN-P N-GN-P AB VPPAGM-S CC NPGMZS

ἀποδοῦναι ἐκέλευσεν αὐτὸν ὁ κύριος πραθῆναι καὶ τὴν
VNAA VIAA--ZS NPAMZS DNMS N-NM-S VNAP CC DAFS

γυναῖκα καὶ τὰ τέκνα καὶ πάντα ὅσα ἔχει, καὶ ἀποδοθῆναι.
N-AF-S CC DANP N-AN-P CC AP-AN-P APRAN-P VIPA--ZS CC VNAP

18.26 πεσὼν οὖν ὁ δοῦλος προσεκύνει αὐτῷ λέγων,
VPAANM-S CH DNMS N-NM-S VIIA--ZS NPDMZS VPPANM-S

Μακροθύμησον ἐπ' ἐμοί, καὶ πάντα ἀποδώσω σοι.
VMAA--YS PD NPD-XS CC AP-AN-P VIFA--XS NPD-YS

18.27 σπλαγχνισθεὶς δὲ ὁ κύριος τοῦ δούλου ἐκείνου ἀπέλυσεν
VPAONM-S CH DNMS N-NM-S DGMS N-GM-S A-DGM-S VIAA--ZS

αὐτόν, καὶ τὸ δάνειον ἀφῆκεν αὐτῷ. 18.28 ἐξελθὼν δὲ ὁ
NPAMZS CC DANS N-AN-S VIAA--ZS NPDMZS VPAANM-S CC/CH DNMS

δοῦλος ἐκεῖνος εὗρεν ἕνα τῶν συνδούλων αὐτοῦ ὃς ὤφειλεν
N-NM-S A-DNM-S VIAA--ZS APCAM-S DGMP N-GM-P NPGMZS APRNM-S VIIA--ZS

αὐτῷ ἑκατὸν δηνάρια, καὶ κρατήσας αὐτὸν ἔπνιγεν λέγων,
NPDMZS A-CAN-P N-AN-P CC VPAANM-S NPAMZS VIIA--ZS VPPANM-S

Ἀπόδος εἴ τι ὀφείλεις. 18.29 πεσὼν οὖν ὁ σύνδουλος αὐτοῦ
VMAA--YS CS APIAN-S VIPA--YS VPAANM-S CH DNMS N-NM-S NPGMZS

παρεκάλει αὐτὸν λέγων, Μακροθύμησον ἐπ᾽ ἐμοί, καὶ ἀποδώσω
VIIA--ZS NPAMZS VPPANM-S VMAA--YS PD NPD-XS CC VIFA--XS

σοι. 18.30 ὁ δὲ οὐκ ἤθελεν, ἀλλὰ ἀπελθὼν ἔβαλεν αὐτὸν
NPD-YS DNMS□NPNMZS CH AB VIIA--ZS CH VPAANM-S VIAA--ZS NPAMZS

εἰς φυλακὴν ἕως ἀποδῷ τὸ ὀφειλόμενον.
PA N-AF-S CS VSAA--ZS DANS□NPANZS&APRNN-S VPPPAN-S

18.31 ἰδόντες οὖν οἱ σύνδουλοι αὐτοῦ τὰ
VPAANM-P CH DNMP N-NM-P NPGMZS DANP□NPANZP&APRNN-P

γενόμενα ἐλυπήθησαν σφόδρα, καὶ ἐλθόντες διεσάφησαν τῷ
VPADAN-P VIAP--ZP AB CC VPAANM-P VIAA--ZP DDMS

κυρίῳ ἑαυτῶν πάντα τὰ γενόμενα. 18.32 τότε
N-DM-S NPGMZP AP-AN-P DANP□APRNN-P VPADAN-P AB

προσκαλεσάμενος αὐτὸν ὁ κύριος αὐτοῦ λέγει αὐτῷ, Δοῦλε
VPADNM-S NPAMZS DNMS N-NM-S NPGMZS VIPA--ZS NPDMZS N-VM-S

πονηρέ, πᾶσαν τὴν ὀφειλὴν ἐκείνην ἀφῆκά σοι, ἐπεὶ
A--VM-S A--AF-S DAFS N-AF-S A-DAF-S VIAA--XS NPD-YS CS

παρεκάλεσάς με· 18.33 οὐκ ἔδει καὶ σὲ ἐλεῆσαι τὸν
VIAA--YS NPA-XS QT VIIA--ZS AB NPA-YS VNAA DAMS

σύνδουλόν σου, ὡς κἀγὼ σὲ ἠλέησα; 18.34 καὶ ὀργισθεὶς
N-AM-S NPG-YS CS AB&NPN-XS NPA-YS VIAA--XS CC VPAONM-S

ὁ κύριος αὐτοῦ παρέδωκεν αὐτὸν τοῖς βασανισταῖς ἕως
DNMS N-NM-S NPGMZS VIAA--ZS NPAMZS DDMP N-DM-P PG

οὗ ἀποδῷ πᾶν τὸ ὀφειλόμενον.
APRGM-S□APDGM-S&APRDM-S VSAA--ZS AP-AN-S DANS□APRNN-S VPPPAN-S

18.35 Οὕτως καὶ ὁ πατήρ μου ὁ οὐράνιος ποιήσει ὑμῖν ἐὰν
AB AB DNMS N-NM-S NPG-XS DNMS A--NM-S VIFA--ZS NPD-YP CS

μὴ ἀφῆτε ἕκαστος τῷ ἀδελφῷ αὐτοῦ ἀπὸ τῶν καρδιῶν ὑμῶν.
AB VSAA--YP AP-NM-S DDMS N-DM-S NPGMZS PG DGFP N-GF-P NPG-YP

19.1 Καὶ ἐγένετο ὅτε ἐτέλεσεν ὁ Ἰησοῦς τοὺς λόγους
CC VIAD--ZS CS VIAA--ZS DNMS N-NM-S DAMP N-AM-P

τούτους, μετῆρεν ἀπὸ τῆς Γαλιλαίας καὶ ἦλθεν εἰς τὰ ὅρια τῆς
A-DAM-P VIAA--ZS PG DGFS N-GF-S CC VIAA--ZS PA DANP N-AN-P DGFS

Ἰουδαίας πέραν τοῦ Ἰορδάνου. 19.2 καὶ ἠκολούθησαν αὐτῷ
N-GF-S PG DGMS N-GM-S CC VIAA--ZP NPDMZS

ὄχλοι πολλοί, καὶ ἐθεράπευσεν αὐτοὺς ἐκεῖ.
N-NM-P A--NM-P CC VIAA--ZS NPAMZP AB

19.3 Καὶ προσῆλθον αὐτῷ Φαρισαῖοι πειράζοντες αὐτὸν καὶ
CC VIAA--ZP NPDMZS N-NM-P VPPANM-P NPAMZS CC

λέγοντες, Εἰ ἔξεστιν ἀνθρώπῳ ἀπολῦσαι τὴν γυναῖκα αὐτοῦ κατὰ
VPPANM-P QT VIPA--ZS N-DM-S VNAA DAFS N-AF-S NPGMZS PA

πᾶσαν αἰτίαν; 19.4 ὁ   δὲ ἀποκριθεὶς εἶπεν, Οὐκ ἀνέγνωτε
A--AF-S   N-AF-S   DNMS□NPNMZS CH VPAONM-S VIAA--ZS QT VIAA--YP

ὅτι ὁ   κτίσας ἀπ᾽ ἀρχῆς ἄρσεν καὶ θῆλυ ἐποίησεν
CC DNMS□NPNMZS&APRNM-S VPAANM-S PG N-GF-S AP-AN-S CC AP-AN-S VIAA--ZS

αὐτούς; 19.5 καὶ εἶπεν, Ἕνεκα τούτου καταλείψει   ἄνθρωπος
NPAMZP   CC VIAA--ZS PG APDGN-S VIFA--ZS□VMAA--ZS N-NM-S

τὸν πατέρα καὶ τὴν μητέρα καὶ κολληθήσεται τῇ   γυναικὶ αὐτοῦ,
DAMS N-AM-S CC DAFS N-AF-S CC VIFP--ZS□VMAP--ZS DDFS N-DF-S NPGMZS

καὶ ἔσονται   οἱ δύο εἰς σάρκα μίαν. 19.6 ὥστε οὐκέτι
CC VIFD--ZP□VMPA--ZP DNMP APCNM-P PA N-AF-S A-CAF-S   CH AB

εἰσὶν δύο ἀλλὰ σὰρξ μία. ὃ   οὖν ὁ θεὸς
VIPA--ZP APCNM-P CH N-NF-S A-CNF-S APRAN-S□APDAN-S&APRAN-S CH DNMS N-NM-S

συνέζευξεν ἄνθρωπος μὴ χωριζέτω. 19.7 λέγουσιν αὐτῷ, Τί   οὖν
VIAA--ZS N-NM-S AB VMPA--ZS   VIPA--ZP NPDMZS APTAN-S CH

Μωϋσῆς ἐνετείλατο δοῦναι βιβλίον ἀποστασίου καὶ ἀπολῦσαι
N-NM-S VIAD--ZS VNAA N-AN-S N-GN-S CC VNAA

[αὐτήν]; 19.8 λέγει αὐτοῖς ὅτι Μωϋσῆς πρὸς τὴν σκληροκαρδίαν
NPAFZS   VIPA--ZS NPDMZP CH N-NM-S PA DAFS N-AF-S

ὑμῶν ἐπέτρεψεν ὑμῖν ἀπολῦσαι τὰς γυναῖκας ὑμῶν, ἀπ᾽ ἀρχῆς δὲ
NPG-YP VIAA--ZS NPD-YP VNAA DAFP N-AF-P NPG-YP PG N-GF-S CH

οὐ γέγονεν οὕτως. 19.9 λέγω δὲ ὑμῖν ὅτι ὃς   ἂν
AB VIRA--ZS AB   VIPA--XS CC NPD-YP CH APRNM-S□APDNM-S&APRNM-S QV

ἀπολύσῃ τὴν γυναῖκα αὐτοῦ μὴ ἐπὶ πορνείᾳ καὶ γαμήσῃ ἄλλην
VSAA--ZS DAFS N-AF-S NPGMZS AB PD N-DF-S CC VSAA--ZS AP-AF-S

μοιχᾶται. 19.10 λέγουσιν αὐτῷ οἱ   μαθηταὶ [αὐτοῦ], Εἰ οὕτως
VIPN--ZS   VIPA--ZP NPDMZS DNMP N-NM-P NPGMZS CS AB

ἐστὶν ἡ   αἰτία τοῦ ἀνθρώπου μετὰ τῆς γυναικός, οὐ συμφέρει
VIPA--ZS DNFS N-NF-S DGMS N-GM-S PG DGFS N-GF-S AB VIPA--ZS

γαμῆσαι. 19.11 ὁ   δὲ εἶπεν αὐτοῖς, Οὐ πάντες χωροῦσιν
VNAA   DNMS□NPNMZS CH VIAA--ZS NPDMZP AB AP-NM-P VIPA--ZP

τὸν λόγον [τοῦτον], ἀλλ᾽ οἷς   δέδοται.
DAMS N-AM-S A-DAM-S CH APRDM-P□APDDM-P&APRDM-P VIRP--ZS

19.12 εἰσὶν γὰρ εὐνοῦχοι οἵτινες ἐκ κοιλίας μητρὸς ἐγεννήθησαν
VIPA--ZP CS N-NM-P APRNM-P PG N-GF-S N-GF-S VIAP--ZP

οὕτως, καὶ εἰσὶν εὐνοῦχοι οἵτινες εὐνουχίσθησαν ὑπὸ τῶν
AB CC VIPA--ZP N-NM-P APRNM-P VIAP--ZP PG DGMP

ἀνθρώπων, καὶ εἰσὶν εὐνοῦχοι οἵτινες εὐνούχισαν ἑαυτοὺς διὰ
N-GM-P CC VIPA--ZP N-NM-P APRNM-P VIAA--ZP NPAMZP PA

τὴν βασιλείαν τῶν οὐρανῶν. ὁ   δυνάμενος χωρεῖν
DAFS N-AF-S DGMP N-GM-P DNMS□NPNMZS&APRNM-S VPPNNM-S VNPA

χωρείτω.
VMPA--ZS

19.13 Τότε προσηνέχθησαν αὐτῷ παιδία, ἵνα τὰς χεῖρας
AB   VIAP--ZP NPDMZS N-NN-P CS DAFP N-AF-P

ἐπιθῇ αὐτοῖς καὶ προσεύξηται· οἱ δὲ μαθηταὶ ἐπετίμησαν
VSAA--ZS NPDNZP CC VSAD--ZS DNMP CH N-NM-P VIAA--ZP

αὐτοῖς. 19.14 ὁ δὲ Ἰησοῦς εἶπεν, Ἄφετε τὰ παιδία καὶ μὴ
NPDNZP DNMS CH N-NM-S VIAA--ZS VMAA--YP DANP N-AN-P CC AB

κωλύετε αὐτὰ ἐλθεῖν πρός με, τῶν γὰρ τοιούτων ἐστὶν ἡ
VMPA--YP NPANZP VNAA PA NPA-XS DGNP CS APDGN-P VIPA--ZS DNFS

βασιλεία τῶν οὐρανῶν. 19.15 καὶ ἐπιθεὶς τὰς χεῖρας αὐτοῖς
N-NF-S DGMP N-GM-P CC VPAANM-S DAFP N-AF-P NPDNZP

ἐπορεύθη ἐκεῖθεν.
VIAO--ZS AB

19.16 Καὶ ἰδοὺ εἷς προσελθὼν αὐτῷ εἶπεν, Διδάσκαλε,
CC QS APCNM-S VPAANM-S NPDMZS VIAA--ZS N-VM-S

τί ἀγαθὸν ποιήσω ἵνα σχῶ ζωὴν αἰώνιον; 19.17 ὁ
A-TAN-S AP-AN-S VSAA--XS CS VSAA--XS N-AF-S A--AF-S DNMS□NPNMZS

δὲ εἶπεν αὐτῷ, Τί με ἐρωτᾷς περὶ τοῦ ἀγαθοῦ; εἷς
CH VIAA--ZS NPDMZS APTAN-S□ABT NPA-XS VIPA--YS PG DGNS AP-GN-S APCNM-S

ἐστιν ὁ ἀγαθός. εἰ δὲ θέλεις εἰς τὴν ζωὴν εἰσελθεῖν, τήρησον
VIPA--ZS DNMS AP-NM-S CS CH VIPA--YS PA DAFS N-AF-S VNAA VMAA--YS

τὰς ἐντολάς. 19.18 λέγει αὐτῷ, Ποίας; ὁ δὲ Ἰησοῦς εἶπεν, Τὸ
DAFP N-AF-P VIPA--ZS NPDMZS APTAF-P DNMS CH N-NM-S VIAA--ZS DANS

Οὐ φονεύσεις, Οὐ μοιχεύσεις, Οὐ κλέψεις, Οὐ
AB VIFA--YS□VMAA--YS AB VIFA--YS□VMAA--YS AB VIFA--YS□VMAA--YS AB

ψευδομαρτυρήσεις, 19.19 Τίμα τὸν πατέρα καὶ τὴν μητέρα, καί,
VIFA--YS□VMAA--YS VMPA--YS DAMS N-AM-S CC DAFS N-AF-S CC

Ἀγαπήσεις τὸν πλησίον σου ὡς σεαυτόν. 19.20 λέγει αὐτῷ
VIFA--YS□VMPA--YS DAMS AB□AP-AM-S NPG-YS CS NPAMYS VIPA--ZS NPDMZS

ὁ νεανίσκος, Πάντα ταῦτα ἐφύλαξα· τί ἔτι ὑστερῶ;
DNMS N-NM-S A--AN-P APDAN-P VIAA--XS APTAN-S AB VIPA--XS

19.21 ἔφη αὐτῷ ὁ Ἰησοῦς, Εἰ θέλεις τέλειος εἶναι,
VIAA--ZS/VIIA--ZS NPDMZS DNMS N-NM-S CS VIPA--YS A--NM-S VNPA

ὕπαγε πώλησόν σου τὰ ὑπάρχοντα καὶ δὸς
VMPA--YS VMAA--YS NPG-YS DANP□NPANZP&APRNN-P VPPAAN-P CC VMAA--YS

[τοῖς] πτωχοῖς, καὶ ἕξεις θησαυρὸν ἐν οὐρανοῖς, καὶ δεῦρο
DDMP AP-DM-P CC VIFA--YS N-AM-S PD N-DM-P CC AB□VMAA--YS

ἀκολούθει μοι. 19.22 ἀκούσας δὲ ὁ νεανίσκος τὸν λόγον
VMPA--YS NPD-XS VPAANM-S CH DNMS N-NM-S DAMS N-AM-S

ἀπῆλθεν λυπούμενος, ἦν γὰρ ἔχων κτήματα πολλά.
VIAA--ZS VPPPNM-S VIIA--ZS+ CS +VPPANM-S N-AN-P A--AN-P

19.23 Ὁ δὲ Ἰησοῦς εἶπεν τοῖς μαθηταῖς αὐτοῦ, Ἀμὴν
DNMS CH N-NM-S VIAA--ZS DDMP N-DM-P NPGMZS QS

λέγω ὑμῖν ὅτι πλούσιος δυσκόλως εἰσελεύσεται εἰς τὴν
VIPA--XS NPD-YP CC AP-NM-S AB VIFD--ZS PA DAFS

βασιλείαν τῶν οὐρανῶν. 19.24 πάλιν δὲ λέγω ὑμῖν, εὐκοπώτερόν
N-AF-S DGMP N-GM-P AB CC VIPA--XS NPD-YP A-MNN-S

ἐστιν κάμηλον διὰ τρυπήματος ῥαφίδος διελθεῖν ἢ πλούσιον
VIPA--ZS N-AF-S PG N-GN-S N-GF-S VNAA CS AP-AM-S

εἰσελθεῖν εἰς τὴν βασιλείαν τοῦ θεοῦ. 19.25 ἀκούσαντες δὲ οἱ
VNAA PA DAFS N-AF-S DGMS N-GM-S VPAANM-P CH DNMP

μαθηταὶ ἐξεπλήσσοντο σφόδρα λέγοντες, Τίς ἄρα δύναται
N-NM-P VIIP--ZP AB VPPANM-P APTNM-S CH VIPN--ZS

σωθῆναι; 19.26 ἐμβλέψας δὲ ὁ Ἰησοῦς εἶπεν αὐτοῖς, Παρὰ
VNAP VPAANM-S CH DNMS N-NM-S VIAA--ZS NPDMZP PD

ἀνθρώποις τοῦτο ἀδύνατόν ἐστιν, παρὰ δὲ θεῷ πάντα δυνατά.
N-DM-P APDNN-S A--NN-S VIPA--ZS PD CH N-DM-S AP-NN-P A--NN-P

19.27 Τότε ἀποκριθεὶς ὁ Πέτρος εἶπεν αὐτῷ, Ἰδοὺ ἡμεῖς
AB VPAONM-S DNMS N-NM-S VIAA--ZS NPDMZS QS NPN-XP

ἀφήκαμεν πάντα καὶ ἠκολουθήσαμέν σοι· τί ἄρα ἔσται
VIAA--XP AP-AN-P CC VIAA--XP NPD-YS APTNN-S CH VIFD--ZS

ἡμῖν; 19.28 ὁ δὲ Ἰησοῦς εἶπεν αὐτοῖς, Ἀμὴν λέγω ὑμῖν ὅτι
NPD-XP DNMS CH N-NM-S VIAA--ZS NPDMZP QS VIPA--XS NPD-YP CC

ὑμεῖς οἱ ἀκολουθήσαντές μοι, ἐν τῇ παλιγγενεσίᾳ,
NPN-YP DNMP□APRNMYP VPAANMYP NPD-XS PD DDFS N-DF-S

ὅταν καθίσῃ ὁ υἱὸς τοῦ ἀνθρώπου ἐπὶ θρόνου δόξης αὐτοῦ,
CS VSAA--ZS DNMS N-NM-S DGMS N-GM-S PG N-GM-S N-GF-S NPGMZS

καθήσεσθε καὶ ὑμεῖς ἐπὶ δώδεκα θρόνους κρίνοντες τὰς δώδεκα
VIFD--YP AB NPN-YP PA A-CAM-P N-AM-P VPPANMYP DAFP A-CAF-P

φυλὰς τοῦ Ἰσραήλ. 19.29 καὶ πᾶς ὅστις ἀφῆκεν οἰκίας ἢ
N-AF-P DGMS N-GM-S CC AP-NM-S APRNM-S VIAA--ZS N-AF-P CC

ἀδελφοὺς ἢ ἀδελφὰς ἢ πατέρα ἢ μητέρα ἢ τέκνα ἢ ἀγροὺς
N-AM-P CC N-AF-P CC N-AM-S CC N-AF-S CC N-AN-P CC N-AM-P

ἕνεκεν τοῦ ὀνόματός μου ἑκατονταπλασίονα λήμψεται καὶ ζωὴν
PG DGNS N-GN-S NPG-XS AP-AN-P VIFD--ZS CC N-AF-S

αἰώνιον κληρονομήσει. 19.30 Πολλοὶ δὲ ἔσονται πρῶτοι ἔσχατοι
A--AF-S VIFA--ZS A--NM-P CC VIFD--ZP APONM-P A--NM-P

καὶ ἔσχατοι πρῶτοι.
CC AP-NM-P A-ONM-P

20.1 Ὁμοία γάρ ἐστιν ἡ βασιλεία τῶν οὐρανῶν ἀνθρώπῳ
A--NF-S CS VIPA--ZS DNFS N-NF-S DGMP N-GM-P N-DM-P

οἰκοδεσπότῃ ὅστις ἐξῆλθεν ἅμα πρωῒ μισθώσασθαι ἐργάτας
N-DM-S APRNM-S VIAA--ZS PD AB□AP-DN-S VNAM N-AM-P

εἰς τὸν ἀμπελῶνα αὐτοῦ· 20.2 συμφωνήσας δὲ μετὰ τῶν ἐργατῶν
PA DAMS N-AM-S NPGMZS VPAANM-S CC PG DGMP N-GM-P

ἐκ δηναρίου τὴν ἡμέραν ἀπέστειλεν αὐτοὺς εἰς τὸν ἀμπελῶνα
PG N-GN-S DAFS N-AF-S VIAA--ZS NPAMZP PA DAMS N-AM-S

αὐτοῦ. 20.3 καὶ ἐξελθὼν περὶ τρίτην ὥραν εἶδεν ἄλλους ἑστῶτας
NPGMZS CC VPAANM-S PA A-OAF-S N-AF-S VIAA--ZS AP-AM-P VPRAAM-P

ἐν τῇ ἀγορᾷ ἀργούς· 20.4 καὶ ἐκείνοις εἶπεν, Ὑπάγετε καὶ ὑμεῖς
PD DDFS N-DF-S A--AM-P CC APDDM-P VIAA--ZS VMPA--YP AB NPN-YP

εἰς τὸν ἀμπελῶνα, καὶ ὃ ἐὰν ᾖ δίκαιον
PA DAMS N-AM-S CC APRNN-S□APDAN-S&APRNN-S QV VSPA--ZS A--NN-S

δώσω ὑμῖν. 20.5 οἱ δὲ ἀπῆλθον. πάλιν [δὲ] ἐξελθὼν περὶ
VIFA--XS NPD-YP DNMP□NPNMZP CH VIAA--ZP AB CC VPAANM-S PA

ἕκτην καὶ ἐνάτην ὥραν ἐποίησεν ὡσαύτως. 20.6 περὶ δὲ τὴν
A-OAF-S CC A-OAF-S N-AF-S VIAA--ZS AB PA CC DAFS

ἑνδεκάτην ἐξελθὼν εὗρεν ἄλλους ἑστῶτας, καὶ λέγει αὐτοῖς,
APOAF-S VPRAANM-S VIAA--ZS AP-AM-P VPRAAM-P CC VIPA--ZS NPDMZP

Τί ὧδε ἑστήκατε ὅλην τὴν ἡμέραν ἀργοί; 20.7 λέγουσιν
APTAN-S□ABT AB VIRA--YP A--AF-S DAFS N-AF-S A--NM-P VIPA--ZP

αὐτῷ, Ὅτι οὐδεὶς ἡμᾶς ἐμισθώσατο. λέγει αὐτοῖς, Ὑπάγετε καὶ
NPDMZS CH/CS APCNM-S NPA-XP VIAM--ZS VIPA--ZS NPDMZP VMPA--YP AB

ὑμεῖς εἰς τὸν ἀμπελῶνα. 20.8 ὀψίας δὲ γενομένης λέγει ὁ
NPN-YP PA DAMS N-AM-S A--GF-S CC VPADGF-S VIPA--ZS DNMS

κύριος τοῦ ἀμπελῶνος τῷ ἐπιτρόπῳ αὐτοῦ, Κάλεσον τοὺς
N-NM-S DGMS N-GM-S DDMS N-DM-S NPGMZS VMAA--YS DAMP

ἐργάτας καὶ ἀπόδος αὐτοῖς τὸν μισθὸν ἀρξάμενος ἀπὸ τῶν
N-AM-P CC VMAA--YS NPDMZP DAMS N-AM-S VRAMNMYS PG DGMP

ἐσχάτων ἕως τῶν πρώτων. 20.9 καὶ ἐλθόντες οἱ περὶ τὴν
AP-GM-P PG DGMP APOGM-P CC VPAANM-P DNMP PA DAFS

ἑνδεκάτην ὥραν ἔλαβον ἀνὰ δηνάριον. 20.10 καὶ ἐλθόντες οἱ
A-OAF-S N-AF-S VIAA--ZP AB N-AN-S CC VPAANM-P DNMP

πρῶτοι ἐνόμισαν ὅτι πλεῖον λήμψονται· καὶ ἔλαβον [τὸ] ἀνὰ
APONM-P VIAA--ZP CC APMAN-S VIFD--ZP CC VIAA--ZP DANS AB

δηνάριον καὶ αὐτοί. 20.11 λαβόντες δὲ ἐγόγγυζον κατὰ τοῦ
N-AN-S AB NPNMZP VPAANM-P CH VIIA--ZP PG DGMS

οἰκοδεσπότου 20.12 λέγοντες, Οὗτοι οἱ ἔσχατοι μίαν ὥραν
N-GM-S VPPANM-P A-DNM-P DNMP AP-NM-P A-CAF-S N-AF-S

ἐποίησαν, καὶ ἴσους ἡμῖν αὐτοὺς ἐποίησας τοῖς
VIAA--ZP CC A--AM-P NPD-XP NPAMZP VIAA--YS DDMP□APRNMXP

βαστάσασι τὸ βάρος τῆς ἡμέρας καὶ τὸν καύσωνα.
VPAADMXP DANS N-AN-S DGFS N-GF-S CC DAMS N-AM-S

20.13 ὁ δὲ ἀποκριθεὶς ἑνὶ αὐτῶν εἶπεν, Ἑταῖρε, οὐκ
DNMS□NPNMZS CH VPAONM-S APCDM-S NPGMZP VIAA--ZS N-VM-S AB

ἀδικῶ σε· οὐχὶ δηναρίου συνεφώνησάς μοι; 20.14 ἆρον τὸ
VIPA--XS NPA-YS QT N-GN-S VIAA--YS NPD-XS VMAA--YS DANS

σὸν καὶ ὕπαγε· θέλω δὲ τούτῳ τῷ ἐσχάτῳ δοῦναι ὡς καὶ σοί.
AP-ANYS CC VMPA--YS VIPA--XS CC A-DDM-S DDMS AP-DM-S VNAA CS AB NPD-YS

20.15 [ἢ] οὐκ ἔξεστίν μοι ὃ θέλω ποιῆσαι ἐν
CC QT VIPA--ZS NPD-XS APRAN-S□APDAN-S&APRAN-S VIPA--XS VNAA PD

τοῖς ἐμοῖς; ἢ ὁ ὀφθαλμός σου πονηρός ἐστιν ὅτι ἐγὼ ἀγαθός
DDNP AP-DNXP CC DNMS N-NM-S NPG-YS A--NM-S VIPA--ZS CS NPN-XS A--NM-S

εἰμι; 20.16 Οὕτως ἔσονται οἱ ἔσχατοι πρῶτοι καὶ οἱ πρῶτοι
VIPA--XS AB VIFD--ZP DNMP AP-NM-P A-ONM-P CC DNMP APONM-P

ἔσχατοι.
A--NM-P

20.17 Καὶ ἀναβαίνων ὁ Ἰησοῦς εἰς Ἱεροσόλυμα παρέλαβεν
CC VPPANM-S DNMS N-NM-S PA N-AN-P VIAA--ZS

τοὺς δώδεκα [μαθητὰς] κατ᾽ ἰδίαν, καὶ ἐν τῇ ὁδῷ εἶπεν αὐτοῖς,
DAMP A-CAM-P N-AM-P PA AP-AF-S CC PD DDFS N-DF-S VIAA--ZS NPDMZP

20.18 Ἰδοὺ ἀναβαίνομεν εἰς Ἱεροσόλυμα, καὶ ὁ υἱὸς τοῦ
QS VIPA--XP PA N-AN-P CC DNMS N-NM-S DGMS

ἀνθρώπου παραδοθήσεται τοῖς ἀρχιερεῦσιν καὶ γραμματεῦσιν,
N-GM-S VIFP--ZS DDMP N-DM-P CC N-DM-P

καὶ κατακρινοῦσιν αὐτὸν θανάτῳ, 20.19 καὶ παραδώσουσιν αὐτὸν
CC VIFA--ZP NPAMZS N-DM-S CC VIFA--ZP NPAMZS

τοῖς ἔθνεσιν εἰς τὸ ἐμπαῖξαι καὶ μαστιγῶσαι καὶ σταυρῶσαι, καὶ
DDNP N-DN-P PA DANS VNAAA CC VNAAA CC VNAAA CC

τῇ τρίτῃ ἡμέρᾳ ἐγερθήσεται.
DDFS A-ODF-S N-DF-S VIFP--ZS

20.20 Τότε προσῆλθεν αὐτῷ ἡ μήτηρ τῶν υἱῶν Ζεβεδαίου
AB VIAA--ZS NPDMZS DNFS N-NF-S DGMP N-GM-P N-GM-S

μετὰ τῶν υἱῶν αὐτῆς προσκυνοῦσα καὶ αἰτοῦσά τι ἀπ᾽ αὐτοῦ.
PG DGMP N-GM-P NPGFZS VPPANF-S CC VPPANF-S APIAN-S PG NPGMZS

20.21 ὁ δὲ εἶπεν αὐτῇ, Τί θέλεις; λέγει αὐτῷ, Εἰπὲ
DNMS□NPNMZS CH VIAA--ZS NPDFZS APTAN-S VIPA--YS VIPA--ZS NPDMZS VMAA--YS

ἵνα καθίσωσιν οὗτοι οἱ δύο υἱοί μου εἷς ἐκ δεξιῶν σου
CC VSAA--ZP A-DNM-P DNMP A-CNM-P N-NM-P NPG-XS APCNM-S PG AP-GN-P NPG-YS

καὶ εἷς ἐξ εὐωνύμων σου ἐν τῇ βασιλείᾳ σου.
CC APCNM-S PG AP-GN-P NPG-YS PD DDFS N-DF-S NPG-YS

20.22 ἀποκριθεὶς δὲ ὁ Ἰησοῦς εἶπεν, Οὐκ οἴδατε τί αἰτεῖσθε·
VPAONM-S CH DNMS N-NM-S VIAA--ZS AB VIRA--YP APTAN-S VIPM--YP

δύνασθε πιεῖν τὸ ποτήριον ὃ ἐγὼ μέλλω πίνειν; λέγουσιν
VIPN--YP VNAA DANS N-AN-S APRAN-S NPN-XS VIPA--XS+ +VNPA VIPA--ZP

αὐτῷ, Δυνάμεθα. 20.23 λέγει αὐτοῖς, Τὸ μὲν ποτήριόν μου
NPDMZS VIPN--XP VIPA--ZS NPDMZP DANS CS N-AN-S NPG-XS

πίεσθε, τὸ δὲ καθίσαι ἐκ δεξιῶν μου καὶ ἐξ εὐωνύμων οὐκ ἔστιν
VIFD--YP DANS CH VNAAA PG AP-GN-P NPG-XS CC PG AP-GN-P AB VIPA--ZS

ἐμὸν [τοῦτο] δοῦναι, ἀλλ᾽ οἷς ἡτοίμασται ὑπὸ
A--NNXS APDAN-S VNAA CH APRDM-P□APDDM-P&APRDM-P VIRP--ZS PG

τοῦ πατρός μου. 20.24 Καὶ ἀκούσαντες οἱ δέκα ἠγανάκτησαν
DGMS N-GM-S NPG-XS CC VPAANM-P DNMP APCNM-P VIAA--ZP

περὶ τῶν δύο ἀδελφῶν. 20.25 ὁ δὲ Ἰησοῦς προσκαλεσάμενος
PG DGMP A-CGM-P N-GM-P DNMS CH N-NM-S VPADNM-S

αὐτοὺς εἶπεν, Οἴδατε ὅτι οἱ ἄρχοντες τῶν ἐθνῶν
NPAMZP VIAA--ZS VIRA--YP CH DNMP N-NM-P DGNP N-GN-P

κατακυριεύουσιν αὐτῶν καὶ οἱ μεγάλοι κατεξουσιάζουσιν
VIPA--ZP NPGNZP CC DNMP AP-NM-P VIPA--ZP

αὐτῶν. 20.26 οὐχ οὕτως ἔσται ἐν ὑμῖν· ἀλλ᾽
NPGNZP   AB   AB   VIFD--ZS□VMPA--ZS PD NPD-YP CH

ὃς   ἐὰν θέλῃ   ἐν ὑμῖν μέγας γενέσθαι
APRNM-S□APDNM-S&APRNM-S QV VSPA--ZS PD NPD-YP A--NM-S VNAD

ἔσται   ὑμῶν διάκονος, 20.27 καὶ ὃς   ἂν
VIFD--ZS□VMPA--ZS NPG-YP N-NM-S   CC APRNM-S□APDNM-S&APRNM-S QV

θέλῃ   ἐν ὑμῖν εἶναι πρῶτος ἔσται   ὑμῶν δοῦλος·
VSPA--ZS PD NPD-YP VNPA A-ONM-S VIFD--ZS□VMPA--ZS NPG-YP N-NM-S

20.28 ὥσπερ ὁ   υἱὸς τοῦ ἀνθρώπου οὐκ ἦλθεν διακονηθῆναι
      CS   DNMS N-NM-S DGMS N-GM-S AB VIAA--ZS VNAP

ἀλλὰ διακονῆσαι καὶ δοῦναι τὴν ψυχὴν αὐτοῦ λύτρον ἀντὶ
CH   VNAA   CC   VNAA DAFS N-AF-S NPGMZS N-AN-S PG

πολλῶν.
AP-GM-P

20.29 Καὶ ἐκπορευομένων αὐτῶν ἀπὸ Ἰεριχὼ ἠκολούθησεν
      CC   VPPNGM-P   NPGMZP PG   N-GF-S VIAA--ZS

αὐτῷ ὄχλος πολύς. 20.30 καὶ ἰδοὺ δύο τυφλοὶ καθήμενοι παρὰ
NPDMZS N-NM-S A--NM-S   CC QS A-CNM-P AP-NM-P VPPNNM-P   PA

τὴν ὁδόν, ἀκούσαντες ὅτι Ἰησοῦς παράγει, ἔκραξαν λέγοντες,
DAFS N-AF-S VPAANM-P CH N-NM-S VIPA--ZS VIAA--ZP VPPANM-P

Ἐλέησον ἡμᾶς, [κύριε,] υἱὸς   Δαυίδ. 20.31 ὁ   δὲ ὄχλος
VMAA--YS NPA-XP N-VM-S N-NM-S□N-VM-S N-GM-S   DNMS CH N-NM-S

ἐπετίμησεν αὐτοῖς ἵνα σιωπήσωσιν· οἱ   δὲ μεῖζον
VIAA--ZS   NPDMZP CC VSAA--ZP   DNMP□NPNMZP CH APMAN-S□ABM

ἔκραξαν λέγοντες, Ἐλέησον ἡμᾶς, κύριε, υἱὸς   Δαυίδ.
VIAA--ZP VPPANM-P VMAA--YS NPA-XP N-VM-S N-NM-S□N-VM-S N-GM-S

20.32 καὶ στὰς   ὁ   Ἰησοῦς ἐφώνησεν αὐτοὺς καὶ εἶπεν, Τί
      CC VPAANM-S DNMS N-NM-S VIAA--ZS NPAMZP CC VIAA--ZS APTAN-S

θέλετε ποιήσω ὑμῖν; 20.33 λέγουσιν αὐτῷ, Κύριε, ἵνα ἀνοιγῶσιν
VIPA--YP VSAA--XS NPD-YP   VIPA--ZP NPDMZS N-VM-S CH VSAP--ZP

οἱ   ὀφθαλμοὶ ἡμῶν. 20.34 σπλαγχνισθεὶς δὲ ὁ   Ἰησοῦς ἥψατο
DNMP N-NM-P   NPG-XP   VPAONM-S   CH DNMS N-NM-S VIAM--ZS

τῶν ὀμμάτων αὐτῶν, καὶ εὐθέως ἀνέβλεψαν καὶ ἠκολούθησαν
DGNP N-GN-P   NPGMZP CC AB   VIAA--ZP CC VIAA--ZP

αὐτῷ.
NPDMZS

21.1 Καὶ ὅτε ἤγγισαν εἰς Ἰεροσόλυμα καὶ ἦλθον εἰς Βηθφαγὴ
     CC CS VIAA--ZP PA N-AN-P   CC VIAA--ZP PA N-AF-S

εἰς τὸ   Ὄρος τῶν Ἐλαιῶν, τότε Ἰησοῦς ἀπέστειλεν δύο
PA DANS N-AN-S DGFP N-GF-P   AB   N-NM-S VIAA--ZS   A-CAM-P

μαθητὰς 21.2 λέγων   αὐτοῖς, Πορεύεσθε εἰς τὴν κώμην τὴν
N-AM-P   VPPANM-S NPDMZP   VMPN--YP PA DAFS N-AF-S DAFS

κατέναντι ὑμῶν, καὶ εὐθέως εὑρήσετε ὄνον δεδεμένην καὶ πῶλον
PG   NPG-YP CC AB   VIFA--YP N-AF-S VPRPAF-S CC N-AM-S

μετ' αὐτῆς· λύσαντες ἀγάγετέ μοι. 21.3 καὶ ἐάν τις ὑμῖν
PG NPGFZS VRAANMYP VMAA--YP NPD-XS CC CS APINM-S NPD-YP

εἴπῃ τι, ἐρεῖτε ὅτι Ὁ κύριος αὐτῶν χρείαν ἔχει·
VSAA--ZS APIAN-S VIFA--YP□VMAA--YP CC/CS DNMS N-NM-S NPGMZP N-AF-S VIPA--ZS

εὐθὺς δὲ ἀποστελεῖ αὐτούς. 21.4 Τοῦτο δὲ γέγονεν ἵνα
AP-NM-S□AB CH VIFA--ZS NPAMZP APDNN-S CH VIRA--ZS CH

πληρωθῇ τὸ ῥηθὲν διὰ τοῦ προφήτου λέγοντος,
VSAP--ZS DNNS□NPNNZS&APRNN-S VPAPNN-S PG DGMS N-GM-S VPPAGM-S

21.5 Εἴπατε τῇ θυγατρὶ Σιών,
VMAA--YP DDFS N-DF-S N-GF-S

Ἰδοὺ ὁ βασιλεύς σου ἔρχεταί σοι,
QS DNMS N-NM-S NPG-YS VIPN--ZS NPD-YS

πραῢς καὶ ἐπιβεβηκὼς ἐπὶ ὄνον,
A--NM-S CC VPRANM-S PA N-AF-S

καὶ ἐπὶ πῶλον υἱὸν ὑποζυγίου.
CC PA N-AM-S N-AM-S N-GN-S

21.6 πορευθέντες δὲ οἱ μαθηταὶ καὶ ποιήσαντες καθὼς
VPAONM-P CC DNMP N-NM-P CC VPAANM-P CS

συνέταξεν αὐτοῖς ὁ Ἰησοῦς 21.7 ἤγαγον τὴν ὄνον καὶ τὸν
VIAA--ZS NPDMZP DNMS N-NM-S VIAA--ZP DAFS N-AF-S CC DAMS

πῶλον, καὶ ἐπέθηκαν ἐπ' αὐτῶν τὰ ἱμάτια, καὶ ἐπεκάθισεν
N-AM-S CC VIAA--ZP PG NPGMZP DANP N-AN-P CC VIAA--ZS

ἐπάνω αὐτῶν. 21.8 ὁ δὲ πλεῖστος ὄχλος ἔστρωσαν ἑαυτῶν τὰ
PG NPGNZP DNMS CC A-SNM-S N-NM-S VIAA--ZP NPGMZP DANP

ἱμάτια ἐν τῇ ὁδῷ, ἄλλοι δὲ ἔκοπτον κλάδους ἀπὸ τῶν δένδρων
N-AN-P PD DDFS N-DF-S AP-NM-P CC VIIA--ZP N-AM-P PG DGNP N-GN-P

καὶ ἐστρώννυον ἐν τῇ ὁδῷ. 21.9 οἱ δὲ ὄχλοι οἱ
CC VIIA--ZP PD DDFS N-DF-S DNMP CC N-NM-P DNMP□APRNM-P

προάγοντες αὐτὸν καὶ οἱ ἀκολουθοῦντες ἔκραζον
VPPANM-P NPAMZS CC DNMP□APRNM-P VPPANM-P VIIA--ZP

λέγοντες,
VPPANM-P

Ὡσαννὰ τῷ υἱῷ Δαυίδ·
QS DDMS N-DM-S N-GM-S

Εὐλογημένος ὁ ἐρχόμενος ἐν ὀνόματι
VPRPNM-S DNMS□NPNMZS&APRNM-S VPPNNM-S PD N-DN-S

κυρίου·
N-GM-S

Ὡσαννὰ ἐν τοῖς ὑψίστοις.
QS PD DDNP APSDN-P

21.10 καὶ εἰσελθόντος αὐτοῦ εἰς Ἱεροσόλυμα ἐσείσθη πᾶσα ἡ
CC VPAAGM-S NPGMZS PA N-AN-P VIAP--ZS A--NF-S DNFS

πόλις λέγουσα, Τίς ἐστιν οὗτος; 21.11 οἱ δὲ ὄχλοι ἔλεγον,
N-NF-S VPPANF-S APTNM-S VIPA--ZS APDNM-S DNMP CH N-NM-P VIIA--ZP

Οὗτός ἐστιν ὁ προφήτης Ἰησοῦς ὁ ἀπὸ Ναζαρὲθ τῆς
APDNM-S VIPA--ZS DNMS N-NM-S N-NM-S DNMS PG N-GF-S DGFS

Γαλιλαίας.
N-GF-S

21.12 Καὶ εἰσῆλθεν Ἰησοῦς εἰς τὸ ἱερόν, καὶ ἐξέβαλεν
CC VIAA--ZS N-NM-S PA DANS AP-AN-S CC VIAA--ZS

πάντας τοὺς πωλοῦντας καὶ ἀγοράζοντας ἐν τῷ ἱερῷ, καὶ
AP-AM-P DAMP□APRNM-P VPPAAM-P CC VPPAAM-P PD DDNS AP-DN-S CC

τὰς τραπέζας τῶν κολλυβιστῶν κατέστρεψεν καὶ τὰς καθέδρας
DAFP N-AF-P DGMP N-GM-P VIAA--ZS CC DAFP N-AF-P

τῶν πωλούντων τὰς περιστεράς, 21.13 καὶ λέγει
DGMP□NPGMZP&APRNM-P VPPAGM-P DAFP N-AF-P CC VIPA--ZS

αὐτοῖς, Γέγραπται,
NPDMZP VIRP--ZS

Ὁ οἶκός μου οἶκος προσευχῆς κληθήσεται,
DNMS N-NM-S NPG-XS N-NM-S N-GF-S VIFP--ZS□VMPP--ZS

ὑμεῖς δὲ αὐτὸν ποιεῖτε σπήλαιον λῃστῶν.
NPN-YP CH NPAMZS VIPA--YP N-AN-S N-GM-P

21.14 Καὶ προσῆλθον αὐτῷ τυφλοὶ καὶ χωλοὶ ἐν τῷ ἱερῷ, καὶ
CC VIAA--ZP NPDMZS AP-NM-P CC AP-NM-P PD DDNS AP-DN-S CC

ἐθεράπευσεν αὐτούς. 21.15 ἰδόντες δὲ οἱ ἀρχιερεῖς καὶ οἱ
VIAA--ZS NPRAMZP VPRAANM-P CH DNMP N-NM-P CC DNMP

γραμματεῖς τὰ θαυμάσια ἃ ἐποίησεν καὶ τοὺς παῖδας
N-NM-P DANP AP-AN-P APRAN-P VIAA--ZS CC DAMP N-AM-P

τοὺς κράζοντας ἐν τῷ ἱερῷ καὶ λέγοντας, Ὡσαννὰ τῷ
DAMP□APRNM-P VPPAAM-P PD DDNS AP-DN-S CC VPPAAM-P QS DDMS

υἱῷ Δαυίδ, ἠγανάκτησαν 21.16 καὶ εἶπαν αὐτῷ, Ἀκούεις τί
N-DM-S N-GM-S VIAA--ZP CC VIAA--ZP NPDMZS VIPA--YS APRTAN-S

οὗτοι λέγουσιν; ὁ δὲ Ἰησοῦς λέγει αὐτοῖς, Ναί· οὐδέποτε
APDNM-P VIPA--ZP DNMS CH N-NM-S VIPA--ZS NPDMZP QS AB

ἀνέγνωτε ὅτι Ἐκ στόματος νηπίων καὶ θηλαζόντων κατηρτίσω
VIAA--YP CC PG N-GN-S AP-GM-P CC VPPAGM-P VIAM--YS

αἶνον; 21.17 Καὶ καταλιπὼν αὐτοὺς ἐξῆλθεν ἔξω τῆς πόλεως εἰς
N-AM-S CC VPAANM-S NPAMZP VIAA--ZS PG DGFS N-GF-S PA

Βηθανίαν, καὶ ηὐλίσθη ἐκεῖ.
N-AF-S CC VIAO--ZS AB

21.18 Πρωῒ δὲ ἐπανάγων εἰς τὴν πόλιν ἐπείνασεν. 21.19 καὶ
AB CC VPPANM-S PA DAFS N-AF-S VIAA--ZS CC

ἰδὼν συκῆν μίαν ἐπὶ τῆς ὁδοῦ ἦλθεν ἐπ᾽ αὐτήν, καὶ οὐδὲν
VPAANM-S N-AF-S A-CAF-S PG DGFS N-GF-S VIAA--ZS PA NPAFZS CC APCAN-S

εὗρεν ἐν αὐτῇ εἰ μὴ φύλλα μόνον, καὶ λέγει αὐτῇ, Μηκέτι ἐκ
VIAA--ZS PD NPDFZS CS AB N-AN-P AP-AN-S□AB CC VIPA--ZS NPDFZS AB PG

σοῦ καρπὸς γένηται εἰς τὸν αἰῶνα. καὶ ἐξηράνθη
NPG-YS N-NM-S VSAD--ZS□VMAD--ZS PA DAMS N-AM-S CC VIAP--ZS

παραχρῆμα ἡ   συκῆ. 21.20 καὶ ἰδόντες οἱ   μαθηταὶ ἐθαύμασαν
AB   DNFS N-NF-S   CC VPAANM-P DNMP N-NM-P   VIAA--ZP

λέγοντες, Πῶς παραχρῆμα ἐξηράνθη ἡ   συκῆ; 21.21 ἀποκριθεὶς
VPPANM-P ABT†AB AB   VIAP--ZS DNFS N-NF-S   VPAONM-S

δὲ ὁ   Ἰησοῦς εἶπεν αὐτοῖς, Ἀμὴν λέγω ὑμῖν, ἐὰν ἔχητε   πίστιν
CH DNMS N-NM-S VIAA--ZS NPDMZP QS   VIPA--XS NPD-YP CS VSPA--YP N-AF-S

καὶ μὴ διακριθῆτε, οὐ μόνον   τὸ   τῆς συκῆς ποιήσετε, ἀλλὰ
CC AB VSAP--YP   AB AP-AN-S□AB DANS DGFS N-GF-S VIFA--YP   CH

κἂν   τῷ   ὄρει τούτῳ εἴπητε, Ἄρθητι καὶ βλήθητι εἰς τὴν
AB&CS DDNS N-DN-S A-DDN-S VSAA--YP VMAP--YS CC VMAP--YS PA DAFS

θάλασσαν, γενήσεται· 21.22 καὶ πάντα ὅσα   ἂν αἰτήσητε ἐν τῇ
N-AF-S   VIFD--ZS   CC AP-AN-P APRAN-P QV VSAA--YP PD DDFS

προσευχῇ πιστεύοντες λήμψεσθε.
N-DF-S   VPPANMYP   VIFD--YP

21.23 Καὶ ἐλθόντος αὐτοῦ εἰς τὸ   ἱερὸν προσῆλθον αὐτῷ
      CC VPAAGM-S NPGMZS PA DANS AP-AN-S VIAA--ZP   NPDMZS

διδάσκοντι οἱ   ἀρχιερεῖς καὶ οἱ   πρεσβύτεροι τοῦ λαοῦ
VPPADM-S   DNMP N-NM-P   CC DNMP AP-NM-P   DGMS N-GM-S

λέγοντες, Ἐν ποίᾳ ἐξουσίᾳ ταῦτα ποιεῖς; καὶ τίς   σοι   ἔδωκεν
VPPANM-P PD A-TDF-S N-DF-S APDAN-P VIPA--YS CC APTNM-S NPD-YS VIAA--ZS

τὴν ἐξουσίαν ταύτην; 21.24 ἀποκριθεὶς δὲ ὁ   Ἰησοῦς εἶπεν
DAFS N-AF-S   A-DAF-S   VPAONM-S   CH DNMS N-NM-S VIAA--ZS

αὐτοῖς, Ἐρωτήσω ὑμᾶς κἀγὼ   λόγον ἕνα,   ὃν   ἐὰν εἴπητέ
NPDMZP VIFA--XS NPA-YP AB&NPN-XS N-AM-S A-CAM-S APRAM-S CS VSAA--YP

μοι   κἀγὼ   ὑμῖν ἐρῶ   ἐν ποίᾳ ἐξουσίᾳ ταῦτα ποιῶ· 21.25 τὸ
NPD-XS AB&NPN-XS NPD-YP VIFA--XS PD A-TDF-S N-DF-S APDAN-P VIPA--XS   DNNS

βάπτισμα τὸ   Ἰωάννου πόθεν ἦν;   ἐξ οὐρανοῦ ἢ ἐξ ἀνθρώπων;
N-NN-S   DNNS N-GM-S ABT   VIIA--ZS PG N-GM-S CC PG N-GM-P

οἱ   δὲ διελογίζοντο ἐν ἑαυτοῖς λέγοντες, Ἐὰν εἴπωμεν, Ἐξ
DNMP□NPNMZP CH VIIN--ZP   PD NPDMZP VPPANM-P CS VSAA--XP PG

οὐρανοῦ, ἐρεῖ   ἡμῖν, Διὰ τί   οὖν οὐκ ἐπιστεύσατε αὐτῷ;
N-GM-S   VIFA--ZS NPD-XP PA APTAN-S CH AB VIAA--YP   NPDMZS

21.26 ἐὰν δὲ εἴπωμεν, Ἐξ ἀνθρώπων, φοβούμεθα τὸν ὄχλον,
      CS CC VSAA--XP PG N-GM-P   VIPN--XP   DAMS N-AM-S

πάντες γὰρ ὡς προφήτην ἔχουσιν τὸν Ἰωάννην. 21.27 καὶ
AP-NM-P CS CS N-AM-S   VIPA--ZP DAMS N-AM-S   CC

ἀποκριθέντες τῷ   Ἰησοῦ εἶπαν, Οὐκ οἴδαμεν. ἔφη   αὐτοῖς
VPAONM-P   DDMS N-DM-S VIAA--ZP AB VIRA--XP VIAA--ZS/VIIA--ZS NPDMZP

καὶ αὐτός, Οὐδὲ ἐγὼ   λέγω ὑμῖν ἐν ποίᾳ ἐξουσίᾳ ταῦτα ποιῶ.
AB NPNMZS AB   NPN-XS VIPA--XS NPD-YP PD A-TDF-S N-DF-S APDAN-P VIPA--XS

21.28 Τί   δὲ ὑμῖν δοκεῖ; ἄνθρωπος εἶχεν τέκνα δύο.   καὶ
      APTNN-S CC NPD-YP VIPA--ZS N-NM-S   VIIA--ZS N-AN-P A-CAN-P CC

προσελθὼν τῷ   πρώτῳ εἶπεν, Τέκνον, ὕπαγε σήμερον ἐργάζου ἐν
VPAANM-S DDNS APODN-S VIAA--ZS N-VN-S VMPA--YS AB   VMPN--YS PD

τῷ ἀμπελῶνι. 21.29 ὁ δὲ ἀποκριθεὶς εἶπεν, Οὐ θέλω,
DDMS N-DM-S DNMS□NPNMZS CH VPAONM-S VIAA--ZS AB VIPA--XS

ὕστερον δὲ μεταμεληθεὶς ἀπῆλθεν. 21.30 προσελθὼν δὲ τῷ
APMAN-S□ABM CH VPAONM-S VIAA--ZS VPAANM-S CC DDMS

ἑτέρῳ εἶπεν ὡσαύτως. ὁ δὲ ἀποκριθεὶς εἶπεν, Ἐγώ, κύριε·
AP-DM-S VIAA--ZS AB DNMS□NPNMZS CH VPAONM-S VIAA--ZS NPN-XS N-VM-S

καὶ οὐκ ἀπῆλθεν. 21.31 τίς ἐκ τῶν δύο ἐποίησεν τὸ θέλημα
CC AB VIAA--ZS APTNM-S PG DGMP APCGM-P VIAA--ZS DANS N-AN-S

τοῦ πατρός; λέγουσιν, Ὁ πρῶτος. λέγει αὐτοῖς ὁ Ἰησοῦς,
DGMS N-GM-S VIPA--ZP DNMS APONM-S VIPA--ZS NPDMZP DNMS N-NM-S

Ἀμὴν λέγω ὑμῖν ὅτι οἱ τελῶναι καὶ αἱ πόρναι προάγουσιν
QS VIPA--XS NPD-YP CC DNMP N-NM-P CC DNFP N-NF-P VIPA--ZP

ὑμᾶς εἰς τὴν βασιλείαν τοῦ θεοῦ. 21.32 ἦλθεν γὰρ Ἰωάννης πρὸς
NPA-YP PA DAFS N-AF-S DGMS N-GM-S VIAA--ZS CS N-NM-S PA

ὑμᾶς ἐν ὁδῷ δικαιοσύνης, καὶ οὐκ ἐπιστεύσατε αὐτῷ· οἱ δὲ
NPA-YP PD N-DF-S N-GF-S CC AB VIAA--YP NPDMZS DNMP CH

τελῶναι καὶ αἱ πόρναι ἐπίστευσαν αὐτῷ· ὑμεῖς δὲ ἰδόντες οὐδὲ
N-NM-P CC DNFP N-NF-P VIAA--ZP NPDMZS NPN-YP CC VPAANMYP AB

μετεμελήθητε ὕστερον τοῦ πιστεῦσαι αὐτῷ.
VIAO--YP APMAN-S□ABM DGNS VNAAG NPDMZS

21.33 Ἄλλην παραβολὴν ἀκούσατε. Ἄνθρωπος ἦν
A--AF-S N-AF-S VMAA--YP N-NM-S VIIA--ZS

οἰκοδεσπότης ὅστις ἐφύτευσεν ἀμπελῶνα καὶ φραγμὸν αὐτῷ
N-NM-S APRNM-S VIAA--ZS N-AM-S CC N-AM-S NPDMZS

περιέθηκεν καὶ ὤρυξεν ἐν αὐτῷ ληνὸν καὶ ᾠκοδόμησεν πύργον,
VIAA--ZS CC VIAA--ZS PD NPDMZS N-AF-S CC VIAA--ZS N-AM-S

καὶ ἐξέδετο αὐτὸν γεωργοῖς, καὶ ἀπεδήμησεν. 21.34 ὅτε δὲ
CC VIAM--ZS NPAMZS N-DM-P CC VIAA--ZS CS CC

ἤγγισεν ὁ καιρὸς τῶν καρπῶν, ἀπέστειλεν τοὺς δούλους αὐτοῦ
VIAA--ZS DNMS N-NM-S DGMP N-GM-P VIAA--ZS DAMP N-AM-P NPGMZS

πρὸς τοὺς γεωργοὺς λαβεῖν τοὺς καρποὺς αὐτοῦ. 21.35 καὶ
PA DAMP N-AM-P VNAA DAMP N-AM-P NPGMZS CC

λαβόντες οἱ γεωργοὶ τοὺς δούλους αὐτοῦ ὃν μὲν
VPAANM-P DNMP N-NM-P DAMP N-AM-P NPGMZS APRAM-S□APDAM-S CC

ἔδειραν, ὃν δὲ ἀπέκτειναν, ὃν δὲ
VIAA--ZP APRAM-S□APDAM-S CC VIAA--ZP APRAM-S□APDAM-S CC

ἐλιθοβόλησαν. 21.36 πάλιν ἀπέστειλεν ἄλλους δούλους πλείονας
VIAA--ZP AB VIAA--ZS A--AM-P N-AM-P A-MAM-P

τῶν πρώτων, καὶ ἐποίησαν αὐτοῖς ὡσαύτως. 21.37 ὕστερον δὲ
DGMP APOGM-P CC VIAA--ZP NPDMZP AB APMAN-S□ABM CC

ἀπέστειλεν πρὸς αὐτοὺς τὸν υἱὸν αὐτοῦ λέγων, Ἐντραπήσονται
VIAA--ZS PA NPAMZP DAMS N-AM-S NPGMZS VPPANM-S VIFP--ZP

τὸν υἱόν μου. 21.38 οἱ δὲ γεωργοὶ ἰδόντες τὸν υἱὸν εἶπον ἐν
DAMS N-AM-S NPG-XS DNMP CH N-NM-P VPAANM-P DAMS N-AM-S VIAA--ZP PD

73

ἑαυτοῖς, Οὗτός ἐστιν ὁ κληρονόμος· δεῦτε ἀποκτείνωμεν
NPDMZP APDNM-S VIPA--ZS DNMS N-NM-S AB□VMAA--YP VSAA--XP

αὐτὸν καὶ σχῶμεν τὴν κληρονομίαν αὐτοῦ. 21.39 καὶ λαβόντες
NPAMZS CC VSAA--XP DAFS N-AF-S NPGMZS CC VPAANM-P

αὐτὸν ἐξέβαλον ἔξω τοῦ ἀμπελῶνος καὶ ἀπέκτειναν. 21.40 ὅταν
NPAMZS VIAA--ZP PG DGMS N-GM-S CC VIAA--ZP CS

οὖν ἔλθῃ ὁ κύριος τοῦ ἀμπελῶνος, τί ποιήσει τοῖς
CH VSAA--ZS DNMS N-NM-S DGMS N-GM-S APTAN-S VIFA--ZS DDMP

γεωργοῖς ἐκείνοις; 21.41 λέγουσιν αὐτῷ, Κακοὺς κακῶς ἀπολέσει
N-DM-P A-DDM-P VIPA--ZP NPDMZS A--AM-P AB VIFA--ZS

αὐτούς, καὶ τὸν ἀμπελῶνα ἐκδώσεται ἄλλοις γεωργοῖς, οἵτινες
NPAMZP CC DAMS N-AM-S VIFM--ZS A--DM-P N-DM-P APRNM-P

ἀποδώσουσιν αὐτῷ τοὺς καρποὺς ἐν τοῖς καιροῖς αὐτῶν.
VIFA--ZP NPDMZS DAMP N-AM-P PD DDMP N-DM-P NPGMZP

21.42 λέγει αὐτοῖς ὁ Ἰησοῦς, Οὐδέποτε ἀνέγνωτε ἐν ταῖς
VIPA--ZS NPDMZP DNMS N-NM-S AB VIAA--YP PD DDFP

γραφαῖς,
N-DF-P

Λίθον ὃν ἀπεδοκίμασαν οἱ
N-AM-S APRAM-S VIAA--ZP DNMP□NPNMZP&APRNM-P

οἰκοδομοῦντες
VPPANM-P

οὗτος ἐγενήθη εἰς κεφαλὴν γωνίας·
APDNM-S VIAO--ZS PA N-AF-S N-GF-S

παρὰ κυρίου ἐγένετο αὕτη,
PG N-GM-S VIAD--ZS APDNF-S

καὶ ἔστιν θαυμαστὴ ἐν ὀφθαλμοῖς ἡμῶν;
CC VIPA--ZS A--NF-S PD N-DM-P NPG-XP

21.43 διὰ τοῦτο λέγω ὑμῖν ὅτι ἀρθήσεται ἀφ᾽ ὑμῶν ἡ βασιλεία
PA APDAN-S VIPA--XS NPD-YP CC VIFP--ZS PG NPG-YP DNFS N-NF-S

τοῦ θεοῦ καὶ δοθήσεται ἔθνει ποιοῦντι τοὺς καρποὺς αὐτῆς.
DGMS N-GM-S CC VIFP--ZS N-DN-S VPPADN-S DAMP N-AM-P NPGFZS

⟦21.44 Καὶ ὁ πεσὼν ἐπὶ τὸν λίθον τοῦτον
CC DNMS□NPNMZS&APRNM-S VPAANM-S PA DAMS N-AM-S A-DAM-S

συνθλασθήσεται· ἐφ᾽ ὃν δ᾽ ἂν πέσῃ λικμήσει αὐτόν.⟧
VIFP--ZS PA APRAM-S+ CC QV VSAA--ZS VIFA--ZS NPAMZS

21.45 Καὶ ἀκούσαντες οἱ ἀρχιερεῖς καὶ οἱ Φαρισαῖοι τὰς
CC VPAANM-P DNMP N-NM-P CC DNMP N-NM-P DAFP

παραβολὰς αὐτοῦ ἔγνωσαν ὅτι περὶ αὐτῶν λέγει· 21.46 καὶ
N-AF-P NPGMZS VIAA--ZP CC PG NPGMZP VIPA--ZS CC

ζητοῦντες αὐτὸν κρατῆσαι ἐφοβήθησαν τοὺς ὄχλους, ἐπεὶ εἰς
VPPANM-P NPAMZS VNAA VIAO--ZP DAMP N-AM-P CS PA

προφήτην αὐτὸν εἶχον.
N-AM-S NPAMZS VIIA--ZP

22.1 Καὶ ἀποκριθεὶς ὁ Ἰησοῦς πάλιν εἶπεν ἐν παραβολαῖς
CC   VPAONM-S   DNMS N-NM-S   AB   VIAA--ZS PD N-DF-P

αὐτοῖς λέγων, 22.2 Ὡμοιώθη ἡ βασιλεία τῶν οὐρανῶν
NPDMZP VPPANM-S   VIAP--ZS DNFS N-NF-S DGMP N-GM-P

ἀνθρώπῳ βασιλεῖ, ὅστις ἐποίησεν γάμους τῷ υἱῷ αὐτοῦ.
N-DM-S   N-DM-S   APRNM-S VIAA--ZS   N-AM-P   DDMS N-DM-S NPGMZS

22.3 καὶ ἀπέστειλεν τοὺς δούλους αὐτοῦ καλέσαι
CC   VIAA--ZS   DAMP N-AM-P   NPGMZS VNAA

τοὺς κεκλημένους εἰς τοὺς γάμους, καὶ οὐκ ἤθελον
DAMP☐NPAMZP&APRNM-P VPRPAM-P PA DAMP N-AM-P   CC AB   VIIA--ZP

ἐλθεῖν. 22.4 πάλιν ἀπέστειλεν ἄλλους δούλους λέγων, Εἴπατε
VNAA   AB   VIAA--ZS   A--AM-P N-AM-P VPPANM-S VMAA--YP

τοῖς κεκλημένοις, Ἰδοὺ τὸ ἄριστόν μου ἡτοίμακα,
DDMP☐NPDMZP&APRNM-P VPRPDM-P QS DANS N-AN-S NPG-XS VIRA--XS

οἱ ταῦροί μου καὶ τὰ σιτιστὰ τεθυμένα, καὶ πάντα ἔτοιμα·
DNMP N-NM-P NPG-XS CC DNNP AP-NN-P VPRPNN-P CC AP-NN-P A--NN-P

δεῦτε εἰς τοὺς γάμους. 22.5 οἱ δὲ ἀμελήσαντες
AB☐VMAA--YP PA DAMP N-AM-P   DNMP☐NPNMZP CH VPAANM-P

ἀπῆλθον, ὃς μὲν εἰς τὸν ἴδιον ἀγρόν, ὃς δὲ
VIAA--ZP APRNM-S☐APDNM-S CC PA DAMS A--AM-S N-AM-S   APRNM-S☐APDNM-S CC

ἐπὶ τὴν ἐμπορίαν αὐτοῦ· 22.6 οἱ δὲ λοιποὶ κρατήσαντες τοὺς
PA DAFS N-AF-S   NPGMZS   DNMP CC AP-NM-P VPAANM-P   DAMP

δούλους αὐτοῦ ὕβρισαν καὶ ἀπέκτειναν. 22.7 ὁ δὲ βασιλεὺς
N-AM-P NPGMZS VIAA--ZP CC VIAA--ZP   DNMS CH N-NM-S

ὠργίσθη, καὶ πέμψας τὰ στρατεύματα αὐτοῦ ἀπώλεσεν τοὺς
VIAO--ZS CC VPAANM-S DANP N-AN-P   NPGMZS VIAA--ZS   DAMP

φονεῖς ἐκείνους καὶ τὴν πόλιν αὐτῶν ἐνέπρησεν. 22.8 τότε λέγει
N-AM-P A-DAM-P CC DAFS N-AF-S NPGMZP VIAA--ZS   AB   VIPA--ZS

τοῖς δούλοις αὐτοῦ, Ὁ μὲν γάμος ἕτοιμός ἐστιν,
DDMP N-DM-P NPGMZS DNMS CC N-NM-S A--NM-S VIPA--ZS

οἱ δὲ κεκλημένοι οὐκ ἦσαν ἄξιοι· 22.9 πορεύεσθε
DNMP☐NPNMZP&APRNM-P CC VPRPNM-P AB VIIA--ZP A--NM-P   VMPN--YP

οὖν ἐπὶ τὰς διεξόδους τῶν ὁδῶν, καὶ ὅσους ἐὰν
CH PA DAFP N-AF-P   DGFP N-GF-P CC APRAM-P☐APDAM-P&APRAM-P QV

εὕρητε καλέσατε εἰς τοὺς γάμους. 22.10 καὶ ἐξελθόντες οἱ δοῦλοι
VSAA--YP VMAA--YP PA DAMP N-AM-P   CC   VPAANM-P DNMP N-NM-P

ἐκεῖνοι εἰς τὰς ὁδοὺς συνήγαγον πάντας οὓς εὗρον, πονηρούς
A-DNM-P PA DAFP N-AF-P VIAA--ZP   AP-AM-P APRAM-P VIAA--ZP AP-AM-P

τε καὶ ἀγαθούς· καὶ ἐπλήσθη ὁ γάμος ἀνακειμένων.
CC CC AP-AM-P   CC VIAP--ZS   DNMS N-NM-S   VPPNGM-P

22.11 εἰσελθὼν δὲ ὁ βασιλεὺς θεάσασθαι τοὺς
VPAANM-S CC DNMS N-NM-S   VNAD   DAMP☐NPAMZP&APRNM-P

ἀνακειμένους εἶδεν ἐκεῖ ἄνθρωπον οὐκ ἐνδεδυμένον ἔνδυμα
VPPNAM-P   VIAA--ZS AB N-AM-S   AB   VPRMAM-S   N-AN-S

γάμου· 22.12 καὶ λέγει αὐτῷ, Ἑταῖρε, πῶς εἰσῆλθες ὧδε μὴ
N-GM-S   CC   VIPA--ZS   NPDMZS   N-VM-S   ABT   VIAA--YS   AB   AB

ἔχων ἔνδυμα γάμου; ὁ   δὲ ἐφιμώθη. 22.13 τότε ὁ
VPPANMYS   N-AN-S   N-GM-S   DNMS□NPNMZS   CH   VIAP--ZS   AB   DNMS

βασιλεὺς εἶπεν τοῖς διακόνοις, Δήσαντες αὐτοῦ πόδας καὶ χεῖρας
N-NM-S   VIAA--ZS   DDMP   N-DM-P   VRAANMYP   NPGMZS   N-AM-P   CC   N-AF-P

ἐκβάλετε αὐτὸν εἰς τὸ σκότος τὸ ἐξώτερον· ἐκεῖ ἔσται ὁ
VMAA--YP   NPAMZS   PA   DANS   N-AN-S   DANS   A-MAN-S   AB   VIFD--ZS   DNMS

κλαυθμὸς καὶ ὁ   βρυγμὸς τῶν ὀδόντων. 22.14 πολλοὶ γάρ εἰσιν
N-NM-S   CC   DNMS   N-NM-S   DGMP   N-GM-P   AP-NM-P   CS   VIPA--ZP

κλητοὶ ὀλίγοι δὲ ἐκλεκτοί.
A--NM-P   AP-NM-P   CH   A--NM-P

     22.15 Τότε πορευθέντες οἱ   Φαρισαῖοι συμβούλιον ἔλαβον
     AB   VPAONM-P   DNMP   N-NM-P   N-AN-S   VIAA--ZP

ὅπως αὐτὸν παγιδεύσωσιν ἐν λόγῳ. 22.16 καὶ ἀποστέλλουσιν
CS   NPAMZS   VSAA--ZP   PD   N-DM-S   CC   VIPA--ZP

αὐτῷ τοὺς μαθητὰς αὐτῶν μετὰ τῶν Ἡρῳδιανῶν λέγοντες,
NPDMZS   DAMP   N-AM-P   NPGMZP   PG   DGMP   N-GM-P   VPPANM-P

Διδάσκαλε, οἴδαμεν ὅτι ἀληθὴς εἶ   καὶ τὴν ὁδὸν τοῦ θεοῦ ἐν
N-VM-S   VIRA--XP   CH   A--NM-S   VIPA--YS   CC   DAFS   N-AF-S   DGMS   N-GM-S   PD

ἀληθείᾳ διδάσκεις, καὶ οὐ μέλει σοι   περὶ οὐδενός, οὐ γὰρ
N-DF-S   VIPA--YS   CC   AB   VIPA--ZS   NPD-YS   PG   APCGM-S   AB   CS

βλέπεις εἰς πρόσωπον ἀνθρώπων. 22.17 εἰπὲ   οὖν ἡμῖν τί
VIPA--YS   PA   N-AN-S   N-GM-P   VMAA--YS   CH   NPD-XP   APTNN-S

σοι   δοκεῖ· ἔξεστιν δοῦναι κῆνσον Καίσαρι ἢ οὔ; 22.18 γνοὺς δὲ
NPD-YS   VIPA--ZS   VIPA--ZS   VNAA   N-AM-S   N-DM-S   CC   AB   VPAANM-S   CH

ὁ   Ἰησοῦς τὴν πονηρίαν αὐτῶν εἶπεν, Τί   με
DNMS   N-NM-S   DAFS   N-AF-S   NPGMZP   VIAA--ZS   APTAN-S□ABT   NPA-XS

πειράζετε, ὑποκριταί; 22.19 ἐπιδείξατέ μοι   τὸ νόμισμα τοῦ
VIPA--YP   N-VM-P   VMAA--YP   NPD-XS   DANS   N-AN-S   DGMS

κήνσου. οἱ   δὲ προσήνεγκαν αὐτῷ δηνάριον. 22.20 καὶ
N-GM-S   DNMP□NPNMZP   CH   VIAA--ZP   NPDMZS   N-AN-S   CC

λέγει αὐτοῖς, Τίνος ἡ   εἰκὼν αὕτη καὶ ἡ   ἐπιγραφή;
VIPA--ZS   NPDMZP   APTGM-S   DNFS   N-NF-S   A-DNF-S   CC   DNFS   N-NF-S

22.21 λέγουσιν αὐτῷ, Καίσαρος. τότε λέγει αὐτοῖς, Ἀπόδοτε οὖν
VIPA--ZP   NPDMZS   N-GM-S   AB   VIPA--ZS   NPDMZP   VMAA--YP   CH

τὰ Καίσαρος Καίσαρι καὶ τὰ τοῦ θεοῦ τῷ θεῷ. 22.22 καὶ
DANP   N-GM-S   N-DM-S   CC   DANP   DGMS   N-GM-S   DDMS   N-DM-S   CC

ἀκούσαντες ἐθαύμασαν, καὶ ἀφέντες αὐτὸν ἀπῆλθαν.
VPAANM-P   VIAA--ZP   CC   VPAANM-P   NPAMZS   VIAA--ZP

     22.23 Ἐν ἐκείνῃ τῇ ἡμέρᾳ προσῆλθον αὐτῷ Σαδδουκαῖοι,
     PD   A-DDF-S   DDFS   N-DF-S   VIAA--ZP   NPDMZS   N-NM-P

λέγοντες μὴ   εἶναι ἀνάστασιν, καὶ ἐπηρώτησαν αὐτὸν
VPPANM-P   AB   VNPA   N-AF-S   CC   VIAA--ZP   NPAMZS

22.24 λέγοντες, Διδάσκαλε, Μωϋσῆς εἶπεν, Ἐάν τις ἀποθάνῃ
VPPANM-P N-VM-S N-NM-S VIAA--ZS CS APINM-S VSAA--ZS

μὴ ἔχων τέκνα, ἐπιγαμβρεύσει ὁ ἀδελφὸς αὐτοῦ τὴν γυναῖκα
AB VPPANM-S N-AN-P VIFA--ZS◻VMAA--ZS DNMS N-NM-S NPGMZS DAFS N-AF-S

αὐτοῦ καὶ ἀναστήσει σπέρμα τῷ ἀδελφῷ αὐτοῦ. 22.25 ἦσαν δὲ
NPGMZS CC VIFA--ZS◻VMAA--ZS N-AN-S DDMS N-DM-S NPGMZS VIIA--ZP CC

παρ᾽ ἡμῖν ἑπτὰ ἀδελφοί· καὶ ὁ πρῶτος γήμας ἐτελεύτησεν,
PD NPD-XP A-CNM-P N-NM-P CC DNMS APONM-S VPAANM-S VIAA--ZS

καὶ μὴ ἔχων σπέρμα ἀφῆκεν τὴν γυναῖκα αὐτοῦ τῷ ἀδελφῷ
CC AB VPPANM-S N-AN-S VIAA--ZS DAFS N-AF-S NPGMZS DDMS N-DM-S

αὐτοῦ· 22.26 ὁμοίως καὶ ὁ δεύτερος καὶ ὁ τρίτος, ἕως τῶν
NPGMZS AB CC DNMS APONM-S CC DNMS APONM-S PG DGMP

ἑπτά. 22.27 ὕστερον δὲ πάντων ἀπέθανεν ἡ γυνή. 22.28 ἐν
APCGM-P APMAN-S◻ABM CC AP-GN-P VIAA--ZS DNFS N-NF-S PD

τῇ ἀναστάσει οὖν τίνος τῶν ἑπτὰ ἔσται γυνή; πάντες γὰρ
DDFS N-DF-S CH APTGM-S DGMP APCGM-P VIFD--ZS N-NF-S AP-NM-P CS

ἔσχον αὐτήν. 22.29 ἀποκριθεὶς δὲ ὁ Ἰησοῦς εἶπεν αὐτοῖς,
VIAA--ZP NPAFZS VPAONM-S CH DNMS N-NM-S VIAA--ZS NPDMZP

Πλανᾶσθε μὴ εἰδότες τὰς γραφὰς μηδὲ τὴν δύναμιν τοῦ θεοῦ·
VIPP--YP AB VPRANMYP DAFP N-AF-P CC DAFS N-AF-S DGMS N-GM-S

22.30 ἐν γὰρ τῇ ἀναστάσει οὔτε γαμοῦσιν οὔτε γαμίζονται, ἀλλ᾽
PD CS DDFS N-DF-S CC VIPA--ZP CC VIPP--ZP CH

ὡς ἄγγελοι ἐν τῷ οὐρανῷ εἰσιν. 22.31 περὶ δὲ τῆς ἀναστάσεως
CS N-NM-P PD DDMS N-DM-S VIPA--ZP PG CC DGFS N-GF-S

τῶν νεκρῶν οὐκ ἀνέγνωτε τὸ ῥηθὲν ὑμῖν ὑπὸ τοῦ
DGMP AP-GM-P QT VIAA--YP DANS◻NPANZS&APRNN-S VPAPAN-S NPD-YP PG DGMS

θεοῦ λέγοντος, 22.32 Ἐγώ εἰμι ὁ θεὸς Ἀβραὰμ καὶ ὁ
N-GM-S VPPAGM-S NPN-XS VIPA--XS DNMS N-NM-S N-GM-S CC DNMS

θεὸς Ἰσαὰκ καὶ ὁ θεὸς Ἰακώβ; οὐκ ἔστιν [ὁ] θεὸς νεκρῶν
N-NM-S N-GM-S CC DNMS N-NM-S N-GM-S AB VIPA--ZS DNMS N-NM-S AP-GM-P

ἀλλὰ ζώντων. 22.33 καὶ ἀκούσαντες οἱ ὄχλοι ἐξεπλήσσοντο ἐπὶ
CH VPPAGM-P CC VPAANM-P DNMP N-NM-P VIIP--ZP PD

τῇ διδαχῇ αὐτοῦ.
DDFS N-DF-S NPGMZS

22.34 Οἱ δὲ Φαρισαῖοι ἀκούσαντες ὅτι ἐφίμωσεν τοὺς
DNMP CC N-NM-P VPAANM-P CH VIAA--ZS DAMP

Σαδδουκαίους συνήχθησαν ἐπὶ τὸ αὐτό. 22.35 καὶ ἐπηρώτησεν
N-AM-P VIAP--ZP PA DANS AP-AN-S CC VIAA--ZS

εἷς ἐξ αὐτῶν [νομικὸς] πειράζων αὐτόν, 22.36 Διδάσκαλε, ποία
APCNM-S PG NPGMZP AP-NM-S VPPANM-S NPAMZS N-VM-S A-TNF-S

ἐντολὴ μεγάλη ἐν τῷ νόμῳ; 22.37 ὁ δὲ ἔφη
N-NF-S A--NF-S PD DDMS N-DM-S DNMS◻NPNMZS CH VIAA--ZS/VIIA--ZS

αὐτῷ, Ἀγαπήσεις κύριον τὸν θεόν σου ἐν ὅλῃ τῇ καρδίᾳ
NPDMZS VIFA--YS◻VMPA--YS N-AM-S DAMS N-AM-S NPG-YS PD A--DF-S DDFS N-DF-S

σου καὶ ἐν ὅλῃ τῇ ψυχῇ σου καὶ ἐν ὅλῃ τῇ διανοίᾳ σου·
NPG-YS CC PD A--DF-S DDFS N-DF-S NPG-YS CC PD A--DF-S DDFS N-DF-S NPG-YS

22.38 αὕτη ἐστὶν ἡ μεγάλη καὶ πρώτη ἐντολή. 22.39 δευτέρα δὲ
APDNF-S VIPA--ZS DNFS A--NF-S CC A-ONF-S N-NF-S APONF-S CC

ὁμοία αὐτῇ, Ἀγαπήσεις τὸν πλησίον σου ὡς σεαυτόν.
A--NF-S NPDFZS VIFA--YS□VMPA--YS DAMS AB□AP-AM-S NPG-YS CS NPAMYS

22.40 ἐν ταύταις ταῖς δυσὶν ἐντολαῖς ὅλος ὁ νόμος κρέμαται
PD A-DDF-P DDFP A-CDF-P N-DF-P A--NM-S DNMS N-NM-S VIPP--ZS

καὶ οἱ προφῆται.
CC DNMP N-NM-P

22.41 Συνηγμένων δὲ τῶν Φαρισαίων ἐπηρώτησεν αὐτοὺς ὁ
VPRPGM-P CC DGMP N-GM-P VIAA--ZS NPAMZP DNMS

Ἰησοῦς 22.42 λέγων, Τί ὑμῖν δοκεῖ περὶ τοῦ Χριστοῦ; τίνος
N-NM-S VPPANM-S APTNN-S NPD-YP VIPA--ZS PG DGMS N-GM-S APTGM-S

υἱός ἐστιν; λέγουσιν αὐτῷ, Τοῦ Δαυίδ. 22.43 λέγει αὐτοῖς, Πῶς
N-NM-S VIPA--ZS VIPA--ZP NPDMZS DGMS N-GM-S VIPA--ZS NPDMZP ABT

οὖν Δαυὶδ ἐν πνεύματι καλεῖ αὐτὸν κύριον λέγων,
CH N-NM-S PD N-DN-S VIPA--ZS NPAMZS N-AM-S VPPANM-S

22.44 Εἶπεν κύριος τῷ κυρίῳ μου,
VIAA--ZS N-NM-S DDMS N-DM-S NPG-XS

Κάθου ἐκ δεξιῶν μου
VMPN--YS PG AP-GN-P NPG-XS

ἕως ἂν θῶ τοὺς ἐχθρούς σου ὑποκάτω τῶν ποδῶν
CS QV VSAA--XS DAMP AP-AM-P NPG-YS PG DGMP N-GM-P

σου;
NPG-YS

22.45 εἰ οὖν Δαυὶδ καλεῖ αὐτὸν κύριον, πῶς υἱὸς αὐτοῦ ἐστιν;
CS CH N-NM-S VIPA--ZS NPAMZS N-AM-S ABT N-NM-S NPGMZS VIPA--ZS

22.46 καὶ οὐδεὶς ἐδύνατο ἀποκριθῆναι αὐτῷ λόγον, οὐδὲ
CC APCNM-S VIIN--ZS VNAO NPDMZS N-AM-S CC

ἐτόλμησέν τις ἀπ᾽ ἐκείνης τῆς ἡμέρας ἐπερωτῆσαι αὐτὸν
VIAA--ZS APINM-S PG A-DGF-S DGFS N-GF-S VNAA NPAMZS

οὐκέτι.
AB

23.1 Τότε ὁ Ἰησοῦς ἐλάλησεν τοῖς ὄχλοις καὶ τοῖς
AB DNMS N-NM-S VIAA--ZS DDMP N-DM-P CC DDMP

μαθηταῖς αὐτοῦ 23.2 λέγων, Ἐπὶ τῆς Μωϋσέως καθέδρας
N-DM-P NPGMZS VPPANM-S PG DGFS N-GM-S N-GF-S

ἐκάθισαν οἱ γραμματεῖς καὶ οἱ Φαρισαῖοι. 23.3 πάντα οὖν
VIAA--ZP DNMP N-NM-P CC DNMP N-NM-P AP-AN-P CH

ὅσα ἐὰν εἴπωσιν ὑμῖν ποιήσατε καὶ τηρεῖτε, κατὰ δὲ τὰ ἔργα
APRAN-P QV VSAA--ZP NPD-YP VMAA--YP CC VMPA--YP PA CH DANP N-AN-P

αὐτῶν μὴ ποιεῖτε· λέγουσιν γὰρ καὶ οὐ ποιοῦσιν.
NPGMZP AB VMPA--YP VIPA--ZP CS CC AB VIPA--ZP

23.4 δεσμεύουσιν δὲ φορτία βαρέα [καὶ δυσβάστακτα] καὶ
VIPA--ZP   CC   N-AN-P   A--AN-P   CC   A--AN-P   CC

ἐπιτιθέασιν ἐπὶ τοὺς ὤμους τῶν ἀνθρώπων, αὐτοὶ δὲ τῷ δακτύλῳ
VIPA--ZP   PA   DAMP   N-AM-P   DGMP   N-GM-P   NPNMZP   CH   DDMS   N-DM-S

αὐτῶν οὐ θέλουσιν κινῆσαι αὐτά. 23.5 πάντα δὲ τὰ ἔργα αὐτῶν
NPGMZP   AB   VIPA--ZP   VNAA   NPANZP   A--AN-P   CC   DANP   N-AN-P   NPGMZP

ποιοῦσιν πρὸς τὸ θεαθῆναι τοῖς ἀνθρώποις· πλατύνουσιν γὰρ
VIPA--ZP   PA   DANS   VNAPA   DDMP   N-DM-P   VIPA--ZP   CS

τὰ φυλακτήρια αὐτῶν καὶ μεγαλύνουσιν τὰ κράσπεδα,
DANP   N-AN-P   NPGMZP   CC   VIPA--ZP   DANP   N-AN-P

23.6 φιλοῦσιν δὲ τὴν πρωτοκλισίαν ἐν τοῖς δείπνοις καὶ τὰς
VIPA--ZP   CC   DAFS   N-AF-S   PD   DDNP   N-DN-P   CC   DAFP

πρωτοκαθεδρίας ἐν ταῖς συναγωγαῖς 23.7 καὶ τοὺς ἀσπασμοὺς ἐν
N-AF-P   PD   DDFP   N-DF-P   CC   DAMP   N-AM-P   PD

ταῖς ἀγοραῖς καὶ καλεῖσθαι ὑπὸ τῶν ἀνθρώπων, Ῥαββί.
DDFP   N-DF-P   CC   VNPP   PG   DGMP   N-GM-P   N-NM-S

23.8 ὑμεῖς δὲ μὴ κληθῆτε, Ῥαββί, εἷς γάρ ἐστιν ὑμῶν ὁ
NPN-YP   CC   AB   VSAP--YP□VMAP--YP   N-NM-S   APCNM-S   CS   VIPA--ZS   NPG-YP   DNMS

διδάσκαλος, πάντες δὲ ὑμεῖς ἀδελφοί ἐστε. 23.9 καὶ πατέρα μὴ
N-NM-S   A--NM-P   CC   NPN-YP   N-NM-P   VIPA--YP   CC   N-AM-S   AB

καλέσητε ὑμῶν ἐπὶ τῆς γῆς, εἷς γάρ ἐστιν ὑμῶν ὁ
VSAA--YP□VMAA--YP   NPG-YP   PG   DGFS   N-GF-S   APCNM-S   CS   VIPA--ZS   NPG-YP   DNMS

πατὴρ ὁ οὐράνιος. 23.10 μηδὲ κληθῆτε καθηγηταί, ὅτι
N-NM-S   DNMS   A--NM-S   CC   VSAP--YP□VMAP--YP   N-NM-P   CS

καθηγητὴς ὑμῶν ἐστιν εἷς ὁ Χριστός. 23.11 ὁ δὲ μείζων
N-NM-S   NPG-YP   VIPA--ZS   APCNM-S   DNMS   N-NM-S   DNMS   CC   APMNM-S

ὑμῶν ἔσται ὑμῶν διάκονος. 23.12 ὅστις δὲ
NPG-YP   VIFD--ZS□VMPA--ZS   NPG-YP   N-NM-S   APRNM-S□APDNM-S&APRNM-S   CS

ὑψώσει ἑαυτὸν ταπεινωθήσεται, καὶ ὅστις
VIFA--ZS   NPAMZS   VIFP--ZS   CC   APRNM-S□APDNM-S&APRNM-S

ταπεινώσει ἑαυτὸν ὑψωθήσεται.
VIFA--ZS   NPAMZS   VIFP--ZS

23.13 Οὐαὶ δὲ ὑμῖν, γραμματεῖς καὶ Φαρισαῖοι ὑποκριταί, ὅτι
QS   CC   NPD-YP   N-VM-P   CC   N-VM-P   N-VM-P   CS

κλείετε τὴν βασιλείαν τῶν οὐρανῶν ἔμπροσθεν τῶν ἀνθρώπων·
VIPA--YP   DAFS   N-AF-S   DGMP   N-GM-P   PG   DGMP   N-GM-P

ὑμεῖς γὰρ οὐκ εἰσέρχεσθε, οὐδὲ τοὺς εἰσερχομένους
NPN-YP   CS   AB   VIPN--YP   CC   DAMP□NPAMZP&APRNM-P   VPPNAM-P

ἀφίετε εἰσελθεῖν.
VIPA--YP   VNAA

23.15 Οὐαὶ ὑμῖν, γραμματεῖς καὶ Φαρισαῖοι ὑποκριταί, ὅτι
QS   NPD-YP   N-VM-P   CC   N-VM-P   N-VM-P   CS

περιάγετε τὴν θάλασσαν καὶ τὴν ξηρὰν ποιῆσαι ἕνα
VIPA--YP   DAFS   N-AF-S   CC   DAFS   AP-AF-S   VNAA   A-CAM-S

προσήλυτον, καὶ ὅταν γένηται ποιεῖτε αὐτὸν υἱὸν γεέννης
N-AM-S CC CS VSAD--ZS VIPA--YP NPAMZS N-AM-S N-GF-S

διπλότερον ὑμῶν.
A-MAM-S NPG-YP

23.16 Οὐαὶ ὑμῖν, ὁδηγοὶ τυφλοὶ οἱ λέγοντες,
QS NPD-YP N-VM-S A--VM-P DVMP□APRNMYP VPPAVMYP

Ὃς ἂν ὀμόσῃ ἐν τῷ ναῷ, οὐδέν ἐστιν·
APRNM-S□APDNM-S&APRNM-S QV VSAA--ZS PD DDMS N-DM-S APCNN-S VIPA--ZS

ὃς δ᾽ ἂν ὀμόσῃ ἐν τῷ χρυσῷ τοῦ ναοῦ ὀφείλει.
APRNM-S□APDNM-S&APRNM-S CH QV VSAA--ZS PD DDMS N-DM-S DGMS N-GM-S VIPA--ZS

23.17 μωροὶ καὶ τυφλοί, τίς γὰρ μείζων ἐστίν, ὁ χρυσὸς ἢ
AP-VM-P CC AP-VM-P APTNM-S CS A-MNM-S VIPA--ZS DNMS N-NM-S CC

ὁ ναὸς ὁ ἁγιάσας τὸν χρυσόν; 23.18 καί,
DNMS N-NM-S DNMS□APRNM-S VPAANM-S DAMS N-AM-S CC

Ὃς ἂν ὀμόσῃ ἐν τῷ θυσιαστηρίῳ, οὐδέν ἐστιν·
APRNM-S□APDNM-S&APRNM-S QV VSAA--ZS PD DDNS N-DN-S APCNN-S VIPA--ZS

ὃς δ᾽ ἂν ὀμόσῃ ἐν τῷ δώρῳ τῷ ἐπάνω αὐτοῦ
APRNM-S□APDNM-S&APRNM-S CH QV VSAA--ZS PD DDNS N-DN-S DDNS PG NPGNZS

ὀφείλει. 23.19 τυφλοί, τί γὰρ μεῖζον, τὸ δῶρον ἢ τὸ
VIPA--ZS AP-VM-P APTNN-S CS A-MNN-S DNNS N-NN-S CC DNNS

θυσιαστήριον τὸ ἁγιάζον τὸ δῶρον;
N-NN-S DNNS□APRNN-S VPPANN-S DANS N-AN-S

23.20 ὁ οὖν ὀμόσας ἐν τῷ θυσιαστηρίῳ ὀμνύει
DNMS□NPNMZS&APRNM-S CH VPAANM-S PD DDNS N-DN-S VIPA--ZS

ἐν αὐτῷ καὶ ἐν πᾶσι τοῖς ἐπάνω αὐτοῦ· 23.21 καὶ
PD NPDNZS CC PD A--DN-P DDNP PG NPGNZS CC

ὁ ὀμόσας ἐν τῷ ναῷ ὀμνύει ἐν αὐτῷ καὶ ἐν
DNMS□NPNMZS&APRNM-S VPAANM-S PD DDMS N-DM-S VIPA--ZS PD NPDMZS CC PD

τῷ κατοικοῦντι αὐτόν· 23.22 καὶ ὁ
DDMS□NPDMZS&APRNM-S VPPADM-S NPAMZS CC DNMS□NPNMZS&APRNM-S

ὀμόσας ἐν τῷ οὐρανῷ ὀμνύει ἐν τῷ θρόνῳ τοῦ θεοῦ καὶ ἐν
VPAANM-S PD DDMS N-DM-S VIPA--ZS PD DDMS N-DM-S DGMS N-GM-S CC PD

τῷ καθημένῳ ἐπάνω αὐτοῦ.
DDMS□NPDMZS&APRNM-S VPPNDM-S PG NPGMZS

23.23 Οὐαὶ ὑμῖν, γραμματεῖς καὶ Φαρισαῖοι ὑποκριταί, ὅτι
QS NPD-YP N-VM-P CC N-VM-P N-VM-P CS

ἀποδεκατοῦτε τὸ ἡδύοσμον καὶ τὸ ἄνηθον καὶ τὸ κύμινον,
VIPA--YP DANS N-AN-S CC DANS N-AN-S CC DANS N-AN-S

καὶ ἀφήκατε τὰ βαρύτερα τοῦ νόμου, τὴν κρίσιν καὶ τὸ ἔλεος
CC VIAA--YP DANP APMAN-P DGMS N-GM-S DAFS N-AF-S CC DANS N-AN-S

καὶ τὴν πίστιν· ταῦτα [δὲ] ἔδει ποιῆσαι κἀκεῖνα μὴ ἀφιέναι.
CC DAFS N-AF-S APDAN-P CH VIIA--ZS VNAA CC&APDAN-P AB VNPA

23.24 ὁδηγοὶ τυφλοί, οἱ διϋλίζοντες τὸν κώνωπα τὴν δὲ
N-VM-S A--VM-P DVMP□APRNMYP VPPAVMYP DAMS N-AM-S DAFS CH

κάμηλον καταπίνοντες.
N-AF-S   VPPAVMYP

23.25 Οὐαὶ ὑμῖν, γραμματεῖς καὶ Φαρισαῖοι ὑποκριταί, ὅτι
        QS   NPD-YP N-VM-P   CC   N-VM-P   N-VM-P   CS

καθαρίζετε τὸ ἔξωθεν τοῦ ποτηρίου καὶ τῆς παροψίδος, ἔσωθεν
VIPA--YP   DANS AB□AP-AN-S DGNS N-GN-S   CC   DGFS N-GF-S   AB

δὲ γέμουσιν ἐξ ἁρπαγῆς καὶ ἀκρασίας. 23.26 Φαρισαῖε τυφλέ,
CH VIPA--ZP PG N-GF-S   CC N-GF-S   N-VM-S   A--VM-S

καθάρισον πρῶτον τὸ ἐντὸς τοῦ ποτηρίου, ἵνα γένηται καὶ
VMAA--YS APOAN-S□AB DANS AB□AP-AN-S DGNS N-GN-S   CS VSAD--ZS AB

τὸ ἐκτὸς αὐτοῦ καθαρόν.
DNNS AB□AP-NN-S NPGNZS A--NN-S

23.27 Οὐαὶ ὑμῖν, γραμματεῖς καὶ Φαρισαῖοι ὑποκριταί, ὅτι
        QS   NPD-YP N-VM-P   CC   N-VM-P   N-VM-P   CS

παρομοιάζετε τάφοις κεκονιαμένοις, οἵτινες ἔξωθεν μὲν φαίνονται
VIPA--YP   N-DM-P VPRPDM-P   APRNM-P AB   CS VIPP--ZP

ὡραῖοι ἔσωθεν δὲ γέμουσιν ὀστέων νεκρῶν καὶ πάσης
A--NM-P AB   CH VIPA--ZP N-GN-P AP-GM-P/A--GN-P CC A--GF-S

ἀκαθαρσίας. 23.28 οὕτως καὶ ὑμεῖς ἔξωθεν μὲν φαίνεσθε τοῖς
N-GF-S   AB   AB   NPN-YP AB   CS VIPP--YP DDMP

ἀνθρώποις δίκαιοι, ἔσωθεν δέ ἐστε μεστοὶ ὑποκρίσεως καὶ
N-DM-P   A--NM-P   AB   CH VIPA--YP A--NM-P N-GF-S   CC

ἀνομίας.
N-GF-S

23.29 Οὐαὶ ὑμῖν, γραμματεῖς καὶ Φαρισαῖοι ὑποκριταί, ὅτι
        QS   NPD-YP N-VM-P   CC   N-VM-P   N-VM-P   CS

οἰκοδομεῖτε τοὺς τάφους τῶν προφητῶν καὶ κοσμεῖτε τὰ
VIPA--YP   DAMP N-AM-P DGMP N-GM-P   CC VIPA--YP DANP

μνημεῖα τῶν δικαίων, 23.30 καὶ λέγετε, Εἰ ἤμεθα ἐν ταῖς ἡμέραις
N-AN-P DGMP AP-GM-P   CC VIPA--YP CS VIIM--XP PD DDFP N-DF-P

τῶν πατέρων ἡμῶν, οὐκ ἂν ἤμεθα αὐτῶν κοινωνοὶ ἐν τῷ αἵματι
DGMP N-GM-P NPG-XP AB QV VIIM--XP NPGMZP N-NM-P   PD DDNS N-DN-S

τῶν προφητῶν. 23.31 ὥστε μαρτυρεῖτε ἑαυτοῖς ὅτι υἱοί ἐστε
DGMP N-GM-P   CH   VIPA--YP   NPDMYP   CC N-NM-P VIPA--YP

τῶν φονευσάντων τοὺς προφήτας. 23.32 καὶ ὑμεῖς
DGMP□NPGMZP&APRNM-P VPAAGM-P   DAMP N-AM-P   AB NPN-YP

πληρώσατε τὸ μέτρον τῶν πατέρων ὑμῶν. 23.33 ὄφεις
VMAA--YP   DANS N-AN-S DGMP N-GM-P NPG-YP   N-VM-P

γεννήματα ἐχιδνῶν, πῶς φύγητε ἀπὸ τῆς κρίσεως τῆς γεέννης;
N-VN-P   N-GF-P   ABT VSAA--YP PG DGFS N-GF-S   DGFS N-GF-S

23.34 διὰ τοῦτο ἰδοὺ ἐγὼ ἀποστέλλω πρὸς ὑμᾶς προφήτας καὶ
      PA APDAN-S QS NPN-XS VIPA--XS   PA   NPA-YP N-AM-P   CC

σοφοὺς καὶ γραμματεῖς· ἐξ αὐτῶν ἀποκτενεῖτε καὶ σταυρώσετε,
AP-AM-P CC N-AM-P   PG NPGMZP VIFA--YP   CC VIFA--YP

καὶ ἐξ αὐτῶν μαστιγώσετε ἐν ταῖς συναγωγαῖς ὑμῶν καὶ διώξετε
CC PG NPGMZP VIFA--YP PD DDFP N-DF-P NPG-YP CC VIFA--YP

ἀπὸ πόλεως εἰς πόλιν· 23.35 ὅπως ἔλθῃ ἐφ᾽ ὑμᾶς πᾶν αἷμα
PG N-GF-S PA N-AF-S CH VSAA--ZS PA NPA-YP A--NN-S N-NN-S

δίκαιον ἐκχυννόμενον ἐπὶ τῆς γῆς ἀπὸ τοῦ αἵματος Ἅβελ τοῦ
A--NN-S VPPPNN-S PG DGFS N-GF-S PG DGNS N-GN-S N-GM-S DGMS

δικαίου ἕως τοῦ αἵματος Ζαχαρίου υἱοῦ Βαραχίου, ὃν
A--GM-S PG DGNS N-GN-S N-GM-S N-GM-S N-GM-S APRAM-S

ἐφονεύσατε μεταξὺ τοῦ ναοῦ καὶ τοῦ θυσιαστηρίου. 23.36 ἀμὴν
VIAA--YP PG DGMS N-GM-S CC DGNS N-GN-S QS

λέγω ὑμῖν, ἥξει ταῦτα πάντα ἐπὶ τὴν γενεὰν ταύτην.
VIPA--XS NPD-YP VIFA--ZS APDNN-P A--NN-P PA DAFS N-AF-S A-DAF-S

23.37 Ἰερουσαλὴμ Ἰερουσαλήμ, ἡ ἀποκτείνουσα
N-VF-S N-VF-S DVFS□APRNFYS VPPAVFYS

τοὺς προφήτας καὶ λιθοβολοῦσα τοὺς
DAMP N-AM-P CC VPPAVFYS DAMP□NPAMZP&APRNM-P

ἀπεσταλμένους πρὸς αὐτήν, ποσάκις ἠθέλησα ἐπισυναγαγεῖν
VPRPAM-P PA NPAFYS ABT VIAA--XS VNAA

τὰ τέκνα σου, ὃν τρόπον ὄρνις ἐπισυνάγει τὰ νοσσία
DANP N-AN-P NPG-YS APRAM-S+ N-AM-S N-NF-S VIPA--ZS DANP N-AN-P

αὐτῆς ὑπὸ τὰς πτέρυγας, καὶ οὐκ ἠθελήσατε. 23.38 ἰδοὺ ἀφίεται
NPGFZS PA DAFP N-AF-P CC AB VIAA--YP QS VIPP--ZS

ὑμῖν ὁ οἶκος ὑμῶν ἔρημος. 23.39 λέγω γὰρ ὑμῖν, οὐ μή με
NPD-YP DNMS N-NM-S NPG-YP A--NM-S VIPA--XS CS NPD-YP AB AB NPA-XS

ἴδητε ἀπ᾽ ἄρτι ἕως ἂν εἴπητε, Εὐλογημένος ὁ
VSAA--YP PG AB□AP-GM-S CS QV VSAA--YP VPRPNM-S DNMS□NPNMZS&APRNM-S

ἐρχόμενος ἐν ὀνόματι κυρίου.
VPPNNM-S PD N-DN-S N-GM-S

24.1 Καὶ ἐξελθὼν ὁ Ἰησοῦς ἀπὸ τοῦ ἱεροῦ ἐπορεύετο, καὶ
CC VPAANM-S DNMS N-NM-S PG DGNS AP-GN-S VIIN--ZS CC

προσῆλθον οἱ μαθηταὶ αὐτοῦ ἐπιδεῖξαι αὐτῷ τὰς οἰκοδομὰς
VIAA--ZP DNMP N-NM-P NPGMZS VNAA NPDMZS DAFP N-AF-P

τοῦ ἱεροῦ· 24.2 ὁ δὲ ἀποκριθεὶς εἶπεν αὐτοῖς, Οὐ βλέπετε
DGNS AP-GN-S DNMS□NPNMZS CH VPAONM-S VIAA--ZS NPDMZP QT VIPA--YP

ταῦτα πάντα; ἀμὴν λέγω ὑμῖν, οὐ μὴ ἀφεθῇ ὧδε λίθος ἐπὶ λίθον
APDAN-P A--AN-P QS VIPA--XS NPD-YP AB AB VSAP--ZS AB N-NM-S PA N-AM-S

ὃς οὐ καταλυθήσεται.
APRNM-S AB VIFP--ZS

24.3 Καθημένου δὲ αὐτοῦ ἐπὶ τοῦ Ὄρους τῶν Ἐλαιῶν
VPPNGM-S CC NPGMZS PG DGNS N-GN-S DGFP N-GF-P

προσῆλθον αὐτῷ οἱ μαθηταὶ κατ᾽ ἰδίαν λέγοντες, Εἰπὲ ἡμῖν
VIAA--ZP NPDMZS DNMP N-NM-P PA AP-AF-S VPPANM-P VMAA--YS NPD-XP

πότε ταῦτα ἔσται, καὶ τί τὸ σημεῖον τῆς σῆς παρουσίας
ABT APDNN-P VIFD--ZS CC APTNN-S DNNS N-NN-S DGFS A--GFYS N-GF-S

καὶ συντελείας τοῦ αἰῶνος. 24.4 καὶ ἀποκριθεὶς ὁ Ἰησοῦς
CC   N-GF-S   DGMS N-GM-S   CC   VPAONM-S   DNMS N-NM-S

εἶπεν αὐτοῖς, Βλέπετε μή τις ὑμᾶς πλανήσῃ· 24.5 πολλοὶ γὰρ
VIAA--ZS NPDMZP   VMPA--YP CS APINM-S NPA-YP VSAA--ZS   AP-NM-P CS

ἐλεύσονται ἐπὶ τῷ ὀνόματί μου λέγοντες, Ἐγώ εἰμι ὁ
VIFD--ZP   PD DDNS N-DN-S NPG-XS VPPANM-P   NPN-XS VIPA--XS DNMS

Χριστός, καὶ πολλοὺς πλανήσουσιν. 24.6 μελλήσετε δὲ ἀκούειν
N-NM-S   CC AP-AM-P VIFA--ZP   VIFA--YP+   CC +VNPA

πολέμους καὶ ἀκοὰς πολέμων· ὁρᾶτε, μὴ θροεῖσθε· δεῖ γὰρ
N-AM-P   CC N-AF-P N-GM-P   VMPA--YP AB VMPP--YP   VIPA--ZS CS

γενέσθαι, ἀλλ᾽ οὔπω ἐστὶν τὸ τέλος. 24.7 ἐγερθήσεται γὰρ ἔθνος
VNAD   CC AB VIPA--ZS DNNS N-NN-S   VIFP--ZS   CS N-NN-S

ἐπὶ ἔθνος καὶ βασιλεία ἐπὶ βασιλείαν, καὶ ἔσονται λιμοὶ καὶ
PA N-AN-S CC N-NF-S PA N-AF-S   CC VIFD--ZP N-NF-P/N-NM-P CC

σεισμοὶ κατὰ τόπους· 24.8 πάντα δὲ ταῦτα ἀρχὴ ὠδίνων.
N-NM-P PA N-AM-P   A--NN-P CH APDNN-P N-NF-S N-GF-P

24.9 τότε παραδώσουσιν ὑμᾶς εἰς θλῖψιν καὶ ἀποκτενοῦσιν ὑμᾶς,
AB VIFA--ZP NPA-YP PA N-AF-S CC VIFA--ZP   NPA-YP

καὶ ἔσεσθε μισούμενοι ὑπὸ πάντων τῶν ἐθνῶν διὰ τὸ ὄνομά
CC VIFD--YP+ +VPPPNMYP PG A--GN-P DGNP N-GN-P PA DANS N-AN-S

μου. 24.10 καὶ τότε σκανδαλισθήσονται πολλοὶ καὶ ἀλλήλους
NPG-XS   CC AB VIFP--ZP   AP-NM-P CC NPAMZP

παραδώσουσιν καὶ μισήσουσιν ἀλλήλους· 24.11 καὶ πολλοὶ
VIFA--ZP   CC VIFA--ZP NPAMZP   CC A--NM-P

ψευδοπροφῆται ἐγερθήσονται καὶ πλανήσουσιν πολλούς·
N-NM-P   VIFP--ZP CC VIFA--ZP AP-AM-P

24.12 καὶ διὰ τὸ πληθυνθῆναι τὴν ἀνομίαν ψυγήσεται ἡ
CC PA DANS VNAPA DAFS N-AF-S VIFP--ZS DNFS

ἀγάπη τῶν πολλῶν. 24.13 ὁ δὲ ὑπομείνας εἰς τέλος
N-NF-S DGMP AP-GM-P   DNMS□APRNM-S+ CH VPAANM-S PA N-AN-S

οὗτος σωθήσεται. 24.14 καὶ κηρυχθήσεται τοῦτο τὸ εὐαγγέλιον
APDNM-S VIFP--ZS   CC VIFP--ZS A-DNN-S DNNS N-NN-S

τῆς βασιλείας ἐν ὅλῃ τῇ οἰκουμένῃ εἰς μαρτύριον πᾶσιν τοῖς
DGFS N-GF-S PD A--DF-S DDFS N-DF-S PA N-AN-S A--DN-P DDNP

ἔθνεσιν, καὶ τότε ἥξει τὸ τέλος.
N-DN-P CC AB VIFA--ZS DNNS N-NN-S

24.15 Ὅταν οὖν ἴδητε τὸ βδέλυγμα τῆς ἐρημώσεως
CS CH VSAA--YP DANS N-AN-S DGFS N-GF-S

τὸ ῥηθὲν διὰ Δανιὴλ τοῦ προφήτου ἑστὸς ἐν τόπῳ
DANS□APRNN-S VPAPAN-S PG N-GM-S DGMS N-GM-S VPRAAN-S PD N-DM-S

ἁγίῳ, ὁ ἀναγινώσκων νοείτω, 24.16 τότε οἱ ἐν
A--DM-S DNMS□NPNMZS&APRNM-S VPPANM-S VMPA--ZS   AB DNMP PD

τῇ Ἰουδαίᾳ φευγέτωσαν εἰς τὰ ὄρη, 24.17 ὁ ἐπὶ τοῦ δώματος
DDFS N-DF-S VMPA--ZP PA DANP N-AN-P   DNMS PG DGNS N-GN-S

μὴ καταβάτω ἆραι τὰ ἐκ τῆς οἰκίας αὐτοῦ, 24.18 καὶ ὁ ἐν τῷ
AB VMAA--ZS VNAA DANP PG DGFS N-GF-S NPGMZS CC DNMS PD DDMS

ἀγρῷ μὴ ἐπιστρεψάτω ὀπίσω ἆραι τὸ ἱμάτιον αὐτοῦ. 24.19 οὐαὶ
N-DM-S AB VMAA--ZS AB VNAA DANS N-AN-S NPGMZS QS

δὲ ταῖς ἐν γαστρὶ ἐχούσαις καὶ ταῖς
CC DDFP□NPDFZP&APRNF-P PD N-DF-S VPPADF-P CC DDFP□NPDFZP&APRNF-P

θηλαζούσαις ἐν ἐκείναις ταῖς ἡμέραις. 24.20 προσεύχεσθε δὲ ἵνα
VPPADF-P PD A-DDF-P DDFP N-DF-P VMPN--YP CC CC

μὴ γένηται ἡ φυγὴ ὑμῶν χειμῶνος μηδὲ σαββάτῳ· 24.21 ἔσται
AB VSAD--ZS DNFS N-NF-S NPG-YP N-GM-S CC N-DN-S VIFD--ZS

γὰρ τότε θλῖψις μεγάλη οἵα οὐ γέγονεν ἀπ' ἀρχῆς κόσμου ἕως
CS AB N-NF-S A--NF-S APRNF-S AB VIRA--ZS PG N-GF-S N-GM-S PG

τοῦ νῦν οὐδ' οὐ μὴ γένηται. 24.22 καὶ εἰ μὴ ἐκολοβώθησαν
DGMS AB□AP-GM-S CC AB AB VSAD--ZS CC CS AB VIAP--ZP

αἱ ἡμέραι ἐκεῖναι, οὐκ ἂν ἐσώθη πᾶσα σάρξ· διὰ δὲ τοὺς
DNFP N-NF-P A-DNF-P AB QV VIAP--ZS A--NF-S N-NF-S PA CH DAMP

ἐκλεκτοὺς κολοβωθήσονται αἱ ἡμέραι ἐκεῖναι. 24.23 τότε ἐάν
AP-AM-P VIFP--ZP DNFP N-NF-P A-DNF-P AB CS

τις ὑμῖν εἴπῃ, Ἰδοὺ ὧδε ὁ Χριστός, ἤ, Ὧδε, μὴ
APINM-S NPD-YP VSAA--ZS QS AB DNMS N-NM-S CC AB AB

πιστεύσητε· 24.24 ἐγερθήσονται γὰρ ψευδόχριστοι καὶ
VSAA--YP□VMAA--YP VIFP--ZP CS N-NM-P CC

ψευδοπροφῆται, καὶ δώσουσιν σημεῖα μεγάλα καὶ τέρατα ὥστε
N-NM-P CC VIFA--ZP N-AN-P A--AN-P CC N-AN-P CS

πλανῆσαι, εἰ δυνατόν, καὶ τοὺς ἐκλεκτούς· 24.25 ἰδοὺ προείρηκα
VNAA CS A--NN-S AB DAMP AP-AM-P QS VIRA--XS

ὑμῖν. 24.26 ἐὰν οὖν εἴπωσιν ὑμῖν, Ἰδοὺ ἐν τῇ ἐρήμῳ ἐστίν, μὴ
NPD-YP CS CH VSAA--ZP NPD-YP QS PD DDFS AP-DF-S VIPA--ZS AB

ἐξέλθητε· Ἰδοὺ ἐν τοῖς ταμείοις, μὴ πιστεύσητε·
VSAA--YP□VMAA--YP QS PD DDNP N-DN-P AB VSAA--YP□VMAA--YP

24.27 ὥσπερ γὰρ ἡ ἀστραπὴ ἐξέρχεται ἀπὸ ἀνατολῶν καὶ
CS CS DNFS N-NF-S VIPN--ZS PG N-GF-P CC

φαίνεται ἕως δυσμῶν, οὕτως ἔσται ἡ παρουσία τοῦ υἱοῦ τοῦ
VIPE--ZS PG N-GF-P AB VIFD--ZS DNFS N-NF-S DGMS N-GM-S DGMS

ἀνθρώπου. 24.28 ὅπου ἐὰν ᾖ τὸ πτῶμα, ἐκεῖ συναχθήσονται
N-GM-S CS QV VSPA--ZS DNNS N-NN-S AB VIFP--ZP

οἱ ἀετοί.
DNMP N-NM-P

24.29 Εὐθέως δὲ μετὰ τὴν θλῖψιν τῶν ἡμερῶν ἐκείνων,
AB CC PA DAFS N-AF-S DGFP N-GF-P A-DGF-P

ὁ ἥλιος σκοτισθήσεται,
DNMS N-NM-S VIFP--ZS

καὶ ἡ σελήνη οὐ δώσει τὸ φέγγος αὐτῆς,
CC DNFS N-NF-S AB VIFA--ZS DANS N-AN-S NPGFZS

καὶ οἱ ἀστέρες πεσοῦνται ἀπὸ τοῦ οὐρανοῦ,
CC DNMP N-NM-P   VIFD--ZP   PG   DGMS N-GM-S

καὶ αἱ δυνάμεις τῶν οὐρανῶν σαλευθήσονται.
CC DNFP N-NF-P   DGMP N-GM-P   VIFP--ZP

24.30 καὶ τότε φανήσεται τὸ σημεῖον τοῦ υἱοῦ τοῦ ἀνθρώπου
CC AB   VIFP--ZS   DNNS N-NN-S   DGMS N-GM-S DGMS N-GM-S

ἐν οὐρανῷ, καὶ τότε κόψονται πᾶσαι αἱ φυλαὶ τῆς γῆς καὶ
PD N-DM-S   CC AB   VIFM--ZP   A--NF-P DNFP N-NF-P DGFS N-GF-S CC

ὄψονται τὸν υἱὸν τοῦ ἀνθρώπου ἐρχόμενον ἐπὶ τῶν νεφελῶν τοῦ
VIFD--ZP DAMS N-AM-S DGMS N-GM-S   VPPNAM-S   PG DGFP N-GF-P   DGMS

οὐρανοῦ μετὰ δυνάμεως καὶ δόξης πολλῆς· 24.31 καὶ ἀποστελεῖ
N-GM-S   PG   N-GF-S   CC N-GF-S A--GF-S   CC VIFA--ZS

τοὺς ἀγγέλους αὐτοῦ μετὰ σάλπιγγος μεγάλης, καὶ
DAMP N-AM-P   NPGMZS PG   N-GF-S   A--GF-S   CC

ἐπισυνάξουσιν τοὺς ἐκλεκτοὺς αὐτοῦ ἐκ τῶν τεσσάρων ἀνέμων
VIFA--ZP   DAMP AP-AM-P   NPGMZS PG DGMP A-CGM-P   N-GM-P

ἀπ᾽ ἄκρων οὐρανῶν ἕως [τῶν] ἄκρων αὐτῶν.
PG N-GN-P N-GM-P   PG DGNP N-GN-P NPGMZP

24.32 Ἀπὸ δὲ τῆς συκῆς μάθετε τὴν παραβολήν· ὅταν ἤδη
PG CC DGFS N-GF-S   VMAA--YP DAFS N-AF-S   CS   AB

ὁ κλάδος αὐτῆς γένηται ἁπαλὸς καὶ τὰ φύλλα ἐκφύῃ,
DNMS N-NM-S NPGFZS VSAD--ZS A--NM-S CC DANP N-AN-P VSPA--ZS

γινώσκετε ὅτι ἐγγὺς τὸ θέρος· 24.33 οὕτως καὶ ὑμεῖς, ὅταν ἴδητε
VIPA--YP   CH AB   DNNS N-NN-S   AB   AB NPN-YP CS VSAA--YP

πάντα ταῦτα, γινώσκετε ὅτι ἐγγύς ἐστιν ἐπὶ θύραις. 24.34 ἀμὴν
A--AN-P APDAN-P VIPA--YP/VMPA--YP CC AB   VIPA--ZS PD N-DF-P   QS

λέγω ὑμῖν ὅτι οὐ μὴ παρέλθῃ ἡ γενεὰ αὕτη ἕως ἂν πάντα
VIPA--XS NPD-YP CC AB AB VSAA--ZS   DNFS N-NF-S A-DNF-S CS QV A--NN-P

ταῦτα γένηται. 24.35 ὁ οὐρανὸς καὶ ἡ γῆ παρελεύσεται,
APDNN-P VSAD--ZS   DNMS N-NM-S CC DNFS N-NF-S VIFD--ZS

οἱ δὲ λόγοι μου οὐ μὴ παρέλθωσιν.
DNMP CH N-NM-P NPG-XS AB AB VSAA--ZP

24.36 Περὶ δὲ τῆς ἡμέρας ἐκείνης καὶ ὥρας οὐδεὶς οἶδεν, οὐδὲ
PG   CC DGFS N-GF-S A-DGF-S   CC N-GF-S APCNM-S VIRA--ZS AB

οἱ ἄγγελοι τῶν οὐρανῶν οὐδὲ ὁ υἱός, εἰ μὴ ὁ πατὴρ μόνος.
DNMP N-NM-P DGMP N-GM-P   CC&AB DNMS N-NM-S CS AB DNMS N-NM-S A--NM-S

24.37 ὥσπερ γὰρ αἱ ἡμέραι τοῦ Νῶε, οὕτως ἔσται ἡ παρουσία
CS   CS DNFP N-NF-P DGMS N-GM-S AB VIFD--ZS DNFS N-NF-S

τοῦ υἱοῦ τοῦ ἀνθρώπου. 24.38 ὡς γὰρ ἦσαν ἐν ταῖς ἡμέραις
DGMS N-GM-S DGMS N-GM-S   CS CS VIIA--ZP+ PD DDFP N-DF-P

[ἐκείναις] ταῖς πρὸ τοῦ κατακλυσμοῦ τρώγοντες καὶ πίνοντες,
A-DDF-P   DDFP PG DGMS N-GM-S   +VPPANM-P   CC +VPPANM-P

γαμοῦντες καὶ γαμίζοντες, ἄχρι ἧς ἡμέρας εἰσῆλθεν
+VPPANM-P CC +VPPANM-P   PG APRGF-S+□APRDF-S N-GF-S VIAA--ZS

Νῶε εἰς τὴν κιβωτόν, 24.39 καὶ οὐκ ἔγνωσαν ἕως ἦλθεν ὁ
N-NM-S PA DAFS N-AF-S CC AB VIAA--ZP CS VIAA--ZS DNMS

κατακλυσμὸς καὶ ἦρεν ἅπαντας, οὕτως ἔσται [καὶ] ἡ παρουσία
N-NM-S CC VIAA--ZS AP-AM-P AB VIFD--ZS AB DNFS N-NF-S

τοῦ υἱοῦ τοῦ ἀνθρώπου. 24.40 τότε δύο ἔσονται ἐν τῷ ἀγρῷ,
DGMS N-GM-S DGMS N-GM-S AB APCNM-P VIFD--ZP PD DDMS N-DM-S

εἷς παραλαμβάνεται καὶ εἷς ἀφίεται· 24.41 δύο
APCNM-S VIPP--ZS CC APCNM-S VIPP--ZS APCNF-P

ἀλήθουσαι ἐν τῷ μύλῳ, μία παραλαμβάνεται καὶ μία
VPPANF-P PD DDMS N-DM-S APCNF-S VIPP--ZS CC APCNF-S

ἀφίεται. 24.42 γρηγορεῖτε οὖν, ὅτι οὐκ οἴδατε ποίᾳ ἡμέρᾳ ὁ
VIPP--ZS VMPA--YP CH CS AB VIRA--YP A-TDF-S N-DF-S DNMS

κύριος ὑμῶν ἔρχεται. 24.43 ἐκεῖνο δὲ γινώσκετε ὅτι εἰ ᾔδει ὁ
N-NM-S NPG-YP VIPN--ZS APDAN-S CC VIPA--YP/VMPA--YP ABR CS VILA--ZS DNMS

οἰκοδεσπότης ποίᾳ φυλακῇ ὁ κλέπτης ἔρχεται, ἐγρηγόρησεν
N-NM-S A-TDF-S N-DF-S DNMS N-NM-S VIPN--ZS VIAA--ZS

ἂν καὶ οὐκ ἂν εἴασεν διορυχθῆναι τὴν οἰκίαν αὐτοῦ. 24.44 διὰ
QV CC AB QV VIAA--ZS VNAP DAFS N-AF-S NPGMZS PA

τοῦτο καὶ ὑμεῖς γίνεσθε ἕτοιμοι, ὅτι ᾗ οὐ δοκεῖτε ὥρᾳ ὁ
APDAN-S AB NPN-YP VMPN--YP A--NM-P CS APRDF-S+ AB VIPA--YP N-DF-S DNMS

υἱὸς τοῦ ἀνθρώπου ἔρχεται.
N-NM-S DGMS N-GM-S VIPN--ZS

24.45 Τίς ἄρα ἐστὶν ὁ πιστὸς δοῦλος καὶ φρόνιμος ὃν
APTNM-S CH VIPA--ZS DNMS A--NM-S N-NM-S CC A--NM-S APRAM-S

κατέστησεν ὁ κύριος ἐπὶ τῆς οἰκετείας αὐτοῦ τοῦ δοῦναι
VIAA--ZS DNMS N-NM-S PG DGFS N-GF-S NPGMZS DGNS VNAAG

αὐτοῖς τὴν τροφὴν ἐν καιρῷ; 24.46 μακάριος ὁ δοῦλος ἐκεῖνος
NPDMZP DAFS N-AF-S PD N-DM-S A--NM-S DNMS N-NM-S A-DNM-S

ὃν ἐλθὼν ὁ κύριος αὐτοῦ εὑρήσει οὕτως ποιοῦντα·
APRAM-S VPAANM-S DNMS N-NM-S NPGMZS VIFA--ZS AB VPPAAM-S

24.47 ἀμὴν λέγω ὑμῖν ὅτι ἐπὶ πᾶσιν τοῖς ὑπάρχουσιν
QS VIPA--XS NPD-YP CC PD AP-DN-P DDNP□APRNN-P VPPADN-P

αὐτοῦ καταστήσει αὐτόν. 24.48 ἐὰν δὲ εἴπῃ ὁ κακὸς δοῦλος
NPGMZS VIFA--ZS NPAMZS CS CC VSAA--ZS DNMS A--NM-S N-NM-S

ἐκεῖνος ἐν τῇ καρδίᾳ αὐτοῦ, Χρονίζει μου ὁ κύριος, 24.49 καὶ
A-DNM-S PD DDFS N-DF-S NPGMZS VIPA--ZS NPG-XS DNMS N-NM-S CC

ἄρξηται τύπτειν τοὺς συνδούλους αὐτοῦ, ἐσθίῃ δὲ καὶ πίνῃ μετὰ
VSAM--ZS VNPA DAMP N-AM-P NPGMZS VSPA--ZS CC CC VSPA--ZS PG

τῶν μεθυόντων, 24.50 ἥξει ὁ κύριος τοῦ δούλου
DGMP□NPGMZP&APRNM-P VPPAGM-P VIFA--ZS DNMS N-NM-S DGMS N-GM-S

ἐκείνου ἐν ἡμέρᾳ ᾗ οὐ προσδοκᾷ καὶ ἐν ὥρᾳ
A-DGM-S PD N-DF-S APRDF-S□APRAF-S AB VIPA--ZS CC PD N-DF-S

ᾗ οὐ γινώσκει, 24.51 καὶ διχοτομήσει αὐτὸν καὶ τὸ
APRDF-S□APRAF-S AB VIPA--ZS CC VIFA--ZS NPAMZS CC DANS

μέρος αὐτοῦ μετὰ τῶν ὑποκριτῶν θήσει· ἐκεῖ ἔσται ὁ κλαυθμὸς
N-AN-S NPGMZS PG DGMP N-GM-P VIFA--ZS AB VIFD--ZS DNMS N-NM-S

καὶ ὁ βρυγμὸς τῶν ὀδόντων.
CC DNMS N-NM-S DGMP N-GM-P

25.1 Τότε ὁμοιωθήσεται ἡ βασιλεία τῶν οὐρανῶν δέκα
AB VIFP--ZS DNFS N-NF-S DGMP N-GM-P A-CDF-P

παρθένοις, αἵτινες λαβοῦσαι τὰς λαμπάδας ἑαυτῶν ἐξῆλθον εἰς
N-DF-P APRNF-P VPAANF-P DAFP N-AF-P NPGFZP VIAA--ZP PA

ὑπάντησιν τοῦ νυμφίου. 25.2 πέντε δὲ ἐξ αὐτῶν ἦσαν μωραὶ καὶ
N-AF-S DGMS N-GM-S APCNF-P CC PG NPGFZP VIIA--ZP A--NF-P CC

πέντε φρόνιμοι. 25.3 αἱ γὰρ μωραὶ λαβοῦσαι τὰς λαμπάδας
APCNF-P A--NF-P DNFP CS AP-NF-P VPAANF-P DAFP N-AF-P

αὐτῶν οὐκ ἔλαβον μεθ᾽ ἑαυτῶν ἔλαιον· 25.4 αἱ δὲ φρόνιμοι
NPGFZP AB VIAA--ZP PG NPGFZP N-AN-S DNFP CH AP-NF-P

ἔλαβον ἔλαιον ἐν τοῖς ἀγγείοις μετὰ τῶν λαμπάδων ἑαυτῶν.
VIAA--ZP N-AN-S PD DDNP N-DN-P PG DGFP N-GF-P NPGFZP

25.5 χρονίζοντος δὲ τοῦ νυμφίου ἐνύσταξαν πᾶσαι καὶ
VPPAGM-S CC DGMS N-GM-S VIAA--ZP AP-NF-P CC

ἐκάθευδον. 25.6 μέσης δὲ νυκτὸς κραυγὴ γέγονεν, Ἰδοὺ ὁ
VIIA--ZP A--GF-S CC N-GF-S N-NF-S VIRA--ZS QS DNMS

νυμφίος, ἐξέρχεσθε εἰς ἀπάντησιν [αὐτοῦ]. 25.7 τότε ἠγέρθησαν
N-NM-S VMPN--YP PA N-AF-S NPGMZS AB VIAP--ZP

πᾶσαι αἱ παρθένοι ἐκεῖναι καὶ ἐκόσμησαν τὰς λαμπάδας
A--NF-P DNFP N-NF-P A-DNF-P CC VIAA--ZP DAFP N-AF-P

ἑαυτῶν. 25.8 αἱ δὲ μωραὶ ταῖς φρονίμοις εἶπαν, Δότε ἡμῖν ἐκ
NPGFZP DNFP CC AP-NF-P DDFP AP-DF-P VIAA--ZP VMAA--YP NPD-XP PG

τοῦ ἐλαίου ὑμῶν, ὅτι αἱ λαμπάδες ἡμῶν σβέννυνται.
DGNS N-GN-S NPG-YP CS DNFP N-NF-P NPG-XP VIPP--ZP

25.9 ἀπεκρίθησαν δὲ αἱ φρόνιμοι λέγουσαι, Μήποτε οὐ μὴ
VIAO--ZP CH DNFP AP-NF-P VPPANF-P CS AB AB

ἀρκέσῃ ἡμῖν καὶ ὑμῖν· πορεύεσθε μᾶλλον πρὸς τοὺς
VSAA--ZS NPD-XP CC NPD-YP VMPN--YP ABM PA DAMP□NPRAMZP&APRNM-P

πωλοῦντας καὶ ἀγοράσατε ἑαυταῖς. 25.10 ἀπερχομένων δὲ αὐτῶν
VPPAAM-P CC VMAA--YP NPDFYP VPPNGF-P CC NPGFZP

ἀγοράσαι ἦλθεν ὁ νυμφίος, καὶ αἱ ἕτοιμοι εἰσῆλθον μετ᾽
VNAA VIAA--ZS DNMS N-NM-S CC DNFP AP-NF-P VIAA--ZP PG

αὐτοῦ εἰς τοὺς γάμους, καὶ ἐκλείσθη ἡ θύρα. 25.11 ὕστερον δὲ
NPGMZS PA DAMP N-AM-P CC VIAP--ZS DNFS N-NF-S APMAN-S□ABM CC

ἔρχονται καὶ αἱ λοιπαὶ παρθένοι λέγουσαι, Κύριε κύριε, ἄνοιξον
VIPN--ZP AB DNFP A--NF-P N-NF-P VPPANF-P N-VM-S N-VM-S VMAA--YS

ἡμῖν. 25.12 ὁ δὲ ἀποκριθεὶς εἶπεν, Ἀμὴν λέγω ὑμῖν, οὐκ
NPD-XP DNMS□NPNMZS CH VPAONM-S VIAA--ZS QS VIPA--XS NPD-YP AB

οἶδα ὑμᾶς. 25.13 Γρηγορεῖτε οὖν, ὅτι οὐκ οἴδατε τὴν ἡμέραν
VIRA--XS NPA-YP VMPA--YP CH CS AB VIRA--YP DAFS N-AF-S

οὐδὲ τὴν ὥραν.
CC   DAFS N-AF-S

25.14 Ὥσπερ γὰρ ἄνθρωπος ἀποδημῶν ἐκάλεσεν τοὺς ἰδίους
CS   CS   N-NM-S   VPPANM-S   VIAA--ZS DAMP A--AM-P

δούλους καὶ παρέδωκεν αὐτοῖς τὰ   ὑπάρχοντα αὐτοῦ,
N-AM-P CC VIAA--ZS   NPDMZP DANP□NPANZP&APRNN-P VPPAAN-P   NPGMZS

25.15 καὶ ᾧ   μὲν ἔδωκεν πέντε τάλαντα, ᾧ
CC APRDM-S□APDDM-S CC VIAA--ZS A-CAN-P N-AN-P   APRDM-S□APDDM-S

δὲ δύο, ᾧ   δὲ ἕν, ἑκάστῳ κατὰ τὴν ἰδίαν δύναμιν,
CC APCAN-P APRDM-S□APDDM-S CC APCAN-S AP-DM-S PA   DAFS A--AF-S N-AF-S

καὶ ἀπεδήμησεν. εὐθέως 25.16 πορευθεὶς ὁ   τὰ
CC VIAA--ZS   AB   VPAONM-S DNMS□NPNMZS&APRNM-S DANP

πέντε τάλαντα λαβὼν ἠργάσατο ἐν αὐτοῖς καὶ ἐκέρδησεν ἄλλα
A-CAN-P N-AN-P VPAANM-S VIAD--ZS PD NPDNZP CC VIAA--ZS   A--AN-P

πέντε· 25.17 ὡσαύτως ὁ   τὰ   δύο ἐκέρδησεν ἄλλα δύο.
APCAN-P   AB   DNMS DANP APCAN-P VIAA--ZS A--AN-P APCAN-P

25.18 ὁ   δὲ τὸ ἓν λαβὼν ἀπελθὼν ὤρυξεν γῆν
DNMS□NPNMZS&APRNM-S CH DANS APCAN-S VPAANM-S VPAANM-S VIAA--ZS N-AF-S

καὶ ἔκρυψεν τὸ ἀργύριον τοῦ κυρίου αὐτοῦ. 25.19 μετὰ δὲ πολὺν
CC VIAA--ZS   DANS N-AN-S   DGMS N-GM-S NPGMZS   PA   CC A--AM-S

χρόνον ἔρχεται ὁ   κύριος τῶν δούλων ἐκείνων καὶ συναίρει
N-AM-S VIPN--ZS DNMS N-NM-S DGMP N-GM-P A-DGM-P CC VIPA--ZS

λόγον μετ' αὐτῶν. 25.20 καὶ προσελθὼν ὁ   τὰ
N-AM-S PG NPGMZP   CC VPAANM-S   DNMS□NPNMZS&APRNM-S DANP

πέντε τάλαντα λαβὼν προσήνεγκεν ἄλλα πέντε τάλαντα λέγων,
A-CAN-P N-AN-P VPAANM-S VIAA--ZS   A--AN-P A-CAN-P N-AN-P   VPPANM-S

Κύριε, πέντε τάλαντά μοι   παρέδωκας· ἴδε ἄλλα πέντε τάλαντα
N-VM-S A-CAN-P N-AN-P NPD-XS VIAA--YS   QS A--AN-P A-CAN-P N-AN-P

ἐκέρδησα. 25.21 ἔφη   αὐτῷ ὁ   κύριος αὐτοῦ, Εὖ, δοῦλε
VIAA--XS   VIAA--ZS/VIIA--ZS NPDMZS DNMS N-NM-S NPGMZS AB N-VM-S

ἀγαθὲ καὶ πιστέ, ἐπὶ ὀλίγα ἦς   πιστός, ἐπὶ πολλῶν σε
A--VM-S CC A--VM-S PA AP-AN-P VIIA--YS A--NM-S PG AP-GN-P NPA-YS

καταστήσω· εἴσελθε εἰς τὴν χαρὰν τοῦ κυρίου σου.
VIFA--XS   VMAA--YS PA DAFS N-AF-S DGMS N-GM-S NPG-YS

25.22 προσελθὼν [δὲ] καὶ ὁ   τὰ   δύο τάλαντα εἶπεν, Κύριε,
VPAANM-S   CC AB DNMS DANP A-CAN-P N-AN-P   VIAA--ZS N-VM-S

δύο   τάλαντά μοι   παρέδωκας· ἴδε ἄλλα δύο   τάλαντα
A-CAN-P N-AN-P NPD-XS VIAA--YS   QS A--AN-P A-CAN-P N-AN-P

ἐκέρδησα. 25.23 ἔφη   αὐτῷ ὁ   κύριος αὐτοῦ, Εὖ, δοῦλε
VIAA--XS   VIAA--ZS/VIIA--ZS NPDMZS DNMS N-NM-S NPGMZS AB N-VM-S

ἀγαθὲ καὶ πιστέ, ἐπὶ ὀλίγα ἦς   πιστός, ἐπὶ πολλῶν σε
A--VM-S CC A--VM-S PA AP-AN-P VIIA--YS A--NM-S PG AP-GN-P NPA-YS

καταστήσω· εἴσελθε εἰς τὴν χαρὰν τοῦ κυρίου σου.
VIFA--XS   VMAA--YS PA DAFS N-AF-S DGMS N-GM-S NPG-YS

25.24 προσελθὼν δὲ καὶ ὁ τὸ ἓν τάλαντον
VPAANM-S CC AB DNMS□NPNMZS&APRNM-S DANS A-CAN-S N-AN-S

εἰληφὼς εἶπεν, Κύριε, ἔγνων σε ὅτι σκληρὸς εἶ ἄνθρωπος,
VPRANM-S VIAA--ZS N-VM-S VIAA--XS NPA-YS CC A--NM-S VIPA--YS N-NM-S

θερίζων ὅπου οὐκ ἔσπειρας καὶ συνάγων ὅθεν οὐ διεσκόρπισας·
VPPANMYS CS AB VIAA--YS CC VPPANMYS CS AB VIAA--YS

25.25 καὶ φοβηθεὶς ἀπελθὼν ἔκρυψα τὸ τάλαντόν σου ἐν τῇ
CC VPAONMXS VPAANMXS VIAA--XS DANS N-AN-S NPG-YS PD DDFS

γῇ· ἴδε ἔχεις τὸ σόν. 25.26 ἀποκριθεὶς δὲ ὁ κύριος αὐτοῦ
N-DF-S QS VIPA--YS DANS AP-ANYS VPAONM-S CH DNMS N-NM-S NPGMZS

εἶπεν αὐτῷ, Πονηρὲ δοῦλε καὶ ὀκνηρέ, ᾔδεις ὅτι θερίζω ὅπου οὐκ
VIAA--ZS NPDMZS A--VM-S N-VM-S CC A--VM-S VILA--YS CC VIPA--XS CS AB

ἔσπειρα καὶ συνάγω ὅθεν οὐ διεσκόρπισα; 25.27 ἔδει σε οὖν
VIAA--XS CC VIPA--XS CS AB VIAA--XS VIIA--ZS NPA-YS CH

βαλεῖν τὰ ἀργύριά μου τοῖς τραπεζίταις, καὶ ἐλθὼν ἐγὼ
VNAA DANP N-AN-P NPG-XS DDMP N-DM-P CC VPAANMXS NPN-XS

ἐκομισάμην ἂν τὸ ἐμὸν σὺν τόκῳ. 25.28 ἄρατε οὖν ἀπ' αὐτοῦ
VIAM--XS QV DANS AP-ANXS PD N-DM-S VMAA--YP CH PG NPGMZS

τὸ τάλαντον καὶ δότε τῷ ἔχοντι τὰ δέκα
DANS N-AN-S CC VMAA--YP DDMS□NPDMZS&APRNM-S VPPADM-S DANP A-CAN-P

τάλαντα· 25.29 τῷ γὰρ ἔχοντι παντὶ δοθήσεται καὶ
N-AN-P DDMS□APRNM-S+ CS VPPADM-S AP-DM-S VIFP--ZS CC

περισσευθήσεται· τοῦ δὲ μὴ ἔχοντος καὶ
VIFP--ZS DGMS□APRNM-S+ CC/CH AB VPPAGM-S AB

ὃ ἔχει ἀρθήσεται ἀπ' αὐτοῦ. 25.30 καὶ τὸν
APRAN-S□APDNN-S&APRAN-S VIPA--ZS VIFP--ZS PG NPGMZS CC DAMS

ἀχρεῖον δοῦλον ἐκβάλετε εἰς τὸ σκότος τὸ ἐξώτερον· ἐκεῖ ἔσται
A--AM-S N-AM-S VMAA--YP PA DANS N-AN-S DANS A-MAN-S AB VIFD--ZS

ὁ κλαυθμὸς καὶ ὁ βρυγμὸς τῶν ὀδόντων.
DNMS N-NM-S CC DNMS N-NM-S DGMP N-GM-P

25.31 Ὅταν δὲ ἔλθῃ ὁ υἱὸς τοῦ ἀνθρώπου ἐν τῇ δόξῃ
CS CC VSAA--ZS DNMS N-NM-S DGMS N-GM-S PD DDFS N-DF-S

αὐτοῦ καὶ πάντες οἱ ἄγγελοι μετ' αὐτοῦ, τότε καθίσει ἐπὶ
NPGMZS CC A--NM-P DNMP N-NM-P PG NPGMZS AB VIFA--ZS PG

θρόνου δόξης αὐτοῦ· 25.32 καὶ συναχθήσονται ἔμπροσθεν αὐτοῦ
N-GM-S N-GF-S NPGMZS CC VIFP--ZP PG NPGMZS

πάντα τὰ ἔθνη, καὶ ἀφορίσει αὐτοὺς ἀπ' ἀλλήλων, ὥσπερ ὁ
A--NN-P DNNP N-NN-P CC VIFA--ZS NPAMZP PG NPGMZP CS DNMS

ποιμὴν ἀφορίζει τὰ πρόβατα ἀπὸ τῶν ἐρίφων, 25.33 καὶ στήσει
N-NM-S VIPA--ZS DANP N-AN-P PG DGMP N-GM-P CC VIFA--ZS

τὰ μὲν πρόβατα ἐκ δεξιῶν αὐτοῦ τὰ δὲ ἐρίφια ἐξ εὐωνύμων.
DANP CC N-AN-P PG AP-GN-P NPGMZS DANP CC N-AN-P PG AP-GN-P

25.34 τότε ἐρεῖ ὁ βασιλεὺς τοῖς ἐκ δεξιῶν αὐτοῦ, Δεῦτε,
AB VIFA--ZS DNMS N-NM-S DDMP PG AP-GN-P NPGMZS AB□VMAA--YP

οἱ   εὐλογημένοι τοῦ πατρός μου, κληρονομήσατε
DVMP□NPVMYP&APRNMYP VPRPVMYP   DGMS N-GM-S   NPG-XS VMAA--YP

τὴν   ἡτοιμασμένην ὑμῖν βασιλείαν ἀπὸ καταβολῆς
DAFS□APRNF-S+ VPRPAF-S   NPD-YP N-AF-S   PG   N-GF-S

κόσμου· 25.35 ἐπείνασα γὰρ καὶ ἐδώκατέ μοι   φαγεῖν, ἐδίψησα
N-GM-S   VIAA--XS   CS   CC   VIAA--YP .NPD-XS VNAA   VIAA--XS

καὶ ἐποτίσατέ με,   ξένος ἤμην καὶ   συνηγάγετέ με,
CC   VIAA--YP   NPA-XS   AP-NM-S VIIM--XS CC   VIAA--YP   NPA-XS

25.36 γυμνὸς καὶ περιεβάλετέ με,   ἠσθένησα καὶ ἐπεσκέψασθέ
      A--NM-S   CC   VIAA--YP   NPA-XS VIAA--XS   CC   VIAD--YP

με,   ἐν φυλακῇ ἤμην καὶ ἤλθατε πρός με.   25.37 τότε
NPA-XS PD N-DF-S   VIIM--XS CC   VIAA--YP PA   NPA-XS   AB

ἀποκριθήσονται αὐτῷ οἱ   δίκαιοι λέγοντες, Κύριε, πότε σε
VIFO--ZP   NPDMZS DNMP AP-NM-P VPPANM-P   N-VM-S   ABT   NPA-YS

εἴδομεν πεινῶντα καὶ ἐθρέψαμεν, ἢ διψῶντα καὶ ἐποτίσαμεν;
VIAA--XP VPPAAMYS   CC   VIAA--XP   CC VPPAAMYS   CC   VIAA--XP

25.38 πότε δέ σε   εἴδομεν ξένον καὶ συνηγάγομεν, ἢ γυμνὸν καὶ
      ABT   CC NPA-YS VIAA--XP AP-AM-S CC   VIAA--XP   CC A--AM-S   CC

περιεβάλομεν; 25.39 πότε δέ σε   εἴδομεν ἀσθενοῦντα ἢ ἐν
VIAA--XP   ABT   CC NPA-YS VIAA--XP VPPAAMYS   CC PD

φυλακῇ καὶ ἤλθομεν πρός σε;   25.40 καὶ ἀποκριθεὶς ὁ
N-DF-S   CC   VIAA--XP   PA   NPA-YS   CC   VPAONM-S   DNMS

βασιλεὺς ἐρεῖ   αὐτοῖς, Ἀμὴν λέγω ὑμῖν, ἐφ᾽ ὅσον
N-NM-S   VIFA--ZS NPDMZP   QS   VIPA--XS NPD-YP PA   APRAN-S□APDAN-S&APRAN-S

ἐποιήσατε ἑνὶ   τούτων τῶν ἀδελφῶν μου τῶν ἐλαχίστων, ἐμοὶ
VIAA--YP   APCDM-S A-DGM-P DGMP N-GM-P   NPG-XS DGMP A-SGM-P   NPD-XS

ἐποιήσατε.
VIAA--YP

25.41 Τότε ἐρεῖ   καὶ τοῖς ἐξ εὐωνύμων, Πορεύεσθε ἀπ᾽ ἐμοῦ
     AB   VIFA--ZS AB   DDMP PG AP-GN-P   VMPN--YP   PG   NPG-XS

[οἱ]   κατηραμένοι εἰς τὸ   πῦρ τὸ   αἰώνιον
DVMP□NPVMYP&APRNMYP VPRPVMYP   PA   DANS N-AN-S DANS A--AN-S

τὸ   ἡτοιμασμένον τῷ   διαβόλῳ καὶ τοῖς ἀγγέλοις αὐτοῦ·
DANS□APRNN-S VPRPAN-S   DDMS AP-DM-S   CC   DDMP N-DM-P   NPGMZS

25.42 ἐπείνασα γὰρ καὶ οὐκ ἐδώκατέ μοι   φαγεῖν, ἐδίψησα καὶ
      VIAA--XS   CS   CC   AB   VIAA--YP   NPD-XS VNAA   VIAA--XS   CC

οὐκ ἐποτίσατέ με,   25.43 ξένος ἤμην καὶ οὐ συνηγάγετέ με,
AB   VIAA--YP   NPA-XS   AP-NM-S VIIM--XS CC   AB   VIAA--YP   NPA-XS

γυμνὸς καὶ οὐ περιεβάλετέ με,   ἀσθενὴς καὶ ἐν φυλακῇ καὶ οὐκ
A--NM-S   CC   AB   VIAA--YP   NPA-XS A--AM-S   CC   PD N-DF-S   CC   AB

ἐπεσκέψασθέ με.   25.44 τότε ἀποκριθήσονται καὶ αὐτοὶ λέγοντες,
VIAD--YP   NPA-XS   AB   VIFO--ZP   AB   NPNMZP VPPANM-P

Κύριε, πότε σε   εἴδομεν πεινῶντα ἢ διψῶντα ἢ ξένον ἢ γυμνὸν
N-VM-S   ABT   NPA-YS VIAA--XP VPPAAMYS   CC VPPAAMYS   CC AP-AM-S CC A--AM-S

ἢ ἀσθενῆ ἢ ἐν φυλακῇ καὶ οὐ διηκονήσαμέν σοι; 25.45 τότε
CC A--AM-S CC PD N-DF-S CC AB VIAA--XP   NPD-YS   AB

ἀποκριθήσεται αὐτοῖς λέγων, Ἀμὴν λέγω ὑμῖν, ἐφ᾽
VIFO--ZS NPDMZP VPPANM-S QS VIPA--XS NPD-YP PA

ὅσον   οὐκ ἐποιήσατε ἑνὶ τούτων τῶν ἐλαχίστων,
APRAN-S□APDAN-S&APRAN-S AB VIAA--YP APCDM-S A-DGM-P DGMP APSGM-P

οὐδὲ ἐμοὶ ἐποιήσατε. 25.46 καὶ ἀπελεύσονται οὗτοι εἰς κόλασιν
AB NPD-XS VIAA--YP CC VIFD--ZP APDNM-P PA N-AF-S

αἰώνιον, οἱ δὲ δίκαιοι εἰς ζωὴν αἰώνιον.
A--AF-S DNMP CC AP-NM-P PA N-AF-S A--AF-S

26.1 Καὶ ἐγένετο ὅτε ἐτέλεσεν ὁ Ἰησοῦς πάντας τοὺς
CC VIAD--ZS CS VIAA--ZS DNMS N-NM-S A--AM-P DAMP

λόγους τούτους, εἶπεν τοῖς μαθηταῖς αὐτοῦ, 26.2 Οἴδατε ὅτι μετὰ
N-AM-P A-DAM-P VIAA--ZS DDMP N-DM-P NPGMZS VIRA--YP CH PA

δύο ἡμέρας τὸ πάσχα γίνεται, καὶ ὁ υἱὸς τοῦ ἀνθρώπου
A-CAF-P N-AF-P DNNS N-NN-S VIPN--ZS CC DNMS N-NM-S DGMS N-GM-S

παραδίδοται εἰς τὸ σταυρωθῆναι. 26.3 Τότε συνήχθησαν οἱ
VIPP--ZS PA DANS VNAPA AB VIAP--ZP DNMP

ἀρχιερεῖς καὶ οἱ πρεσβύτεροι τοῦ λαοῦ εἰς τὴν αὐλὴν τοῦ
N-NM-P CC DNMP AP-NM-P DGMS N-GM-S PA DAFS N-AF-S DGMS

ἀρχιερέως τοῦ   λεγομένου Καϊάφα, 26.4 καὶ
N-GM-S DGMS□APRNM-S VPPPGM-S N-GM-S CC

συνεβουλεύσαντο ἵνα τὸν Ἰησοῦν δόλῳ κρατήσωσιν καὶ
VIAM--ZP CS DAMS N-AM-S N-DM-S VSAA--ZP CC

ἀποκτείνωσιν· 26.5 ἔλεγον δέ, Μὴ ἐν τῇ ἑορτῇ, ἵνα μὴ θόρυβος
VSAA--ZP VIIA--ZP CH AB PD DDFS N-DF-S CS AB N-NM-S

γένηται ἐν τῷ λαῷ.
VSAD--ZS PD DDMS N-DM-S

26.6 Τοῦ δὲ Ἰησοῦ γενομένου ἐν Βηθανίᾳ ἐν οἰκίᾳ Σίμωνος
DGMS CC N-GM-S VPADGM-S PD N-DF-S PD N-DF-S N-GM-S

τοῦ λεπροῦ, 26.7 προσῆλθεν αὐτῷ γυνὴ ἔχουσα ἀλάβαστρον
DGMS AP-GM-S VIAA--ZS NPDMZS N-NF-S VPPANF-S N-AF-S/N-AM-S

μύρου βαρυτίμου καὶ κατέχεεν ἐπὶ τῆς κεφαλῆς αὐτοῦ
N-GN-S A--GN-S CC VIAA--ZS PG DGFS N-GF-S NPGMZS

ἀνακειμένου. 26.8 ἰδόντες δὲ οἱ μαθηταὶ ἠγανάκτησαν
VPPNGM-S VPAANM-P CH DNMP N-NM-P VIAA--ZP

λέγοντες, Εἰς τί ἡ ἀπώλεια αὕτη; 26.9 ἐδύνατο γὰρ τοῦτο
VPPANM-P PA APTAN-S DNFS N-NF-S A-DNF-S VIIN--ZS CS APDNN-S

πραθῆναι πολλοῦ καὶ δοθῆναι πτωχοῖς. 26.10 γνοὺς δὲ ὁ
VNAP AP-GN-S CC VNAP AP-DM-P VPAANM-S CH DNMS

Ἰησοῦς εἶπεν αὐτοῖς, Τί   κόπους παρέχετε τῇ γυναικί;
N-NM-S VIAA--ZS NPDMZP APTAN-S□ABT N-AM-P VIPA--YP DDFS N-DF-S

ἔργον γὰρ καλὸν ἠργάσατο εἰς ἐμέ· 26.11 πάντοτε γὰρ τοὺς
N-AN-S CS A--AN-S VIAD--ZS PA NPA-XS AB CS DAMP

91

πτωχοὺς ἔχετε μεθ᾽ ἑαυτῶν, ἐμὲ δὲ οὐ πάντοτε ἔχετε·
AP-AM-P VIPA--YP PG NPGMYP NPA-XS CH AB AB VIPA--YP

26.12 βαλοῦσα γὰρ αὕτη τὸ μύρον τοῦτο ἐπὶ τοῦ σώματός μου
VPAANF-S CS APDNF-S DANS N-AN-S A-DAN-S PG DGNS N-GN-S NPG-XS

πρὸς τὸ ἐνταφιάσαι με ἐποίησεν. 26.13 ἀμὴν λέγω ὑμῖν,
PA DANS VNAAA NPA-XS VIAA--ZS QS VIPA--XS NPD-YP

ὅπου ἐὰν κηρυχθῇ τὸ εὐαγγέλιον τοῦτο ἐν ὅλῳ τῷ κόσμῳ,
CS QV VSAP--ZS DNNS N-NN-S A-DNN-S PD A--DM-S DDMS N-DM-S

λαληθήσεται καὶ ὃ ἐποίησεν αὕτη εἰς
VIFP--ZS AB APRAN-S□APDNN-S&APRAN-S VIAA--ZS APDNF-S PA

μνημόσυνον αὐτῆς.
N-AN-S NPGFZS

26.14 Τότε πορευθεὶς εἷς τῶν δώδεκα, ὁ λεγόμενος
AB VPAONM-S APCNM-S DGMP APCGM-P DNMS□APRNM-S VPPPNM-S

Ἰούδας Ἰσκαριώτης, πρὸς τοὺς ἀρχιερεῖς 26.15 εἶπεν, Τί
N-NM-S N-NM-S PA DAMP N-AM-P VIAA--ZS APTAN-S

θέλετέ μοι δοῦναι κἀγὼ ὑμῖν παραδώσω αὐτόν; οἱ δὲ
VIPA--YP NPD-XS VNAA CC&NPN-XS NPD-YP VIFA--XS NPAMZS DNMP□NPNMZP CH

ἔστησαν αὐτῷ τριάκοντα ἀργύρια. 26.16 καὶ ἀπὸ τότε ἐζήτει
VIAA--ZP NPDMZS A-CAN-P N-AN-P CC PG AB□AP-GN-S VIIA--ZS

εὐκαιρίαν ἵνα αὐτὸν παραδῷ.
N-AF-S CS NPAMZS VSAA--ZS

26.17 Τῇ δὲ πρώτῃ τῶν ἀζύμων προσῆλθον οἱ μαθηταὶ τῷ
DDFS CC APODF-S DGNP AP-GN-P VIAA--ZP DNMP N-NM-P DDMS

Ἰησοῦ λέγοντες, Ποῦ θέλεις ἑτοιμάσωμέν σοι φαγεῖν τὸ
N-DM-S VPPANM-P ABT VIPA--YS VSAA--XP NPD-YS VNAA DANS

πάσχα; 26.18 ὁ δὲ εἶπεν, Ὑπάγετε εἰς τὴν πόλιν πρὸς
N-AN-S DNMS□NPNMZS CH VIAA--ZS VMPA--YP PA DAFS N-AF-S PA

τὸν δεῖνα καὶ εἴπατε αὐτῷ, Ὁ διδάσκαλος λέγει, Ὁ καιρός
DAMS N-AM-S CC VMAA--YP NPDMZS DNMS N-NM-S VIPA--ZS DNMS N-NM-S

μου ἐγγύς ἐστιν· πρὸς σὲ ποιῶ τὸ πάσχα μετὰ τῶν
NPG-XS AB VIPA--ZS PA NPA-YS VIPA--XS DANS N-AN-S PG DGMP

μαθητῶν μου. 26.19 καὶ ἐποίησαν οἱ μαθηταὶ ὡς συνέταξεν
N-GM-P NPG-XS CC VIAA--ZP DNMP N-NM-P CC VIAA--ZS

αὐτοῖς ὁ Ἰησοῦς, καὶ ἡτοίμασαν τὸ πάσχα. 26.20 Ὀψίας δὲ
NPDMZP DNMS N-NM-S CC VIAA--ZP DANS N-AN-S A--GF-S CC

γενομένης ἀνέκειτο μετὰ τῶν δώδεκα. 26.21 καὶ ἐσθιόντων αὐτῶν
VPADGF-S VIIN--ZS PG DGMP APCGM-P CC VPPAGM-P NPGMZP

εἶπεν, Ἀμὴν λέγω ὑμῖν ὅτι εἷς ἐξ ὑμῶν παραδώσει με.
VIAA--ZS QS VIPA--XS NPD-YP CC APCNM-S PG NPG-YP VIFA--ZS NPA-XS

26.22 καὶ λυπούμενοι σφόδρα ἤρξαντο λέγειν αὐτῷ εἷς
CC VPPPNM-P AB VIAM--ZP VNPA NPDMZS APCNM-S

ἕκαστος, Μήτι ἐγώ εἰμι, κύριε; 26.23 ὁ δὲ ἀποκριθεὶς
A--NM-S QT NPN-XS VIPA--XS N-VM-S DNMS□NPNMZS CH VPAONM-S

εἶπεν, Ὁ   ἐμβάψας μετ᾽ ἐμοῦ τὴν χεῖρα ἐν τῷ   τρυβλίῳ
VIAA--ZS DNMS□APRNM-S+ VPAANM-S PG NPG-XS DAFS N-AF-S PD DDNS N-DN-S

οὗτός με παραδώσει. 26.24 ὁ   μὲν υἱὸς τοῦ ἀνθρώπου
APDNM-S NPA-XS VIFA--ZS   DNMS CS N-NM-S DGMS N-GM-S

ὑπάγει καθὼς γέγραπται περὶ αὐτοῦ, οὐαὶ δὲ τῷ   ἀνθρώπῳ ἐκείνῳ
VIPA--ZS CS VIRP--ZS PG NPGMZS QS CH DDMS N-DM-S A-DDM-S

δι᾽ οὗ ὁ υἱὸς τοῦ ἀνθρώπου παραδίδοται· καλὸν ἦν
PG APRGM-S DNMS N-NM-S DGMS N-GM-S VIPP--ZS A--NN-S VIIA--ZS

αὐτῷ εἰ οὐκ ἐγεννήθη ὁ   ἄνθρωπος ἐκεῖνος. 26.25 ἀποκριθεὶς δὲ
NPDMZS CC AB VIAP--ZS DNMS N-NM-S A-DNM-S VPAONM-S CH

Ἰούδας ὁ   παραδιδοὺς αὐτὸν εἶπεν, Μήτι ἐγώ εἰμι,
N-NM-S DNMS□APRNM-S VPPANM-S NPAMZS VIAA--ZS QT NPN-XS VIPA--XS

ῥαββί; λέγει αὐτῷ, Σὺ εἶπας.
N-VM-S VIPA--ZS NPDMZS NPN-YS VIAA--YS

26.26 Ἐσθιόντων δὲ αὐτῶν λαβὼν ὁ   Ἰησοῦς ἄρτον καὶ
VPPAGM-P CC NPGMZP VPAANM-S DNMS N-NM-S N-AM-S CC

εὐλογήσας ἔκλασεν καὶ δοὺς τοῖς μαθηταῖς εἶπεν, Λάβετε
VPAANM-S VIAA--ZS CC VPAANM-S DDMP N-DM-P VIAA--ZS VMAA--YP

φάγετε, τοῦτό ἐστιν τὸ σῶμά μου. 26.27 καὶ λαβὼν ποτήριον
VMAA--YP APDNN-S VIPA--ZS DNNS N-NN-S NPG-XS CC VPAANM-S N-AN-S

καὶ εὐχαριστήσας ἔδωκεν αὐτοῖς λέγων, Πίετε ἐξ αὐτοῦ πάντες,
CC VPAANM-S VIAA--ZS NPDMZP VPPANM-S VMAA--YP PG NPGNZS AP-NM-P

26.28 τοῦτο γάρ ἐστιν τὸ αἷμά μου τῆς διαθήκης τὸ
APDNN-S CS VIPA--ZS DNNS N-NN-S NPG-XS DGFS N-GF-S DNNS□APRNN-S

περὶ πολλῶν ἐκχυννόμενον εἰς ἄφεσιν ἁμαρτιῶν. 26.29 λέγω δὲ
PG AP-GM-P VPPPNN-S PA N-AF-S N-GF-P VIPA--XS CC

ὑμῖν, οὐ μὴ πίω ἀπ᾽ ἄρτι ἐκ τούτου τοῦ γενήματος τῆς
NPD-YP AB AB VSAA--XS PG AB□AP-GM-S PG A-DGN-S DGNS N-GN-S DGFS

ἀμπέλου ἕως τῆς ἡμέρας ἐκείνης ὅταν αὐτὸ πίνω μεθ᾽ ὑμῶν
N-GF-S PG DGFS N-GF-S A-DGF-S ABR NPANZS VSPA--XS PG NPG-YP

καινὸν ἐν τῇ βασιλείᾳ τοῦ πατρός μου. 26.30 Καὶ ὑμνήσαντες
AP-AN-S PD DDFS N-DF-S DGMS N-GM-S NPG-XS CC VPAANM-P

ἐξῆλθον εἰς τὸ Ὄρος τῶν Ἐλαιῶν.
VIAA--ZP PA DANS N-AN-S DGFP N-GF-P

26.31 Τότε λέγει αὐτοῖς ὁ Ἰησοῦς, Πάντες ὑμεῖς
AB VIPA--ZS NPDMZP DNMS N-NM-S A--NM-P NPN-YP

σκανδαλισθήσεσθε ἐν ἐμοὶ ἐν τῇ νυκτὶ ταύτῃ, γέγραπται γάρ,
VIFP--YP PD NPD-XS PD DDFS N-DF-S A-DDF-S VIRP--ZS CS

Πατάξω τὸν ποιμένα,
VIFA--XS DAMS N-AM-S

καὶ διασκορπισθήσονται τὰ πρόβατα τῆς ποίμνης·
CC VIFP--ZP DNNP N-NN-P DGFS N-GF-S

26.32 μετὰ δὲ τὸ ἐγερθῆναί με προάξω ὑμᾶς εἰς τὴν
PA CH DANS VNAPA NPA-XS VIFA--XS NPA-YP PA DAFS

Γαλιλαίαν. 26.33 ἀποκριθεὶς δὲ ὁ Πέτρος εἶπεν αὐτῷ, Εἰ πάντες
N-AF-S VPAONM-S CH DNMS N-NM-S VIAA--ZS NPDMZS CS AP-NM-P

σκανδαλισθήσονται ἐν σοί, ἐγὼ οὐδέποτε σκανδαλισθήσομαι.
VIFP--ZP PD NPD-YS NPN-XS AB VIFP--XS

26.34 ἔφη αὐτῷ ὁ Ἰησοῦς, Ἀμὴν λέγω σοι ὅτι ἐν
VIAA--ZS/VIIA--ZS NPDMZS DNMS N-NM-S QS VIPA--XS NPD-YS CC PD

ταύτῃ τῇ νυκτὶ πρὶν ἀλέκτορα φωνῆσαι τρὶς ἀπαρνήσῃ με.
A-DDF-S DDFS N-DF-S AB□CS N-AM-S VNAA AB VIFD--YS NPA-XS

26.35 λέγει αὐτῷ ὁ Πέτρος, Κἂν δέῃ με σὺν σοὶ
VIPA--ZS NPDMZS DNMS N-NM-S AB&CS VSPA--ZS NPA-XS PD NPD-YS

ἀποθανεῖν, οὐ μή σε ἀπαρνήσομαι. ὁμοίως καὶ πάντες οἱ
VNAA AB AB NPA-YS VIFD--XS AB AB A--NM-P DNMP

μαθηταὶ εἶπαν.
N-NM-P VIAA--ZP

26.36 Τότε ἔρχεται μετ' αὐτῶν ὁ Ἰησοῦς εἰς χωρίον
AB VIPN--ZS PG NPGMZP DNMS N-NM-S PA N-AN-S

λεγόμενον Γεθσημανί, καὶ λέγει τοῖς μαθηταῖς, Καθίσατε αὐτοῦ
VPPPAN-S N-AN-S CC VIPA--ZS DDMP N-DM-P VMAA--YP AB

ἕως [οὗ] ἀπελθὼν ἐκεῖ προσεύξωμαι. 26.37 καὶ
PG APRGM-S□APDGM-S&APRDM-S VPAANMXS AB VSAD--XS CC

παραλαβὼν τὸν Πέτρον καὶ τοὺς δύο υἱοὺς Ζεβεδαίου ἤρξατο
VPAANM-S DAMS N-AM-S CC DAMP A-CAM-P N-AM-P N-GM-S VIAM--ZS

λυπεῖσθαι καὶ ἀδημονεῖν. 26.38 τότε λέγει αὐτοῖς, Περίλυπός
VNPP CC VNPA AB VIPA--ZS NPDMZP A--NF-S

ἐστιν ἡ ψυχή μου ἕως θανάτου· μείνατε ὧδε καὶ γρηγορεῖτε
VIPA--ZS DNFS N-NF-S NPG-XS PG N-GM-S VMAA--YP AB CC VMPA--YP

μετ' ἐμοῦ. 26.39 καὶ προελθὼν μικρὸν ἔπεσεν ἐπὶ πρόσωπον
PG NPG-XS CC VPAANM-S AP-AN-S VIAA--ZS PA N-AN-S

αὐτοῦ προσευχόμενος καὶ λέγων, Πάτερ μου, εἰ δυνατόν ἐστιν,
NPGMZS VPPNNM-S CC VPPANM-S N-VM-S NPG-XS CS A--NN-S VIPA--ZS

παρελθάτω ἀπ' ἐμοῦ τὸ ποτήριον τοῦτο· πλὴν οὐχ ὡς ἐγὼ
VMAA--ZS PG NPG-XS DNNS N-NN-S A-DNN-S CH AB CS NPN-XS

θέλω ἀλλ' ὡς σύ. 26.40 καὶ ἔρχεται πρὸς τοὺς μαθητὰς καὶ
VIPA--XS CH CS NPN-YS CC VIPN--ZS PA DAMP N-AM-P CC

εὑρίσκει αὐτοὺς καθεύδοντας, καὶ λέγει τῷ Πέτρῳ, Οὕτως οὐκ
VIPA--ZS NPAMZP VPPAAM-P CC VIPA--ZS DDMS N-DM-S AB AB

ἰσχύσατε μίαν ὥραν γρηγορῆσαι μετ' ἐμοῦ; 26.41 γρηγορεῖτε
VIAA--YP A-CAF-S N-AF-S VNAA PG NPG-XS VMPA--YP

καὶ προσεύχεσθε, ἵνα μὴ εἰσέλθητε εἰς πειρασμόν· τὸ μὲν
CC VMPN--YP CC/CS AB VSAA--YP PA N-AM-S DNNS CS

πνεῦμα πρόθυμον ἡ δὲ σὰρξ ἀσθενής. 26.42 πάλιν ἐκ δευτέρου
N-NN-S A--NN-S DNFS CH N-NF-S A--NF-S AB PG APOGN-S

ἀπελθὼν προσηύξατο λέγων, Πάτερ μου, εἰ οὐ δύναται τοῦτο
VPAANM-S VIAD--ZS VPPANM-S N-VM-S NPG-XS CS AB VIPN--ZS APDNN-S

παρελθεῖν ἐὰν μὴ αὐτὸ πίω, γενηθήτω τὸ θέλημά σου.
VNAA CS AB NPANZS VSAA--XS VMAO--ZS DNNS N-NN-S NPG-YS

26.43 καὶ ἐλθὼν πάλιν εὗρεν αὐτοὺς καθεύδοντας, ἦσαν γὰρ
CC VPAANM-S AB VIAA--ZS NPAMZP VPPAAM-P VIIA--ZP+ CS

αὐτῶν οἱ ὀφθαλμοὶ βεβαρημένοι. 26.44 καὶ ἀφεὶς αὐτοὺς
NPGMZP DNMP N-NM-P +VPRPNM-P CC VPAANM-S NPAMZP

πάλιν ἀπελθὼν προσηύξατο ἐκ τρίτου τὸν αὐτὸν λόγον εἰπὼν
AB VPAANM-S VIAD--ZS PG APOGN-S DAMS A--AM-S N-AM-S VPAANM-S

πάλιν. 26.45 τότε ἔρχεται πρὸς τοὺς μαθητὰς καὶ λέγει αὐτοῖς,
AB AB VIPN--ZS PA DAMP N-AM-P CC VIPA--ZS NPDMZP

Καθεύδετε [τὸ] λοιπὸν καὶ ἀναπαύεσθε; ἰδοὺ ἤγγικεν ἡ ὥρα
VIPA--YP†VMPA--YP DANS AP-AN-S CC VIPM--YP†VMPM--YP QS VIRA--ZS DNFS N-NF-S

καὶ ὁ υἱὸς τοῦ ἀνθρώπου παραδίδοται εἰς χεῖρας ἁμαρτωλῶν.
CC DNMS N-NM-S DGMS N-GM-S VIPP--ZS PA N-AF-P AP-GM-P

26.46 ἐγείρεσθε, ἄγωμεν· ἰδοὺ ἤγγικεν ὁ
VMPP--YP VSPA--XP QS VIRA--ZS DNMS□NPNMZS&APRNM-S

παραδιδούς με.
VPPANM-S NPA-XS

26.47 Καὶ ἔτι αὐτοῦ λαλοῦντος ἰδοὺ Ἰούδας εἷς τῶν δώδεκα
CC AB NPGMZS VPPAGM-S QS N-NM-S APCNM-S DGMP APCGM-P

ἦλθεν καὶ μετ᾽ αὐτοῦ ὄχλος πολὺς μετὰ μαχαιρῶν καὶ ξύλων ἀπὸ
VIAA--ZS CC PG NPGMZS N-NM-S A--NM-S PG N-GF-P CC N-GN-P PG

τῶν ἀρχιερέων καὶ πρεσβυτέρων τοῦ λαοῦ.
DGMP N-GM-P CC AP-GM-P DGMS N-GM-S

26.48 ὁ δὲ παραδιδοὺς αὐτὸν ἔδωκεν αὐτοῖς
DNMS□NPNMZS&APRNM-S CC VPPANM-S NPAMZS VIAA--ZS NPDMZP

σημεῖον λέγων, Ὃν ἂν φιλήσω αὐτός ἐστιν· κρατήσατε
N-AN-S VPPANM-S APRAM-S+ QV VSAA--XS NPNMZS VIPA--ZS VMAA--YP

αὐτόν. 26.49 καὶ εὐθέως προσελθὼν τῷ Ἰησοῦ εἶπεν, Χαῖρε,
NPAMZS CC AB VPAANM-S DDMS N-DM-S VIAA--ZS VMPA--YS□QS

ῥαββί· καὶ κατεφίλησεν αὐτόν. 26.50 ὁ δὲ Ἰησοῦς εἶπεν αὐτῷ,
N-VM-S CC VIAA--ZS NPAMZS DNMS CH N-NM-S VIAA--ZS NPDMZS

Ἑταῖρε, ἐφ᾽ ὃ πάρει. τότε προσελθόντες
N-VM-S PA APRAN-S□APDAN-S&APRAN-S VIPA--YS AB VPAANM-P

ἐπέβαλον τὰς χεῖρας ἐπὶ τὸν Ἰησοῦν καὶ ἐκράτησαν αὐτόν.
VIAA--ZP DAFP N-AF-P PA DAMS N-AM-S CC VIAA--ZP NPAMZS

26.51 καὶ ἰδοὺ εἷς τῶν μετὰ Ἰησοῦ ἐκτείνας τὴν χεῖρα
CC QS APCNM-S DGMP PG N-GM-S VPAANM-S DAFS N-AF-S

ἀπέσπασεν τὴν μάχαιραν αὐτοῦ καὶ πατάξας τὸν δοῦλον τοῦ
VIAA--ZS DAFS N-AF-S NPGMZS CC VPAANM-S DAMS N-AM-S DGMS

ἀρχιερέως ἀφεῖλεν αὐτοῦ τὸ ὠτίον. 26.52 τότε λέγει αὐτῷ ὁ
N-GM-S VIAA--ZS NPGMZS DANS N-AN-S AB VIPA--ZS NPDMZS DNMS

Ἰησοῦς, Ἀπόστρεψον τὴν μάχαιράν σου εἰς τὸν τόπον αὐτῆς,
N-NM-S VMAA--YS DAFS N-AF-S NPG-YS PA DAMS N-AM-S NPGFZS

πάντες γὰρ οἱ λαβόντες μάχαιραν ἐν μαχαίρῃ
AP-NM-P CS DNMP☐APRNM-P VPAANM-P N-AF-S PD N-DF-S

ἀπολοῦνται. 26.53 ἢ δοκεῖς ὅτι οὐ δύναμαι παρακαλέσαι τὸν
VIFM--ZP CC VIPA--YS CC AB VIPN--XS VNAA DAMS

πατέρα μου, καὶ παραστήσει μοι ἄρτι πλείω δώδεκα λεγιῶνας
N-AM-S NPG-XS CC VIFA--ZS NPD-XS AB A-MAN-P APCGF-P N-AF-P

ἀγγέλων; 26.54 πῶς οὖν πληρωθῶσιν αἱ γραφαὶ ὅτι οὕτως δεῖ
N-GM-P ABT CH VSAP--ZP DNFP N-NF-P ABR AB VIPA--ZS

γενέσθαι; 26.55 Ἐν ἐκείνῃ τῇ ὥρᾳ εἶπεν ὁ Ἰησοῦς τοῖς
VNAD PD A-DDF-S DDFS N-DF-S VIAA--ZS DNMS N-NM-S DDMP

ὄχλοις, Ὡς ἐπὶ λῃστὴν ἐξήλθατε μετὰ μαχαιρῶν καὶ ξύλων
N-DM-P CS PA N-AM-S VIAA--YP PG N-GF-P CC N-GN-P

συλλαβεῖν με; καθ᾽ ἡμέραν ἐν τῷ ἱερῷ ἐκαθεζόμην διδάσκων
VNAA NPA-XS PA N-AF-S PD DDNS AP-DN-S VIIN--XS VPPANMXS

καὶ οὐκ ἐκρατήσατέ με. 26.56 τοῦτο δὲ ὅλον γέγονεν ἵνα
CC AB VIAA--YP NPA-XS APDNN-S CH A--NN-S VIRA--ZS CH

πληρωθῶσιν αἱ γραφαὶ τῶν προφητῶν. Τότε οἱ μαθηταὶ
VSAP--ZP DNFP N-NF-P DGMP N-GM-P AB DNMP N-NM-P

πάντες ἀφέντες αὐτὸν ἔφυγον.
A--NM-P VPAANM-P NPAMZS VIAA--ZP

26.57 Οἱ δὲ κρατήσαντες τὸν Ἰησοῦν
DNMP☐NPNMZP&APRNM-P CC VPAANM-P DAMS N-AM-S

ἀπήγαγον πρὸς Καϊάφαν τὸν ἀρχιερέα, ὅπου οἱ γραμματεῖς
VIAA--ZP PA N-AM-S DAMS N-AM-S ABR DNMP N-NM-P

καὶ οἱ πρεσβύτεροι συνήχθησαν. 26.58 ὁ δὲ Πέτρος
CC DNMP AP-NM-P VIAP--ZP DNMS CC N-NM-S

ἠκολούθει αὐτῷ ἀπὸ μακρόθεν ἕως τῆς αὐλῆς τοῦ ἀρχιερέως, καὶ
VIIA--ZS NPDMZS PG AB☐AP-GN-S PG DGFS N-GF-S DGMS N-GM-S CC

εἰσελθὼν ἔσω ἐκάθητο μετὰ τῶν ὑπηρετῶν ἰδεῖν τὸ τέλος.
VPAANM-S AB VIIN--ZS PG DGMP N-GM-P VNAA DANS N-AN-S

26.59 οἱ δὲ ἀρχιερεῖς καὶ τὸ συνέδριον ὅλον ἐζήτουν
DNMP CC N-NM-P CC DNNS N-NN-S A--NN-S VIIA--ZP

ψευδομαρτυρίαν κατὰ τοῦ Ἰησοῦ ὅπως αὐτὸν θανατώσωσιν,
N-AF-S PG DGMS N-GM-S CS NPAMZS VSAA--ZP

26.60 καὶ οὐχ εὗρον πολλῶν προσελθόντων ψευδομαρτύρων.
CC AB VIAA--ZP A--GM-P VPAAGM-P N-GM-P

ὕστερον δὲ προσελθόντες δύο 26.61 εἶπαν, Οὗτος ἔφη,
APRMAN-S☐ABM CH VPAANM-P APCNM-S VIAA--ZP APDNM-S VIAA--ZS/VIIA--ZS

Δύναμαι καταλῦσαι τὸν ναὸν τοῦ θεοῦ καὶ διὰ τριῶν ἡμερῶν
VIPN--XS VNAA DAMS N-AM-S DGMS N-GM-S CC PG A-CGF-P N-GF-P

οἰκοδομῆσαι. 26.62 καὶ ἀναστὰς ὁ ἀρχιερεὺς εἶπεν αὐτῷ, Οὐδὲν
VNAA CC VPAANM-S DNMS N-NM-S VIAA--ZS NPDMZS APCAN-S

ἀποκρίνῃ; τί οὗτοί σου καταμαρτυροῦσιν; 26.63 ὁ δὲ
VIPN--YS APTAN-S APDNM-P NPG-YS VIPA--ZP DNMS CH

Ἰησοῦς ἐσιώπα. καὶ ὁ ἀρχιερεὺς εἶπεν αὐτῷ, Ἐξορκίζω σε
N-NM-S VIIA--ZS CC DNMS N-NM-S VIAA--ZS NPDMZS VIPA--XS NPA-YS

κατὰ τοῦ θεοῦ τοῦ ζῶντος ἵνα ἡμῖν εἴπῃς εἰ σὺ εἶ
PG DGMS N-GM-S DGMS□APRNM-S VPPAGM-S CC NPD-XP VSAA--YS CS/QT NPN-YS VIPA--YS

ὁ Χριστὸς ὁ υἱὸς τοῦ θεοῦ. 26.64 λέγει αὐτῷ ὁ Ἰησοῦς,
DNMS N-NM-S DNMS N-NM-S DGMS N-GM-S VIPA--ZS NPDMZS DNMS N-NM-S

Σὺ εἶπας· πλὴν λέγω ὑμῖν,
NPN-YS VIAA--YS CH VIPA--XS NPD-YP

ἀπ᾽ ἄρτι ὄψεσθε τὸν υἱὸν τοῦ ἀνθρώπου
PG AB□AP-GM-S VIFD--YP DAMS N-AM-S DGMS N-GM-S

καθήμενον ἐκ δεξιῶν τῆς δυνάμεως
VPPNAM-S PG AP-GN-P DGFS N-GF-S

καὶ ἐρχόμενον ἐπὶ τῶν νεφελῶν τοῦ οὐρανοῦ.
CC VPPNAM-S PG DGFP N-GF-P DGMS N-GM-S

26.65 τότε ὁ ἀρχιερεὺς διέρρηξεν τὰ ἱμάτια αὐτοῦ λέγων,
AB DNMS N-NM-S VIAA--ZS DANP N-AN-P NPGMZS VPPANM-S

Ἐβλασφήμησεν· τί ἔτι χρείαν ἔχομεν μαρτύρων; ἴδε νῦν
VIAA--ZS APTAN-S□ABT AB N-AF-S VIPA--XP N-GM-P QS AB

ἠκούσατε τὴν βλασφημίαν· 26.66 τί ὑμῖν δοκεῖ; οἱ δὲ
VIAA--YP DAFS N-AF-S APTNN-S NPD-YP VIPA--ZS DNMP□NPRNMZP CH

ἀποκριθέντες εἶπαν, Ἔνοχος θανάτου ἐστίν. 26.67 Τότε
VPAONM-P VIAA--ZP A--NM-S N-GM-S VIPA--ZS AB

ἐνέπτυσαν εἰς τὸ πρόσωπον αὐτοῦ καὶ ἐκολάφισαν αὐτόν,
VIAA--ZP PA DANS N-AN-S NPGMZS CC VIAA--ZP NPAMZS

οἱ δὲ ἐράπισαν 26.68 λέγοντες, Προφήτευσον ἡμῖν,
DNMP□NPRNMZP CC VIAA--ZP VPPANM-P VMAA--YS NPD-XP

Χριστέ, τίς ἐστιν ὁ παίσας σε;
N-VM-S APTNM-S VIPA--ZS DNMS□NPNMZS&APRNM-S VPAANM-S NPA-YS

26.69 Ὁ δὲ Πέτρος ἐκάθητο ἔξω ἐν τῇ αὐλῇ· καὶ προσῆλθεν
DNMS CC N-NM-S VIIN--ZS AB PD DDFS N-DF-S CC VIAA--ZS

αὐτῷ μία παιδίσκη λέγουσα, Καὶ σὺ ἦσθα μετὰ Ἰησοῦ τοῦ
NPDMZS A-CNF-S N-NF-S VPPANF-S AB NPN-YS VIIM--YS PG N-GM-S DGMS

Γαλιλαίου. 26.70 ὁ δὲ ἠρνήσατο ἔμπροσθεν πάντων
A--GM-S DNMS□NPNMZS CH VIAD--ZS PG AP-GM-P

λέγων, Οὐκ οἶδα τί λέγεις. 26.71 ἐξελθόντα δὲ εἰς τὸν
VPPANM-S AB VIRA--XS APTAN-S VIPA--YS VPAAAM-S CC PA DAMS

πυλῶνα εἶδεν αὐτὸν ἄλλη καὶ λέγει τοῖς ἐκεῖ, Οὗτος ἦν
N-AM-S VIAA--ZS NPAMZS AP-NF-S CC VIPA--ZS DDMP AB□AP-DM-P APDNM-S VIIA--ZS

μετὰ Ἰησοῦ τοῦ Ναζωραίου. 26.72 καὶ πάλιν ἠρνήσατο μετὰ
PG N-GM-S DGMS N-GM-S CC AB VIAD--ZS PG

ὅρκου ὅτι Οὐκ οἶδα τὸν ἄνθρωπον. 26.73 μετὰ μικρὸν δὲ
N-GM-S CC AB VIRA--XS DAMS N-AM-S PA AP-AN-S CC

προσελθόντες οἱ ἑστῶτες εἶπον τῷ Πέτρῳ,
VPAANM-P DNMP□NPNMZP&APRNM-P VPRANM-P VIAA--ZP DDMS N-DM-S

Ἀληθῶς καὶ σὺ ἐξ αὐτῶν εἶ, καὶ γὰρ ἡ λαλιά σου δῆλόν
AB　　　　 AB　 NPN-YS PG NPGMZP VIPA--YS AB　CS　 DNFS N-NF-S　NPG-YS A--AM-S

σε ποιεῖ. 26.74 τότε ἤρξατο καταθεματίζειν καὶ ὀμνύειν ὅτι Οὐκ
NPA-YS VIPA--ZS　　　 AB　 VIAM--ZS　VNPA　　　　　　 CC　 VNPA　　 CC　AB

οἶδα τὸν ἄνθρωπον. καὶ εὐθέως ἀλέκτωρ ἐφώνησεν. 26.75 καὶ
VIRA--XS DAMS N-AM-S　　CC　AB　　 N-NM-S　 VIAA--ZS　　　　　　 CC

ἐμνήσθη ὁ Πέτρος τοῦ ῥήματος Ἰησοῦ εἰρηκότος ὅτι Πρὶν
VIAO--ZS DNMS N-NM-S DGNS N-GN-S N-GM-S VPRAGM-S CC/CH AB☐CS

ἀλέκτορα φωνῆσαι τρὶς ἀπαρνήσῃ με· καὶ ἐξελθὼν ἔξω
N-AM-S　　VNAA　　 AB　 VIFD--YS　 NPA-XS CC VPAANM-S AB

ἔκλαυσεν πικρῶς.
VIAA--ZS　　AB

27.1 Πρωΐας δὲ γενομένης συμβούλιον ἔλαβον πάντες οἱ
　　　 N-GF-S CC VPADGF-S　 N-AN-S　　 VIAA--ZP A--NM-P DNMP

ἀρχιερεῖς καὶ οἱ πρεσβύτεροι τοῦ λαοῦ κατὰ τοῦ Ἰησοῦ ὥστε
N-NM-P　 CC DNMP AP-NM-P　 DGMS N-GM-S PG DGMS N-GM-S CS

θανατῶσαι αὐτόν· 27.2 καὶ δήσαντες αὐτὸν ἀπήγαγον καὶ
VNAA　　 NPAMZS　　 CC VRAANM-P NPAMZS VIAA--ZP　 CC

παρέδωκαν Πιλάτῳ τῷ ἡγεμόνι.
VIAA--ZP　 N-DM-S DDMS N-DM-S

27.3 Τότε ἰδὼν Ἰούδας ὁ παραδιδοὺς αὐτὸν ὅτι
　　 AB VPAANM-S N-NM-S DNMS☐APRNM-S VPPANM-S NPAMZS CC

κατεκρίθη μεταμεληθεὶς ἔστρεψεν τὰ τριάκοντα ἀργύρια τοῖς
VIAP--ZS VPAONM-S　　 VIAA--ZS DANP A-CAN-P　 N-AN-P DDMP

ἀρχιερεῦσιν καὶ πρεσβυτέροις 27.4 λέγων, Ἥμαρτον παραδοὺς
N-DM-P　　 CC AP-DM-P　　　　 VPPANM-S VIAA--XS VPAANMXS

αἷμα ἀθῷον. οἱ δὲ εἶπαν, Τί πρὸς ἡμᾶς; σὺ
N-AN-S A--AN-S DNMP☐NPNMZP CH VIAA--ZP APTNN-S PA NPA-XP NPN-YS

ὄψῃ. 27.5 καὶ ῥίψας τὰ ἀργύρια εἰς τὸν ναὸν
VIFD--YS☐VMAA--YS CC VPAANM-S DANP N-AN-P PA DAMS N-AM-S

ἀνεχώρησεν, καὶ ἀπελθὼν ἀπήγξατο. 27.6 οἱ δὲ ἀρχιερεῖς
VIAA--ZS　　 CC VPAANM-S VIAM--ZS　　 DNMP CC N-NM-P

λαβόντες τὰ ἀργύρια εἶπαν, Οὐκ ἔξεστιν βαλεῖν αὐτὰ εἰς τὸν
VPAANM-P DANP N-AN-P VIAA--ZP AB VIPA--ZS VNAA NPANZP PA DAMS

κορβανᾶν, ἐπεὶ τιμὴ αἵματός ἐστιν. 27.7 συμβούλιον δὲ λαβόντες
N-AM-S　 CS N-NF-S N-GN-S VIPA--ZS　　 N-AN-S　 CH VPAANM-P

ἠγόρασαν ἐξ αὐτῶν τὸν Ἀγρὸν τοῦ Κεραμέως εἰς ταφὴν τοῖς
VIAA--ZP PG NPGNZP DAMS N-AM-S DGMS N-GM-S PA N-AF-S DDMP

ξένοις. 27.8 διὸ ἐκλήθη ὁ ἀγρὸς ἐκεῖνος Ἀγρὸς Αἵματος ἕως τῆς
AP-DM-P CH VIAA--ZS DNMS N-NM-S A-DNM-S N-NM-S N-GN-S PG DGFS

σήμερον. 27.9 τότε ἐπληρώθη τὸ ῥηθὲν διὰ
AB☐AP-GF-S　 AB VIAP--ZS DNNS☐NPNNZS&APRNN-S VPAPNN-S PG

Ἰερεμίου τοῦ προφήτου λέγοντος, Καὶ ἔλαβον τὰ τριάκοντα
N-GM-S DGMS N-GM-S VPPAGM-S CC VIAA--ZP DANP A-CAN-P

ἀργύρια, τὴν τιμὴν τοῦ τετιμημένου ὃν
N-AN-P DAFS N-AF-S DGMS□NPGMZS&APRNM-S VPRPGM-S APRAM-S

ἐτιμήσαντο ἀπὸ υἱῶν Ἰσραήλ, 27.10 καὶ ἔδωκαν αὐτὰ εἰς τὸν
VIAM--ZP PG N-GM-P N-GM-S CC VIAA--ZP NPANZP PA DAMS

ἀγρὸν τοῦ κεραμέως, καθὰ συνέταξέν μοι κύριος.
N-AM-S DGMS N-GM-S CS VIAA--ZS NPD-XS N-NM-S

27.11 Ὁ δὲ Ἰησοῦς ἐστάθη ἔμπροσθεν τοῦ ἡγεμόνος· καὶ
DNMS CC N-NM-S VIAP--ZS PG DGMS N-GM-S CC

ἐπηρώτησεν αὐτὸν ὁ ἡγεμὼν λέγων, Σὺ εἶ ὁ βασιλεὺς
VIAA--ZS NPAMZS DNMS N-NM-S VPPANM-S NPN-YS VIPA--YS DNMS N-NM-S

τῶν Ἰουδαίων; ὁ δὲ Ἰησοῦς ἔφη, Σὺ λέγεις. 27.12 καὶ
DGMP AP-GM-P DNMS CH N-NM-S VIAA--ZS/VIIA--ZS NPN-YS VIPA--YS CC

ἐν τῷ κατηγορεῖσθαι αὐτὸν ὑπὸ τῶν ἀρχιερέων καὶ
PD DDNS VNPPD NPAMZS PG DGMP N-GM-P CC

πρεσβυτέρων οὐδὲν ἀπεκρίνατο. 27.13 τότε λέγει αὐτῷ ὁ
AP-GM-P APCAN-S VIAD--ZS AB VIPA--ZS NPDMZS DNMS

Πιλᾶτος, Οὐκ ἀκούεις πόσα σου καταμαρτυροῦσιν; 27.14 καὶ οὐκ
N-NM-S AB/QT VIPA--YS APTAN-P NPG-YS VIPA--ZP CC AB

ἀπεκρίθη αὐτῷ πρὸς οὐδὲ ἓν ῥῆμα, ὥστε θαυμάζειν τὸν
VIAO--ZS NPDMZS PA AB A-CAN-S N-AN-S CH VNPA DAMS

ἡγεμόνα λίαν.
N-AM-S AB

27.15 Κατὰ δὲ ἑορτὴν εἰώθει ὁ ἡγεμὼν ἀπολύειν ἕνα τῷ
PA CS N-AF-S VILA--ZS DNMS N-NM-S VNPA A-CAM-S DDMS

ὄχλῳ δέσμιον ὃν ἤθελον. 27.16 εἶχον δὲ τότε δέσμιον
N-DM-S N-AM-S APRAM-S VIIA--ZP VIIA--ZP CC AB N-AM-S

ἐπίσημον λεγόμενον [Ἰησοῦν] Βαραββᾶν. 27.17 συνηγμένων
A--AM-S VPPPAM-S N-AM-S N-AM-S VPRPGM-P

οὖν αὐτῶν εἶπεν αὐτοῖς ὁ Πιλᾶτος, Τίνα θέλετε ἀπολύσω ὑμῖν,
CH NPGMZP VIAA--ZS NPDMZP DNMS N-NM-S APTAM-S VIPA--YP VSAA--XS NPD-YP

[Ἰησοῦν τὸν] Βαραββᾶν ἢ Ἰησοῦν τὸν λεγόμενον
N-AM-S DAMS N-AM-S CC N-AM-S DAMS□APRNM-S VPPPAM-S

Χριστόν; 27.18 ᾔδει γὰρ ὅτι διὰ φθόνον παρέδωκαν αὐτόν.
N-AM-S VILA--ZS CS CH PA N-AM-S VIAA--ZP NPAMZS

27.19 Καθημένου δὲ αὐτοῦ ἐπὶ τοῦ βήματος ἀπέστειλεν πρὸς
VPPNGM-S CC NPGMZS PG DGNS N-GN-S VIAA--ZS PA

αὐτὸν ἡ γυνὴ αὐτοῦ λέγουσα, Μηδὲν σοὶ καὶ τῷ δικαίῳ
NPAMZS DNFS N-NF-S NPGMZS VPPANF-S APCNN-S NPD-YS CC DDMS AP-DM-S

ἐκείνῳ, πολλὰ γὰρ ἔπαθον σήμερον κατ᾽ ὄναρ δι᾽ αὐτόν.
A-DDM-S AP-AN-P CS VIAA--XS AB PA N-AN-S PA NPAMZS

27.20 Οἱ δὲ ἀρχιερεῖς καὶ οἱ πρεσβύτεροι ἔπεισαν τοὺς ὄχλους
DNMP CC N-NM-P CC DNMP AP-NM-P VIAA--ZP DAMP N-AM-P

ἵνα αἰτήσωνται τὸν Βαραββᾶν τὸν δὲ Ἰησοῦν ἀπολέσωσιν.
CC VSAM--ZP DAMS N-AM-S DAMS CC N-AM-S VSAA--ZP

27.21 ἀποκριθεὶς δὲ ὁ ἡγεμὼν εἶπεν αὐτοῖς, Τίνα θέλετε ἀπὸ
VPAONM-S CH DNMS N-NM-S VIAA--ZS NPDMZP APTAM-S VIPA--YP PG

τῶν δύο ἀπολύσω ὑμῖν; οἱ δὲ εἶπαν, Τὸν Βαραββᾶν.
DGMP APCGM-P VSAA--XS NPD-YP DNMP☐NPNMZP CH VIAA--ZP DAMS N-AM-S

27.22 λέγει αὐτοῖς ὁ Πιλᾶτος, Τί οὖν ποιήσω Ἰησοῦν
VIPA--ZS NPDMZP DNMS N-NM-S APTAN-S CH VSAA--XS N-AM-S

τὸν λεγόμενον Χριστόν; λέγουσιν πάντες, Σταυρωθήτω.
DAMS☐APRNM-S VPPPAM-S N-AM-S VIPA--ZP AP-NM-P VMAP--ZS

27.23 ὁ δὲ ἔφη, Τί γὰρ κακὸν ἐποίησεν;
DNMS☐NPNMZS CH VIAA--ZS/VIIA--ZS A-TAN-S CS AP-AN-S VIAA--ZS

οἱ δὲ περισσῶς ἔκραζον λέγοντες, Σταυρωθήτω.
DNMP☐NPNMZP CH AB VIIA--ZP VPPANM-P VMAP--ZS

27.24 ἰδὼν δὲ ὁ Πιλᾶτος ὅτι οὐδὲν ὠφελεῖ ἀλλὰ μᾶλλον
VPAANM-S CH DNMS N-NM-S CC APCAN-S VIPA--ZS CH ABM

θόρυβος γίνεται, λαβὼν ὕδωρ ἀπενίψατο τὰς χεῖρας ἀπέναντι
N-NM-S VIPN--ZS VPAANM-S N-AN-S VIAM--ZS DAFP N-AF-P PG

τοῦ ὄχλου, λέγων, Ἀθῷός εἰμι ἀπὸ τοῦ αἵματος τούτου· ὑμεῖς
DGMS N-GM-S VPPANM-S A--NM-S VIPA--XS PG DGNS N-GN-S A-DGM-S NPN-YP

ὄψεσθε. 27.25 καὶ ἀποκριθεὶς πᾶς ὁ λαὸς εἶπεν, Τὸ
VIFD--YP☐VMAA--YP CC VPAONM-S A--NM-S DNMS N-NM-S VIAA--ZS DNNS

αἷμα αὐτοῦ ἐφ' ἡμᾶς καὶ ἐπὶ τὰ τέκνα ἡμῶν. 27.26 τότε
N-NN-S NPGMZS PA NPA-XP CC PA DANP N-AN-P NPG-XP AB

ἀπέλυσεν αὐτοῖς τὸν Βαραββᾶν, τὸν δὲ Ἰησοῦν φραγελλώσας
VIAA--ZS NPDMZP DAMS N-AM-S DAMS CH N-AM-S VPAANM-S

παρέδωκεν ἵνα σταυρωθῇ.
VIAA--ZS CS VSAP--ZS

27.27 Τότε οἱ στρατιῶται τοῦ ἡγεμόνος παραλαβόντες τὸν
AB DNMP N-NM-P DGMS N-GM-S VPAANM-P DAMS

Ἰησοῦν εἰς τὸ πραιτώριον συνήγαγον ἐπ' αὐτὸν ὅλην τὴν
N-AM-S PA DANS N-AN-S VIAA--ZP PA NPAMZS A--AF-S DAFS

σπεῖραν. 27.28 καὶ ἐκδύσαντες αὐτὸν χλαμύδα κοκκίνην
N-AF-S CC VPAANM-P NPAMZS N-AF-S A--AF-S

περιέθηκαν αὐτῷ, 27.29 καὶ πλέξαντες στέφανον ἐξ ἀκανθῶν
VIAA--ZP NPDMZS CC VPAANM-P N-AM-S PG N-GF-P

ἐπέθηκαν ἐπὶ τῆς κεφαλῆς αὐτοῦ καὶ κάλαμον ἐν τῇ δεξιᾷ αὐτοῦ,
VIAA--ZP PG DGFS N-GF-S NPGMZS CC N-AM-S PD DDFS AP-DF-S NPGMZS

καὶ γονυπετήσαντες ἔμπροσθεν αὐτοῦ ἐνέπαιξαν αὐτῷ λέγοντες,
CC VPAANM-P PG NPGMZS VIAA--ZP NPDMZS VPPANM-P

Χαῖρε, βασιλεῦ τῶν Ἰουδαίων, 27.30 καὶ ἐμπτύσαντες εἰς
VMPA--YS☐QS N-VM-S DGMP AP-GM-P CC VPAANM-P PA

αὐτὸν ἔλαβον τὸν κάλαμον καὶ ἔτυπτον εἰς τὴν κεφαλὴν αὐτοῦ.
NPAMZS VIAA--ZP DAMS N-AM-S CC VIIA--ZP PA DAFS N-AF-S NPGMZS

27.31 καὶ ὅτε ἐνέπαιξαν αὐτῷ, ἐξέδυσαν αὐτὸν τὴν χλαμύδα καὶ
CC CS VIAA--ZP NPDMZS VIAA--ZP NPAMZS DAFS N-AF-S CC

ἐνέδυσαν αὐτὸν τὰ ἱμάτια αὐτοῦ, καὶ ἀπήγαγον αὐτὸν εἰς τὸ
VIAA--ZP NPAMZS DANP N-AN-P NPGMZS CC VIAA--ZP NPAMZS PA DANS

σταυρῶσαι.
VNAA

27.32 Ἐξερχόμενοι δὲ εὗρον ἄνθρωπον Κυρηναῖον ὀνόματι
VPPNNM-P CC VIAA--ZP N-AM-S N-AM-S N-DN-S

Σίμωνα· τοῦτον ἠγγάρευσαν ἵνα ἄρῃ τὸν σταυρὸν αὐτοῦ.
N-AM-S APDAM-S VIAA--ZP CS VSAA--ZS DAMS N-AM-S NPGMZS

27.33 Καὶ ἐλθόντες εἰς τόπον λεγόμενον Γολγοθᾶ, ὅ ἐστιν
CC VPAANM-P PA N-AM-S VPPPAM-S N-AF-S APRNN-S VIPA--ZS+

Κρανίου Τόπος λεγόμενος, 27.34 ἔδωκαν αὐτῷ πιεῖν οἶνον μετὰ
N-GN-S N-NM-S +VPPPNM-S VIAA--ZP. NPDMZS VNAA N-AM-S PG

χολῆς μεμιγμένον· καὶ γευσάμενος οὐκ ἠθέλησεν πιεῖν.
N-GF-S VPRPAM-S CC VPADNM-S AB VIAA--ZS VNAA .

27.35 σταυρώσαντες δὲ αὐτὸν διεμερίσαντο τὰ ἱμάτια αὐτοῦ
VPAANM-P CC NPAMZS VIAM--ZP DANP N-AN-P NPGMZS

βάλλοντες κλῆρον, 27.36 καὶ καθήμενοι ἐτήρουν αὐτὸν ἐκεῖ.
VPPANM-P N-AM-S CC VPPNNM-P VIIA--ZP NPAMZS AB

27.37 καὶ ἐπέθηκαν ἐπάνω τῆς κεφαλῆς αὐτοῦ τὴν αἰτίαν αὐτοῦ
CC VIAA--ZP PG DGFS N-GF-S NPGMZS DAFS N-AF-S NPGMZS

γεγραμμένην· Οὗτός ἐστιν Ἰησοῦς ὁ βασιλεὺς τῶν Ἰουδαίων.
VPRPAF-S APDNM-S VIPA--ZS N-NM-S DNMS N-NM-S DGMP AP-GM-P

27.38 Τότε σταυροῦνται σὺν αὐτῷ δύο λῃσταί, εἷς ἐκ δεξιῶν
AB VIPP--ZP PD NPDMZS A-CNM-P N-NM-P APCNM-S PG AP-GN-P

καὶ εἷς ἐξ εὐωνύμων. 27.39 Οἱ δὲ
CC APCNM-S PG AP-GN-P DNMP□NPNMZP&APRNM-P CC

παραπορευόμενοι ἐβλασφήμουν αὐτὸν κινοῦντες τὰς κεφαλὰς
VPPNNM-P VIIA--ZP NPAMZS VPPANM-P DAFP N-AF-P

αὐτῶν 27.40 καὶ λέγοντες, Ὁ καταλύων τὸν ναὸν
NPGMZP CC VPPANM-P DVMS□NPVMYS&APRNMYS VPPAVMYS DAMS N-AM-S

καὶ ἐν τρισὶν ἡμέραις οἰκοδομῶν, σῶσον σεαυτόν, εἰ υἱὸς εἶ
CC PD A-CDF-P N-DF-P VPPAVMYS VMAA--YS NPAMYS CS N-NM-S VIPA--YS

τοῦ θεοῦ, [καὶ] κατάβηθι ἀπὸ τοῦ σταυροῦ. 27.41 ὁμοίως καὶ οἱ
DGMS N-GM-S CC VMAA--YS PG DGMS N-GM-S AB AB DNMP

ἀρχιερεῖς ἐμπαίζοντες μετὰ τῶν γραμματέων καὶ πρεσβυτέρων
N-NM-P VPPANM-P PG DGMP N-GM-P CC AP-GM-P

ἔλεγον, 27.42 Ἄλλους ἔσωσεν, ἑαυτὸν οὐ δύναται σῶσαι·
VIIA--ZP AP-AM-P VIAA--ZS NPAMZS AB VIPN--ZS VNAA

βασιλεὺς Ἰσραήλ ἐστιν, καταβάτω νῦν ἀπὸ τοῦ σταυροῦ καὶ
N-NM-S N-GM-S VIPA--ZS VMAA--ZS AB PG DGMS N-GM-S CC

πιστεύσομεν ἐπ’ αὐτόν. 27.43 πέποιθεν ἐπὶ τὸν θεόν, ῥυσάσθω
VIFA--XP PA NPAMZS VIRA--ZS PA DAMS N-AM-S VMAD--ZS

νῦν εἰ θέλει αὐτόν· εἶπεν γὰρ ὅτι Θεοῦ εἰμι υἱός. 27.44 τὸ δ’
AB CS VIPA--ZS NPAMZS VIAA--ZS CS CH N-GM-S VIPA--XS N-NM-S DANS CC

αὐτὸ καὶ οἱ λῃσταὶ οἱ συσταυρωθέντες σὺν αὐτῷ
AP-AN-S AB DNMP N-NM-P DNMP☐APRNM-P VPAPNM-P PD NPDMZS

ὠνείδιζον αὐτόν.
VIIA--ZP NPAMZS

27.45 Ἀπὸ δὲ ἕκτης ὥρας σκότος ἐγένετο ἐπὶ πᾶσαν τὴν γῆν
PG CC A-OGF-S N-GF-S N-NN-S VIAD--ZS PA A--AF-S DAFS N-AF-S

ἕως ὥρας ἐνάτης. 27.46 περὶ δὲ τὴν ἐνάτην ὥραν ἀνεβόησεν ὁ
PG N-GF-S A-OGF-S PA CC DAFS A-OAF-S N-AF-S VIAA--ZS DNMS

Ἰησοῦς φωνῇ μεγάλῃ λέγων, Ηλι ηλι λεμα σαβαχθανι; τοῦτ'
N-NM-S N-DF-S A--DF-S VPPANM-S N-VM-S N-VM-S ABT VIAA--YS APDNN-S

ἔστιν, Θεέ μου θεέ μου, ἱνατί με ἐγκατέλιπες; 27.47 τινὲς
VIPA--ZS N-VM-S NPG-XS N-VM-S NPG-XS ABT NPA-XS VIAA--YS APINM-P

δὲ τῶν ἐκεῖ ἑστηκότων ἀκούσαντες ἔλεγον ὅτι
CH DGMP☐NPGMZP&APRNM-P AB VPRAGM-P VPAANM-P VIIA--ZP CC

Ἡλίαν φωνεῖ οὗτος. 27.48 καὶ εὐθέως δραμὼν εἷς ἐξ αὐτῶν καὶ
N-AM-S VIPA--ZS APDNM-S CC AB VPAANM-S APCNM-S PG NPGMZP CC

λαβὼν σπόγγον πλήσας τε ὄξους καὶ περιθεὶς καλάμῳ ἐπότιζεν
VPAANM-S N-AM-S VPAANM-S CC N-GN-S CC VPAANM-S N-DM-S VIIA--ZS

αὐτόν. 27.49 οἱ δὲ λοιποὶ ἔλεγον, Ἄφες ἴδωμεν εἰ ἔρχεται
NPAMZS DNMP CH AP-NM-P VIIA--ZP VMAA--YS VSAA--XP QT VIPN--ZS

Ἡλίας σώσων αὐτόν. 27.50 ὁ δὲ Ἰησοῦς πάλιν κράξας φωνῇ
N-NM-S VPFANM-S NPAMZS DNMS CH N-NM-S AB VPAANM-S N-DF-S

μεγάλῃ ἀφῆκεν τὸ πνεῦμα. 27.51 Καὶ ἰδοὺ τὸ καταπέτασμα
A--DF-S VIAA--ZS DANS N-AN-S CC QS DNNS N-NN-S

τοῦ ναοῦ ἐσχίσθη ἀπ' ἄνωθεν ἕως κάτω εἰς δύο, καὶ ἡ
DGMS N-GM-S VIAP--ZS PG AB☐AP-GN-S AB☐AP-GN-S PA APCAN-P CC DNFS

γῆ ἐσείσθη, καὶ αἱ πέτραι ἐσχίσθησαν, 27.52 καὶ τὰ μνημεῖα
N-NF-S VIAP--ZS CC DNFP N-NF-P VIAP--ZP CC DNNP N-NN-P

ἀνεῴχθησαν καὶ πολλὰ σώματα τῶν κεκοιμημένων
VIAP--ZP CC A--NN-P N-NN-P DGMP☐APRNM-P+ VPRNGM-P

ἁγίων ἠγέρθησαν, 27.53 καὶ ἐξελθόντες ἐκ τῶν μνημείων μετὰ
AP-GM-P VIAP--ZP CC VPAANM-P PG DGNP N-GN-P PA

τὴν ἔγερσιν αὐτοῦ εἰσῆλθον εἰς τὴν ἁγίαν πόλιν καὶ
DAFS N-AF-S NPGMZS VIAA--ZP PA DAFS A--AF-S N-AF-S CC

ἐνεφανίσθησαν πολλοῖς. 27.54 Ὁ δὲ ἑκατόνταρχος καὶ
VIAP--ZP AP-DM-P DNMS CH N-NM-S CC

οἱ μετ' αὐτοῦ τηροῦντες τὸν Ἰησοῦν ἰδόντες τὸν
DNMP☐NPNMZP&APRNM-P PG NPGMZS VPPANM-P DAMS N-AM-S VPAANM-P DAMS

σεισμὸν καὶ τὰ γενόμενα ἐφοβήθησαν σφόδρα,
N-AM-S CC DANP☐NPANZP&APRNN-P VPADAN-P VIAO--ZP AB

λέγοντες, Ἀληθῶς θεοῦ υἱὸς ἦν οὗτος. 27.55 Ἦσαν δὲ ἐκεῖ
VPPANM-P AB N-GM-S N-NM-S VIIA--ZS APDNM-S VIIA--ZP+ CC AB

γυναῖκες πολλαὶ ἀπὸ μακρόθεν θεωροῦσαι, αἵτινες ἠκολούθησαν
N-NF-P A--NF-P PG AB☐AP-GN-S +VPPANF-P APRNF-P VIAA--ZP

τῷ Ἰησοῦ ἀπὸ τῆς Γαλιλαίας διακονοῦσαι αὐτῷ· 27.56 ἐν αἷς
DDMS N-DM-S PG DGFS N-GF-S VPPANF-P NPDMZS PD APRDF-P

ἦν Μαρία ἡ Μαγδαληνὴ καὶ Μαρία ἡ τοῦ Ἰακώβου καὶ
VIIA--ZS N-NF-S DNFS N-NF-S CC N-NF-S DNFS DGMS N-GM-S CC

Ἰωσὴφ μήτηρ καὶ ἡ μήτηρ τῶν υἱῶν Ζεβεδαίου.
N-GM-S N-NF-S CC DNFS N-NF-S DGMP N-GM-P N-GM-S

27.57 Ὀψίας δὲ γενομένης ἦλθεν ἄνθρωπος πλούσιος ἀπὸ
A--GF-S CC VPADGF-S VIAA--ZS N-NM-S A--NM-S PG

Ἀριμαθαίας, τοὔνομα Ἰωσήφ, ὃς καὶ αὐτὸς ἐμαθητεύθη τῷ
N-GF-S DANS&N-AN-S N-NM-S APRNM-S AB NPNMZS VIAP--ZS DDMS

Ἰησοῦ· 27.58 οὗτος προσελθὼν τῷ Πιλάτῳ ἠτήσατο τὸ σῶμα
N-DM-S APDNM-S VPAANM-S DDMS N-DM-S VIAM--ZS DANS N-AN-S

τοῦ Ἰησοῦ. τότε ὁ Πιλᾶτος ἐκέλευσεν ἀποδοθῆναι. 27.59 καὶ
DGMS N-GM-S AB DNMS N-NM-S VIAA--ZS VNAP CC

λαβὼν τὸ σῶμα ὁ Ἰωσὴφ ἐνετύλιξεν αὐτὸ [ἐν] σινδόνι
VPAANM-S DANS N-AN-S DNMS N-NM-S VIAA--ZS NPANZS PD N-DF-S

καθαρᾷ, 27.60 καὶ ἔθηκεν αὐτὸ ἐν τῷ καινῷ αὐτοῦ μνημείῳ
A--DF-S CC VIAA--ZS NPANZS PD DDNS A--DN-S NPGMZS N-DN-S

ὃ ἐλατόμησεν ἐν τῇ πέτρᾳ, καὶ προσκυλίσας λίθον μέγαν
APRAN-S VIAA--ZS PD DDFS N-DF-S CC VPAANM-S N-AM-S A--AM-S

τῇ θύρᾳ τοῦ μνημείου ἀπῆλθεν. 27.61 ἦν δὲ ἐκεῖ Μαριὰμ ἡ
DDFS N-DF-S DGNS N-GN-S VIAA--ZS VIIA--ZS CC AB N-NF-S DNFS

Μαγδαληνὴ καὶ ἡ ἄλλη Μαρία καθήμεναι ἀπέναντι τοῦ τάφου.
N-NF-S CC DNFS A--NF-S N-NF-S VPPNNF-P PG DGMS N-GM-S

27.62 Τῇ δὲ ἐπαύριον, ἥτις ἐστὶν μετὰ τὴν παρασκευήν,
DDFS CC AB□AP-DF-S APRNF-S VIPA--ZS PA DAFS N-AF-S

συνήχθησαν οἱ ἀρχιερεῖς καὶ οἱ Φαρισαῖοι πρὸς Πιλᾶτον
VIAP--ZP DNMP N-NM-P CC DNMP N-NM-P PA N-AM-S

27.63 λέγοντες, Κύριε, ἐμνήσθημεν ὅτι ἐκεῖνος ὁ πλάνος εἶπεν
VPPANM-P N-VM-S VIAO--XP CC A-DNM-S DNMS AP-NM-S VIAA--ZS

ἔτι ζῶν, Μετὰ τρεῖς ἡμέρας ἐγείρομαι. 27.64 κέλευσον οὖν
AB VPPANM-S PA A-CAF-P N-AF-P VIPP--XS VMAA--YS CH

ἀσφαλισθῆναι τὸν τάφον ἕως τῆς τρίτης ἡμέρας, μήποτε
VNAP DAMS N-AM-S PG DGFS A-OGF-S N-GF-S CS

ἐλθόντες οἱ μαθηταὶ αὐτοῦ κλέψωσιν αὐτὸν καὶ εἴπωσιν τῷ
VPAANM-P DNMP N-NM-P NPGMZS VSAA--ZP NPAMZS CC VSAA--ZP DDMS

λαῷ, Ἠγέρθη ἀπὸ τῶν νεκρῶν, καὶ ἔσται ἡ ἐσχάτη πλάνη
N-DM-S VIAP--ZS PG DGMP AP-GM-P CC VIFD--ZS DNFS A--NF-S N-NF-S

χείρων τῆς πρώτης. 27.65 ἔφη αὐτοῖς ὁ Πιλᾶτος, Ἔχετε
A-MNF-S DGFS APOGF-S VIAA--ZS/VIIA--ZS NPDMZP DNMS N-NM-S VIPA--YP

κουστωδίαν· ὑπάγετε ἀσφαλίσασθε ὡς οἴδατε. 27.66 οἱ δὲ
N-AF-S VMPA--YP VMAD--YP CS VIRA--YP DNMP□NPNMZP CH

πορευθέντες ἠσφαλίσαντο τὸν τάφον σφραγίσαντες τὸν λίθον
VPAONM-P VIAD--ZP DAMS N-AM-S VPAANM-P DAMS N-AM-S

103

μετὰ τῆς κουστωδίας.
PG   DGFS N-GF-S

28.1 Ὀψὲ δὲ σαββάτων, τῇ ἐπιφωσκούσῃ εἰς
PG   CC   N-GN-P   DDFS□NPDFZS&APRNF-S VPPADF-S   PA

μίαν σαββάτων, ἦλθεν Μαριὰμ ἡ Μαγδαληνὴ καὶ ἡ ἄλλη
APCAF-S N-GN-P   VIAA--ZS N-NF-S DNFS N-NF-S   CC   DNFS A--NF-S

Μαρία θεωρῆσαι τὸν τάφον. 28.2 καὶ ἰδοὺ σεισμὸς ἐγένετο μέγας·
N-NF-S VNAA   DAMS N-AM-S   CC   QS   N-NM-S   VIAD--ZS A--NM-S

ἄγγελος γὰρ κυρίου καταβὰς ἐξ οὐρανοῦ καὶ προσελθὼν
N-NM-S   CS   N-GM-S VPAANM-S PG N-GM-S   CC   VPAANM-S

ἀπεκύλισεν τὸν λίθον καὶ ἐκάθητο ἐπάνω αὐτοῦ. 28.3 ἦν δὲ ἡ
VIAA--ZS   DAMS N-AM-S CC VIIN--ZS   PG   NPGMZS   VIIA--ZS CC DNFS

εἰδέα αὐτοῦ ὡς ἀστραπὴ καὶ τὸ ἔνδυμα αὐτοῦ λευκὸν ὡς χιών.
N-NF-S NPGMZS CS N-NF-S   CC DNNS N-NN-S NPGMZS A--NN-S CS N-NF-S

28.4 ἀπὸ δὲ τοῦ φόβου αὐτοῦ ἐσείσθησαν οἱ
PG   CH DGMS N-GM-S NPGMZS VIAP--ZP   DNMP□NPNMZP&APRNM-P

τηροῦντες καὶ ἐγενήθησαν ὡς νεκροί. 28.5 ἀποκριθεὶς δὲ ὁ
VPPANM-P   CC   VIAO--ZP   CS AP-NM-P   VPAONM-S   CH DNMS

ἄγγελος εἶπεν ταῖς γυναιξίν, Μὴ φοβεῖσθε ὑμεῖς, οἶδα γὰρ ὅτι
N-NM-S VIAA--ZS DDFP N-DF-P   AB VMPN--YP   NPN-YP VIRA--XS CS   CH

Ἰησοῦν τὸν ἐσταυρωμένον ζητεῖτε· 28.6 οὐκ ἔστιν ὧδε,
N-AM-S DAMS□APRNM-S VPRPAM-S   VIPA--YP   AB VIPA--ZS AB

ἠγέρθη γὰρ καθὼς εἶπεν· δεῦτε ἴδετε τὸν τόπον ὅπου ἔκειτο.
VIAP--ZS CS   CS   VIAA--ZS AB□VMAA--YP VMAA--YP DAMS N-AM-S ABR VIIN--ZS

28.7 καὶ ταχὺ πορευθεῖσαι εἴπατε τοῖς μαθηταῖς αὐτοῦ ὅτι
CC   AP-AN-S□AB VRAONFYP   VMAA--YP DDMP N-DM-P   NPGMZS CC

Ἠγέρθη ἀπὸ τῶν νεκρῶν, καὶ ἰδοὺ προάγει ὑμᾶς εἰς τὴν
VIAP--ZS PG DGMP AP-GM-P   CC   QS VIPA--ZS NPA-YP PA DAFS

Γαλιλαίαν, ἐκεῖ αὐτὸν ὄψεσθε· ἰδοὺ εἶπον ὑμῖν. 28.8 καὶ
N-AF-S   AB NPAMZS VIFD--YP   QS VIAA--XS NPD-YP   CC

ἀπελθοῦσαι ταχὺ ἀπὸ τοῦ μνημείου μετὰ φόβου καὶ χαρᾶς
VPAANF-P AP-AN-S□AB PG DGNS N-GN-S   PG   N-GM-S CC N-GF-S

μεγάλης ἔδραμον ἀπαγγεῖλαι τοῖς μαθηταῖς αὐτοῦ. 28.9 καὶ ἰδοὺ
A--GF-S VIAA--ZP VNAA   DDMP N-DM-P   NPGMZS   CC QS

Ἰησοῦς ὑπήντησεν αὐταῖς λέγων, Χαίρετε. αἱ δὲ
N-NM-S VIAA--ZS   NPDFZP VPPANM-S VMPA--YP□QS DNFP□NPNFZP CH

προσελθοῦσαι ἐκράτησαν αὐτοῦ τοὺς πόδας καὶ προσεκύνησαν
VPAANF-P   VIAA--ZP   NPGMZS DAMP N-AM-P CC VIAA--ZP

αὐτῷ. 28.10 τότε λέγει αὐταῖς ὁ Ἰησοῦς, Μὴ φοβεῖσθε· ὑπάγετε
NPDMZS   AB VIPA--ZS NPDFZP DNMS N-NM-S AB VMPN--YP VMPA--YP

ἀπαγγείλατε τοῖς ἀδελφοῖς μου ἵνα ἀπέλθωσιν εἰς τὴν
VMAA--YP   DDMP N-DM-P NPG-XS CC VSAA--ZP   PA DAFS

Γαλιλαίαν, κἀκεῖ με ὄψονται.
N-AF-S   CC&AB NPA-XS VIFD--ZP

104

28.11 Πορευομένων δὲ αὐτῶν ἰδού τινες τῆς κουστωδίας
VPPNGM-P CC NPGFZP QS APINM-P DGFS N-GF-S

ἐλθόντες εἰς τὴν πόλιν ἀπήγγειλαν τοῖς ἀρχιερεῦσιν ἅπαντα
VPAANM-P PA DAFS N-AF-S VIAA--ZP DDMP N-DM-P AP-AN-P

τὰ γενόμενα. 28.12 καὶ συναχθέντες μετὰ τῶν
DANP□APRNN-P VPADAN-P CC VPAPNM-P PG DGMP

πρεσβυτέρων συμβούλιόν τε λαβόντες ἀργύρια ἱκανὰ ἔδωκαν
AP-GM-P N-AN-S CC VPAANM-P N-AN-P A--AN-P VIAA--ZP

τοῖς στρατιώταις 28.13 λέγοντες, Εἴπατε ὅτι Οἱ μαθηταὶ αὐτοῦ
DDMP N-DM-P VPPANM-P VMAA--YP CC DNMP N-NM-P NPGMZS

νυκτὸς ἐλθόντες ἔκλεψαν αὐτὸν ἡμῶν κοιμωμένων. 28.14 καὶ ἐὰν
N-GF-S VPAANM-P VIAA--ZP NPAMZS NPG-XP VPPNGMXP CC CS

ἀκουσθῇ τοῦτο ἐπὶ τοῦ ἡγεμόνος, ἡμεῖς πείσομεν [αὐτὸν] καὶ
VSAP--ZS APDNN-S PG DGMS N-GM-S NPN-XP VIFA--XP NPAMZS CC

ὑμᾶς ἀμερίμνους ποιήσομεν. 28.15 οἱ δὲ λαβόντες τὰ
NPA-YP A--AM-P VIFA--XP DNMP□NPNMZP CH VPAANM-P DANP

ἀργύρια ἐποίησαν ὡς ἐδιδάχθησαν. Καὶ διεφημίσθη ὁ λόγος
N-AN-P VIAA--ZP CC VIAP--ZP CC VIAP--ZS DNMS N-NM-S

οὗτος παρὰ Ἰουδαίοις μέχρι τῆς σήμερον [ἡμέρας].
A-DNM-S PD AP-DM-P PG DGFS AB□A--GF-S N-GF-S

28.16 Οἱ δὲ ἕνδεκα μαθηταὶ ἐπορεύθησαν εἰς τὴν Γαλιλαίαν
DNMP CC A-CNM-P N-NM-P VIAO--ZP PA DAFS N-AF-S

εἰς τὸ ὄρος οὗ ἐτάξατο αὐτοῖς ὁ Ἰησοῦς, 28.17 καὶ ἰδόντες
PA DANS N-AN-S ABR VIAM--ZS NPDMZP DNMS N-NM-S CC VPAANM-P

αὐτὸν προσεκύνησαν, οἱ δὲ ἐδίστασαν. 28.18 καὶ
NPAMZS VIAA--ZP DNMP□NPNMZP CS VIAA--ZP CC

προσελθὼν ὁ Ἰησοῦς ἐλάλησεν αὐτοῖς λέγων, Ἐδόθη μοι
VPAANM-S DNMS N-NM-S VIAA--ZS NPDMZP VPPANM-S VIAP--ZS NPD-XS

πᾶσα ἐξουσία ἐν οὐρανῷ καὶ ἐπὶ [τῆς] γῆς. 28.19 πορευθέντες
A--NF-S N-NF-S PD N-DM-S CC PG DGFS N-GF-S VRAONMYP

οὖν μαθητεύσατε πάντα τὰ ἔθνη, βαπτίζοντες αὐτοὺς εἰς τὸ
CH VMAA--YP A--AN-P DANP N-AN-P VRPANMYP NPAMZP PA DANS

ὄνομα τοῦ πατρὸς καὶ τοῦ υἱοῦ καὶ τοῦ ἁγίου πνεύματος,
N-AN-S DGMS N-GM-S CC DGMS N-GM-S CC DGNS A--GN-S N-GN-S

28.20 διδάσκοντες αὐτοὺς τηρεῖν πάντα ὅσα ἐνετειλάμην ὑμῖν·
VRPANMYP NPAMZP VNPA AP-AN-P APRAN-P VIAD--XS NPD-YP

καὶ ἰδοὺ ἐγὼ μεθ' ὑμῶν εἰμι πάσας τὰς ἡμέρας ἕως τῆς
CC QS NPN-XS PG NPG-YP VIPA--XS A--AF-P DAFP N-AF-P PG DGFS

συντελείας τοῦ αἰῶνος.
N-GF-S DGMS N-GM-S

105

ΚΑΤΑ ΜΑΡΚΟΝ

1.1 Ἀρχὴ τοῦ εὐαγγελίου Ἰησοῦ Χριστοῦ [υἱοῦ θεοῦ].
N-NF-S DGNS N-GN-S N-GM-S N-GM-S N-GM-S N-GM-S

1.2 Καθὼς γέγραπται ἐν τῷ Ἠσαΐᾳ τῷ προφήτῃ,
CS VIRP--ZS PD DDMS N-DM-S DDMS N-DM-S

Ἰδοὺ ἀποστέλλω τὸν ἄγγελόν μου πρὸ προσώπου σου,
QS VIPA--XS DAMS N-AM-S NPG-XS PG N-GN-S NPG-YS

ὃς κατασκευάσει τὴν ὁδόν σου·
APRNM-S VIFA--ZS DAFS N-AF-S NPG-YS

1.3 φωνὴ βοῶντος ἐν τῇ ἐρήμῳ,
N-NF-S VPPAGM-S PD DDFS AP-DF-S

Ἑτοιμάσατε τὴν ὁδὸν κυρίου,
VMAA--YP DAFS N-AF-S N-GM-S

εὐθείας ποιεῖτε τὰς τρίβους αὐτοῦ —
A--AF-P VMPA--YP DAFP N-AF-P NPGMZS

1.4 ἐγένετο Ἰωάννης [ὁ] βαπτίζων ἐν τῇ ἐρήμῳ καὶ
VIAD--ZS N-NM-S DNMS□APRNM-S VPPANM-S PD DDFS AP-DF-S CC

κηρύσσων βάπτισμα μετανοίας εἰς ἄφεσιν ἁμαρτιῶν. 1.5 καὶ
VPPANM-S N-AN-S N-GF-S PA N-AF-S N-GF-P CC

ἐξεπορεύετο πρὸς αὐτὸν πᾶσα ἡ Ἰουδαία χώρα καὶ οἱ
VIIN--ZS PA NPAMZS A--NF-S DNFS A--NF-S N-NF-S CC DNMP

Ἱεροσολυμῖται πάντες, καὶ ἐβαπτίζοντο ὑπ' αὐτοῦ ἐν τῷ
N-NM-P A--NM-P CC VIIP--ZP PG NPGMZS PD DDMS

Ἰορδάνῃ ποταμῷ ἐξομολογούμενοι τὰς ἁμαρτίας αὐτῶν. 1.6 καὶ
N-DM-S N-DM-S VPPMNM-P DAFP N-AF-P NPGMZP CC

ἦν ὁ Ἰωάννης ἐνδεδυμένος τρίχας καμήλου καὶ ζώνην
VIIA--ZS+ DNMS N-NM-S +VPRMNM-S N-AF-P N-GF-S CC N-AF-S

δερματίνην περὶ τὴν ὀσφὺν αὐτοῦ, καὶ ἐσθίων ἀκρίδας καὶ μέλι
A--AF-S PA DAFS N-AF-S NPGMZS CC +VPPANM-S N-AF-P CC N-AN-S

ἄγριον. 1.7 καὶ ἐκήρυσσεν λέγων, Ἔρχεται ὁ ἰσχυρότερός
A--AN-S CC VIIA--ZS VPPANM-S VIPN--ZS DNMS APMNM-S

μου ὀπίσω μου, οὗ οὐκ εἰμὶ ἱκανὸς κύψας λῦσαι τὸν
NPG-XS PG NPG-XS APRGM-S AB VIPA--XS A--NM-S VPAANMXS VNAA DAMS

ἱμάντα τῶν ὑποδημάτων αὐτοῦ· 1.8 ἐγὼ ἐβάπτισα ὑμᾶς ὕδατι,
N-AM-S DGNP N-GN-P NPGMZS NPN-XS VIAA--XS NPA-YP N-DN-S

αὐτὸς δὲ βαπτίσει ὑμᾶς ἐν πνεύματι ἁγίῳ.
NPNMZS CH VIFA--ZS NPA-YP PD N-DN-S A--DN-S

1.9 Καὶ ἐγένετο ἐν ἐκείναις ταῖς ἡμέραις ἦλθεν Ἰησοῦς ἀπὸ
CC VIAD--ZS PD A-DDF-P DDFP N-DF-P VIAA--ZS N-NM-S PG

106

Ναζαρὲτ τῆς Γαλιλαίας καὶ ἐβαπτίσθη εἰς τὸν Ἰορδάνην ὑπὸ
N-GF-S DGFS N-GF-S CC VIAP--ZS PA DAMS N-AM-S PG

Ἰωάννου. 1.10 καὶ εὐθὺς ἀναβαίνων ἐκ τοῦ ὕδατος εἶδεν
N-GM-S CC AP-NM-S☐AB VPPANM-S PG DGNS N-GN-S VIAA--ZS

σχιζομένους τοὺς οὐρανοὺς καὶ τὸ πνεῦμα ὡς περιστερὰν
VPPPAM-P DAMP N-AM-P CC DANS N-AN-S CS N-AF-S

καταβαῖνον εἰς αὐτόν· 1.11 καὶ φωνὴ ἐγένετο ἐκ τῶν οὐρανῶν,
VPPAAN-S PA NPAMZS CC N-NF-S VIAD--ZS PG DGMP N-GM-P

Σὺ εἶ ὁ υἱός μου ὁ ἀγαπητός, ἐν σοὶ εὐδόκησα.
NPN-YS VIPA--YS DNMS N-NM-S NPG-XS DNMS A--NM-S PD NPD-YS VIAA--XS

1.12 Καὶ εὐθὺς τὸ πνεῦμα αὐτὸν ἐκβάλλει εἰς τὴν ἔρημον.
CC AP-NM-S☐AB DNNS N-NN-S NPAMZS VIPA--ZS PA DAFS AP-AF-S

1.13 καὶ ἦν ἐν τῇ ἐρήμῳ τεσσεράκοντα ἡμέρας πειραζόμενος
CC VIIA--ZS+ PD DDFS AP-DF-S A-CAF-P N-AF-P +VPPPNM-S

ὑπὸ τοῦ Σατανᾶ, καὶ ἦν μετὰ τῶν θηρίων, καὶ οἱ ἄγγελοι
PG DGMS N-GM-S CC VIIA--ZS PG DGNP N-GN-P CC DNMP N-NM-P

διηκόνουν αὐτῷ.
VIIA--ZP NPDMZS

1.14 Μετὰ δὲ τὸ παραδοθῆναι τὸν Ἰωάννην ἦλθεν ὁ
PA CC DANS VNAPA DAMS N-AM-S VIAA--ZS DNMS

Ἰησοῦς εἰς τὴν Γαλιλαίαν κηρύσσων τὸ εὐαγγέλιον τοῦ θεοῦ
N-NM-S PA DAFS N-AF-S VPPANM-S DANS N-AN-S DGMS N-GM-S

1.15 καὶ λέγων ὅτι Πεπλήρωται ὁ καιρὸς καὶ ἤγγικεν ἡ
CC VPPANM-S CH VIRP--ZS DNMS N-NM-S CC VIRA--ZS DNFS

βασιλεία τοῦ θεοῦ· μετανοεῖτε καὶ πιστεύετε ἐν τῷ εὐαγγελίῳ.
N-NF-S DGMS N-GM-S VMPA--YP CC VMPA--YP PD DDNS N-DN-S

1.16 Καὶ παράγων παρὰ τὴν θάλασσαν τῆς Γαλιλαίας εἶδεν
CC VPPANM-S PA DAFS N-AF-S DGFS N-GF-S VIAA--ZS

Σίμωνα καὶ Ἀνδρέαν τὸν ἀδελφὸν Σίμωνος ἀμφιβάλλοντας ἐν
N-AM-S CC N-AM-S DAMS N-AM-S N-GM-S VPPAAM-P PD

τῇ θαλάσσῃ· ἦσαν γὰρ ἁλιεῖς. 1.17 καὶ εἶπεν αὐτοῖς ὁ
DDFS N-DF-S VIIA--ZP CS N-NM-P CC VIAA--ZS NPDMZP DNMS

Ἰησοῦς, Δεῦτε ὀπίσω μου, καὶ ποιήσω ὑμᾶς γενέσθαι ἁλιεῖς
N-NM-S AB☐VMAA--YP PG NPG-XS CC VIFA--XS NPA-YP VNAD N-AM-P

ἀνθρώπων. 1.18 καὶ εὐθὺς ἀφέντες τὰ δίκτυα ἠκολούθησαν
N-GM-P CC AP-NM-S☐AB VPAANM-P DANP N-AN-P VIAA--ZP

αὐτῷ. 1.19 Καὶ προβὰς ὀλίγον εἶδεν Ἰάκωβον τὸν τοῦ
NPDMZS CC VPAANM-S AP-AN-S☐AB VIAA--ZS N-AM-S DAMS DGMS

Ζεβεδαίου καὶ Ἰωάννην τὸν ἀδελφὸν αὐτοῦ, καὶ αὐτοὺς ἐν τῷ
N-GM-S CC N-AM-S DAMS N-AM-S NPGMZS AB NPAMZP PD DDNS

πλοίῳ καταρτίζοντας τὰ δίκτυα, 1.20 καὶ εὐθὺς ἐκάλεσεν
N-DN-S VPPAAM-P DANP N-AN-P CC AP-NM-S☐AB VIAA--ZS

αὐτούς. καὶ ἀφέντες τὸν πατέρα αὐτῶν Ζεβεδαῖον ἐν τῷ πλοίῳ
NPAMZP CC VPAANM-P DAMS N-AM-S NPGMZP N-AM-S PD DDNS N-DN-S

μετὰ τῶν μισθωτῶν ἀπῆλθον ὀπίσω αὐτοῦ.
PG DGMP AP-GM-P VIAA--ZP PG NPGMZS

1.21 Καὶ εἰσπορεύονται εἰς Καφαρναούμ. καὶ εὐθὺς τοῖς
CC VIPN--ZP PA N-AF-S CC AP-NM-S□AB DDNP

σάββασιν εἰσελθὼν εἰς τὴν συναγωγὴν ἐδίδασκεν. 1.22 καὶ
N-DN-P VPAANM-S PA DAFS N-AF-S VIIA--ZS CC

ἐξεπλήσσοντο ἐπὶ τῇ διδαχῇ αὐτοῦ, ἦν γὰρ διδάσκων αὐτοὺς
VIIP--ZP PD DDFS N-DF-S NPGMZS VIIA--ZS+ CS +VPPANM-S NPAMZP

ὡς ἐξουσίαν ἔχων καὶ οὐχ ὡς οἱ γραμματεῖς. 1.23 καὶ εὐθὺς
CS N-AF-S VPPANM-S CC AB CS DNMP N-NM-P CC AP-NM-S□AB

ἦν ἐν τῇ συναγωγῇ αὐτῶν ἄνθρωπος ἐν πνεύματι ἀκαθάρτῳ,
VIIA--ZS PD DDFS N-DF-S NPGMZS N-NM-S PD N-DN-S A--DN-S

καὶ ἀνέκραξεν 1.24 λέγων, Τί ἡμῖν καὶ σοί, Ἰησοῦ
CC VIAA--ZS VPPANM-S APTNN-S NPD-XP CC NPD-YS N-VM-S

Ναζαρηνέ; ἦλθες ἀπολέσαι ἡμᾶς; οἶδά σε τίς εἶ, ὁ
A--VM-S VIAA--YS VNAA NPA-XP VIRA--XS NPA-YS APTNMYS VIPA--YS DNMS

ἅγιος τοῦ θεοῦ. 1.25 καὶ ἐπετίμησεν αὐτῷ ὁ Ἰησοῦς λέγων,
AP-NM-S DGMS N-GM-S CC VIAA--ZS NPDMZS DNMS N-NM-S VPPANM-S

Φιμώθητι καὶ ἔξελθε ἐξ αὐτοῦ. 1.26 καὶ σπαράξαν αὐτὸν τὸ
VMAP--YS CC VMAA--YS PG NPGMZS CC VPAANN-S NPAMZS DNNS

πνεῦμα τὸ ἀκάθαρτον καὶ φωνῆσαν φωνῇ μεγάλῃ ἐξῆλθεν ἐξ
N-NN-S DNNS A--NN-S CC VPAANN-S N-DF-S A--DF-S VIAA--ZS PG

αὐτοῦ. 1.27 καὶ ἐθαμβήθησαν ἅπαντες, ὥστε συζητεῖν πρὸς
NPGMZS CC VIAP--ZP AP-NM-P CH VNPA PA

ἑαυτοὺς λέγοντας, Τί ἐστιν τοῦτο; διδαχὴ καινὴ κατ'
NPRAMZP VPPAAM-P APTNN-S VIPA--ZS APDNN-S N-NF-S A--NF-S PA

ἐξουσίαν· καὶ τοῖς πνεύμασι τοῖς ἀκαθάρτοις ἐπιτάσσει, καὶ
N-AF-S AB DDNP N-DN-P DDNP A--DN-P VIPA--ZS CC

ὑπακούουσιν αὐτῷ. 1.28 καὶ ἐξῆλθεν ἡ ἀκοὴ αὐτοῦ εὐθὺς
VIPA--ZP NPDMZS CC VIAA--ZS DNFS N-NF-S NPGMZS AP-NM-S□AB

πανταχοῦ εἰς ὅλην τὴν περίχωρον τῆς Γαλιλαίας.
AB PA A--AF-S DAFS AP-AF-S DGFS N-GF-S

1.29 Καὶ εὐθὺς ἐκ τῆς συναγωγῆς ἐξελθόντες ἦλθον εἰς τὴν
CC AP-NM-S□AB PG DGFS N-GF-S VPAANM-P VIAA--ZP PA DAFS

οἰκίαν Σίμωνος καὶ Ἀνδρέου μετὰ Ἰακώβου καὶ Ἰωάννου.
N-AF-S N-GM-S CC N-GM-S PG N-GM-S CC N-GM-S

1.30 ἡ δὲ πενθερὰ Σίμωνος κατέκειτο πυρέσσουσα, καὶ εὐθὺς
DNFS CC N-NF-S N-GM-S VIIN--ZS VPPANF-S CC AP-NM-S□AB

λέγουσιν αὐτῷ περὶ αὐτῆς. 1.31 καὶ προσελθὼν ἤγειρεν αὐτὴν
VIPA--ZP NPDMZS PG NPGFZS CC VPAANM-S VIAA--ZS NPAFZS

κρατήσας τῆς χειρός· καὶ ἀφῆκεν αὐτὴν ὁ πυρετός, καὶ
VPAANM-S DGFS N-GF-S CC VIAA--ZS NPAFZS DNMS N-NM-S CC

διηκόνει αὐτοῖς. 1.32 Ὀψίας δὲ γενομένης, ὅτε ἔδυ ὁ ἥλιος,
VIIA--ZS NPDMZP A--GF-S CC VPADGF-S ABR VIAA--ZS DNMS N-NM-S

ἔφερον πρὸς αὐτὸν πάντας τοὺς κακῶς ἔχοντας καὶ
VIIA--ZP PA NPAMZS AP-AM-P DAMP☐APRNM-P AB VPPAAM-P CC

τοὺς δαιμονιζομένους· 1.33 καὶ ἦν ὅλη ἡ πόλις
DAMP☐APRNM-P VPPNAM-P CC VIIA--ZS+ A--NF-S DNFS N-NF-S

ἐπισυνηγμένη πρὸς τὴν θύραν. 1.34 καὶ ἐθεράπευσεν πολλοὺς
+VPRPNF-S PA DAFS N-AF-S CC VIAA--ZS AP-AM-P

κακῶς ἔχοντας ποικίλαις νόσοις, καὶ δαιμόνια πολλὰ ἐξέβαλεν,
AB VPPAAM-P A--DF-P N-DF-P CC N-AN-P A--AN-P VIAA--ZS

καὶ οὐκ ἤφιεν λαλεῖν τὰ δαιμόνια, ὅτι ᾔδεισαν αὐτόν.
CC AB VIIA--ZS VNPA DANP N-AN-P CS VILA--ZP NPAMZS

1.35 Καὶ πρωῒ ἔννυχα λίαν ἀναστὰς ἐξῆλθεν καὶ ἀπῆλθεν εἰς
CC AB AP-AN-P☐AB AB VPAANM-S VIAA--ZS CC VIAA--ZS PA

ἔρημον τόπον κἀκεῖ προσηύχετο. 1.36 καὶ κατεδίωξεν αὐτὸν
A--AM-S N-AM-S CC&AB VIIN--ZS CC VIAA--ZS NPAMZS

Σίμων καὶ οἱ μετ᾽ αὐτοῦ, 1.37 καὶ εὗρον αὐτὸν καὶ λέγουσιν
N-NM-S CC DNMP PG NPGMZS CC VIAA--ZP NPAMZS CC VIPA--ZP

αὐτῷ ὅτι Πάντες ζητοῦσίν σε. 1.38 καὶ λέγει αὐτοῖς, Ἄγωμεν
NPDMZS CH AP-NM-P VIPA--ZP NPA-YS CC VIPA--ZS NPDMZP VSPA--XP

ἀλλαχοῦ εἰς τὰς ἐχομένας κωμοπόλεις, ἵνα καὶ ἐκεῖ
AB PA DAFP☐APRNF-P+ VPPMAF-P N-AF-P CS AB AB

κηρύξω· εἰς τοῦτο γὰρ ἐξῆλθον. 1.39 καὶ ἦλθεν κηρύσσων εἰς τὰς
VSAA--XS PA APDAN-S CS VIAA--XS CC VIAA--ZS VPPANM-S PA DAFP

συναγωγὰς αὐτῶν εἰς ὅλην τὴν Γαλιλαίαν καὶ τὰ δαιμόνια
N-AF-P NPGMZP PA A--AF-S DAFS N-AF-S CC DANP N-AN-P

ἐκβάλλων.
VPPANM-S

1.40 Καὶ ἔρχεται πρὸς αὐτὸν λεπρὸς παρακαλῶν αὐτὸν [καὶ
CC VIPN--ZS PA NPAMZS AP-NM-S VPPANM-S NPAMZS CC

γονυπετῶν] καὶ λέγων αὐτῷ ὅτι Ἐὰν θέλῃς δύνασαί με
VPPANM-S CC VPPANM-S NPDMZS CH CS VSPA--YS VIPN--YS NPA-XS

καθαρίσαι. 1.41 καὶ σπλαγχνισθεὶς ἐκτείνας τὴν χεῖρα αὐτοῦ
VNAA CC VPAONM-S VPAANM-S DAFS N-AF-S NPGMZS

ἥψατο καὶ λέγει αὐτῷ, Θέλω, καθαρίσθητι· 1.42 καὶ εὐθὺς
VIAM--ZS CC VIPA--ZS NPDMZS VIPA--XS VMAP--YS CC AP-NM-S☐AB

ἀπῆλθεν ἀπ᾽ αὐτοῦ ἡ λέπρα, καὶ ἐκαθαρίσθη. 1.43 καὶ
VIAA--ZS PG NPGMZS DNFS N-NF-S CC VIAP--ZS CC

ἐμβριμησάμενος αὐτῷ εὐθὺς ἐξέβαλεν αὐτόν, 1.44 καὶ λέγει
VPADNM-S NPDMZS AP-NM-S☐AB VIAA--ZS NPAMZS CC VIPA--ZS

αὐτῷ, Ὅρα μηδενὶ μηδὲν εἴπῃς, ἀλλὰ ὕπαγε σεαυτὸν
NPDMZS VMPA--YS APCDM-S APCAN-S VSAA--YS☐VMAA--YS CH VMPA--YS NPAMYS

δεῖξον τῷ ἱερεῖ καὶ προσένεγκε περὶ τοῦ καθαρισμοῦ σου
VMAA--YS DDMS N-DM-S CC VMAA--YS PG DGMS N-GM-S NPG-YS

ἃ προσέταξεν Μωϋσῆς, εἰς μαρτύριον αὐτοῖς.
APRAN-P☐APDAN-P&APRAN-P VIAA--ZS N-NM-S PA N-AN-S NPDMZP

1.45 ὁ   δὲ   ἐξελθὼν   ἤρξατο   κηρύσσειν   πολλὰ   καὶ
DNMS□NPNMZS   CH   VPAANM-S   VIAM--ZS   VNPA   AP-AN-P   CC

διαφημίζειν τὸν λόγον, ὥστε μηκέτι αὐτὸν δύνασθαι φανερῶς εἰς
VNPA   DAMS N-AM-S   CH   AB   NPAMZS VNPN   AB   PA

πόλιν εἰσελθεῖν, ἀλλ' ἔξω ἐπ' ἐρήμοις τόποις ἦν·   καὶ ἤρχοντο
N-AF-S VNAA   CH   AB   PD   A--DM-P   N-DM-P   VIIA--ZS CC   VIIN--ZP

πρὸς αὐτὸν πάντοθεν.
PA   NPRAMZS   AB

     2.1 Καὶ εἰσελθὼν πάλιν εἰς Καφαρναοὺμ δι' ἡμερῶν ἠκούσθη
        CC   VPAANM-S   AB   PA   N-AF-S   PG   N-GF-P   VIAP--ZS

ὅτι ἐν οἴκῳ ἐστίν. 2.2 καὶ συνήχθησαν πολλοὶ ὥστε μηκέτι
CC   PD   N-DM-S   VIPA--ZS   CC   VIAP--ZP   AP-NM-P   CH   AB

χωρεῖν μηδὲ τὰ   πρὸς τὴν θύραν, καὶ ἐλάλει αὐτοῖς τὸν λόγον.
VNPA   AB   DANP PA   DAFS N-AF-S   CC   VIIA--ZS NPDMZP DAMS N-AM-S

2.3 καὶ ἔρχονται φέροντες πρὸς αὐτὸν παραλυτικὸν αἰρόμενον
    CC   VIPN--ZP   VPPANM-P   PA   NPAMZS   AP-AM-S   VPPPAM-S

ὑπὸ τεσσάρων. 2.4 καὶ μὴ δυνάμενοι προσενέγκαι αὐτῷ διὰ τὸν
PG   APCGM-P   CC   AB   VPPNNM-P   VNAA   NPDMZS PA   DAMS

ὄχλον ἀπεστέγασαν τὴν στέγην ὅπου ἦν,   καὶ ἐξορύξαντες
N-AM-S VIAA--ZP   DAFS N-AF-S   ABR   VIIA--ZS CC   VPAANM-P

χαλῶσι τὸν κράβαττον ὅπου ὁ   παραλυτικὸς κατέκειτο. 2.5 καὶ
VIPA--ZP DAMS N-AM-S   ABR   DNMS AP-NM-S   VIIN--ZS   CC

ἰδὼν ὁ   Ἰησοῦς τὴν πίστιν αὐτῶν λέγει τῷ   παραλυτικῷ,
VPAANM-S DNMS   N-NM-S   DAFS N-AF-S   NPGMZP VIPA--ZS DDMS AP-DM-S

Τέκνον, ἀφίενταί σου αἱ   ἁμαρτίαι. 2.6 ἦσαν δέ τινες τῶν
N-VN-S   VIPP--ZP   NPG-YS DNFP N-NF-P   VIIA--ZP+ CC APINM-P DGMP

γραμματέων ἐκεῖ καθήμενοι καὶ διαλογιζόμενοι ἐν ταῖς καρδίαις
N-GM-P   AB   +VPPNNM-P   CC   +VPPNNM-P   PD   DDFP N-DF-P

αὐτῶν, 2.7 Τί   οὗτος οὕτως λαλεῖ; βλασφημεῖ· τίς
NPGMZP   APTAN-S□ABT APDNM-S AB   VIPA--ZS VIPA--ZS   APTNM-S

δύναται ἀφιέναι ἁμαρτίας εἰ μὴ εἷς   ὁ   θεός; 2.8 καὶ εὐθὺς
VIPN--ZS   VNPA   N-AF-P   CS AB APCNM-S DNMS N-NM-S   CC   AP-NM-S□AB

ἐπιγνοὺς ὁ   Ἰησοῦς τῷ   πνεύματι αὐτοῦ ὅτι οὕτως
VPAANM-S DNMS   N-NM-S   DDNS   N-DN-S   NPGMZS CC   AB

διαλογίζονται ἐν ἑαυτοῖς λέγει αὐτοῖς, Τί   ταῦτα
VIPN--ZP   PD   NPDMZP   VIPA--ZS NPDMZP APTAN-S□ABT APDAN-P

διαλογίζεσθε ἐν ταῖς καρδίαις ὑμῶν; 2.9 τί   ἐστιν εὐκοπώτερον,
VIPN--YP   PD DDFP N-DF-P   NPG-YP   APTNN-S VIPA--ZS A-MNN-S

εἰπεῖν τῷ   παραλυτικῷ, Ἀφίενταί σου αἱ   ἁμαρτίαι, ἢ εἰπεῖν,
VNAA   DDMS AP-DM-S   VIPP--ZP   NPG-YS DNFP N-NF-P   CC VNAA

Ἔγειρε καὶ ἆρον   τὸν κράβαττόν σου καὶ περιπάτει; 2.10 ἵνα
VMPA--YS CC   VMAA--YS DAMS N-AM-S   NPG-YS CC   VMPA--YS   CS

δὲ εἰδῆτε ὅτι ἐξουσίαν ἔχει ὁ   υἱὸς τοῦ   ἀνθρώπου ἀφιέναι
CC VSRA--YP CC   N-AF-S   VIPA--ZS DNMS N-NM-S DGMS N-GM-S   VNPA

ἁμαρτίας ἐπὶ τῆς γῆς — λέγει τῷ παραλυτικῷ, 2.11 Σοὶ λέγω,
N-AF-P PG DGFS N-GF-S VIPA--ZS DDMS AP-DM-S NPD-YS VIPA--XS

ἔγειρε ἆρον τὸν κράβαττόν σου καὶ ὕπαγε εἰς τὸν οἶκόν σου.
VMPA--YS VMAA--YS DAMS N-AM-S NPG-YS CC VMPA--YS PA DAMS N-AM-S NPG-YS

2.12 καὶ ἠγέρθη καὶ εὐθὺς ἄρας τὸν κράβαττον ἐξῆλθεν
CC VIAP--ZS CC AP-NM-S□AB VPAANM-S DAMS N-AM-S VIAA--ZS

ἔμπροσθεν πάντων, ὥστε ἐξίστασθαι πάντας καὶ δοξάζειν τὸν
PG AP-GM-P CH VNPM AP-AM-P CC VNPA DAMS

θεὸν λέγοντας ὅτι Οὕτως οὐδέποτε εἴδομεν.
N-AM-S VPPAAM-P CH AB AB VIAA--XP

2.13 Καὶ ἐξῆλθεν πάλιν παρὰ τὴν θάλασσαν· καὶ πᾶς ὁ
CC VIAA--ZS AB PA DAFS N-AF-S CC A--NM-S DNMS

ὄχλος ἤρχετο πρὸς αὐτόν, καὶ ἐδίδασκεν αὐτούς. 2.14 καὶ
N-NM-S VIIN--ZS PA NPAMZS CC VIIA--ZS NPAMZP CC

παράγων εἶδεν Λευὶν τὸν τοῦ Ἁλφαίου καθήμενον ἐπὶ τὸ
VPPANM-S VIAA--ZS N-AM-S DAMS DGMS N-GM-S VPPNAM-S PA DANS

τελώνιον, καὶ λέγει αὐτῷ, Ἀκολούθει μοι. καὶ ἀναστὰς
N-AN-S CC VIPA--ZS NPDMZS VMPA--YS NPD-XS CC VPAANM-S

ἠκολούθησεν αὐτῷ. 2.15 Καὶ γίνεται κατακεῖσθαι αὐτὸν ἐν τῇ
VIAA--ZS NPDMZS CC VIPN--ZS VNPN NPAMZS PD DDFS

οἰκίᾳ αὐτοῦ, καὶ πολλοὶ τελῶναι καὶ ἁμαρτωλοὶ συνανέκειντο τῷ
N-DF-S NPGMZS CC A--NM-P N-NM-P CC AP-NM-P VIIN--ZP DDMS

Ἰησοῦ καὶ τοῖς μαθηταῖς αὐτοῦ· ἦσαν γὰρ πολλοὶ καὶ
N-DM-S CC DDMP N-DM-P NPGMZS VIIA--ZP CS AP-NM-P CC

ἠκολούθουν αὐτῷ. 2.16 καὶ οἱ γραμματεῖς τῶν Φαρισαίων
VIIA--ZP NPDMZS CC DNMP N-NM-P DGMP N-GM-P

ἰδόντες ὅτι ἐσθίει μετὰ τῶν ἁμαρτωλῶν καὶ τελωνῶν ἔλεγον τοῖς
VPAANM-P CH VIPA--ZS PG DGMP AP-GM-P CC N-GM-P VIIA--ZP DDMP

μαθηταῖς αὐτοῦ, Ὅτι μετὰ τῶν τελωνῶν καὶ ἁμαρτωλῶν ἐσθίει;
N-DM-P NPGMZS ABT PG DGMP N-GM-P CC AP-GM-P VIPA--ZS

2.17 καὶ ἀκούσας ὁ Ἰησοῦς λέγει αὐτοῖς [ὅτι] Οὐ χρείαν
CC VPAANM-S DNMS N-NM-S VIPA--ZS NPDMZP CC AB N-AF-S

ἔχουσιν οἱ ἰσχύοντες ἰατροῦ ἀλλ᾽
VIPA--ZP DNMP□NPNMZP&APRNM-P VPPANM-P N-GM-S CH

οἱ κακῶς ἔχοντες· οὐκ ἦλθον καλέσαι δικαίους
DNMP□NPNMZP&APRNM-P AB VPPANM-P AB VIAA--XS VNAA AP-AM-P

ἀλλὰ ἁμαρτωλούς.
CH AP-AM-P

2.18 Καὶ ἦσαν οἱ μαθηταὶ Ἰωάννου καὶ οἱ Φαρισαῖοι
CC VIIA--ZP+ DNMP N-NM-P N-GM-S CC DNMP N-NM-P

νηστεύοντες. καὶ ἔρχονται καὶ λέγουσιν αὐτῷ, Διὰ τί οἱ
+VPPANM-P CC VIPN--ZP CC VIPA--ZP NPDMZS PA APTAN-S DNMP

μαθηταὶ Ἰωάννου καὶ οἱ μαθηταὶ τῶν Φαρισαίων νηστεύουσιν,
N-NM-P N-GM-S CC DNMP N-NM-P DGMP N-GM-P VIPA--ZP

οἱ δὲ σοὶ μαθηταὶ οὐ νηστεύουσιν; 2.19 καὶ εἶπεν αὐτοῖς ὁ
DNMP CH A--NMYP N-NM-P AB VIPA--ZP CC VIAA--ZS NPDMZP DNMS

Ἰησοῦς, Μὴ δύνανται οἱ υἱοὶ τοῦ νυμφῶνος ἐν
N-NM-S QT VIPN--ZP DNMP N-NM-P DGMS N-GM-S PD

ᾧ ὁ νυμφίος μετ᾽ αὐτῶν ἐστιν νηστεύειν;
APRDM-S◻APDDM-S&APRDM-S DNMS N-NM-S PG NPGMZP VIPA--ZS VNPA

ὅσον χρόνον ἔχουσιν τὸν νυμφίον μετ᾽ αὐτῶν οὐ δύνανται
APRAM-S+ N-AM-S VIPA--ZP DAMS N-AM-S PG NPGMZP AB VIPN--ZP

νηστεύειν· 2.20 ἐλεύσονται δὲ ἡμέραι ὅταν ἀπαρθῇ ἀπ᾽ αὐτῶν
VNPA VIFD--ZP CC N-NF-P ABR VSAP--ZS PG NPGMZP

ὁ νυμφίος, καὶ τότε νηστεύσουσιν ἐν ἐκείνῃ τῇ ἡμέρᾳ.
DNMS N-NM-S CC AB VIFA--ZP PD A-DDF-S DDFS N-DF-S

2.21 οὐδεὶς ἐπίβλημα ῥάκους ἀγνάφου ἐπιράπτει ἐπὶ ἱμάτιον
APCNM-S N-AN-S N-GN-S A--GN-S VIPA--ZS PA N-AN-S

παλαιόν· εἰ δὲ μή, αἴρει τὸ πλήρωμα ἀπ᾽ αὐτοῦ τὸ καινὸν τοῦ
A--AN-S CS CS AB VIPA--ZS DANS N-AN-S PG NPGNZS DNNS AP-NN-S DGNS

παλαιοῦ, καὶ χεῖρον σχίσμα γίνεται. 2.22 καὶ οὐδεὶς βάλλει οἶνον
AP-GN-S CC A-MNN-S N-NN-S VIPN--ZS CC APCNM-S VIPA--ZS N-AM-S

νέον εἰς ἀσκοὺς παλαιούς — εἰ δὲ μή, ῥήξει ὁ οἶνος τοὺς
A--AM-S PA N-AM-P A--AM-P CS CS AB VIFA--ZS DNMS N-NM-S DAMP

ἀσκούς, καὶ ὁ οἶνος ἀπόλλυται καὶ οἱ ἀσκοί — ἀλλὰ οἶνον
N-AM-P CC DNMS N-NM-S VIPP--ZS CC DNMP N-NM-P CH N-AM-S

νέον εἰς ἀσκοὺς καινούς.
A--AM-S PA N-AM-P A--AM-P

2.23 Καὶ ἐγένετο αὐτὸν ἐν τοῖς σάββασιν παραπορεύεσθαι διὰ
CC VIAD--ZS NPAMZS PD DDNP N-DN-P VNPN PG

τῶν σπορίμων, καὶ οἱ μαθηταὶ αὐτοῦ ἤρξαντο ὁδὸν ποιεῖν
DGNP AP-GN-P CC DNMP N-NM-P NPGMZS VIAM--ZP N-AF-S VNPA

τίλλοντες τοὺς στάχυας. 2.24 καὶ οἱ Φαρισαῖοι ἔλεγον αὐτῷ,
VPPANM-P DAMP N-AM-P CC DNMP N-NM-P VIIA--ZP NPDMZS

Ἴδε τί ποιοῦσιν τοῖς σάββασιν ὃ οὐκ
QS APTAN-S◻ABT VIPA--ZP DDNP N-DN-P APRNN-S◻APDAN-S&APRNN-S AB

ἔξεστιν; 2.25 καὶ λέγει αὐτοῖς, Οὐδέποτε ἀνέγνωτε τί
VIPA--ZS CC VIPA--ZS NPDMZP AB VIAA--YP APTAN-S

ἐποίησεν Δαυίδ, ὅτε χρείαν ἔσχεν καὶ ἐπείνασεν αὐτὸς καὶ οἱ
VIAA--ZS N-NM-S CS N-AF-S VIAA--ZS CC VIAA--ZS NPNMZS CC DNMP

μετ᾽ αὐτοῦ; 2.26 πῶς εἰσῆλθεν εἰς τὸν οἶκον τοῦ θεοῦ ἐπὶ
PG NPGMZS CC VIAA--ZS PA DAMS N-AM-S DGMS N-GM-S PG

Ἀβιαθὰρ ἀρχιερέως καὶ τοὺς ἄρτους τῆς προθέσεως ἔφαγεν,
N-GM-S N-GM-S CC DAMP N-AM-P DGFS N-GF-S VIAA--ZS

οὓς οὐκ ἔξεστιν φαγεῖν εἰ μὴ τοὺς ἱερεῖς, καὶ ἔδωκεν καὶ
APRAM-P AB VIPA--ZS VNAA CS AB DAMP N-AM-P CC VIAA--ZS AB

τοῖς σὺν αὐτῷ οὖσιν; 2.27 καὶ ἔλεγεν αὐτοῖς, Τὸ
DDMP◻NPDMZP&APRNM-P PD NPDMZS VPPADM-P CC VIIA--ZS NPDMZP DNNS

σάββατον διὰ τὸν ἄνθρωπον ἐγένετο καὶ οὐχ ὁ   ἄνθρωπος διὰ
N-NN-S   PA   DAMS N-AM-S VIAD--ZS CC AB DNMS N-NM-S   PA

τὸ   σάββατον· 2.28 ὥστε κύριός ἐστιν ὁ   υἱὸς τοῦ ἀνθρώπου
DANS N-AN-S   CH   N-NM-S VIPA--ZS DNMS N-NM-S DGMS N-GM-S

καὶ τοῦ σαββάτου.
AB DGNS N-GN-S

3.1 Καὶ εἰσῆλθεν πάλιν εἰς τὴν συναγωγήν. καὶ ἦν   ἐκεῖ
    CC VIAA--ZS AB   PA DAFS N-AF-S   CC VIIA--ZS AB

ἄνθρωπος ἐξηραμμένην ἔχων   τὴν χεῖρα· 3.2 καὶ παρετήρουν
N-NM-S   VPRPAF-S   VPPANM-S DAFS N-AF-S   CC VIIA--ZP

αὐτὸν εἰ τοῖς σάββασιν θεραπεύσει αὐτόν, ἵνα κατηγορήσωσιν
NPAMZS QT DDNP N-DN-P VIFA--ZS   NPAMZS CS VSAA--ZP

αὐτοῦ. 3.3 καὶ λέγει τῷ   ἀνθρώπῳ τῷ   τὴν ξηρὰν χεῖρα
NPGMZS   CC VIPA--ZS DDMS N-DM-S   DDMS☐APRNM-S DAFS A--AF-S N-AF-S

ἔχοντι, Ἔγειρε εἰς τὸ   μέσον. 3.4 καὶ λέγει αὐτοῖς, Ἔξεστιν τοῖς
VPPADM-S VMPA--YS PA DANS AP-AN-S   CC VIPA--ZS NPDMZP VIPA--ZS DDNP

σάββασιν ἀγαθὸν ποιῆσαι ἢ κακοποιῆσαι, ψυχὴν σῶσαι ἢ
N-DN-P   AP-AN-S VNAA   CC VNAA   N-AF-S VNAA CC

ἀποκτεῖναι; οἱ   δὲ ἐσιώπων. 3.5 καὶ περιβλεψάμενος
VNAA   DNMP☐NPNMZP   CH VIIA--ZP   CC   VPAMNM-S

αὐτοὺς μετ᾽ ὀργῆς, συλλυπούμενος ἐπὶ τῇ   πωρώσει τῆς καρδίας
NPAMZP PG   N-GF-S VPPNNM-S   PD DDFS N-DF-S DGFS N-GF-S

αὐτῶν, λέγει τῷ   ἀνθρώπῳ, Ἔκτεινον τὴν χεῖρα. καὶ ἐξέτεινεν,
NPGMZP VIPA--ZS DDMS N-DM-S   VMAA--YS DAFS N-AF-S CC VIAA--ZS

καὶ ἀπεκατεστάθη ἡ   χεὶρ αὐτοῦ. 3.6 καὶ ἐξελθόντες οἱ
CC VIAP--ZS   DNFS N-NF-S NPGMZS   CC   VPAANM-P   DNMP

Φαρισαῖοι εὐθὺς   μετὰ τῶν Ἡρῳδιανῶν συμβούλιον ἐδίδουν
N-NM-P   AP-NM-S☐AB PG   DGMP N-GM-P   N-AN-S   VIIA--ZP

κατ᾽ αὐτοῦ ὅπως αὐτὸν ἀπολέσωσιν.
PG   NPGMZS CS   NPAMZS VSAA--ZP

3.7 Καὶ ὁ   Ἰησοῦς μετὰ τῶν μαθητῶν αὐτοῦ ἀνεχώρησεν
    CC DNMS N-NM-S PG   DGMP N-GM-P NPGMZS VIAA--ZS

πρὸς τὴν θάλασσαν· καὶ πολὺ   πλῆθος ἀπὸ τῆς Γαλιλαίας
PA   DAFS N-AF-S   CC A--NN-S N-NN-S PG DGFS N-GF-S

[ἠκολούθησεν]· καὶ ἀπὸ τῆς Ἰουδαίας 3.8 καὶ ἀπὸ Ἱεροσολύμων
VIAA--ZS   CC PG DGFS N-GF-S   CC PG N-GN-P

καὶ ἀπὸ τῆς Ἰδουμαίας καὶ πέραν τοῦ Ἰορδάνου καὶ περὶ Τύρον
CC PG DGFS N-GF-S   CC PG   DGMS N-GM-S   CC PA   N-AF-S

καὶ Σιδῶνα, πλῆθος πολύ,   ἀκούοντες ὅσα   ἐποίει
CC N-AF-S N-NN-S A--NN-S VPPANM-P APRAN-P☐APDAN-P&APRAN-P VIIA--ZS

ἦλθον πρὸς αὐτόν. 3.9 καὶ εἶπεν   τοῖς μαθηταῖς αὐτοῦ ἵνα
VIAA--ZP PA NPAMZS   CC   VIAA--ZS DDMP N-DM-P   NPGMZS CC

πλοιάριον προσκαρτερῇ αὐτῷ διὰ τὸν ὄχλον ἵνα μὴ θλίβωσιν
N-NN-S   VSPA--ZS   NPDMZS PA DAMS N-AM-S CS AB VSPA--ZP

αὐτόν· 3.10 πολλοὺς γὰρ ἐθεράπευσεν, ὥστε ἐπιπίπτειν αὐτῷ ἵνα
NPAMZS   AP-AM-P CS   VIAA--ZS   CH   VNPA   NPDMZS CS

αὐτοῦ ἅψωνται ὅσοι   εἶχον μάστιγας. 3.11 καὶ τὰ
NPGMZS VSAM--ZP APRNM-P□APDNM-P&APRNM-P VIIA--ZP N-AF-P   CC DNNP

πνεύματα τὰ ἀκάθαρτα, ὅταν αὐτὸν ἐθεώρουν, προσέπιπτον
N-NN-P   DNNP A--NN-P   CS   NPAMZS VIIA--ZP   VIIA--ZP

αὐτῷ καὶ ἔκραζον λέγοντες ὅτι Σὺ εἶ ὁ υἱὸς τοῦ θεοῦ.
NPDMZS CC VIIA--ZP VPPANM-P CH NPN-YS VIPA--YS DNMS N-NM-S DGMS N-GM-S

3.12 καὶ πολλὰ ἐπετίμα αὐτοῖς ἵνα μὴ αὐτὸν φανερὸν
    CC AP-AN-P□AB VIIA--ZS NPDMZP CC AB NPAMZS A--AM-S

ποιήσωσιν.
VSAA--ZP

   3.13 Καὶ ἀναβαίνει εἰς τὸ ὄρος καὶ προσκαλεῖται
       CC VIPA--ZS PA DANS N-AN-S CC   VIPN--ZS

οὓς   ἤθελεν αὐτός, καὶ ἀπῆλθον πρὸς αὐτόν.
APRAM-P□APDAM-P&APRAM-P VIIA--ZS NPNMZS CC VIAA--ZP PA NPAMZS

3.14 καὶ ἐποίησεν δώδεκα, [οὓς καὶ ἀποστόλους ὠνόμασεν,] ἵνα
    CC VIAA--ZS APCAM-P APRAM-P AB N-AM-P   VIAA--ZS   CS

ὦσιν μετ᾽ αὐτοῦ καὶ ἵνα ἀποστέλλῃ αὐτοὺς κηρύσσειν 3.15 καὶ
VSPA--ZP PG NPGMZS CC CS VSPA--ZS NPAMZP VNPA   CC

ἔχειν ἐξουσίαν ἐκβάλλειν τὰ δαιμόνια· 3.16 [καὶ ἐποίησεν τοὺς
VNPA N-AF-S   VNPA   DANP N-AN-P   CC VIAA--ZS DAMP

δώδεκα,] καὶ ἐπέθηκεν ὄνομα τῷ Σίμωνι Πέτρον, 3.17 καὶ
APCAM-P CC VIAA--ZS N-AN-S DDMS N-DM-S N-AM-S   CC

Ἰάκωβον τὸν τοῦ Ζεβεδαίου καὶ Ἰωάννην τὸν ἀδελφὸν τοῦ
N-AM-S   DAMS DGMS N-GM-S   CC N-AM-S   DAMS N-AM-S   DGMS

Ἰακώβου, καὶ ἐπέθηκεν αὐτοῖς ὀνόμα[τα] Βοανηργές, ὅ ἐστιν
N-GM-S   CC VIAA--ZS NPDMZP N-AN-P/N-AN-S N-AM-P   APRNN-S VIPA--ZS

Υἱοὶ Βροντῆς· 3.18 καὶ Ἀνδρέαν καὶ Φίλιππον καὶ Βαρθολομαῖον
N-NM-P N-GF-S   CC N-AM-S   CC N-AM-S   CC N-AM-S

καὶ Μαθθαῖον καὶ Θωμᾶν καὶ Ἰάκωβον τὸν τοῦ Ἀλφαίου καὶ
CC N-AM-S   CC N-AM-S CC N-AM-S   DAMS DGMS N-GM-S   CC

Θαδδαῖον καὶ Σίμωνα τὸν Καναναῖον 3.19 καὶ Ἰούδαν
N-AM-S   CC N-AM-S DAMS N-AM-S   CC N-AM-S

Ἰσκαριώθ, ὃς καὶ παρέδωκεν αὐτόν.
N-AM-S   APRNM-S AB VIAA--ZS NPAMZS

   3.20 Καὶ ἔρχεται εἰς οἶκον· καὶ συνέρχεται πάλιν [ὁ] ὄχλος,
      CC VIPN--ZS PA N-AM-S CC VIPN--ZS   AB   DNMS N-NM-S

ὥστε μὴ δύνασθαι αὐτοὺς μηδὲ ἄρτον φαγεῖν. 3.21 καὶ
CH AB VNPN   NPAMZP AB   N-AM-S VNAA   CC

ἀκούσαντες οἱ παρ᾽ αὐτοῦ ἐξῆλθον κρατῆσαι αὐτόν, ἔλεγον γὰρ
VPAANM-P   DNMP PG NPGMZS VIAA--ZP VNAA   NPAMZS VIIA--ZP CS

ὅτι ἐξέστη. 3.22 καὶ οἱ γραμματεῖς οἱ ἀπὸ
CH VIAA--ZS   CC DNMP N-NM-P   DNMP□APRNM-P PG

KATA MAPKON   3.22-34

Ἱεροσολύμων καταβάντες ἔλεγον ὅτι Βεελζεβοὺλ ἔχει, καὶ ὅτι ἐν
N-GN-P   VPAANM-P   VIIA--ZP CC N-AM-S   VIPA--ZS CC CC PD

τῷ   ἄρχοντι τῶν δαιμονίων ἐκβάλλει τὰ   δαιμόνια. 3.23 καὶ
DDMS N-DM-S   DGNP N-GN-P   VIPA--ZS DANP N-AN-P   CC

προσκαλεσάμενος αὐτοὺς ἐν παραβολαῖς ἔλεγεν αὐτοῖς, Πῶς
VPADNM-S   NPAMZP PD N-DF-P   VIIA--ZS NPDMZP ABT

δύναται Σατανᾶς Σατανᾶν ἐκβάλλειν; 3.24 καὶ ἐὰν βασιλεία ἐφ᾽
VIPN--ZS N-NM-S N-AM-S VNPA   CC CS N-NF-S   PA

ἑαυτὴν μερισθῇ, οὐ δύναται σταθῆναι ἡ   βασιλεία ἐκείνη·
NPAFZS VSAP--ZS AB VIPN--ZS VNAP   DNFS N-NF-S   A-DNF-S

3.25 καὶ ἐὰν οἰκία ἐφ᾽ ἑαυτὴν μερισθῇ, οὐ δυνήσεται ἡ   οἰκία
     CC CS N-NF-S PA NPAFZS VSAP--ZS AB VIFD--ZS   DNFS N-NF-S

ἐκείνη σταθῆναι. 3.26 καὶ εἰ ὁ   Σατανᾶς ἀνέστη ἐφ᾽ ἑαυτὸν καὶ
A-DNF-S VNAP   CC CS DNMS N-NM-S VIAA--ZS PA NPAMZS CC

ἐμερίσθη, οὐ δύναται στῆναι ἀλλὰ τέλος ἔχει. 3.27 ἀλλ᾽ οὐ
VIAP--ZS AB VIPN--ZS VNAA   CH   N-AN-S VIPA--ZS   CC   AB

δύναται οὐδεὶς εἰς τὴν οἰκίαν τοῦ ἰσχυροῦ εἰσελθὼν τὰ   σκεύη
VIPN--ZS APCNM-S PA DAFS N-AF-S DGMS AP-GM-S VPAANM-S DANP N-AN-P

αὐτοῦ διαρπάσαι ἐὰν μὴ πρῶτον   τὸν ἰσχυρὸν δήσῃ, καὶ τότε
NPGMZS VNAA   CS AB APOAN-S□AB DAMS AP-AM-S VSAA--ZS CC AB

τὴν οἰκίαν αὐτοῦ διαρπάσει. 3.28 Ἀμὴν λέγω   ὑμῖν ὅτι πάντα
DAFS N-AF-S NPGMZS VIFA--ZS   QS   VIPA--XS NPD-YP CC AP-NN-P

ἀφεθήσεται τοῖς υἱοῖς τῶν ἀνθρώπων, τὰ   ἁμαρτήματα καὶ αἱ
VIFP--ZS   DDMP N-DM-P DGMP N-GM-P   DNNP N-NN-P   CC DNFP

βλασφημίαι   ὅσα   ἐὰν βλασφημήσωσιν·
N-NF-P   APRAN-P QV   VSAA--ZP

3.29 ὃς   δ᾽ ἂν βλασφημήσῃ εἰς τὸ   πνεῦμα τὸ
     APRNM-S□APDNM-S&APRNM-S CH QV VSAA--ZS   PA DANS N-AN-S DANS

ἅγιον οὐκ ἔχει ἄφεσιν εἰς τὸν αἰῶνα, ἀλλὰ ἔνοχός ἐστιν αἰωνίου
A--AN-S AB VIPA--ZS N-AF-S PA DAMS N-AM-S CH A--NM-S VIPA--ZS A--GN-S

ἁμαρτήματος — 3.30 ὅτι ἔλεγον, Πνεῦμα ἀκάθαρτον ἔχει.
N-GN-S   CS VIIA--ZP N-AN-S A--AN-S   VIPA--ZS

3.31 Καὶ ἔρχεται ἡ   μήτηρ αὐτοῦ καὶ οἱ   ἀδελφοὶ αὐτοῦ καὶ
     CC VIPN--ZS DNFS N-NF-S NPGMZS CC DNMP N-NM-P NPGMZS CC

ἔξω στήκοντες ἀπέστειλαν πρὸς αὐτὸν καλοῦντες αὐτόν. 3.32 καὶ
AB VPPANM-P VIAA--ZP   PA   NPAMZS VPPANM-P NPAMZS   CC

ἐκάθητο περὶ αὐτὸν ὄχλος, καὶ λέγουσιν αὐτῷ, Ἰδοὺ ἡ   μήτηρ
VIIN--ZS PA NPAMZS N-NM-S CC VIPA--ZP NPDMZS QS   DNFS N-NF-S

σου   καὶ οἱ   ἀδελφοί σου [καὶ αἱ   ἀδελφαί σου] ἔξω ζητοῦσίν
NPG-YS CC DNMP N-NM-P NPG-YS CC DNFP N-NF-P NPG-YS AB VIPA--ZP

σε.   3.33 καὶ ἀποκριθεὶς αὐτοῖς λέγει, Τίς   ἐστιν ἡ   μήτηρ
NPA-YS   CC VPAONM-S   NPDMZP VIPA--ZS APTNF-S VIPA--ZS DNFS N-NF-S

μου   καὶ οἱ   ἀδελφοὶ [μου]; 3.34 καὶ περιβλεψάμενος
NPG-XS CC DNMP N-NM-P NPG-XS   CC VPAMNM-S

115

τοὺς   περὶ αὐτὸν κύκλῳ καθημένους λέγει, Ἴδε ἡ
DAMP▢NPAMZP&APRNM-P PA NPAMZS AB VPPNAM-P   VIPA--ZS QS DNFS

μήτηρ μου καὶ οἱ ἀδελφοί μου. 3.35 ὃς   [γὰρ] ἂν ποιήσῃ
N-NF-S NPG-XS CC DNMP N-NM-P NPG-XS   APRNM-S+ CS   QV VSAA--ZS

τὸ θέλημα τοῦ θεοῦ, οὗτος ἀδελφός μου καὶ ἀδελφὴ καὶ μήτηρ
DANS N-AN-S DGMS N-GM-S APDNM-S N-NM-S NPG-XS CC N-NF-S CC N-NF-S

ἐστίν.
VIPA--ZS

4.1 Καὶ πάλιν ἤρξατο διδάσκειν παρὰ τὴν θάλασσαν. καὶ
    CC AB   VIAM--ZS VNPA   PA   DAFS N-AF-S   CC

συνάγεται πρὸς αὐτὸν ὄχλος πλεῖστος, ὥστε αὐτὸν εἰς πλοῖον
VIPP--ZS PA NPAMZS N-NM-S A-SNM-S   CH   NPAMZS PA N-AN-S

ἐμβάντα καθῆσθαι ἐν τῇ θαλάσσῃ, καὶ πᾶς ὁ ὄχλος πρὸς
VPAAAM-S VNPN   PD DDFS N-DF-S CC A--NM-S DNMS N-NM-S PA

τὴν θάλασσαν ἐπὶ τῆς γῆς ἦσαν. 4.2 καὶ ἐδίδασκεν αὐτοὺς ἐν
DAFS N-AF-S PG DGFS N-GF-S VIIA--ZP CC VIIA--ZS NPAMZP PD

παραβολαῖς πολλά, καὶ ἔλεγεν αὐτοῖς ἐν τῇ διδαχῇ αὐτοῦ,
N-DF-P   AP-AN-P CC VIIA--ZS NPDMZP PD DDFS N-DF-S NPGMZS

4.3 Ἀκούετε. ἰδοὺ ἐξῆλθεν ὁ   σπείρων σπεῖραι.
    VMPA--YP QS VIAA--ZS DNMS▢NPNMZS&APRNM-S VPPANM-S VNAA

4.4 καὶ ἐγένετο ἐν τῷ σπείρειν ὃ   μὲν ἔπεσεν παρὰ
    CC VIAD--ZS PD DDNS VNPAD APRNN-S▢APDNN-S CC VIAA--ZS PA

τὴν ὁδόν, καὶ ἦλθεν τὰ πετεινὰ καὶ κατέφαγεν αὐτό. 4.5 καὶ
DAFS N-AF-S CC VIAA--ZS DNNP AP-NN-P CC VIAA--ZS NPANZS   CC

ἄλλο ἔπεσεν ἐπὶ τὸ πετρῶδες ὅπου οὐκ εἶχεν γῆν πολλήν, καὶ
AP-NN-S VIAA--ZS PA DANS AP-AN-S ABR AB VIIA--ZS N-AF-S A--AF-S CC

εὐθὺς ἐξανέτειλεν διὰ τὸ μὴ ἔχειν βάθος γῆς· 4.6 καὶ ὅτε
AP-NM-S▢AB VIAA--ZS PA DANS AB VNPAA N-AN-S N-GF-S CC CS

ἀνέτειλεν ὁ ἥλιος ἐκαυματίσθη, καὶ διὰ τὸ μὴ ἔχειν ῥίζαν
VIAA--ZS DNMS N-NM-S VIAP--ZS   CC PA DANS AB VNPAA N-AF-S

ἐξηράνθη. 4.7 καὶ ἄλλο ἔπεσεν εἰς τὰς ἀκάνθας, καὶ ἀνέβησαν
VIAP--ZS   CC AP-NN-S VIAA--ZS PA DAFP N-AF-P   CC VIAA--ZP

αἱ ἄκανθαι καὶ συνέπνιξαν αὐτό, καὶ καρπὸν οὐκ ἔδωκεν. 4.8 καὶ
DNFP N-NF-P CC VIAA--ZP   NPANZS CC N-AM-S AB VIAA--ZS   CC

ἄλλα ἔπεσεν εἰς τὴν γῆν τὴν καλήν, καὶ ἐδίδου καρπὸν
AP-NN-P VIAA--ZS PA DAFS N-AF-S DAFS A--AF-S CC VIIA--ZS N-AM-S

ἀναβαίνοντα καὶ αὐξανόμενα, καὶ ἔφερεν ἓν τριάκοντα καὶ
VPPANN-P   CC VPPPNN-P   CC VIIA--ZS APCNN-S APCAN-P CC

ἓν   ἑξήκοντα καὶ ἓν   ἑκατόν. 4.9 καὶ ἔλεγεν,
APCNN-S   APCAN-P CC APCNN-S APCAN-P   CC VIIA--ZS

Ὃς   ἔχει ὦτα ἀκούειν ἀκουέτω.
APRNM-S▢APDNM-S&APRNM-S VIPA--ZS N-AN-P VNPA VMPA--ZS

4.10 Καὶ ὅτε ἐγένετο κατὰ μόνας, ἠρώτων αὐτὸν οἱ περὶ
     CC CS VIAD--ZS PA AP-AF-P VIIA--ZP NPAMZS DNMP PA

αὐτὸν σὺν τοῖς δώδεκα τὰς παραβολάς. 4.11 καὶ ἔλεγεν αὐτοῖς,
NPAMZS PD DDMP APCDM-P DAFP N-AF-P CC VIIA--ZS NPDMZP

Ὑμῖν τὸ μυστήριον δέδοται τῆς βασιλείας τοῦ θεοῦ· ἐκείνοις δὲ
NPD-YP DNNS N-NN-S VIRP--ZS DGFS N-GF-S DGMS N-GM-S A-DDM-P CC

τοῖς ἔξω ἐν παραβολαῖς τὰ πάντα γίνεται, 4.12 ἵνα
DDMP AB□AP-DM-P PD N-DF-P DNNP AP-NN-P VIPN--ZS CH/CS

βλέποντες βλέπωσιν καὶ μὴ ἴδωσιν,
VPPANM-P VSPA--ZP CC AB VSAA--ZP

καὶ ἀκούοντες ἀκούωσιν καὶ μὴ συνιῶσιν,
CC VPPANM-P VSPA--ZP CC AB VSPA--ZP

μήποτε ἐπιστρέψωσιν καὶ ἀφεθῇ αὐτοῖς.
CS VSAA--ZP CC VSAP--ZS NPDMZP

4.13 Καὶ λέγει αὐτοῖς, Οὐκ οἴδατε τὴν παραβολὴν ταύτην, καὶ
CC VIPA--ZS NPDMZP AB VIRA--YP DAFS N-AF-S A-DAF-S CC

πῶς πάσας τὰς παραβολὰς γνώσεσθε; 4.14 ὁ
ABT A--AF-P DAFP N-AF-P VIFD--YP DNMS□NPNMZS&APRNM-S

σπείρων τὸν λόγον σπείρει. 4.15 οὗτοι δέ εἰσιν οἱ παρὰ τὴν
VPPANM-S DAMS N-AM-S VIPA--ZS APDNM-P CC VIPA--ZP DNMP PA DAFS

ὁδὸν ὅπου σπείρεται ὁ λόγος, καὶ ὅταν ἀκούσωσιν εὐθὺς
N-AF-S ABR VIPP--ZS DNMS N-NM-S CC CS VSAA--ZP AP-NM-S□AB

ἔρχεται ὁ Σατανᾶς καὶ αἴρει τὸν λόγον τὸν
VIPN--ZS DNMS N-NM-S CC VIPA--ZS DAMS N-AM-S DAMS□APRNM-S

ἐσπαρμένον εἰς αὐτούς. 4.16 καὶ οὗτοί εἰσιν οἱ
VPRPAM-S PA NPAMZP CC APDNM-P VIPA--ZP DNMP□NPNMZS&APRNM-P

ἐπὶ τὰ πετρώδη σπειρόμενοι, οἳ ὅταν ἀκούσωσιν τὸν λόγον
PA DANP AP-AN-P VPPPNM-P APRNM-P CS VSAA--ZP DAMS N-AM-S

εὐθὺς μετὰ χαρᾶς λαμβάνουσιν αὐτόν, 4.17 καὶ οὐκ ἔχουσιν
AP-NM-S□AB PG N-GF-S VIPA--ZP NPAMZS CC AB VIPA--ZP

ῥίζαν ἐν ἑαυτοῖς ἀλλὰ πρόσκαιροί εἰσιν· εἶτα γενομένης θλίψεως
N-AF-S PD NPDMZP CH A--NM-P VIPA--ZP AB VPADGF-S N-GF-S

ἢ διωγμοῦ διὰ τὸν λόγον εὐθὺς σκανδαλίζονται. 4.18 καὶ ἄλλοι
CC N-GM-S PA DAMS N-AM-S AP-NM-S□AB VIPP--ZP CC AP-NM-P

εἰσὶν οἱ εἰς τὰς ἀκάνθας σπειρόμενοι· οὗτοί
VIPA--ZP DNMP□NPNMZP&APRNM-P PA DAFP N-AF-P VPPPNM-P APDNM-P

εἰσιν οἱ τὸν λόγον ἀκούσαντες, 4.19 καὶ αἱ
VIPA--ZP DNMP□NPNMZP&APRNM-P DAMS N-AM-S VPAANM-P CC DNFP

μέριμναι τοῦ αἰῶνος καὶ ἡ ἀπάτη τοῦ πλούτου καὶ αἱ περὶ
N-NF-P DGMS N-GM-S CC DNFS N-NF-S DGMS N-GM-S CC DNFP PA

τὰ λοιπὰ ἐπιθυμίαι εἰσπορευόμεναι συμπνίγουσιν τὸν λόγον,
DANP AP-AN-P N-NF-P VPPNNF-P VIPA--ZP DAMS N-AM-S

καὶ ἄκαρπος γίνεται. 4.20 καὶ ἐκεῖνοί εἰσιν οἱ ἐπὶ
CC A--NM-S VIPN--ZS CC APDNM-P VIPA--ZP DNMP□NPNMZS&APRNM-P PA

τὴν γῆν τὴν καλὴν σπαρέντες, οἵτινες ἀκούουσιν τὸν λόγον καὶ
DAFS N-AF-S DAFS A--AF-S VPAPNM-P APRNM-P VIPA--ZP DAMS N-AM-S CC

117

παραδέχονται καὶ καρποφοροῦσιν ἓν τριάκοντα καὶ ἓν
VIPN--ZP   CC   VIPA--ZP   APCNN-S APCAN-P   CC   APCNN-S

ἑξήκοντα καὶ ἓν ἑκατόν.
APCAN-P   CC APCNN-S APCAN-P

4.21 Καὶ ἔλεγεν αὐτοῖς, Μήτι ἔρχεται ὁ λύχνος ἵνα ὑπὸ τὸν
    CC   VIIA--ZS NPDMZP QT   VIPN--ZS DNMS N-NM-S CS PA   DAMS

μόδιον τεθῇ ἢ ὑπὸ τὴν κλίνην; οὐχ ἵνα ἐπὶ τὴν λυχνίαν τεθῇ;
N-AM-S VSAP--ZS CC PA   DAFS N-AF-S   QT CS PA   DAFS N-AF-S   VSAP--ZS

4.22 οὐ γάρ ἐστιν κρυπτὸν ἐὰν μὴ ἵνα φανερωθῇ, οὐδὲ ἐγένετο
    AB CS VIPA--ZS AP-NN-S   CS   AB CS VSAP--ZS   CC   VIAD--ZS

ἀπόκρυφον ἀλλ᾽ ἵνα ἔλθῃ εἰς φανερόν. 4.23 εἴ τις ἔχει ὦτα
AP-NN-S   CC   CS VSAA--ZS PA AP-AN-S   CS APINM-S VIPA--ZS N-AN-P

ἀκούειν ἀκουέτω.
VNPA   VMPA--ZS

4.24 Καὶ ἔλεγεν αὐτοῖς, Βλέπετε τί ἀκούετε. ἐν ᾧ
    CC   VIIA--ZS NPDMZP VMPA--YP APTAN-S VIPA--YP PD APRDN-S+

μέτρῳ μετρεῖτε μετρηθήσεται ὑμῖν καὶ προστεθήσεται ὑμῖν.
N-DN-S VIPA--YP VIFP--ZS   NPD-YP CC VIFP--ZS   NPD-YP

4.25 ὃς γὰρ ἔχει, δοθήσεται αὐτῷ· καὶ ὃς οὐκ ἔχει, καὶ
    APRNM-S+ CS VIPA--ZS VIFP--ZS NPDMZS CC APRNM-S+ AB VIPA--ZS AB

ὃ ἔχει ἀρθήσεται ἀπ᾽ αὐτοῦ.
APRAN-S☐APDNN-S&APRAN-S VIPA--ZS VIFP--ZS   PG NPGMZS

4.26 Καὶ ἔλεγεν, Οὕτως ἐστὶν ἡ βασιλεία τοῦ θεοῦ ὡς
    CC   VIIA--ZS AB   VIPA--ZS DNFS N-NF-S   DGMS N-GM-S CS

ἄνθρωπος βάλῃ τὸν σπόρον ἐπὶ τῆς γῆς 4.27 καὶ καθεύδῃ καὶ
N-NM-S   VSAA--ZS DAMS N-AM-S   PG DGFS N-GF-S   CC VSPA--ZS CC

ἐγείρηται νύκτα καὶ ἡμέραν, καὶ ὁ σπόρος βλαστᾷ καὶ
VSPP--ZS   N-AF-S CC N-AF-S   CC DNMS N-NM-S VSPA--ZS CC

μηκύνηται ὡς οὐκ οἶδεν αὐτός. 4.28 αὐτομάτη ἡ γῆ
VSPM--ZS   CS AB VIRA--ZS NPNMZS   A--NF-S   DNFS N-NF-S

καρποφορεῖ, πρῶτον χόρτον, εἶτα στάχυν, εἶτα πλήρη[ς]
VIPA--ZS   APOAN-S☐AB N-AM-S   AB   N-AM-S   AB   A--NM-S☐A--AM-S/A--AM-S

σῖτον ἐν τῷ στάχυϊ. 4.29 ὅταν δὲ παραδοῖ ὁ καρπός, εὐθὺς
N-AM-S PD DDMS N-DM-S   CS CH VSAA--ZS DNMS N-NM-S   AP-NM-S☐AB

ἀποστέλλει τὸ δρέπανον, ὅτι παρέστηκεν ὁ θερισμός.
VIPA--ZS   DANS N-AN-S   CS VIRA--ZS   DNMS N-NM-S

4.30 Καὶ ἔλεγεν, Πῶς ὁμοιώσωμεν τὴν βασιλείαν τοῦ θεοῦ, ἢ
    CC   VIIA--ZS ABT VSAA--XP   DAFS N-AF-S   DGMS N-GM-S CS

ἐν τίνι αὐτὴν παραβολῇ θῶμεν; 4.31 ὡς κόκκῳ σινάπεως, ὃς
PD A-TDF-S NPAFZS N-DF-S   VSAA--XP   CS N-DM-S N-GN-S   APRNM-S

ὅταν σπαρῇ ἐπὶ τῆς γῆς, μικρότερον ὂν πάντων τῶν
CS   VSAP--ZS PG DGFS N-GF-S A-MNN-S   VPPANN-S A--GN-P DGNP

σπερμάτων τῶν ἐπὶ τῆς γῆς, 4.32 καὶ ὅταν σπαρῇ, ἀναβαίνει καὶ
N-GN-P   DGNP PG DGFS N-GF-S   CC CS VSAP--ZS VIPA--ZS   CC

γίνεται μεῖζον πάντων τῶν λαχάνων καὶ ποιεῖ κλάδους μεγάλους,
VIPN--ZS A-MNN-S A--GN-P DGNP N-GN-P CC VIPA--ZS N-AM-P A--AM-P

ὥστε δύνασθαι ὑπὸ τὴν σκιὰν αὐτοῦ τὰ πετεινὰ τοῦ οὐρανοῦ
CH VNPN PA DAFS N-AF-S NPGNZS DANP AP-AN-P DGMS N-GM-S

κατασκηνοῦν.
VNPA

4.33 Καὶ τοιαύταις παραβολαῖς πολλαῖς ἐλάλει αὐτοῖς τὸν
CC A-DDF-P N-DF-P A--DF-P VIIA--ZS NPDMZP DAMS

λόγον, καθὼς ἠδύναντο ἀκούειν· 4.34 χωρὶς δὲ παραβολῆς οὐκ
N-AM-S CS VIIN--ZP VNPA PG CH N-GF-S AB

ἐλάλει αὐτοῖς, κατ᾽ ἰδίαν δὲ τοῖς ἰδίοις μαθηταῖς ἐπέλυεν πάντα.
VIIA--ZS NPDMZP PA AP-AF-S CH DDMP A--DM-P N-DM-P VIIA--ZS AP-AN-P

4.35 Καὶ λέγει αὐτοῖς ἐν ἐκείνῃ τῇ ἡμέρᾳ ὀψίας γενομένης,
CC VIPA--ZS NPDMZP PD A-DDF-S DDFS N-DF-S A--GF-S VPADGF-S

Διέλθωμεν εἰς τὸ πέραν. 4.36 καὶ ἀφέντες τὸν ὄχλον
VSAA--XP PA DANS AB□AP-AN-S CC VPRAANM-P DAMS N-AM-S

παραλαμβάνουσιν αὐτὸν ὡς ἦν ἐν τῷ πλοίῳ, καὶ ἄλλα πλοῖα
VIPA--ZP NPAMZS CS VIIA--ZS PD DDNS N-DN-S CC A--NN-P N-NN-P

ἦν μετ᾽ αὐτοῦ. 4.37 καὶ γίνεται λαῖλαψ μεγάλη ἀνέμου, καὶ τὰ
VIIA--ZS PG NPGMZS CC VIPN--ZS N-NF-S A--NF-S N-GM-S CC DNNP

κύματα ἐπέβαλλεν εἰς τὸ πλοῖον, ὥστε ἤδη γεμίζεσθαι τὸ
N-NN-P VIIA--ZS PA DANS N-AN-S CH AB VNPP DANS

πλοῖον. 4.38 καὶ αὐτὸς ἦν ἐν τῇ πρύμνῃ ἐπὶ τὸ
N-AN-S CC NPNMZS VIIA--ZS+ PD DDFS N-DF-S PA DANS

προσκεφάλαιον καθεύδων· καὶ ἐγείρουσιν αὐτὸν καὶ λέγουσιν
N-AN-S +VPPANM-S CC VIPA--ZP NPAMZS CC VIPA--ZP

αὐτῷ, Διδάσκαλε, οὐ μέλει σοι ὅτι ἀπολλύμεθα; 4.39 καὶ
NPDMZS N-VM-S QT VIPA--ZS NPD-YS CC VIPM--XP CC

διεγερθεὶς ἐπετίμησεν τῷ ἀνέμῳ καὶ εἶπεν τῇ θαλάσσῃ, Σιώπα,
VPAPNM-S VIAA--ZS DDMS N-DM-S CC VIAA--ZS DDFS N-DF-S VMPA--YS

πεφίμωσο. καὶ ἐκόπασεν ὁ ἄνεμος, καὶ ἐγένετο γαλήνη
VMRP--YS CC VIAA--ZS DNMS N-NM-S CC VIAD--ZS N-NF-S

μεγάλη. 4.40 καὶ εἶπεν αὐτοῖς, Τί δειλοί ἐστε; οὔπω ἔχετε
A--NF-S CC VIAA--ZS NPDMZP APTAN-S□ABT A--NM-P VIPA--YP AB VIPA--YP

πίστιν; 4.41 καὶ ἐφοβήθησαν φόβον μέγαν, καὶ ἔλεγον πρὸς
N-AF-S CC VIAO--ZP N-AM-S A--AM-S CC VIIA--ZP PA

ἀλλήλους, Τίς ἄρα οὗτός ἐστιν ὅτι καὶ ὁ ἄνεμος καὶ ἡ
NPAMZP APTNM-S CH APDNM-S VIPA--ZS CH/CS AB/CC DNMS N-NM-S CC DNFS

θάλασσα ὑπακούει αὐτῷ;
N-NF-S VIPA--ZS NPDMZS

5.1 Καὶ ἦλθον εἰς τὸ πέραν τῆς θαλάσσης εἰς τὴν χώραν
CC VIAA--ZP PA DANS AB□AP-AN-S DGFS N-GF-S PA DAFS N-AF-S

τῶν Γερασηνῶν. 5.2 καὶ ἐξελθόντος αὐτοῦ ἐκ τοῦ πλοίου εὐθὺς
DGMP AP-GM-P CC VPAAGM-S NPGMZS PG DGNS N-GN-S AP-NM-S□AB

ὑπήντησεν αὐτῷ ἐκ τῶν μνημείων ἄνθρωπος ἐν πνεύματι
VIAA--ZS NPDMZS PG DGNP N-GN-P N-NM-S PD N-DN-S

ἀκαθάρτῳ, 5.3 ὃς τὴν κατοίκησιν εἶχεν ἐν τοῖς μνήμασιν· καὶ
A--DN-S APRNM-S DAFS N-AF-S VIIA--ZS PD DDNP N-DN-P CC

οὐδὲ ἁλύσει οὐκέτι οὐδεὶς ἐδύνατο αὐτὸν δῆσαι, 5.4 διὰ τὸ αὐτὸν
AB N-DF-S AB APCNM-S VIIN--ZS NPAMZS VNAA PA DANS NPAMZS

πολλάκις πέδαις καὶ ἁλύσεσιν δεδέσθαι καὶ διεσπάσθαι ὑπ᾽
AB N-DF-P CC N-DF-P VNRPA CC VNRPA PG

αὐτοῦ τὰς ἁλύσεις καὶ τὰς πέδας συντετρῖφθαι, καὶ οὐδεὶς ἴσχυεν
NPGMZS DAFP N-AF-P CC DAFP N-AF-P VNRPA CC APCNM-S VIIA--ZS

αὐτὸν δαμάσαι· 5.5 καὶ διὰ παντὸς νυκτὸς καὶ ἡμέρας ἐν τοῖς
NPAMZS VNAA CC PG AP-GM-S N-GF-S CC N-GF-S PD DDNP

μνήμασιν καὶ ἐν τοῖς ὄρεσιν ἦν κράζων καὶ κατακόπτων
N-DN-P CC PD DDNP N-DN-P VIIA--ZS+ +VPPANM-S CC +VPPANM-S

ἑαυτὸν λίθοις. 5.6 καὶ ἰδὼν τὸν Ἰησοῦν ἀπὸ μακρόθεν ἔδραμεν
NPAMZS N-DM-P CC VPAANM-S DAMS N-AM-S PG AB□AP-GN-S VIAA--ZS

καὶ προσεκύνησεν αὐτῷ, 5.7 καὶ κράξας φωνῇ μεγάλῃ λέγει,
CC VIAA--ZS NPDMZS CC VPAANM-S N-DF-S A--DF-S VIPA--ZS

Τί ἐμοὶ καὶ σοί, Ἰησοῦ υἱὲ τοῦ θεοῦ τοῦ ὑψίστου; ὁρκίζω
APTNN-S NPD-XS CC NPD-YS N-VM-S N-VM-S DGMS N-GM-S DGMS A-SGM-S VIPA--XS

σε τὸν θεόν, μή με βασανίσῃς. 5.8 ἔλεγεν γὰρ αὐτῷ,
NPA-YS DAMS N-AM-S AB NPA-XS VSAA--YS□VMAA--YS VIIA--ZS CS NPDNZS

Ἔξελθε τὸ πνεῦμα τὸ ἀκάθαρτον ἐκ τοῦ ἀνθρώπου. 5.9 καὶ
VMAA--YS DVNS N-VN-S DVNS A--VN-S PG DGMS N-GM-S CC

ἐπηρώτα αὐτόν, Τί ὄνομά σοι; καὶ λέγει αὐτῷ, Λεγιὼν ὄνομά
VIIA--ZS NPAMZS A-TNN-S N-NN-S NPD-YS CC VIPA--ZS NPDMZS N-NF-S N-NN-S

μοι, ὅτι πολλοί ἐσμεν. 5.10 καὶ παρεκάλει αὐτὸν πολλὰ ἵνα μὴ
NPD-XS CS AP-NM-P VIPA--XP CC VIIA--ZS NPAMZS AP-AN-P□AB CC AB

αὐτὰ ἀποστείλῃ ἔξω τῆς χώρας.
NPANZP VSAA--ZS PG DGFS N-GF-S

5.11 Ἦν δὲ ἐκεῖ πρὸς τῷ ὄρει ἀγέλη χοίρων μεγάλη
VIIA--ZS+ CC AB PD DDNS N-DN-S N-NF-S N-GM-P A--NF-S

βοσκομένη· 5.12 καὶ παρεκάλεσαν αὐτὸν λέγοντες, Πέμψον ἡμᾶς
+VPPPNF-S CC VIAA--ZP NPAMZS VPPANM-P VMAA--YS NPA-XP

εἰς τοὺς χοίρους, ἵνα εἰς αὐτοὺς εἰσέλθωμεν. 5.13 καὶ ἐπέτρεψεν
PA DAMP N-AM-P CS PA NPAMZP VSAA--XP CC VIAA--ZS

αὐτοῖς. καὶ ἐξελθόντα τὰ πνεύματα τὰ ἀκάθαρτα εἰσῆλθον εἰς
NPDNZP CC VPAANN-P DNNP N-NN-P DNNP A--NN-P VIAA--ZP PA

τοὺς χοίρους, καὶ ὥρμησεν ἡ ἀγέλη κατὰ τοῦ κρημνοῦ εἰς τὴν
DAMP N-AM-P CC VIAA--ZS DNFS N-NF-S PG DGMS N-GM-S PA DAFS

θάλασσαν, ὡς δισχίλιοι, καὶ ἐπνίγοντο ἐν τῇ θαλάσσῃ. 5.14 καὶ
N-AF-S AB APCNM-P CC VIIP--ZP PD DDFS N-DF-S CC

οἱ βόσκοντες αὐτοὺς ἔφυγον καὶ ἀπήγγειλαν εἰς
DNMP□NPNMZP&APRNM-P VPPANM-P NPAMZP VIAA--ZP CC VIAA--ZP PA

τὴν πόλιν καὶ εἰς τοὺς ἀγρούς· καὶ ἦλθον ἰδεῖν τί ἐστιν
DAFS N-AF-S CC PA DAMP N-AM-P CC VIAA--ZP VNAA APTNN-S VIPA--ZS

τὸ γεγονός. 5.15 καὶ ἔρχονται πρὸς τὸν Ἰησοῦν,
DNNS□NPNNZS&APRNN-S VPRANN-S CC VIPN--ZP PA DAMS N-AM-S

καὶ θεωροῦσιν τὸν δαιμονιζόμενον καθήμενον
CC VIPA--ZP DAMS□NPAMZS&APRNM-S VPPNAM-S VPPNAM-S

ἱματισμένον καὶ σωφρονοῦντα, τὸν ἐσχηκότα τὸν
VPRPAM-S CC VPPAAM-S DAMS□APRNM-S VPRAAM-S DAMS

λεγιῶνα, καὶ ἐφοβήθησαν. 5.16 καὶ διηγήσαντο αὐτοῖς
N-AM-S CC VIAO--ZP CC VIAD--ZP NPDMZP

οἱ ἰδόντες πῶς ἐγένετο τῷ
DNMP□NPNMZP&APRNM-P VPAANM-P ABT VIAD--ZS DDMS□NPDMZS&APRNM-S

δαιμονιζομένῳ καὶ περὶ τῶν χοίρων. 5.17 καὶ ἤρξαντο παρακαλεῖν
VPPNDM-S CC PG DGMP N-GM-P CC VIAM--ZP VNPA

αὐτὸν ἀπελθεῖν ἀπὸ τῶν ὁρίων αὐτῶν. 5.18 καὶ ἐμβαίνοντος
NPAMZS VNAA PG DGNP N-GN-P NPGMZP CC VPPAGM-S

αὐτοῦ εἰς τὸ πλοῖον παρεκάλει αὐτὸν ὁ
NPGMZS PA DANS N-AN-S VIIA--ZS NPAMZS DNMS□NPNMZS&APRNM-S

δαιμονισθεὶς ἵνα μετ᾽ αὐτοῦ ᾖ. 5.19 καὶ οὐκ ἀφῆκεν αὐτόν,
VPAONM-S CC PG NPGMZS VSPA--ZS CC AB VIAA--ZS NPAMZS

ἀλλὰ λέγει αὐτῷ, Ὕπαγε εἰς τὸν οἶκόν σου πρὸς τοὺς σούς, καὶ
CH VIPA--ZS NPDMZS VMPA--YS PA DAMS N-AM-S NPG-YS PA DAMP AP-AMYP CC

ἀπάγγειλον αὐτοῖς ὅσα ὁ κύριός σοι
VMAA--YS NPDMZP APRAN-P□APDAN-P&APRAN-P DNMS N-NM-S NPD-YS

πεποίηκεν καὶ ἠλέησέν σε. 5.20 καὶ ἀπῆλθεν καὶ ἤρξατο
VIRA--ZS CC VIAA--ZS NPA-YS CC VIAA--ZS CC VIAM--ZS

κηρύσσειν ἐν τῇ Δεκαπόλει ὅσα ἐποίησεν αὐτῷ
VNPA PD DDFS N-DF-S APRAN-P□APDAN-P&APRAN-P VIAA--ZS NPDMZS

ὁ Ἰησοῦς, καὶ πάντες ἐθαύμαζον.
DNMS N-NM-S CC AP-NM-P VIIA--ZP

5.21 Καὶ διαπεράσαντος τοῦ Ἰησοῦ [ἐν τῷ πλοίῳ] πάλιν εἰς
CC VPAAGM-S DGMS N-GM-S PD DDNS N-DN-S AB PA

τὸ πέραν συνήχθη ὄχλος πολὺς ἐπ᾽ αὐτόν, καὶ ἦν παρὰ τὴν
DANS AB□AP-AN-S VIAP--ZS N-NM-S A--NM-S PA NPAMZS CC VIIA--ZS PA DAFS

θάλασσαν. 5.22 καὶ ἔρχεται εἷς τῶν ἀρχισυναγώγων, ὀνόματι
N-AF-S CC VIPN--ZS APCNM-S DGMP N-GM-P N-DN-S

Ἰάϊρος, καὶ ἰδὼν αὐτὸν πίπτει πρὸς τοὺς πόδας αὐτοῦ 5.23 καὶ
N-NM-S CC VPAANM-S NPAMZS VIPA--ZS PA DAMP N-AM-P NPGMZS CC

παρακαλεῖ αὐτὸν πολλὰ λέγων ὅτι Τὸ θυγάτριόν μου
VIPA--ZS NPAMZS AP-AN-P□AB VPPANM-S CH DNNS N-NN-S NPG-XS

ἐσχάτως ἔχει, ἵνα ἐλθὼν ἐπιθῇς τὰς χεῖρας αὐτῇ ἵνα σωθῇ καὶ
AB VIPA--ZS CH VPAANMYS VSAA--YS DAFP N-AF-P NPDFZS CS VSAP--ZS CC

ζήσῃ. 5.24 καὶ ἀπῆλθεν μετ᾽ αὐτοῦ.
VSAA--ZS CC VIAA--ZS PG NPGMZS

Καὶ ἠκολούθει αὐτῷ ὄχλος πολύς, καὶ συνέθλιβον αὐτόν.
CC VIIA--ZS NPDMZS N-NM-S A--NM-S CC VIIA--ZP NPAMZS

5.25 καὶ γυνὴ οὖσα ἐν ῥύσει αἵματος δώδεκα ἔτη 5.26 καὶ
CC N-NF-S VPPANF-S PD N-DF-S N-GN-S A-CAN-P N-AN-P CC

πολλὰ παθοῦσα ὑπὸ πολλῶν ἰατρῶν καὶ δαπανήσασα τὰ παρ᾽
AP-AN-P VPAANF-S PG A--GM-P N-GM-P CC VPAANF-S DANP PG

αὐτῆς πάντα καὶ μηδὲν ὠφεληθεῖσα ἀλλὰ μᾶλλον εἰς τὸ χεῖρον
NPGFZS AP-AN-P CC APCAN-S VPAPNF-S CH ABM PA DANS APMAN-S

ἐλθοῦσα, 5.27 ἀκούσασα περὶ τοῦ Ἰησοῦ, ἐλθοῦσα ἐν τῷ ὄχλῳ
VPAANF-S VPAANF-S PG DGMS N-GM-S VPAANF-S PD DDMS N-DM-S

ὄπισθεν ἥψατο τοῦ ἱματίου αὐτοῦ· 5.28 ἔλεγεν γὰρ ὅτι Ἐὰν
AB VIAM--ZS DGNS N-GN-S NPGMZS VIIA--ZS CS CH CS

ἅψωμαι κἂν τῶν ἱματίων αὐτοῦ σωθήσομαι. 5.29 καὶ εὐθὺς
VSAM--XS AB&QV DGNP N-GN-P NPGMZS VIFP--XS CC AP-NM-S□AB

ἐξηράνθη ἡ πηγὴ τοῦ αἵματος αὐτῆς, καὶ ἔγνω τῷ σώματι ὅτι
VIAP--ZS DNFS N-NF-S DGNS N-GN-S NPGFZS CC VIAA--ZS DDNS N-DN-S CC

ἴαται ἀπὸ τῆς μάστιγος. 5.30 καὶ εὐθὺς ὁ Ἰησοῦς ἐπιγνοὺς
VIRP--ZS PG DGFS N-GF-S CC AP-NM-S□AB DNMS N-NM-S VPAANM-S

ἐν ἑαυτῷ τὴν ἐξ αὐτοῦ δύναμιν ἐξελθοῦσαν ἐπιστραφεὶς ἐν τῷ
PD NPDMZS DAFS PG NPGMZS N-AF-S VPAAAF-S VPAPNM-S PD DDMS

ὄχλῳ ἔλεγεν, Τίς μου ἥψατο τῶν ἱματίων; 5.31 καὶ ἔλεγον
N-DM-S VIIA--ZS APTNM-S NPG-XS VIAM--ZS DGNP N-GN-P CC VIIA--ZP

αὐτῷ οἱ μαθηταὶ αὐτοῦ, Βλέπεις τὸν ὄχλον συνθλίβοντά σε,
NPDMZS DNMP N-NM-P NPGMZS VIPA--YS DAMS N-AM-S VPPAAM-S NPA-YS

καὶ λέγεις, Τίς μου ἥψατο; 5.32 καὶ περιεβλέπετο ἰδεῖν
CC VIPA--YS APTNM-S NPG-XS VIAM--ZS CC VIIM--ZS VNAA

τὴν τοῦτο ποιήσασαν. 5.33 ἡ δὲ γυνὴ φοβηθεῖσα
DAFS□NPAFZS&APRNF-S APDAN-S VPAAAF-S DNFS CH N-NF-S VPAONF-S

καὶ τρέμουσα, εἰδυῖα ὃ γέγονεν αὐτῇ, ἦλθεν καὶ
CC VPPANF-S VPRANF-S APRNN-S□APDAN-S&APRNN-S VIRA--ZS NPDFZS VIAA--ZS CC

προσέπεσεν αὐτῷ καὶ εἶπεν αὐτῷ πᾶσαν τὴν ἀλήθειαν.
VIAA--ZS NPDMZS CC VIAA--ZS NPDMZS A--AF-S DAFS N-AF-S

5.34 ὁ δὲ εἶπεν αὐτῇ, Θυγάτηρ, ἡ πίστις σου
DNMS□NPNMZS CH VIAA--ZS NPDFZS N-NF-S□N-VF-S DNFS N-NF-S NPG-YS

σέσωκέν σε· ὕπαγε εἰς εἰρήνην, καὶ ἴσθι ὑγιὴς ἀπὸ τῆς
VIRA--ZS NPA-YS VMPA--YS PA N-AF-S CC VMPA--YS A--NF-S PG DGFS

μάστιγός σου.
N-GF-S NPG-YS

5.35 Ἔτι αὐτοῦ λαλοῦντος ἔρχονται ἀπὸ τοῦ ἀρχισυναγώγου
AB NPGMZS VPPAGM-S VIPN--ZP PG DGMS N-GM-S

λέγοντες ὅτι Ἡ θυγάτηρ σου ἀπέθανεν· τί ἔτι σκύλλεις
VPPANM-P CH DNFS N-NF-S NPG-YS VIAA--ZS APTAN-S□ABT AB VIPA--YS

τὸν διδάσκαλον; 5.36 ὁ δὲ Ἰησοῦς παρακούσας τὸν λόγον
DAMS N-AM-S DNMS CH N-NM-S VPAANM-S DAMS N-AM-S

λαλούμενον λέγει τῷ ἀρχισυναγώγῳ, Μὴ φοβοῦ, μόνον
VPPPAM-S VIPA--ZS DDMS N-DM-S AB VMPN--YS AP-AN-S□AB

πίστευε. 5.37 καὶ οὐκ ἀφῆκεν οὐδένα μετ᾽ αὐτοῦ συνακολουθῆσαι
VMPA--YS CC AB VIAA--ZS APCAM-S PG NPGMZS VNAA

εἰ μὴ τὸν Πέτρον καὶ Ἰάκωβον καὶ Ἰωάννην τὸν ἀδελφὸν
CS AB DAMS N-AM-S CC N-AM-S CC N-AM-S DAMS N-AM-S

Ἰακώβου. 5.38 καὶ ἔρχονται εἰς τὸν οἶκον τοῦ ἀρχισυναγώγου,
N-GM-S CC VIPN--ZP PA DAMS N-AM-S DGMS N-GM-S

καὶ θεωρεῖ θόρυβον καὶ κλαίοντας καὶ ἀλαλάζοντας πολλά,
CC VIPA--ZS N-AM-S CC VPPAAM-P CC VPPAAM-P AP-AN-P□AB

5.39 καὶ εἰσελθὼν λέγει αὐτοῖς, Τί θορυβεῖσθε καὶ κλαίετε;
CC VPAANM-S VIPA--ZS NPDMZP APTAN-S□ABT VIPP--YP CC VIPA--YP

τὸ παιδίον οὐκ ἀπέθανεν ἀλλὰ καθεύδει. 5.40 καὶ κατεγέλων
DNNS N-NN-S AB VIAA--ZS CH VIPA--ZS CC VIIA--ZP

αὐτοῦ. αὐτὸς δὲ ἐκβαλὼν πάντας παραλαμβάνει τὸν πατέρα τοῦ
NPGMZS NPNMZS CC VPAANM-S AP-AM-P VIPA--ZS DAMS N-AM-S DGNS

παιδίου καὶ τὴν μητέρα καὶ τοὺς μετ᾽ αὐτοῦ, καὶ εἰσπορεύεται
N-GN-S CC DAFS N-AF-S CC DAMP PG NPGMZS CC VIPN--ZS

ὅπου ἦν τὸ παιδίον· 5.41 καὶ κρατήσας τῆς χειρὸς τοῦ
CS VIIA--ZS DNNS N-NN-S CC VPAANM-S DGFS N-GF-S DGNS

παιδίου λέγει αὐτῇ, Ταλιθα κουμ, ὅ ἐστιν
N-GN-S VIPA--ZS NPDFZS N-VF-S VMAA--YS APRNN-S VIPA--ZS+

μεθερμηνευόμενον Τὸ κοράσιον, σοὶ λέγω, ἔγειρε. 5.42 καὶ
+VPPPNN-S DVNS N-VN-S NPD-YS VIPA--XS VMPA--YS CC

εὐθὺς ἀνέστη τὸ κοράσιον καὶ περιεπάτει, ἦν γὰρ ἐτῶν
AP-NM-S□AB VIAA--ZS DNNS N-NN-S CC VIIA--ZS VIIA--ZS CS N-GN-P

δώδεκα. καὶ ἐξέστησαν [εὐθὺς] ἐκστάσει μεγάλῃ. 5.43 καὶ
A-CGN-P CC VIAA--ZP AP-NM-S□AB N-DF-S A--DF-S CC

διεστείλατο αὐτοῖς πολλὰ ἵνα μηδεὶς γνοῖ τοῦτο, καὶ εἶπεν
VIAM--ZS NPDMZP AP-AN-P□AB CC APCNM-S VSAA--ZS APDAN-S CC VIAA--ZS

δοθῆναι αὐτῇ φαγεῖν.
VNAP NPDFZS VNAA

6.1 Καὶ ἐξῆλθεν ἐκεῖθεν, καὶ ἔρχεται εἰς τὴν πατρίδα αὐτοῦ,
CC VIAA--ZS AB CC VIPN--ZS PA DAFS N-AF-S NPGMZS

καὶ ἀκολουθοῦσιν αὐτῷ οἱ μαθηταὶ αὐτοῦ. 6.2 καὶ γενομένου
CC VIPA--ZP NPDMZS DNMP N-NM-P NPGMZS CC VPADGN-S

σαββάτου ἤρξατο διδάσκειν ἐν τῇ συναγωγῇ· καὶ πολλοὶ
N-GN-S VIAM--ZS VNPA PD DDFS N-DF-S CC AP-NM-P

ἀκούοντες ἐξεπλήσσοντο λέγοντες, Πόθεν τούτῳ ταῦτα, καὶ τίς
VPPANM-P VIIP--ZP VPPANM-P ABT APDDM-S APDNN-P CC APTNF-S

ἡ σοφία ἡ δοθεῖσα τούτῳ καὶ αἱ δυνάμεις τοιαῦται
DNFS N-NF-S DNFS□APRNF-S VPAPNF-S APDDM-S CC DNFP N-NF-P A-DNF-P

διὰ τῶν χειρῶν αὐτοῦ γινόμεναι; 6.3 οὐχ οὗτός ἐστιν ὁ τέκτων,
PG DGFP N-GF-P NPGMZS VPPNNF-P QT APDNM-S VIPA--ZS DNMS N-NM-S

123

ὁ   υἱὸς   τῆς Μαρίας καὶ ἀδελφὸς Ἰακώβου καὶ Ἰωσῆτος καὶ
DNMS N-NM-S DGFS N-GF-S CC N-NM-S   N-GM-S   CC N-GM-S   CC

Ἰούδα καὶ Σίμωνος; καὶ οὐκ εἰσὶν αἱ   ἀδελφαὶ αὐτοῦ ὧδε πρὸς
N-GM-S CC N-GM-S   CC QT VIPA--ZP DNFP N-NF-P NPGMZS AB PA

ἡμᾶς; καὶ ἐσκανδαλίζοντο ἐν αὐτῷ. 6.4 καὶ ἔλεγεν αὐτοῖς ὁ
NPA-XP CC VIIP--ZP   PD NPDMZS   CC VIIA--ZS NPDMZP DNMS

Ἰησοῦς ὅτι Οὐκ ἔστιν προφήτης ἄτιμος εἰ μὴ ἐν τῇ   πατρίδι
N-NM-S CC AB VIPA--ZS N-NM-S   A--NM-S CS AB PD DDFS N-DF-S

αὐτοῦ καὶ ἐν τοῖς συγγενεῦσιν αὐτοῦ καὶ ἐν τῇ   οἰκίᾳ αὐτοῦ.
NPGMZS CC PD DDMP AP-DM-P   NPGMZS CC PD DDFS N-DF-S NPGMZS

6.5 καὶ οὐκ ἐδύνατο ἐκεῖ ποιῆσαι οὐδεμίαν δύναμιν, εἰ μὴ ὀλίγοις
    CC AB VIIN--ZS AB VNAA   A-CAF-S   N-AF-S   CS AB A--DM-P

ἀρρώστοις ἐπιθεὶς τὰς χεῖρας ἐθεράπευσεν· 6.6 καὶ ἐθαύμαζεν διὰ
AP-DM-P   VPAANM-S DAFP N-AF-P VIAA--ZS   CC VIIA--ZS   PA

τὴν ἀπιστίαν αὐτῶν.
DAFS N-AF-S NPGMZS

Καὶ περιῆγεν τὰς κώμας κύκλῳ διδάσκων. 6.7 καὶ
CC VIIA--ZS DAFP N-AF-P AB   VPPANM-S   CC

προσκαλεῖται τοὺς δώδεκα, καὶ ἤρξατο αὐτοὺς ἀποστέλλειν δύο
VIPN--ZS   DAMP APCAM-P CC VIAM--ZS NPAMZP VNPA   APCAM-P

δύο,   καὶ ἐδίδου αὐτοῖς ἐξουσίαν τῶν πνευμάτων τῶν ἀκαθάρτων·
APCAM-P CC VIIA--ZS NPDMZP N-AF-S   DGNP N-GN-P   DGNP A--GN-P

6.8 καὶ παρήγγειλεν αὐτοῖς ἵνα μηδὲν αἴρωσιν εἰς ὁδὸν εἰ μὴ
    CC VIAA--ZS   NPDMZP CC APCAN-S VSPA--ZP PA N-AF-S CS AB

ῥάβδον μόνον,   μὴ ἄρτον, μὴ πήραν, μὴ εἰς τὴν ζώνην χαλκόν,
N-AF-S AP-AN-S□AB AB N-AM-S AB N-AF-S AB PA DAFS N-AF-S N-AM-S

6.9 ἀλλὰ ὑποδεδεμένους σανδάλια καὶ μὴ ἐνδύσησθε   δύο
    CH   VPRMAM-P   N-AN-P   CC AB VSAM--YP□VMAM--YP A-CAM-P

χιτῶνας. 6.10 καὶ ἔλεγεν αὐτοῖς, Ὅπου ἐὰν εἰσέλθητε εἰς οἰκίαν,
N-AM-P   CC VIIA--ZS NPDMZP CS   QV VSAA--YP PA N-AF-S

ἐκεῖ μένετε ἕως ἂν ἐξέλθητε ἐκεῖθεν. 6.11 καὶ ὃς   ἂν τόπος μὴ
AB   VMPA--YP CS QV VSAA--YP AB   CC· A-RNM-S QV N-NM-S AB

δέξηται ὑμᾶς μηδὲ ἀκούσωσιν ὑμῶν, ἐκπορευόμενοι ἐκεῖθεν
VSAD--ZS NPA-YP CC VSAA--ZP NPG-YP VRPNNMYP   AB

ἐκτινάξατε τὸν χοῦν τὸν ὑποκάτω τῶν ποδῶν ὑμῶν εἰς
VMAA--YP   DAMS N-AM-S DAMS PG   DGMP N-GM-P NPG-YP PA

μαρτύριον αὐτοῖς. 6.12 Καὶ ἐξελθόντες ἐκήρυξαν ἵνα μετανοῶσιν,
N-AN-S   NPDMZP   CC VPAANM-P   VIAA--ZP CC VSPA--ZP

6.13 καὶ δαιμόνια πολλὰ ἐξέβαλλον, καὶ ἤλειφον ἐλαίῳ πολλοὺς
     CC N-AN-P   A--AN-P VIIA--ZP   CC VIIA--ZP N-DN-S A--AM-P

ἀρρώστους καὶ ἐθεράπευον.
AP-AM-P   CC VIIA--ZP

6.14 Καὶ ἤκουσεν ὁ   βασιλεὺς Ἡρῴδης, φανερὸν γὰρ
     CC VIAA--ZS DNMS N-NM-S   N-NM-S A--NN-S CS

ἐγένετο τὸ ὄνομα αὐτοῦ, καὶ ἔλεγον ὅτι Ἰωάννης ὁ
VIAD--ZS DNNS N-NN-S NPGMZS CC VIIA--ZP CH N-NM-S DNMS☐APRNM-S

βαπτίζων ἐγήγερται ἐκ νεκρῶν, καὶ διὰ τοῦτο ἐνεργοῦσιν αἱ
VPPANM-S VIRP--ZS PG AP-GM-P CC PA APDAN-S VIPA--ZP DNFP

δυνάμεις ἐν αὐτῷ. 6.15 ἄλλοι δὲ ἔλεγον ὅτι Ἠλίας ἐστίν· ἄλλοι δὲ
N-NF-P PD NPDMZS AP-NM-P CC VIIA--ZP CC N-NM-S VIPA--ZS AP-NM-P CC

ἔλεγον ὅτι προφήτης ὡς εἷς τῶν προφητῶν. 6.16 ἀκούσας δὲ
VIIA--ZP CC N-NM-S CS APCNM-S DGMP N-GM-P VPAANM-S CH

ὁ Ἡρῴδης ἔλεγεν, Ὃν ἐγὼ ἀπεκεφάλισα Ἰωάννην,
DNMS N-NM-S VIIA--ZS APRAM-S+ NPN-XS VIAA--XS N-AM-S

οὗτος ἠγέρθη. 6.17 Αὐτὸς γὰρ ὁ Ἡρῴδης ἀποστείλας
APDNM-S VIAP--ZS NPNMZS CS DNMS N-NM-S VPAANM-S

ἐκράτησεν τὸν Ἰωάννην καὶ ἔδησεν αὐτὸν ἐν φυλακῇ διὰ
VIAA--ZS DAMS N-AM-S CC VIAA--ZS NPAMZS PD N-DF-S PA

Ἡρῳδιάδα τὴν γυναῖκα Φιλίππου τοῦ ἀδελφοῦ αὐτοῦ, ὅτι αὐτὴν
N-AF-S DAFS N-AF-S N-GM-S DGMS N-GM-S NPGMZS CS NPAFZS

ἐγάμησεν· 6.18 ἔλεγεν γὰρ ὁ Ἰωάννης τῷ Ἡρῴδῃ ὅτι Οὐκ
VIAA--ZS VIIA--ZS CS DNMS N-NM-S DDMS N-DM-S CC AB

ἔξεστίν σοι ἔχειν τὴν γυναῖκα τοῦ ἀδελφοῦ σου. 6.19 ἡ δὲ
VIPA--ZS NPD-YS VNPA DAFS N-AF-S DGMS N-GM-S NPG-YS DNFS CC/CH

Ἡρῳδιὰς ἐνεῖχεν αὐτῷ καὶ ἤθελεν αὐτὸν ἀποκτεῖναι, καὶ οὐκ
N-NF-S VIIA--ZS NPDMZS CC VIIA--ZS NPAMZS VNAA CC AB

ἠδύνατο· 6.20 ὁ γὰρ Ἡρῴδης ἐφοβεῖτο τὸν Ἰωάννην, εἰδὼς
VIIN--ZS DNMS CS N-NM-S VIIN--ZS DAMS N-AM-S VPRANM-S

αὐτὸν ἄνδρα δίκαιον καὶ ἅγιον, καὶ συνετήρει αὐτόν, καὶ ἀκούσας
NPAMZS N-AM-S A--AM-S CC A--AM-S CC VIIA--ZS NPAMZS CC VPAANM-S

αὐτοῦ πολλὰ ἠπόρει, καὶ ἡδέως αὐτοῦ ἤκουεν. 6.21 Καὶ
NPGMZS AP-AN-P/AP-AN-P☐AB VIIA--ZS CC AB NPGMZS VIIA--ZS CC

γενομένης ἡμέρας εὐκαίρου ὅτε Ἡρῴδης τοῖς γενεσίοις αὐτοῦ
VPADGF-S N-GF-S A--GF-S ABR N-NM-S DDNP N-DN-P NPGMZS

δεῖπνον ἐποίησεν τοῖς μεγιστᾶσιν αὐτοῦ καὶ τοῖς χιλιάρχοις καὶ
N-AN-S VIAA--ZS DDMP N-DM-P NPGMZS CC DDMP N-DM-P CC

τοῖς πρώτοις τῆς Γαλιλαίας, 6.22 καὶ εἰσελθούσης τῆς θυγατρὸς
DDMP APODM-P DGFS N-GF-S CC VPAAGF-S DGFS N-GF-S

αὐτοῦ Ἡρῳδιάδος καὶ ὀρχησαμένης, ἤρεσεν τῷ Ἡρῴδῃ καὶ
NPGMZS N-GF-S CC VPADGF-S VIAA--ZS DDMS N-DM-S CC

τοῖς συνανακειμένοις. εἶπεν ὁ βασιλεὺς τῷ
DDMP☐NPDMZP&APRNM-P VPPNDM-P VIAA--ZS DNMS N-NM-S DDNS

κορασίῳ, Αἴτησόν με ὃ ἐὰν θέλῃς, καὶ δώσω
N-DN-S VMAA--YS NPA-XS APRAN-S☐APDAN-S&APRAN-S QV VSPA--YS CC VIFA--XS

σοι· 6.23 καὶ ὤμοσεν αὐτῇ [πολλά], Ὅ
NPD-YS CC VIAA--ZS NPDFZS AP-AN-P☐AB APRAN-S☐APDAN-S&APRAN-S†CC+

τι ἐάν με αἰτήσῃς δώσω σοι ἕως ἡμίσους τῆς
A-IAN-S†+CC QV†CS NPA-XS VSAA--YS VIFA--XS NPD-YS PG AP-GM-S/AP-GN-S DGFS

βασιλείας μου. 6.24 καὶ ἐξελθοῦσα εἶπεν τῇ μητρὶ αὐτῆς, Τί
N-GF-S　　NPG-XS　　CC　VPAANF-S　VIAA--ZS DDFS N-DF-S NPGFZS APTAN-S

αἰτήσωμαι; ἡ　　δὲ εἶπεν, Τὴν κεφαλὴν Ἰωάννου
VSAM--XS　DNFS□NPNFZS CH VIAA--ZS DAFS N-AF-S　N-GM-S

τοῦ βαπτίζοντος. 6.25 καὶ εἰσελθοῦσα εὐθὺς μετὰ
DGMS□APRNM-S VPPAGM-S　　CC VPAANF-S　AP-NM-S□AB PG

σπουδῆς πρὸς τὸν βασιλέα ᾐτήσατο λέγουσα, Θέλω ἵνα ἐξαυτῆς
N-GF-S　PA DAMS N-AM-S VIAM--ZS VPPANF-S VIPA--XS CC AB

δῶς μοι ἐπὶ πίνακι τὴν κεφαλὴν Ἰωάννου τοῦ βαπτιστοῦ.
VSAA--YS NPD-XS PD N-DM-S DAFS N-AF-S　N-GM-S DGMS N-GM-S

6.26 καὶ περίλυπος γενόμενος ὁ βασιλεὺς διὰ τοὺς ὅρκους καὶ
CC A-:NM-S VPADNM-S DNMS N-NM-S PA DAMP N-AM-P CC

τοὺς ἀνακειμένους οὐκ ἠθέλησεν ἀθετῆσαι αὐτήν·
DAMP□NPAMZP&APRNM-P VPPNAM-P AB VIAA--ZS VNAA NPAFZS

6.27 καὶ εὐθὺς ἀποστείλας ὁ βασιλεὺς σπεκουλάτορα
CC AP-NM-S□AB VPAANM-S DNMS N-NM-S N-AM-S

ἐπέταξεν ἐνέγκαι τὴν κεφαλὴν αὐτοῦ. καὶ ἀπελθὼν ἀπεκεφάλισεν
VIAA--ZS VNAA DAFS N-AF-S NPGMZS CC VPAANM-S VIAA--ZS

αὐτὸν ἐν τῇ φυλακῇ 6.28 καὶ ἤνεγκεν τὴν κεφαλὴν αὐτοῦ ἐπὶ
NPAMZS PD DDFS N-DF-S CC VIAA--ZS DAFS N-AF-S NPGMZS PD

πίνακι καὶ ἔδωκεν αὐτὴν τῷ κορασίῳ, καὶ τὸ κοράσιον ἔδωκεν
N-DM-S CC VIAA--ZS NPAFZS DDNS N-DN-S CC DNNS N-NN-S VIAA--ZS

αὐτὴν τῇ μητρὶ αὐτῆς. 6.29 καὶ ἀκούσαντες οἱ μαθηταὶ αὐτοῦ
NPAFZS DDFS N-DF-S NPGFZS CC VPAANM-P DNMP N-NM-P NPGMZS

ἦλθον καὶ ἦραν τὸ πτῶμα αὐτοῦ καὶ ἔθηκαν αὐτὸ ἐν μνημείῳ.
VIAA--ZP CC VIAA--ZP DANS N-AN-S NPGMZS CC VIAA--ZP NPANZS PD N-DN-S

6.30 Καὶ συνάγονται οἱ ἀπόστολοι πρὸς τὸν Ἰησοῦν, καὶ
CC VIPP--ZP DNMP N-NM-P PA DAMS N-AM-S CC

ἀπήγγειλαν αὐτῷ πάντα ὅσα ἐποίησαν καὶ ὅσα ἐδίδαξαν.
VIAA--ZP NPDMZS AP-AN-P APRAN-P VIAA--ZP CC APRAN-P VIAA--ZP

6.31 καὶ λέγει αὐτοῖς, Δεῦτε ὑμεῖς αὐτοὶ κατ' ἰδίαν εἰς ἔρημον
CC VIPA--ZS NPDMZP AB□VMAA--YP NPN-YP NPNMYP PA AP-AF-S PA A--AM-S

τόπον καὶ ἀναπαύσασθε ὀλίγον. ἦσαν γὰρ οἱ
N-AM-S CC VMAM--YP AP-AN-S VIIA--ZP CS DNMP□APRNM-P+

ἐρχόμενοι καὶ οἱ ὑπάγοντες πολλοί, καὶ οὐδὲ φαγεῖν
VPPNNM-P CC DNMP□APRNM-P+ VPPANM-P AP-NM-P CC AB VNAA

εὐκαίρουν. 6.32 καὶ ἀπῆλθον ἐν τῷ πλοίῳ εἰς ἔρημον τόπον κατ'
VIIA--ZP CC VIAA--ZP PD DDNS N-DN-S PA A--AM-S N-AM-S PA

ἰδίαν. 6.33 καὶ εἶδον αὐτοὺς ὑπάγοντας καὶ ἐπέγνωσαν πολλοί
AP-AF-S CC VIAA--ZP NPAMZP VPPAAM-P CC VIAA--ZP AP-NM-P

καὶ πεζῇ ἀπὸ πασῶν τῶν πόλεων συνέδραμον ἐκεῖ καὶ προῆλθον
CC AB PG A--GF-P DGFP N-GF-P VIAA--ZP AB CC VIAA--ZP

αὐτούς. 6.34 καὶ ἐξελθὼν εἶδεν πολὺν ὄχλον, καὶ ἐσπλαγχνίσθη
NPAMZP CC VPAANM-S VIAA--ZS A--AM-S N-AM-S CC VIAO--ZS

ἐπ᾽ αὐτοὺς ὅτι ἦσαν ὡς πρόβατα μὴ ἔχοντα ποιμένα, καὶ ἤρξατο
PA NPAMZP CS VIIA--ZP CS N-NN-P AB VPPANN-P N-AM-S CC VIAM--ZS

διδάσκειν αὐτοὺς πολλά. 6.35 Καὶ ἤδη ὥρας πολλῆς γενομένης
VNPA NPAMZP AP-AN-P CC AB N-GF-S A--GF-S VPADGF-S

προσελθόντες αὐτῷ οἱ μαθηταὶ αὐτοῦ ἔλεγον ὅτι Ἔρημός
VPAANM-P NPDMZS DNMP N-NM-P NPGMZS VIIA--ZP CC A--NM-S

ἐστιν ὁ τόπος, καὶ ἤδη ὥρα πολλή· 6.36 ἀπόλυσον αὐτούς, ἵνα
VIPA--ZS DNMS N-NM-S CC AB N-NF-S A--NF-S VMAA--YS NPAMZP CS

ἀπελθόντες εἰς τοὺς κύκλῳ ἀγροὺς καὶ κώμας ἀγοράσωσιν
VPAANM-P PA DAMP AB□A--AM-P N-AM-P CC N-AF-P VSAA--ZP

ἑαυτοῖς τί φάγωσιν. 6.37 ὁ δὲ ἀποκριθεὶς εἶπεν
NPDMZP APTAN-S VSAA--ZP DNMS□NPNMZS CH VPAONM-S VIAA--ZS

αὐτοῖς, Δότε αὐτοῖς ὑμεῖς φαγεῖν. καὶ λέγουσιν αὐτῷ,
NPDMZP VMAA--YP NPDMZP NPN-YP VNAA CC VIPA--ZP NPDMZS

Ἀπελθόντες ἀγοράσωμεν δηναρίων διακοσίων ἄρτους καὶ
VPAANMXP VSAA--XP N-GN-P A-CGN-P N-AM-P CC

δώσομεν αὐτοῖς φαγεῖν; 6.38 ὁ δὲ λέγει αὐτοῖς, Πόσους
VIFA--XP NPDMZP VNAA DNMS□NPNMZS CH VIPA--ZS NPDMZP A-TAM-P

ἄρτους ἔχετε; ὑπάγετε ἴδετε. καὶ γνόντες λέγουσιν, Πέντε, καὶ
N-AM-P VIPA--YP VMPA--YP VMAA--YP CC VPAANM-P VIPA--ZP APCAM-P CC

δύο ἰχθύας. 6.39 καὶ ἐπέταξεν αὐτοῖς ἀνακλῖναι πάντας
A-CAM-P N-AM-P CC VIAA--ZS NPDMZP VNAA AP-AM-P

συμπόσια συμπόσια ἐπὶ τῷ χλωρῷ χόρτῳ. 6.40 καὶ ἀνέπεσαν
N-AN-P N-AN-P PD DDMS A--DM-S N-DM-S CC VIAA--ZP

πρασιαὶ πρασιαὶ κατὰ ἑκατὸν καὶ κατὰ πεντήκοντα. 6.41 καὶ
N-NF-P N-NF-P PA APCAM-P CC PA APCAM-P CC

λαβὼν τοὺς πέντε ἄρτους καὶ τοὺς δύο ἰχθύας ἀναβλέψας εἰς
VPAANM-S DAMP A-CAM-P N-AM-P CC DAMP A-CAM-P N-AM-P VPAANM-S PA

τὸν οὐρανὸν εὐλόγησεν καὶ κατέκλασεν τοὺς ἄρτους καὶ ἐδίδου
DAMS N-AM-S VIAA--ZS CC VIAA--ZS DAMP N-AM-P CC VIIA--ZS

τοῖς μαθηταῖς [αὐτοῦ] ἵνα παρατιθῶσιν αὐτοῖς, καὶ τοὺς δύο
DDMP N-DM-P NPGMZS CS VSPA--ZP NPDMZP CC DAMP A-CAM-P

ἰχθύας ἐμέρισεν πᾶσιν. 6.42 καὶ ἔφαγον πάντες καὶ
N-AM-P VIAA--ZS AP-DM-P CC VIAA--ZP AP-NM-P CC

ἐχορτάσθησαν· 6.43 καὶ ἦραν κλάσματα δώδεκα κοφίνων
VIAP--ZP CC VIAA--ZP N-AN-P A-CGM-P N-GM-P

πληρώματα καὶ ἀπὸ τῶν ἰχθύων. 6.44 καὶ ἦσαν οἱ
N-AN-P CC PG DGMP N-GM-P CC VIIA--ZP DNMP□APRNM-P+

φαγόντες [τοὺς ἄρτους] πεντακισχίλιοι ἄνδρες.
VPAANM-P DAMP N-AM-P A-CNM-P N-NM-P

6.45 Καὶ εὐθὺς ἠνάγκασεν τοὺς μαθητὰς αὐτοῦ ἐμβῆναι εἰς
CC AP-NM-S□AB VIAA--ZS DAMP N-AM-P NPGMZS VNAA PA

τὸ πλοῖον καὶ προάγειν εἰς τὸ πέραν πρὸς Βηθσαϊδάν, ἕως
DANS N-AN-S CC VNPA PA DANS AB□AP-AN-S PA N-AF-S CS

αὐτὸς ἀπολύει τὸν ὄχλον. 6.46 καὶ ἀποταξάμενος αὐτοῖς ἀπῆλθεν
NPNMZS VIPA--ZS DAMS N-AM-S CC VPAMNM-S NPDMZP VIAA--ZS

εἰς τὸ ὄρος προσεύξασθαι. 6.47 καὶ ὀψίας γενομένης ἦν τὸ
PA DANS N-AN-S VNAD CC A--GF-S VPADGF-S VIIA--ZS DNNS

πλοῖον ἐν μέσῳ τῆς θαλάσσης, καὶ αὐτὸς μόνος ἐπὶ τῆς γῆς.
N-NN-S PD AP-DN-S DGFS N-GF-S CC NPNMZS A--NM-S PG DGFS N-GF-S

6.48 καὶ ἰδὼν αὐτοὺς βασανιζομένους ἐν τῷ ἐλαύνειν, ἦν
CC VPAANM-S NPAMZP VPPPAM-P PD DDNS VNPAD VIIA--ZS

γὰρ ὁ ἄνεμος ἐναντίος αὐτοῖς, περὶ τετάρτην φυλακὴν τῆς
CS DNMS N-NM-S A--NM-S NPDMZP PA A-OAF-S N-AF-S DGFS

νυκτὸς ἔρχεται πρὸς αὐτοὺς περιπατῶν ἐπὶ τῆς θαλάσσης· καὶ
N-GF-S VIPN--ZS PA NPAMZP VPPANM-S PG DGFS N-GF-S CC

ἤθελεν παρελθεῖν αὐτούς. 6.49 οἱ δὲ ἰδόντες αὐτὸν ἐπὶ
VIIA--ZS VNAA NPAMZP DNMP□NPNMZP CH VPAANM-P NPAMZS PG

τῆς θαλάσσης περιπατοῦντα ἔδοξαν ὅτι φάντασμά ἐστιν, καὶ
DGFS N-GF-S VPPAAM-S VIAA--ZP CC N-NN-S VIPA--ZS CC

ἀνέκραξαν· 6.50 πάντες γὰρ αὐτὸν εἶδον καὶ ἐταράχθησαν.
VIAA--ZP AP-NM-P CS NPAMZS VIAA--ZP CC VIAP--ZP

ὁ δὲ εὐθὺς ἐλάλησεν μετ᾽ αὐτῶν, καὶ λέγει αὐτοῖς,
DNMS□NPNMZS CH AP-NM-S□AB VIAA--ZS PG NPGMZP CC VIPA--ZS NPDMZP

Θαρσεῖτε, ἐγώ εἰμι· μὴ φοβεῖσθε. 6.51 καὶ ἀνέβη πρὸς αὐτοὺς
VMPA--YP NPN-XS VIPA--XS AB VMPN--YP CC VIAA--ZS PA NPAMZP

εἰς τὸ πλοῖον, καὶ ἐκόπασεν ὁ ἄνεμος. καὶ λίαν [ἐκ περισσοῦ]
PA DANS N-AN-S CC VIAA--ZS DNMS N-NM-S CC AB PG AP-GN-S

ἐν ἑαυτοῖς ἐξίσταντο, 6.52 οὐ γὰρ συνῆκαν ἐπὶ τοῖς ἄρτοις, ἀλλ᾽
PD NPDMZP VIIM--ZP AB CS VIAA--ZP PD DDMP N-DM-P CH

ἦν αὐτῶν ἡ καρδία πεπωρωμένη.
VIIA--ZS+ NPGMZP DNFS N-NF-S +VPRPNF-S

6.53 Καὶ διαπεράσαντες ἐπὶ τὴν γῆν ἦλθον εἰς Γεννησαρὲτ
CC VPAANM-P PA DAFS N-AF-S VIAA--ZP PA N-AF-S

καὶ προσωρμίσθησαν. 6.54 καὶ ἐξελθόντων αὐτῶν ἐκ τοῦ πλοίου
CC VIAP--ZP CC VPAAGM-P NPGMZP PG DGNS N-GN-S

εὐθὺς ἐπιγνόντες αὐτὸν 6.55 περιέδραμον ὅλην τὴν χώραν
AP-NM-S□AB VPAANM-P NPAMZS VIAA--ZP A--AF-S DAFS N-AF-S

ἐκείνην καὶ ἤρξαντο ἐπὶ τοῖς κραβάττοις τοὺς κακῶς
A-DAF-S CC VIAM--ZP PD DDMP N-DM-P DAMP□NPAMZP&APRNM-P AB

ἔχοντας περιφέρειν ὅπου ἤκουον ὅτι ἐστίν. 6.56 καὶ ὅπου ἂν
VPPAAM-P VNPA CS VIIA--ZP CH VIPA--ZS CC CS QV

εἰσεπορεύετο εἰς κώμας ἢ εἰς πόλεις ἢ εἰς ἀγροὺς ἐν ταῖς ἀγοραῖς
VIIN--ZS PA N-AF-P CC PA N-AF-P CC PA N-AM-P PD DDFP N-DF-P

ἐτίθεσαν τοὺς ἀσθενοῦντας, καὶ παρεκάλουν αὐτὸν
VIIA--ZP DAMP□NPAMZP&APRNM-P VPPAAM-P CC VIIA--ZP NPAMZS

ἵνα κἂν τοῦ κρασπέδου τοῦ ἱματίου αὐτοῦ ἅψωνται· καὶ
CC AB&QV DGNS N-GN-S DGNS N-GN-S NPGMZS VSAM--ZP CC

ὅσοι   ἂν ἥψαντο αὐτοῦ ἐσῴζοντο.
APRNM-P□APDNM-P&APRNM-P QV   VIAM--ZP   NPGMZS VIIP--ZP

7.1 Καὶ συνάγονται πρὸς αὐτὸν οἱ Φαρισαῖοι καί τινες τῶν
CC   VIPP--ZP   PA   NPAMZS DNMP N-NM-P   CC   APINM-P DGMP

γραμματέων ἐλθόντες ἀπὸ Ἱεροσολύμων 7.2 καὶ ἰδόντες τινὰς
N-GM-P   VPAANM-P   PG   N-GN-P   CC VPAANM-P APIAM-P

τῶν μαθητῶν αὐτοῦ ὅτι κοιναῖς χερσίν, τοῦτ' ἔστιν ἀνίπτοις,
DGMP N-GM-P NPGMZS CC A--DF-S N-DF-P APDNN-S VIPA--ZS A--DF-P

ἐσθίουσιν τοὺς ἄρτους 7.3 — οἱ   γὰρ Φαρισαῖοι καὶ πάντες οἱ
VIPA--ZP DAMP N-AM-P   DNMP CS N-NM-P   CC A--NM-P DNMP

Ἰουδαῖοι ἐὰν μὴ πυγμῇ νίψωνται τὰς χεῖρας οὐκ ἐσθίουσιν,
AP-NM-P CS AB N-DF-S VSAM--ZP DAFP N-AF-P AB VIPA--ZP

κρατοῦντες τὴν παράδοσιν τῶν πρεσβυτέρων, 7.4 καὶ ἀπ' ἀγορᾶς
VPPANM-P   DAFS N-AF-S   DGMP AP-GM-P   CC PG   N-GF-S

ἐὰν μὴ βαπτίσωνται οὐκ ἐσθίουσιν, καὶ ἄλλα πολλά ἐστιν ἃ
CS AB VSAM--ZP   AB VIPA--ZP   CC AP-NN-P A--NN-P VIPA--ZS APRAN-P

παρέλαβον κρατεῖν, βαπτισμοὺς ποτηρίων καὶ ξεστῶν καὶ
VIAA--ZP VNPA   N-AM-P   N-GN-P   CC N-GM-P CC

χαλκίων [καὶ κλινῶν] — 7.5 καὶ ἐπερωτῶσιν αὐτὸν οἱ Φαρισαῖοι
N-GN-P CC N-GF-P   CC VIPA--ZP   NPAMZS DNMP N-NM-P

καὶ οἱ γραμματεῖς, Διὰ τί   οὐ περιπατοῦσιν οἱ μαθηταί
CC DNMP N-NM-P   PA APTAN-S AB VIPA--ZP   DNMP N-NM-P

σου κατὰ τὴν παράδοσιν τῶν πρεσβυτέρων, ἀλλὰ κοιναῖς
NPG-YS PA DAFS N-AF-S   DGMP AP-GM-P   CH   A--DF-S

χερσὶν ἐσθίουσιν τὸν ἄρτον; 7.6 ὁ   δὲ εἶπεν αὐτοῖς,
N-DF-P VIPA--ZP DAMS N-AM-S   DNMS□NPNMZS CH VIAA--ZS NPDMZP

Καλῶς ἐπροφήτευσεν Ἡσαΐας περὶ ὑμῶν τῶν ὑποκριτῶν, ὡς
AB   VIAA--ZS   N-NM-S PG   NPG-YP DGMP N-GM-P   CS

γέγραπται [ὅτι]
VIRP--ZS   CC

Οὗτος ὁ   λαὸς τοῖς χείλεσίν με   τιμᾷ,
A-DNM-S DNMS N-NM-S DDNP N-DN-P   NPA-XS VIPA--ZS

ἡ   δὲ καρδία αὐτῶν πόρρω ἀπέχει ἀπ' ἐμοῦ·
DNFS CH N-NF-S NPGMZP AB   VIPA--ZS PG NPG-XS

7.7   μάτην δὲ σέβονταί με,
AB   CH VIPM--ZP NPA-XS

διδάσκοντες διδασκαλίας ἐντάλματα ἀνθρώπων.
VPPANM-P   N-AF-P   N-AN-P   N-GM-P

7.8 ἀφέντες τὴν ἐντολὴν τοῦ θεοῦ κρατεῖτε τὴν παράδοσιν τῶν
VPAANMYP DAFS N-AF-S   DGMS N-GM-S VIPA--YP DAFS N-AF-S   DGMP

ἀνθρώπων. 7.9 Καὶ ἔλεγεν αὐτοῖς, Καλῶς ἀθετεῖτε τὴν ἐντολὴν
N-GM-P   CC VIIA--ZS NPDMZP AB   VIPA--YP DAFS N-AF-S

τοῦ θεοῦ, ἵνα τὴν παράδοσιν ὑμῶν στήσητε. 7.10 Μωϋσῆς γὰρ
DGMS N-GM-S CS DAFS N-AF-S   NPG-YP VSAA--YP   N-NM-S CS

εἶπεν, Τίμα τὸν πατέρα σου καὶ τὴν μητέρα σου, καί,
VIAA--ZS VMPA--YS DAMS N-AM-S NPG-YS CC DAFS N-AF-S NPG-YS CC

Ὁ κακολογῶν πατέρα ἢ μητέρα θανάτῳ
DNMS□NPNMZS&APRNM-S VPPANM-S N-AM-S CC N-AF-S N-DM-S

τελευτάτω· 7.11 ὑμεῖς δὲ λέγετε, Ἐὰν εἴπῃ ἄνθρωπος τῷ πατρὶ
VMPA--ZS NPN-YP CH VIPA--YP CS VSAA--ZS N-NM-S DDMS N-DM-S

ἢ τῇ μητρί, Κορβᾶν, ὅ ἐστιν, Δῶρον, ὃ
CC DDFS N-DF-S N-NM-S APRNN-S VIPA--ZS N-NN-S APRAN-S□APDNN-S&APRAN-S

ἐὰν ἐξ ἐμοῦ ὠφεληθῇς, 7.12 οὐκέτι ἀφίετε αὐτὸν οὐδὲν ποιῆσαι
QV PG NPG-XS VSAP--YS AB VIPA--YP NPAMZS APCAN-S VNAA

τῷ πατρὶ ἢ τῇ μητρί, 7.13 ἀκυροῦντες τὸν λόγον τοῦ θεοῦ τῇ
DDMS N-DM-S CC DDFS N-DF-S VPPANMYP DAMS N-AM-S DGMS N-GM-S DDFS

παραδόσει ὑμῶν ᾗ παρεδώκατε· καὶ παρόμοια τοιαῦτα
N-DF-S NPG-YP APRDF-S□APRAF-S VIAA--YP CC A--AN-P APDAN-P

πολλὰ ποιεῖτε.
A--AN-P VIPA--YP

7.14 Καὶ προσκαλεσάμενος πάλιν τὸν ὄχλον ἔλεγεν αὐτοῖς,
CC VPADNM-S AB DAMS N-AM-S VIIA--ZS NPDMZP

Ἀκούσατέ μου πάντες καὶ σύνετε. 7.15 οὐδέν ἐστιν ἔξωθεν τοῦ
VMAA--YP NPG-XS AP-NM-P CC VMAA--YP APCNN-S VIPA--ZS PG DGMS

ἀνθρώπου εἰσπορευόμενον εἰς αὐτὸν ὃ δύναται κοινῶσαι
N-GM-S VPPNNN-S PA NPAMZS APRNN-S VIPN--ZS VNAA

αὐτόν· ἀλλὰ τὰ ἐκ τοῦ ἀνθρώπου ἐκπορευόμενά
NPRAMZS CH DNNP□NPNNZP&APRNN-P PG DGMS N-GM-S VPPNNN-P

ἐστιν τὰ κοινοῦντα τὸν ἄνθρωπον. 7.17 Καὶ ὅτε
VIPA--ZS DNNP□NPNNZP&APRNN-P VPPANN-P DAMS N-AM-S CC CS

εἰσῆλθεν εἰς οἶκον ἀπὸ τοῦ ὄχλου, ἐπηρώτων αὐτὸν οἱ μαθηταὶ
VIAA--ZS PA N-AM-S PG DGMS N-GM-S VIIA--ZP NPAMZS DNMP N-NM-P

αὐτοῦ τὴν παραβολήν. 7.18 καὶ λέγει αὐτοῖς, Οὕτως καὶ ὑμεῖς
NPGMZS DAFS N-AF-S CC VIPA--ZS NPDMZP AB AB NPN-YP

ἀσύνετοί ἐστε; οὐ νοεῖτε ὅτι πᾶν τὸ ἔξωθεν
A--NM-P VIPA--YP AB/QT VIPA--YP CC AP-NN-S DNNS□APRNN-S AB

εἰσπορευόμενον εἰς τὸν ἄνθρωπον οὐ δύναται αὐτὸν κοινῶσαι,
VPPNNN-S PA DAMS N-AM-S AB VIPN--ZS NPAMZS VNAA

7.19 ὅτι οὐκ εἰσπορεύεται αὐτοῦ εἰς τὴν καρδίαν ἀλλ' εἰς τὴν
CS AB VIPN--ZS NPGMZS PA DAFS N-AF-S CH PA DAFS

κοιλίαν, καὶ εἰς τὸν ἀφεδρῶνα ἐκπορεύεται; — καθαρίζων πάντα
N-AF-S CC PA DAMS N-AM-S VIPN--ZS VPPANM-S A--AN-P

τὰ βρώματα. 7.20 ἔλεγεν δὲ ὅτι Τὸ ἐκ τοῦ ἀνθρώπου
DANP N-AN-P VIIA--ZS CH CH DNNS□APRNN-S+ PG DGMS N-GM-S

ἐκπορευόμενον ἐκεῖνο κοινοῖ τὸν ἄνθρωπον· 7.21 ἔσωθεν γὰρ ἐκ
VPPNNN-S APDNN-S VIPA--ZS DAMS N-AM-S AB CS PG

τῆς καρδίας τῶν ἀνθρώπων οἱ διαλογισμοὶ οἱ κακοὶ
DGFS N-GF-S DGMP N-GM-P DNMP N-NM-P DNMP A--NM-P

ἐκπορεύονται, πορνεῖαι, κλοπαί, φόνοι, 7.22 μοιχεῖαι, πλεονεξίαι,
VIPN--ZP   N-NF-P   N-NF-P   N-NM-P   N-NF-P   N-NF-P

πονηρίαι, δόλος, ἀσέλγεια, ὀφθαλμὸς πονηρός, βλασφημία,
N-NF-P   N-NM-S   N-NF-S   N-NM-S   A--NM-S   N-NF-S

ὑπερηφανία, ἀφροσύνη· 7.23 πάντα ταῦτα τὰ πονηρὰ ἔσωθεν
N-NF-S   N-NF-S   A--NN-P   A-DNN-P   DNNP   AP-NN-P   AB

ἐκπορεύεται καὶ κοινοῖ τὸν ἄνθρωπον.
VIPN--ZS   CC   VIPA--ZS   DAMS   N-AM-S

7.24 Ἐκεῖθεν δὲ ἀναστὰς ἀπῆλθεν εἰς τὰ ὅρια Τύρου. καὶ
   AB   CC   VPAANM-S   VIAA--ZS   PA   DANP   N-AN-P   N-GF-S   CC

εἰσελθὼν εἰς οἰκίαν οὐδένα ἤθελεν γνῶναι, καὶ οὐκ ἠδυνήθη
VPAANM-S   PA   N-AF-S   APCAM-S   VIIA--ZS   VNAA   CC   AB   VIAO--ZS

λαθεῖν· 7.25 ἀλλ' εὐθὺς ἀκούσασα γυνὴ περὶ αὐτοῦ, ἧς
VNAA   CH   AP-NM-S□AB   VPAANF-S   N-NF-S   PG   NPGMZS   APRGF-S

εἶχεν τὸ θυγάτριον αὐτῆς πνεῦμα ἀκάθαρτον, ἐλθοῦσα
VIIA--ZS   DNNS   N-NN-S   NPGFZS   N-AN-S   A--AN-S   VPAANF-S

προσέπεσεν πρὸς τοὺς πόδας αὐτοῦ· 7.26 ἡ δὲ γυνὴ ἦν
VIAA--ZS   PA   DAMP   N-AM-P   NPGMZS   DNFS   CS   N-NF-S   VIIA--ZS

Ἑλληνίς, Συροφοινίκισσα τῷ γένει· καὶ ἠρώτα αὐτὸν ἵνα τὸ
N-NF-S   N-NF-S   DDNS   N-DN-S   CC   VIIA--ZS   NPAMZS   CC   DANS

δαιμόνιον ἐκβάλῃ ἐκ τῆς θυγατρὸς αὐτῆς. 7.27 καὶ ἔλεγεν αὐτῇ,
N-AN-S   VSAA--ZS   PG   DGFS   N-GF-S   NPGFZS   CC   VIIA--ZS   NPDFZS

Ἄφες πρῶτον χορτασθῆναι τὰ τέκνα, οὐ γάρ ἐστιν καλὸν
VMAA--YS   APOAN-S□AB   VNAP   DANP   N-AN-P   AB   CS   VIPA--ZS   A--NN-S

λαβεῖν τὸν ἄρτον τῶν τέκνων καὶ τοῖς κυναρίοις βαλεῖν.
VNAA   DAMS   N-AM-S   DGNP   N-GN-P   CC   DDNP   N-DN-P   VNAA

7.28 ἡ δὲ ἀπεκρίθη καὶ λέγει αὐτῷ, Κύριε, καὶ τὰ
   DNFS□NPNFZS   CH   VIAO--ZS   CC   VIPA--ZS   NPDMZS   N-VM-S   AB   DNNP

κυνάρια ὑποκάτω τῆς τραπέζης ἐσθίουσιν ἀπὸ τῶν ψιχίων τῶν
N-NN-S   PG   DGFS   N-GF-S   VIPA--ZP   PG   DGNP   N-GN-P   DGNP

παιδίων. 7.29 καὶ εἶπεν αὐτῇ, Διὰ τοῦτον τὸν λόγον ὕπαγε,
N-GN-P   CC   VIAA--ZS   NPDFZS   PA   A-DAM-S   DAMS   N-AM-S   VMPA--YS

ἐξελήλυθεν ἐκ τῆς θυγατρός σου τὸ δαιμόνιον. 7.30 καὶ
VIRA--ZS   PG   DGFS   N-GF-S   NPG-YS   DNNS   N-NN-S   CC

ἀπελθοῦσα εἰς τὸν οἶκον αὐτῆς εὗρεν τὸ παιδίον βεβλημένον
VPAANF-S   PA   DAMS   N-AM-S   NPGFZS   VIAA--ZS   DANS   N-AN-S   VPRPAN-S

ἐπὶ τὴν κλίνην καὶ τὸ δαιμόνιον ἐξεληλυθός.
PA   DAFS   N-AF-S   CC   DANS   N-AN-S   VPRAAN-S

7.31 Καὶ πάλιν ἐξελθὼν ἐκ τῶν ὁρίων Τύρου ἦλθεν διὰ Σιδῶνος
   CC   AB   VPAANM-S   PG   DGNP   N-GN-P   N-GF-S   VIAA--ZS   PG   N-GF-S

εἰς τὴν θάλασσαν τῆς Γαλιλαίας ἀνὰ μέσον τῶν ὁρίων
PA   DAFS   N-AF-S   DGFS   N-GF-S   PA   AP-AN-S   DGNP   N-GN-P

Δεκαπόλεως. 7.32 καὶ φέρουσιν αὐτῷ κωφὸν καὶ μογιλάλον, καὶ
N-GF-S   CC   VIPA--ZP   NPDMZS   AP-AM-S   CC   AP-AM-S   CC

παρακαλοῦσιν αὐτὸν ἵνα ἐπιθῇ αὐτῷ τὴν χεῖρα. 7.33 καὶ
VIPA--ZP NPAMZS CC VSAA--ZS NPDMZS DAFS N-AF-S CC

ἀπολαβόμενος αὐτὸν ἀπὸ τοῦ ὄχλου κατ᾽ ἰδίαν ἔβαλεν τοὺς
VPAMNM-S NPAMZS PG DGMS N-GM-S PA AP-AF-S VIAA--ZS DAMP

δακτύλους αὐτοῦ εἰς τὰ ὦτα αὐτοῦ καὶ πτύσας ἥψατο τῆς
N-AM-P NPGMZS PA DANP N-AN-P NPGMZS CC VPAANM-S VIAM--ZS DGFS

γλώσσης αὐτοῦ, 7.34 καὶ ἀναβλέψας εἰς τὸν οὐρανὸν ἐστέναξεν,
N-GF-S NPGMZS CC VPAANM-S PA DAMS N-AM-S VIAA--ZS

καὶ λέγει αὐτῷ, Εφφαθα, ὅ ἐστιν, Διανοίχθητι. 7.35 καὶ
CC VIPA--ZS NPDMZS VMAP--YS APRNN-S VIPA--ZS VMAP--YS CC

[εὐθέως] ἠνοίγησαν αὐτοῦ αἱ ἀκοαί, καὶ ἐλύθη ὁ δεσμὸς τῆς
AB VIAP--ZP NPGMZS DNFP N-NF-P CC VIAP--ZS DNMS N-NM-S DGFS

γλώσσης αὐτοῦ, καὶ ἐλάλει ὀρθῶς. 7.36 καὶ διεστείλατο αὐτοῖς ἵνα
N-GF-S NPGMZS CC VIIA--ZS AB CC VIAM--ZS NPDMZP CC

μηδενὶ λέγωσιν· ὅσον δὲ αὐτοῖς διεστέλλετο, αὐτοὶ
APCDM-S VSPA--ZP APRAN-S☐APDAN-S&APRAN-S CH NPDMZP VIIM--ZS NPNMZP

μᾶλλον περισσότερον ἐκήρυσσον. 7.37 καὶ ὑπερπερισσῶς
ABM APMAN-S/APMAN-S☐ABM VIIA--ZP CC AB

ἐξεπλήσσοντο λέγοντες, Καλῶς πάντα πεποίηκεν· καὶ τοὺς
VIIP--ZP VPPANM-P AB AP-AN-P VIRA--ZS AB/CC DAMP

κωφοὺς ποιεῖ ἀκούειν καὶ [τοὺς] ἀλάλους λαλεῖν.
AP-AM-P VIPA--ZS VNPA CC DAMP AP-AM-P VNPA

8.1 Ἐν ἐκείναις ταῖς ἡμέραις πάλιν πολλοῦ ὄχλου ὄντος καὶ
PD A-DDF-P DDFP N-DF-P AB A--GM-S N-GM-S VPPAGM-S CC

μὴ ἐχόντων τί φάγωσιν, προσκαλεσάμενος τοὺς μαθητὰς
AB VPPAGM-P APTAN-S VSAA--ZP VPADNM-S DAMP N-AM-P

λέγει αὐτοῖς, 8.2 Σπλαγχνίζομαι ἐπὶ τὸν ὄχλον ὅτι ἤδη ἡμέραι
VIPA--ZS NPDMZP VIPN--XS PA DAMS N-AM-S CS AB N-NF-P

τρεῖς προσμένουσίν μοι καὶ οὐκ ἔχουσιν τί φάγωσιν· 8.3 καὶ
A-CNF-P VIPA--ZP NPD-XS CC AB VIPA--ZP APTAN-S VSAA--ZP CC

ἐὰν ἀπολύσω αὐτοὺς νήστεις εἰς οἶκον αὐτῶν, ἐκλυθήσονται ἐν
CS VSAA--XS NPAMZP A--AM-P PA N-AM-S NPGMZP VIFP--ZP PD

τῇ ὁδῷ· καί τινες αὐτῶν ἀπὸ μακρόθεν ἥκασιν. 8.4 καὶ
DDFS N-DF-S CC APINM-P NPGMZP PG AB☐AP-GN-S VIRA--ZP CC

ἀπεκρίθησαν αὐτῷ οἱ μαθηταὶ αὐτοῦ ὅτι Πόθεν τούτους
VIAO--ZP NPDMZS DNMP N-NM-P NPGMZS CC ABT APDAM-P

δυνήσεταί τις ὧδε χορτάσαι ἄρτων ἐπ᾽ ἐρημίας; 8.5 καὶ ἠρώτα
VIFD--ZS APINM-S AB VNAA N-GM-P PG N-GF-S CC VIIA--ZS

αὐτούς, Πόσους ἔχετε ἄρτους; οἱ δὲ εἶπαν, Ἑπτά. 8.6 καὶ
NPAMZP A-TAM-P VIPA--YP N-AM-P DNMP☐NPNMZP CH VIAA--ZP APCAM-P CC

παραγγέλλει τῷ ὄχλῳ ἀναπεσεῖν ἐπὶ τῆς γῆς· καὶ λαβὼν τοὺς
VIPA--ZS DDMS N-DM-S VNAA PG DGFS N-GF-S CC VPAANM-S DAMP

ἑπτὰ ἄρτους εὐχαριστήσας ἔκλασεν καὶ ἐδίδου τοῖς μαθηταῖς
A-CAM-P N-AM-P VPAANM-S VIAA--ZS CC VIIA--ZS DDMP N-DM-P

αὐτοῦ ἵνα παρατιθῶσιν καὶ παρέθηκαν τῷ ὄχλῳ. 8.7 καὶ εἶχον
NPGMZS CS VSPA--ZP CC VIAA--ZP DDMS N-DM-S CC VIIA--ZP

ἰχθύδια ὀλίγα· καὶ εὐλογήσας αὐτὰ εἶπεν καὶ ταῦτα παρατιθέναι.
N-AN-P A--AN-P CC VPAANM-S NPANZP VIAA--ZS AB APDAN-P VNPA

8.8 καὶ ἔφαγον καὶ ἐχορτάσθησαν, καὶ ἦραν περισσεύματα
CC VIAA--ZP CC VIAP--ZP CC VIAA--ZP N-AN-P

κλασμάτων ἑπτὰ σπυρίδας. 8.9 ἦσαν δὲ ὡς τετρακισχίλιοι. καὶ
N-GN-P A-CAF-P N-AF-P VIIA--ZP CS AB APCNM-P CC

ἀπέλυσεν αὐτούς. 8.10 Καὶ εὐθὺς ἐμβὰς εἰς τὸ πλοῖον μετὰ
VIAA--ZS NPAMZP CC AP-NM-S□AB VPAANM-S PA DANS N-AN-S PG

τῶν μαθητῶν αὐτοῦ ἦλθεν εἰς τὰ μέρη Δαλμανουθά.
DGMP N-GM-P NPGMZS VIAA--ZS PA DANP N-AN-P N-GF-S

8.11 Καὶ ἐξῆλθον οἱ Φαρισαῖοι καὶ ἤρξαντο συζητεῖν αὐτῷ,
CC VIAA--ZP DNMP N-NM-P CC VIAM--ZP VNPA NPDMZS

ζητοῦντες παρ' αὐτοῦ σημεῖον ἀπὸ τοῦ οὐρανοῦ, πειράζοντες
VPPANM-P PG NPGMZS N-AN-S PG DGMS N-GM-S VPPANM-P

αὐτόν. 8.12 καὶ ἀναστενάξας τῷ πνεύματι αὐτοῦ λέγει,
NPAMZS CC VPAANM-S DDNS N-DN-S NPGMZS VIPA--ZS

Τί ἡ γενεὰ αὕτη ζητεῖ σημεῖον; ἀμὴν λέγω ὑμῖν,
A-TAN-S/APTAN-S□ABT DNFS N-NF-S A-DNF-S VIPA--ZS N-AN-S QS VIPA--XS NPD-YP

εἰ δοθήσεται τῇ γενεᾷ ταύτῃ σημεῖον. 8.13 καὶ ἀφεὶς αὐτοὺς
CS VIFP--ZS DDFS N-DF-S A-DDF-S N-NN-S CC VPAANM-S NPAMZP

πάλιν ἐμβὰς ἀπῆλθεν εἰς τὸ πέραν.
AB VPAANM-S VIAA--ZS PA DANS AB□AP-AN-S

8.14 Καὶ ἐπελάθοντο λαβεῖν ἄρτους, καὶ εἰ μὴ ἕνα ἄρτον οὐκ
CC VIAD--ZP VNAA N-AM-P CC CS AB A-CAM-S N-AM-S AB

εἶχον μεθ' ἑαυτῶν ἐν τῷ πλοίῳ. 8.15 καὶ διεστέλλετο αὐτοῖς
VIIA--ZP PG NPGMZP PD DDNS N-DN-S CC VIIM--ZS NPDMZP

λέγων, Ὁρᾶτε, βλέπετε ἀπὸ τῆς ζύμης τῶν Φαρισαίων καὶ τῆς
VPPANM-S VMPA--YP VMPA--YP PG DGFS N-GF-S DGMP N-GM-P CC DGFS

ζύμης Ἡρῴδου. 8.16 καὶ διελογίζοντο πρὸς ἀλλήλους ὅτι Ἄρτους
N-GF-S N-GM-S CC VIIN--ZP PA NPRAMZP CC N-AM-P

οὐκ ἔχουσιν. 8.17 καὶ γνοὺς λέγει αὐτοῖς, Τί διαλογίζεσθε
AB VIPA--ZP CC VPAANM-S VIPA--ZS NPDMZP APTAN-S□ABT VIPN--YP

ὅτι ἄρτους οὐκ ἔχετε; οὔπω νοεῖτε οὐδὲ συνίετε; πεπωρωμένην
CS N-AM-P AB VIPA--YP AB VIPA--YP CC VIPA--YP VPRPAF-S

ἔχετε τὴν καρδίαν ὑμῶν; 8.18 ὀφθαλμοὺς ἔχοντες οὐ βλέπετε
VIPA--YP DAFS N-AF-S NPG-YP N-AM-P VPPANMYP AB/QT VIPA--YP

καὶ ὦτα ἔχοντες οὐκ ἀκούετε; καὶ οὐ μνημονεύετε, 8.19 ὅτε
CC N-AN-P VPPANMYP AB/QT VIPA--YP CC AB/QT VIPA--YP CS

τοὺς πέντε ἄρτους ἔκλασα εἰς τοὺς πεντακισχιλίους, πόσους
DAMP A-CAM-P N-AM-P VIAA--XS PA DAMP APCAM-P A-TAM-P

κοφίνους κλασμάτων πλήρεις ἤρατε; λέγουσιν αὐτῷ, Δώδεκα.
N-AM-P N-GN-P A--AM-P VIAA--YP VIPA--ZP NPDMZS APCAM-P

133

8.20 Ὅτε τοὺς ἑπτὰ εἰς τοὺς τετρακισχιλίους, πόσων σπυρίδων
CS   DAMP APCAM-P PA DAMP APCAM-P   A-TGF-P N-GF-P

πληρώματα κλασμάτων ἤρατε; καὶ λέγουσιν [αὐτῷ], Ἑπτά.
N-AN-P   N-GN-P   VIAA--YP CC VIPA--ZP NPDMZS APCAF-P

8.21 καὶ ἔλεγεν αὐτοῖς, Οὔπω συνίετε;
CC VIIA--ZS NPDMZP AB   VIPA--YP

8.22 Καὶ ἔρχονται εἰς Βηθσαϊδάν. καὶ φέρουσιν αὐτῷ τυφλὸν
CC VIPN--ZP PA N-AF-S   CC VIPA--ZP NPDMZS AP-AM-S

καὶ παρακαλοῦσιν αὐτὸν ἵνα αὐτοῦ ἅψηται. 8.23 καὶ
CC VIPA--ZP   NPAMZS CC NPGMZS VSAM--ZS   CC

ἐπιλαβόμενος τῆς χειρὸς τοῦ τυφλοῦ ἐξήνεγκεν αὐτὸν ἔξω τῆς
VPADNM-S   DGFS N-GF-S DGMS AP-GM-S VIAA--ZS   NPAMZS PG DGFS

κώμης, καὶ πτύσας εἰς τὰ ὄμματα αὐτοῦ, ἐπιθεὶς τὰς χεῖρας
N-GF-S CC VPAANM-S PA DANP N-AN-P NPGMZS VPAANM-S DAFP N-AF-P

αὐτῷ, ἐπηρώτα αὐτόν, Εἴ τι βλέπεις; 8.24 καὶ ἀναβλέψας
NPDMZS VIIA--ZS NPAMZS QT APIAN-S VIPA--YS   CC VPAANM-S

ἔλεγεν, Βλέπω τοὺς ἀνθρώπους, ὅτι ὡς δένδρα ὁρῶ
VIIA--ZS VIPA--XS DAMP N-AM-P   CS CS N-AN-P VIPA--XS

περιπατοῦντας. 8.25 εἶτα πάλιν ἐπέθηκεν τὰς χεῖρας ἐπὶ τοὺς
VPPAAM-P   AB   AB   VIAA--ZS DAFP N-AF-P PA DAMP

ὀφθαλμοὺς αὐτοῦ, καὶ διέβλεψεν, καὶ ἀπεκατέστη, καὶ ἐνέβλεπεν
N-AM-P   NPGMZS CC VIAA--ZP CC VIAA--ZS   CC VIIA--ZS

τηλαυγῶς ἅπαντα. 8.26 καὶ ἀπέστειλεν αὐτὸν εἰς οἶκον αὐτοῦ
AB   AP-AN-P   CC VIAA--ZS   NPAMZS PA N-AM-S NPGMZS

λέγων, Μηδὲ εἰς τὴν κώμην εἰσέλθῃς.
VPPANM-S AB   PA DAFS N-AF-S VSAA--YS□VMAA--YS

8.27 Καὶ ἐξῆλθεν ὁ Ἰησοῦς καὶ οἱ μαθηταὶ αὐτοῦ εἰς τὰς
CC VIAA--ZS DNMS N-NM-S CC DNMP N-NM-P   NPGMZS PA DAFP

κώμας Καισαρείας τῆς Φιλίππου· καὶ ἐν τῇ ὁδῷ ἐπηρώτα τοὺς
N-AF-P N-GF-S   DGFS N-GM-S   CC PD DDFS N-DF-S VIIA--ZS DAMP

μαθητὰς αὐτοῦ λέγων αὐτοῖς, Τίνα με λέγουσιν οἱ
N-AM-P   NPGMZS VPPANM-S NPDMZP APTAM-S NPA-XS VIPA--ZP DNMP

ἄνθρωποι εἶναι; 8.28 οἱ δὲ εἶπαν αὐτῷ λέγοντες [ὅτι]
N-NM-P   VNPA   DNMP□NPNMZP CH VIAA--ZP NPDMZS VPPANM-P CH

Ἰωάννην τὸν βαπτιστήν, καὶ ἄλλοι, Ἠλίαν, ἄλλοι δὲ ὅτι εἷς
N-AM-S   DAMS N-AM-S   CC AP-NM-P N-AM-S AP-NM-P CC CC APCNM-S

τῶν προφητῶν. 8.29 καὶ αὐτὸς ἐπηρώτα αὐτούς, Ὑμεῖς δὲ τίνα
DGMP N-GM-P   CC NPNMZS VIIA--ZS NPAMZP NPN-YP CC APTAM-S

με λέγετε εἶναι; ἀποκριθεὶς ὁ Πέτρος λέγει αὐτῷ, Σὺ εἶ
NPA-XS VIPA--YP VNPA VPAONM-S   DNMS N-NM-S VIPA--ZS NPDMZS NPN-YS VIPA--YS

ὁ Χριστός. 8.30 καὶ ἐπετίμησεν αὐτοῖς ἵνα μηδενὶ λέγωσιν περὶ
DNMS N-NM-S   CC VIAA--ZS   NPDMZP CC APCDM-S VSPA--ZP PG

αὐτοῦ.
NPGMZS

8.31 Καὶ ἤρξατο διδάσκειν αὐτοὺς ὅτι δεῖ τὸν υἱὸν τοῦ
CC VIAM--ZS VNPA NPAMZP CC VIPA--ZS DAMS N-AM-S DGMS

ἀνθρώπου πολλὰ παθεῖν καὶ ἀποδοκιμασθῆναι ὑπὸ τῶν
N-GM-S AP-AN-P VNAA CC VNAP PG DGMP

πρεσβυτέρων καὶ τῶν ἀρχιερέων καὶ τῶν γραμματέων καὶ
AP-GM-P CC DGMP N-GM-P CC DGMP N-GM-P CC

ἀποκτανθῆναι καὶ μετὰ τρεῖς ἡμέρας ἀναστῆναι· 8.32 καὶ
VNAP CC PA A-CAF-P N-AF-P VNAA CC

παρρησίᾳ τὸν λόγον ἐλάλει. καὶ προσλαβόμενος ὁ Πέτρος
N-DF-S DAMS N-AM-S VIIA--ZS CC VPAMNM-S DNMS N-NM-S

αὐτὸν ἤρξατο ἐπιτιμᾶν αὐτῷ. 8.33 ὁ δὲ ἐπιστραφεὶς καὶ
NPAMZS VIAM--ZS VNPA NPDMZS DNMS□NPNMZS CH VPAPNM-S CC

ἰδὼν τοὺς μαθητὰς αὐτοῦ ἐπετίμησεν Πέτρῳ καὶ λέγει, Ὕπαγε
VPAANM-S DAMP N-AM-P NPGMZS VIAA--ZS N-DM-S CC VIPA--ZS VMPA--YS

ὀπίσω μου, Σατανᾶ, ὅτι οὐ φρονεῖς τὰ τοῦ θεοῦ ἀλλὰ τὰ τῶν
PG NPG-XS N-VM-S CS AB VIPA--YS DANP DGMS N-GM-S CH DANP DGMP

ἀνθρώπων. 8.34 Καὶ προσκαλεσάμενος τὸν ὄχλον σὺν τοῖς
N-GM-P CC VPADNM-S DAMS N-AM-S PD DDMP

μαθηταῖς αὐτοῦ εἶπεν αὐτοῖς, Εἴ τις θέλει ὀπίσω μου
N-DM-P NPGMZS VIAA--ZS NPDMZP CS APINM-S VIPA--ZS PG NPG-XS

ἀκολουθεῖν, ἀπαρνησάσθω ἑαυτὸν καὶ ἀράτω τὸν σταυρὸν αὐτοῦ
VNPA VMAD--ZS NPAMZS CC VMAA--ZS DAMS N-AM-S NPGMZS

καὶ ἀκολουθείτω μοι. 8.35 ὃς γὰρ ἐὰν θέλῃ τὴν
CC VMPA--ZS NPD-XS APRNM-S□APDNM-S&APRNM-S CS QV VSPA--ZS DAFS

ψυχὴν αὐτοῦ σῶσαι ἀπολέσει αὐτήν· ὃς δ᾽ ἂν
N-AF-S NPGMZS VNAA VIFA--ZS NPAFZS APRNM-S□APDNM-S&APRNM-S CC QV

ἀπολέσει τὴν ψυχὴν αὐτοῦ ἕνεκεν ἐμοῦ καὶ τοῦ εὐαγγελίου
VIFA--ZS DAFS N-AF-S NPGMZS PG NPG-XS CC DGNS N-GN-S

σώσει αὐτήν. 8.36 τί γὰρ ὠφελεῖ ἄνθρωπον κερδῆσαι τὸν
VIFA--ZS NPAFZS APTNN-S CS VIPA--ZS N-AM-S VNAA DAMS

κόσμον ὅλον καὶ ζημιωθῆναι τὴν ψυχὴν αὐτοῦ; 8.37 τί γὰρ
N-AM-S A--AM-S CC VNAP DAFS N-AF-S NPGMZS A-TAN-S CS

δοῖ ἄνθρωπος ἀντάλλαγμα τῆς ψυχῆς αὐτοῦ; 8.38 ὃς γὰρ
VSAA--ZS N-NM-S N-AN-S DGFS N-GF-S NPGMZS APRNM-S+ CS

ἐὰν ἐπαισχυνθῇ με καὶ τοὺς ἐμοὺς λόγους ἐν τῇ γενεᾷ ταύτῃ
QV VSAO--ZS NPA-XS CC DAMP A--AMXP N-AM-P PD DDFS N-DF-S A-DDF-S

τῇ μοιχαλίδι καὶ ἁμαρτωλῷ, καὶ ὁ υἱὸς τοῦ ἀνθρώπου
DDFS A--DF-S CC A--DF-S AB DNMS N-NM-S DGMS N-GM-S

ἐπαισχυνθήσεται αὐτὸν ὅταν ἔλθῃ ἐν τῇ δόξῃ τοῦ πατρὸς
VIFO--ZS NPAMZS CS VSAA--ZS PD DDFS N-DF-S DGMS N-GM-S

αὐτοῦ μετὰ τῶν ἀγγέλων τῶν ἁγίων.
NPGMZS PG DGMP N-GM-P DGMP A--GM-P

9.1 Καὶ ἔλεγεν αὐτοῖς, Ἀμὴν λέγω ὑμῖν ὅτι εἰσίν τινες ὧδε
CC VIIA--ZS NPDMZP QS VIPA--XS NPD-YP CC VIPA--ZP APINM-P AB

τῶν ἑστηκότων οἵτινες οὐ μὴ γεύσωνται θανάτου
DGMP□NPGMZP&APRNM-P VPRAGM-P APRNM-P AB AB VSAD--ZP N-GM-S

ἕως ἂν ἴδωσιν τὴν βασιλείαν τοῦ θεοῦ ἐληλυθυῖαν ἐν δυνάμει.
CS QV VSAA--ZP DAFS N-AF-S DGMS N-GM-S VPRAAF-S PD N-DF-S

9.2 Καὶ μετὰ ἡμέρας ἓξ παραλαμβάνει ὁ Ἰησοῦς τὸν
CC PA N-AF-P A-CAF-P VIPA--ZS DNMS N-NM-S DAMS

Πέτρον καὶ τὸν Ἰάκωβον καὶ τὸν Ἰωάννην, καὶ ἀναφέρει αὐτοὺς
N-AM-S CC DAMS N-AM-S CC DAMS N-AM-S CC VIPA--ZS NPAMZP

εἰς ὄρος ὑψηλὸν κατ᾽ ἰδίαν μόνους. καὶ μετεμορφώθη ἔμπροσθεν
PA N-AN-S A--AN-S PA AP-AF-S A--AM-P CC VIAP--ZS PG

αὐτῶν, 9.3 καὶ τὰ ἱμάτια αὐτοῦ ἐγένετο στίλβοντα λευκὰ λίαν
NPGMZP CC DNNP N-NN-P NPGMZS VIAD--ZS VPPANN-P A--NN-P AB

οἷα γναφεὺς ἐπὶ τῆς γῆς οὐ δύναται οὕτως λευκᾶναι. 9.4 καὶ
APRAN-P N-NM-S PG DGFS N-GF-S AB VIPN--ZS AB VNAA CC

ὤφθη αὐτοῖς Ἠλίας σὺν Μωϋσεῖ, καὶ ἦσαν συλλαλοῦντες τῷ
VIAP--ZS NPDMZP N-NM-S PD N-DM-S CC VIIA--ZP+ +VPPANM-P DDMS

Ἰησοῦ. 9.5 καὶ ἀποκριθεὶς ὁ Πέτρος λέγει τῷ Ἰησοῦ, Ῥαββί,
N-DM-S CC VPAONM-S DNMS N-NM-S VIPA--ZS DDMS N-DM-S N-VM-S

καλόν ἐστιν ἡμᾶς ὧδε εἶναι, καὶ ποιήσωμεν τρεῖς σκηνάς, σοὶ
A--NN-S VIPA--ZS NPA-XP AB VNPA CC VSAA--XP A-CAF-P N-AF-P NPD-YS

μίαν καὶ Μωϋσεῖ μίαν καὶ Ἠλίᾳ μίαν. 9.6 οὐ γὰρ ᾔδει τί
APCAF-S CC N-DM-S APCAF-S CC N-DM-S APCAF-S AB CS VILA--ZS APTAN-S

ἀποκριθῇ, ἔκφοβοι γὰρ ἐγένοντο. 9.7 καὶ ἐγένετο νεφέλη
VIAO--ZS A--NM-P CS VIAD--ZP CC VIAD--ZS N-NF-S

ἐπισκιάζουσα αὐτοῖς, καὶ ἐγένετο φωνὴ ἐκ τῆς νεφέλης, Οὗτός
VPPANF-S NPDMZP CC VIAD--ZS N-NF-S PG DGFS N-GF-S APDNM-S

ἐστιν ὁ υἱός μου ὁ ἀγαπητός, ἀκούετε αὐτοῦ. 9.8 καὶ
VIPA--ZS DNMS N-NM-S NPG-XS DNMS A--NM-S VMPA--YP NPGMZS CC

ἐξάπινα περιβλεψάμενοι οὐκέτι οὐδένα εἶδον ἀλλὰ τὸν Ἰησοῦν
AB VPAMNM-P AB APCAM-S VIAA--ZP CH DAMS N-AM-S

μόνον μεθ᾽ ἑαυτῶν.
A--AM-S PG NPGMZP

9.9 Καὶ καταβαινόντων αὐτῶν ἐκ τοῦ ὄρους διεστείλατο
CC VPPAGM-P NPGMZP PG DGNS N-GN-S VIAM--ZS

αὐτοῖς ἵνα μηδενὶ ἃ εἶδον διηγήσωνται, εἰ μὴ
NPDMZP CC APCDM-S APRAN-P□APDAN-P&APRAN-P VIAA--ZP VSAD--ZP CS AB

ὅταν ὁ υἱὸς τοῦ ἀνθρώπου ἐκ νεκρῶν ἀναστῇ. 9.10 καὶ τὸν
CS DNMS N-NM-S DGMS N-GM-S PG AP-GM-P VSAA--ZS CC DAMS

λόγον ἐκράτησαν πρὸς ἑαυτοὺς συζητοῦντες τί ἐστιν τὸ ἐκ
N-AM-S VIAA--ZP PA NPAMZP VPPANM-P APTNN-S VIPA--ZS DNNS PG

νεκρῶν ἀναστῆναι. 9.11 καὶ ἐπηρώτων αὐτὸν λέγοντες, Ὅτι
AP-GM-P VNAA CC VIIA--ZP NPAMZS VPPANM-P ABT

λέγουσιν οἱ γραμματεῖς ὅτι Ἠλίαν δεῖ ἐλθεῖν πρῶτον;
VIPA--ZP DNMP N-NM-P CC N-AM-S VIPA--ZS VNAA APOAN-S□AB

9.12 ὁ   δὲ ἔφη   αὐτοῖς, Ἠλίας μὲν ἐλθὼν πρῶτον
DNMS□NPNMZS CH VIAA--ZS/VIIA--ZS NPDMZP N-NM-S QS VPAANM-S APOAN-S□AB

ἀποκαθιστάνει πάντα, καὶ πῶς γέγραπται ἐπὶ τὸν υἱὸν τοῦ
VIPA--ZS   AP-AN-P CC ABT VIRP--ZS PA DAMS N-AM-S DGMS

ἀνθρώπου ἵνα πολλὰ πάθῃ καὶ ἐξουδενηθῇ; 9.13 ἀλλὰ λέγω
N-GM-S CC AP-AN-P VSAA--ZS CC VSAP--ZS   CC   VIPA--XS

ὑμῖν ὅτι καὶ Ἠλίας ἐλήλυθεν, καὶ ἐποίησαν αὐτῷ
NPD-YP CH AB N-NM-S VIRA--ZS CC VIAA--ZP NPDMZS

ὅσα   ἤθελον, καθὼς γέγραπται ἐπ' αὐτόν.
APRAN-P□APDAN-P&APRAN-P VIIA--ZP CS VIRP--ZS PA NRAMZS

9.14 Καὶ ἐλθόντες πρὸς τοὺς μαθητὰς εἶδον ὄχλον πολὺν περὶ
CC VPAANM-P PA DAMP N-AM-P VIAA--ZP N-AM-S A--AM-S PA

αὐτοὺς καὶ γραμματεῖς συζητοῦντας πρὸς αὐτούς. 9.15 καὶ
NRAMZP CC N-AM-P VPPAAM-P PA NRAMZP   CC

εὐθὺς πᾶς ὁ ὄχλος ἰδόντες αὐτὸν ἐξεθαμβήθησαν, καὶ
AP-NM-S□AB A--NM-S DNMS N-NM-S VPAANM-P NRAMZS VIAP--ZP   CC

προστρέχοντες ἠσπάζοντο αὐτόν. 9.16 καὶ ἐπηρώτησεν αὐτούς,
VPPANM-P VIIN--ZP NRAMZS CC VIAA--ZS NRAMZP

Τί   συζητεῖτε πρὸς αὐτούς; 9.17 καὶ ἀπεκρίθη αὐτῷ εἷς   ἐκ
APTAN-S VIPA--YP PA NRAMZP CC VIAO--ZS NPDMZS APCNM-S PG

τοῦ ὄχλου, Διδάσκαλε, ἤνεγκα τὸν υἱόν μου πρὸς σέ, ἔχοντα
DGMS N-GM-S N-VM-S VIAA--XS DAMS N-AM-S NPG-XS PA NPA-YS VPPAAM-S

πνεῦμα ἄλαλον· 9.18 καὶ ὅπου ἐὰν αὐτὸν καταλάβῃ ῥήσσει
N-AN-S A--AN-S CC CS QV NRAMZS VSAA--ZS VIPA--ZS

αὐτόν, καὶ ἀφρίζει καὶ τρίζει τοὺς ὀδόντας καὶ ξηραίνεται· καὶ
NRAMZS CC VIPA--ZS CC VIPA--ZS DAMP N-AM-P CC VIPP--ZS CC

εἶπα τοῖς μαθηταῖς σου ἵνα αὐτὸ ἐκβάλωσιν, καὶ οὐκ ἴσχυσαν.
VIAA--XS DDMP N-DM-P NPG-YS CC NRANZS VSAA--ZP CC AB VIAA--ZP

9.19 ὁ   δὲ ἀποκριθεὶς αὐτοῖς λέγει, Ὦ γενεὰ ἄπιστος, ἕως
DNMS□NPNMZS CH VPAONM-S NPDMZP VIPA--ZS QS N-VF-S A--VF-S PG

πότε   πρὸς ὑμᾶς ἔσομαι; ἕως πότε   ἀνέξομαι ὑμῶν;
ABT□APTGM-S PA NPA-YP VIFD--XS PG ABT□APTGM-S VIFM--XS NPG-YP

φέρετε αὐτὸν πρός με. 9.20 καὶ ἤνεγκαν αὐτὸν πρὸς αὐτόν. καὶ
VMPA--YP NRAMZS PA NPA-XS CC VIAA--ZP NRAMZS PA NRAMZS CC

ἰδὼν   αὐτὸν τὸ πνεῦμα εὐθὺς   συνεσπάραξεν αὐτόν, καὶ
VPAANM-S NRAMZS DNNS N-NN-S AP-NM-S□AB VIAA--ZS NRAMZS CC

πεσὼν ἐπὶ τῆς γῆς ἐκυλίετο ἀφρίζων. 9.21 καὶ ἐπηρώτησεν τὸν
VPAANM-S PG DGFS N-GF-S VIIE--ZS VPPANM-S CC VIAA--ZS DAMS

πατέρα αὐτοῦ, Πόσος χρόνος ἐστὶν ὡς τοῦτο γέγονεν αὐτῷ;
N-AM-S NPGMZS A-TNM-S N-NM-S VIPA--ZS ABR APDNN-S VIRA--ZS NPDMZS

ὁ   δὲ εἶπεν, Ἐκ παιδιόθεν· 9.22 καὶ πολλάκις καὶ εἰς πῦρ
DNMS□NPNMZS CH VIAA--ZS PG AB□AP-GN-S CC AB AB/CC PA N-AN-S

αὐτὸν ἔβαλεν καὶ εἰς ὕδατα ἵνα ἀπολέσῃ αὐτόν· ἀλλ' εἴ τι
NRAMZS VIAA--ZS CC PA N-AN-P CS VSAA--ZS NRAMZS CH CS APIAN-S

δύνῃ, βοήθησον ἡμῖν σπλαγχνισθεὶς ἐφ᾽ ἡμᾶς. 9.23 ὁ δὲ
VIPN--YS VMAA--YS NPD-XP VRAONMYS PA NPA-XP DNMS CH

Ἰησοῦς εἶπεν αὐτῷ, Τὸ Εἰ δύνῃ — πάντα δυνατὰ
N-NM-S VIAA--ZS NPDMZS DANS CS VIPN--YS AP-NN-P A--NN-P

τῷ πιστεύοντι. 9.24 εὐθὺς κράξας ὁ πατὴρ
DDMS□NPDMZS&APRNM-S VPPADM-S AP-NM-S□AB VPAANM-S DNMS N-NM-S

τοῦ παιδίου ἔλεγεν, Πιστεύω· βοήθει μου τῇ ἀπιστίᾳ.
DGNS N-GN-S VIIA--ZS VIPA--XS VMPA--YS NPG-XS DDFS N-DF-S

9.25 ἰδὼν δὲ ὁ Ἰησοῦς ὅτι ἐπισυντρέχει ὄχλος ἐπετίμησεν
VPAANM-S CC DNMS N-NM-S CC VIPA--ZS N-NM-S VIAA--ZS

τῷ πνεύματι τῷ ἀκαθάρτῳ λέγων αὐτῷ, Τὸ ἄλαλον καὶ κωφὸν
DDNS N-DN-S DDNS A--DN-S VPPANM-S NPDNZS DVNS A--VN-S CC A--VN-S

πνεῦμα, ἐγὼ ἐπιτάσσω σοι, ἔξελθε ἐξ αὐτοῦ καὶ μηκέτι
N-VN-S NPN-XS VIPA--XS NPD-YS VMAA--YS PG NPGMZS CC AB

εἰσέλθῃς εἰς αὐτόν. 9.26 καὶ κράξας καὶ πολλὰ σπαράξας
VSAA--YS□VMAA--YS PA NPAMZS CC VPAANM-S CC AP-AN-P□AB VPAANM-S

ἐξῆλθεν· καὶ ἐγένετο ὡσεὶ νεκρός, ὥστε τοὺς πολλοὺς λέγειν ὅτι
VIAA--ZS CC VIAD--ZS CS A--NM-S CH DAMP AP-AM-P VNPA CC

ἀπέθανεν. 9.27 ὁ δὲ Ἰησοῦς κρατήσας τῆς χειρὸς αὐτοῦ
VIAA--ZS DNMS CH N-NM-S VPAANM-S DGFS N-GF-S NPGMZS

ἤγειρεν αὐτόν, καὶ ἀνέστη. 9.28 καὶ εἰσελθόντος αὐτοῦ εἰς οἶκον
VIAA--ZS NPAMZS CC VIAA--ZS CC VPAAGM-S NPGMZS PA N-AM-S

οἱ μαθηταὶ αὐτοῦ κατ᾽ ἰδίαν ἐπηρώτων αὐτόν, Ὅτι ἡμεῖς οὐκ
DNMP N-NM-P NPGMZS PA AP-AF-S VIIA--ZP NPAMZS ABT NPN-XP AB

ἠδυνήθημεν ἐκβαλεῖν αὐτό; 9.29 καὶ εἶπεν αὐτοῖς, Τοῦτο τὸ
VIAO--XP VNAA NPANZS CC VIAA--ZS NPDMZP A-DNN-S DNNS

γένος ἐν οὐδενὶ δύναται ἐξελθεῖν εἰ μὴ ἐν προσευχῇ.
N-NN-S PD APCDN-S VIPN--ZS VNAA CS AB PD N-DF-S

9.30 Κἀκεῖθεν ἐξελθόντες παρεπορεύοντο διὰ τῆς Γαλιλαίας,
CC&AB VPAANM-P VIIN--ZP PG DGFS N-GF-S

καὶ οὐκ ἤθελεν ἵνα τις γνοῖ· 9.31 ἐδίδασκεν γὰρ τοὺς μαθητὰς
CC AB VIIA--ZS CC APINM-S VSAA--ZS VIIA--ZS CS DAMP N-AM-P

αὐτοῦ καὶ ἔλεγεν αὐτοῖς ὅτι Ὁ υἱὸς τοῦ ἀνθρώπου
NPGMZS CC VIIA--ZS NPDMZP CH DNMS N-NM-S DGMS N-GM-S

παραδίδοται εἰς χεῖρας ἀνθρώπων, καὶ ἀποκτενοῦσιν αὐτόν, καὶ
VIPP--ZS PA N-AF-P N-GM-P CC VIFA--ZP NPAMZS CC

ἀποκτανθεὶς μετὰ τρεῖς ἡμέρας ἀναστήσεται. 9.32 οἱ δὲ
VPAPNM-S PA A-CAF-P N-AF-P VIFM--ZS DNMP□NPNMZP CH

ἠγνόουν τὸ ῥῆμα, καὶ ἐφοβοῦντο αὐτὸν ἐπερωτῆσαι.
VIIA--ZP DANS N-AN-S CC VIIN--ZP NPAMZS VNAA

9.33 Καὶ ἦλθον εἰς Καφαρναούμ. καὶ ἐν τῇ οἰκίᾳ γενόμενος
CC VIAA--ZP PA N-AF-S CC PD DDFS N-DF-S VPADNM-S

ἐπηρώτα αὐτούς, Τί ἐν τῇ ὁδῷ διελογίζεσθε; 9.34 οἱ
VIIA--ZS NPAMZP APTAN-S PD DDFS N-DF-S VIIN--YP DNMP□NPNMZP

δὲ ἐσιώπων, πρὸς ἀλλήλους γὰρ διελέχθησαν ἐν τῇ ὁδῷ τίς
CH VIIA--ZP PA NRAMZP CS VIAO--ZP PD DDFS N-DF-S APTNM-S

μείζων. 9.35 καὶ καθίσας ἐφώνησεν τοὺς δώδεκα καὶ λέγει αὐτοῖς,
A-MNM-S CC VPAANM-S VIAA--ZS DAMP APCAM-P CC VIPA--ZS NPDMZP

Εἴ τις θέλει πρῶτος εἶναι ἔσται πάντων ἔσχατος καὶ
CS APINM-S VIPA--ZS A-ONM-S VNPA VIFD--ZS□VMPA--ZS AP-GM-P A--NM-S CC

πάντων διάκονος. 9.36 καὶ λαβὼν παιδίον ἔστησεν αὐτὸ ἐν μέσῳ
AP-GM-P N-NM-S CC VPAANM-S N-AN-S VIAA--ZS NPANZS PD AP-DN-S

αὐτῶν καὶ ἐναγκαλισάμενος αὐτὸ εἶπεν αὐτοῖς,
NPGMZP CC VPADNM-S NPANZS VIAA--ZS NPDMZP

9.37 Ὃς ἂν ἓν τῶν τοιούτων παιδίων δέξηται
APRNM-S□APDNM-S&APRNM-S QV APCAN-S DGNP A-DGN-P N-GN-P VSAD--ZS

ἐπὶ τῷ ὀνόματί μου, ἐμὲ δέχεται· καὶ ὃς ἂν
PD DDNS N-DN-S NPG-XS NPA-XS VIPN--ZS CC APRNM-S□APDNM-S&APRNM-S QV

ἐμὲ δέχηται, οὐκ ἐμὲ δέχεται ἀλλὰ τὸν
NPA-XS VSPN--ZS AB NPA-XS VIPN--ZS CH DAMS□NPAMZS&APRNM-S

ἀποστείλαντά με.
VPAAAM-S NPA-XS

9.38 Ἔφη αὐτῷ ὁ Ἰωάννης, Διδάσκαλε, εἴδομέν
VIAA--ZS/VIIA--ZS NPDMZS DNMS N-NM-S N-VM-S VIAA--XP

τινα ἐν τῷ ὀνόματί σου ἐκβάλλοντα δαιμόνια, καὶ ἐκωλύομεν
APIAM-S PD DDNS N-DN-S NPG-YS VPPAAM-S N-AN-P CC VIIA--XP

αὐτόν, ὅτι οὐκ ἠκολούθει ἡμῖν. 9.39 ὁ δὲ Ἰησοῦς εἶπεν, Μὴ
NPAMZS CS AB VIIA--ZS NPD-XP DNMS CH N-NM-S VIAA--ZS AB

κωλύετε αὐτόν, οὐδεὶς γάρ ἐστιν ὃς ποιήσει δύναμιν ἐπὶ τῷ
VMPA--YP NPAMZS APCNM-S CS VIPA--ZS APRNM-S VIFA--ZS N-AF-S PD DDNS

ὀνόματί μου καὶ δυνήσεται ταχὺ κακολογῆσαί με·
N-DN-S NPG-XS CC VIFD--ZS AP-AN-S□AB VNAA NPA-XS

9.40 ὃς γὰρ οὐκ ἔστιν καθ' ἡμῶν, ὑπὲρ ἡμῶν
APRNM-S□APDNM-S&APRNM-S CS AB VIPA--ZS PG NPG-XP PG NPG-XP

ἐστιν. 9.41 Ὃς γὰρ ἂν ποτίσῃ ὑμᾶς ποτήριον
VIPA--ZS APRNM-S□APDNM-S&APRNM-S CS QV VSAA--ZS NPA-YP N-AN-S

ὕδατος ἐν ὀνόματι ὅτι Χριστοῦ ἐστε, ἀμὴν λέγω ὑμῖν ὅτι οὐ μὴ
N-GN-S PD N-DN-S CS N-GM-S VIPA--YP QS VIPA--XS NPD-YP CC AB AB

ἀπολέσῃ τὸν μισθὸν αὐτοῦ.
VSAA--ZS DAMS N-AM-S NPGMZS

9.42 Καὶ ὃς ἂν σκανδαλίσῃ ἕνα τῶν μικρῶν τούτων
CC APRNM-S+ QV VSAA--ZS APCAM-S DGMP AP-GM-P A-DGM-P

τῶν πιστευόντων [εἰς ἐμέ], καλόν ἐστιν αὐτῷ μᾶλλον εἰ
DGMP□APRNM-P VPPAGM-P PA NPA-XS A--NN-S VIPA--ZS NPDMZS ABM CC

περίκειται μύλος ὀνικὸς περὶ τὸν τράχηλον αὐτοῦ καὶ βέβληται
VIPN--ZS N-NM-S A--NM-S PA DAMS N-AM-S NPGMZS CC VIRP--ZS

εἰς τὴν θάλασσαν. 9.43 Καὶ ἐὰν σκανδαλίζῃ σε ἡ χείρ σου,
PA DAFS N-AF-S CC CS VSPA--ZS NPA-YS DNFS N-NF-S NPG-YS

ἀπόκοψον αὐτήν· καλόν ἐστίν σε κυλλὸν εἰσελθεῖν εἰς τὴν
VMAA--YS NPAFZS A--NN-S VIPA--ZS NPA-YS A--AM-S VNAA PA DAFS

ζωὴν ἢ τὰς δύο χεῖρας ἔχοντα ἀπελθεῖν εἰς τὴν γέενναν, εἰς
N-AF-S CS DAFP A-CAF-P N-AF-P VPPAAMYS VNAA PA DAFS N-AF-S PA

τὸ πῦρ τὸ ἄσβεστον. 9.45 καὶ ἐὰν ὁ πούς σου σκανδαλίζῃ
DANS N-AN-S DANS A--AN-S CC CS DNMS N-NM-S NPG-YS VSPA--ZS

σε, ἀπόκοψον αὐτόν· καλόν ἐστίν σε εἰσελθεῖν εἰς τὴν ζωὴν
NPA-YS VMAA--YS NPRAMZS A--NN-S VIPA--ZS NPA-YS VNAA PA DAFS N-AF-S

χωλὸν ἢ τοὺς δύο πόδας ἔχοντα βληθῆναι εἰς τὴν γέενναν.
A--AM-S CS DAMP A-CAM-P N-AM-P VPPAAMYS VNAP PA DAFS N-AF-S

9.47 καὶ ἐὰν ὁ ὀφθαλμός σου σκανδαλίζῃ σε, ἔκβαλε αὐτόν·
CC CS DNMS N-NM-S NPG-YS VSPA--ZS NPA-YS VMAA--YS NPRAMZS

καλόν σέ ἐστιν μονόφθαλμον εἰσελθεῖν εἰς τὴν βασιλείαν τοῦ
A--NN-S NPA-YS VIPA--ZS A--AM-S VNAA PA DAFS N-AF-S DGMS

θεοῦ ἢ δύο ὀφθαλμοὺς ἔχοντα βληθῆναι εἰς τὴν γέενναν,
N-GM-S CS A-CAM-P N-AM-P VPPAAMYS VNAP PA DAFS N-AF-S

9.48 ὅπου ὁ σκώληξ αὐτῶν οὐ τελευτᾷ καὶ τὸ πῦρ οὐ
ABR DNMS N-NM-S NPGMZP AB VIPA--ZS CC DNNS N-NN-S AB

σβέννυται· 9.49 πᾶς γὰρ πυρὶ ἁλισθήσεται. 9.50 Καλὸν τὸ
VIPP--ZS AP-NM-S CS N-DN-S VIFP--ZS A--NN-S DNNS

ἅλας· ἐὰν δὲ τὸ ἅλας ἄναλον γένηται, ἐν τίνι αὐτὸ ἀρτύσετε;
N-NN-S CS CH DNNS N-NN-S A--NN-S VSAD--ZS PD APTDN-S NPANZS VIFA--YP

ἔχετε ἐν ἑαυτοῖς ἅλα, καὶ εἰρηνεύετε ἐν ἀλλήλοις.
VMPA--YP PD NPDMYP N-AN-S CC VMPA--YP PD NPDMYP

10.1 Καὶ ἐκεῖθεν ἀναστὰς ἔρχεται εἰς τὰ ὅρια τῆς Ἰουδαίας
CC AB VPAANM-S VIPN--ZS PA DANP N-AN-P DGFS N-GF-S

[καὶ] πέραν τοῦ Ἰορδάνου, καὶ συμπορεύονται πάλιν ὄχλοι πρὸς
CC PG DGMS N-GM-S CC VIPN--ZP AB N-NM-P PA

αὐτόν, καὶ ὡς εἰώθει πάλιν ἐδίδασκεν αὐτούς. 10.2 καὶ
NPRAMZS CC CS VILA--ZS AB VIIA--ZS NPRAMZP CC

προσελθόντες Φαρισαῖοι ἐπηρώτων αὐτὸν εἰ ἔξεστιν ἀνδρὶ
VPAANM-P N-NM-P VIIA--ZP NPRAMZS QT VIPA--ZS N-DM-S

γυναῖκα ἀπολῦσαι, πειράζοντες αὐτόν. 10.3 ὁ δὲ
N-AF-S VNAA VPPANM-P NPRAMZS DNMS□NPNMZS CH

ἀποκριθεὶς εἶπεν αὐτοῖς, Τί ὑμῖν ἐνετείλατο Μωϋσῆς;
VPAONM-S VIAA--ZS NPDMZP APTAN-S NPD-YP VIAD--ZS N-NM-S

10.4 οἱ δὲ εἶπαν, Ἐπέτρεψεν Μωϋσῆς βιβλίον
DNMP□NPNMZP CH VIAA--ZP VIAA--ZS N-NM-S N-AN-S

ἀποστασίου γράψαι καὶ ἀπολῦσαι. 10.5 ὁ δὲ Ἰησοῦς εἶπεν
N-GN-S VNAA CC VNAA DNMS CH N-NM-S VIAA--ZS

αὐτοῖς, Πρὸς τὴν σκληροκαρδίαν ὑμῶν ἔγραψεν ὑμῖν τὴν
NPDMZP PA DAFS N-AF-S NPG-YP VIAA--ZS NPD-YP DAFS

ἐντολὴν ταύτην. 10.6 ἀπὸ δὲ ἀρχῆς κτίσεως ἄρσεν καὶ θῆλυ
N-AF-S A-DAF-S PG CH N-GF-S N-GF-S AP-AN-S CC AP-AN-S

ἐποίησεν αὐτούς· 10.7 ἕνεκεν τούτου καταλείψει ἄνθρωπος τὸν
VIAA--ZS NPAMZP PG APDGN-S VIFA--ZS□VMAA--ZS N-NM-S DAMS

πατέρα αὐτοῦ καὶ τὴν μητέρα [καὶ προσκολληθήσεται πρὸς τὴν
N-AM-S NPGMZS CC DAFS N-AF-S CC VIFP--ZS□VMAP--ZS PA DAFS

γυναῖκα αὐτοῦ], 10.8 καὶ ἔσονται οἱ δύο εἰς σάρκα μίαν·
N-AF-S NPGMZS CC VIFD--ZP□VMPA--ZP DNMP APCNM-P PA N-AF-S A-CAF-S

ὥστε οὐκέτι εἰσὶν δύο ἀλλὰ μία σάρξ.
CH AB VIPA--ZP APCNM-P CH A-CNF-S N-NF-S

10.9 ὃ οὖν ὁ θεὸς συνέζευξεν ἄνθρωπος μὴ
APRAN-S□APDAN-S&APRAN-S CH DNMS N-NM-S VIAA--ZS N-NM-S AB

χωριζέτω. 10.10 Καὶ εἰς τὴν οἰκίαν πάλιν οἱ μαθηταὶ περὶ
VMPA--ZS CC PA DAFS N-AF-S AB DNMP N-NM-P PG

τούτου ἐπηρώτων αὐτόν. 10.11 καὶ λέγει αὐτοῖς,
APDGN-S VIIA--ZP NPAMZS CC VIPA--ZS NPDMZP

Ὃς ἂν ἀπολύσῃ τὴν γυναῖκα αὐτοῦ καὶ
APRNM-S□APDNM-S&APRNM-S QV VSAA--ZS DAFS N-AF-S NPGMZS CC

γαμήσῃ ἄλλην μοιχᾶται ἐπ᾽ αὐτήν, 10.12 καὶ ἐὰν αὐτὴ
VSAA--ZS AP-AF-S VIPN--ZS PA NPAFZS CC CS NPNFZS

ἀπολύσασα τὸν ἄνδρα αὐτῆς γαμήσῃ ἄλλον μοιχᾶται.
VPRAANF-S DAMS N-AM-S NPGFZS VSAA--ZS AP-AM-S VIPN--ZS

10.13 Καὶ προσέφερον αὐτῷ παιδία ἵνα αὐτῶν ἅψηται· οἱ δὲ
CC VIIA--ZP NPDMZS N-AN-P CS NPGNZP VSAM--ZS DNMP CH

μαθηταὶ ἐπετίμησαν αὐτοῖς. 10.14 ἰδὼν δὲ ὁ Ἰησοῦς
N-NM-P VIAA--ZP NPDMZP VPAANM-S CH DNMS N-NM-S

ἠγανάκτησεν καὶ εἶπεν αὐτοῖς, Ἄφετε τὰ παιδία ἔρχεσθαι
VIAA--ZS CC VIAA--ZS NPDMZP VMAA--YP DANP N-AN-P VNPN

πρός με, μὴ κωλύετε αὐτά, τῶν γὰρ τοιούτων ἐστὶν ἡ
PA NPA-XS AB VMPA--YP NPANZP DGNP CS APDGN-P VIPA--ZS DNFS

βασιλεία τοῦ θεοῦ. 10.15 ἀμὴν λέγω ὑμῖν, ὃς
N-NF-S DGMS N-GM-S QS VIPA--XS NPD-YP APRNM-S□APDNM-S&APRNM-S

ἂν μὴ δέξηται τὴν βασιλείαν τοῦ θεοῦ ὡς παιδίον, οὐ μὴ
QV AB VSAD--ZS DAFS N-AF-S DGMS N-GM-S CS N-NN-S AB AB

εἰσέλθῃ εἰς αὐτήν. 10.16 καὶ ἐναγκαλισάμενος αὐτὰ κατευλόγει
VSAA--ZS PA NPAFZS CC VPADNM-S NPANZP VIIA--ZS†VIPA--ZS

τιθεὶς τὰς χεῖρας ἐπ᾽ αὐτά.
VPPANM-S DAFP N-AF-P PA NPANZP

10.17 Καὶ ἐκπορευομένου αὐτοῦ εἰς ὁδὸν προσδραμὼν εἷς
CC VPPNGM-S NPGMZS PA N-AF-S VPAANM-S APCNM-S

καὶ γονυπετήσας αὐτὸν ἐπηρώτα αὐτόν, Διδάσκαλε ἀγαθέ, τί
CC VPAANM-S NPAMZS VIIA--ZS NPAMZS N-VM-S A--VM-S APTAN-S

ποιήσω ἵνα ζωὴν αἰώνιον κληρονομήσω; 10.18 ὁ δὲ Ἰησοῦς
VSAA--XS CS N-AF-S A--AF-S VSAA--XS DNMS CH N-NM-S

εἶπεν αὐτῷ, Τί με λέγεις ἀγαθόν; οὐδεὶς ἀγαθὸς εἰ μὴ
VIAA--ZS NPDMZS APTAN-S□ABT NPA-XS VIPA--YS A--AM-S APCNM-S A--NM-S CS AB

εἰς   ὁ   θεός.   10.19 τὰς   ἐντολὰς οἶδας· Μὴ φονεύσῃς,   Μὴ
APCNM-S DNMS N-NM-S   DAFP   N-AF-P   VIRA--YS AB VSAA--YS□VMAA--YS AB

μοιχεύσῃς,   Μὴ κλέψῃς,   Μὴ ψευδομαρτυρήσῃς, Μὴ
VSAA--YS□VMAA--YS AB VSAA--YS□VMAA--YS AB VSAA--YS□VMAA--YS   AB

ἀποστερήσῃς,   Τίμα   τὸν   πατέρα   σου   καὶ   τὴν   μητέρα.
VSAA--YS□VMAA--YS VMPA--YS DAMS   N-AM-S   NPG-YS CC   DAFS N-AF-S

10.20 ὁ   δὲ ἔφη   αὐτῷ, Διδάσκαλε, ταῦτα   πάντα
      DNMS□NPNMZS CH VIAA--ZS/VIIA--ZS NPDMZS N-VM-S   APDAN-P A--AN-P

ἐφυλαξάμην ἐκ νεότητός μου.   10.21 ὁ   δὲ Ἰησοῦς ἐμβλέψας
VIAM--XS   PG N-GF-S   NPG-XS   DNMS   CH N-NM-S VPAANM-S

αὐτῷ   ἠγάπησεν αὐτὸν   καὶ εἶπεν   αὐτῷ, Ἕν   σε   ὑστερεῖ·
NPDMZS VIAA--ZS NPAMZS CC   VIAA--ZS NPDMZS APCNN-S NPA-YS VIPA--ZS

ὕπαγε   ὅσα   ἔχεις   πώλησον καὶ δὸς   [τοῖς]
VMPA--YS APRAN-P□APDAN-P&APRAN-P VIPA--YS VMAA--YS CC   VMAA--YS DDMP

πτωχοῖς, καὶ ἕξεις   θησαυρὸν ἐν οὐρανῷ, καὶ δεῦρο   ἀκολούθει
AP-DM-P CC   VIFA--YS N-AM-S   PD N-DM-S   CC   AB□VMAA--YS VMPA--YS

μοι.   10.22 ὁ   δὲ στυγνάσας ἐπὶ τῷ   λόγῳ ἀπῆλθεν
NPD-XS   DNMS□NPNMZS CH VPAANM-S PD   DDMS N-DM-S VIAA--ZS

λυπούμενος, ἦν   γὰρ ἔχων   κτήματα πολλά.
VPPPNM-S   VIIA--ZS+ CS +VPPANM-S N-AN-P A--AN-P

10.23 Καὶ περιβλεψάμενος ὁ   Ἰησοῦς λέγει   τοῖς   μαθηταῖς
      CC   VPAMNM-S   DNMS N-NM-S VIPA--ZS DDMP   N-DM-P

αὐτοῦ, Πῶς δυσκόλως οἱ   τὰ   χρήματα ἔχοντες εἰς
NPGMZS AB AB   DNMP□NPNMZP&APRNM-P DANP N-AN-P VPPANM-P PA

τὴν βασιλείαν τοῦ   θεοῦ   εἰσελεύσονται. 10.24 οἱ   δὲ μαθηταὶ
DAFS N-AF-S   DGMS N-GM-S VIFD--ZP   DNMP   CH N-NM-P

ἐθαμβοῦντο ἐπὶ τοῖς λόγοις αὐτοῦ. ὁ   δὲ Ἰησοῦς πάλιν
VIIP--ZP   PD   DDMP N-DM-P NPGMZS DNMS CH N-NM-S AB

ἀποκριθεὶς λέγει   αὐτοῖς, Τέκνα, πῶς δύσκολόν ἐστιν εἰς τὴν
VPAONM-S   VIPA--ZS NPDMZP N-VN-P AB A--NN-S VIPA--ZS PA DAFS

βασιλείαν τοῦ   θεοῦ   εἰσελθεῖν· 10.25 εὐκοπώτερόν ἐστιν κάμηλον
N-AF-S   DGMS N-GM-S VNAA   A-MNN-S   VIPA--ZS N-AF-S

διὰ [τῆς] τρυμαλιᾶς [τῆς] ῥαφίδος διελθεῖν ἢ πλούσιον εἰς τὴν
PG   DGFS   N-GF-S   DGFS   N-GF-S VNAA   CS AP-AM-S PA DAFS

βασιλείαν τοῦ   θεοῦ   εἰσελθεῖν. 10.26 οἱ   δὲ περισσῶς
N-AF-S   DGMS N-GM-S VNAA   DNMP□NPNMZP CH AB

ἐξεπλήσσοντο λέγοντες πρὸς ἑαυτούς, Καὶ τίς   δύναται
VIIP--ZP   VPPANM-P PA   NPAMZP   CC   APTNM-S VIPN--ZS

σωθῆναι; 10.27 ἐμβλέψας αὐτοῖς ὁ   Ἰησοῦς λέγει,   Παρὰ
VNAP   VPAANM-S NPDMZP DNMS N-NM-S VIPA--ZS PD

ἀνθρώποις ἀδύνατον ἀλλ᾽ οὐ παρὰ θεῷ,   πάντα γὰρ δυνατὰ παρὰ
N-DM-P   A--NN-S CH   AB PD   N-DM-S AP-NN-P CS A--NN-P PD

τῷ   θεῷ.   10.28 Ἤρξατο λέγειν ὁ   Πέτρος αὐτῷ, Ἰδοὺ ἡμεῖς
DDMS N-DM-S   VIAM--ZS VNPA   DNMS N-NM-S NPDMZS QS   NPN-XP

ἀφήκαμεν πάντα καὶ ἠκολουθήκαμέν σοι. 10.29 ἔφη   ὁ
VIAA--XP   AP-AN-P CC   VIRA--XP   NPD-YS   VIAA--ZS/VIIA--ZS DNMS

Ἰησοῦς, Ἀμὴν λέγω ὑμῖν, οὐδείς ἐστιν ὃς   ἀφῆκεν οἰκίαν ἢ
N-NM-S   QS   VIPA--XS NPD-YP APCNM-S VIPA--ZS APRNM-S VIAA--ZS N-AF-S CC

ἀδελφοὺς ἢ ἀδελφὰς ἢ μητέρα ἢ πατέρα ἢ τέκνα ἢ ἀγροὺς
N-AM-P   CC N-AF-P CC N-AF-S CC N-AM-S CC N-AN-P CC N-AM-P

ἕνεκεν ἐμοῦ καὶ ἕνεκεν τοῦ εὐαγγελίου, 10.30 ἐὰν μὴ λάβῃ
PG   NPG-XS CC   PG   DGNS N-GN-S   CS   AB VSAA--ZS

ἑκατονταπλασίονα νῦν ἐν τῷ καιρῷ τούτῳ οἰκίας καὶ ἀδελφοὺς
AP-AN-P   AB PD DDMS N-DM-S A-DDM-S N-AF-P CC N-AM-P

καὶ ἀδελφὰς καὶ μητέρας καὶ τέκνα καὶ ἀγροὺς μετὰ διωγμῶν, καὶ
CC N-AF-P CC N-AF-P CC N-AN-P CC N-AM-P PG   N-GM-P   CC

ἐν τῷ αἰῶνι τῷ   ἐρχομένῳ ζωὴν αἰώνιον. 10.31 πολλοὶ δὲ
PD DDMS N-DM-S DDMS□APRNM-S VPPNDM-S N-AF-S A--AF-S   A--NM-P CC

ἔσονται πρῶτοι ἔσχατοι καὶ [οἱ] ἔσχατοι πρῶτοι.
VIFD--ZP APONM-P A--NM-P CC DNMP AP-NM-P A-ONM-P

10.32 Ἦσαν δὲ ἐν τῇ ὁδῷ ἀναβαίνοντες εἰς Ἱεροσόλυμα,
      VIIA--ZP+ CC PD DDFS N-DF-S +VPPANM-P PA N-AN-P

καὶ ἦν   προάγων αὐτοὺς ὁ   Ἰησοῦς, καὶ ἐθαμβοῦντο,
CC VIIA--ZS+ +VPPANM-S NRAMZP DNMS N-NM-S CC VIIP--ZP

οἱ   δὲ ἀκολουθοῦντες ἐφοβοῦντο. καὶ παραλαβὼν
DNMP□NPRNMZP&APRNM-P CC VPPANM-P VIIN--ZP CC VPAANM-S

πάλιν τοὺς δώδεκα ἤρξατο αὐτοῖς λέγειν τὰ
AB   DAMP APCAM-P VIAM--ZS NPDMZP VNPA DANP□NPANZP&APRNN-P

μέλλοντα αὐτῷ συμβαίνειν, 10.33 ὅτι Ἰδοὺ ἀναβαίνομεν εἰς
VPPAAN-P+ NPDMZS +VNPA   ABR QS VIPA--XP   PA

Ἱεροσόλυμα, καὶ ὁ   υἱὸς τοῦ ἀνθρώπου παραδοθήσεται τοῖς
N-AN-P   CC DNMS N-NM-S DGMS N-GM-S   VIFP--ZS   DDMP

ἀρχιερεῦσιν καὶ τοῖς γραμματεῦσιν, καὶ κατακρινοῦσιν αὐτὸν
N-DM-P   CC DDMP N-DM-P   CC VIFA--ZP   NRAMZS

θανάτῳ καὶ παραδώσουσιν αὐτὸν τοῖς ἔθνεσιν 10.34 καὶ
N-DM-S CC VIFA--ZP   NRAMZS DDNP N-DN-P   CC

ἐμπαίξουσιν αὐτῷ καὶ ἐμπτύσουσιν αὐτῷ καὶ μαστιγώσουσιν
VIFA--ZP   NPDMZS CC VIFA--ZP   NPDMZS CC VIFA--ZP

αὐτὸν καὶ ἀποκτενοῦσιν, καὶ μετὰ τρεῖς ἡμέρας ἀναστήσεται.
NRAMZS CC VIFA--ZP   CC PA A-CAF-P N-AF-P VIFM--ZS

10.35 Καὶ προσπορεύονται αὐτῷ Ἰάκωβος καὶ Ἰωάννης οἱ
      CC VIPN--ZP   NPDMZS N-NM-S CC N-NM-S DNMP

υἱοὶ Ζεβεδαίου λέγοντες αὐτῷ, Διδάσκαλε, θέλομεν ἵνα
N-NM-P N-GM-S   VPPANM-P NPDMZS N-VM-S   VIPA--XP CC

ὃ   ἐὰν αἰτήσωμέν σε   ποιήσῃς ἡμῖν.
APRAN-S□APDAN-S&APRAN-S QV VSAA--XP NPA-YS VSAA--YS NPD-XP

10.36 ὁ   δὲ εἶπεν αὐτοῖς, Τί   θέλετέ [με] ποιήσω ὑμῖν;
      DNMS□NPNMZS CH VIAA--ZS NPDMZP APTAN-S VIPA--YP NPA-XS VSAA--XS NPD-YP

10.37 οἱ   δὲ εἶπαν αὐτῷ, Δὸς ἡμῖν ἵνα εἷς σου ἐκ
DNMP◻NPNMZP CH VIAA--ZP NPDMZS VMAA--YS NPD-XP CC APCNM-S NPG-YS PG

δεξιῶν καὶ εἷς ἐξ ἀριστερῶν καθίσωμεν ἐν τῇ δόξῃ σου.
AP-GN-P CC APCNM-S PG AP-GN-P VSAA--XP PD DDFS N-DF-S NPG-YS

10.38 ὁ δὲ Ἰησοῦς εἶπεν αὐτοῖς, Οὐκ οἴδατε τί αἰτεῖσθε.
DNMS CH N-NM-S VIAA--ZS NPDMZP AB VIRA--YP APTAN-S VIPM--YP

δύνασθε πιεῖν τὸ ποτήριον ὃ ἐγὼ πίνω, ἢ τὸ βάπτισμα
VIPN--YP VNAA DANS N-AN-S APRAN-S NPN-XS VIPA--XS CC DANS N-AN-S

ὃ ἐγὼ βαπτίζομαι βαπτισθῆναι; 10.39 οἱ   δὲ εἶπαν
APRAN-S NPN-XS VIPP--XS VNAP DNMP◻NPNMZP CH VIAA--ZP

αὐτῷ, Δυνάμεθα. ὁ δὲ Ἰησοῦς εἶπεν αὐτοῖς, Τὸ ποτήριον
NPDMZS VIPN--XP DNMS CH N-NM-S VIAA--ZS NPDMZP DANS N-AN-S

ὃ ἐγὼ πίνω πίεσθε καὶ τὸ βάπτισμα ὃ ἐγὼ
APRAN-S NPN-XS VIPA--XS VIFD--YP CC DANS N-AN-S APRAN-S NPN-XS

βαπτίζομαι βαπτισθήσεσθε, 10.40 τὸ δὲ καθίσαι ἐκ δεξιῶν μου
VIPP--XS VIFP--YP DANS CH VNAA PG AP-GN-P NPG-XS

ἢ ἐξ εὐωνύμων οὐκ ἔστιν ἐμὸν δοῦναι, ἀλλ᾽ οἷς
CC PG AP-GN-P AB VIPA--ZS A--NNXS VNAA CH APRDM-P◻APDDM-P&APRDM-P

ἡτοίμασται. 10.41 Καὶ ἀκούσαντες οἱ δέκα ἤρξαντο
VIRP--ZS CC VPAANM-P DNMP APCNM-P VIAM--ZP

ἀγανακτεῖν περὶ Ἰακώβου καὶ Ἰωάννου. 10.42 καὶ
VNPA PG N-GM-S CC N-GM-S CC

προσκαλεσάμενος αὐτοὺς ὁ Ἰησοῦς λέγει αὐτοῖς, Οἴδατε ὅτι
VPADNM-S NPAMZP DNMS N-NM-S VIPA--ZS NPDMZP VIRA--YP CH

οἱ   δοκοῦντες ἄρχειν τῶν ἐθνῶν κατακυριεύουσιν
DNMP◻NPNMZP&APRNM-P VPPANM-P VNPA DGNP N-GN-P VIPA--ZP

αὐτῶν καὶ οἱ μεγάλοι αὐτῶν κατεξουσιάζουσιν αὐτῶν. 10.43 οὐχ
NPGNZP CC DNMP AP-NM-P NPGNZP VIPA--ZP NPGNZP AB

οὕτως δέ ἐστιν ἐν ὑμῖν· ἀλλ᾽ ὃς   ἂν θέλῃ μέγας
AB CH VIPA--ZS PD NPD-YP CH APRNM-S◻APDNM-S&APRNM-S QV VSPA--ZS A--NM-S

γενέσθαι ἐν ὑμῖν, ἔσται ὑμῶν διάκονος, 10.44 καὶ
VNAD PD NPD-YP VIFD--ZS◻VMPA--ZS NPG-YP N-NM-S CC

ὃς   ἂν θέλῃ ἐν ὑμῖν εἶναι πρῶτος, ἔσται
APRNM-S◻APDNM-S&APRNM-S QV VSPA--ZS PD NPD-YP VNPA A-ONM-S VIFD--ZS◻VMPA--ZS

πάντων δοῦλος· 10.45 καὶ γὰρ ὁ υἱὸς τοῦ ἀνθρώπου οὐκ ἦλθεν
AP-GM-P N-NM-S AB CS DNMS N-NM-S DGMS N-GM-S AB VIAA--ZS

διακονηθῆναι ἀλλὰ διακονῆσαι καὶ δοῦναι τὴν ψυχὴν αὐτοῦ
VNAP CH VNAA CC VNAA DAFS N-AF-S NPGMZS

λύτρον ἀντὶ πολλῶν.
N-AN-S PG AP-GM-P

10.46 Καὶ ἔρχονται εἰς Ἰεριχώ. καὶ ἐκπορευομένου αὐτοῦ ἀπὸ
CC VIPN--ZP PA N-AF-S CC VPPNGM-S NPGMZS PG

Ἰεριχὼ καὶ τῶν μαθητῶν αὐτοῦ καὶ ὄχλου ἱκανοῦ ὁ υἱὸς
N-GF-S CC DGMP N-GM-P NPGMZS CC N-GM-S A--GM-S DNMS N-NM-S

Τιμαίου Βαρτιμαῖος τυφλὸς προσαίτης ἐκάθητο παρὰ τὴν ὁδόν.
N-GM-S   N-NM-S   A--NM-S   N-NM-S   VIIN--ZS   PA   DAFS N-AF-S

10.47 καὶ ἀκούσας ὅτι Ἰησοῦς ὁ Ναζαρηνός ἐστιν ἤρξατο
CC   VPAANM-S   CH   N-NM-S   DNMS   A--NM-S   VIPA--ZS   VIAM--ZS

κράζειν καὶ λέγειν, Υἱὲ Δαυὶδ Ἰησοῦ, ἐλέησόν με. 10.48 καὶ
VNPA   CC   VNPA   N-VM-S   N-GM-S   N-VM-S   VMAA--YS   NPA-XS   CC

ἐπετίμων αὐτῷ πολλοὶ ἵνα σιωπήσῃ· ὁ   δὲ πολλῷ μᾶλλον
VIIA--ZP   NPDMZS   AP-NM-P   CC   VSAA--ZS   DNMS□NPNMZS   CH   AP-DN-S   ABM

ἔκραζεν, Υἱὲ Δαυίδ, ἐλέησόν με. 10.49 καὶ στὰς ὁ Ἰησοῦς
VIIA--ZS   N-VM-S   N-GM-S   VMAA--YS   NPA-XS   CC   VPAANM-S   DNMS   N-NM-S

εἶπεν, Φωνήσατε αὐτόν. καὶ φωνοῦσιν τὸν τυφλὸν λέγοντες αὐτῷ,
VIAA--ZS   VMAA--YP   NPAMZS   CC   VIPA--ZP   DAMS   AP-AM-S   VPPANM-P   NPDMZS

Θάρσει, ἔγειρε, φωνεῖ σε. 10.50 ὁ   δὲ ἀποβαλὼν τὸ
VMPA--YS   VMPA--YS   VIPA--ZS   NPA-YS   DNMS□NPNMZS   CH   VPAANM-S   DANS

ἱμάτιον αὐτοῦ ἀναπηδήσας ἦλθεν πρὸς τὸν Ἰησοῦν. 10.51 καὶ
N-AN-S   NPGMZS   VPAANM-S   VIAA--ZS   PA   DAMS   N-AM-S   CC

ἀποκριθεὶς αὐτῷ ὁ Ἰησοῦς εἶπεν, Τί   σοι θέλεις ποιήσω;
VPAONM-S   NPDMZS   DNMS   N-NM-S   VIAA--ZS   APTAN-S   NPD-YS   VIPA--YS   VSAA--XS

ὁ δὲ τυφλὸς εἶπεν αὐτῷ, Ραββουνι, ἵνα ἀναβλέψω. 10.52 καὶ
DNMS   CH   AP-NM-S   VIAA--ZS   NPDMZS   N-VM-S   CH   VSAA--XS   CC

ὁ Ἰησοῦς εἶπεν αὐτῷ, Ὕπαγε, ἡ πίστις σου σέσωκέν σε.
DNMS   N-NM-S   VIAA--ZS   NPDMZS   VMPA--YS   DNFS   N-NF-S   NPG-YS   VIRA--ZS   NPA-YS

καὶ εὐθὺς ἀνέβλεψεν, καὶ ἠκολούθει αὐτῷ ἐν τῇ ὁδῷ.
CC   AP-NM-S□AB   VIAA--ZS   CC   VIIA--ZS   NPDMZS   PD   DDFS   N-DF-S

11.1 Καὶ ὅτε ἐγγίζουσιν εἰς Ἱεροσόλυμα εἰς Βηθφαγὴ καὶ
CC   CS   VIPA--ZP   PA   N-AN-P   PA   N-AF-S   CC

Βηθανίαν πρὸς τὸ Ὄρος τῶν Ἐλαιῶν, ἀποστέλλει δύο τῶν
N-AF-S   PA   DANS   N-AN-S   DGFP   N-GF-P   VIPA--ZS   APCAM-P   DGMP

μαθητῶν αὐτοῦ 11.2 καὶ λέγει αὐτοῖς, Ὑπάγετε εἰς τὴν κώμην
N-GM-P   NPGMZS   CC   VIPA--ZS   NPDMZP   VMPA--YP   PA   DAFS   N-AF-S

τὴν κατέναντι ὑμῶν, καὶ εὐθὺς εἰσπορευόμενοι εἰς αὐτὴν
DAFS   PG   NPG-YP   CC   AP-NM-S□AB   VPPNNMYP   PA   NPAFZS

εὑρήσετε πῶλον δεδεμένον ἐφ᾽ ὃν οὐδεὶς οὔπω ἀνθρώπων
VIFA--YP   N-AM-S   VPRPAM-S   PA   APRAM-S   APCNM-S   AB   N-GM-P

ἐκάθισεν· λύσατε αὐτὸν καὶ φέρετε. 11.3 καὶ ἐάν τις ὑμῖν
VIAA--ZS   VMAA--YP   NPAMZS   CC   VMPA--YP   CC   CS   APINM-S   NPD-YP

εἴπῃ, Τί   ποιεῖτε τοῦτο; εἴπατε, Ὁ κύριος αὐτοῦ χρείαν
VSAA--ZS   APTAN-S□ABT   VIPA--YP   APDAN-S   VMAA--YP   DNMS   N-NM-S   NPGMZS   N-AF-S

ἔχει, καὶ εὐθὺς αὐτὸν ἀποστέλλει πάλιν ὧδε. 11.4 καὶ ἀπῆλθον
VIPA--ZS   CC   AP-NM-S□AB   NPAMZS   VIPA--ZS   AB   AB   CC   VIAA--ZP

καὶ εὗρον πῶλον δεδεμένον πρὸς θύραν ἔξω ἐπὶ τοῦ ἀμφόδου, καὶ
CC   VIAA--ZP   N-AM-S   VPRPAM-S   PA   N-AF-S   AB   PG   DGNS   N-GN-S   CC

λύουσιν αὐτόν. 11.5 καί τινες τῶν   ἐκεῖ ἑστηκότων
VIPA--ZP   NPAMZS   CC   APINM-P   DGMP□NPGMZP&APRNM-P   AB   VPRAGM-P

ἔλεγον αὐτοῖς, Τί ποιεῖτε λύοντες τὸν πῶλον; 11.6 οἱ
VIIA--ZP NPDMZP APTAN-S VIPA--YP VPPANMYP DAMS N-AM-S DNMP□NPNMZP

δὲ εἶπαν αὐτοῖς καθὼς εἶπεν ὁ Ἰησοῦς· καὶ ἀφῆκαν αὐτούς.
CH VIAA--ZP NPDMZP CS VIAA--ZS DNMS N-NM-S CC VIAA--ZP NPAMZP

11.7 καὶ φέρουσιν τὸν πῶλον πρὸς τὸν Ἰησοῦν, καὶ
CC VIPA--ZP DAMS N-AM-S PA DAMS N-AM-S CC

ἐπιβάλλουσιν αὐτῷ τὰ ἱμάτια αὐτῶν, καὶ ἐκάθισεν ἐπ᾽ αὐτόν.
VIPA--ZP NPDMZS DANP N-AN-P NPGMZP CC VIAA--ZS PA NPAMZS

11.8 καὶ πολλοὶ τὰ ἱμάτια αὐτῶν ἔστρωσαν εἰς τὴν ὁδόν, ἄλλοι
CC AP-NM-P DANP N-AN-P NPGMZP VIAA--ZP PA DAFS N-AF-S AP-NM-P

δὲ στιβάδας κόψαντες ἐκ τῶν ἀγρῶν. 11.9 καὶ οἱ
CC N-AF-P VPAANM-P PG DGMP N-GM-P CC DNMP□NPNMZP&APRNM-P

προάγοντες καὶ οἱ ἀκολουθοῦντες ἔκραζον,
VPPANM-P CC DNMP□NPNMZP&APRNM-P VPPANM-P VIIA--ZP

Ὡσαννά·
QS

Εὐλογημένος ὁ ἐρχόμενος ἐν ὀνόματι
VPRPNM-S DNMS□NPNMZS&APRNM-S VPPNNM-S PD N-DN-S

κυρίου·
N-GM-S

11.10 Εὐλογημένη ἡ ἐρχομένη βασιλεία τοῦ
VPRPNF-S DNFS□APRNF-S+ VPPNNF-S N-NF-S DGMS

πατρὸς ἡμῶν Δαυίδ·
N-GM-S NPG-XP N-GM-S

Ὡσαννὰ ἐν τοῖς ὑψίστοις.
QS PD DDNP APSDN-P

11.11 Καὶ εἰσῆλθεν εἰς Ἱεροσόλυμα εἰς τὸ ἱερόν· καὶ
CC VIAA--ZS PA N-AN-P PA DANS AP-AN-S CC

περιβλεψάμενος πάντα, ὀψίας ἤδη οὔσης τῆς ὥρας, ἐξῆλθεν εἰς
VPAMNM-S AP-AN-P A--GF-S AB VPPAGF-S DGFS N-GF-S VIAA--ZS PA

Βηθανίαν μετὰ τῶν δώδεκα.
N-AF-S PG DGMP APCGM-P

11.12 Καὶ τῇ ἐπαύριον ἐξελθόντων αὐτῶν ἀπὸ Βηθανίας
CC DDFS AB□AP-DF-S VPAAGM-P NPGMZP PG N-GF-S

ἐπείνασεν. 11.13 καὶ ἰδὼν συκῆν ἀπὸ μακρόθεν ἔχουσαν φύλλα
VIAA--ZS CC VPAANM-S N-AF-S PG AB□AP-GN-S VPPAAF-S N-AN-P

ἦλθεν εἰ ἄρα τι εὑρήσει ἐν αὐτῇ, καὶ ἐλθὼν ἐπ᾽ αὐτὴν οὐδὲν
VIAA--ZS QT QT APIAN-S VIFA--ZS PD NPDFZS CC VPAANM-S PA NPAFZS APCAN-S

εὗρεν εἰ μὴ φύλλα· ὁ γὰρ καιρὸς οὐκ ἦν σύκων. 11.14 καὶ
VIAA--ZS CS AB N-AN-P DNMS CS N-NM-S AB VIIA--ZS N-GN-P CC

ἀποκριθεὶς εἶπεν αὐτῇ, Μηκέτι εἰς τὸν αἰῶνα ἐκ σοῦ μηδεὶς
VPAONM-S VIAA--ZS NPDFZS AB PA DAMS N-AM-S PG NPG-YS APCNM-S

καρπὸν φάγοι. καὶ ἤκουον οἱ μαθηταὶ αὐτοῦ.
N-AM-S VOAA--ZS CC VIIA--ZP DNMP N-NM-P NPGMZS

11.15 Καὶ ἔρχονται εἰς Ἱεροσόλυμα. καὶ εἰσελθὼν εἰς τὸ
CC VIPN--ZP PA N-AN-P CC VPAANM-S PA DANS

ἱερὸν ἤρξατο ἐκβάλλειν τοὺς πωλοῦντας καὶ
AP-AN-S VIAM--ZS VNPA DAMP□NPAMZP&APRNM-P VPPAAM-P CC

τοὺς ἀγοράζοντας ἐν τῷ ἱερῷ, καὶ τὰς τραπέζας
DAMP□NPAMZP&APRNM-P VPPAAM-P PD DDNS AP-DN-S CC DAFP N-AF-P

τῶν κολλυβιστῶν καὶ τὰς καθέδρας τῶν πωλούντων
DGMP N-GM-P CC DAFP N-AF-P DGMP□NPGMZP&APRNM-P VPPAGM-P

τὰς περιστερὰς κατέστρεψεν, 11.16 καὶ οὐκ ἤφιεν ἵνα τις
DAFP N-AF-P VIAA--ZS CC AB VIIA--ZS CC APINM-S

διενέγκῃ σκεῦος διὰ τοῦ ἱεροῦ. 11.17 καὶ ἐδίδασκεν καὶ ἔλεγεν
VSAA--ZS N-AN-S PG DGNS AP-GN-S CC VIIA--ZS CC VIIA--ZS

αὐτοῖς, Οὐ γέγραπται ὅτι
NPDMZP QT VIRP--ZS CC

Ὁ οἶκός μου οἶκος προσευχῆς κληθήσεται πᾶσιν τοῖς
DNMS N-NM-S NPG-XS N-NM-S N-GF-S VIFP--ZS□VMPP--ZS A--DN-P DDNP

ἔθνεσιν;
N-DN-P

ὑμεῖς δὲ πεποιήκατε αὐτὸν σπήλαιον λῃστῶν.
NPN-YP CH VIRA--YP NPAMZS N-AN-S N-GM-P

11.18 καὶ ἤκουσαν οἱ ἀρχιερεῖς καὶ οἱ γραμματεῖς, καὶ
CC VIAA--ZP DNMP N-NM-P CC DNMP N-NM-P CC

ἐζήτουν πῶς αὐτὸν ἀπολέσωσιν· ἐφοβοῦντο γὰρ αὐτόν, πᾶς γὰρ
VIIA--ZP ABT NPAMZS VSAA--ZP VIIN--ZP CS NPAMZS A--NM-S CS

ὁ ὄχλος ἐξεπλήσσετο ἐπὶ τῇ διδαχῇ αὐτοῦ. 11.19 Καὶ ὅταν
DNMS N-NM-S VIIP--ZS PD DDFS N-DF-S NPGMZS CC CS

ὀψὲ ἐγένετο, ἐξεπορεύοντο ἔξω τῆς πόλεως.
AB VIAD--ZS VIIN--ZP PG DGFS N-GF-S

11.20 Καὶ παραπορευόμενοι πρωῒ εἶδον τὴν συκῆν
CC VPPNNM-P AB VIAA--ZP DAFS N-AF-S

ἐξηραμμένην ἐκ ῥιζῶν. 11.21 καὶ ἀναμνησθεὶς ὁ Πέτρος λέγει
VPRPAF-S PG N-GF-P CC VPAONM-S DNMS N-NM-S VIPA--ZS

αὐτῷ, Ῥαββί, ἴδε ἡ συκῆ ἣν κατηράσω ἐξήρανται. 11.22 καὶ
NPDMZS N-VM-S QS DNFS N-NF-S APRAF-S VIAD--YS VIRP--ZS CC

ἀποκριθεὶς ὁ Ἰησοῦς λέγει αὐτοῖς, Ἔχετε πίστιν θεοῦ,
VPAONM-S DNMS N-NM-S VIPA--ZS NPDMZP VMPA--YP N-AF-S N-GM-S

11.23 ἀμὴν λέγω ὑμῖν ὅτι ὃς ἂν εἴπῃ τῷ ὄρει τούτῳ,
QS VIPA--XS NPD-YP CC APRNM-S+ QV VSAA--ZS DDNS N-DN-S A-DDN-S

Ἄρθητι καὶ βλήθητι εἰς τὴν θάλασσαν, καὶ μὴ διακριθῇ ἐν τῇ
VMAP--YS CC VMAP--YS PA DAFS N-AF-S CC AB VSAP--ZS PD DDFS

καρδίᾳ αὐτοῦ ἀλλὰ πιστεύῃ ὅτι ὃ λαλεῖ γίνεται,
N-DF-S NPGMZS CH VSPA--ZS CC APRAN-S□APDNN-S&APRAN-S VIPA--ZS VIPN--ZS

ἔσται αὐτῷ. 11.24 διὰ τοῦτο λέγω ὑμῖν, πάντα ὅσα
VIFD--ZS NPDMZS PA APDAN-S VIPA--XS NPD-YP AP-AN-P APRAN-P

147

προσεύχεσθε καὶ αἰτεῖσθε, πιστεύετε ὅτι ἐλάβετε, καὶ ἔσται ὑμῖν.
VIPN--YP   CC   VIPM--YP   VMPA--YP   CC   VIAA--YP   CC   VIFD-ZS NPD-YP

11.25 καὶ ὅταν στήκετε προσευχόμενοι, ἀφίετε εἴ τι ἔχετε
      CC   CS   VIPA--YP   VPPNNMYP   VMPA--YP   CS   APIAN-S   VIPA--YP

κατά τινος, ἵνα καὶ ὁ πατὴρ ὑμῶν ὁ ἐν τοῖς οὐρανοῖς ἀφῇ
PG   APIGM-S CS   AB   DNMS N-NM-S   NPG-YP DNMS PD   DDMP   N-DM-P   VSAA--ZS

ὑμῖν τὰ παραπτώματα ὑμῶν.
NPD-YP DANP N-AN-P   NPG-YP

11.27 Καὶ ἔρχονται πάλιν εἰς Ἱεροσόλυμα. καὶ ἐν τῷ ἱερῷ
      CC   VIPN--ZP   AB   PA   N-AN-P   CC   PD   DDNS AP-DN-S

περιπατοῦντος αὐτοῦ ἔρχονται πρὸς αὐτὸν οἱ ἀρχιερεῖς καὶ οἱ
VPPAGM-S   NPGMZS VIPN--ZP   PA   NPAMZS DNMP N-NM-P   CC   DNMP

γραμματεῖς καὶ οἱ πρεσβύτεροι 11.28 καὶ ἔλεγον αὐτῷ, Ἐν
N-NM-P   CC   DNMP AP-NM-P   CC   VIIA--ZP   NPDMZS   PD

ποίᾳ ἐξουσίᾳ ταῦτα ποιεῖς; ἢ τίς σοι ἔδωκεν τὴν ἐξουσίαν
A-TDF-S N-DF-S   APDAN-P VIPA--YS   CC APTNM-S NPD-YS VIAA--ZS   DAFS N-AF-S

ταύτην ἵνα ταῦτα ποιῇς; 11.29 ὁ δὲ Ἰησοῦς εἶπεν αὐτοῖς,
A-DAF-S CS   APDAN-P VSPA--YS   DNMS CH   N-NM-S   VIAA--ZS NPDMZP

Ἐπερωτήσω ὑμᾶς ἕνα λόγον, καὶ ἀποκρίθητέ μοι, καὶ ἐρῶ
VIFA--XS | NPA-YP A-CAM-S N-AM-S   CC   VMAO--YP   NPD-XS CC   VIFA--XS

ὑμῖν ἐν ποίᾳ ἐξουσίᾳ ταῦτα ποιῶ· 11.30 τὸ βάπτισμα τὸ
NPD-YP PD   A-TDF-S N-DF-S   APDAN-P VIPA--XS   DNNS   N-NN-S   DNNS

Ἰωάννου ἐξ οὐρανοῦ ἦν ἢ ἐξ ἀνθρώπων; ἀποκρίθητέ μοι.
N-GM-S   PG   N-GM-S   VIIA--ZS CC PG   N-GM-P   VMAO--YP   NPD-XS

11.31 καὶ διελογίζοντο πρὸς ἑαυτοὺς λέγοντες, Ἐὰν εἴπωμεν, Ἐξ
      CC   VIIN--ZP   PA   NPAMZP   VPPANM-P   CS   VSAA--XP   PG

οὐρανοῦ, ἐρεῖ, Διὰ τί [οὖν] οὐκ ἐπιστεύσατε αὐτῷ;
N-GM-S   VIFA--ZS   PA   APTAN-S   CH   AB   VIAA--YP   NPDMZS

11.32 ἀλλὰ εἴπωμεν, Ἐξ ἀνθρώπων; — ἐφοβοῦντο τὸν ὄχλον,
      CC   VSAA--XP   PG   N-GM-P   VIIN--ZP   DAMS N-AM-S

ἅπαντες γὰρ εἶχον τὸν Ἰωάννην ὄντως ὅτι προφήτης ἦν.
AP-NM-P   CS   VIIA--ZP DAMS   N-AM-S   AB   CC   N-NM-S   VIIA--ZS

11.33 καὶ ἀποκριθέντες τῷ Ἰησοῦ λέγουσιν, Οὐκ οἴδαμεν. καὶ
      CC   VPAONM-P   DDMS N-DM-S   VIPA--ZP   AB   VIRA--XP   CC

ὁ Ἰησοῦς λέγει αὐτοῖς, Οὐδὲ ἐγὼ λέγω ὑμῖν ἐν ποίᾳ ἐξουσίᾳ
DNMS N-NM-S   VIPA--ZS NPDMZP   AB   NPN-XS VIPA--XS NPD-YP PD   A-TDF-S N-DF-S

ταῦτα ποιῶ.
APDAN-P VIPA--XS

12.1 Καὶ ἤρξατο αὐτοῖς ἐν παραβολαῖς λαλεῖν, Ἀμπελῶνα
    CC   VIAM--ZS   NPDMZP   PD   N-DF-P   VNPA   N-AM-S

ἄνθρωπος ἐφύτευσεν, καὶ περιέθηκεν φραγμὸν καὶ ὤρυξεν
N-NM-S   VIAA--ZS   CC   VIAA--ZS   N-AM-S   CC   VIAA--ZS

ὑπολήνιον καὶ ᾠκοδόμησεν πύργον, καὶ ἐξέδετο αὐτὸν γεωργοῖς,
N-AN-S   CC   VIAA--ZS   N-AM-S   CC   VIAM--ZS   NPAMZS N-DM-P

καὶ ἀπεδήμησεν. 12.2 καὶ ἀπέστειλεν πρὸς τοὺς γεωργοὺς τῷ
CC VIAA--ZS   CC VIAA--ZS   PA   DAMP N-AM-P   DDMS

καιρῷ δοῦλον, ἵνα παρὰ τῶν γεωργῶν λάβῃ ἀπὸ τῶν καρπῶν
N-DM-S N-AM-S   CS PG   DGMP N-GM-P   VSAA--ZS PG   DGMP N-GM-P

τοῦ ἀμπελῶνος· 12.3 καὶ λαβόντες αὐτὸν ἔδειραν καὶ ἀπέστειλαν
DGMS N-GM-S   CC VPAANM-P NPRAMZS VIAA--ZP CC VIAA--ZP

κενόν. 12.4 καὶ πάλιν ἀπέστειλεν πρὸς αὐτοὺς ἄλλον δοῦλον·
A--AM-S   CC AB   VIAA--ZS   PA   NPRAMZP A--AM-S N-AM-S

κἀκεῖνον ἐκεφαλίωσαν καὶ ἠτίμασαν. 12.5 καὶ ἄλλον ἀπέστειλεν,
CC&APDAM-S VIAA--ZP   CC VIAA--ZP   CC AP-AM-S VIAA--ZS

κἀκεῖνον ἀπέκτειναν, καὶ πολλοὺς ἄλλους, οὓς   μὲν
CC&APDAM-S VIAA--ZP   CC A--AM-P AP-AM-P APRAM-P◻APDAM-P CC

δέροντες οὓς   δὲ ἀποκτέννοντες. 12.6 ἔτι ἕνα εἶχεν,
VPPANM-P APRAM-P◻APDAM-P CC VPPANM-P   AB   APCAM-S VIIA--ZS

υἱὸν ἀγαπητόν· ἀπέστειλεν αὐτὸν ἔσχατον   πρὸς αὐτοὺς
N-AM-S A--AM-S   VIAA--ZS   NPRAMZS A--AM-S/AP-AN-S◻AB PA   NPRAMZP

λέγων ὅτι Ἐντραπήσονται τὸν υἱόν μου. 12.7 ἐκεῖνοι δὲ οἱ
VPPANM-S CH VIFP--ZP   DAMS N-AM-S NPG-XS   A-DNM-P CH DNMP

γεωργοὶ πρὸς ἑαυτοὺς εἶπαν ὅτι Οὗτός ἐστιν ὁ κληρονόμος·
N-NM-P   PA   NPRAMZP VIAA--ZP CH APDNM-S VIPA--ZS DNMS N-NM-S

δεῦτε ἀποκτείνωμεν αὐτόν, καὶ ἡμῶν ἔσται ἡ κληρονομία.
AB◻VMAA--YP VSAA--XP   NPRAMZS CC NPG-XP VIFD--ZS DNFS N-NF-S

12.8 καὶ λαβόντες ἀπέκτειναν αὐτόν, καὶ ἐξέβαλον αὐτὸν ἔξω τοῦ
    CC VPAANM-P VIAA--ZP   NPRAMZS CC VIAA--ZP   NPRAMZS PG DGMS

ἀμπελῶνος. 12.9 τί [οὖν] ποιήσει ὁ κύριος τοῦ ἀμπελῶνος;
N-GM-S   APTAN-S CH   VIFA--ZS DNMS N-NM-S DGMS N-GM-S

ἐλεύσεται καὶ ἀπολέσει τοὺς γεωργούς, καὶ δώσει τὸν ἀμπελῶνα
VIFD--ZS CC VIFA--ZS   DAMP N-AM-P   CC VIFA--ZS DAMS N-AM-S

ἄλλοις. 12.10 οὐδὲ τὴν γραφὴν ταύτην ἀνέγνωτε,
AP-DM-P   AB/QT DAFS N-AF-S A-DAF-S VIAA--YP

Λίθον ὃν **ἀπεδοκίμασαν** οἱ
N-AM-S   APRAM-S   VIAA--ZP   DNMP◻NPNMZP&APRNM-P

οἰκοδομοῦντες,
VPPANM-P

οὗτος ἐγενήθη εἰς κεφαλὴν γωνίας·
APDNM-S VIAO--ZS PA N-AF-S   N-GF-S

12.11 **παρὰ κυρίου ἐγένετο αὕτη,**
     PG   N-GM-S VIAD--ZS APDNF-S

καὶ ἔστιν θαυμαστὴ ἐν ὀφθαλμοῖς ἡμῶν;
CC VIPA--ZS A--NF-S   PD N-DM-P   NPG-XP

12.12 Καὶ ἐζήτουν αὐτὸν κρατῆσαι, καὶ ἐφοβήθησαν τὸν
     CC VIIA--ZP NPRAMZS VNAA   CC VIAO--ZP   DAMS

ὄχλον, ἔγνωσαν γὰρ ὅτι πρὸς αὐτοὺς τὴν παραβολὴν εἶπεν. καὶ
N-AM-S VIAA--ZP CS CH PA   NPRAMZP DAFS N-AF-S   VIAA--ZS CC

ἀφέντες αὐτὸν ἀπῆλθον.
VPAANM-P NPAMZS VIAA--ZP

12.13 Καὶ ἀποστέλλουσιν πρὸς αὐτόν τινας τῶν Φαρισαίων
CC VIPA--ZP PA NPAMZS APIAM-P DGMP N-GM-P

καὶ τῶν Ἡρῳδιανῶν ἵνα αὐτὸν ἀγρεύσωσιν λόγῳ. 12.14 καὶ
CC DGMP N-GM-P CS NPAMZS VSAA--ZP N-DM-S CC

ἐλθόντες λέγουσιν αὐτῷ, Διδάσκαλε, οἴδαμεν ὅτι ἀληθὴς εἶ
VPAANM-P VIPA--ZP NPDMZS N-VM-S VIRA--XP CH A--NM-S VIPA--YS

καὶ οὐ μέλει σοι περὶ οὐδενός, οὐ γὰρ βλέπεις εἰς πρόσωπον
CC AB VIPA--ZS NPD-YS PG APCGM-S AB CS VIPA--YS PA N-AN-S

ἀνθρώπων, ἀλλ᾽ ἐπ᾽ ἀληθείας τὴν ὁδὸν τοῦ θεοῦ διδάσκεις·
N-GM-P CH PG N-GF-S DAFS N-AF-S DGMS N-GM-S VIPA--YS

ἔξεστιν δοῦναι κῆνσον Καίσαρι ἢ οὔ; δῶμεν ἢ μὴ δῶμεν;
VIPA--ZS VNAA N-AM-S N-DM-S CC AB VSAA--XP CC AB VSAA--XP

12.15 ὁ δὲ εἰδὼς αὐτῶν τὴν ὑπόκρισιν εἶπεν αὐτοῖς,
DNMS□NPNMZS CH VPRANM-S NPGMZP DAFS N-AF-S VIAA--ZS NPDMZP

Τί με πειράζετε; φέρετέ μοι δηνάριον ἵνα ἴδω.
APTAN-S□ABT NPA-XS VIPA--YP VMPA--YP NPD-XS N-AN-S CS VSAA--XS

12.16 οἱ δὲ ἤνεγκαν. καὶ λέγει αὐτοῖς, Τίνος ἡ εἰκὼν
DNMP□NPNMZP CH VIAA--ZP CC VIPA--ZS NPDMZP APTGM-S DNFS N-NF-S

αὕτη καὶ ἡ ἐπιγραφή; οἱ δὲ εἶπαν αὐτῷ, Καίσαρος.
A-DNF-S CC DNFS N-NF-S DNMP□NPNMZP CH VIAA--ZP NPDMZS N-GM-S

12.17 ὁ δὲ Ἰησοῦς εἶπεν αὐτοῖς, Τὰ Καίσαρος ἀπόδοτε
DNMS CH N-NM-S VIAA--ZS NPDMZP DANP N-GM-S VMAA--YP

Καίσαρι καὶ τὰ τοῦ θεοῦ τῷ θεῷ. καὶ ἐξεθαύμαζον ἐπ᾽ αὐτῷ.
N-DM-S CC DANP DGMS N-GM-S DDMS N-DM-S CC VIIA--ZP PD NPDMZS

12.18 Καὶ ἔρχονται Σαδδουκαῖοι πρὸς αὐτόν, οἵτινες λέγουσιν
CC VIPN--ZP N-NM-P PA NPAMZS APRNM-P VIPA--ZP

ἀνάστασιν μὴ εἶναι, καὶ ἐπηρώτων αὐτὸν λέγοντες,
N-AF-S AB VNPA CC VIIA--ZP NPAMZS VPPANM-P

12.19 Διδάσκαλε, Μωϋσῆς ἔγραψεν ἡμῖν ὅτι ἐάν τινος ἀδελφὸς
N-VM-S N-NM-S VIAA--ZS NPD-XP CC CS APIGM-S N-NM-S

ἀποθάνῃ καὶ καταλίπῃ γυναῖκα καὶ μὴ ἀφῇ τέκνον, ἵνα λάβῃ
VSAA--ZS CC VSAA--ZS N-AF-S CC AB VSAA--ZS N-AN-S CC VSAA--ZS

ὁ ἀδελφὸς αὐτοῦ τὴν γυναῖκα καὶ ἐξαναστήσῃ σπέρμα τῷ
DNMS N-NM-S NPGMZS DAFS N-AF-S CC VSAA--ZS N-AN-S DDMS

ἀδελφῷ αὐτοῦ. 12.20 ἑπτὰ ἀδελφοὶ ἦσαν· καὶ ὁ πρῶτος ἔλαβεν
N-DM-S NPGMZS A-CNM-P N-NM-P VIIA--ZP CC DNMS APONM-S VIAA--ZS

γυναῖκα, καὶ ἀποθνῄσκων οὐκ ἀφῆκεν σπέρμα· 12.21 καὶ ὁ
N-AF-S CC VPPANM-S AB VIAA--ZS N-AN-S CC DNMS

δεύτερος ἔλαβεν αὐτήν, καὶ ἀπέθανεν μὴ καταλιπὼν σπέρμα· καὶ
APONM-S VIAA--ZS NPAFZS CC VIAA--ZS AB VPAANM-S N-AN-S CC

ὁ τρίτος ὡσαύτως· 12.22 καὶ οἱ ἑπτὰ οὐκ ἀφῆκαν σπέρμα.
DNMS APONM-S AB CC DNMP APCNM-P AB VIAA--ZP N-AN-S

ἔσχατον πάντων καὶ ἡ γυνὴ ἀπέθανεν. 12.23 ἐν τῇ
AP-AN-S□AB AP-GN-P AB DNFS N-NF-S VIAA--ZS PD DDFS

ἀναστάσει[, ὅταν ἀναστῶσιν,] τίνος αὐτῶν ἔσται γυνή; οἱ γὰρ
N-DF-S ABR VSAA--ZP APTGM-S NPGMZP VIFD--ZS N-NF-S DNMP CS

ἑπτὰ ἔσχον αὐτὴν γυναῖκα. 12.24 ἔφη αὐτοῖς ὁ
APCNM-P VIAA--ZP NPAFZS N-AF-S VIAA--ZS/VIIA--ZS NPDMZP DNMS

Ἰησοῦς, Οὐ διὰ τοῦτο πλανᾶσθε μὴ εἰδότες τὰς γραφὰς μηδὲ
N-NM-S QT PA APDAN-S VIPP--YP AB VPRANMYP DAFP N-AF-P CC

τὴν δύναμιν τοῦ θεοῦ; 12.25 ὅταν γὰρ ἐκ νεκρῶν ἀναστῶσιν,
DAFS N-AF-S DGMS N-GM-S CS CS PG AP-GM-P VSAA--ZP

οὔτε γαμοῦσιν οὔτε γαμίζονται, ἀλλ᾽ εἰσὶν ὡς ἄγγελοι ἐν τοῖς
CC VIPA--ZP CC VIPP--ZP CH VIPA--ZP CS N-NM-P PD DDMP

οὐρανοῖς. 12.26 περὶ δὲ τῶν νεκρῶν ὅτι ἐγείρονται οὐκ ἀνέγνωτε
N-DM-P PG CC DGMP AP-GM-P CC VIPP--ZP AB/QT VIAA--YP

ἐν τῇ βίβλῳ Μωϋσέως ἐπὶ τοῦ βάτου πῶς εἶπεν αὐτῷ ὁ θεὸς
PD DDFS N-DF-S N-GM-S PG DGMS N-GM-S CC VIAA--ZS NPDMZS DNMS N-NM-S

λέγων, Ἐγὼ ὁ θεὸς Ἀβραὰμ καὶ [ὁ] θεὸς Ἰσαὰκ καὶ [ὁ]
VPPANM-S NPN-XS DNMS N-NM-S N-GM-S CC DNMS N-NM-S N-GM-S CC DNMS

θεὸς Ἰακώβ; 12.27 οὐκ ἔστιν θεὸς νεκρῶν ἀλλὰ ζώντων· πολὺ
N-NM-S N-GM-S AB VIPA--ZS N-NM-S AP-GM-P CH VPPAGM-P AP-AN-S□AB

πλανᾶσθε.
VIPP--YP

12.28 Καὶ προσελθὼν εἷς τῶν γραμματέων ἀκούσας αὐτῶν
CC VPAANM-S APCNM-S DGMP N-GM-P VPAANM-S NPGMZP

συζητούντων, ἰδὼν ὅτι καλῶς ἀπεκρίθη αὐτοῖς, ἐπηρώτησεν
VPPAGM-P VPAANM-S CH AB VIAO--ZS NPDMZP VIAA--ZS

αὐτόν, Ποία ἐστὶν ἐντολὴ πρώτη πάντων; 12.29 ἀπεκρίθη ὁ
NPAMZS A-TNF-S VIPA--ZS N-NF-S A-ONF-S AP-GN-P VIAO--ZS DNMS

Ἰησοῦς ὅτι Πρώτη ἐστίν, Ἄκουε, Ἰσραήλ, κύριος ὁ θεὸς
N-NM-S CC APONF-S VIPA--ZS VMPA--YS N-VM-S N-NM-S DNMS N-NM-S

ἡμῶν κύριος εἷς ἐστιν, 12.30 καὶ ἀγαπήσεις κύριον τὸν θεόν
NPG-XP N-NM-S A-CNM-S VIPA--ZS CC VIFA--YS□VMPA--YS N-AM-S DAMS N-AM-S

σου ἐξ ὅλης τῆς καρδίας σου καὶ ἐξ ὅλης τῆς ψυχῆς σου καὶ ἐξ
NPG-YS PG A--GF-S DGFS N-GF-S NPG-YS CC PG A--GF-S DGFS N-GF-S NPG-YS CC PG

ὅλης τῆς διανοίας σου καὶ ἐξ ὅλης τῆς ἰσχύος σου.
A--GF-S DGFS N-GF-S NPG-YS CC PG A--GF-S DGFS N-GF-S NPG-YS

12.31 δευτέρα αὕτη, Ἀγαπήσεις τὸν πλησίον σου ὡς σεαυτόν.
APONF-S APDNF-S VIFA--YS□VMPA--YS DAMS AB□AP-AM-S NPG-YS CS NPAMYS

μείζων τούτων ἄλλη ἐντολὴ οὐκ ἔστιν. 12.32 καὶ εἶπεν αὐτῷ ὁ
A-MNF-S APDGF-P A--NF-S N-NF-S AB VIPA--ZS CC VIAA--ZS NPDMZS DNMS

γραμματεύς, Καλῶς, διδάσκαλε, ἐπ᾽ ἀληθείας εἶπες ὅτι εἷς
N-NM-S AB N-VM-S PG N-GF-S VIAA--YS CC APCNM-S

ἔστιν καὶ οὐκ ἔστιν ἄλλος πλὴν αὐτοῦ· 12.33 καὶ τὸ ἀγαπᾶν
VIPA--ZS CC AB VIPA--ZS AP-NM-S PG NPGMZS CC DNNS VNPAN

αὐτὸν ἐξ ὅλης τῆς καρδίας καὶ ἐξ ὅλης τῆς συνέσεως καὶ ἐξ ὅλης
NPAMZS PG A--GF-S DGFS N-GF-S CC PG A--GF-S DGFS N-GF-S CC PG A--GF-S

τῆς ἰσχύος καὶ τὸ ἀγαπᾶν τὸν πλησίον ὡς ἑαυτὸν
DGFS N-GF-S CC DNNS VNPAN DAMS AB□AP-AM-S CS NPRAMZS

περισσότερόν ἐστιν πάντων τῶν ὁλοκαυτωμάτων καὶ θυσιῶν.
A-MNN-S VIPA--ZS A--GN-P DGNP N-GN-P CC N-GF-P

12.34 καὶ ὁ Ἰησοῦς ἰδὼν [αὐτὸν] ὅτι νουνεχῶς ἀπεκρίθη
CC DNMS N-NM-S VPAANM-S NPAMZS CC AB VIAO--ZS

εἶπεν αὐτῷ, Οὐ μακρὰν εἶ ἀπὸ τῆς βασιλείας τοῦ θεοῦ. καὶ
VIAA--ZS NPDMZS AB AP-AF-S□AB VIPA--YS PG DGFS N-GF-S DGMS N-GM-S CC

οὐδεὶς οὐκέτι ἐτόλμα αὐτὸν ἐπερωτῆσαι.
APCNM-S AB VIIA--ZS NPAMZS VNAA

12.35 Καὶ ἀποκριθεὶς ὁ Ἰησοῦς ἔλεγεν διδάσκων ἐν τῷ
CC VPAONM-S DNMS N-NM-S VIIA--ZS VPPANM-S PD DDNS

ἱερῷ, Πῶς λέγουσιν οἱ γραμματεῖς ὅτι ὁ Χριστὸς υἱὸς Δαυὶδ
AP-DN-S ABT VIPA--ZP DNMP N-NM-P CC DNMS N-NM-S N-NM-S N-GM-S

ἐστιν; 12.36 αὐτὸς Δαυὶδ εἶπεν ἐν τῷ πνεύματι τῷ ἁγίῳ,
VIPA--ZS NPNMZS N-NM-S VIAA--ZS PD DDNS N-DN-S DDNS A--DN-S

Εἶπεν κύριος τῷ κυρίῳ μου,
VIAA--ZS N-NM-S DDMS N-DM-S NPG-XS

Κάθου ἐκ δεξιῶν μου
VMPN--YS PG AP-GN-P NPG-XS

ἕως ἂν θῶ τοὺς ἐχθρούς σου ὑποκάτω τῶν ποδῶν
CS QV VSAA--XS DAMP AP-AM-P NPG-YS PG DGMP N-GM-P

σου.
NPG-YS

12.37 αὐτὸς Δαυὶδ λέγει αὐτὸν κύριον, καὶ πόθεν αὐτοῦ ἐστιν
NPNMZS N-NM-S VIPA--ZS NPAMZS N-AM-S CC ABT NPGMZS VIPA--ZS

υἱός; καὶ [ὁ] πολὺς ὄχλος ἤκουεν αὐτοῦ ἡδέως.
N-NM-S CC DNMS A--NM-S N-NM-S VIIA--ZS NPGMZS AB

12.38 Καὶ ἐν τῇ διδαχῇ αὐτοῦ ἔλεγεν, Βλέπετε ἀπὸ τῶν
CC PD DDFS N-DF-S NPGMZS VIIA--ZS VMPA--YP PG DGMP

γραμματέων τῶν θελόντων ἐν στολαῖς περιπατεῖν καὶ
N-GM-P DGMP□APRNM-P VPPAGM-P PD N-DF-P VNPA CC

ἀσπασμοὺς ἐν ταῖς ἀγοραῖς 12.39 καὶ πρωτοκαθεδρίας ἐν ταῖς
N-AM-P PD DDFP N-DF-P CC N-AF-P PD DDFP

συναγωγαῖς καὶ πρωτοκλισίας ἐν τοῖς δείπνοις· 12.40 οἱ
N-DF-P CC N-AF-P PD DDNP N-DN-P DNMP□APRNM-P+

κατεσθίοντες τὰς οἰκίας τῶν χηρῶν καὶ προφάσει μακρὰ
VPPANM-P DAFP N-AF-P DGFP AP-GF-P CC N-DF-S AP-AN-P□AB

προσευχόμενοι, οὗτοι λήμψονται περισσότερον κρίμα.
VPPNNM-P APDNM-P VIFD--ZP A-MAN-S N-AN-S

12.41 Καὶ καθίσας κατέναντι τοῦ γαζοφυλακίου ἐθεώρει πῶς
CC VPAANM-S PG DGNS N-GN-S VIIA--ZS ABT

ὁ ὄχλος βάλλει χαλκὸν εἰς τὸ γαζοφυλάκιον· καὶ πολλοὶ
DNMS N-NM-S VIPA--ZS N-AM-S PA DANS N-AN-S CC A--NM-P

πλούσιοι ἔβαλλον πολλά· 12.42 καὶ ἐλθοῦσα μία χήρα πτωχὴ
AP-NM-P VIIA--ZP AP-AN-P CC VPAANF-S A-CNF-S AP-NF-S A--NF-S

ἔβαλεν λεπτὰ δύο, ὅ ἐστιν κοδράντης. 12.43 καὶ
VIAA--ZS AP-AN-P A-CAN-P APRNN-S VIPA--ZS N-NM-S CC

προσκαλεσάμενος τοὺς μαθητὰς αὐτοῦ εἶπεν αὐτοῖς, Ἀμὴν
VPADNM-S DAMP N-AM-P NPGMZS VIAA--ZS NPDMZP QS

λέγω ὑμῖν ὅτι ἡ χήρα αὕτη ἡ πτωχὴ πλεῖον πάντων ἔβαλεν
VIPA--XS NPD-YP CC DNFS AP-NF-S A-DNF-S DNFS A--NF-S APMAN-S AP-GM-P VIAA--ZS

τῶν βαλλόντων εἰς τὸ γαζοφυλάκιον· 12.44 πάντες γὰρ ἐκ
DGMP□APRNM-P VPPAGM-P PA DANS N-AN-S AP-NM-P CS PG

τοῦ περισσεύοντος αὐτοῖς ἔβαλον, αὕτη δὲ ἐκ τῆς
DGNS□NPGNZS&APRNN-S VPPAGN-S NPDMZP VIAA--ZP APDNF-S CH PG DGFS

ὑστερήσεως αὐτῆς πάντα ὅσα εἶχεν ἔβαλεν, ὅλον τὸν βίον
N-GF-S NPGFZS AP-AN-P APRAN-P VIIA--ZS VIAA--ZS A--AM-S DAMS N-AM-S

αὐτῆς.
NPGFZS

13.1 Καὶ ἐκπορευομένου αὐτοῦ ἐκ τοῦ ἱεροῦ λέγει αὐτῷ εἷς
CC VPPNGM-S NPGMZS PG DGNS AP-GN-S VIPA--ZS NPDMZS APCNM-S

τῶν μαθητῶν αὐτοῦ, Διδάσκαλε, ἴδε ποταποὶ λίθοι καὶ ποταπαὶ
DGMP N-GM-P NPGMZS N-VM-S QS A-TNM-P N-NM-P CC A-TNF-P

οἰκοδομαί. 13.2 καὶ ὁ Ἰησοῦς εἶπεν αὐτῷ, Βλέπεις ταύτας τὰς
N-NF-P CC DNMS N-NM-S VIAA--ZS NPDMZS VIPA--YS A-DAF-P DAFP

μεγάλας οἰκοδομάς; οὐ μὴ ἀφεθῇ ὧδε λίθος ἐπὶ λίθον ὃς οὐ μὴ
A--AF-P N-AF-P AB AB VSAP--ZS AB N-NM-S PA N-AM-S APRNM-S AB AB

καταλυθῇ.
VSAP--ZS

13.3 Καὶ καθημένου αὐτοῦ εἰς τὸ Ὄρος τῶν Ἐλαιῶν
CC VPPNGM-S NPGMZS PA DANS N-AN-S DGFP N-GF-P

κατέναντι τοῦ ἱεροῦ ἐπηρώτα αὐτὸν κατ' ἰδίαν Πέτρος καὶ
PG DGNS AP-GN-S VIIA--ZS NPAMZS PA AP-AF-S N-NM-S CC

Ἰάκωβος καὶ Ἰωάννης καὶ Ἀνδρέας, 13.4 Εἰπὸν ἡμῖν πότε
N-NM-S CC N-NM-S CC N-NM-S VMAA--YS NPD-XP ABT

ταῦτα ἔσται, καὶ τί τὸ σημεῖον ὅταν μέλλῃ ταῦτα
APDNN-P VIFD--ZS CC APTAN-S DNNS N-NN-S CS VSPA--ZS+ APDNN-P

συντελεῖσθαι πάντα. 13.5 ὁ δὲ Ἰησοῦς ἤρξατο λέγειν αὐτοῖς,
+VNPP A--NN-P DNMS CH N-NM-S VIAM--ZS VNPA NPDMZP

Βλέπετε μή τις ὑμᾶς πλανήσῃ· 13.6 πολλοὶ ἐλεύσονται ἐπὶ τῷ
VMPA--YP CS APINM-S NPA-YP VSAA--ZS AP-NM-P VIFD--ZP PD DDNS

ὀνόματί μου λέγοντες ὅτι Ἐγώ εἰμι, καὶ πολλοὺς
N-DN-S NPG-XS VPPANM-P CH NPN-XS VIPA--XS CC AP-AM-P

πλανήσουσιν. 13.7 ὅταν δὲ ἀκούσητε πολέμους καὶ ἀκοὰς
VIFA--ZP CS CC VSAA--YP N-AM-P CC N-AF-P

πολέμων, μὴ θροεῖσθε· δεῖ γενέσθαι, ἀλλ᾽ οὔπω τὸ τέλος.
N-GM-P　　AB　VMPP--YP　　VIPA--ZS　VNAD　　CC　　AB　　DNNS N-NN-S

13.8 ἐγερθήσεται γὰρ ἔθνος ἐπ᾽ ἔθνος καὶ βασιλεία ἐπὶ
　　　VIFP--ZS　　　CS　　N-NN-S　PA　N-AN-S　CC　N-NF-S　　PA

βασιλείαν, ἔσονται σεισμοὶ κατὰ τόπους, ἔσονται λιμοί· ἀρχὴ
N-AF-S　　　VIFD--ZP　N-NM-P　　PA　N-AM-P　VIFD--ZP　N-NF-P/N-NM-P N-NF-S

ὠδίνων ταῦτα. 13.9 βλέπετε δὲ ὑμεῖς ἑαυτούς· παραδώσουσιν ὑμᾶς
N-GF-P　N-GF-P　　　　VMPA--YP　CC NPN-YP NPAMYP　　VIFA--ZP　　　　NPA-YP

εἰς συνέδρια καὶ εἰς συναγωγὰς δαρήσεσθε καὶ ἐπὶ ἡγεμόνων καὶ
PA　N-AN-P　　CC　PA　N-AF-P　　　VIFP--YP　　CC　PG　N-GM-P　　CC

βασιλέων σταθήσεσθε ἕνεκεν ἐμοῦ εἰς μαρτύριον αὐτοῖς.
N-GM-P　　VIFP--YP　　　PG　　NPG-XS PA　N-AN-S　　NPDMZP

13.10 καὶ εἰς πάντα τὰ ἔθνη πρῶτον δεῖ κηρυχθῆναι τὸ
　　　 CC　PA　A--AN-P DANP N-AN-P APOAN-S□AB VIPA--ZS VNAP　　　DANS

εὐαγγέλιον. 13.11 καὶ ὅταν ἄγωσιν ὑμᾶς παραδιδόντες, μὴ
N-AN-S　　　　　　　CC　CS　VSPA--ZP NPA-YP VPPANM-P　　　AB

προμεριμνᾶτε τί λαλήσητε, ἀλλ᾽ ὃ ἐὰν δοθῇ ὑμῖν ἐν
VMPA--YP　　　APTAN-S VSAA--YP CH　APRNN-S+ QV VSAP--ZS NPD-YP PD

ἐκείνῃ τῇ ὥρᾳ τοῦτο λαλεῖτε, οὐ γάρ ἐστε ὑμεῖς
A-DDF-S DDFS N-DF-S APDAN-S VMPA--YP　AB　CS　VIPA--YP NPN-YP

οἱ λαλοῦντες ἀλλὰ τὸ πνεῦμα τὸ ἅγιον.
DNMP□NPNMYP&APRNMYP VPPANMYP CH DNNS N-NN-S DNNS A--NN-S

13.12 καὶ παραδώσει ἀδελφὸς ἀδελφὸν εἰς θάνατον καὶ πατὴρ
　　　 CC　VIFA--ZS　N-NM-S　　N-AM-S　　PA　N-AM-S　　CC　N-NM-S

τέκνον, καὶ ἐπαναστήσονται τέκνα ἐπὶ γονεῖς καὶ θανατώσουσιν
N-AN-S　CC　VIFM--ZP　　　　　N-NN-P　PA　N-AM-P　CC　VIFA--ZP

αὐτούς· 13.13 καὶ ἔσεσθε μισούμενοι ὑπὸ πάντων διὰ τὸ ὄνομά
NPAMZP　　　　CC　VIFD--YP+ +VPPPNMYP　PG　AP-GM-P PA　DANS N-AN-S

μου. ὁ δὲ ὑπομείνας εἰς τέλος οὗτος σωθήσεται.
NPG-XS DNMS□APRNM-S+ CH VPAANM-S PA N-AN-S APDNM-S VIFP--ZS

13.14 Ὅταν δὲ ἴδητε τὸ βδέλυγμα τῆς ἐρημώσεως
　　　　CS　　CC　VSAA--YP DANS N-AN-S　DGFS N-GF-S

ἑστηκότα ὅπου οὐ δεῖ, ὁ ἀναγινώσκων νοείτω,
VPRAAM-S　CS　AB VIPA--ZS DNMS□NPNMZS&APRNM-S VPPANM-S VMPA--ZS

τότε οἱ ἐν τῇ Ἰουδαίᾳ φευγέτωσαν εἰς τὰ ὄρη, 13.15 ὁ [δὲ]
AB　DNMP PD DDFS N-DF-S　VMPA--ZP　　PA DANP N-AN-P　　　DNMS CC

ἐπὶ τοῦ δώματος μὴ καταβάτω μηδὲ εἰσελθάτω ἆραί τι ἐκ τῆς
PG　DGNS N-GN-S　AB VMAA--ZS　CC　VMAA--ZS　VNAA APIAN-S PG DGFS

οἰκίας αὐτοῦ, 13.16 καὶ ὁ εἰς τὸν ἀγρὸν μὴ ἐπιστρεψάτω εἰς
N-GF-S NPGMZS　　　　CC DNMS PA DAMS N-AM-S AB VMAA--ZS　　　PA

τὰ ὀπίσω ἆραι τὸ ἱμάτιον αὐτοῦ. 13.17 οὐαὶ δὲ
DANP AB□AP-AN-P VNAA DANS N-AN-S　NPGMZS　　　　QS　CC

ταῖς ἐν γαστρὶ ἐχούσαις καὶ ταῖς
DDFP□NPDFZP&APRNF-P PD N-DF-S VPPADF-P CC DDFP□NPDFZP&APRNF-P

θηλαζούσαις ἐν ἐκείναις ταῖς ἡμέραις. 13.18 προσεύχεσθε δὲ ἵνα
VPPADF-P   PD A-DDF-P   DDFP N-DF-P   VMPN--YP   CC CC

μὴ γένηται χειμῶνος· 13.19 ἔσονται γὰρ αἱ ἡμέραι ἐκεῖναι
AB VSAD--ZS N-GM-S   VIFD--ZP CS DNFP N-NF-P A-DNF-P

θλῖψις οἵα οὐ γέγονεν τοιαύτη ἀπ᾽ ἀρχῆς κτίσεως ἣν ἔκτισεν
N-NF-S A-RNF-S AB VIRA--ZS APDNF-S PG N-GF-S N-GF-S APRAF-S VIAA--ZS

ὁ θεὸς ἕως τοῦ νῦν καὶ οὐ μὴ γένηται. 13.20 καὶ εἰ μὴ
DNMS N-NM-S PG DGMS AB□AP-GM-S CC AB AB VSAD--ZS   CC CS AB

ἐκολόβωσεν κύριος τὰς ἡμέρας, οὐκ ἂν ἐσώθη πᾶσα σάρξ. ἀλλὰ
VIAA--ZS   N-NM-S DAFP N-AF-P   AB QV VIAP--ZS A--NF-S N-NF-S CH

διὰ τοὺς ἐκλεκτοὺς οὓς ἐξελέξατο ἐκολόβωσεν τὰς ἡμέρας.
PA DAMP AP-AM-P   APRAM-P VIAM--ZS VIAA--ZS   DAFP N-AF-P

13.21 καὶ τότε ἐάν τις ὑμῖν εἴπῃ, Ἴδε ὧδε ὁ Χριστός, Ἴδε
     CC AB CS APINM-S NPD-YP VSAA--ZS QS AB DNMS N-NM-S QS

ἐκεῖ, μὴ πιστεύετε· 13.22 ἐγερθήσονται γὰρ ψευδόχριστοι καὶ
AB   AB VMPA--YP   VIFP--ZP   CS N-NM-P   CC

ψευδοπροφῆται καὶ δώσουσιν σημεῖα καὶ τέρατα πρὸς τὸ
N-NM-P   CC VIFA--ZP N-AN-P CC N-AN-P PA DANS

ἀποπλανᾶν, εἰ δυνατόν, τοὺς ἐκλεκτούς. 13.23 ὑμεῖς δὲ βλέπετε·
VNPAA   CS A--NN-S DAMP AP-AM-P   NPN-YP CH VMPA--YP

προείρηκα ὑμῖν πάντα.
VIRA--XS NPD-YP AP-AN-P

    13.24 Ἀλλὰ ἐν ἐκείναις ταῖς ἡμέραις μετὰ τὴν θλῖψιν ἐκείνην
          CC PD A-DDF-P DDFP N-DF-P PA DAFS N-AF-S A-DAF-S

    ὁ ἥλιος σκοτισθήσεται,
    DNMS N-NM-S VIFP--ZS

    καὶ ἡ σελήνη οὐ δώσει τὸ φέγγος αὐτῆς,
    CC DNFS N-NF-S AB VIFA--ZS DANS N-AN-S NPGFZS

13.25 καὶ οἱ ἀστέρες ἔσονται ἐκ τοῦ οὐρανοῦ πίπτοντες,
     CC DNMP N-NM-P VIFD--ZP+ PG DGMS N-GM-S +VPPANM-P

    καὶ αἱ δυνάμεις αἱ ἐν τοῖς οὐρανοῖς σαλευθήσονται.
    CC DNFP N-NF-P   DNFP PD DDMP N-DM-P   VIFP--ZP

13.26 καὶ τότε ὄψονται τὸν υἱὸν τοῦ ἀνθρώπου ἐρχόμενον ἐν
     CC AB VIFD--ZP DAMS N-AM-S DGMS N-GM-S VPPNAM-S   PD

νεφέλαις μετὰ δυνάμεως πολλῆς καὶ δόξης. 13.27 καὶ τότε
N-DF-P   PG N-GF-S   A--GF-S CC N-GF-S   CC AB

ἀποστελεῖ τοὺς ἀγγέλους καὶ ἐπισυνάξει τοὺς ἐκλεκτοὺς [αὐτοῦ]
VIFA--ZS DAMP N-AM-P   CC VIFA--ZS   DAMP AP-AM-P   NPGMZS

ἐκ τῶν τεσσάρων ἀνέμων ἀπ᾽ ἄκρου γῆς ἕως ἄκρου οὐρανοῦ.
PG DGMP A-CGM-P N-GM-P PG N-GN-S N-GF-S PG N-GN-S N-GM-S

    13.28 Ἀπὸ δὲ τῆς συκῆς μάθετε τὴν παραβολήν· ὅταν ἤδη
          PG CC DGFS N-GF-S VMAA--YP DAFS N-AF-S   CS AB

ὁ κλάδος αὐτῆς ἁπαλὸς γένηται καὶ ἐκφύῃ τὰ φύλλα,
DNMS N-NM-S NPGFZS A--NM-S VSAD--ZS CC VSPA--ZS DANP N-AN-P

γινώσκετε ὅτι ἐγγὺς τὸ θέρος ἐστίν. 13.29 οὕτως καὶ ὑμεῖς, ὅταν
VIPA--YP CH AB DNNS N-NN-S VIPA--ZS AB AB NPN-YP CS

ἴδητε ταῦτα γινόμενα, γινώσκετε ὅτι ἐγγύς ἐστιν ἐπὶ θύραις.
VSAA--YP APDAN-P VPPNAN-P VIPA--YP/VMPA--YP CC AB VIPA--ZS PD N-DF-P

13.30 ἀμὴν λέγω ὑμῖν ὅτι οὐ μὴ παρέλθῃ ἡ γενεὰ αὕτη μέχρις
QS VIPA--XS NPD-YP CC AB AB VSAA--ZS DNFS N-NF-S A-DNF-S PG

οὗ ταῦτα πάντα γένηται. 13.31 ὁ οὐρανὸς καὶ
APRGM-S□APDGM-S&APRDM-S APDNN-P A--NN-P VSAD--ZS DNMS N-NM-S CC

ἡ γῆ παρελεύσονται, οἱ δὲ λόγοι μου οὐ μὴ
DNFS N-NF-S VIFD--ZP DNMP CH N-NM-P NPG-XS AB AB

παρελεύσονται.
VIFD--ZP

13.32 Περὶ δὲ τῆς ἡμέρας ἐκείνης ἢ τῆς ὥρας οὐδεὶς οἶδεν,
PG CC DGFS N-GF-S A-DGF-S CC DGFS N-GF-S APCNM-S VIRA--ZS

οὐδὲ οἱ ἄγγελοι ἐν οὐρανῷ οὐδὲ ὁ υἱός, εἰ μὴ ὁ πατήρ.
AB DNMP N-NM-P PD N-DM-S CC&AB DNMS N-NM-S CS AB DNMS N-NM-S

13.33 βλέπετε ἀγρυπνεῖτε· οὐκ οἴδατε γὰρ πότε ὁ καιρός ἐστιν.
VMPA--YP VMPA--YP AB VIRA--YP CS ABT DNMS N-NM-S VIPA--ZS

13.34 ὡς ἄνθρωπος ἀπόδημος ἀφεὶς τὴν οἰκίαν αὐτοῦ καὶ δοὺς
CS N-NM-S A--NM-S VPAANM-S DAFS N-AF-S NPGMZS CC VPAANM-S

τοῖς δούλοις αὐτοῦ τὴν ἐξουσίαν, ἑκάστῳ τὸ ἔργον αὐτοῦ, καὶ
DDMP N-DM-P NPGMZS DAFS N-AF-S AP-DM-S DANS N-AN-S NPGMZS CC

τῷ θυρωρῷ ἐνετείλατο ἵνα γρηγορῇ. 13.35 γρηγορεῖτε οὖν, οὐκ
DDMS N-DM-S VIAD--ZS CC VSPA--ZS VMPA--YP CH AB

οἴδατε γὰρ πότε ὁ κύριος τῆς οἰκίας ἔρχεται, ἢ ὀψὲ ἢ
VIRA--YP CS ABT DNMS N-NM-S DGFS N-GF-S VIPN--ZS CC AB CC

μεσονύκτιον ἢ ἀλεκτοροφωνίας ἢ πρωΐ, 13.36 μὴ ἐλθὼν
N-AN-S CC N-GF-S CC AB CS VPAANM-S

ἐξαίφνης εὕρῃ ὑμᾶς καθεύδοντας. 13.37 ὃ δὲ
AB VSAA--ZS NPA-YP VPPAAMYP APRAN-S□APDAN-S&APRAN-S CC

ὑμῖν λέγω, πᾶσιν λέγω, γρηγορεῖτε.
NPD-YP VIPA--XS AP-DM-P VIPA--XS VMPA--YP

14.1 Ἦν δὲ τὸ πάσχα καὶ τὰ ἄζυμα μετὰ δύο ἡμέρας.
VIIA--ZS CC DNNS N-NN-S CC DNNP AP-NN-P PA A-CAF-P N-AF-P

καὶ ἐζήτουν οἱ ἀρχιερεῖς καὶ οἱ γραμματεῖς πῶς αὐτὸν ἐν
CC VIIA--ZP DNMP N-NM-P CC DNMP N-NM-P ABT NPAMZS PD

δόλῳ κρατήσαντες ἀποκτείνωσιν· 14.2 ἔλεγον γάρ, Μὴ ἐν τῇ
N-DM-S VPAANM-P VSAA--ZP VIIA--ZP CS AB PD DDFS

ἑορτῇ, μήποτε ἔσται θόρυβος τοῦ λαοῦ.
N-DF-S CS VIFD--ZS N-NM-S DGMS N-GM-S

14.3 Καὶ ὄντος αὐτοῦ ἐν Βηθανίᾳ ἐν τῇ οἰκίᾳ Σίμωνος τοῦ
CC VPPAGM-S NPGMZS PD N-DF-S PD DDFS N-DF-S N-GM-S DGMS

λεπροῦ κατακειμένου αὐτοῦ ἦλθεν γυνὴ ἔχουσα ἀλάβαστρον
AP-GM-S VPPNGM-S NPGMZS VIAA--ZS N-NF-S VPPANF-S N-AF-S

μύρου νάρδου πιστικῆς πολυτελοῦς· συντρίψασα τὴν
N-GN-S N-GF-S A--GF-S A--GF-S VPAANF-S DAFS

ἀλάβαστρον κατέχεεν αὐτοῦ τῆς κεφαλῆς. 14.4 ἦσαν δέ τινες
N-AF-S VIAA--ZS NPGMZS DGFS N-GF-S VIIA--ZP+ CH APINM-P

ἀγανακτοῦντες πρὸς ἑαυτούς, Εἰς τί ἡ ἀπώλεια αὕτη τοῦ
+VPPANM-P PA NPAMZP PA APTAN-S DNFS N-NF-S A-DNF-S DGNS

μύρου γέγονεν; 14.5 ἠδύνατο γὰρ τοῦτο τὸ μύρον πραθῆναι
N-GN-S VIRA--ZS VIIN--ZS CS A-DNN-S DNNS N-NN-S VNAP

ἐπάνω δηναρίων τριακοσίων καὶ δοθῆναι τοῖς πτωχοῖς· καὶ
PG N-GN-P A-CGN-P CC VNAP DDMP AP-DM-P CC

ἐνεβριμῶντο αὐτῇ. 14.6 ὁ δὲ Ἰησοῦς εἶπεν, Ἄφετε αὐτήν·
VIIN--ZP NPDFZS DNMS CH N-NM-S VIAA--ZS VMAA--YP NPAFZS

τί αὐτῇ κόπους παρέχετε; καλὸν ἔργον ἠργάσατο ἐν ἐμοί.
APTAN-S□ABT NPDFZS N-AM-P VIPA--YP A--AN-S N-AN-S VIAD--ZS PD NPD-XS

14.7 πάντοτε γὰρ τοὺς πτωχοὺς ἔχετε μεθ᾽ ἑαυτῶν, καὶ ὅταν
AB CS DAMP AP-AM-P VIPA--YP PG NPGMYP CC CS

θέλητε δύνασθε αὐτοῖς εὖ ποιῆσαι, ἐμὲ δὲ οὐ πάντοτε ἔχετε.
VSPA--YP VIPN--YP NPDMZP AB VNAA NPA-XS CH AB AB VIPA--YP

14.8 ὃ ἔσχεν ἐποίησεν· προέλαβεν μυρίσαι τὸ
APRAN-S□APDAN-S&APRAN-S VIAA--ZS VIAA--ZS VIAA--ZS VNAA DANS

σῶμά μου εἰς τὸν ἐνταφιασμόν. 14.9 ἀμὴν δὲ λέγω ὑμῖν, ὅπου
N-AN-S NPG-XS PA DAMS N-AM-S QS CH VIPA--XS NPD-YP CS

ἐὰν κηρυχθῇ τὸ εὐαγγέλιον εἰς ὅλον τὸν κόσμον, καὶ
QV VSAP--ZS DNNS N-NN-S PA A--AM-S DAMS N-AM-S AB

ὃ ἐποίησεν αὕτη λαληθήσεται εἰς μνημόσυνον
APRAN-S□APDNN-S&APRAN-S VIAA--ZS APDNF-S VIFP--ZS PA N-AN-S

αὐτῆς.
NPGFZS

14.10 Καὶ Ἰούδας Ἰσκαριὼθ ὁ εἷς τῶν δώδεκα ἀπῆλθεν
CC N-NM-S N-NM-S DNMS APCNM-S DGMP APCGM-P VIAA--ZS

πρὸς τοὺς ἀρχιερεῖς ἵνα αὐτὸν παραδοῖ αὐτοῖς. 14.11 οἱ
PA DAMP N-AM-P CS NPAMZS VSAA--ZS NPDMZP DNMP□NPNMZP

δὲ ἀκούσαντες ἐχάρησαν καὶ ἐπηγγείλαντο αὐτῷ ἀργύριον
CH VPAANM-P VIAO--ZP CC VIAD--ZP NPDMZS N-AN-S

δοῦναι. καὶ ἐζήτει πῶς αὐτὸν εὐκαίρως παραδοῖ.
VNAA CC VIIA--ZS ABT NPAMZS AB VSAA--ZS

14.12 Καὶ τῇ πρώτῃ ἡμέρᾳ τῶν ἀζύμων, ὅτε τὸ πάσχα
CC DDFS A-ODF-S N-DF-S DGNP AP-GN-P ABR DANS N-AN-S

ἔθυον, λέγουσιν αὐτῷ οἱ μαθηταὶ αὐτοῦ, Ποῦ θέλεις ἀπελθόντες
VIIA--ZP VIPA--ZP NPDMZS DNMP N-NM-P NPGMZS ABT VIPA--YS VPAANMXP

ἑτοιμάσωμεν ἵνα φάγῃς τὸ πάσχα; 14.13 καὶ ἀποστέλλει δύο
VSAA--XP CS VSAA--YS DANS N-AN-S CC VIPA--ZS APCAM-P

τῶν μαθητῶν αὐτοῦ καὶ λέγει αὐτοῖς, Ὑπάγετε εἰς τὴν πόλιν, καὶ
DGMP N-GM-P NPGMZS CC VIPA--ZS NPDMZP VMPA--YP PA DAFS N-AF-S CC

ἀπαντήσει ὑμῖν ἄνθρωπος κεράμιον ὕδατος βαστάζων·
VIFA--ZS NPD-YP N-NM-S N-AN-S N-GN-S VPPANM-S

ἀκολουθήσατε αὐτῷ, 14.14 καὶ ὅπου ἐὰν εἰσέλθῃ εἴπατε τῷ
VMAA--YP NPDMZS CC CS QV VSAA--ZS VMAA--YP DDMS

οἰκοδεσπότῃ ὅτι Ὁ διδάσκαλος λέγει, Ποῦ ἐστιν τὸ κατάλυμά
N-DM-S CC DNMS N-NM-S VIPA--ZS ABT VIPA--ZS DNNS N-NN-S

μου ὅπου τὸ πάσχα μετὰ τῶν μαθητῶν μου φάγω; 14.15 καὶ
NPG-XS ABR DANS N-AN-S PG DGMP N-GM-P NPG-XS VSAA--XS CC

αὐτὸς ὑμῖν δείξει ἀνάγαιον μέγα ἐστρωμένον ἕτοιμον· καὶ ἐκεῖ
NPNMZS NPD-YP VIFA--ZS N-AN-S A--AN-S VPRPAN-S A--AN-S CC AB

ἑτοιμάσατε ἡμῖν. 14.16 καὶ ἐξῆλθον οἱ μαθηταὶ καὶ ἦλθον εἰς
VMAA--YP NPD-XP CC VIAA--ZP DNMP N-NM-P CC VIAA--ZP PA

τὴν πόλιν καὶ εὗρον καθὼς εἶπεν αὐτοῖς, καὶ ἡτοίμασαν τὸ
DAFS N-AF-S CC VIAA--ZP CS VIAA--ZS NPDMZP CC VIAA--ZP DANS

πάσχα. 14.17 Καὶ ὀψίας γενομένης ἔρχεται μετὰ τῶν δώδεκα.
N-AN-S CC A--GF-S VPADGF-S VIPN--ZS PG DGMP APCGM-P

14.18 καὶ ἀνακειμένων αὐτῶν καὶ ἐσθιόντων ὁ Ἰησοῦς εἶπεν,
CC VPPNGM-P NPGMZP CC VPPAGM-P DNMS N-NM-S VIAA--ZS

Ἀμὴν λέγω ὑμῖν ὅτι εἷς ἐξ ὑμῶν παραδώσει με, ὁ
QS VIPA--XS NPD-YP CC APCNM-S PG NPG-YP VIFA--ZS NPA-XS DNMS☐APRNM-S

ἐσθίων μετ᾽ ἐμοῦ. 14.19 ἤρξαντο λυπεῖσθαι καὶ λέγειν αὐτῷ
VPPANM-S PG NPG-XS VIAM--ZP VNPP CC VNPA NPDMZS

εἷς κατὰ εἷς, Μήτι ἐγώ; 14.20 ὁ δὲ εἶπεν
APCNM-S PA APCNM-S☐APCAM-S QT NPN-XS DNMS☐NPNMZS CH VIAA--ZS

αὐτοῖς, Εἷς τῶν δώδεκα, ὁ ἐμβαπτόμενος μετ᾽ ἐμοῦ
NPDMZP APCNM-S DGMP APCGM-P DNMS☐APRNM-S VPPMNM-S PG NPG-XS

εἰς τὸ τρύβλιον. 14.21 ὅτι ὁ μὲν υἱὸς τοῦ ἀνθρώπου ὑπάγει
PA DANS N-AN-S CS DNMS CS N-NM-S DGMS N-GM-S VIPA--ZS

καθὼς γέγραπται περὶ αὐτοῦ, οὐαὶ δὲ τῷ ἀνθρώπῳ ἐκείνῳ δι᾽
CS VIRP--ZS PG NPGMZS QS CH DDMS N-DM-S A-DDM-S PG

οὗ ὁ υἱὸς τοῦ ἀνθρώπου παραδίδοται· καλὸν αὐτῷ εἰ οὐκ
APRGM-S DNMS N-NM-S DGMS N-GM-S VIPP--ZS A--NN-S NPDMZS CC AB

ἐγεννήθη ὁ ἄνθρωπος ἐκεῖνος.
VIAP--ZS DNMS N-NM-S A-DNM-S

14.22 Καὶ ἐσθιόντων αὐτῶν λαβὼν ἄρτον εὐλογήσας ἔκλασεν
CC VPPAGM-P NPGMZP VPAANM-S N-AM-S VPAANM-S VIAA--ZS

καὶ ἔδωκεν αὐτοῖς καὶ εἶπεν, Λάβετε, τοῦτό ἐστιν τὸ σῶμά μου.
CC VIAA--ZS NPDMZP CC VIAA--ZS VMAA--YP APDNN-S VIPA--ZS DNNS N-NN-S NPG-XS

14.23 καὶ λαβὼν ποτήριον εὐχαριστήσας ἔδωκεν αὐτοῖς, καὶ
CC VPAANM-S N-AN-S VPAANM-S VIAA--ZS NPDMZP CC

ἔπιον ἐξ αὐτοῦ πάντες. 14.24 καὶ εἶπεν αὐτοῖς, Τοῦτό ἐστιν τὸ
VIAA--ZP PG NPGNZS AP-NM-P CC VIAA--ZS NPDMZP APDNN-S VIPA--ZS DNNS

αἷμά μου τῆς διαθήκης τὸ ἐκχυννόμενον ὑπὲρ πολλῶν·
N-NN-S NPG-XS DGFS N-GF-S DNNS☐APRNN-S VPPPNN-S PG AP-GM-P

14.25 ἀμὴν λέγω ὑμῖν ὅτι οὐκέτι οὐ μὴ πίω ἐκ τοῦ γενήματος
QS   VIPA--XS NPD-YP CC   AB   AB AB VSAA--XS PG DGNS N-GN-S

τῆς ἀμπέλου ἕως τῆς ἡμέρας ἐκείνης ὅταν αὐτὸ πίνω καινὸν ἐν
DGFS N-GF-S PG DGFS N-GF-S A-DGF-S ABR NPANZS VSPA--XS A--AN-S PD

τῇ βασιλείᾳ τοῦ θεοῦ. 14.26 Καὶ ὑμνήσαντες ἐξῆλθον εἰς τὸ
DDFS N-DF-S DGMS N-GM-S   CC VPAANM-P   VIAA--ZP PA DANS

Ὄρος τῶν Ἐλαιῶν.
N-AN-S DGFP N-GF-P

14.27 Καὶ λέγει   αὐτοῖς ὁ   Ἰησοῦς ὅτι Πάντες
       CC VIPA--ZS NPDMZP DNMS   N-NM-S CC AP-NM-P

σκανδαλισθήσεσθε, ὅτι γέγραπται,
VIFP--YP   CS VIRP--ZS

   Πατάξω τὸν ποιμένα,
   VIFA--XS DAMS N-AM-S

   καὶ τὰ πρόβατα διασκορπισθήσονται·
   CC DNNP N-NN-P VIFP--ZP

14.28 ἀλλὰ μετὰ τὸ ἐγερθῆναί με προάξω ὑμᾶς εἰς τὴν
       CC   PA DANS VNAPA   NPA-XS VIFA--XS NPA-YP PA DAFS

Γαλιλαίαν. 14.29 ὁ   δὲ Πέτρος ἔφη   αὐτῷ, Εἰ καὶ πάντες
N-AF-S   DNMS CH N-NM-S VIAA--ZS/VIIA--ZS NPDMZS CS AB AP-NM-P

σκανδαλισθήσονται, ἀλλ᾽ οὐκ ἐγώ. 14.30 καὶ λέγει   αὐτῷ ὁ
VIFP--ZP   CH   AB NPN-XS   CC VIPA--ZS NPDMZS DNMS

Ἰησοῦς, Ἀμὴν λέγω   σοι ὅτι σὺ   σήμερον ταύτῃ τῇ νυκτὶ
N-NM-S QS   VIPA--XS NPD-YS CC NPN-YS AB   A-DDF-S DDFS N-DF-S

πρὶν ἢ δὶς ἀλέκτορα φωνῆσαι τρίς με   ἀπαρνήσῃ.
AB   CS AB N-AM-S   VNAA   AB NPA-XS VIFD--YS

14.31 ὁ   δὲ ἐκπερισσῶς ἐλάλει, Ἐὰν δέη   με
       DNMS☐NPNMZS CH AB   VIIA--ZS CS VSPA--ZS NPA-XS

συναποθανεῖν σοι, οὐ μή σε   ἀπαρνήσομαι. ὡσαύτως δὲ   καὶ
VNAA   NPD-YS AB AB NPA-YS VIFD--XS   AB   CC/CH AB

πάντες ἔλεγον.
AP-NM-P VIIA--ZP

14.32 Καὶ ἔρχονται εἰς χωρίον οὗ   τὸ   ὄνομα Γεθσημανί,
       CC VIPN--ZP PA N-AN-S APRGN-S DNNS N-NN-S N-NN-S

καὶ λέγει   τοῖς μαθηταῖς αὐτοῦ, Καθίσατε ὧδε ἕως προσεύξωμαι.
CC VIPA--ZS DDMP N-DM-P   NPGMZS VMAA--YP AB CS VSAD--XS

14.33 καὶ παραλαμβάνει τὸν Πέτρον καὶ [τὸν] Ἰάκωβον καὶ
       CC VIPA--ZS   DAMS N-AM-S CC DAMS N-AM-S   CC

[τὸν] Ἰωάννην μετ᾽ αὐτοῦ, καὶ ἤρξατο ἐκθαμβεῖσθαι καὶ
DAMS N-AM-S   PG   NPGMZS CC VIAM--ZS VNPP   CC

ἀδημονεῖν, 14.34 καὶ λέγει   αὐτοῖς, Περίλυπός ἐστιν ἡ   ψυχή
VNPA   CC VIPA--ZS NPDMZP A--NF-S   VIPA--ZS DNFS N-NF-S

μου ἕως θανάτου· μείνατε ὧδε καὶ γρηγορεῖτε. 14.35 καὶ
NPG-XS PG N-GM-S VMAA--YP AB CC VMPA--YP   CC

προελθὼν μικρὸν ἔπιπτεν ἐπὶ τῆς γῆς, καὶ προσηύχετο ἵνα εἰ
VPAANM-S AP-AN-S VIIA--ZS PG DGFS N-GF-S CC VIIN--ZS CC CS

δυνατόν ἐστιν παρέλθῃ ἀπ᾽ αὐτοῦ ἡ ὥρα, 14.36 καὶ ἔλεγεν,
A--NN-S VIPA--ZS VSAA--ZS PG NPGMZS DNFS N-NF-S CC VIIA--ZS

Αββα ὁ πατήρ, πάντα δυνατά σοι· παρένεγκε τὸ
N-VM-S DVMS N-NM-S□N-VM-S AP-NN-P A--NN-P NPD-YS VMAA--YS DANS

ποτήριον τοῦτο ἀπ᾽ ἐμοῦ· ἀλλ᾽ οὐ τί ἐγὼ θέλω ἀλλὰ τί
N-AN-S A-DAN-S PG NPG-XS CC AB APTAN-S NPN-XS VIPA--XS CH APTAN-S

σύ. 14.37 καὶ ἔρχεται καὶ εὑρίσκει αὐτοὺς καθεύδοντας, καὶ
NPN-YS CC VIPN--ZS CC VIPA--ZS NPAMZP VPPAAM-P CC

λέγει τῷ Πέτρῳ, Σίμων, καθεύδεις; οὐκ ἴσχυσας μίαν ὥραν
VIPA--ZS DDMS N-DM-S N-VM-S VIPA--YS AB VIAA--YS A-CAF-S N-AF-S

γρηγορῆσαι; 14.38 γρηγορεῖτε καὶ προσεύχεσθε, ἵνα μὴ ἔλθητε
VNAA VMPA--YP CC VMPN--YP CC/CS AB VSAA--YP

εἰς πειρασμόν· τὸ μὲν πνεῦμα πρόθυμον ἡ δὲ σὰρξ ἀσθενής.
PA N-AM-S DNNS CS N-NN-S A--NN-S DNFS CH N-NF-S A--NF-S

14.39 καὶ πάλιν ἀπελθὼν προσηύξατο τὸν αὐτὸν λόγον εἰπών.
CC AB VPAANM-S VIAD--ZS DAMS A--AM-S N-AM-S VPAANM-S

14.40 καὶ πάλιν ἐλθὼν εὗρεν αὐτοὺς καθεύδοντας, ἦσαν γὰρ
CC AB VPAANM-S VIAA--ZS NPAMZP VPPAAM-P VIIA--ZP+ CS

αὐτῶν οἱ ὀφθαλμοὶ καταβαρυνόμενοι, καὶ οὐκ ᾔδεισαν τί
NPGMZP DNMP N-NM-P +VPPPNM-P CC AB VILA--ZP APTAN-S

ἀποκριθῶσιν αὐτῷ. 14.41 καὶ ἔρχεται τὸ τρίτον καὶ λέγει αὐτοῖς,
VSAO--ZP NPDMZS CC VIPN--ZS DANS APOAN-S CC VIPA--ZS NPDMZP

Καθεύδετε τὸ λοιπὸν καὶ ἀναπαύεσθε; ἀπέχει· ἦλθεν ἡ ὥρα,
VIPA--YP†VMPA--YP DANS AP-AN-S CC VIPM--YP†VMPM--YP VIPA--ZS VIAA--ZS DNFS N-NF-S

ἰδοὺ παραδίδοται ὁ υἱὸς τοῦ ἀνθρώπου εἰς τὰς χεῖρας τῶν
QS VIPP--ZS DNMS N-NM-S DGMS N-GM-S PA DAFP N-AF-P DGMP

ἁμαρτωλῶν. 14.42 ἐγείρεσθε ἄγωμεν· ἰδοὺ ὁ
AP-GM-P VMPP--YP VSPA--XP QS DNMS□NPNMZS&APRNM-S

παραδιδούς με ἤγγικεν.
VPPANM-S NPA-XS VIRA--ZS

14.43 Καὶ εὐθὺς ἔτι αὐτοῦ λαλοῦντος παραγίνεται Ἰούδας
CC AP-NM-S□AB AB NPGMZS VPPAGM-S VIPN--ZS N-NM-S

εἷς τῶν δώδεκα καὶ μετ᾽ αὐτοῦ ὄχλος μετὰ μαχαιρῶν καὶ
APCNM-S DGMP APCGM-P CC PG NPGMZS N-NM-S PG N-GF-P CC

ξύλων παρὰ τῶν ἀρχιερέων καὶ τῶν γραμματέων καὶ τῶν
N-GN-P PG DGMP N-GM-P CC DGMP N-GM-P CC DGMP

πρεσβυτέρων. 14.44 δεδώκει δὲ ὁ παραδιδούς
AP-GM-P VILA--ZS CC DNMS□NPNMZS&APRNM-S VPPANM-S

αὐτὸν σύσσημον αὐτοῖς λέγων, Ὅν ἂν φιλήσω αὐτός ἐστιν·
NPAMZS N-AN-S NPDMZP VPPANM-S APRAM-S+ QV VSAA--XS NPNMZS VIPA--ZS

κρατήσατε αὐτὸν καὶ ἀπάγετε ἀσφαλῶς. 14.45 καὶ ἐλθὼν
VMAA--YP NPAMZS CC VMPA--YP AB CC VPAANM-S

εὐθὺς προσελθὼν αὐτῷ λέγει, Ῥαββί, καὶ κατεφίλησεν αὐτόν.
AP-NM-S□AB VPAANM-S NPDMZS VIPA--ZS N-VM-S CC VIAA--ZS NPAMZS

14.46 οἱ δὲ ἐπέβαλον τὰς χεῖρας αὐτῷ καὶ ἐκράτησαν
DNMP□NPNMZP CH VIAA--ZP DAFP N-AF-P NPDMZS CC VIAA--ZP

αὐτόν. 14.47 εἷς δέ [τις] τῶν παρεστηκότων
NPAMZS APCNM-S CH A-INM-S DGMP□NPGMZP&APRNM-P VPRAGM-P

σπασάμενος τὴν μάχαιραν ἔπαισεν τὸν δοῦλον τοῦ ἀρχιερέως
VPAMNM-S DAFS N-AF-S VIAA--ZS DAMS N-AM-S DGMS N-GM-S

καὶ ἀφεῖλεν αὐτοῦ τὸ ὠτάριον. 14.48 καὶ ἀποκριθεὶς ὁ Ἰησοῦς
CC VIAA--ZS NPGMZS DANS N-AN-S CC VPAONM-S DNMS N-NM-S

εἶπεν αὐτοῖς, Ὡς ἐπὶ λῃστὴν ἐξήλθατε μετὰ μαχαιρῶν καὶ ξύλων
VIAA--ZS NPDMZP CS PA N-AM-S VIAA--YP PG N-GF-P CC N-GN-P

συλλαβεῖν με; 14.49 καθ᾽ ἡμέραν ἤμην πρὸς ὑμᾶς ἐν τῷ
VNAA NPA-XS PA N-AF-S VIIM--XS+ PA NPA-YP PD DDNS

ἱερῷ διδάσκων καὶ οὐκ ἐκρατήσατέ με· ἀλλ᾽ ἵνα πληρωθῶσιν
AP-DN-S +VPPANMXS CC AB VIAA--YP NPA-XS CC CH VSAP--ZP

αἱ γραφαί. 14.50 καὶ ἀφέντες αὐτὸν ἔφυγον πάντες.
DNFP N-NF-P CC VPAANM-P NPAMZS VIAA--ZP AP-NM-P

14.51 Καὶ νεανίσκος τις συνηκολούθει αὐτῷ
CC N-NM-S A-INM-S VIIA--ZS NPDMZS

περιβεβλημένος σινδόνα ἐπὶ γυμνοῦ, καὶ κρατοῦσιν αὐτόν·
VPRMNM-S N-AF-S PG AP-GN-S CC VIPA--ZP NPAMZS

14.52 ὁ δὲ καταλιπὼν τὴν σινδόνα γυμνὸς ἔφυγεν.
DNMS□NPNMZS CH VPAANM-S DAFS N-AF-S A--NM-S VIAA--ZS

14.53 Καὶ ἀπήγαγον τὸν Ἰησοῦν πρὸς τὸν ἀρχιερέα, καὶ
CC VIAA--ZP DAMS N-AM-S PA DAMS N-AM-S CC

συνέρχονται πάντες οἱ ἀρχιερεῖς καὶ οἱ πρεσβύτεροι καὶ οἱ
VIPN--ZP A--NM-P DNMP N-NM-P CC DNMP AP-NM-P CC DNMP

γραμματεῖς. 14.54 καὶ ὁ Πέτρος ἀπὸ μακρόθεν ἠκολούθησεν
N-NM-P CC DNMS N-NM-S PG AB□AP-GN-S VIAA--ZS

αὐτῷ ἕως ἔσω εἰς τὴν αὐλὴν τοῦ ἀρχιερέως, καὶ ἦν
NPDMZS PG AB PA DAFS N-AF-S DGMS N-GM-S CC VIIA--ZS+

συγκαθήμενος μετὰ τῶν ὑπηρετῶν καὶ θερμαινόμενος πρὸς τὸ
+VPPNNM-S PG DGMP N-GM-P CC +VPPNNM-S PA DANS

φῶς. 14.55 οἱ δὲ ἀρχιερεῖς καὶ ὅλον τὸ συνέδριον ἐζήτουν
N-AN-S DNMP CC N-NM-P CC A--NN-S DNNS N-NN-S VIIA--ZP

κατὰ τοῦ Ἰησοῦ μαρτυρίαν εἰς τὸ θανατῶσαι αὐτόν, καὶ οὐχ
PG DGMS N-GM-S N-AF-S PA DANS VNAAA NPAMZS CC AB

ηὕρισκον· 14.56 πολλοὶ γὰρ ἐψευδομαρτύρουν κατ᾽ αὐτοῦ, καὶ
VIIA--ZP AP-NM-P CS VIIA--ZP PG NPGMZS CC

ἴσαι αἱ μαρτυρίαι οὐκ ἦσαν. 14.57 καί τινες ἀναστάντες
A--NF-P DNFP N-NF-P AB VIIA--ZP CC APINM-P VPAANM-P

ἐψευδομαρτύρουν κατ᾽ αὐτοῦ λέγοντες 14.58 ὅτι Ἡμεῖς
VIIA--ZP PG NPGMZS VPPANM-P CH NPN-XP

ἠκούσαμεν αὐτοῦ λέγοντος ὅτι Ἐγὼ καταλύσω τὸν ναὸν τοῦτον
VIAA--XP NPGMZS VPPAGM-S CH NPN-XS VIFA--XS DAMS N-AM-S A-DAM-S

τὸν χειροποίητον καὶ διὰ τριῶν ἡμερῶν ἄλλον ἀχειροποίητον
DAMS A--AM-S CC PG A-CGF-P N-GF-P AP-AM-S A--AM-S

οἰκοδομήσω· 14.59 καὶ οὐδὲ οὕτως ἴση ἦν ἡ μαρτυρία
VIFA--XS CC AB AB A--NF-S VIIA--ZS DNFS N-NF-S

αὐτῶν. 14.60 καὶ ἀναστὰς ὁ ἀρχιερεὺς εἰς μέσον ἐπηρώτησεν
NPGMZP CC VPAANM-S DNMS N-NM-S PA AP-AN-S VIAA--ZS

τὸν Ἰησοῦν λέγων, Οὐκ ἀποκρίνῃ οὐδέν; τί οὗτοί σου
DAMS N-AM-S VPPANM-S AB VIPN--YS APCAN-S APTAN-S APDNM-P NPG-YS

καταμαρτυροῦσιν; 14.61 ὁ δὲ ἐσιώπα καὶ οὐκ ἀπεκρίνατο
VIPA--ZP DNMS□NPNMZS CH VIIA--ZS CC AB VIAD--ZS

οὐδέν. πάλιν ὁ ἀρχιερεὺς ἐπηρώτα αὐτὸν καὶ λέγει αὐτῷ, Σὺ
APCAN-S AB DNMS N-NM-S VIIA--ZS NPAMZS CC VIPA--ZS NPDMZS NPN-YS

εἶ ὁ Χριστὸς ὁ υἱὸς τοῦ εὐλογητοῦ; 14.62 ὁ δὲ
VIPA--YS DNMS N-NM-S DNMS N-NM-S DGMS AP-GM-S DNMS CH

Ἰησοῦς εἶπεν, Ἐγώ εἰμι,
N-NM-S VIAA--ZS NPN-XS VIPA--XS

καὶ ὄψεσθε τὸν υἱὸν τοῦ ἀνθρώπου
CC VIFD--YP DAMS N-AM-S DGMS N-GM-S

ἐκ δεξιῶν καθήμενον τῆς δυνάμεως
PG AP-GN-P VPPNAM-S DGFS N-GF-S

καὶ ἐρχόμενον μετὰ τῶν νεφελῶν τοῦ οὐρανοῦ.
CC VPPNAM-S PG DGFP N-GF-P DGMS N-GM-S

14.63 ὁ δὲ ἀρχιερεὺς διαρρήξας τοὺς χιτῶνας αὐτοῦ λέγει,
DNMS CH N-NM-S VPAANM-S DAMP N-AM-P NPGMZS VIPA--ZS

Τί ἔτι χρείαν ἔχομεν μαρτύρων; 14.64 ἠκούσατε τῆς
APTAN-S□ABT AB N-AF-S VIPA--XP N-GM-P VIAA--YP DGFS

βλασφημίας· τί ὑμῖν φαίνεται; οἱ δὲ πάντες κατέκριναν
N-GF-S APTNN-S NPD-YP VIPP--ZS DNMP CH AP-NM-P VIAA--ZP

αὐτὸν ἔνοχον εἶναι θανάτου. 14.65 Καὶ ἤρξαντό τινες ἐμπτύειν
NPAMZS A--AM-S VNPA N-GM-S CC VIAM--ZP APINM-P VNPA

αὐτῷ καὶ περικαλύπτειν αὐτοῦ τὸ πρόσωπον καὶ κολαφίζειν
NPDMZS CC VNPA NPGMZS DANS N-AN-S CC VNPA

αὐτὸν καὶ λέγειν αὐτῷ, Προφήτευσον, καὶ οἱ ὑπηρέται
NPAMZS CC VNPA NPDMZS VMAA--YS CC DNMP N-NM-P

ῥαπίσμασιν αὐτὸν ἔλαβον.
N-DN-P NPAMZS VIAA--ZP

14.66 Καὶ ὄντος τοῦ Πέτρου κάτω ἐν τῇ αὐλῇ ἔρχεται μία
CC VPPAGM-S DGMS N-GM-S AB PD DDFS N-DF-S VIPN--ZS APCNF-S

τῶν παιδισκῶν τοῦ ἀρχιερέως, 14.67 καὶ ἰδοῦσα τὸν Πέτρον
DGFP N-GF-P DGMS N-GM-S CC VPAANF-S DAMS N-AM-S

θερμαινόμενον ἐμβλέψασα αὐτῷ λέγει, Καὶ σὺ μετὰ τοῦ
VPPNAM-S VPAANF-S NPDMZS VIPA--ZS AB NPN-YS PG DGMS

Ναζαρηνοῦ ἦσθα τοῦ Ἰησοῦ. 14.68 ὁ δὲ ἠρνήσατο
AP-GM-S VIIM--YS DGMS N-GM-S DNMS☐NPNMZS CH VIAD--ZS

λέγων, Οὔτε οἶδα οὔτε ἐπίσταμαι σὺ τί λέγεις. καὶ ἐξῆλθεν
VPPANM-S CC VIRA--XS CC VIPN--XS NPN-YS APTAN-S VIPA--YS CC VIAA--ZS

ἔξω εἰς τὸ προαύλιον[· καὶ ἀλέκτωρ ἐφώνησεν]. 14.69 καὶ ἡ
AB PA DANS N-AN-S CC N-NM-S VIAA--ZS CC DNFS

παιδίσκη ἰδοῦσα αὐτὸν ἤρξατο πάλιν λέγειν τοῖς
N-NF-S VPAANF-S NPAMZS VIAM--ZS AB VNPA DDMP☐NPDMZP&APRNM-P

παρεστῶσιν ὅτι Οὗτος ἐξ αὐτῶν ἐστιν. 14.70 ὁ δὲ πάλιν
VPRADM-P CC APDNM-S PG NPGMZP VIPA--ZS DNMS☐NPNMZS CH AB

ἠρνεῖτο. καὶ μετὰ μικρὸν πάλιν οἱ παρεστῶτες
VIIN--ZS CC PA AP-AN-S AB DNMP☐NPNMZP&APRNM-P VPRANM-P

ἔλεγον τῷ Πέτρῳ, Ἀληθῶς ἐξ αὐτῶν εἶ, καὶ γὰρ Γαλιλαῖος
VIIA--ZP DDMS N-DM-S AB PG NPGMZP VIPA--YS AB CS A--NM-S

εἶ. 14.71 ὁ δὲ ἤρξατο ἀναθεματίζειν καὶ ὀμνύναι ὅτι
VIPA--YS DNMS☐NPNMZS CH VIAM--ZS VNPA CC VNPA CC

Οὐκ οἶδα τὸν ἄνθρωπον τοῦτον ὃν λέγετε. 14.72 καὶ εὐθὺς
AB VIRA--XS DAMS N-AM-S A-DAM-S APRAM-S VIPA--YP CC AP-NM-S☐AB

ἐκ δευτέρου ἀλέκτωρ ἐφώνησεν. καὶ ἀνεμνήσθη ὁ Πέτρος τὸ
PG APOGN-S N-NM-S VIAA--ZS CC VIAP--ZS DNMS N-NM-S DANS

ῥῆμα ὡς εἶπεν αὐτῷ ὁ Ἰησοῦς ὅτι Πρὶν ἀλέκτορα
N-AN-S ABR/CS VIAA--ZS NPDMZS DNMS N-NM-S ABR/CC AB☐CS N-AM-S

φωνῆσαι δὶς τρίς με ἀπαρνήσῃ· καὶ ἐπιβαλὼν ἔκλαιεν.
VNAA AB AB NPA-XS VIFD--YP CC VPAANM-S VIIA--ZS

15.1 Καὶ εὐθὺς πρωῒ συμβούλιον ποιήσαντες οἱ ἀρχιερεῖς
CC AP-NM-S☐AB AB N-AN-S VPAANM-P DNMP N-NM-P

μετὰ τῶν πρεσβυτέρων καὶ γραμματέων καὶ ὅλον τὸ συνέδριον
PG DGMP AP-GM-P CC N-GM-P CC A--NN-S DNNS N-NN-S

δήσαντες τὸν Ἰησοῦν ἀπήνεγκαν καὶ παρέδωκαν Πιλάτῳ.
VPAANM-P DAMS N-AM-S VIAA--ZP CC VIAA--ZP N-DM-S

15.2 καὶ ἐπηρώτησεν αὐτὸν ὁ Πιλᾶτος, Σὺ εἶ ὁ
CC VIAA--ZS NPAMZS DNMS N-NM-S NPN-YS VIPA--YS DNMS

βασιλεὺς τῶν Ἰουδαίων; ὁ δὲ ἀποκριθεὶς αὐτῷ λέγει,
N-NM-S DGMP AP-GM-P DNMS☐NPNMZS CH VPAONM-S NPDMZS VIPA--ZS

Σὺ λέγεις. 15.3 καὶ κατηγόρουν αὐτοῦ οἱ ἀρχιερεῖς πολλά.
NPN-YS VIPA--YS CC VIIA--ZP NPGMZS DNMP N-NM-P AP-AN-P

15.4 ὁ δὲ Πιλᾶτος πάλιν ἐπηρώτα αὐτὸν λέγων, Οὐκ ἀποκρίνῃ
DNMS CH N-NM-S AB VIIA--ZS NPAMZS VPPANM-S AB VIPN--YS

οὐδέν; ἴδε πόσα σου κατηγοροῦσιν. 15.5 ὁ δὲ Ἰησοῦς οὐκέτι
APCAN-S QS APTAN-P NPG-YS VIPA--ZP DNMS CH N-NM-S AB

οὐδὲν ἀπεκρίθη, ὥστε θαυμάζειν τὸν Πιλᾶτον.
APCAN-S VIAO--ZS CH VNPA DAMS N-AM-S

15.6 Κατὰ δὲ ἑορτὴν ἀπέλυεν αὐτοῖς ἕνα δέσμιον ὃν
PA CS N-AF-S VIIA--ZS NPDMZP A-CAM-S N-AM-S APRAM-S

παρῃτοῦντο. 15.7 ἦν δὲ ὁ λεγόμενος
VIIN--ZP   VIIA--ZS+   CC   DNMS☐NPNMZS&APRNM-S   VPPPNM-S

Βαραββᾶς μετὰ τῶν στασιαστῶν δεδεμένος οἵτινες ἐν τῇ
N-NM-S   PG   DGMP   N-GM-P   +VPRPNM-S   APRNM-P   PD   DDFS

στάσει φόνον πεποιήκεισαν. 15.8 καὶ ἀναβὰς ὁ ὄχλος ἤρξατο
N-DF-S   N-AM-S   VILA--ZP   CC   VPAANM-S   DNMS   N-NM-S   VIAM--ZS

αἰτεῖσθαι καθὼς ἐποίει αὐτοῖς. 15.9 ὁ δὲ Πιλᾶτος ἀπεκρίθη
VNPM   CS   VIIA--ZS   NPDMZP   DNMS   CH   N-NM-S   VIAO--ZS

αὐτοῖς λέγων, Θέλετε ἀπολύσω ὑμῖν τὸν βασιλέα τῶν Ἰουδαίων;
NPDMZP   VPPANM-S   VIPA--YP   VSAA--XS   NPD-YP   DAMS   N-AM-S   DGMP   AP-GM-P

15.10 ἐγίνωσκεν γὰρ ὅτι διὰ φθόνον παραδεδώκεισαν αὐτὸν οἱ
VIIA--ZS   CS   CH   PA   N-AM-S   VILA--ZP   NPRAMZS   DNMP

ἀρχιερεῖς. 15.11 οἱ δὲ ἀρχιερεῖς ἀνέσεισαν τὸν ὄχλον ἵνα
N-NM-P   DNMP   CH   N-NM-P   VIAA--ZP   DAMS   N-AM-S   CS

μᾶλλον τὸν Βαραββᾶν ἀπολύσῃ αὐτοῖς. 15.12 ὁ δὲ Πιλᾶτος
ABM   DAMS   N-AM-S   VSAA--ZS   NPDMZP   DNMS   CH   N-NM-S

πάλιν ἀποκριθεὶς ἔλεγεν αὐτοῖς, Τί οὖν [θέλετε] ποιήσω
AB   VPAONM-S   VIIA--ZS   NPDMZP   APTAN-S   CH   VIPA--YP   VSAA--XS

[ὃν λέγετε] τὸν βασιλέα τῶν Ἰουδαίων;
APRAM-S☐APDAM-S&APRAM-S   VIPA--YP   DAMS   N-AM-S   DGMP   AP-GM-P

15.13 οἱ δὲ πάλιν ἔκραξαν, Σταύρωσον αὐτόν. 15.14 ὁ
DNMP☐NPNMZP   CH   AB   VIAA--ZP   VMAA--YS   NPAMZS   DNMS

δὲ Πιλᾶτος ἔλεγεν αὐτοῖς, Τί γὰρ ἐποίησεν κακόν; οἱ
CH   N-NM-S   VIIA--ZS   NPDMZP   A-TAN-S   CS   VIAA--ZS   AP-AN-S   DNMP☐NPNMZP

δὲ περισσῶς ἔκραξαν, Σταύρωσον αὐτόν. 15.15 ὁ δὲ Πιλᾶτος
CH   AB   VIAA--ZP   VMAA--YS   NPAMZS   DNMS   CH   N-NM-S

βουλόμενος τῷ ὄχλῳ τὸ ἱκανὸν ποιῆσαι ἀπέλυσεν αὐτοῖς τὸν
VPPNNM-S   DDMS   N-DM-S   DANS   AP-AN-S   VNAA   VIAA--ZS   NPDMZP   DAMS

Βαραββᾶν, καὶ παρέδωκεν τὸν Ἰησοῦν φραγελλώσας ἵνα
N-AM-S   CC   VIAA--ZS   DAMS   N-AM-S   VPAANM-S   CS

σταυρωθῇ.
VSAP--ZS

15.16 Οἱ δὲ στρατιῶται ἀπήγαγον αὐτὸν ἔσω τῆς αὐλῆς,
DNMP   CH   N-NM-P   VIAA--ZP   NPAMZS   PG   DGFS   N-GF-S

ὅ ἐστιν πραιτώριον, καὶ συγκαλοῦσιν ὅλην τὴν σπεῖραν.
APRNN-S   VIPA--ZS   N-NN-S   CC   VIPA--ZP   A--AF-S   DAFS   N-AF-S

15.17 καὶ ἐνδιδύσκουσιν αὐτὸν πορφύραν καὶ περιτιθέασιν αὐτῷ
CC   VIPA--ZP   NPAMZS   N-AF-S   CC   VIPA--ZP   NPDMZS

πλέξαντες ἀκάνθινον στέφανον· 15.18 καὶ ἤρξαντο ἀσπάζεσθαι
VPAANM-P   A--AM-S   N-AM-S   CC   VIAM--ZP   VNPN

αὐτόν, Χαῖρε, βασιλεῦ τῶν Ἰουδαίων· 15.19 καὶ ἔτυπτον αὐτοῦ
NPAMZS   VMPA--YS☐QS   N-VM-S   DGMP   AP-GM-P   CC   VIIA--ZP   NPGMZS

τὴν κεφαλὴν καλάμῳ καὶ ἐνέπτυον αὐτῷ, καὶ τιθέντες τὰ γόνατα
DAFS   N-AF-S   N-DM-S   CC   VIIA--ZP   NPDMZS   CC   VPPANM-P   DANP   N-AN-P

προσεκύνουν αὐτῷ. 15.20 καὶ ὅτε ἐνέπαιξαν αὐτῷ, ἐξέδυσαν αὐτὸν
VIIA--ZP   NPDMZS   CC CS VIAA--ZP   NPDMZS VIAA--ZP   NPAMZS

τὴν πορφύραν καὶ ἐνέδυσαν αὐτὸν τὰ ἱμάτια αὐτοῦ. καὶ
DAFS N-AF-S   CC VIAA--ZP   NRAMZS DANP N-AN-P   NPGMZS CC

ἐξάγουσιν αὐτὸν ἵνα σταυρώσωσιν αὐτόν.
VIPA--ZP   NRAMZS CS VSAA--ZP   NRAMZS

    15.21 Καὶ ἀγγαρεύουσιν παράγοντά τινα Σίμωνα Κυρηναῖον
       CC VIPA--ZP   VPPAAM-S   A-IAM-S N-AM-S   N-AM-S

ἐρχόμενον ἀπ᾽ ἀγροῦ, τὸν πατέρα Ἀλεξάνδρου καὶ Ῥούφου, ἵνα
VPPNAM-S   PG N-GM-S DAMS N-AM-S   N-GM-S   CC N-GM-S CS

ἄρῃ τὸν σταυρὸν αὐτοῦ. 15.22 καὶ φέρουσιν αὐτὸν ἐπὶ τὸν
VSAA--ZS DAMS N-AM-S   NPGMZS   CC VIPA--ZP   NRAMZS PA DAMS

Γολγοθᾶν τόπον, ὅ ἐστιν μεθερμηνευόμενον Κρανίου
N-AF-S   N-AM-S   APRNN-S VIPA--ZS+ +VPPPNN-S   N-GN-S

Τόπος. 15.23 καὶ ἐδίδουν αὐτῷ ἐσμυρνισμένον οἶνον, ὃς δὲ
N-NM-S   CC VIIA--ZP NPDMZS VPRPAM-S   N-AM-S   APRNM-S CH

οὐκ ἔλαβεν. 15.24 καὶ σταυροῦσιν αὐτὸν
AB VIAA--ZS   CC VIPA--ZP   NRAMZS

    καὶ διαμερίζονται τὰ ἱμάτια αὐτοῦ,
    CC VIPM--ZP   DANP N-AN-P NPGMZS

    βάλλοντες κλῆρον ἐπ᾽ αὐτὰ τίς τί ἄρῃ.
    VPPANM-P   N-AM-S PA NPANZP APTNM-S APTAN-S VSAA--ZS

15.25 ἦν δὲ ὥρα τρίτη καὶ ἐσταύρωσαν αὐτόν. 15.26 καὶ ἦν
    VIIA--ZS CC N-NF-S A-ONF-S CC VIAA--ZP   NRAMZS   CC VIIA--ZS+

ἡ ἐπιγραφὴ τῆς αἰτίας αὐτοῦ ἐπιγεγραμμένη, Ὁ βασιλεὺς
DNFS N-NF-S DGFS N-GF-S NPGMZS +VPRPNF-S   DNMS N-NM-S

τῶν Ἰουδαίων. 15.27 Καὶ σὺν αὐτῷ σταυροῦσιν δύο λῃστάς,
DGMP AP-GM-P   CC PD NPDMZS VIPA--ZP   A-CAM-P N-AM-P

ἕνα ἐκ δεξιῶν καὶ ἕνα ἐξ εὐωνύμων αὐτοῦ. 15.29 Καὶ
APCAM-S PG AP-GN-P CC APCAM-S PG AP-GN-P   NPGMZS   CC

οἱ παραπορευόμενοι ἐβλασφήμουν αὐτὸν
DNMP□NPNMZP&APRNM-P VPPNNM-P   VIIA--ZP   NRAMZS

κινοῦντες τὰς κεφαλὰς αὐτῶν καὶ λέγοντες, Οὐὰ ὁ
VPPANM-P DAFP N-AF-P   NPGMZP CC VPPANM-P QS   DVMS□NPVMYS&APRNMYS

καταλύων τὸν ναὸν καὶ οἰκοδομῶν ἐν τρισὶν ἡμέραις,
VPPAVMYS DAMS N-AM-S CC VPPAVMYS   PD A-CDF-P N-DF-P

15.30 σῶσον σεαυτὸν καταβὰς ἀπὸ τοῦ σταυροῦ. 15.31 ὁμοίως
    VMAA--YS NPAMYS VRAANMYS PG DGMS N-GM-S   AB

καὶ οἱ ἀρχιερεῖς ἐμπαίζοντες πρὸς ἀλλήλους μετὰ τῶν
AB DNMP N-NM-P   VPPANM-P   PA NPAMZP   PG DGMP

γραμματέων ἔλεγον, Ἄλλους ἔσωσεν, ἑαυτὸν οὐ δύναται σῶσαι·
N-GM-P   VIIA--ZP AP-AM-P VIAA--ZS NPAMZS AB VIPN--ZS VNAA

15.32 ὁ Χριστὸς ὁ βασιλεὺς Ἰσραὴλ καταβάτω νῦν ἀπὸ τοῦ
    DNMS N-NM-S DNMS N-NM-S   N-GM-S   VMAA--ZS AB PG DGMS

σταυροῦ, ἵνα ἴδωμεν καὶ πιστεύσωμεν. καὶ οἱ
N-GM-S　CS　VSAA--XP　CC　VSAA--XP　　　CC　DNMP□NPNMZP&APRNM-P

συνεσταυρωμένοι σὺν αὐτῷ ὠνείδιζον αὐτόν.
VPRPNM-P　　　PD　NPDMZS VIIA--ZP　NPAMZS

15.33 Καὶ γενομένης ὥρας ἕκτης σκότος ἐγένετο ἐφ᾽ ὅλην τὴν
CC　VPADGF-S　N-GF-S A-OGF-S N-NN-S VIAD--ZS　PA　A--AF-S DAFS

γῆν ἕως ὥρας ἐνάτης. 15.34 καὶ τῇ ἐνάτῃ ὥρᾳ ἐβόησεν ὁ
N-AF-S PG　N-GF-S A-OGF-S　　　CC　DDFS A-ODF-S N-DF-S VIAA--ZS　DNMS

Ἰησοῦς φωνῇ μεγάλῃ, Ελωι ελωι λεμα σαβαχθανι; ὅ ἐστιν
N-NM-S　N-DF-S A--DF-S　N-VM-S N-VM-S ABT　VIAA--YS　　APRNN-S VIPA--ZS+

μεθερμηνευόμενον Ὁ θεός μου ὁ θεός μου, εἰς
+VPPPNN-S　　　DVMS N-NM-S□N-VM-S NPG-XS DVMS N-NM-S□N-VM-S NPG-XS PA

τί ἐγκατέλιπές με; 15.35 καί τινες τῶν
APTAN-S VIAA--YS　NPA-XS　　CC　APINM-P DGMP□NPGMZP&APRNM-P

παρεστηκότων ἀκούσαντες ἔλεγον, Ἴδε Ἡλίαν φωνεῖ.
VPRAGM-P　　VPAANM-P　VIIA--ZP　QS　N-AM-S　VIPA--ZS

15.36 δραμὼν δέ τις [καὶ] γεμίσας σπόγγον ὄξους περιθεὶς
VPAANM-S CC APINM-S CC　VPAANM-S N-AM-S　N-GN-S VPAANM-S

καλάμῳ ἐπότιζεν αὐτόν, λέγων, Ἄφετε ἴδωμεν εἰ ἔρχεται Ἡλίας
N-DM-S　VIIA--ZS　NPAMZS VPPANM-S VMAA--YP VSAA--XP QT VIPN--ZS　N-NM-S

καθελεῖν αὐτόν. 15.37 ὁ δὲ Ἰησοῦς ἀφεὶς φωνὴν μεγάλην
VNAA　　NPAMZS　　DNMS CH N-NM-S　VPAANM-S N-AF-S A--AF-S

ἐξέπνευσεν. 15.38 Καὶ τὸ καταπέτασμα τοῦ ναοῦ ἐσχίσθη εἰς
VIAA--ZS　　　CC　DNNS N-NN-S　　DGMS N-GM-S VIAP--ZS PA

δύο ἀπ᾽ ἄνωθεν ἕως κάτω. 15.39 Ἰδὼν δὲ ὁ κεντυρίων
APCAN-P PG　AB□AP-GN-S PG AB□AP-GN-S　VPAANM-S CH DNMS N-NM-S

ὁ παρεστηκὼς ἐξ ἐναντίας αὐτοῦ ὅτι οὕτως ἐξέπνευσεν
DNMS□APRNM-S VPRANM-S　PG AP-GF-S　NPGMZS CC AB　VIAA--ZS

εἶπεν, Ἀληθῶς οὗτος ὁ ἄνθρωπος υἱὸς θεοῦ ἦν.
VIAA--ZS　AB　A-DNM-S DNMS N-NM-S　N-NM-S N-GM-S VIIA--ZS

15.40 Ἦσαν δὲ καὶ γυναῖκες ἀπὸ μακρόθεν θεωροῦσαι, ἐν αἷς
VIIA--ZP+ CC AB　N-NF-P　PG　AB□AP-GN-S +VPPANF-P　PD APRDF-P

καὶ Μαρία ἡ Μαγδαληνὴ καὶ Μαρία ἡ Ἰακώβου τοῦ μικροῦ
CC N-NF-S DNFS N-NF-S　CC N-NF-S DNFS N-GM-S　DGMS A--GM-S

καὶ Ἰωσῆτος μήτηρ καὶ Σαλώμη, 15.41 αἳ ὅτε ἦν ἐν τῇ
CC N-GM-S　N-NF-S CC N-NF-S　　APRNF-P CS VIIA--ZS PD DDFS

Γαλιλαίᾳ ἠκολούθουν αὐτῷ καὶ διηκόνουν αὐτῷ, καὶ ἄλλαι πολλαὶ
N-DF-S　VIIA--ZP　NPDMZS CC VIIA--ZP　NPDMZS CC AP-NF-P A--NF-P

αἱ συναναβᾶσαι αὐτῷ εἰς Ἱεροσόλυμα.
DNFP□APRNF-P VPAANF-P　NPDMZS PA N-AN-P

15.42 Καὶ ἤδη ὀψίας γενομένης, ἐπεὶ ἦν παρασκευή, ὅ
CC AB A--GF-S VPADGF-S　CS VIIA--ZS N-NF-S　APRNN-S

ἐστιν προσάββατον, 15.43 ἐλθὼν Ἰωσὴφ [ὁ] ἀπὸ Ἀριμαθαίας
VIPA--ZS N-NN-S　　　VPAANM-S N-NM-S DNMS PG N-GF-S

εὐσχήμων βουλευτής, ὃς καὶ αὐτὸς ἦν προσδεχόμενος τὴν
A--NM-S N-NM-S APRNM-S AB NPNMZS VIIA--ZS+ +VPPNNM-S DAFS

βασιλείαν τοῦ θεοῦ, τολμήσας εἰσῆλθεν πρὸς τὸν Πιλᾶτον καὶ
N-AF-S DGMS N-GM-S VPAANM-S VIAA--ZS PA DAMS N-AM-S CC

ᾐτήσατο τὸ σῶμα τοῦ Ἰησοῦ. 15.44 ὁ δὲ Πιλᾶτος ἐθαύμασεν
VIAM--ZS DANS N-AN-S DGMS N-GM-S DNMS CH N-NM-S VIAA--ZS

εἰ ἤδη τέθνηκεν, καὶ προσκαλεσάμενος τὸν κεντυρίωνα
QT AB VIRA--ZS CC VPADNM-S DAMS N-AM-S

ἐπηρώτησεν αὐτὸν εἰ πάλαι ἀπέθανεν· 15.45 καὶ γνοὺς ἀπὸ τοῦ
VIAA--ZS NPAMZS QT AB VIAA--ZS CC VPAANM-S PG DGMS

κεντυρίωνος ἐδωρήσατο τὸ πτῶμα τῷ Ἰωσήφ. 15.46 καὶ
N-GM-S VIAD--ZS DANS N-AN-S DDMS N-DM-S CC

ἀγοράσας σινδόνα καθελὼν αὐτὸν ἐνείλησεν τῇ σινδόνι καὶ
VPAANM-S N-AF-S VPAANM-S NPAMZS VIAA--ZS DDFS N-DF-S CC

ἔθηκεν αὐτὸν ἐν μνημείῳ ὃ ἦν λελατομημένον ἐκ πέτρας,
VIAA--ZS NPAMZS PD N-DN-S APRNN-S VIIA--ZS+ +VPRPNN-S PG N-GF-S

καὶ προσεκύλισεν λίθον ἐπὶ τὴν θύραν τοῦ μνημείου. 15.47 ἡ
CC VIAA--ZS N-AM-S PA DAFS N-AF-S DGNS N-GN-S DNFS

δὲ Μαρία ἡ Μαγδαληνὴ καὶ Μαρία ἡ Ἰωσῆτος ἐθεώρουν ποῦ
CC N-NF-S DNFS N-NF-S CC N-NF-S DNFS N-GM-S VIIA--ZP ABT

τέθειται.
VIRP--ZS

16.1 Καὶ διαγενομένου τοῦ σαββάτου Μαρία ἡ Μαγδαληνὴ
CC VPADGN-S DGNS N-GN-S N-NF-S DNFS N-NF-S

καὶ Μαρία ἡ [τοῦ] Ἰακώβου καὶ Σαλώμη ἠγόρασαν ἀρώματα
CC N-NF-S DNFS DGMS N-GM-S CC N-NF-S VIAA--ZP N-AN-P

ἵνα ἐλθοῦσαι ἀλείψωσιν αὐτόν. 16.2 καὶ λίαν πρωῒ τῇ μιᾷ τῶν
CS VPAANF-P VSAA--ZP NPAMZS CC AB AB DDFS APCDF-S DGNP

σαββάτων ἔρχονται ἐπὶ τὸ μνημεῖον ἀνατείλαντος τοῦ ἡλίου.
N-GN-P VIPN--ZP PA DANS N-AN-S VPAAGM-S DGMS N-GM-S

16.3 καὶ ἔλεγον πρὸς ἑαυτάς, Τίς ἀποκυλίσει ἡμῖν τὸν λίθον ἐκ
CC VIIA--ZP PA NPAFZP APTNM-S VIFA--ZS NPD-XP DAMS N-AM-S PG

τῆς θύρας τοῦ μνημείου; 16.4 καὶ ἀναβλέψασαι θεωροῦσιν ὅτι
DGFS N-GF-S DGNS N-GN-S CC VPAANF-P VIPA--ZP CC

ἀποκεκύλισται ὁ λίθος, ἦν γὰρ μέγας σφόδρα. 16.5 καὶ
VIRP--ZS DNMS N-NM-S VIIA--ZS CS A--NM-S AB CC

εἰσελθοῦσαι εἰς τὸ μνημεῖον εἶδον νεανίσκον καθήμενον ἐν
VPAANF-P PA DANS N-AN-S VIAA--ZP N-AM-S VPPNAM-S PD

τοῖς δεξιοῖς περιβεβλημένον στολὴν λευκήν, καὶ ἐξεθαμβήθησαν.
DDNP AP-DN-P VPRMAM-S N-AF-S A--AF-S CC VIAP--ZP

16.6 ὁ δὲ λέγει αὐταῖς, Μὴ ἐκθαμβεῖσθε· Ἰησοῦν ζητεῖτε
DNMS☐NPNMZS CH VIPA--ZS NPDFZP AB VMPP--YP N-AM-S VIPA--YP

τὸν Ναζαρηνὸν τὸν ἐσταυρωμένον· ἠγέρθη, οὐκ ἔστιν
DAMS A--AM-S DAMS☐APRNM-S VPRPAM-S VIAP--ZS AB VIPA--ZS

167

ὧδε· ἴδε ὁ   τόπος ὅπου ἔθηκαν αὐτόν. 16.7 ἀλλὰ ὑπάγετε εἴπατε
AB   QS DNMS N-NM-S ABR VIAA--ZP NPAMZS   CC   VMPA--YP VMAA--YP

τοῖς μαθηταῖς αὐτοῦ καὶ τῷ   Πέτρῳ ὅτι Προάγει ὑμᾶς εἰς τὴν
DDMP N-DM-P   NPGMZS CC DDMS N-DM-S CC VIPA--ZS NPA-YP PA DAFS

Γαλιλαίαν· ἐκεῖ αὐτὸν ὄψεσθε, καθὼς εἶπεν ὑμῖν. 16.8 καὶ
N-AF-S   AB   NPAMZS VIFD--YP CS   VIAA--ZS NPD-YP   CC

ἐξελθοῦσαι ἔφυγον ἀπὸ τοῦ μνημείου, εἶχεν γὰρ αὐτὰς τρόμος
VPRAANF-P VIAA--ZP PG DGNS N-GN-S   VIIA--ZS CS NPAFZP N-NM-S

καὶ ἔκστασις· καὶ οὐδενὶ οὐδὲν εἶπαν, ἐφοβοῦντο γάρ.
CC N-NF-S   CC APCDM-S APCAN-S VIAA--ZP VIIN--ZP   CS

THE LONGER ENDING OF MARK

⟦16.9 Ἀναστὰς δὲ πρωῒ πρώτῃ σαββάτου ἐφάνη πρῶτον
      VPAANM-S CC AB   APODF-S N-GN-S   VIAP--ZS APOAN-S□AB

Μαρίᾳ τῇ   Μαγδαληνῇ, παρ᾽ ἧς   ἐκβεβλήκει ἑπτὰ δαιμόνια.
N-DF-S DDFS N-DF-S   PG   APRGF-S VILA--ZS   A-CAN-P N-AN-P

16.10 ἐκείνη πορευθεῖσα ἀπήγγειλεν τοῖς   μετ᾽ αὐτοῦ
      APDNF-S VPAONF-S   VIAA--ZS   DDMP□NPDMZP&APRNM-P PG NPGMZS

γενομένοις πενθοῦσι καὶ κλαίουσιν· 16.11 κἀκεῖνοι ἀκούσαντες
VPADDM-P   VPPADM-P CC VPPADM-P   CC&APDNM-P VPAANM-P

ὅτι ζῇ   καὶ ἐθεάθη ὑπ᾽ αὐτῆς ἠπίστησαν.
CH VIPA--ZS CC VIAP--ZS PG NPGFZS VIAA--ZP

16.12 Μετὰ δὲ ταῦτα δυσὶν ἐξ αὐτῶν περιπατοῦσιν ἐφανερώθη
      PA   CC APDAN-P APCDM-P PG NPGMZP VPPADM-P   VIAP--ZS

ἐν ἑτέρᾳ μορφῇ πορευομένοις εἰς ἀγρόν· 16.13 κἀκεῖνοι
PD A--DF-S N-DF-S VPPNDM-P   PA N-AM-S   CC&APDNM-P

ἀπελθόντες ἀπήγγειλαν τοῖς λοιποῖς· οὐδὲ ἐκείνοις ἐπίστευσαν.
VPAANM-P   VIAA--ZP   DDMP AP-DM-P CC&AB APDDM-P VIAA--ZP

16.14 Ὕστερον [δὲ] ἀνακειμένοις αὐτοῖς τοῖς ἕνδεκα
      ARMAN-S□ABM CC VPPNDM-P   NPDMZP DDMP APCDM-P

ἐφανερώθη, καὶ ὠνείδισεν τὴν ἀπιστίαν αὐτῶν καὶ
VIAP--ZS   CC VIAA--ZS   DAFS N-AF-S   NPGMZP CC

σκληροκαρδίαν ὅτι τοῖς   θεασαμένοις αὐτὸν
N-AF-S   CS DDMP□NPDMZP&APRNM-P VPADDM-P   NPAMZS

ἐγηγερμένον οὐκ ἐπίστευσαν. 16.15 καὶ εἶπεν αὐτοῖς,
VPRPAM-S   AB VIAA--ZP   CC VIAA--ZS NPDMZP

Πορευθέντες εἰς τὸν κόσμον ἅπαντα κηρύξατε τὸ   εὐαγγέλιον
VRAONMYP   PA DAMS N-AM-S A--AM-S VMAA--YP DANS N-AN-S

πάσῃ τῇ   κτίσει. 16.16 ὁ   πιστεύσας καὶ
A--DF-S DDFS N-DF-S   DNMS□NPNMZS&APRNM-S VPAANM-S CC

βαπτισθεὶς σωθήσεται, ὁ   δὲ ἀπιστήσας
VPAPNM-S   VIFP--ZS   DNMS□NPNMZS&APRNM-S CC VPAANM-S

κατακριθήσεται. 16.17 σημεῖα δὲ τοῖς   πιστεύσασιν
VIFP--ZS   N-NN-P CC DDMP□NPDMZP&APRNM-P VPAADM-P

ταῦτα   παρακολουθήσει· ἐν   τῷ   ὀνόματί   μου   δαιμόνια
A-DNN-P VIFA--ZS   PD   DDNS N-DN-S   NPG-XS N-AN-P

ἐκβαλοῦσιν, γλώσσαις λαλήσουσιν καιναῖς, 16.18 [καὶ ἐν ταῖς
VIFA--ZP   N-DF-P   VIFA--ZP   A--DF-P   CC   PD   DDFP

χερσὶν] ὄφεις ἀροῦσιν, κἂν   θανάσιμόν τι   πίωσιν οὐ μὴ
N-DF-P   N-AM-P VIFA--ZP CC&CS AP-AN-S   A-IAN-S VSAA--ZP AB   AB

αὐτοὺς βλάψῃ, ἐπὶ ἀρρώστους χεῖρας ἐπιθήσουσιν καὶ καλῶς
NPAMZP VSAA--ZS PA   AP-AM-P   N-AF-P   VIFA--ZP   CC   AB

ἕξουσιν.
VIFA--ZP

16.19 Ὁ   μὲν οὖν κύριος Ἰησοῦς μετὰ τὸ   λαλῆσαι αὐτοῖς
        DNMS CC   CC   N-NM-S N-NM-S PA   DANS VNAAA   NPDMZP

ἀνελήμφθη εἰς τὸν οὐρανὸν καὶ ἐκάθισεν ἐκ δεξιῶν τοῦ θεοῦ.
VIAP--ZS   PA   DAMS N-AM-S   CC   VIAA--ZS   PG   AP-GN-P DGMS N-GM-S

16.20 ἐκεῖνοι δὲ ἐξελθόντες ἐκήρυξαν πανταχοῦ, τοῦ   κυρίου
       APDNM-P   CC VPAANM-P   VIAA--ZP   AB   DGMS N-GM-S

συνεργοῦντος καὶ τὸν λόγον βεβαιοῦντος διὰ τῶν
VPPAGM-S   CC   DAMS N-AM-S VPPAGM-S   PG   DGNP□APRNN-P+

ἐπακολουθούντων σημείων.]]
VPPAGN-P   N-GN-P

THE SHORTER ENDING OF MARK

[[Πάντα δὲ τὰ   παρηγγελμένα τοῖς περὶ τὸν Πέτρον
AP-AN-P   CC DANP□APRNN-P VPRPAN-P   DDMP PA   DAMS N-AM-S

συντόμως ἐξήγγειλαν. Μετὰ δὲ ταῦτα καὶ αὐτὸς ὁ   Ἰησοῦς ἀπὸ
AB   VIAA--ZP   PA   CC APDAN-P AB   NPNMZS DNMS   N-NM-S PG

ἀνατολῆς καὶ ἄχρι δύσεως ἐξαπέστειλεν δι᾽ αὐτῶν τὸ   ἱερὸν καὶ
N-GF-S   CC   PG   N-GF-S VIAA--ZS   PG   NPGMZP DANS A--AN-S CC

ἄφθαρτον κήρυγμα τῆς αἰωνίου σωτηρίας. ἀμήν.]]
A--AN-S   N-AN-S   DGFS A--GF-S   N-GF-S   QS

ΚΑΤΑ ΛΟΥΚΑΝ

1.1 Ἐπειδήπερ πολλοὶ ἐπεχείρησαν ἀνατάξασθαι διήγησιν
CS　　　　　AP-NM-P　VIAA--ZP　　VNAD　　　　　N-AF-S

περὶ τῶν πεπληροφορημένων ἐν ἡμῖν πραγμάτων,
PG　DGNP□APRNN-P+　VPRPGN-P　　PD　NPD-XP　N-GN-P

1.2 καθὼς παρέδοσαν ἡμῖν οἱ 　　　　　ἀπ' ἀρχῆς αὐτόπται
CS　　VIAA--ZP　　NPD-XP　DNMP□NPNMZP&APRNM-P　PG　N-GF-S　N-NM-P

καὶ ὑπηρέται γενόμενοι τοῦ λόγου, 1.3 ἔδοξε κἀμοὶ
CC　N-NM-P　　VPADNM-P　　DGMS　N-GM-S　　　VIAA--ZS　AB&NPD-XS

παρηκολουθηκότι ἄνωθεν πᾶσιν ἀκριβῶς καθεξῆς σοι γράψαι,
VPRADMXS　　　　AB　　　AP-DN-P　AB　　　AB　　　　NPD-YS　VNAA

κράτιστε Θεόφιλε, 1.4 ἵνα ἐπιγνῷς περὶ ὧν 　　　κατηχήθης
A-SVM-S　N-VM-S　　　CS　VSAA--YS　PG　APRGM-P+□APRAM-P　VIAP--YS

λόγων τὴν ἀσφάλειαν.
N-GM-P　DAFS　N-AF-S

1.5 Ἐγένετο ἐν ταῖς ἡμέραις Ἡρῴδου βασιλέως τῆς Ἰουδαίας
VIAD--ZS　PD　DDFP　N-DF-P　　N-GM-S　　N-GM-S　　DGFS　N-GF-S

ἱερεύς τις ὀνόματι Ζαχαρίας ἐξ ἐφημερίας Ἀβιά, καὶ γυνὴ αὐτῷ
N-NM-S　A-INM-S　N-DN-S　N-NM-S　PG　N-GF-S　　N-GM-S　CC　N-NF-S　NPDMZS

ἐκ τῶν θυγατέρων Ἀαρών, καὶ τὸ ὄνομα αὐτῆς Ἐλισάβετ.
PG　DGFP　N-GF-P　　　N-GM-S　CC　DNNS　N-NN-S　NPGFZS　N-NF-S

1.6 ἦσαν δὲ δίκαιοι ἀμφότεροι ἐναντίον τοῦ θεοῦ, πορευόμενοι ἐν
VIIA--ZP　CC　A--NM-P　AP-NM-P　　PG　　　DGMS　N-GM-S　VPPNNM-P　　　PD

πάσαις ταῖς ἐντολαῖς καὶ δικαιώμασιν τοῦ κυρίου ἄμεμπτοι.
A--DF-P　DDFP　N-DF-P　　CC　N-DN-P　　　　DGMS　N-GM-S　A--NM-P

1.7 καὶ οὐκ ἦν αὐτοῖς τέκνον, καθότι ἦν ἡ Ἐλισάβετ
CC　AB　VIIA--ZS　NPDMZP　N-NN-S　CS　　VIIA--ZS　DNFS　N-NF-S

στεῖρα, καὶ ἀμφότεροι προβεβηκότες ἐν ταῖς ἡμέραις αὐτῶν
A--NF-S　CC　AP-NM-P　　VPRANM-P+　　PD　DDFP　N-DF-P　　NPGMZP

ἦσαν. 1.8 Ἐγένετο δὲ ἐν τῷ ἱερατεύειν αὐτὸν ἐν τῇ τάξει τῆς
+VIIA--ZP　VIAD--ZS　CC　PD　DDNS　VNPAD　　NPAMZS　PD　DDFS　N-DF-S　DGFS

ἐφημερίας αὐτοῦ ἔναντι τοῦ θεοῦ, 1.9 κατὰ τὸ ἔθος τῆς ἱερατείας
N-GF-S　　NPGMZS　PG　　DGMS　N-GM-S　　PA　　DANS　N-AN-S　DGFS　N-GF-S

ἔλαχε τοῦ θυμιᾶσαι εἰσελθὼν εἰς τὸν ναὸν τοῦ κυρίου, 1.10 καὶ
VIAA--ZS　DGNS　VNAAG　　VPAANM-S　PA　DAMS　N-AM-S　DGMS　N-GM-S　　　CC

πᾶν τὸ πλῆθος ἦν 　　τοῦ λαοῦ προσευχόμενον ἔξω τῇ ὥρᾳ
A--NN-S　DNNS　N-NN-S　VIIA--ZS+　DGMS　N-GM-S　+VPPNNN-S　　AB　DDFS　N-DF-S

τοῦ θυμιάματος· 1.11 ὤφθη δὲ αὐτῷ ἄγγελος κυρίου ἑστὼς ἐκ
DGNS　N-GN-S　　　　VIAP--ZS　CC　NPDMZS　N-NM-S　　N-GM-S　VPRANM-S　PG

δεξιῶν τοῦ θυσιαστηρίου τοῦ θυμιάματος. 1.12 καὶ ἐταράχθη
AP-GN-P DGNS N-GN-S DGNS N-GN-S CC VIAP--ZS

Ζαχαρίας ἰδών, καὶ φόβος ἐπέπεσεν ἐπ᾽ αὐτόν. 1.13 εἶπεν δὲ
N-NM-S VPAANM-S CC N-NM-S VIAA--ZS PA NPAMZS VIAA--ZS CH

πρὸς αὐτὸν ὁ ἄγγελος, Μὴ φοβοῦ, Ζαχαρία, διότι εἰσηκούσθη
PA NPAMZS DNMS N-NM-S AB VMPN--YS N-VM-S CS VIAP--ZS

ἡ δέησίς σου, καὶ ἡ γυνή σου Ἐλισάβετ γεννήσει υἱόν
DNFS N-NF-S NPG-YS CC DNFS N-NF-S NPG-YS N-NF-S VIFA--ZS N-AM-S

σοι, καὶ καλέσεις τὸ ὄνομα αὐτοῦ Ἰωάννην. 1.14 καὶ ἔσται
NPD-YS CC VIFA--YS□VMAA--YS DANS N-AN-S NPGMZS N-AM-S CC VIFD--ZS

χαρά σοι καὶ ἀγαλλίασις, καὶ πολλοὶ ἐπὶ τῇ γενέσει αὐτοῦ
N-NF-S NPD-YS CC N-NF-S CC AP-NM-P PD DDFS N-DF-S NPGMZS

χαρήσονται· 1.15 ἔσται γὰρ μέγας ἐνώπιον [τοῦ] κυρίου, καὶ οἶνον
VIFO--ZP VIFD--ZS CS A--NM-S PG DGMS N-GM-S CC N-AM-S

καὶ σίκερα οὐ μὴ πίῃ, καὶ πνεύματος ἁγίου πλησθήσεται
CC N-AN-S AB AB VSAA--ZS□VMAA--ZS CC N-GN-S A--GN-S VIFP--ZS

ἔτι ἐκ κοιλίας μητρὸς αὐτοῦ, 1.16 καὶ πολλοὺς τῶν υἱῶν Ἰσραὴλ
AB PG N-GF-S N-GF-S NPGMZS CC AP-AM-P DGMP N-GM-P N-GM-S

ἐπιστρέψει ἐπὶ κύριον τὸν θεὸν αὐτῶν. 1.17 καὶ αὐτὸς
VIFA--ZS PA N-AM-S DAMS N-AM-S NPGMZP CC NPNMZS

προελεύσεται ἐνώπιον αὐτοῦ ἐν πνεύματι καὶ δυνάμει Ἠλίου,
VIFD--ZS PG NPGMZS PD N-DN-S CC N-DF-S N-GM-S

ἐπιστρέψαι καρδίας πατέρων ἐπὶ τέκνα καὶ ἀπειθεῖς ἐν φρονήσει
VNAA N-AF-P N-GM-P PA N-AN-P CC AP-AM-P PD N-DF-S

δικαίων, ἑτοιμάσαι κυρίῳ λαὸν κατεσκευασμένον. 1.18 Καὶ εἶπεν
AP-GM-P VNAA N-DM-S N-AM-S VPRPAM-S CC VIAA--ZS

Ζαχαρίας πρὸς τὸν ἄγγελον, Κατὰ τί γνώσομαι τοῦτο; ἐγὼ
N-NM-S PA DAMS N-AM-S PA APTAN-S VIFD--XS APDAN-S NPN-XS

γάρ εἰμι πρεσβύτης καὶ ἡ γυνή μου προβεβηκυῖα ἐν ταῖς
CS VIPA--XS N-NM-S CC DNFS N-NF-S NPG-XS VPRANF-S PD DDFP

ἡμέραις αὐτῆς. 1.19 καὶ ἀποκριθεὶς ὁ ἄγγελος εἶπεν αὐτῷ,
N-DF-P NPGFZS CC VPAONM-S DNMS N-NM-S VIAA--ZS NPDMZS

Ἐγώ εἰμι Γαβριὴλ ὁ παρεστηκὼς ἐνώπιον τοῦ θεοῦ,
NPN-XS VIPA--XS N-NM-S DNMS□APRNMXS VPRANMXS PG DGMS N-GM-S

καὶ ἀπεστάλην λαλῆσαι πρὸς σὲ καὶ εὐαγγελίσασθαί σοι
CC VIAP--XS VNAA PA NPA-YS CC VNAM NPD-YS

ταῦτα· 1.20 καὶ ἰδοὺ ἔσῃ σιωπῶν καὶ μὴ δυνάμενος λαλῆσαι
APDAN-P CC QS VIFD--YS+ +VPPANMYS CC AB +VPPNNMYS VNAA

ἄχρι ἧς ἡμέρας γένηται ταῦτα, ἀνθ᾽ ὧν οὐκ
PG APRGF-S+ □APRDF-S N-GF-S VSAD--ZS APDNN-P PG APRGN-P□NPGNZP AB

ἐπίστευσας τοῖς λόγοις μου, οἵτινες πληρωθήσονται εἰς τὸν
VIAA--YS DDMP N-DM-P NPG-XS APRNM-P VIFP--ZP PA DAMS

καιρὸν αὐτῶν.
N-AM-S NPGMZP

1.21 Καὶ ἦν ὁ λαὸς προσδοκῶν τὸν Ζαχαρίαν, καὶ
CC VIIA--ZS+ DNMS N-NM-S +VPPANM-S DAMS N-AM-S CC

ἐθαύμαζον ἐν τῷ χρονίζειν ἐν τῷ ναῷ αὐτόν. 1.22 ἐξελθὼν δὲ
VIIA--ZP PD DDNS VNPAD PD DDMS N-DM-S NPAMZS VPAANM-S CC

οὐκ ἐδύνατο λαλῆσαι αὐτοῖς, καὶ ἐπέγνωσαν ὅτι ὀπτασίαν
AB VIIN--ZS VNAA NPDMZP CC VIAA--ZP CC N-AF-S

ἑώρακεν ἐν τῷ ναῷ· καὶ αὐτὸς ἦν διανεύων αὐτοῖς, καὶ
VIRA--ZS PD DDMS N-DM-S CC NPNMZS VIIA--ZS+ +VPPANM-S NPDMZP CC

διέμενεν κωφός. 1.23 καὶ ἐγένετο ὡς ἐπλήσθησαν αἱ ἡμέραι τῆς
VIIA--ZS A--NM-S CC VIAD--ZS CS VIAP--ZP DNFP N-NF-P DGFS

λειτουργίας αὐτοῦ ἀπῆλθεν εἰς τὸν οἶκον αὐτοῦ. 1.24 Μετὰ δὲ
N-GF-S NPGMZS VIAA--ZS PA DAMS N-AM-S NPGMZS PA CC/CS

ταύτας τὰς ἡμέρας συνέλαβεν Ἐλισάβετ ἡ γυνὴ αὐτοῦ· καὶ
A-DAF-P DAFP N-AF-P VIAA--ZS N-NF-S DNFS N-NF-S NPGMZS CC

περιέκρυβεν ἑαυτὴν μῆνας πέντε, λέγουσα 1.25 ὅτι Οὕτως μοι
VIIA--ZS NPAFZS N-AM-P A-CAM-P VPPANF-S CH AB NPD-XS

πεποίηκεν κύριος ἐν ἡμέραις αἷς ἐπεῖδεν ἀφελεῖν ὄνειδός μου
VIRA--ZS N-NM-S PD N-DF-P APRDF-P VIAA--ZS VNAA N-AN-S NPG-XS

ἐν ἀνθρώποις.
PD N-DM-P

1.26 Ἐν δὲ τῷ μηνὶ τῷ ἕκτῳ ἀπεστάλη ὁ ἄγγελος
PD CC DDMS N-DM-S DDMS A-ODM-S VIAP--ZS DNMS N-NM-S

Γαβριὴλ ἀπὸ τοῦ θεοῦ εἰς πόλιν τῆς Γαλιλαίας ᾗ ὄνομα
N-NM-S PG DGMS N-GM-S PA N-AF-S DGFS N-GF-S APRDF-S N-NN-S

Ναζαρὲθ 1.27 πρὸς παρθένον ἐμνηστευμένην ἀνδρὶ ᾧ ὄνομα
N-NF-S PA N-AF-S VPRPAF-S N-DM-S APRDM-S N-NN-S

Ἰωσὴφ ἐξ οἴκου Δαυίδ, καὶ τὸ ὄνομα τῆς παρθένου Μαριάμ.
N-NM-S PG N-GM-S N-GM-S CC DNNS N-NN-S DGFS N-GF-S N-NF-S

1.28 καὶ εἰσελθὼν πρὸς αὐτὴν εἶπεν, Χαῖρε, κεχαριτωμένη, ὁ
CC VPAANM-S PA NPAFZS VIAA--ZS VMPA--YS□QS VPRPVFYS DNMS

κύριος μετὰ σοῦ. 1.29 ἡ δὲ ἐπὶ τῷ λόγῳ διεταράχθη καὶ
N-NM-S PG NPG-YS DNFS□NPNFZS CH PD DDMS N-DM-S VIAP--ZS CC

διελογίζετο ποταπὸς εἴη ὁ ἀσπασμὸς οὗτος. 1.30 καὶ εἶπεν
VIIN--ZS A-TNM-S VOPA--ZS DNMS N-NM-S A-DNM-S CC VIAA--ZS

ὁ ἄγγελος αὐτῇ, Μὴ φοβοῦ, Μαριάμ, εὗρες γὰρ χάριν παρὰ
DNMS N-NM-S NPDFZS AB VMPN--YS N-VF-S VIAA--YS CS N-AF-S PD

τῷ θεῷ· 1.31 καὶ ἰδοὺ συλλήμψῃ ἐν γαστρὶ καὶ τέξῃ υἱόν, καὶ
DDMS N-DM-S CC QS VIFD--YS PD N-DF-S CC VIFD--YS N-AM-S CC

καλέσεις τὸ ὄνομα αὐτοῦ Ἰησοῦν. 1.32 οὗτος ἔσται μέγας
VIFA--YS□VMAA--YS DANS N-AN-S NPGMZS N-AM-S APDNM-S VIFD--ZS A--NM-S

καὶ υἱὸς ὑψίστου κληθήσεται, καὶ δώσει αὐτῷ κύριος ὁ θεὸς
CC N-NM-S APSGM-S VIFP--ZS CC VIFA--ZS NPDMZS N-NM-S DNMS N-NM-S

τὸν θρόνον Δαυὶδ τοῦ πατρὸς αὐτοῦ, 1.33 καὶ βασιλεύσει ἐπὶ τὸν
DAMS N-AM-S N-GM-S DGMS N-GM-S NPGMZS CC VIFA--ZS PA DAMS

οἶκον Ἰακὼβ εἰς τοὺς αἰῶνας, καὶ τῆς βασιλείας αὐτοῦ οὐκ ἔσται
N-AM-S N-GM-S PA DAMP N-AM-P CC DGFS N-GF-S NPGMZS AB VIFD--ZS

τέλος. 1.34 εἶπεν δὲ Μαριὰμ πρὸς τὸν ἄγγελον, Πῶς ἔσται τοῦτο,
N-NN-S VIAA--ZS CH N-NF-S PA DAMS N-AM-S ABT VIFD--ZS APDNN-S

ἐπεὶ ἄνδρα οὐ γινώσκω; 1.35 καὶ ἀποκριθεὶς ὁ ἄγγελος εἶπεν
CS N-AM-S AB VIPA--XS CC VPAONM-S DNMS N-NM-S VIAA--ZS

αὐτῇ, Πνεῦμα ἅγιον ἐπελεύσεται ἐπὶ σέ, καὶ δύναμις ὑψίστου
NPDFZS N-NN-S A--NN-S VIFD--ZS PA NPA-YS CC N-NF-S APSGM-S

ἐπισκιάσει σοι· διὸ καὶ τὸ γεννώμενον ἅγιον
VIFA--ZS NPD-YS CH AB DNNS□NPNNZS&APRNN-S VPPPNN-S A--NN-S

κληθήσεται, υἱὸς θεοῦ. 1.36 καὶ ἰδοὺ Ἐλισάβετ ἡ συγγενίς σου
VIFP--ZS N-NM-S N-GM-S CC QS N-NF-S • DNFS N-NF-S NPG-YS

καὶ αὐτὴ συνείληφεν υἱὸν ἐν γήρει αὐτῆς, καὶ οὗτος μὴν ἕκτος
AB NPNFZS VIRA--ZS N-AM-S PD N-DN-S NPGFZS CC APDNM-S N-NM-S A-ONM-S

ἐστὶν αὐτῇ τῇ καλουμένῃ στείρᾳ· 1.37 ὅτι οὐκ ἀδυνατήσει
VIPA--ZS NPDFZS DDFS□APRNF-S VPPPDF-S AP-DF-S CS AB VIFA--ZS

παρὰ τοῦ θεοῦ πᾶν ῥῆμα. 1.38 εἶπεν δὲ Μαριάμ, Ἰδοὺ ἡ δούλη
PG DGMS N-GM-S A--NN-S N-NN-S VIAA--ZS CH N-NF-S QS DNFS N-NF-S

κυρίου· γένοιτό μοι κατὰ τὸ ῥῆμά σου. καὶ ἀπῆλθεν ἀπ᾽ αὐτῆς
N-GM-S VOAD--ZS NPD-XS PA DANS N-AN-S NPG-YS CC VIAA--ZS PG NPGFZS

ὁ ἄγγελος.
DNMS N-NM-S

1.39 Ἀναστᾶσα δὲ Μαριὰμ ἐν ταῖς ἡμέραις ταύταις ἐπορεύθη
VPAANF-S CC N-NF-S PD DDFP N-DF-P A-DDF-P VIAO--ZS

εἰς τὴν ὀρεινὴν μετὰ σπουδῆς εἰς πόλιν Ἰούδα, 1.40 καὶ εἰσῆλθεν
PA DAFS AP-AF-S PG N-GF-S PA N-AF-S N-GM-S CC VIAA--ZS

εἰς τὸν οἶκον Ζαχαρίου καὶ ἠσπάσατο τὴν Ἐλισάβετ. 1.41 καὶ
PA DAMS N-AM-S N-GM-S CC VIAD--ZS DAFS N-AF-S CC

ἐγένετο ὡς ἤκουσεν τὸν ἀσπασμὸν τῆς Μαρίας ἡ Ἐλισάβετ,
VIAD--ZS CS VIAA--ZS DAMS N-AM-S DGFS N-GF-S DNFS N-NF-S

ἐσκίρτησεν τὸ βρέφος ἐν τῇ κοιλίᾳ αὐτῆς, καὶ ἐπλήσθη
VIAA--ZS DNNS N-NN-S PD DDFS N-DF-S NPGFZS CC VIAP--ZS

πνεύματος ἁγίου ἡ Ἐλισάβετ, 1.42 καὶ ἀνεφώνησεν κραυγῇ
N-GN-S A--GN-S DNFS N-NF-S CC VIAA--ZS N-DF-S

μεγάλῃ καὶ εἶπεν, Εὐλογημένη σὺ ἐν γυναιξίν, καὶ εὐλογημένος
A--DF-S CC VIAA--ZS VPRPNFYS NPN-YS PD N-DF-P CC VPRPNM-S

ὁ καρπὸς τῆς κοιλίας σου. 1.43 καὶ πόθεν μοι τοῦτο ἵνα ἔλθῃ
DNMS N-NM-S DGFS N-GF-S NPG-YS CC ABT NPD-XS APDNN-S ABR VSAA--ZS

ἡ μήτηρ τοῦ κυρίου μου πρὸς ἐμέ; 1.44 ἰδοὺ γὰρ ὡς ἐγένετο
DNFS N-NF-S DGMS N-GM-S NPG-XS PA NPA-XS QS CS CS VIAD--ZS

ἡ φωνὴ τοῦ ἀσπασμοῦ σου εἰς τὰ ὦτά μου, ἐσκίρτησεν ἐν
DNFS N-NF-S DGMS N-GM-S NPG-YS PA DANP N-AN-P NPG-XS VIAA--ZS PD

ἀγαλλιάσει τὸ βρέφος ἐν τῇ κοιλίᾳ μου. 1.45 καὶ μακαρία
N-DF-S DNNS N-NN-S PD DDFS N-DF-S NPG-XS CC A--NF-S

ἡ   πιστεύσασα ὅτι ἔσται τελείωσις τοῖς
DNFS□NPNFZS&APRNF-S VPAANF-S   CS   VIFD--ZS N-NF-S   DDNP□NPDNZP&APRNN-P

λελαλημένοις αὐτῇ παρὰ κυρίου.
VPRPDN-P   NPDFZS PG   N-GM-S

    1.46 Καὶ εἶπεν Μαριάμ,
         CC   VIAA--ZS N-NF-S

    1.47 Μεγαλύνει ἡ ψυχή μου τὸν κύριον,
         VIPA--ZS   DNFS N-NF-S NPG-XS DAMS N-AM-S

         καὶ ἠγαλλίασεν τὸ πνεῦμά μου ἐπὶ τῷ θεῷ τῷ
         CC   VIAA--ZS   DNNS N-NN-S NPG-XS PD DDMS N-DM-S DDMS

         σωτῆρί μου,
         N-DM-S NPG-XS

    1.48 ὅτι ἐπέβλεψεν ἐπὶ τὴν ταπείνωσιν τῆς δούλης αὐτοῦ.
         CS VIAA--ZS   PA DAFS N-AF-S   DGFS N-GF-S NPGMZS

         ἰδοὺ γὰρ ἀπὸ τοῦ νῦν   μακαριοῦσίν με   πᾶσαι
         QS   CS PG DGMS AB□AP-GM-S VIFA--ZP   NPA-XS A--NF-P

         αἱ γενεαί·
         DNFP N-NF-P

    1.49 ὅτι ἐποίησέν μοι μεγάλα ὁ δυνατός,
         CS VIAA--ZS   NPD-XS AP-AN-P DNMS AP-NM-S

         καὶ ἅγιον τὸ ὄνομα αὐτοῦ,
         CC A--NN-S DNNS N-NN-S NPGMZS

    1.50 καὶ τὸ ἔλεος αὐτοῦ εἰς γενεὰς καὶ γενεὰς
         CC DNNS N-NN-S NPGMZS PA N-AF-P   CC   N-AF-P

         τοῖς   φοβουμένοις αὐτόν.
         DDMP□NPDMZP&APRNM-P VPPNDM-P   NPAMZS

    1.51 Ἐποίησεν κράτος ἐν βραχίονι αὐτοῦ,
         VIAA--ZS   N-AN-S PD N-DM-S NPGMZS

         διεσκόρπισεν ὑπερηφάνους διανοίᾳ καρδίας αὐτῶν·
         VIAA--ZS   AP-AM-P   N-DF-S   N-GF-S NPGMZP

    1.52 καθεῖλεν δυνάστας ἀπὸ θρόνων
         VIAA--ZS N-AM-P   PG N-GM-P

         καὶ ὕψωσεν ταπεινούς,
         CC VIAA--ZS AP-AM-P

    1.53 πεινῶντας ἐνέπλησεν ἀγαθῶν
         VPPAAM-P VIAA--ZS   AP-GN-P

         καὶ πλουτοῦντας ἐξαπέστειλεν κενούς.
         CC VPPAAM-P   VIAA--ZS   A--AM-P

    1.54 ἀντελάβετο Ἰσραὴλ παιδὸς αὐτοῦ,
         VIAD--ZS   N-GM-S N-GM-S NPGMZS

         μνησθῆναι ἐλέους,
         VNAO   N-GN-S

    1.55 καθὼς ἐλάλησεν πρὸς τοὺς πατέρας ἡμῶν,
         CS   VIAA--ZS   PA DAMP N-AM-P NPG-XP

τῷ Ἀβραὰμ καὶ τῷ σπέρματι αὐτοῦ εἰς τὸν αἰῶνα.
DDMS N-DM-S CC DDNS N-DN-S NPGMZS PA DAMS N-AM-S

1.56 Ἔμεινεν δὲ Μαριὰμ σὺν αὐτῇ ὡς μῆνας τρεῖς, καὶ
VIAA--ZS CC N-NF-S PD NPDFZS AB N-AM-P A-CAM-P CC

ὑπέστρεψεν εἰς τὸν οἶκον αὐτῆς.
VIAA--ZS PA DAMS N-AM-S NPGFZS

1.57 Τῇ δὲ Ἐλισάβετ ἐπλήσθη ὁ χρόνος τοῦ τεκεῖν αὐτήν,
DDFS CC N-DF-S VIAP--ZS DNMS N-NM-S DGNS VNAAG NPAFZS

καὶ ἐγέννησεν υἱόν. 1.58 καὶ ἤκουσαν οἱ περίοικοι καὶ οἱ
CC VIAA--ZS N-AM-S CC VIAA--ZP DNMP AP-NM-P CC DNMP

συγγενεῖς αὐτῆς ὅτι ἐμεγάλυνεν κύριος τὸ ἔλεος αὐτοῦ μετ'
AP-NM-P NPGFZS CC VIAA--ZS N-NM-S DANS N-AN-S NPGMZS PG

αὐτῆς, καὶ συνέχαιρον αὐτῇ. 1.59 Καὶ ἐγένετο ἐν τῇ ἡμέρᾳ τῇ
NPGFZS CC VIIA--ZP NPDFZS CC VIAD--ZS PD DDFS N-DF-S DDFS

ὀγδόῃ ἦλθον περιτεμεῖν τὸ παιδίον, καὶ ἐκάλουν αὐτὸ ἐπὶ τῷ
A-ODF-S VIAA--ZP VNAA DANS N-AN-S CC VIIA--ZP NPANZS PD DDNS

ὀνόματι τοῦ πατρὸς αὐτοῦ Ζαχαρίαν. 1.60 καὶ ἀποκριθεῖσα ἡ
N-DN-S DGMS N-GM-S NPGMZS N-AM-S CC VPAONF-S DNFS

μήτηρ αὐτοῦ εἶπεν, Οὐχί, ἀλλὰ κληθήσεται Ἰωάννης. 1.61 καὶ
N-NF-S NPGMZS VIAA--ZS QS CH VIFP--ZS□VMAP--ZS N-NM-S CC

εἶπαν πρὸς αὐτὴν ὅτι Οὐδείς ἐστιν ἐκ τῆς συγγενείας σου ὃς
VIAA--ZP PA NPAFZS CH APCNM-S VIPA--ZS PG DGFS N-GF-S NPG-YS APRNM-S

καλεῖται τῷ ὀνόματι τούτῳ. 1.62 ἐνένευον δὲ τῷ πατρὶ αὐτοῦ
VIPP--ZS DDNS N-DN-S A-DDN-S VIIA--ZP CC DDMS N-DM-S NPGMZS

τὸ τί ἂν θέλοι καλεῖσθαι αὐτό. 1.63 καὶ αἰτήσας πινακίδιον
DANS APTAN-S QV VOPA--ZS VNPP NPANZS CC VPRAANM-S N-AN-S

ἔγραψεν λέγων, Ἰωάννης ἐστὶν ὄνομα αὐτοῦ. καὶ ἐθαύμασαν
VIAA--ZS VPPANM-S N-NM-S VIPA--ZS N-NN-S NPGMZS CC VIAA--ZP

πάντες. 1.64 ἀνεῴχθη δὲ τὸ στόμα αὐτοῦ παραχρῆμα καὶ ἡ
AP-NM-P VIAP--ZS CC DNNS N-NN-S NPGMZS AB CC DNFS

γλῶσσα αὐτοῦ, καὶ ἐλάλει εὐλογῶν τὸν θεόν. 1.65 καὶ ἐγένετο ἐπὶ
N-NF-S NPGMZS CC VIIA--ZS VPPANM-S DAMS N-AM-S CC VIAD--ZS PA

πάντας φόβος τοὺς περιοικοῦντας αὐτούς, καὶ ἐν ὅλῃ τῇ
AP-AM-P N-NM-S DAMP□APRNM-P VPPAAM-P NPAMZP CC PD A--DF-S DDFS

ὀρεινῇ τῆς Ἰουδαίας διελαλεῖτο πάντα τὰ ῥήματα ταῦτα,
AP-DF-S DGFS N-GF-S VIIP--ZS A--NN-P DNNP N-NN-P A-DNN-P

1.66 καὶ ἔθεντο πάντες οἱ ἀκούσαντες ἐν τῇ καρδίᾳ
CC VIAM--ZP AP-NM-P DNMP□APRNM-P VPAANM-P PD DDFS N-DF-S

αὐτῶν, λέγοντες, Τί ἄρα τὸ παιδίον τοῦτο ἔσται; καὶ γὰρ χεὶρ
NPGMZP VPPANM-P APTNN-S CH DNNS N-NN-S A-DNN-S VIFD--ZS AB CS N-NF-S

κυρίου ἦν μετ' αὐτοῦ.
N-GM-S VIIA--ZS PG NPGMZS

1.67 Καὶ Ζαχαρίας ὁ πατὴρ αὐτοῦ ἐπλήσθη πνεύματος
CC N-NM-S DNMS N-NM-S NPGMZS VIAP--ZS N-GN-S

ἁγίου καὶ ἐπροφήτευσεν λέγων,
A--GN-S CC VIAA--ZS VPPANM-S

1.68 Εὐλογητὸς κύριος ὁ θεὸς τοῦ Ἰσραήλ,
A--NM-S N-NM-S DNMS N-NM-S DGMS N-GM-S

ὅτι ἐπεσκέψατο καὶ ἐποίησεν λύτρωσιν τῷ λαῷ
CS VIAD--ZS CC VIAA--ZS N-AF-S DDMS N-DM-S

αὐτοῦ,
NPGMZS

1.69 καὶ ἤγειρεν κέρας σωτηρίας ἡμῖν
CC VIAA--ZS N-AN-S N-GF-S NPD-XP

ἐν οἴκῳ Δαυὶδ παιδὸς αὐτοῦ,
PD N-DM-S N-GM-S N-GM-S NPGMZS

1.70 καθὼς ἐλάλησεν διὰ στόματος τῶν ἁγίων ἀπ᾽ αἰῶνος
CS VIAA--ZS PG N-GN-S DGMP A--GM-P PG N-GM-S

προφητῶν αὐτοῦ,
N-GM-P NPGMZS

1.71 σωτηρίαν ἐξ ἐχθρῶν ἡμῶν καὶ ἐκ χειρὸς πάντων
N-AF-S PG AP-GM-P NPG-XP CC PG N-GF-S AP-GM-P

τῶν μισούντων ἡμᾶς·
DGMP□APRNM-P VPPAGM-P NPA-XP

1.72 ποιῆσαι ἔλεος μετὰ τῶν πατέρων ἡμῶν
VNAA N-AN-S PG DGMP N-GM-P NPG-XP

καὶ μνησθῆναι διαθήκης ἁγίας αὐτοῦ,
CC VNAO N-GF-S A--GF-S NPGMZS

1.73 ὅρκον ὃν ὤμοσεν πρὸς Ἀβραὰμ τὸν πατέρα ἡμῶν,
N-AM-S APRAM-S VIAA--ZS PA N-AM-S DAMS N-AM-S NPG-XP

τοῦ δοῦναι ἡμῖν 1.74 ἀφόβως ἐκ χειρὸς ἐχθρῶν
DGNS VNAAG NPD-XP AB PG N-GF-S AP-GM-P

ῥυσθέντας
VPAPAMXP

λατρεύειν αὐτῷ 1.75 ἐν ὁσιότητι καὶ δικαιοσύνῃ
VNPA NPDMZS PD N-DF-S CC N-DF-S

ἐνώπιον αὐτοῦ πάσαις ταῖς ἡμέραις ἡμῶν.
PG NPGMZS A--DF-P DDFP N-DF-P NPG-XP

1.76 Καὶ σὺ δέ, παιδίον, προφήτης ὑψίστου κληθήσῃ,
AB NPN-YS CC N-VN-S N-NM-S APSGM-S VIFP--YS

προπορεύσῃ γὰρ ἐνώπιον κυρίου ἑτοιμάσαι ὁδοὺς
VIFD--YS CS PG N-GM-S VNAA N-AF-P

αὐτοῦ,
NPGMZS

1.77 τοῦ δοῦναι γνῶσιν σωτηρίας τῷ λαῷ αὐτοῦ
DGNS VNAAG N-AF-S N-GF-S DDMS N-DM-S NPGMZS

ἐν ἀφέσει ἁμαρτιῶν αὐτῶν,
PD N-DF-S N-GF-P NPGMZP

1.78 διὰ σπλάγχνα ἐλέους θεοῦ ἡμῶν,
PA   N-AN-P   N-GN-S   N-GM-S NPG-XP

ἐν οἷς   ἐπισκέψεται ἡμᾶς ἀνατολὴ ἐξ ὕψους,
PD APRDN-P VIFD--ZS NPA-XP N-NF-S PG N-GN-S

1.79 ἐπιφᾶναι τοῖς   ἐν σκότει καὶ σκιᾷ θανάτου
VNAA   DDMP□NPDMZP&APRNM-P PD N-DN-S CC N-DF-S N-GM-S

καθημένοις,
VPPNDM-P

τοῦ κατευθῦναι τοὺς πόδας ἡμῶν εἰς ὁδὸν εἰρήνης.
DGNS VNAAG   DAMP N-AM-P NPG-XP PA N-AF-S N-GF-S

1.80 Τὸ δὲ παιδίον ηὔξανεν καὶ ἐκραταιοῦτο πνεύματι, καὶ
DNNS CC N-NN-S VIIA--ZS CC VIIP--ZS N-DN-S CC

ἦν   ἐν ταῖς ἐρήμοις ἕως ἡμέρας ἀναδείξεως αὐτοῦ πρὸς τὸν
VIIA--ZS PD DDFP AP-DF-P PG N-GF-S N-GF-S   NPGMZS PA DAMS

Ἰσραήλ.
N-AM-S

2.1 Ἐγένετο δὲ ἐν ταῖς ἡμέραις ἐκείναις ἐξῆλθεν δόγμα παρὰ
VIAD--ZS CC PD DDFP N-DF-P A-DDF-P VIAA--ZS N-NN-S PG

Καίσαρος Αὐγούστου ἀπογράφεσθαι πᾶσαν τὴν οἰκουμένην.
N-GM-S   N-GM-S   VNPE   A--AF-S DAFS N-AF-S

2.2 αὕτη ἀπογραφὴ πρώτη ἐγένετο ἡγεμονεύοντος τῆς Συρίας
A-DNF-S N-NF-S A-ONF-S VIAD--ZS VPPAGM-S   DGFS N-GF-S

Κυρηνίου. 2.3 καὶ ἐπορεύοντο πάντες ἀπογράφεσθαι, ἕκαστος εἰς
N-GM-S   CC VIIN--ZP AP-NM-P VNPM   AP-NM-S PA

τὴν ἑαυτοῦ πόλιν. 2.4 Ἀνέβη δὲ καὶ Ἰωσὴφ ἀπὸ τῆς Γαλιλαίας ἐκ
DAFS NPGMZS N-AF-S VIAA--ZS CH AB N-NM-S PG DGFS N-GF-S PG

πόλεως Ναζαρὲθ εἰς τὴν Ἰουδαίαν εἰς πόλιν Δαυὶδ ἥτις καλεῖται
N-GF-S N-GF-S PA DAFS N-AF-S PA N-AF-S N-GM-S APRNF-S VIPP--ZS

Βηθλέεμ, διὰ τὸ εἶναι αὐτὸν ἐξ οἴκου καὶ πατριᾶς Δαυίδ,
N-NF-S PA DANS VNPAA NPAMZS PG N-GM-S CC N-GF-S N-GM-S

2.5 ἀπογράψασθαι σὺν Μαριὰμ τῇ   ἐμνηστευμένῃ αὐτῷ,
VNAM   PD N-DF-S DDFS□APRNF-S VPRPDF-S   NPDMZS

οὔσῃ ἐγκύῳ. 2.6 ἐγένετο δὲ ἐν τῷ εἶναι αὐτοὺς ἐκεῖ ἐπλήσθησαν
VPPADF-S A--DF-S VIAD--ZS CC PD DDNS VNPAD NPAMZP AB VIAP--ZP

αἱ ἡμέραι τοῦ τεκεῖν αὐτήν, 2.7 καὶ ἔτεκεν τὸν υἱὸν αὐτῆς τὸν
DNFP N-NF-P DGNS VNAAG NPAFZS CC VIAA--ZS DAMS N-AM-S NPGFZS DAMS

πρωτότοκον· καὶ ἐσπαργάνωσεν αὐτὸν καὶ ἀνέκλινεν αὐτὸν ἐν
A--AM-S   CC VIAA--ZS   NPAMZS CC VIAA--ZS/VIIA--ZS NPAMZS PD

φάτνῃ, διότι οὐκ ἦν   αὐτοῖς τόπος ἐν τῷ καταλύματι.
N-DF-S CS AB VIIA--ZS NPDMZP N-NM-S PD DDNS N-DN-S

2.8 Καὶ ποιμένες ἦσαν ἐν τῇ χώρᾳ τῇ αὐτῇ ἀγραυλοῦντες
CC N-NM-P VIIA--ZP+ PD DDFS N-DF-S DDFS A--DF-S +VPPANM-P

καὶ φυλάσσοντες φυλακὰς τῆς νυκτὸς ἐπὶ τὴν ποίμνην αὐτῶν.
CC +VPPANM-P N-AF-P DGFS N-GF-S PA DAFS N-AF-S NPGMZP

2.9 καὶ ἄγγελος κυρίου ἐπέστη αὐτοῖς καὶ δόξα κυρίου
CC   N-NM-S   N-GM-S   VIAA--ZS   NPDMZP   CC   N-NF-S   N-GM-S

περιέλαμψεν αὐτούς, καὶ ἐφοβήθησαν φόβον μέγαν. **2.10** καὶ
VIAA--ZS   NPAMZP   CC   VIAO--ZP   N-AM-S   A--AM-S   CC

εἶπεν αὐτοῖς ὁ ἄγγελος, Μὴ φοβεῖσθε, ἰδοὺ γὰρ εὐαγγελίζομαι
VIAA--ZS   NPDMZP   DNMS   N-NM-S   AB   VMPN--YP   QS   CS   VIPM--XS

ὑμῖν χαρὰν μεγάλην ἥτις ἔσται παντὶ τῷ λαῷ, **2.11** ὅτι ἐτέχθη
NPD-YP   N-AF-S   A--AF-S   APRNF-S   VIFD--ZS   A--DM-S   DDMS   N-DM-S   CS   VIAP--ZS

ὑμῖν σήμερον σωτὴρ ὅς ἐστιν Χριστὸς κύριος ἐν πόλει Δαυίδ·
NPD-YP   AB   N-NM-S   APRNM-S   VIPA--ZS   N-NM-S   N-NM-S   PD   N-DF-S   N-GM-S

2.12 καὶ τοῦτο ὑμῖν τὸ σημεῖον, εὑρήσετε βρέφος
CC   APDNN-S   NPD-YP   DNNS   N-NN-S   VIFA--YP   N-AN-S

ἐσπαργανωμένον καὶ κείμενον ἐν φάτνῃ. **2.13** καὶ ἐξαίφνης
VPRPAN-S   CC   VPPNAN-S   PD   N-DF-S   CC   AB

ἐγένετο σὺν τῷ ἀγγέλῳ πλῆθος στρατιᾶς οὐρανίου αἰνούντων
VIAD--ZS   PD   DDMS   N-DM-S   N-NN-S   N-GF-S   A--GF-S   VPPAGM-P

τὸν θεὸν καὶ λεγόντων,
DAMS N-AM-S CC   VPPAGM-P

2.14 Δόξα ἐν ὑψίστοις θεῷ
N-NF-S   PD   APSDN-P   N-DM-S

καὶ ἐπὶ γῆς εἰρήνη ἐν ἀνθρώποις εὐδοκίας.
CC   PG   N-GF-S N-NF-S   PD   N-DM-P   N-GF-S

2.15 Καὶ ἐγένετο ὡς ἀπῆλθον ἀπ’ αὐτῶν εἰς τὸν οὐρανὸν οἱ
CC   VIAD--ZS   CS   VIAA--ZP   PG   NPGMZP   PA   DAMS   N-AM-S   DNMP

ἄγγελοι, οἱ ποιμένες ἐλάλουν πρὸς ἀλλήλους, Διέλθωμεν δὴ ἕως
N-NM-P   DNMP   N-NM-P   VIIA--ZP   PA   NPRAMZP   VSAA--XP   QS   PG

Βηθλέεμ καὶ ἴδωμεν τὸ ῥῆμα τοῦτο τὸ γεγονὸς ὃ
N-GF-S   CC   VSAA--XP   DANS   N-AN-S   A-DAN-S   DANS□APRNN-S   VPRAAN-S   APRAN-S

ὁ κύριος ἐγνώρισεν ἡμῖν. **2.16** καὶ ἦλθαν σπεύσαντες καὶ
DNMS   N-NM-S   VIAA--ZS   NPD-XP   CC   VIAA--ZP   VPAANM-P   CC

ἀνεῦραν τήν τε Μαριὰμ καὶ τὸν Ἰωσὴφ καὶ τὸ βρέφος κείμενον
VIAA--ZP   DAFS CC N-AF-S   CC   DAMS   N-AM-S   CC   DANS   N-AN-S   VPPNAN-S

ἐν τῇ φάτνῃ· **2.17** ἰδόντες δὲ ἐγνώρισαν περὶ τοῦ ῥήματος
PD   DDFS   N-DF-S   VPAANM-P   CH   VIAA--ZP   PG   DGNS   N-GN-S

τοῦ λαληθέντος αὐτοῖς περὶ τοῦ παιδίου τούτου. **2.18** καὶ
DGNS□APRNN-S   VPAPGN-S   NPDMZP   PG   DGNS   N-GN-S   A-DGN-S   CC

πάντες οἱ ἀκούσαντες ἐθαύμασαν περὶ τῶν
AP-NM-P   DNMP□APRNM-P   VPAANM-P   VIAA--ZP   PG   DGNP□NPGNZP&APRNN-P

λαληθέντων ὑπὸ τῶν ποιμένων πρὸς αὐτούς· **2.19** ἡ δὲ Μαριὰμ
VPAPGN-P   PG   DGMP   N-GM-P   PA   NPRAMZP   DNFS   CC   N-NF-S

πάντα συνετήρει τὰ ῥήματα ταῦτα συμβάλλουσα ἐν τῇ καρδίᾳ
A--AN-P   VIIA--ZS   DANP   N-AN-P   A-DAN-P   VPPANF-S   PD   DDFS   N-DF-S

αὐτῆς. **2.20** καὶ ὑπέστρεψαν οἱ ποιμένες δοξάζοντες καὶ
NPGFZS   CC   VIAA--ZP   DNMP   N-NM-P   VPPANM-P   CC

αἰνοῦντες τὸν θεὸν ἐπὶ πᾶσιν οἷς ἤκουσαν καὶ εἶδον
VPPANM-P DAMS N-AM-S PD AP-DN-P APRDN-P□APRAN-P VIAA--ZP CC VIAA--ZP

καθὼς ἐλαλήθη πρὸς αὐτούς.
CS VIAP--ZS PA NPAMZP

2.21 Καὶ ὅτε ἐπλήσθησαν ἡμέραι ὀκτὼ τοῦ περιτεμεῖν αὐτόν,
CC CS VIAP--ZP N-NF-P A-CNF-P DGNS VNAAG NPAMZS

καὶ ἐκλήθη τὸ ὄνομα αὐτοῦ Ἰησοῦς, τὸ κληθὲν ὑπὸ τοῦ
AB VIAP--ZS DNNS N-NN-S NPGMZS N-NM-S DNNS□APRNN-S VPAPNN-S PG DGMS

ἀγγέλου πρὸ τοῦ συλλημφθῆναι αὐτὸν ἐν τῇ κοιλίᾳ.
N-GM-S PG DGNS VNAPG NPAMZS PD DDFS N-DF-S

2.22 Καὶ ὅτε ἐπλήσθησαν αἱ ἡμέραι τοῦ καθαρισμοῦ αὐτῶν
CC CS VIAP--ZP DNFP N-NF-P DGMS N-GM-S NPGMZP

κατὰ τὸν νόμον Μωϋσέως, ἀνήγαγον αὐτὸν εἰς Ἱεροσόλυμα
PA DAMS N-AM-S N-GM-S VIAA--ZP NPAMZS PA N-AN-P

παραστῆσαι τῷ κυρίῳ, 2.23 καθὼς γέγραπται ἐν νόμῳ κυρίου ὅτι
VNAA DDMS N-DM-S CS VIRP--ZS PD N-DM-S N-GM-S CC

Πᾶν ἄρσεν διανοῖγον μήτραν ἅγιον τῷ κυρίῳ κληθήσεται,
A--NN-S AP-NN-S VPPANN-S N-AF-S A--NN-S DDMS N-DM-S VIFP--ZS□VMAP--ZS

2.24 καὶ τοῦ δοῦναι θυσίαν κατὰ τὸ εἰρημένον ἐν
CC DGNS VNAAG N-AF-S PA DANS□NPANZS&APRNN-S VPRPAN-S PD

τῷ νόμῳ κυρίου, ζεῦγος τρυγόνων ἢ δύο νοσσοὺς περιστερῶν.
DDMS N-DM-S N-GM-S N-AN-S N-GF-P CC A-CAM-P N-AM-P N-GF-P

2.25 Καὶ ἰδοὺ ἄνθρωπος ἦν ἐν Ἱερουσαλὴμ ᾧ ὄνομα
CC QS N-NM-S VIIA--ZS PD N-DF-S APRDM-S N-NN-S

Συμεών, καὶ ὁ ἄνθρωπος οὗτος δίκαιος καὶ εὐλαβής,
N-NM-S CC DNMS N-NM-S A-DNM-S A--NM-S CC A--NM-S

προσδεχόμενος παράκλησιν τοῦ Ἰσραήλ, καὶ πνεῦμα ἦν ἅγιον
VPPNNM-S N-AF-S DGMS N-GM-S CC N-NN-S VIIA--ZS A--NN-S

ἐπ᾽ αὐτόν· 2.26 καὶ ἦν αὐτῷ κεχρηματισμένον ὑπὸ τοῦ
PA NPAMZS CC VIIA--ZS+ NPDMZS +VPRPNN-S PG DGNS

πνεύματος τοῦ ἁγίου μὴ ἰδεῖν θάνατον πρὶν [ἢ] ἂν ἴδῃ τὸν
N-GN-S DGNS A--GN-S AB VNAA N-AM-S AB CS QV VSAA--ZS DAMS

Χριστὸν κυρίου. 2.27 καὶ ἦλθεν ἐν τῷ πνεύματι εἰς τὸ ἱερόν· καὶ
N-AM-S N-GM-S CC VIAA--ZS PD DDNS N-DN-S PA DANS AP-AN-S CC

ἐν τῷ εἰσαγαγεῖν τοὺς γονεῖς τὸ παιδίον Ἰησοῦν τοῦ ποιῆσαι
PD DDNS VNAAD DAMP N-AM-P DANS N-AN-S N-AM-S DGNS VNAAG

αὐτοὺς κατὰ τὸ εἰθισμένον τοῦ νόμου περὶ αὐτοῦ
NPAMZP PA DANS□NPANZS&APRNN-S VPRPAN-S DGMS N-GM-S PG NPGMZS

2.28 καὶ αὐτὸς ἐδέξατο αὐτὸ εἰς τὰς ἀγκάλας καὶ εὐλόγησεν τὸν
CC NPNMZS VIAD--ZS NPANZS PA DAFP N-AF-P CC VIAA--ZS DAMS

θεὸν καὶ εἶπεν,
N-AM-S CC VIAA--ZS

2.29 Νῦν ἀπολύεις τὸν δοῦλόν σου, δέσποτα,
AB VIPA--YS DAMS N-AM-S NPG-YS N-VM-S

179

κατὰ τὸ ῥῆμά σου ἐν εἰρήνῃ·
PA   DANS N-AN-S NPG-YS PD N-DF-S

2.30 ὅτι εἶδον οἱ ὀφθαλμοί μου τὸ σωτήριόν σου
CS VIAA--ZP DNMP N-NM-P   NPG-XS DANS AP-AN-S   NPG-YS

2.31 ὃ ἡτοίμασας κατὰ πρόσωπον πάντων τῶν λαῶν,
APRAN-S VIAA--YS PA   N-AN-S   A--GM-P DGMP N-GM-P

2.32 φῶς εἰς ἀποκάλυψιν ἐθνῶν
N-AN-S PA N-AF-S   N-GN-P

καὶ δόξαν λαοῦ σου Ἰσραήλ.
CC N-AF-S N-GM-S NPG-YS N-GM-S

2.33 καὶ ἦν ὁ πατὴρ αὐτοῦ καὶ ἡ μήτηρ θαυμάζοντες ἐπὶ
CC VIIA--ZS+ DNMS N-NM-S NPGMZS CC DNFS N-NF-S +VPPANM-P   PD

τοῖς λαλουμένοις περὶ αὐτοῦ. 2.34 καὶ εὐλόγησεν
DDNP□NPDNZP&APRNN-P VPPPDN-P PG NPGMZS   CC   VIAA--ZS

αὐτοὺς Συμεὼν καὶ εἶπεν πρὸς Μαριὰμ τὴν μητέρα αὐτοῦ, Ἰδοὺ
NPAMZP N-NM-S CC VIAA--ZS PA N-AF-S DAFS N-AF-S NPGMZS QS

οὗτος κεῖται εἰς πτῶσιν καὶ ἀνάστασιν πολλῶν ἐν τῷ Ἰσραὴλ
APDNM-S VIPN--ZS PA N-AF-S CC N-AF-S AP-GM-P PD DDMS N-DM-S

καὶ εἰς σημεῖον ἀντιλεγόμενον 2.35 (καὶ σοῦ [δὲ] αὐτῆς τὴν
CC PA N-AN-S VPPPAN-S   CC NPG-YS CC/CS NPGFYS DAFS

ψυχὴν διελεύσεται ῥομφαία), ὅπως ἂν ἀποκαλυφθῶσιν ἐκ πολλῶν
N-AF-S VIFD--ZS N-NF-S CS QV VSAP--ZP PG A--GF-P

καρδιῶν διαλογισμοί.
N-GF-P   N-NM-P

2.36 Καὶ ἦν Ἄννα προφῆτις, θυγάτηρ Φανουήλ, ἐκ φυλῆς
CC VIIA--ZS N-NF-S N-NF-S N-NF-S N-GM-S PG N-GF-S

Ἀσήρ· αὕτη προβεβηκυῖα ἐν ἡμέραις πολλαῖς, ζήσασα μετὰ
N-GM-S APDNF-S VPRANF-S PD N-DF-P A--DF-P VPAANF-S PG

ἀνδρὸς ἔτη ἑπτὰ ἀπὸ τῆς παρθενίας αὐτῆς, 2.37 καὶ αὐτὴ χήρα
N-GM-S N-AN-P A-CAN-P PG DGFS N-GF-S NPGFZS CC NPNFZS A--NF-S

ἕως ἐτῶν ὀγδοήκοντα τεσσάρων, ἣ οὐκ ἀφίστατο τοῦ ἱεροῦ
PG N-GN-P A-CGN-P A-CGN-P APRNF-S AB VIIM--ZS DGNS AP-GN-S

νηστείαις καὶ δεήσεσιν λατρεύουσα νύκτα καὶ ἡμέραν. 2.38 καὶ
N-DF-P CC N-DF-P VPPANF-S N-AF-S CC N-AF-S CC

αὐτῇ τῇ ὥρᾳ ἐπιστᾶσα ἀνθωμολογεῖτο τῷ θεῷ καὶ ἐλάλει
NPDFZS□A--DF-S DDFS N-DF-S VPAANF-S VIIN--ZS DDMS N-DM-S CC VIIA--ZS

περὶ αὐτοῦ πᾶσιν τοῖς προσδεχομένοις λύτρωσιν
PG NPGMZS AP-DM-P DDMP□APRNM-P VPPNDM-P N-AF-S

Ἰερουσαλήμ.
N-GF-S

2.39 Καὶ ὡς ἐτέλεσαν πάντα τὰ κατὰ τὸν νόμον κυρίου,
CC CS VIAA--ZP A--AN-P DANP PA DAMS N-AM-S N-GM-S

ἐπέστρεψαν εἰς τὴν Γαλιλαίαν εἰς πόλιν ἑαυτῶν Ναζαρέθ. 2.40 Τὸ
VIAA--ZP PA DAFS N-AF-S PA N-AF-S NPGMZP N-AF-S DNNS

δὲ παιδίον ηὔξανεν καὶ ἐκραταιοῦτο πληρούμενον σοφίᾳ, καὶ
CC N-NN-S VIIA--ZS CC VIIP--ZS VPPPNN-S N-DF-S CC

χάρις θεοῦ ἦν ἐπ᾽ αὐτό.
N-NF-S N-GM-S VIIA--ZS PA NPANZS

2.41 Καὶ ἐπορεύοντο οἱ γονεῖς αὐτοῦ κατ᾽ ἔτος εἰς
CC VIIN--ZP DNMP N-NM-P NPGMZS PA N-AN-S PA

Ἰερουσαλὴμ τῇ ἑορτῇ τοῦ πάσχα. 2.42 καὶ ὅτε ἐγένετο ἐτῶν
N-AF-S DDFS N-DF-S DGNS N-GN-S CC CS VIAD--ZS N-GN-P

δώδεκα, ἀναβαινόντων αὐτῶν κατὰ τὸ ἔθος τῆς ἑορτῆς 2.43 καὶ
A-CGN-P VPPAGM-P NPGMZP PA DANS N-AN-S DGFS N-GF-S CC

τελειωσάντων τὰς ἡμέρας, ἐν τῷ ὑποστρέφειν αὐτοὺς ὑπέμεινεν
VPAAGM-P DAFP N-AF-P PD DDNS VNPAD NPRAMZP VIIA--ZS

Ἰησοῦς ὁ παῖς ἐν Ἰερουσαλήμ, καὶ οὐκ ἔγνωσαν οἱ γονεῖς
N-NM-S DNMS N-NM-S PD N-DF-S CC AB VIAA--ZP DNMP N-NM-P

αὐτοῦ. 2.44 νομίσαντες δὲ αὐτὸν εἶναι ἐν τῇ συνοδίᾳ ἦλθον
NPGMZS VPAANM-P CH NPAMZS VNPA PD DDFS N-DF-S VIAA--ZP

ἡμέρας ὁδὸν καὶ ἀνεζήτουν αὐτὸν ἐν τοῖς συγγενεῦσιν καὶ τοῖς
N-GF-S N-AF-S CC VIIA--ZP NPAMZS PD DDMP AP-DM-P CC DDMP

γνωστοῖς, 2.45 καὶ μὴ εὑρόντες ὑπέστρεψαν εἰς Ἰερουσαλὴμ
AP-DM-P CC AB VPAANM-P VIAA--ZP PA N-AF-S

ἀναζητοῦντες αὐτόν. 2.46 καὶ ἐγένετο μετὰ ἡμέρας τρεῖς εὗρον
VPPANM-P NPAMZS CC VIAD--ZS PA N-AF-P A-CAF-P VIAA--ZP

αὐτὸν ἐν τῷ ἱερῷ καθεζόμενον ἐν μέσῳ τῶν διδασκάλων καὶ
NPAMZS PD DDNS AP-DN-S VPPNAM-S PD AP-DN-S DGMP N-GM-P CC

ἀκούοντα αὐτῶν καὶ ἐπερωτῶντα αὐτούς· 2.47 ἐξίσταντο δὲ πάντες
VPPAAM-S NPGMZP CC VPPAAM-S NPAMZP VIIM--ZP CC AP-NM-P

οἱ ἀκούοντες αὐτοῦ ἐπὶ τῇ συνέσει καὶ ταῖς ἀποκρίσεσιν
DNMP□APRNM-P VPPANM-P NPGMZS PD DDFS N-DF-S CC DDFP N-DF-P

αὐτοῦ. 2.48 καὶ ἰδόντες αὐτὸν ἐξεπλάγησαν, καὶ εἶπεν πρὸς αὐτὸν
NPGMZS CC VPAANM-P NPAMZS VIAP--ZP CC VIAA--ZS PA NPAMZS

ἡ μήτηρ αὐτοῦ, Τέκνον, τί ἐποίησας ἡμῖν οὕτως; ἰδοὺ
DNFS N-NF-S NPGMZS N-VN-S APTAN-S□ABT VIAA--YS NPD-XP AB QS

ὁ πατήρ σου κἀγὼ ὀδυνώμενοι ἐζητοῦμέν σε. 2.49 καὶ
DNMS N-NM-S NPG-YS CC&NPN-XS VPPNNMXP VIIA--XP NPA-YS CC

εἶπεν πρὸς αὐτούς, Τί ὅτι ἐζητεῖτέ με; οὐκ ᾔδειτε ὅτι ἐν
VIAA--ZS PA NPAMZP APTAN-S□ABT CC VIIA--YP NPA-XS AB VILA--YP CC PD

τοῖς τοῦ πατρός μου δεῖ εἶναί με; 2.50 καὶ αὐτοὶ οὐ συνῆκαν
DDNP DGMS N-GM-S NPG-XS VIPA--ZS VNPA NPA-XS CC NPNMZP AB VIAA--ZP

τὸ ῥῆμα ὃ ἐλάλησεν αὐτοῖς. 2.51 καὶ κατέβη μετ᾽ αὐτῶν καὶ
DANS N-AN-S APRAN-S VIAA--ZS NPDMZP CC VIAA--ZS PG NPGMZP CC

ἦλθεν εἰς Ναζαρέθ, καὶ ἦν ὑποτασσόμενος αὐτοῖς. καὶ ἡ
VIAA--ZS PA N-AF-S CC VIIA--ZS+ +VPPPNM-S NPDMZP CC DNFS

μήτηρ αὐτοῦ διετήρει πάντα τὰ ῥήματα ἐν τῇ καρδίᾳ αὐτῆς.
N-NF-S NPGMZS VIIA--ZS A--AN-P DANP N-AN-P PD DDFS N-DF-S NPGFZS

2.52 Καὶ Ἰησοῦς προέκοπτεν [ἐν τῇ] σοφίᾳ καὶ ἡλικίᾳ καὶ χάριτι
CC   N-NM-S   VIIA--ZS   PD DDFS N-DF-S CC N-DF-S CC N-DF-S

παρὰ θεῷ καὶ ἀνθρώποις.
PD   N-DM-S CC N-DM-P

3.1 Ἐν ἔτει δὲ πεντεκαιδεκάτῳ τῆς ἡγεμονίας Τιβερίου
PD N-DN-S CC A-ODN-S   DGFS N-GF-S   N-GM-S

Καίσαρος, ἡγεμονεύοντος Ποντίου Πιλάτου τῆς Ἰουδαίας, καὶ
N-GM-S   VPPAGM-S   N-GM-S   N-GM-S   DGFS N-GF-S   CC

τετρααρχοῦντος τῆς Γαλιλαίας Ἡρῴδου, Φιλίππου δὲ τοῦ
VPPAGM-S   DGFS N-GF-S   N-GM-S   N-GM-S   CC DGMS

ἀδελφοῦ αὐτοῦ τετρααρχοῦντος τῆς Ἰτουραίας καὶ Τραχωνίτιδος
N-GM-S NPGMZS VPPAGM-S   DGFS A--GF-S   CC A--GF-S

χώρας, καὶ Λυσανίου τῆς Ἀβιληνῆς τετρααρχοῦντος, **3.2** ἐπὶ
N-GF-S CC N-GM-S   DGFS N-GF-S   VPPAGM-S   PG

ἀρχιερέως Ἅννα καὶ Καϊάφα, ἐγένετο ῥῆμα θεοῦ ἐπὶ Ἰωάννην
N-GM-S   N-GM-S CC N-GM-S   VIAD--ZS N-NN-S N-GM-S PA   N-AM-S

τὸν Ζαχαρίου υἱὸν ἐν τῇ ἐρήμῳ. **3.3** καὶ ἦλθεν εἰς πᾶσαν [τὴν]
DAMS N-GM-S   N-AM-S PD DDFS AP-DF-S   CC VIAA--ZS PA A--AF-S DAFS

περίχωρον τοῦ Ἰορδάνου κηρύσσων βάπτισμα μετανοίας εἰς
AP-AF-S   DGMS N-GM-S   VPPANM-S N-AN-S   N-GF-S   PA

ἄφεσιν ἁμαρτιῶν, **3.4** ὡς γέγραπται ἐν βίβλῳ λόγων Ἡσαΐου τοῦ
N-AF-S N-GF-P   CS VIRP--ZS   PD N-DF-S N-GM-P N-GM-S   DGMS

προφήτου,
N-GM-S

    Φωνὴ βοῶντος ἐν τῇ ἐρήμῳ,
    N-NF-S VPPAGM-S PD DDFS AP-DF-S

    Ἑτοιμάσατε τὴν ὁδὸν κυρίου,
    VMAA--YP   DAFS N-AF-S N-GM-S

      εὐθείας ποιεῖτε τὰς τρίβους αὐτοῦ.
      A--AF-P VMPA--YP DAFP N-AF-P NPGMZS

3.5   πᾶσα φάραγξ πληρωθήσεται
       A--NF-S N-NF-S   VIFP--ZS

      καὶ πᾶν ὄρος καὶ βουνὸς ταπεινωθήσεται,
      CC A--NN-S N-NN-S CC N-NM-S VIFP--ZS

      καὶ ἔσται τὰ σκολιὰ εἰς εὐθείαν
      CC VIFD--ZS DNNP AP-NN-P PA AP-AF-S

      καὶ αἱ τραχεῖαι εἰς ὁδοὺς λείας·
      CC DNFP AP-NF-P PA N-AF-P A--AF-P

3.6   καὶ ὄψεται πᾶσα σὰρξ τὸ σωτήριον τοῦ θεοῦ.
       CC VIFD--ZS A--NF-S N-NF-S DANS AP-AN-S   DGMS N-GM-S

3.7 Ἔλεγεν οὖν τοῖς ἐκπορευομένοις ὄχλοις
      VIIA--ZS CC DDMP□APRNM-P+ VPPNDM-P   N-DM-P

βαπτισθῆναι ὑπ᾽ αὐτοῦ, Γεννήματα ἐχιδνῶν, τίς ὑπέδειξεν
VNAP   PG NPGMZS N-VN-P   N-GF-P APTNM-S VIAA--ZS

ὑμῖν φυγεῖν ἀπὸ τῆς μελλούσης ὀργῆς; 3.8 ποιήσατε οὖν
NPD-YP VNAA PG DGFS□APRNF-S+ VPPAGF-S N-GF-S VMAA--YP CH

καρποὺς ἀξίους τῆς μετανοίας· καὶ μὴ ἄρξησθε λέγειν ἐν
N-AM-P A--AM-P DGFS N-GF-S CC AB VSAM--YP□VMAM--YP VNPA PD

ἑαυτοῖς, Πατέρα ἔχομεν τὸν Ἀβραάμ, λέγω γὰρ ὑμῖν ὅτι δύναται
NPDMYP N-AM-S VIPA--XP DAMS N-AM-S VIPA--XS CS NPD-YP CH VIPN--ZS

ὁ θεὸς ἐκ τῶν λίθων τούτων ἐγεῖραι τέκνα τῷ Ἀβραάμ.
DNMS N-NM-S PG DGMP N-GM-P A-DGM-P VNAA N-AN-P DDMS N-DM-S

3.9 ἤδη δὲ καὶ ἡ ἀξίνη πρὸς τὴν ῥίζαν τῶν δένδρων κεῖται· πᾶν
AB CC AB DNFS N-NF-S PA DAFS N-AF-S DGNP N-GN-P VIPN--ZS A--NN-S

οὖν δένδρον μὴ ποιοῦν καρπὸν καλὸν ἐκκόπτεται καὶ εἰς πῦρ
CH N-NN-S AB VPPANN-S N-AM-S A--AM-S VIPP--ZS CC PA N-AN-S

βάλλεται. 3.10 Καὶ ἐπηρώτων αὐτὸν οἱ ὄχλοι λέγοντες, Τί
VIPP--ZS CC VIIA--ZP NPAMZS DNMP N-NM-P VPPANM-P APTAN-S

οὖν ποιήσωμεν; 3.11 ἀποκριθεὶς δὲ ἔλεγεν αὐτοῖς,
CH VSAA--XP VPAONM-S CH VIIA--ZS NPDMZP

Ὁ ἔχων δύο χιτῶνας μεταδότω
DNMS□NPNMZS&APRNM-S VPPANM-S A-CAM-P N-AM-P VMAA--ZS

τῷ μὴ ἔχοντι, καὶ ὁ ἔχων
DDMS□NPDMZS&APRNM-S AB VPPADM-S CC DNMS□NPNMZS&APRNM-S VPPANM-S

βρώματα ὁμοίως ποιείτω. 3.12 ἦλθον δὲ καὶ τελῶναι βαπτισθῆναι
N-AN-P AB VMPA--ZS VIAA--ZP CC AB N-NM-P VNAP

καὶ εἶπαν πρὸς αὐτόν, Διδάσκαλε, τί ποιήσωμεν;
CC VIAA--ZP PA NPAMZS N-VM-S APTAN-S VSAA--XP

3.13 ὁ δὲ εἶπεν πρὸς αὐτούς, Μηδὲν πλέον παρὰ
DNMS□NPNMZS CH VIAA--ZS PA NPAMZP A-CAN-S APMAN-S PA

τὸ διατεταγμένον ὑμῖν πράσσετε. 3.14 ἐπηρώτων δὲ
DANS□NPANZS&APRNN-S VPRPAN-S NPD-YP VMPA--YP VIIA--ZP CC

αὐτὸν καὶ στρατευόμενοι λέγοντες, Τί ποιήσωμεν καὶ ἡμεῖς;
NPAMZS AB VPPMNM-P VPPANM-P APTAN-S VSAA--XP AB NPN-XP

καὶ εἶπεν αὐτοῖς, Μηδένα διασείσητε μηδὲ συκοφαντήσητε,
CC VIAA--ZS NPDMZP APCAM-S VSAA--YP□VMAA--YP CC VSAA--YP□VMAA--YP

καὶ ἀρκεῖσθε τοῖς ὀψωνίοις ὑμῶν.
CC VMPP--YP DDNP N-DN-P NPG-YP

3.15 Προσδοκῶντος δὲ τοῦ λαοῦ καὶ διαλογιζομένων πάντων ἐν
VPPAGM-S CC DGMS N-GM-S CC VPPNGM-P AP-GM-P PD

ταῖς καρδίαις αὐτῶν περὶ τοῦ Ἰωάννου, μήποτε αὐτὸς εἴη ὁ
DDFP N-DF-P NPGMZP PG DGMS N-GM-S QT NPNMZS VOPA--ZS DNMS

Χριστός, 3.16 ἀπεκρίνατο λέγων πᾶσιν ὁ Ἰωάννης, Ἐγὼ μὲν
N-NM-S VIAD--ZS VPPANM-S AP-DM-P DNMS N-NM-S NPN-XS CS

ὕδατι βαπτίζω ὑμᾶς· ἔρχεται δὲ ὁ ἰσχυρότερός μου, οὗ οὐκ
N-DN-S VIPA--XS NPA-YP VIPN--ZS CH DNMS APMNM-S NPG-XS APRGM-S AB

εἰμὶ ἱκανὸς λῦσαι τὸν ἱμάντα τῶν ὑποδημάτων αὐτοῦ· αὐτὸς
VIPA--XS A--NM-S VNAA DAMS N-AM-S DGNP N-GN-P NPGMZS NPNMZS

ὑμᾶς βαπτίσει ἐν πνεύματι ἁγίῳ καὶ πυρί· 3.17 οὗ τὸ πτύον
NPA-YP VIFA--ZS PD N-DN-S A--DN-S CC N-DN-S APRGM-S DNNS N-NN-S

ἐν τῇ χειρὶ αὐτοῦ διακαθᾶραι τὴν ἅλωνα αὐτοῦ καὶ συναγαγεῖν
PD DDFS N-DF-S NPGMZS VNAA DAFS N-AF-S NPGMZS CC VNAA

τὸν σῖτον εἰς τὴν ἀποθήκην αὐτοῦ, τὸ δὲ ἄχυρον κατακαύσει
DAMS N-AM-S PA DAFS N-AF-S NPGMZS DANS CC/CH N-AN-S VIFA--ZS

πυρὶ ἀσβέστῳ. 3.18 Πολλὰ μὲν οὖν καὶ ἕτερα παρακαλῶν
N-DN-S A--DN-S AP-AN-P CC CC/CH CC AP-AN-P VPPANM-S

εὐηγγελίζετο τὸν λαόν· 3.19 ὁ δὲ Ἡρῴδης ὁ τετραάρχης,
VIIM--ZS DAMS N-AM-S DNMS CC N-NM-S DNMS N-NM-S

ἐλεγχόμενος ὑπ' αὐτοῦ περὶ Ἡρῳδιάδος τῆς γυναικὸς τοῦ
VPPPNM-S PG NPGMZS PG N-GF-S DGFS N-GF-S DGMS

ἀδελφοῦ αὐτοῦ καὶ περὶ πάντων ὧν ἐποίησεν πονηρῶν
N-GM-S NPGMZS CC PG A--GN-P APRGN-P+□APRAN-P VIAA--ZS AP-GN-P

ὁ Ἡρῴδης, 3.20 προσέθηκεν καὶ τοῦτο ἐπὶ πᾶσιν [καὶ]
DNMS N-NM-S VIAA--ZS AB APDAN-S PD AP-DN-P AB/CC

κατέκλεισεν τὸν Ἰωάννην ἐν φυλακῇ.
VIAA--ZS DAMS N-AM-S PD N-DF-S

3.21 Ἐγένετο δὲ ἐν τῷ βαπτισθῆναι ἅπαντα τὸν λαὸν καὶ
VIAD--ZS CC PD DDNS VNAPD A--AM-S DAMS N-AM-S CC

Ἰησοῦ βαπτισθέντος καὶ προσευχομένου ἀνεῳχθῆναι τὸν
N-GM-S VPAPGM-S CC VPPNGM-S VNAP DAMS

οὐρανὸν 3.22 καὶ καταβῆναι τὸ πνεῦμα τὸ ἅγιον σωματικῷ
N-AM-S CC VNAA DANS N-AN-S DANS A--AN-S A--DN-S

εἴδει ὡς περιστερὰν ἐπ' αὐτόν, καὶ φωνὴν ἐξ οὐρανοῦ γενέσθαι,
N-DN-S CS N-AF-S PA NPAMZS CC N-AF-S PG N-GM-S VNAD

Σὺ εἶ ὁ υἱός μου ὁ ἀγαπητός, ἐν σοὶ εὐδόκησα.
NPN-YS VIPA--YS DNMS N-NM-S NPG-XS DNMS A--NM-S PD NPD-YS VIAA--XS

3.23 Καὶ αὐτὸς ἦν Ἰησοῦς ἀρχόμενος ὡσεὶ ἐτῶν
CC NPNMZS VIIA--ZS+ N-NM-S +VPPMNM-S AB N-GN-P

τριάκοντα, ὢν υἱός, ὡς ἐνομίζετο, Ἰωσὴφ τοῦ Ἡλὶ 3.24 τοῦ
A-CGN-P VPPANM-S N-NM-S CS VIIP--ZS N-GM-S DGMS N-GM-S DGMS

Μαθθὰτ τοῦ Λευὶ τοῦ Μελχὶ τοῦ Ἰανναὶ τοῦ Ἰωσὴφ 3.25 τοῦ
N-GM-S DGMS N-GM-S DGMS N-GM-S DGMS N-GM-S DGMS N-GM-S DGMS

Ματταθίου τοῦ Ἀμὼς τοῦ Ναοὺμ τοῦ Ἐσλὶ τοῦ Ναγγαὶ
N-GM-S DGMS N-GM-S DGMS N-GM-S DGMS N-GM-S DGMS N-GM-S

3.26 τοῦ Μάαθ τοῦ Ματταθίου τοῦ Σεμεῒν τοῦ Ἰωσὴχ τοῦ Ἰωδὰ
DGMS N-GM-S DGMS N-GM-S DGMS N-GM-S DGMS N-GM-S DGMS N-GM-S

3.27 τοῦ Ἰωανὰν τοῦ Ῥησὰ τοῦ Ζοροβαβὲλ τοῦ Σαλαθιὴλ τοῦ
DGMS N-GM-S DGMS N-GM-S DGMS N-GM-S DGMS N-GM-S DGMS

Νηρὶ 3.28 τοῦ Μελχὶ τοῦ Ἀδδὶ τοῦ Κωσὰμ τοῦ Ἐλμαδὰμ τοῦ
N-GM-S DGMS N-GM-S DGMS N-GM-S DGMS N-GM-S DGMS N-GM-S DGMS

Ἢρ 3.29 τοῦ Ἰησοῦ τοῦ Ἐλιέζερ τοῦ Ἰωρὶμ τοῦ Μαθθὰτ τοῦ
N-GM-S DGMS N-GM-S DGMS N-GM-S DGMS N-GM-S DGMS N-GM-S DGMS

Λευὶ 3.30 τοῦ Συμεὼν τοῦ Ἰούδα τοῦ Ἰωσὴφ τοῦ Ἰωνὰμ τοῦ
N-GM-S DGMS N-GM-S DGMS N-GM-S DGMS N-GM-S DGMS N-GM-S DGMS

Ἐλιακὶμ 3.31 τοῦ Μελεὰ τοῦ Μεννὰ τοῦ Ματταθὰ τοῦ Ναθὰμ
N-GM-S DGMS N-GM-S DGMS N-GM-S DGMS N-GM-S DGMS N-GM-S

τοῦ Δαυὶδ 3.32 τοῦ Ἰεσσαὶ τοῦ Ἰωβὴδ τοῦ Βόος τοῦ Σαλὰ τοῦ
DGMS N-GM-S DGMS N-GM-S DGMS N-GM-S DGMS N-GM-S DGMS N-GM-S DGMS

Ναασσὼν 3.33 τοῦ Ἀμιναδὰβ τοῦ Ἀδμὶν τοῦ Ἀρνὶ τοῦ Ἐσρὼμ
N-GM-S DGMS N-GM-S DGMS N-GM-S DGMS N-GM-S DGMS N-GM-S

τοῦ Φάρες τοῦ Ἰούδα 3.34 τοῦ Ἰακὼβ τοῦ Ἰσαὰκ τοῦ Ἀβραὰμ
DGMS N-GM-S DGMS N-GM-S DGMS N-GM-S DGMS N-GM-S DGMS N-GM-S

τοῦ Θάρα τοῦ Ναχὼρ 3.35 τοῦ Σεροὺχ τοῦ Ῥαγαὺ τοῦ Φάλεκ
DGMS N-GM-S DGMS N-GM-S DGMS N-GM-S DGMS N-GM-S DGMS N-GM-S

τοῦ Ἔβερ τοῦ Σαλὰ 3.36 τοῦ Καϊνὰμ τοῦ Ἀρφαξὰδ τοῦ Σὴμ
DGMS N-GM-S DGMS N-GM-S DGMS N-GM-S DGMS N-GM-S DGMS N-GM-S

τοῦ Νῶε τοῦ Λάμεχ 3.37 τοῦ Μαθουσαλὰ τοῦ Ἐνὼχ τοῦ Ἰάρετ
DGMS N-GM-S DGMS N-GM-S DGMS N-GM-S DGMS N-GM-S DGMS N-GM-S

τοῦ Μαλελεὴλ τοῦ Καϊνὰμ 3.38 τοῦ Ἐνὼς τοῦ Σὴθ τοῦ Ἀδὰμ
DGMS N-GM-S DGMS N-GM-S DGMS N-GM-S DGMS N-GM-S DGMS N-GM-S

τοῦ θεοῦ.
DGMS N-GM-S

4.1 Ἰησοῦς δὲ πλήρης πνεύματος ἁγίου ὑπέστρεψεν ἀπὸ τοῦ
N-NM-S CC A--NM-S N-GN-S A--GN-S VIAA--ZS PG DGMS

Ἰορδάνου, καὶ ἤγετο ἐν τῷ πνεύματι ἐν τῇ ἐρήμῳ 4.2 ἡμέρας
N-GM-S CC VIIP--ZS PD DDNS N-DN-S PD DDFS AP-DF-S N-AF-P

τεσσεράκοντα πειραζόμενος ὑπὸ τοῦ διαβόλου. καὶ οὐκ ἔφαγεν
A-CAF-P VPPPNM-S PG DGMS AP-GM-S CC AB VIAA--ZS

οὐδὲν ἐν ταῖς ἡμέραις ἐκείναις, καὶ συντελεσθεισῶν αὐτῶν
APCAN-S PD DDFP N-DF-P A-DDF-P CC VPAPGF-P NPGFZP

ἐπείνασεν. 4.3 Εἶπεν δὲ αὐτῷ ὁ διάβολος, Εἰ υἱὸς εἶ τοῦ
VIAA--ZS VIAA--ZS CH NPDMZS DNMS AP-NM-S CS N-NM-S VIPA--YS DGMS

θεοῦ, εἰπὲ τῷ λίθῳ τούτῳ ἵνα γένηται ἄρτος. 4.4 καὶ ἀπεκρίθη
N-GM-S VMAA--YS DDMS N-DM-S A-DDM-S CC VSAD--ZS N-NM-S CC VIAO--ZS

πρὸς αὐτὸν ὁ Ἰησοῦς, Γέγραπται ὅτι Οὐκ ἐπ' ἄρτῳ μόνῳ
PA NPAMZS DNMS N-NM-S VIRP--ZS CC AB PD N-DM-S A--DM-S

ζήσεται ὁ ἄνθρωπος. 4.5 Καὶ ἀναγαγὼν αὐτὸν ἔδειξεν
VIFM--ZS□VMPA--ZS DNMS N-NM-S CC VPAANM-S NPAMZS VIAA--ZS

αὐτῷ πάσας τὰς βασιλείας τῆς οἰκουμένης ἐν στιγμῇ χρόνου·
NPDMZS A--AF-P DAFP N-AF-P DGFS N-GF-S PD N-DF-S N-GM-S

4.6 καὶ εἶπεν αὐτῷ ὁ διάβολος, Σοὶ δώσω τὴν ἐξουσίαν
CC VIAA--ZS NPDMZS DNMS AP-NM-S NPD-YS VIFA--XS DAFS N-AF-S

ταύτην ἅπασαν καὶ τὴν δόξαν αὐτῶν, ὅτι ἐμοὶ παραδέδοται καὶ
A-DAF-S A--AF-S CC DAFS N-AF-S NPGFZP CS NPD-XS VIRP--ZS CC

ᾧ ἐὰν θέλω δίδωμι αὐτήν· 4.7 σὺ οὖν ἐὰν
APRDM-S□APDDM-S&APRDM-S QV VSPA--XS VIPA--XS NPAFZS NPN-YS CH CS

προσκυνήσῃς ἐνώπιον ἐμοῦ, ἔσται σου πᾶσα. 4.8 καὶ ἀποκριθεὶς
VSAA--YS   PG   NPG-XS VIFD--ZS NPG-YS AP-NF-S   CC   VPAONM-S

ὁ   Ἰησοῦς εἶπεν αὐτῷ, Γέγραπται,
DNMS N-NM-S   VIAA--ZS NPDMZS VIRP--ZS

Κύριον τὸν θεόν σου προσκυνήσεις
N-AM-S   DAMS N-AM-S NPG-YS VIFA--YS□VMPA--YS

καὶ αὐτῷ μόνῳ λατρεύσεις.
CC   NPDMZS A--DM-S VIFA--YS□VMPA--YS

4.9 Ἤγαγεν δὲ αὐτὸν εἰς Ἰερουσαλὴμ καὶ ἔστησεν ἐπὶ τὸ
    VIAA--ZS CC NPAMZS PA N-AF-S   CC VIAA--ZS PA DANS

πτερύγιον τοῦ ἱεροῦ, καὶ εἶπεν αὐτῷ, Εἰ υἱὸς εἶ τοῦ θεοῦ,
N-AN-S   DGNS AP-GN-S CC VIAA--ZS NPDMZS CS N-NM-S VIPA--YS DGMS N-GM-S

βάλε σεαυτὸν ἐντεῦθεν κάτω· 4.10 γέγραπται γὰρ ὅτι
VMAA--YS NPAMYS   AB   AB   VIRP--ZS   CS   CC

Τοῖς ἀγγέλοις αὐτοῦ ἐντελεῖται περὶ σοῦ
DDMP N-DM-P   NPGMZS VIFD--ZS   PG   NPG-YS

τοῦ διαφυλάξαι σε,
DGNS VNAAG   NPA-YS

4.11 καὶ ὅτι
    CC CC

Ἐπὶ χειρῶν ἀροῦσίν σε
PG   N-GF-P   VIFA--ZP   NPA-YS

μήποτε προσκόψῃς πρὸς λίθον τὸν πόδα σου.
CS   VSAA--YS   PA   N-AM-S DAMS N-AM-S NPG-YS

4.12 καὶ ἀποκριθεὶς εἶπεν αὐτῷ ὁ   Ἰησοῦς ὅτι Εἴρηται, Οὐκ
    CC   VPAONM-S   VIAA--ZS NPDMZS DNMS   N-NM-S CC VIRP--ZS   AB

ἐκπειράσεις κύριον τὸν θεόν σου. 4.13 Καὶ συντελέσας πάντα
VIFA--YS□VMPA--YS N-AM-S   DAMS N-AM-S NPG-YS   CC VPAANM-S   A--AM-S

πειρασμὸν ὁ   διάβολος ἀπέστη ἀπ' αὐτοῦ ἄχρι καιροῦ.
N-AM-S   DNMS AP-NM-S   VIAA--ZS   PG   NPGMZS PG   N-GM-S

4.14 Καὶ ὑπέστρεψεν ὁ   Ἰησοῦς ἐν τῇ δυνάμει τοῦ
     CC   VIAA--ZS   DNMS   N-NM-S   PD DDFS N-DF-S   DGNS

πνεύματος εἰς τὴν Γαλιλαίαν. καὶ φήμη ἐξῆλθεν καθ' ὅλης τῆς
N-GN-S   PA DAFS N-AF-S   CC N-NF-S VIAA--ZS   PG   A--GF-S DGFS

περιχώρου περὶ αὐτοῦ. 4.15 καὶ αὐτὸς ἐδίδασκεν ἐν ταῖς
AP-GF-S   PG   NPGMZS   CC NPNMZS VIIA--ZS   PD DDFP

συναγωγαῖς αὐτῶν, δοξαζόμενος ὑπὸ πάντων.
N-DF-P   NPGMZP VPPPNM-S   PG AP-GM-P

4.16 Καὶ ἦλθεν εἰς Ναζαρά, οὗ ἦν τεθραμμένος, καὶ
     CC VIAA--ZS PA N-AF-S   ABR VIIA--ZS+   +VPRPNM-S   CC

εἰσῆλθεν κατὰ τὸ   εἰωθὸς αὐτῷ ἐν τῇ ἡμέρᾳ τῶν
VIAA--ZS   PA   DANS□NPANZS&APRNN-S VPRAAN-S NPDMZS PD DDFS N-DF-S DGNP

σαββάτων εἰς τὴν συναγωγήν, καὶ ἀνέστη ἀναγνῶναι. 4.17 καὶ
N-GN-P   PA DAFS N-AF-S   CC VIAA--ZS VNAA   CC

ἐπεδόθη αὐτῷ βιβλίον τοῦ προφήτου Ἡσαΐου, καὶ ἀναπτύξας
VIAP--ZS NPDMZS N-NN-S DGMS N-GM-S N-GM-S CC VPAANM-S

τὸ βιβλίον εὗρεν τὸν τόπον οὗ ἦν γεγραμμένον,
DANS N-AN-S VIAA--ZS DAMS N-AM-S ABR VIIA--ZS+ +VPRPNN-S

4.18 Πνεῦμα κυρίου ἐπ᾽ ἐμέ,
N-NN-S N-GM-S PA NPA-XS

οὗ εἵνεκεν ἔχρισέν με
APRGN-S☐NPGNZS PG VIAA--ZS NPA-XS

εὐαγγελίσασθαι πτωχοῖς,
VNAM AP-DM-P

ἀπέσταλκέν με κηρύξαι αἰχμαλώτοις ἄφεσιν
VIRA--ZS NPA-XS VNAA N-DM-P N-AF-S

καὶ τυφλοῖς ἀνάβλεψιν,
CC AP-DM-P N-AF-S

ἀποστεῖλαι τεθραυσμένους ἐν ἀφέσει,
VNAA VPRPAM-P PD N-DF-S

4.19 κηρύξαι ἐνιαυτὸν κυρίου δεκτόν.
VNAA N-AM-S N-GM-S A--AM-S

4.20 καὶ πτύξας τὸ βιβλίον ἀποδοὺς τῷ ὑπηρέτῃ ἐκάθισεν· καὶ
CC VPAANM-S DANS N-AN-S VPAANM-S DDMS N-DM-S VIAA--ZS CC

πάντων οἱ ὀφθαλμοὶ ἐν τῇ συναγωγῇ ἦσαν ἀτενίζοντες αὐτῷ.
AP-GM-P DNMP N-NM-P PD DDFS N-DF-S VIIA--ZP+ +VPPANM-P NPDMZS

4.21 ἤρξατο δὲ λέγειν πρὸς αὐτοὺς ὅτι Σήμερον πεπλήρωται ἡ
VIAM--ZS CC VNPA PA NPAMZP CC AB VIRP--ZS DNFS

γραφὴ αὕτη ἐν τοῖς ὠσὶν ὑμῶν. 4.22 Καὶ πάντες ἐμαρτύρουν
N-NF-S A-DNF-S PD DDNP N-DN-P NPG-YP CC AP-NM-P VIIA--ZP

αὐτῷ καὶ ἐθαύμαζον ἐπὶ τοῖς λόγοις τῆς χάριτος τοῖς
NPDMZS CC VIIA--ZP PD DDMP N-DM-P DGFS N-GF-S DDMP☐APRNM-P

ἐκπορευομένοις ἐκ τοῦ στόματος αὐτοῦ, καὶ ἔλεγον, Οὐχὶ υἱός
VPPNDM-P PG DGNS N-GN-S NPGMZS CC VIIA--ZP QT N-NM-S

ἐστιν Ἰωσὴφ οὗτος; 4.23 καὶ εἶπεν πρὸς αὐτούς, Πάντως ἐρεῖτέ
VIPA--ZS N-GM-S APDNM-S CC VIAA--ZS PA NPAMZP AB VIFA--YP

μοι τὴν παραβολὴν ταύτην· Ἰατρέ, θεράπευσον σεαυτόν·
NPD-XS DAFS N-AF-S A-DAF-S N-VM-S VMAA--YS NPAMYS

ὅσα ἠκούσαμεν γενόμενα εἰς τὴν Καφαρναοὺμ
APRAN-P☐APDAN-P&APRAN-P VIAA--XP VPADAN-P PA DAFS N-AF-S

ποίησον καὶ ὧδε ἐν τῇ πατρίδι σου. 4.24 εἶπεν δέ, Ἀμὴν λέγω
VMAA--YS AB AB PD DDFS N-DF-S NPG-YS VIAA--ZS CH QS VIPA--XS

ὑμῖν ὅτι οὐδεὶς προφήτης δεκτός ἐστιν ἐν τῇ πατρίδι αὐτοῦ.
NPD-YP CC A-CNM-S N-NM-S A--NM-S VIPA--ZS PD DDFS N-DF-S NPGMZS

4.25 ἐπ᾽ ἀληθείας δὲ λέγω ὑμῖν, πολλαὶ χῆραι ἦσαν ἐν ταῖς
PG N-GF-S CC VIPA--XS NPD-YP A--NF-P AP-NF-P VIIA--ZP PD DDFP

ἡμέραις Ἠλίου ἐν τῷ Ἰσραήλ, ὅτε ἐκλείσθη ὁ οὐρανὸς ἐπὶ
N-DF-P N-GM-S PD DDMS N-DM-S ABR VIAP--ZS DNMS N-NM-S PA

ἔτη τρία καὶ μῆνας ἕξ, ὡς ἐγένετο λιμὸς μέγας ἐπὶ πᾶσαν
N-AN-P A-CAN-P CC N-AM-P A-CAM-P ABR VIAD--ZS N-NM-S A--NM-S PA A--AF-S

τὴν γῆν, 4.26 καὶ πρὸς οὐδεμίαν αὐτῶν ἐπέμφθη Ἠλίας εἰ μὴ εἰς
DAFS N-AF-S CC PA APCAF-S NPGFZP VIAP--ZS N-NM-S CS AB PA

Σάρεπτα τῆς Σιδωνίας πρὸς γυναῖκα χήραν. 4.27 καὶ πολλοὶ
N-AN-P DGFS AP-GF-S PA N-AF-S A--AF-S CC A--NM-P

λεπροὶ ἦσαν ἐν τῷ Ἰσραὴλ ἐπὶ Ἐλισαίου τοῦ προφήτου, καὶ
AP-NM-P VIIA--ZP PD DDMS N-DM-S PG N-GM-S DGMS N-GM-S CC

οὐδεὶς αὐτῶν ἐκαθαρίσθη εἰ μὴ Ναιμὰν ὁ Σύρος. 4.28 καὶ
APCNM-S NPGMZP VIAP--ZS CS AB N-NM-S DNMS N-NM-S CC

ἐπλήσθησαν πάντες θυμοῦ ἐν τῇ συναγωγῇ ἀκούοντες ταῦτα,
VIAP--ZP AP-NM-P N-GM-S PD DDFS N-DF-S VPPANM-P APDAN-P

4.29 καὶ ἀναστάντες ἐξέβαλον αὐτὸν ἔξω τῆς πόλεως, καὶ ἤγαγον
CC VPAANM-P VIAA--ZP NPAMZS PG DGFS N-GF-S CC VIAA--ZP

αὐτὸν ἕως ὀφρύος τοῦ ὄρους ἐφ᾽ οὗ ἡ πόλις ᾠκοδόμητο
NPAMZS PG N-GF-S DGNS N-GN-S PG APRGN-S DNFS N-NF-S VILP--ZS

αὐτῶν, ὥστε κατακρημνίσαι αὐτόν· 4.30 αὐτὸς δὲ διελθὼν διὰ
NPGMZP CS VNAA NPAMZS NPNMZS CH VPAANM-S PG

μέσου αὐτῶν ἐπορεύετο.
AP-GN-S NPGMZP VIIN--ZS

4.31 Καὶ κατῆλθεν εἰς Καφαρναοὺμ πόλιν τῆς Γαλιλαίας. καὶ
CC VIAA--ZS PA N-AF-S N-AF-S DGFS N-GF-S CC

ἦν διδάσκων αὐτοὺς ἐν τοῖς σάββασιν· 4.32 καὶ ἐξεπλήσσοντο
VIIA--ZS+ +VPPANM-S NPAMZP PD DDNP N-DN-P CC VIIP--ZP

ἐπὶ τῇ διδαχῇ αὐτοῦ, ὅτι ἐν ἐξουσίᾳ ἦν ὁ λόγος αὐτοῦ.
PD DDFS N-DF-S NPGMZS CS PD N-DF-S VIIA--ZS DNMS N-NM-S NPGMZS

4.33 καὶ ἐν τῇ συναγωγῇ ἦν ἄνθρωπος ἔχων πνεῦμα
CC PD DDFS N-DF-S VIIA--ZS N-NM-S VPPANM-S N-AN-S

δαιμονίου ἀκαθάρτου, καὶ ἀνέκραξεν φωνῇ μεγάλῃ, 4.34 Ἔα,
N-GN-S A--GN-S CC VIAA--ZS N-DF-S A--DF-S QS

τί ἡμῖν καὶ σοί, Ἰησοῦ Ναζαρηνέ; ἦλθες ἀπολέσαι ἡμᾶς;
APTNN-S NPD-XP CC NPD-YS N-VM-S A--VM-S VIAA--YS VNAA NPA-XP

οἶδά σε τίς εἶ, ὁ ἅγιος τοῦ θεοῦ. 4.35 καὶ ἐπετίμησεν
VIRA--XS NPA-YS APTNMYS VIPA--YS DNMS AP-NM-S DGMS N-GM-S CC VIAA--ZS

αὐτῷ ὁ Ἰησοῦς λέγων, Φιμώθητι καὶ ἔξελθε ἀπ᾽ αὐτοῦ. καὶ
NPDMZS DNMS N-NM-S VPPANM-S VMAP--YS CC VMAA--YS PG NPGMZS CC

ῥίψαν αὐτὸν τὸ δαιμόνιον εἰς τὸ μέσον ἐξῆλθεν ἀπ᾽ αὐτοῦ
VPAANN-S NPAMZS DNNS N-NN-S PA DANS AP-AN-S VIAA--ZS PG NPGMZS

μηδὲν βλάψαν αὐτόν. 4.36 καὶ ἐγένετο θάμβος ἐπὶ πάντας, καὶ
APCAN-S VPAANN-S NPAMZS CC VIAD--ZS N-NM-S/N-NN-S PA AP-AM-P CC

συνελάλουν πρὸς ἀλλήλους λέγοντες, Τίς ὁ λόγος οὗτος, ὅτι
VIIA--ZP PA NPAMZP VPPANM-P APTNM-S DNMS N-NM-S A-DNM-S CS

ἐν ἐξουσίᾳ καὶ δυνάμει ἐπιτάσσει τοῖς ἀκαθάρτοις πνεύμασιν, καὶ
PD N-DF-S CC N-DF-S VIPA--ZS DDNP A--DN-P N-DN-P CC

ἐξέρχονται; 4.37 καὶ ἐξεπορεύετο ἦχος περὶ αὐτοῦ εἰς πάντα τόπον
VIPN--ZP   CC   VIIN--ZS   N-NN-S PG   NPGMZS PA   A--AM-S   N-AM-S

τῆς περιχώρου.
DGFS AP-GF-S

4.38 Ἀναστὰς δὲ ἀπὸ τῆς συναγωγῆς εἰσῆλθεν εἰς τὴν οἰκίαν
VPAANM-S   CC   PG   DGFS N-GF-S   VIAA--ZS   PA   DAFS N-AF-S

Σίμωνος. πενθερὰ δὲ τοῦ Σίμωνος ἦν   συνεχομένη πυρετῷ
N-GM-S   N-NF-S   CC   DGMS N-GM-S   VIIA--ZS+   +VPPPNF-S   N-DM-S

μεγάλῳ, καὶ ἠρώτησαν αὐτὸν περὶ αὐτῆς. 4.39 καὶ ἐπιστὰς ἐπάνω
A--DM-S   CC   VIAA--ZP   NPAMZS PG   NPGFZS   CC   VPAANM-S   PG

αὐτῆς ἐπετίμησεν τῷ   πυρετῷ, καὶ ἀφῆκεν αὐτήν· παραχρῆμα δὲ
NPGFZS VIAA--ZS   DDMS N-DM-S   CC   VIAA--ZS   NPAFZS   AB   CH

ἀναστᾶσα διηκόνει αὐτοῖς. 4.40 Δύνοντος δὲ τοῦ ἡλίου ἅπαντες
VPAANF-S   VIIA--ZS   NPDMZP   VPPAGM-S   CC   DGMS N-GM-S   AP-NM-P

ὅσοι   εἶχον ἀσθενοῦντας νόσοις ποικίλαις ἤγαγον αὐτοὺς πρὸς
APRNM-P VIIA--ZP VPPAAM-P   N-DF-P   A--DF-P   VIAA--ZP   NPAMZP   PA

αὐτόν· ὁ   δὲ ἑνὶ   ἑκάστῳ αὐτῶν τὰς χεῖρας ἐπιτιθεὶς
NPAMZS DNMS□NPNMZS CC APCDM-S A--DM-S   NPGMZP DAFP N-AF-P VPPANM-S

ἐθεράπευεν αὐτούς. 4.41 ἐξήρχετο δὲ καὶ δαιμόνια ἀπὸ πολλῶν,
VIIA--ZS   NPAMZP   VIIN--ZS   CC   AB   N-NN-P   PG   AP-GM-P

κρ[αυγ]άζοντα καὶ λέγοντα ὅτι Σὺ   εἶ   ὁ   υἱὸς τοῦ θεοῦ. καὶ
VPPANN-P   CC   VPPANN-P   CC   NPN-YS VIPA--YS DNMS N-NM-S DGMS N-GM-S CC

ἐπιτιμῶν οὐκ εἴα   αὐτὰ λαλεῖν, ὅτι ᾔδεισαν τὸν Χριστὸν αὐτὸν
VPPANM-S   AB   VIIA--ZS NPANZP VNPA   CS   VILA--ZP   DAMS N-AM-S   NPAMZS

εἶναι.
VNPA

4.42 Γενομένης δὲ ἡμέρας ἐξελθὼν ἐπορεύθη εἰς ἔρημον τόπον·
VPADGF-S   CC   N-GF-S   VPAANM-S   VIAO--ZS   PA   A--AM-S   N-AM-S

καὶ οἱ   ὄχλοι ἐπεζήτουν αὐτόν, καὶ ἦλθον ἕως αὐτοῦ, καὶ κατεῖχον
CC   DNMP N-NM-P VIIA--ZP   NPAMZS CC   VIAA--ZP PG   NPGMZS CC   VIIA--ZP

αὐτὸν τοῦ μὴ πορεύεσθαι ἀπ᾽ αὐτῶν. 4.43 ὁ   δὲ εἶπεν
NPAMZS DGNS AB VNPNG   PG   NPGMZP   DNMS□NPNMZS CH VIAA--ZS

πρὸς αὐτοὺς ὅτι Καὶ ταῖς ἑτέραις πόλεσιν εὐαγγελίσασθαί με
PA   NPAMZS CC   AB   DDFP A--DF-P   N-DF-P   VNAM   NPA-XS

δεῖ   τὴν βασιλείαν τοῦ θεοῦ, ὅτι ἐπὶ τοῦτο ἀπεστάλην. 4.44 καὶ
VIPA--ZS DAFS N-AF-S   DGMS N-GM-S CS   PA   APDAN-S VIAP--XS   CC

ἦν   κηρύσσων εἰς τὰς συναγωγὰς τῆς Ἰουδαίας.
VIIA--ZS+ +VPPANM-S   PA   DAFP N-AF-P   DGFS N-GF-S

5.1 Ἐγένετο δὲ ἐν τῷ   τὸν ὄχλον ἐπικεῖσθαι αὐτῷ καὶ ἀκούειν
VIAD--ZS   CC   PD   DDNS DAMS N-AM-S   VNPND   NPDMZS CC   VNPAD

τὸν λόγον τοῦ θεοῦ καὶ αὐτὸς ἦν   ἑστὼς   παρὰ τὴν λίμνην
DAMS N-AM-S DGMS N-GM-S CH   NPNMZS VIIA--ZS+ +VPRANM-S PA   DAFS N-AF-S

Γεννησαρέτ, 5.2 καὶ εἶδεν δύο   πλοῖα ἑστῶτα παρὰ τὴν λίμνην·
N-AF-S/N-GF-S   CC   VIAA--ZS A-CAN-P N-AN-P   VPRAAN-P PA   DAFS N-AF-S

οἱ δὲ ἁλιεῖς ἀπ᾽ αὐτῶν ἀποβάντες ἔπλυνον τὰ δίκτυα.
DNMP CC N-NM-P PG NPGNZP VPAANM-P VIIA--ZP DANP N-AN-P

5.3 ἐμβὰς δὲ εἰς ἓν τῶν πλοίων, ὃ ἦν Σίμωνος,
VPAANM-S CC PA APCAN-S DGNP N-GN-P APRNN-S VIIA--ZS N-GM-S

ἠρώτησεν αὐτὸν ἀπὸ τῆς γῆς ἐπαναγαγεῖν ὀλίγον, καθίσας δὲ
VIAA--ZS NPAMZS PG DGFS N-GF-S VNAA AP-AN-S□AB VPAANM-S CC

ἐκ τοῦ πλοίου ἐδίδασκεν τοὺς ὄχλους. 5.4 ὡς δὲ ἐπαύσατο λαλῶν,
PG DGNS N-GN-S VIIA--ZS DAMP N-AM-P CS CC VIAM--ZS VPPANM-S

εἶπεν πρὸς τὸν Σίμωνα, Ἐπανάγαγε εἰς τὸ βάθος καὶ χαλάσατε
VIAA--ZS PA DAMS N-AM-S VMAA--YS PA DANS N-AN-S CC VMAA--YP

τὰ δίκτυα ὑμῶν εἰς ἄγραν. 5.5 καὶ ἀποκριθεὶς Σίμων εἶπεν,
DANP N-AN-P NPG-YP PA N-AF-S CC VPAONM-S N-NM-S VIAA--ZS

Ἐπιστάτα, δι᾽ ὅλης νυκτὸς κοπιάσαντες οὐδὲν ἐλάβομεν, ἐπὶ δὲ
N-VM-S PG A--GF-S N-GF-S VPAANMXP APCAN-S VIAA--XP PD CII

τῷ ῥήματί σου χαλάσω τὰ δίκτυα. 5.6 καὶ τοῦτο ποιήσαντες
DDNS N-DN-S NPG-YS VIFA--XS DANP N-AN-P CC APDAN-S VPAANM-P

συνέκλεισαν πλῆθος ἰχθύων πολύ, διερρήσσετο δὲ τὰ δίκτυα
VIAA--ZP N-AN-S N-GM-P A--AN-S VIIP--ZS CH DNNP N-NN-P

αὐτῶν. 5.7 καὶ κατένευσαν τοῖς μετόχοις ἐν τῷ ἑτέρῳ πλοίῳ τοῦ
NPGMZP CC VIAA--ZP DDMP AP-DM-P PD DDNS A--DN-S N-DN-S DGNS

ἐλθόντας συλλαβέσθαι αὐτοῖς· καὶ ἦλθον, καὶ ἔπλησαν ἀμφότερα
VPAAAM-P VNAMG NPDMZP CC VIAA--ZP CC VIAA--ZP A--AN-P

τὰ πλοῖα ὥστε βυθίζεσθαι αὐτά. 5.8 ἰδὼν δὲ Σίμων Πέτρος
DANP N-AN-P CH VNPP NPANZP VPAANM-S CH N-NM-S N-NM-S

προσέπεσεν τοῖς γόνασιν Ἰησοῦ λέγων, Ἔξελθε ἀπ᾽ ἐμοῦ, ὅτι
VIAA--ZS DDNP N-DN-P N-GM-S VPPANM-S VMAA--YS PG NPG-XS CS

ἀνὴρ ἁμαρτωλός εἰμι, κύριε· 5.9 θάμβος γὰρ περιέσχεν αὐτὸν
N-NM-S A--NM-S VIPA--XS N-VM-S N-NM-S/N-NN-S CS VIAA--ZS NPAMZS

καὶ πάντας τοὺς σὺν αὐτῷ ἐπὶ τῇ ἄγρᾳ τῶν ἰχθύων ὧν
CC A--AM-P DAMP PD NPDMZS PD DDFS N-DF-S DGMP N-GM-P APRGM-P□APRAM-P

συνέλαβον, 5.10 ὁμοίως δὲ καὶ Ἰάκωβον καὶ Ἰωάννην υἱοὺς
VIAA--ZP AB CC AB/CC N-AM-S CC N-AM-S N-AM-P

Ζεβεδαίου, οἳ ἦσαν κοινωνοὶ τῷ Σίμωνι. καὶ εἶπεν πρὸς τὸν
N-GM-S APRNM-P VIIA--ZP N-NM-P DDMS N-DM-S CC VIAA--ZS PA DAMS

Σίμωνα ὁ Ἰησοῦς, Μὴ φοβοῦ· ἀπὸ τοῦ νῦν ἀνθρώπους
N-AM-S DNMS N-NM-S AB VMPN--YS PG DGMS AB□AP-GM-S N-AM-P

ἔσῃ ζωγρῶν. 5.11 καὶ καταγαγόντες τὰ πλοῖα ἐπὶ τὴν
VIFD--YS+□VMPA--YS +VPPANMYS CC VPAANM-P DANP N-AN-P PA DAFS

γῆν ἀφέντες πάντα ἠκολούθησαν αὐτῷ.
N-AF-S VPAANM-P AP-AN-P VIAA--ZP NPDMZS

5.12 Καὶ ἐγένετο ἐν τῷ εἶναι αὐτὸν ἐν μιᾷ τῶν πόλεων καὶ
CC VIAD--ZS PD DDNS VNPAD NPAMZS PD APCDF-S DGFP N-GF-P CII

ἰδοὺ ἀνὴρ πλήρης λέπρας· ἰδὼν δὲ τὸν Ἰησοῦν πεσὼν ἐπὶ
QS N-NM-S A--NM-S N-GF-S VPAANM-S CC DAMS N-AM-S VPAANM-S PA

πρόσωπον ἐδεήθη αὐτοῦ λέγων, Κύριε, ἐὰν θέλῃς δύνασαί με
N-AN-S VIAO--ZS NPGMZS VPPANM-S N-VM-S CS VSPA--YS VIPN--YS NPA-XS

καθαρίσαι. 5.13 καὶ ἐκτείνας τὴν χεῖρα ἥψατο αὐτοῦ λέγων, Θέλω,
VNAA CC VPAANM-S DAFS N-AF-S VIAM--ZS NPGMZS VPPANM-S VIPA--XS

καθαρίσθητι· καὶ εὐθέως ἡ λέπρα ἀπῆλθεν ἀπ᾽ αὐτοῦ. 5.14 καὶ
VMAP--YS CC AB DNFS N-NF-S VIAA--ZS PG NPGMZS CC

αὐτὸς παρήγγειλεν αὐτῷ μηδενὶ εἰπεῖν, ἀλλὰ ἀπελθὼν δεῖξον
NPNMZS VIAA--ZS NPDMZS APCDM-S VNAA CH VRAANMYS VMAA--YS

σεαυτὸν τῷ ἱερεῖ, καὶ προσένεγκε περὶ τοῦ καθαρισμοῦ σου
NPAMYS DDMS N-DM-S CC VMAA--YS PG DGMS N-GM-S NPG-YS

καθὼς προσέταξεν Μωϋσῆς, εἰς μαρτύριον αὐτοῖς. 5.15 διήρχετο δὲ
CS VIAA--ZS N-NM-S PA N-AN-S NPDMZP VIIN--ZS CH

μᾶλλον ὁ λόγος περὶ αὐτοῦ, καὶ συνήρχοντο ὄχλοι πολλοὶ
ABM DNMS N-NM-S PG NPGMZS CC VIIN--ZP N-NM-P A--NM-P

ἀκούειν καὶ θεραπεύεσθαι ἀπὸ τῶν ἀσθενειῶν αὐτῶν· 5.16 αὐτὸς
VNPA CC VNPP PG DGFP N-GF-P NPGMZP NPNMZS

δὲ ἦν ὑποχωρῶν ἐν ταῖς ἐρήμοις καὶ προσευχόμενος.
CC VIIA--ZS+ +VPPANM-S PD DDFP AP-DF-P CC +VPPNNM-S

5.17 Καὶ ἐγένετο ἐν μιᾷ τῶν ἡμερῶν καὶ αὐτὸς ἦν
CC VIAD--ZS PD APCDF-S DGFP N-GF-P CH NPNMZS VIIA--ZS+

διδάσκων, καὶ ἦσαν καθήμενοι Φαρισαῖοι καὶ νομοδιδάσκαλοι
+VPPANM-S CC VIIA--ZP+ +VPPNNM-P N-NM-P CC N-NM-P

οἳ ἦσαν ἐληλυθότες ἐκ πάσης κώμης τῆς Γαλιλαίας καὶ
APRNM-P VIIA--ZP+ +VPRANM-P PG A--GF-S N-GF-S DGFS N-GF-S CC

Ἰουδαίας καὶ Ἰερουσαλήμ· καὶ δύναμις κυρίου ἦν εἰς τὸ
N-GF-S CC N-GF-S CC N-NF-S N-GM-S VIIA--ZS PA DANS

ἰᾶσθαι αὐτόν. 5.18 καὶ ἰδοὺ ἄνδρες φέροντες ἐπὶ κλίνης ἄνθρωπον
VNPNA NPAMZS CC QS N-NM-P VPPANM-P PG N-GF-S N-AM-S

ὃς ἦν παραλελυμένος, καὶ ἐζήτουν αὐτὸν εἰσενεγκεῖν καὶ
APRNM-S VIIA--ZS+ +VPRPNM-S CC VIIA--ZP NPAMZS VNAA CC

θεῖναι [αὐτὸν] ἐνώπιον αὐτοῦ. 5.19 καὶ μὴ εὑρόντες ποίας
VNAA NPAMZS PG NPGMZS CC AB VPAANM-P APTGF-S

εἰσενέγκωσιν αὐτὸν διὰ τὸν ὄχλον ἀναβάντες ἐπὶ τὸ δῶμα διὰ
VSAA--ZP NPAMZS PA DAMS N-AM-S VPAANM-P PA DANS N-AN-S PG

τῶν κεράμων καθῆκαν αὐτὸν σὺν τῷ κλινιδίῳ εἰς τὸ μέσον
DGMP N-GM-P VIAA--ZP NPAMZS PD DDNS N-DN-S PA DANS AP-AN-S

ἔμπροσθεν τοῦ Ἰησοῦ. 5.20 καὶ ἰδὼν τὴν πίστιν αὐτῶν εἶπεν,
PG DGMS N-GM-S CC VPAANM-S DAFS N-AF-S NPGMZP VIAA--ZS

Ἄνθρωπε, ἀφέωνταί σοι αἱ ἁμαρτίαι σου. 5.21 καὶ ἤρξαντο
N-VM-S VIRP--ZP NPD-YS DNFP N-NF-P NPG-YS CC VIAM--ZP

διαλογίζεσθαι οἱ γραμματεῖς καὶ οἱ Φαρισαῖοι λέγοντες, Τίς
VNPN DNMP N-NM-P CC DNMP N-NM-P VPPANM-P APTNM-S

ἐστιν οὗτος ὃς λαλεῖ βλασφημίας; τίς δύναται ἁμαρτίας
VIPA--ZS APDNM-S APRNM-S VIPA--ZS N-AF-P APTNM-S VIPN--ZS N-AF-P

ἀφεῖναι εἰ μὴ μόνος ὁ θεός; 5.22 ἐπιγνοὺς δὲ ὁ Ἰησοῦς τοὺς
VNAA CS AB A--NM-S DNMS N-NM-S VPAANM-S CH DNMS N-NM-S DAMP

διαλογισμοὺς αὐτῶν ἀποκριθεὶς εἶπεν πρὸς αὐτούς, Τί
N-AM-P NPGMZP VPAONM-S VIAA--ZS PA NPAMZP APTAN-S□ABT

διαλογίζεσθε ἐν ταῖς καρδίαις ὑμῶν; 5.23 τί ἐστιν
VIPN--YP PD DDFP N-DF-P NPG-YP APTNN-S VIPA--ZS

εὐκοπώτερον, εἰπεῖν, Ἀφέωνταί σοι αἱ ἁμαρτίαι σου, ἢ εἰπεῖν,
A-MNN-S VNAA VIRP--ZP NPD-YS DNFP N-NF-P NPG-YS CC VNAA

Ἔγειρε καὶ περιπάτει; 5.24 ἵνα δὲ εἰδῆτε ὅτι ὁ υἱὸς τοῦ
VMPA--YS CC VMPA--YS CS CC VSRA--YP CC DNMS N-NM-S DGMS

ἀνθρώπου ἐξουσίαν ἔχει ἐπὶ τῆς γῆς ἀφιέναι ἁμαρτίας — εἶπεν
N-GM-S N-AF-S VIPA--ZS PG DGFS N-GF-S VNPA N-AF-P VIAA--ZS

τῷ παραλελυμένῳ, Σοὶ λέγω, ἔγειρε καὶ ἄρας
DDMS□NPDMZS&APRNM-S VPRPDM-S NPD-YS VIPA--XS VMPA--YS CC VRAANMYS

τὸ κλινίδιόν σου πορεύου εἰς τὸν οἶκόν σου. 5.25 καὶ
DANS N-AN-S NPG-YS VMPN--YS PA DAMS N-AM-S NPG-YS CC

παραχρῆμα ἀναστὰς ἐνώπιον αὐτῶν, ἄρας ἐφ᾽
AB VPAANM-S PG NPGMZP VPAANM-S PA

ὃ κατέκειτο, ἀπῆλθεν εἰς τὸν οἶκον αὐτοῦ
APRAN-S□APRAN-S&APDAN-S VIIN--ZS VIAA--ZS PA DAMS N-AM-S NPGMZS

δοξάζων τὸν θεόν. 5.26 καὶ ἔκστασις ἔλαβεν ἅπαντας καὶ
VPPANM-S DAMS N-AM-S CC N-NF-S VIAA--ZS AP-AM-P CC

ἐδόξαζον τὸν θεόν, καὶ ἐπλήσθησαν φόβου λέγοντες ὅτι Εἴδομεν
VIIA--ZP DAMS N-AM-S CC VIAP--ZP N-GM-S VPPANM-P CH VIAA--XP

παράδοξα σήμερον.
AP-AN-P AB

5.27 Καὶ μετὰ ταῦτα ἐξῆλθεν καὶ ἐθεάσατο τελώνην ὀνόματι
CC PA APDAN-P VIAA--ZS CC VIAD--ZS N-AM-S N-DN-S

Λευὶν καθήμενον ἐπὶ τὸ τελώνιον, καὶ εἶπεν αὐτῷ, Ἀκολούθει
N-AM-S VPPNAM-S PA DANS N-AN-S CC VIAA--ZS NPDMZS VMPA--YS

μοι. 5.28 καὶ καταλιπὼν πάντα ἀναστὰς ἠκολούθει αὐτῷ.
NPD-XS CC VPAANM-S AP-AN-P VPAANM-S VIIA--ZS NPDMZS

5.29 Καὶ ἐποίησεν δοχὴν μεγάλην Λευὶς αὐτῷ ἐν τῇ οἰκίᾳ αὐτοῦ·
CC VIAA--ZS N-AF-S A--AF-S N-NM-S NPDMZS PD DDFS N-DF-S NPGMZS

καὶ ἦν ὄχλος πολὺς τελωνῶν καὶ ἄλλων οἳ ἦσαν μετ᾽
CC VIIA--ZS N-NM-S A--NM-S N-GM-P CC AP-GM-P APRNM-P VIIA--ZP+ PG

αὐτῶν κατακείμενοι. 5.30 καὶ ἐγόγγυζον οἱ Φαρισαῖοι καὶ οἱ
NPGMZP +VPPNNM-P CC VIIA--ZP DNMP N-NM-P CC DNMP

γραμματεῖς αὐτῶν πρὸς τοὺς μαθητὰς αὐτοῦ λέγοντες, Διὰ τί
N-NM-P NPGMZP PA DAMP N-AM-P NPGMZS VPPANM-P PA APTAN-S

μετὰ τῶν τελωνῶν καὶ ἁμαρτωλῶν ἐσθίετε καὶ πίνετε; 5.31 καὶ
PG DGMP N-GM-P CC AP-GM-P VIPA--YP CC VIPA--YP CC

ἀποκριθεὶς ὁ Ἰησοῦς εἶπεν πρὸς αὐτούς, Οὐ χρείαν ἔχουσιν
VPAONM-S DNMS N-NM-S VIAA--ZS PA NPAMZP AB N-AF-S VIPA--ZP

οἱ ὑγιαίνοντες ἰατροῦ ἀλλὰ οἱ
DNMP□NPNMZP&APRNM-P VPPANM-P N-GM-S CH DNMP□NPNMZP&APRNM-P

κακῶς ἔχοντες· 5.32 οὐκ ἐλήλυθα καλέσαι δικαίους ἀλλὰ
AB VPPANM-P AB VIRA--XS VNAA AP-AM-P CH

ἁμαρτωλοὺς εἰς μετάνοιαν.
AP-AM-P PA N-AF-S

5.33 Οἱ δὲ εἶπαν πρὸς αὐτόν, Οἱ μαθηταὶ Ἰωάννου
DNMP□NPNMZP CC VIAA--ZP PA NPAMZS DNMP N-NM-P N-GM-S

νηστεύουσιν πυκνὰ καὶ δεήσεις ποιοῦνται, ὁμοίως καὶ οἱ τῶν
VIPA--ZP AP-AN-P□AB CC N-AF-P VIPM--ZP AB AB DNMP DGMP

Φαρισαίων, οἱ δὲ σοὶ ἐσθίουσιν καὶ πίνουσιν. 5.34 ὁ δὲ
N-GM-P DNMP CH AP-NMYP VIPA--ZP CC VIPA--ZP DNMS CH

Ἰησοῦς εἶπεν πρὸς αὐτούς, Μὴ δύνασθε τοὺς υἱοὺς τοῦ νυμφῶνος
N-NM-S VIAA--ZS PA NPAMZP QT VIPN--YP DAMP N-AM-P DGMS N-GM-S

ἐν ᾧ ὁ νυμφίος μετ᾽ αὐτῶν ἐστιν ποιῆσαι
PD APRDM-S□APDDM-S&APRDM-S DNMS N-NM-S PG NPGMZP VIPA--ZS VNAA

νηστεῦσαι; 5.35 ἐλεύσονται δὲ ἡμέραι, καὶ ὅταν ἀπαρθῇ ἀπ᾽
VNAA VIFD--ZP CC N-NF-P AB/CC CS VSAP--ZS PG

αὐτῶν ὁ νυμφίος τότε νηστεύσουσιν ἐν ἐκείναις ταῖς ἡμέραις.
NPGMZP DNMS N-NM-S AB VIFA--ZP PD A-DDF-P DDFP N-DF-P

5.36 Ἔλεγεν δὲ καὶ παραβολὴν πρὸς αὐτοὺς ὅτι Οὐδεὶς ἐπίβλημα
VIIA--ZS CC AB N-AF-S PA NPAMZP ABR APCNM-S N-AN-S

ἀπὸ ἱματίου καινοῦ σχίσας ἐπιβάλλει ἐπὶ ἱμάτιον παλαιόν· εἰ δὲ
PG N-GN-S A--GN-S VPAANM-S VIPA--ZS PA N-AN-S A--AN-S CS CS

μή γε, καὶ τὸ καινὸν σχίσει καὶ τῷ παλαιῷ οὐ συμφωνήσει τὸ
AB QS CC DANS AP-AN-S VIFA--ZS CC DDNS AP-DN-S AB VIFA--ZS DNNS

ἐπίβλημα τὸ ἀπὸ τοῦ καινοῦ. 5.37 καὶ οὐδεὶς βάλλει οἶνον νέον
N-NN-S DNNS PG DGNS AP-GN-S CC APCNM-S VIPA--ZS N-AM-S A--AM-S

εἰς ἀσκοὺς παλαιούς· εἰ δὲ μή γε, ῥήξει ὁ οἶνος ὁ νέος τοὺς
PA N-AM-P A--AM-P CS CS AB QS VIFA--ZS DNMS N-NM-S DNMS A--NM-S DAMP

ἀσκούς, καὶ αὐτὸς ἐκχυθήσεται καὶ οἱ ἀσκοὶ ἀπολοῦνται·
N-AM-P CC NPNMZS VIFP--ZS CC DNMP N-NM-P VIFM--ZP

5.38 ἀλλὰ οἶνον νέον εἰς ἀσκοὺς καινοὺς βλητέον. 5.39 [καὶ]
CH N-AM-S A--AM-S PA N-AM-P A--AM-P A--NN-S CC

οὐδεὶς πιὼν παλαιὸν θέλει νέον· λέγει γάρ, Ὁ παλαιὸς
APCNM-S VPAANM-S AP-AM-S VIPA--ZS AP-AM-S VIPA--ZS CS DNMS AP-NM-S

χρηστός ἐστιν.
A--NM-S VIPA--ZS

6.1 Ἐγένετο δὲ ἐν σαββάτῳ διαπορεύεσθαι αὐτὸν διὰ
VIAD--ZS CC PD N-DN-S VNPN NPAMZS PG

σπορίμων, καὶ ἔτιλλον οἱ μαθηταὶ αὐτοῦ καὶ ἤσθιον τοὺς
AP-GN-P CC VIIA--ZP DNMP N-NM-P NPGMZS CC VIIA--ZP DAMP

στάχυας ψώχοντες ταῖς χερσίν. 6.2 τινὲς δὲ τῶν Φαρισαίων
N-AM-P VPPANM-P DDFP N-DF-P APINM-P CH DGMP N-GM-P

εἶπαν, Τί ποιεῖτε ὃ οὐκ ἔξεστιν τοῖς
VIAA--ZP APTAN-S□ABT VIPA--YP APRNN-S□APDAN-S&APRNN-S AB VIPA--ZS DDNP

σάββασιν; 6.3 καὶ ἀποκριθεὶς πρὸς αὐτοὺς εἶπεν ὁ Ἰησοῦς,
N-DN-P CC VPAONM-S PA NPAMZP VIAA--ZS DNMS N-NM-S

Οὐδὲ τοῦτο ἀνέγνωτε ὃ ἐποίησεν Δαυὶδ ὅτε ἐπείνασεν αὐτὸς
AB/QT APDAN-S VIAA--YP APRAN-S VIAA--ZS N-NM-S CS VIAA--ZS NPNMZS

καὶ οἱ μετ᾽ αὐτοῦ [ὄντες]; 6.4 [ὡς] εἰσῆλθεν εἰς
CC DNMP□NPNMZP&APRNN-P PG NPGMZS VPPANM-P CS VIAA--ZS PA

τὸν οἶκον τοῦ θεοῦ καὶ τοὺς ἄρτους τῆς προθέσεως λαβὼν
DAMS N-AM-S DGMS N-GM-S CC DAMP N-AM-P DGFS N-GF-S VPAANM-S

ἔφαγεν καὶ ἔδωκεν τοῖς μετ᾽ αὐτοῦ, οὓς οὐκ ἔξεστιν φαγεῖν εἰ
VIAA--ZS CC VIAA--ZS DDMP PG NPGMZS APRAM-P AB VIPA--ZS VNAA CS

μὴ μόνους τοὺς ἱερεῖς; 6.5 καὶ ἔλεγεν αὐτοῖς, Κύριός ἐστιν τοῦ
AB A--AM-P DAMP N-AM-P CC VIIA--ZS NPDMZP N-NM-S VIPA--ZS DGNS

σαββάτου ὁ υἱὸς τοῦ ἀνθρώπου.
N-GN-S DNMS N-NM-S DGMS N-GM-S

6.6 Ἐγένετο δὲ ἐν ἑτέρῳ σαββάτῳ εἰσελθεῖν αὐτὸν εἰς τὴν
VIAD--ZS CC PD A--DN-S N-DN-S VNAA NPAMZS PA DAFS

συναγωγὴν καὶ διδάσκειν· καὶ ἦν ἄνθρωπος ἐκεῖ καὶ ἡ χεὶρ
N-AF-S CC VNPA CC VIIA--ZS N-NM-S AB CC DNFS N-NF-S

αὐτοῦ ἡ δεξιὰ ἦν ξηρά· 6.7 παρετηροῦντο δὲ αὐτὸν οἱ
NPGMZS DNFS A--NF-S VIIA--ZS A--NF-S VIIM--ZP CC NPAMZS DNMP

γραμματεῖς καὶ οἱ Φαρισαῖοι εἰ ἐν τῷ σαββάτῳ θεραπεύει, ἵνα
N-NM-P CC DNMP N-NM-P QT PD DDNS N-DN-S VIPA--ZS CS

εὕρωσιν κατηγορεῖν αὐτοῦ. 6.8 αὐτὸς δὲ ᾔδει τοὺς διαλογισμοὺς
VSAA--ZP VNPA NPGMZS NPNMZS CC VILA--ZS DAMP N-AM-P

αὐτῶν, εἶπεν δὲ τῷ ἀνδρὶ τῷ ξηρὰν ἔχοντι τὴν χεῖρα,
NPGMZP VIAA--ZS CH DDMS N-DM-S DDMS□APRNM-S A--AF-S VPPADM-S DAFS N-AF-S

Ἔγειρε καὶ στῆθι εἰς τὸ μέσον· καὶ ἀναστὰς ἔστη. 6.9 εἶπεν δὲ
VMPA--YS CC VMAA--YS PA DANS AP-AN-S CC VPAANM-S VIAA--ZS VIAA--ZS CH

ὁ Ἰησοῦς πρὸς αὐτούς, Ἐπερωτῶ ὑμᾶς, εἰ ἔξεστιν τῷ
DNMS N-NM-S PA NPAMZP VIPA--XS NPA-YP QT VIPA--ZS DDNS

σαββάτῳ ἀγαθοποιῆσαι ἢ κακοποιῆσαι, ψυχὴν σῶσαι ἢ
N-DN-S VNAA CC VNAA N-AF-S VNAA CC

ἀπολέσαι; 6.10 καὶ περιβλεψάμενος πάντας αὐτοὺς εἶπεν αὐτῷ,
VNAA CC VPAMNM-S A--AM-P NPAMZP VIAA--ZS NPDMZS

Ἔκτεινον τὴν χεῖρά σου. ὁ δὲ ἐποίησεν, καὶ
VMAA--YS DAFS N-AF-S NPG-YS DNMS□NPNMZS CH VIAA--ZS CC

ἀπεκατεστάθη ἡ χεὶρ αὐτοῦ. 6.11 αὐτοὶ δὲ ἐπλήσθησαν ἀνοίας,
VIAP--ZS DNFS N-NF-S NPGMZS NPNMZP CH VIAP--ZP N-GF-S

καὶ διελάλουν πρὸς ἀλλήλους τί ἂν ποιήσαιεν τῷ Ἰησοῦ.
CC VIIA--ZP PA NPAMZP APTAN-S QV VOAA--ZP DDMS N-DM-S

6.12 Ἐγένετο δὲ ἐν ταῖς ἡμέραις ταύταις ἐξελθεῖν αὐτὸν εἰς
VIAD--ZS CC PD DDFP N-DF-P A-DDF-P VNAA NPAMZS PA

τὸ ὄρος προσεύξασθαι, καὶ ἦν διανυκτερεύων ἐν τῇ
DANS N-AN-S VNAD CC VIIA--ZS+ +VPPANM-S PD DDFS

προσευχῇ τοῦ θεοῦ. 6.13 καὶ ὅτε ἐγένετο ἡμέρα, προσεφώνησεν
N-DF-S DGMS N-GM-S CC CS VIAD--ZS N-NF-S VIAA--ZS

τοὺς μαθητὰς αὐτοῦ, καὶ ἐκλεξάμενος ἀπ' αὐτῶν δώδεκα, οὓς
DAMP N-AM-P NPGMZS CC VPAMNM-S PG NPGMZP APCAM-P APRAM-P

καὶ ἀποστόλους ὠνόμασεν, 6.14 Σίμωνα, ὃν καὶ ὠνόμασεν
AB N-AM-P VIAA--ZS N-AM-S APRAM-S AB VIAA--ZS

Πέτρον, καὶ Ἀνδρέαν τὸν ἀδελφὸν αὐτοῦ, καὶ Ἰάκωβον καὶ
N-AM-S CC N-AM-S DAMS N-AM-S NPGMZS CC N-AM-S CC

Ἰωάννην καὶ Φίλιππον καὶ Βαρθολομαῖον 6.15 καὶ Μαθθαῖον καὶ
N-AM-S CC N-AM-S CC N-AM-S CC N-AM-S CC

Θωμᾶν καὶ Ἰάκωβον Ἀλφαίου καὶ Σίμωνα τὸν
N-AM-S CC N-AM-S N-GM-S CC N-AM-S DAMS☐APRNM-S

καλούμενον Ζηλωτὴν 6.16 καὶ Ἰούδαν Ἰακώβου καὶ Ἰούδαν
VPPPAM-S N-AM-S CC N-AM-S N-GM-S CC N-AM-S

Ἰσκαριώθ, ὃς ἐγένετο προδότης.
N-AM-S APRNM-S VIAD--ZS N-NM-S

6.17 Καὶ καταβὰς μετ' αὐτῶν ἔστη ἐπὶ τόπου πεδινοῦ, καὶ
CC VPAANM-S PG NPGMZP VIAA--ZS PG N-GM-S A--GM-S CC

ὄχλος πολὺς μαθητῶν αὐτοῦ, καὶ πλῆθος πολὺ τοῦ λαοῦ ἀπὸ
N-NM-S A--NM-S N-GM-P NPGMZS CC N-NN-S A--NN-S DGMS N-GM-S PG

πάσης τῆς Ἰουδαίας καὶ Ἰερουσαλὴμ καὶ τῆς παραλίου Τύρου
A--GF-S DGFS N-GF-S CC N-GF-S CC DGFS AP-GF-S N-GF-S

καὶ Σιδῶνος, 6.18 οἳ ἦλθον ἀκοῦσαι αὐτοῦ καὶ ἰαθῆναι ἀπὸ
CC N-GF-S APRNM-P VIAA--ZP VNAA NPGMZS CC VNAP PG

τῶν νόσων αὐτῶν· καὶ οἱ ἐνοχλούμενοι ἀπὸ
DGFP N-GF-P NPGMZP CC DNMP☐NPNMZP&APRNM-P VPPPNM-P PG

πνευμάτων ἀκαθάρτων ἐθεραπεύοντο. 6.19 καὶ πᾶς ὁ ὄχλος
N-GN-P A--GN-P VIIP--ZP CC A--NM-S DNMS N-NM-S

ἐξήτουν ἅπτεσθαι αὐτοῦ, ὅτι δύναμις παρ' αὐτοῦ ἐξήρχετο καὶ
VIIA--ZP VNPM NPGMZS CS N-NF-S PG NPGMZS VIIN--ZS CC

ἰᾶτο πάντας.
VIIN--ZS AP-AM-P

6.20 Καὶ αὐτὸς ἐπάρας τοὺς ὀφθαλμοὺς αὐτοῦ εἰς τοὺς μαθητὰς
CC NPNMZS VPAANM-S DAMP N-AM-P NPGMZS PA DAMP N-AM-P

αὐτοῦ ἔλεγεν,
NPGMZS VIIA--ZS

Μακάριοι οἱ πτωχοί,
A--NM-P DVMP AP-VM-P

ὅτι ὑμετέρα ἐστὶν ἡ βασιλεία τοῦ θεοῦ.
CS A--NFYS VIPA--ZS DNFS N-NF-S DGMS N-GM-S

6.21 μακάριοι οἱ πεινῶντες νῦν,
A--NM-P DVMP☐NPVMYP&APRNMYP VPPAVMYP AB

195

ὅτι χορτασθήσεσθε.
CS   VIFP--YP

μακάριοι οἱ   κλαίοντες νῦν,
A--NM-P DVMP☐NPVMYP&APRNMYP VPPAVMYP   AB

ὅτι γελάσετε.
CS   VIFA--YP

6.22 μακάριοί ἐστε ὅταν μισήσωσιν ὑμᾶς οἱ   ἄνθρωποι, καὶ
A--NM-P   VIPA--YP CS VSAA--ZP   NPA-YP DNMP N-NM-P   CC

ὅταν ἀφορίσωσιν ὑμᾶς καὶ ὀνειδίσωσιν καὶ ἐκβάλωσιν τὸ ὄνομα
CS VSAA--ZP   NPA-YP CC VSAA--ZP   CC VSAA--ZP   DANS N-AN-S

ὑμῶν ὡς πονηρὸν ἕνεκα τοῦ υἱοῦ τοῦ ἀνθρώπου· 6.23 χάρητε ἐν
NPG-YP CS AP-AN-S   PG   DGMS N-GM-S DGMS N-GM-S   VMAO--YP PD

ἐκείνῃ τῇ ἡμέρᾳ καὶ σκιρτήσατε, ἰδοὺ γὰρ ὁ   μισθὸς ὑμῶν
A-DDF-S DDFS N-DF-S CC VMAA--YP   QS   CS DNMS N-NM-S NPG-YP

πολὺς ἐν τῷ   οὐρανῷ· κατὰ τὰ   αὐτὰ γὰρ ἐποίουν τοῖς προφήταις
A--NM-S PD DDMS N-DM-S PA   DANP AP-AN-P CS VIIA--ZP DDMP N-DM-P

οἱ   πατέρες αὐτῶν.
DNMP N-NM-P NPGMZP

6.24   Πλὴν οὐαὶ ὑμῖν τοῖς πλουσίοις,
CC   QS   NPD-YP DDMP AP-DM-P

ὅτι ἀπέχετε τὴν παράκλησιν ὑμῶν.
CS VIPA--YP DAFS N-AF-S   NPG-YP

6.25   οὐαὶ ὑμῖν, οἱ   ἐμπεπλησμένοι νῦν,
QS   NPD-YP DVMP☐APRNMYP VPRPVMYP   AB

ὅτι πεινάσετε.
CS VIFA--YP

οὐαί, οἱ   γελῶντες νῦν,
QS DVMP☐NPVMYP&APRNMYP VPPAVMYP AB

ὅτι πενθήσετε καὶ κλαύσετε.
CS VIFA--YP   CC VIFA--YP

6.26 οὐαὶ ὅταν ὑμᾶς καλῶς εἴπωσιν πάντες οἱ   ἄνθρωποι, κατὰ
QS   CS   NPA-YP AB   VSAA--ZP A--NM-P DNMP N-NM-P   PA

τὰ   αὐτὰ γὰρ ἐποίουν τοῖς ψευδοπροφήταις οἱ   πατέρες αὐτῶν.
DANP AP-AN-P CS VIIA--ZP DDMP N-DM-P   DNMP N-NM-P NPGMZP

6.27 Ἀλλὰ ὑμῖν λέγω τοῖς   ἀκούουσιν, ἀγαπᾶτε τοὺς
CC   NPD-YP VIPA--XS DDMP☐APRNMYP VPPADMYP VMPA--YP DAMP

ἐχθροὺς ὑμῶν, καλῶς ποιεῖτε τοῖς   μισοῦσιν ὑμᾶς,
AP-AM-P NPG-YP AB   VMPA--YP DDMP☐NPDMZP&APRNM-P VPPADM-P NPA-YP

6.28 εὐλογεῖτε   τοὺς   καταρωμένους ὑμᾶς,
VMPA--YP   DAMP☐NPAMZP&APRNM-P VPPNAM-P   NPA-YP

προσεύχεσθε περὶ τῶν   ἐπηρεαζόντων ὑμᾶς.
VMPN--YP   PG DGMP☐NPGMZP&APRNM-P VPPAGM-P NPA-YP

6.29 τῷ   τύπτοντί σε ἐπὶ τὴν σιαγόνα πάρεχε καὶ
DDMS☐NPDMZS&APRNM-S VPPADM-S NPA-YS PA DAFS N-AF-S VMPA--YS AB

τὴν ἄλλην, καὶ ἀπὸ τοῦ αἴροντός σου τὸ ἱμάτιον
DAFS AP-AF-S CC PG DGMS□NPGMZS&APRNM-S VPPAGM-S NPG-YS DANS N-AN-S

καὶ τὸν χιτῶνα μὴ κωλύσῃς. 6.30 παντὶ αἰτοῦντί σε δίδου,
AB DAMS N-AM-S AB VSAA--YS□VMAA--YS AP-DM-S VPPADM-S NPA-YS VMPA--YS

καὶ ἀπὸ τοῦ αἴροντος τὰ σὰ μὴ ἀπαίτει. 6.31 καὶ
CC PG DGMS□NPGMZS&APRNM-S VPPAGM-S DANP AP-ANYP AB VMPA--YS CC

καθὼς θέλετε ἵνα ποιῶσιν ὑμῖν οἱ ἄνθρωποι, ποιεῖτε αὐτοῖς
CS VIPA--YP CC VSPA--ZP NPD-YP DNMP N-NM-P VMPA--YP NPDMZP

ὁμοίως. 6.32 καὶ εἰ ἀγαπᾶτε τοὺς ἀγαπῶντας ὑμᾶς,
AB CC CS VIPA--YP DAMP□NPAMZP&APRNM-P VPPAAM-P NPA-YP

ποία ὑμῖν χάρις ἐστίν; καὶ γὰρ οἱ ἁμαρτωλοὶ τοὺς
A-TNF-S NPD-YP N-NF-S VIPA--ZS AB CS DNMP AP-NM-P DAMP□NPAMZP&APRNM-P

ἀγαπῶντας αὐτοὺς ἀγαπῶσιν. 6.33 καὶ [γὰρ] ἐὰν ἀγαθοποιῆτε
VPPAAM-P NPAMZP VIPA--ZP AB CS CS VSPA--YP

τοὺς ἀγαθοποιοῦντας ὑμᾶς, ποία ὑμῖν χάρις ἐστίν;
DAMP□NPAMZP&APRNM-P VPPAAM-P NPA-YP A-TNF-S NPD-YP N-NF-S VIPA--ZS

καὶ οἱ ἁμαρτωλοὶ τὸ αὐτὸ ποιοῦσιν. 6.34 καὶ ἐὰν δανίσητε
AB DNMP AP-NM-P DANS AP-AN-S VIPA--ZP CC CS VSAA--YP

παρ᾽ ὧν ἐλπίζετε λαβεῖν, ποία ὑμῖν χάρις
PG APRGM-P□APRGM-P&APDDM-P VIPA--YP VNAA A-TNF-S NPD-YP N-NF-S

[ἐστίν]; καὶ ἁμαρτωλοὶ ἁμαρτωλοῖς δανίζουσιν ἵνα ἀπολάβωσιν
VIPA--ZS AB AP-NM-P AP-DM-P VIPA--ZP CS VSAA--ZP

τὰ ἴσα. 6.35 πλὴν ἀγαπᾶτε τοὺς ἐχθροὺς ὑμῶν καὶ ἀγαθοποιεῖτε
DANP AP-AN-P CH VMPA--YP DAMP AP-AM-P NPG-YP CC VMPA--YP

καὶ δανίζετε μηδὲν ἀπελπίζοντες· καὶ ἔσται ὁ μισθὸς ὑμῶν
CC VMPA--YP APCAN-S VRPANMYP CC VIFD--ZS DNMS N-NM-S NPG-YP

πολύς, καὶ ἔσεσθε υἱοὶ ὑψίστου, ὅτι αὐτὸς χρηστός ἐστιν ἐπὶ τοὺς
A--NM-S CC VIFD--YP N-NM-P APSGM-S CS NPNMZS A--NM-S VIPA--ZS PA DAMP

ἀχαρίστους καὶ πονηρούς. 6.36 Γίνεσθε οἰκτίρμονες καθὼς [καὶ]
AP-AM-P CC AP-AM-P VMPN--YP A--NM-P CS AB

ὁ πατὴρ ὑμῶν οἰκτίρμων ἐστίν.
DNMS N-NM-S NPG-YP A--NM-S VIPA--ZS

6.37 Καὶ μὴ κρίνετε, καὶ οὐ μὴ κριθῆτε· καὶ μὴ καταδικάζετε,
CC AB VMPA--YP CC AB AB VSAP--YP CC AB VMPA--YP

καὶ οὐ μὴ καταδικασθῆτε. ἀπολύετε, καὶ ἀπολυθήσεσθε·
CC AB AB VSAP--YP VMPA--YP CC VIFP--YP

6.38 δίδοτε, καὶ δοθήσεται ὑμῖν· μέτρον καλὸν πεπιεσμένον
VMPA--YP CC VIFP--ZS NPD-YP N-AN-S A--AN-S VPRPAN-S

σεσαλευμένον ὑπερεκχυννόμενον δώσουσιν εἰς τὸν κόλπον ὑμῶν·
VPRPAN-S VPPPAN-S VIFA--ZP PA DAMS N-AM-S NPG-YP

ᾧ γὰρ μέτρῳ μετρεῖτε ἀντιμετρηθήσεται ὑμῖν. 6.39 Εἶπεν δὲ
APRDN-S+ CS N-DN-S VIPA--YP VIFP--ZS NPD-YP VIAA-ZS CC

καὶ παραβολὴν αὐτοῖς· Μήτι δύναται τυφλὸς τυφλὸν ὁδηγεῖν; οὐχὶ
AB N-AF-S NPDMZP QT VIPN--ZS AP-NM-S AP-AM-S VNPA QT

ἀμφότεροι εἰς βόθυνον ἐμπεσοῦνται; 6.40 οὐκ ἔστιν μαθητὴς ὑπὲρ
AP-NM-P   PA   N-AM-S   VIFD--ZP   AB   VIPA--ZS N-NM-S   PA

τὸν διδάσκαλον, κατηρτισμένος δὲ πᾶς ἔσται ὡς ὁ
DAMS N-AM-S   VPRPNM-S   CH AP-NM-S VIFD--ZS CS DNMS

διδάσκαλος αὐτοῦ. 6.41 Τί δὲ βλέπεις τὸ κάρφος τὸ ἐν
N-NM-S   NPGMZS   APTAN-S□ABT CC VIPA--YS DANS N-AN-S DANS PD

τῷ ὀφθαλμῷ τοῦ ἀδελφοῦ σου, τὴν δὲ δοκὸν τὴν ἐν τῷ ἰδίῳ
DDMS N-DM-S DGMS N-GM-S NPG-YS DAFS CH N-AF-S DAFS PD DDMS A--DM-S

ὀφθαλμῷ οὐ κατανοεῖς; 6.42 πῶς δύνασαι λέγειν τῷ ἀδελφῷ σου,
N-DM-S   AB VIPA--YS   ABT VIPN--YS VNPA DDMS N-DM-S NPG-YS

Ἀδελφέ, ἄφες ἐκβάλω τὸ κάρφος τὸ ἐν τῷ ὀφθαλμῷ σου,
N-VM-S VMAA--YS VSAA--XS DANS N-AN-S DANS PD DDMS N-DM-S NPG-YS

αὐτὸς τὴν ἐν τῷ ὀφθαλμῷ σοῦ δοκὸν οὐ βλέπων; ὑποκριτά,
NPNMYS DAFS PD DDMS N-DM-S NPG-YS N-AF-S AB VPPANMYS N-VM-S

ἔκβαλε πρῶτον τὴν δοκὸν ἐκ τοῦ ὀφθαλμοῦ σου, καὶ τότε
VMAA--YS APOAN-S□AB DAFS N-AF-S PG DGMS N-GM-S NPG-YS CC AB

διαβλέψεις τὸ κάρφος τὸ ἐν τῷ ὀφθαλμῷ τοῦ ἀδελφοῦ σου
VIFA--YS DANS N-AN-S DANS PD DDMS N-DM-S DGMS N-GM-S NPG-YS

ἐκβαλεῖν.
VNAA

6.43 Οὐ γάρ ἐστιν δένδρον καλὸν ποιοῦν καρπὸν σαπρόν, οὐδὲ
     AB CS VIPA--ZS N-NN-S A--NN-S VPPANN-S N-AM-S A--AM-S CC

πάλιν δένδρον σαπρὸν ποιοῦν καρπὸν καλόν. 6.44 ἕκαστον γὰρ
AB   N-NN-S A--NN-S VPPANN-S N-AM-S A--AM-S A--NN-S CS

δένδρον ἐκ τοῦ ἰδίου καρποῦ γινώσκεται· οὐ γὰρ ἐξ ἀκανθῶν
N-NN-S PG DGMS A--GM-S N-GM-S VIPP--ZS AB CS PG N-GF-P

συλλέγουσιν σῦκα, οὐδὲ ἐκ βάτου σταφυλὴν τρυγῶσιν. 6.45 ὁ
VIPA--ZP   N-AN-P CC PG N-GF-S N-AF-S VIPA--ZP   DNMS

ἀγαθὸς ἄνθρωπος ἐκ τοῦ ἀγαθοῦ θησαυροῦ τῆς καρδίας προφέρει
A--NM-S N-NM-S PG DGMS A--GM-S N-GM-S DGFS N-GF-S VIPA--ZS

τὸ ἀγαθόν, καὶ ὁ πονηρὸς ἐκ τοῦ πονηροῦ προφέρει τὸ
DANS AP-AN-S CC DNMS AP-NM-S PG DGMS AP-GM-S VIPA--ZS DANS

πονηρόν· ἐκ γὰρ περισσεύματος καρδίας λαλεῖ τὸ στόμα αὐτοῦ.
AP-AN-S PG CS N-GN-S N-GF-S VIPA--ZS DNNS N-NN-S NPGMZS

6.46 Τί δέ με καλεῖτε, Κύριε κύριε, καὶ οὐ ποιεῖτε
     APTAN-S□ABT CC NPA-XS VIPA--YP N-VM-S N-VM-S CC AB VIPA--YP

ἃ λέγω; 6.47 πᾶς ὁ ἐρχόμενος πρός
APRAN-P□APDAN-P&APRAN-P VIPA--XS AP-NM-S DNMS□APRNM-S VPPNNM-S PA

με καὶ ἀκούων μου τῶν λόγων καὶ ποιῶν αὐτούς, ὑποδείξω
NPA-XS CC VPPANM-S NPG-XS DGMP N-GM-P CC VPPANM-S NPAMZP VIFA--XS

ὑμῖν τίνι ἐστὶν ὅμοιος· 6.48 ὅμοιός ἐστιν ἀνθρώπῳ οἰκοδομοῦντι
NPD-YP APTDM-S VIPA--ZS A--NM-S A--NM-S VIPA--ZS N-DM-S VPPADM-S

οἰκίαν ὃς ἔσκαψεν καὶ ἐβάθυνεν καὶ ἔθηκεν θεμέλιον ἐπὶ τὴν
N-AF-S APRNM-S VIAA--ZS CC VIAA--ZS CC VIAA--ZS N-AN-S PA DAFS

πέτραν· πλημμύρης δὲ γενομένης προσέρηξεν ὁ ποταμὸς τῇ
N-AF-S N-GF-S CC VPADGF-S VIAA--ZS DNMS N-NM-S DDFS

οἰκίᾳ ἐκείνῃ, καὶ οὐκ ἴσχυσεν σαλεῦσαι αὐτὴν διὰ τὸ καλῶς
N-DF-S A-DDF-S CC AB VIAA--ZS VNAA NPAFZS PA DANS AB

οἰκοδομῆσθαι αὐτήν. 6.49 ὁ δὲ ἀκούσας καὶ μὴ
VNRPA NPAFZS DNMS□NPNMZS&APRNM-S CC VPAANM-S CC AB

ποιήσας ὅμοιός ἐστιν ἀνθρώπῳ οἰκοδομήσαντι οἰκίαν ἐπὶ τὴν
VPAANM-S A--NM-S VIPA--ZS N-DM-S VPAADM-S N-AF-S PA DAFS

γῆν χωρὶς θεμελίου, ᾗ προσέρηξεν ὁ ποταμός, καὶ εὐθὺς
N-AF-S PG N-GN-S APRDF-S VIAA--ZS DNMS N-NM-S CC AP-NM-S□AB

συνέπεσεν, καὶ ἐγένετο τὸ ῥῆγμα τῆς οἰκίας ἐκείνης μέγα.
VIAA--ZS CC VIAD--ZS DNNS N-NN-S DGFS N-GF-S A-DGF-S A--NN-S

7.1 Ἐπειδὴ ἐπλήρωσεν πάντα τὰ ῥήματα αὐτοῦ εἰς τὰς
CS VIAA--ZS A--AN-P DANP N-AN-P NPGMZS PA DAFP

ἀκοὰς τοῦ λαοῦ, εἰσῆλθεν εἰς Καφαρναούμ. 7.2 Ἑκατοντάρχου δέ
N-AF-P DGMS N-GM-S VIAA--ZS PA N-AF-S N-GM-S CC

τινος δοῦλος κακῶς ἔχων ἤμελλεν τελευτᾶν, ὃς ἦν αὐτῷ
A-IGM-S N-NM-S AB VPPANM-S VIIA--ZS+ +VNPA APRNM-S VIIA--ZS NPDMZS

ἔντιμος. 7.3 ἀκούσας δὲ περὶ τοῦ Ἰησοῦ ἀπέστειλεν πρὸς αὐτὸν
A--NM-S VPAANM-S CH PG DGMS N-GM-S VIAA--ZS PA NPAMZS

πρεσβυτέρους τῶν Ἰουδαίων, ἐρωτῶν αὐτὸν ὅπως ἐλθὼν
AP-AM-P DGMP AP-GM-P VPPANM-S NPAMZS CC VPAANM-S

διασώσῃ τὸν δοῦλον αὐτοῦ. 7.4 οἱ δὲ παραγενόμενοι
VSAA--ZS DAMS N-AM-S NPGMZS DNMP□NPNMZP CC VPADNM-P

πρὸς τὸν Ἰησοῦν παρεκάλουν αὐτὸν σπουδαίως, λέγοντες ὅτι
PA DAMS N-AM-S VIIA--ZP NPAMZS AB VPPANM-P CH

Ἄξιός ἐστιν ᾧ παρέξῃ τοῦτο, 7.5 ἀγαπᾷ γὰρ
A--NM-S VIPA--ZS APRDM-S□APDNM-S&APRDM-S VIFM--YS APDAN-S VIPA--ZS CS

τὸ ἔθνος ἡμῶν καὶ τὴν συναγωγὴν αὐτὸς ᾠκοδόμησεν ἡμῖν.
DANS N-AN-S NPG-XP CC DAFS N-AF-S NPNMZS VIAA--ZS NPD-XP

7.6 ὁ δὲ Ἰησοῦς ἐπορεύετο σὺν αὐτοῖς. ἤδη δὲ αὐτοῦ οὐ μακρὰν
DNMS CH N-NM-S VIIN--ZS PD NPDMZP AB CC NPGMZS AB AP-AF-S□AB

ἀπέχοντος ἀπὸ τῆς οἰκίας ἔπεμψεν φίλους ὁ ἑκατοντάρχης
VPPAGM-S PG DGFS N-GF-S VIAA--ZS AP-AM-P DNMS N-NM-S

λέγων αὐτῷ, Κύριε, μὴ σκύλλου, οὐ γὰρ ἱκανός εἰμι ἵνα ὑπὸ τὴν
VPPANM-S NPDMZS N-VM-S AB VMPP--YS AB CS A--NM-S VIPA--XS CC PA DAFS

στέγην μου εἰσέλθῃς· 7.7 διὸ οὐδὲ ἐμαυτὸν ἠξίωσα πρὸς σὲ
N-AF-S NPG-XS VSAA--YS CH AB NPAMXS VIAA--XS PA NPA-YS

ἐλθεῖν· ἀλλὰ εἰπὲ λόγῳ, καὶ ἰαθήτω ὁ παῖς μου. 7.8 καὶ γὰρ
VNAA CH VMAA--YS N-DM-S CC VMAP--ZS DNMS N-NM-S NPG-XS AB CS

ἐγὼ ἄνθρωπός εἰμι ὑπὸ ἐξουσίαν τασσόμενος, ἔχων ὑπ'
NPN-XS N-NM-S VIPA--XS PA N-AF-S VPPPNMXS VPPANMXS PA

ἐμαυτὸν στρατιώτας, καὶ λέγω τούτῳ, Πορεύθητι, καὶ πορεύεται,
NPAMXS N-AM-P CC VIPA--XS APDDM-S VMAO--YS CC VIPN--ZS

καὶ ἄλλῳ, Ἔρχου, καὶ ἔρχεται, καὶ τῷ δούλῳ μου, Ποίησον
CC AP-DM-S VMPN--YS CC VIPN--ZS CC DDMS N-DM-S NPG-XS VMAA--YS

τοῦτο, καὶ ποιεῖ. 7.9 ἀκούσας δὲ ταῦτα ὁ Ἰησοῦς ἐθαύμασεν
APDAN-S CC VIPA--ZS VPAANM-S CH APDAN-P DNMS N-NM-S VIAA--ZS

αὐτόν, καὶ στραφεὶς τῷ ἀκολουθοῦντι αὐτῷ ὄχλῳ εἶπεν,
NPRAMZS CC VPAPNM-S DDMS□APRNM-S+ VPPADM-S NPDMZS N-DM-S VIAA--ZS

Λέγω ὑμῖν, οὐδὲ ἐν τῷ Ἰσραὴλ τοσαύτην πίστιν εὗρον. 7.10 καὶ
VIPA--XS NPD-YP AB PD DDMS N-DM-S A-DAF-S N-AF-S VIAA--XS CC

ὑποστρέψαντες εἰς τὸν οἶκον οἱ πεμφθέντες εὗρον
VPAANM-P PA DAMS N-AM-S DNMP□NPNMZP&APRNM-P VPAPNM-P VIAA--ZP

τὸν δοῦλον ὑγιαίνοντα.
DAMS N-AM-S VPPAAM-S

7.11 Καὶ ἐγένετο ἐν τῷ ἑξῆς ἐπορεύθη εἰς πόλιν
CC VIAD--ZS PD DDMS AB□AP-DM-S VIAO--ZS PA N-AF-S

καλουμένην Ναΐν, καὶ συνεπορεύοντο αὐτῷ οἱ μαθηταὶ αὐτοῦ
VPPPAF-S N-AF-S CC VIIN--ZP NPDMZS DNMP N-NM-P NPGMZS

καὶ ὄχλος πολύς. 7.12 ὡς δὲ ἤγγισεν τῇ πύλῃ τῆς πόλεως, καὶ
CC N-NM-S A--NM-S CS CC VIAA--ZS DDFS N-DF-S DGFS N-GF-S CC

ἰδοὺ ἐξεκομίζετο τεθνηκὼς μονογενὴς υἱὸς τῇ μητρὶ αὐτοῦ, καὶ
QS VIIP--ZS VPRANM-S A--NM-S N-NM-S DDFS N-DF-S NPGMZS CC

αὐτὴ ἦν χήρα, καὶ ὄχλος τῆς πόλεως ἱκανὸς ἦν σὺν αὐτῇ.
NPNFZS VIIA--ZS AP-NF-S CC N-NM-S DGFS N-GF-S A--NM-S VIIA--ZS PD NPDFZS

7.13 καὶ ἰδὼν αὐτὴν ὁ κύριος ἐσπλαγχνίσθη ἐπ' αὐτῇ καὶ
CC VPAANM-S NPAFZS DNMS N-NM-S VIAO--ZS PD NPDFZS CC

εἶπεν αὐτῇ, Μὴ κλαῖε. 7.14 καὶ προσελθὼν ἥψατο τῆς σοροῦ,
VIAA--ZS NPDFZS AB VMPA--YS CC VPAANM-S VIAM--ZS DGFS N-GF-S

οἱ δὲ βαστάζοντες ἔστησαν, καὶ εἶπεν, Νεανίσκε,
DNMP□NPNMZP&APRNM-P CH VPPANM-P VIAA--ZP CC VIAA--ZS N-VM-S

σοὶ λέγω, ἐγέρθητι. 7.15 καὶ ἀνεκάθισεν ὁ νεκρὸς καὶ ἤρξατο
NPD-YS VIPA--XS VMAP--YS CC VIAA--ZS DNMS AP-NM-S CC VIAM--ZS

λαλεῖν, καὶ ἔδωκεν αὐτὸν τῇ μητρὶ αὐτοῦ. 7.16 ἔλαβεν δὲ φόβος
VNPA CC VIAA--ZS NPAMZS DDFS N-DF-S NPGMZS VIAA--ZS CH N-NM-S

πάντας, καὶ ἐδόξαζον τὸν θεὸν λέγοντες ὅτι Προφήτης μέγας
AP-AM-P CC VIIA--ZP DAMS N-AM-S VPPANM-P CH N-NM-S A--NM-S

ἠγέρθη ἐν ἡμῖν, καὶ ὅτι Ἐπεσκέψατο ὁ θεὸς τὸν λαὸν αὐτοῦ.
VIAP--ZS PD NPD-XP CC CH VIAD--ZS DNMS N-NM-S DAMS N-AM-S NPGMZS

7.17 καὶ ἐξῆλθεν ὁ λόγος οὗτος ἐν ὅλῃ τῇ Ἰουδαίᾳ περὶ αὐτοῦ
CC VIAA--ZS DNMS N-NM-S A-DNM-S PD A--DF-S DDFS N-DF-S PG NPGMZS

καὶ πάσῃ τῇ περιχώρῳ.
CC A--DF-S DDFS AP-DF-S

7.18 Καὶ ἀπήγγειλαν Ἰωάννῃ οἱ μαθηταὶ αὐτοῦ περὶ
CC VIAA--ZP N-DM-S DNMP N-NM-P NPGMZS PG

πάντων τούτων. καὶ προσκαλεσάμενος δύο τινὰς τῶν μαθητῶν
A--GN-P APDGN-P CC VPADNM-S APCAM-P A-IAM-P DGMP N-GM-P

αὐτοῦ ὁ　　Ἰωάννης 7.19 ἔπεμψεν πρὸς τὸν κύριον λέγων, Σὺ
NPGMZS DNMS　N-NM-S　　　　VIAA--ZS　　　PA　　DAMS N-AM-S　VPPANM-S NPN-YS

εἶ　ὁ　　　　　　ἐρχόμενος ἢ ἄλλον προσδοκῶμεν;
VIPA--YS DNMS□NPNMZS&APRNM-S VPPNNM-S　CC　AP-AM-S　VIPA--XP/VSPA--XP

7.20 παραγενόμενοι δὲ πρὸς αὐτὸν οἱ　ἄνδρες εἶπαν, Ἰωάννης
VPADNM-P　　　　CH PA　　NPAMZS DNMP N-NM-P　VIAA--ZP　N-NM-S

ὁ　βαπτιστὴς ἀπέστειλεν ἡμᾶς πρὸς σὲ λέγων, Σὺ εἶ
DNMS N-NM-S　　VIAA--ZS　　NPA-XP PA　NPA-YS VPPANM-S NPN-YS VIPA--YS

ὁ　　　　　　ἐρχόμενος ἢ ἄλλον προσδοκῶμεν; 7.21 ἐν
DNMS□NPNMZS&APRNM-S VPPNNM-S　CC AP-AM-S VIPA--XP/VSPA--XP　　　PD

ἐκείνῃ τῇ　ὥρᾳ ἐθεράπευσεν πολλοὺς ἀπὸ νόσων καὶ μαστίγων
A-DDF-S DDFS N-DF-S VIAA--ZS　AP-AM-P　PG　N-GF-P　CC　N-GF-P

καὶ πνευμάτων πονηρῶν, καὶ τυφλοῖς πολλοῖς ἐχαρίσατο βλέπειν.
CC　N-GN-P　　A--GN-P　CC　AP-DM-P　A--DM-P　VIAD--ZS　VNPA

7.22 καὶ ἀποκριθεὶς εἶπεν αὐτοῖς, Πορευθέντες ἀπαγγείλατε
CC　VPAONM-S　VIAA--ZS　NPDMZP　VRAONMYP　　VMAA--YP

Ἰωάννῃ ἃ　　　　　εἴδετε καὶ ἠκούσατε· τυφλοὶ
N-DM-S　APRAN-P□APDAN-P&APRAN-P VIAA--YP CC　VIAA--YP　AP-NM-P

ἀναβλέπουσιν, χωλοὶ περιπατοῦσιν, λεπροὶ καθαρίζονται καὶ
VIPA--ZP　　AP-NM-P VIPA--ZP　　AP-NM-P VIPP--ZP　　CC

κωφοὶ ἀκούουσιν, νεκροὶ ἐγείρονται, πτωχοὶ εὐαγγελίζονται·
AP-NM-P VIPA--ZP　AP-NM-P VIPP--ZP　AP-NM-P VIPP--ZP

7.23 καὶ μακάριός ἐστιν ὃς　　　　　　ἐὰν μὴ σκανδαλισθῇ
CC　A--NM-S　VIPA--ZS APRNM-S□APDNM-S&APRNM-S QV　AB　VSAP--ZS

ἐν ἐμοί. 7.24 Ἀπελθόντων δὲ τῶν ἀγγέλων Ἰωάννου ἤρξατο
PD NPD-XS　VPAAGM-P　CC DGMP N-GM-P　N-GM-S　VIAM--ZS

λέγειν πρὸς τοὺς ὄχλους περὶ Ἰωάννου, Τί　ἐξήλθατε εἰς τὴν
VNPA　PA　DAMP N-AM-P　PG　N-GM-S　APTAN-S VIAA--YP　PA DAFS

ἔρημον θεάσασθαι; κάλαμον ὑπὸ ἀνέμου σαλευόμενον; 7.25 ἀλλὰ
AP-AF-S VNAD　　N-AM-S　PG　N-GM-S　VPPPAM-S　　　CH

τί　ἐξήλθατε ἰδεῖν; ἄνθρωπον ἐν μαλακοῖς ἱματίοις
APTAN-S VIAA--YP　VNAA　N-AM-S　PD　A--DN-P　N-DN-P

ἠμφιεσμένον; ἰδοὺ οἱ　　　　　ἐν ἱματισμῷ ἐνδόξῳ καὶ
VPRPAM-S　QS DNMP□NPNMZS&APRNM-P PD N-DM-S　A--DM-S　CC

τρυφῇ ὑπάρχοντες ἐν τοῖς βασιλείοις εἰσίν. 7.26 ἀλλὰ τί
N-DF-S VPPANM-P　PD DDNP AP-DN-P　VIPA--ZP　CH APTAN-S

ἐξήλθατε ἰδεῖν; προφήτην; ναί, λέγω ὑμῖν, καὶ περισσότερον
VIAA--YP　VNAA　N-AM-S　QS VIPA--XS NPD-YP CC　APMAM-S/APMAN-S

προφήτου. 7.27 οὗτός ἐστιν περὶ οὗ　　　　　γέγραπται,
N-GM-S　　APDNM-S VIPA--ZS PG　APRGM-S□APRGM-S&APDNM-S VIRP--ZS

Ἰδοὺ ἀποστέλλω τὸν ἄγγελόν μου πρὸ προσώπου σου,
QS　VIPA--XS　DAMS N-AM-S NPG-XS PG　N-GN-S　NPG-YS

ὃς　κατασκευάσει τὴν ὁδόν σου ἔμπροσθέν σου.
APRNM-S VIFA--ZS　DAFS N-AF-S NPG-YS PG　NPG-YS

7.28 λέγω ὑμῖν, μείζων ἐν γεννητοῖς γυναικῶν Ἰωάννου οὐδεὶς
VIPA--XS NPD-YP A-MNM-S PD AP-DM-P N-GF-P N-GM-S APCNM-S

ἐστιν· ὁ δὲ μικρότερος ἐν τῇ βασιλείᾳ τοῦ θεοῦ μείζων αὐτοῦ
VIPA--ZS DNMS CH APMNM-S PD DDFS N-DF-S DGMS N-GM-S A-MNM-S NPGMZS

ἐστιν. (7.29 Καὶ πᾶς ὁ λαὸς ἀκούσας καὶ οἱ τελῶναι
VIPA--ZS CC A--NM-S DNMS N-NM-S VPAANM-S CC DNMP N-NM-P

ἐδικαίωσαν τὸν θεόν, βαπτισθέντες τὸ βάπτισμα Ἰωάννου·
VIAA--ZP DAMS N-AM-S VPAPNM-P DANS N-AN-S N-GM-S

7.30 οἱ δὲ Φαρισαῖοι καὶ οἱ νομικοὶ τὴν βουλὴν τοῦ θεοῦ
DNMP CC/CH N-NM-P CC DNMP AP-NM-P DAFS N-AF-S DGMS N-GM-S

ἠθέτησαν εἰς ἑαυτούς, μὴ βαπτισθέντες ὑπ' αὐτοῦ.)
VIAA--ZP PA NPAMZP AB VPAPNM-P PG NPGMZS

7.31 Τίνι οὖν ὁμοιώσω τοὺς ἀνθρώπους τῆς γενεᾶς ταύτης,
APTDN-S CH VIFA--XS DAMP N-AM-P DGFS N-GF-S A-DGF-S

καὶ τίνι εἰσὶν ὅμοιοι; 7.32 ὅμοιοί εἰσιν παιδίοις τοῖς ἐν
CC APTDN-S VIPA--ZP A--NM-P A--NM-P VIPA--ZP N-DN-P DDNP□APRNN-P PD

ἀγορᾷ καθημένοις καὶ προσφωνοῦσιν ἀλλήλοις, ἃ λέγει,
N-DF-S VPPNDN-P CC VPPADN-P NPDMZP APRNN-P VIPA--ZS

Ηὐλήσαμεν ὑμῖν καὶ οὐκ ὠρχήσασθε·
VIAA--XP NPD-YP CC AB VIAD--YP

ἐθρηνήσαμεν καὶ οὐκ ἐκλαύσατε.
VIAA--XP CC AB VIAA--YP

7.33 ἐλήλυθεν γὰρ Ἰωάννης ὁ βαπτιστὴς μὴ ἐσθίων ἄρτον
VIRA--ZS CS N-NM-S DNMS N-NM-S AB VPPANM-S N-AM-S

μήτε πίνων οἶνον, καὶ λέγετε, Δαιμόνιον ἔχει· 7.34 ἐλήλυθεν ὁ
CC VPPANM-S N-AM-S CC VIPA--YP N-AN-S VIPA--ZS VIRA--ZS DNMS

υἱὸς τοῦ ἀνθρώπου ἐσθίων καὶ πίνων, καὶ λέγετε, Ἰδοὺ ἄνθρωπος
N-NM-S DGMS N-GM-S VPPANM-S CC VPPANM-S CC VIPA--YP QS N-NM-S

φάγος καὶ οἰνοπότης, φίλος τελωνῶν καὶ ἁμαρτωλῶν. 7.35 καὶ
N-NM-S CC N-NM-S AP-NM-S N-GM-P CC AP-GM-P CC

ἐδικαιώθη ἡ σοφία ἀπὸ πάντων τῶν τέκνων αὐτῆς.
VIAP--ZS DNFS N-NF-S PG A--GN-P DGNP N-GN-P NPGFZS

7.36 Ἠρώτα δέ τις αὐτὸν τῶν Φαρισαίων ἵνα φάγῃ μετ'
VIIA--ZS CC APINM-S NPAMZS DGMP N-GM-P CC VSAA--ZS PG

αὐτοῦ· καὶ εἰσελθὼν εἰς τὸν οἶκον τοῦ Φαρισαίου κατεκλίθη.
NPGMZS CC VPAANM-S PA DAMS N-AM-S DGMS N-GM-S VIAP--ZS

7.37 καὶ ἰδοὺ γυνὴ ἥτις ἦν ἐν τῇ πόλει ἁμαρτωλός, καὶ
CC QS N-NF-S APRNF-S VIIA--ZS PD DDFS N-DF-S A--NF-S CC

ἐπιγνοῦσα ὅτι κατάκειται ἐν τῇ οἰκίᾳ τοῦ Φαρισαίου, κομίσασα
VPAANF-S CC VIPN--ZS PD DDFS N-DF-S DGMS N-GM-S VPAANF-S

ἀλάβαστρον μύρου 7.38 καὶ στᾶσα ὀπίσω παρὰ τοὺς πόδας αὐτοῦ
N-AF-S/N-AM-S N-GN-S CC VPAANF-S AB PA DAMP N-AM-P NPGMZS

κλαίουσα, τοῖς δάκρυσιν ἤρξατο βρέχειν τοὺς πόδας αὐτοῦ καὶ
VPPANF-S DDNP N-DN-P VIAM--ZS VNPA DAMP N-AM-P NPGMZS CC

ταῖς θριξὶν τῆς κεφαλῆς αὐτῆς ἐξέμασσεν, καὶ κατεφίλει τοὺς
DDFP N-DF-P DGFS N-GF-S NPGFZS VIIA--ZS CC VIIA--ZS DAMP

πόδας αὐτοῦ καὶ ἤλειφεν τῷ μύρῳ. 7.39 ἰδὼν δὲ ὁ Φαρισαῖος
N-AM-P NPGMZS CC VIIA--ZS DDNS N-DN-S VPAANM-S CH DNMS N-NM-S

ὁ καλέσας αὐτὸν εἶπεν ἐν ἑαυτῷ λέγων, Οὗτος εἰ ἦν
DNMS☐APRNM-S VPAANM-S NPAMZS VIAA--ZS PD NPDMZS VPPANM-S APDNM-S CS VIIA--ZS

προφήτης, ἐγίνωσκεν ἂν τίς καὶ ποταπὴ ἡ γυνὴ ἥτις
N-NM-S VIIA--ZS QV APTNF-S CC APTNF-S DNFS N-NF-S APRNF-S

ἅπτεται αὐτοῦ, ὅτι ἁμαρτωλός ἐστιν. 7.40 καὶ ἀποκριθεὶς ὁ
VIPM--ZS NPGMZS CS A--NF-S VIPA--ZS CC VPAONM-S DNMS

Ἰησοῦς εἶπεν πρὸς αὐτόν, Σίμων, ἔχω σοί τι εἰπεῖν.
N-NM-S VIAA--ZS PA NPAMZS N-VM-S VIPA--XS NPD-YS APIAN-S VNAA

ὁ δέ, Διδάσκαλε, εἰπέ, φησίν. 7.41 δύο χρεοφειλέται
DNMS☐NPNMZS CH N-VM-S VMAA--YS VIPA--ZS A-CNM-P N-NM-P

ἦσαν δανιστῇ τινι· ὁ εἷς ὤφειλεν δηνάρια πεντακόσια, ὁ
VIIA--ZP N-DM-S A-IDM-S DNMS APCNM-S VIIA--ZS N-AN-P A-CAN-P DNMS

δὲ ἕτερος πεντήκοντα. 7.42 μὴ ἐχόντων αὐτῶν ἀποδοῦναι
CC AP-NM-S APCAN-P AB VPPAGM-P NPGMZP VNAA

ἀμφοτέροις ἐχαρίσατο. τίς οὖν αὐτῶν πλεῖον ἀγαπήσει
AP-DM-P VIAD--ZS APTNM-S CH NPGMZP APMAN-S☐ABM VIFA--ZS

αὐτόν; 7.43 ἀποκριθεὶς Σίμων εἶπεν, Ὑπολαμβάνω ὅτι
NPAMZS VPAONM-S N-NM-S VIAA--ZS VIPA--XS CC

ᾧ τὸ πλεῖον ἐχαρίσατο. ὁ δὲ εἶπεν
APRDM-S☐APDNM-S&APRDM-S DANS APMAN-S VIAD--ZS DNMS☐NPNMZS CH VIAA--ZS

αὐτῷ, Ὀρθῶς ἔκρινας. 7.44 καὶ στραφεὶς πρὸς τὴν γυναῖκα τῷ
NPDMZS AB VIAA--YS CC VPAPNM-S PA DAFS N-AF-S DDMS

Σίμωνι ἔφη, Βλέπεις ταύτην τὴν γυναῖκα; εἰσῆλθόν σου
N-DM-S VIAA--ZS/VIIA--ZS VIPA--YS A-DAF-S DAFS N-AF-S VIAA--XS NPG-YS

εἰς τὴν οἰκίαν, ὕδωρ μοι ἐπὶ πόδας οὐκ ἔδωκας· αὕτη δὲ τοῖς
PA DAFS N-AF-S N-AN-S NPD-XS PA N-AM-P AB VIAA--YS APDNF-S CH DDNP

δάκρυσιν ἔβρεξέν μου τοὺς πόδας καὶ ταῖς θριξὶν αὐτῆς ἐξέμαξεν.
N-DN-P VIAA--ZS NPG-XS DAMP N-AM-P CC DDFP N-DF-P NPGFZS VIAA--ZS

7.45 φίλημά μοι οὐκ ἔδωκας· αὕτη δὲ ἀφ᾽ ἧς
N-AN-S NPD-XS AB VIAA--YS APDNF-S CH PG APRGF-S☐APDGF-S&APRDF-S

εἰσῆλθον οὐ διέλιπεν καταφιλοῦσά μου τοὺς πόδας. 7.46 ἐλαίῳ
VIAA--XS AB VIAA--ZS VPPANF-S NPG-XS DAMP N-AM-P N-DN-S

τὴν κεφαλήν μου οὐκ ἤλειψας· αὕτη δὲ μύρῳ ἤλειψεν τοὺς
DAFS N-AF-S NPG-XS AB VIAA--YS APDNF-S CH N-DN-S VIAA--ZS DAMP

πόδας μου. 7.47 οὗ χάριν λέγω σοι, ἀφέωνται αἱ
N-AM-P NPG-XS APRGN-S☐NPGNZS PG VIPA--XS NPD-YS VIRP--ZP DNFP

ἁμαρτίαι αὐτῆς αἱ πολλαί, ὅτι ἠγάπησεν πολύ·
N-NF-P NPGFZS DNFP A--NF-P CS VIAA--ZS AP-AN-S☐AB

ᾧ δὲ ὀλίγον ἀφίεται, ὀλίγον ἀγαπᾷ. 7.48 εἶπεν
APRDM-S☐APDNM-S&APRDM-S CC AP-NN-S VIPP--ZS AP-AN-S☐AB VIPA--ZS VIAA--ZS

δὲ αὐτῇ, Ἀφέωνταί σου αἱ ἁμαρτίαι. 7.49 καὶ ἤρξαντο
CH NPDFZS VIRP--ZP NPG-YS DNFP N-NF-P CC VIAM--ZP

οἱ συνανακείμενοι λέγειν ἐν ἑαυτοῖς, Τίς οὗτός
DNMP□NPNMZP&APRNM-P VPPNNM-P VNPA PD NPDMZP APTNM-S APDNM-S

ἐστιν ὃς καὶ ἁμαρτίας ἀφίησιν; 7.50 εἶπεν δὲ πρὸς τὴν
VIPA--ZS APRNM-S AB N-AF-P VIPA--ZS VIAA--ZS CH PA DAFS

γυναῖκα, Ἡ πίστις σου σέσωκέν σε· πορεύου εἰς εἰρήνην.
N-AF-S DNFS N-NF-S NPG-YS VIRA--ZS NPA-YS VMPN--YS PA N-AF-S

8.1 Καὶ ἐγένετο ἐν τῷ καθεξῆς καὶ αὐτὸς διώδενεν κατὰ πόλιν
CC VIAD--ZS PD DDMS AB□AP-DM-S CH NPNMZS VIIA--ZS PA N-AF-S

καὶ κώμην κηρύσσων καὶ εὐαγγελιζόμενος τὴν βασιλείαν τοῦ
CC N-AF-S VPPANM-S CC VPPMNM-S DAFS N-AF-S DGMS

θεοῦ, καὶ οἱ δώδεκα σὺν αὐτῷ, 8.2 καὶ γυναῖκές τινες αἳ
N-GM-S CC DNMP APCNM-P PD NPDMZS CC N-NF-P A-INF-P APRNF-P

ἦσαν τεθεραπευμέναι ἀπὸ πνευμάτων πονηρῶν καὶ ἀσθενειῶν,
VIIA--ZP+ +VPRPNF-P PG N-GN-P A--GN-P CC N-GF-P

Μαρία ἡ καλουμένη Μαγδαληνή, ἀφ' ἧς δαιμόνια
N-NF-S DNFS□APRNF-S VPPPNF-S N-NF-S PG APRGF-S N-NN-P

ἑπτὰ ἐξεληλύθει, 8.3 καὶ Ἰωάννα γυνὴ Χουζᾶ ἐπιτρόπου Ἡρῴδου
A-CNN-P VILA--ZS CC N-NF-S N-NF-S N-GM-S N-GM-S N-GM-S

καὶ Σουσάννα καὶ ἕτεραι πολλαί, αἵτινες διηκόνουν αὐτοῖς ἐκ
CC N-NF-S CC AP-NF-P A--NF-P APRNF-P VIIA--ZP NPDMZP PG

τῶν ὑπαρχόντων αὐταῖς.
DGNP□NPGNZP&APRNN-P VPPAGN-P NPDFZP

8.4 Συνιόντος δὲ ὄχλου πολλοῦ καὶ τῶν κατὰ πόλιν
VPPAGM-S CC N-GM-S A--GM-S CC DGMP PA N-AF-S

ἐπιπορευομένων πρὸς αὐτὸν εἶπεν διὰ παραβολῆς, 8.5 Ἐξῆλθεν
VPPNGM-P PA NPAMZS VIAA--ZS PG N-GF-S VIAA--ZS

ὁ σπείρων τοῦ σπεῖραι τὸν σπόρον αὐτοῦ. καὶ ἐν
DNMS□NPNMZS&APRNM-S VPPANM-S DGNS VNAAG DAMS N-AM-S NPGMZS CC PD

τῷ σπείρειν αὐτὸν ὃ μὲν ἔπεσεν παρὰ τὴν ὁδόν, καὶ
DDNS VNPAD NPAMZS APRNN-S□APDNN-S CC VIAA--ZS PA DAFS N-AF-S CC

κατεπατήθη καὶ τὰ πετεινὰ τοῦ οὐρανοῦ κατέφαγεν αὐτό.
VIAP--ZS CC DNNP AP-NN-P DGMS N-GM-S VIAA--ZS NPANZS

8.6 καὶ ἕτερον κατέπεσεν ἐπὶ τὴν πέτραν, καὶ φυὲν ἐξηράνθη διὰ
CC AP-NN-S VIAA--ZS PA DAFS N-AF-S CC VPAPNN-S VIAP--ZS PA

τὸ μὴ ἔχειν ἰκμάδα. 8.7 καὶ ἕτερον ἔπεσεν ἐν μέσῳ τῶν ἀκανθῶν,
DANS AB VNPAA N-AF-S CC AP-NN-S VIAA--ZS PD AP-DN-S DGFP N-GF-P

καὶ συμφυεῖσαι αἱ ἄκανθαι ἀπέπνιξαν αὐτό. 8.8 καὶ ἕτερον
CC VPAPNF-P DNFP N-NF-P VIAA--ZP NPANZS CC AP-NN-S

ἔπεσεν εἰς τὴν γῆν τὴν ἀγαθήν, καὶ φυὲν ἐποίησεν καρπὸν
VIAA--ZS PA DAFS N-AF-S DAFS A--AF-S CC VPAPNN-S VIAA--ZS N-AM-S

ἑκατονταπλασίονα. ταῦτα λέγων ἐφώνει, Ὁ
A--AM-S/AP-AN-P□AB APDAN-P VPPANM-S VIIA--ZS DNMS□NPNMZS&APRNM-S

ἔχων ὦτα ἀκούειν ἀκουέτω.
VPPANM-S N-AN-P VNPAD VMPA--ZS

8.9 Ἐπηρώτων δὲ αὐτὸν οἱ μαθηταὶ αὐτοῦ τίς αὕτη εἴη
VIIA--ZP CC NPAMZS DNMP N-NM-P NPGMZS APTNF-S A-DNF-S VOPA--ZS

ἡ παραβολή. 8.10 ὁ δὲ εἶπεν, Ὑμῖν δέδοται γνῶναι τὰ
DNFS N-NF-S DNMS□NPNMZS CH VIAA--ZS NPD-YP VIRP--ZS VNAA DANP

μυστήρια τῆς βασιλείας τοῦ θεοῦ, τοῖς δὲ λοιποῖς ἐν παραβολαῖς,
N-AN-P DGFS N-GF-S DGMS N-GM-S DDMP CC AP-DM-P PD N-DF-P

ἵνα
CH/CS

βλέποντες μὴ βλέπωσιν
VPPANM-P AB VSPA--ZP

καὶ ἀκούοντες μὴ συνιῶσιν.
CC VPPANM-P AB VSPA--ZP

8.11 Ἔστιν δὲ αὕτη ἡ παραβολή· Ὁ σπόρος ἐστὶν ὁ
VIPA--ZS CC APDNF-S DNFS N-NF-S DNMS N-NM-S VIPA--ZS DNMS

λόγος τοῦ θεοῦ. 8.12 οἱ δὲ παρὰ τὴν ὁδόν εἰσιν
N-NM-S DGMS N-GM-S DNMP CC PA DAFS N-AF-S VIPA--ZP

οἱ ἀκούσαντες, εἶτα ἔρχεται ὁ διάβολος καὶ
DNMP□NPNMZP&APRNM-P VPAANM-P AB VIPN--ZS DNMS AP-NM-S CC

αἴρει τὸν λόγον ἀπὸ τῆς καρδίας αὐτῶν, ἵνα μὴ πιστεύσαντες
VIPA--ZS DAMS N-AM-S PG DGFS N-GF-S NPGMZP CS AB VPAANM-P

σωθῶσιν. 8.13 οἱ δὲ ἐπὶ τῆς πέτρας οἳ ὅταν
VSAP--ZP DNMP CC PG DGFS N-GF-S APRNM-P□APDNM-P&APRNM-P CS

ἀκούσωσιν μετὰ χαρᾶς δέχονται τὸν λόγον, καὶ οὗτοι ῥίζαν οὐκ
VSAA--ZP PG N-GF-S VIPN--ZP DAMS N-AM-S CC APDNM-P N-AF-S AB

ἔχουσιν, οἳ πρὸς καιρὸν πιστεύουσιν καὶ ἐν καιρῷ πειρασμοῦ
VIPA--ZP APRNM-P PA N-AM-S VIPA--ZP CC PD N-DM-S N-GM-S

ἀφίστανται. 8.14 τὸ δὲ εἰς τὰς ἀκάνθας πεσόν, οὗτοί
VIPM--ZP DNNS□APRNN-S+ CC PA DAFP N-AF-P VPAANN-S APDNM-P

εἰσιν οἱ ἀκούσαντες, καὶ ὑπὸ μεριμνῶν καὶ
VIPA--ZP DNMP□NPNMZP&APRNM-P VPAANM-P CC PG N-GF-P CC

πλούτου καὶ ἡδονῶν τοῦ βίου πορευόμενοι συμπνίγονται καὶ οὐ
N-GM-S CC N-GF-P DGMS N-GM-S VPPNNM-P VIPP--ZP CC AB

τελεσφοροῦσιν. 8.15 τὸ δὲ ἐν τῇ καλῇ γῇ, οὗτοί εἰσιν
VIPA--ZP DNNS CC PD DDFS A--DF-S N-DF-S APDNM-P VIPA--ZP

οἵτινες ἐν καρδίᾳ καλῇ καὶ ἀγαθῇ ἀκούσαντες τὸν
APRNM-P□APDNM-P&APRNM-P PD N-DF-S A--DF-S CC A--DF-S VPAANM-P DAMS

λόγον κατέχουσιν καὶ καρποφοροῦσιν ἐν ὑπομονῇ.
N-AM-S VIPA--ZP CC VIPA--ZP PD N-DF-S

8.16 Οὐδεὶς δὲ λύχνον ἅψας καλύπτει αὐτὸν σκεύει ἢ
APCNM-S CC N-AM-S VPAANM-S VIPA--ZS NPAMZS N-DN-S CC

ὑποκάτω κλίνης τίθησιν, ἀλλ᾽ ἐπὶ λυχνίας τίθησιν, ἵνα
PG N-GF-S VIPA--ZS CH PG N-GF-S VIPA--ZS CS

οἱ   εἰσπορευόμενοι βλέπωσιν τὸ   φῶς. 8.17 οὐ γάρ
DNMP□NPNMZP&APRNM-P VPPNNM-P   VSPA--ZP   DANS N-AN-S   AB CS

ἐστιν κρυπτὸν ὃ   οὐ φανερὸν γενήσεται, οὐδὲ ἀπόκρυφον
VIPA--ZS AP-NN-S APRNN-S AB A--NN-S VIFD--ZS   CC   AP-NN-S

ὃ   οὐ μὴ γνωσθῇ καὶ εἰς φανερὸν ἔλθῃ. 8.18 βλέπετε οὖν πῶς
APRNN-S AB AB VSAP--ZS CC PA AP-AN-S VSAA--ZS   VMPA--YP CH ABT

ἀκούετε· ὃς   ἂν γὰρ ἔχῃ, δοθήσεται αὐτῷ, καὶ ὃς   ἂν μὴ
VIPA--YP APRNM-S+ QV CS VSPA--ZS VIFP--ZS   NPDMZS CC APRNM-S+ QV AB

ἔχῃ, καὶ ὃ   δοκεῖ ἔχειν ἀρθήσεται ἀπ᾽ αὐτοῦ.
VSPA--ZS AB APRAN-S□APDNN-S&APRAN-S VIPA--ZS VNPA VIFP--ZS   PG NPGMZS

8.19 Παρεγένετο δὲ πρὸς αὐτὸν ἡ   μήτηρ καὶ οἱ   ἀδελφοὶ
     VIAD--ZS   CC PA NPAMZS DNFS N-NF-S CC DNMP N-NM-P

αὐτοῦ, καὶ οὐκ ἠδύναντο συντυχεῖν αὐτῷ διὰ τὸν ὄχλον.
NPGMZS CC AB VIIN--ZP VNAA   NPDMZS PA DAMS N-AM-S

8.20 ἀπηγγέλη δὲ αὐτῷ, Ἡ   μήτηρ σου καὶ οἱ   ἀδελφοί σου
    VIAP--ZS   CH NPDMZS DNFS N-NF-S NPG-YS CC DNMP N-NM-P NPG-YS

ἑστήκασιν ἔξω ἰδεῖν θέλοντές σε. 8.21 ὁ   δὲ ἀποκριθεὶς
VIRA--ZP   AB VNAA VPPANM-P NPA-YS   DNMS□NPNMZS CH VPAONM-S

εἶπεν πρὸς αὐτούς, Μήτηρ μου καὶ ἀδελφοί μου οὗτοί εἰσιν
VIAA--ZS PA NPAMZP   N-NF-S NPG-XS CC N-NM-P NPG-XS APDNM-P VIPA--ZP

οἱ   τὸν λόγον τοῦ θεοῦ ἀκούοντες καὶ ποιοῦντες.
DNMP□APRNM-P DAMS N-AM-S DGMS N-GM-S VPPANM-P   CC VPPANM-P

8.22 Ἐγένετο δὲ ἐν μιᾷ   τῶν ἡμερῶν καὶ αὐτὸς ἐνέβη εἰς
    VIAD--ZS CC PD APCDF-S DGFP N-GF-P CH NPNMZS VIAA--ZS PA

πλοῖον καὶ οἱ   μαθηταὶ αὐτοῦ, καὶ εἶπεν πρὸς αὐτούς, Διέλθωμεν
N-AN-S CC DNMP N-NM-P NPGMZS CC VIAA--ZS PA NPAMZP VSAA--XP

εἰς τὸ   πέραν   τῆς λίμνης· καὶ ἀνήχθησαν. 8.23 πλεόντων δὲ
PA DANS AB□AP-AN-S DGFS N-GF-S CC VIAP--ZP   VPPAGM-P   CC

αὐτῶν ἀφύπνωσεν. καὶ κατέβη λαῖλαψ ἀνέμου εἰς τὴν λίμνην, καὶ
NPGMZP VIAA--ZS   CC VIAA--ZS N-NF-S N-GM-S PA DAFS N-AF-S   CC

συνεπληροῦντο καὶ ἐκινδύνευον. 8.24 προσελθόντες δὲ διήγειραν
VIIP--ZP   CC VIIA--ZP   VPAANM-P   CH VIAA--ZP

αὐτὸν λέγοντες, Ἐπιστάτα ἐπιστάτα, ἀπολλύμεθα. ὁ   δὲ
NPAMZS VPPANM-P N-VM-S   N-VM-S   VIPM--XP   DNMS□NPNMZS CH

διεγερθεὶς ἐπετίμησεν τῷ   ἀνέμῳ καὶ τῷ   κλύδωνι τοῦ ὕδατος· καὶ
VPAPNM-S VIAA--ZS   DDMS N-DM-S CC DDMS N-DM-S   DGNS N-GN-S CC

ἐπαύσαντο, καὶ ἐγένετο γαλήνη. 8.25 εἶπεν δὲ αὐτοῖς, Ποῦ ἡ
VIAM--ZP   CC VIAD--ZS N-NF-S   VIAA--ZS CH NPDMZP ABT DNFS

πίστις ὑμῶν; φοβηθέντες δὲ ἐθαύμασαν, λέγοντες πρὸς ἀλλήλους,
N-NF-S NPG-YP VPAONM-P   CH VIAA--ZP   VPPANM-P   PA NPAMZP

Τίς   ἄρα οὗτός ἐστιν ὅτι καὶ τοῖς ἀνέμοις ἐπιτάσσει καὶ τῷ
APTNM-S CH APDNM-S VIPA--ZS CH/CS AB DDMP N-DM-P VIPA--ZS   CC DDNS

ὕδατι, καὶ ὑπακούουσιν αὐτῷ;
N-DN-S CC VIPA--ZP   NPDMZS

8.26 Καὶ κατέπλευσαν εἰς τὴν χώραν τῶν Γερασηνῶν, ἥτις
CC VIAA--ZP PA DAFS N-AF-S DGMP AP-GM-P APRNF-S

ἐστὶν ἀντιπέρα τῆς Γαλιλαίας. 8.27 ἐξελθόντι δὲ αὐτῷ ἐπὶ τὴν
VIPA--ZS PG DGFS N-GF-S VPAADM-S CC NPDMZS PA DAFS

γῆν ὑπήντησεν ἀνήρ τις ἐκ τῆς πόλεως ἔχων δαιμόνια· καὶ
N-AF-S VIAA--ZS N-NM-S A-INM-S PG DGFS N-GF-S VPPANM-S N-AN-P CC

χρόνῳ ἱκανῷ οὐκ ἐνεδύσατο ἱμάτιον, καὶ ἐν οἰκίᾳ οὐκ ἔμενεν ἀλλ᾽
N-DM-S A--DM-S AB VIAM--ZS N-AN-S CC PD N-DF-S AB VIIA--ZS CH

ἐν τοῖς μνήμασιν. 8.28 ἰδὼν δὲ τὸν Ἰησοῦν ἀνακράξας
PD DDNP N-DN-P VPAANM-S CC DAMS N-AM-S VPAANM-S

προσέπεσεν αὐτῷ καὶ φωνῇ μεγάλῃ εἶπεν, Τί ἐμοὶ καὶ σοί,
VIAA--ZS NPDMZS CC N-DF-S A--DF-S VIAA--ZS APTNN-S NPD-XS CC NPD-YS

Ἰησοῦ υἱὲ τοῦ θεοῦ τοῦ ὑψίστου; δέομαί σου, μή με
N-VM-S N-VM-S DGMS N-GM-S DGMS A-SGM-S VIPN--XS NPG-YS AB NPA-XS

βασανίσῃς. 8.29 παρήγγειλεν γὰρ τῷ πνεύματι τῷ ἀκαθάρτῳ
VSAA--YS□VMAA--YS VIAA--ZS CS DDNS N-DN-S DDNS A--DN-S

ἐξελθεῖν ἀπὸ τοῦ ἀνθρώπου. πολλοῖς γὰρ χρόνοις συνηρπάκει
VNAA PG DGMS N-GM-S A--DM-P CS N-DM-P VILA--ZS

αὐτόν, καὶ ἐδεσμεύετο ἁλύσεσιν καὶ πέδαις φυλασσόμενος, καὶ
NPAMZS CC VIIP--ZS N-DF-P CC N-DF-P VPPPNM-S CC

διαρρήσσων τὰ δεσμὰ ἠλαύνετο ὑπὸ τοῦ δαιμονίου εἰς τὰς
VPPANM-S DANP N-AN-P VIIP--ZS PG DGNS N-GN-S PA DAFP

ἐρήμους. 8.30 ἐπηρώτησεν δὲ αὐτὸν ὁ Ἰησοῦς, Τί σοι
AP-AF-P VIAA--ZS CH NPAMZS DNMS N-NM-S A-TNN-S NPD-YS

ὄνομά ἐστιν; ὁ δὲ εἶπεν, Λεγιών, ὅτι εἰσῆλθεν δαιμόνια
N-NN-S VIPA--ZS DNMS□NPNMZS CH VIAA--ZS N-NF-S CS VIAA--ZS N-NN-P

πολλὰ εἰς αὐτόν. 8.31 καὶ παρεκάλουν αὐτὸν ἵνα μὴ ἐπιτάξῃ
A--NN-P PA NPAMZS CC VIIA--ZP NPAMZS CC AB VSAA--ZS

αὐτοῖς εἰς τὴν ἄβυσσον ἀπελθεῖν.
NPDNZP PA DAFS N-AF-S VNAA

8.32 Ἦν δὲ ἐκεῖ ἀγέλη χοίρων ἱκανῶν βοσκομένη ἐν τῷ
VIIA--ZS+ CC AB N-NF-S N-GM-P A--GM-P +VPPPNF-S PD DDNS

ὄρει· καὶ παρεκάλεσαν αὐτὸν ἵνα ἐπιτρέψῃ αὐτοῖς εἰς ἐκείνους
N-DN-S CC VIAA--ZP NPAMZS CC VSAA--ZS NPDNZP PA APDAM-P

εἰσελθεῖν· καὶ ἐπέτρεψεν αὐτοῖς. 8.33 ἐξελθόντα δὲ τὰ δαιμόνια
VNAA CC VIAA--ZS NPDNZP VPAANN-P CC DNNP N-NN-P

ἀπὸ τοῦ ἀνθρώπου εἰσῆλθον εἰς τοὺς χοίρους, καὶ ὥρμησεν ἡ
PG DGMS N-GM-S VIAA--ZP PA DAMP N-AM-P CC VIAA--ZS DNFS

ἀγέλη κατὰ τοῦ κρημνοῦ εἰς τὴν λίμνην καὶ ἀπεπνίγη.
N-NF-S PG DGMS N-GM-S PA DAFS N-AF-S CC VIAP--ZS

8.34 ἰδόντες δὲ οἱ βόσκοντες τὸ
VPAANM-P CH DNMP□NPNMZP&APRNM-P VPPANM-P DANS□NPANZS&APRNN-S

γεγονὸς ἔφυγον καὶ ἀπήγγειλαν εἰς τὴν πόλιν καὶ εἰς τοὺς ἀγρούς.
VPRAAN-S VIAA--ZP CC VIAA--ZP PA DAFS N-AF-S CC PA DAMP N-AM-P

8.35 ἐξῆλθον δὲ ἰδεῖν τὸ γεγονὸς καὶ ἦλθον πρὸς
VIAA--ZP CH VNAA DANS□NPANZS&APRNN-S VPRAAN-S CC VIAA--ZP PA

τὸν Ἰησοῦν, καὶ εὖρον καθήμενον τὸν ἄνθρωπον ἀφ᾽ οὗ τὰ
DAMS N-AM-S CC VIAA--ZP VPPNAM-S DAMS N-AM-S PG APRGM-S DNNP

δαιμόνια ἐξῆλθεν ἱματισμένον καὶ σωφρονοῦντα παρὰ τοὺς πόδας
N-NN-P VIAA--ZS VPRPAM-S CC VPPAAM-S PA DAMP N-AM-P

τοῦ Ἰησοῦ, καὶ ἐφοβήθησαν. 8.36 ἀπήγγειλαν δὲ αὐτοῖς
DGMS N-GM-S CC VIAO--ZP VIAA--ZP CC NPDMZP

οἱ ἰδόντες πῶς ἐσώθη ὁ
DNMP□NPNMZP&APRNM-P VPAANM-P ABT VIAP--ZS DNMS□NPNMZS&APRNM-S

δαιμονισθείς. 8.37 καὶ ἠρώτησεν αὐτὸν ἅπαν τὸ πλῆθος τῆς
VPAONM-S CC VIAA--ZS NPAMZS A--NN-S DNNS N-NN-S DGFS

περιχώρου τῶν Γερασηνῶν ἀπελθεῖν ἀπ᾽ αὐτῶν, ὅτι φόβῳ μεγάλῳ
AP-GF-S DGMP AP-GM-P VNAA PG NPGMZP CS N-DM-S A--DM-S

συνείχοντο· αὐτὸς δὲ ἐμβὰς εἰς πλοῖον ὑπέστρεψεν. 8.38 ἐδεῖτο δὲ
VIIP--ZP NPNMZS CH VPAANM-S PA N-AN-S VIAA--ZS VIIN--ZS CH

αὐτοῦ ὁ ἀνὴρ ἀφ᾽ οὗ ἐξεληλύθει τὰ δαιμόνια εἶναι σὺν
NPGMZS DNMS N-NM-S PG APRGM-S VILA--ZS DNNP N-NN-P VNPA PD

αὐτῷ· ἀπέλυσεν δὲ αὐτὸν λέγων, 8.39 Ὑπόστρεφε εἰς τὸν οἶκόν
NPDMZS VIAA--ZS CH NPAMZS VPPANM-S VMPA--YS PA DAMS N-AM-S

σου, καὶ διηγοῦ ὅσα σοι ἐποίησεν ὁ θεός. καὶ
NPG-YS CC VMPN--YS APRAN-P□APDAN-P&APRAN-P NPD-YS VIAA--ZS DNMS N-NM-S CC

ἀπῆλθεν καθ᾽ ὅλην τὴν πόλιν κηρύσσων ὅσα
VIAA--ZS PA A--AF-S DAFS N-AF-S VPPANM-S APRAN-P□APDAN-P&APRAN-P

ἐποίησεν αὐτῷ ὁ Ἰησοῦς.
VIAA--ZS NPDMZS DNMS N-NM-S

8.40 Ἐν δὲ τῷ ὑποστρέφειν τὸν Ἰησοῦν ἀπεδέξατο αὐτὸν
PD CC DDNS VNPAD DAMS N-AM-S VIAD--ZS NPAMZS

ὁ ὄχλος, ἦσαν γὰρ πάντες προσδοκῶντες αὐτόν. 8.41 καὶ ἰδοὺ
DNMS N-NM-S VIIA--ZP+ CS AP-NM-P +VPPANM-P NPAMZS CC QS

ἦλθεν ἀνὴρ ᾧ ὄνομα Ἰάϊρος, καὶ οὗτος ἄρχων τῆς
VIAA--ZS N-NM-S APRDM-S N-NN-S N-NM-S CC APDNM-S N-NM-S DGFS

συναγωγῆς ὑπῆρχεν, καὶ πεσὼν παρὰ τοὺς πόδας [τοῦ] Ἰησοῦ
N-GF-S VIIA--ZS CC VPAANM-S PA DAMP N-AM-P DGMS N-GM-S

παρεκάλει αὐτὸν εἰσελθεῖν εἰς τὸν οἶκον αὐτοῦ, 8.42 ὅτι θυγάτηρ
VIIA--ZS NPAMZS VNAA PA DAMS N-AM-S NPGMZS CS N-NF-S

μονογενὴς ἦν αὐτῷ ὡς ἐτῶν δώδεκα καὶ αὐτὴ ἀπέθνῃσκεν.
A--NF-S VIIA--ZS NPDMZS AB N-GN-P A-CGN-P CC NPNFZS VIIA--ZS

Ἐν δὲ τῷ ὑπάγειν αὐτὸν οἱ ὄχλοι συνέπνιγον αὐτόν.
PD CC DDNS VNPAD NPAMZS DNMP N-NM-P VIIA--ZP NPAMZS

8.43 καὶ γυνὴ οὖσα ἐν ῥύσει αἵματος ἀπὸ ἐτῶν δώδεκα, ἥτις
CC N-NF-S VPPANF-S PD N-DF-S N-GN-S PG N-GN-P A-CGN-P APRNF-S

[ἰατροῖς προσαναλώσασα ὅλον τὸν βίον] οὐκ ἴσχυσεν ἀπ᾽
N-DM-P VPAANF-S A--AM-S DAMS N-AM-S AB VIAA--ZS PG

οὐδενὸς θεραπευθῆναι, 8.44 προσελθοῦσα ὄπισθεν ἥψατο τοῦ
APCGN-S VNAP VPAANF-S AB VIAM--ZS DGNS

κρασπέδου τοῦ ἱματίου αὐτοῦ, καὶ παραχρῆμα ἔστη ἡ ῥύσις
N-GN-S DGNS N-GN-S NPGMZS CC AB VIAA--ZS DNFS N-NF-S

τοῦ αἵματος αὐτῆς. 8.45 καὶ εἶπεν ὁ Ἰησοῦς, Τίς
DGNS N-GN-S NPGFZS CC VIAA--ZS DNMS N-NM-S APTNM-S

ὁ ἁψάμενός μου; ἀρνουμένων δὲ πάντων εἶπεν
DNMS□NPNMZS&APRNM-S VPAMNM-S NPG-XS VPPNGM-P CH AP-GM-P VIAA--ZS

ὁ Πέτρος, Ἐπιστάτα, οἱ ὄχλοι συνέχουσίν σε καὶ
DNMS N-NM-S N-VM-S DNMP N-NM-P VIPA--ZP NPA-YS CC

ἀποθλίβουσιν. 8.46 ὁ δὲ Ἰησοῦς εἶπεν, Ἥψατό μού τις,
VIPA--ZP DNMS CH N-NM-S VIAA--ZS VIAM--ZS NPG-XS APINM-S

ἐγὼ γὰρ ἔγνων δύναμιν ἐξεληλυθυῖαν ἀπ᾽ ἐμοῦ. 8.47 ἰδοῦσα δὲ
NPN-XS CS VIAA--XS N-AF-S VPRAAF-S PG NPG-XS VPAANF-S CH

ἡ γυνὴ ὅτι οὐκ ἔλαθεν τρέμουσα ἦλθεν καὶ προσπεσοῦσα αὐτῷ
DNFS N-NF-S CC AB VIAA--ZS VPPANF-S VIAA--ZS CC VPAANF-S NPDMZS

δι᾽ ἣν αἰτίαν ἥψατο αὐτοῦ ἀπήγγειλεν ἐνώπιον παντὸς τοῦ
PA APRAF-S+ N-AF-S VIAM--ZS NPGMZS VIAA--ZS PG A--GM-S DGMS

λαοῦ καὶ ὡς ἰάθη παραχρῆμα. 8.48 ὁ δὲ εἶπεν αὐτῇ,
N-GM-S CC CC VIAP--ZS AB DNMS□NPNMZS CH VIAA--ZS NPDFZS

Θυγάτηρ, ἡ πίστις σου σέσωκέν σε· πορεύου εἰς εἰρήνην.
N-NF-S□N-VF-S DNFS N-NF-S NPG-YS VIRA--ZS NPA-YS VMPN--YS PA N-AF-S

8.49 Ἔτι αὐτοῦ λαλοῦντος ἔρχεταί τις παρὰ τοῦ
AB NPGMZS VPPAGM-S VIPN--ZS APINM-S PG DGMS

ἀρχισυναγώγου λέγων ὅτι Τέθνηκεν ἡ θυγάτηρ σου, μηκέτι
N-GM-S VPPANM-S CH VIRA--ZS DNFS N-NF-S NPG-YS AB

σκύλλε τὸν διδάσκαλον. 8.50 ὁ δὲ Ἰησοῦς ἀκούσας ἀπεκρίθη
VMPA--YS DAMS N-AM-S DNMS CH N-NM-S VPAANM-S VIAO--ZS

αὐτῷ, Μὴ φοβοῦ, μόνον πίστευσον, καὶ σωθήσεται. 8.51 ἐλθὼν
NPDMZS AB VMPN--YS AP-AN-S□AB VMAA--YS CC VIFP--ZS VPAANM-S

δὲ εἰς τὴν οἰκίαν οὐκ ἀφῆκεν εἰσελθεῖν τινα σὺν αὐτῷ εἰ μὴ
CC PA DAFS N-AF-S AB VIAA--ZS VNAA APIAM-S PD NPDMZS CS AB

Πέτρον καὶ Ἰωάννην καὶ Ἰάκωβον καὶ τὸν πατέρα τῆς παιδὸς
N-AM-S CC N-AM-S CC N-AM-S CC DAMS N-AM-S DGFS N-GF-S

καὶ τὴν μητέρα. 8.52 ἔκλαιον δὲ πάντες καὶ ἐκόπτοντο αὐτήν.
CC DAFS N-AF-S VIIA--ZP CH AP-NM-P CC VIIM--ZP NPAFZS

ὁ δὲ εἶπεν, Μὴ κλαίετε, οὐ γὰρ ἀπέθανεν ἀλλὰ καθεύδει.
DNMS□NPNMZS CC VIAA--ZS AB VMPA--YP AB CS VIAA--ZS CH VIPA--ZS

8.53 καὶ κατεγέλων αὐτοῦ, εἰδότες ὅτι ἀπέθανεν. 8.54 αὐτὸς δὲ
CC VIIA--ZP NPGMZS VPRANM-P CH VIAA--ZS NPNMZS CC

κρατήσας τῆς χειρὸς αὐτῆς ἐφώνησεν λέγων, Ἡ παῖς, ἔγειρε.
VPAANM-S DGFS N-GF-S NPGFZS VIAA--ZS VPPANM-S DVFS N-VF-S VMPA--YS

8.55 καὶ ἐπέστρεψεν τὸ πνεῦμα αὐτῆς, καὶ ἀνέστη παραχρῆμα,
CC VIAA--ZS DNNS N-NN-S NPGFZS CC VIAA--ZS AB

καὶ διέταξεν αὐτῇ δοθῆναι φαγεῖν. 8.56 καὶ ἐξέστησαν οἱ γονεῖς
CC   VIAA--ZS   NPDFZS VNAP   VNAA   CC   VIAA--ZP   DNMP N-NM-P

αὐτῆς· ὁ   δὲ παρήγγειλεν αὐτοῖς μηδενὶ εἰπεῖν
NPGFZS DNMS□NPNMZS CC VIAA--ZS   NPDMZP APCDM-S VNAA

τὸ   γεγονός.
DANS□NPANZS&APRNN-S VPRAAN-S

9.1 Συγκαλεσάμενος δὲ τοὺς δώδεκα ἔδωκεν αὐτοῖς δύναμιν καὶ
VPAMNM-S   CC DAMP APCAM-P VIAA--ZS NPDMZP N-AF-S   CC

ἐξουσίαν ἐπὶ πάντα τὰ   δαιμόνια καὶ νόσους θεραπεύειν, 9.2 καὶ
N-AF-S   PA A--AN-P DANP N-AN-P CC N-AF-P VNPA   CC

ἀπέστειλεν αὐτοὺς κηρύσσειν τὴν βασιλείαν τοῦ θεοῦ καὶ ἰᾶσθαι
VIAA--ZS   NPRAMZP VNPA   DAFS N-AF-S   DGMS N-GM-S CC VNPN

[τοὺς ἀσθενεῖς], 9.3 καὶ εἶπεν πρὸς αὐτούς, Μηδὲν αἴρετε εἰς τὴν
DAMP AP-AM-P   CC VIAA--ZS PA NPRAMZP APCAN-S VMPA--YP PA DAFS

ὁδόν, μήτε ῥάβδον μήτε πήραν μήτε ἄρτον μήτε ἀργύριον, μήτε
N-AF-S CC N-AF-S CC N-AF-S CC N-AM-S CC N-AN-S   CC

[ἀνὰ] δύο   χιτῶνας ἔχειν. 9.4 καὶ εἰς ἣν   ἂν οἰκίαν εἰσέλθητε,
AB   A-CAM-P N-AM-P VNPA   CC PA A-RAF-S QV N-AF-S VSAA--YP

ἐκεῖ μένετε καὶ ἐκεῖθεν ἐξέρχεσθε. 9.5 καὶ ὅσοι   ἂν μὴ δέχωνται
AB   VMPA--YP CC AB   VMPN--YP   CC APRNM-P+ QV AB VSPN--ZP

ὑμᾶς, ἐξερχόμενοι ἀπὸ τῆς πόλεως ἐκείνης τὸν κονιορτὸν ἀπὸ τῶν
NPA-YP VRPNNMYP   PG DGFS N-GF-S A-DGF-S DAMS N-AM-S   PG DGMP

ποδῶν ὑμῶν ἀποτινάσσετε εἰς μαρτύριον ἐπ' αὐτούς.
N-GM-P NPG-YP VMPA--YP   PA N-AN-S   PA NPRAMZP

9.6 ἐξερχόμενοι δὲ διήρχοντο κατὰ τὰς κώμας εὐαγγελιζόμενοι καὶ
VPPNNM-P   CH VIIN--ZP   PA   DAFP N-AF-S VPPMNM-P   CC

θεραπεύοντες πανταχοῦ.
VPPANM-P   AB

9.7 Ἤκουσεν δὲ Ἡρῴδης ὁ   τετραάρχης τὰ
VIAA--ZS   CC N-NM-S DNMS N-NM-S   DANP□APRNN-P+

γινόμενα πάντα, καὶ διηπόρει διὰ τὸ   λέγεσθαι ὑπό τινων ὅτι
VPPNAN-P AP-AN-P CC VIIA--ZS PA DANS VNPPA   PG APIGM-P CC

Ἰωάννης ἠγέρθη ἐκ νεκρῶν, 9.8 ὑπό τινων δὲ ὅτι Ἡλίας ἐφάνη,
N-NM-S   VIAP--ZS PG AP-GM-P   PG APIGM-P CC CC N-NM-S VIAP--ZS

ἄλλων δὲ ὅτι προφήτης τις   τῶν ἀρχαίων ἀνέστη. 9.9 εἶπεν δὲ
AP-GM-P CC CC N-NM-S A-INM-S DGMP AP-GM-P VIAA--ZS   VIAA--ZS CH

Ἡρῴδης, Ἰωάννην ἐγὼ ἀπεκεφάλισα· τίς   δέ ἐστιν οὗτος περὶ
N-NM-S   N-AM-S NPN-XS VIAA--XS APTNM-S CH VIPA--ZS APDNM-S PG

οὗ   ἀκούω τοιαῦτα; καὶ ἐζήτει ἰδεῖν αὐτόν.
APRGM-S VIPA--XS APDAN-P CC VIIA--ZS VNAA NPRAMZS

9.10 Καὶ ὑποστρέψαντες οἱ   ἀπόστολοι διηγήσαντο αὐτῷ
CC VPAANM-P   DNMP N-NM-P   VIAD--ZP   NPDMZS

ὅσα   ἐποίησαν. καὶ παραλαβὼν αὐτοὺς
APRAN-P□APDAN-P&APRAN-P VIAA--ZP CC VPAANM-S   NPRAMZP

ὑπεχώρησεν κατ᾽ ἰδίαν εἰς πόλιν καλουμένην Βηθσαϊδά. 9.11 οἱ
VIAA--ZS   PA   AP-AF-S PA   N-AF-S   VPPPAF-S   N-AF-S   DNMP

δὲ ὄχλοι γνόντες ἠκολούθησαν αὐτῷ. καὶ ἀποδεξάμενος αὐτοὺς
CC N-NM-P VPAANM-P   VIAA--ZP   NPDMZS CC   VPADNM-S   NPAMZP

ἐλάλει αὐτοῖς περὶ τῆς βασιλείας τοῦ θεοῦ, καὶ τοὺς
VIIA--ZS NPDMZP PG   DGFS N-GF-S   DGMS N-GM-S CC   DAMP□NPAMZP&APRNM-P

χρείαν ἔχοντας θεραπείας ἰᾶτο. 9.12 Ἡ δὲ ἡμέρα ἤρξατο
N-AF-S VPPAAM-P   N-GF-S   VIIN--ZS   DNFS CC   N-NF-S   VIAM--ZS

κλίνειν· προσελθόντες δὲ οἱ δώδεκα εἶπαν αὐτῷ, Ἀπόλυσον τὸν
VNPA   VPAANM-P   CH DNMP APCNM-P VIAA--ZP NPDMZS VMAA--YS   DAMS

ὄχλον, ἵνα πορευθέντες εἰς τὰς κύκλῳ κώμας καὶ ἀγροὺς
N-AM-S   CS   VPAONM-P   PA   DAFP AB□A--AF-P N-AF-P CC   N-AM-P

καταλύσωσιν καὶ εὕρωσιν ἐπισιτισμόν, ὅτι ὧδε ἐν ἐρήμῳ τόπῳ
VSAA--ZP   CC   VSAA--ZP   N-AM-S   CS   AB   PD   A--DM-S   N-DM-S

ἐσμέν. 9.13 εἶπεν δὲ πρὸς αὐτούς, Δότε αὐτοῖς ὑμεῖς φαγεῖν.
VIPA--XP   VIAA--ZS CH PA   NPAMZP   VMAA--YP NPDMZP NPN-YP VNAA

οἱ δὲ εἶπαν, Οὐκ εἰσὶν ἡμῖν πλεῖον ἢ ἄρτοι πέντε καὶ
DNMP□NPNMZP CH VIAA--ZP AB   VIPA--ZP NPD-XP APMNN-S CS N-NM-P A-CNM-P CC

ἰχθύες δύο, εἰ μήτι πορευθέντες ἡμεῖς ἀγοράσωμεν εἰς πάντα
N-NM-P A-CNM-P CS QT VPAONMXP   NPN-XP VSAA--XP   PA · A--AM-S

τὸν λαὸν τοῦτον βρώματα. 9.14 ἦσαν γὰρ ὡσεὶ ἄνδρες
DAMS N-AM-S A-DAM-S N-AN-P   VIIA--ZP CS   AB   N-NM-P

πεντακισχίλιοι. εἶπεν δὲ πρὸς τοὺς μαθητὰς αὐτοῦ, Κατακλίνατε
A-CNM-P   VIAA--ZS CH PA   DAMP N-AM-P   NPGMZS VMAA--YP

αὐτοὺς κλισίας [ὡσεὶ] ἀνὰ πεντήκοντα. 9.15 καὶ ἐποίησαν οὕτως
NPAMZP N-AF-P   AB   AB   APCAM-P   CC VIAA--ZP   AB

καὶ κατέκλιναν ἅπαντας. 9.16 λαβὼν δὲ τοὺς πέντε ἄρτους καὶ
CC VIAA--ZP   AP-AM-P   VPAANM-S CC DAMP A-CAM-P N-AM-P CC

τοὺς δύο ἰχθύας ἀναβλέψας εἰς τὸν οὐρανὸν εὐλόγησεν αὐτοὺς
DAMP A-CAM-P N-AM-P VPAANM-S PA DAMS N-AM-S VIAA--ZS   NPAMZP

καὶ κατέκλασεν καὶ ἐδίδου τοῖς μαθηταῖς παραθεῖναι τῷ ὄχλῳ.
CC VIAA--ZS   CC VIIA--ZS DDMP N-DM-P   VNAA   DDMS N-DM-S

9.17 καὶ ἔφαγον καὶ ἐχορτάσθησαν πάντες, καὶ ἤρθη
   CC VIAA--ZP CC   VIAP--ZP   AP-NM-P CC   VIAP--ZS

τὸ περισσεῦσαν αὐτοῖς κλασμάτων κόφινοι δώδεκα.
DNNS□NPNNZS&APRNN-S VPAANN-S NPDMZP N-GN-P   N-NM-P A-CNM-P

9.18 Καὶ ἐγένετο ἐν τῷ εἶναι αὐτὸν προσευχόμενον κατὰ
   CC VIAD--ZS PD DDNS VNPAD+ NPAMZS +VPPNAM-S   PA

μόνας συνῆσαν αὐτῷ οἱ μαθηταί, καὶ ἐπηρώτησεν αὐτοὺς
AP-AF-P VIIA--ZP NPDMZS DNMP N-NM-P CC   VIAA--ZS   NPAMZP

λέγων, Τίνα με λέγουσιν οἱ ὄχλοι εἶναι; 9.19 οἱ δὲ
VPPANM-S APTAM-S NPA-XS VIPA--ZP DNMP N-NM-P VNPA   DNMP□NPNMZP CH

ἀποκριθέντες εἶπαν, Ἰωάννην τὸν βαπτιστήν, ἄλλοι δὲ Ἠλίαν,
VPAONM-P   VIAA--ZP Ń-AM-S   DAMS N-AM-S   AP-NM-P CC N-AM-S

ἄλλοι δὲ ὅτι προφήτης τις τῶν ἀρχαίων ἀνέστη. 9.20 εἶπεν δὲ
AP-NM-P CC CC N-NM-S A-INM-S DGMP AP-GM-P VIAA--ZS VIAA--ZS CH

αὐτοῖς, Ὑμεῖς δὲ τίνα με λέγετε εἶναι; Πέτρος δὲ ἀποκριθεὶς
NPDMZP NPN-YP CC APTAM-S NPA-XS VIPA--YP VNPA N-NM-S CH VPAONM-S

εἶπεν, Τὸν Χριστὸν τοῦ θεοῦ.
VIAA--ZS DAMS N-AM-S DGMS N-GM-S

9.21 Ὁ δὲ ἐπιτιμήσας αὐτοῖς παρήγγειλεν μηδενὶ
DNMS□NPNMZS CC VPAANM-S NPDMZP VIAA--ZS APCDM-S

λέγειν τοῦτο, 9.22 εἰπὼν ὅτι Δεῖ τὸν υἱὸν τοῦ ἀνθρώπου πολλὰ
VNPA APDAN-S VPAANM-S CH VIPA--ZS DAMS N-AM-S DGMS N-GM-S AP-AN-P

παθεῖν καὶ ἀποδοκιμασθῆναι ἀπὸ τῶν πρεσβυτέρων καὶ
VNAA CC VNAP PG DGMP AP-GM-P CC

ἀρχιερέων καὶ γραμματέων καὶ ἀποκτανθῆναι καὶ τῇ τρίτῃ
N-GM-P CC N-GM-P CC VNAP CC DDFS A-ODF-S

ἡμέρᾳ ἐγερθῆναι. 9.23 Ἔλεγεν δὲ πρὸς πάντας, Εἴ τις θέλει
N-DF-S VNAP VIIA--ZS CC PA AP-AM-P CS APINM-S VIPA--ZS

ὀπίσω μου ἔρχεσθαι, ἀρνησάσθω ἑαυτὸν καὶ ἀράτω τὸν σταυρὸν
PG NPG-XS VNPN VMAD--ZS NPAMZS CC VMAA--ZS DAMS N-AM-S

αὐτοῦ καθ' ἡμέραν, καὶ ἀκολουθείτω μοι.
NPGMZS PA N-AF-S CC VMPA--ZS NPD-XS

9.24 ὃς γὰρ ἂν θέλῃ τὴν ψυχὴν αὐτοῦ σῶσαι,
APRNM-S□APDNM-S&APRNM-S CS QV VSPA--ZS DAFS N-AF-S NPGMZS VNAA

ἀπολέσει αὐτήν· ὃς δ' ἂν ἀπολέσῃ τὴν ψυχὴν αὐτοῦ ἕνεκεν
VIFA--ZS NPAFZS APRNM-S+ CH QV VSAA--ZS DAFS N-AF-S NPGMZS PG

ἐμοῦ, οὗτος σώσει αὐτήν. 9.25 τί γὰρ ὠφελεῖται ἄνθρωπος
NPG-XS APDNM-S VIFA--ZS NPAFZS APTAN-S CS VIPP--ZS N-NM-S

κερδήσας τὸν κόσμον ὅλον ἑαυτὸν δὲ ἀπολέσας ἢ ζημιωθείς;
VPAANM-S DAMS N-AM-S A--AM-S NPAMZS CC VPAANM-S CC VPAPNM-S

9.26 ὃς γὰρ ἂν ἐπαισχυνθῇ με καὶ τοὺς ἐμοὺς λόγους,
APRNM-S+ CS QV VSAO--ZS NPA-XS CC DAMP A--AMXP N-AM-P

τοῦτον ὁ υἱὸς τοῦ ἀνθρώπου ἐπαισχυνθήσεται, ὅταν ἔλθῃ ἐν
APDAM-S DNMS N-NM-S DGMS N-GM-S VIFO--ZS CS VSAA--ZS PD

τῇ δόξῃ αὐτοῦ καὶ τοῦ πατρὸς καὶ τῶν ἁγίων ἀγγέλων.
DDFS N-DF-S NPGMZS CC DGMS N-GM-S CC DGMP A--GM-P N-GM-P

9.27 λέγω δὲ ὑμῖν ἀληθῶς, εἰσίν τινες τῶν αὐτοῦ
VIPA--XS CC NPD-YP AB VIPA--ZP APINM-P DGMP□NPGMZP&APRNM-P AB

ἑστηκότων οἳ οὐ μὴ γεύσωνται θανάτου ἕως ἂν ἴδωσιν τὴν
VPRAGM-P APRNM-P AB AB VSAD--ZP N-GM-S CS QV VSAA--ZP DAFS

βασιλείαν τοῦ θεοῦ.
N-AF-S DGMS N-GM-S

9.28 Ἐγένετο δὲ μετὰ τοὺς λόγους τούτους ὡσεὶ ἡμέραι ὀκτὼ
VIAD--ZS CC PA DAMP N-AM-P A-DAM-P AB N-NF-P A-CNF-P

[καὶ] παραλαβὼν Πέτρον καὶ Ἰωάννην καὶ Ἰάκωβον ἀνέβη εἰς
CH VPAANM-S N-AM-S CC N-AM-S CC N-AM-S VIAA--ZS PA

τὸ ὄρος προσεύξασθαι. 9.29 καὶ ἐγένετο ἐν τῷ προσεύχεσθαι
DANS N-AN-S VNAD CC VIAD--ZS PD DDNS VNPND

αὐτὸν τὸ εἶδος τοῦ προσώπου αὐτοῦ ἕτερον καὶ ὁ ἱματισμὸς
NPAMZS DNNS N-NN-S DGNS N-GN-S NPGMZS A--NN-S CC DNMS N-NM-S

αὐτοῦ λευκὸς ἐξαστράπτων. 9.30 καὶ ἰδοὺ ἄνδρες δύο
NPGMZS A--NM-S VPPANM-S CC QS N-NM-P A-CNM-P

συνελάλουν αὐτῷ, οἵτινες ἦσαν Μωϋσῆς καὶ Ἠλίας, 9.31 οἳ
VIIA--ZP NPDMZS APRNM-P VIIA--ZP N-NM-S CC N-NM-S APRNM-P

ὀφθέντες ἐν δόξῃ ἔλεγον τὴν ἔξοδον αὐτοῦ ἣν ἤμελλεν
VPAPNM-P PD N-DF-S VIIA--ZP DAFS N-AF-S NPGMZS APRAF-S VIIA--ZS+

πληροῦν ἐν Ἰερουσαλήμ. 9.32 ὁ δὲ Πέτρος καὶ οἱ σὺν αὐτῷ
+VNPA PD N-DF-S DNMS CC N-NM-S CC DNMP PD NPDMZS

ἦσαν βεβαρημένοι ὕπνῳ· διαγρηγορήσαντες δὲ εἶδον τὴν δόξαν
VIIA--ZP+ +VPRPNM-P N-DM-S VPAANM-P CH VIAA--ZP DAFS N-AF-S

αὐτοῦ καὶ τοὺς δύο ἄνδρας τοὺς συνεστῶτας αὐτῷ.
NPGMZS CC DAMP A-CAM-P N-AM-P DAMP□APRNM-P VPRAAM-P NPDMZS

9.33 καὶ ἐγένετο ἐν τῷ διαχωρίζεσθαι αὐτοὺς ἀπ’ αὐτοῦ εἶπεν
CC VIAD--ZS PD DDNS VNPPD NPAMZP PG NPGMZS VIAA--ZS

ὁ Πέτρος πρὸς τὸν Ἰησοῦν, Ἐπιστάτα, καλόν ἐστιν ἡμᾶς ὧδε
DNMS N-NM-S PA DAMS N-AM-S N-VM-S AP-NN-S VIPA--ZS NPA-XP AB

εἶναι, καὶ ποιήσωμεν σκηνὰς τρεῖς, μίαν σοὶ καὶ μίαν Μωϋσεῖ
VNPA CC VSAA--XP N-AF-P A-CAF-P APCAF-S NPD-YS CC APCAF-S N-DM-S

καὶ μίαν Ἠλίᾳ, μὴ εἰδὼς ὃ λέγει. 9.34 ταῦτα
CC APCAF-S N-DM-S AB VPRANM-S APRAN-S□APDAN-S&APRAN-S VIPA--ZS APDAN-P

δὲ αὐτοῦ λέγοντος ἐγένετο νεφέλη καὶ ἐπεσκίαζεν αὐτούς·
CC NPGMZS VPPAGM-S VIAD--ZS N-NF-S CC VIIA--ZS NPAMZP

ἐφοβήθησαν δὲ ἐν τῷ εἰσελθεῖν αὐτοὺς εἰς τὴν νεφέλην. 9.35 καὶ
VIAO--ZP CH PD DDNS VNAAD NPAMZP PA DAFS N-AF-S CC

φωνὴ ἐγένετο ἐκ τῆς νεφέλης λέγουσα, Οὗτός ἐστιν ὁ υἱός
N-NF-S VIAD--ZS PG DGFS N-GF-S VPPANF-S APDNM-S VIPA--ZS DNMS N-NM-S

μου ὁ ἐκλελεγμένος, αὐτοῦ ἀκούετε. 9.36 καὶ ἐν τῷ
NPG-XS DNMS□APRNM-S VPRPNM-S NPGMZS VMPA--YP CC PD DDNS

γενέσθαι τὴν φωνὴν εὑρέθη Ἰησοῦς μόνος. καὶ αὐτοὶ ἐσίγησαν
VNADD DAFS N-AF-S VIAP--ZS N-NM-S A--NM-S CC NPNMZP VIAA--ZP

καὶ οὐδενὶ ἀπήγγειλαν ἐν ἐκείναις ταῖς ἡμέραις οὐδὲν
CC APCDM-S VIAA--ZP PD A-DDF-P DDFP N-DF-P APCAN-S

ὧν ἑώρακαν.
APRGN-P□APDGN-P&APRAN-P VIRA--ZP

9.37 Ἐγένετο δὲ τῇ ἑξῆς ἡμέρᾳ κατελθόντων αὐτῶν ἀπὸ
VIAD--ZS CC DDFS AB□A--DF-S N-DF-S VPAAGM-P NPGMZP PG

τοῦ ὄρους συνήντησεν αὐτῷ ὄχλος πολύς. 9.38 καὶ ἰδοὺ ἀνὴρ ἀπὸ
DGNS N-GN-S VIAA--ZS NPDMZS N-NM-S A--NM-S CC QS N-NM-S PG

τοῦ ὄχλου ἐβόησεν λέγων, Διδάσκαλε, δέομαί σου ἐπιβλέψαι ἐπὶ
DGMS N-GM-S VIAA--ZS VPPANM-S N-VM-S VIPN--XS NPG-YS VNAA PA

τὸν υἱόν μου, ὅτι μονογενής μοί ἐστιν, 9.39 καὶ ἰδοὺ πνεῦμα
DAMS N-AM-S NPG-XS CS AP-NM-S NPD-XS VIPA--ZS CC QS N-NN-S

λαμβάνει αὐτόν, καὶ ἐξαίφνης κράζει, καὶ σπαράσσει αὐτὸν μετὰ
VIPA--ZS NPAMZS CC AB VIPA--ZS CC VIPA--ZS NPAMZS PG

ἀφροῦ καὶ μόγις ἀποχωρεῖ ἀπ᾽ αὐτοῦ συντρῖβον αὐτόν· 9.40 καὶ
N-GM-S CC AB VIPA--ZS PG NPGMZS VPPANN-S NPAMZS CC

ἐδεήθην τῶν μαθητῶν σου ἵνα ἐκβάλωσιν αὐτό, καὶ οὐκ
VIAO--XS DGMP N-GM-P NPG-YS CC VSAA--ZP NPANZS CC AB

ἠδυνήθησαν. 9.41 ἀποκριθεὶς δὲ ὁ Ἰησοῦς εἶπεν, Ὦ γενεὰ
VIAO--ZP VPAONM-S CH DNMS N-NM-S VIAA--ZS QS N-VF-S

ἄπιστος καὶ διεστραμμένη, ἕως πότε ἔσομαι πρὸς ὑμᾶς καὶ
A--VF-S CC VPRPVFYS PG ABT□APTGM-S VIFD--XS PA NPA-YP CC

ἀνέξομαι ὑμῶν; προσάγαγε ὧδε τὸν υἱόν σου. 9.42 ἔτι δὲ
VIFM--XS NPG-YP VMAA--YS AB DAMS N-AM-S NPG-YS AB CC

προσερχομένου αὐτοῦ ἔρρηξεν αὐτὸν τὸ δαιμόνιον καὶ
VPPNGM-S NPGMZS VIAA--ZS NPAMZS DNNS N-NN-S CC

συνεσπάραξεν· ἐπετίμησεν δὲ ὁ Ἰησοῦς τῷ πνεύματι τῷ
VIAA--ZS VIAA--ZS CH DNMS N-NM-S DDNS N-DN-S DDNS

ἀκαθάρτῳ, καὶ ἰάσατο τὸν παῖδα καὶ ἀπέδωκεν αὐτὸν τῷ πατρὶ
A--DN-S CC VIAD--ZS DAMS N-AM-S CC VIAA--ZS NPAMZS DDMS N-DM-S

αὐτοῦ. 9.43 ἐξεπλήσσοντο δὲ πάντες ἐπὶ τῇ μεγαλειότητι τοῦ
NPGMZS VIIP--ZP CH AP-NM-P PD DDFS N-DF-S DGMS

θεοῦ.
N-GM-S

Πάντων δὲ θαυμαζόντων ἐπὶ πᾶσιν οἷς ἐποίει εἶπεν
AP-GM-P CC VPPAGM-P PD AP-DN-P APRDN-P□APRAN-P VIIA--ZS VIAA--ZS

πρὸς τοὺς μαθητὰς αὐτοῦ, 9.44 Θέσθε ὑμεῖς εἰς τὰ ὦτα ὑμῶν
PA DAMP N-AM-P NPGMZS VMAM--YP NPN-YP PA DANP N-AN-P NPG-YP

τοὺς λόγους τούτους, ὁ γὰρ υἱὸς τοῦ ἀνθρώπου μέλλει
DAMP N-AM-P A-DAM-P DNMS CS N-NM-S DGMS N-GM-S VIPA--ZS+

παραδίδοσθαι εἰς χεῖρας ἀνθρώπων. 9.45 οἱ δὲ ἠγνόουν
+VNPP PA N-AF-P N-GM-P DNMP□NPNMZP CH VIIA--ZP

τὸ ῥῆμα τοῦτο, καὶ ἦν παρακεκαλυμμένον ἀπ᾽ αὐτῶν ἵνα μὴ
DANS N-AN-S A-DAN-S CC VIIA--ZS+ +VPRPNN-S PG NPGMZP CS AB

αἴσθωνται αὐτό, καὶ ἐφοβοῦντο ἐρωτῆσαι αὐτὸν περὶ τοῦ ῥήματος
VSAD--ZP NPANZS CC VIIN--ZP VNAA NPAMZS PG DGNS N-GN-S

τούτου.
A-DGN-S

9.46 Εἰσῆλθεν δὲ διαλογισμὸς ἐν αὐτοῖς, τὸ τίς ἂν εἴη
VIAA--ZS CC N-NM-S PD NPDMZP DNNS APTNM-S QV VOPA--ZS

μείζων αὐτῶν. 9.47 ὁ δὲ Ἰησοῦς εἰδὼς τὸν διαλογισμὸν τῆς
A-MNM-S NPGMZP DNMS CH N-NM-S VPRANM-S DAMS N-AM-S DGFS

καρδίας αὐτῶν ἐπιλαβόμενος παιδίον ἔστησεν αὐτὸ παρ᾽ ἑαυτῷ,
N-GF-S NPGMZP VPADNM-S N-AN-S VIAA--ZS NPANZS PD NPDMZS

9.48 καὶ εἶπεν αὐτοῖς, Ὃς ἐὰν δέξηται τοῦτο τὸ
CC VIAA--ZS NPDMZP APRNM-S☐APDNM-S&APRNM-S QV VSAD--ZS A-DAN-S DANS

παιδίον ἐπὶ τῷ ὀνόματί μου ἐμὲ δέχεται, καὶ
N-AN-S PD DDNS N-DN-S NPG-XS NPA-XS VIPN--ZS CC

ὃς ἂν ἐμὲ δέξηται δέχεται τὸν
APRNM-S☐APDNM-S&APRNM-S QV NPA-XS VSAD--ZS VIPN--ZS DAMS☐NPAMZS&APRNM-S

ἀποστείλαντά με· ὁ γὰρ μικρότερος ἐν πᾶσιν ὑμῖν
VPAAAM-S NPA-XS DNMS☐APRNM-S+ CS A-MNM-S PD A--DM-P NPD-YP

ὑπάρχων οὗτός ἐστιν μέγας.
VPPANM-S APDNM-S VIPA--ZS A--NM-S

9.49 Ἀποκριθεὶς δὲ Ἰωάννης εἶπεν, Ἐπιστάτα, εἴδομέν τινα
VPAONM-S CH N-NM-S VIAA--ZS N-VM-S VIAA--XP APIAM-S

ἐν τῷ ὀνόματί σου ἐκβάλλοντα δαιμόνια, καὶ ἐκωλύομεν αὐτὸν
PD DDNS N-DN-S NPG-YS VPPAAM-S N-AN-P CC VIIA--XP NPAMZS

ὅτι οὐκ ἀκολουθεῖ μεθ’ ἡμῶν. 9.50 εἶπεν δὲ πρὸς αὐτὸν ὁ
CS AB VIPA--ZS PG NPG-XP VIAA--ZS CH PA NPAMZS DNMS

Ἰησοῦς, Μὴ κωλύετε, ὃς γὰρ οὐκ ἔστιν καθ’
N-NM-S AB VMPA--YP APRNM-S☐APDNM-S&APRNM-S CS AB VIPA--ZS PG

ὑμῶν ὑπὲρ ὑμῶν ἐστιν.
NPG-YP PG NPG-YP VIPA--ZS

9.51 Ἐγένετο δὲ ἐν τῷ συμπληροῦσθαι τὰς ἡμέρας τῆς
VIAD--ZS CC PD DDNS VNPPD DAFP N-AF-P DGFS

ἀναλήμψεως αὐτοῦ καὶ αὐτὸς τὸ πρόσωπον ἐστήρισεν τοῦ
N-GF-S NPGMZS CH NPNMZS DANS N-AN-S VIAA--ZS DGNS

πορεύεσθαι εἰς Ἰερουσαλήμ, 9.52 καὶ ἀπέστειλεν ἀγγέλους πρὸ
VNPNG PA N-AF-S CC VIAA--ZS N-AM-P PG

προσώπου αὐτοῦ. καὶ πορευθέντες εἰσῆλθον εἰς κώμην
N-GN-S NPGMZS CC VPAONM-P VIAA--ZP PA N-AF-S

Σαμαριτῶν, ὡς ἑτοιμάσαι αὐτῷ· 9.53 καὶ οὐκ ἐδέξαντο αὐτόν, ὅτι
N-GM-P CS VNAA NPDMZS CC AB VIAD--ZP NPAMZS CS

τὸ πρόσωπον αὐτοῦ ἦν πορευόμενον εἰς Ἰερουσαλήμ.
DNNS N-NN-S NPGMZS VIIA--ZS+ +VPPNNN-S PA N-AF-S

9.54 ἰδόντες δὲ οἱ μαθηταὶ Ἰάκωβος καὶ Ἰωάννης εἶπαν, Κύριε,
VPAANM-P CH DNMP N-NM-P N-NM-S CC N-NM-S VIAA--ZP N-VM-S

θέλεις εἴπωμεν πῦρ καταβῆναι ἀπὸ τοῦ οὐρανοῦ καὶ ἀναλῶσαι
VIPA--YS VSAA--XP N-AN-S VNAA PG DGMS N-GM-S CC VNAA

αὐτούς; 9.55 στραφεὶς δὲ ἐπετίμησεν αὐτοῖς. 9.56 καὶ
NPAMZP VPAPNM-S CH VIAA--ZS NPDMZP CC

ἐπορεύθησαν εἰς ἑτέραν κώμην.
VIAO--ZP PA A--AF-S N-AF-S

9.57 Καὶ πορευομένων αὐτῶν ἐν τῇ ὁδῷ εἶπέν τις πρὸς
CC VPPNGM-P NPGMZP PD DDFS N-DF-S VIAA--ZS APINM-S PA

αὐτόν, Ἀκολουθήσω σοι ὅπου ἐὰν ἀπέρχῃ. 9.58 καὶ εἶπεν αὐτῷ
NPAMZS VIFA--XS NPD-YS CS QV VSPN--YS CC VIAA--ZS NPDMZS

ὁ Ἰησοῦς, Αἱ ἀλώπεκες φωλεοὺς ἔχουσιν καὶ τὰ πετεινὰ τοῦ
DNMS N-NM-S DNFP N-NF-P N-AM-P VIPA--ZP CC DNNP AP-NN-P DGMS

οὐρανοῦ κατασκηνώσεις, ὁ δὲ υἱὸς τοῦ ἀνθρώπου οὐκ ἔχει
N-GM-S N-AF-P DNMS CH N-NM-S DGMS N-GM-S AB VIPA--ZS

ποῦ τὴν κεφαλὴν κλίνῃ. 9.59 Εἶπεν δὲ πρὸς ἕτερον,
ABT DAFS N-AF-S VSAA--ZS/VSPA--ZS VIAA--ZS CC PA AP-AM-S

Ἀκολούθει μοι. ὁ δὲ εἶπεν, [Κύριε,] ἐπίτρεψόν μοι
VMPA--YS NPD-XS DNMS□NPNMZS CH VIAA--ZS N-VM-S VMAA--YS NPD-XS

ἀπελθόντι πρῶτον θάψαι τὸν πατέρα μου. 9.60 εἶπεν δὲ αὐτῷ,
VPAADMXS APOAN-S□AB VNAA DAMS N-AM-S NPG-XS VIAA--ZS CH NPDMZS

Ἄφες τοὺς νεκροὺς θάψαι τοὺς ἑαυτῶν νεκρούς, σὺ δὲ
VMAA--YS DAMP AP-AM-P VNAA DAMP NPGMZP AP-AM-P NPN-YS CC/CH

ἀπελθὼν διάγγελλε τὴν βασιλείαν τοῦ θεοῦ. 9.61 Εἶπεν δὲ καὶ
VRAANMYS VMPA--YS DAFS N-AF-S DGMS N-GM-S VIAA--ZS CC AB

ἕτερος, Ἀκολουθήσω σοι, κύριε· πρῶτον δὲ ἐπίτρεψόν μοι
AP-NM-S VIFA--XS NPD-YS N-VM-S APOAN-S□AB CH VMAA--YS NPD-XS

ἀποτάξασθαι τοῖς εἰς τὸν οἶκόν μου. 9.62 εἶπεν δὲ [πρὸς αὐτὸν]
VNAM DDMP PA DAMS N-AM-S NPG-XS VIAA--ZS CH PA NPAMZS

ὁ Ἰησοῦς, Οὐδεὶς ἐπιβαλὼν τὴν χεῖρα ἐπ’ ἄροτρον καὶ βλέπων
DNMS N-NM-S APCNM-S VPAANMYS DAFS N-AF-S PA N-AN-S CC VPPANM-S

εἰς τὰ ὀπίσω εὔθετός ἐστιν τῇ βασιλείᾳ τοῦ θεοῦ.
PA DANP AB□AP-AN-P A--NM-S VIPA--ZS DDFS N-DF-S DGMS N-GM-S

10.1 Μετὰ δὲ ταῦτα ἀνέδειξεν ὁ κύριος ἑτέρους ἑβδομήκοντα
PA CC APDAN-P VIAA--ZS DNMS N-NM-S AP-AM-P A-CAM-P

[δύο], καὶ ἀπέστειλεν αὐτοὺς ἀνὰ δύο [δύο] πρὸ προσώπου
A-CAM-P CC VIAA--ZS NPAMZP AB APCAM-P APCAM-P PG N-GN-S

αὐτοῦ εἰς πᾶσαν πόλιν καὶ τόπον οὗ ἤμελλεν αὐτὸς ἔρχεσθαι.
NPGMZS PA A--AF-S N-AF-S CC N-AM-S ABR VIIA--ZS+ NPNMZS +VNPN

10.2 ἔλεγεν δὲ πρὸς αὐτούς, Ὁ μὲν θερισμὸς πολύς, οἱ δὲ
VIIA--ZS CC PA NPAMZP DNMS CC N-NM-S A--NM-S DNMP CC

ἐργάται ὀλίγοι· δεήθητε οὖν τοῦ κυρίου τοῦ θερισμοῦ ὅπως
N-NM-P A--NM-P VMAO--YP CH DGMS N-GM-S DGMS N-GM-S CC

ἐργάτας ἐκβάλῃ εἰς τὸν θερισμὸν αὐτοῦ. 10.3 ὑπάγετε· ἰδοὺ
N-AM-P VSAA--ZS PA DAMS N-AM-S NPGMZS VMPA--YP QS

ἀποστέλλω ὑμᾶς ὡς ἄρνας ἐν μέσῳ λύκων. 10.4 μὴ βαστάζετε
VIPA--XS NPA-YP CS N-AM-P PD AP-DN-S N-GM-P AB VMPA--YP

βαλλάντιον, μὴ πήραν, μὴ ὑποδήματα, καὶ μηδένα κατὰ τὴν ὁδὸν
N-AN-S AB N-AF-S AB N-AN-P CC APCAM-S PA DAFS N-AF-S

ἀσπάσησθε. 10.5 εἰς ἣν δ’ ἂν εἰσέλθητε οἰκίαν, πρῶτον
VSAD--YP□VMAD--YP PA A-RAF-S CC QV VSAA--YP N-AF-S APOAN-S□AB

λέγετε, Εἰρήνη τῷ οἴκῳ τούτῳ. 10.6 καὶ ἐὰν ἐκεῖ ᾖ υἱὸς
VMPA--YP N-NF-S DDMS N-DM-S A-DDM-S CC CS AB VSPA--ZS N-NM-S

εἰρήνης, ἐπαναπαήσεται ἐπ’ αὐτὸν ἡ εἰρήνη ὑμῶν· εἰ δὲ μή γε,
N-GF-S VIFO--ZS PA NPAMZS DNFS N-NF-S NPG-YP CS CC AB QS

ἐφ᾽ ὑμᾶς ἀνακάμψει. 10.7 ἐν αὐτῇ δὲ τῇ οἰκίᾳ μένετε,
PA NPA-YP VIFA--ZS   PD NPDFZS□A--DF-S CC DDFS N-DF-S VMPA--YP

ἐσθίοντες καὶ πίνοντες τὰ παρ᾽ αὐτῶν, ἄξιος γὰρ ὁ ἐργάτης
VRPANMYP CC VRPANMYP DANP PG NPGMZP A--NM-S CS DNMS N-NM-S

τοῦ μισθοῦ αὐτοῦ. μὴ μεταβαίνετε ἐξ οἰκίας εἰς οἰκίαν. 10.8 καὶ εἰς
DGMS N-GM-S NPGMZS AB VMPA--YP   PG N-GF-S PA N-AF-S   CC PA

ἣν ἂν πόλιν εἰσέρχησθε καὶ δέχωνται ὑμᾶς, ἐσθίετε
A-RAF-S QV N-AF-S VSPN--YP CC VSPN--ZP NPA-YP VMPA--YP

τὰ παρατιθέμενα ὑμῖν, 10.9 καὶ θεραπεύετε τοὺς ἐν
DANP□NPANZP&APRNN-P VPPPAN-P   NPD-YP   CC VMPA--YP   DAMP PD

αὐτῇ ἀσθενεῖς, καὶ λέγετε αὐτοῖς, Ἤγγικεν ἐφ᾽ ὑμᾶς ἡ βασιλεία
NPDFZS AP-AM-P CC VMPA--YP NPDMZP VIRA--ZS PA NPA-YP DNFS N-NF-S

τοῦ θεοῦ. 10.10 εἰς ἣν δ᾽ ἂν πόλιν εἰσέλθητε καὶ μὴ δέχωνται
DGMS N-GM-S   PA A-RAF-S CC QV N-AF-S VSAA--YP   CC AB VSPN--ZP

ὑμᾶς, ἐξελθόντες εἰς τὰς πλατείας αὐτῆς εἴπατε, 10.11 Καὶ τὸν
NPA-YP VRAANMYP PA DAFP AP-AF-P NPGFZS VMAA--YP   AB DAMS

κονιορτὸν τὸν κολληθέντα ἡμῖν ἐκ τῆς πόλεως ὑμῶν εἰς
N-AM-S DAMS□APRNM-S VPAPAM-S NPD-XP PG DGFS N-GF-S NPG-YP PA

τοὺς πόδας ἀπομασσόμεθα ὑμῖν· πλὴν τοῦτο γινώσκετε ὅτι
DAMP N-AM-P VIPM--XP NPD-YP CH APDAN-S VMPA--YP ABR

ἤγγικεν ἡ βασιλεία τοῦ θεοῦ. 10.12 λέγω ὑμῖν ὅτι Σοδόμοις ἐν
VIRA--ZS DNFS N-NF-S DGMS N-GM-S   VIPA--XS NPD-YP CH N-DN-P   PD

τῇ ἡμέρᾳ ἐκείνῃ ἀνεκτότερον ἔσται ἢ τῇ πόλει ἐκείνῃ.
DDFS N-DF-S A-DDF-S A-MNN-S   VIFD--ZS CS DDFS N-DF-S A-DDF-S

10.13 Οὐαί σοι, Χοραζίν· οὐαί σοι, Βηθσαϊδά· ὅτι εἰ ἐν Τύρῳ
QS NPD-YS N-VF-S QS NPD-YS N-VF-S   CS CS PD N-DF-S

καὶ Σιδῶνι ἐγενήθησαν αἱ δυνάμεις αἱ γενόμεναι ἐν
CC N-DF-S VIAO--ZP DNFP N-NF-P DNFP□APRNF-P VPADNF-P PD

ὑμῖν, πάλαι ἂν ἐν σάκκῳ καὶ σποδῷ καθήμενοι μετενόησαν.
NPD-YP AB QV PD N-DM-S CC N-DF-S VPPNNM-P VIAA--ZP

10.14 πλὴν Τύρῳ καὶ Σιδῶνι ἀνεκτότερον ἔσται ἐν τῇ κρίσει ἢ
CC N-DF-S CC N-DF-S A-MNN-S VIFD--ZS PD DDFS N-DF-S CS

ὑμῖν. 10.15 καὶ σύ, Καφαρναούμ,
NPD-YP   CC NPN-YS N-VF-S

μὴ ἕως οὐρανοῦ ὑψωθήσῃ;
QT PG N-GM-S VIFP--YS

ἕως τοῦ ᾅδου καταβήσῃ.
PG DGMS N-GM-S VIFD--YS

10.16 Ὁ ἀκούων ὑμῶν ἐμοῦ ἀκούει, καὶ
DNMS□NPNMZS&APRNM-S VPPANM-S NPG-YP NPG-XS VIPA--ZS CC

ὁ ἀθετῶν ὑμᾶς ἐμὲ ἀθετεῖ· ὁ δὲ
DNMS□NPNMZS&APRNM-S VPPANM-S NPA-YP NPA-XS VIPA--ZS DNMS□NPNMZS&APRNM-S CC

ἐμὲ ἀθετῶν ἀθετεῖ τὸν ἀποστείλαντά με.
NPA-XS VPPANM-S VIPA--ZS DAMS□NPAMZS&APRNM-S VPAAAM-S NPA-XS

10.17 Ὑπέστρεψαν δὲ οἱ ἑβδομήκοντα [δύο] μετὰ χαρᾶς
VIAA--ZP CC DNMP APCNM-P APCNM-P PG N-GF-S

λέγοντες, Κύριε, καὶ τὰ δαιμόνια ὑποτάσσεται ἡμῖν ἐν τῷ
VPPANM-P N-VM-S AB DNNP N-NN-P VIPP--ZS NPD-XP PD DDNS

ὀνόματί σου. 10.18 εἶπεν δὲ αὐτοῖς, Ἐθεώρουν τὸν Σατανᾶν ὡς
N-DN-S NPG-YS VIAA--ZS CH NPDMZP VIIA--XS DAMS N-AM-S CS

ἀστραπὴν ἐκ τοῦ οὐρανοῦ πεσόντα. 10.19 ἰδοὺ δέδωκα ὑμῖν τὴν
N-AF-S PG DGMS N-GM-S VPAAAM-S QS VIRA--XS NPD-YP DAFS

ἐξουσίαν τοῦ πατεῖν ἐπάνω ὄφεων καὶ σκορπίων, καὶ ἐπὶ πᾶσαν
N-AF-S DGNS VNPAG PG N-GM-P CC N-GM-P CC PA A--AF-S

τὴν δύναμιν τοῦ ἐχθροῦ, καὶ οὐδὲν ὑμᾶς οὐ μὴ ἀδικήσῃ.
DAFS N-AF-S DGMS AP-GM-S CC APCNN-S NPA-YP AB AB VSAA--ZS

10.20 πλὴν ἐν τούτῳ μὴ χαίρετε ὅτι τὰ πνεύματα ὑμῖν
CH PD APDDN-S AB VMPA--YP ABR DNNP N-NN-P NPD-YP

ὑποτάσσεται, χαίρετε δὲ ὅτι τὰ ὀνόματα ὑμῶν ἐγγέγραπται ἐν
VIPP--ZS VMPA--YP CH CC/CS DNNP N-NN-P NPG-YP VIRP--ZS PD

τοῖς οὐρανοῖς.
DDMP N-DM-P

10.21 Ἐν αὐτῇ τῇ ὥρᾳ ἠγαλλιάσατο [ἐν] τῷ πνεύματι
PD NPDFZS□A--DF-S DDFS N-DF-S VIAM--ZS PD DDNS N-DN-S

τῷ ἁγίῳ καὶ εἶπεν, Ἐξομολογοῦμαί σοι, πάτερ, κύριε τοῦ
DDNS A--DN-S CC VIAA--ZS VIPM--XS NPD-YS N-VM-S N-VM-S DGMS

οὐρανοῦ καὶ τῆς γῆς, ὅτι ἀπέκρυψας ταῦτα ἀπὸ σοφῶν καὶ
N-GM-S CC DGFS N-GF-S CC/CS VIAA--YS APDAN-P PG AP-GM-P CC

συνετῶν, καὶ ἀπεκάλυψας αὐτὰ νηπίοις· ναί, ὁ πατήρ, ὅτι
AP-GM-P CC VIAA--YS NPANZP AP-DM-P QS DVMS N-NM-S□N-VM-S CS

οὕτως εὐδοκία ἐγένετο ἔμπροσθέν σου. 10.22 Πάντα μοι
AB N-NF-S VIAD--ZS PG NPG-YS AP-NN-P NPD-XS

παρεδόθη ὑπὸ τοῦ πατρός μου, καὶ οὐδεὶς γινώσκει τίς ἐστιν
VIAP--ZS PG DGMS N-GM-S NPG-XS CC APCNM-S VIPA--ZS APTNM-S VIPA--ZS

ὁ υἱὸς εἰ μὴ ὁ πατήρ, καὶ τίς ἐστιν ὁ πατὴρ εἰ μὴ ὁ
DNMS N-NM-S CS AB DNMS N-NM-S CC APTNM-S VIPA--ZS DNMS N-NM-S CS AB DNMS

υἱὸς καὶ ᾧ ἐὰν βούληται ὁ υἱὸς ἀποκαλύψαι.
N-NM-S CC APRDM-S□APDNM-S&APRDM-S QV VSPN--ZS DNMS N-NM-S VNAA

10.23 Καὶ στραφεὶς πρὸς τοὺς μαθητὰς κατ᾽ ἰδίαν εἶπεν, Μακάριοι
CC VPAPNM-S PA DAMP N-AM-P PA AP-AF-S VIAA--ZS A--NM-P

οἱ ὀφθαλμοὶ οἱ βλέποντες ἃ βλέπετε.
DNMP N-NM-P DNMP□APRNM-P VPPANM-P APRAN-P□APDAN-P&APRAN-P VIPA--YP

10.24 λέγω γὰρ ὑμῖν ὅτι πολλοὶ προφῆται καὶ βασιλεῖς ἠθέλησαν
VIPA--XS CS NPD-YP CH A--NM-P N-NM-P CC N-NM-P VIAA--ZP

ἰδεῖν ἃ ὑμεῖς βλέπετε καὶ οὐκ εἶδαν, καὶ ἀκοῦσαι
VNAA APRAN-P□APDAN-P&APRAN-P NPN-YP VIPA--YP CC AB VIAA--ZP CC VNAA

ἃ ἀκούετε καὶ οὐκ ἤκουσαν.
APRAN-P□APDAN-P&APRAN-P VIPA--YP CC AB VIAA--ZP

10.25 Καὶ ἰδοὺ νομικός τις ἀνέστη ἐκπειράζων αὐτὸν λέγων,
CC QS AP-NM-S A-INM-S VIAA--ZS VPPANM-S NRAMZS VPPANM-S

Διδάσκαλε, τί ποιήσας ζωὴν αἰώνιον κληρονομήσω;
N-VM-S APTAN-S VPAANMXS N-AF-S A--AF-S VIFA--XS

10.26 ὁ δὲ εἶπεν πρὸς αὐτόν, Ἐν τῷ νόμῳ τί
DNMS□NPNMZS CH VIAA--ZS PA NRAMZS PD DDMS N-DM-S APTNN-S

γέγραπται; πῶς ἀναγινώσκεις; 10.27 ὁ δὲ ἀποκριθεὶς
VIRP--ZS ABT VIPA--YS DNMS□NPNMZS CH VPAONM-S

εἶπεν, Ἀγαπήσεις κύριον τὸν θεόν σου ἐξ ὅλης [τῆς] καρδίας
VIAA--ZS VIFA--YS□VMPA--YS N-AM-S DAMS N-AM-S NPG-YS PG A--GF-S DGFS N-GF-S

σου καὶ ἐν ὅλῃ τῇ ψυχῇ σου καὶ ἐν ὅλῃ τῇ ἰσχύϊ σου καὶ ἐν
NPG-YS CC PD A--DF-S DDFS N-DF-S NPG-YS CC PD A--DF-S DDFS N-DF-S NPG-YS CC PD

ὅλῃ τῇ διανοίᾳ σου, καὶ τὸν πλησίον σου ὡς σεαυτόν.
A--DF-S DDFS N-DF-S NPG-YS CC DAMS AB□AP-AM-S NPG-YS CS NPAMYS

10.28 εἶπεν δὲ αὐτῷ, Ὀρθῶς ἀπεκρίθης· τοῦτο ποίει καὶ ζήσῃ.
VIAA--ZS CH NPDMZS AB VIAO--YS APDAN-S VMPA--YS CC VIFM--YS

10.29 ὁ δὲ θέλων δικαιῶσαι ἑαυτὸν εἶπεν πρὸς τὸν
DNMS□NPNMZS CH VPPANM-S VNAA NRAMZS VIAA--ZS PA DAMS

Ἰησοῦν, Καὶ τίς ἐστίν μου πλησίον; 10.30 ὑπολαβὼν ὁ
N-AM-S CC APTNM-S VIPA--YS NPG-XS AB□AP-NM-S VPAANM-S DNMS

Ἰησοῦς εἶπεν, Ἄνθρωπός τις κατέβαινεν ἀπὸ Ἰερουσαλὴμ εἰς
N-NM-S VIAA--ZS N-NM-S A-INM-S VIIA--ZS PG N-GF-S PA

Ἰεριχὼ καὶ λῃσταῖς περιέπεσεν, οἳ καὶ ἐκδύσαντες αὐτὸν καὶ
N-AF-S CC N-DM-P VIAA--ZS APRNM-P AB/CC VPAANM-P NRAMZS CC

πληγὰς ἐπιθέντες ἀπῆλθον ἀφέντες ἡμιθανῆ. 10.31 κατὰ
N-AF-P VPAANM-P VIAA--ZP VPAANM-P A--AM-S PA

συγκυρίαν δὲ ἱερεύς τις κατέβαινεν ἐν τῇ ὁδῷ ἐκείνῃ, καὶ
N-AF-S CC N-NM-S A-INM-S VIIA--ZS PD DDFS N-DF-S A-DDF-S CC

ἰδὼν αὐτὸν ἀντιπαρῆλθεν· 10.32 ὁμοίως δὲ καὶ Λευίτης
VPAANM-S NRAMZS VIAA--ZS AB CC AB N-NM-S

[γενόμενος] κατὰ τὸν τόπον ἐλθὼν καὶ ἰδὼν ἀντιπαρῆλθεν.
VPADNM-S PA DAMS N-AM-S VPAANM-S CC VPAANM-S VIAA--ZS

10.33 Σαμαρίτης δέ τις ὁδεύων ἦλθεν κατ᾽ αὐτὸν καὶ ἰδὼν
N-NM-S CC A-INM-S VPPANM-S VIAA--ZS PA NRAMZS CC VPAANM-S

ἐσπλαγχνίσθη, 10.34 καὶ προσελθὼν κατέδησεν τὰ τραύματα
VIAO--ZS CC VPAANM-S VIAA--ZS DANP N-AN-P

αὐτοῦ ἐπιχέων ἔλαιον καὶ οἶνον, ἐπιβιβάσας δὲ αὐτὸν ἐπὶ τὸ
NPGMZS VPPANM-S N-AN-S CC N-AM-S VPAANM-S CC NRAMZS PA DANS

ἴδιον κτῆνος ἤγαγεν αὐτὸν εἰς πανδοχεῖον καὶ ἐπεμελήθη αὐτοῦ.
A--AN-S N-AN-S VIAA--ZS NRAMZS PA N-AN-S CC VIAO--ZS NPGMZS

10.35 καὶ ἐπὶ τὴν αὔριον ἐκβαλὼν ἔδωκεν δύο δηνάρια τῷ
CC PA DAFS AB□AP-AF-S VPAANM-S VIAA--ZS A-CAN-P N-AN-P DDMS

πανδοχεῖ καὶ εἶπεν, Ἐπιμελήθητι αὐτοῦ, καὶ ὃ
N-DM-S CC VIAA--ZS VMAO--YS NPGMZS CC APRAN-S□APDAN-S&APRAN-S

219

τι   ἂν   προσδαπανήσῃς   ἐγὼ   ἐν   τῷ   ἐπανέρχεσθαί   με
A-IAN-S   QV   VSAA--YS   NPN-XS   PD   DDNS   VNPND   NPA-XS

ἀποδώσω σοι.   10.36 τίς   τούτων τῶν τριῶν πλησίον δοκεῖ σοι
VIFA--XS   NPD-YS   APTNM-S   A-DGM-P   DGMP   APCGM-P   AB□AP-NM-S   VIPA--ZS   NPD-YS

γεγονέναι   τοῦ   ἐμπεσόντος   εἰς   τοὺς   λῃστάς;
VNRA   DGMS□NPGMZS&APRNM-S   VPAAGM-S   PA   DAMP   N-AM-P

10.37 ὁ   δὲ εἶπεν,   Ὁ   ποιήσας τὸ ἔλεος
DNMS□NPNMZS   CH   VIAA--ZS   DNMS□NPNMZS&APRNM-S   VPAANM-S   DANS   N-AN-S

μετ᾽ αὐτοῦ. εἶπεν δὲ αὐτῷ ὁ   Ἰησοῦς, Πορεύου καὶ σὺ   ποίει
PG   NPGMZS   VIAA--ZS   CH   NPDMZS   DNMS   N-NM-S   VMPN--YS   CC   NPN-YS   VMPA--YS

ὁμοίως.
AB

     10.38 Ἐν δὲ τῷ   πορεύεσθαι αὐτοὺς αὐτὸς εἰσῆλθεν εἰς κώμην
       PD   CC   DDNS   VNPND   NPAMZP   NPNMZS   VIAA--ZS   PA   N-AF-S

τινά· γυνὴ δέ τις   ὀνόματι Μάρθα ὑπεδέξατο αὐτόν.   10.39 καὶ
A-IAF-S   N-NF-S   CC   A-INF-S   N-DN-S   N-NF-S   VIAD--ZS   NPAMZS   CC

τῇδε   ἦν   ἀδελφὴ   καλουμένη   Μαριάμ,   [ἢ]   καὶ
APDDF-S   VIIA--ZS   N-NF-S   VPPPNF-S   N-NF-S   APRNF-S   AB

παρακαθεσθεῖσα πρὸς τοὺς πόδας τοῦ κυρίου ἤκουεν τὸν λόγον
VPAONF-S   PA   DAMP   N-AM-P   DGMS   N-GM-S   VIIA--ZS   DAMS   N-AM-S

αὐτοῦ.   10.40 ἡ   δὲ Μάρθα περιεσπᾶτο περὶ πολλὴν διακονίαν·
NPGMZS   DNFS   CH   N-NF-S   VIIP--ZS   PA   A--AF-S   N-AF-S

ἐπιστᾶσα δὲ εἶπεν, Κύριε, οὐ μέλει σοι ὅτι ἡ   ἀδελφή μου
VPAANF-S   CH   VIAA--ZS   N-VM-S   AB   VIPA--ZS   NPD-YS   CC   DNFS   N-NF-S   NPG-XS

μόνην με   κατέλιπεν διακονεῖν; εἰπὲ   οὖν αὐτῇ ἵνα μοι
A--AF-S   NPA-XS   VIAA--ZS   VNPA   VMAA--YS   CH   NPDFZS   CC   NPD-XS

συναντιλάβηται.   10.41 ἀποκριθεὶς δὲ εἶπεν αὐτῇ ὁ   κύριος,
VSAD--ZS   VPAONM-S   CH   VIAA--ZS   NPDFZS   DNMS   N-NM-S

Μάρθα Μάρθα, μεριμνᾷς καὶ θορυβάζῃ περὶ πολλά, 10.42 ἑνὸς   δὲ
N-VF-S   N-VF-S   VIPA--YS   CC   VIPP--YS   PA   AP-AN-P   APCGN-S   CC

ἐστιν χρεία· Μαριὰμ γὰρ τὴν ἀγαθὴν μερίδα ἐξελέξατο ἥτις   οὐκ
VIPA--ZS   N-NF-S   N-NF-S   CS   DAFS   A--AF-S   N-AF-S   VIAM--ZS   APRNF-S   AB

ἀφαιρεθήσεται αὐτῆς.
VIFP--ZS   NPGFZS

     11.1 Καὶ   ἐγένετο   ἐν   τῷ   εἶναι   αὐτὸν ἐν   τόπῳ τινὶ
       CC   VIAD--ZS   PD   DDNS   VNPAD+   NPAMZS   PD   N-DM-S   A-IDM-S

προσευχόμενον, ὡς ἐπαύσατο, εἶπέν τις   τῶν μαθητῶν αὐτοῦ
+VPPNAM-S   CS   VIAM--ZS   VIAA--ZS   APINM-S   DGMP   N-GM-P   NPGMZS

πρὸς αὐτόν, Κύριε, δίδαξον ἡμᾶς προσεύχεσθαι, καθὼς καὶ
PA   NPAMZS   N-VM-S   VMAA--YS   NPA-XP   VNPN   CS   AB

Ἰωάννης ἐδίδαξεν τοὺς μαθητὰς αὐτοῦ.   11.2 εἶπεν δὲ αὐτοῖς,
N-NM-S   VIAA--ZS   DAMP   N-AM-P   NPGMZS   VIAA--ZS   CH   NPDMZP

Ὅταν προσεύχησθε, λέγετε,
CS   VSPN--YP   VMPA--YP

Πάτερ, ἁγιασθήτω τὸ ὄνομά σου·
N-VM-S VMAP--ZS DNNS N-NN-S NPG-YS

ἐλθέτω ἡ βασιλεία σου·
VMAA--ZS DNFS N-NF-S NPG-YS

11.3 τὸν ἄρτον ἡμῶν τὸν ἐπιούσιον δίδου ἡμῖν τὸ
DAMS N-AM-S NPG-XP DAMS A--AM-S VMPA--YS NPD-XP DANS

καθ᾽ ἡμέραν·
PA N-AF-S

11.4 καὶ ἄφες ἡμῖν τὰς ἁμαρτίας ἡμῶν,
CC VMAA--YS NPD-XP DAFP N-AF-P NPG-XP

καὶ γὰρ αὐτοὶ ἀφίομεν παντὶ ὀφείλοντι ἡμῖν·
AB CS NPNMXP VIPA--XP AP-DM-S VPPADM-S NPD-XP

καὶ μὴ εἰσενέγκῃς ἡμᾶς εἰς πειρασμόν.
CC AB VSAA--YS□VMAA--YS NPA-XP PA N-AM-S

11.5 Καὶ εἶπεν πρὸς αὐτούς, Τίς ἐξ ὑμῶν ἕξει φίλον καὶ
CC VIAA--ZS PA NPAMZP APTNM-S PG NPG-YP VIFA--ZS AP-AM-S CC

πορεύσεται πρὸς αὐτὸν μεσονυκτίου καὶ εἴπῃ αὐτῷ, Φίλε,
VIFD--ZS PA NPAMZS N-GN-S CC VSAA--ZS NPDMZS AP-VM-S

χρῆσόν μοι τρεῖς ἄρτους, 11.6 ἐπειδὴ φίλος μου παρεγένετο ἐξ
VMAA--YS NPD-XS A-CAM-P N-AM-P CS AP-NM-S NPG-XS VIAD--ZS PG

ὁδοῦ πρός με καὶ οὐκ ἔχω ὃ παραθήσω
N-GF-S PA NPA-XS CC AB VIPA--XS APRAN-S□APDAN-S&APRAN-S VIFA--XS

αὐτῷ· 11.7 κἀκεῖνος ἔσωθεν ἀποκριθεὶς εἴπῃ, Μή μοι κόπους
NPDMZS CC&APDNM-S AB VPAONM-S VSAA--ZS AB NPD-XS N-AM-P

πάρεχε· ἤδη ἡ θύρα κέκλεισται, καὶ τὰ παιδία μου μετ᾽ ἐμοῦ
VMPA--YS AB DNFS N-NF-S VIRP--ZS CC DNNP N-NN-P NPG-XS PG NPG-XS

εἰς τὴν κοίτην εἰσίν· οὐ δύναμαι ἀναστὰς δοῦναί σοι. 11.8 λέγω
PA DAFS N-AF-S VIPA--ZP AB VIPN--XS VPAANMXS VNAA NPD-YS VIPA--XS

ὑμῖν, εἰ καὶ οὐ δώσει αὐτῷ ἀναστὰς διὰ τὸ εἶναι φίλον αὐτοῦ, διά
NPD-YP CS AB AB VIFA--ZS NPDMZS VPAANM-S PA DANS VNPAA AP-AM-S NPGMZS PA

γε τὴν ἀναίδειαν αὐτοῦ ἐγερθεὶς δώσει αὐτῷ ὅσων
QS DAFS N-AF-S NPGMZS VPAPNM-S VIFA--ZS NPDMZS APRGN-P□APDAN-P&APRGN-P

χρῄζει. 11.9 κἀγὼ ὑμῖν λέγω, αἰτεῖτε, καὶ δοθήσεται ὑμῖν·
VIPA--ZS CC&NPN-XS NPD-YP VIPA--XS VMPA--YP CC VIFP--ZS NPD-YP

ζητεῖτε, καὶ εὑρήσετε· κρούετε, καὶ ἀνοιγήσεται ὑμῖν. 11.10 πᾶς
VMPA--YP CC VIFA--YP VMPA--YP CC VIFP--ZS NPD-YP AP-NM-S

γὰρ ὁ αἰτῶν λαμβάνει, καὶ ὁ ζητῶν
CS DNMS□APRNM-S VPPANM-S VIPA--ZS CC DNMS□NPNMZS&APRNM-S VPPANM-S

εὑρίσκει, καὶ τῷ κρούοντι ἀνοιγ[ήσ]εται. 11.11 τίνα
VIPA--ZS CC DDMS□NPDMZS&APRNM-S VPPADM-S VIFP--ZS/VIPP--ZS A-TAM-S

δὲ ἐξ ὑμῶν τὸν πατέρα αἰτήσει ὁ υἱὸς ἰχθύν, καὶ ἀντὶ ἰχθύος
CC PG NPG-YP DAMS N-AM-S VIFA--ZS DNMS N-NM-S N-AM-S CC PG N-GM-S

ὄφιν αὐτῷ ἐπιδώσει; 11.12 ἢ καὶ αἰτήσει ᾠόν, ἐπιδώσει αὐτῷ
N-AM-S NPDMZS VIFA--ZS CC AB VIFA--ZS N-AN-S VIFA--ZS NPDMZS

σκορπίον; 11.13 εἰ οὖν ὑμεῖς πονηροὶ ὑπάρχοντες οἴδατε δόματα
N-AM-S   CS CH   NPN-YP   A--NM-P   VPPANMYP   VIRA--YP   N-AN-P

ἀγαθὰ διδόναι τοῖς τέκνοις ὑμῶν, πόσῳ μᾶλλον ὁ   πατὴρ [ὁ]
A--AN-P   VNPA   DDNP   N-DN-P   NPG-YP   APTDN-S ABM   DNMS N-NM-S   DNMS

ἐξ οὐρανοῦ δώσει πνεῦμα ἅγιον τοῖς   αἰτοῦσιν αὐτόν.
PG N-GM-S   VIFA--ZS N-AN-S   A--AN-S   DDMP☐NPDMZP&APRNM-P VPPADM-P   NPAMZS

    11.14 Καὶ ἦν   ἐκβάλλων δαιμόνιον[, καὶ αὐτὸ ἦν] κωφόν·
        CC   VIIA--ZS+   +VPPANM-S   N-AN-S   CC   NPNNZS VIIA--ZS A--NN-S

ἐγένετο δὲ τοῦ δαιμονίου ἐξελθόντος ἐλάλησεν ὁ   κωφός. καὶ
VIAD--ZS   CC   DGNS N-GN-S   VPAAGN-S   VIAA--ZS   DNMS AP-NM-S   CC

ἐθαύμασαν οἱ   ὄχλοι· 11.15 τινὲς δὲ ἐξ αὐτῶν εἶπον, Ἐν
VIAA--ZP   DNMP   N-NM-P   APINM-P CH   PG   NPGMZP   VIAA--ZP   PD

Βεελζεβοὺλ τῷ   ἄρχοντι τῶν δαιμονίων ἐκβάλλει τὰ   δαιμόνια·
N-DM-S   DDMS N-DM-S   DGNP N-GN-P   VIPA--ZS   DANP N-AN-P

11.16 ἕτεροι δὲ πειράζοντες σημεῖον ἐξ οὐρανοῦ ἐζήτουν παρ'
      AP-NM-P CC   VPPANM-P   N-AN-S   PG   N-GM-S   VIIA--ZP   PG

αὐτοῦ. 11.17 αὐτὸς δὲ εἰδὼς   αὐτῶν τὰ   διανοήματα εἶπεν αὐτοῖς,
NPGMZS   NPNMZS CH VPRANM-S NPGMZP DANP N-AN-P   VIAA--ZS NPDMZP

Πᾶσα βασιλεία ἐφ' ἑαυτὴν διαμερισθεῖσα ἐρημοῦται, καὶ οἶκος
A--NF-S N-NF-S   PA   NPAFZS   VPAPNF-S   VIPP--ZS   CC   N-NM-S

ἐπὶ οἶκον πίπτει. 11.18 εἰ δὲ καὶ ὁ   Σατανᾶς ἐφ' ἑαυτὸν
PA   N-AM-S   VIPA--ZS   CS CC   AB   DNMS N-NM-S   PA   NPAMZS

διεμερίσθη, πῶς σταθήσεται ἡ   βασιλεία αὐτοῦ; ὅτι λέγετε ἐν
VIAP--ZS   ABT   VIFP--ZS   DNFS N-NF-S   NPGMZS   CS   VIPA--YP   PD

Βεελζεβοὺλ ἐκβάλλειν με   τὰ   δαιμόνια. 11.19 εἰ δὲ ἐγὼ   ἐν
N-DM-S   VNPA   NPA-XS DANP N-AN-P   CS CC   NPN-XS PD

Βεελζεβοὺλ ἐκβάλλω τὰ   δαιμόνια, οἱ   υἱοὶ ὑμῶν ἐν τίνι
N-DM-S   VIPA--XS   DANP N-AN-P   DNMP N-NM-P NPG-YP PD APTDM-S/APTDN-S

ἐκβάλλουσιν; διὰ τοῦτο αὐτοὶ ὑμῶν κριταὶ ἔσονται. 11.20 εἰ δὲ ἐν
VIPA--ZP   PA   APDAN-S NPNMZP NPG-YP N-NM-P   VIFD--ZP   CS CH PD

δακτύλῳ θεοῦ [ἐγὼ] ἐκβάλλω τὰ   δαιμόνια, ἄρα ἔφθασεν ἐφ'
N-DM-S   N-GM-S   NPN-XS VIPA--XS   DANP N-AN-P   CH   VIAA--ZS   PA

ὑμᾶς ἡ   βασιλεία τοῦ   θεοῦ. 11.21 ὅταν ὁ   ἰσχυρὸς
NPA-YP DNFS N-NF-S   DGMS N-GM-S   CS   DNMS AP-NM-S

καθωπλισμένος φυλάσσῃ τὴν ἑαυτοῦ αὐλήν, ἐν εἰρήνῃ ἐστὶν
VPRMNM-S   VSPA--ZS   DAFS NPGMZS   N-AF-S   PD   N-DF-S   VIPA--ZS

τὰ   ὑπάρχοντα αὐτοῦ· 11.22 ἐπὰν δὲ ἰσχυρότερος
DNNP☐NPNNZP&APRNN-P VPPANN-P   NPGMZS   CS   CC   APMNM-S

αὐτοῦ ἐπελθὼν νικήσῃ αὐτόν, τὴν πανοπλίαν αὐτοῦ αἴρει ἐφ'
NPGMZS VPAANM-S   VSAA--ZS   NPAMZS DAFS N-AF-S   NPGMZS VIPA--ZS PD

ᾗ   ἐπεποίθει, καὶ τὰ   σκῦλα αὐτοῦ διαδίδωσιν.
APRDF-S   VILA--ZS   CC   DANP   N-AN-P   NPGMZS VIPA--ZS

11.23 ὁ   μὴ ὢν   μετ' ἐμοῦ κατ' ἐμοῦ ἐστιν, καὶ
      DNMS☐NPNMZS&APRNM-S AB   VPPANM-S PG   NPG-XS PG   NPG-XS VIPA--ZS CC

ὁ   μὴ συνάγων μετ᾽ ἐμοῦ σκορπίζει.
DNMS☐NPNMZS&APRNM-S   AB   VPPANM-S   PG   NPG-XS VIPA--ZS

11.24 Ὅταν τὸ ἀκάθαρτον πνεῦμα ἐξέλθῃ ἀπὸ τοῦ
CS   DNNS   A--NN-S   N-NN-S   VSAA--ZS   PG   DGMS

ἀνθρώπου, διέρχεται δι᾽ ἀνύδρων τόπων ζητοῦν ἀνάπαυσιν, καὶ
N-GM-S   VIPN--ZS   PG   A--GM-P   N-GM-P   VPPANN-S   N-AF-S   CC

μὴ εὑρίσκον, [τότε] λέγει, Ὑποστρέψω εἰς τὸν οἶκόν μου ὅθεν
AB   VPPANN-S   AB   VIPA--ZS   VIFA--XS   PA   DAMS N-AM-S NPG-XS ABR

ἐξῆλθον· 11.25 καὶ ἐλθὸν εὑρίσκει σεσαρωμένον καὶ
VIAA--XS   CC   VPAANN-S   VIPA--ZS   VPRPAM-S   CC

κεκοσμημένον. 11.26 τότε πορεύεται καὶ παραλαμβάνει ἕτερα
VPRPAM-S   AB   VIPN--ZS   CC   VIPA--ZS   A--AN-P

πνεύματα πονηρότερα ἑαυτοῦ ἑπτά, καὶ εἰσελθόντα κατοικεῖ ἐκεῖ,
N-AN-P   A-MAN-P   NPGNZS   A-CAN-P CC   VPAANN-S   VIPA--ZS   AB

καὶ γίνεται τὰ ἔσχατα τοῦ ἀνθρώπου ἐκείνου χείρονα τῶν
CC   VIPN--ZS   DNNP   AP-NN-P   DGMS   N-GM-S   A-DGM-S   A-MNN-P   DGNP

πρώτων.
APOGN-P

11.27 Ἐγένετο δὲ ἐν τῷ λέγειν αὐτὸν ταῦτα ἐπάρασά τις
VIAD--ZS   CC   PD   DDNS   VNPAD   NPAMZS   APDAN-P   VPAANF-S   A-INF-S

φωνὴν γυνὴ ἐκ τοῦ ὄχλου εἶπεν αὐτῷ, Μακαρία ἡ κοιλία
N-AF-S   N-NF-S   PG   DGMS   N-GM-S   VIAA--ZS   NPDMZS   A--NF-S   DNFS   N-NF-S

ἡ βαστάσασά σε καὶ μαστοὶ οὓς ἐθήλασας.
DNFS☐APRNF-S   VPAANF-S   NPA-YS   CC   N-NM-P   APRAM-P   VIAA--YS

11.28 αὐτὸς δὲ εἶπεν, Μενοῦν μακάριοι οἱ
NPNMZS   CH   VIAA--ZS   QS   A--NM-P   DNMP☐NPNMZP&APRNM-P

ἀκούοντες τὸν λόγον τοῦ θεοῦ καὶ φυλάσσοντες.
VPPANM-P   DAMS N-AM-S DGMS N-GM-S CC   VPPANM-P

11.29 Τῶν δὲ ὄχλων ἐπαθροιζομένων ἤρξατο λέγειν, Ἡ γενεὰ
DGMP CC   N-GM-P   VPPPGM-P   VIAM--ZS   VNPA   DNFS N-NF-S

αὕτη γενεὰ πονηρά ἐστιν· σημεῖον ζητεῖ, καὶ σημεῖον οὐ
A-DNF-S   N-NF-S   A--NF-S   VIPA--ZS   N-AN-S   VIPA--ZS   CC   N-NN-S   AB

δοθήσεται αὐτῇ εἰ μὴ τὸ σημεῖον Ἰωνᾶ. 11.30 καθὼς γὰρ
VIFP--ZS   NPDFZS   CS   AB   DNNS   N-NN-S   N-GM-S   CS   CS

ἐγένετο Ἰωνᾶς τοῖς Νινευίταις σημεῖον, οὕτως ἔσται καὶ ὁ υἱὸς
VIAD--ZS   N-NM-S   DDMP N-DM-P   N-NN-S   AB   VIFD--ZS AB   DNMS N-NM-S

τοῦ ἀνθρώπου τῇ γενεᾷ ταύτῃ. 11.31 βασίλισσα νότου
DGMS   N-GM-S   DDFS   N-DF-S   A-DDF-S   N-NF-S   N-GM-S

ἐγερθήσεται ἐν τῇ κρίσει μετὰ τῶν ἀνδρῶν τῆς γενεᾶς ταύτης
VIFP--ZS   PD   DDFS N-DF-S   PG   DGMP N-GM-P   DGFS N-GF-S   A-DGF-S

καὶ κατακρινεῖ αὐτούς· ὅτι ἦλθεν ἐκ τῶν περάτων τῆς γῆς
CC   VIFA--ZS   NPAMZP   CS   VIAA--ZS   PG   DGNP   N-GN-P   DGFS N-GF-S

ἀκοῦσαι τὴν σοφίαν Σολομῶνος, καὶ ἰδοὺ πλεῖον Σολομῶνος ὧδε.
VNAA   DAFS N-AF-S   N-GM-S   CC   QS   APMNN-S   N-GM-S   AB

11.32 ἄνδρες Νινευῖται ἀναστήσονται ἐν τῇ κρίσει μετὰ τῆς
N-NM-P N-NM-P   VIFM--ZP   PD DDFS N-DF-S PG   DGFS

γενεᾶς ταύτης καὶ κατακρινοῦσιν αὐτήν· ὅτι μετενόησαν εἰς τὸ
N-GF-S A-DGF-S CC   VIFA--ZP   NPAFZS CS VIAA--ZP   PA DANS

κήρυγμα Ἰωνᾶ, καὶ ἰδοὺ πλεῖον Ἰωνᾶ ὧδε.
N-AN-S N-GM-S CC QS APMNN-S N-GM-S AB

11.33 Οὐδεὶς λύχνον ἅψας εἰς κρύπτην τίθησιν [οὐδὲ ὑπὸ τὸν
      APCNM-S N-AM-S VPAANM-S PA N-AF-S VIPA--ZS CC   PA DAMS

μόδιον] ἀλλ᾽ ἐπὶ τὴν λυχνίαν, ἵνα οἱ
N-AM-S CH   PA DAFS N-AF-S CS DNMP□NPNMZP&APRNM-P

εἰσπορευόμενοι τὸ φῶς βλέπωσιν. 11.34 ὁ λύχνος τοῦ
VPPNNM-P   DANS N-AN-S VSPA--ZP   DNMS N-NM-S DGNS

σώματός ἐστιν ὁ ὀφθαλμός σου. ὅταν ὁ ὀφθαλμός σου
N-GN-S VIPA--ZS DNMS N-NM-S NPG-YS CS DNMS N-NM-S NPG-YS

ἁπλοῦς ᾖ, καὶ ὅλον τὸ σῶμά σου φωτεινόν ἐστιν· ἐπὰν δὲ
A--NM-S VSPA--ZS AB A--NN-S DNNS N-NN-S NPG-YS A--NN-S VIPA--ZS CS CC/CH

πονηρὸς ᾖ, καὶ τὸ σῶμά σου σκοτεινόν. 11.35 σκόπει οὖν
A--NM-S VSPA--ZS AB DNNS N-NN-S NPG-YS A--NN-S   VMPA--YS CH

μὴ τὸ φῶς τὸ ἐν σοὶ σκότος ἐστίν. 11.36 εἰ οὖν τὸ σῶμά
CS DNNS N-NN-S DNNS PD NPD-YS N-NN-S VIPA--ZS CS CH DNNS N-NN-S

σου ὅλον φωτεινόν, μὴ ἔχον μέρος τι σκοτεινόν, ἔσται
NPG-YS A--NN-S A--NN-S AB VPPANN-S N-AN-S A-IAN-S A--AN-S VIFD--ZS

φωτεινὸν ὅλον ὡς ὅταν ὁ λύχνος τῇ ἀστραπῇ φωτίζῃ σε.
A--NN-S A--NN-S CS CS DNMS N-NM-S DDFS N-DF-S VSPA--ZS NPA-YS

11.37 Ἐν δὲ τῷ λαλῆσαι ἐρωτᾷ αὐτὸν Φαρισαῖος ὅπως
      PD CC DDNS VNAAD VIPA--ZS NPAMZS N-NM-S CC

ἀριστήσῃ παρ᾽ αὐτῷ· εἰσελθὼν δὲ ἀνέπεσεν. 11.38 ὁ δὲ
VSAA--ZS PD NPDMZS VPAANM-S CH VIAA--ZS   DNMS CH

Φαρισαῖος ἰδὼν ἐθαύμασεν ὅτι οὐ πρῶτον ἐβαπτίσθη πρὸ
N-NM-S VPAANM-S VIAA--ZS CC/CS AB APOAN-S□AB VIAP--ZS PG

τοῦ ἀρίστου. 11.39 εἶπεν δὲ ὁ κύριος πρὸς αὐτόν, Νῦν ὑμεῖς
DGNS N-GN-S   VIAA--ZS CH DNMS N-NM-S PA NPAMZS AB NPN-YP

οἱ Φαρισαῖοι τὸ ἔξωθεν τοῦ ποτηρίου καὶ τοῦ πίνακος
DNMP N-NM-P DANS AB□AP-AN-S DGNS N-GN-S CC DGMS N-GM-S

καθαρίζετε, τὸ δὲ ἔσωθεν ὑμῶν γέμει ἁρπαγῆς καὶ πονηρίας.
VIPA--YP DNNS CH AB□AP-NN-S NPG-YP VIPA--ZS N-GF-S CC N-GF-S

11.40 ἄφρονες, οὐχ ὁ ποιήσας τὸ ἔξωθεν καὶ
      AP-VM-P QT DNMS□NPNMZS&APRNM-S VPAANM-S DANS AB□AP-AN-S AB

τὸ ἔσωθεν ἐποίησεν; 11.41 πλὴν τὰ ἐνόντα
DANS AB□AP-AN-S VIAA--ZS   CC DANP□NPANZP&APRNN-P VPPAAN-P

δότε ἐλεημοσύνην, καὶ ἰδοὺ πάντα καθαρὰ ὑμῖν ἐστιν.
VMAA--YP N-AF-S CC QS AP-NN-P A--NN-P NPD-YP VIPA--ZS

11.42 ἀλλὰ οὐαὶ ὑμῖν τοῖς Φαρισαίοις, ὅτι ἀποδεκατοῦτε τὸ
      CC QS NPD-YP DDMP N-DM-P CS VIPA--YP DANS

ἡδύοσμον καὶ τὸ πήγανον καὶ πᾶν λάχανον, καὶ παρέρχεσθε
N-AN-S CC DANS N-AN-S CC A--AN-S N-AN-S CC VIPN--YP

τὴν κρίσιν καὶ τὴν ἀγάπην τοῦ θεοῦ· ταῦτα δὲ ἔδει ποιῆσαι
DAFS N-AF-S CC DAFS N-AF-S DGMS N-GM-S APDAN-P CC VIIA--ZS VNAA

κἀκεῖνα μὴ παρεῖναι. 11.43 οὐαὶ ὑμῖν τοῖς Φαρισαίοις, ὅτι
CC&APDAN-P AB VNAA QS NPD-YP DDMP N-DM-P CS

ἀγαπᾶτε τὴν πρωτοκαθεδρίαν ἐν ταῖς συναγωγαῖς καὶ τοὺς
VIPA--YP DAFS N-AF-S PD DDFP N-DF-P CC DAMP

ἀσπασμοὺς ἐν ταῖς ἀγοραῖς. 11.44 οὐαὶ ὑμῖν, ὅτι ἐστὲ ὡς τὰ
N-AM-P PD DDFP N-DF-P QS NPD-YP CS VIPA--YP CS DNNP

μνημεῖα τὰ ἄδηλα, καὶ οἱ ἄνθρωποι [οἱ] περιπατοῦντες
N-NN-P DNNP A--NN-P CC DNMP N-NM-P DNMP□APRNM-P VPPANM-P

ἐπάνω οὐκ οἴδασιν.
AB AB VIRA--ZP

11.45 Ἀποκριθεὶς δέ τις τῶν νομικῶν λέγει αὐτῷ,
VPAONM-S CH APINM-S DGMP AP-GM-P VIPA--ZS NPDMZS

Διδάσκαλε, ταῦτα λέγων καὶ ἡμᾶς ὑβρίζεις. 11.46 ὁ δὲ
N-VM-S APDAN-P VPPANMYS AB NPA-XP VIPA--YS DNMS□NPNMZS CH

εἶπεν, Καὶ ὑμῖν τοῖς νομικοῖς οὐαί, ὅτι φορτίζετε τοὺς ἀνθρώπους
VIAA--ZS AB NPD-YP DDMP AP-DM-P QS CS VIPA--YP DAMP N-AM-P

φορτία δυσβάστακτα, καὶ αὐτοὶ ἑνὶ τῶν δακτύλων ὑμῶν οὐ
N-AN-P A--AN-P CC NPNMYP APCDM-S DGMP N-GM-P NPG-YP AB

προσψαύετε τοῖς φορτίοις. 11.47 οὐαὶ ὑμῖν, ὅτι οἰκοδομεῖτε τὰ
VIPA--YP DDNP N-DN-P QS NPD-YP CS VIPA--YP DANP

μνημεῖα τῶν προφητῶν, οἱ δὲ πατέρες ὑμῶν ἀπέκτειναν αὐτούς.
N-AN-P DGMP N-GM-P DNMP CC N-NM-P NPG-YP VIAA--ZP NPAMZP

11.48 ἄρα μάρτυρές ἐστε καὶ συνευδοκεῖτε τοῖς ἔργοις τῶν
CH N-NM-P VIPA--YP CC VIPA--YP DDNP N-DN-P DGMP

πατέρων ὑμῶν, ὅτι αὐτοὶ μὲν ἀπέκτειναν αὐτοὺς ὑμεῖς δὲ
N-GM-P NPG-YP CS NPNMZP CC VIAA--ZP NPAMZP NPN-YP CC

οἰκοδομεῖτε. 11.49 διὰ τοῦτο καὶ ἡ σοφία τοῦ θεοῦ εἶπεν,
VIPA--YP PA APDAN-S AB DNFS N-NF-S DGMS N-GM-S VIAA--ZS

Ἀποστελῶ εἰς αὐτοὺς προφήτας καὶ ἀποστόλους, καὶ ἐξ αὐτῶν
VIFA--XS PA NPAMZP N-AM-P CC N-AM-P CC PG NPGMZP

ἀποκτενοῦσιν καὶ διώξουσιν, 11.50 ἵνα ἐκζητηθῇ τὸ αἷμα πάντων
VIFA--ZP CC VIFA--ZP CH VSAP--ZS DNNS N-NN-S A--GM-P

τῶν προφητῶν τὸ ἐκκεχυμένον ἀπὸ καταβολῆς κόσμου
DGMP N-GM-P DNNS□APRNN-S VPRPNN-S PG N-GF-S N-GM-S

ἀπὸ τῆς γενεᾶς ταύτης, 11.51 ἀπὸ αἵματος Ἄβελ ἕως αἵματος
PG DGFS N-GF-S A-DGF-S PG N-GN-S N-GM-S PG N-GN-S

Ζαχαρίου τοῦ ἀπολομένου μεταξὺ τοῦ θυσιαστηρίου καὶ
N-GM-S DGMS□APRNM-S VPAMGM-S PG DGNS N-GN-S CC

τοῦ οἴκου· ναί, λέγω ὑμῖν, ἐκζητηθήσεται ἀπὸ τῆς γενεᾶς ταύτης.
DGMS N-GM-S QS VIPA--XS NPD-YP VIFP--ZS PG DGFS N-GF-S A-DGF-S

11.52 οὐαὶ ὑμῖν τοῖς νομικοῖς, ὅτι ἤρατε τὴν κλεῖδα τῆς γνώσεως·
QS   NPD-YP DDMP AP-DM-P   CS VIAA--YP DAFS N-AF-S   DGFS N-GF-S

αὐτοὶ οὐκ εἰσήλθατε καὶ τοὺς εἰσερχομένους
NPNMYP AB VIAA--YP   CC   DAMP□NPAMZP&APRNM-P VPPNAM-P

ἐκωλύσατε. 11.53 Κἀκεῖθεν ἐξελθόντος αὐτοῦ ἤρξαντο οἱ
VIAA--YP   CC&AB   VPAAGM-S   NPGMZS VIAM--ZP DNMP

γραμματεῖς καὶ οἱ Φαρισαῖοι δεινῶς ἐνέχειν καὶ ἀποστοματίζειν
N-NM-P   CC DNMP N-NM-P   AB   VNPA   CC   VNPA

αὐτὸν περὶ πλειόνων, 11.54 ἐνεδρεύοντες αὐτὸν θηρεῦσαί τι ἐκ
NRAMZS PG APMGN-P   VPPANM-P   NRAMZS VNAA   APIAN-S PG

τοῦ στόματος αὐτοῦ.
DGNS N-GN-S   NPGMZS

12.1 Ἐν οἷς ἐπισυναχθεισῶν τῶν μυριάδων τοῦ
PD   APRDN-P□NPDNZP VPAPGF-F   DGFP N-GF-P   DGMS

ὄχλου, ὥστε καταπατεῖν ἀλλήλους, ἤρξατο λέγειν πρὸς τοὺς
N-GM-S CH   VNPA   NRAMZP   VIAM--ZS VNPA   PA   DAMP

μαθητὰς αὐτοῦ πρῶτον, Προσέχετε ἑαυτοῖς ἀπὸ τῆς ζύμης, ἥτις
N-AM-P   NPGMZS APOAN-S□AB VMPA--YP   NPDMYP PG DGFS N-GF-S   APRNF-S

ἐστὶν ὑπόκρισις, τῶν Φαρισαίων. 12.2 οὐδὲν δὲ συγκεκαλυμμένον
VIPA--ZS N-NF-S   DGMP N-GM-P   APCNN-S CS VPRPNN-S

ἐστὶν ὃ οὐκ ἀποκαλυφθήσεται, καὶ κρυπτὸν ὃ οὐ
VIPA--ZS APRNN-S AB VIFP--ZS   CC   A--NN-S APRNN-S AB

γνωσθήσεται. 12.3 ἀνθ᾽ ὧν ὅσα ἐν τῇ
VIFP--ZS   PG   APRGN-P□NPGNZP APRAN-P□APDNN-P&APRAN-P PD DDFS

σκοτίᾳ εἴπατε ἐν τῷ φωτὶ ἀκουσθήσεται, καὶ ὃ
N-DF-S VIAA--YP PD DDNS N-DN-S VIFP--ZS   CC APRAN-S□APDNN-S&APRAN-S

πρὸς τὸ οὖς ἐλαλήσατε ἐν τοῖς ταμείοις κηρυχθήσεται ἐπὶ τῶν
PA DANS N-AN-S VIAA--YP   PD DDNP N-DN-P   VIFP--ZS   PG DGNP

δωμάτων.
N-GN-P

12.4 Λέγω δὲ ὑμῖν τοῖς φίλοις μου, μὴ φοβηθῆτε ἀπὸ
VIPA--XS CC NPD-YP DDMP AP-DM-P NPG-XS AB VSAO--YP□VMAO--YP PG

τῶν ἀποκτεινόντων τὸ σῶμα καὶ μετὰ ταῦτα μὴ
DGMP□NPGMZP&APRNM-P VPPAGM-P   DANS N-AN-S CC PA APDAN-P AB

ἐχόντων περισσότερόν τι ποιῆσαι. 12.5 ὑποδείξω δὲ ὑμῖν τίνα
VPPAGM-P APMAN-S   A-IAN-S VNAA   VIFA--XS   CH NPD-YP APTAM-S

φοβηθῆτε· φοβήθητε τὸν μετὰ τὸ ἀποκτεῖναι
VSAO--YP   VMAO--YP DAMS□NPAMZS&APRNM-S PA DANS VNAAA

ἔχοντα ἐξουσίαν ἐμβαλεῖν εἰς τὴν γέενναν· ναί, λέγω ὑμῖν,
VPPAAM-S N-AF-S   VNAA   PA DAFS N-AF-S   QS VIPA--XS NPD-YP

τοῦτον φοβήθητε. 12.6 οὐχὶ πέντε στρουθία πωλοῦνται ἀσσαρίων
APDAM-S VMAO--YP   QT A-CNN-P N-NN-P   VIPP--ZP   N-GN-P

δύο; καὶ ἓν ἐξ αὐτῶν οὐκ ἔστιν ἐπιλελησμένον ἐνώπιον τοῦ
A-CGN-P CC APCNN-P PG NPGNZP AB VIPA--ZS+ +VPRPNN-S   PG   DGMS

226

θεοῦ. 12.7 ἀλλὰ καὶ αἱ τρίχες τῆς κεφαλῆς ὑμῶν πᾶσαι
N-GM-S CC AB DNFP N-NF-P DGFS N-GF-S NPG-YP A--NF-P

ἠρίθμηνται. μὴ φοβεῖσθε· πολλῶν στρουθίων διαφέρετε.
VIRP--ZP AB VMPN--YP A--GN-P N-GN-P VIPA--YP

12.8 Λέγω δὲ ὑμῖν, πᾶς ὃς ἂν ὁμολογήσῃ ἐν ἐμοὶ
VIPA--XS CC NPD-YP AP-NM-S APRNM-S QV VSAA--ZS PD NPD-XS

ἔμπροσθεν τῶν ἀνθρώπων, καὶ ὁ υἱὸς τοῦ ἀνθρώπου
PG DGMP N-GM-P AB DNMS N-NM-S DGMS N-GM-S

ὁμολογήσει ἐν αὐτῷ ἔμπροσθεν τῶν ἀγγέλων τοῦ θεοῦ·
VIFA--ZS PD NPDMZS PG DGMP N-GM-P DGMS N-GM-S

12.9 ὁ δὲ ἀρνησάμενός με ἐνώπιον τῶν
DNMS□NPNMZS&APRNM-S CC VPADNM-S NPA-XS PG DGMP

ἀνθρώπων ἀπαρνηθήσεται ἐνώπιον τῶν ἀγγέλων τοῦ θεοῦ.
N-GM-P VIFP--ZS PG DGMP N-GM-P DGMS N-GM-S

12.10 καὶ πᾶς ὃς ἐρεῖ λόγον εἰς τὸν υἱὸν τοῦ ἀνθρώπου,
CC AP-NM-S APRNM-S VIFA--ZS N-AM-S PA DAMS N-AM-S DGMS N-GM-S

ἀφεθήσεται αὐτῷ· τῷ δὲ εἰς τὸ ἅγιον πνεῦμα
VIFP--ZS NPDMZS DDMS□NPDMZS&APRNM-S CH PA DANS A--AN-S N-AN-S

βλασφημήσαντι οὐκ ἀφεθήσεται. 12.11 ὅταν δὲ εἰσφέρωσιν ὑμᾶς
VPAADM-S AB VIFP--ZS CS CC VSPA--ZP NPA-YP

ἐπὶ τὰς συναγωγὰς καὶ τὰς ἀρχὰς καὶ τὰς ἐξουσίας, μὴ
PA DAFP N-AF-P CC DAFP N-AF-P CC DAFP N-AF-P AB

μεριμνήσητε πῶς ἢ τί ἀπολογήσησθε ἢ τί εἴπητε·
VSAA--YP□VMAA--YP ABT CC APTAN-S VSAD--YP CC APTAN-S VSAA--YP

12.12 τὸ γὰρ ἅγιον πνεῦμα διδάξει ὑμᾶς ἐν αὐτῇ τῇ ὥρᾳ
DNNS CS A--NN-S N-NN-S VIFA--ZS NPA-YP PD NPDFZS□A--DF-S DDFS N-DF-S

ἃ δεῖ εἰπεῖν.
APRAN-P□APDAN-P&APRAN-P VIPA--ZS VNAA

12.13 Εἶπεν δέ τις ἐκ τοῦ ὄχλου αὐτῷ, Διδάσκαλε, εἰπὲ
VIAA--ZS CC APINM-S PG DGMS N-GM-S NPDMZS N-VM-S VMAA--YS

τῷ ἀδελφῷ μου μερίσασθαι μετ᾽ ἐμοῦ τὴν κληρονομίαν.
DDMS N-DM-S NPG-XS VNAM PG NPG-XS DAFS N-AF-S

12.14 ὁ δὲ εἶπεν αὐτῷ, Ἄνθρωπε, τίς με
DNMS□NPNMZS CH VIAA--ZS NPDMZS N-VM-S APTNM-S NPA-XS

κατέστησεν κριτὴν ἢ μεριστὴν ἐφ᾽ ὑμᾶς; 12.15 εἶπεν δὲ πρὸς
VIAA--ZS N-AM-S CC N-AM-S PA NPA-YP VIAA--ZS CH PA

αὐτούς, Ὁρᾶτε καὶ φυλάσσεσθε ἀπὸ πάσης πλεονεξίας, ὅτι οὐκ ἐν
NPAMZP VMPA--YP CC VMPM--YP PG A--GF-S N-GF-S CS AB PD

τῷ περισσεύειν τινὶ ἡ ζωὴ αὐτοῦ ἐστιν ἐκ τῶν
DDNS VNPAD APIDM-S DNFS N-NF-S NPGMZS VIPA--ZS PG DGPN□NPGNZP&APRNN-P

ὑπαρχόντων αὐτῷ. 12.16 Εἶπεν δὲ παραβολὴν πρὸς αὐτοὺς λέγων,
VPPAGN-P NPDMZS VIAA--ZS CC N-AF-S PA NPAMZP VPPANM-S

Ἀνθρώπου τινὸς πλουσίου εὐφόρησεν ἡ χώρα. 12.17 καὶ
N-GM-S A-IGM-S A--GM-S VIAA--ZS DNFS N-NF-S CC

διελογίζετο ἐν ἑαυτῷ λέγων, Τί ποιήσω, ὅτι οὐκ ἔχω ποῦ
VIIN--ZS PD NPDMZS VPPANM-S APTAN-S VSAA--XS CS AB VIPA--XS ABT

συνάξω τοὺς καρπούς μου; 12.18 καὶ εἶπεν, Τοῦτο ποιήσω· καθελῶ
VIFA--XS DAMP N-AM-P NPG-XS CC VIAA--ZS APDAN-S VIFA--XS VIFA--XS

μου τὰς ἀποθήκας καὶ μείζονας οἰκοδομήσω, καὶ συνάξω ἐκεῖ
NPG-XS DAFP N-AF-P CC APMAF-P VIFA--XS CC VIFA--XS AB

πάντα τὸν σῖτον καὶ τὰ ἀγαθά μου, 12.19 καὶ ἐρῶ τῇ ψυχῇ
A--AM-S DAMS N-AM-S CC DANP AP-AN-P NPG-XS CC VIFA--XS DDFS N-DF-S

μου, Ψυχή, ἔχεις πολλὰ ἀγαθὰ κείμενα εἰς ἔτη πολλά·
NPG-XS N-VF-S VIPA--YS A--AN-P AP-AN-P VPPNAN-P PA N-AN-P A--AN-P

ἀναπαύου, φάγε, πίε, εὐφραίνου. 12.20 εἶπεν δὲ αὐτῷ ὁ
VMPM--YS VMAA--YS VMAA--YS VMPP--YS VIAA--ZS CH NPDMZS DNMS

θεός, Ἄφρων, ταύτῃ τῇ νυκτὶ τὴν ψυχήν σου ἀπαιτοῦσιν ἀπὸ
N-NM-S AP-VM-S A-DDF-S DDFS N-DF-S DAFS N-AF-S NPG-YS VIPA--ZP PG

σοῦ· ἃ δὲ ἡτοίμασας, τίνι ἔσται; 12.21 οὕτως
NPG-YS APRAN-P□APDNN-P&APRAN-P CC VIAA--YS APTDM-S VIFD--ZS AB

ὁ θησαυρίζων ἑαυτῷ καὶ μὴ εἰς θεὸν πλουτῶν.
DNMS□NPNMZS&APRNM-S VPPANM-S NPDMZS CC AB PA N-AM-S VPPANM-S

12.22 Εἶπεν δὲ πρὸς τοὺς μαθητάς [αὐτοῦ], Διὰ τοῦτο λέγω
VIAA--ZS CC PA DAMP N-AM-P NPGMZS PA APDAN-S VIPA--XS

ὑμῖν, μὴ μεριμνᾶτε τῇ ψυχῇ τί φάγητε, μηδὲ τῷ σώματι
NPD-YP AB VMPA--YP DDFS N-DF-S APTAN-S VSAA--YP CC DDNS N-DN-S

τί ἐνδύσησθε. 12.23 ἡ γὰρ ψυχὴ πλεῖόν ἐστιν τῆς τροφῆς
APTAN-S VSAM--YP DNFS CS N-NF-S APMNN-S VIPA--ZS DGFS N-GF-S

καὶ τὸ σῶμα τοῦ ἐνδύματος. 12.24 κατανοήσατε τοὺς κόρακας
CC DNNS N-NN-S DGNS N-GN-S VMAA--YP DAMP N-AM-P

ὅτι οὐ σπείρουσιν οὐδὲ θερίζουσιν, οἷς οὐκ ἔστιν ταμεῖον οὐδὲ
CC AB VIPA--ZP CC VIPA--ZP APRDM-P AB VIPA--ZS N-NN-S CC

ἀποθήκη, καὶ ὁ θεὸς τρέφει αὐτούς· πόσῳ μᾶλλον ὑμεῖς
N-NF-S CC DNMS N-NM-S VIPA--ZS NPAMZP APTDN-S ABM NPN-YP

διαφέρετε τῶν πετεινῶν. 12.25 τίς δὲ ἐξ ὑμῶν μεριμνῶν δύναται
VIPA--YP DGNP AP-GN-P APTNM-S CC PG NPG-YP VPPANM-S VIPN--ZS

ἐπὶ τὴν ἡλικίαν αὐτοῦ προσθεῖναι πῆχυν; 12.26 εἰ οὖν οὐδὲ
PA DAFS N-AF-S NPGMZS VNAA N-AM-S CS CH AB

ἐλάχιστον δύνασθε, τί περὶ τῶν λοιπῶν μεριμνᾶτε;
APSAN-S VIPN--YP APTAN-S□ABT PG DGNP AP-GN-P VIPA--YP

12.27 κατανοήσατε τὰ κρίνα πῶς αὐξάνει· οὐ κοπιᾷ οὐδὲ νήθει·
VMAA--YP DANP N-AN-P ABT VIPA--ZS AB VIPA--ZS CC VIPA--ZS

λέγω δὲ ὑμῖν, οὐδὲ Σολομὼν ἐν πάσῃ τῇ δόξῃ αὐτοῦ περιεβάλετο
VIPA--XS CH NPD-YP AB N-NM-S PD A--DF-S DDFS N-DF-S NPGMZS VIAM--ZS

ὡς ἓν τούτων. 12.28 εἰ δὲ ἐν ἀγρῷ τὸν χόρτον ὄντα σήμερον
CS APCNN-S APDGN-P CS CH PD N-DM-S DAMS N-AM-S VPPAAM-S AB

καὶ αὔριον εἰς κλίβανον βαλλόμενον ὁ θεὸς οὕτως ἀμφιέζει,
CC AB PA N-AM-S VPPPAM-S DNMS N-NM-S AB VIPA--ZS

πόσῳ μᾶλλον ὑμᾶς, ὀλιγόπιστοι. 12.29 καὶ ὑμεῖς μὴ ζητεῖτε τί
APTDN-S ABM NPA-YP AP-VM-P AB NPN-YP AB VMPA--YP APTAN-S

φάγητε καὶ τί πίητε, καὶ μὴ μετεωρίζεσθε· 12.30 ταῦτα γὰρ
VSAA--YP CC APTAN-S VSAA--YP CC AB VMPN--YP APDAN-P CS

πάντα τὰ ἔθνη τοῦ κόσμου ἐπιζητοῦσιν· ὑμῶν δὲ ὁ πατὴρ
A--AN-P/A--NN-P DNNP N-NN-P DGMS N-GM-S VIPA--ZP NPG-YP CH DNMS N-NM-S

οἶδεν ὅτι χρῄζετε τούτων. 12.31 πλὴν ζητεῖτε τὴν βασιλείαν
VIRA--ZS CC VIPA--YP APDGN-P CC VMPA--YP DAFS N-AF-S

αὐτοῦ, καὶ ταῦτα προστεθήσεται ὑμῖν. 12.32 Μὴ φοβοῦ, τὸ
NPGMZS CC APDNN-P VIFP--ZS NPD-YP AB VMPN--YS DVNS

μικρὸν ποίμνιον, ὅτι εὐδόκησεν ὁ πατὴρ ὑμῶν δοῦναι ὑμῖν τὴν
A--VN-S N-VN-S CS VIAA--ZS DNMS N-NM-S NPG-YP VNAA NPD-YP DAFS

βασιλείαν. 12.33 Πωλήσατε τὰ ὑπάρχοντα ὑμῶν καὶ
N-AF-S VMAA--YP DANP□NPANZP&APRNN-P VPPAAN-P NPG-YP CC

δότε ἐλεημοσύνην· ποιήσατε ἑαυτοῖς βαλλάντια μὴ
VMAA--YP N-AF-S VMAA--YP NPDMYP N-AN-P AB

παλαιούμενα, θησαυρὸν ἀνέκλειπτον ἐν τοῖς οὐρανοῖς, ὅπου
VPPPAN-P N-AM-S A--AM-S PD DDMP N-DM-P ABR

κλέπτης οὐκ ἐγγίζει οὐδὲ σὴς διαφθείρει· 12.34 ὅπου γάρ ἐστιν
N-NM-S AB VIPA--ZS CC N-NM-S VIPA--ZS CS CS VIPA--ZS

ὁ θησαυρὸς ὑμῶν, ἐκεῖ καὶ ἡ καρδία ὑμῶν ἔσται.
DNMS N-NM-S NPG-YP AB AB DNFS N-NF-S NPG-YP VIFD--ZS

12.35 Ἔστωσαν ὑμῶν αἱ ὀσφύες περιεζωσμέναι καὶ οἱ
VMPA--ZP+ NPG-YP DNFP N-NF-P +VPRPNF-P CC DNMP

λύχνοι καιόμενοι, 12.36 καὶ ὑμεῖς ὅμοιοι ἀνθρώποις
N-NM-P +VPPPNM-P CC NPN-YP A--NM-P N-DM-P

προσδεχομένοις τὸν κύριον ἑαυτῶν πότε ἀναλύσῃ ἐκ τῶν γάμων,
VPPNDM-P DAMS N-AM-S NPGMZP ABT VSAA--ZS PG DGMP N-GM-P

ἵνα ἐλθόντος καὶ κρούσαντος εὐθέως ἀνοίξωσιν αὐτῷ.
CS VPAAGM-S CC VPAAGM-S AB VSAA--ZP NPDMZS

12.37 μακάριοι οἱ δοῦλοι ἐκεῖνοι, οὓς ἐλθὼν ὁ κύριος
A--NM-P DNMP N-NM-P A-DNM-P APRAM-P VPAANM-S DNMS N-NM-S

εὑρήσει γρηγοροῦντας· ἀμὴν λέγω ὑμῖν ὅτι περιζώσεται καὶ
VIFA--ZS VPPAAM-P QS VIPA--XS NPD-YP CC VIFM--ZS CC

ἀνακλινεῖ αὐτοὺς καὶ παρελθὼν διακονήσει αὐτοῖς. 12.38 κἂν ἐν
VIFA--ZS NPAMZP CC VPAANM-S VIFA--ZS NPDMZP CC&CS PD

τῇ δευτέρᾳ κἂν ἐν τῇ τρίτῃ φυλακῇ ἔλθῃ καὶ εὕρῃ οὕτως,
DDFS APODF-S CC&CS PD DDFS A-ODF-S N-DF-S VSAA--ZS CC VSAA--ZS AB

μακάριοί εἰσιν ἐκεῖνοι. 12.39 τοῦτο δὲ γινώσκετε ὅτι εἰ ᾔδει ὁ
A--NM-P VIPA--ZP APDNM-P APDAN-S CC VMPA--YP ABR CS VILA--ZS DNMS

οἰκοδεσπότης ποίᾳ ὥρᾳ ὁ κλέπτης ἔρχεται, οὐκ ἂν ἀφῆκεν
N-NM-S A-TDF-S N-DF-S DNMS N-NM-S VIPN--ZS AB QV VIAA--ZS

διορυχθῆναι τὸν οἶκον αὐτοῦ. 12.40 καὶ ὑμεῖς γίνεσθε ἕτοιμοι, ὅτι
VNAP DAMS N-AM-S NPGMZS AB NPN-YP VMPN--YP A--NM-P CS

ᾗ ὥρα οὐ δοκεῖτε ὁ υἱὸς τοῦ ἀνθρώπου ἔρχεται.
APRDF-S+ N-DF-S AB VIPA--YP DNMS N-NM-S DGMS N-GM-S VIPN--ZS

12.41 Εἶπεν δὲ ὁ Πέτρος, Κύριε, πρὸς ἡμᾶς τὴν παραβολὴν
VIAA--ZS CH DNMS N-NM-S N-VM-S PA NPA-XP DAFS N-AF-S

ταύτην λέγεις ἢ καὶ πρὸς πάντας; 12.42 καὶ εἶπεν ὁ κύριος,
A-DAF-S VIPA--YS CC AB PA AP-AM-P CC VIAA--ZS DNMS N-NM-S

Τίς ἄρα ἐστὶν ὁ πιστὸς οἰκονόμος ὁ φρόνιμος, ὃν
APTNM-S CH VIPA--ZS DNMS A--NM-S N-NM-S DNMS A--NM-S APRAM-S

καταστήσει ὁ κύριος ἐπὶ τῆς θεραπείας αὐτοῦ τοῦ διδόναι ἐν
VIFA--ZS DNMS N-NM-S PG DGFS N-GF-S NPGMZS DGNS VNPAG PD

καιρῷ [τὸ] σιτομέτριον; 12.43 μακάριος ὁ δοῦλος ἐκεῖνος,
N-DM-S DANS N-AN-S A--NM-S DNMS N-NM-S A-DNM-S

ὃν ἐλθὼν ὁ κύριος αὐτοῦ εὑρήσει ποιοῦντα οὕτως·
APRAM-S VPAANM-S DNMS N-NM-S NPGMZS VIFA--ZS VPPAAM-S AB

12.44 ἀληθῶς λέγω ὑμῖν ὅτι ἐπὶ πᾶσιν τοῖς ὑπάρχουσιν
AB VIPA--XS NPD-YP CC PD AP-DN-P DDNP□APRNN-P VPPADN-P

αὐτοῦ καταστήσει αὐτόν. 12.45 ἐὰν δὲ εἴπῃ ὁ δοῦλος ἐκεῖνος
NPGMZS VIFA--ZS NPAMZS CS CC VSAA--ZS DNMS N-NM-S A-DNM-S

ἐν τῇ καρδίᾳ αὐτοῦ, Χρονίζει ὁ κύριός μου ἔρχεσθαι, καὶ
PD DDFS N-DF-S NPGMZS VIPA--ZS DNMS N-NM-S NPG-XS VNPN CC

ἄρξηται τύπτειν τοὺς παῖδας καὶ τὰς παιδίσκας, ἐσθίειν τε καὶ
VSAM--ZS VNPA DAMP N-AM-P CC DAFP N-AF-P VNPA CC CC

πίνειν καὶ μεθύσκεσθαι, 12.46 ἥξει ὁ κύριος τοῦ δούλου
VNPA CC VNPP VIFA--ZS DNMS N-NM-S DGMS N-GM-S

ἐκείνου ἐν ἡμέρᾳ ᾗ οὐ προσδοκᾷ καὶ ἐν ὥρᾳ
A-DGM-S PD N-DF-S APRDF-S□APRAF-S AB VIPA--ZS CC PD N-DF-S

ᾗ οὐ γινώσκει, καὶ διχοτομήσει αὐτὸν καὶ τὸ μέρος
APRDF-S□APRAF-S AB VIPA--ZS CC VIFA--ZS NPAMZS CC DANS N-AN-S

αὐτοῦ μετὰ τῶν ἀπίστων θήσει. 12.47 ἐκεῖνος δὲ ὁ δοῦλος
NPGMZS PG DGMP AP-GM-P VIFA--ZS A-DNM-S CC DNMS N-NM-S

ὁ γνοὺς τὸ θέλημα τοῦ κυρίου αὐτοῦ καὶ μὴ
DNMS□APRNM-S VPAANM-S DANS N-AN-S DGMS N-GM-S NPGMZS CC AB

ἑτοιμάσας ἢ ποιήσας πρὸς τὸ θέλημα αὐτοῦ δαρήσεται πολλάς·
VPAANM-S CC VPAANM-S PA DANS N-AN-S NPGMZS VIFP--ZS AP-AF-S

12.48 ὁ δὲ μὴ γνούς, ποιήσας δὲ ἄξια πληγῶν,
DNMS□NPNMZS&APRNM-S CC AB VPAANM-S VPAANM-S CC AP-AN-P N-GF-P

δαρήσεται ὀλίγας. παντὶ δὲ ᾧ ἐδόθη πολύ, πολὺ ζητηθήσεται
VIFP--ZS AP-AF-P AP-DM-S CS APRDM-S VIAP--ZS AP-NN-S AP-NN-S VIFP--ZS

παρ᾽ αὐτοῦ, καὶ ᾧ παρέθεντο πολύ, περισσότερον
PG NPGMZS CC APRDM-S+ VIAM--ZP AP-AN-S APMAN-S

αἰτήσουσιν αὐτόν.
VIFA--ZP NPAMZS

12.49 Πῦρ ἦλθον βαλεῖν ἐπὶ τὴν γῆν, καὶ τί θέλω εἰ
N-AN-S VIAA--XS VNAA PA DAFS N-AF-S CC APTAN-S□AB VIPA--XS CC

ἤδη ἀνήφθη. 12.50 βάπτισμα δὲ ἔχω βαπτισθῆναι, καὶ πῶς
AB VIAP--ZS N-AN-S CC VIPA--XS VNAP CC ABT

συνέχομαι ἕως ὅτου τελεσθῇ. 12.51 δοκεῖτε ὅτι
VIPP--XS PG APRGM-S□APDGM-S&APRDM-S VSAP--ZS VIPA--YP CC

εἰρήνην παρεγενόμην δοῦναι ἐν τῇ γῇ; οὐχί, λέγω ὑμῖν, ἀλλ᾽ ἢ
N-AF-S VIAD--XS VNAA PD DDFS N-DF-S QS VIPA--XS NPD-YP CH CS

διαμερισμόν. 12.52 ἔσονται γὰρ ἀπὸ τοῦ νῦν πέντε ἐν ἑνὶ
N-AM-S VIFD--ZP CS PG DGMS AB□AP-GM-S APCNM-P PD A-CDM-S

οἴκῳ διαμεμερισμένοι, τρεῖς ἐπὶ δυσὶν καὶ δύο ἐπὶ τρισίν,
N-DM-S VPRPNM-P APCNM-P PD APCDM-P CC APCNM-P PD APCDM-P

12.53 διαμερισθήσονται πατὴρ ἐπὶ υἱῷ
VIFP--ZP N-NM-S PD N-DM-S

καὶ υἱὸς ἐπὶ πατρί,
CC N-NM-S PD N-DM-S

μήτηρ ἐπὶ τὴν θυγατέρα
N-NF-S PA DAFS N-AF-S

καὶ θυγάτηρ ἐπὶ τὴν μητέρα,
CC N-NF-S PA DAFS N-AF-S

πενθερὰ ἐπὶ τὴν νύμφην αὐτῆς
N-NF-S PA DAFS N-AF-S NPGFZS

καὶ νύμφη ἐπὶ τὴν πενθεράν.
CC N-NF-S PA DAFS N-AF-S

12.54 Ἔλεγεν δὲ καὶ τοῖς ὄχλοις, Ὅταν ἴδητε [τὴν] νεφέλην
VIIA--ZS CC AB DDMP N-DM-P CS VSAA--YP DAFS N-AF-S

ἀνατέλλουσαν ἐπὶ δυσμῶν, εὐθέως λέγετε ὅτι Ὄμβρος ἔρχεται,
VPPAAF-S PG N-GF-P AB VIPA--YP CC N-NM-S VIPN--ZS

καὶ γίνεται οὕτως· 12.55 καὶ ὅταν νότον πνέοντα, λέγετε ὅτι
CC VIPN--ZS AB CC CS N-AM-S VPPAAM-S VIPA--YP CH

Καύσων ἔσται, καὶ γίνεται. 12.56 ὑποκριταί, τὸ πρόσωπον τῆς
N-NM-S VIFD--ZS CC VIPN--ZS N-VM-P DANS N-AN-S DGFS

γῆς καὶ τοῦ οὐρανοῦ οἴδατε δοκιμάζειν, τὸν καιρὸν δὲ τοῦτον
N-GF-S CC DGMS N-GM-S VIRA--YP VNPA DAMS N-AM-S CH A-DAM-S

πῶς οὐκ οἴδατε δοκιμάζειν;
ABT AB VIRA--YP VNPA

12.57 Τί δὲ καὶ ἀφ᾽ ἑαυτῶν οὐ κρίνετε τὸ δίκαιον;
APTAN-S□ABT CC AB PG NPGMYP AB VIPA--YP DANS AP-AN-S

12.58 ὡς γὰρ ὑπάγεις μετὰ τοῦ ἀντιδίκου σου ἐπ᾽ ἄρχοντα, ἐν
CS CS VIPA--YS PG DGMS N-GM-S NPG-YS PA N-AM-S PD

τῇ ὁδῷ δὸς ἐργασίαν ἀπηλλάχθαι ἀπ᾽ αὐτοῦ, μήποτε
DDFS N-DF-S VMAA--YS N-AF-S VNRP PG NPGMZS CS

κατασύρῃ σε πρὸς τὸν κριτήν, καὶ ὁ κριτής σε παραδώσει
VSPA--ZS NPA-YS PA DAMS N-AM-S CC DNMS N-NM-S NPA-YS VIFA--ZS

τῷ πράκτορι, καὶ ὁ πράκτωρ σε βαλεῖ εἰς φυλακήν.
DDMS N-DM-S CC DNMS N-NM-S NPA-YS VIFA--ZS PA N-AF-S

12.59 λέγω σοι, οὐ μὴ ἐξέλθῃς ἐκεῖθεν ἕως καὶ τὸ ἔσχατον
VIPA--XS NPD-YS AB AB VSAA--YS AB CS AB DANS A--AN-S

λεπτὸν ἀποδῷς.
AP-AN-S VSAA--YS

13.1 Παρῆσαν δέ τινες ἐν αὐτῷ τῷ καιρῷ
VIIA--ZP CC APINM-P PD NPDMZS□A--DM-S DDMS N-DM-S

ἀπαγγέλλοντες αὐτῷ περὶ τῶν Γαλιλαίων ὧν τὸ αἷμα
VPPANM-P NPDMZS PG DGMP AP-GM-P APRGM-P DANS N-AN-S

Πιλᾶτος ἔμιξεν μετὰ τῶν θυσιῶν αὐτῶν. 13.2 καὶ ἀποκριθεὶς εἶπεν
N-NM-S VIAA--ZS PG DGFP N-GF-P NPGMZP CC VPAONM-S VIAA--ZS

αὐτοῖς, Δοκεῖτε ὅτι οἱ Γαλιλαῖοι οὗτοι ἁμαρτωλοὶ παρὰ πάντας
NPDMZP VIPA--YP CC DNMP AP-NM-P A-DNM-P A--NM-P PA A--AM-P

τοὺς Γαλιλαίους ἐγένοντο, ὅτι ταῦτα πεπόνθασιν; 13.3 οὐχί, λέγω
DAMP AP-AM-P VIAD--ZP CS APDAN-P VIRA--ZP QS VIPA--XS

ὑμῖν, ἀλλ' ἐὰν μὴ μετανοῆτε πάντες ὁμοίως ἀπολεῖσθε. 13.4 ἢ
NPD-YP CH CS AB VSPA--YP AP-NM-P AB VIFM--YP CC

ἐκεῖνοι οἱ δεκαοκτὼ ἐφ' οὓς ἔπεσεν ὁ πύργος ἐν τῷ
A-DNM-P DNMP APCNM-P PA APRAM-P VIAA--ZS DNMS N-NM-S PD DDMS

Σιλωὰμ καὶ ἀπέκτεινεν αὐτούς, δοκεῖτε ὅτι αὐτοὶ ὀφειλέται
N-DM-S CC VIAA--ZS NPAMZP VIPA--YP CC NPNMZP N-NM-P

ἐγένοντο παρὰ πάντας τοὺς ἀνθρώπους τοὺς κατοικοῦντας
VIAD--ZP PA A--AM-P DAMP N-AM-P DAMP□APRNM-P VPPAAM-P

Ἰερουσαλήμ; 13.5 οὐχί, λέγω ὑμῖν, ἀλλ' ἐὰν μὴ μετανοῆτε
N-AF-S QS VIPA--XS NPD-YP CH CS AB VSPA--YP

πάντες ὡσαύτως ἀπολεῖσθε.
AP-NM-P AB VIFM--YP

13.6 Ἔλεγεν δὲ ταύτην τὴν παραβολήν· Συκῆν εἶχέν τις
VIIA--ZS CC A-DAF-S DAFS N-AF-S N-AF-S VIIA--ZS APINM-S

πεφυτευμένην ἐν τῷ ἀμπελῶνι αὐτοῦ, καὶ ἦλθεν ζητῶν καρπὸν
VPRPAF-S PD DDMS N-DM-S NPGMZS CC VIAA--ZS VPPANM-S N-AM-S

ἐν αὐτῇ καὶ οὐχ εὗρεν. 13.7 εἶπεν δὲ πρὸς τὸν ἀμπελουργόν, Ἰδοὺ
PD NPDFZS CC AB VIAA--ZS VIAA--ZS CH PA DAMS N-AM-S QS

τρία ἔτη ἀφ' οὗ ἔρχομαι ζητῶν καρπὸν ἐν
A-CAN-P N-AN-P PG APRGM-S□APDGM-S&APRDM-S VIPN--XS VPPANMXS N-AM-S PD

τῇ συκῇ ταύτῃ καὶ οὐχ εὑρίσκω. ἔκκοψον [οὖν] αὐτήν· ἱνατί καὶ
DDFS N-DF-S A-DDF-S CC AB VIPA--XS VMAA--YS CH NPAFZS ABT AB

τὴν γῆν καταργεῖ; 13.8 ὁ δὲ ἀποκριθεὶς λέγει αὐτῷ,
DAFS N-AF-S VIPA--ZS DNMS□NPNMZS CH VPAONM-S VIPA--ZS NPDMZS

Κύριε, ἄφες αὐτὴν καὶ τοῦτο τὸ ἔτος, ἕως ὅτου
N-VM-S VMAA--YS NPAFZS AB A-DAN-S DANS N-AN-S PG APRGM-S□APDGM-S&APRDM-S

σκάψω περὶ αὐτὴν καὶ βάλω κόπρια· 13.9 κἂν μὲν ποιήσῃ
VSAA--XS PA NPAFZS CC VSAA--XS N-AN-P CC&CS CC/CS VSAA--ZS

καρπὸν εἰς τὸ μέλλον — εἰ δὲ μή γε, ἐκκόψεις
N-AM-S PA DANS□NPANZS&APRNN-S VPPAAN-S CS CC/CH AB QS VIFA--YS□VMAA--YS

αὐτήν.
NPAFZS

13.10 Ἦν   δὲ διδάσκων ἐν μιᾷ   τῶν συναγωγῶν ἐν τοῖς
VIIA--ZS+ CC +VPPANM-S PD APCDF-S DGFP N-GF-P   PD DDNP

σάββασιν. 13.11 καὶ ἰδοὺ γυνὴ πνεῦμα ἔχουσα ἀσθενείας ἔτη
N-DN-P   CC QS N-NF-S N-AN-S VPPANF-S N-GF-S N-AN-P

δεκαοκτώ, καὶ ἦν   συγκύπτουσα καὶ μὴ δυναμένη ἀνακύψαι εἰς
A-CAN-P CC VIIA--ZS+ +VPPANF-S CC AB +VPPNNF-S VNAA   PA

τὸ παντελές. 13.12 ἰδὼν   δὲ αὐτὴν ὁ   Ἰησοῦς προσεφώνησεν
DANS AP-AN-S   VPAANM-S CH NPAFZS DNMS N-NM-S VIAA--ZS

καὶ εἶπεν αὐτῇ, Γύναι, ἀπολέλυσαι τῆς ἀσθενείας σου, 13.13 καὶ
CC VIAA--ZS NPDFZS N-VF-S VIRP--YS   DGFS N-GF-S NPG-YS   CC

ἐπέθηκεν αὐτῇ τὰς χεῖρας· καὶ παραχρῆμα ἀνωρθώθη, καὶ
VIAA--ZS NPDFZS DAFP N-AF-P CC AB   VIAP--ZS   CC

ἐδόξαζεν τὸν θεόν. 13.14 ἀποκριθεὶς δὲ ὁ   ἀρχισυνάγωγος,
VIIA--ZS DAMS N-AM-S   VPAONM-S   CH DNMS N-NM-S

ἀγανακτῶν ὅτι τῷ σαββάτῳ ἐθεράπευσεν ὁ   Ἰησοῦς, ἔλεγεν
VPPANM-S CC/CS DDNS N-DN-S VIAA--ZS   DNMS N-NM-S VIIA--ZS

τῷ ὄχλῳ ὅτι Ἕξ ἡμέραι εἰσὶν ἐν αἷς   δεῖ   ἐργάζεσθαι· ἐν
DDMS N-DM-S CC A-CNF-P N-NF-P VIPA--ZP PD APRDF-P VIPA--ZS VNPN   PD

αὐταῖς οὖν ἐρχόμενοι θεραπεύεσθε καὶ μὴ τῇ ἡμέρᾳ τοῦ
NPDFZP CH VRPNNMYP VMPP--YP   CC AB DDFS N-DF-S DGNS

σαββάτου. 13.15 ἀπεκρίθη δὲ αὐτῷ ὁ   κύριος καὶ εἶπεν,
N-GN-S   VIAO--ZS CH NPDMZS DNMS N-NM-S CC VIAA--ZS

Ὑποκριταί, ἕκαστος ὑμῶν τῷ σαββάτῳ οὐ λύει τὸν βοῦν αὐτοῦ
N-VM-P   AP-NM-S NPG-YP DDNS N-DN-S QT VIPA--ZS DAMS N-AM-S NPGMZS

ἢ τὸν ὄνον ἀπὸ τῆς φάτνης καὶ ἀπαγαγὼν ποτίζει; 13.16 ταύτην
CC DAMS N-AM-S PG DGFS N-GF-S CC VPAANM-S VIPA--ZS   APDAF-S

δὲ θυγατέρα Ἀβραὰμ οὖσαν, ἣν   ἔδησεν ὁ   Σατανᾶς ἰδοὺ
CH N-AF-S   N-GM-S VPPAAF-S APRAF-S VIAA--ZS DNMS N-NM-S QS

δέκα καὶ ὀκτὼ ἔτη, οὐκ ἔδει λυθῆναι ἀπὸ τοῦ δεσμοῦ τούτου
A-CAN-P CC A-CAN-P N-AN-P QT VIIA--ZS VNAP PG DGMS N-GM-S A-DGM-S

τῇ ἡμέρᾳ τοῦ σαββάτου; 13.17 καὶ ταῦτα λέγοντος αὐτοῦ
DDFS N-DF-S DGNS N-GN-S   CC APDAN-P VPPAGM-S NPGMZS

κατῃσχύνοντο πάντες οἱ   ἀντικείμενοι αὐτῷ, καὶ πᾶς
VIIP--ZP   AP-NM-P DNMP□APRNM-P VPPNNM-P NPDMZS CC A--NM-S

ὁ   ὄχλος ἔχαιρεν ἐπὶ πᾶσιν τοῖς ἐνδόξοις τοῖς   γινομένοις
DNMS N-NM-S VIIA--ZS PD A--DN-P DDNP AP-DN-P DDNP□APRNN-P VPPNDN-P

ὑπ' αὐτοῦ.
PG NPGMZS

13.18 Ἔλεγεν οὖν, Τίνι   ὁμοία ἐστὶν ἡ   βασιλεία τοῦ θεοῦ,
VIIA--ZS CC APTDN-S A--NF-S VIPA--ZS DNFS N-NF-S DGMS N-GM-S

καὶ τίνι   ὁμοιώσω αὐτήν; 13.19 ὁμοία ἐστὶν κόκκῳ σινάπεως,
CC APTDN-S VIFA--XS NPAFZS   A--NF-S VIPA--ZS N-DM-S N-GN-S

ὃν λαβὼν ἄνθρωπος ἔβαλεν εἰς κῆπον ἑαυτοῦ, καὶ ηὔξησεν
APRAM-S VPAANM-S N-NM-S VIAA--ZS PA N-AM-S NPGMZS CC VIAA--ZS

καὶ ἐγένετο εἰς δένδρον, καὶ τὰ πετεινὰ τοῦ οὐρανοῦ
CC VIAD--ZS PA N-AN-S CC DNNP AP-NN-P DGMS N-GM-S

κατεσκήνωσεν ἐν τοῖς κλάδοις αὐτοῦ.
VIAA--ZS PD DDMP N-DM-P NPGNZS

13.20 Καὶ πάλιν εἶπεν, Τίνι ὁμοιώσω τὴν βασιλείαν τοῦ
CC AB VIAA--ZS APTDN-S VIFA--XS DAFS N-AF-S DGMS

θεοῦ; 13.21 ὁμοία ἐστὶν ζύμῃ, ἣν λαβοῦσα γυνὴ [ἐν]έκρυψεν
N-GM-S A--NF-S VIPA--ZS N-DF-S APRAF-S VPAANF-S N-NF-S VIAA--ZS

εἰς ἀλεύρου σάτα τρία ἕως οὗ ἐζυμώθη ὅλον.
PA N-GN-S N-AN-P A-CAN-P PG APRGM-S□APDGM-S&APRDM-S VIAP--ZS AP-NN-S

13.22 Καὶ διεπορεύετο κατὰ πόλεις καὶ κώμας διδάσκων καὶ
CC VIIN--ZS PA N-AF-P CC N-AF-P VPPANM-S CC

πορείαν ποιούμενος εἰς Ἰεροσόλυμα. 13.23 εἶπεν δέ τις αὐτῷ,
N-AF-S VPPMNM-S PA N-AN-P VIAA--ZS CC APINM-S NPDMZS

Κύριε, εἰ ὀλίγοι οἱ σῳζόμενοι; ὁ δὲ εἶπεν
N-VM-S QT AP-NM-P DNMP□NPNMZP&APRNM-P VPPPNM-P DNMS□NPNMZS CH VIAA--ZS

πρὸς αὐτούς, 13.24 Ἀγωνίζεσθε εἰσελθεῖν διὰ τῆς στενῆς θύρας,
PA NPAMZP VMPN--YP VNAA PG DGFS A--GF-S N-GF-S

ὅτι πολλοί, λέγω ὑμῖν, ζητήσουσιν εἰσελθεῖν καὶ οὐκ ἰσχύσουσιν.
CS AP-NM-P VIPA--XS NPD-YP VIFA--ZP VNAA CC AB VIFA--ZP

13.25 ἀφ’ οὗ ἂν ἐγερθῇ ὁ οἰκοδεσπότης καὶ
PG APRGM-S□APDGM-S&APRDM-S QV VSAP--ZS DNMS N-NM-S CC

ἀποκλείσῃ τὴν θύραν, καὶ ἄρξησθε ἔξω ἑστάναι καὶ κρούειν τὴν
VSAA--ZS DAFS N-AF-S CC VSAM--YP AB VNRA CC VNPA DAFS

θύραν λέγοντες, Κύριε, ἄνοιξον ἡμῖν· καὶ ἀποκριθεὶς ἐρεῖ ὑμῖν,
N-AF-S VPPANMYP N-VM-S VMAA--YS NPD-XP CC VPAONM-S VIFA--ZS NPD-YP

Οὐκ οἶδα ὑμᾶς πόθεν ἐστέ. 13.26 τότε ἄρξεσθε λέγειν,
AB VIRA--XS NPA-YP ABT VIPA--YP AB VIFM--YP VNPA

Ἐφάγομεν ἐνώπιόν σου καὶ ἐπίομεν, καὶ ἐν ταῖς πλατείαις ἡμῶν
VIAA--XP PG NPG-YS CC VIAA--XP CC PD DDFP AP-DF-P NPG-XP

ἐδίδαξας· 13.27 καὶ ἐρεῖ λέγων ὑμῖν, Οὐκ οἶδα [ὑμᾶς] πόθεν
VIAA--YS CC VIFA--ZS VPPANM-S NPD-YP AB VIRA--XS NPA-YP ABT

ἐστέ· ἀπόστητε ἀπ’ ἐμοῦ, πάντες ἐργάται ἀδικίας. 13.28 ἐκεῖ
VIPA--YP VMAA--YP PG NPG-XS A--VM-P N-VM-P N-GF-S AB

ἔσται ὁ κλαυθμὸς καὶ ὁ βρυγμὸς τῶν ὀδόντων, ὅταν ὄψεσθε
VIFD--ZS DNMS N-NM-S CC DNMS N-NM-S DGMP N-GM-P CS VIFD--YP

Ἀβραὰμ καὶ Ἰσαὰκ καὶ Ἰακὼβ καὶ πάντας τοὺς προφήτας ἐν τῇ
N-AM-S CC N-AM-S CC N-AM-S CC A--AM-P DAMP N-AM-P PD DDFS

βασιλείᾳ τοῦ θεοῦ, ὑμᾶς δὲ ἐκβαλλομένους ἔξω. 13.29 καὶ ἥξουσιν
N-DF-S DGMS N-GM-S NPA-YP CH VPPPAMYP AB CC VIFA--ZP

ἀπὸ ἀνατολῶν καὶ δυσμῶν καὶ ἀπὸ βορρᾶ καὶ νότου καὶ
PG N-GF-P CC N-GF-P CC PG N-GM-S CC N-GM-S CC

ἀνακλιθήσονται ἐν τῇ βασιλείᾳ τοῦ θεοῦ. 13.30 καὶ ἰδοὺ εἰσὶν
VIFP--ZP   PD DDFS N-DF-S   DGMS N-GM-S   CC   QS   VIPA--ZP

ἔσχατοι οἳ ἔσονται πρῶτοι, καὶ εἰσὶν πρῶτοι οἳ ἔσονται
AP-NM-P APRNM-P VIFD--ZP A-ONM-P CC   VIPA--ZP APONM-P APRNM-P VIFD--ZP

ἔσχατοι.
A--NM-P

13.31 Ἐν αὐτῇ τῇ ὥρᾳ προσῆλθάν τινες Φαρισαῖοι
PD NPDFZS□A--DF-S DDFS N-DF-S VIAA--ZP   A-INM-P N-NM-P

λέγοντες αὐτῷ, Ἔξελθε καὶ πορεύου ἐντεῦθεν, ὅτι Ἡρῴδης θέλει
VPPANM-P NPDMZS VMAA--YS CC VMPN--YS   AB   CS N-NM-S VIPA--ZS

σε ἀποκτεῖναι. 13.32 καὶ εἶπεν αὐτοῖς, Πορευθέντες εἴπατε τῇ
NPA-YS VNAA   CC VIAA--ZS NPDMZP VRAONMYP   VMAA--YP DDFS

ἀλώπεκι ταύτῃ, Ἰδοὺ ἐκβάλλω δαιμόνια καὶ ἰάσεις ἀποτελῶ
N-DF-S A-DDF-S   QS   VIPA--XS N-AN-P   CC N-AF-P   VIPA--XS

σήμερον καὶ αὔριον, καὶ τῇ τρίτῃ τελειοῦμαι. 13.33 πλὴν δεῖ
AB   CC AB   CC DDFS APODF-S VIPP--XS   CC   VIPA--ZS

με σήμερον καὶ αὔριον καὶ τῇ ἐχομένῃ
NPA-XS AB   CC   AB   CC   DDFS□NPDFZS&APRNF-S VPPMDF-S

πορεύεσθαι, ὅτι οὐκ ἐνδέχεται προφήτην ἀπολέσθαι ἔξω
VNPN   CS AB   VIPN--ZS   N-AM-S   VNAM   PG

Ἰερουσαλήμ. 13.34 Ἰερουσαλὴμ Ἰερουσαλήμ, ἡ
N-GF-S   N-VF-S   N-VF-S   DVFS□APRNFYS

ἀποκτείνουσα τοὺς προφήτας καὶ λιθοβολοῦσα τοὺς
VPPAVFYS   DAMP N-AM-P   CC VPPAVFYS   DAMP□NPAMZP&APRNM-P

ἀπεσταλμένους πρὸς αὐτήν, ποσάκις ἠθέλησα ἐπισυνάξαι τὰ
VPRPAM-P   PA   NPAFYS ABT   VIAA--XS   VNAA   DANP

τέκνα σου ὃν τρόπον ὄρνις τὴν ἑαυτῆς νοσσιὰν ὑπὸ τὰς
N-AN-P NPG-YS APRAM-S+ N-AM-S N-NF-S DAFS NPGFZS N-AF-S   PA   DAFP

πτέρυγας, καὶ οὐκ ἠθελήσατε. 13.35 ἰδοὺ ἀφίεται ὑμῖν ὁ οἶκος
N-AF-P   CC AB VIAA--YP   QS   VIPP--ZS   NPD-YP DNMS N-NM-S

ὑμῶν. λέγω [δὲ] ὑμῖν, οὐ μὴ ἴδητέ με ἕως [ἥξει ὅτε] εἴπητε,
NPG-YP VIPA--XS CC NPD-YP AB AB VSAA--YP NPA-XS CS   VIFA--ZS CS VSAA--YP

Εὐλογημένος ὁ ἐρχόμενος ἐν ὀνόματι κυρίου.
VPRPNM-S   DNMS□NPNMZS&APRNM-S VPPNNM-S PD N-DN-S   N-GM-S

14.1 Καὶ ἐγένετο ἐν τῷ ἐλθεῖν αὐτὸν εἰς οἶκόν τινος τῶν
CC VIAD--ZS PD DDNS VNAAD   NPAMZS PA N-AM-S APIGM-S DGMP

ἀρχόντων [τῶν] Φαρισαίων σαββάτῳ φαγεῖν ἄρτον καὶ αὐτοὶ
N-GM-P   DGMP N-GM-P   N-DN-S   VNAA   N-AM-S CH NPNMZP

ἦσαν παρατηρούμενοι αὐτόν. 14.2 καὶ ἰδοὺ ἄνθρωπός τις ἦν
VIIA--ZP+ +VPPMNM-P   NPAMZS   CC QS N-NM-S   A-INM-S VIIA--ZS

ὑδρωπικὸς ἔμπροσθεν αὐτοῦ. 14.3 καὶ ἀποκριθεὶς ὁ Ἰησοῦς
A--NM-S   PG   NPGMZS   CC VPAONM-S DNMS N-NM-S

εἶπεν πρὸς τοὺς νομικοὺς καὶ Φαρισαίους λέγων, Ἔξεστιν τῷ
VIAA--ZS PA   DAMP AP-AM-P   CC N-AM-P   VPPANM-S VIPA--ZS DDNS

σαββάτῳ θεραπεῦσαι ἢ οὔ; 14.4 οἱ δὲ ἡσύχασαν. καὶ
N-DN-S VNAA CC AB DNMP□NPNMZP CH VIAA--ZP CC

ἐπιλαβόμενος ἰάσατο αὐτὸν καὶ ἀπέλυσεν. 14.5 καὶ πρὸς αὐτοὺς
VPADNM-S VIAD--ZS NPAMZS CC VIAA--ZS CC PA NPAMZP

εἶπεν, Τίνος ὑμῶν υἱὸς ἢ βοῦς εἰς φρέαρ πεσεῖται, καὶ οὐκ εὐθέως
VIAA--ZS APTGM-S NPG-YP N-NM-S CC N-NM-S PA N-AN-S VIFD--ZS CC QT AB

ἀνασπάσει αὐτὸν ἐν ἡμέρᾳ τοῦ σαββάτου; 14.6 καὶ οὐκ ἴσχυσαν
VIFA--ZS NPAMZS PD N-DF-S DGNS N-GN-S CC AB VIAA--ZP

ἀνταποκριθῆναι πρὸς ταῦτα.
VNAO PA APDAN-P

14.7 Ἔλεγεν δὲ πρὸς τοὺς κεκλημένους
VIIA--ZS CC PA DAMP□NPAMZP&APRNM-P VPRPAM-P

παραβολήν, ἐπέχων πῶς τὰς πρωτοκλισίας ἐξελέγοντο, λέγων
N-AF-S VPPANM-S CC DAFP N-AF-P VIIM--ZP VPPANM-S

πρὸς αὐτούς, 14.8 Ὅταν κληθῇς ὑπό τινος εἰς γάμους, μὴ
PA NPAMZP CS VSAP--YS PG APIGM-S PA N-AM-P AB

κατακλιθῇς εἰς τὴν πρωτοκλισίαν, μήποτε ἐντιμότερός σου
VSAP--YS□VMAP--YS PA DAFS N-AF-S CS APMNM-S NPG-YS

ᾖ κεκλημένος ὑπ᾽ αὐτοῦ, 14.9 καὶ ἐλθὼν ὁ
VSPA--ZS+ +VPRPNM-S PG NPGMZS CC VPAANM-S DNMS□NPNMZS&APRNM-S

σὲ καὶ αὐτὸν καλέσας ἐρεῖ σοι, Δὸς τούτῳ τόπον, καὶ τότε
NPA-YS CC NPAMZS VPAANM-S VIFA--ZS NPD-YS VMAA--YS APDDM-S N-AM-S CC AB

ἄρξῃ μετὰ αἰσχύνης τὸν ἔσχατον τόπον κατέχειν. 14.10 ἀλλ᾽
VIFM--YS PG N-GF-S DAMS A--AM-S N-AM-S VNPA CH

ὅταν κληθῇς πορευθεὶς ἀνάπεσε εἰς τὸν ἔσχατον τόπον, ἵνα ὅταν
CS VSAP--YS VRAONMYS VMAA--YS PA DAMS A--AM-S N-AM-S CS CS

ἔλθῃ ὁ κεκληκώς σε ἐρεῖ σοι, Φίλε,
VSAA--ZS DNMS□NPNMZS&APRNM-S VPRANM-S NPA-YS VIFA--ZS NPD-YS AP-VM-S

προσανάβηθι ἀνώτερον· τότε ἔσται σοι δόξα ἐνώπιον πάντων
VMAA--YS APMAN-S□ABM AB VIFD--ZS NPD-YS N-NF-S PG AP-GM-P

τῶν συνανακειμένων σοι. 14.11 ὅτι πᾶς ὁ
DGMP□APRNM-P VPPNGM-P NPD-YS CS AP-NM-S DNMS□APRNM-S

ὑψῶν ἑαυτὸν ταπεινωθήσεται καὶ ὁ ταπεινῶν
VPPANM-S NPAMZS VIFP--ZS CC DNMS□NPNMZS&APRNM-S VPPANM-S

ἑαυτὸν ὑψωθήσεται. 14.12 Ἔλεγεν δὲ καὶ τῷ
NPAMZS VIFP--ZS VIIA--ZS CC AB DDMS□NPDMZS&APRNM-S

κεκληκότι αὐτόν, Ὅταν ποιῇς ἄριστον ἢ δεῖπνον, μὴ φώνει τοὺς
VPRADM-S NPAMZS CS VSPA--YS N-AN-S CC N-AN-S AB VMPA--YS DAMP

φίλους σου μηδὲ τοὺς ἀδελφούς σου μηδὲ τοὺς συγγενεῖς σου
AP-AM-P NPG-YS CC DAMP N-AM-P NPG-YS CC DAMP AP-AM-P NPG-YS

μηδὲ γείτονας πλουσίους, μήποτε καὶ αὐτοὶ ἀντικαλέσωσίν σε
CC N-AM-P A--AM-P CS AB NPNMZP VSAA--ZP NPA-YS

καὶ γένηται ἀνταπόδομά σοι. 14.13 ἀλλ᾽ ὅταν δοχὴν ποιῇς,
CC VSAD--ZS N-NN-S NPD-YS CH CS N-AF-S VSPA--YS

κάλει πτωχούς, ἀναπείρους, χωλούς, τυφλούς· 14.14 καὶ μακάριος
VMPA--YS AP-AM-P AP-AM-P AP-AM-P AP-AM-P CC A--NM-S

ἔσῃ, ὅτι οὐκ ἔχουσιν ἀνταποδοῦναί σοι, ἀνταποδοθήσεται γάρ
VIFD--YS CS AB VIPA--ZP VNAA NPD-YS VIFP--ZS CS

σοι ἐν τῇ ἀναστάσει τῶν δικαίων.
NPD-YS PD DDFS N-DF-S DGMP AP-GM-P

14.15 Ἀκούσας δέ τις τῶν συνανακειμένων
VPAANM-S CC APINM-S DGMP□NPGMZP&APRNM-P VPPNGM-P

ταῦτα εἶπεν αὐτῷ, Μακάριος ὅστις φάγεται ἄρτον
APDAN-P VIAA--ZS NPDMZS A--NM-S APRNM-S□APDNM-S&APRNM-S VIFD--ZS N-AM-S

ἐν τῇ βασιλείᾳ τοῦ θεοῦ. 14.16 ὁ δὲ εἶπεν αὐτῷ,
PD DDFS N-DF-S DGMS N-GM-S DNMS□NPNMZS CH VIAA--ZS NPDMZS

Ἄνθρωπός τις ἐποίει δεῖπνον μέγα, καὶ ἐκάλεσεν πολλούς,
N-NM-S A-INM-S VIIA--ZS N-AN-S A--AN-S CC VIAA--ZS AP-AM-P

14.17 καὶ ἀπέστειλεν τὸν δοῦλον αὐτοῦ τῇ ὥρᾳ τοῦ δείπνου
CC VIAA--ZS DAMS N-AM-S NPGMZS DDFS N-DF-S DGNS N-GN-S

εἰπεῖν τοῖς κεκλημένοις, Ἔρχεσθε, ὅτι ἤδη ἕτοιμά
VNAA DDMP□NPDMZP&APRNM-P VPRPDM-P VMPN--YP CS AB A--NN-P

ἐστιν. 14.18 καὶ ἤρξαντο ἀπὸ μιᾶς πάντες παραιτεῖσθαι. ὁ
VIPA--ZS CC VIAM--ZP PG APCGF-S AP-NM-P VNPN DNMS

πρῶτος εἶπεν αὐτῷ, Ἀγρὸν ἠγόρασα καὶ ἔχω ἀνάγκην ἐξελθὼν
APONM-S VIAA--ZS NPDMZS N-AM-S VIAA--XS CC VIPA--XS N-AF-S VPAANMXS

ἰδεῖν αὐτόν· ἐρωτῶ σε, ἔχε με παρῃτημένον. 14.19 καὶ
VNAA NPAMZS VIPA--XS NPA-YS VMPA--YS NPA-XS VPRPAMXS CC

ἕτερος εἶπεν, Ζεύγη βοῶν ἠγόρασα πέντε καὶ πορεύομαι
AP-NM-S VIAA--ZS N-AN-P N-GM-P VIAA--XS A-CAN-P CC VIPN--XS

δοκιμάσαι αὐτά· ἐρωτῶ σε, ἔχε με παρῃτημένον. 14.20 καὶ
VNAA NPANZP VIPA--XS NPA-YS VMPA--YS NPA-XS VPRPAMXS CC

ἕτερος εἶπεν, Γυναῖκα ἔγημα καὶ διὰ τοῦτο οὐ δύναμαι ἐλθεῖν.
AP-NM-S VIAA--ZS N-AF-S VIAA--XS CC PA APDAN-S AB VIPN--XS VNAA

14.21 καὶ παραγενόμενος ὁ δοῦλος ἀπήγγειλεν τῷ κυρίῳ αὐτοῦ
CC VPADNM-S DNMS N-NM-S VIAA--ZS DDMS N-DM-S NPGMZS

ταῦτα. τότε ὀργισθεὶς ὁ οἰκοδεσπότης εἶπεν τῷ δούλῳ αὐτοῦ,
APDAN-P AB VPAONM-S DNMS N-NM-S VIAA--ZS DDMS N-DM-S NPGMZS

Ἔξελθε ταχέως εἰς τὰς πλατείας καὶ ῥύμας τῆς πόλεως, καὶ τοὺς
VMAA--YS AB PA DAFP AP-AF-P CC N-AF-P DGFS N-GF-S CC DAMP

πτωχοὺς καὶ ἀναπείρους καὶ τυφλοὺς καὶ χωλοὺς εἰσάγαγε ὧδε.
AP-AM-P CC AP-AM-P CC AP-AM-P CC AP-AM-P VMAA--YS AB

14.22 καὶ εἶπεν ὁ δοῦλος, Κύριε, γέγονεν ὃ
CC VIAA--ZS DNMS N-NM-S N-VM-S VIRA--ZS APRAN-S□APDNN-S&APRAN-S

ἐπέταξας, καὶ ἔτι τόπος ἐστίν. 14.23 καὶ εἶπεν ὁ κύριος πρὸς
VIAA--YS CC AB N-NM-S VIPA--ZS CC VIAA--ZS DNMS N-NM-S PA

τὸν δοῦλον, Ἔξελθε εἰς τὰς ὁδοὺς καὶ φραγμοὺς καὶ ἀνάγκασον
DAMS N-AM-S VMAA--YS PA DAFP N-AF-P CC N-AM-P CC VMAA--YS

εἰσελθεῖν, ἵνα γεμισθῇ μου ὁ　　οἶκος· 14.24 λέγω γὰρ ὑμῖν ὅτι
VNAA　　　CS　VSAP--ZS　NPG-XS DNMS N-NM-S　　　　VIPA--XS CS　　NPD-YP CH

οὐδεὶς τῶν ἀνδρῶν ἐκείνων τῶν　　　κεκλημένων γεύσεταί μου
APCNM-S DGMP N-GM-P　A-DGM-P　DGMP□APRNM-P VPRPGM-P　　VIFD--ZS　　NPG-XS

τοῦ δείπνου.
DGNS N-GN-S

　14.25 Συνεπορεύοντο δὲ αὐτῷ ὄχλοι πολλοί, καὶ στραφεὶς
　　　　VIIN--ZP　　　CC　NPDMZS N-NM-P　A--NM-P　CC　VPAPNM-S

εἶπεν πρὸς αὐτούς, 14.26 Εἴ τις　ἔρχεται πρός με　καὶ οὐ μισεῖ
VIAA--ZS PA　NPAMZP　　　CS APINM-S VIPN--ZS　PA　NPA-XS CC　AB VIPA--ZS

τὸν πατέρα ἑαυτοῦ καὶ τὴν μητέρα καὶ τὴν γυναῖκα καὶ τὰ
DAMS N-AM-S　NPGMZS　CC　DAFS N-AF-S　CC　DAFS N-AF-S　CC　DANP

τέκνα καὶ τοὺς ἀδελφοὺς καὶ τὰς ἀδελφάς, ἔτι τε καὶ τὴν ψυχὴν
N-AN-P CC　DAMP N-AM-P　　CC　DAFP N-AF-P　　AB CC AB　DAFS N-AF-S

ἑαυτοῦ, οὐ δύναται εἶναί μου　μαθητής. 14.27 ὅστις
NPGMZS　AB VIPN--ZS　VNPA　NPG-XS N-NM-S　　　　APRNM-S□APDNM-S&APRNM-S

οὐ βαστάζει τὸν σταυρὸν ἑαυτοῦ καὶ ἔρχεται ὀπίσω μου οὐ
AB VIPA--ZS　DAMS N-AM-S　NPGMZS　CC　VIPN--ZS　PG　NPG-XS AB

δύναται εἶναί μου μαθητής. 14.28 τίς　γὰρ ἐξ ὑμῶν θέλων
VIPN--ZS　VNPA　NPG-XS N-NM-S　APTNM-S CS　PG NPG-YP VPPANM-S

πύργον οἰκοδομῆσαι οὐχὶ πρῶτον　καθίσας ψηφίζει τὴν δαπάνην,
N-AM-S　VNAA　　　QT　APOAN-S□AB VPAANM-S　VIPA--ZS　DAFS N-AF-S

εἰ ἔχει εἰς ἀπαρτισμόν; 14.29 ἵνα μήποτε θέντος αὐτοῦ θεμέλιον
QT VIPA--ZS PA　N-AM-S　　　CS　CS　　VPAAGM-S NPGMZS N-AN-S

καὶ μὴ ἰσχύοντος ἐκτελέσαι πάντες οἱ　　　θεωροῦντες
CC　AB　VPPAGM-S　VNAA　　AP-NM-P　DNMP□APRNM-P VPPANM-P

ἄρξωνται αὐτῷ ἐμπαίζειν 14.30 λέγοντες ὅτι Οὗτος ὁ　ἄνθρωπος
VSAM--ZP　NPDMZS VNPA　　　VPPANM-P CH　A-DNM-S DNMS N-NM-S

ἤρξατο οἰκοδομεῖν καὶ οὐκ ἴσχυσεν ἐκτελέσαι. 14.31 ἢ τίς
VIAM--ZS　VNPA　　CC　AB　VIAA--ZS　VNAA　　　CC　A-TNM-S

βασιλεὺς πορευόμενος ἑτέρῳ βασιλεῖ συμβαλεῖν εἰς πόλεμον οὐχὶ
N-NM-S　VPPNNM-S　A--DM-S N-DM-S　VNAA　　PA N-AM-S　QT

καθίσας πρῶτον　βουλεύσεται εἰ δυνατός ἐστιν ἐν δέκα χιλιάσιν
VPAANM-S　APOAN-S□AB VIFD--ZS　QT A--NM-S　VIPA--ZS PD　A-CDF-P N-DF-P

ὑπαντῆσαι τῷ　　　μετὰ εἴκοσι χιλιάδων ἐρχομένῳ ἐπ᾽
VNAA　　DDMS□NPDMZS&APRNM-S PG　A-CGF-P　N-GF-P　VPPNDM-S　PA

αὐτόν; 14.32 εἰ δὲ μή γε, ἔτι αὐτοῦ πόρρω ὄντος πρεσβείαν
NPAMZS　　CS CC AB QS　AB NPGMZS AB　VPPAGM-S N-AF-S

ἀποστείλας ἐρωτᾷ τὰ　πρὸς εἰρήνην. 14.33 οὕτως οὖν πᾶς ἐξ
VPAANM-S　VIPA--ZS DANP PA　N-AF-S　　　AB　　CH AP-NM-S PG

ὑμῶν ὃς　οὐκ ἀποτάσσεται πᾶσιν τοῖς　　ἑαυτοῦ
NPG-YP APRNM-S AB　VIPM--ZS　AP-DN-P DDNP□APRNN-P NPGMZS

ὑπάρχουσιν οὐ δύναται εἶναί μου μαθητής.
VPPADN-P　AB VIPN--ZS　VNPA　NPG-XS N-NM-S

14.34 Καλὸν οὖν τὸ　ἅλας· ἐὰν δὲ καὶ τὸ　ἅλας μωρανθῇ, ἐν
A--NN-S　CC　DNNS N-NN-S　CS　CC AB　DNNS N-NN-S　VSAP--ZS　PD

τίνι　ἀρτυθήσεται; 14.35 οὔτε εἰς γῆν οὔτε εἰς κοπρίαν εὔθετόν
APTDN-S　VIFP--ZS　　　　　CC　PA N-AF-S CC　PA　N-AF-S　A--NN-S

ἐστιν· ἔξω βάλλουσιν αὐτό. ὁ　　　　　　ἔχων　ὦτα ἀκούειν
VIPA--ZS AB　VIPA--ZP　　NPANZS DNMS□NPNMZS&APRNM-S VPPANM-S N-AN-P VNPA

ἀκουέτω.
VMPA--ZS

15.1 Ἦσαν　δὲ αὐτῷ ἐγγίζοντες πάντες οἱ　τελῶναι καὶ οἱ
VIIA--ZP+ CC NPDMZS +VPPANM-P　A--NM-P　DNMP N-NM-P　CC　DNMP

ἁμαρτωλοὶ ἀκούειν αὐτοῦ. 15.2 καὶ διεγόγγυζον οἵ　τε Φαρισαῖοι
AP-NM-P　VNPA　NPGMZS　　CC　VIIA--ZP　　DNMP CC N-NM-P

καὶ οἱ　γραμματεῖς λέγοντες ὅτι Οὗτος ἁμαρτωλοὺς προσδέχεται
CC　DNMP N-NM-P　VPPANM-P　CH　APDNM-S AP-AM-P　VIPN--ZS

καὶ συνεσθίει αὐτοῖς. 15.3 εἶπεν　δὲ πρὸς αὐτοὺς τὴν παραβολὴν
CC　VIPA--ZS　NPDMZP　VIAA--ZS CH PA　NPAMZP　DAFS N-AF-S

ταύτην λέγων, 15.4 Τίς　ἄνθρωπος ἐξ ὑμῶν ἔχων　ἑκατὸν
A-DAF-S VPPANM-S　A-TNM-S N-NM-S　PG NPG-YP VPPANM-S A-CAN-P

πρόβατα καὶ ἀπολέσας ἐξ αὐτῶν ἓν　οὐ καταλείπει τὰ
N-AN-P　CC　VPAANM-S　PG NPGNZP APCAN-S QT VIPA--ZS　DANP

ἐνενήκοντα　ἐννέα ἐν　τῇ　ἐρήμῳ　καὶ　πορεύεται ἐπὶ
APCAN-P　APCAN-P　PD DDFS AP-DF-S　CC　VIPN--ZS　PA

τὸ　　　　ἀπολωλὸς ἕως εὕρῃ　αὐτό; 15.5 καὶ εὑρὼν
DANS□NPANZS&APRNN-S VPRAAN-S　CS　VSAA--ZS NPANZS　CC　VPAANM-S

ἐπιτίθησιν ἐπὶ τοὺς ὤμους αὐτοῦ χαίρων, 15.6 καὶ ἐλθὼν εἰς τὸν
VIPA--ZS　PA DAMP N-AM-P NPGMZS VPPANM-S　CC　VPAANM-S PA DAMS

οἶκον συγκαλεῖ τοὺς φίλους καὶ τοὺς γείτονας λέγων　αὐτοῖς,
N-AM-S VIPA--ZS　DAMP AP-AM-P CC　DAMP N-AM-P　VPPANM-S NPDMZP

Συγχάρητέ μοι,　ὅτι εὗρον τὸ　πρόβατόν μου τὸ
VMAO--YP　NPD-XS CS VIAA--XS DANS　N-AN-S　NPG-XS DANS□APRNN-S

ἀπολωλός. 15.7 λέγω ὑμῖν ὅτι οὕτως χαρὰ ἐν τῷ　οὐρανῷ ἔσται
VPRAAN-S　VIPA--XS NPD-YP CH　AB　N-NF-S PD DDMS N-DM-S　VIFD--ZS

ἐπὶ ἑνὶ　ἁμαρτωλῷ μετανοοῦντι ἢ ἐπὶ ἐνενήκοντα ἐννέα δικαίοις
PD A-CDM-S AP-DM-S　VPPADM-S　CS PD　A-CDM-P　A-CDM-P AP-DM-P

οἵτινες οὐ χρείαν ἔχουσιν μετανοίας.
APRNM-P AB N-AF-S VIPA--ZP　N-GF-S

15.8 Ἢ τίς　γυνὴ δραχμὰς ἔχουσα δέκα, ἐὰν ἀπολέσῃ
CC A-TNF-S N-NF-S N-AF-P　VPPANF-S A-CAF-P CS　VSAA--ZS

δραχμὴν μίαν, οὐχὶ ἅπτει λύχνον καὶ σαροῖ τὴν οἰκίαν καὶ ζητεῖ
N-AF-S　A-CAF-S QT VIPA--ZS N-AM-S　CC　VIPA--ZS DAFS N-AF-S　CC　VIPA--ZS

ἐπιμελῶς ἕως οὗ　　　　　　εὕρῃ; 15.9 καὶ　εὑροῦσα
AB　PG APRGM-S□APDGM-S&APRDM-S VSAA--ZS　CC　VPAANF-S

συγκαλεῖ τὰς φίλας καὶ γείτονας λέγουσα, Συγχάρητέ μοι,　ὅτι
VIPA--ZS　DAFP AP-AF-P CC　N-AF-P　VPPANF-S　VMAO--YP　NPD-XS CS

239

εὗρον τὴν δραχμὴν ἣν ἀπώλεσα. 15.10 οὕτως, λέγω ὑμῖν,
VIAA--XS DAFS N-AF-S APRAF-S VIAA--XS   AB   VIPA--XS NPD-YP

γίνεται χαρὰ ἐνώπιον τῶν ἀγγέλων τοῦ θεοῦ ἐπὶ ἑνὶ ἁμαρτωλῷ
VIPN--ZS N-NF-S PG DGMP N-GM-P DGMS N-GM-S PD A-CDM-S AP-DM-S

μετανοοῦντι.
VPPADM-S

15.11 Εἶπεν δέ, Ἄνθρωπός τις εἶχεν δύο υἱούς. 15.12 καὶ
     VIAA--ZS CC   N-NM-S A-INM-S VIIA--ZS A-CAM-P N-AM-P   CC

εἶπεν ὁ νεώτερος αὐτῶν τῷ πατρί, Πάτερ, δός μοι
VIAA--ZS DNMS APMNM-S NPGMZP DDMS N-DM-S N-VM-S VMAA--YS NPD-XS

τὸ ἐπιβάλλον μέρος τῆς οὐσίας. ὁ δὲ διεῖλεν
DANS□APRNN-S+ VPPAAN-S N-AN-S DGFS N-GF-S DNMS□NPNMZS CH VIAA--ZS

αὐτοῖς τὸν βίον. 15.13 καὶ μετ᾽ οὐ πολλὰς ἡμέρας συναγαγὼν
NPDMZP DAMS N-AM-S   CC PA AB A--AF-P N-AF-P VPAANM-S

πάντα ὁ νεώτερος υἱὸς ἀπεδήμησεν εἰς χώραν μακράν, καὶ
AP-AN-P DNMS A-MNM-S N-NM-S VIAA--ZS PA N-AF-S A--AF-S CC

ἐκεῖ διεσκόρπισεν τὴν οὐσίαν αὐτοῦ ζῶν ἀσώτως.
AB VIAA--ZS DAFS N-AF-S NPGMZS VPPANM-S AB

15.14 δαπανήσαντος δὲ αὐτοῦ πάντα ἐγένετο λιμὸς ἰσχυρὰ κατὰ
     VPAAGM-S CC NPGMZS AP-AN-P VIAD--ZS N-NF-S A--NF-S PA

τὴν χώραν ἐκείνην, καὶ αὐτὸς ἤρξατο ὑστερεῖσθαι. 15.15 καὶ
DAFS N-AF-S A-DAF-S CC NPNMZS VIAM--ZS VNPP   CC

πορευθεὶς ἐκολλήθη ἑνὶ τῶν πολιτῶν τῆς χώρας ἐκείνης, καὶ
VPAONM-S VIAP--ZS APCDM-S DGMP N-GM-P DGFS N-GF-S A-DGF-S CC

ἔπεμψεν αὐτὸν εἰς τοὺς ἀγροὺς αὐτοῦ βόσκειν χοίρους· 15.16 καὶ
VIAA--ZS NPAMZS PA DAMP N-AM-P NPGMZS VNPA N-AM-P   CC

ἐπεθύμει χορτασθῆναι ἐκ τῶν κερατίων ὧν ἤσθιον οἱ
VIIA--ZS VNAP PG DGNP N-GN-P APRGN-P□APRAN-P VIIA--ZP DNMP

χοῖροι, καὶ οὐδεὶς ἐδίδου αὐτῷ. 15.17 εἰς ἑαυτὸν δὲ ἐλθὼν
N-NM-P CC APCNM-S VIIA--ZS NPDMZS   PA NPAMZS CC VPAANM-S

ἔφη, Πόσοι μίσθιοι τοῦ πατρός μου περισσεύονται ἄρτων,
VIAA--ZS/VIIA--ZS A-TNM-P AP-NM-P DGMS N-GM-S NPG-XS VIPM--ZP N-GM-P

ἐγὼ δὲ λιμῷ ὧδε ἀπόλλυμαι. 15.18 ἀναστὰς πορεύσομαι
NPN-XS CH N-DF-S/N-DM-S AB VIPM--XS   VPAANMXS VIFD--XS

πρὸς τὸν πατέρα μου καὶ ἐρῶ αὐτῷ, Πάτερ, ἥμαρτον εἰς τὸν
PA DAMS N-AM-S NPG-XS CC VIFA--XS NPDMZS N-VM-S VIAA--XS PA DAMS

οὐρανὸν καὶ ἐνώπιόν σου, 15.19 οὐκέτι εἰμὶ ἄξιος κληθῆναι υἱός
N-AM-S CC PG NPG-YS   AB VIPA--XS A--NM-S VNAP N-NM-S

σου· ποίησόν με ὡς ἕνα τῶν μισθίων σου. 15.20 καὶ ἀναστὰς
NPG-YS VMAA--YS NPA-XS CS APCAM-S DGMP AP-GM-P NPG-YS   CC VPAANM-S

ἦλθεν πρὸς τὸν πατέρα ἑαυτοῦ. ἔτι δὲ αὐτοῦ μακρὰν ἀπέχοντος
VIAA--ZS PA DAMS N-AM-S NPGMZS AB CC NPGMZS AP-AF-S□AB VPPAGM-S

εἶδεν αὐτὸν ὁ πατὴρ αὐτοῦ καὶ ἐσπλαγχνίσθη καὶ δραμὼν
VIAA--ZS NPAMZS DNMS N-NM-S NPGMZS CC VIAO--ZS CC VPAANM-S

ἐπέπεσεν ἐπὶ τὸν τράχηλον αὐτοῦ καὶ κατεφίλησεν αὐτόν.
VIAA--ZS PA DAMS N-AM-S NPGMZS CC VIAA--ZS NPAMZS

15.21 εἶπεν δὲ ὁ υἱὸς αὐτῷ, Πάτερ, ἥμαρτον εἰς τὸν οὐρανὸν
VIAA--ZS CC DNMS N-NM-S NPDMZS N-VM-S VIAA--XS PA DAMS N-AM-S

καὶ ἐνώπιόν σου, οὐκέτι εἰμὶ ἄξιος κληθῆναι υἱός σου.
CC PG NPG-YS AB VIPA--XS A--NM-S VNAP N-NM-S NPG-YS

15.22 εἶπεν δὲ ὁ πατὴρ πρὸς τοὺς δούλους αὐτοῦ, Ταχὺ
VIAA--ZS CH DNMS N-NM-S PA DAMP N-AM-P NPGMZS AP-AN-S□AB

ἐξενέγκατε στολὴν τὴν πρώτην καὶ ἐνδύσατε αὐτόν, καὶ δότε
VMAA--YP N-AF-S DAFS A-OAF-S CC VMAA--YP NPAMZS CC VMAA--YP

δακτύλιον εἰς τὴν χεῖρα αὐτοῦ καὶ ὑποδήματα εἰς τοὺς πόδας,
N-AM-S PA DAFS N-AF-S NPGMZS CC N-AN-P PA DAMP N-AM-P

15.23 καὶ φέρετε τὸν μόσχον τὸν σιτευτόν, θύσατε καὶ φαγόντες
CC VMPA--YP DAMS N-AM-S DAMS A--AM-S VMAA--YP CC VPAANMXP

εὐφρανθῶμεν, 15.24 ὅτι οὗτος ὁ υἱός μου νεκρὸς ἦν καὶ
VSAP--XP CS A-DNM-S DNMS N-NM-S NPG-XS A--NM-S VIIA--ZS CC

ἀνέζησεν, ἦν ἀπολωλὼς καὶ εὑρέθη. καὶ ἤρξαντο
VIAA--ZS VIIA--ZS+ +VPRANM-S CC VIAP--ZS CC VIAM--ZP

εὐφραίνεσθαι.
VNPP

15.25 Ἦν δὲ ὁ υἱὸς αὐτοῦ ὁ πρεσβύτερος ἐν ἀγρῷ· καὶ
VIIA--ZS CC DNMS N-NM-S NPGMZS DNMS A-MNM-S PD N-DM-S CC

ὡς ἐρχόμενος ἤγγισεν τῇ οἰκίᾳ, ἤκουσεν συμφωνίας καὶ χορῶν,
CS VPPNNM-S VIAA--ZS DDFS N-DF-S VIAA--ZS N-GF-S CC N-GM-P

15.26 καὶ προσκαλεσάμενος ἕνα τῶν παίδων ἐπυνθάνετο τί
CC VPADNM-S APCAM-S DGMP N-GM-P VIIN--ZS APTNN-S

ἂν εἴη ταῦτα. 15.27 ὁ δὲ εἶπεν αὐτῷ ὅτι Ὁ ἀδελφός
QV VOPA--ZS APDNN-P DNMS□NPNMZS CH VIAA--ZS NPDMZS CC DNMS N-NM-S

σου ἥκει, καὶ ἔθυσεν ὁ πατήρ σου τὸν μόσχον τὸν σιτευτόν,
NPG-YS VIPA--ZS CC VIAA--ZS DNMS N-NM-S NPG-YS DAMS N-AM-S DAMS A--AM-S

ὅτι ὑγιαίνοντα αὐτὸν ἀπέλαβεν. 15.28 ὠργίσθη δὲ καὶ οὐκ ἤθελεν
CS VPPAAM-S NPAMZS VIAA--ZS VIAO--ZS CH CC AB VIIA--ZS

εἰσελθεῖν. ὁ δὲ πατὴρ αὐτοῦ ἐξελθὼν παρεκάλει αὐτόν.
VNAA DNMS CH N-NM-S NPGMZS VPAANM-S VIIA--ZS NPAMZS

15.29 ὁ δὲ ἀποκριθεὶς εἶπεν τῷ πατρὶ αὐτοῦ, Ἰδοὺ
DNMS□NPNMZS CH VPAONM-S VIAA--ZS DDMS N-DM-S NPGMZS QS

τοσαῦτα ἔτη δουλεύω σοι καὶ οὐδέποτε ἐντολήν σου
A-DAN-P N-AN-P VIPA--XS NPD-YS CC AB N-AF-S NPG-YS

παρῆλθον, καὶ ἐμοὶ οὐδέποτε ἔδωκας ἔριφον ἵνα μετὰ τῶν φίλων
VIAA--XS CC NPD-XS AB VIAA--YS N-AM-S CS PG DGMP AP-GM-P

μου· εὐφρανθῶ· 15.30 ὅτε δὲ ὁ υἱός σου οὗτος ὁ
NPG-XS VSAP--XS CS CH DNMS N-NM-S NPG-YS A-DNM-S DNMS□APRNM-S

καταφαγών σου τὸν βίον μετὰ πορνῶν ἦλθεν, ἔθυσας αὐτῷ τὸν
VPAANM-S NPG-YS DAMS N-AM-S PG N-GF-P VIAA--ZS VIAA--YS NPDMZS DAMS

σιτευτὸν μόσχον. 15.31 ὁ   δὲ εἶπεν αὐτῷ, Τέκνον, σὺ
A--AM-S   N-AM-S   DNMS□NPNMZS CH VIAA--ZS NPDMZS N-VN-S   NPN-YS

πάντοτε μετ᾽ ἐμοῦ εἶ,   καὶ πάντα τὰ ἐμὰ   σά   ἐστιν·
AB   PG   NPG-XS VIPA--YS CC A--NN-P DNNP AP-NNXP A--NNYP VIPA--ZS

15.32 εὐφρανθῆναι δὲ καὶ χαρῆναι ἔδει,   ὅτι ὁ   ἀδελφός σου
      VNAP   CC CC VNAO   VIIA--ZS CS   DNMS N-NM-S   NPG-YS

οὗτος νεκρὸς ἦν   καὶ ἔζησεν, καὶ ἀπολωλὼς καὶ εὑρέθη.
A-DNM-S A--NM-S VIIA--ZS CC VIAA--ZS CC VPRANM-S CC VIAP--ZS

16.1 Ἔλεγεν δὲ καὶ πρὸς τοὺς μαθητάς, Ἄνθρωπός τις
     VIIA--ZS CC AB PA   DAMP N-AM-P   N-NM-S   A-INM-S

ἦν   πλούσιος ὃς   εἶχεν οἰκονόμον, καὶ οὗτος διεβλήθη αὐτῷ
VIIA--ZS A--NM-S APRNM-S VIIA--ZS N-AM-S   CC APDNM-S VIAP--ZS NPDMZS

ὡς διασκορπίζων τὰ   ὑπάρχοντα αὐτοῦ. 16.2 καὶ
CC VPPANM-S   DANP□NPANZP&APRNN-P VPPAAN-P NPGMZS   CC

φωνήσας αὐτὸν εἶπεν αὐτῷ, Τί   τοῦτο ἀκούω περὶ σοῦ;
VPAANM-S NPAMZS VIAA--ZS NPDMZS APTAN-S□ABT APDAN-S VIPA--XS PG NPG-YS

ἀπόδος τὸν λόγον τῆς οἰκονομίας σου, οὐ γὰρ δύνῃ   ἔτι
VMAA--YS DAMS N-AM-S DGFS N-GF-S   NPG-YS AB CS VIPN--YS AB

οἰκονομεῖν. 16.3 εἶπεν δὲ ἐν ἑαυτῷ ὁ   οἰκονόμος, Τί   ποιήσω,
VNPA   VIAA--ZS CH PD NPDMZS DNMS N-NM-S   APTAN-S VSAA--XS

ὅτι ὁ   κύριός μου   ἀφαιρεῖται τὴν οἰκονομίαν ἀπ᾽ ἐμοῦ;
CS DNMS N-NM-S NPG-XS VIPM--ZS DAFS N-AF-S   PG NPG-XS

σκάπτειν οὐκ ἰσχύω, ἐπαιτεῖν αἰσχύνομαι. 16.4 ἔγνων τί
VNPA   AB VIPA--XS VNPA   VIPM--XS   VIAA--XS APTAN-S

ποιήσω, ἵνα ὅταν μετασταθῶ ἐκ τῆς οἰκονομίας δέξωνταί με   εἰς
VSAA--XS CS CS VSAP--XS   PG DGFS N-GF-S   VSAD--ZP NPA-XS PA

τοὺς οἴκους αὐτῶν. 16.5 καὶ προσκαλεσάμενος ἕνα   ἕκαστον τῶν
DAMP N-AM-P NPGMZP   CC VPADNM-S   APCAM-S A--AM-S DGMP

χρεοφειλετῶν τοῦ κυρίου ἑαυτοῦ ἔλεγεν τῷ   πρώτῳ, Πόσον
N-GM-P   DGMS N-GM-S NPGMZS VIIA--ZS DDMS APODM-S APTAN-S

ὀφείλεις τῷ   κυρίῳ μου; 16.6 ὁ   δὲ εἶπεν, Ἑκατὸν βάτους
VIPA--YS DDMS N-DM-S NPG-XS   DNMS□NPNMZS CH VIAA--ZS A-CAM-P N-AM-P

ἐλαίου. ὁ   δὲ εἶπεν αὐτῷ, Δέξαι σου   τὰ γράμματα καὶ
N-GN-S DNMS□NPNMZS CH VIAA--ZS NPDMZS VMAD--YS NPG-YS DANP N-AN-P CC

καθίσας ταχέως γράψον πεντήκοντα. 16.7 ἔπειτα ἑτέρῳ εἶπεν,
VRAANMYS AB   VMAA--YS APCAM-P   AB   AP-DM-S VIAA--ZS

Σὺ   δὲ πόσον ὀφείλεις; ὁ   δὲ εἶπεν, Ἑκατὸν κόρους
NPN-YS CC APTAN-S VIPA--YS DNMS□NPNMZS CH VIAA--ZS A-CAM-P N-AM-P

σίτου. λέγει αὐτῷ, Δέξαι σου   τὰ γράμματα καὶ γράψον
N-GM-S VIPA--ZS NPDMZS VMAD--YS NPG-YS DANP N-AN-P CC VMAA--YS

ὀγδοήκοντα. 16.8 καὶ ἐπῄνεσεν ὁ   κύριος τὸν οἰκονόμον τῆς
APCAM-P   CC VIAA--ZS DNMS N-NM-S DAMS N-AM-S   DGFS

ἀδικίας ὅτι   φρονίμως ἐποίησεν· ὅτι οἱ   υἱοὶ τοῦ αἰῶνος τούτου
N-GF-S CC/CS AB   VIAA--ZS CS DNMP N-NM-P DGMS N-GM-S A-DGM-S

φρονιμώτεροι ὑπὲρ τοὺς υἱοὺς τοῦ φωτὸς εἰς τὴν γενεὰν τὴν
A-MNM-P PA DAMP N-AM-P DGNS N-GN-S PA DAFS N-AF-S DAFS

ἑαυτῶν εἰσιν. 16.9 Καὶ ἐγὼ ὑμῖν λέγω, ἑαυτοῖς ποιήσατε φίλους
NPGMZP VIPA--ZP CC NPN-XS NPD-YP VIPA--XS NPDMYP VMAA--YP AP-AM-P

ἐκ τοῦ μαμωνᾶ τῆς ἀδικίας, ἵνα ὅταν ἐκλίπῃ δέξωνται ὑμᾶς εἰς
PG DGMS N-GM-S DGFS N-GF-S CS CS VSAA--ZS VSAD--ZP NPA-YP PA

τὰς αἰωνίους σκηνάς. 16.10 ὁ πιστὸς ἐν ἐλαχίστῳ καὶ ἐν πολλῷ
DAFP A--AF-P N-AF-P DNMS AP-NM-S PD APSDN-S AB PD AP-DN-S

πιστός ἐστιν, καὶ ὁ ἐν ἐλαχίστῳ ἄδικος καὶ ἐν πολλῷ ἄδικός
A--NM-S VIPA--ZS CC DNMS PD APSDN-S AP-NM-S AB PD AP-DN-S A--NM-S

ἐστιν. 16.11 εἰ οὖν ἐν τῷ ἀδίκῳ μαμωνᾷ πιστοὶ οὐκ ἐγένεσθε, τὸ
VIPA--ZS CS CH PD DDMS A--DM-S N-DM-S A--NM-P AB VIAD--YP DANS

ἀληθινὸν τίς ὑμῖν πιστεύσει; 16.12 καὶ εἰ ἐν τῷ ἀλλοτρίῳ
AP-AN-S APTNM-S NPD-YP VIFA--ZS CC CS PD DDNS AP-DN-S

πιστοὶ οὐκ ἐγένεσθε, τὸ ὑμέτερον τίς ὑμῖν δώσει; 16.13 Οὐδεὶς
A--NM-P AB VIAD--YP DANS AP-ANYS APTNM-S NPD-YP VIFA--ZS A-CNM-S

οἰκέτης δύναται δυσὶ κυρίοις δουλεύειν· ἢ γὰρ τὸν ἕνα
N-NM-S VIPN--ZS A-CDM-P N-DM-P VNPA CC CS DAMS APCAM-S

μισήσει καὶ τὸν ἕτερον ἀγαπήσει, ἢ ἑνὸς ἀνθέξεται καὶ τοῦ
VIFA--ZS CC DAMS AP-AM-S VIFA--ZS CC APCGM-S VIFM--ZS CC DGMS

ἑτέρου καταφρονήσει. οὐ δύνασθε θεῷ δουλεύειν καὶ μαμωνᾷ.
AP-GM-S VIFA--ZS AB VIPN--YP N-DM-S VNPA CC N-DM-S

16.14 Ἤκουον δὲ ταῦτα πάντα οἱ Φαρισαῖοι φιλάργυροι
VIIA--ZP CC APDAN-P A--AN-P DNMP N-NM-P A--NM-P

ὑπάρχοντες, καὶ ἐξεμυκτήριζον αὐτόν. 16.15 καὶ εἶπεν αὐτοῖς,
VPPANM-P CC VIIA--ZP NPAMZS CC VIAA--ZS NPDMZP

Ὑμεῖς ἐστε οἱ δικαιοῦντες ἑαυτοὺς ἐνώπιον τῶν
NPN-YP VIPA--YP DNMP□NPNMYP&APRNMYP VPPANMYP NPAMYP PG DGMP

ἀνθρώπων, ὁ δὲ θεὸς γινώσκει τὰς καρδίας ὑμῶν· ὅτι τὸ ἐν
N-GM-P DNMS CH N-NM-S VIPA--ZS DAFP N-AF-P NPG-YP CS DNNS PD

ἀνθρώποις ὑψηλὸν βδέλυγμα ἐνώπιον τοῦ θεοῦ. 16.16 Ὁ νόμος
N-DM-P AP-NN-S N-NN-S PG DGMS N-GM-S DNMS N-NM-S

καὶ οἱ προφῆται μέχρι Ἰωάννου· ἀπὸ τότε ἡ βασιλεία τοῦ
CC DNMP N-NM-P PG N-GM-S PG AB□AP-GN-S DNFS N-NF-S DGMS

θεοῦ εὐαγγελίζεται καὶ πᾶς εἰς αὐτὴν βιάζεται.
N-GM-S VIPP--ZS CC AP-NM-S PA NPAFZS VIPN--ZS

16.17 Εὐκοπώτερον δέ ἐστιν τὸν οὐρανὸν καὶ τὴν γῆν παρελθεῖν
A-MNN-S CH VIPA--ZS DAMS N-AM-S CC DAFS N-AF-S VNAA

ἢ τοῦ νόμου μίαν κεραίαν πεσεῖν. 16.18 Πᾶς ὁ
CS DGMS N-GM-S A-CAF-S N-AF-S VNAA AP-NM-S DNMS□APRNM-S

ἀπολύων τὴν γυναῖκα αὐτοῦ καὶ γαμῶν ἑτέραν μοιχεύει, καὶ
VPPANM-S DAFS N-AF-S NPGMZS CC VPPANM-S AP-AF-S VIPA-.ZS CC

ὁ ἀπολελυμένην ἀπὸ ἀνδρὸς γαμῶν μοιχεύει.
DNMS□NPNMZS&APRNM-S VPRPAF-S PG N-GM-S VPPANM-S VIPA--ZS

16.19 Ἄνθρωπος δέ τις ἦν πλούσιος, καὶ ἐνεδιδύσκετο
N-NM-S CC A-INM-S VIIA--ZS A--NM-S CC VIIM--ZS

πορφύραν καὶ βύσσον εὐφραινόμενος καθ᾽ ἡμέραν λαμπρῶς.
N-AF-S CC N-AF-S VPPPNM-S PA N-AF-S AB

16.20 πτωχὸς δέ τις ὀνόματι Λάζαρος ἐβέβλητο πρὸς τὸν
AP-NM-S CC A-INM-S N-DN-S N-NM-S VILP--ZS PA DAMS

πυλῶνα αὐτοῦ εἱλκωμένος 16.21 καὶ ἐπιθυμῶν χορτασθῆναι ἀπὸ
N-AM-S NPGMZS VPRPNM-S. CC VPPANM-S VNAP PG

τῶν πιπτόντων ἀπὸ τῆς τραπέζης τοῦ πλουσίου·
DGNP□NPGNZP&APRNN-P VPPAGN-P PG DGFS N-GF-S DGMS AP-GM-S

ἀλλὰ καὶ οἱ κύνες ἐρχόμενοι ἐπέλειχον τὰ ἕλκη αὐτοῦ.
CC AB DNMP N-NM-P VPPNNM-P VIIA--ZP DANP N-AN-P NPGMZS

16.22 ἐγένετο δὲ ἀποθανεῖν τὸν πτωχὸν καὶ ἀπενεχθῆναι αὐτὸν
VIAD--ZS CC VNAA DAMS AP-AM-S CC VNAP NPAMZS

ὑπὸ τῶν ἀγγέλων εἰς τὸν κόλπον Ἀβραάμ· ἀπέθανεν δὲ καὶ ὁ
PG DGMP N-GM-P PA DAMS N-AM-S N-GM-S VIAA--ZS CC AB DNMS

πλούσιος καὶ ἐτάφη. 16.23 καὶ ἐν τῷ ᾅδῃ ἐπάρας τοὺς
AP-NM-S CC VIAP--ZS CC PD DDMS N-DM-S VPAANM-S DAMP

ὀφθαλμοὺς αὐτοῦ, ὑπάρχων ἐν βασάνοις, ὁρᾷ Ἀβραὰμ ἀπὸ
N-AM-P NPGMZS VPPANM-S PD N-DF-P VIPA--ZS N-AM-S PG

μακρόθεν καὶ Λάζαρον ἐν τοῖς κόλποις αὐτοῦ. 16.24 καὶ αὐτὸς
AB□AP-GN-S CC N-AM-S PD DDMP N-DM-P NPGMZS CC NPNMZS

φωνήσας εἶπεν, Πάτερ Ἀβραάμ, ἐλέησόν με καὶ πέμψον
VPAANM-S VIAA--ZS N-VM-S N-VM-S VMAA--YS NPA-XS CC VMAA--YS

Λάζαρον ἵνα βάψῃ τὸ ἄκρον τοῦ δακτύλου αὐτοῦ ὕδατος καὶ
N-AM-S CS VSAA--ZS DANS N-AN-S DGMS N-GM-S NPGMZS N-GN-S CC

καταψύξῃ τὴν γλῶσσάν μου, ὅτι ὀδυνῶμαι ἐν τῇ φλογὶ ταύτῃ.
VSAA--ZS DAFS N-AF-S NPG-XS CS VIPN--XS PD DDFS N-DF-S A-DDF-S

16.25 εἶπεν δὲ Ἀβραάμ, Τέκνον, μνήσθητι ὅτι ἀπέλαβες τὰ
VIAA--ZS CH N-NM-S N-VN-S VMAO--YS CC VIAA--YS DANP

ἀγαθά σου ἐν τῇ ζωῇ σου, καὶ Λάζαρος ὁμοίως τὰ κακά· νῦν
AP-AN-P NPG-YS PD DDFS N-DF-S NPG-YS CC N-NM-S AB DANP AP-AN-P AB

δὲ ὧδε παρακαλεῖται σὺ δὲ ὀδυνᾶσαι. 16.26 καὶ ἐν πᾶσι τούτοις
CH AB VIPP--ZS NPN-YS CC VIPN--YS CC PD A--DN-P APDDN-P

μεταξὺ ἡμῶν καὶ ὑμῶν χάσμα μέγα ἐστήρικται, ὅπως
PG NPG-XP CC NPG-YP N-NN-S A--NN-S VIRP--ZS CH

οἱ θέλοντες διαβῆναι ἔνθεν πρὸς ὑμᾶς μὴ
DNMP□NPNMZP&APRNM-P VPPANM-P VNAA AB PA NPA-YP AB

δύνωνται, μηδὲ ἐκεῖθεν πρὸς ἡμᾶς διαπερῶσιν. 16.27 εἶπεν δέ,
VSPN--ZP CC AB PA NPA-XP VSPA--ZP VIAA--ZS CH

Ἐρωτῶ σε οὖν, πάτερ, ἵνα πέμψῃς αὐτὸν εἰς τὸν οἶκον τοῦ
VIPA--XS NPA-YS CH N-VM-S CC VSAA--YS NPAMZS PA DAMS N-AM-S DGMS

πατρός μου, 16.28 ἔχω γὰρ πέντε ἀδελφούς, ὅπως
N-GM-S NPG-XS VIPA--XS CS A-CAM-P N-AM-P CC

διαμαρτύρηται αὐτοῖς, ἵνα μὴ καὶ αὐτοὶ ἔλθωσιν εἰς τὸν τόπον
VSPN--ZS NPDMZP CS AB AB NPNMZP VSAA--ZP PA DAMS N-AM-S

τοῦτον τῆς βασάνου. 16.29 λέγει δὲ Ἀβραάμ, Ἔχουσι Μωϋσέα
A-DAM-S DGFS N-GF-S VIPA--ZS CH N-NM-S VIPA--ZP N-AM-S

καὶ τοὺς προφήτας· ἀκουσάτωσαν αὐτῶν. 16.30 ὁ δὲ
CC DAMP N-AM-P VMAA--ZP NPGMZP DNMS☐NPNMZS CH

εἶπεν, Οὐχί, πάτερ Ἀβραάμ, ἀλλ᾽ ἐάν τις ἀπὸ νεκρῶν πορευθῇ
VIAA--ZS QS N-VM-S N-VM-S CH CS APINM-S PG AP-GM-P VSAO--ZS

πρὸς αὐτοὺς μετανοήσουσιν. 16.31 εἶπεν δὲ αὐτῷ, Εἰ Μωϋσέως καὶ
PA NPAMZP VIFA--ZP VIAA--ZS CH NPDMZS CS N-GM-S CC

τῶν προφητῶν οὐκ ἀκούουσιν, οὐδ᾽ ἐάν τις ἐκ νεκρῶν ἀναστῇ
DGMP N-GM-P AB VIPA--ZP AB CS APINM-S PG AP-GM-P VSAA--ZS

πεισθήσονται.
VIFP--ZP

17.1 Εἶπεν δὲ πρὸς τοὺς μαθητὰς αὐτοῦ, Ἀνένδεκτόν ἐστιν τοῦ
VIAA--ZS CC PA DAMP N-AM-P NPGMZS A--NN-S VIPA--ZS DGNS

τὰ σκάνδαλα μὴ ἐλθεῖν, πλὴν οὐαὶ δι᾽ οὗ
DANP N-AN-P AB VNAAG CH QS PG APRGM-S☐APRGM-S&APDDM-S

ἔρχεται· 17.2 λυσιτελεῖ αὐτῷ εἰ λίθος μυλικὸς περίκειται περὶ τὸν
VIPN--ZS VIPA--ZS NPDMZS CC N-NM-S A--NM-S VIPN--ZS PA DAMS

τράχηλον αὐτοῦ καὶ ἔρριπται εἰς τὴν θάλασσαν ἢ ἵνα
N-AM-S NPGMZS CC VIRP--ZS PA DAFS N-AF-S CS CC

σκανδαλίσῃ τῶν μικρῶν τούτων ἕνα. 17.3 προσέχετε ἑαυτοῖς.
VSAA--ZS DGMP AP-GM-P A-DGM-P APCAM-S VMPA--YP NPDMYP

ἐὰν ἁμάρτῃ ὁ ἀδελφός σου ἐπιτίμησον αὐτῷ, καὶ ἐὰν
CS VSAA--ZS DNMS N-NM-S NPG-YS VMAA--YS NPDMZS CC CS

μετανοήσῃ ἄφες αὐτῷ· 17.4 καὶ ἐὰν ἑπτάκις τῆς ἡμέρας
VSAA--ZS VMAA--YS NPDMZS CC CS AB DGFS N-GF-S

ἁμαρτήσῃ εἰς σὲ καὶ ἑπτάκις ἐπιστρέψῃ πρὸς σὲ λέγων,
VSAA--ZS PA NPA-YS CC AB VSAA--ZS PA NPA-YS VPPANM-S

Μετανοῶ, ἀφήσεις αὐτῷ.
VIPA--XS VIFA--YS☐VMAA--YS NPDMZS

17.5 Καὶ εἶπαν οἱ ἀπόστολοι τῷ κυρίῳ, Πρόσθες ἡμῖν
CC VIAA--ZP DNMP N-NM-P DDMS N-DM-S VMAA--YS NPD-XP

πίστιν. 17.6 εἶπεν δὲ ὁ κύριος, Εἰ ἔχετε πίστιν ὡς κόκκον
N-AF-S VIAA--ZS CH DNMS N-NM-S CS VIPA--YP N-AF-S CS N-AM-S

σινάπεως, ἐλέγετε ἂν τῇ συκαμίνῳ [ταύτῃ], Ἐκριζώθητι καὶ
N-GN-S VIIA--YP QV DDFS N-DF-S A-DDF-S VMAP--YS CC

φυτεύθητι ἐν τῇ θαλάσσῃ· καὶ ὑπήκουσεν ἂν ὑμῖν.
VMAP--YS PD DDFS N-DF-S CC VIAA--ZS QV NPD-YP

17.7 Τίς δὲ ἐξ ὑμῶν δοῦλον ἔχων ἀροτριῶντα ἢ
APTNM-S CC PG NPG-YP N-AM-S VPPANM-S VPPAAM-S CC

ποιμαίνοντα, ὃς εἰσελθόντι ἐκ τοῦ ἀγροῦ ἐρεῖ αὐτῷ, Εὐθέως
VPPAAM-S APRNM-S VPAADM-S PG DGMS N-GM-S VIFA--ZS NPDMZS AB

παρελθὼν ἀνάπεσε, 17.8 ἀλλ᾽ οὐχὶ ἐρεῖ αὐτῷ, Ἑτοίμασον τί
VRAANMYS VMAA--YS   CC   QT   VIFA--ZS NPDMZS VMAA--YS   APTAN-S

δειπνήσω, καὶ περιζωσάμενος διακόνει μοι ἕως φάγω καὶ πίω,
VSAA--XS   CC   VRAMNMYS   VMPA--YS NPD-XS CS VSAA--XS CC VSAA--XS

καὶ μετὰ ταῦτα φάγεσαι   καὶ πίεσαι   σύ; 17.9 μὴ ἔχει
CC PA   APDAN-P VIFD--YS□VMAA--YS CC VIFD--YS□VMAA--YS NPN-YS   QT VIPA--ZS

χάριν τῷ δούλῳ ὅτι ἐποίησεν τὰ   διαταχθέντα;
N-AF-S DDMS N-DM-S ABR/CS VIAA--ZS   DANP□NPANZP&APRNN-P VPAPAN-P

17.10 οὕτως καὶ ὑμεῖς, ὅταν ποιήσητε πάντα τὰ
       AB   AB NPN-YP   CS   VSAA--YP AP-AN-P DANP□APRNN-P

διαταχθέντα ὑμῖν, λέγετε ὅτι Δοῦλοι ἀχρεῖοί ἐσμεν,
VPAPAN-P   NPD-YP VMPA--YP CC N-NM-P A--NM-P VIPA--XP

ὃ   ὠφείλομεν ποιῆσαι πεποιήκαμεν.
APRAN-S□APDAN-S&APRAN-S VIIA--XP VNAA   VIRA--XP

17.11 Καὶ ἐγένετο ἐν τῷ πορεύεσθαι εἰς Ἰερουσαλὴμ καὶ
       CC VIAD--ZS PD DDNS VNPND   PA N-AF-S   CH

αὐτὸς διήρχετο διὰ μέσον Σαμαρείας καὶ Γαλιλαίας. 17.12 καὶ
NPNMZS VIIN--ZS PA AP-AN-S N-GF-S   CC N-GF-S   CC

εἰσερχομένου αὐτοῦ εἴς τινα κώμην ἀπήντησαν [αὐτῷ] δέκα
VPPNGM-S   NPGMZS PA A-IAF-S N-AF-S VIAA--ZP   NPDMZS A-CNM-P

λεπροὶ ἄνδρες, οἳ   ἔστησαν πόρρωθεν, 17.13 καὶ αὐτοὶ ἦραν
A--NM-P N-NM-P APRNM-P VIAA--ZP AB   CC NPNMZP VIAA--ZP

φωνὴν λέγοντες, Ἰησοῦ ἐπιστάτα, ἐλέησον ἡμᾶς. 17.14 καὶ
N-AF-S VPPANM-P N-VM-S N-VM-S   VMAA--YS NPA-XP   CC

ἰδὼν   εἶπεν αὐτοῖς, Πορευθέντες ἐπιδείξατε ἑαυτοὺς τοῖς
VPAANM-S VIAA--ZS NPDMZP VRAONMYP   VMAA--YP   NPAMYP DDMP

ἱερεῦσιν. καὶ ἐγένετο ἐν τῷ ὑπάγειν αὐτοὺς ἐκαθαρίσθησαν.
N-DM-P   CC VIAD--ZS PD DDNS VNPAD   NPAMZP VIAP--ZP

17.15 εἷς   δὲ ἐξ αὐτῶν, ἰδὼν   ὅτι ἰάθη, ὑπέστρεψεν μετὰ φωνῆς
       APCNM-S CH PG NPGMZP VPAANM-S CH VIAP--ZS VIAA--ZS   PG   N-GF-S

μεγάλης δοξάζων τὸν θεόν, 17.16 καὶ ἔπεσεν ἐπὶ πρόσωπον παρὰ
A--GF-S VPPANM-S DAMS N-AM-S   CC VIAA--ZS PA N-AN-S   PA

τοὺς πόδας αὐτοῦ εὐχαριστῶν αὐτῷ· καὶ αὐτὸς ἦν   Σαμαρίτης.
DAMP N-AM-P NPGMZS VPPANM-S   NPDMZS CC NPNMZS VIIA--ZS N-NM-S

17.17 ἀποκριθεὶς δὲ ὁ   Ἰησοῦς εἶπεν, Οὐχὶ οἱ   δέκα
       VPAONM-S   CH DNMS N-NM-S VIAA--ZS QT   DNMP APCNM-P

ἐκαθαρίσθησαν; οἱ   δὲ ἐννέα ποῦ; 17.18 οὐχ εὑρέθησαν
VIAP--ZP   DNMP CH APCNM-P ABT   AB VIAP--ZP

ὑποστρέψαντες δοῦναι δόξαν τῷ θεῷ εἰ μὴ ὁ   ἀλλογενὴς
VPAANM-P   VNAA   N-AF-S DDMS N-DM-S CS AB DNMS AP-NM-S

οὗτος; 17.19 καὶ εἶπεν αὐτῷ, Ἀναστὰς πορεύου· ἡ   πίστις σου
A-DNM-S   CC VIAA--ZS NPDMZS VRAANMYS VMPN--YS DNFS N-NF-S NPG-YS

σέσωκέν σε.
VIRA--ZS NPA-YS

17.20 Ἐπερωτηθεὶς δὲ ὑπὸ τῶν Φαρισαίων πότε ἔρχεται ἡ
VPAPNM-S   CC   PG   DGMP N-GM-P   ABT   VIPN--ZS   DNFS

βασιλεία τοῦ θεοῦ ἀπεκρίθη αὐτοῖς καὶ εἶπεν, Οὐκ ἔρχεται ἡ
N-NF-S   DGMS N-GM-S   VIAO--ZS   NPDMZP   CC   VIAA--ZS   AB   VIPN--ZS   DNFS

βασιλεία τοῦ θεοῦ μετὰ παρατηρήσεως, 17.21 οὐδὲ ἐροῦσιν,
N-NF-S   DGMS N-GM-S PG   N-GF-S   CC   VIFA--ZP□VMAA--ZP

Ἰδοὺ ὧδε· ἤ, Ἐκεῖ· ἰδοὺ γὰρ ἡ βασιλεία τοῦ θεοῦ ἐντὸς ὑμῶν
QS   AB   CC   AB   QS   CS   DNFS N-NF-S   DGMS N-GM-S PG   NPG-YP

ἐστιν. 17.22 Εἶπεν δὲ πρὸς τοὺς μαθητάς, Ἐλεύσονται ἡμέραι ὅτε
VIPA--ZS   VIAA--ZS CC RA   DAMP   N-AM-P   VIFD--ZP   N-NF-P   ABR

ἐπιθυμήσετε μίαν τῶν ἡμερῶν τοῦ υἱοῦ τοῦ ἀνθρώπου ἰδεῖν καὶ
VIFA--YP   APCAF-S DGFP N-GF-P   DGMS N-GM-S DGMS N-GM-S   VNAA   CC

οὐκ ὄψεσθε. 17.23 καὶ ἐροῦσιν ὑμῖν, Ἰδοὺ ἐκεῖ· [ἤ,] Ἰδοὺ ὧδε· μὴ
AB   VIFD--YP   CC   VIFA--ZP   NPD-YP   QS   AB   CC   QS   AB   AB

ἀπέλθητε μηδὲ διώξητε. 17.24 ὥσπερ γὰρ ἡ ἀστραπὴ
VSAA--YP□VMAA--YP CC   VSAA--YP□VMAA--YP   CS   CS   DNFS N-NF-S

ἀστράπτουσα ἐκ τῆς ὑπὸ τὸν οὐρανὸν εἰς τὴν ὑπ᾽ οὐρανὸν
VPPANF-S   PG   DGFS PA   DAMS   N-AM-S   PA   DAFS   PA   N-AM-S

λάμπει, οὕτως ἔσται ὁ υἱὸς τοῦ ἀνθρώπου [ἐν τῇ ἡμέρᾳ
VIPA--ZS   AB   VIFD--ZS DNMS N-NM-S DGMS N-GM-S   PD   DDFS N-DF-S

αὐτοῦ]. 17.25 πρῶτον δὲ δεῖ αὐτὸν πολλὰ παθεῖν καὶ
NPGMZS   APOAN-S□AB   CH   VIPA--ZS   NPAMZS   AP-AN-P   VNAA   CC

ἀποδοκιμασθῆναι ἀπὸ τῆς γενεᾶς ταύτης. 17.26 καὶ καθὼς
VNAP   PG   DGFS   N-GF-S   A-DGF-S   CC   CS

ἐγένετο ἐν ταῖς ἡμέραις Νῶε, οὕτως ἔσται καὶ ἐν ταῖς ἡμέραις τοῦ
VIAD--ZS   PD   DDFP N-DF-P   N-GM-S AB   VIFD--ZS AB   PD   DDFP N-DF-P   DGMS

υἱοῦ τοῦ ἀνθρώπου· 17.27 ἤσθιον, ἔπινον, ἐγάμουν, ἐγαμίζοντο,
N-GM-S DGMS N-GM-S   VIIA--ZP   VIIA--ZP   VIIA--ZP   VIIP--ZP

ἄχρι ἧς ἡμέρας εἰσῆλθεν Νῶε εἰς τὴν κιβωτόν, καὶ
PG   APRGF-S+□APRDF-S N-GF-S   VIAA--ZS   N-NM-S PA   DAFS N-AF-S   CC

ἦλθεν ὁ κατακλυσμὸς καὶ ἀπώλεσεν πάντας. 17.28 ὁμοίως
VIAA--ZS DNMS N-NM-S   CC   VIAA--ZS   AP-AM-P   AB

καθὼς ἐγένετο ἐν ταῖς ἡμέραις Λώτ· ἤσθιον, ἔπινον, ἠγόραζον,
CS   VIAD--ZS   PD   DDFP N-DF-P   N-GM-S VIIA--ZP   VIIA--ZP   VIIA--ZP

ἐπώλουν, ἐφύτευον, ᾠκοδόμουν· 17.29 ᾗ δὲ ἡμέρᾳ ἐξῆλθεν
VIIA--ZP   VIIA--ZP   VIIA--ZP   APRDF-S+ CC N-DF-S   VIAA--ZS

Λὼτ ἀπὸ Σοδόμων, ἔβρεξεν πῦρ καὶ θεῖον ἀπ᾽ οὐρανοῦ καὶ
N-NM-S PG   N-GN-P   VIAA--ZS   N-AN-S CC   N-AN-S PG   N-GM-S   CC

ἀπώλεσεν πάντας. 17.30 κατὰ τὰ αὐτὰ ἔσται ᾗ ἡμέρᾳ ὁ
VIAA--ZS   AP-AM-P   PA   DANP AP-AN-P VIFD--ZS APRDF-S+ N-DF-S   DNMS

υἱὸς τοῦ ἀνθρώπου ἀποκαλύπτεται. 17.31 ἐν ἐκείνῃ τῇ ἡμέρᾳ
N-NM-S DGMS N-GM-S   VIPP--ZS   PD   A-DDF-S   DDFS N-DF-S

ὃς ἔσται ἐπὶ τοῦ δώματος καὶ τὰ σκεύη αὐτοῦ
APRNM-S□APDNM-S&APRNM-S VIFD--ZS PG   DGNS N-GN-S   CC   DNNP N-NN-P   NPGMZS

ἐν τῇ οἰκίᾳ, μὴ καταβάτω ἆραι αὐτά, καὶ ὁ ἐν ἀγρῷ ὁμοίως μὴ
PD DDFS N-DF-S AB VMAA--ZS VNAA NPANZP CC DNMS PD N-DM-S AB AB

ἐπιστρεψάτω εἰς τὰ ὀπίσω. 17.32 μνημονεύετε τῆς γυναικὸς
VMAA--ZS PA DANP AB□AP-AN-P VMPA--YP DGFS N-GF-S

Λώτ. 17.33 ὃς ἐὰν ζητήσῃ τὴν ψυχὴν αὐτοῦ
N-GM-S APRNM-S□APDNM-S&APRNM-S QV VSAA--ZS DAFS N-AF-S NPGMZS

περιποιήσασθαι ἀπολέσει αὐτήν, ὃς δ᾽ ἂν
VNAM VIFA--ZS NPAFZS APRNM-S□APDNM-S&APRNM-S CC QV

ἀπολέσῃ ζωογονήσει αὐτήν. 17.34 λέγω ὑμῖν, ταύτῃ τῇ νυκτὶ
VSAA--ZS VIFA--ZS NPAFZS VIPA--XS NPD-YP A-DDF-S DDFS N-DF-S

ἔσονται δύο ἐπὶ κλίνης μιᾶς, ὁ εἷς παραλημφθήσεται καὶ
VIFD--ZP APCNM-P PG N-GF-S A-CGF-S DNMS APCNM-S VIFP--ZS CC

ὁ ἕτερος ἀφεθήσεται· 17.35 ἔσονται δύο ἀλήθουσαι ἐπὶ τὸ
DNMS AP-NM-S VIFP--ZS VIFD--ZP+ APCNF-P +VPPANF-P PA DANS

αὐτό, ἡ μία παραλημφθήσεται ἡ δὲ ἑτέρα ἀφεθήσεται.
AP-AN-S DNFS APCNF-S VIFP--ZS DNFS CC AP-NF-S VIFP--ZS

17.37 καὶ ἀποκριθέντες λέγουσιν αὐτῷ, Ποῦ, κύριε; ὁ δὲ
CC VPAONM-P VIPA--ZP NPDMZS ABT N-VM-S DNMS□NPNMZS CH

εἶπεν αὐτοῖς, Ὅπου τὸ σῶμα, ἐκεῖ καὶ οἱ ἀετοὶ
VIAA--ZS NPDMZP CS DNNS N-NN-S AB AB DNMP N-NM-P

ἐπισυναχθήσονται.
VIFP--ZP

18.1 Ἔλεγεν δὲ παραβολὴν αὐτοῖς πρὸς τὸ δεῖν πάντοτε
VIIA--ZS CC N-AF-S NPDMZP PA DANS VNPAA AB

προσεύχεσθαι αὐτοὺς καὶ μὴ ἐγκακεῖν, 18.2 λέγων, Κριτής τις
VNPN NPAMZP CC AB VNPA VPPANM-S N-NM-S A-INM-S

ἦν ἔν τινι πόλει τὸν θεὸν μὴ φοβούμενος καὶ ἄνθρωπον μὴ
VIIA--ZS PD A-IDF-S N-DF-S DAMS N-AM-S AB VPPNNM-S CC N-AM-S AB

ἐντρεπόμενος. 18.3 χήρα δὲ ἦν ἐν τῇ πόλει ἐκείνῃ καὶ ἤρχετο
VPPPNM-S AP-NF-S CC VIIA--ZS PD DDFS N-DF-S A-DDF-S CC VIIN--ZS

πρὸς αὐτὸν λέγουσα, Ἐκδίκησόν με ἀπὸ τοῦ ἀντιδίκου μου.
PA NPAMZS VPPANF-S VMAA--YS NPA-XS PG DGMS N-GM-S NPG-XS

18.4 καὶ οὐκ ἤθελεν ἐπὶ χρόνον, μετὰ δὲ ταῦτα εἶπεν ἐν ἑαυτῷ, Εἰ
CC AB VIIA--ZS PA N-AM-S PA CH APDAN-P VIAA--ZS PD NPDMZS CS

καὶ τὸν θεὸν οὐ φοβοῦμαι οὐδὲ ἄνθρωπον ἐντρέπομαι, 18.5 διά γε
AB DAMS N-AM-S AB VIPN--XS CC N-AM-S VIPP--XS PA QS

τὸ παρέχειν μοι κόπον τὴν χήραν ταύτην ἐκδικήσω αὐτήν, ἵνα
DANS VNPAA NPD-XS N-AM-S DAFS AP-AF-S A-DAF-S VIFA--XS NPAFZS CS

μὴ εἰς τέλος ἐρχομένη ὑπωπιάζῃ με. 18.6 Εἶπεν δὲ ὁ κύριος,
AB PA N-AN-S VPPNNF-S VSPA--ZS NPA-XS VIAA--ZS CC DNMS N-NM-S

Ἀκούσατε τί ὁ κριτὴς τῆς ἀδικίας λέγει· 18.7 ὁ δὲ θεὸς
VMAA--YP APTAN-S DNMS N-NM-S DGFS N-GF-S VIPA--ZS DNMS CH N-NM-S

οὐ μὴ ποιήσῃ τὴν ἐκδίκησιν τῶν ἐκλεκτῶν αὐτοῦ τῶν
QT QT VSAA--ZS DAFS N-AF-S DGMP AP-GM-P NPGMZS DGMP□APRNM-P

βοώντων αὐτῷ ἡμέρας καὶ νυκτός, καὶ μακροθυμεῖ ἐπ᾽ αὐτοῖς;
VPPAGM-P NPDMZS N-GF-S CC N-GF-S CC VIPA--ZS PD NPDMZP

18.8 λέγω ὑμῖν ὅτι ποιήσει τὴν ἐκδίκησιν αὐτῶν ἐν τάχει. πλὴν
VIPA--XS NPD-YP CH VIFA--ZS DAFS N-AF-S NPGMZP PD N-DN-S CC

ὁ υἱὸς τοῦ ἀνθρώπου ἐλθὼν ἆρα εὑρήσει τὴν πίστιν ἐπὶ τῆς
DNMS N-NM-S DGMS N-GM-S VPAANM-S QT VIFA--ZS DAFS N-AF-S PG DGFS

γῆς;
N-GF-S

18.9 Εἶπεν δὲ καὶ πρός τινας τοὺς πεποιθότας ἐφ᾽
VIAA--ZS CC AB PA APIAM-P DAMP□APRNM-P VPRAAM-P PD

ἑαυτοῖς ὅτι εἰσὶν δίκαιοι καὶ ἐξουθενοῦντας τοὺς λοιποὺς τὴν
NPDMZP CC VIPA--ZP A--NM-P CC VPPAAM-P DAMP AP-AM-P DAFS

παραβολὴν ταύτην· 18.10 Ἄνθρωποι δύο ἀνέβησαν εἰς τὸ
N-AF-S A-DAF-S N-NM-P A-CNM-P VIAA--ZP PA DANS

ἱερὸν προσεύξασθαι, ὁ εἷς Φαρισαῖος καὶ ὁ ἕτερος
AP-AN-S VNAD DNMS APCNM-S N-NM-S CC DNMS AP-NM-S

τελώνης. 18.11 ὁ Φαρισαῖος σταθεὶς πρὸς ἑαυτὸν ταῦτα
N-NM-S DNMS N-NM-S VPAPNM-S PA NPAMZS APDAN-P

προσηύχετο, Ὁ θεός, εὐχαριστῶ σοι ὅτι οὐκ εἰμὶ
VIIN--ZS DVMS N-NM-S□N-VM-S VIPA--XS NPD-YS CC/CS AB VIPA--XS

ὥσπερ οἱ λοιποὶ τῶν ἀνθρώπων, ἅρπαγες, ἄδικοι, μοιχοί, ἢ καὶ
CS DNMP AP-NM-P DGMP N-GM-P A--NM-P A--NM-P N-NM-P CC AB

ὡς οὗτος ὁ τελώνης· 18.12 νηστεύω δὶς τοῦ σαββάτου,
CS A-DNM-S DNMS N-NM-S VIPA--XS AB DGNS N-GN-S

ἀποδεκατῶ πάντα ὅσα κτῶμαι. 18.13 ὁ δὲ τελώνης μακρόθεν
VIPA--XS AP-AN-P APRAN-P VIPN--XS DNMS CC N-NM-S AB

ἑστὼς οὐκ ἤθελεν οὐδὲ τοὺς ὀφθαλμοὺς ἐπᾶραι εἰς τὸν οὐρανόν,
VPRANM-S AB VIIA--ZS AB DAMP N-AM-P VNAA PA DAMS N-AM-S

ἀλλ᾽ ἔτυπτεν τὸ στῆθος αὐτοῦ λέγων, Ὁ θεός, ἱλάσθητί
CH VIIA--ZS DANS N-AN-S NPGMZS VPPANM-S DVMS N-NM-S□N-VM-S VMAP--YS

μοι τῷ ἁμαρτωλῷ. 18.14 λέγω ὑμῖν, κατέβη οὗτος
NPD-XS DDMS AP-DM-S VIPA--XS NPD-YP VIAA--ZS APDNM-S

δεδικαιωμένος εἰς τὸν οἶκον αὐτοῦ παρ᾽ ἐκεῖνον· ὅτι πᾶς
VPRPNM-S PA DAMS N-AM-S NPGMZS PA APDAM-S CS AP-NM-S

ὁ ὑψῶν ἑαυτὸν ταπεινωθήσεται, ὁ δὲ
DNMS□APRNM-S VPPANM-S NPAMZS VIFP--ZS DNMS□NPNMZS&APRNM-S CC/CH

ταπεινῶν ἑαυτὸν ὑψωθήσεται.
VPPANM-S NPAMZS VIFP--ZS

18.15 Προσέφερον δὲ αὐτῷ καὶ τὰ βρέφη ἵνα αὐτῶν ἅπτηται·
VIIA--ZP CC NPDMZS AB DANP N-AN-P CS NPGNZP VSPM--ZS

ἰδόντες δὲ οἱ μαθηταὶ ἐπετίμων αὐτοῖς. 18.16 ὁ δὲ Ἰησοῦς
VPAANM-P CH DNMP N-NM-P VIIA--ZP NPDMZP DNMS CH N-NM-S

προσεκαλέσατο αὐτὰ λέγων, Ἄφετε τὰ παιδία ἔρχεσθαι πρός
VIAD--ZS NPANZP VPPANM-S VMAA--YP DANP N-AN-P VNPN PA

με καὶ μὴ κωλύετε αὐτά, τῶν γὰρ τοιούτων ἐστὶν ἡ βασιλεία
NPA-XS CC AB VMPA--YP NPANZP DGNP CS APDGN-P VIPA--ZS DNFS N-NF-S

τοῦ θεοῦ. 18.17 ἀμὴν λέγω ὑμῖν, ὃς ἂν μὴ
DGMS N-GM-S QS VIPA--XS NPD-YP APRNM-S□APDNM-S&APRNM-S QV AB

δέξηται τὴν βασιλείαν τοῦ θεοῦ ὡς παιδίον, οὐ μὴ εἰσέλθῃ εἰς
VSAD--ZS DAFS N-AF-S DGMS N-GM-S CS N-NN-S AB AB VSAA--ZS PA

αὐτήν.
NPAFZS

18.18 Καὶ ἐπηρώτησέν τις αὐτὸν ἄρχων λέγων, Διδάσκαλε
CC VIAA--ZS A-INM-S NPAMZS N-NM-S VPPANM-S N-VM-S

ἀγαθέ, τί ποιήσας ζωὴν αἰώνιον κληρονομήσω; 18.19 εἶπεν δὲ
A--VM-S APTAN-S VPAANMXS N-AF-S A--AF-S VIFA--XS VIAA--ZS CH

αὐτῷ ὁ Ἰησοῦς, Τί με λέγεις ἀγαθόν; οὐδεὶς ἀγαθὸς εἰ
NPDMZS DNMS N-NM-S APTAN-S□ABT NPA-XS VIPA--YS A--AM-S APCNM-S A--NM-S CS

μὴ εἷς ὁ θεός. 18.20 τὰς ἐντολὰς οἶδας· Μὴ μοιχεύσῃς, Μὴ
AB APCNM-S DNMS N-NM-S DAFP N-AF-P VIRA--YS AB VSAA--YS□VMAA--YS AB

φονεύσῃς, Μὴ κλέψῃς, Μὴ ψευδομαρτυρήσῃς, Τίμα
VSAA--YS□VMAA--YS AB VSAA--YS□VMAA--YS AB VSAA--YS□VMAA--YS VMPA--YS

τὸν πατέρα σου καὶ τὴν μητέρα. 18.21 ὁ δὲ εἶπεν,
DAMS N-AM-S NPG-YS CC DAFS N-AF-S DNMS□NPNMZS CH VIAA--ZS

Ταῦτα πάντα ἐφύλαξα ἐκ νεότητος. 18.22 ἀκούσας δὲ ὁ Ἰησοῦς
APDAN-P A--AN-P VIAA--XS PG N-GF-S VPAANM-S CH DNMS N-NM-S

εἶπεν αὐτῷ, Ἔτι ἕν σοι λείπει· πάντα ὅσα ἔχεις πώλησον
VIAA--ZS NPDMZS AB APCNN-S NPD-YS VIPA--YS AP-AN-P APRAN-P VIPA--YS VMAA--YS

καὶ διάδος πτωχοῖς, καὶ ἕξεις θησαυρὸν ἐν [τοῖς] οὐρανοῖς, καὶ
CC VMAA--YS AP-DM-P CC VIFA--YS N-AM-S PD DDMP N-DM-P CC

δεῦρο ἀκολούθει μοι. 18.23 ὁ δὲ ἀκούσας ταῦτα
AB□VMAA--YS VMPA--YS NPD-XS DNMS□NPNMZS CH VPAANM-S APDAN-P

περίλυπος ἐγενήθη, ἦν γὰρ πλούσιος σφόδρα.
A--NM-S VIAO--ZS VIIA--ZS CS A--NM-S AB

18.24 Ἰδὼν δὲ αὐτὸν ὁ Ἰησοῦς [περίλυπον γενόμενον]
VPAANM-S CH NPAMZS DNMS N-NM-S A--AM-S VPADAM-S

εἶπεν, Πῶς δυσκόλως οἱ τὰ χρήματα ἔχοντες εἰς
VIAA--ZS AB AB DNMP□NPNMZP&APRNM-P DANP N-AN-P VPPANM-P PA

τὴν βασιλείαν τοῦ θεοῦ εἰσπορεύονται· 18.25 εὐκοπώτερον γὰρ
DAFS N-AF-S DGMS N-GM-S VIPN--ZP A-MNN-S CS

ἐστιν κάμηλον διὰ τρήματος βελόνης εἰσελθεῖν ἢ πλούσιον εἰς
VIPA--ZS N-AF-S PG N-GN-S N-GF-S VNAA CS AP-AM-S PA

τὴν βασιλείαν τοῦ θεοῦ εἰσελθεῖν. 18.26 εἶπαν δὲ
DAFS N-AF-S DGMS N-GM-S VNAA VIAA--ZP CH

οἱ ἀκούσαντες, Καὶ τίς δύναται σωθῆναι;
DNMP□NPNMZP&APRNM-P VPAANM-P CC APTNM-S VIPN--ZS VNAP

18.27 ὁ δὲ εἶπεν, Τὰ ἀδύνατα παρὰ ἀνθρώποις δυνατὰ
DNMS□NPNMZS CH VIAA--ZS DNNP AP-NN-P PD N-DM-P A--NN-P

παρὰ τῷ θεῷ ἐστιν. 18.28 Εἶπεν δὲ ὁ Πέτρος, Ἰδοὺ ἡμεῖς
PD DDMS N-DM-S VIPA--ZS VIAA--ZS CH DNMS N-NM-S QS NPN-XP

ἀφέντες τὰ ἴδια ἠκολουθήσαμέν σοι. 18.29 ὁ δὲ εἶπεν
VPAANMXP DANP AP-AN-P VIAA--XP NPD-YS DNMS□NPNMZS CH VIAA--ZS

αὐτοῖς, Ἀμὴν λέγω ὑμῖν ὅτι οὐδείς ἐστιν ὃς ἀφῆκεν οἰκίαν ἢ
NPDMZP QS VIPA--XS NPD-YP CC APCNM-S VIPA--ZS APRNM-S VIAA--ZS N-AF-S CC

γυναῖκα ἢ ἀδελφοὺς ἢ γονεῖς ἢ τέκνα ἕνεκεν τῆς βασιλείας τοῦ
N-AF-S CC N-AM-P CC N-AM-P CC N-AN-P PG DGFS N-GF-S DGMS

θεοῦ, 18.30 ὃς οὐχὶ μὴ [ἀπο]λάβῃ πολλαπλασίονα ἐν τῷ
N-GM-S APRNM-S AB AB VSAA--ZS AP-AN-P PD DDMS

καιρῷ τούτῳ καὶ ἐν τῷ αἰῶνι τῷ ἐρχομένῳ ζωὴν αἰώνιον.
N-DM-S A-DDM-S CC PD DDMS N-DM-S DDMS□APRNM-S VPPNDM-S N-AF-S A--AF-S

18.31 Παραλαβὼν δὲ τοὺς δώδεκα εἶπεν πρὸς αὐτούς, Ἰδοὺ
VPAANM-S CC DAMP APCAM-P VIAA--ZS PA NPAMZP QS

ἀναβαίνομεν εἰς Ἰερουσαλήμ, καὶ τελεσθήσεται πάντα
VIPA--XP PA N-AF-S CC VIFP--ZS AP-NN-P

τὰ γεγραμμένα διὰ τῶν προφητῶν τῷ υἱῷ τοῦ
DNNP□APRNN-P VPRPNN-P PG DGMP N-GM-P DDMS N-DM-S DGMS

ἀνθρώπου· 18.32 παραδοθήσεται γὰρ τοῖς ἔθνεσιν καὶ
N-GM-S VIFP--ZS CS DDNP N-DN-P CC

ἐμπαιχθήσεται καὶ ὑβρισθήσεται καὶ ἐμπτυσθήσεται, 18.33 καὶ
VIFP--ZS CC VIFP--ZS CC VIFP--ZS CC

μαστιγώσαντες ἀποκτενοῦσιν αὐτόν, καὶ τῇ ἡμέρᾳ τῇ τρίτῃ
VPAANM-P VIFA--ZP NPAMZS CC DDFS N-DF-S DDFS A-ODF-S

ἀναστήσεται. 18.34 καὶ αὐτοὶ οὐδὲν τούτων συνῆκαν, καὶ ἦν
VIFM--ZS CC NPNMZP APCAN-S APDGN-P VIAA--ZP CC VIIA--ZS+

τὸ ῥῆμα τοῦτο κεκρυμμένον ἀπ' αὐτῶν, καὶ οὐκ ἐγίνωσκον
DNNS N-NN-S A-DNN-S +VPRPNN-S PG NPGMZP CC AB VIIA--ZP

τὰ λεγόμενα.
DANP□NPANZP&APRNN-P VPPPAN-P

18.35 Ἐγένετο δὲ ἐν τῷ ἐγγίζειν αὐτὸν εἰς Ἰεριχὼ τυφλός
VIAD--ZS CC PD DDNS VNPAD NPAMZS PA N-AF-S AP-NM-S

τις ἐκάθητο παρὰ τὴν ὁδὸν ἐπαιτῶν. 18.36 ἀκούσας δὲ ὄχλου
A-INM-S VIIN--ZS PA DAFS N-AF-S VPPANM-S VPAANM-S CH N-GM-S

διαπορευομένου ἐπυνθάνετο τί εἴη τοῦτο· 18.37 ἀπήγγειλαν
VPPNGM-S VIIN--ZS APTNN-S VOPA--ZS APDNN-S VIAA--ZP

δὲ αὐτῷ ὅτι Ἰησοῦς ὁ Ναζωραῖος παρέρχεται. 18.38 καὶ
CH NPDMZS CC N-NM-S DNMS N-NM-S VIPN--ZS CC

ἐβόησεν λέγων, Ἰησοῦ, υἱὲ Δαυίδ, ἐλέησόν με. 18.39 καὶ
VIAA--ZS VPPANM-S N-VM-S N-VM-S N-GM-S VMAA--YS NPA-XS CC

οἱ προάγοντες ἐπετίμων αὐτῷ ἵνα σιγήσῃ· αὐτὸς
DNMP□NPNMZS&APRNM-P VPPANM-P VIIA--ZP NPDMZS CC VSAA--ZS NPNMZS

δὲ πολλῷ μᾶλλον ἔκραζεν, Υἱὲ Δαυίδ, ἐλέησόν με.
CH AP-DN-S ABM VIIA--ZS N-VM-S N-GM-S VMAA--YS NPA-XS

18.40 σταθεὶς δὲ ὁ Ἰησοῦς ἐκέλευσεν αὐτὸν ἀχθῆναι πρὸς
VPAPNM-S CH DNMS N-NM-S VIAA--ZS NPAMZS VNAP PA

αὐτόν. ἐγγίσαντος δὲ αὐτοῦ ἐπηρώτησεν αὐτόν, 18.41 Τί σοι
NPAMZS VPAAGM-S CC NPGMZS VIAA--ZS NPAMZS APTAN-S NPD-YS

θέλεις ποιήσω; ὁ δὲ εἶπεν, Κύριε, ἵνα ἀναβλέψω.
VIPA--YS VSAA--XS DNMS□NPNMZS CH VIAA--ZS N-VM-S CH VSAA--XS

18.42 καὶ ὁ Ἰησοῦς εἶπεν αὐτῷ, Ἀνάβλεψον· ἡ πίστις σου
CC DNMS N-NM-S VIAA--ZS NPDMZS VMAA--YS DNFS N-NF-S NPG-YS

σέσωκέν σε. 18.43 καὶ παραχρῆμα ἀνέβλεψεν, καὶ ἠκολούθει
VIRA--ZS NPA-YS CC AB VIAA--ZS CC VIIA--ZS

αὐτῷ δοξάζων τὸν θεόν. καὶ πᾶς ὁ λαὸς ἰδὼν ἔδωκεν αἶνον
NPDMZS VPPANM-S DAMS N-AM-S CC A--NM-S DNMS N-NM-S VPAANM-S VIAA--ZS N-AM-S

τῷ θεῷ.
DDMS N-DM-S

19.1 Καὶ εἰσελθὼν διήρχετο τὴν Ἰεριχώ. 19.2 καὶ ἰδοὺ ἀνὴρ
CC VPAANM-S VIIN--ZS DAFS N-AF-S CC QS N-NM-S

ὀνόματι καλούμενος Ζακχαῖος, καὶ αὐτὸς ἦν ἀρχιτελώνης καὶ
N-DN-S VPPPNM-S N-NM-S CC NPNMZS VIIA--ZS N-NM-S CC

αὐτὸς πλούσιος. 19.3 καὶ ἐζήτει ἰδεῖν τὸν Ἰησοῦν τίς ἐστιν, καὶ
NPNMZS A--NM-S CC VIIA--ZS VNAA DAMS N-AM-S APTNM-S VIPA--ZS CC

οὐκ ἠδύνατο ἀπὸ τοῦ ὄχλου ὅτι τῇ ἡλικίᾳ μικρὸς ἦν. 19.4 καὶ
AB VIIN--ZS PG DGMS N-GM-S CS DDFS N-DF-S A--NM-S VIIA--ZS CC

προδραμὼν εἰς τὸ ἔμπροσθεν ἀνέβη ἐπὶ συκομορέαν ἵνα ἴδῃ
VPAANM-S PA DANS AB□AP-AN-S VIAA--ZS PA N-AF-S CS VSAA--ZS

αὐτόν, ὅτι ἐκείνης ἤμελλεν διέρχεσθαι. 19.5 καὶ ὡς ἦλθεν ἐπὶ τὸν
NPAMZS CS APDGF-S VIIA--ZS+ +VNPN CC CS VIAA--ZS PA DAMS

τόπον, ἀναβλέψας ὁ Ἰησοῦς εἶπεν πρὸς αὐτόν, Ζακχαῖε,
N-AM-S VPAANM-S DNMS N-NM-S VIAA--ZS PA NPAMZS N-VM-S

σπεύσας κατάβηθι, σήμερον γὰρ ἐν τῷ οἴκῳ σου δεῖ με
VRAANMYS VMAA--YS AB CS PD DDMS N-DM-S NPG-YS VIPA--ZS NPA-XS

μεῖναι. 19.6 καὶ σπεύσας κατέβη, καὶ ὑπεδέξατο αὐτὸν χαίρων.
VNAA CC VPAANM-S VIAA--ZS CC VIAD--ZS NPAMZS VPPANM-S

19.7 καὶ ἰδόντες πάντες διεγόγγυζον λέγοντες ὅτι Παρὰ ἁμαρτωλῷ
CC VPAANM-P AP-NM-P VIIA--ZP VPPANM-P CH PD A--DM-S

ἀνδρὶ εἰσῆλθεν καταλῦσαι. 19.8 σταθεὶς δὲ Ζακχαῖος εἶπεν πρὸς
N-DM-S VIAA--ZS VNAA VPAPNM-S CC/CH N-NM-S VIAA--ZS PA

τὸν κύριον, Ἰδοὺ τὰ ἡμίσιά μου τῶν ὑπαρχόντων,
DAMS N-AM-S QS DANP AP-AN-P NPG-XS DGNP□NPGNZP&APRNN-P VPPAGN-P

κύριε, τοῖς πτωχοῖς δίδωμι, καὶ εἴ τινός τι ἐσυκοφάντησα
N-VM-S DDMP AP-DM-P VIPA--XS CC CS APIGM-S APIAN-S VIAA--XS

ἀποδίδωμι τετραπλοῦν. 19.9 εἶπεν δὲ πρὸς αὐτὸν ὁ Ἰησοῦς ὅτι
VIPA--XS AP-AN-S VIAA--ZS CH PA NPAMZS DNMS N-NM-S CC

Σήμερον σωτηρία τῷ οἴκῳ τούτῳ ἐγένετο, καθότι καὶ αὐτὸς υἱὸς
AB N-NF-S DDMS N-DM-S A-DDM-S VIAD--ZS CS AB NPNMZS N-NM-S

Ἀβραάμ ἐστιν· 19.10 ἦλθεν γὰρ ὁ υἱὸς τοῦ ἀνθρώπου ζητῆσαι
N-GM-S VIPA--ZS VIAA--ZS CS DNMS N-NM-S DGMS N-GM-S VNAA

καὶ σῶσαι τὸ ἀπολωλός.
CC VNAA DANS□NPANZS&APRNN-S VPRAAN-S

19.11 Ἀκουόντων δὲ αὐτῶν ταῦτα προσθεὶς εἶπεν παραβολὴν
VPPAGM-P CC NPGMZP APDAN-P VPAANM-S VIAA--ZS N-AF-S

διὰ τὸ ἐγγὺς εἶναι Ἰερουσαλὴμ αὐτὸν καὶ δοκεῖν αὐτοὺς ὅτι
PA DANS PD/PG VNPAA N-DF-S/N-GF-S NPAMZS CC VNPAA NPAMZP CC

παραχρῆμα μέλλει ἡ βασιλεία τοῦ θεοῦ ἀναφαίνεσθαι.
AB VIPA--ZS+ DNFS N-NF-S DGMS N-GM-S +VNPP

19.12 εἶπεν οὖν, Ἄνθρωπός τις εὐγενὴς ἐπορεύθη εἰς χώραν
VIAA--ZS CH N-NM-S A-INM-S A--NM-S VIAO--ZS PA N-AF-S

μακρὰν λαβεῖν ἑαυτῷ βασιλείαν καὶ ὑποστρέψαι. 19.13 καλέσας
A--AF-S VNAA NPDMZS N-AF-S CC VNAA VPAANM-S

δὲ δέκα δούλους ἑαυτοῦ ἔδωκεν αὐτοῖς δέκα μνᾶς καὶ εἶπεν πρὸς
CC A-CAM-P N-AM-P NPGMZS VIAA--ZS NPDMZP A-CAF-P N-AF-P CC VIAA--ZS PA

αὐτούς, Πραγματεύσασθε ἐν ᾧ ἔρχομαι.
NPRAMZP VMAD--YP PD APRDM-S□APDDM-S&APRDM-S VIPN--XS

19.14 οἱ δὲ πολῖται αὐτοῦ ἐμίσουν αὐτόν, καὶ ἀπέστειλαν
DNMP CC N-NM-P NPGMZS VIIA--ZP NPAMZS CC VIAA--ZP

πρεσβείαν ὀπίσω αὐτοῦ λέγοντες, Οὐ θέλομεν τοῦτον βασιλεῦσαι
N-AF-S PG NPGMZS VPPANM-P AB VIPA--XP APDAM-S VNAA

ἐφ᾽ ἡμᾶς. 19.15 Καὶ ἐγένετο ἐν τῷ ἐπανελθεῖν αὐτὸν λαβόντα
PA NPA-XP CC VIAD--ZS PD DDNS VNAAD NPAMZS VPAAAM-S

τὴν βασιλείαν καὶ εἶπεν φωνηθῆναι αὐτῷ τοὺς δούλους τούτους
DAFS N-AF-S CH VIAA--ZS VNAP NPDMZS DAMP N-AM-P A-DAM-P

οἷς δεδώκει τὸ ἀργύριον, ἵνα γνοῖ τί διεπραγματεύσαντο.
APRDM-P VILA--ZS DANS N-AN-S CS VSAA--ZS APTAN-S VIAD--ZP

19.16 παρεγένετο δὲ ὁ πρῶτος λέγων, Κύριε, ἡ μνᾶ σου
VIAD--ZS CH DNMS APONM-S VPPANM-S N-VM-S DNFS N-NF-S NPG-YS

δέκα προσηργάσατο μνᾶς. 19.17 καὶ εἶπεν αὐτῷ, Εὖγε, ἀγαθὲ
A-CAF-P VIAD--ZS N-AF-P CC VIAA--ZS NPDMZS QS A--VM-S

δοῦλε, ὅτι ἐν ἐλαχίστῳ πιστὸς ἐγένου, ἴσθι ἐξουσίαν ἔχων
N-VM-S CS PD APSDN-S A--NM-S VIAD--YS VMPA--YS+ N-AF-S +VPPANMYS

ἐπάνω δέκα πόλεων. 19.18 καὶ ἦλθεν ὁ δεύτερος λέγων, Ἡ
PG A-CGF-P N-GF-P CC VIAA--ZS DNMS APONM-S VPPANM-S DNFS

μνᾶ σου, κύριε, ἐποίησεν πέντε μνᾶς. 19.19 εἶπεν δὲ καὶ τούτῳ,
N-NF-S NPG-YS N-VM-S VIAA--ZS A-CAF-P N-AF-P VIAA--ZS CH AB APDDM-S

Καὶ σὺ ἐπάνω γίνου πέντε πόλεων. 19.20 καὶ ὁ ἕτερος ἦλθεν
AB/CC NPN-YS PG VMPN--YS A-CGF-P N-GF-P CC DNMS AP-NM-S VIAA--ZS

λέγων, Κύριε, ἰδοὺ ἡ μνᾶ σου ἣν εἶχον ἀποκειμένην ἐν
VPPANM-S N-VM-S QS DNFS N-NF-S NPG-YS APRAF-S VIIA--XS VPPNAF-S PD

σουδαρίῳ· 19.21 ἐφοβούμην γάρ σε, ὅτι ἄνθρωπος αὐστηρὸς
N-DN-S VIIN--XS CS NPA-YS CS N-NM-S A--NM-S

εἶ, αἴρεις ὃ οὐκ ἔθηκας καὶ θερίζεις
VIPA--YS VIPA--YS APRAN-S□APDAN-S&APRAN-S AB VIAA--YS CC VIPA--YS

ὃ οὐκ ἔσπειρας. 19.22 λέγει αὐτῷ, Ἐκ τοῦ
APRAN-S□APDAN-S&APRAN-S AB VIAA--YS VIPA--ZS NPDMZS PG DGNS

στόματός σου κρίνω σε, πονηρὲ δοῦλε. ᾔδεις ὅτι ἐγὼ
N-GN-S NPG-YS VIFA--XS NPA-YS A--VM-S N-VM-S VILA--YS CC†CH NPN-XS

ἄνθρωπος αὐστηρός εἰμι, αἴρων ὃ οὐκ ἔθηκα
N-NM-S A--NM-S VIPA--XS VPPANMXS APRAN-S□APDAN-S&APRAN-S AB VIAA--XS

καὶ θερίζων ὃ οὐκ ἔσπειρα; 19.23 καὶ διὰ τί
CC VPPANMXS APRAN-S□APDAN-S&APRAN-S AB VIAA--XS CC PA APTAN-S

οὐκ ἔδωκάς μου τὸ ἀργύριον ἐπὶ τράπεζαν; κἀγὼ ἐλθὼν σὺν
AB VIAA--YS NPG-XS DANS N-AN-S PA N-AF-S CC&NPN-XS VPAANMXS PD

τόκῳ ἂν αὐτὸ ἔπραξα. 19.24 καὶ τοῖς παρεστῶσιν
N-DM-S QV NPANZS VIAA--XS CC DDMP□NPDMZP&APRNM-P VPRADM-P

εἶπεν, Ἄρατε ἀπ᾽ αὐτοῦ τὴν μνᾶν καὶ δότε τῷ
VIAA--ZS VMAA--YP PG NPGMZS DAFS N-AF-S CC VMAA--YP DDMS□NPDMZS&APRNM-S

τὰς δέκα μνᾶς ἔχοντι 19.25 — καὶ εἶπαν αὐτῷ, Κύριε, ἔχει δέκα
DAFP A-CAF-P N-AF-P VPPADM-S CC VIAA--ZP NPDMZS N-VM-S VIPA--ZS A-CAF-P

μνᾶς — 19.26 λέγω ὑμῖν ὅτι παντὶ τῷ ἔχοντι δοθήσεται,
N-AF-P VIPA--XS NPD-YP CH AP-DM-S DDMS□APRNM-S VPPADM-S VIFP--ZS

ἀπὸ δὲ τοῦ μὴ ἔχοντος καὶ ὃ
PG CC/CH DGMS□NPGMZS&APRNM-S AB VPPAGM-S AB APRAN-S□APDNN-S&APRAN-S

ἔχει ἀρθήσεται. 19.27 πλὴν τοὺς ἐχθρούς μου τούτους
VIPA--ZS VIFP--ZS CC DAMP AP-AM-P NPG-XS A-DAM-P

τοὺς μὴ θελήσαντάς με βασιλεῦσαι ἐπ᾽ αὐτοὺς ἀγάγετε
DAMP□APRNM-P AB VPAAAM-P NPA-XS VNAA PA NPAMZP VMAA--YP

ὧδε καὶ κατασφάξατε αὐτοὺς ἔμπροσθέν μου.
AB CC VMAA--YP NPAMZP PG NPG-XS

19.28 Καὶ εἰπὼν ταῦτα ἐπορεύετο ἔμπροσθεν ἀναβαίνων εἰς
CC VPAANM-S APDAN-P VIIN--ZS AB VPPANM-S PA

Ἱεροσόλυμα. 19.29 Καὶ ἐγένετο ὡς ἤγγισεν εἰς Βηθφαγὴ καὶ
N-AN-P CC VIAD--ZS CS VIAA--ZS PA N-AF-S CC

Βηθανία[ν] πρὸς τὸ ὄρος τὸ καλούμενον Ἐλαιῶν,
N-AF-S PA DANS N-AN-S DANS□APRNN-S VPPPAN-S N-GF-P

ἀπέστειλεν δύο τῶν μαθητῶν 19.30 λέγων, Ὑπάγετε εἰς τὴν
VIAA--ZS APCAM-P DGMP N-GM-P VPPANM-S VMPA--YP PA DAFS

κατέναντι κώμην, ἐν ᾗ εἰσπορευόμενοι εὑρήσετε πῶλον
AB□A--AF-S N-AF-S PD APRDF-S VPPNNMYP VIFA--YP N-AM-S

δεδεμένον, ἐφ᾽ ὃν οὐδεὶς πώποτε ἀνθρώπων ἐκάθισεν, καὶ
VPRPAM-S PA APRAM-S APCNM-S ABI N-GM-P VIAA--ZS CC

λύσαντες αὐτὸν ἀγάγετε. 19.31 καὶ ἐάν τις ὑμᾶς ἐρωτᾷ, Διὰ
VRAANMYP NPAMZS VMAA--YP CC CS APINM-S NPA-YP VSPA--ZS PA

τί λύετε; οὕτως ἐρεῖτε ὅτι Ὁ κύριος αὐτοῦ χρείαν
APTAN-S VIPA--YP AB VIFA--YP□VMAA--YP CC/CS DNMS N-NM-S NPGMZS N-AF-S

ἔχει. 19.32 ἀπελθόντες δὲ οἱ ἀπεσταλμένοι εὗρον
VIPA--ZS VPAANM-P CH DNMP□NPNMZP&APRNM-P VPRPNM-P VIAA--ZP

καθὼς εἶπεν αὐτοῖς. 19.33 λυόντων δὲ αὐτῶν τὸν πῶλον εἶπαν οἱ
CS VIAA--ZS NPDMZP VPPAGM-P CC NPGMZP DAMS N-AM-S VIAA--ZP DNMP

κύριοι αὐτοῦ πρὸς αὐτούς, Τί λύετε τὸν πῶλον;
N-NM-P NPGMZS PA NPAMZP APTAN-S□ABT VIPA--YP DAMS N-AM-S

19.34 οἱ δὲ εἶπαν ὅτι Ὁ κύριος αὐτοῦ χρείαν ἔχει.
DNMP□NPNMZP CH VIAA--ZP CC/CS DNMS N-NM-S NPGMZS N-AF-S VIPA--ZS

19.35 καὶ ἤγαγον αὐτὸν πρὸς τὸν Ἰησοῦν, καὶ ἐπιρίψαντες αὐτῶν
CC VIAA--ZP NPAMZS PA DAMS N-AM-S CC VPAANM-P NPGMZP

τὰ ἱμάτια ἐπὶ τὸν πῶλον ἐπεβίβασαν τὸν Ἰησοῦν.
DANP N-AN-P PA DAMS N-AM-S VIAA--ZP DAMS N-AM-S

19.36 πορευομένου δὲ αὐτοῦ ὑπεστρώννυον τὰ ἱμάτια αὐτῶν ἐν
VPPNGM-S CC NPGMZS VIIA--ZP DANP N-AN-P NPGMZP PD

τῇ ὁδῷ.
DDFS N-DF-S

19.37 Ἐγγίζοντος δὲ αὐτοῦ ἤδη πρὸς τῇ καταβάσει τοῦ
VPPAGM-S CC NPGMZS AB PD DDFS N-DF-S DGNS

Ὄρους τῶν Ἐλαιῶν ἤρξαντο ἅπαν τὸ πλῆθος τῶν μαθητῶν
N-GN-S DGFP N-GF-P VIAM--ZP A--NN-S DNNS N-NN-S DGMP N-GM-P

χαίροντες αἰνεῖν τὸν θεὸν φωνῇ μεγάλῃ περὶ πασῶν
VPPANM-P VNPA DAMS N-AM-S N-DF-S A--DF-S PG A--GF-P

ὧν εἶδον δυνάμεων, 19.38 λέγοντες,
APRGF-P+□APRAF-P VIAA--ZP N-GF-P VPPANM-P

Εὐλογημένος ὁ ἐρχόμενος
VPRPNM-S DNMS□NPNMZS&APRNM-S VPPNNM-S

ὁ βασιλεὺς ἐν ὀνόματι κυρίου·
DNMS N-NM-S PD .N-DN-S N-GM-S

ἐν οὐρανῷ εἰρήνη
PD N-DM-S N-NF-S

καὶ δόξα ἐν ὑψίστοις.
CC N-NF-S PD APSDN-P

19.39 καί τινες τῶν Φαρισαίων ἀπὸ τοῦ ὄχλου εἶπαν πρὸς αὐτόν,
CC APINM-P DGMP N-GM-P PG DGMS N-GM-S VIAA--ZP PA NPAMZS

Διδάσκαλε, ἐπιτίμησον τοῖς μαθηταῖς σου. 19.40 καὶ ἀποκριθεὶς
N-VM-S VMAA--YS DDMP N-DM-S NPG-YS CC VPAONM-S

εἶπεν, Λέγω ὑμῖν, ἐὰν οὗτοι σιωπήσουσιν, οἱ λίθοι κράξουσιν.
VIAA--ZS VIPA--XS NPD-YP CS APDNM-P VIFA--ZP DNMP N-NM-P VIFA--ZP

19.41 Καὶ ὡς ἤγγισεν, ἰδὼν τὴν πόλιν ἔκλαυσεν ἐπ᾽ αὐτήν,
CC CS VIAA--ZS VPAANM-S DAFS N-AF-S VIAA--ZS PA NPAFZS

19.42 λέγων ὅτι Εἰ ἔγνως ἐν τῇ ἡμέρᾳ ταύτῃ καὶ σὺ τὰ πρὸς
VPPANM-S CH CS VIAA--YS PD DDFS N-DF-S A-DDF-S AB NPN-YS DANP PA

εἰρήνην — νῦν δὲ ἐκρύβη ἀπὸ ὀφθαλμῶν σου. 19.43 ὅτι ἥξουσιν
N-AF-S AB CH VIAP--ZS PG N-GM-P NPG-YS CS VIFA--ZP

ἡμέραι ἐπὶ σὲ καὶ παρεμβαλοῦσιν οἱ ἐχθροί σου χάρακά
N-NF-P PA NPA-YS CC VIFA--ZP DNMP AP-NM-P NPG-YS N-AM-S

σοι καὶ περικυκλώσουσίν σε καὶ συνέξουσίν σε πάντοθεν,
NPD-YS CC VIFA--ZP NPA-YS CC VIFA--ZP NPA-YS AB

19.44 καὶ ἐδαφιοῦσίν σε καὶ τὰ τέκνα σου ἐν σοί, καὶ οὐκ
CC VIFA--ZP NPA-YS CC DANP N-AN-P NPG-YS PD NPD-YS CC AB

ἀφήσουσιν λίθον ἐπὶ λίθον ἐν σοί, ἀνθ' ὧν οὐκ ἔγνως
VIFA--ZP N-AM-S PA N-AM-S PD NPD-YS PG APRGN-P□NPGNZP AB VIAA--YS

τὸν καιρὸν τῆς ἐπισκοπῆς σου.
DAMS N-AM-S DGFS N-GF-S NPG-YS

19.45 Καὶ εἰσελθὼν εἰς τὸ ἱερὸν ἤρξατο ἐκβάλλειν
CC VPAANM-S PA DANS AP-AN-S VIAM--ZS VNPA

τοὺς πωλοῦντας, 19.46 λέγων αὐτοῖς, Γέγραπται,
DAMP□NPAMZP&APRNM-P VPPAAM-P VPPANM-S NPDMZP VIRP--ZS

Καὶ ἔσται ὁ οἶκός μου οἶκος προσευχῆς,
CC VIFD--ZS□VMPA--ZS DNMS N-NM-S NPG-XS N-NM-S N-GF-S

ὑμεῖς δὲ αὐτὸν ἐποιήσατε σπήλαιον λῃστῶν.
NPN-YP CH NPAMZS VIAA--YP N-AN-S N-GM-P

19.47 Καὶ ἦν διδάσκων τὸ καθ' ἡμέραν ἐν τῷ ἱερῷ. οἱ
CC VIIA--ZS+ +VPPANM-S DANS PA N-AF-S PD DDNS AP-DN-S DNMP

δὲ ἀρχιερεῖς καὶ οἱ γραμματεῖς ἐζήτουν αὐτὸν ἀπολέσαι καὶ οἱ
CC N-NM-P CC DNMP N-NM-P VIIA--ZP NPAMZS VNAA CC DNMP

πρῶτοι τοῦ λαοῦ· 19.48 καὶ οὐχ εὕρισκον τὸ τί ποιήσωσιν,
APONM-P DGMS N-GM-S CC AB VIIA--ZP DANS APTAN-S VSAA--ZP

ὁ λαὸς γὰρ ἅπας ἐξεκρέματο αὐτοῦ ἀκούων.
DNMS N-NM-S CS A--NM-S VIAM--ZS NPGMZS VPPANM-S

20.1 Καὶ ἐγένετο ἐν μιᾷ τῶν ἡμερῶν διδάσκοντος αὐτοῦ τὸν
CC VIAD--ZS PD APCDF-S DGFP N-GF-P VPPAGM-S NPGMZS DAMS

λαὸν ἐν τῷ ἱερῷ καὶ εὐαγγελιζομένου ἐπέστησαν οἱ ἀρχιερεῖς
N-AM-S PD DDNS AP-DN-S CC VPPMGM-S VIAA--ZP DNMP N-NM-P

καὶ οἱ γραμματεῖς σὺν τοῖς πρεσβυτέροις, 20.2 καὶ εἶπαν
CC DNMP N-NM-P PD DDMP AP-DM-P CC VIAA--ZP

λέγοντες πρὸς αὐτόν, Εἰπὸν ἡμῖν ἐν ποίᾳ ἐξουσίᾳ ταῦτα ποιεῖς,
VPPANM-P PA NPAMZS VMAA--YS NPD-XP PD A-TDF-S N-DF-S APDAN-P VIPA--YS

ἢ τίς ἐστιν ὁ δούς σοι τὴν ἐξουσίαν
CC APTNM-S VIPA--ZS DNMS□NPNMZS&APRNM-S VPAANM-S NPD-YS DAFS N-AF-S

ταύτην. 20.3 ἀποκριθεὶς δὲ εἶπεν πρὸς αὐτούς, Ἐρωτήσω ὑμᾶς
A-DAF-S VPAONM-S CH VIAA--ZS PA NPAMZP VIFA--XS NPA-YP

κἀγὼ λόγον, καὶ εἴπατέ μοι· 20.4 Τὸ βάπτισμα Ἰωάννου ἐξ
AB&NPN-XS N-AM-S CC VMAA--YP NPD-XS DNNS N-NN-S N-GM-S PG

οὐρανοῦ ἦν ἢ ἐξ ἀνθρώπων; 20.5 οἱ δὲ συνελογίσαντο
N-GM-S VIIA--ZS CC PG N-GM-P DNMP□NPNMZP CH VIAD--ZP

πρὸς ἑαυτοὺς λέγοντες ὅτι Ἐὰν εἴπωμεν, Ἐξ οὐρανοῦ, ἐρεῖ, Διὰ
PA NPAMZP VPPANM-P CH CS VSAA--XP PG N-GM-S VIFA--ZS PA

τί οὐκ ἐπιστεύσατε αὐτῷ; 20.6 ἐὰν δὲ εἴπωμεν, Ἐξ ἀνθρώπων,
APTAN-S AB VIAA--YP NPDMZS CS CC VSAA--XP PG N-GM-P

ὁ λαὸς ἅπας καταλιθάσει ἡμᾶς, πεπεισμένος γάρ ἐστιν
DNMS N-NM-S A--NM-S VIFA--ZS NPA-XP VPRPNM-S+ CS +VIPA--ZS

Ἰωάννην προφήτην εἶναι. 20.7 καὶ ἀπεκρίθησαν μὴ εἰδέναι
N-AM-S N-AM-S VNPA CC VIAO--ZP AB VNRA

πόθεν. 20.8 καὶ ὁ Ἰησοῦς εἶπεν αὐτοῖς, Οὐδὲ ἐγὼ λέγω ὑμῖν
ABT CC DNMS N-NM-S VIAA--ZS NPDMZP AB NPN-XS VIPA--XS NPD-YP

ἐν ποίᾳ ἐξουσίᾳ ταῦτα ποιῶ.
PD A-TDF-S N-DF-S APDAN-P VIPA--XS

20.9 Ἤρξατο δὲ πρὸς τὸν λαὸν λέγειν τὴν παραβολὴν
VIAM--ZS CC PA DAMS N-AM-S VNPA DAFS N-AF-S

ταύτην· Ἄνθρωπός [τις] ἐφύτευσεν ἀμπελῶνα, καὶ ἐξέδετο
A-DAF-S N-NM-S A-INM-S VIAA--ZS N-AM-S CC VIAM--ZS

αὐτὸν γεωργοῖς, καὶ ἀπεδήμησεν χρόνους ἱκανούς. 20.10 καὶ
NPAMZS N-DM-P CC VIAA--ZS N-AM-P A--AM-P CC

καιρῷ ἀπέστειλεν πρὸς τοὺς γεωργοὺς δοῦλον, ἵνα ἀπὸ τοῦ
N-DM-S VIAA--ZS PA DAMP N-AM-P N-AM-S CS PG DGMS

καρποῦ τοῦ ἀμπελῶνος δώσουσιν αὐτῷ· οἱ δὲ γεωργοὶ
N-GM-S DGMS N-GM-S VIFA--ZP NPDMZS DNMP CH N-NM-P

ἐξαπέστειλαν αὐτὸν δείραντες κενόν. 20.11 καὶ προσέθετο ἕτερον
VIAA--ZP NPAMZS VPAANM-P A--AM-S CC VIAM--ZS A--AM-S

πέμψαι δοῦλον· οἱ δὲ κἀκεῖνον δείραντες καὶ ἀτιμάσαντες
VNAA N-AM-S DNMP□NPNMZP CH AB&APDAM-S VPAANM-P CC VPAANM-P

ἐξαπέστειλαν κενόν. 20.12 καὶ προσέθετο τρίτον πέμψαι·
VIAA--ZP A--AM-S CC VIAM--ZS APOAM-S/APOAN-S□AB VNAA

οἱ δὲ καὶ τοῦτον τραυματίσαντες ἐξέβαλον. 20.13 εἶπεν δὲ
DNMP□NPNMZP CH AB APDAM-S VPAANM-P VIAA--ZP VIAA--ZS CH

ὁ κύριος τοῦ ἀμπελῶνος, Τί ποιήσω; πέμψω τὸν υἱόν μου
DNMS N-NM-S DGMS N-GM-S APTAN-S VSAA--XS VIFA--XS DAMS N-AM-S NPG-XS

τὸν ἀγαπητόν· ἴσως τοῦτον ἐντραπήσονται. 20.14 ἰδόντες δὲ
DAMS A--AM-S AB APDAM-S VIFP--ZP VPAANM-P CH

αὐτὸν οἱ γεωργοὶ διελογίζοντο πρὸς ἀλλήλους λέγοντες, Οὗτός
NPAMZS DNMP N-NM-P VIIN--ZP PA NPAMZP VPPANM-P APDNM-S

ἐστιν ὁ κληρονόμος· ἀποκτείνωμεν αὐτόν, ἵνα ἡμῶν γένηται
VIPA--ZS DNMS N-NM-S VSAA--XP NPAMZS CS NPG-XP VSAD--ZS

ἡ κληρονομία. 20.15 καὶ ἐκβαλόντες αὐτὸν ἔξω τοῦ ἀμπελῶνος
DNFS N-NF-S CC VPAANM-P NPAMZS PG DGMS N-GM-S

ἀπέκτειναν. τί οὖν ποιήσει αὐτοῖς ὁ κύριος τοῦ ἀμπελῶνος;
VIAA--ZP APTAN-S CH VIFA--ZS NPDMZP DNMS N-NM-S DGMS N-GM-S

20.16 ἐλεύσεται καὶ ἀπολέσει τοὺς γεωργοὺς τούτους, καὶ δώσει
VIFD--ZS CC VIFA--ZS DAMP N-AM-P A-DAM-P CC VIFA--ZS

τὸν ἀμπελῶνα ἄλλοις. ἀκούσαντες δὲ εἶπαν, Μὴ γένοιτο.
DAMS N-AM-S AP-DM-P VPAANM-P CH VIAA--ZP AB VOAD--ZS

20.17 ὁ δὲ ἐμβλέψας αὐτοῖς εἶπεν, Τί οὖν ἐστιν
DNMS☐NPNMZS CH VPAANM-S NPDMZP VIAA--ZS APTNN-S CH VIPA--ZS

τὸ γεγραμμένον τοῦτο·
DNNS☐APRNN-S+ VPRPNN-S APDNN-S

Λίθον ὃν ἀπεδοκίμασαν οἱ
N-AM-S APRAM-S VIAA--ZP DNMP☐NPNMZP&APRNM-P

οἰκοδομοῦντες,
VPPANM-P

οὗτος ἐγενήθη εἰς κεφαλὴν γωνίας;
APDNM-S VIAO--ZS PA N-AF-S N-GF-S

20.18 πᾶς ὁ πεσὼν ἐπ’ ἐκεῖνον τὸν λίθον
AP-NM-S DNMS☐APRNM-S VPAANM-S PA A-DAM-S DAMS N-AM-S

συνθλασθήσεται· ἐφ’ ὃν δ’ ἂν πέσῃ, λικμήσει αὐτόν.
VIFP--ZS PA APRAM-S+ CC QV VSAA--ZS VIFA--ZS NPAMZS

20.19 Καὶ ἐζήτησαν οἱ γραμματεῖς καὶ οἱ ἀρχιερεῖς ἐπιβαλεῖν
CC VIAA--ZP DNMP N-NM-P CC DNMP N-NM-P VNAA

ἐπ’ αὐτὸν τὰς χεῖρας ἐν αὐτῇ τῇ ὥρᾳ, καὶ ἐφοβήθησαν τὸν
PA NPAMZS DAFP N-AF-P PD NPDFZS☐A--DF-S DDFS N-DF-S CC VIAO--ZP DAMS

λαόν· ἔγνωσαν γὰρ ὅτι πρὸς αὐτοὺς εἶπεν τὴν παραβολὴν
N-AM-S VIAA--ZP CS CH PA NPAMZP VIAA--ZS DAFS N-AF-S

ταύτην.
A-DAF-S

20.20 Καὶ παρατηρήσαντες ἀπέστειλαν ἐγκαθέτους
CC VPAANM-P VIAA--ZP AP-AM-P

ὑποκρινομένους ἑαυτοὺς δικαίους εἶναι, ἵνα ἐπιλάβωνται αὐτοῦ
VPPNAM-P NPAMZP A--AM-P VNPA CS VSAD--ZP NPGMZS

λόγου, ὥστε παραδοῦναι αὐτὸν τῇ ἀρχῇ καὶ τῇ ἐξουσίᾳ τοῦ
N-GM-S CS VNAA NPAMZS DDFS N-DF-S CC DDFS N-DF-S DGMS

ἡγεμόνος. 20.21 καὶ ἐπηρώτησαν αὐτὸν λέγοντες, Διδάσκαλε,
N-GM-S CC VIAA--ZP NPAMZS VPPANM-P N-VM-S

οἴδαμεν ὅτι ὀρθῶς λέγεις καὶ διδάσκεις καὶ οὐ λαμβάνεις
VIRA--XP CH AB VIPA--YS CC VIPA--YS CC AB VIPA--YS

πρόσωπον, ἀλλ’ ἐπ’ ἀληθείας τὴν ὁδὸν τοῦ θεοῦ διδάσκεις·
N-AN-S CH PG N-GF-S DAFS N-AF-S DGMS N-GM-S VIPA--YS

20.22 ἔξεστιν ἡμᾶς Καίσαρι φόρον δοῦναι ἢ οὔ;
VIPA--ZS NPA-XP N-DM-S N-AM-S VNAA CC AB

20.23 κατανοήσας δὲ αὐτῶν τὴν πανουργίαν εἶπεν πρὸς αὐτούς,
VPAANM-S CH NPGMZP DAFS N-AF-S VIAA--ZS PA NPAMZP

20.24 Δείξατέ μοι δηνάριον· τίνος ἔχει εἰκόνα καὶ ἐπιγραφήν;
VMAA--YP NPD-XS N-AN-S APTGM-S VIPA--ZS N-AF-S CC N-AF-S

οἱ δὲ εἶπαν, Καίσαρος. 20.25 ὁ δὲ εἶπεν πρὸς
DNMP☐NPNMZP CH VIAA--ZP N-GM-S DNMS☐NPNMZS CH VIAA--ZS PA

αὐτούς, Τοίνυν ἀπόδοτε τὰ Καίσαρος Καίσαρι καὶ τὰ τοῦ θεοῦ
NPAMZP CH VMAA--YP DANP N-GM-S N-DM-S CC DANP DGMS N-GM-S

τῷ θεῷ. 20.26 καὶ οὐκ ἴσχυσαν ἐπιλαβέσθαι αὐτοῦ ῥήματος
DDMS N-DM-S CC AB VIAA--ZP VNAD NPGMZS N-GN-S

ἐναντίον τοῦ λαοῦ, καὶ θαυμάσαντες ἐπὶ τῇ ἀποκρίσει αὐτοῦ
PG DGMS N-GM-S CC VPAANM-P PD DDFS N-DF-S NPGMZS

ἐσίγησαν.
VIAA--ZP

20.27 Προσελθόντες δέ τινες τῶν Σαδδουκαίων, οἱ
VPAANM-P CC APINM-P DGMP N-GM-P DNMP□APRNM-P

[ἀντι]λέγοντες ἀνάστασιν μὴ εἶναι, ἐπηρώτησαν αὐτὸν
VPPANM-P N-AF-S AB VNPA VIAA--ZP NPAMZS

20.28 λέγοντες, Διδάσκαλε, Μωϋσῆς ἔγραψεν ἡμῖν, ἐάν τινος
VPPANM-P N-VM-S N-NM-S VIAA--ZS NPD-XP CS APIGM-S

ἀδελφὸς ἀποθάνῃ ἔχων γυναῖκα, καὶ οὗτος ἄτεκνος ᾖ, ἵνα
N-NM-S VSAA--ZS VPPANM-S N-AF-S CC APDNM-S A--NM-S VSPA--ZS CC

λάβῃ ὁ ἀδελφὸς αὐτοῦ τὴν γυναῖκα καὶ ἐξαναστήσῃ σπέρμα
VSAA--ZS DNMS N-NM-S NPGMZS DAFS N-AF-S CC VSAA--ZS N-AN-S

τῷ ἀδελφῷ αὐτοῦ. 20.29 ἑπτὰ οὖν ἀδελφοὶ ἦσαν· καὶ ὁ πρῶτος
DDMS N-DM-S NPGMZS A-CNM-P CC N-NM-P VIIA--ZP CC DNMS APONM-S

λαβὼν γυναῖκα ἀπέθανεν ἄτεκνος· 20.30 καὶ ὁ δεύτερος
VPAANM-S N-AF-S VIAA--ZS A--NM-S CC DNMS APONM-S

20.31 καὶ ὁ τρίτος ἔλαβεν αὐτήν, ὡσαύτως δὲ καὶ οἱ ἑπτὰ οὐ
CC DNMS APONM-S VIAA--ZS NPAFZS AB CC AB DNMP APCNM-P AB

κατέλιπον τέκνα καὶ ἀπέθανον. 20.32 ὕστερον καὶ ἡ γυνὴ
VIAA--ZP N-AN-P CC VIAA--ZP APMAN-S□ABM AB DNFS N-NF-S

ἀπέθανεν. 20.33 ἡ γυνὴ οὖν ἐν τῇ ἀναστάσει τίνος αὐτῶν
VIAA--ZS DNFS N-NF-S CH PD DDFS N-DF-S APTGM-S NPGMZP

γίνεται γυνή; οἱ γὰρ ἑπτὰ ἔσχον αὐτὴν γυναῖκα. 20.34 καὶ
VIPN--ZS N-NF-S DNMP CS APCNM-P VIAA--ZP NPAFZS N-AF-S CC

εἶπεν αὐτοῖς ὁ Ἰησοῦς, Οἱ υἱοὶ τοῦ αἰῶνος τούτου γαμοῦσιν
VIAA--ZS NPDMZP DNMS N-NM-S DNMP N-NM-P DGMS N-GM-S A-DGM-S VIPA--ZP

καὶ γαμίσκονται, 20.35 οἱ δὲ καταξιωθέντες τοῦ
CC VIPP--ZP DNMP□NPNMZP&APRNM-P CH VPAPNM-P DGMS

αἰῶνος ἐκείνου τυχεῖν καὶ τῆς ἀναστάσεως τῆς ἐκ νεκρῶν οὔτε
N-GM-S A-DGM-S VNAA CC DGFS N-GF-S DGFS PG AP-GM-P CC

γαμοῦσιν οὔτε γαμίζονται· 20.36 οὐδὲ γὰρ ἀποθανεῖν ἔτι δύνανται,
VIPA--ZP CC VIPP--ZP AB CS VNAA AB VIPN--ZP

ἰσάγγελοι γάρ εἰσιν, καὶ υἱοί εἰσιν θεοῦ, τῆς ἀναστάσεως υἱοὶ
A--NM-P CS VIPA--ZP CC N-NM-P VIPA--ZP N-GM-S DGFS N-GF-S N-NM-P

ὄντες. 20.37 ὅτι δὲ ἐγείρονται οἱ νεκροὶ καὶ Μωϋσῆς ἐμήνυσεν
VPPANM-P CC CC VIPP--ZP DNMP AP-NM-P AB N-NM-S VIAA--ZS

ἐπὶ τῆς βάτου, ὡς λέγει κύριον τὸν θεὸν Ἀβραὰμ καὶ θεὸν
PG DGFS N-GF-S CS VIPA--ZS N-AM-S DAMS N-AM-S N-GM-S CC N-AM-S

Ἰσαὰκ καὶ θεὸν Ἰακώβ· 20.38 θεὸς δὲ οὐκ ἔστιν νεκρῶν ἀλλὰ
N-GM-S CC N-AM-S N-GM-S N-NM-S CC AB VIPA--ZS AP-GM-P CH

ζώντων, πάντες γὰρ αὐτῷ ζῶσιν. 20.39 ἀποκριθέντες δέ τινες τῶν
VPPAGM-P AP-NM-P CS NPDMZS VIPA--ZP VPAONM-P CH APINM-P DGMP

γραμματέων εἶπαν, Διδάσκαλε, καλῶς εἶπας· 20.40 οὐκέτι γὰρ
N-GM-P VIAA--ZP N-VM-S AB VIAA--YS AB CS

ἐτόλμων ἐπερωτᾶν αὐτὸν οὐδέν.
VIIA--ZP VNPA NRAMZS APCAN-S

20.41 Εἶπεν δὲ πρὸς αὐτούς, Πῶς λέγουσιν τὸν Χριστὸν εἶναι
VIAA--ZS CC PA NRAMZP ABT VIPA--ZP DAMS N-AM-S VNPA

Δαυὶδ υἱόν; 20.42 αὐτὸς γὰρ Δαυὶδ λέγει ἐν βίβλῳ ψαλμῶν,
N-GM-S N-AM-S NPNMZS CS N-NM-S VIPA--ZS PD N-DF-S N-GM-P

Εἶπεν κύριος τῷ κυρίῳ μου,
VIAA--ZS N-NM-S DDMS N-DM-S NPG-XS

Κάθου ἐκ δεξιῶν μου
VMPN--YS PG AP-GN-P NPG-XS

20.43   ἕως ἂν θῶ   τοὺς ἐχθρούς σου ὑποπόδιον τῶν ποδῶν
CS QV VSAA--XS DAMP AP-AM-P NPG-YS N-AN-S DGMP N-GM-P

σου.
NPG-YS

20.44 Δαυὶδ οὖν κύριον αὐτὸν καλεῖ, καὶ πῶς αὐτοῦ υἱός ἐστιν;
N-NM-S CH N-AM-S NRAMZS VIPA--ZS CC ABT NPGMZS N-NM-S VIPA--ZS

20.45 Ἀκούοντος δὲ παντὸς τοῦ λαοῦ εἶπεν τοῖς μαθηταῖς
VPPAGM-S CC A--GM-S DGMS N-GM-S VIAA--ZS DDMP N-DM-P

[αὐτοῦ], 20.46 Προσέχετε ἀπὸ τῶν γραμματέων τῶν
NPGMZS VMPA--YP PG DGMP N-GM-P DGMP□APRNM-P

θελόντων περιπατεῖν ἐν στολαῖς καὶ φιλούντων ἀσπασμοὺς ἐν
VPPAGM-P VNPA PD N-DF-P CC VPPAGM-P N-AM-P PD

ταῖς ἀγοραῖς καὶ πρωτοκαθεδρίας ἐν ταῖς συναγωγαῖς καὶ
DDFP N-DF-P CC N-AF-P PD DDFP N-DF-P CC

πρωτοκλισίας ἐν τοῖς δείπνοις, 20.47 οἳ κατεσθίουσιν τὰς
N-AF-P PD DDNP N-DN-P APRNM-P VIPA--ZP DAFP

οἰκίας τῶν χηρῶν καὶ προφάσει μακρὰ προσεύχονται· οὗτοι
N-AF-P DGFP AP-GF-P CC N-DF-S AP-AN-P□AB VIPN--ZP APDNM-P

λήμψονται περισσότερον κρίμα.
VIFD--ZP A-MAN-S N-AN-S

21.1 Ἀναβλέψας δὲ εἶδεν τοὺς   βάλλοντας εἰς τὸ
VPAANM-S CC VIAA--ZS DAMP□APRNM-P+ VPPAAM-P PA DANS

γαζοφυλάκιον τὰ δῶρα αὐτῶν πλουσίους. 21.2 εἶδεν δέ τινα
N-AN-S DANP N-AN-P NPGMZP AP-AM-P VIAA--ZS CC A-IAF-S

χήραν πενιχρὰν βάλλουσαν ἐκεῖ λεπτὰ δύο, 21.3 καὶ εἶπεν,
AP-AF-S A--AF-S VPPAAF-S AB AP-AN-P A-CAN-P CC VIAA--ZS

Ἀληθῶς λέγω ὑμῖν ὅτι ἡ χήρα αὕτη ἡ πτωχὴ πλεῖον πάντων
AB VIPA--XS NPD-YP CC DNFS AP-NF-S A-DNF-S DNFS A--NF-S APMAN-S AP-GM-P

ἔβαλεν· 21.4 πάντες γὰρ οὗτοι ἐκ τοῦ   περισσεύοντος
VIAA--ZS A--NM-P CS APDNM-P PG DGNS□NPGNZS&APRNN-S VPPAGN-S

αὐτοῖς ἔβαλον εἰς τὰ δῶρα, αὕτη δὲ ἐκ τοῦ ὑστερήματος αὐτῆς
NPDMZP VIAA--ZP PA DANP N-AN-P APDNF-S CH PG DGNS N-GN-S NPGFZS

πάντα τὸν βίον ὃν εἶχεν ἔβαλεν.
A--AM-S DAMS N-AM-S APRAM-S VIIA--ZS VIAA--ZS

21.5 Καί τινων λεγόντων περὶ τοῦ ἱεροῦ, ὅτι λίθοις καλοῖς καὶ
CC APIGM-P VPPAGM-P PG DGNS AP-GN-S CC N-DM-P A--DM-P CC

ἀναθήμασιν κεκόσμηται, εἶπεν, 21.6 Ταῦτα ἃ θεωρεῖτε,
N-DN-P VIRP--ZS VIAA--ZS APDAN-P/APDNN-P APRAN-P VIPA--YP

ἐλεύσονται ἡμέραι ἐν αἷς οὐκ ἀφεθήσεται λίθος ἐπὶ λίθῳ ὃς
VIFD--ZP N-NF-P PD APRDF-P AB VIFP--ZS N-NM-S PD N-DM-S APRNM-S

οὐ καταλυθήσεται.
AB VIFP--ZS

21.7 Ἐπηρώτησαν δὲ αὐτὸν λέγοντες, Διδάσκαλε, πότε οὖν
VIAA--ZP CH NPAMZS VPPANM-P N-VM-S ABT CC/CH

ταῦτα ἔσται, καὶ τί τὸ σημεῖον ὅταν μέλλῃ ταῦτα γίνεσθαι;
APDNN-P VIFD--ZS CC APTNN-S DNNS N-NN-S CS VSPA--ZS+ APDNN-P +VNPN

21.8 ὁ δὲ εἶπεν, Βλέπετε μὴ πλανηθῆτε· πολλοὶ γὰρ
DNMS□NPNMZS CH VIAA--ZS VMPA--YP CS VSAP--YP AP-NM-P CS

ἐλεύσονται ἐπὶ τῷ ὀνόματί μου λέγοντες, Ἐγώ εἰμι· καί, Ὁ
VIFD--ZP PD DDNS N-DN-S NPG-XS VPPANM-P NPN-XS VIPA--XS CC DNMS

καιρὸς ἤγγικεν· μὴ πορευθῆτε ὀπίσω αὐτῶν. 21.9 ὅταν δὲ
N-NM-S VIRA--ZS AB VSAO--YP□VMAO--YP PG NPGMZP CS CC

ἀκούσητε πολέμους καὶ ἀκαταστασίας, μὴ πτοηθῆτε· δεῖ
VSAA--YP N-AM-P CC N-AF-P AB VSAP--YP□VMAP--YP VIPA--ZS

γὰρ ταῦτα γενέσθαι πρῶτον, ἀλλ᾽ οὐκ εὐθέως τὸ τέλος.
CS APDAN-P VNAD APOAN-S□AB CC AB AB DNNS N-NN-S

21.10 Τότε ἔλεγεν αὐτοῖς, Ἐγερθήσεται ἔθνος ἐπ᾽ ἔθνος καὶ
AB VIIA--ZS NPDMZP VIFP--ZS N-NN-S PA N-AN-S CC

βασιλεία ἐπὶ βασιλείαν, 21.11 σεισμοί τε μεγάλοι καὶ κατὰ τόπους
N-NF-S PA N-AF-S N-NM-P CC A--NM-P CC PA N-AM-P

λιμοὶ καὶ λοιμοὶ ἔσονται, φόβητρά τε καὶ ἀπ᾽ οὐρανοῦ σημεῖα
N-NF-P/N-NM-P CC N-NM-P VIFD--ZP N-NN-P CC CC PG N-GM-S N-NN-P

μεγάλα ἔσται. 21.12 πρὸ δὲ τούτων πάντων ἐπιβαλοῦσιν ἐφ᾽ ὑμᾶς
A--NN-P VIFD--ZS PG CC APDGN-P A--GN-P VIFA--ZP PA NPA-YP

τὰς χεῖρας αὐτῶν καὶ διώξουσιν, παραδιδόντες εἰς τὰς συναγωγὰς
DAFP N-AF-P NPGMZP CC VIFA--ZP VPPANM-P PA DAFP N-AF-P

καὶ φυλακάς, ἀπαγομένους ἐπὶ βασιλεῖς καὶ ἡγεμόνας ἕνεκεν τοῦ
CC N-AF-P VPPPAMYP PA N-AM-P CC N-AM-P PG DGNS

ὀνόματός μου· 21.13 ἀποβήσεται ὑμῖν εἰς μαρτύριον.
N-GN-S NPG-XS VIFD--ZS NPD-YP PA N-AN-S

21.14 θέτε οὖν ἐν ταῖς καρδίαις ὑμῶν μὴ προμελετᾶν
VMAA--YP CH PD DDFP N-DF-P NPG-YP AB VNPA

ἀπολογηθῆναι, 21.15 ἐγὼ γὰρ δώσω ὑμῖν στόμα καὶ σοφίαν
VNAO NPN-XS CS VIFA--XS NPD-YP N-AN-S CC N-AF-S

21.15-26   ΚΑΤΑ ΛΟΥΚΑΝ

ᾗ   οὐ δυνήσονται ἀντιστῆναι ἢ ἀντειπεῖν ἅπαντες οἱ
APRDF-S AB VIFD--ZP   VNAA   CC VNAA   AP-NM-P   DNMP□APRNM-P

ἀντικείμενοι ὑμῖν. 21.16 παραδοθήσεσθε δὲ καὶ ὑπὸ γονέων καὶ
VPPNNM-P   NPD-YP   VIFP--YP   CC AB PG N-GM-P CC

ἀδελφῶν καὶ συγγενῶν καὶ φίλων, καὶ θανατώσουσιν ἐξ ὑμῶν,
N-GM-P CC AP-GM-P   CC AP-GM-P CC VIFA--ZP   PG NPG-YP

21.17 καὶ ἔσεσθε μισούμενοι ὑπὸ πάντων διὰ τὸ ὄνομά μου.
      CC VIFD--YP+ +VPPPNMYP PG AP-GM-P PA DANS N-AN-S NPG-XS

21.18 καὶ θρὶξ ἐκ τῆς κεφαλῆς ὑμῶν οὐ μὴ ἀπόληται. 21.19 ἐν τῇ
      CC N-NF-S PG DGFS N-GF-S NPG-YP AB AB VSAM--ZS   PD DDFS

ὑπομονῇ ὑμῶν κτήσασθε τὰς ψυχὰς ὑμῶν.
N-DF-S NPG-YP VMAD--YP · DAFP N-AF-P NPG-YP

   21.20 Ὅταν δὲ ἴδητε κυκλουμένην ὑπὸ στρατοπέδων
         CS CC VSAA--YP VPPPAF-S   PG N-GN-P

Ἰερουσαλήμ, τότε γνῶτε ὅτι ἤγγικεν ἡ ἐρήμωσις αὐτῆς.
N-AF-S   AB   VMAA--YP CC VIRA--ZS DNFS N-NF-S NPGFZS

21.21 τότε οἱ ἐν τῇ Ἰουδαίᾳ φευγέτωσαν εἰς τὰ ὄρη, καὶ οἱ
      AB   DNMP PD DDFS N-DF-S VMPA--ZP   PA DANP N-AN-P CC DNMP

ἐν μέσῳ αὐτῆς ἐκχωρείτωσαν, καὶ οἱ ἐν ταῖς χώραις μὴ
PD AP-DN-S NPGFZS VMPA--ZP   CC DNMP PD DDFP N-DF-P AB

εἰσερχέσθωσαν εἰς αὐτήν, 21.22 ὅτι ἡμέραι ἐκδικήσεως αὗταί
VMPN--ZP   PA NPAFZS   CS N-NF-P N-GF-S   APDNF-P

εἰσιν τοῦ πλησθῆναι πάντα τὰ   γεγραμμένα. 21.23 οὐαὶ
VIPA--ZP DGNS VNAPG   AP-AN-P DANP□APRNN-P VPRPAN-P   QS

ταῖς   ἐν γαστρὶ ἐχούσαις καὶ ταῖς
DDFP□NPDFZP&APRNF-P PD N-DF-S VPPADF-P CC DDFP□NPDFZP&APRNF-P

θηλαζούσαις ἐν ἐκείναις ταῖς ἡμέραις· ἔσται γὰρ ἀνάγκη μεγάλη
VPPADF-P   PD A-DDF-P DDFP N-DF-P VIFD--ZS CS N-NF-S A--NF-S

ἐπὶ τῆς γῆς καὶ ὀργὴ τῷ λαῷ τούτῳ, 21.24 καὶ πεσοῦνται
PG DGFS N-GF-S CC N-NF-S DDMS N-DM-S A-DDM-S   CC VIFD--ZP

στόματι μαχαίρης καὶ αἰχμαλωτισθήσονται εἰς τὰ ἔθνη πάντα,
N-DN-S N-GF-S   CC VIFP--ZP   PA DANP N-AN-P A--AN-P

καὶ Ἰερουσαλὴμ ἔσται πατουμένη ὑπὸ ἐθνῶν, ἄχρι
CC N-NF-S   VIFD--ZS+ +VPPPNF-S PG N-GN-P PG

οὗ   πληρωθῶσιν καιροὶ ἐθνῶν.
APRGM-S□APDGM-S&APRDM-S VSAP--ZP N-NM-P N-GN-P

   21.25 Καὶ ἔσονται σημεῖα ἐν ἡλίῳ καὶ σελήνῃ καὶ ἄστροις, καὶ
         CC VIFD--ZP N-NN-P PD N-DM-S CC N-DF-S CC N-DN-P CC

ἐπὶ τῆς γῆς συνοχὴ ἐθνῶν ἐν ἀπορίᾳ ἤχους θαλάσσης καὶ σάλου,
PG DGFS N-GF-S N-NF-S N-GN-P PD N-DF-S N-GN-S N-GF-S CC N-GM-S

21.26 ἀποψυχόντων ἀνθρώπων ἀπὸ φόβου καὶ προσδοκίας
      VPPAGM-P   N-GM-P   PG N-GM-S CC N-GF-S

τῶν   ἐπερχομένων τῇ οἰκουμένῃ, αἱ γὰρ δυνάμεις
DGNP□NPGNZP&APRNN-P VPPNGN-P DDFS N-DF-S   DNFP CS N-NF-P

262

τῶν οὐρανῶν σαλευθήσονται. 21.27 καὶ τότε ὄψονται τὸν υἱὸν
DGMP N-GM-P VIFP--ZP CC AB VIFD--ZP DAMS N-AM-S

τοῦ ἀνθρώπου ἐρχόμενον ἐν νεφέλῃ μετὰ δυνάμεως καὶ δόξης
DGMS N-GM-S VPPNAM-S PD N-DF-S PG N-GF-S CC N-GF-S

πολλῆς. 21.28 ἀρχομένων δὲ τούτων γίνεσθαι ἀνακύψατε καὶ
A--GF-S VPPMGN-P CC APDGN-P VNPN VMAA--YP CC

ἐπάρατε τὰς κεφαλὰς ὑμῶν, διότι ἐγγίζει ἡ ἀπολύτρωσις ὑμῶν.
VMAA--YP DAFP N-AF-P NPG-YP CS VIPA--ZS DNFS N-NF-S NPG-YP

21.29 Καὶ εἶπεν παραβολὴν αὐτοῖς· Ἴδετε τὴν συκῆν καὶ
CC VIAA--ZS N-AF-S NPDMZP VMAA--YP DAFS N-AF-S CC

πάντα τὰ δένδρα· 21.30 ὅταν προβάλωσιν ἤδη, βλέποντες ἀφ'
A--AN-P DANP N-AN-P CS VSAA--ZP AB VPPANMYP PG

ἑαυτῶν γινώσκετε ὅτι ἤδη ἐγγὺς τὸ θέρος ἐστίν· 21.31 οὕτως καὶ
NPGMYP VIPA--YP CH AB AB DNNS N-NN-S VIPA--ZS AB AB

ὑμεῖς, ὅταν ἴδητε ταῦτα γινόμενα, γινώσκετε ὅτι ἐγγύς ἐστιν
NPN-YP CS VSAA--YP APDAN-P VPPNAN-P VIPA--YP/VMPA--YP CC AB VIPA--ZS

ἡ βασιλεία τοῦ θεοῦ. 21.32 ἀμὴν λέγω ὑμῖν ὅτι οὐ μὴ παρέλθῃ
DNFS N-NF-S DGMS N-GM-S QS VIPA--XS NPD-YP CC AB AB VSAA--ZS

ἡ γενεὰ αὕτη ἕως ἂν πάντα γένηται. 21.33 ὁ οὐρανὸς καὶ ἡ
DNFS N-NF-S A-DNF-S CS QV AP-NN-P VSAD--ZS DNMS N-NM-S CC DNFS

γῆ παρελεύσονται, οἱ δὲ λόγοι μου οὐ μὴ παρελεύσονται.
N-NF-S VIFD--ZP DNMP CH N-NM-P NPG-XS AB AB VIFD--ZP

21.34 Προσέχετε δὲ ἑαυτοῖς μήποτε βαρηθῶσιν ὑμῶν αἱ
VMPA--YP CC NPDMYP CS VSAP--ZP NPG-YP DNFP

καρδίαι ἐν κραιπάλῃ καὶ μέθῃ καὶ μερίμναις βιωτικαῖς, καὶ ἐπιστῇ
N-NF-P PD N-DF-S CC N-DF-S CC N-DF-P A--DF-P CC VSAA--ZS

ἐφ' ὑμᾶς αἰφνίδιος ἡ ἡμέρα ἐκείνη 21.35 ὡς παγίς.
PA NPA-YP A--NF-S DNFS N-NF-S A-DNF-S CS N-NF-S

ἐπεισελεύσεται γὰρ ἐπὶ πάντας τοὺς καθημένους ἐπὶ
VIFD--ZS CS PA AP-AM-P DAMP□APRNM-P VPPNAM-P PA

πρόσωπον πάσης τῆς γῆς. 21.36 ἀγρυπνεῖτε δὲ ἐν παντὶ καιρῷ
N-AN-S A--GF-S DGFS N-GF-S VMPA--YP CH PD A--DM-S N-DM-S

δεόμενοι ἵνα κατισχύσητε ἐκφυγεῖν ταῦτα πάντα τὰ
VRPNNMYP CC VSAA--YP VNAA APDAN-P A--AN-P DANP□APRNN-P

μέλλοντα γίνεσθαι, καὶ σταθῆναι ἔμπροσθεν τοῦ υἱοῦ τοῦ
VPPAAN-P+ +VNPN CC VNAP PG DGMS N-GM-S DGMS

ἀνθρώπου.
N-GM-S

21.37 Ἦν δὲ τὰς ἡμέρας ἐν τῷ ἱερῷ διδάσκων, τὰς δὲ
VIIA--ZS+ CC DAFP N-AF-P PD DDNS AP-DN-S +VPPANM-S DAFP CC

νύκτας ἐξερχόμενος ηὐλίζετο εἰς τὸ ὄρος τὸ καλούμενον
N-AF-P VPPNNM-S VIIN--ZS PA DANS N-AN-S DANS□APRNN-S VPPPAN-S

Ἐλαιῶν· 21.38 καὶ πᾶς ὁ λαὸς ὤρθριζεν πρὸς αὐτὸν ἐν τῷ
N-GF-P CC A--NM-S DNMS N-NM-S VIIA--ZS PA NPAMZS PD DDNS

ἱερῷ ἀκούειν αὐτοῦ.
AP-DN-S VNPA NPGMZS

22.1 Ἤγγιζεν δὲ ἡ ἑορτὴ τῶν ἀζύμων ἡ λεγομένη
VIIA--ZS CC DNFS N-NF-S DGNP AP-GN-P DNFS□APRNF-S VPPPNF-S

πάσχα. 22.2 καὶ ἐζήτουν οἱ ἀρχιερεῖς καὶ οἱ γραμματεῖς τὸ
N-NN-S CC VIIA--ZP DNMP N-NM-P CC DNMP N-NM-P DANS

πῶς ἀνέλωσιν αὐτόν, ἐφοβοῦντο γὰρ τὸν λαόν. 22.3 Εἰσῆλθεν δὲ
ABT VSAA--ZP NPAMZS VIIN--ZP CS DAMS N-AM-S VIAA--ZS CC

Σατανᾶς εἰς Ἰούδαν τὸν καλούμενον Ἰσκαριώτην, ὄντα
N-NM-S PA N-AM-S DAMS□APRNM-S VPPPAM-S N-AM-S VPPAAM-S

ἐκ τοῦ ἀριθμοῦ τῶν δώδεκα· 22.4 καὶ ἀπελθὼν συνελάλησεν τοῖς
PG DGMS N-GM-S DGMP APCGM-P CC VPAANM-S VIAA--ZS DDMP

ἀρχιερεῦσιν καὶ στρατηγοῖς τὸ πῶς αὐτοῖς παραδῷ αὐτόν.
N-DM-P CC N-DM-P DANS ABT NPDMZP VSAA--ZS NPAMZS

22.5 καὶ ἐχάρησαν καὶ συνέθεντο αὐτῷ ἀργύριον δοῦναι. 22.6 καὶ
CC VIAO--ZP CC VIAM--ZP NPDMZS N-AN-S VNAA CC

ἐξωμολόγησεν, καὶ ἐζήτει εὐκαιρίαν τοῦ παραδοῦναι αὐτὸν ἄτερ
VIAA--ZS CC VIIA--ZS N-AF-S DGNS VNAAG NPAMZS PG

ὄχλου αὐτοῖς.
N-GM-S NPDMZP

22.7 Ἦλθεν δὲ ἡ ἡμέρα τῶν ἀζύμων, [ἐν] ᾗ ἔδει
VIAA--ZS CC DNFS N-NF-S DGNP AP-GN-P PD APRDF-S VIIA--ZS

θύεσθαι τὸ πάσχα. 22.8 καὶ ἀπέστειλεν Πέτρον καὶ Ἰωάννην
VNPP DANS N-AN-S CC VIAA--ZS N-AM-S CC N-AM-S

εἰπών, Πορευθέντες ἑτοιμάσατε ἡμῖν τὸ πάσχα ἵνα φάγωμεν.
VPAANM-S VRAONMYP VMAA--YP NPD-XP DANS N-AN-S CS VSAA--XP

22.9 οἱ δὲ εἶπαν αὐτῷ, Ποῦ θέλεις ἑτοιμάσωμεν;
DNMP□NPNMZP CH VIAA--ZP NPDMZS ABT VIPA--YS VSAA--XP

22.10 ὁ δὲ εἶπεν αὐτοῖς, Ἰδοὺ εἰσελθόντων ὑμῶν εἰς τὴν
DNMS□NPNMZS CH VIAA--ZS NPDMZP QS VPAAGMYP NPG-YP PA DAFS

πόλιν συναντήσει ὑμῖν ἄνθρωπος κεράμιον ὕδατος βαστάζων·
N-AF-S VIFA--ZS NPD-YP N-NM-S N-AN-S N-GN-S VPPANM-S

ἀκολουθήσατε αὐτῷ εἰς τὴν οἰκίαν εἰς ἣν εἰσπορεύεται.
VMAA--YP NPDMZS PA DAFS N-AF-S PA APRAF-S VIPN--ZS

22.11 καὶ ἐρεῖτε τῷ οἰκοδεσπότῃ τῆς οἰκίας, Λέγει σοι
CC VIFA--YP□VMAA--YP DDMS N-DM-S DGFS N-GF-S VIPA--ZS NPD-YS

ὁ διδάσκαλος, Ποῦ ἐστιν τὸ κατάλυμα ὅπου τὸ πάσχα μετὰ
DNMS N-NM-S ABT VIPA--ZS DNNS N-NN-S ABR DANS N-AN-S PG

τῶν μαθητῶν μου φάγω; 22.12 κἀκεῖνος ὑμῖν δείξει ἀνάγαιον
DGMP N-GM-P NPG-XS VSAA--XS CC&APDNM-S NPD-YP VIFA--ZS N-AN-S

μέγα ἐστρωμένον· ἐκεῖ ἑτοιμάσατε. 22.13 ἀπελθόντες δὲ εὗρον
A--AN-S VPRPAN-S AB VMAA--YP VPAANM-P CH VIAA--ZP

καθὼς εἰρήκει αὐτοῖς, καὶ ἡτοίμασαν τὸ πάσχα.
CS VILA--ZS NPDMZP CC VIAA--ZP DANS N-AN-S

22.14 Καὶ ὅτε ἐγένετο ἡ ὥρα, ἀνέπεσεν καὶ οἱ ἀπόστολοι
CC CS VIAD--ZS DNFS N-NF-S VIAA--ZS CC DNMP N-NM-P

σὺν αὐτῷ. 22.15 καὶ εἶπεν πρὸς αὐτούς, Ἐπιθυμίᾳ ἐπεθύμησα
PD NPDMZS CC VIAA--ZS PA NPAMZP N-DF-S VIAA--XS

τοῦτο τὸ πάσχα φαγεῖν μεθ᾽ ὑμῶν πρὸ τοῦ με παθεῖν·
A-DAN-S DANS N-AN-S VNAA PG NPG-YP PG DGNS NPA-XS VNAAG

22.16 λέγω γὰρ ὑμῖν ὅτι οὐ μὴ φάγω αὐτὸ ἕως
VIPA--XS CS NPD-YP CH AB AB VSAA--XS NPANZS PG

ὅτου πληρωθῇ ἐν τῇ βασιλείᾳ τοῦ θεοῦ. 22.17 καὶ
APRGM-S□APDGM-S&APRDM-S VSAP--ZS PD DDFS N-DF-S DGMS N-GM-S CC

δεξάμενος ποτήριον εὐχαριστήσας εἶπεν, Λάβετε τοῦτο καὶ
VPADNM-S N-AN-S VPAANM-S VIAA--ZS VMAA--YP APDAN-S CC

διαμερίσατε εἰς ἑαυτούς· 22.18 λέγω γὰρ ὑμῖν [ὅτι] οὐ μὴ πίω
VMAA--YP PA NPAMYP VIPA--XS CS NPD-YP CH AB AB VSAA--XS

ἀπὸ τοῦ νῦν ἀπὸ τοῦ γενήματος τῆς ἀμπέλου ἕως
PG DGMS AB□AP-GM-S PG DGNS N-GN-S DGFS N-GF-S PG

οὗ ἡ βασιλεία τοῦ θεοῦ ἔλθῃ. 22.19 καὶ
APRGM-S□APDGM-S&APRDM-S DNFS N-NF-S DGMS N-GM-S VSAA--ZS CC

λαβὼν ἄρτον εὐχαριστήσας ἔκλασεν καὶ ἔδωκεν αὐτοῖς λέγων,
VPAANM-S N-AM-S VPAANM-S VIAA--ZS CC VIAA--ZS NPDMZP VPPANM-S

Τοῦτό ἐστιν τὸ σῶμά μου τὸ ὑπὲρ ὑμῶν διδόμενον·
APDNN-S VIPA--ZS DNNS N-NN-S NPG-XS DNNS□APRNN-S PG NPG-YP VPPPNN-S

τοῦτο ποιεῖτε εἰς τὴν ἐμὴν ἀνάμνησιν. 22.20 καὶ τὸ ποτήριον
APDAN-S VMPA--YP PA DAFS A--AFXS N-AF-S CC DANS N-AN-S

ὡσαύτως μετὰ τὸ δειπνῆσαι, λέγων, Τοῦτο τὸ ποτήριον ἡ
AB PA DANS VNAAA VPPANM-S A-DNN-S DNNS N-NN-S DNFS

καινὴ διαθήκη ἐν τῷ αἵματί μου, τὸ ὑπὲρ ὑμῶν
A--NF-S N-NF-S PD DDNS N-DN-S NPG-XS DNNS□APRNN-S PG NPG-YP

ἐκχυννόμενον. 22.21 πλὴν ἰδοὺ ἡ χεὶρ τοῦ
VPPPNN-S CC QS DNFS N-NF-S DGMS□NPGMZS&APRNM-S

παραδιδόντος με μετ᾽ ἐμοῦ ἐπὶ τῆς τραπέζης· 22.22 ὅτι ὁ
VPPAGM-S NPA-XS PG NPG-XS PG DGFS N-GF-S CS DNMS

υἱὸς μὲν τοῦ ἀνθρώπου κατὰ τὸ ὡρισμένον
N-NM-S CS DGMS N-GM-S PA DANS□NPANZS&APRNN-S VPRPAN-S

πορεύεται, πλὴν οὐαὶ τῷ ἀνθρώπῳ ἐκείνῳ δι᾽ οὗ παραδίδοται.
VIPN--ZS CH QS DDMS N-DM-S A-DDM-S PG APRGM-S VIPP--ZS

22.23 καὶ αὐτοὶ ἤρξαντο συζητεῖν πρὸς ἑαυτοὺς τὸ τίς ἄρα
CC NPNMZP VIAM--ZP VNPA PA NPAMZP DANS APTNM-S CH

εἴη ἐξ αὐτῶν ὁ τοῦτο μέλλων πράσσειν.
VOPA--ZS PG NPGMZP DNMS□NPNMZS&APRNM-S APDAN-S VPPANM-S+ +VNPA

22.24 Ἐγένετο δὲ καὶ φιλονεικία ἐν αὐτοῖς, τὸ τίς αὐτῶν
VIAD--ZS CC AB N-NF-S PD NPDMZP DNNS APTNM-S NPGMZP

δοκεῖ εἶναι μείζων. 22.25 ὁ δὲ εἶπεν αὐτοῖς, Οἱ βασιλεῖς
VIPA--ZS VNPA A-MNM-S DNMS□NPNMZS CH VIAA--ZS NPDMZP DNMP N-NM-P

τῶν ἐθνῶν κυριεύουσιν αὐτῶν καὶ οἱ   ἐξουσιάζοντες
DGNP N-GN-P VIPA--ZP   NPGNZP CC DNMP□NPNMZP&APRNM-P VPPANM-P

αὐτῶν εὐεργέται καλοῦνται. 22.26 ὑμεῖς δὲ οὐχ οὕτως, ἀλλ᾽ ὁ
NPGNZP N-NM-P   VIPP--ZP   NPN-YP CH AB   AB   CH   DNMS

μείζων ἐν ὑμῖν γινέσθω ὡς ὁ   νεώτερος, καὶ ὁ
APMNM-S PD NPD-YP VMPN--ZS CS DNMS APMNM-S   CC DNMS□NPNMZS&APRNM-S

ἡγούμενος ὡς ὁ   διακονῶν. 22.27 τίς   γὰρ μείζων,
VPPNNM-S   CS DNMS□NPNMZS&APRNM-S VPPANM-S   APTNM-S CS   A-MNM-S

ὁ   ἀνακείμενος ἢ ὁ   διακονῶν; οὐχὶ
DNMS□NPNMZS&APRNM-S VPPNNM-S   CC DNMS□NPNMZS&APRNM-S VPPANM-S   QT

ὁ   ἀνακείμενος; ἐγὼ δὲ ἐν μέσῳ ὑμῶν εἰμι   ὡς
DNMS□NPNMZS&APRNM-S VPPNNM-S   NPN-XS CH PD AP-DN-S NPG-YP VIPA--XS CS

ὁ   διακονῶν. 22.28 ὑμεῖς   δέ   ἐστε
DNMS□NPNMZS&APRNM-S VPPANM-S   NPN-YP   CC   VIPA--YP

οἱ   διαμεμενηκότες μετ᾽ ἐμοῦ ἐν τοῖς πειρασμοῖς
DNMP□NPNMYP&APRNMYP VPRANMYP   PG   NPG-XS PD DDMP N-DM-P

μου· 22.29 κἀγὼ   διατίθεμαι ὑμῖν καθὼς διέθετό μοι ὁ
NPG-XS   CC&NPN-XS VIPM--XS   NPD-YP CS   VIAM--ZS NPD-XS DNMS

πατήρ μου βασιλείαν 22.30 ἵνα ἔσθητε καὶ πίνητε ἐπὶ τῆς
N-NM-S NPG-XS N-AF-S   CC VSPA--YP CC VSPA--YP PG DGFS

τραπέζης μου ἐν τῇ βασιλείᾳ μου, καὶ καθήσεσθε ἐπὶ θρόνων
N-GF-S   NPG-XS PD DDFS N-DF-S   NPG-XS CC VIFD--YP   PG N-GM-P

τὰς δώδεκα φυλὰς κρίνοντες τοῦ Ἰσραήλ.
DAFP A-CAF-P N-AF-P VPPANMYP DGMS N-GM-S

22.31 Σίμων Σίμων, ἰδοὺ ὁ   Σατανᾶς ἐξῃτήσατο ὑμᾶς τοῦ
N-VM-S   N-VM-S   QS DNMS N-NM-S   VIAM--ZS   NPA-YP DGNS

σινιάσαι ὡς τὸν σῖτον· 22.32 ἐγὼ δὲ ἐδεήθην περὶ σοῦ ἵνα μὴ
VNAAG   CS DAMS N-AM-S   NPN-XS CH VIAO--XS   PG   NPG-YS CC AB

ἐκλίπῃ ἡ   πίστις σου· καὶ σύ   ποτε ἐπιστρέψας στήρισον τοὺς
VSAA--ZS DNFS N-NF-S NPG-YS CC NPN-YS ABI VPAANMYS   VMAA--YS DAMP

ἀδελφούς σου. 22.33 ὁ   δὲ εἶπεν αὐτῷ, Κύριε, μετὰ σοῦ
N-AM-P   NPG-YS   DNMS□NPNMZS CH VIAA--ZS NPDMZS N-VM-S PG   NPG-YS

ἕτοιμός εἰμι   καὶ εἰς φυλακὴν καὶ εἰς θάνατον πορεύεσθαι.
A--NM-S VIPA--XS AB/CC PA N-AF-S   CC PA N-AM-S   VNPN.

22.34 ὁ   δὲ εἶπεν, Λέγω σοι, Πέτρε, οὐ φωνήσει σήμερον
DNMS□NPNMZS CH VIAA--ZS VIPA--XS NPD-YS N-VM-S   AB VIFA--ZS   AB

ἀλέκτωρ ἕως τρίς με   ἀπαρνήσῃ εἰδέναι.
N-NM-S   CS AB NPA-XS VSAD--YS   VNRA

22.35 Καὶ εἶπεν αὐτοῖς, Ὅτε ἀπέστειλα ὑμᾶς ἄτερ βαλλαντίου
CC VIAA--ZS NPDMZP   CS VIAA--XS   NPA-YP PG   N-GN-S

καὶ πήρας καὶ ὑποδημάτων, μή τινος ὑστερήσατε; οἱ   δὲ
CC N-GF-S CC N-GN-P   QT APIGN-S VIAA--YP   DNMP□NPNMZP CH

εἶπαν, Οὐθενός. 22.36 εἶπεν δὲ αὐτοῖς, Ἀλλὰ νῦν ὁ
VIAA--ZP APCGN-S   VIAA--ZS CH NPDMZP   CC AB DNMS□NPNMZS&APRNM-S

ἔχων βαλλάντιον ἀράτω, ὁμοίως καὶ πήραν, καὶ
VPPANM-S N-AN-S VMAA--ZS AB AB N-AF-S CC

ὁ μὴ ἔχων πωλησάτω τὸ ἱμάτιον αὐτοῦ καὶ
DNMS☐NPNMZS&APRNM-S AB VPPANM-S VMAA--ZS DANS N-AN-S NPGMZS CC

ἀγορασάτω μάχαιραν. 22.37 λέγω γὰρ ὑμῖν ὅτι τοῦτο τὸ
VMAA--ZS N-AF-S VIPA--XS CS NPD-YP CH APDAN-S DANS☐APRNN-S

γεγραμμένον δεῖ τελεσθῆναι ἐν ἐμοί, τὸ Καὶ μετὰ ἀνόμων
VPRPAN-S VIPA--ZS VNAP PD NPD-XS DANS CC PG AP-GM-P

ἐλογίσθη· καὶ γὰρ τὸ περὶ ἐμοῦ τέλος ἔχει. 22.38 οἱ δὲ
VIAP--ZS AB CS DNNS PG NPG-XS N-AN-S VIPA--ZS DNMP☐NPNMZP CH

εἶπαν, Κύριε, ἰδοὺ μάχαιραι ὧδε δύο. ὁ δὲ εἶπεν αὐτοῖς,
VIAA--ZP N-VM-S QS N-NF-P AB A-CNF-P DNMS☐NPNMZS CH VIAA--ZS NPDMZP

Ἱκανόν ἐστιν.
A--NN-S VIPA--ZS

22.39 Καὶ ἐξελθὼν ἐπορεύθη κατὰ τὸ ἔθος εἰς τὸ Ὄρος τῶν
CC VPAANM-S VIAO--ZS PA DANS N-AN-S PA DANS N-AN-S DGFP

Ἐλαιῶν· ἠκολούθησαν δὲ αὐτῷ καὶ οἱ μαθηταί. 22.40 γενόμενος
N-GF-P VIAA--ZP CC NPDMZS AB DNMP N-NM-P VPADNM-S

δὲ ἐπὶ τοῦ τόπου εἶπεν αὐτοῖς, Προσεύχεσθε μὴ εἰσελθεῖν εἰς
CC PG DGMS N-GM-S VIAA--ZS NPDMZP VMPN--YP AB VNAA PA

πειρασμόν. 22.41 καὶ αὐτὸς ἀπεσπάσθη ἀπ᾽ αὐτῶν ὡσεὶ λίθου
N-AM-S CC NPNMZS VIAP--ZS PG NPGMZP AB N-GM-S

βολήν, καὶ θεὶς τὰ γόνατα προσηύχετο 22.42 λέγων, Πάτερ, εἰ
N-AF-S CC VPAANM-S DANP N-AN-P VIIN--ZS VPPANM-S N-VM-S CS

βούλει παρένεγκε τοῦτο τὸ ποτήριον ἀπ᾽ ἐμοῦ· πλὴν μὴ τὸ
VIPN--YS VMAA--YS A-DAN-S DANS N-AN-S PG NPG-XS CH AB DNNS

θέλημά μου ἀλλὰ τὸ σὸν γινέσθω. ⟦22.43 ὤφθη δὲ αὐτῷ
N-NN-S NPG-XS CH DNNS AP-NNYS VMPN--ZS VIAP--ZS CC NPDMZS

ἄγγελος ἀπ᾽ οὐρανοῦ ἐνισχύων αὐτόν. 22.44 καὶ γενόμενος ἐν
N-NM-S PG N-GM-S VPPANM-S NPAMZS CC VPADNM-S PD

ἀγωνίᾳ ἐκτενέστερον προσηύχετο· καὶ ἐγένετο ὁ ἱδρὼς αὐτοῦ
N-DF-S APMAN-S☐ABM VIIN--ZS CC VIAD--ZS DNMS N-NM-S NPGMZS

ὡσεὶ θρόμβοι αἵματος καταβαίνοντος ἐπὶ τὴν γῆν.⟧ 22.45 καὶ
CS N-NM-P N-GN-S VPPAGN-S PA DAFS N-AF-S CC

ἀναστὰς ἀπὸ τῆς προσευχῆς ἐλθὼν πρὸς τοὺς μαθητὰς εὗρεν
VPAANM-S PG DGFS N-GF-S VPAANM-S PA DAMP N-AM-P VIAA--ZS

κοιμωμένους αὐτοὺς ἀπὸ τῆς λύπης, 22.46 καὶ εἶπεν αὐτοῖς,
VPPNAM-P NPAMZP PG DGFS N-GF-S CC VIAA--ZS NPDMZP

Τί καθεύδετε; ἀναστάντες προσεύχεσθε, ἵνα μὴ εἰσέλθητε
APTAN-S☐ABT VIPA--YP VRAANMYP VMPN--YP CC/CS AB VSAA--YP

εἰς πειρασμόν.
PA N-AM-S

22.47 Ἔτι αὐτοῦ λαλοῦντος ἰδοὺ ὄχλος, καὶ ὁ
AB NPGMZS VPPAGM-S QS N-NM-S CC DNMS☐NPNMZS&APRNM-S

λεγόμενος Ἰούδας εἷς τῶν δώδεκα προήρχετο αὐτούς, καὶ
VPPPNM-S N-NM-S APCNM-S DGMP APCGM-P VIIN--ZS NPAMZP CC

ἤγγισεν τῷ Ἰησοῦ φιλῆσαι αὐτόν. 22.48 Ἰησοῦς δὲ εἶπεν αὐτῷ,
VIAA--ZS DDMS N-DM-S VNAA NPAMZS N-NM-S CH VIAA--ZS NPDMZS

Ἰούδα, φιλήματι τὸν υἱὸν τοῦ ἀνθρώπου παραδίδως;
N-VM-S N-DN-S DAMS N-AM-S DGMS N-GM-S VIPA--YS

22.49 ἰδόντες δὲ οἱ περὶ αὐτὸν τὸ ἐσόμενον εἶπαν,
VPAANM-P CH DNMP PA NPAMZS DANS□NPANZS&APRNN-S VPFDAN-S VIAA--ZP

Κύριε, εἰ πατάξομεν ἐν μαχαίρῃ; 22.50 καὶ ἐπάταξεν εἷς τις
N-VM-S QT VIFA--XP PD N-DF-S CC VIAA--ZS APCNM-S A-INM-S

ἐξ αὐτῶν τοῦ ἀρχιερέως τὸν δοῦλον καὶ ἀφεῖλεν τὸ οὖς αὐτοῦ
PG NPGMZP DGMS N-GM-S DAMS N-AM-S CC VIAA--ZS DANS N-AN-S NPGMZS

τὸ δεξιόν. 22.51 ἀποκριθεὶς δὲ ὁ Ἰησοῦς εἶπεν, Ἐᾶτε ἕως
DANS A--AN-S VPAONM-S CH DNMS N-NM-S VIAA--ZS VMPA--YP PG

τούτου· καὶ ἁψάμενος τοῦ ὠτίου ἰάσατο αὐτόν. 22.52 εἶπεν δὲ
APDGN-S CC VPAMNM-S DGNS N-GN-S VIAD--ZS NPAMZS VIAA--ZS CH

Ἰησοῦς πρὸς τοὺς παραγενομένους ἐπ’ αὐτὸν ἀρχιερεῖς
N-NM-S PA DAMP□APRNM-P+ VPADAM-P PA NPAMZS N-AM-P

καὶ στρατηγοὺς τοῦ ἱεροῦ καὶ πρεσβυτέρους, Ὡς ἐπὶ λῃστὴν
CC N-AM-P DGNS AP-GN-S CC AP-AM-P CS PA N-AM-S

ἐξήλθατε μετὰ μαχαιρῶν καὶ ξύλων; 22.53 καθ’ ἡμέραν ὄντος
VIAA--YP PG N-GF-P CC N-GN-P PA N-AF-S VPPAGMXS

μου μεθ’ ὑμῶν ἐν τῷ ἱερῷ οὐκ ἐξετείνατε τὰς χεῖρας ἐπ’ ἐμέ·
NPG-XS PG NPG-YP PD DDNS AP-DN-S AB VIAA--YP DAFP N-AF-P PA NPA-XS

ἀλλ’ αὕτη ἐστὶν ὑμῶν ἡ ὥρα καὶ ἡ ἐξουσία τοῦ σκότους.
CC APDNF-S VIPA--ZS NPG-YP DNFS N-NF-S CC DNFS N-NF-S DGNS N-GN-S

22.54 Συλλαβόντες δὲ αὐτὸν ἤγαγον καὶ εἰσήγαγον εἰς τὴν
VPAANM-P CC NPAMZS VIAA--ZP CC VIAA--ZP PA DAFS

οἰκίαν τοῦ ἀρχιερέως· ὁ δὲ Πέτρος ἠκολούθει μακρόθεν.
N-AF-S DGMS N-GM-S DNMS CC N-NM-S VIIA--ZS AB

22.55 περιαψάντων δὲ πῦρ ἐν μέσῳ τῆς αὐλῆς καὶ
VPAAGM-P CC N-AN-S PD AP-DN-S DGFS N-GF-S CC

συγκαθισάντων ἐκάθητο ὁ Πέτρος μέσος αὐτῶν. 22.56 ἰδοῦσα
VPAAGM-P VIIN--ZS DNMS N-NM-S A--NM-S NPGMZP VPAANF-S

δὲ αὐτὸν παιδίσκη τις καθήμενον πρὸς τὸ φῶς καὶ ἀτενίσασα
CH NPAMZS N-NF-S A-INF-S VPPNAM-S PA DANS N-AN-S CC VPAANF-S

αὐτῷ εἶπεν, Καὶ οὗτος σὺν αὐτῷ ἦν· 22.57 ὁ δὲ
NPDMZS VIAA--ZS AB APDNM-S PD NPDMZS VIIA--ZS DNMS□NPNMZS CH

ἠρνήσατο λέγων, Οὐκ οἶδα αὐτόν, γύναι. 22.58 καὶ μετὰ βραχὺ
VIAD--ZS VPPANM-S AB VIRA--XS NPAMZS N-VF-S CC PA AP-AN-S

ἕτερος ἰδὼν αὐτὸν ἔφη, Καὶ σὺ ἐξ αὐτῶν εἶ· ὁ δὲ
AP-NM-S VPAANM-S NPAMZS VIAA--ZS/VIIA--ZS AB NPN-YS PG NPGMZP VIPA--YS DNMS CH

Πέτρος ἔφη, Ἄνθρωπε, οὐκ εἰμί. 22.59 καὶ διαστάσης
N-NM-S VIAA--ZS/VIIA--ZS N-VM-S AB VIPA--XS CC VPAAGF-S

ὡσεὶ ὥρας μιᾶς ἄλλος τις διϊσχυρίζετο λέγων, Ἐπ᾽ ἀληθείας
AB   N-GF-S   A-CGF-S   AP-NM-S   A-INM-S   VIIN--ZS   VPPANM-S   PG   N-GF-S

καὶ οὗτος μετ᾽ αὐτοῦ ἦν, καὶ γὰρ Γαλιλαῖός ἐστιν· 22.60 εἶπεν
AB   APDNM-S   PG   NPGMZS   VIIA--ZS   AB   CS   A--NM-S   VIPA--ZS   VIAA--ZS

δὲ ὁ Πέτρος, Ἄνθρωπε, οὐκ οἶδα ὃ λέγεις.
CH   DNMS   N-NM-S   N-VM-S   AB   VIRA--XS   APRAN-S□APDAN-S&APRAN-S   VIPA--YS

καὶ παραχρῆμα ἔτι λαλοῦντος αὐτοῦ ἐφώνησεν ἀλέκτωρ. 22.61 καὶ
CC   AB   AB   VPPAGM-S   NPGMZS   VIAA--ZS   N-NM-S   CC

στραφεὶς ὁ κύριος ἐνέβλεψεν τῷ Πέτρῳ, καὶ ὑπεμνήσθη ὁ
VPAPNM-S   DNMS   N-NM-S   VIAA--ZS   DDMS   N-DM-S   CC   VIAP--ZS   DNMS

Πέτρος τοῦ ῥήματος τοῦ κυρίου ὡς εἶπεν αὐτῷ ὅτι Πρὶν
N-NM-S   DGNS   N-GN-S   DGMS   N-GM-S   ABR/CS   VIAA--ZS   NPDMZS   ABR/CH   AB□CS

ἀλέκτορα φωνῆσαι σήμερον ἀπαρνήσῃ με τρίς· 22.62 καὶ
N-AM-S   VNAA   AB   VIFD--YS   NPA-XS   AB   CC

ἐξελθὼν ἔξω ἔκλαυσεν πικρῶς.
VPAANM-S   AB   VIAA--ZS   AB

22.63 Καὶ οἱ ἄνδρες οἱ συνέχοντες αὐτὸν ἐνέπαιζον
CC   DNMP   N-NM-P   DNMP□APRNM-P   VPPANM-P   NPAMZS   VIIA--ZP

αὐτῷ δέροντες, 22.64 καὶ περικαλύψαντες αὐτὸν ἐπηρώτων
NPDMZS   VPPANM-P   CC   VPAANM-P   NPAMZS   VIIA--ZP

λέγοντες, Προφήτευσον, τίς ἐστιν ὁ παίσας
VPPANM-P   VMAA--YS   APTNM-S   VIPA--ZS   DNMS□NPNMZS&APRNM-S   VPAANM-S

σε; 22.65 καὶ ἕτερα πολλὰ βλασφημοῦντες ἔλεγον εἰς αὐτόν.
NPA-YS   CC   AP-AN-P   A--AN-P   VPPANM-P   VIIA--ZP   PA   NPAMZS

22.66 Καὶ ὡς ἐγένετο ἡμέρα, συνήχθη τὸ πρεσβυτέριον τοῦ
CC   CS   VIAD--ZS   N-NF-S   VIAP--ZS   DNNS   N-NN-S   DGMS

λαοῦ, ἀρχιερεῖς τε καὶ γραμματεῖς, καὶ ἀπήγαγον αὐτὸν εἰς τὸ
N-GM-S   N-NM-P   CC   CC   N-NM-P   CC   VIAA--ZP   NPAMZS   PA   DANS

συνέδριον αὐτῶν, 22.67 λέγοντες, Εἰ σὺ εἶ ὁ Χριστός,
N-AN-S   NPGMZP   VPPANM-P   CS/QT   NPN-YS   VIPA--YS   DNMS   N-NM-S

εἰπὸν ἡμῖν. εἶπεν δὲ αὐτοῖς, Ἐὰν ὑμῖν εἴπω οὐ μὴ πιστεύσητε·
VMAA--YS   NPD-XP   VIAA--ZS   CH   NPDMZP   CS   NPD-YP   VSAA--XS   AB   AB   VSAA--YP

22.68 ἐὰν δὲ ἐρωτήσω οὐ μὴ ἀποκριθῆτε. 22.69 ἀπὸ τοῦ νῦν
CS   CC   VSAA--XS   AB   AB   VSAO--YP   PG   DGMS   AB□AP-GM-S

δὲ ἔσται ὁ υἱὸς τοῦ ἀνθρώπου καθήμενος ἐκ δεξιῶν τῆς
CC   VIFD--ZS+   DNMS   N-NM-S   DGMS   N-GM-S   +VPPNNM-S   PG   AP-GN-P   DGFS

δυνάμεως τοῦ θεοῦ. 22.70 εἶπαν δὲ πάντες, Σὺ οὖν εἶ ὁ
N-GF-S   DGMS   N-GM-S   VIAA--ZP   CH   AP-NM-P   NPN-YS   CH   VIPA--YS   DNMS

υἱὸς τοῦ θεοῦ; ὁ δὲ πρὸς αὐτοὺς ἔφη, Ὑμεῖς
N-NM-S   DGMS   N-GM-S   DNMS□NPNMZS   CH   PA   NPAMZP   VIAA--ZS/VIIA--ZS   NPN-YP

λέγετε ὅτι ἐγώ εἰμι. 22.71 οἱ δὲ εἶπαν, Τί ἔτι
VIPA--YP   CC   NPN-XS   VIPA--XS   DNMP□NPNMZP   CH   VIAA--ZP   APTAN-S□ABT   AB

ἔχομεν μαρτυρίας χρείαν; αὐτοὶ γὰρ ἠκούσαμεν ἀπὸ τοῦ
VIPA--XP   N-GF-S   N-AF-S   NPNMXP   CS   VIAA--XP   PG   DGNS

στόματος αὐτοῦ.
N-GN-S   NPGMZS

23.1 Καὶ ἀναστὰν ἅπαν τὸ πλῆθος αὐτῶν ἤγαγον αὐτὸν ἐπὶ
CC VPAANN-S A--NN-S DNNS N-NN-S NPGMZP VIAA--ZP NPAMZS PA

τὸν Πιλᾶτον. 23.2 ἤρξαντο δὲ κατηγορεῖν αὐτοῦ λέγοντες, Τοῦτον
DAMS N-AM-S VIAM--ZP CC VNPA NPGMZS VPPANM-P APDAM-S

εὕραμεν διαστρέφοντα τὸ ἔθνος ἡμῶν καὶ κωλύοντα φόρους
VIAA--XP' VPPAAM-S DANS N-AN-S NPG-XP CC VPPAAM-S N-AM-P

Καίσαρι διδόναι καὶ λέγοντα ἑαυτὸν Χριστὸν βασιλέα εἶναι.
N-DM-S VNPA CC VPPAAM-S NPAMZS N-AM-S N-AM-S VNPA

23.3 ὁ δὲ Πιλᾶτος ἠρώτησεν αὐτὸν λέγων, Σὺ εἶ ὁ
DNMS CH N-NM-S VIAA--ZS NPAMZS VPPANM-S NPN-YS VIPA--YS DNMS

βασιλεὺς τῶν Ἰουδαίων; ὁ δὲ ἀποκριθεὶς αὐτῷ
N-NM-S DGMP AP-GM-P DNMS□NPNMZS CH VPAONM-S NPDMZS

ἔφη, Σὺ λέγεις. 23.4 ὁ δὲ Πιλᾶτος εἶπεν πρὸς τοὺς
VIAA--ZS/VIIA--ZS NPN-YS VIPA--YS DNMS CH N-NM-S VIAA--ZS PA DAMP

ἀρχιερεῖς καὶ τοὺς ὄχλους, Οὐδὲν εὑρίσκω αἴτιον ἐν τῷ ἀνθρώπῳ
N-AM-P CC DAMP N-AM-P A-CAN-S VIPA--XS AP-AN-S PD DDMS N-DM-S

τούτῳ. 23.5 οἱ δὲ ἐπίσχυον λέγοντες ὅτι Ἀνασείει τὸν
A-DDM-S DNMP□NPNMZP CH VIIA--ZP VPPANM-P CH VIPA--ZS DAMS

λαὸν διδάσκων καθ᾽ ὅλης τῆς Ἰουδαίας, καὶ ἀρξάμενος ἀπὸ τῆς
N-AM-S VPPANM-S PG A--GF-S DGFS N-GF-S AB VPAMNM-S PG DGFS

Γαλιλαίας ἕως ὧδε.
N-GF-S PG AB□AP-GN-S

23.6 Πιλᾶτος δὲ ἀκούσας ἐπηρώτησεν εἰ ὁ ἄνθρωπος
N-NM-S CH VPAANM-S VIAA--ZS QT DNMS N-NM-S

Γαλιλαῖός ἐστιν· 23.7 καὶ ἐπιγνοὺς ὅτι ἐκ τῆς ἐξουσίας Ἡρῴδου
A--NM-S VIPA--ZS CC VPAANM-S CC PG DGFS N-GF-S N-GM-S

ἐστὶν ἀνέπεμψεν αὐτὸν πρὸς Ἡρῴδην, ὄντα καὶ αὐτὸν ἐν
VIPA--ZS VIAA--ZS NPAMZS PA N-AM-S VPPAAM-S AB NPAMZS PD

Ἱεροσολύμοις ἐν ταύταις ταῖς ἡμέραις. 23.8 ὁ δὲ Ἡρῴδης
N-DN-P PD A-DDF-P DDFP N-DF-P DNMS CH N-NM-S

ἰδὼν τὸν Ἰησοῦν ἐχάρη λίαν, ἦν γὰρ ἐξ ἱκανῶν χρόνων
VPAANM-S DAMS N-AM-S VIAO--ZS AB VIIA--ZS+ CS PG A--GM-P N-GM-P

θέλων ἰδεῖν αὐτὸν διὰ τὸ ἀκούειν περὶ αὐτοῦ, καὶ ἤλπιζέν τι
+VPPANM-S VNAA NPAMZS PA DANS VNPAA PG NPGMZS CC VIIA--ZS A-IAN-S

σημεῖον ἰδεῖν ὑπ᾽ αὐτοῦ γινόμενον. 23.9 ἐπηρώτα δὲ αὐτὸν ἐν
N-AN-S VNAA PG NPGMZS VPPNAN-S VIIA--ZS CH NPAMZS PD

λόγοις ἱκανοῖς· αὐτὸς δὲ οὐδὲν ἀπεκρίνατο αὐτῷ.
N-DM-P A--DM-P NPNMZS CH APCAN-S VIAD--ZS NPDMZS

23.10 εἱστήκεισαν δὲ οἱ ἀρχιερεῖς καὶ οἱ γραμματεῖς εὐτόνως
VILA--ZP CC DNMP N-NM-P CC DNMP N-NM-P AB

κατηγοροῦντες αὐτοῦ. 23.11 ἐξουθενήσας δὲ αὐτὸν [καὶ] ὁ
VPPANM-P NPGMZS VPAANM-S CC NPAMZS AB DNMS

Ἡρῴδης σὺν τοῖς στρατεύμασιν αὐτοῦ καὶ ἐμπαίξας περιβαλὼν
N-NM-S PD DDNP N-DN-P NPGMZS CC VPAANM-S VPAANM-S

ἐσθῆτα λαμπρὰν ἀνέπεμψεν αὐτὸν τῷ Πιλάτῳ. 23.12 ἐγένοντο δὲ
N-AF-S A--AF-S VIAA--ZS NPAMZS DDMS N-DM-S VIAD--ZP CH

φίλοι ὅ τε Ἡρῴδης καὶ ὁ Πιλᾶτος ἐν αὐτῇ τῇ ἡμέρᾳ
AP-NM-P DNMS CC N-NM-S CC DNMS N-NM-S PD NPDFZS□A--DF-S DDFS N-DF-S

μετ᾽ ἀλλήλων· προϋπῆρχον γὰρ ἐν ἔχθρᾳ ὄντες πρὸς αὐτούς.
PG NPGMZP VIIA--ZP+ CS PD N-DF-S +VPPANM-P PA NPAMZP

23.13 Πιλᾶτος δὲ συγκαλεσάμενος τοὺς ἀρχιερεῖς καὶ τοὺς
N-NM-S CC VPAMNM-S DAMP N-AM-P CC DAMP

ἄρχοντας καὶ τὸν λαὸν 23.14 εἶπεν πρὸς αὐτούς, Προσηνέγκατέ
N-AM-P CC DAMS N-AM-S VIAA--ZS PA NPAMZP VIAA--YP

μοι τὸν ἄνθρωπον τοῦτον ὡς ἀποστρέφοντα τὸν λαόν, καὶ ἰδοὺ
NPD-XS DAMS N-AM-S A-DAM-S CS VPPAAM-S DAMS N-AM-S CC QS

ἐγὼ ἐνώπιον ὑμῶν ἀνακρίνας οὐθὲν εὗρον ἐν τῷ ἀνθρώπῳ
NPN-XS PG NPG-YP VPAANMXS A-CAN-S VIAA--XS PD DDMS N-DM-S

τούτῳ αἴτιον ὧν κατηγορεῖτε κατ᾽ αὐτοῦ,
A-DDM-S AP-AN-S APRGN-P□APDGN-P&APRAN-P VIPA--YP PG NPGMZS

23.15 ἀλλ᾽ οὐδὲ Ἡρῴδης· ἀνέπεμψεν γὰρ αὐτὸν πρὸς ἡμᾶς· καὶ
CC AB N-NM-S VIAA--ZS CS NPAMZS PA NPA-XP CC

ἰδοὺ οὐδὲν ἄξιον θανάτου ἐστὶν πεπραγμένον αὐτῷ.
QS APCNN-S A--NN-S N-GM-S VIPA--ZS+ +VPRPNN-S NPDMZS

23.16 παιδεύσας οὖν αὐτὸν ἀπολύσω. 23.18 ἀνέκραγον δὲ
VPAANMXS CH NPAMZS VIFA--XS VIAA--ZP CH

παμπληθεὶ λέγοντες, Αἶρε τοῦτον, ἀπόλυσον δὲ ἡμῖν τὸν
AB VPPANM-P VMPA--YS APDAM-S VMAA--YS CC NPD-XP DAMS

Βαραββᾶν· 23.19 ὅστις ἦν διὰ στάσιν τινὰ γενομένην ἐν τῇ
N-AM-S APRNM-S VIIA--ZS+ PA N-AF-S A-IAF-S VPADAF-S PD DDFS

πόλει καὶ φόνον βληθεὶς ἐν τῇ φυλακῇ. 23.20 πάλιν δὲ ὁ
N-DF-S CC N-AM-S +VPAPNM-S PD DDFS N-DF-S AB CH DNMS

Πιλᾶτος προσεφώνησεν αὐτοῖς, θέλων ἀπολῦσαι τὸν Ἰησοῦν·
N-NM-S VIAA--ZS NPDMZP VPPANM-S VNAA DAMS N-AM-S

23.21 οἱ δὲ ἐπεφώνουν λέγοντες, Σταύρου, σταύρου αὐτόν.
DNMP□NPNMZP CH VIIA--ZP VPPANM-P VMPA--YS VMPA--YS NPAMZS

23.22 ὁ δὲ τρίτον εἶπεν πρὸς αὐτούς, Τί γὰρ κακὸν
DNMS□NPNMZS CH APOAN-S□AB VIAA--ZS PA NPAMZP A-TAN-S CS AP-AN-S

ἐποίησεν οὗτος; οὐδὲν αἴτιον θανάτου εὗρον ἐν αὐτῷ· παιδεύσας
VIAA--ZS APDNM-S A-CAN-S AP-AN-S N-GM-S VIAA--XS PD NPDMZS VPAANMXS

οὖν αὐτὸν ἀπολύσω. 23.23 οἱ δὲ ἐπέκειντο φωναῖς
CH NPAMZS VIFA--XS DNMP□NPNMZP CH VIIN--ZP N-DF-P

μεγάλαις αἰτούμενοι αὐτὸν σταυρωθῆναι, καὶ κατίσχυον αἱ
A--DF-P VPPMNM-P NPAMZS VNAP CC VIIA--ZP DNFP

φωναὶ αὐτῶν. 23.24 καὶ Πιλᾶτος ἐπέκρινεν γενέσθαι τὸ αἴτημα
N-NF-P NPGMZP CC N-NM-S VIAA--ZS VNAD DANS N-AN-S

αὐτῶν· 23.25 ἀπέλυσεν δὲ τὸν   διὰ στάσιν καὶ φόνον
NPGMZP   VIAA--ZS   CH DAMS□NPAMZS&APRNM-S PA N-AF-S CC N-AM-S

βεβλημένον εἰς φυλακὴν ὃν   ᾐτοῦντο, τὸν δὲ   Ἰησοῦν
VPRPAM-S   PA N-AF-S APRAM-S VIIM--ZP DAMS CC/CH N-AM-S

παρέδωκεν τῷ θελήματι αὐτῶν.
VIAA--ZS   DDNS N-DN-S   NPGMZP

23.26 Καὶ ὡς ἀπήγαγον αὐτόν, ἐπιλαβόμενοι Σίμωνά τινα
       CC CS VIAA--ZP NPAMZS VPADNM-P   N-AM-S A-IAM-S

Κυρηναῖον ἐρχόμενον ἀπ᾽ ἀγροῦ ἐπέθηκαν αὐτῷ τὸν σταυρὸν
N-AM-S   VPPNAM-S   PG N-GM-S VIAA--ZP NPDMZS DAMS N-AM-S

φέρειν ὄπισθεν τοῦ Ἰησοῦ. 23.27 Ἠκολούθει δὲ αὐτῷ πολὺ
VNPA   PG   DGMS N-GM-S   VIIA--ZS CC NPDMZS A--NN-S

πλῆθος τοῦ λαοῦ καὶ γυναικῶν αἳ   ἐκόπτοντο καὶ ἐθρήνουν
N-NN-S DGMS N-GM-S CC N-GF-P APRNF-P VIIM--ZP CC VIIA--ZP

αὐτόν. 23.28 στραφεὶς δὲ πρὸς αὐτὰς [ὁ] Ἰησοῦς εἶπεν,
NPAMZS   VPAPNM-S CH PA NPAFZP DNMS N-NM-S VIAA--ZS

Θυγατέρες Ἰερουσαλήμ, μὴ κλαίετε ἐπ᾽ ἐμέ· πλὴν ἐφ᾽ ἑαυτὰς
N-VF-P   N-GF-S   AB VMPA--YP PA NPA-XS CH PA NPAFYP

κλαίετε καὶ ἐπὶ τὰ τέκνα ὑμῶν, 23.29 ὅτι ἰδοὺ ἔρχονται ἡμέραι ἐν
VMPA--YP CC PA DANP N-AN-P NPG-YP   CS QS VIPN--ZP N-NF-P PD

αἷς ἐροῦσιν, Μακάριαι αἱ στεῖραι καὶ αἱ κοιλίαι αἳ ουκ
APRDF-P VIFA--ZP A--NF-P DNFP AP-NF-P CC DNFP N-NF-P APRNF-P AB

ἐγέννησαν καὶ μαστοὶ οἳ   οὐκ ἔθρεψαν.
VIAA--ZP   CC N-NM-P APRNM-P AB VIAA--ZP

23.30   τότε ἄρξονται λέγειν τοῖς ὄρεσιν,
         AB VIFM--ZP VNPA DDNP N-DN-P

         Πέσετε ἐφ᾽ ἡμᾶς,
         VMAA--YP PA NPA-XP

         καὶ τοῖς βουνοῖς,
         CC DDMP N-DM-P

         Καλύψατε ἡμᾶς·
         VMAA--YP NPA-XP

23.31 ὅτι εἰ ἐν τῷ ὑγρῷ ξύλῳ ταῦτα ποιοῦσιν, ἐν τῷ ξηρῷ τί
       CS CS PD DDNS A--DN-S N-DN-S APDAN-P VIPA--ZP PD DDNS AP-DN-S APTNN-S

γένηται;
VSAD--ZS

23.32 Ἤγοντο δὲ καὶ ἕτεροι κακοῦργοι δύο σὺν αὐτῷ
       VIIP--ZP CC AB A--NM-P AP-NM-P A-CNM-P PD NPDMZS

ἀναιρεθῆναι. 23.33 καὶ ὅτε ἦλθον ἐπὶ τὸν τόπον τὸν
VNAP   CC CS VIAA--ZP PA DAMS N-AM-S DAMS□APRNM-S

καλούμενον Κρανίον, ἐκεῖ ἐσταύρωσαν αὐτὸν καὶ τοὺς
VPPPAM-S   N-AN-S   AB   VIAA--ZP   NPAMZS CC DAMP

κακούργους, ὃν   μὲν ἐκ δεξιῶν ὃν   δὲ ἐξ
AP-AM-P   APRAM-S□APDAM-S CC PG AP-GN-P APRAM-S□APDAM-S CC PG

ἀριστερῶν. 23.34 ⟦ὁ δὲ Ἰησοῦς ἔλεγεν, Πάτερ, ἄφες αὐτοῖς, οὐ
AP-GN-P   DNMS CH N-NM-S   VIIA--ZS N-VM-S   VMAA--YS NPDMZP AB

γὰρ οἴδασιν τί ποιοῦσιν.⟧ διαμεριζόμενοι δὲ τὰ ἱμάτια αὐτοῦ
CS   VIRA--ZP   APTAN-S VIPA--ZP   VPPMNM-P   CC DANP N-AN-P NPGMZS

ἔβαλον κλήρους. 23.35 καὶ εἱστήκει ὁ λαὸς θεωρῶν.
VIAA--ZP N-AM-P   CC   VILA--ZS   DNMS N-NM-S VPPANM-S

ἐξεμυκτήριζον δὲ καὶ οἱ ἄρχοντες λέγοντες, Ἄλλους ἔσωσεν,
VIIA--ZP   CC AB DNMP N-NM-P   VPPANM-P   AP-AM-P VIAA--ZS

σωσάτω ἑαυτόν, εἰ οὗτός ἐστιν ὁ Χριστὸς τοῦ θεοῦ ὁ
VMAA--ZS NPAMZS CS APDNM-S VIPA--ZS DNMS N-NM-S DGMS N-GM-S DNMS

ἐκλεκτός. 23.36 ἐνέπαιξαν δὲ αὐτῷ καὶ οἱ στρατιῶται
A--NM-S   VIAA--ZP   CC NPDMZS AB   DNMP N-NM-P

προσερχόμενοι, ὄξος προσφέροντες αὐτῷ 23.37 καὶ λέγοντες, Εἰ
VPPNNM-P   N-AN-S VPPANM-P   NPDMZS   CC VPPANM-P CS

σὺ εἶ ὁ βασιλεὺς τῶν Ἰουδαίων, σῶσον σεαυτόν.
NPN-YS VIPA--YS DNMS N-NM-S DGMP AP-GM-P   VMAA--YS NPAMYS

23.38 ἦν δὲ καὶ ἐπιγραφὴ ἐπ᾽ αὐτῷ, Ὁ βασιλεὺς τῶν
      VIIA--ZS CC AB N-NF-S   PD NPDMZS DNMS N-NM-S DGMP

Ἰουδαίων οὗτος.
AP-GM-P APDNM-S

23.39 Εἷς δὲ τῶν κρεμασθέντων κακούργων
      APCNM-S CC DGMP□APRNM-P+   VPAPGM-P   AP-GM-P

ἐβλασφήμει αὐτὸν λέγων, Οὐχὶ σὺ εἶ ὁ Χριστός; σῶσον
VIIA--ZS   NPAMZS VPPANM-S QT   NPN-YS VIPA--YS DNMS N-NM-S   VMAA--YS

σεαυτὸν καὶ ἡμᾶς. 23.40 ἀποκριθεὶς δὲ ὁ ἕτερος ἐπιτιμῶν αὐτῷ
NPAMYS   CC NPA-XP   VPAONM-S   CH DNMS AP-NM-S VPPANM-S NPDMZS

ἔφη, Οὐδὲ φοβῇ σὺ τὸν θεόν, ὅτι ἐν τῷ αὐτῷ κρίματι
VIAA--ZS/VIIA--ZS AB VIPN--YS NPN-YS DAMS N-AM-S CS PD DDNS A--DN-S N-DN-S

εἶ; 23.41 καὶ ἡμεῖς μὲν δικαίως, ἄξια γὰρ ὧν
VIPA--YS   CC NPN-XP CS AB   AP-AN-P CS APRGN-P□APDGN-P&APRAN-P

ἐπράξαμεν ἀπολαμβάνομεν· οὗτος δὲ οὐδὲν ἄτοπον ἔπραξεν.
VIAA--XP   VIPA--XP   APDNM-S CH A-CAN-S AP-AN-S VIAA--ZS

23.42 καὶ ἔλεγεν, Ἰησοῦ, μνήσθητί μου ὅταν ἔλθῃς εἰς τὴν
      CC VIIA--ZS N-VM-S VMAO--YS NPG-XS CS VSAA--YS PA DAFS

βασιλείαν σου. 23.43 καὶ εἶπεν αὐτῷ, Ἀμήν σοι λέγω, σήμερον
N-AF-S   NPG-YS   CC VIAA--ZS NPDMZS QS   NPD-YS VIPA--XS AB

μετ᾽ ἐμοῦ ἔσῃ ἐν τῷ παραδείσῳ.
PG NPG-XS VIFD--YS PD DDMS N-DM-S

23.44 Καὶ ἦν ἤδη ὡσεὶ ὥρα ἕκτη καὶ σκότος ἐγένετο ἐφ᾽
      CC VIIA--ZS AB AB   N-NF-S A-ONF-S CC N-NN-S VIAD--ZS PA

ὅλην τὴν γῆν ἕως ὥρας ἐνάτης 23.45 τοῦ ἡλίου ἐκλιπόντος,
A--AF-S DAFS N-AF-S PG N-GF-S A-OGF-S   DGMS N-GM-S VPAAGM-S

ἐσχίσθη δὲ τὸ καταπέτασμα τοῦ ναοῦ μέσον. 23.46 καὶ
VIAP--ZS CC DNNS N-NN-S   DGMS N-GM-S AP-AN-S□AB   CC

273

φωνήσας φωνῇ μεγάλῃ ὁ Ἰησοῦς εἶπεν, Πάτερ, εἰς χεῖράς σου
VPAANM-S N-DF-S A--DF-S DNMS N-NM-S VIAA--ZS N-VM-S PA N-AF-P NPG-YS

παρατίθεμαι τὸ πνεῦμά μου· τοῦτο δὲ εἰπὼν ἐξέπνευσεν.
VIPM--XS DANS N-AN-S NPG-XS APDAN-S CC VPAANM-S VIAA--ZS

23.47 Ἰδὼν δὲ ὁ ἑκατοντάρχης τὸ γενόμενον
VPAANM-S CH DNMS N-NM-S DANS□NPANZS&APRNN-S VPADAN-S

ἐδόξαζεν τὸν θεὸν λέγων, Ὄντως ὁ ἄνθρωπος οὗτος δίκαιος
VIIA--ZS DAMS N-AM-S VPPANM-S AB DNMS N-NM-S A-DNM-S A--NM-S

ἦν. 23.48 καὶ πάντες οἱ συμπαραγενόμενοι ὄχλοι ἐπὶ
VIIA--ZS CC A--NM-P DNMP□APRNM-P+ VPADNM-P N-NM-P PA

τὴν θεωρίαν ταύτην, θεωρήσαντες τὰ γενόμενα,
DAFS N-AF-S A-DAF-S VPAANM-P DANP□NPANZP&APRNN-P VPADAN-P

τύπτοντες τὰ στήθη ὑπέστρεφον. 23.49 εἱστήκεισαν δὲ πάντες
VPPANM-P DANP N-AN-P VIIA--ZP VILA--ZP CC A--NM-P

οἱ γνωστοὶ αὐτῷ ἀπὸ μακρόθεν, καὶ γυναῖκες αἱ
DNMP AP-NM-P NPDMZS PG AB□AP-GN-S CC N-NF-P DNFP□APRNF-P

συνακολουθοῦσαι αὐτῷ ἀπὸ τῆς Γαλιλαίας, ὁρῶσαι ταῦτα.
VPPANF-P NPDMZS PG DGFS N-GF-S VPPANF-P APDAN-P

23.50 Καὶ ἰδοὺ ἀνὴρ ὀνόματι Ἰωσὴφ βουλευτὴς ὑπάρχων [καὶ]
CC QS N-NM-S N-DN-S N-NM-S N-NM-S VPPANM-S CC

ἀνὴρ ἀγαθὸς καὶ δίκαιος 23.51 — οὗτος οὐκ ἦν
N-NM-S A--NM-S CC A--NM-S APDNM-S AB VIIA--ZS+

συγκατατεθειμένος τῇ βουλῇ καὶ τῇ πράξει αὐτῶν — ἀπὸ
+VPRNNM-S DDFS N-DF-S CC DDFS N-DF-S NPGMZP PG

Ἀριμαθαίας πόλεως τῶν Ἰουδαίων, ὃς προσεδέχετο τὴν
N-GF-S N-GF-S DGMP AP-GM-P APRNM-S VIIN--ZS DAFS

βασιλείαν τοῦ θεοῦ, 23.52 οὗτος προσελθὼν τῷ Πιλάτῳ
N-AF-S DGMS N-GM-S APDNM-S VPAANM-S DDMS N-DM-S

ᾐτήσατο τὸ σῶμα τοῦ Ἰησοῦ, 23.53 καὶ καθελὼν ἐνετύλιξεν
VIAM--ZS DANS N-AN-S DGMS N-GM-S CC VPAANM-S VIAA--ZS

αὐτὸ σινδόνι, καὶ ἔθηκεν αὐτὸν ἐν μνήματι λαξευτῷ οὗ οὐκ
NPANZS N-DF-S CC VIAA--ZS NPAMZS PD N-DN-S A--DN-S ABR AB

ἦν οὐδεὶς οὔπω κείμενος. 23.54 καὶ ἡμέρα ἦν παρασκευῆς,
VIIA--ZS+ APCNM-S AB +VPPNNM-S CC N-NF-S VIIA--ZS N-GF-S

καὶ σάββατον ἐπέφωσκεν. 23.55 Κατακολουθήσασαι δὲ αἱ
CC N-NN-S VIIA--ZS VPAANF-P CC DNFP

γυναῖκες, αἵτινες ἦσαν συνεληλυθυῖαι ἐκ τῆς Γαλιλαίας αὐτῷ,
N-NF-P APRNF-P VIIA--ZP+ +VPRANF-P PG DGFS N-GF-S NPDMZS

ἐθεάσαντο τὸ μνημεῖον καὶ ὡς ἐτέθη τὸ σῶμα αὐτοῦ,
VIAD--ZP DANS N-AN-S CC CC VIAP--ZS DNNS N-NN-S NPGMZS

23.56 ὑποστρέψασαι δὲ ἡτοίμασαν ἀρώματα καὶ μύρα.
VPAANF-P CC VIAA--ZP N-AN-P CC N-AN-P

Καὶ τὸ μὲν σάββατον ἡσύχασαν κατὰ τὴν ἐντολήν, 24.1 τῇ
CC DANS CS N-AN-S VIAA--ZP PA DAFS N-AF-S DDFS

δὲ μιᾷ τῶν σαββάτων ὄρθρου βαθέως ἐπὶ τὸ μνῆμα ἦλθον
CH APCDF-S DGNP N-GN-P N-GM-S A--GM-S PA DANS N-AN-S VIAA--ZP

φέρουσαι ἃ ἡτοίμασαν ἀρώματα. 24.2 εὗρον δὲ τὸν λίθον
VPPANF-P APRAN-P+ VIAA--ZP N-AN-P VIAA--ZP CC DAMS N-AM-S

ἀποκεκυλισμένον ἀπὸ τοῦ μνημείου, 24.3 εἰσελθοῦσαι δὲ οὐχ
VPRPAM-S PG DGNS N-GN-S VPAANF-P CC AB

εὗρον τὸ σῶμα τοῦ κυρίου Ἰησοῦ. 24.4 καὶ ἐγένετο ἐν τῷ
VIAA--ZP DANS N-AN-S DGMS N-GM-S N-GM-S CC VIAD--ZS PD DDNS

ἀπορεῖσθαι αὐτὰς περὶ τούτου καὶ ἰδοὺ ἄνδρες δύο ἐπέστησαν
VNPMD NPAFZP PG APDGN-S CH QS N-NM-P A-CNM-P VIAA--ZP

αὐταῖς ἐν ἐσθῆτι ἀστραπτούσῃ. 24.5 ἐμφόβων δὲ γενομένων
NPDFZP PD N-DF-S VPPADF-S A--GF-P CH VPADGF-P

αὐτῶν καὶ κλινουσῶν τὰ πρόσωπα εἰς τὴν γῆν εἶπαν πρὸς
NPGFZP CC VPPAGF-P DANP N-AN-P PA DAFS N-AF-S VIAA--ZP PA

αὐτάς, Τί ζητεῖτε τὸν ζῶντα μετὰ τῶν
NPAFZP APTAN-S□ABT VIPA--YP DAMS□NPAMZS&APRNM-S VPPAAM-S PG DGMP

νεκρῶν; 24.6 οὐκ ἔστιν ὧδε, ἀλλὰ ἠγέρθη. μνήσθητε ὡς ἐλάλησεν
AP-GM-P AB VIPA--ZS AB CH VIAP--ZS VMAO--YP CC VIAA--ZS

ὑμῖν ἔτι ὢν ἐν τῇ Γαλιλαίᾳ, 24.7 λέγων τὸν υἱὸν τοῦ
NPD-YP AB VPPANM-S PD DDFS N-DF-S VPPANM-S DAMS N-AM-S DGMS

ἀνθρώπου ὅτι δεῖ παραδοθῆναι εἰς χεῖρας ἀνθρώπων
N-GM-S CC VIPA--ZS VNAP PA N-AF-P N-GM-P

ἁμαρτωλῶν καὶ σταυρωθῆναι καὶ τῇ τρίτῃ ἡμέρᾳ ἀναστῆναι.
A--GM-P CC VNAP CC DDFS A-ODF-S N-DF-S VNAA

24.8 καὶ ἐμνήσθησαν τῶν ῥημάτων αὐτοῦ, 24.9 καὶ ὑποστρέψασαι
CC VIAO--ZP DGNP N-GN-P NPGMZS CC VPAANF-P

ἀπὸ τοῦ μνημείου ἀπήγγειλαν ταῦτα πάντα τοῖς ἕνδεκα καὶ
PG DGNS N-GN-S VIAA--ZP APDAN-P A--AN-P DDMP APCDM-P CC

πᾶσιν τοῖς λοιποῖς. 24.10 ἦσαν δὲ ἡ Μαγδαληνὴ Μαρία καὶ
A--DM-P DDMP AP-DM-P VIIA--ZP CC DNFS N-NF-S N-NF-S CC

Ἰωάννα καὶ Μαρία ἡ Ἰακώβου· καὶ αἱ λοιπαὶ σὺν αὐταῖς
N-NF-S CC N-NF-S DNFS N-GM-S CC DNFP AP-NF-P PD NPDFZP

ἔλεγον πρὸς τοὺς ἀποστόλους ταῦτα. 24.11 καὶ ἐφάνησαν ἐνώπιον
VIIA--ZP PA DAMP N-AM-P APDAN-P CC VIAP--ZP PG

αὐτῶν ὡσεὶ λῆρος τὰ ῥήματα ταῦτα, καὶ ἠπίστουν αὐταῖς.
NPGMZP CS N-NM-S DNNP N-NN-P A-DNN-P CC VIIA--ZP NPDFZP

24.12 Ὁ δὲ Πέτρος ἀναστὰς ἔδραμεν ἐπὶ τὸ μνημεῖον, καὶ
DNMS CH N-NM-S VPAANM-S VIAA--ZS PA DANS N-AN-S CC

παρακύψας βλέπει τὰ ὀθόνια μόνα· καὶ ἀπῆλθεν πρὸς ἑαυτὸν
VPAANM-S VIPA--ZS DANP N-AN-P A--AN-P CC VIAA--ZS PA NPAMZS

θαυμάζων τὸ γεγονός.
VPPANM-S DANS□NPANZS&APRNN-S VPRAAN-S

24.13 Καὶ ἰδοὺ δύο ἐξ αὐτῶν ἐν αὐτῇ τῇ ἡμέρᾳ ἦσαν
CC QS APCNM-P PG NPGMZP PD NPDFZS□A--DF-S DDFS N-DF-S VIIA--ZP+

πορευόμενοι εἰς κώμην ἀπέχουσαν σταδίους ἑξήκοντα ἀπὸ
+VPPNNM-P PA N-AF-S VPPAAF-S N-AM-P A-CAM-P PG

Ἰερουσαλήμ, ᾗ ὄνομα Ἐμμαοῦς, 24.14 καὶ αὐτοὶ ὡμίλουν
N-GF-S APRDF-S N-NN-S N-NF-S CC NPNMZP VIIA--ZP

πρὸς ἀλλήλους περὶ πάντων τῶν συμβεβηκότων τούτων.
PA NPRAMZP PG A--GN-P DGNP□APRNN-P+ VPRAGN-P APDGN-P

24.15 καὶ ἐγένετο ἐν τῷ ὁμιλεῖν αὐτοὺς καὶ συζητεῖν καὶ αὐτὸς
CC VIAD--ZS PD DDNS VNPAD NPRAMZP CC VNPAD CH NPNMZS

Ἰησοῦς ἐγγίσας συνεπορεύετο αὐτοῖς, 24.16 οἱ δὲ ὀφθαλμοὶ
N-NM-S VPAANM-S VIIN--ZS NPDMZP DNMP CH N-NM-P

αὐτῶν ἐκρατοῦντο τοῦ μὴ ἐπιγνῶναι αὐτόν. 24.17 εἶπεν δὲ πρὸς
NPGMZP VIIP--ZP DGNS AB VNAAG NPRAMZS VIAA--ZS CH PA

αὐτούς, Τίνες οἱ λόγοι οὗτοι οὓς ἀντιβάλλετε πρὸς ἀλλήλους
NPRAMZP APTNM-P DNMP N-NM-P A-DNM-P APRAM-P VIPA--YP PA NPRAMYP

περιπατοῦντες; καὶ ἐστάθησαν σκυθρωποί. 24.18 ἀποκριθεὶς δὲ
VPPANMYP CC VIAP--ZP A--NM-P VPAONM-S CH

εἷς ὀνόματι Κλεοπᾶς εἶπεν πρὸς αὐτόν, Σὺ μόνος παροικεῖς
APCNM-S N-DN-S N-NM-S VIAA--ZS PA NPRAMZS NPN-YS A--NM-S VIPA--YS

Ἰερουσαλὴμ καὶ οὐκ ἔγνως τὰ γενόμενα ἐν αὐτῇ ἐν
N-AF-S CC AB VIAA--YS DANP□NPANZP&APRNN-P VPADAN-P PD NPDFZS PD

ταῖς ἡμέραις ταύταις; 24.19 καὶ εἶπεν αὐτοῖς, Ποῖα; οἱ δὲ
DDFP N-DF-P A-DDF-P CC VIAA--ZS NPDMZP APTAN-P DNMP□NPNMZP CH

εἶπαν αὐτῷ, Τὰ περὶ Ἰησοῦ τοῦ Ναζαρηνοῦ, ὃς ἐγένετο ἀνὴρ
VIAA--ZP NPDMZS DANP PG N-GM-S DGMS A--GM-S APRNM-S VIAD--ZS N-NM-S

προφήτης δυνατὸς ἐν ἔργῳ καὶ λόγῳ ἐναντίον τοῦ θεοῦ καὶ
N-NM-S A--NM-S PD N-DN-S CC N-DM-S PG DGMS N-GM-S CC

παντὸς τοῦ λαοῦ, 24.20 ὅπως τε παρέδωκαν αὐτὸν οἱ ἀρχιερεῖς
A--GM-S DGMS N-GM-S ABR CC VIAA--ZP NPRAMZS DNMP N-NM-P

καὶ οἱ ἄρχοντες ἡμῶν εἰς κρίμα θανάτου καὶ ἐσταύρωσαν αὐτόν.
CC DNMP N-NM-P NPG-XP PA N-AN-S N-GM-S CC VIAA--ZP NPRAMZS

24.21 ἡμεῖς δὲ ἠλπίζομεν ὅτι αὐτός ἐστιν ὁ
NPN-XP CH VIIA--XP CC NPNMZS VIPA--ZS DNMS□NPNMZS&APRNM-S

μέλλων λυτροῦσθαι τὸν Ἰσραήλ· ἀλλά γε καὶ σὺν πᾶσιν τούτοις
VPPANM-S+ +VNPM DAMS N-AM-S CC QS AB PD A--DN-P APDDN-P

τρίτην ταύτην ἡμέραν ἄγει ἀφ' οὗ ταῦτα
A-OAF-S A-DAF-S N-AF-S VIPA--ZS PG APRGM-S□APDGM-S&APRDM-S APDNN-P

ἐγένετο. 24.22 ἀλλὰ καὶ γυναῖκές τινες ἐξ ἡμῶν ἐξέστησαν ἡμᾶς·
VIAD--ZS CC AB N-NF-P A-INF-P PG NPG-XP VIAA--ZP NPA-XP

γενόμεναι ὀρθριναὶ ἐπὶ τὸ μνημεῖον 24.23 καὶ μὴ εὑροῦσαι τὸ
VPADNF-P A--NF-P PA DANS N-AN-S CC AB VPAANF-P DANS

σῶμα αὐτοῦ ἦλθον λέγουσαι καὶ ὀπτασίαν ἀγγέλων ἑωρακέναι,
N-AN-S NPGMZS VIAA--ZP VPPANF-P AB N-AF-S N-GM-P VNRA

οἳ λέγουσιν αὐτὸν ζῆν. 24.24 καὶ ἀπῆλθόν τινες τῶν σὺν
APRNM-P VIPA--ZP NPRAMZS VNPA CC VIAA--ZP APINM-P DGMP PD

276

ἡμῖν ἐπὶ τὸ μνημεῖον, καὶ εὗρον οὕτως καθὼς καὶ αἱ γυναῖκες
NPD-XP PA DANS N-AN-S CC VIAA--ZP AB CS AB DNFP N-NF-P

εἶπον, αὐτὸν δὲ οὐκ εἶδον. 24.25 καὶ αὐτὸς εἶπεν πρὸς αὐτούς, Ὦ
VIAA--ZP NPAMZS CH AB VIAA--ZP CC NPNMZS VIAA--ZS PA NPAMZP QS

ἀνόητοι καὶ βραδεῖς τῇ καρδίᾳ τοῦ πιστεύειν ἐπὶ πᾶσιν
AP-VM-P CC AP-VM-P DDFS N-DF-S DGNS VNPAG PD AP-DN-P

οἷς ἐλάλησαν οἱ προφῆται· 24.26 οὐχὶ ταῦτα ἔδει
APRDN-P☐APRAN-P VIAA--ZP DNMP N-NM-P QT APDAN-P VIIA--ZS

παθεῖν τὸν Χριστὸν καὶ εἰσελθεῖν εἰς τὴν δόξαν αὐτοῦ; 24.27 καὶ
VNAA DAMS N-AM-S CC VNAA PA DAFS N-AF-S NPGMZS CC

ἀρξάμενος ἀπὸ Μωϋσέως καὶ ἀπὸ πάντων τῶν προφητῶν
VPAMNM-S PG N-GM-S CC PG A--GM-P DGMP N-GM-P

διερμήνευσεν αὐτοῖς ἐν πάσαις ταῖς γραφαῖς τὰ περὶ ἑαυτοῦ.
VIAA--ZS NPDMZP PD A--DF-P DDFP N-DF-P DANP PG NPGMZS

24.28 Καὶ ἤγγισαν εἰς τὴν κώμην οὗ ἐπορεύοντο, καὶ αὐτὸς
CC VIAA--ZP PA DAFS N-AF-S ABR VIIN--ZP CC NPNMZS

προσεποιήσατο πορρώτερον πορεύεσθαι. 24.29 καὶ παρεβιάσαντο
VIAM--ZS ABM VNPN CC VIAD--ZP

αὐτὸν λέγοντες, Μεῖνον μεθ᾽ ἡμῶν, ὅτι πρὸς ἑσπέραν ἐστὶν καὶ
NPAMZS VPPANM-P VMAA--YS PG NPG-XP CS PA N-AF-S VIPA--ZS CC

κέκλικεν ἤδη ἡ ἡμέρα. καὶ εἰσῆλθεν τοῦ μεῖναι σὺν αὐτοῖς.
VIRA--ZS AB DNFS N-NF-S CC VIAA--ZS DGNS VNAAG PD NPDMZP

24.30 καὶ ἐγένετο ἐν τῷ κατακλιθῆναι αὐτὸν μετ᾽ αὐτῶν λαβὼν
CC VIAD--ZS PD DDNS VNAPD NPAMZS PG NPGMZP VPAANM-S

τὸν ἄρτον εὐλόγησεν καὶ κλάσας ἐπεδίδου αὐτοῖς· 24.31 αὐτῶν δὲ
DAMS N-AM-S VIAA--ZS CC VPAANM-S VIIA--ZS NPDMZP NPGMZP CC

διηνοίχθησαν οἱ ὀφθαλμοὶ καὶ ἐπέγνωσαν αὐτόν· καὶ αὐτὸς
VIAP--ZP DNMP N-NM-P CC VIAA--ZP NPAMZS CC NPNMZS

ἄφαντος ἐγένετο ἀπ᾽ αὐτῶν. 24.32 καὶ εἶπαν πρὸς ἀλλήλους, Οὐχὶ
A--NM-S VIAD--ZS PG NPGMZP CC VIAA--ZP PA NPAMZP QT

ἡ καρδία ἡμῶν καιομένη ἦν [ἐν ἡμῖν] ὡς ἐλάλει ἡμῖν ἐν τῇ
DNFS N-NF-S NPG-XP VPPPNF-S+ +VIIA--ZS PD NPD-XP CS VIIA--ZS NPD-XP PD DDFS

ὁδῷ, ὡς διήνοιγεν ἡμῖν τὰς γραφάς; 24.33 καὶ ἀναστάντες
N-DF-S CS VIIA--ZS NPD-XP DAFP N-AF-P CC VPAANM-P

αὐτῇ τῇ ὥρᾳ ὑπέστρεψαν εἰς Ἰερουσαλήμ, καὶ εὗρον
NPDFZS☐A--DF-S DDFS N-DF-S VIAA--ZP PA N-AF-S CC VIAA--ZP

ἠθροισμένους τοὺς ἕνδεκα καὶ τοὺς σὺν αὐτοῖς, 24.34 λέγοντας ὅτι
VPRPAM-P DAMP APCAM-P CC DAMP PD NPDMZP VPPAAM-P CH

ὄντως ἠγέρθη ὁ κύριος καὶ ὤφθη Σίμωνι. 24.35 καὶ αὐτοὶ
AB VIAP--ZS DNMS N-NM-S CC VIAP--ZS N-DM-S CC NPNMZP

ἐξηγοῦντο τὰ ἐν τῇ ὁδῷ καὶ ὡς ἐγνώσθη αὐτοῖς ἐν τῇ κλάσει
VIIN--ZP DANP PD DDFS N-DF-S CC CC VIAP--ZS NPDMZP PD DDFS N-DF-S

τοῦ ἄρτου.
DGMS N-GM-S

24.36 Ταῦτα δὲ αὐτῶν λαλούντων αὐτὸς ἔστη ἐν μέσῳ αὐτῶν
APDAN-P CC NPGMZP VPPAGM-P NPNMZS VIAA--ZS PD AP-DN-S NPGMZP

καὶ λέγει αὐτοῖς, Εἰρήνη ὑμῖν. 24.37 πτοηθέντες δὲ καὶ ἔμφοβοι
CC VIPA--ZS NPDMZP N-NF-S NPD-YP VPAPNM-P CH CC A--NM-P

γενόμενοι ἐδόκουν πνεῦμα θεωρεῖν. 24.38 καὶ εἶπεν αὐτοῖς,
VPADNM-P VIIA--ZP N-AN-S VNPA CC VIAA--ZS NPDMZP

Τί τεταραγμένοι ἐστέ, καὶ διὰ τί διαλογισμοὶ
APTAN-S□ABT VPRPNMYP+ +VIPA--YP CC PA APTAN-S N-NM-P

ἀναβαίνουσιν ἐν τῇ καρδίᾳ ὑμῶν; 24.39 ἴδετε τὰς χεῖράς μου
VIPA--ZP PD DDFS N-DF-S NPG-YP VMAA--YP DAFP N-AF-P NPG-XS

καὶ τοὺς πόδας μου ὅτι ἐγώ εἰμι αὐτός· ψηλαφήσατέ με καὶ
CC DAMP N-AM-P NPG-XS CC NPN-XS VIPA--XS NPNMXS VMAA--YP NPA-XS CC

ἴδετε, ὅτι πνεῦμα σάρκα καὶ ὀστέα οὐκ ἔχει καθὼς ἐμὲ
VMAA--YP CS N-NN-S N-AF-S CC N-AN-P AB VIPA--ZS CS NPA-XS

θεωρεῖτε ἔχοντα. 24.40 καὶ τοῦτο εἰπὼν ἔδειξεν αὐτοῖς τὰς χεῖρας
VIPA--YP VPPAAMXS CC APDAN-S VPAANM-S VIAA--ZS NPDMZP DAFP N-AF-P

καὶ τοὺς πόδας. 24.41 ἔτι δὲ ἀπιστούντων αὐτῶν ἀπὸ τῆς χαρᾶς
CC DAMP N-AM-P AB CC VPPAGM-P NPGMZP PG DGFS N-GF-S

καὶ θαυμαζόντων εἶπεν αὐτοῖς, Ἔχετέ τι βρώσιμον ἐνθάδε;
CC VPPAGM-P VIAA--ZS NPDMZP VIPA--YP A-IAN-S AP-AN-S AB

24.42 οἱ δὲ ἐπέδωκαν αὐτῷ ἰχθύος ὀπτοῦ μέρος· 24.43 καὶ
DNMP□NPNMZP CH VIAA--ZP NPDMZS N-GM-S A--GM-S N-AN-S CC

λαβὼν ἐνώπιον αὐτῶν ἔφαγεν.
VPAANM-S PG NPGMZP VIAA--ZS

24.44 Εἶπεν δὲ πρὸς αὐτούς, Οὗτοι οἱ λόγοι μου οὓς
VIAA--ZS CC PA NPAMZP APDNM-P DNMP N-NM-P NPG-XS APRAM-P

ἐλάλησα πρὸς ὑμᾶς ἔτι ὢν σὺν ὑμῖν, ὅτι δεῖ πληρωθῆναι
VIAA--XS PA NPA-YP AB VPPANMXS PD NPD-YP ABR VIPA--ZS VNAP

πάντα τὰ γεγραμμένα ἐν τῷ νόμῳ Μωϋσέως καὶ τοῖς
AP-AN-P DANP□APRNN-P VPRPAN-P PD DDMS N-DM-S N-GM-S CC DDMP

προφήταις καὶ ψαλμοῖς περὶ ἐμοῦ. 24.45 τότε διήνοιξεν αὐτῶν τὸν
N-DM-P CC N-DM-P PG NPG-XS AB VIAA--ZS NPGMZP DAMS

νοῦν τοῦ συνιέναι τὰς γραφάς. 24.46 καὶ εἶπεν αὐτοῖς ὅτι Οὕτως
N-AM-S DGNS VNPAG DAFP N-AF-P CC VIAA--ZS NPDMZP CH AB

γέγραπται παθεῖν τὸν Χριστὸν καὶ ἀναστῆναι ἐκ νεκρῶν τῇ
VIRP--ZS VNAA DAMS N-AM-S CC VNAA PG AP-GM-P DDFS

τρίτῃ ἡμέρᾳ, 24.47 καὶ κηρυχθῆναι ἐπὶ τῷ ὀνόματι αὐτοῦ
A-ODF-S N-DF-S CC VNAP PD DDNS N-DN-S NPGMZS

μετάνοιαν εἰς ἄφεσιν ἁμαρτιῶν εἰς πάντα τὰ ἔθνη — ἀρξάμενοι
N-AF-S PA N-AF-S N-GF-P PA A--AN-P DANP N-AN-P VPAMNM-P

ἀπὸ Ἰερουσαλήμ· 24.48 ὑμεῖς μάρτυρες τούτων. 24.49 καὶ [ἰδοὺ]
PG N-GF-S NPN-YP N-NM-P APDGN-P CC QS

ἐγὼ ἀποστέλλω τὴν ἐπαγγελίαν τοῦ πατρός μου ἐφ᾽ ὑμᾶς· ὑμεῖς
NPN-XS VIPA--XS DAFS N-AF-S DGMS N-GM-S NPG-XS PA NPA-YP NPN-YP

δὲ καθίσατε ἐν τῇ πόλει ἕως οὗ   ἐνδύσησθε ἐξ
CC VMAA--YP   PD DDFS N-DF-S PG APRGM-S□APDGM-S&APRDM-S VSAM--YP   PG

ὕψους δύναμιν.
N-GN-S N-AF-S

24.50 Ἐξήγαγεν δὲ αὐτοὺς [ἔξω] ἕως πρὸς Βηθανίαν, καὶ
VIAA--ZS CC NPAMZP AB PG PA N-AF-S CC

ἐπάρας τὰς χεῖρας αὐτοῦ εὐλόγησεν αὐτούς. 24.51 καὶ ἐγένετο ἐν
VPAANM-S DAFP N-AF-P NPGMZS VIAA--ZS NPAMZP CC VIAD--ZS PD

τῷ εὐλογεῖν αὐτὸν αὐτοὺς διέστη ἀπ' αὐτῶν καὶ ἀνεφέρετο εἰς
DDNS VNPAD NPAMZS NPAMZP VIAA--ZS PG NPGMZP CC VIIP--ZS PA

τὸν οὐρανόν. 24.52 καὶ αὐτοὶ προσκυνήσαντες αὐτὸν ὑπέστρεψαν
DAMS N-AM-S CC NPNMZP VPAANM-P NPAMZS VIAA--ZP

εἰς Ἰερουσαλὴμ μετὰ χαρᾶς μεγάλης, 24.53 καὶ ἦσαν διὰ παντὸς
PA N-AF-S PG N-GF-S A--GF-S CC VIIA--ZP+ PG AP-GM-S

ἐν τῷ ἱερῷ εὐλογοῦντες τὸν θεόν.
PD DDNS AP-DN-S +VPPANM-P DAMS N-AM-S

ΚΑΤΑ ΙΩΑΝΝΗΝ

1.1 Ἐν ἀρχῇ ἦν ὁ λόγος, καὶ ὁ λόγος ἦν πρὸς τὸν
PD N-DF-S VIIA--ZS DNMS N-NM-S CC DNMS N-NM-S VIIA--ZS PA DAMS

θεόν, καὶ θεὸς ἦν ὁ λόγος. 1.2 οὗτος ἦν ἐν ἀρχῇ πρὸς τὸν
N-AM-S CC N-NM-S VIIA--ZS DNMS N-NM-S APDNM-S VIIA--ZS PD N-DF-S PA DAMS

θεόν. 1.3 πάντα δι' αὐτοῦ ἐγένετο, καὶ χωρὶς αὐτοῦ ἐγένετο οὐδὲ
N-AM-S AP-NN-P PG NPGMZS VIAD--ZS CC PG NPGMZS VIAD--ZS AB

ἕν. ὃ γέγονεν 1.4 ἐν αὐτῷ ζωὴ ἦν,
APCNN-S APRNN-S□APDNN-S&APRNN-S†APRNN-S VIRA--ZS PD NPDMZS N-NF-S VIIA--ZS

καὶ ἡ ζωὴ ἦν τὸ φῶς τῶν ἀνθρώπων· 1.5 καὶ τὸ φῶς ἐν
CC DNFS N-NF-S VIIA--ZS DNNS N-NN-S DGMP N-GM-P CC DNNS N-NN-S PD

τῇ σκοτίᾳ φαίνει, καὶ ἡ σκοτία αὐτὸ οὐ κατέλαβεν.
DDFS N-DF-S VIPA--ZS CC DNFS N-NF-S NPANZS AB VIAA--ZS

1.6 Ἐγένετο ἄνθρωπος ἀπεσταλμένος παρὰ θεοῦ, ὄνομα αὐτῷ
VIAD--ZS N-NM-S VPRPNM-S PG N-GM-S N-NN-S NPDMZS

Ἰωάννης· 1.7 οὗτος ἦλθεν εἰς μαρτυρίαν, ἵνα μαρτυρήσῃ περὶ
N-NM-S APDNM-S VIAA--ZS PA N-AF-S CS VSAA--ZS PG

τοῦ φωτός, ἵνα πάντες πιστεύσωσιν δι' αὐτοῦ. 1.8 οὐκ ἦν
DGNS N-GN-S CS AP-NM-P VSAA--ZP PG NPGMZS AB VIIA--ZS

ἐκεῖνος τὸ φῶς, ἀλλ' ἵνα μαρτυρήσῃ περὶ τοῦ φωτός.
APDNM-S DNNS N-NN-S CH CS VSAA--ZS PG DGNS N-GN-S

1.9 Ἦν τὸ φῶς τὸ ἀληθινόν, ὃ φωτίζει πάντα
VIIA--ZS/VIIA--ZS+ DNNS N-NN-S DNNS A--NN-S APRNN-S VIPA--ZS A--AM-S

ἄνθρωπον, ἐρχόμενον εἰς τὸν κόσμον. 1.10 ἐν τῷ κόσμῳ
N-AM-S VPPNAM-S/+VPPNNN-S PA DAMS N-AM-S PD DDMS N-DM-S

ἦν, καὶ ὁ κόσμος δι' αὐτοῦ ἐγένετο, καὶ ὁ κόσμος αὐτὸν
VIIA--ZS CC DNMS N-NM-S PG NPGMZS VIAD--ZS CC DNMS N-NM-S NPAMZS

οὐκ ἔγνω. 1.11 εἰς τὰ ἴδια ἦλθεν, καὶ οἱ ἴδιοι αὐτὸν οὐ
AB VIAA--ZS PA DANP AP-AN-P VIAA--ZS CC DNMP AP-NM-P NPAMZS AB

παρέλαβον. 1.12 ὅσοι δὲ ἔλαβον αὐτόν, ἔδωκεν αὐτοῖς ἐξουσίαν
VIAA--ZP APRNM-P+ CH VIAA--ZP NPAMZS VIAA--ZS NPDMZP N-AF-S

τέκνα θεοῦ γενέσθαι, τοῖς πιστεύουσιν εἰς τὸ ὄνομα
N-AN-P N-GM-S VNAD DDMP□APRNM-P VPPADM-P PA DANS N-AN-S

αὐτοῦ, 1.13 οἳ οὐκ ἐξ αἱμάτων οὐδὲ ἐκ θελήματος σαρκὸς οὐδὲ
NPGMZS APRNM-P AB PG N-GN-P CC PG N-GN-S N-GF-S CC

ἐκ θελήματος ἀνδρὸς ἀλλ' ἐκ θεοῦ ἐγεννήθησαν.
PG N-GN-S N-GM-S CH PG N-GM-S VIAP--ZP

1.14 Καὶ ὁ λόγος σὰρξ ἐγένετο καὶ ἐσκήνωσεν ἐν ἡμῖν, καὶ
CC DNMS N-NM-S N-NF-S VIAD--ZS CC VIAA--ZS PD NPD-XP CC

ἐθεασάμεθα τὴν δόξαν αὐτοῦ, δόξαν ὡς μονογενοῦς παρὰ πατρός,
VIAD--XP DAFS N-AF-S NPGMZS N-AF-S CS AP-GM-S PG N-GM-S

πλήρης χάριτος καὶ ἀληθείας. 1.15 Ἰωάννης μαρτυρεῖ περὶ αὐτοῦ
A--NM-S N-GF-S CC N-GF-S N-NM-S VIPA--ZS PG NPGMZS

καὶ κέκραγεν λέγων, Οὗτος ἦν ὃν εἶπον,
CC VIRA--ZS VPPANM-S APDNM-S VIIA--ZS APRAM-S□APDNM-S&APRAM-S VIAA--XS

Ὁ ὀπίσω μου ἐρχόμενος ἔμπροσθέν μου
DNMS□NPNMZS&APRNM-S PG NPG-XS VPPNNM-S PG NPG-XS

γέγονεν, ὅτι πρῶτός μου ἦν. 1.16 ὅτι ἐκ τοῦ πληρώματος
VIRA--ZS CS A-ONM-S NPG-XS VIIA--ZS CS PG DGNS N-GN-S

αὐτοῦ ἡμεῖς πάντες ἐλάβομεν, καὶ χάριν ἀντὶ χάριτος· 1.17 ὅτι
NPGMZS NPN-XP A--NM-P VIAA--XP AB/CC N-AF-S PG N-GF-S CS

ὁ νόμος διὰ Μωϋσέως ἐδόθη, ἡ χάρις καὶ ἡ ἀλήθεια διὰ
DNMS N-NM-S PG N-GM-S VIAP--ZS DNFS N-NF-S CC DNFS N-NF-S PG

Ἰησοῦ Χριστοῦ ἐγένετο. 1.18 θεὸν οὐδεὶς ἑώρακεν πώποτε·
N-GM-S N-GM-S VIAD--ZS N-AM-S APCNM-S VIRA--ZS ABI

μονογενὴς θεὸς ὁ ὢν εἰς τὸν κόλπον τοῦ πατρὸς
A--NM-S N-NM-S DNMS□APRNM-S VPPANM-S PA DAMS N-AM-S DGMS N-GM-S

ἐκεῖνος ἐξηγήσατο.
APDNM-S VIAD--ZS

1.19 Καὶ αὕτη ἐστὶν ἡ μαρτυρία τοῦ Ἰωάννου, ὅτε
CC APDNF-S VIPA--ZS DNFS N-NF-S DGMS N-GM-S CS

ἀπέστειλαν [πρὸς αὐτὸν] οἱ Ἰουδαῖοι ἐξ Ἱεροσολύμων ἱερεῖς
VIAA--ZP PA NPAMZS DNMP AP-NM-P PG N-GN-P N-AM-P

καὶ Λευίτας ἵνα ἐρωτήσωσιν αὐτόν, Σὺ τίς εἶ; 1.20 καὶ
CC N-AM-P CS VSAA--ZP NPAMZS NPN-YS APTNMYS VIPA--YS CC

ὡμολόγησεν καὶ οὐκ ἠρνήσατο, καὶ ὡμολόγησεν ὅτι Ἐγὼ οὐκ
VIAA--ZS CC AB VIAD--ZS CC VIAA--ZS CC NPN-XS AB

εἰμὶ ὁ Χριστός. 1.21 καὶ ἠρώτησαν αὐτόν, Τί οὖν; Σύ
VIPA--XS DNMS N-NM-S CC VIAA--ZP NPAMZS APTNN-S CH NPN-YS

Ἠλίας εἶ; καὶ λέγει, Οὐκ εἰμί. Ὁ προφήτης εἶ σύ; καὶ
N-NM-S VIPA--YS CC VIPA--ZS AB VIPA--XS DNMS N-NM-S VIPA--YS NPN-YS CC

ἀπεκρίθη, Οὔ. 1.22 εἶπαν οὖν αὐτῷ, Τίς εἶ; ἵνα ἀπόκρισιν
VIAO--ZS QS VIAA--ZP CH NPDMZS APTNMYS VIPA--YS CS N-AF-S

δῶμεν τοῖς πέμψασιν ἡμᾶς· τί λέγεις περὶ
VSAA--XP DDMP□NPDMZP&APRNM-P VPAADM-P NPA-XP APTAN-S VIPA--YS PG

σεαυτοῦ; 1.23 ἔφη,
NPGMYS VIAA--ZS/VIIA--ZS

Ἐγὼ φωνὴ βοῶντος ἐν τῇ ἐρήμῳ,
NPN-XS N-NF-S VPPAGM-S PD DDFS AP-DF-S

Εὐθύνατε τὴν ὁδὸν κυρίου,
VMAA--YP DAFS N-AF-S N-GM-S

καθὼς εἶπεν Ἠσαΐας ὁ προφήτης. 1.24 Καὶ ἀπεσταλμένοι
CS VIAA--ZS N-NM-S DNMS N-NM-S CC VPRPNM-P+

ἦσαν ἐκ τῶν Φαρισαίων. 1.25 καὶ ἠρώτησαν αὐτὸν καὶ εἶπαν
+VIIA--ZP PG DGMP N-GM-P CC VIAA--ZP NPAMZS CC VIAA--ZP

αὐτῷ, Τί οὖν βαπτίζεις εἰ σὺ οὐκ εἶ ὁ Χριστὸς οὐδὲ
NPDMZS APTAN-S□ABT CH VIPA--YS CS NPN-YS AB VIPA--YS DNMS N-NM-S CC

Ἡλίας οὐδὲ ὁ προφήτης; 1.26 ἀπεκρίθη αὐτοῖς ὁ Ἰωάννης
N-NM-S CC DNMS N-NM-S VIAO--ZS NPDMZP DNMS N-NM-S

λέγων, Ἐγὼ βαπτίζω ἐν ὕδατι· μέσος ὑμῶν ἕστηκεν
VPPANM-S NPN-XS VIPA--XS PD N-DN-S A--NM-S NPG-YP VIRA--ZS

ὃν ὑμεῖς οὐκ οἴδατε, 1.27 ὁ ὀπίσω μου
APRAM-S□APDNM-S&APRAM-S NPN-YP AB VIRA--YP DNMS□APRNM-S PG NPG-XS

ἐρχόμενος, οὗ οὐκ εἰμὶ [ἐγὼ] ἄξιος ἵνα λύσω αὐτοῦ τὸν
VPPNNM-S APRGM-S AB VIPA--XS NPN-XS A--NM-S CC VSAA--XS NPGMZS DAMS

ἱμάντα τοῦ ὑποδήματος. 1.28 Ταῦτα ἐν Βηθανίᾳ ἐγένετο πέραν
N-AM-S DGNS N-GN-S APDNN-P PD N-DF-S VIAD--ZS PG

τοῦ Ἰορδάνου, ὅπου ἦν ὁ Ἰωάννης βαπτίζων.
DGMS N-GM-S ABR VIIA--ZS+ DNMS N-NM-S +VPPANM-S

1.29 Τῇ ἐπαύριον βλέπει τὸν Ἰησοῦν ἐρχόμενον πρὸς αὐτόν,
DDFS AB□AP-DF-S VIPA--ZS DAMS N-AM-S VPPNAM-S PA NPAMZS

καὶ λέγει, Ἴδε ὁ ἀμνὸς τοῦ θεοῦ ὁ αἴρων τὴν
CC VIPA--ZS QS DNMS N-NM-S DGMS N-GM-S DNMS□APRNM-S VPPANM-S DAFS

ἁμαρτίαν τοῦ κόσμου. 1.30 οὗτός ἐστιν ὑπὲρ οὗ
N-AF-S DGMS N-GM-S APDNM-S VIPA--ZS PG APRGM-S□APRGM-S&APDNM-S

ἐγὼ εἶπον, Ὀπίσω μου ἔρχεται ἀνὴρ ὃς ἔμπροσθέν μου
NPN-XS VIAA--XS PG NPG-XS VIPN--ZS N-NM-S APRNM-S PG NPG-XS

γέγονεν, ὅτι πρῶτός μου ἦν. 1.31 κἀγὼ οὐκ ᾔδειν αὐτόν,
VIRA--ZS CS A-ONM-S NPG-XS VIIA--ZS CC&NPN-XS AB VILA--XS NPAMZS

ἀλλ' ἵνα φανερωθῇ τῷ Ἰσραὴλ διὰ τοῦτο ἦλθον ἐγὼ ἐν ὕδατι
CC CS VSAP--ZS DDMS N-DM-S PA APDAN-S VIAA--XS NPN-XS PD N-DN-S

βαπτίζων. 1.32 Καὶ ἐμαρτύρησεν Ἰωάννης λέγων ὅτι Τεθέαμαι
VPPANMXS CC VIAA--ZS N-NM-S VPPANM-S CH VIRN--XS

τὸ πνεῦμα καταβαῖνον ὡς περιστερὰν ἐξ οὐρανοῦ, καὶ ἔμεινεν
DANS N-AN-S VPPAAN-S CS N-AF-S PG N-GM-S CC VIAA--ZS

ἐπ' αὐτόν· 1.33 κἀγὼ οὐκ ᾔδειν αὐτόν, ἀλλ' ὁ
PA NPAMZS CC&NPN-XS AB VILA--XS NPAMZS CC DNMS□APRNM-S+

πέμψας με βαπτίζειν ἐν ὕδατι ἐκεῖνός μοι εἶπεν, Ἐφ' ὃν
VPAANM-S NPA-XS VNPA PD N-DN-S APDNM-S NPD-XS VIAA--ZS PA APRAM-S+

ἂν ἴδῃς τὸ πνεῦμα καταβαῖνον καὶ μένον ἐπ' αὐτόν, οὗτός
QV VSAA--YS DANS N-AN-S VPPAAN-S CC VPPAAN-S PA NPAMZS APDNM-S

ἐστιν ὁ βαπτίζων ἐν πνεύματι ἁγίῳ. 1.34 κἀγὼ
VIPA--ZS DNMS□NPNMZS&APRNM-S VPPANM-S PD N-DN-S A--DN-S CC&NPN-XS

ἑώρακα, καὶ μεμαρτύρηκα ὅτι οὗτός ἐστιν ὁ υἱὸς τοῦ θεοῦ.
VIRA--XS CC VIRA--XS CC APDNM-S VIPA--ZS DNMS N-NM-S DGMS N-GM-S

1.35 Τῇ ἐπαύριον πάλιν εἱστήκει ὁ Ἰωάννης καὶ ἐκ τῶν
DDFS AB□AP-DF-S AB VILA--ZS DNMS N-NM-S CC PG DGMP

μαθητῶν αὐτοῦ δύο, 1.36 καὶ ἐμβλέψας τῷ Ἰησοῦ
N-GM-P NPGMZS APCNM-P CC VPAANM-S DDMS N-DM-S

περιπατοῦντι λέγει, Ἴδε ὁ ἀμνὸς τοῦ θεοῦ. 1.37 καὶ ἤκουσαν
VPPADM-S VIPA--ZS QS DNMS N-NM-S DGMS N-GM-S CC VIAA--ZP

οἱ δύο μαθηταὶ αὐτοῦ λαλοῦντος καὶ ἠκολούθησαν τῷ
DNMP A-CNM-P N-NM-P NPGMZS VPPAGM-S CC VIAA--ZP DDMS

Ἰησοῦ. 1.38 στραφεὶς δὲ ὁ Ἰησοῦς καὶ θεασάμενος αὐτοὺς
N-DM-S VPAPNM-S CH DNMS N-NM-S CC VPADNM-S NPAMZP

ἀκολουθοῦντας λέγει αὐτοῖς, Τί ζητεῖτε; οἱ δὲ εἶπαν
VPPAAM-P VIPA--ZS NPDMZP APTAN-S VIPA--YP DNMP□NPNMZP CH VIAA--ZP

αὐτῷ, Ῥαββί (ὃ λέγεται μεθερμηνευόμενον Διδάσκαλε), ποῦ
NPDMZS N-VM-S APRNN-S VIPP--ZS VPPPNN-S N-VM-S ABT

μένεις; 1.39 λέγει αὐτοῖς, Ἔρχεσθε καὶ ὄψεσθε. ἦλθαν οὖν καὶ
VIPA--YS VIPA--ZS NPDMZP VMPN--YP CC VIFD--YP VIAA--ZP CH CC

εἶδαν ποῦ μένει, καὶ παρ᾽ αὐτῷ ἔμειναν τὴν ἡμέραν ἐκείνην·
VIAA--ZP ABT VIPA--ZS CC PD NPDMZS VIAA--ZP DAFS N-AF-S A-DAF-S

ὥρα ἦν ὡς δεκάτη. 1.40 Ἦν Ἀνδρέας ὁ ἀδελφὸς Σίμωνος
N-NF-S VIIA--ZS AB APONF-S VIIA--ZS N-NM-S DNMS N-NM-S N-GM-S

Πέτρου εἷς ἐκ τῶν δύο τῶν ἀκουσάντων παρὰ
N-GM-S APCNM-S PG DGMP APCGM-P DGMP□APRNM-P VPAAGM-P PG

Ἰωάννου καὶ ἀκολουθησάντων αὐτῷ· 1.41 εὑρίσκει οὗτος
N-GM-S CC VPAAGM-P NPDMZS VIPA--ZS APDNM-S

πρῶτον τὸν ἀδελφὸν τὸν ἴδιον Σίμωνα καὶ λέγει αὐτῷ,
APOAN-S□AB DAMS N-AM-S DAMS A--AM-S N-AM-S CC VIPA--ZS NPDMZS

Εὑρήκαμεν τὸν Μεσσίαν (ὅ ἐστιν μεθερμηνευόμενον
VIRA--XP DAMS N-AM-S APRNN-S VIPA--ZS+ +VPPPNN-S

Χριστός)· 1.42 ἤγαγεν αὐτὸν πρὸς τὸν Ἰησοῦν. ἐμβλέψας αὐτῷ
N-NM-S VIAA--ZS NPAMZS PA DAMS N-AM-S VPAANM-S NPDMZS

ὁ Ἰησοῦς εἶπεν, Σὺ εἶ Σίμων ὁ υἱὸς Ἰωάννου· σὺ
DNMS N-NM-S VIAA--ZS NPN-YS VIPA--YS N-NM-S DNMS N-NM-S N-GM-S NPN-YS

κληθήσῃ Κηφᾶς (ὃ ἑρμηνεύεται Πέτρος).
VIFP--YS□VMAP--YS N-NM-S APRNN-S VIPP--ZS N-NM-S

1.43 Τῇ ἐπαύριον ἠθέλησεν ἐξελθεῖν εἰς τὴν Γαλιλαίαν, καὶ
DDFS AB□AP-DF-S VIAA--ZS VNAA PA DAFS N-AF-S CC

εὑρίσκει Φίλιππον. καὶ λέγει αὐτῷ ὁ Ἰησοῦς, Ἀκολούθει μοι.
VIPA--ZS N-AM-S CC VIPA--ZS NPDMZS DNMS N-NM-S VMPA--YS NPD-XS

1.44 ἦν δὲ ὁ Φίλιππος ἀπὸ Βηθσαϊδά, ἐκ τῆς πόλεως
VIIA--ZS CS DNMS N-NM-S PG N-GF-S PG DGFS N-GF-S

Ἀνδρέου καὶ Πέτρου. 1.45 εὑρίσκει Φίλιππος τὸν Ναθαναὴλ καὶ
N-GM-S CC N-GM-S VIPA--ZS N-NM-S DAMS N-AM-S CC

λέγει αὐτῷ, Ὃν ἔγραψεν Μωϋσῆς ἐν τῷ νόμῳ
VIPA--ZS NPDMZS APRAM-S□APDAM-S&APRAM-S VIAA--ZS N-NM-S PD DDMS N-DM-S

καὶ οἱ προφῆται εὑρήκαμεν, Ἰησοῦν υἱὸν τοῦ Ἰωσὴφ τὸν ἀπὸ
CC DNMP N-NM-P VIRA--XP N-AM-S N-AM-S DGMS N-GM-S DAMS PG

Ναζαρέτ. 1.46 καὶ εἶπεν αὐτῷ Ναθαναήλ, Ἐκ Ναζαρὲτ δύναταί
N-GF-S   CC VIAA--ZS NPDMZS N-NM-S   PG N-GF-S   VIPN--ZS

τι ἀγαθὸν εἶναι; λέγει αὐτῷ [ὁ] Φίλιππος, Ἔρχου καὶ
A-INN-S AP-NN-S VNPA VIPA--ZS NPDMZS DNMS N-NM-S   VMPN--YS CC

ἴδε. 1.47 εἶδεν ὁ Ἰησοῦς τὸν Ναθαναὴλ ἐρχόμενον πρὸς
VMAA--YS   VIAA--ZS DNMS N-NM-S DAMS N-AM-S   VPPNAM-S   PA

αὐτὸν καὶ λέγει περὶ αὐτοῦ, Ἴδε ἀληθῶς Ἰσραηλίτης ἐν ᾧ
NPAMZS CC VIPA--ZS PG   NPGMZS QS AB   N-NM-S   PD APRDM-S

δόλος οὐκ ἔστιν. 1.48 λέγει αὐτῷ Ναθαναήλ, Πόθεν με
N-NM-S AB VIPA--ZS   VIPA--ZS NPDMZS N-NM-S   ABT   NPA-XS

γινώσκεις; ἀπεκρίθη Ἰησοῦς καὶ εἶπεν αὐτῷ, Πρὸ τοῦ σε
VIPA--YS   VIAO--ZS N-NM-S CC VIAA--ZS NPDMZS PG DGNS NPA-YS

Φίλιππον φωνῆσαι ὄντα ὑπὸ τὴν συκῆν εἶδόν σε.
N-AM-S   VNAAG   VPPAAMYS PA DAFS N-AF-S VIAA--XS NPA-YS

1.49 ἀπεκρίθη αὐτῷ Ναθαναήλ, Ῥαββί, σὺ εἶ ὁ υἱὸς τοῦ
VIAO--ZS   NPDMZS N-NM-S   N-VM-S NPN-YS VIPA--YS DNMS N-NM-S DGMS

θεοῦ, σὺ βασιλεὺς εἶ τοῦ Ἰσραήλ. 1.50 ἀπεκρίθη Ἰησοῦς
N-GM-S NPN-YS N-NM-S   VIPA--YS DGMS N-GM-S   VIAO--ZS   N-NM-S

καὶ εἶπεν αὐτῷ, Ὅτι εἶπόν σοι ὅτι εἶδόν σε ὑποκάτω τῆς
CC VIAA--ZS NPDMZS CS VIAA--XS NPD-YS CH VIAA--XS NPA-YS PG   DGFS

συκῆς πιστεύεις; μείζω τούτων ὄψῃ. 1.51 καὶ λέγει αὐτῷ, Ἀμὴν
N-GF-S VIPA--YS   APMAN-P APDGN-P VIFD--YS   CC VIPA--ZS NPDMZS QS

ἀμὴν λέγω ὑμῖν, ὄψεσθε τὸν οὐρανὸν ἀνεῳγότα καὶ τοὺς
QS   VIPA--XS NPD-YP VIFD--YP DAMS N-AM-S   VPRAAM-S CC DAMP

ἀγγέλους τοῦ θεοῦ ἀναβαίνοντας καὶ καταβαίνοντας ἐπὶ τὸν
N-AM-P   DGMS N-GM-S VPPAAM-P   CC VPPAAM-P   PA DAMS

υἱὸν τοῦ ἀνθρώπου.
N-AM-S DGMS N-GM-S

2.1 Καὶ τῇ ἡμέρᾳ τῇ τρίτῃ γάμος ἐγένετο ἐν Κανὰ τῆς
CC DDFS N-DF-S DDFS A-ODF-S N-NM-S VIAD--ZS PD N-DF-S DGFS

Γαλιλαίας, καὶ ἦν ἡ μήτηρ τοῦ Ἰησοῦ ἐκεῖ· 2.2 ἐκλήθη δὲ
N-GF-S   CC VIIA--ZS DNFS N-NF-S DGMS N-GM-S AB   VIAP--ZS CC

καὶ ὁ Ἰησοῦς καὶ οἱ μαθηταὶ αὐτοῦ εἰς τὸν γάμον. 2.3 καὶ
AB DNMS N-NM-S CC DNMP N-NM-P   NPGMZS PA DAMS N-AM-S   CC

ὑστερήσαντος οἴνου λέγει ἡ μήτηρ τοῦ Ἰησοῦ πρὸς αὐτόν,
VPAAGM-S   N-GM-S VIPA--ZS DNFS N-NF-S DGMS N-GM-S PA   NPAMZS

Οἶνον οὐκ ἔχουσιν. 2.4 [καὶ] λέγει αὐτῇ ὁ Ἰησοῦς, Τί ἐμοὶ
N-AM-S AB VIPA--ZP   CC   VIPA--ZS NPDFZS DNMS N-NM-S APTNN-S NPD-XS

καὶ σοί, γύναι; οὔπω ἥκει ἡ ὥρα μου. 2.5 λέγει ἡ μήτηρ
CC NPD-YS N-VF-S AB VIPA--ZS DNFS N-NF-S NPG-XS VIPA--ZS DNFS N-NF-S

αὐτοῦ τοῖς διακόνοις, Ὅ τι ἂν λέγῃ ὑμῖν
NPGMZS DDMP N-DM-P   APRAN-S□APDAN-S&APRAN-S A-IAN-S QV VSPA--ZS NPD-YP

ποιήσατε. 2.6 ἦσαν δὲ ἐκεῖ λίθιναι ὑδρίαι ἓξ κατὰ τὸν
VMAA--YP   VIIA--ZP+ CS AB A--NF-P N-NF-P A-CNF-P PA DAMS

καθαρισμὸν τῶν Ἰουδαίων κείμεναι, χωροῦσαι ἀνὰ μετρητὰς
N-AM-S DGMP AP-GM-P +VPPNNF-P VPPANF-P AB N-AM-P

δύο ἢ τρεῖς. 2.7 λέγει αὐτοῖς ὁ Ἰησοῦς, Γεμίσατε τὰς ὑδρίας
A-CAM-P CC A-CAM-P VIPA--ZS NPDMZP DNMS N-NM-S VMAA--YP DAFP N-AF-P

ὕδατος. καὶ ἐγέμισαν αὐτὰς ἕως ἄνω. 2.8 καὶ λέγει αὐτοῖς,
N-GN-S CC VIAA--ZP NPAFZP PG AB□AP-GN-S CC VIPA--ZS NPDMZP

Ἀντλήσατε νῦν καὶ φέρετε τῷ ἀρχιτρικλίνῳ· οἱ δὲ
VMAA--YP AB CC VMPA--YP DDMS N-DM-S DNMP□NPNMZP CH

ἤνεγκαν. 2.9 ὡς δὲ ἐγεύσατο ὁ ἀρχιτρίκλινος τὸ ὕδωρ οἶνον
VIAA--ZP CS CH VIAD--ZS DNMS N-NM-S DANS N-AN-S N-AM-S

γεγενημένον, καὶ οὐκ ᾔδει πόθεν ἐστίν, οἱ δὲ διάκονοι ᾔδεισαν
VPRPAN-S CC AB VILA--ZS ABT VIPA--ZS DNMP CH N-NM-P VILA--ZP

οἱ ἠντληκότες τὸ ὕδωρ, φωνεῖ τὸν νυμφίον ὁ
DNMP□APRNM-P VPRANM-P DANS N-AN-S VIPA--ZS DAMS N-AM-S DNMS

ἀρχιτρίκλινος 2.10 καὶ λέγει αὐτῷ, Πᾶς ἄνθρωπος πρῶτον τὸν
N-NM-S CC VIPA--ZS NPDMZS A--NM-S N-NM-S APOAN-S□AB DAMS

καλὸν οἶνον τίθησιν, καὶ ὅταν μεθυσθῶσιν τὸν ἐλάσσω· σὺ
A--AM-S N-AM-S VIPA--ZS CC CS VSAP--ZP DAMS APMAM-S NPN-YS

τετήρηκας τὸν καλὸν οἶνον ἕως ἄρτι. 2.11 Ταύτην ἐποίησεν
VIRA--YS DAMS A--AM-S N-AM-S PG AB□AP-GM-S A-DAF-S VIAA--ZS

ἀρχὴν τῶν σημείων ὁ Ἰησοῦς ἐν Κανὰ τῆς Γαλιλαίας καὶ
N-AF-S DGNP N-GN-P DNMS N-NM-S PD N-DF-S DGFS N-GF-S CC

ἐφανέρωσεν τὴν δόξαν αὐτοῦ, καὶ ἐπίστευσαν εἰς αὐτὸν οἱ
VIAA--ZS DAFS N-AF-S NPGMZS CC VIAA--ZP PA NPAMZS DNMP

μαθηταὶ αὐτοῦ.
N-NM-P NPGMZS

2.12 Μετὰ τοῦτο κατέβη εἰς Καφαρναοὺμ αὐτὸς καὶ ἡ
PA APDAN-S VIAA--ZS PA N-AF-S NPNMZS CC DNFS

μήτηρ αὐτοῦ καὶ οἱ ἀδελφοὶ [αὐτοῦ] καὶ οἱ μαθηταὶ αὐτοῦ,
N-NF-S NPGMZS CC DNMP N-NM-P NPGMZS CC DNMP N-NM-P NPGMZS

καὶ ἐκεῖ ἔμειναν οὐ πολλὰς ἡμέρας.
CC AB VIAA--ZP AB A--AF-P N-AF-P

2.13 Καὶ ἐγγὺς ἦν τὸ πάσχα τῶν Ἰουδαίων, καὶ ἀνέβη εἰς
CC AB VIIA--ZS DNNS N-NN-S DGMP AP-GM-P CC VIAA--ZS PA

Ἱεροσόλυμα ὁ Ἰησοῦς. 2.14 καὶ εὗρεν ἐν τῷ ἱερῷ
N-AN-P DNMS N-NM-S CC VIAA--ZS PD DDNS AP-DN-S

τοὺς πωλοῦντας βόας καὶ πρόβατα καὶ περιστερὰς
DAMP□NPAMZP&APRNM-P VPPAAM-P N-AM-P CC N-AN-P CC N-AF-P

καὶ τοὺς κερματιστὰς καθημένους, 2.15 καὶ ποιήσας φραγέλλιον
CC DAMP N-AM-P VPPNAM-P CC VPAANM-S N-AN-S

ἐκ σχοινίων πάντας ἐξέβαλεν ἐκ τοῦ ἱεροῦ, τά τε πρόβατα καὶ
PG N-GN-P AP-AM-P VIAA--ZS PG DGNS AP-GN-S DANP CC N-AN-P CC

τοὺς βόας, καὶ τῶν κολλυβιστῶν ἐξέχεεν τὸ κέρμα καὶ τὰς
DAMP N-AM-P CC DGMP N-GM-P VIAA--ZS DANS N-AN-S CC DAFP

τραπέζας ἀνέτρεψεν, 2.16 καὶ τοῖς τὰς περιστερὰς
N-AF-P VIAA--ZS CC DDMP□NPDMZP&APRNM-P DAFP N-AF-P

πωλοῦσιν εἶπεν, Ἄρατε ταῦτα ἐντεῦθεν, μὴ ποιεῖτε τὸν οἶκον
VPPADM-P VIAA--ZS VMAA--YP APDAN-P AB AB VMPA--YP DAMS N-AM-S

τοῦ πατρός μου οἶκον ἐμπορίου. 2.17 Ἐμνήσθησαν οἱ
DGMS N-GM-S NPG-XS N-AM-S N-GN-S VIAO--ZP DNMP

μαθηταὶ αὐτοῦ ὅτι γεγραμμένον ἐστίν, Ὁ ζῆλος τοῦ οἴκου
N-NM-P NPGMZS CC VPRPNN-S+ +VIPA--ZS DNMS N-NM-S DGMS N-GM-S

σου καταφάγεταί με. 2.18 ἀπεκρίθησαν οὖν οἱ Ἰουδαῖοι καὶ
NPG-YS VIFD--ZS NPA-XS VIAO--ZP CC/CH DNMP AP-NM-P CC

εἶπαν αὐτῷ, Τί σημεῖον δεικνύεις ἡμῖν, ὅτι ταῦτα ποιεῖς;
VIAA--ZP NPDMZS A-TAN-S N-AN-S VIPA--YS NPD-XP CS APDAN-P VIPA--YS

2.19 ἀπεκρίθη Ἰησοῦς καὶ εἶπεν αὐτοῖς, Λύσατε τὸν ναὸν τοῦτον
VIAO--ZS N-NM-S CC VIAA--ZS NPDMZP VMAA--YP DAMS N-AM-S A-DAM-S

καὶ ἐν τρισὶν ἡμέραις ἐγερῶ αὐτόν. 2.20 εἶπαν οὖν οἱ Ἰουδαῖοι,
CC PD A-CDF-P N-DF-P VIFA--XS NPAMZS VIAA--ZP CC/CH DNMP AP-NM-P

Τεσσεράκοντα καὶ ἓξ ἔτεσιν οἰκοδομήθη ὁ ναὸς οὗτος, καὶ
A-CDN-P CC A-CDN-P N-DN-P VIAP--ZS DNMS N-NM-S A-DNM-S CC

σὺ ἐν τρισὶν ἡμέραις ἐγερεῖς αὐτόν; 2.21 ἐκεῖνος δὲ ἔλεγεν περὶ
NPN-YS PD A-CDF-P N-DF-P VIFA--YS NPAMZS APDNM-S CS VIIA--ZS PG

τοῦ ναοῦ τοῦ σώματος αὐτοῦ. 2.22 ὅτε οὖν ἠγέρθη ἐκ νεκρῶν,
DGMS N-GM-S DGNS N-GN-S NPGMZS CS CC VIAP--ZS PG AP-GM-P

ἐμνήσθησαν οἱ μαθηταὶ αὐτοῦ ὅτι τοῦτο ἔλεγεν, καὶ
VIAO--ZP DNMP N-NM-P NPGMZS CC APDAN-S VIIA--ZS CC

ἐπίστευσαν τῇ γραφῇ καὶ τῷ λόγῳ ὃν εἶπεν ὁ Ἰησοῦς.
VIAA--ZP DDFS N-DF-S CC DDMS N-DM-S APRAM-S VIAA--ZS DNMS N-NM-S

2.23 Ὡς δὲ ἦν ἐν τοῖς Ἱεροσολύμοις ἐν τῷ πάσχα ἐν τῇ
CS CC VIIA--ZS PD DDNP N-DN-P PD DDNS N-DN-S PD DDFS

ἑορτῇ, πολλοὶ ἐπίστευσαν εἰς τὸ ὄνομα αὐτοῦ, θεωροῦντες αὐτοῦ
N-DF-S AP-NM-P VIAA--ZP PA DANS N-AN-S NPGMZS VPPANM-P NPGMZS

τὰ σημεῖα ἃ ἐποίει· 2.24 αὐτὸς δὲ Ἰησοῦς οὐκ ἐπίστευεν
DANP N-AN-P APRAN-P VIIA--ZS NPNMZS CH N-NM-S AB VIIA--ZS

αὐτὸν αὐτοῖς διὰ τὸ αὐτὸν γινώσκειν πάντας, 2.25 καὶ ὅτι οὐ
NPAMZS NPDMZP PA DANS NPAMZS VNPAA AP-AM-P CC CS AB

χρείαν εἶχεν ἵνα τις μαρτυρήσῃ περὶ τοῦ ἀνθρώπου· αὐτὸς
N-AF-S VIIA--ZS CC APINM-S VSAA--ZS PG DGMS N-GM-S NPNMZS

γὰρ ἐγίνωσκεν τί ἦν ἐν τῷ ἀνθρώπῳ.
CS VIIA--ZS APTNN-S VIIA--ZS PD DDMS N-DM-S

3.1 Ἦν δὲ ἄνθρωπος ἐκ τῶν Φαρισαίων, Νικόδημος ὄνομα
VIIA--ZS CC N-NM-S PG DGMP N-GM-P N-NM-S N-NN-S

αὐτῷ, ἄρχων τῶν Ἰουδαίων· 3.2 οὗτος ἦλθεν πρὸς αὐτὸν νυκτὸς
NPDMZS N-NM-S DGMP AP-GM-P APDNM-S VIAA--ZS PA NPAMZS N-GF-S

καὶ εἶπεν αὐτῷ, Ῥαββί, οἴδαμεν ὅτι ἀπὸ θεοῦ ἐλήλυθας
CC VIAA--ZS NPDMZS N-VM-S VIRA--XP CH PG N-GM-S VIRA--YS

διδάσκαλος· οὐδεὶς γὰρ δύναται ταῦτα τὰ σημεῖα ποιεῖν ἃ
N-NM-S   APCNM-S CS VIPN--ZS A-DAN-P DANP N-AN-P VNPA APRAN-P

σὺ ποιεῖς, ἐὰν μὴ ᾖ ὁ θεὸς μετ᾽ αὐτοῦ. 3.3 ἀπεκρίθη
NPN-YS VIPA--YS CS AB VSPA--ZS DNMS N-NM-S PG NPGMZS   VIAO--ZS

Ἰησοῦς καὶ εἶπεν αὐτῷ, Ἀμὴν ἀμὴν λέγω σοι, ἐὰν μή τις
N-NM-S CC VIAA--ZS NPDMZS QS QS VIPA--XS NPD-YS CS AB APINM-S

γεννηθῇ ἄνωθεν, οὐ δύναται ἰδεῖν τὴν βασιλείαν τοῦ θεοῦ.
VSAP--ZS AB AB VIPN--ZS VNAA DAFS N-AF-S DGMS N-GM-S

3.4 λέγει πρὸς αὐτὸν [ὁ] Νικόδημος, Πῶς δύναται ἄνθρωπος
VIPA--ZS PA NPAMZS DNMS N-NM-S ABT VIPN--ZS N-NM-S

γεννηθῆναι γέρων ὤν; μὴ δύναται εἰς τὴν κοιλίαν τῆς μητρὸς
VNAP N-NM-S VPPANM-S QT VIPN--ZS PA DAFS N-AF-S DGFS N-GF-S

αὐτοῦ δεύτερον εἰσελθεῖν καὶ γεννηθῆναι; 3.5 ἀπεκρίθη Ἰησοῦς,
NPGMZS APOAN-S□AB VNAA CC VNAP VIAO--ZS N-NM-S

Ἀμὴν ἀμὴν λέγω σοι, ἐὰν μή τις γεννηθῇ ἐξ ὕδατος καὶ
QS QS VIPA--XS NPD-YS CS AB APINM-S VSAP--ZS PG N-GN-S CC

πνεύματος, οὐ δύναται εἰσελθεῖν εἰς τὴν βασιλείαν τοῦ θεοῦ.
N-GN-S AB VIPN--ZS VNAA PA DAFS N-AF-S DGMS N-GM-S

3.6 τὸ γεγεννημένον ἐκ τῆς σαρκὸς σάρξ ἐστιν, καὶ
DNNS□NPNNZS&APRNN-S VPRPNN-S PG DGFS N-GF-S N-NF-S VIPA--ZS CC

τὸ γεγεννημένον ἐκ τοῦ πνεύματος πνεῦμά ἐστιν.
DNNS□NPNNZS&APRNN-S VPRPNN-S PG DGNS N-GN-S N-NN-S VIPA--ZS

3.7 μὴ θαυμάσῃς ὅτι εἶπόν σοι, Δεῖ ὑμᾶς γεννηθῆναι
AB VSAA--YS□VMAA--YS CC/CS VIAA--XS NPD-YS VIPA--ZS NPA-YP VNAP

ἄνωθεν. 3.8 τὸ πνεῦμα ὅπου θέλει πνεῖ, καὶ τὴν φωνὴν αὐτοῦ
AB DNNS N-NN-S CS VIPA--ZS VIPA--ZS CC DAFS N-AF-S NPGNZS

ἀκούεις, ἀλλ᾽ οὐκ οἶδας πόθεν ἔρχεται καὶ ποῦ ὑπάγει· οὕτως
VIPA--YS CC AB VIRA--YS ABT VIPN--ZS CC ABT VIPA--ZS AB

ἐστὶν πᾶς ὁ γεγεννημένος ἐκ τοῦ πνεύματος.
VIPA--ZS AP-NM-S DNMS□APRNM-S VPRPNM-S PG DGNS N-GN-S

3.9 ἀπεκρίθη Νικόδημος καὶ εἶπεν αὐτῷ, Πῶς δύναται ταῦτα
VIAO--ZS N-NM-S CC VIAA--ZS NPDMZS ABT VIPN--ZS APDNN-P

γενέσθαι; 3.10 ἀπεκρίθη Ἰησοῦς καὶ εἶπεν αὐτῷ, Σὺ εἶ ὁ
VNAD VIAO--ZS N-NM-S CC VIAA--ZS NPDMZS NPN-YS VIPA--YS DNMS

διδάσκαλος τοῦ Ἰσραὴλ καὶ ταῦτα οὐ γινώσκεις; 3.11 ἀμὴν
N-NM-S DGMS N-GM-S CC APDAN-P AB VIPA--YS QS

ἀμὴν λέγω σοι ὅτι ὃ οἴδαμεν λαλοῦμεν καὶ
QS VIPA--XS NPD-YS CC APRAN-S□APDAN-S&APRAN-S VIRA--XP VIPA--XP CC

ὃ ἑωράκαμεν μαρτυροῦμεν, καὶ τὴν μαρτυρίαν
APRAN-S□APDAN-S&APRAN-S VIRA--XP VIPA--XP CC DAFS N-AF-S

ἡμῶν οὐ λαμβάνετε. 3.12 εἰ τὰ ἐπίγεια εἶπον ὑμῖν καὶ οὐ
NPG-XP AB VIPA--YP CS DANP AP-AN-P VIAA--XS NPD-YP CC AB

πιστεύετε, πῶς ἐὰν εἴπω ὑμῖν τὰ ἐπουράνια πιστεύσετε;
VIPA--YP ABT CS VSAA--XS NPD-YP DANP AP-AN-P VIFA--YP

3.13 καὶ   οὐδεὶς   ἀναβέβηκεν   εἰς   τὸν   οὐρανὸν   εἰ   μὴ
     CC   APCNM-S   VIRA--ZS   PA   DAMS   N-AM-S   CS   AB

ὁ   ἐκ   τοῦ   οὐρανοῦ   καταβάς,   ὁ   υἱὸς   τοῦ
DNMS□NPNMZS&APRNM-S   PG   DGMS   N-GM-S   VPAANM-S   DNMS   N-NM-S DGMS

ἀνθρώπου.   3.14 καὶ   καθὼς   Μωϋσῆς   ὕψωσεν   τὸν   ὄφιν   ἐν   τῇ
N-GM-S   CC   CS   N-NM-S   VIAA--ZS   DAMS   N-AM-S PD   DDFS

ἐρήμῳ,   οὕτως   ὑψωθῆναι   δεῖ   τὸν   υἱὸν   τοῦ   ἀνθρώπου,   3.15 ἵνα
AP-DF-S   AB   VNAP   VIPA--ZS DAMS N-AM-S DGMS   N-GM-S   CS

πᾶς   ὁ   πιστεύων   ἐν   αὐτῷ   ἔχῃ   ζωὴν   αἰώνιον.
AP-NM-S DNMS□APRNM-S   VPPANM-S   PD   NPDMZS VSPA--ZS N-AF-S A--AF-S

     3.16 Οὕτως   γὰρ   ἠγάπησεν   ὁ   θεὸς   τὸν   κόσμον,   ὥστε   τὸν
          AB   CS   VIAA--ZS   DNMS   N-NM-S DAMS   N-AM-S   CH   DAMS

υἱὸν   τὸν   μονογενῆ   ἔδωκεν,   ἵνα   πᾶς   ὁ   πιστεύων   εἰς
N-AM-S DAMS   A--AM-S   VIAA--ZS   CS   AP-NM-S DNMS□APRNM-S   VPPANM-S   PA

αὐτὸν   μὴ   ἀπόληται   ἀλλ’   ἔχῃ   ζωὴν   αἰώνιον.   3.17 οὐ   γὰρ
NPAMZS   AB   VSAM--ZS   CH   VSPA--ZS N-AF-S A--AF-S   AB   CS

ἀπέστειλεν   ὁ   θεὸς   τὸν   υἱὸν   εἰς   τὸν   κόσμον   ἵνα   κρίνῃ
VIAA--ZS   DNMS   N-NM-S DAMS   N-AM-S PA   DAMS   N-AM-S   CS   VSAA--ZS/VSPA--ZS

τὸν   κόσμον,   ἀλλ’   ἵνα   σωθῇ   ὁ   κόσμος   δι’   αὐτοῦ.
DAMS   N-AM-S   CH   CS   VSAP--ZS DNMS N-NM-S   PG   NPGMZS

3.18 ὁ   πιστεύων   εἰς   αὐτὸν   οὐ   κρίνεται·
     DNMS□NPNMZS&APRNM-S VPPANM-S   PA   NPAMZS   AB   VIPP--ZS

ὁ   δὲ   μὴ   πιστεύων   ἤδη   κέκριται,   ὅτι   μὴ
DNMS□NPNMZS&APRNM-S CH   AB   VPPANM-S   AB   VIRP--ZS   CS   AB

πεπίστευκεν   εἰς   τὸ   ὄνομα   τοῦ   μονογενοῦς   υἱοῦ   τοῦ   θεοῦ.
VIRA--ZS   PA   DANS N-AN-S   DGMS   A--GM-S   N-GM-S DGMS   N-GM-S

3.19 αὕτη   δέ   ἐστιν   ἡ   κρίσις,   ὅτι   τὸ   φῶς   ἐλήλυθεν   εἰς   τὸν
     APDNF-S CC   VIPA--ZS DNFS N-NF-S   ABR/CS DNNS N-NN-S VIRA--ZS   PA   DAMS

κόσμον   καὶ   ἠγάπησαν   οἱ   ἄνθρωποι   μᾶλλον   τὸ   σκότος   ἢ   τὸ
N-AM-S   CC   VIAA--ZP   DNMP   N-NM-P   ABM   DANS N-AN-S   CS   DANS

φῶς,   ἦν   γὰρ   αὐτῶν   πονηρὰ   τὰ   ἔργα.   3.20 πᾶς   γὰρ
N-AN-S VIIA--ZS CS   NPGMZP   A--NN-P   DNNP N-NN-P   AP-NM-S CS

ὁ   φαῦλα   πράσσων   μισεῖ   τὸ   φῶς   καὶ   οὐκ   ἔρχεται   πρὸς
DNMS□APRNM-S   AP-AN-P VPPANM-S   VIPA--ZS DANS N-AN-S CC   AB   VIPN--ZS   PA

τὸ   φῶς,   ἵνα   μὴ   ἐλεγχθῇ   τὰ   ἔργα   αὐτοῦ·   3.21 ὁ
DANS N-AN-S CS   AB   VSAP--ZS   DNNP N-NN-P NPGMZS   DNMS□NPNMZS&APRNM-S

δὲ   ποιῶν   τὴν   ἀλήθειαν   ἔρχεται   πρὸς   τὸ   φῶς,   ἵνα   φανερωθῇ
CC/CH VPPANM-S DAFS   N-AF-S   VIPN--ZS   PA   DANS N-AN-S CS   VSAP--ZS

αὐτοῦ   τὰ   ἔργα   ὅτι   ἐν   θεῷ   ἐστιν   εἰργασμένα.
NPGMZS   DNNP N-NN-P CC   PD   N-DM-S VIPA--ZS+ +VPRPNN-P

3.22 Μετὰ   ταῦτα   ἦλθεν   ὁ   Ἰησοῦς   καὶ   οἱ   μαθηταὶ   αὐτοῦ
     PA   APDAN-P VIAA--ZS DNMS   N-NM-S   CC   DNMP   N-NM-P   NPGMZS

εἰς   τὴν   Ἰουδαίαν   γῆν,   καὶ   ἐκεῖ   διέτριβεν   μετ’   αὐτῶν   καὶ
PA   DAFS   N-AF-S   N-AF-S CC   AB   VIIA--ZS   PG   NPGMZP   CC

ἐβάπτιζεν. 3.23 ἦν δὲ καὶ ὁ Ἰωάννης βαπτίζων ἐν Αἰνὼν
VIIA--ZS VIIA--ZS+ CC AB DNMS N-NM-S +VPPANM-S PD N-DF-S

ἐγγὺς τοῦ Σαλείμ, ὅτι ὕδατα πολλὰ ἦν ἐκεῖ, καὶ παρεγίνοντο
PG DGNS N-GN-S CS N-NN-P A--NN-P VIIA--ZS AB CC VIIN--ZP

καὶ ἐβαπτίζοντο· 3.24 οὔπω γὰρ ἦν βεβλημένος εἰς τὴν
CC VIIP--ZP AB CS VIIA--ZS+ +VPRPNM-S PA DAFS

φυλακὴν ὁ Ἰωάννης. 3.25 Ἐγένετο οὖν ζήτησις ἐκ τῶν
N-AF-S DNMS N-NM-S VIAD--ZS CC N-NF-S PG DGMP

μαθητῶν Ἰωάννου μετὰ Ἰουδαίου περὶ καθαρισμοῦ. 3.26 καὶ
N-GM-P N-GM-S PG AP-GM-S PG N-GM-S CC

ἦλθον πρὸς τὸν Ἰωάννην καὶ εἶπαν αὐτῷ, Ῥαββί, ὃς ἦν
VIAA--ZP PA DAMS N-AM-S CC VIAA--ZP NPDMZS N-VM-S APRNM-S+ VIIA--ZS

μετὰ σοῦ πέραν τοῦ Ἰορδάνου, ᾧ σὺ μεμαρτύρηκας, ἴδε
PG NPG-YS PG DGMS N-GM-S APRDM-S+ NPN-YS VIRA--YS QS

οὗτος βαπτίζει καὶ πάντες ἔρχονται πρὸς αὐτόν. 3.27 ἀπεκρίθη
APDNM-S VIPA--ZS CC AP-NM-P VIPN--ZP PA NPAMZS VIAO--ZS

Ἰωάννης καὶ εἶπεν, Οὐ δύναται ἄνθρωπος λαμβάνειν οὐδὲ ἓν
N-NM-S CC VIAA--ZS AB VIPN--ZS N-NM-S VNPA AB APCAN-S

ἐὰν μὴ ᾖ δεδομένον αὐτῷ ἐκ τοῦ οὐρανοῦ. 3.28 αὐτοὶ ὑμεῖς
CS AB VSPA--ZS+ +VPRPNN-S NPDMZS PG DGMS N-GM-S NPNMYP NPN-YP

μοι μαρτυρεῖτε ὅτι εἶπον [ὅτι] Οὐκ εἰμὶ ἐγὼ ὁ Χριστός,
NPD-XS VIPA--YP CC VIAA--XS CH AB VIPA--XS NPN-XS DNMS N-NM-S

ἀλλ' ὅτι Ἀπεσταλμένος εἰμὶ ἔμπροσθεν ἐκείνου.
CC CH VPRPNMXS+ +VIPA--XS PG APDGM-S

3.29 ὁ ἔχων τὴν νύμφην νυμφίος ἐστίν· ὁ δὲ
DNMS□NPNMZS&APRNM-S VPPANM-S DAFS N-AF-S N-NM-S VIPA--ZS DNMS CC

φίλος τοῦ νυμφίου, ὁ ἑστηκὼς καὶ ἀκούων αὐτοῦ, χαρᾷ
AP-NM-S DGMS N-GM-S DNMS□APRNM-S VPRANM-S CC VPPANM-S NPGMZS N-DF-S

χαίρει διὰ τὴν φωνὴν τοῦ νυμφίου. αὕτη οὖν ἡ χαρὰ ἡ ἐμὴ
VIPA--ZS PA DAFS N-AF-S DGMS N-GM-S A-DNF-S CH DNFS N-NF-S DNFS A--NFXS

πεπλήρωται. 3.30 ἐκεῖνον δεῖ αὐξάνειν, ἐμὲ δὲ ἐλαττοῦσθαι.
VIRP--ZS APDAM-S VIPA--ZS VNPA NPA-XS CC VNPE

3.31 Ὁ ἄνωθεν ἐρχόμενος ἐπάνω πάντων
DNMS□NPNMZS&APRNM-S AB VPPNNM-S PG AP-GN-P

ἐστίν· ὁ ὢν ἐκ τῆς γῆς ἐκ τῆς γῆς ἐστιν καὶ
VIPA--ZS DNMS□NPNMZS&APRNM-S VPPANM-S PG DGFS N-GF-S PG DGFS N-GF-S VIPA--ZS CC

ἐκ τῆς γῆς λαλεῖ. ὁ ἐκ τοῦ οὐρανοῦ ἐρχόμενος
PG DGFS N-GF-S VIPA--ZS DNMS□NPNMZS&APRNM-S PG DGMS N-GM-S VPPNNM-S

[ἐπάνω πάντων ἐστίν·] 3.32 ὃ ἑώρακεν καὶ ἤκουσεν τοῦτο
PG AP-GN-P VIPA--ZS APRAN-S+ VIRA--ZS CC VIAA--ZS APDAN-S

μαρτυρεῖ, καὶ τὴν μαρτυρίαν αὐτοῦ οὐδεὶς λαμβάνει.
VIPA--ZS CC DAFS N-AF-S NPGMZS APCNM-S VIPA--ZS

3.33 ὁ λαβὼν αὐτοῦ τὴν μαρτυρίαν ἐσφράγισεν
DNMS□NPNMZS&APRNM-S VPAANM-S NPGMZS DAFS N-AF-S VIAA--ZS

ὅτι ὁ θεὸς ἀληθής ἐστιν. 3.34 ὃν γὰρ
ABR/CC DNMS N-NM-S A--NM-S VIPA--ZS APRAM-S□APDNM-S&APRAM-S CS

ἀπέστειλεν ὁ θεὸς τὰ ῥήματα τοῦ θεοῦ λαλεῖ, οὐ γὰρ ἐκ
VIAA--ZS DNMS N-NM-S DANP N-AN-P DGMS N-GM-S VIPA--ZS AB CS PG

μέτρου δίδωσιν τὸ πνεῦμα. 3.35 ὁ πατὴρ ἀγαπᾷ τὸν υἱόν, καὶ
N-GN-S VIPA--ZS DANS N-AN-S DNMS N-NM-S VIPA--ZS DAMS N-AM-S CC

πάντα δέδωκεν ἐν τῇ χειρὶ αὐτοῦ. 3.36 ὁ
AP-AN-P VIRA--ZS PD DDFS N-DF-S NPGMZS DNMS□NPNMZS&APRNM-S

πιστεύων εἰς τὸν υἱὸν ἔχει ζωὴν αἰώνιον· ὁ δὲ
VPPANM-S PA DAMS N-AM-S VIPA--ZS N-AF-S A--AF-S DNMS□NPNMZS&APRNM-S CC/CH

ἀπειθῶν τῷ υἱῷ οὐκ ὄψεται ζωήν, ἀλλ᾽ ἡ ὀργὴ τοῦ θεοῦ
VPPANM-S DDMS N-DM-S AB VIFD--ZS N-AF-S CH DNFS N-NF-S DGMS N-GM-S

μένει ἐπ᾽ αὐτόν.
VIPA--ZS PA NPAMZS

4.1 Ὡς οὖν ἔγνω ὁ Ἰησοῦς ὅτι ἤκουσαν οἱ Φαρισαῖοι
CS CC VIAA--ZS DNMS N-NM-S CC VIAA--ZP DNMP N-NM-P

ὅτι Ἰησοῦς πλείονας μαθητὰς ποιεῖ καὶ βαπτίζει ἢ Ἰωάννης
CC N-NM-S A-MAM-P N-AM-P VIPA--ZS CC VIPA--ZS CS N-NM-S

4.2 — καίτοιγε Ἰησοῦς αὐτὸς οὐκ ἐβάπτιζεν ἀλλ᾽ οἱ μαθηταὶ
CS N-NM-S NPNMZS AB VIIA--ZS CH DNMP N-NM-P

αὐτοῦ — 4.3 ἀφῆκεν τὴν Ἰουδαίαν καὶ ἀπῆλθεν πάλιν εἰς τὴν
NPGMZS VIAA--ZS DAFS N-AF-S CC VIAA--ZS AB PA DAFS

Γαλιλαίαν. 4.4 ἔδει δὲ αὐτὸν διέρχεσθαι διὰ τῆς Σαμαρείας.
N-AF-S VIIA--ZS CC NPAMZS VNPN PG DGFS N-GF-S

4.5 ἔρχεται οὖν εἰς πόλιν τῆς Σαμαρείας λεγομένην Συχὰρ
VIPN--ZS CH PA N-AF-S DGFS N-GF-S VPPPAF-S N-AF-S

πλησίον τοῦ χωρίου ὃ ἔδωκεν Ἰακὼβ [τῷ] Ἰωσὴφ τῷ υἱῷ
PG DGNS N-GN-S APRAN-S VIAA--ZS N-NM-S DDMS N-DM-S DDMS N-DM-S

αὐτοῦ· 4.6 ἦν δὲ ἐκεῖ πηγὴ τοῦ Ἰακώβ. ὁ οὖν Ἰησοῦς
NPGMZS VIIA--ZS CS AB N-NF-S DGMS N-GM-S DNMS CC N-NM-S

κεκοπιακὼς ἐκ τῆς ὁδοιπορίας ἐκαθέζετο οὕτως ἐπὶ τῇ πηγῇ· ὥρα
VPRANM-S PG DGFS N-GF-S VIIN--ZS AB PD DDFS N-DF-S N-NF-S

ἦν ὡς ἕκτη.
VIIA--ZS AB A-ONF-S

4.7 Ἔρχεται γυνὴ ἐκ τῆς Σαμαρείας ἀντλῆσαι ὕδωρ. λέγει
VIPN--ZS N-NF-S PG DGFS N-GF-S VNAA N-AN-S VIPA--ZS

αὐτῇ ὁ Ἰησοῦς, Δός μοι πεῖν· 4.8 οἱ γὰρ μαθηταὶ αὐτοῦ
NPDFZS DNMS N-NM-S VMAA--YS NPD-XS VNAA DNMP CS N-NM-P NPGMZS

ἀπεληλύθεισαν εἰς τὴν πόλιν, ἵνα τροφὰς ἀγοράσωσιν. 4.9 λέγει
VILA--ZP PA DAFS N-AF-S CS N-AF-P VSAA--ZP VIPA--ZS

οὖν αὐτῷ ἡ γυνὴ ἡ Σαμαρῖτις, Πῶς σὺ Ἰουδαῖος ὢν
CC/CH NPDMZS DNFS N-NF-S DNFS N-NF-S ABT NPN-YS AP-NM-S VPPANMYS

παρ᾽ ἐμοῦ πεῖν αἰτεῖς γυναικὸς Σαμαρίτιδος οὔσης; (οὐ γὰρ
PG NPG-XS VNAA VIPA--YS N-GF-S N-GF-S VPPAGF-S AB CS

συγχρῶνται Ἰουδαῖοι Σαμαρίταις.) 4.10 ἀπεκρίθη Ἰησοῦς καὶ
VIPN--ZP AP-NM-P N-DM-P VIAO--ZS N-NM-S CC

εἶπεν αὐτῇ, Εἰ ᾔδεις τὴν δωρεὰν τοῦ θεοῦ καὶ τίς ἐστιν
VIAA--ZS NPDFZS CS VILA--YS DAFS N-AF-S DGMS N-GM-S CC APTNM-S VIPA--ZS

ὁ λέγων σοι, Δός μοι πεῖν, σὺ ἂν ᾔτησας
DNMS□NPNMZS&APRNM-S VPPANM-S NPD-YS VMAA--YS NPD-XS VNAA NPN-YS QV VIAA--YS

αὐτὸν καὶ ἔδωκεν ἄν σοι ὕδωρ ζῶν. 4.11 λέγει αὐτῷ [ἡ
NPAMZS CC VIAA--ZS QV NPD-YS N-AN-S VPPAAN-S VIPA--ZS NPDMZS DNFS

γυνή], Κύριε, οὔτε ἄντλημα ἔχεις καὶ τὸ φρέαρ ἐστὶν βαθύ·
N-NF-S N-VM-S CC N-AN-S VIPA--YS CC DNNS N-NN-S VIPA--ZS A--NN-S

πόθεν οὖν ἔχεις τὸ ὕδωρ τὸ ζῶν; 4.12 μὴ σὺ μείζων
ABT CH VIPA--YS DANS N-AN-S DANS□APRNN-S VPPAAN-S QT NPN-YS A-MNM-S

εἶ τοῦ πατρὸς ἡμῶν Ἰακώβ, ὃς ἔδωκεν ἡμῖν τὸ φρέαρ
VIPA--YS DGMS N-GM-S NPG-XP N-GM-S APRNM-S VIAA--ZS NPD-XP DANS N-AN-S

καὶ αὐτὸς ἐξ αὐτοῦ ἔπιεν καὶ οἱ υἱοὶ αὐτοῦ καὶ τὰ θρέμματα
CC NPNMZS PG NPGNZS VIAA--ZS CC DNMP N-NM-P NPGMZS CC DNNP N-NN-P

αὐτοῦ; 4.13 ἀπεκρίθη Ἰησοῦς καὶ εἶπεν αὐτῇ, Πᾶς ὁ
NPGMZS VIAO--ZS N-NM-S CC VIAA--ZS NPDFZS AP-NM-S DNMS□APRNM-S

πίνων ἐκ τοῦ ὕδατος τούτου διψήσει πάλιν·
VPPANM-S PG DGNS N-GN-S A-DGN-S VIFA--ZS AB

4.14 ὃς δ᾽ ἂν πίῃ ἐκ τοῦ ὕδατος οὗ
APRNM-S□APDNM-S&APRNM-S CH QV VSAA--ZS PG DGNS N-GN-S APRGN-S□APRAN-S

ἐγὼ δώσω αὐτῷ, οὐ μὴ διψήσει εἰς τὸν αἰῶνα, ἀλλὰ τὸ ὕδωρ
NPN-XS VIFA--XS NPDMZS AB AB VIFA--ZS PA DAMS N-AM-S CH DNNS N-NN-S

ὃ δώσω αὐτῷ γενήσεται ἐν αὐτῷ πηγὴ ὕδατος ἁλλομένου εἰς
APRAN-S VIFA--XS NPDMZS VIFD--ZS PD NPDMZS N-NF-S N-GN-S VPPNGN-S PA

ζωὴν αἰώνιον. 4.15 λέγει πρὸς αὐτὸν ἡ γυνή, Κύριε, δός
N-AF-S A--AF-S VIPA--ZS PA NPAMZS DNFS N-NF-S N-VM-S VMAA--YS

μοι τοῦτο τὸ ὕδωρ, ἵνα μὴ διψῶ μηδὲ διέρχωμαι ἐνθάδε
NPD-XS A-DAN-S DANS N-AN-S CS AB VSPA--XS CC VSPN--XS AB

ἀντλεῖν.
VNPA

4.16 Λέγει αὐτῇ, Ὕπαγε φώνησον τὸν ἄνδρα σου καὶ ἐλθὲ
VIPA--ZS NPDFZS VMPA--YS VMAA--YS DAMS N-AM-S NPG-YS CC VMAA--YS

ἐνθάδε. 4.17 ἀπεκρίθη ἡ γυνὴ καὶ εἶπεν αὐτῷ, Οὐκ ἔχω ἄνδρα.
AB VIAO--ZS DNFS N-NF-S CC VIAA--ZS NPDMZS AB VIPA--XS N-AM-S

λέγει αὐτῇ ὁ Ἰησοῦς, Καλῶς εἶπας ὅτι Ἄνδρα οὐκ ἔχω·
VIPA--ZS NPDFZS DNMS N-NM-S AB VIAA--YS CC N-AM-S AB VIPA--XS

4.18 πέντε γὰρ ἄνδρας ἔσχες, καὶ νῦν ὃν ἔχεις
A-CAM-P CS N-AM-P VIAA--YS CC AB APRAM-S□APDNM-S&APRAM-S VIPA--YS

οὐκ ἔστιν σου ἀνήρ· τοῦτο ἀληθὲς εἴρηκας. 4.19 λέγει αὐτῷ ἡ
AB VIPA--ZS NPG-YS N-NM-S APDAN-S A--AN-S VIRA--YS VIPA--ZS NPDMZS DNFS

γυνή, Κύριε, θεωρῶ ὅτι προφήτης εἶ σύ. 4.20 οἱ πατέρες
N-NF-S N-VM-S VIPA--XS CC N-NM-S VIPA--YS NPN-YS DNMP N-NM-P

ἡμῶν ἐν τῷ ὄρει τούτῳ προσεκύνησαν· καὶ ὑμεῖς λέγετε ὅτι ἐν
NPG-XP PD DDNS N-DN-S A-DDN-S VIAA--ZP CC NPN-YP VIPA--YP CC PD

Ἱεροσολύμοις ἐστὶν ὁ τόπος ὅπου προσκυνεῖν δεῖ. 4.21 λέγει
N-DN-P VIPA--ZS DNMS N-NM-S ABR VNPA VIPA--ZS VIPA--ZS

αὐτῇ ὁ Ἰησοῦς, Πίστευέ μοι, γύναι, ὅτι ἔρχεται ὥρα ὅτε οὔτε
NPDFZS DNMS N-NM-S VMPA--YS NPD-XS N-VF-S CC VIPN--ZS N-NF-S ABR CC

ἐν τῷ ὄρει τούτῳ οὔτε ἐν Ἱεροσολύμοις προσκυνήσετε τῷ
PD DDNS N-DN-S A-DDN-S CC PD N-DN-P VIFA--YP DDMS

πατρί. 4.22 ὑμεῖς προσκυνεῖτε ὃ οὐκ οἴδατε·
N-DM-S NPN-YP VIPA--YP APRAN-S□APDAN-S&APRAN-S AB VIRA--YP

ἡμεῖς προσκυνοῦμεν ὃ οἴδαμεν, ὅτι ἡ
NPN-XP VIPA--XP APRAN-S□APDAN-S&APRAN-S VIRA--XP CS DNFS

σωτηρία ἐκ τῶν Ἰουδαίων ἐστίν. 4.23 ἀλλὰ ἔρχεται ὥρα, καὶ νῦν
N-NF-S PG DGMP AP-GM-P VIPA--ZS CH VIPN--ZS N-NF-S CC AB

ἐστιν, ὅτε οἱ ἀληθινοὶ προσκυνηταὶ προσκυνήσουσιν τῷ
VIPA--ZS ABR DNMP A--NM-P N-NM-P VIFA--ZP DDMS

πατρὶ ἐν πνεύματι καὶ ἀληθείᾳ· καὶ γὰρ ὁ πατὴρ τοιούτους
N-DM-S PD N-DN-S CC N-DF-S AB CS DNMS N-NM-S APDAM-P

ζητεῖ τοὺς προσκυνοῦντας αὐτόν. 4.24 πνεῦμα ὁ θεός,
VIPA--ZS DAMP□APRNM-P VPPAAM-P NPAMZS N-NN-S DNMS N-NM-S

καὶ τοὺς προσκυνοῦντας αὐτὸν ἐν πνεύματι καὶ
CC DAMP□NPAMZP&APRNM-P VPPAAM-P NPAMZS PD N-DN-S CC

ἀληθείᾳ δεῖ προσκυνεῖν. 4.25 λέγει αὐτῷ ἡ γυνή, Οἶδα ὅτι
N-DF-S VIPA--ZS VNPA VIPA--ZS NPDMZS DNFS N-NF-S VIRA--XS CH

Μεσσίας ἔρχεται, ὁ λεγόμενος Χριστός· ὅταν ἔλθη
N-NM-S VIPN--ZS DNMS□APRNM-S VPPPNM-S N-NM-S CS VSAA--ZS

ἐκεῖνος, ἀναγγελεῖ ἡμῖν ἅπαντα. 4.26 λέγει αὐτῇ ὁ Ἰησοῦς,
APDNM-S VIFA--ZS NPD-XP AP-AN-P VIPA--ZS NPDFZS DNMS N-NM-S

Ἐγώ εἰμι, ὁ λαλῶν σοι.
NPN-XS VIPA--XS DNMS□APRNMXS VPPANMXS NPD-YS

4.27 Καὶ ἐπὶ τούτῳ ἦλθαν οἱ μαθηταὶ αὐτοῦ, καὶ ἐθαύμαζον
CC PD APDDN-S VIAA--ZP DNMP N-NM-P NPGMZS CC VIIA--ZP

ὅτι μετὰ γυναικὸς ἐλάλει· οὐδεὶς μέντοι εἶπεν, Τί ζητεῖς; ἤ,
CC/CS PG N-GF-S VIIA--ZS APCNM-S CH VIAA--ZS APTAN-S VIPA--YS CC

Τί λαλεῖς μετ᾽ αὐτῆς; 4.28 ἀφῆκεν οὖν τὴν ὑδρίαν αὐτῆς
APTAN-S□ABT VIPA--YS PG NPGFZS VIAA--ZS CC DAFS N-AF-S NPGFZS

ἡ γυνὴ καὶ ἀπῆλθεν εἰς τὴν πόλιν καὶ λέγει τοῖς ἀνθρώποις,
DNFS N-NF-S CC VIAA--ZS PA DAFS N-AF-S CC VIPA--ZS DDMP N-DM-P

4.29 Δεῦτε ἴδετε ἄνθρωπον ὃς εἶπέν μοι πάντα ὅσα
AB□VMAA--YP VMAA--YP N-AM-S APRNM-S VIAA--ZS NPD-XS AP-AN-P APRAN-P

ἐποίησα· μήτι οὗτός ἐστιν ὁ Χριστός; 4.30 ἐξῆλθον ἐκ τῆς
VIAA--XS QT APDNM-S VIPA--ZS DNMS N-NM-S VIAA--ZP PG DGFS

πόλεως καὶ ἤρχοντο πρὸς αὐτόν.
N-GF-S CC VIIN--ZP PA NPAMZS

4.31 Ἐν τῷ μεταξὺ ἠρώτων αὐτὸν οἱ μαθηταὶ λέγοντες,
PD DDNS AB□AP-DM-S VIIA--ZP NPAMZS DNMP N-NM-P VPPANM-P

Ῥαββί, φάγε. 4.32 ὁ δὲ εἶπεν αὐτοῖς, Ἐγὼ βρῶσιν
N-VM-S VMAA--YS DNMS□NPNMZS CH VIAA--ZS NPDMZP NPN-XS N-AF-S

ἔχω φαγεῖν ἣν ὑμεῖς οὐκ οἴδατε. 4.33 ἔλεγον οὖν οἱ
VIPA--XS VNAA APRAF-S NPN-YP AB VIRA--YP VIIA--ZP CH DNMP

μαθηταὶ πρὸς ἀλλήλους, Μή τις ἤνεγκεν αὐτῷ φαγεῖν;
N-NM-P PA NPAMZP QT APINM-S VIAA--ZS NPDMZS VNAA

4.34 λέγει αὐτοῖς ὁ Ἰησοῦς, Ἐμὸν βρῶμά ἐστιν ἵνα ποιήσω
VIPA--ZS NPDMZP DNMS N-NM-S A--NNXS N-NN-S VIPA--ZS CC VSAA--XS

τὸ θέλημα τοῦ πέμψαντός με καὶ τελειώσω
DANS N-AN-S DGMS□NPGMZS&APRNM-S VPAAGM-S NPA-XS CC VSAA--XS

αὐτοῦ τὸ ἔργον. 4.35 οὐχ ὑμεῖς λέγετε ὅτι Ἔτι τετράμηνός
NPGMZS DANS N-AN-S QT NPN-YP VIPA--YP CC AB AP-NM-S

ἐστιν καὶ ὁ θερισμὸς ἔρχεται; ἰδοὺ λέγω ὑμῖν, ἐπάρατε τοὺς
VIPA--ZS CC DNMS N-NM-S VIPN--ZS QS VIPA--XS NPD-YP VMAA--YP DAMP

ὀφθαλμοὺς ὑμῶν καὶ θεάσασθε τὰς χώρας ὅτι λευκαί εἰσιν πρὸς
N-AM-P NPG-YP CC VMAD--YP DAFP N-AF-P CC/CS A--NF-P VIPA--ZP PA

θερισμόν. ἤδη 4.36 ὁ θερίζων μισθὸν λαμβάνει
N-AM-S AB DNMS□NPNMZS&APRNM-S VPPANM-S N-AM-S VIPA--ZS

καὶ συνάγει καρπὸν εἰς ζωὴν αἰώνιον, ἵνα ὁ
CC VIPA--ZS N-AM-S PA N-AF-S A--AF-S CH/CS DNMS□NPNMZS&APRNM-S

σπείρων ὁμοῦ χαίρῃ καὶ ὁ θερίζων. 4.37 ἐν γὰρ
VPPANM-S AB VSPA--ZS CC DNMS□NPNMZS&APRNM-S VPPANM-S PD CS

τούτῳ ὁ λόγος ἐστὶν ἀληθινὸς ὅτι Ἄλλος ἐστὶν ὁ
APDDN-S DNMS N-NM-S VIPA--ZS A--NM-S ABR AP-NM-S VIPA--ZS DNMS□APRNM-S

σπείρων καὶ ἄλλος ὁ θερίζων. 4.38 ἐγὼ ἀπέστειλα ὑμᾶς
VPPANM-S CC AP-NM-S DNMS□APRNM-S VPPANM-S NPN-XS VIAA--XS NPA-YP

θερίζειν ὃ οὐχ ὑμεῖς κεκοπιάκατε· ἄλλοι
VNPA APRAN-S□APDAN-S&APRAN-S AB NPN-YP VIRA--YP AP-NM-P

κεκοπιάκασιν, καὶ ὑμεῖς εἰς τὸν κόπον αὐτῶν εἰσεληλύθατε.
VIRA--ZP CC NPN-YP PA DAMS N-AM-S NPGMZP VIRA--YP

4.39 Ἐκ δὲ τῆς πόλεως ἐκείνης πολλοὶ ἐπίστευσαν εἰς αὐτὸν
PG CC DGFS N-GF-S A-DGF-S AP-NM-P VIAA--ZP PA NPAMZS

τῶν Σαμαριτῶν διὰ τὸν λόγον τῆς γυναικὸς μαρτυρούσης ὅτι
DGMP N-GM-P PA DAMS N-AM-S DGFS N-GF-S VPPAGF-S CC

Εἶπέν μοι πάντα ἃ ἐποίησα. 4.40 ὡς οὖν ἦλθον πρὸς αὐτὸν
VIAA--ZS NPD-XS AP-AN-P APRAN-P VIAA--XS CS CC/CH VIAA--ZP PA NPAMZS

οἱ Σαμαρῖται, ἠρώτων αὐτὸν μεῖναι παρ' αὐτοῖς· καὶ ἔμεινεν
DNMP N-NM-P VIIA--ZP NPAMZS VNAA PD NPDMZP CC VIAA--ZS

ἐκεῖ δύο ἡμέρας. 4.41 καὶ πολλῷ πλείους ἐπίστευσαν διὰ τὸν
AB A-CAF-P N-AF-P CC AP-DN-S APMNM-P VIAA--ZP PA DAMS

λόγον αὐτοῦ, 4.42 τῇ τε γυναικὶ ἔλεγον ὅτι Οὐκέτι διὰ τὴν σὴν
N-AM-S NPGMZS DDFS CC N-DF-S VIIA--ZP AB PA DAFS A--AFYS

293

λαλιὰν πιστεύομεν· αὐτοὶ γὰρ ἀκηκόαμεν, καὶ οἴδαμεν ὅτι οὗτός
N-AF-S VIPA--XP NPNMXP CS VIRA--XP CC VIRA--XP CH APDNM-S

ἐστιν ἀληθῶς ὁ σωτὴρ τοῦ κόσμου.
VIPA--ZS AB DNMS N-NM-S DGMS N-GM-S

4.43 Μετὰ δὲ τὰς δύο ἡμέρας ἐξῆλθεν ἐκεῖθεν εἰς τὴν
PA CC DAFP A-CAF-P N-AF-P VIAA--ZS AB PA DAFS

Γαλιλαίαν· 4.44 αὐτὸς γὰρ Ἰησοῦς ἐμαρτύρησεν ὅτι προφήτης ἐν
N-AF-S NPNMZS CS N-NM-S VIAA--ZS CC N-NM-S PD

τῇ ἰδίᾳ πατρίδι τιμὴν οὐκ ἔχει. 4.45 ὅτε οὖν ἦλθεν εἰς τὴν
DDFS A--DF-S N-DF-S N-AF-S AB VIPA--ZS CS CC VIAA--ZS PA DAFS

Γαλιλαίαν, ἐδέξαντο αὐτὸν οἱ Γαλιλαῖοι, πάντα ἑωρακότες ὅσα
N-AF-S VIAD--ZP NPAMZS DNMP AP-NM-P AP-AN-P VPRANM-P APRAN-P

ἐποίησεν ἐν Ἱεροσολύμοις ἐν τῇ ἑορτῇ, καὶ αὐτοὶ γὰρ ἦλθον εἰς
VIAA--ZS PD N-DN-P PD DDFS N-DF-S AB NPNMZS CS VIAA--ZP PA

τὴν ἑορτήν.
DAFS N-AF-S

4.46 Ἦλθεν οὖν πάλιν εἰς τὴν Κανὰ τῆς Γαλιλαίας, ὅπου
VIAA--ZS CC AB PA DAFS N-AF-S DGFS N-GF-S ABR

ἐποίησεν τὸ ὕδωρ οἶνον. καὶ ἦν τις βασιλικὸς οὗ ὁ
VIAA--ZS DANS N-AN-S N-AM-S CC VIIA--ZS A-INM-S AP-NM-S APRGM-S DNMS

υἱὸς ἠσθένει ἐν Καφαρναούμ· 4.47 οὗτος ἀκούσας ὅτι Ἰησοῦς
N-NM-S VIIA--ZS PD N-DF-S APDNM-S VPAANM-S CH N-NM-S

ἥκει ἐκ τῆς Ἰουδαίας εἰς τὴν Γαλιλαίαν ἀπῆλθεν πρὸς αὐτὸν καὶ
VIPA--ZS PG DGFS N-GF-S PA DAFS N-AF-S VIAA--ZS PA NPAMZS CC

ἠρώτα ἵνα καταβῇ καὶ ἰάσηται αὐτοῦ τὸν υἱόν, ἤμελλεν γὰρ
VIIA--ZS CC VSAA--ZS CC VSAD--ZS NPGMZS DAMS N-AM-S VIIA--ZS+ CS

ἀποθνήσκειν. 4.48 εἶπεν οὖν ὁ Ἰησοῦς πρὸς αὐτόν, Ἐὰν μὴ
+VNPA VIAA--ZS CH DNMS N-NM-S PA NPAMZS CS AB

σημεῖα καὶ τέρατα ἴδητε, οὐ μὴ πιστεύσητε. 4.49 λέγει πρὸς
N-AN-P CC N-AN-P VSAA--YP AB AB VSAA--YP VIPA--ZS PA

αὐτὸν ὁ βασιλικός, Κύριε, κατάβηθι πρὶν ἀποθανεῖν τὸ
NPAMZS DNMS AP-NM-S N-VM-S VMAA--YS AB□CS VNAA DANS

παιδίον μου. 4.50 λέγει αὐτῷ ὁ Ἰησοῦς, Πορεύου· ὁ υἱός
N-AN-S NPG-XS VIPA--ZS NPDMZS DNMS N-NM-S VMPN--YS DNMS N-NM-S

σου ζῇ. ἐπίστευσεν ὁ ἄνθρωπος τῷ λόγῳ ὃν εἶπεν
NPG-YS VIPA--ZS VIAA--ZS DNMS N-NM-S DDMS N-DM-S APRAM-S VIAA--ZS

αὐτῷ ὁ Ἰησοῦς καὶ ἐπορεύετο. 4.51 ἤδη δὲ αὐτοῦ
NPDMZS DNMS N-NM-S CC VIIN--ZS AB CC NPGMZS

καταβαίνοντος οἱ δοῦλοι αὐτοῦ ὑπήντησαν αὐτῷ λέγοντες ὅτι
VPPAGM-S DNMP N-NM-P NPGMZS VIAA--ZP NPDMZS VPPANM-P CH

ὁ παῖς αὐτοῦ ζῇ. 4.52 ἐπύθετο οὖν τὴν ὥραν παρ' αὐτῶν ἐν
DNMS N-NM-S NPGMZS VIPA--ZS VIAD--ZS CC DAFS N-AF-S PG NPGMZP PD

ᾗ κομψότερον ἔσχεν· εἶπαν οὖν αὐτῷ ὅτι Ἐχθὲς ὥραν
APRDF-S APMAN-S□ABM VIAA--ZS VIAA--ZP CC NPDMZS CH AB N-AF-S

ἑβδόμην ἀφῆκεν αὐτὸν ὁ πυρετός. 4.53 ἔγνω οὖν ὁ πατὴρ
A-OAF-S VIAA--ZS NPAMZS DNMS N-NM-S VIAA--ZS CH DNMS N-NM-S

ὅτι [ἐν] ἐκείνῃ τῇ ὥρᾳ ἐν ᾗ εἶπεν αὐτῷ ὁ Ἰησοῦς, Ὁ
CC PD A-DDF-S DDFS N-DF-S PD APRDF-S VIAA--ZS NPDMZS DNMS N-NM-S DNMS

υἱός σου ζῇ, καὶ ἐπίστευσεν αὐτὸς καὶ ἡ οἰκία αὐτοῦ ὅλη.
N-NM-S NPG-YS VIPA--ZS CC VIAA--ZS NPNMZS CC DNFS N-NF-S NPGMZS A--NF-S

4.54 Τοῦτο [δὲ] πάλιν δεύτερον σημεῖον ἐποίησεν ὁ
APDAN-S CH AB A-OAN-S/APOAN-S□AB N-AN-S VIAA--ZS DNMS

Ἰησοῦς ἐλθὼν ἐκ τῆς Ἰουδαίας εἰς τὴν Γαλιλαίαν.
N-NM-S VPAANM-S PG DGFS N-GF-S PA DAFS N-AF-S

5.1 Μετὰ ταῦτα ἦν ἑορτὴ τῶν Ἰουδαίων, καὶ ἀνέβη Ἰησοῦς
PA APDAN-P VIIA--ZS N-NF-S DGMP AP-GM-P CC VIAA--ZS N-NM-S

εἰς Ἱεροσόλυμα. 5.2 ἔστιν δὲ ἐν τοῖς Ἱεροσολύμοις ἐπὶ τῇ
PA N-AN-P VIPA--ZS CS PD DDNP N-DN-P PD DDFS

προβατικῇ κολυμβήθρα ἡ ἐπιλεγομένη Ἑβραϊστὶ
AP-DF-S N-NF-S DNFS□APRNF-S VPPPNF-S AB

Βηθζαθά, πέντε στοὰς ἔχουσα. 5.3 ἐν ταύταις κατέκειτο πλῆθος
N-NF-S A-CAF-P N-AF-P VPPANF-S PD APDDF-P VIIN--ZS N-NN-S

τῶν ἀσθενούντων, τυφλῶν, χωλῶν, ξηρῶν. 5.5 ἦν
DGMP□NPGMZP&APRNM-P VPPAGM-P AP-GM-P AP-GM-P AP-GM-P VIIA--ZS

δέ τις ἄνθρωπος ἐκεῖ τριάκοντα [καὶ] ὀκτὼ ἔτη ἔχων ἐν τῇ
CC A-INM-S N-NM-S AB A-CAN-P CC A-CAN-P N-AN-P VPPANM-S PD DDFS

ἀσθενείᾳ αὐτοῦ· 5.6 τοῦτον ἰδὼν ὁ Ἰησοῦς κατακείμενον,
N-DF-S NPGMZS APDAM-S VPAANM-S DNMS N-NM-S VPPNAM-S

καὶ γνοὺς ὅτι πολὺν ἤδη χρόνον ἔχει, λέγει αὐτῷ, Θέλεις ὑγιὴς
CC VPAANM-S CH A--AM-S AB N-AM-S VIPA--ZS VIPA--ZS NPDMZS VIPA--YS A--NM-S

γενέσθαι; 5.7 ἀπεκρίθη αὐτῷ ὁ ἀσθενῶν, Κύριε,
VNAD VIAO--ZS NPDMZS DNMS□NPNMZS&APRNM-S VPPANM-S N-VM-S

ἄνθρωπον οὐκ ἔχω ἵνα ὅταν ταραχθῇ τὸ ὕδωρ βάλῃ με εἰς
N-AM-S AB VIPA--XS CS CS VSAP--ZS DNNS N-NN-S VSAA--ZS NPA-XS PA

τὴν κολυμβήθραν· ἐν ᾧ δὲ ἔρχομαι ἐγὼ ἄλλος
DAFS N-AF-S PD APRDM-S□APDDM-S&APRDM-S CH VIPN--XS NPN-XS AP-NM-S

πρὸ ἐμοῦ καταβαίνει. 5.8 λέγει αὐτῷ ὁ Ἰησοῦς, Ἔγειρε
PG NPG-XS VIPA--ZS VIPA--ZS NPDMZS DNMS N-NM-S VMPA--YS

ἆρον τὸν κράβαττόν σου καὶ περιπάτει. 5.9 καὶ εὐθέως ἐγένετο
VMAA--YS DAMS N-AM-S NPG-YS CC VMPA--YS CC AB VIAD--ZS

ὑγιὴς ὁ ἄνθρωπος, καὶ ἦρεν τὸν κράβαττον αὐτοῦ καὶ
A--NM-S DNMS N-NM-S CC VIAA--ZS DAMS N-AM-S NPGMZS CC

περιεπάτει.
VIIA--ZS

Ἦν δὲ σάββατον ἐν ἐκείνῃ τῇ ἡμέρᾳ. 5.10 ἔλεγον οὖν οἱ
VIIA--ZS CH N-NN-S PD A-DDF-S DDFS N-DF-S VIIA--ZP CH DNMP

Ἰουδαῖοι τῷ τεθεραπευμένῳ, Σάββατόν ἐστιν, καὶ
AP-NM-P DDMS□NPDMZS&APRNM-S VPRPDM-S N-NN-S VIPA--ZS CC

295

οὐκ ἔξεστίν σοι ἆραι τὸν κράβαττόν σου. 5.11 ὁ δὲ
AB VIPA--ZS NPD-YS VNAA DAMS N-AM-S NPG-YS DNMS□NPNMZS CH

ἀπεκρίθη αὐτοῖς, Ὁ ποιήσας με ὑγιῆ ἐκεῖνός μοι
VIAO--ZS NPDMZP DNMS□APRNM-S+ VPAANM-S NPA-XS A--AM-S APDNM-S NPD-XS

εἶπεν, Ἆρον τὸν κράβαττόν σου καὶ περιπάτει.
VIAA--ZS VMAA--YS DAMS N-AM-S NPG-YS CC VMPA--YS

5.12 ἠρώτησαν αὐτόν, Τίς ἐστιν ὁ ἄνθρωπος ὁ
VIAA--ZP NPAMZS APTNM-S VIPA--ZS DNMS N-NM-S DNMS□APRNM-S

εἰπών σοι, Ἆρον καὶ περιπάτει; 5.13 ὁ δὲ
VPAANM-S NPD-YS VMAA--YS CC VMPA--YS DNMS□NPNMZS&APRNM-S CH

ἰαθεὶς οὐκ ᾔδει τίς ἐστιν, ὁ γὰρ Ἰησοῦς ἐξένευσεν ὄχλου
VPAPNM-S AB VILA--ZS APTNM-S VIPA--ZS DNMS CS N-NM-S VIAA--ZS N-GM-S

ὄντος ἐν τῷ τόπῳ. 5.14 μετὰ ταῦτα εὑρίσκει αὐτὸν ὁ Ἰησοῦς
VPPAGM-S PD DDMS N-DM-S PA APDAN-P VIPA--ZS NPAMZS DNMS N-NM-S

ἐν τῷ ἱερῷ καὶ εἶπεν αὐτῷ, Ἴδε ὑγιὴς γέγονας· μηκέτι
PD DDNS AP-DN-S CC VIAA--ZS NPDMZS QS A--NM-S VIRA--YS AB

ἁμάρτανε, ἵνα μὴ χεῖρόν σοί τι γένηται. 5.15 ἀπῆλθεν ὁ
VMPA--YS CS AB APMNN-S NPD-YS A-INN-S VSAD--ZS VIAA--ZS DNMS

ἄνθρωπος καὶ ἀνήγγειλεν τοῖς Ἰουδαίοις ὅτι Ἰησοῦς ἐστιν
N-NM-S CC VIAA--ZS DDMP AP-DM-P CC N-NM-S VIPA--ZS

ὁ ποιήσας αὐτὸν ὑγιῆ. 5.16 καὶ διὰ τοῦτο ἐδίωκον
DNMS□NPNMZS&APRNM-S VPAANM-S NPAMZS A--AM-S CC PA APDAN-S VIIA--ZP

οἱ Ἰουδαῖοι τὸν Ἰησοῦν, ὅτι ταῦτα ἐποίει ἐν σαββάτῳ.
DNMP AP-NM-P DAMS N-AM-S CS APDAN-P VIIA--ZS PD N-DN-S

5.17 ὁ δὲ [Ἰησοῦς] ἀπεκρίνατο αὐτοῖς, Ὁ πατήρ μου ἕως
DNMS CH N-NM-S VIAD--ZS NPDMZP DNMS N-NM-S NPG-XS PG

ἄρτι ἐργάζεται, κἀγὼ ἐργάζομαι. 5.18 διὰ τοῦτο οὖν μᾶλλον
AB□AP-GM-S VIPN--ZS CC&NPN-XS VIPN--XS PA APDAN-S CH ABM

ἐζήτουν αὐτὸν οἱ Ἰουδαῖοι ἀποκτεῖναι, ὅτι οὐ μόνον ἔλυεν
VIIA--ZP NPAMZS DNMP AP-NM-P VNAA CS AB AP-AN-S□AB VIIA--ZS

τὸ σάββατον ἀλλὰ καὶ πατέρα ἴδιον ἔλεγεν τὸν θεόν, ἴσον
DANS N-AN-S CH AB N-AM-S A--AM-S VIIA--ZS DAMS N-AM-S A--AM-S

ἑαυτὸν ποιῶν τῷ θεῷ.
NPAMZS VPPANM-S DDMS N-DM-S

5.19 Ἀπεκρίνατο οὖν ὁ Ἰησοῦς καὶ ἔλεγεν αὐτοῖς, Ἀμὴν
VIAD--ZS CH DNMS N-NM-S CC VIIA--ZS NPDMZP QS

ἀμὴν λέγω ὑμῖν, οὐ δύναται ὁ υἱὸς ποιεῖν ἀφ᾽ ἑαυτοῦ οὐδὲν
QS VIPA--XS NPD-YP AB VIPN--ZS DNMS N-NM-S VNPA PG NPGMZS APCAN-S

ἐὰν μή τι βλέπῃ τὸν πατέρα ποιοῦντα· ἃ γὰρ ἂν ἐκεῖνος
CS AB APIAN-S VSPA--ZS DAMS N-AM-S VPPAAM-S APRAN-P+ CS QV APDNM-S

ποιῇ, ταῦτα καὶ ὁ υἱὸς ὁμοίως ποιεῖ. 5.20 ὁ γὰρ πατὴρ
VSPA--ZS APDAN-P AB DNMS N-NM-S AB VIPA--ZS DNMS CS N-NM-S

φιλεῖ τὸν υἱὸν καὶ πάντα δείκνυσιν αὐτῷ ἃ αὐτὸς ποιεῖ, καὶ
VIPA--ZS DAMS N-AM-S CC AP-AN-P VIPA--ZS NPDMZS APRAN-P NPNMZS VIPA--ZS CC

μείζονα τούτων δείξει αὐτῷ ἔργα, ἵνα ὑμεῖς θαυμάζητε.
A-MAN-P APDGN-P VIFA--ZS NPDMZS N-AN-P CH/CS NPN-YP VSPA--YP

5.21 ὥσπερ γὰρ ὁ πατὴρ ἐγείρει τοὺς νεκροὺς καὶ ζῳοποιεῖ,
CS CS DNMS N-NM-S VIPA--ZS DAMP AP-AM-P CC VIPA--ZS

οὕτως καὶ ὁ υἱὸς οὓς θέλει ζῳοποιεῖ. 5.22 οὐδὲ
AB AB DNMS N-NM-S APRAM-P□APDAM-P&APRAM-P VIPA--ZS VIPA--ZS AB

γὰρ ὁ πατὴρ κρίνει οὐδένα, ἀλλὰ τὴν κρίσιν πᾶσαν δέδωκεν
CS DNMS N-NM-S VIPA--ZS APCAM-S CH DAFS N-AF-S A--AF-S VIRA--ZS

τῷ υἱῷ, 5.23 ἵνα πάντες τιμῶσι τὸν υἱὸν καθὼς τιμῶσι τὸν
DDMS N-DM-S CS AP-NM-P VSPA--ZP DAMS N-AM-S CS VIPA--ZP DAMS

πατέρα. ὁ μὴ τιμῶν τὸν υἱὸν οὐ τιμᾷ τὸν
N-AM-S DNMS□NPNMZS&APRNM-S AB VPPANM-S DAMS N-AM-S AB VIPA--ZS DAMS

πατέρα τὸν πέμψαντα αὐτόν. 5.24 Ἀμὴν ἀμὴν λέγω
N-AM-S DAMS□APRNM-S VPAAAM-S NPAMZS QS QS VIPA--XS

ὑμῖν ὅτι ὁ τὸν λόγον μου ἀκούων καὶ πιστεύων
NPD-YP CC DNMS□NPNMZS&APRNM-S DAMS N-AM-S NPG-XS VPPANM-S CC VPPANM-S

τῷ πέμψαντί με ἔχει ζωὴν αἰώνιον, καὶ εἰς
DDMS□NPDMZS&APRNM-S VPAADM-S NPA-XS VIPA--ZS N-AF-S A--AF-S CC PA

κρίσιν οὐκ ἔρχεται ἀλλὰ μεταβέβηκεν ἐκ τοῦ θανάτου εἰς τὴν
N-AF-S AB VIPN--ZS CH VIRA--ZS PG DGMS N-GM-S PA DAFS

ζωήν. 5.25 ἀμὴν ἀμὴν λέγω ὑμῖν ὅτι ἔρχεται ὥρα καὶ νῦν ἐστιν
N-AF-S QS QS VIPA--XS NPD-YP CC VIPN--ZS N-NF-S CC AB VIPA--ZS

ὅτε οἱ νεκροὶ ἀκούσουσιν τῆς φωνῆς τοῦ υἱοῦ τοῦ θεοῦ καὶ
ABR DNMP AP-NM-P VIFA--ZP DGFS N-GF-S DGMS N-GM-S DGMS N-GM-S CC

οἱ ἀκούσαντες ζήσουσιν. 5.26 ὥσπερ γὰρ ὁ
DNMP□NPNMZP&APRNM-P VPAANM-P VIFA--ZP CS CS DNMS

πατὴρ ἔχει ζωὴν ἐν ἑαυτῷ, οὕτως καὶ τῷ υἱῷ ἔδωκεν ζωὴν
N-NM-S VIPA--ZS N-AF-S PD NPDMZS AB AB DDMS N-DM-S VIAA--ZS N-AF-S

ἔχειν ἐν ἑαυτῷ· 5.27 καὶ ἐξουσίαν ἔδωκεν αὐτῷ κρίσιν ποιεῖν, ὅτι
VNPA PD NPDMZS CC N-AF-S VIAA--ZS NPDMZS N-AF-S VNPA CS

υἱὸς ἀνθρώπου ἐστίν. 5.28 μὴ θαυμάζετε τοῦτο, ὅτι ἔρχεται ὥρα
N-NM-S N-GM-S VIPA--ZS AB VMPA--YP APDAN-S CS VIPN--ZS N-NF-S

ἐν ᾗ πάντες οἱ ἐν τοῖς μνημείοις ἀκούσουσιν τῆς φωνῆς
PD APRDF-S A--NM-P DNMP PD DDNP N-DN-P VIFA--ZP DGFS N-GF-S

αὐτοῦ 5.29 καὶ ἐκπορεύσονται, οἱ τὰ ἀγαθὰ
NPGMZS CC VIFD--ZP DNMP□NPNMZP&APRNM-P DANP AP-AN-P

ποιήσαντες εἰς ἀνάστασιν ζωῆς, οἱ δὲ τὰ φαῦλα
VPAANM-P PA N-AF-S N-GF-S DNMP□NPNMZP&APRNM-P CC DANP AP-AN-P

πράξαντες εἰς ἀνάστασιν κρίσεως.
VPAANM-P PA N-AF-S N-GF-S

5.30 Οὐ δύναμαι ἐγὼ ποιεῖν ἀπ' ἐμαυτοῦ οὐδέν· καθὼς ἀκούω
AB VIPN--XS NPN-XS VNPA PG NPGMXS APCAN-S CS VIPA--XS

κρίνω, καὶ ἡ κρίσις ἡ ἐμὴ δικαία ἐστίν, ὅτι οὐ ζητῶ τὸ
VIPA--XS CC DNFS N-NF-S DNFS A--NFXS A--NF-S VIPA--ZS CS AB VIPA--XS DANS

297

θέλημα τὸ ἐμὸν ἀλλὰ τὸ θέλημα τοῦ πέμψαντός
N-AN-S DANS A--ANXS CH DANS N-AN-S DGMS□NPGMZS&APRNM-S VPAAGM-S

με.
NPA-XS

5.31 ἐὰν ἐγὼ μαρτυρῶ περὶ ἐμαυτοῦ, ἡ μαρτυρία μου οὐκ
CS NPN-XS VSPA--XS PG NPGMXS DNFS N-NF-S NPG-XS AB

ἔστιν ἀληθής· 5.32 ἄλλος ἐστὶν ὁ μαρτυρῶν περὶ ἐμοῦ,
VIPA--ZS A--NF-S AP-NM-S VIPA--ZS DNMS□APRNM-S VPPANM-S PG NPG-XS

καὶ οἶδα ὅτι ἀληθής ἐστιν ἡ μαρτυρία ἣν μαρτυρεῖ περὶ
CC VIRA--XS CH A--NF-S VIPA--ZS DNFS N-NF-S APRAF-S VIPA--ZS PG

ἐμοῦ. 5.33 ὑμεῖς ἀπεστάλκατε πρὸς Ἰωάννην, καὶ μεμαρτύρηκεν
NPG-XS NPN-YP VIRA--YP PA N-AM-S CC VIRA--ZS

τῇ ἀληθείᾳ· 5.34 ἐγὼ δὲ οὐ παρὰ ἀνθρώπου τὴν μαρτυρίαν
DDFS N-DF-S NPN-XS CH AB PG N-GM-S DAFS N-AF-S

λαμβάνω, ἀλλὰ ταῦτα λέγω ἵνα ὑμεῖς σωθῆτε. 5.35 ἐκεῖνος ἦν
VIPA--XS CH APDAN-P VIPA--XS CS NPN-YP VSAP--YP APDNM-S VIIA--ZS

ὁ λύχνος ὁ καιόμενος καὶ φαίνων, ὑμεῖς δὲ ἠθελήσατε
DNMS N-NM-S DNMS□APRNM-S VPPPNM-S CC VPPANM-S NPN-YP CC VIAA--YP

ἀγαλλιαθῆναι πρὸς ὥραν ἐν τῷ φωτὶ αὐτοῦ. 5.36 ἐγὼ δὲ ἔχω
VNAP PA N-AF-S PD DDNS N-DN-S NPGMZS NPN-XS CH VIPA--XS

τὴν μαρτυρίαν μείζω τοῦ Ἰωάννου· τὰ γὰρ ἔργα ἃ δέδωκέν
DAFS N-AF-S A-MAF-S DGMS N-GM-S DNNP CS N-NN-P APRAN-P VIRA--ZS

μοι ὁ πατὴρ ἵνα τελειώσω αὐτά, αὐτὰ τὰ ἔργα ἃ ποιῶ,
NPD-XS DNMS N-NM-S CS VSAA--XS NPANZP NPNNZP DNNP N-NN-P APRAN-P VIPA--XS

μαρτυρεῖ περὶ ἐμοῦ ὅτι ὁ πατήρ με ἀπέσταλκεν· 5.37 καὶ
VIPA--ZS PG NPG-XS CC DNMS N-NM-S NPA-XS VIRA--ZS CC

ὁ πέμψας με πατὴρ ἐκεῖνος μεμαρτύρηκεν περὶ
DNMS□APRNM-S+ VPAANM-S NPA-XS N-NM-S APDNM-S VIRA--ZS PG

ἐμοῦ. οὔτε φωνὴν αὐτοῦ πώποτε ἀκηκόατε οὔτε εἶδος αὐτοῦ
NPG-XS CC N-AF-S NPGMZS ABI VIRA--YP CC N-AN-S NPGMZS

ἑωράκατε, 5.38 καὶ τὸν λόγον αὐτοῦ οὐκ ἔχετε ἐν ὑμῖν μένοντα,
VIRA--YP CC DAMS N-AM-S NPGMZS AB VIPA--YP PD NPD-YP VPPAAM-S

ὅτι ὃν ἀπέστειλεν ἐκεῖνος τούτῳ ὑμεῖς οὐ πιστεύετε.
CS APRAM-S+ VIAA--ZS APDNM-S APDDM-S NPN-YP AB VIPA--YP

5.39 ἐραυνᾶτε τὰς γραφάς, ὅτι ὑμεῖς δοκεῖτε ἐν αὐταῖς ζωὴν
VIPA--YP/VMPA--YP DAFP N-AF-P CS NPN-YP VIPA--YP PD NPDFZP N-AF-S

αἰώνιον ἔχειν· καὶ ἐκεῖναί εἰσιν αἱ μαρτυροῦσαι
A--AF-S VNPA CC APDNF-P VIPA--ZP DNFP□NPNFZP&APRNF-P VPPANF-P

περὶ ἐμοῦ· 5.40 καὶ οὐ θέλετε ἐλθεῖν πρός με ἵνα ζωὴν ἔχητε.
PG NPG-XS CC AB VIPA--YP VNAA PA NPA-XS CS N-AF-S VSPA--YP

5.41 Δόξαν παρὰ ἀνθρώπων οὐ λαμβάνω, 5.42 ἀλλὰ ἔγνωκα
N-AF-S PG N-GM-P AB VIPA--XS CC VIRA--XS

ὑμᾶς ὅτι τὴν ἀγάπην τοῦ θεοῦ οὐκ ἔχετε ἐν ἑαυτοῖς. 5.43 ἐγὼ
NPA-YP CC DAFS N-AF-S DGMS N-GM-S AB VIPA--YP PD NPDMYP NPN-XS

KATA ΙΩΑΝΝΗΝ 5.43-6.9

ἐλήλυθα ἐν τῷ ὀνόματι τοῦ πατρός μου καὶ οὐ λαμβάνετέ με·
VIRA--XS   PD DDNS N-DN-S   DGMS N-GM-S   NPG-XS CC AB VIPA--YP   NPA-XS

ἐὰν ἄλλος ἔλθῃ ἐν τῷ ὀνόματι τῷ ἰδίῳ, ἐκεῖνον λήμψεσθε.
CS AP-NM-S VSAA--ZS PD DDNS N-DN-S DDNS A--DN-S APDAM-S VIFD--YP

5.44 πῶς δύνασθε ὑμεῖς πιστεῦσαι, δόξαν παρὰ ἀλλήλων
ABT VIPN--YP NPN-YP VNAA   N-AF-S PG NPGMYP

λαμβάνοντες καὶ τὴν δόξαν τὴν παρὰ τοῦ μόνου θεοῦ οὐ
VPPANMYP   CC DAFS N-AF-S DAFS PG DGMS A--GM-S N-GM-S AB

ζητεῖτε; 5.45 μὴ δοκεῖτε ὅτι ἐγὼ κατηγορήσω ὑμῶν πρὸς τὸν
VIPA--YP   AB VMPA--YP CC NPN-XS VIFA--XS   NPG-YP PA DAMS

πατέρα· ἔστιν ὁ   κατηγορῶν ὑμῶν Μωϋσῆς, εἰς
N-AM-S VIPA--ZS DNMS□NPNMZS&APRNM-S VPPANM-S NPG-YP N-NM-S PA

ὃν ὑμεῖς ἠλπίκατε. 5.46 εἰ γὰρ ἐπιστεύετε Μωϋσεῖ, ἐπιστεύετε
APRAM-S NPN-YP VIRA--YP   CS CS VIIA--YP   N-DM-S   VIIA--YP

ἂν ἐμοί, περὶ γὰρ ἐμοῦ ἐκεῖνος ἔγραψεν. 5.47 εἰ δὲ τοῖς ἐκείνου
QV NPD-XS PG CS NPG-XS APDNM-S VIAA--ZS   CS CC/CH DDNP APDGM-S

γράμμασιν οὐ πιστεύετε, πῶς τοῖς ἐμοῖς ῥήμασιν πιστεύσετε;
N-DN-P   AB VIPA--YP   ABT DDNP A--DNXP N-DN-P VIFA--YP

6.1 Μετὰ ταῦτα ἀπῆλθεν ὁ Ἰησοῦς πέραν τῆς θαλάσσης
PA APDAN-P VIAA--ZS DNMS N-NM-S PG DGFS N-GF-S

τῆς Γαλιλαίας τῆς Τιβεριάδος. 6.2 ἠκολούθει δὲ αὐτῷ ὄχλος
DGFS N-GF-S   DGFS N-GF-S   VIIA--ZS   CC NPDMZS N-NM-S

πολύς, ὅτι ἐθεώρουν τὰ σημεῖα ἃ ἐποίει ἐπὶ
A--NM-S CS VIIA--ZP DANP N-AN-P APRAN-P VIIA--ZS PG

τῶν   ἀσθενούντων. 6.3 ἀνῆλθεν δὲ εἰς τὸ ὄρος
DGMP□NPGMZP&APRNM-P VPPAGM-P VIAA--ZS CC PA DANS N-AN-S

Ἰησοῦς, καὶ ἐκεῖ ἐκάθητο μετὰ τῶν μαθητῶν αὐτοῦ. 6.4 ἦν δὲ
N-NM-S CC AB VIIN--ZS PG DGMP N-GM-P NPGMZS   VIIA--ZS CS

ἐγγὺς τὸ πάσχα, ἡ ἑορτὴ τῶν Ἰουδαίων. 6.5 ἐπάρας οὖν τοὺς
AB DNNS N-NN-S DNFS N-NF-S DGMP AP-GM-P   VPAANM-S CC DAMP

ὀφθαλμοὺς ὁ Ἰησοῦς καὶ θεασάμενος ὅτι πολὺς ὄχλος ἔρχεται
N-AM-P   DNMS N-NM-S CC VPADNM-S   CC A--NM-S N-NM-S VIPN--ZS

πρὸς αὐτὸν λέγει πρὸς Φίλιππον, Πόθεν ἀγοράσωμεν ἄρτους ἵνα
PA NPAMZS VIPA--ZS PA N-AM-S   ABT   VSAA--XP   N-AM-P CS

φάγωσιν οὗτοι; 6.6 τοῦτο δὲ ἔλεγεν πειράζων αὐτόν, αὐτὸς γὰρ
VSAA--ZP APDNM-P   APDAN-S CS VIIA--ZS VPPANM-S NPAMZS NPNMZS CS

ᾔδει τί ἔμελλεν ποιεῖν. 6.7 ἀπεκρίθη αὐτῷ [ὁ] Φίλιππος,
VILA--ZS APTAN-S VIIA--ZS+ +VNPA VIAO--ZS NPDMZS DNMS N-NM-S

Διακοσίων δηναρίων ἄρτοι οὐκ ἀρκοῦσιν αὐτοῖς ἵνα ἕκαστος
A-CGN-P   N-GN-P   N-NM-P AB VIPA--ZP NPDMZP CS AP-NM-S

βραχύ [τι] λάβῃ. 6.8 λέγει αὐτῷ εἷς ἐκ τῶν μαθητῶν αὐτοῦ,
AP-AN-S A-IAN-S VSAA--ZS VIPA--ZS NPDMZS APCNM-S PG DGMP N-GM-P NPGMZS

Ἀνδρέας ὁ ἀδελφὸς Σίμωνος Πέτρου, 6.9 Ἔστιν παιδάριον
N-NM-S DNMS N-NM-S N-GM-S   N-GM-S   VIPA--ZS N-NN-S

299

ὧδε ὃς ἔχει πέντε ἄρτους κριθίνους καὶ δύο ὀψάρια· ἀλλὰ
AB APRNM-S VIPA--ZS A-CAM-P N-AM-P A--AM-P CC A-CAN-P N-AN-P CC

ταῦτα τί ἐστιν εἰς τοσούτους; 6.10 εἶπεν ὁ Ἰησοῦς,
APDNN-P APTNN-S VIPA--ZS PA APDAM-P VIAA--ZS DNMS N-NM-S

Ποιήσατε τοὺς ἀνθρώπους ἀναπεσεῖν. ἦν δὲ χόρτος πολὺς ἐν
VMAA--YP DAMP N-AM-P VNAA VIIA--ZS CS N-NM-S A--NM-S PD

τῷ τόπῳ. ἀνέπεσαν οὖν οἱ ἄνδρες τὸν ἀριθμὸν ὡς
DDMS N-DM-S VIAA--ZP CH DNMP N-NM-P DAMS N-AM-S AB

πεντακισχίλιοι. 6.11 ἔλαβεν οὖν τοὺς ἄρτους ὁ Ἰησοῦς καὶ
A-CNM-P VIAA--ZS CC DAMP N-AM-P DNMS N-NM-S CC

εὐχαριστήσας διέδωκεν τοῖς ἀνακειμένοις, ὁμοίως
VPAANM-S VIAA--ZS DDMP□NPDMZP&APRNM-P VPPNDM-P AB

καὶ ἐκ τῶν ὀψαρίων ὅσον ἤθελον. 6.12 ὡς δὲ
AB PG DGNP N-GN-P APRAN-S□APDAN-S&APRAN-S VIIA--ZP CS CH

ἐνεπλήσθησαν λέγει τοῖς μαθηταῖς αὐτοῦ, Συναγάγετε
VIAP--ZP VIPA--ZS DDMP N-DM-P NPGMZS VMAA--YP

τὰ περισσεύσαντα κλάσματα, ἵνα μή τι ἀπόληται.
DANP□APRNN-P+ VPAAAN-P N-AN-P CS AB APINN-S VSAM--ZS

6.13 συνήγαγον οὖν, καὶ ἐγέμισαν δώδεκα κοφίνους κλασμάτων
VIAA--ZP CH CC VIAA--ZP A-CAM-P N-AM-P N-GN-P

ἐκ τῶν πέντε ἄρτων τῶν κριθίνων ἃ ἐπερίσσευσαν
PG DGMP A-CGM-P N-GM-P DGMP A--GM-P APRNN-P VIAA--ZP

τοῖς βεβρωκόσιν. 6.14 Οἱ οὖν ἄνθρωποι ἰδόντες
DDMP□NPDMZP&APRNM-P VPRADM-P DNMP CH N-NM-P VPAANM-P

ὃ ἐποίησεν σημεῖον ἔλεγον ὅτι Οὗτός ἐστιν ἀληθῶς ὁ
APRAN-S+ VIAA--ZS N-AN-S VIIA--ZP CC APDNM-S VIPA--ZS AB DNMS

προφήτης ὁ ἐρχόμενος εἰς τὸν κόσμον. 6.15 Ἰησοῦς
N-NM-S DNMS□APRNM-S VPPNNM-S PA DAMS N-AM-S N-NM-S

οὖν γνοὺς ὅτι μέλλουσιν ἔρχεσθαι καὶ ἁρπάζειν αὐτὸν ἵνα
CH VPAANM-S CH VIPA--ZP+ +VNPN CC +VNPA NPAMZS CS

ποιήσωσιν βασιλέα ἀνεχώρησεν πάλιν εἰς τὸ ὄρος αὐτὸς μόνος.
VSAA--ZP N-AM-S VIAA--ZS AB PA DANS N-AN-S NPNMZS A--NM-S

6.16 Ὡς δὲ ὀψία ἐγένετο κατέβησαν οἱ μαθηταὶ αὐτοῦ ἐπὶ
CS CC A--NF-S VIAD--ZS VIAA--ZP DNMP N-NM-P NPGMZS PA

τὴν θάλασσαν, 6.17 καὶ ἐμβάντες εἰς πλοῖον ἤρχοντο πέραν τῆς
DAFS N-AF-S CC VPAANM-P PA N-AN-S VIIN--ZP PG DGFS

θαλάσσης εἰς Καφαρναούμ. καὶ σκοτία ἤδη ἐγεγόνει καὶ οὔπω
N-GF-S PA N-AF-S CC N-NF-S AB VILA--ZS CC AB

ἐληλύθει πρὸς αὐτοὺς ὁ Ἰησοῦς, 6.18 ἥ τε θάλασσα ἀνέμου
VILA--ZS PA NPAMZP DNMS N-NM-S DNFS CC N-NF-S N-GM-S

μεγάλου πνέοντος διεγείρετο. 6.19 ἐληλακότες οὖν ὡς σταδίους
A--GM-S VPPAGM-S VIIP--ZS VPRANM-P CC AB N-AM-P

εἴκοσι πέντε ἢ τριάκοντα θεωροῦσιν τὸν Ἰησοῦν περιπατοῦντα
A-CAM-P A-CAM-P CC A-CAM-P VIPA--ZP DAMS N-AM-S VPPAAM-S

ἐπὶ τῆς θαλάσσης καὶ ἐγγὺς τοῦ πλοίου γινόμενον, καὶ
PG DGFS N-GF-S CC PG DGNS N-GN-S VPPNAM-S CC

ἐφοβήθησαν. 6.20 ὁ δὲ λέγει αὐτοῖς, Ἐγώ εἰμι, μὴ
VIAO--ZP DNMS□NPNMZS CH VIPA--ZS NPDMZP NPN-XS VIPA--XS AB

φοβεῖσθε. 6.21 ἤθελον οὖν λαβεῖν αὐτὸν εἰς τὸ πλοῖον, καὶ
VMPN--YP VIIA--ZP CH VNAA NRAMZS PA DANS N-AN-S CC

εὐθέως ἐγένετο τὸ πλοῖον ἐπὶ τῆς γῆς εἰς ἣν ὑπῆγον.
AB VIAD--ZS DNNS N-NN-S PG DGFS N-GF-S PA APRAF-S VIIA--ZP

6.22 Τῇ ἐπαύριον ὁ ὄχλος ὁ ἑστηκὼς πέραν τῆς
DDFS AB□AP-DF-S DNMS N-NM-S DNMS□APRNM-S VPRANM-S PG DGFS

θαλάσσης εἶδον ὅτι πλοιάριον ἄλλο οὐκ ἦν ἐκεῖ εἰ μὴ ἕν,
N-GF-S VIAA--ZP CC N-NN-S A--NN-S AB VIIA--ZS AB CS AB APCNN-S

καὶ ὅτι οὐ συνεισῆλθεν τοῖς μαθηταῖς αὐτοῦ ὁ Ἰησοῦς εἰς τὸ
CC CC AB VIAA--ZS DDMP N-DM-P NPGMZS DNMS N-NM-S PA DANS

πλοῖον ἀλλὰ μόνοι οἱ μαθηταὶ αὐτοῦ ἀπῆλθον· 6.23 ἄλλα
N-AN-S CH A--NM-P DNMP N-NM-P NPGMZS VIAA--ZP A--NN-P†CC

ἦλθεν πλοι[άρι]α ἐκ Τιβεριάδος ἐγγὺς τοῦ τόπου ὅπου ἔφαγον
VIAA--ZS N-NN-P PG N-GF-S PG DGMS N-GM-S ABR VIAA--ZP

τὸν ἄρτον εὐχαριστήσαντος τοῦ κυρίου. 6.24 ὅτε οὖν εἶδεν ὁ
DAMS N-AM-S VPAAGM-S DGMS N-GM-S CS CH VIAA--ZS DNMS

ὄχλος ὅτι Ἰησοῦς οὐκ ἔστιν ἐκεῖ οὐδὲ οἱ μαθηταὶ αὐτοῦ,
N-NM-S CC N-NM-S AB VIPA--ZS AB CC DNMP N-NM-P NPGMZS

ἐνέβησαν αὐτοὶ εἰς τὰ πλοιάρια καὶ ἦλθον εἰς Καφαρναοὺμ
VIAA--ZP NPNMZP PA DANP N-AN-P CC VIAA--ZP PA N-AF-S

ζητοῦντες τὸν Ἰησοῦν. 6.25 καὶ εὑρόντες αὐτὸν πέραν τῆς
VPPANM-P DAMS N-AM-S CC VPAANM-P NPAMZS PG DGFS

θαλάσσης εἶπον αὐτῷ, Ῥαββί, πότε ὧδε γέγονας; 6.26 ἀπεκρίθη
N-GF-S VIAA--ZP NPDMZS N-VM-S ABT AB VIRA--YS VIAO--ZS

αὐτοῖς ὁ Ἰησοῦς καὶ εἶπεν, Ἀμὴν ἀμὴν λέγω ὑμῖν, ζητεῖτέ
NPDMZP DNMS N-NM-S CC VIAA--ZS QS QS VIPA--XS NPD-YP VIPA--YP

με οὐχ ὅτι εἴδετε σημεῖα ἀλλ' ὅτι ἐφάγετε ἐκ τῶν ἄρτων καὶ
NPA-XS AB CS VIAA--YP N-AN-P CH CS VIAA--YP PG DGMP N-GM-P CC

ἐχορτάσθητε. 6.27 ἐργάζεσθε μὴ τὴν βρῶσιν τὴν
VIAP--YP VMPN--YP AB DAFS N-AF-S DAFS□APRNF-S

ἀπολλυμένην ἀλλὰ τὴν βρῶσιν τὴν μένουσαν εἰς ζωὴν
VPPMAF-S CH DAFS N-AF-S DAFS□APRNF-S VPPAAF-S PA N-AF-S

αἰώνιον, ἣν ὁ υἱὸς τοῦ ἀνθρώπου ὑμῖν δώσει· τοῦτον γὰρ
A--AF-S APRAF-S DNMS N-NM-S DGMS N-GM-S NPD-YP VIFA--ZS APDAM-S CS

ὁ πατὴρ ἐσφράγισεν ὁ θεός. 6.28 εἶπον οὖν πρὸς αὐτόν,
DNMS N-NM-S VIAA--ZS DNMS N-NM-S VIAA--ZP CH PA NPAMZS

Τί ποιῶμεν ἵνα ἐργαζώμεθα τὰ ἔργα τοῦ θεοῦ; 6.29 ἀπεκρίθη
APTAN-S VSPA--XP CS VSPN--XP DANP N-AN-P DGMS N-GM-S VIAO--ZS

[ὁ] Ἰησοῦς καὶ εἶπεν αὐτοῖς, Τοῦτό ἐστιν τὸ ἔργον τοῦ θεοῦ,
DNMS N-NM-S CC VIAA--ZS NPDMZP APDNN-S VIPA--ZS DNNS N-NN-S DGMS N-GM-S

ἵνα πιστεύητε εἰς ὃν ἀπέστειλεν ἐκεῖνος.
ABR VSPA--YP PA APRAM-S□APDAM-S&APRAM-S VIAA--ZS APDNM-S

6.30 εἶπον οὖν αὐτῷ, Τί οὖν ποιεῖς σὺ σημεῖον, ἵνα ἴδωμεν
VIAA--ZP CH NPDMZS A-TAN-S CH VIPA--YS NPN-YS N-AN-S CS VSAA--XP

καὶ πιστεύσωμέν σοι; τί ἐργάζῃ; 6.31 οἱ πατέρες ἡμῶν τὸ
CC VSAA--XP NPD-YS APTAN-S VIPN--YS DNMP N-NM-P NPG-XP DANS

μάννα ἔφαγον ἐν τῇ ἐρήμῳ, καθώς ἐστιν γεγραμμένον, Ἄρτον
N-AN-S VIAA--ZP PD DDFS AP-DF-S CS VIPA--ZS+ +VPRPNN-S ‾N-AM-S

ἐκ τοῦ οὐρανοῦ ἔδωκεν αὐτοῖς φαγεῖν. 6.32 εἶπεν οὖν αὐτοῖς ὁ
PG DGMS N-GM-S VIAA--ZS NPDMZP VNAA VIAA--ZS CH NPDMZP DNMS

Ἰησοῦς, Ἀμὴν ἀμὴν λέγω ὑμῖν, οὐ Μωϋσῆς δέδωκεν ὑμῖν τὸν
N-NM-S QS QS VIPA--XS NPD-YP AB N-NM-S VIRA--ZS NPD-YP DAMS

ἄρτον ἐκ τοῦ οὐρανοῦ, ἀλλ᾽ ὁ πατήρ μου δίδωσιν ὑμῖν τὸν
N-AM-S PG DGMS N-GM-S CH DNMS N-NM-S NPG-XS VIPA--ZS NPD-YP DAMS

ἄρτον ἐκ τοῦ οὐρανοῦ τὸν ἀληθινόν· 6.33 ὁ γὰρ ἄρτος τοῦ
N-AM-S PG DGMS N-GM-S DAMS A--AM-S DNMS CS N-NM-S DGMS

θεοῦ ἐστιν ὁ καταβαίνων ἐκ τοῦ οὐρανοῦ καὶ
N-GM-S VIPA--ZS DNMS□NPNMZS&APRNM-S VPPANM-S PG DGMS N-GM-S CC

ζωὴν διδοὺς τῷ κόσμῳ.
N-AF-S VPPANM-S DDMS N-DM-S

6.34 Εἶπον οὖν πρὸς αὐτόν, Κύριε, πάντοτε δὸς ἡμῖν τὸν
VIAA--ZP CH PA NPAMZS N-VM-S AB VMAA--YS NPD-XP DAMS

ἄρτον τοῦτον. 6.35 εἶπεν αὐτοῖς ὁ Ἰησοῦς, Ἐγώ εἰμι ὁ
N-AM-S A-DAM-S VIAA--ZS NPDMZP DNMS N-NM-S NPN-XS VIPA--XS DNMS

ἄρτος τῆς ζωῆς· ὁ ἐρχόμενος πρός ἐμὲ οὐ μὴ
N-NM-S DGFS N-GF-S DNMS□NPNMZS&APRNM-S VPPNNM-S PA NPA-XS AB AB

πεινάσῃ, καὶ ὁ πιστεύων εἰς ἐμὲ οὐ μὴ διψήσει
VSAA--ZS CC DNMS□NPNMZS&APRNM-S VPPANM-S PA NPA-XS AB AB VIFA--ZS

πώποτε. 6.36 ἀλλ᾽ εἶπον ὑμῖν ὅτι καὶ ἑωράκατέ [με] καὶ οὐ
ABI CC VIAA--XS NPD-YP CH CC VIRA--YP NPA-XS CC AB

πιστεύετε. 6.37 Πᾶν ὃ δίδωσίν μοι ὁ πατὴρ πρὸς ἐμὲ
VIPA--YP AP-NN-S APRAN-S VIPA--ZS NPD-XS DNMS N-NM-S PA NPA-XS

ἥξει, καὶ τὸν ἐρχόμενον πρὸς ἐμὲ οὐ μὴ ἐκβάλω
VIFA--ZS CC DAMS□NPAMZS&APRNM-S VPPNAM-S PA NPA-XS AB AB VSAA--XS

ἔξω, 6.38 ὅτι καταβέβηκα ἀπὸ τοῦ οὐρανοῦ οὐχ ἵνα ποιῶ τὸ
AB CS VIRA--XS PG DGMS N-GM-S AB CS VSPA--XS DANS

θέλημα τὸ ἐμὸν ἀλλὰ τὸ θέλημα τοῦ πέμψαντός
N-AN-S DANS A--ANXS CH DANS N-AN-S DGMS□NPGMZS&APRNM-S VPAAGM-S

με· 6.39 τοῦτο δέ ἐστιν τὸ θέλημα τοῦ
NPA-XS APDNN-S CC VIPA--ZS DNNS N-NN-S DGMS□NPGMZS&APRNM-S

πέμψαντός με, ἵνα πᾶν ὃ δέδωκέν μοι μὴ ἀπολέσω ἐξ
VPAAGM-S NPA-XS ABR AP-AN-S APRAN-S VIRA--ZS NPD-XS AB VSAA--XS PG

αὐτοῦ ἀλλὰ ἀναστήσω αὐτὸ [ἐν] τῇ ἐσχάτῃ ἡμέρᾳ. 6.40 τοῦτο
NPGNZS CH VSAA--XS NPANZS PD DDFS A--DF-S N-DF-S APDNN-S

γάρ ἐστιν τὸ θέλημα τοῦ πατρός μου, ἵνα πᾶς ὁ
CS VIPA--ZS DNNS N-NN-S DGMS N-GM-S NPG-XS ABR AP-NM-S DNMS□APRNM-S

θεωρῶν τὸν υἱὸν καὶ πιστεύων εἰς αὐτὸν ἔχῃ ζωὴν αἰώνιον, καὶ
VPPANM-S DAMS N-AM-S CC VPPANM-S PA NRAMZS VSPA--ZS N-AF-S A--AF-S CC

ἀναστήσω αὐτὸν ἐγὼ [ἐν] τῇ ἐσχάτῃ ἡμέρᾳ.
VIFA--XS NPAMZS NPN-XS PD DDFS A--DF-S N-DF-S

6.41 Ἐγόγγυζον οὖν οἱ Ἰουδαῖοι περὶ αὐτοῦ ὅτι εἶπεν, Ἐγώ
VIIA--ZP CH DNMP AP-NM-P PG NPGMZS CS VIAA--ZS NPN-XS

εἰμι ὁ ἄρτος ὁ καταβὰς ἐκ τοῦ οὐρανοῦ, 6.42 καὶ
VIPA--XS DNMS N-NM-S DNMS□APRNMXS VPAANMXS PG DGMS N-GM-S CC

ἔλεγον, Οὐχ οὗτός ἐστιν Ἰησοῦς ὁ υἱὸς Ἰωσήφ, οὗ ἡμεῖς
VIIA--ZP QT APDNM-S VIPA--ZS N-NM-S DNMS N-NM-S N-GM-S APRGM-S NPN-XP

οἴδαμεν τὸν πατέρα καὶ τὴν μητέρα; πῶς νῦν λέγει ὅτι Ἐκ τοῦ
VIRA--XP DAMS N-AM-S CC DAFS N-AF-S ABT AB VIPA--ZS CC PG DGMS

οὐρανοῦ καταβέβηκα; 6.43 ἀπεκρίθη Ἰησοῦς καὶ εἶπεν αὐτοῖς,
N-GM-S VIRA--XS VIAO--ZS N-NM-S CC VIAA--ZS NPDMZP

Μὴ γογγύζετε μετ᾽ ἀλλήλων. 6.44 οὐδεὶς δύναται ἐλθεῖν πρός
AB VMPA--YP PG NPGMYP APCNM-S VIPN--ZS VNAA PA

με ἐὰν μὴ ὁ πατὴρ ὁ πέμψας με ἑλκύσῃ αὐτόν,
NPA-XS CS AB DNMS N-NM-S DNMS□APRNM-S VPAANM-S NPA-XS VSAA--ZS NPAMZS

κἀγὼ ἀναστήσω αὐτὸν ἐν τῇ ἐσχάτῃ ἡμέρᾳ. 6.45 ἔστιν
CC&NPN-XS VIFA--XS NPAMZS PD DDFS A--DF-S N-DF-S VIPA--ZS+

γεγραμμένον ἐν τοῖς προφήταις, Καὶ ἔσονται πάντες διδακτοὶ
+VPRPNN-S PD DDMP N-DM-P CC VIFD--ZP AP-NM-P A--NM-P

θεοῦ· πᾶς ὁ ἀκούσας παρὰ τοῦ πατρὸς καὶ μαθὼν
N-GM-S AP-NM-S DNMS□APRNM-S VPAANM-S PG DGMS N-GM-S CC VPAANM-S

ἔρχεται πρὸς ἐμέ. 6.46 οὐχ ὅτι τὸν πατέρα ἑώρακέν τις εἰ μὴ
VIPN--ZS PA NPA-XS AB CC DAMS N-AM-S VIRA--ZS APINM-S CS AB

ὁ ὢν παρὰ τοῦ θεοῦ, οὗτος ἑώρακεν τὸν πατέρα.
DNMS□APRNM-S+ VPPANM-S PG DGMS N-GM-S APDNM-S VIRA--ZS DAMS N-AM-S

6.47 ἀμὴν ἀμὴν λέγω ὑμῖν, ὁ πιστεύων ἔχει
QS QS VIPA--XS NPD-YP DNMS□NPNMZS&APRNM-S VPPANM-S VIPA--ZS

ζωὴν αἰώνιον. 6.48 ἐγώ εἰμι ὁ ἄρτος τῆς ζωῆς. 6.49 οἱ
N-AF-S A--AF-S NPN-XS VIPA--XS DNMS N-NM-S DGFS N-GF-S DNMP

πατέρες ὑμῶν ἔφαγον ἐν τῇ ἐρήμῳ τὸ μάννα καὶ ἀπέθανον·
N-NM-P NPG-YP VIAA--ZP PD DDFS AP-DF-S DANS N-AN-S CC VIAA--ZP

6.50 οὗτός ἐστιν ὁ ἄρτος ὁ ἐκ τοῦ οὐρανοῦ
APDNM-S VIPA--ZS DNMS N-NM-S DNMS□APRNM-S PG DGMS N-GM-S

καταβαίνων ἵνα τις ἐξ αὐτοῦ φάγῃ καὶ μὴ ἀποθάνῃ. 6.51 ἐγώ
VPPANM-S CS APINM-S PG NPGMZS VSAA--ZS CC AB VSAA--ZS NPN-XS

εἰμι ὁ ἄρτος ὁ ζῶν ὁ ἐκ τοῦ οὐρανοῦ
VIPA--XS DNMS N-NM-S DNMS□APRNMXS VPPANMXS DNMS□APRNMXS PG DGMS N-GM-S

καταβάς· ἐάν τις φάγῃ ἐκ τούτου τοῦ ἄρτου ζήσει εἰς τὸν
VPAANMXS CS APINM-S VSAA--ZS PG A-DGM-S DGMS N-GM-S VIFA--ZS PA DAMS

αἰῶνα· καὶ ὁ ἄρτος δὲ ὃν ἐγὼ δώσω ἡ σάρξ μού ἐστιν
N-AM-S CC DNMS N-NM-S CC APRAM-S NPN-XS VIFA--XS DNFS N-NF-S NPG-XS VIPA--ZS

ὑπὲρ τῆς τοῦ κόσμου ζωῆς.
PG DGFS DGMS N-GM-S N-GF-S

6.52 Ἐμάχοντο οὖν πρὸς ἀλλήλους οἱ Ἰουδαῖοι λέγοντες,
VIIN--ZP CH PA NPAMZP DNMP AP-NM-P VPPANM-P

Πῶς δύναται οὗτος ἡμῖν δοῦναι τὴν σάρκα [αὐτοῦ] φαγεῖν;
ABT VIPN--ZS APDNM-S NPD-XP VNAA DAFS N-AF-S NPGMZS VNAA

6.53 εἶπεν οὖν αὐτοῖς ὁ Ἰησοῦς, Ἀμὴν ἀμὴν λέγω ὑμῖν, ἐὰν
VIAA--ZS CH NPDMZP DNMS N-NM-S QS QS VIPA--XS NPD-YP CS

μὴ φάγητε τὴν σάρκα τοῦ υἱοῦ τοῦ ἀνθρώπου καὶ πίητε αὐτοῦ
AB VSAA--YP DAFS N-AF-S DGMS N-GM-S DGMS N-GM-S CC VSAA--YP NPGMZS

τὸ αἷμα, οὐκ ἔχετε ζωὴν ἐν ἑαυτοῖς. 6.54 ὁ
DANS N-AN-S AB VIPA--YP N-AF-S PD NPDMYP DNMS□NPNMZS&APRNM-S

τρώγων μου τὴν σάρκα καὶ πίνων μου τὸ αἷμα ἔχει ζωὴν
VPPANM-S NPG-XS DAFS N-AF-S CC VPPANM-S NPG-XS DANS N-AN-S VIPA--ZS N-AF-S

αἰώνιον, κἀγὼ ἀναστήσω αὐτὸν τῇ ἐσχάτῃ ἡμέρᾳ· 6.55 ἡ
A--AF-S CC&NPN-XS VIFA--XS NPAMZS DDFS A--DF-S N-DF-S DNFS

γὰρ σάρξ μου ἀληθής ἐστιν βρῶσις, καὶ τὸ αἷμά μου ἀληθής
CS N-NF-S NPG-XS A--NF-S VIPA--ZS N-NF-S CC DNNS N-NN-S NPG-XS A--NF-S

ἐστιν πόσις. 6.56 ὁ τρώγων μου τὴν σάρκα καὶ
VIPA--ZS N-NF-S DNMS□NPNMZS&APRNM-S VPPANM-S NPG-XS DAFS N-AF-S CC

πίνων μου τὸ αἷμα ἐν ἐμοὶ μένει κἀγὼ ἐν αὐτῷ. 6.57 καθὼς
VPPANM-S NPG-XS DANS N-AN-S PD NPD-XS VIPA--ZS CC&NPN-XS PD NPDMZS CS

ἀπέστειλέν με ὁ ζῶν πατὴρ κἀγὼ ζῶ
VIAA--ZS NPA-XS DNMS□APRNM-S+ VPPANM-S N-NM-S AB&NPN-XS/CC&NPN-XS VIPA--XS

διὰ τὸν πατέρα, καὶ ὁ τρώγων με κἀκεῖνος ζήσει δι᾽
PA DAMS N-AM-S CC/AB DNMS□APRNM-S+ VPPANM-S NPA-XS AB&APDNM-S VIFA--ZS PA

ἐμέ. 6.58 οὗτός ἐστιν ὁ ἄρτος ὁ ἐξ οὐρανοῦ καταβάς,
NPA-XS APDNM-S VIPA--ZS DNMS N-NM-S DNMS□APRNM-S PG N-GM-S VPAANM-S

οὐ καθὼς ἔφαγον οἱ πατέρες καὶ ἀπέθανον· ὁ
AB CS VIAA--ZP DNMP N-NM-P CC VIAA--ZP DNMS□NPNMZS&APRNM-S

τρώγων τοῦτον τὸν ἄρτον ζήσει εἰς τὸν αἰῶνα. 6.59 Ταῦτα εἶπεν
VPPANM-S A-DAM-S DAMS N-AM-S VIFA--ZS PA DAMS N-AM-S APDAN-P VIAA--ZS

ἐν συναγωγῇ διδάσκων ἐν Καφαρναούμ.
PD N-DF-S VPPANM-S PD N-DF-S

6.60 Πολλοὶ οὖν ἀκούσαντες ἐκ τῶν μαθητῶν αὐτοῦ εἶπαν,
AP-NM-P CH VPAANM-P PG DGMP N-GM-P NPGMZS VIAA--ZP

Σκληρός ἐστιν ὁ λόγος οὗτος· τίς δύναται αὐτοῦ ἀκούειν;
A--NM-S VIPA--ZS DNMS N-NM-S A-DNM-S APTNM-S VIPN--ZS NPGMZS VNPA

6.61 εἰδὼς δὲ ὁ Ἰησοῦς ἐν ἑαυτῷ ὅτι γογγύζουσιν περὶ τούτου
VPRANM-S CH DNMS N-NM-S PD NPDMZS CC VIPA--ZP PG APDGN-S

οἱ μαθηταὶ αὐτοῦ εἶπεν αὐτοῖς, Τοῦτο ὑμᾶς σκανδαλίζει;
DNMP N-NM-P NPGMZS VIAA--ZS NPDMZP APDNN-S NPA-YP VIPA--ZS

6.62 ἐὰν οὖν θεωρῆτε τὸν υἱὸν τοῦ ἀνθρώπου ἀναβαίνοντα ὅπου
CS CH VSPA--YP DAMS N-AM-S DGMS N-GM-S VPPAAM-S CS

ἦν τὸ πρότερον; 6.63 τὸ πνεῦμά ἐστιν τὸ
VIIA--ZS DANS APMAN-S DNNS N-NN-S VIPA--ZS DNNS□NPNNZS&APRNN-S

ζῳοποιοῦν, ἡ σὰρξ οὐκ ὠφελεῖ οὐδέν· τὰ ῥήματα ἃ ἐγὼ
VPPANN-S DNFS N-NF-S AB VIPA--ZS APCAN-S DNNP N-NN-P APRAN-P NPN-XS

λελάληκα ὑμῖν πνεῦμά ἐστιν καὶ ζωή ἐστιν. 6.64 ἀλλ᾽ εἰσὶν ἐξ
VIRA--XS NPD-YP N-NN-S VIPA--ZS CC N-NF-S VIPA--ZS CC VIPA--ZP PG

ὑμῶν τινες οἳ οὐ πιστεύουσιν. ᾔδει γὰρ ἐξ ἀρχῆς ὁ
NPG-YP APINM-P APRNM-P AB VIPA--ZP VILA--ZS CS PG N-GF-S DNMS

Ἰησοῦς τίνες εἰσὶν οἱ μὴ πιστεύοντες καὶ τίς
N-NM-S APTNM-P VIPA--ZP DNMP□NPNMZP&APRNM-P AB VPPANM-P CC APTNM-S

ἐστιν ὁ παραδώσων αὐτόν. 6.65 καὶ ἔλεγεν, Διὰ
V!PA--ZS DNMS□NPNMZS&APRNM-S VPFANM-S NRAMZS CC VIIA--ZS PA

τοῦτο εἴρηκα ὑμῖν ὅτι οὐδεὶς δύναται ἐλθεῖν πρός με ἐὰν μὴ
APDAN-S VIRA--XS NPD-YP CC APCNM-S VIPN--ZS VNAA PA NPA-XS CS AB

ᾖ δεδομένον αὐτῷ ἐκ τοῦ πατρός.
VSPA--ZS+ +VPRPNN-S NPDMZS PG DGMS N-GM-S

6.66 Ἐκ τούτου πολλοὶ [ἐκ] τῶν μαθητῶν αὐτοῦ ἀπῆλθον εἰς
PG APDGN-S AP-NM-P PG DGMP N-GM-P NPGMZS VIAA--ZP PA

τὰ ὀπίσω καὶ οὐκέτι μετ᾽ αὐτοῦ περιεπάτουν. 6.67 εἶπεν οὖν
DANP AB□AP-AN-P CC AB PG NPGMZS VIIA--ZP VIAA--ZS CH

ὁ Ἰησοῦς τοῖς δώδεκα, Μὴ καὶ ὑμεῖς θέλετε ὑπάγειν;
DNMS N-NM-S DDMP APCDM-P QT AB NPN-YP VIPA--YP VNPA

6.68 ἀπεκρίθη αὐτῷ Σίμων Πέτρος, Κύριε, πρὸς τίνα
VIAO--ZS NPDMZS N-NM-S N-NM-S N-VM-S PA APTAM-S

ἀπελευσόμεθα; ῥήματα ζωῆς αἰωνίου ἔχεις, 6.69 καὶ ἡμεῖς
VIFD--XP N-AN-P N-GF-S A--GF-S VIPA--YS CC NPN-XP

πεπιστεύκαμεν καὶ ἐγνώκαμεν ὅτι σὺ εἶ ὁ ἅγιος τοῦ
VIRA--XP CC VIRA--XP CC NPN-YS VIPA--YS DNMS AP-NM-S DGMS

θεοῦ. 6.70 ἀπεκρίθη αὐτοῖς ὁ Ἰησοῦς, Οὐκ ἐγὼ ὑμᾶς τοὺς
N-GM-S VIAO--ZS NPDMZP DNMS N-NM-S QT NPN-XS NPA-YP DAMP

δώδεκα ἐξελεξάμην, καὶ ἐξ ὑμῶν εἷς διάβολός ἐστιν;
A-CAM-P VIAM--XS CC PG NPG-YP APCNM-S AP-NM-S VIPA--ZS

6.71 ἔλεγεν δὲ τὸν Ἰούδαν Σίμωνος Ἰσκαριώτου· οὗτος γὰρ
VIIA--ZS CS DAMS N-AM-S N-GM-S N-GM-S APDNM-S CS

ἔμελλεν παραδιδόναι αὐτόν, εἷς ἐκ τῶν δώδεκα.
VIIA--ZS+ +VNPA NPAMZS APCNM-S PG DGMP APCGM-P

7.1 Καὶ μετὰ ταῦτα περιεπάτει ὁ Ἰησοῦς ἐν τῇ Γαλιλαίᾳ·
CC PA APDAN-P VIIA--ZS DNMS N-NM-S PD DDFS N-DF-S

οὐ γὰρ ἤθελεν ἐν τῇ Ἰουδαίᾳ περιπατεῖν, ὅτι ἐζήτουν αὐτὸν οἱ
AB CS VIIA--ZS PD DDFS N-DF-S VNPA CS VIIA--ZP NPAMZS DNMP

Ἰουδαῖοι ἀποκτεῖναι. 7.2 ἦν δὲ ἐγγὺς ἡ ἑορτὴ τῶν Ἰουδαίων
AP-NM-P VNAA VIIA--ZS CC AB DNFS N-NF-S DGMP AP-GM-P

305

ἡ σκηνοπηγία. 7.3 εἶπον οὖν πρὸς αὐτὸν οἱ ἀδελφοὶ αὐτοῦ,
DNFS N-NF-S VIAA--ZP CH PA NPRAMZS DNMP N-NM-P NPGMZS

Μετάβηθι ἐντεῦθεν καὶ ὕπαγε εἰς τὴν Ἰουδαίαν, ἵνα καὶ οἱ
VMAA--YS AB CC VMPA--YS PA DAFS N-AF-S CS AB DNMP

μαθηταί σου θεωρήσουσιν σοῦ τὰ ἔργα ἃ ποιεῖς·
N-NM-P NPG-YS VIFA--ZP NPG-YS DANP N-AN-P APRAN-P VIPA--YS

7.4 οὐδεὶς γάρ τι ἐν κρυπτῷ ποιεῖ καὶ ζητεῖ αὐτὸς ἐν
APCNM-S CS APIAN-S PD AP-DN-S VIPA--ZS CC VIPA--ZS NPNMZS PD

παρρησίᾳ εἶναι. εἰ ταῦτα ποιεῖς, φανέρωσον σεαυτὸν τῷ κόσμῳ.
N-DF-S VNPA CS APDAN-P VIPA--YS VMAA--YS NPAMYS DDMS N-DM-S

7.5 οὐδὲ γὰρ οἱ ἀδελφοὶ αὐτοῦ ἐπίστευον εἰς αὐτόν. 7.6 λέγει
AB CS DNMP N-NM-P NPGMZS VIIA--ZP PA NPRAMZS VIPA--ZS

οὖν αὐτοῖς ὁ Ἰησοῦς, Ὁ καιρὸς ὁ ἐμὸς οὔπω πάρεστιν,
CH NPDMZP DNMS N-NM-S DNMS N-NM-S DNMS A--NMXS AB VIPA--ZS

ὁ δὲ καιρὸς ὁ ὑμέτερος πάντοτέ ἐστιν ἕτοιμος. 7.7 οὐ
DNMS CC/CH N-NM-S DNMS A--NMYS AB VIPA--ZS A--NM-S AB

δύναται ὁ κόσμος μισεῖν ὑμᾶς, ἐμὲ δὲ μισεῖ, ὅτι ἐγὼ
VIPN--ZS DNMS N-NM-S VNPA NPA-YP NPA-XS CH VIPA--ZS CS NPN-XS

μαρτυρῶ περὶ αὐτοῦ ὅτι τὰ ἔργα αὐτοῦ πονηρά ἐστιν. 7.8 ὑμεῖς
VIPA--XS PG NPGMZS CC DNNP N-NN-P NPGMZS A--NN-P VIPA--ZS NPN-YP

ἀνάβητε εἰς τὴν ἑορτήν· ἐγὼ οὐκ ἀναβαίνω εἰς τὴν ἑορτὴν
VMAA--YP PA DAFS N-AF-S NPN-XS AB VIPA--XS PA DAFS N-AF-S

ταύτην, ὅτι ὁ ἐμὸς καιρὸς οὔπω πεπλήρωται. 7.9 ταῦτα δὲ
A-DAF-S CS DNMS A--NMXS N-NM-S AB VIRP--ZS APDAN-P CC

εἰπὼν αὐτὸς ἔμεινεν ἐν τῇ Γαλιλαίᾳ.
VPAANM-S NPNMZS VIAA--ZS PD DDFS N-DF-S

7.10 Ὡς δὲ ἀνέβησαν οἱ ἀδελφοὶ αὐτοῦ εἰς τὴν ἑορτήν, τότε
CS CH VIAA--ZP DNMP N-NM-P NPGMZS PA DAFS N-AF-S AB

καὶ αὐτὸς ἀνέβη, οὐ φανερῶς ἀλλὰ [ὡς] ἐν κρυπτῷ. 7.11 οἱ οὖν
AB NPNMZS VIAA--ZS AB AB CH CS PD AP-DN-S DNMP CC/CH

Ἰουδαῖοι ἐζήτουν αὐτὸν ἐν τῇ ἑορτῇ καὶ ἔλεγον, Ποῦ ἐστιν
AP-NM-P VIIA--ZP NPAMZS PD DDFS N-DF-S CC VIIA--ZP ABT VIPA--ZS

ἐκεῖνος; 7.12 καὶ γογγυσμὸς περὶ αὐτοῦ ἦν πολὺς ἐν τοῖς
APDNM-S CC N-NM-S PG NPGMZS VIIA--ZS A--NM-S PD DDMP

ὄχλοις· οἱ μὲν ἔλεγον ὅτι Ἀγαθός ἐστιν, ἄλλοι [δὲ]
N-DM-P DNMP□APDNM-P CC VIIA--ZP CC A--NM-S VIPA--ZS AP-NM-P CC

ἔλεγον, Οὔ, ἀλλὰ πλανᾷ τὸν ὄχλον. 7.13 οὐδεὶς μέντοι παρρησίᾳ
VIIA--ZP QS CH VIPA--ZS DAMS N-AM-S APCNM-S CH N-DF-S

ἐλάλει περὶ αὐτοῦ διὰ τὸν φόβον τῶν Ἰουδαίων.
VIIA--ZS PG NPGMZS PA DAMS N-AM-S DGMP AP-GM-P

7.14 Ἤδη δὲ τῆς ἑορτῆς μεσούσης ἀνέβη Ἰησοῦς εἰς τὸ
AB CC DGFS N-GF-S VPPAGF-S VIAA--ZS N-NM-S PA DANS

ἱερὸν καὶ ἐδίδασκεν. 7.15 ἐθαύμαζον οὖν οἱ Ἰουδαῖοι λέγοντες,
AP-AN-S CC VIIA--ZS VIIA--ZP CH DNMP AP-NM-P VPPANM-P

Πῶς οὗτος γράμματα οἶδεν μὴ μεμαθηκώς; 7.16 ἀπεκρίθη οὖν
ABT APDNM-S N-AN-P VIRA--ZS AB VPRANM-S VIAO--ZS CC

αὐτοῖς [ὁ] Ἰησοῦς καὶ εἶπεν, Ἡ ἐμὴ διδαχὴ οὐκ ἔστιν ἐμὴ
NPDMZP DNMS N-NM-S CC VIAA--ZS DNFS A--NFXS N-NF-S AB VIPA--ZS A--NFXS

ἀλλὰ τοῦ πέμψαντός με· 7.17 ἐάν τις θέλῃ τὸ
CH DGMS□NPGMZS&APRNM-S VPAAGM-S NPA-XS CS APINM-S VSPA--ZS DANS

θέλημα αὐτοῦ ποιεῖν, γνώσεται περὶ τῆς διδαχῆς πότερον ἐκ τοῦ
N-AN-S NPGMZS VNPA VIFD--ZS PG DGFS N-GF-S ABT PG DGMS

θεοῦ ἐστιν ἢ ἐγὼ ἀπ' ἐμαυτοῦ λαλῶ. 7.18 ὁ ἀφ'
N-GM-S VIPA--ZS CC NPN-XS PG NPGMXS VIPA--XS DNMS□NPNMZS&APRNM-S PG

ἑαυτοῦ λαλῶν τὴν δόξαν τὴν ἰδίαν ζητεῖ· ὁ δὲ ζητῶν
NPGMZS VPPANM-S DAFS N-AF-S DAFS A--AF-S VIPA--ZS DNMS□APRNM-S+ CC/CH VPPANM-S

τὴν δόξαν τοῦ πέμψαντος αὐτόν, οὗτος ἀληθής
DAFS N-AF-S DGMS□NPGMZS&APRNM-S VPAAGM-S NPAMZS APDNM-S A--NM-S

ἐστιν καὶ ἀδικία ἐν αὐτῷ οὐκ ἔστιν. 7.19 οὐ Μωϋσῆς δέδωκεν
VIPA--ZS CC N-NF-S PD NPDMZS AB VIPA--ZS QT N-NM-S VIRA--ZS

ὑμῖν τὸν νόμον; καὶ οὐδεὶς ἐξ ὑμῶν ποιεῖ τὸν νόμον. τί
NPD-YP DAMS N-AM-S CC APCNM-S PG NPG-YP VIPA--ZS DAMS N-AM-S APTAN-S□ABT

με ζητεῖτε ἀποκτεῖναι; 7.20 ἀπεκρίθη ὁ ὄχλος, Δαιμόνιον
NPA-XS VIPA--YP VNAA VIAO--ZS DNMS N-NM-S N-AN-S

ἔχεις· τίς σε ζητεῖ ἀποκτεῖναι; 7.21 ἀπεκρίθη Ἰησοῦς καὶ
VIPA--YS APTNM-S NPA-YS VIPA--ZS VNAA VIAO--ZS N-NM-S CC

εἶπεν αὐτοῖς, Ἓν ἔργον ἐποίησα καὶ πάντες θαυμάζετε.
VIAA--ZS NPDMZP A-CAN-S N-AN-S VIAA--XS CC AP-NM-P VIPA--YP

7.22 διὰ τοῦτο Μωϋσῆς δέδωκεν ὑμῖν τὴν περιτομήν — οὐχ ὅτι
PA APDAN-S N-NM-S VIRA--ZS NPD-YP DAFS N-AF-S AB CC

ἐκ τοῦ Μωϋσέως ἐστὶν ἀλλ' ἐκ τῶν πατέρων — καὶ ἐν σαββάτῳ
PG DGMS N-GM-S VIPA--ZS CH PG DGMP N-GM-P CC PD N-DN-S

περιτέμνετε ἄνθρωπον. 7.23 εἰ περιτομὴν λαμβάνει ἄνθρωπος ἐν
VIPA--YP N-AM-S CS N-AF-S VIPA--ZS N-NM-S PD

σαββάτῳ ἵνα μὴ λυθῇ ὁ νόμος Μωϋσέως, ἐμοὶ χολᾶτε ὅτι
N-DN-S CS AB VSAP--ZS DNMS N-NM-S N-GM-S NPD-XS VIPA--YP CS

ὅλον ἄνθρωπον ὑγιῆ ἐποίησα ἐν σαββάτῳ; 7.24 μὴ κρίνετε κατ'
A--AM-S N-AM-S A--AM-S VIAA--XS PD N-DN-S AB VMPA--YP PA

ὄψιν, ἀλλὰ τὴν δικαίαν κρίσιν κρίνετε.
N-AF-S CH DAFS A--AF-S N-AF-S VMPA--YP

7.25 Ἔλεγον οὖν τινες ἐκ τῶν Ἱεροσολυμιτῶν, Οὐχ οὗτός
VIIA--ZP CH APINM-P PG DGMP N-GM-P QT APDNM-S

ἐστιν ὃν ζητοῦσιν ἀποκτεῖναι; 7.26 καὶ ἴδε
VIPA--ZS APRAM-S□APDNM-S&APRAM-S VIPA--ZP VNAA CC QS

παρρησίᾳ λαλεῖ καὶ οὐδὲν αὐτῷ λέγουσιν. μήποτε ἀληθῶς
N-DF-S VIPA--ZS CC APCAN-S NPDMZS VIPA--ZP QT AB

ἔγνωσαν οἱ ἄρχοντες ὅτι οὗτός ἐστιν ὁ Χριστός; 7.27 ἀλλὰ
VIAA--ZP DNMP N-NM-P CC APDNM-S VIPA--ZS DNMS N-NM-S CC

τοῦτον οἴδαμεν πόθεν ἐστίν· ὁ δὲ Χριστὸς ὅταν ἔρχηται οὐδεὶς
APDAM-S VIRA--XP ABT VIPA--ZS DNMS CC N-NM-S CS VSPN--ZS APCNM-S

γινώσκει πόθεν ἐστίν. 7.28 ἔκραξεν οὖν ἐν τῷ ἱερῷ διδάσκων
VIPA--ZS ABT VIPA--ZS VIAA--ZS CH PD DDNS AP-DN-S VPPANM-S

ὁ Ἰησοῦς καὶ λέγων, Κἀμὲ οἴδατε καὶ οἴδατε πόθεν εἰμί· καὶ
DNMS N-NM-S CC VPPANM-S CC&NPA-XS VIRA--YP CC VIRA--YP ABT VIPA--XS CC

ἀπ᾿ ἐμαυτοῦ οὐκ ἐλήλυθα, ἀλλ᾿ ἔστιν ἀληθινὸς ὁ
PG NPGMXS AB VIRA--XS CH VIPA--ZS A--NM-S DNMS□NPNMZS&APRNM-S

πέμψας με, ὃν ὑμεῖς οὐκ οἴδατε· 7.29 ἐγὼ οἶδα αὐτόν, ὅτι
VPAANM-S NPA-XS APRAM-S NPN-YP AB VIRA--YP NPN-XS VIRA--XS NPAMZS CS

παρ᾿ αὐτοῦ εἰμι κἀκεῖνός με ἀπέστειλεν. 7.30 Ἐζήτουν οὖν
PG NPGMZS VIPA--XS CC&APDNM-S NPA-XS VIAA--ZS VIIA--ZP CH

αὐτὸν πιάσαι, καὶ οὐδεὶς ἐπέβαλεν ἐπ᾿ αὐτὸν τὴν χεῖρα, ὅτι οὔπω
NPAMZS VNAA CC APCNM-S VIAA--ZS PA NPAMZS DAFS N-AF-S CS AB

ἐληλύθει ἡ ὥρα αὐτοῦ. 7.31 Ἐκ τοῦ ὄχλου δὲ πολλοὶ
VILA--ZS DNFS N-NF-S NPGMZS PG DGMS N-GM-S CC AP-NM-P

ἐπίστευσαν εἰς αὐτόν, καὶ ἔλεγον, Ὁ Χριστὸς ὅταν ἔλθῃ μὴ
VIAA--ZP PA NPAMZS CC VIIA--ZP DNMS N-NM-S CS VSAA--ZS QT

πλείονα σημεῖα ποιήσει ὧν οὗτος ἐποίησεν;
A-MAN-P N-AN-P VIFA--ZS APRGN-P□APDGN-P&APRAN-P APDNM-S VIAA--ZS

7.32 Ἤκουσαν οἱ Φαρισαῖοι τοῦ ὄχλου γογγύζοντος περὶ
VIAA--ZP DNMP N-NM-P DGMS N-GM-S VPPAGM-S PG

αὐτοῦ ταῦτα, καὶ ἀπέστειλαν οἱ ἀρχιερεῖς καὶ οἱ Φαρισαῖοι
NPGMZS APDAN-P CC VIAA--ZP DNMP N-NM-P CC DNMP N-NM-P

ὑπηρέτας ἵνα πιάσωσιν αὐτόν. 7.33 εἶπεν οὖν ὁ Ἰησοῦς, Ἔτι
N-AM-P CS VSAA--ZP NPAMZS VIAA--ZS CH DNMS N-NM-S AB

χρόνον μικρὸν μεθ᾿ ὑμῶν εἰμι καὶ ὑπάγω πρὸς τὸν
N-AM-S A--AM-S PG NPG-YP VIPA--XS CC VIPA--XS PA DAMS□NPAMZS&APRNM-S

πέμψαντά με. 7.34 ζητήσετέ με καὶ οὐχ εὑρήσετέ [με], καὶ
VPAAAM-S NPA-XS VIFA--YP NPA-XS CC AB VIFA--YP NPA-XS CC

ὅπου εἰμὶ ἐγὼ ὑμεῖς οὐ δύνασθε ἐλθεῖν. 7.35 εἶπον οὖν οἱ
CS VIPA--XS NPN-XS NPN-YP AB VIPN--YP VNAA VIAA--ZP CH DNMP

Ἰουδαῖοι πρὸς ἑαυτούς, Ποῦ οὗτος μέλλει πορεύεσθαι ὅτι ἡμεῖς
AP-NM-P PA NPAMZP ABT APDNM-S VIPA--ZS+ +VNPN CH NPN-XP

οὐχ εὑρήσομεν αὐτόν; μὴ εἰς τὴν διασπορὰν τῶν Ἑλλήνων
AB VIFA--XP NPAMZS QT PA DAFS N-AF-S DGMP N-GM-P

μέλλει πορεύεσθαι καὶ διδάσκειν τοὺς Ἕλληνας; 7.36 τίς
VIPA--ZS+ +VNPN CC +VNPA DAMP N-AM-P APTNM-S

ἐστιν ὁ λόγος οὗτος ὃν εἶπεν, Ζητήσετέ με καὶ οὐχ
VIPA--ZS DNMS N-NM-S A-DNM-S APRAM-S VIAA--ZS VIFA--YP NPA-XS CC AB

εὑρήσετέ [με], καὶ ὅπου εἰμὶ ἐγὼ ὑμεῖς οὐ δύνασθε ἐλθεῖν;
VIFA--YP NPA-XS CC CS VIPA--XS NPN-XS NPN-YP AB VIPN--YP VNAA

7.37 Ἐν δὲ τῇ ἐσχάτῃ ἡμέρᾳ τῇ μεγάλῃ τῆς ἑορτῆς
PD CC DDFS A--DF-S N-DF-S DDFS A--DF-S DGFS N-GF-S

εἱστήκει ὁ Ἰησοῦς καὶ ἔκραξεν λέγων, Ἐάν τις διψᾷ
VILA--ZS DNMS N-NM-S CC VIAA--ZS VPPANM-S CS APINM-S VSPA--ZS

ἐρχέσθω πρός με καὶ πινέτω. 7.38 ὁ πιστεύων
VMPN--ZS PA NPA-XS CC VMPA--ZS DNMS□NPNMZS&APRNM-S VPPANM-S

εἰς ἐμέ, καθὼς εἶπεν ἡ γραφή, ποταμοὶ ἐκ τῆς κοιλίας αὐτοῦ
PA NPA-XS CS VIAA--ZS DNFS N-NF-S N-NM-P PG DGFS N-GF-S NPGMZS

ῥεύσουσιν ὕδατος ζῶντος. 7.39 τοῦτο δὲ εἶπεν περὶ τοῦ
VIFA--ZP N-GN-S VPPAGN-S APDAN-S CS VIAA--ZS PG DGNS

πνεύματος ὃ ἔμελλον λαμβάνειν οἱ
N-GN-S APRAN-S VIIA--ZP+ +VNPA DNMP□NPNMZP&APRNM-P

πιστεύσαντες εἰς αὐτόν· οὔπω γὰρ ἦν πνεῦμα, ὅτι Ἰησοῦς
VPAANM-P PA NPAMZS AB CS VIIA--ZS N-NN-S CS N-NM-S

οὐδέπω ἐδοξάσθη.
AB VIAP--ZS

7.40 Ἐκ τοῦ ὄχλου οὖν ἀκούσαντες τῶν λόγων τούτων
PG DGMS N-GM-S CH VPAANM-P DGMP N-GM-P A-DGM-P

ἔλεγον, Οὗτός ἐστιν ἀληθῶς ὁ προφήτης· 7.41 ἄλλοι ἔλεγον,
VIIA--ZP APDNM-S VIPA--ZS AB DNMS N-NM-S AP-NM-P VIIA--ZP

Οὗτός ἐστιν ὁ Χριστός· οἱ δὲ ἔλεγον, Μὴ γὰρ ἐκ τῆς
APDNM-S VIPA--ZS DNMS N-NM-S DNMP□NPNMZP CH VIIA--ZP QT CS PG DGFS

Γαλιλαίας ὁ Χριστὸς ἔρχεται; 7.42 οὐχ ἡ γραφὴ εἶπεν ὅτι ἐκ
N-GF-S DNMS N-NM-S VIPN--ZS QT DNFS N-NF-S VIAA--ZS CC PG

τοῦ σπέρματος Δαυίδ, καὶ ἀπὸ Βηθλέεμ τῆς κώμης ὅπου ἦν
DGNS N-GN-S N-GM-S CC PG N-GF-S DGFS N-GF-S ABR VIIA--ZS

Δαυίδ, ἔρχεται ὁ Χριστός; 7.43 σχίσμα οὖν ἐγένετο ἐν τῷ
N-NM-S VIPN--ZS DNMS N-NM-S N-NN-S CH VIAD--ZS PD DDMS

ὄχλῳ δι᾽ αὐτόν. 7.44 τινὲς δὲ ἤθελον ἐξ αὐτῶν πιάσαι αὐτόν, ἀλλ᾽
N-DM-S PA NPAMZS APINM-P CC VIIA--ZP PG NPGMZP VNAA NPAMZS CC

οὐδεὶς ἐπέβαλεν ἐπ᾽ αὐτὸν τὰς χεῖρας.
APCNM-S VIAA--ZS PA NPAMZS DAFP N-AF-P

7.45 Ἦλθον οὖν οἱ ὑπηρέται πρὸς τοὺς ἀρχιερεῖς καὶ
VIAA--ZP CH DNMP N-NM-P PA DAMP N-AM-P CC

Φαρισαίους, καὶ εἶπον αὐτοῖς ἐκεῖνοι, Διὰ τί οὐκ ἠγάγετε
N-AM-P CC VIAA--ZP NPDMZP APDNM-P PA APTAN-S AB VIAA--YP

αὐτόν; 7.46 ἀπεκρίθησαν οἱ ὑπηρέται, Οὐδέποτε ἐλάλησεν
NPAMZS VIAO--ZP DNMP N-NM-P AB VIAA--ZS

οὕτως ἄνθρωπος. 7.47 ἀπεκρίθησαν οὖν αὐτοῖς οἱ Φαρισαῖοι,
AB N-NM-S VIAO--ZP CH NPDMZP DNMP N-NM-P

Μὴ καὶ ὑμεῖς πεπλάνησθε; 7.48 μή τις ἐκ τῶν ἀρχόντων
QT AB NPN-YP VIRP--YP QT APINM-S PG DGMP N-GM-P

ἐπίστευσεν εἰς αὐτὸν ἢ ἐκ τῶν Φαρισαίων; 7.49 ἀλλὰ ὁ ὄχλος
VIAA--ZS PA NPAMZS CC PG DGMP N-GM-P CC DNMS N-NM-S

οὗτος ὁ μὴ γινώσκων τὸν νόμον ἐπάρατοί εἰσιν.
A-DNM-S DNMS□APRNM-S AB VPPANM-S DAMS N-AM-S A--NM-P VIPA--ZP

7.50 λέγει Νικόδημος πρὸς αὐτούς, ὁ   ἐλθὼν πρὸς αὐτὸν
VIPA--ZS N-NM-S   PA   NPAMZP   DNMS□APRNM-S VPAANM-S PA   NPAMZS

[τὸ] πρότερον, εἷς ὢν   ἐξ αὐτῶν, 7.51 Μὴ ὁ   νόμος ἡμῶν
DANS APMAN-S   APCNM-S VPPANM-S PG NPGMZP   QT DNMS N-NM-S NPG-XP

κρίνει τὸν ἄνθρωπον ἐὰν μὴ ἀκούσῃ πρῶτον παρ' αὐτοῦ καὶ
VIPA--ZS DAMS N-AM-S   CS AB VSAA--ZS APOAN-S□AB PG   NPGMZS CC

γνῷ τί   ποιεῖ; 7.52 ἀπεκρίθησαν καὶ εἶπαν αὐτῷ, Μὴ καὶ
VSAA--ZS APTAN-S VIPA--ZS   VIAO--ZP   CC VIAA--ZP NPDMZS QT AB

σὺ ἐκ τῆς Γαλιλαίας εἷ; ἐραύνησον καὶ ἴδε   ὅτι ἐκ τῆς
NPN-YS PG DGFS N-GF-S VIPA--YS VMAA--YS CC VMAA--YS CC PG DGFS

Γαλιλαίας προφήτης οὐκ ἐγείρεται.
N-GF-S   N-NM-S   AB VIPP--ZS

⟦7.53 Καὶ ἐπορεύθησαν ἕκαστος εἰς τὸν οἶκον αὐτοῦ,
     CC VIAO--ZP   AP-NM-S PA DAMS N-AM-S NPGMZS

8.1 Ἰησοῦς δὲ   ἐπορεύθη εἰς τὸ "Ορος τῶν Ἐλαιῶν.
    N-NM-S CC/CH VIAO--ZS PA DANS N-AN-S DGFP N-GF-P

8.2 Ὄρθρου δὲ πάλιν παρεγένετο εἰς τὸ ἱερόν, καὶ πᾶς ὁ
    N-GM-S CC AB   VIAD--ZS   PA DANS AP-AN-S CC A--NM-S DNMS

λαὸς ἤρχετο πρὸς αὐτόν, καὶ καθίσας ἐδίδασκεν αὐτούς.
N-NM-S VIIN--ZS PA NPAMZS CC VPAANM-S VIIA--ZS NPAMZP

8.3 ἄγουσιν δὲ οἱ γραμματεῖς καὶ οἱ Φαρισαῖοι γυναῖκα ἐπὶ
    VIPA--ZP CC DNMP N-NM-P   CC DNMP N-NM-P N-AF-S PD

μοιχείᾳ κατειλημμένην, καὶ στήσαντες αὐτὴν ἐν μέσῳ
N-DF-S   VPRPAF-S   CC VPAANM-P NPAFZS PD AP-DN-S

8.4 λέγουσιν αὐτῷ, Διδάσκαλε, αὕτη ἡ γυνὴ κατείληπται ἐπ'
    VIPA--ZP NPDMZS N-VM-S   A-DNF-S DNFS N-NF-S VIRP--ZS   PD

αὐτοφώρῳ μοιχευομένη· 8.5 ἐν δὲ τῷ νόμῳ ἡμῖν Μωϋσῆς
AP-DN-S   VPPPNF-S   PD CC DDMS N-DM-S NPD-XP N-NM-S

ἐνετείλατο τὰς τοιαύτας λιθάζειν· σὺ οὖν τί λέγεις;
VIAD--ZS DAFP APDAF-P VNPA   NPN-YS CC APTAN-S VIPA--YS

8.6 τοῦτο δὲ ἔλεγον πειράζοντες αὐτόν, ἵνα ἔχωσιν κατηγορεῖν
    APDAN-S CC VIIA--ZP VPPANM-P NPAMZS CS VSPA--ZP VNPA

αὐτοῦ. ὁ   δὲ Ἰησοῦς κάτω κύψας τῷ δακτύλῳ κατέγραφεν εἰς
NPGMZS DNMS CS N-NM-S AB VPAANM-S DDMS N-DM-S VIIA--ZS   PA

τὴν γῆν. 8.7 ὡς δὲ ἐπέμενον ἐρωτῶντες αὐτόν, ἀνέκυψεν καὶ
DAFS N-AF-S CS CC VIIA--ZP VPPANM-P NPAMZS VIAA--ZS CC

εἶπεν αὐτοῖς, Ὁ ἀναμάρτητος ὑμῶν πρῶτος ἐπ' αὐτὴν βαλέτω
VIAA--ZS NPDMZP DNMS AP-NM-S   NPG-YP A-ONM-S PA NPAFZS VMAA--ZS

λίθον· 8.8 καὶ πάλιν κατακύψας ἔγραφεν εἰς τὴν γῆν.
N-AM-S   CC AB   VPAANM-S VIIA--ZS PA DAFS N-AF-S

8.9 οἱ   δὲ ἀκούσαντες ἐξήρχοντο εἰς καθ' εἷς
    DNMP□NPNMZP CH VPAANM-P VIIN--ZP APCNM-S PA APCNM-S□APCAM-S

ἀρξάμενοι ἀπὸ τῶν πρεσβυτέρων, καὶ κατελείφθη μόνος, καὶ ἡ
VPAMNM-P PG DGMP APMGM-P   CC VIAP--ZS   A--NM-S   DNFS

γυνὴ ἐν μέσῳ οὖσα. 8.10 ἀνακύψας δὲ ὁ Ἰησοῦς εἶπεν αὐτῇ,
N-NF-S PD AP-DN-S VPPANF-S VPAANM-S CH DNMS N-NM-S VIAA--ZS NPDFZS

Γύναι, ποῦ εἰσιν; οὐδείς σε κατέκρινεν; 8.11 ἡ δὲ εἶπεν,
N-VF-S ABT VIPA--ZP APCNM-S NPA-YS VIAA--ZS DNFS☐NPNFZS CH VIAA--ZS

Οὐδείς, κύριε. εἶπεν δὲ ὁ Ἰησοῦς, Οὐδὲ ἐγώ σε κατακρίνω·
APCNM-S N-VM-S VIAA--ZS CH DNMS N-NM-S AB NPN-XS NPA-YS VIPA--XS

πορεύου, [καὶ] ἀπὸ τοῦ νῦν μηκέτι ἁμάρτανε.]]
VMPN--YS CC PG DGMS AB☐AP-GM-S AB VMPA--YS

8.12 Πάλιν οὖν αὐτοῖς ἐλάλησεν ὁ Ἰησοῦς λέγων, Ἐγώ
AB CC NPDMZP VIAA--ZS DNMS N-NM-S VPPANM-S NPN-XS

εἰμι τὸ φῶς τοῦ κόσμου· ὁ ἀκολουθῶν ἐμοὶ οὐ
VIPA--XS DNNS N-NN-S DGMS N-GM-S DNMS☐NPNMZS&APRNM-S VPPANM-S NPD-XS AB

μὴ περιπατήσῃ ἐν τῇ σκοτίᾳ, ἀλλ᾽ ἕξει τὸ φῶς τῆς ζωῆς.
AB VSAA--ZS PD DDFS N-DF-S CH VIFA--ZS DANS N-AN-S DGFS N-GF-S

8.13 εἶπον οὖν αὐτῷ οἱ Φαρισαῖοι, Σὺ περὶ σεαυτοῦ
VIAA--ZP CH NPDMZS DNMP N-NM-P NPN-YS PG NPGMYS

μαρτυρεῖς· ἡ μαρτυρία σου οὐκ ἔστιν ἀληθής. 8.14 ἀπεκρίθη
VIPA--YS DNFS N-NF-S NPG-YS AB VIPA--ZS A--NF-S VIAO--ZS

Ἰησοῦς καὶ εἶπεν αὐτοῖς, Κἂν ἐγὼ μαρτυρῶ περὶ ἐμαυτοῦ,
N-NM-S CC VIAA--ZS NPDMZP AB&CS NPN-XS VSPA--XS PG NPGMXS

ἀληθής ἐστιν ἡ μαρτυρία μου, ὅτι οἶδα πόθεν ἦλθον καὶ ποῦ
A--NF-S VIPA--ZS DNFS N-NF-S NPG-XS CS VIRA--XS ABT VIAA--XS CC ABT

ὑπάγω· ὑμεῖς δὲ οὐκ οἴδατε πόθεν ἔρχομαι ἢ ποῦ ὑπάγω.
VIPA--XS NPN-YP CC AB VIRA--YP ABT VIPN--XS CC ABT VIPA--XS

8.15 ὑμεῖς κατὰ τὴν σάρκα κρίνετε, ἐγὼ οὐ κρίνω οὐδένα.
NPN-YP PA DAFS N-AF-S VIPA--YP NPN-XS AB VIPA--XS APCAM-S

8.16 καὶ ἐὰν κρίνω δὲ ἐγώ, ἡ κρίσις ἡ ἐμὴ ἀληθινή ἐστιν,
AB CS VSPA--XS CC NPN-XS DNFS N-NF-S DNFS A--NFXS A--NF-S VIPA--ZS

ὅτι μόνος οὐκ εἰμί, ἀλλ᾽ ἐγὼ καὶ ὁ πέμψας με
CS A--NM-S AB VIPA--XS CH NPN-XS CC DNMS☐APRNM-S+ VPAANM-S NPA-XS

πατήρ. 8.17 καὶ ἐν τῷ νόμῳ δὲ τῷ ὑμετέρῳ γέγραπται ὅτι δύο
N-NM-S AB PD DDMS N-DM-S CC DDMS A--DMYS VIRP--ZS CC A-CGM-P

ἀνθρώπων ἡ μαρτυρία ἀληθής ἐστιν. 8.18 ἐγώ εἰμι
N-GM-P DNFS N-NF-S A--NF-S VIPA--ZS NPN-XS VIPA--XS

ὁ μαρτυρῶν περὶ ἐμαυτοῦ καὶ μαρτυρεῖ περὶ ἐμοῦ
DNMS☐NPNMXS&APRNMXS VPPANMXS PG NPGMXS CC VIPA--ZS PG NPG-XS

ὁ πέμψας με πατήρ. 8.19 ἔλεγον οὖν αὐτῷ, Ποῦ
DNMS☐APRNM-S+ VPAANM-S NPA-XS N-NM-S VIIA--ZP CH NPDMZS ABT

ἐστιν ὁ πατήρ σου; ἀπεκρίθη Ἰησοῦς, Οὔτε ἐμὲ οἴδατε οὔτε
VIPA--ZS DNMS N-NM-S NPG-YS VIAO--ZS N-NM-S CC NPA-XS VIRA--YP CC

τὸν πατέρα μου· εἰ ἐμὲ ᾔδειτε, καὶ τὸν πατέρα μου ἂν ᾔδειτε.
DAMS N-AM-S NPG-XS CS NPA-XS VILA--YP AB DAMS N-AM-S NPG-XS QV VILA--YP

8.20 Ταῦτα τὰ ῥήματα ἐλάλησεν ἐν τῷ γαζοφυλακίῳ διδάσκων
A-DAN-P DANP N-AN-P VIAA--ZS PD DDNS N-DN-S VPPANM-S

ἐν τῷ ἱερῷ· καὶ οὐδεὶς ἐπίασεν αὐτόν, ὅτι οὔπω ἐληλύθει ἡ
PD DDNS AP-DN-S CC APCNM-S VIAA--ZS NPAMZS CS AB VILA--ZS DNFS

ὥρα αὐτοῦ.
N-NF-S NPGMZS

8.21 Εἶπεν οὖν πάλιν αὐτοῖς, Ἐγὼ ὑπάγω καὶ ζητήσετέ με,
VIAA--ZS CH AB NPDMZP NPN-XS VIPA--XS CC VIFA--YP NPA-XS

καὶ ἐν τῇ ἁμαρτίᾳ ὑμῶν ἀποθανεῖσθε· ὅπου ἐγὼ ὑπάγω ὑμεῖς οὐ
CC PD DDFS N-DF-S NPG-YP VIFD--YP CS NPN-XS VIPA--XS NPN-YP AB

δύνασθε ἐλθεῖν. 8.22 ἔλεγον οὖν οἱ Ἰουδαῖοι, Μήτι ἀποκτενεῖ
VIPN--YP VNAA VIIA--ZP CH DNMP AP-NM-P QT VIFA--ZS

ἑαυτόν, ὅτι λέγει, Ὅπου ἐγὼ ὑπάγω ὑμεῖς οὐ δύνασθε ἐλθεῖν;
NPAMZS CH/CS VIPA--ZS CS NPN-XS VIPA--XS NPN-YP AB VIPN--YP VNAA

8.23 καὶ ἔλεγεν αὐτοῖς, Ὑμεῖς ἐκ τῶν κάτω ἐστέ,
CC VIIA--ZS NPDMZP NPN-YP PG DGMP/DGNP AB□AP-GM-P/AB□AP-GN-P VIPA--YP

ἐγὼ ἐκ τῶν ἄνω εἰμί· ὑμεῖς ἐκ τούτου τοῦ
NPN-XS PG DGMP/DGNP AB□AP-GM-P/AB□AP-GN-P VIPA--XS NPN-YP PG A-DGM-S DGMS

κόσμου ἐστέ, ἐγὼ οὐκ εἰμὶ ἐκ τοῦ κόσμου τούτου. 8.24 εἶπον
N-GM-S VIPA--YP NPN-XS AB VIPA--XS PG DGMS N-GM-S A-DGM-S VIAA--XS

οὖν ὑμῖν ὅτι ἀποθανεῖσθε ἐν ταῖς ἁμαρτίαις ὑμῶν· ἐὰν γὰρ μὴ
CH NPD-YP CH VIFD--YP PD DDFP N-DF-P NPG-YP CS CS AB

πιστεύσητε ὅτι ἐγώ εἰμι, ἀποθανεῖσθε ἐν ταῖς ἁμαρτίαις ὑμῶν.
VSAA--YP CC NPN-XS VIPA--XS VIFD--YP PD DDFP N-DF-P NPG-YP

8.25 ἔλεγον οὖν αὐτῷ, Σὺ τίς εἶ; εἶπεν αὐτοῖς ὁ
VIIA--ZP CC NPDMZS NPN-YS APTNMYS VIPA--YS VIAA--ZS NPDMZP DNMS

Ἰησοῦς, Τὴν ἀρχὴν ὅ τι καὶ λαλῶ
N-NM-S DAFS N-AF-S APRAN-S□APDNN-S&APRAN-S†ABT+ A-IAN-S†+ABT AB VIPA--XS

ὑμῖν; 8.26 πολλὰ ἔχω περὶ ὑμῶν λαλεῖν καὶ κρίνειν· ἀλλ'
NPD-YP AP-AN-P VIPA--XS PG NPG-YP VNPA CC VNPA CC

ὁ πέμψας με ἀληθής ἐστιν, κἀγὼ ἃ
DNMS□NPNMZS&APRNM-S VPAANM-S NPA-XS A--NM-S VIPA--ZS CC&NPN-XS APRAN-P+

ἤκουσα παρ' αὐτοῦ ταῦτα λαλῶ εἰς τὸν κόσμον. 8.27 οὐκ
VIAA--XS PG NPGMZS APDAN-P VIPA--XS PA DAMS N-AM-S AB

ἔγνωσαν ὅτι τὸν πατέρα αὐτοῖς ἔλεγεν. 8.28 εἶπεν οὖν [αὐτοῖς]
VIAA--ZP CC DAMS N-AM-S NPDMZP VIIA--ZS VIAA--ZS CC NPDMZP

ὁ Ἰησοῦς, Ὅταν ὑψώσητε τὸν υἱὸν τοῦ ἀνθρώπου, τότε
DNMS N-NM-S CS VSAA--YP DAMS N-AM-S DGMS N-GM-S AB

γνώσεσθε ὅτι ἐγώ εἰμι, καὶ ἀπ' ἐμαυτοῦ ποιῶ οὐδέν, ἀλλὰ
VIFD--YP CC NPN-XS VIPA--XS CC PG NPGMXS VIPA--XS APCAN-S CH

καθὼς ἐδίδαξέν με ὁ πατὴρ ταῦτα λαλῶ. 8.29 καὶ
CS VIAA--ZS NPA-XS DNMS N-NM-S APDAN-P VIPA--XS CC

ὁ πέμψας με μετ' ἐμοῦ ἐστιν· οὐκ ἀφῆκέν με
DNMS□NPNMZS&APRNM-S VPAANM-S NPA-XS PG NPG-XS VIPA--ZS AB VIAA--ZS NPA-XS

μόνον, ὅτι ἐγὼ τὰ ἀρεστὰ αὐτῷ ποιῶ πάντοτε. 8.30 Ταῦτα
A--AM-S CS NPN-XS DANP AP-AN-P NPDMZS VIPA--XS AB APDAN-P

αὐτοῦ λαλοῦντος πολλοὶ ἐπίστευσαν εἰς αὐτόν.
NPGMZS VPPAGM-S AP-NM-P VIAA--ZP PA NPAMZS

8.31 Ἔλεγεν οὖν ὁ Ἰησοῦς πρὸς τοὺς
VIIA--ZS CH DNMS N-NM-S PA DAMP□APRNM-P+

πεπιστευκότας αὐτῷ Ἰουδαίους, Ἐὰν ὑμεῖς μείνητε ἐν τῷ λόγῳ
VPRAAM-P NPDMZS AP-AM-P CS NPN-YP VSAA--YP PD DDMS N-DM-S

τῷ ἐμῷ, ἀληθῶς μαθηταί μού ἐστε, 8.32 καὶ γνώσεσθε τὴν
DDMS A--DMXS AB N-NM-P NPG-XS VIPA--YP CC VIFD--YP DAFS

ἀλήθειαν, καὶ ἡ ἀλήθεια ἐλευθερώσει ὑμᾶς. 8.33 ἀπεκρίθησαν
N-AF-S CC DNFS N-NF-S VIFA--ZS NPA-YP VIAO--ZP

πρὸς αὐτόν, Σπέρμα Ἀβραάμ ἐσμεν καὶ οὐδενὶ δεδουλεύκαμεν
PA NPAMZS N-NN-S N-GM-S VIPA--XP CC APCDM-S VIRA--XP

πώποτε· πῶς σὺ λέγεις ὅτι Ἐλεύθεροι γενήσεσθε;
ABI ABT NPN-YS VIPA--YS CC A--NM-P VIFD--YP

8.34 ἀπεκρίθη αὐτοῖς ὁ Ἰησοῦς, Ἀμὴν ἀμὴν λέγω ὑμῖν ὅτι
VIAO--ZS NPDMZP DNMS N-NM-S QS QS VIPA--XS NPD-YP CC

πᾶς ὁ ποιῶν τὴν ἁμαρτίαν δοῦλός ἐστιν τῆς
AP-NM-S DNMS□APRNM-S VPPANM-S DAFS N-AF-S N-NM-S VIPA--ZS DGFS

ἁμαρτίας. 8.35 ὁ δὲ δοῦλος οὐ μένει ἐν τῇ οἰκίᾳ εἰς τὸν αἰῶνα·
N-GF-S DNMS CC N-NM-S AB VIPA--ZS PD DDFS N-DF-S PA DAMS N-AM-S

ὁ υἱὸς μένει εἰς τὸν αἰῶνα. 8.36 ἐὰν οὖν ὁ υἱὸς ὑμᾶς
DNMS N-NM-S VIPA--ZS PA DAMS N-AM-S CS CH DNMS N-NM-S NPA-YP

ἐλευθερώσῃ, ὄντως ἐλεύθεροι ἔσεσθε. 8.37 οἶδα ὅτι σπέρμα
VSAA--ZS AB A--NM-P VIFD--YP VIRA--XS CH N-NN-S

Ἀβραάμ ἐστε· ἀλλὰ ζητεῖτέ με ἀποκτεῖναι, ὅτι ὁ λόγος ὁ
N-GM-S VIPA--YP CC VIPA--YP NPA-XS VNAA CS DNMS N-NM-S DNMS

ἐμὸς οὐ χωρεῖ ἐν ὑμῖν. 8.38 ἃ ἐγὼ ἑώρακα
A--NMXS AB VIPA--ZS PD NPD-YP APRAN-P□APDAN-P&APRAN-P NPN-XS VIRA--XS

παρὰ τῷ πατρὶ λαλῶ· καὶ ὑμεῖς οὖν ἃ
PD DDMS N-DM-S VIPA--XS AB/CC NPN-YP CC APRAN-P□APDAN-P&APRAN-P

ἠκούσατε παρὰ τοῦ πατρὸς ποιεῖτε.
VIAA--YP PG DGMS N-GM-S VIPA--YP

8.39 Ἀπεκρίθησαν καὶ εἶπαν αὐτῷ, Ὁ πατὴρ ἡμῶν
VIAO--ZP CC VIAA--ZP NPDMZS DNMS N-NM-S NPG-XP

Ἀβραάμ ἐστιν. λέγει αὐτοῖς ὁ Ἰησοῦς, Εἰ τέκνα τοῦ Ἀβραάμ
N-NM-S VIPA--ZS VIPA--ZS NPDMZP DNMS N-NM-S CS N-NN-P DGMS N-GM-S

ἐστε, τὰ ἔργα τοῦ Ἀβραὰμ ἐποιεῖτε· 8.40 νῦν δὲ ζητεῖτέ με
VIPA--YP DANP N-AN-P DGMS N-GM-S VIIA--YP AB CC/CH VIPA--YP NPA-XS

ἀποκτεῖναι, ἄνθρωπον ὃς τὴν ἀλήθειαν ὑμῖν λελάληκα ἣν
VNAA N-AM-S APRNMXS DAFS N-AF-S NPD-YP VIRA--XS APRAF-S

ἤκουσα παρὰ τοῦ θεοῦ· τοῦτο Ἀβραὰμ οὐκ ἐποίησεν. 8.41 ὑμεῖς
VIAA--XS PG DGMS N-GM-S APDAN-S N-NM-S AB VIAA--ZS NPN-YP

ποιεῖτε τὰ ἔργα τοῦ πατρὸς ὑμῶν. εἶπαν [οὖν] αὐτῷ, Ἡμεῖς ἐκ
VIPA--YP DANP N-AN-P DGMS N-GM-S NPG-YP VIAA--ZP CH NPDMZS NPN-XP PG

πορνείας οὐ γεγεννήμεθα· ἕνα πατέρα ἔχομεν τὸν θεόν.
N-GF-S AB VIRP--XP A-CAM-S N-AM-S VIPA--XP DAMS N-AM-S

8.42 εἶπεν αὐτοῖς ὁ Ἰησοῦς, Εἰ ὁ θεὸς πατὴρ ὑμῶν ἦν,
VIAA--ZS NPDMZP DNMS N-NM-S CS DNMS N-NM-S N-NM-S NPG-YP VIIA--ZS

ἠγαπᾶτε ἂν ἐμέ, ἐγὼ γὰρ ἐκ τοῦ θεοῦ ἐξῆλθον καὶ ἥκω· οὐδὲ
VIIA--YP QV NPA-XS NPN-XS CS PG DGMS N-GM-S VIAA--XS CC VIPA--XS AB

γὰρ ἀπ' ἐμαυτοῦ ἐλήλυθα, ἀλλ' ἐκεῖνός με ἀπέστειλεν. 8.43 διὰ
CS PG NPGMXS VIRA--XS CH APDNM-S NPA-XS VIAA--ZS PA

τί τὴν λαλιὰν τὴν ἐμὴν οὐ γινώσκετε; ὅτι οὐ δύνασθε
APTAN-S DAFS N-AF-S DAFS A--AFXS AB VIPA--YP CS AB VIPN--YP

ἀκούειν τὸν λόγον τὸν ἐμόν. 8.44 ὑμεῖς ἐκ τοῦ πατρὸς τοῦ
VNPA DAMS N-AM-S DAMS A--AMXS NPN-YP PG DGMS N-GM-S DGMS

διαβόλου ἐστὲ καὶ τὰς ἐπιθυμίας τοῦ πατρὸς ὑμῶν θέλετε
AP-GM-S VIPA--YP CC DAFP N-AF-P DGMS N-GM-S NPG-YP VIPA--YP

ποιεῖν. ἐκεῖνος ἀνθρωποκτόνος ἦν ἀπ' ἀρχῆς, καὶ ἐν τῇ
VNPA APDNM-S N-NM-S VIIA--ZS PG N-GF-S CC PD DDFS

ἀληθείᾳ οὐκ ἔστηκεν, ὅτι οὐκ ἔστιν ἀλήθεια ἐν αὐτῷ. ὅταν
N-DF-S AB VIIA--ZS†VIRA--ZS CS AB VIPA--ZS N-NF-S PD NPDMZS CS

λαλῇ τὸ ψεῦδος, ἐκ τῶν ἰδίων λαλεῖ, ὅτι ψεύστης ἐστὶν καὶ ὁ
VSPA--ZS DANS N-AN-S PG DGNP AP-GN-P VIPA--ZS CS N-NM-S VIPA--ZS CC DNMS

πατὴρ αὐτοῦ. 8.45 ἐγὼ δὲ ὅτι τὴν ἀλήθειαν λέγω, οὐ πιστεύετέ
N-NM-S NPGNZS NPN-XS CC CS DAFS N-AF-S VIPA--XS AB VIPA--YP

μοι. 8.46 τίς ἐξ ὑμῶν ἐλέγχει με περὶ ἁμαρτίας; εἰ ἀλήθειαν
NPD-XS APTNM-S PG NPG-YP VIPA--ZS NPA-XS PG N-GF-S CS N-AF-S

λέγω, διὰ τί ὑμεῖς οὐ πιστεύετέ μοι; 8.47 ὁ
VIPA--XS PA APTAN-S NPN-YP AB VIPA--YP NPD-XS DNMS□NPNMZS&APRNM-S

ὧν ἐκ τοῦ θεοῦ τὰ ῥήματα τοῦ θεοῦ ἀκούει· διὰ τοῦτο ὑμεῖς
VPPANM-S PG DGMS N-GM-S DANP N-AN-P DGMS N-GM-S VIPA--ZS PA APDAN-S NPN-YP

οὐκ ἀκούετε, ὅτι ἐκ τοῦ θεοῦ οὐκ ἐστέ.
AB VIPA--YP CS PG DGMS N-GM-S AB VIPA--YP

8.48 Ἀπεκρίθησαν οἱ Ἰουδαῖοι καὶ εἶπαν αὐτῷ, Οὐ καλῶς
VIAO--ZP DNMP AP-NM-P CC VIAA--ZP NPDMZS QT AB

λέγομεν ἡμεῖς ὅτι Σαμαρίτης εἶ σὺ καὶ δαιμόνιον ἔχεις;
VIPA--XP NPN-XP CC N-NM-S VIPA--YS NPN-YS CC N-AN-S VIPA--YS

8.49 ἀπεκρίθη Ἰησοῦς, Ἐγὼ δαιμόνιον οὐκ ἔχω, ἀλλὰ τιμῶ
VIAO--ZS N-NM-S NPN-XS N-AN-S AB VIPA--XS CH VIPA--XS

τὸν πατέρα μου, καὶ ὑμεῖς ἀτιμάζετέ με. 8.50 ἐγὼ δὲ οὐ ζητῶ
DAMS N-AM-S NPG-XS CC NPN-YP VIPA--YP NPA-XS NPN-XS CC AB VIPA--XS

τὴν δόξαν μου· ἔστιν ὁ ζητῶν καὶ κρίνων.
DAFS N-AF-S NPG-XS VIPA--ZS DNMS□NPNMZS&APRNM-S VPPANM-S CC VPPANM-S

8.51 ἀμὴν ἀμὴν λέγω ὑμῖν, ἐάν τις τὸν ἐμὸν λόγον τηρήσῃ,
QS QS VIPA--XS NPD-YP CS APINM-S DAMS A--AMXS N-AM-S VSAA--ZS

θάνατον οὐ μὴ θεωρήσῃ εἰς τὸν αἰῶνα. 8.52 εἶπον [οὖν] αὐτῷ
N-AM-S AB AB VSAA--ZS PA DAMS N-AM-S VIAA--ZP CH NPDMZS

οἱ Ἰουδαῖοι, Νῦν ἐγνώκαμεν ὅτι δαιμόνιον ἔχεις. Ἀβραὰμ
DNMP AP-NM-P AB VIRA--XP CC N-AN-S VIPA--YS N-NM-S

ἀπέθανεν καὶ οἱ προφῆται, καὶ σὺ λέγεις, Ἐάν τις τὸν
VIAA--ZS CC DNMP N-NM-P CC NPN-YS VIPA--YS CS APINM-S DAMS

λόγον μου τηρήσῃ, οὐ μὴ γεύσηται θανάτου εἰς τὸν αἰῶνα.
N-AM-S NPG-XS VSAA--ZS AB AB VSAD--ZS N-GM-S PA DAMS N-AM-S

8.53 μὴ σὺ μείζων εἶ τοῦ πατρὸς ἡμῶν Ἀβραάμ, ὅστις
QT NPN-YS A-MNM-S VIPA--YS DGMS N-GM-S NPG-XP N-GM-S APRNM-S

ἀπέθανεν; καὶ οἱ προφῆται ἀπέθανον· τίνα σεαυτὸν ποιεῖς;
VIAA--ZS CC DNMP N-NM-P VIAA--ZP APTAM-S NPAMYS VIPA--YS

8.54 ἀπεκρίθη Ἰησοῦς, Ἐὰν ἐγὼ δοξάσω ἐμαυτόν, ἡ δόξα
VIAO--ZS N-NM-S CS NPN-XS VSAA--XS NPAMXS DNFS N-NF-S

μου οὐδέν ἐστιν· ἔστιν ὁ πατήρ μου ὁ
NPG-XS APCNN-S VIPA--ZS VIPA--ZS DNMS N-NM-S NPG-XS DNMS□NPNMZS&APRNM-S

δοξάζων με, ὃν ὑμεῖς λέγετε ὅτι θεὸς ἡμῶν ἐστιν· 8.55 καὶ
VPPANM-S NPA-XS APRAM-S NPN-YP VIPA--YP CC N-NM-S NPG-XP VIPA--ZS CC

οὐκ ἐγνώκατε αὐτόν, ἐγὼ δὲ οἶδα αὐτόν. κἂν εἴπω ὅτι οὐκ
AB VIRA--YP NPAMZS NPN-XS CH VIRA--XS NPAMZS CC&CS VSAA--XS CC AB

οἶδα αὐτόν, ἔσομαι ὅμοιος ὑμῖν ψεύστης· ἀλλὰ οἶδα αὐτὸν καὶ
VIRA--XS NPAMZS VIFD--XS A--NM-S NPD-YP N-NM-S CH VIRA--XS NPAMZS CC

τὸν λόγον αὐτοῦ τηρῶ. 8.56 Ἀβραὰμ ὁ πατὴρ ὑμῶν
DAMS N-AM-S NPGMZS VIPA--XS N-NM-S DNMS N-NM-S NPG-YP

ἠγαλλιάσατο ἵνα ἴδῃ τὴν ἡμέραν τὴν ἐμήν, καὶ εἶδεν καὶ
VIAM--ZS CC VSAA--ZS DAFS N-AF-S DAFS A--AFXS CC VIAA--ZS CC

ἐχάρη. 8.57 εἶπον οὖν οἱ Ἰουδαῖοι πρὸς αὐτόν, Πεντήκοντα
VIAO--ZS VIAA--ZP CC DNMP AP-NM-P PA NPAMZS A-CAN-P

ἔτη οὔπω ἔχεις καὶ Ἀβραὰμ ἑώρακας; 8.58 εἶπεν αὐτοῖς
N-AN-P AB VIPA--YS CC N-AM-S VIRA--YS VIAA--ZS NPDMZP

Ἰησοῦς, Ἀμὴν ἀμὴν λέγω ὑμῖν, πρὶν Ἀβραὰμ γενέσθαι ἐγὼ
N-NM-S QS QS VIPA--XS NPD-YP AB□CS N-AM-S VNAD NPN-XS

εἰμί. 8.59 ἦραν οὖν λίθους ἵνα βάλωσιν ἐπ᾽ αὐτόν· Ἰησοῦς δὲ
VIPA--XS VIAA--ZP CH N-AM-P CS VSAA--ZP PA NPAMZS N-NM-S CH

ἐκρύβη καὶ ἐξῆλθεν ἐκ τοῦ ἱεροῦ.
VIAP--ZS CC VIAA--ZS PG DGNS AP-GN-S

9.1 Καὶ παράγων εἶδεν ἄνθρωπον τυφλὸν ἐκ γενετῆς. 9.2 καὶ
CC VPPANM-S VIAA--ZS N-AM-S A--AM-S PG N-GF-S CC

ἠρώτησαν αὐτὸν οἱ μαθηταὶ αὐτοῦ λέγοντες, Ῥαββί, τίς
VIAA--ZP NPAMZS DNMP N-NM-P NPGMZS VPPANM-P N-VM-S APTNM-S

ἥμαρτεν, οὗτος ἢ οἱ γονεῖς αὐτοῦ, ἵνα τυφλὸς γεννηθῇ;
VIAA--ZS APDNM-S CC DNMP N-NM-P NPGMZS CH A--NM-S VSAP--ZS

9.3 ἀπεκρίθη Ἰησοῦς, Οὔτε οὗτος ἥμαρτεν οὔτε οἱ γονεῖς
VIAO--ZS N-NM-S CC APDNM-S VIAA--ZS CC DNMP N-NM-P

αὐτοῦ, ἀλλ᾽ ἵνα φανερωθῇ τὰ ἔργα τοῦ θεοῦ ἐν αὐτῷ. 9.4 ἡμᾶς
NPGMZS CH CS VSAP--ZS DNNP N-NN-P DGMS N-GM-S PD NPDMZS NPA-XP

δεῖ ἐργάζεσθαι τὰ ἔργα τοῦ πέμψαντός με ἕως
VIPA--ZS VNPN DANP N-AN-P DGMS□NPGMZS&APRNM-S VPAAGM-S NPA-XS CS

ἡμέρα ἐστίν· ἔρχεται νὺξ ὅτε οὐδεὶς δύναται ἐργάζεσθαι.
N-NF-S VIPA--ZS VIPN--ZS N-NF-S ABR APCNM-S VIPN--ZS VNPN

9.5 ὅταν ἐν τῷ κόσμῳ ὦ, φῶς εἰμι τοῦ κόσμου. 9.6 ταῦτα
CS PD DDMS N-DM-S VSPA--XS N-NN-S VIPA--XS DGMS N-GM-S APDAN-P

εἰπὼν ἔπτυσεν χαμαὶ καὶ ἐποίησεν πηλὸν ἐκ τοῦ πτύσματος,
VPAANM-S VIAA--ZS AB CC VIAA--ZS N-AM-S PG DGNS N-GN-S

καὶ ἐπέχρισεν αὐτοῦ τὸν πηλὸν ἐπὶ τοὺς ὀφθαλμοὺς 9.7 καὶ εἶπεν
CC VIAA--ZS NPGMZS DAMS N-AM-S PA DAMP N-AM-P CC VIAA--ZS

αὐτῷ, Ὕπαγε νίψαι εἰς τὴν κολυμβήθραν τοῦ Σιλωάμ (ὃ
NPDMZS VMPA--YS VMAM--YS PA DAFS N-AF-S DGMS N-GM-S APRNN-S

ἑρμηνεύεται Ἀπεσταλμένος). ἀπῆλθεν οὖν καὶ ἐνίψατο, καὶ
VIPP--ZS VPRPNM-S VIAA--ZS CH CC VIAM--ZS CC

ἦλθεν βλέπων. 9.8 Οἱ οὖν γείτονες καὶ οἱ
VIAA--ZS VPPANM-S DNMP CH N-NM-P CC DNMP□NPNMZP&APRNM-P

θεωροῦντες αὐτὸν τὸ πρότερον ὅτι προσαίτης ἦν ἔλεγον, Οὐχ
VPPANM-P NPAMZS DANS APMAN-S CC N-NM-S VIIA--ZS VIIA--ZP QT

οὗτός ἐστιν ὁ καθήμενος καὶ προσαιτῶν;
APDNM-S VIPA--ZS DNMS□NPNMZS&APRNM-S VPPNNM-S CC VPPANM-S

9.9 ἄλλοι ἔλεγον ὅτι Οὗτός ἐστιν· ἄλλοι ἔλεγον, Οὐχί, ἀλλὰ ὅμοιος
AP-NM-P VIIA--ZP CC APDNM-S VIPA--ZS AP-NM-P VIIA--ZP QS CH A--NM-S

αὐτῷ ἐστιν. ἐκεῖνος ἔλεγεν ὅτι Ἐγώ εἰμι. 9.10 ἔλεγον οὖν αὐτῷ,
NPDMZS VIPA--ZS APDNM-S VIIA--ZS CC NPN-XS VIPA--XS VIIA--ZP CH NPDMZS

Πῶς [οὖν] ἠνεῴχθησάν σου οἱ ὀφθαλμοί; 9.11 ἀπεκρίθη
ABT CC VIAP--ZP NPG-YS DNMP N-NM-P VIAO--ZS

ἐκεῖνος, Ὁ ἄνθρωπος ὁ λεγόμενος Ἰησοῦς πηλὸν
APDNM-S DNMS N-NM-S DNMS□APRNM-S VPPPNM-S N-NM-S N-AM-S

ἐποίησεν καὶ ἐπέχρισέν μου τοὺς ὀφθαλμοὺς καὶ εἶπέν μοι ὅτι
VIAA--ZS CC VIAA--ZS NPG-XS DAMP N-AM-P CC VIAA--ZS NPD-XS CH

Ὕπαγε εἰς τὸν Σιλωὰμ καὶ νίψαι· ἀπελθὼν οὖν καὶ νιψάμενος
VMPA--YS PA DAMS N-AM-S CC VMAM--YS VPAANMXS CH CC VPAMNMXS

ἀνέβλεψα. 9.12 καὶ εἶπαν αὐτῷ, Ποῦ ἐστιν ἐκεῖνος; λέγει, Οὐκ
VIAA--XS CC VIAA--ZP NPDMZS ABT VIPA--ZS APDNM-S VIPA--ZS AB

οἶδα.
VIRA--XS

9.13 Ἄγουσιν αὐτὸν πρὸς τοὺς Φαρισαίους τόν ποτε
VIPA--ZP NPAMZS PA DAMP N-AM-P DAMS ABI□A-IAM-S

τυφλόν. 9.14 ἦν δὲ σάββατον ἐν ᾗ ἡμέρᾳ τὸν πηλὸν
AP-AM-S VIIA--ZS CH N-NN-S PD APRDF-S+ N-DF-S DAMS N-AM-S

ἐποίησεν ὁ Ἰησοῦς καὶ ἀνέῳξεν αὐτοῦ τοὺς ὀφθαλμούς.
VIAA--ZS DNMS N-NM-S CC VIAA--ZS NPGMZS DAMP N-AM-P

9.15 πάλιν οὖν ἠρώτων αὐτὸν καὶ οἱ Φαρισαῖοι πῶς ἀνέβλεψεν.
AB CH VIIA--ZP NPAMZS AB DNMP N-NM-P ABT VIAA--ZS

ὁ   δὲ εἶπεν αὐτοῖς, Πηλὸν ἐπέθηκέν μου ἐπὶ τοὺς
DNMS□NPNMZS CH VIAA--ZS NPDMZP N-AM-S VIAA--ZS NPG-XS PA DAMP

ὀφθαλμούς, καὶ ἐνιψάμην, καὶ βλέπω. 9.16 ἔλεγον οὖν ἐκ τῶν
N-AM-P CC VIAM--XS CC VIPA--XS VIIA--ZP CH PG DGMP

Φαρισαίων τινές, Οὐκ ἔστιν οὗτος παρὰ θεοῦ ὁ ἄνθρωπος, ὅτι
N-GM-P APINM-P AB VIPA--ZS A-DNM-S PG N-GM-S DNMS N-NM-S CS

τὸ σάββατον οὐ τηρεῖ. ἄλλοι [δὲ] ἔλεγον, Πῶς δύναται
DANS N-AN-S AB VIPA--ZS AP-NM-P CH VIIA--ZP ABT VIPN--ZS

ἄνθρωπος ἁμαρτωλὸς τοιαῦτα σημεῖα ποιεῖν; καὶ σχίσμα ἦν ἐν
N-NM-S A--NM-S A-DAN-P N-AN-P VNPA CC N-NN-S VIIA--ZS PD

αὐτοῖς. 9.17 λέγουσιν οὖν τῷ τυφλῷ πάλιν, Τί σὺ λέγεις
NPDMZP VIPA--ZP CH DDMS AP-DM-S AB APTAN-S NPN-YS VIPA--YS

περὶ αὐτοῦ, ὅτι ἠνέῳξέν σου τοὺς ὀφθαλμούς; ὁ   δὲ
PG NPGMZS CS VIAA--ZS NPG-YS DAMP N-AM-P DNMS□NPNMZS CH

εἶπεν ὅτι Προφήτης ἐστίν.
VIAA--ZS CC N-NM-S VIPA--ZS

9.18 Οὐκ ἐπίστευσαν οὖν οἱ Ἰουδαῖοι περὶ αὐτοῦ ὅτι ἦν
AB VIAA--ZP CC/CH DNMP AP-NM-P PG NPGMZS CC VIIA--ZS

τυφλὸς καὶ ἀνέβλεψεν, ἕως ὅτου ἐφώνησαν τοὺς
A--NM-S CC VIAA--ZS PG APRGM-S□APDGM-S&APRDM-S VIAA--ZP DAMP

γονεῖς αὐτοῦ τοῦ ἀναβλέψαντος 9.19 καὶ ἠρώτησαν
N-AM-P NPGMZS DGMS□APRNM-S VPAAGM-S CC VIAA--ZP

αὐτοὺς λέγοντες, Οὗτός ἐστιν ὁ υἱὸς ὑμῶν, ὃν ὑμεῖς λέγετε
NPAMZP VPPANM-P APDNM-S VIPA--ZS DNMS N-NM-S NPG-YP APRAM-S NPN-YP VIPA--YP

ὅτι τυφλὸς ἐγεννήθη; πῶς οὖν βλέπει ἄρτι; 9.20 ἀπεκρίθησαν οὖν
CC A--NM-S VIAP--ZS ABT CH VIPA--ZS AB VIAO--ZP CH

οἱ γονεῖς αὐτοῦ καὶ εἶπαν, Οἴδαμεν ὅτι οὗτός ἐστιν ὁ υἱὸς
DNMP N-NM-P NPGMZS CC VIAA--ZP VIRA--XP CC APDNM-S VIPA--ZS DNMS N-NM-S

ἡμῶν καὶ ὅτι τυφλὸς ἐγεννήθη· 9.21 πῶς δὲ νῦν βλέπει οὐκ
NPG-XP CC CH A--NM-S VIAP--ZS ABT CC/CH AB VIPA--ZS AB

οἴδαμεν, ἢ τίς ἤνοιξεν αὐτοῦ τοὺς ὀφθαλμοὺς ἡμεῖς οὐκ
VIRA--XP CC APTNM-S VIAA--ZS NPGMZS DAMP N-AM-P NPN-XP AB

οἴδαμεν· αὐτὸν ἐρωτήσατε, ἡλικίαν ἔχει, αὐτὸς περὶ ἑαυτοῦ
VIRA--XP NPAMZS VMAA--YP N-AF-S VIPA--ZS NPNMZS PG NPGMZS

λαλήσει. 9.22 ταῦτα εἶπαν οἱ γονεῖς αὐτοῦ ὅτι ἐφοβοῦντο
VIFA--ZS□VMAA--ZS APDAN-P VIAA--ZP DNMP N-NM-P NPGMZS CS VIIN--ZP

τοὺς Ἰουδαίους, ἤδη γὰρ συνετέθειντο οἱ Ἰουδαῖοι ἵνα ἐάν
DAMP AP-AM-P AB CS VILM--ZP DNMP AP-NM-P CC CS

τις αὐτὸν ὁμολογήσῃ Χριστόν, ἀποσυνάγωγος γένηται.
APINM-S NPAMZS VSAA--ZS N-AM-S A--NM-S VSAD--ZS

9.23 διὰ τοῦτο οἱ γονεῖς αὐτοῦ εἶπαν ὅτι Ἡλικίαν ἔχει, αὐτὸν
PA APDAN-S DNMP N-NM-P NPGMZS VIAA--ZP CC N-AF-S VIPA--ZS NPAMZS

ἐπερωτήσατε.
VMAA--YP

9.24 Ἐφώνησαν οὖν τὸν ἄνθρωπον ἐκ δευτέρου ὃς ἦν
VIAA--ZP CH DAMS N-AM-S PG APOGN-S APRNM-S VIIA--ZS

τυφλὸς καὶ εἶπαν αὐτῷ, Δὸς δόξαν τῷ θεῷ· ἡμεῖς οἴδαμεν ὅτι
A--NM-S CC VIAA--ZP NPDMZS VMAA--YS N-AF-S DDMS N-DM-S NPN-XP VIRA--XP CC

οὗτος ὁ ἄνθρωπος ἁμαρτωλός ἐστιν. 9.25 ἀπεκρίθη οὖν ἐκεῖνος,
A-DNM-S DNMS N-NM-S A--NM-S VIPA--ZS VIAO--ZS CH APDNM-S

Εἰ ἁμαρτωλός ἐστιν οὐκ οἶδα· ἓν οἶδα, ὅτι τυφλὸς ὢν
QT A--NM-S VIPA--ZS AB VIRA--XS APCAN-S VIRA--XS ABR A--NM-S VPPANMXS

ἄρτι βλέπω. 9.26 εἶπον οὖν αὐτῷ, Τί ἐποίησέν σοι; πῶς
AB VIPA--XS VIAA--ZP CH NPDMZS APTAN-S VIAA--ZS NPD-YS ABT

ἤνοιξέν σου τοὺς ὀφθαλμούς; 9.27 ἀπεκρίθη αὐτοῖς, Εἶπον ὑμῖν
VIAA--ZS NPG-YS DAMP N-AM-P VIAO--ZS NPDMZP VIAA--XS NPD-YP

ἤδη καὶ οὐκ ἠκούσατε· τί πάλιν θέλετε ἀκούειν; μὴ καὶ
AB CC AB VIAA--YP APTAN-S□ABT AB VIPA--YP VNPA QT AB

ὑμεῖς θέλετε αὐτοῦ μαθηταὶ γενέσθαι; 9.28 καὶ ἐλοιδόρησαν
NPN-YP VIPA--YP NPGMZS N-NM-P VNAD CC VIAA--ZP

αὐτὸν καὶ εἶπον, Σὺ μαθητὴς εἶ ἐκείνου, ἡμεῖς δὲ τοῦ
NPRAMZS CC VIAA--ZP NPN-YS N-NM-S VIPA--YS APDGM-S NPN-XP CH DGMS

Μωϋσέως ἐσμὲν μαθηταί· 9.29 ἡμεῖς οἴδαμεν ὅτι Μωϋσεῖ
N-GM-S VIPA--XP N-NM-P NPN-XP VIRA--XP CC N-DM-S

λελάληκεν ὁ θεός, τοῦτον δὲ οὐκ οἴδαμεν πόθεν ἐστίν.
VIRA--ZS DNMS N-NM-S APDAM-S CC/CH AB VIRA--XP ABT VIPA--ZS

9.30 ἀπεκρίθη ὁ ἄνθρωπος καὶ εἶπεν αὐτοῖς, Ἐν τούτῳ γὰρ
VIAO--ZS DNMS N-NM-S CC VIAA--ZS NPDMZP PD APDDN-S CS

τὸ θαυμαστόν ἐστιν ὅτι ὑμεῖς οὐκ οἴδατε πόθεν ἐστίν, καὶ
DNNS AP-NN-S VIPA--ZS ABR NPN-YP AB VIRA--YP ABT VIPA--ZS CC

ἤνοιξέν μου τοὺς ὀφθαλμούς. 9.31 οἴδαμεν ὅτι ἁμαρτωλῶν ὁ
VIAA--ZS NPG-XS DAMP N-AM-P VIRA--XP CH AP-GM-P DNMS

θεὸς οὐκ ἀκούει, ἀλλ' ἐάν τις θεοσεβὴς ᾖ καὶ τὸ θέλημα
N-NM-S AB VIPA--ZS CH CS APINM-S A--NM-S VSPA--ZS CC DANS N-AN-S

αὐτοῦ ποιῇ τούτου ἀκούει. 9.32 ἐκ τοῦ αἰῶνος οὐκ ἠκούσθη ὅτι
NPGMZS VSPA--ZS APDGM-S VIPA--ZS PG DGMS N-GM-S AB VIAP--ZS CC

ἠνέῳξέν τις ὀφθαλμοὺς τυφλοῦ γεγεννημένου· 9.33 εἰ μὴ ἦν
VIAA--ZS APINM-S N-AM-P AP-GM-S VPRPGM-S CS AB VIIA--ZS

οὗτος παρὰ θεοῦ, οὐκ ἠδύνατο ποιεῖν οὐδέν. 9.34 ἀπεκρίθησαν
APDNM-S PG N-GM-S AB VIIN--ZS VNPA APCAN-S VIAO--ZP

καὶ εἶπαν αὐτῷ, Ἐν ἁμαρτίαις σὺ ἐγεννήθης ὅλος, καὶ σὺ
CC VIAA--ZP NPDMZS PD N-DF-P NPN-YS VIAP--YS A--NM-S CC NPN-YS

διδάσκεις ἡμᾶς; καὶ ἐξέβαλον αὐτὸν ἔξω.
VIPA--YS NPA-XP CC VIAA--ZP NPRAMZS AB

9.35 Ἤκουσεν Ἰησοῦς ὅτι ἐξέβαλον αὐτὸν ἔξω, καὶ εὑρὼν
VIAA--ZS N-NM-S CC VIAA--ZP NPRAMZS AB CC VPAANM-S

αὐτὸν εἶπεν, Σὺ πιστεύεις εἰς τὸν υἱὸν τοῦ ἀνθρώπου;
NPRAMZS VIAA--ZS NPN-YS VIPA--YS PA DAMS N-AM-S DGMS N-GM-S

9.36 ἀπεκρίθη ἐκεῖνος καὶ εἶπεν, Καὶ τίς ἐστιν, κύριε, ἵνα
VIAO--ZS APDNM-S CC VIAA--ZS CC APTNM-S VIPA--ZS N-VM-S CS

πιστεύσω εἰς αὐτόν; 9.37 εἶπεν αὐτῷ ὁ Ἰησοῦς, Καὶ ἑώρακας
VSAA--XS PA NPAMZS VIAA--ZS NPDMZS DNMS N-NM-S CC VIRA--YS

αὐτὸν καὶ ὁ λαλῶν μετὰ σοῦ ἐκεῖνός ἐστιν.
NPAMZS CC DNMS☐NPNMZS&APRNM-S VPPANM-S PG NPG-YS APDNM-S VIPA--ZS

9.38 ὁ δὲ ἔφη, Πιστεύω, κύριε· καὶ προσεκύνησεν
DNMS☐NPNMZS CH VIAA--ZS/VIIA--ZS VIPA--XS N-VM-S CC VIAA--ZS

αὐτῷ. 9.39 καὶ εἶπεν ὁ Ἰησοῦς, Εἰς κρίμα ἐγὼ εἰς τὸν κόσμον
NPDMZS CC VIAA--ZS DNMS N-NM-S PA N-AN-S NPN-XS PA DAMS N-AM-S

τοῦτον ἦλθον, ἵνα οἱ μὴ βλέποντες βλέπωσιν καὶ
A-DAM-S VIAA--XS CS DNMP☐NPNMZS&APRNM-P AB VPPANM-P VSPA--ZP CC

οἱ βλέποντες τυφλοὶ γένωνται.
DNMP☐NPNMZS&APRNM-P VPPANM-P A--NM-P VSAD--ZP

9.40 Ἤκουσαν ἐκ τῶν Φαρισαίων ταῦτα οἱ
VIAA--ZP PG DGMP N-GM-P APDAN-P DNMP☐NPNMZP&APRNM-P

μετ᾽ αὐτοῦ ὄντες, καὶ εἶπον αὐτῷ, Μὴ καὶ ἡμεῖς τυφλοί ἐσμεν;
PG NPGMZS VPPANM-P CC VIAA--ZP NPDMZS QT AB NPN-XP A--NM-P VIPA--XP

9.41 εἶπεν αὐτοῖς ὁ Ἰησοῦς, Εἰ τυφλοὶ ἦτε, οὐκ ἂν εἴχετε
VIAA--ZS NPDMZP DNMS N-NM-S CS A--NM-P VIIA--YP AB QV VIIA--YP

ἁμαρτίαν· νῦν δὲ λέγετε ὅτι Βλέπομεν· ἡ ἁμαρτία ὑμῶν μένει.
N-AF-S AB CH VIPA--YP CC VIPA--XP DNFS N-NF-S NPG-YP VIPA--ZS

10.1 Ἀμὴν ἀμὴν λέγω ὑμῖν, ὁ μὴ εἰσερχόμενος
QS QS VIPA--XS NPD-YP DNMS☐APRNM-S+ AB VPPNNM-S

διὰ τῆς θύρας εἰς τὴν αὐλὴν τῶν προβάτων ἀλλὰ ἀναβαίνων
PG DGFS N-GF-S PA DAFS N-AF-S DGNP N-GN-P CH VPPANM-S

ἀλλαχόθεν ἐκεῖνος κλέπτης ἐστὶν καὶ λῃστής·
AB APDNM-S N-NM-S VIPA--ZS CC N-NM-S

10.2 ὁ δὲ εἰσερχόμενος διὰ τῆς θύρας ποιμήν
DNMS☐NPNMZS&APRNM-S CH VPPNNM-S PG DGFS N-GF-S N-NM-S

ἐστιν τῶν προβάτων. 10.3 τούτῳ ὁ θυρωρὸς ἀνοίγει, καὶ τὰ
VIPA--ZS DGNP N-GN-P APDDM-S DNMS N-NM-S VIPA--ZS CC DNNP

πρόβατα τῆς φωνῆς αὐτοῦ ἀκούει, καὶ τὰ ἴδια πρόβατα φωνεῖ
N-NN-P DGFS N-GF-S NPGMZS VIPA--ZS CC DANP A--AN-P N-AN-P VIPA--ZS

κατ᾽ ὄνομα καὶ ἐξάγει αὐτά. 10.4 ὅταν τὰ ἴδια πάντα ἐκβάλῃ,
PA N-AN-S CC VIPA--ZS NPANZP CS DANP AP-AN-P A--AN-P VSAA--ZS

ἔμπροσθεν αὐτῶν πορεύεται, καὶ τὰ πρόβατα αὐτῷ ἀκολουθεῖ,
PG NPGNZP VIPN--ZS CC DNNP N-NN-P NPDMZS VIPA--ZS

ὅτι οἴδασιν τὴν φωνὴν αὐτοῦ· 10.5 ἀλλοτρίῳ δὲ οὐ μὴ
CS VIRA--ZP DAFS N-AF-S NPGMZS AP-DM-S CC AB AB

ἀκολουθήσουσιν ἀλλὰ φεύξονται ἀπ᾽ αὐτοῦ, ὅτι οὐκ οἴδασιν τῶν
VIFA--ZP CH VIFD--ZP PG NPGMZS CS AB VIRA--ZP DGMP

ἀλλοτρίων τὴν φωνήν. 10.6 Ταύτην τὴν παροιμίαν εἶπεν αὐτοῖς
AP-GM-P DAFS N-AF-S A-DAF-S DAFS N-AF-S VIAA--ZS NPDMZP

ὁ Ἰησοῦς· ἐκεῖνοι δὲ οὐκ ἔγνωσαν τίνα ἦν
DNMS N-NM-S APDNM-P CH AB VIAA--ZP APTNN-P VIIA--ZS

ἃ ἐλάλει αὐτοῖς.
APRAN-P□APDNN-P&APRAN-P VIIA--ZS NPDMZP

10.7 Εἶπεν οὖν πάλιν ὁ Ἰησοῦς, Ἀμὴν ἀμὴν λέγω ὑμῖν
VIAA--ZS CC AB DNMS N-NM-S QS QS VIPA--XS NPD-YP

ὅτι ἐγώ εἰμι ἡ θύρα τῶν προβάτων. 10.8 πάντες ὅσοι ἦλθον
CC NPN-XS VIPA--XS DNFS N-NF-S DGNP N-GN-P AP-NM-P APRNM-P VIAA--ZP

[πρὸ ἐμοῦ] κλέπται εἰσὶν καὶ λησταί· ἀλλ' οὐκ ἤκουσαν αὐτῶν
PG NPG-XS N-NM-P VIPA--ZP CC N-NM-P CC AB VIAA--ZP NPGMZP

τὰ πρόβατα. 10.9 ἐγώ εἰμι ἡ θύρα· δι' ἐμοῦ ἐάν τις
DNNP N-NN-P NPN-XS VIPA--XS DNFS N-NF-S PG NPG-XS CS APINM-S

εἰσέλθῃ σωθήσεται καὶ εἰσελεύσεται καὶ ἐξελεύσεται καὶ νομὴν
VSAA--ZS VIFP--ZS CC VIFD--ZS CC VIFD--ZS CC N-AF-S

εὑρήσει. 10.10 ὁ κλέπτης οὐκ ἔρχεται εἰ μὴ ἵνα κλέψῃ καὶ
VIFA--ZS DNMS N-NM-S AB VIPN--ZS CS AB CS VSAA--ZS CC

θύσῃ καὶ ἀπολέσῃ· ἐγὼ ἦλθον ἵνα ζωὴν ἔχωσιν καὶ περισσὸν
VSAA--ZS CC VSAA--ZS NPN-XS VIAA--XS CS N-AF-S VSPA--ZP CC AP-AN-S

ἔχωσιν. 10.11 Ἐγώ εἰμι ὁ ποιμὴν ὁ καλός· ὁ ποιμὴν
VSPA--ZP NPN-XS VIPA--XS DNMS N-NM-S DNMS A--NM-S DNMS N-NM-S

ὁ καλὸς τὴν ψυχὴν αὐτοῦ τίθησιν ὑπὲρ τῶν προβάτων·
DNMS A--NM-S DAFS N-AF-S NPGMZS VIPA--ZS PG DGNP N-GN-P

10.12 ὁ μισθωτὸς καὶ οὐκ ὢν ποιμήν, οὗ οὐκ ἔστιν τὰ
DNMS AP-NM-S CC AB VPPANM-S N-NM-S APRGM-S AB VIPA--ZS DNNP

πρόβατα ἴδια, θεωρεῖ τὸν λύκον ἐρχόμενον καὶ ἀφίησιν τὰ
N-NN-P A--NN-P VIPA--ZS DAMS N-AM-S VPPNAM-S CC VIPA--ZS DANP

πρόβατα καὶ φεύγει — καὶ ὁ λύκος ἁρπάζει αὐτὰ καὶ σκορπίζει
N-AN-P CC VIPA--ZS CC DNMS N-NM-S VIPA--ZS NPANZP CC VIPA--ZS

— 10.13 ὅτι μισθωτός ἐστιν καὶ οὐ μέλει αὐτῷ περὶ τῶν
CS AP-NM-S VIPA--ZS CC AB VIPA--ZS NPDMZS PG DGNP

προβάτων. 10.14 Ἐγώ εἰμι ὁ ποιμὴν ὁ καλός, καὶ γινώσκω
N-GN-P NPN-XS VIPA--XS DNMS N-NM-S DNMS A--NM-S CC VIPA--XS

τὰ ἐμὰ καὶ γινώσκουσί με τὰ ἐμά, 10.15 καθὼς γινώσκει
DANP AP-ANXP CC VIPA--ZP NPA-XS DNNP AP-NNXP CS VIPA--ZS

με ὁ πατήρ κἀγὼ γινώσκω τὸν πατέρα· καὶ τὴν
NPA-XS DNMS N-NM-S AB&NPN-XS/CC&NPN-XS VIPA--XS DAMS N-AM-S CC DAFS

ψυχήν μου τίθημι ὑπὲρ τῶν προβάτων. 10.16 καὶ ἄλλα πρόβατα
N-AF-S NPG-XS VIPA--XS PG DGNP N-GN-P CC A--AN-P N-AN-P

ἔχω ἃ οὐκ ἔστιν ἐκ τῆς αὐλῆς ταύτης· κἀκεῖνα δεῖ με
VIPA--XS APRNN-P AB VIPA--ZS PG DGFS N-GF-S A-DGF-S AB&APDAN-P VIPA--ZS NPA-XS

ἀγαγεῖν, καὶ τῆς φωνῆς μου ἀκούσουσιν, καὶ γενήσονται μία
VNAA CC DGFS N-GF-S NPG-XS VIFA--ZP CC VIFD--ZP A-CNF-S

ποίμνη, εἷς ποιμήν. 10.17 διὰ τοῦτό με ὁ πατὴρ ἀγαπᾷ
N-NF-S A-CNM-S N-NM-S PA APDAN-S NPA-XS DNMS N-NM-S VIPA--ZS

ὅτι ἐγὼ τίθημι τὴν ψυχήν μου, ἵνα πάλιν λάβω αὐτήν.
CS NPN-XS VIPA--XS DAFS N-AF-S NPG-XS CS AB VSAA--XS NPAFZS

10.18 οὐδεὶς αἴρει αὐτὴν ἀπ᾽ ἐμοῦ, ἀλλ᾽ ἐγὼ τίθημι αὐτὴν ἀπ᾽
APCNM-S VIPA--ZS NPAFZS PG NPG-XS CH NPN-XS VIPA--XS NPAFZS PG

ἐμαυτοῦ. ἐξουσίαν ἔχω θεῖναι αὐτήν, καὶ ἐξουσίαν ἔχω πάλιν
NPGMXS N-AF-S VIPA--XS VNAA NPAFZS CC N-AF-S VIPA--XS AB

λαβεῖν αὐτήν· ταύτην τὴν ἐντολὴν ἔλαβον παρὰ τοῦ πατρός
VNAA NPAFZS A-DAF-S DAFS N-AF-S VIAA--XS PG DGMS N-GM-S

μου.
NPG-XS

10.19 Σχίσμα πάλιν ἐγένετο ἐν τοῖς Ἰουδαίοις διὰ τοὺς λόγους
N-NN-S AB VIAD--ZS PD DDMP AP-DM-P PA DAMP N-AM-P

τούτους. 10.20 ἔλεγον δὲ πολλοὶ ἐξ αὐτῶν, Δαιμόνιον ἔχει καὶ
A-DAM-P VIIA--ZP CS AP-NM-P PG NPGMZP N-AN-S VIPA--ZS CC

μαίνεται· τί αὐτοῦ ἀκούετε; 10.21 ἄλλοι ἔλεγον, Ταῦτα τὰ
VIPN--ZS APTAN-S☐ABT NPGMZS VIPA--YP AP-NM-P VIIA--ZP A-DNN-P DNNP

ῥήματα οὐκ ἔστιν δαιμονιζομένου· μὴ δαιμόνιον δύναται τυφλῶν
N-NN-P AB VIPA--ZS VPPNGM-S QT N-NN-S VIPN--ZS AP-GM-P

ὀφθαλμοὺς ἀνοῖξαι;
N-AM-P VNAA

10.22 Ἐγένετο τότε τὰ ἐγκαίνια ἐν τοῖς Ἱεροσολύμοις·
VIAD--ZS AB DNNP N-NN-P PD DDNP N-DN-P

χειμὼν ἦν, 10.23 καὶ περιεπάτει ὁ Ἰησοῦς ἐν τῷ ἱερῷ ἐν
N-NM-S VIIA--ZS CC VIIA--ZS DNMS N-NM-S PD DDNS AP-DN-S PD

τῇ στοᾷ τοῦ Σολομῶνος. 10.24 ἐκύκλωσαν οὖν αὐτὸν οἱ
DDFS N-DF-S DGMS N-GM-S VIAA--ZP CC/CH NPAMZS DNMP

Ἰουδαῖοι καὶ ἔλεγον αὐτῷ, Ἕως πότε τὴν ψυχὴν ἡμῶν
AP-NM-P CC VIIA--ZP NPDMZS PG ABT☐APTGM-S DAFS N-AF-S NPG-XP

αἴρεις; εἰ σὺ εἶ ὁ Χριστός, εἰπὲ ἡμῖν παρρησίᾳ.
VIPA--YS CS/QT NPN-YS VIPA--YS DNMS N-NM-S VMAA--YS NPD-XP N-DF-S

10.25 ἀπεκρίθη αὐτοῖς ὁ Ἰησοῦς, Εἶπον ὑμῖν καὶ οὐ πιστεύετε·
VIAO--ZS NPDMZP DNMS N-NM-S VIAA--XS NPD-YP CC AB VIPA--YP

τὰ ἔργα ἃ ἐγὼ ποιῶ ἐν τῷ ὀνόματι τοῦ πατρός μου
DNNP N-NN-P APRAN-P NPN-XS VIPA--XS PD DDNS N-DN-S DGMS N-GM-S NPG-XS

ταῦτα μαρτυρεῖ περὶ ἐμοῦ· 10.26 ἀλλὰ ὑμεῖς οὐ πιστεύετε, ὅτι οὐκ
APDNN-P VIPA--ZS PG NPG-XS CH NPN-YP AB VIPA--YP CS AB

ἐστὲ ἐκ τῶν προβάτων τῶν ἐμῶν. 10.27 τὰ πρόβατα τὰ ἐμὰ
VIPA--YP PG DGNP N-GN-P DGNP A--GNXP DNNP N-NN-P DNNP A--NNXP

τῆς φωνῆς μου ἀκούουσιν, κἀγὼ γινώσκω αὐτά, καὶ
DGFS N-GF-S NPG-XS VIPA--ZP CC&NPN-XS VIPA--XS NPANZP CC

ἀκολουθοῦσίν μοι, 10.28 κἀγὼ δίδωμι αὐτοῖς ζωὴν αἰώνιον, καὶ
VIPA--ZP NPD-XS CC&NPN-XS VIPA--XS NPDNZP N-AF-S A--AF-S CC

οὐ μὴ ἀπόλωνται εἰς τὸν αἰῶνα, καὶ οὐχ ἁρπάσει τις αὐτὰ ἐκ
AB AB VSAM--ZP PA DAMS N-AM-S CC AB VIFA--ZS APINM-S NPANZP PG

τῆς χειρός μου. 10.29 ὁ πατήρ μου ὅ
DGFS N-GF-S NPG-XS DNMS N-NM-S NPG-XS APRAN-S□APDNN-S&APRAN-S

δέδωκέν μοι πάντων μεῖζόν ἐστιν, καὶ οὐδεὶς δύναται ἁρπάζειν
VIRA--ZS NPD-XS NPG-XP AP-GN-P A-MNN-S VIPA--ZS CC APCNM-S VIPN--ZS VNPA

ἐκ τῆς χειρὸς τοῦ πατρός. 10.30 ἐγὼ καὶ ὁ πατὴρ ἕν
PG DGFS N-GF-S DGMS N-GM-S NPN-XS CC DNMS N-NM-S APCNN-S

ἐσμεν.
VIPA--XP

10.31 Ἐβάστασαν πάλιν λίθους οἱ Ἰουδαῖοι ἵνα λιθάσωσιν
VIAA--ZP AB N-AM-P DNMP AP-NM-P CS VSAA--ZP

αὐτόν. 10.32 ἀπεκρίθη αὐτοῖς ὁ Ἰησοῦς, Πολλὰ ἔργα καλὰ
NPRAMZS VIAO--ZS NPDMZP DNMS N-NM-S A--AN-P N-AN-P A--AN-P

ἔδειξα ὑμῖν ἐκ τοῦ πατρός· διὰ ποῖον αὐτῶν ἔργον ἐμὲ λιθάζετε;
VIAA--XS NPD-YP PG DGMS N-GM-S PA A-TAN-S NPGNZP N-AN-S NPA-XS VIPA--YP

10.33 ἀπεκρίθησαν αὐτῷ οἱ Ἰουδαῖοι, Περὶ καλοῦ ἔργου οὐ
VIAO--ZP NPDMZS DNMP AP-NM-P PG A--GN-S N-GN-S AB

λιθάζομέν σε ἀλλὰ περὶ βλασφημίας, καὶ ὅτι σὺ ἄνθρωπος
VIPA--XP NPA-YS CH PG N-GF-S CC CS NPN-YS N-NM-S

ὢν ποιεῖς σεαυτὸν θεόν. 10.34 ἀπεκρίθη αὐτοῖς [ὁ] Ἰησοῦς,
VPPANMYS VIPA--YS NPAMYS N-AM-S VIAO--ZS NPDMZP DNMS N-NM-S

Οὐκ ἔστιν γεγραμμένον ἐν τῷ νόμῳ ὑμῶν ὅτι Ἐγὼ εἶπα, Θεοί
QT VIPA--ZS+ +VPRPNN-S PD DDMS N-DM-S NPG-YP CC NPN-XS VIAA--XS N-NM-P

ἐστε; 10.35 εἰ ἐκείνους εἶπεν θεοὺς πρὸς οὓς ὁ λόγος τοῦ
VIPA--YP CS APDAM-P VIAA--ZS N-AM-P PA APRAM-P DNMS N-NM-S DGMS

θεοῦ ἐγένετο, καὶ οὐ δύναται λυθῆναι ἡ γραφή,
N-GM-S VIAD--ZS CC AB VIPN--ZS VNAP DNFS N-NF-S

10.36 ὃν ὁ πατὴρ ἡγίασεν καὶ ἀπέστειλεν εἰς
APRAM-S□APDDM-S&APRAM-S DNMS N-NM-S VIAA--ZS CC VIAA--ZS PA

τὸν κόσμον ὑμεῖς λέγετε ὅτι Βλασφημεῖς, ὅτι εἶπον, Υἱὸς τοῦ
DAMS N-AM-S NPN-YP VIPA--YP CC VIPA--YS CS VIAA--XS N-NM-S DGMS

θεοῦ εἰμι; 10.37 εἰ οὐ ποιῶ τὰ ἔργα τοῦ πατρός μου, μὴ
N-GM-S VIPA--XS CS AB VIPA--XS DANP N-AN-P DGMS N-GM-S NPG-XS AB

πιστεύετέ μοι· 10.38 εἰ δὲ ποιῶ, κἂν ἐμοὶ μὴ πιστεύητε, τοῖς
VMPA--YP NPD-XS CS CH VIPA--XS AB&CS NPD-XS AB VSPA--YP DDNP

ἔργοις πιστεύετε, ἵνα γνῶτε καὶ γινώσκητε ὅτι ἐν ἐμοὶ ὁ
N-DN-P VMPA--YP CS VSAA--YP CC VSPA--YP CC PD NPD-XS DNMS

πατὴρ κἀγὼ ἐν τῷ πατρί. 10.39 Ἐζήτουν [οὖν] αὐτὸν πάλιν
N-NM-S CC&NPN-XS PD DDMS N-DM-S VIIA--ZP CH NPAMZS AB

πιάσαι· καὶ ἐξῆλθεν ἐκ τῆς χειρὸς αὐτῶν.
VNAA CC VIAA--ZS PG DGFS N-GF-S NPGMZP

10.40 Καὶ ἀπῆλθεν πάλιν πέραν τοῦ Ἰορδάνου εἰς τὸν τόπον
CC VIAA--ZS AB PG DGMS N-GM-S PA DAMS N-AM-S

ὅπου ἦν Ἰωάννης τὸ πρῶτον βαπτίζων, καὶ ἔμεινεν ἐκεῖ.
ABR VIIA--ZS+ N-NM-S DANS APOAN-S +VPPANM-S CC VIAA--ZS AB

10.41 καὶ πολλοὶ ἦλθον πρὸς αὐτὸν καὶ ἔλεγον ὅτι Ἰωάννης μὲν
CC AP-NM-P VIAA--ZP PA NPAMZS CC VIIA--ZP CH N-NM-S CS

σημεῖον ἐποίησεν οὐδέν, πάντα δὲ ὅσα εἶπεν Ἰωάννης περὶ
N-AN-S VIAA--ZS A-CAN-S AP-NN-P CH APRAN-P VIAA--ZS N-NM-S PG

τούτου ἀληθῆ ἦν. 10.42 καὶ πολλοὶ ἐπίστευσαν εἰς αὐτὸν ἐκεῖ.
APDGM-S A--NN-P VIIA--ZS CC AP-NM-P VIAA--ZP PA NPAMZS AB

11.1 Ἦν δέ τις ἀσθενῶν, Λάζαρος ἀπὸ Βηθανίας, ἐκ τῆς
VIIA--ZS+ CC APINM-S +VPPANM-S N-NM-S PG N-GF-S PG DGFS

κώμης Μαρίας καὶ Μάρθας τῆς ἀδελφῆς αὐτῆς. 11.2 ἦν δὲ
N-GF-S N-GF-S CC N-GF-S DGFS N-GF-S NPGFZS VIIA--ZS CS

Μαριὰμ ἡ ἀλείψασα τὸν κύριον μύρῳ καὶ ἐκμάξασα τοὺς
N-NF-S DNFS□APRNF-S VPAANF-S DAMS N-AM-S N-DN-S CC VPAANF-S DAMP

πόδας αὐτοῦ ταῖς θριξὶν αὐτῆς, ἧς ὁ ἀδελφὸς Λάζαρος
N-AM-P NPGMZS DDFP N-DF-P NPGFZS APRGF-S DNMS N-NM-S N-NM-S

ἠσθένει. 11.3 ἀπέστειλαν οὖν αἱ ἀδελφαὶ πρὸς αὐτὸν λέγουσαι,
VIIA--ZS VIAA--ZP CC DNFP N-NF-P PA NPAMZS VPPANF-P

Κύριε, ἴδε ὃν φιλεῖς ἀσθενεῖ. 11.4 ἀκούσας δὲ
N-VM-S QS APRAM-S□APDNM-S&APRAM-S VIPA--YS VIPA--ZS VPAANM-S CH

ὁ Ἰησοῦς εἶπεν, Αὕτη ἡ ἀσθένεια οὐκ ἔστιν πρὸς θάνατον
DNMS N-NM-S VIAA--ZS A-DNF-S DNFS N-NF-S AB VIPA--ZS PA N-AM-S

ἀλλ᾽ ὑπὲρ τῆς δόξης τοῦ θεοῦ, ἵνα δοξασθῇ ὁ υἱὸς τοῦ θεοῦ
CH PG DGFS N-GF-S DGMS N-GM-S CS VSAP--ZS DNMS N-NM-S DGMS N-GM-S

δι᾽ αὐτῆς. 11.5 ἠγάπα δὲ ὁ Ἰησοῦς τὴν Μάρθαν καὶ τὴν
PG NPGFZS VIIA--ZS CS DNMS N-NM-S DAFS N-AF-S CC DAFS

ἀδελφὴν αὐτῆς καὶ τὸν Λάζαρον. 11.6 ὡς οὖν ἤκουσεν ὅτι
N-AF-S NPGFZS CC DAMS N-AM-S CS CC/CH VIAA--ZS CH

ἀσθενεῖ, τότε μὲν ἔμεινεν ἐν ᾧ ἦν τόπῳ δύο ἡμέρας·
VIPA--ZS AB QS VIAA--ZS PD APRDM-S+ VIIA--ZS N-DM-S A-CAF-P N-AF-P

11.7 ἔπειτα μετὰ τοῦτο λέγει τοῖς μαθηταῖς, Ἄγωμεν εἰς τὴν
AB PA APDAN-S VIPA--ZS DDMP N-DM-P VSPA--XP PA DAFS

Ἰουδαίαν πάλιν. 11.8 λέγουσιν αὐτῷ οἱ μαθηταί, Ῥαββί, νῦν
N-AF-S AB VIPA--ZP NPDMZS DNMP N-NM-P N-VM-S AB

ἐζήτουν σε λιθάσαι οἱ Ἰουδαῖοι, καὶ πάλιν ὑπάγεις ἐκεῖ;
VIIA--ZP NPA-YS VNAA DNMP AP-NM-P CC AB VIPA--YS AB

11.9 ἀπεκρίθη Ἰησοῦς, Οὐχὶ δώδεκα ὧραί εἰσιν τῆς ἡμέρας; ἐάν
VIAO--ZS N-NM-S QT A-CNF-P N-NF-P VIPA--ZP DGFS N-GF-S CS

τις περιπατῇ ἐν τῇ ἡμέρᾳ, οὐ προσκόπτει, ὅτι τὸ φῶς τοῦ
APINM-S VSPA--ZS PD DDFS N-DF-S AB VIPA--ZS CS DANS N-AN-S DGMS

κόσμου τούτου βλέπει· 11.10 ἐὰν δέ τις περιπατῇ ἐν τῇ νυκτί,
N-GM-S A-DGM-S VIPA--ZS CS CC APINM-S VSPA--ZS PD DDFS N-DF-S

προσκόπτει, ὅτι τὸ φῶς οὐκ ἔστιν ἐν αὐτῷ. 11.11 ταῦτα εἶπεν,
VIPA--ZS CS DNNS N-NN-S AB VIPA--ZS PD NPDMZS APDAN-P VIAA--ZS

καὶ μετὰ τοῦτο λέγει αὐτοῖς, Λάζαρος ὁ φίλος ἡμῶν
CC PA APDAN-S VIPA--ZS NPDMZP N-NM-S DNMS AP-NM-S NPG-XP

κεκοίμηται, ἀλλὰ πορεύομαι ἵνα ἐξυπνίσω αὐτόν. 11.12 εἶπαν οὖν
VIRN--ZS   CC   VIPN--XS   CS VSAA--XS   NPAMZS   VIAA--ZP CH

οἱ   μαθηταὶ αὐτῷ, Κύριε, εἰ κεκοίμηται σωθήσεται. 11.13 εἰρήκει
DNMP N-NM-P NPDMZS N-VM-S CS VIRN--ZS   VIFP--ZS   VILA--ZS

δὲ ὁ   Ἰησοῦς περὶ τοῦ θανάτου αὐτοῦ. ἐκεῖνοι δὲ ἔδοξαν ὅτι
CS DNMS N-NM-S PG   DGMS N-GM-S NPGMZS APDNM-P CH VIAA--ZP CC

περὶ τῆς   κοιμήσεως τοῦ ὕπνου λέγει. 11.14 τότε οὖν εἶπεν αὐτοῖς
PG   DGFS N-GF-S   DGMS N-GM-S VIPA--ZS   AB   CH VIAA--ZS NPDMZP

ὁ   Ἰησοῦς παρρησίᾳ, Λάζαρος ἀπέθανεν, 11.15 καὶ χαίρω δι'
DNMS N-NM-S N-DF-S   N-NM-S VIAA--ZS   CC VIPA--XS PA

ὑμᾶς, ἵνα πιστεύσητε, ὅτι οὐκ ἤμην ἐκεῖ· ἀλλὰ ἄγωμεν πρὸς
NPA-YP CS VSAA--YP   CC AB VIIM--XS AB   CC VSPA--XP PA

αὐτόν. 11.16 εἶπεν οὖν Θωμᾶς ὁ   λεγόμενος Δίδυμος τοῖς
NPAMZS   VIAA--ZS CH N-NM-S DNMS□APRNM-S VPPPNM-S N-NM-S DDMP

συμμαθηταῖς, Ἄγωμεν καὶ ἡμεῖς ἵνα ἀποθάνωμεν μετ' αὐτοῦ.
N-DM-P   VSPA--XP AB NPN-XP CS VSAA--XP   PG   NPGMZS

11.17 Ἐλθὼν οὖν ὁ   Ἰησοῦς εὗρεν αὐτὸν τέσσαρας ἤδη
      VPAANM-S CC DNMS N-NM-S VIAA--ZS NPAMZS A-CAF-P AB

ἡμέρας ἔχοντα ἐν τῷ   μνημείῳ. 11.18 ἦν   δὲ ἡ   Βηθανία ἐγγὺς
N-AF-P VPPAAM-S PD DDNS N-DN-S   VIIA--ZS CS DNFS N-NF-S PG

τῶν   Ἱεροσολύμων ὡς ἀπὸ   σταδίων δεκαπέντε. 11.19 πολλοὶ δὲ ἐκ
DGNP N-GN-P   AB AB/PG N-GM-P A-CGM-P   AP-NM-P CS PG

τῶν   Ἰουδαίων ἐληλύθεισαν πρὸς τὴν Μάρθαν καὶ Μαριὰμ ἵνα
DGMP AP-GM-P VILA--ZP   PA   DAFS N-AF-S CC N-AF-S CS

παραμυθήσωνται αὐτὰς περὶ τοῦ ἀδελφοῦ. 11.20 ἡ   οὖν Μάρθα
VSAD--ZP   NPAFZP PG   DGMS N-GM-S   DNFS CC N-NF-S

ὡς ἤκουσεν ὅτι Ἰησοῦς ἔρχεται ὑπήντησεν αὐτῷ· Μαριὰμ δὲ ἐν
CS VIAA--ZS CH N-NM-S VIPN--ZS VIAA--ZS NPDMZS N-NF-S CC PD

τῷ   οἴκῳ ἐκαθέζετο. 11.21 εἶπεν οὖν ἡ   Μάρθα πρὸς τὸν
DDMS N-DM-S VIIN--ZS   VIAA--ZS CH DNFS N-NF-S PA   DAMS

Ἰησοῦν, Κύριε, εἰ ἦς   ὧδε οὐκ ἂν ἀπέθανεν ὁ   ἀδελφός μου·
N-AM-S N-VM-S CS VIIA--YS AB AB QV VIAA--ZS DNMS N-NM-S NPG-XS

11.22 [ἀλλὰ] καὶ νῦν οἶδα   ὅτι ὅσα   ἂν αἰτήσῃ
      CH   AB AB VIRA--XS CC APRAN-P□APDAN-P&APRAN-P QV VSAM--YS

τὸν θεὸν δώσει σοι ὁ   θεός. 11.23 λέγει αὐτῇ ὁ   Ἰησοῦς,
DAMS N-AM-S VIFA--ZS NPD-YS DNMS N-NM-S   VIPA--ZS NPDFZS DNMS N-NM-S

Ἀναστήσεται ὁ   ἀδελφός σου. 11.24 λέγει αὐτῷ ἡ   Μάρθα,
VIFM--ZS   DNMS N-NM-S NPG-YS   VIPA--ZS NPDMZS DNFS N-NF-S

Οἶδα   ὅτι ἀναστήσεται ἐν τῇ   ἀναστάσει ἐν τῇ   ἐσχάτῃ ἡμέρᾳ.
VIRA--XS CH VIFM--ZS   PD DDFS N-DF-S   PD DDFS A--DF-S N-DF-S

11.25 εἶπεν αὐτῇ ὁ   Ἰησοῦς, Ἐγώ εἰμι ἡ   ἀνάστασις καὶ
      VIAA--ZS NPDFZS DNMS N-NM-S NPN-XS VIPA--XS DNFS N-NF-S   CC

ἡ   ζωή· ὁ   πιστεύων εἰς ἐμὲ κἂν   ἀποθάνῃ
DNFS N-NF-S DNMS□NPNMZS&APRNM-S VPPANM-S PA NPA-XS AB&CS VSAA--ZS

ζήσεται, 11.26 καὶ πᾶς ὁ ζῶν καὶ πιστεύων εἰς ἐμὲ
VIFM--ZS CC AP-NM-S DNMS□APRNM-S VPPANM-S CC VPPANM-S PA NPA-XS

οὐ μὴ ἀποθάνῃ εἰς τὸν αἰῶνα· πιστεύεις τοῦτο; 11.27 λέγει αὐτῷ,
AB AB VSAA--ZS PA DAMS N-AM-S VIPA--YS APDAN-S VIPA--ZS NPDMZS

Ναί, κύριε· ἐγὼ πεπίστευκα ὅτι σὺ εἶ ὁ Χριστὸς ὁ
QS N-VM-S NPN-XS VIRA--XS CC NPN-YS VIPA--YS DNMS N-NM-S DNMS

υἱὸς τοῦ θεοῦ ὁ εἰς τὸν κόσμον ἐρχόμενος.
N-NM-S DGMS N-GM-S DNMS□APRNMYS PA DAMS N-AM-S VPPNNMYS

11.28 Καὶ τοῦτο εἰποῦσα ἀπῆλθεν καὶ ἐφώνησεν Μαριὰμ τὴν
CC APDAN-S VPAANF-S VIAA--ZS CC VIAA--ZS N-AF-S DAFS

ἀδελφὴν αὐτῆς λάθρᾳ εἰποῦσα, Ὁ διδάσκαλος πάρεστιν καὶ
N-AF-S NPGFZS AB VPAANF-S DNMS N-NM-S VIPA--ZS CC

φωνεῖ σε. 11.29 ἐκείνη δὲ ὡς ἤκουσεν ἠγέρθη ταχὺ καὶ
VIPA--ZS NPA-YS APDNF-S CH CS VIAA--ZS VIAP--ZS AP-AN-S□AB CC

ἤρχετο πρὸς αὐτόν· 11.30 οὔπω δὲ ἐληλύθει ὁ Ἰησοῦς εἰς τὴν
VIIN--ZS PA NPAMZS AB CS VILA--ZS DNMS N-NM-S PA DAFS

κώμην, ἀλλ᾽ ἦν ἔτι ἐν τῷ τόπῳ ὅπου ὑπήντησεν αὐτῷ ἡ
N-AF-S CH VIIA--ZS AB PD DDMS N-DM-S ABR VIAA--ZS NPDMZS DNFS

Μάρθα. 11.31 οἱ οὖν Ἰουδαῖοι οἱ ὄντες μετ᾽ αὐτῆς ἐν
N-NF-S DNMP CH AP-NM-P DNMP□APRNM-P VPPANM-P PG NPGFZS PD

τῇ οἰκίᾳ καὶ παραμυθούμενοι αὐτήν, ἰδόντες τὴν Μαριὰμ ὅτι
DDFS N-DF-S CC VPPNNM-P NPAFZS VPAANM-P DAFS N-AF-S CC

ταχέως ἀνέστη καὶ ἐξῆλθεν, ἠκολούθησαν αὐτῇ, δόξαντες ὅτι
AB VIAA--ZS CC VIAA--ZS VIAA--ZP NPDFZS VPAANM-P CC

ὑπάγει εἰς τὸ μνημεῖον ἵνα κλαύσῃ ἐκεῖ. 11.32 ἡ οὖν Μαριὰμ
VIPA--ZS PA DANS N-AN-S CS VSAA--ZS AB DNFS CH N-NF-S

ὡς ἦλθεν ὅπου ἦν Ἰησοῦς ἰδοῦσα αὐτὸν ἔπεσεν αὐτοῦ πρὸς
CS VIAA--ZS CS VIIA--ZS N-NM-S VPAANF-S NPAMZS VIAA--ZS NPGMZS PA

τοὺς πόδας, λέγουσα αὐτῷ, Κύριε, εἰ ἦς ὧδε οὐκ ἄν μου
DAMP N-AM-P VPPANF-S NPDMZS N-VM-S CS VIIA--YS AB AB QV NPG-XS

ἀπέθανεν ὁ ἀδελφός. 11.33 Ἰησοῦς οὖν ὡς εἶδεν αὐτὴν
VIAA--ZS DNMS N-NM-S N-NM-S CH CS VIAA--ZS NPAFZS

κλαίουσαν καὶ τοὺς συνελθόντας αὐτῇ Ἰουδαίους
VPPAAF-S CC DAMP□APRNM-P+ VPRAAM-P NPDFZS AP-AM-P

κλαίοντας, ἐνεβριμήσατο τῷ πνεύματι καὶ ἐτάραξεν ἑαυτόν,
VPPAAM-P VIAD--ZS DDNS N-DN-S CC VIAA--ZS NPAMZS

11.34 καὶ εἶπεν, Ποῦ τεθείκατε αὐτόν; λέγουσιν αὐτῷ, Κύριε,
CC VIAA--ZS ABT VIRA--YP NPAMZS VIPA--ZP NPDMZS N-VM-S

ἔρχου καὶ ἴδε. 11.35 ἐδάκρυσεν ὁ Ἰησοῦς. 11.36 ἔλεγον οὖν
VMPN--YS CC VMAA--YS VIAA--ZS DNMS N-NM-S VIIA--ZP CH

οἱ Ἰουδαῖοι, Ἴδε πῶς ἐφίλει αὐτόν. 11.37 τινὲς δὲ ἐξ αὐτῶν
DNMP AP-NM-P QS ABT VIIA--ZS NPAMZS APINM-P CH PG NPGMZP

εἶπαν, Οὐκ ἐδύνατο οὗτος ὁ ἀνοίξας τοὺς ὀφθαλμοὺς
VIAA--ZP QT VIIN--ZS APDNM-S DNMS□APRNM-S VPAANM-S DAMP N-AM-P

τοῦ τυφλοῦ ποιῆσαι ἵνα καὶ οὗτος μὴ ἀποθάνῃ;
DGMS AP-GM-S VNAA CC AB APDNM-S AB VSAA--ZS

11.38 Ἰησοῦς οὖν πάλιν ἐμβριμώμενος ἐν ἑαυτῷ ἔρχεται εἰς
N-NM-S CC AB VPPNNM-S PD NPDMZS VIPN--ZS PA

τὸ μνημεῖον· ἦν δὲ σπήλαιον, καὶ λίθος ἐπέκειτο ἐπ' αὐτῷ.
DANS N-AN-S VIIA--ZS CS N-NN-S CC N-NM-S VIIN--ZS PD NPDNZS

11.39 λέγει ὁ Ἰησοῦς, Ἄρατε τὸν λίθον. λέγει αὐτῷ ἡ
VIPA--ZS DNMS N-NM-S VMAA--YP DAMS N-AM-S VIPA--ZS NPDMZS DNFS

ἀδελφὴ τοῦ τετελευτηκότος Μάρθα, Κύριε, ἤδη
N-NF-S DGMS□NPGMZS&APRNM-S VPRAGM-S N-NF-S N-VM-S AB

ὄζει, τεταρταῖος γάρ ἐστιν. 11.40 λέγει αὐτῇ ὁ Ἰησοῦς, Οὐκ
VIPA--ZS AP-NM-S CS VIPA--ZS VIPA--ZS NPDFZS DNMS N-NM-S QT

εἶπόν σοι ὅτι ἐὰν πιστεύσῃς ὄψῃ τὴν δόξαν τοῦ θεοῦ;
VIAA--XS NPD-YS CC CS VSAA--YS VIFD--YS DAFS N-AF-S DGMS N-GM-S

11.41 ἦραν οὖν τὸν λίθον. ὁ δὲ Ἰησοῦς ἦρεν τοὺς ὀφθαλμοὺς
VIAA--ZP CH DAMS N-AM-S DNMS CC N-NM-S VIAA--ZS DAMP N-AM-P

ἄνω καὶ εἶπεν, Πάτερ, εὐχαριστῶ σοι ὅτι ἤκουσάς μου.
AB CC VIAA--ZS N-VM-S VIPA--XS NPD-YS CC/CS VIAA--YS NPG-XS

11.42 ἐγὼ δὲ ᾔδειν ὅτι πάντοτέ μου ἀκούεις· ἀλλὰ διὰ τὸν
NPN-XS CC VILA--XS CC AB NPG-XS VIPA--YS CC PA DAMS

ὄχλον τὸν περιεστῶτα εἶπον, ἵνα πιστεύσωσιν ὅτι σύ
N-AM-S DAMS□APRNM-S VPRAAM-S VIAA--XS CS VSAA--ZP CC NPN-YS

με ἀπέστειλας. 11.43 καὶ ταῦτα εἰπὼν φωνῇ μεγάλῃ
NPA-XS VIAA--YS CC APDAN-P VPAANM-S N-DF-S A--DF-S

ἐκραύγασεν, Λάζαρε, δεῦρο ἔξω. 11.44 ἐξῆλθεν
VIAA--ZS N-VM-S AB□VMAA--YS AB VIAA--ZS

ὁ τεθνηκὼς δεδεμένος τοὺς πόδας καὶ τὰς χεῖρας
DNMS□NPNMZS&APRNM-S VPRANM-S VPRPNM-S DAMP N-AM-P CC DAFP N-AF-P

κειρίαις, καὶ ἡ ὄψις αὐτοῦ σουδαρίῳ περιεδέδετο. λέγει αὐτοῖς
N-DF-P CC DNFS N-NF-S NPGMZS N-DN-S VILP--ZS VIPA--ZS NPDMZP

ὁ Ἰησοῦς, Λύσατε αὐτὸν καὶ ἄφετε αὐτὸν ὑπάγειν.
DNMS N-NM-S VMAA--YP NPAMZS CC VMAA--YP NPAMZS VNPA

11.45 Πολλοὶ οὖν ἐκ τῶν Ἰουδαίων, οἱ ἐλθόντες πρὸς
AP-NM-P CH PG DGMP AP-GM-P DNMP□APRNM-P VPAANM-P PA

τὴν Μαριὰμ καὶ θεασάμενοι ἃ ἐποίησεν,
DAFS N-AF-S CC VPADNM-P APRAN-P□APDAN-P&APRAN-P VIAA--ZS

ἐπίστευσαν εἰς αὐτόν· 11.46 τινὲς δὲ ἐξ αὐτῶν ἀπῆλθον πρὸς
VIAA--ZP PA NPAMZS APINM-P CH PG NPGMZP VIAA--ZP PA

τοὺς Φαρισαίους καὶ εἶπαν αὐτοῖς ἃ ἐποίησεν
DAMP N-AM-P CC VIAA--ZP NPDMZP APRAN-P□APDAN-P&APRAN-P VIAA--ZS

Ἰησοῦς. 11.47 συνήγαγον οὖν οἱ ἀρχιερεῖς καὶ οἱ Φαρισαῖοι
N-NM-S VIAA--ZP CH DNMP N-NM-P CC DNMP N-NM-P

συνέδριον, καὶ ἔλεγον, Τί ποιοῦμεν, ὅτι οὗτος ὁ ἄνθρωπος
N-AN-S CC VIIA--ZP APTAN-S VIPA--XP CS A-DNM-S DNMS N-NM-S

πολλὰ ποιεῖ σημεῖα; 11.48 ἐὰν ἀφῶμεν αὐτὸν οὕτως, πάντες
A--AN-P VIPA--ZS N-AN-P CS VSAA--XP NPAMZS AB AP-NM-P

πιστεύσουσιν εἰς αὐτόν, καὶ ἐλεύσονται οἱ Ῥωμαῖοι καὶ
VIFA--ZP PA NPAMZS CC VIFD--ZP DNMP AP-NM-P CC

ἀροῦσιν ἡμῶν καὶ τὸν τόπον καὶ τὸ ἔθνος. 11.49 εἷς δέ τις
VIFA--ZP NPG-XP CC DAMS N-AM-S CC DANS N-AN-S APCNM-S CC A-INM-S

ἐξ αὐτῶν Καϊάφας, ἀρχιερεὺς ὢν τοῦ ἐνιαυτοῦ ἐκείνου, εἶπεν
PG NPGMZP N-NM-S N-NM-S VPPANM-S DGMS N-GM-S A-DGM-S VIAA--ZS

αὐτοῖς, Ὑμεῖς οὐκ οἴδατε οὐδέν, 11.50 οὐδὲ λογίζεσθε ὅτι
NPDMZP NPN-YP AB VIRA--YP APCAN-S CC VIPN--YP CC

συμφέρει ὑμῖν ἵνα εἷς ἄνθρωπος ἀποθάνῃ ὑπὲρ τοῦ λαοῦ καὶ
VIPA--ZS NPD-YP CC A-CNM-S N-NM-S VSAA--ZS PG DGMS N-GM-S CC

μὴ ὅλον τὸ ἔθνος ἀπόληται. 11.51 τοῦτο δὲ ἀφ' ἑαυτοῦ οὐκ
AB A--NN-S DNNS N-NN-S VSAM--ZS APDAN-S CS PG NPGMZS AB

εἶπεν, ἀλλὰ ἀρχιερεὺς ὢν τοῦ ἐνιαυτοῦ ἐκείνου ἐπροφήτευσεν
VIAA--ZS CH N-NM-S VPPANM-S DGMS N-GM-S A-DGM-S VIAA--ZS

ὅτι ἔμελλεν Ἰησοῦς ἀποθνῄσκειν ὑπὲρ τοῦ ἔθνους, 11.52 καὶ οὐχ
CC VIIA--ZS+ N-NM-S +VNPA PG DGNS N-GN-S CC AB

ὑπὲρ τοῦ ἔθνους μόνον ἀλλ' ἵνα καὶ τὰ τέκνα τοῦ θεοῦ
PG DGNS N-GN-S AP-AN-S□AB CH CS AB DANP N-AN-P DGMS N-GM-S

τὰ διεσκορπισμένα συναγάγῃ εἰς ἕν. 11.53 ἀπ' ἐκείνης
DANP□APRNN-P VPRPAN-P VSAA--ZS PA APCAN-S PG A-DGF-S

οὖν τῆς ἡμέρας ἐβουλεύσαντο ἵνα ἀποκτείνωσιν αὐτόν.
CH DGFS N-GF-S VIAD--ZP CS VSAA--ZP NPAMZS

11.54 Ὁ οὖν Ἰησοῦς οὐκέτι παρρησίᾳ περιεπάτει ἐν τοῖς
DNMS CH N-NM-S AB N-DF-S VIIA--ZS PD DDMP

Ἰουδαίοις, ἀλλὰ ἀπῆλθεν ἐκεῖθεν εἰς τὴν χώραν ἐγγὺς τῆς
AP-DM-P CH VIAA--ZS AB PA DAFS N-AF-S PG DGFS

ἐρήμου, εἰς Ἐφραὶμ λεγομένην πόλιν, κἀκεῖ ἔμεινεν μετὰ τῶν
AP-GF-S PA N-AM-S VPPPAF-S N-AF-S CC&AB VIAA--ZS PG DGMP

μαθητῶν.
N-GM-P

11.55 Ἦν δὲ ἐγγὺς τὸ πάσχα τῶν Ἰουδαίων, καὶ
VIIA--ZS CC AB DNNS N-NN-S DGMP AP-GM-P CC

ἀνέβησαν πολλοὶ εἰς Ἱεροσόλυμα ἐκ τῆς χώρας πρὸ τοῦ πάσχα
VIAA--ZP AP-NM-P PA N-AN-P PG DGFS N-GF-S PG DGNS N-GN-S

ἵνα ἁγνίσωσιν ἑαυτούς. 11.56 ἐζήτουν οὖν τὸν Ἰησοῦν καὶ
CS VSAA--ZP NPAMZP VIIA--ZP CC DAMS N-AM-S CC

ἔλεγον μετ' ἀλλήλων ἐν τῷ ἱερῷ ἑστηκότες, Τί δοκεῖ ὑμῖν;
VIIA--ZP PG NPGMZP PD DDNS AP-DN-S VPRANM-P APTNN-S VIPA--ZS NPD-YP

ὅτι οὐ μὴ ἔλθῃ εἰς τὴν ἑορτήν; 11.57 δεδώκεισαν δὲ οἱ
CC AB AB VSAA--ZS PA DAFS N-AF-S VILA--ZP CS DNMP

ἀρχιερεῖς καὶ οἱ Φαρισαῖοι ἐντολὰς ἵνα ἐάν τις γνῷ ποῦ
N-NM-P CC DNMP N-NM-P N-AF-P ABR CS APINM-S VSAA--ZS ABT

ἔστιν μηνύσῃ, ὅπως πιάσωσιν αὐτόν.
VIPA--ZS VSAA--ZS   CS   VSAA--ZP   NPAMZS

12.1 Ὁ   οὖν Ἰησοῦς πρὸ ἓξ   ἡμερῶν τοῦ πάσχα ἦλθεν εἰς
DNMS CC   N-NM-S   PG A-CGF-P N-GF-P   DGNS N-GN-S VIAA--ZS PA

Βηθανίαν, ὅπου ἦν Λάζαρος, ὃν   ἤγειρεν ἐκ νεκρῶν Ἰησοῦς.
N-AF-S   ABR VIIA--ZS N-NM-S   APRAM-S VIAA--ZS PG AP-GM-P N-NM-S

12.2 ἐποίησαν οὖν αὐτῷ δεῖπνον ἐκεῖ, καὶ ἡ   Μάρθα διηκόνει,
VIAA--ZP   CH NPDMZS N-AN-S   AB   CC DNFS N-NF-S VIIA--ZS

ὁ   δὲ Λάζαρος εἷς   ἦν   ἐκ τῶν   ἀνακειμένων
DNMS CC N-NM-S   APCNM-S VIIA--ZS PG DGMP□NPGMZP&APRNM-P VPPNGM-P

σὺν αὐτῷ. 12.3 ἡ   οὖν Μαριὰμ λαβοῦσα λίτραν μύρου νάρδου
PD NPDMZS   DNFS CC N-NF-S   VPAANF-S N-AF-S N-GN-S N-GF-S

πιστικῆς πολυτίμου ἤλειψεν τοὺς πόδας τοῦ Ἰησοῦ καὶ ἐξέμαξεν
A--GF-S A--GF-S   VIAA--ZS DAMP N-AM-P DGMS N-GM-S CC VIAA--ZS

ταῖς θριξὶν αὐτῆς τοὺς πόδας αὐτοῦ· ἡ   δὲ οἰκία ἐπληρώθη ἐκ τῆς
DDFP N-DF-P NPGFZS DAMP N-AM-P NPGMZS DNFS CC N-NF-S VIAP--ZS   PG DGFS

ὀσμῆς τοῦ μύρου. 12.4 λέγει δὲ Ἰούδας ὁ   Ἰσκαριώτης εἷς
N-GF-S DGNS N-GN-S   VIPA--ZS CH N-NM-S DNMS N-NM-S   APCNM-S

[ἐκ] τῶν μαθητῶν αὐτοῦ, ὁ   μέλλων αὐτὸν παραδιδόναι,
PG DGMP N-GM-P NPGMZS DNMS□APRNM-S VPPANM-S+ NPAMZS +VNPA

12.5 Διὰ τί   τοῦτο τὸ   μύρον οὐκ ἐπράθη τριακοσίων
PA APTAN-S A-DNN-S DNNS N-NN-S AB VIAP--ZS A-CGN-P

δηναρίων καὶ ἐδόθη πτωχοῖς; 12.6 εἶπεν δὲ τοῦτο οὐχ ὅτι περὶ
N-GN-P   CC VIAP--ZS AP-DM-P   VIAA--ZS CS APDAN-S AB CS PG

τῶν πτωχῶν ἔμελεν αὐτῷ ἀλλ᾽ ὅτι κλέπτης ἦν   καὶ τὸ
DGMP AP-GM-P VIIA--ZS NPDMZS CH CS N-NM-S VIIA--ZS CC DANS

γλωσσόκομον ἔχων τὰ   βαλλόμενα ἐβάσταζεν.
N-AN-S   VPPANM-S DANP□NPANZP&APRNN-P VPPPAN-P VIIA--ZS

12.7 εἶπεν οὖν ὁ   Ἰησοῦς, Ἄφες αὐτήν, ἵνα εἰς τὴν ἡμέραν
VIAA--ZS CH DNMS N-NM-S VMAA--YS NPAFZS CS PA DAFS N-AF-S

τοῦ ἐνταφιασμοῦ μου τηρήσῃ αὐτό· 12.8 τοὺς πτωχοὺς γὰρ
DGMS N-GM-S   NPG-XS VSAA--ZS NPANZS   DAMP AP-AM-P CS

πάντοτε ἔχετε μεθ᾽ ἑαυτῶν, ἐμὲ δὲ οὐ πάντοτε ἔχετε.
AB   VIPA--YP PG NPGMYP NPA-XS CH AB AB   VIPA--YP

12.9 Ἔγνω οὖν [ὁ]   ὄχλος πολὺς ἐκ τῶν Ἰουδαίων ὅτι ἐκεῖ
VIAA--ZS CC DNMS N-NM-S A--NM-S PG DGMP AP-GM-P CC AB

ἐστιν, καὶ ἦλθον οὐ διὰ τὸν Ἰησοῦν μόνον ἀλλ᾽ ἵνα καὶ τὸν
VIPA--ZS CC VIAA--ZP AB PA DAMS N-AM-S A--AM-S CH CS AB DAMS

Λάζαρον ἴδωσιν ὃν   ἤγειρεν ἐκ νεκρῶν. 12.10 ἐβουλεύσαντο δὲ
N-AM-S VSAA--ZP APRAM-S VIAA--ZS PG AP-GM-P   VIAD--ZP   CC

οἱ   ἀρχιερεῖς ἵνα καὶ τὸν Λάζαρον ἀποκτείνωσιν, 12.11 ὅτι
DNMP N-NM-P   CS AB DAMS N-AM-S VSAA--ZP   CS

πολλοὶ δι᾽ αὐτὸν ὑπῆγον τῶν Ἰουδαίων καὶ ἐπίστευον εἰς τὸν
AP-NM-P PA NPAMZS VIIA--ZP DGMP AP-GM-P CC VIIA--ZP   PA DAMS

Ἰησοῦν.
N-AM-S

12.12 Τῇ ἐπαύριον ὁ ὄχλος πολὺς ὁ ἐλθὼν εἰς
DDFS AB□AP-DF-S DNMS N-NM-S A--NM-S DNMS□APRNM-S VPAANM-S PA

τὴν ἑορτήν, ἀκούσαντες ὅτι ἔρχεται ὁ Ἰησοῦς εἰς Ἱεροσόλυμα,
DAFS N-AF-S VPAANM-P CII VIPN--ZS DNMS N-NM-S PA N-AN-P

12.13 ἔλαβον τὰ βαΐα τῶν φοινίκων καὶ ἐξῆλθον εἰς ὑπάντησιν
VIAA--ZP DANP N-AN-P DGMP N-GM-P CC VIAA--ZP PA N-AF-S

αὐτῷ, καὶ ἐκραύγαζον,
NPDMZS CC VIIA--ZP

Ὡσαννά·
QS

εὐλογημένος ὁ ἐρχόμενος ἐν ὀνόματι
VPRPNM-S DNMS□NPNMZS&APRNM-S VPPNNM-S PD N-DN-S

κυρίου,
N-GM-S

[καὶ] ὁ βασιλεὺς τοῦ Ἰσραήλ.
CC DNMS N-NM-S DGMS N-GM-S

12.14 εὑρὼν δὲ ὁ Ἰησοῦς ὀνάριον ἐκάθισεν ἐπ᾽ αὐτό, καθώς
VPAANM-S CC DNMS N-NM-S N-AN-S VIAA--ZS PA NPANZS CS

ἐστιν γεγραμμένον,
VIPA--ZS+ +VPRPNN-S

12.15 Μὴ φοβοῦ, θυγάτηρ Σιών·
AB VMPN--YS N-NF-S□N-VF-S N-GF-S

ἰδοὺ ὁ βασιλεύς σου ἔρχεται,
QS DNMS N-NM-S NPG-YS VIPN--ZS

καθήμενος ἐπὶ πῶλον ὄνου.
VPPNNM-S PA N-AM-S N-GF-S

12.16 ταῦτα οὐκ ἔγνωσαν αὐτοῦ οἱ μαθηταὶ τὸ πρῶτον, ἀλλ᾽
APDAN-P AB VIAA--ZP NPGMZS DNMP N-NM-P DANS APOAN-S CII

ὅτε ἐδοξάσθη Ἰησοῦς τότε ἐμνήσθησαν ὅτι ταῦτα ἦν ἐπ᾽
CS VIAP--ZS N-NM-S AB VIAO--ZP CC APDNN-P VIIA--ZS+ PD

αὐτῷ γεγραμμένα καὶ ταῦτα ἐποίησαν αὐτῷ. 12.17 ἐμαρτύρει οὖν
NPDMZS +VPRPNN-P CC APDAN-P VIAA--ZP NPDMZS VIIA--ZS CC

ὁ ὄχλος ὁ ὢν μετ᾽ αὐτοῦ ὅτε τὸν Λάζαρον
DNMS N-NM-S DNMS□APRNM-S VPPANM-S PG NPGMZS CS DAMS N-AM-S

ἐφώνησεν ἐκ τοῦ μνημείου καὶ ἤγειρεν αὐτὸν ἐκ νεκρῶν.
VIAA--ZS PG DGNS N-GN-S CC VIAA--ZS NPAMZS PG AP-GM-P

12.18 διὰ τοῦτο [καὶ] ὑπήντησεν αὐτῷ ὁ ὄχλος ὅτι ἤκουσαν
PA APDAN-S AB VIAA--ZS NPDMZS DNMS N-NM-S CS VIAA--ZP

τοῦτο αὐτὸν πεποιηκέναι τὸ σημεῖον. 12.19 οἱ οὖν Φαρισαῖοι
A-DAN-S NPAMZS VNRA DANS N-AN-S DNMP CII N-NM-P

εἶπαν πρὸς ἑαυτούς, Θεωρεῖτε ὅτι οὐκ ὠφελεῖτε οὐδέν· ἴδε ὁ
VIAA--ZP PA NPAMZP VIPA--YP/VMPA--YP CC AB VIPA--YP APCAN-S QS DNMS

κόσμος ὀπίσω αὐτοῦ ἀπῆλθεν.
N-NM-S PG NPGMZS VIAA--ZS

12.20 ῏Ησαν δὲ ῞Ελληνές τινες ἐκ τῶν
VIIA--ZP CC N-NM-P A-INM-P PG DGMP☐NPGMZP&APRNM-P

ἀναβαινόντων ἵνα προσκυνήσωσιν ἐν τῇ ἑορτῇ· 12.21 οὗτοι
VPPAGM-P CS VSAA--ZP PD DDFS N-DF-S APDNM-P

οὖν προσῆλθον Φιλίππῳ τῷ ἀπὸ Βηθσαϊδὰ τῆς Γαλιλαίας, καὶ
CH VIAA--ZP N-DM-S DDMS PG N-GF-S DGFS N-GF-S CC

ἠρώτων αὐτὸν λέγοντες, Κύριε, θέλομεν τὸν Ἰησοῦν ἰδεῖν.
VIIA--ZP NPAMZS VPPANM-P N-VM-S VIPA--XP DAMS N-AM-S VNAA

12.22 ἔρχεται ὁ Φίλιππος καὶ λέγει τῷ Ἀνδρέᾳ· ἔρχεται
VIPN--ZS DNMS N-NM-S CC VIPA--ZS DDMS N-DM-S VIPN--ZS

Ἀνδρέας καὶ Φίλιππος καὶ λέγουσιν τῷ Ἰησοῦ. 12.23 ὁ δὲ
N-NM-S CC N-NM-S CC VIPA--ZP DDMS N-DM-S DNMS CH

Ἰησοῦς ἀποκρίνεται αὐτοῖς λέγων, Ἐλήλυθεν ἡ ὥρα ἵνα
N-NM-S VIPN--ZS NPDMZP VPPANM-S VIRA--ZS DNFS N-NF-S CS

δοξασθῇ ὁ υἱὸς τοῦ ἀνθρώπου. 12.24 ἀμὴν ἀμὴν λέγω ὑμῖν,
VSAP--ZS DNMS N-NM-S DGMS N-GM-S QS QS VIPA--XS NPD-YP

ἐὰν μὴ ὁ κόκκος τοῦ σίτου πεσὼν εἰς τὴν γῆν ἀποθάνῃ,
CS AB DNMS N-NM-S DGMS N-GM-S VPAANM-S PA DAFS N-AF-S VSAA--ZS

αὐτὸς μόνος μένει· ἐὰν δὲ ἀποθάνῃ, πολὺν καρπὸν φέρει.
NPNMZS A--NM-S VIPA--ZS CS CH VSAA--ZS A--AM-S N-AM-S VIPA--ZS

12.25 ὁ φιλῶν τὴν ψυχὴν αὐτοῦ ἀπολλύει αὐτήν,
DNMS☐NPNMZS&APRNM-S VPPANM-S DAFS N-AF-S NPGMZS VIPA--ZS NPAFZS

καὶ ὁ μισῶν τὴν ψυχὴν αὐτοῦ ἐν τῷ κόσμῳ
CC DNMS☐NPNMZS&APRNM-S VPPANM-S DAFS N-AF-S NPGMZS PD DDMS N-DM-S

τούτῳ εἰς ζωὴν αἰώνιον φυλάξει αὐτήν. 12.26 ἐὰν ἐμοί τις
A-DDM-S PA N-AF-S A--AF-S VIFA--ZS NPAFZS CS NPD-XS APINM-S

διακονῇ, ἐμοὶ ἀκολουθείτω, καὶ ὅπου εἰμὶ ἐγὼ ἐκεῖ καὶ ὁ
VSPA--ZS NPD-XS VMPA--ZS CC CS VIPA--XS NPN-XS AB AB DNMS

διάκονος ὁ ἐμὸς ἔσται· ἐάν τις ἐμοὶ διακονῇ τιμήσει αὐτὸν
N-NM-S DNMS A--NMXS VIFD--ZS CS APINM-S NPD-XS VSPA--ZS VIFA--ZS NPAMZS

ὁ πατήρ.
DNMS N-NM-S

12.27 Νῦν ἡ ψυχή μου τετάρακται. καὶ τί εἴπω; Πάτερ,
AB DNFS N-NF-S NPG-XS VIRP--ZS CC APTAN-S VSAA--XS N-VM-S

σῶσόν με ἐκ τῆς ὥρας ταύτης; ἀλλὰ διὰ τοῦτο ἦλθον εἰς τὴν
VMAA--YS NPA-XS PG DGFS N-GF-S A-DGF-S CC PA APDAN-S VIAA--XS PA DAFS

ὥραν ταύτην. 12.28 πάτερ, δόξασόν σου τὸ ὄνομα. ἦλθεν οὖν
N-AF-S A-DAF-S N-VM-S VMAA--YS NPG-YS DANS N-AN-S VIAA--ZS CH

φωνὴ ἐκ τοῦ οὐρανοῦ, Καὶ ἐδόξασα καὶ πάλιν δοξάσω. 12.29 ὁ
N-NF-S PG DGMS N-GM-S CC VIAA--XS CC AB VIFA--XS DNMS

οὖν ὄχλος ὁ ἑστὼς καὶ ἀκούσας ἔλεγεν βροντὴν
CH N-NM-S DNMS☐APRNM-S VPRANM-S CC VPAANM-S VIIA--ZS N-AF-S

γεγονέναι· ἄλλοι ἔλεγον, Ἄγγελος αὐτῷ λελάληκεν.
VNRA AP-NM-P VIIA--ZP N-NM-S NPDMZS VIRA--ZS

12.30 ἀπεκρίθη Ἰησοῦς καὶ εἶπεν, Οὐ δι᾿ ἐμὲ ἡ φωνὴ αὕτη
VIAO--ZS N-NM-S CC VIAA--ZS AB PA NPA-XS DNFS N-NF-S A-DNF-S

γέγονεν ἀλλὰ δι᾿ ὑμᾶς. 12.31 νῦν κρίσις ἐστὶν τοῦ κόσμου
VIRA--ZS CH PA NPA-YP AB N-NF-S VIPA--ZS DGMS N-GM-S

τούτου, νῦν ὁ ἄρχων τοῦ κόσμου τούτου ἐκβληθήσεται ἔξω·
A-DGM-S AB DNMS N-NM-S DGMS N-GM-S A-DGM-S VIFP--ZS AB

12.32 κἀγὼ ἐὰν ὑψωθῶ ἐκ τῆς γῆς, πάντας ἑλκύσω πρὸς
CC&NPN-XS CS VSAP--XS PG DGFS N-GF-S AP-AM-P VIFA--XS PA

ἐμαυτόν. 12.33 τοῦτο δὲ ἔλεγεν σημαίνων ποίῳ θανάτῳ ἤμελλεν
NPAMXS APDAN-S CS VIIA--ZS VPPANM-S A-TDM-S N-DM-S VIIA--ZS+

ἀποθνῄσκειν. 12.34 ἀπεκρίθη οὖν αὐτῷ ὁ ὄχλος, Ἡμεῖς
+VNPA VIAO--ZS CH NPDMZS DNMS N-NM-S NPN-XP

ἠκούσαμεν ἐκ τοῦ νόμου ὅτι ὁ Χριστὸς μένει εἰς τὸν αἰῶνα,
VIAA--XP PG DGMS N-GM-S CC DNMS N-NM-S VIPA--ZS PA DAMS N-AM-S

καὶ πῶς λέγεις σὺ ὅτι δεῖ ὑψωθῆναι τὸν υἱὸν τοῦ ἀνθρώπου;
CC ABT VIPA--YS NPN-YS CC VIPA--ZS VNAP DAMS N-AM-S DGMS N-GM-S

τίς ἐστιν οὗτος ὁ υἱὸς τοῦ ἀνθρώπου; 12.35 εἶπεν οὖν
APTNM-S VIPA--ZS A-DNM-S DNMS N-NM-S DGMS N-GM-S VIAA--ZS CH

αὐτοῖς ὁ Ἰησοῦς, Ἔτι μικρὸν χρόνον τὸ φῶς ἐν ὑμῖν ἐστιν.
NPDMZP DNMS N-NM-S AB A--AM-S N-AM-S DNNS N-NN-S PD NPD-YP VIPA--ZS

περιπατεῖτε ὡς τὸ φῶς ἔχετε, ἵνα μὴ σκοτία ὑμᾶς καταλάβῃ·
VMPA--YP CS DANS N-AN-S VIPA--YP CS AB N-NF-S NPA-YP VSAA--ZS

καὶ ὁ περιπατῶν ἐν τῇ σκοτίᾳ οὐκ οἶδεν ποῦ
CC DNMS□NPNMZS&APRNM-S VPPANM-S PD DDFS N-DF-S AB VIRA--ZS ABT

ὑπάγει. 12.36 ὡς τὸ φῶς ἔχετε, πιστεύετε εἰς τὸ φῶς, ἵνα υἱοὶ
VIPA--ZS CS DANS N-AN-S VIPA--YP VMPA--YP PA DANS N-AN-S CS N-NM-P

φωτὸς γένησθε.
N-GN-S VSAD--YP

Ταῦτα ἐλάλησεν Ἰησοῦς, καὶ ἀπελθὼν ἐκρύβη ἀπ᾿ αὐτῶν.
APDAN-P VIAA--ZS N-NM-S CC VPAANM-S VIAP--ZS PG NPGMZP

12.37 Τοσαῦτα δὲ αὐτοῦ σημεῖα πεποιηκότος ἔμπροσθεν αὐτῶν
A-DAN-P CC NPGMZS N-AN-P VPRAGM-S PG NPGMZP

οὐκ ἐπίστευον εἰς αὐτόν, 12.38 ἵνα ὁ λόγος Ἡσαΐου τοῦ
AB VIIA--ZP PA NPAMZS CH DNMS N-NM-S N-GM-S DGMS

προφήτου πληρωθῇ ὃν εἶπεν,
N-GM-S VSAP--ZS APRAM-S VIAA--ZS

Κύριε, τίς ἐπίστευσεν τῇ ἀκοῇ ἡμῶν;
N-VM-S APTNM-S VIAA--ZS DDFS N-DF-S NPG-XP

καὶ ὁ βραχίων κυρίου τίνι ἀπεκαλύφθη;
CC DNMS N-NM-S N-GM-S APTDM-S VIAP--ZS

12.39 διὰ τοῦτο οὐκ ἠδύναντο πιστεύειν, ὅτι πάλιν εἶπεν
PA APDAN-S AB VIIN--ZP VNPA CS AB VIAA--ZS

Ἠσαΐας,
N-NM-S

12.40 Τετύφλωκεν αὐτῶν τοὺς ὀφθαλμοὺς
VIRA--ZS   NPGMZP DAMP N-AM-P

καὶ ἐπώρωσεν αὐτῶν τὴν καρδίαν,
CC   VIAA--ZS   NPGMZP DAFS N-AF-S

ἵνα μὴ ἴδωσιν τοῖς ὀφθαλμοῖς
CH/CS AB VSAA--ZP DDMP N-DM-P

καὶ νοήσωσιν τῇ καρδίᾳ καὶ στραφῶσιν,
CC   VSAA--ZP DDFS N-DF-S CC   VSAP--ZP

καὶ ἰάσομαι αὐτούς.
CC   VIFD--XS NPAMZP

12.41 ταῦτα εἶπεν Ἠσαΐας, ὅτι εἶδεν τὴν δόξαν αὐτοῦ, καὶ
APDAN-P VIAA--ZS N-NM-S CS VIAA--ZS DAFS N-AF-S NPGMZS CC

ἐλάλησεν περὶ αὐτοῦ. 12.42 ὅμως μέντοι καὶ ἐκ τῶν ἀρχόντων
VIAA--ZS PG NPGMZS   AB   CH   AB PG DGMP N-GM-P

πολλοὶ ἐπίστευσαν εἰς αὐτόν, ἀλλὰ διὰ τοὺς Φαρισαίους οὐχ
AP-NM-P VIAA--ZP   PA NPAMZS CH PA DAMP N-AM-P   AB

ὡμολόγουν ἵνα μὴ ἀποσυνάγωγοι γένωνται· 12.43 ἠγάπησαν γὰρ
VIIA--ZP   CS AB A--NM-P   VSAD--ZP   VIAA--ZP   CS

τὴν δόξαν τῶν ἀνθρώπων μᾶλλον ἤπερ τὴν δόξαν τοῦ θεοῦ.
DAFS N-AF-S DGMP N-GM-P   ABM   CS DAFS N-AF-S DGMS N-GM-S

12.44 Ἰησοῦς δὲ ἔκραξεν καὶ εἶπεν, Ὁ
     N-NM-S CC VIAA--ZS CC VIAA--ZS DNMS☐NPNMZS&APRNM-S

πιστεύων εἰς ἐμὲ οὐ πιστεύει εἰς ἐμὲ ἀλλὰ εἰς τὸν
VPPANM-S PA NPA-XS AB VIPA--ZS PA NPA-XS CH PA DAMS☐NPAMZS&APRNM-S

πέμψαντά με, 12.45 καὶ ὁ   θεωρῶν ἐμὲ θεωρεῖ
VPAAAM-S NPA-XS   CC DNMS☐NPNMZS&APRNM-S VPPANM-S NPA-XS VIPA--ZS

τὸν   πέμψαντά με. 12.46 ἐγὼ φῶς εἰς τὸν κόσμον
DAMS☐NPAMZS&APRNM-S VPAAAM-S NPA-XS   NPN-XS N-NN-S PA DAMS N-AM-S

ἐλήλυθα, ἵνα πᾶς ὁ   πιστεύων εἰς ἐμὲ ἐν τῇ σκοτίᾳ
VIRA--XS CS AP-NM-S DNMS☐APRNM-S VPPANM-S PA NPA-XS PD DDFS N-DF-S

μὴ μείνῃ. 12.47 καὶ ἐάν τίς μου ἀκούσῃ τῶν ῥημάτων καὶ μὴ
AB VSAA--ZS   CC CS APINM-S NPG-XS VSAA--ZS DGNP N-GN-P CC AB

φυλάξῃ, ἐγὼ οὐ κρίνω   αὐτόν, οὐ γὰρ ἦλθον ἵνα κρίνω τὸν
VSAA--ZS NPN-XS AB VIPA--XS†VIFA--XS NPAMZS AB CS VIAA--XS VSAA--XS DAMS

κόσμον ἀλλ' ἵνα σώσω τὸν κόσμον. 12.48 ὁ
N-AM-S CH CS VSAA--XS DAMS N-AM-S   DNMS☐NPNMZS&APRNM-S

ἀθετῶν ἐμὲ καὶ μὴ λαμβάνων τὰ ῥήματά μου ἔχει
VPPANM-S NPA-XS CC AB VPPANM-S DANP N-AN-P NPG-XS VIPA--ZS

τὸν   κρίνοντα αὐτόν· ὁ λόγος ὃν ἐλάλησα
DAMS☐NPAMZS&APRNM-S VPPAAM-S NPAMZS DNMS N-NM-S APRAM-S VIAA--XS

ἐκεῖνος κρινεῖ αὐτὸν ἐν τῇ ἐσχάτῃ ἡμέρᾳ· 12.49 ὅτι ἐγὼ ἐξ
APDNM-S VIFA--ZS NPAMZS PD DDFS A--DF-S N-DF-S   CS NPN-XS PG

ἐμαυτοῦ οὐκ ἐλάλησα, ἀλλ' ὁ πέμψας με πατὴρ
NPGMXS AB VIAA--XS CH DNMS□APRNM-S+ VPAANM-S NPA-XS N-NM-S

αὐτός μοι ἐντολὴν δέδωκεν τί εἴπω καὶ τί λαλήσω.
NPNMZS NPD-XS N-AF-S VIRA--ZS APTAN-S VSAA--XS CC APTAN-S VSAA--XS

12.50 καὶ οἶδα ὅτι ἡ ἐντολὴ αὐτοῦ ζωὴ αἰώνιός ἐστιν.
CC VIRA--XS CH DNFS N-NF-S NPGMZS N-NF-S A--NF-S VIPA--ZS

ἃ οὖν ἐγὼ λαλῶ, καθὼς εἴρηκέν μοι ὁ
APRAN-P□APDAN-P&APRAN-P CH NPN-XS VIPA--XS CS VIRA--ZS NPD-XS DNMS

πατήρ, οὕτως λαλῶ.
N-NM-S AB VIPA--XS

13.1 Πρὸ δὲ τῆς ἑορτῆς τοῦ πάσχα εἰδὼς ὁ Ἰησοῦς ὅτι
PG CC DGFS N-GF-S DGNS N-GN-S VPRANM-S DNMS N-NM-S CC

ἦλθεν αὐτοῦ ἡ ὥρα ἵνα μεταβῇ ἐκ τοῦ κόσμου τούτου πρὸς
VIAA--ZS NPGMZS DNFS N-NF-S CS VSAA--ZS PG DGMS N-GM-S A-DGM-S PA

τὸν πατέρα, ἀγαπήσας τοὺς ἰδίους τοὺς ἐν τῷ κόσμῳ, εἰς τέλος
DAMS N-AM-S VPAANM-S DAMP AP-AM-P DAMP PD DDMS N-DM-S PA N-AN-S

ἠγάπησεν αὐτούς. 13.2 καὶ δείπνου γινομένου, τοῦ διαβόλου ἤδη
VIAA--ZS NPAMZP CC N-GN-S VPPNGN-S DGMS AP-GM-S AB

βεβληκότος εἰς τὴν καρδίαν ἵνα παραδοῖ αὐτὸν Ἰούδας Σίμωνος
VPRAGM-S PA DAFS N-AF-S CC VSAA--ZS NPAMZS N-NM-S N-GM-S

Ἰσκαριώτου, 13.3 εἰδὼς ὅτι πάντα ἔδωκεν αὐτῷ ὁ πατὴρ εἰς
N-GM-S VPRANM-S CH AP-AN-P VIAA--ZS NPDMZS DNMS N-NM-S PA

τὰς χεῖρας καὶ ὅτι ἀπὸ θεοῦ ἐξῆλθεν καὶ πρὸς τὸν θεὸν ὑπάγει,
DAFP N-AF-P CC CH PG N-GM-S VIAA--ZS CC PA DAMS N-AM-S VIPA--ZS

13.4 ἐγείρεται ἐκ τοῦ δείπνου καὶ τίθησιν τὰ ἱμάτια, καὶ λαβὼν
VIPP--ZS PG DGNS N-GN-S CC VIPA--ZS DANP N-AN-P CC VPAANM-S

λέντιον διέζωσεν ἑαυτόν. 13.5 εἶτα βάλλει ὕδωρ εἰς τὸν νιπτῆρα
N-AN-S VIAA--ZS NPAMZS AB VIPA--ZS N-AN-S PA DAMS N-AM-S

καὶ ἤρξατο νίπτειν τοὺς πόδας τῶν μαθητῶν καὶ ἐκμάσσειν τῷ
CC VIAM--ZS VNPA DAMP N-AM-P DGMP N-GM-P CC VNPA DDNS

λεντίῳ ᾧ ἦν διεζωσμένος. 13.6 ἔρχεται οὖν πρὸς Σίμωνα
N-DN-S APRDN-S VIIA--ZS+ +VPRMNM-S VIPN--ZS CC/CH PA N-AM-S

Πέτρον. λέγει αὐτῷ, Κύριε, σύ μου νίπτεις τοὺς πόδας;
N-AM-S VIPA--ZS NPDMZS N-VM-S NPN-YS NPG-XS VIPA--YS DAMP N-AM-P

13.7 ἀπεκρίθη Ἰησοῦς καὶ εἶπεν αὐτῷ, Ὃ ἐγὼ
VIAO--ZS N-NM-S CC VIAA--ZS NPDMZS APRAN-S□APDAN-S&APRAN-S NPN-XS

ποιῶ σὺ οὐκ οἶδας ἄρτι, γνώσῃ δὲ μετὰ ταῦτα. 13.8 λέγει
VIPA--XS NPN-YS AB VIRA--YS AB VIFD--YS CH PA APDAN-P VIPA--ZS

αὐτῷ Πέτρος, Οὐ μὴ νίψῃς μου τοὺς πόδας εἰς τὸν
NPDMZS N-NM-S AB AB VSAA--YS□VMAA--YS NPG-XS DAMP N-AM-P PA DAMS

αἰῶνα. ἀπεκρίθη Ἰησοῦς αὐτῷ, Ἐὰν μὴ νίψω σε, οὐκ ἔχεις
N-AM-S VIAO--ZS N-NM-S NPDMZS CS AB VSAA--XS NPA-YS AB VIPA--YS

μέρος μετ' ἐμοῦ. 13.9 λέγει αὐτῷ Σίμων Πέτρος, Κύριε, μὴ τοὺς
N-AN-S PG NPG-XS VIPA--ZS NPDMZS N-NM-S N-NM-S N-VM-S AB DAMP

πόδας μου μόνον ἀλλὰ καὶ τὰς χεῖρας καὶ τὴν κεφαλήν.
N-AM-P NPG-XS AP-AN-S□AB CH AB DAFP N-AF-P CC DAFS N-AF-S

13.10 λέγει αὐτῷ ὁ Ἰησοῦς, Ὁ λελουμένος οὐκ
VIPA--ZS NPDMZS DNMS N-NM-S DNMS□NPNMZS&APRNM-S VPRENM-S AB

ἔχει χρείαν εἰ μὴ τοὺς πόδας νίψασθαι, ἀλλ᾽ ἔστιν καθαρὸς
VIPA--ZS N-AF-S CS AB DAMP N-AM-P VNAM CH VIPA--ZS A--NM-S

ὅλος· καὶ ὑμεῖς καθαροί ἐστε, ἀλλ᾽ οὐχὶ πάντες. 13.11 ᾔδει γὰρ
A--NM-S CC NPN-YP A--NM-P VIPA--YP CC AB AP-NM-P VILA--ZS CS

τὸν παραδιδόντα αὐτόν· διὰ τοῦτο εἶπεν ὅτι Οὐχὶ
DAMS□NPAMZS&APRNM-S VPPAAM-S NPAMZS PA APDAN-S VIAA--ZS CC AB

πάντες καθαροί ἐστε.
AP-NM-P A--NM-P VIPA--YP

13.12 Ὅτε οὖν ἔνιψεν τοὺς πόδας αὐτῶν [καὶ] ἔλαβεν τὰ
CS CC VIAA--ZS DAMP N-AM-P NPGMZP CC VIAA--ZS DANP

ἱμάτια αὐτοῦ καὶ ἀνέπεσεν πάλιν, εἶπεν αὐτοῖς, Γινώσκετε τί
N-AN-P NPGMZS CC VIAA--ZS AB VIAA--ZS NPDMZP VIPA--YP APTAN-S

πεποίηκα ὑμῖν; 13.13 ὑμεῖς φωνεῖτέ με Ὁ διδάσκαλος καὶ
VIRA--XS NPD-YP NPN-YP VIPA--YP NPA-XS DNMS N-NM-S CC

Ὁ κύριος, καὶ καλῶς λέγετε, εἰμὶ γάρ. 13.14 εἰ οὖν ἐγὼ ἔνιψα
DNMS N-NM-S CC AB VIPA--YP VIPA--XS CS CS CH NPN-XS VIAA--XS

ὑμῶν τοὺς πόδας ὁ κύριος καὶ ὁ διδάσκαλος, καὶ ὑμεῖς
NPG-YP DAMP N-AM-P DNMS N-NM-S CC DNMS N-NM-S AB NPN-YP

ὀφείλετε ἀλλήλων νίπτειν τοὺς πόδας· 13.15 ὑπόδειγμα γὰρ ἔδωκα
VIPA--YP NPGMYP VNPA DAMP N-AM-P N-AN-S CS VIAA--XS

ὑμῖν ἵνα καθὼς ἐγὼ ἐποίησα ὑμῖν καὶ ὑμεῖς ποιῆτε. 13.16 ἀμὴν
NPD-YP CS CS NPN-XS VIAA--XS NPD-YP AB NPN-YP VSPA--YP QS

ἀμὴν λέγω ὑμῖν, οὐκ ἔστιν δοῦλος μείζων τοῦ κυρίου αὐτοῦ οὐδὲ
QS VIPA--XS NPD-YP AB VIPA--ZS N-NM-S A-MNM-S DGMS N-GM-S NPGMZS CC

ἀπόστολος μείζων τοῦ πέμψαντος αὐτόν. 13.17 εἰ
N-NM-S A-MNM-S DGMS□NPGMZS&APRNM-S VPAAGM-S NPAMZS CS

ταῦτα οἴδατε, μακάριοί ἐστε ἐὰν ποιῆτε αὐτά. 13.18 οὐ περὶ
APDAN-P VIRA--YP A--NM-P VIPA--YP CS VSPA--YP NPANZP AB PG

πάντων ὑμῶν λέγω· ἐγὼ οἶδα τίνας ἐξελεξάμην· ἀλλ᾽ ἵνα ἡ
A--GM-P NPG-YP VIPA--XS NPN-XS VIRA--XS APTAM-P VIAM--XS CH DNFS

γραφὴ πληρωθῇ, Ὁ τρώγων μου τὸν ἄρτον
N-NF-S VSAP--ZS DNMS□NPNMZS&APRNM-S VPPANM-S NPG-XS DAMS N-AM-S

ἐπῆρεν ἐπ᾽ ἐμὲ τὴν πτέρναν αὐτοῦ. 13.19 ἀπ᾽ ἄρτι λέγω
VIAA--ZS PA NPA-XS DAFS N-AF-S NPGMZS PG AB□AP-GM-S VIPA--XS

ὑμῖν πρὸ τοῦ γενέσθαι, ἵνα πιστεύσητε ὅταν γένηται ὅτι ἐγώ
NPD-YP PG DGNS VNADG CS VSAA--YP CS VSAD--ZS CC NPN-XS

εἰμι. 13.20 ἀμὴν ἀμὴν λέγω ὑμῖν, ὁ λαμβάνων
VIPA--XS QS QS VIPA--XS NPD-YP DNMS□NPNMZS&APRNM-S VPPANM-S

ἄν τινα πέμψω ἐμὲ λαμβάνει, ὁ δὲ ἐμὲ
QV APIAM-S VSAA--XS NPA-XS VIPA--ZS DNMS□NPNMZS&APRNM-S CC NPA-XS

λαμβάνων λαμβάνει τὸν   πέμψαντά με.
VPPANM-S   VIPA--ZS   DAMS□NPAMZS&APRNM-S   VPAAAM-S   NPA-XS

13.21 Ταῦτα εἰπὼν [ὁ] Ἰησοῦς ἐταράχθη τῷ πνεύματι καὶ
APDAN-P VPAANM-S DNMS N-NM-S VIAP--ZS DDNS N-DN-S CC

ἐμαρτύρησεν καὶ εἶπεν, Ἀμὴν ἀμὴν λέγω ὑμῖν ὅτι εἷς ἐξ
VIAA--ZS CC VIAA--ZS QS QS VIPA--XS NPD-YP CC APCNM-S PG

ὑμῶν παραδώσει με. 13.22 ἔβλεπον εἰς ἀλλήλους οἱ μαθηταὶ
NPG-YP VIFA--ZS NPA-XS VIIA--ZP PA NPAMZP DNMP N-NM-P

ἀπορούμενοι περὶ τίνος λέγει. 13.23 ἦν ἀνακείμενος εἷς ἐκ
VPPMNM-P PG APTGM-S VIPA--ZS VIIA--ZS+ +VPPNNM-S APCNM-S PG

τῶν μαθητῶν αὐτοῦ ἐν τῷ κόλπῳ τοῦ Ἰησοῦ, ὃν ἠγάπα ὁ
DGMP N-GM-P NPGMZS PD DDMS N-DM-S DGMS N-GM-S APRAM-S VIIA--ZS DNMS

Ἰησοῦς· 13.24 νεύει οὖν τούτῳ Σίμων Πέτρος πυθέσθαι τίς ἂν
N-NM-S VIPA--ZS CH APDDM-S N-NM-S N-NM-S VNAD APTNM-S QV

εἴη περὶ οὗ λέγει. 13.25 ἀναπεσὼν οὖν
VOPA--ZS PG APRGM-S□APRGM-S&APDNM-S VIPA--ZS VPAANM-S CH

ἐκεῖνος οὕτως ἐπὶ τὸ στῆθος τοῦ Ἰησοῦ λέγει αὐτῷ, Κύριε,
APDNM-S AB PA DANS N-AN-S DGMS N-GM-S VIPA--ZS NPDMZS N-VM-S

τίς ἐστιν; 13.26 ἀποκρίνεται [ὁ] Ἰησοῦς, Ἐκεῖνός ἐστιν
APTNM-S VIPA--ZS VIPN--ZS DNMS N-NM-S APDNM-S VIPA--ZS

ᾧ ἐγὼ βάψω τὸ ψωμίον καὶ δώσω αὐτῷ. βάψας οὖν τὸ
APRDM-S NPN-XS VIFA--XS DANS N-AN-S CC VIFA--XS NPDMZS VPAANM-S CH DANS

ψωμίον [λαμβάνει καὶ] δίδωσιν Ἰούδᾳ Σίμωνος Ἰσκαριώτου.
N-AN-S VIPA--ZS CC VIPA--ZS N-DM-S N-GM-S N-GM-S

13.27 καὶ μετὰ τὸ ψωμίον τότε εἰσῆλθεν εἰς ἐκεῖνον ὁ
CC PA DANS N-AN-S AB VIAA--ZS PA APDAM-S DNMS

Σατανᾶς. λέγει οὖν αὐτῷ ὁ Ἰησοῦς, Ὃ
N-NM-S VIPA--ZS CH NPDMZS DNMS N-NM-S APRAN-S□APDAN-S&APRAN-S

ποιεῖς ποίησον τάχιον. 13.28 τοῦτο [δὲ] οὐδεὶς ἔγνω
VIPA--YS VMAA--YS APMAN-S□ABM ·APDAN-S CS APCNM-S VIAA--ZS

τῶν ἀνακειμένων πρὸς τί εἶπεν αὐτῷ·
DGMP□NPGMZP&APRNM-P VPPNGM-P PA APTAN-S VIAA--ZS NPDMZS

13.29 τινὲς γὰρ ἐδόκουν, ἐπεὶ τὸ γλωσσόκομον εἶχεν Ἰούδας,
APINM-P CS VIIA--ZP CS DANS N-AN-S VIIA--ZS N-NM-S

ὅτι λέγει αὐτῷ [ὁ] Ἰησοῦς, Ἀγόρασον ὧν
CC VIPA--ZS NPDMZS DNMS N-NM-S VMAA--YS APRGN-P□APDAN-P&APRGN-P

χρείαν ἔχομεν εἰς τὴν ἑορτήν, ἢ τοῖς πτωχοῖς ἵνα τι δῷ.
N-AF-S VIPA--XP PA DAFS N-AF-S CC DDMP AP-DM-P CC APIAN-S VSAA--ZS

13.30 λαβὼν οὖν τὸ ψωμίον ἐκεῖνος ἐξῆλθεν εὐθύς· ἦν δὲ
VPAANM-S CC DANS N-AN-S APDNM-S VIAA--ZS AP-NM-S□AB VIIA--ZS CS

νύξ.
N-NF-S

13.31 Ὅτε οὖν ἐξῆλθεν λέγει Ἰησοῦς, Νῦν ἐδοξάσθη ὁ
CS CH VIAA--ZS VIPA--ZS N-NM-S AB VIAP--ZS DNMS

υἱὸς τοῦ ἀνθρώπου, καὶ ὁ θεὸς ἐδοξάσθη ἐν αὐτῷ· 13.32 [εἰ
N-NM-S DGMS N-GM-S CC DNMS N-NM-S VIAP--ZS PD NPDMZS CS

ὁ θεὸς ἐδοξάσθη ἐν αὐτῷ] καὶ ὁ θεὸς δοξάσει αὐτὸν ἐν
DNMS N-NM-S VIAP--ZS PD NPDMZS AB DNMS N-NM-S VIFA--ZS NPAMZS PD

αὐτῷ, καὶ εὐθὺς δοξάσει αὐτόν. 13.33 τεκνία, ἔτι μικρὸν μεθ᾽
NPDMZS CC AP-NM-S□AB VIFA--ZS NPAMZS N-VN-P AB AP-AN-S PG

ὑμῶν εἰμι· ζητήσετέ με, καὶ καθὼς εἶπον τοῖς Ἰουδαίοις ὅτι
NPG-YP VIPA--XS VIFA--YP NPA-XS CC CS VIAA--XS DDMP AP-DM-P CC

Ὅπου ἐγὼ ὑπάγω ὑμεῖς οὐ δύνασθε ἐλθεῖν, καὶ ὑμῖν λέγω ἄρτι.
CS NPN-XS VIPA--XS NPN-YP AB VIPN--YP VNAA AB NPD-YP VIPA--XS AB

13.34 ἐντολὴν καινὴν δίδωμι ὑμῖν, ἵνα ἀγαπᾶτε ἀλλήλους· καθὼς
N-AF-S A--AF-S VIPA--XS NPD-YP ABR VSPA--YP NPAMYP CS

ἠγάπησα ὑμᾶς ἵνα καὶ ὑμεῖς ἀγαπᾶτε ἀλλήλους. 13.35 ἐν τούτῳ
VIAA--XS NPA-YP ABR AB NPN-YP VSPA--YP NPAMYP PD APDDN-S

γνώσονται πάντες ὅτι ἐμοὶ μαθηταί ἐστε, ἐὰν ἀγάπην ἔχητε ἐν
VIFD--ZP AP-NM-P CC A--NMXP N-NM-P VIPA--YP CS N-AF-S VSPA--YP PD

ἀλλήλοις.
NPDMYP

13.36 Λέγει αὐτῷ Σίμων Πέτρος, Κύριε, ποῦ ὑπάγεις; ἀπεκρίθη
VIPA--ZS NPDMZS N-NM-S N-NM-S N-VM-S ABT VIPA--YS VIAO--ZS

[αὐτῷ] Ἰησοῦς, Ὅπου ὑπάγω οὐ δύνασαί μοι νῦν ἀκολουθῆσαι,
NPDMZS N-NM-S CS VIPA--XS AB VIPN--YS NPD-XS AB VNAA

ἀκολουθήσεις δὲ ὕστερον. 13.37 λέγει αὐτῷ ὁ Πέτρος, Κύριε,
VIFA--YS CH APRMAN-S□ABM VIPA--ZS NPDMZS DNMS N-NM-S N-VM-S

διὰ τί οὐ δύναμαί σοι ἀκολουθῆσαι ἄρτι; τὴν ψυχήν μου
PA APTAN-S AB VIPN--XS NPD-YS VNAA AB DAFS N-AF-S NPG-XS

ὑπὲρ σοῦ θήσω. 13.38 ἀποκρίνεται Ἰησοῦς, Τὴν ψυχήν σου
PG NPG-YS VIFA--XS VIPN--ZS N-NM-S DAFS N-AF-S NPG-YS

ὑπὲρ ἐμοῦ θήσεις; ἀμὴν ἀμὴν λέγω σοι, οὐ μὴ ἀλέκτωρ
PG NPG-XS VIFA--YS QS QS VIPA--XS NPD-YS AB AB N-NM-S

φωνήσῃ ἕως οὗ ἀρνήσῃ με τρίς.
VSAA--ZS PG APRGM-S□APDGM-S&APRDM-S VIFD--YS NPA-XS AB

14.1 Μὴ ταρασσέσθω ὑμῶν ἡ καρδία· πιστεύετε εἰς τὸν
AB VMPP--ZS NPG-YP DNFS N-NF-S VIPA--YP/VMPA--YP PA DAMS

θεόν, καὶ εἰς ἐμὲ πιστεύετε. 14.2 ἐν τῇ οἰκίᾳ τοῦ πατρός
N-AM-S AB/CC PA NPA-XS VIPA--YP/VMPA--YP PD DDFS N-DF-S DGMS N-GM-S

μου μοναὶ πολλαί εἰσιν· εἰ δὲ μή, εἶπον ἂν ὑμῖν ὅτι πορεύομαι
NPG-XS N-NF-P A--NF-P VIPA--ZP CS CS AB VIAA--XS QV NPD-YP CS VIPN--XS

ἑτοιμάσαι τόπον ὑμῖν; 14.3 καὶ ἐὰν πορευθῶ καὶ ἑτοιμάσω τόπον
VNAA N-AM-S NPD-YP CC CS VSAO--XS CC VSAA--XS N-AM-S

ὑμῖν, πάλιν ἔρχομαι καὶ παραλήμψομαι ὑμᾶς πρὸς ἐμαυτόν, ἵνα
NPD-YP AB VIPN--XS CC VIFD--XS NPA-YP PA NPAMXS CS

ὅπου εἰμὶ ἐγὼ καὶ ὑμεῖς ἦτε. 14.4 καὶ ὅπου [ἐγὼ] ὑπάγω
CS VIPA--XS NPN-XS AB NPN-YP VSPA--YP CC CS NPN-XS VIPA--XS

οἴδατε τὴν ὁδόν. 14.5 Λέγει αὐτῷ Θωμᾶς, Κύριε, οὐκ οἴδαμεν ποῦ
VIRA--YP DAFS N-AF-S VIPA--ZS NPDMZS N-NM-S N-VM-S AB VIRA--XP ABT

ὑπάγεις· πῶς δυνάμεθα τὴν ὁδὸν εἰδέναι; 14.6 λέγει αὐτῷ [ὁ]
VIPA--YS ABT VIPN--XP DAFS N-AF-S VNRA VIPA--ZS NPDMZS DNMS

Ἰησοῦς, Ἐγώ εἰμι ἡ ὁδὸς καὶ ἡ ἀλήθεια καὶ ἡ ζωή·
N-NM-S NPN-XS VIPA--XS DNFS N-NF-S CC DNFS N-NF-S CC DNFS N-NF-S

οὐδεὶς ἔρχεται πρὸς τὸν πατέρα εἰ μὴ δι᾽ ἐμοῦ. 14.7 εἰ ἐγνώκατέ
APCNM-S VIPN--ZS PA DAMS N-AM-S CS AB PG NPG-XS CS VIRA--YP

με, καὶ τὸν πατέρα μου γνώσεσθε· καὶ ἀπ᾽ ἄρτι γινώσκετε
NPA-XS AB DAMS N-AM-S NPG-XS VIFD--YP CC PG AB□AP-GM-S VIPA--YP

αὐτὸν καὶ ἑωράκατε αὐτόν. 14.8 λέγει αὐτῷ Φίλιππος, Κύριε,
NPAMZS CC VIRA--YP NPAMZS VIPA--ZS NPDMZS N-NM-S N-VM-S

δεῖξον ἡμῖν τὸν πατέρα, καὶ ἀρκεῖ ἡμῖν. 14.9 λέγει αὐτῷ ὁ
VMAA--YS NPD-XP DAMS N-AM-S CC VIPA--ZS NPD-XP VIPA--ZS NPDMZS DNMS

Ἰησοῦς, Τοσούτῳ χρόνῳ μεθ᾽ ὑμῶν εἰμι καὶ οὐκ ἔγνωκάς με,
N-NM-S A-DDM-S N-DM-S PG NPG-YP VIPA--XS CC AB VIRA--YS NPA-XS

Φίλιππε; ὁ ἑωρακὼς ἐμὲ ἑώρακεν τὸν πατέρα·
N-VM-S DNMS□NPNMZS&APRNM-S VPRANM-S NPA-XS VIRA--ZS DAMS N-AM-S

πῶς σὺ λέγεις, Δεῖξον ἡμῖν τὸν πατέρα; 14.10 οὐ πιστεύεις
ABT NPN-YS VIPA--YS VMAA--YS NPD-XP DAMS N-AM-S AB/QT VIPA--YS

ὅτι ἐγὼ ἐν τῷ πατρὶ καὶ ὁ πατὴρ ἐν ἐμοί ἐστιν; τὰ ῥήματα
CC NPN-XS PD DDMS N-DM-S CC DNMS N-NM-S PD NPD-XS VIPA--ZS DANP N-AN-P

ἃ ἐγὼ λέγω ὑμῖν ἀπ᾽ ἐμαυτοῦ οὐ λαλῶ· ὁ δὲ πατὴρ ἐν
APRAN-P NPN-XS VIPA--XS NPD-YP PG NPGMXS AB VIPA--XS DNMS CH N-NM-S PD

ἐμοὶ μένων ποιεῖ τὰ ἔργα αὐτοῦ. 14.11 πιστεύετέ μοι ὅτι ἐγὼ
NPD-XS VPPANM-S VIPA--ZS DANP N-AN-P NPGMZS VMPA--YP NPD-XS CC NPN-XS

ἐν τῷ πατρὶ καὶ ὁ πατὴρ ἐν ἐμοί· εἰ δὲ μή, διὰ τὰ ἔργα αὐτὰ
PD DDMS N-DM-S CC DNMS N-NM-S PD NPD-XS CS CH AB PA DANP N-AN-P NPANZP

πιστεύετε. 14.12 ἀμὴν ἀμὴν λέγω ὑμῖν, ὁ πιστεύων εἰς
VMPA--YP QS QS VIPA--XS NPD-YP DNMS□APRNM-S+ VPPANM-S PA

ἐμὲ τὰ ἔργα ἃ ἐγὼ ποιῶ κἀκεῖνος ποιήσει, καὶ μείζονα
NPA-XS DANP N-AN-P APRAN-P NPN-XS VIPA--XS AB&APDNM-S VIFA--ZS CC APMAN-P

τούτων ποιήσει, ὅτι ἐγὼ πρὸς τὸν πατέρα πορεύομαι· 14.13 καὶ
APDGN-P VIFA--ZS CS NPN-XS PA DAMS N-AM-S VIPN--XS CC

ὅ τι ἂν αἰτήσητε ἐν τῷ ὀνόματί μου τοῦτο ποιήσω,
APRAN-S+ A-IAN-S QV VSAA--YP PD DDNS N-DN-S NPG-XS APDAN-S VIFA--XS

ἵνα δοξασθῇ ὁ πατὴρ ἐν τῷ υἱῷ· 14.14 ἐάν τι αἰτήσητέ
CS VSAP--ZS DNMS N-NM-S PD DDMS N-DM-S CS APIAN-S VSAA--YP

με ἐν τῷ ὀνόματί μου ἐγὼ ποιήσω.
NPA-XS PD DDNS N-DN-S NPG-XS NPN-XS VIFA--XS

14.15 Ἐὰν ἀγαπᾶτέ με, τὰς ἐντολὰς τὰς ἐμὰς τηρήσετε·
CS VSPA--YP NPA-XS DAFP N-AF-P DAFP A--AFXP VIFA--YP□VMPA--YP

14.16 κἀγὼ ἐρωτήσω τὸν πατέρα καὶ ἄλλον παράκλητον δώσει
CC&NPN-XS VIFA--XS DAMS N-AM-S CC A--AM-S N-AM-S VIFA--ZS

ὑμῖν ἵνα μεθ᾽ ὑμῶν εἰς τὸν αἰῶνα ᾖ, 14.17 τὸ πνεῦμα τῆς
NPD-YP CS PG NPG-YP PA DAMS N-AM-S VSPA--ZS DANS N-AN-S DGFS

ἀληθείας, ὃ ὁ κόσμος οὐ δύναται λαβεῖν, ὅτι οὐ θεωρεῖ
N-GF-S APRAN-S DNMS N-NM-S AB VIPN--ZS VNAA CS AB VIPA--ZS

αὐτὸ οὐδὲ γινώσκει· ὑμεῖς γινώσκετε αὐτό, ὅτι παρ᾽ ὑμῖν μένει
NPANZS CC VIPA--ZS NPN-YP VIPA--YP NPANZS CS PD NPD-YP VIPA--ZS

καὶ ἐν ὑμῖν ἔσται. 14.18 Οὐκ ἀφήσω ὑμᾶς ὀρφανούς, ἔρχομαι
CC PD NPD-YP VIFD--ZS AB VIFA--XS NPA-YP AP-AM-P VIPN--XS

πρὸς ὑμᾶς. 14.19 ἔτι μικρὸν καὶ ὁ κόσμος με οὐκέτι θεωρεῖ,
PA NPA-YP AB AP-AN-S CC DNMS N-NM-S NPA-XS AB VIPA--ZS

ὑμεῖς δὲ θεωρεῖτέ με, ὅτι ἐγὼ ζῶ καὶ ὑμεῖς ζήσετε. 14.20 ἐν
NPN-YP CH VIPA--YP NPA-XS CS NPN-XS VIPA--XS AB NPN-YP VIFA--YP PD

ἐκείνῃ τῇ ἡμέρᾳ γνώσεσθε ὑμεῖς ὅτι ἐγὼ ἐν τῷ πατρί μου καὶ
A-DDF-S DDFS N-DF-S VIFD--YP NPN-YP CC NPN-XS PD DDMS N-DM-S NPG-XS CC

ὑμεῖς ἐν ἐμοὶ κἀγὼ ἐν ὑμῖν. 14.21 ὁ ἔχων τὰς
NPN-YP PD NPD-XS CC&NPN-XS PD NPD-YP DNMS□APRNM-S+ VPPANM-S DAFP

ἐντολάς μου καὶ τηρῶν αὐτὰς ἐκεῖνός ἐστιν ὁ
N-AF-P NPG-XS CC VPPANM-S NPAFZP APDNM-S VIPA--ZS DNMS□PNMZS&APRNM-S

ἀγαπῶν με· ὁ δὲ ἀγαπῶν με ἀγαπηθήσεται
VPPANM-S NPA-XS DNMS□PNMZS&APRNM-S CC VPPANM-S NPA-XS VIFP--ZS

ὑπὸ τοῦ πατρός μου, κἀγὼ ἀγαπήσω αὐτὸν καὶ ἐμφανίσω
PG DGMS N-GM-S NPG-XS CC&NPN-XS VIFA--XS NPAMZS CC VIFA--XS

αὐτῷ ἐμαυτόν. 14.22 Λέγει αὐτῷ Ἰούδας, οὐχ ὁ Ἰσκαριώτης,
NPDMZS NPAMXS VIPA--ZS NPDMZS N-NM-S AB DNMS N-NM-S

Κύριε, [καὶ] τί γέγονεν ὅτι ἡμῖν μέλλεις
N-VM-S CC APTNN-S/APTAN-S□ABT VIRA--ZS CH/CS/CC NPD-XP VIPA--YS+

ἐμφανίζειν σεαυτὸν καὶ οὐχὶ τῷ κόσμῳ; 14.23 ἀπεκρίθη Ἰησοῦς
+VNPA NPAMYS CC AB DDMS N-DM-S VIAO--ZS N-NM-S

καὶ εἶπεν αὐτῷ, Ἐάν τις ἀγαπᾷ με τὸν λόγον μου
CC VIAA--ZS NPDMZS CS APINM-S VSPA--ZS NPA-XS DAMS N-AM-S NPG-XS

τηρήσει, καὶ ὁ πατήρ μου ἀγαπήσει αὐτόν, καὶ πρὸς
VIFA--ZS□VMPA--ZS CC DNMS N-NM-S NPG-XS VIFA--ZS NPAMZS CC PA

αὐτὸν ἐλευσόμεθα καὶ μονὴν παρ᾽ αὐτῷ ποιησόμεθα.
NPAMZS VIFD--XP CC N-AF-S PD NPDMZS VIFM--XP

14.24 ὁ μὴ ἀγαπῶν με τοὺς λόγους μου οὐ
DNMS□PNMZS&APRNM-S AB VPPANM-S NPA-XS DAMP N-AM-P NPG-XS AB

τηρεῖ· καὶ ὁ λόγος ὃν ἀκούετε οὐκ ἔστιν ἐμὸς ἀλλὰ
VIPA--ZS CC DNMS N-NM-S APRAM-S VIPA--YP AB VIPA--ZS A--NMXS CH

τοῦ πέμψαντός με πατρός.
DGMS□APRNM-S+ VPAAGM-S NPA-XS N-GM-S

14.25 Ταῦτα λελάληκα ὑμῖν παρ᾽ ὑμῖν μένων· 14.26 ὁ δὲ
APDAN-P VIRA--XS NPD-YP PD NPD-YP VPPANMXS DNMS CC

παράκλητος, τὸ πνεῦμα τὸ ἅγιον ὃ πέμψει ὁ πατὴρ ἐν
N-NM-S DNNS N-NN-S DNNS A--NN-S APRAN-S VIFA--ZS DNMS N-NM-S PD

τῷ   ὀνόματί μου,   ἐκεῖνος   ὑμᾶς   διδάξει   πάντα   καὶ   ὑπομνήσει
DDNS N-DN-S   NPG-XS   APDNM-S   NPA-YP   VIFA--ZS   AP-AN-P   CC   VIFA--ZS

ὑμᾶς   πάντα   ἃ   εἶπον· ὑμῖν   [ἐγώ].   14.27 Εἰρήνην   ἀφίημι   ὑμῖν,
NPA-YP AP-AN-P APRAN-P VIAA--XS NPD-YP NPN-XS   N-AF-S   VIPA--XS NPD-YP

εἰρήνην   τὴν   ἐμὴν   δίδωμι   ὑμῖν· οὐ   καθὼς   ὁ   κόσμος   δίδωσιν
N-AF-S   DAFS A--AFXS VIPA--XS NPD-YP AB   CS   DNMS   N-NM-S   VIPA--ZS

ἐγὼ   δίδωμι   ὑμῖν.   μὴ   ταρασσέσθω   ὑμῶν   ἡ   καρδία   μηδὲ
NPN-XS VIPA--XS NPD-YP AB   VMPP--ZS   NPG-YP DNFS   N-NF-S   CC

δειλιάτω.   14.28 ἠκούσατε   ὅτι   ἐγὼ   εἶπον   ὑμῖν,   Ὑπάγω   καὶ
VMPA--ZS   VIAA--YP   CH   NPN-XS VIAA--XS NPD-YP   VIPA--XS   CC

ἔρχομαι   πρὸς   ὑμᾶς.   εἰ   ἠγαπᾶτέ   με   ἐχάρητε   ἄν, ὅτι   πορεύομαι
VIPN--XS PA   NPA-YP CS   VIIA--YP   NPA-XS VIAO--YP   QV   CC/CS VIPN--XS

πρὸς   τὸν   πατέρα,   ὅτι   ὁ   πατὴρ   μείζων   μού   ἐστιν.   14.29 καὶ
PA   DAMS N-AM-S   CS   DNMS   N-NM-S   A-MNM-S   NPG-XS VIPA--ZS   CC

νῦν   εἴρηκα   ὑμῖν   πρὶν   γενέσθαι,   ἵνα   ὅταν   γένηται   πιστεύσητε.
AB   VIRA--XS NPD-YP AB□CS VNAD   CS   VSAD--ZS   VSAA--YP

14.30 οὐκέτι   πολλὰ   λαλήσω   μεθ᾽   ὑμῶν,   ἔρχεται   γὰρ   ὁ   τοῦ
       AB   AP-AN-P VIFA--XS PG   NPG-YP   VIPN--ZS   CS   DNMS   DGMS

κόσμου   ἄρχων· καὶ   ἐν   ἐμοὶ   οὐκ   ἔχει   οὐδέν,   14.31 ἀλλ᾽ ἵνα   γνῶ
N-GM-S   N-NM-S   CC   PD   NPD-XS AB   VIPA--ZS APCAN-S   CC   CS   VSAA--ZS

ὁ   κόσμος   ὅτι   ἀγαπῶ   τὸν   πατέρα,   καὶ   καθὼς   ἐνετείλατό   μοι
DNMS   N-NM-S   CC   VIPA--XS DAMS N-AM-S   CC   CS   VIAD--ZS   NPD-XS

ὁ   πατήρ,   οὕτως   ποιῶ.   Ἐγείρεσθε,   ἄγωμεν   ἐντεῦθεν.
DNMS   N-NM-S   AB   VIPA--XS VMPP--XP   VSPA--XP   AB

15.1 Ἐγώ   εἰμι   ἡ   ἄμπελος   ἡ   ἀληθινή,   καὶ   ὁ   πατήρ
      NPN-XS VIPA--XS DNFS   N-NF-S   DNFS   A--NF-S   CC   DNMS   N-NM-S

μου   ὁ   γεωργός   ἐστιν.   15.2 πᾶν   κλῆμα   ἐν   ἐμοὶ   μὴ   φέρον
NPG-XS DNMS   N-NM-S   VIPA--ZS   A--AN-S N-AN-S   PD   NPD-XS AB   VPPAAN-S

καρπόν, αἴρει   αὐτό, καὶ   πᾶν   τὸ   καρπὸν   φέρον   καθαίρει
N-AM-S VIPA--ZS NPANZS CC AP-AN-S DANS□APRNN-S N-AM-S   VPPAAN-S VIPA--ZS

αὐτὸ   ἵνα   καρπὸν   πλείονα   φέρῃ.   15.3 ἤδη   ὑμεῖς   καθαροί   ἐστε   διὰ
NPANZS CS   N-AM-S   A-MAM-S   VSPA--ZS   AB   NPN-YP A--NM-P   VIPA--YP PA

τὸν   λόγον   ὃν   λελάληκα   ὑμῖν· 15.4 μείνατε   ἐν   ἐμοί,   κἀγὼ   ἐν
DAMS N-AM-S APRAM-S VIRA--XS   NPD-YP   VMAA--YP   PD   NPD-XS CC&NPN-XS   PD

ὑμῖν.   καθὼς   τὸ   κλῆμα   οὐ   δύναται   καρπὸν   φέρειν   ἀφ᾽   ἑαυτοῦ   ἐὰν
NPD-YP CS   DNNS N-NN-S   AB   VIPN--ZS   N-AM-S   VNPA   PG   NPGNZS   CS

μὴ   μένῃ   ἐν   τῇ   ἀμπέλῳ,   οὕτως   οὐδὲ   ὑμεῖς   ἐὰν   μὴ   ἐν   ἐμοὶ
AB   VSPA--ZS PD   DDFS N-DF-S   AB   AB   NPN-YP CS   AB   PD   NPD-XS

μένητε.   15.5 ἐγώ   εἰμι   ἡ   ἄμπελος,   ὑμεῖς   τὰ   κλήματα.
VSPA--YP   NPN-XS VIPA--XS DNFS   N-NF-S   NPN-YP DNNP   N-NN-P

ὁ   μένων   ἐν   ἐμοὶ   κἀγὼ   ἐν   αὐτῷ   οὗτος   φέρει   καρπὸν
DNMS□APRNM-S+ VPPANM-S PD   NPD-XS CC&NPN-XS   PD   NPD-XS NPDMZS APDNM-S VIPA--ZS N-AM-S

πολύν, ὅτι   χωρὶς   ἐμοῦ   οὐ   δύνασθε   ποιεῖν   οὐδέν.   15.6 ἐὰν   μή   τις
A--AM-S CS   PG   NPG-XS AB   VIPN--YP   VNPA   APCAN-S   CS   AB   APINM-S

μένῃ ἐν ἐμοί, ἐβλήθη ἔξω ὡς τὸ κλῆμα καὶ ἐξηράνθη, καὶ
VSPA--ZS PD NPD-XS VIAP--ZS AB CS DNNS N-NN-S CC VIAP--ZS CC

συνάγουσιν αὐτὰ καὶ εἰς τὸ πῦρ βάλλουσιν καὶ καίεται.
VIPA--ZP NPANZP CC PA DANS N-AN-S VIPA--ZP CC VIPP--ZS

15.7 ἐὰν μείνητε ἐν ἐμοὶ καὶ τὰ ῥήματά μου ἐν ὑμῖν μείνῃ,
CS VSAA--YP PD NPD-XS CC DNNP N-NN-P NPG-XS PD NPD-YP VSAA--ZS

ὃ   ἐὰν θέλητε αἰτήσασθε καὶ γενήσεται ὑμῖν.
APRAN-S□APDAN-S&APRAN-S QV VSPA--YP VMAM--YP CC VIFD--ZS NPD-YP

15.8 ἐν τούτῳ ἐδοξάσθη ὁ πατήρ μου, ἵνα καρπὸν πολὺν
PD APDDN-S VIAP--ZS DNMS N-NM-S NPG-XS ABR N-AM-S A--AM-S

φέρητε καὶ γένησθε ἐμοὶ μαθηταί. 15.9 καθὼς ἠγάπησέν με
VSPA--YP CC VSAD--YP A--NMXP N-NM-P CS VIAA--ZS NPA-XS

ὁ πατήρ, κἀγὼ ὑμᾶς ἠγάπησα· μείνατε ἐν τῇ ἀγάπῃ τῇ
DNMS N-NM-S AB&NPN-XS NPA-YP VIAA--XS VMAA--YP PD DDFS N-DF-S DDFS

ἐμῇ. 15.10 ἐὰν τὰς ἐντολάς μου τηρήσητε, μενεῖτε ἐν τῇ
A--DFXS CS DAFP N-AF-P NPG-XS VSAA--YP VIFA--YP PD DDFS

ἀγάπῃ μου, καθὼς ἐγὼ τὰς ἐντολὰς τοῦ πατρός μου τετήρηκα
N-DF-S NPG-XS CS NPN-XS DAFP N-AF-P DGMS N-GM-S NPG-XS VIRA--XS

καὶ μένω αὐτοῦ ἐν τῇ ἀγάπῃ.
CC VIPA--XS NPGMZS PD DDFS N-DF-S

15.11 Ταῦτα λελάληκα ὑμῖν ἵνα ἡ χαρὰ ἡ ἐμὴ ἐν ὑμῖν
APDAN-P VIRA--XS NPD-YP CS DNFS N-NF-S DNFS A--NFXS PD NPD-YP

ᾖ καὶ ἡ χαρὰ ὑμῶν πληρωθῇ. 15.12 αὕτη ἐστὶν ἡ ἐντολὴ
VSPA--ZS CC DNFS N-NF-S NPG-YP VSAP--ZS APDNF-S VIPA--ZS DNFS N-NF-S

ἡ ἐμή, ἵνα ἀγαπᾶτε ἀλλήλους καθὼς ἠγάπησα ὑμᾶς·
DNFS A--NFXS ABR VSPA--YP NPRAMYP CS VIAA--XS NPA-YP

15.13 μείζονα ταύτης ἀγάπην οὐδεὶς ἔχει, ἵνα τις τὴν ψυχὴν
A-MAF-S APDGF-S N-AF-S APCNM-S VIPA--ZS CH APINM-S DAFS N-AF-S

αὐτοῦ θῇ ὑπὲρ τῶν φίλων αὐτοῦ. 15.14 ὑμεῖς φίλοι μού ἐστε
NPGMZS VSAA--ZS PG DGMP AP-GM-P NPGMZS NPN-YP AP-NM-P NPG-XS VIPA--YP

ἐὰν ποιῆτε ἃ   ἐγὼ ἐντέλλομαι ὑμῖν.
CS VSPA--YP APRAN-P□APDAN-P&APRAN-P NPN-XS VIPN--XS NPD-YP

15.15 οὐκέτι λέγω ὑμᾶς δούλους, ὅτι ὁ δοῦλος οὐκ οἶδεν τί
AB VIPA--XS NPA-YP N-AM-P CS DNMS N-NM-S AB VIRA--ZS APTAN-S

ποιεῖ αὐτοῦ ὁ κύριος· ὑμᾶς δὲ εἴρηκα φίλους, ὅτι πάντα ἃ
VIPA--ZS NPGMZS DNMS N-NM-S NPA-YP CH VIRA--XS AP-AM-P CS AP-AN-P APRAN-P

ἤκουσα παρὰ τοῦ πατρός μου ἐγνώρισα ὑμῖν. 15.16 οὐχ ὑμεῖς
VIAA--XS PG DGMS N-GM-S NPG-XS VIAA--XS NPD-YP AB NPN-YP

με ἐξελέξασθε, ἀλλ᾽ ἐγὼ ἐξελεξάμην ὑμᾶς καὶ ἔθηκα ὑμᾶς ἵνα
NPA-XS VIAM--YP CH NPN-XS VIAM--XS NPA-YP CC VIAA--XS NPA-YP CS

ὑμεῖς ὑπάγητε καὶ καρπὸν φέρητε καὶ ὁ καρπὸς ὑμῶν μένῃ,
NPN-YP VSPA--YP CC N-AM-S VSPA--YP CC DNMS N-NM-S NPG-YP VSPA--ZS

ἵνα ὅ   τι ἂν αἰτήσητε τὸν πατέρα ἐν τῷ
CH/CS APRAN-S□APDAN-S&APRAN-S A-IAN-S QV VSAA--YP DAMS N-AM-S PD DDNS

ὀνόματί μου δῷ ὑμῖν. 15.17 ταῦτα ἐντέλλομαι ὑμῖν, ἵνα
N-DN-S   NPG-XS VSAA--ZS NPD-YP   APDAN-P VIPN--XS   NPD-YP ABR

ἀγαπᾶτε ἀλλήλους.
VSPA--YP NPAMYP

15.18 Εἰ ὁ   κόσμος ὑμᾶς μισεῖ, γινώσκετε ὅτι ἐμὲ
      CS DNMS N-NM-S NPA-YP VIPA--ZS VIPA--YP/VMPA--YP CH/CC NPA-XS

πρῶτον ὑμῶν μεμίσηκεν. 15.19 εἰ ἐκ τοῦ κόσμου ἦτε, ὁ
APOAN-S□AB NPG-YP VIRA--ZS   CS PG DGMS N-GM-S VIIA--YP DNMS

κόσμος ἂν τὸ ἴδιον ἐφίλει· ὅτι δὲ ἐκ τοῦ κόσμου οὐκ ἐστέ, ἀλλ᾽
N-NM-S QV DANS AP-AN-S VIIA--ZS CS CH PG DGMS N-GM-S AB VIPA--YP CH

ἐγὼ ἐξελεξάμην ὑμᾶς ἐκ τοῦ κόσμου, διὰ τοῦτο μισεῖ ὑμᾶς ὁ
NPN-XS VIAM--XS NPA-YP PG DGMS N-GM-S PA APDAN-S VIPA--ZS NPA-YP DNMS

κόσμος. 15.20 μνημονεύετε τοῦ λόγου οὗ   ἐγὼ εἶπον
N-NM-S   VIPA--YP/VMPA--YP DGMS N-GM-S APRGM-S□APRAM-S NPN-XS VIAA--XS

ὑμῖν, Οὐκ ἔστιν δοῦλος μείζων τοῦ κυρίου αὐτοῦ. εἰ ἐμὲ ἐδίωξαν,
NPD-YP AB VIPA--ZS N-NM-S A-MNM-S DGMS N-GM-S NPGMZS CS NPA-XS VIAA--ZP

καὶ ὑμᾶς διώξουσιν· εἰ τὸν λόγον μου ἐτήρησαν, καὶ τὸν
AB NPA-YP VIFA--ZP   CS DAMS N-AM-S NPG-XS VIAA--ZP AB DAMS

ὑμέτερον τηρήσουσιν. 15.21 ἀλλὰ ταῦτα πάντα ποιήσουσιν εἰς
AP-AMYS VIFA--ZP   CC   APDAN-P A--AN-P VIFA--ZP   PA

ὑμᾶς διὰ τὸ ὄνομά μου, ὅτι οὐκ οἴδασιν τὸν
NPA-YP PA DANS N-AN-S NPG-XS CS AB VIRA--ZP DAMS□NPAMZS&APRNM-S

πέμψαντά με. 15.22 εἰ μὴ ἦλθον καὶ ἐλάλησα αὐτοῖς, ἁμαρτίαν
VRAAAM-S NPA-XS   CS AB VIAA--XS CC VIAA--XS NPDMZP N-AF-S

οὐκ εἴχοσαν· νῦν δὲ πρόφασιν οὐκ ἔχουσιν περὶ τῆς ἁμαρτίας
AB VIIA--ZP   AB CH N-AF-S   AB VIPA--ZP PG DGFS N-GF-S

αὐτῶν. 15.23 ὁ   ἐμὲ μισῶν καὶ τὸν πατέρα μου
NPGMZP   DNMS□NPNMZS&APRNM-S NPA-XS VPPANM-S AB DAMS N-AM-S NPG-XS

μισεῖ. 15.24 εἰ τὰ ἔργα μὴ ἐποίησα ἐν αὐτοῖς ἃ   οὐδεὶς ἄλλος
VIPA--ZS   CS DANP N-AN-P AB VIAA--XS PD NPDMZP APRAN-P APCNM-S A--NM-S

ἐποίησεν, ἁμαρτίαν οὐκ εἴχοσαν· νῦν δὲ καὶ ἑωράκασιν καὶ
VIAA--ZS   N-AF-S   AB VIIA--ZP   AB CH CC VIRA--ZP CC

μεμισήκασιν καὶ ἐμὲ καὶ τὸν πατέρα μου. 15.25 ἀλλ᾽ ἵνα
VIRA--ZP   CC NPA-XS CC DAMS N-AM-S NPG-XS   CC CH

πληρωθῇ ὁ   λόγος ὁ   ἐν τῷ νόμῳ αὐτῶν γεγραμμένος
VSAP--ZS DNMS N-NM-S DNMS□APRNM-S PD DDMS N-DM-S NPGMZP VPRPNM-S

ὅτι Ἐμίσησάν με δωρεάν.
ABR VIAA--ZP NPA-XS AB

15.26 Ὅταν ἔλθῃ ὁ   παράκλητος ὃν   ἐγὼ πέμψω ὑμῖν
      CS   VSAA--ZS DNMS N-NM-S   APRAM-S NPN-XS VIFA--XS NPD-YP

παρὰ τοῦ πατρός, τὸ πνεῦμα τῆς ἀληθείας ὃ   παρὰ τοῦ
PG DGMS N-GM-S DNNS N-NN-S DGFS N-GF-S APRNN-S PG DGMS

πατρὸς ἐκπορεύεται, ἐκεῖνος μαρτυρήσει περὶ ἐμοῦ· 15.27 καὶ
N-GM-S VIPN--ZS   APDNM-S VIFA--ZS   PG NPG-XS   AB

ὑμεῖς δὲ μαρτυρεῖτε, ὅτι ἀπ' ἀρχῆς μετ' ἐμοῦ ἐστε.
NPN-YP CC VIPA--YP   CS   PG   N-GF-S   PG   NPG-XS VIPA--YP

16.1 Ταῦτα   λελάληκα   ὑμῖν   ἵνα   μὴ   σκανδαλισθῆτε.
APDAN-P   VIRA--XS   NPD-YP   CS   AB   VSAP--YP

16.2 ἀποσυναγώγους   ποιήσουσιν   ὑμᾶς· ἀλλ' ἔρχεται ὥρα ἵνα
A--AM-P   VIFA--ZP   NPA-YP   CC   VIPN--ZS   N-NF-S   CH

πᾶς   ὁ   ἀποκτείνας   ὑμᾶς   δόξῃ   λατρείαν   προσφέρειν
AP-NM-S DNMS□APRNM-S VPAANM-S   NPA-YP VSAA--ZS N-AF-S   VNPA

τῷ   θεῷ.   16.3 καὶ   ταῦτα   ποιήσουσιν   ὅτι   οὐκ   ἔγνωσαν   τὸν
DDMS N-DM-S   CC   APDAN-P   VIFA--ZP   CS   AB   VIAA--ZP   DAMS

πατέρα   οὐδὲ   ἐμέ.   16.4 ἀλλὰ   ταῦτα   λελάληκα   ὑμῖν   ἵνα   ὅταν
N-AM-S   CC   NPA-XS   CC   APDAN-P   VIRA--XS   NPD-YP CS   CS

ἔλθῃ   ἡ   ὥρα αὐτῶν μνημονεύητε αὐτῶν ὅτι ἐγὼ   εἶπον ὑμῖν.
VSAA--ZS DNFS N-NF-S NPGNZP   VSPA--YP   NPGNZP CC NPN-XS VIAA--XS NPD-YP

Ταῦτα   δὲ   ὑμῖν   ἐξ   ἀρχῆς   οὐκ   εἶπον, ὅτι μεθ' ὑμῶν ἤμην.
APDAN-P CC   NPD-YP PG   N-GF-S   AB   VIAA--XS CS   PG   NPG-YP VIIM--XS

16.5 νῦν   δὲ   ὑπάγω   πρὸς   τὸν   πέμψαντά   με,   καὶ
AB   CH   VIPA--XS   PA   DAMS□NPAMZS&APRNM-S VPAAAM-S   NPA-XS CC

οὐδεὶς   ἐξ   ὑμῶν   ἐρωτᾷ   με,   Ποῦ   ὑπάγεις; 16.6 ἀλλ' ὅτι   ταῦτα
APCNM-S PG   NPG-YP VIPA--ZS NPA-XS ABT   VIPA--YS   CC   CS   APDAN-P

λελάληκα   ὑμῖν   ἡ   λύπη   πεπλήρωκεν   ὑμῶν   τὴν   καρδίαν.
VIRA--XS   NPD-YP DNFS   N-NF-S   VIRA--ZS   NPG-YP DAFS   N-AF-S

16.7 ἀλλ' ἐγὼ   τὴν   ἀλήθειαν   λέγω   ὑμῖν, συμφέρει ὑμῖν ἵνα ἐγὼ
CC   NPN-XS DAFS N-AF-S   VIPA--XS NPD-YP VIPA--ZS   NPD-YP CC NPN-XS

ἀπέλθω. ἐὰν γὰρ μὴ ἀπέλθω, ὁ   παράκλητος οὐκ ἐλεύσεται πρὸς
VSAA--XS CS   CS   AB   VSAA--XS DNMS N-NM-S   AB   VIFD--ZS   PA

ὑμᾶς· ἐὰν   δὲ   πορευθῶ, πέμψω αὐτὸν πρὸς ὑμᾶς. 16.8 καὶ ἐλθὼν
NPA-YP CS   CH   VSAO--XS   VIFA--XS NPAMZS PA   NPA-YP   CC   VPAANM-S

ἐκεῖνος ἐλέγξει   τὸν   κόσμον περὶ ἁμαρτίας καὶ περὶ δικαιοσύνης
APDNM-S VIFA--ZS DAMS N-AM-S   PG   N-GF-S   CC   PG   N-GF-S

καὶ περὶ κρίσεως· 16.9 περὶ ἁμαρτίας μέν, ὅτι οὐ πιστεύουσιν εἰς
CC   PG   N-GF-S   PG   N-GF-S   CC   CS   AB VIPA--ZP   PA

ἐμέ· 16.10 περὶ   δικαιοσύνης δέ, ὅτι πρὸς τὸν   πατέρα ὑπάγω καὶ
NPA-XS   PG   N-GF-S   CC   CS   PA   DAMS N-AM-S   VIPA--XS CC

οὐκέτι θεωρεῖτέ με· 16.11 περὶ δὲ κρίσεως, ὅτι ὁ   ἄρχων τοῦ
AB   VIPA--YP   NPA-XS   PG   CC N-GF-S   CS   DNMS N-NM-S DGMS

κόσμου τούτου κέκριται.
N-GM-S   A-DGM-S VIRP--ZS

16.12 Ἔτι   πολλὰ   ἔχω   ὑμῖν   λέγειν, ἀλλ' οὐ   δύνασθε
AB   AP-AN-P   VIPA--XS NPD-YP VNPA   CC   AB   VIPN--YP

βαστάζειν ἄρτι· 16.13 ὅταν δὲ ἔλθῃ ἐκεῖνος, τὸ   πνεῦμα τῆς
VNPA   AB   CS   CH VSAA--ZS APDNM-S DNNS N-NN-S DGFS

ἀληθείας, ὁδηγήσει ὑμᾶς ἐν τῇ   ἀληθείᾳ πάσῃ· οὐ γὰρ λαλήσει
N-GF-S   VIFA--ZS   NPA-YP PD DDFS N-DF-S   A--DF-S   AB CS   VIFA--ZS

ἀφ᾽ ἑαυτοῦ, ἀλλ᾽ ὅσα ἀκούσει λαλήσει, καὶ
PG NPGMZS CH APRAN-P□APDAN-P&APRAN-P VIFA--ZS VIFA--ZS CC

τὰ ἐρχόμενα ἀναγγελεῖ ὑμῖν. 16.14 ἐκεῖνος ἐμὲ
DANP□NPANZP&APRNN-P VPPNAN-P VIFA--ZS NPD-YP APDNM-S NPA-XS

δοξάσει, ὅτι ἐκ τοῦ ἐμοῦ λήμψεται καὶ ἀναγγελεῖ ὑμῖν.
VIFA--ZS CS PG DGNS AP-GNXS VIFD--ZS CC VIFA--ZS NPD-YP

16.15 πάντα ὅσα ἔχει ὁ πατὴρ ἐμά ἐστιν· διὰ τοῦτο εἶπον
AP-NN-P APRAN-P VIPA--ZS DNMS N-NM-S A--NNXP VIPA--ZS PA APDAN-S VIAA--XS

ὅτι ἐκ τοῦ ἐμοῦ λαμβάνει καὶ ἀναγγελεῖ ὑμῖν.
CC PG DGNS AP-GNXS VIPA--ZS CC VIFA--ZS NPD-YP

16.16 Μικρὸν καὶ οὐκέτι θεωρεῖτέ με, καὶ πάλιν μικρὸν καὶ
AP-AN-S CC AB VIPA--YP NPA-XS CC AB AP-AN-S CC

ὄψεσθέ με. 16.17 εἶπαν οὖν ἐκ τῶν μαθητῶν αὐτοῦ πρὸς
VIFD--YP NPA-XS VIAA--ZP CH PG DGMP N-GM-P NPGMZS PA

ἀλλήλους, Τί ἐστιν τοῦτο ὃ λέγει ἡμῖν, Μικρὸν καὶ οὐ
NPAMZP APTNN-S VIPA--ZS APDNN-S APRAN-S VIPA--ZS NPD-XP AP-AN-S CC AB

θεωρεῖτέ με, καὶ πάλιν μικρὸν καὶ ὄψεσθέ με; καί, Ὅτι ὑπάγω
VIPA--YP NPA-XS CC AB AP-AN-S CC VIFD--YP NPA-XS CC CS VIPA--XS

πρὸς τὸν πατέρα; 16.18 ἔλεγον οὖν, Τί ἐστιν τοῦτο [ὃ
PA DAMS N-AM-S VIIA--ZP CH APTNN-S VIPA--ZS APDNN-S APRAN-S

λέγει], τὸ μικρόν; οὐκ οἴδαμεν τί λαλεῖ. 16.19 ἔγνω [ὁ]
VIPA--ZS DNNS AP-AN-S AB VIRA--XP APTAN-S VIPA--ZS VIAA--ZS DNMS

Ἰησοῦς ὅτι ἤθελον αὐτὸν ἐρωτᾶν, καὶ εἶπεν αὐτοῖς, Περὶ τούτου
N-NM-S CC VIIA--ZP NPAMZS VNPA CC VIAA--ZS NPDMZP PG APDGN-S

ζητεῖτε μετ᾽ ἀλλήλων ὅτι εἶπον, Μικρὸν καὶ οὐ θεωρεῖτέ με,
VIPA--YP PG NPGMYP ABT/CS VIAA--XS AP-AN-S CC AB VIPA--YP NPA-XS

καὶ πάλιν μικρὸν καὶ ὄψεσθέ με; 16.20 ἀμὴν ἀμὴν λέγω ὑμῖν
CC AB AP-AN-S CC VIFD--YP NPA-XS QS QS VIPA--XS NPD-YP

ὅτι κλαύσετε καὶ θρηνήσετε ὑμεῖς, ὁ δὲ κόσμος χαρήσεται·
CC VIFA--YP CC VIFA--YP NPN-YP DNMS CC N-NM-S VIFO--ZS

ὑμεῖς λυπηθήσεσθε, ἀλλ᾽ ἡ λύπη ὑμῶν εἰς χαρὰν γενήσεται.
NPN-YP VIFP--YP CC DNFS N-NF-S NPG-YP PA N-AF-S VIFD--ZS

16.21 ἡ γυνὴ ὅταν τίκτῃ λύπην ἔχει, ὅτι ἦλθεν ἡ ὥρα
DNFS N-NF-S CS VSPA--ZS N-AF-S VIPA--ZS CS VIAA--ZS DNFS N-NF-S

αὐτῆς· ὅταν δὲ γεννήσῃ τὸ παιδίον, οὐκέτι μνημονεύει τῆς
NPGFZS CS CC/CH VSAA--ZS DANS N-AN-S AB VIPA--ZS DGFS

θλίψεως διὰ τὴν χαρὰν ὅτι ἐγεννήθη ἄνθρωπος εἰς τὸν κόσμον.
N-GF-S PA DAFS N-AF-S ABR/CS VIAP--ZS N-NM-S PA DAMS N-AM-S

16.22 καὶ ὑμεῖς οὖν νῦν μὲν λύπην ἔχετε· πάλιν δὲ ὄψομαι ὑμᾶς,
AB NPN-YP CH AB CS N-AF-S VIPA--YP AB CH VIFD--XS NPA-YP

καὶ χαρήσεται ὑμῶν ἡ καρδία, καὶ τὴν χαρὰν ὑμῶν οὐδεὶς
CC VIFO--ZS NPG-YP DNFS N-NF-S CC DAFS N-AF-S NPG-YP APCNM-S

αἴρει ἀφ᾽ ὑμῶν. 16.23 καὶ ἐν ἐκείνῃ τῇ ἡμέρᾳ ἐμὲ οὐκ
VIPA--ZS PG NPG-YP CC PD A-DDF-S DDFS N-DF-S NPA-XS AB

343

ἐρωτήσετε οὐδέν. ἀμὴν ἀμὴν λέγω ὑμῖν, ἄν τι αἰτήσητε τὸν
VIFA--YP   APCAN-S QS   QS   VIPA--XS NPD-YP QV APIAN-S VSAA--YP   DAMS

πατέρα ἐν τῷ ὀνόματί μου δώσει ὑμῖν. 16.24 ἕως ἄρτι οὐκ
N-AM-S PD DDNS N-DN-S   NPG-XS VIFA--ZS NPD-YP   PG AB□AP-GM-S AB

ᾐτήσατε οὐδὲν ἐν τῷ ὀνόματί μου· αἰτεῖτε καὶ λήμψεσθε, ἵνα
VIAA--YP APCAN-S PD DDNS N-DN-S   NPG-XS VMPA--YP CC VIFD--YP   CS

ἡ χαρὰ ὑμῶν ᾖ πεπληρωμένη.
DNFS N-NF-S NPG-YP VSPA--ZS+ +VPRPNF-S

16.25 Ταῦτα ἐν παροιμίαις λελάληκα ὑμῖν· ἔρχεται ὥρα ὅτε
      APDAN-P PD N-DF-P   VIRA--XS   NPD-YP VIPN--ZS N-NF-S ABR

οὐκέτι ἐν παροιμίαις λαλήσω ὑμῖν ἀλλὰ παρρησίᾳ περὶ τοῦ
AB   PD N-DF-P   VIFA--XS NPD-YP CH   N-DF-S   PG   DGMS

πατρὸς ἀπαγγελῶ ὑμῖν. 16.26 ἐν ἐκείνῃ τῇ ἡμέρᾳ ἐν τῷ
N-GM-S VIFA--XS NPD-YP   PD A-DDF-S DDFS N-DF-S PD DDNS

ὀνόματί μου αἰτήσεσθε, καὶ οὐ λέγω ὑμῖν ὅτι ἐγὼ ἐρωτήσω
N-DN-S   NPG-XS VIFM--YP□VMPM--YP CC AB VIPA--XS NPD-YP CC NPN-XS VIFA--XS

τὸν πατέρα περὶ ὑμῶν· 16.27 αὐτὸς γὰρ ὁ πατὴρ φιλεῖ ὑμᾶς,
DAMS N-AM-S PG NPG-YP   NPNMZS CS DNMS N-NM-S VIPA--ZS NPA-YP

ὅτι ὑμεῖς ἐμὲ πεφιλήκατε καὶ πεπιστεύκατε ὅτι ἐγὼ παρὰ [τοῦ]
CS NPN-YP NPA-XS VIRA--YP CC VIRA--YP   CC NPN-XS PG DGMS

θεοῦ ἐξῆλθον. 16.28 ἐξῆλθον παρὰ τοῦ πατρὸς καὶ ἐλήλυθα εἰς
N-GM-S VIAA--XS   VIAA--XS PG   DGMS N-GM-S CC VIRA--XS PA

τὸν κόσμον· πάλιν ἀφίημι τὸν κόσμον καὶ πορεύομαι πρὸς τὸν
DAMS N-AM-S AB   VIPA--XS DAMS N-AM-S CC VIPN--XS   PA   DAMS

πατέρα. 16.29 Λέγουσιν οἱ μαθηταὶ αὐτοῦ, Ἴδε νῦν ἐν
N-AM-S   VIPA--ZP DNMP N-NM-S NPGMZS QS AB PD

παρρησίᾳ λαλεῖς, καὶ παροιμίαν οὐδεμίαν λέγεις. 16.30 νῦν
N-DF-S   VIPA--YS CC N-AF-S   A-CAF-S VIPA--YS   AB

οἴδαμεν ὅτι οἶδας πάντα καὶ οὐ χρείαν ἔχεις ἵνα τίς σε
VIRA--XP CC VIRA--YS AP-AN-P CC AB N-AF-S VIPA--YS CC APINM-S NPA-YS

ἐρωτᾷ· ἐν τούτῳ πιστεύομεν ὅτι ἀπὸ θεοῦ ἐξῆλθες. 16.31 ἀπεκρίθη
VSPA--ZS PD APDDN-S VIPA--XP CC PG N-GM-S VIAA--YS   VIAO--ZS

αὐτοῖς Ἰησοῦς, Ἄρτι πιστεύετε; 16.32 ἰδοὺ ἔρχεται ὥρα καὶ
NPDMZP N-NM-S AB   VIPA--YP   QS   VIPN--ZS N-NF-S CC

ἐλήλυθεν ἵνα σκορπισθῆτε ἕκαστος εἰς τὰ ἴδια κἀμὲ μόνον
VIRA--ZS CII VSAP--YP   AP-NM-S PA DANP AP-AN-P CC&NPA-XS A--AM-S

ἀφῆτε· καὶ οὐκ εἰμὶ μόνος, ὅτι ὁ πατὴρ μετ᾽ ἐμοῦ ἐστιν.
VSAA--YP CC AB VIPA--XS A--NM-S CS DNMS N-NM-S PG NPG-XS VIPA--ZS

16.33 ταῦτα λελάληκα ὑμῖν ἵνα ἐν ἐμοὶ εἰρήνην ἔχητε· ἐν τῷ
      APDAN-P VIRA--XS NPD-YP CS PD NPD-XS N-AF-S VSPA--YP PD DDMS

κόσμῳ θλῖψιν ἔχετε, ἀλλὰ θαρσεῖτε, ἐγὼ νενίκηκα τὸν κόσμον.
N-DM-S N-AF-S VIPA--YP CC VMPA--YP   NPN-XS VIRA--XS DAMS N-AM-S

17.1 Ταῦτα ἐλάλησεν Ἰησοῦς, καὶ ἐπάρας τοὺς ὀφθαλμοὺς
     APDAN-P VIAA--ZS N-NM-S CC VPAANM-S DAMP N-AM-P

αὐτοῦ εἰς τὸν οὐρανὸν εἶπεν, Πάτερ, ἐλήλυθεν ἡ ὥρα· δόξασόν
NPGMZS PA DAMS N-AM-S   VIAA--ZS N-VM-S VIRA--ZS   DNFS N-NF-S VMAA--YS

σου τὸν υἱόν, ἵνα ὁ   υἱὸς δοξάσῃ σέ,   17.2 καθὼς ἔδωκας
NPG-YS DAMS N-AM-S CS DNMS N-NM-S VSAA--ZS NPA-YS   CS   VIAA--YS

αὐτῷ ἐξουσίαν πάσης σαρκός, ἵνα πᾶν ὃ   δέδωκας αὐτῷ
NPDMZS N-AF-S A--GF-S N-GF-S CS AP-AN-S APRAN-S VIRA--YS NPDMZS

δώσῃ αὐτοῖς ζωὴν αἰώνιον. 17.3 αὕτη δέ ἐστιν ἡ   αἰώνιος ζωή,
VSAA--ZS NPDMZP N-AF-S A--AF-S   APDNF-S CC VIPA--ZS DNFS A--NF-S N-NF-S

ἵνα γινώσκωσιν σὲ   τὸν μόνον ἀληθινὸν θεὸν καὶ ὃν
ABR VSPA--ZP   NPA-YS DAMS A--AM-S A--AM-S N-AM-S CC APRAM-S+

ἀπέστειλας Ἰησοῦν Χριστόν. 17.4 ἐγώ σε   ἐδόξασα ἐπὶ τῆς
VIAA--YS   N-AM-S N-AM-S   NPN-XS NPA-YS VIAA--XS PG DGFS

γῆς, τὸ ἔργον τελειώσας ὃ   δέδωκάς μοι ἵνα ποιήσω·
N-GF-S DANS N-AN-S VPAANMXS APRAN-S VIRA--YS NPD-XS ABR VSAA--XS

17.5 καὶ νῦν δόξασόν με   σύ,   πάτερ, παρὰ σεαυτῷ τῇ δόξῃ
     CC AB VMAA--YS NPA-XS NPN-YS N-VM-S PD   NPDMYS DDFS N-DF-S

ᾗ   εἶχον πρὸ τοῦ τὸν κόσμον εἶναι παρὰ σοί.
APRDF-S☐APRAF-S VIIA--XS PG DGNS DAMS N-AM-S VNPAG PD NPD-YS

17.6 Ἐφανέρωσά σου τὸ ὄνομα τοῖς ἀνθρώποις οὓς
     VIAA--XS   NPG-YS DANS N-AN-S DDMP N-DM-P   APRAM-P

ἔδωκάς μοι ἐκ τοῦ κόσμου. σοὶ ἦσαν κἀμοὶ αὐτοὺς ἔδωκας,
VIAA--YS NPD-XS PG DGMS N-GM-S NPD-YS VIIA--ZP CC&NPD-XS NPAMZP VIAA--YS

καὶ τὸν λόγον σου τετήρηκαν. 17.7 νῦν ἔγνωκαν ὅτι πάντα
CC DAMS N-AM-S NPG-YS VIRA--ZP   AB VIRA--ZP CC AP-NN-P

ὅσα   δέδωκάς μοι παρὰ σοῦ εἰσιν· 17.8 ὅτι τὰ ῥήματα ἃ
APRAN-P VIRA--YS NPD-XS PG NPG-YS VIPA--ZP   CS DANP N-AN-P APRAN-P

ἔδωκάς μοι δέδωκα αὐτοῖς, καὶ αὐτοὶ ἔλαβον καὶ ἔγνωσαν
VIAA--YS NPD-XS VIRA--XS NPDMZP CC NPNMZP VIAA--ZP CC VIAA--ZP

ἀληθῶς ὅτι παρὰ σοῦ ἐξῆλθον, καὶ ἐπίστευσαν ὅτι σύ   με
AB   CC PG NPG-YS VIAA--XS CC VIAA--ZP   CC NPN-YS NPA-XS

ἀπέστειλας. 17.9 ἐγὼ περὶ αὐτῶν ἐρωτῶ· οὐ περὶ τοῦ κόσμου
VIAA--YS   NPN-XS PG NPGMZP VIPA--XS AB PG DGMS N-GM-S

ἐρωτῶ ἀλλὰ περὶ ὧν   δέδωκάς μοι, ὅτι σοί
VIPA--XS CH PG APRGM-P☐APDGM-P&APRAM-P VIRA--YS NPD-XS CS NPD-YS

εἰσιν, 17.10 καὶ τὰ ἐμὰ   πάντα σά   ἐστιν καὶ τὰ σὰ
VIPA--ZP   CC DNNP AP-NNXP A--NN-P A--NNYP VIPA--ZS CC DNNP AP-NNYP

ἐμά,   καὶ δεδόξασμαι ἐν αὐτοῖς.   17.11 καὶ οὐκέτι εἰμὶ ἐν
A--NNXP CC VIRP--XS   PD NPDMZP/NPDNZP   CC AB VIPA--XS PD

τῷ κόσμῳ, καὶ αὐτοὶ ἐν τῷ κόσμῳ εἰσίν, κἀγὼ   πρὸς σὲ
DDMS N-DM-S CC NPNMZP PD DDMS N-DM-S VIPA--ZP CC&NPN-XS PA NPA-XS

ἔρχομαι. Πάτερ ἅγιε, τήρησον αὐτοὺς ἐν τῷ ὀνόματί σου
VIPN--XS N-VM-S A--VM-S VMAA--YS NPAMZP PD DDNS N-DN-S NPG-YS

ᾧ   δέδωκάς μοι, ἵνα ὦσιν ἓν   καθὼς ἡμεῖς.
APRDN-S☐APRAN-S VIRA--YS NPD-XS CS VSPA--ZP APCNN-S CS   NPN-XP

17.12 ὅτε ἤμην μετ᾽ αὐτῶν ἐγὼ ἐτήρουν αὐτοὺς ἐν τῷ ὀνόματί
CS VIIM--XS PG NPGMZP NPN-XS VIIA--XS NPAMZP PD DDNS N-DN-S

σου ᾧ δέδωκάς μοι, καὶ ἐφύλαξα, καὶ οὐδεὶς ἐξ αὐτῶν
NPG-YS APRDN-S□APRAN-S VIRA--YS NPD-XS CC VIAA--XS CC APCNM-S PG NPGMZP

ἀπώλετο εἰ μὴ ὁ υἱὸς τῆς ἀπωλείας, ἵνα ἡ γραφὴ πληρωθῇ.
VIAM--ZS CS AB DNMS N-NM-S DGFS N-GF-S CH DNFS N-NF-S VSAP--ZS

17.13 νῦν δὲ πρὸς σὲ ἔρχομαι, καὶ ταῦτα λαλῶ ἐν τῷ κόσμῳ
AB CC PA NPA-YS VIPN--XS CC APDAN-P VIPA--XS PD DDMS N-DM-S

ἵνα ἔχωσιν τὴν χαρὰν τὴν ἐμὴν πεπληρωμένην ἐν ἑαυτοῖς.
CS VSPA--ZP DAFS N-AF-S DAFS A--AFXS VPRPAF-S PD NPDMZP

17.14 ἐγὼ δέδωκα αὐτοῖς τὸν λόγον σου, καὶ ὁ κόσμος
NPN-XS VIRA--XS NPDMZP DAMS N-AM-S NPG-YS CC DNMS N-NM-S

ἐμίσησεν αὐτούς, ὅτι οὐκ εἰσὶν ἐκ τοῦ κόσμου καθὼς ἐγὼ οὐκ
VIAA--ZS NPAMZP CS AB VIPA--ZP PG DGMS N-GM-S CS NPN-XS AB

εἰμὶ ἐκ τοῦ κόσμου. 17.15 οὐκ ἐρωτῶ ἵνα ἄρῃς αὐτοὺς ἐκ τοῦ
VIPA--XS PG DGMS N-GM-S AB VIPA--XS CC VSAA--YS NPAMZP PG DGMS

κόσμου ἀλλ᾽ ἵνα τηρήσῃς αὐτοὺς ἐκ τοῦ πονηροῦ. 17.16 ἐκ
N-GM-S CC CC VSAA--YS NPAMZP PG DGMS/DGNS AP-GM-S/AP-GN-S PG

τοῦ κόσμου οὐκ εἰσὶν καθὼς ἐγὼ οὐκ εἰμὶ ἐκ τοῦ κόσμου.
DGMS N-GM-S AB VIPA--ZP CS NPN-XS AB VIPA--XS PG DGMS N-GM-S

17.17 ἁγίασον αὐτοὺς ἐν τῇ ἀληθείᾳ· ὁ λόγος ὁ σὸς
VMAA--YS NPAMZP PD DDFS N-DF-S DNMS N-NM-S DNMS A--NMYS

ἀλήθειά ἐστιν. 17.18 καθὼς ἐμὲ ἀπέστειλας εἰς τὸν κόσμον,
N-NF-S VIPA--ZS CS NPA-XS VIAA--YS PA DAMS N-AM-S

κἀγὼ ἀπέστειλα αὐτοὺς εἰς τὸν κόσμον· 17.19 καὶ ὑπὲρ αὐτῶν
AB&NPN-XS VIAA--XS NPAMZP PA DAMS N-AM-S CC PG NPGMZP

ἐγὼ ἁγιάζω ἐμαυτόν, ἵνα ὦσιν καὶ αὐτοὶ ἡγιασμένοι ἐν
NPN-XS VIPA--XS NPAMXS CS VSPA--ZP+ AB NPNMZP +VPRPNM-P PD

ἀληθείᾳ.
N-DF-S

17.20 Οὐ περὶ τούτων δὲ ἐρωτῶ μόνον, ἀλλὰ καὶ περὶ
AB PG APDGM-P CC VIPA--XS AP-AN-S□AB CH AB PG

τῶν πιστευόντων διὰ τοῦ λόγου αὐτῶν εἰς ἐμέ,
DGMP□NPGMZP&APRNM-P VPPAGM-P PG DGMS N-GM-S NPGMZP PA NPA-XS

17.21 ἵνα πάντες ἓν ὦσιν, καθὼς σύ, πάτερ, ἐν ἐμοὶ κἀγὼ
CC AP-NM-P APCNN-S VSPA--ZP CS NPN-YS N-VM-S PD NPD-XS CC&NPN-XS

ἐν σοί, ἵνα καὶ αὐτοὶ ἐν ἡμῖν ὦσιν, ἵνα ὁ κόσμος πιστεύῃ ὅτι
PD NPD-YS CC AB NPNMZP PD NPD-XP VSPA--ZP CS DNMS N-NM-S VSPA--ZS CC

σύ με ἀπέστειλας. 17.22 κἀγὼ τὴν δόξαν ἣν δέδωκάς
NPN-YS NPA-XS VIAA--YS CC&NPN-XS DAFS N-AF-S APRAF-S VIRA--YS

μοι δέδωκα αὐτοῖς, ἵνα ὦσιν ἓν καθὼς ἡμεῖς ἕν,
NPD-XS VIRA--XS NPDMZP CS VSPA--ZP APCNN-S CS NPN-XP APCNN-S

17.23 ἐγὼ ἐν αὐτοῖς καὶ σὺ ἐν ἐμοί, ἵνα ὦσιν τετελειωμένοι
NPN-XS PD NPDMZP CC NPN-YS PD NPD-XS CS VSPA--ZP+ +VPRPNM-P

εἰς ἕν, ἵνα γινώσκῃ ὁ κόσμος ὅτι σύ με ἀπέστειλας καὶ
PA APCAN-S CS VSPA--ZS DNMS N-NM-S CC NPN-YS NPA-XS VIAA--YS CC

ἠγάπησας αὐτοὺς καθὼς ἐμὲ ἠγάπησας. 17.24 Πάτερ, ὃ
VIAA--YS NPAMZP CS NPA-XS VIAA--YS N-VM-S APRAN-S+

δέδωκάς μοι, θέλω ἵνα ὅπου εἰμὶ ἐγὼ κἀκεῖνοι ὦσιν μετ᾽
VIRA--YS NPD-XS VIPA--XS ABR/CC CS VIPA--XS NPN-XS AB&APDNM-P VSPA--ZP PG

ἐμοῦ, ἵνα θεωρῶσιν τὴν δόξαν τὴν ἐμὴν ἣν δέδωκάς μοι, ὅτι
NPG-XS CS VSPA--ZP DAFS N-AF-S DAFS A--AFXS APRAF-S VIRA--YS NPD-XS CS

ἠγάπησάς με πρὸ καταβολῆς κόσμου. 17.25 πάτερ δίκαιε, καὶ
VIAA--YS NPA-XS PG N-GF-S N-GM-S N-VM-S A--VM-S AB

ὁ κόσμος σε οὐκ ἔγνω, ἐγὼ δέ σε ἔγνων, καὶ οὗτοι
DNMS N-NM-S NPA-YS AB VIAA--ZS NPN-XS CH NPA-YS VIAA--XS CC APDNM-P

ἔγνωσαν ὅτι σύ με ἀπέστειλας, 17.26 καὶ ἐγνώρισα αὐτοῖς
VIAA--ZP CC NPN-YS NPA-XS VIAA--YS CC VIAA--XS NPDMZP

τὸ ὄνομά σου καὶ γνωρίσω, ἵνα ἡ ἀγάπη ἣν ἠγάπησάς
DANS N-AN-S NPG-YS CC VIFA--XS CS DNFS N-NF-S APRAF-S VIAA--YS

με ἐν αὐτοῖς ᾖ κἀγὼ ἐν αὐτοῖς.
NPA-XS PD NPDMZP VSPA--ZS CC&NPN-XS PD NPDMZP

18.1 Ταῦτα εἰπὼν Ἰησοῦς ἐξῆλθεν σὺν τοῖς μαθηταῖς αὐτοῦ
APDAN-P VPAANM-S N-NM-S VIAA--ZS PD DDMP N-DM-P NPGMZS

πέραν τοῦ χειμάρρου τοῦ Κεδρὼν ὅπου ἦν κῆπος, εἰς ὃν
PG DGMS N-GM-S DGMS N-GM-S ABR VIIA--ZS N-NM-S PA APRAM-S

εἰσῆλθεν αὐτὸς καὶ οἱ μαθηταὶ αὐτοῦ. 18.2 ᾔδει δὲ καὶ Ἰούδας
VIAA--ZS NPNMZS CC DNMP N-NM-P NPGMZS VILA--ZS CC AB N-NM-S

ὁ παραδιδοὺς αὐτὸν τὸν τόπον, ὅτι πολλάκις συνήχθη
DNMS□APRNM-S VPPANM-S NPAMZS DAMS N-AM-S CS AB VIAP--ZS

Ἰησοῦς ἐκεῖ μετὰ τῶν μαθητῶν αὐτοῦ. 18.3 ὁ οὖν Ἰούδας
N-NM-S AB PG DGMP N-GM-P NPGMZS DNMS CH N-NM-S

λαβὼν τὴν σπεῖραν καὶ ἐκ τῶν ἀρχιερέων καὶ ἐκ τῶν Φαρισαίων
VPAANM-S DAFS N-AF-S CC PG DGMP N-GM-P CC PG DGMP N-GM-P

ὑπηρέτας ἔρχεται ἐκεῖ μετὰ φανῶν καὶ λαμπάδων καὶ ὅπλων.
N-AM-P VIPN--ZS AB PG N-GM-P CC N-GF-P CC N-GN-P

18.4 Ἰησοῦς οὖν εἰδὼς πάντα τὰ ἐρχόμενα ἐπ᾽ αὐτὸν
N-NM-S CH VPRANM-S AP-AN-P DANP□APRNN-P VPPNAN-P PA NPAMZS

ἐξῆλθεν καὶ λέγει αὐτοῖς, Τίνα ζητεῖτε; 18.5 ἀπεκρίθησαν αὐτῷ,
VIAA--ZS CC VIPA--ZS NPDMZP APTAM-S VIPA--YP VIAO--ZP NPDMZS

Ἰησοῦν τὸν Ναζωραῖον. λέγει αὐτοῖς, Ἐγώ εἰμι. εἱστήκει δὲ
N-AM-S DAMS N-AM-S VIPA--ZS NPDMZP NPN-XS VIPA--XS VILA--ZS CS

καὶ Ἰούδας ὁ παραδιδοὺς αὐτὸν μετ᾽ αὐτῶν. 18.6 ὡς οὖν
AB N-NM-S DNMS□APRNM-S VPPANM-S NPAMZS PG NPGMZS CS CH

εἶπεν αὐτοῖς, Ἐγώ εἰμι, ἀπῆλθον εἰς τὰ ὀπίσω καὶ ἔπεσαν
VIAA--ZS NPDMZP NPN-XS VIPA--XS VIAA--ZP PA DANP AB□AP-AN-P CC VIAA--ZP

χαμαί. 18.7 πάλιν οὖν ἐπηρώτησεν αὐτούς, Τίνα ζητεῖτε;
AB AB CC/CH VIAA--ZS NPAMZP APTAM-S VIPA--YP

οἱ   δὲ εἶπαν, Ἰησοῦν τὸν Ναζωραῖον. 18.8 ἀπεκρίθη
DNMP□NPNMZP CH   VIAA--ZP N-AM-S   DAMS N-AM-S   VIAO--ZS

Ἰησοῦς, Εἶπον ὑμῖν ὅτι ἐγώ εἰμι· εἰ οὖν ἐμὲ ζητεῖτε, ἄφετε
N-NM-S   VIAA--XS NPD-YP CH NPN-XS VIPA--XS CS CH NPA-XS VIPA--YP VMAA--YP

τούτους ὑπάγειν· 18.9 ἵνα πληρωθῇ ὁ λόγος ὃν εἶπεν ὅτι
APDAM-P VNPA   CH VSAP--ZS DNMS N-NM-S APRAM-S VIAA--ZS ABR

Οὓς   δέδωκάς μοι ουκ ἀπώλεσα ἐξ αὐτῶν οὐδένα. 18.10 Σίμων
APRAM-P+ VIRA--YS NPD-XS AB VIAA--XS PG NPGMZP APCAM-S   N-NM-S

οὖν Πέτρος ἔχων μάχαιραν εἵλκυσεν αὐτὴν καὶ ἔπαισεν τὸν
CC/CH N-NM-S VPPANM-S N-AF-S VIAA--ZS NPAFZS CC VIAA--ZS DAMS

τοῦ ἀρχιερέως δοῦλον καὶ ἀπέκοψεν αὐτοῦ τὸ ὠτάριον τὸ
DGMS N-GM-S   N-AM-S CC VIAA--ZS NPGMZS DANS N-AN-S DANS

δεξιόν. ἦν   δὲ ὄνομα τῷ δούλῳ Μάλχος. 18.11 εἶπεν οὖν ὁ
A--AN-S VIIA--ZS CS N-NN-S DDMS N-DM-S N-NM-S   VIAA--ZS CH DNMS

Ἰησοῦς τῷ Πέτρῳ, Βάλε τὴν μάχαιραν εἰς τὴν θήκην· τὸ
N-NM-S DDMS N-DM-S VMAA--YS DAFS N-AF-S PA DAFS N-AF-S DANS

ποτήριον ὃ   δέδωκέν μοι ὁ πατὴρ οὐ μὴ πίω αὐτό;
N-AN-S APRAN-S VIRA--ZS NPD-XS DNMS N-NM-S QT QT VSAA--XS NPANZS

18.12 Ἡ   οὖν σπεῖρα καὶ ὁ χιλίαρχος καὶ οἱ ὑπηρέται
      DNFS CH N-NF-S CC DNMS N-NM-S CC DNMP N-NM-P

τῶν Ἰουδαίων συνέλαβον τὸν Ἰησοῦν καὶ ἔδησαν αὐτὸν
DGMP AP-GM-P VIAA--ZP DAMS N-AM-S CC VIAA--ZP NPAMZS

18.13 καὶ ἤγαγον πρὸς Ἄνναν πρῶτον· ἦν γὰρ πενθερὸς τοῦ
      CC VIAA--ZP PA N-AM-S APOAN-S□AB VIIA--ZS CS N-NM-S DGMS

Καϊάφα, ὃς ἦν ἀρχιερεὺς τοῦ ἐνιαυτοῦ ἐκείνου· 18.14 ἦν
N-GM-S APRNM-S VIIA--ZS N-NM-S DGMS N-GM-S A-DGM-S   VIIA--ZS

δὲ Καϊάφας ὁ   συμβουλεύσας τοῖς Ἰουδαίοις ὅτι
CS N-NM-S DNMS□NPNMZS&APRNM-S VPAANM-S DDMP AP-DM-P   CC

συμφέρει ἕνα ἄνθρωπον ἀποθανεῖν ὑπὲρ τοῦ λαοῦ.
VIPA--ZS A-CAM-S N-AM-S VNAA PG DGMS N-GM-S

18.15 Ἠκολούθει δὲ τῷ Ἰησοῦ Σίμων Πέτρος καὶ ἄλλος
      VIIA--ZS CC DDMS N-DM-S N-NM-S N-NM-S CC A--NM-S

μαθητής. ὁ δὲ μαθητὴς ἐκεῖνος ἦν γνωστὸς τῷ ἀρχιερεῖ,
N-NM-S DNMS CC N-NM-S A-DNM-S VIIA--ZS A--NM-S DDMS N-DM-S

καὶ συνεισῆλθεν τῷ Ἰησοῦ εἰς τὴν αὐλὴν τοῦ ἀρχιερέως,
CC VIAA--ZS DDMS N-DM-S PA DAFS N-AF-S DGMS N-GM-S

18.16 ὁ δὲ Πέτρος εἱστήκει πρὸς τῇ θύρᾳ ἔξω. ἐξῆλθεν οὖν
      DNMS CH N-NM-S VILA--ZS PD DDFS N-DF-S AB VIAA--ZS CC/CH

ὁ μαθητὴς ὁ ἄλλος ὁ γνωστὸς τοῦ ἀρχιερέως καὶ εἶπεν
DNMS N-NM-S DNMS A--NM-S DNMS A--NM-S DGMS N-GM-S CC VIAA--ZS

τῇ θυρωρῷ καὶ εἰσήγαγεν τὸν Πέτρον. 18.17 λέγει οὖν τῷ
DDFS N-DF-S CC VIAA--ZS DAMS N-AM-S   VIPA--ZS CH DDMS

Πέτρῳ ἡ παιδίσκη ἡ θυρωρός, Μὴ καὶ σὺ ἐκ τῶν μαθητῶν
N-DM-S DNFS N-NF-S DNFS N-NF-S QT AB NPN-YS PG DGMP N-GM-P

εἶ τοῦ ἀνθρώπου τούτου; λέγει ἐκεῖνος, Οὐκ εἰμί.
VIPA--YS DGMS N-GM-S A-DGM-S VIPA--ZS APDNM-S AB VIPA--XS

18.18 εἱστήκεισαν δὲ οἱ δοῦλοι καὶ οἱ ὑπηρέται ἀνθρακιὰν
VILA--ZP CC DNMP N-NM-P CC DNMP N-NM-P N-AF-S

πεποιηκότες, ὅτι ψῦχος ἦν, καὶ ἐθερμαίνοντο· ἦν δὲ καὶ ὁ
VPRANM-P CS N-NN-S VIIA--ZS CC VIIN--ZP VIIA--ZS+ CC AB DNMS

Πέτρος μετ᾽ αὐτῶν ἑστὼς καὶ θερμαινόμενος.
N-NM-S PG NPGMZP +VPRANM-S CC +VPPNNM-S

18.19 Ὁ οὖν ἀρχιερεὺς ἠρώτησεν τὸν Ἰησοῦν περὶ τῶν
DNMS CC N-NM-S VIAA--ZS DAMS N-AM-S PG DGMP

μαθητῶν αὐτοῦ καὶ περὶ τῆς διδαχῆς αὐτοῦ. 18.20 ἀπεκρίθη αὐτῷ
N-GM-P NPGMZS CC PG DGFS N-GF-S NPGMZS VIAO--ZS NPDMZS

Ἰησοῦς, Ἐγὼ παρρησίᾳ λελάληκα τῷ κόσμῳ· ἐγὼ πάντοτε
N-NM-S NPN-XS N-DF-S VIRA--XS DDMS N-DM-S NPN-XS AB

ἐδίδαξα ἐν συναγωγῇ καὶ ἐν τῷ ἱερῷ, ὅπου πάντες οἱ Ἰουδαῖοι
VIAA--XS PD N-DF-S CC PD DDNS AP-DN-S ABR A--NM-P DNMP AP-NM-P

συνέρχονται, καὶ ἐν κρυπτῷ ἐλάλησα οὐδέν. 18.21 τί με
VIPN--ZP CC PD AP-DN-S VIAA--XS APCAN-S APTAN-S□ABT NPA-XS

ἐρωτᾷς; ἐρώτησον τοὺς ἀκηκοότας τί ἐλάλησα
VIPA--YS VMAA--YS DAMP□NPAMZP&APRNM-P VPRAAM-P APTAN-S VIAA--XS

αὐτοῖς· ἴδε οὗτοι οἴδασιν ἃ εἶπον ἐγώ.
NPDMZP QS APDNM-P VIRA--ZP APRAN-P□APDAN-P&APRAN-P VIAA--XS NPN-XS

18.22 ταῦτα δὲ αὐτοῦ εἰπόντος εἷς παρεστηκὼς τῶν ὑπηρετῶν
APDAN-P CH NPGMZS VPAAGM-S APCNM-S VPRANM-S DGMP N-GM-P

ἔδωκεν ῥάπισμα τῷ Ἰησοῦ εἰπών, Οὕτως ἀποκρίνῃ τῷ
VIAA--ZS N-AN-S DDMS N-DM-S VPAANM-S AB VIPN--YS DDMS

ἀρχιερεῖ; 18.23 ἀπεκρίθη αὐτῷ Ἰησοῦς, Εἰ κακῶς ἐλάλησα,
N-DM-S VIAO--ZS NPDMZS N-NM-S CS AB VIAA--XS

μαρτύρησον περὶ τοῦ κακοῦ· εἰ δὲ καλῶς, τί με δέρεις;
VMAA--YS PG DGNS AP-GN-S CS CC/CH AB APTAN-S□ABT NPA-XS VIPA--YS

18.24 ἀπέστειλεν οὖν αὐτὸν ὁ Ἄννας δεδεμένον πρὸς
VIAA--ZS CC NPAMZS DNMS N-NM-S VPRPAM-S PA

Καϊάφαν τὸν ἀρχιερέα.
N-AM-S DAMS N-AM-S

18.25 Ἦν δὲ Σίμων Πέτρος ἑστὼς καὶ θερμαινόμενος.
VIIA--ZS+ CC N-NM-S N-NM-S +VPRANM-S CC +VPPNNM-S

εἶπον οὖν αὐτῷ, Μὴ καὶ σὺ ἐκ τῶν μαθητῶν αὐτοῦ εἶ;
VIAA--ZP CH NPDMZS QT AB NPN-YS PG DGMP N-GM-P NPGMZS VIPA--YS

ἠρνήσατο ἐκεῖνος καὶ εἶπεν, Οὐκ εἰμί. 18.26 λέγει εἷς ἐκ τῶν
VIAD--ZS APDNM-S CC VIAA--ZS AB VIPA--XS VIPA--ZS APCNM-S PG DGMP

δούλων τοῦ ἀρχιερέως, συγγενὴς ὢν οὗ
N-GM-P DGMS N-GM-S AP-NM-S VPPANM-S APRGM-S□APDGM-S&APRGM-S

ἀπέκοψεν Πέτρος τὸ ὠτίον, Οὐκ ἐγώ σε εἶδον ἐν τῷ κήπῳ
VIAA--ZS N-NM-S DANS N-AN-S QT NPN-XS NPA-YS VIAA--XS PD DDMS N-DM-S

μετ' αὐτοῦ; 18.27 πάλιν οὖν ἠρνήσατο Πέτρος· καὶ εὐθέως
PG NPGMZS AB CH VIAD--ZS N-NM-S CC AB

ἀλέκτωρ ἐφώνησεν.
N-NM-S VIAA--ZS

18.28 Ἄγουσιν οὖν τὸν Ἰησοῦν ἀπὸ τοῦ Καϊάφα εἰς τὸ
VIPA--ZP CC DAMS N-AM-S PG DGMS N-GM-S PA DANS

πραιτώριον· ἦν δὲ πρωΐ· καὶ αὐτοὶ οὐκ εἰσῆλθον εἰς τὸ
N-AN-S VIIA--ZS CS AB CC NPNMZP AB VIAA--ZP PA DANS

πραιτώριον, ἵνα μὴ μιανθῶσιν ἀλλὰ φάγωσιν τὸ πάσχα.
N-AN-S CS AB VSAP--ZP CH VSAA--ZP DANS N-AN-S

18.29 ἐξῆλθεν οὖν ὁ Πιλᾶτος ἔξω πρὸς αὐτοὺς καὶ φησίν, Τίνα
VIAA--ZS CH DNMS N-NM-S AB PA NPAMZP CC VIPA--ZS A-TAF-S

κατηγορίαν φέρετε [κατὰ] τοῦ ἀνθρώπου τούτου;
N-AF-S VIPA--YP PG DGMS N-GM-S A-DGM-S

18.30 ἀπεκρίθησαν καὶ εἶπαν αὐτῷ, Εἰ μὴ ἦν οὗτος κακὸν
VIAO--ZP CC VIAA--ZP NPDMZS CS AB VIIA--ZS+ APDNM-S AP-AN-S

ποιῶν, οὐκ ἄν σοι παρεδώκαμεν αὐτόν. 18.31 εἶπεν οὖν αὐτοῖς
+VPPANM-S AB QV NPD-YS VIAA--XP NPAMZS VIAA--ZS CH NPDMZP

ὁ Πιλᾶτος, Λάβετε αὐτὸν ὑμεῖς, καὶ κατὰ τὸν νόμον ὑμῶν
DNMS N-NM-S VMAA--YP NPAMZS NPN-YP CC PA DAMS N-AM-S NPG-YP

κρίνατε αὐτόν. εἶπον αὐτῷ οἱ Ἰουδαῖοι, Ἡμῖν οὐκ ἔξεστιν
VMAA--YP NPAMZS VIAA--ZP NPDMZS DNMP AP-NM-P NPD-XP AB VIPA--ZS

ἀποκτεῖναι οὐδένα· 18.32 ἵνα ὁ λόγος τοῦ Ἰησοῦ πληρωθῇ
VNAA APCAM-S CH DNMS N-NM-S DGMS N-GM-S VSAP--ZS

ὃν εἶπεν σημαίνων ποίῳ θανάτῳ ἤμελλεν ἀποθνῄσκειν.
APRAM-S VIAA--ZS VPPANM-S A-TDM-S N-DM-S VIIA--ZS+ +VNPA

18.33 Εἰσῆλθεν οὖν πάλιν εἰς τὸ πραιτώριον ὁ Πιλᾶτος καὶ
VIAA--ZS CC/CH AB PA DANS N-AN-S DNMS N-NM-S CC

ἐφώνησεν τὸν Ἰησοῦν καὶ εἶπεν αὐτῷ, Σὺ εἶ ὁ βασιλεὺς
VIAA--ZS DAMS N-AM-S CC VIAA--ZS NPDMZS NPN-YS VIPA--YS DNMS N-NM-S

τῶν Ἰουδαίων; 18.34 ἀπεκρίθη Ἰησοῦς, Ἀπὸ σεαυτοῦ σὺ
DGMP AP-GM-P VIAO--ZS N-NM-S PG NPGMYS NPN-YS

τοῦτο λέγεις ἢ ἄλλοι εἶπόν σοι περὶ ἐμοῦ; 18.35 ἀπεκρίθη ὁ
APDAN-S VIPA--YS CC AP-NM-P VIAA--ZP NPD-YS PG NPG-XS VIAO--ZS DNMS

Πιλᾶτος, Μήτι ἐγὼ Ἰουδαῖός εἰμι; τὸ ἔθνος τὸ σὸν καὶ οἱ
N-NM-S QT NPN-XS A--NM-S VIPA--XS DNNS N-NN-S DNNS A--NNYS CC DNMP

ἀρχιερεῖς παρέδωκάν σε ἐμοί· τί ἐποίησας; 18.36 ἀπεκρίθη
N-NM-P VIAA--ZP NPA-YS NPD-XS APTAN-S VIAA--YS VIAO--ZS

Ἰησοῦς, Ἡ βασιλεία ἡ ἐμὴ οὐκ ἔστιν ἐκ τοῦ κόσμου
N-NM-S DNFS N-NF-S DNFS A--NFXS AB VIPA--ZS PG DGMS N-GM-S

τούτου· εἰ ἐκ τοῦ κόσμου τούτου ἦν ἡ βασιλεία ἡ ἐμή,
A-DGM-S CS PG DGMS N-GM-S A-DGM-S VIIA--ZS DNFS N-NF-S DNFS A--NFXS

οἱ ὑπηρέται οἱ ἐμοὶ ἠγωνίζοντο [ἄν], ἵνα μὴ παραδοθῶ τοῖς
DNMP N-NM-P DNMP A--NMXP VIIN--ZP QV CS AB VSAP--XS DDMP

Ἰουδαίοις· νῦν δὲ ἡ βασιλεία ἡ ἐμὴ οὐκ ἔστιν ἐντεῦθεν.
AP-DM-P AB CH DNFS N-NF-S DNFS A--NFXS AB VIPA--ZS AB

18.37 εἶπεν οὖν αὐτῷ ὁ Πιλᾶτος, Οὐκοῦν βασιλεὺς εἶ σύ;
VIAA--ZS CH NPDMZS DNMS N-NM-S CH N-NM-S VIPA--YS NPN-YS

ἀπεκρίθη ὁ Ἰησοῦς, Σὺ λέγεις ὅτι βασιλεύς εἰμι. ἐγὼ εἰς
VIAO--ZS DNMS N-NM-S NPN-YS VIPA--YS CC N-NM-S VIPA--XS NPN-XS PA

τοῦτο γεγέννημαι καὶ εἰς τοῦτο ἐλήλυθα εἰς τὸν κόσμον, ἵνα
APDAN-S VIRP--XS CC PA APDAN-S VIRA--XS PA DAMS N-AM-S CS

μαρτυρήσω τῇ ἀληθείᾳ· πᾶς ὁ ὢν ἐκ τῆς
VSAA--XS DDFS N-DF-S AP-NM-S DNMS□APRNM-S VPPANM-S PG DGFS

ἀληθείας ἀκούει μου τῆς φωνῆς. 18.38 λέγει αὐτῷ ὁ Πιλᾶτος,
N-GF-S VIPA--ZS NPG-XS DGFS N-GF-S VIPA--ZS NPDMZS DNMS N-NM-S

Τί ἐστιν ἀλήθεια;
APTNN-S VIPA--ZS N-NF-S

Καὶ τοῦτο εἰπὼν πάλιν ἐξῆλθεν πρὸς τοὺς Ἰουδαίους, καὶ
CC APDAN-S VPAANM-S AB VIAA--ZS PA DAMP AP-AM-P CC

λέγει αὐτοῖς, Ἐγὼ οὐδεμίαν εὑρίσκω ἐν αὐτῷ αἰτίαν. 18.39 ἔστιν
VIPA--ZS NPDMZP NPN-XS A-CAF-S VIPA--XS PD NPDMZS N-AF-S VIPA--ZS

δὲ συνήθεια ὑμῖν ἵνα ἕνα ἀπολύσω ὑμῖν ἐν τῷ πάσχα·
CC N-NF-S NPD-YP ABR APCAM-S VSAA--XS NPD-YP PD DDNS N-DN-S

βούλεσθε οὖν ἀπολύσω ὑμῖν τὸν βασιλέα τῶν Ἰουδαίων;
VIPN--YP CH VSAA--XS NPD-YP DAMS N-AM-S DGMP AP-GM-P

18.40 ἐκραύγασαν οὖν πάλιν λέγοντες, Μὴ τοῦτον ἀλλὰ τὸν
VIAA--ZP CH AB VPPANM-P AB APDAM-S CH DAMS

Βαραββᾶν. ἦν δὲ ὁ Βαραββᾶς λῃστής.
N-AM-S VIIA--ZS CS DNMS N-NM-S N-NM-S

19.1 Τότε οὖν ἔλαβεν ὁ Πιλᾶτος τὸν Ἰησοῦν καὶ
AB CH VIAA--ZS DNMS N-NM-S DAMS N-AM-S CC

ἐμαστίγωσεν. 19.2 καὶ οἱ στρατιῶται πλέξαντες στέφανον ἐξ
VIAA--ZS CC DNMP N-NM-P VPAANM-P N-AM-S PG

ἀκανθῶν ἐπέθηκαν αὐτοῦ τῇ κεφαλῇ, καὶ ἱμάτιον πορφυροῦν
N-GF-P VIAA--ZP NPGMZS DDFS N-DF-S CC N-AN-S A--AN-S

περιέβαλον αὐτόν, 19.3 καὶ ἤρχοντο πρὸς αὐτὸν καὶ ἔλεγον,
VIAA--ZP NPAMZS CC VIIN--ZP PA NPAMZS CC VIIA--ZP

Χαῖρε, ὁ βασιλεὺς τῶν Ἰουδαίων· καὶ ἐδίδοσαν αὐτῷ
VMPA--YS□QS DVMS N-NM-S□N-VM-S DGMP AP-GM-P CC VIIA--ZP NPDMZS

ῥαπίσματα. 19.4 Καὶ ἐξῆλθεν πάλιν ἔξω ὁ Πιλᾶτος καὶ λέγει
N-AN-P CC VIAA--ZS AB AB DNMS N-NM-S CC VIPA--ZS

αὐτοῖς, Ἴδε ἄγω ὑμῖν αὐτὸν ἔξω, ἵνα γνῶτε ὅτι οὐδεμίαν αἰτίαν
NPDMZP QS VIPA--XS NPD-YP NPAMZS AB CS VSAA--YP CC A-CAF-S N-AF-S

εὑρίσκω ἐν αὐτῷ. 19.5 ἐξῆλθεν οὖν ὁ Ἰησοῦς ἔξω, φορῶν τὸν
VIPA--XS PD NPDMZS VIAA--ZS CH DNMS N-NM-S AB VPPANM-S DAMS

ἀκάνθινον στέφανον καὶ τὸ πορφυροῦν ἱμάτιον. καὶ λέγει
A--AM-S N-AM-S CC DANS A--AN-S N-AN-S CC VIPA--ZS

αὐτοῖς, Ἰδοὺ ὁ ἄνθρωπος. 19.6 ὅτε οὖν εἶδον αὐτὸν οἱ
NPDMZP QS DNMS N-NM-S CS CH VIAA--ZP NPRAMZS DNMP

ἀρχιερεῖς καὶ οἱ ὑπηρέται ἐκραύγασαν λέγοντες, Σταύρωσον
N-NM-P CC DNMP N-NM-P VIAA--ZP VPPANM-P VMAA--YS

σταύρωσον. λέγει αὐτοῖς ὁ Πιλᾶτος, Λάβετε αὐτὸν ὑμεῖς καὶ
VMAA--YS VIPA--ZS NPDMZP DNMS N-NM-S VMAA--YP NPRAMZS NPN-YP CC

σταυρώσατε, ἐγὼ γὰρ οὐχ εὑρίσκω ἐν αὐτῷ αἰτίαν.
VMAA--YP NPN-XS CS AB VIPA--XS PD NPDMZS N-AF-S

19.7 ἀπεκρίθησαν αὐτῷ οἱ Ἰουδαῖοι, Ἡμεῖς νόμον ἔχομεν, καὶ
VIAO--ZP NPDMZS DNMP AP-NM-P NPN-XP N-AM-S VIPA--XP CC

κατὰ τὸν νόμον ὀφείλει ἀποθανεῖν, ὅτι υἱὸν θεοῦ ἑαυτὸν
PA DAMS N-AM-S VIPA--ZS VNAA CS N-AM-S N-GM-S NPRAMZS

ἐποίησεν.
VIAA--ZS

19.8 Ὅτε οὖν ἤκουσεν ὁ Πιλᾶτος τοῦτον τὸν λόγον,
CS CH VIAA--ZS DNMS N-NM-S A-DAM-S DAMS N-AM-S

μᾶλλον ἐφοβήθη, 19.9 καὶ εἰσῆλθεν εἰς τὸ πραιτώριον πάλιν καὶ
ABM VIAO--ZS CC VIAA--ZS PA DANS N-AN-S AB CC

λέγει τῷ Ἰησοῦ, Πόθεν εἶ σύ; ὁ δὲ Ἰησοῦς ἀπόκρισιν
VIPA--ZS DDMS N-DM-S ABT VIPA--YS NPN-YS DNMS CH N-NM-S N-AF-S

οὐκ ἔδωκεν αὐτῷ. 19.10 λέγει οὖν αὐτῷ ὁ Πιλᾶτος, Ἐμοὶ οὐ
AB VIAA--ZS NPDMZS VIPA--ZS CH NPDMZS DNMS N-NM-S NPD-XS QT

λαλεῖς; οὐκ οἶδας ὅτι ἐξουσίαν ἔχω ἀπολῦσαί σε καὶ ἐξουσίαν
VIPA--YS QT VIRA--YS CC N-AF-S VIPA--XS VNAA NPA-YS CC N-AF-S

ἔχω σταυρῶσαί σε; 19.11 ἀπεκρίθη [αὐτῷ] Ἰησοῦς, Οὐκ εἶχες
VIPA--XS VNAA NPA-YS VIAO--ZS NPDMZS N-NM-S AB VIIA--YS

ἐξουσίαν κατ᾽ ἐμοῦ οὐδεμίαν εἰ μὴ ἦν δεδομένον σοι
N-AF-S PG NPG-XS A-CAF-S CS AB VIIA--ZS+ +VPRPNN-S NPD-YS

ἄνωθεν· διὰ τοῦτο ὁ παραδούς μέ σοι μείζονα
AB PA APDAN-S DNMS□NPNMZS&APRNM-S VPAANM-S NPA-XS NPD-YS A-MAF-S

ἁμαρτίαν ἔχει. 19.12 ἐκ τούτου ὁ Πιλᾶτος ἐζήτει ἀπολῦσαι
N-AF-S VIPA--ZS PG APDGN-S DNMS N-NM-S VIIA--ZS VNAA

αὐτόν· οἱ δὲ Ἰουδαῖοι ἐκραύγασαν λέγοντες, Ἐὰν τοῦτον
NPRAMZS DNMP CH AP-NM-P VIAA--ZP VPPANM-P CS APDAM-S

ἀπολύσῃς, οὐκ εἶ φίλος τοῦ Καίσαρος· πᾶς ὁ
VSAA--YS AB VIPA--YS AP-NM-S DGMS N-GM-S AP-NM-S DNMS□APRNM-S

βασιλέα ἑαυτὸν ποιῶν ἀντιλέγει τῷ Καίσαρι.
N-AM-S NPRAMZS VPPANM-S VIPA--ZS DDMS N-DM-S

19.13 Ὁ οὖν Πιλᾶτος ἀκούσας τῶν λόγων τούτων ἤγαγεν
DNMS CH N-NM-S VPAANM-S DGMP N-GM-P A-DGM-P VIAA--ZS

ἔξω τὸν Ἰησοῦν, καὶ ἐκάθισεν ἐπὶ βήματος εἰς τόπον λεγόμενον
AB DAMS N-AM-S CC VIAA--ZS PG N-GN-S PA N-AM-S VPPPAM-S

Λιθόστρωτον, Ἑβραϊστὶ δὲ Γαββαθα. 19.14 ἦν δὲ παρασκευὴ
AP-AM-S AB CS N-AN-S VIIA--ZS CS N-NF-S

τοῦ πάσχα, ὥρα ἦν ὡς ἕκτη. καὶ λέγει τοῖς Ἰουδαίοις, Ἴδε
DGNS N-GN-S   N-NF-S VIIA--ZS AB A-ONF-S CC VIPA--ZS DDMP AP-DM-P   QS

ὁ βασιλεὺς ὑμῶν. 19.15 ἐκραύγασαν οὖν ἐκεῖνοι, Ἆρον
DNMS N-NM-S NPG-YP   VIAA--ZP   CH APDNM-P   VMAA--YS

ἆρον, σταύρωσον αὐτόν. λέγει αὐτοῖς ὁ Πιλᾶτος, Τὸν βασιλέα
VMAA--YS VMAA--YS   NPAMZS VIPA--ZS NPDMZP DNMS N-NM-S   DAMS N-AM-S

ὑμῶν σταυρώσω; ἀπεκρίθησαν οἱ ἀρχιερεῖς, Οὐκ ἔχομεν
NPG-YP VSAA--XS   VIAO--ZP   DNMP N-NM-P   AB   VIPA--XP

βασιλέα εἰ μὴ Καίσαρα. 19.16 τότε οὖν παρέδωκεν αὐτὸν αὐτοῖς
N-AM-S CS AB N-AM-S   AB   CH VIAA--ZS   NPAMZS NPDMZP

ἵνα σταυρωθῇ.
CS VSAP--ZS

Παρέλαβον οὖν τὸν Ἰησοῦν· 19.17 καὶ βαστάζων ἑαυτῷ τὸν
VIAA--ZP CH DAMS N-AM-S   CC VPPANM-S NPDMZS DAMS

σταυρὸν ἐξῆλθεν εἰς τὸν λεγόμενον Κρανίου Τόπον,
N-AM-S VIAA--ZS PA DAMS□APRNM-S+ VPPPAM-S N-GN-S N-AM-S

ὃ λέγεται Ἑβραϊστὶ Γολγοθα, 19.18 ὅπου αὐτὸν ἐσταύρωσαν,
APRNN-S VIPP--ZS AB N-NF-S   ABR NPAMZS VIAA--ZP

καὶ μετ᾽ αὐτοῦ ἄλλους δύο ἐντεῦθεν καὶ ἐντεῦθεν, μέσον δὲ
CC PG NPGMZS AP-AM-P A-CAM-P AB   CC AB   AP-AN-S□AB CC

τὸν Ἰησοῦν. 19.19 ἔγραψεν δὲ καὶ τίτλον ὁ Πιλᾶτος καὶ ἔθηκεν
DAMS N-AM-S   VIAA--ZS CC AB N-AM-S DNMS N-NM-S CC VIAA--ZS

ἐπὶ τοῦ σταυροῦ· ἦν δὲ γεγραμμένον, Ἰησοῦς ὁ Ναζωραῖος
PG DGMS N-GM-S VIIA--ZS+ CC +VPRPNN-S   N-NM-S DNMS N-NM-S

ὁ βασιλεὺς τῶν Ἰουδαίων. 19.20 τοῦτον οὖν τὸν τίτλον πολλοὶ
DNMS N-NM-S DGMP AP-GM-P   A-DAM-S CH DAMS N-AM-S AP-NM-P

ἀνέγνωσαν τῶν Ἰουδαίων, ὅτι ἐγγὺς ἦν ὁ τόπος τῆς πόλεως
VIAA--ZP DGMP AP-GM-P CS PG VIIA--ZS DNMS N-NM-S DGFS N-GF-S

ὅπου ἐσταυρώθη ὁ Ἰησοῦς· καὶ ἦν γεγραμμένον
ABR VIAP--ZS DNMS N-NM-S CC VIIA--ZS+ +VPRPNN-S

Ἑβραϊστί, Ῥωμαϊστί, Ἑλληνιστί. 19.21 ἔλεγον οὖν τῷ Πιλάτῳ
AB   AB   AB   VIIA--ZP CH DDMS N-DM-S

οἱ ἀρχιερεῖς τῶν Ἰουδαίων, Μὴ γράφε, Ὁ βασιλεὺς τῶν
DNMP N-NM-P DGMP AP-GM-P AB VMPA--YS DNMS N-NM-S DGMP

Ἰουδαίων, ἀλλ᾽ ὅτι ἐκεῖνος εἶπεν, Βασιλεύς εἰμι τῶν Ἰουδαίων.
AP-GM-P CH CC APDNM-S VIAA--ZS N-NM-S VIPA--XS DGMP AP-GM-P

19.22 ἀπεκρίθη ὁ Πιλᾶτος, Ὃ γέγραφα,
      VIAO--ZS DNMS N-NM-S APRAN-S□APDAN-S&APRAN-S VIRA--XS

γέγραφα.
VIRA--XS

19.23 Οἱ οὖν στρατιῶται ὅτε ἐσταύρωσαν τὸν Ἰησοῦν
      DNMP CC N-NM-P   CS VIAA--ZP   DAMS N-AM-S

ἔλαβον τὰ ἱμάτια αὐτοῦ καὶ ἐποίησαν τέσσαρα μέρη, ἑκάστῳ
VIAA--ZP DANP N-AN-P NPGMZS CC VIAA--ZP A-CAN-P N-AN-P A--DM-S

στρατιώτῃ μέρος, καὶ τὸν χιτῶνα. ἦν δὲ ὁ χιτὼν ἄραφος, ἐκ
N-DM-S   N-AN-S   CC   DAMS N-AM-S   VIIA--ZS CS DNMS N-NM-S A--NM-S   PG

τῶν ἄνωθεν ὑφαντὸς δι' ὅλου. 19.24 εἶπαν οὖν πρὸς ἀλλήλους,
DGNP AB□AP-GN-P A--NM-S PG AP-GM-S   VIAA--ZP CH PA   NPAMZP

Μὴ σχίσωμεν αὐτόν, ἀλλὰ λάχωμεν περὶ αὐτοῦ τίνος ἔσται· ἵνα
AB VSAA--XP   NPAMZS CH   VSAA--XP PG NPGMZS APTGM-S VIFD--ZS CH

ἡ γραφὴ πληρωθῇ [ἡ   λέγουσα],
DNFS N-NF-S VSAP--ZS DNFS□APRNF-S VPPANF-S

Διεμερίσαντο τὰ ἱμάτιά μου ἑαυτοῖς
VIAM--ZP   DANP N-AN-P NPG-XS NPDMZP

καὶ ἐπὶ τὸν ἱματισμόν μου ἔβαλον κλῆρον.
CC   PA DAMS N-AM-S   NPG-XS VIAA--ZP N-AM-S

Οἱ μὲν οὖν στρατιῶται ταῦτα ἐποίησαν. 19.25 εἱστήκεισαν δὲ
DNMP CC CC   N-NM-P   APDAN-P VIAA--ZP   VILA--ZP   CC

παρὰ τῷ σταυρῷ τοῦ Ἰησοῦ ἡ μήτηρ αὐτοῦ καὶ ἡ ἀδελφὴ
PD DDMS N-DM-S DGMS N-GM-S DNFS N-NF-S NPGMZS CC DNFS N-NF-S

τῆς μητρὸς αὐτοῦ, Μαρία ἡ τοῦ Κλωπᾶ καὶ Μαρία ἡ
DGFS N-GF-S NPGMZS N-NF-S DNFS DGMS N-GM-S CC N-NF-S DNFS

Μαγδαληνή. 19.26 Ἰησοῦς οὖν ἰδὼν τὴν μητέρα καὶ τὸν
N-NF-S   N-NM-S   CH VPAANM-S DAFS N-AF-S CC DAMS

μαθητὴν παρεστῶτα ὃν ἠγάπα, λέγει τῇ μητρί, Γύναι, ἴδε
N-AM-S   VPRAAM-S APRAM-S VIIA--ZS VIPA--ZS DDFS N-DF-S N-VF-S QS

ὁ υἱός σου. 19.27 εἶτα λέγει τῷ μαθητῇ, Ἴδε ἡ μήτηρ
DNMS N-NM-S NPG-YS AB VIPA--ZS DDMS N-DM-S QS DNFS N-NF-S

σου. καὶ ἀπ' ἐκείνης τῆς ὥρας ἔλαβεν ὁ μαθητὴς αὐτὴν εἰς
NPG-YS CC PG A-DGF-S DGFS N-GF-S VIAA--ZS DNMS N-NM-S NPAFZS PA

τὰ ἴδια.
DANP AP-AN-P

19.28 Μετὰ τοῦτο εἰδὼς ὁ Ἰησοῦς ὅτι ἤδη πάντα
      PA APDAN-S VPRANM-S DNMS N-NM-S CC AB AP-NN-P

τετέλεσται, ἵνα τελειωθῇ ἡ γραφή, λέγει, Διψῶ. 19.29 σκεῦος
VIRP--ZS   CS VSAP--ZS DNFS N-NF-S VIPA--ZS VIPA--XS   N-NN-S

ἔκειτο ὄξους μεστόν· σπόγγον οὖν μεστὸν τοῦ ὄξους ὑσσώπῳ
VIIN--ZS N-GN-S A--NN-S N-AM-S CH A--AM-S DGNS N-GN-S N-DF-S/N-DM-S

περιθέντες προσήνεγκαν αὐτοῦ τῷ στόματι. 19.30 ὅτε οὖν
VPAANM-P   VIAA--ZP   NPGMZS DDNS N-DN-S   CS CH

ἔλαβεν τὸ ὄξος [ὁ] Ἰησοῦς εἶπεν, Τετέλεσται· καὶ κλίνας τὴν
VIAA--ZS DANS N-AN-S DNMS N-NM-S VIAA--ZS VIRP--ZS CC VPAANM-S DAFS

κεφαλὴν παρέδωκεν τὸ πνεῦμα.
N-AF-S   VIAA--ZS DANS N-AN-S

19.31 Οἱ οὖν Ἰουδαῖοι, ἐπεὶ παρασκευὴ ἦν, ἵνα μὴ μείνῃ
      DNMP CC AP-NM-P CS   N-NF-S VIIA--ZS CS AB VSAA--ZS

ἐπὶ τοῦ σταυροῦ τὰ σώματα ἐν τῷ σαββάτῳ, ἦν γὰρ
PG DGMS N-GM-S DNNP N-NN-P PD DDNS N-DN-S VIIA--ZS CS

μεγάλη ἡ ἡμέρα ἐκείνου τοῦ σαββάτου, ἠρώτησαν τὸν
A--NF-S DNFS N-NF-S A-DGN-S DGNS N-GN-S VIAA--ZP DAMS

Πιλᾶτον ἵνα κατεαγῶσιν αὐτῶν τὰ σκέλη καὶ ἀρθῶσιν.
N-AM-S CC VSAP--ZP NPGMZP DANP N-AN-P CC VSAP--ZP

19.32 ἦλθον οὖν οἱ στρατιῶται, καὶ τοῦ μὲν πρώτου κατέαξαν
VIAA--ZP CH DNMP N-NM-P CC DGMS CS APOGM-S VIAA--ZP

τὰ σκέλη καὶ τοῦ ἄλλου τοῦ συσταυρωθέντος αὐτῷ·
DANP N-AN-P CC DGMS AP-GM-S DGMS□APRNM-S VPAPGM-S NPDMZS

19.33 ἐπὶ δὲ τὸν Ἰησοῦν ἐλθόντες, ὡς εἶδον ἤδη αὐτὸν
PA CH DAMS N-AM-S VPAANM-P CS VIAA--ZP AB NPAMZS

τεθνηκότα, οὐ κατέαξαν αὐτοῦ τὰ σκέλη, 19.34 ἀλλ' εἰς τῶν
VPRAAM-S AB VIAA--ZP NPGMZS DANP N-AN-P CH APCNM-S DGMP

στρατιωτῶν λόγχῃ αὐτοῦ τὴν πλευρὰν ἔνυξεν, καὶ ἐξῆλθεν
N-GM-P N-DF-S NPGMZS DAFS N-AF-S VIAA--ZS CC VIAA--ZS

εὐθὺς αἷμα καὶ ὕδωρ. 19.35 καὶ ὁ ἑωρακὼς
AP-NM-S□AB N-NN-S CC N-NN-S CC DNMS□NPNMZS&APRNM-S VPRANM-S

μεμαρτύρηκεν, καὶ ἀληθινὴ αὐτοῦ ἐστιν ἡ μαρτυρία, καὶ
VIRA--ZS CC A--NF-S NPGMZS VIPA--ZS DNFS N-NF-S CC

ἐκεῖνος οἶδεν ὅτι ἀληθῆ λέγει, ἵνα καὶ ὑμεῖς πιστεύ[σ]ητε.
APDNM-S VIRA--ZS CC AP-AN-P VIPA--ZS CS AB NPN-YP VSAA--YP/VSPA--YP

19.36 ἐγένετο γὰρ ταῦτα ἵνα ἡ γραφὴ πληρωθῇ, Ὀστοῦν οὐ
VIAD--ZS CS APDNN-P CH DNFS N-NF-S VSAP--ZS N-NN-S AB

συντριβήσεται αὐτοῦ. 19.37 καὶ πάλιν ἑτέρα γραφὴ λέγει,
VIFP--ZS NPGMZS CC AB A--NF-S N-NF-S VIPA--ZS

Ὄψονται εἰς ὃν ἐξεκέντησαν.
VIFD--ZP PA APRAM-S□APDAM-S&APRAM-S VIAA--ZP

19.38 Μετὰ δὲ ταῦτα ἠρώτησεν τὸν Πιλᾶτον Ἰωσὴφ [ὁ] ἀπὸ
PA CC APDAN-P VIAA--ZS DAMS N-AM-S N-NM-S DNMS PG

Ἀριμαθαίας, ὢν μαθητὴς τοῦ Ἰησοῦ κεκρυμμένος δὲ διὰ
N-GF-S VPPANM-S N-NM-S DGMS N-GM-S VPRPNM-S CS PA

τὸν φόβον τῶν Ἰουδαίων, ἵνα ἄρῃ τὸ σῶμα τοῦ Ἰησοῦ· καὶ
DAMS N-AM-S DGMP AP-GM-P CC VSAA--ZS DANS N-AN-S DGMS N-GM-S CC

ἐπέτρεψεν ὁ Πιλᾶτος. ἦλθεν οὖν καὶ ἦρεν τὸ σῶμα αὐτοῦ.
VIAA--ZS DNMS N-NM-S VIAA--ZS CH CC VIAA--ZS DANS N-AN-S NPGMZS

19.39 ἦλθεν δὲ καὶ Νικόδημος, ὁ ἐλθὼν πρὸς αὐτὸν
VIAA--ZS CC AB N-NM-S DNMS□APRNM-S VPAANM-S PA NPAMZS

νυκτὸς τὸ πρῶτον, φέρων μίγμα σμύρνης καὶ ἀλόης ὡς λίτρας
N-GF-S DANS APOAN-S VPPANM-S N-AN-S N-GF-S CC N-GF-S AB N-AF-P

ἑκατόν. 19.40 ἔλαβον οὖν τὸ σῶμα τοῦ Ἰησοῦ καὶ ἔδησαν αὐτὸ
A-CAF-P VIAA--ZP CH DANS N-AN-S DGMS N-GM-S CC VIAA--ZP NPANZS

ὀθονίοις μετὰ τῶν ἀρωμάτων, καθὼς ἔθος ἐστὶν τοῖς Ἰουδαίοις
N-DN-P PG DGNP N-GN-P CS N-NN-S VIPA--ZS DDMP AP-DM-P

ἐνταφιάζειν. 19.41 ἦν δὲ ἐν τῷ τόπῳ ὅπου ἐσταυρώθη κῆπος,
VNPA VIIA--ZS CS PD DDMS N-DM-S ABR VIAP--ZS N-NM-S

355

καὶ ἐν τῷ κήπῳ μνημεῖον καινὸν ἐν ᾧ οὐδέπω οὐδεὶς ἦν
CC PD DDMS N-DM-S N-NN-S A--NN-S PD APRDN-S AB APCNM-S VIIA--ZS+

τεθειμένος· 19.42 ἐκεῖ οὖν διὰ τὴν παρασκευὴν τῶν Ἰουδαίων, ὅτι
+VPRPNM-S AB CH PA DAFS N-AF-S DGMP AP-GM-P CS

ἐγγὺς ἦν τὸ μνημεῖον, ἔθηκαν τὸν Ἰησοῦν.
AB VIIA--ZS DNNS N-NN-S VIAA--ZP DAMS N-AM-S

20.1 Τῇ δὲ μιᾷ τῶν σαββάτων Μαρία ἡ Μαγδαληνὴ
DDFS CC APCDF-S DGNP N-GN-P N-NF-S DNFS N-NF-S

ἔρχεται πρωῒ σκοτίας ἔτι οὔσης εἰς τὸ μνημεῖον, καὶ βλέπει τὸν
VIPN--ZS AB N-GF-S AB VPPAGF-S PA DANS N-AN-S CC VIPA--ZS DAMS

λίθον ἠρμένον ἐκ τοῦ μνημείου. 20.2 τρέχει οὖν καὶ ἔρχεται πρὸς
N-AM-S VPRPAM-S PG DGNS N-GN-S VIPA--ZS CH CC VIPN--ZS PA

Σίμωνα Πέτρον καὶ πρὸς τὸν ἄλλον μαθητὴν ὃν ἐφίλει ὁ
N-AM-S N-AM-S CC PA DAMS A--AM-S N-AM-S APRAM-S VIIA--ZS DNMS

Ἰησοῦς, καὶ λέγει αὐτοῖς, Ἦραν τὸν κύριον ἐκ τοῦ μνημείου,
N-NM-S CC VIPA--ZS NPDMZP VIAA--ZP DAMS N-AM-S PG DGNS N-GN-S

καὶ οὐκ οἴδαμεν ποῦ ἔθηκαν αὐτόν. 20.3 Ἐξῆλθεν οὖν ὁ
CC AB VIRA--XP ABT VIAA--ZP NPAMZS VIAA--ZS CH DNMS

Πέτρος καὶ ὁ ἄλλος μαθητής, καὶ ἤρχοντο εἰς τὸ μνημεῖον.
N-NM-S CC DNMS A--NM-S N-NM-S CC VIIN--ZP PA DANS N-AN-S

20.4 ἔτρεχον δὲ οἱ δύο ὁμοῦ· καὶ ὁ ἄλλος μαθητὴς
VIIA--ZP CC DNMP APCNM-P AB CC DNMS A--NM-S N-NM-S

προέδραμεν τάχιον τοῦ Πέτρου καὶ ἦλθεν πρῶτος εἰς τὸ
VIAA--ZS APMAN-S□ABM DGMS N-GM-S CC VIAA--ZS A-ONM-S PA DANS

μνημεῖον, 20.5 καὶ παρακύψας βλέπει κείμενα τὰ ὀθόνια, οὐ
N-AN-S CC VPAANM-S VIPA--ZS VPPNAN-P DANP N-AN-P AB

μέντοι εἰσῆλθεν. 20.6 ἔρχεται οὖν καὶ Σίμων Πέτρος ἀκολουθῶν
CH VIAA--ZS VIPN--ZS CC/CH AB N-NM-S N-NM-S VPPANM-S

αὐτῷ, καὶ εἰσῆλθεν εἰς τὸ μνημεῖον· καὶ θεωρεῖ τὰ ὀθόνια
NPDMZS CC VIAA--ZS PA DANS N-AN-S CC VIPA--ZS DANP N-AN-P

κείμενα, 20.7 καὶ τὸ σουδάριον, ὃ ἦν ἐπὶ τῆς κεφαλῆς
VPPNAN-P CC DANS N-AN-S APRNN-S VIIA--ZS PG DGFS N-GF-S

αὐτοῦ, οὐ μετὰ τῶν ὀθονίων κείμενον ἀλλὰ χωρὶς ἐντετυλιγμένον
NPGMZS AB PG DGNP N-GN-P VPPNAN-S CH AB VPRPAN-S

εἰς ἕνα τόπον. 20.8 τότε οὖν εἰσῆλθεν καὶ ὁ ἄλλος μαθητὴς
PA A-CAM-S N-AM-S AB CH VIAA--ZS AB DNMS A--NM-S N-NM-S

ὁ ἐλθὼν πρῶτος εἰς τὸ μνημεῖον, καὶ εἶδεν καὶ
DNMS□APRNM-S VPAANM-S A-ONM-S PA DANS N-AN-S CC VIAA--ZS CC

ἐπίστευσεν· 20.9 οὐδέπω γὰρ ᾔδεισαν τὴν γραφὴν ὅτι δεῖ
VIAA--ZS AB CS VILA--ZP DAFS N-AF-S ABR VIPA--ZS

αὐτὸν ἐκ νεκρῶν ἀναστῆναι. 20.10 ἀπῆλθον οὖν πάλιν πρὸς
NPAMZS PG AP-GM-P VNAA VIAA--ZP CC AB PA

αὐτοὺς οἱ μαθηταί.
NPAMZP DNMP N-NM-P

20.11 Μαρία δὲ εἱστήκει πρὸς τῷ μνημείῳ ἔξω κλαίουσα. ὡς
N-NF-S CH VILA--ZS PD DDNS N-DN-S AB VPPANF-S CS

οὖν ἔκλαιεν παρέκυψεν εἰς τὸ μνημεῖον, 20.12 καὶ θεωρεῖ δύο
CC VIIA--ZS VIAA--ZS PA DANS N-AN-S CC VIPA--ZS A-CAM-P

ἀγγέλους ἐν λευκοῖς καθεζομένους, ἕνα πρὸς τῇ κεφαλῇ καὶ
N-AM-P PD AP-DN-P VPPNAM-P APCAM-S PD DDFS N-DF-S CC

ἕνα πρὸς τοῖς ποσίν, ὅπου ἔκειτο τὸ σῶμα τοῦ Ἰησοῦ.
APCAM-S PD DDMP N-DM-P ABR VIIN--ZS DNNS N-NN-S DGMS N-GM-S

20.13 καὶ λέγουσιν αὐτῇ ἐκεῖνοι, Γύναι, τί κλαίεις; λέγει
CC VIPA--ZP NPDFZS APDNM-P N-VF-S APTAN-S□ABT VIPA--YS VIPA--ZS

αὐτοῖς ὅτι Ἦραν τὸν κύριόν μου, καὶ οὐκ οἶδα ποῦ ἔθηκαν
NPDMZP CH/CS VIAA--ZP DAMS N-AM-S NPG-XS CC AB VIRA--XS ABT VIAA--ZP

αὐτόν. 20.14 ταῦτα εἰποῦσα ἐστράφη εἰς τὰ ὀπίσω, καὶ θεωρεῖ
NPAMZS APDAN-P VPAANF-S VIAP--ZS PA DANP AB□AP-AN-P CC VIPA--ZS

τὸν Ἰησοῦν ἑστῶτα, καὶ οὐκ ᾔδει ὅτι Ἰησοῦς ἐστιν. 20.15 λέγει
DAMS N-AM-S VPRAAM-S CC AB VILA--ZS CC N-NM-S VIPA--ZS VIPA--ZS

αὐτῇ Ἰησοῦς, Γύναι, τί κλαίεις; τίνα ζητεῖς; ἐκείνη
NPDFZS N-NM-S N-VF-S APTAN-S□ABT VIPA--YS APTAM-S VIPA--YS APDNF-S

δοκοῦσα ὅτι ὁ κηπουρός ἐστιν λέγει αὐτῷ, Κύριε, εἰ σὺ
VPPANF-S CC DNMS N-NM-S VIPA--ZS VIPA--ZS NPDMZS N-VM-S CS NPN-YS

ἐβάστασας αὐτόν, εἰπέ μοι ποῦ ἔθηκας αὐτόν, κἀγὼ αὐτὸν
VIAA--YS NPAMZS VMAA--YS NPD-XS ABT VIAA--YS NPAMZS CC&NPN-XS NPAMZS

ἀρῶ. 20.16 λέγει αὐτῇ Ἰησοῦς, Μαριάμ. στραφεῖσα ἐκείνη λέγει
VIFA--XS VIPA--ZS NPDFZS N-NM-S N-VF-S VPAPNF-S APDNF-S VIPA--ZS

αὐτῷ Ἑβραϊστί, Ῥαββουνι (ὃ λέγεται Διδάσκαλε).
NPDMZS AB N-VM-S APRNN-S VIPP--ZS N-VM-S

20.17 λέγει αὐτῇ Ἰησοῦς, Μή μου ἅπτου, οὔπω γὰρ ἀναβέβηκα
VIPA--ZS NPDFZS N-NM-S AB NPG-XS VMPM--YS AB CS VIRA--XS

πρὸς τὸν πατέρα· πορεύου δὲ πρὸς τοὺς ἀδελφούς μου καὶ
PA DAMS N-AM-S VMPN--YS CH PA DAMP N-AM-P NPG-XS CC

εἰπέ αὐτοῖς, Ἀναβαίνω πρὸς τὸν πατέρα μου καὶ πατέρα
VMAA--YS NPDMZP VIPA--XS PA DAMS N-AM-S NPG-XS CC N-AM-S

ὑμῶν καὶ θεόν μου καὶ θεὸν ὑμῶν. 20.18 ἔρχεται Μαριὰμ ἡ
NPG-YP CC N-AM-S NPG-XS CC N-AM-S NPG-YP VIPN--ZS N-NF-S DNFS

Μαγδαληνὴ ἀγγέλλουσα τοῖς μαθηταῖς ὅτι Ἑώρακα τὸν κύριον,
N-NF-S VPPANF-S DDMP N-DM-P CC VIRA--XS DAMS N-AM-S

καὶ ταῦτα εἶπεν αὐτῇ.
CC APDAN-P VIAA--ZS NPDFZS

20.19 Οὔσης οὖν ὀψίας τῇ ἡμέρᾳ ἐκείνῃ τῇ μιᾷ
VPPAGF-S CC A--GF-S DDFS N-DF-S A-DDF-S DDFS A-CDF-S

σαββάτων, καὶ τῶν θυρῶν κεκλεισμένων ὅπου ἦσαν οἱ μαθηταὶ
N-GN-P CC DGFP N-GF-P VPRPGF-P CS VIIA--ZP DNMP N-NM-P

διὰ τὸν φόβον τῶν Ἰουδαίων, ἦλθεν ὁ Ἰησοῦς καὶ ἔστη εἰς
PA DAMS N-AM-S DGMP AP-GM-P VIAA--ZS DNMS N-NM-S CC VIAA--ZS PA

τὸ μέσον καὶ λέγει αὐτοῖς, Εἰρήνη ὑμῖν. 20.20 καὶ τοῦτο εἰπὼν
DANS AP-AN-S CC VIPA--ZS NPDMZP N-NF-S NPD-YP CC APDAN-S VPRAANM-S

ἔδειξεν τὰς χεῖρας καὶ τὴν πλευρὰν αὐτοῖς. ἐχάρησαν οὖν οἱ
VIAA--ZS DAFP N-AF-P CC DAFS N-AF-S NPDMZP VIAO--ZP CH DNMP

μαθηταὶ ἰδόντες τὸν κύριον. 20.21 εἶπεν οὖν αὐτοῖς [ὁ
N-NM-P VPRAANM-P DAMS N-AM-S VIAA--ZS CH NPDMZP DNMS

Ἰησοῦς] πάλιν, Εἰρήνη ὑμῖν· καθὼς ἀπέσταλκέν με ὁ
N-NM-S AB N-NF-S NPD-YP CS VIRA--ZS NPA-XS DNMS

πατήρ, κἀγὼ πέμπω ὑμᾶς. 20.22 καὶ τοῦτο εἰπὼν ἐνεφύσησεν
N-NM-S AB&NPN-XS VIPA--XS NPA-YP CC APDAN-S VPRAANM-S VIAA--ZS

καὶ λέγει αὐτοῖς, Λάβετε πνεῦμα ἅγιον· 20.23 ἄν τινων ἀφῆτε τὰς
CC VIPA--ZS NPDMZP VMAA--YP N-AN-S A--AN-S QV APIGM-P VSAA--YP DAFP

ἁμαρτίας ἀφέωνται αὐτοῖς, ἄν τινων κρατῆτε κεκράτηνται.
N-AF-P VIRP--ZP NPDMZP QV APIGM-P VSPA--YP VIRP--ZP

20.24 Θωμᾶς δὲ εἷς ἐκ τῶν δώδεκα, ὁ λεγόμενος
N-NM-S CC APCNM-S PG DGMP APCGM-P DNMS□APRNM-S VPPPNM-S

Δίδυμος, οὐκ ἦν μετ' αὐτῶν ὅτε ἦλθεν Ἰησοῦς. 20.25 ἔλεγον
N-NM-S AB VIIA--ZS PG NPGMZP CS VIAA--ZS N-NM-S VIIA--ZP

οὖν αὐτῷ οἱ ἄλλοι μαθηταί, Ἑωράκαμεν τὸν κύριον. ὁ
CH NPDMZS DNMP A--NM-P N-NM-P VIRA--XP DAMS N-AM-S DNMS□NPNMZS

δὲ εἶπεν αὐτοῖς, Ἐὰν μὴ ἴδω ἐν ταῖς χερσὶν αὐτοῦ τὸν τύπον
CH VIAA--ZS NPDMZP CS AB VSAA--XS PD DDFP N-DF-P NPGMZS DAMS N-AM-S

τῶν ἥλων καὶ βάλω τὸν δάκτυλόν μου εἰς τὸν τύπον τῶν ἥλων
DGMP N-GM-P CC VSAA--XS DAMS N-AM-S NPG-XS PA DAMS N-AM-S DGMP N-GM-P

καὶ βάλω μου τὴν χεῖρα εἰς τὴν πλευρὰν αὐτοῦ, οὐ μὴ
CC VSAA--XS NPG-XS DAFS N-AF-S PA DAFS N-AF-S NPGMZS AB AB

πιστεύσω. 20.26 Καὶ μεθ' ἡμέρας ὀκτὼ πάλιν ἦσαν ἔσω οἱ
VSAA--XS CC PA N-AF-P A-CAF-P AB VIIA--ZP AB DNMP

μαθηταὶ αὐτοῦ καὶ Θωμᾶς μετ' αὐτῶν. ἔρχεται ὁ Ἰησοῦς τῶν
N-NM-P NPGMZS CC N-NM-S PG NPGMZP VIPN--ZS DNMS N-NM-S DGFP

θυρῶν κεκλεισμένων, καὶ ἔστη εἰς τὸ μέσον καὶ εἶπεν, Εἰρήνη
N-GF-P VPRPGF-P CC VIAA--ZS PA DANS AP-AN-S CC VIAA--ZS N-NF-S

ὑμῖν. 20.27 εἶτα λέγει τῷ Θωμᾷ, Φέρε τὸν δάκτυλόν σου ὧδε
NPD-YP AB VIPA--ZS DDMS N-DM-S VMPA--YS DAMS N-AM-S NPG-YS AB

καὶ ἴδε τὰς χεῖράς μου, καὶ φέρε τὴν χεῖρά σου καὶ βάλε
CC VMAA--YS DAFP N-AF-P NPG-XS CC VMPA--YS DAFS N-AF-S NPG-YS CC VMAA--YS

εἰς τὴν πλευράν μου, καὶ μὴ γίνου ἄπιστος ἀλλὰ πιστός.
PA DAFS N-AF-S NPG-XS CC AB VMPN--YS A--NM-S CH A--NM-S

20.28 ἀπεκρίθη Θωμᾶς καὶ εἶπεν αὐτῷ, Ὁ κύριός μου καὶ
VIAO--ZS N-NM-S CC VIAA--ZS NPDMZS DVMS N-NM-S□N-VM-S NPG-XS CC

ὁ θεός μου. 20.29 λέγει αὐτῷ ὁ Ἰησοῦς, Ὅτι
DVMS N-NM-S□N-VM-S NPG-XS VIPA--ZS NPDMZS DNMS N-NM-S CS

ἑώρακάς με πεπίστευκας; μακάριοι οἱ μὴ
VIRA--YS NPA-XS VIRA--YS A--NM-P DNMP□NPNMZP&APRNM-P AB

ἰδόντες καὶ πιστεύσαντες.
VPAANM-P CC　VPAANM-P

20.30 Πολλὰ μὲν οὖν καὶ ἄλλα σημεῖα ἐποίησεν ὁ 　 Ἰησοῦς
A--AN-P CS　CC　AB/CC A--AN-P N-AN-P　VIAA--ZS　　DNMS N-NM-S

ἐνώπιον τῶν μαθητῶν [αὐτοῦ], ἃ 　 οὐκ ἔστιν γεγραμμένα ἐν
PG　　DGMP N-GM-P　NPGMZS APRNN-P AB　VIPA--ZS+ +VPRPNN-P　PD

τῷ βιβλίῳ τούτῳ· 20.31 ταῦτα δὲ γέγραπται ἵνα πιστεύ[σ]ητε ὅτι
DDNS N-DN-S　A-DDN-S　　APDNN-P CH VIRP--ZS　CS　VSAA--YP/VSPA--YP　CC

Ἰησοῦς ἐστιν ὁ 　 Χριστὸς ὁ 　 υἱὸς τοῦ θεοῦ, καὶ ἵνα
N-NM-S　VIPA--ZS DNMS N-NM-S DNMS N-NM-S DGMS N-GM-S CC　CS

πιστεύοντες ζωὴν ἔχητε ἐν τῷ 　 ὀνόματι αὐτοῦ.
VPPANMYP　　N-AF-S VSPA--YP PD DDNS N-DN-S　NPGMZS

21.1 Μετὰ ταῦτα ἐφανέρωσεν ἑαυτὸν πάλιν ὁ 　 Ἰησοῦς τοῖς
PA　APDAN-P VIAA--ZS　　NPRAMZS AB　　DNMS N-NM-S DDMP

μαθηταῖς ἐπὶ τῆς θαλάσσης τῆς Τιβεριάδος· ἐφανέρωσεν δὲ
N-DM-P　PG DGFS N-GF-S　DGFS N-GF-S　　VIAA--ZS　CC

οὕτως. 21.2 ἦσαν ὁμοῦ Σίμων Πέτρος καὶ Θωμᾶς ὁ
AB　　VIIA--ZP AB　N-NM-S N-NM-S CC　N-NM-S · DNMS□APRNM-S

λεγόμενος Δίδυμος καὶ Ναθαναὴλ ὁ 　 ἀπὸ Κανὰ τῆς Γαλιλαίας
VPPPNM-S　N-NM-S CC　N-NM-S　DNMS PG　N-GF-S DGFS N-GF-S

καὶ οἱ τοῦ Ζεβεδαίου καὶ ἄλλοι ἐκ τῶν μαθητῶν αὐτοῦ δύο.
CC　DNMP DGMS N-GM-S　CC　AP-NM-P PG DGMP N-GM-P　NPGMZS A-CNM-P

21.3 λέγει αὐτοῖς Σίμων Πέτρος, Ὑπάγω ἁλιεύειν. λέγουσιν αὐτῷ,
VIPA--ZS NPDMZP N-NM-S N-NM-S　VIPA--XS VNPA　　VIPA--ZP　NPDMZS

Ἐρχόμεθα καὶ ἡμεῖς σὺν σοί. ἐξῆλθον καὶ ἐνέβησαν εἰς τὸ
VIPN--XP　AB　NPN-XP PD　NPD-YS VIAA--ZP CC　VIAA--ZP　PA DANS

πλοῖον, καὶ ἐν ἐκείνῃ τῇ 　 νυκτὶ ἐπίασαν οὐδέν. 21.4 πρωΐας δὲ
N-AN-S　CC　PD A-DDF-S DDFS N-DF-S VIAA--ZP APCAN-S　　N-GF-S CC

ἤδη γενομένης ἔστη 　 Ἰησοῦς εἰς τὸν αἰγιαλόν· οὐ μέντοι
AB　VPADGF-S　VIAA--ZS N-NM-S PA DAMS N-AM-S　AB CH

ᾔδεισαν οἱ 　 μαθηταὶ ὅτι Ἰησοῦς ἐστιν. 21.5 λέγει οὖν αὐτοῖς
VILA--ZP DNMP N-NM-P　CC N-NM-S VIPA--ZS　　VIPA--ZS CH NPDMZP

[ὁ] 　 Ἰησοῦς, Παιδία, μή τι 　 προσφάγιον ἔχετε; ἀπεκρίθησαν
DNMS N-NM-S　N-VN-P QT A-IAN-S N-AN-S　VIPA--YP VIAO--ZP

αὐτῷ, Οὔ. 21.6 ὁ 　 δὲ εἶπεν αὐτοῖς, Βάλετε εἰς τὰ 　 δεξιὰ
NPDMZP QS　DNMS□NPNMZS CH VIAA--ZS NPDMZP VMAA--YP PA　DANP A--AN-P

μέρη τοῦ πλοίου τὸ 　 δίκτυον, καὶ εὑρήσετε. ἔβαλον οὖν, καὶ
N-AN-P DGNS N-GN-S DANS N-AN-S　CC　VIFA--YP　VIAA--ZP CH　CC

οὐκέτι αὐτὸ ἑλκύσαι ἴσχυον ἀπὸ τοῦ πλήθους τῶν ἰχθύων.
AB　NPANZS VNAA　　VIIA--ZP PG　DGNS N-GN-S　DGMP N-GM-P

21.7 λέγει οὖν ὁ 　 μαθητὴς ἐκεῖνος ὃν 　 ἠγάπα ὁ 　 Ἰησοῦς
VIPA--ZS CH DNMS N-NM-S　A-DNM-S APRAM-S VIIA--ZS DNMS N-NM-S

τῷ Πέτρῳ, Ὁ 　 κύριός ἐστιν. Σίμων οὖν Πέτρος, ἀκούσας ὅτι
DDMS N-DM-S　DNMS N-NM-S VIPA--ZS N-NM-S CH　N-NM-S　VPAANM-S · CH

ὁ　κύριός ἐστιν, τὸν ἐπενδύτην διεζώσατο, ἦν γὰρ γυμνός,
DNMS N-NM-S VIPA--ZS DAMS N-AM-S VIAM--ZS VIIA--ZS CS A--NM-S

καὶ ἔβαλεν ἑαυτὸν εἰς τὴν θάλασσαν· 21.8 οἱ δὲ ἄλλοι μαθηταὶ
CC VIAA--ZS NPAMZS PA DAFS N-AF-S DNMP CC A--NM-P N-NM-P

τῷ πλοιαρίῳ ἦλθον, οὐ γὰρ ἦσαν μακρὰν ἀπὸ τῆς γῆς ἀλλὰ ὡς
DDNS N-DN-S VIAA--ZP AB CS VIIA--ZP AP-AF-S□AB PG DGFS N-GF-S CH AB

ἀπὸ πηχῶν διακοσίων, σύροντες τὸ δίκτυον τῶν ἰχθύων. 21.9 ὡς
PG N-GM-P A-CGM-P VPPANM-P DANS N-AN-S DGMP N-GM-P CS

οὖν ἀπέβησαν εἰς τὴν γῆν βλέπουσιν ἀνθρακιὰν κειμένην καὶ
CC/CH VIAA--ZP PA DAFS N-AF-S VIPA--ZP N-AF-S VPPNAF-S CC

ὀψάριον ἐπικείμενον καὶ ἄρτον. 21.10 λέγει αὐτοῖς ὁ Ἰησοῦς,
N-AN-S VPPNAN-S CC N-AM-S VIPA--ZS NPDMZP DNMS N-NM-S

Ἐνέγκατε ἀπὸ τῶν ὀψαρίων ὧν ἐπιάσατε νῦν.
VMAA--YP PG DGNP N-GN-P APRGN-P□APRAN-P VIAA--YP AB

21.11 ἀνέβη οὖν Σίμων Πέτρος καὶ εἵλκυσεν τὸ δίκτυον εἰς τὴν
VIAA--ZS CH N-NM-S N-NM-S CC VIAA--ZS DANS N-AN-S PA DAFS

γῆν μεστὸν ἰχθύων μεγάλων ἑκατὸν πεντήκοντα τριῶν· καὶ
N-AF-S A--AN-S N-GM-P A--GM-P A-CGM-P A-CGM-P A-CGM-P CC

τοσούτων ὄντων οὐκ ἐσχίσθη τὸ δίκτυον. 21.12 λέγει αὐτοῖς
APDGM-P VPPAGM-P AB VIAP--ZS DNNS N-NN-S VIPA--ZS NPDMZP

ὁ Ἰησοῦς, Δεῦτε ἀριστήσατε. οὐδεὶς δὲ ἐτόλμα τῶν
DNMS N-NM-S AB□VMAA--YP VMAA--YP APCNM-S CC VIIA--ZS DGMP

μαθητῶν ἐξετάσαι αὐτόν, Σὺ τίς εἶ; εἰδότες ὅτι ὁ
N-GM-P VNAA NPAMZS NPN-YS APTNMYS VIPA--YS VPRANM-P CH DNMS

κύριός ἐστιν. 21.13 ἔρχεται Ἰησοῦς καὶ λαμβάνει τὸν ἄρτον καὶ
N-NM-S VIPA--ZS VIPN--ZS N-NM-S CC VIPA--ZS DAMS N-AM-S CC

δίδωσιν αὐτοῖς, καὶ τὸ ὀψάριον ὁμοίως. 21.14 τοῦτο ἤδη
VIPA--ZS NPDMZP CC DANS N-AN-S AB APDAN-S AB

τρίτον ἐφανερώθη Ἰησοῦς τοῖς μαθηταῖς ἐγερθεὶς ἐκ νεκρῶν.
APOAN-S□AB VIAP--ZS N-NM-S DDMP N-DM-P VPAPNM-S PG AP-GM-P

21.15 Ὅτε οὖν ἠρίστησαν λέγει τῷ Σίμωνι Πέτρῳ ὁ
CS CC VIAA--ZP VIPA--ZS DDMS N-DM-S N-DM-S DNMS

Ἰησοῦς, Σίμων Ἰωάννου, ἀγαπᾷς με πλέον τούτων;
N-NM-S N-VM-S N-GM-S VIPA--YS NPA-XS APMAN-S□ABM APDGM-P/APDGN-P

λέγει αὐτῷ, Ναί, κύριε, σὺ οἶδας ὅτι φιλῶ σε. λέγει αὐτῷ,
VIPA--ZS NPDMZS QS N-VM-S NPN-YS VIRA--YS CC VIPA--XS NPA-YS VIPA--ZS NPDMZS

Βόσκε τὰ ἀρνία μου. 21.16 λέγει αὐτῷ πάλιν δεύτερον, Σίμων
VMPA--YS DANP N-AN-P NPG-XS VIPA--ZS NPDMZS AB APOAN-S□AB N-VM-S

Ἰωάννου, ἀγαπᾷς με; λέγει αὐτῷ, Ναί, κύριε, σὺ οἶδας ὅτι
N-GM-S VIPA--YS NPA-XS VIPA--ZS NPDMZS QS N-VM-S NPN-YS VIRA--YS CC

φιλῶ σε. λέγει αὐτῷ, Ποίμαινε τὰ πρόβατά μου. 21.17 λέγει
VIPA--XS NPA-YS VIPA--ZS NPDMZS VMPA--YS DANP N-AN-P NPG-XS VIPA--ZS

αὐτῷ τὸ τρίτον, Σίμων Ἰωάννου, φιλεῖς με; ἐλυπήθη ὁ
NPDMZS DANS APOAN-S N-VM-S N-GM-S VIPA--YS NPA-XS VIAP--ZS DNMS

Πέτρος ὅτι εἶπεν αὐτῷ τὸ τρίτον, Φιλεῖς με; καὶ λέγει αὐτῷ,
N-NM-S CC/CS VIAA--ZS NPDMZS DANS APOAN-S VIPA--YS NPA-XS CC VIPA--ZS NPDMZS

Κύριε, πάντα σὺ οἶδας, σὺ γινώσκεις ὅτι φιλῶ σε. λέγει
N-VM-S AP-AN-P NPN-YS VIRA--YS NPN-YS VIPA--YS CC VIPA--XS NPA-YS VIPA--ZS

αὐτῷ [ὁ Ἰησοῦς], Βόσκε τὰ πρόβατά μου. 21.18 ἀμὴν ἀμὴν
NPDMZS DNMS N-NM-S VMPA--YS DANP N-AN-P NPG-XS QS QS

λέγω σοι, ὅτε ἦς νεώτερος, ἐζώννυες σεαυτὸν καὶ περιεπάτεις
VIPA--XS NPD-YS CS VIIA--YS A-MNM-S VIIA--YS NPAMYS CC VIIA--YS

ὅπου ἤθελες· ὅταν δὲ γηράσῃς, ἐκτενεῖς τὰς χεῖράς σου, καὶ
CS VIIA--YS CS CH VSAA--YS VIFA--YS DAFP N-AF-P NPG-YS CC

ἄλλος σε ζώσει καὶ οἴσει ὅπου οὐ θέλεις. 21.19 τοῦτο δὲ εἶπεν
AP-NM-S NPA-YS VIFA--ZS CC VIFA--ZS CS AB VIPA--YS APDAN-S CS VIAA--ZS

σημαίνων ποίῳ θανάτῳ δοξάσει τὸν θεόν. καὶ τοῦτο εἰπὼν
VPPANM-S A-TDM-S N-DM-S VIFA--ZS DAMS N-AM-S CC APDAN-S VPAANM-S

λέγει αὐτῷ, Ἀκολούθει μοι.
VIPA--ZS NPDMZS VMPA--YS NPD-XS

21.20 Ἐπιστραφεὶς ὁ Πέτρος βλέπει τὸν μαθητὴν ὃν
VPAPNM-S DNMS N-NM-S VIPA--ZS DAMS N-AM-S APRAM-S

ἠγάπα ὁ Ἰησοῦς ἀκολουθοῦντα, ὃς καὶ ἀνέπεσεν ἐν τῷ
VIIA--ZS DNMS N-NM-S VPPAAM-S APRNM-S AB VIAA--ZS PD DDNS

δείπνῳ ἐπὶ τὸ στῆθος αὐτοῦ καὶ εἶπεν, Κύριε, τίς ἐστιν
N-DN-S PA DANS N-AN-S NPGMZS CC VIAA--ZS N-VM-S APTNM-S VIPA--ZS

ὁ παραδιδούς σε; 21.21 τοῦτον οὖν ἰδὼν ὁ
DNMS□NPNMZS&APRNM-S VPPANM-S NPA-YS APDAM-S CH VPAANM-S DNMS

Πέτρος λέγει τῷ Ἰησοῦ, Κύριε, οὗτος δὲ τί; 21.22 λέγει
N-NM-S VIPA--ZS DDMS N-DM-S N-VM-S APDNM-S CC APTNN-S VIPA--ZS

αὐτῷ ὁ Ἰησοῦς, Ἐὰν αὐτὸν θέλω μένειν ἕως ἔρχομαι, τί
NPDMZS DNMS N-NM-S CS NPAMZS VSPA--XS VNPA CS VIPN--XS APTNN-S

πρὸς σέ; σύ μοι ἀκολούθει. 21.23 ἐξῆλθεν οὖν οὗτος ὁ
PA NPA-YS NPN-YS NPD-XS VMPA--YS VIAA--ZS CH A-DNM-S DNMS

λόγος εἰς τοὺς ἀδελφοὺς ὅτι ὁ μαθητὴς ἐκεῖνος οὐκ
N-NM-S PA DAMP N-AM-P ABR DNMS N-NM-S A-DNM-S AB

ἀποθνῄσκει. οὐκ εἶπεν δὲ αὐτῷ ὁ Ἰησοῦς ὅτι οὐκ
VIPA--ZS AB VIAA--ZS CC/CH NPDMZS DNMS N-NM-S CC AB

ἀποθνῄσκει, ἀλλ᾽, Ἐὰν αὐτὸν θέλω μένειν ἕως ἔρχομαι[, τί
VIPA--ZS CH CS NPAMZS VSPA--XS VNPA CS VIPN--XS APTNN-S

πρὸς σέ];
PA NPA-YS

21.24 Οὗτός ἐστιν ὁ μαθητὴς ὁ μαρτυρῶν περὶ
APDNM-S VIPA--ZS DNMS N-NM-S DNMS□APRNM-S VPPANM-S PG

τούτων καὶ ὁ γράψας ταῦτα, καὶ οἴδαμεν ὅτι ἀληθὴς
APDGN-P CC DNMS□APRNM-S VPAANM-S APDAN-P CC VIRA--XP CH A--NF-S

αὐτοῦ ἡ μαρτυρία ἐστίν.
NPGMZS DNFS N-NF-S VIPA--ZS

21.25 Ἔστιν δὲ καὶ ἄλλα πολλὰ ἃ ἐποίησεν ὁ Ἰησοῦς,
VIPA--ZS CC AB AP-NN-P A--NN-P APRAN-P VIAA--ZS DNMS N-NM-S

ἅτινα ἐὰν γράφηται καθ᾽ ἕν, οὐδ᾽ αὐτὸν οἶμαι τὸν κόσμον
APRNN-P CS VSPP--ZS PA APCAN-S AB NPAMZS VIPN--XS DAMS N-AM-S

χωρῆσαι τὰ γραφόμενα βιβλία.
VNAA DANP□APRNN-P+ VPPPAN-P N-AN-P

ΠΡΑΞΕΙΣ ΑΠΟΣΤΟΛΩΝ

1.1 Τὸν μὲν πρῶτον λόγον ἐποιησάμην περὶ πάντων, ὦ
DAMS QS A-OAM-S N-AM-S VIAM--XS PG AP-GN-P QS

Θεόφιλε, ὧν ἤρξατο ὁ Ἰησοῦς ποιεῖν τε καὶ
N-VM-S APRGN-P□APRAN-P VIAM--ZS DNMS N-NM-S VNPA CC CC

διδάσκειν 1.2 ἄχρι ἧς ἡμέρας ἐντειλάμενος τοῖς
VNPA PG APRGF-S+□APRDF-S N-GF-S VPADNM-S DDMP

ἀποστόλοις διὰ πνεύματος ἁγίου οὓς ἐξελέξατο ἀνελήμφθη·
N-DM-P PG N-GN-S A--GN-S APRAM-P VIAM--ZS VIAP--ZS

1.3 οἷς καὶ παρέστησεν ἑαυτὸν ζῶντα μετὰ τὸ παθεῖν αὐτὸν
APRDM-P AB VIAA--ZS NPAMZS VPPAAM-S PA DANS VNAAA NPAMZS

ἐν πολλοῖς τεκμηρίοις, δι᾽ ἡμερῶν τεσσεράκοντα ὀπτανόμενος
PD A--DN-P N-DN-P PG N-GF-P A-CGF-P VPPNNM-S

αὐτοῖς καὶ λέγων τὰ περὶ τῆς βασιλείας τοῦ θεοῦ. 1.4 καὶ
NPDMZS CC VPPANM-S DANP PG DGFS N-GF-S DGMS N-GM-S CC

συναλιζόμενος παρήγγειλεν αὐτοῖς ἀπὸ Ἱεροσολύμων μὴ
VPPNNM-S VIAA--ZS NPDMZP PG N-GN-P AB

χωρίζεσθαι, ἀλλὰ περιμένειν τὴν ἐπαγγελίαν τοῦ πατρὸς ἣν
VNPP CH VNPA DAFS N-AF-S DGMS N-GM-S APRAF-S

ἠκούσατέ μου· 1.5 ὅτι Ἰωάννης μὲν ἐβάπτισεν ὕδατι, ὑμεῖς δὲ ἐν
VIAA--YP NPG-XS CS N-NM-S CS VIAA--ZS N-DN-S NPN-YP CH PD

πνεύματι βαπτισθήσεσθε ἁγίῳ οὐ μετὰ πολλὰς ταύτας ἡμέρας.
N-DN-S VIFP--YP A--DN-S AB PA A--AF-P A-DAF-P N-AF-P

1.6 Οἱ μὲν οὖν συνελθόντες ἠρώτων αὐτὸν λέγοντες,
DNMP□NPNMZP CS/QS CC VPAANM-P VIIA--ZP NPAMZS VPPANM-P

Κύριε, εἰ ἐν τῷ χρόνῳ τούτῳ ἀποκαθιστάνεις τὴν βασιλείαν τῷ
N-VM-S QT PD DDMS N-DM-S A-DDM-S VIPA--YS DAFS N-AF-S DDMS

Ἰσραήλ; 1.7 εἶπεν δὲ πρὸς αὐτούς, Οὐχ ὑμῶν ἐστιν γνῶναι
N-DM-S VIAA--ZS CH PA NPAMZP AB NPG-YP VIPA--ZS VNAA

χρόνους ἢ καιροὺς οὓς ὁ πατὴρ ἔθετο ἐν τῇ ἰδίᾳ ἐξουσίᾳ·
N-AM-P CC N-AM-P APRAM-P DNMS N-NM-S VIAM--ZS PD DDFS A--DF-S N-DF-S

1.8 ἀλλὰ λήμψεσθε δύναμιν ἐπελθόντος τοῦ ἁγίου πνεύματος
CH VIFD--YP□VMAA--YP N-AF-S VPAAGN-S DGNS A--GN-S N-GN-S

ἐφ᾽ ὑμᾶς, καὶ ἔσεσθέ μου μάρτυρες ἔν τε Ἱερουσαλὴμ καὶ
PA NPA-YP CC VIFD--YP□VMPA--YP NPG-XS N-NM-P PD CC N-DF-S CC

[ἐν] πάσῃ τῇ Ἰουδαίᾳ καὶ Σαμαρείᾳ καὶ ἕως ἐσχάτου τῆς γῆς.
PD A--DF-S DDFS N-DF-S CC N-DF-S CC PG AP-GN-S DGFS N-GF-S

1.9 καὶ ταῦτα εἰπὼν βλεπόντων αὐτῶν ἐπήρθη, καὶ νεφέλη
CC APDAN-P VPAANM-S VPPAGM-P NPGMZP VIAP--ZS CC N-NF-S

ὑπέλαβεν αὐτὸν ἀπὸ τῶν ὀφθαλμῶν αὐτῶν. 1.10 καὶ ὡς
VIAA--ZS NPAMZS PG DGMP N-GM-P NPGMZP CC CS

ἀτενίζοντες ἦσαν εἰς τὸν οὐρανὸν πορευομένου αὐτοῦ, καὶ ἰδοὺ
VPPANM-P+ +VIIA--ZP PA DAMS N-AM-S VPPNGM-S NPGMZS AB/CC QS

ἄνδρες δύο παρειστήκεισαν αὐτοῖς ἐν ἐσθήσεσι λευκαῖς,
N-NM-P A-CNM-P VILA--ZP NPDMZP PD N-DF-P A--DF-P

1.11 οἳ καὶ εἶπαν, Ἄνδρες Γαλιλαῖοι, τί ἑστήκατε
APRNM-P AB VIAA--ZP N-VM-P A--VM-P APTAN-S□ABT VIRA--YP

[ἐμ]βλέποντες εἰς τὸν οὐρανόν; οὗτος ὁ Ἰησοῦς ὁ
VPPANMYP PA DAMS N-AM-S A-DNM-S DNMS N-NM-S DNMS□APRNM-S

ἀναλημφθεὶς ἀφ' ὑμῶν εἰς τὸν οὐρανὸν οὕτως ἐλεύσεται ὃν
VPAPNM-S PG NPG-YP PA DAMS N-AM-S AB VIFD--ZS APRAM-S+

τρόπον ἐθεάσασθε αὐτὸν πορευόμενον εἰς τὸν οὐρανόν.
N-AM-S VIAD--YP NPAMZS VPPNAM-S PA DAMS N-AM-S

1.12 Τότε ὑπέστρεψαν εἰς Ἰερουσαλὴμ ἀπὸ ὄρους τοῦ
AB VIAA--ZP PA N-AF-S PG N-GN-S DGNS□APRNN-S

καλουμένου Ἐλαιῶνος, ὅ ἐστιν ἐγγὺς Ἰερουσαλὴμ
VPPPGN-S N-GM-S APRNN-S VIPA--ZS PD/PG N-DF-S/N-GF-S

σαββάτου ἔχον ὁδόν. 1.13 καὶ ὅτε εἰσῆλθον, εἰς τὸ ὑπερῷον
N-GN-S VPPANN-S N-AF-S CC CS VIAA--ZP PA DANS N-AN-S

ἀνέβησαν οὗ ἦσαν καταμένοντες, ὅ τε Πέτρος καὶ Ἰωάννης
VIAA--ZP ABR VIIA--ZP+ +VPPANM-P DNMS CC N-NM-S CC N-NM-S

καὶ Ἰάκωβος καὶ Ἀνδρέας, Φίλιππος καὶ Θωμᾶς, Βαρθολομαῖος
CC N-NM-S CC N-NM-S N-NM-S CC N-NM-S N-NM-S

καὶ Μαθθαῖος, Ἰάκωβος Ἀλφαίου καὶ Σίμων ὁ ζηλωτὴς καὶ
CC N-NM-S N-NM-S N-GM-S CC N-NM-S DNMS N-NM-S CC

Ἰούδας Ἰακώβου. 1.14 οὗτοι πάντες ἦσαν προσκαρτεροῦντες
N-NM-S N-GM-S APDNM-P A--NM-P VIIA--ZP+ +VPPANM-P

ὁμοθυμαδὸν τῇ προσευχῇ σὺν γυναιξὶν καὶ Μαριὰμ τῇ μητρὶ
AB DDFS N-DF-S PD N-DF-P CC N-DF-S DDFS N-DF-S

τοῦ Ἰησοῦ καὶ τοῖς ἀδελφοῖς αὐτοῦ.
DGMS N-GM-S CC DDMP N-DM-P NPGMZS

1.15 Καὶ ἐν ταῖς ἡμέραις ταύταις ἀναστὰς Πέτρος ἐν μέσῳ
CC PD DDFP N-DF-P A-DDF-P VPAANM-S N-NM-S PD AP-DN-S

τῶν ἀδελφῶν εἶπεν (ἦν τε ὄχλος ὀνομάτων ἐπὶ τὸ αὐτὸ ὡσεὶ
DGMP N-GM-P VIAA--ZS VIIA--ZS CC N-NM-S N-GN-P PA DANS AP-AN-S AB

ἑκατὸν εἴκοσι), 1.16 Ἄνδρες ἀδελφοί, ἔδει πληρωθῆναι τὴν
APCNM-P APCNM-P N-VM-P N-VM-P VIIA--ZS VNAP DAFS

γραφὴν ἣν προεῖπεν τὸ πνεῦμα τὸ ἅγιον διὰ στόματος
N-AF-S APRAF-S VIAA--ZS DNNS N-NN-S DNNS A--NN-S PG N-GN-S

Δαυὶδ περὶ Ἰούδα τοῦ γενομένου ὁδηγοῦ
N-GM-S PG N-GM-S DGMS□APRNM-S VPADGM-S N-GM-S

τοῖς συλλαβοῦσιν Ἰησοῦν, 1.17 ὅτι κατηριθμημένος
DDMP□NPDMZP&APRNM-P VPAADM-P N-AM-S CS VPRPNM-S+

ἦν ἐν ἡμῖν καὶ ἔλαχεν τὸν κλῆρον τῆς διακονίας ταύτης.
+VIIA--ZS PD NPD-XP CC VIAA--ZS DAMS N-AM-S DGFS N-GF-S A-DGF-S

1.18 Οὗτος μὲν οὖν ἐκτήσατο χωρίον ἐκ μισθοῦ τῆς ἀδικίας, καὶ
APDNM-S CC CC VIAD--ZS N-AN-S PG N-GM-S DGFS N-GF-S CC

πρηνὴς γενόμενος ἐλάκησεν μέσος, καὶ ἐξεχύθη πάντα τὰ
A--NM-S VPADNM-S VIAA--ZS AP-NM-S CC VIAP--ZS A--NN-P DNNP

σπλάγχνα αὐτοῦ. 1.19 καὶ γνωστὸν ἐγένετο πᾶσι τοῖς
N-NN-P NPGMZS CC A--NN-S VIAD--ZS AP-DM-P DDMP□APRNM-P

κατοικοῦσιν Ἰερουσαλήμ, ὥστε κληθῆναι τὸ χωρίον ἐκεῖνο τῇ
VPPADM-P N-AF-S CH VNAP DANS N-AN-S A-DAN-S DDFS

ἰδίᾳ διαλέκτῳ αὐτῶν Ἀκελδαμάχ, τοῦτ᾽ ἔστιν, Χωρίον Αἵματος.
A--DF-S N-DF-S NPGMZP N-AN-S APDNN-S VIPA--ZS N-AN-S N-GN-S

1.20 Γέγραπται γὰρ ἐν βίβλῳ ψαλμῶν,
VIRP--ZS CS PD N-DF-S N-GM-P

  Γενηθήτω ἡ ἔπαυλις αὐτοῦ ἔρημος
  VMAO--ZS DNFS N-NF-S NPGMZS A--NF-S

    καὶ μὴ ἔστω ὁ κατοικῶν ἐν αὐτῇ,
    CC AB VMPA--ZS DNMS□NPNMZS&APRNM-S VPPANM-S PD NPDFZS

καί,
CC

  Τὴν ἐπισκοπὴν αὐτοῦ λαβέτω ἕτερος.
  DAFS N-AF-S NPGMZS VMAA--ZS AP-NM-S

1.21 δεῖ οὖν τῶν συνελθόντων ἡμῖν ἀνδρῶν ἐν παντὶ
VIPA--ZS CH DGMP□APRNM-P+ VPAAGM-P NPD-XP N-GM-P PD A--DM-S

χρόνῳ ᾧ εἰσῆλθεν καὶ ἐξῆλθεν ἐφ᾽ ἡμᾶς ὁ κύριος Ἰησοῦς,
N-DM-S APRDM-S VIAA--ZS CC VIAA--ZS PA NPA-XP DNMS N-NM-S N-NM-S

1.22 ἀρξάμενος ἀπὸ τοῦ βαπτίσματος Ἰωάννου ἕως τῆς ἡμέρας
VPAMNM-S PG DGNS N-GN-S N-GM-S PG DGFS N-GF-S

ἧς ἀνελήμφθη ἀφ᾽ ἡμῶν, μάρτυρα τῆς ἀναστάσεως
APRGF-S□APRDF-S VIAP--ZS PG NPG-XP N-AM-S DGFS N-GF-S

αὐτοῦ σὺν ἡμῖν γενέσθαι ἕνα τούτων. 1.23 καὶ ἔστησαν δύο,
NPGMZS PD NPD-XP VNAD APCAM-S APDGM-P CC VIAA--ZP APCAM-P

Ἰωσὴφ τὸν καλούμενον Βαρσαββᾶν, ὃς ἐπεκλήθη
N-AM-S DAMS□APRNM-S VPPPAM-S N-AM-S APRNM-S VIAP--ZS

Ἰοῦστος, καὶ Μαθθίαν. 1.24 καὶ προσευξάμενοι εἶπαν, Σὺ κύριε,
N-NM-S CC N-AM-S CC VPADNM-P VIAA--ZP NPN-YS N-VM-S

καρδιογνῶστα πάντων, ἀνάδειξον ὃν ἐξελέξω ἐκ τούτων τῶν
N-VM-S AP-GM-P VMAA--YS APRAM-S+ VIAM--YS PG A-DGM-P DGMP

δύο ἕνα 1.25 λαβεῖν τὸν τόπον τῆς διακονίας ταύτης καὶ
APCGM-P APCAM-S VNAA DAMS N-AM-S DGFS N-GF-S A-DGF-S CC

ἀποστολῆς, ἀφ᾽ ἧς παρέβη Ἰούδας πορευθῆναι εἰς τὸν τόπον
N-GF-S PG APRGF-S VIAA--ZS N-NM-S VNAO PA DAMS N-AM-S

τὸν ἴδιον. 1.26 καὶ ἔδωκαν κλήρους αὐτοῖς, καὶ ἔπεσεν ὁ
DAMS A--AM-S CC VIAA--ZP N-AM-P NPDMZP CC VIAA--ZS DNMS

κλῆρος ἐπὶ Μαθθίαν, καὶ συγκατεψηφίσθη μετὰ τῶν ἕνδεκα
N-NM-S PA N-AM-S CC VIAP--ZS PG DGMP A-CGM-P

ἀποστόλων.
N-GM-P

2.1 Καὶ ἐν τῷ συμπληροῦσθαι τὴν ἡμέραν τῆς πεντηκοστῆς
CC PD DDNS VNPPD DAFS N-AF-S DGFS N-GF-S

ἦσαν πάντες ὁμοῦ ἐπὶ τὸ αὐτό. 2.2 καὶ ἐγένετο ἄφνω ἐκ τοῦ
VIIA--ZP AP-NM-P AB PA DANS AP-AN-S CC VIAD--ZS AB PG DGMS

οὐρανοῦ ἦχος ὥσπερ φερομένης πνοῆς βιαίας καὶ ἐπλήρωσεν
N-GM-S N-NN-S CS VPPPGF-S N-GF-S A--GF-S CC VIAA--ZS

ὅλον τὸν οἶκον οὗ ἦσαν καθήμενοι· 2.3 καὶ ὤφθησαν αὐτοῖς
A--AM-S DAMS N-AM-S ABR VIIA--ZP+ +VPPNNM-P CC VIAP--ZP NPDMZP

διαμεριζόμεναι γλῶσσαι ὡσεὶ πυρός, καὶ ἐκάθισεν ἐφ' ἕνα
VPPENF-P N-NF-P CS N-GN-S CC VIAA--ZS PA APCAM-S

ἕκαστον αὐτῶν, 2.4 καὶ ἐπλήσθησαν πάντες πνεύματος ἁγίου,
A--AM-S NPGMZP CC VIAP--ZP AP-NM-P N-GN-S A--GN-S

καὶ ἤρξαντο λαλεῖν ἑτέραις γλώσσαις καθὼς τὸ πνεῦμα ἐδίδου
CC VIAM--ZP VNPA A--DF-P N-DF-P CS DNNS N-NN-S VIIA--ZS

ἀποφθέγγεσθαι αὐτοῖς.
VNPN NPDMZP

2.5 Ἦσαν δὲ εἰς Ἰερουσαλὴμ κατοικοῦντες Ἰουδαῖοι, ἄνδρες
VIIA--ZP+ CC PA N-AF-S +VPPANM-P AP-NM-P N-NM-P

εὐλαβεῖς ἀπὸ παντὸς ἔθνους τῶν ὑπὸ τὸν οὐρανόν· 2.6 γενομένης
A--NM-P PG A--GN-S N-GN-S DGNP PA DAMS N-AM-S VPADGF-S

δὲ τῆς φωνῆς ταύτης συνῆλθεν τὸ πλῆθος καὶ συνεχύθη, ὅτι
CC DGFS N-GF-S A-DGF-S VIAA--ZS DNNS N-NN-S CC VIAP--ZS CS

ἤκουον εἷς ἕκαστος τῇ ἰδίᾳ διαλέκτῳ λαλούντων αὐτῶν.
VIIA--ZP APCNM-S A--NM-S DDFS A--DF-S N-DF-S VPPAGM-P NPGMZP

2.7 ἐξίσταντο δὲ καὶ ἐθαύμαζον λέγοντες, Οὐχ ἰδοὺ ἅπαντες οὗτοί
VIIM--ZP CH CC VIIA--ZP VPPANM-P QT QS A--NM-P APDNM-P

εἰσιν οἱ λαλοῦντες Γαλιλαῖοι; 2.8 καὶ πῶς ἡμεῖς
VIPA--ZP DNMP□APRNM-P VPPANM-P A--NM-P CC ABT NPN-XP

ἀκούομεν ἕκαστος τῇ ἰδίᾳ διαλέκτῳ ἡμῶν ἐν ᾗ
VIPA--XP AP-NM-S DDFS A--DF-S N-DF-S NPG-XP PD APRDF-S

ἐγεννήθημεν; 2.9 Πάρθοι καὶ Μῆδοι καὶ Ἐλαμῖται, καὶ
VIAP--XP N-NM-P CC N-NM-P CC N-NM-P CC

οἱ κατοικοῦντες τὴν Μεσοποταμίαν, Ἰουδαίαν τε
DNMP□NPNMXP&APRNMXP VPPANMXP DAFS N-AF-S N-AF-S CC

καὶ Καππαδοκίαν, Πόντον καὶ τὴν Ἀσίαν, 2.10 Φρυγίαν τε καὶ
CC N-AF-S N-AM-S CC DAFS N-AF-S N-AF-S CC CC

Παμφυλίαν, Αἴγυπτον καὶ τὰ μέρη τῆς Λιβύης τῆς κατὰ
N-AF-S N-AF-S CC DANP N-AN-P DGFS N-GF-S DGFS PA

Κυρήνην, καὶ οἱ ἐπιδημοῦντες Ῥωμαῖοι, 2.11 Ἰουδαῖοί
N-AF-S CC DNMP□APRNMXP+ VPPANMXP AP-NM-P AP-NM-P

τε καὶ προσήλυτοι, Κρῆτες καὶ Ἄραβες, ἀκούομεν λαλούντων
CC CC N-NM-P   N-NM-P   CC N-NM-P   VIPA--XP VPPAGM-P

αὐτῶν ταῖς ἡμετέραις γλώσσαις τὰ μεγαλεῖα τοῦ θεοῦ.
NPGMZP DDFP A--DFXP   N-DF-P   DANP AP-AN-P DGMS N-GM-S

2.12 ἐξίσταντο δὲ πάντες καὶ διηπόρουν, ἄλλος πρὸς ἄλλον
     VIIM--ZP CH AP-NM-P CC VIIA--ZP   AP-NM-S PA AP-AM-S

λέγοντες, Τί θέλει τοῦτο εἶναι; 2.13 ἕτεροι δὲ διαχλευάζοντες
VPPANM-P APTNN-S VIPA--ZS APDNN-S VNPA   AP-NM-P CH VPPANM-P

ἔλεγον ὅτι Γλεύκους μεμεστωμένοι εἰσίν.
VIIA--ZP CC N-GN-S   VPRPNM-P+   +VIPA--ZP

2.14 Σταθεὶς δὲ ὁ Πέτρος σὺν τοῖς ἕνδεκα ἐπῆρεν τὴν
     VPAPNM-S CH DNMS N-NM-S PD DDMP APCDM-P VIAA--ZS DAFS

φωνὴν αὐτοῦ καὶ ἀπεφθέγξατο αὐτοῖς, Ἄνδρες Ἰουδαῖοι καὶ
N-AF-S NPGMZS CC VIAD--ZS   NPDMZP N-VM-P A--VM-P CC

οἱ   κατοικοῦντες Ἰερουσαλὴμ πάντες, τοῦτο ὑμῖν
DVMP□APRNMYP+ VPPAVMYP   N-AF-S   AP-VM-P APDNN-S NPD-YP

γνωστὸν ἔστω καὶ ἐνωτίσασθε τὰ ῥήματά μου. 2.15 οὐ γὰρ ὡς
A--NN-S VMPA--ZS CC VMAD--YP DANP N-AN-P NPG-XS   AB CS CS

ὑμεῖς ὑπολαμβάνετε οὗτοι μεθύουσιν, ἔστιν γὰρ ὥρα τρίτη τῆς
NPN-YP VIPA--YP   APDNM-P VIPA--ZP VIPA--ZS CS N-NF-S A-ONF-S DGFS

ἡμέρας, 2.16 ἀλλὰ τοῦτό ἐστιν τὸ   εἰρημένον διὰ
N-GF-S   CH APDNN-S VIPA--ZS DNNS□NPNNZS&APRNN-S VPRPNN-S PG

τοῦ προφήτου Ἰωήλ,
DGMS N-GM-S   N-GM-S

2.17 Καὶ ἔσται ἐν ταῖς ἐσχάταις ἡμέραις, λέγει ὁ θεός,
     CC VIFD--ZS PD DDFP A--DF-P   N-DF-P VIPA--ZS DNMS N-NM-S

ἐκχεῶ ἀπὸ τοῦ πνεύματός μου ἐπὶ πᾶσαν σάρκα,
VIFA--XS PG DGNS N-GN-S   NPG-XS PA A--AF-S N-AF-S

καὶ προφητεύσουσιν οἱ υἱοὶ ὑμῶν καὶ αἱ θυγατέρες
CC VIFA--ZP   DNMP N-NM-P NPG-YP CC DNFP N-NF-P

ὑμῶν,
NPG-YP

καὶ οἱ νεανίσκοι ὑμῶν ὁράσεις ὄψονται,
CC DNMP N-NM-P   NPG-YP N-AF-P VIFD--ZP

καὶ οἱ   πρεσβύτεροι ὑμῶν ἐνυπνίοις
CC DNMP   APMNM-P   NPG-YP N-DN-P

ἐνυπνιασθήσονται·
VIFO--ZP

2.18 καί γε ἐπὶ τοὺς δούλους μου καὶ ἐπὶ τὰς δούλας μου
     CC QS PA DAMP N-AM-P NPG-XS CC PA DAFP N-AF-P NPG-XS

ἐν ταῖς ἡμέραις ἐκείναις ἐκχεῶ ἀπὸ τοῦ πνεύματός
PD DDFP N-DF-P A-DDF-P VIFA--XS PG DGNS N-GN-S

μου,
NPG-XS

καὶ προφητεύσουσιν.
CC VIFA--ZP

2.19 καὶ δώσω τέρατα ἐν τῷ οὐρανῷ ἄνω
CC VIFA--XS N-AN-P PD DDMS N-DM-S AB

καὶ σημεῖα ἐπὶ τῆς γῆς κάτω,
CC N-AN-P PG DGFS N-GF-S AB

αἷμα καὶ πῦρ καὶ ἀτμίδα καπνοῦ·
N-AN-S CC N-AN-S CC N-AF-S N-GM-S

2.20 ὁ ἥλιος μεταστραφήσεται εἰς σκότος
DNMS N-NM-S VIFP--ZS PA N-AN-S

καὶ ἡ σελήνη εἰς αἷμα
CC DNFS N-NF-S PA N-AN-S

πρὶν ἐλθεῖν ἡμέραν κυρίου τὴν μεγάλην καὶ
AB□CS VNAA N-AF-S N-GM-S DAFS A--AF-S CC

ἐπιφανῆ.
A--AF-S

2.21 καὶ ἔσται πᾶς ὃς ἂν ἐπικαλέσηται τὸ ὄνομα κυρίου
CC VIFD--ZS AP-NM-S APRNM-S QV VSAM--ZS DANS N-AN-S N-GM-S

σωθήσεται.
VIFP--ZS

2.22 Ἄνδρες Ἰσραηλῖται, ἀκούσατε τοὺς λόγους τούτους·
N-VM-P N-VM-P VMAA--YP DAMP N-AM-P A-DAM-P

Ἰησοῦν τὸν Ναζωραῖον, ἄνδρα ἀποδεδειγμένον ἀπὸ τοῦ θεοῦ εἰς
N-AM-S DAMS N-AM-S N-AM-S VPRPAM-S PG DGMS N-GM-S PA

ὑμᾶς δυνάμεσι καὶ τέρασι καὶ σημείοις οἷς ἐποίησεν δι'
NPA-YP N-DF-P CC N-DN-P CC N-DN-P APRDN-P□APRAN-P VIAA--ZS PG

αὐτοῦ ὁ θεὸς ἐν μέσῳ ὑμῶν, καθὼς αὐτοὶ οἴδατε, 2.23 τοῦτον
NPGMZS DNMS N-NM-S PD AP-DN-S NPG-YP CS NPNMYP VIRA--YP APDAM-S

τῇ ὡρισμένῃ βουλῇ καὶ προγνώσει τοῦ θεοῦ ἔκδοτον διὰ
DDFS□APRNF-S+ VPRPDF-S N-DF-S CC N-DF-S DGMS N-GM-S A--AM-S PG

χειρὸς ἀνόμων προσπήξαντες ἀνείλατε, 2.24 ὃν ὁ θεὸς
N-GF-S AP-GM-P VPAANMYP VIAA--YP APRAM-S DNMS N-NM-S

ἀνέστησεν λύσας τὰς ὠδῖνας τοῦ θανάτου, καθότι οὐκ ἦν
VIAA--ZS VPAANM-S DAFP N-AF-P DGMS N-GM-S CS AB VIIA--ZS

δυνατὸν κρατεῖσθαι αὐτὸν ὑπ' αὐτοῦ· 2.25 Δαυὶδ γὰρ λέγει εἰς
A--NN-S VNPP NPAMZS PG NPGMZS N-NM-S CS VIPA--ZS PA

αὐτόν,
NPAMZS

Προορώμην τὸν κύριον ἐνώπιόν μου διὰ παντός,
VIIM--XS DAMS N-AM-S PG NPG-XS PG AP-GM-S

ὅτι ἐκ δεξιῶν μού ἐστιν ἵνα μὴ σαλευθῶ.
CS PG AP-GN-P NPG-XS VIPA--ZS CS AB VSAP--XS

2.26 διὰ τοῦτο ηὐφράνθη ἡ καρδία μου καὶ ἠγαλλιάσατο
PA APDAN-S VIAP--ZS DNFS N-NF-S NPG-XS CC VIAM--ZS

ἡ γλῶσσά μου,
DNFS N-NF-S NPG-XS

ἔτι δὲ καὶ ἡ σάρξ μου κατασκηνώσει ἐπ᾽ ἐλπίδι·
AB CC AB DNFS N-NF-S NPG-XS VIFA--ZS PD N-DF-S

2.27 ὅτι οὐκ ἐγκαταλείψεις τὴν ψυχήν μου εἰς ᾅδην,
CS AB VIFA--YS DAFS N-AF-S NPG-XS PA N-AM-S

οὐδὲ δώσεις τὸν ὅσιόν σου ἰδεῖν διαφθοράν.
CC VIFA--YS DAMS AP-AM-S NPG-YS VNAA N-AF-S

2.28 ἐγνώρισάς μοι ὁδοὺς ζωῆς,
VIAA--YS NPD-XS N-AF-P N-GF-S

πληρώσεις με εὐφροσύνης μετὰ τοῦ προσώπου σου.
VIFA--YS NPA-XS N-GF-S PG DGNS N-GN-S NPG-YS

2.29 Ἄνδρες ἀδελφοί, ἐξὸν εἰπεῖν μετὰ παρρησίας πρὸς
N-VM-P N-VM-P VPPANN-S VNAA PG N-GF-S PA

ὑμᾶς περὶ τοῦ πατριάρχου Δαυίδ, ὅτι καὶ ἐτελεύτησεν καὶ ἐτάφη
NPA-YP PG DGMS N-GM-S N-GM-S CC CC VIAA--ZS CC VIAP--ZS

καὶ τὸ μνῆμα αὐτοῦ ἔστιν ἐν ἡμῖν ἄχρι τῆς ἡμέρας ταύτης·
CC DNNS N-NN-S NPGMZS VIPA--ZS PD NPD-XP PG DGFS N-GF-S A-DGF-S

2.30 προφήτης οὖν ὑπάρχων, καὶ εἰδὼς ὅτι ὅρκῳ ὤμοσεν αὐτῷ
N-NM-S CH VPPANM-S CC VPRANM-S CH N-DM-S VIAA--ZS NPDMZS

ὁ θεὸς ἐκ καρποῦ τῆς ὀσφύος αὐτοῦ καθίσαι ἐπὶ τὸν θρόνον
DNMS N-NM-S PG N-GM-S DGFS N-GF-S NPGMZS VNAA PA DAMS N-AM-S

αὐτοῦ, 2.31 προϊδὼν ἐλάλησεν περὶ τῆς ἀναστάσεως τοῦ Χριστοῦ
NPGMZS VPAANM-S VIAA--ZS PG DGFS N-GF-S DGMS N-GM-S

ὅτι
CC

οὔτε ἐγκατελείφθη εἰς ᾅδην
CC VIAP--ZS PA N-AM-S

οὔτε ἡ σάρξ αὐτοῦ εἶδεν διαφθοράν.
CC DNFS N-NF-S NPGMZS VIAA--ZS N-AF-S

2.32 τοῦτον τὸν Ἰησοῦν ἀνέστησεν ὁ θεός, οὗ πάντες
A-DAM-S DAMS N-AM-S VIAA--ZS DNMS N-NM-S APRGM-S A--NM-P

ἡμεῖς ἐσμεν μάρτυρες. 2.33 τῇ δεξιᾷ οὖν τοῦ θεοῦ ὑψωθεὶς τήν
NPN-XP VIPA--XP N-NM-P DDFS AP-DF-S CH DGMS N-GM-S VPAPNM-S DAFS

τε ἐπαγγελίαν τοῦ πνεύματος τοῦ ἁγίου λαβὼν παρὰ τοῦ
CC N-AF-S DGNS N-GN-S DGNS A--GN-S VPAANM-S PG DGMS

πατρὸς ἐξέχεεν τοῦτο ὃ ὑμεῖς [καὶ] βλέπετε καὶ ἀκούετε.
N-GM-S VIAA--ZS APDAN-S APRAN-S NPN-YP CC VIPA--YP CC VIPA--YP

2.34 οὐ γὰρ Δαυὶδ ἀνέβη εἰς τοὺς οὐρανούς, λέγει δὲ αὐτός,
AB CS N-NM-S VIAA--ZS PA DAMP N-AM-P VIPA--ZS CH NPNMZS

Εἶπεν [ὁ] κύριος τῷ κυρίῳ μου,
VIAA--ZS DNMS N-NM-S DDMS N-DM-S NPG-XS

Κάθου ἐκ δεξιῶν μου
VMPN--YS PG AP-GN-P NPG-XS

2.35 ἕως ἂν θῶ τοὺς ἐχθρούς σου ὑποπόδιον τῶν
CS QV VSAA--XS DAMP AP-AM-P NPG-YS N-AN-S DGMP

ποδῶν σου.
N-GM-P NPG-YS

2.36 ἀσφαλῶς οὖν γινωσκέτω πᾶς οἶκος Ἰσραὴλ ὅτι καὶ κύριον
AB CH VMPA--ZS A--NM-S N-NM-S N-GM-S CC CC N-AM-S

αὐτὸν καὶ Χριστὸν ἐποίησεν ὁ θεός, τοῦτον τὸν Ἰησοῦν ὃν
NPAMZS CC N-AM-S VIAA--ZS DNMS N-NM-S A-DAM-S DAMS N-AM-S APRAM-S

ὑμεῖς ἐσταυρώσατε.
NPN-YP VIAA--YP

2.37 Ἀκούσαντες δὲ κατενύγησαν τὴν καρδίαν, εἶπόν τε πρὸς
VPAANM-P CH VIAO--ZP DAFS N-AF-S VIAA--ZP CC PA

τὸν Πέτρον καὶ τοὺς λοιποὺς ἀποστόλους, Τί ποιήσωμεν,
DAMS N-AM-S CC DAMP A--AM-P N-AM-P APTAN-S VSAA--XP

ἄνδρες ἀδελφοί; 2.38 Πέτρος δὲ πρὸς αὐτούς, Μετανοήσατε,
N-VM-P N-VM-P N-NM-S CH PA NPAMZP VMAA--YP

[φησίν,] καὶ βαπτισθήτω ἕκαστος ὑμῶν ἐπὶ τῷ ὀνόματι Ἰησοῦ
VIPA--ZS CC VMAP--ZS AP-NM-S NPG-YP PD DDNS N-DN-S N-GM-S

Χριστοῦ εἰς ἄφεσιν τῶν ἁμαρτιῶν ὑμῶν, καὶ λήμψεσθε τὴν
N-GM-S PA N-AF-S DGFP N-GF-P NPG-YP CC VIFD--YP DAFS

δωρεὰν τοῦ ἁγίου πνεύματος· 2.39 ὑμῖν γάρ ἐστιν ἡ ἐπαγγελία
N-AF-S DGNS A--GN-S N-GN-S NPD-YP CS VIPA--ZS DNFS N-NF-S

καὶ τοῖς τέκνοις ὑμῶν καὶ πᾶσιν τοῖς εἰς μακρὰν ὅσους ἂν
CC DDNP N-DN-P NPG-YP CC A--DM-P DDMP PA AP-AF-S APRAM-P QV

προσκαλέσηται κύριος ὁ θεὸς ἡμῶν. 2.40 ἑτέροις τε λόγοις
VSAD--ZS N-NM-S DNMS N-NM-S NPG-XP A--DM-P CC N-DM-P

πλείοσιν διεμαρτύρατο, καὶ παρεκάλει αὐτοὺς λέγων, Σώθητε ἀπὸ
A-MDM-P VIAD--ZS CC VIIA--ZS NPAMZP VPPANM-S VMAP--YP PG

τῆς γενεᾶς τῆς σκολιᾶς ταύτης. 2.41 οἱ μὲν οὖν
DGFS N-GF-S DGFS A--GF-S A-DGF-S DNMP□NPNMZP&APRNM-P CC/QS CH

ἀποδεξάμενοι τὸν λόγον αὐτοῦ ἐβαπτίσθησαν, καὶ
VPADNM-P DAMS N-AM-S NPGMZS VIAP--ZP CC

προσετέθησαν ἐν τῇ ἡμέρᾳ ἐκείνῃ ψυχαὶ ὡσεὶ τρισχίλιαι.
VIAP--ZP PD DDFS N-DF-S A-DDF-S N-NF-P AB A-CNF-P

2.42 ἦσαν δὲ προσκαρτεροῦντες τῇ διδαχῇ τῶν ἀποστόλων καὶ
VIIA--ZP+ CC +VPPANM-P DDFS N-DF-S DGMP N-GM-P CC

τῇ κοινωνίᾳ, τῇ κλάσει τοῦ ἄρτου καὶ ταῖς προσευχαῖς.
DDFS N-DF-S DDFS N-DF-S DGMS N-GM-S CC DDFP N-DF-P

2.43 Ἐγίνετο δὲ πάσῃ ψυχῇ φόβος, πολλά τε τέρατα καὶ
VIIN--ZS CC A--DF-S N-DF-S N-NM-S A--NN-P CC N-NN-P CC

σημεῖα διὰ τῶν ἀποστόλων ἐγίνετο. 2.44 πάντες δὲ οἱ
N-NN-P PG DGMP N-GM-P VIIN--ZS AP-NM-P CC DNMP□APRNM-P

πιστεύοντες ἦσαν ἐπὶ τὸ αὐτὸ καὶ εἶχον ἅπαντα κοινά, 2.45 καὶ
VPPANM-P VIIA--ZP PA DANS AP-AN-S CC VIIA--ZP AP-AN-P A--AN-P CC

τὰ κτήματα καὶ τὰς ὑπάρξεις ἐπίπρασκον καὶ διεμέριζον αὐτὰ
DANP N-AN-P CC DAFP N-AF-P VIIA--ZP CC VIIA--ZP NPANZP

πᾶσιν καθότι ἄν τις χρείαν εἶχεν· 2.46 καθ᾽ ἡμέραν τε
AP-DM-P CS QV APINM-S N-AF-S VIIA--ZS PA N-AF-S CC

προσκαρτεροῦντες ὁμοθυμαδὸν ἐν τῷ ἱερῷ, κλῶντές τε κατ᾽
VPPANM-P AB PD DDNS AP-DN-S VPPANM-P CC PA

οἶκον ἄρτον, μετελάμβανον τροφῆς ἐν ἀγαλλιάσει καὶ ἀφελότητι
N-AM-S N-AM-S VIIA--ZP N-GF-S PD N-DF-S CC N-DF-S

καρδίας, 2.47 αἰνοῦντες τὸν θεὸν καὶ ἔχοντες χάριν πρὸς ὅλον
N-GF-S VPPANM-P DAMS N-AM-S CC VPPANM-P N-AF-S PA A--AM-S

τὸν λαόν. ὁ δὲ κύριος προσετίθει τοὺς
DAMS N-AM-S DNMS CC/CH N-NM-S VIIA--ZS DAMP□NPAMZP&APRNM-P

σῳζομένους καθ᾽ ἡμέραν ἐπὶ τὸ αὐτό.
VPPPAM-P PA N-AF-S PA DANS AP-AN-S

3.1 Πέτρος δὲ καὶ Ἰωάννης ἀνέβαινον εἰς τὸ ἱερὸν ἐπὶ τὴν
N-NM-S CC CC N-NM-S VIIA--ZP PA DANS AP-AN-S PA DAFS

ὥραν τῆς προσευχῆς τὴν ἐνάτην. 3.2 καί τις ἀνὴρ χωλὸς ἐκ
N-AF-S DGFS N-GF-S DAFS A-OAF-S CC A-INM-S N-NM-S A--NM-S PG

κοιλίας μητρὸς αὐτοῦ ὑπάρχων ἐβαστάζετο, ὃν ἐτίθουν καθ᾽
N-GF-S N-GF-S NPGMZS VPPANM-S VIIP--ZS APRAM-S VIIA--ZP PA

ἡμέραν πρὸς τὴν θύραν τοῦ ἱεροῦ τὴν λεγομένην Ὡραίαν
N-AF-S PA DAFS N-AF-S DGNS AP-GN-S DAFS□APRNF-S VPPPAF-S A--AF-S

τοῦ αἰτεῖν ἐλεημοσύνην παρὰ τῶν εἰσπορευομένων
DGNS VNPAG N-AF-S PG DGMP□NPGMZP&APRNM-P VPPNGM-P

εἰς τὸ ἱερόν· 3.3 ὃς ἰδὼν Πέτρον καὶ Ἰωάννην μέλλοντας
PA DANS AP-AN-S APRNM-S VPAANM-S N-AM-S CC N-AM-S VPPAAM-P+

εἰσιέναι εἰς τὸ ἱερὸν ἠρώτα ἐλεημοσύνην λαβεῖν. 3.4 ἀτενίσας
+VNPA PA DANS AP-AN-S VIIA--ZS N-AF-S VNAA VPAANM-S

δὲ Πέτρος εἰς αὐτὸν σὺν τῷ Ἰωάννῃ εἶπεν, Βλέψον εἰς ἡμᾶς.
CH N-NM-S PA NPAMZS PD DDMS N-DM-S VIAA--ZS VMAA--YS PA NPA-XP

3.5 ὁ δὲ ἐπεῖχεν αὐτοῖς προσδοκῶν τι παρ᾽ αὐτῶν
DNMS□NPNMZS CH VIIA--ZS NPDMZP VPPANM-S APIAN-S PG NPGMZP

λαβεῖν. 3.6 εἶπεν δὲ Πέτρος, Ἀργύριον καὶ χρυσίον οὐχ ὑπάρχει
VNAA VIAA--ZS CH N-NM-S N-NN-S CC N-NN-S AB VIPA--ZS

μοι, ὃ δὲ ἔχω τοῦτό σοι δίδωμι· ἐν τῷ ὀνόματι Ἰησοῦ
NPD-XS APRAN-S+ CH VIPA--XS APDAN-S NPD-YS VIPA--XS PD DDNS N-DN-S N-GM-S

Χριστοῦ τοῦ Ναζωραίου [ἔγειρε καὶ] περιπάτει. 3.7 καὶ πιάσας
N-GM-S DGMS N-GM-S VMPA--YS CC VMPA--YS CC VPAANM-S

αὐτὸν τῆς δεξιᾶς χειρὸς ἤγειρεν αὐτόν· παραχρῆμα δὲ
NPAMZS DGFS A--GF-S N-GF-S VIAA--ZS NPAMZS AB CC/CH

ἐστερεώθησαν αἱ βάσεις αὐτοῦ καὶ τὰ σφυδρά, 3.8 καὶ
VIAP--ZP DNFP N-NF-P NPGMZS CC DNNP N-NN-P CC

ἐξαλλόμενος ἔστη καὶ περιεπάτει, καὶ εἰσῆλθεν σὺν αὐτοῖς εἰς
VPPNNM-S VIAA--ZS CC VIIA--ZS CC VIAA--ZS PD NPDMZP PA

τὸ   ἱερὸν   περιπατῶν   καὶ   ἁλλόμενος   καὶ   αἰνῶν   τὸν   θεόν. 3.9 καὶ
DANS AP-AN-S VPPANM-S   CC   VPPNNM-S   CC   VPPANM-S DAMS N-AM-S   CC

εἶδεν   πᾶς   ὁ   λαὸς   αὐτὸν   περιπατοῦντα   καὶ   αἰνοῦντα   τὸν
VIAA--ZS A--NM-S DNMS N-NM-S NRAMZS VPPAAM-S   CC   VPPAAM-S   DAMS

θεόν, 3.10 ἐπεγίνωσκον   δὲ αὐτὸν ὅτι αὐτὸς   ἦν   ὁ
N-AM-S   VIIA--ZP   CC NRAMZS CC   NRNMZS VIIA--ZS DNMS□NPNMZS&APRNM-S

πρὸς   τὴν   ἐλεημοσύνην   καθήμενος   ἐπὶ   τῇ   Ὡραίᾳ Πύλῃ   τοῦ
PA   DAFS N-AF-S   VPPNNM-S   PD   DDFS A--DF-S N-DF-S DGNS

ἱεροῦ, καὶ ἐπλήσθησαν   θάμβους καὶ ἐκστάσεως ἐπὶ
AP-GN-S CC   VIAP--ZP   N-GN-S   CC   N-GF-S   PD

τῷ   συμβεβηκότι αὐτῷ.
DDNS□NPDNZS&APRNN-S VPRADN-S   NPDMZS

3.11 Κρατοῦντος δὲ   αὐτοῦ τὸν Πέτρον καὶ τὸν   Ἰωάννην
     VPPAGM-S   CC/CH NPGMZS DAMS N-AM-S   CC   DAMS N-AM-S

συνέδραμεν πᾶς   ὁ   λαὸς πρὸς αὐτοὺς ἐπὶ τῇ   στοᾷ τῇ
VIAA--ZS   A--NM-S DNMS N-NM-S PA   NPAMZP PD   DDFS N-DF-S DDFS□APRNF-S

καλουμένῃ   Σολομῶντος ἔκθαμβοι. 3.12 ἰδὼν   δὲ ὁ   Πέτρος
VPPPDF-S   N-GM-S   A--NM-P   VPAANM-S CH DNMS N-NM-S

ἀπεκρίνατο   πρὸς   τὸν   λαόν,   Ἄνδρες   Ἰσραηλῖται,   τί
VIAD--ZS   PA   DAMS N-AM-S N-VM-P   N-VM-P   APTAN-S□ABT

θαυμάζετε ἐπὶ τούτῳ,   ἢ   ἡμῖν   τί   ἀτενίζετε ὡς ἰδίᾳ
VIPA--YP   PD   APDDM-S/APDDN-S CC NPD-XP APTAN-S□ABT VIPA--YP   CS A--DF-S

δυνάμει ἢ   εὐσεβείᾳ   πεποιηκόσιν   τοῦ   περιπατεῖν   αὐτόν; 3.13 ὁ
N-DF-S   CC N-DF-S   VPRADMXP   DGNS VNPAG   NPAMZS   DNMS

θεὸς Ἀβραὰμ καὶ [ὁ   θεὸς] Ἰσαὰκ καὶ [ὁ   θεὸς] Ἰακώβ, ὁ
N-NM-S N-GM-S   CC   DNMS N-NM-S N-GM-S CC   DNMS   N-NM-S N-GM-S   DNMS

θεὸς   τῶν   πατέρων   ἡμῶν,   ἐδόξασεν   τὸν παῖδα αὐτοῦ   Ἰησοῦν,
N-NM-S DGMP N-GM-P   NPG-XP   VIAA--ZS   DAMS N-AM-S NPGMZS N-AM-S

ὃν   ὑμεῖς μὲν παρεδώκατε   καὶ ἠρνήσασθε   κατὰ πρόσωπον
APRAM-S   NPN-YP QS   VIAA--YP   CC   VIAD--YP   PA   N-AN-S

Πιλάτου, κρίναντος ἐκείνου   ἀπολύειν· 3.14 ὑμεῖς δὲ τὸν ἅγιον καὶ
N-GM-S   VPAAGM-S   APDGM-S   VNPA   NPN-YP CH DAMS AP-AM-S CC

δίκαιον   ἠρνήσασθε, καὶ ἠτήσασθε   ἄνδρα   φονέα   χαρισθῆναι
AP-AM-S   VIAD--YP   CC   VIAM--YP   N-AM-S N-AM-S VNAP

ὑμῖν, 3.15 τὸν δὲ ἀρχηγὸν   τῆς ζωῆς   ἀπεκτείνατε, ὃν   ὁ   θεὸς
NPD-YP   DAMS CC N-AM-S   DGFS N-GF-S VIAA--YP   APRAM-S DNMS N-NM-S

ἤγειρεν   ἐκ νεκρῶν, οὗ   ἡμεῖς μάρτυρές ἐσμεν. 3.16 καὶ ἐπὶ τῇ
VIAA--ZS PG AP-GM-P APRGM-S NPN-XP N-NM-P   VIPA--XP   CC   PD   DDFS

πίστει τοῦ ὀνόματος αὐτοῦ τοῦτον   ὃν   θεωρεῖτε καὶ οἴδατε
N-DF-S DGNS N-GN-S   NPGMZS APDAM-S APRAM-S VIPA--YP   CC   VIRA--YP

ἐστερέωσεν τὸ   ὄνομα   αὐτοῦ, καὶ ἡ   πίστις ἡ   δι' αὐτοῦ
VIAA--ZS   DNNS N-NN-S   NPGMZS CC   DNFS N-NF-S DNFS PG   NPGMZS

ἔδωκεν   αὐτῷ   τὴν ὁλοκληρίαν ταύτην ἀπέναντι πάντων ὑμῶν.
VIAA--ZS NPDMZS DAFS N-AF-S   A-DAF-S PG   A--GM-P NPG-YP

3.17 καὶ νῦν, ἀδελφοί, οἶδα ὅτι κατὰ ἄγνοιαν ἐπράξατε, ὥσπερ
CC   AB   N-VM-P   VIRA--XS CC   PA   N-AF-S   VIAA--YP   CS

καὶ οἱ ἄρχοντες ὑμῶν· 3.18 ὁ δὲ θεὸς ἃ
AB DNMP N-NM-P   NPG-YP   DNMS CH N-NM-S APRAN-P□APDAN-P&APRAN-P

προκατήγγειλεν διὰ στόματος πάντων τῶν προφητῶν παθεῖν τὸν
VIAA--ZS   PG   N-GN-S   A--GM-P DGMP N-GM-P   VNAA   DAMS

Χριστὸν αὐτοῦ ἐπλήρωσεν οὕτως. 3.19 μετανοήσατε οὖν καὶ
N-AM-S NPGMZS VIAA--ZS   AB   VMAA--YP   CH CC

ἐπιστρέψατε εἰς τὸ ἐξαλειφθῆναι ὑμῶν τὰς ἁμαρτίας, 3.20 ὅπως
VMAA--YP   PA DANS VNAPA   NPG-YP DAFP N-AF-P   CS

ἂν ἔλθωσιν καιροὶ ἀναψύξεως ἀπὸ προσώπου τοῦ κυρίου καὶ
QV VSAA--ZP N-NM-P N-GF-S   PG N-GN-S   DGMS N-GM-S   CC

ἀποστείλῃ τὸν προκεχειρισμένον ὑμῖν Χριστόν,
VSAA--ZS DAMS□APRNM-S+ VPRNAM-S   NPD-YP N-AM-S

Ἰησοῦν, 3.21 ὃν δεῖ οὐρανὸν μὲν δέξασθαι ἄχρι χρόνων
N-AM-S   APRAM-S VIPA--ZS N-AM-S   QS VNAD   PG   N-GM-P

ἀποκαταστάσεως πάντων ὧν ἐλάλησεν
N-GF-S   AP-GN-P APRGM-P□APRAM-P/APRGN-P□APRAN-P   VIAA--ZS

ὁ θεὸς διὰ στόματος τῶν ἁγίων ἀπ' αἰῶνος αὐτοῦ προφητῶν.
DNMS N-NM-S PG   N-GN-S   DGMP A--GM-P PG   N-GM-S NPGMZS N-GM-P

3.22 Μωϋσῆς μὲν εἶπεν ὅτι Προφήτην ὑμῖν ἀναστήσει κύριος
     N-NM-S   CC VIAA--ZS CC N-AM-S   NPD-YP VIFA--ZS N-NM-S

ὁ θεὸς ὑμῶν ἐκ τῶν ἀδελφῶν ὑμῶν ὡς ἐμέ· αὐτοῦ
DNMS N-NM-S NPG-YP PG DGMP N-GM-P NPG-YP CS NPA-XS NPGMZS

ἀκούσεσθε κατὰ πάντα ὅσα ἂν λαλήσῃ πρὸς ὑμᾶς.
VIFM--YP□VMAM--YP PA AP-AN-P APRAN-P QV VSAA--ZS PA   NPA-YP

3.23 ἔσται δὲ πᾶσα ψυχὴ ἥτις ἐὰν μὴ ἀκούσῃ τοῦ προφήτου
    VIFD--ZS CS A--NF-S N-NF-S APRNF-S QV AB VSAA--ZS DGMS N-GM-S

ἐκείνου ἐξολεθρευθήσεται ἐκ τοῦ λαοῦ. 3.24 καὶ πάντες δὲ οἱ
A-DGM-S VIFP--ZS□VMAP--ZS   PG DGMS N-GM-S   AB A--NM-P CC DNMP

προφῆται ἀπὸ Σαμουὴλ καὶ τῶν καθεξῆς ὅσοι ἐλάλησαν καὶ
N-NM-P   PG N-GM-S   CC DGMP AB□AP-GM-P APRNM-P VIAA--ZP   AB

κατήγγειλαν τὰς ἡμέρας ταύτας. 3.25 ὑμεῖς ἐστε οἱ υἱοὶ τῶν
VIAA--ZP   DAFP N-AF-P A-DAF-P   NPN-YP VIPA--YP DNMP N-NM-P DGMP

προφητῶν καὶ τῆς διαθήκης ἧς διέθετο ὁ θεὸς πρὸς
N-GM-P   CC DGFS N-GF-S APRGF-S□APRAF-S VIAM--ZS DNMS N-NM-S PA

τοὺς πατέρας ὑμῶν, λέγων πρὸς Ἀβραάμ, Καὶ ἐν τῷ σπέρματί
DAMP N-AM-P   NPG-YP VPPANM-S PA N-AM-S   CC PD DDNS N-DN-S

σου [ἐν]εὐλογηθήσονται πᾶσαι αἱ πατριαὶ τῆς γῆς. 3.26 ὑμῖν
NPG-YS VIFP--ZP   A--NF-P DNFP N-NF-P DGFS N-GF-S   NPD-YP

πρῶτον ἀναστήσας ὁ θεὸς τὸν παῖδα αὐτοῦ ἀπέστειλεν
APOAN-S□AB VPAANM-S   DNMS N-NM-S DAMS N-AM-S NPGMZS VIAA--ZS

αὐτὸν εὐλογοῦντα ὑμᾶς ἐν τῷ ἀποστρέφειν ἕκαστον ἀπὸ τῶν
NPAMZS VPPAAM-S   NPA-YP PD DDNS VNPAD   AP-AM-S PG DGFP

πονηρῶν ὑμῶν.
N-GF-P   NPG-YP

4.1 Λαλούντων δὲ αὐτῶν πρὸς τὸν λαὸν ἐπέστησαν αὐτοῖς
VPPAGM-P   CC   NPGMZP PA   DAMS N-AM-S VIAA--ZP   NPDMZP

οἱ ἱερεῖς καὶ ὁ στρατηγὸς τοῦ ἱεροῦ καὶ οἱ Σαδδουκαῖοι,
DNMP N-NM-P CC DNMS N-NM-S   DGNS AP-GN-S CC   DNMP N-NM-P

4.2 διαπονούμενοι διὰ τὸ διδάσκειν αὐτοὺς τὸν λαὸν καὶ
VPPNNM-P   PA DANS VNPAA   NPAMZP   DAMS N-AM-S CC

καταγγέλλειν ἐν τῷ Ἰησοῦ τὴν ἀνάστασιν τὴν ἐκ νεκρῶν,
VNPAA   PD DDMS N-DM-S DAFS N-AF-S   DAFS PG AP-GM-P

4.3 καὶ ἐπέβαλον αὐτοῖς τὰς χεῖρας καὶ ἔθεντο εἰς τήρησιν εἰς
CC VIAA--ZP   NPDMZP DAFP N-AF-P CC VIAM--ZP PA N-AF-S PA

τὴν αὔριον· ἦν γὰρ ἑσπέρα ἤδη. **4.4** πολλοὶ δὲ
DAFS AB□AP-AF-S VIIA--ZS CS N-NF-S AB   AP-NM-P CC/CH

τῶν ἀκουσάντων τὸν λόγον ἐπίστευσαν, καὶ
DGMP□NPGMZP&APRNM-P VPAAGM-P   DAMS N-AM-S VIAA--ZP   CC

ἐγενήθη [ὁ] ἀριθμὸς τῶν ἀνδρῶν [ὡς] χιλιάδες πέντε.
VIAO--ZS DNMS N-NM-S DGMP N-GM-P AB   N-NF-P   A-CNF-P

4.5 Ἐγένετο δὲ ἐπὶ τὴν αὔριον συναχθῆναι αὐτῶν τοὺς
VIAD--ZS CC PA DAFS AB□AP-AF-S VNAP   NPGMZP DAMP

ἄρχοντας καὶ τοὺς πρεσβυτέρους καὶ τοὺς γραμματεῖς ἐν
N-AM-P   CC DAMP AP-AM-P   CC   DAMP N-AM-P   PD

Ἰερουσαλήμ (**4.6** καὶ Ἄννας ὁ ἀρχιερεὺς καὶ Καϊάφας καὶ
N-DF-S   CC N-NM-S DNMS N-NM-S   CC N-NM-S   CC

Ἰωάννης καὶ Ἀλέξανδρος καὶ ὅσοι ἦσαν ἐκ
N-NM-S   CC N-NM-S   CC APRNM-P□APDNM-P&APRNM-P VIIA--ZP PG

γένους ἀρχιερατικοῦ) **4.7** καὶ στήσαντες αὐτοὺς ἐν τῷ μέσῳ
N-GN-S A--GN-S   CC VPAANM-P   NPAMZP PD DDNS AP-DN-S

ἐπυνθάνοντο, Ἐν ποίᾳ δυνάμει ἢ ἐν ποίῳ ὀνόματι ἐποιήσατε
VIIN--ZP   PD A-TDF-S N-DF-S CC PD A-TDN-S N-DN-S   VIAA--YP

τοῦτο ὑμεῖς; **4.8** τότε Πέτρος πλησθεὶς πνεύματος ἁγίου εἶπεν
APDAN-S NPN-YP   AB   N-NM-S VPAPNM-S   N-GN-S   A--GN-S VIAA--ZS

πρὸς αὐτούς, Ἄρχοντες τοῦ λαοῦ καὶ πρεσβύτεροι, **4.9** εἰ ἡμεῖς
PA   NPAMZP N-VM-P   DGMS N-GM-S CC AP-VM-P   CS NPN-XP

σήμερον ἀνακρινόμεθα ἐπὶ εὐεργεσίᾳ ἀνθρώπου ἀσθενοῦς, ἐν
AB   VIPP--XP   PD N-DF-S   N-GM-S   A--GM-S   PD

τίνι οὗτος σέσωται, **4.10** γνωστὸν ἔστω πᾶσιν ὑμῖν καὶ παντὶ
APTDN-S APDNM-S VIRP--ZS   A--NN-S   VMPA--ZS A--DM-P NPD-YP CC A--DM-S

τῷ λαῷ Ἰσραὴλ ὅτι ἐν τῷ ὀνόματι Ἰησοῦ Χριστοῦ τοῦ
DDMS N-DM-S N-GM-S CC PD DDNS N-DN-S   N-GM-S N-GM-S   DGMS

Ναζωραίου, ὃν ὑμεῖς ἐσταυρώσατε, ὃν ὁ θεὸς ἤγειρεν ἐκ
N-GM-S   APRAM-S NPN-YP VIAA--YP   APRAM-S DNMS N-NM-S VIAA--ZS PG

νεκρῶν, ἐν τούτῳ οὗτος παρέστηκεν ἐνώπιον ὑμῶν ὑγιής.
AP-GM-P PD APDDN-S APDNM-S VIRA--ZS   PG   NPG-YP A--NM-S

4.11 οὗτός ἐστιν
APDNM-S VIPA--ZS

ὁ λίθος ὁ ἐξουθενηθεὶς ὑφ᾽ ὑμῶν τῶν
DNMS N-NM-S DNMS□APRNM-S VPAPNM-S PG NPG-YP DGMP

οἰκοδόμων,
N-GM-P

ὁ γενόμενος εἰς κεφαλὴν γωνίας.
DNMS□APRNM-S VPADNM-S PA N-AF-S N-GF-S

4.12 καὶ οὐκ ἔστιν ἐν ἄλλῳ οὐδενὶ ἡ σωτηρία, οὐδὲ γὰρ ὄνομά
CC AB VIPA--ZS PD AP-DM-S A-CDM-S DNFS N-NF-S AB CS N-NN-S

ἐστιν ἕτερον ὑπὸ τὸν οὐρανὸν τὸ δεδομένον ἐν
VIPA--ZS A--NN-S PA DAMS N-AM-S DNNS□APRNN-S VPRPNN-S PD

ἀνθρώποις ἐν ᾧ δεῖ σωθῆναι ἡμᾶς. **4.13** Θεωροῦντες δὲ τὴν
N-DM-P PD APRDN-S VIPA--ZS VNAP NPA-XP VPPANM-P CH DAFS

τοῦ Πέτρου παρρησίαν καὶ Ἰωάννου, καὶ καταλαβόμενοι ὅτι
DGMS N-GM-S N-AF-S CC N-GM-S CC VPAMNM-P CC

ἄνθρωποι ἀγράμματοί εἰσιν καὶ ἰδιῶται, ἐθαύμαζον ἐπεγίνωσκόν
N-NM-P A--NM-P VIPA--ZP CC N-NM-P VIIA--ZP VIIA--ZP

τε αὐτοὺς ὅτι σὺν τῷ Ἰησοῦ ἦσαν· **4.14** τόν τε ἄνθρωπον
CC NPAMZP CC PD DDMS N-DM-S VIIA--ZP DAMS CC N-AM-S

βλέποντες σὺν αὐτοῖς ἑστῶτα τὸν τεθεραπευμένον οὐδὲν
VPPANM-P PD NPDMZP VPRAAM-S DAMS□APRNM-S VPRPAM-S APCAN-S

εἶχον ἀντειπεῖν. **4.15** κελεύσαντες δὲ αὐτοὺς ἔξω τοῦ συνεδρίου
VIIA--ZP VNAA VPAANM-P CH NPAMZP PG DGNS N-GN-S

ἀπελθεῖν συνέβαλλον πρὸς ἀλλήλους **4.16** λέγοντες, Τί
VNAA VIIA--ZP PA NPAMZP VPPANM-P APTAN-S

ποιήσωμεν τοῖς ἀνθρώποις τούτοις; ὅτι μὲν γὰρ γνωστὸν σημεῖον
VSAA--XP DDMP N-DM-P A-DDM-P CC CC CS A--NN-S N-NN-S

γέγονεν δι᾽ αὐτῶν πᾶσιν τοῖς κατοικοῦσιν Ἰερουσαλὴμ
VIRA--ZS PG NPGMZP AP-DM-P DDMP□APRNM-P VPPADM-P N-AF-S

φανερόν, καὶ οὐ δυνάμεθα ἀρνεῖσθαι· **4.17** ἀλλ᾽ ἵνα μὴ ἐπὶ πλεῖον
A--NN-S CC AB VIPN--XP VNPN CC CS AB PA APMAN-S

διανεμηθῇ εἰς τὸν λαόν, ἀπειλησώμεθα αὐτοῖς μηκέτι λαλεῖν ἐπὶ
VSAP--ZS PA DAMS N-AM-S VSAM--XP NPDMZP AB VNPA PD

τῷ ὀνόματι τούτῳ μηδενὶ ἀνθρώπων. **4.18** καὶ καλέσαντες αὐτοὺς
DDNS N-DN-S A-DDN-S APCDM-S N-GM-P CC VPAANM-P NPAMZP

παρήγγειλαν τὸ καθόλου μὴ φθέγγεσθαι μηδὲ διδάσκειν ἐπὶ τῷ
VIAA--ZP DANS AB AB VNPNA CC VNPAA PD DDNS

ὀνόματι τοῦ Ἰησοῦ. **4.19** ὁ δὲ Πέτρος καὶ Ἰωάννης
N-DN-S DGMS N-GM-S DNMS CH N-NM-S CC N-NM-S

ἀποκριθέντες εἶπον πρὸς αὐτούς, Εἰ δίκαιόν ἐστιν ἐνώπιον τοῦ
VPAONM-P VIAA--ZP PA NPAMZP CS A--NN-S VIPA--ZS PG DGMS

θεοῦ ὑμῶν ἀκούειν μᾶλλον ἢ τοῦ θεοῦ, κρίνατε, **4.20** οὐ
N-GM-S NPG-YP VNPA ABM CS DGMS N-GM-S VMAA--YP AB

δυνάμεθα γὰρ ἡμεῖς ἃ   εἴδαμεν καὶ ἠκούσαμεν
VIPN--XP   CS   NPN-XP   APRAN-P□APDAN-P&APRAN-P   VIAA--XP   CC   VIAA--XP

μὴ λαλεῖν. 4.21 οἱ   δὲ προσαπειλησάμενοι ἀπέλυσαν
AB   VNPA   DNMP□NPNMZP   CH   VPAMNM-P   VIAA--ZP

αὐτούς, μηδὲν εὑρίσκοντες τὸ πῶς κολάσωνται αὐτούς, διὰ τὸν
NPRAMZP   APCAN-S   VPPANM-P   DANS ABT   VSAM--ZP   NPRAMZP   PA   DAMS

λαόν, ὅτι πάντες ἐδόξαζον τὸν θεὸν ἐπὶ τῷ
N-AM-S   CS   AP-NM-P   VIIA--ZP   DAMS   N-AM-S   PD   DDNS□NPDNZS&APRNN-S

γεγονότι· 4.22 ἐτῶν γὰρ ἦν πλειόνων τεσσεράκοντα ὁ
VPRADN-S   N-GN-P   CS   VIIA--ZS   A-MGN-P   APCGN-P   DNMS

ἄνθρωπος ἐφ᾽ ὃν γεγόνει τὸ σημεῖον τοῦτο τῆς ἰάσεως.
N-NM-S   PA   APRAM-S VILA--ZS   DNNS N-NN-S   A-DNN-S DGFS N-GF-S

4.23 Ἀπολυθέντες δὲ ἦλθον πρὸς τοὺς ἰδίους καὶ
VPAPNM-P   CC/CH   VIAA--ZP   PA   DAMP   AP-AM-P   CC

ἀπήγγειλαν ὅσα   πρὸς αὐτοὺς οἱ ἀρχιερεῖς καὶ
VIAA--ZP   APRAN-P□APDAN-P&APRAN-P   PA   NPRAMZP   DNMP N-NM-P   CC

οἱ πρεσβύτεροι εἶπαν. 4.24 οἱ   δὲ ἀκούσαντες
DNMP   AP-NM-P   VIAA--ZP   DNMP□NPNMZP   CH   VPAANM-P

ὁμοθυμαδὸν ἦραν φωνὴν πρὸς τὸν θεὸν καὶ εἶπαν, Δέσποτα,
AB   VIAA--ZP N-AF-S   PA   DAMS N-AM-S CC   VIAA--ZP   N-VM-S

σὺ ὁ   ποιήσας τὸν οὐρανὸν καὶ τὴν γῆν καὶ
NPN-YS DNMS□NPNMYS&APRNMYS VPAANMYS   DAMS N-AM-S   CC   DAFS N-AF-S CC

τὴν θάλασσαν καὶ πάντα τὰ ἐν αὐτοῖς, 4.25 ὁ   τοῦ
DAFS N-AF-S   CC   A--AN-P DANP PD   NPDNZP   DNMS□APRNMYS DGMS

πατρὸς ἡμῶν διὰ πνεύματος ἁγίου στόματος Δαυὶδ παιδός σου
N-GM-S   NPG-XP   PG   N-GN-S   A--GN-S   N-GN-S   N-GM-S   N-GM-S   NPG-YS

εἰπών,
VPAANMYS

Ἱνατί ἐφρύαξαν ἔθνη
ABT   VIAA--ZP   N-NN-P

καὶ λαοὶ ἐμελέτησαν κενά;
CC   N-NM-P VIAA--ZP   AP-AN-P

4.26 παρέστησαν οἱ βασιλεῖς τῆς γῆς
VIAA--ZP   DNMP N-NM-P   DGFS N-GF-S

καὶ οἱ ἄρχοντες συνήχθησαν ἐπὶ τὸ αὐτὸ
CC   DNMP N-NM-P   VIAP--ZP   PA   DANS AP-AN-S

κατὰ τοῦ κυρίου καὶ κατὰ τοῦ Χριστοῦ αὐτοῦ.
PG   DGMS N-GM-S   CC   PG   DGMS N-GM-S   NPGMZS

4.27 συνήχθησαν γὰρ ἐπ᾽ ἀληθείας ἐν τῇ πόλει ταύτῃ ἐπὶ τὸν
VIAP--ZP   CS   PG   N-GF-S   PD   DDFS N-DF-S   A-DDF-S   PA   DAMS

ἅγιον παῖδά σου Ἰησοῦν, ὃν ἔχρισας, Ἡρῴδης τε καὶ
A--AM-S N-AM-S   NPG-YS N-AM-S   APRAM-S VIAA--YS   N-NM-S   CC CC

Πόντιος Πιλᾶτος σὺν ἔθνεσιν καὶ λαοῖς Ἰσραήλ, 4.28 ποιῆσαι
N-NM-S   N-NM-S   PD   N-DN-P   CC   N-DM-P N-GM-S   VNAA

ὅσα ἡ χείρ σου καὶ ἡ βουλή [σου]
APRAN-P☐APDAN-P&APRAN-P DNFS N-NF-S NPG-YS CC DNFS N-NF-S NPG-YS

προώρισεν γενέσθαι. 4.29 καὶ τὰ νῦν, κύριε, ἔπιδε ἐπὶ τὰς
VIAA--ZS VNAD CC DANP AB☐AP-AN-P N-VM-S VMAA--YS PA DAFP

ἀπειλὰς αὐτῶν, καὶ δὸς τοῖς δούλοις σου μετὰ παρρησίας
N-AF-P NPGMZP CC VMAA--YS DDMP N-DM-P NPG-YS PG N-GF-S

πάσης λαλεῖν τὸν λόγον σου, 4.30 ἐν τῷ τὴν χεῖρά [σου]
A--GF-S VNPA DAMS N-AM-S NPG-YS PD DDNS DAFS N-AF-S NPG-YS

ἐκτείνειν σε εἰς ἴασιν καὶ σημεῖα καὶ τέρατα γίνεσθαι διὰ τοῦ
VNPAD NPA-YS PA N-AF-S CC N-AN-P CC N-AN-P VNPND PG DGNS

ὀνόματος τοῦ ἁγίου παιδός σου Ἰησοῦ. 4.31 καὶ δεηθέντων
N-GN-S DGMS A--GM-S N-GM-S NPG-YS N-GM-S CC VPAOGM-P

αὐτῶν ἐσαλεύθη ὁ τόπος ἐν ᾧ ἦσαν συνηγμένοι, καὶ
NPGMZP VIAP--ZS DNMS N-NM-S PD APRDM-S VIIA--ZP+ +VPRPNM-P CC

ἐπλήσθησαν ἅπαντες τοῦ ἁγίου πνεύματος, καὶ ἐλάλουν τὸν
VIAP--ZP AP-NM-P DGNS A--GN-S N-GN-S CC VIIA--ZP DAMS

λόγον τοῦ θεοῦ μετὰ παρρησίας.
N-AM-S DGMS N-GM-S PG N-GF-S

4.32 Τοῦ δὲ πλήθους τῶν πιστευσάντων ἦν
DGNS CC N-GN-S DGMP☐NPGMZP&APRNM-P VPAAGM-P VIIA--ZS

καρδία καὶ ψυχὴ μία, καὶ οὐδὲ εἷς τι τῶν
N-NF-S CC N-NF-S A-CNF-S CC AB APCNM-S APIAN-S DGNP☐NPGNZP&APRNN-P

ὑπαρχόντων αὐτῷ ἔλεγεν ἴδιον εἶναι, ἀλλ᾽ ἦν αὐτοῖς ἅπαντα
VPPAGN-P NPDMZS VIIA--ZS A--AN-S VNPA CH VIIA--ZS NPDMZP AP-NN-P

κοινά. 4.33 καὶ δυνάμει μεγάλῃ ἀπεδίδουν τὸ μαρτύριον οἱ
A--NN-P CC N-DF-S A--DF-S VIIA--ZP DANS N-AN-S DNMP

ἀπόστολοι τῆς ἀναστάσεως τοῦ κυρίου Ἰησοῦ, χάρις τε μεγάλη
N-NM-P DGFS N-GF-S DGMS N-GM-S N-GM-S N-NF-S CC A--NF-S

ἦν ἐπὶ πάντας αὐτούς. 4.34 οὐδὲ γὰρ ἐνδεής τις ἦν ἐν
VIIA--ZS PA A--AM-P NPAMZP AB CS AP-NM-S A-INM-S VIIA--ZS PD

αὐτοῖς· ὅσοι γὰρ κτήτορες χωρίων ἢ οἰκιῶν
NPDMZP APRNM-P☐APDNM-P&APRNM-P CS N-NM-P N-GN-P CC N-GF-P

ὑπῆρχον, πωλοῦντες ἔφερον τὰς τιμὰς τῶν
VIIA--ZP VPPANM-P VIIA--ZP DAFP N-AF-P DGNP☐NPGNZP&APRNN-P

πιπρασκομένων 4.35 καὶ ἐτίθουν παρὰ τοὺς πόδας τῶν
VPPPGN-P CC VIIA--ZP PA DAMP N-AM-P DGMP

ἀποστόλων· διεδίδετο δὲ ἑκάστῳ καθότι ἄν τις χρείαν εἶχεν.
N-GM-P VIIP--ZS CC AP-DM-S CS QV APINM-S N-AF-S VIIA--ZS

4.36 Ἰωσὴφ δὲ ὁ ἐπικληθεὶς Βαρναβᾶς ἀπὸ τῶν
N-NM-S CC DNMS☐APRNM-S VPAPNM-S N-NM-S PG DGMP

ἀποστόλων, ὅ ἐστιν μεθερμηνευόμενον υἱὸς παρακλήσεως,
N-GM-P APRNN-S VIPA--ZS+ +VPPPNN-S N-NM-S N-GF-S

Λευίτης, Κύπριος τῷ γένει, 4.37 ὑπάρχοντος αὐτῷ ἀγροῦ
N-NM-S N-NM-S DDNS N-DN-S VPPAGM-S NPDMZS N-GM-S

πωλήσας ἤνεγκεν τὸ χρῆμα καὶ ἔθηκεν πρὸς τοὺς πόδας τῶν
VPAANM-S VIAA--ZS DANS N-AN-S CC VIAA--ZS PA DAMP N-AM-P DGMP

ἀποστόλων.
N-GM-P

5.1 Ἀνὴρ δέ τις Ἀνανίας ὀνόματι σὺν Σαπφίρῃ τῇ
N-NM-S CC/CH A-INM-S N-NM-S N-DN-S PD N-DF-S DDFS

γυναικὶ αὐτοῦ ἐπώλησεν κτῆμα 5.2 καὶ ἐνοσφίσατο ἀπὸ τῆς
N-DF-S NPGMZS VIAA--ZS N-AN-S CC VIAM--ZS PG DGFS

τιμῆς, συνειδυίης καὶ τῆς γυναικός, καὶ ἐνέγκας μέρος τι παρὰ
N-GF-S VPRAGF-S AB DGFS N-GF-S CC VPAANM-S N-AN-S A-IAN-S PA

τοὺς πόδας τῶν ἀποστόλων ἔθηκεν. 5.3 εἶπεν δὲ ὁ Πέτρος,
DAMP N-AM-P DGMP N-GM-P VIAA--ZS VIAA--ZS CH DNMS N-NM-S

Ἀνανία, διὰ τί ἐπλήρωσεν ὁ Σατανᾶς τὴν καρδίαν σου
N-VM-S PA APTAN-S VIAA--ZS DNMS N-NM-S DAFS N-AF-S NPG-YS

ψεύσασθαί σε τὸ πνεῦμα τὸ ἅγιον καὶ νοσφίσασθαι ἀπὸ τῆς
VNAD NPA-YS DANS N-AN-S DANS A--AN-S CC VNAM PG DGFS

τιμῆς τοῦ χωρίου; 5.4 οὐχὶ μένον σοὶ ἔμενεν καὶ πραθὲν ἐν τῇ
N-GF-S DGNS N-GN-S QT VPPANN-S NPD-YS VIIA--ZS CC VPAPNN-S PD DDFS

σῇ ἐξουσίᾳ ὑπῆρχεν; τί ὅτι ἔθου ἐν τῇ καρδίᾳ σου
A--DFYS N-DF-S VIIA--ZS APTAN-S□ABT CC VIAM--YS PD DDFS N-DF-S NPG-YS

τὸ πρᾶγμα τοῦτο; οὐκ ἐψεύσω ἀνθρώποις ἀλλὰ τῷ θεῷ.
DANS N-AN-S A-DAN-S AB VIAD--YS N-DM-P CH DDMS N-DM-S

5.5 ἀκούων δὲ ὁ Ἀνανίας τοὺς λόγους τούτους πεσὼν
VPPANM-S CH DNMS N-NM-S DAMP N-AM-P A-DAM-P VPAANM-S

ἐξέψυξεν· καὶ ἐγένετο φόβος μέγας ἐπὶ πάντας τοὺς
VIAA--ZS CC VIAD--ZS N-NM-S A--NM-S PA AP-AM-P DAMP□APRNM-P

ἀκούοντας. 5.6 ἀναστάντες δὲ οἱ νεώτεροι συνέστειλαν αὐτὸν
VPPAAM-P VPAANM-P CC/CH DNMP APMNM-P VIAA--ZP NPAMZS

καὶ ἐξενέγκαντες ἔθαψαν.
CC VPAANM-P VIAA--ZP

5.7 Ἐγένετο δὲ ὡς ὡρῶν τριῶν διάστημα καὶ ἡ γυνὴ αὐτοῦ
VIAD--ZS CC AB N-GF-P A-CGF-P N-NN-S CC DNFS N-NF-S NPGMZS

μὴ εἰδυῖα τὸ γεγονὸς εἰσῆλθεν. 5.8 ἀπεκρίθη δὲ
AB VPRANF-S DANS□NPANZS&APRNN-S VPRAAN-S VIAA--ZS VIAO--ZS CH

πρὸς αὐτὴν Πέτρος, Εἰπέ μοι, εἰ τοσούτου τὸ χωρίον
PA NPAFZS N-NM-S VMAA--YS NPD-XS QT APDGN-S DANS N-AN-S

ἀπέδοσθε; ἡ δὲ εἶπεν, Ναί, τοσούτου. 5.9 ὁ δὲ Πέτρος
VIAM--YP DNFS□NPNFZS CH VIAA--ZS QS APDGN-S DNMS CH N-NM-S

πρὸς αὐτήν, Τί ὅτι συνεφωνήθη ὑμῖν πειράσαι τὸ
PA NPAFZS APTAN-S□ABT CC VIAP--ZS NPD-YP VNAA DANS

πνεῦμα κυρίου; ἰδοὺ οἱ πόδες τῶν θαψάντων τὸν
N-AN-S N-GM-S QS DNMP N-NM-P DGMP□NPGMZP&APRNM-P VPAAGM-P DAMS

ἄνδρα σου ἐπὶ τῇ θύρᾳ καὶ ἐξοίσουσίν σε. 5.10 ἔπεσεν δὲ
N-AM-S NPG-YS PD DDFS N-DF-S CC VIFA--ZP NPA-YS VIAA--ZS CH

παραχρῆμα πρὸς τοὺς πόδας αὐτοῦ καὶ ἐξέψυξεν· εἰσελθόντες δὲ
AB   PA   DAMP N-AM-P NPGMZS CC VIAA--ZS   VPAANM-P   CH

οἱ νεανίσκοι εὗρον αὐτὴν νεκράν, καὶ ἐξενέγκαντες ἔθαψαν
DNMP N-NM-P   VIAA--ZP NPAFZS A--AF-S CC VPAANM-P   VIAA--ZP

πρὸς τὸν ἄνδρα αὐτῆς. 5.11 καὶ ἐγένετο φόβος μέγας ἐφ᾽ ὅλην
PA   DAMS N-AM-S NPGFZS   CC VIAD--ZS N-NM-S A--NM-S PA A--AF-S

τὴν ἐκκλησίαν καὶ ἐπὶ πάντας τοὺς   ἀκούοντας ταῦτα.
DAFS N-AF-S   CC PA AP-AM-P DAMP□APRNM-P VPPAAM-P   APDAN-P

5.12 Διὰ δὲ τῶν χειρῶν τῶν ἀποστόλων ἐγίνετο σημεῖα καὶ
     PG CC DGFP N-GF-P DGMP N-GM-P   VIIN--ZS N-NN-P   CC

τέρατα πολλὰ ἐν τῷ λαῷ· καὶ ἦσαν ὁμοθυμαδὸν ἅπαντες ἐν τῇ
N-NN-P A--NN-P PD DDMS N-DM-S CC VIIA--ZP AB   AP-NM-P   PD DDFS

Στοᾷ Σολομῶντος. 5.13 τῶν δὲ λοιπῶν οὐδεὶς ἐτόλμα κολλᾶσθαι
N-DF-S N-GM-S   DGMP CC/CH AP-GM-P APCNM-S VIIA--ZS VNPP

αὐτοῖς, ἀλλ᾽ ἐμεγάλυνεν αὐτοὺς ὁ λαός· 5.14 μᾶλλον δὲ
NPDMZP CH   VIIA--ZS   NPAMZP DNMS N-NM-S   ABM   CH

προσετίθεντο πιστεύοντες τῷ κυρίῳ πλήθη ἀνδρῶν τε καὶ
VIIP--ZP   VPPANM-P   DDMS N-DM-S N-NN-P N-GM-P CC CC

γυναικῶν, 5.15 ὥστε καὶ εἰς τὰς πλατείας ἐκφέρειν τοὺς ἀσθενεῖς
N-GF-P   CH   AB PA DAFP AP-AF-P   VNPA   DAMP AP-AM-P

καὶ τιθέναι ἐπὶ κλιναρίων καὶ κραβάττων, ἵνα ἐρχομένου Πέτρου
CC VNPA   PG N-GN-P   CC N-GM-P   CS VPPNGM-S N-GM-S

κἂν ἡ σκιὰ ἐπισκιάσῃ τινὶ αὐτῶν. 5.16 συνήρχετο δὲ καὶ τὸ
CC&CS DNFS N-NF-S VSAA--ZS APIDM-S NPGMZP   VIIN--ZS   CH AB DNNS

πλῆθος τῶν πέριξ πόλεων Ἰερουσαλήμ, φέροντες ἀσθενεῖς καὶ
N-NN-S DGFP AB□A--GF-P N-GF-P   N-GF-S   VPPANM-P AP-AM-P CC

ὀχλουμένους ὑπὸ πνευμάτων ἀκαθάρτων, οἵτινες ἐθεραπεύοντο
VPPPAM-P   PG N-GN-P   A--GN-P   APRNM-P VIIP--ZP

ἅπαντες.
A--NM-P

5.17 Ἀναστὰς δὲ ὁ ἀρχιερεὺς καὶ πάντες οἱ σὺν αὐτῷ,
     VPAANM-S CC/CH DNMS N-NM-S   CC A--NM-P DNMP PD NPDMZS

ἡ οὖσα αἵρεσις τῶν Σαδδουκαίων, ἐπλήσθησαν ζήλου
DNFS□APRNF-S+ VPPANF-S N-NF-S DGMP N-GM-P   VIAP--ZP   N-GM-S

5.18 καὶ ἐπέβαλον τὰς χεῖρας ἐπὶ τοὺς ἀποστόλους καὶ ἔθεντο
     CC VIAA--ZP   DAFP N-AF-P PA DAMP N-AM-P   CC VIAM--ZP

αὐτοὺς ἐν τηρήσει δημοσίᾳ. 5.19 ἄγγελος δὲ κυρίου διὰ νυκτὸς
NPAMZP PD N-DF-S A--DF-S   N-NM-S CC/CH N-GM-S PG N-GF-S

ἀνοίξας τὰς θύρας τῆς φυλακῆς ἐξαγαγών τε αὐτοὺς εἶπεν,
VPAANM-S DAFP N-AF-P DGFS N-GF-S VPAANM-S CC NPAMZP VIAA--ZS

5.20 Πορεύεσθε καὶ σταθέντες λαλεῖτε ἐν τῷ ἱερῷ τῷ λαῷ
     VMPN--YP   CC VRAPNMYP VMPA--YP PD DDNS AP-DN-S DDMS N-DM-S

πάντα τὰ ῥήματα τῆς ζωῆς ταύτης. 5.21 ἀκούσαντες δὲ
A--AN-P DANP N-AN-P DGFS N-GF-S A-DGF-S   VPAANM-P   CH

εἰσῆλθον ὑπὸ τὸν ὄρθρον εἰς τὸ ἱερὸν καὶ ἐδίδασκον.
VIAA--ZP PA DAMS N-AM-S PA DANS AP-AN-S CC VIIA--ZP

Παραγενόμενος δὲ ὁ ἀρχιερεὺς καὶ οἱ σὺν αὐτῷ
VPADNM-S CC DNMS N-NM-S CC DNMP PD NPDMZS

συνεκάλεσαν τὸ συνέδριον καὶ πᾶσαν τὴν γερουσίαν τῶν υἱῶν
VIAA--ZP DANS N-AN-S CC A--AF-S DAFS N-AF-S DGMP N-GM-P

Ἰσραήλ, καὶ ἀπέστειλαν εἰς τὸ δεσμωτήριον ἀχθῆναι αὐτούς.
N-GM-S CC VIAA--ZP PA DANS N-AN-S VNAP NPAMZP

5.22 οἱ δὲ παραγενόμενοι ὑπηρέται οὐχ εὗρον αὐτοὺς
DNMP□APRNM-P+ CH VPADNM-P N-NM-P AB VIAA--ZP NPAMZP

ἐν τῇ φυλακῇ, ἀναστρέψαντες δὲ ἀπήγγειλαν 5.23 λέγοντες ὅτι
PD DDFS N-DF-S VPAANM-P CH VIAA--ZP VPPANM-P CH

Τὸ δεσμωτήριον εὕρομεν κεκλεισμένον ἐν πάσῃ ἀσφαλείᾳ καὶ
DANS N-AN-S VIAA--XP VPRPAN-S PD A--DF-S N-DF-S CC

τοὺς φύλακας ἑστῶτας ἐπὶ τῶν θυρῶν, ἀνοίξαντες δὲ ἔσω, οὐδένα
DAMP N-AM-P VPRAAM-P PG DGFP N-GF-P VPAANMXP CH AB APCAM-S

εὕρομεν. 5.24 ὡς δὲ ἤκουσαν τοὺς λόγους τούτους ὅ τε
VIAA--XP CS CH VIAA--ZP DAMP N-AM-P A-DAM-P DNMS CC

στρατηγὸς τοῦ ἱεροῦ καὶ οἱ ἀρχιερεῖς, διηπόρουν περὶ αὐτῶν
N-NM-S DGNS AP-GN-S CC DNMP N-NM-P VIIA--ZP PG NPGMZP

τί ἂν γένοιτο τοῦτο. 5.25 παραγενόμενος δέ τις ἀπήγγειλεν
APTNN-S QV VOAD--ZS APDNN-S VPADNM-S CC APINM-S VIAA--ZS

αὐτοῖς ὅτι Ἰδοὺ οἱ ἄνδρες οὓς ἔθεσθε ἐν τῇ φυλακῇ εἰσὶν
NPDMZP CC QS DNMP N-NM-P APRAM-P VIAM--YP PD DDFS N-DF-S VIPA--ZP+

ἐν τῷ ἱερῷ ἑστῶτες καὶ διδάσκοντες τὸν λαόν. 5.26 τότε
PD DDNS AP-DN-S +VPRANM-P CC +VPPANM-P DAMS N-AM-S AB

ἀπελθὼν ὁ στρατηγὸς σὺν τοῖς ὑπηρέταις ἦγεν αὐτούς, οὐ
VPAANM-S DNMS N-NM-S PD DDMP N-DM-P VIIA--ZS NPAMZP AB

μετὰ βίας, ἐφοβοῦντο γὰρ τὸν λαόν, μὴ λιθασθῶσιν.
PG N-GF-S VIIN--ZP CS DAMS N-AM-S CC VSAP--ZP

5.27 Ἀγαγόντες δὲ αὐτοὺς ἔστησαν ἐν τῷ συνεδρίῳ. καὶ
VPAANM-P CC NPAMZP VIAA--ZP PD DDNS N-DN-S CC

ἐπηρώτησεν αὐτοὺς ὁ ἀρχιερεὺς 5.28 λέγων, [Οὐ] παραγγελίᾳ
VIAA--ZS NPAMZP DNMS N-NM-S VPPANM-S QT N-DF-S

παρηγγείλαμεν ὑμῖν μὴ διδάσκειν ἐπὶ τῷ ὀνόματι τούτῳ; καὶ
VIAA--XP NPD-YP AB VNPA PD DDNS N-DN-S A-DDN-S CC

ἰδοὺ πεπληρώκατε τὴν Ἰερουσαλὴμ τῆς διδαχῆς ὑμῶν, καὶ
QS VIRA--YP DAFS N-AF-S DGFS N-GF-S NPG-YP CC

βούλεσθε ἐπαγαγεῖν ἐφ᾽ ἡμᾶς τὸ αἷμα τοῦ ἀνθρώπου τούτου.
VIPN--YP VNAA PA NPA-XP DANS N-AN-S DGMS N-GM-S A-DGM-S

5.29 ἀποκριθεὶς δὲ Πέτρος καὶ οἱ ἀπόστολοι εἶπαν, Πειθαρχεῖν
VPAONM-S CH N-NM-S CC DNMP N-NM-P VIAA--ZP VNPA

δεῖ θεῷ μᾶλλον ἢ ἀνθρώποις. 5.30 ὁ θεὸς τῶν πατέρων
VIPA--ZS N-DM-S ABM CS N-DM-P DNMS N-NM-S DGMP N-GM-P

ἡμῶν ἤγειρεν Ἰησοῦν, ὃν ὑμεῖς διεχειρίσασθε κρεμάσαντες
NPG-XP VIAA--ZS N-AM-S APRAM-S NPN-YP VIAM--YP VPAANMYP

ἐπὶ ξύλου· 5.31 τοῦτον ὁ θεὸς ἀρχηγὸν καὶ σωτῆρα ὕψωσεν
PG N-GN-S APDAM-S DNMS N-NM-S N-AM-S CC N-AM-S VIAA--ZS

τῇ δεξιᾷ αὐτοῦ, [τοῦ] δοῦναι μετάνοιαν τῷ Ἰσραὴλ καὶ ἄφεσιν
DDFS AP-DF-S NPGMZS DGNS VNAAG N-AF-S DDMS N-DM-S CC N-AF-S

ἁμαρτιῶν. 5.32 καὶ ἡμεῖς ἐσμεν μάρτυρες τῶν ῥημάτων τούτων,
N-GF-P CC NPN-XP VIPA--XP N-NM-P DGNP N-GN-P A-DGN-P

καὶ τὸ πνεῦμα τὸ ἅγιον ὃ ἔδωκεν ὁ θεὸς
CC DNNS N-NN-S DNNS A--NN-S APRAN-S VIAA--ZS DNMS N-NM-S

τοῖς πειθαρχοῦσιν αὐτῷ.
DDMP☐NPDMZP&APRNM-P VPPADM-P NPDMZS

5.33 Οἱ δὲ ἀκούσαντες διεπρίοντο καὶ ἐβούλοντο
DNMP☐NPNMZP CH VPAANM-P VIIP--ZP CC VIIN--ZP

ἀνελεῖν αὐτούς. 5.34 ἀναστὰς δέ τις ἐν τῷ συνεδρίῳ
VNAA NPRAMZP VPAANM-S CH A-INM-S PD DDNS N-DN-S

Φαρισαῖος ὀνόματι Γαμαλιήλ, νομοδιδάσκαλος τίμιος παντὶ τῷ
N-NM-S N-DN-S N-NM-S N-NM-S A--NM-S A--DM-S DDMS

λαῷ, ἐκέλευσεν ἔξω βραχὺ τοὺς ἀνθρώπους ποιῆσαι, 5.35 εἶπέν τε
N-DM-S VIAA--ZS AB AP-AN-S DAMP N-AM-P VNAA VIAA--ZS CC

πρὸς αὐτούς, Ἄνδρες Ἰσραηλῖται, προσέχετε ἑαυτοῖς ἐπὶ τοῖς
PA NPRAMZP N-VM-P N-VM-P VMPA--YP NPDMYP PD DDMP

ἀνθρώποις τούτοις τί μέλλετε πράσσειν. 5.36 πρὸ γὰρ τούτων
N-DM-P A-DDM-P APTAN-S VIPA--YP+ +VNPA PG CS A-DGF-P

τῶν ἡμερῶν ἀνέστη Θευδᾶς, λέγων εἶναί τινα ἑαυτόν, ᾧ
DGFP N-GF-P VIAA--ZS N-NM-S VPPANM-S VNPA APIAM-S NPAMZS APRDM-S

προσεκλίθη ἀνδρῶν ἀριθμὸς ὡς τετρακοσίων· ὃς ἀνῃρέθη, καὶ
VIAP--ZS N-GM-P N-NM-S AB APCGM-P APRNM-S VIAP--ZS CC

πάντες ὅσοι ἐπείθοντο αὐτῷ διελύθησαν καὶ ἐγένοντο εἰς οὐδέν.
AP-NM-P APRNM-P VIIP--ZP NPDMZS VIAP--ZP CC VIAD--ZP PA APCAN-S

5.37 μετὰ τοῦτον ἀνέστη Ἰούδας ὁ Γαλιλαῖος ἐν ταῖς ἡμέραις
PA APDAM-S VIAA--ZS N-NM-S DNMS AP-NM-S PD DDFP N-DF-P

τῆς ἀπογραφῆς καὶ ἀπέστησεν λαὸν ὀπίσω αὐτοῦ· κἀκεῖνος
DGFS N-GF-S CC VIAA--ZS N-AM-S PG NPGMZS CC&APDNM-S

ἀπώλετο, καὶ πάντες ὅσοι ἐπείθοντο αὐτῷ διεσκορπίσθησαν.
VIAM--ZS CC AP-NM-P APRNM-P VIIP--ZP NPDMZS VIAP--ZP

5.38 καὶ τὰ νῦν λέγω ὑμῖν, ἀπόστητε ἀπὸ τῶν ἀνθρώπων
CC DANP AB☐AP-AN-P VIPA--XS NPD-YP VMAA--YP PG DGMP N-GM-P

τούτων καὶ ἄφετε αὐτούς· ὅτι ἐὰν ᾖ ἐξ ἀνθρώπων ἡ βουλὴ
A-DGM-P CC VMAA--YP NPAMZP CS CS VSPA--ZS PG N-GM-P DNFS N-NF-S

αὕτη ἢ τὸ ἔργον τοῦτο, καταλυθήσεται· 5.39 εἰ δὲ ἐκ θεοῦ
A-DNF-S CC DNNS N-NN-S A-DNN-S VIFP--ZS CS CC/CH PG N-GM-S

ἐστιν, οὐ δυνήσεσθε καταλῦσαι αὐτούς — μήποτε καὶ θεομάχοι
VIPA--ZS AB VIFD--YP VNAA NPRAMZP CS AB A--NM-P

εὑρεθῆτε. ἐπείσθησαν δὲ αὐτῷ, 5.40 καὶ προσκαλεσάμενοι τοὺς
VSAP--YP   VIAP--ZP   CH NPDMZS   CC   VPADNM-P   DAMP

ἀποστόλους δείραντες παρήγγειλαν μὴ λαλεῖν ἐπὶ τῷ ὀνόματι
N-AM-P   VPAANM-P   VIAA--ZP   AB VNPA   PD DDNS N-DN-S

τοῦ Ἰησοῦ καὶ ἀπέλυσαν. 5.41 Οἱ   μὲν οὖν ἐπορεύοντο
DGMS N-GM-S CC VIAA--ZP   DNMP□NPNMZP QS CC/CH VIIN--ZP

χαίροντες ἀπὸ προσώπου τοῦ συνεδρίου ὅτι κατηξιώθησαν ὑπὲρ
VPPANM-P   PG N-GN-S   DGNS N-GN-S   CC/CS VIAP--ZP   PG

τοῦ ὀνόματος ἀτιμασθῆναι· 5.42 πᾶσάν τε ἡμέραν ἐν τῷ ἱερῷ
DGNS N-GN-S   VNAP   A--AF-S CC N-AF-S   PD DDNS AP-DN-S

καὶ κατ᾽ οἶκον οὐκ ἐπαύοντο διδάσκοντες καὶ εὐαγγελιζόμενοι
CC   PA   N-AM-S AB VIIM--ZP   VPPANM-P   CC VPPMNM-P

τὸν Χριστόν, Ἰησοῦν.
DAMS N-AM-S   N-AM-S

6.1 Ἐν δὲ ταῖς ἡμέραις ταύταις πληθυνόντων τῶν μαθητῶν
    PD CC DDFP N-DF-P   A-DDF-P   VPPAGM-P   DGMP N-GM-P

ἐγένετο γογγυσμὸς τῶν Ἑλληνιστῶν πρὸς τοὺς Ἑβραίους, ὅτι
VIAD--ZS N-NM-S   DGMP N-GM-P   PA   DAMP N-AM-P   CS

παρεθεωροῦντο ἐν τῇ διακονίᾳ τῇ καθημερινῇ αἱ χῆραι
VIIP--ZP   PD DDFS N-DF-S   DDFS A--DF-S   DNFP AP-NF-P

αὐτῶν. 6.2 προσκαλεσάμενοι δὲ οἱ δώδεκα τὸ πλῆθος τῶν
NPGMZP   VPADNM-P   CH DNMP APCNM-P DANS N-AN-S DGMP

μαθητῶν εἶπαν, Οὐκ ἀρεστόν ἐστιν ἡμᾶς καταλείψαντας τὸν
N-GM-P   VIAA--ZP AB A--NN-S VIPA--ZS NPA-XP VPAAAMXP   DAMS

λόγον τοῦ θεοῦ διακονεῖν τραπέζαις· 6.3 ἐπισκέψασθε δέ,
N-AM-S DGMS N-GM-S VNPA   N-DF-P   VMAD--YP   CH

ἀδελφοί, ἄνδρας ἐξ ὑμῶν μαρτυρουμένους ἑπτὰ πλήρεις
N-VM-P   N-AM-P PG NPG-YP VPPPAM-P   A-CAM-P A--AM-P

πνεύματος καὶ σοφίας, οὓς καταστήσομεν ἐπὶ τῆς χρείας
N-GN-S   CC N-GF-S APRAM-P VIFA--XP   PG DGFS N-GF-S

ταύτης· 6.4 ἡμεῖς δὲ τῇ προσευχῇ καὶ τῇ διακονίᾳ τοῦ λόγου
A-DGF-S   NPN-XP CC DDFS N-DF-S   CC DDFS N-DF-S   DGMS N-GM-S

προσκαρτερήσομεν. 6.5 καὶ ἤρεσεν ὁ λόγος ἐνώπιον παντὸς
VIFA--XP   CC VIAA--ZS DNMS N-NM-S PG   A--GN-S

τοῦ πλήθους, καὶ ἐξελέξαντο Στέφανον, ἄνδρα πλήρης
DGNS N-GN-S   CC VIAM--ZP   N-AM-S   N-AM-S A--NM-S□A--AM-S

πίστεως καὶ πνεύματος ἁγίου, καὶ Φίλιππον καὶ Πρόχορον καὶ
N-GF-S   CC N-GN-S   A--GN-S CC N-AM-S   CC N-AM-S   CC

Νικάνορα καὶ Τίμωνα καὶ Παρμενᾶν καὶ Νικόλαον προσήλυτον
N-AM-S   CC N-AM-S   CC N-AM-S   CC N-AM-S   N-AM-S

Ἀντιοχέα, 6.6 οὓς ἔστησαν ἐνώπιον τῶν ἀποστόλων, καὶ
N-AM-S   APRAM-P VIAA--ZP PG   DGMP N-GM-P   CC

προσευξάμενοι ἐπέθηκαν αὐτοῖς τὰς χεῖρας.
VPADNM-P   VIAA--ZP. NPDMZP DAFP N-AF-P

6.7 Καὶ ὁ λόγος τοῦ θεοῦ ηὔξανεν, καὶ ἐπληθύνετο ὁ
CC DNMS N-NM-S DGMS N-GM-S VIIA--ZS CC VIIP--ZS DNMS

ἀριθμὸς τῶν μαθητῶν ἐν Ἰερουσαλὴμ σφόδρα, πολύς τε ὄχλος
N-NM-S DGMP N-GM-P PD N-DF-S AB A--NM-S CC N-NM-S

τῶν ἱερέων ὑπήκουον τῇ πίστει.
DGMP N-GM-P VIIA--ZP DDFS N-DF-S

6.8 Στέφανος δὲ πλήρης χάριτος καὶ δυνάμεως ἐποίει τέρατα
N-NM-S CC A--NM-S N-GF-S CC N-GF-S VIIA--ZS N-AN-P

καὶ σημεῖα μεγάλα ἐν τῷ λαῷ. 6.9 ἀνέστησαν δέ τινες τῶν
CC N-AN-P A--AN-P PD DDMS N-DM-S VIAA--ZP CC/CH APINM-P DGMP

ἐκ τῆς συναγωγῆς τῆς λεγομένης Λιβερτίνων καὶ
PG DGFS N-GF-S DGFS□APRNF-S VPPPGF-S N-GM-P CC

Κυρηναίων καὶ Ἀλεξανδρέων καὶ τῶν ἀπὸ Κιλικίας καὶ Ἀσίας
N-GM-P CC N-GM-P CC DGMP PG N-GF-S CC N-GF-S

συζητοῦντες τῷ Στεφάνῳ, 6.10 καὶ οὐκ ἴσχυον ἀντιστῆναι τῇ
VPPANM-P DDMS N-DM-S CC AB VIIA--ZP VNAA DDFS

σοφίᾳ καὶ τῷ πνεύματι ᾧ ἐλάλει. 6.11 τότε ὑπέβαλον ἄνδρας
N-DF-S CC DDNS N-DN-S APRDN-S VIIA--ZS AB VIAA--ZP N-AM-P

λέγοντας ὅτι Ἀκηκόαμεν αὐτοῦ λαλοῦντος ῥήματα βλάσφημα εἰς
VPPAAM-P CH VIRA--XP NPGMZS VPPAGM-S N-AN-P A--AN-P PA

Μωϋσῆν καὶ τὸν θεόν· 6.12 συνεκίνησάν τε τὸν λαὸν καὶ τοὺς
N-AM-S CC DAMS N-AM-S VIAA--ZP CC DAMS N-AM-S CC DAMP

πρεσβυτέρους καὶ τοὺς γραμματεῖς, καὶ ἐπιστάντες συνήρπασαν
AP-AM-P CC DAMP N-AM-P CC VPAANM-P VIAA--ZP

αὐτὸν καὶ ἤγαγον εἰς τὸ συνέδριον, 6.13 ἔστησάν τε μάρτυρας
NPAMZS CC VIAA--ZP PA DANS N-AN-S VIAA--ZP CC N-AM-P

ψευδεῖς λέγοντας, Ὁ ἄνθρωπος οὗτος οὐ παύεται λαλῶν
A--AM-P VPPAAM-P DNMS N-NM-S A-DNM-S AB VIPM--ZS VPPANM-S

ῥήματα κατὰ τοῦ τόπου τοῦ ἁγίου [τούτου] καὶ τοῦ νόμου·
N-AN-P PG DGMS N-GM-S DGMS A--GM-S A-DGM-S CC DGMS N-GM-S

6.14 ἀκηκόαμεν γὰρ αὐτοῦ λέγοντος ὅτι Ἰησοῦς ὁ Ναζωραῖος
VIRA--XP CS NPGMZS VPPAGM-S CH N-NM-S DNMS N-NM-S

οὗτος καταλύσει τὸν τόπον τοῦτον καὶ ἀλλάξει τὰ ἔθη ἃ
A-DNM-S VIFA--ZS DAMS N-AM-S A-DAM-S CC VIFA--ZS DANP N-AN-P APRAN-P

παρέδωκεν ἡμῖν Μωϋσῆς. 6.15 καὶ ἀτενίσαντες εἰς αὐτὸν πάντες
VIAA--ZS NPD-XP N-NM-S CC VPAANM-P PA NPAMZS AP-NM-P

οἱ καθεζόμενοι ἐν τῷ συνεδρίῳ εἶδον τὸ πρόσωπον
DNMP□APRNM-P VPPNNM-P PD DDNS N-DN-S VIAA--ZP DANS N-AN-S

αὐτοῦ ὡσεὶ πρόσωπον ἀγγέλου.
NPGMZS CS N-AN-S N-GM-S

7.1 Εἶπεν δὲ ὁ ἀρχιερεύς, Εἰ ταῦτα οὕτως ἔχει;
VIAA--ZS CH DNMS N-NM-S QT APDNN-P AB VIPA--ZS

7.2 ὁ δὲ ἔφη, Ἄνδρες ἀδελφοὶ καὶ πατέρες,
DNMS□NPNMZS CH VIAA--ZS/VIIA--ZS N-VM-P N-VM-P CC N-VM-P

ἀκούσατε. Ὁ θεὸς τῆς δόξης ὤφθη τῷ πατρὶ ἡμῶν Ἀβραὰμ
VMAA--YP DNMS N-NM-S DGFS N-GF-S VIAP--ZS DDMS N-DM-S NPG-XP N-DM-S

ὄντι ἐν τῇ Μεσοποταμίᾳ πρὶν ἢ κατοικῆσαι αὐτὸν ἐν
VPPADM-S PD DDFS N-DF-S AB CS VNAA NRAMZS PD

Χαρράν, 7.3 καὶ εἶπεν πρὸς αὐτόν, Ἔξελθε ἐκ τῆς γῆς σου καὶ
N-DF-S CC VIAA--ZS PA NRAMZS VMAA--YS PG DGFS N-GF-S NPG-YS CC

[ἐκ] τῆς συγγενείας σου, καὶ δεῦρο εἰς τὴν γῆν ἣν ἄν
PG DGFS N-GF-S NPG-YS CC AB□VMAA--YS PA DAFS N-AF-S APRAF-S QV

σοι δείξω. 7.4 τότε ἐξελθὼν ἐκ γῆς Χαλδαίων κατώκησεν ἐν
NPD-YS VSAA--XS AB VPAANM-S PG N-GF-S N-GM-P VIAA--ZS PD

Χαρράν. κἀκεῖθεν μετὰ τὸ ἀποθανεῖν τὸν πατέρα αὐτοῦ
N-DF-S CC&AB PA DANS VNAAA DAMS N-AM-S NPGMZS

μετῴκισεν αὐτὸν εἰς τὴν γῆν ταύτην εἰς ἣν ὑμεῖς νῦν
VIAA--ZS NRAMZS PA DAFS N-AF-S A-DAF-S PA APRAF-S NPN-YP AB

κατοικεῖτε, 7.5 καὶ οὐκ ἔδωκεν αὐτῷ κληρονομίαν ἐν αὐτῇ οὐδὲ
VIPA--YP CC AB VIAA--ZS NPDMZS N-AF-S PD NPDFZS CC&AB

βῆμα ποδός, καὶ ἐπηγγείλατο δοῦναι αὐτῷ εἰς κατάσχεσιν αὐτὴν
N-AN-S N-GM-S CC VIAD--ZS VNAA NPDMZS PA N-AF-S NRAFZS

καὶ τῷ σπέρματι αὐτοῦ μετ' αὐτόν, οὐκ ὄντος αὐτῷ τέκνου.
CC DDNS N-DN-S NPGMZS PA NRAMZS AB VPPAGN-S NPDMZS N-GN-S

7.6 ἐλάλησεν δὲ οὕτως ὁ θεὸς ὅτι ἔσται τὸ σπέρμα αὐτοῦ
VIAA--ZS CH AB DNMS N-NM-S CC VIFD--ZS DNNS N-NN-S NPGMZS

πάροικον ἐν γῇ ἀλλοτρίᾳ, καὶ δουλώσουσιν αὐτὸ καὶ
A--NN-S PD N-DF-S A--DF-S CC VIFA--ZP NRANZS CC

κακώσουσιν ἔτη τετρακόσια· 7.7 καὶ τὸ ἔθνος ᾧ ἐὰν
VIFA--ZP N-AN-P A-CAN-P CC DANS N-AN-S APRDN-S QV

δουλεύσουσιν κρινῶ ἐγώ, ὁ θεὸς εἶπεν, καὶ μετὰ ταῦτα
VIFA--ZP VIFA--XS NPN-XS DNMS N-NM-S VIAA--ZS CC PA APDAN-P

ἐξελεύσονται καὶ λατρεύσουσίν μοι ἐν τῷ τόπῳ τούτῳ. 7.8 καὶ
VIFD--ZP CC VIFA--ZP NPD-XS PD DDMS N-DM-S A-DDM-S CC

ἔδωκεν αὐτῷ διαθήκην περιτομῆς· καὶ οὕτως ἐγέννησεν τὸν
VIAA--ZS NPDMZS N-AF-S N-GF-S CC AB VIAA--ZS DAMS

Ἰσαὰκ καὶ περιέτεμεν αὐτὸν τῇ ἡμέρᾳ τῇ ὀγδόῃ, καὶ Ἰσαὰκ
N-AM-S CC VIAA--ZS NRAMZS DDFS N-DF-S DDFS A-ODF-S CC N-NM-S

τὸν Ἰακώβ, καὶ Ἰακὼβ τοὺς δώδεκα πατριάρχας.
DAMS N-AM-S CC N-NM-S DAMP A-CAM-P N-AM-P

7.9 Καὶ οἱ πατριάρχαι ζηλώσαντες τὸν Ἰωσὴφ ἀπέδοντο εἰς
CC DNMP N-NM-P VPAANM-P DAMS N-AM-S VIAM--ZP PA

Αἴγυπτον· καὶ ἦν ὁ θεὸς μετ' αὐτοῦ, 7.10 καὶ ἐξείλατο αὐτὸν
N-AF-S CC VIIA--ZS DNMS N-NM-S PG NPGMZS CC VIAM--ZS NRAMZS

ἐκ πασῶν τῶν θλίψεων αὐτοῦ, καὶ ἔδωκεν αὐτῷ χάριν καὶ σοφίαν
PG A--GF-P DGFP N-GF-P NPGMZS CC VIAA--ZS NPDMZS N-AF-S CC N-AF-S

ἐναντίον Φαραὼ βασιλέως Αἰγύπτου, καὶ κατέστησεν αὐτὸν
PG N-GM-S N-GM-S N-GF-S CC VIAA--ZS NRAMZS

ἡγούμενον ἐπ' Αἴγυπτον καὶ [ἐφ'] ὅλον τὸν οἶκον αὐτοῦ.
VPPNAM-S PA N-AF-S CC PA A--AM-S DAMS N-AM-S NPGMZS

7.11 ἦλθεν δὲ λιμὸς ἐφ' ὅλην τὴν Αἴγυπτον καὶ Χανάαν καὶ
VIAA--ZS CC/CH N-NF-S/N-NM-S PA A--AF-S DAFS N-AF-S CC N-AF-S CC

θλῖψις μεγάλη, καὶ οὐχ ηὕρισκον χορτάσματα οἱ πατέρες ἡμῶν.
N-NF-S A--NF-S CC AB VIIA--ZP N-AN-P DNMP N-NM-P NPG-XP

7.12 ἀκούσας δὲ Ἰακὼβ ὄντα σιτία εἰς Αἴγυπτον ἐξαπέστειλεν
VPAANM-S CH N-NM-S VPPAAN-P N-AN-P PA N-AF-S VIAA--ZS

τοὺς πατέρας ἡμῶν πρῶτον· 7.13 καὶ ἐν τῷ δευτέρῳ
DAMP N-AM-P NPG-XP APOAN-S☐AB CC PD DDNS APODN-S

ἀνεγνωρίσθη Ἰωσὴφ τοῖς ἀδελφοῖς αὐτοῦ, καὶ φανερὸν ἐγένετο
VIAP--ZS N-NM-S DDMP N-DM-P NPGMZS CC A--NN-S VIAD--ZS

τῷ Φαραὼ τὸ γένος [τοῦ] Ἰωσήφ. 7.14 ἀποστείλας δὲ Ἰωσὴφ
DDMS N-DM-S DNNS N-NN-S DGMS N-GM-S VPAANM-S CC N-NM-S

μετεκαλέσατο Ἰακὼβ τὸν πατέρα αὐτοῦ καὶ πᾶσαν τὴν
VIAM--ZS N-AM-S DAMS N-AM-S NPGMZS CC A--AF-S DAFS

συγγένειαν ἐν ψυχαῖς ἑβδομήκοντα πέντε, 7.15 καὶ κατέβη
N-AF-S PD N-DF-P A-CDF-P A-CDF-P CC VIAA--ZS

Ἰακὼβ εἰς Αἴγυπτον. καὶ ἐτελεύτησεν αὐτὸς καὶ οἱ πατέρες
N-NM-S PA N-AF-S CC VIAA--ZS NPNMZS CC DNMP N-NM-P

ἡμῶν, 7.16 καὶ μετετέθησαν εἰς Συχὲμ καὶ ἐτέθησαν ἐν τῷ
NPG-XP CC VIAP--ZP PA N-AF-S CC VIAP--ZP PD DDNS

μνήματι ᾧ ὠνήσατο Ἀβραὰμ τιμῆς ἀργυρίου παρὰ
N-DN-S APRDN-S☐APRAN-S VIAD--ZS N-NM-S N-GF-S N-GN-S PG

τῶν υἱῶν Ἐμμὼρ ἐν Συχέμ.
DGMP N-GM-P N-GM-S PD N-DF-S

7.17 Καθὼς δὲ ἤγγιζεν ὁ χρόνος τῆς ἐπαγγελίας
CS CC VIIA--ZS DNMS N-NM-S DGFS N-GF-S

ἧς ὡμολόγησεν ὁ θεὸς τῷ Ἀβραάμ, ηὔξησεν ὁ
APRGF-S☐APRAF-S VIAA--ZS DNMS N-NM-S DDMS N-DM-S VIAA--ZS DNMS

λαὸς καὶ ἐπληθύνθη ἐν Αἰγύπτῳ, 7.18 ἄχρι οὗ
N-NM-S CC VIAP--ZS PD N-DF-S PG APRGM-S☐APDGM-S&APRDM-S

ἀνέστη βασιλεὺς ἕτερος [ἐπ' Αἴγυπτον] ὃς οὐκ ᾔδει τὸν
VIAA--ZS N-NM-S A--NM-S PA N-AF-S APRNM-S AB VILA--ZS DAMS

Ἰωσήφ. 7.19 οὗτος κατασοφισάμενος τὸ γένος ἡμῶν ἐκάκωσεν
N-AM-S APDNM-S VPADNM-S DANS N-AN-S NPG-XP VIAA--ZS

τοὺς πατέρας [ἡμῶν] τοῦ ποιεῖν τὰ βρέφη ἔκθετα αὐτῶν εἰς τὸ
DAMP N-AM-P NPG-XP DGNS VNPAG DANP N-AN-P A--AN-P NPGMZP PA DANS

μὴ ζῳογονεῖσθαι. 7.20 ἐν ᾧ καιρῷ ἐγεννήθη Μωϋσῆς, καὶ
AB VNPPA PD A-RDM-S N-DM-S VIAP--ZS N-NM-S CC

ἦν ἀστεῖος τῷ θεῷ· ὃς ἀνετράφη μῆνας τρεῖς ἐν τῷ
VIIA--ZS A--NM-S DDMS N-DM-S APRNM-S VIAP--ZS N-AM-P A-CAM-P PD DDMS

οἴκῳ τοῦ πατρός· 7.21 ἐκτεθέντος δὲ αὐτοῦ ἀνείλατο αὐτὸν ἡ
N-DM-S DGMS N-GM-S VPAPGM-S CC NPGMZS VIAM--ZS NPAMZS DNFS

θυγάτηρ Φαραὼ καὶ ἀνεθρέψατο αὐτὸν ἑαυτῇ εἰς υἱόν. 7.22 καὶ
N-NF-S   N-GM-S CC   VIAM--ZS   NPAMZS NPDFZS PA N-AM-S   CC

ἐπαιδεύθη Μωϋσῆς [ἐν] πάσῃ σοφίᾳ Αἰγυπτίων, ἦν   δὲ δυνατὸς
VIAP--ZS   N-NM-S PD A--DF-S N-DF-S AP-GM-P VIIA--ZS CC A--NM-S

ἐν λόγοις καὶ ἔργοις αὐτοῦ.
PD N-DM-P CC N-DN-P NPGMZS

7.23 Ὡς δὲ ἐπληροῦτο αὐτῷ τεσσερακονταετὴς χρόνος,
     CS CC VIIP--ZS   NPDMZS A--NM-S   N-NM-S

ἀνέβη ἐπὶ τὴν καρδίαν αὐτοῦ ἐπισκέψασθαι τοὺς ἀδελφοὺς αὐτοῦ
VIAA--ZS PA DAFS N-AF-S NPGMZS VNAD   DAMP N-AM-P   NPGMZS

τοὺς υἱοὺς Ἰσραήλ. 7.24 καὶ ἰδών τινα   ἀδικούμενον ἠμύνατο
DAMP N-AM-P N-GM-S   CC VPAANM-S APIAM-S VPPPAM-S   VIAD--ZS

καὶ ἐποίησεν ἐκδίκησιν τῷ   καταπονουμένῳ
CC VIAA--ZS N-AF-S   DDMS□NPDMZS&APRNM-S   VPPPDM-S

πατάξας τὸν Αἰγύπτιον. 7.25 ἐνόμιζεν δὲ   συνιέναι τοὺς
VPAANM-S DAMS AP-AM-S   VIIA--ZS CC/CS VNPA   DAMP

ἀδελφοὺς [αὐτοῦ] ὅτι ὁ   θεὸς διὰ χειρὸς αὐτοῦ δίδωσιν
N-AM-P   NPGMZS CC DNMS N-NM-S PG N-GF-S NPGMZS VIPA--ZS

σωτηρίαν αὐτοῖς, οἱ   δὲ οὐ συνῆκαν. 7.26 τῇ   τε
N-AF-S   NPDMZP DNMP□NPNMZP CH AB VIAA--ZP   DDFS□APRNF-S+ CC

ἐπιούσῃ ἡμέρᾳ ὤφθη αὐτοῖς μαχομένοις καὶ συνήλλασσεν
VPPADF-S N-DF-S VIAP--ZS NPDMZP VPPNDM-P   CC VIIA--ZS

αὐτοὺς εἰς εἰρήνην εἰπών,   Ἄνδρες, ἀδελφοί ἐστε· ἱνατί ἀδικεῖτε
NRAMZP PA N-AF-S   VPAANM-S N-VM-P N-NM-P VIPA--YP ABT VIPA--YP

ἀλλήλους; 7.27 ὁ   δὲ ἀδικῶν   τὸν πλησίον
NRAMYP   DNMS□NPNMZS&APRNM-S CH VPPANM-S DAMS ABO AP-AM-S

ἀπώσατο αὐτὸν εἰπών,   Τίς   σε κατέστησεν ἄρχοντα καὶ
VIAD--ZS NPAMZS VPAANM-S APTNM-S NPA-YS VIAA--ZS   N-AM-S   CC

δικαστὴν ἐφ' ἡμῶν; 7.28 μὴ ἀνελεῖν με   σὺ   θέλεις ὃν
N-AM-S   PG NPG-XP   QT VNAA   NPA-XS NPN-YS VIPA--YS APRAM-S+

τρόπον ἀνεῖλες ἐχθὲς τὸν Αἰγύπτιον; 7.29 ἔφυγεν δὲ Μωϋσῆς ἐν
N-AM-S VIAA--YS AB DAMS AP-AM-S   VIAA--ZS CH N-NM-S PD

τῷ λόγῳ τούτῳ, καὶ ἐγένετο πάροικος ἐν γῇ   Μαδιάμ, οὗ
DDMS N-DM-S A-DDM-S CC VIAD--ZS AP-NM-S PD N-DF-S N-GM-S ABR

ἐγέννησεν υἱοὺς δύο.
VIAA--ZS   N-AM-P A-CAM-P

7.30 Καὶ πληρωθέντων ἐτῶν τεσσεράκοντα ὤφθη αὐτῷ ἐν τῇ
     CC VPAPGN-P   N-GN-P A-CGN-P   VIAP--ZS NPDMZS PD DDFS

ἐρήμῳ τοῦ ὄρους Σινᾶ ἄγγελος ἐν φλογὶ πυρὸς βάτου. 7.31 ὁ
AP-DF-S DGNS N-GN-S N-GN-S N-NM-S PD N-DF-S N-GN-S N-GF-S   DNMS

δὲ Μωϋσῆς ἰδὼν   ἐθαύμαζεν τὸ   ὅραμα· προσερχομένου δὲ
CH N-NM-S VPAANM-S VIIA--ZS   DANS N-AN-S VPPNGM-S   CC

αὐτοῦ κατανοῆσαι ἐγένετο φωνὴ κυρίου, 7.32 Ἐγὼ ὁ   θεὸς τῶν
NPGMZS VNAA   VIAD--ZS N-NF-S N-GM-S   NPN-XS DNMS N-NM-S DGMP

πατέρων σου, ὁ θεὸς Ἀβραὰμ καὶ Ἰσαὰκ καὶ Ἰακώβ.
N-GM-P NPG-YS DNMS N-NM-S N-GM-S CC N-GM-S CC N-GM-S

ἔντρομος δὲ γενόμενος Μωϋσῆς οὐκ ἐτόλμα κατανοῆσαι.
A--NM-S CH VPADNM-S N-NM-S AB VIIA--ZS VNAA

7.33 εἶπεν δὲ αὐτῷ ὁ κύριος, Λῦσον τὸ ὑπόδημα τῶν ποδῶν
VIAA--ZS CC NPDMZS DNMS N-NM-S VMAA--YS DANS N-AN-S DGMP N-GM-P

σου, ὁ γὰρ τόπος ἐφ᾽ ᾧ ἕστηκας γῆ ἁγία ἐστίν.
NPG-YS DNMS CS N-NM-S PD APRDM-S VIRA--YS N-NF-S A--NF-S VIPA--ZS

7.34 ἰδὼν εἶδον τὴν κάκωσιν τοῦ λαοῦ μου τοῦ ἐν Αἰγύπτῳ,
VPAANMXS VIAA--XS DAFS N-AF-S DGMS N-GM-S NPG-XS DGMS PD N-DF-S

καὶ τοῦ στεναγμοῦ αὐτῶν ἤκουσα, καὶ κατέβην ἐξελέσθαι
CC DGMS N-GM-S NPGMZP VIAA--XS CC VIAA--XS VNAM

αὐτούς· καὶ νῦν δεῦρο ἀποστείλω σε εἰς Αἴγυπτον.
NRAMZP CC AB AB□VMAA--YS VSAA--XS NPA-YS PA N-AF-S

7.35 Τοῦτον τὸν Μωϋσῆν, ὃν ἠρνήσαντο εἰπόντες, Τίς σε
A-DAM-S DAMS N-AM-S APRAM-S VIAD--ZP VPAANM-P APTNM-S NPA-YS

κατέστησεν ἄρχοντα καὶ δικαστήν; τοῦτον ὁ θεὸς [καὶ]
VIAA--ZS N-AM-S CC N-AM-S APDAM-S DNMS N-NM-S CC

ἄρχοντα καὶ λυτρωτὴν ἀπέσταλκεν σὺν χειρὶ ἀγγέλου τοῦ
N-AM-S CC N-AM-S VIRA--ZS PD N-DF-S N-GM-S DGMS□APRNM-S

ὀφθέντος αὐτῷ ἐν τῇ βάτῳ. 7.36 οὗτος ἐξήγαγεν αὐτοὺς
VPAPGM-S NPDMZS PD DDFS N-DF-S APDNM-S VIAA--ZS NRAMZP

ποιήσας τέρατα καὶ σημεῖα ἐν γῇ Αἰγύπτῳ καὶ ἐν Ἐρυθρᾷ
VPAANM-S N-AN-P CC N-AN-P PD N-DF-S N-DF-S CC PD A--DF-S

Θαλάσσῃ καὶ ἐν τῇ ἐρήμῳ ἔτη τεσσεράκοντα. 7.37 οὗτός ἐστιν
N-DF-S CC PD DDFS AP-DF-S N-AN-P A-CAN-P APDNM-S VIPA--ZS

ὁ Μωϋσῆς ὁ εἴπας τοῖς υἱοῖς Ἰσραήλ, Προφήτην
DNMS N-NM-S DNMS□APRNM-S VPAANM-S DDMP N-DM-P N-GM-S N-AM-S

ὑμῖν ἀναστήσει ὁ θεὸς ἐκ τῶν ἀδελφῶν ὑμῶν ὡς ἐμέ.
NPD-YP VIFA--ZS DNMS N-NM-S PG DGMP N-GM-P NPG-YP CS NPA-XS

7.38 οὗτός ἐστιν ὁ γενόμενος ἐν τῇ ἐκκλησίᾳ ἐν
APDNM-S VIPA--ZS DNMS□NPNMZS&APRNM-S VPADNM-S PD DDFS N-DF-S PD

τῇ ἐρήμῳ μετὰ τοῦ ἀγγέλου τοῦ λαλοῦντος αὐτῷ ἐν τῷ
DDFS AP-DF-S PG DGMS N-GM-S DGMS□APRNM-S VPPAGM-S NPDMZS PD DDNS

ὄρει Σινᾶ καὶ τῶν πατέρων ἡμῶν, ὃς ἐδέξατο λόγια ζῶντα
N-DN-S N-DN-S CC DGMP N-GM-P NPG-XP APRNM-S VIAD--ZS N-AN-P VPPAAN-P

δοῦναι ἡμῖν, 7.39 ᾧ οὐκ ἠθέλησαν ὑπήκοοι γενέσθαι οἱ
VNAA NPD-XP APRDM-S AB VIAA--ZP A--NM-P VNAD DNMP

πατέρες ἡμῶν ἀλλὰ ἀπώσαντο καὶ ἐστράφησαν ἐν ταῖς καρδίαις
N-NM-P NPG-XP CH VIAD--ZP CC VIAP--ZP PD DDFP N-DF-P

αὐτῶν εἰς Αἴγυπτον, 7.40 εἰπόντες τῷ Ἀαρών, Ποίησον ἡμῖν
NPGMZP PA N-AF-S VPAANM-P DDMS N-DM-S VMAA--YS NPD-XP

θεοὺς οἳ προπορεύσονται ἡμῶν· ὁ γὰρ Μωϋσῆς οὗτος,
N-AM-P APRNM-P VIFD--ZP NPG-XP DNMS CS N-NM-S A-DNM-S

ὃς   ἐξήγαγεν ἡμᾶς ἐκ γῆς Αἰγύπτου, οὐκ οἴδαμεν τί
APRNM-S VIAA--ZS NPA-XP PG N-GF-S N-GF-S   AB VIRA--XP APTNN-S

ἐγένετο αὐτῷ. 7.41 καὶ ἐμοσχοποίησαν ἐν ταῖς ἡμέραις ἐκείναις
VIAD--ZS NPDMZS   CC VIAA--ZP   PD DDFP N-DF-P A-DDF-P

καὶ ἀνήγαγον θυσίαν τῷ εἰδώλῳ, καὶ εὐφραίνοντο ἐν τοῖς ἔργοις
CC VIAA--ZP N-AF-S DDNS N-DN-S CC VIIP--ZP   PD DDNP N-DN-P

τῶν χειρῶν αὐτῶν. 7.42 ἔστρεψεν δὲ ὁ   θεὸς καὶ παρέδωκεν
DGFP N-GF-P NPGMZP   VIAA--ZS CH DNMS N-NM-S CC VIAA--ZS

αὐτοὺς λατρεύειν τῇ στρατιᾷ τοῦ οὐρανοῦ, καθὼς γέγραπται ἐν
NPAMZP VNPA   DDFS N-DF-S DGMS N-GM-S CS   VIRP--ZS PD

βίβλῳ τῶν προφητῶν,
N-DF-S DGMP N-GM-P

        Μὴ σφάγια καὶ θυσίας προσηνέγκατέ μοι
        QT N-AN-P CC N-AF-P VIAA--YP   NPD-XS

        ἔτη τεσσεράκοντα ἐν τῇ ἐρήμῳ, οἶκος Ἰσραήλ;
        N-AN-P A-CAN-P   PD DDFS AP-DF-S N-VM-S N-GM-S

7.43   καὶ ἀνελάβετε τὴν σκηνὴν τοῦ Μολὸχ
        CC VIAA--YP DAFS N-AF-S DGMS N-GM-S

        καὶ τὸ   ἄστρον τοῦ θεοῦ [ὑμῶν] Ῥαιφάν,
        CC DANS N-AN-S DGMS N-GM-S NPG-YP N-GM-S

        τοὺς τύπους οὓς   ἐποιήσατε προσκυνεῖν αὐτοῖς·
        DAMP N-AM-P APRAM-P VIAA--YP VNPA   NPDMZP

        καὶ μετοικιῶ ὑμᾶς ἐπέκεινα Βαβυλῶνος.
        CC VIFA--XS NPA-YP PG   N-GF-S

7.44 Ἡ   σκηνὴ τοῦ μαρτυρίου ἦν   τοῖς πατράσιν ἡμῶν ἐν
     DNFS N-NF-S DGNS N-GN-S   VIIA--ZS DDMP N-DM-P NPG-XP PD

τῇ ἐρήμῳ, καθὼς διετάξατο ὁ   λαλῶν τῷ Μωϋσῇ
DDFS AP-DF-S CS   VIAM--ZS DNMS□NPNMZS&APRNM-S VPPANM-S DDMS N-DM-S

ποιῆσαι αὐτὴν κατὰ τὸν τύπον ὃν   ἑωράκει, 7.45 ἦν   καὶ
VNAA   NPAFZS PA   DAMS N-AM-S APRAM-S VILA--ZS   APRAF-S AB

εἰσήγαγον διαδεξάμενοι οἱ   πατέρες ἡμῶν μετὰ Ἰησοῦ ἐν τῇ
VIAA--ZP VPADNM-P   DNMP N-NM-P NPG-XP PG   N-GM-S PD DDFS

κατασχέσει τῶν ἐθνῶν ὧν   ἐξῶσεν ὁ   θεὸς ἀπὸ
N-DF-S   DGNP N-GN-P APRGN-P□APRAN-P VIAA--ZS DNMS N-NM-S PG

προσώπου τῶν πατέρων ἡμῶν ἕως τῶν ἡμερῶν Δαυίδ, 7.46 ὃς
N-GN-S   DGMP N-GM-P NPG-XP PG DGFP N-GF-P N-GM-S   APRNM-S

εὗρεν χάριν ἐνώπιον τοῦ θεοῦ καὶ ᾐτήσατο εὑρεῖν σκήνωμα τῷ
VIAA--ZS N-AF-S PG   DGMS N-GM-S CC VIAM--ZS VNAA   N-AN-S DDMS

οἴκῳ Ἰακώβ. 7.47 Σολομῶν δὲ οἰκοδόμησεν αὐτῷ οἶκον. 7.48 ἀλλ᾽
N-DM-S N-GM-S   N-NM-S CH VIAA--ZS   NPDMZS N-AM-S   CC

οὐχ ὁ   ὕψιστος ἐν χειροποιήτοις κατοικεῖ· καθὼς ὁ   προφήτης
AB DNMS APSNM-S PD AP-DM-P   VIPA--ZS CS   DNMS N-NM-S

λέγει,
VIPA--ZS

388

7.49 Ὁ   οὐρανός μοι   θρόνος,
DNMS N-NM-S   NPD-XS N-NM-S

ἡ   δὲ γῆ   ὑποπόδιον τῶν ποδῶν μου·
DNFS CC N-NF-S N-NN-S   DGMP N-GM-P   NPG-XS

ποῖον οἶκον οἰκοδομήσετέ μοι,   λέγει κύριος,
A-TAM-S N-AM-S VIFA--YP   NPD-XS VIPA--ZS N-NM-S

ἢ τίς   τόπος τῆς καταπαύσεώς μου;
CC A-TNM-S N-NM-S DGFS N-GF-S   NPG-XS

7.50 οὐχὶ ἡ   χείρ μου   ἐποίησεν ταῦτα πάντα;
QT   DNFS N-NF-S NPG-XS VIAA--ZS   APDAN-P A--AN-P

7.51 Σκληροτράχηλοι καὶ ἀπερίτμητοι καρδίαις καὶ τοῖς ὠσίν,
AP-VM-P   CC AP-VM-P   N-DF-P   CC DDNP N-DN-P

ὑμεῖς ἀεὶ τῷ   πνεύματι τῷ   ἁγίῳ ἀντιπίπτετε, ὡς οἱ   πατέρες
NPN-YP AB DDNS N-DN-S   DDNS A--DN-S VIPA--YP   CS DNMP N-NM-P

ὑμῶν καὶ ὑμεῖς. 7.52 τίνα   τῶν   προφητῶν οὐκ ἐδίωξαν οἱ
NPG-YP AB NPN-YP   APTAM-S DGMP N-GM-P   AB VIAA--ZP DNMP

πατέρες   ὑμῶν;   καὶ   ἀπέκτειναν   τοὺς
N-NM-P   NPG-YP CC   VIAA--ZP   DAMP□NPAMZP&APRNM-P

προκαταγγείλαντας περὶ τῆς ἐλεύσεως τοῦ δικαίου οὗ   νῦν
VPRAAAM-P   PG DGFS N-GF-S   DGMS AP-GM-S APRGM-S AB

ὑμεῖς προδόται καὶ φονεῖς ἐγένεσθε, 7.53 οἵτινες ἐλάβετε τὸν
NPN-YP N-NM-P CC N-NM-P VIAD--YP   APRNMYP VIAA--YP DAMS

νόμον εἰς διαταγὰς ἀγγέλων, καὶ οὐκ ἐφυλάξατε.
N-AM-S PA N-AF-P   N-GM-P   CC AB VIAA--YP

7.54 Ἀκούοντες δὲ ταῦτα διεπρίοντο ταῖς καρδίαις αὐτῶν καὶ
VPPANM-P   CH APDAN-P VIIP--ZP   DDFP N-DF-P   NPGMZP CC

ἔβρυχον τοὺς ὀδόντας ἐπ᾽ αὐτόν. 7.55 ὑπάρχων δὲ   πλήρης
VIIA--ZP DAMP N-AM-P PA NPAMZS   VPPANM-S CC/CH A--NM-S

πνεύματος ἁγίου ἀτενίσας εἰς τὸν οὐρανὸν εἶδεν δόξαν θεοῦ καὶ
N-GN-S   A--GN-S VPAANM-S PA DAMS N-AM-S   VIAA--ZS N-AF-S N-GM-S CC

Ἰησοῦν ἑστῶτα ἐκ δεξιῶν τοῦ θεοῦ, 7.56 καὶ εἶπεν, Ἰδοὺ θεωρῶ
N-AM-S VPRAAM-S PG AP-GN-P DGMS N-GM-S   CC VIAA--ZS QS VIPA--XS

τοὺς οὐρανοὺς διηνοιγμένους καὶ τὸν υἱὸν τοῦ ἀνθρώπου ἐκ
DAMP N-AM-P   VPRPAM-P   CC DAMS N-AM-S DGMS N-GM-S   PG

δεξιῶν ἑστῶτα τοῦ θεοῦ. 7.57 κράξαντες δὲ φωνῇ μεγάλῃ
AP-GN-P VPRAAM-S DGMS N-GM-S   VPAANM-P CH N-DF-S A--DF-S

συνέσχον τὰ ὦτα αὐτῶν, καὶ ὥρμησαν ὁμοθυμαδὸν ἐπ᾽ αὐτόν,
VIAA--ZP DANP N-AN-P NPGMZP CC VIAA--ZP AB   PA NPAMZS

7.58 καὶ ἐκβαλόντες ἔξω τῆς πόλεως ἐλιθοβόλουν. καὶ οἱ
CC   VPAANM-P PG DGFS N-GF-S   VIIA--ZP   CC DNMP

μάρτυρες ἀπέθεντο τὰ   ἱμάτια αὐτῶν παρὰ τοὺς πόδας νεανίου
N-NM-P   VIAM--ZP DANP N-AN-P NPGMZP PA   DAMP N-AM-P N-GM-S

καλουμένου Σαύλου. 7.59 καὶ ἐλιθοβόλουν τὸν   Στέφανον
VPPPGM-S   N-GM-S   CC VIIA--ZP   DAMS N-AM-S

ἐπικαλούμενον καὶ λέγοντα, Κύριε Ἰησοῦ, δέξαι τὸ πνεῦμά
VPPMAM-S   CC   VPPAAM-S   N-VM-S   N-VM-S   VMAD--YS   DANS   N-AN-S

μου. 7.60 θεὶς δὲ τὰ γόνατα ἔκραξεν φωνῇ μεγάλῃ, Κύριε, μὴ
NPG-XS   VPAANM-S CC DANP N-AN-P   VIAA--ZS   N-DF-S A--DF-S   N-VM-S AB

στήσῃς αὐτοῖς ταύτην τὴν ἁμαρτίαν. καὶ τοῦτο εἰπὼν
VSAA--YS□VMAA--YS NPDMZP A-DAF-S DAFS N-AF-S   CC APDAN-S VPAANM-S

ἐκοιμήθη.
VIAO--ZS

8.1 Σαῦλος δὲ ἦν συνευδοκῶν τῇ ἀναιρέσει αὐτοῦ.
N-NM-S   CC VIIA--ZS+ +VPPANM-S DDFS N-DF-S   NPGMZS

Ἐγένετο δὲ ἐν ἐκείνῃ τῇ ἡμέρᾳ διωγμὸς μέγας ἐπὶ τὴν
VIAD--ZS   CC PD A-DDF-S DDFS N-DF-S N-NM-S A--NM-S PA DAFS

ἐκκλησίαν τὴν ἐν Ἰεροσολύμοις· πάντες δὲ διεσπάρησαν κατὰ
N-AF-S DAFS PD N-DN-P   AP-NM-P CH VIAP--ZP   PA

τὰς χώρας τῆς Ἰουδαίας καὶ Σαμαρείας πλὴν τῶν ἀποστόλων.
DAFP N-AF-P DGFS N-GF-S CC N-GF-S PG DGMP N-GM-P

8.2 συνεκόμισαν δὲ τὸν Στέφανον ἄνδρες εὐλαβεῖς καὶ ἐποίησαν
VIAA--ZP   CC DAMS N-AM-S N-NM-P A--NM-P CC VIAA--ZP

κοπετὸν μέγαν ἐπ' αὐτῷ. 8.3 Σαῦλος δὲ ἐλυμαίνετο τὴν
N-AM-S A--AM-S PD NPDMZS N-NM-S CC VIIM--ZS   DAFS

ἐκκλησίαν κατὰ τοὺς οἴκους εἰσπορευόμενος, σύρων τε ἄνδρας
N-AF-S PA DAMP N-AM-P VPPNNM-S   VPPANM-S CC N-AM-P

καὶ γυναῖκας παρεδίδου εἰς φυλακήν.
CC N-AF-P VIIA--ZS PA N-AF-S

8.4 Οἱ μὲν οὖν διασπαρέντες διῆλθον
DNMP□NPNMZP&APRNM-P QS CC VPAPNM-P   VIAA--ZP

εὐαγγελιζόμενοι τὸν λόγον. 8.5 Φίλιππος δὲ κατελθὼν εἰς [τὴν]
VPPMNM-P DAMS N-AM-S   N-NM-S CC VPAANM-S PA DAFS

πόλιν τῆς Σαμαρείας ἐκήρυσσεν αὐτοῖς τὸν Χριστόν.
N-AF-S DGFS N-GF-S VIIA--ZS NPDMZP DAMS N-AM-S

8.6 προσεῖχον δὲ οἱ ὄχλοι τοῖς λεγομένοις ὑπὸ
VIIA--ZP CC/CH DNMP N-NM-P DDNP□NPDNZP&APRNN-P VPPPDN-P PG

τοῦ Φιλίππου ὁμοθυμαδὸν ἐν τῷ ἀκούειν αὐτοὺς καὶ βλέπειν
DGMS N-GM-S AB PD DDNS VNPAD NPRAMZP CC VNPAD

τὰ σημεῖα ἃ ἐποίει· 8.7 πολλοὶ γὰρ τῶν
DANP N-AN-P APRAN-P VIIA--ZS   AP-NM-P CS DGMP□NPGMZP&APRNM-P

ἐχόντων πνεύματα ἀκάθαρτα βοῶντα φωνῇ μεγάλῃ ἐξήρχοντο,
VPPAGM-P N-AN-P A--AN-P VPPAAN-P N-DF-S A--DF-S VIIN--ZP

πολλοὶ δὲ παραλελυμένοι καὶ χωλοὶ ἐθεραπεύθησαν· 8.8 ἐγένετο
AP-NM-P CC VPRPNM-P CC AP-NM-P VIAP--ZP   VIAD--ZS

δὲ πολλὴ χαρὰ ἐν τῇ πόλει ἐκείνῃ.
CH A--NF-S N-NF-S PD DDFS N-DF-S A-DDF-S

8.9 Ἀνὴρ δέ τις ὀνόματι Σίμων προϋπῆρχεν ἐν τῇ πόλει
N-NM-S CC A-INM-S N-DN-S N-NM-S VIIA--ZS+ PD DDFS N-DF-S

μαγεύων καὶ ἐξιστάνων τὸ ἔθνος τῆς Σαμαρείας, λέγων εἶναί
+VPPANM-S   CC +VPPANM-S   DANS N-AN-S DGFS N-GF-S   VPPANM-S VNPA

τινα ἑαυτὸν μέγαν, 8.10 ᾧ   προσεῖχον πάντες ἀπὸ μικροῦ
APIAM-S NPAMZS A--AM-S   APRDM-S VIIA--ZP AP-NM-P PG AP-GM-S

ἕως μεγάλου λέγοντες, Οὗτός ἐστιν ἡ   δύναμις τοῦ θεοῦ
PG   AP-GM-S VPPANM-P   APDNM-S VIPA--ZS DNFS N-NF-S   DGMS N-GM-S

ἡ   καλουμένη Μεγάλη. 8.11 προσεῖχον δὲ αὐτῷ διὰ τὸ
DNFS□APRNF-S VPPPNF-S A--NF-S   VIIA--ZP CC NPDMZS PA DANS

ἱκανῷ χρόνῳ ταῖς μαγείαις ἐξεστακέναι αὐτούς. 8.12 ὅτε δὲ
A--DM-S N-DM-S DDFP N-DF-S   VNRAA   NPAMZP   CS   CH

ἐπίστευσαν τῷ Φιλίππῳ εὐαγγελιζομένῳ περὶ τῆς βασιλείας τοῦ
VIAA--ZP   DDMS N-DM-S VPPMDM-S   PG DGFS N-GF-S   DGMS

θεοῦ καὶ τοῦ ὀνόματος Ἰησοῦ Χριστοῦ, ἐβαπτίζοντο ἄνδρες τε
N-GM-S CC DGNS N-GN-S   N-GM-S N-GM-S   VIIP--ZP   N-NM-P CC

καὶ γυναῖκες. 8.13 ὁ   δὲ Σίμων καὶ αὐτὸς ἐπίστευσεν, καὶ
CC N-NF-P   DNMS CC N-NM-S AB NPNMZS VIAA--ZS   CC

βαπτισθεὶς ἦν   προσκαρτερῶν τῷ Φιλίππῳ, θεωρῶν τε
VPAPNM-S VIIA--ZS+ +VPPANM-S   DDMS N-DM-S   VPPANM-S CC

σημεῖα καὶ δυνάμεις μεγάλας γινομένας ἐξίστατο.
N-AN-P CC N-AF-P   A--AF-P VPPNAF-P VIIM--ZS

8.14 Ἀκούσαντες δὲ   οἱ   ἐν Ἰεροσολύμοις ἀπόστολοι ὅτι
     VPAANM-P   CC/CH DNMP PD N-DN-P   N-NM-P   CC

δέδεκται ἡ   Σαμάρεια τὸν λόγον τοῦ θεοῦ ἀπέστειλαν πρὸς
VIRN--ZS DNFS N-NF-S   DAMS N-AM-S DGMS N-GM-S VIAA--ZP   PA

αὐτοὺς Πέτρον καὶ Ἰωάννην, 8.15 οἵτινες καταβάντες
NPAMZP N-AM-S CC N-AM-S   APRNM-P VPAANM-P

προσηύξαντο περὶ αὐτῶν ὅπως λάβωσιν πνεῦμα ἅγιον·
VIAD--ZP   PG NPGMZP CC VSAA--ZP N-AN-S A--AN-S

8.16 οὐδέπω γὰρ ἦν   ἐπ᾽ οὐδενὶ αὐτῶν ἐπιπεπτωκός, μόνον δὲ
     AB   CS VIIA--ZS+ PD APCDM-S NPGMZP +VPRANN-S   AP-AN-S□AB CS

βεβαπτισμένοι ὑπῆρχον εἰς τὸ ὄνομα τοῦ κυρίου Ἰησοῦ.
VPRPNM-P+   +VIIA--ZP PA DANS N-AN-S DGMS N-GM-S N-GM-S

8.17 τότε ἐπετίθεσαν τὰς χεῖρας ἐπ᾽ αὐτούς, καὶ ἐλάμβανον
     AB   VIIA--ZP   DAFP N-AF-P PA NPAMZP CC VIIA--ZP

πνεῦμα ἅγιον. 8.18 ἰδὼν   δὲ ὁ   Σίμων ὅτι διὰ τῆς ἐπιθέσεως
N-AN-S A--AN-S   VPAANM-S CH DNMS N-NM-S CC PG DGFS N-GF-S

τῶν χειρῶν τῶν ἀποστόλων δίδοται τὸ   πνεῦμα, προσήνεγκεν
DGFP N-GF-F DGMP N-GM-P   VIPP--ZS DNNS N-NN-S   VIAA--ZS

αὐτοῖς χρήματα 8.19 λέγων, Δότε κἀμοὶ τὴν ἐξουσίαν ταύτην
NPDMZP N-AN-P   VPPANM-S VMAA--YP AB&NPD-XS DAFS N-AF-S A-DAF-S

ἵνα ᾧ   ἐὰν ἐπιθῶ τὰς χεῖρας λαμβάνῃ πνεῦμα
CS APRDM-S□APDNM-S&APRDM-S QV VSAA--XS DAFP N-AF-P VSPA--ZS N-AN-S

ἅγιον. 8.20 Πέτρος δὲ εἶπεν πρὸς αὐτόν, Τὸ   ἀργύριόν σου σὺν
A--AN-S   N-NM-S CH VIAA--ZS PA NPAMZS DNNS N-NN-S   NPG-YS PD

391

σοὶ εἴη εἰς ἀπώλειαν, ὅτι τὴν δωρεὰν τοῦ θεοῦ ἐνόμισας διὰ
NPD-YS VOPA--ZS PA N-AF-S CS DAFS N-AF-S DGMS N-GM-S VIAA--YS PG

χρημάτων κτᾶσθαι. 8.21 οὐκ ἔστιν σοι μερὶς οὐδὲ κλῆρος ἐν τῷ
N-GN-P VNPN AB VIPA--ZS NPD-YS N-NF-S CC N-NM-S PD DDMS

λόγῳ τούτῳ, ἡ γὰρ καρδία σου οὐκ ἔστιν εὐθεῖα ἔναντι τοῦ
N-DM-S A-DDM-S DNFS CS N-NF-S NPG-YS AB VIPA--ZS A--NF-S PG DGMS

θεοῦ. 8.22 μετανόησον οὖν ἀπὸ τῆς κακίας σου ταύτης, καὶ
N-GM-S VMAA--YS CH PG DGFS N-GF-S NPG-YS A-DGF-S CC

δεήθητι τοῦ κυρίου εἰ ἄρα ἀφεθήσεταί σοι ἡ ἐπίνοια τῆς
VMAO--YS DGMS N-GM-S QT QT VIFP--ZS NPD-YS DNFS N-NF-S DGFS

καρδίας σου· 8.23 εἰς γὰρ χολὴν πικρίας καὶ σύνδεσμον ἀδικίας
N-GF-S NPG-YS PA CS N-AF-S N-GF-S CC N-AM-S N-GF-S

ὁρῶ σε ὄντα. 8.24 ἀποκριθεὶς δὲ ὁ Σίμων εἶπεν, Δεήθητε
VIPA--XS NPA-YS VPPAAMYS VRAONM-S CH DNMS N-NM-S VIAA--ZS VMAO--YP

ὑμεῖς ὑπὲρ ἐμοῦ πρὸς τὸν κύριον ὅπως μηδὲν ἐπέλθῃ ἐπ᾽ ἐμὲ
NPN-YP PG NPG-XS PA DAMS N-AM-S CC APCNN-S VSAA--ZS PA NPA-XS

ὧν εἰρήκατε.
APRGN-P□APDGN-P&APRAN-P VIRA--YP

8.25 Οἱ μὲν οὖν διαμαρτυράμενοι καὶ λαλήσαντες τὸν
DNMP□NPNMZP QS CC VPADNM-P CC VPAANM-P DAMS

λόγον τοῦ κυρίου ὑπέστρεφον εἰς Ἰεροσόλυμα, πολλάς τε κώμας
N-AM-S DGMS N-GM-S VIIA--ZP PA N-AN-P A--AF-P CC N-AF-P

τῶν Σαμαριτῶν εὐηγγελίζοντο.
DGMP N-GM-P VIIM--ZP

8.26 Ἄγγελος δὲ κυρίου ἐλάλησεν πρὸς Φίλιππον λέγων,
N-NM-S CC N-GM-S VIAA--ZS PA N-AM-S VPPANM-S

Ἀνάστηθι καὶ πορεύου κατὰ μεσημβρίαν ἐπὶ τὴν ὁδὸν τὴν
VMAA--YS CC VMPN--YS PA N-AF-S PA DAFS N-AF-S DAFS□APRNF-S

καταβαίνουσαν ἀπὸ Ἰερουσαλὴμ εἰς Γάζαν· αὕτη ἐστὶν ἔρημος.
VPPAAF-S PG N-GF-S PA N-AF-S APDNF-S VIPA--ZS A--NF-S

8.27 καὶ ἀναστὰς ἐπορεύθη· καὶ ἰδοὺ ἀνὴρ Αἰθίοψ εὐνοῦχος
CC VPAANM-S VIAO--ZS CC QS N-NM-S N-NM-S N-NM-S

δυνάστης Κανδάκης βασιλίσσης Αἰθιόπων, ὃς ἦν ἐπὶ
N-NM-S N-GF-S N-GF-S N-GM-P APRNM-S VIIA--ZS PG

πάσης τῆς γάζης αὐτῆς, ὃς ἐληλύθει προσκυνήσων εἰς
A--GF-S DGFS N-GF-S NPGFZS APRNM-S VILA--ZS VPFANM-S PA

Ἰερουσαλήμ, 8.28 ἦν τε ὑποστρέφων καὶ καθήμενος ἐπὶ τοῦ
N-AF-S VIIA--ZS+ CC +VPPANM-S CC +VPPNNM-S PG DGNS

ἅρματος αὐτοῦ καὶ ἀνεγίνωσκεν τὸν προφήτην Ἠσαΐαν.
N-GN-S NPGMZS CC VIIA--ZS DAMS N-AM-S N-AM-S

8.29 εἶπεν δὲ τὸ πνεῦμα τῷ Φιλίππῳ, Πρόσελθε καὶ κολλήθητι
VIAA--ZS CC DNNS N-NN-S DDMS N-DM-S VMAA--YS CC VMAP--YS

τῷ ἅρματι τούτῳ. 8.30 προσδραμὼν δὲ ὁ Φίλιππος ἤκουσεν
DDNS N-DN-S A-DDN-S VPAANM-S CH DNMS N-NM-S VIAA--ZS

αὐτοῦ ἀναγινώσκοντος Ἡσαΐαν τὸν προφήτην, καὶ εἶπεν, Ἆρά
NPGMZS VPPAGM-S N-AM-S DAMS N-AM-S CC VIAA--ZS CH

γε γινώσκεις ἃ ἀναγινώσκεις; 8.31 ὁ δὲ
QS VIPA--YS APRAN-P□APDAN-P&APRAN-P VIPA--YS DNMS□NPNMZS CH

εἶπεν, Πῶς γὰρ ἂν δυναίμην ἐὰν μή τις ὁδηγήσει με;
VIAA--ZS ABT CS QV VOPN--XS CS AB APINM-S VIFA--ZS NPA-XS

παρεκάλεσέν τε τὸν Φίλιππον ἀναβάντα καθίσαι σὺν αὐτῷ.
VIAA--ZS CC DAMS N-AM-S VPAAAM-S VNAA PD NPDMZS

8.32 ἡ δὲ περιοχὴ τῆς γραφῆς ἦν ἀνεγίνωσκεν ἦν αὕτη·
DNFS CC N-NF-S DGFS N-GF-S APRAF-S VIIA--ZS VIIA--ZS APDNF-S

Ὡς πρόβατον ἐπὶ σφαγὴν ἤχθη,
CS N-NN-S PA N-AF-S VIAP--ZS

καὶ ὡς ἀμνὸς ἐναντίον τοῦ κείραντος
CC CS N-NM-S PG DGMS□NPGMZS&APRNM-S VPAAGM-S

αὐτὸν ἄφωνος,
NPAMZS A--NM-S

οὕτως οὐκ ἀνοίγει τὸ στόμα αὐτοῦ.
AB AB VIPA--ZS DANS N-AN-S NPGMZS

8.33 Ἐν τῇ ταπεινώσει [αὐτοῦ] ἡ κρίσις αὐτοῦ ἤρθη·
PD DDFS N-DF-S NPGMZS DNFS N-NF-S NPGMZS VIAP--ZS

τὴν γενεὰν αὐτοῦ τίς διηγήσεται;
DAFS N-AF-S NPGMZS APTNM-S VIFD--ZS

ὅτι αἴρεται ἀπὸ τῆς γῆς ἡ ζωὴ αὐτοῦ.
CS VIPP--ZS PG DGFS N-GF-S DNFS N-NF-S NPGMZS

8.34 Ἀποκριθεὶς δὲ ὁ εὐνοῦχος τῷ Φιλίππῳ εἶπεν, Δέομαί
VPAONM-S CH DNMS N-NM-S DDMS N-DM-S VIAA--ZS VIPN--XS

σου, περὶ τίνος ὁ προφήτης λέγει τοῦτο; περὶ ἑαυτοῦ ἢ περὶ
NPG-YS PG APTGM-S DNMS N-NM-S VIPA--ZS APDAN-S PG NPGMZS CC PG

ἑτέρου τινός; 8.35 ἀνοίξας δὲ ὁ Φίλιππος τὸ στόμα αὐτοῦ καὶ
A--GM-S APIGM-S VPAANM-S CH DNMS N-NM-S DANS N-AN-S NPGMZS CC

ἀρξάμενος ἀπὸ τῆς γραφῆς ταύτης εὐηγγελίσατο αὐτῷ τὸν
VPAMNM-S PG DGFS N-GF-S A-DGF-S VIAM--ZS NPDMZS DAMS

Ἰησοῦν. 8.36 ὡς δὲ ἐπορεύοντο κατὰ τὴν ὁδόν, ἦλθον ἐπί τι
N-AM-S CS CC VIIN--ZP PA DAFS N-AF-S VIAA--ZP PA A-IAN-S

ὕδωρ, καί φησιν ὁ εὐνοῦχος, Ἰδοὺ ὕδωρ· τί κωλύει με
N-AN-S CC VIPA--ZS DNMS N-NM-S QS N-NN-S APTNN-S VIPA--ZS NPA-XS

βαπτισθῆναι; 8.38 καὶ ἐκέλευσεν στῆναι τὸ ἅρμα, καὶ
VNAP CC VIAA--ZS VNAA DANS N-AN-S CC

κατέβησαν ἀμφότεροι εἰς τὸ ὕδωρ ὅ τε Φίλιππος καὶ ὁ
VIAA--ZP AP-NM-P PA DANS N-AN-S DNMS CC N-NM-S CC DNMS

εὐνοῦχος, καὶ ἐβάπτισεν αὐτόν. 8.39 ὅτε δὲ ἀνέβησαν ἐκ τοῦ
N-NM-S CC VIAA--ZS NPAMZS CS CC VIAA--ZP PG DGNS

ὕδατος, πνεῦμα κυρίου ἥρπασεν τὸν Φίλιππον, καὶ οὐκ εἶδεν
N-GN-S N-NN-S N-GM-S VIAA--ZS DAMS N-AM-S CC AB VIAA--ZS

393

αὐτὸν οὐκέτι ὁ εὐνοῦχος· ἐπορεύετο γὰρ τὴν ὁδὸν αὐτοῦ
NPAMZS AB DNMS N-NM-S VIIN--ZS CS DAFS N-AF-S NPGMZS

χαίρων. 8.40 Φίλιππος δὲ εὑρέθη εἰς Ἄζωτον, καὶ διερχόμενος
VPPANM-S N-NM-S CC VIAP--ZS PA N-AF-S CC VPPNNM-S

εὐηγγελίζετο τὰς πόλεις πάσας ἕως τοῦ ἐλθεῖν αὐτὸν εἰς
VIIM--ZS DAFP N-AF-P A--AF-P PG DGNS VNAAG NPAMZS PA

Καισάρειαν.
N-AF-S

9.1 Ὁ δὲ Σαῦλος, ἔτι ἐμπνέων ἀπειλῆς καὶ φόνου εἰς τοὺς
DNMS CC N-NM-S AB VPPANM-S N-GF-S CC N-GM-S PA DAMP

μαθητὰς τοῦ κυρίου, προσελθὼν τῷ ἀρχιερεῖ 9.2 ἠτήσατο παρ'
N-AM-P DGMS N-GM-S VPAANM-S DDMS N-DM-S VIAM--ZS PG

αὐτοῦ ἐπιστολὰς εἰς Δαμασκὸν πρὸς τὰς συναγωγάς, ὅπως ἐάν
NPGMZS N-AF-P PA N-AF-S PA DAFP N-AF-P CS CS

τινας εὕρῃ τῆς ὁδοῦ ὄντας, ἄνδρας τε καὶ γυναῖκας, δεδεμένους
APIAM-P VSAA--ZS DGFS N-GF-S VPPAAM-P N-AM-P CC CC N-AF-P VPRPAM-P

ἀγάγῃ εἰς Ἰερουσαλήμ. 9.3 ἐν δὲ τῷ πορεύεσθαι ἐγένετο αὐτὸν
VSAA--ZS PA N-AF-S PD CC DDNS VNPND VIAD--ZS NPAMZS

ἐγγίζειν τῇ Δαμασκῷ, ἐξαίφνης τε αὐτὸν περιήστραψεν φῶς ἐκ
VNPA DDFS N-DF-S AB CC NPAMZS VIAA--ZS N-NN-S PG

τοῦ οὐρανοῦ, 9.4 καὶ πεσὼν ἐπὶ τὴν γῆν ἤκουσεν φωνὴν
DGMS N-GM-S CC VPAANM-S PA DAFS N-AF-S VIAA--ZS N-AF-S

λέγουσαν αὐτῷ, Σαοὺλ Σαούλ, τί με διώκεις; 9.5 εἶπεν
VPPAAF-S NPDMZS N-VM-S N-VM-S APTAN-S□ABT NPA-XS VIPA--YS VIAA--ZS

δέ, Τίς εἶ, κύριε; ὁ δέ, Ἐγώ εἰμι Ἰησοῦς ὃν
CH APTNMYS VIPA--YS N-VM-S DNMS□NPNMZS CH NPN-XS VIPA--XS N-NM-S APRAMXS

σὺ διώκεις· 9.6 ἀλλὰ ἀνάστηθι καὶ εἴσελθε εἰς τὴν πόλιν, καὶ
NPN-YS VIPA--YS CC VMAA--YS CC VMAA--YS PA DAFS N-AF-S CC

λαληθήσεταί σοι ὃ τί σε δεῖ ποιεῖν.
VIFP--ZS NPD-YS APRAN-S□APDNN-S&APRAN-S A-IAN-S NPA-YS VIPA--ZS VNPA

9.7 οἱ δὲ ἄνδρες οἱ συνοδεύοντες αὐτῷ εἱστήκεισαν
DNMP CS N-NM-P DNMP□APRNM-P VPPANM-P NPDMZS VILA--ZP

ἐνεοί, ἀκούοντες μὲν τῆς φωνῆς μηδένα δὲ θεωροῦντες.
A--NM-P VPPANM-P CS DGFS N-GF-S APCAM-S CH VPPANM-P

9.8 ἠγέρθη δὲ Σαῦλος ἀπὸ τῆς γῆς, ἀνεῳγμένων δὲ τῶν
VIAP--ZS CC N-NM-S PG DGFS N-GF-S VPRPGM-P CC DGMP

ὀφθαλμῶν αὐτοῦ οὐδὲν ἔβλεπεν· χειραγωγοῦντες δὲ αὐτὸν
N-GM-P NPGMZS APCAN-S VIIA--ZS VPPANM-P CH NPAMZS

εἰσήγαγον εἰς Δαμασκόν. 9.9 καὶ ἦν ἡμέρας τρεῖς μὴ
VIAA--ZP PA N-AF-S CC VIIA--ZS+ N-AF-P A-CAF-P AB

βλέπων, καὶ οὐκ ἔφαγεν οὐδὲ ἔπιεν.
+VPPANM-S CC AB VIAA--ZS CC VIAA--ZS

9.10 Ἦν δέ τις μαθητὴς ἐν Δαμασκῷ ὀνόματι Ἀνανίας,
VIIA--ZS CC A-INM-S N-NM-S PD N-DF-S N-DN-S N-NM-S

καὶ εἶπεν πρὸς αὐτὸν ἐν ὁράματι ὁ κύριος, Ἀνανία. ὁ
CC VIAA--ZS PA NPAMZS PD N-DN-S DNMS N-NM-S N-VM-S DNMS□NPNMZS

δὲ εἶπεν, Ἰδοὺ ἐγώ, κύριε. 9.11 ὁ δὲ κύριος πρὸς αὐτόν,
CH VIAA--ZS QS NPN-XS N-VM-S DNMS CH N-NM-S PA NPAMZS

Ἀναστὰς πορεύθητι ἐπὶ τὴν ῥύμην τὴν καλουμένην
VRAANMYS VMAO--YS PA DAFS N-AF-S DAFS□APRNF-S VPPPAF-S

Εὐθεῖαν καὶ ζήτησον ἐν οἰκίᾳ Ἰούδα Σαῦλον ὀνόματι Ταρσέα·
A--AF-S CC VMAA--YS PD N-DF-S N-GM-S N-AM-S N-DN-S N-AM-S

ἰδοὺ γὰρ προσεύχεται, 9.12 καὶ εἶδεν ἄνδρα [ἐν ὁράματι]
QS CS VIPN--ZS CC VIAA--ZS N-AM-S PD N-DN-S

Ἀνανίαν ὀνόματι εἰσελθόντα καὶ ἐπιθέντα αὐτῷ [τὰς] χεῖρας
N-AM-S N-DN-S VPAAAM-S CC VPAAAM-S NPDMZS DAFP N-AF-P

ὅπως ἀναβλέψῃ. 9.13 ἀπεκρίθη δὲ Ἀνανίας, Κύριε, ἤκουσα ἀπὸ
CS VSAA--ZS VIAO--ZS CH N-NM-S N-VM-S VIAA--XS PG

πολλῶν περὶ τοῦ ἀνδρὸς τούτου, ὅσα κακὰ τοῖς ἁγίοις σου
AP-GM-P PG DGMS N-GM-S A-DGM-S APRAN-P+ AP-AN-P DDMP AP-DM-P NPG-YS

ἐποίησεν ἐν Ἰερουσαλήμ· 9.14 καὶ ὧδε ἔχει ἐξουσίαν παρὰ τῶν
VIAA--ZS PD N-DF-S CC AB VIPA--ZS N-AF-S PG DGMP

ἀρχιερέων δῆσαι πάντας τοὺς ἐπικαλουμένους τὸ ὄνομά
N-GM-P VNAA AP-AM-P DAMP□APRNM-P VPPMAM-P DANS N-AN-S

σου. 9.15 εἶπεν δὲ πρὸς αὐτὸν ὁ κύριος, Πορεύου, ὅτι σκεῦος
NPG-YS VIAA--ZS CH PA NPAMZS DNMS N-NM-S VMPN--YS CS N-NN-S

ἐκλογῆς ἐστίν μοι οὗτος τοῦ βαστάσαι τὸ ὄνομά μου
N-GF-S VIPA--ZS NPD-XS APDNM-S DGNS VNAAG DANS N-AN-S NPG-XS

ἐνώπιον ἐθνῶν τε καὶ βασιλέων υἱῶν τε Ἰσραήλ· 9.16 ἐγὼ γὰρ
PG N-GN-P CC CC N-GM-P N-GM-P CC N-GM-S NPN-XS CS

ὑποδείξω αὐτῷ ὅσα δεῖ αὐτὸν ὑπὲρ τοῦ
VIFA--XS NPDMZS APRAN-P□APDAN-P&APRAN-P VIPA--ZS NPAMZS PG DGNS

ὀνόματός μου παθεῖν. 9.17 Ἀπῆλθεν δὲ Ἀνανίας καὶ εἰσῆλθεν
N-GN-S NPG-XS VNAA VIAA--ZS CH N-NM-S CC VIAA--ZS

εἰς τὴν οἰκίαν, καὶ ἐπιθεὶς ἐπ᾽ αὐτὸν τὰς χεῖρας εἶπεν, Σαοὺλ
PA DAFS N-AF-S CC VPAANM-S PA NPAMZS DAFP N-AF-P VIAA--ZS N-VM-S

ἀδελφέ, ὁ κύριος ἀπέσταλκέν με, Ἰησοῦς ὁ ὀφθείς
N-VM-S DNMS N-NM-S VIRA--ZS NPA-XS N-NM-S DNMS□APRNM-S VPAPNM-S

σοι ἐν τῇ ὁδῷ ᾗ ἤρχου, ὅπως ἀναβλέψῃς καὶ πλησθῇς
NPD-YS PD DDFS N-DF-S APRDF-S VIIN--YS CS VSAA--YS CC VSAP--YS

πνεύματος ἁγίου. 9.18 καὶ εὐθέως ἀπέπεσαν αὐτοῦ ἀπὸ τῶν
N-GN-S A--GN-S CC AB VIAA--ZP NPGMZS PG DGMP

ὀφθαλμῶν ὡς λεπίδες, ἀνέβλεψέν τε, καὶ ἀναστὰς ἐβαπτίσθη,
N-GM-P CS N-NF-P VIAA--ZS CC CC VPAANM-S VIAP--ZS

9.19 καὶ λαβὼν τροφὴν ἐνίσχυσεν.
CC VPAANM-S N-AF-S VIAA--ZS

Ἐγένετο δὲ μετὰ τῶν ἐν Δαμασκῷ μαθητῶν ἡμέρας τινάς,
VIAD--ZS CC PG DGMP PD N-DF-S N-GM-P N-AF-P A-IAF-P

9.20 καὶ εὐθέως ἐν ταῖς συναγωγαῖς ἐκήρυσσεν τὸν Ἰησοῦν ὅτι
CC   AB   PD DDFP N-DF-P   VIIA--ZS   DAMS N-AM-S CC

οὗτός ἐστιν ὁ   υἱὸς τοῦ θεοῦ. 9.21 ἐξίσταντο δὲ πάντες
APDNM-S VIPA--ZS DNMS N-NM-S DGMS N-GM-S   VIIM--ZP CH AP-NM-P

οἱ   ἀκούοντες καὶ ἔλεγον, Οὐχ οὗτός   ἐστιν
DNMP□APRNM-P VPPANM-P CC VIIA--ZP QT APDNM-S VIPA--ZS

ὁ   πορθήσας εἰς Ἰερουσαλὴμ τοὺς
DNMS□NPNMZS&APRNM-S VPAANM-S PA N-AF-S   DAMP□NPRAMZP&APRNM-P

ἐπικαλουμένους τὸ ὄνομα τοῦτο, καὶ ὧδε εἰς τοῦτο ἐληλύθει ἵνα
VPPMAM-P   DANS N-AN-S A-DAN-S CC AB PA APDAN-S VILA--ZS CS

δεδεμένους αὐτοὺς ἀγάγῃ ἐπὶ τοὺς ἀρχιερεῖς; 9.22 Σαῦλος δὲ
VPRPAM-P   NRAMZP VSAA--ZS PA DAMP N-AM-P   N-NM-S CC

μᾶλλον ἐνεδυναμοῦτο καὶ συνέχυννεν [τοὺς] Ἰουδαίους
ABM   VIIP--ZS   CC VIIA--ZS   DAMP   AP-AM-P

τοὺς   κατοικοῦντας ἐν Δαμασκῷ, συμβιβάζων ὅτι οὗτός
DAMP□APRNM-P VPPAAM-P   PD N-DF-S   VPPANM-S   CC APDNM-S

ἐστιν ὁ   Χριστός.
VIPA--ZS DNMS N-NM-S

9.23 Ὡς δὲ ἐπληροῦντο ἡμέραι ἱκαναί, συνεβουλεύσαντο οἱ
     CS CC VIIP--ZP   N-NF-P A--NF-P VIAM--ZP   DNMP

Ἰουδαῖοι ἀνελεῖν αὐτόν· 9.24 ἐγνώσθη δὲ τῷ   Σαύλῳ ἡ
AP-NM-P VNAA   NRAMZS   VIAP--ZS CH DDMS N-DM-S DNFS

ἐπιβουλὴ αὐτῶν. παρετηροῦντο δὲ καὶ τὰς πύλας ἡμέρας τε καὶ
N-NF-S   NPGMZP VIIM--ZP   CH AB DAFP N-AF-P N-GF-S CC CC

νυκτὸς ὅπως αὐτὸν ἀνέλωσιν· 9.25 λαβόντες δὲ οἱ   μαθηταὶ
N-GF-S CS   NRAMZS VSAA--ZP   VPAANM-P CH DNMP N-NM-P

αὐτοῦ νυκτὸς διὰ τοῦ τείχους καθῆκαν αὐτὸν χαλάσαντες ἐν
NPGMZS N-GF-S PG DGNS N-GN-S VIAA--ZP NRAMZS VPAANM-P   PD

σπυρίδι.
N-DF-S

9.26 Παραγενόμενος δὲ εἰς Ἰερουσαλὴμ ἐπείραζεν κολλᾶσθαι
     VPADNM-S   CC PA N-AF-S   VIIA--ZS VNPP

τοῖς μαθηταῖς· καὶ πάντες ἐφοβοῦντο αὐτόν, μὴ πιστεύοντες ὅτι
DDMP N-DM-P   CC AP-NM-P VIIN--ZP   NRAMZS AB VPPANM-P   CC

ἐστιν μαθητής. 9.27 Βαρναβᾶς δὲ ἐπιλαβόμενος αὐτὸν ἤγαγεν
VIPA--ZS N-NM-S   N-NM-S   CH VPADNM-S   NRAMZS VIAA--ZS

πρὸς τοὺς ἀποστόλους, καὶ διηγήσατο αὐτοῖς πῶς ἐν τῇ   ὁδῷ
PA   DAMP N-AM-P   CC VIAD--ZS   NPDMZP ABT PD DDFS N-DF-S

εἶδεν τὸν κύριον καὶ ὅτι ἐλάλησεν αὐτῷ, καὶ πῶς ἐν Δαμασκῷ
VIAA--ZS DAMS N-AM-S CC CC VIAA--ZS   NPDMZS CC ABT PD N-DF-S

ἐπαρρησιάσατο ἐν τῷ   ὀνόματι τοῦ Ἰησοῦ. 9.28 καὶ ἦν   μετ᾿
VIAD--ZS   PD DDNS N-DN-S DGMS N-GM-S   CC VIIA--ZS+ PG

αὐτῶν εἰσπορευόμενος καὶ ἐκπορευόμενος εἰς Ἰερουσαλήμ,
NPGMZP +VPPNNM-S   CC +VPPNNM-S   PA N-AF-S

παρρησιαζόμενος ἐν τῷ ὀνόματι τοῦ κυρίου, 9.29 ἐλάλει τε καὶ
+VPPNNM-S   PD DDNS N-DN-S   DGMS N-GM-S   VIIA--ZS CC CC

συνεζήτει πρὸς τοὺς Ἑλληνιστάς· οἱ   δὲ ἐπεχείρουν
VIIA--ZS PA DAMP N-AM-P   DNMP□NPNMZP CII VIIA--ZP

ἀνελεῖν αὐτόν. 9.30 ἐπιγνόντες δὲ οἱ   ἀδελφοὶ κατήγαγον αὐτὸν
VNAA   NPAMZS   VPAANM-P CII DNMP N-NM-P VIAA--ZP   NPAMZS

εἰς Καισάρειαν καὶ ἐξαπέστειλαν αὐτὸν εἰς Ταρσόν.
PA N-AF-S   CC VIAA--ZP   NPAMZS PA N-AF-S

9.31 Ἡ   μὲν οὖν ἐκκλησία καθ᾽ ὅλης τῆς Ἰουδαίας καὶ
     DNFS CC CII N-NF-S   PG   A--GF-S DGFS N-GF-S   CC

Γαλιλαίας καὶ Σαμαρείας εἶχεν εἰρήνην, οἰκοδομουμένη καὶ
N-GF-S   CC N-GF-S   VIIA--ZS N-AF-S VPPPNF-S   CC

πορευομένη τῷ   φόβῳ τοῦ κυρίου, καὶ τῇ   παρακλήσει τοῦ ἁγίου
VPPNNF-S   DDMS N-DM-S DGMS N-GM-S CC DDFS N-DF-S   DGNS A--GN-S

πνεύματος ἐπληθύνετο.
N-GN-S   VIIP--ZS

9.32 Ἐγένετο δὲ Πέτρον διερχόμενον διὰ πάντων κατελθεῖν
     VIAD--ZS CC N-AM-S VPPNAM-S   PG AP-GN-P VNAA

καὶ πρὸς τοὺς ἁγίους τοὺς   κατοικοῦντας Λύδδα. 9.33 εὗρεν
AB PA   DAMP AP-AM-P DAMP□APRNM-P VPPAAM-P N-AF-S   VIAA--ZS

δὲ ἐκεῖ ἄνθρωπόν τινα   ὀνόματι Αἰνέαν ἐξ ἐτῶν ὀκτὼ
CC AB   N-AM-S   A-IAM-S N-DN-S N-AM-S PG N-GN-P A-CGN-P

κατακείμενον ἐπὶ κραβάττου, ὃς   ἦν   παραλελυμένος.
VPPNAM-S   PG N-GM-S   APRNM-S VIIA--ZS+ +VPRPNM-S

9.34 καὶ εἶπεν αὐτῷ ὁ   Πέτρος, Αἰνέα, ἰᾶταί σε   Ἰησοῦς
     CC VIAA--ZS NPDMZS DNMS N-NM-S N-VM-S VIPN--ZS NPA-YS N-NM-S

Χριστός· ἀνάστηθι καὶ στρῶσον σεαυτῷ. καὶ εὐθέως ἀνέστη.
N-NM-S   VMAA--YS CC VMAA--YS NPDMYS CC AB   VIAA--ZS

9.35 καὶ εἶδαν αὐτὸν πάντες οἱ   κατοικοῦντες Λύδδα καὶ
     CC VIAA--ZP NPAMZS AP-NM-P DNMP□APRNM-P VPPANM-P N-AF-S CC

τὸν Σαρῶνα, οἵτινες ἐπέστρεψαν ἐπὶ τὸν κύριον.
DAMS N-AM-S APRNM-P VIAA--ZP   PA DAMS N-AM-S

9.36 Ἐν Ἰόππῃ δέ τις   ἦν   μαθήτρια ὀνόματι Ταβιθά,
     PD N-DF-S CC A-INF-S VIIA--ZS N-NF-S   N-DN-S   N-NF-S

ἣ   διερμηνευομένη λέγεται Δορκάς· αὕτη ἦν   πλήρης ἔργων
APRNF-S VPPPNF-S   VIPP--ZS N-NF-S APDNF-S VIIA--ZS A--NF-S N-GN-P

ἀγαθῶν καὶ ἐλεημοσυνῶν ὧν   ἐποίει. 9.37 ἐγένετο δὲ ἐν
A--GN-P CC N-GF-P   APRGF-P□APRAF-P VIIA--ZS   VIAD--ZS CC PD

ταῖς ἡμέραις ἐκείναις ἀσθενήσασαν αὐτὴν ἀποθανεῖν· λούσαντες
DDFP N-DF-P   A-DDF-P VPAAAF-S   NPAFZS VNAA   VPAANM-P

δὲ ἔθηκαν [αὐτὴν] ἐν ὑπερῴῳ. 9.38 ἐγγὺς δὲ οὔσης Λύδδας τῇ
CC VIAA--ZP NPAFZS PD N-DN-S   PD   CC VPPAGF-S N-GF-S DDFS

Ἰόππῃ οἱ   μαθηταὶ ἀκούσαντες ὅτι Πέτρος ἐστὶν ἐν αὐτῇ
N-DF-S DNMP N-NM-P   VPAANM-P   CII N-NM-S VIPA--ZS PD NPDFZS

ἀπέστειλαν δύο ἄνδρας πρὸς αὐτὸν παρακαλοῦντες, Μὴ
VIAA--ZP A-CAM-P N-AM-P PA NPRAMZS VPPANM-P AB

ὀκνήσῃς διελθεῖν ἕως ἡμῶν. 9.39 ἀναστὰς δὲ Πέτρος
VSAA--YS□VMAA--YS VNAA PG NPG-XP VPAANM-S CH N-NM-S

συνῆλθεν αὐτοῖς· ὃν παραγενόμενον ἀνήγαγον εἰς τὸ
VIAA--ZS NPDMZP APRAM-S VPADAM-S VIAA--ZP PA DANS

ὑπερῷον, καὶ παρέστησαν αὐτῷ πᾶσαι αἱ χῆραι κλαίουσαι καὶ
N-AN-S CC VIAA--ZP NPDMZS A--NF-P DNFP AP-NF-P VPPANF-P CC

ἐπιδεικνύμεναι χιτῶνας καὶ ἱμάτια ὅσα ἐποίει μετ᾽ αὐτῶν οὖσα
VPPMNF-P N-AM-P CC N-AN-P APRAN-P VIIA--ZS PG NPGFZP VPPANF-S

ἡ Δορκάς. 9.40 ἐκβαλὼν δὲ ἔξω πάντας ὁ Πέτρος καὶ θεὶς
DNFS N-NF-S VPAANM-S CC AB AP-AM-P DNMS N-NM-S CC VPAANM-S

τὰ γόνατα προσηύξατο, καὶ ἐπιστρέψας πρὸς τὸ σῶμα εἶπεν,
DANP N-AN-P VIAD--ZS CC VPAANM-S PA DANS N-AN-S VIAA--ZS

Ταβιθά, ἀνάστηθι. ἡ δὲ ἤνοιξεν τοὺς ὀφθαλμοὺς αὐτῆς,
N-VF-S VMAA--YS DNFS□NPNFZS CH VIAA--ZS DAMP N-AM-P NPGFZS

καὶ ἰδοῦσα τὸν Πέτρον ἀνεκάθισεν. 9.41 δοὺς δὲ αὐτῇ χεῖρα
CC VPAANF-S DAMS N-AM-S VIAA--ZS VPAANM-S CC NPDFZS N-AF-S

ἀνέστησεν αὐτήν, φωνήσας δὲ τοὺς ἁγίους καὶ τὰς χήρας
VIAA--ZS NPAFZS VPAANM-S CC DAMP AP-AM-P CC DAFP AP-AF-P

παρέστησεν αὐτὴν ζῶσαν. 9.42 γνωστὸν δὲ ἐγένετο καθ᾽ ὅλης
VIAA--ZS NPAFZS VPPAAF-S A--NN-S CC VIAD--ZS PG A--GF-S

τῆς Ἰόππης, καὶ ἐπίστευσαν πολλοὶ ἐπὶ τὸν κύριον.
DGFS N-GF-S CC VIAA--ZP AP-NM-P PA DAMS N-AM-S

9.43 Ἐγένετο δὲ ἡμέρας ἱκανὰς μεῖναι ἐν Ἰόππῃ παρά τινι
VIAD--ZS CC N-AF-P A--AF-P VNAA PD N-DF-S PD A-IDM-S

Σίμωνι βυρσεῖ.
N-DM-S N-DM-S

10.1 Ἀνὴρ δέ τις ἐν Καισαρείᾳ ὀνόματι Κορνήλιος,
N-NM-S CC A-INM-S PD N-DF-S N-DN-S N-NM-S

ἑκατοντάρχης ἐκ σπείρης τῆς καλουμένης Ἰταλικῆς,
N-NM-S PG N-GF-S DGFS□APRNF-S VPPPGF-S A--GF-S

10.2 εὐσεβὴς καὶ φοβούμενος τὸν θεὸν σὺν παντὶ τῷ οἴκῳ
A--NM-S CC VPPNNM-S DAMS N-AM-S PD A--DM-S DDMS N-DM-S

αὐτοῦ, ποιῶν ἐλεημοσύνας πολλὰς τῷ λαῷ καὶ δεόμενος τοῦ
NPGMZS VPPANM-S N-AF-P A--AF-P DDMS N-DM-S CC VPPNNM-S DGMS

θεοῦ διὰ παντός, 10.3 εἶδεν ἐν ὁράματι φανερῶς ὡσεὶ περὶ ὥραν
N-GM-S PG AP-GM-S VIAA--ZS PD N-DN-S AB AB PA N-AF-S

ἐνάτην τῆς ἡμέρας ἄγγελον τοῦ θεοῦ εἰσελθόντα πρὸς αὐτὸν καὶ
A-OAF-S DGFS N-GF-S N-AM-S DGMS N-GM-S VPAAAM-S PA NPAMZS CC

εἰπόντα αὐτῷ, Κορνήλιε. 10.4 ὁ δὲ ἀτενίσας αὐτῷ καὶ
VPAAAM-S NPDMZS N-VM-S DNMS□NPNMZS CH VPAANM-S NPDMZS CC

ἔμφοβος γενόμενος εἶπεν, Τί ἐστιν, κύριε; εἶπεν δὲ αὐτῷ, Αἱ
A--NM-S VPADNM-S VIAA--ZS APTNN-S VIPA--ZS N-VM-S VIAA--ZS CH NPDMZS DNFP

προσευχαί σου καὶ αἱ ἐλεημοσύναι σου ἀνέβησαν εἰς
N-NF-P NPG-YS CC DNFP N-NF-P NPG-YS VIAA--ZP PA

μνημόσυνον ἔμπροσθεν τοῦ θεοῦ. 10.5 καὶ νῦν πέμψον ἄνδρας
N-AN-S PG DGMS N-GM-S CC AB VMAA--YS N-AM-P

εἰς Ἰόππην καὶ μετάπεμψαι Σίμωνά τινα ὃς ἐπικαλεῖται
PA N-AF-S CC VMAD--YS N-AM-S A-IAM-S APRNM-S VIPP--ZS

Πέτρος· 10.6 οὗτος ξενίζεται παρά τινι Σίμωνι βυρσεῖ, ᾧ
N-NM-S APDNM-S VIPP--ZS PD A-IDM-S N-DM-S N-DM-S APRDM-S

ἐστιν οἰκία παρὰ θάλασσαν. 10.7 ὡς δὲ ἀπῆλθεν ὁ ἄγγελος
VIPA--ZS N-NF-S PA N-AF-S CS CH VIAA--ZS DNMS N-NM-S

ὁ λαλῶν αὐτῷ, φωνήσας δύο τῶν οἰκετῶν καὶ
DNMS☐APRNM-S VPPANM-S NPDMZS VPAANM-S APCAM-P DGMP N-GM-P CC

στρατιώτην εὐσεβῆ τῶν προσκαρτερούντων αὐτῷ,
N-AM-S A--AM-S DGMP☐NPGMZP&APRNM-P VPPAGM-P NPDMZS

10.8 καὶ ἐξηγησάμενος ἅπαντα αὐτοῖς ἀπέστειλεν αὐτοὺς εἰς τὴν
CC VPADNM-S AP-AN-P NPDMZP VIAA--ZS NPAMZP PA DAFS

Ἰόππην.
N-AF-S

10.9 Τῇ δὲ ἐπαύριον ὁδοιπορούντων ἐκείνων καὶ τῇ πόλει
DDFS CC AB☐AP-DF-S VPPAGM-P APDGM-P CC DDFS N-DF-S

ἐγγιζόντων ἀνέβη Πέτρος ἐπὶ τὸ δῶμα προσεύξασθαι περὶ ὥραν
VPPAGM-P VIAA--ZS N-NM-S PA DANS N-AN-S VNAD PA N-AF-S

ἕκτην. 10.10 ἐγένετο δὲ πρόσπεινος καὶ ἤθελεν γεύσασθαι·
A-OAF-S VIAD--ZS CC A--NM-S CC VIIA--ZS VNAD

παρασκευαζόντων δὲ αὐτῶν ἐγένετο ἐπ᾽ αὐτὸν ἔκστασις,
VPPAGM-P CC NPGMZP VIAD--ZS PA NPAMZS N-NF-S

10.11 καὶ θεωρεῖ τὸν οὐρανὸν ἀνεῳγμένον καὶ καταβαῖνον
CC VIPA--ZS DAMS N-AM-S VPRPAM-S CC VPPAAN-S

σκεῦός τι ὡς ὀθόνην μεγάλην τέσσαρσιν ἀρχαῖς καθιέμενον
N-AN-S A-IAN-S CS N-AF-S A--AF-S A-CDF-P N-DF-P VPPPAN-S

ἐπὶ τῆς γῆς, 10.12 ἐν ᾧ ὑπῆρχεν πάντα τὰ τετράποδα καὶ
PG DGFS N-GF-S PD APRDN-S VIIA--ZS A--NN-P DNNP AP-NN-P CC

ἑρπετὰ τῆς γῆς καὶ πετεινὰ τοῦ οὐρανοῦ. 10.13 καὶ ἐγένετο
N-NN-P DGFS N-GF-S CC AP-NN-P DGMS N-GM-S CC VIAD--ZS

φωνὴ πρὸς αὐτόν, Ἀναστάς, Πέτρε, θῦσον καὶ φάγε. 10.14 ὁ
N-NF-S PA NPAMZS VRAANMS N-VM-S VMAA--YS CC VMAA--YS DNMS

δὲ Πέτρος εἶπεν, Μηδαμῶς, κύριε, ὅτι οὐδέποτε ἔφαγον πᾶν
CH N-NM-S VIAA--ZS AB N-VM-S CS AB VIAA--XS AP-AN-S

κοινὸν καὶ ἀκάθαρτον. 10.15 καὶ φωνὴ πάλιν ἐκ δευτέρου πρὸς
A--AN-S CC A--AN-S CC N-NF-S AB PG APOGN-S PA

αὐτόν, Ἃ ὁ θεὸς ἐκαθάρισεν σὺ μὴ κοίνου.
NPAMZS APRAN-P☐APDAN-P&APRAN-P DNMS N-NM-S VIAA--ZS NPN-YS AB VMPA--YS

10.16 τοῦτο δὲ ἐγένετο ἐπὶ τρίς, καὶ εὐθὺς ἀνελήμφθη τὸ
APDNN-S CC VIAD--ZS PA AB☐AP-AN-P CC AP-NM-S☐AB VIAP--ZS DNNS

σκεῦος εἰς τὸν οὐρανόν.
N-NN-S　　PA　DAMS N-AM-S

10.17 Ὡς δὲ ἐν ἑαυτῷ διηπόρει ὁ Πέτρος τί ἂν εἴη
CS　CC　PD　NPDMZS　VIIA--ZS　DNMS N-NM-S APTNN-S QV VOPA--ZS

τὸ ὅραμα ὃ εἶδεν, ἰδοὺ οἱ ἄνδρες οἱ
DNNS N-NN-S APRAN-S VIAA--ZS QS DNMP N-NM-P DNMP□APRNM-P

ἀπεσταλμένοι ὑπὸ τοῦ Κορνηλίου διερωτήσαντες τὴν οἰκίαν τοῦ
VPRPNM-P　PG　DGMS N-GM-S　VPAANM-P　DAFS N-AF-S DGMS

Σίμωνος ἐπέστησαν ἐπὶ τὸν πυλῶνα, 10.18 καὶ φωνήσαντες
N-GM-S　VIAA--ZP　PA　DAMS N-AM-S　CC　VPAANM-P

ἐπυνθάνοντο εἰ Σίμων ὁ ἐπικαλούμενος Πέτρος ἐνθάδε
VIIN--ZP　QT N-NM-S DNMS□APRNM-S VPPPNM-S　N-NM-S　AB

ξενίζεται. 10.19 τοῦ δὲ Πέτρου διενθυμουμένου περὶ τοῦ
VIPP--ZS　　DGMS CC/CH N-GM-S　VPPNGM-S　PG DGNS

ὁράματος εἶπεν [αὐτῷ] τὸ πνεῦμα, Ἰδοὺ ἄνδρες τρεῖς
N-GN-S　VIAA--ZS NPDMZS DNNS N-NN-S　QS N-NM-P A-CNM-P

ζητοῦντές σε· 10.20 ἀλλὰ ἀναστὰς κατάβηθι καὶ πορεύου σὺν
VPPANM-P NPRA-YS　CC VRAANMYS VMAA--YS CC VMPN--YS PD

αὐτοῖς μηδὲν διακρινόμενος, ὅτι ἐγὼ ἀπέσταλκα αὐτούς.
NPDMZP APCAN-S VRPMNMYS　CS NPN-XS VIRA--XS　NPAMZP

10.21 καταβὰς δὲ Πέτρος πρὸς τοὺς ἄνδρας εἶπεν, Ἰδοὺ ἐγώ
VPAANM-S CH N-NM-S PA DAMP N-AM-P VIAA--ZS QS NPN-XS

εἰμι ὃν ζητεῖτε· τίς ἡ αἰτία δι' ἢν
VIPA--XS APRAM-S□APDNM-S&APRAM-S VIPA--YP APTNF-S DNFS N-NF-S PA APRAF-S

πάρεστε; 10.22 οἱ δὲ εἶπαν, Κορνήλιος ἑκατοντάρχης,
VIPA--YP　DNMP□NPNMZP CH VIAA--ZP N-NM-S　N-NM-S

ἀνὴρ δίκαιος καὶ φοβούμενος τὸν θεὸν μαρτυρούμενός τε ὑπὸ
N-NM-S A--NM-S CC VPPNNM-S DAMS N-AM-S VPPPNM-S CC PG

ὅλου τοῦ ἔθνους τῶν Ἰουδαίων, ἐχρηματίσθη ὑπὸ ἀγγέλου ἁγίου
A--GN-S DGNS N-GN-S DGMP AP-GM-P VIAP--ZS PG N-GM-S A--GM-S

μεταπέμψασθαί σε εἰς τὸν οἶκον αὐτοῦ καὶ ἀκοῦσαι ῥήματα
VNAD　NPRA-YS PA DAMS N-AM-S NPGMZS CC VNAA N-AN-P

παρὰ σοῦ. 10.23 εἰσκαλεσάμενος οὖν αὐτοὺς ἐξένισεν.
PG NPG-YS　VPADNM-S CH NPAMZP VIAA--ZS

Τῇ δὲ ἐπαύριον ἀναστὰς ἐξῆλθεν σὺν αὐτοῖς, καί τινες τῶν
DDFS CC AB□AP-DF-S VPAANM-S VIAA--ZS PD NPDMZP CC APINM-P DGMP

ἀδελφῶν τῶν ἀπὸ Ἰόππης συνῆλθον αὐτῷ. 10.24 τῇ δὲ ἐπαύριον
N-GM-P DGMP PG N-GF-S VIAA--ZP NPDMZS DDFS CC AB□AP-DF-S

εἰσῆλθεν εἰς τὴν Καισάρειαν· ὁ δὲ Κορνήλιος ἦν
VIAA--ZS PA DAFS N-AF-S DNMS CS N-NM-S VIIA--ZS+

προσδοκῶν αὐτούς, συγκαλεσάμενος τοὺς συγγενεῖς αὐτοῦ καὶ
+VPPANM-S NPAMZP VPAMNM-S DAMP AP-AM-P NPGMZS CC

τοὺς ἀναγκαίους φίλους. 10.25 ὡς δὲ ἐγένετο τοῦ εἰσελθεῖν τὸν
DAMP A--AM-P AP-AM-P CS CC VIAD--ZS DGNS VNAAG DAMS

400

Πέτρον, συναντήσας αὐτῷ ὁ Κορνήλιος πεσὼν ἐπὶ τοὺς πόδας
N-AM-S   VPAANM-S   NPDMZS DNMS N-NM-S   VPAANM-S PA   DAMP N-AM-P

προσεκύνησεν. 10.26 ὁ δὲ Πέτρος ἤγειρεν αὐτὸν λέγων,
VIAA--ZS   DNMS CH N-NM-S   VIAA--ZS   NPAMZS VPPANM-S

Ἀνάστηθι· καὶ ἐγὼ αὐτὸς ἄνθρωπός εἰμι. 10.27 καὶ συνομιλῶν
VMAA--YS   AB NPN-XS NPNMXS N-NM-S   VIPA--XS   CC VPPANM-S

αὐτῷ εἰσῆλθεν, καὶ εὑρίσκει συνεληλυθότας πολλούς,
NPDMZS VIAA--ZS   CC VIPA--ZS   VPRAAM-P   AP-AM-P

10.28 ἔφη   τε πρὸς αὐτούς, Ὑμεῖς ἐπίστασθε ὡς ἀθέμιτόν
VIAA--ZS/VIIA--ZS CC PA   NPAMZP   NPN-YP VIPN--YP   AB/CC A--NN-S

ἐστιν ἀνδρὶ Ἰουδαίῳ κολλᾶσθαι ἢ προσέρχεσθαι ἀλλοφύλῳ·
VIPA--ZS N-DM-S A--DM-S   VNPP   CC VNPN   AP-DM-S

κἀμοὶ ὁ θεὸς ἔδειξεν μηδένα κοινὸν ἢ ἀκάθαρτον λέγειν
CC&NPD-XS DNMS N-NM-S VIAA--ZS A-CAM-S   A--AM-S   CC A--AM-S   VNPA

ἄνθρωπον· 10.29 διὸ καὶ ἀναντιρρήτως ἦλθον μεταπεμφθείς.
N-AM-S   CH AB AB   VIAA--XS VPAPNMXS

πυνθάνομαι οὖν τίνι λόγῳ μετεπέμψασθέ με; 10.30 καὶ ὁ
VIPN--XS   CH A-TDM-S N-DM-S VIAD--YP   NPA-XS   CC DNMS

Κορνήλιος ἔφη, Ἀπὸ τετάρτης ἡμέρας μέχρι ταύτης τῆς
N-NM-S   VIAA--ZS/VIIA--ZS PG A-OGF-S   N-GF-S PG   A-DGF-S DGFS

ὥρας ἤμην τὴν ἐνάτην προσευχόμενος ἐν τῷ οἴκῳ μου, καὶ
N-GF-S VIIM--XS+ DAFS APOAF-S   +VPPNNMXS   PD DDMS N-DM-S NPG-XS CC

ἰδοὺ ἀνὴρ ἔστη ἐνώπιόν μου ἐν ἐσθῆτι λαμπρᾷ 10.31 καὶ
QS   N-NM-S VIAA--ZS PG   NPG-XS PD N-DF-S   A--DF-S   CC

φησίν, Κορνήλιε, εἰσηκούσθη σου ἡ προσευχὴ καὶ αἱ
VIPA--ZS N-VM-S   VIAP--ZS NPG-YS DNFS N-NF-S   CC DNFP

ἐλεημοσύναι σου ἐμνήσθησαν ἐνώπιον τοῦ θεοῦ. 10.32 πέμψον
N-NF-P   NPG-YS VIAP--ZP   PG   DGMS N-GM-S   VMAA--YS

οὖν εἰς Ἰόππην καὶ μετακάλεσαι Σίμωνα ὃς ἐπικαλεῖται
CH PA N-AF-S   CC VMAM--YS   N-AM-S   APRNM-S VIPP--ZS

Πέτρος· οὗτος ξενίζεται ἐν οἰκίᾳ Σίμωνος βυρσέως παρὰ
N-NM-S   APDNM-S VIPP--ZS PD N-DF-S   N-GM-S   N-GM-S   PA

θάλασσαν. 10.33 ἐξαυτῆς οὖν ἔπεμψα πρὸς σέ, σύ τε καλῶς
N-AF-S   AB CH VIAA--XS PA   NPA-YS NPN-YS CC AB

ἐποίησας παραγενόμενος. νῦν οὖν πάντες ἡμεῖς ἐνώπιον τοῦ
VIAA--YS VPADNMYS   AB CH A--NM-P NPN-XP PG   DGMS

θεοῦ πάρεσμεν ἀκοῦσαι πάντα τὰ προστεταγμένα σοι
N-GM-S VIPA--XP VNAA   AP-AN-P DANP□APRNN-P VPRPAN-P   NPD-YS

ὑπὸ τοῦ κυρίου.
PG   DGMS N-GM-S

10.34 Ἀνοίξας δὲ Πέτρος τὸ στόμα εἶπεν, Ἐπ' ἀληθείας
VPAANM-S CH N-NM-S DANS N-AN-S VIAA--ZS PG N-GF-S

καταλαμβάνομαι ὅτι οὐκ ἔστιν προσωπολήμπτης ὁ θεός,
VIPM--XS   CC AB VIPA--ZS N-NM-S   DNMS N-NM-S

401

10.35 ἀλλ᾽ ἐν παντὶ ἔθνει ὁ   φοβούμενος αὐτὸν καὶ
CH   PD A--DN-S N-DN-S DNMS□NPNMZS&APRNM-S VPPNNM-S NPAMZS CC

ἐργαζόμενος δικαιοσύνην δεκτὸς αὐτῷ ἐστιν. 10.36 τὸν λόγον
VPPNNM-S   N-AF-S   A--NM-S NPDMZS VIPA--ZS   DAMS N-AM-S

[ὃν]   ἀπέστειλεν τοῖς υἱοῖς Ἰσραὴλ εὐαγγελιζόμενος εἰρήνην
APRAM-S VIAA--ZS   DDMP N-DM-P N-GM-S VPPMNM-S   N-AF-S

διὰ Ἰησοῦ Χριστοῦ — οὗτός ἐστιν πάντων   κύριος —
PG N-GM-S N-GM-S   APDNM-S VIPA--ZS AP-GM-P/AP-GN-P N-NM-S

10.37 ὑμεῖς οἴδατε, τὸ   γενόμενον ῥῆμα καθ᾽ ὅλης τῆς
NPN-YP VIRA--YP DANS□APRNN-S+ VPADAN-S N-AN-S PG A--GF-S DGFS

Ἰουδαίας, ἀρξάμενος ἀπὸ τῆς Γαλιλαίας μετὰ τὸ βάπτισμα
N-GF-S   VPAMNM-S   PG DGFS N-GF-S   PA   DANS N-AN-S

ὃ   ἐκήρυξεν Ἰωάννης, 10.38 Ἰησοῦν τὸν ἀπὸ Ναζαρέθ, ὡς
APRAN-S VIAA--ZS N-NM-S   N-AM-S DAMS PG N-GF-S   CC

ἔχρισεν αὐτὸν ὁ   θεὸς πνεύματι ἁγίῳ καὶ δυνάμει, ὃς
VIAA--ZS NPAMZS DNMS N-NM-S N-DN-S A--DN-S CC N-DF-S   APRNM-S

διῆλθεν εὐεργετῶν καὶ ἰώμενος πάντας τοὺς
VIAA--ZS VPPANM-S CC VPPNNM-S AP-AM-P DAMP□APRNM-P

καταδυναστευομένους ὑπὸ τοῦ διαβόλου, ὅτι ὁ   θεὸς ἦν   μετ᾽
VPPPAM-P   PG DGMS AP-GM-S   CS DNMS N-NM-S VIIA--ZS PG

αὐτοῦ. 10.39 καὶ ἡμεῖς μάρτυρες πάντων ὧν   ἐποίησεν
NPGMZS   CC NPN-XP N-NM-P   AP-GN-P APRGN-P□APRAN-P VIAA--ZS

ἔν τε τῇ   χώρᾳ τῶν Ἰουδαίων καὶ [ἐν] Ἰερουσαλήμ· ὃν   καὶ
PD CC DDFS N-DF-S DGMP AP-GM-P CC PD N-DF-S   APRAM-S AB

ἀνεῖλαν κρεμάσαντες ἐπὶ ξύλου. 10.40 τοῦτον ὁ   θεὸς ἤγειρεν
VIAA--ZP VPAANM-P   PG N-GN-S   APDAM-S DNMS N-NM-S VIAA--ZS

[ἐν] τῇ   τρίτῃ ἡμέρᾳ καὶ ἔδωκεν αὐτὸν ἐμφανῆ γενέσθαι,
PD   DDFS A-ODF-S N-DF-S CC VIAA--ZS NPAMZS A--AM-S VNAD

10.41 οὐ παντὶ τῷ   λαῷ   ἀλλὰ μάρτυσιν τοῖς
AB A--DM-S DDMS N-DM-S CH   N-DM-P   DDMP□APRNM-P

προκεχειροτονημένοις ὑπὸ τοῦ θεοῦ, ἡμῖν, οἵτινες συνεφάγομεν
VPRPDM-P   PG DGMS N-GM-S NPD-XP APRNMXP VIAA--XP

καὶ συνεπίομεν αὐτῷ μετὰ τὸ ἀναστῆναι αὐτὸν ἐκ νεκρῶν·
CC VIAA--XP   NPDMZS PA DANS VNAAA   NPAMZS PG AP-GM-P

10.42 καὶ παρήγγειλεν ἡμῖν κηρύξαι τῷ   λαῷ   καὶ
CC VIAA--ZS   NPD-XP VNAA   DDMS N-DM-S CC

διαμαρτύρασθαι ὅτι οὗτός ἐστιν ὁ   ὡρισμένος ὑπὸ
VNAD   CC APDNM-S VIPA--ZS DNMS□NPNMZS&APRNM-S VPRPNM-S PG

τοῦ θεοῦ κριτὴς ζώντων καὶ νεκρῶν. 10.43 τούτῳ πάντες οἱ
DGMS N-GM-S N-NM-S VPPAGM-P CC AP-GM-P   APDDM-S A--NM-P DNMP

προφῆται μαρτυροῦσιν, ἄφεσιν ἁμαρτιῶν λαβεῖν διὰ τοῦ
N-NM-P   VIPA--ZP   N-AF-S N-GF-P   VNAA   PG DGNS

ὀνόματος αὐτοῦ πάντα τὸν   πιστεύοντα εἰς αὐτόν.
N-GN-S   NPGMZS AP-AM-S DAMS□APRNM-S VPPAAM-S   PA NPAMZS

10.44 Ἔτι λαλοῦντος τοῦ Πέτρου τὰ ῥήματα ταῦτα
AB VPPAGM-S DGMS N-GM-S DANP N-AN-P A-DAN-P

ἐπέπεσεν τὸ πνεῦμα τὸ ἅγιον ἐπὶ πάντας τοὺς
VIAA--ZS DNNS N-NN-S DNNS A--NN-S PA AP-AM-P DAMP□APRNM-P

ἀκούοντας τὸν λόγον. 10.45 καὶ ἐξέστησαν οἱ ἐκ περιτομῆς
VPPAAM-P DAMS N-AM-S CC VIAA--ZP DNMP PG N-GF-S

πιστοὶ ὅσοι συνῆλθαν τῷ Πέτρῳ, ὅτι καὶ ἐπὶ τὰ ἔθνη ἡ
AP-NM-P APRNM-P VIAA--ZP DDMS N-DM-S CS AB PA DANP N-AN-P DNFS

δωρεὰ τοῦ ἁγίου πνεύματος ἐκκέχυται· 10.46 ἤκουον γὰρ αὐτῶν
N-NF-S DGNS A--GN-S N-GN-S VIRP--ZS VIIA--ZP CS NPGMZP

λαλούντων γλώσσαις καὶ μεγαλυνόντων τὸν θεόν. τότε ἀπεκρίθη
VPPAGM-P N-DF-P CC VPPAGM-P DAMS N-AM-S AB VIAO--ZS

Πέτρος, 10.47 Μήτι τὸ ὕδωρ δύναται κωλῦσαί τις τοῦ μὴ
N-NM-S QT DANS N-AN-S VIPN--ZS VNAA APINM-S DGNS AB

βαπτισθῆναι τούτους οἵτινες τὸ πνεῦμα τὸ ἅγιον ἔλαβον ὡς
VNAPG APDAM-P APRNM-P DANS N-AN-S DANS A--AN-S VIAA--ZP CS

καὶ ἡμεῖς; 10.48 προσέταξεν δὲ αὐτοὺς ἐν τῷ ὀνόματι Ἰησοῦ
AB NPN-XP VIAA--ZS CH NPAMZP PD DDNS N-DN-S N-GM-S

Χριστοῦ βαπτισθῆναι. τότε ἠρώτησαν αὐτὸν ἐπιμεῖναι ἡμέρας
N-GM-S VNAP AB VIAA--ZP NPAMZS VNAA N-AF-P

τινάς.
A-IAF-P

11.1 Ἤκουσαν δὲ οἱ ἀπόστολοι καὶ οἱ ἀδελφοὶ οἱ
VIAA--ZP CC DNMP N-NM-P CC DNMP N-NM-P DNMP□APRNM-P

ὄντες κατὰ τὴν Ἰουδαίαν ὅτι καὶ τὰ ἔθνη ἐδέξαντο τὸν λόγον
VPPANM-P PA DAFS N-AF-S CC AB DNNP N-NN-P VIAD--ZP DAMS N-AM-S

τοῦ θεοῦ. 11.2 ὅτε δὲ ἀνέβη Πέτρος εἰς Ἰερουσαλήμ, διεκρίνοντο
DGMS N-GM-S CS CC VIAA--ZS N-NM-S PA N-AF-S VIIM--ZP

πρὸς αὐτὸν οἱ ἐκ περιτομῆς 11.3 λέγοντες ὅτι Εἰσῆλθες πρὸς
PA NPAMZS DNMP PG N-GF-S VPPANM-P CH VIAA--YS PA

ἄνδρας ἀκροβυστίαν ἔχοντας καὶ συνέφαγες αὐτοῖς.
N-AM-P N-AF-S VPPAAM-P CC VIAA--YS NPDMZP

11.4 ἀρξάμενος δὲ Πέτρος ἐξετίθετο αὐτοῖς καθεξῆς λέγων,
VPAMNM-S CH N-NM-S VIIM--ZS NPDMZP AB VPPANM-S

11.5 Ἐγὼ ἤμην ἐν πόλει Ἰόππῃ προσευχόμενος καὶ εἶδον ἐν
NPN-XS VIIM--XS+ PD N-DF-S N-DF-S +VPPNNMXS CC VIAA--XS PD

ἐκστάσει ὅραμα, καταβαῖνον σκεῦός τι ὡς ὀθόνην μεγάλην
N-DF-S N-AN-S VPPAAN-S N-AN-S A-IAN-S CS N-AF-S A--AF-S

τέσσαρσιν ἀρχαῖς καθιεμένην ἐκ τοῦ οὐρανοῦ, καὶ ἦλθεν ἄχρι
A-CDF-P N-DF-P VPPPAF-S PG DGMS N-GM-S CC VIAA--ZS PG

ἐμοῦ· 11.6 εἰς ἣν ἀτενίσας κατενόουν καὶ εἶδον τὰ τετράποδα
NPG-XS PA APRAF-S VPAANMXS VIIA--XS CC VIAA--XS DANP AP-AN-P

τῆς γῆς καὶ τὰ θηρία καὶ τὰ ἑρπετὰ καὶ τὰ πετεινὰ τοῦ
DGFS N-GF-S CC DANP N-AN-P CC DANP N-AN-P CC DANP AP-AN-P DGMS

11.6-17 ΠΡΑΞΕΙΣ

οὐρανοῦ. 11.7 ἤκουσα δὲ καὶ φωνῆς λεγούσης μοι, Ἀναστάς,
N-GM-S   VIAA--XS CC AB N-GF-S VPPAGF-S NPD-XS VRAANMYS

Πέτρε, θῦσον καὶ φάγε. 11.8 εἶπον δέ, Μηδαμῶς, κύριε, ὅτι
N-VM-S VMAA--YS CC VMAA--YS VIAA--XS CH AB N-VM-S CS

κοινὸν ἢ ἀκάθαρτον οὐδέποτε εἰσῆλθεν εἰς τὸ στόμα μου.
AP-NN-S CC AP-NN-S AB VIAA--ZS PA DANS N-AN-S NPG-XS

11.9 ἀπεκρίθη δὲ φωνὴ ἐκ δευτέρου ἐκ τοῦ οὐρανοῦ,
VIAO--ZS CH N-NF-S PG APOGN-S PG DGMS N-GM-S

Ἃ ὁ θεὸς ἐκαθάρισεν σὺ μὴ κοίνου.
APRAN-P□APDAN-P&APRAN-P DNMS N-NM-S VIAA--ZS NPN-YS AB VMPA--YS

11.10 τοῦτο δὲ ἐγένετο ἐπὶ τρίς, καὶ ἀνεσπάσθη πάλιν
APDNN-S CC VIAD--ZS PA AB□AP-AN-P CC VIAP--ZS AB

ἅπαντα εἰς τὸν οὐρανόν. 11.11 καὶ ἰδοὺ ἐξαυτῆς τρεῖς ἄνδρες
AP-NN-P PA DAMS N-AM-S CC QS AB A-CNM-P N-NM-P

ἐπέστησαν ἐπὶ τὴν οἰκίαν ἐν ᾗ ἦμεν, ἀπεσταλμένοι ἀπὸ
VIAA--ZP PA DAFS N-AF-S PD APRDF-S VIIA--XP VPRPNM-P PG

Καισαρείας πρός με. 11.12 εἶπεν δὲ τὸ πνεῦμά μοι συνελθεῖν
N-GF-S PA NPA-XS VIAA--ZS CH DNNS N-NN-S NPD-XS VNAA

αὐτοῖς μηδὲν διακρίναντα. ἦλθον δὲ σὺν ἐμοὶ καὶ οἱ ἓξ
NPDMZP APCAN-S VPAAAMXS VIAA--ZP CC PD NPD-XS AB DNMP A-CNM-P

ἀδελφοὶ οὗτοι, καὶ εἰσήλθομεν εἰς τὸν οἶκον τοῦ ἀνδρός·
N-NM-P A-DNM-P CC VIAA--XP PA DAMS N-AM-S DGMS N-GM-S

11.13 ἀπήγγειλεν δὲ ἡμῖν πῶς εἶδεν [τὸν] ἄγγελον ἐν τῷ οἴκῳ
VIAA--ZS CC NPD-XP CC VIAA--ZS DAMS N-AM-S PD DDMS N-DM-S

αὐτοῦ σταθέντα καὶ εἰπόντα, Ἀπόστειλον εἰς Ἰόππην καὶ
NPGMZS VPAPAM-S CC VPAAAM-S VMAA--YS PA N-AF-S CC

μετάπεμψαι Σίμωνα τὸν ἐπικαλούμενον Πέτρον,
VMAD--YS N-AM-S DAMS□APRNM-S VPPPAM-S N-AM-S

11.14 ὃς λαλήσει ῥήματα πρὸς σὲ ἐν οἷς σωθήσῃ σὺ
APRNM-S VIFA--ZS N-AN-P PA NPA-YS PD APRDN-P VIFP--YS NPN-YS

καὶ πᾶς ὁ οἶκός σου. 11.15 ἐν δὲ τῷ ἄρξασθαί με λαλεῖν
CC A--NM-S DNMS N-NM-S NPG-YS PD CC DDNS VNAMD NPA-XS VNPA

ἐπέπεσεν τὸ πνεῦμα τὸ ἅγιον ἐπ' αὐτοὺς ὥσπερ καὶ ἐφ' ἡμᾶς
VIAA--ZS DNNS N-NN-S DNNS A--NN-S PA NPAMZP CS AB PA NPA-XP

ἐν ἀρχῇ. 11.16 ἐμνήσθην δὲ τοῦ ῥήματος τοῦ κυρίου ὡς
PD N-DF-S VIAO--XS CH DGNS N-GN-S DGMS N-GM-S ABR/CS

ἔλεγεν, Ἰωάννης μὲν ἐβάπτισεν ὕδατι, ὑμεῖς δὲ βαπτισθήσεσθε
VIIA--ZS N-NM-S CS VIAA--ZS N-DN-S NPN-YP CH VIFP--YP

ἐν πνεύματι ἁγίῳ. 11.17 εἰ οὖν τὴν ἴσην δωρεὰν ἔδωκεν αὐτοῖς
PD N-DN-S A--DN-S CS CH DAFS A--AF-S N-AF-S VIAA--ZS NPDMZP

ὁ θεὸς ὡς καὶ ἡμῖν πιστεύσασιν ἐπὶ τὸν κύριον Ἰησοῦν
DNMS N-NM-S ABR AB NPD-XP VPAADMXP/VPAADM-P PA DAMS N-AM-S N-AM-S

Χριστόν, ἐγὼ τίς ἤμην δυνατὸς κωλῦσαι τὸν θεόν;
N-AM-S NPN-XS APTNMXS VIIM--XS A--NM-S VNAA DAMS N-AM-S

404

11.18 ἀκούσαντες δὲ ταῦτα ἡσύχασαν καὶ ἐδόξασαν τὸν θεὸν
VPAANM-P CH APDAN-P VIAA--ZP CC VIAA--ZP DAMS N-AM-S

λέγοντες, Ἄρα καὶ τοῖς ἔθνεσιν ὁ θεὸς τὴν μετάνοιαν εἰς ζωὴν
VPPANM-P CH AB DDNP N-DN-P DNMS N-NM-S DAFS N-AF-S PA N-AF-S

ἔδωκεν.
VIAA--ZS

11.19 Οἱ μὲν οὖν διασπαρέντες ἀπὸ τῆς
DNMP□NPNMZP&APRNM-P QS CC VPAPNM-P PG DGFS

θλίψεως τῆς γενομένης ἐπὶ Στεφάνῳ διῆλθον ἕως Φοινίκης
N-GF-S DGFS□APRNF-S VPADGF-S PD N-DM-S VIAA--ZP PG N-GF-S

καὶ Κύπρου καὶ Ἀντιοχείας, μηδενὶ λαλοῦντες τὸν λόγον εἰ μὴ
CC N-GF-S CC N-GF-S APCDM-S VPPANM-P DAMS N-AM-S CS AB

μόνον Ἰουδαίοις. 11.20 ἦσαν δέ τινες ἐξ αὐτῶν ἄνδρες Κύπριοι
AP-AN-S□AB AP-DM-P VIIA--ZP CH A-INM-P PG NPGMZP N-NM-P N-NM-P

καὶ Κυρηναῖοι, οἵτινες ἐλθόντες εἰς Ἀντιόχειαν ἐλάλουν καὶ πρὸς
CC N-NM-P APRNM-P VPAANM-P PA N-AF-S VIIA--ZP AB PA

τοὺς Ἑλληνιστάς, εὐαγγελιζόμενοι τὸν κύριον Ἰησοῦν. 11.21 καὶ
DAMP N-AM-P VPPMNM-P DAMS N-AM-S N-AM-S CC

ἦν χεὶρ κυρίου μετ' αὐτῶν, πολύς τε ἀριθμὸς ὁ
VIIA--ZS N-NF-S N-GM-S PG NPGMZP A--NM-S CC N-NM-S DNMS□APRNM-S

πιστεύσας ἐπέστρεψεν ἐπὶ τὸν κύριον. 11.22 ἠκούσθη δὲ ὁ
VPAANM-S VIAA--ZS PA DAMS N-AM-S VIAP--ZS CC DNMS

λόγος εἰς τὰ ὦτα τῆς ἐκκλησίας τῆς οὔσης ἐν
N-NM-S PA DANP N-AN-P DGFS N-GF-S DGFS□APRNF-S VPPAGF-S PD

Ἰερουσαλὴμ περὶ αὐτῶν, καὶ ἐξαπέστειλαν Βαρναβᾶν [διελθεῖν]
N-DF-S PG NPGMZP CC VIAA--ZP N-AM-S VNAA

ἕως Ἀντιοχείας· 11.23 ὃς παραγενόμενος καὶ ἰδὼν τὴν
PG N-GF-S APRNM-S VPADNM-S CC VPAANM-S DAFS

χάριν [τὴν] τοῦ θεοῦ ἐχάρη καὶ παρεκάλει πάντας τῇ προθέσει
N-AF-S DAFS DGMS N-GM-S VIAO--ZS CC VIIA--ZS AP-AM-P DDFS N-DF-S

τῆς καρδίας προσμένειν τῷ κυρίῳ, 11.24 ὅτι ἦν ἀνὴρ ἀγαθὸς
DGFS N-GF-S VNPA DDMS N-DM-S CS VIIA--ZS N-NM-S A--NM-S

καὶ πλήρης πνεύματος ἁγίου καὶ πίστεως. καὶ προσετέθη ὄχλος
CC A--NM-S N-GN-S A--GN-S CC N-GF-S CC VIAP--ZS N-NM-S

ἱκανὸς τῷ κυρίῳ. 11.25 ἐξῆλθεν δὲ εἰς Ταρσὸν ἀναζητῆσαι
A--NM-S DDMS N-DM-S VIAA--ZS CC PA N-AF-S VNAA

Σαῦλον, 11.26 καὶ εὑρὼν ἤγαγεν εἰς Ἀντιόχειαν. ἐγένετο δὲ
N-AM-S CC VPAANM-S VIAA--ZS PA N-AF-S VIAD--ZS CC

αὐτοῖς καὶ ἐνιαυτὸν ὅλον συναχθῆναι ἐν τῇ ἐκκλησίᾳ καὶ
NPDMZP AB N-AM-S A--AM-S VNAP PD DDFS N-DF-S CC

διδάξαι ὄχλον ἱκανόν, χρηματίσαι τε πρώτως ἐν Ἀντιοχείᾳ τοὺς
VNAA N-AM-S A--AM-S VNAA CC AB PD N-DF-S DAMP

μαθητὰς Χριστιανούς.
N-AM-P N-AM-P

11.27 Ἐν   ταύταις   δὲ   ταῖς   ἡμέραις   κατῆλθον   ἀπὸ
PD   A-DDF-P   CC   DDFP   N-DF-P   VIAA--ZP   PG

Ἱεροσολύμων προφῆται εἰς Ἀντιόχειαν· 11.28 ἀναστὰς δὲ εἰς
N-GN-P   N-NM-P   PA   N-AF-S   VPAANM-S CC APCNM-S

ἐξ αὐτῶν   ὀνόματι Ἄγαβος ἐσήμανεν διὰ τοῦ πνεύματος λιμὸν
PG NPGMZP N-DN-S   N-NM-S VIAA--ZS PG   DGNS N-GN-S   N-AF-S

μεγάλην μέλλειν ἔσεσθαι ἐφ᾽ ὅλην τὴν οἰκουμένην· ἥτις
A--AF-S VNPA+   +VNFD   PA   A--AF-S DAFS N-AF-S   APRNF-S

ἐγένετο ἐπὶ Κλαυδίου. 11.29 τῶν δὲ μαθητῶν καθὼς εὐπορεῖτό
VIAD--ZS PG N-GM-S   DGMP CH N-GM-P CS   VIIM--ZS

τις   ὥρισαν   ἕκαστος αὐτῶν εἰς διακονίαν πέμψαι τοῖς
APINM-S VIAA--ZP AP-NM-S NPGMZP PA N-AF-S   VNAA   DDMP□APRNM-P+

κατοικοῦσιν ἐν τῇ Ἰουδαίᾳ ἀδελφοῖς· 11.30 ὃ   καὶ ἐποίησαν
VPPADM-P   PD DDFS N-DF-S N-DM-P   APRAN-S AB   VIAA--ZP

ἀποστείλαντες πρὸς τοὺς πρεσβυτέρους διὰ χειρὸς Βαρναβᾶ καὶ
VPAANM-P   PA   DAMP AP-AM-P   PG   N-GF-S N-GM-S   CC

Σαύλου.
N-GM-S

12.1 Κατ᾽ ἐκεῖνον δὲ τὸν καιρὸν ἐπέβαλεν Ἡρῴδης ὁ
PA   A-DAM-S   CC DAMS N-AM-S VIAA--ZS   N-NM-S   DNMS

βασιλεὺς τὰς χεῖρας κακῶσαί τινας τῶν ἀπὸ τῆς ἐκκλησίας.
N-NM-S   DAFP N-AF-P VNAA   APIAM-P DGMP PG DGFS N-GF-S

12.2 ἀνεῖλεν δὲ   Ἰάκωβον τὸν ἀδελφὸν Ἰωάννου μαχαίρῃ.
VIAA--ZS   CC/CS   N-AM-S   DAMS N-AM-S N-GM-S   N-DF-S

12.3 ἰδὼν   δὲ ὅτι ἀρεστόν ἐστιν τοῖς Ἰουδαίοις προσέθετο
VPAANM-S CC CH   A--NN-S VIPA--ZS DDMP AP-DM-P VIAM--ZS

συλλαβεῖν καὶ Πέτρον (ἦσαν δὲ [αἱ] ἡμέραι τῶν ἀζύμων),
VNAA   AB   N-AM-S VIIA--ZP CC DNFP N-NF-P DGNP AP-GN-P

12.4 ὃν   καὶ πιάσας ἔθετο εἰς φυλακήν, παραδοὺς τέσσαρσιν
APRAM-S AB   VPAANM-S VIAM--ZS PA N-AF-S   VPAANM-S A-CDN-P

τετραδίοις στρατιωτῶν φυλάσσειν αὐτόν, βουλόμενος μετὰ τὸ
N-DN-P   N-GM-P   VNPA   NPAMZS VPPNNM-S   PA   DANS

πάσχα ἀναγαγεῖν αὐτὸν τῷ λαῷ. 12.5 ὁ   μὲν οὖν Πέτρος
N-AN-S VNAA   NPAMZS DDMS N-DM-S   DNMS CC/CS CH N-NM-S

ἐτηρεῖτο ἐν τῇ φυλακῇ· προσευχὴ δὲ   ἦν   ἐκτενῶς γινομένη
VIIP--ZS PD DDFS N-DF-S N-NF-S   CC/CH VIIA--ZS+ AB   +VPPNNF-S

ὑπὸ τῆς ἐκκλησίας πρὸς τὸν θεὸν περὶ αὐτοῦ.
PG   DGFS N-GF-S   PA   DAMS N-AM-S PG   NPGMZS

12.6 Ὅτε δὲ ἤμελλεν   προαγαγεῖν αὐτὸν ὁ   Ἡρῴδης, τῇ
CS   CC VIIA--ZS+ +VNAA   NPAMZS DNMS   N-NM-S   DDFS

νυκτὶ ἐκείνῃ ἦν   ὁ   Πέτρος κοιμώμενος μεταξὺ δύο
N-DF-S A-DDF-S VIIA--ZS+ DNMS N-NM-S +VPPNNM-S PG   A-CGM-P

στρατιωτῶν δεδεμένος ἁλύσεσιν δυσίν, φυλακές τε πρὸ τῆς θύρας
N-GM-P   VPRPNM-S   N-DF-P   A-CDF-P N-NM-P CC PG   DGFS N-GF-S

ἐτήρουν τὴν φυλακήν. 12.7 καὶ ἰδοὺ ἄγγελος κυρίου ἐπέστη, καὶ
VIIA--ZP DAFS N-AF-S   CC QS   N-NM-S   N-GM-S   VIAA--ZS   CC

φῶς ἔλαμψεν ἐν τῷ οἰκήματι· πατάξας δὲ τὴν πλευρὰν τοῦ
N-NN-S VIAA--ZS PD DDNS N-DN-S   VPAANM-S CC DAFS N-AF-S   DGMS

Πέτρου ἤγειρεν αὐτὸν λέγων, Ἀνάστα ἐν τάχει. καὶ ἐξέπεσαν
N-GM-S VIAA--ZS NPAMZS VPPANM-S VMAA--YS PD N-DN-S CC VIAA--ZP

αὐτοῦ αἱ ἁλύσεις ἐκ τῶν χειρῶν. 12.8 εἶπεν δὲ ὁ ἄγγελος πρὸς
NPGMZS DNFP N-NF-P PG DGFP N-GF-P   VIAA--ZS CC DNMS N-NM-S PA

αὐτόν, Ζῶσαι καὶ ὑπόδησαι τὰ σανδάλιά σου. ἐποίησεν δὲ
NPAMZS VMAM--YS CC VMAM--YS DANP N-AN-P NPG-YS VIAA--ZS CH

οὕτως. καὶ λέγει αὐτῷ, Περιβαλοῦ τὸ ἱμάτιόν σου καὶ ἀκολούθει
AB CC VIPA--ZS NPDMZS VMAM--YS DANS N-AN-S NPG-YS CC VMPA--YS

μοι. 12.9 καὶ ἐξελθὼν ἠκολούθει, καὶ οὐκ ᾔδει ὅτι ἀληθές ἐστιν
NPD-XS   CC VPAANM-S VIIA--ZS CC AB VILA--ZS CC A--NN-S VIPA--ZS

τὸ γινόμενον διὰ τοῦ ἀγγέλου, ἐδόκει δὲ ὅραμα
DNNS□NPNNZS&APRNN-S VPPNNN-S PG DGMS N-GM-S VIIA--ZS CH N-AN-S

βλέπειν. 12.10 διελθόντες δὲ πρώτην φυλακὴν καὶ δευτέραν
VNPA   VPAANM-P CC A-OAF-S N-AF-S CC A-OAF-S

ἦλθαν ἐπὶ τὴν πύλην τὴν σιδηρᾶν τὴν φέρουσαν εἰς τὴν
VIAA--ZP PA DAFS N-AF-S DAFS A--AF-S DAFS□APRNF-S VPPAAF-S PA DAFS

πόλιν, ἥτις αὐτομάτη ἠνοίγη αὐτοῖς, καὶ ἐξελθόντες προῆλθον
N-AF-S APRNF-S A--NF-S VIAP--ZS NPDMZP CC VPAANM-P VIAA--ZP

ῥύμην μίαν, καὶ εὐθέως ἀπέστη ὁ ἄγγελος ἀπ᾽ αὐτοῦ. 12.11 καὶ
N-AF-S A-CAF-S CC AB VIAA--ZS DNMS N-NM-S PG NPGMZS   CC

ὁ Πέτρος ἐν ἑαυτῷ γενόμενος εἶπεν, Νῦν οἶδα ἀληθῶς ὅτι
DNMS N-NM-S PD NPDMZS VPADNM-S VIAA--ZS AB VIRA--XS AB CC

ἐξαπέστειλεν [ὁ] κύριος τὸν ἄγγελον αὐτοῦ καὶ ἐξείλατό με
VIAA--ZS DNMS N-NM-S DAMS N-AM-S NPGMZS CC VIAM--ZS NPA-XS

ἐκ χειρὸς Ἡρῴδου καὶ πάσης τῆς προσδοκίας τοῦ λαοῦ τῶν
PG N-GF-S N-GM-S CC A--GF-S DGFS N-GF-S DGMS N-GM-S DGMP

Ἰουδαίων. 12.12 συνιδών τε ἦλθεν ἐπὶ τὴν οἰκίαν τῆς Μαρίας τῆς
AP-GM-P   VPAANM-S CC VIAA--ZS PA DAFS N-AF-S DGFS N-GF-S DGFS

μητρὸς Ἰωάννου τοῦ ἐπικαλουμένου Μάρκου, οὗ ἦσαν
N-GF-S N-GM-S DGMS□APRNM-S VPPPGM-S N-GM-S ABR VIIA--ZP+

ἱκανοὶ συνηθροισμένοι καὶ προσευχόμενοι. 12.13 κρούσαντος δὲ
AP-NM-P +VPRPNM-P CC +VPPNNM-P   VPAAGM-S CC

αὐτοῦ τὴν θύραν τοῦ πυλῶνος προσῆλθεν παιδίσκη ὑπακοῦσαι
NPGMZS DAFS N-AF-S DGMS N-GM-S VIAA--ZS N-NF-S VNAA

ὀνόματι Ῥόδη· 12.14 καὶ ἐπιγνοῦσα τὴν φωνὴν τοῦ Πέτρου ἀπὸ
N-DN-S N-NF-S   CC VPAANF-S DAFS N-AF-S DGMS N-GM-S PG

τῆς χαρᾶς οὐκ ἤνοιξεν τὸν πυλῶνα, εἰσδραμοῦσα δὲ ἀπήγγειλεν
DGFS N-GF-S AB VIAA--ZS DAMS N-AM-S VPAANF-S CC VIAA--ZS

ἑστάναι τὸν Πέτρον πρὸ τοῦ πυλῶνος. 12.15 οἱ δὲ πρὸς
VNRA DAMS N-AM-S PG DGMS N-GM-S DNMP□NPNMZP CH PA

αὐτὴν εἶπαν, Μαίνῃ. ἡ δὲ διϊσχυρίζετο οὕτως ἔχειν.
NPAFZS VIAA--ZP VIPN--YS DNFS□NPNFZS CH VIIN--ZS AB VNPA

οἱ δὲ ἔλεγον, Ὁ ἄγγελός ἐστιν αὐτοῦ. 12.16 ὁ δὲ
DNMP□NPNMZP CH VIIA--ZP DNMS N-NM-S VIPA--ZS NPGMZS DNMS CC/CH

Πέτρος ἐπέμενεν κρούων· ἀνοίξαντες δὲ εἶδαν αὐτὸν καὶ
N-NM-S VIIA--ZS VPPANM-S VPAANM-P CH VIAA--ZP NPAMZS CC

ἐξέστησαν. 12.17 κατασείσας δὲ αὐτοῖς τῇ χειρὶ σιγᾶν
VIAA--ZP VPAANM-S CH NPDMZP DDFS N-DF-S VNPA

διηγήσατο [αὐτοῖς] πῶς ὁ κύριος αὐτὸν ἐξήγαγεν ἐκ τῆς
VIAD--ZS NPDMZP ABT DNMS N-NM-S NPAMZS VIAA--ZS PG DGFS

φυλακῆς, εἶπέν τε, Ἀπαγγείλατε Ἰακώβῳ καὶ τοῖς ἀδελφοῖς
N-GF-S VIAA--ZS CC VMAA--YP N-DM-S CC DDMP N-DM-P

ταῦτα. καὶ ἐξελθὼν ἐπορεύθη εἰς ἕτερον τόπον.
APDAN-P CC VPAANM-S VIAO--ZS PA A--AM-S N-AM-S

12.18 Γενομένης δὲ ἡμέρας ἦν τάραχος οὐκ ὀλίγος ἐν τοῖς
VPADGF-S CC N-GF-S VIIA--ZS N-NM-S AB A--NM-S PD DDMP

στρατιώταις, τί ἄρα ὁ Πέτρος ἐγένετο. 12.19 Ἡρῴδης δὲ
N-DM-P APTNN-S CH DNMS N-NM-S VIAD--ZS N-NM-S CC

ἐπιζητήσας αὐτὸν καὶ μὴ εὑρὼν ἀνακρίνας τοὺς φύλακας
VPAANM-S NPAMZS CC AB VPAANM-S VPAANM-S DAMP N-AM-P

ἐκέλευσεν ἀπαχθῆναι, καὶ κατελθὼν ἀπὸ τῆς Ἰουδαίας εἰς
VIAA--ZS VNAP CC VPAANM-S PG DGFS N-GF-S PA

Καισάρειαν διέτριβεν.
N-AF-S VIIA--ZS

12.20 Ἦν δὲ θυμομαχῶν Τυρίοις καὶ Σιδωνίοις·
VIIA--ZS+ CC +VPPANM-S N-DM-P CC AP-DM-P

ὁμοθυμαδὸν δὲ παρῆσαν πρὸς αὐτόν, καὶ πείσαντες Βλάστον τὸν
AB CH VIIA--ZP PA NPAMZS CC VPAANM-P N-AM-S DAMS

ἐπὶ τοῦ κοιτῶνος τοῦ βασιλέως ἠτοῦντο εἰρήνην, διὰ τὸ
PG DGMS N-GM-S DGMS N-GM-S VIIM--ZP N-AF-S PA DANS

τρέφεσθαι αὐτῶν τὴν χώραν ἀπὸ τῆς βασιλικῆς. 12.21 τακτῇ δὲ
VNPPA NPGMZP DAFS N-AF-S PG DGFS AP-GF-S A--DF-S CH

ἡμέρᾳ ὁ Ἡρῴδης ἐνδυσάμενος ἐσθῆτα βασιλικὴν [καὶ]
N-DF-S DNMS N-NM-S VPAMNM-S N-AF-S A--AF-S CC

καθίσας ἐπὶ τοῦ βήματος ἐδημηγόρει πρὸς αὐτούς· 12.22 ὁ δὲ
VPAANM-S PG DGNS N-GN-S VIIA--ZS PA NPAMZP DNMS CH

δῆμος ἐπεφώνει, Θεοῦ φωνὴ καὶ οὐκ ἀνθρώπου. 12.23 παραχρῆμα
N-NM-S VIIA--ZS N-GM-S N-NF-S CC AB N-GM-S AB

δὲ ἐπάταξεν αὐτὸν ἄγγελος κυρίου ἀνθ’ ὧν οὐκ ἔδωκεν
CH VIAA--ZS NPAMZS N-NM-S N-GM-S PG APRGN-P□NPGNZP AB VIAA--ZS

τὴν δόξαν τῷ θεῷ, καὶ γενόμενος σκωληκόβρωτος ἐξέψυξεν.
DAFS N-AF-S DDMS N-DM-S CC VPADNM-S A--NM-S VIAA--ZS

12.24 Ὁ δὲ λόγος τοῦ θεοῦ ηὔξανεν καὶ ἐπληθύνετο.
DNMS CH N-NM-S DGMS N-GM-S VIIA--ZS CC VIIP--ZS

12.25 Βαρναβᾶς δὲ καὶ Σαῦλος ὑπέστρεψαν εἰς Ἰερουσαλὴμ
N-NM-S   CC CC N-NM-S   VIAA--ZP   PA N-AF-S

πληρώσαντες τὴν διακονίαν, συμπαραλαβόντες Ἰωάννην
VPAANM-P   DAFS N-AF-S   VPAANM-P   N-AM-S

τὸν   ἐπικληθέντα Μᾶρκον.
DAMS□APRNM-S VPAPAM-S   N-AM-S

13.1 Ἦσαν δὲ ἐν Ἀντιοχείᾳ κατὰ τὴν   οὖσαν
     VIIA--ZP CC PD N-DF-S   PA   DAFS□APRNF-S+ VPPAAF-S

ἐκκλησίαν προφῆται καὶ διδάσκαλοι ὅ τε Βαρναβᾶς καὶ
N-AF-S   N-NM-P   CC N-NM-P   DNMS CC N-NM-S   CC

Συμεὼν ὁ   καλούμενος Νίγερ, καὶ Λούκιος ὁ
N-NM-S DNMS□APRNM-S VPPPNM-S   N-NM-S CC N-NM-S DNMS

Κυρηναῖος, Μαναήν τε Ἡρῴδου τοῦ τετραάρχου σύντροφος καὶ
N-NM-S   N-NM-S CC N-GM-S DGMS N-GM-S   AP-NM-S   CC

Σαῦλος. 13.2 λειτουργούντων δὲ αὐτῶν τῷ κυρίῳ καὶ
N-NM-S   VPPAGM-P   CC NPGMZP DDMS N-DM-S CC

νηστευόντων εἶπεν τὸ πνεῦμα τὸ ἅγιον, Ἀφορίσατε δή μοι
VPPAGM-P   VIAA--ZS DNNS N-NN-S DNNS A--NN-S VMAA--YP QS NPD-XS

τὸν Βαρναβᾶν καὶ Σαῦλον εἰς τὸ ἔργον ὃ   προσκέκλημαι
DAMS N-AM-S   CC N-AM-S PA DANS N-AN-S APRAN-S VIRN--XS

αὐτούς. 13.3 τότε νηστεύσαντες καὶ προσευξάμενοι καὶ ἐπιθέντες
NPAMZP   AB   VPAANM-P   CC VPADNM-P   CC VPAANM-P

τὰς χεῖρας αὐτοῖς ἀπέλυσαν.
DAFP N-AF-P NPDMZP VIAA--ZP

13.4 Αὐτοὶ μὲν οὖν ἐκπεμφθέντες ὑπὸ τοῦ ἁγίου πνεύματος
     NPNMZP CS CC VPAPNM-P   PG DGNS A--GN-S N-GN-S

κατῆλθον εἰς Σελεύκειαν, ἐκεῖθέν τε ἀπέπλευσαν εἰς Κύπρον,
VIAA--ZP PA N-AF-S   AB   CC VIAA--ZP   PA N-AF-S

13.5 καὶ γενόμενοι ἐν Σαλαμῖνι κατήγγελλον τὸν λόγον τοῦ θεοῦ
     CC VPADNM-P   PD N-DF-S   VIIA--ZP   DAMS N-AM-S DGMS N-GM-S

ἐν ταῖς συναγωγαῖς τῶν Ἰουδαίων· εἶχον δὲ καὶ Ἰωάννην
PD DDFP N-DF-P   DGMP AP-GM-P   VIIA--ZP CS AB N-AM-S

ὑπηρέτην. 13.6 διελθόντες δὲ ὅλην τὴν νῆσον ἄχρι Πάφου εὗρον
N-AM-S   VPAANM-P   CH A--AF-S DAFS N-AF-S PG N-GF-S VIAA--ZP

ἄνδρα τινὰ μάγον ψευδοπροφήτην Ἰουδαῖον ᾧ   ὄνομα
N-AM-S A-IAM-S N-AM-S N-AM-S   A--AM-S   APRDM-S N-NN-S

Βαριησοῦ, 13.7 ὃς   ἦν   σὺν τῷ ἀνθυπάτῳ Σεργίῳ Παύλῳ,
N-GM-S   APRNM-S VIIA--ZS PD DDMS N-DM-S   N-DM-S N-DM-S

ἀνδρὶ συνετῷ. οὗτος προσκαλεσάμενος Βαρναβᾶν καὶ Σαῦλον
N-DM-S A--DM-S APDNM-S VPADNM-S   N-AM-S   CC N-AM-S

ἐπεζήτησεν ἀκοῦσαι τὸν λόγον τοῦ θεοῦ· 13.8 ἀνθίστατο δὲ
VIAA--ZS   VNAA   DAMS N-AM-S DGMS N-GM-S   VIIM--ZS   CC

αὐτοῖς Ἐλύμας ὁ   μάγος, οὕτως γὰρ μεθερμηνεύεται τὸ ὄνομα
NPDMZP N-NM-S DNMS N-NM-S AB   CS VIPP--ZS   DNNS N-NN-S

αὐτοῦ, ζητῶν διαστρέψαι τὸν ἀνθύπατον ἀπὸ τῆς πίστεως.
NPGMZS VPPANM-S VNAA DAMS N-AM-S PG DGFS N-GF-S

13.9 Σαῦλος δέ, ὁ καὶ Παῦλος, πλησθεὶς πνεύματος ἁγίου
N-NM-S CH DNMS AB N-NM-S VPAPNM-S N-GN-S A--GN-S

ἀτενίσας εἰς αὐτὸν 13.10 εἶπεν, ᵎΩ πλήρης παντὸς δόλου καὶ
VPAANM-S PA NPAMZS VIAA--ZS QS AP-VM-S A--GM-S N-GM-S CC

πάσης ῥᾳδιουργίας, υἱὲ διαβόλου, ἐχθρὲ πάσης δικαιοσύνης, οὐ
A--GF-S N-GF-S N-VM-S AP-GM-S AP-VM-S A--GF-S N-GF-S AB

παύσῃ διαστρέφων τὰς ὁδοὺς [τοῦ] κυρίου τὰς εὐθείας; 13.11 καὶ
VIFM--YS VPPANMYS DAFP N-AF-P DGMS N-GM-S DAFP A--AF-P CC

νῦν ἰδοὺ χεὶρ κυρίου ἐπὶ σέ, καὶ ἔσῃ τυφλὸς μὴ βλέπων τὸν
AB QS N-NF-S N-GM-S PA NPA-YS CC VIFD--YS A--NM-S AB VPPANMYS DAMS

ἥλιον ἄχρι καιροῦ. παραχρῆμά τε ἔπεσεν ἐπ᾽ αὐτὸν ἀχλὺς καὶ
N-AM-S PG N-GM-S AB CC VIAA--ZS PA NPAMZS N-NF-S CC

σκότος, καὶ περιάγων ἐζήτει χειραγωγούς. 13.12 τότε ἰδὼν ὁ
N-NN-S CC VPPANM-S VIIA--ZS N-AM-P AB VPAANM-S DNMS

ἀνθύπατος τὸ γεγονὸς ἐπίστευσεν ἐκπλησσόμενος
N-NM-S DANS□NPANZS&APRNN-S VPRAAN-S VIAA--ZS VPPPNM-S

ἐπὶ τῇ διδαχῇ τοῦ κυρίου.
PD DDFS N-DF-S DGMS N-GM-S

13.13 Ἀναχθέντες δὲ ἀπὸ τῆς Πάφου οἱ περὶ Παῦλον ἦλθον
VPAPNM-P CC PG DGFS N-GF-S DNMP PA N-AM-S VIAA--ZP

εἰς Πέργην τῆς Παμφυλίας· Ἰωάννης δὲ ἀποχωρήσας ἀπ᾽ αὐτῶν
PA N-AF-S DGFS N-GF-S N-NM-S CS VPAANM-S PG NPGMZP

ὑπέστρεψεν εἰς Ἱεροσόλυμα. 13.14 αὐτοὶ δὲ διελθόντες ἀπὸ τῆς
VIAA--ZS PA N-AN-P NPNMZP CC VPAANM-P PG DGFS

Πέργης παρεγένοντο εἰς Ἀντιόχειαν τὴν Πισιδίαν, καὶ
N-GF-S VIAD--ZP PA N-AF-S DAFS A--AF-S CC

[εἰσ]ελθόντες εἰς τὴν συναγωγὴν τῇ ἡμέρᾳ τῶν σαββάτων
VPAANM-P PA DAFS N-AF-S DDFS N-DF-S DGNP N-GN-P

ἐκάθισαν. 13.15 μετὰ δὲ τὴν ἀνάγνωσιν τοῦ νόμου καὶ τῶν
VIAA--ZP PA CC/CH DAFS N-AF-S DGMS N-GM-S CC DGMP

προφητῶν ἀπέστειλαν οἱ ἀρχισυνάγωγοι πρὸς αὐτοὺς λέγοντες,
N-GM-P VIAA--ZP DNMP N-NM-P PA NPAMZP VPPANM-P

Ἄνδρες ἀδελφοί, εἴ τίς ἐστιν ἐν ὑμῖν λόγος παρακλήσεως πρὸς
N-VM-P N-VM-P CS A-INM-S VIPA--ZS PD NPD-YP N-NM-S N-GF-S PA

τὸν λαόν, λέγετε. 13.16 ἀναστὰς δὲ Παῦλος καὶ κατασείσας τῇ
DAMS N-AM-S VMPA--YP VPAANM-S CH N-NM-S CC VPAANM-S DDFS

χειρὶ εἶπεν·
N-DF-S VIAA--ZS

Ἄνδρες Ἰσραηλῖται καὶ οἱ φοβούμενοι τὸν
N-VM-P N-VM-P CC DVMP□NPVMYP&APRNMYP VPPNVMYP DAMS

θεόν, ἀκούσατε. 13.17 ὁ θεὸς τοῦ λαοῦ τούτου Ἰσραὴλ
N-AM-S VMAA--YP DNMS N-NM-S DGMS N-GM-S A-DGM-S N-GM-S

ἐξελέξατο τοὺς πατέρας ἡμῶν, καὶ τὸν λαὸν ὕψωσεν ἐν τῇ
VIAM--ZS DAMP N-AM-P NPG-XP CC DAMS N-AM-S VIAA--ZS PD DDFS

παροικίᾳ ἐν γῇ Αἰγύπτου, καὶ μετὰ βραχίονος ὑψηλοῦ ἐξήγαγεν
N-DF-S PD N-DF-S N-GF-S CC PG N-GM-S A--GM-S VIAA--ZS

αὐτοὺς ἐξ αὐτῆς, 13.18 καὶ ὡς τεσσερακονταετῆ χρόνον
NPAMZP PG NPGFZS CC AB A--AM-S N-AM-S

ἐτροποφόρησεν αὐτοὺς ἐν τῇ ἐρήμῳ, 13.19 καὶ καθελὼν ἔθνη
VIAA--ZS NPAMZP PD DDFS AP-DF-S CC VPAANM-S N-AN-P

ἑπτὰ ἐν γῇ Χανάαν κατεκληρονόμησεν τὴν γῆν αὐτῶν
A-CAN-P PD N-DF-S N-GF-S VIAA--ZS DAFS N-AF-S NPGNZP

13.20 ὡς ἔτεσιν τετρακοσίοις καὶ πεντήκοντα. καὶ μετὰ ταῦτα
AB N-DN-P A-CDN-P CC A-CDN-P CC PA APDAN-P

ἔδωκεν κριτὰς ἕως Σαμουὴλ [τοῦ] προφήτου. 13.21 κἀκεῖθεν
VIAA--ZS N-AM-P PG N-GM-S DGMS N-GM-S CC&AB

ᾐτήσαντο βασιλέα, καὶ ἔδωκεν αὐτοῖς ὁ θεὸς τὸν Σαοὺλ υἱὸν
VIAM--ZP N-AM-S CC VIAA--ZS NPDMZP DNMS N-NM-S DAMS N-AM-S N-AM-S

Κίς, ἄνδρα ἐκ φυλῆς Βενιαμίν, ἔτη τεσσεράκοντα. 13.22 καὶ
N-GM-S N-AM-S PG N-GF-S N-GM-S N-AN-P A-CAN-P CC

μεταστήσας αὐτὸν ἤγειρεν τὸν Δαυὶδ αὐτοῖς εἰς βασιλέα, ᾧ
VPAANM-S NPAMZS VIAA--ZS DAMS N-AM-S NPDMZP PA N-AM-S APRDM-S

καὶ εἶπεν μαρτυρήσας, Εὗρον Δαυὶδ τὸν τοῦ Ἰεσσαί, ἄνδρα
AB VIAA--ZS VPAANM-S VIAA--XS N-AM-S DAMS DGMS N-GM-S N-AM-S

κατὰ τὴν καρδίαν μου, ὃς ποιήσει πάντα τὰ θελήματά μου.
PA DAFS N-AF-S NPG-XS APRNM-S VIFA--ZS A--AN-P DANP N-AN-P NPG-XS

13.23 τούτου ὁ θεὸς ἀπὸ τοῦ σπέρματος κατ᾽ ἐπαγγελίαν
APDGM-S DNMS N-NM-S PG DGNS N-GN-S PA N-AF-S

ἤγαγεν τῷ Ἰσραὴλ σωτῆρα Ἰησοῦν, 13.24 προκηρύξαντος
VIAA--ZS DDMS N-DM-S N-AM-S N-AM-S VPAAGM-S

Ἰωάννου πρὸ προσώπου τῆς εἰσόδου αὐτοῦ βάπτισμα μετανοίας
N-GM-S PG N-GN-S DGFS N-GF-S NPGMZS N-AN-S N-GF-S

παντὶ τῷ λαῷ Ἰσραήλ. 13.25 ὡς δὲ ἐπλήρου Ἰωάννης τὸν
A--DM-S DDMS N-DM-S N-GM-S CS CC VIIA--ZS N-NM-S DAMS

δρόμον, ἔλεγεν, Τί ἐμὲ ὑπονοεῖτε εἶναι; οὐκ εἰμὶ ἐγώ· ἀλλ᾽
N-AM-S VIIA--ZS APTAN-S NPA-XS VIPA--YP VNPA AB VIPA--XS NPN-XS CH

ἰδοὺ ἔρχεται μετ᾽ ἐμὲ οὗ οὐκ εἰμὶ ἄξιος τὸ
QS VIPN--ZS PA NPA-XS APRGM-S□APDNM-S&APRGM-S AB VIPA--XS A--NM-S DANS

ὑπόδημα τῶν ποδῶν λῦσαι.
N-AN-S DGMP N-GM-P VNAA

13.26 Ἄνδρες ἀδελφοί, υἱοὶ γένους Ἀβραὰμ καὶ
N-VM-P N-VM-P N-VM-P N-GN-S N-GM-S CC

οἱ ἐν ὑμῖν φοβούμενοι τὸν θεόν, ἡμῖν ὁ λόγος
DVMP□NPVMYP&APRNMYP PD NPD-YP VPPNVMYP DAMS N-AM-S NPD-XP DNMS N-NM-S

τῆς σωτηρίας ταύτης ἐξαπεστάλη. 13.27 οἱ γὰρ
DGFS N-GF-S A-DGF-S VIAP--ZS DNMP□NPNMZP&APRNM-P CS

411

κατοικοῦντες ἐν Ἰερουσαλὴμ καὶ οἱ ἄρχοντες αὐτῶν τοῦτον
VPPANM-P PD N-DF-S CC DNMP N-NM-P NPGMZP APDAM-S

ἀγνοήσαντες καὶ τὰς φωνὰς τῶν προφητῶν τὰς κατὰ πᾶν
VPAANM-P CC DAFP N-AF-P DGMP N-GM-P DAFP□APRNF-P PA A--AN-S

σάββατον ἀναγινωσκομένας κρίναντες ἐπλήρωσαν, 13.28 καὶ
N-AN-S VPPPAF-P VPAANM-P VIAA--ZP CC

μηδεμίαν αἰτίαν θανάτου εὑρόντες ᾐτήσαντο Πιλᾶτον
A-CAF-S N-AF-S N-GM-S VPAANM-P VIAM--ZP N-AM-S

ἀναιρεθῆναι αὐτόν· 13.29 ὡς δὲ ἐτέλεσαν πάντα τὰ περὶ
VNAP NPAMZS CS CC VIAA--ZP AP-AN-P DANP□APRNN-P PG

αὐτοῦ γεγραμμένα, καθελόντες ἀπὸ τοῦ ξύλου ἔθηκαν εἰς
NPGMZS VPRPAN-P VPAANM-P PG DGNS N-GN-S VIAA--ZP PA

μνημεῖον. 13.30 ὁ δὲ θεὸς ἤγειρεν αὐτὸν ἐκ νεκρῶν·
N-AN-S DNMS CH N-NM-S VIAA--ZS NPAMZS PG AP-GM-P

13.31 ὃς ὤφθη ἐπὶ ἡμέρας πλείους τοῖς
APRNM-S VIAP--ZS PA N-AF-P A-MAF-P DDMP□NPDMZP&APRNM-P

συναναβᾶσιν αὐτῷ ἀπὸ τῆς Γαλιλαίας εἰς Ἰερουσαλήμ, οἵτινες
VPAADM-P NPDMZS PG DGFS N-GF-S PA N-AF-S APRNM-P

[νῦν] εἰσιν μάρτυρες αὐτοῦ πρὸς τὸν λαόν. 13.32 καὶ ἡμεῖς ὑμᾶς
AB VIPA--ZP N-NM-P NPGMZS PA DAMS N-AM-S CC NPN-XP NPA-YP

εὐαγγελιζόμεθα τὴν πρὸς τοὺς πατέρας ἐπαγγελίαν γενομένην,
VIPM--XP DAFS PA DAMP N-AM-P N-AF-S VPADAF-S

13.33 ὅτι ταύτην ὁ θεὸς ἐκπεπλήρωκεν τοῖς τέκνοις [αὐτῶν]
CC APDAF-S DNMS N-NM-S VIRA--ZS DDNP N-DN-P NPGMZP

ἡμῖν ἀναστήσας Ἰησοῦν, ὡς καὶ ἐν τῷ ψαλμῷ γέγραπται τῷ
NPD-XP VPAANM-S N-AM-S CS AB PD DDMS N-DM-S VIRP--ZS DDMS

δευτέρῳ,
A-ODM-S

Υἱός μου εἶ σύ,
N-NM-S NPG-XS VIPA--YS NPN-YS

ἐγὼ σήμερον γεγέννηκά σε.
NPN-XS AB VIRA--XS NPA-YS

13.34 ὅτι δὲ ἀνέστησεν αὐτὸν ἐκ νεκρῶν μηκέτι μέλλοντα
CC CC VIAA--ZS NPAMZS PG AP-GM-P AB VPPAAM-S+

ὑποστρέφειν εἰς διαφθοράν, οὕτως εἴρηκεν ὅτι
+VNPA PA N-AF-S AB VIRA--ZS CC

Δώσω ὑμῖν τὰ ὅσια Δαυὶδ τὰ πιστά.
VIFA--XS NPD-YP DANP AP-AN-P N-GM-S DANP A--AN-P

13.35 διότι καὶ ἐν ἑτέρῳ λέγει,
CS AB PD AP-DM-S VIPA--ZS

Οὐ δώσεις τὸν ὅσιόν σου ἰδεῖν διαφθοράν.
AB VIFA--YS DAMS AP-AM-S NPG-YS VNAA N-AF-S

13.36 Δαυὶδ μὲν γὰρ ἰδίᾳ γενεᾷ ὑπηρετήσας τῇ τοῦ θεοῦ
N-NM-S CS CS A--DF-S N-DF-S VPAANM-S DDFS DGMS N-GM-S

βουλῇ ἐκοιμήθη καὶ προσετέθη πρὸς τοὺς πατέρας αὐτοῦ καὶ
N-DF-S VIAO--ZS CC VIAP--ZS PA DAMP N-AM-P NPGMZS CC

εἶδεν διαφθοράν, 13.37 ὃν δὲ ὁ θεὸς ἤγειρεν
VIAA--ZS N-AF-S APRAM-S□APDNM-S&APRAM-S CH DNMS N-NM-S VIAA--ZS

οὐκ εἶδεν διαφθοράν. 13.38 γνωστὸν οὖν ἔστω ὑμῖν, ἄνδρες
AB VIAA--ZS N-AF-S A--NN-S CH VMPA--ZS NPD-YP N-VM-P

ἀδελφοί, ὅτι διὰ τούτου ὑμῖν ἄφεσις ἁμαρτιῶν καταγγέλλεται[,
N-VM-P CC PG APDGM-S NPD-YP N-NF-S N-GF-P VIPP--ZS

καὶ] ἀπὸ πάντων ὧν οὐκ ἠδυνήθητε ἐν νόμῳ Μωϋσέως
CC PG AP-GN-P APRGN-P AB VIAO--YP PD N-DM-S N-GM-S

δικαιωθῆναι 13.39 ἐν τούτῳ πᾶς ὁ πιστεύων
VNAP PD APDDM-S AP-NM-S DNMS□APRNM-S VPPANM-S

δικαιοῦται. 13.40 βλέπετε οὖν μὴ ἐπέλθῃ τὸ
VIPP--ZS VMPA--YP CH CS VSAA--ZS DNNS□NPNNZS&APRNN-S

εἰρημένον ἐν τοῖς προφήταις,
VPRPNN-S PD DDMP N-DM-P

13.41 Ἴδετε, οἱ καταφρονηταί,
VMAA--YP DVMP N-VM-P

κalso καὶ θαυμάσατε καὶ ἀφανίσθητε,
CC VMAA--YP CC VMAP--YP

ὅτι ἔργον ἐργάζομαι ἐγὼ ἐν ταῖς ἡμέραις ὑμῶν,
CS N-AN-S VIPN--XS NPN-XS PD DDFP N-DF-P NPG-YP

ἔργον ὃ οὐ μὴ πιστεύσητε ἐάν τις ἐκδιηγῆται
N-AN-S APRAN-S AB AB VSAA--YP CS APINM-S VSPN--ZS

ὑμῖν.
NPD-YP

13.42 Ἐξιόντων δὲ αὐτῶν παρεκάλουν εἰς τὸ μεταξὺ
VPPAGM-P CC NPGMZP VIIA--ZP PA DANS AB□A--AN-S

σάββατον λαληθῆναι αὐτοῖς τὰ ῥήματα ταῦτα. 13.43 λυθείσης
N-AN-S VNAP NPDMZP DANP N-AN-P A-DAN-P VPAPGF-S

δὲ τῆς συναγωγῆς ἠκολούθησαν πολλοὶ τῶν Ἰουδαίων καὶ
CC DGFS N-GF-S VIAA--ZP AP-NM-P DGMP AP-GM-P CC

τῶν σεβομένων προσηλύτων τῷ Παύλῳ καὶ τῷ
DGMP□APRNM-P+ VPPMGM-P N-GM-P DDMS N-DM-S CC DDMS

Βαρναβᾷ, οἵτινες προσλαλοῦντες αὐτοῖς ἔπειθον αὐτοὺς
N-DM-S APRNM-P VPPANM-P NPDMZP VIIA--ZP NPAMZP

προσμένειν τῇ χάριτι τοῦ θεοῦ.
VNPA DDFS N-DF-S DGMS N-GM-S

13.44 Τῷ δὲ ἐρχομένῳ σαββάτῳ σχεδὸν πᾶσα ἡ
DDNS□APRNN-S+ CC VPPNDN-S N-DN-S AB A--NF-S DNFS

πόλις συνήχθη ἀκοῦσαι τὸν λόγον τοῦ κυρίου. 13.45 ἰδόντες δὲ
N-NF-S VIAP--ZS VNAA DAMS N-AM-S DGMS N-GM-S VPAANM-P CC/CH

οἱ Ἰουδαῖοι τοὺς ὄχλους ἐπλήσθησαν ζήλου καὶ ἀντέλεγον
DNMP AP-NM-P DAMP N-AM-P VIAP--ZP N-GM-S CC VIIA--ZP

τοῖς   ὑπὸ Παύλου λαλουμένοις βλασφημοῦντες.
DDNP□NPDNZP&APRNN-P PG N-GM-S VPPPDN-P VPPANM-P

13.46 παρρησιασάμενοί τε ὁ Παῦλος καὶ ὁ Βαρναβᾶς εἶπαν,
VPADNM-P   CC DNMS N-NM-S CC DNMS N-NM-S VIAA--ZP

Ὑμῖν ἦν ἀναγκαῖον πρῶτον λαληθῆναι τὸν λόγον τοῦ θεοῦ·
NPD-YP VIIA--ZS A--NN-S APOAN-S□AB VNAP DAMS N-AM-S DGMS N-GM-S

ἐπειδὴ ἀπωθεῖσθε αὐτὸν καὶ οὐκ ἀξίους κρίνετε ἑαυτοὺς τῆς
CS   VIPN--YP   NRAMZS CC AB A--AM-P VIPA--YP NRAMYP   DGFS

αἰωνίου ζωῆς, ἰδοὺ στρεφόμεθα εἰς τὰ ἔθνη. 13.47 οὕτως γὰρ
A--GF-S N-GF-S QS VIPP--XP   PA DANP N-AN-P   AB   CS

ἐντέταλται ἡμῖν ὁ κύριος,
VIRN--ZS   NPD-XP DNMS N-NM-S

Τέθεικά σε εἰς φῶς ἐθνῶν
VIRA--XS NPA-YS PA N-AN-S N-GN-P

τοῦ εἶναί σε εἰς σωτηρίαν ἕως ἐσχάτου τῆς γῆς.
DGNS VNPAG NPA-YS PA N-AF-S PG AP-GN-S DGFS N-GF-S

13.48 ἀκούοντα δὲ τὰ ἔθνη ἔχαιρον καὶ ἐδόξαζον τὸν λόγον τοῦ
VPPANN-P CH DNNP N-NN-P VIIA--ZP CC VIIA--ZP DAMS N-AM-S DGMS

κυρίου, καὶ ἐπίστευσαν ὅσοι   ἦσαν   τεταγμένοι εἰς
N-GM-S CC VIAA--ZP   APRNM-P□APDNM-P&APRNM-P VIIA--ZP+ +VPRPNM-P PA

ζωὴν αἰώνιον· 13.49 διεφέρετο δὲ ὁ λόγος τοῦ κυρίου δι᾽ ὅλης
N-AF-S A--AF-S   VIIP--ZS   CH DNMS N-NM-S DGMS N-GM-S PG A--GF-S

τῆς χώρας. 13.50 οἱ δὲ Ἰουδαῖοι παρώτρυναν τὰς
DGFS N-GF-S   DNMP CC AP-NM-P VIAA--ZP   DAFP□APRNF-P+

σεβομένας γυναῖκας τὰς εὐσχήμονας καὶ τοὺς πρώτους τῆς
VPPMAF-P N-AF-P   DAFP A--AF-P   CC DAMP APOAM-P DGFS

πόλεως καὶ ἐπήγειραν διωγμὸν ἐπὶ τὸν Παῦλον καὶ Βαρναβᾶν,
N-GF-S CC VIAA--ZP   N-AM-S PA DAMS N-AM-S CC N-AM-S

καὶ ἐξέβαλον αὐτοὺς ἀπὸ τῶν ὁρίων αὐτῶν. 13.51 οἱ δὲ
CC VIAA--ZP NRAMZP PG DGNP N-GN-P NPGMZP   DNMP□NPNMZP CC

ἐκτιναξάμενοι τὸν κονιορτὸν τῶν ποδῶν ἐπ᾽ αὐτοὺς ἦλθον εἰς
VPAMNM-P   DAMS N-AM-S   DGMP N-GM-P PA NRAMZP VIAA--ZP PA

Ἰκόνιον, 13.52 οἵ τε μαθηταὶ ἐπληροῦντο χαρᾶς καὶ πνεύματος
N-AN-S   DNMP CC N-NM-P   VIIP--ZP   N-GF-S CC N-GN-S

ἁγίου.
A--GN-S

14.1 Ἐγένετο δὲ ἐν Ἰκονίῳ κατὰ τὸ αὐτὸ εἰσελθεῖν αὐτοὺς
VIAD--ZS CC PD N-DN-S PA DANS AP-AN-S VNAA   NRAMZP

εἰς τὴν συναγωγὴν τῶν Ἰουδαίων καὶ λαλῆσαι οὕτως ὥστε
PA DAFS N-AF-S   DGMP AP-GM-P   CC VNAA   AB   CH

πιστεῦσαι Ἰουδαίων τε καὶ Ἑλλήνων πολὺ πλῆθος.
VNAA   AP-GM-P CC CC N-GM-P   A--AN-S N-AN-S

14.2 οἱ   δὲ ἀπειθήσαντες Ἰουδαῖοι ἐπήγειραν καὶ
     DNMP□APRNM-P+ CC/CH VPAANM-P   AP-NM-P VIAA--ZP CC

ἐκάκωσαν τὰς ψυχὰς τῶν ἐθνῶν κατὰ τῶν ἀδελφῶν. 14.3 ἱκανὸν
VIAA--ZP DAFP N-AF-P DGNP N-GN-P PG DGMP N-GM-P A--AM-S

μὲν οὖν χρόνον διέτριψαν παρρησιαζόμενοι ἐπὶ τῷ κυρίῳ
CC CH N-AM-S VIAA--ZP VPPNNM-P PD DDMS N-DM-S

τῷ μαρτυροῦντι [ἐπὶ] τῷ λόγῳ τῆς χάριτος αὐτοῦ,
DDMS□APRNM-S VPPADM-S PD DDMS N-DM-S DGFS N-GF-S NPGMZS

διδόντι σημεῖα καὶ τέρατα γίνεσθαι διὰ τῶν χειρῶν αὐτῶν.
VPPADM-S N-AN-P CC N-AN-P VNPN PG DGFP N-GF-P NPGMZP

14.4 ἐσχίσθη δὲ τὸ πλῆθος τῆς πόλεως, καὶ οἱ μὲν
VIAP--ZS CC DNNS N-NN-S DGFS N-GF-S CC DNMP□APDNM-P CC

ἦσαν σὺν τοῖς Ἰουδαίοις οἱ δὲ σὺν τοῖς ἀποστόλοις.
VIIA--ZP PD DDMP AP-DM-P DNMP□APDNM-P CC PD DDMP N-DM-P

14.5 ὡς δὲ ἐγένετο ὁρμὴ τῶν ἐθνῶν τε καὶ Ἰουδαίων σὺν τοῖς
CS CC VIAD--ZS N-NF-S DGNP N-GN-P CC CC AP-GM-P PD DDMP

ἄρχουσιν αὐτῶν ὑβρίσαι καὶ λιθοβολῆσαι αὐτούς,
N-DM-P NPGMZP VNAA CC VNAA NPAMZP

14.6 συνιδόντες κατέφυγον εἰς τὰς πόλεις τῆς Λυκαονίας
VPAANM-P VIAA--ZP PA DAFP N-AF-P DGFS N-GF-S

Λύστραν καὶ Δέρβην καὶ τὴν περίχωρον, 14.7 κἀκεῖ
N-AF-S CC N-AF-S CC DAFS AP-AF-S CC&AB

εὐαγγελιζόμενοι ἦσαν.
VPPMNM-P+ +VIIA--ZP

14.8 Καί τις ἀνὴρ ἀδύνατος ἐν Λύστροις τοῖς ποσὶν
CC A-INM-S N-NM-S A--NM-S PD N-DN-P DDMP N-DM-P

ἐκάθητο, χωλὸς ἐκ κοιλίας μητρὸς αὐτοῦ, ὃς οὐδέποτε
VIIN--ZS A--NM-S PG N-GF-S N-GF-S NPGMZS APRNM-S AB

περιεπάτησεν. 14.9 οὗτος ἤκουσεν τοῦ Παύλου λαλοῦντος· ὃς
VIAA--ZS APDNM-S VIAA--ZS DGMS N-GM-S VPPAGM-S APRNM-S

ἀτενίσας αὐτῷ καὶ ἰδὼν ὅτι ἔχει πίστιν τοῦ σωθῆναι
VPAANM-S NPDMZS CC VPAANM-S CH VIPA--ZS N-AF-S DGNS VNAPG

14.10 εἶπεν μεγάλῃ φωνῇ, Ἀνάστηθι ἐπὶ τοὺς πόδας σου ὀρθός.
VIAA--ZS A--DF-S N-DF-S VMAA--YS PA DAMP N-AM-P NPG-YS A--NM-S

καὶ ἥλατο καὶ περιεπάτει. 14.11 οἵ τε ὄχλοι ἰδόντες
CC VIAD--ZS CC VIIA--ZS DNMP CC N-NM-P VPAANM-P

ὃ ἐποίησεν Παῦλος ἐπῆραν τὴν φωνὴν αὐτῶν
APRAN-S□APDAN-S&APRAN-S VIAA--ZS N-NM-S VIAA--ZP DAFS N-AF-S NPGMZP

Λυκαονιστὶ λέγοντες, Οἱ θεοὶ ὁμοιωθέντες ἀνθρώποις
AB VPPANM-P DNMP N-NM-P VPAPNM-P N-DM-P

κατέβησαν πρὸς ἡμᾶς· 14.12 ἐκάλουν τε τὸν Βαρναβᾶν Δία, τὸν
VIAA--ZP PA NPA-XP VIIA--ZP CC DAMS N-AM-S N-AM-S DAMS

δὲ Παῦλον Ἑρμῆν, ἐπειδὴ αὐτὸς ἦν ὁ
CC N-AM-S N-AM-S CS NPNMZS VIIA--ZS DNMS□NPNMZS&APRNM-S

ἡγούμενος τοῦ λόγου. 14.13 ὅ τε ἱερεὺς τοῦ Διὸς τοῦ
VPPNNM-S DGMS N-GM-S DNMS CC N-NM-S DGMS N-GM-S DGMS□APRNM-S

ὄντος πρὸ τῆς πόλεως ταύρους καὶ στέμματα ἐπὶ τοὺς πυλῶνας
VPPAGM-S PG　DGFS N-GF-S　N-AM-P　　CC　N-AN-P　　　PA　DAMP N-AM-P

ἐνέγκας σὺν τοῖς ὄχλοις ἤθελεν θύειν. 14.14 ἀκούσαντες δὲ οἱ
VRAANM-S PD　DDMP N-DM-P　VIIA--ZS　VNPA　　　VPAANM-P　　CH DNMP

ἀπόστολοι Βαρναβᾶς καὶ Παῦλος, διαρρήξαντες τὰ ἱμάτια
N-NM-P　　　N-NM-S　　 CC　N-NM-S　VPAANM-P　　 DANP N-AN-P

αὐτῶν ἐξεπήδησαν εἰς τὸν ὄχλον, κράζοντες 14.15 καὶ λέγοντες,
NPGMZP VIAA--ZP　　PA　DAMS N-AM-S　VPPANM-P　　　　CC　VPPANM-P

Ἄνδρες, τί　　　 ταῦτα ποιεῖτε; καὶ ἡμεῖς ὁμοιοπαθεῖς ἐσμεν
N-VM-P　APTAN-S□ABT APDAN-P VIPA--YP　AB　NPN-XP　A--NM-P　　　 VIPA--XP

ὑμῖν ἄνθρωποι, εὐαγγελιζόμενοι ὑμᾶς ἀπὸ τούτων τῶν ματαίων
NPD-YP N-NM-P　　VPPMNMXP　　　　NPA-YP PG　 A-DGN-P DGNP AP-GN-P

ἐπιστρέφειν ἐπὶ θεὸν ζῶντα ὃς ἐποίησεν τὸν οὐρανὸν καὶ
VNAA　　　　PA　N-AM-S VPPAAM-S APRNM-S VIAA--ZS　DAMS N-AM-S　CC

τὴν γῆν καὶ τὴν θάλασσαν καὶ πάντα τὰ ἐν αὐτοῖς· 14.16 ὃς
DAFS N-AF-S CC　DAFS N-AF-S　 CC A--AN-P　DANP PD NPDNZP　　　APRNM-S

ἐν ταῖς　　 παρῳχημέναις γενεαῖς εἴασεν πάντα τὰ ἔθνη
PD　DDFP□APRNF-P+ VPRNDF-P　　N-DF-P　VIAA--ZS A--AN-P　DANP N-AN-P

πορεύεσθαι ταῖς ὁδοῖς αὐτῶν· 14.17 καίτοι οὐκ ἀμάρτυρον αὐτὸν
VNPN　　　　DDFP N-DF-P NPGNZP　　　CS　　 AB　A--AM-S　　 NPAMZS

ἀφῆκεν ἀγαθουργῶν, οὐρανόθεν ὑμῖν ὑετοὺς διδοὺς καὶ καιροὺς
VIAA--ZS VPPANM-S　　AB　　　　NPD-YP N-AM-P VPPANM-S CC　N-AM-P

καρποφόρους, ἐμπιπλῶν τροφῆς καὶ εὐφροσύνης τὰς καρδίας
A--AM-P　　　VPPANM-S　N-GF-S　CC　N-GF-S　　　DAFP N-AF-P

ὑμῶν. 14.18 καὶ ταῦτα λέγοντες μόλις κατέπαυσαν τοὺς ὄχλους
NPG-YP　　CC　APDAN-P VPPANM-P AB　 VIAA--ZP　　 DAMP N-AM-P

τοῦ μὴ θύειν αὐτοῖς.
DGNS AB　VNPAG NPDMZP

14.19 Ἐπῆλθαν δὲ ἀπὸ Ἀντιοχείας καὶ Ἰκονίου Ἰουδαῖοι, καὶ
VIAA--ZP　CC　PG　 N-GF-S　　　CC　N-GN-S　AP-NM-P　CC

πείσαντες τοὺς ὄχλους καὶ λιθάσαντες τὸν Παῦλον ἔσυρον ἔξω
VRAANM-P　DAMP N-AM-P　CC　VPAANM-P　 DAMS N-AM-S　VIIA--ZP　PG

τῆς πόλεως, νομίζοντες αὐτὸν τεθνηκέναι. 14.20 κυκλωσάντων δὲ
DGFS N-GF-S　VPPANM-P　 NPAMZS VNRA　　　　　VPAAGM-P　　 CH

τῶν μαθητῶν αὐτὸν ἀναστὰς εἰσῆλθεν εἰς τὴν πόλιν. καὶ τῇ
DGMP N-GM-P　NPAMZS VPAANM-S VIAA--ZS PA DAFS N-AF-S CC DDFS

ἐπαύριον ἐξῆλθεν σὺν τῷ Βαρναβᾷ εἰς Δέρβην.
AB□AP-DF-S VIAA--ZS PD DDMS N-DM-S　PA N-AF-S

14.21 Εὐαγγελισάμενοί τε τὴν πόλιν ἐκείνην καὶ
VPAMNM-P　　　　　 CC　DAFS N-AF-S A-DAF-S　 CC

μαθητεύσαντες ἱκανοὺς ὑπέστρεψαν εἰς τὴν Λύστραν καὶ εἰς
VPAANM-P　　　AP-AM-P　VIAA--ZP　　PA　DAFS N-AF-S　CC PA

Ἰκόνιον καὶ εἰς Ἀντιόχειαν, 14.22 ἐπιστηρίζοντες τὰς ψυχὰς τῶν
N-AN-S　CC PA　N-AF-S　　　　　VPPANM-P　　　　DAFP N-AF-P DGMP

μαθητῶν, παρακαλοῦντες ἐμμένειν τῇ πίστει, καὶ ὅτι διὰ πολλῶν
N-GM-P VPPANM-P VNPA DDFS N-DF-S CC CC PG A--GF-P

θλίψεων δεῖ ἡμᾶς εἰσελθεῖν εἰς τὴν βασιλείαν τοῦ θεοῦ.
N-GF-P VIPA--ZS NPA-XP VNAA PA DAFS N-AF-S DGMS N-GM-S

14.23 χειροτονήσαντες δὲ αὐτοῖς κατ᾽ ἐκκλησίαν πρεσβυτέρους
VPAANM-P CC NPDMZP PA N-AF-S AP-AM-P

προσευξάμενοι μετὰ νηστειῶν παρέθεντο αὐτοὺς τῷ κυρίῳ εἰς
VPADNM-P PG N-GF-P VIAM--ZP NPAMZP DDMS N-DM-S PA

ὃν πεπιστεύκεισαν. 14.24 καὶ διελθόντες τὴν Πισιδίαν ἦλθον
APRAM-S VILA--ZP CC VPAANM-P DAFS N-AF-S VIAA--ZP

εἰς τὴν Παμφυλίαν, 14.25 καὶ λαλήσαντες ἐν Πέργῃ τὸν λόγον
PA DAFS N-AF-S CC VPAANM-P PD N-DF-S DAMS N-AM-S

κατέβησαν εἰς Ἀττάλειαν. 14.26 κἀκεῖθεν ἀπέπλευσαν εἰς
VIAA--ZP PA N-AF-S CC&AB VIAA--ZP PA

Ἀντιόχειαν, ὅθεν ἦσαν παραδεδομένοι τῇ χάριτι τοῦ θεοῦ εἰς
N-AF-S ABR VIIA--ZP+ +VPRPNM-P DDFS N-DF-S DGMS N-GM-S PA

τὸ ἔργον ὃ ἐπλήρωσαν. 14.27 παραγενόμενοι δὲ καὶ
DANS N-AN-S APRAN-S VIAA--ZP VPADNM-P CC CC

συναγαγόντες τὴν ἐκκλησίαν ἀνήγγελλον ὅσα
VPAANM-P DAFS N-AF-S VIIA--ZP APRAN-P◻APDAN-P&APRAN-P

ἐποίησεν ὁ θεὸς μετ᾽ αὐτῶν καὶ ὅτι ἤνοιξεν τοῖς ἔθνεσιν θύραν
VIAA--ZS DNMS N-NM-S PG NPGMZP CC CC VIAA--ZS DDNP N-DN-P N-AF-S

πίστεως. 14.28 διέτριβον δὲ χρόνον οὐκ ὀλίγον σὺν τοῖς μαθηταῖς.
N-GF-S VIIA--ZP CC N-AM-S AB A--AM-S PD DDMP N-DM-P

15.1 Καί τινες κατελθόντες ἀπὸ τῆς Ἰουδαίας ἐδίδασκον τοὺς
CC APINM-P VPAANM-P PG DGFS N-GF-S VIIA--ZP DAMP

ἀδελφοὺς ὅτι Ἐὰν μὴ περιτμηθῆτε τῷ ἔθει τῷ Μωϋσέως, οὐ
N-AM-P CC CS AB VSAP--YP DDNS N-DN-S DDNS N-GM-S AB

δύνασθε σωθῆναι. 15.2 γενομένης δὲ στάσεως καὶ ζητήσεως οὐκ
VIPN--YP VNAP VPADGF-S CH N-GF-S CC N-GF-S AB

ὀλίγης τῷ Παύλῳ καὶ τῷ Βαρναβᾷ πρὸς αὐτοὺς ἔταξαν
A--GF-S DDMS N-DM-S CC DDMS N-DM-S PA NPAMZP VIAA--ZP

ἀναβαίνειν Παῦλον καὶ Βαρναβᾶν καί τινας ἄλλους ἐξ αὐτῶν
VNPA N-AM-S CC N-AM-S CC A-IAM-P AP-AM-P PG NPGMZP

πρὸς τοὺς ἀποστόλους καὶ πρεσβυτέρους εἰς Ἰερουσαλὴμ περὶ
PA DAMP N-AM-P CC AP-AM-P PA N-AF-S PG

τοῦ ζητήματος τούτου. 15.3 Οἱ μὲν οὖν προπεμφθέντες
DGNS N-GN-S A-DGN-S DNMP◻NPNMZP QS CH VPAPNM-P

ὑπὸ τῆς ἐκκλησίας διήρχοντο τήν τε Φοινίκην καὶ Σαμάρειαν
PG DGFS N-GF-S VIIN--ZP DAFS CC N-AF-S CC N-AF-S

ἐκδιηγούμενοι τὴν ἐπιστροφὴν τῶν ἐθνῶν, καὶ ἐποίουν χαρὰν
VPPNNM-P DAFS N-AF-S DGNP N-GN-P CC VIIA--ZP N-AF-S

μεγάλην πᾶσιν τοῖς ἀδελφοῖς. 15.4 παραγενόμενοι δὲ εἰς
A--AF-S A--DM-P DDMP N-DM-P VPADNM-P CC PA

417

Ἰερουσαλὴμ παρεδέχθησαν ἀπὸ τῆς ἐκκλησίας καὶ τῶν
N-AF-S · · · · · · · VIAP--ZP · · · · PG · · DGFS · N-GF-S · · · · · CC · DGMP

ἀποστόλων καὶ τῶν πρεσβυτέρων, ἀνήγγειλάν τε
N-GM-P · · · · · CC · DGMP · · AP-GM-P · · · · · · · VIAA--ZP · · · · CC

ὅσα ὁ θεὸς ἐποίησεν μετ᾽ αὐτῶν.
APRAN-P□APDAN-P&APRAN-P · · DNMS · N-NM-S · VIAA--ZS · · PG · · NPGMZP

15.5 ἐξανέστησαν δέ τινες τῶν ἀπὸ τῆς αἱρέσεως
· · · · VIAA--ZP · · · CC/CH · APINM-P · DGMP□NPGMZP&APRNM-P · PG · DGFS · N-GF-S

τῶν Φαρισαίων πεπιστευκότες, λέγοντες ὅτι δεῖ περιτέμνειν
DGMP · N-GM-P · · · · · · VPRANM-P · · · · · · VPPANM-P · CH · VIPA--ZS · VNPA

αὐτοὺς παραγγέλλειν τε τηρεῖν τὸν νόμον Μωϋσέως.
NRAMZP · · VNPA · · · · · CC · VNPA · · DAMS · N-AM-S · N-GM-S

15.6 Συνήχθησάν τε οἱ ἀπόστολοι καὶ οἱ πρεσβύτεροι
· · · · VIAP--ZP · · · CC · DNMP · N-NM-S · · · CC · DNMP · AP-NM-P

ἰδεῖν περὶ τοῦ λόγου τούτου. 15.7 πολλῆς δὲ ζητήσεως γενομένης
VNAA · PG · DGMS · N-GM-S · A-DGM-S · · · · A--GF-S · CH · N-GF-S · · VPADGF-S

ἀναστὰς Πέτρος εἶπεν πρὸς αὐτούς, Ἄνδρες ἀδελφοί, ὑμεῖς
VPAANM-S · N-NM-S · VIAA--ZS · PA · NRAMZP · · N-VM-P · · N-VM-P · · NPN-YP

ἐπίστασθε ὅτι ἀφ᾽ ἡμερῶν ἀρχαίων ἐν ὑμῖν ἐξελέξατο ὁ θεὸς
VIPN--YP · · CC · PG · N-GF-P · A--GF-P · PD · NPD-YP · VIAM--ZS · DNMS · N-NM-S

διὰ τοῦ στόματός μου ἀκοῦσαι τὰ ἔθνη τὸν λόγον τοῦ
PG · DGNS · N-GN-S · NPG-XS · VNAA · · · DANP · N-AN-P · DAMS · N-AM-S · DGNS

εὐαγγελίου καὶ πιστεῦσαι· 15.8 καὶ ὁ καρδιογνώστης θεὸς
N-GN-S · · CC · VNAA · · · · · CC · DNMS · N-NM-S · · · · · N-NM-S

ἐμαρτύρησεν αὐτοῖς δοὺς τὸ πνεῦμα τὸ ἅγιον καθὼς καὶ
VIAA--ZS · · NPDNZP · VPAANM-S · DANS · N-AN-S · DANS · A--AN-S · CS · · AB

ἡμῖν, 15.9 καὶ οὐθὲν διέκρινεν μεταξὺ ἡμῶν τε καὶ αὐτῶν, τῇ
NPD-XP · · · CC · APCAN-S · VIAA--ZS · · PG · · NPG-XP · CC CC · NPGNZP · DDFS

πίστει καθαρίσας τὰς καρδίας αὐτῶν. 15.10 νῦν οὖν τί
N-DF-S · VPAANM-S · DAFP · N-AF-P · · NPGNZP · · · · AB · CH · APTAN-S□ABT

πειράζετε τὸν θεόν, ἐπιθεῖναι ζυγὸν ἐπὶ τὸν τράχηλον τῶν
VIPA--YP · · DAMS · N-AM-S · VNAA · · N-AM-S · PA · DAMS · N-AM-S · · DGMP

μαθητῶν ὃν οὔτε οἱ πατέρες ἡμῶν οὔτε ἡμεῖς ἰσχύσαμεν
N-GM-P · APRAM-S · CC · DNMP · N-NM-P · NPG-XP · CC · NPN-XP · VIAA--XP

βαστάσαι; 15.11 ἀλλὰ διὰ τῆς χάριτος τοῦ κυρίου Ἰησοῦ
VNAA · · · · · CC · · PG · DGFS · N-GF-S · DGMS · N-GM-S · N-GM-S

πιστεύομεν σωθῆναι καθ᾽ ὃν τρόπον κἀκεῖνοι.
VIPA--XP · · VNAP · · · PA · APRAM-S+ · N-AM-S · AB&APDNM-P

15.12 Ἐσίγησεν δὲ πᾶν τὸ πλῆθος, καὶ ἤκουον Βαρναβᾶ
· · · · VIAA--ZS · CC · A--NN-S · DNNS · N-NN-S · · CC · VIIA--ZP · N-GM-S

καὶ Παύλου ἐξηγουμένων ὅσα ἐποίησεν ὁ θεὸς σημεῖα καὶ
CC · N-GM-S · VPPNGM-P · · APRAN-P+ · VIAA--ZS · DNMS · N-NM-S · N-AN-P · CC

τέρατα ἐν τοῖς ἔθνεσιν δι᾽ αὐτῶν. 15.13 Μετὰ δὲ τὸ σιγῆσαι
N-AN-P · PD · DDNP · N-DN-P · PG · NPGMZP · · · · PA · · CC · DANS · VNAAA

αὐτοὺς ἀπεκρίθη Ἰάκωβος λέγων, Ἄνδρες ἀδελφοί, ἀκούσατέ
NPAMZP VIAO--ZS N-NM-S VPPANM-S N-VM-P N-VM-P VMAA--YP

μου. 15.14 Συμεὼν ἐξηγήσατο καθὼς πρῶτον ὁ θεὸς
NPG-XS N-NM-S VIAD--ZS CS APOAN-S□AB DNMS N-NM-S

ἐπεσκέψατο λαβεῖν ἐξ ἐθνῶν λαὸν τῷ ὀνόματι αὐτοῦ. 15.15 καὶ
VIAD--ZS VNAA PG N-GN-P N-AM-S DDNS N-DN-S NPGMZS CC

τούτῳ συμφωνοῦσιν οἱ λόγοι τῶν προφητῶν, καθὼς γέγραπται,
APDDN-S VIPA--ZP DNMP N-NM-P DGMP N-GM-P CS VIRP--ZS

15.16 Μετὰ ταῦτα ἀναστρέψω
PA APDAN-P VIFA--XS

    καὶ ἀνοικοδομήσω τὴν σκηνὴν Δαυὶδ τὴν
    CC VIFA--XS DAFS N-AF-S N-GM-S DAFS□APRNF-S

        πεπτωκυῖαν,
        VPRAAF-S

      καὶ τὰ   κατεσκαμμένα αὐτῆς
      CC DANP□NPANZP&APRNN-P VPRPAN-P NPGFZS

      ἀνοικοδομήσω
      VIFA--XS

      καὶ ἀνορθώσω αὐτήν,
      CC VIFA--XS NPAFZS

15.17 ὅπως ἂν ἐκζητήσωσιν οἱ κατάλοιποι τῶν ἀνθρώπων
CH/CS QV VSAA--ZP DNMP AP-NM-P DGMP N-GM-P

      τὸν κύριον,
      DAMS N-AM-S

      καὶ πάντα τὰ ἔθνη ἐφ᾽ οὓς ἐπικέκληται τὸ ὄνομά
      AB/CC A--NN-P DNNP N-NN-P PA APRAM-P VIRP--ZS DNNS N-NN-S

      μου ἐπ᾽ αὐτούς,
      NPG-XS PA NPAMZP

      λέγει κύριος ποιῶν ταῦτα 15.18 γνωστὰ ἀπ᾽
      VIPA--ZS N-NM-S VPPANM-S APDAN-P A--AN-P PG

      αἰῶνος.
      N-GM-S

15.19 διὸ ἐγὼ κρίνω μὴ παρενοχλεῖν τοῖς ἀπὸ τῶν
CH NPN-XS VIPA--XS AB VNPA DDMP□NPDMZP&APRNM-P PG DGNP

ἐθνῶν ἐπιστρέφουσιν ἐπὶ τὸν θεόν, 15.20 ἀλλὰ ἐπιστεῖλαι αὐτοῖς
N-GN-P VPPADM-P PA DAMS N-AM-S CH VNAA NPDMZP

τοῦ ἀπέχεσθαι τῶν ἀλισγημάτων τῶν εἰδώλων καὶ τῆς πορνείας
DGNS VNPMG DGNP N-GN-P DGNP N-GN-P CC DGFS N-GF-S

καὶ τοῦ πνικτοῦ καὶ τοῦ αἵματος· 15.21 Μωϋσῆς γὰρ ἐκ γενεῶν
CC DGNS AP-GN-S CC DGNS N-GN-S N-NM-S CS PG N-GF-P

ἀρχαίων κατὰ πόλιν τοὺς κηρύσσοντας αὐτὸν ἔχει
A--GF-P PA N-AF-S DAMP□NPAMZP&APRNM-P VPPAAM-P NPAMZS VIPA--ZS

ἐν ταῖς συναγωγαῖς κατὰ πᾶν σάββατον ἀναγινωσκόμενος.
PD DDFP N-DF-P PA A--AN-S N-AN-S VPPPNM-S

15.22 Τότε ἔδοξε τοῖς ἀποστόλοις καὶ τοῖς πρεσβυτέροις σὺν
AB   VIAA--ZS DDMP N-DM-P   CC   DDMP AP-DM-P   PD

ὅλῃ τῇ ἐκκλησίᾳ ἐκλεξαμένους ἄνδρας ἐξ αὐτῶν πέμψαι εἰς
A--DF-S DDFS N-DF-S VPAMAM-P N-AM-P PG NPGMZP VNAA PA

Ἀντιόχειαν σὺν τῷ Παύλῳ καὶ Βαρναβᾷ, Ἰούδαν τὸν
N-AF-S PD DDMS N-DM-S CC N-DM-S N-AM-S DAMS□APRNM-S

καλούμενον Βαρσαββᾶν καὶ Σιλᾶν, ἄνδρας ἡγουμένους ἐν τοῖς
VPPPAM-S N-AM-S CC N-AM-S N-AM-P VPPNAM-P PD DDMP

ἀδελφοῖς, 15.23 γράψαντες διὰ χειρὸς αὐτῶν, Οἱ ἀπόστολοι καὶ
N-DM-P VPAANM-P PG N-GF-S NPGMZP DNMP N-NM-P CC

οἱ πρεσβύτεροι ἀδελφοὶ τοῖς κατὰ τὴν Ἀντιόχειαν καὶ Συρίαν
DNMP A-MNM-P N-NM-P DDMP PA DAFS N-AF-S CC N-AF-S

καὶ Κιλικίαν ἀδελφοῖς τοῖς ἐξ ἐθνῶν χαίρειν. 15.24 Ἐπειδὴ
CC N-AF-S N-DM-P DDMP PG N-GN-P VNPA□QS CS

ἠκούσαμεν ὅτι τινὲς ἐξ ἡμῶν [ἐξελθόντες] ἐτάραξαν ὑμᾶς λόγοις
VIAA--XP CH APINM-P PG NPG-XP VPAANM-P VIAA--ZP NPA-YP N-DM-P

ἀνασκευάζοντες τὰς ψυχὰς ὑμῶν, οἷς οὐ διεστειλάμεθα,
VPPANM-P DAFP N-AF-P NPG-YP APRDM-P AB VIAM--XP

15.25 ἔδοξεν ἡμῖν γενομένοις ὁμοθυμαδὸν ἐκλεξαμένοις ἄνδρας
VIAA--ZS NPD-XP VPADDMXP AB VPAMDMXP N-AM-P

πέμψαι πρὸς ὑμᾶς σὺν τοῖς ἀγαπητοῖς ἡμῶν Βαρναβᾷ καὶ
VNAA PA NPA-YP PD DDMP AP-DM-P NPG-XP N-DM-S CC

Παύλῳ, 15.26 ἀνθρώποις παραδεδωκόσι τὰς ψυχὰς αὐτῶν ὑπὲρ
N-DM-S N-DM-P VPRADM-P DAFP N-AF-P NPGMZP PG

τοῦ ὀνόματος τοῦ κυρίου ἡμῶν Ἰησοῦ Χριστοῦ.
DGNS N-GN-S DGMS N-GM-S NPG-XP N-GM-S N-GM-S

15.27 ἀπεστάλκαμεν οὖν Ἰούδαν καὶ Σιλᾶν, καὶ αὐτοὺς διὰ λόγου
VIRA--XP CH N-AM-S CC N-AM-S CC NPAMZP PG N-GM-S

ἀπαγγέλλοντας τὰ αὐτά. 15.28 ἔδοξεν γὰρ τῷ πνεύματι τῷ
VPPAAM-P DANP AP-AN-P VIAA--ZS CS DDNS N-DN-S DDNS

ἁγίῳ καὶ ἡμῖν μηδὲν πλέον ἐπιτίθεσθαι ὑμῖν βάρος πλὴν τούτων
A--DN-S CC NPD-XP A-CAN-S A-MAN-S VNPP NPD-YP N-AN-S PG A-DGN-P

τῶν ἐπάναγκες, 15.29 ἀπέχεσθαι εἰδωλοθύτων καὶ αἵματος καὶ
DGNP AB□AP-GN-P VNPM AP-GN-P CC N-GN-S CC

πνικτῶν καὶ πορνείας· ἐξ ὧν διατηροῦντες ἑαυτοὺς εὖ πράξετε.
AP-GN-P CC N-GF-S PG APRGN-P VPPANMYP NPAMYP AB VIFA--YP

Ἔρρωσθε.
VMRN--YP□QS

15.30 Οἱ μὲν οὖν ἀπολυθέντες κατῆλθον εἰς
DNMP□NPNMZP QS CH VPAPNM-P VIAA--ZP PA

Ἀντιόχειαν, καὶ συναγαγόντες τὸ πλῆθος ἐπέδωκαν τὴν
N-AF-S CC VPAANM-P DANS N-AN-S VIAA--ZP DAFS

ἐπιστολήν· 15.31 ἀναγνόντες δὲ ἐχάρησαν ἐπὶ τῇ παρακλήσει.
N-AF-S VPAANM-P CH VIAO--ZP PD DDFS N-DF-S

15.32 Ἰούδας τε καὶ Σιλᾶς, καὶ αὐτοὶ προφῆται ὄντες, διὰ λόγου
N-NM-S   CC CC N-NM-S   AB   NPNMZP N-NM-P VPRPANM-P PG N-GM-S

πολλοῦ παρεκάλεσαν τοὺς ἀδελφοὺς καὶ ἐπεστήριξαν·
A--GM-S VIAA--ZP   DAMP N-AM-P   CC   VIAA--ZP

15.33 ποιήσαντες δὲ χρόνον ἀπελύθησαν μετ᾽ εἰρήνης ἀπὸ τῶν
      VPAANM-P   CC N-AM-S   VIAP--ZP   PG   N-GF-S PG DGMP

ἀδελφῶν πρὸς τοὺς   ἀποστείλαντας αὐτούς.
N-GM-P   PA DAMP☐NPAMZP&APRNM-P VPAAAM-P   NPAMZP

15.35 Παῦλος δὲ καὶ Βαρναβᾶς διέτριβον ἐν Ἀντιοχείᾳ
      N-NM-S CH CC N-NM-S   VIIA--ZP PD N-DF-S

διδάσκοντες καὶ εὐαγγελιζόμενοι μετὰ καὶ ἑτέρων πολλῶν τὸν
VPPANM-P   CC VPPMNM-P   PG   AB AP-GM-P A--GM-P DAMS

λόγον τοῦ κυρίου.
N-AM-S DGMS N-GM-S

15.36 Μετὰ δέ τινας ἡμέρας εἶπεν πρὸς Βαρναβᾶν Παῦλος,
      PA   CC A-IAF-P N-AF-P VIAA--ZS PA N-AM-S   N-NM-S

Ἐπιστρέψαντες δὴ ἐπισκεψώμεθα τοὺς ἀδελφοὺς κατὰ πόλιν
VPAANMXP   QS VSAD--XP   DAMP N-AM-P   PA   N-AF-S

πᾶσαν ἐν αἷς κατηγγείλαμεν τὸν λόγον τοῦ κυρίου, πῶς
A--AF-S PD APRDF-P VIAA--XP   DAMS N-AM-S DGMS N-GM-S ABT

ἔχουσιν. 15.37 Βαρναβᾶς δὲ ἐβούλετο συμπαραλαβεῖν καὶ τὸν
VIPA--ZP   N-NM-S   CC VIIN--ZS VNAA   AB DAMS

Ἰωάννην τὸν   καλούμενον Μᾶρκον· 15.38 Παῦλος δὲ ἠξίου
N-AM-S DAMS☐APRNM-S VPPPAM-S N-AM-S   N-NM-S CH VIIA--ZS

τὸν   ἀποστάντα ἀπ᾽ αὐτῶν ἀπὸ Παμφυλίας καὶ μὴ
DAMS☐APRNM-S+ VPAAAM-S PG NPGMZP PG N-GF-S   CC AB

συνελθόντα αὐτοῖς εἰς τὸ ἔργον μὴ συμπαραλαμβάνειν τοῦτον.
VPAAAM-S   NPDMZP PA DANS N-AN-S AB VNPA   APDAM-S

15.39 ἐγένετο δὲ παροξυσμὸς ὥστε ἀποχωρισθῆναι αὐτοὺς ἀπ᾽
      VIAD--ZS CH N-NM-S   CH   VNAP   NPAMZP PG

ἀλλήλων, τόν τε Βαρναβᾶν παραλαβόντα τὸν Μᾶρκον
NPGMZP   DAMS CC N-AM-S   VPAAAM-S   DAMS N-AM-S

ἐκπλεῦσαι εἰς Κύπρον. 15.40 Παῦλος δὲ ἐπιλεξάμενος Σιλᾶν
VNAA   PA N-AF-S   N-NM-S CC VPAMNM-S   N-AM-S

ἐξῆλθεν παραδοθεὶς τῇ χάριτι τοῦ κυρίου ὑπὸ τῶν ἀδελφῶν,
VIAA--ZS VPAPNM-S DDFS N-DF-S DGMS N-GM-S PG DGMP N-GM-P

15.41 διήρχετο δὲ τὴν Συρίαν καὶ [τὴν] Κιλικίαν ἐπιστηρίζων τὰς
      VIIN--ZS CC DAFS N-AF-S CC DAFS N-AF-S   VPPANM-S   DAFP

ἐκκλησίας.
N-AF-P

16.1 Κατήντησεν δὲ [καὶ] εἰς Δέρβην καὶ εἰς Λύστραν. καὶ
     VIAA--ZS   CC CC   PA N-AF-S CC PA N-AF-S   CC

ἰδοὺ μαθητής τις ἦν ἐκεῖ ὀνόματι Τιμόθεος, υἱὸς γυναικὸς
QS   N-NM-S A-INM-S VIIA--ZS AB N-DN-S N-NM-S   N-NM-S N-GF-S

Ἰουδαίας πιστῆς πατρὸς δὲ Ἕλληνος, 16.2 ὃς ἐμαρτυρεῖτο
A--GF-S   A--GF-S   N-GM-S CC/CH N-GM-S   APRNM-S VIIP--ZS

ὑπὸ τῶν ἐν Λύστροις καὶ Ἰκονίῳ ἀδελφῶν. 16.3 τοῦτον ἠθέλησεν
PG DGMP PD N-DN-P   CC   N-DN-S N-GM-P   APDAM-S VIAA--ZS

ὁ Παῦλος σὺν αὐτῷ ἐξελθεῖν, καὶ λαβὼν περιέτεμεν αὐτὸν διὰ
DNMS N-NM-S PD NPDMZS VNAA   CC VPAANM-S VIAA--ZS   NPAMZS PA

τοὺς Ἰουδαίους τοὺς   ὄντας ἐν τοῖς τόποις ἐκείνοις,
DAMP AP-AM-P DAMP□APRNM-P VPPAAM-P PD DDMP N-DM-P A-DDM-P

ᾔδεισαν γὰρ ἅπαντες ὅτι Ἕλλην ὁ   πατὴρ αὐτοῦ ὑπῆρχεν.
VILA--ZP CS AP-NM-P CC N-NM-S DNMS N-NM-S NPGMZS VIIA--ZS

16.4 ὡς δὲ διεπορεύοντο τὰς πόλεις, παρεδίδοσαν αὐτοῖς
    CS CC VIIN--ZP   DAFP N-AF-P VIIA--ZP   NPDMZP

φυλάσσειν τὰ δόγματα τὰ   κεκριμένα ὑπὸ τῶν
VNPA   DANP N-AN-P DANP□APRNN-P VPRPAN-P PG DGMP

ἀποστόλων καὶ πρεσβυτέρων τῶν ἐν Ἱεροσολύμοις. 16.5 αἱ μὲν
N-GM-P   CC AP-GM-P   DGMP PD N-DN-P   DNFP CC

οὖν ἐκκλησίαι ἐστερεοῦντο τῇ πίστει καὶ ἐπερίσσευον τῷ
CH N-NF-P   VIIP--ZP   DDFS N-DF-S CC VIIA--ZP   DDMS

ἀριθμῷ καθ᾽ ἡμέραν.
N-DM-S PA N-AF-S

16.6 Διῆλθον δὲ τὴν Φρυγίαν καὶ Γαλατικὴν χώραν,
     VIAA--ZP CC DAFS N-AF-S CC A--AF-S N-AF-S

κωλυθέντες ὑπὸ τοῦ ἁγίου πνεύματος λαλῆσαι τὸν λόγον ἐν τῇ
VPAPNM-P PG DGNS A--GN-S N-GN-S   VNAA   DAMS N-AM-S PD DDFS

Ἀσίᾳ· 16.7 ἐλθόντες δὲ κατὰ τὴν Μυσίαν ἐπείραζον εἰς τὴν
N-DF-S   VPAANM-P CC PA DAFS N-AF-S VIIA--ZP PA DAFS

Βιθυνίαν πορευθῆναι, καὶ οὐκ εἴασεν αὐτοὺς τὸ πνεῦμα Ἰησοῦ·
N-AF-S   VNAO   CC AB VIAA--ZS NPAMZP DNNS N-NN-S N-GM-S

16.8 παρελθόντες δὲ τὴν Μυσίαν κατέβησαν εἰς Τρῳάδα. 16.9 καὶ
     VPAANM-P   CC DAFS N-AF-S VIAA--ZP PA N-AF-S   CC

ὅραμα διὰ [τῆς] νυκτὸς τῷ Παύλῳ ὤφθη, ἀνὴρ Μακεδών τις
N-NN-S PG DGFS N-GF-S DDMS N-DM-S VIAP--ZS N-NM-S N-NM-S A-INM-S

ἦν   ἑστὼς καὶ παρακαλῶν αὐτὸν καὶ λέγων, Διαβὰς εἰς
VIIA--ZS+ +VPRANM-S CC +VPPANM-S NPAMZS CC +VPPANM-S VRAANMYS PA

Μακεδονίαν βοήθησον ἡμῖν. 16.10 ὡς δὲ τὸ ὅραμα εἶδεν, εὐθέως
N-AF-S   VMAA--YS NPD-XP   CS CH DANS N-AN-S VIAA--ZS AB

ἐζητήσαμεν ἐξελθεῖν εἰς Μακεδονίαν, συμβιβάζοντες ὅτι
VIAA--XP   VNAA   PA N-AF-S   VPPANMXP   CC

προσκέκληται ἡμᾶς ὁ θεὸς εὐαγγελίσασθαι αὐτούς.
VIRN--ZS   NPA-XP DNMS N-NM-S VNAM   NPAMZP

16.11 Ἀναχθέντες δὲ ἀπὸ Τρῳάδος εὐθυδρομήσαμεν εἰς
      VPAPNMXP CC PG N-GF-S VIAA--XP   PA

Σαμοθρᾴκην, τῇ   δὲ ἐπιούσῃ εἰς Νέαν Πόλιν,
N-AF-S   DDFS□NPDFZS&APRNF-S CC VPPADF-S PA A--AF-S N-AF-S

16.12 κἀκεῖθεν εἰς Φιλίππους, ἥτις ἐστὶν πρώτη[ς] μερίδος τῆς
CC&AB PA N-AM-P APRNF-S VIPA--ZS A-OGF-S/APONF-S N-GF-S DGFS

Μακεδονίας πόλις, κολωνία. ἦμεν δὲ ἐν ταύτῃ τῇ πόλει
N-GF-S N-NF-S N-NF-S VIIA--XP+ CC PD A-DDF-S DDFS N-DF-S

διατρίβοντες ἡμέρας τινάς. 16.13 τῇ τε ἡμέρᾳ τῶν σαββάτων
+VPPANMXP N-AF-P A-IAF-P DDFS CC N-DF-S DGNP N-GN-P

ἐξήλθομεν ἔξω τῆς πύλης παρὰ ποταμὸν οὗ ἐνομίζομεν
VIAA--XP PG DGFS N-GF-S PA N-AM-S ABR VIIA--XP

προσευχὴν εἶναι, καὶ καθίσαντες ἐλαλοῦμεν ταῖς
N-AF-S VNPA CC VPAANMXP VIIA--XP DDFP□APRNF-P+

συνελθούσαις γυναιξίν. 16.14 καί τις γυνὴ ὀνόματι Λυδία,
VPAADF-P N-DF-P CC A-INF-S N-NF-S N-DN-S N-NF-S

πορφυρόπωλις πόλεως Θυατείρων σεβομένη τὸν θεόν, ἤκουεν,
N-NF-S N-GF-S N-GN-P VPPMNF-S DAMS N-AM-S VIIA--ZS

ἧς ὁ κύριος διήνοιξεν τὴν καρδίαν προσέχειν
APRGF-S DNMS N-NM-S VIAA--ZS DAFS N-AF-S VNPA

τοῖς λαλουμένοις ὑπὸ τοῦ Παύλου. 16.15 ὡς δὲ
DDNP□NPDNZP&APRNN-P VPPPDN-P PG DGMS N-GM-S CS CC

ἐβαπτίσθη καὶ ὁ οἶκος αὐτῆς, παρεκάλεσεν λέγουσα, Εἰ
VIAP--ZS CC DNMS N-NM-S NPGFZS VIAA--ZS VPPANF-S CS

κεκρίκατέ με πιστὴν τῷ κυρίῳ εἶναι, εἰσελθόντες εἰς τὸν οἶκόν
VIRA--YP NPA-XS A--AF-S DDMS N-DM-S VNPA VRAANMYP PA DAMS N-AM-S

μου μένετε· καὶ παρεβιάσατο ἡμᾶς.
NPG-XS VMPA--YP CC VIAD--ZS NPA-XP

16.16 Ἐγένετο δὲ πορευομένων ἡμῶν εἰς τὴν προσευχὴν
VIAD--ZS CC VPPNGMXP NPG-XP PA DAFS N-AF-S

παιδίσκην τινὰ ἔχουσαν πνεῦμα πύθωνα ὑπαντῆσαι ἡμῖν, ἥτις
N-AF-S A-IAF-S VPPAAF-S N-AN-S N-AM-S VNAA NPD-XP APRNF-S

ἐργασίαν πολλὴν παρεῖχεν τοῖς κυρίοις αὐτῆς μαντευομένη.
N-AF-S A--AF-S VIIA--ZS DDMP N-DM-P NPGFZS VPPNNF-S

16.17 αὕτη κατακολουθοῦσα τῷ Παύλῳ καὶ ἡμῖν ἔκραζεν
APDNF-S VPPANF-S DDMS N-DM-S CC NPD-XP VIIA--ZS

λέγουσα, Οὗτοι οἱ ἄνθρωποι δοῦλοι τοῦ θεοῦ τοῦ ὑψίστου
VPPANF-S A-DNM-P DNMP N-NM-P N-NM-P DGMS N-GM-S DGMS A-SGM-S

εἰσίν, οἵτινες καταγγέλλουσιν ὑμῖν ὁδὸν σωτηρίας. 16.18 τοῦτο
VIPA--ZP APRNM-P VIPA--ZP NPD-YP N-AF-S N-GF-S APDAN-S

δὲ ἐποίει ἐπὶ πολλὰς ἡμέρας. διαπονηθεὶς δὲ Παῦλος καὶ
CC VIIA--ZS PA A--AF-P N-AF-P VPAONM-S CH N-NM-S CC

ἐπιστρέψας τῷ πνεύματι εἶπεν, Παραγγέλλω σοι ἐν ὀνόματι
VPAANM-S DDNS N-DN-S VIAA--ZS VIPA--XS NPD-YS PD N-DN-S

Ἰησοῦ Χριστοῦ ἐξελθεῖν ἀπ᾽ αὐτῆς· καὶ ἐξῆλθεν αὐτῇ τῇ
N-GM-S N-GM-S VNAA PG NPGFZS CC VIAA--ZS NPDFZS□A--DF-S DDFS

ὥρᾳ. 16.19 ἰδόντες δὲ οἱ κύριοι αὐτῆς ὅτι ἐξῆλθεν ἡ ἐλπὶς τῆς
N-DF-S VPAANM-P CH DNMP N-NM-P NPGFZS CC VIAA--ZS DNFS N-NF-S DGFS

ἐργασίας αὐτῶν ἐπιλαβόμενοι τὸν Παῦλον καὶ τὸν Σιλᾶν
N-GF-S NPGMZP VPADNM-P DAMS N-AM-S CC DAMS N-AM-S

εἵλκυσαν εἰς τὴν ἀγορὰν ἐπὶ τοὺς ἄρχοντας, 16.20 καὶ
VIAA--ZP PA DAFS N-AF-S PA DAMP N-AM-P CC

προσαγαγόντες αὐτοὺς τοῖς στρατηγοῖς εἶπαν, Οὗτοι οἱ
VPAANM-P NPAMZP DDMP N-DM-P VIAA--ZP A-DNM-P DNMP

ἄνθρωποι ἐκταράσσουσιν ἡμῶν τὴν πόλιν Ἰουδαῖοι ὑπάρχοντες,
N-NM-P VIPA--ZP NPG-XP DAFS N-AF-S A--NM-P VPPANM-P

16.21 καὶ καταγγέλλουσιν ἔθη ἃ οὐκ ἔξεστιν ἡμῖν
CC VIPA--ZP N-AN-P APRAN-P AB VIPA--ZS NPD-XP

παραδέχεσθαι οὐδὲ ποιεῖν Ῥωμαίοις οὖσιν. 16.22 καὶ συνεπέστη
VNPN CC VNPA A--DM-P VPPADMXP CC VIAA--ZS

ὁ ὄχλος κατ᾽ αὐτῶν, καὶ οἱ στρατηγοὶ περιρήξαντες αὐτῶν
DNMS N-NM-S PG NPGMZP CC DNMP N-NM-P VPAANM-P NPGMZP

τὰ ἱμάτια ἐκέλευον ῥαβδίζειν, 16.23 πολλάς τε ἐπιθέντες αὐτοῖς
DANP N-AN-P VIIA--ZP VNPA A--AF-P CC VPAANM-P NPDMZP

πληγὰς ἔβαλον εἰς φυλακήν, παραγγείλαντες τῷ δεσμοφύλακι
N-AF-P VIAA--ZP PA N-AF-S VPAANM-P DDMS N-DM-S

ἀσφαλῶς τηρεῖν αὐτούς· 16.24 ὃς παραγγελίαν τοιαύτην
AB VNPA NPAMZP APRNM-S N-AF-S A-DAF-S

λαβὼν ἔβαλεν αὐτοὺς εἰς τὴν ἐσωτέραν φυλακὴν καὶ τοὺς πόδας
VPAANM-S VIAA--ZS NPAMZP PA DAFS A-MAF-S N-AF-S CC DAMP N-AM-P

ἠσφαλίσατο αὐτῶν εἰς τὸ ξύλον.
VIAD--ZS NPGMZP PA DANS N-AN-S

16.25 Κατὰ δὲ τὸ μεσονύκτιον Παῦλος καὶ Σιλᾶς
PA CC DANS N-AN-S N-NM-S CC N-NM-S

προσευχόμενοι ὕμνουν τὸν θεόν, ἐπηκροῶντο δὲ αὐτῶν οἱ
VPPNNM-P VIIA--ZP DAMS N-AM-S VIIN--ZP CC NPGMZP DNMP

δέσμιοι· 16.26 ἄφνω δὲ σεισμὸς ἐγένετο μέγας ὥστε σαλευθῆναι
N-NM-P AB CH N-NM-S VIAD--ZS A--NM-S CH VNAP

τὰ θεμέλια τοῦ δεσμωτηρίου, ἠνεῴχθησαν δὲ παραχρῆμα αἱ
DANP N-AN-P DGNS N-GN-S VIAP--ZP CC AB DNFP

θύραι πᾶσαι, καὶ πάντων τὰ δεσμὰ ἀνέθη. 16.27 ἔξυπνος δὲ
N-NF-P A--NF-P CC AP-GM-P DNNP N-NN-P VIAP--ZS A--NM-S CH

γενόμενος ὁ δεσμοφύλαξ καὶ ἰδὼν ἀνεῳγμένας τὰς θύρας
VPADNM-S DNMS N-NM-S CC VPAANM-S VPRPAF-P DAFP N-AF-P

τῆς φυλακῆς, σπασάμενος [τὴν] μάχαιραν ἤμελλεν ἑαυτὸν
DGFS N-GF-S VPAMNM-S DAFS N-AF-S VIIA--ZS+ NPRAMZS

ἀναιρεῖν, νομίζων ἐκπεφευγέναι τοὺς δεσμίους. 16.28 ἐφώνησεν δὲ
+VNPA VPPANM-S VNRA DAMP N-AM-P VIAA--ZS CH

μεγάλῃ φωνῇ [ὁ] Παῦλος λέγων, Μηδὲν πράξῃς σεαυτῷ
A--DF-S N-DF-S DNMS N-NM-S VPPANM-S APCAN-S VSAA--YS□VMAA--YS NPDMYS

κακόν, ἅπαντες γάρ ἐσμεν ἐνθάδε. 16.29 αἰτήσας δὲ φῶτα
A--AN-S AP-NM-P CS VIPA--XP AB VPAANM-S CH N-AN-P

εἰσεπήδησεν, καὶ ἔντρομος γενόμενος προσέπεσεν τῷ Παύλῳ
VIAA--ZS   CC   A--NM-S   VPADNM-S   VIAA--ZS   DDMS N-DM-S

καὶ [τῷ] Σιλᾷ, 16.30 καὶ προαγαγὼν αὐτοὺς ἔξω ἔφη,
CC   DDMS N-DM-S   CC   VPAANM-S   NPAMZP   AB   VIAA--ZS/VIIA--ZS

Κύριοι, τί με δεῖ ποιεῖν ἵνα σωθῶ; 16.31 οἱ δὲ
N-VM-P APTAN-S NPA-XS VIPA--ZS VNPA CS VSAP--XS   DNMP☐NPNMZP CH

εἶπαν, Πίστευσον ἐπὶ τὸν κύριον Ἰησοῦν, καὶ σωθήσῃ σὺ καὶ
VIAA--ZP VMAA--YS   PA DAMS N-AM-S N-AM-S   CC VIFP--YS NPN-YS CC

ὁ οἰκός σου. 16.32 καὶ ἐλάλησαν αὐτῷ τὸν λόγον τοῦ κυρίου
DNMS N-NM-S NPG-YS   CC VIAA--ZP NPDMZS DAMS N-AM-S DGMS N-GM-S

σὺν πᾶσιν τοῖς ἐν τῇ οἰκίᾳ αὐτοῦ. 16.33 καὶ παραλαβὼν αὐτοὺς
PD A--DM-P DDMP PD DDFS N-DF-S NPGMZS   CC VPAANM-S   NPAMZP

ἐν ἐκείνῃ τῇ ὥρᾳ τῆς νυκτὸς ἔλουσεν ἀπὸ τῶν πληγῶν, καὶ
PD A-DDF-S DDFS N-DF-S DGFS N-GF-S VIAA--ZS PG DGFP N-GF-P CC

ἐβαπτίσθη αὐτὸς καὶ οἱ αὐτοῦ πάντες παραχρῆμα,
VIAP--ZS NPNMZS CC DNMP NPGMZS AP-NM-P AB

16.34 ἀναγαγὼν τε αὐτοὺς εἰς τὸν οἶκον παρέθηκεν τράπεζαν, καὶ
      VPAANM-S CC NPAMZP PA DAMS N-AM-S VIAA--ZS N-AF-S   CC

ἠγαλλιάσατο πανοικεὶ πεπιστευκὼς τῷ θεῷ.
VIAM--ZS   AB   VPRANM-S   DDMS N-DM-S

16.35 Ἡμέρας δὲ γενομένης ἀπέστειλαν οἱ στρατηγοὶ τοὺς
      N-GF-S CC VPADGF-S VIAA--ZP   DNMP N-NM-P   DAMP

ῥαβδούχους λέγοντες, Ἀπόλυσον τοὺς ἀνθρώπους ἐκείνους.
N-AM-P   VPPANM-P VMAA--YS DAMP N-AM-P   A-DAM-P

16.36 ἀπήγγειλεν δὲ ὁ δεσμοφύλαξ τοὺς λόγους [τούτους] πρὸς
      VIAA--ZS   CH DNMS N-NM-S   DAMP N-AM-P A-DAM-P   PA

τὸν Παῦλον, ὅτι Ἀπέσταλκαν οἱ στρατηγοὶ ἵνα ἀπολυθῆτε· νῦν
DAMS N-AM-S ABR VIRA--ZP   DNMP N-NM-P   CC VSAP--YP   AB

οὖν ἐξελθόντες πορεύεσθε ἐν εἰρήνῃ. 16.37 ὁ δὲ Παῦλος
CH VRAANMYP   VMPN--YP PD N-DF-S   DNMS CH N-NM-S

ἔφη πρὸς αὐτούς, Δείραντες ἡμᾶς δημοσίᾳ ἀκατακρίτους,
VIAA--ZS/VIIA--ZS PA NPAMZP VPAANM-P NPA-XP AP-DF-S A--AM-P

ἀνθρώπους Ῥωμαίους ὑπάρχοντας, ἔβαλαν εἰς φυλακήν· καὶ νῦν
N-AM-P   A--AM-P VPPAAMXP   VIAA--ZP PA N-AF-S   CC AB

λάθρᾳ ἡμᾶς ἐκβάλλουσιν; οὐ γάρ, ἀλλὰ ἐλθόντες αὐτοὶ ἡμᾶς
AB   NPA-XP VIPA--ZP   QS CS CH   VPAANM-P NPNMZP NPA-XP

ἐξαγαγέτωσαν. 16.38 ἀπήγγειλαν δὲ τοῖς στρατηγοῖς οἱ
VMAA--ZP   VIAA--ZP   CH DDMP N-DM-P   DNMP

ῥαβδοῦχοι τὰ ῥήματα ταῦτα. ἐφοβήθησαν δὲ ἀκούσαντες ὅτι
N-NM-P   DANP N-AN-P A-DAN-P VIAO--ZP   CH VPAANM-P   CH

Ῥωμαῖοί εἰσιν, 16.39 καὶ ἐλθόντες παρεκάλεσαν αὐτούς, καὶ
AP-NM-P VIPA--ZP   CC VPAANM-P VIAA--ZP   NPAMZP CC

ἐξαγαγόντες ἠρώτων ἀπελθεῖν ἀπὸ τῆς πόλεως. 16.40 ἐξελθόντες
VPAANM-P   VIIA--ZP VNAA   PG DGFS N-GF-S   VPAANM-P

δὲ ἀπὸ τῆς φυλακῆς εἰσῆλθον πρὸς τὴν Λυδίαν, καὶ ἰδόντες
CC PG DGFS N-GF-S VIAA--ZP PA DAFS N-AF-S CC VPAANM-P

παρεκάλεσαν τοὺς ἀδελφοὺς καὶ ἐξῆλθαν.
VIAA--ZP DAMP N-AM-P CC VIAA--ZP

17.1 Διοδεύσαντες δὲ τὴν Ἀμφίπολιν καὶ τὴν Ἀπολλωνίαν
VPAANM-P CC DAFS N-AF-S CC DAFS N-AF-S

ἦλθον εἰς Θεσσαλονίκην, ὅπου ἦν συναγωγὴ τῶν Ἰουδαίων.
VIAA--ZP PA N-AF-S ABR VIIA--ZS N-NF-S DGMP AP-GM-P

17.2 κατὰ δὲ τὸ εἰωθὸς τῷ Παύλῳ εἰσῆλθεν πρὸς
PA CC DANS□NPANZS&APRNN-S VPRAAN-S DDMS N-DM-S VIAA--ZS PA

αὐτοὺς καὶ ἐπὶ σάββατα τρία διελέξατο αὐτοῖς ἀπὸ τῶν γραφῶν,
NPAMZP CC PA N-AN-P A-CAN-P VIAD--ZS NPDMZP PG DGFP N-GF-P

17.3 διανοίγων καὶ παρατιθέμενος ὅτι τὸν Χριστὸν ἔδει παθεῖν
VPPANM-S CC VPPMNM-S CC DAMS N-AM-S VIIA--ZS VNAA

καὶ ἀναστῆναι ἐκ νεκρῶν, καὶ ὅτι οὗτός ἐστιν ὁ Χριστός, [ὁ]
CC VNAA PG AP-GM-P CC CC APDNM-S VIPA--ZS DNMS N-NM-S DNMS

Ἰησοῦς, ὃν ἐγὼ καταγγέλλω ὑμῖν. 17.4 καί τινες ἐξ αὐτῶν
N-NM-S APRAM-S NPN-XS VIPA--XS NPD-YP CC APINM-P PG NPGMZP

ἐπείσθησαν καὶ προσεκληρώθησαν τῷ Παύλῳ καὶ τῷ Σιλᾷ,
VIAP--ZP CC VIAP--ZP DDMS N-DM-S CC DDMS N-DM-S

τῶν τε σεβομένων Ἑλλήνων πλῆθος πολὺ γυναικῶν τε
DGMP□APRNM-P+ CC VPPMGM-P N-GM-P N-NN-S A--NN-S N-GF-P CC

τῶν πρώτων οὐκ ὀλίγαι. 17.5 Ζηλώσαντες δὲ οἱ Ἰουδαῖοι καὶ
DGFP A-OGF-P AB AP-NF-P VPAANM-P CH DNMP AP-NM-P CC

προσλαβόμενοι τῶν ἀγοραίων ἄνδρας τινὰς πονηροὺς καὶ
VPRAMNM-P DGMP AP-GM-P N-AM-P A-IAM-P A--AM-P CC

ὀχλοποιήσαντες ἐθορύβουν τὴν πόλιν, καὶ ἐπιστάντες τῇ οἰκίᾳ
VPAANM-P VIIA--ZP DAFS N-AF-S CC VPAANM-P DDFS N-DF-S

Ἰάσονος ἐζήτουν αὐτοὺς προαγαγεῖν εἰς τὸν δῆμον. 17.6 μὴ
N-GM-S VIIA--ZP NPAMZP VNAA PA DAMS N-AM-S AB

εὑρόντες δὲ αὐτοὺς ἔσυρον Ἰάσονα καί τινας ἀδελφοὺς ἐπὶ τοὺς
VPAANM-P CH NPAMZP VIIA--ZP N-AM-S CC A-IAM-P N-AM-P PA DAMP

πολιτάρχας, βοῶντες ὅτι Οἱ τὴν οἰκουμένην
N-AM-P VPPANM-P CC DNMP□APRNM-P+ DAFS N-AF-S

ἀναστατώσαντες οὗτοι καὶ ἐνθάδε πάρεισιν, 17.7 οὓς
VPAANM-P APDNM-P AB AB VIPA--ZP APRAM-P

ὑποδέδεκται Ἰάσων· καὶ οὗτοι πάντες ἀπέναντι τῶν δογμάτων
VIRN--ZS N-NM-S CC APDNM-P A--NM-P PG DGNP N-GN-P

Καίσαρος πράσσουσι, βασιλέα ἕτερον λέγοντες εἶναι Ἰησοῦν.
N-GM-S VIPA--ZP N-AM-S A--AM-S VPPANM-P VNPA N-AM-S

17.8 ἐτάραξαν δὲ τὸν ὄχλον καὶ τοὺς πολιτάρχας ἀκούοντας
VIAA--ZP CH DAMS N-AM-S CC DAMP N-AM-P VPPAAM-P

ταῦτα, 17.9 καὶ λαβόντες τὸ ἱκανὸν παρὰ τοῦ Ἰάσονος καὶ τῶν
APDAN-P CC VPAANM-P DANS AP-AN-S PG DGMS N-GM-S CC DGMP

λοιπῶν ἀπέλυσαν αὐτούς.
AP-GM-P VIAA--ZP NPAMZP

17.10 Οἱ δὲ ἀδελφοὶ εὐθέως διὰ νυκτὸς ἐξέπεμψαν τόν τε
DNMP CH N-NM-P AB PG N-GF-S VIAA--ZP DAMS CC

Παῦλον καὶ τὸν Σιλᾶν εἰς Βέροιαν, οἵτινες παραγενόμενοι εἰς τὴν
N-AM-S CC DAMS N-AM-S PA N-AF-S APRNM-P VPADNM-P PA DAFS

συναγωγὴν τῶν Ἰουδαίων ἀπήεσαν. 17.11 οὗτοι δὲ ἦσαν
N-AF-S DGMP AP-GM-P VIIA--ZP APDNM-P CC VIIA--ZP

εὐγενέστεροι τῶν ἐν Θεσσαλονίκῃ, οἵτινες ἐδέξαντο τὸν λόγον
A-MNM-P DGMP PD N-DF-S APRNM-P VIAD--ZP DAMS N-AM-S

μετὰ πάσης προθυμίας, καθ᾽ ἡμέραν ἀνακρίνοντες τὰς γραφὰς εἰ
PG A--GF-S N-GF-S PA N-AF-S VPPANM-P DAFP N-AF-P QT

ἔχοι ταῦτα οὕτως. 17.12 πολλοὶ μὲν οὖν ἐξ αὐτῶν ἐπίστευσαν,
VOPA--ZS APDNN-P AB AP-NM-P CC CH PG NPGMZP VIAA--ZP

καὶ τῶν Ἑλληνίδων γυναικῶν τῶν εὐσχημόνων καὶ ἀνδρῶν οὐκ
CC DGFP N-GF-P N-GF-P DGFP A--GF-P CC N-GM-P AB

ὀλίγοι. 17.13 Ὡς δὲ ἔγνωσαν οἱ ἀπὸ τῆς Θεσσαλονίκης
AP-NM-P CS CC VIAA--ZP DNMP PG DGFS N-GF-S

Ἰουδαῖοι ὅτι καὶ ἐν τῇ Βεροίᾳ κατηγγέλη ὑπὸ τοῦ Παύλου ὁ
AP-NM-P CC AB PD DDFS N-DF-S VIAP--ZS PG DGMS N-GM-S DNMS

λόγος τοῦ θεοῦ, ἦλθον κἀκεῖ σαλεύοντες καὶ ταράσσοντες τοὺς
N-NM-S DGMS N-GM-S VIAA--ZP AB&AB VPPANM-P CC VPPANM-P DAMP

ὄχλους. 17.14 εὐθέως δὲ τότε τὸν Παῦλον ἐξαπέστειλαν οἱ
N-AM-P AB CC/CH AB DAMS N-AM-S VIAA--ZP DNMP

ἀδελφοὶ πορεύεσθαι ἕως ἐπὶ τὴν θάλασσαν· ὑπέμεινάν τε ὅ τε
N-NM-P VNPN PG PA DAFS N-AF-S VIAA--ZP CC DNMS CC

Σιλᾶς καὶ ὁ Τιμόθεος ἐκεῖ. 17.15 οἱ δὲ
N-NM-S CC DNMS N-NM-S AB DNMP□NPNMZP&APRNM-P CC

καθιστάνοντες τὸν Παῦλον ἤγαγον ἕως Ἀθηνῶν, καὶ λαβόντες
VPPANM-P DAMS N-AM-S VIAA--ZP PG N-GF-P CC VPAANM-P

ἐντολὴν πρὸς τὸν Σιλᾶν καὶ τὸν Τιμόθεον ἵνα ὡς τάχιστα
N-AF-S PA DAMS N-AM-S CC DAMS N-AM-S ABR AB APSAN-P□ABS

ἔλθωσιν πρὸς αὐτὸν ἐξῄεσαν.
VSAA--ZP PA NPAMZS VIIA--ZP

17.16 Ἐν δὲ ταῖς Ἀθήναις ἐκδεχομένου αὐτοὺς τοῦ Παύλου,
PD CC DDFP N-DF-P VPPNGM-S NPAMZP DGMS N-GM-S

παρωξύνετο τὸ πνεῦμα αὐτοῦ ἐν αὐτῷ θεωροῦντος κατείδωλον
VIIP--ZS DNNS N-NN-S NPGMZS PD NPDMZS VPPAGM-S A--AF-S

οὖσαν τὴν πόλιν. 17.17 διελέγετο μὲν οὖν ἐν τῇ συναγωγῇ τοῖς
VPPAAF-S DAFS N-AF-S VIIN--ZS CC CH PD DDFS N-DF-S DDMP

Ἰουδαίοις καὶ τοῖς σεβομένοις καὶ ἐν τῇ ἀγορᾷ
AP-DM-P CC DDMP□NPDMZP&APRNM-P VPPMDM-P CC PD DDFS N-DF-S

κατὰ πᾶσαν ἡμέραν πρὸς τοὺς παρατυγχάνοντας.
PA A--AF-S N-AF-S PA DAMP□NPAMZP&APRNM-P VPPAAM-P

17.18 τινὲς δὲ καὶ τῶν Ἐπικουρείων καὶ Στοϊκῶν φιλοσόφων
APINM-P CC CC DGMP N-GM-P CC A--GM-P N-GM-P

συνέβαλλον αὐτῷ, καί τινες ἔλεγον, Τί ἂν θέλοι ὁ
VIIA--ZP NPDMZS CC APINM-P VIIA--ZP APTAN-S QV VOPA--ZS DNMS

σπερμολόγος οὗτος λέγειν; οἱ δέ, Ξένων δαιμονίων δοκεῖ
AP-NM-S A-DNM-S VNPA DNMP□NPNMZP CC A--GN-P N-GN-P VIPA--ZS

καταγγελεὺς εἶναι· ὅτι τὸν Ἰησοῦν καὶ τὴν ἀνάστασιν
N-NM-S VNPA CS DAMS N-AM-S CC DAFS N-AF-S

εὐηγγελίζετο. 17.19 ἐπιλαβόμενοί τε αὐτοῦ ἐπὶ τὸν Ἄρειον
VIIM--ZS VPADNM-P CC NPGMZS PA DAMS A--AM-S

Πάγον ἤγαγον, λέγοντες, Δυνάμεθα γνῶναι τίς ἡ καινὴ
N-AM-S VIAA--ZP VPPANM-P VIPN--XP VNAA APTNF-S DNFS A--NF-S

αὕτη ἡ ὑπὸ σοῦ λαλουμένη διδαχή; 17.20 ξενίζοντα
A-DNF-S DNFS□APRNF-S+ PG NPG-YS VPPPNF-S N-NF-S VPPAAN-P

γάρ τινα εἰσφέρεις εἰς τὰς ἀκοὰς ἡμῶν· βουλόμεθα οὖν γνῶναι
CS APIAN-P VIPA--YS PA DAFP N-AF-P NPG-XP VIPN--XP CH VNAA

τίνα θέλει ταῦτα εἶναι. 17.21 Ἀθηναῖοι δὲ πάντες καὶ
APTNN-P VIPA--ZS APDNN-P VNPA AP-NM-P CS A--NM-P CC

οἱ ἐπιδημοῦντες ξένοι εἰς οὐδὲν ἕτερον ηὐκαίρουν ἢ
DNMP□APRNM-P+ VPPANM-P AP-NM-P PA APCAN-S A--AN-S VIIA--ZP CS

λέγειν τι ἢ ἀκούειν τι καινότερον.
VNPA APIAN-S CC VNPA APIAN-S A-MAN-S

17.22 Σταθεὶς δὲ [ὁ] Παῦλος ἐν μέσῳ τοῦ Ἀρείου Πάγου
VPAPNM-S CH DNMS N-NM-S PD AP-DN-S DGMS A--GM-S N-GM-S

ἔφη, Ἄνδρες Ἀθηναῖοι, κατὰ πάντα ὡς
VIAA--ZS/VIIA--ZS N-VM-P A--VM-P PA AP-AN-P AB

δεισιδαιμονεστέρους ὑμᾶς θεωρῶ· 17.23 διερχόμενος γὰρ καὶ
A-MAM-P NPA-YP VIPA--XS VPPNNMXS CS CC

ἀναθεωρῶν τὰ σεβάσματα ὑμῶν εὗρον καὶ βωμὸν ἐν ᾧ
VPPANMXS DANP N-AN-P NPG-YP VIAA--XS AB N-AM-S PD APRDM-S

ἐπεγέγραπτο, Ἀγνώστῳ θεῷ. ὃ οὖν ἀγνοοῦντες εὐσεβεῖτε,
VILP--ZS A--DM-S N-DM-S APRAN-S+ CH VPPANMYP VIPA--YP

τοῦτο ἐγὼ καταγγέλλω ὑμῖν. 17.24 ὁ θεὸς ὁ ποιήσας
APDAN-S NPN-XS VIPA--XS NPD-YP DNMS N-NM-S DNMS□APRNM-S VPAANM-S

τὸν κόσμον καὶ πάντα τὰ ἐν αὐτῷ, οὗτος οὐρανοῦ καὶ γῆς
DAMS N-AM-S CC A--AN-P DANP PD NPDMZS APDNM-S N-GM-S CC N-GF-S

ὑπάρχων κύριος οὐκ ἐν χειροποιήτοις ναοῖς κατοικεῖ 17.25 οὐδὲ
VPPANM-S N-NM-S AB PD A--DM-P N-DM-P VIPA--ZS CC

ὑπὸ χειρῶν ἀνθρωπίνων θεραπεύεται προσδεόμενός τινος, αὐτὸς
PG N-GF-P A--GF-P VIPP--ZS VPPNNM-S APIGN-S NPNMZS

διδοὺς πᾶσι ζωὴν καὶ πνοὴν καὶ τὰ πάντα· 17.26 ἐποίησέν τε
VPPANM-S AP-DM-P N-AF-S CC N-AF-S CC DANP AP-AN-P VIAA--ZS CC

ἐξ ἑνὸς πᾶν ἔθνος ἀνθρώπων κατοικεῖν ἐπὶ παντὸς προσώπου
PG APCGM-S A--AN-S N-AN-S N-GM-P VNPA PG A--GN-S N-GN-S

τῆς γῆς, ὁρίσας προστεταγμένους καιροὺς καὶ τὰς ὁροθεσίας τῆς
DGFS N-GF-S VPAANM-S VPRPAM-P N-AM-P CC DAFP N-AF-P DGFS

κατοικίας αὐτῶν, 17.27 ζητεῖν τὸν θεὸν εἰ ἄρα γε
N-GF-S NPGMZP/NPGNZP VNPA DAMS N-AM-S QT QT QS

ψηλαφήσειαν αὐτὸν καὶ εὕροιεν, καί γε οὐ μακρὰν ἀπὸ ἑνὸς
VOAA--ZP NPAMZS CC VOAA--ZP AB QS AB AP-AF-S□AB PG APCGM-S

ἑκάστου ἡμῶν ὑπάρχοντα.
A--GM-S NPG-XP VPPAAM-S

17.28 Ἐν αὐτῷ γὰρ ζῶμεν καὶ κινούμεθα καὶ ἐσμέν, ὡς καὶ
PD NPDMZS CS VIPA--XP CC VIPP--XP CC VIPA--XP ABR AB

τινες τῶν καθ᾽ ὑμᾶς ποιητῶν εἰρήκασιν,
APINM-P DGMP PA NPA-YP N-GM-P VIRA--ZP

Τοῦ γὰρ καὶ γένος ἐσμέν.
DGMS□APDGM-S CS AB N-NN-S VIPA--XP

17.29 γένος οὖν ὑπάρχοντες τοῦ θεοῦ οὐκ ὀφείλομεν νομίζειν
N-NN-S CH VPPANMXP DGMS N-GM-S AB VIPA--XP VNPA

χρυσῷ ἢ ἀργύρῳ ἢ λίθῳ, χαράγματι τέχνης καὶ ἐνθυμήσεως
N-DM-S CC N-DM-S CC N-DM-S N-DN-S N-GF-S CC N-GF-S

ἀνθρώπου, τὸ θεῖον εἶναι ὅμοιον. 17.30 τοὺς μὲν οὖν χρόνους
N-GM-S DANS AP-AN-S VNPA A--AN-S DAMP QS CH N-AM-P

τῆς ἀγνοίας ὑπεριδὼν ὁ θεὸς τὰ νῦν παραγγέλλει τοῖς
DGFS N-GF-S VPAANM-S DNMS N-NM-S DANP AB□AP-AN-P VIPA--ZS DDMP

ἀνθρώποις πάντας πανταχοῦ μετανοεῖν, 17.31 καθότι ἔστησεν
N-DM-P AP-AM-P AB VNPA CS VIAA--ZS

ἡμέραν ἐν ᾗ μέλλει κρίνειν τὴν οἰκουμένην ἐν δικαιοσύνῃ ἐν
N-AF-S PD APRDF-S VIPA--ZS+ +VNPA DAFS N-AF-S PD N-DF-S PD

ἀνδρὶ ᾧ ὥρισεν, πίστιν παρασχὼν πᾶσιν ἀναστήσας
N-DM-S APRDM-S□APRAM-S VIAA--ZS N-AF-S VPAANM-S AP-DM-P VPAANM-S

αὐτὸν ἐκ νεκρῶν.
NPAMZS PG AP-GM-P

17.32 Ἀκούσαντες δὲ ἀνάστασιν νεκρῶν οἱ μὲν
VPAANM-P CH N-AF-S AP-GM-P DNMP□APDNM-P CC

ἐχλεύαζον, οἱ δὲ εἶπαν, Ἀκουσόμεθά σου περὶ τούτου
VIIA--ZP DNMP□APDNM-P CC VIAA--ZP VIFM--XP NPG-YS PG APDGN-S

καὶ πάλιν. 17.33 οὕτως ὁ Παῦλος ἐξῆλθεν ἐκ μέσου αὐτῶν.
AB AB AB DNMS N-NM-S VIAA--ZS PG AP-GN-S NPGMZP

17.34 τινὲς δὲ ἄνδρες κολληθέντες αὐτῷ ἐπίστευσαν, ἐν οἷς
A-INM-P CC N-NM-P VPAPNM-P NPDMZS VIAA--ZP PD APRDM-P

καὶ Διονύσιος ὁ Ἀρεοπαγίτης καὶ γυνὴ ὀνόματι Δάμαρις καὶ
CC N-NM-S DNMS N-NM-S CC N-NF-S N-DN-S N-NF-S CC

ἕτεροι σὺν αὐτοῖς.
AP-NM-P PD NPDMZP

18.1 Μετὰ ταῦτα χωρισθεὶς ἐκ τῶν Ἀθηνῶν ἦλθεν εἰς
PA APDAN-P VPAPNM-S PG DGFP N-GF-P VIAA--ZS PA

Κόρινθον. 18.2 καὶ εὑρών τινα Ἰουδαῖον ὀνόματι Ἀκύλαν,
N-AF-S   CC   VPAANM-S A-IAM-S AP-AM-S   N-DN-S   N-AM-S

Ποντικὸν τῷ γένει, προσφάτως ἐληλυθότα ἀπὸ τῆς Ἰταλίας καὶ
A--AM-S DDNS N-DN-S AB   VPRAAM-S   PG DGFS N-GF-S   CC

Πρίσκιλλαν γυναῖκα αὐτοῦ διὰ τὸ διατεταχέναι Κλαύδιον
N-AF-S   N-AF-S   NPGMZS PA DANS VNRAA   N-AM-S

χωρίζεσθαι πάντας τοὺς Ἰουδαίους ἀπὸ τῆς Ῥώμης, προσῆλθεν
VNPP   A--AM-P DAMP AP-AM-P   PG DGFS N-GF-S VIAA--ZS

αὐτοῖς, 18.3 καὶ διὰ τὸ ὁμότεχνον εἶναι ἔμενεν παρ᾽ αὐτοῖς καὶ
NPDMZP   CC PA DANS AP-AM-S   VNPAA VIIA--ZS PD   NPDMZP CC

ἠργάζετο· ἦσαν γὰρ σκηνοποιοὶ τῇ τέχνῃ. 18.4 διελέγετο δὲ ἐν
VIIN--ZS   VIIA--ZP CS N-NM-P   DDFS N-DF-S   VIIN--ZS CC PD

τῇ συναγωγῇ κατὰ πᾶν σάββατον, ἔπειθέν τε Ἰουδαίους καὶ
DDFS N-DF-S PA   A--AN-S N-AN-S VIIA--ZS CC AP-AM-P   CC

Ἕλληνας.
N-AM-P

18.5 Ὡς δὲ κατῆλθον ἀπὸ τῆς Μακεδονίας ὅ τε Σιλᾶς καὶ
     CS CC VIAA--ZP PG DGFS N-GF-S   DNMS CC N-NM-S CC

ὁ Τιμόθεος, συνείχετο τῷ λόγῳ ὁ Παῦλος, διαμαρτυρόμενος
DNMS N-NM-S VIIP--ZS DDMS N-DM-S DNMS N-NM-S VPPNNM-S

τοῖς Ἰουδαίοις εἶναι τὸν Χριστόν, Ἰησοῦν. 18.6 ἀντιτασσομένων
DDMP AP-DM-P VNPA DAMS N-AM-S   N-AM-S   VPPMGM-P

δὲ αὐτῶν καὶ βλασφημούντων ἐκτιναξάμενος τὰ ἱμάτια εἶπεν
CC NPGMZP CC VPPAGM-P   VPAMNM-S   DANP N-AN-P VIAA--ZS

πρὸς αὐτούς, Τὸ αἷμα ὑμῶν ἐπὶ τὴν κεφαλὴν ὑμῶν· καθαρὸς
PA   NPAMZP DNNS N-NN-S NPG-YP PA DAFS N-AF-S NPG-YP A--NM-S

ἐγώ· ἀπὸ τοῦ νῦν εἰς τὰ ἔθνη πορεύσομαι. 18.7 καὶ
NPN-XS PG DGMS AB□AP-GM-S PA DANP N-AN-P VIFD--XS   CC

μεταβὰς ἐκεῖθεν εἰσῆλθεν εἰς οἰκίαν τινὸς ὀνόματι Τιτίου
VPAANM-S AB   VIAA--ZS PA N-AF-S APIGM-S/A-IGM-S N-DN-S N-GM-S

Ἰούστου σεβομένου τὸν θεόν, οὗ ἡ οἰκία ἦν
N-GM-S VPPMGM-S DAMS N-AM-S APRGM-S DNFS N-NF-S VIIA--ZS+

συνομοροῦσα τῇ συναγωγῇ. 18.8 Κρίσπος δὲ ὁ
+VPPANF-S   DDFS N-DF-S   N-NM-S CC DNMS

ἀρχισυνάγωγος ἐπίστευσεν τῷ κυρίῳ σὺν ὅλῳ τῷ οἴκῳ αὐτοῦ,
N-NM-S   VIAA--ZS DDMS N-DM-S PD A--DM-S DDMS N-DM-S NPGMZS

καὶ πολλοὶ τῶν Κορινθίων ἀκούοντες ἐπίστευον καὶ ἐβαπτίζοντο.
CC AP-NM-P DGMP N-GM-P   VPPANM-P   VIIA--ZP CC VIIP--ZP

18.9 εἶπεν δὲ ὁ κύριος ἐν νυκτὶ δι᾽ ὁράματος τῷ Παύλῳ, Μὴ
     VIAA--ZS CC DNMS N-NM-S PD N-DF-S PG N-GN-S DDMS N-DM-S AB

φοβοῦ, ἀλλὰ λάλει καὶ μὴ σιωπήσῃς, 18.10 διότι ἐγώ εἰμι
VMPN--YS CH VMPA--YS CC AB VSAA--YS□VMAA--YS   CS NPN-XS VIPA--XS

μετὰ σοῦ καὶ οὐδεὶς ἐπιθήσεταί σοι τοῦ κακῶσαί σε, διότι
PG NPG-YS CC APCNM-S VIFM--ZS   NPD-YS DGNS VNAAG NPA-YS CS

λαός ἐστί μοι πολὺς ἐν τῇ πόλει ταύτῃ. 18.11 Ἐκάθισεν δὲ
N-NM-S VIPA--ZS NPD-XS A--NM-S PD DDFS N-DF-S A-DDF-S VIAA--ZS CH

ἐνιαυτὸν καὶ μῆνας ἓξ διδάσκων ἐν αὐτοῖς τὸν λόγον τοῦ
N-AM-S CC N-AM-P A-CAM-P VPPANM-S PD NPDMZP DAMS N-AM-S DGMS

θεοῦ.
N-GM-S

18.12 Γαλλίωνος δὲ ἀνθυπάτου ὄντος τῆς Ἀχαΐας
N-GM-S CC N-GM-S VPPAGM-S DGFS N-GF-S

κατεπέστησαν ὁμοθυμαδὸν οἱ Ἰουδαῖοι τῷ Παύλῳ καὶ ἤγαγον
VIAA--ZP AB DNMP AP-NM-P DDMS N-DM-S CC VIAA--ZP

αὐτὸν ἐπὶ τὸ βῆμα, 18.13 λέγοντες ὅτι Παρὰ τὸν νόμον
NPAMZS PA DANS N-AN-S VPPANM-P CH PA DAMS N-AM-S

ἀναπείθει οὗτος τοὺς ἀνθρώπους σέβεσθαι τὸν θεόν.
VIPA--ZS APDNM-S DAMP N-AM-P VNPM DAMS N-AM-S

18.14 μέλλοντος δὲ τοῦ Παύλου ἀνοίγειν τὸ στόμα εἶπεν ὁ
VPPAGM-S+ CH DGMS N-GM-S +VNPA DANS N-AN-S VIAA--ZS DNMS

Γαλλίων πρὸς τοὺς Ἰουδαίους, Εἰ μὲν ἦν ἀδίκημά τι ἢ
N-NM-S PA DAMP AP-AM-P CS CS VIIA--ZS N-NN-S A-INN-S CC

ῥαδιούργημα πονηρόν, ὦ Ἰουδαῖοι, κατὰ λόγον ἂν ἀνεσχόμην
N-NN-S A--NN-S QS AP-VM-P PA N-AM-S QV VIAM--XS

ὑμῶν· 18.15 εἰ δὲ ζητήματά ἐστιν περὶ λόγου καὶ ὀνομάτων καὶ
NPG-YP CS CH N-NN-S VIPA--ZS PG N-GM-S CC N-GN-P CC

νόμου τοῦ καθ᾽ ὑμᾶς, ὄψεσθε αὐτοί· κριτὴς ἐγὼ τούτων οὐ
N-GM-S DGMS PA NPA-YP VIFD--YP□VMAA--YP NPNMYP N-NM-S NPN-XS APDGN-P AB

βούλομαι εἶναι. 18.16 καὶ ἀπήλασεν αὐτοὺς ἀπὸ τοῦ βήματος.
VIPN--XS VNPA CC VIAA--ZS NPAMZP PG DGNS N-GN-S

18.17 ἐπιλαβόμενοι δὲ πάντες Σωσθένην τὸν ἀρχισυνάγωγον
VPADNM-P CC AP-NM-P N-AF-S DAMS N-AM-S

ἔτυπτον ἔμπροσθεν τοῦ βήματος· καὶ οὐδὲν τούτων τῷ Γαλλίωνι
VIIA--ZP PG DGNS N-GN-S CC APCNN-S APDGN-P DDMS N-DM-S

ἔμελεν.
VIIA--ZS

18.18 Ὁ δὲ Παῦλος ἔτι προσμείνας ἡμέρας ἱκανὰς τοῖς
DNMS CC N-NM-S AB VPAANM-S N-AF-P A--AF-P DDMP

ἀδελφοῖς ἀποταξάμενος ἐξέπλει εἰς τὴν Συρίαν, καὶ σὺν αὐτῷ
N-DM-P VPAMNM-S VIIA--ZS PA DAFS N-AF-S CC PD NPDMZS

Πρίσκιλλα καὶ Ἀκύλας, κειράμενος ἐν Κεγχρεαῖς τὴν κεφαλήν,
N-NF-S CC N-NM-S VPAMNM-S PD N-DF-P DAFS N-AF-S

εἶχεν γὰρ εὐχήν. 18.19 κατήντησαν δὲ εἰς Ἔφεσον, κἀκείνους
VIIA--ZS CS N-AF-S VIAA--ZP CC PA N-AF-S CC&APDAM-P

κατέλιπεν αὐτοῦ, αὐτὸς δὲ εἰσελθὼν εἰς τὴν συναγωγὴν διελέξατο
VIAA--ZS AB NPNMZS CC VPAANM-S PA DAFS N-AF-S VIAD--ZS

τοῖς Ἰουδαίοις. 18.20 ἐρωτώντων δὲ αὐτῶν ἐπὶ πλείονα χρόνον
DDMP AP-DM-P VPPAGM-P CH NPGMZP PA A-MAM-S N-AM-S

μεῖναι οὐκ ἐπένευσεν, 18.21 ἀλλὰ ἀποταξάμενος καὶ εἰπών,
VNAA AB VIAA--ZS CH VPAMNM-S CC VPAANM-S

Πάλιν ἀνακάμψω πρὸς ὑμᾶς τοῦ θεοῦ θέλοντος, ἀνήχθη ἀπὸ τῆς
AB VIFA--XS PA NPA-YP DGMS N-GM-S VPPAGM-S VIAP--ZS PG DGFS

Ἐφέσου· 18.22 καὶ κατελθὼν εἰς Καισάρειαν, ἀναβὰς καὶ
N-GF-S CC VPAANM-S PA N-AF-S VPAANM-S CC

ἀσπασάμενος τὴν ἐκκλησίαν, κατέβη εἰς Ἀντιόχειαν, 18.23 καὶ
VPADNM-S DAFS N-AF-S VIAA--ZS PA N-AF-S CC

ποιήσας χρόνον τινὰ ἐξῆλθεν, διερχόμενος καθεξῆς τὴν
VPAANM-S N-AM-S A-IAM-S VIAA--ZS VPPNNM-S AB DAFS

Γαλατικὴν χώραν καὶ Φρυγίαν, ἐπιστηρίζων πάντας τοὺς
A--AF-S N-AF-S CC N-AF-S VPPANM-S A--AM-P DAMP

μαθητάς.
N-AM-P

18.24 Ἰουδαῖος δέ τις Ἀπολλῶς ὀνόματι, Ἀλεξανδρεὺς τῷ
AP-NM-S CC A-INM-S N-NM-S N-DN-S N-NM-S DDNS

γένει, ἀνὴρ λόγιος, κατήντησεν εἰς Ἔφεσον, δυνατὸς ὢν ἐν
N-DN-S N-NM-S A--NM-S VIAA--ZS PA N-AF-S A--NM-S VPPANM-S PD

ταῖς γραφαῖς. 18.25 οὗτος ἦν κατηχημένος τὴν ὁδὸν τοῦ
DDFP N-DF-P APDNM-S VIIA--ZS+ +VPRPNM-S DAFS N-AF-S DGMS

κυρίου, καὶ ζέων τῷ πνεύματι ἐλάλει καὶ ἐδίδασκεν ἀκριβῶς
N-GM-S CC VPPANM-S DDNS N-DN-S VIIA--ZS CC VIIA--ZS AB

τὰ περὶ τοῦ Ἰησοῦ, ἐπιστάμενος μόνον τὸ βάπτισμα
DANP PG DGMS N-GM-S VPPNNM-S A--AN-S DANS N-AN-S

Ἰωάννου. 18.26 οὗτός τε ἤρξατο παρρησιάζεσθαι ἐν τῇ
N-GM-S APDNM-S CC VIAM--ZS VNPN PD DDFS

συναγωγῇ· ἀκούσαντες δὲ αὐτοῦ Πρίσκιλλα καὶ Ἀκύλας
N-DF-S VPAANM-P CH NPGMZS N-NF-S CC N-NM-S

προσελάβοντο αὐτὸν καὶ ἀκριβέστερον αὐτῷ ἐξέθεντο τὴν ὁδὸν
VIAM--ZP NPAMZS CC APMAN-S□ABM NPDMZS VIAM--ZP DAFS N-AF-S

[τοῦ θεοῦ]. 18.27 βουλομένου δὲ αὐτοῦ διελθεῖν εἰς τὴν Ἀχαΐαν
DGMS N-GM-S VPPNGM-S CC NPGMZS VNAA PA DAFS N-AF-S

προτρεψάμενοι οἱ ἀδελφοὶ ἔγραψαν τοῖς μαθηταῖς ἀποδέξασθαι
VPAMNM-P DNMP N-NM-P VIAA--ZP DDMP N-DM-P VNAD

αὐτόν· ὃς παραγενόμενος συνεβάλετο πολὺ
NPAMZS APRNM-S VPADNM-S VIAM--ZS AP-AN-S□AB

τοῖς πεπιστευκόσιν διὰ τῆς χάριτος· 18.28 εὐτόνως
DDMP□NPDMZP&APRNM-P VPRADM-P PG DGFS N-GF-S AB

γὰρ τοῖς Ἰουδαίοις διακατηλέγχετο δημοσίᾳ ἐπιδεικνὺς διὰ τῶν
CS DDMP AP-DM-P VIIN--ZS AP-DF-S VPPANM-S PG DGFP

γραφῶν εἶναι τὸν Χριστὸν, Ἰησοῦν.
N-GF-P VNPA DAMS N-AM-S N-AM-S

19.1 Ἐγένετο δὲ ἐν τῷ τὸν Ἀπολλῶ εἶναι ἐν Κορίνθῳ
VIAD--ZS CC PD DDNS DAMS N-AM-S VNPAD PD N-DF-S

Παῦλον διελθόντα τὰ ἀνωτερικὰ μέρη [κατ]ελθεῖν εἰς Ἔφεσον
N-AM-S VPAAAM-S DANP A--AN-P N-AN-P VNAA PA N-AF-S

καὶ εὑρεῖν τινας μαθητάς, 19.2 εἶπέν τε πρὸς αὐτούς, Εἰ πνεῦμα
CC VNAA A-IAM-P N-AM-P VIAA--ZS CC PA NRAMZP QT N-AN-S

ἅγιον ἐλάβετε πιστεύσαντες; οἱ   δὲ πρὸς αὐτόν, Ἀλλ᾽
A--AN-S VIAA--YP VPAANMYP DNMP□NPNMZP CH PA NRAMZS CC

οὐδ᾽ εἰ πνεῦμα ἅγιον ἔστιν ἠκούσαμεν. 19.3 εἶπέν τε, Εἰς τί
AB QT N-NN-S A--NN-S VIPA--ZS VIAA--XP   VIAA--ZS CC PA APTAN-S

οὖν ἐβαπτίσθητε; οἱ   δὲ εἶπαν, Εἰς τὸ Ἰωάννου
CH VIAP--YP DNMP□NPNMZP CH VIAA--ZP PA DANS N-GM-S

βάπτισμα. 19.4 εἶπεν δὲ Παῦλος, Ἰωάννης ἐβάπτισεν βάπτισμα
N-AN-S   VIAA--ZS CH N-NM-S N-NM-S VIAA--ZS N-AN-S

μετανοίας, τῷ λαῷ λέγων εἰς τὸν   ἐρχόμενον μετ᾽
N-GF-S DDMS N-DM-S VPPANM-S PA DAMS□NPAMZS&APRNM-S VPPNAM-S PA

αὐτὸν ἵνα πιστεύσωσιν, τοῦτ᾽ ἔστιν εἰς τὸν Ἰησοῦν.
NRAMZS CC VSAA--ZP   APDNN-S VIPA--ZS PA DAMS N-AM-S

19.5 ἀκούσαντες δὲ ἐβαπτίσθησαν εἰς τὸ ὄνομα τοῦ κυρίου
     VPAANM-P CH VIAP--ZP   PA DANS N-AN-S DGMS N-GM-S

Ἰησοῦ· 19.6 καὶ ἐπιθέντος αὐτοῖς τοῦ Παύλου [τὰς] χεῖρας ἦλθε
N-GM-S   CC VPAAGM-S NPDMZP DGMS N-GM-S DAFP N-AF-P VIAA--ZS

τὸ πνεῦμα τὸ ἅγιον ἐπ᾽ αὐτούς, ἐλάλουν τε γλώσσαις καὶ
DNNS N-NN-S DNNS A--NN-S PA NRAMZP VIIA--ZP CC N-DF-P CC

ἐπροφήτευον. 19.7 ἦσαν δὲ οἱ πάντες ἄνδρες ὡσεὶ δώδεκα.
VIIA--ZP   VIIA--ZP CS DNMP A--NM-P N-NM-P AB APCNM-P

19.8 Εἰσελθὼν δὲ εἰς τὴν συναγωγὴν ἐπαρρησιάζετο ἐπὶ
     VPAANM-S CC PA DAFS N-AF-S   VIIN--ZS   PA

μῆνας τρεῖς διαλεγόμενος καὶ πείθων [τὰ] περὶ τῆς βασιλείας
N-AM-P A-CAM-P VPPNNM-S CC VPPANM-S DANP PG DGFS N-GF-S

τοῦ θεοῦ. 19.9 ὡς δέ τινες ἐσκληρύνοντο καὶ ἠπείθουν
DGMS N-GM-S   CS CH APINM-P VIIP--ZP   CC VIIA--ZP

κακολογοῦντες τὴν ὁδὸν ἐνώπιον τοῦ πλήθους, ἀποστὰς ἀπ᾽
VPPANM-P   DAFS N-AF-S PG   DGNS N-GN-S VPAANM-S PG

αὐτῶν ἀφώρισεν τοὺς μαθητάς, καθ᾽ ἡμέραν διαλεγόμενος ἐν τῇ
NPGMZP VIAA--ZS DAMP N-AM-P PA N-AF-S VPPNNM-S   PD DDFS

σχολῇ Τυράννου. 19.10 τοῦτο δὲ ἐγένετο ἐπὶ ἔτη δύο, ὥστε
N-DF-S N-GM-S   APDNN-S CC VIAD--ZS PA N-AN-P A-CAN-P CH

πάντας τοὺς κατοικοῦντας τὴν Ἀσίαν ἀκοῦσαι τὸν λόγον
AP-AM-P DAMP□APRNM-P VPPAAM-P DAFS N-AF-S VNAA DAMS N-AM-S

τοῦ κυρίου, Ἰουδαίους τε καὶ Ἕλληνας.
DGMS N-GM-S AP-AM-P CC CC N-AM-P

19.11 Δυνάμεις τε οὐ τὰς   τυχούσας ὁ θεὸς ἐποίει διὰ
      N-AF-P CC AB DAFP□APRNF-P VPAAAF-P DNMS N-NM-S VIIA--ZS PG

τῶν χειρῶν Παύλου, 19.12 ὥστε καὶ ἐπὶ τοὺς
DGFP N-GF-P N-GM-S   CH   AB PA DAMP□NPAMZP&APRNM-P

433

ἀσθενοῦντας ἀποφέρεσθαι ἀπὸ τοῦ χρωτὸς αὐτοῦ σουδάρια ἢ
VPPAAM-P VNPP PG DGMS N-GM-S NPGMZS N-AN-P CC

σιμικίνθια καὶ ἀπαλλάσσεσθαι ἀπ᾽ αὐτῶν τὰς νόσους, τά τε
N-AN-P CC VNPP PG NPGMZP DAFP N-AF-P DANP CC

πνεύματα τὰ πονηρὰ ἐκπορεύεσθαι. 19.13 ἐπεχείρησαν δέ τινες
N-AN-P DANP A--AN-P VNPN VIAA--ZP CC APINM-P

καὶ τῶν περιερχομένων Ἰουδαίων ἐξορκιστῶν ὀνομάζειν
AB DGMP□APRNM-P+ VPPNGM-P A--GM-P N-GM-P VNPA

ἐπὶ τοὺς ἔχοντας τὰ πνεύματα τὰ πονηρὰ τὸ
PA DAMP□NPAMZP&APRNM-P VPPAAM-P DANP N-AN-P DANP A--AN-P DANS

ὄνομα τοῦ κυρίου Ἰησοῦ λέγοντες, Ὁρκίζω ὑμᾶς τὸν Ἰησοῦν
N-AN-S DGMS N-GM-S N-GM-S VPPANM-P VIPA--XS NPA-YP DAMS N-AM-S

ὃν Παῦλος κηρύσσει. 19.14 ἦσαν δέ τινος Σκευᾶ Ἰουδαίου
APRAM-S N-NM-S VIPA--ZS VIIA--ZP+ CC A-IGM-S N-GM-S A--GM-S

ἀρχιερέως ἑπτὰ υἱοὶ τοῦτο ποιοῦντες. 19.15 ἀποκριθὲν δὲ τὸ
N-GM-S A-CNM-P N-NM-P APDAN-S +VPPANM-P VPAONN-S CH DNNS

πνεῦμα τὸ πονηρὸν εἶπεν αὐτοῖς, Τὸν [μὲν] Ἰησοῦν γινώσκω
N-NN-S DNNS A--NN-S VIAA--ZS NPDMZP DAMS CS N-AM-S VIPA--XS

καὶ τὸν Παῦλον ἐπίσταμαι, ὑμεῖς δὲ τίνες ἐστέ; 19.16 καὶ
CC DAMS N-AM-S VIPN--XS NPN-YP CH APTNM-P VIPA--YP CC

ἐφαλόμενος ὁ ἄνθρωπος ἐπ᾽ αὐτοὺς ἐν ᾧ ἦν τὸ πνεῦμα
VPADNM-S DNMS N-NM-S PA NPAMZP PD APRDM-S VIIA--ZS DNNS N-NN-S

τὸ πονηρὸν κατακυριεύσας ἀμφοτέρων ἴσχυσεν κατ᾽ αὐτῶν,
DNNS A--NN-S VPAANM-S AP-GM-P VIAA--ZS PG NPGMZP

ὥστε γυμνοὺς καὶ τετραυματισμένους ἐκφυγεῖν ἐκ τοῦ οἴκου
CH A--AM-P CC VPRPAM-P VNAA PG DGMS N-GM-S

ἐκείνου. 19.17 τοῦτο δὲ ἐγένετο γνωστὸν πᾶσιν Ἰουδαίοις τε καὶ
A-DGM-S APDNN-S CC VIAD--ZS A--NN-S A--DM-P AP-DM-P CC CC

Ἕλλησιν τοῖς κατοικοῦσιν τὴν Ἔφεσον, καὶ ἐπέπεσεν
N-DM-P DDMP□APRNM-P VPPADM-P DAFS N-AF-S CC VIAA--ZS

φόβος ἐπὶ πάντας αὐτούς, καὶ ἐμεγαλύνετο τὸ ὄνομα τοῦ κυρίου
N-NM-S PA A--AM-P NPAMZP CC VIIP--ZS DNNS N-NN-S DGMS N-GM-S

Ἰησοῦ. 19.18 πολλοί τε τῶν πεπιστευκότων ἤρχοντο
N-GM-S AP-NM-P CC DGMP□NPGMZP&APRNM-P VPRAGM-P VIIN--ZP

ἐξομολογούμενοι καὶ ἀναγγέλλοντες τὰς πράξεις αὐτῶν.
VPPMNM-P CC VPPANM-P DAFP N-AF-P NPGMZP

19.19 ἱκανοὶ δὲ τῶν τὰ περίεργα πραξάντων
AP-NM-P CC DGMP□NPGMZP&APRNM-P DANP AP-AN-P VPAAGM-P

συνενέγκαντες τὰς βίβλους κατέκαιον ἐνώπιον πάντων· καὶ
VPAANM-P DAFP N-AF-P VIIA--ZP PG AP-GM-P CC

συνεψήφισαν τὰς τιμὰς αὐτῶν καὶ εὗρον ἀργυρίου μυριάδας
VIAA--ZP DAFP N-AF-P NPGFZP CC VIAA--ZP N-GN-S N-AF-P

πέντε. 19.20 Οὕτως κατὰ κράτος τοῦ κυρίου ὁ λόγος ηὔξανεν
A-CAF-P AB PA N-AN-S DGMS N-GM-S DNMS N-NM-S VIIA--ZS

καὶ ἴσχυεν.
CC   VIIA--ZS

19.21 Ὡς δὲ ἐπληρώθη ταῦτα, ἔθετο ὁ Παῦλος ἐν τῷ
CS CC VIAP--ZS APDNN-P VIAM--ZS DNMS N-NM-S PD DDNS

πνεύματι διελθὼν τὴν Μακεδονίαν καὶ Ἀχαΐαν πορεύεσθαι εἰς
N-DN-S   VPAANM-S DAFS N-AF-S   CC N-AF-S VNPN   PA

Ἱεροσόλυμα, εἰπὼν ὅτι Μετὰ τὸ γενέσθαι με ἐκεῖ δεῖ με
N-AN-P   VPAANM-S CH PA DANS VNADA   NPA-XS AB VIPA--ZS NPA-XS

καὶ Ῥώμην ἰδεῖν. 19.22 ἀποστείλας δὲ εἰς τὴν Μακεδονίαν δύο
AB N-AF-S VNAA   VPAANM-S   CH PA DAFS N-AF-S   APCAM-P

τῶν   διακονούντων αὐτῷ, Τιμόθεον καὶ Ἔραστον,
DGMP□NPGMZP&APRNM-P VPPAGM-P   NPDMZS N-AM-S   CC N-AM-S

αὐτὸς ἐπέσχεν χρόνον εἰς τὴν Ἀσίαν.
NPNMZS VIAA--ZS N-AM-S PA DAFS N-AF-S

19.23 Ἐγένετο δὲ κατὰ τὸν καιρὸν ἐκεῖνον τάραχος οὐκ
VIAD--ZS CC PA DAMS N-AM-S A-DAM-S N-NM-S AB

ὀλίγος περὶ τῆς ὁδοῦ. 19.24 Δημήτριος γάρ τις ὀνόματι,
A--NM-S PG DGFS N-GF-S   N-NM-S   CS A-INM-S N-DN-S

ἀργυροκόπος, ποιῶν ναοὺς ἀργυροῦς Ἀρτέμιδος παρείχετο τοῖς
N-NM-S   VPPANM-S N-AM-P A--AM-P N-GF-S   VIIM--ZS   DDMP

τεχνίταις οὐκ ὀλίγην ἐργασίαν, 19.25 οὓς συναθροίσας καὶ
N-DM-P   AB A--AF-S N-AF-S   APRAM-P VPAANM-S CC

τοὺς περὶ τὰ τοιαῦτα ἐργάτας εἶπεν, Ἄνδρες, ἐπίστασθε ὅτι ἐκ
DAMP PA DANP APDAN-P N-AM-P VIAA--ZS N-VM-P VIPN--YP CC PG

ταύτης τῆς ἐργασίας ἡ εὐπορία ἡμῖν ἐστιν, 19.26 καὶ θεωρεῖτε
A-DGF-S DGFS N-GF-S DNFS N-NF-S NPD-XP VIPA--ZS   CC VIPA--YP

καὶ ἀκούετε ὅτι οὐ μόνον Ἐφέσου ἀλλὰ σχεδὸν πάσης τῆς
CC VIPA--YP CC AB AP-AN-S□AB N-GF-S CH AB A--GF-S DGFS

Ἀσίας ὁ Παῦλος οὗτος πείσας μετέστησεν ἱκανὸν ὄχλον,
N-GF-S DNMS N-NM-S A-DNM-S VPAANM-S VIAA--ZS A--AM-S N-AM-S

λέγων ὅτι οὐκ εἰσὶν θεοὶ οἱ   διὰ χειρῶν γινόμενοι.
VPPANM-S CH AB VIPA--ZP N-NM-P DNMP□APRNM-P PG N-GF-P VPPNNM-P

19.27 οὐ μόνον δὲ τοῦτο κινδυνεύει ἡμῖν τὸ μέρος εἰς
AB AP-AN-S□AB CC A-DNN-S VIPA--ZS NPD-XP DANS N-AN-S PA

ἀπελεγμὸν ἐλθεῖν, ἀλλὰ καὶ τὸ τῆς μεγάλης θεᾶς Ἀρτέμιδος
N-AM-S   VNAA   CH AB DANS DGFS A--GF-S N-GF-S N-GF-S

ἱερὸν εἰς οὐθὲν λογισθῆναι, μέλλειν τε καὶ καθαιρεῖσθαι τῆς
AP-AN-S PA APCAN-S VNAP   VNPA+   CC AB +VNPP   DGFS

μεγαλειότητος αὐτῆς, ἣν ὅλη ἡ Ἀσία καὶ ἡ οἰκουμένη
N-GF-S   NPGFZS APRAF-S A--NF-S DNFS N-NF-S CC DNFS N-NF-S

σέβεται.
VIPM--ZS

19.28 Ἀκούσαντες δὲ καὶ γενόμενοι πλήρεις θυμοῦ ἔκραζον
VPAANM-P   CH CC VPADNM-P A--NM-P N-GM-S VIIA--ZP

435

λέγοντες, Μεγάλη ἡ Ἄρτεμις Ἐφεσίων. 19.29 καὶ ἐπλήσθη ἡ
VPPANM-P A--NF-S DNFS N-NF-S AP-GM-P CC VIAP--ZS DNFS

πόλις τῆς συγχύσεως, ὥρμησάν τε ὁμοθυμαδὸν εἰς τὸ θέατρον
N-NF-S DGFS N-GF-S VIAA--ZP CC AB PA DANS N-AN-S

συναρπάσαντες Γάϊον καὶ Ἀρίσταρχον Μακεδόνας, συνεκδήμους
VPAANM-P N-AM-S CC N-AM-S N-AM-P N-AM-P

Παύλου. 19.30 Παύλου δὲ βουλομένου εἰσελθεῖν εἰς τὸν δῆμον
N-GM-S N-GM-S CC VPPNGM-S VNAA PA DAMS N-AM-S

οὐκ εἴων αὐτὸν οἱ μαθηταί· 19.31 τινὲς δὲ καὶ τῶν Ἀσιαρχῶν,
AB VIIA--ZP NPAMZS DNMP N-NM-P APINM-P CC AB DGMP N-GM-P

ὄντες αὐτῷ φίλοι, πέμψαντες πρὸς αὐτὸν παρεκάλουν μὴ δοῦναι
VPPANM-P NPDMZS A--NM-P VPAANM-P PA NPAMZS VIIA--ZP AB VNAA

ἑαυτὸν εἰς τὸ θέατρον. 19.32 ἄλλοι μὲν οὖν ἄλλο τι ἔκραζον,
NPRAMZS PA DANS N-AN-S AP-NM-P CC/CS CC AP-AN-S A-IAN-S VIIA--ZP

ἦν γὰρ ἡ ἐκκλησία συγκεχυμένη, καὶ οἱ πλείους οὐκ
VIIA--ZS+ CS DNFS N-NF-S +VPRPNF-S CC DNMP APMNM-P AB

ᾔδεισαν τίνος ἕνεκα συνεληλύθεισαν. 19.33 ἐκ δὲ τοῦ
VILA--ZP APTGM-S/APTGN-S PG VILA--ZP PG CC/CH DGMS

ὄχλου συνεβίβασαν Ἀλέξανδρον, προβαλόντων αὐτὸν τῶν
N-GM-S VIAA--ZP N-AM-S VPAAGM-P NPAMZS DGMP

Ἰουδαίων· ὁ δὲ Ἀλέξανδρος κατασείσας τὴν χεῖρα ἤθελεν
AP-GM-P DNMS CH N-NM-S VPAANM-S DAFS N-AF-S VIIA--ZS

ἀπολογεῖσθαι τῷ δήμῳ. 19.34 ἐπιγνόντες δὲ ὅτι Ἰουδαῖός ἐστιν
VNPN DDMS N-DM-S VPAANM-P CH CC A--NM-S VIPA--ZS

φωνὴ ἐγένετο μία ἐκ πάντων ὡς ἐπὶ ὥρας δύο κραζόντων,
N-NF-S VIAD--ZS A-CNF-S PG AP-GM-P AB PA N-AF-P A-CAF-P VPPAGM-P

Μεγάλη ἡ Ἄρτεμις Ἐφεσίων. 19.35 καταστείλας δὲ ὁ
A--NF-S DNFS N-NF-S AP-GM-P VPAANM-S CH DNMS

γραμματεὺς τὸν ὄχλον φησίν, Ἄνδρες Ἐφέσιοι, τίς γὰρ
N-NM-S DAMS N-AM-S VIPA--ZS N-VM-P AP-VM-P APTNM-S CS

ἐστιν ἀνθρώπων ὃς οὐ γινώσκει τὴν Ἐφεσίων πόλιν
VIPA--ZS N-GM-P APRNM-S AB VIPA--ZS DAFS AP-GM-P N-AF-S

νεωκόρον οὖσαν τῆς μεγάλης Ἀρτέμιδος καὶ τοῦ διοπετοῦς;
N-AM-S VPPAAF-S DGFS A--GF-S N-GF-S CC DGNS AP-GN-S

19.36 ἀναντιρρήτων οὖν ὄντων τούτων δέον ἐστὶν ὑμᾶς
A--GN-P CH VPPAGN-P APDGN-P VPPANN-S+ +VIPA--ZS NPA-YP

κατεσταλμένους ὑπάρχειν καὶ μηδὲν προπετὲς πράσσειν.
VPRPAMYP+ +VNPA CC APCAN-S A--AN-S VNPA

19.37 ἠγάγετε γὰρ τοὺς ἄνδρας τούτους οὔτε ἱεροσύλους οὔτε
VIAA--YP CS DAMP N-AM-P A-DAM-P CC AP-AM-P CC

βλασφημοῦντας τὴν θεὸν ἡμῶν. 19.38 εἰ μὲν οὖν Δημήτριος καὶ
VPPAAM-P DAFS N-AF-S NPG-XP CS CC CH N-NM-S CC

οἱ σὺν αὐτῷ τεχνῖται ἔχουσι πρός τινα λόγον, ἀγοραῖοι
DNMP PD NPDMZS N-NM-P VIPA--ZP PA APIAM-S N-AM-S AP-NF-P

ἄγονται καὶ ἀνθύπατοί εἰσιν· ἐγκαλείτωσαν ἀλλήλοις. 19.39 εἰ δέ
VIPP--ZP   CC   N-NM-P   VIPA--ZP VMPA--ZP   NPDMZP   CS CC

τι   περαιτέρω   ἐπιζητεῖτε,   ἐν   τῇ   ἐννόμῳ   ἐκκλησίᾳ
APIAN-S   ABM   VIPA--YP   PD   DDFS   A--DF-S   N-DF-S

ἐπιλυθήσεται. 19.40 καὶ γὰρ κινδυνεύομεν ἐγκαλεῖσθαι στάσεως
VIFP--ZS□VMAP--ZS   AB CS   VIPA--XP   VNPP   N-GF-S

περὶ τῆς σήμερον, μηδενὸς αἰτίου ὑπάρχοντος, περὶ οὗ   [οὗ]
PG   DGFS AB□AP-GF-S A-CGN-S AP-GN-S VPPAGN-S   PG   APRGN-S AB

δυνησόμεθα ἀποδοῦναι λόγον περὶ τῆς συστροφῆς ταύτης. καὶ
VIFD--XP   VNAA   N-AM-S PG DGFS N-GF-S   A-DGF-S   CC

ταῦτα εἰπὼν ἀπέλυσεν τὴν ἐκκλησίαν.
APDAN-P VPAANM-S VIAA--ZS DAFS N-AF-S

20.1 Μετὰ δὲ τὸ παύσασθαι τὸν θόρυβον μεταπεμψάμενος
        PA   CC DANS VNAMA   DAMS N-AM-S   VPADNM-S

ὁ   Παῦλος τοὺς μαθητὰς καὶ παρακαλέσας, ἀσπασάμενος
DNMS N-NM-S DAMP N-AM-P   CC   VPAANM-S   VPADNM-S

ἐξῆλθεν πορεύεσθαι εἰς Μακεδονίαν. 20.2 διελθὼν δὲ τὰ   μέρη
VIAA--ZS   VNPN   PA   N-AF-S   VPAANM-S CC DANP N-AN-P

ἐκεῖνα καὶ παρακαλέσας αὐτοὺς λόγῳ πολλῷ ἦλθεν εἰς τὴν
A-DAN-P CC   VPAANM-S   NPAMZP N-DM-S A--DM-S VIAA--ZS PA DAFS

Ἑλλάδα, 20.3 ποιήσας τε μῆνας τρεῖς γενομένης ἐπιβουλῆς
N-AF-S   VPAANM-S CC N-AM-P A-CAM-P VPADGF-S   N-GF-S

αὐτῷ ὑπὸ τῶν Ἰουδαίων μέλλοντι ἀνάγεσθαι εἰς τὴν Συρίαν
NPDMZS PG DGMP AP-GM-P   VPPADM-S+   +VNPP   PA DAFS N-AF-S

ἐγένετο γνώμης τοῦ ὑποστρέφειν διὰ Μακεδονίας. 20.4 συνείπετο
VIAD--ZS N-GF-S DGNS VNPAG   PG N-GF-S   VIIN--ZS

δὲ αὐτῷ Σώπατρος Πύρρου Βεροιαῖος, Θεσσαλονικέων δὲ
CS NPDMZS N-NM-S   N-GM-S AP-NM-S   N-GM-P   CC

Ἀρίσταρχος καὶ Σεκοῦνδος, καὶ Γάϊος Δερβαῖος καὶ Τιμόθεος,
N-NM-S   CC   N-NM-S   CC N-NM-S AP-NM-S   CC N-NM-S

Ἀσιανοὶ δὲ Τυχικὸς καὶ Τρόφιμος. 20.5 οὗτοι δὲ προελθόντες
N-NM-P   CC N-NM-S CC   N-NM-S   APDNM-P CC VPAANM-P

ἔμενον ἡμᾶς ἐν Τρῳάδι· 20.6 ἡμεῖς δὲ ἐξεπλεύσαμεν μετὰ τὰς
VIIA--ZP NPA-XP PD N-DF-S   NPN-XP CH VIAA--XP   PA   DAFP

ἡμέρας τῶν ἀζύμων ἀπὸ Φιλίππων, καὶ ἤλθομεν πρὸς αὐτοὺς εἰς
N-AF-P DGNP AP-GN-P PG N-GM-P   CC VIAA--XP   PA   NPAMZP PA

τὴν Τρῳάδα ἄχρι ἡμερῶν πέντε, ὅπου διετρίψαμεν ἡμέρας ἑπτά.
DAFS N-AF-S   PG   N-GF-P A-CGF-P ABR VIAA--XP   N-AF-P A-CAF-P

20.7 Ἐν δὲ τῇ μιᾷ τῶν σαββάτων συνηγμένων ἡμῶν
        PD CC DDFS APCDF-S DGNP N-GN-P VPRPGMXP   NPG-XP

κλάσαι ἄρτον ὁ Παῦλος διελέγετο αὐτοῖς, μέλλων ἐξιέναι τῇ
VNAA   N-AM-S DNMS N-NM-S VIIN--ZS   NPDMZP VPPANM-S+ +VNPA DDFS

ἐπαύριον, παρέτεινέν τε τὸν λόγον μέχρι μεσονυκτίου. 20.8 ἦσαν
AB□AP-DF-S VIIA--ZS CC DAMS N-AM-S PG N-GN-S   VIIA--ZP

δὲ λαμπάδες ἱκαναὶ ἐν τῷ ὑπερῴῳ οὗ ἦμεν συνηγμένοι·
CS　N-NF-P　　A--NF-P　PD　DDNS　N-DN-S　　ABR　VIIA--XP+　+VPRPNMXP

20.9 καθεζόμενος δέ τις νεανίας ὀνόματι Εὔτυχος ἐπὶ τῆς
VPPNNM-S　　CH　A-INM-S　N-NM-S　N-DN-S　　N-NM-S　PG　DGFS

θυρίδος, καταφερόμενος ὕπνῳ βαθεῖ διαλεγομένου τοῦ Παύλου
N-GF-S　VPPPNM-S　　N-DM-S　A--DM-S　VPPNGM-S　　DGMS　N-GM-S

ἐπὶ πλεῖον, κατενεχθεὶς ἀπὸ τοῦ ὕπνου ἔπεσεν ἀπὸ τοῦ
PA　APMAN-S　VPAPNM-S　PG　DGMS　N-GM-S　VIAA--ZS　PG　DGNS

τριστέγου κάτω καὶ ἤρθη νεκρός. 20.10 καταβὰς δὲ ὁ Παῦλος
N-GN-S　AB　CC　VIAP--ZS　A--NM-S　　VPAANM-S　CC　DNMS　N-NM-S

ἐπέπεσεν αὐτῷ καὶ συμπεριλαβὼν εἶπεν, Μὴ θορυβεῖσθε, ἡ γὰρ
VIAA--ZS　NPDMZS　CC　VPAANM-S　　VIAA--ZS　AB　VMPP--YP　　DNFS　CS

ψυχὴ αὐτοῦ ἐν αὐτῷ ἐστιν. 20.11 ἀναβὰς δὲ καὶ κλάσας τὸν
N-NF-S　NPGMZS　PD　NPDMZS　VIPA--ZS　　VPAANM-S　CC　CC　VPAANM-S　DAMS

ἄρτον καὶ γευσάμενος ἐφ᾽ ἱκανόν τε ὁμιλήσας ἄχρι αὐγῆς οὕτως
N-AM-S　CC　VPADNM-S　PA　AP-AM-S　CC　VPAANM-S　PG　N-GF-S　AB

ἐξῆλθεν. 20.12 ἤγαγον δὲ τὸν παῖδα ζῶντα, καὶ παρεκλήθησαν
VIAA--ZS　　VIAA--ZP　CC　DAMS　N-AM-S　VPPAAM-S　CC　VIAP--ZP

οὐ μετρίως.
AB　AB

20.13 Ἡμεῖς δὲ προελθόντες ἐπὶ τὸ πλοῖον ἀνήχθημεν ἐπὶ
NPN-XP　CC　VPAANMXP　PA　DANS　N-AN-S　VIAP--XP　PA

τὴν Ἆσσον, ἐκεῖθεν μέλλοντες ἀναλαμβάνειν τὸν Παῦλον,
DAFS　N-AF-S　AB　VPPANMXP+　+VNPA　DAMS　N-AM-S

οὕτως γὰρ διατεταγμένος ἦν μέλλων αὐτὸς πεζεύειν. 20.14 ὡς
AB　CS　VPRMNM-S+　+VIIA--ZS　VPPANM-S+　NPNMZS　+VNPA　　CS

δὲ συνέβαλλεν ἡμῖν εἰς τὴν Ἆσσον, ἀναλαβόντες αὐτὸν
CC　VIIA--ZS　NPD-XP　PA　DAFS　N-AF-S　VPAANMXP　NPAMZS

ἤλθομεν εἰς Μιτυλήνην, 20.15 κἀκεῖθεν ἀποπλεύσαντες
VIAA--XP　PA　N-AF-S　　CC&AB　VPAANMXP

τῇ ἐπιούσῃ κατηντήσαμεν ἄντικρυς Χίου, τῇ δὲ
DDFS□NPDFZS&APRNF-S　VPPADF-S　VIAA--XP　PG　N-GF-S　DDFS　CC

ἑτέρᾳ παρεβάλομεν εἰς Σάμον, τῇ δὲ ἐχομένῃ
AP-DF-S　VIAA--XP　PA　N-AF-S　DDFS□NPDFZS&APRNF-S　CC　VPPMDF-S

ἤλθομεν εἰς Μίλητον· 20.16 κεκρίκει γὰρ ὁ Παῦλος
VIAA--XP　PA　N-AF-S　　VILA--ZS　CS　DNMS　N-NM-S

παραπλεῦσαι τὴν Ἔφεσον, ὅπως μὴ γένηται αὐτῷ
VNAA　DAFS　N-AF-S　CS　AB　VSAD--ZS　NPDMZS

χρονοτριβῆσαι ἐν τῇ Ἀσίᾳ, ἔσπευδεν γὰρ εἰ δυνατὸν εἴη
VNAA　PD　DDFS　N-DF-S　VIIA--ZS　CS　CS　A--NN-S　VOPA--ZS

αὐτῷ τὴν ἡμέραν τῆς πεντηκοστῆς γενέσθαι εἰς Ἱεροσόλυμα.
NPDMZS　DAFS　N-AF-S　DGFS　N-GF-S　VNAD　PA　N-AN-P

20.17 Ἀπὸ δὲ τῆς Μιλήτου πέμψας εἰς Ἔφεσον
PG　CC/CH　DGFS　N-GF-S　VPAANM-S　PA　N-AF-S

μετεκαλέσατο τοὺς πρεσβυτέρους τῆς ἐκκλησίας. 20.18 ὡς δὲ
VIAM--ZS   DAMP AP-AM-P   DGFS N-GF-S   CS CC

παρεγένοντο πρὸς αὐτὸν εἶπεν αὐτοῖς, Ὑμεῖς ἐπίστασθε ἀπὸ
VIAD--ZP   PA   NPAMZS VIAA--ZS NPDMZP NPN-YP VIPN--YP   PG

πρώτης ἡμέρας ἀφ᾽ ἧς ἐπέβην εἰς τὴν Ἀσίαν πῶς μεθ᾽ ὑμῶν
A-OGF-S N-GF-S PG APRGF-S VIAA--XS PA DAFS N-AF-S ABT PG NPG-YP

τὸν πάντα χρόνον ἐγενόμην, 20.19 δουλεύων τῷ κυρίῳ μετὰ
DAMS A--AM-S N-AM-S VIAD--XS   VPPANMXS DDMS N-DM-S PG

πάσης ταπεινοφροσύνης καὶ δακρύων καὶ πειρασμῶν τῶν
A--GF-S N-GF-S   CC N-GN-P CC N-GM-P   DGMP□APRNM-P

συμβάντων μοι ἐν ταῖς ἐπιβουλαῖς τῶν Ἰουδαίων· 20.20 ὡς
VPAAGM-P NPD-XS PD DDFP N-DF-P   DGMP AP-GM-P   CC/CS

οὐδὲν ὑπεστειλάμην τῶν   συμφερόντων τοῦ μὴ
APCAN-S VIAM--XS DGNP□NPGNZP&APRNN-P VPPAGN-P DGNS AB

ἀναγγεῖλαι ὑμῖν καὶ διδάξαι ὑμᾶς δημοσίᾳ καὶ κατ᾽ οἴκους,
VNAAG   NPD-YP CC VNAAG   NPA-YP AP-DF-S CC PA   N-AM-P

20.21 διαμαρτυρόμενος Ἰουδαίοις τε καὶ Ἕλλησιν τὴν εἰς θεὸν
      VPPNNMXS   AP-DM-P   CC CC N-DM-P   DAFS PA N-AM-S

μετάνοιαν καὶ πίστιν εἰς τὸν κύριον ἡμῶν Ἰησοῦν. 20.22 καὶ νῦν
N-AF-S   CC N-AF-S PA DAMS N-AM-S NPG-XP N-AM-S   CC AB

ἰδοὺ δεδεμένος ἐγὼ τῷ πνεύματι πορεύομαι εἰς Ἰερουσαλήμ,
QS   VPRPNMXS NPN-XS DDNS N-DN-S VIPN--XS   PA N-AF-S

τὰ   ἐν αὐτῇ συναντήσοντά μοι μὴ εἰδώς,
DANP□NPANZP&APRNN-P PD NPDFZS VPFAAN-P   NPD-XS AB VPRANMXS

20.23 πλὴν ὅτι τὸ πνεῦμα τὸ ἅγιον κατὰ πόλιν διαμαρτύρεταί
      CC   CH DNNS N-NN-S DNNS A--NN-S PA   N-AF-S VIPN--ZS

μοι λέγον ὅτι δεσμὰ καὶ θλίψεις με μένουσιν. 20.24 ἀλλ᾽
NPD-XS VPPANN-S CH N-NN-P CC N-NF-P NPA-XS VIPA--ZP   CC

οὐδενὸς λόγου ποιοῦμαι τὴν ψυχὴν τιμίαν ἐμαυτῷ ὡς τελειῶσαι
A-CGM-S N-GM-S VIPM--XS DAFS N-AF-S A--AF-S NPDMXS CS VNAA

τὸν δρόμον μου καὶ τὴν διακονίαν ἣν ἔλαβον παρὰ τοῦ
DAMS N-AM-S NPG-XS CC DAFS N-AF-S APRAF-S VIAA--XS PG DGMS

κυρίου Ἰησοῦ, διαμαρτύρασθαι τὸ εὐαγγέλιον τῆς χάριτος τοῦ
N-GM-S N-GM-S VNAD   DANS N-AN-S   DGFS N-GF-S DGMS

θεοῦ.
N-GM-S

20.25 Καὶ νῦν ἰδοὺ ἐγὼ οἶδα ὅτι οὐκέτι ὄψεσθε τὸ
       CC AB QS NPN-XS VIRA--XS CC AB   VIFD--YP DANS

πρόσωπόν μου ὑμεῖς πάντες ἐν οἷς διῆλθον κηρύσσων τὴν
N-AN-S   NPG-XS NPN-YP A--NM-P PD APRDMYP VIAA--XS VPPANMXS DAFS

βασιλείαν· 20.26 διότι μαρτύρομαι ὑμῖν ἐν τῇ σήμερον ἡμέρᾳ
N-AF-S   CS   VIPN--XS   NPD-YP PD DDFS AB□A--DF-S N-DF-S

ὅτι καθαρός εἰμι ἀπὸ τοῦ αἵματος πάντων, 20.27 οὐ γὰρ
CC A--NM-S VIPA--XS PG DGNS N-GN-S AP-GM-P   AB CS

ὑπεστειλάμην τοῦ μὴ ἀναγγεῖλαι πᾶσαν τὴν βουλὴν τοῦ θεοῦ
VIAM--XS DGNS AB VNAAG A--AF-S DAFS N-AF-S DGMS N-GM-S

ὑμῖν. 20.28 προσέχετε ἑαυτοῖς καὶ παντὶ τῷ ποιμνίῳ, ἐν ᾧ
NPD-YP VMPA--YP NPDMYP CC A--DN-S DDNS N-DN-S PD APRDN-S

ὑμᾶς τὸ πνεῦμα τὸ ἅγιον ἔθετο ἐπισκόπους, ποιμαίνειν τὴν
NPA-YP DNNS N-NN-S DNNS A--NN-S VIAM--ZS N-AM-P VNPA DAFS

ἐκκλησίαν τοῦ θεοῦ, ἣν περιεποιήσατο διὰ τοῦ αἵματος τοῦ
N-AF-S DGMS N-GM-S APRAF-S VIAM--ZS PG DGNS N-GN-S DGNS

ἰδίου. 20.29 ἐγὼ οἶδα ὅτι εἰσελεύσονται μετὰ τὴν ἄφιξίν μου
A--GN-S NPN-XS VIRA--XS CC VIFD--ZP PA DAFS N-AF-S NPG-XS

λύκοι βαρεῖς εἰς ὑμᾶς μὴ φειδόμενοι τοῦ ποιμνίου, 20.30 καὶ ἐξ
N-NM-P A--NM-P PA NPA-YP AB VPPNNM-P DGNS N-GN-S CC PG

ὑμῶν αὐτῶν ἀναστήσονται ἄνδρες λαλοῦντες διεστραμμένα τοῦ
NPG-YP NPGMYP VIFM--ZP N-NM-P VPPANM-P VPRPAN-P DGNS

ἀποσπᾶν τοὺς μαθητὰς ὀπίσω αὐτῶν. 20.31 διὸ γρηγορεῖτε,
VNPAG DAMP N-AM-P PG NPGMZP CH VMPA--YP

μνημονεύοντες ὅτι τριετίαν νύκτα καὶ ἡμέραν οὐκ ἐπαυσάμην
VRPANMYP CC N-AF-S N-AF-S CC N-AF-S AB VIAM--XS

μετὰ δακρύων νουθετῶν ἕνα ἕκαστον. 20.32 καὶ τὰ νῦν
PG N-GN-P VPPANMXS APCAM-S A--AM-S CC DANP AB□AP-AN-P

παρατίθεμαι ὑμᾶς τῷ θεῷ καὶ τῷ λόγῳ τῆς χάριτος αὐτοῦ
VIPM--XS NPA-YP DDMS N-DM-S CC DDMS N-DM-S DGFS N-GF-S NPGMZS

τῷ δυναμένῳ οἰκοδομῆσαι καὶ δοῦναι τὴν κληρονομίαν
DDMS□APRNM-S VPPNDM-S VNAA CC VNAA DAFS N-AF-S

ἐν τοῖς ἡγιασμένοις πᾶσιν. 20.33 ἀργυρίου ἢ χρυσίου ἢ
PD DDMP□APRNM-P+ VPRPDM-P AP-DM-P N-GN-S CC N-GN-S CC

ἱματισμοῦ οὐδενὸς ἐπεθύμησα· 20.34 αὐτοὶ γινώσκετε ὅτι ταῖς
N-GM-S APCGM-S VIAA--XS NPNMYP VIPA--YP CC DDFP

χρείαις μου καὶ τοῖς οὖσιν μετ᾽ ἐμοῦ ὑπηρέτησαν
N-DF-P NPG-XS CC DDMP□NPDMZP&APRNM-P VPPADM-P PG NPG-XS VIAA--ZP

αἱ χεῖρες αὗται. 20.35 πάντα ὑπέδειξα ὑμῖν ὅτι οὕτως κοπιῶντας
DNFP N-NF-P A-DNF-P AP-AN-P VIAA--XS NPD-YP ABR AB VPPAAMYP

δεῖ ἀντιλαμβάνεσθαι τῶν ἀσθενούντων,
VIPA--ZS VNPN DGMP□NPGMZP&APRNM-P VPPAGM-P

μνημονεύειν τε τῶν λόγων τοῦ κυρίου Ἰησοῦ ὅτι αὐτὸς εἶπεν,
VNPA CC DGMP N-GM-P DGMS N-GM-S N-GM-S ABR NPNMZS VIAA--ZS

Μακάριόν ἐστιν μᾶλλον διδόναι ἢ λαμβάνειν.
A--NN-S VIPA--ZS ABM VNPA CS VNPA

20.36 Καὶ ταῦτα εἰπὼν θεὶς τὰ γόνατα αὐτοῦ σὺν πᾶσιν
CC APDAN-P VPAANM-S VPAANM-S DANP N-AN-P NPGMZS PD A--DM-P

αὐτοῖς προσηύξατο. 20.37 ἱκανὸς δὲ κλαυθμὸς ἐγένετο πάντων,
NPDMZP VIAD--ZS A--NM-S CC N-NM-S VIAD--ZS AP-GM-P

καὶ ἐπιπεσόντες ἐπὶ τὸν τράχηλον τοῦ Παύλου κατεφίλουν
CC VPAANM-P PA DAMS N-AM-S DGMS N-GM-S VIIA--ZP

αὐτόν, 20.38 ὀδυνώμενοι μάλιστα ἐπὶ τῷ λόγῳ ᾧ
NPAMZS VPPNNM-P ABS PD DDMS N-DM-S APRDM-S□APRAM-S

εἰρήκει ὅτι οὐκέτι μέλλουσιν τὸ πρόσωπον αὐτοῦ θεωρεῖν.
VILA--ZS ABR AB VIPA--ZP+ DANS N-AN-S NPGMZS +VNPA

προέπεμπον δὲ αὐτὸν εἰς τὸ πλοῖον.
VIIA--ZP CC NPAMZS PA DANS N-AN-S

21.1 Ὡς δὲ ἐγένετο ἀναχθῆναι ἡμᾶς ἀποσπασθέντας ἀπ᾽
CS CC VIAD--ZS VNAP NPA-XP VPAPAMXP PG

αὐτῶν, εὐθυδρομήσαντες ἤλθομεν εἰς τὴν Κῶ, τῇ δὲ ἑξῆς εἰς
NPGMZP VPAANMXP VIAA--XP PA DAFS N-AF-S DDFS CC AB□AP-DF-S PA

τὴν Ῥόδον, κἀκεῖθεν εἰς Πάταρα· 21.2 καὶ εὑρόντες πλοῖον
DAFS N-AF-S CC&AB PA N-AN-P CC VPAANMXP N-AN-S

διαπερῶν εἰς Φοινίκην ἐπιβάντες ἀνήχθημεν. 21.3 ἀναφάναντες
VPPAAN-S PA N-AF-S VPAANMXP VIAP--XP VPAANMXP

δὲ τὴν Κύπρον καὶ καταλιπόντες αὐτὴν εὐώνυμον ἐπλέομεν εἰς
CC DAFS N-AF-S CC VPAANMXP NPAFZS A--AF-S VIIA--XP PA

Συρίαν, καὶ κατήλθομεν εἰς Τύρον, ἐκεῖσε γὰρ τὸ πλοῖον ἦν
N-AF-S CC VIAA--XP PA N-AF-S AB CS DNNS N-NN-S VIIA--ZS+

ἀποφορτιζόμενον τὸν γόμον. 21.4 ἀνευρόντες δὲ τοὺς μαθητὰς
+VPPNNN-S DAMS N-AM-S VPAANMXP CC DAMP N-AM-P

ἐπεμείναμεν αὐτοῦ ἡμέρας ἑπτά, οἵτινες τῷ Παύλῳ ἔλεγον διὰ
VIAA--XP AB N-AF-P A-CAF-P APRNM-P DDMS N-DM-S VIIA--ZP PG

τοῦ πνεύματος μὴ ἐπιβαίνειν, εἰς Ἱεροσόλυμα. 21.5 ὅτε δὲ
DGNS N-GN-S AB VNPA PA N-AN-P CS CC/CH

ἐγένετο ἡμᾶς ἐξαρτίσαι τὰς ἡμέρας, ἐξελθόντες ἐπορευόμεθα
VIAD--ZS NPA-XP VNAA DAFP N-AF-P VPAANMXP VIIN--XP

προπεμπόντων ἡμᾶς πάντων σὺν γυναιξὶ καὶ τέκνοις ἕως ἔξω τῆς
VPPAGM-P NPA-XP AP-GM-P PD N-DF-P CC N-DN-P PG PG DGFS

πόλεως, καὶ θέντες τὰ γόνατα ἐπὶ τὸν αἰγιαλὸν προσευξάμενοι
N-GF-S CC VPAANMXP DANP N-AN-P PA DAMS N-AM-S VPADNMXP

21.6 ἀπησπασάμεθα ἀλλήλους, καὶ ἀνέβημεν εἰς τὸ πλοῖον,
VIAD--XP NPAMXP CC VIAA--XP PA DANS N-AN-S

ἐκεῖνοι δὲ ὑπέστρεψαν εἰς τὰ ἴδια.
APDNM-P CC VIAA--ZP PA DANP AP-AN-P

21.7 Ἡμεῖς δὲ τὸν πλοῦν διανύσαντες ἀπὸ Τύρου
NPN-XP CC DAMS N-AM-S VPAANMXP PG N-GF-S

κατηντήσαμεν εἰς Πτολεμαΐδα, καὶ ἀσπασάμενοι τοὺς ἀδελφοὺς
VIAA--XP PA N-AF-S CC VPADNMXP DAMP N-AM-P

ἐμείναμεν ἡμέραν μίαν παρ᾽ αὐτοῖς. 21.8 τῇ δὲ ἐπαύριον
VIAA--XP N-AF-S A-CAF-S PD NPDMZP DDFS CC AB□AP-DF-S

ἐξελθόντες ἤλθομεν εἰς Καισάρειαν, καὶ εἰσελθόντες εἰς τὸν οἶκον
VPAANMXP VIAA--XP PA N-AF-S CC VPAANMXP PA DAMS N-AM-S

Φιλίππου τοῦ εὐαγγελιστοῦ ὄντος ἐκ τῶν ἑπτὰ ἐμείναμεν παρ᾽
N-GM-S DGMS N-GM-S VPPAGM-S PG DGMP APCGM-P VIAA--XP PD

αὐτῷ. 21.9 τούτῳ δὲ ἦσαν θυγατέρες τέσσαρες παρθένοι
NPDMZS APDDM-S CS VIIA--ZP N-NF-P A-CNF-P N-NF-P

προφητεύουσαι. 21.10 ἐπιμενόντων δὲ ἡμέρας πλείους κατῆλθέν
VPPANF-P VPPAGMXP CC N-AF-P A-MAF-P VIAA--ZS

τις ἀπὸ τῆς Ἰουδαίας προφήτης ὀνόματι Ἄγαβος, 21.11 καὶ
A-INM-S PG DGFS N-GF-S N-NM-S N-DN-S N-NM-S CC

ἐλθὼν πρὸς ἡμᾶς καὶ ἄρας τὴν ζώνην τοῦ Παύλου δήσας
VPAANM-S PA NPA-XP CC VPAANM-S DAFS N-AF-S DGMS N-GM-S VPAANM-S

ἑαυτοῦ τοὺς πόδας καὶ τὰς χεῖρας εἶπεν, Τάδε λέγει τὸ πνεῦμα
NPGMZS DAMP N-AM-P CC DAFP N-AF-P VIAA--ZS APDAN-P VIPA--ZS DNNS N-NN-S

τὸ ἅγιον, Τὸν ἄνδρα οὗ ἐστιν ἡ ζώνη αὕτη οὕτως
DNNS A--NN-S DAMS N-AM-S APRGM-S VIPA--ZS DNFS N-NF-S A-DNF-S AB

δήσουσιν ἐν Ἰερουσαλὴμ οἱ Ἰουδαῖοι καὶ παραδώσουσιν εἰς
VIFA--ZP PD N-DF-S DNMP AP-NM-P CC VIFA--ZP PA

χεῖρας ἐθνῶν. 21.12 ὡς δὲ ἠκούσαμεν ταῦτα, παρεκαλοῦμεν ἡμεῖς
N-AF-P N-GN-P CS CH VIAA--XP APDAN-P VIIA--XP NPN-XP

τε καὶ οἱ ἐντόπιοι τοῦ μὴ ἀναβαίνειν αὐτὸν εἰς Ἰερουσαλήμ.
CC CC DNMP AP-NM-P DGNS AB VNPAG NPAMZS PA N-AF-S

21.13 τότε ἀπεκρίθη ὁ Παῦλος, Τί ποιεῖτε κλαίοντες καὶ
AB VIAO--ZS DNMS N-NM-S APTAN-S VIPA--YP VPPANMYP CC

συνθρύπτοντές μου τὴν καρδίαν; ἐγὼ γὰρ οὐ μόνον δεθῆναι
VPPANMYP NPG-XS DAFS N-AF-S NPN-XS CS AB AP-AN-S□AB VNAP

ἀλλὰ καὶ ἀποθανεῖν εἰς Ἰερουσαλὴμ ἑτοίμως ἔχω ὑπὲρ τοῦ
CH AB VNAA PA N-AF-S AB VIPA--XS PG DGNS

ὀνόματος τοῦ κυρίου Ἰησοῦ. 21.14 μὴ πειθομένου δὲ αὐτοῦ
N-GN-S DGMS N-GM-S N-GM-S AB VPPPGM-S CH NPGMZS

ἡσυχάσαμεν εἰπόντες, Τοῦ κυρίου τὸ θέλημα γινέσθω.
VIAA--XP VPAANMXP DGMS N-GM-S DNNS N-NN-S VMPN--ZS

21.15 Μετὰ δὲ τὰς ἡμέρας ταύτας ἐπισκευασάμενοι
PA CC/CH DAFP N-AF-P A-DAF-P VPADNMXP

ἀνεβαίνομεν εἰς Ἱεροσόλυμα· 21.16 συνῆλθον δὲ καὶ τῶν
VIIA--XP PA N-AN-P VIAA--ZP CC AB DGMP

μαθητῶν ἀπὸ Καισαρείας σὺν ἡμῖν, ἄγοντες παρ' ᾧ
N-GM-P PG N-GF-S PD NPD-XP VPPANM-P PD APRDM-S+

ξενισθῶμεν Μνάσωνί τινι Κυπρίῳ, ἀρχαίῳ μαθητῇ.
VSAP--XP N-DM-S A-IDM-S N-DM-S A--DM-S N-DM-S

21.17 Γενομένων δὲ ἡμῶν εἰς Ἱεροσόλυμα ἀσμένως
VPADGMXP CC NPG-XP PA N-AN-P AB

ἀπεδέξαντο ἡμᾶς οἱ ἀδελφοί. 21.18 τῇ δὲ ἐπιούσῃ
VIAD--ZP NPA-XP DNMP N-NM-P DDFS□NPDFZS&APRNF-S CC VPPADF-S

εἰσῄει ὁ Παῦλος σὺν ἡμῖν πρὸς Ἰάκωβον, πάντες τε
VIIA--ZS DNMS N-NM-S PD NPD-XP PA N-AM-S A--NM-P CC

παρεγένοντο οἱ πρεσβύτεροι. 21.19 καὶ ἀσπασάμενος αὐτοὺς
VIAD--ZP DNMP AP-NM-P CC VPADNM-S NPAMZP

ἐξηγεῖτο καθ᾽ ἓν ἕκαστον ὧν ἐποίησεν ὁ
VIIN--ZS PA APCAN-S AP-AN-S APRGN-P□APDGN-P&APRAN-P VIAA--ZS DNMS

θεὸς ἐν τοῖς ἔθνεσιν διὰ τῆς διακονίας αὐτοῦ. 21.20 οἱ δὲ
N-NM-S PD DDNP N-DN-P PG DGFS N-GF-S NPGMZS DNMP□NPNMZP CH

ἀκούσαντες ἐδόξαζον τὸν θεόν, εἶπόν τε αὐτῷ, Θεωρεῖς, ἀδελφέ,
VPAANM-P VIIA--ZP DAMS N-AM-S VIAA--ZP CC NPDMZS VIPA--YS N-VM-S

πόσαι μυριάδες εἰσὶν ἐν τοῖς Ἰουδαίοις τῶν
A-TNF-P N-NF-P VIPA--ZP PD DDMP AP-DM-P DGMP□NPGMZP&APRNM-P

πεπιστευκότων, καὶ πάντες ζηλωταὶ τοῦ νόμου ὑπάρχουσιν·
VPRAGM-P CC AP-NM-P N-NM-P DGMS N-GM-S VIPA--ZP

21.21 κατηχήθησαν δὲ περὶ σοῦ ὅτι ἀποστασίαν διδάσκεις ἀπὸ
VIAP--ZP CC PG NPG-YS CC N-AF-S VIPA--YS PG

Μωϋσέως τοὺς κατὰ τὰ ἔθνη πάντας Ἰουδαίους, λέγων μὴ
N-GM-S DAMP PA DANP N-AN-P A--AM-P AP-AM-P VPPANMYS AB

περιτέμνειν αὐτοὺς τὰ τέκνα μηδὲ τοῖς ἔθεσιν περιπατεῖν.
VNPA NPAMZP DANP N-AN-P CC DDNP N-DN-P VNPA

21.22 τί οὖν ἐστιν; πάντως ἀκούσονται ὅτι ἐλήλυθας.
APTNN-S CH VIPA--ZS AB VIFM--ZP CC VIRA--YS

21.23 τοῦτο οὖν ποίησον ὅ σοι λέγομεν· εἰσὶν ἡμῖν ἄνδρες
APDAN-S CH VMAA--YS APRAN-S NPD-YS VIPA--XP VIPA--ZP NPD-XP N-NM-P

τέσσαρες εὐχὴν ἔχοντες ἐφ᾽ ἑαυτῶν. 21.24 τούτους παραλαβὼν
A-CNM-P N-AF-S VPPANM-P PG NPGMZP APDAM-P VRAANMYS

ἁγνίσθητι σὺν αὐτοῖς καὶ δαπάνησον ἐπ᾽ αὐτοῖς ἵνα ξυρήσονται
VMAP--YS PD NPDMZP CC VMAA--YS PD NPDMZP CS VIFD--ZP

τὴν κεφαλήν, καὶ γνώσονται πάντες ὅτι ὧν
DAFS N-AF-S CC VIFD--ZP AP-NM-P CC APRGN-P□APDGN-P&APRAN-P

κατήχηνται περὶ σοῦ οὐδέν ἐστιν, ἀλλὰ στοιχεῖς καὶ αὐτὸς
VIRP--ZP PG NPG-YS APCNN-S VIPA--ZS CH VIPA--YS AB NPNMYS

φυλάσσων τὸν νόμον. 21.25 περὶ δὲ τῶν πεπιστευκότων
VPPANMYS DAMS N-AM-S PG CC DGNP□APRNN-P+ VPRAGN-P

ἐθνῶν ἡμεῖς ἐπεστείλαμεν κρίναντες φυλάσσεσθαι αὐτοὺς τό τε
N-GN-P NPN-XP VIAA--XP VPRAANMXP VNPM NPAMZP DANS CC

εἰδωλόθυτον καὶ αἷμα καὶ πνικτὸν καὶ πορνείαν. 21.26 τότε ὁ
AP-AN-S CC N-AN-S CC AP-AN-S CC N-AF-S AB DNMS

Παῦλος παραλαβὼν τοὺς ἄνδρας, τῇ ἐχομένῃ ἡμέρᾳ σὺν
N-NM-S VPAANM-S DAMP N-AM-P DDFS□APRNF-S+ VPPMDF-S N-DF-S PD

αὐτοῖς ἁγνισθεὶς εἰσῄει εἰς τὸ ἱερόν, διαγγέλλων τὴν
NPDMZP VPAPNM-S VIIA--ZS PA DANS AP-AN-S VPPANM-S DAFS

ἐκπλήρωσιν τῶν ἡμερῶν τοῦ ἁγνισμοῦ ἕως οὗ
N-AF-S DGFP N-GF-P DGMS N-GM-S PG APRGM-S□APDGM-S&APRDM-S

προσηνέχθη ὑπὲρ ἑνὸς ἑκάστου αὐτῶν ἡ προσφορά.
VIAP--ZS PG APCGM-S A--GM-S NPGMZP DNFS N-NF-S

21.27 Ὡς δὲ ἔμελλον αἱ ἑπτὰ ἡμέραι συντελεῖσθαι, οἱ ἀπὸ
CS CC VIIA--ZP+ DNFP A-CNF-P N-NF-P +VNPP DNMP PG

443

τῆς Ἀσίας Ἰουδαῖοι θεασάμενοι αὐτὸν ἐν τῷ ἱερῷ συνέχεον
DGFS N-GF-S AP-NM-P VPADNM-P NPAMZS PD DDNS AP-DN-S VIIA--ZP

πάντα τὸν ὄχλον καὶ ἐπέβαλον ἐπ᾽ αὐτὸν τὰς χεῖρας,
A--AM-S DAMS N-AM-S CC VIAA--ZP PA NPAMZS DAFP N-AF-P

21.28 κράζοντες, Ἄνδρες Ἰσραηλῖται, βοηθεῖτε· οὗτός ἐστιν ὁ
VPPANM-P N-VM-P N-VM-P VMPA--YP APDNM-S VIPA--ZS DNMS

ἄνθρωπος ὁ κατὰ τοῦ λαοῦ καὶ τοῦ νόμου καὶ τοῦ
N-NM-S DNMS□APRNM-S PG DGMS N-GM-S CC DGMS N-GM-S CC DGMS

τόπου τούτου πάντας πανταχῇ διδάσκων, ἔτι τε καὶ Ἕλληνας
N-GM-S A-DGM-S AP-AM-P AB VPPANM-S AB CC AB N-AM-P

εἰσήγαγεν εἰς τὸ ἱερὸν καὶ κεκοίνωκεν τὸν ἅγιον τόπον τοῦτον.
VIAA--ZS PA DANS AP-AN-S CC VIRA--ZS DAMS A--AM-S N-AM-S A-DAM-S

21.29 ἦσαν γὰρ προεωρακότες Τρόφιμον τὸν Ἐφέσιον ἐν τῇ
VIIA--ZP+ CS +VPRANM-P N-AM-S DAMS A--AM-S PD DDFS

πόλει σὺν αὐτῷ, ὃν ἐνόμιζον ὅτι εἰς τὸ ἱερὸν εἰσήγαγεν ὁ
N-DF-S PD NPDMZS APRAM-S VIIA--ZP CC PA DANS AP-AN-S VIAA--ZS DNMS

Παῦλος. 21.30 ἐκινήθη τε ἡ πόλις ὅλη καὶ ἐγένετο συνδρομὴ
N-NM-S VIAP--ZS CC DNFS N-NF-S A--NF-S CC VIAD--ZS N-NF-S

τοῦ λαοῦ, καὶ ἐπιλαβόμενοι τοῦ Παύλου εἷλκον αὐτὸν ἔξω τοῦ
DGMS N-GM-S CC VPADNM-P DGMS N-GM-S VIIA--ZP NPAMZS PG DGNS

ἱεροῦ, καὶ εὐθέως ἐκλείσθησαν αἱ θύραι. 21.31 ζητούντων τε
AP-GN-S CC AB VIAP--ZP DNFP N-NF-P VPPAGM-P CC

αὐτὸν ἀποκτεῖναι ἀνέβη φάσις τῷ χιλιάρχῳ τῆς σπείρης ὅτι
NPAMZS VNAA VIAA--ZS N-NF-S DDMS N-DM-S DGFS N-GF-S ABR

ὅλη συγχύννεται Ἰερουσαλήμ, 21.32 ὃς ἐξαυτῆς παραλαβὼν
A--NF-S VIPP--ZS N-NF-S APRNM-S AB VPAANM-S

στρατιώτας καὶ ἑκατοντάρχας κατέδραμεν ἐπ᾽ αὐτούς· οἱ
N-AM-P CC N-AM-P VIAA--ZS PA NPAMZP DNMP□NPNMZP

δὲ ἰδόντες τὸν χιλίαρχον καὶ τοὺς στρατιώτας ἐπαύσαντο
CH VPAANM-P DAMS N-AM-S CC DAMP N-AM-P VIAM--ZP

τύπτοντες τὸν Παῦλον. 21.33 τότε ἐγγίσας ὁ χιλίαρχος
VPPANM-P DAMS N-AM-S AB VPAANM-S DNMS N-NM-S

ἐπελάβετο αὐτοῦ καὶ ἐκέλευσεν δεθῆναι ἁλύσεσι δυσί, καὶ
VIAD--ZS NPGMZS CC VIAA--ZS VNAP N-DF-P A-CDF-P CC

ἐπυνθάνετο τίς εἴη καὶ τί ἐστιν πεποιηκώς. 21.34 ἄλλοι
VIIN--ZS APTNM-S VOPA--ZS CC APTAN-S VIPA--ZS+ +VPRANM-S AP-NM-P

δὲ ἄλλο τι ἐπεφώνουν ἐν τῷ ὄχλῳ· μὴ δυναμένου δὲ αὐτοῦ
CC AP-AN-S A-IAN-S VIIA--ZP PD DDMS N-DM-S AB VPPNGM-S CH NPGMZS

γνῶναι τὸ ἀσφαλὲς διὰ τὸν θόρυβον ἐκέλευσεν ἄγεσθαι αὐτὸν
VNAA DANS AP-AN-S PA DAMS N-AM-S VIAA--ZS VNPP NPAMZS

εἰς τὴν παρεμβολήν. 21.35 ὅτε δὲ ἐγένετο ἐπὶ τοὺς ἀναβαθμούς,
PA DAFS N-AF-S CS CC VIAD--ZS PA DAMP N-AM-P

συνέβη βαστάζεσθαι αὐτὸν ὑπὸ τῶν στρατιωτῶν διὰ τὴν βίαν
VIAA--ZS VNPP NPAMZS PG DGMP N-GM-P PA DAFS N-AF-S

τοῦ ὄχλου, 21.36 ἠκολούθει γὰρ τὸ πλῆθος τοῦ λαοῦ κράζοντες,
DGMS N-GM-S   VIIA--ZS CS DNNS N-NN-S DGMS N-GM-S VPPANM-P

Αἶρε αὐτόν.
VMPA--YS NPAMZS

21.37 Μέλλων τε εἰσάγεσθαι εἰς τὴν παρεμβολὴν ὁ Παῦλος
VPPANM-S+ CC +VNPP PA DAFS N-AF-S DNMS N-NM-S

λέγει τῷ χιλιάρχῳ, Εἰ ἔξεστίν μοι εἰπεῖν τι πρὸς σέ;
VIPA--ZS DDMS N-DM-S QT VIPA--ZS .NPD-XS VNAA APIAN-S PA NPA-YS

ὁ δὲ ἔφη, Ἑλληνιστὶ γινώσκεις; 21.38 οὐκ ἄρα
DNMS□NPNMZS CH VIAA--ZS/VIIA--ZS AB VIPA--YS AB/QT CH

σὺ εἶ ὁ Αἰγύπτιος ὁ πρὸ τούτων τῶν ἡμερῶν
NPN-YS VIPA--YS DNMS AP-NM-S DNMS□APRNM-S PG A-DGF-P DGFP N-GF-P

ἀναστατώσας καὶ ἐξαγαγὼν εἰς τὴν ἔρημον τοὺς τετρακισχιλίους
VPAANM-S CC VPAANM-S PA DAFS AP-AF-S DAMP A-CAM-P

ἄνδρας τῶν σικαρίων; 21.39 εἶπεν δὲ ὁ Παῦλος, Ἐγὼ
N-AM-P DGMP N-GM-P VIAA--ZS CH DNMS N-NM-S NPN-XS

ἄνθρωπος μέν εἰμι Ἰουδαῖος, Ταρσεὺς τῆς Κιλικίας, οὐκ ἀσήμου
N-NM-S CC VIPA--XS A--NM-S N-NM-S DGFS N-GF-S AB A--GF-S

πόλεως πολίτης· δέομαι δέ σου, ἐπίτρεψόν μοι λαλῆσαι πρὸς
N-GF-S N-NM-S VIPN--XS CC NPG-YS VMAA--YS NPD-XS VNAA PA

τὸν λαόν. 21.40 ἐπιτρέψαντος δὲ αὐτοῦ ὁ Παῦλος ἑστὼς ἐπὶ
DAMS N-AM-S VPAAGM-S CC NPGMZS DNMS N-NM-S VPRANM-S PG

τῶν ἀναβαθμῶν κατέσεισεν τῇ χειρὶ τῷ λαῷ· πολλῆς δὲ σιγῆς
DGMP N-GM-P VIAA--ZS DDFS N-DF-S DDMS N-DM-S A--GF-S CC N-GF-S

γενομένης προσεφώνησεν τῇ Ἑβραΐδι διαλέκτῳ λέγων,
VPADGF-S VIAA--ZS DDFS A--DF-S N-DF-S VPPANM-S

22.1 Ἄνδρες ἀδελφοὶ καὶ πατέρες, ἀκούσατέ μου τῆς πρὸς ὑμᾶς
N-VM-P N-VM-P CC N-VM-P VMAA--YP NPG-XS DGFS PA NPA-YP

νυνὶ ἀπολογίας — 22.2 ἀκούσαντες δὲ ὅτι τῇ Ἑβραΐδι διαλέκτῳ
AB N-GF-S VPAANM-P CH CH DDFS A--DF-S N-DF-S

προσεφώνει αὐτοῖς μᾶλλον παρέσχον ἡσυχίαν. καὶ φησίν —
VIIA--ZS NPDMZP ABM VIAA--ZP N-AF-S CC VIPA--ZS

22.3 Ἐγώ εἰμι ἀνὴρ Ἰουδαῖος, γεγεννημένος ἐν Ταρσῷ τῆς
NPN-XS VIPA--XS N-NM-S A--NM-S VPRPNMXS PD N-DF-S DGFS

Κιλικίας, ἀνατεθραμμένος δὲ ἐν τῇ πόλει ταύτῃ, παρὰ τοὺς
N-GF-S VPRPNMXS CH PD DDFS N-DF-S A-DDF-S PA DAMP

πόδας Γαμαλιὴλ πεπαιδευμένος κατὰ ἀκρίβειαν τοῦ πατρῴου
N-AM-P N-GM-S VPRPNMXS PA N-AF-S DGMS A--GM-S

νόμου, ζηλωτὴς ὑπάρχων τοῦ θεοῦ καθὼς πάντες ὑμεῖς ἐστε
N-GM-S N-NM-S VPPANMXS DGMS N-GM-S CS A--NM-P NPN-YP VIPA--YP

σήμερον· 22.4 ὃς ταύτην τὴν ὁδὸν ἐδίωξα ἄχρι θανάτου,
AB APRNMXS A-DAF-S DAFS N-AF-S VIAA--XS PG N-GM-S

δεσμεύων καὶ παραδιδοὺς εἰς φυλακὰς ἄνδρας τε καὶ γυναῖκας,
VPPANMXS CC VPPANMXS PA N-AF-P N-AM-P CC CC N-AF-P

22.5 ὡς καὶ ὁ ἀρχιερεὺς μαρτυρεῖ μοι καὶ πᾶν τὸ
CS AB DNMS N-NM-S VIPA--ZS NPD-XS CC A--NN-S DNNS

πρεσβυτέριον· παρ᾽ ὧν καὶ ἐπιστολὰς δεξάμενος πρὸς τοὺς
N-NN-S PG APRGM-P AB N-AF-P VPADNMXS PA DAMP

ἀδελφοὺς εἰς Δαμασκὸν ἐπορευόμην ἄξων καὶ τοὺς
N-AM-P PA N-AF-S VIIN--XS VPFANMXS AB DAMP□NPRAMZP&APRNM-P

ἐκεῖσε ὄντας δεδεμένους εἰς Ἰερουσαλὴμ ἵνα τιμωρηθῶσιν.
AB VPPAAM-P VPRPAM-P PA N-AF-S CS VSAP--ZP

22.6 Ἐγένετο δέ μοι πορευομένῳ καὶ ἐγγίζοντι τῇ Δαμασκῷ
VIAD--ZS CC NPD-XS VPPNDMXS CC VPPADMXS DDFS N-DF-S

περὶ μεσημβρίαν ἐξαίφνης ἐκ τοῦ οὐρανοῦ περιαστράψαι φῶς
PA N-AF-S AB PG DGMS N-GM-S VNAA N-AN-S

ἱκανὸν περὶ ἐμέ, 22.7 ἔπεσά τε εἰς τὸ ἔδαφος καὶ ἤκουσα φωνῆς
A--AN-S PA NPA-XS VIAA--XS CC PA DANS N-AN-S CC VIAA--XS N-GF-S

λεγούσης μοι, Σαοὺλ Σαούλ, τί με διώκεις; 22.8 ἐγὼ δὲ
VPPAGF-S NPD-XS N-VM-S N-VM-S APTAN-S□ABT NPA-XS VIPA--YS NPN-XS CH

ἀπεκρίθην, Τίς εἶ, κύριε; εἶπέν τε πρός με, Ἐγώ εἰμι
VIAO--XS APTNMYS VIPA--YS N-VM-S VIAA--ZS CC PA NPA-XS NPN-XS VIPA--XS

Ἰησοῦς ὁ Ναζωραῖος ὃν σὺ διώκεις.
N-NM-S DNMS N-NM-S APRAMXS NPN-YS VIPA--YS

22.9 οἱ δὲ σὺν ἐμοὶ ὄντες τὸ μὲν φῶς
DNMP□NPNMZP&APRNM-P CC PD NPD-XS VPPANM-P DANS CS N-AN-S

ἐθεάσαντο τὴν δὲ φωνὴν οὐκ ἤκουσαν τοῦ
VIAD--ZP DAFS CH N-AF-S AB VIAA--ZP DGMS□NPGMZS&APRNM-S

λαλοῦντός μοι. 22.10 εἶπον δέ, Τί ποιήσω, κύριε; ὁ δὲ
VPPAGM-S NPD-XS VIAA--XS CH APTAN-S VSAA--XS N-VM-S DNMS CH

κύριος εἶπεν πρός με, Ἀναστὰς πορεύου εἰς Δαμασκόν, κἀκεῖ
N-NM-S VIAA--ZS PA NPA-XS VRAANMYS VMPN--YS PA N-AF-S CC&AB

σοι λαληθήσεται περὶ πάντων ὧν τέτακταί σοι
NPD-YS VIFP--ZS PG AP-GN-P APRGN-P□APRAN-P VIRP--ZS NPD-YS

ποιῆσαι. 22.11 ὡς δὲ οὐκ ἐνέβλεπον ἀπὸ τῆς δόξης τοῦ φωτὸς
VNAA CS CC/CH AB VIIA--XS PG DGFS N-GF-S DGNS N-GN-S

ἐκείνου, χειραγωγούμενος ὑπὸ τῶν συνόντων μοι
A-DGN-S VPPPNMXS PG DGMP□NPGMZP&APRNM-P VPPAGM-P NPD-XS

ἦλθον εἰς Δαμασκόν.
VIAA--XS PA N-AF-S

22.12 Ἀνανίας δέ τις, ἀνὴρ εὐλαβὴς κατὰ τὸν νόμον,
N-NM-S CC A-INM-S N-NM-S A--NM-S PA DAMS N-AM-S

μαρτυρούμενος ὑπὸ πάντων τῶν κατοικούντων Ἰουδαίων,
VPPPNM-S PG A--GM-P DGMP□APRNM-P+ VPPAGM-P AP-GM-P

22.13 ἐλθὼν πρός με καὶ ἐπιστὰς εἶπέν μοι, Σαοὺλ ἀδελφέ,
VPAANM-S PA NPA-XS CC VPAANM-S VIAA--ZS NPD-XS N-VM-S N-VM-S

ἀνάβλεψον· κἀγὼ αὐτῇ τῇ ὥρᾳ ἀνέβλεψα εἰς αὐτόν.
VMAA--YS CC&NPN-XS NPDFZS□A--DF-S DDFS N-DF-S VIAA--XS PA NPAMZS

ΠΡΑΞΕΙΣ   22.14–23

22.14 ὁ   δὲ   εἶπεν,   Ὁ   θεὸς   τῶν   πατέρων   ἡμῶν
DNMS□NPNMZS CH VIAA--ZS DNMS N-NM-S DGMP N-GM-P   NPG-XP

προεχειρίσατό   σε   γνῶναι   τὸ   θέλημα   αὐτοῦ   καὶ   ἰδεῖν   τὸν
VIAD--ZS   NPA-YS VNAA   DANS N-AN-S   NPGMZS CC   VNAA   DAMS

δίκαιον   καὶ   ἀκοῦσαι   φωνὴν   ἐκ   τοῦ   στόματος   αὐτοῦ,   22.15 ὅτι
AP-AM-S   CC   VNAA   N-AF-S   PG   DGNS N-GN-S   NPGMZS   CS

ἔσῃ   μάρτυς   αὐτῷ   πρὸς   πάντας   ἀνθρώπους
VIFD--YS□VMPA--YS N-NM-S   NPDMZS   PA   A--AM-P   N-AM-P

ὧν   ἑώρακας   καὶ   ἤκουσας.   22.16 καὶ   νῦν   τί
APRGN-P□APDGN-P&APRAN-P VIRA--YS   CC   VIAA--YS   CC   AB   APTAN-S□ABT

μέλλεις;   ἀναστὰς   βάπτισαι   καὶ   ἀπόλουσαι   τὰς   ἁμαρτίας   σου
VIPA--YS   VRAANMYS   VMAM--YS   CC   VMAM--YS   DAFP N-AF-P   NPG-YS

ἐπικαλεσάμενος   τὸ   ὄνομα   αὐτοῦ.
VRAMNMYS   DANS N-AN-S NPGMZS

22.17 Ἐγένετο   δέ   μοι   ὑποστρέψαντι   εἰς   Ἰερουσαλὴμ   καὶ
VIAD--ZS   CC   NPD-XS VPAADMXS   PA   N-AF-S   CC

προσευχομένου   μου   ἐν   τῷ   ἱερῷ   γενέσθαι   με   ἐν   ἐκστάσει
VPPNGMXS   NPG-XS PD   DDNS AP-DN-S VNAD   NPA-XS PD N-DF-S

22.18 καὶ   ἰδεῖν   αὐτὸν   λέγοντά   μοι,   Σπεῦσον   καὶ   ἔξελθε   ἐν   τάχει
CC   VNAA   NPAMZS   VPPAAM-S   NPD-XS   VMAA--YS   CC   VMAA--YS PD N-DN-S

ἐξ   Ἰερουσαλήμ,   διότι   οὐ   παραδέξονταί   σου   μαρτυρίαν   περὶ
PG   N-GF-S   CS   AB   VIFD--ZP   NPG-YS N-AF-S   PG

ἐμοῦ.   22.19 κἀγὼ   εἶπον,   Κύριε,   αὐτοὶ   ἐπίστανται   ὅτι   ἐγὼ
NPG-XS   CC&NPN-XS VIAA--XS N-VM-S   NPNMZP   VIPN--ZP   CC   NPN-XS

ἤμην   φυλακίζων   καὶ   δέρων   κατὰ   τὰς   συναγωγὰς
VIIM--XS+   +VPPANMXS   CC   +VPPANMXS PA   DAFP N-AF-P

τοὺς   πιστεύοντας   ἐπὶ   σέ·   22.20 καὶ   ὅτε   ἐξεχύννετο
DAMP□NPAMZS&APRNM-P VPPAAM-P   PA   NPA-YS   CC   CS   VIIP--ZS

τὸ   αἷμα   Στεφάνου   τοῦ   μάρτυρός   σου,   καὶ   αὐτὸς   ἤμην
DNNS N-NN-S N-GM-S   DGMS N-GM-S   NPG-YS AB   NPNMXS   VIIM--XS+

ἐφεστὼς   καὶ   συνευδοκῶν   καὶ   φυλάσσων   τὰ   ἱμάτια
+VPRANMXS CC   +VPPANMXS   CC   +VPPANMXS DANP N-AN-P

τῶν   ἀναιρούντων   αὐτόν.   22.21 καὶ   εἶπεν   πρός   με,
DGMP□NPGMZP&APRNM-P VPPAGM-P   NPAMZS   CC   VIAA--ZS PA   NPA-XS

Πορεύου,   ὅτι   ἐγὼ   εἰς   ἔθνη   μακρὰν   ἐξαποστελῶ   σε.
VMPN--YS   CS   NPN-XS PA   N-AN-P AP-AF-S□AB VIFA--XS   NPA-YS

22.22 Ἤκουον   δὲ   αὐτοῦ   ἄχρι   τούτου   τοῦ   λόγου   καὶ   ἐπῆραν
VIIA--ZP   CH   NPGMZS PG   A-DGM-S DGMS N-GM-S CC   VIAA--ZP

τὴν   φωνὴν   αὐτῶν   λέγοντες,   Αἶρε   ἀπὸ   τῆς   γῆς   τὸν   τοιοῦτον,   οὐ
DAFS N-AF-S NPGMZP VPPANM-P   VMPA--YS PG   DGFS N-GF-S DAMS APDAM-S   AB

γὰρ   καθῆκεν   αὐτὸν   ζῆν.   22.23 κραυγαζόντων   τε   αὐτῶν   καὶ
CS   VIIA--ZS NPAMZS   VNPA   VPPAGM-P   CC   NPGMZP   CC

ῥιπτούντων   τὰ   ἱμάτια   καὶ   κονιορτὸν   βαλλόντων   εἰς   τὸν   ἀέρα,
VPPAGM-P   DANP N-AN-P   CC   N-AM-S   VPPAGM-P   PA   DAMS N-AM-S

22.24 ἐκέλευσεν ὁ χιλίαρχος εἰσάγεσθαι αὐτὸν εἰς τὴν
VIAA--ZS DNMS N-NM-S VNPP NPAMZS PA DAFS

παρεμβολήν, εἴπας μάστιξιν ἀνετάζεσθαι αὐτὸν ἵνα ἐπιγνῷ δι᾿
N-AF-S VPAANM-S N-DF-P VNPP NPAMZS CS VSAA--ZS PA

ἦν αἰτίαν οὕτως ἐπεφώνουν αὐτῷ. 22.25 ὡς δὲ προέτειναν
APRAF-S+ N-AF-S AB VIIA--ZP NPDMZS CS CH VIAA--ZP

αὐτὸν τοῖς ἱμᾶσιν εἶπεν πρὸς τὸν ἑστῶτα ἑκατόνταρχον
NPAMZS DDMP N-DM-P VIAA--ZS PA DAMS□APRNM-S+ VPRAAM-S N-AM-S

ὁ Παῦλος, Εἰ ἄνθρωπον Ῥωμαῖον καὶ ἀκατάκριτον ἔξεστιν
DNMS N-NM-S QT N-AM-S A--AM-S CC A--AM-S VIPA--ZS

ὑμῖν μαστίζειν; 22.26 ἀκούσας δὲ ὁ ἑκατοντάρχης προσελθὼν
NPD-YP VNPA VPAANM-S CH DNMS N-NM-S VPAANM-S

τῷ χιλιάρχῳ ἀπήγγειλεν λέγων, Τί μέλλεις ποιεῖν; ὁ γὰρ
DDMS N-DM-S VIAA--ZS VPPANM-S APTAN-S VIPA--YS+ +VNPA DNMS CS

ἄνθρωπος οὗτος Ῥωμαῖός ἐστιν. 22.27 προσελθὼν δὲ ὁ
N-NM-S A-DNM-S AP-NM-S VIPA--ZS VPAANM-S CH DNMS

χιλίαρχος εἶπεν αὐτῷ, Λέγε μοι, σὺ Ῥωμαῖος εἶ;
N-NM-S VIAA--ZS NPDMZS VMPA--YS NPD-XS NPN-YS AP-NM-S VIPA--YS

ὁ δὲ ἔφη, Ναί. 22.28 ἀπεκρίθη δὲ ὁ χιλίαρχος,
DNMS□NPNMZS CH VIAA--ZS/VIIA--ZS QS VIAO--ZS CH DNMS N-NM-S

Ἐγὼ πολλοῦ κεφαλαίου τὴν πολιτείαν ταύτην ἐκτησάμην. ὁ
NPN-XS A--GN-S N-GN-S DAFS N-AF-S A-DAF-S VIAD--XS DNMS

δὲ Παῦλος ἔφη, Ἐγὼ δὲ καὶ γεγέννημαι. 22.29 εὐθέως οὖν
CH N-NM-S VIAA--ZS/VIIA--ZS NPN-XS CC AB VIRP--XS AB CH

ἀπέστησαν ἀπ᾿ αὐτοῦ οἱ μέλλοντες αὐτὸν
VIAA--ZP PG NPGMZS DNMP□NPNMZP&APRNM-P VPPANM-P+ NPAMZS

ἀνετάζειν· καὶ ὁ χιλίαρχος δὲ ἐφοβήθη ἐπιγνοὺς ὅτι Ῥωμαῖός
+VNPA AB DNMS N-NM-S CC VIAO--ZS VPAANM-S CS AP-NM-S

ἐστιν καὶ ὅτι αὐτὸν ἦν δεδεκώς.
VIPA--ZS CC CS NPAMZS VIIA--ZS+ +VPRANM-S

22.30 Τῇ δὲ ἐπαύριον βουλόμενος γνῶναι τὸ ἀσφαλὲς τὸ
DDFS CC AB□AP-DF-S VPPNNM-S VNAA DANS AP-AN-S DANS

τί κατηγορεῖται ὑπὸ τῶν Ἰουδαίων ἔλυσεν αὐτόν, καὶ
APTAN-S□ABT VIPP--ZS PG DGMP AP-GM-P VIAA--ZS NPAMZS CC

ἐκέλευσεν συνελθεῖν τοὺς ἀρχιερεῖς καὶ πᾶν τὸ συνέδριον, καὶ
VIAA--ZS VNAA DAMP N-AM-P CC A--AN-S DANS N-AN-S CC

καταγαγὼν τὸν Παῦλον ἔστησεν εἰς αὐτούς. 23.1 ἀτενίσας δὲ
VPAANM-S DAMS N-AM-S VIAA--ZS PA NPAMZP VPAANM-S CH

ὁ Παῦλος τῷ συνεδρίῳ εἶπεν, Ἄνδρες ἀδελφοί, ἐγὼ πάσῃ
DNMS N-NM-S DDNS N-DN-S VIAA--ZS N-VM-P N-VM-P NPN-XS A--DF-S

συνειδήσει ἀγαθῇ πεπολίτευμαι τῷ θεῷ ἄχρι ταύτης τῆς
N-DF-S A--DF-S VIRN--XS DDMS N-DM-S PG A-DGF-S DGFS

ἡμέρας. 23.2 ὁ δὲ ἀρχιερεὺς Ἀνανίας ἐπέταξεν
N-GF-S DNMS CH N-NM-S N-NM-S VIAA--ZS

τοῖς παρεστῶσιν αὐτῷ τύπτειν αὐτοῦ τὸ στόμα.
DDMP□NPDMZP&APRNM-P VPRADM-P NPDMZS VNPA NPGMZS DANS N-AN-S

23.3 τότε ὁ Παῦλος πρὸς αὐτὸν εἶπεν, Τύπτειν σε μέλλει ὁ
AB DNMS N-NM-S PA NPAMZS VIAA--ZS VNPA+ NPA-YS +VIPA--ZS DNMS

θεός, τοῖχε κεκονιαμένε· καὶ σὺ κάθῃ κρίνων με κατὰ τὸν
N-NM-S N-VM-S VPRPVMYS AB/CC NPN-YS VIPN--YS VPPANMYS NPA-XS PA DAMS

νόμον, καὶ παρανομῶν κελεύεις με τύπτεσθαι;
N-AM-S CC VPPANMYS VIPA--YS NPA-XS VNPP

23.4 οἱ δὲ παρεστῶτες εἶπαν, Τὸν ἀρχιερέα τοῦ
DNMP□NPNMZP&APRNM-P CH VPRANM-P VIAA--ZP DAMS N-AM-S DGMS

θεοῦ λοιδορεῖς; 23.5 ἔφη τε ὁ Παῦλος, Οὐκ ᾔδειν,
N-GM-S VIPA--YS VIAA--ZS/VIIA--ZS CC DNMS N-NM-S AB VILA--XS

ἀδελφοί, ὅτι ἐστὶν ἀρχιερεύς· γέγραπται γὰρ ὅτι Ἄρχοντα τοῦ
N-VM-P CC VIPA--ZS N-NM-S VIRP--ZS CS CS N-AM-S DGMS

λαοῦ σου οὐκ ἐρεῖς κακῶς.
N-GM-S NPG-YS AB VIFA--YS□VMAA--YS AB

23.6 Γνοὺς δὲ ὁ Παῦλος ὅτι τὸ ἓν μέρος ἐστὶν
VPAANM-S CH DNMS N-NM-S CC DNNS A-CNN-S N-NN-S VIPA--ZS

Σαδδουκαίων τὸ δὲ ἕτερον Φαρισαίων ἔκραζεν ἐν τῷ συνεδρίῳ,
N-GM-P DNNS CC AP-NN-S N-GM-P VIIA--ZS PD DDNS N-DN-S

Ἄνδρες ἀδελφοί, ἐγὼ Φαρισαῖός εἰμι, υἱὸς Φαρισαίων· περὶ
N-VM-P N-VM-P NPN-XS N-NM-S VIPA--XS N-NM-S N-GM-P PG

ἐλπίδος καὶ ἀναστάσεως νεκρῶν [ἐγὼ] κρίνομαι. 23.7 τοῦτο δὲ
N-GF-S CC N-GF-S AP-GM-P NPN-XS VIPP--XS APDAN-S CH

αὐτοῦ εἰπόντος ἐγένετο στάσις τῶν Φαρισαίων καὶ Σαδδουκαίων,
NPGMZS VPAAGM-S VIAD--ZS N-NF-S DGMP N-GM-P CC N-GM-P

καὶ ἐσχίσθη τὸ πλῆθος. 23.8 Σαδδουκαῖοι μὲν γὰρ λέγουσιν μὴ
CC VIAP--ZS DNNS N-NN-S N-NM-P CC CS VIPA--ZP AB

εἶναι ἀνάστασιν μήτε ἄγγελον μήτε πνεῦμα, Φαρισαῖοι δὲ
VNPA N-AF-S CC N-AM-S CC N-AN-S N-NM-P CC

ὁμολογοῦσιν τὰ ἀμφότερα. 23.9 ἐγένετο δὲ κραυγὴ μεγάλη, καὶ
VIPA--ZP DANP AP-AN-P VIAD--ZS CC N-NF-S A--NF-S CC

ἀναστάντες τινὲς τῶν γραμματέων τοῦ μέρους τῶν Φαρισαίων
VPAANM-P APINM-P DGMP N-GM-P DGNS N-GN-S DGMP N-GM-P

διεμάχοντο λέγοντες, Οὐδὲν κακὸν εὑρίσκομεν ἐν τῷ ἀνθρώπῳ
VIIN--ZP VPPANM-P A-CAN-S AP-AN-S VIPA--XP PD DDMS N-DM-S

τούτῳ· εἰ δὲ πνεῦμα ἐλάλησεν αὐτῷ ἢ ἄγγελος — 23.10 Πολλῆς
A-DDM-S CS CC N-NN-S VIAA--ZS NPDMZS CC N-NM-S A--GF-S

δὲ γινομένης στάσεως φοβηθεὶς ὁ χιλίαρχος μὴ διασπασθῇ
CC VPPNGF-S N-GF-S VPAONM-S DNMS N-NM-S AB VSAP--ZS

ὁ Παῦλος ὑπ᾽ αὐτῶν ἐκέλευσεν τὸ στράτευμα καταβὰν
DNMS N-NM-S PG NPGMZP VIAA--ZS DANS N-AN-S VPAAAN-S

ἁρπάσαι αὐτὸν ἐκ μέσου αὐτῶν, ἄγειν τε εἰς τὴν παρεμβολήν.
VNAA NPAMZS PG AP-GN-S NPGMZP VNPA CC PA DAFS N-AF-S

23.11 Τῇ δὲ ἐπιούσῃ νυκτὶ ἐπιστὰς αὐτῷ ὁ κύριος
DDFS□APRNF-S+ CC VPPADF-S N-DF-S VPAANM-S NPDMZS DNMS N-NM-S

εἶπεν, Θάρσει, ὡς γὰρ διεμαρτύρω τὰ περὶ ἐμοῦ εἰς Ἰερουσαλὴμ
VIAA--ZS VMPA--YS CS CS VIAD--YS DANP PG NPG-XS PA N-AF-S

οὕτω σε δεῖ καὶ εἰς Ῥώμην μαρτυρῆσαι.
AB NPA-YS VIPA--ZS AB PA N-AF-S VNAA

23.12 Γενομένης δὲ ἡμέρας ποιήσαντες συστροφὴν οἱ
VPADGF-S CC N-GF-S VPAANM-P N-AF-S DNMP

Ἰουδαῖοι ἀνεθεμάτισαν ἑαυτοὺς λέγοντες μήτε φαγεῖν μήτε πιεῖν
AP-NM-P VIAA--ZP NPAMZP VPPANM-P CC VNAA CC VNAA

ἕως οὗ ἀποκτείνωσιν τὸν Παῦλον. 23.13 ἦσαν
PG APRGM-S□APDGM-S&APRDM-S VSAA--ZP DAMS N-AM-S VIIA--ZP

δὲ πλείους τεσσεράκοντα οἱ ταύτην τὴν συνωμοσίαν
CS APMNM-P APCGM-P DNMP□APRNM-P A-DAF-S DAFS N-AF-S

ποιησάμενοι· 23.14 οἵτινες προσελθόντες τοῖς ἀρχιερεῦσιν καὶ
VPAMNM-P APRNM-P VPAANM-P DDMP N-DM-P CC

τοῖς πρεσβυτέροις εἶπαν, Ἀναθέματι ἀνεθεματίσαμεν ἑαυτοὺς
DDMP AP-DM-P VIAA--ZP N-DN-S VIAA--XP NPAMXP

μηδενὸς γεύσασθαι ἕως οὗ ἀποκτείνωμεν τὸν
APCGN-S VNAD PG APRGM-S□APDGM-S&APRDM-S VSAA--XP DAMS

Παῦλον. 23.15 νῦν οὖν ὑμεῖς ἐμφανίσατε τῷ χιλιάρχῳ σὺν τῷ
N-AM-S AB CH NPN-YP VMAA--YP DDMS N-DM-S PD DDNS

συνεδρίῳ ὅπως καταγάγῃ αὐτὸν εἰς ὑμᾶς ὡς μέλλοντας
N-DN-S CS VSAA--ZS NPAMZS PA NPA-YP CS VPPAAMYP+

διαγινώσκειν ἀκριβέστερον τὰ περὶ αὐτοῦ· ἡμεῖς δὲ πρὸ τοῦ
+VNPA APMAN-S□ABM DANP PG NPGMZS NPN-XP CH PG DGNS

ἐγγίσαι αὐτὸν ἕτοιμοί ἐσμεν τοῦ ἀνελεῖν αὐτόν. 23.16 Ἀκούσας
VNAAG NPAMZS A--NM-P VIPA--XP DGNS VNAAG NPAMZS VPAANM-S

δὲ ὁ υἱὸς τῆς ἀδελφῆς Παύλου τὴν ἐνέδραν παραγενόμενος
CH DNMS N-NM-S DGFS N-GF-S N-GM-S DAFS N-AF-S VPADNM-S

καὶ εἰσελθὼν εἰς τὴν παρεμβολὴν ἀπήγγειλεν τῷ Παύλῳ.
CC VPAANM-S PA DAFS N-AF-S VIAA--ZS DDMS N-DM-S

23.17 προσκαλεσάμενος δὲ ὁ Παῦλος ἕνα τῶν ἑκατονταρχῶν
VPADNM-S CH DNMS N-NM-S APCAM-S DGMP N-GM-P

ἔφη, Τὸν νεανίαν τοῦτον ἀπάγαγε πρὸς τὸν χιλίαρχον,
VIAA--ZS/VIIA--ZS DAMS N-AM-S A-DAM-S VMAA--YS PA DAMS N-AM-S

ἔχει γὰρ ἀπαγγεῖλαί τι αὐτῷ. 23.18 ὁ μὲν οὖν
VIPA--ZS CS VNAA APIAN-S NPDMZS DNMS□NPNMZS QS CH

παραλαβὼν αὐτὸν ἤγαγεν πρὸς τὸν χιλίαρχον καὶ φησίν, Ὁ
VPAANM-S NPAMZS VIAA--ZS PA DAMS N-AM-S CC VIPA--ZS DNMS

δέσμιος Παῦλος προσκαλεσάμενός με ἠρώτησεν τοῦτον τὸν
N-NM-S N-NM-S VPADNM-S NPA-XS VIAA--ZS A-DAM-S DAMS

νεανίσκον ἀγαγεῖν πρὸς σέ, ἔχοντά τι λαλῆσαί σοι.
N-AM-S VNAA PA NPA-YS VPPAAM-S APIAN-S VNAA NPD-YS

23.19 ἐπιλαβόμενος δὲ τῆς χειρὸς αὐτοῦ ὁ χιλίαρχος καὶ
VPADNM-S CH DGFS N-GF-S NPGMZS DNMS N-NM-S CC

ἀναχωρήσας κατ' ἰδίαν ἐπυνθάνετο, Τί ἐστιν
VPAANM-S PA AP-AF-S VIIN--ZS APTNN-S VIPA--ZS

ὃ ἔχεις ἀπαγγεῖλαί μοι; 23.20 εἶπεν δὲ ὅτι Οἱ
APRAN-S□APDNN-S&APRAN-S VIPA--YS VNAA NPD-XS VIAA--ZS CH CH DNMP

Ἰουδαῖοι συνέθεντο τοῦ ἐρωτῆσαί σε ὅπως αὔριον τὸν Παῦλον
AP-NM-P VIAM--ZP DGNS VNAAG NPA-YS CC AB DAMS N-AM-S

καταγάγῃς εἰς τὸ συνέδριον ὡς μέλλον τι
VSAA--YS PA DANS N-AN-S CS VPPAAN-S+ A-IAN-S/APIAN-S

ἀκριβέστερον πυνθάνεσθαι περὶ αὐτοῦ. 23.21 σὺ οὖν μὴ
APMAN-S/APMAN-S□ABM +VNPN PG NPGMZS NPN-YS CH AB

πεισθῇς αὐτοῖς· ἐνεδρεύουσιν γὰρ αὐτὸν ἐξ αὐτῶν ἄνδρες
VSAP--YS□VMAP--YS NPDMZP VIPA--ZP CS NPAMZS PG NPGMZP N-NM-P

πλείους τεσσεράκοντα, οἵτινες ἀνεθεμάτισαν ἑαυτοὺς μήτε
A-MNM-P APCGM-P APRNM-P VIAA--ZP NPAMZP CC

φαγεῖν μήτε πιεῖν ἕως οὗ ἀνέλωσιν αὐτόν, καὶ
VNAA CC VNAA PG APRGM-S□APDGM-S&APRDM-S VSAA--ZP NPAMZS CC

νῦν εἰσιν ἕτοιμοι προσδεχόμενοι τὴν ἀπὸ σοῦ ἐπαγγελίαν.
AB VIPA--ZP+ A--NM-P +VPPNNM-P DAFS PG NPG-YS N-AF-S

23.22 ὁ μὲν οὖν χιλίαρχος ἀπέλυσε τὸν νεανίσκον
DNMS CC CH N-NM-S VIAA--ZS DAMS N-AM-S

παραγγείλας μηδενὶ ἐκλαλῆσαι ὅτι ταῦτα ἐνεφάνισας πρός με.
VPAANM-S APCDM-S VNAA CC APDAN-P VIAA--YS PA NPA-XS

23.23 Καὶ προσκαλεσάμενος δύο [τινὰς] τῶν ἑκατονταρχῶν
CC VPADNM-S APCAM-P A-IAM-P DGMP N-GM-P

εἶπεν, Ἑτοιμάσατε στρατιώτας διακοσίους ὅπως πορευθῶσιν ἕως
VIAA--ZS VMAA--YP N-AM-P A-CAM-P CS VSAO--ZP PG

Καισαρείας, καὶ ἱππεῖς ἑβδομήκοντα καὶ δεξιολάβους διακοσίους,
N-GF-S CC N-AM-P A-CAM-P CC N-AM-P A-CAM-P

ἀπὸ τρίτης ὥρας τῆς νυκτός, 23.24 κτήνη τε παραστῆσαι ἵνα
PG A-OGF-S N-GF-S DGFS N-GF-S N-AN-P CC VNAA CS

ἐπιβιβάσαντες τὸν Παῦλον διασώσωσι πρὸς Φήλικα τὸν
VPAANM-P DAMS N-AM-S VSAA--ZP PA N-AM-S DAMS

ἡγεμόνα, 23.25 γράψας ἐπιστολὴν ἔχουσαν τὸν τύπον τοῦτον·
N-AM-S VPAANM-S N-AF-S VPPAAF-S DAMS N-AM-S A-DAM-S

23.26 Κλαύδιος Λυσίας τῷ κρατίστῳ ἡγεμόνι Φήλικι χαίρειν.
N-NM-S N-NM-S DDMS A-SDM-S N-DM-S N-DM-S VNPA□QS

23.27 Τὸν ἄνδρα τοῦτον συλλημφθέντα ὑπὸ τῶν Ἰουδαίων καὶ
DAMS N-AM-S A-DAM-S VPPAPM-S PG DGMP AP-GM-P CC

μέλλοντα ἀναιρεῖσθαι ὑπ' αὐτῶν ἐπιστὰς σὺν τῷ στρατεύματι
VPPAAM-S+ +VNPP PG NPGMZP VPAANMXS PD DDNS N-DN-S

ἐξειλάμην, μαθὼν ὅτι Ῥωμαῖός ἐστιν· 23.28 βουλόμενός τε
VIAM--XS VPAANMXS CC AP-NM-S VIPA--ZS VPPNNMXS CC

ἐπιγνῶναι τὴν αἰτίαν δι᾽ ἣν ἐνεκάλουν αὐτῷ κατήγαγον εἰς
VNAA   DAFS   N-AF-S   PA   APRAF-S   VIIA--ZP   NPDMZS   VIAA--XS   PA

τὸ συνέδριον αὐτῶν· 23.29 ὃν εὗρον ἐγκαλούμενον περὶ
DANS   N-AN-S   NPGMZP   APRAM-S   VIAA--XS   VPPPAM-S   PG

ζητημάτων τοῦ νόμου αὐτῶν, μηδὲν δὲ ἄξιον θανάτου ἢ δεσμῶν
N-GN-P   DGMS   N-GM-S   NPGMZP   A-CAN-S   CH   A--AN-S   N-GM-S   CC   N-GM-P

ἔχοντα ἔγκλημα. 23.30 μηνυθείσης δέ μοι ἐπιβουλῆς εἰς τὸν
VPPAAM-S   N-AN-S   VPAPGF-S   CC   NPD-XS   N-GF-S   PA   DAMS

ἄνδρα ἔσεσθαι, ἐξαυτῆς ἔπεμψα πρὸς σέ, παραγγείλας καὶ τοῖς
N-AM-S   VNFD   AB   VIAA--XS   PA   NPA-YS   VPAANMXS   AB   DDMP

κατηγόροις λέγειν [τὰ] πρὸς αὐτὸν ἐπὶ σοῦ.
N-DM-P   VNPA   DANP   NPAMZS   PG   NPG-YS

23.31 Οἱ μὲν οὖν στρατιῶται κατὰ τὸ
DNMP   CC   CH   N-NM-P   PA   DANS□NPANZS&APRNN-S

διατεταγμένον αὐτοῖς ἀναλαβόντες τὸν Παῦλον ἤγαγον διὰ
VPRPAN-S   NPDMZP   VPAANM-P   DAMS   N-AM-S   VIAA--ZP   PG

νυκτὸς εἰς τὴν Ἀντιπατρίδα· 23.32 τῇ δὲ ἐπαύριον ἐάσαντες
N-GF-S   PA   DAFS   N-AF-S   DDFS   CC   AB□AP-DF-S   VPAANM-P

τοὺς ἱππεῖς ἀπέρχεσθαι σὺν αὐτῷ ὑπέστρεψαν εἰς τὴν
DAMP   N-AM-P   VNPN   PD   NPDMZS   VIAA--ZP   PA   DAFS

παρεμβολήν· 23.33 οἵτινες εἰσελθόντες εἰς τὴν Καισάρειαν καὶ
N-AF-S   APRNM-P   VPAANM-P   PA   DAFS   N-AF-S   CC

ἀναδόντες τὴν ἐπιστολὴν τῷ ἡγεμόνι παρέστησαν καὶ τὸν
VPAANM-P   DAFS   N-AF-S   DDMS   N-DM-S   VIAA--ZP   AB   DAMS

Παῦλον αὐτῷ. 23.34 ἀναγνοὺς δὲ καὶ ἐπερωτήσας ἐκ ποίας
N-AM-S   NPDMZS   VPAANM-S   CH   CC   VPAANM-S   PG   A-TGF-S

ἐπαρχείας ἐστὶν καὶ πυθόμενος ὅτι ἀπὸ Κιλικίας,
N-GF-S   VIPA--ZS   CC   VPADNM-S   CC   PG   N-GF-S

23.35 Διακούσομαί σου, ἔφη, ὅταν καὶ οἱ κατήγοροί
VIFD--XS   NPG-YS   VIAA--ZS/VIIA--ZS   CS   AB   DNMP   N-NM-P

σου παραγένωνται· κελεύσας ἐν τῷ πραιτωρίῳ τοῦ Ἡρῴδου
NPG-YS   VSAD--ZP   VPAANM-S   PD   DDNS   N-DN-S   DGMS   N-GM-S

φυλάσσεσθαι αὐτόν.
VNPP   NPAMZS

24.1 Μετὰ δὲ πέντε ἡμέρας κατέβη ὁ ἀρχιερεὺς Ἀνανίας
PA   CC/CH   A-CAF-P   N-AF-P   VIAA--ZS   DNMS   N-NM-S   N-NM-S

μετὰ πρεσβυτέρων τινῶν καὶ ῥήτορος Τερτύλλου τινός, οἵτινες
PG   AP-GM-P   A-IGM-P   CC   N-GM-S   N-GM-S   A-IGM-S   APRNM-P

ἐνεφάνισαν τῷ ἡγεμόνι κατὰ τοῦ Παύλου. 24.2 κληθέντος δὲ
VIAA--ZP   DDMS   N-DM-S   PG   DGMS   N-GM-S   VPAPGM-S   CH

αὐτοῦ ἤρξατο κατηγορεῖν ὁ Τέρτυλλος λέγων, Πολλῆς εἰρήνης
NPGMZS   VIAM--ZS   VNPA   DNMS   N-NM-S   VPPANM-S   A--GF-S   N-GF-S

τυγχάνοντες διὰ σοῦ καὶ διορθωμάτων γινομένων τῷ ἔθνει
VPPANMXP   PG   NPG-YS   CC   N-GN-P   VPPNGN-P   DDNS   N-DN-S

τούτῳ διὰ τῆς σῆς προνοίας, 24.3 πάντῃ τε καὶ πανταχοῦ
A-DDN-S PG DGFS A--GFYS N-GF-S AB CC CC AB

ἀποδεχόμεθα, κράτιστε Φῆλιξ, μετὰ πάσης εὐχαριστίας. 24.4 ἵνα
VIPN--XP A-SVM-S N-VM-S PG A--GF-S N-GF-S CS

δὲ μὴ ἐπὶ πλεῖόν σε ἐγκόπτω, παρακαλῶ ἀκοῦσαί σε ἡμῶν
CC AB PA APMAN-S NPA-YS VSPA--XS VIPA--XS VNAA NPA-YS NPG-XP

συντόμως τῇ σῇ ἐπιεικείᾳ. 24.5 εὑρόντες γὰρ τὸν ἄνδρα
AB DDFS A--DFYS N-DF-S VPAANMXP CS DAMS N-AM-S

τοῦτον λοιμὸν καὶ κινοῦντα στάσεις πᾶσιν τοῖς Ἰουδαίοις τοῖς
A-DAM-S A--AM-S CC VPPAAM-S N-AF-P A--DM-P DDMP AP-DM-P DDMP

κατὰ τὴν οἰκουμένην πρωτοστάτην τε τῆς τῶν Ναζωραίων
PA DAFS N-AF-S N-AM-S CC DGFS DGMP N-GM-P

αἱρέσεως, 24.6 ὃς καὶ τὸ ἱερὸν ἐπείρασεν βεβηλῶσαι, ὃν
N-GF-S APRNM-S AB DANS AP-AN-S VIAA--ZS VNAA APRAM-S

καὶ ἐκρατήσαμεν, 24.8 παρ᾽ οὗ δυνήσῃ αὐτὸς ἀνακρίνας περὶ
AB VIAA--XP PG APRGM-S VIFD--YS NPNMYS VPAANMYS PG

πάντων τούτων ἐπιγνῶναι ὧν ἡμεῖς κατηγοροῦμεν
A--GN-P APDGN-P VNAA APRGN-P□APRAN-P NPN-XP VIPA--XP

αὐτοῦ. 24.9 συνεπέθεντο δὲ καὶ οἱ Ἰουδαῖοι φάσκοντες ταῦτα
NPGMZS VIAM--ZP CC AB DNMP AP-NM-P VPPANM-P APDAN-P

οὕτως ἔχειν.
AB VNPA

24.10 Ἀπεκρίθη τε ὁ Παῦλος νεύσαντος αὐτῷ τοῦ
VIAO--ZS CC DNMS N-NM-S VPAAGM-S NPDMZS DGMS

ἡγεμόνος λέγειν, Ἐκ πολλῶν ἐτῶν ὄντα σε κριτὴν τῷ ἔθνει
N-GM-S VNPA PG A--GN-P N-GN-P VPPAAMYS NPA-YS N-AM-S DDNS N-DN-S

τούτῳ ἐπιστάμενος εὐθύμως τὰ περὶ ἐμαυτοῦ ἀπολογοῦμαι,
A-DDN-S VPPNNMXS AB DANP PG NPGMXS VIPN--XS

24.11 δυναμένου σου ἐπιγνῶναι ὅτι οὐ πλείους εἰσίν μοι
VPPNGMYS NPG-YS VNAA CC AB A-MNF-P VIPA--ZP NPD-XS

ἡμέραι δώδεκα ἀφ᾽ ἧς ἀνέβην προσκυνήσων εἰς
N-NF-P APCGF-P PG APRGF-S□APDGF-S&APRDF-S VIAA--XS VPFANMXS PA

Ἰερουσαλήμ, 24.12 καὶ οὔτε ἐν τῷ ἱερῷ εὗρόν με πρός τινα
N-AF-S CC CC PD DDNS AP-DN-S VIAA--ZP NPA-XS PA APIAM-S

διαλεγόμενον ἢ ἐπίστασιν ποιοῦντα ὄχλου οὔτε ἐν ταῖς
VPPNAMXS CC N-AF-S VPPAAMXS N-GM-S CC PD DDFP

συναγωγαῖς οὔτε κατὰ τὴν πόλιν, 24.13 οὐδὲ παραστῆσαι
N-DF-P CC PA DAFS N-AF-S CC VNAA

δύνανταί σοι περὶ ὧν νυνὶ κατηγοροῦσίν μου.
VIPN--ZP NPD-YS PG APRGN-P□APDGN-P&APRAN-P AB VIPA--ZP NPG-XS

24.14 ὁμολογῶ δὲ τοῦτό σοι ὅτι κατὰ τὴν ὁδὸν ἣν λέγουσιν
VIPA--XS CS APDAN-S NPD-YS ABR PA DAFS N-AF-S APRAF-S VIPA--ZP

αἵρεσιν οὕτως λατρεύω τῷ πατρῴῳ θεῷ, πιστεύων πᾶσι τοῖς
N-AF-S AB VIPA--XS DDMS A--DM-S N-DM-S VPPANMXS A--DN-P DDNP

κατὰ τὸν νόμον καὶ τοῖς ἐν τοῖς προφήταις
PA DAMS N-AM-S CC DDNP□NPDNZP&APRNN-P PD DDMP N-DM-P

γεγραμμένοις, 24.15 ἐλπίδα ἔχων εἰς τὸν θεόν, ἣν καὶ αὐτοὶ
VPRPDN-P N-AF-S VPPANMXS PA DAMS N-AM-S APRAF-S AB NPNMZP

οὗτοι προσδέχονται, ἀνάστασιν μέλλειν ἔσεσθαι δικαίων τε καὶ
APDNM-P VIPN--ZP N-AF-S VNPA+ +VNFD AP-GM-P CC CC

ἀδίκων. 24.16 ἐν τούτῳ καὶ αὐτὸς ἀσκῶ ἀπρόσκοπον συνείδησιν
AP-GM-P PD APDDN-S AB NPNMXS VIPA--XS A--AF-S N-AF-S

ἔχειν πρὸς τὸν θεὸν καὶ τοὺς ἀνθρώπους διὰ παντός. 24.17 δι'
VNPA PA DAMS N-AM-S CC DAMP N-AM-P PG AP-GM-S PG

ἐτῶν δὲ πλειόνων ἐλεημοσύνας ποιήσων εἰς τὸ ἔθνος μου
N-GN-P CC A-MGN-P N-AF-P VPFANMXS PA DANS N-AN-S NPG-XS

παρεγενόμην καὶ προσφοράς, 24.18 ἐν αἷς εὗρόν με
VIAD--XS CC N-AF-P PD APRDF-P VIAA--ZP NPA-XS

ἡγνισμένον ἐν τῷ ἱερῷ, οὐ μετὰ ὄχλου οὐδὲ μετὰ θορύβου·
VPRPAMXS PD DDNS AP-DN-S AB PG N-GM-S CC PG N-GM-S

24.19 τινὲς δὲ ἀπὸ τῆς Ἀσίας Ἰουδαῖοι, οὓς ἔδει ἐπὶ σοῦ
A-INM-P CS PG DGFS N-GF-S AP-NM-P APRAM-P VIIA--ZS PG NPG-YS

παρεῖναι καὶ κατηγορεῖν εἴ τι ἔχοιεν πρὸς ἐμέ — 24.20 ἢ
VNPA CC VNPA CS APIAN-S VOPA--ZP PA NPA-XS CC

αὐτοὶ οὗτοι εἰπάτωσαν τί εὗρον ἀδίκημα στάντος μου ἐπὶ
NPNMZP APDNM-P VMAA--ZP A-TAN-S VIAA--ZP N-AN-S VPAAGMXS NPG-XS PG

τοῦ συνεδρίου 24.21 ἢ περὶ μιᾶς ταύτης φωνῆς ἧς
DGNS N-GN-S CS PG A-CGF-S A-DGF-S N-GF-S APRGF-S□APRAF-S

ἐκέκραξα ἐν αὐτοῖς ἑστὼς ὅτι Περὶ ἀναστάσεως νεκρῶν ἐγὼ
VIAA--XS PD NPDMZP VPRANMXS ABR PG N-GF-S AP-GM-P NPN-XS

κρίνομαι σήμερον ἐφ' ὑμῶν.
VIPP--XS AB PG NPG-YP

24.22 Ἀνεβάλετο δὲ αὐτοὺς ὁ Φῆλιξ, ἀκριβέστερον εἰδὼς
VIAM--ZS CH NPAMZP DNMS N-NM-S APMAN-S□ABM VPRANM-S

τὰ περὶ τῆς ὁδοῦ, εἴπας, Ὅταν Λυσίας ὁ χιλίαρχος καταβῇ
DANP PG DGFS N-GF-S VPAANM-S CS N-NM-S DNMS N-NM-S VSAA--ZS

διαγνώσομαι τὰ καθ' ὑμᾶς, 24.23 διαταξάμενος τῷ
VIFD--XS DANP PA NPA-YP VPAMNM-S DDMS

ἑκατοντάρχῃ τηρεῖσθαι αὐτὸν ἔχειν τε ἄνεσιν καὶ μηδένα
N-DM-S VNPP NPAMZS VNPA CC N-AF-S CC APCAM-S

κωλύειν τῶν ἰδίων αὐτοῦ ὑπηρετεῖν αὐτῷ.
VNPA DGMP AP-GM-P NPGMZS VNPA NPDMZS

24.24 Μετὰ δὲ ἡμέρας τινὰς παραγενόμενος ὁ Φῆλιξ σὺν
PA CC N-AF-P A-IAF-P VPADNM-S DNMS N-NM-S PD

Δρουσίλλῃ τῇ ἰδίᾳ γυναικὶ οὔσῃ Ἰουδαίᾳ μετεπέμψατο τὸν
N-DF-S DDFS A--DF-S N-DF-S VPPADF-S A--DF-S VIAD--ZS DAMS

Παῦλον καὶ ἤκουσεν αὐτοῦ περὶ τῆς εἰς Χριστὸν Ἰησοῦν
N-AM-S CC VIAA--ZS NPGMZS PG DGFS PA N-AM-S N-AM-S

πίστεως. 24.25 διαλεγομένου δὲ αὐτοῦ περὶ δικαιοσύνης καὶ
N-GF-S   VPPNGM-S   CH   NPGMZS   PG   N-GF-S   CC

ἐγκρατείας καὶ τοῦ κρίματος τοῦ μέλλοντος ἔμφοβος
N-GF-S   CC   DGNS   N-GN-S   DGNS□APRNN-S   VPPAGN-S   A--NM-S

γενόμενος ὁ Φῆλιξ ἀπεκρίθη, Τὸ νῦν ἔχον πορεύου,
VPADNM-S   DNMS   N-NM-S   VIAO--ZS   DANS   AB□AP-AN-S   VPPAAN-S   VMPN--YS

καιρὸν δὲ μεταλαβὼν μετακαλέσομαί σε· 24.26 ἅμα καὶ ἐλπίζων
N-AM-S   CC   VPAANMXS   VIFM--XS   NPA-YS   AB   AB   VPPANM-S

ὅτι χρήματα δοθήσεται αὐτῷ ὑπὸ τοῦ Παύλου· διὸ καὶ
CC   N-NN-P   VIFP--ZS   NPDMZS   PG   DGMS   N-GM-S   CH   AB

πυκνότερον αὐτὸν μεταπεμπόμενος ὡμίλει αὐτῷ.
APMAN-S□ABM   NPAMZS   VPPNNM-S   VIIA--ZS   NPDMZS

24.27 Διετίας δὲ πληρωθείσης ἔλαβεν διάδοχον ὁ Φῆλιξ
      N-GF-S   CC   VPAPGF-S   VIAA--ZS   N-AM-S   DNMS   N-NM-S

Πόρκιον Φῆστον· θέλων τε χάριτα καταθέσθαι τοῖς Ἰουδαίοις
N-AM-S   N-AM-S   VPPANM-S   CC   N-AF-S   VNAM   DDMP   AP-DM-P

ὁ Φῆλιξ κατέλιπε τὸν Παῦλον δεδεμένον.
DNMS   N-NM-S   VIAA--ZS   DAMS   N-AM-S   VPRPAM-S

25.1 Φῆστος οὖν ἐπιβὰς τῇ ἐπαρχείᾳ μετὰ τρεῖς ἡμέρας
   N-NM-S   CC   VPAANM-S   DDFS   N-DF-S   PA   A-CAF-P   N-AF-P

ἀνέβη εἰς Ἱεροσόλυμα ἀπὸ Καισαρείας, 25.2 ἐνεφάνισάν τε
VIAA--ZS   PA   N-AN-P   PG   N-GF-S   VIAA--ZP   CC

αὐτῷ οἱ ἀρχιερεῖς καὶ οἱ πρῶτοι τῶν Ἰουδαίων κατὰ τοῦ
NPDMZS   DNMP   N-NM-P   CC   DNMP   APONM-P   DGMP   AP-GM-P   PG   DGMS

Παύλου, καὶ παρεκάλουν αὐτὸν 25.3 αἰτούμενοι χάριν κατ' αὐτοῦ
N-GM-S   CC   VIIA--ZP   NPAMZS   VPPMNM-P   N-AF-S   PG   NPGMZS

ὅπως μεταπέμψηται αὐτὸν εἰς Ἱερουσαλήμ, ἐνέδραν ποιοῦντες
ABR   VSAD--ZS   NPAMZS   PA   N-AF-S   N-AF-S   VPPANM-P

ἀνελεῖν αὐτὸν κατὰ τὴν ὁδόν. 25.4 ὁ μὲν οὖν Φῆστος ἀπεκρίθη
VNAA   NPAMZS   PA   DAFS   N-AF-S   DNMS   CC   CH   N-NM-S   VIAO--ZS

τηρεῖσθαι τὸν Παῦλον εἰς Καισάρειαν, ἑαυτὸν δὲ μέλλειν ἐν
VNPP   DAMS   N-AM-S   PA   N-AF-S   NPAMZS   CC   VNPA+   PD

τάχει ἐκπορεύεσθαι· 25.5 Οἱ οὖν ἐν ὑμῖν, φησίν, δυνατοὶ
N-DN-S   +VNPN   DNMP   CH   PD   NPD-YP   VIPA--ZS   AP-NM-P

συγκαταβάντες εἴ τί ἐστιν ἐν τῷ ἀνδρὶ ἄτοπον
VPAANM-P   CS   A-INN-S   VIPA--ZS   PD   DDMS   N-DM-S   AP-NN-S

κατηγορείτωσαν αὐτοῦ.
VMPA--ZP   NPGMZS

25.6 Διατρίψας δὲ ἐν αὐτοῖς ἡμέρας οὐ πλείους ὀκτὼ ἢ δέκα,
     VPAANM-S   CC   PD   NPDMZP   N-AF-P   AB   A-MAF-P   APCGF-P   CC   APCGF-P

καταβὰς εἰς Καισάρειαν, τῇ ἐπαύριον καθίσας ἐπὶ τοῦ βήματος
VPAANM-S   PA   N-AF-S   DDFS   AB□AP-DF-S   VPAANM-S   PG   DGNS   N-GN-S

ἐκέλευσεν τὸν Παῦλον ἀχθῆναι. 25.7 παραγενομένου δὲ αὐτοῦ
VIAA--ZS   DAMS   N-AM-S   VNAP   VPADGM-S   CC   NPGMZS

περιέστησαν αὐτὸν οἱ ἀπὸ Ἱεροσολύμων
VIAA--ZP NPAMZS DNMP□APRNM-P+ PG N-GN-P

καταβεβηκότες Ἰουδαῖοι, πολλὰ καὶ βαρέα αἰτιώματα
VPRANM-P AP-NM-P A--AN-P CC A--AN-P N-AN-P

καταφέροντες ἃ οὐκ ἴσχυον ἀποδεῖξαι, 25.8 τοῦ Παύλου
VPPANM-P APRAN-P AB VIIA--ZP VNAA DGMS N-GM-S

ἀπολογουμένου ὅτι Οὔτε εἰς τὸν νόμον τῶν Ἰουδαίων οὔτε εἰς
VPPNGM-S CC CC PA DAMS N-AM-S DGMP AP-GM-P CC PA

τὸ ἱερὸν οὔτε εἰς Καίσαρά τι ἥμαρτον. 25.9 ὁ Φῆστος δὲ
DANS AP-AN-S CC PA N-AM-S APIAN-S VIAA--XS DNMS N-NM-S CH

θέλων τοῖς Ἰουδαίοις χάριν καταθέσθαι ἀποκριθεὶς τῷ Παύλῳ
VPPANM-S DDMP AP-DM-P N-AF-S VNAM VPAONM-S DDMS N-DM-S

εἶπεν, Θέλεις εἰς Ἱεροσόλυμα ἀναβὰς ἐκεῖ περὶ τούτων κριθῆναι
VIAA--ZS VIPA--YS PA N-AN-P VPAANMYS AB PG APDGN-P VNAP

ἐπ᾽ ἐμοῦ; 25.10 εἶπεν δὲ ὁ Παῦλος, Ἐπὶ τοῦ βήματος
PG NPG-XS VIAA--ZS CH DNMS N-NM-S PG DGNS N-GN-S

Καίσαρος ἑστώς εἰμι, οὗ με δεῖ κρίνεσθαι. Ἰουδαίους
N-GM-S VPRANMXS+ +VIPA--XS ABR NPA-XS VIPA--ZS VNPP AP-AM-P

οὐδὲν ἠδίκησα, ὡς καὶ σὺ κάλλιον ἐπιγινώσκεις. 25.11 εἰ μὲν
APCAN-S VIAA--XS ABR AB NPN-YS APMAN-S□ABM VIPA--YS CS CS

οὖν ἀδικῶ καὶ ἄξιον θανάτου πέπραχά τι, οὐ παραιτοῦμαι τὸ
CH VIPA--XS CC AP-AN-S N-GM-S VIRA--XS A-IAN-S AB VIPN--XS DANS

ἀποθανεῖν· εἰ δὲ οὐδέν ἐστιν ὧν οὗτοι
VNAA CS CH APCNN-S VIPA--ZS APRGN-P□APDGN-P&APRAN-P APDNM-P

κατηγοροῦσίν μου, οὐδείς με δύναται αὐτοῖς χαρίσασθαι·
VIPA--ZP NPG-XS APCNM-S NPA-XS VIPN--ZS NPDMZP VNAD

Καίσαρα ἐπικαλοῦμαι. 25.12 τότε ὁ Φῆστος συλλαλήσας μετὰ
N-AM-S VIPM--XS AB DNMS N-NM-S VPAANM-S PG

τοῦ συμβουλίου ἀπεκρίθη, Καίσαρα ἐπικέκλησαι, ἐπὶ Καίσαρα
DGNS N-GN-S VIAO--ZS N-AM-S VIRM--YS PA N-AM-S

πορεύσῃ.
VIFD--YS

25.13 Ἡμερῶν δὲ διαγενομένων τινῶν Ἀγρίππας ὁ
N-GF-P CC VPADGF-P A-IGF-P N-NM-S DNMS

βασιλεὺς καὶ Βερνίκη κατήντησαν εἰς Καισάρειαν ἀσπασάμενοι
N-NM-S CC N-NF-S VIAA--ZP PA N-AF-S VPADNM-P

τὸν Φῆστον. 25.14 ὡς δὲ πλείους ἡμέρας διέτριβον ἐκεῖ, ὁ
DAMS N-AM-S CS CC A-MAF-P N-AF-P VIIA--ZP AB DNMS

Φῆστος τῷ βασιλεῖ ἀνέθετο τὰ κατὰ τὸν Παῦλον λέγων, Ἀνήρ
N-NM-S DDMS N-DM-S VIAM--ZS DANP PA DAMS N-AM-S VPPANM-S N-NM-S

τίς ἐστιν καταλελειμμένος ὑπὸ Φήλικος δέσμιος, 25.15 περὶ
A-INM-S VIPA--ZS+ +VPRPNM-S PG N-GM-S N-NM-S PG

οὗ γενομένου μου εἰς Ἱεροσόλυμα ἐνεφάνισαν οἱ ἀρχιερεῖς
APRGM-S VPADGMXS NPG-XS PA N-AN-P VIAA--ZP DNMP N-NM-P

καὶ οἱ πρεσβύτεροι τῶν Ἰουδαίων, αἰτούμενοι κατ᾽ αὐτοῦ
CC DNMP AP-NM-P DGMP AP-GM-P VPPMNM-P PG NPGMZS

καταδίκην· 25.16 πρὸς οὓς ἀπεκρίθην ὅτι οὐκ ἔστιν ἔθος
N-AF-S PA APRAM-P VIAO--XS CC AB VIPA--ZS N-NN-S

Ῥωμαίοις χαρίζεσθαί τινα ἄνθρωπον πρὶν ἢ ὁ
AP-DM-P VNPN A-IAM-S N-AM-S AB CS DNMS□NPNMZS&APRNM-S

κατηγορούμενος κατὰ πρόσωπον ἔχοι τοὺς κατηγόρους τόπον
VPPPNM-S PA N-AN-S VOPA--ZS DAMP N-AM-P N-AM-S

τε ἀπολογίας λάβοι περὶ τοῦ ἐγκλήματος. 25.17 συνελθόντων οὖν
CC N-GF-S VOAA--ZS PG DGNS N-GN-S VPAAGM-P CH

[αὐτῶν] ἐνθάδε ἀναβολὴν μηδεμίαν ποιησάμενος τῇ ἑξῆς
NPGMZP AB N-AF-S A-CAF-S VPAMNMXS DDFS AB□AP-DF-S

καθίσας ἐπὶ τοῦ βήματος ἐκέλευσα ἀχθῆναι τὸν ἄνδρα·
VPAANMXS PG DGNS N-GN-S VIAA--XS VNAP DAMS N-AM-S

25.18 περὶ οὗ σταθέντες οἱ κατήγοροι οὐδεμίαν αἰτίαν
PG APRGM-S VPAPNM-P DNMP N-NM-P A-CAF-S N-AF-S

ἔφερον ὧν ἐγὼ ὑπενόουν πονηρῶν, 25.19 ζητήματα
VIIA--ZP APRGN-P+□APRAN-P NPN-XS VIIA--XS AP-GN-P N-AN-P

δέ τινα περὶ τῆς ἰδίας δεισιδαιμονίας εἶχον πρὸς αὐτὸν καὶ περί
CC A-IAN-P PG DGFS A--GF-S N-GF-S VIIA--ZP PA NPRAMZS CC PG

τινος Ἰησοῦ τεθνηκότος, ὃν ἔφασκεν ὁ Παῦλος ζῆν.
A-IGM-S N-GM-S VPRAGM-S APRAM-S VIIA--ZS DNMS N-NM-S VNPA

25.20 ἀπορούμενος δὲ ἐγὼ τὴν περὶ τούτων ζήτησιν ἔλεγον εἰ
VPPMNMXS CH NPN-XS DAFS PG APDGN-P N-AF-S VIIA--XS QT

βούλοιτο πορεύεσθαι εἰς Ἱεροσόλυμα κἀκεῖ κρίνεσθαι περὶ
VOPN--ZS VNPN PA N-AN-P CC&AB VNPP PG

τούτων. 25.21 τοῦ δὲ Παύλου ἐπικαλεσαμένου τηρηθῆναι αὐτὸν
APDGN-P DGMS CH N-GM-S VPAMGM-S VNAP NPRAMZS

εἰς τὴν τοῦ Σεβαστοῦ διάγνωσιν, ἐκέλευσα τηρεῖσθαι αὐτὸν ἕως
PA DAFS DGMS AP-GM-S N-AF-S VIAA--XS VNPP NPRAMZS PG

οὗ ἀναπέμψω αὐτὸν πρὸς Καίσαρα.
APRGM-S□APDGM-S&APRDM-S VSAA--XS NPRAMZS PA N-AM-S

25.22 Ἀγρίππας δὲ πρὸς τὸν Φῆστον, Ἐβουλόμην καὶ αὐτὸς τοῦ
N-NM-S CH PA DAMS N-AM-S VIIN--XS AB NPNMXS DGMS

ἀνθρώπου ἀκοῦσαι. Αὔριον, φησίν, ἀκούσῃ αὐτοῦ.
N-GM-S VNAA AB VIPA--ZS VIFM--YS NPGMZS

25.23 Τῇ οὖν ἐπαύριον ἐλθόντος τοῦ Ἀγρίππα καὶ τῆς
DDFS CH AB□AP-DF-S VPAAGM-S DGMS N-GM-S CC DGFS

Βερνίκης μετὰ πολλῆς φαντασίας καὶ εἰσελθόντων εἰς τὸ
N-GF-S PG A--GF-S N-GF-S CC VPAAGM-P PA DANS

ἀκροατήριον σύν τε χιλιάρχοις καὶ ἀνδράσιν τοῖς κατ᾽ ἐξοχὴν
N-AN-S PD CC N-DM-P CC N-DM-P DDMP PA N-AF-S

τῆς πόλεως, καὶ κελεύσαντος τοῦ Φήστου ἤχθη ὁ Παῦλος.
DGFS N-GF-S CC VPAAGM-S DGMS N-GM-S VIAP--ZS DNMS N-NM-S

25.24 καί φησιν ὁ Φῆστος, Ἀγρίππα βασιλεῦ καὶ πάντες
CC VIPA--ZS DNMS N-NM-S N-VM-S N-VM-S CC A--VM-P

οἱ συμπαρόντες ἡμῖν ἄνδρες, θεωρεῖτε τοῦτον περὶ
DVMP□APRNMYP+ VPPAVMYP NPD-XP N-VM-P VIPA--YP/VMPA--YP APDAM-S PG

οὗ ἅπαν τὸ πλῆθος τῶν Ἰουδαίων ἐνέτυχόν μοι ἔν τε
APRGM-S A--NN-S DNNS N-NN-S DGMP AP-GM-P VIAA--ZP NPD-XS PD CC

Ἱεροσολύμοις καὶ ἐνθάδε, βοῶντες μὴ δεῖν αὐτὸν ζῆν μηκέτι.
N-DN-P CC AB VPPANM-P AB VNPA NPAMZS VNPA AB

25.25 ἐγὼ δὲ κατελαβόμην μηδὲν ἄξιον αὐτὸν θανάτου
NPN-XS CH VIAM--XS APCAN-S A--AN-S NPAMZS N-GM-S

πεπραχέναι, αὐτοῦ δὲ τούτου ἐπικαλεσαμένου τὸν Σεβαστὸν
VNRA NPGMZS CH APDGM-S VPAMGM-S DAMS AP-AM-S

ἔκρινα πέμπειν. 25.26 περὶ οὗ ἀσφαλές τι γράψαι τῷ
VIAA--XS VNPA PG APRGM-S AP-AN-S A-IAN-S VNAA DDMS

κυρίῳ οὐκ ἔχω· διὸ προήγαγον αὐτὸν ἐφ᾽ ὑμῶν καὶ μάλιστα ἐπὶ
N-DM-S AB VIPA--XS CH VIAA--XS NPAMZS PG NPG-YP CC ABS PG

σοῦ, βασιλεῦ Ἀγρίππα, ὅπως τῆς ἀνακρίσεως γενομένης σχῶ
NPG-YS N-VM-S N-VM-S CS DGFS N-GF-S VPADGF-S VSAA--XS

τί γράψω· 25.27 ἄλογον γάρ μοι δοκεῖ πέμποντα δέσμιον μὴ
APTAN-S VSAA--XS A--NN-S CS NPD-XS VIPA--ZS VPPAAMXS N-AM-S AB

καὶ τὰς κατ᾽ αὐτοῦ αἰτίας σημᾶναι.
AB DAFP PG NPGMZS N-AF-P VNAA

26.1 Ἀγρίππας δὲ πρὸς τὸν Παῦλον ἔφη, Ἐπιτρέπεταί
N-NM-S CH PA DAMS N-AM-S VIAA--ZS/VIIA--ZS VIPP--ZS

σοι περὶ σεαυτοῦ λέγειν. τότε ὁ Παῦλος ἐκτείνας τὴν χεῖρα
NPD-YS PG NPGMYS VNPA AB DNMS N-NM-S VPAANM-S DAFS N-AF-S

ἀπελογεῖτο, 26.2 Περὶ πάντων ὧν ἐγκαλοῦμαι ὑπὸ Ἰουδαίων,
VIIN--ZS PG AP-GN-P APRGN-P VIPP--XS PG AP-GM-P

βασιλεῦ Ἀγρίππα, ἥγημαι ἐμαυτὸν μακάριον ἐπὶ σοῦ μέλλων
N-VM-S N-VM-S VIRN--XS NPAMXS A--AM-S PG NPG-YS VPPANMXS+

σήμερον ἀπολογεῖσθαι, 26.3 μάλιστα γνώστην ὄντα σε
AB +VNPN ABS N-AM-S VPPAAMYS NPA-YS

πάντων τῶν κατὰ Ἰουδαίους ἐθῶν τε καὶ ζητημάτων· διὸ δέομαι
A--GN-P DGNP PA AP-AM-P N-GN-P CC CC N-GN-P CH VIPN--XS

μακροθύμως ἀκοῦσαί μου. 26.4 Τὴν μὲν οὖν βίωσίν μου [τὴν]
AB VNAA NPG-XS DAFS CC CC N-AF-S NPG-XS DAFS

ἐκ νεότητος τὴν ἀπ᾽ ἀρχῆς γενομένην ἐν τῷ ἔθνει μου ἔν
PG N-GF-S DAFS□APRNF-S PG N-GF-S VPADAF-S PD DDNS N-DN-S NPG-XS PD

τε Ἱεροσολύμοις ἴσασι πάντες [οἱ] Ἰουδαῖοι,
CC N-DN-P VIRA--ZP A--NM-P DNMP AP-NM-P

26.5 προγινώσκοντές με ἄνωθεν, ἐὰν θέλωσι μαρτυρεῖν, ὅτι
VPPANM-P NPA-XS AB CS VSPA--ZP VNPA

κατὰ τὴν ἀκριβεστάτην αἵρεσιν τῆς ἡμετέρας θρησκείας ἔζησα
PA DAFS A-SAF-S N-AF-S DGFS A--GFXS N-GF-S VIAA--XS

ΠΡΑΞΕΙΣ 26.5–16

Φαρισαῖος. 26.6 καὶ νῦν ἐπ᾽ ἐλπίδι τῆς εἰς τοὺς πατέρας ἡμῶν
N-NM-S   CC AB PD N-DF-S DGFS PA DAMP N-AM-P   NPG-XP

ἐπαγγελίας γενομένης ὑπὸ τοῦ θεοῦ ἕστηκα κρινόμενος, 26.7 εἰς
N-GF-S   VPADGF-S   PG DGMS N-GM-S VIRA--XS VPPPNMXS   PA

ἦν τὸ δωδεκάφυλον ἡμῶν ἐν ἐκτενείᾳ νύκτα καὶ ἡμέραν
APRAF-S DNNS N-NN-S   NPG-XP PD N-DF-S   N-AF-S CC N-AF-S

λατρεῦον ἐλπίζει καταντῆσαι· περὶ ἧς ἐλπίδος ἐγκαλοῦμαι ὑπὸ
VPPANN-S VIPA--ZS VNAA   PG A-RGF-S N-GF-S VIPP--XS   PG

Ἰουδαίων, βασιλεῦ. 26.8 τί   ἄπιστον κρίνεται παρ᾽ ὑμῖν εἰ
AP-GM-P   N-VM-S   APTAN-S□ABT A--NN-S VIPP--ZS PD NPD-YP CC

ὁ θεὸς νεκροὺς ἐγείρει; 26.9 ἐγὼ μὲν οὖν ἔδοξα ἐμαυτῷ πρὸς
DNMS N-NM-S AP-AM-P VIPA--ZS NPN-XS CS CC VIAA--XS NPDMXS PA

τὸ ὄνομα Ἰησοῦ τοῦ Ναζωραίου δεῖν πολλὰ ἐναντία πρᾶξαι·
DANS N-AN-S N-GM-S DGMS N-GM-S VNDA AP-AN-P A--AN-P VNAA

26.10 ὃ   καὶ ἐποίησα ἐν Ἱεροσολύμοις, καὶ πολλούς τε τῶν
     APRAN-S AB VIAA--XS PD N-DN-P   CC AP-AM-P CC DGMP

ἁγίων ἐγὼ ἐν φυλακαῖς κατέκλεισα τὴν παρὰ τῶν ἀρχιερέων
AP-GM-P NPN-XS PD N-DF-P VIAA--XS DAFS PG DGMP N-GM-P

ἐξουσίαν λαβών, ἀναιρουμένων τε αὐτῶν κατήνεγκα ψῆφον,
N-AF-S   VPAANMXS VPPPGM-P   CC NPGMZP VIAA--XS N-AF-S

26.11 καὶ κατὰ πάσας τὰς συναγωγὰς πολλάκις τιμωρῶν αὐτοὺς
     CC PA A--AF-P DAFP N-AF-P   AB   VPPANMXS NPAMZP

ἠνάγκαζον βλασφημεῖν, περισσῶς τε ἐμμαινόμενος αὐτοῖς
VIIA--XS   VNPA   AB   CC VPPNNMXS   NPDMZP

ἐδίωκον ἕως καὶ εἰς τὰς ἔξω πόλεις.
VIIA--XS PG AB PA DAFP AB□A--AF-P N-AF-P

26.12 Ἐν οἷς   πορευόμενος εἰς τὴν Δαμασκὸν μετ᾽
     PD APRDN-P□NPDNZP VPPNNMXS PA DAFS N-AF-S PG

ἐξουσίας καὶ ἐπιτροπῆς τῆς τῶν ἀρχιερέων 26.13 ἡμέρας μέσης
N-GF-S CC N-GF-S DGFS DGMP N-GM-P   N-GF-S A--GF-S

κατὰ τὴν ὁδὸν εἶδον, βασιλεῦ, οὐρανόθεν ὑπὲρ τὴν λαμπρότητα
PA DAFS N-AF-S VIAA--XS N-VM-S AB PA DAFS N-AF-S

τοῦ ἡλίου περιλάμψαν με φῶς καὶ τοὺς   σὺν ἐμοὶ
DGMS N-GM-S VPAAAN-S NPA-XS N-AN-S CC DAMP□NPAMZP&APRNM-P PD NPD-XS

πορευομένους· 26.14 πάντων τε καταπεσόντων ἡμῶν εἰς τὴν γῆν
VPPNAM-P   A--GM-P CC VPAAGMXP NPG-XP PA DAFS N-AF-S

ἤκουσα φωνὴν λέγουσαν πρός με τῇ Ἑβραΐδι διαλέκτῳ,
VIAA--XS N-AF-S VPPAAF-S PA NPA-XS DDFS A--DF-S N-DF-S

Σαοὺλ Σαούλ, τί   με διώκεις; σκληρόν σοι πρὸς κέντρα
N-VM-S N-VM-S APTAN-S□ABT NPA-XS VIPA--YS A--NN-S NPD-YS PA N-AN-P

λακτίζειν. 26.15 ἐγὼ δὲ εἶπα, Τίς εἶ, κύριε; ὁ δὲ κύριος
VNPA   NPN-XS CH VIAA--XS APTNMYS VIPA--YS N-VM-S DNMS CH N-NM-S

εἶπεν, Ἐγώ εἰμι Ἰησοῦς ὃν σὺ διώκεις. 26.16 ἀλλὰ
VIAA--ZS NPN-XS VIPA--XS N-NM-S APRAMXS NPN-YS VIPA--YS CC

459

ἀνάστηθι καὶ στῆθι ἐπὶ τοὺς πόδας σου· εἰς τοῦτο γὰρ ὤφθην
VMAA--YS CC VMAA--YS PA DAMP N-AM-P NPG-YS PA APDAN-S CS VIAP--XS

σοι, προχειρίσασθαί σε ὑπηρέτην καὶ μάρτυρα
NPD-YS VNAD NPA-YS N-AM-S CC N-AM-S

ὧν τε εἶδές [με] ὧν τε
APRGN-P◻APDGN-P&APRAN-P CC VIAA--YS NPA-XS APRGN-P◻APDGN-P&APRAN-P CC

ὀφθήσομαί σοι, 26.17 ἐξαιρούμενός σε ἐκ τοῦ λαοῦ καὶ ἐκ τῶν
VIFP--XS NPD-YS VPPMNMXS NPA-YS PG DGMS N-GM-S CC PG DGNP

ἐθνῶν, εἰς οὓς ἐγὼ ἀποστέλλω σε 26.18 ἀνοῖξαι ὀφθαλμοὺς
N-GN-P PA APRAM-P NPN-XS VIPA--XS NPA-YS VNAA N-AM-P

αὐτῶν, τοῦ ἐπιστρέψαι ἀπὸ σκότους εἰς φῶς καὶ τῆς ἐξουσίας
NPGMZP DGNS VNAAG PG N-GN-S PA N-AN-S CC DGFS N-GF-S

τοῦ Σατανᾶ ἐπὶ τὸν θεόν, τοῦ λαβεῖν αὐτοὺς ἄφεσιν ἁμαρτιῶν
DGMS N-GM-S PA DAMS N-AM-S DGNS VNAAG NPAMZP N-AF-S N-GF-P

καὶ κλῆρον ἐν τοῖς ἡγιασμένοις πίστει τῇ εἰς ἐμέ.
CC N-AM-S PD DDMP◻NPDMZP&APRNM-P VPRPDM-P N-DF-S DDFS PA NPA-XS

26.19 Ὅθεν, βασιλεῦ Ἀγρίππα, οὐκ ἐγενόμην ἀπειθὴς τῇ
CH N-VM-S N-VM-S AB VIAD--XS A--NM-S DDFS

οὐρανίῳ ὀπτασίᾳ, 26.20 ἀλλὰ τοῖς ἐν Δαμασκῷ πρῶτόν τε καὶ
A--DF-S N-DF-S CH DDMP PD N-DF-S APOAN-S◻AB CC CC

Ἱεροσολύμοις, πᾶσάν τε τὴν χώραν τῆς Ἰουδαίας καὶ τοῖς
N-DN-P A--AF-S CC DAFS N-AF-S DGFS N-GF-S CC DDNP

ἔθνεσιν ἀπήγγελλον μετανοεῖν καὶ ἐπιστρέφειν ἐπὶ τὸν θεόν,
N-DN-P VIIA--XS VNPA CC VNAA PA DAMS N-AM-S

ἄξια τῆς μετανοίας ἔργα πράσσοντας. 26.21 ἕνεκα τούτων με
A--AN-P DGFS N-GF-S N-AN-P VPPAAM-P PG APDGN-P NPA-XS

Ἰουδαῖοι συλλαβόμενοι [ὄντα] ἐν τῷ ἱερῷ ἐπειρῶντο
AP-NM-P VPAMNM-P VPPAAMXS PD DDNS AP-DN-S VIIN--ZP

διαχειρίσασθαι. 26.22 ἐπικουρίας οὖν τυχὼν τῆς ἀπὸ τοῦ θεοῦ
VNAM N-GF-S CH VPAANMXS DGFS PG DGMS N-GM-S

ἄχρι τῆς ἡμέρας ταύτης ἕστηκα μαρτυρόμενος μικρῷ τε καὶ
PG DGFS N-GF-S A-DGF-S VIRA--XS VPPNNMXS AP-DM-S CC CC

μεγάλῳ, οὐδὲν ἐκτὸς λέγων ὧν τε οἱ προφῆται
AP-DM-S APCAN-S PG VPPANMXS APRGN-P◻APDGN-P&APRAN-P CC DNMP N-NM-P

ἐλάλησαν μελλόντων γίνεσθαι καὶ Μωϋσῆς, 26.23 εἰ παθητὸς
VIAA--ZP VPPAGN-P+ +VNPN CC N-NM-S ABR A--NM-S

ὁ Χριστός, εἰ πρῶτος ἐξ ἀναστάσεως νεκρῶν φῶς μέλλει
DNMS N-NM-S ABR APONM-S PG N-GF-S AP-GM-P N-AN-S VIPA--ZS+

καταγγέλλειν τῷ τε λαῷ καὶ τοῖς ἔθνεσιν.
+VNPA DDMS CC N-DM-S CC DDNP N-DN-P

26.24 Ταῦτα δὲ αὐτοῦ ἀπολογουμένου ὁ Φῆστος μεγάλῃ
APDAN-P CH NPGMZS VPPNGM-S DNMS N-NM-S A--DF-S

τῇ φωνῇ φησιν, Μαίνῃ, Παῦλε· τὰ πολλά σε γράμματα εἰς
DDFS N-DF-S VIPA--ZS VIPN--YS N-VM-S DNNP A--NN-P NPA-YS N-NN-P PA

μανίαν περιτρέπει. 26.25 ὁ δὲ Παῦλος, Οὐ μαίνομαι, φησίν,
N-AF-S VIPA--ZS DNMS CH N-NM-S AB VIPN--XS VIPA--ZS

κράτιστε Φῆστε, ἀλλὰ ἀληθείας καὶ σωφροσύνης ῥήματα
A-SVM-S N-VM-S CH N-GF-S CC N-GF-S N-AN-P

ἀποφθέγγομαι. 26.26 ἐπίσταται γὰρ περὶ τούτων ὁ βασιλεύς,
VIPN--XS VIPN--ZS CS PG APDGN-P DNMS N-NM-S

πρὸς ὃν καὶ παρρησιαζόμενος λαλῶ· λανθάνειν γὰρ αὐτόν
PA APRAM-S AB VPPNNMXS VIPA--XS VNPA CS NPAMZS

[τι] τούτων οὐ πείθομαι οὐθέν, οὐ γάρ ἐστιν ἐν γωνίᾳ
A-IAN-S APDGN-P AB VIPP--XS APCAN-S AB CS VIPA--ZS+ PD N-DF-S

πεπραγμένον τοῦτο. 26.27 πιστεύεις, βασιλεῦ Ἀγρίππα, τοῖς
+VPRPNN-S APDNN-S VIPA--YS N-VM-S N-VM-S DDMP

προφήταις; οἶδα ὅτι πιστεύεις. 26.28 ὁ δὲ Ἀγρίππας πρὸς τὸν
N-DM-P VIRA--XS CH VIPA--YS DNMS CH N-NM-S PA DAMS

Παῦλον, Ἐν ὀλίγῳ με πείθεις Χριστιανὸν ποιῆσαι. 26.29 ὁ
N-AM-S PD AP-DN-S NPA-XS VIPA--YS N-AM-S VNAA DNMS

δὲ Παῦλος, Εὐξαίμην ἂν τῷ θεῷ καὶ ἐν ὀλίγῳ καὶ ἐν μεγάλῳ οὐ
CH N-NM-S VOAD--XS QV DDMS N-DM-S CC PD AP-DN-S CC PD AP-DN-S AB

μόνον σὲ ἀλλὰ καὶ πάντας τοὺς ἀκούοντάς μου
A--AM-S NPA-YS CH AB AP-AM-P DAMP□APRNM-P VPPAAM-P NPG-XS

σήμερον γενέσθαι τοιούτους ὁποῖος καὶ ἐγώ εἰμι, παρεκτὸς τῶν
AB VNAD A-DAM-P APRNM-S AB NPN-XS VIPA--XS PG DGMP

δεσμῶν τούτων.
N-GM-P A-DGM-P

26.30 Ἀνέστη τε ὁ βασιλεὺς καὶ ὁ ἡγεμὼν ἥ τε
VIAA--ZS CC DNMS N-NM-S CC DNMS N-NM-S DNFS CC

Βερνίκη καὶ οἱ συγκαθήμενοι αὐτοῖς, 26.31 καὶ
N-NF-S CC DNMP□NPNMZP&APRNM-P VPPNNM-P NPDMZP CC

ἀναχωρήσαντες ἐλάλουν πρὸς ἀλλήλους λέγοντες ὅτι Οὐδὲν
VPAANM-P VIIA--ZP PA NPRAMZP VPPANM-P CH APCAN-S

θανάτου ἢ δεσμῶν ἄξιόν [τι] πράσσει ὁ ἄνθρωπος οὗτος.
N-GM-S CC N-GM-P A--AN-S A-IAN-S VIPA--ZS DNMS N-NM-S A-DNM-S

26.32 Ἀγρίππας δὲ τῷ Φήστῳ ἔφη, Ἀπολελύσθαι
N-NM-S CH DDMS N-DM-S VIAA--ZS/VIIA--ZS VNRP

ἐδύνατο ὁ ἄνθρωπος οὗτος εἰ μὴ ἐπεκέκλητο Καίσαρα.
VIIN--ZS DNMS N-NM-S A-DNM-S CS AB VILM--ZS N-AM-S

27.1 Ὡς δὲ ἐκρίθη τοῦ ἀποπλεῖν ἡμᾶς εἰς τὴν Ἰταλίαν,
CS CC VIAP--ZS DGNS VNPAG NPA-XP PA DAFS N-AF-S

παρεδίδουν τόν τε Παῦλον καί τινας ἑτέρους δεσμώτας
VIIA--ZP DAMS CC N-AM-S CC A-IAM-P A--AM-P N-AM-P

ἑκατοντάρχῃ ὀνόματι Ἰουλίῳ σπείρης Σεβαστῆς. 27.2 ἐπιβάντες
N-DM-S N-DN-S N-DM-S N-GF-S A--GF-S VPAANMXP

δὲ πλοίῳ Ἀδραμυττηνῷ μέλλοντι πλεῖν εἰς τοὺς κατὰ τὴν Ἀσίαν
CC N-DN-S A--DN-S VPPADN-S+ +VNPA PA DAMP PA DAFS N-AF-S

461

τόπους ἀνήχθημεν, ὄντος σὺν ἡμῖν Ἀριστάρχου Μακεδόνος
N-AM-P VIAP--XP VPPAGM-S PD NPD-XP N-GM-S N-GM-S

Θεσσαλονικέως· 27.3 τῇ τε ἑτέρᾳ κατήχθημεν εἰς Σιδῶνα,
N-GM-S DDFS CC AP-DF-S VIAP--XP PA N-AF-S

φιλανθρώπως τε ὁ Ἰούλιος τῷ Παύλῳ χρησάμενος ἐπέτρεψεν
AB CC DNMS N-NM-S DDMS N-DM-S VPADNM-S VIAA--ZS

πρὸς τοὺς φίλους πορευθέντι ἐπιμελείας τυχεῖν. 27.4 κἀκεῖθεν
PA DAMP AP-AM-P VPAODM-S N-GF-S VNAA CC&AB

ἀναχθέντες ὑπεπλεύσαμεν τὴν Κύπρον διὰ τὸ τοὺς ἀνέμους
VPAPNMXP VIAA--XP DAFS N-AF-S PA DANS DAMP N-AM-P

εἶναι ἐναντίους, 27.5 τό τε πέλαγος τὸ κατὰ τὴν Κιλικίαν καὶ
VNPAA A--AM-P DANS CC N-AN-S DANS PA DAFS N-AF-S CC

Παμφυλίαν διαπλεύσαντες κατήλθομεν εἰς Μύρα τῆς Λυκίας.
N-AF-S VPAANMXP VIAA--XP PA N-AN-P DGFS N-GF-S

27.6 κἀκεῖ εὑρὼν ὁ ἑκατοντάρχης πλοῖον Ἀλεξανδρῖνον
CC&AB VPAANM-S DNMS N-NM-S N-AN-S A--AN-S

πλέον εἰς τὴν Ἰταλίαν ἐνεβίβασεν ἡμᾶς εἰς αὐτό. 27.7 ἐν ἱκαναῖς
VPPAAN-S PA DAFS N-AF-S VIAA--ZS NPA-XP PA NPANZS PD A--DF-P

δὲ ἡμέραις βραδυπλοοῦντες καὶ μόλις γενόμενοι κατὰ τὴν
CC N-DF-P VPPANMXP CC AB VPADNMXP PA DAFS

Κνίδον, μὴ προσεῶντος ἡμᾶς τοῦ ἀνέμου, ὑπεπλεύσαμεν τὴν
N-AF-S AB VPPAGM-S NPA-XP DGMS N-GM-S VIAA--XP DAFS

Κρήτην κατὰ Σαλμώνην, 27.8 μόλις τε παραλεγόμενοι αὐτὴν
N-AF-S PA N-AF-S AB CC VPPNNMXP NPAFZS

ἤλθομεν εἰς τόπον τινὰ καλούμενον Καλοὺς Λιμένας, ᾧ
VIAA--XP PA N-AM-S A-IAM-S VPPPAM-S A--AM-P N-AM-P APRDM-S

ἐγγὺς πόλις ἦν Λασαία.
PD N-NF-S VIIA--ZS N-NF-S

27.9 Ἱκανοῦ δὲ χρόνου διαγενομένου καὶ ὄντος ἤδη
A--GM-S CC N-GM-S VPADGM-S CC VPPAGM-S AB

ἐπισφαλοῦς τοῦ πλοὸς διὰ τὸ καὶ τὴν νηστείαν ἤδη
A--GM-S DGMS N-GM-S PA DANS AB DAFS N-AF-S AB

παρεληλυθέναι, παρῄνει ὁ Παῦλος 27.10 λέγων αὐτοῖς,
VNRAA VIIA--ZS DNMS N-NM-S VPPANM-S NPDMZP

Ἄνδρες, θεωρῶ ὅτι μετὰ ὕβρεως καὶ πολλῆς ζημίας οὐ μόνον
N-VM-P VIPA--XS CC PG N-GF-S CC A--GF-S N-GF-S AB AP-AN-S□AB

τοῦ φορτίου καὶ τοῦ πλοίου ἀλλὰ καὶ τῶν ψυχῶν ἡμῶν μέλλειν
DGNS N-GN-S CC DGNS N-GN-S CH AB DGFP N-GF-P NPG-XP VNPA+

ἔσεσθαι τὸν πλοῦν. 27.11 ὁ δὲ ἑκατοντάρχης τῷ κυβερνήτῃ
+VNFD DAMS N-AM-S DNMS CH N-NM-S DDMS N-DM-S

καὶ τῷ ναυκλήρῳ μᾶλλον ἐπείθετο ἢ τοῖς ὑπὸ
CC DDMS N-DM-S ABM VIIP--ZS CS DDNP□NPDNZP&APRNN-P PG

Παύλου λεγομένοις. 27.12 ἀνευθέτου δὲ τοῦ λιμένος ὑπάρχοντος
N-GM-S VPPPDN-P A--GM-S CC DGMS N-GM-S VPPAGM-S

πρὸς παραχειμασίαν οἱ πλείονες ἔθεντο βουλὴν ἀναχθῆναι
PA   N-AF-S   DNMP APMNM-P VIAM--ZP N-AF-S   VNAP

ἐκεῖθεν, εἴ πως δύναιντο καταντήσαντες εἰς Φοίνικα
AB   QT ABI VOPN--ZP VPAANM-P   PA N-AM-S

παραχειμάσαι, λιμένα τῆς Κρήτης βλέποντα κατὰ λίβα καὶ κατὰ
VNAA   N-AM-S DGFS N-GF-S VPPAAM-S PA N-AM-S CC PA

χῶρον.
N-AM-S

27.13 Ὑποπνεύσαντος δὲ νότου δόξαντες τῆς προθέσεως
       VPAAGM-S   CH N-GM-S VPAANM-P DGFS N-GF-S

κεκρατηκέναι, ἄραντες ἆσσον παρελέγοντο τὴν Κρήτην.
VNRA   VPAANM-P ABM   VIIN--ZP   DAFS N-AF-S

27.14 μετ᾽ οὐ πολὺ δὲ ἔβαλεν κατ᾽ αὐτῆς ἄνεμος τυφωνικὸς
      PA   AB AP-AN-S CC VIAA--ZS PG NPGFZS N-NM-S A--NM-S

ὁ καλούμενος Εὐρακύλων· 27.15 συναρπασθέντος δὲ
DNMS☐APRNM-S VPPPNM-S N-NM-S   VPAPGN-S   CH

τοῦ πλοίου καὶ μὴ δυναμένου ἀντοφθαλμεῖν τῷ ἀνέμῳ ἐπιδόντες
DGNS N-GN-S CC AB VPPNGN-S   VNPA   DDMS N-DM-S VPAANMXP

ἐφερόμεθα. 27.16 νησίον δέ τι ὑποδραμόντες καλούμενον
VIIP--XP   N-AN-S CC A-IAN-S VPAANMXP VPPPAN-S

Καῦδα ἰσχύσαμεν μόλις περικρατεῖς γενέσθαι τῆς σκάφης,
N-AN-S VIAA--XP AB   A--NM-P   VNAD   DGFS N-GF-S

27.17 ἣν ἄραντες βοηθείαις ἐχρῶντο ὑποζωννύντες τὸ πλοῖον·
      APRAF-S VPAANM-P N-DF-P VIIN--ZP VPPANM-P   DANS N-AN-S

φοβούμενοί τε μὴ εἰς τὴν Σύρτιν ἐκπέσωσιν, χαλάσαντες τὸ
VPPNNM-P   CC CC PA DAFS N-AF-S VSAA--ZP   VPAANM-P   DANS

σκεῦος, οὕτως ἐφέροντο. 27.18 σφοδρῶς δὲ χειμαζομένων ἡμῶν
N-AN-S AB   VIIP--ZP   AB   CC VPPPGMXP   NPG-XP

τῇ ἑξῆς ἐκβολὴν ἐποιοῦντο, 27.19 καὶ τῇ τρίτῃ αὐτόχειρες
DDFS AB☐AP-DF-S N-AF-S VIIM--ZP   CC DDFS APODF-S AP-NM-P

τὴν σκευὴν τοῦ πλοίου ἔρριψαν. 27.20 μήτε δὲ ἡλίου μήτε
DAFS N-AF-S DGNS N-GN-S VIAA--ZP   CC   CC N-GM-S CC

ἄστρων ἐπιφαινόντων ἐπὶ πλείονας ἡμέρας, χειμῶνός τε οὐκ
N-GN-P VPPAGN-P   PA A-MAF-P   N-AF-P N-GM-S CC AB

ὀλίγου ἐπικειμένου, λοιπὸν περιῃρεῖτο ἐλπὶς πᾶσα τοῦ σῴζεσθαι
A--GM-S VPPNGM-S   AP-AN-S☐AB VIIP--ZS N-NF-S A--NF-S DGNS VNPPG

ἡμᾶς.
NPA-XP

27.21 Πολλῆς τε ἀσιτίας ὑπαρχούσης τότε σταθεὶς ὁ
      A--GF-S CC N-GF-S VPPAGF-S   AB   VPAPNM-S DNMS

Παῦλος ἐν μέσῳ αὐτῶν εἶπεν, Ἔδει μέν, ὦ ἄνδρες,
N-NM-S PD AP-DN-S NPGMZP VIAA--ZS VIIA--ZS CC QS N-VM-P

πειθαρχήσαντάς μοι μὴ ἀνάγεσθαι ἀπὸ τῆς Κρήτης κερδῆσαί
VPAAAMYP   NPD-XS AB VNPP   PG DGFS N-GF-S VNAA

τε τὴν ὕβριν ταύτην καὶ τὴν ζημίαν. 27.22 καὶ τὰ νῦν
CC DAFS N-AF-S A-DAF-S CC DAFS N-AF-S CC DANP AB□AP-AN-P

παραινῶ ὑμᾶς εὐθυμεῖν, ἀποβολὴ γὰρ ψυχῆς οὐδεμία ἔσται ἐξ
VIPA--XS NPA-YP VNPA N-NF-S CS N-GF-S A-CNF-S VIFD--ZS PG

ὑμῶν πλὴν τοῦ πλοίου· 27.23 παρέστη γάρ μοι ταύτῃ τῇ νυκτὶ
NPG-YP PG DGNS N-GN-S VIAA--ZS CS NPD-XS A-DDF-S DDFS N-DF-S

τοῦ θεοῦ οὗ εἰμι [ἐγώ], ᾧ καὶ λατρεύω, ἄγγελος
DGMS N-GM-S APRGM-S VIPA--XS NPN-XS APRDM-S AB VIPA--XS N-NM-S

27.24 λέγων, Μὴ φοβοῦ, Παῦλε· Καίσαρί σε δεῖ παραστῆναι,
VPPANM-S AB VMPN--YS N-VM-S N-DM-S NPA-YS VIPA--ZS VNAA

καὶ ἰδοὺ κεχάρισταί σοι ὁ θεὸς πάντας τοὺς πλέοντας
CC QS VIRN--ZS NPD-YS DNMS N-NM-S AP-AM-P DAMP□APRNM-P VPPAAM-P

μετὰ σοῦ. 27.25 διὸ εὐθυμεῖτε, ἄνδρες· πιστεύω γὰρ τῷ θεῷ ὅτι
PG NPG-YS CH VMPA--YP N-VM-P VIPA--XS CS DDMS N-DM-S CC

οὕτως ἔσται καθ᾿ ὃν τρόπον λελάληταί μοι. 27.26 εἰς νῆσον
AB VIFD--ZS PA APRAM-S+ N-AM-S VIRP--ZS NPD-XS PA N-AF-S

δέ τινα δεῖ ἡμᾶς ἐκπεσεῖν.
CS A-IAF-S VIPA--ZS NPA-XP VNAA

27.27 Ὡς δὲ τεσσαρεσκαιδεκάτη νὺξ ἐγένετο διαφερομένων
CS CC A-ONF-S N-NF-S VIAD--ZS VPPPGMXP

ἡμῶν ἐν τῷ Ἀδρίᾳ, κατὰ μέσον τῆς νυκτὸς ὑπενόουν οἱ
NPG-XP PD DDMS N-DM-S PA AP-AN-S DGFS N-GF-S VIIA--ZP DNMP

ναῦται προσάγειν τινὰ αὐτοῖς χώραν. 27.28 καὶ βολίσαντες
N-NM-P VNPA A-IAF-S NPDMZP N-AF-S CC VPAANM-P

εὗρον ὀργυιὰς εἴκοσι, βραχὺ δὲ διαστήσαντες καὶ πάλιν
VIAA--ZP N-AF-P A-CAF-P AP-AN-S□AB CC VPAANM-P CC AB

βολίσαντες εὗρον ὀργυιὰς δεκαπέντε· 27.29 φοβούμενοί τε μή
VPAANM-P VIAA--ZP N-AF-P A-CAF-P VPPNNM-P CC CC

που κατὰ τραχεῖς τόπους ἐκπέσωμεν, ἐκ πρύμνης ῥίψαντες
ABI PA A--AM-P N-AM-P VSAA--XP PG N-GF-S VPAANM-P

ἀγκύρας τέσσαρας ηὔχοντο ἡμέραν γενέσθαι. 27.30 τῶν δὲ
N-AF-P A-CAF-P VIIN--ZP N-AF-S VNAD DGMP CH

ναυτῶν ζητούντων φυγεῖν ἐκ τοῦ πλοίου καὶ χαλασάντων τὴν
N-GM-P VPPAGM-P VNAA PG DGNS N-GN-S CC VPAAGM-P DAFS

σκάφην εἰς τὴν θάλασσαν προφάσει ὡς ἐκ πρῴρης ἀγκύρας
N-AF-S PA DAFS N-AF-S N-DF-S CS PG N-GF-S N-AF-P

μελλόντων ἐκτείνειν, 27.31 εἶπεν ὁ Παῦλος τῷ ἑκατοντάρχῃ
VPPAGM-P+ +VNPA VIAA--ZS DNMS N-NM-S DDMS N-DM-S

καὶ τοῖς στρατιώταις, Ἐὰν μὴ οὗτοι μείνωσιν ἐν τῷ πλοίῳ,
CC DDMP N-DM-P CS AB APDNM-P VSAA--ZP PD DDNS N-DN-S

ὑμεῖς σωθῆναι οὐ δύνασθε. 27.32 τότε ἀπέκοψαν οἱ στρατιῶται
NPN-YP VNAP AB VIPN--YP AB VIAA--ZP DNMP N-NM-P

τὰ σχοινία τῆς σκάφης καὶ εἴασαν αὐτὴν ἐκπεσεῖν.
DANP N-AN-P DGFS N-GF-S CC VIAA--ZP NPAFZS VNAA

27.33 Ἄχρι δὲ οὗ ἡμέρα ἤμελλεν γίνεσθαι
PG CC APRGM-S□APDGM-S&APRDM-S N-NF-S VIIA--ZS+ +VNPN

παρεκάλει ὁ Παῦλος ἅπαντας μεταλαβεῖν τροφῆς λέγων,
VIIA--ZS DNMS N-NM-S AP-AM-P VNAA N-GF-S VPPANM-S

Τεσσαρεσκαιδεκάτην σήμερον ἡμέραν προσδοκῶντες ἄσιτοι
A-OAF-S AB N-AF-S VPPANMYP A--NM-P

διατελεῖτε, μηθὲν προσλαβόμενοι· 27.34 διὸ παρακαλῶ ὑμᾶς
VIPA--YP APCAN-S VPAMNMYP CH VIPA--XS NPA-YP

μεταλαβεῖν τροφῆς, τοῦτο γὰρ πρὸς τῆς ὑμετέρας σωτηρίας
VNAA N-GF-S APDNN-S CS PG DGFS A--GFYS N-GF-S

ὑπάρχει· οὐδενὸς γὰρ ὑμῶν θρὶξ ἀπὸ τῆς κεφαλῆς ἀπολεῖται.
VIPA--ZS APCGM-S CS NPG-YP N-NF-S PG DGFS N-GF-S VIFM--ZS

27.35 εἴπας δὲ ταῦτα καὶ λαβὼν ἄρτον εὐχαρίστησεν τῷ θεῷ
VPAANM-S CC APDAN-P CC VPAANM-S N-AM-S VIAA--ZS DDMS N-DM-S

ἐνώπιον πάντων καὶ κλάσας ἤρξατο ἐσθίειν. 27.36 εὔθυμοι δὲ
PG AP-GM-P CC VPAANM-S VIAM--ZS VNPA A--NM-P CH

γενόμενοι πάντες καὶ αὐτοὶ προσελάβοντο τροφῆς. 27.37 ἤμεθα
VPADNM-P AP-NM-P AB NPNMZP VIAM--ZP N-GF-S VIIM--XP

δὲ αἱ πᾶσαι ψυχαὶ ἐν τῷ πλοίῳ διακόσιαι ἑβδομήκοντα ἕξ.
CS DNFP A--NF-P N-NF-P PD DDNS N-DN-S A-CNF-P A-CNF-P A-CNF-P

27.38 κορεσθέντες δὲ τροφῆς ἐκούφιζον τὸ πλοῖον ἐκβαλλόμενοι
VPAPNM-P CC N-GF-S VIIA--ZP VIIA--ZP DANS N-AN-S VPPMNM-P

τὸν σῖτον εἰς τὴν θάλασσαν.
DAMS N-AM-S PA DAFS N-AF-S

27.39 Ὅτε δὲ ἡμέρα ἐγένετο, τὴν γῆν οὐκ ἐπεγίνωσκον,
CS CC N-NF-S VIAD--ZS DAFS N-AF-S AB VIIA--ZP

κόλπον δέ τινα κατενόουν ἔχοντα αἰγιαλὸν εἰς ὃν
N-AM-S CH A-IAM-S VIIA--ZP VPPAAM-S N-AM-S PA APRAM-S

ἐβουλεύοντο εἰ δύναιντο ἐξῶσαι τὸ πλοῖον. 27.40 καὶ τὰς
VIIN--ZP QT VOPN--ZP VNAA DANS N-AN-S CC DAFP

ἀγκύρας περιελόντες εἴων εἰς τὴν θάλασσαν, ἅμα ἀνέντες τὰς
N-AF-P VPAANM-P VIIA--ZP PA DAFS N-AF-S AB VPAANM-P DAFP

ζευκτηρίας τῶν πηδαλίων, καὶ ἐπάραντες τὸν ἀρτέμωνα
N-AF-P DGNP N-GN-P CC VPAANM-P DAMS N-AM-S

τῇ πνεούσῃ κατεῖχον εἰς τὸν αἰγιαλόν.
DDFS□NPDFZS&APRNF-S VPPADF-S VIIA--ZP PA DAMS N-AM-S

27.41 περιπεσόντες δὲ εἰς τόπον διθάλασσον ἐπέκειλαν τὴν ναῦν,
VPAANM-P CH PA N-AM-S A--AM-S VIAA--ZP DAFS N-AF-S

καὶ ἡ μὲν πρῷρα ἐρείσασα ἔμεινεν ἀσάλευτος, ἡ δὲ πρύμνα
CC DNFS CS N-NF-S VPAANF-S VIAA--ZS A--NF-S DNFS CH N-NF-S

ἐλύετο ὑπὸ τῆς βίας [τῶν κυμάτων]. 27.42 τῶν δὲ στρατιωτῶν
VIIP--ZS PG DGFS N-GF-S DGNP N-GN-P DGMP CC N-GM-P

βουλὴ ἐγένετο ἵνα τοὺς δεσμώτας ἀποκτείνωσιν, μή τις
N-NF-S VIAD--ZS CC DAMP N-AM-P VSAA--ZP CS APINM-S

ἐκκολυμβήσας διαφύγῃ· 27.43 ὁ δὲ ἑκατοντάρχης βουλόμενος
VPAANM-S VSAA--ZS DNMS CH N-NM-S VPPNNM-S

διασῶσαι τὸν Παῦλον ἐκώλυσεν αὐτοὺς τοῦ βουλήματος,
VNAA DAMS N-AM-S VIAA--ZS NPAMZP DGNS N-GN-S

ἐκέλευσέν τε τοὺς δυναμένους κολυμβᾶν
VIAA--ZS CC DAMP□NPAMZP&APRNM-P VPPNAM-P VNPA

ἀπορίψαντας πρώτους ἐπὶ τὴν γῆν ἐξιέναι, 27.44 καὶ τοὺς λοιποὺς
VPAAAM-P A-OAM-P PA DAFS N-AF-S VNPA CC DAMP AP-AM-P

οὓς μὲν ἐπὶ σανίσιν οὓς δὲ ἐπί τινων τῶν ἀπὸ
APRAM-P□APDAM-P CC PD N-DF-P APRAM-P□APDAM-P CC PG APIGN-P DGNP PG

τοῦ πλοίου· καὶ οὕτως ἐγένετο πάντας διασωθῆναι ἐπὶ τὴν γῆν.
DGNS N-GN-S CC AB VIAD--ZS AP-AM-P VNAP PA DAFS N-AF-S

28.1 Καὶ διασωθέντες τότε ἐπέγνωμεν ὅτι Μελίτη ἡ νῆσος
CC VPAPNMXP AB VIAA--XP CC N-NF-S DNFS N-NF-S

καλεῖται. 28.2 οἵ τε βάρβαροι παρεῖχον οὐ τὴν
VIPP--ZS DNMP CC AP-NM-P VIIA--ZP AB DAFS□APRNF-S+

τυχοῦσαν φιλανθρωπίαν ἡμῖν, ἅψαντες γὰρ πυρὰν
VPAAAF-S N-AF-S NPD-XP VPAANM-P CS N-AF-S

προσελάβοντο πάντας ἡμᾶς διὰ τὸν ὑετὸν τὸν ἐφεστῶτα
VIAM--ZP A--AM-P NPA-XP PA DAMS N-AM-S DAMS□APRNM-S VPRAAM-S

καὶ διὰ τὸ ψῦχος. 28.3 συστρέψαντος δὲ τοῦ Παύλου φρυγάνων
CC PA DANS N-AN-S VPAAGM-S CC DGMS N-GM-S N-GN-P

τι πλῆθος καὶ ἐπιθέντος ἐπὶ τὴν πυράν, ἔχιδνα ἀπὸ τῆς
A-IAN-S N-AN-S CC VPAAGM-S PA DAFS N-AF-S N-NF-S PG DGFS

θέρμης ἐξελθοῦσα καθῆψεν τῆς χειρὸς αὐτοῦ. 28.4 ὡς δὲ εἶδον
N-GF-S VPAANF-S VIAA--ZS DGFS N-GF-S NPGMZS CS CH VIAA--ZP

οἱ βάρβαροι κρεμάμενον τὸ θηρίον ἐκ τῆς χειρὸς αὐτοῦ, πρὸς
DNMP AP-NM-P VPPMAN-S DANS N-AN-S PG DGFS N-GF-S NPGMZS PA

ἀλλήλους ἔλεγον, Πάντως φονεύς ἐστιν ὁ ἄνθρωπος οὗτος
NPAMZP VIIA--ZP AB N-NN-S VIPA--ZS DNMS N-NM-S A-DNM-S

ὃν διασωθέντα ἐκ τῆς θαλάσσης ἡ δίκη ζῆν οὐκ εἴασεν.
APRAM-S VPAPAM-S PG DGFS N-GF-S DNFS N-NF-S VNPA AB VIAA--ZS

28.5 ὁ μὲν οὖν ἀποτινάξας τὸ θηρίον εἰς τὸ πῦρ
DNMS□NPNMZS CS CC VPAANM-S DANS N-AN-S PA DANS N-AN-S

ἔπαθεν οὐδὲν κακόν· 28.6 οἱ δὲ προσεδόκων αὐτὸν
VIAA--ZS A-CAN-S AP-AN-S DNMP□NPNMZP CH VIIA--ZP NPAMZS

μέλλειν πίμπρασθαι ἢ καταπίπτειν ἄφνω νεκρόν. ἐπὶ πολὺ δὲ
VNPA+ +VNPP CC +VNPA AB A--AM-S PA AP-AN-S CH

αὐτῶν προσδοκώντων καὶ θεωρούντων μηδὲν ἄτοπον εἰς αὐτὸν
NPGMZP VPPAGM-P CC VPPAGM-P APCAN-S A--AN-S PA NPAMZS

γινόμενον, μεταβαλόμενοι ἔλεγον αὐτὸν εἶναι θεόν. 28.7 Ἐν δὲ
VPPNAN-S VPAMNM-P VIIA--ZP NPAMZS VNPA N-AM-S PD CC

τοῖς περὶ τὸν τόπον ἐκεῖνον ὑπῆρχεν χωρία τῷ πρώτῳ τῆς
DDNP PA DAMS N-AM-S A-DAM-S VIIA--ZS N-NN-P DDMS APODM-S DGFS

νήσου ὀνόματι Ποπλίῳ, ὃς   ἀναδεξάμενος ἡμᾶς τρεῖς ἡμέρας
N-GF-S   N-DN-S   N-DM-S APRNM-S VPADNM-S   NPA-XP A-CAF-P N-AF-P

φιλοφρόνως ἐξένισεν. 28.8 ἐγένετο δὲ τὸν πατέρα τοῦ Ποπλίου
AB   VIAA--ZS   VIAD--ZS CC DAMS N-AM-S DGMS N-GM-S

πυρετοῖς καὶ δυσεντερίῳ συνεχόμενον κατακεῖσθαι, πρὸς ὃν
N-DM-P   CC   N-DN-S   VPPPAM-S   VNPN   PA   APRAM-S

ὁ   Παῦλος εἰσελθὼν καὶ προσευξάμενος ἐπιθεὶς τὰς χεῖρας
DNMS N-NM-S VPAANM-S CC VPADNM-S   VPAANM-S DAFP N-AF-P

αὐτῷ ἰάσατο αὐτόν. 28.9 τούτου δὲ γενομένου καὶ οἱ λοιποὶ
NPDMZS VIAD--ZS NPAMZS   APDGN-S CH VPADGN-S AB DNMP AP-NM-P

οἱ   ἐν τῇ νήσῳ ἔχοντες ἀσθενείας προσήρχοντο καὶ
DNMP☐APRNM-P PD DDFS N-DF-S VPPANM-P N-AF-P   VIIN--ZP   CC

ἐθεραπεύοντο, 28.10 οἳ   καὶ πολλαῖς τιμαῖς ἐτίμησαν ἡμᾶς καὶ
VIIP--ZP   APRNM-P AB A--DF-P N-DF-P VIAA--ZP NPA-XP CC

ἀναγομένοις ἐπέθεντο τὰ πρὸς τὰς χρείας.
VPPPDMXP   VIAM--ZP DANP PA DAFP N-AF-P

28.11 Μετὰ δὲ τρεῖς μῆνας ἀνήχθημεν ἐν πλοίῳ
       PA   CC A-CAM-P N-AM-P VIAP--XP   PD N-DN-S

παρακεχειμακότι ἐν τῇ νήσῳ Ἀλεξανδρίνῳ, παρασήμῳ
VPRADN-S   PD DDFS N-DF-S A--DN-S   A--DN-S

Διοσκούροις. 28.12 καὶ καταχθέντες εἰς Συρακούσας ἐπεμείναμεν
N-DM-P   CC VPAPNMXP   PA N-AN-P   VIAA--XP

ἡμέρας τρεῖς, 28.13 ὅθεν περιελόντες κατηντήσαμεν εἰς Ῥήγιον.
N-AF-P A-CAF-P   ABR VPAANMXP   VIAA--XP   PA N-AN-S

καὶ μετὰ μίαν ἡμέραν ἐπιγενομένου νότου δευτεραῖοι ἤλθομεν
CC PA   A-CAF-S N-AF-S VPADGM-S   N-GM-S A--NM-P   VIAA--XP

εἰς Ποτιόλους, 28.14 οὗ εὑρόντες ἀδελφοὺς παρεκλήθημεν παρ᾽
PA N-AM-P   ABR VPAANMXP N-AM-P   VIAP--XP   PD

αὐτοῖς ἐπιμεῖναι ἡμέρας ἑπτά· καὶ οὕτως εἰς τὴν Ῥώμην
NPDMZP VNAA   N-AF-P A-CAF-P CC AB   PA DAFS N-AF-S

ἤλθαμεν. 28.15 κἀκεῖθεν οἱ ἀδελφοὶ ἀκούσαντες τὰ περὶ ἡμῶν
VIAA--XP   CC&AB   DNMP N-NM-P VPAANM-P   DANP PG   NPG-XP

ἦλθαν εἰς ἀπάντησιν ἡμῖν ἄχρι Ἀππίου Φόρου καὶ Τριῶν
VIAA--ZP PA N-AF-S   NPD-XP PG N-GM-S N-GN-S CC A-CGF-P

Ταβερνῶν, οὓς   ἰδὼν ὁ   Παῦλος εὐχαριστήσας τῷ   θεῷ
N-GF-P   APRAM-P VPAANM-S DNMS N-NM-S VPAANM-S   DDMS N-DM-S

ἔλαβε θάρσος.
VIAA--ZS N-AN-S

28.16 Ὅτε δὲ εἰσήλθομεν εἰς Ῥώμην, ἐπετράπη τῷ   Παύλῳ
       CS CC VIAA--XP   PA N-AF-S VIAP--ZS DDMS N-DM-S

μένειν καθ᾽ ἑαυτὸν σὺν τῷ   φυλάσσοντι αὐτὸν
VNPA   PA   NPAMZS PD DDMS☐APRNM-S+ VPPADM-S   NPAMZS

στρατιώτῃ.
N-DM-S

28.17 Ἐγένετο δὲ μετὰ ἡμέρας τρεῖς συγκαλέσασθαι αὐτὸν
VIAD--ZS CC PA N-AF-P A-CAF-P VNAM NPAMZS

τοὺς ὄντας τῶν Ἰουδαίων πρώτους· συνελθόντων
DAMP□NPAMZP&APRNM-P VPPAAM-P DGMP AP-GM-P A-OAM-P VPAAGM-P

δὲ αὐτῶν ἔλεγεν πρὸς αὐτούς, Ἐγώ, ἄνδρες ἀδελφοί, οὐδὲν
CC/CH NPGMZP VIIA--ZS PA NRAMZP NPN-XS N-VM-P N-VM-P APCAN-S

ἐναντίον ποιήσας τῷ λαῷ ἢ τοῖς ἔθεσι τοῖς πατρῴοις δέσμιος ἐξ
A--AN-S VPAANMXS DDMS N-DM-S CC DDNP N-DN-P DDNP A--DN-P N-NM-S PG

Ἱεροσολύμων παρεδόθην εἰς τὰς χεῖρας τῶν Ῥωμαίων,
N-GN-P VIAP--XS PA DAFP N-AF-P DGMP AP-GM-P

28.18 οἵτινες ἀνακρίναντές με ἐβούλοντο ἀπολῦσαι διὰ τὸ
APRNM-P VPAANM-P NPA-XS VIIN--ZP VNAA PA DANS

μηδεμίαν αἰτίαν θανάτου ὑπάρχειν ἐν ἐμοί· 28.19 ἀντιλεγόντων
A-CAF-S N-AF-S N-GM-S VNPAA PD NPD-XS VPPAGM-P

δὲ τῶν Ἰουδαίων ἠναγκάσθην ἐπικαλέσασθαι Καίσαρα, οὐχ ὡς
CH DGMP AP-GM-P VIAP--XS VNAM N-AM-S AB CS

τοῦ ἔθνους μου ἔχων τι κατηγορεῖν. 28.20 διὰ ταύτην οὖν
DGNS N-GN-S NPG-XS VPPANMXS APIAN-S VNPA PA A-DAF-S CH

τὴν αἰτίαν παρεκάλεσα ὑμᾶς ἰδεῖν καὶ προσλαλῆσαι, ἕνεκεν γὰρ
DAFS N-AF-S VIAA--XS NPA-YP VNAA CC VNAA PG CS

τῆς ἐλπίδος τοῦ Ἰσραὴλ τὴν ἅλυσιν ταύτην περίκειμαι.
DGFS N-GF-S DGMS N-GM-S DAFS N-AF-S A-DAF-S VIPP--XS

28.21 οἱ δὲ πρὸς αὐτὸν εἶπαν, Ἡμεῖς οὔτε γράμματα περὶ
DNMP□NPNMZP CH PA NRAMZS VIAA--ZP NPN-XP CC N-AN-P PG

σοῦ ἐδεξάμεθα ἀπὸ τῆς Ἰουδαίας, οὔτε παραγενόμενός τις
NPG-YS VIAD--XP PG DGFS N-GF-S CC VPADNM-S APINM-S

τῶν ἀδελφῶν ἀπήγγειλεν ἢ ἐλάλησέν τι περὶ σοῦ πονηρόν.
DGMP N-GM-P VIAA--ZS CC VIAA--ZS A-IAN-S PG NPG-YS AP-AN-S

28.22 ἀξιοῦμεν δὲ παρὰ σοῦ ἀκοῦσαι ἃ
VIPA--XP CC PG NPG-YS VNAA APRAN-P□APDAN-P&APRAN-P

φρονεῖς, περὶ μὲν γὰρ τῆς αἱρέσεως ταύτης γνωστὸν ἡμῖν ἐστιν
VIPA--YS PG QS CS DGFS N-GF-S A-DGF-S A--NN-S NPD-XP VIPA--ZS

ὅτι πανταχοῦ ἀντιλέγεται.
CC AB VIPP--ZS

28.23 Ταξάμενοι δὲ αὐτῷ ἡμέραν ἦλθον πρὸς αὐτὸν εἰς τὴν
VPAMNM-P CC NPDMZS N-AF-S VIAA--ZP PA NRAMZS PA DAFS

ξενίαν πλείονες, οἷς ἐξετίθετο διαμαρτυρόμενος τὴν βασιλείαν
N-AF-S APMNM-P APRDM-P VIIM--ZS VPPNNM-S DAFS N-AF-S

τοῦ θεοῦ πείθων τε αὐτοὺς περὶ τοῦ Ἰησοῦ ἀπό τε τοῦ νόμου
DGMS N-GM-S VPPANM-S CC NPAMZP PG DGMS N-GM-S PG CC DGMS N-GM-S

Μωϋσέως καὶ τῶν προφητῶν ἀπὸ πρωῒ ἕως ἑσπέρας. 28.24 καὶ
N-GM-S CC DGMP N-GM-P PG AB□AP-GM-S PG N-GF-S CC

οἱ μὲν ἐπείθοντο τοῖς λεγομένοις,
DNMP□APDNM-P CC VIIP--ZP DDNP□NPDNZP&APRNN-P VPPPDN-P

οἱ   δὲ ἠπίστουν· 28.25 ἀσύμφωνοι δὲ ὄντες πρὸς
DNMP□APDNM-P CC VIIA--ZP   A--NM-P   CC/CH VPPANM-P PA

ἀλλήλους ἀπελύοντο, εἰπόντος τοῦ Παύλου ῥῆμα ἓν   ὅτι Καλῶς
NPAMZP VIIM--ZP   VPAAGM-S DGMS N-GM-S N-AN-S A-CAN-S ABR AB

τὸ πνεῦμα τὸ ἅγιον ἐλάλησεν διὰ Ἠσαΐου τοῦ προφήτου
DNNS N-NN-S DNNS A--NN-S VIAA--ZS PG N-GM-S DGMS N-GM-S

πρὸς τοὺς πατέρας ὑμῶν 28.26 λέγων,
PA DAMP N-AM-P NPG-YP VPPANM-S

    Πορεύθητι πρὸς τὸν λαὸν τοῦτον καὶ εἰπόν,
    VMAO--YS PA DAMS N-AM-S A-DAM-S CC VMAA--YS

    Ἀκοῇ ἀκούσετε   καὶ οὐ μὴ συνῆτε,
    N-DF-S VIFA--YP□VMPA--YP CC AB AB VSAA--YP□VMAA--YP

    καὶ βλέποντες βλέψετε   καὶ οὐ μὴ ἴδητε·
    CC VRPANMYP VIFA--YP□VMPA--YP CC AB AB VSAA--YP□VMAA--YP

28.27 ἐπαχύνθη γὰρ ἡ   καρδία τοῦ λαοῦ τούτου,
    VIAP--ZS CS DNFS N-NF-S DGMS N-GM-S A-DGM-S

    καὶ τοῖς ὠσὶν βαρέως ἤκουσαν,
    CC DDNP N-DN-P AB VIAA--ZP

    καὶ τοὺς ὀφθαλμοὺς αὐτῶν ἐκάμμυσαν·
    CC DAMP N-AM-P NPGMZP VIAA--ZP

    μήποτε ἴδωσιν τοῖς ὀφθαλμοῖς
    CS VSAA--ZP DDMP N-DM-P

    καὶ τοῖς ὠσὶν ἀκούσωσιν
    CC DDNP N-DN-P VSAA--ZP

    καὶ τῇ   καρδίᾳ συνῶσιν καὶ ἐπιστρέψωσιν,
    CC DDFS N-DF-S VSAA--ZP CC VSAA--ZP

    καὶ ἰάσομαι αὐτούς.
    CC VIFD--XS NPAMZP

28.28 γνωστὸν οὖν ἔστω ὑμῖν ὅτι τοῖς ἔθνεσιν ἀπεστάλη τοῦτο
    A--NN-S CH VMPA--ZS NPD-YP CC DDNP N-DN-P VIAP--ZS A-DNN-S

τὸ σωτήριον τοῦ θεοῦ· αὐτοὶ καὶ ἀκούσονται.
DNNS AP-NN-S DGMS N-GM-S NPNMZP CC VIFM--ZP

    28.30 Ἐνέμεινεν δὲ διετίαν ὅλην ἐν ἰδίῳ μισθώματι, καὶ
    VIAA--ZS CC N-AF-S A--AF-S PD A--DN-S N-DN-S CC

ἀπεδέχετο πάντας τοὺς   εἰσπορευομένους πρὸς αὐτόν,
VIIN--ZS AP-AM-P DAMP□APRNM-P VPPNAM-P PA NPAMZS

28.31 κηρύσσων τὴν βασιλείαν τοῦ θεοῦ καὶ διδάσκων τὰ περὶ
    VPPANM-S DAFS N-AF-S DGMS N-GM-S CC VPPANM-S DANP PG

τοῦ κυρίου Ἰησοῦ Χριστοῦ μετὰ πάσης παρρησίας ἀκωλύτως.
DGMS N-GM-S N-GM-S N-GM-S PG A--GF-S N-GF-S AB

ΠΡΟΣ ΡΩΜΑΙΟΥΣ

1.1 Παῦλος δοῦλος Χριστοῦ Ἰησοῦ, κλητὸς ἀπόστολος,
N-NM-S N-NM-S N-GM-S N-GM-S A--NM-S N-NM-S

ἀφωρισμένος εἰς εὐαγγέλιον θεοῦ, 1.2 ὃ προεπηγγείλατο διὰ
VPRPNMXS PA N-AN-S N-GM-S APRAN-S VIAD--ZS PG

τῶν προφητῶν αὐτοῦ ἐν γραφαῖς ἁγίαις, 1.3 περὶ τοῦ υἱοῦ αὐτοῦ
DGMP N-GM-P NPGMZS PD N-DF-P A--DF-P PG DGMS N-GM-S NPGMZS

τοῦ γενομένου ἐκ σπέρματος Δαυὶδ κατὰ σάρκα,
DGMS□APRNM-S VPADGM-S PG N-GN-S N-GM-S PA N-AF-S

1.4 τοῦ ὁρισθέντος υἱοῦ θεοῦ ἐν δυνάμει κατὰ πνεῦμα
DGMS□APRNM-S VPAPGM-S N-GM-S N-GM-S PD N-DF-S PA N-AN-S

ἁγιωσύνης ἐξ ἀναστάσεως νεκρῶν, Ἰησοῦ Χριστοῦ τοῦ κυρίου
N-GF-S PG N-GF-S AP-GM-P N-GM-S N-GM-S DGMS N-GM-S

ἡμῶν, 1.5 δι᾽ οὗ ἐλάβομεν χάριν καὶ ἀποστολὴν εἰς ὑπακοὴν
NPG-XP PG APRGM-S VIAA--XP N-AF-S CC N-AF-S PA N-AF-S

πίστεως ἐν πᾶσιν τοῖς ἔθνεσιν ὑπὲρ τοῦ ὀνόματος αὐτοῦ, 1.6 ἐν
N-GF-S PD A--DN-P DDNP N-DN-P PG DGNS N-GN-S NPGMZS PD

οἷς ἐστε καὶ ὑμεῖς κλητοὶ Ἰησοῦ Χριστοῦ, 1.7 πᾶσιν
APRDN-P VIPA--YP AB NPN-YP A--NM-P N-GM-S N-GM-S AP-DM-P

τοῖς οὖσιν ἐν Ῥώμῃ ἀγαπητοῖς θεοῦ, κλητοῖς ἁγίοις·
DDMP□APRNMYP VPPADMYP PD N-DF-S A--DM-P N-GM-S A--DM-P A--DM-P

χάρις ὑμῖν καὶ εἰρήνη ἀπὸ θεοῦ πατρὸς ἡμῶν καὶ κυρίου Ἰησοῦ
N-NF-S NPD-YP CC N-NF-S PG N-GM-S N-GM-S NPG-XP CC N-GM-S N-GM-S

Χριστοῦ.
N-GM-S

1.8 Πρῶτον μὲν εὐχαριστῶ τῷ θεῷ μου διὰ Ἰησοῦ
APOAN-S□AB CC VIPA--XS DDMS N-DM-S NPG-XS PG N-GM-S

Χριστοῦ περὶ πάντων ὑμῶν, ὅτι ἡ πίστις ὑμῶν καταγγέλλεται
N-GM-S PG A--GM-P NPG-YP CC/CS DNFS N-NF-S NPG-YP VIPP--ZS

ἐν ὅλῳ τῷ κόσμῳ. 1.9 μάρτυς γάρ μού ἐστιν ὁ θεός, ᾧ
PD A--DM-S DDMS N-DM-S N-NM-S CS NPG-XS VIPA--ZS DNMS N-NM-S APRDM-S

λατρεύω ἐν τῷ πνεύματί μου ἐν τῷ εὐαγγελίῳ τοῦ υἱοῦ αὐτοῦ,
VIPA--XS PD DDNS N-DN-S NPG-XS PD DDNS N-DN-S DGMS N-GM-S NPGMZS

ὡς ἀδιαλείπτως μνείαν ὑμῶν ποιοῦμαι 1.10 πάντοτε ἐπὶ τῶν
AB/CC AB N-AF-S NPG-YP VIPM--XS AB PG DGFP

προσευχῶν μου, δεόμενος εἴ πως ἤδη ποτὲ εὐοδωθήσομαι ἐν
N-GF-P NPG-XS VPPNNMXS CC/QT ABI AB ABI VIFP--XS PD

τῷ θελήματι τοῦ θεοῦ ἐλθεῖν πρὸς ὑμᾶς. 1.11 ἐπιποθῶ γὰρ ἰδεῖν
DDNS N-DN-S DGMS N-GM-S VNAA PA NPA-YP VIPA--XS CS VNAA

ὑμᾶς, ἵνα τι μεταδῶ χάρισμα ὑμῖν πνευματικὸν εἰς τὸ
NPA-YP CS A-IAN-S VSAA--XS N-AN-S NPD-YP A--AN-S PA DANS

στηριχθῆναι ὑμᾶς, 1.12 τοῦτο δέ ἐστιν συμπαρακληθῆναι ἐν
VNAPA NPA-YP APDNN-S CC/CS VIPA--ZS VNAPA PD

ὑμῖν διὰ τῆς ἐν ἀλλήλοις πίστεως ὑμῶν τε καὶ ἐμοῦ. 1.13 οὐ
NPD-YP PG DGFS PD NPDMXP N-GF-S NPG-YP CC CC NPG-XS AB

θέλω δὲ ὑμᾶς ἀγνοεῖν, ἀδελφοί, ὅτι πολλάκις προεθέμην ἐλθεῖν
VIPA--XS CC NPA-YP VNPA N-VM-P CC AB VIAM--XS VNAA

πρὸς ὑμᾶς, καὶ ἐκωλύθην ἄχρι τοῦ δεῦρο, ἵνα τινὰ καρπὸν
PA NPA-YP CC VIAP--XS PG DGMS AB□AP-GM-S CS A-IAM-S N-AM-S

σχῶ καὶ ἐν ὑμῖν καθὼς καὶ ἐν τοῖς λοιποῖς ἔθνεσιν.
VSAA--XS AB PD NPD-YP CS AB PD DDNP A--DN-P N-DN-P

1.14 Ἕλλησίν τε καὶ βαρβάροις, σοφοῖς τε καὶ ἀνοήτοις
N-DM-P CC CC AP-DM-P AP-DM-P CC CC AP-DM-P

ὀφειλέτης εἰμί· 1.15 οὕτως τὸ κατ᾽ ἐμὲ πρόθυμον καὶ ὑμῖν
N-NM-S VIPA--XS AB DNNS PA NPA-XS AP-NN-S AB NPD-YP

τοῖς ἐν Ῥώμῃ εὐαγγελίσασθαι.
DDMP PD N-DF-S VNAM

1.16 Οὐ γὰρ ἐπαισχύνομαι τὸ εὐαγγέλιον, δύναμις γὰρ θεοῦ
AB CS VIPN--XS DANS N-AN-S N-NF-S CS N-GM-S

ἐστιν εἰς σωτηρίαν παντὶ τῷ πιστεύοντι, Ἰουδαίῳ τε
VIPA--ZS PA N-AF-S AP-DM-S DDMS□APRNM-S VPPADM-S AP-DM-S CC

πρῶτον καὶ Ἕλληνι· 1.17 δικαιοσύνη γὰρ θεοῦ ἐν αὐτῷ
APOAN-S□AB CC N-DM-S N-NF-S CS N-GM-S PD NPDNZS

ἀποκαλύπτεται ἐκ πίστεως εἰς πίστιν, καθὼς γέγραπται, Ὁ δὲ
VIPP--ZS PG N-GF-S PA N-AF-S CS VIRP--ZS DNMS CH

δίκαιος ἐκ πίστεως ζήσεται.
AP-NM-S PG N-GF-S VIFM--ZS

1.18 Ἀποκαλύπτεται γὰρ ὀργὴ θεοῦ ἀπ᾽ οὐρανοῦ ἐπὶ πᾶσαν
VIPP--ZS CS N-NF-S N-GM-S PG N-GM-S PA A--AF-S

ἀσέβειαν καὶ ἀδικίαν ἀνθρώπων τῶν τὴν ἀλήθειαν ἐν
N-AF-S CC N-AF-S N-GM-P DGMP□APRNM-P DAFS N-AF-S PD

ἀδικίᾳ κατεχόντων, 1.19 διότι τὸ γνωστὸν τοῦ θεοῦ φανερόν
N-DF-S VPPAGM-P CS DNNS AP-NN-S DGMS N-GM-S A--NN-S

ἐστιν ἐν αὐτοῖς· ὁ θεὸς γὰρ αὐτοῖς ἐφανέρωσεν. 1.20 τὰ γὰρ
VIPA--ZS PD NPDMZP DNMS N-NM-S CS NPDMZP VIAA--ZS DNNP CS

ἀόρατα αὐτοῦ ἀπὸ κτίσεως κόσμου τοῖς ποιήμασιν νοούμενα
AP-NN-P NPGMZS PG N-GF-S N-GM-S DDNP N-DN-P VPPPNN-P

καθορᾶται, ἥ τε ἀΐδιος αὐτοῦ δύναμις καὶ θειότης, εἰς τὸ εἶναι
VIPP--ZS DNFS CC A--NF-S NPGMZS N-NF-S CC N-NF-S PA DANS VNPAA

αὐτοὺς ἀναπολογήτους· 1.21 διότι γνόντες τὸν θεὸν οὐχ ὡς θεὸν
NPAMZP A--AM-P CS VPAANM-P DAMS N-AM-S AB CS N-AM-S

ἐδόξασαν ἢ ηὐχαρίστησαν, ἀλλ᾽ ἐματαιώθησαν ἐν τοῖς
VIAA--ZP CC VIAA--ZP CH VIAP--ZP PD DDMP

διαλογισμοῖς αὐτῶν καὶ ἐσκοτίσθη ἡ ἀσύνετος αὐτῶν καρδία.
N-DM-P NPGMZP CC VIAP--ZS DNFS A--NF-S NPGMZP N-NF-S

1.22 φάσκοντες εἶναι σοφοὶ ἐμωράνθησαν, 1.23 καὶ ἤλλαξαν τὴν
VPPANM-P VNPA A--NM-P VIAP--ZP CC VIAA--ZP DAFS

δόξαν τοῦ ἀφθάρτου θεοῦ ἐν ὁμοιώματι εἰκόνος φθαρτοῦ
N-AF-S DGMS A--GM-S N-GM-S PD N-DN-S N-GF-S A--GM-S

ἀνθρώπου καὶ πετεινῶν καὶ τετραπόδων καὶ ἑρπετῶν.
N-GM-S CC AP-GN-P CC AP-GN-P CC N-GN-P

1.24 Διὸ παρέδωκεν αὐτοὺς ὁ θεὸς ἐν ταῖς ἐπιθυμίαις τῶν
CH VIAA--ZS NPAMZP DNMS N-NM-S PD DDFP N-DF-P DGFP

καρδιῶν αὐτῶν εἰς ἀκαθαρσίαν τοῦ ἀτιμάζεσθαι τὰ σώματα
N-GF-P NPGMZP PA N-AF-S DGNS VNPEG DANP N-AN-P

αὐτῶν ἐν αὐτοῖς, 1.25 οἵτινες μετήλλαξαν τὴν ἀλήθειαν τοῦ θεοῦ
NPGMZP PD NPDMZP APRNM-P VIAA--ZP DAFS N-AF-S DGMS N-GM-S

ἐν τῷ ψεύδει, καὶ ἐσεβάσθησαν καὶ ἐλάτρευσαν τῇ κτίσει παρὰ
PD DDNS N-DN-S CC VIAO--ZP CC VIAA--ZP DDFS N-DF-S PA

τὸν κτίσαντα, ὅς ἐστιν εὐλογητὸς εἰς τοὺς
DAMS□NPAMZP&APRNM-S VPAAAM-S APRNM-S VIPA--ZS A--NM-S PA DAMP

αἰῶνας· ἀμήν. 1.26 διὰ τοῦτο παρέδωκεν αὐτοὺς ὁ θεὸς εἰς
N-AM-P QS PA APDAN-S VIAA--ZS NPAMZP DNMS N-NM-S PA

πάθη ἀτιμίας· αἵ τε γὰρ θήλειαι αὐτῶν μετήλλαξαν τὴν
N-AN-P N-GF-S DNFP CC CS AP-NF-P NPGMZP VIAA--ZP DAFS

φυσικὴν χρῆσιν εἰς τὴν παρὰ φύσιν, 1.27 ὁμοίως τε καὶ οἱ
A--AF-S N-AF-S PA DAFS PA N-AF-S AB CC AB DNMP

ἄρσενες ἀφέντες τὴν φυσικὴν χρῆσιν τῆς θηλείας ἐξεκαύθησαν
AP-NM-P VPAANM-P DAFS A--AF-S N-AF-S DGFS AP-GF-S VIAP--ZP

ἐν τῇ ὀρέξει αὐτῶν εἰς ἀλλήλους, ἄρσενες ἐν ἄρσεσιν τὴν
PD DDFS N-DF-S NPGMZP PA NPAMZP AP-NM-P PD AP-DM-P DAFS

ἀσχημοσύνην κατεργαζόμενοι καὶ τὴν ἀντιμισθίαν ἣν ἔδει
N-AF-S VPPNNM-P CC DAFS N-AF-S APRAF-S VIIA--ZS

τῆς πλάνης αὐτῶν ἐν ἑαυτοῖς ἀπολαμβάνοντες. 1.28 καὶ καθὼς
DGFS N-GF-S NPGMZP PD NPDMZP VPPANM-P CC CS

οὐκ ἐδοκίμασαν τὸν θεὸν ἔχειν ἐν ἐπιγνώσει, παρέδωκεν αὐτοὺς
AB VIAA--ZP DAMS N-AM-S VNPA PD N-DF-S VIAA--ZS NPAMZP

ὁ θεὸς εἰς ἀδόκιμον νοῦν, ποιεῖν τὰ μὴ
DNMS N-NM-S PA A--AM-S N-AM-S VNPA DANP□NPANZP&APRNN-P AB

καθήκοντα, 1.29 πεπληρωμένους πάσῃ ἀδικίᾳ πονηρίᾳ πλεονεξίᾳ
VPPAAN-P VPRPAM-P A--DF-S N-DF-S N-DF-S N-DF-S

κακίᾳ, μεστοὺς φθόνου φόνου ἔριδος δόλου κακοηθείας,
N-DF-S A--AM-P N-GM-S N-GM-S N-GF-S N-GM-S N-GF-S

ψιθυριστάς, 1.30 καταλάλους, θεοστυγεῖς, ὑβριστάς, ὑπερηφάνους,
N-AM-P AP-AM-P AP-AM-P N-AM-P AP-AM-P

ἀλαζόνας, ἐφευρετὰς κακῶν, γονεῦσιν ἀπειθεῖς, 1.31 ἀσυνέτους,
N-AM-P N-AM-P AP-GN-P N-DM-P A--AM-P A--AM-P

ἀσυνθέτους, ἀστόργους, ἀνελεήμονας· 1.32 οἵτινες τὸ δικαίωμα
A--AM-P   A--AM-P   A--AM-P   APRNM-P   DANS   N-AN-S

τοῦ θεοῦ ἐπιγνόντες, ὅτι οἱ τὰ τοιαῦτα
DGMS   N-GM-S   VPAANM-P   ABR   DNMP□NPNMZP&APRNM-P   DANP   APDAN-P

πράσσοντες ἄξιοι θανάτου εἰσίν, οὐ μόνον αὐτὰ ποιοῦσιν ἀλλὰ
VPPANM-P   A--NM-P   N-GM-S   VIPA--ZP   AB   AP-AN-S□AB   NPANZP   VIPA--ZP   CH

καὶ συνευδοκοῦσιν τοῖς πράσσουσιν.
AB   VIPA--ZP   DDMP□NPDMZP&APRNM-P   VPPADM-P

2.1 Διὸ ἀναπολόγητος εἶ, ὦ ἄνθρωπε πᾶς ὁ
CH   A--NM-S   VIPA--YS   QS   N-VM-S   AP-VM-S   DVMS□APRNMYS

κρίνων· ἐν ᾧ γὰρ κρίνεις τὸν ἕτερον, σεαυτὸν
VPPAVMYS   PD   APRDN-S□APDDN-S&APRDN-S   CS   VIPA--YS   DAMS   AP-AM-S   NPAMYS

κατακρίνεις, τὰ γὰρ αὐτὰ πράσσεις ὁ κρίνων.
VIPA--YS   DANP   CS   AP-AN-P   VIPA--YS   DNMS□NPNMYS&APRNMYS   VPPANMYS

2.2 οἴδαμεν δὲ ὅτι τὸ κρίμα τοῦ θεοῦ ἐστιν κατὰ ἀλήθειαν ἐπὶ
VIRA--XP   CC   CH   DNNS   N-NN-S   DGMS   N-GM-S   VIPA--ZS   PA   N-AF-S   PA

τοὺς τὰ τοιαῦτα πράσσοντας. 2.3 λογίζῃ δὲ τοῦτο,
DAMP□NPRAMZP&APRNM-P   DANP   APDAN-P   VPPAAM-P   VIPN--YS   CC   APDAN-S

ὦ ἄνθρωπε ὁ κρίνων τοὺς τὰ τοιαῦτα
QS   N-VM-S   DVMS□APRNMYS   VPPAVMYS   DAMP□NPAMZP&APRNM-P   DANP   APDAN-P

πράσσοντας καὶ ποιῶν αὐτά, ὅτι σὺ ἐκφεύξῃ τὸ κρίμα τοῦ
VPPAAM-P   CC   VPPAVMYS   NPANZP   ABR   NPN-YS   VIFD--YS   DANS   N-AN-S   DGMS

θεοῦ; 2.4 ἢ τοῦ πλούτου τῆς χρηστότητος αὐτοῦ καὶ τῆς ἀνοχῆς
N-GM-S   CC   DGMS   N-GM-S   DGFS   N-GF-S   NPGMZS   CC   DGFS   N-GF-S

καὶ τῆς μακροθυμίας καταφρονεῖς, ἀγνοῶν ὅτι τὸ χρηστὸν τοῦ
CC   DGFS   N-GF-S   VIPA--YS   VPPANMYS   CC   DNNS   AP-NN-S   DGMS

θεοῦ εἰς μετάνοιάν σε ἄγει; 2.5 κατὰ δὲ τὴν σκληρότητά σου
N-GM-S   PA   N-AF-S   NPA-YS   VIPA--ZS   PA   CH   DAFS   N-AF-S   NPG-YS

καὶ ἀμετανόητον καρδίαν θησαυρίζεις σεαυτῷ ὀργὴν ἐν ἡμέρᾳ
CC   A--AF-S   N-AF-S   VIPA--YS   NPDMYS   N-AF-S   PD   N-DF-S

ὀργῆς καὶ ἀποκαλύψεως δικαιοκρισίας τοῦ θεοῦ, 2.6 ὃς
N-GF-S   CC   N-GF-S   N-GF-S   DGMS   N-GM-S   APRNM-S

ἀποδώσει ἑκάστῳ κατὰ τὰ ἔργα αὐτοῦ, 2.7 τοῖς μὲν
VIFA--ZS   AP-DM-S   PA   DANP   N-AN-P   NPGMZS   DDMP□NPDMZP&APRNM-P   CS

καθ᾽ ὑπομονὴν ἔργου ἀγαθοῦ δόξαν καὶ τιμὴν καὶ ἀφθαρσίαν
PA   N-AF-S   N-GN-S   A--GN-S   N-AF-S   CC   N-AF-S   CC   N-AF-S

ζητοῦσιν, ζωὴν αἰώνιον· 2.8 τοῖς δὲ ἐξ ἐριθείας
VPPADM-P   N-AF-S   A--AF-S   DDMP&DDMP□NPDMZP&APRNM-P   CH   PG   N-GF-S

καὶ ἀπειθοῦσι τῇ ἀληθείᾳ πειθομένοις δὲ τῇ ἀδικίᾳ, ὀργὴ καὶ
CC   VPPADM-P   DDFS   N-DF-S   VPPPDM-P   CH   DDFS   N-DF-S   N-NF-S   CC

θυμός — 2.9 θλῖψις καὶ στενοχωρία ἐπὶ πᾶσαν ψυχὴν ἀνθρώπου
N-NM-S   N-NF-S   CC   N-NF-S   PA   A--AF-S   N-AF-S   N-GM-S

τοῦ κατεργαζομένου τὸ κακόν, Ἰουδαίου τε πρῶτον καὶ
DGMS□APRNM-S   VPPNGM-S   DANS   AP-AN-S   AP-GM-S   CC   APOAN-S□AB   CC

Ἕλληνος· 2.10 δόξα δὲ καὶ τιμὴ καὶ εἰρήνη παντὶ τῷ
N-GM-S   N-NF-S CC CC N-NF-S CC N-NF-S AP-DM-S DDMS□APRNM-S

ἐργαζομένῳ τὸ ἀγαθόν, Ἰουδαίῳ τε πρῶτον καὶ Ἕλληνι·
VPPNDM-S DANS AP-AN-S AP-DM-S CC APOAN-S□AB CC N-DM-S

2.11 οὐ γάρ ἐστιν προσωπολημψία παρὰ τῷ θεῷ.
AB CS VIPA--ZS N-NF-S PD DDMS N-DM-S

2.12 ὅσοι γὰρ ἀνόμως ἥμαρτον, ἀνόμως καὶ
APRNM-P□APDNM-P&APRNM-P CS AB VIAA--ZP AB AB

ἀπολοῦνται· καὶ ὅσοι ἐν νόμῳ ἥμαρτον, διὰ νόμου
VIFM--ZP CC APRNM-P□APDNM-P&APRNM-P PD N-DM-S VIAA--ZP PG N-GM-S

κριθήσονται· 2.13 οὐ γὰρ οἱ ἀκροαταὶ νόμου δίκαιοι παρὰ [τῷ]
VIFP--ZP AB CS DNMP N-NM-P N-GM-S A--NM-P PD DDMS

θεῷ, ἀλλ᾽ οἱ ποιηταὶ νόμου δικαιωθήσονται. 2.14 ὅταν γὰρ
N-DM-S CH DNMP N-NM-P N-GM-S VIFP--ZP CS CS

ἔθνη τὰ μὴ νόμον ἔχοντα φύσει τὰ τοῦ νόμου ποιῶσιν,
N-NN-P DNNP□APRNN-P AB N-AM-S VPPANN-P N-DF-S DANP DGMS N-GM-S VSPA--ZP

οὗτοι νόμον μὴ ἔχοντες ἑαυτοῖς εἰσιν νόμος· 2.15 οἵτινες
APDNM-P N-AM-S AB VPPANM-P NPDMZP VIPA--ZP N-NM-S APRNM-P

ἐνδείκνυνται τὸ ἔργον τοῦ νόμου γραπτὸν ἐν ταῖς καρδίαις
VIPM--ZP DANS N-AN-S DGMS N-GM-S A--AN-S PD DDFP N-DF-P

αὐτῶν, συμμαρτυρούσης αὐτῶν τῆς συνειδήσεως καὶ μεταξὺ
NPGMZP VPPAGF-S NPGMZP DGFS N-GF-S CC PG

ἀλλήλων τῶν λογισμῶν κατηγορούντων ἢ καὶ ἀπολογουμένων,
NPGMZP DGMP N-GM-P VPPAGM-P CC AB VPPNGM-P

2.16 ἐν ἡμέρᾳ ὅτε κρίνει ὁ θεὸς τὰ κρυπτὰ τῶν ἀνθρώπων
PD N-DF-S ABR VIPA--ZS DNMS N-NM-S DANP AP-AN-P DGMP N-GM-P

κατὰ τὸ εὐαγγέλιόν μου διὰ Χριστοῦ Ἰησοῦ.
PA DANS N-AN-S NPG-XS PG N-GM-S N-GM-S

2.17 Εἰ δὲ σὺ Ἰουδαῖος ἐπονομάζῃ καὶ ἐπαναπαύῃ νόμῳ καὶ
CS CC NPN-YS AP-NM-S VIPM--YS CC VIPN--YS N-DM-S CC

καυχᾶσαι ἐν θεῷ 2.18 καὶ γινώσκεις τὸ θέλημα καὶ δοκιμάζεις
VIPN--YS PD N-DM-S CC VIPA--YS DANS N-AN-S CC VIPA--YS

τὰ διαφέροντα κατηχούμενος ἐκ τοῦ νόμου,
DANP□NPANZP&APRNN-P VPPAAN-P VPPPNMYS PG DGMS N-GM-S

2.19 πέποιθάς τε σεαυτὸν ὁδηγὸν εἶναι τυφλῶν, φῶς τῶν ἐν
VIRA--YS CC NPAMYS N-AM-S VNPA AP-GM-P N-AN-S DGMP PD

σκότει, 2.20 παιδευτὴν ἀφρόνων, διδάσκαλον νηπίων, ἔχοντα τὴν
N-DN-S N-AM-S AP-GM-P N-AM-S AP-GM-P VPPAAMYS DAFS

μόρφωσιν τῆς γνώσεως καὶ τῆς ἀληθείας ἐν τῷ νόμῳ —
N-AF-S DGFS N-GF-S CC DGFS N-GF-S PD DDMS N-DM-S

2.21 ὁ οὖν διδάσκων ἕτερον σεαυτὸν οὐ
DVMS□NPVMYS&APRNMYS CH VPPAVMYS AP-AM-S NPAMYS AB/QT

διδάσκεις; ὁ κηρύσσων μὴ κλέπτειν κλέπτεις;
VIPA--YS DVMS□NPVMYS&APRNMYS VPPAVMYS AB VNPA VIPA--YS

2.22 ὁ   λέγων   μὴ   μοιχεύειν   μοιχεύεις;
DVMS□NPVMYS&APRNMYS   VPPAVMYS   AB   VNPA   VIPA--YS

ὁ   βδελυσσόμενος   τὰ   εἴδωλα   ἱεροσυλεῖς;
DVMS□NPVMYS&APRNMYS   VPPNVMYS   DANP   N-AN-P   VIPA--YS

2.23 ὃς   ἐν νόμῳ καυχᾶσαι, διὰ τῆς παραβάσεως τοῦ νόμου
APRNMYS   PD   N-DM-S   VIPN--YS   PG   DGFS   N-GF-S   DGMS   N-GM-S

τὸν   θεὸν   ἀτιμάζεις; 2.24 τὸ   γὰρ ὄνομα τοῦ θεοῦ δι' ὑμᾶς
DAMS   N-AM-S   VIPA--YS   DNNS   CS   N-NN-S   DGMS   N-GM-S   PA   NPA-YP

βλασφημεῖται ἐν τοῖς ἔθνεσιν, καθὼς γέγραπται. 2.25 περιτομὴ
VIPP--ZS   PD   DDNP   N-DN-P   CS   VIRP--ZS   N-NF-S

μὲν γὰρ ὠφελεῖ ἐὰν νόμον πράσσῃς· ἐὰν δὲ παραβάτης νόμου
CS   CS   VIPA--ZS   CS   N-AM-S   VSPA--YS   CS   CH   N-NM-S   N-GM-S

ᾖς,   ἡ   περιτομή σου   ἀκροβυστία γέγονεν. 2.26 ἐὰν οὖν ἡ
VSPA--YS   DNFS   N-NF-S   NPG-YS   N-NF-S   VIRA--ZS   CS   CH   DNFS

ἀκροβυστία τὰ   δικαιώματα τοῦ   νόμου φυλάσσῃ, οὐχ ἡ
N-NF-S   DANP   N-AN-P   DGMS   N-GM-S   VSPA--ZS   QT   DNFS

ἀκροβυστία αὐτοῦ εἰς περιτομὴν λογισθήσεται; 2.27 καὶ κρινεῖ
N-NF-S   NPGMZS   PA   N-AF-S   VIFP--ZS   CC   VIFA--ZS

ἡ   ἐκ φύσεως ἀκροβυστία τὸν   νόμον τελοῦσα σὲ   τὸν διὰ
DNFS   PG   N-GF-S   N-NF-S   DAMS   N-AM-S   VPPANF-S   NPA-YS   DAMS   PG

γράμματος καὶ περιτομῆς παραβάτην νόμου. 2.28 οὐ γὰρ ὁ   ἐν
N-GN-S   CC   N-GF-S   N-AM-S   N-GM-S   AB   CS   DNMS   PD

τῷ   φανερῷ Ἰουδαῖός ἐστιν, οὐδὲ ἡ   ἐν τῷ   φανερῷ ἐν σαρκὶ
DDNS   AP-DN-S   AP-NM-S   VIPA--ZS   CC   DNFS   PD   DDNS   AP-DN-S   PD   N-DF-S

περιτομή· 2.29 ἀλλ' ὁ   ἐν τῷ   κρυπτῷ Ἰουδαῖος, καὶ περιτομὴ
N-NF-S   CH   DNMS   PD   DDNS   AP-DN-S   AP-NM-S   CC   N-NF-S

καρδίας ἐν πνεύματι οὐ γράμματι, οὗ   ὁ   ἔπαινος οὐκ ἐξ
N-GF-S   PD   N-DN-S   AB   N-DN-S   APRGM-S   DNMS   N-NM-S   AB   PG

ἀνθρώπων ἀλλ' ἐκ τοῦ θεοῦ.
N-GM-P   CH   PG   DGMS   N-GM-S

3.1 Τί   οὖν τὸ   περισσὸν τοῦ   Ἰουδαίου, ἢ   τίς   ἡ
APTNN-S   CH   DNNS   AP-NN-S   DGMS   AP-GM-S   CC   APTNF-S   DNFS

ὠφέλεια τῆς περιτομῆς; 3.2 πολὺ   κατὰ πάντα τρόπον. πρῶτον
N-NF-S   DGFS   N-GF-S   AP-NN-S   PA   A--AM-S   N-AM-S   APOAN-S□AB

μὲν [γὰρ] ὅτι   ἐπιστεύθησαν τὰ   λόγια τοῦ θεοῦ. 3.3 τί   γὰρ
QS   CS   ABR/CS   VIAP--ZP   DANP   N-AN-P   DGMS   N-GM-S   APTNN-S   CS

εἰ ἠπίστησάν τινες; μὴ ἡ   ἀπιστία αὐτῶν τὴν πίστιν τοῦ θεοῦ
CS   VIAA--ZP   APINM-P   QT   DNFS   N-NF-S   NPGMZP   DAFS   N-AF-S   DGMS   N-GM-S

καταργήσει; 3.4 μὴ γένοιτο· γινέσθω δὲ   ὁ   θεὸς ἀληθής, πᾶς
VIFA--ZS   AB   VOAD--ZS   VMPN--ZS   CC/CH   DNMS   N-NM-S   A--NM-S   A--NM-S

δὲ ἄνθρωπος ψεύστης, καθὼς γέγραπται,
CC   N-NM-S   N-NM-S   CS   VIRP--ZS

Ὅπως ἂν δικαιωθῇς ἐν τοῖς λόγοις σου
CH   QV   VSAP--YS   PD   DDMP   N-DM-P   NPG-YS

καὶ νικήσεις ἐν τῷ κρίνεσθαί σε.
CC   VIFA--YS   PD DDNS VNPPD   NPA-YS

3.5 εἰ δὲ ἡ ἀδικία ἡμῶν θεοῦ δικαιοσύνην συνίστησιν, τί
CS CC DNFS N-NF-S NPG-XP N-GM-S N-AF-S   VIPA--ZS   APTAN-S

ἐροῦμεν; μὴ ἄδικος ὁ θεὸς ὁ ἐπιφέρων τὴν ὀργήν;
VIFA--XP   QT A--NM-S DNMS N-NM-S DNMS□APRNM-S VPPANM-S DAFS N-AF-S

κατὰ ἄνθρωπον λέγω. 3.6 μὴ γένοιτο· ἐπεὶ πῶς κρινεῖ ὁ
PA   N-AM-S   VIPA--XS   AB VOAD--ZS CS ABT VIFA--ZS†VIPA--ZS DNMS

θεὸς τὸν κόσμον; 3.7 εἰ δὲ ἡ ἀλήθεια τοῦ θεοῦ ἐν τῷ ἐμῷ
N-NM-S DAMS N-AM-S   CS CC DNFS N-NF-S   DGMS N-GM-S PD DDNS A--DNXS

ψεύσματι ἐπερίσσευσεν εἰς τὴν δόξαν αὐτοῦ, τί ἔτι
N-DN-S   VIAA--ZS   PA DAFS N-AF-S NPGMZS APTAN-S□ABT AB

κἀγὼ ὡς ἁμαρτωλὸς κρίνομαι; 3.8 καὶ μὴ καθὼς
AB&NPN-XS CS AP-NM-S   VIPP--XS   CC   AB CS

βλασφημούμεθα καὶ καθὼς φασίν τινες ἡμᾶς λέγειν ὅτι
VIPP--XP   CC CS   VIPA--ZP APINM-P NPA-XP VNPA   CC

Ποιήσωμεν τὰ κακὰ ἵνα ἔλθῃ τὰ ἀγαθά; ὧν τὸ κρίμα
VSAA--XP DANP AP-AN-P CS VSAA--ZS DNNP AP-NN-P APRGM-P DNNS N-NN-S

ἔνδικόν ἐστιν.
A--NN-S   VIPA--ZS

3.9 Τί οὖν; προεχόμεθα; οὐ πάντως, προῃτιασάμεθα γὰρ
APTAN-S CH VIPE--XP   AB AB   VIAD--XP   CS

Ἰουδαίους τε καὶ Ἕλληνας πάντας ὑφ’ ἁμαρτίαν εἶναι,
AP-AM-P   CC CC N-AM-P   A--AM-P PA N-AF-S   VNPA

3.10 καθὼς γέγραπται ὅτι
CS   VIRP--ZS   CC

Οὐκ ἔστιν δίκαιος οὐδὲ εἷς,
AB VIPA--ZS AP-NM-S AB APCNM-S

3.11 οὐκ ἔστιν ὁ συνίων,
AB VIPA--ZS DNMS□NPNMZS&APRNM-S VPPANM-S

οὐκ ἔστιν ὁ ἐκζητῶν τὸν θεόν.
AB VIPA--ZS DNMS□NPNMZS&APRNM-S VPPANM-S DAMS N-AM-S

3.12 πάντες ἐξέκλιναν, ἅμα ἠχρεώθησαν·
AP-NM-P VIAA--ZP   AB   VIAP--ZP

οὐκ ἔστιν ὁ ποιῶν χρηστότητα,
AB VIPA--ZS DNMS□NPNMZS&APRNM-S VPPANM-S N-AF-S

[οὐκ ἔστιν] ἕως ἑνός.
AB VIPA--ZS PG APCGM-S

3.13 τάφος ἀνεῳγμένος ὁ λάρυγξ αὐτῶν,
N-NM-S VPRPNM-S   DNMS N-NM-S NPGMZP

ταῖς γλώσσαις αὐτῶν ἐδολιοῦσαν,
DDFP N-DF-P   NPGMZP VIIA--ZP

ἰὸς ἀσπίδων ὑπὸ τὰ χείλη αὐτῶν,
N-NM-S N-GF-P PA DANP N-AN-P NPGMZP

3.14 ὧν τὸ στόμα ἀρᾶς καὶ πικρίας γέμει·
APRGM-P DNNS N-NN-S N-GF-S CC N-GF-S VIPA--ZS

3.15 ὀξεῖς οἱ πόδες αὐτῶν ἐκχέαι αἷμα,
A--NM-P DNMP N-NM-P NPGMZP VNAA N-AN-S

3.16 σύντριμμα καὶ ταλαιπωρία ἐν ταῖς ὁδοῖς αὐτῶν,
N-NN-S CC N-NF-S PD DDFP N-DF-P NPGMZP

3.17 καὶ ὁδὸν εἰρήνης οὐκ ἔγνωσαν.
CC N-AF-S N-GF-S AB VIAA--ZP

3.18 οὐκ ἔστιν φόβος θεοῦ ἀπέναντι τῶν ὀφθαλμῶν αὐτῶν.
AB VIPA--ZS N-NM-S N-GM-S PG DGMP N-GM-P NPGMZP

3.19 Οἴδαμεν δὲ ὅτι ὅσα ὁ νόμος λέγει τοῖς ἐν
VIRA--XP CC CH APRAN-P□APDAN-P&APRAN-P DNMS N-NM-S VIPA--ZS DDMP PD

τῷ νόμῳ λαλεῖ, ἵνα πᾶν στόμα φραγῇ καὶ ὑπόδικος γένηται
DDMS N-DM-S VIPA--ZS CS A--NN-S N-NN-S VSAP--ZS CC A--NM-S VSAD--ZS

πᾶς ὁ κόσμος τῷ θεῷ· 3.20 διότι ἐξ ἔργων νόμου οὐ
A--NM-S DNMS N-NM-S DDMS N-DM-S CS PG N-GN-P N-GM-S AB

δικαιωθήσεται πᾶσα σὰρξ ἐνώπιον αὐτοῦ, διὰ γὰρ νόμου
VIFP--ZS A--NF-S N-NF-S PG NPGMZS PG CS N-GM-S

ἐπίγνωσις ἁμαρτίας.
N-NF-S N-GF-S

3.21 Νυνὶ δὲ χωρὶς νόμου δικαιοσύνη θεοῦ πεφανέρωται,
AB CC/CH PG N-GM-S N-NF-S N-GM-S VIRP--ZS

μαρτυρουμένη ὑπὸ τοῦ νόμου καὶ τῶν προφητῶν,
VPPPNF-S PG DGMS N-GM-S CC DGMP N-GM-P

3.22 δικαιοσύνη δὲ θεοῦ διὰ πίστεως Ἰησοῦ Χριστοῦ, εἰς
N-NF-S CC/CH N-GM-S PG N-GF-S N-GM-S N-GM-S PA

πάντας τοὺς πιστεύοντας· οὐ γάρ ἐστιν διαστολή·
AP-AM-P DAMP□APRNM-P VPPAAM-P AB CS VIPA--ZS N-NF-S

3.23 πάντες γὰρ ἥμαρτον καὶ ὑστεροῦνται τῆς δόξης τοῦ θεοῦ,
AP-NM-P CS VIAA--ZP CC VIPP--ZP DGFS N-GF-S DGMS N-GM-S

3.24 δικαιούμενοι δωρεὰν τῇ αὐτοῦ χάριτι διὰ τῆς
VPPPNM-P AB DDFS NPGMZS N-DF-S PG DGFS

ἀπολυτρώσεως τῆς ἐν Χριστῷ Ἰησοῦ· 3.25 ὃν προέθετο ὁ
N-GF-S DGFS PD N-DM-S N-DM-S APRAM-S VIAM--ZS DNMS

θεὸς ἱλαστήριον διὰ [τῆς] πίστεως ἐν τῷ αὐτοῦ αἵματι εἰς
N-NM-S AP-AN-S PG DGFS N-GF-S PD DDNS NPGMZS N-DN-S PA

ἔνδειξιν τῆς δικαιοσύνης αὐτοῦ διὰ τὴν πάρεσιν τῶν
N-AF-S DGFS N-GF-S NPGMZS PA DAFS N-AF-S DGNP□APRNN-P+

προγεγονότων ἁμαρτημάτων 3.26 ἐν τῇ ἀνοχῇ τοῦ θεοῦ, πρὸς
VPRAGN-P N-GN-P PD DDFS N-DF-S DGMS N-GM-S PA

τὴν ἔνδειξιν τῆς δικαιοσύνης αὐτοῦ ἐν τῷ νῦν καιρῷ, εἰς
DAFS N-AF-S DGFS N-GF-S NPGMZS PD DDMS AB□A--DM-S N-DM-S PA

τὸ εἶναι αὐτὸν δίκαιον καὶ δικαιοῦντα τὸν ἐκ πίστεως Ἰησοῦ.
DANS VNPAA NPAMZS A--AM-S CC VPPAAM-S DAMS PG N-GF-S N-GM-S

3.27 Ποῦ οὖν ἡ καύχησις; ἐξεκλείσθη. διὰ ποίου νόμου; τῶν
ABT CH DNFS N-NF-S VIAP--ZS PG A-TGM-S N-GM-S DGNP

ἔργων; οὐχί, ἀλλὰ διὰ νόμου πίστεως. 3.28 λογιζόμεθα γὰρ
N-GN-P QS CH PG N-GM-S N-GF-S VIPN--XP CS

δικαιοῦσθαι πίστει ἄνθρωπον χωρὶς ἔργων νόμου. 3.29 ἢ
VNPP N-DF-S N-AM-S PG N-GN-P N-GM-S CC

Ἰουδαίων ὁ θεὸς μόνον; οὐχὶ καὶ ἐθνῶν; ναὶ καὶ ἐθνῶν,
AP-GM-P DNMS N-NM-S AP-AN-S□AB QT AB N-GN-P QS AB N-GN-P

3.30 εἴπερ εἷς ὁ θεός, ὃς δικαιώσει περιτομὴν ἐκ πίστεως
CS APCNM-S DNMS N-NM-S APRNM-S VIFA--ZS N-AF-S PG N-GF-S

καὶ ἀκροβυστίαν διὰ τῆς πίστεως. 3.31 νόμον οὖν καταργοῦμεν
CC N-AF-S PG DGFS N-GF-S N-AM-S CH VIPA--XP

διὰ τῆς πίστεως; μὴ γένοιτο, ἀλλὰ νόμον ἱστάνομεν.
PG DGFS N-GF-S AB VOAD--ZS CH N-AM-S VIPA--XP

4.1 Τί οὖν ἐροῦμεν εὑρηκέναι Ἀβραὰμ τὸν προπάτορα
APTAN-S CH VIFA--XP VNRA N-AM-S DAMS N-AM-S

ἡμῶν κατὰ σάρκα; 4.2 εἰ γὰρ Ἀβραὰμ ἐξ ἔργων ἐδικαιώθη, ἔχει
NPG-XP PA N-AF-S CS CS N-NM-S PG N-GN-P VIAP--ZS VIPA--ZS

καύχημα· ἀλλ᾽ οὐ πρὸς θεόν. 4.3 τί γὰρ ἡ γραφὴ λέγει;
N-AN-S CC AB PA N-AM-S APTAN-S CS DNFS N-NF-S VIPA--ZS

Ἐπίστευσεν δὲ Ἀβραὰμ τῷ θεῷ, καὶ ἐλογίσθη αὐτῷ εἰς
VIAA--ZS CC N-NM-S DDMS N-DM-S CC VIAP--ZS NPDMZS PA

δικαιοσύνην. 4.4 τῷ δὲ ἐργαζομένῳ ὁ μισθὸς οὐ
N-AF-S DDMS□NPDMZS&APRNM-S CC VPPNDM-S DNMS N-NM-S AB

λογίζεται κατὰ χάριν ἀλλὰ κατὰ ὀφείλημα· 4.5 τῷ
VIPP--ZS PA N-AF-S CH PA N-AN-S DDMS□NPDMZS&APRNM-S

δὲ μὴ ἐργαζομένῳ, πιστεύοντι δὲ ἐπὶ τὸν δικαιοῦντα
CC AB VPPNDM-S VPPADM-S CH PA DAMS□NPAMZS&APRNM-S VPPAAM-S

τὸν ἀσεβῆ, λογίζεται ἡ πίστις αὐτοῦ εἰς δικαιοσύνην,
DAMS AP-AM-S VIPP--ZS DNFS N-NF-S NPGMZS PA N-AF-S

4.6 καθάπερ καὶ Δαυὶδ λέγει τὸν μακαρισμὸν τοῦ ἀνθρώπου
CS AB N-NM-S VIPA--ZS DAMS N-AM-S DGMS N-GM-S

ᾧ ὁ θεὸς λογίζεται δικαιοσύνην χωρὶς ἔργων,
APRDM-S DNMS N-NM-S VIPN--ZS N-AF-S PG N-GN-P

4.7 **Μακάριοι ὧν ἀφέθησαν αἱ ἀνομίαι**
A--NM-P APRGM-P□APDNM-P&APRGM-P VIAP--ZP DNFP N-NF-S

καὶ ὧν ἐπεκαλύφθησαν αἱ ἁμαρτίαι·
CC APRGM-P□APDNM-P&APRGM-P VIAP--ZP DNFP N-NF-P

4.8 **μακάριος ἀνὴρ οὗ οὐ μὴ λογίσηται κύριος ἁμαρτίαν.**
A--NM-S N-NM-S APRGM-S AB AB VSAD--ZS N-NM-S N-AF-S

4.9 ὁ μακαρισμὸς οὖν οὗτος ἐπὶ τὴν περιτομὴν ἢ καὶ ἐπὶ τὴν
DNMS N-NM-S CC A-DNM-S PA DAFS N-AF-S CC AB PA DAFS

ἀκροβυστίαν; λέγομεν γάρ, **Ἐλογίσθη τῷ Ἀβραὰμ ἡ πίστις**
N-AF-S VIPA--XP CS VIAP--ZS DDMS N-DM-S DNFS N-NF-S

εἰς δικαιοσύνην. 4.10 πῶς οὖν ἐλογίσθη; ἐν περιτομῇ ὄντι ἢ ἐν
PA N-AF-S ABT CC VIAP--ZS PD N-DF-S VPPADM-S CC PD

ἀκροβυστίᾳ; οὐκ ἐν περιτομῇ ἀλλ' ἐν ἀκροβυστίᾳ· 4.11 καὶ
N-DF-S AB PD N-DF-S CH PD N-DF-S CC

σημεῖον ἔλαβεν περιτομῆς, σφραγῖδα τῆς δικαιοσύνης τῆς
N-AN-S VIAA--ZS N-GF-S N-AF-S DGFS N-GF-S DGFS

πίστεως τῆς ἐν τῇ ἀκροβυστίᾳ, εἰς τὸ εἶναι αὐτὸν πατέρα
N-GF-S DGFS PD DDFS N-DF-S PA DANS VNPAA NPAMZS N-AM-S

πάντων τῶν πιστευόντων δι' ἀκροβυστίας, εἰς τὸ
AP-GM-P DGMP□APRNM-P VPPAGM-P PG N-GF-S PA DANS

λογισθῆναι [καὶ] αὐτοῖς [τὴν] δικαιοσύνην, 4.12 καὶ πατέρα
VNAPA AB NPDMZP DAFS N-AF-S CC N-AM-S

περιτομῆς τοῖς οὐκ ἐκ περιτομῆς μόνον ἀλλὰ καὶ
N-GF-S DDMP AB PG N-GF-S AP-AN-S□AB CH AB

τοῖς στοιχοῦσιν τοῖς ἴχνεσιν τῆς ἐν ἀκροβυστίᾳ
DDMP□NPDMZP&APRNM-P VPPADM-P DDNP N-DN-P DGFS PD N-DF-S

πίστεως τοῦ πατρὸς ἡμῶν Ἀβραάμ.
N-GF-S DGMS N-GM-S NPG-XP N-GM-S

4.13 Οὐ γὰρ διὰ νόμου ἡ ἐπαγγελία τῷ Ἀβραὰμ ἢ τῷ
AB CS PG N-GM-S DNFS N-NF-S DDMS N-DM-S CC DDNS

σπέρματι αὐτοῦ, τὸ κληρονόμον αὐτὸν εἶναι κόσμου, ἀλλὰ διὰ
N-DN-S NPGMZS DNNS N-AM-S NPAMZS VNPAN N-GM-S CH PG

δικαιοσύνης πίστεως· 4.14 εἰ γὰρ οἱ ἐκ νόμου κληρονόμοι,
N-GF-S N-GF-S CS CS DNMP PG N-GM-S N-NM-P

κεκένωται ἡ πίστις καὶ κατήργηται ἡ ἐπαγγελία· 4.15 ὁ
VIRP--ZS DNFS N-NF-S CC VIRP--ZS DNFS N-NF-S DNMS

γὰρ νόμος ὀργὴν κατεργάζεται· οὖ δὲ οὐκ ἔστιν νόμος, οὐδὲ
CS N-NM-S N-AF-S VIPN--ZS CS CC AB VIPA--ZS N-NM-S AB

παράβασις. 4.16 διὰ τοῦτο ἐκ πίστεως, ἵνα κατὰ χάριν, εἰς τὸ
N-NF-S PA APDAN-S PG N-GF-S CS PA N-AF-S PA DANS

εἶναι βεβαίαν τὴν ἐπαγγελίαν παντὶ τῷ σπέρματι, οὐ τῷ ἐκ
VNPAA A--AF-S DAFS N-AF-S A--DN-S DDNS N-DN-S AB DDNS PG

τοῦ νόμου μόνον ἀλλὰ καὶ τῷ ἐκ πίστεως Ἀβραάμ (ὅς
DGMS N-GM-S AP-AN-S□AB CH AB DDNS PG N-GF-S N-GM-S APRNM-S

ἐστιν πατὴρ πάντων ἡμῶν, 4.17 καθὼς γέγραπται ὅτι Πατέρα
VIPA--ZS N-NM-S A--GM-P NPG-XP CS VIRP--ZS CC N-AM-S

πολλῶν ἐθνῶν τέθεικά σε) κατέναντι οὖ ἐπίστευσεν θεοῦ
A--GN-P N-GN-P VIRA--XS NPA-YS PG APRGM-S+ VIAA--ZS N-GM-S

τοῦ ζωοποιοῦντος τοὺς νεκροὺς καὶ καλοῦντος
DGMS□APRNM-S VPPAGM-S DAMP AP-AM-P CC VPPAGM-S

τὰ μὴ ὄντα ὡς ὄντα· 4.18 ὃς παρ' ἐλπίδα ἐπ'
DANP□NPANZP&APRNN-P AB VPPAAN-P CS VPPAAN-P APRNM-S PA N-AF-S PD

ἐλπίδι ἐπίστευσεν εἰς τὸ γενέσθαι αὐτὸν πατέρα πολλῶν ἐθνῶν
N-DF-S VIAA--ZS PA DANS VNADA NPAMZS N-AM-S A--GN-P N-GN-P

κατὰ τὸ   εἰρημένον, Οὕτως ἔσται τὸ σπέρμα σου·
PA   DANS□NPANZS&APRNN-S VPRPAN-S AB VIFD--ZS DNNS N-NN-S   NPG-YS

4.19 καὶ μὴ ἀσθενήσας τῇ πίστει κατενόησεν τὸ ἑαυτοῦ σῶμα
CC AB VPAANM-S   DDFS N-DF-S VIAA--ZS   DANS NPGMZS N-AN-S

[ἤδη] νενεκρωμένον, ἑκατονταετής που ὑπάρχων, καὶ τὴν
AB   VPRPAN-S   A--NM-S   ABI VPPANM-S CC DAFS

νέκρωσιν τῆς μήτρας Σάρρας, 4.20 εἰς δὲ τὴν ἐπαγγελίαν τοῦ
N-AF-S DGFS N-GF-S N-GF-S   PA CC DAFS N-AF-S   DGMS

θεοῦ οὐ διεκρίθη τῇ ἀπιστίᾳ ἀλλ' ἐνεδυναμώθη τῇ πίστει,
N-GM-S AB VIAP--ZS DDFS N-DF-S CH VIAP--ZS   DDFS N-DF-S

δοὺς   δόξαν τῷ θεῷ 4.21 καὶ πληροφορηθεὶς ὅτι
VPAANM-S N-AF-S DDMS N-DM-S   CC VPAPNM-S   CC

ὃ   ἐπήγγελται δυνατός ἐστιν καὶ ποιῆσαι.
APRAN-S□APDAN-S&APRAN-S VIRN--ZS   A--NM-S VIPA--ZS AB VNAA

4.22 διὸ [καὶ] ἐλογίσθη αὐτῷ εἰς δικαιοσύνην. 4.23 Οὐκ ἐγράφη
CH AB   VIAP--ZS NPDMZS PA N-AF-S   AB VIAP--ZS

δὲ δι' αὐτὸν μόνον ὅτι ἐλογίσθη αὐτῷ, 4.24 ἀλλὰ καὶ δι' ἡμᾶς
CC PA NPAMZS A--AM-S CC VIAP--ZS NPDMZS   CH AB PA NPA-XP

οἷς   μέλλει λογίζεσθαι, τοῖς   πιστεύουσιν ἐπὶ
APRDMXP VIPA--ZS+ +VNPP   DDMP□APRNMXP VPPADMXP   PA

τὸν   ἐγείραντα Ἰησοῦν τὸν κύριον ἡμῶν ἐκ νεκρῶν,
DAMS□NPAMZS&APRNM-S VPAAAM-S N-AM-S DAMS N-AM-S NPG-XP PG AP-GM-P

4.25 ὃς   παρεδόθη διὰ τὰ παραπτώματα ἡμῶν καὶ ἠγέρθη διὰ
APRNM-S VIAP--ZS PA DANP N-AN-P   NPG-XP CC VIAP--ZS PA

τὴν δικαίωσιν ἡμῶν.
DAFS N-AF-S   NPG-XP

5.1 Δικαιωθέντες οὖν ἐκ πίστεως εἰρήνην ἔχομεν πρὸς τὸν
VPAPNMXP   CH PG N-GF-S N-AF-S VIPA--XP PA DAMS

θεὸν διὰ τοῦ κυρίου ἡμῶν Ἰησοῦ Χριστοῦ, 5.2 δι' οὗ   καὶ τὴν
N-AM-S PG DGMS N-GM-S NPG-XP N-GM-S N-GM-S   PG APRGM-S AB DAFS

προσαγωγὴν ἐσχήκαμεν [τῇ πίστει] εἰς τὴν χάριν ταύτην ἐν
N-AF-S   VIRA--XP DDFS N-DF-S PA DAFS N-AF-S A-DAF-S PD

ᾗ   ἑστήκαμεν, καὶ καυχώμεθα ἐπ' ἐλπίδι τῆς δόξης τοῦ θεοῦ.
APRDF-S VIRA--XP CC VIPN--XP PD N-DF-S DGFS N-GF-S DGMS N-GM-S

5.3 οὐ μόνον δέ, ἀλλὰ καὶ καυχώμεθα ἐν ταῖς θλίψεσιν, εἰδότες
AB AP-AN-S□AB CC CH AB VIPN--XP PD DDFP N-DF-P   VPRANMXP

ὅτι ἡ   θλῖψις ὑπομονὴν κατεργάζεται, 5.4 ἡ   δὲ ὑπομονὴ
CH DNFS N-NF-S N-AF-S   VIPN--ZS   DNFS CC N-NF-S

δοκιμήν, ἡ   δὲ δοκιμὴ ἐλπίδα· 5.5 ἡ   δὲ ἐλπὶς οὐ καταισχύνει,
N-AF-S DNFS CC N-NF-S N-AF-S   DNFS CC N-NF-S AB VIPA--ZS

ὅτι ἡ   ἀγάπη τοῦ θεοῦ ἐκκέχυται ἐν ταῖς καρδίαις ἡμῶν διὰ
CS DNFS N-NF-S DGMS N-GM-S VIRP--ZS PD DDFP N-DF-P NPG-XP PG

πνεύματος ἁγίου τοῦ   δοθέντος ἡμῖν, 5.6 ἔτι γὰρ Χριστὸς
N-GN-S A--GN-S DGNS□APRNN-S VPAPGN-S NPD-XP   AB CS N-NM-S

ὄντων ἡμῶν ἀσθενῶν ἔτι κατὰ καιρὸν ὑπὲρ ἀσεβῶν ἀπέθανεν.
VPPAGMXP NPG-XP A--GM-P AB PA N-AM-S PG AP-GM-P VIAA--ZS

5.7 μόλις γὰρ ὑπὲρ δικαίου τις ἀποθανεῖται· ὑπὲρ γὰρ
AB CS PG AP-GM-S/AP-GN-S APINM-S VIFD--ZS PG CS

τοῦ ἀγαθοῦ τάχα τις καὶ τολμᾷ ἀποθανεῖν·
DGMS/DGNS AP-GM-S/AP-GN-S AB APINM-S AB VIPA--ZS VNAA

5.8 συνίστησιν δὲ τὴν ἑαυτοῦ ἀγάπην εἰς ἡμᾶς ὁ θεὸς ὅτι
VIPA--ZS CH DAFS NPGMZS N-AF-S PA NPA-XP DNMS N-NM-S ABR/CS

ἔτι ἁμαρτωλῶν ὄντων ἡμῶν Χριστὸς ὑπὲρ ἡμῶν ἀπέθανεν.
AB A--GM-P VPPAGMXP NPG-XP N-NM-S PG NPG-XP VIAA--ZS

5.9 πολλῷ οὖν μᾶλλον δικαιωθέντες νῦν ἐν τῷ αἵματι αὐτοῦ
AP-DN-S CH ABM VPAPNMXP AB PD DDNS N-DN-S NPGMZS

σωθησόμεθα δι᾿ αὐτοῦ ἀπὸ τῆς ὀργῆς. 5.10 εἰ γὰρ ἐχθροὶ ὄντες
VIFP--XP PG NPGMZS PG DGFS N-GF-S CS CS A--NM-P VPPANMXP

κατηλλάγημεν τῷ θεῷ διὰ τοῦ θανάτου τοῦ υἱοῦ αὐτοῦ, πολλῷ
VIAP--XP DDMS N-DM-S PG DGMS N-GM-S DGMS N-GM-S NPGMZS AP-DN-S

μᾶλλον καταλλαγέντες σωθησόμεθα ἐν τῇ ζωῇ αὐτοῦ· 5.11 οὐ
ABM VPAPNMXP VIFP--XP PD DDFS N-DF-S NPGMZS AB

μόνον δέ, ἀλλὰ καὶ καυχώμενοι ἐν τῷ θεῷ διὰ τοῦ κυρίου
AP-AN-S□AB CC CH AB VPPNNMXP PD DDMS N-DM-S PG DGMS N-GM-S

ἡμῶν Ἰησοῦ Χριστοῦ, δι᾿ οὗ νῦν τὴν καταλλαγὴν ἐλάβομεν.
NPG-XP N-GM-S N-GM-S PG APRGM-S AB DAFS N-AF-S VIAA--XP

5.12 Διὰ τοῦτο ὥσπερ δι᾿ ἑνὸς ἀνθρώπου ἡ ἁμαρτία εἰς
PA APDAN-S CS PG A-CGM-S N-GM-S DNFS N-NF-S PA

τὸν κόσμον εἰσῆλθεν καὶ διὰ τῆς ἁμαρτίας ὁ θάνατος, καὶ
DAMS N-AM-S VIAA--ZS CC PG DGFS N-GF-S DNMS N-NM-S AB

οὕτως εἰς πάντας ἀνθρώπους ὁ θάνατος διῆλθεν, ἐφ᾿
AB PA A--AM-P N-AM-P DNMS N-NM-S VIAA--ZS PD

ᾧ πάντες ἥμαρτον — 5.13 ἄχρι γὰρ νόμου ἁμαρτία
APRDN-S□NPDNZS AP-NM-P VIAA--ZP PG CS N-GM-S N-NF-S

ἦν ἐν κόσμῳ, ἁμαρτία δὲ οὐκ ἐλλογεῖται μὴ ὄντος νόμου·
VIIA--ZS PD N-DM-S N-NF-S CH AB VIPP--ZS AB VPPAGM-S N-GM-S

5.14 ἀλλὰ ἐβασίλευσεν ὁ θάνατος ἀπὸ Ἀδὰμ μέχρι Μωϋσέως
CH VIAA--ZS DNMS N-NM-S PG N-GM-S PG N-GM-S

καὶ ἐπὶ τοὺς μὴ ἁμαρτήσαντας ἐπὶ τῷ ὁμοιώματι
AB PA DAMP□NPAMZP&APRNM-P AB VPAAAM-P PD DDNS N-DN-S

τῆς παραβάσεως Ἀδάμ, ὅς ἐστιν τύπος τοῦ
DGFS N-GF-S N-GM-S APRNM-S VIPA--ZS N-NM-S DGMS□NPGMZS&APRNM-S

μέλλοντος.
VPPAGM-S

5.15 Ἀλλ᾿ οὐχ ὡς τὸ παράπτωμα, οὕτως καὶ τὸ χάρισμα· εἰ
CC AB CS DNNS N-NN-S AB AB DNNS N-NN-S CS

γὰρ τῷ τοῦ ἑνὸς παραπτώματι οἱ πολλοὶ ἀπέθανον, πολλῷ
CS DDNS DGMS APCGM-S N-DN-S DNMP AP-NM-P VIAA--ZP AP-DN-S

481

μᾶλλον ἡ χάρις τοῦ θεοῦ καὶ ἡ δωρεὰ ἐν χάριτι τῇ τοῦ
ABM   DNFS   N-NF-S   DGMS   N-GM-S   CC   DNFS   N-NF-S   PD   N-DF-S   DDFS   DGMS

ἑνὸς ἀνθρώπου Ἰησοῦ Χριστοῦ εἰς τοὺς πολλοὺς ἐπερίσσευσεν.
A-CGM-S   N-GM-S   N-GM-S   N-GM-S   PA   DAMP   AP-AM-P   VIAA--ZS

5.16 καὶ οὐχ ὡς δι᾽ ἑνὸς ἁμαρτήσαντος τὸ δώρημα· τὸ μὲν
CC   AB   CS   PG   APCGM-S   VPAAGM-S   DNNS   N-NN-S   DNNS   CS

γὰρ κρίμα ἐξ ἑνὸς εἰς κατάκριμα, τὸ δὲ χάρισμα ἐκ πολλῶν
CS   N-NN-S   PG   APCGN-S   PA   N-AN-S   DNNS   CH   N-NN-S   PG   A--GN-P

παραπτωμάτων εἰς δικαίωμα. 5.17 εἰ γὰρ τῷ τοῦ ἑνὸς
N-GN-P   PA   N-AN-S   CS   CS   DDNS   DGMS   APCGM-S

παραπτώματι ὁ θάνατος ἐβασίλευσεν διὰ τοῦ ἑνός, πολλῷ
N-DN-S   DNMS   N-NM-S   VIAA--ZS   PG   DGMS   APCGM-S   AP-DN-S

μᾶλλον οἱ τὴν περισσείαν τῆς χάριτος καὶ τῆς
ABM   DNMP□NPNMZP&APRNM-P   DAFS   N-AF-S   DGFS   N-GF-S   CC   DGFS

δωρεᾶς τῆς δικαιοσύνης λαμβάνοντες ἐν ζωῇ βασιλεύσουσιν διὰ
N-GF-S   DGFS   N-GF-S   VPPANM-P   PD   N-DF-S   VIFA--ZP   PG

τοῦ ἑνὸς Ἰησοῦ Χριστοῦ. 5.18 Ἄρα οὖν ὡς δι᾽ ἑνὸς
DGMS   APCGM-S   N-GM-S   N-GM-S   CH   CH   CS   PG   A-CGN-S

παραπτώματος εἰς πάντας ἀνθρώπους εἰς κατάκριμα, οὕτως καὶ
N-GN-S   PA   A--AM-P   N-AM-P   PA   N-AN-S   AB   AB

δι᾽ ἑνὸς δικαιώματος εἰς πάντας ἀνθρώπους εἰς δικαίωσιν ζωῆς·
PG   A-CGN-S   N-GN-S   PA   A--AM-P   N-AM-P   PA   N-AF-S   N-GF-S

5.19 ὥσπερ γὰρ διὰ τῆς παρακοῆς τοῦ ἑνὸς ἀνθρώπου
CS   CS   PG   DGFS   N-GF-S   DGMS   A-CGM-S   N-GM-S

ἁμαρτωλοὶ κατεστάθησαν οἱ πολλοί, οὕτως καὶ διὰ τῆς
A--NM-P   VIAP--ZP   DNMP   AP-NM-P   AB   AB   PG   DGFS

ὑπακοῆς τοῦ ἑνὸς δίκαιοι κατασταθήσονται οἱ πολλοί.
N-GF-S   DGMS   APCGM-S   A--NM-P   VIFP--ZP   DNMP   AP-NM-P

5.20 νόμος δὲ παρεισῆλθεν ἵνα πλεονάσῃ τὸ παράπτωμα· οὗ δὲ
N-NM-S   CC   VIAA--ZS   CS   VSAA--ZS   DNNS   N-NN-S   CS   CC

ἐπλεόνασεν ἡ ἁμαρτία, ὑπερεπερίσσευσεν ἡ χάρις, 5.21 ἵνα
VIAA--ZS   DNFS   N-NF-S   VIAA--ZS   DNFS   N-NF-S   CS

ὥσπερ ἐβασίλευσεν ἡ ἁμαρτία ἐν τῷ θανάτῳ, οὕτως καὶ ἡ
CS   VIAA--ZS   DNFS   N-NF-S   PD   DDMS   N-DM-S   AB   AB   DNFS

χάρις βασιλεύσῃ διὰ δικαιοσύνης εἰς ζωὴν αἰώνιον διὰ Ἰησοῦ
N-NF-S   VSAA--ZS   PG   N-GF-S   PA   N-AF-S   A--AF-S   PG   N-GM-S

Χριστοῦ τοῦ κυρίου ἡμῶν.
N-GM-S   DGMS   N-GM-S   NPG-XP

6.1 Τί οὖν ἐροῦμεν; ἐπιμένωμεν τῇ ἁμαρτίᾳ, ἵνα ἡ
APTAN-S   CH   VIFA--XP   VSPA--XP   DDFS   N-DF-S   CS   DNFS

χάρις πλεονάσῃ; 6.2 μὴ γένοιτο· οἵτινες
N-NF-S   VSAA--ZS   AB   VOAD--ZS   APRNMXP□NPNMXP&APRNMXP

ἀπεθάνομεν τῇ ἁμαρτίᾳ, πῶς ἔτι ζήσομεν ἐν αὐτῇ; 6.3 ἢ
VIAA--XP   DDFS   N-DF-S   ABT   AB   VIFA--XP   PD   NPDFZS   CC

ἀγνοεῖτε ὅτι ὅσοι ἐβαπτίσθημεν εἰς Χριστὸν
VIPA--YP CC APRNMXP□NPNMXP&APRNMXP VIAP--XP PA N-AM-S

Ἰησοῦν εἰς τὸν θάνατον αὐτοῦ ἐβαπτίσθημεν; 6.4 συνετάφημεν
N-AM-S PA DAMS N-AM-S NPGMZS VIAP--XP VIAP--XP

οὖν αὐτῷ διὰ τοῦ βαπτίσματος εἰς τὸν θάνατον, ἵνα ὥσπερ
CH NPDMZS PG DGNS N-GN-S PA DAMS N-AM-S CS CS

ἠγέρθη Χριστὸς ἐκ νεκρῶν διὰ τῆς δόξης τοῦ πατρός, οὕτως καὶ
VIAP--ZS N-NM-S PG AP-GM-P PG DGFS N-GF-S DGMS N-GM-S AB AB

ἡμεῖς ἐν καινότητι ζωῆς περιπατήσωμεν. 6.5 εἰ γὰρ σύμφυτοι
NPN-XP PD N-DF-S N-GF-S VSAA--XP CS CS A--NM-P

γεγόναμεν τῷ ὁμοιώματι τοῦ θανάτου αὐτοῦ, ἀλλὰ καὶ τῆς
VIRA--XP DDNS N-DN-S DGMS N-GM-S NPGMZS CC AB DGFS

ἀναστάσεως ἐσόμεθα· 6.6 τοῦτο γινώσκοντες, ὅτι ὁ παλαιὸς
N-GF-S VIFD--XP APDAN-S VPPANMXP ABR DNMS A--NM-S

ἡμῶν ἄνθρωπος συνεσταυρώθη, ἵνα καταργηθῇ τὸ σῶμα τῆς
NPG-XP N-NM-S VIAP--ZS CS VSAP--ZS DNNS N-NN-S DGFS

ἁμαρτίας, τοῦ μηκέτι δουλεύειν ἡμᾶς τῇ ἁμαρτίᾳ·
N-GF-S DGNS AB VNPAG NPA-XP DDFS N-DF-S

6.7 ὁ γὰρ ἀποθανὼν δεδικαίωται ἀπὸ τῆς
DNMS□NPNMZS&APRNM-S CS VPAANM-S VIRP--ZS PG DGFS

ἁμαρτίας. 6.8 εἰ δὲ ἀπεθάνομεν σὺν Χριστῷ, πιστεύομεν ὅτι καὶ
N-GF-S CS CC VIAA--XP PD N-DM-S VIPA--XP CC AB

συζήσομεν αὐτῷ· 6.9 εἰδότες ὅτι Χριστὸς ἐγερθεὶς ἐκ νεκρῶν
VIFA--XP NPDMZS VPRANMXP CH N-NM-S VPAPNM-S PG AP-GM-P

οὐκέτι ἀποθνήσκει, θάνατος αὐτοῦ οὐκέτι κυριεύει.
AB VIPA--ZS N-NM-S NPGMZS AB VIPA--ZS

6.10 ὃ γὰρ ἀπέθανεν, τῇ ἁμαρτίᾳ ἀπέθανεν
APRAN-S□APDAN-S&APRAN-S CS VIAA--ZS DDFS N-DF-S VIAA--ZS

ἐφάπαξ· ὃ δὲ ζῇ, ζῇ τῷ θεῷ. 6.11 οὕτως
AB APRAN-S□APDAN-S&APRAN-S CC/CH VIPA--ZS VIPA--ZS DDMS N-DM-S AB

καὶ ὑμεῖς λογίζεσθε ἑαυτοὺς [εἶναι] νεκροὺς μὲν τῇ ἁμαρτίᾳ
AB NPN-YP VMPN--YP NPAMYP VNPA A--AM-P CS DDFS N-DF-S

ζῶντας δὲ τῷ θεῷ ἐν Χριστῷ Ἰησοῦ.
VPPAAMYP CH DDMS N-DM-S PD N-DM-S N-DM-S

6.12 Μὴ οὖν βασιλευέτω ἡ ἁμαρτία ἐν τῷ θνητῷ ὑμῶν
AB CH VMPA--ZS DNFS N-NF-S PD DDNS A--DN-S NPG-YP

σώματι εἰς τὸ ὑπακούειν ταῖς ἐπιθυμίαις αὐτοῦ, 6.13 μηδὲ
N-DN-S PA DANS VNPAA DDFP N-DF-P NPGNZS CC

παριστάνετε τὰ μέλη ὑμῶν ὅπλα ἀδικίας τῇ ἁμαρτίᾳ, ἀλλὰ
VMPA--YP DANP N-AN-P NPG-YP N-AN-P N-GF-S DDFS N-DF-S CH

παραστήσατε ἑαυτοὺς τῷ θεῷ ὡσεὶ ἐκ νεκρῶν ζῶντας καὶ τὰ
VMAA--YP NPAMYP DDMS N-DM-S CS PG AP-GM-P VPPAAMYP CC DANP

μέλη ὑμῶν ὅπλα δικαιοσύνης τῷ θεῷ· 6.14 ἁμαρτία γὰρ ὑμῶν
N-AN-P NPG-YP N-AN-P N-GF-S DDMS N-DM-S N-NF-S CS NPG-YP

οὐ κυριεύσει, οὐ γάρ ἐστε ὑπὸ νόμον ἀλλὰ ὑπὸ χάριν.
AB VIFA--ZS   AB CS VIPA--YP PA N-AM-S   CH   PA N-AF-S

6.15 Τί   οὖν; ἁμαρτήσωμεν ὅτι οὐκ ἐσμὲν ὑπὸ νόμον ἀλλὰ
APTAN-S CH   VSAA--XP   CS AB VIPA--XP PA N-AM-S   CH

ὑπὸ χάριν; μὴ γένοιτο. 6.16 οὐκ οἴδατε ὅτι ᾧ
PA N-AF-S AB VOAD--ZS   AB/QT VIRA--YP CC APRDM-S□APDDM-S&APRDM-S

παριστάνετε ἑαυτοὺς δούλους εἰς ὑπακοήν, δοῦλοί ἐστε
VIPA--YP   NPRAMYP   N-AM-P PA N-AF-S   N-NM-P   VIPA--YP

ᾧ   ὑπακούετε, ἤτοι ἁμαρτίας εἰς θάνατον ἢ
APRDM-S□APDDM-S&APRDM-S VIPA--YP   CC   N-GF-S   PA N-AM-S   CC

ὑπακοῆς εἰς δικαιοσύνην; 6.17 χάρις δὲ τῷ θεῷ ὅτι ἦτε
N-GF-S   PA N-AF-S   N-NF-S CC DDMS N-DM-S ABR/CS VIIA--YP

δοῦλοι τῆς ἁμαρτίας ὑπηκούσατε δὲ ἐκ καρδίας εἰς ὃν
N-NM-P DGFS N-GF-S   VIAA--YP   CH PG N-GF-S PA APRAM-S+

παρεδόθητε τύπον διδαχῆς, 6.18 ἐλευθερωθέντες δὲ ἀπὸ τῆς
VIAP--YP   N-AM-S N-GF-S   VPAPNMYP   CC PG DGFS

ἁμαρτίας ἐδουλώθητε τῇ δικαιοσύνῃ· 6.19 ἀνθρώπινον λέγω διὰ
N-GF-S   VIAP--YP   DDFS N-DF-S   AP-AN-S□AB   VIPA--XS PA

τὴν ἀσθένειαν τῆς σαρκὸς ὑμῶν. ὥσπερ γὰρ παρεστήσατε τὰ
DAFS N-AF-S   DGFS N-GF-S NPG-YP CS   CS   VIAA--YP   DANP

μέλη ὑμῶν δοῦλα τῇ ἀκαθαρσίᾳ καὶ τῇ ἀνομίᾳ εἰς τὴν ἀνομίαν,
N-AN-P NPG-YP AP-AN-P DDFS N-DF-S CC DDFS N-DF-S PA DAFS N-AF-S

οὕτως νῦν παραστήσατε τὰ μέλη ὑμῶν δοῦλα τῇ δικαιοσύνῃ
AB   AB VMAA--YP   DANP N-AN-P NPG-YP AP-AN-P DDFS N-DF-S

εἰς ἁγιασμόν. 6.20 ὅτε γὰρ δοῦλοι ἦτε τῆς ἁμαρτίας, ἐλεύθεροι
PA N-AM-S   CS CS N-NM-P VIIA--YP DGFS N-GF-S   A--NM-P

ἦτε τῇ δικαιοσύνῃ. 6.21 τίνα οὖν καρπὸν εἴχετε τότε ἐφ'
VIIA--YP DDFS N-DF-S   A-TAM-S CH N-AM-S VIIA--YP AB PD

οἷς   νῦν ἐπαισχύνεσθε; τὸ γὰρ τέλος ἐκείνων
APRDN-P□APDDN-P&APRAN-P AB VIPN--YP   DNNS CS N-NN-S APDGM-P

θάνατος. 6.22 νυνὶ δέ, ἐλευθερωθέντες ἀπὸ τῆς ἁμαρτίας
N-NM-S   AB   CH VPAPNMYP   PG DGFS N-GF-S

δουλωθέντες δὲ τῷ θεῷ, ἔχετε τὸν καρπὸν ὑμῶν εἰς ἁγιασμόν,
VPAPNMYP   CC DDMS N-DM-S VIPA--YP DAMS N-AM-S NPG-YP PA N-AM-S

τὸ δὲ τέλος ζωὴν αἰώνιον. 6.23 τὰ γὰρ ὀψώνια τῆς ἁμαρτίας
DANS CC N-AN-S N-AF-S A--AF-S   DNNP CS N-NN-P DGFS N-GF-S

θάνατος, τὸ δὲ χάρισμα τοῦ θεοῦ ζωὴ αἰώνιος ἐν Χριστῷ
N-NM-S   DNNS CC N-NN-S DGMS N-GM-S N-NF-S A--NF-S PD N-DM-S

Ἰησοῦ τῷ κυρίῳ ἡμῶν.
N-DM-S DDMS N-DM-S NPG-XP

7.1 Ἢ ἀγνοεῖτε, ἀδελφοί, γινώσκουσιν γὰρ νόμον λαλῶ, ὅτι
CC VIPA--YP   N-VM-P   VPPADMYP   CS N-AM-S VIPA--XS CC

ὁ νόμος κυριεύει τοῦ ἀνθρώπου ἐφ' ὅσον χρόνον ζῇ;
DNMS N-NM-S VIPA--ZS DGMS N-GM-S PA APRAM-S+ N-AM-S VIPA--ZS

7.2 ἡ γὰρ ὕπανδρος γυνὴ τῷ ζῶντι ἀνδρὶ δέδεται
DNFS CS A--NF-S N-NF-S DDMS□APRNM-S+ VPPADM-S N-DM-S VIRP--ZS

νόμῳ· ἐὰν δὲ ἀποθάνῃ ὁ ἀνήρ, κατήργηται ἀπὸ τοῦ νόμου τοῦ
N-DM-S CS CH VSAA--ZS DNMS N-NM-S VIRP--ZS PG DGMS N-GM-S DGMS

ἀνδρός. 7.3 ἄρα οὖν ζῶντος τοῦ ἀνδρὸς μοιχαλὶς χρηματίσει
N-GM-S CH CH VPPAGM-S DGMS N-GM-S AP-NF-S VIFA--ZS□VMAA--ZS

ἐὰν γένηται ἀνδρὶ ἑτέρῳ· ἐὰν δὲ ἀποθάνῃ ὁ ἀνήρ, ἐλευθέρα
CS VSAD--ZS N-DM-S A--DM-S CS CH VSAA--ZS DNMS N-NM-S A--NF-S

ἐστὶν ἀπὸ τοῦ νόμου, τοῦ μὴ εἶναι αὐτὴν μοιχαλίδα γενομένην
VIPA--ZS PG DGMS N-GM-S DGNS AB VNPAG NPAFZS AP-AF-S VPADAF-S

ἀνδρὶ ἑτέρῳ. 7.4 ὥστε, ἀδελφοί μου, καὶ ὑμεῖς ἐθανατώθητε τῷ
N-DM-S A--DM-S CH N-VM-P NPG-XS AB NPN-YP VIAP--YP DDMS

νόμῳ διὰ τοῦ σώματος τοῦ Χριστοῦ, εἰς τὸ γενέσθαι ὑμᾶς
N-DM-S PG DGNS N-GN-S DGMS N-GM-S PA DANS VNADA NPA-YP

ἑτέρῳ, τῷ ἐκ νεκρῶν ἐγερθέντι, ἵνα καρποφορήσωμεν τῷ
AP-DM-S DDMS□APRNM-S PG AP-GM-P VPAPDM-S CS VSAA--XP DDMS

θεῷ. 7.5 ὅτε γὰρ ἦμεν ἐν τῇ σαρκί, τὰ παθήματα τῶν
N-DM-S CS CS VIIA--XP PD DDFS N-DF-S DNNP N-NN-P DGFP

ἁμαρτιῶν τὰ διὰ τοῦ νόμου ἐνηργεῖτο ἐν τοῖς μέλεσιν ἡμῶν εἰς
N-GF-P DNNP PG DGMS N-GM-S VIIM--ZS PD DDNP N-DN-P NPG-XP PA

τὸ καρποφορῆσαι τῷ θανάτῳ· 7.6 νυνὶ δὲ κατηργήθημεν ἀπὸ
DANS VNAAA DDMS N-DM-S AB CH VIAP--XP PG

τοῦ νόμου, ἀποθανόντες ἐν ᾧ κατειχόμεθα,
DGMS N-GM-S VPAANMXP PD APRDM-S□APDDM-S&APRDM-S VIIP--XP

ὥστε δουλεύειν ἡμᾶς ἐν καινότητι πνεύματος καὶ οὐ παλαιότητι
CH VNPA NPA-XP PD N-DF-S N-GN-S CC AB N-DF-S

γράμματος.
N-GN-S

7.7 Τί οὖν ἐροῦμεν; ὁ νόμος ἁμαρτία; μὴ γένοιτο· ἀλλὰ
APTAN-S CH VIFA--XP DNMS N-NM-S N-NF-S AB VOAD--ZS CC

τὴν ἁμαρτίαν οὐκ ἔγνων εἰ μὴ διὰ νόμου, τήν τε γὰρ ἐπιθυμίαν
DAFS N-AF-S AB VIAA--XS CS AB PG N-GM-S DAFS CC CS N-AF-S

οὐκ ᾔδειν εἰ μὴ ὁ νόμος ἔλεγεν, Οὐκ ἐπιθυμήσεις. 7.8 ἀφορμὴν
AB VILA--XS CS AB DNMS N-NM-S VIIA--ZS AB VIFA--YS□VMAA--YS N-AF-S

δὲ λαβοῦσα ἡ ἁμαρτία διὰ τῆς ἐντολῆς κατειργάσατο ἐν ἐμοὶ
CH VPAANF-S DNFS N-NF-S PG DGFS N-GF-S VIAD--ZS PD NPD-XS

πᾶσαν ἐπιθυμίαν· χωρὶς γὰρ νόμου ἁμαρτία νεκρά. 7.9 ἐγὼ δὲ
A--AF-S N-AF-S PG CS N-GM-S N-NF-S A--NF-S NPN-XS CC

ἔζων χωρὶς νόμου ποτέ· ἐλθούσης δὲ τῆς ἐντολῆς ἡ ἁμαρτία
VIIA--XS PG N-GM-S ABI VPAAGF-S CH DGFS N-GF-S DNFS N-NF-S

ἀνέζησεν, 7.10 ἐγὼ δὲ ἀπέθανον, καὶ εὑρέθη μοι ἡ ἐντολὴ
VIAA--ZS NPN-XS CH VIAA--XS CC VIAP--ZS NPD-XS DNFS N-NF-S

ἡ εἰς ζωὴν αὕτη εἰς θάνατον· 7.11 ἡ γὰρ ἁμαρτία ἀφορμὴν
DNFS PA N-AF-S APDNF-S PA N-AM-S DNFS CS N-NF-S N-AF-S

λαβοῦσα διὰ τῆς ἐντολῆς ἐξηπάτησέν με καὶ δι᾽ αὐτῆς
VPAANF-S PG DGFS N-GF-S VIAA--ZS NPA-XS CC PG NPGFZS

ἀπέκτεινεν. 7.12 ὥστε ὁ μὲν νόμος ἅγιος, καὶ ἡ ἐντολὴ ἁγία
VIAA--ZS CH DNMS CC/CS N-NM-S A--NM-S CC DNFS N-NF-S A--NF-S

καὶ δικαία καὶ ἀγαθή.
CC A--NF-S CC A--NF-S

7.13 Τὸ οὖν ἀγαθὸν ἐμοὶ ἐγένετο θάνατος; μὴ γένοιτο· ἀλλὰ
DNNS CH AP-NN-S NPD-XS VIAD--ZS N-NM-S AB VOAD--ZS CH

ἡ ἁμαρτία, ἵνα φανῇ ἁμαρτία, διὰ τοῦ ἀγαθοῦ μοι
DNFS N-NF-S CS VSAP--ZS N-NF-S PG DGNS AP-GN-S NPD-XS

κατεργαζομένη θάνατον· ἵνα γένηται καθ᾽ ὑπερβολὴν ἁμαρτωλὸς
VPPNNF-S N-AM-S CS VSAD--ZS PA N-AF-S A--NF-S

ἡ ἁμαρτία διὰ τῆς ἐντολῆς. 7.14 οἴδαμεν γὰρ ὅτι ὁ νόμος
DNFS N-NF-S PG DGFS N-GF-S VIRA--XP CS CH DNMS N-NM-S

πνευματικός ἐστιν· ἐγὼ δὲ σάρκινός εἰμι, πεπραμένος ὑπὸ
A--NM-S VIPA--ZS NPN-XS CC/CH A--NM-S VIPA--XS VPRPNMXS PA

τὴν ἁμαρτίαν. 7.15 ὃ γὰρ κατεργάζομαι οὐ
DAFS N-AF-S APRAN-S□APDAN-S&APRAN-S CS VIPN--XS AB

γινώσκω· οὐ γὰρ ὃ θέλω τοῦτο πράσσω, ἀλλ᾽ ὃ μισῶ
VIPA--XS AB CS APRAN-S+ VIPA--XS APDAN-S VIPA--XS CH APRAN-S+ VIPA--XS

τοῦτο ποιῶ. 7.16 εἰ δὲ ὃ οὐ θέλω τοῦτο ποιῶ, σύμφημι τῷ
APDAN-S VIPA--XS CS CC APRAN-S+ AB VIPA--XS APDAN-S VIPA--XS VIPA--XS DDMS

νόμῳ ὅτι καλός. 7.17 νυνὶ δὲ οὐκέτι ἐγὼ κατεργάζομαι αὐτὸ
N-DM-S CC A--NM-S AB CC AB NPN-XS VIPN--XS NPANZS

ἀλλὰ ἡ οἰκοῦσα ἐν ἐμοὶ ἁμαρτία. 7.18 οἶδα γὰρ ὅτι
CH DNFS□APRNF-S+ VPPANF-S PD NPD-XS N-NF-S VIRA--XS CS CH

οὐκ οἰκεῖ ἐν ἐμοί, τοῦτ᾽ ἔστιν ἐν τῇ σαρκί μου, ἀγαθόν· τὸ
AB VIPA--ZS PD NPD-XS APDNN-S VIPA--ZS PD DDFS N-DF-S NPG-XS AP-NN-S DNNS

γὰρ θέλειν παράκειταί μοι, τὸ δὲ κατεργάζεσθαι τὸ καλὸν οὔ·
CS VNPAN VIPN--ZS NPD-XS DNNS CH VNPNN DANS AP-AN-S AB

7.19 οὐ γὰρ ὃ θέλω ποιῶ ἀγαθόν, ἀλλὰ ὃ οὐ θέλω
AB CS APRAN-S+ VIPA--XS VIPA--XS AP-AN-S CH APRAN-S+ AB VIPA--XS

κακὸν τοῦτο πράσσω. 7.20 εἰ δὲ ὃ οὐ θέλω [ἐγὼ] τοῦτο
AP-AN-S A-DAN-S VIPA--XS CS CC APRAN-S+ AB VIPA--XS NPN-XS APDAN-S

ποιῶ, οὐκέτι ἐγὼ κατεργάζομαι αὐτὸ ἀλλὰ ἡ οἰκοῦσα
VIPA--XS AB NPN-XS VIPN--XS NPANZS CH DNFS□APRNF-S+ VPPANF-S

ἐν ἐμοὶ ἁμαρτία. 7.21 Εὑρίσκω ἄρα τὸν νόμον τῷ
PD NPD-XS N-NF-S VIPA--XS CH DAMS N-AM-S DDMS□APRNMXS+

θέλοντι ἐμοὶ ποιεῖν τὸ καλὸν ὅτι ἐμοὶ τὸ κακὸν παράκειται·
VPPADMXS NPD-XS VNPA DANS AP-AN-S ABR NPD-XS DNNS AP-NN-S VIPN--ZS

7.22 συνήδομαι γὰρ τῷ νόμῳ τοῦ θεοῦ κατὰ τὸν ἔσω
VIPN--XS CS DDMS N-DM-S DGMS N-GM-S PA DAMS AB□A--AM-S

ἄνθρωπον, 7.23 βλέπω δὲ ἕτερον νόμον ἐν τοῖς μέλεσίν μου
N-AM-S VIPA--XS CH A--AM-S N-AM-S PD DDNP N-DN-P NPG-XS

ἀντιστρατευόμενον τῷ νόμῳ τοῦ νοός μου καὶ αἰχμαλωτίζοντά
VPPMAM-S   DDMS N-DM-S DGMS N-GM-S NPG-XS CC   VPPAAM-S

με ἐν τῷ νόμῳ τῆς ἁμαρτίας τῷ ὄντι ἐν τοῖς
NPA-XS PD DDMS N-DM-S DGFS N-GF-S DDMS□APRNM-S VPPADM-S PD DDNP

μέλεσίν μου. 7.24 ταλαίπωρος ἐγὼ ἄνθρωπος· τίς με
N-DN-P NPG-XS   A--NM-S NPN-XS N-NM-S APTNM-S NPA-XS

ῥύσεται ἐκ τοῦ σώματος τοῦ θανάτου τούτου; 7.25 χάρις δὲ
VIFD--ZS PG DGNS N-GN-S DGMS N-GM-S A-DGM-S/A-DGN-S   N-NF-S CC

τῷ θεῷ διὰ Ἰησοῦ Χριστοῦ τοῦ κυρίου ἡμῶν. ἄρα οὖν αὐτὸς
DDMS N-DM-S PG   N-GM-S N-GM-S DGMS N-GM-S NPG-XP CH CH NPNMXS

ἐγὼ τῷ μὲν νοῒ δουλεύω νόμῳ θεοῦ, τῇ δὲ σαρκὶ νόμῳ
NPN-XS DDMS CS N-DM-S VIPA--XS N-DM-S N-GM-S DDFS CH N-DF-S N-DM-S

ἁμαρτίας.
N-GF-S

    8.1 Οὐδὲν ἄρα νῦν κατάκριμα τοῖς ἐν Χριστῷ Ἰησοῦ· 8.2 ὁ
           A-CNN-S CH AB N-NN-S DDMP PD N-DM-S N-DM-S   DNMS

γὰρ νόμος τοῦ πνεύματος τῆς ζωῆς ἐν Χριστῷ Ἰησοῦ
CS N-NM-S DGNS N-GN-S DGFS N-GF-S PD N-DM-S N-DM-S

ἠλευθέρωσέν σε ἀπὸ τοῦ νόμου τῆς ἁμαρτίας καὶ τοῦ
VIAA--ZS   NPA-YS PG DGMS N-GM-S DGFS N-GF-S CC DGMS

θανάτου. 8.3 τὸ γὰρ ἀδύνατον τοῦ νόμου, ἐν ᾧ
N-GM-S   DANS   AP-AN-S DGMS N-GM-S PD APRDN-S□NPDNZS

ἠσθένει διὰ τῆς σαρκός, ὁ θεὸς τὸν ἑαυτοῦ υἱὸν πέμψας ἐν
VIIA--ZS PG DGFS N-GF-S DNMS N-NM-S DAMS NPGMZS N-AM-S VPAANM-S PD

ὁμοιώματι σαρκὸς ἁμαρτίας καὶ περὶ ἁμαρτίας κατέκρινεν τὴν
N-DN-S   N-GF-S N-GF-S CC PG N-GF-S VIAA--ZS DAFS

ἁμαρτίαν ἐν τῇ σαρκί, 8.4 ἵνα τὸ δικαίωμα τοῦ νόμου
N-AF-S PD DDFS N-DF-S   CS DNNS N-NN-S DGMS N-GM-S

πληρωθῇ ἐν ἡμῖν τοῖς μὴ κατὰ σάρκα περιπατοῦσιν ἀλλὰ
VSAP--ZS PD NPD-XP DDMP□APRNMXP AB PA N-AF-S VPPADMXP   CH

κατὰ πνεῦμα. 8.5 οἱ γὰρ κατὰ σάρκα ὄντες τὰ
PA N-AN-S   DNMP□NPNMZP&APRNM-P CS PA N-AF-S VPPANM-P DANP

τῆς σαρκὸς φρονοῦσιν, οἱ δὲ κατὰ πνεῦμα τὰ τοῦ πνεύματος.
DGFS N-GF-S VIPA--ZP DNMP CC PA N-AN-S DANP DGNS N-GN-S

8.6 τὸ γὰρ φρόνημα τῆς σαρκὸς θάνατος, τὸ δὲ φρόνημα τοῦ
   DNNS CS N-NN-S DGFS N-GF-S N-NM-S DNNS CC N-NN-S DGNS

πνεύματος ζωὴ καὶ εἰρήνη· 8.7 διότι τὸ φρόνημα τῆς σαρκὸς
N-GN-S N-NF-S CC N-NF-S   CS DNNS N-NN-S DGFS N-GF-S

ἔχθρα εἰς θεόν, τῷ γὰρ νόμῳ τοῦ θεοῦ οὐχ ὑποτάσσεται, οὐδὲ
N-NF-S PA N-AM-S DDMS CS N-DM-S DGMS N-GM-S AB VIPP--ZS   AB

γὰρ δύναται· 8.8 οἱ δὲ ἐν σαρκὶ ὄντες θεῷ
CS VIPN--ZS   DNMP□NPNMZP&APRNM-P CC PD N-DF-S VPPANM-P N-DM-S

ἀρέσαι οὐ δύνανται. 8.9 ὑμεῖς δὲ οὐκ ἐστὲ ἐν σαρκὶ ἀλλὰ ἐν
VNAA AB VIPN--ZP   NPN-YP CH AB VIPA--YP PD N-DF-S CH PD

πνεύματι, εἴπερ πνεῦμα θεοῦ οἰκεῖ ἐν ὑμῖν. εἰ δέ τις　πνεῦμα
N-DN-S　　CS　　N-NN-S　N-GM-S VIPA--ZS PD　NPD-YP CS CC APINM-S N-AN-S

Χριστοῦ οὐκ ἔχει, οὗτος οὐκ ἔστιν αὐτοῦ. 8.10 εἰ δὲ Χριστὸς ἐν
N-GM-S　AB　VIPA--ZS APDNM-S AB　VIPA--ZS NPGMZS　　CS CC N-NM-S　PD

ὑμῖν, τὸ μὲν σῶμα νεκρὸν διὰ ἁμαρτίαν, τὸ δὲ πνεῦμα ζωὴ διὰ
NPD-YP DNNS CS　N-NN-S A--NN-S PA　N-AF-S　　DNNS CH N-NN-S　N-NF-S PA

δικαιοσύνην. 8.11 εἰ δὲ τὸ πνεῦμα τοῦ　　　ἐγείραντος
N-AF-S　　　CS CC DNNS N-NN-S DGMS□NPGMZS&APRNM-S VPAAGM-S

τὸν Ἰησοῦν ἐκ νεκρῶν οἰκεῖ ἐν ὑμῖν, ὁ　　　　ἐγείρας
DAMS N-AM-S PG AP-GM-P VIPA--ZS PD NPD-YP DNMS□NPNMZS&APRNM-S VPAANM-S

Χριστὸν ἐκ νεκρῶν ζωοποιήσει καὶ τὰ θνητὰ σώματα ὑμῶν διὰ
N-AM-S　PG AP-GM-P VIFA--ZS　AB　DANP A--AN-P N-AN-P　NPG-YP PG

τοῦ　ἐνοικοῦντος αὐτοῦ πνεύματος ἐν ὑμῖν.
DGNS□APRNN-S+ VPPAGN-S　NPGMZS N-GN-S　PD NPD-YP

8.12 Ἄρα οὖν, ἀδελφοί, ὀφειλέται ἐσμέν, οὐ τῇ σαρκὶ τοῦ
CH　CH　N-VM-P　N-NM-P　VIPA--XP AB DDFS N-DF-S DGNS

κατὰ σάρκα ζῆν· 8.13 εἰ γὰρ κατὰ σάρκα ζῆτε μέλλετε
PA　N-AF-S VNPAG　　CS CS　PA　N-AF-S VIPA--YP VIPA--YP+

ἀποθνήσκειν, εἰ δὲ πνεύματι τὰς πράξεις τοῦ σώματος θανατοῦτε
+VNPA　　　CS CC N-DN-S DAFP N-AF-P DGNS N-GN-S　VIPA--YP

ζήσεσθε. 8.14 ὅσοι　γὰρ πνεύματι θεοῦ ἄγονται, οὗτοι υἱοὶ
VIFM--YP　　APRNM-P+ CS　N-DN-S　N-GM-S VIPP--ZP APDNM-P N-NM-P

θεοῦ εἰσιν. 8.15 οὐ γὰρ ἐλάβετε πνεῦμα δουλείας πάλιν εἰς
N-GM-S VIPA--ZP　AB CS　VIAA--YP　N-AN-S　N-GF-S　AB　PA

φόβον, ἀλλὰ ἐλάβετε πνεῦμα υἱοθεσίας, ἐν ᾧ　κράζομεν, Ἀββα
N-AM-S　CH　VIAA--YP　N-AN-S　N-GF-S　PD APRDN-S VIPA--XP　N-VM-S

ὁ πατήρ· 8.16 αὐτὸ τὸ πνεῦμα συμμαρτυρεῖ τῷ πνεύματι
DVMS N-NM-S□N-VM-S　NPNNZS DNNS N-NN-S　VIPA--ZS　　DDNS N-DN-S

ἡμῶν ὅτι ἐσμὲν τέκνα θεοῦ. 8.17 εἰ δὲ τέκνα, καὶ κληρονόμοι·
NPG-XP CC VIPA--XP N-NN-P N-GM-S　　CS CC N-NN-P AB　N-NM-P

κληρονόμοι μὲν θεοῦ, συγκληρονόμοι δὲ Χριστοῦ, εἴπερ
N-NM-P　　CC　N-GM-S AP-NM-P　　CC　N-GM-S　CS

συμπάσχομεν ἵνα καὶ συνδοξασθῶμεν.
VIPA--XP　　CS AB VSAP--XP

8.18 Λογίζομαι γὰρ ὅτι οὐκ ἄξια τὰ παθήματα τοῦ νῦν
VIPN--XS　　CS CC AB　A--NN-P DNNP N-NN-P　DGMS AB□A--GM-S

καιροῦ πρὸς τὴν　　μέλλουσαν δόξαν ἀποκαλυφθῆναι εἰς
N-GM-S　PA DAFS□APRNF-S+ VPPAAF-S+　N-AF-S　　+VNAP　　PA

ἡμᾶς. 8.19 ἡ　γὰρ ἀποκαραδοκία τῆς κτίσεως τὴν ἀποκάλυψιν
NPA-XP　　DNFS CS　N-NF-S　　DGFS N-GF-S DAFS N-AF-S

τῶν υἱῶν τοῦ θεοῦ ἀπεκδέχεται· 8.20 τῇ γὰρ ματαιότητι ἡ
DGMP N-GM-P DGMS N-GM-S VIPN--ZS　　DDFS CS　N-DF-S　　DNFS

κτίσις ὑπετάγη, οὐχ ἑκοῦσα ἀλλὰ διὰ τὸν
N-NF-S VIAP--ZS　AB　A--NF-S CH　PA DAMS□NPAMZS&APRNM-S

ὑποτάξαντα, ἐφ᾽ ἐλπίδι 8.21 ὅτι καὶ αὐτὴ ἡ κτίσις
VPAAAM-S PD N-DF-S ABR/CS AB NPNFZS DNFS N-NF-S

ἐλευθερωθήσεται ἀπὸ τῆς δουλείας τῆς φθορᾶς εἰς τὴν ἐλευθερίαν
VIFP--ZS PG DGFS N-GF-S DGFS N-GF-S PA DAFS N-AF-S

τῆς δόξης τῶν τέκνων τοῦ θεοῦ. 8.22 οἴδαμεν γὰρ ὅτι πᾶσα ἡ
DGFS N-GF-S DGNP N-GN-P DGMS N-GM-S VIRA--XP CS CH A--NF-S DNFS

κτίσις συστενάζει καὶ συνωδίνει ἄχρι τοῦ νῦν· 8.23 οὐ
N-NF-S VIPA--ZS CC VIPA--ZS PG DGMS AB□AP-GM-S AB

μόνον δέ, ἀλλὰ καὶ αὐτοὶ τὴν ἀπαρχὴν τοῦ πνεύματος ἔχοντες
AP-AN-S□AB CC CH AB NPNMXP DAFS N-AF-S DGNS N-GN-S VPPANMXP

ἡμεῖς καὶ αὐτοὶ ἐν ἑαυτοῖς στενάζομεν υἱοθεσίαν ἀπεκδεχόμενοι,
NPN-XP AB NPNMXP PD NPDMXP VIPA--XP N-AF-S VPPNNMXP

τὴν ἀπολύτρωσιν τοῦ σώματος ἡμῶν. 8.24 τῇ γὰρ ἐλπίδι
DAFS N-AF-S DGNS N-GN-S NPG-XP DDFS CS N-DF-S

ἐσώθημεν· ἐλπὶς δὲ βλεπομένη οὐκ ἔστιν ἐλπίς·
VIAP--XP N-NF-S CC VPPPNF-S AB VIPA--ZS N-NF-S

ὃ γὰρ βλέπει τίς ἐλπίζει; 8.25 εἰ δὲ
APRAN-S□APDAN-S&APRAN-S CS VIPA--ZS APTNM-S†APINM-S VIPA--ZS CS CC

ὃ οὐ βλέπομεν ἐλπίζομεν, δι᾽ ὑπομονῆς
APRAN-S□APDAN-S&APRAN-S AB VIPA--XP VIPA--XP PG N-GF-S

ἀπεκδεχόμεθα.
VIPN--XP

8.26 Ὡσαύτως δὲ καὶ τὸ πνεῦμα συναντιλαμβάνεται τῇ
AB CC AB DNNS N-NN-S VIPN--ZS DDFS

ἀσθενείᾳ ἡμῶν· τὸ γὰρ τί προσευξώμεθα καθὸ δεῖ οὐκ
N-DF-S NPG-XP DANS CS APTAN-S VSAD--XP CS VIPA--ZS AB

οἴδαμεν, ἀλλὰ αὐτὸ τὸ πνεῦμα ὑπερεντυγχάνει στεναγμοῖς
VIRA--XP CH NPNNZS DNNS N-NN-S VIPA--ZS N-DM-P

ἀλαλήτοις· 8.27 ὁ δὲ ἐραυνῶν τὰς καρδίας οἶδεν
A--DM-P DNMS□NPNMZS&APRNM-S CC VPPANM-S DAFP N-AF-P VIRA--ZS

τί τὸ φρόνημα τοῦ πνεύματος, ὅτι κατὰ θεὸν ἐντυγχάνει
APTAN-S DNNS N-NN-S DGNS N-GN-S CS PA N-AM-S VIPA--ZS

ὑπὲρ ἁγίων. 8.28 οἴδαμεν δὲ ὅτι τοῖς ἀγαπῶσιν τὸν
PG AP-GM-P VIRA--XP CC CH DDMP□NPDMZP&APRNM-P VPPADM-P DAMS

θεὸν πάντα συνεργεῖ εἰς ἀγαθόν, τοῖς κατὰ πρόθεσιν
N-AM-S AP-AN-P/AP-NN-P VIPA--ZS PA AP-AN-S DDMP□APRNM-P PA N-AF-S

κλητοῖς οὖσιν. 8.29 ὅτι οὓς προέγνω, καὶ
A--DM-P VPPADM-P CS APRAM-P□APDAM-P&APRAM-P VIAA--ZS AB

προώρισεν συμμόρφους τῆς εἰκόνος τοῦ υἱοῦ αὐτοῦ, εἰς τὸ εἶναι
VIAA--ZS A--AM-P DGFS N-GF-S DGMS N-GM-S NPGMZS PA DANS VNPAA

αὐτὸν πρωτότοκον ἐν πολλοῖς ἀδελφοῖς· 8.30 οὓς δὲ
NPAMZS A--AM-S PD A--DM-P N-DM-P APRAM-P+ CC

προώρισεν, τούτους καὶ ἐκάλεσεν· καὶ οὓς ἐκάλεσεν, τούτους
VIAA--ZS APDAM-P AB VIAA--ZS CC APRAM-P+ VIAA--ZS APDAM-P

καὶ ἐδικαίωσεν· οὓς δὲ ἐδικαίωσεν, τούτους καὶ ἐδόξασεν.
AB   VIAA--ZS   APRAM-P+ CC VIAA--ZS   APDAM-P   AB   VIAA--ZS

8.31 Τί οὖν ἐροῦμεν πρὸς ταῦτα; εἰ ὁ θεὸς ὑπὲρ ἡμῶν,
APTAN-S CH VIFA--XP   PA   APDAN-P CS DNMS N-NM-S PG   NPG-XP

τίς καθ᾽ ἡμῶν; 8.32 ὅς γε τοῦ ἰδίου υἱοῦ οὐκ ἐφείσατο,
APTNM-S PG   NPG-XP   APRNM-S QS DGMS A--GM-S N-GM-S AB VIAD--ZS

ἀλλὰ ὑπὲρ ἡμῶν πάντων παρέδωκεν αὐτόν, πῶς οὐχὶ καὶ σὺν
CH   PG   NPG-XP A--GM-P VIAA--ZS   NPAMZS ABT AB AB PD

αὐτῷ τὰ πάντα ἡμῖν χαρίσεται; 8.33 τίς ἐγκαλέσει κατὰ
NPDMZS DANP AP-AN-P NPD-XP VIFD--ZS   APTNM-S VIFA--ZS   PG

ἐκλεκτῶν θεοῦ; θεὸς ὁ   δικαιῶν· 8.34 τίς
AP-GM-P N-GM-S N-NM-S DNMS□NPNMZS&APRNM-S VPPANM-S   APTNM-S

ὁ   κατακρινῶν; Χριστὸς [Ἰησοῦς]
DNMS□NPNMZS&APRNM-S   VPFANM-S†VPPANM-S N-NM-S   N-NM-S

ὁ   ἀποθανών, μᾶλλον δὲ ἐγερθείς, ὃς καὶ
DNMS□NPNMZS&APRNM-S   VPAANM-S ABM   CC/CH VPAPNM-S APRNM-S AB

ἐστιν ἐν δεξιᾷ τοῦ θεοῦ, ὃς καὶ ἐντυγχάνει ὑπὲρ ἡμῶν.
VIPA--ZS PD AP-DF-S DGMS N-GM-S APRNM-S AB VIPA--ZS   PG   NPG-XP

8.35 τίς ἡμᾶς χωρίσει ἀπὸ τῆς ἀγάπης τοῦ Χριστοῦ; θλῖψις ἢ
APTNM-S NPA-XP VIFA--ZS PG DGFS N-GF-S DGMS N-GM-S   N-NF-S CC

στενοχωρία ἢ διωγμὸς ἢ λιμὸς ἢ γυμνότης ἢ κίνδυνος ἢ
N-NF-S   CC N-NM-S CC N-NF-S/N-NM-S CC N-NF-S CC N-NM-S CC

μάχαιρα; 8.36 καθὼς γέγραπται ὅτι
N-NF-S   CS   VIRP--ZS   CC

Ἕνεκεν σοῦ θανατούμεθα ὅλην τὴν ἡμέραν,
PG   NPG-YS VIPP--XP   A--AF-S DAFS N-AF-S

ἐλογίσθημεν ὡς πρόβατα σφαγῆς.
VIAP--XP   CS N-NN-P   N-GF-S

8.37 ἀλλ᾽ ἐν τούτοις πᾶσιν ὑπερνικῶμεν διὰ τοῦ
CC   PD APDDN-P A--DN-P VIPA--XP   PG DGMS□NPGMZS&APRNM-S

ἀγαπήσαντος ἡμᾶς. 8.38 πέπεισμαι γὰρ ὅτι οὔτε θάνατος οὔτε
VPAAGM-S   NPA-XP   VIRP--XS   CS CC CC N-NM-S   CC

ζωὴ οὔτε ἄγγελοι οὔτε ἀρχαὶ οὔτε ἐνεστῶτα οὔτε μέλλοντα οὔτε
N-NF-S CC N-NM-P CC   N-NF-P CC VPRANN-P CC   VPPANN-P CC

δυνάμεις 8.39 οὔτε ὕψωμα οὔτε βάθος οὔτε τις κτίσις ἑτέρα
N-NF-P   CC   N-NN-S CC   N-NN-S CC A-INF-S N-NF-S A--NF-S

δυνήσεται ἡμᾶς χωρίσαι ἀπὸ τῆς ἀγάπης τοῦ θεοῦ τῆς ἐν
VIFD--ZS NPA-XP VNAA   PG DGFS N-GF-S DGMS N-GM-S DGFS PD

Χριστῷ Ἰησοῦ τῷ κυρίῳ ἡμῶν.
N-DM-S N-DM-S DDMS N-DM-S NPG-XP

9.1 Ἀλήθειαν λέγω ἐν Χριστῷ, οὐ ψεύδομαι,
N-AF-S   VIPA--XS PD N-DM-S   AB VIPN--XS

συμμαρτυρούσης μοι τῆς συνειδήσεώς μου ἐν πνεύματι ἁγίῳ,
VPPAGF-S   NPD-XS DGFS N-GF-S   NPG-XS PD N-DN-S   A--DN-S

9.2 ὅτι λύπη μοί ἐστιν μεγάλη καὶ ἀδιάλειπτος ὀδύνη τῇ
ABR N-NF-S NPD-XS VIPA--ZS A--NF-S CC A--NF-S N-NF-S DDFS

καρδίᾳ μου. 9.3 ηὐχόμην γὰρ ἀνάθεμα εἶναι αὐτὸς ἐγὼ ἀπὸ τοῦ
N-DF-S NPG-XS VIIN--XS CS N-NN-S VNPA NPNMXS NPN-XS PG DGMS

Χριστοῦ ὑπὲρ τῶν ἀδελφῶν μου τῶν συγγενῶν μου κατὰ
N-GM-S PG DGMP N-GM-P NPG-XS DGMP AP-GM-P NPG-XS PA

σάρκα, 9.4 οἵτινές εἰσιν Ἰσραηλῖται, ὧν ἡ υἱοθεσία καὶ ἡ
N-AF-S APRNM-P VIPA--ZP N-NM-P APRGM-P DNFS N-NF-S CC DNFS

δόξα καὶ αἱ διαθῆκαι καὶ ἡ νομοθεσία καὶ ἡ λατρεία καὶ αἱ
N-NF-S CC DNFP N-NF-P CC DNFS N-NF-S CC DNFS N-NF-S CC DNFP

ἐπαγγελίαι, 9.5 ὧν οἱ πατέρες, καὶ ἐξ ὧν ὁ Χριστὸς
N-NF-P APRGM-P DNMP N-NM-P CC PG APRGM-P DNMS N-NM-S

τὸ κατὰ σάρκα· ὁ ὢν ἐπὶ πάντων θεὸς
DANS PA N-AF-S DNMS□APRNM-S+ VPPANM-S PG AP-GM-P/AP-GN-P N-NM-S

εὐλογητὸς εἰς τοὺς αἰῶνας, ἀμήν.
A--NM-S PA DAMP N-AM-P QS

9.6 Οὐχ οἷον δὲ ὅτι ἐκπέπτωκεν ὁ λόγος τοῦ θεοῦ. οὐ
AB APRNN-S□NPNNZS CC ABR VIRA--ZS DNMS N-NM-S DGMS N-GM-S AB

γὰρ πάντες οἱ ἐξ Ἰσραήλ, οὗτοι Ἰσραήλ· 9.7 οὐδ' ὅτι εἰσὶν
CS A--NM-P DNMP PG N-GM-S APDNM-P N-NM-S CC CS VIPA--ZP

σπέρμα Ἀβραάμ, πάντες τέκνα, ἀλλ', Ἐν Ἰσαὰκ κληθήσεταί
N-NN-S N-GM-S AP-NM-P N-NN-P CH PD N-DM-S VIFP--ZS□VMPP--ZS

σοι σπέρμα. 9.8 τοῦτ' ἔστιν, οὐ τὰ τέκνα τῆς σαρκὸς ταῦτα
NPD-YS N-NN-S APDNN-S VIPA--ZS AB DNNP N-NN-P DGFS N-GF-S A-DNN-P

τέκνα τοῦ θεοῦ, ἀλλὰ τὰ τέκνα τῆς ἐπαγγελίας λογίζεται εἰς
N-NN-P DGMS N-GM-S CH DNNP N-NN-P DGFS N-GF-S VIPP--ZS PA

σπέρμα· 9.9 ἐπαγγελίας γὰρ ὁ λόγος οὗτος, Κατὰ τὸν καιρὸν
N-AN-S N-GF-S CS DNMS N-NM-S APDNM-S PA DAMS N-AM-S

τοῦτον ἐλεύσομαι καὶ ἔσται τῇ Σάρρᾳ υἱός. 9.10 οὐ μόνον δέ,
A-DAM-S VIFD--XS CC VIFD--ZS DDFS N-DF-S N-NM-S AB AP-AN-S□AB CC

ἀλλὰ καὶ Ῥεβέκκα ἐξ ἑνὸς κοίτην ἔχουσα, Ἰσαὰκ τοῦ πατρὸς
CH AB N-NF-S PG APCGM-S N-AF-S VPPANF-S N-GM-S DGMS N-GM-S

ἡμῶν· 9.11 μήπω γὰρ γεννηθέντων μηδὲ πραξάντων τι
NPG-XP AB CS VPAPGM-P CC VPAAGM-P APIAN-S

ἀγαθὸν ἢ φαῦλον, ἵνα ἡ κατ' ἐκλογὴν πρόθεσις τοῦ θεοῦ
A--AN-S CC A--AN-S CS DNFS PA N-AF-S N-NF-S DGMS N-GM-S

μένῃ, 9.12 οὐκ ἐξ ἔργων ἀλλ' ἐκ τοῦ καλοῦντος,
VSPA--ZS AB PG N-GN-P CH PG DGMS□NPGMZS&APRNM-S VPPAGM-S

ἐρρέθη αὐτῇ ὅτι Ὁ μείζων δουλεύσει τῷ ἐλάσσονι·
VIAP--ZS NPDFZS CC DNMS APMNM-S VIFA--ZS□VMAA--ZS DDMS APMDM-S

9.13 καθὼς γέγραπται,
CS VIRP--ZS

  Τὸν Ἰακὼβ ἠγάπησα,
  DAMS N-AM-S VIAA--XS

τὸν δὲ Ἠσαῦ ἐμίσησα.
DAMS CC N-AM-S VIAA--XS

9.14 Τί οὖν ἐροῦμεν; μὴ ἀδικία παρὰ τῷ θεῷ; μὴ γένοιτο·
APTAN-S CH VIFA--XP QT N-NF-S PD DDMS N-DM-S AB VOAD--ZS

9.15 τῷ Μωϋσεῖ γὰρ λέγει,
DDMS N-DM-S CS VIPA--ZS

Ἐλεήσω ὃν ἂν ἐλεῶ,
VIFA--XS APRAM-S□APDAM-S&APRAM-S QV VSPA--XS

καὶ οἰκτιρήσω ὃν ἂν οἰκτίρω.
CC VIFA--XS APRAM-S□APDAM-S&APRAM-S QV VSPA--XS

9.16 ἄρα οὖν οὐ τοῦ θέλοντος οὐδὲ τοῦ
CH CH AB DGMS□NPGMZS&APRNM-S VPPAGM-S CC DGMS□NPGMZS&APRNM-S

τρέχοντος, ἀλλὰ τοῦ ἐλεῶντος θεοῦ. 9.17 λέγει γὰρ ἡ
VPPAGM-S CH DGMS□APRNM-S+ VPPAGM-S N-GM-S VIPA--ZS CS DNFS

γραφὴ τῷ Φαραὼ ὅτι Εἰς αὐτὸ τοῦτο ἐξήγειρά σε ὅπως
N-NF-S DDMS N-DM-S CC PA AP-AN-S A-DAN-S VIAA--XS NPA-YS CS

ἐνδείξωμαι ἐν σοὶ τὴν δύναμίν μου, καὶ ὅπως διαγγελῇ τὸ
VSAM--XS PD NPD-YS DAFS N-AF-S NPG-XS CC CS VSAP--ZS DANS

ὄνομά μου ἐν πάσῃ τῇ γῇ. 9.18 ἄρα οὖν ὃν
N-AN-S NPG-XS PD A--DF-S DDFS N-DF-S CH CH APRAM-S□APDAM-S&APRAM-S

θέλει ἐλεεῖ, ὃν δὲ θέλει σκληρύνει.
VIPA--ZS VIPA--ZS APRAM-S□APDAM-S&APRAM-S CC VIPA--ZS VIPA--ZS

9.19 Ἐρεῖς μοι οὖν, Τί [οὖν] ἔτι μέμφεται; τῷ γὰρ
VIFA--YS NPD-XS CH APTAN-S□ABT CH AB VIPN--ZS DDNS CS

βουλήματι αὐτοῦ τίς ἀνθέστηκεν; 9.20 ὦ ἄνθρωπε, μενοῦνγε
N-DN-S NPGMZS APTNM-S VIRA--ZS QS N-VM-S QS

σὺ τίς εἶ ὁ ἀνταποκρινόμενος τῷ θεῷ; μὴ
NPN-YS APTNMYS VIPA--YS DNMS□APRNMYS VPPNNMYS DDMS N-DM-S QT

ἐρεῖ τὸ πλάσμα τῷ πλάσαντι, Τί με
VIFA--ZS DNNS N-NN-S DDMS□NPDMZS&APRNM-S VPAADM-S APTAN-S□ABT NPA-XS

ἐποίησας οὕτως; 9.21 ἢ οὐκ ἔχει ἐξουσίαν ὁ κεραμεὺς τοῦ
VIAA--YS AB CC QT VIPA--ZS N-AF-S DNMS N-NM-S DGMS

πηλοῦ ἐκ τοῦ αὐτοῦ φυράματος ποιῆσαι ὃ μὲν εἰς
N-GM-S PG DGNS A--GN-S N-GN-S VNAA APRAN-S+□A-DAN-S CC PA

τιμὴν σκεῦος, ὃ δὲ εἰς ἀτιμίαν; 9.22 εἰ δὲ θέλων ὁ
N-AF-S N-AN-S APRAN-S□APDAN-S CC PA N-AF-S CS CC VPPANM-S DNMS

θεὸς ἐνδείξασθαι τὴν ὀργὴν καὶ γνωρίσαι τὸ δυνατὸν αὐτοῦ
N-NM-S VNAM DAFS N-AF-S CC VNAA DANS AP-AN-S NPGMZS

ἤνεγκεν ἐν πολλῇ μακροθυμίᾳ σκεύη ὀργῆς κατηρτισμένα εἰς
VIAA--ZS PD A--DF-S N-DF-S N-AN-P N-GF-S VPRPAN-P PA

ἀπώλειαν, 9.23 καὶ ἵνα γνωρίσῃ τὸν πλοῦτον τῆς δόξης αὐτοῦ ἐπὶ
N-AF-S CC CS VSAA--ZS DAMS N-AM-S DGFS N-GF-S NPGMZS PA

σκεύη ἐλέους, ἃ προητοίμασεν εἰς δόξαν, 9.24 οὓς καὶ
N-AN-P N-GN-S APRAN-P VIAA--ZS PA N-AF-S APRAMXP+ AB

ἐκάλεσεν ἡμᾶς οὐ μόνον ἐξ Ἰουδαίων ἀλλὰ καὶ ἐξ ἐθνῶν;
VIAA--ZS NPA-XP AB AP-AN-S□AB PG AP-GM-P CH AB PG N-GN-P

9.25 ὡς καὶ ἐν τῷ Ὡσηὲ λέγει,
ABR/CS AB PD DDMS N-DM-S VIPA--ZS

Καλέσω τὸν οὐ λαόν μου λαόν μου
VIFA--XS DAMS AB□A--AM-S N-AM-S NPG-XS N-AM-S NPG-XS

καὶ τὴν οὐκ ἠγαπημένην ἠγαπημένην·
CC DAFS□NPAFZS&APRNF-S AB VPRPAF-S VPRPAF-S

9.26 καὶ ἔσται ἐν τῷ τόπῳ οὗ ἐρρέθη αὐτοῖς, Οὐ λαός μου
CC VIFD--ZS PD DDMS N-DM-S ABR VIAP--ZS NPDMZP AB N-NM-S NPG-XS

ὑμεῖς,
NPN-YP

ἐκεῖ κληθήσονται υἱοὶ θεοῦ ζῶντος.
AB VIFP--ZP N-NM-P N-GM-S VPPAGM-S

9.27 Ἠσαΐας δὲ κράζει ὑπὲρ τοῦ Ἰσραήλ, Ἐὰν ᾖ ὁ
N-NM-S CC VIPA--ZS PG DGMS N-GM-S CS VSPA--ZS DNMS

ἀριθμὸς τῶν υἱῶν Ἰσραὴλ ὡς ἡ ἄμμος τῆς θαλάσσης, τὸ
N-NM-S DGMP N-GM-P N-GM-S CS DNFS N-NF-S DGFS N-GF-S DNNS

ὑπόλειμμα σωθήσεται· 9.28 λόγον γὰρ συντελῶν καὶ συντέμνων
N-NN-S VIFP--ZS N-AM-S CS VPPANM-S CC VPPANM-S

ποιήσει κύριος ἐπὶ τῆς γῆς. 9.29 καὶ καθὼς προείρηκεν Ἠσαΐας,
VIFA--ZS N-NM-S PG DGFS N-GF-S CC CS VIRA--ZS N-NM-S

Εἰ μὴ κύριος Σαβαὼθ ἐγκατέλιπεν ἡμῖν σπέρμα,
CS AB N-NM-S N-GM-P VIAA--ZS NPD-XP N-AN-S

ὡς Σόδομα ἂν ἐγενήθημεν
CS N-NN-P QV VIAO--XP

καὶ ὡς Γόμορρα ἂν ὡμοιώθημεν.
CC CS N-NF-S/N-NN-P QV VIAP--XP

9.30 Τί οὖν ἐροῦμεν; ὅτι ἔθνη τὰ μὴ διώκοντα
APTAN-S CH VIFA--XP CH N-NN-P DNNP□APRNN-P AB VPPANN-P

δικαιοσύνην κατέλαβεν δικαιοσύνην, δικαιοσύνην δὲ τὴν ἐκ
N-AF-S VIAA--ZS N-AF-S N-AF-S CC/CH DAFS PG

πίστεως· 9.31 Ἰσραὴλ δὲ διώκων νόμον δικαιοσύνης εἰς νόμον
N-GF-S N-NM-S CC VPPANM-S N-AM-S N-GF-S PA N-AM-S

οὐκ ἔφθασεν. 9.32 διὰ τί; ὅτι οὐκ ἐκ πίστεως ἀλλ᾽ ὡς ἐξ ἔργων·
AB VIAA--ZS PA APTAN-S CS AB PG N-GF-S CH CS PG N-GN-P

προσέκοψαν τῷ λίθῳ τοῦ προσκόμματος, 9.33 καθὼς γέγραπται,
VIAA--ZP DDMS N-DM-S DGNS N-GN-S CS VIRP--ZS

Ἰδοὺ τίθημι ἐν Σιὼν λίθον προσκόμματος καὶ πέτραν
QS VIPA--XS PD N-DF-S N-AM-S N-GN-S CC N-AF-S

σκανδάλου,
N-GN-S

καὶ ὁ πιστεύων ἐπ᾽ αὐτῷ οὐ
CC DNMS□NPNMZS&APRNM-S VPPANM-S PD NPDMZS AB

493

καταισχυνθήσεται.
VIFP--ZS

10.1 Ἀδελφοί, ἡ μὲν εὐδοκία τῆς ἐμῆς καρδίας καὶ ἡ
N-VM-P DNFS CC N-NF-S DGFS A--GFXS N-GF-S CC DNFS

δέησις πρὸς τὸν θεὸν ὑπὲρ αὐτῶν εἰς σωτηρίαν. 10.2 μαρτυρῶ
N-NF-S PA DAMS N-AM-S PG NPGMZP PA N-AF-S VIPA--XS

γὰρ αὐτοῖς ὅτι ζῆλον θεοῦ ἔχουσιν, ἀλλ᾽ οὐ κατ᾽ ἐπίγνωσιν·
CS NPDMZP CC N-AM-S N-GM-S VIPA--ZP CC AB PA N-AF-S

10.3 ἀγνοοῦντες γὰρ τὴν τοῦ θεοῦ δικαιοσύνην, καὶ τὴν ἰδίαν
VPPANM-P CS DAFS DGMS N-GM-S N-AF-S CC DAFS A--AF-S

[δικαιοσύνην] ζητοῦντες στῆσαι, τῇ δικαιοσύνῃ τοῦ θεοῦ οὐχ
N-AF-S VPPANM-P VNAA DDFS N-DF-S DGMS N-GM-S AB

ὑπετάγησαν· 10.4 τέλος γὰρ νόμου Χριστὸς εἰς δικαιοσύνην
VIAP--ZP N-NN-S CS N-GM-S N-NM-S PA N-AF-S

παντὶ τῷ πιστεύοντι.
AP-DM-S DDMS□APRNM-S VPPADM-S

10.5 Μωϋσῆς γὰρ γράφει τὴν δικαιοσύνην τὴν ἐκ [τοῦ] νόμου
N-NM-S CS VIPA--ZS DAFS N-AF-S DAFS PG DGMS N-GM-S

ὅτι ὁ ποιήσας αὐτὰ ἄνθρωπος ζήσεται ἐν αὐτοῖς.
ABR DNMS□APRNM-S+ VPAANM-S NPANZP N-NM-S VIFM--ZS PD NPDNZP

10.6 ἡ δὲ ἐκ πίστεως δικαιοσύνη οὕτως λέγει, Μὴ εἴπῃς
DNFS CH PG N-GF-S N-NF-S AB VIPA--ZS AB VSAA--YS□VMAA--YS

ἐν τῇ καρδίᾳ σου, Τίς ἀναβήσεται εἰς τὸν οὐρανόν; τοῦτ᾽
PD DDFS N-DF-S NPG-YS APTNM-S VIFD--ZS PA DAMS N-AM-S APDNN-S

ἔστιν Χριστὸν καταγαγεῖν· 10.7 ἤ, Τίς καταβήσεται εἰς τὴν
VIPA--ZS N-AM-S VNAA CC APTNM-S VIFD--ZS PA DAFS

ἄβυσσον; τοῦτ᾽ ἔστιν Χριστὸν ἐκ νεκρῶν ἀναγαγεῖν. 10.8 ἀλλὰ
N-AF-S APDNN-S VIPA--ZS N-AM-S PG AP-GM-P VNAA CH

τί λέγει;
APTAN-S VIPA--ZS

Ἐγγύς σου τὸ ῥῆμά ἐστιν,
PG NPG-YS DNNS N-NN-S VIPA--ZS

ἐν τῷ στόματί σου καὶ ἐν τῇ καρδίᾳ σου·
PD DDNS N-DN-S NPG-YS CC PD DDFS N-DF-S NPG-YS

τοῦτ᾽ ἔστιν τὸ ῥῆμα τῆς πίστεως ὃ κηρύσσομεν. 10.9 ὅτι
APDNN-S VIPA--ZS DNNS N-NN-S DGFS N-GF-S APRAN-S VIPA--XP ABR/CS

ἐὰν ὁμολογήσῃς ἐν τῷ στόματί σου κύριον Ἰησοῦν, καὶ
CS VSAA--YS PD DDNS N-DN-S NPG-YS N-AM-S N-AM-S CC

πιστεύσῃς ἐν τῇ καρδίᾳ σου ὅτι ὁ θεὸς αὐτὸν ἤγειρεν ἐκ
VSAA--YS PD DDFS N-DF-S NPG-YS CC DNMS N-NM-S NPAMZS VIAA--ZS PG

νεκρῶν, σωθήσῃ· 10.10 καρδίᾳ γὰρ πιστεύεται εἰς δικαιοσύνην,
AP-GM-P VIFP--YS N-DF-S CS VIPP--ZS PA N-AF-S

στόματι δὲ ὁμολογεῖται εἰς σωτηρίαν. 10.11 λέγει γὰρ ἡ γραφή,
N-DN-S CC VIPP--ZS PA N-AF-S VIPA--ZS CS DNFS N-NF-S

Πᾶς ὁ πιστεύων ἐπ᾽ αὐτῷ οὐ καταισχυνθήσεται.
AP-NM-S DNMS□APRNM-S VPPANM-S PD NPDMZS AB VIFP--ZS

10.12 οὐ γάρ ἐστιν διαστολὴ Ἰουδαίου τε καὶ Ἕλληνος, ὁ γὰρ
AB CS VIPA--ZS N-NF-S AP-GM-S CC CC N-GM-S DNMS CS

αὐτὸς κύριος πάντων, πλουτῶν εἰς πάντας τοὺς
A--NM-S N-NM-S AP-GM-P VPPANM-S PA AP-AM-P DAMP□APRNM-P

ἐπικαλουμένους αὐτόν· 10.13 Πᾶς γὰρ ὃς ἂν ἐπικαλέσηται
VPPMAM-P NPAMZS AP-NM-S CS APRNM-S QV VSAM--ZS

τὸ ὄνομα κυρίου σωθήσεται.
DANS N-AN-S N-GM-S VIFP--ZS

10.14 Πῶς οὖν ἐπικαλέσωνται εἰς ὃν οὐκ
ABT CH VSAM--ZP PA APRAM-S□APRAM-S&APDAM-S AB

ἐπίστευσαν; πῶς δὲ πιστεύσωσιν οὗ οὐκ
VIAA--ZP ABT CC VSAA--ZP APRGM-S□APDDM-S&APRGM-S AB

ἤκουσαν; πῶς δὲ ἀκούσωσιν χωρὶς κηρύσσοντος; 10.15 πῶς δὲ
VIAA--ZP ABT CC VSAA--ZP PG VPPAGM-S ABT CC

κηρύξωσιν ἐὰν μὴ ἀποσταλῶσιν; καθὼς γέγραπται, Ὡς ὡραῖοι
VSAA--ZP CS AB VSAP--ZP CS VIRP--ZS AB A--NM-P

οἱ πόδες τῶν εὐαγγελιζομένων [τὰ] ἀγαθά.
DNMP N-NM-P DGMP□NPGMZP&APRNM-P VPPMGM-P DANP AP-AN-P

10.16 Ἀλλ᾽ οὐ πάντες ὑπήκουσαν τῷ εὐαγγελίῳ· Ἠσαΐας γὰρ
CC AB AP-NM-P VIAA--ZP DDNS N-DN-S N-NM-S CS

λέγει, Κύριε, τίς ἐπίστευσεν τῇ ἀκοῇ ἡμῶν; 10.17 ἄρα ἡ
VIPA--ZS N-VM-S APTNM-S VIAA--ZS DDFS N-DF-S NPG-XP CH DNFS

πίστις ἐξ ἀκοῆς, ἡ δὲ ἀκοὴ διὰ ῥήματος Χριστοῦ. 10.18 ἀλλὰ
N-NF-S PG N-GF-S DNFS CC N-NF-S PG N-GN-S N-GM-S CC

λέγω, μὴ οὐκ ἤκουσαν; μενοῦνγε,
VIPA--XS QT AB VIAA--ZP QS

Εἰς πᾶσαν τὴν γῆν ἐξῆλθεν ὁ φθόγγος αὐτῶν,
PA A--AF-S DAFS N-AF-S VIAA--ZS DNMS N-NM-S NPGMZP

καὶ εἰς τὰ πέρατα τῆς οἰκουμένης τὰ ῥήματα αὐτῶν.
CC PA DANP N-AN-P DGFS N-GF-S DNNP N-NN-P NPGMZP

10.19 ἀλλὰ λέγω, μὴ Ἰσραὴλ οὐκ ἔγνω; πρῶτος Μωϋσῆς λέγει,
CC VIPA--XS QT N-NM-S AB VIAA--ZS A-ONM-S N-NM-S VIPA--ZS

Ἐγὼ παραζηλώσω ὑμᾶς ἐπ᾽ οὐκ ἔθνει,
NPN-XS VIFA--XS NPA-YP PD AB□A--DN-S N-DN-S

ἐπ᾽ ἔθνει ἀσυνέτῳ παροργιῶ ὑμᾶς.
PD N-DN-S A--DN-S VIFA--XS NPA-YP

10.20 Ἠσαΐας δὲ ἀποτολμᾷ καὶ λέγει,
N-NM-S CC VIPA--ZS CC VIPA--ZS

Εὑρέθην [ἐν] τοῖς ἐμὲ μὴ ζητοῦσιν,
VIAP--XS PD DDMP□NPDMZP&APRNM-P NPA-XS AB VPPADM-P

ἐμφανὴς ἐγενόμην τοῖς ἐμὲ μὴ
A--NM-S VIAD--XS DDMP□NPDMZP&APRNM-P NPA-XS AB

495

ἐπερωτῶσιν.
VPPADM-P

10.21 πρὸς δὲ τὸν Ἰσραὴλ λέγει, Ὅλην τὴν ἡμέραν ἐξεπέτασα
PA CC DAMS N-AM-S VIPA--ZS A--AF-S DAFS N-AF-S VIAA--XS

τὰς χεῖράς μου πρὸς λαὸν ἀπειθοῦντα καὶ ἀντιλέγοντα.
DAFP N-AF-P NPG-XS PA N-AM-S VPPAAM-S CC VPPAAM-S

11.1 Λέγω οὖν, μὴ ἀπώσατο ὁ θεὸς τὸν λαὸν αὐτοῦ; μὴ
VIPA--XS CC QT VIAD--ZS DNMS N-NM-S DAMS N-AM-S NPGMZS AB

γένοιτο· καὶ γὰρ ἐγὼ Ἰσραηλίτης εἰμί, ἐκ σπέρματος Ἀβραάμ,
VOAD--ZS AB CS NPN-XS N-NM-S VIPA--XS PG N-GN-S N-GM-S

φυλῆς Βενιαμίν. 11.2 οὐκ ἀπώσατο ὁ θεὸς τὸν λαὸν αὐτοῦ
N-GF-S N-GM-S AB VIAD--ZS DNMS N-NM-S DAMS N-AM-S NPGMZS

ὃν προέγνω. ἢ οὐκ οἴδατε ἐν Ἠλίᾳ τί λέγει ἡ γραφή;
APRAM-S VIAA--ZS CC AB/QT VIRA--YP PD N-DM-S APTAN-S VIPA--ZS DNFS N-NF-S

ὡς ἐντυγχάνει τῷ θεῷ κατὰ τοῦ Ἰσραήλ, 11.3 Κύριε, τοὺς
CC VIPA--ZS DDMS N-DM-S PG DGMS N-GM-S N-VM-S DAMP

προφήτας σου ἀπέκτειναν, τὰ θυσιαστήριά σου κατέσκαψαν,
N-AM-P NPG-YS VIAA--ZP DANP N-AN-P NPG-YS VIAA--ZP

κἀγὼ ὑπελείφθην μόνος, καὶ ζητοῦσιν τὴν ψυχήν μου.
CC&NPN-XS VIAP--XS A--NM-S CC VIPA--ZP DAFS N-AF-S NPG-XS

11.4 ἀλλὰ τί λέγει αὐτῷ ὁ χρηματισμός; Κατέλιπον
CC APTAN-S VIPA--ZS NPDMZS DNMS N-NM-S VIAA--XS

ἐμαυτῷ ἑπτακισχιλίους ἄνδρας, οἵτινες οὐκ ἔκαμψαν γόνυ τῇ
NPDMXS A-CAM-P N-AM-P APRNM-P AB VIAA--ZP N-AN-S DDFS

Βάαλ. 11.5 οὕτως οὖν καὶ ἐν τῷ νῦν καιρῷ λεῖμμα κατ᾽
N-GM-S AB CH AB PD DDMS AB□A--DM-S N-DM-S N-NN-S PA

ἐκλογὴν χάριτος γέγονεν· 11.6 εἰ δὲ χάριτι, οὐκέτι ἐξ ἔργων, ἐπεὶ
N-AF-S N-GF-S VIRA--ZS CS CC N-DF-S AB PG N-GN-P CS

ἡ χάρις οὐκέτι γίνεται χάρις. 11.7 τί οὖν; ὃ ἐπιζητεῖ
DNFS N-NF-S AB VIPN--ZS N-NF-S APTAN-S CH APRAN-S+ VIPA--ZS

Ἰσραήλ, τοῦτο οὐκ ἐπέτυχεν, ἡ δὲ ἐκλογὴ ἐπέτυχεν· οἱ δὲ
N-NM-S APDAN-S AB VIAA--ZS DNFS CC N-NF-S VIAA--ZS DNMP CC/CH

λοιποὶ ἐπωρώθησαν, 11.8 καθὼς γέγραπται,
AP-NM-P VIAP--ZP CS VIRP--ZS

Ἔδωκεν αὐτοῖς ὁ θεὸς πνεῦμα κατανύξεως,
VIAA--ZS NPDMZP DNMS N-NM-S N-AN-S N-GF-S

ὀφθαλμοὺς τοῦ μὴ βλέπειν
N-AM-P DGNS AB VNPAG

καὶ ὦτα τοῦ μὴ ἀκούειν,
CC N-AN-P DGNS AB VNPAG

ἕως τῆς σήμερον ἡμέρας.
PG DGFS AB□A--GF-S N-GF-S

11.9 καὶ Δαυὶδ λέγει,
CC N-NM-S VIPA--ZS

Γενηθήτω ἡ τράπεζα αὐτῶν εἰς παγίδα καὶ εἰς θήραν
VMAO--ZS DNFS N-NF-S NPGMZP PA N-AF-S CC PA N-AF-S

καὶ εἰς σκάνδαλον καὶ εἰς ἀνταπόδομα αὐτοῖς,
CC PA N-AN-S CC PA N-AN-S NPDMZP

11.10 σκοτισθήτωσαν οἱ ὀφθαλμοὶ αὐτῶν τοῦ μὴ βλέπειν,
VMAP--ZP DNMP N-NM-P NPGMZP DGNS AB VNPAG

καὶ τὸν νῶτον αὐτῶν διὰ παντὸς σύγκαμψον.
CC DAMS N-AM-S NPGMZP PG AP-GM-S VMAA--YS

11.11 Λέγω οὖν, μὴ ἔπταισαν ἵνα πέσωσιν; μὴ γένοιτο· ἀλλὰ
VIPA--XS CC QT VIAA--ZP CS VSAA--ZP AB VOAD--ZS CH

τῷ αὐτῶν παραπτώματι ἡ σωτηρία τοῖς ἔθνεσιν, εἰς τὸ
DDNS NPGMZP N-DN-S DNFS N-NF-S DDNP N-DN-P PA DANS

παραζηλῶσαι αὐτούς. 11.12 εἰ δὲ τὸ παράπτωμα αὐτῶν πλοῦτος
VNAAA NPAMZP CS CC DNNS N-NN-S NPGMZP N-NM-S

κόσμου καὶ τὸ ἥττημα αὐτῶν πλοῦτος ἐθνῶν, πόσῳ μᾶλλον τὸ
N-GM-S CC DNNS N-NN-S NPGMZP N-NM-S N-GN-P APTDN-S ABM DNNS

πλήρωμα αὐτῶν.
N-NN-S NPGMZP

11.13 Ὑμῖν δὲ λέγω τοῖς ἔθνεσιν. ἐφ᾽ ὅσον
NPD-YP CC VIPA--XS DDNP N-DN-P PA APRAN-S☐APDAN-S&APRAN-S

μὲν οὖν εἰμι ἐγὼ ἐθνῶν ἀπόστολος, τὴν διακονίαν μου
QS†QS+ CC†+QS VIPA--XS NPN-XS N-GN-P N-NM-S DAFS N-AF-S NPG-XS

δοξάζω, 11.14 εἴ πως παραζηλώσω μου τὴν σάρκα καὶ
VIPA--XS QT ABI VIFA--XS/VSAA--XS NPG-XS DAFS N-AF-S CC

σώσω τινὰς ἐξ αὐτῶν. 11.15 εἰ γὰρ ἡ ἀποβολὴ αὐτῶν
VIFA--XS/VSAA--XS APIAM-P PG NPGMZP CS CS DNFS N-NF-S NPGMZP

καταλλαγὴ κόσμου, τίς ἡ πρόσλημψις εἰ μὴ ζωὴ ἐκ νεκρῶν;
N-NF-S N-GM-S APTNF-S DNFS N-NF-S CS AB N-NF-S PG AP-GM-P

11.16 εἰ δὲ ἡ ἀπαρχὴ ἁγία, καὶ τὸ φύραμα· καὶ εἰ ἡ ῥίζα
CS CC DNFS N-NF-S A--NF-S AB DNNS N-NN-S CC CS DNFS N-NF-S

ἁγία, καὶ οἱ κλάδοι.
A--NF-S AB DNMP N-NM-P

11.17 Εἰ δέ τινες τῶν κλάδων ἐξεκλάσθησαν, σὺ δὲ
CS CC APINM-P DGMP N-GM-P VIAP--ZP NPN-YS CC

ἀγριέλαιος ὢν ἐνεκεντρίσθης ἐν αὐτοῖς καὶ συγκοινωνὸς τῆς
N-NF-S VPPANMYS VIAP--YS PD NPDMZP CC N-NM-S DGFS

ῥίζης τῆς πιότητος τῆς ἐλαίας ἐγένου, 11.18 μὴ κατακαυχῶ τῶν
N-GF-S DGFS N-GF-S DGFS N-GF-S VIAD--YS AB VMPN--YS DGMP

κλάδων· εἰ δὲ κατακαυχᾶσαι, οὐ σὺ τὴν ῥίζαν βαστάζεις ἀλλὰ
N-GM-P CS CC VIPN--YS AB NPN-YS DAFS N-AF-S VIPA--YS CH

ἡ ῥίζα σέ. 11.19 ἐρεῖς οὖν, Ἐξεκλάσθησαν κλάδοι ἵνα ἐγὼ
DNFS N-NF-S NPA-YS VIFA--YS CH VIAP--ZP N-NM-P CS NPN-XS

ἐγκεντρισθῶ. 11.20 καλῶς· τῇ ἀπιστίᾳ ἐξεκλάσθησαν, σὺ δὲ
VSAP--XS AB DDFS N-DF-S VIAP--ZP NPN-YS CC/CH

τῇ πίστει ἕστηκας. μὴ ὑψηλὰ φρόνει, ἀλλὰ φοβοῦ· 11.21 εἰ γὰρ
DDFS N-DF-S VIRA--YS AB AP-AN-P VMPA--YS CH VMPN--YS CS CS

ὁ θεὸς τῶν κατὰ φύσιν κλάδων οὐκ ἐφείσατο, [μή πως] οὐδὲ
DNMS N-NM-S DGMP PA N-AF-S N-GM-P AB VIAD--ZS CS ABI AB

σοῦ φείσεται. 11.22 ἴδε οὖν χρηστότητα καὶ ἀποτομίαν θεοῦ· ἐπὶ
NPG-YS VIFD--ZS QS CH N-AF-S CC N-AF-S N-GM-S PA

μὲν τοὺς πεσόντας ἀποτομία, ἐπὶ δὲ σὲ χρηστότης
CC DAMP□NPAMZP&APRNM-P VPAAAM-P N-NF-S PA CC NPA-YS N-NF-S

θεοῦ, ἐὰν ἐπιμένῃς τῇ χρηστότητι, ἐπεὶ καὶ σὺ ἐκκοπήσῃ.
N-GM-S CS VSPA--YS DDFS N-DF-S CS AB NPN-YS VIFP--YS

11.23 κἀκεῖνοι δέ, ἐὰν μὴ ἐπιμένωσιν τῇ ἀπιστίᾳ,
AB&APDNM-P CC CS AB VSPA--ZP DDFS N-DF-S

ἐγκεντρισθήσονται· δυνατὸς γάρ ἐστιν ὁ θεὸς πάλιν
VIFP--ZP A--NM-S CS VIPA--ZS DNMS N-NM-S AB

ἐγκεντρίσαι αὐτούς. 11.24 εἰ γὰρ σὺ ἐκ τῆς κατὰ φύσιν
VNAA NPRAMZP CS CS NPN-YS PG DGFS PA N-AF-S

ἐξεκόπης ἀγριελαίου καὶ παρὰ φύσιν ἐνεκεντρίσθης εἰς
VIAP--YS N-GF-S CC PA N-AF-S VIAP--YS PA

καλλιέλαιον, πόσῳ μᾶλλον οὗτοι οἱ κατὰ φύσιν
N-AF-S APTDN-S ABM APDNM-P DNMP PA N-AF-S

ἐγκεντρισθήσονται τῇ ἰδίᾳ ἐλαίᾳ.
VIFP--ZP DDFS A--DF-S N-DF-S

11.25 Οὐ γὰρ θέλω ὑμᾶς ἀγνοεῖν, ἀδελφοί, τὸ μυστήριον
AB CS VIPA--XS NPA-YP VNPA N-VM-P DANS N-AN-S

τοῦτο, ἵνα μὴ ἦτε [παρ'] ἑαυτοῖς φρόνιμοι, ὅτι πώρωσις ἀπὸ
A-DAN-S CS AB VSPA--YP PD NPDMYP A--NM-P ABR N-NF-S PG

μέρους τῷ Ἰσραὴλ γέγονεν ἄχρις οὗ τὸ
N-GN-S DDMS N-DM-S VIRA--ZS PG APRGM-S□APDGM-S&APRDM-S DNNS

πλήρωμα τῶν ἐθνῶν εἰσέλθῃ, 11.26 καὶ οὕτως πᾶς Ἰσραὴλ
N-NN-S DGNP N-GN-P VSAA--ZS CC AB A--NM-S N-NM-S

σωθήσεται· καθὼς γέγραπται,
VIFP--ZS CS VIRP--ZS

Ἥξει ἐκ Σιὼν ὁ ῥυόμενος,
VIFA--ZS PG N-GF-S DNMS□NPNMZS&APRNM-S VPPNNM-S

ἀποστρέψει ἀσεβείας ἀπὸ Ἰακώβ·
VIFA--ZS N-AF-P PG N-GM-S

11.27 καὶ αὕτη αὐτοῖς ἡ παρ' ἐμοῦ διαθήκη,
CC APDNF-S NPDMZP DNFS PG NPG-XS N-NF-S

ὅταν ἀφέλωμαι τὰς ἁμαρτίας αὐτῶν.
CS VSAM--XS DAFP N-AF-P NPGMZP

11.28 κατὰ μὲν τὸ εὐαγγέλιον ἐχθροὶ δι' ὑμᾶς, κατὰ δὲ τὴν
PA CS DANS N-AN-S A--NM-P PA NPA-YP PA CH DAFS

ἐκλογὴν ἀγαπητοὶ διὰ τοὺς πατέρας· 11.29 ἀμεταμέλητα γὰρ τὰ
N-AF-S A--NM-P PA DAMP N-AM-P A--NN-P CS DNNP

χαρίσματα καὶ ἡ κλῆσις τοῦ θεοῦ. 11.30 ὥσπερ γὰρ ὑμεῖς ποτε
N-NN-P CC DNFS N-NF-S DGMS N-GM-S CS CS NPN-YP ABI

ἠπειθήσατε τῷ θεῷ, νῦν δὲ ἠλεήθητε τῇ τούτων ἀπειθείᾳ,
VIAA--YP DDMS N-DM-S AB CH VIAP--YP DDFS APDGM-P N-DF-S

11.31 οὕτως καὶ οὗτοι νῦν ἠπείθησαν τῷ ὑμετέρῳ ἐλέει ἵνα καὶ
AB AB APDNM-P AB VIAA--ZP DDNS A--DNYS N-DN-S CS AB

αὐτοὶ [νῦν] ἐλεηθῶσιν· 11.32 συνέκλεισεν γὰρ ὁ θεὸς τοὺς
NPNMZP AB VSAP--ZP VIAA--ZS CS DNMS N-NM-S DAMP

πάντας εἰς ἀπείθειαν ἵνα τοὺς πάντας ἐλεήσῃ.
AP-AM-P PA N-AF-S CS DAMP AP-AM-P VSAA--ZS

11.33 Ὦ βάθος πλούτου καὶ σοφίας καὶ γνώσεως θεοῦ· ὡς
QS N-NN-S N-GM-S CC N-GF-S CC N-GF-S N-GM-S AB

ἀνεξεραύνητα τὰ κρίματα αὐτοῦ καὶ ἀνεξιχνίαστοι αἱ ὁδοὶ
A--NN-P DNNP N-NN-P NPGMZS CC A--NF-P DNFP N-NF-P

αὐτοῦ.
NPGMZS

11.34 Τίς γὰρ ἔγνω νοῦν κυρίου;
APTNM-S CS VIAA--ZS N-AM-S N-GM-S

ἢ τίς σύμβουλος αὐτοῦ ἐγένετο;
CC APTNM-S N-NM-S NPGMZS VIAD--ZS

11.35 ἢ τίς προέδωκεν αὐτῷ,
CC APTNM-S VIAA--ZS NPDMZS

καὶ ἀνταποδοθήσεται αὐτῷ;
CC VIFP--ZS NPDMZS

11.36 ὅτι ἐξ αὐτοῦ καὶ δι᾽ αὐτοῦ καὶ εἰς αὐτὸν τὰ πάντα· αὐτῷ
CS PG NPGMZS CC PG NPGMZS CC PA NPAMZS DNNP AP-NN-P NPDMZS

ἡ δόξα εἰς τοὺς αἰῶνας· ἀμήν.
DNFS N-NF-S PA DAMP N-AM-P QS

12.1 Παρακαλῶ οὖν ὑμᾶς, ἀδελφοί, διὰ τῶν οἰκτιρμῶν τοῦ
VIPA--XS CH NPA-YP N-VM-P PG DGMP N-GM-P DGMS

θεοῦ, παραστῆσαι τὰ σώματα ὑμῶν θυσίαν ζῶσαν ἁγίαν
N-GM-S VNAA DANP N-AN-P NPG-YP N-AF-S VPPAAF-S A--AF-S

εὐάρεστον τῷ θεῷ, τὴν λογικὴν λατρείαν ὑμῶν· 12.2 καὶ μὴ
A--AF-S DDMS N-DM-S DAFS A--AF-S N-AF-S NPG-YP CC AB

συσχηματίζεσθε τῷ αἰῶνι τούτῳ, ἀλλὰ μεταμορφοῦσθε τῇ
VMPE--YP DDMS N-DM-S A-DDM-S CH VMPP--YP DDFS

ἀνακαινώσει τοῦ νοός, εἰς τὸ δοκιμάζειν ὑμᾶς τί τὸ θέλημα
N-DF-S DGMS N-GM-S PA DANS VNPAA NPA-YP APTNN-S DNNS N-NN-S

τοῦ θεοῦ, τὸ ἀγαθὸν καὶ εὐάρεστον καὶ τέλειον.
DGMS N-GM-S DNNS A--NN-S CC A--NN-S CC A--NN-S

12.3 Λέγω γὰρ διὰ τῆς χάριτος τῆς δοθείσης μοι
VIPA--XS CS PG DGFS N-GF-S DGFS□APRNF-S VPAPGF-S NPD-XS

παντὶ τῷ ὄντι ἐν ὑμῖν μὴ ὑπερφρονεῖν παρ᾽
AP-DM-S DDMS□APRNM-S VPPADM-S PD NPD-YP AB VNPA PA

ὁ   δεῖ   φρονεῖν,   ἀλλὰ   φρονεῖν   εἰς   τὸ
APRAN-S□APDAN-S&APRAN-S   VIPA--ZS   VNPA   CH   VNPA   PA   DANS

σωφρονεῖν, ἑκάστῳ ὡς ὁ   θεὸς   ἐμέρισεν   μέτρον   πίστεως.
VNPAA   AP-DM-S   CS   DNMS   N-NM-S   VIAA--ZS   N-AN-S   N-GF-S

12.4 καθάπερ γὰρ ἐν ἑνὶ   σώματι πολλὰ μέλη ἔχομεν, τὰ   δὲ
CS   CS   PD   A-CDN-S   N-DN-S   A--AN-P   N-AN-P   VIPA--XP   DNNP   CC

μέλη πάντα οὐ τὴν αὐτὴν ἔχει   πρᾶξιν, 12.5 οὕτως οἱ   πολλοὶ
N-NN-P   A--NN-P   AB   DAFS   A--AF-S   VIPA--ZS   N-AF-S   AB   DNMP   AP-NM-P

ἓν   σῶμά ἐσμεν ἐν Χριστῷ, τὸ   δὲ καθ᾽ εἷς
A-CNN-S   N-NN-S   VIPA--XP   PD   N-DM-S   DANS/DNNS   CC   PA   APCNM-S□APCAM-S

ἀλλήλων μέλη.   12.6 ἔχοντες δὲ χαρίσματα κατὰ τὴν χάριν
NPGMXP   N-NN-P   VPPANMXP   CC   N-AN-P   PA   DAFS   N-AF-S

τὴν   δοθεῖσαν ἡμῖν διάφορα, εἴτε προφητείαν κατὰ τὴν
DAFS□APRNF-S   VPAPAF-S   NPD-XP   A--AN-P   CC   N-AF-S   PA   DAFS

ἀναλογίαν τῆς πίστεως, 12.7 εἴτε διακονίαν ἐν τῇ   διακονίᾳ, εἴτε
N-AF-S   DGFS   N-GF-S   CC   N-AF-S   PD   DDFS   N-DF-S   CC

ὁ   διδάσκων ἐν   τῇ   διδασκαλίᾳ,   12.8 εἴτε
DNMS□NPNMZS&APRNM-S   VPPANM-S   PD   DDFS   N-DF-S   CC

ὁ   παρακαλῶν ἐν   τῇ   παρακλήσει,
DNMS□NPNMZS&APRNM-S   VPPANM-S   PD   DDFS   N-DF-S

ὁ   μεταδιδοὺς ἐν   ἁπλότητι, ὁ
DNMS□NPNMZS&APRNM-S   VPPANM-S   PD   N-DF-S   DNMS□NPNMZS&APRNM-S

προϊστάμενος ἐν σπουδῇ, ὁ   ἐλεῶν ἐν ἱλαρότητι.
VPPMNM-S   PD   N-DF-S   DNMS□NPNMZS&APRNM-S   VPPANM-S   PD   N-DF-S

12.9 Ἡ   ἀγάπη ἀνυπόκριτος. ἀποστυγοῦντες τὸ   πονηρόν,
DNFS   N-NF-S   A--NF-S   VRPANMYP   DANS   AP-AN-S

κολλώμενοι τῷ   ἀγαθῷ· 12.10 τῇ   φιλαδελφίᾳ εἰς ἀλλήλους
VRPPNMYP   DDNS   AP-DN-S   DDFS   N-DF-S   PA   NPAMYP

φιλόστοργοι, τῇ   τιμῇ ἀλλήλους προηγούμενοι, 12.11 τῇ   σπουδῇ
A--NM-P   DDFS   N-DF-S   NPAMYP   VRPNNMYP   DDFS   N-DF-S

μὴ ὀκνηροί, τῷ   πνεύματι ζέοντες, τῷ   κυρίῳ δουλεύοντες,
AB   A--NM-P   DDNS   N-DN-S   VRPANMYP   DDMS   N-DM-S   VRPANMYP

12.12 τῇ   ἐλπίδι χαίροντες, τῇ   θλίψει ὑπομένοντες, τῇ
DDFS   N-DF-S   VRPANMYP   DDFS   N-DF-S   VRPANMYP   DDFS

προσευχῇ προσκαρτεροῦντες, 12.13 ταῖς χρείαις τῶν ἁγίων
N-DF-S   VRPANMYP   DDFP   N-DF-P   DGMP   AP-GM-P

κοινωνοῦντες, τὴν   φιλοξενίαν διώκοντες.   12.14 εὐλογεῖτε
VRPANMYP   DAFS   N-AF-S   VRPANMYP   VMPA--YP

τοὺς   διώκοντας [ὑμᾶς], εὐλογεῖτε καὶ μὴ καταρᾶσθε.
DAMP□NPAMZP&APRNM-P   VPPAAM-P   NPA-YP   VMPA--YP   CC   AB   VMPN--YP

12.15 χαίρειν μετὰ χαιρόντων, κλαίειν μετὰ κλαιόντων. 12.16 τὸ
VNPA   PG   VPPAGM-P   VNPA   PG   VPPAGM-P   DANS

αὐτὸ εἰς ἀλλήλους φρονοῦντες, μὴ τὰ   ὑψηλὰ φρονοῦντες ἀλλὰ
AP-AN-S   PA   NPAMYP   VRPANMYP   AB   DANP   AP-AN-P   VRPANMYP   CH

τοῖς ταπεινοῖς συναπαγόμενοι. μὴ γίνεσθε φρόνιμοι παρ᾽
DDMP/DDNP AP-DM-P/AP-DN-P VRPPNMYP AB VMPN--YP A--NM-P PD

ἑαυτοῖς. 12.17 μηδενὶ κακὸν ἀντὶ κακοῦ ἀποδιδόντες·
NPDMYP APCDM-S AP-AN-S PG AP-GN-S VRPANMYP

προνοούμενοι καλὰ ἐνώπιον πάντων ἀνθρώπων· 12.18 εἰ δυνατόν,
VRPMNMYP AP-AN-P PG A--GM-P N-GM-P CS A--NN-S

τὸ ἐξ ὑμῶν μετὰ πάντων ἀνθρώπων εἰρηνεύοντες· 12.19 μὴ
DANS PG NPG-YP PG A--GM-P N-GM-P VRPANMYP AB

ἑαυτοὺς ἐκδικοῦντες, ἀγαπητοί, ἀλλὰ δότε τόπον τῇ ὀργῇ,
NPAMYP VRPANMYP AP-VM-P CH VMAA--YP N-AM-S DDFS N-DF-S

γέγραπται γάρ, Ἐμοὶ ἐκδίκησις, ἐγὼ ἀνταποδώσω, λέγει κύριος.
VIRP--ZS CS NPD-XS N-NF-S NPN-XS VIFA--XS VIPA--ZS N-NM-S

12.20 ἀλλὰ ἐὰν πεινᾷ ὁ ἐχθρός σου, ψώμιζε αὐτόν· ἐὰν διψᾷ,
CC CS VSPA--ZS DNMS AP-NM-S NPG-YS VMPA--YS NPAMZS CS VSPA--ZS

πότιζε αὐτόν· τοῦτο γὰρ ποιῶν ἄνθρακας πυρὸς σωρεύσεις ἐπὶ
VMPA--YS NPAMZS APDAN-S CS VPPANMYS N-AM-P N-GN-S VIFA--YS PA

τὴν κεφαλὴν αὐτοῦ. 12.21 μὴ νικῶ ὑπὸ τοῦ κακοῦ, ἀλλὰ νίκα
DAFS N-AF-S NPGMZS AB VMPP--YS PG DGNS AP-GN-S CH VMPA--YS

ἐν τῷ ἀγαθῷ τὸ κακόν.
PD DDNS AP-DN-S DANS AP-AN-S

13.1 Πᾶσα ψυχὴ ἐξουσίαις ὑπερεχούσαις ὑποτασσέσθω. οὐ
A--NF-S N-NF-S N-DF-P VPPADF-P VMPP--ZS AB

γὰρ ἔστιν ἐξουσία εἰ μὴ ὑπὸ θεοῦ, αἱ δὲ οὖσαι ὑπὸ
CS VIPA--ZS N-NF-S CS AB PG N-GM-S DNFP□NPNFZP&APRNF-P CH VPPANF-P PG

θεοῦ τεταγμέναι εἰσίν· 13.2 ὥστε ὁ
N-GM-S VPRPNF-P+ +VIPA--ZP CH DNMS□NPNMZS&APRNM-S

ἀντιτασσόμενος τῇ ἐξουσίᾳ τῇ τοῦ θεοῦ διαταγῇ ἀνθέστηκεν,
VPPMNM-S DDFS N-DF-S DDFS DGMS N-GM-S N-DF-S VIRA--ZS

οἱ δὲ ἀνθεστηκότες ἑαυτοῖς κρίμα λήμψονται.
DNMP□NPNMZP&APRNM-P CC VPRANM-P NPDMZP N-AN-S VIFD--ZP

13.3 οἱ γὰρ ἄρχοντες οὐκ εἰσὶν φόβος τῷ ἀγαθῷ ἔργῳ ἀλλὰ
DNMP CS N-NM-P AB VIPA--ZP N-NM-S DDNS A--DN-S N-DN-S CH

τῷ κακῷ. θέλεις δὲ μὴ φοβεῖσθαι τὴν ἐξουσίαν; τὸ ἀγαθὸν
DDNS AP-DN-S VIPA--YS CC AB VNPN DAFS N-AF-S DANS AP-AN-S

ποίει, καὶ ἕξεις ἔπαινον ἐξ αὐτῆς· 13.4 θεοῦ γὰρ διάκονός ἐστιν
VMPA--YS CC VIFA--YS N-AM-S PG NPGFZS N-GM-S CS N-NM-S VIPA--ZS

σοὶ εἰς τὸ ἀγαθόν. ἐὰν δὲ τὸ κακὸν ποιῇς, φοβοῦ· οὐ γὰρ εἰκῇ
NPD-YS PA DANS AP-AN-S CS CC DANS AP-AN-S VSPA--YS VMPN--YS AB CS AB

τὴν μάχαιραν φορεῖ· θεοῦ γὰρ διάκονός ἐστιν, ἔκδικος εἰς ὀργὴν
DAFS N-AF-S VIPA--ZS N-GM-S CS N-NM-S VIPA--ZS AP-NM-S PA N-AF-S

τῷ τὸ κακὸν πράσσοντι. 13.5 διὸ ἀνάγκη
DDMS□NPDMZS&APRNM-S DANS AP-AN-S VPPADM-S CH N-NF-S

ὑποτάσσεσθαι, οὐ μόνον διὰ τὴν ὀργὴν ἀλλὰ καὶ διὰ τὴν
VNPP AB AP-AN-S□AB PA DAFS N-AF-S CH AB PA DAFS

συνείδησιν. 13.6 διὰ τοῦτο γὰρ καὶ φόρους τελεῖτε, λειτουργοὶ
N-AF-S   PA APDAN-S CS AB N-AM-P VIPA--YP N-NM-P

γὰρ θεοῦ εἰσιν εἰς αὐτὸ τοῦτο προσκαρτεροῦντες. 13.7 ἀπόδοτε
CS N-GM-S VIPA--ZP PA AP-AN-S A-DAN-S VPPANM-P   VMAA--YP

πᾶσιν τὰς ὀφειλάς, τῷ τὸν φόρον τὸν φόρον, τῷ τὸ τέλος τὸ
AP-DM-P DAFP N-AF-P DDMS DAMS N-AM-S DAMS N-AM-S DDMS DANS N-AN-S DANS

τέλος, τῷ τὸν φόβον τὸν φόβον, τῷ τὴν τιμὴν τὴν τιμήν.
N-AN-S DDMS DAMS N-AM-S DAMS N-AM-S DDMS DAFS N-AF-S DAFS N-AF-S

13.8 Μηδενὶ μηδὲν ὀφείλετε, εἰ μὴ τὸ ἀλλήλους ἀγαπᾶν·
     APCDM-S APCAN-S VMPA--YP CS AB DANS NPAMYP   VNPAA

ὁ   γὰρ ἀγαπῶν τὸν ἕτερον νόμον πεπλήρωκεν.
DNMS□NPRNMZS&APRNM-S CS VPPANM-S DAMS A--AM-S N-AM-S VIRA--ZS

13.9 τὸ γὰρ Οὐ μοιχεύσεις, Οὐ φονεύσεις, Οὐ κλέψεις,
     DNNS CS AB VIFA--YS□VMAA--YS AB VIFA--YS□VMAA--YS AB VIFA--YS□VMAA--YS

Οὐκ ἐπιθυμήσεις, καὶ εἴ τις ἑτέρα ἐντολή, ἐν τῷ λόγῳ τούτῳ
AB VIFA--YS□VMAA--YS CC CS A-INF-S A--NF-S N-NF-S PD DDMS N-DM-S A-DDM-S

ἀνακεφαλαιοῦται, [ἐν τῷ] Ἀγαπήσεις τὸν πλησίον σου ὡς
VIPP--ZS   PD DDMS VIFA--YS□VMPA--YS DAMS AB□AP-AM-S NPG-YS CS

σεαυτόν. 13.10 ἡ ἀγάπη τῷ πλησίον κακὸν οὐκ ἐργάζεται·
NPAMYS   DNFS N-NF-S DDMS AB□AP-DM-S AP-AN-S AB VIPN--ZS

πλήρωμα οὖν νόμου ἡ ἀγάπη.
N-NN-S CH N-GM-S DNFS N-NF-S

13.11 Καὶ τοῦτο εἰδότες τὸν καιρόν, ὅτι ὥρα ἤδη ὑμᾶς ἐξ
      CC APDAN-S VRRANMYP DAMS N-AM-S ABR N-NF-S AB NPA-YP PG

ὕπνου ἐγερθῆναι, νῦν γὰρ ἐγγύτερον ἡμῶν ἡ σωτηρία ἢ ὅτε
N-GM-S VNAP AB CS ABM/PG NPG-XP DNFS N-NF-S CS CS

ἐπιστεύσαμεν. 13.12 ἡ νὺξ προέκοψεν, ἡ δὲ ἡμέρα ἤγγικεν.
VIAA--XP   DNFS N-NF-S VIAA--ZS DNFS CH N-NF-S VIRA--ZS

ἀποθώμεθα οὖν τὰ ἔργα τοῦ σκότους, ἐνδυσώμεθα [δὲ] τὰ
VSAM--XP CH DANP N-AN-P DGNS N-GN-S VSAM--XP CC DANP

ὅπλα τοῦ φωτός. 13.13 ὡς ἐν ἡμέρᾳ εὐσχημόνως περιπατήσωμεν,
N-AN-P DGNS N-GN-S CS PD N-DF-S AB VSAA--XP

μὴ κώμοις καὶ μέθαις, μὴ κοίταις καὶ ἀσελγείαις, μὴ ἔριδι καὶ
AB N-DM-P CC N-DF-P AB N-DF-P CC N-DF-P AB N-DF-S CC

ζήλῳ· 13.14 ἀλλὰ ἐνδύσασθε τὸν κύριον Ἰησοῦν Χριστόν, καὶ
N-DM-S CH VMAM--YP DAMS N-AM-S N-AM-S N-AM-S CC

τῆς σαρκὸς πρόνοιαν μὴ ποιεῖσθε εἰς ἐπιθυμίας.
DGFS N-GF-S N-AF-S AB VMPM--YP PA N-AF-P

14.1 Τὸν   δὲ ἀσθενοῦντα τῇ πίστει
     DAMS□NPAMZS&APRNM-S CC VPPAAM-S DDFS N-DF-S

προσλαμβάνεσθε, μὴ εἰς διακρίσεις διαλογισμῶν.
VMPM--YP AB PA N-AF-P N-GM-P

14.2 ὃς   μὲν πιστεύει φαγεῖν πάντα, ὁ
     APRNM-S□APDNM-S CC/CS VIPA--ZS VNAA AP-AN-P DNMS□NPNMZS&APRNM-S

δὲ ἀσθενῶν λάχανα ἐσθίει. 14.3 ὁ ἐσθίων
CC/CH VPPANM-S N-AN-P VIPA--ZS DNMS□NPNMZS&APRNM-S VPPANM-S

τὸν μὴ ἐσθίοντα μὴ ἐξουθενείτω, ὁ
DAMS□NPAMZS&APRNM-S AB VPPAAM-S AB VMPA--ZS DNMS□NPNMZS&APRNM-S

δὲ μὴ ἐσθίων τὸν ἐσθίοντα μὴ κρινέτω, ὁ θεὸς
CC AB VPPANM-S DAMS□NPAMZS&APRNM-S VPPAAM-S AB VMPA--ZS DNMS N-NM-S

γὰρ αὐτὸν προσελάβετο. 14.4 σὺ τίς εἶ ὁ
CS NPAMZS VIAM--ZS NPN-YS APTNMYS VIPA--YS DNMS□APRNMYS

κρίνων ἀλλότριον οἰκέτην; τῷ ἰδίῳ κυρίῳ στήκει ἢ πίπτει·
VPPANMYS A--AM-S N-AM-S DDMS A--DM-S N-DM-S VIPA--ZS CC VIPA--ZS

σταθήσεται δέ, δυνατεῖ γὰρ ὁ κύριος στῆσαι αὐτόν.
VIFP--ZS CC VIPA--ZS CS DNMS N-NM-S VNAA NPAMZS

14.5 ὃς μὲν [γὰρ] κρίνει ἡμέραν παρ᾽ ἡμέραν,
APRNM-S□APDNM-S CC CC VIPA--ZS N-AF-S PA N-AF-S

ὃς δὲ κρίνει πᾶσαν ἡμέραν· ἕκαστος ἐν τῷ ἰδίῳ νοΐ
APRNM-S□APDNM-S CC VIPA--ZS A--AF-S N-AF-S AP-NM-S PD DDMS A--DM-S N-DM-S

πληροφορείσθω. 14.6 ὁ φρονῶν τὴν ἡμέραν κυρίῳ
VMPP--ZS DNMS□NPNMZS&APRNM-S VPPANM-S DAFS N-AF-S N-DM-S

φρονεῖ· καὶ ὁ ἐσθίων κυρίῳ ἐσθίει, εὐχαριστεῖ γὰρ
VIPA--ZS CC DNMS□NPNMZS&APRNM-S VPPANM-S N-DM-S VIPA--ZS VIPA--ZS CS

τῷ θεῷ· καὶ ὁ μὴ ἐσθίων κυρίῳ οὐκ ἐσθίει, καὶ
DDMS N-DM-S CC DNMS□NPNMZS&APRNM-S AB VPPANM-S N-DM-S AB VIPA--ZS CC

εὐχαριστεῖ τῷ θεῷ. 14.7 οὐδεὶς γὰρ ἡμῶν ἑαυτῷ ζῇ, καὶ οὐδεὶς
VIPA--ZS DDMS N-DM-S APCNM-S CS NPG-XP NPDMZS VIPA--ZS CC APCNM-S

ἑαυτῷ ἀποθνῄσκει· 14.8 ἐάν τε γὰρ ζῶμεν, τῷ κυρίῳ ζῶμεν, ἐάν
NPDMZS VIPA--ZS CS CC CS VSPA--XP DDMS N-DM-S VIPA--XP CS

τε ἀποθνῄσκωμεν, τῷ κυρίῳ ἀποθνῄσκομεν. ἐάν τε οὖν ζῶμεν
CC VSPA--XP DDMS N-DM-S VIPA--XP CS CC CH VSPA--XP

ἐάν τε ἀποθνῄσκωμεν, τοῦ κυρίου ἐσμέν. 14.9 εἰς τοῦτο γὰρ
CS CC VSPA--XP DGMS N-GM-S VIPA--XP PA APDAN-S CS

Χριστὸς ἀπέθανεν καὶ ἔζησεν ἵνα καὶ νεκρῶν καὶ ζώντων
N-NM-S VIAA--ZS CC VIAA--ZS CS CC AP-GM-P CC VPPAGM-P

κυριεύσῃ. 14.10 σὺ δὲ τί κρίνεις τὸν ἀδελφόν σου; ἢ
VSAA--ZS NPN-YS CC APTAN-S□ABT VIPA--YS DAMS N-AM-S NPG-YS CC

καὶ σὺ τί ἐξουθενεῖς τὸν ἀδελφόν σου; πάντες γὰρ
AB NPN-YS APTAN-S□ABT VIPA--YS DAMS N-AM-S NPG-YS AP-NM-P CS

παραστησόμεθα τῷ βήματι τοῦ θεοῦ· 14.11 γέγραπται γάρ,
VIFM--XP DDNS N-DN-S DGMS N-GM-S VIRP--ZS CS

Ζῶ ἐγώ, λέγει κύριος, ὅτι ἐμοὶ κάμψει πᾶν γόνυ,
VIPA--XS NPN-XS VIPA--ZS N-NM-S CC NPD-XS VIFA--ZS A--NN-S N-NN-S

καὶ πᾶσα γλῶσσα ἐξομολογήσεται τῷ θεῷ.
CC A--NF-S N-NF-S VIFM--ZS DDMS N-DM-S

14.12 ἄρα [οὖν] ἕκαστος ἡμῶν περὶ ἑαυτοῦ λόγον δώσει [τῷ
CH CH AP-NM-S NPG-XP PG NPGMZS N-AM-S VIFA--ZS DDMS

θεῷ].
N-DM-S

14.13 Μηκέτι οὖν ἀλλήλους κρίνωμεν· ἀλλὰ τοῦτο κρίνατε
AB CH NPAMXP VSPA--XP CH APDAN-S VMAA--YP

μᾶλλον, τὸ μὴ τιθέναι πρόσκομμα τῷ ἀδελφῷ ἢ σκάνδαλον.
ABM DANS AB VNPAA N-AN-S DDMS N-DM-S CC N-AN-S

14.14 οἶδα καὶ πέπεισμαι ἐν κυρίῳ Ἰησοῦ ὅτι οὐδὲν κοινὸν δι᾽
VIRA--XS CC VIRP--XS PD N-DM-S N-DM-S CC APCNN-S A--NN-S PG

ἑαυτοῦ· εἰ μὴ τῷ λογιζομένῳ τι κοινὸν εἶναι, ἐκείνῳ
NPGNZS CS AB DDMS□APRNM-S+ VPPNDM-S APIAN-S A--NN-S VNPA APDDM-S

κοινόν. 14.15 εἰ γὰρ διὰ βρῶμα ὁ ἀδελφός σου λυπεῖται, οὐκέτι
A--NN-S CS CS PA N-AN-S DNMS N-NM-S NPG-YS VIPP--ZS AB

κατὰ ἀγάπην περιπατεῖς. μὴ τῷ βρώματί σου ἐκεῖνον ἀπόλλυε
PA N-AF-S VIPA--YS AB DDNS N-DN-S NPG-YS APDAM-S VMPA--YS

ὑπὲρ οὗ Χριστὸς ἀπέθανεν. 14.16 μὴ βλασφημείσθω οὖν
PG APRGM-S N-NM-S VIAA--ZS AB VMPP--ZS CC/CH

ὑμῶν τὸ ἀγαθόν. 14.17 οὐ γάρ ἐστιν ἡ βασιλεία τοῦ θεοῦ
NPG-YP DNNS AP-NN-S AB CS VIPA--ZS DNFS N-NF-S DGMS N-GM-S

βρῶσις καὶ πόσις, ἀλλὰ δικαιοσύνη καὶ εἰρήνη καὶ χαρὰ ἐν
N-NF-S CC N-NF-S CH N-NF-S CC N-NF-S CC N-NF-S PD

πνεύματι ἁγίῳ· 14.18 ὁ γὰρ ἐν τούτῳ δουλεύων
N-DN-S A--DN-S DNMS□NPNMZS&APRNM-S CS PD APDDN-S VPPANM-S

τῷ Χριστῷ εὐάρεστος τῷ θεῷ καὶ δόκιμος τοῖς ἀνθρώποις.
DDMS N-DM-S A--NM-S DDMS N-DM-S CC A--NM-S DDMP N-DM-P

14.19 ἄρα οὖν τὰ τῆς εἰρήνης διώκωμεν καὶ τὰ τῆς οἰκοδομῆς
CH CH DANP DGFS N-GF-S VSPA--XP CC DANP DGFS N-GF-S

τῆς εἰς ἀλλήλους· 14.20 μὴ ἕνεκεν βρώματος κατάλυε τὸ ἔργον
DGFS PA NPAMXP AB PG N-GN-S VMPA--YS DANS N-AN-S

τοῦ θεοῦ. πάντα μὲν καθαρά, ἀλλὰ κακὸν τῷ ἀνθρώπῳ
DGMS N-GM-S AP-NN-P CS A--NN-P CH AP-AN-S DDMS N-DM-S

τῷ διὰ προσκόμματος ἐσθίοντι. 14.21 καλὸν τὸ μὴ
DDMS□APRNM-S PG N-GN-S VPPADM-S A--NN-S DNNS AB

φαγεῖν κρέα μηδὲ πιεῖν οἶνον μηδὲ ἐν ᾧ ὁ
VNAAN N-AN-P CC VNAAN N-AM-S CC PD APRDN-S□APRDN-S&APDNN-S DNMS

ἀδελφός σου προσκόπτει. 14.22 σὺ πίστιν [ἢν] ἔχεις κατὰ
N-NM-S NPG-YS VIPA--ZS NPN-YS N-AF-S APRAF-S VIPA--YS PA

σεαυτὸν ἔχε ἐνώπιον τοῦ θεοῦ. μακάριος ὁ μὴ
NPAMYS VMPA--YS PG DGMS N-GM-S A--NM-S DNMS□NPNMZS&APRNM-S AB

κρίνων ἑαυτὸν ἐν ᾧ δοκιμάζει·
VPPANM-S NPAMZS PD APRDN-S□APDDN-S&APRAN-S VIPA--ZS

14.23 ὁ δὲ διακρινόμενος ἐὰν φάγῃ κατακέκριται,
DNMS□NPNMZS&APRNM-S CC VPPMNM-S CS VSAA--ZS VIRP--ZS

ὅτι οὐκ ἐκ πίστεως· πᾶν δὲ ὃ οὐκ ἐκ πίστεως ἁμαρτία ἐστίν.
CS AB PG N-GF-S AP-NN-S CC APRNN-S AB PG N-GF-S N-NF-S VIPA--ZS

15.1 Ὀφείλομεν δὲ ἡμεῖς οἱ δυνατοὶ τὰ ἀσθενήματα τῶν
VIPA--XP CC/CH NPN-XP DNMP AP-NM-P DANP N-AN-P DGMP

ἀδυνάτων βαστάζειν, καὶ μὴ ἑαυτοῖς ἀρέσκειν. 15.2 ἕκαστος
AP-GM-P VNPA CC AB NPDMXP VNPA AP-NM-S

ἡμῶν τῷ πλησίον ἀρεσκέτω εἰς τὸ ἀγαθὸν πρὸς οἰκοδομήν·
NPG-XP DDMS AB□AP-DM-S VMPA--ZS PA DANS AP-AN-S PA N-AF-S

15.3 καὶ γὰρ ὁ Χριστὸς οὐχ ἑαυτῷ ἤρεσεν· ἀλλὰ καθὼς
AB CS DNMS N-NM-S AB NPDMZS VIAA--ZS CH CS

γέγραπται, Οἱ ὀνειδισμοὶ τῶν ὀνειδιζόντων σε
VIRP--ZS DNMP N-NM-P DGMP□NPGMZP&APRNM-P VPPAGM-P NPA-YS

ἐπέπεσαν ἐπ᾽ ἐμέ. 15.4 ὅσα γὰρ προεγράφη, εἰς
VIAA--ZP PA NPA-XS APRNN-P□APDNN-P&APRNN-P CS VIAP--ZS PA

τὴν ἡμετέραν διδασκαλίαν ἐγράφη, ἵνα διὰ τῆς ὑπομονῆς καὶ διὰ
DAFS A--AFXS N-AF-S VIAP--ZS CS PG DGFS N-GF-S CC PG

τῆς παρακλήσεως τῶν γραφῶν τὴν ἐλπίδα ἔχωμεν. 15.5 ὁ δὲ
DGFS N-GF-S DGFP N-GF-P DAFS N-AF-S VSPA--XP DNMS CC

θεὸς τῆς ὑπομονῆς καὶ τῆς παρακλήσεως δῴη ὑμῖν τὸ αὐτὸ
N-NM-S DGFS N-GF-S CC DGFS N-GF-S VOAA--ZS NPD-YP DANS AP-AN-S

φρονεῖν ἐν ἀλλήλοις κατὰ Χριστὸν Ἰησοῦν, 15.6 ἵνα ὁμοθυμαδὸν
VNPA PD NPDMYP PA N-AM-S N-AM-S CS AB

ἐν ἑνὶ στόματι δοξάζητε τὸν θεὸν καὶ πατέρα τοῦ κυρίου
PD A-CDN-S N-DN-S VSPA--YP DAMS N-AM-S CC N-AM-S DGMS N-GM-S

ἡμῶν Ἰησοῦ Χριστοῦ.
NPG-XP N-GM-S N-GM-S

15.7 Διὸ προσλαμβάνεσθε ἀλλήλους, καθὼς καὶ ὁ Χριστὸς
CH VMPM--YP NPAMYP CS AB DNMS N-NM-S

προσελάβετο ὑμᾶς, εἰς δόξαν τοῦ θεοῦ. 15.8 λέγω γὰρ Χριστὸν
VIAM--ZS NPA-YP PA N-AF-S DGMS N-GM-S VIPA--XS CS N-AM-S

διάκονον γεγενῆσθαι περιτομῆς ὑπὲρ ἀληθείας θεοῦ, εἰς τὸ
N-AM-S VNRP N-GF-S PG N-GF-S N-GM-S PA DANS

βεβαιῶσαι τὰς ἐπαγγελίας τῶν πατέρων, 15.9 τὰ δὲ ἔθνη ὑπὲρ
VNAAA DAFP N-AF-P DGMP N-GM-P DANP CC N-AN-P PG

ἐλέους δοξάσαι τὸν θεόν· καθὼς γέγραπται,
N-GN-S VNAAA DAMS N-AM-S CS VIRP--ZS

Διὰ τοῦτο ἐξομολογήσομαί σοι ἐν ἔθνεσιν,
PA APDAN-S VIFM--XS NPD-YS PD N-DN-P

καὶ τῷ ὀνόματί σου ψαλῶ.
CC DDNS N-DN-S NPG-YS VIFA--XS

15.10 καὶ πάλιν λέγει,
CC AB VIPA--ZS

Εὐφράνθητε, ἔθνη, μετὰ τοῦ λαοῦ αὐτοῦ.
VMAP--YP N-VN-P PG DGMS N-GM-S NPGMZS

15.11 καὶ πάλιν,
CC AB

505

Αἰνεῖτε, πάντα τὰ ἔθνη, τὸν κύριον,
VMPA--YP A--VN-P DVNP N-VN-P DAMS N-AM-S

καὶ ἐπαινεσάτωσαν αὐτὸν πάντες οἱ λαοί.
CC VMAA--ZP NPAMZS A--NM-P DNMP N-NM-P

15.12 καὶ πάλιν Ἠσαΐας λέγει,
CC AB N-NM-S VIPA--ZS

Ἔσται ἡ ῥίζα τοῦ Ἰεσσαί,
VIFD--ZS DNFS N-NF-S DGMS N-GM-S

καὶ ὁ ἀνιστάμενος ἄρχειν ἐθνῶν·
CC DNMS□NPNMZS&APRNM-S VPPMNM-S VNPA N-GN-P

ἐπ᾽ αὐτῷ ἔθνη ἐλπιοῦσιν.
PD NPDMZS N-NN-P VIFA--ZP

15.13 ὁ δὲ θεὸς τῆς ἐλπίδος πληρώσαι ὑμᾶς πάσης χαρᾶς καὶ
DNMS CC N-NM-S DGFS N-GF-S VOAA--ZS NPA-YP A--GF-S N-GF-S CC

εἰρήνης ἐν τῷ πιστεύειν, εἰς τὸ περισσεύειν ὑμᾶς ἐν τῇ ἐλπίδι
N-GF-S PD DDNS VNPAD PA DANS VNPAA NPA-YP PD DDFS N-DF-S

ἐν δυνάμει πνεύματος ἁγίου.
PD N-DF-S N-GN-S A--GN-S

15.14 Πέπεισμαι δέ, ἀδελφοί μου, καὶ αὐτὸς ἐγὼ περὶ ὑμῶν,
VIRP--XS CC N-VM-P NPG-XS AB NPNMXS NPN-XS PG NPG-YP

ὅτι καὶ αὐτοὶ μεστοί ἐστε ἀγαθωσύνης, πεπληρωμένοι πάσης
CC AB NPNMYP A--NM-P VIPA--YP N-GF-S VPRPNMYP A--GF-S

[τῆς] γνώσεως, δυνάμενοι καὶ ἀλλήλους νουθετεῖν.
DGFS N-GF-S VPPNNMYP AB NPAMYP VNPA

15.15 τολμηρότερον δὲ ἔγραψα ὑμῖν ἀπὸ μέρους, ὡς
APMAN-S/APMAN-S□ABM CH VIAA--XS NPD-YP PG N-GN-S CS

ἐπαναμιμνῄσκων ὑμᾶς διὰ τὴν χάριν τὴν δοθεῖσάν μοι
VPPANMXS NPA-YP PA DAFS N-AF-S DAFS□APRNF-S VPAPAF-S NPD-XS

ὑπὸ τοῦ θεοῦ 15.16 εἰς τὸ εἶναί με λειτουργὸν Χριστοῦ
PG DGMS N-GM-S PA DANS VNPAA NPA-XS N-AM-S N-GM-S

Ἰησοῦ εἰς τὰ ἔθνη, ἱερουργοῦντα τὸ εὐαγγέλιον τοῦ θεοῦ, ἵνα
N-GM-S PA DANP N-AN-P VPPAAMXS DANS N-AN-S DGMS N-GM-S CS

γένηται ἡ προσφορὰ τῶν ἐθνῶν εὐπρόσδεκτος, ἡγιασμένη ἐν
VSAD--ZS DNFS N-NF-S DGNP N-GN-P A--NF-S VPRPNF-S PD

πνεύματι ἁγίῳ. 15.17 ἔχω οὖν [τὴν] καύχησιν ἐν Χριστῷ
N-DN-S A--DN-S VIPA--XS CH DAFS N-AF-S PD N-DM-S

Ἰησοῦ τὰ πρὸς τὸν θεόν· 15.18 οὐ γὰρ τολμήσω τι λαλεῖν
N-DM-S DANP PA DAMS N-AM-S AB CS VIFA--XS APIAN-S VNPA

ὧν οὐ κατειργάσατο Χριστὸς δι᾽ ἐμοῦ εἰς
APRGN-P□APDGN-P&APRAN-P AB VIAD--ZS N-NM-S PG NPG-XS PA

ὑπακοὴν ἐθνῶν, λόγῳ καὶ ἔργῳ, 15.19 ἐν δυνάμει σημείων καὶ
N-AF-S N-GN-P N-DM-S CC N-DN-S PD N-DF-S N-GN-P CC

τεράτων, ἐν δυνάμει πνεύματος [θεοῦ]· ὥστε με ἀπὸ
N-GN-P PD N-DF-S N-GN-S N-GM-S CH NPA-XS PG

Ἰερουσαλὴμ καὶ κύκλῳ μέχρι τοῦ Ἰλλυρικοῦ πεπληρωκέναι τὸ
N-GF-S   CC   AB   PG   DGNS   N-GN-S   VNRA   DANS

εὐαγγέλιον τοῦ Χριστοῦ, 15.20 οὕτως δὲ φιλοτιμούμενον
N-AN-S   DGMS N-GM-S   AB   CC   VPPNAMXS

εὐαγγελίζεσθαι οὐχ ὅπου ὠνομάσθη Χριστός, ἵνα μὴ ἐπ᾽
VNPM   AB   CS   VIAP--ZS   N-NM-S   CS AB PA

ἀλλότριον θεμέλιον οἰκοδομῶ, 15.21 ἀλλὰ καθὼς γέγραπται,
A--AM-S   N-AM-S   VSPA--XS   CH   CS   VIRP--ZS

Οἷς   οὐκ ἀνηγγέλη περὶ αὐτοῦ ὄψονται,
APRDM-P□APDNM-P&APRDM-P AB VIAP--ZS   PG   NPGMZS VIFD--ZP

καὶ οἳ   οὐκ ἀκηκόασιν συνήσουσιν.
CC APRNM-P□APDNM-P&APRNM-P AB VIRA--ZP   VIFA--ZP

15.22 Διὸ καὶ ἐνεκοπτόμην τὰ   πολλὰ τοῦ ἐλθεῖν πρὸς ὑμᾶς·
       CH AB VIIP--XS   DANP AP-AN-P DGNS VNAAG PA   NPA-YP

15.23 νυνὶ δὲ   μηκέτι τόπον ἔχων   ἐν τοῖς κλίμασι τούτοις,
      AB CC/CH AB   N-AM-S VPPANMXS PD DDNP N-DN-P A-DDN-P

ἐπιποθίαν δὲ ἔχων   τοῦ ἐλθεῖν πρὸς ὑμᾶς ἀπὸ πολλῶν ἐτῶν,
N-AF-S   CC VPPANMXS DGNS VNAAG PA   NPA-YP PG A--GN-P N-GN-P

15.24 ὡς ἂν πορεύωμαι εἰς τὴν Σπανίαν· ἐλπίζω γὰρ
      CS QV VSPN--XS PA DAFS N-AF-S   VIPA--XS CS

διαπορευόμενος θεάσασθαι ὑμᾶς καὶ ὑφ᾽ ὑμῶν προπεμφθῆναι
VPPNNMXS   VNAD   NPA-YP CC PG NPG-YP VNAP

ἐκεῖ ἐὰν ὑμῶν πρῶτον ἀπὸ μέρους ἐμπλησθῶ — 15.25 νυνὶ δὲ
AB   CS NPG-YP APOAN-S□AB PG N-GN-S VSAP--XS   AB CC

πορεύομαι εἰς Ἰερουσαλὴμ διακονῶν τοῖς ἁγίοις.
VIPN--XS PA N-AF-S   VPPANMXS DDMP AP-DM-P

15.26 εὐδόκησαν γὰρ Μακεδονία καὶ Ἀχαΐα κοινωνίαν τινὰ
      VIAA--ZP   CS N-NF-S   CC N-NF-S N-AF-S   A-IAF-S

ποιήσασθαι εἰς τοὺς πτωχοὺς τῶν ἁγίων τῶν ἐν Ἰερουσαλήμ.
VNAM   PA DAMP AP-AM-P DGMP AP-GM-P DGMP PD N-DF-S

15.27 εὐδόκησαν γάρ, καὶ ὀφειλέται εἰσὶν αὐτῶν· εἰ γὰρ τοῖς
      VIAA--ZP   CS CC N-NM-P   VIPA--ZP NPGMZP CS CS DDNP

πνευματικοῖς αὐτῶν ἐκοινώνησαν τὰ   ἔθνη, ὀφείλουσιν καὶ ἐν
AP-DN-P   NPGMZP VIAA--ZP   DNNP N-NN-P VIPA--ZP   AB PD

τοῖς σαρκικοῖς λειτουργῆσαι αὐτοῖς. 15.28 τοῦτο οὖν ἐπιτελέσας,
DDNP AP-DN-P   VNAA   NPDMZP   APDAN-S CH VPAANMXS

καὶ σφραγισάμενος αὐτοῖς τὸν καρπὸν τοῦτον, ἀπελεύσομαι δι᾽
CC VPAMNMXS   NPDMZP DAMS N-AM-S A-DAM-S VIFD--XS   PG

ὑμῶν εἰς Σπανίαν· 15.29 οἶδα   δὲ ὅτι ἐρχόμενος πρὸς ὑμᾶς ἐν
NPG-YP PA N-AF-S   VIRA--XS CC CH VPPNNMXS   PA   NPA-YP PD

πληρώματι εὐλογίας Χριστοῦ ἐλεύσομαι.
N-DN-S   N-GF-S   N-GM-S   VIFD--XS

15.30 Παρακαλῶ δὲ ὑμᾶς[, ἀδελφοί,] διὰ τοῦ κυρίου ἡμῶν
      VIPA--XS CC NPA-YP N-VM-P   PG DGMS N-GM-S NPG-XP

Ἰησοῦ Χριστοῦ καὶ διὰ τῆς ἀγάπης τοῦ πνεύματος,
N-GM-S N-GM-S CC PG DGFS N-GF-S DGNS N-GN-S

συναγωνίσασθαί μοι ἐν ταῖς προσευχαῖς ὑπὲρ ἐμοῦ πρὸς τὸν
VNAD NPD-XS PD DDFP N-DF-P PG NPG-XS PA DAMS

θεόν, 15.31 ἵνα ῥυσθῶ ἀπὸ τῶν ἀπειθούντων ἐν τῇ
N-AM-S ABR VSAP--XS PG DGMP□NPGMZP&APRNM-P VPPAGM-P PD DDFS

Ἰουδαίᾳ καὶ ἡ διακονία μου ἡ εἰς Ἰερουσαλὴμ
N-DF-S CC DNFS N-NF-S NPG-XS DNFS PA N-AF-S

εὐπρόσδεκτος τοῖς ἁγίοις γένηται, 15.32 ἵνα ἐν χαρᾷ ἐλθὼν πρὸς
A--NF-S DDMP AP-DM-P VSAD--ZS CS PD N-DF-S VPRAANMXS PA

ὑμᾶς διὰ θελήματος θεοῦ συναναπαύσωμαι ὑμῖν. 15.33 ὁ δὲ
NPA-YP PG N-GN-S N-GM-S VSAD--XS NPD-YP DNMS CC

θεὸς τῆς εἰρήνης μετὰ πάντων ὑμῶν· ἀμήν.
N-NM-S DGFS N-GF-S PG A--GM-P NPG-YP QS

16.1 Συνίστημι δὲ ὑμῖν Φοίβην τὴν ἀδελφὴν ἡμῶν, οὖσαν
VIPA--XS CC NPD-YP N-AF-S DAFS N-AF-S NPG-XP VPPAAF-S

[καὶ] διάκονον τῆς ἐκκλησίας τῆς ἐν Κεγχρεαῖς, 16.2 ἵνα αὐτὴν
AB N-AF-S DGFS N-GF-S DGFS PD N-DF-S CH NPAFZS

προσδέξησθε ἐν κυρίῳ ἀξίως τῶν ἁγίων, καὶ παραστῆτε αὐτῇ ἐν
VSAD--YP PD N-DM-S AB DGMP AP-GM-P CC VSAA--YP NPDFZS PD

ᾧ ἂν ὑμῶν χρῄζῃ πράγματι, καὶ γὰρ αὐτὴ προστάτις
APRDN-S+ QV NPG-YP VSPA--ZS N-DN-S AB CS NPNFZS N-NF-S

πολλῶν ἐγενήθη καὶ ἐμοῦ αὐτοῦ.
AP-GM-P VIAO--ZS CC NPG-XS NPGMXS

16.3 Ἀσπάσασθε Πρίσκαν καὶ Ἀκύλαν τοὺς συνεργούς μου
VMAD--YP N-AF-S CC N-AM-S DAMP AP-AM-P NPG-XS

ἐν Χριστῷ Ἰησοῦ, 16.4 οἵτινες ὑπὲρ τῆς ψυχῆς μου τὸν ἑαυτῶν
PD N-DM-S N-DM-S APRNM-P PG DGFS N-GF-S NPG-XS DAMS NPGMZP

τράχηλον ὑπέθηκαν, οἷς οὐκ ἐγὼ μόνος εὐχαριστῶ ἀλλὰ καὶ
N-AM-S VIAA--ZP APRDM-P AB NPN-XS A--NM-S VIPA--XS CH AB

πᾶσαι αἱ ἐκκλησίαι τῶν ἐθνῶν, 16.5 καὶ τὴν κατ’ οἶκον αὐτῶν
A--NF-P DNFP N-NF-P DGNP N-GN-P CC DAFS PA N-AM-S NPGMZP

ἐκκλησίαν. ἀσπάσασθε Ἐπαίνετον τὸν ἀγαπητόν μου, ὅς
N-AF-S VMAD--YP N-AM-S DAMS A--AM-S NPG-XS APRNM-S

ἐστιν ἀπαρχὴ τῆς Ἀσίας εἰς Χριστόν. 16.6 ἀσπάσασθε Μαρίαν,
VIPA--ZS N-NF-S DGFS N-GF-S PA N-AM-S VMAD--YP N-AF-S

ἥτις πολλὰ ἐκοπίασεν εἰς ὑμᾶς. 16.7 ἀσπάσασθε Ἀνδρόνικον
APRNF-S AP-AN-P VIAA--ZS PA NPA-YP VMAD--YP N-AM-S

καὶ Ἰουνιᾶν τοὺς συγγενεῖς μου καὶ συναιχμαλώτους μου,
CC N-AM-S DAMP AP-AM-P NPG-XS CC N-AM-P NPG-XS

οἵτινές εἰσιν ἐπίσημοι ἐν τοῖς ἀποστόλοις, οἳ καὶ πρὸ ἐμοῦ
APRNM-P VIPA--ZP A--NM-P PD DDMP N-DM-P APRNM-P AB PG NPG-XS

γέγοναν ἐν Χριστῷ. 16.8 ἀσπάσασθε Ἀμπλιᾶτον τὸν ἀγαπητόν
VIRA--ZP PD N-DM-S VMAD--YP N-AM-S DAMS A--AM-S

μου ἐν κυρίῳ. 16.9 ἀσπάσασθε Οὐρβανὸν τὸν συνεργὸν ἡμῶν
NPG-XS PD N-DM-S VMAD--YP N-AM-S DAMS AP-AM-S NPG-XP

ἐν Χριστῷ καὶ Στάχυν τὸν ἀγαπητόν μου. 16.10 ἀσπάσασθε
PD N-DM-S CC N-AM-S DAMS A--AM-S NPG-XS VMAD--YP

Ἀπελλῆν τὸν δόκιμον ἐν Χριστῷ. ἀσπάσασθε τοὺς ἐκ τῶν
N-AM-S DAMS A--AM-S PD N-DM-S VMAD--YP DAMP PG DGMP

Ἀριστοβούλου. 16.11 ἀσπάσασθε Ἡρῳδίωνα τὸν συγγενῆ μου.
N-GM-S VMAD--YP N-AM-S DAMS AP-AM-S NPG-XS

ἀσπάσασθε τοὺς ἐκ τῶν Ναρκίσσου τοὺς ὄντας ἐν κυρίῳ.
VMAD--YP DAMP PG DGMP N-GM-S DAMP☐APRNM-P VPPAAM-P PD N-DM-S

16.12 ἀσπάσασθε Τρύφαιναν καὶ Τρυφῶσαν τὰς κοπιώσας
VMAD--YP N-AF-S CC N-AF-S DAFP☐APRNF-P VPPAAF-P

ἐν κυρίῳ. ἀσπάσασθε Περσίδα τὴν ἀγαπητήν, ἥτις πολλὰ
PD N-DM-S VMAD--YP N-AF-S DAFS A--AF-S APRNF-S AP-AN-P

ἐκοπίασεν ἐν κυρίῳ. 16.13 ἀσπάσασθε Ῥοῦφον τὸν ἐκλεκτὸν ἐν
VIAA--ZS PD N-DM-S VMAD--YP N-AM-S DAMS A--AM-S PD

κυρίῳ καὶ τὴν μητέρα αὐτοῦ καὶ ἐμοῦ. 16.14 ἀσπάσασθε
N-DM-S CC DAFS N-AF-S NPGMZS CC NPG-XS VMAD--YP

Ἀσύγκριτον, Φλέγοντα, Ἑρμῆν, Πατροβᾶν, Ἑρμᾶν, καὶ τοὺς
N-AM-S N-AM-S N-AM-S N-AM-S N-AM-S CC DAMP

σὺν αὐτοῖς ἀδελφούς. 16.15 ἀσπάσασθε Φιλόλογον καὶ Ἰουλίαν,
PD NPDMZP N-AM-P VMAD--YP N-AM-S CC N-AF-S

Νηρέα καὶ τὴν ἀδελφὴν αὐτοῦ, καὶ Ὀλυμπᾶν, καὶ τοὺς σὺν
N-AM-S CC DAFS N-AF-S NPGMZS CC N-AM-S CC DAMP PD

αὐτοῖς πάντας ἁγίους. 16.16 Ἀσπάσασθε ἀλλήλους ἐν φιλήματι
NPDMZP A--AM-P AP-AM-P VMAD--YP NPRAMYP PD N-DN-S

ἁγίῳ. Ἀσπάζονται ὑμᾶς αἱ ἐκκλησίαι πᾶσαι τοῦ Χριστοῦ.
A--DN-S VIPN--ZP NPA-YP DNFP N-NF-P A--NF-P DGMS N-GM-S

16.17 Παρακαλῶ δὲ ὑμᾶς, ἀδελφοί, σκοπεῖν τοὺς
VIPA--XS CC NPA-YP N-VM-P VNPA DAMP☐NPAMZP&APRNM-P

τὰς διχοστασίας καὶ τὰ σκάνδαλα παρὰ τὴν διδαχὴν ἣν
DAFP N-AF-P CC DANP N-AN-P PA DAFS N-AF-S APRAF-S

ὑμεῖς ἐμάθετε ποιοῦντας, καὶ ἐκκλίνετε ἀπ' αὐτῶν· 16.18 οἱ γὰρ
NPN-YP VIAA--YP VPPAAM-P CC VMPA--YP PG NPGMZP DNMP CS

τοιοῦτοι τῷ κυρίῳ ἡμῶν Χριστῷ οὐ δουλεύουσιν ἀλλὰ τῇ
APDNM-P DDMS N-DM-S NPG-XP N-DM-S AB VIPA--ZP CH DDFS

ἑαυτῶν κοιλίᾳ, καὶ διὰ τῆς χρηστολογίας καὶ εὐλογίας
NPGMZP N-DF-S CC PG DGFS N-GF-S CC N-GF-S

ἐξαπατῶσιν τὰς καρδίας τῶν ἀκάκων. 16.19 ἡ γὰρ ὑμῶν
VIPA--ZP DAFP N-AF-P DGMP AP-GM-P DNFS CS NPG-YP

ὑπακοὴ εἰς πάντας ἀφίκετο· ἐφ' ὑμῖν οὖν χαίρω, θέλω δὲ ὑμᾶς
N-NF-S PA AP-AM-P VIAD--ZS PD NPD-YP CH VIPA--XS VIPA--XS CC NPA-YP

σοφοὺς εἶναι εἰς τὸ ἀγαθόν, ἀκεραίους δὲ εἰς τὸ κακόν.
A--AM-P VNPA PA DANS AP-AN-S A--AM-P CC PA DANS AP-AN-S

16.20 ὁ δὲ θεὸς τῆς εἰρήνης συντρίψει τὸν Σατανᾶν ὑπὸ τοὺς
DNMS CC N-NM-S DGFS N-GF-S VIFA--ZS DAMS N-AM-S PA DAMP

πόδας ὑμῶν ἐν τάχει. ἡ χάρις τοῦ κυρίου ἡμῶν Ἰησοῦ μεθ᾽
N-AM-P NPG-YP PD N-DN-S DNFS N-NF-S DGMS N-GM-S NPG-XP N-GM-S PG

ὑμῶν.
NPG-YP

16.21 Ἀσπάζεται ὑμᾶς Τιμόθεος ὁ συνεργός μου, καὶ
VIPN--ZS NPA-YP N-NM-S DNMS AP-NM-S NPG-XS CC

Λούκιος καὶ Ἰάσων καὶ Σωσίπατρος οἱ συγγενεῖς μου.
N-NM-S CC N-NM-S CC N-NM-S DNMP AP-NM-P NPG-XS

16.22 ἀσπάζομαι ὑμᾶς ἐγὼ Τέρτιος ὁ γράψας τὴν
VIPN--XS NPA-YP NPN-XS N-NM-S DNMS□APRNMXS VPAANMXS DAFS

ἐπιστολὴν ἐν κυρίῳ. 16.23 ἀσπάζεται ὑμᾶς Γάϊος ὁ ξένος μου
N-AF-S PD N-DM-S VIPN--ZS NPA-YP N-NM-S DNMS AP-NM-S NPG-XS

καὶ ὅλης τῆς ἐκκλησίας. ἀσπάζεται ὑμᾶς Ἔραστος ὁ
CC A--GF-S DGFS N-GF-S VIPN--ZS NPA-YP N-NM-S DNMS

οἰκονόμος τῆς πόλεως καὶ Κούαρτος ὁ ἀδελφός.
N-NM-S DGFS N-GF-S CC N-NM-S DNMS N-NM-S

[16.25 Τῷ δὲ δυναμένῳ ὑμᾶς στηρίξαι κατὰ τὸ
DDMS□APRNM-S+ CC VPPNDM-S NPA-YP VNAA PA DANS

εὐαγγέλιόν μου καὶ τὸ κήρυγμα Ἰησοῦ Χριστοῦ, κατὰ
N-AN-S NPG-XS CC DANS N-AN-S N-GM-S N-GM-S PA

ἀποκάλυψιν μυστηρίου χρόνοις αἰωνίοις σεσιγημένου
N-AF-S N-GN-S N-DM-P A--DM-P VPRPGN-S

16.26 φανερωθέντος δὲ νῦν διά τε γραφῶν προφητικῶν κατ᾽
VPAPGM-S CH AB PG CC N-GF-P A--GF-P PA

ἐπιταγὴν τοῦ αἰωνίου θεοῦ εἰς ὑπακοὴν πίστεως εἰς πάντα τὰ
N-AF-S DGMS A--GM-S N-GM-S PA N-AF-S N-GF-S PA A--AN-P DANP

ἔθνη γνωρισθέντος, 16.27 μόνῳ σοφῷ θεῷ διὰ Ἰησοῦ Χριστοῦ
N-AN-P VPAPGN-S A--DM-S A--DM-S N-DM-S PG N-GM-S N-GM-S

ᾧ ἡ δόξα εἰς τοὺς αἰῶνας· ἀμήν.]
APRDM-S DNFS N-NF-S PA DAMP N-AM-P QS

ΠΡΟΣ ΚΟΡΙΝΘΙΟΥΣ Α

1.1 Παῦλος κλητὸς ἀπόστολος Χριστοῦ Ἰησοῦ διὰ θελήματος
N-NM-S   A--NM-S   N-NM-S   N-GM-S   N-GM-S   PG   N-GN-S

θεοῦ, καὶ Σωσθένης ὁ ἀδελφός, 1.2 τῇ ἐκκλησίᾳ τοῦ θεοῦ
N-GM-S CC N-NM-S DNMS N-NM-S   DDFS N-DF-S   DGMS N-GM-S

τῇ οὔσῃ ἐν Κορίνθῳ, ἡγιασμένοις ἐν Χριστῷ Ἰησοῦ,
DDFS□APRNFYS VPPADFYS PD N-DF-S   VPRPDMYP   PD N-DM-S   N-DM-S

κλητοῖς ἁγίοις, σὺν πᾶσιν τοῖς ἐπικαλουμένοις τὸ ὄνομα
A--DM-P   A--DM-P   PD   AP-DM-P DDMP□APRNM-P VPPMDM-P   DANS N-AN-S

τοῦ κυρίου ἡμῶν Ἰησοῦ Χριστοῦ ἐν παντὶ τόπῳ, αὐτῶν καὶ
DGMS N-GM-S NPG-XP N-GM-S N-GM-S PD A--DM-S N-DM-S NPGMZP CC

ἡμῶν· 1.3 χάρις ὑμῖν καὶ εἰρήνη ἀπὸ θεοῦ πατρὸς ἡμῶν καὶ
NPG-XP   N-NF-S NPD-YP CC N-NF-S PG N-GM-S N-GM-S NPG-XP CC

κυρίου Ἰησοῦ Χριστοῦ.
N-GM-S N-GM-S N-GM-S

1.4 Εὐχαριστῶ τῷ θεῷ μου πάντοτε περὶ ὑμῶν ἐπὶ τῇ
VIPA--XS DDMS N-DM-S NPG-XS AB PG NPG-YP PD DDFS

χάριτι τοῦ θεοῦ τῇ δοθείσῃ ὑμῖν ἐν Χριστῷ Ἰησοῦ,
N-DF-S DGMS N-GM-S DDFS□APRNF-S VPAPDF-S NPD-YP PD N-DM-S N-DM-S

1.5 ὅτι ἐν παντὶ ἐπλουτίσθητε ἐν αὐτῷ, ἐν παντὶ λόγῳ καὶ πάσῃ
CC/CS PD AP-DN-S VIAP--YP PD NPDMZS PD A--DM-S N-DM-S CC A--DF-S

γνώσει, 1.6 καθὼς τὸ μαρτύριον τοῦ Χριστοῦ ἐβεβαιώθη ἐν
N-DF-S CS DNNS N-NN-S DGMS N-GM-S VIAP--ZS PD

ὑμῖν, 1.7 ὥστε ὑμᾶς μὴ ὑστερεῖσθαι ἐν μηδενὶ χαρίσματι,
NPD-YP CH NPA-YP AB VNPP PD A-CDN-S N-DN-P

ἀπεκδεχομένους τὴν ἀποκάλυψιν τοῦ κυρίου ἡμῶν Ἰησοῦ
VPPNAMYP DAFS N-AF-S DGMS N-GM-S NPG-XP N-GM-S

Χριστοῦ· 1.8 ὃς καὶ βεβαιώσει ὑμᾶς ἕως τέλους ἀνεγκλήτους
N-GM-S APRNM-S AB VIFA--ZS NPA-YP PG N-GN-S A--AM-P

ἐν τῇ ἡμέρᾳ τοῦ κυρίου ἡμῶν Ἰησοῦ [Χριστοῦ]. 1.9 πιστὸς ὁ
PD DDFS N-DF-S DGMS N-GM-S NPG-XP N-GM-S N-GM-S A--NM-S DNMS

θεὸς δι' οὗ ἐκλήθητε εἰς κοινωνίαν τοῦ υἱοῦ αὐτοῦ Ἰησοῦ
N-NM-S PG APRGM-S VIAP--YP PA N-AF-S DGMS N-GM-S NPGMZS N-GM-S

Χριστοῦ τοῦ κυρίου ἡμῶν.
N-GM-S DGMS N-GM-S NPG-XP

1.10 Παρακαλῶ δὲ ὑμᾶς, ἀδελφοί, διὰ τοῦ ὀνόματος τοῦ
VIPA--XS CC NPA-YP N-VM-P PG DGNS N-GN-S DGMS

κυρίου ἡμῶν Ἰησοῦ Χριστοῦ, ἵνα τὸ αὐτὸ λέγητε πάντες, καὶ
N-GM-S NPG-XP N-GM-S N-GM-S CC DANS AP-AN-S VSPA--YP AP-NM-P CC

μὴ ἦ ἐν ὑμῖν σχίσματα, ἦτε δὲ κατηρτισμένοι ἐν τῷ
AB VSPA--ZS PD NPD-YP N-NN-P VSPA--YP+ CH +VPRPNMYP PD DDMS

αὐτῷ νοΐ καὶ ἐν τῇ αὐτῇ γνώμῃ. 1.11 ἐδηλώθη γάρ μοι περὶ
A--DM-S N-DM-S CC PD DDFS A--DF-S N-DF-S VIAP--ZS CS NPD-XS PG

ὑμῶν, ἀδελφοί μου, ὑπὸ τῶν Χλόης ὅτι ἔριδες ἐν ὑμῖν εἰσιν.
NPG-YP N-VM-P NPG-XS PG DGMP N-GF-S CC N-NF-P PD NPD-YP VIPA--ZP

1.12 λέγω δὲ τοῦτο, ὅτι ἕκαστος ὑμῶν λέγει, Ἐγὼ μέν εἰμι
VIPA--XS CC APDAN-S ABR AP-NM-S NPG-YP VIPA--ZS NPN-XS CC VIPA--XS

Παύλου, Ἐγὼ δὲ Ἀπολλῶ, Ἐγὼ δὲ Κηφᾶ, Ἐγὼ δὲ Χριστοῦ.
N-GM-S NPN-XS CC N-GM-S NPN-XS CC N-GM-S NPN-XS CC/CH N-GM-S

1.13 μεμέρισται ὁ Χριστός; μὴ Παῦλος ἐσταυρώθη ὑπὲρ ὑμῶν,
VIRP--ZS DNMS N-NM-S QT N-NM-S VIAP--ZS PG NPG-YP

ἢ εἰς τὸ ὄνομα Παύλου ἐβαπτίσθητε; 1.14 εὐχαριστῶ [τῷ θεῷ]
CC PA DANS N-AN-S N-GM-S VIAP--YP VIPA--XS DDMS N-DM-S

ὅτι οὐδένα ὑμῶν ἐβάπτισα εἰ μὴ Κρίσπον καὶ Γάϊον, 1.15 ἵνα μή
CC APCAM-S NPG-YP VIAA--XS CS AB N-AM-S CC N-AM-S CH/CS AB

τις εἴπῃ ὅτι εἰς τὸ ἐμὸν ὄνομα ἐβαπτίσθητε. 1.16 ἐβάπτισα
APINM-S VSAA--ZS CC PA DANS A--ANXS N-AN-S VIAP--YP VIAA--XS

δὲ καὶ τὸν Στεφανᾶ οἶκον· λοιπὸν οὐκ οἶδα εἴ τινα ἄλλον
CC AB DAMS N-GM-S N-AM-S AP-AN-S□AB AB VIRA--XS QT A-IAM-S AP-AM-S

ἐβάπτισα. 1.17 οὐ γὰρ ἀπέστειλέν με Χριστὸς βαπτίζειν ἀλλὰ
VIAA--XS AB CS VIAA--ZS NPA-XS N-NM-S VNPA CH

εὐαγγελίζεσθαι, οὐκ ἐν σοφίᾳ λόγου, ἵνα μὴ κενωθῇ ὁ σταυρὸς
VNPM AB PD N-DF-S N-GM-S CS AB VSAP--ZS DNMS N-NM-S

τοῦ Χριστοῦ.
DGMS N-GM-S

1.18 Ὁ λόγος γὰρ ὁ τοῦ σταυροῦ τοῖς μὲν
DNMS N-NM-S CS DNMS DGMS N-GM-S DDMP□NPDMZP&APRNM-P CS

ἀπολλυμένοις μωρία ἐστίν, τοῖς δὲ σῳζομένοις ἡμῖν
VPPEDM-P N-NF-S VIPA--ZS DDMP□APRNMXP+ CH VPPPDMXP NPD-XP

δύναμις θεοῦ ἐστιν. 1.19 γέγραπται γάρ,
N-NF-S N-GM-S VIPA--ZS VIRP--ZS CS

Ἀπολῶ τὴν σοφίαν τῶν σοφῶν,
VIFA--XS DAFS N-AF-S DGMP AP-GM-P

καὶ τὴν σύνεσιν τῶν συνετῶν ἀθετήσω.
CC DAFS N-AF-S DGMP AP-GM-P VIFA--XS

1.20 ποῦ σοφός; ποῦ γραμματεύς; ποῦ συζητητὴς τοῦ αἰῶνος
ABT AP-NM-S ABT N-NM-S ABT N-NM-S DGMS N-GM-S

τούτου; οὐχὶ ἐμώρανεν ὁ θεὸς τὴν σοφίαν τοῦ κόσμου;
A-DGM-S QT VIAA--ZS DNMS N-NM-S DAFS N-AF-S DGMS N-GM-S

1.21 ἐπειδὴ γὰρ ἐν τῇ σοφίᾳ τοῦ θεοῦ οὐκ ἔγνω ὁ κόσμος διὰ
CS CS PD DDFS N-DF-S DGMS N-GM-S AB VIAA--ZS DNMS N-NM-S PG

τῆς σοφίας τὸν θεόν, εὐδόκησεν ὁ θεὸς διὰ τῆς μωρίας τοῦ
DGFS N-GF-S DAMS N-AM-S VIAA--ZS DNMS N-NM-S PG DGFS N-GF-S DGNS

κηρύγματος σῶσαι τοὺς πιστεύοντας. 1.22 ἐπειδὴ καὶ
N-GN-S VNAA DAMP□NPAMZP&APRNM-P VPPAAM-P CS CC

Ἰουδαῖοι σημεῖα αἰτοῦσιν καὶ Ἕλληνες σοφίαν ζητοῦσιν,
AP-NM-P N-AN-P VIPA--ZP CC N-NM-P N-AF-S VIPA--ZP

1.23 ἡμεῖς δὲ κηρύσσομεν Χριστὸν ἐσταυρωμένον, Ἰουδαίοις μὲν
NPN-XP CH VIPA--XP N-AM-S VPRPAM-S AP-DM-P CC

σκάνδαλον ἔθνεσιν δὲ μωρίαν, 1.24 αὐτοῖς δὲ τοῖς κλητοῖς,
N-AN-S N-DN-P CC N-AF-S NPDMZP CH DDMP AP-DM-P

Ἰουδαίοις τε καὶ Ἕλλησιν, Χριστὸν θεοῦ δύναμιν καὶ θεοῦ
AP-DM-P CC CC N-DM-P N-AM-S N-GM-S N-AF-S CC N-GM-S

σοφίαν· 1.25 ὅτι τὸ μωρὸν τοῦ θεοῦ σοφώτερον τῶν ἀνθρώπων
N-AF-S CS DNNS AP-NN-S DGMS N-GM-S A-MNN-S DGMP N-GM-P

ἐστίν, καὶ τὸ ἀσθενὲς τοῦ θεοῦ ἰσχυρότερον τῶν ἀνθρώπων.
VIPA--ZS CC DNNS AP-NN-S DGMS N-GM-S A-MNN-S DGMP N-GM-P

1.26 Βλέπετε γὰρ τὴν κλῆσιν ὑμῶν, ἀδελφοί, ὅτι οὐ πολλοὶ
VIPA--YP/VMPA--YP CS DAFS N-AF-S NPG-YP N-VM-P ABR AB A--NM-P

σοφοὶ κατὰ σάρκα, οὐ πολλοὶ δυνατοί, οὐ πολλοὶ εὐγενεῖς·
AP-NM-P PA N-AF-S AB A--NM-P AP-NM-P AB A--NM-P AP-NM-P

1.27 ἀλλὰ τὰ μωρὰ τοῦ κόσμου ἐξελέξατο ὁ θεὸς ἵνα
CH DANP AP-AN-P DGMS N-GM-S VIAM--ZS DNMS N-NM-S CS

καταισχύνῃ τοὺς σοφούς, καὶ τὰ ἀσθενῆ τοῦ κόσμου ἐξελέξατο
VSPA--ZS DAMP AP-AM-P CC DANP AP-AN-P DGMS N-GM-S VIAM--ZS

ὁ θεὸς ἵνα καταισχύνῃ τὰ ἰσχυρά, 1.28 καὶ τὰ ἀγενῆ τοῦ
DNMS N-NM-S CS VSPA--ZS DANP AP-AN-P CC DANP AP-AN-P DGMS

κόσμου καὶ τὰ ἐξουθενημένα ἐξελέξατο ὁ θεός,
N-GM-S CC DANP□NPANZP&APRNN-P VPRPAN-P VIAM--ZS DNMS N-NM-S

τὰ μὴ ὄντα, ἵνα τὰ ὄντα
DANP□NPANZP&APRNN-P AB VPPAAN-P CS DANP□NPANZP&APRNN-P VPPAAN-P

καταργήσῃ, 1.29 ὅπως μὴ καυχήσηται πᾶσα σὰρξ ἐνώπιον τοῦ
VSAA--ZS CS AB VSAD--ZS A--NF-S N-NF-S PG DGMS

θεοῦ. 1.30 ἐξ αὐτοῦ δὲ ὑμεῖς ἐστε ἐν Χριστῷ Ἰησοῦ, ὃς
N-GM-S PG NPGMZS CC NPN-YP VIPA--YP PD N-DM-S N-DM-S APRNM-S

ἐγενήθη σοφία ἡμῖν ἀπὸ θεοῦ, δικαιοσύνη τε καὶ ἁγιασμὸς καὶ
VIAO--ZS N-NF-S NPD-XP PG N-GM-S N-NF-S CC CC N-NM-S CC

ἀπολύτρωσις, 1.31 ἵνα καθὼς γέγραπται, Ὁ
N-NF-S CS CS VIRP--ZS DNMS□NPNMZS&APRNM-S

καυχώμενος ἐν κυρίῳ καυχάσθω.
VPPNNM-S PD N-DM-S VMPN--ZS

2.1 Κἀγὼ ἐλθὼν πρὸς ὑμᾶς, ἀδελφοί, ἦλθον οὐ καθ᾽
CC&NPN-XS VPAANMXS PA NPA-YP N-VM-P VIAA--XS AB PA

ὑπεροχὴν λόγου ἢ σοφίας καταγγέλλων ὑμῖν τὸ μυστήριον τοῦ
N-AF-S N-GM-S CC N-GF-S VPPANMXS NPD-YP DANS N-AN-S DGMS

θεοῦ. 2.2 οὐ γὰρ ἔκρινά τι εἰδέναι ἐν ὑμῖν εἰ μὴ Ἰησοῦν
N-GM-S AB CS VIAA--XS APIAN-S VNRA PD NPD-YP CS AB N-AM-S

Χριστὸν καὶ τοῦτον ἐσταυρωμένον. 2.3 κἀγὼ   ἐν ἀσθενείᾳ καὶ
N-AM-S   CC   APDAM-S   VPRPAM-S   CC&NPN-XS PD N-DF-S   CC

ἐν φόβῳ καὶ ἐν τρόμῳ πολλῷ ἐγενόμην πρὸς ὑμᾶς, 2.4 καὶ ὁ
PD N-DM-S CC PD N-DM-S A--DM-S VIAD--XS PA NPA-YP   CC DNMS

λόγος μου καὶ τὸ κήρυγμά μου οὐκ ἐν πειθοῖ[ς]   σοφίας
N-NM-S NPG-XS CC DNNS N-NN-S NPG-XS AB PD A--DM-P/N-DF-S N-GF-S

[λόγοις] ἀλλ' ἐν ἀποδείξει πνεύματος καὶ δυνάμεως, 2.5 ἵνα ἡ
N-DM-P   CH PD N-DF-S   N-GN-S   CC N-GF-S   CS DNFS

πίστις ὑμῶν μὴ ᾖ   ἐν σοφίᾳ ἀνθρώπων ἀλλ' ἐν δυνάμει θεοῦ.
N-NF-S NPG-YP AB VSPA--ZS PD N-DF-S N-GM-P   CH PD N-DF-S N-GM-S

2.6 Σοφίαν δὲ λαλοῦμεν ἐν τοῖς τελείοις, σοφίαν δὲ οὐ τοῦ
    N-AF-S CC VIPA--XP PD DDMP AP-DM-P   N-AF-S CC AB DGMS

αἰῶνος τούτου οὐδὲ τῶν ἀρχόντων τοῦ αἰῶνος τούτου τῶν
N-GM-S A-DGM-S CC DGMP N-GM-P   DGMS N-GM-S A-DGM-S DGMP□APRNM-P

καταργουμένων· 2.7 ἀλλὰ λαλοῦμεν θεοῦ σοφίαν ἐν μυστηρίῳ,
VPPPGM-P   CH   VIPA--XP N-GM-S N-AF-S PD N-DN-S

τὴν   ἀποκεκρυμμένην, ἣν   προώρισεν ὁ   θεὸς πρὸ τῶν
DAFS□APRNF-S VPRPAF-S APRAF-S VIAA--ZS DNMS N-NM-S PG DGMP

αἰώνων εἰς δόξαν ἡμῶν· 2.8 ἣν   οὐδεὶς τῶν ἀρχόντων τοῦ
N-GM-P PA N-AF-S NPG-XP   APRAF-S APCNM-S DGMP N-GM-P DGMS

αἰῶνος τούτου ἔγνωκεν, εἰ γὰρ ἔγνωσαν, οὐκ ἂν τὸν κύριον τῆς
N-GM-S A-DGM-S VIRA--ZS CS CS VIAA--ZP AB QV DAMS N-AM-S DGFS

δόξης ἐσταύρωσαν. 2.9 ἀλλὰ καθὼς γέγραπται,
N-GF-S VIAA--ZP   CC   CS   VIRP--ZS

ᵃΑ   ὀφθαλμὸς οὐκ εἶδεν καὶ οὖς οὐκ
APRAN-P□APDAN-P&APRAN-P N-NM-S AB VIAA--ZS CC N-NN-S AB

ἤκουσεν
VIAA--ZS

καὶ ἐπὶ καρδίαν ἀνθρώπου οὐκ ἀνέβη,
CC PA N-AF-S   N-GM-S   AB VIAA--ZS

ἃ   ἡτοίμασεν ὁ   θεὸς τοῖς   ἀγαπῶσιν
APRAN-P VIAA--ZS DNMS N-NM-S DDMP□NPDMZP&APRNM-P VPPADM-P

αὐτόν.
NPAMZS

2.10 ἡμῖν δὲ ἀπεκάλυψεν ὁ   θεὸς διὰ τοῦ πνεύματος· τὸ γὰρ
     NPD-XP CH VIAA--ZS DNMS N-NM-S PG DGNS N-GN-S   DNNS CS

πνεῦμα πάντα ἐραυνᾷ, καὶ τὰ   βάθη τοῦ θεοῦ. 2.11 τίς   γὰρ
N-NN-S AP-AN-P VIPA--ZS AB DANP N-AN-P DGMS N-GM-S   APTNM-S CS

οἶδεν ἀνθρώπων τὰ   τοῦ ἀνθρώπου εἰ μὴ τὸ   πνεῦμα τοῦ
VIRA--ZS N-GM-P DANP DGMS N-GM-S   CS AB DNNS N-NN-S DGMS

ἀνθρώπου τὸ ἐν αὐτῷ; οὕτως καὶ τὰ   τοῦ θεοῦ οὐδεὶς ἔγνωκεν εἰ
N-GM-S   DNNS PD NPDMZS AB   AB DANP DGMS N-GM-S APCNM-S VIRA--ZS CS

μὴ τὸ   πνεῦμα τοῦ θεοῦ. 2.12 ἡμεῖς δὲ οὐ τὸ   πνεῦμα τοῦ
AB DNNS N-NN-S DGMS N-GM-S   NPN-XP CC AB DANS N-AN-S DGMS

κόσμου ἐλάβομεν ἀλλὰ τὸ πνεῦμα τὸ ἐκ τοῦ θεοῦ, ἵνα εἰδῶμεν
N-GM-S VIAA--XP CH DANS N-AN-S DANS PG DGMS N-GM-S CS VSRA--XP

τὰ ὑπὸ τοῦ θεοῦ χαρισθέντα ἡμῖν· 2.13 ἃ καὶ
DANP□NPANZP&APRNN-P PG DGMS N-GM-S VPAPAN-P NPD-XP APRAN-P AB

λαλοῦμεν οὐκ ἐν διδακτοῖς ἀνθρωπίνης σοφίας λόγοις ἀλλ᾽ ἐν
VIPA--XP AB PD A--DM-P A--GF-S N-GF-S N-DM-P CH PD

διδακτοῖς πνεύματος, πνευματικοῖς πνευματικὰ συγκρίνοντες.
AP-DM-P N-GN-S AP-DN-P AP-AN-P VPPANMXP

2.14 ψυχικὸς δὲ ἄνθρωπος οὐ δέχεται τὰ τοῦ πνεύματος τοῦ
A--NM-S CC N-NM-S AB VIPN--ZS DANP DGNS N-GN-S DGMS

θεοῦ, μωρία γὰρ αὐτῷ ἐστιν, καὶ οὐ δύναται γνῶναι, ὅτι
N-GM-S N-NF-S CS NPDMZS VIPA--ZS CC AB VIPN--ZS VNAA CS

πνευματικῶς ἀνακρίνεται· 2.15 ὁ δὲ πνευματικὸς ἀνακρίνει
AB VIPP--ZS DNMS CH AP-NM-S VIPA--ZS

[τὰ] πάντα, αὐτὸς δὲ ὑπ᾽ οὐδενὸς ἀνακρίνεται.
DANP AP-AN-P NPNMZS CH PG APCGM-S VIPP--ZS

2.16 τίς γὰρ ἔγνω νοῦν κυρίου,
APTNM-S CS VIAA--ZS N-AM-S N-GM-S

ὃς συμβιβάσει αὐτόν;
APRNM-S VIFA--ZS NPAMZS

ἡμεῖς δὲ νοῦν Χριστοῦ ἔχομεν.
NPN-XP CH N-AM-S N-GM-S VIPA--XP

3.1 Κἀγώ, ἀδελφοί, οὐκ ἠδυνήθην λαλῆσαι ὑμῖν ὡς
CC&NPN-XS N-VM-P AB VIAO--XS VNAA NPD-YP CS

πνευματικοῖς ἀλλ᾽ ὡς σαρκίνοις, ὡς νηπίοις ἐν Χριστῷ. 3.2 γάλα
AP-DM-P CH CS AP-DM-P CS AP-DM-P PD N-DM-S N-AN-S

ὑμᾶς ἐπότισα, οὐ βρῶμα, οὔπω γὰρ ἐδύνασθε. ἀλλ᾽ οὐδὲ ἔτι νῦν
NPA-YP VIAA--XS AB N-AN-S AB CS VIIN--YP CC AB AB AB

δύνασθε, 3.3 ἔτι γὰρ σαρκικοί ἐστε. ὅπου γὰρ ἐν ὑμῖν ζῆλος
VIPN--YP AB CS A--NM-P VIPA--YP CS CS PD NPD-YP N-NM-S/N-NN-S

καὶ ἔρις, οὐχὶ σαρκικοί ἐστε καὶ κατὰ ἄνθρωπον περιπατεῖτε;
CC N-NF-S QT A--NM-P VIPA--YP CC PA N-AM-S VIPA--YP

3.4 ὅταν γὰρ λέγῃ τις, Ἐγὼ μέν εἰμι Παύλου, ἕτερος δέ,
CS CS VSPA--ZS APINM-S NPN-XS CC VIPA--XS N-GM-S AP-NM-S CC

Ἐγὼ Ἀπολλῶ, οὐκ ἄνθρωποί ἐστε; 3.5 τί οὖν ἐστιν
NPN-XS N-GM-S QT N-NM-P VIPA--YP APTNN-S CH VIPA--ZS

Ἀπολλῶς; τί δέ ἐστιν Παῦλος; διάκονοι δι᾽ ὧν
N-NM-S APTNN-S CC VIPA--ZS N-NM-S N-NM-P PG APRGM-P

ἐπιστεύσατε, καὶ ἑκάστῳ ὡς ὁ κύριος ἔδωκεν. 3.6 ἐγὼ
VIAA--YP AB AP-DM-S CS DNMS N-NM-S VIAA--ZS NPN-XS

ἐφύτευσα, Ἀπολλῶς ἐπότισεν, ἀλλὰ ὁ θεὸς ηὔξανεν· 3.7 ὥστε
VIAA--XS N-NM-S VIAA--ZS CH DNMS N-NM-S VIIA--ZS CH

οὔτε ὁ φυτεύων ἐστίν τι οὔτε ὁ
CC DNMS□NPNMZS&APRNM-S VPPANM-S VIPA--ZS APINN-S CC DNMS□NPNMZS&APRNM-S

515

ποτίζων, ἀλλ' ὁ αὐξάνων θεός. 3.8 ὁ
VPPANM-S CH DNMS□APRNM-S+ VPPANM-S N-NM-S DNMS□NPNMZS&APRNM-S

φυτεύων δὲ καὶ ὁ ποτίζων ἕν εἰσιν, ἕκαστος δὲ
VPPANM-S CC CC DNMS□NPNMZS&APRNM-S VPPANM-S APCNN-S VIPA--ZP AP-NM-S CC

τὸν ἴδιον μισθὸν λήμψεται κατὰ τὸν ἴδιον κόπον. 3.9 θεοῦ γὰρ
DAMS A--AM-S N-AM-S VIFD--ZS PA DAMS A--AM-S N-AM-S N-GM-S CS

ἐσμεν συνεργοί· θεοῦ γεώργιον, θεοῦ οἰκοδομή ἐστε.
VIPA--XP AP-NM-P N-GM-S N-NN-S N-GM-S N-NF-S VIPA--YP

3.10 Κατὰ τὴν χάριν τοῦ θεοῦ τὴν δοθεῖσάν μοι ὡς
PA DAFS N-AF-S DGMS N-GM-S DAFS□APRNF-S VPAPAF-S NPD-XS CS

σοφὸς ἀρχιτέκτων θεμέλιον ἔθηκα, ἄλλος δὲ ἐποικοδομεῖ. ἕκαστος
A--NM-S N-NM-S N-AM-S VIAA--XS AP-NM-S CC VIPA--ZS AP-NM-S

δὲ βλεπέτω πῶς ἐποικοδομεῖ· 3.11 θεμέλιον γὰρ ἄλλον οὐδεὶς
CC VMPA--ZS ABT VIPA--ZS N-AM-S CS A--AM-S APCNM-S

δύναται θεῖναι παρὰ τὸν κείμενον, ὅς ἐστιν
VIPN--ZS VNAA PA DAMS□NPRAMZS&APRNM-S VPPNAM-S APRNM-S VIPA--ZS

Ἰησοῦς Χριστός. 3.12 εἰ δέ τις ἐποικοδομεῖ ἐπὶ τὸν θεμέλιον
N-NM-S N-NM-S CS CC APINM-S VIPA--ZS PA DAMS N-AM-S

χρυσόν, ἄργυρον, λίθους τιμίους, ξύλα, χόρτον, καλάμην,
N-AM-S N-AM-S N-AM-P A--AM-P N-AN-P N-AM-S N-AF-S

3.13 ἐκάστου τὸ ἔργον φανερὸν γενήσεται, ἡ γὰρ ἡμέρα
AP-GM-S DNNS N-NN-S A--NN-S VIFD--ZS DNFS CS N-NF-S

δηλώσει· ὅτι ἐν πυρὶ ἀποκαλύπτεται, καὶ ἐκάστου τὸ ἔργον
VIFA--ZS CS PD N-DN-S VIPP--ZS CC AP-GM-S DANS N-AN-S

ὁποῖόν ἐστιν τὸ πῦρ [αὐτὸ] δοκιμάσει. 3.14 εἴ τινος τὸ
A-TNN-S VIPA--ZS DNNS N-NN-S NPANZS/NPNNZS VIFA--ZS CS APIGM-S DNNS

ἔργον μενεῖ ὃ ἐποικοδόμησεν, μισθὸν λήμψεται· 3.15 εἴ τινος
N-NN-S VIFA--ZS APRAN-S VIAA--ZS N-AM-S VIFD--ZS CS APIGM-S

τὸ ἔργον κατακαήσεται, ζημιωθήσεται, αὐτὸς δὲ σωθήσεται,
DNNS N-NN-S VIFP--ZS VIFP--ZS NPNMZS CH VIFP--ZS

οὕτως δὲ ὡς διὰ πυρός. 3.16 οὐκ οἴδατε ὅτι ναὸς θεοῦ ἐστε καὶ
AB CH CS PG N-GN-S AB/QT VIRA--YP CC N-NM-S N-GM-S VIPA--YP CC

τὸ πνεῦμα τοῦ θεοῦ οἰκεῖ ἐν ὑμῖν; 3.17 εἴ τις τὸν ναὸν τοῦ
DNNS N-NN-S DGMS N-GM-S VIPA--ZS PD NPD-YP CS APINM-S DAMS N-AM-S DGMS

θεοῦ φθείρει, φθερεῖ τοῦτον ὁ θεός· ὁ γὰρ ναὸς τοῦ θεοῦ
N-GM-S VIPA--ZS VIFA--ZS APDAM-S DNMS N-NM-S DNMS CS N-NM-S DGMS N-GM-S

ἅγιός ἐστιν, οἵτινές ἐστε ὑμεῖς.
A--NM-S VIPA--ZS APRNM-P VIPA--YP NPN-YP

3.18 Μηδεὶς ἑαυτὸν ἐξαπατάτω· εἴ τις δοκεῖ σοφὸς εἶναι ἐν
APCNM-S NPAMZS VMPA--ZS CS APINM-S VIPA--ZS A--NM-S VNPA PD

ὑμῖν ἐν τῷ αἰῶνι τούτῳ, μωρὸς γενέσθω, ἵνα γένηται σοφός.
NPD-YP PD DDMS N-DM-S A-DDM-S A--NM-S VMAD--ZS CS VSAD--ZS A--NM-S

3.19 ἡ γὰρ σοφία τοῦ κόσμου τούτου μωρία παρὰ τῷ θεῷ
DNFS CS N-NF-S DGMS N-GM-S A-DGM-S N-NF-S PD DDMS N-DM-S

ἐστιν· γέγραπται γάρ,
VIPA--ZS VIRP--ZS CS

Ὁ δρασσόμενος τοὺς σοφοὺς ἐν τῇ
DNMS□NPNMZS&APRNM-S VPPNNM-S DAMP AP-AM-P PD DDFS

πανουργίᾳ αὐτῶν·
N-DF-S NPGMZP

3.20 καὶ πάλιν,
CC AB

Κύριος γινώσκει τοὺς διαλογισμοὺς τῶν σοφῶν
N-NM-S VIPA--ZS DAMP N-AM-P DGMP AP-GM-P

ὅτι εἰσὶν μάταιοι.
CC VIPA--ZP A--NM-P

3.21 ὥστε μηδεὶς καυχάσθω ἐν ἀνθρώποις· πάντα γὰρ ὑμῶν
CH APCNM-S VMPN--ZS PD N-DM-P AP-NN-P CS NPG-YP

ἐστιν, 3.22 εἴτε Παῦλος εἴτε Ἀπολλῶς εἴτε Κηφᾶς εἴτε κόσμος εἴτε
VIPA--ZS CC N-NM-S CC N-NM-S CC N-NM-S CC N-NM-S CC

ζωὴ εἴτε θάνατος εἴτε ἐνεστῶτα εἴτε μέλλοντα, πάντα ὑμῶν,
N-NF-S CC N-NM-S CC VPRANN-P CC VPPANN-P AP-NN-P NPG-YP

3.23 ὑμεῖς δὲ Χριστοῦ, Χριστὸς δὲ θεοῦ.
NPN-YP CC N-GM-S N-NM-S CC N-GM-S

4.1 Οὕτως ἡμᾶς λογιζέσθω ἄνθρωπος ὡς ὑπηρέτας Χριστοῦ καὶ
AB NPA-XP VMPN--ZS N-NM-S CS N-AM-P N-GM-S CC

οἰκονόμους μυστηρίων θεοῦ. 4.2 ὧδε λοιπὸν ζητεῖται ἐν τοῖς
N-AM-P N-GN-P N-GM-S AB AP-AN-S□AB VIPP--ZS PD DDMP

οἰκονόμοις ἵνα πιστός τις εὑρεθῇ. 4.3 ἐμοὶ δὲ εἰς ἐλάχιστόν
N-DM-P CC A--NM-S APINM-S VSAP--ZS NPD-XS CC PA APSAN-S

ἐστιν ἵνα ὑφ᾽ ὑμῶν ἀνακριθῶ ἢ ὑπὸ ἀνθρωπίνης ἡμέρας· ἀλλ᾽
VIPA--ZS CC PG NPG-YP VSAP--XS CC PG A--GF-S N-GF-S CC

οὐδὲ ἐμαυτὸν ἀνακρίνω· 4.4 οὐδὲν γὰρ ἐμαυτῷ σύνοιδα, ἀλλ᾽ οὐκ
AB NPAMXS VIPA--XS APCAN-S CS NPDMXS VIRA--XS CC AB

ἐν τούτῳ δεδικαίωμαι, ὁ δὲ ἀνακρίνων με κύριός
PD APDDN-S VIRP--XS DNMS□NPNMZS&APRNM-S CH VPPANM-S NPA-XS N-NM-S

ἐστιν. 4.5 ὥστε μὴ πρὸ καιροῦ τι κρίνετε, ἕως ἂν ἔλθῃ ὁ
VIPA--ZS CH AB PG N-GM-S APIAN-S VMPA--YP CS QV VSAA--ZS DNMS

κύριος, ὃς καὶ φωτίσει τὰ κρυπτὰ τοῦ σκότους καὶ
N-NM-S APRNM-S CC VIFA--ZS DANP AP-AN-P DGNS N-GN-S CC

φανερώσει τὰς βουλὰς τῶν καρδιῶν· καὶ τότε ὁ ἔπαινος
VIFA--ZS DAFP N-AF-P DGFP N-GF-P CC AB DNMS N-NM-S

γενήσεται ἑκάστῳ ἀπὸ τοῦ θεοῦ.
VIFD-ZS AP-DM-S PG DGMS N-GM-S

4.6 Ταῦτα δέ, ἀδελφοί, μετεσχημάτισα εἰς ἐμαυτὸν καὶ
APDAN-P CC N-VM-P VIAA--XS PA NPAMXS CC

Ἀπολλῶν δι᾽ ὑμᾶς, ἵνα ἐν ἡμῖν μάθητε τὸ Μὴ ὑπὲρ
N-AM-S PA NPA-YP CS PD NPD-XP VSAA--YP DANS AB PA

ἃ   γέγραπται, ἵνα μὴ εἷς ὑπὲρ τοῦ ἑνὸς
APRAN-P□APDAN-P&APRNN-P VIRP--ZS CS AB APCNM-S PG DGMS APCGM-S

φυσιοῦσθε κατὰ τοῦ ἑτέρου. 4.7 τίς γάρ σε διακρίνει; τί
VIPP--YP PG DGMS AP-GM-S   APTNM-S CS NPA-YS VIPA--ZS APTAN-S

δὲ ἔχεις ὃ   οὐκ ἔλαβες; εἰ δὲ καὶ ἔλαβες, τί   καυχᾶσαι
CC VIPA--YS APRAN-S AB VIAA--YS CS CC AB VIAA--YS APTAN-S□ABT VIPN--YS

ὡς μὴ λαβών; 4.8 ἤδη κεκορεσμένοι ἐστέ· ἤδη ἐπλουτήσατε·
CS AB VPAANMYS   AB VPRPNMYP+   +VIPA--YP AB VIAA--YP

χωρὶς ἡμῶν ἐβασιλεύσατε· καὶ ὄφελόν γε ἐβασιλεύσατε, ἵνα καὶ
PG   NPG-XP VIAA--YP   CC QV   QS VIAA--YP   CS AB

ἡμεῖς ὑμῖν συμβασιλεύσωμεν. 4.9 δοκῶ γάρ, ὁ   θεὸς ἡμᾶς
NPN-XP NPD-YP VSAA--XP   VIPA--XS CS DNMS N-NM-S NPA-XP

τοὺς ἀποστόλους ἐσχάτους ἀπέδειξεν ὡς ἐπιθανατίους, ὅτι
DAMP N-AM-P   A--AM-P   VIAA--ZS CS A--AM-P   CS

θέατρον ἐγενήθημεν τῷ   κόσμῳ καὶ ἀγγέλοις καὶ ἀνθρώποις.
N-NN-S VIAO--XP   DDMS N-DM-S CC N-DM-P   CC N-DM-P

4.10 ἡμεῖς μωροὶ διὰ Χριστόν, ὑμεῖς δὲ φρόνιμοι ἐν Χριστῷ· ἡμεῖς
     NPN-XP A--NM-P PA N-AM-S   NPN-YP CC A--NM-P PD N-DM-S NPN-XP

ἀσθενεῖς, ὑμεῖς δὲ ἰσχυροί· ὑμεῖς ἔνδοξοι, ἡμεῖς δὲ ἄτιμοι.
A--NM-P   NPN-YP CC A--NM-P NPN-YP A--NM-P NPN-XP CC A--NM-P

4.11 ἄχρι τῆς ἄρτι   ὥρας καὶ πεινῶμεν καὶ διψῶμεν καὶ
     PG DGFS AB□A--GF-S N-GF-S CC VIPA--XP CC VIPA--XP CC

γυμνιτεύομεν καὶ κολαφιζόμεθα καὶ ἀστατοῦμεν 4.12 καὶ
VIPA--XP   CC VIPP--XP   CC VIPA--XP   CC

κοπιῶμεν ἐργαζόμενοι ταῖς ἰδίαις χερσίν· λοιδορούμενοι
VIPA--XP VPPNNMXP   DDFP A--DF-P N-DF-P VPPPNMXP

εὐλογοῦμεν, διωκόμενοι ἀνεχόμεθα, 4.13 δυσφημούμενοι
VIPA--XP   VPPPNMXP   VIPM--XP   VPPPNMXP

παρακαλοῦμεν· ὡς περικαθάρματα τοῦ κόσμου ἐγενήθημεν,
VIPA--XP   CS N-NN-P   DGMS N-GM-S VIAO--XP

πάντων περίψημα, ἕως ἄρτι.
AP-GN-P N-NN-S   PG AB□AP-GM-S

4.14 Οὐκ ἐντρέπων ὑμᾶς γράφω ταῦτα, ἀλλ᾿ ὡς τέκνα μου
     AB VPPANMXS NPA-YP VIPA--XS APDAN-P CH CS N-AN-P NPG-XS

ἀγαπητὰ νουθετῶ[ν]· 4.15 ἐὰν γὰρ μυρίους παιδαγωγοὺς ἔχητε
A--AN-P VPPANMXS/VIPA--XS CS CS A--AM-P N-AM-P   VSPA--YP

ἐν Χριστῷ, ἀλλ᾿ οὐ πολλοὺς πατέρας, ἐν γὰρ Χριστῷ Ἰησοῦ διὰ
PD N-DM-S CH AB A--AM-P   N-AM-P PD CS N-DM-S N-DM-S PG

τοῦ εὐαγγελίου ἐγὼ ὑμᾶς ἐγέννησα. 4.16 παρακαλῶ οὖν ὑμᾶς,
DGNS N-GN-S   NPN-XS NPA-YP VIAA--XS   VIPA--XS CH NPA-YP

μιμηταί μου γίνεσθε. 4.17 διὰ τοῦτο ἔπεμψα ὑμῖν Τιμόθεον,
N-NM-P NPG-XS VMPN--YP   PA APDAN-S VIAA--XS NPD-YP N-AM-S

ὃς   ἐστίν μου τέκνον ἀγαπητὸν καὶ πιστὸν ἐν κυρίῳ, ὃς
APRNM-S VIPA--ZS NPG-XS N-NN-S A--NN-S CC A--NN-S PD N-DM-S APRNM-S

ὑμᾶς ἀναμνήσει τὰς ὁδούς μου τὰς ἐν Χριστῷ [Ἰησοῦ], καθὼς
NPA-YP VIFA--ZS DAFP N-AF-P NPG-XS DAFP PD N-DM-S N-DM-S CS

πανταχοῦ ἐν πάσῃ ἐκκλησίᾳ διδάσκω. 4.18 ὡς μὴ ἐρχομένου δέ
AB PD A--DF-S N-DF-S VIPA--XS CS AB VPPNGMXS CC

μου πρὸς ὑμᾶς ἐφυσιώθησάν τινες· 4.19 ἐλεύσομαι δὲ ταχέως
NPG-XS PA NPA-YP VIAP--ZP APINM-P VIFD--XS CH AB

πρὸς ὑμᾶς, ἐὰν ὁ κύριος θελήσῃ, καὶ γνώσομαι οὐ τὸν λόγον
PA NPA-YP CS DNMS N-NM-S VSAA--ZS CC VIFD--XS AB DAMS N-AM-S

τῶν πεφυσιωμένων ἀλλὰ τὴν δύναμιν, 4.20 οὐ γὰρ
DGMP□NPGMZP&APRNM-P VPRPGM-P CH DAFS N-AF-S AB CS

ἐν λόγῳ ἡ βασιλεία τοῦ θεοῦ ἀλλ᾽ ἐν δυνάμει. 4.21 τί
PD N-DM-S DNFS N-NF-S DGMS N-GM-S CH PD N-DF-S APTAN-S

θέλετε; ἐν ῥάβδῳ ἔλθω πρὸς ὑμᾶς, ἢ ἐν ἀγάπῃ πνεύματί τε
VIPA--YP PD N-DF-S VSAA--XS PA NPA-YP CC PD N-DF-S N-DN-S CC

πραΰτητος;
N-GF-S

5.1 Ὅλως ἀκούεται ἐν ὑμῖν πορνεία, καὶ τοιαύτη πορνεία
AB VIPP--ZS PD NPD-YP N-NF-S CC A-DNF-S N-NF-S

ἥτις οὐδὲ ἐν τοῖς ἔθνεσιν, ὥστε γυναῖκά τινα τοῦ πατρὸς ἔχειν.
APRNF-S AB PD DDNP N-DN-P CH N-AF-S APIAM-S DGMS N-GM-S VNPA

5.2 καὶ ὑμεῖς πεφυσιωμένοι ἐστέ, καὶ οὐχὶ μᾶλλον ἐπενθήσατε,
CC NPN-YP VPRPNMYP+ +VIPA--YP CC AB ABM VIAA--YP

ἵνα ἀρθῇ ἐκ μέσου ὑμῶν ὁ τὸ ἔργον τοῦτο
CS VSAP--ZS PG AP-GN-S NPG-YP DNMS□NPNMZS&APRNM-S DANS N-AN-S A-DAN-S

πράξας; 5.3 ἐγὼ μὲν γάρ, ἀπὼν τῷ σώματι παρὼν δὲ τῷ
VPAANM-S NPN-XS QS CS VPPANMXS DDNS N-DN-S VPPANMXS CH DDNS

πνεύματι, ἤδη κέκρικα ὡς παρὼν τὸν οὕτως τοῦτο
N-DN-S AB VIRA--XS CS VPPANMXS DAMS□NPAMZS&APRNM-S AB APDAN-S

κατεργασάμενον 5.4 ἐν τῷ ὀνόματι τοῦ κυρίου [ἡμῶν] Ἰησοῦ,
VPADAM-S PD DDNS N-DN-S DGMS N-GM-S NPG-XP N-GM-S

συναχθέντων ὑμῶν καὶ τοῦ ἐμοῦ πνεύματος σὺν τῇ δυνάμει
VPAPGMYP NPG-YP CC DGNS A--GNXS N-GN-S PD DDFS N-DF-S

τοῦ κυρίου ἡμῶν Ἰησοῦ, 5.5 παραδοῦναι τὸν τοιοῦτον τῷ
DGMS N-GM-S NPG-XP N-GM-S VNAA DAMS APDAM-S DDMS

Σατανᾷ εἰς ὄλεθρον τῆς σαρκός, ἵνα τὸ πνεῦμα σωθῇ ἐν τῇ
N-DM-S PA N-AM-S DGFS N-GF-S CS DNNS N-NN-S VSAP--ZS PD DDFS

ἡμέρᾳ τοῦ κυρίου. 5.6 Οὐ καλὸν τὸ καύχημα ὑμῶν. οὐκ οἴδατε
N-DF-S DGMS N-GM-S AB A--NN-S DNNS N-NN-S NPG-YP AB/QT VIRA--YP

ὅτι μικρὰ ζύμη ὅλον τὸ φύραμα ζυμοῖ; 5.7 ἐκκαθάρατε τὴν
CC A--NF-S N-NF-S A--AN-S DANS N-AN-S VIPA--ZS VMAA--YP DAFS

παλαιὰν ζύμην, ἵνα ἦτε νέον φύραμα, καθώς ἐστε ἄζυμοι. καὶ
A--AF-S N-AF-S CS VSPA--YP A--NN-S N-NN-S CS VIPA--YP A--NM-P AB

γὰρ τὸ πάσχα ἡμῶν ἐτύθη Χριστός· 5.8 ὥστε ἑορτάζωμεν, μὴ ἐν
CS DNNS N-NN-S NPG-XP VIAP--ZS N-NM-S CH VSPA--XP AB PD

ζύμῃ παλαιᾷ μηδὲ ἐν ζύμῃ κακίας καὶ πονηρίας, ἀλλ᾽ ἐν ἀζύμοις
N-DF-S A--DF-S CC PD N-DF-S N-GF-S CC N-GF-S CH PD AP-DN-P

εἰλικρινείας καὶ ἀληθείας.
N-GF-S CC N-GF-S

5.9 Ἔγραψα ὑμῖν ἐν τῇ ἐπιστολῇ μὴ συναναμίγνυσθαι
VIAA--XS NPD-YP PD DDFS N-DF-S AB VNPN

πόρνοις, 5.10 οὐ πάντως τοῖς πόρνοις τοῦ κόσμου τούτου ἢ τοῖς
N-DM-P AB AB DDMP N-DM-P DGMS N-GM-S A-DGM-S CC DDMP

πλεονέκταις καὶ ἅρπαξιν ἢ εἰδωλολάτραις, ἐπεὶ ὠφείλετε ἄρα ἐκ
N-DM-P CC AP-DM-P CC N-DM-P CS VIPA--YP CH PG

τοῦ κόσμου ἐξελθεῖν. 5.11 νῦν δὲ ἔγραψα ὑμῖν μὴ
DGMS N-GM-S VNAA AB CH VIAA--XS NPD-YP AB

συναναμίγνυσθαι ἐάν τις ἀδελφὸς ὀνομαζόμενος ᾖ πόρνος
VNPN CS APINM-S N-NM-S VPPPNM-S VSPA--ZS N-NM-S

ἢ πλεονέκτης ἢ εἰδωλολάτρης ἢ λοίδορος ἢ μέθυσος ἢ ἅρπαξ,
CC N-NM-S CC N-NM-S CC N-NM-S CC N-NM-S CC A--NM-S

τῷ τοιούτῳ μηδὲ συνεσθίειν. 5.12 τί γάρ μοι τοὺς ἔξω
DDMS APDDM-S CC VNPA APTNN-S CS NPD-XS DAMP AB□AP-AM-P

κρίνειν; οὐχὶ τοὺς ἔσω ὑμεῖς κρίνετε; 5.13 τοὺς δὲ ἔξω
VNPA QT DAMP AB□AP-AM-P NPN-YP VIPA--YP DAMP CC AB□AP-AM-P

ὁ θεὸς κρινεῖ. ἐξάρατε τὸν πονηρὸν ἐξ ὑμῶν αὐτῶν.
DNMS N-NM-S VIFA--ZS†VIPA--ZS VMAA--YP DAMS AP-AM-S PG NPG-YP NPGMYP

6.1 Τολμᾷ τις ὑμῶν πρᾶγμα ἔχων πρὸς τὸν ἕτερον
VIPA--ZS APINM-S NPG-YP N-AN-S VPPANM-S PA DAMS AP-AM-S

κρίνεσθαι ἐπὶ τῶν ἀδίκων, καὶ οὐχὶ ἐπὶ τῶν ἁγίων; 6.2 ἢ οὐκ
VNPP PG DGMP AP-GM-P CC AB PG DGMP AP-GM-P CC AB/QT

οἴδατε ὅτι οἱ ἅγιοι τὸν κόσμον κρινοῦσιν; καὶ εἰ ἐν ὑμῖν
VIRA--YP CC DNMP AP-NM-P DAMS N-AM-S VIFA--ZP CC CS PD NPD-YP

κρίνεται ὁ κόσμος, ἀνάξιοί ἐστε κριτηρίων ἐλαχίστων;
VIPP--ZS DNMS N-NM-S A--NM-P VIPA--YP N-GN-P A-SGN-P

6.3 οὐκ οἴδατε ὅτι ἀγγέλους κρινοῦμεν, μήτιγε βιωτικά;
AB/QT VIRA--YP CC N-AM-P VIFA--XP AB AP-AN-P

6.4 βιωτικὰ μὲν οὖν κριτήρια ἐὰν ἔχητε, τοὺς
A--AN-P QS CH N-AN-P CS VSPA--YP DAMP□APRNM-P+

ἐξουθενημένους ἐν τῇ ἐκκλησίᾳ τούτους καθίζετε; 6.5 πρὸς
VPRPAM-P PD DDFS N-DF-S APDAM-P VIPA--YP PA

ἐντροπὴν ὑμῖν λέγω. οὕτως οὐκ ἔνι ἐν ὑμῖν οὐδεὶς σοφὸς
N-AF-S NPD-YP VIPA--XS AB QT VIPA--ZS PD NPD-YP APCNM-S A--NM-S

ὃς δυνήσεται διακρῖναι ἀνὰ μέσον τοῦ ἀδελφοῦ αὐτοῦ;
APRNM-S VIFD--ZS VNAA PA AP-AN-S DGMS N-GM-S NPGMZS

6.6 ἀλλὰ ἀδελφὸς μετὰ ἀδελφοῦ κρίνεται, καὶ τοῦτο ἐπὶ ἀπίστων;
CC N-NM-S PG N-GM-S VIPP--ZS CC APDNN-S PG AP-GM-P

6.7 ἤδη μὲν [οὖν] ὅλως ἥττημα ὑμῖν ἐστιν ὅτι κρίματα ἔχετε
AB CS CH AB N-NN-S NPD-YP VIPA--ZS ABR/CS N-AN-P VIPA--YP

μεθ᾽ ἑαυτῶν· διὰ τί   οὐχὶ μᾶλλον ἀδικεῖσθε; διὰ τί   οὐχὶ
PG   NPGMYP   PA   APTAN-S AB   ABM   VIPP--YP   PA   APTAN-S AB

μᾶλλον ἀποστερεῖσθε; 6.8 ἀλλὰ ὑμεῖς ἀδικεῖτε καὶ ἀποστερεῖτε,
ABM   VIPP--YP   CH   NPN-YP VIPA--YP   CC   VIPA--YP

καὶ τοῦτο ἀδελφούς. 6.9 ἢ οὐκ οἴδατε ὅτι ἄδικοι θεοῦ βασιλείαν
CC   APDNN-S N-AM-P   CC AB/QT VIRA--YP CC AP-NM-P N-GM-S N-AF-S

οὐ κληρονομήσουσιν; μὴ πλανᾶσθε· οὔτε   πόρνοι οὔτε
AB VIFA--ZP   AB VMPP--YP   CC   N-NM-P   CC

εἰδωλολάτραι οὔτε μοιχοὶ οὔτε μαλακοὶ οὔτε ἀρσενοκοῖται
N-NM-P   CC   N-NM-P CC   AP-NM-P   CC   N-NM-P

6.10 οὔτε κλέπται οὔτε πλεονέκται, οὐ μέθυσοι, οὐ λοίδοροι, οὐχ
CC N-NM-P   CC   N-NM-P   AB N-NM-P   AB N-NM-P   AB

ἅρπαγες βασιλείαν θεοῦ κληρονομήσουσιν. 6.11 καὶ ταῦτά τινες
AP-NM-P   N-AF-S   N-GM-S VIFA--ZP   CC   APDNN-P APINM-P

ἦτε· ἀλλὰ ἀπελούσασθε, ἀλλὰ ἡγιάσθητε, ἀλλὰ ἐδικαιώθητε ἐν
VIIA--YP CC   VIAM--YP   CC   VIAP--YP   CC   VIAP--YP   PD

τῷ ὀνόματι τοῦ κυρίου Ἰησοῦ Χριστοῦ καὶ ἐν τῷ πνεύματι
DDNS N-DN-S   DGMS N-GM-S   N-GM-S N-GM-S   CC   PD DDNS N-DN-S

τοῦ θεοῦ ἡμῶν.
DGMS N-GM-S NPG-XP

6.12 Πάντα μοι ἔξεστιν, ἀλλ᾽ οὐ πάντα συμφέρει. πάντα
AP-NN-P   NPD-XS VIPA--ZS   CC   AB AP-NN-P   VIPA--ZS   AP-NN-P

μοι ἔξεστιν, ἀλλ᾽ οὐκ ἐγὼ ἐξουσιασθήσομαι ὑπό τινος. 6.13 τὰ
NPD-XS VIPA--ZS   CC   AB NPN-XS VIFP--XS   PG   APIGN-S   DNNP

βρώματα τῇ κοιλίᾳ, καὶ ἡ   κοιλία τοῖς βρώμασιν· ὁ   δὲ   θεὸς
N-NN-P   DDFS N-DF-S   CC   DNFS N-NF-S   DDNP N-DN-P   DNMS CC/CH N-NM-S

καὶ ταύτην καὶ ταῦτα καταργήσει. τὸ   δὲ   σῶμα οὐ τῇ πορνείᾳ
CC   APDAF-S CC   APDAN-P VIFA--ZS   DNNS CC/CH N-NN-S   AB DDFS N-DF-S

ἀλλὰ τῷ   κυρίῳ, καὶ ὁ   κύριος τῷ σώματι· 6.14 ὁ   δὲ θεὸς καὶ
CH   DDMS N-DM-S   CC   DNMS N-NM-S   DDNS N-DN-S   DNMS CC N-NM-S CC

τὸν κύριον ἤγειρεν καὶ ἡμᾶς ἐξεγερεῖ διὰ τῆς δυνάμεως αὐτοῦ.
DAMS N-AM-S   VIAA--ZS   CC   NPA-XP VIFA--ZS   PG   DGFS N-GF-S   NPGMZS

6.15 οὐκ οἴδατε ὅτι τὰ   σώματα ὑμῶν μέλη Χριστοῦ ἐστιν;
AB/QT VIRA--YP   CC   DNNP N-NN-P   NPG-YP N-NN-P   N-GM-S   VIPA--ZS

ἄρας   οὖν τὰ   μέλη τοῦ Χριστοῦ ποιήσω πόρνης μέλη; μὴ
VPAANMXS CH   DANP N-AN-P DGMS N-GM-S   VSAA--XS   N-GF-S   N-AN-P   AB

γένοιτο. 6.16 [ἢ] οὐκ οἴδατε ὅτι ὁ   κολλώμενος τῇ
VOAD--ZS   CC   AB/QT VIRA--YP CC   DNMS□NPNMZS&APRNM-S VPPPNM-S   DDFS

πόρνῃ ἓν   σῶμά ἐστιν; Ἔσονται   γάρ, φησίν, οἱ δύο
N-DF-S   A-CNN-S N-NN-S   VIPA--ZS   VIFD--ZP□VMPA--ZP CS   VIPA--ZS   DNMP APCNM-P

εἰς σάρκα μίαν. 6.17 ὁ   δὲ κολλώμενος τῷ   κυρίῳ
PA   N-AF-S   A-CAF-S   DNMS□NPNMZS&APRNM-S CC VPPPNM-S   DDMS N-DM-S

ἓν   πνεῦμά ἐστιν. 6.18 φεύγετε τὴν πορνείαν· πᾶν ἁμάρτημα
A-CNN-S N-NN-S   VIPA--ZS   VMPA--YP DAFS N-AF-S   A--NN-S N-NN-S

521

ὃ　ἐὰν　ποιήσῃ　ἄνθρωπος　ἐκτὸς　τοῦ　σώματός　ἐστιν,
APRAN-S　QV　VSAA--ZS　N-NM-S　PG　DGNS　N-GN-S　VIPA--ZS

ὁ　　　δὲ πορνεύων εἰς τὸ ἴδιον σῶμα ἁμαρτάνει.
DNMS□NPNMZS&APRNM-S　CH　VPPANM-S　PA　DANS　A--AN-S　N-AN-S　VIPA--ZS

6.19 ἢ οὐκ οἴδατε ὅτι τὸ　σῶμα ὑμῶν ναὸς τοῦ ἐν ὑμῖν ἁγίου
CC AB/QT VIRA--YP CC　DNNS N-NN-S NPG-YP N-NM-S DGNS PD NPD-YP A--GN-S

πνεύματός ἐστιν, οὗ　　　ἔχετε ἀπὸ θεοῦ, καὶ οὐκ ἐστὲ
N-GN-S　VIPA--ZS APRGN-S□APRAN-S VIPA--YP PG N-GM-S CC AB VIPA--YP

ἑαυτῶν; 6.20 ἠγοράσθητε γὰρ τιμῆς· δοξάσατε δὴ τὸν θεὸν ἐν
NPGMYP　VIAP--YP　CS　N-GF-S　VMAA--YP　QS DAMS N-AM-S PD

τῷ σώματι ὑμῶν.
DDNS N-DN-S　NPG-YP

7.1 Περὶ δὲ ὧν　　　　ἐγράψατε, καλὸν ἀνθρώπῳ
PG CC APRGN-P□APDGN-P&APRAN-P VIAA--YP A--NN-S N-DM-S

γυναικὸς μὴ ἅπτεσθαι· 7.2 διὰ δὲ τὰς πορνείας ἕκαστος τὴν
N-GF-S AB VNPM　　PA CH DAFP N-AF-P AP-NM-S DAFS

ἑαυτοῦ γυναῖκα ἐχέτω, καὶ ἑκάστη τὸν ἴδιον ἄνδρα ἐχέτω. 7.3 τῇ
NPGMZS N-AF-S VMPA--ZS CC AP-NF-S DAMS A--AM-S N-AM-S VMPA--ZS DDFS

γυναικὶ ὁ　ἀνὴρ τὴν ὀφειλὴν ἀποδιδότω, ὁμοίως δὲ καὶ ἡ　γυνὴ
N-DF-S DNMS N-NM-S DAFS N-AF-S VMPA--ZS AB CC AB DNFS N-NF-S

τῷ ἀνδρί. 7.4 ἡ　γυνὴ τοῦ ἰδίου σώματος οὐκ ἐξουσιάζει ἀλλὰ
DDMS N-DM-S DNFS N-NF-S DGNS A--GN-S N-GN-S AB VIPA--ZS CH

ὁ　ἀνήρ· ὁμοίως δὲ καὶ ὁ　ἀνὴρ τοῦ ἰδίου σώματος οὐκ
DNMS N-NM-S AB CC AB DNMS N-NM-S DGNS A--GN-S N-GN-S AB

ἐξουσιάζει ἀλλὰ ἡ　γυνή. 7.5 μὴ ἀποστερεῖτε ἀλλήλους, εἰ μήτι
VIPA--ZS CH DNFS N-NF-S AB VMPA--YP NRAMYP CS QT

ἂν ἐκ συμφώνου πρὸς καιρὸν ἵνα σχολάσητε τῇ　προσευχῇ καὶ
QV PG AP-GN-S PA N-AM-S CS VSAA--YP DDFS N-DF-S CC

πάλιν ἐπὶ τὸ αὐτὸ ἦτε, ἵνα μὴ πειράζῃ ὑμᾶς ὁ　Σατανᾶς διὰ
AB PA DANS AP-AN-S VSPA--YP CS AB VSPA--ZS NPA-YP DNMS N-NM-S PA

τὴν ἀκρασίαν ὑμῶν. 7.6 τοῦτο δὲ λέγω κατὰ συγγνώμην, οὐ κατ᾿
DAFS N-AF-S NPG-YP APDAN-S CC VIPA--XS PA N-AF-S AB PA

ἐπιταγήν. 7.7 θέλω δὲ πάντας ἀνθρώπους εἶναι ὡς καὶ ἐμαυτόν·
N-AF-S VIPA--XS CC A--AM-P N-AM-P VNPA CS AB NPAMXS

ἀλλὰ ἕκαστος ἴδιον ἔχει χάρισμα ἐκ θεοῦ, ὁ　　　μὲν οὕτως,
CC AP-NM-S A--AN-S VIPA--ZS N-AN-S PG N-GM-S DNMS□APDNM-S CC AB

ὁ　　　δὲ οὕτως.
DNMS□APDNM-S CC AB

7.8 Λέγω δὲ τοῖς ἀγάμοις καὶ ταῖς χήραις, καλὸν αὐτοῖς ἐὰν
VIPA--XS CC DDMP N-DM-P CC DDFP AP-DF-P A--NN-S NPDMZP CS

μείνωσιν ὡς κἀγώ· 7.9 εἰ δὲ οὐκ ἐγκρατεύονται γαμησάτωσαν,
VSAA--ZP CS AB&NPN-XS CS CC AB VIPN--ZP VMAA--ZP

κρεῖττον γάρ ἐστιν γαμῆσαι ἢ πυροῦσθαι. 7.10 τοῖς
A-MNN-S CS VIPA--ZS VNAA CS VNPP DDMP□NPDMZP&APRNM-P

δὲ γεγαμηκόσιν παραγγέλλω, οὐκ ἐγὼ ἀλλὰ ὁ κύριος, γυναῖκα
CC VPRADM-P VIPA--XS AB NPN-XS CH DNMS N-NM-S N-AF-S

ἀπὸ ἀνδρὸς μὴ χωρισθῆναι 7.11 — ἐὰν δὲ καὶ χωρισθῇ, μενέτω
PG N-GM-S AB VNAP CS CC AB VSAP--ZS VMPA--ZS

ἄγαμος ἢ τῷ ἀνδρὶ καταλλαγήτω — καὶ ἄνδρα γυναῖκα μὴ
N-NF-S CC DDMS N-DM-S VMAP--ZS CC N-AM-S N-AF-S AB

ἀφιέναι. 7.12 Τοῖς δὲ λοιποῖς λέγω ἐγώ, οὐχ ὁ κύριος· εἴ τις
VNPA DDMP CC AP-DM-P VIPA--XS NPN-XS AB DNMS N-NM-S CS A-INM-S

ἀδελφὸς γυναῖκα ἔχει ἄπιστον, καὶ αὕτη συνευδοκεῖ οἰκεῖν μετ᾽
N-NM-S N-AF-S VIPA--ZS A--AF-S CC APDNF-S VIPA--ZS VNPA PG

αὐτοῦ, μὴ ἀφιέτω αὐτήν· 7.13 καὶ γυνὴ εἴ τις ἔχει ἄνδρα
NPGMZS AB VMPA--ZS NPAFZS CC N-NF-S CS A-INF-S VIPA--ZS N-AM-S

ἄπιστον, καὶ οὗτος συνευδοκεῖ οἰκεῖν μετ᾽ αὐτῆς, μὴ ἀφιέτω τὸν
A--AM-S CC APDNM-S VIPA--ZS VNPA PG NPGFZS AB VMPA--ZS DAMS

ἄνδρα. 7.14 ἡγίασται γὰρ ὁ ἀνὴρ ὁ ἄπιστος ἐν τῇ γυναικί,
N-AM-S VIRP--ZS CS DNMS N-NM-S DNMS A--NM-S PD DDFS N-DF-S

καὶ ἡγίασται ἡ γυνὴ ἡ ἄπιστος ἐν τῷ ἀδελφῷ· ἐπεὶ ἄρα τὰ
CC VIRP--ZS DNFS N-NF-S DNFS A--NF-S PD DDMS N-DM-S CS CH DNNP

τέκνα ὑμῶν ἀκάθαρτά ἐστιν, νῦν δὲ ἅγιά ἐστιν. 7.15 εἰ δὲ ὁ
N-NN-P NPG-YP A--NN-P VIPA--ZS AB CH A--NN-P VIPA--ZS CS CC DNMS

ἄπιστος χωρίζεται, χωριζέσθω· οὐ δεδούλωται ὁ ἀδελφὸς ἢ ἡ
AP-NM-S VIPP--ZS VMPP--ZS AB VIRP--ZS DNMS N-NM-S CC DNFS

ἀδελφὴ ἐν τοῖς τοιούτοις· ἐν δὲ εἰρήνῃ κέκληκεν ὑμᾶς ὁ θεός.
N-NF-S PD DDNP APDDN-P PD CC/CS N-DF-S VIRA--ZS NPA-YP DNMS N-NM-S

7.16 τί γὰρ οἶδας, γύναι, εἰ τὸν ἄνδρα σώσεις; ἢ
APTAN-S□ABT CS VIRA--YS N-VF-S QT DAMS N-AM-S VIFA--YS CC

τί οἶδας, ἄνερ, εἰ τὴν γυναῖκα σώσεις;
APTAN-S□ABT VIRA--YS N-VM-S QT DAFS N-AF-S VIFA--YS

7.17 Εἰ μὴ ἑκάστῳ ὡς ἐμέρισεν ὁ κύριος, ἕκαστον ὡς
CS AB AP-DM-S CS VIAA--ZS DNMS N-NM-S AP-AM-S CS

κέκληκεν ὁ θεός, οὕτως περιπατείτω· καὶ οὕτως ἐν ταῖς
VIRA--ZS DNMS N-NM-S AB VMPA--ZS CC AB PD DDFP

ἐκκλησίαις πάσαις διατάσσομαι. 7.18 περιτετμημένος τις
N-DF-P A--DF-P VIPM--XS VPRPNM-S APINM-S

ἐκλήθη; μὴ ἐπισπάσθω. ἐν ἀκροβυστίᾳ κέκληταί τις; μὴ
VIAP--ZS AB VMPN--ZS PD N-DF-S VIRP--ZS APINM-S AB

περιτεμνέσθω. 7.19 ἡ περιτομὴ οὐδέν ἐστιν, καὶ ἡ
VMPP--ZS DNFS N-NF-S APCNN-S VIPA--ZS CC DNFS

ἀκροβυστία οὐδέν ἐστιν, ἀλλὰ τήρησις ἐντολῶν θεοῦ.
N-NF-S APCNN-S VIPA--ZS CH N-NF-S N-GF-P N-GM-S

7.20 ἕκαστος ἐν τῇ κλήσει ᾗ ἐκλήθη ἐν ταύτῃ μενέτω.
AP-NM-S PD DDFS N-DF-S APRDF-S VIAP--ZS PD APDDF-S VMPA--ZS

7.21 δοῦλος ἐκλήθης; μή σοι μελέτω· ἀλλ᾽ εἰ καὶ δύνασαι
N-NM-S VIAP--YS AB NPD-YS VMPA--ZS CH CS AB VIPN--YS

ἐλεύθερος γενέσθαι, μᾶλλον χρῆσαι. 7.22 ὁ γὰρ ἐν
A--NM-S VNAD ABM VMAD--YS DNMS□APRNM-S+ CS PD

κυρίῳ κληθεὶς δοῦλος ἀπελεύθερος κυρίου ἐστίν· ὁμοίως ὁ
N-DM-S VPAPNM-S N-NM-S AP-NM-S N-GM-S VIPA--ZS AB DNMS

ἐλεύθερος κληθεὶς δοῦλός ἐστιν Χριστοῦ. 7.23 τιμῆς ἠγοράσθητε·
AP-NM-S VPAPNM-S N-NM-S VIPA--ZS N-GM-S N-GF-S VIAP--YP

μὴ γίνεσθε δοῦλοι ἀνθρώπων. 7.24 ἕκαστος ἐν ᾧ ἐκλήθη,
AB VMPN--YP N-NM-P N-GM-P AP-NM-S PD APRDN-S+ VIAP--ZS

ἀδελφοί, ἐν τούτῳ μενέτω παρὰ θεῷ.
N-VM-P PD APDDN-S VMPA--ZS PD N-DM-S

7.25 Περὶ δὲ τῶν παρθένων ἐπιταγὴν κυρίου οὐκ ἔχω,
PG CC DGFP N-GF-P N-AF-S N-GM-S AB VIPA--XS

γνώμην δὲ δίδωμι ὡς ἠλεημένος ὑπὸ κυρίου πιστὸς εἶναι.
N-AF-S CH VIPA--XS CS VPRPNMXS PG N-GM-S A--NM-S VNPA

7.26 Νομίζω οὖν τοῦτο καλὸν ὑπάρχειν διὰ τὴν
VIPA--XS CH APDAN-S A--AN-S VNPA PA DAFS□APRNF-S+

ἐνεστῶσαν ἀνάγκην, ὅτι καλὸν ἀνθρώπῳ τὸ οὕτως εἶναι.
VPRAAF-S N-AF-S ABR A--NN-S N-DM-S DNNS AB VNPAN

7.27 δέδεσαι γυναικί; μὴ ζήτει λύσιν· λέλυσαι ἀπὸ γυναικός; μὴ
VIRP--YS N-DF-S AB VMPA--YS N-AF-S VIRP--YS PG N-GF-S AB

ζήτει γυναῖκα. 7.28 ἐὰν δὲ καὶ γαμήσῃς, οὐχ ἥμαρτες· καὶ ἐὰν
VMPA--YS N-AF-S CS CC/CS AB VSAA--YS AB VIAA--YS CC CS

γήμῃ ἡ παρθένος, οὐχ ἥμαρτεν. θλῖψιν δὲ τῇ σαρκὶ ἕξουσιν
VSAA--ZS DNFS N-NF-S AB VIAA--ZS N-AF-S CC/CH DDFS N-DF-S VIFA--ZP

οἱ τοιοῦτοι, ἐγὼ δὲ ὑμῶν φείδομαι. 7.29 τοῦτο δέ φημι,
DNMP APDNM-P NPN-XS CC/CH NPG-YP VIPN--XS APDAN-S CC VIPA--XS

ἀδελφοί, ὁ καιρὸς συνεσταλμένος ἐστίν· τὸ λοιπὸν ἵνα καὶ
N-VM-P DNMS N-NM-S VPRPNM-S+ +VIPA--ZS DANS AP-AN-S CH/CS AB

οἱ ἔχοντες γυναῖκας ὡς μὴ ἔχοντες ὦσιν, 7.30 καὶ
DNMP□NPNMZP&APRNM-P VPPANM-P N-AF-P CS AB VPPANM-P VSPA--ZP CC

οἱ κλαίοντες ὡς μὴ κλαίοντες, καὶ
DNMP□NPNMZP&APRNM-P VPPANM-P CS AB VPPANM-P CC

οἱ χαίροντες ὡς μὴ χαίροντες, καὶ
DNMP□NPNMZP&APRNM-P VPPANM-P CS AB VPPANM-P CC

οἱ ἀγοράζοντες ὡς μὴ κατέχοντες, 7.31 καὶ
DNMP□NPNMZP&APRNM-P VPPANM-P CS AB VPPANM-P CC

οἱ χρώμενοι τὸν κόσμον ὡς μὴ καταχρώμενοι·
DNMP□NPNMZP&APRNM-P VPPNNM-P DAMS N-AM-S CS AB VPPNNM-P

παράγει γὰρ τὸ σχῆμα τοῦ κόσμου τούτου. 7.32 θέλω δὲ ὑμᾶς
VIPA--ZS CS DNNS N-NN-S DGMS N-GM-S A-DGM-S VIPA--XS CC NPA-YP

ἀμερίμνους εἶναι. ὁ ἄγαμος μεριμνᾷ τὰ τοῦ κυρίου, πῶς
A--AM-P VNPA DNMS N-NM-S VIPA--ZS DANP DGMS N-GM-S ABT

ἀρέσῃ τῷ κυρίῳ· 7.33 ὁ δὲ γαμήσας μεριμνᾷ τὰ
VSAA--ZS DDMS N-DM-S DNMS□NPNMZS&APRNM-S CC VPAANM-S VIPA--ZS DANP

τοῦ κόσμου, πῶς ἀρέσῃ τῇ γυναικί, 7.34 καὶ μεμέρισται. καὶ ἡ
DGMS N-GM-S   ABT VSAA--ZS DDFS N-DF-S   CC VIRP--ZS   CC DNFS

γυνὴ ἡ ἄγαμος καὶ ἡ παρθένος μεριμνᾷ τὰ τοῦ κυρίου, ἵνα
N-NF-S DNFS N-NF-S CC DNFS N-NF-S   VIPA--ZS DANP DGMS N-GM-S CS

ᾖ ἁγία καὶ τῷ σώματι καὶ τῷ πνεύματι· ἡ δὲ
VSPA--ZS A--NF-S CC DDNS N-DN-S CC DDNS N-DN-S DNFS□NPNFZS&APRNF-S CC

γαμήσασα μεριμνᾷ τὰ τοῦ κόσμου, πῶς ἀρέσῃ τῷ ἀνδρί.
VPAANF-S VIPA--ZS DANP DGMS N-GM-S ABT VSAA--ZS DDMS N-DM-S

7.35 τοῦτο δὲ πρὸς τὸ ὑμῶν αὐτῶν σύμφορον λέγω, οὐχ ἵνα
APDAN-S CC PA   DANS NPG-YP NPGMYP AP-AN-S   VIPA--XS AB CS

βρόχον ὑμῖν ἐπιβάλω, ἀλλὰ πρὸς τὸ εὔσχημον καὶ εὐπάρεδρον
N-AM-S NPD-YP VSAA--XS CH   PA DANS AP-AN-S   CC AP-AN-S

τῷ κυρίῳ ἀπερισπάστως.
DDMS N-DM-S AB

7.36 Εἰ δέ τις ἀσχημονεῖν ἐπὶ τὴν παρθένον αὐτοῦ νομίζει
CS CC APINM-S VNPA   PA DAFS N-AF-S   NPGMZS VIPA--ZS

ἐὰν ᾖ ὑπέρακμος, καὶ οὕτως ὀφείλει γίνεσθαι,
CS VSPA--ZS A--NF-S/A--NM-S CC AB VIPA--ZS VNPN

ὃ θέλει ποιείτω· οὐχ ἁμαρτάνει· γαμείτωσαν.
APRAN-S□APDAN-S&APRAN-S VIPA--ZS VMPA--ZS AB VIPA--ZS VMPA--ZP

7.37 ὃς δὲ ἔστηκεν ἐν τῇ καρδίᾳ αὐτοῦ ἑδραῖος,
APRNM-S□APDNM-S&APRNM-S CH VIRA--ZS PD DDFS N-DF-S NPGMZS A--NM-S

μὴ ἔχων ἀνάγκην, ἐξουσίαν δὲ ἔχει περὶ τοῦ ἰδίου θελήματος,
AB VPPANM-S N-AF-S N-AF-S   CC VIPA--ZS PG DGNS A--GN-S N-GN-S

καὶ τοῦτο κέκρικεν ἐν τῇ ἰδίᾳ καρδίᾳ, τηρεῖν τὴν ἑαυτοῦ
CC APDAN-S VIRA--ZS PD DDFS A--DF-S N-DF-S VNPA DAFS NPGMZS

παρθένον, καλῶς ποιήσει· 7.38 ὥστε καὶ ὁ
N-AF-S   AB   VIFA--ZS   CH   CC DNMS□NPNMZS&APRNM-S

γαμίζων τὴν ἑαυτοῦ παρθένον καλῶς ποιεῖ, καὶ ὁ
VPPANM-S DAFS NPGMZS N-AF-S   AB   VIPA--ZS CC DNMS□NPNMZS&APRNM-S

μὴ γαμίζων κρεῖσσον ποιήσει.
AB VPPANM-S APMAN-S   VIFA--ZS

7.39 Γυνὴ δέδεται ἐφ᾽ ὅσον χρόνον ζῇ ὁ ἀνὴρ αὐτῆς·
N-NF-S VIRP--ZS PA APRAM-S+ N-AM-S VIPA--ZS DNMS N-NM-S NPGFZS

ἐὰν δὲ κοιμηθῇ ὁ ἀνήρ, ἐλευθέρα ἐστὶν ᾧ
CS CC VSAO--ZS DNMS N-NM-S A--NF-S VIPA--ZS APRDM-S□APDDM-S&APRDM-S

θέλει γαμηθῆναι, μόνον ἐν κυρίῳ. 7.40 μακαριωτέρα δέ ἐστιν
VIPA--ZS VNAP   AP-AN-S□AB PD N-DM-S   A-MNF-S   CH VIPA--ZS

ἐὰν οὕτως μείνῃ, κατὰ τὴν ἐμὴν γνώμην, δοκῶ δὲ κἀγὼ
CS AB VSAA--ZS PA DAFS A--AFXS N-AF-S   VIPA--XS CC AB&NPN-XS

πνεῦμα θεοῦ ἔχειν.
N-AN-S N-GM-S VNPA

8.1 Περὶ δὲ τῶν εἰδωλοθύτων, οἴδαμεν ὅτι πάντες γνῶσιν
PG CC DGNP AP-GN-P   VIRA--XP CH AP-NM-P N-AF-S

ἔχομεν. ἡ　　γνῶσις φυσιοῖ, ἡ　δὲ ἀγάπη οἰκοδομεῖ. 8.2 εἴ τις
VIPA--XP　DNFS N-NF-S　VIPA--ZS　DNFS CH N-NF-S　VIPA--ZS　　　　CS APINM-S

δοκεῖ ἐγνωκέναι τι,　οὔπω ἔγνω καθὼς δεῖ　γνῶναι· 8.3 εἰ δέ
VIPA--ZS VNRA　　APIAN-S AB　VIAA--ZS CS　VIPA--ZS VNAA　　　CS CC

τις　ἀγαπᾷ τὸν θεόν, οὗτος ἔγνωσται ὑπ᾽ αὐτοῦ. 8.4 Περὶ τῆς
APINM-S VIPA--ZS　DAMS N-AM-S APDNM-S VIRP--ZS　PG　NPGMZS　　PG　DGFS

βρώσεως οὖν τῶν εἰδωλοθύτων οἴδαμεν ὅτι οὐδὲν εἴδωλον ἐν
N-GF-S　CC　DGNP AP-GN-P　　VIRA--XP　CH　A-CNN-S N-NN-S　PD

κόσμῳ, καὶ ὅτι οὐδεὶς θεὸς εἰ μὴ εἷς.　8.5 καὶ γὰρ εἴπερ εἰσὶν
N-DM-S　CC CH A-CNM-S N-NM-S CS AB APCNM-S　AB CS CS　VIPA--ZP

λεγόμενοι θεοὶ εἴτε ἐν οὐρανῷ εἴτε ἐπὶ γῆς, ὥσπερ εἰσὶν θεοὶ
VPPPNM-P　N-NM-P CC　PD N-DM-S　CC PG N-GF-S CS　VIPA--ZP N-NM-P

πολλοὶ καὶ κύριοι πολλοί, 8.6 ἀλλ᾽ ἡμῖν εἷς　θεὸς ὁ　πατήρ, ἐξ
A--NM-P　CC　N-NM-P A--NM-P　　CH　NPD-XP A-CNM-S N-NM-S DNMS N-NM-S　PG

οὗ　τὰ πάντα καὶ ἡμεῖς εἰς αὐτόν, καὶ εἷς　κύριος Ἰησοῦς
APRGM-S DNNP AP-NN-P CC　NPN-XP PA　NPAMZS　CC　A-CNM-S N-NM-S　N-NM-S

Χριστός, δι᾽ οὗ　τὰ πάντα καὶ ἡμεῖς δι᾽ αὐτοῦ.
N-NM-S　PG APRGM-S DNNP AP-NN-P CC　NPN-XP PG NPGMZS

8.7 Ἀλλ᾽ οὐκ ἐν πᾶσιν ἡ　γνῶσις· τινὲς δὲ τῇ　συνηθείᾳ ἕως
　　CC　AB　PD AP-DM-P DNFS N-NF-S　APINM-P CC DDFS N-DF-S　　PG

ἄρτι　τοῦ εἰδώλου ὡς εἰδωλόθυτον ἐσθίουσιν, καὶ ἡ
AB□AP-GM-S DGNS N-GN-S CS AP-AN-S　　VIPA--ZP　　　CC　DNFS

συνείδησις αὐτῶν ἀσθενὴς οὖσα　μολύνεται. 8.8 βρῶμα δὲ ἡμᾶς
N-NF-S　NPGMZP A--NF-S VPPANF-S VIPP--ZS　　　N-NN-S　CC NPA-XP

οὐ παραστήσει τῷ　θεῷ· οὔτε ἐὰν μὴ φάγωμεν ὑστερούμεθα,
AB VIFA--ZS　DDMS N-DM-S CC　CS　AB VSAA--XP　VIPP--XP

οὔτε ἐὰν φάγωμεν περισσεύομεν. 8.9 βλέπετε δὲ μή πως ἡ
CC　CS VSAA--XP　VIPA--XP　　　VMPA--YP CH CS ABI DNFS

ἐξουσία ὑμῶν αὕτη πρόσκομμα γένηται τοῖς ἀσθενέσιν. 8.10 ἐὰν
N-NF-S　NPG-YP A-DNF-S N-NN-S　VSAD--ZS DDMP AP-DM-P　　　CS

γάρ τις ἴδῃ　σὲ τὸν　ἔχοντα γνῶσιν ἐν εἰδωλείῳ
CS　APINM-S VSAA--ZS NPA-YS DAMS□APRNMYS VPPAAMYS N-AF-S PD N-DN-S

κατακείμενον, οὐχὶ ἡ　συνείδησις αὐτοῦ ἀσθενοῦς ὄντος
VPPNAMYS　QT DNFS N-NF-S　NPGMZS A--GM-S VPPAGM-S

οἰκοδομηθήσεται εἰς τὸ　τὰ εἰδωλόθυτα ἐσθίειν; 8.11 ἀπόλλυται
VIFP--ZS　　　PA DANS DANP AP-AN-P　VNPAA　　　VIPP--ZS

γὰρ ὁ　　ἀσθενῶν ἐν τῇ σῇ　γνώσει, ὁ　ἀδελφὸς
CS DNMS□NPNMZS&APRNM-S VPPANM-S PD DDFS A--DFYS N-DF-S　DNMS N-NM-S

δι᾽ ὃν　Χριστὸς ἀπέθανεν. 8.12 οὕτως δὲ ἁμαρτάνοντες εἰς τοὺς
PA APRAM-S N-NM-S　VIAA--ZS　AB　CC VPPANMYP　　PA DAMP

ἀδελφοὺς καὶ τύπτοντες αὐτῶν τὴν συνείδησιν ἀσθενοῦσαν εἰς
N-AM-P　CC VPPANMYP NPGMZP DAFS N-AF-S　VPPAAF-S　PA

Χριστὸν ἁμαρτάνετε. 8.13 διόπερ εἰ βρῶμα σκανδαλίζει τὸν
N-AM-S　VIPA--YP　　CH CS N-NN-S VIPA--ZS　DAMS

ἀδελφόν μου, οὐ μὴ φάγω κρέα εἰς τὸν αἰῶνα, ἵνα μὴ τὸν
N-AM-S NPG-XS AB AB VSAA--XS N-AN-P PA DAMS N-AM-S CS AB DAMS

ἀδελφόν μου σκανδαλίσω.
N-AM-S NPG-XS VSAA--XS

9.1 Οὐκ εἰμὶ ἐλεύθερος; οὐκ εἰμὶ ἀπόστολος; οὐχὶ Ἰησοῦν
QT VIPA--XS A--NM-S QT VIPA--XS N-NM-S QT N-AM-S

τὸν κύριον ἡμῶν ἑώρακα; οὐ τὸ ἔργον μου ὑμεῖς ἐστε ἐν
DAMS N-AM-S NPG-XP VIRA--XS QT DNNS N-NN-S NPG-XS NPN-YP VIPA--YP PD

κυρίῳ; 9.2 εἰ ἄλλοις οὐκ εἰμὶ ἀπόστολος, ἀλλά γε ὑμῖν εἰμι· ἡ
N-DM-S CS AP-DM-P AB VIPA--XS N-NM-S CH QS NPD-YP VIPA--XS DNFS

γὰρ σφραγίς μου τῆς ἀποστολῆς ὑμεῖς ἐστε ἐν κυρίῳ.
CS N-NF-S NPG-XS DGFS N-GF-S NPN-YP VIPA--YP PD N-DM-S

9.3 Ἡ ἐμὴ ἀπολογία τοῖς ἐμὲ ἀνακρίνουσίν
DNFS A--NFXS N-NF-S DDMP☐NPDMZP&APRNM-P NPA-XS VPPADM-P

ἐστιν αὕτη. 9.4 μὴ οὐκ ἔχομεν ἐξουσίαν φαγεῖν καὶ πεῖν; 9.5 μὴ
VIPA--ZS APDNF-S QT AB VIPA--XP N-AF-S VNAA CC VNAA QT

οὐκ ἔχομεν ἐξουσίαν ἀδελφὴν γυναῖκα περιάγειν, ὡς καὶ οἱ
AB VIPA--XP N-AF-S N-AF-S N-AF-S VNPA CS AB DNMP

λοιποὶ ἀπόστολοι καὶ οἱ ἀδελφοὶ τοῦ κυρίου καὶ Κηφᾶς; 9.6 ἢ
A--NM-P N-NM-P CC DNMP N-NM-P DGMS N-GM-S CC N-NM-S CC

μόνος ἐγὼ καὶ Βαρναβᾶς οὐκ ἔχομεν ἐξουσίαν μὴ ἐργάζεσθαι;
A--NM-S NPN-XS CC N-NM-S QT VIPA--XP N-AF-S AB VNPN

9.7 τίς στρατεύεται ἰδίοις ὀψωνίοις ποτέ; τίς φυτεύει
APTNM-S VIPM--ZS A--DN-P N-DN-P ABI APTNM-S VIPA--ZS

ἀμπελῶνα καὶ τὸν καρπὸν αὐτοῦ οὐκ ἐσθίει; ἢ τίς ποιμαίνει
N-AM-S CC DAMS N-AM-S NPGMZS AB VIPA--ZS CC APTNM-S VIPA--ZS

ποίμνην καὶ ἐκ τοῦ γάλακτος τῆς ποίμνης οὐκ ἐσθίει; 9.8 Μὴ
N-AF-S CC PG DGNS N-GN-S DGFS N-GF-S AB VIPA--ZS QT

κατὰ ἄνθρωπον ταῦτα λαλῶ, ἢ καὶ ὁ νόμος ταῦτα οὐ λέγει;
PA N-AM-S APDAN-P VIPA--XS CC AB DNMS N-NM-S APDAN-P QT VIPA--ZS

9.9 ἐν γὰρ τῷ Μωϋσέως νόμῳ γέγραπται, Οὐ κημώσεις βοῦν
PD CS DDMS N-GM-S N-DM-S VIRP--ZS AB VIFA--YS☐VMAA--YS N-AM-S

ἀλοῶντα. μὴ τῶν βοῶν μέλει τῷ θεῷ; 9.10 ἢ δι᾽ ἡμᾶς πάντως
VPPAAM-S QT DGMP N-GM-P VIPA--ZS DDMS N-DM-S CC PA NPA-XP AB

λέγει; δι᾽ ἡμᾶς γὰρ ἐγράφη, ὅτι ὀφείλει ἐπ᾽ ἐλπίδι
VIPA--ZS PA NPA-XP CS VIAP--ZS CS VIPA--ZS PD N-DF-S

ὁ ἀροτριῶν ἀροτριᾶν, καὶ ὁ ἀλοῶν
DNMS☐NPNMZS&APRNM-S VPPANM-S VNPA CC DNMS☐NPNMZS&APRNM-S VPPANM-S

ἐπ᾽ ἐλπίδι τοῦ μετέχειν. 9.11 εἰ ἡμεῖς ὑμῖν τὰ πνευματικὰ
PD N-DF-S DGNS VNPAG CS NPN-XP NPD-YP DANP AP-AN-P

ἐσπείραμεν, μέγα εἰ ἡμεῖς ὑμῶν τὰ σαρκικὰ θερίσομεν; 9.12 εἰ
VIAA--XP A--NN-S CS NPN-XP NPG-YP DANP AP-AN-P VIFA--XP CS

ἄλλοι τῆς ὑμῶν ἐξουσίας μετέχουσιν, οὐ μᾶλλον ἡμεῖς;
AP-NM-P DGFS NPG-YP N-GF-S VIPA--ZP QT ABM NPN-XP

'Αλλ' οὐκ ἐχρησάμεθα τῇ ἐξουσίᾳ ταύτῃ, ἀλλὰ πάντα
CC   AB   VIAD--XP   DDFS N-DF-S A-DDF-S CH AP-AN-P

στέγομεν ἵνα μή τινα ἐγκοπὴν δῶμεν τῷ εὐαγγελίῳ τοῦ
VIPA--XP CS AB A-IAF-S N-AF-S VSAA--XP DDNS N-DN-S DGMS

Χριστοῦ. 9.13 οὐκ οἴδατε ὅτι οἱ   τὰ ἱερὰ
N-GM-S   AB/QT VIRA--YP CC DNMP□NPNMZP&APRNM-P DANP AP-AN-P

ἐργαζόμενοι [τὰ] ἐκ τοῦ ἱεροῦ ἐσθίουσιν, οἱ   τῷ
VPPNNM-P DANP PG DGNS AP-GN-S VIPA--ZP DNMP□NPNMZP&APRNM-P DDNS

θυσιαστηρίῳ παρεδρεύοντες τῷ θυσιαστηρίῳ συμμερίζονται;
N-DN-S   VPPANM-P DDNS N-DN-S VIPM--ZP

9.14 οὕτως καὶ ὁ κύριος διέταξεν τοῖς   τὸ
AB AB DNMS N-NM-S VIAA--ZS DDMP□NPDMZP&APRNM-P DANS

εὐαγγέλιον καταγγέλλουσιν ἐκ τοῦ εὐαγγελίου ζῆν. 9.15 ἐγὼ δὲ
N-AN-S VPPADM-P PG DGNS N-GN-S VNPA NPN-XS CC

οὐ κέχρημαι οὐδενὶ τούτων. οὐκ ἔγραψα δὲ ταῦτα ἵνα οὕτως
AB VIRN--XS APCDM-S APDGN-P AB VIAA--XS CC APDAN-P CS AB

γένηται ἐν ἐμοί, καλὸν γάρ μοι μᾶλλον ἀποθανεῖν ἤ — τὸ
VSAD--ZS PD NPD-XS A--NN-S CS NPD-XS ABM VNAA CS DANS

καύχημά μου οὐδεὶς κενώσει. 9.16 ἐὰν γὰρ εὐαγγελίζωμαι, οὐκ
N-AN-S NPG-XS APCNM-S VIFA--ZS CS CS VSPM--XS AB

ἔστιν μοι καύχημα· ἀνάγκη γάρ μοι ἐπίκειται· οὐαὶ γάρ μοί
VIPA--ZS NPD-XS N-NN-S N-NF-S CS NPD-XS VIPN--ZS QS CS NPD-XS

ἐστιν ἐὰν μὴ εὐαγγελίσωμαι. 9.17 εἰ γὰρ ἑκὼν τοῦτο πράσσω,
VIPA--ZS CS AB VSAM--XS CS CS A--NM-S APDAN-S VIPA--XS

μισθὸν ἔχω· εἰ δὲ ἄκων, οἰκονομίαν πεπίστευμαι. 9.18 τίς οὖν
N-AM-S VIPA--XS CS CC A--NM-S N-AF-S VIRP--XS APTNM-S CH

μού ἐστιν ὁ μισθός; ἵνα εὐαγγελιζόμενος ἀδάπανον θήσω
NPG-XS VIPA--ZS DNMS N-NM-S CC VPPMNMXS A--AN-S VSAA--XS

τὸ εὐαγγέλιον, εἰς τὸ μὴ καταχρήσασθαι τῇ ἐξουσίᾳ μου ἐν
DANS N-AN-S PA DANS AB VNADA DDFS N-DF-S NPG-XS PD

τῷ εὐαγγελίῳ.
DDNS N-DN-S

9.19 Ἐλεύθερος γὰρ ὢν   ἐκ πάντων πᾶσιν ἐμαυτὸν
A--NM-S CS VPPANMXS PG AP-GM-P AP-DM-P NPAMXS

ἐδούλωσα, ἵνα τοὺς πλείονας κερδήσω· 9.20 καὶ ἐγενόμην τοῖς
VIAA--XS CS DAMP APMAM-P VSAA--XS CC VIAD--XS DDMP

Ἰουδαίοις ὡς Ἰουδαῖος, ἵνα Ἰουδαίους κερδήσω· τοῖς ὑπὸ νόμον
AP-DM-P CS AP-NM-S CS AP-AM-P VSAA--XS DDMP PA N-AM-S

ὡς ὑπὸ νόμον, μὴ ὢν   αὐτὸς ὑπὸ νόμον, ἵνα τοὺς ὑπὸ νόμον
CS PA N-AM-S AB VPPANMXS NPNMXS PA N-AM-S CS DAMP PA N-AM-S

κερδήσω· 9.21 τοῖς ἀνόμοις ὡς ἄνομος, μὴ ὢν   ἄνομος θεοῦ
VSAA--XS DDMP AP-DM-P CS AP-NM-S AB VPPANMXS A--NM-S N-GM-S

ἀλλ' ἔννομος Χριστοῦ, ἵνα κερδάνω τοὺς ἀνόμους· 9.22 ἐγενόμην
CH A--NM-S N-GM-S CS VSAA--XS DAMP AP-AM-P VIAD--XS

τοῖς ἀσθενέσιν ἀσθενής, ἵνα τοὺς ἀσθενεῖς κερδήσω· τοῖς πᾶσιν
DDMP AP-DM-P   A--NM-S   CS DAMP AP-AM-P   VSAA--XS   DDMP AP-DM-P

γέγονα πάντα, ἵνα πάντως τινὰς σώσω. 9.23 πάντα δὲ ποιῶ διὰ
VIRA--XS AP-NN-P CS AB   APIAM-P VSAA--XS   AP-AN-P CC VIPA--XS PA

τὸ εὐαγγέλιον, ἵνα συγκοινωνὸς αὐτοῦ γένωμαι.
DANS N-AN-S   CS N-NM-S   NPGNZS VSAD--XS

9.24 Οὐκ οἴδατε ὅτι οἱ   ἐν σταδίῳ τρέχοντες πάντες
AB/QT VIRA--YP CC DNMP□APRNM-P+ PD N-DN-S   VPPANM-P   AP-NM-P

μὲν τρέχουσιν, εἷς δὲ λαμβάνει τὸ βραβεῖον; οὕτως τρέχετε
CS VIPA--ZP   APCNM-S CH VIPA--ZS   DANS N-AN-S   AB   VMPA--YP

ἵνα καταλάβητε. 9.25 πᾶς δὲ ὁ   ἀγωνιζόμενος πάντα
CS VSAA--YP   AP-NM-S CC DNMS□APRNM-S VPPNNM-S   AP-AN-P

ἐγκρατεύεται, ἐκεῖνοι μὲν οὖν ἵνα φθαρτὸν στέφανον λάβωσιν,
VIPN--ZS   APDNM-P CS   CH CS A--AM-S   N-AM-S   VSAA--ZP

ἡμεῖς δὲ ἄφθαρτον. 9.26 ἐγὼ τοίνυν οὕτως τρέχω ὡς οὐκ ἀδήλως,
NPN-XP CH AP-AM-S   NPN-XS CH   AB   VIPA--XS CS AB   AB

οὕτως πυκτεύω ὡς οὐκ ἀέρα δέρων· 9.27 ἀλλὰ ὑπωπιάζω μου τὸ
AB   VIPA--XS CS AB N-AM-S VPPANMXS   CH   VIPA--XS   NPG-XS DANS

σῶμα καὶ δουλαγωγῶ, μή πως ἄλλοις κηρύξας αὐτὸς ἀδόκιμος
N-AN-S CC VIPA--XS   CS ABI AP-DM-P VPAANMXS NPNMXS A--NM-S

γένωμαι.
VSAD--XS

10.1 Οὐ θέλω γὰρ ὑμᾶς ἀγνοεῖν, ἀδελφοί, ὅτι οἱ   πατέρες
AB VIPA--XS CS NPA-YP VNPA   N-VM-P   CC DNMP N-NM-P

ἡμῶν πάντες ὑπὸ τὴν νεφέλην ἦσαν καὶ πάντες διὰ τῆς
NPG-XP A--NM-P PA DAFS N-AF-S   VIIA--ZP CC AP-NM-P PG DGFS

θαλάσσης διῆλθον, 10.2 καὶ πάντες εἰς τὸν Μωϋσῆν
N-GF-S   VIAA--ZP   CC AP-NM-P PA DAMS N-AM-S

ἐβαπτίσθησαν ἐν τῇ νεφέλῃ καὶ ἐν τῇ θαλάσσῃ, 10.3 καὶ
VIAP--ZP   PD DDFS N-DF-S CC PD DDFS N-DF-S   CC

πάντες τὸ αὐτὸ πνευματικὸν βρῶμα ἔφαγον, 10.4 καὶ πάντες
AP-NM-P DANS A--AN-S A--AN-S   N-AN-S VIAA--ZP   CC AP-NM-P

τὸ αὐτὸ πνευματικὸν ἔπιον πόμα· ἔπινον γὰρ ἐκ πνευματικῆς
DANS A--AN-S A--AN-S   VIAA--ZP N-AN-S VIIA--ZP CS PG A--GF-S

ἀκολουθούσης πέτρας· ἡ πέτρα δὲ ἦν ὁ   Χριστός. 10.5 ἀλλ'
VPPAGF-S   N-GF-S DNFS N-NF-S CC VIIA--ZS DNMS N-NM-S   CC

οὐκ ἐν τοῖς πλείοσιν αὐτῶν εὐδόκησεν ὁ   θεός, κατεστρώθησαν
AB PD DDMP APMDM-P NPGMZP VIAA--ZS   DNMS N-NM-S VIAP--ZP

γὰρ ἐν τῇ ἐρήμῳ. 10.6 ταῦτα δὲ τύποι ἡμῶν ἐγενήθησαν, εἰς τὸ
CS PD DDFS AP-DF-S   APDNN-P CC N-NM-P NPG-XP VIAO--ZP   PA DANS

μὴ εἶναι ἡμᾶς ἐπιθυμητὰς κακῶν, καθὼς κἀκεῖνοι ἐπεθύμησαν.
AB VNPAA NPA-XP N-AM-P   AP-GN-P CS   AB&APDNM-P VIAA--ZP

10.7 μηδὲ εἰδωλολάτραι γίνεσθε, καθώς τινες αὐτῶν· ὥσπερ
CC   N-NM-P   VMPN--YP   CS   APINM-P NPGMZP   CS

γέγραπται, Ἐκάθισεν ὁ λαὸς φαγεῖν καὶ πεῖν, καὶ ἀνέστησαν
VIRP--ZS VIAA--ZS DNMS N-NM-S VNAA CC VNAA CC VIAA--ZP

παίζειν. 10.8 μηδὲ πορνεύωμεν, καθώς τινες αὐτῶν ἐπόρνευσαν,
VNPA CC VSPA--XP CS APINM-P NPGMZP VIAA--ZP

καὶ ἔπεσαν μιᾷ ἡμέρᾳ εἴκοσι τρεῖς χιλιάδες. 10.9 μηδὲ
CC VIAA--ZP A-CDF-S N-DF-S A-CNF-P A-CNF-P N-NF-P CC

ἐκπειράζωμεν τὸν Χριστόν, καθώς τινες αὐτῶν ἐπείρασαν, καὶ
VSPA--XP DAMS N-AM-S CS APINM-P NPGMZP VIAA--ZP CC

ὑπὸ τῶν ὄφεων ἀπώλλυντο. 10.10 μηδὲ γογγύζετε, καθάπερ τινὲς
PG DGMP N-GM-P VIIP--ZP CC VMPA--YP CS APINM-P

αὐτῶν ἐγόγγυσαν, καὶ ἀπώλοντο ὑπὸ τοῦ ὀλοθρευτοῦ.
NPGMZP VIAA--ZP CC VIAM--ZP PG DGMS N-GM-S

10.11 ταῦτα δὲ τυπικῶς συνέβαινεν ἐκείνοις, ἐγράφη δὲ πρὸς
APDNN-P CC AB VIIA--ZS APDDM-P VIAP--ZS CC PA

νουθεσίαν ἡμῶν, εἰς οὓς τὰ τέλη τῶν αἰώνων κατήντηκεν.
N-AF-S NPG-XP PA APRAMXP DNNP N-NN-P DGMP N-GM-P VIRA--ZS

10.12 ὥστε ὁ δοκῶν ἑστάναι βλεπέτω μὴ πέσῃ.
CH DNMS□NPNMZS&APRNM-S VPPANM-S VNRA VMPA--ZS CS VSAA--ZS

10.13 πειρασμὸς ὑμᾶς οὐκ εἴληφεν εἰ μὴ ἀνθρώπινος· πιστὸς δὲ
N-NM-S NPA-YP AB VIRA--ZS CS AB A--NM-S A--NM-S CC/CH

ὁ θεός, ὃς οὐκ ἐάσει ὑμᾶς πειρασθῆναι ὑπὲρ
DNMS N-NM-S APRNM-S AB VIFA--ZS NPA-YP VNAP PA

ὃ δύνασθε, ἀλλὰ ποιήσει σὺν τῷ πειρασμῷ
APRAN-S□APDAN-S&APRAN-S VIPN--YP CH VIFA--ZS PD DDMS N-DM-S

καὶ τὴν ἔκβασιν τοῦ δύνασθαι ὑπενεγκεῖν.
AB DAFS N-AF-S DGNS VNPNG VNAA

10.14 Διόπερ, ἀγαπητοί μου, φεύγετε ἀπὸ τῆς εἰδωλολατρίας.
CH AP-VM-P NPG-XS VMPA--YP PG DGFS N-GF-S

10.15 ὡς φρονίμοις λέγω· κρίνατε ὑμεῖς ὅ φημι.
CS AP-DM-P VIPA--XS VMAA--YP NPN-YP APRAN-S□APDAN-S&APRAN-S VIPA--XS

10.16 τὸ ποτήριον τῆς εὐλογίας ὃ εὐλογοῦμεν, οὐχὶ
DNNS N-NN-S DGFS N-GF-S APRAN-S VIPA--XP QT

κοινωνία ἐστὶν τοῦ αἵματος τοῦ Χριστοῦ; τὸν ἄρτον ὃν
N-NF-S VIPA--ZS DGNS N-GN-S DGMS N-GM-S DAMS N-AM-S APRAM-S

κλῶμεν, οὐχὶ κοινωνία τοῦ σώματος τοῦ Χριστοῦ ἐστιν; 10.17 ὅτι
VIPA--XP QT N-NF-S DGNS N-GN-S DGMS N-GM-S VIPA--ZS CS

εἷς ἄρτος, ἓν σῶμα οἱ πολλοί ἐσμεν, οἱ γὰρ πάντες ἐκ
A-CNM-S N-NM-S A-CNN-S N-NN-S DNMP AP-NM-P VIPA--XP DNMP CS AP-NM-P PG

τοῦ ἑνὸς ἄρτου μετέχομεν. 10.18 βλέπετε τὸν Ἰσραὴλ κατὰ
DGMS A-CGM-S N-GM-S VIPA--XP VMPA--YP DAMS N-AM-S PA

σάρκα· οὐχ οἱ ἐσθίοντες τὰς θυσίας κοινωνοὶ τοῦ
N-AF-S QT DNMP□NPNMZP&APRNM-P VPPANM-P DAFP N-AF-P N-NM-P DGNS

θυσιαστηρίου εἰσίν; 10.19 τί οὖν φημι; ὅτι εἰδωλόθυτόν τι
N-GN-S VIPA--ZP APTAN-S CH VIPA--XS CC AP-NN-S APINN-S

ἐστιν; ἢ ὅτι εἴδωλόν τί ἐστιν; 10.20 ἀλλ᾽ ὅτι
VIPA--ZS CC CC N-NN-S APINN-S VIPA--ZS CH CC

ἃ θύουσιν, δαιμονίοις καὶ οὐ θεῷ [θύουσιν], οὐ
APRAN-P□APDAN-P&APRAN-P VIPA--ZP N-DN-P CC AB N-DM-S VIPA--ZP AB

θέλω δὲ ὑμᾶς κοινωνοὺς τῶν δαιμονίων γίνεσθαι. 10.21 οὐ
VIPA--XS CC NPA-YP N-AM-P DGNP N-GN-P VNPN AB

δύνασθε ποτήριον κυρίου πίνειν καὶ ποτήριον δαιμονίων· οὐ
VIPN--YP N-AN-S N-GM-S VNPA CC N-AN-S N-GN-P AB

δύνασθε τραπέζης κυρίου μετέχειν καὶ τραπέζης δαιμονίων.
VIPN--YP N-GF-S N-GM-S VNPA CC N-GF-S N-GN-P

10.22 ἢ παραζηλοῦμεν τὸν κύριον; μὴ ἰσχυρότεροι αὐτοῦ ἐσμεν;
CC VIPA--XP DAMS N-AM-S QT A-MNM-P NPGMZS VIPA--XP

10.23 Πάντα ἔξεστιν, ἀλλ᾽ οὐ πάντα συμφέρει. πάντα ἔξεστιν,
AP-NN-P VIPA--ZS CH AB AP-NN-P VIPA--ZS AP-NN-P VIPA--ZS

ἀλλ᾽ οὐ πάντα οἰκοδομεῖ. 10.24 μηδεὶς τὸ ἑαυτοῦ ζητείτω ἀλλὰ
CH AB AP-NN-P VIPA--ZS APCNM-S DANS NPGMZS VMPA--ZS CH

τὸ τοῦ ἑτέρου. 10.25 Πᾶν τὸ ἐν μακέλλῳ πωλούμενον
DANS DGMS AP-GM-S AP-AN-S DANS□APRNN-S PD N-DN-S VPPPAN-S

ἐσθίετε μηδὲν ἀνακρίνοντες διὰ τὴν συνείδησιν, 10.26 τοῦ
VMPA--YP APCAN-S VRPANMYP PA DAFS N-AF-S DGMS

κυρίου γὰρ ἡ γῆ καὶ τὸ πλήρωμα αὐτῆς. 10.27 εἴ τις καλεῖ
N-GM-S CS DNFS N-NF-S CC DNNS N-NN-S NPGFZS CS APINM-S VIPA--ZS

ὑμᾶς τῶν ἀπίστων καὶ θέλετε πορεύεσθαι, πᾶν τὸ
NPA-YP DGMP AP-GM-P CC VIPA--YP VNPN AP-AN-S DANS□APRNN-S

παρατιθέμενον ὑμῖν ἐσθίετε μηδὲν ἀνακρίνοντες διὰ τὴν
VPPPAN-S NPD-YP VMPA--YP APCAN-S VRPANMYP PA DAFS

συνείδησιν. 10.28 ἐὰν δέ τις ὑμῖν εἴπῃ, Τοῦτο ἱερόθυτόν
N-AF-S CS CC APINM-S NPD-YP VSAA--ZS APDNN-S A--NN-S

ἐστιν, μὴ ἐσθίετε δι᾽ ἐκεῖνον τὸν μηνύσαντα καὶ τὴν
VIPA--ZS AB VMPA--YP PA APDAM-S DAMS□APRNM-S VPAAAM-S CC DAFS

συνείδησιν — 10.29 συνείδησιν δὲ λέγω οὐχὶ τὴν ἑαυτοῦ ἀλλὰ
N-AF-S N-AF-S CS VIPA--XS AB DAFS NPGMZS CH

τὴν τοῦ ἑτέρου. ἱνατί γὰρ ἡ ἐλευθερία μου κρίνεται ὑπὸ ἄλλης
DAFS DGMS AP-GM-S ABT CS DNFS N-NF-S NPG-XS VIPP--ZS PG A--GF-S

συνειδήσεως; 10.30 εἰ ἐγὼ χάριτι μετέχω, τί
N-GF-S CS NPN-XS N-DF-S VIPA--XS APTAN-S□ABT

βλασφημοῦμαι ὑπὲρ οὗ ἐγὼ εὐχαριστῶ;
VIPP--XS PG APRGN-S□APDGN-S&APRGN-S NPN-XS VIPA--XS

10.31 εἴτε οὖν ἐσθίετε εἴτε πίνετε εἴτε τι ποιεῖτε, πάντα εἰς
CC CH VIPA--YP CC VIPA--YP CC APIAN-S VIPA--YP AP-AN-P PA

δόξαν θεοῦ ποιεῖτε. 10.32 ἀπρόσκοποι καὶ Ἰουδαίοις γίνεσθε καὶ
N-AF-S N-GM-S VMPA--YP A--NM-P CC AP-DM-P VMPN--YP CC

Ἕλλησιν καὶ τῇ ἐκκλησίᾳ τοῦ θεοῦ, 10.33 καθὼς κἀγὼ πάντα
N-DM-P CC DDFS N-DF-S DGMS N-GM-S CS AB&NPN-XS AP-AN-P

πᾶσιν ἀρέσκω, μὴ ζητῶν τὸ ἐμαυτοῦ σύμφορον ἀλλὰ τὸ τῶν
AP-DM-P VIPA--XS AB VPPANMXS DANS NPGMXS AP-AN-S CH DANS DGMP

πολλῶν, ἵνα σωθῶσιν. 11.1 μιμηταί μου γίνεσθε, καθὼς κἀγὼ
AP-GM-P CS VSAP--ZP N-NM-P NPG-XS VMPN--YP CS AB&NPN-XS

Χριστοῦ.
N-GM-S

11.2 Ἐπαινῶ δὲ ὑμᾶς ὅτι πάντα μου μέμνησθε καὶ καθὼς
VIPA--XS CC NPA-YP CC/CS AP-AN-P NPG-XS VIRN--YP CC CS

παρέδωκα ὑμῖν τὰς παραδόσεις κατέχετε. 11.3 θέλω δὲ ὑμᾶς
VIAA--XS NPD-YP DAFP N-AF-P VIPA--YP VIPA--XS CC/CH NPA-YP

εἰδέναι ὅτι παντὸς ἀνδρὸς ἡ κεφαλὴ ὁ Χριστός ἐστιν,
VNRA CC A--GM-S N-GM-S DNFS N-NF-S DNMS N-NM-S VIPA--ZS

κεφαλὴ δὲ γυναικὸς ὁ ἀνήρ, κεφαλὴ δὲ τοῦ Χριστοῦ ὁ θεός.
N-NF-S CC N-GF-S DNMS N-NM-S N-NF-S CC DGMS N-GM-S DNMS N-NM-S

11.4 πᾶς ἀνὴρ προσευχόμενος ἢ προφητεύων κατὰ κεφαλῆς
A--NM-S N-NM-S VPPNNM-S CC VPPANM-S PG N-GF-S

ἔχων καταισχύνει τὴν κεφαλὴν αὐτοῦ· 11.5 πᾶσα δὲ γυνὴ
VPPANM-S VIPA--ZS DAFS N-AF-S NPGMZS A--NF-S CC N-NF-S

προσευχομένη ἢ προφητεύουσα ἀκατακαλύπτῳ τῇ κεφαλῇ
VPPNNF-S CC VPPANF-S A--DF-S DDFS N-DF-S

καταισχύνει τὴν κεφαλὴν αὐτῆς· ἓν γάρ ἐστιν καὶ τὸ αὐτὸ
VIPA--ZS DAFS N-AF-S NPGFZS APCNN-S CS VIPA--ZS CC DNNS AP-NN-S

τῇ ἐξυρημένῃ. 11.6 εἰ γὰρ οὐ κατακαλύπτεται γυνή,
DDFS□NPDFZS&APRNF-S VPRPDF-S CS CS AB VIPM--ZS N-NF-S

καὶ κειράσθω· εἰ δὲ αἰσχρὸν γυναικὶ τὸ κείρασθαι ἢ ξυρᾶσθαι,
AB VMAM--ZS CS CC A--NN-S N-DF-S DNNS VNAMN CC VNADN/VNPNN

κατακαλυπτέσθω. 11.7 ἀνὴρ μὲν γὰρ οὐκ ὀφείλει
VMPM--ZS N-NM-S CC CS AB VIPA--ZS

κατακαλύπτεσθαι τὴν κεφαλήν, εἰκὼν καὶ δόξα θεοῦ ὑπάρχων·
VNPM DAFS N-AF-S N-NF-S CC N-NF-S N-GM-S VPPANM-S

ἡ γυνὴ δὲ δόξα ἀνδρός ἐστιν. 11.8 οὐ γάρ ἐστιν ἀνὴρ ἐκ
DNFS N-NF-S CC N-NF-S N-GM-S VIPA--ZS AB CS VIPA--ZS N-NM-S PG

γυναικός, ἀλλὰ γυνὴ ἐξ ἀνδρός· 11.9 καὶ γὰρ οὐκ ἐκτίσθη ἀνὴρ
N-GF-S CH N-NF-S PG N-GM-S AB CS AB VIAP--ZS N-NM-S

διὰ τὴν γυναῖκα, ἀλλὰ γυνὴ διὰ τὸν ἄνδρα. 11.10 διὰ τοῦτο
PA DAFS N-AF-S CH N-NF-S PA DAMS N-AM-S PA APDAN-S

ὀφείλει ἡ γυνὴ ἐξουσίαν ἔχειν ἐπὶ τῆς κεφαλῆς διὰ τοὺς
VIPA--ZS DNFS N-NF-S N-AF-S VNPA PG DGFS N-GF-S PA DAMP

ἀγγέλους. 11.11 πλὴν οὔτε γυνὴ χωρὶς ἀνδρὸς οὔτε ἀνὴρ χωρὶς
N-AM-P CH CC N-NF-S PG N-GM-S CC N-NM-S PG

γυναικὸς ἐν κυρίῳ· 11.12 ὥσπερ γὰρ ἡ γυνὴ ἐκ τοῦ ἀνδρός,
N-GF-S PD N-DM-S CS CS DNFS N-NF-S PG DGMS N-GM-S

οὕτως καὶ ὁ ἀνὴρ διὰ τῆς γυναικός· τὰ δὲ πάντα ἐκ τοῦ θεοῦ.
AB AB DNMS N-NM-S PG DGFS N-GF-S DNNP CC AP-NN-P PG DGMS N-GM-S

11.13 ἐν   ὑμῖν   αὐτοῖς   κρίνατε·   πρέπον   ἐστὶν   γυναῖκα
PD   NPD-YP   NPDMYP   VMAA--YP   VPPANN-S+   +VIPA--ZS   N-AF-S

ἀκατακάλυπτον τῷ   θεῷ   προσεύχεσθαι; 11.14 οὐδὲ ἡ   φύσις
A--AF-S   DDMS N-DM-S VNPN   AB/QT DNFS N-NF-S

αὐτὴ διδάσκει ὑμᾶς ὅτι ἀνὴρ μὲν ἐὰν κομᾷ ἀτιμία αὐτῷ ἐστιν,
NPNFZS VIPA--ZS NPA-YP CC N-NM-S CS CS VSPA--ZS N-NF-S NPDMZS VIPA--ZS

11.15 γυνὴ δὲ ἐὰν κομᾷ δόξα αὐτῇ ἐστιν; ὅτι ἡ   κόμη ἀντὶ
N-NF-S CH CS VSPA--ZS N-NF-S NPDFZS VIPA--ZS CS DNFS N-NF-S PG

περιβολαίου δέδοται [αὐτῇ]. 11.16 Εἰ δέ τις   δοκεῖ φιλόνεικος
N-GN-S VIRP--ZS NPDFZS CS CC APINM-S VIPA--ZS A--NM-S

εἶναι, ἡμεῖς τοιαύτην συνήθειαν οὐκ ἔχομεν, οὐδὲ αἱ   ἐκκλησίαι
VNPA NPN-XP A-DAF-S N-AF-S AB VIPA--XP CC DNFP N-NF-P

τοῦ θεοῦ.
DGMS N-GM-S

11.17 Τοῦτο δὲ παραγγέλλων οὐκ ἐπαινῶ ὅτι   οὐκ εἰς τὸ
APDAN-S CC VPPANMXS AB VIPA--XS CC/CS AB PA DANS

κρεῖσσον ἀλλὰ εἰς τὸ   ἧσσον συνέρχεσθε. 11.18 πρῶτον   μὲν
APMAN-S CH PA DANS APMAN-S VIPN--YP APOAN-S□AB CC/QS

γὰρ συνερχομένων ὑμῶν ἐν ἐκκλησίᾳ ἀκούω σχίσματα ἐν ὑμῖν
CS VPPNGMYP NPG-YP PD N-DF-S VIPA--XS N-AN-P PD NPD-YP

ὑπάρχειν, καὶ μέρος τι   πιστεύω. 11.19 δεῖ   γὰρ καὶ αἱρέσεις
VNPA CC N-AN-S A-IAN-S VIPA--XS VIPA--ZS CS AB N-AF-P

ἐν ὑμῖν εἶναι, ἵνα [καὶ] οἱ   δόκιμοι φανεροὶ γένωνται ἐν ὑμῖν.
PD NPD-YP VNPA CS AB DNMP AP-NM-P A--NM-P VSAD--ZP PD NPD-YP

11.20 Συνερχομένων οὖν ὑμων ἐπὶ τὸ   αὐτὸ οὐκ ἔστιν κυριακὸν
VPPNGMYP CH NPG-YP PA DANS AP-AN-S AB VIPA--ZS A--AN-S

δεῖπνον φαγεῖν, 11.21 ἕκαστος γὰρ τὸ   ἴδιον δεῖπνον
N-AN-S VNAA AP-NM-S CS DANS A--AN-S N-AN-S

προλαμβάνει ἐν τῷ   φαγεῖν, καὶ ὃς   μὲν πεινᾷ,
VIPA--ZS PD DDNS VNAAD CC APRNM-S□APDNM-S CC VIPA--ZS

ὃς   δὲ μεθύει. 11.22 μὴ γὰρ οἰκίας οὐκ ἔχετε εἰς τὸ
APRNM-S□APDNM-S CC VIPA--ZS QT CS N-AF-P AB VIPA--YP PA DANS

ἐσθίειν καὶ πίνειν; ἢ τῆς ἐκκλησίας τοῦ θεοῦ καταφρονεῖτε, καὶ
VNPAA CC VNPAA CC DGFS N-GF-S DGMS N-GM-S VIPA--YP CC

καταισχύνετε τοὺς   μὴ ἔχοντας; τί   εἴπω ὑμῖν;
VIPA--YP DAMP□NPRAMZP&APRNM-P AB VPPAAM-P APTAN-S VSAA--XS NPD-YP

ἐπαινέσω ὑμᾶς; ἐν τούτῳ οὐκ ἐπαινῶ.
VSAA--XS NPA-YP PD APDDN-S AB VIPA--XS

11.23 Ἐγὼ   γὰρ   παρέλαβον   ἀπὸ   τοῦ   κυρίου,
NPN-XS CS VIAA--XS PG DGMS N-GM-S

ὃ   καὶ παρέδωκα ὑμῖν, ὅτι ὁ   κύριος Ἰησοῦς ἐν
APRAN-S□APDAN-S&APRAN-S AB VIAA--XS NPD-YP ABR DNMS N-NM-S N-NM-S PD

τῇ   νυκτὶ ᾗ   παρεδίδετο   ἔλαβεν   ἄρτον   11.24 καὶ
DDFS N-DF-S APRDF-S VIIP--ZS VIAA--ZS N-AM-S CC

εὐχαριστήσας ἔκλασεν καὶ εἶπεν, Τοῦτό μού ἐστιν τὸ σῶμα
VPAANM-S VIAA--ZS CC VIAA--ZS APDNN-S NPG-XS VIPA--ZS DNNS N-NN-S

τὸ ὑπὲρ ὑμῶν· τοῦτο ποιεῖτε εἰς τὴν ἐμὴν ἀνάμνησιν.
DNNS PG NPG-YP APDAN-S VIPA--YP/VMPA--YP PA DAFS A--AFXS N-AF-S

11.25 ὡσαύτως καὶ τὸ ποτήριον μετὰ τὸ δειπνῆσαι, λέγων,
AB AB DANS N-AN-S PA DANS VNAAA VPPANM-S

Τοῦτο τὸ ποτήριον ἡ καινὴ διαθήκη ἐστὶν ἐν τῷ ἐμῷ
A-DNN-S DNNS N-NN-S DNFS A--NF-S N-NF-S VIPA--ZS PD DDNS A--DNXS

αἵματι· τοῦτο ποιεῖτε, ὁσάκις ἐὰν πίνητε, εἰς τὴν ἐμὴν
N-DN-S APDAN-S VIPA--YP/VMPA--YP CS QV VSPA--YP PA DAFS A--AFXS

ἀνάμνησιν. 11.26 ὁσάκις γὰρ ἐὰν ἐσθίητε τὸν ἄρτον τοῦτον καὶ
N-AF-S CS CS QV VSPA--YP DAMS N-AM-S A-DAM-S CC

τὸ ποτήριον πίνητε, τὸν θάνατον τοῦ κυρίου καταγγέλλετε,
DANS N-AN-S VSPA--YP DAMS N-AM-S DGMS N-GM-S VIPA--YP

ἄχρις οὗ ἔλθῃ.
PG APRGM-S□APDGM-S&APRDM-S VSAA--ZS

11.27 Ὥστε ὃς ἂν ἐσθίῃ τὸν ἄρτον ἢ πίνῃ
CH APRNM-S□APDNM-S&APRNM-S QV VSPA--ZS DAMS N-AM-S CC VSPA--ZS

τὸ ποτήριον τοῦ κυρίου ἀναξίως, ἔνοχος ἔσται τοῦ σώματος καὶ
DANS N-AN-S DGMS N-GM-S AB A--NM-S VIFD--ZS DGNS N-GN-S CC

τοῦ αἵματος τοῦ κυρίου. 11.28 δοκιμαζέτω δὲ ἄνθρωπος ἑαυτόν,
DGNS N-GN-S DGMS N-GM-S VMPA--ZS CC N-NM-S NPAMZS

καὶ οὕτως ἐκ τοῦ ἄρτου ἐσθιέτω καὶ ἐκ τοῦ ποτηρίου πινέτω·
CC AB PG DGMS N-GM-S VMPA--ZS CC PG DGNS N-GN-S VMPA--ZS

11.29 ὁ γὰρ ἐσθίων καὶ πίνων κρίμα ἑαυτῷ ἐσθίει
DNMS□NPNMZS&APRNM-S CS VPPANM-S CC VPPANM-S N-AN-S NPDMZS VIPA--ZS

καὶ πίνει μὴ διακρίνων τὸ σῶμα. 11.30 διὰ τοῦτο ἐν ὑμῖν
CC VIPA--ZS AB VPPANM-S DANS N-AN-S PA APDAN-S PD NPD-YP

πολλοὶ ἀσθενεῖς καὶ ἄρρωστοι καὶ κοιμῶνται ἱκανοί. 11.31 εἰ δὲ
AP-NM-P A--NM-P CC A--NM-P CC VIPN--ZP AP-NM-P CS CC

ἑαυτοὺς διεκρίνομεν, οὐκ ἂν ἐκρινόμεθα· 11.32 κρινόμενοι δὲ ὑπὸ
NPAMXP VIIA--XP AB QV VIIP--XP VPPPNMXP CC PG

[τοῦ] κυρίου παιδευόμεθα, ἵνα μὴ σὺν τῷ κόσμῳ κατακριθῶμεν.
DGMS N-GM-S VIPP--XP CS AB PD DDMS N-DM-S VSAP--XP

11.33 ὥστε, ἀδελφοί μου, συνερχόμενοι εἰς τὸ φαγεῖν ἀλλήλους
CH N-VM-P NPG-XS VPPNNMYP PA DANS VNAAA NPAMYP

ἐκδέχεσθε. 11.34 εἴ τις πεινᾷ, ἐν οἴκῳ ἐσθιέτω, ἵνα μὴ εἰς κρίμα
VMPN--YP CS APINM-S VIPA--ZS PD N-DM-S VMPA--ZS CS AB PA N-AN-S

συνέρχησθε. Τὰ δὲ λοιπὰ ὡς ἂν ἔλθω διατάξομαι.
VSPN--YP DANP CC AP-AN-P CS QV VSAA--XS VIFM--XS

12.1 Περὶ δὲ τῶν πνευματικῶν, ἀδελφοί, οὐ θέλω ὑμᾶς
PG CC DGNP AP-GN-P N-VM-P AB VIPA--XS NPA-YP

ἀγνοεῖν. 12.2 Οἴδατε ὅτι ὅτε ἔθνη ἦτε πρὸς τὰ εἴδωλα τὰ
VNPA VIRA--YP CH CS N-NN-P VIIA--YP+ PA DANP N-AN-P DANP

534

ἄφωνα ὡς ἂν ἤγεσθε ἀπαγόμενοι. 12.3 διὸ γνωρίζω ὑμῖν ὅτι
A--AN-P CS QV VIIP--YP +VPPPNMYP   CH VIPA--XS NPD-YP CC

οὐδεὶς ἐν πνεύματι θεοῦ λαλῶν λέγει, Ἀνάθεμα Ἰησοῦς, καὶ
APCNM-S PD N-DN-S N-GM-S VPPANM-S VIPA--ZS N-NN-S N-NM-S CC

οὐδεὶς δύναται εἰπεῖν, Κύριος Ἰησοῦς, εἰ μὴ ἐν πνεύματι ἁγίῳ.
APCNM-S VIPN--ZS VNAA N-NM-S N-NM-S CS AB PD N-DN-S A--DN-S

12.4 Διαιρέσεις δὲ χαρισμάτων εἰσίν, τὸ δὲ αὐτὸ πνεῦμα·
     N-NF-P   CC N-GN-P   VIPA--ZP DNNS CC A--NN-S N-NN-S

12.5 καὶ διαιρέσεις διακονιῶν εἰσιν, καὶ ὁ αὐτὸς κύριος·
     CC N-NF-P   N-GF-P   VIPA--ZP CC DNMS A--NM-S N-NM-S

12.6 καὶ διαιρέσεις ἐνεργημάτων εἰσίν, ὁ δὲ αὐτὸς θεός,
     CC N-NF-P   N-GN-P   VIPA--ZP DNMS CC A--NM-S N-NM-S

ὁ ἐνεργῶν τὰ πάντα ἐν πᾶσιν. 12.7 ἑκάστῳ δὲ δίδοται
DNMS□APRNM-S VPPANM-S DANP AP-AN-P PD AP-DM-P AP-DM-S CC VIPP--ZS

ἡ φανέρωσις τοῦ πνεύματος πρὸς τὸ συμφέρον.
DNFS N-NF-S DGNS N-GN-S PA DANS□NPANZS&APRNN-S VPPAAN-S

12.8 ᾧ μὲν γὰρ διὰ τοῦ πνεύματος δίδοται λόγος
     APRDM-S□APDDM-S CC CS PG DGNS N-GN-S VIPP--ZS N-NM-S

σοφίας, ἄλλῳ δὲ λόγος γνώσεως κατὰ τὸ αὐτὸ πνεῦμα,
N-GF-S AP-DM-S CC N-NM-S N-GF-S PA DANS A--AN-S N-AN-S

12.9 ἑτέρῳ πίστις ἐν τῷ αὐτῷ πνεύματι, ἄλλῳ δὲ χαρίσματα
     AP-DM-S N-NF-S PD DDNS A--DN-S N-DN-S AP-DM-S CC N-NN-P

ἰαμάτων ἐν τῷ ἑνὶ πνεύματι, 12.10 ἄλλῳ δὲ ἐνεργήματα
N-GN-P PD DDNS A-CDN-S N-DN-S AP-DM-S CC N-NN-P

δυνάμεων, ἄλλῳ [δὲ] προφητεία, ἄλλῳ [δὲ] διακρίσεις
N-GF-P AP-DM-S CC N-NF-S AP-DM-S CC N-NF-P

πνευμάτων, ἑτέρῳ γένη γλωσσῶν, ἄλλῳ δὲ ἑρμηνεία γλωσσῶν·
N-GN-P AP-DM-S N-NN-P N-GF-P AP-DM-S CC N-NF-S N-GF-P

12.11 πάντα δὲ ταῦτα ἐνεργεῖ τὸ ἓν καὶ τὸ αὐτὸ πνεῦμα,
      A--AN-P CC APDAN-P VIPA--ZS DNNS A-CNN-S CC DNNS A--NN-S N-NN-S

διαιροῦν ἰδίᾳ ἑκάστῳ καθὼς βούλεται.
VPPANN-S AP-DF-S□AB AP-DM-S CS VIPN--ZS

12.12 Καθάπερ γὰρ τὸ σῶμα ἕν ἐστιν καὶ μέλη πολλὰ
      CS CS DNNS N-NN-S A-CNN-S VIPA--ZS CC N-AN-P A--AN-P

ἔχει, πάντα δὲ τὰ μέλη τοῦ σώματος πολλὰ ὄντα ἕν ἐστιν
VIPA--ZS A--NN-P CC DNNP N-NN-P DGNS N-GN-S A--NN-P VPPANN-P A-CNN-S VIPA--ZS

σῶμα, οὕτως καὶ ὁ Χριστός· 12.13 καὶ γὰρ ἐν ἑνὶ πνεύματι
N-NN-S AB AB DNMS N-NM-S AB CS PD A-CDN-S N-DN-S

ἡμεῖς πάντες εἰς ἓν σῶμα ἐβαπτίσθημεν, εἴτε Ἰουδαῖοι εἴτε
NPN-XP A--NM-P PA A-CAN-S N-AN-S VIAP--XP CC AP-NM-P CC

Ἕλληνες, εἴτε δοῦλοι εἴτε ἐλεύθεροι, καὶ πάντες ἓν πνεῦμα
N-NM-P CC N-NM-P CC AP-NM-P CC AP-NM-P A-CAN-S N-AN-S

ἐποτίσθημεν. 12.14 καὶ γὰρ τὸ σῶμα οὐκ ἔστιν ἓν μέλος
VIAP--XP AB CS DNNS N-NN-S AB VIPA--ZS A-CNN-S N-NN-S

ἀλλὰ πολλά. 12.15 ἐὰν εἴπῃ ὁ πούς, Ὅτι οὐκ εἰμὶ χείρ, οὐκ
CH   AP-NN-P   CS VSAA--ZS DNMS N-NM-S CS   AB VIPA--XS N-NF-S AB

εἰμὶ ἐκ τοῦ σώματος, οὐ παρὰ τοῦτο οὐκ ἔστιν ἐκ τοῦ σώματος·
VIPA--XS PG DGNS N-GN-S   AB PA   APDAN-S AB VIPA--ZS PG DGNS N-GN-S

12.16 καὶ ἐὰν εἴπῃ τὸ οὖς, Ὅτι οὐκ εἰμὶ ὀφθαλμός, οὐκ
CC   CS VSAA--ZS DNNS N-NN-S CS   AB VIPA--XS N-NM-S   AB

εἰμὶ ἐκ τοῦ σώματος, οὐ παρὰ τοῦτο οὐκ ἔστιν ἐκ τοῦ σώματος·
VIPA--XS PG DGNS N-GN-S   AB PA   APDAN-S AB VIPA--ZS PG DGNS N-GN-S

12.17 εἰ ὅλον τὸ σῶμα ὀφθαλμός, ποῦ ἡ ἀκοή; εἰ ὅλον ἀκοή,
CS A--NN-S DNNS N-NN-S N-NM-S   ABT DNFS N-NF-S CS AP-NN-S N-NF-S

ποῦ ἡ ὄσφρησις; 12.18 νυνὶ δὲ ὁ θεὸς ἔθετο τὰ μέλη, ἐν
ABT DNFS N-NF-S   AB CH DNMS N-NM-S VIAM--ZS DANP N-AN-P APCAN-S

ἕκαστον αὐτῶν, ἐν τῷ σώματι καθὼς ἠθέλησεν. 12.19 εἰ δὲ ἦν
A--AN-S NPGNZP PD DDNS N-DN-S CS   VIAA--ZS   CS CC VIIA--ZS

τὰ πάντα ἓν μέλος, ποῦ τὸ σῶμα; 12.20 νῦν δὲ πολλὰ μὲν
DNNP AP-NN-P A-CNN-S N-NN-S ABT DNNS N-NN-S   AB CH A--NN-P CC

μέλη, ἓν δὲ σῶμα. 12.21 οὐ δύναται δὲ ὁ ὀφθαλμὸς εἰπεῖν
N-NN-P A-CNN-S CC N-NN-S   AB VIPN--ZS CC DNMS N-NM-S   VNAA

τῇ χειρί, Χρείαν σου οὐκ ἔχω, ἢ πάλιν ἡ κεφαλὴ τοῖς ποσίν,
DDFS N-DF-S N-AF-S NPG-YS AB VIPA--XS CC AB DNFS N-NF-S DDMP N-DM-P

Χρείαν ὑμῶν οὐκ ἔχω· 12.22 ἀλλὰ πολλῷ μᾶλλον τὰ
N-AF-S NPG-YP AB VIPA--XS   CH   AP-DN-S ABM DNNP☐APRNN-P+

δοκοῦντα μέλη τοῦ σώματος ἀσθενέστερα ὑπάρχειν ἀναγκαῖά
VPPANN-P N-NN-P DGNS N-GN-S A-MNN-P   VNPA   A--NN-P

ἔστιν, 12.23 καὶ ἃ δοκοῦμεν ἀτιμότερα εἶναι τοῦ σώματος,
VIPA--ZS   CC APRAN-P+ VIPA--XP A-MAN-P VNPA DGNS N-GN-S

τούτοις τιμὴν περισσοτέραν περιτίθεμεν, καὶ τὰ ἀσχήμονα
APDDN-P N-AF-S A-MAF-S   VIPA--XP   CC DNNP AP-NN-P

ἡμῶν εὐσχημοσύνην περισσοτέραν ἔχει, 12.24 τὰ δὲ
NPG-XP N-AF-S   A-MAF-S   VIPA--ZS   DNNP CC

εὐσχήμονα ἡμῶν οὐ χρείαν ἔχει. ἀλλὰ ὁ θεὸς συνεκέρασεν
AP-NN-P NPG-XP AB N-AF-S VIPA--ZS CC DNMS N-NM-S VIAA--ZS

τὸ σῶμα, τῷ ὑστερουμένῳ περισσοτέραν δοὺς
DANS N-AN-S DDNS☐NPDNZS&APRNN-S VPPPDN-S A-MAF-S   VPAANM-S

τιμήν, 12.25 ἵνα μὴ ᾖ σχίσμα ἐν τῷ σώματι, ἀλλὰ τὸ αὐτὸ
N-AF-S   CS AB VSPA--ZS N-NN-S PD DDNS N-DN-S CH DANS AP-AN-S

ὑπὲρ ἀλλήλων μεριμνῶσιν τὰ μέλη. 12.26 καὶ εἴτε πάσχει ἓν
PG NPGMZP   VSPA--ZP   DNNP N-NN-P   CC CC VIPA--ZS A-CNN-S

μέλος, συμπάσχει πάντα τὰ μέλη· εἴτε δοξάζεται [ἓν] μέλος,
N-NN-S VIPA--ZS A--NN-P DNNP N-NN-P CC VIPP--ZS A-CNN-S N-NN-S

συγχαίρει πάντα τὰ μέλη.
VIPA--ZS A--NN-P DNNP N-NN-P

12.27 Ὑμεῖς δέ ἐστε σῶμα Χριστοῦ καὶ μέλη ἐκ μέρους.
NPN-YP CC VIPA--YP N-NN-S N-GM-S CC N-NN-P PG N-GN-S

12.28 καὶ οὓς μὲν ἔθετο ὁ θεὸς ἐν τῇ ἐκκλησίᾳ
CC APRAM-P□APDAM-P QS VIAM--ZS DNMS N-NM-S PD DDFS N-DF-S

πρῶτον ἀποστόλους, δεύτερον προφήτας, τρίτον διδασκάλους,
APOAN-S□AB N-AM-P APOAN-S□AB N-AM-P APOAN-S□AB N-AM-P

ἔπειτα δυνάμεις, ἔπειτα χαρίσματα ἰαμάτων, ἀντιλήμψεις,
AB N-AF-P AB N-AN-P N-GN-P N-AF-P

κυβερνήσεις, γένη γλωσσῶν. 12.29 μὴ πάντες ἀπόστολοι; μὴ
N-AF-P N-AN-P N-GF-P QT AP-NM-P N-NM-P QT

πάντες προφῆται; μὴ πάντες διδάσκαλοι; μὴ πάντες δυνάμεις;
AP-NM-P N-NM-P QT AP-NM-P N-NM-P QT AP-NM-P N-NF-P

12.30 μὴ πάντες χαρίσματα ἔχουσιν ἰαμάτων; μὴ πάντες
QT AP-NM-P N-AN-P VIPA--ZP N-GN-P QT AP-NM-P

γλώσσαις λαλοῦσιν; μὴ πάντες διερμηνεύουσιν;
N-DF-P VIPA--ZP QT AP-NM-P VIPA--ZP

12.31 ζηλοῦτε δὲ τὰ χαρίσματα τὰ μείζονα.
VIPA--YP/VMPA--YP CH DANP N-AN-P DANP A-MAN-P

Καὶ ἔτι καθ᾽ ὑπερβολὴν ὁδὸν ὑμῖν δείκνυμι. 13.1 Ἐὰν ταῖς
CC AB PA N-AF-S N-AF-S NPD-YP VIPA--XS CS DDFP

γλώσσαις τῶν ἀνθρώπων λαλῶ καὶ τῶν ἀγγέλων, ἀγάπην δὲ μὴ
N-DF-P DGMP N-GM-P VSPA--XS CC DGMP N-GM-P N-AF-S CC AB

ἔχω, γέγονα χαλκὸς ἠχῶν ἢ κύμβαλον ἀλαλάζον. 13.2 καὶ ἐὰν
VSPA--XS VIRA--XS N-NM-S VPPANM-S CC N-NN-S VPPANN-S CC CS

ἔχω προφητείαν καὶ εἰδῶ τὰ μυστήρια πάντα καὶ πᾶσαν
VSPA--XS N-AF-S CC VSRA--XS DANP N-AN-P A--AN-P CC A--AF-S

τὴν γνῶσιν, καὶ ἐὰν ἔχω πᾶσαν τὴν πίστιν ὥστε ὄρη
DAFS N-AF-S CC CS VSPA--XS A--AF-S DAFS N-AF-S CS N-AN-P

μεθιστάναι, ἀγάπην δὲ μὴ ἔχω, οὐθέν εἰμι. 13.3 κἂν ψωμίσω
VNPA N-AF-S CC AB VSPA--XS APCAN-S VIPA--XS CC&CS VSAA--XS

πάντα τὰ ὑπάρχοντά μου, καὶ ἐὰν παραδῶ τὸ σῶμά
AP-AN-P DANP□APRNN-P VPPAAN-P NPG-XS CC CS VSAA--XS DANS N-AN-S

μου ἵνα καυχήσωμαι, ἀγάπην δὲ μὴ ἔχω, οὐδὲν ὠφελοῦμαι.
NPG-XS CS VSAD--XS N-AF-S CC AB VSPA--XS APCAN-S VIPP--XS

13.4 Ἡ ἀγάπη μακροθυμεῖ, χρηστεύεται ἡ ἀγάπη, οὐ
DNFS N-NF-S VIPA--ZS VIPN--ZS DNFS N-NF-S AB

ζηλοῖ, [ἡ ἀγάπη] οὐ περπερεύεται, οὐ φυσιοῦται, 13.5 οὐκ
VIPA--ZS DNFS N-NF-S AB VIPN--ZS AB VIPP--ZS AB

ἀσχημονεῖ, οὐ ζητεῖ τὰ ἑαυτῆς, οὐ παροξύνεται, οὐ λογίζεται
VIPA--ZS AB VIPA--ZS DANP NPGFZS AB VIPP--ZS AB VIPN--ZS

τὸ κακόν, 13.6 οὐ χαίρει ἐπὶ τῇ ἀδικίᾳ, συγχαίρει δὲ τῇ
DANS AP-AN-S AB VIPA--ZS PD DDFS N-DF-S VIPA--ZS CH DDFS

ἀληθείᾳ· 13.7 πάντα στέγει, πάντα πιστεύει, πάντα ἐλπίζει,
N-DF-S AP-AN-P VIPA--ZS AP-AN-P VIPA--ZS AP-AN-P VIPA--ZS

πάντα ὑπομένει.
AP-AN-P VIPA--ZS

13.8 Ἡ ἀγάπη οὐδέποτε πίπτει. εἴτε δὲ προφητεῖαι,
DNFS N-NF-S AB VIPA--ZS CC CS N-NF-P

καταργηθήσονται· εἴτε γλῶσσαι, παύσονται· εἴτε γνῶσις,
VIFP--ZP CC N-NF-P VIFM--ZP CC N-NF-S

καταργηθήσεται. 13.9 ἐκ μέρους γὰρ γινώσκομεν καὶ ἐκ μέρους
VIFP--ZS PG N-GN-S CS VIPA--XP CC PG N-GN-S

προφητεύομεν· 13.10 ὅταν δὲ ἔλθῃ τὸ τέλειον, τὸ ἐκ μέρους
VIPA--XP CS CH VSAA--ZS DNNS AP-NN-S DNNS PG N-GN-S

καταργηθήσεται. 13.11 ὅτε ἤμην νήπιος, ἐλάλουν ὡς νήπιος,
VIFP--ZS CS VIIM--XS A--NM-S VIIA--XS CS AP-NM-S

ἐφρόνουν ὡς νήπιος, ἐλογιζόμην ὡς νήπιος· ὅτε γέγονα ἀνήρ,
VIIA--XS CS AP-NM-S VIIN--XS CS AP-NM-S CS VIRA--XS N-NM-S

κατήργηκα τὰ τοῦ νηπίου. 13.12 βλέπομεν γὰρ ἄρτι δι'
VIRA--XS DANP DGMS AP-GM-S VIPA--XP CS AB PG

ἐσόπτρου ἐν αἰνίγματι, τότε δὲ πρόσωπον πρὸς πρόσωπον· ἄρτι
N-GN-S PD N-DN-S AB CH N-AN-S/N-NN-S PA N-AN-S AB

γινώσκω ἐκ μέρους, τότε δὲ ἐπιγνώσομαι καθὼς καὶ ἐπεγνώσθην.
VIPA--XS PG N-GN-S AB CH VIFD--XS CS AB VIAP--XS

13.13 νυνὶ δὲ μένει πίστις, ἐλπίς, ἀγάπη, τὰ τρία ταῦτα· μείζων
AB CH VIPA--ZS N-NF-S N-NF-S N-NF-S DNNP APCNN-P A-DNN-P A-MNF-S

δὲ τούτων ἡ ἀγάπη.
CC APDGN-P DNFS N-NF-S

14.1 Διώκετε τὴν ἀγάπην, ζηλοῦτε δὲ τὰ πνευματικά, μᾶλλον
VMPA--YP DAFS N-AF-S VMPA--YP CC DANP AP-AN-P ABM

δὲ ἵνα προφητεύητε. 14.2 ὁ γὰρ λαλῶν γλώσσῃ
CC CC VSPA--YP DNMS□NPNMZS&APRNM-S CS VPPANM-S N-DF-S

οὐκ ἀνθρώποις λαλεῖ ἀλλὰ θεῷ, οὐδεὶς γὰρ ἀκούει, πνεύματι δὲ
AB N-DM-P VIPA--ZS CH N-DM-S APCNM-S CS VIPA--ZS N-DN-S CH

λαλεῖ μυστήρια· 14.3 ὁ δὲ προφητεύων ἀνθρώποις
VIPA--ZS N-AN-P DNMS□NPNMZS&APRNM-S CH VPPANM-S N-DM-P

λαλεῖ οἰκοδομὴν καὶ παράκλησιν καὶ παραμυθίαν.
VIPA--ZS N-AF-S CC N-AF-S CC N-AF-S

14.4 ὁ λαλῶν γλώσσῃ ἑαυτὸν οἰκοδομεῖ·
DNMS□NPNMZS&APRNM-S VPPANM-S N-DF-S NPAMZS VIPA--ZS

ὁ δὲ προφητεύων ἐκκλησίαν οἰκοδομεῖ. 14.5 θέλω
DNMS□NPNMZS&APRNM-S CH VPPANM-S N-AF-S VIPA--ZS VIPA--XS

δὲ πάντας ὑμᾶς λαλεῖν γλώσσαις, μᾶλλον δὲ ἵνα προφητεύητε·
CC A--AM-P NPA-YP VNPA N-DF-P ABM CH CC VSPA--YP

μείζων δὲ ὁ προφητεύων ἢ ὁ
A-MNM-S CS DNMS□NPNMZS&APRNM-S VPPANM-S CS DNMS□NPNMZS&APRNM-S

λαλῶν γλώσσαις, ἐκτὸς εἰ μὴ διερμηνεύῃ, ἵνα ἡ ἐκκλησία
VPPANM-S N-DF-P AB CS AB VSPA--ZS CS DNFS N-NF-S

οἰκοδομὴν λάβῃ.
N-AF-S VSAA--ZS

14.6 Νῦν δέ, ἀδελφοί, ἐὰν ἔλθω πρὸς ὑμᾶς γλώσσαις λαλῶν,
AB   CC   N-VM-P   CS   VSAA--XS   PA   NPA-YP   N-DF-P   VPPANMXS

τί ὑμᾶς ὠφελήσω, ἐὰν μὴ ὑμῖν λαλήσω ἢ ἐν ἀποκαλύψει ἢ
APTAN-S   NPA-YP   VIFA--XS   CS   AB   NPD-YP   VSAA--XS   CC   PD   N-DF-S   CC

ἐν γνώσει ἢ ἐν προφητείᾳ ἢ [ἐν] διδαχῇ; 14.7 ὅμως τὰ ἄψυχα
PD   N-DF-S   CC   PD   N-DF-S   CC   PD   N-DF-S   AB   DNNP   AP-NN-P

φωνὴν διδόντα, εἴτε αὐλὸς εἴτε κιθάρα, ἐὰν διαστολὴν τοῖς
N-AF-S   VPPANN-P   CC   N-NM-S   CC   N-NF-S   CS   N-AF-S   DDMP

φθόγγοις μὴ δῷ, πῶς γνωσθήσεται τὸ
N-DM-P   AB   VSAA--ZS   ABT   VIFP--ZS   DNNS□NPNNZS&APRNN-S

αὐλούμενον ἢ τὸ κιθαριζόμενον; 14.8 καὶ γὰρ ἐὰν
VPPPNN-S   CC   DNNS□NPNNZS&APRNN-S   VPPPNN-S   AB   CS   CS

ἄδηλον σάλπιγξ φωνὴν δῷ, τίς παρασκευάσεται εἰς
A--AF-S   N-NF-S   N-AF-S   VSAA--ZS   APTNM-S   VIFM--ZS   PA

πόλεμον; 14.9 οὕτως καὶ ὑμεῖς διὰ τῆς γλώσσης ἐὰν μὴ εὔσημον
N-AM-S   AB   AB   NPN-YP   PG   DGFS   N-GF-S   CS   AB   A--AM-S

λόγον δῶτε, πῶς γνωσθήσεται τὸ λαλούμενον;
N-AM-S   VSAA--YP   ABT   VIFP--ZS   DNNS□NPNNZS&APRNN-S   VPPPNN-S

ἔσεσθε γὰρ εἰς ἀέρα λαλοῦντες. 14.10 τοσαῦτα εἰ τύχοι γένη
VIFD--YP+   CS   PA   N-AM-S   +VPPANMYP   A-DNN-P   CS   VOAA--ZS   N-NN-P

φωνῶν εἰσιν ἐν κόσμῳ, καὶ οὐδὲν ἄφωνον· 14.11 ἐὰν οὖν μὴ
N-GF-P   VIPA--ZP   PD   N-DM-S   CC   APCNN-S   A--NN-S   CS   CH   AB

εἰδῶ τὴν δύναμιν τῆς φωνῆς, ἔσομαι τῷ λαλοῦντι
VSRA--XS   DAFS   N-AF-S   DGFS   N-GF-S   VIFD--XS   DDMS□NPDMZS&APRNM-S   VPPADM-S

βάρβαρος καὶ ὁ λαλῶν ἐν ἐμοὶ βάρβαρος.
AP-NM-S   CC   DNMS□NPNMZS&APRNM-S   VPPANM-S   PD   NPD-XS   AP-NM-S

14.12 οὕτως καὶ ὑμεῖς, ἐπεὶ ζηλωταί ἐστε πνευμάτων, πρὸς τὴν
AB   AB   NPN-YP   CS   N-NM-P   VIPA--YP   N-GN-P   PA   DAFS

οἰκοδομὴν τῆς ἐκκλησίας ζητεῖτε ἵνα περισσεύητε. 14.13 διὸ
N-AF-S   DGFS   N-GF-S   VMPA--YP   CC   VSPA--YP   CH

ὁ λαλῶν γλώσσῃ προσευχέσθω ἵνα διερμηνεύῃ.
DNMS□NPNMZS&APRNM-S   VPPANM-S   N-DF-S   VMPN--ZS   CC   VSPA--ZS

14.14 ἐὰν [γὰρ] προσεύχωμαι γλώσσῃ, τὸ πνεῦμά μου
CS   CS   VSPN--XS   N-DF-S   DNNS   N-NN-S   NPG-XS

προσεύχεται, ὁ δὲ νοῦς μου ἄκαρπός ἐστιν. 14.15 τί οὖν
VIPN--ZS   DNMS   CH   N-NM-S   NPG-XS   A--NM-S   VIPA--ZS   APTNN-S   CH

ἐστιν; προσεύξομαι τῷ πνεύματι, προσεύξομαι δὲ καὶ τῷ νοΐ·
VIPA--ZS   VIFD--XS   DDNS   N-DN-S   VIFD--XS   CH   AB   DDMS   N-DM-S

ψαλῶ τῷ πνεύματι, ψαλῶ δὲ καὶ τῷ νοΐ. 14.16 ἐπεὶ ἐὰν
VIFA--XS   DDNS   N-DN-S   VIFA--XS   CH   AB   DDMS   N-DM-S   CS   CS

εὐλογῇς [ἐν] πνεύματι, ὁ ἀναπληρῶν τὸν τόπον
VSPA--YS   PD   N-DN-S   DNMS□NPNMZS&APRNM-S   VPPANM-S   DAMS   N-AM-S

τοῦ ἰδιώτου πῶς ἐρεῖ τὸ Ἀμήν ἐπὶ τῇ σῇ εὐχαριστίᾳ,
DGMS   N-GM-S   ABT   VIFA--ZS   DANS   QS□AP-AN-S   PD   DDFS   A--DFYS   N-DF-S

ἐπειδὴ τί λέγεις οὐκ οἶδεν; 14.17 σὺ μὲν γὰρ καλῶς
CS APTAN-S VIPA--YS AB VIRA--ZS NPN-YS CS CS AB

εὐχαριστεῖς, ἀλλ᾽ ὁ ἕτερος οὐκ οἰκοδομεῖται. 14.18 εὐχαριστῶ
VIPA--YS CH DNMS AP-NM-S AB VIPP--ZS VIPA--XS

τῷ θεῷ, πάντων ὑμῶν μᾶλλον γλώσσαις λαλῶ· 14.19 ἀλλὰ ἐν
DDMS N-DM-S A--GM-P NPG-YP ABM N-DF-P VIPA--XS CH PD

ἐκκλησίᾳ θέλω πέντε λόγους τῷ νοΐ μου λαλῆσαι, ἵνα καὶ
N-DF-S VIPA--XS A-CAM-P N-AM-P DDMS N-DM-S NPG-XS VNAA CS AB

ἄλλους κατηχήσω, ἢ μυρίους λόγους ἐν γλώσσῃ.
AP-AM-P VSAA--XS CS A--AM-P N-AM-P PD N-DF-S

14.20 Ἀδελφοί, μὴ παιδία γίνεσθε ταῖς φρεσίν, ἀλλὰ τῇ
N-VM-P AB N-NN-P VMPN--YP DDFP N-DF-P CH DDFS

κακίᾳ νηπιάζετε, ταῖς δὲ φρεσὶν τέλειοι γίνεσθε. 14.21 ἐν τῷ
N-DF-S VMPA--YP DDFP CH N-DF-P A--NM-P VMPN--YP PD DDMS

νόμῳ γέγραπται ὅτι
N-DM-S VIRP--ZS CC

Ἐν ἑτερογλώσσοις
PD AP-DM-P

καὶ ἐν χείλεσιν ἑτέρων
CC PD N-DN-P AP-GM-P

λαλήσω τῷ λαῷ τούτῳ,
VIFA--XS DDMS N-DM-S A-DDM-S

καὶ οὐδ᾽ οὕτως εἰσακούσονταί μου,
CC AB AB VIFD--ZP NPG-XS

λέγει κύριος. 14.22 ὥστε αἱ γλῶσσαι εἰς σημεῖόν εἰσιν οὐ
VIPA--ZS N-NM-S CH DNFP N-NF-P PA N-AN-S VIPA--ZP AB

τοῖς πιστεύουσιν ἀλλὰ τοῖς ἀπίστοις, ἡ δὲ
DDMP□NPDMZP&APRNM-P VPPADM-P CH DDMP AP-DM-P DNFS CC

προφητεία οὐ τοῖς ἀπίστοις ἀλλὰ τοῖς πιστεύουσιν.
N-NF-S AB DDMP AP-DM-P CH DDMP□NPDMZP&APRNM-P VPPADM-P

14.23 Ἐὰν οὖν συνέλθῃ ἡ ἐκκλησία ὅλη ἐπὶ τὸ αὐτὸ καὶ
CS CC VSAA--ZS DNFS N-NF-S A--NF-S PA DANS AP-AN-S CC

πάντες λαλῶσιν γλώσσαις, εἰσέλθωσιν δὲ ἰδιῶται ἢ ἄπιστοι, οὐκ
AP-NM-P VSPA--ZP N-DF-P VSAA--ZP CC N-NM-P CC AP-NM-P QT

ἐροῦσιν ὅτι μαίνεσθε; 14.24 ἐὰν δὲ πάντες προφητεύωσιν,
VIFA--ZP CC VIPN--YP CS CC AP-NM-P VSPA--ZP

εἰσέλθῃ δέ τις ἄπιστος ἢ ἰδιώτης, ἐλέγχεται ὑπὸ πάντων,
VSAA--ZS CC A-INM-S AP-NM-S CC N-NM-S VIPP--ZS PG AP-GM-P

ἀνακρίνεται ὑπὸ πάντων, 14.25 τὰ κρυπτὰ τῆς καρδίας αὐτοῦ
VIPP--ZS PG AP-GM-P DNNP AP-NN-P DGFS N-GF-S NPGMZS

φανερὰ γίνεται, καὶ οὕτως πεσὼν ἐπὶ πρόσωπον προσκυνήσει
A--NN-P VIPN--ZS CC AB VPAANM-S PA N-AN-S VIFA--ZS

τῷ θεῷ, ἀπαγγέλλων ὅτι Ὄντως ὁ θεὸς ἐν ὑμῖν ἐστιν.
DDMS N-DM-S VPPANM-S CC AB DNMS N-NM-S PD NPD-YP VIPA--ZS

14.26 Τί   οὖν ἐστιν, ἀδελφοί; ὅταν συνέρχησθε, ἕκαστος
 APTNN-S CH   VIPA--ZS   N-VM-P   CS   VSPN--YP   AP-NM-S

ψαλμὸν ἔχει, διδαχὴν ἔχει, ἀποκάλυψιν ἔχει, γλῶσσαν ἔχει,
 N-AM-S VIPA--ZS N-AF-S VIPA--ZS N-AF-S VIPA--ZS N-AF-S VIPA--ZS

ἑρμηνείαν ἔχει· πάντα πρὸς οἰκοδομὴν γινέσθω. 14.27 εἴτε
 N-AF-S VIPA--ZS AP-NN-P PA N-AF-S VMPN--ZS   CC

γλώσσῃ τις λαλεῖ, κατὰ δύο ἢ τὸ πλεῖστον τρεῖς, καὶ ἀνὰ
 N-DF-S APINM-S VIPA--ZS PA APCAM-P CC DANS APSAN-S APCAM-P CC PA

μέρος, καὶ εἷς διερμηνευέτω· 14.28 ἐὰν δὲ μὴ ᾖ
 N-AN-S CC APCNM-S VMPA--ZS   CS CC AB VSPA--ZS

διερμηνευτής, σιγάτω ἐν ἐκκλησίᾳ, ἑαυτῷ δὲ λαλείτω καὶ τῷ
 N-NM-S   VMPA--ZS PD N-DF-S NPDMZS CC VMPA--ZS CC DDMS

θεῷ. 14.29 προφῆται δὲ δύο ἢ τρεῖς λαλείτωσαν, καὶ οἱ
 N-DM-S   N-NM-P   CC A-CNM-P CC A-CNM-P VMPA--ZP   CC DNMP

ἄλλοι διακρινέτωσαν· 14.30 ἐὰν δὲ ἄλλῳ ἀποκαλυφθῇ καθημένῳ,
 AP-NM-P VMPA--ZP   CS CC AP-DM-S VSAP--ZS   VPPNDM-S

ὁ   πρῶτος σιγάτω. 14.31 δύνασθε γὰρ καθ᾽ ἕνα πάντες
DNMS APONM-S VMPA--ZS   VIPN--YP CS PA APCAM-S AP-NM-P

προφητεύειν, ἵνα πάντες μανθάνωσιν καὶ πάντες παρακαλῶνται,
 VNPA   CS AP-NM-P VSPA--ZP   CC AP-NM-P VSPP--ZP

14.32 καὶ πνεύματα προφητῶν προφήταις ὑποτάσσεται· 14.33 οὐ
 CC N-NN-P N-GM-P N-DM-P VIPP--ZS   AB

γὰρ ἐστιν ἀκαταστασίας ὁ   θεὸς ἀλλὰ εἰρήνης.
 CS VIPA--ZS N-GF-S DNMS N-NM-S CH N-GF-S

   Ὡς ἐν πάσαις ταῖς ἐκκλησίαις τῶν ἁγίων, 14.34 αἱ γυναῖκες
   CS PD A--DF-P DDFP N-DF-P DGMP AP-GM-P   DNFP N-NF-P

ἐν ταῖς ἐκκλησίαις σιγάτωσαν, οὐ γὰρ ἐπιτρέπεται αὐταῖς λαλεῖν·
PD DDFP N-DF-P   VMPA--ZP AB CS VIPP--ZS   NPDFZP VNPA

ἀλλὰ ὑποτασσέσθωσαν, καθὼς καὶ ὁ   νόμος λέγει. 14.35 εἰ δέ
 CH VMPP--ZP   CS AB DNMS N-NM-S VIPA--ZS   CS CC

τι   μαθεῖν θέλουσιν, ἐν οἴκῳ τοὺς ἰδίους ἄνδρας ἐπερωτάτωσαν,
APIAN-S VNAA VIPA--ZP PD N-DM-S DAMP A--AM-P N-AM-P VMPA--ZP

αἰσχρὸν γάρ ἐστιν γυναικὶ λαλεῖν ἐν ἐκκλησίᾳ. 14.36 ἢ ἀφ᾽ ὑμῶν
 A--NN-S CS VIPA--ZS N-DF-S VNPA PD N-DF-S   CC PG NPG-YP

ὁ   λόγος τοῦ θεοῦ ἐξῆλθεν, ἢ εἰς ὑμᾶς μόνους κατήντησεν;
DNMS N-NM-S DGMS N-GM-S VIAA--ZS CC PA NPA-YP A--AM-P VIAA--ZS

14.37 Εἴ τις δοκεῖ προφήτης εἶναι ἢ πνευματικός,
 CS APINM-S VIPA--ZS N-NM-S VNPA CC AP-NM-S

ἐπιγινωσκέτω ἃ   γράφω ὑμῖν ὅτι κυρίου ἐστὶν
 VMPA--ZS APRAN-P□APDAN-P&APRAN-P VIPA--XS NPD-YP CC N-GM-S VIPA--ZS

ἐντολή· 14.38 εἰ δέ τις ἀγνοεῖ, ἀγνοεῖται. 14.39 ὥστε, ἀδελφοί
 N-NF-S   CS CC APINM-S VIPA--ZS VIPP--ZS   CH N-VM-P

[μου], ζηλοῦτε τὸ προφητεύειν, καὶ τὸ λαλεῖν μὴ κωλύετε
 NPG-XS VMPA--YP DANS VNPAA   CC DANS VNPAA AB VMPA--YP

γλώσσαις· 14.40 πάντα δὲ εὐσχημόνως καὶ κατὰ τάξιν γινέσθω.
N-DF-P   AP-NN-P   CC   AB   CC   PA   N-AF-S   VMPN--ZS

15.1 Γνωρίζω δὲ ὑμῖν, ἀδελφοί, τὸ εὐαγγέλιον ὃ
     VIPA--XS   CC NPD-YP N-VM-P   DANS N-AN-S   APRAN-S

εὐηγγελισάμην ὑμῖν, ὃ καὶ παρελάβετε, ἐν ᾧ καὶ
VIAM--XS   NPD-YP APRAN-S AB VIAA--YP   PD APRDN-S AB

ἑστήκατε, 15.2 δι᾽ οὗ καὶ σῴζεσθε, τίνι λόγῳ εὐηγγελισάμην
VIRA--YP   PG APRGN-S AB VIPP--YP   A-TDM-S N-DM-S VIAM--XS

ὑμῖν εἰ κατέχετε, ἐκτὸς εἰ μὴ εἰκῇ ἐπιστεύσατε. 15.3 παρέδωκα
NPD-YP CS VIPA--YP   AB   CS AB AB   VIAA--YP   VIAA--XS

γὰρ ὑμῖν ἐν πρώτοις, ὃ   καὶ παρέλαβον, ὅτι
CS NPD-YP PD APODN-P   APRAN-S□APDAN-S&APRAN-S AB VIAA--XS   ABR

Χριστὸς ἀπέθανεν ὑπὲρ τῶν ἁμαρτιῶν ἡμῶν κατὰ τὰς γραφάς,
N-NM-S   VIAA--ZS   PG   DGFP N-GF-P   NPG-XP PA   DAFP N-AF-P

15.4 καὶ ὅτι ἐτάφη, καὶ ὅτι ἐγήγερται τῇ ἡμέρᾳ τῇ τρίτῃ κατὰ
     CC ABR VIAP--ZS CC ABR VIRP--ZS   DDFS N-DF-S DDFS A-ODF-S PA

τὰς γραφάς, 15.5 καὶ ὅτι ὤφθη Κηφᾷ, εἶτα τοῖς δώδεκα·
DAFP N-AF-P   CC ABR VIAP--ZS N-DM-S AB DDMP APCDM-P

15.6 ἔπειτα ὤφθη ἐπάνω πεντακοσίοις ἀδελφοῖς ἐφάπαξ, ἐξ ὧν
     AB   VIAP--ZS AB   A-CDM-P   N-DM-P   AB   PG APRGM-P

οἱ πλείονες μένουσιν ἕως ἄρτι, τινὲς δὲ ἐκοιμήθησαν·
DNMP APMNM-P VIPA--ZP   PG AB□AP-GM-S APINM-P CS VIAO--ZP

15.7 ἔπειτα ὤφθη Ἰακώβῳ, εἶτα τοῖς ἀποστόλοις πᾶσιν·
     AB   VIAP--ZS N-DM-S   AB DDMP N-DM-P   A--DM-P

15.8 ἔσχατον δὲ πάντων ὡσπερεὶ τῷ ἐκτρώματι ὤφθη κἀμοί.
     AP-AN-S□AB CC AP-GN-P   CS   DDNS N-DN-S   VIAP--ZS AB&NPD-XS

15.9 Ἐγὼ γὰρ εἰμι ὁ ἐλάχιστος τῶν ἀποστόλων, ὃς οὐκ
     NPN-XS CS VIPA--XS DNMS APSNM-S   DGMP N-GM-P   APRNMXS AB

εἰμὶ ἱκανὸς καλεῖσθαι ἀπόστολος, διότι ἐδίωξα τὴν ἐκκλησίαν
VIPA--XS A--NM-S VNPP   N-NM-S   CS   VIAA--XS DAFS N-AF-S

τοῦ θεοῦ· 15.10 χάριτι δὲ θεοῦ εἰμι ὅ   εἰμι,
DGMS N-GM-S   N-DF-S CH N-GM-S VIPA--XS APRNN-S□APDNN-S&APRNN-S VIPA--XS

καὶ ἡ χάρις αὐτοῦ ἡ εἰς ἐμὲ οὐ κενὴ ἐγενήθη, ἀλλὰ
CC DNFS N-NF-S NPGMZS DNFS PA NPA-XS AB A--NF-S VIAO--ZS   CH

περισσότερον αὐτῶν πάντων ἐκοπίασα, οὐκ ἐγὼ δὲ ἀλλὰ ἡ
APMAN-S□ABM   NPGMZP A--GM-P   VIAA--XS   AB NPN-XS CC CH DNFS

χάρις τοῦ θεοῦ [ἡ] σὺν ἐμοί. 15.11 εἴτε οὖν ἐγὼ εἴτε ἐκεῖνοι,
N-NF-S DGMS N-GM-S DNFS PD NPD-XS   CC CH NPN-XS CC APDNM-P

οὕτως κηρύσσομεν καὶ οὕτως ἐπιστεύσατε.
AB   VIPA--XP   CC AB   VIAA--YP

15.12 Εἰ δὲ Χριστὸς κηρύσσεται ὅτι ἐκ νεκρῶν ἐγήγερται, πῶς
      CS CC N-NM-S   VIPP--ZS   CC PG AP-GM-P VIRP--ZS   ABT

λέγουσιν ἐν ὑμῖν τινες ὅτι ἀνάστασις νεκρῶν οὐκ ἔστιν; 15.13 εἰ
VIPA--ZP   PD NPD-YP APINM-P CC N-NF-S   AP-GM-P AB VIPA--ZS   CS

δὲ ἀνάστασις νεκρῶν οὐκ ἔστιν, οὐδὲ Χριστὸς ἐγήγερται· 15.14 εἰ
CC N-NF-S   AP-GM-P AB VIPA--ZS AB N-NM-S   VIRP--ZS   CS

δὲ Χριστὸς οὐκ ἐγήγερται, κενὸν ἄρα [καὶ] τὸ κήρυγμα ἡμῶν,
CC N-NM-S AB VIRP--ZS   A--NN-S CH AB   DNNS N-NN-S NPG-XP

κενὴ καὶ ἡ πίστις ὑμῶν, 15.15 εὑρισκόμεθα δὲ καὶ
A--NF-S AB DNFS N-NF-S NPG-YP   VIPP--XP   CC AB

ψευδομάρτυρες τοῦ θεοῦ, ὅτι ἐμαρτυρήσαμεν κατὰ τοῦ θεοῦ ὅτι
N-NM-P   DGMS N-GM-S CS VIAA--XP   PG   DGMS N-GM-S CC

ἤγειρεν τὸν Χριστόν, ὃν οὐκ ἤγειρεν εἴπερ ἄρα νεκροὶ οὐκ
VIAA--ZS DAMS N-AM-S APRAM-S AB VIAA--ZS CS CH AP-NM-P AB

ἐγείρονται. 15.16 εἰ γὰρ νεκροὶ οὐκ ἐγείρονται, οὐδὲ Χριστὸς
VIPP--ZP   CS CS AP-NM-P AB VIPP--ZP   AB   N-NM-S

ἐγήγερται· 15.17 εἰ δὲ Χριστὸς οὐκ ἐγήγερται, ματαία ἡ πίστις
VIRP--ZS   CS CC N-NM-S   AB VIRP--ZS   A--NF-S DNFS N-NF-S

ὑμῶν, ἔτι ἐστὲ ἐν ταῖς ἁμαρτίαις ὑμῶν. 15.18 ἄρα καὶ
NPG-YP AB VIPA--YP PD DDFP N-DF-P   NPG-YP   CH AB

οἱ κοιμηθέντες ἐν Χριστῷ ἀπώλοντο. 15.19 εἰ ἐν
DNMP□NPNMZP&APRNM-P VPAONM-P PD N-DM-S VIAM--ZP   CS PD

τῇ ζωῇ ταύτῃ ἐν Χριστῷ ἠλπικότες ἐσμὲν μόνον, ἐλεεινότεροι
DDFS N-DF-S A-DDF-S PD N-DM-S VPRANMXP+ +VIPA--XP AP-AN-S□AB A-MNM-P

πάντων ἀνθρώπων ἐσμέν.
A--GM-P N-GM-P   VIPA--XP

15.20 Νυνὶ δὲ Χριστὸς ἐγήγερται ἐκ νεκρῶν, ἀπαρχὴ
      AB CC N-NM-S VIRP--ZS   PG AP-GM-P N-NF-S

τῶν κεκοιμημένων. 15.21 ἐπειδὴ γὰρ δι' ἀνθρώπου
DGMP□NPGMZP&APRNM-P VPRNGM-P   CS   CS PG N-GM-S

θάνατος, καὶ δι' ἀνθρώπου ἀνάστασις νεκρῶν· 15.22 ὥσπερ γὰρ
N-NM-S   AB PG N-GM-S   N-NF-S   AP-GM-P   CS   CS

ἐν τῷ Ἀδὰμ πάντες ἀποθνῄσκουσιν, οὕτως καὶ ἐν τῷ Χριστῷ
PD DDMS N-DM-S AP-NM-P VIPA--ZP   AB   AB PD DDMS N-DM-S

πάντες ζῳοποιηθήσονται. 15.23 ἕκαστος δὲ ἐν τῷ ἰδίῳ τάγματι·
AP-NM-P VIFP--ZP   AP-NM-S CC PD DDNS A--DN-S N-DN-S

ἀπαρχὴ Χριστός, ἔπειτα οἱ τοῦ Χριστοῦ ἐν τῇ παρουσίᾳ
N-NF-S N-NM-S AB   DNMP DGMS N-GM-S PD DDFS N-DF-S

αὐτοῦ· 15.24 εἶτα τὸ τέλος, ὅταν παραδιδῷ τὴν βασιλείαν τῷ
NPGMZS   AB DNNS N-NN-S ABR VSPA--ZS DAFS N-AF-S   DDMS

θεῷ καὶ πατρί, ὅταν καταργήσῃ πᾶσαν ἀρχὴν καὶ πᾶσαν
N-DM-S AB/CC N-DM-S ABR VSAA--ZS A--AF-S N-AF-S CC A--AF-S

ἐξουσίαν καὶ δύναμιν. 15.25 δεῖ γὰρ αὐτὸν βασιλεύειν ἄχρι
N-AF-S   CC N-AF-S   VIPA--ZS CS NPAMZS VNPA   PG

οὗ θῇ πάντας τοὺς ἐχθροὺς ὑπὸ τοὺς πόδας
APRGM-S□APDGM-S&APRDM-S VSAA--ZS A--AM-P DAMP AP-AM-P PA DAMP N-AM-P

αὐτοῦ. 15.26 ἔσχατος ἐχθρὸς καταργεῖται ὁ θάνατος·
NPGMZS   A--NM-S AP-NM-S VIPP--ZS   DNMS N-NM-S

15.27 πάντα γὰρ ὑπέταξεν ὑπὸ τοὺς πόδας αὐτοῦ. ὅταν δὲ εἴπῃ
AP-AN-P CS VIAA--ZS PA DAMP N-AM-P NPGMZS CS CS VSAA--ZS

ὅτι πάντα ὑποτέτακται, δῆλον ὅτι ἐκτὸς τοῦ
CC AP-NN-P VIRP--ZS A--NN-S CC PG DGMS□NPGMZS&APRNM-S

ὑποτάξαντος αὐτῷ τὰ πάντα. 15.28 ὅταν δὲ ὑποταγῇ αὐτῷ τὰ
VPAAGM-S NPDMZS DANP AP-AN-P CS CC VSAP--ZS NPDMZS DNNP

πάντα, τότε [καὶ] αὐτὸς ὁ υἱὸς ὑποταγήσεται τῷ
AP-NN-P AB AB NPNMZS DNMS N-NM-S VIFP--ZS DDMS□NPDMZS&APRNM-S

ὑποτάξαντι αὐτῷ τὰ πάντα, ἵνα ᾖ ὁ θεὸς [τὰ] πάντα ἐν
VPAADM-S NPDMZS DANP AP-AN-P CS VSPA--ZS DNMS N-NM-S DNNP AP-NN-P PD

πᾶσιν.
AP-DN-P

15.29 Ἐπεὶ τί ποιήσουσιν οἱ βαπτιζόμενοι
CS APTAN-S VIFA--ZP DNMP□NPNMZP&APRNM-P VPPPNM-P

ὑπὲρ τῶν νεκρῶν; εἰ ὅλως νεκροὶ οὐκ ἐγείρονται, τί καὶ
PG DGMP AP-GM-P CS AB AP-NM-P AB VIPP--ZP APTAN-S□ABT AB

βαπτίζονται ὑπὲρ αὐτῶν; 15.30 τί καὶ ἡμεῖς κινδυνεύομεν
VIPP--ZP PG NPGMZP APTAN-S□ABT AB NPN-XP VIPA--XP

πᾶσαν ὥραν; 15.31 καθ᾿ ἡμέραν ἀποθνήσκω, νὴ τὴν ὑμετέραν
A--AF-S N-AF-S PA N-AF-S VIPA--XS QS DAFS A--AFYS

καύχησιν, [ἀδελφοί,] ἣν ἔχω ἐν Χριστῷ Ἰησοῦ τῷ κυρίῳ
N-AF-S N-VM-P APRAF-S VIPA--XS PD N-DM-S N-DM-S DDMS N-DM-S

ἡμῶν. 15.32 εἰ κατὰ ἄνθρωπον ἐθηριομάχησα ἐν Ἐφέσῳ, τί
NPG-XP CS PA N-AM-S VIAA--XS PD N-DF-S APTNN-S

μοι τὸ ὄφελος; εἰ νεκροὶ οὐκ ἐγείρονται,
NPD-XS DNNS N-NN-S CS AP-NM-P AB VIPP--ZP

Φάγωμεν καὶ πίωμεν,
VSAA--XP CC VSAA--XP

αὔριον γὰρ ἀποθνήσκομεν.
AB CS VIPA--XP

15.33 μὴ πλανᾶσθε·
AB VMPP--YP

Φθείρουσιν ἤθη χρηστὰ ὁμιλίαι κακαί.
VIPA--ZP N-AN-P A--AN-P N-NF-P A--NF-P

15.34 ἐκνήψατε δικαίως καὶ μὴ ἁμαρτάνετε, ἀγνωσίαν γὰρ θεοῦ
VMAA--YP AB CC AB VMPA--YP N-AF-S CS N-GM-S

τινες ἔχουσιν· πρὸς ἐντροπὴν ὑμῖν λαλῶ.
APINM-P VIPA--ZP PA N-AF-S NPD-YP VIPA--XS

15.35 Ἀλλὰ ἐρεῖ τις, Πῶς ἐγείρονται οἱ νεκροί; ποίῳ δὲ
CC VIFA--ZS APINM-S ABT VIPP--ZP DNMP AP-NM-P A-TDN-S CC

σώματι ἔρχονται; 15.36 ἄφρων, σὺ ὃ σπείρεις
N-DN-S VIPN--ZP AP-VM-S NPN-YS APRAN-S□APDNN-S&APRAN-S VIPA--YS

οὐ ζῳοποιεῖται ἐὰν μὴ ἀποθάνῃ· 15.37 καὶ ὃ
AB VIPP--ZS CS AB VSAA--ZS CC APRAN-S□APDAN-S&APRAN-S

σπείρεις, οὐ τὸ σῶμα τὸ   γενησόμενον σπείρεις ἀλλὰ
VIPA--YS AB DANS N-AN-S DANS□APRNN-S VPFDAN-S VIPA--YS   CH

γυμνὸν κόκκον εἰ τύχοι σίτου ἤ τινος τῶν λοιπῶν· 15.38 ὁ   δὲ
A--AM-S N-AM-S CS VOAA--ZS N-GM-S CC APIGN-S DGNP AP-GN-P   DNMS CC

θεὸς δίδωσιν αὐτῷ σῶμα καθὼς ἠθέλησεν, καὶ ἑκάστῳ τῶν
N-NM-S VIPA--ZS NPDMZS N-AN-S CS VIAA--ZS CC AP-DM-S DGNP

σπερμάτων ἴδιον σῶμα. 15.39 οὐ πᾶσα σὰρξ ἡ   αὐτὴ σάρξ,
N-GN-P A--AN-S N-AN-S   AB A--NF-S N-NF-S DNFS A--NF-S N-NF-S

ἀλλὰ ἄλλη μὲν ἀνθρώπων, ἄλλη δὲ σὰρξ κτηνῶν, ἄλλη δὲ σὰρξ
CH AP-NF-S CC N-GM-P   A--NF-S CC N-NF-S N-GN-P A--NF-S CC N-NF-S

πτηνῶν, ἄλλη δὲ ἰχθύων. 15.40 καὶ σώματα ἐπουράνια, καὶ
AP-GN-P AP-NF-S CC N-GM-P   CC N-NN-P A--NN-P   CC

σώματα ἐπίγεια· ἀλλὰ ἑτέρα μὲν ἡ   τῶν ἐπουρανίων δόξα, ἑτέρα
N-NN-P A--NN-P CC A--NF-S CC DNFS DGNP AP-GN-P   N-NF-S A--NF-S

δὲ ἡ   τῶν ἐπιγείων. 15.41 ἄλλη δόξα ἡλίου, καὶ ἄλλη δόξα
CC DNFS DGNP AP-GN-P   A--NF-S N-NF-S N-GM-S CC A--NF-S N-NF-S

σελήνης, καὶ ἄλλη δόξα ἀστέρων· ἀστὴρ γὰρ ἀστέρος διαφέρει ἐν
N-GF-S CC A--NF-S N-NF-S N-GM-P N-NM-S CS N-GM-S VIPA--ZS PD

δόξῃ.
N-DF-S

15.42 Οὕτως καὶ ἡ   ἀνάστασις τῶν νεκρῶν. σπείρεται ἐν
     AB   AB DNFS N-NF-S   DGMP AP-GM-P VIPP--ZS PD

φθορᾷ, ἐγείρεται ἐν ἀφθαρσίᾳ· 15.43 σπείρεται ἐν ἀτιμίᾳ,
N-DF-S VIPP--ZS PD N-DF-S   VIPP--ZS PD N-DF-S

ἐγείρεται ἐν δόξῃ· σπείρεται ἐν ἀσθενείᾳ, ἐγείρεται ἐν δυνάμει·
VIPP--ZS PD N-DF-S VIPP--ZS PD N-DF-S   VIPP--ZS PD N-DF-S

15.44 σπείρεται σῶμα ψυχικόν, ἐγείρεται σῶμα πνευματικόν. εἰ
     VIPP--ZS N-NN-S A--NN-S VIPP--ZS N-NN-S A--NN-S   CS

ἔστιν σῶμα ψυχικόν, ἔστιν καὶ πνευματικόν. 15.45 οὕτως καὶ
VIPA--ZS N-NN-S A--NN-S VIPA--ZS AB A--NN-S   AB   AB

γέγραπται, Ἐγένετο ὁ   πρῶτος ἄνθρωπος Ἀδὰμ εἰς ψυχὴν
VIRP--ZS VIAD--ZS DNMS A-ONM-S N-NM-S N-NM-S PA N-AF-S

ζῶσαν· ὁ   ἔσχατος Ἀδὰμ εἰς πνεῦμα ζῳοποιοῦν. 15.46 ἀλλ᾽ οὐ
VPPAAF-S DNMS A--NM-S N-NM-S PA N-AN-S VPPAAN-S   CC AB

πρῶτον τὸ   πνευματικὸν ἀλλὰ τὸ   ψυχικόν, ἔπειτα τὸ
A-ONN-S DNNS AP-NN-S   CH DNNS AP-NN-S AB   DNNS

πνευματικόν. 15.47 ὁ   πρῶτος ἄνθρωπος ἐκ γῆς χοϊκός, ὁ
AP-NN-S   DNMS A-ONM-S N-NM-S PG N-GF-S A--NM-S DNMS

δεύτερος ἄνθρωπος ἐξ οὐρανοῦ. 15.48 οἷος   ὁ   χοϊκός, τοιοῦτοι
A-ONM-S N-NM-S PG N-GM-S   APRNM-S+ DNMS AP-NM-S A-DNM-P

καὶ οἱ   χοϊκοί, καὶ οἷος   ὁ   ἐπουράνιος, τοιοῦτοι καὶ οἱ
AB DNMP AP-NM-P CC APRNM-S+ DNMS AP-NM-S   A-DNM-P AB DNMP

ἐπουράνιοι· 15.49 καὶ καθὼς ἐφορέσαμεν τὴν εἰκόνα τοῦ χοϊκοῦ,
AP-NM-P   CC CS VIAA--XP   DAFS N-AF-S DGMS AP-GM-S

φορέσομεν καὶ τὴν εἰκόνα τοῦ ἐπουρανίου.
VIFA--XP   AB   DAFS N-AF-S DGMS AP-GM-S

15.50 Τοῦτο δέ φημι, ἀδελφοί, ὅτι σὰρξ καὶ αἷμα βασιλείαν
APDAN-S CC VIPA--XS N-VM-P   ABR N-NF-S CC N-NN-S N-AF-S

θεοῦ κληρονομῆσαι οὐ δύναται, οὐδὲ ἡ φθορὰ τὴν ἀφθαρσίαν
N-GM-S VNAA   AB VIPN--ZS CC DNFS N-NF-S DAFS N-AF-S

κληρονομεῖ. 15.51 ἰδοὺ μυστήριον ὑμῖν λέγω· πάντες οὐ
VIPA--ZS   QS   N-AN-S   NPD-YP VIPA--XS AP-NM-P AB

κοιμηθησόμεθα, πάντες δὲ ἀλλαγησόμεθα, 15.52 ἐν ἀτόμῳ, ἐν
VIFO--XP   AP-NM-P CH VIFP--XP   PD AP-DN-S PD

ῥιπῇ ὀφθαλμοῦ, ἐν τῇ ἐσχάτῃ σάλπιγγι· σαλπίσει γάρ, καὶ οἱ
N-DF-S N-GM-S   PD DDFS A--DF-S N-DF-S   VIFA--ZS CS CC DNMP

νεκροὶ ἐγερθήσονται ἄφθαρτοι, καὶ ἡμεῖς ἀλλαγησόμεθα.
AP-NM-P VIFP--ZP   A--NM-P   CC NPN-XP VIFP--XP

15.53 δεῖ γὰρ τὸ φθαρτὸν τοῦτο ἐνδύσασθαι ἀφθαρσίαν καὶ
VIPA--ZS CS DANS AP-AN-S A-DAN-S VNAM   N-AF-S   CC

τὸ θνητὸν τοῦτο ἐνδύσασθαι ἀθανασίαν. 15.54 ὅταν δὲ τὸ
DANS AP-AN-S A-DAN-S VNAM   N-AF-S   CS CC DNNS

φθαρτὸν τοῦτο ἐνδύσηται ἀφθαρσίαν καὶ τὸ θνητὸν τοῦτο
AP-NN-S A-DNN-S VSAM--ZS N-AF-S   CC DNNS AP-NN-S A-DNN-S

ἐνδύσηται ἀθανασίαν, τότε γενήσεται ὁ λόγος ὁ
VSAM--ZS N-AF-S   AB   VIFD--ZS DNMS N-NM-S DNMS□APRNM-S

γεγραμμένος,
VPRPNM-S

Κατεπόθη ὁ θάνατος εἰς νῖκος.
VIAP--ZS DNMS N-NM-S PA N-AN-S

15.55 ποῦ σου, θάνατε, τὸ νῖκος;
ABT NPG-YS N-VM-S DNNS N-NN-S

ποῦ σου, θάνατε, τὸ κέντρον;
ABT NPG-YS N-VM-S DNNS N-NN-S

15.56 τὸ δὲ κέντρον τοῦ θανάτου ἡ ἁμαρτία, ἡ δὲ δύναμις
DNNS CC/CS N-NN-S DGMS N-GM-S DNFS N-NF-S DNFS CC N-NF-S

τῆς ἁμαρτίας ὁ νόμος· 15.57 τῷ δὲ θεῷ χάρις τῷ
DGFS N-GF-S DNMS N-NM-S   DDMS CC N-DM-S N-NF-S DDMS□APRNM-S

διδόντι ἡμῖν τὸ νῖκος διὰ τοῦ κυρίου ἡμῶν Ἰησοῦ Χριστοῦ.
VPPADM-S NPD-XP DANS N-AN-S PG DGMS N-GM-S NPG-XP N-GM-S N-GM-S

15.58 Ὥστε, ἀδελφοί μου ἀγαπητοί, ἑδραῖοι γίνεσθε,
CH N-VM-P NPG-XS A--VM-P A--NM-P VMPN--YP

ἀμετακίνητοι, περισσεύοντες ἐν τῷ ἔργῳ τοῦ κυρίου πάντοτε,
A--NM-P   VRPANMYP   PD DDNS N-DN-S DGMS N-GM-S AB

εἰδότες ὅτι ὁ κόπος ὑμῶν οὐκ ἔστιν κενὸς ἐν κυρίῳ.
VRRANMYP CC DNMS N-NM-S NPG-YP AB VIPA--ZS A--NM-S PD N-DM-S

16.1 Περὶ δὲ τῆς λογείας τῆς εἰς τοὺς ἁγίους, ὥσπερ διέταξα
PG CC DGFS N-GF-S DGFS PA DAMP AP-AM-P CS VIAA--XS

ταῖς ἐκκλησίαις τῆς Γαλατίας, οὕτως καὶ ὑμεῖς ποιήσατε.
DDFP   N-DF-P   DGFS   N-GF-S   AB   AB   NPN-YP   VMAA--YP

16.2 κατὰ μίαν σαββάτου ἕκαστος ὑμῶν παρ᾽ ἑαυτῷ τιθέτω
   PA   APCAF-S   N-GN-S   AP-NM-S   NPG-YP   PD   NPDMZS   VMPA--ZS

θησαυρίζων ὅ   τι   ἐὰν εὐοδῶται, ἵνα μὴ ὅταν
VRPANM-S   APRAN-S□APDAN-S&APRAN-S   A-IAN-S   QV   VSPP--ZS   CS   AB   CS

ἔλθω τότε λογεῖαι γίνωνται. 16.3 ὅταν δὲ παραγένωμαι, οὓς
VSAA--XS   AB   N-NF-P   VSPN--ZP   CS   CC   VSAD--XS   APRAM-P+

ἐὰν δοκιμάσητε, δι᾽ ἐπιστολῶν τούτους πέμψω ἀπενεγκεῖν τὴν
QV   VSAA--YP   PG   N-GF-P   APDAM-P   VIFA--XS   VNAA   DAFS

χάριν ὑμῶν εἰς Ἰερουσαλήμ· 16.4 ἐὰν δὲ ἄξιον ᾖ   τοῦ κἀμὲ
N-AF-S   NPG-YP   PA   N-AF-S   CS   CC   A--NN-S   VSPA--ZS   DGNS   AB&NPA-XS

πορεύεσθαι, σὺν ἐμοὶ πορεύσονται.
VNPNG   PD   NPD-XS   VIFD--ZP□VMAD--ZP

16.5 Ἐλεύσομαι δὲ πρὸς ὑμᾶς ὅταν Μακεδονίαν διέλθω,
   VIFD--XS   CC   PA   NPA-YP   CS   N-AF-S   VSAA--XS

Μακεδονίαν γὰρ διέρχομαι· 16.6 πρὸς ὑμᾶς δὲ τυχὸν παραμενῶ
N-AF-S   CS   VIPN--XS   PA   NPA-YP   CC   VPAAAN-S   VIFA--XS

ἢ καὶ παραχειμάσω, ἵνα ὑμεῖς με προπέμψητε οὗ ἐὰν
CC   AB   VIFA--XS   CS   NPN-YP   NPA-XS   VSAA--YP   CS   QV

πορεύωμαι. 16.7 οὐ θέλω γὰρ ὑμᾶς ἄρτι ἐν παρόδῳ ἰδεῖν, ἐλπίζω
VSPN--XS   AB   VIPA--XS   CS   NPA-YP   AB   PD   N-DF-S   VNAA   VIPA--XS

γὰρ χρόνον τινὰ ἐπιμεῖναι πρὸς ὑμᾶς, ἐὰν ὁ   κύριος ἐπιτρέψῃ.
CS   N-AM-S   A-IAM-S   VNAA   PA   NPA-YP   CS   DNMS   N-NM-S   VSAA--ZS

16.8 ἐπιμενῶ δὲ ἐν Ἐφέσῳ ἕως τῆς πεντηκοστῆς· 16.9 θύρα γάρ
   VIFA--XS   CC   PD   N-DF-S   PG   DGFS   N-GF-S   N-NF-S   CS

μοι ἀνέῳγεν μεγάλη καὶ ἐνεργής, καὶ ἀντικείμενοι πολλοί.
NPD-XS   VIRA--ZS   A--NF-S   CC   A--NF-S   CC   VPPNNM-P   AP-NM-P

16.10 Ἐὰν δὲ ἔλθῃ Τιμόθεος, βλέπετε ἵνα ἀφόβως γένηται
   CS   CC   VSAA--ZS   N-NM-S   VMPA--YP   CC   AB   VSAD--ZS

πρὸς ὑμᾶς, τὸ γὰρ ἔργον κυρίου ἐργάζεται ὡς κἀγώ· 16.11 μή
PA   NPA-YP   DANS   CS   N-AN-S   N-GM-S   VIPN--ZS   CS   AB&NPN-XS   AB

τις οὖν αὐτὸν ἐξουθενήσῃ. προπέμψατε δὲ αὐτὸν ἐν εἰρήνῃ,
APINM-S   CH   NPAMZS   VSAA--ZS□VMAA--ZS   VMAA--YP   CC   NPAMZS   PD   N-DF-S

ἵνα ἔλθῃ πρός με, ἐκδέχομαι γὰρ αὐτὸν μετὰ τῶν ἀδελφῶν.
CS   VSAA--ZS   PA   NPA-XS   VIPN--XS   CS   NPAMZS   PG   DGMP   N-GM-P

16.12 Περὶ δὲ Ἀπολλῶ τοῦ ἀδελφοῦ, πολλὰ   παρεκάλεσα
   PG   CC   N-GM-S   DGMS   N-GM-S   AP-AN-P□AB   VIAA--XS

αὐτὸν ἵνα ἔλθῃ πρὸς ὑμᾶς μετὰ τῶν ἀδελφῶν· καὶ πάντως οὐκ
NPAMZS   CC   VSAA--ZS   PA   NPA-YP   PG   DGMP   N-GM-P   CC   AB   AB

ἦν θέλημα ἵνα νῦν ἔλθῃ, ἐλεύσεται δὲ ὅταν εὐκαιρήσῃ.
VIIA--ZS   N-NN-S   CC   AB   VSAA--ZS   VIFD--ZS   CC/CS   CS   VSAA--ZS

16.13 Γρηγορεῖτε,   στήκετε ἐν τῇ   πίστει, ἀνδρίζεσθε,
   VMPA--YP   VMPA--YP   PD   DDFS   N-DF-S   VMPN--YP

κραταιοῦσθε· 16.14 πάντα ὑμῶν ἐν ἀγάπῃ γινέσθω.
VMPP--YP   AP-NN-P NPG-YP PD N-DF-S VMPN--ZS

16.15 Παρακαλῶ δὲ ὑμᾶς, ἀδελφοί· οἴδατε τὴν οἰκίαν Στεφανᾶ,
      VIPA--XS CC NPA-YP N-VM-P   VIRA--YP DAFS N-AF-S N-GM-S

ὅτι ἐστὶν ἀπαρχὴ τῆς Ἀχαΐας καὶ εἰς διακονίαν τοῖς ἁγίοις
CC VIPA--ZS N-NF-S DGFS N-GF-S CC PA N-AF-S   DDMP AP-DM-P

ἔταξαν ἑαυτούς· 16.16 ἵνα καὶ ὑμεῖς ὑποτάσσησθε τοῖς τοιούτοις
VIAA--ZP NPAMZP   CC AB NPN-YP VSPP--YP   DDMP APDDM-P

καὶ παντὶ τῷ   συνεργοῦντι καὶ κοπιῶντι. 16.17 χαίρω δὲ
CC AP-DM-S DDMS□APRNM-S VPPADM-S CC VPPADM-S   VIPA--XS CC

ἐπὶ τῇ παρουσίᾳ Στεφανᾶ καὶ Φορτουνάτου καὶ Ἀχαϊκοῦ, ὅτι
PD DDFS N-DF-S N-GM-S CC N-GM-S   CC N-GM-S   CC/CS

τὸ ὑμέτερον ὑστέρημα οὗτοι ἀνεπλήρωσαν, 16.18 ἀνέπαυσαν
DANS A--ANYS N-AN-S APDNM-P VIAA--ZP   VIAA--ZP

γὰρ τὸ ἐμὸν πνεῦμα καὶ τὸ ὑμῶν. ἐπιγινώσκετε οὖν τοὺς
CS DANS A--ANXS N-AN-S CC DANS NPG-YP VMPA--YP   CH DAMP

τοιούτους.
APDAM-P

16.19 Ἀσπάζονται ὑμᾶς αἱ ἐκκλησίαι τῆς Ἀσίας. ἀσπάζεται
       VIPN--ZP   NPA-YP DNFP N-NF-P DGFS N-GF-S VIPN--ZS

ὑμᾶς ἐν κυρίῳ πολλὰ Ἀκύλας καὶ Πρίσκα σὺν τῇ κατ' οἶκον
NPA-YP PD N-DM-S AP-AN-P□AB N-NM-S CC N-NF-S PD DDFS PA N-AM-S

αὐτῶν ἐκκλησίᾳ. 16.20 ἀσπάζονται ὑμᾶς οἱ ἀδελφοὶ πάντες.
NPGMZP N-DF-S   VIPN--ZP   NPA-YP DNMP N-NM-P A--NM-P

Ἀσπάσασθε ἀλλήλους ἐν φιλήματι ἁγίῳ.
VMAD--YP NPAMYP   PD N-DN-S   A--DN-S

16.21 Ὁ ἀσπασμὸς τῇ ἐμῇ χειρὶ Παύλου. 16.22 εἴ τις
      DNMS N-NM-S DDFS A--DFXS N-DF-S N-GM-S   CS APINM-S

οὐ φιλεῖ τὸν κύριον, ἤτω ἀνάθεμα. Μαρανα θα. 16.23 ἡ
AB VIPA--ZS DAMS N-AM-S VMPA--ZS N-NN-S N-VM-S VMAA--YS   DNFS

χάρις τοῦ κυρίου Ἰησοῦ μεθ' ὑμῶν. 16.24 ἡ ἀγάπη μου μετὰ
N-NF-S DGMS N-GM-S N-GM-S PG NPG-YP   DNFS N-NF-S NPG-XS PG

πάντων ὑμῶν ἐν Χριστῷ Ἰησοῦ.
A--GM-P NPG-YP PD N-DM-S N-DM-S

ΠΡΟΣ ΚΟΡΙΝΘΙΟΥΣ Β

1.1 Παῦλος ἀπόστολος Χριστοῦ Ἰησοῦ διὰ θελήματος θεοῦ,
N-NM-S N-NM-S N-GM-S N-GM-S PG N-GN-S N-GM-S

καὶ Τιμόθεος ὁ ἀδελφός, τῇ ἐκκλησίᾳ τοῦ θεοῦ τῇ
CC N-NM-S DNMS N-NM-S DDFS N-DF-S DGMS N-GM-S DDFS□APRNFYS

οὔσῃ ἐν Κορίνθῳ, σὺν τοῖς ἁγίοις πᾶσιν τοῖς οὖσιν ἐν
VPPADFYS PD N-DF-S PD DDMP AP-DM-P A--DM-P DDMP□APRNMYP VPPADMYP PD

ὅλῃ τῇ Ἀχαΐᾳ· 1.2 χάρις ὑμῖν καὶ εἰρήνη ἀπὸ θεοῦ πατρὸς
A--DF-S DDFS N-DF-S N-NF-S NPD-YP CC N-NF-S PG N-GM-S N-GM-S

ἡμῶν καὶ κυρίου Ἰησοῦ Χριστοῦ.
NPG-XP CC N-GM-S N-GM-S N-GM-S

1.3 Εὐλογητὸς ὁ θεὸς καὶ πατὴρ τοῦ κυρίου ἡμῶν Ἰησοῦ
A--NM-S DNMS N-NM-S CC N-NM-S DGMS N-GM-S NPG-XP N-GM-S

Χριστοῦ, ὁ πατὴρ τῶν οἰκτιρμῶν καὶ θεὸς πάσης
N-GM-S DNMS N-NM-S DGMP N-GM-P CC N-NM-S A--GF-S

παρακλήσεως, 1.4 ὁ παρακαλῶν ἡμᾶς ἐπὶ πάσῃ τῇ
N-GF-S DNMS□APRNM-S VPPANM-S NPA-XP PD A--DF-S DDFS

θλίψει ἡμῶν, εἰς τὸ δύνασθαι ἡμᾶς παρακαλεῖν τοὺς ἐν πάσῃ
N-DF-S NPG-XP PA DANS VNPNA NPA-XP VNPA DAMP PD A--DF-S

θλίψει διὰ τῆς παρακλήσεως ἧς παρακαλούμεθα αὐτοὶ
N-DF-S PG DGFS N-GF-S APRGF-S□APRDF-S VIPP--XP NPNMXP

ὑπὸ τοῦ θεοῦ· 1.5 ὅτι καθὼς περισσεύει τὰ παθήματα τοῦ
PG DGMS N-GM-S CS CS VIPA--ZS DNNP N-NN-P DGMS

Χριστοῦ εἰς ἡμᾶς, οὕτως διὰ τοῦ Χριστοῦ περισσεύει καὶ ἡ
N-GM-S PA NPA-XP AB PG DGMS N-GM-S VIPA--ZS AB DNFS

παράκλησις ἡμῶν. 1.6 εἴτε δὲ θλιβόμεθα, ὑπὲρ τῆς ὑμῶν
N-NF-S NPG-XP CC CC VIPP--XP PG DGFS NPG-YP

παρακλήσεως καὶ σωτηρίας· εἴτε παρακαλούμεθα, ὑπὲρ τῆς ὑμῶν
N-GF-S CC N-GF-S CC VIPP--XP PG DGFS NPG-YP

παρακλήσεως τῆς ἐνεργουμένης ἐν ὑπομονῇ τῶν αὐτῶν
N-GF-S DGFS□APRNF-S VPPMGF-S PD N-DF-S DGNP A--GN-P

παθημάτων ὧν καὶ ἡμεῖς πάσχομεν. 1.7 καὶ ἡ ἐλπὶς
N-GN-P APRGN-P□APRAN-P AB NPN-XP VIPA--XP CC DNFS N-NF-S

ἡμῶν βεβαία ὑπὲρ ὑμῶν, εἰδότες ὅτι ὡς κοινωνοί ἐστε τῶν
NPG-XP A--NF-S PG NPG-YP VPRANMXP CH CS N-NM-P VIPA--YP DGNP

παθημάτων, οὕτως καὶ τῆς παρακλήσεως.
N-GN-P AB AB DGFS N-GF-S

1.8 Οὐ γὰρ θέλομεν ὑμᾶς ἀγνοεῖν, ἀδελφοί, ὑπὲρ τῆς θλίψεως
AB CS VIPA--XP NPA-YP VNPA N-VM-P PG DGFS N-GF-S

ἡμῶν τῆς γενομένης ἐν τῇ Ἀσίᾳ, ὅτι καθ᾽ ὑπερβολὴν
NPG-XP DGFS□APRNF-S VPADGF-S PD DDFS N-DF-S CC PA N-AF-S

ὑπὲρ δύναμιν ἐβαρήθημεν, ὥστε ἐξαπορηθῆναι ἡμᾶς καὶ τοῦ
PA N-AF-S VIAP--XP CH VNAO NPA-XP AB DGNS

ζῆν· 1.9 ἀλλὰ αὐτοὶ ἐν ἑαυτοῖς τὸ ἀπόκριμα τοῦ θανάτου
VNPAG CC NPNMXP PD NPDMXP DANS N-AN-S DGMS N-GM-S

ἐσχήκαμεν, ἵνα μὴ πεποιθότες ὦμεν ἐφ᾽ ἑαυτοῖς ἀλλ᾽ ἐπὶ τῷ
VIRA--XP CS AB VPRANMXP+ +VSPA--XP PD NPDMXP CH PD DDMS

θεῷ τῷ ἐγείροντι τοὺς νεκρούς· 1.10 ὃς ἐκ τηλικούτου
N-DM-S DDMS□APRNM-S VPPADM-S DAMP AP-AM-P APRNM-S PG A-DGM-S

θανάτου ἐρρύσατο ἡμᾶς καὶ ῥύσεται, εἰς ὃν ἠλπίκαμεν [ὅτι]
N-GM-S VIAD--ZS NPA-XP CC VIFD--ZS PA APRAM-S VIRA--XP CC

καὶ ἔτι ῥύσεται, 1.11 συνυπουργούντων καὶ ὑμῶν ὑπὲρ ἡμῶν τῇ
AB AB VIFD--ZS VPPAGMYP AB NPG-YP PG NPG-XP DDFS

δεήσει, ἵνα ἐκ πολλῶν προσώπων τὸ εἰς ἡμᾶς χάρισμα διὰ
N-DF-S CS PG A--GN-P N-GN-P DNNS PA NPA-XP N-NN-S PG

πολλῶν εὐχαριστηθῇ ὑπὲρ ἡμῶν.
AP-GM-P VSAP--ZS PG NPG-XP

1.12 Ἡ γὰρ καύχησις ἡμῶν αὕτη ἐστίν, τὸ μαρτύριον τῆς
DNFS CS N-NF-S NPG-XP APDNF-S VIPA--ZS DNNS N-NN-S DGFS

συνειδήσεως ἡμῶν, ὅτι ἐν ἁπλότητι καὶ εἰλικρινείᾳ τοῦ θεοῦ,
N-GF-S NPG-XP ABR/CS PD N-DF-S CC N-DF-S DGMS N-GM-S

[καὶ] οὐκ ἐν σοφίᾳ σαρκικῇ ἀλλ᾽ ἐν χάριτι θεοῦ, ἀνεστράφημεν
CC AB PD N-DF-S A--DF-S CH PD N-DF-S N-GM-S VIAP--XP

ἐν τῷ κόσμῳ, περισσοτέρως δὲ πρὸς ὑμᾶς. 1.13 οὐ γὰρ ἄλλα
PD DDMS N-DM-S ABM CC PA NPA-YP AB CS AP-AN-P

γράφομεν ὑμῖν ἀλλ᾽ ἢ ἃ ἀναγινώσκετε ἢ
VIPA--XP NPD-YP CH†AP-AN-P CS APRAN-P□APDAN-P&APRAN-P VIPA--YP CC

καὶ ἐπιγινώσκετε, ἐλπίζω δὲ ὅτι ἕως τέλους ἐπιγνώσεσθε,
AB VIPA--YP VIPA--XS CC CC PG N-GN-S VIFD--YP

1.14 καθὼς καὶ ἐπέγνωτε ἡμᾶς ἀπὸ μέρους, ὅτι καύχημα ὑμῶν
CS AB VIAA--YP NPA-XP PG N-GN-S CC N-NN-S NPG-YP

ἐσμεν καθάπερ καὶ ὑμεῖς ἡμῶν ἐν τῇ ἡμέρᾳ τοῦ κυρίου [ἡμῶν]
VIPA--XP CS AB NPN-YP NPG-XP PD DDFS N-DF-S DGMS N-GM-S NPG-XP

Ἰησοῦ.
N-GM-S

1.15 Καὶ ταύτῃ τῇ πεποιθήσει ἐβουλόμην πρότερον πρὸς
CC A-DDF-S DDFS N-DF-S VIIN--XS APRMAN-S□ABM PA

ὑμᾶς ἐλθεῖν, ἵνα δευτέραν χάριν σχῆτε, 1.16 καὶ δι᾽ ὑμῶν διελθεῖν
NPA-YP VNAA CS A-OAF-S N-AF-S VSAA--YP CC PG NPG-YP VNAA

εἰς Μακεδονίαν, καὶ πάλιν ἀπὸ Μακεδονίας ἐλθεῖν πρὸς ὑμᾶς καὶ
PA N-AF-S CC AB PG N-GF-S VNAA PA NPA-YP CC

ὑφ᾽ ὑμῶν προπεμφθῆναι εἰς τὴν Ἰουδαίαν. 1.17 τοῦτο οὖν
PG NPG-YP VNAP PA DAFS N-AF-S APDAN-S CH

βουλόμενος μήτι ἄρα τῇ ἐλαφρίᾳ ἐχρησάμην; ἢ
VPPNNMXS QT CH DDFS N-DF-S VIAD--XS CC

ἃ βουλεύομαι κατὰ σάρκα βουλεύομαι, ἵνα
APRAN-P□APDAN-P&APRAN-P VIPN--XS PA N-AF-S VIPN--XS CH

ᾖ παρ᾽ ἐμοὶ τὸ Ναὶ ναὶ καὶ τὸ Οὒ οὔ; 1.18 πιστὸς
VSPA--ZS PD NPD-XS DNNS QS□AP-NN-S QS CC DNNS QS□AP-NN-S QS A--NM-S

δὲ ὁ θεὸς ὅτι ὁ λόγος ἡμῶν ὁ πρὸς ὑμᾶς οὐκ ἔστιν Ναὶ
CC DNMS N-NM-S CC DNMS N-NM-S NPG-XP DNMS PA NPA-YP AB VIPA--ZS QS

καὶ Οὒ. 1.19 ὁ τοῦ θεοῦ γὰρ υἱὸς Ἰησοῦς Χριστὸς ὁ
CC QS DNMS DGMS N-GM-S CS N-NM-S N-NM-S N-NM-S DNMS□APRNM-S

ἐν ὑμῖν δι᾽ ἡμῶν κηρυχθείς, δι᾽ ἐμοῦ καὶ Σιλουανοῦ καὶ Τιμοθέου,
PD NPD-YP PG NPG-XP VPAPNM-S PG NPG-XS CC N-GM-S CC N-GM-S

οὐκ ἐγένετο Ναὶ καὶ Οὒ, ἀλλὰ Ναὶ ἐν αὐτῷ γέγονεν. 1.20 ὅσαι
AB VIAD--ZS QS CC QS CH QS PD NPDMZS VIRA--ZS APRNF-P+

γὰρ ἐπαγγελίαι θεοῦ, ἐν αὐτῷ τὸ Ναί· διὸ καὶ δι᾽ αὐτοῦ τὸ
CS N-NF-P N-GM-S PD NPDMZS DNNS QS□AP-NN-S CH AB PG NPGMZS DNNS

Ἀμὴν τῷ θεῷ πρὸς δόξαν δι᾽ ἡμῶν. 1.21 ὁ δὲ
QS□AP-NN-S DDMS N-DM-S PA N-AF-S PG NPG-XP DNMS□NPNMZS&APRNM-S CC

βεβαιῶν ἡμᾶς σὺν ὑμῖν εἰς Χριστὸν καὶ χρίσας ἡμᾶς θεός,
VPPANM-S NPA-XP PD NPD-YP PA N-AM-S CC VPAANM-S NPA-XP N-NM-S

1.22 ὁ καὶ σφραγισάμενος ἡμᾶς καὶ δοὺς τὸν
DNMS□APRNM-S CC VPAMNM-S NPA-XP CC VPAANM-S DAMS

ἀρραβῶνα τοῦ πνεύματος ἐν ταῖς καρδίαις ἡμῶν.
N-AM-S DGNS N-GN-S PD DDFP N-DF-P NPG-XP

1.23 Ἐγὼ δὲ μάρτυρα τὸν θεὸν ἐπικαλοῦμαι ἐπὶ τὴν ἐμὴν
NPN-XS CC N-AM-S DAMS N-AM-S VIPM--XS PA DAFS A--AFXS

ψυχήν, ὅτι φειδόμενος ὑμῶν οὐκέτι ἦλθον εἰς Κόρινθον. 1.24 οὐχ
N-AF-S CH VPPNNMXS NPG-YP AB VIAA--XS PA N-AF-S AB

ὅτι κυριεύομεν ὑμῶν τῆς πίστεως, ἀλλὰ συνεργοί ἐσμεν τῆς
CC VIPA--XP NPG-YP DGFS N-GF-S CH AP-NM-P VIPA--XP DGFS

χαρᾶς ὑμῶν, τῇ γὰρ πίστει ἑστήκατε. 2.1 ἔκρινα γὰρ ἐμαυτῷ
N-GF-S NPG-YP DDFS CS N-DF-S VIRA--YP VIAA--XS CS NPDMXS

τοῦτο, τὸ μὴ πάλιν ἐν λύπῃ πρὸς ὑμᾶς ἐλθεῖν· 2.2 εἰ γὰρ ἐγὼ
APDAN-S DANS AB AB PD N-DF-S PA NPA-YP VNAAA CS CS NPN-XS

λυπῶ ὑμᾶς, καὶ τίς ὁ εὐφραίνων με εἰ μὴ
VIPA--XS NPA-YP AB APTNM-S DNMS□NPNMZS&APRNM-S VPPANM-S NPA-XS CS AB

ὁ λυπούμενος ἐξ ἐμοῦ; 2.3 καὶ ἔγραψα τοῦτο αὐτὸ
DNMS□NPNMZS&APRNM-S VPPPNM-S PG NPG-XS CC VIAA--XS A-DAN-S AP-AN-S

ἵνα μὴ ἐλθὼν λύπην σχῶ ἀφ᾽ ὧν ἔδει με
CS AB VPAANMXS N-AF-S VSAA--XS PG APRGM-P□APDGM-P&APRGM-P VIIA--ZS NPA-XS

χαίρειν, πεποιθὼς ἐπὶ πάντας ὑμᾶς ὅτι ἡ ἐμὴ χαρὰ πάντων
VNPA VPRANMXS PA A--AM-P NPA-YP CC DNFS A--NFXS N-NF-S A--GM-P

ὑμῶν ἐστιν. 2.4 ἐκ γὰρ πολλῆς θλίψεως καὶ συνοχῆς καρδίας
NPG-YP VIPA--ZS PG CS A--GF-S N-GF-S CC N-GF-S N-GF-S

ἔγραψα ὑμῖν διὰ πολλῶν δακρύων, οὐχ ἵνα λυπηθῆτε ἀλλὰ τὴν
VIAA--XS NPD-YP PG A--GN-P N-GN-P AB CS VSAP--YP CH DAFS

ἀγάπην ἵνα γνῶτε ἣν ἔχω περισσοτέρως εἰς ὑμᾶς.
N-AF-S CS VSAA--YP APRAF-S VIPA--XS ABM PA NPA-YP

2.5 Εἰ δέ τις λελύπηκεν, οὐκ ἐμὲ λελύπηκεν, ἀλλὰ ἀπὸ
CS CC APINM-S VIRA--ZS AB NPA-XS VIRA--ZS CH PG

μέρους, ἵνα μὴ ἐπιβαρῶ, πάντας ὑμᾶς. 2.6 ἱκανὸν τῷ τοιούτῳ
N-GN-S CS AB VSPA--XS A--AM-P NPA-YP A--NN-S DDMS APDDM-S

ἡ ἐπιτιμία αὕτη ἡ ὑπὸ τῶν πλειόνων, 2.7 ὥστε τοὐναντίον
DNFS N-NF-S A-DNF-S DNFS PG DGMP APMGM-P CH DANS&AP-AN-S

μᾶλλον ὑμᾶς χαρίσασθαι καὶ παρακαλέσαι, μή πως τῇ
ABM NPA-YP VNAD CC VNAA CS ABI DDFS

περισσοτέρᾳ λύπῃ καταποθῇ ὁ τοιοῦτος. 2.8 διὸ παρακαλῶ
A-MDF-S N-DF-S VSAP--ZS DNMS APDNM-S CH VIPA--XS

ὑμᾶς κυρῶσαι εἰς αὐτὸν ἀγάπην· 2.9 εἰς τοῦτο γὰρ καὶ ἔγραψα
NPA-YP VNAA PA NPAMZS N-AF-S PA APDAN-S CS AB VIAA--XS

ἵνα γνῶ τὴν δοκιμὴν ὑμῶν, εἰ εἰς πάντα ὑπήκοοί ἐστε.
CS VSAA--XS DAFS N-AF-S NPG-YP ABR/QT PA AP-AN-P A--NM-P VIPA--YP

2.10 ᾧ δέ τι χαρίζεσθε, κἀγώ· καὶ γὰρ
APRDM-S□APDDM-S&APRDM-S CC APIAN-S VIPN--YP AB&NPN-XS AB CS

ἐγὼ ὃ κεχάρισμαι, εἴ τι κεχάρισμαι, δι'
NPN-XS APRAN-S□APDAN-S&APRAN-S VIRN--XS CS APIAN-S VIRN--XS PA

ὑμᾶς ἐν προσώπῳ Χριστοῦ, 2.11 ἵνα μὴ πλεονεκτηθῶμεν ὑπὸ τοῦ
NPA-YP PD N-DN-S N-GM-S CS AB VSAP--XP PG DGMS

Σατανᾶ, οὐ γὰρ αὐτοῦ τὰ νοήματα ἀγνοοῦμεν.
N-GM-S AB CS NPGMZS DANP N-AN-P VIPA--XP

2.12 Ἐλθὼν δὲ εἰς τὴν Τρῳάδα εἰς τὸ εὐαγγέλιον τοῦ
VPAANMXS CC PA DAFS N-AF-S PA DANS N-AN-S DGMS

Χριστοῦ, καὶ θύρας μοι ἀνεῳγμένης ἐν κυρίῳ, 2.13 οὐκ ἔσχηκα
N-GM-S CC N-GF-S NPD-XS VPRPGF-S PD N-DM-S AB VIRA--XS

ἄνεσιν τῷ πνεύματί μου τῷ μὴ εὑρεῖν με Τίτον τὸν
N-AF-S DDNS N-DN-S NPG-XS DDNS AB VNAAD NPA-XS N-AM-S DAMS

ἀδελφόν μου, ἀλλὰ ἀποταξάμενος αὐτοῖς ἐξῆλθον εἰς
N-AM-S NPG-XS CH VPAMNMXS NPDMZP VIAA--XS PA

Μακεδονίαν.
N-AF-S

2.14 Τῷ δὲ θεῷ χάρις τῷ πάντοτε θριαμβεύοντι
DDMS CC N-DM-S N-NF-S DDMS□APRNM-S AB VPPADM-S

ἡμᾶς ἐν τῷ Χριστῷ καὶ τὴν ὀσμὴν τῆς γνώσεως αὐτοῦ
NPA-XP PD DDMS N-DM-S CC DAFS N-AF-S DGFS N-GF-S NPGMZS

φανεροῦντι δι' ἡμῶν ἐν παντὶ τόπῳ· 2.15 ὅτι Χριστοῦ εὐωδία
VPPADM-S PG NPG-XP PD A--DM-P N-DM-S CS N-GM-S N-NF-S

ἐσμὲν τῷ θεῷ ἐν τοῖς σῳζομένοις καὶ ἐν
VIPA--XP DDMS N-DM-S PD DDMP□NPDMZP&APRNM-P VPPPDM-P CC PD

τοῖς   ἀπολλυμένοις, 2.16 οἷς   μὲν ὀσμὴ ἐκ
DDMP☐NPDMZP&APRNM-P VPPEDM-P   APRDM-P☐APDDM-P CC   N-NF-S   PG

θανάτου εἰς θάνατον, οἷς   δὲ ὀσμὴ ἐκ ζωῆς εἰς ζωήν. καὶ
N-GM-S   PA N-AM-S   APRDM-P☐APDDM-P CC N-NF-S PG N-GF-S PA N-AF-S CC

πρὸς ταῦτα τίς   ἱκανός; 2.17 οὐ γάρ ἐσμεν ὡς οἱ   πολλοὶ
PA   APDAN-P APTNM-S A--NM-S   AB CS VIPA--XP+ CS DNMP AP-NM-P

καπηλεύοντες τὸν λόγον τοῦ θεοῦ, ἀλλ᾽ ὡς ἐξ εἰλικρινείας, ἀλλ᾽
+VPPANMXP   DAMS N-AM-S DGMS N-GM-S CH CS PG N-GF-S   CH

ὡς ἐκ θεοῦ κατέναντι θεοῦ ἐν Χριστῷ λαλοῦμεν.
CS PG N-GM-S PG   N-GM-S PD N-DM-S VIPA--XP

3.1 Ἀρχόμεθα πάλιν ἑαυτοὺς συνιστάνειν; ἢ μὴ χρῄζομεν ὡς
    VIPM--XP AB   NPAMXP   VNPA   CC QT VIPA--XP   CS

τινες συστατικῶν ἐπιστολῶν πρὸς ὑμᾶς ἢ ἐξ ὑμῶν; 3.2 ἡ
APINM-P A--GF-P   N-GF-P   PA NPA-YP CC PG NPG-YP   DNFS

ἐπιστολὴ ἡμῶν ὑμεῖς ἐστε, ἐγγεγραμμένη ἐν ταῖς καρδίαις ἡμῶν,
N-NF-S   NPG-XP NPN-YP VIPA--YP VPRPNF-S   PD DDFP N-DF-P NPG-XP

γινωσκομένη καὶ ἀναγινωσκομένη ὑπὸ πάντων ἀνθρώπων·
VPPPNF-S   CC VPPPNF-S   PG A--GM-P N-GM-P

3.3 φανερούμενοι ὅτι ἐστὲ ἐπιστολὴ Χριστοῦ διακονηθεῖσα ὑφ᾽
    VPPPNMYP   CC VIPA--YP N-NF-S N-GM-S VPAPNF-S   PG

ἡμῶν, ἐγγεγραμμένη οὐ μέλανι ἀλλὰ πνεύματι θεοῦ ζῶντος, οὐκ
NPG-XP VPRPNF-S   AB AP-DN-S CH N-DN-S   N-GM-S VPPAGM-S AB

ἐν πλαξὶν λιθίναις ἀλλ᾽ ἐν πλαξὶν καρδίαις σαρκίναις.
PD N-DF-P A--DF-P CH PD N-DF-P N-DF-P   A--DF-P

3.4 Πεποίθησιν δὲ τοιαύτην ἔχομεν διὰ τοῦ Χριστοῦ πρὸς τὸν
    N-AF-S   CC A-DAF-S   VIPA--XP PG DGMS N-GM-S PA DAMS

θεόν. 3.5 οὐχ ὅτι ἀφ᾽ ἑαυτῶν ἱκανοί ἐσμεν λογίσασθαί τι   ὡς ἐξ
N-AM-S   AB CC PG NPGMXP A--NM-P VIPA--XP VNAD   APIAN-S CS PG

ἑαυτῶν, ἀλλ᾽ ἡ ἱκανότης ἡμῶν ἐκ τοῦ θεοῦ, 3.6 ὃς   καὶ
NPGMXP CH DNFS N-NF-S NPG-XP PG DGMS N-GM-S APRNM-S AB

ἱκάνωσεν ἡμᾶς διακόνους καινῆς διαθήκης, οὐ γράμματος ἀλλὰ
VIAA--ZS NPA-XP N-AM-P A--GF-S N-GF-S   AB N-GN-S   CH

πνεύματος· τὸ γὰρ γράμμα ἀποκτέννει, τὸ δὲ πνεῦμα ζωοποιεῖ.
N-GN-S   DNNS CS N-NN-S VIPA--ZS   DNNS CH N-NN-S VIPA--ZS

3.7 Εἰ δὲ ἡ   διακονία τοῦ θανάτου ἐν γράμμασιν
    CS CC DNFS N-NF-S   DGMS N-GM-S PD N-DN-P

ἐντετυπωμένη λίθοις ἐγενήθη ἐν δόξῃ, ὥστε μὴ δύνασθαι
VPRPNF-S   N-DM-P VIAO--ZS PD N-DF-S CH AB VNPN

ἀτενίσαι τοὺς υἱοὺς Ἰσραὴλ εἰς τὸ   πρόσωπον Μωϋσέως διὰ τὴν
VNAA   DAMP N-AM-P N-GM-S PA DANS N-AN-S   N-GM-S   PA DAFS

δόξαν τοῦ προσώπου αὐτοῦ τὴν   καταργουμένην, 3.8 πῶς
N-AF-S DGNS N-GN-S NPGMZS DAFS☐APRNF-S VPPPAF-S   ABT

οὐχὶ μᾶλλον ἡ   διακονία τοῦ πνεύματος ἔσται ἐν δόξῃ; 3.9 εἰ
AB   ABM   DNFS N-NF-S   DGNS N-GN-S   VIFD--ZS PD N-DF-S   CS

553

γὰρ τῇ διακονίᾳ τῆς κατακρίσεως δόξα, πολλῷ μᾶλλον
CS DDFS N-DF-S DGFS N-GF-S N-NF-S AP-DN-S ABM

περισσεύει ἡ διακονία τῆς δικαιοσύνης δόξῃ. 3.10 καὶ γὰρ οὐ
VIPA--ZS DNFS N-NF-S DGFS N-GF-S N-DF-S AB CS AB

δεδόξασται τὸ δεδοξασμένον ἐν τούτῳ τῷ μέρει
VIRP--ZS DNNS□NPNNZS&APRNN-S VPRPNN-S PD A-DDN-S DDNS N-DN-S

εἵνεκεν τῆς ὑπερβαλλούσης δόξης· 3.11 εἰ γὰρ
PG DGFS□APRNF-S+ VPPAGF-S N-GF-S CS CS

τὸ καταργούμενον διὰ δόξης, πολλῷ μᾶλλον
DNNS□NPNNZS&APRNN-S VPPPNN-S PG N-GF-S AP-DN-S ABM

τὸ μένον ἐν δόξῃ.
DNNS□NPNNZS&APRNN-S VPPANN-S PD N-DF-S

3.12 Ἔχοντες οὖν τοιαύτην ἐλπίδα πολλῇ παρρησίᾳ
VPPANMXP CH A-DAF-S N-AF-S A--DF-S N-DF-S

χρώμεθα, 3.13 καὶ οὐ καθάπερ Μωϋσῆς ἐτίθει κάλυμμα ἐπὶ τὸ
VIPN--XP CC AB CS N-NM-S VIIA--ZS N-AN-S PA DANS

πρόσωπον αὐτοῦ, πρὸς τὸ μὴ ἀτενίσαι τοὺς υἱοὺς Ἰσραὴλ εἰς
N-AN-S NPGMZS PA DANS AB VNAAA DAMP N-AM-P N-GM-S PA

τὸ τέλος τοῦ καταργουμένου. 3.14 ἀλλὰ ἐπωρώθη
DANS N-AN-S DGNS□NPGNZS&APRNN-S VPPPGN-S CC VIAP--ZS

τὰ νοήματα αὐτῶν. ἄχρι γὰρ τῆς σήμερον ἡμέρας τὸ αὐτὸ
DNNP N-NN-P NPGMZP PG CS DGFS AB□A--GF-S N-GF-S DNNS A--NN-S

κάλυμμα ἐπὶ τῇ ἀναγνώσει τῆς παλαιᾶς διαθήκης μένει μὴ
N-NN-S PD DDFS N-DF-S DGFS A--GF-S N-GF-S VIPA--ZS AB

ἀνακαλυπτόμενον, ὅτι ἐν Χριστῷ καταργεῖται· 3.15 ἀλλ' ἕως
VPPPNN-S CS PD N-DM-S VIPP--ZS CH PG

σήμερον ἡνίκα ἂν ἀναγινώσκηται Μωϋσῆς κάλυμμα ἐπὶ τὴν
AB□AP-GF-S CS QV VSPP--ZS N-NM-S N-NN-S PA DAFS

καρδίαν αὐτῶν κεῖται· 3.16 ἡνίκα δὲ ἐὰν ἐπιστρέψῃ πρὸς κύριον,
N-AF-S NPGMZP VIPN--ZS CS CH QV VSAA--ZS PA N-AM-S

περιαιρεῖται τὸ κάλυμμα. 3.17 ὁ δὲ κύριος τὸ πνεῦμά ἐστιν·
VIPP--ZS DNNS N-NN-S DNMS CC N-NM-S DNNS N-NN-S VIPA--ZS

οὗ δὲ τὸ πνεῦμα κυρίου, ἐλευθερία. 3.18 ἡμεῖς δὲ πάντες
CS CC DNNS N-NN-S N-GM-S N-NF-S NPN-XP CC A--NM-P

ἀνακεκαλυμμένῳ προσώπῳ τὴν δόξαν κυρίου κατοπτριζόμενοι
VPRPDN-S N-DN-S DAFS N-AF-S N-GM-S VPPMNMXP

τὴν αὐτὴν εἰκόνα μεταμορφούμεθα ἀπὸ δόξης εἰς δόξαν, καθάπερ
DAFS A--AF-S N-AF-S VIPP--XP PG N-GF-S PA N-AF-S CS

ἀπὸ κυρίου πνεύματος.
PG N-GM-S N-GN-S

4.1 Διὰ τοῦτο, ἔχοντες τὴν διακονίαν ταύτην, καθὼς
PA APDAN-S VPPANMXP DAFS N-AF-S A-DAF-S CS

ἠλεήθημεν, οὐκ ἐγκακοῦμεν, 4.2 ἀλλὰ ἀπειπάμεθα τὰ κρυπτὰ
VIAP--XP AB VIPA--XP CH VIAM--XP DANP AP-AN-P

τῆς αἰσχύνης, μὴ περιπατοῦντες ἐν πανουργίᾳ μηδὲ δολοῦντες
DGFS N-GF-S   AB VPPANMXP   PD N-DF-S   CC   VPPANMXP

τὸν λόγον τοῦ θεοῦ, ἀλλὰ τῇ φανερώσει τῆς ἀληθείας
DAMS N-AM-S DGMS N-GM-S CH DDFS N-DF-S DGFS N-GF-S

συνιστάνοντες ἑαυτοὺς πρὸς πᾶσαν συνείδησιν ἀνθρώπων
VPPANMXP   NPAMXP   PA   A--AF-S N-AF-S   N-GM-P

ἐνώπιον τοῦ θεοῦ. 4.3 εἰ δὲ καὶ ἔστιν κεκαλυμμένον τὸ
PG   DGMS N-GM-S   CS CC AB VIPA--ZS+ +VPRPNN-S   DNNS

εὐαγγέλιον ἡμῶν, ἐν τοῖς   ἀπολλυμένοις ἐστὶν
N-NN-S   NPG-XP PD DDMP□NPDMZP&APRNM-P VPPEDM-P VIPA--ZS+

κεκαλυμμένον, 4.4 ἐν οἷς ὁ θεὸς τοῦ αἰῶνος τούτου
+VPRPNN-S   PD APRDM-P DNMS N-NM-S DGMS N-GM-S A-DGM-S

ἐτύφλωσεν τὰ νοήματα τῶν ἀπίστων εἰς τὸ μὴ αὐγάσαι τὸν
VIAA--ZS   DANP N-AN-P DGMP AP-GM-P PA DANS AB VNAAA   DAMS

φωτισμὸν τοῦ εὐαγγελίου τῆς δόξης τοῦ Χριστοῦ, ὅς ἐστιν
N-AM-S   DGNS N-GN-S   DGFS N-GF-S DGMS N-GM-S APRNM-S VIPA--ZS

εἰκὼν τοῦ θεοῦ. 4.5 οὐ γὰρ ἑαυτοὺς κηρύσσομεν ἀλλὰ Ἰησοῦν
N-NF-S DGMS N-GM-S AB CS NPAMXP   VIPA--XP   CH   N-AM-S

Χριστὸν κύριον, ἑαυτοὺς δὲ δούλους ὑμῶν διὰ Ἰησοῦν. 4.6 ὅτι
N-AM-S N-AM-S NPAMXP   CC N-AM-P NPG-YP PA N-AM-S   CS

ὁ θεὸς ὁ   εἰπών, Ἐκ σκότους φῶς λάμψει,
DNMS N-NM-S DNMS□APRNM-S VPAANM-S PG N-GN-S N-NN-S VIFA--ZS□VMAA--ZS

ὃς   ἔλαμψεν ἐν ταῖς καρδίαις ἡμῶν πρὸς
APRNM-S□APDNM-S&APRNM-S VIAA--ZS PD DDFP N-DF-P   NPG-XP PA

φωτισμὸν τῆς γνώσεως τῆς δόξης τοῦ θεοῦ ἐν προσώπῳ [Ἰησοῦ]
N-AM-S   DGFS N-GF-S DGFS N-GF-S DGMS N-GM-S PD N-DN-S N-GM-S

Χριστοῦ.
N-GM-S

4.7 Ἔχομεν δὲ τὸν θησαυρὸν τοῦτον ἐν ὀστρακίνοις
    VIPA--XP CC DAMS N-AM-S   A-DAM-S PD A--DN-P

σκεύεσιν, ἵνα ἡ ὑπερβολὴ τῆς δυνάμεως ᾖ τοῦ θεοῦ καὶ
N-DN-P   CS DNFS N-NF-S DGFS N-GF-S VSPA--ZS DGMS N-GM-S CC

μὴ ἐξ ἡμῶν· 4.8 ἐν παντὶ θλιβόμενοι ἀλλ᾽ οὐ στενοχωρούμενοι,
AB PG NPG-XP   PD AP-DN-S VPPPNMXP   CH   AB VPPPNMXP

ἀπορούμενοι ἀλλ᾽ οὐκ ἐξαπορούμενοι, 4.9 διωκόμενοι ἀλλ᾽ οὐκ
VPPMNMXP   CH   AB VPPNNMXP   VPPPNMXP   CH   AB

ἐγκαταλειπόμενοι, καταβαλλόμενοι ἀλλ᾽ οὐκ ἀπολλύμενοι,
VPPPNMXP   VPPPNMXP   CH   AB VPPENMXP

4.10 πάντοτε τὴν νέκρωσιν τοῦ Ἰησοῦ ἐν τῷ σώματι
     AB   DAFS N-AF-S   DGMS N-GM-S PD DDNS N-DN-S

περιφέροντες, ἵνα καὶ ἡ ζωὴ τοῦ Ἰησοῦ ἐν τῷ σώματι ἡμῶν
VPPANMXP   CS AB DNFS N-NF-S DGMS N-GM-S PD DDNS N-DN-S NPG-XP

φανερωθῇ. 4.11 ἀεὶ γὰρ ἡμεῖς οἱ   ζῶντες εἰς θάνατον
VSAP--ZS   AB CS NPN-XP DNMP□APRNMXP VPPANMXP PA N-AM-S

παραδιδόμεθα διὰ Ἰησοῦν, ἵνα καὶ ἡ ζωὴ τοῦ Ἰησοῦ
VIPP--XP PA N-AM-S CS AB DNFS N-NF-S DGMS N-GM-S

φανερωθῇ ἐν τῇ θνητῇ σαρκὶ ἡμῶν. 4.12 ὥστε ὁ θάνατος ἐν
VSAP--ZS PD DDFS A--DF-S N-DF-S NPG-XP CH DNMS N-NM-S PD

ἡμῖν ἐνεργεῖται, ἡ δὲ ζωὴ ἐν ὑμῖν. 4.13 ἔχοντες δὲ τὸ αὐτὸ
NPD-XP VIPM--ZS DNFS CC N-NF-S PD NPD-YP VPPANMXP CC DANS A--AN-S

πνεῦμα τῆς πίστεως, κατὰ τὸ γεγραμμένον,
N-AN-S DGFS N-GF-S PA DANS□NPANZS&APRNN-S VPRPAN-S

Ἐπίστευσα, διὸ ἐλάλησα, καὶ ἡμεῖς πιστεύομεν, διὸ καὶ
VIAA--XS CH VIAA--XS AB NPN-XP VIPA--XP CH AB

λαλοῦμεν, 4.14 εἰδότες ὅτι ὁ ἐγείρας τὸν κύριον
VIPA--XP VPRANMXP CH DNMS□NPNMZS&APRNM-S VPAANM-S DAMS N-AM-S

Ἰησοῦν καὶ ἡμᾶς σὺν Ἰησοῦ ἐγερεῖ καὶ παραστήσει σὺν ὑμῖν.
N-AM-S AB NPA-XP PD N-DM-S VIFA--ZS CC VIFA--ZS PD NPD-YP

4.15 τὰ γὰρ πάντα δι' ὑμᾶς, ἵνα ἡ χάρις πλεονάσασα διὰ τῶν
DNNP CS AP-NN-P PA NPA-YP CS DNFS N-NF-S VPAANF-S PG DGMP

πλειόνων τὴν εὐχαριστίαν περισσεύσῃ εἰς τὴν δόξαν τοῦ θεοῦ.
APMGM-P DAFS N-AF-S VSAA--ZS PA DAFS N-AF-S DGMS N-GM-S

4.16 Διὸ οὐκ ἐγκακοῦμεν, ἀλλ' εἰ καὶ ὁ ἔξω ἡμῶν
CH AB VIPA--XP CH CS AB DNMS AB□A--NM-S NPG-XP

ἄνθρωπος διαφθείρεται, ἀλλ' ὁ ἔσω ἡμῶν ἀνακαινοῦται
N-NM-S VIPP--ZS CH DNMS AB□AP-NM-S NPG-XP VIPP--ZS

ἡμέρᾳ καὶ ἡμέρᾳ. 4.17 τὸ γὰρ παραυτίκα ἐλαφρὸν τῆς θλίψεως
N-DF-S CC N-DF-S DNNS CS AB□A--NN-S AP-NN-S DGFS N-GF-S

ἡμῶν καθ' ὑπερβολὴν εἰς ὑπερβολὴν αἰώνιον βάρος δόξης
NPG-XP PA N-AF-S PA N-AF-S A--AN-S N-AN-S N-GF-S

κατεργάζεται ἡμῖν, 4.18 μὴ σκοπούντων ἡμῶν τὰ
VIPN--ZS NPD-XP AB VPPAGMXP NPG-XP DANP□NPANZP&APRNN-P

βλεπόμενα ἀλλὰ τὰ μὴ βλεπόμενα·
VPPPAN-P CH DANP□NPANZP&APRNN-P AB VPPPAN-P

τὰ γὰρ βλεπόμενα πρόσκαιρα, τὰ δὲ
DNNP□NPNNZP&APRNN-P CS VPPPNN-P A--NN-P DNNP□NPNNZP&APRNN-P CC

μὴ βλεπόμενα αἰώνια.
AB VPPPNN-P A--NN-P

5.1 Οἴδαμεν γὰρ ὅτι ἐὰν ἡ ἐπίγειος ἡμῶν οἰκία τοῦ σκήνους
VIRA--XP CS CH CS DNFS A--NF-S NPG-XP N-NF-S DGNS N-GN-S

καταλυθῇ, οἰκοδομὴν ἐκ θεοῦ ἔχομεν οἰκίαν ἀχειροποίητον
VSAP--ZS N-AF-S PG N-GM-S VIPA--XP N-AF-S A--AF-S

αἰώνιον ἐν τοῖς οὐρανοῖς. 5.2 καὶ γὰρ ἐν τούτῳ στενάζομεν, τὸ
A--AF-S PD DDMP N-DM-P AB CS PD APDDN-S VIPA--XP DANS

οἰκητήριον ἡμῶν τὸ ἐξ οὐρανοῦ ἐπενδύσασθαι ἐπιποθοῦντες,
N-AN-S NPG-XP DANS PG N-GM-S VNAM VPPANMXP

5.3 εἴ γε καὶ ἐνδυσάμενοι οὐ γυμνοὶ εὑρεθησόμεθα. 5.4 καὶ γὰρ
CS QS AB VPAMNMXP AB A--NM-P VIFP--XP AB CS

οἱ   ὄντες   ἐν τῷ σκήνει στενάζομεν βαρούμενοι,
DNMP□NPNMXP&APRNMXP VPPANMXP PD DDNS N-DN-S VIPA--XP   VPPPNMXP

ἐφ᾽ ᾧ   οὐ θέλομεν ἐκδύσασθαι ἀλλ᾽ ἐπενδύσασθαι, ἵνα
PD APRDN-S□NPDNZS AB VIPA--XP VNAM   CH   VNAM   CS

καταποθῇ τὸ θνητὸν ὑπὸ τῆς ζωῆς. 5.5 ὁ   δὲ
VSAP--ZS DNNS AP-NN-S PG DGFS N-GF-S   DNMS□NPNMZS&APRNM-S CC

κατεργασάμενος ἡμᾶς εἰς αὐτὸ τοῦτο θεός, ὁ   δοὺς
VPADNM-S   NPA-XP PA AP-AN-S A-DAN-S N-NM-S DNMS□APRNM-S VPAANM-S

ἡμῖν τὸν ἀρραβῶνα τοῦ πνεύματος.
NPD-XP DAMS N-AM-S DGNS N-GN-S

5.6 Θαρροῦντες οὖν πάντοτε καὶ εἰδότες ὅτι ἐνδημοῦντες ἐν
    VPPANMXP   CH AB   CC VPRANMXP CH VPPANMXP   PD

τῷ σώματι ἐκδημοῦμεν ἀπὸ τοῦ κυρίου, 5.7 διὰ πίστεως γὰρ
DDNS N-DN-S VIPA--XP   PG DGMS N-GM-S   PG N-GF-S   CS

περιπατοῦμεν οὐ διὰ εἴδους — 5.8 θαρροῦμεν δὲ καὶ εὐδοκοῦμεν
VIPA--XP   AB PG N-GN-S   VIPA--XP   CC CC VIPA--XP

μᾶλλον ἐκδημῆσαι ἐκ τοῦ σώματος καὶ ἐνδημῆσαι πρὸς τὸν
ABM   VNAA   PG DGNS N-GN-S CC VNAA   PA   DAMS

κύριον. 5.9 διὸ καὶ φιλοτιμούμεθα, εἴτε ἐνδημοῦντες εἴτε
N-AM-S   CH AB VIPN--XP   CC   VPPANMXP   CC

ἐκδημοῦντες, εὐάρεστοι αὐτῷ εἶναι. 5.10 τοὺς γὰρ πάντας ἡμᾶς
VPPANMXP   A--NM-P   NPDMZS VNPA   DAMP CS A--AM-P NPA-XP

φανερωθῆναι δεῖ ἔμπροσθεν τοῦ βήματος τοῦ Χριστοῦ, ἵνα
VNAP   VIPA--ZS PG   DGNS N-GN-S DGMS N-GM-S   CS

κομίσηται ἕκαστος τὰ   διὰ τοῦ σώματος πρὸς ἃ   ἔπραξεν,
VSAM--ZS AP-NM-S DANP PG DGNS N-GN-S PA   APRAN-P VIAA--ZS

εἴτε ἀγαθὸν εἴτε φαῦλον.
CC   AP-AN-S CC   AP-AN-S

5.11 Εἰδότες οὖν τὸν φόβον τοῦ κυρίου ἀνθρώπους πείθομεν,
     VPRANMXP CH DAMS N-AM-S DGMS N-GM-S N-AM-P   VIPA--XP

θεῷ δὲ πεφανερώμεθα· ἐλπίζω δὲ καὶ ἐν ταῖς συνειδήσεσιν ὑμῶν
N-DM-S CH VIRP--XP   VIPA--XS CC AB PD DDFP N-DF-P   NPG-YP

πεφανερῶσθαι. 5.12 οὐ πάλιν ἑαυτοὺς συνιστάνομεν ὑμῖν, ἀλλὰ
VNRP   AB AB   NPAMXP   VIPA--XP   NPD-YP CH

ἀφορμὴν διδόντες ὑμῖν καυχήματος ὑπὲρ ἡμῶν, ἵνα ἔχητε πρὸς
N-AF-S VPPANMXP NPD-YP N-GN-S   PG   NPG-XP CS VSPA--YP PA

τοὺς   ἐν προσώπῳ καυχωμένους καὶ μὴ ἐν καρδίᾳ.
DAMP□NPAMZP&APRNM-P PD N-DN-S VPPNAM-P   CC AB PD N-DF-S

5.13 εἴτε γὰρ ἐξέστημεν, θεῷ· εἴτε σωφρονοῦμεν, ὑμῖν. 5.14 ἡ
     CC   CS VIAA--XP   N-DM-S CC   VIPA--XP   NPD-YP   DNFS

γὰρ ἀγάπη τοῦ Χριστοῦ συνέχει ἡμᾶς, κρίναντας τοῦτο, ὅτι
CS N-NF-S DGMS N-GM-S VIPA--ZS NPA-XP VPAAAMXP APDAN-S ABR

εἷς   ὑπὲρ πάντων ἀπέθανεν· ἄρα οἱ   πάντες ἀπέθανον·
APCNM-S PG   AP-GM-P VIAA--ZS   CH DNMP AP-NM-P VIAA--ZP

5.15 καὶ ὑπὲρ πάντων ἀπέθανεν ἵνα οἱ ζῶντες
CC PG AP-GM-P VIAA--ZS CS DNMP□NPNMZP&APRNM-P VPPANM-P

μηκέτι ἑαυτοῖς ζῶσιν ἀλλὰ τῷ ὑπὲρ αὐτῶν
AB NPDMZP VSPA--ZP CH DDMS□NPDMZS&APRNM-S PG NPGMZP

ἀποθανόντι καὶ ἐγερθέντι.
VPAADM-S CC VPAPDM-S

5.16 Ὥστε ἡμεῖς ἀπὸ τοῦ νῦν οὐδένα οἴδαμεν κατὰ
CH NPN-XP PG DGMS AB□AP-GM-S APCAM-S VIRA--XP PA

σάρκα· εἰ καὶ ἐγνώκαμεν κατὰ σάρκα Χριστόν, ἀλλὰ νῦν οὐκέτι
N-AF-S CS AB VIRA--XP PA N-AF-S N-AM-S CH AB AB

γινώσκομεν. 5.17 ὥστε εἴ τις ἐν Χριστῷ, καινὴ κτίσις· τὰ
VIPA--XP CH CS APINM-S PD N-DM-S A--NF-S N-NF-S DNNP

ἀρχαῖα παρῆλθεν, ἰδοὺ γέγονεν καινά· 5.18 τὰ δὲ πάντα ἐκ τοῦ
AP-NN-P VIAA--ZS QS VIRA--ZS A--NN-P DNNP CC AP-NN-P PG DGMS

θεοῦ τοῦ καταλλάξαντος ἡμᾶς ἑαυτῷ διὰ Χριστοῦ καὶ
N-GM-S DGMS□APRNM-S VPAAGM-S NPA-XP NPDMZS PG N-GM-S CC

δόντος ἡμῖν τὴν διακονίαν τῆς καταλλαγῆς, 5.19 ὡς ὅτι θεὸς
VPAAGM-S NPD-XP DAFS N-AF-S DGFS N-GF-S ABR CH N-NM-S

ἦν ἐν Χριστῷ κόσμον καταλλάσσων ἑαυτῷ, μὴ λογιζόμενος
VIIA--ZS+ PD N-DM-S N-AM-S +VPPANM-S NPDMZS AB +VPPNNM-S

αὐτοῖς τὰ παραπτώματα αὐτῶν, καὶ θέμενος ἐν ἡμῖν τὸν λόγον
NPDMZP DANP N-AN-P NPGMZP CC +VPAMNM-S PD NPD-XP DAMS N-AM-S

τῆς καταλλαγῆς. 5.20 ὑπὲρ Χριστοῦ οὖν πρεσβεύομεν ὡς τοῦ
DGFS N-GF-S PG N-GM-S CH VIPA--XP CS DGMS

θεοῦ παρακαλοῦντος δι᾽ ἡμῶν· δεόμεθα ὑπὲρ Χριστοῦ,
N-GM-S VPPAGM-S PG NPG-XP VIPN--XP PG N-GM-S

καταλλάγητε τῷ θεῷ. 5.21 τὸν μὴ γνόντα
VMAP--YP DDMS N-DM-S DAMS□NPAMZS&APRNM-S AB VPAAAM-S

ἁμαρτίαν ὑπὲρ ἡμῶν ἁμαρτίαν ἐποίησεν, ἵνα ἡμεῖς γενώμεθα
N-AF-S PG NPG-XP N-AF-S VIAA--ZS CS NPN-XP VSAD--XP

δικαιοσύνη θεοῦ ἐν αὐτῷ.
N-NF-S N-GM-S PD NPDMZS

6.1 Συνεργοῦντες δὲ καὶ παρακαλοῦμεν μὴ εἰς κενὸν τὴν
VPPANMXP CC AB VIPA--XP AB PA AP-AN-S DAFS

χάριν τοῦ θεοῦ δέξασθαι ὑμᾶς — 6.2 λέγει γάρ,
N-AF-S DGMS N-GM-S VNAD NPA-YP VIPA--ZS CS

Καιρῷ δεκτῷ ἐπήκουσά σου
N-DM-S A--DM-S VIAA--XS NPG-YS

καὶ ἐν ἡμέρᾳ σωτηρίας ἐβοήθησά σοι·
CC PD N-DF-S N-GF-S VIAA--XS NPD-YS

ἰδοὺ νῦν καιρὸς εὐπρόσδεκτος, ἰδοὺ νῦν ἡμέρα σωτηρίας —
QS AB N-NM-S A--NM-S QS AB N-NF-S N-GF-S

6.3 μηδεμίαν ἐν μηδενὶ διδόντες προσκοπήν, ἵνα μὴ μωμηθῇ ἡ
A-CAF-S PD APCDM-S VPPANMXP N-AF-S CS AB VSAP--ZS DNFS

διακονία, 6.4 ἀλλ' ἐν παντὶ συνίσταντες ἑαυτοὺς ὡς θεοῦ
N-NF-S   CH   PD AP-DN-S VPPANMXP   NPAMXP CS N-GM-S

διάκονοι, ἐν ὑπομονῇ πολλῇ, ἐν θλίψεσιν, ἐν ἀνάγκαις, ἐν
N-NM-P   PD N-DF-S A--DF-S PD N-DF-P   PD N-DF-P   PD

στενοχωρίαις, 6.5 ἐν πληγαῖς, ἐν φυλακαῖς, ἐν ἀκαταστασίαις, ἐν
N-DF-P   PD N-DF-P   PD N-DF-P   PD N-DF-P   PD

κόποις, ἐν ἀγρυπνίαις, ἐν νηστείαις, 6.6 ἐν ἁγνότητι, ἐν γνώσει,
N-DM-P PD N-DF-P   PD N-DF-P   PD N-DF-S   PD N-DF-S

ἐν μακροθυμίᾳ, ἐν χρηστότητι, ἐν πνεύματι ἁγίῳ, ἐν ἀγάπῃ
PD N-DF-S   PD N-DF-S   PD N-DN-S   A--DN-S PD N-DF-S

ἀνυποκρίτῳ, 6.7 ἐν λόγῳ ἀληθείας, ἐν δυνάμει θεοῦ· διὰ τῶν
A--DF-S   PD N-DM-S N-GF-S   PD N-DF-S N-GM-S PG DGNP

ὅπλων τῆς δικαιοσύνης τῶν δεξιῶν καὶ ἀριστερῶν, 6.8 διὰ δόξης
N-GN-P DGFS N-GF-S   DGNP A--GN-P CC A--GN-P   PG N-GF-S

καὶ ἀτιμίας, διὰ δυσφημίας καὶ εὐφημίας· ὡς πλάνοι καὶ ἀληθεῖς,
CC N-GF-S   PG N-GF-S   CC N-GF-S   CS A--NM-P CC A--NM-P

6.9 ὡς ἀγνοούμενοι καὶ ἐπιγινωσκόμενοι, ὡς ἀποθνῄσκοντες καὶ
CS VPPPNMXP   CC VPPPNMXP   CS VPPANMXP   CC

ἰδοὺ ζῶμεν, ὡς παιδευόμενοι καὶ μὴ θανατούμενοι, 6.10 ὡς
QS VIPA--XP CS VPPPNMXP   CC AB VPPPNMXP   CS

λυπούμενοι ἀεὶ δὲ χαίροντες, ὡς πτωχοὶ πολλοὺς δὲ πλουτίζοντες,
VPPPNMXP   AB CH VPPANMXP   CS A--NM-P AP-AM-P CH VPPANMXP

ὡς μηδὲν ἔχοντες καὶ πάντα κατέχοντες.
CS APCAN-S VPPANMXP CC AP-AN-P VPPANMXP

6.11 Τὸ στόμα ἡμῶν ἀνέῳγεν πρὸς ὑμᾶς, Κορίνθιοι, ἡ
DNNS N-NN-S NPG-XP VIRA--ZS PA NPA-YP N-VM-P   DNFS

καρδία ἡμῶν πεπλάτυνται· 6.12 οὐ στενοχωρεῖσθε ἐν ἡμῖν,
N-NF-S NPG-XP VIRP--ZS   AB VIPP--YP   PD NPD-XP

στενοχωρεῖσθε δὲ ἐν τοῖς σπλάγχνοις ὑμῶν· 6.13 τὴν δὲ αὐτὴν
VIPP--YP   CH PD DDNP N-DN-P   NPG-YP   DAFS CC A--AF-S

ἀντιμισθίαν, ὡς τέκνοις λέγω, πλατύνθητε καὶ ὑμεῖς.
N-AF-S   CS N-DN-P VIPA--XS VMAP--YP AB NPN-YP

6.14 Μὴ γίνεσθε ἑτεροζυγοῦντες ἀπίστοις· τίς γὰρ μετοχὴ
AB VMPN--YP VPPANMYP   AP-DM-P A-TNF-S CS N-NF-S

δικαιοσύνῃ καὶ ἀνομίᾳ; ἢ τίς κοινωνία φωτὶ πρὸς σκότος;
N-DF-S   CC N-DF-S CC A-TNF-S N-NF-S N-DN-S PA N-AN-S

6.15 τίς δὲ συμφώνησις Χριστοῦ πρὸς Βελιάρ, ἢ τίς μερὶς
A-TNF-S CC N-NF-S   N-GM-S   PA N-AM-S CC A-TNF-S N-NF-S

πιστῷ μετὰ ἀπίστου; 6.16 τίς δὲ συγκατάθεσις ναῷ θεοῦ μετὰ
AP-DM-S PG AP-GM-S   A-TNF-S CC N-NF-S   N-DM-S N-GM-S PG

εἰδώλων; ἡμεῖς γὰρ ναὸς θεοῦ ἐσμεν ζῶντος· καθὼς εἶπεν ὁ
N-GN-P   NPN-XP CS N-NM-S N-GM-S VIPA--XP VPPAGM-S CS VIAA--ZS DNMS

θεὸς ὅτι
N-NM-S CC

Ἐνοικήσω ἐν αὐτοῖς καὶ ἐμπεριπατήσω,
VIFA--XS PD NPDMZP CC VIFA--XS

καὶ ἔσομαι αὐτῶν θεός,
CC VIFD--XS NPGMZP N-NM-S

καὶ αὐτοὶ ἔσονταί μου λαός.
CC NPNMZP VIFD--ZP NPG-XS N-NM-S

6.17 διὸ ἐξέλθατε ἐκ μέσου αὐτῶν
CH VMAA--YP PG AP-GN-S NPGMZP

καὶ ἀφορίσθητε, λέγει κύριος,
CC VMAP--YP VIPA--ZS N-NM-S

καὶ ἀκαθάρτου μὴ ἅπτεσθε·
CC AP-GN-S AB VMPM--YP

κἀγὼ εἰσδέξομαι ὑμᾶς,
CC&NPN-XS VIFD--XS NPA-YP

6.18 καὶ ἔσομαι ὑμῖν εἰς πατέρα,
CC VIFD--XS NPD-YP PA N-AM-S

καὶ ὑμεῖς ἔσεσθέ μοι εἰς υἱοὺς καὶ θυγατέρας,
CC NPN-YP VIFD--YP NPD-XS PA N-AM-P CC N-AF-P

λέγει κύριος παντοκράτωρ.
VIPA--ZS N-NM-S N-NM-S

7.1 ταύτας οὖν ἔχοντες τὰς ἐπαγγελίας, ἀγαπητοί, καθαρίσωμεν
A-DAF-P CH VPPANMXP DAFP N-AF-P AP-VM-P VSAA--XP

ἑαυτοὺς ἀπὸ παντὸς μολυσμοῦ σαρκὸς καὶ πνεύματος,
NPAMXP PG A--GM-S N-GM-S N-GF-S CC N-GN-S

ἐπιτελοῦντες ἁγιωσύνην ἐν φόβῳ θεοῦ.
VPPANMXP N-AF-S PD N-DM-S N-GM-S

7.2 Χωρήσατε ἡμᾶς· οὐδένα ἠδικήσαμεν, οὐδένα ἐφθείραμεν,
VMAA--YP NPA-XP APCAM-S VIAA--XP APCAM-S VIAA--XP

οὐδένα ἐπλεονεκτήσαμεν. 7.3 πρὸς κατάκρισιν οὐ λέγω,
APCAM-S VIAA--XP PA N-AF-S AB VIPA--XS

προείρηκα γὰρ ὅτι ἐν ταῖς καρδίαις ἡμῶν ἐστε εἰς τὸ
VIRA--XS CS CC PD DDFP N-DF-P NPG-XP VIPA--YP PA DANS

συναποθανεῖν καὶ συζῆν. 7.4 πολλή μοι παρρησία πρὸς ὑμᾶς,
VNAAA CC VNPAA A--NF-S NPD-XS N-NF-S PA NPA-YP

πολλή μοι καύχησις ὑπὲρ ὑμῶν· πεπλήρωμαι τῇ παρακλήσει,
A--NF-S NPD-XS N-NF-S PG NPG-YP VIRP--XS DDFS N-DF-S

ὑπερπερισσεύομαι τῇ χαρᾷ ἐπὶ πάσῃ τῇ θλίψει ἡμῶν.
VIPP--XS DDFS N-DF-S PD A--DF-S DDFS N-DF-S NPG-XP

7.5 Καὶ γὰρ ἐλθόντων ἡμῶν εἰς Μακεδονίαν οὐδεμίαν ἔσχηκεν
AB CS VPAAGMXP NPG-XP PA N-AF-S A-CAF-S VIRA--ZS

ἄνεσιν ἡ σὰρξ ἡμῶν, ἀλλ᾽ ἐν παντὶ θλιβόμενοι — ἔξωθεν
N-AF-S DNFS N-NF-S NPG-XP CH PD AP-DN-S VPPPNMXP AB

μάχαι, ἔσωθεν φόβοι. 7.6 ἀλλ᾽ ὁ παρακαλῶν τοὺς
N-NF-P AB N-NM-P CC DNMS□APRNM-S+ VPPANM-S DAMP

ταπεινοὺς παρεκάλεσεν ἡμᾶς ὁ θεὸς ἐν τῇ παρουσίᾳ Τίτου·
AP-AM-P   VIAA--ZS   NPA-XP DNMS N-NM-S PD DDFS N-DF-S   N-GM-S

7.7 οὐ μόνον δὲ ἐν τῇ παρουσίᾳ αὐτοῦ ἀλλὰ καὶ ἐν τῇ
AB AP-AN-S□AB CC PD DDFS N-DF-S   NPGMZS CH   AB PD DDFS

παρακλήσει ᾗ παρεκλήθη ἐφ᾽ ὑμῖν, ἀναγγέλλων ἡμῖν τὴν
N-DF-S   APRDF-S VIAP--ZS   PD NPD-YP VPPANM-S   NPD-XP DAFS

ὑμῶν ἐπιπόθησιν, τὸν ὑμῶν ὀδυρμόν, τὸν ὑμῶν ζῆλον ὑπὲρ ἐμοῦ,
NPG-YP N-AF-S   DAMS NPG-YP N-AM-S   DAMS NPG-YP N-AM-S PG   NPG-XS

ὥστε με μᾶλλον χαρῆναι. 7.8 ὅτι εἰ καὶ ἐλύπησα ὑμᾶς ἐν τῇ
CH   NPA-XS ABM   VNAO   CS CS AB VIAA--XS   NPA-YP PD DDFS

ἐπιστολῇ, οὐ μεταμέλομαι· εἰ καὶ μετεμελόμην (βλέπω [γὰρ] ὅτι
N-DF-S   AB VIPN--XS   CS AB VIIN--XS   VIPA--XS CS   CC

ἡ ἐπιστολὴ ἐκείνη εἰ καὶ πρὸς ὥραν ἐλύπησεν ὑμᾶς), 7.9 νῦν
DNFS N-NF-S   A-DNF-S CS AB PA   N-AF-S VIAA--ZS   NPA-YP   AB

χαίρω, οὐχ ὅτι ἐλυπήθητε, ἀλλ᾽ ὅτι ἐλυπήθητε εἰς μετάνοιαν·
VIPA--XS AB CC/CS VIAP--YP   CH CC/CS VIAP--YP   PA N-AF-S

ἐλυπήθητε γὰρ κατὰ θεόν, ἵνα ἐν μηδενὶ ζημιωθῆτε ἐξ ἡμῶν.
VIAP--YP CS PA   N-AM-S CH PD APCDN-S VSAP--YP   PG NPG-XP

7.10 ἡ γὰρ κατὰ θεὸν λύπη μετάνοιαν εἰς σωτηρίαν
DNFS CS PA   N-AM-S N-NF-S N-AF-S   PA N-AF-S

ἀμεταμέλητον ἐργάζεται· ἡ δὲ τοῦ κόσμου λύπη θάνατον
A--AF-S   VIPN--ZS   DNFS CC/CS DGMS N-GM-S N-NF-S N-AM-S

κατεργάζεται. 7.11 ἰδοὺ γὰρ αὐτὸ τοῦτο τὸ κατὰ θεὸν
VIPN--ZS   QS CS AP-NN-S A-DNN-S DNNS PA   N-AM-S

λυπηθῆναι πόσην κατειργάσατο ὑμῖν σπουδήν, ἀλλὰ ἀπολογίαν,
VNAPN   A-TAF-S VIAD--ZS   NPD-YP N-AF-S   CC   N-AF-S

ἀλλὰ ἀγανάκτησιν, ἀλλὰ φόβον, ἀλλὰ ἐπιπόθησιν, ἀλλὰ ζῆλον,
CC   N-AF-S   CC   N-AM-S CC   N-AF-S   CC   N-AM-S

ἀλλὰ ἐκδίκησιν· ἐν παντὶ συνεστήσατε ἑαυτοὺς ἁγνοὺς εἶναι τῷ
CC   N-AF-S   PD AP-DN-S VIAA--YP   NPAMYP   A--AM-P VNPA DDNS

πράγματι. 7.12 ἄρα εἰ καὶ ἔγραψα ὑμῖν, οὐχ ἕνεκεν
N-DN-S   CH CS AB VIAA--XS   NPD-YP AB PG

τοῦ ἀδικήσαντος, οὐδὲ ἕνεκεν τοῦ
DGMS□NPGMZS&APRNM-S VPAAGM-S   CC PG   DGMS□NPGMZS&APRNM-S

ἀδικηθέντος, ἀλλ᾽ ἕνεκεν τοῦ φανερωθῆναι τὴν σπουδὴν ὑμῶν
VPAPGM-S CH PG   DGNS VNAPG   DAFS N-AF-S NPG-YP

τὴν ὑπὲρ ἡμῶν πρὸς ὑμᾶς ἐνώπιον τοῦ θεοῦ. 7.13 διὰ τοῦτο
DAFS PG   NPG-XP PA NPA-YP PG   DGMS N-GM-S   PA APDAN-S

παρακεκλήμεθα.
VIRP--XP

Ἐπὶ δὲ τῇ παρακλήσει ἡμῶν περισσοτέρως μᾶλλον
PD CC DDFS N-DF-S   NPG-XP ABM   ABM

ἐχάρημεν ἐπὶ τῇ χαρᾷ Τίτου, ὅτι ἀναπέπαυται τὸ πνεῦμα
VIAO--XP   PD DDFS N-DF-S N-GM-S ABR/CS VIRP--ZS   DNNS N-NN-S

αὐτοῦ ἀπὸ πάντων ὑμῶν· 7.14 ὅτι εἴ τι αὐτῷ ὑπὲρ ὑμῶν
NPGMZS PG A--GM-P NPG-YP CS CS APIAN-S NPDMZS PG NPG-YP

κεκαύχημαι οὐ κατῃσχύνθην, ἀλλ᾽ ὡς πάντα ἐν ἀληθείᾳ
VIRN--XS AB VIAP--XS CH CS AP-AN-P PD N-DF-S

ἐλαλήσαμεν ὑμῖν, οὕτως καὶ ἡ καύχησις ἡμῶν ἡ ἐπὶ Τίτου
VIAA--XP NPD-YP AB AB DNFS N-NF-S NPG-XP DNFS PG N-GM-S

ἀλήθεια ἐγενήθη. 7.15 καὶ τὰ σπλάγχνα αὐτοῦ περισσοτέρως εἰς
N-NF-S VIAO--ZS CC DNNP N-NN-P NPGMZS ABM PA

ὑμᾶς ἐστιν ἀναμιμνῃσκομένου τὴν πάντων ὑμῶν ὑπακοήν, ὡς
NPA-YP VIPA--ZS VPPPGM-S DAFS A--GM-P NPG-YP N-AF-S CC/CS

μετὰ φόβου καὶ τρόμου ἐδέξασθε αὐτόν. 7.16 χαίρω ὅτι ἐν παντὶ
PG N-GM-S CC N-GM-S VIAD--YP NPAMZS VIPA--XS CC/CS PD AP-DN-S

θαρρῶ ἐν ὑμῖν.
VIPA--XS PD NPD-YP

8.1 Γνωρίζομεν δὲ ὑμῖν, ἀδελφοί, τὴν χάριν τοῦ θεοῦ
VIPA--XP CC NPD-YP N-VM-P DAFS N-AF-S DGMS N-GM-S

τὴν δεδομένην ἐν ταῖς ἐκκλησίαις τῆς Μακεδονίας,
DAFS□APRNF-S VPRPAF-S PD DDFP N-DF-P DGFS N-GF-S

8.2 ὅτι ἐν πολλῇ δοκιμῇ θλίψεως ἡ περισσεία τῆς χαρᾶς
ABR/CS PD A--DF-S N-DF-S N-GF-S DNFS N-NF-S DGFS N-GF-S

αὐτῶν καὶ ἡ κατὰ βάθους πτωχεία αὐτῶν ἐπερίσσευσεν εἰς τὸ
NPGMZP CC DNFS PG N-GN-S N-NF-S NPGMZP VIAA--ZS PA DANS

πλοῦτος τῆς ἁπλότητος αὐτῶν· 8.3 ὅτι κατὰ δύναμιν, μαρτυρῶ,
N-AN-S DGFS N-GF-S NPGMZP CS PA N-AF-S VIPA--XS

καὶ παρὰ δύναμιν, αὐθαίρετοι 8.4 μετὰ πολλῆς παρακλήσεως
CC PA N-AF-S A--NM-P PG A--GF-S N-GF-S

δεόμενοι ἡμῶν τὴν χάριν καὶ τὴν κοινωνίαν τῆς διακονίας τῆς
VPPNNM-P NPG-XP DAFS N-AF-S CC DAFS N-AF-S DGFS N-GF-S DGFS

εἰς τοὺς ἁγίους — 8.5 καὶ οὐ καθὼς ἠλπίσαμεν ἀλλ᾽ ἑαυτοὺς
PA DAMP AP-AM-P CC AB CS VIAA--XP CH NPRAMZP

ἔδωκαν πρῶτον τῷ κυρίῳ καὶ ἡμῖν διὰ θελήματος θεοῦ, 8.6 εἰς
VIAA--ZP APOAN-S□AB DDMS N-DM-S CC NPD-XP PG N-GN-S N-GM-S PA

τὸ παρακαλέσαι ἡμᾶς Τίτον ἵνα καθὼς προενήρξατο οὕτως καὶ
DANS VNAAA NPA-XP N-AM-S CC CS VIAD--ZS AB AB

ἐπιτελέσῃ εἰς ὑμᾶς καὶ τὴν χάριν ταύτην. 8.7 ἀλλ᾽ ὥσπερ ἐν
VSAA--ZS PA NPA-YP AB DAFS N-AF-S A-DAF-S CC CS PD

παντὶ περισσεύετε, πίστει καὶ λόγῳ καὶ γνώσει καὶ πάσῃ σπουδῇ
AP-DN-S VIPA--YP N-DF-S CC N-DM-S CC N-DF-S CC A--DF-S N-DF-S

καὶ τῇ ἐξ ἡμῶν ἐν ὑμῖν ἀγάπῃ, ἵνα καὶ ἐν ταύτῃ τῇ χάριτι
CC DDFS PG NPG-XP PD NPD-YP N-DF-S CH AB PD A-DDF-S DDFS N-DF-S

περισσεύητε.
VSPA--YP

8.8 Οὐ κατ᾽ ἐπιταγὴν λέγω, ἀλλὰ διὰ τῆς ἑτέρων σπουδῆς καὶ
AB PA N-AF-S VIPA--XS CH PG DGFS AP-GM-P N-GF-S AB

τὸ   τῆς ὑμετέρας ἀγάπης γνήσιον δοκιμάζων· 8.9 γινώσκετε γὰρ
DANS DGFS A--GFYS   N-GF-S   AP-AN-S   VPPANMXS   VIPA--YP   CS

τὴν χάριν τοῦ κυρίου ἡμῶν Ἰησοῦ Χριστοῦ, ὅτι δι᾽ ὑμᾶς
DAFS N-AF-S DGMS N-GM-S NPG-XP N-GM-S N-GM-S ABR PA NPA-YP

ἐπτώχευσεν πλούσιος ὤν,   ἵνα ὑμεῖς τῇ ἐκείνου πτωχείᾳ
VIAA--ZS   A--NM-S   VPPANM-S CS NPN-YP DDFS APDGM-S N-DF-S

πλουτήσητε. 8.10 καὶ γνώμην ἐν τούτῳ δίδωμι· τοῦτο γὰρ ὑμῖν
VSAA--YP   CC   N-AF-S   PD APDDN-S VIPA--XS APDNN-S CS   NPD-YP

συμφέρει, οἵτινες οὐ μόνον   τὸ   ποιῆσαι ἀλλὰ καὶ τὸ   θέλειν
VIPA--ZS APRNMYP AB AP-AN-S□AB DANS VNAAA   CH   AB DANS VNPAA

προενήρξασθε ἀπὸ πέρυσι· 8.11 νυνὶ δὲ καὶ τὸ   ποιῆσαι
VIAD--YP   PG   AB□AP-GN-S   AB   CC AB DANS VNAAA

ἐπιτελέσατε, ὅπως καθάπερ ἡ   προθυμία τοῦ θέλειν οὕτως καὶ
VMAA--YP   CS   CS   DNFS N-NF-S   DGNS VNPAG AB   AB

τὸ   ἐπιτελέσαι ἐκ τοῦ ἔχειν. 8.12 εἰ γὰρ ἡ   προθυμία πρόκειται,
DNNS VNAAN   PG DGNS VNPAG   CS CS   DNFS N-NF-S   VIPN--ZS

καθὸ ἐὰν ἔχῃ   εὐπρόσδεκτος, οὐ καθὸ οὐκ ἔχει. 8.13 οὐ γὰρ ἵνα
CS   QV VSPA--ZS A--NF-S   AB CS   AB VIPA--ZS   AB CS   CS

ἄλλοις ἄνεσις, ὑμῖν θλῖψις· ἀλλ᾽ ἐξ ἰσότητος 8.14 ἐν τῷ   νῦν
AP-DM-P N-NF-S NPD-YP N-NF-S CH   PG N-GF-S   PD DDMS AB□A--DM-S

καιρῷ τὸ   ὑμῶν περίσσευμα εἰς τὸ   ἐκείνων ὑστέρημα, ἵνα καὶ
N-DM-S DNNS NPG-YP N-NN-S   PA DANS APDGM-P   N-AN-S   CS AB

τὸ   ἐκείνων περίσσευμα γένηται εἰς τὸ   ὑμῶν ὑστέρημα, ὅπως
DNNS APDGM-P   N-NN-S   VSAD--ZS PA DANS NPG-YP N-AN-S   CS

γένηται ἰσότης· 8.15 καθὼς γέγραπται,
VSAD--ZS N-NF-S   CS   VIRP--ZS

Ὁ   τὸ   πολὺ οὐκ ἐπλεόνασεν,
DNMS DANS AP-AN-S AB   VIAA--ZS

καὶ ὁ   τὸ   ὀλίγον οὐκ ἠλαττόνησεν.
CC   DNMS DANS AP-AN-S   AB   VIAA--ZS

8.16 Χάρις δὲ τῷ   θεῷ   τῷ   δόντι   τὴν αὐτὴν
N-NF-S   CC DDMS N-DM-S DDMS□APRNM-S VPAADM-S DAFS A--AF-S

σπουδὴν ὑπὲρ ὑμῶν ἐν τῇ   καρδίᾳ Τίτου, 8.17 ὅτι τὴν μὲν
N-AF-S   PG   NPG-YP PD DDFS N-DF-S   N-GM-S   CS DAFS CC

παράκλησιν ἐδέξατο, σπουδαιότερος δὲ ὑπάρχων αὐθαίρετος
N-AF-S   VIAD--ZS   A-MNM-S   CC VPPANM-S   A--NM-S

ἐξῆλθεν πρὸς ὑμᾶς. 8.18 συνεπέμψαμεν δὲ μετ᾽ αὐτοῦ τὸν
VIAA--ZS   PA NPA-YP   VIAA--XP   CC PG NPGMZS DAMS

ἀδελφὸν οὗ   ὁ   ἔπαινος ἐν τῷ   εὐαγγελίῳ διὰ πασῶν τῶν
N-AM-S   APRGM-S DNMS N-NM-S PD DDNS N-DN-S   PG A--GF-P DGFP

ἐκκλησιῶν 8.19 — οὐ μόνον   δὲ ἀλλὰ καὶ χειροτονηθεὶς ὑπὸ τῶν
N-GF-P   AB AP-AN-S□AB CC CH   AB VPAPNM-S   PG DGFP

ἐκκλησιῶν συνέκδημος ἡμῶν σὺν τῇ   χάριτι ταύτῃ τῇ
N-GF-P   N-NM-S   NPG-XP PD DDFS N-DF-S A-DDF-S DDFS□APRNF-S

διακονουμένη ὑφ᾽ ἡμῶν πρὸς τὴν [αὐτοῦ] τοῦ κυρίου δόξαν καὶ
VPPPDF-S PG NPG-XP PA DAFS NPGMZS DGMS N-GM-S N-AF-S CC

προθυμίαν ἡμῶν — 8.20 στελλόμενοι τοῦτο μή τις ἡμᾶς
N-AF-S NPG-XP VPPMNMXP APDAN-S CS APINM-S NPA-XP

μωμήσηται ἐν τῇ ἁδρότητι ταύτῃ τῇ διακονουμένῃ ὑφ᾽
VSAD--ZS PD DDFS N-DF-S A-DDF-S DDFS□APRNF-S VPPPDF-S PG

ἡμῶν· 8.21 προνοοῦμεν γὰρ καλὰ οὐ μόνον ἐνώπιον κυρίου
NPG-XP VIPA--XP CS AP-AN-P AB AP-AN-S□AB PG N-GM-S

ἀλλὰ καὶ ἐνώπιον ἀνθρώπων. 8.22 συνεπέμψαμεν δὲ αὐτοῖς τὸν
CH AB PG N-GM-P VIAA--XP CC NPDMZP DAMS

ἀδελφὸν ἡμῶν ὃν ἐδοκιμάσαμεν ἐν πολλοῖς πολλάκις
N-AM-S NPG-XP APRAM-S VIAA--XP PD AP-DN-P AB

σπουδαῖον ὄντα, νυνὶ δὲ πολὺ σπουδαιότερον πεποιθήσει
A--AM-S VPPAAM-S AB CC/CH AP-AN-S□AB A-MAM-S N-DF-S

πολλῇ τῇ εἰς ὑμᾶς. 8.23 εἴτε ὑπὲρ Τίτου, κοινωνὸς ἐμὸς καὶ εἰς
A--DF-S DDFS PA NPA-YP CC PG N-GM-S N-NM-S A--NMXS CC PA

ὑμᾶς συνεργός· εἴτε ἀδελφοὶ ἡμῶν, ἀπόστολοι ἐκκλησιῶν, δόξα
NPA-YP AP-NM-S CC N-NM-P NPG-XP N-NM-P N-GF-P N-NF-S

Χριστοῦ. 8.24 τὴν οὖν ἔνδειξιν τῆς ἀγάπης ὑμῶν καὶ ἡμῶν
N-GM-S DAFS CH N-AF-S DGFS N-GF-S NPG-YP CC NPG-XP

καυχήσεως ὑπὲρ ὑμῶν εἰς αὐτοὺς ἐνδεικνύμενοι εἰς πρόσωπον
N-GF-S PG NPG-YP PA NPAMZP VPPMNMYP PA N-AN-S

τῶν ἐκκλησιῶν.
DGFP N-GF-P

9.1 Περὶ μὲν γὰρ τῆς διακονίας τῆς εἰς τοὺς ἁγίους περισσόν
PG CS CS DGFS N-GF-S DGFS PA DAMP AP-AM-P A--NN-S

μοί ἐστιν τὸ γράφειν ὑμῖν, 9.2 οἶδα γὰρ τὴν προθυμίαν ὑμῶν
NPD-XS VIPA--ZS DNNS VNPAN NPD-YP VIRA--XS CS DAFS N-AF-S NPG-YP

ἣν ὑπὲρ ὑμῶν καυχῶμαι Μακεδόσιν ὅτι Ἀχαΐα
APRAF-S PG NPG-YP VIPN--XS N-DM-P ABR N-NF-S

παρεσκεύασται ἀπὸ πέρυσι, καὶ τὸ ὑμῶν ζῆλος ἠρέθισεν τοὺς
VIRM--ZS PG AB□AP-GN-S CC DNNS NPG-YP N-NN-S VIAA--ZS DAMP

πλείονας. 9.3 ἔπεμψα δὲ τοὺς ἀδελφούς, ἵνα μὴ τὸ καύχημα
APMAM-P VIAA--XS CH DAMP N-AM-P CS AB DNNS N-NN-S

ἡμῶν τὸ ὑπὲρ ὑμῶν κενωθῇ ἐν τῷ μέρει τούτῳ, ἵνα καθὼς
NPG-XP DNNS PG NPG-YP VSAP--ZS PD DDNS N-DN-S A-DDN-S CS CS

ἔλεγον παρεσκευασμένοι ἦτε, 9.4 μή πως ἐὰν ἔλθωσιν σὺν
VIIA--XS VPRMNMYP+ +VSPA--YP CS ABI CS VSAA--ZP PD

ἐμοὶ Μακεδόνες καὶ εὕρωσιν ὑμᾶς ἀπαρασκευάστους
NPD-XS N-NM-P CC VSAA--ZP NPA-YP A--AM-P

καταισχυνθῶμεν ἡμεῖς, ἵνα μὴ λέγω ὑμεῖς, ἐν τῇ ὑποστάσει
VSAP--XP NPN-XP CS AB VSPA--XS NPN-YP PD DDFS N-DF-S

ταύτῃ. 9.5 ἀναγκαῖον οὖν ἡγησάμην παρακαλέσαι τοὺς ἀδελφοὺς
A-DDF-S A--NN-S CH VIAD--XS VNAA DAMP N-AM-P

ἵνα προέλθωσιν εἰς ὑμᾶς καὶ προκαταρτίσωσιν τὴν
CC VSAA--ZP PA NPA-YP CC VSAA--ZP DAFS□APRNF-S+

προεπηγγελμένην εὐλογίαν ὑμῶν, ταύτην ἑτοίμην εἶναι οὕτως ὡς
VPRNAF-S N-AF-S NPG-YP APDAF-S A--AF-S VNPA AB CS

εὐλογίαν καὶ μὴ ὡς πλεονεξίαν.
N-AF-S CC AB CS N-AF-S

9.6 Τοῦτο δέ, ὁ σπείρων φειδομένως
APDAN-S/APDNN-S CC DNMS□NPNMZS&APRNM-S VPPANM-S AB

φειδομένως καὶ θερίσει, καὶ ὁ σπείρων ἐπ᾽
AB AB VIFA--ZS CC DNMS□NPNMZS&APRNM-S VPPANM-S PD

εὐλογίαις ἐπ᾽ εὐλογίαις καὶ θερίσει. 9.7 ἕκαστος καθὼς προῄρηται
N-DF-P PD N-DF-P AB VIFA--ZS AP-NM-S CS VIRM--ZS

τῇ καρδίᾳ, μὴ ἐκ λύπης ἢ ἐξ ἀνάγκης, ἱλαρὸν γὰρ δότην ἀγαπᾷ
DDFS N-DF-S AB PG N-GF-S CC PG N-GF-S A--AM-S CS N-AM-S VIPA--ZS

ὁ θεός. 9.8 δυνατεῖ δὲ ὁ θεὸς πᾶσαν χάριν περισσεῦσαι εἰς
DNMS N-NM-S VIPA--ZS CC DNMS N-NM-S A--AF-S N-AF-S VNAA PA

ὑμᾶς, ἵνα ἐν παντὶ πάντοτε πᾶσαν αὐτάρκειαν ἔχοντες
NPA-YP CS PD AP-DN-S AB A--AF-S N-AF-S VPPANMYP

περισσεύητε εἰς πᾶν ἔργον ἀγαθόν, 9.9 καθὼς γέγραπται,
VSPA--YP PA A--AN-S N-AN-S A--AN-S CS VIRP--ZS

Ἐσκόρπισεν, ἔδωκεν τοῖς πένησιν,
VIAA--ZS VIAA--ZS DDMP AP-DM-P

ἡ δικαιοσύνη αὐτοῦ μένει εἰς τὸν αἰῶνα.
DNFS N-NF-S NPGMZS VIPA--ZS PA DAMS N-AM-S

9.10 ὁ δὲ ἐπιχορηγῶν σπόρον τῷ
DNMS□NPNMZS&APRNM-S CC VPPANM-S N-AM-S DDMS□NPDMZS&APRNM-S

σπείροντι καὶ ἄρτον εἰς βρῶσιν χορηγήσει καὶ πληθυνεῖ τὸν
VPPADM-S CC N-AM-S PA N-AF-S VIFA--ZS CC VIFA--ZS DAMS

σπόρον ὑμῶν καὶ αὐξήσει τὰ γενήματα τῆς δικαιοσύνης ὑμῶν·
N-AM-S NPG-YP CC VIFA--ZS DANP N-AN-P DGFS N-GF-S NPG-YP

9.11 ἐν παντὶ πλουτιζόμενοι εἰς πᾶσαν ἁπλότητα, ἥτις
PD AP-DN-S VPPPNMYP PA A--AF-S N-AF-S APRNF-S

κατεργάζεται δι᾽ ἡμῶν εὐχαριστίαν τῷ θεῷ — 9.12 ὅτι ἡ
VIPN--ZS PG NPG-XP N-AF-S DDMS N-DM-S CS DNFS

διακονία τῆς λειτουργίας ταύτης οὐ μόνον ἐστὶν
N-NF-S DGFS N-GF-S A-DGF-S AB AP-AN-S□AB VIPA--ZS+

προσαναπληροῦσα τὰ ὑστερήματα τῶν ἁγίων, ἀλλὰ καὶ
+VPPANF-S DANP N-AN-P DGMP AP-GM-P CH AB

περισσεύουσα διὰ πολλῶν εὐχαριστιῶν τῷ θεῷ — 9.13 διὰ τῆς
+VPPANF-S PG A--GF-P N-GF-P DDMS N-DM-S PG DGFS

δοκιμῆς τῆς διακονίας ταύτης δοξάζοντες τὸν θεὸν ἐπὶ τῇ
N-GF-S DGFS N-GF-S A-DGF-S VPPANM-P DAMS N-AM-S PD DDFS

ὑποταγῇ τῆς ὁμολογίας ὑμῶν εἰς τὸ εὐαγγέλιον τοῦ Χριστοῦ
N-DF-S DGFS N-GF-S NPG-YP PA DANS N-AN-S DGMS N-GM-S

καὶ ἁπλότητι τῆς κοινωνίας εἰς αὐτοὺς καὶ εἰς πάντας, 9.14 καὶ
CC   N-DF-S   DGFS N-GF-S   PA   NPAMZP   CC   PA   AP-AM-P   CC

αὐτῶν δεήσει ὑπὲρ ὑμῶν ἐπιποθούντων ὑμᾶς διὰ τὴν
NPGMZP N-DF-S   PG   NPG-YP   VPPAGM-P   NPA-YP PA   DAFS□APRNF-S+

ὑπερβάλλουσαν χάριν τοῦ θεοῦ ἐφ᾿ ὑμῖν. 9.15 χάρις τῷ θεῷ
VPPAAF-S   N-AF-S DGMS N-GM-S PD NPD-YP   N-NF-S DDMS N-DM-S

ἐπὶ τῇ ἀνεκδιηγήτῳ αὐτοῦ δωρεᾷ.
PD DDFS A--DF-S   NPGMZS N-DF-S

10.1 Αὐτὸς δὲ ἐγὼ Παῦλος παρακαλῶ ὑμᾶς διὰ τῆς
     NPNMXS CC NPN-XS N-NM-S VIPA--XS   NPA-YP PG DGFS

πραΰτητος καὶ ἐπιεικείας τοῦ Χριστοῦ, ὃς κατὰ πρόσωπον
N-GF-S   CC N-GF-S   DGMS N-GM-S APRNMXS PA N-AN-S

μὲν ταπεινὸς ἐν ὑμῖν, ἀπὼν δὲ θαρρῶ εἰς ὑμᾶς· 10.2 δέομαι δὲ
CS A--NM-S   PD NPD-YP VPPANMXS CH VIPA--XS PA NPA-YP   VIPN--XS CC/CH

τὸ μὴ παρὼν θαρρῆσαι τῇ πεποιθήσει ᾗ λογίζομαι
DANS AB VPPANMXS VNAAA DDFS N-DF-S   APRDF-S VIPN--XS

τολμῆσαι ἐπί τινας τοὺς λογιζομένους ἡμᾶς ὡς κατὰ
VNAA   PA APIAM-P DAMP□APRNM-P VPPNNM-P   NPA-XP CS PA

σάρκα περιπατοῦντας. 10.3 ἐν σαρκὶ γὰρ περιπατοῦντες οὐ κατὰ
N-AF-S VPPAAMXP   PD N-DF-S CS VPPANMXP   AB PA

σάρκα στρατευόμεθα — 10.4 τὰ γὰρ ὅπλα τῆς στρατείας ἡμῶν
N-AF-S VIPM--XP   DNNP CS N-NN-P DGFS N-GF-S   NPG-XP

οὐ σαρκικὰ ἀλλὰ δυνατὰ τῷ θεῷ πρὸς καθαίρεσιν ὀχυρωμάτων
AB A--NN-P CH A--NN-P DDMS N-DM-S PA N-AF-S   N-GN-P

— λογισμοὺς καθαιροῦντες 10.5 καὶ πᾶν ὕψωμα ἐπαιρόμενον
  N-AM-P   VPPANMXP   CC A--AN-S N-AN-S VPPMAN-S

κατὰ τῆς γνώσεως τοῦ θεοῦ, καὶ αἰχμαλωτίζοντες πᾶν νόημα εἰς
PG   DGFS N-GF-S DGMS N-GM-S CC VPPANMXP   A--AN-S N-AN-S PA

τὴν ὑπακοὴν τοῦ Χριστοῦ, 10.6 καὶ ἐν ἑτοίμῳ ἔχοντες ἐκδικῆσαι
DAFS N-AF-S DGMS N-GM-S   CC PD AP-DN-S VPPANMXP VNAA

πᾶσαν παρακοήν, ὅταν πληρωθῇ ὑμῶν ἡ ὑπακοή.
A--AF-S N-AF-S   CS   VSAP--ZS NPG-YP DNFS N-NF-S

10.7 Τὰ κατὰ πρόσωπον βλέπετε. εἴ τις πέποιθεν ἑαυτῷ
     DANP PA N-AN-S   VIPA--YP/VMPA--YP CS APINM-S VIRA--ZS NPDMZS

Χριστοῦ εἶναι, τοῦτο λογιζέσθω πάλιν ἐφ᾿ ἑαυτοῦ ὅτι καθὼς αὐτὸς
N-GM-S VNPA APDAN-S VMPN--ZS   AB PG NPGMZS ABR CS   NPNMZS

Χριστοῦ οὕτως καὶ ἡμεῖς. 10.8 ἐάν [τε] γὰρ περισσότερόν τι
N-GM-S   AB   AB NPN-XP   CS   CC CS APMAN-S□ABM   APIAN-S

καυχήσωμαι περὶ τῆς ἐξουσίας ἡμῶν, ἧς ἔδωκεν ὁ
VSAD--XS   PG DGFS N-GF-S   NPG-XP APRGF-S□APRAF-S VIAA--ZS DNMS

κύριος εἰς οἰκοδομὴν καὶ οὐκ εἰς καθαίρεσιν ὑμῶν, οὐκ
N-NM-S PA N-AF-S   CC AB PA N-AF-S   NPG-YP AB

αἰσχυνθήσομαι, 10.9 ἵνα μὴ δόξω ὡς ἂν ἐκφοβεῖν ὑμᾶς διὰ τῶν
VIFO--XS   CS AB VSAA--XS CS QV VNPA   NPA-YP PG DGFP

ἐπιστολῶν· 10.10 ὅτι, Αἱ ἐπιστολαὶ μέν, φησίν, βαρεῖαι καὶ
N-GF-P   CS   DNFP   N-NF-P   CS   VIPA--ZS   A--NF-P   CC

ἰσχυραί, ἡ δὲ παρουσία τοῦ σώματος ἀσθενὴς καὶ ὁ λόγος
A--NF-P   DNFS CH N-NF-S   DGNS N-GN-S   A--NF-S   CC   DNMS N-NM-S

ἐξουθενημένος. 10.11 τοῦτο λογιζέσθω ὁ τοιοῦτος, ὅτι οἷοί
VPRPNM-S   APDAN-S VMPN--ZS   DNMS APDNM-S   ABR APRNMXP+

ἐσμεν τῷ λόγῳ δι' ἐπιστολῶν ἀπόντες, τοιοῦτοι καὶ παρόντες
VIPA--XP DDMS N-DM-S PG   N-GF-P   VPPANMXP   A-DNM-P   AB   VPPANMXP

τῷ ἔργῳ.
DDNS N-DN-S

10.12 Οὐ γὰρ τολμῶμεν ἐγκρῖναι ἢ συγκρῖναι ἑαυτούς τισιν
     AB   CS   VIPA--XP   VNAA   CC VNAA   NPAMXP   APIDM-P

τῶν   ἑαυτοὺς συνιστανόντων· ἀλλὰ αὐτοὶ ἐν ἑαυτοῖς
DGMP□NPGMZP&APRNM-P NPAMZP   VPPAGM-P   CH   NPNMZP PD NPDMZP

ἑαυτοὺς μετροῦντες καὶ συγκρίνοντες ἑαυτοὺς ἑαυτοῖς οὐ
NPAMZP   VPPANM-P   CC   VPPANM-P   NPAMZP   NPDMZP   AB

συνιᾶσιν. 10.13 ἡμεῖς δὲ οὐκ εἰς τὰ ἄμετρα καυχησόμεθα, ἀλλὰ
VIPA--ZP   NPN-XP CC AB   PA DANP AP-AN-S   VIFD--XP   CH

κατὰ τὸ μέτρον τοῦ κανόνος οὗ   ἐμέρισεν ἡμῖν ὁ
PA   DANS N-AN-S DGMS N-GM-S   APRGM-S□APRAM-S VIAA--ZS   NPD-XP DNMS

θεὸς μέτρου, ἐφικέσθαι ἄχρι καὶ ὑμῶν. 10.14 οὐ γὰρ ὡς μὴ
N-NM-S N-GN-S   VNAD   PG   AB   NPG-YP   AB   CS   CS   AB

ἐφικνούμενοι εἰς ὑμᾶς ὑπερεκτείνομεν ἑαυτούς, ἄχρι γὰρ καὶ
VPPNNMXP   PA   NPA-YP   VIPA--XP   NPAMXP   PG   CS   AB

ὑμῶν ἐφθάσαμεν ἐν τῷ εὐαγγελίῳ τοῦ Χριστοῦ· 10.15 οὐκ εἰς
NPG-YP VIAA--XP   PD DDNS N-DN-S   DGMS N-GM-S   AB   PA

τὰ ἄμετρα καυχώμενοι ἐν ἀλλοτρίοις κόποις, ἐλπίδα δὲ ἔχοντες
DANP AP-AN-S VPPNNMXP   PD A--DM-P   N-DM-P   N-AF-S   CH VPPANMXP

αὐξανομένης τῆς πίστεως ὑμῶν ἐν ὑμῖν μεγαλυνθῆναι κατὰ τὸν
VPPPGF-S   DGFS N-GF-S   NPG-YP PD NPD-YP VNAP   PA   DAMS

κανόνα ἡμῶν εἰς περισσείαν, 10.16 εἰς τὰ ὑπερέκεινα ὑμῶν
N-AM-S   NPG-XP PA   N-AF-S   PA   DANP PG   NPG-YP

εὐαγγελίσασθαι, οὐκ ἐν ἀλλοτρίῳ κανόνι εἰς τὰ ἕτοιμα
VNAM   AB   PD A--DM-S   N-DM-S   PA DANP AP-AN-P

καυχήσασθαι. 10.17 Ὁ   δὲ **καυχώμενος ἐν κυρίῳ**
VNAD   DNMS□NPNMZS&APRNM-S CH VPPNNM-S   PD N-DM-S

καυχάσθω· 10.18 οὐ γὰρ ὁ   ἑαυτὸν συνιστάνων, ἐκεῖνός
VMPN--ZS   AB CS   DNMS□APRNM-S+ NPAMZS VPPANM-S   APDNM-S

ἐστιν δόκιμος, ἀλλὰ ὃν   ὁ κύριος συνίστησιν.
VIPA--ZS A--NM-S   CH   APRAM-S□APDNM-S&APRAM-S DNMS N-NM-S VIPA--ZS

11.1 Ὄφελον ἀνείχεσθέ μου μικρόν τι ἀφροσύνης· ἀλλὰ
    QV   VIIM--YP   NPG-XS AP-AN-S A-IAN-S N-GF-S   CC

καὶ ἀνέχεσθέ μου. 11.2 ζηλῶ γὰρ ὑμᾶς θεοῦ ζήλῳ,
AB   VIPM--YP/VMPM--YP NPG-XS   VIPA--XS CS   NPA-YP N-GM-S N-DM-S

ἡρμοσάμην γὰρ ὑμᾶς ἑνὶ ἀνδρὶ παρθένον ἁγνὴν παραστῆσαι
VIAM--XS CS NPA-YP A-CDM-S N-DM-S N-AF-S A--AF-S VNAA

τῷ Χριστῷ· 11.3 φοβοῦμαι δὲ μή πως, ὡς ὁ ὄφις ἐξηπάτησεν
DDMS N-DM-S VIPN--XS CC CC ABI CS DNMS N-NM-S VIAA--ZS

Εὔαν ἐν τῇ πανουργίᾳ αὐτοῦ, φθαρῇ τὰ νοήματα ὑμῶν ἀπὸ
N-AF-S PD DDFS N-DF-S NPGMZS VSAP--ZS DNNP N-NN-P NPG-YP PG

τῆς ἁπλότητος [καὶ τῆς ἁγνότητος] τῆς εἰς τὸν Χριστόν. 11.4 εἰ
DGFS N-GF-S CC DGFS N-GF-S DGFS PA DAMS N-AM-S CS

μὲν γὰρ ὁ ἐρχόμενος ἄλλον Ἰησοῦν κηρύσσει
CC CS DNMS□NPNMZS&APRNM-S VPPNNM-S A--AM-S N-AM-S VIPA--ZS

ὃν οὐκ ἐκηρύξαμεν, ἢ πνεῦμα ἕτερον λαμβάνετε ὃ οὐκ
APRAM-S AB VIAA--XP CC N-AN-S A--AN-S VIPA--YP APRAN-S AB

ἐλάβετε, ἢ εὐαγγέλιον ἕτερον ὃ οὐκ ἐδέξασθε, καλῶς
VIAA--YP CC N-AN-S A--AN-S APRAN-S AB VIAD--YP AB

ἀνέχεσθε. 11.5 λογίζομαι γὰρ μηδὲν ὑστερηκέναι τῶν ὑπερλίαν
VIPM--YP VIPN--XS CS APCAN-S VNRA DGMP AB□A--GM-P

ἀποστόλων· 11.6 εἰ δὲ καὶ ἰδιώτης τῷ λόγῳ, ἀλλ' οὐ τῇ γνώσει,
N-GM-P CS CC AB N-NM-S DDMS N-DM-S CH AB DDFS N-DF-S

ἀλλ' ἐν παντὶ φανερώσαντες ἐν πᾶσιν εἰς ὑμᾶς.
CH PD AP-DN-S VPAANMXP PD AP-DN-P PA NPA-YP

11.7 Ἢ ἁμαρτίαν ἐποίησα ἐμαυτὸν ταπεινῶν ἵνα ὑμεῖς
CC N-AF-S VIAA--XS NPAMXS VPPANMXS CS NPN-YP

ὑψωθῆτε, ὅτι δωρεὰν τὸ τοῦ θεοῦ εὐαγγέλιον εὐηγγελισάμην
VSAP--YP CS AB DANS DGMS N-GM-S N-AN-S VIAM--XS

ὑμῖν; 11.8 ἄλλας ἐκκλησίας ἐσύλησα λαβὼν ὀψώνιον πρὸς τὴν
NPD-YP A--AF-P N-AF-P VIAA--XS VPAANMXS N-AN-S PA DAFS

ὑμῶν διακονίαν, 11.9 καὶ παρὼν πρὸς ὑμᾶς καὶ ὑστερηθεὶς οὐ
NPG-YP N-AF-S CC VPPANMXS PA NPA-YP CC VPAPNMXS AB

κατενάρκησα οὐθενός· τὸ γὰρ ὑστέρημά μου
VIAA--XS APCGM-S DANS CS N-AN-S NPG-XS

προσανεπλήρωσαν οἱ ἀδελφοὶ ἐλθόντες ἀπὸ Μακεδονίας· καὶ ἐν
VIAA--ZP DNMP N-NM-P VPAANM-P PG N-GF-S CC PD

παντὶ ἀβαρῆ ἐμαυτὸν ὑμῖν ἐτήρησα καὶ τηρήσω. 11.10 ἔστιν
AP-DN-S A--AM-S NPAMXS NPD-YP VIAA--XS CC VIFA--XS VIPA--ZS

ἀλήθεια Χριστοῦ ἐν ἐμοὶ ὅτι ἡ καύχησις αὕτη οὐ φραγήσεται
N-NF-S N-GM-S PD NPD-XS ABR DNFS N-NF-S A-DNF-S AB VIFP--ZS

εἰς ἐμὲ ἐν τοῖς κλίμασιν τῆς Ἀχαΐας. 11.11 διὰ τί; ὅτι οὐκ
PA NPA-XS PD DDNP N-DN-P DGFS N-GF-S PA APTAN-S CS AB

ἀγαπῶ ὑμᾶς; ὁ θεὸς οἶδεν.
VIPA--XS NPA-YP DNMS N-NM-S VIRA--ZS

11.12 Ὃ δὲ ποιῶ καὶ ποιήσω, ἵνα ἐκκόψω
APRAN-S□APDAN-S&APRAN-S CC VIPA--XS AB VIFA--XS CS VSAA--XS

τὴν ἀφορμὴν τῶν θελόντων ἀφορμήν, ἵνα ἐν
DAFS N-AF-S DGMP□NPGMZP&APRNM-P VPPAGM-P N-AF-S CS PD

ᾧ καυχῶνται εὑρεθῶσιν καθὼς καὶ ἡμεῖς.
APRDN-S□APDDN-S&APRDN-S VIPN--ZP VSAP--ZP CS AB NPN-XP

11.13 οἱ γὰρ τοιοῦτοι ψευδαπόστολοι, ἐργάται δόλιοι,
DNMP CS APDNM-P N-NM-P N-NM-P A--NM-P

μετασχηματιζόμενοι εἰς ἀποστόλους Χριστοῦ. 11.14 καὶ οὐ
VPPMNM-P PA N-AM-P N-GM-S CC AB

θαῦμα, αὐτὸς γὰρ ὁ Σατανᾶς μετασχηματίζεται εἰς ἄγγελον
N-NN-S NPNMZS CS DNMS N-NM-S VIPM--ZS PA N-AM-S

φωτός· 11.15 οὐ μέγα οὖν εἰ καὶ οἱ διάκονοι αὐτοῦ
N-GN-S AB AP-NN-S CH CC AB DNMP N-NM-P NPGMZS

μετασχηματίζονται ὡς διάκονοι δικαιοσύνης, ὧν τὸ τέλος
VIPM--ZP CS N-NM-P N-GF-S APRGM-P DNNS N-NN-S

ἔσται κατὰ τὰ ἔργα αὐτῶν.
VIFD--ZS PA DANP N-AN-P NPGMZP

11.16 Πάλιν λέγω, μή τίς με δόξῃ ἄφρονα εἶναι·
AB VIPA--XS AB APINM-S NPA-XS VSAA--ZS□VMAA--ZS A--AM-S VNPA

εἰ δὲ μή γε, κἂν ὡς ἄφρονα δέξασθέ με, ἵνα κἀγὼ μικρόν
CS CC AB QS AB&CS CS A--AM-S VMAD--YP NPA-XS CS AB&NPN-XS AP-AN-S

τι καυχήσωμαι. 11.17 ὃ λαλῶ οὐ κατὰ
A-IAN-S VSAD--XS APRAN-S□APDAN-S&APRAN-S VIPA--XS AB PA

κύριον λαλῶ, ἀλλ᾽ ὡς ἐν ἀφροσύνῃ, ἐν ταύτῃ τῇ ὑποστάσει τῆς
N-AM-S VIPA--XS CH CS PD N-DF-S PD A-DDF-S DDFS N-DF-S DGFS

καυχήσεως. 11.18 ἐπεὶ πολλοὶ καυχῶνται κατὰ σάρκα, κἀγὼ
N-GF-S CS AP-NM-P VIPN--ZP PA N-AF-S AB&NPN-XS

καυχήσομαι. 11.19 ἡδέως γὰρ ἀνέχεσθε τῶν ἀφρόνων φρόνιμοι
VIFD--XS AB CS VIPM--YP DGMP AP-GM-P A--NM-P

ὄντες· 11.20 ἀνέχεσθε γὰρ εἴ τις ὑμᾶς καταδουλοῖ, εἴ τις
VPPANMYP VIPM--YP CS CC APINM-S NPA-YP VIPA--ZS CC APINM-S

κατεσθίει, εἴ τις λαμβάνει, εἴ τις ἐπαίρεται, εἴ τις εἰς
VIPA--ZS CC APINM-S VIPA--ZS CC APINM-S VIPM--ZS CC APINM-S PA

πρόσωπον ὑμᾶς δέρει. 11.21 κατὰ ἀτιμίαν λέγω, ὡς ὅτι ἡμεῖς
N-AN-S NPA-YP VIPA--ZS PA N-AF-S VIPA--XS CS CH NPN-XP

ἠσθενήκαμεν· ἐν ᾧ δ᾽ ἄν τις τολμᾷ, ἐν
VIRA--XP PD APRDN-S□APDDN-S&APRDN-S CH QV APINM-S VSPA--ZS PD

ἀφροσύνῃ λέγω, τολμῶ κἀγώ. 11.22 Ἑβραῖοί εἰσιν; κἀγώ.
N-DF-S VIPA--XS VIPA--XS AB&NPN-XS N-NM-P VIPA--ZP AB&NPN-XS

Ἰσραηλῖταί εἰσιν; κἀγώ. σπέρμα Ἀβραάμ εἰσιν; κἀγώ.
N-NM-P VIPA--ZP AB&NPN-XS N-NN-S N-GM-S VIPA--ZP AB&NPN-XS

11.23 διάκονοι Χριστοῦ εἰσιν; παραφρονῶν λαλῶ, ὑπὲρ ἐγώ· ἐν
N-NM-P N-GM-S VIPA--ZP VPPANMXS VIPA--XS AB NPN-XS PD

κόποις περισσοτέρως, ἐν φυλακαῖς περισσοτέρως, ἐν πληγαῖς
N-DM-P ABM PD N-DF-P ABM PD N-DF-P

ὑπερβαλλόντως, ἐν θανάτοις πολλάκις· 11.24 ὑπὸ Ἰουδαίων
AB PD N-DM-P AB PG AP-GM-P

πεντάκις τεσσεράκοντα παρὰ μίαν ἔλαβον, 11.25 τρὶς
AB   APCAF-P   PA   APCAF-S   VIAA--XS   AB

ἐραβδίσθην, ἅπαξ ἐλιθάσθην, τρὶς ἐναυάγησα, νυχθήμερον ἐν
VIAP--XS   AB   VIAP--XS   AB   VIAA--XS   N-AN-S   PD

τῷ βυθῷ πεποίηκα· 11.26 ὁδοιπορίαις πολλάκις, κινδύνοις
DDMS   N-DM-S   VIRA--XS   N-DF-P   AB   N-DM-P

ποταμῶν, κινδύνοις ληστῶν, κινδύνοις ἐκ γένους, κινδύνοις ἐξ
N-GM-P   N-DM-P   N-GM-P   N-DM-P   PG   N-GN-S   N-DM-P   PG

ἐθνῶν, κινδύνοις ἐν πόλει, κινδύνοις ἐν ἐρημίᾳ, κινδύνοις ἐν
N-GN-P   N-DM-P   PD   N-DF-S   N-DM-P   PD   N-DF-S   N-DM-P   PD

θαλάσσῃ, κινδύνοις ἐν ψευδαδέλφοις, 11.27 κόπῳ καὶ μόχθῳ, ἐν
N-DF-S   N-DM-P   PD   N-DM-P   N-DM-S   CC   N-DM-S   PD

ἀγρυπνίαις πολλάκις, ἐν λιμῷ καὶ δίψει, ἐν νηστείαις
N-DF-P   AB   PD   N-DF-S/N-DM-S   CC   N-DN-S   PD   N-DF-P

πολλάκις, ἐν ψύχει καὶ γυμνότητι· 11.28 χωρὶς τῶν παρεκτὸς ἡ
AB   PD   N-DN-S   CC   N-DF-S   PG   DGNP   AB□AP-GN-P   DNFS

ἐπίστασίς μοι ἡ καθ᾽ ἡμέραν, ἡ μέριμνα πασῶν τῶν
N-NF-S   NPD-XS   DNFS   PA   N-AF-S   DNFS   N-NF-S   A--GF-P   DGFP

ἐκκλησιῶν. 11.29 τίς ἀσθενεῖ, καὶ οὐκ ἀσθενῶ; τίς
N-GF-P   APTNM-S   VIPA--ZS   CC   AB   VIPA--XS   APTNM-S

σκανδαλίζεται, καὶ οὐκ ἐγὼ πυροῦμαι;
VIPP--ZS   CC   AB   NPN-XS   VIPP--XS

11.30 Εἰ καυχᾶσθαι δεῖ, τὰ τῆς ἀσθενείας μου
CS   VNPN   VIPA--ZS   DANP   DGFS   N-GF-S   NPG-XS

καυχήσομαι. 11.31 ὁ θεὸς καὶ πατὴρ τοῦ κυρίου Ἰησοῦ οἶδεν,
VIFD--XS   DNMS   N-NM-S   CC   N-NM-S   DGMS   N-GM-S   N-GM-S   VIRA--ZS

ὁ ὢν εὐλογητὸς εἰς τοὺς αἰῶνας, ὅτι οὐ ψεύδομαι.
DNMS□APRNM-S   VPPANM-S   A--NM-S   PA   DAMP   N-AM-P   CC   AB   VIPN--XS

11.32 ἐν Δαμασκῷ ὁ ἐθνάρχης Ἀρέτα τοῦ βασιλέως ἐφρούρει
PD   N-DF-S   DNMS   N-NM-S   N-GM-S   DGMS   N-GM-S   VIIA--ZS

τὴν πόλιν Δαμασκηνῶν πιάσαι με, 11.33 καὶ διὰ θυρίδος ἐν
DAFS   N-AF-S   AP-GM-P   VNAA   NPA-XS   CC   PG   N-GF-S   PD

σαργάνῃ ἐχαλάσθην διὰ τοῦ τείχους καὶ ἐξέφυγον τὰς χεῖρας
N-DF-S   VIAP--XS   PG   DGNS   N-GN-S   CC   VIAA--XS   DAFP   N-AF-P

αὐτοῦ.
NPGMZS

12.1 Καυχᾶσθαι δεῖ· οὐ συμφέρον μέν, ἐλεύσομαι δὲ εἰς
VNPN   VIPA--ZS   AB   VPPANN-S   CS   VIFD--XS   CH   PA

ὀπτασίας καὶ ἀποκαλύψεις κυρίου. 12.2 οἶδα ἄνθρωπον ἐν
N-AF-P   CC   N-AF-P   N-GM-S   VIRA--XS   N-AM-S   PD

Χριστῷ πρὸ ἐτῶν δεκατεσσάρων — εἴτε ἐν σώματι οὐκ οἶδα, εἴτε
N-DM-S   PG   N-GN-P   A-CGN-P   CC   PD   N-DN-S   AB   VIRA--XS   CC

ἐκτὸς τοῦ σώματος οὐκ οἶδα, ὁ θεὸς οἶδεν — ἁρπαγέντα τὸν
PG   DGNS   N-GN-S   AB   VIRA--XS   DNMS   N-NM-S   VIRA--ZS   VPAPAM-S   DAMS

τοιοῦτον ἕως τρίτου οὐρανοῦ. 12.3 καὶ οἶδα τὸν τοιοῦτον
APDAM-S PG A-OGM-S N-GM-S CC VIRA--XS DAMS A-DAM-S

ἄνθρωπον — εἴτε ἐν σώματι εἴτε χωρὶς τοῦ σώματος οὐκ οἶδα,
N-AM-S CC PD N-DN-S CC PG DGNS N-GN-S AB VIRA--XS

ὁ θεὸς οἶδεν — 12.4 ὅτι ἡρπάγη εἰς τὸν παράδεισον καὶ
DNMS N-NM-S VIRA--ZS CC VIAP--ZS PA DAMS N-AM-S CC

ἤκουσεν ἄρρητα ῥήματα ἃ οὐκ ἐξὸν ἀνθρώπῳ λαλῆσαι.
VIAA--ZS A--AN-P N-AN-P APRAN-P AB VPPANN-S N-DM-S VNAA

12.5 ὑπὲρ τοῦ τοιούτου καυχήσομαι, ὑπὲρ δὲ ἐμαυτοῦ οὐ
PG DGMS APDGM-S VIFD--XS PG CH NPGMXS AB

καυχήσομαι εἰ μὴ ἐν ταῖς ἀσθενείαις. 12.6 ἐὰν γὰρ θελήσω
VIFD--XS CS AB PD DDFP N-DF-P CS CS VSAA--XS

καυχήσασθαι, οὐκ ἔσομαι ἄφρων, ἀλήθειαν γὰρ ἐρῶ· φείδομαι
VNAD AB VIFD--XS A--NM-S N-AF-S CS VIFA--XS VIPN--XS

δέ, μή τις εἰς ἐμὲ λογίσηται ὑπὲρ ὃ βλέπει
CH CS APINM-S PA NPA-XS VSAD--ZS PA APRAN-S□APDAN-S&APRAN-S VIPA--ZS

με ἢ ἀκούει [τι] ἐξ ἐμοῦ 12.7 καὶ τῇ ὑπερβολῇ τῶν
NPA-XS CC VIPA--ZS APIAN-S PG NPG-XS CC DDFS N-DF-S DGFP

ἀποκαλύψεων. διό, ἵνα μὴ ὑπεραίρωμαι, ἐδόθη μοι σκόλοψ τῇ
N-GF-P CH CS AB VSPP--XS VIAP--ZS NPD-XS N-NM-S DDFS

σαρκί, ἄγγελος Σατανᾶ, ἵνα με κολαφίζῃ, ἵνα μὴ ὑπεραίρωμαι.
N-DF-S N-NM-S N-GM-S CS NPA-XS VSPA--ZS CS AB VSPP--XS

12.8 ὑπὲρ τούτου τρὶς τὸν κύριον παρεκάλεσα ἵνα ἀποστῇ ἀπ᾽
PG APDGN-S AB DAMS N-AM-S VIAA--XS CC VSAA--ZS PG

ἐμοῦ· 12.9 καὶ εἴρηκέν μοι, Ἀρκεῖ σοι ἡ χάρις μου· ἡ γὰρ
NPG-XS CC VIRA--ZS NPD-XS VIPA--ZS NPD-YS DNFS N-NF-S NPG-XS DNFS CS

δύναμις ἐν ἀσθενείᾳ τελεῖται. ἥδιστα οὖν μᾶλλον καυχήσομαι
N-NF-S PD N-DF-S VIPP--ZS APSAN-P□ABS CH ABM VIFD--XS

ἐν ταῖς ἀσθενείαις μου, ἵνα ἐπισκηνώσῃ ἐπ᾽ ἐμὲ ἡ δύναμις
PD DDFP N-DF-P NPG-XS CS VSAA--ZS PA NPA-XS DNFS N-NF-S

τοῦ Χριστοῦ. 12.10 διὸ εὐδοκῶ ἐν ἀσθενείαις, ἐν ὕβρεσιν, ἐν
DGMS N-GM-S CH VIPA--XS PD N-DF-P PD N-DF-P PD

ἀνάγκαις, ἐν διωγμοῖς καὶ στενοχωρίαις, ὑπὲρ Χριστοῦ· ὅταν γὰρ
N-DF-P PD N-DM-P CC N-DF-P PG N-GM-S CS

ἀσθενῶ, τότε δυνατός εἰμι.
VSPA--XS AB A--NM-S VIPA--XS

12.11 Γέγονα ἄφρων· ὑμεῖς με ἠναγκάσατε· ἐγὼ γὰρ
VIRA--XS A--NM-S NPN-YP NPA-XS VIAA--YP NPN-XS CS

ὤφειλον ὑφ᾽ ὑμῶν συνίστασθαι. οὐδὲν γὰρ ὑστέρησα τῶν
VIIA--XS PG NPG-YP VNPP APCAN-S CS VIAA--XS DGMP

ὑπερλίαν ἀποστόλων, εἰ καὶ οὐδέν εἰμι· 12.12 τὰ μὲν σημεῖα
AB□A--GM-P N-GM-P CS AB APCNN-S VIPA--XS DNNP QS N-NN-P

τοῦ ἀποστόλου κατειργάσθη ἐν ὑμῖν ἐν πάσῃ ὑπομονῇ, σημείοις
DGMS N-GM-S VIAP--ZS PD NPD-YP PD A--DF-S N-DF-S N-DN-P

τε　καὶ　τέρασιν　καὶ　δυνάμεσιν. 12.13 τί　　γάρ　ἐστιν
CC　CC　N-DN-P　CC　N-DF-P　APTNN-S　CS　VIPA--ZS

ὃ　　　ἡσσώθητε ὑπὲρ τὰς λοιπὰς ἐκκλησίας, εἰ μὴ
APRAN-S□APDNN-S&APRAN-S VIAO--YP　PA　DAFP A--AF-P　N-AF-P　CS AB

ὅτι αὐτὸς ἐγὼ　οὐ κατενάρκησα ὑμῶν; χαρίσασθέ μοι　τὴν
CS NPNMXS NPN-XS AB VIAA--XS　NPG-YP VMAD--YP　NPD-XS DAFS

ἀδικίαν ταύτην. 12.14 Ἰδοὺ τρίτον τοῦτο ἑτοίμως ἔχω ἐλθεῖν
N-AF-S　A-DAF-S　QS　APOAN-S A-DAN-S AB　VIPA--XS VNAA

πρὸς ὑμᾶς, καὶ οὐ καταναρκήσω· οὐ γὰρ ζητῶ τὰ ὑμῶν ἀλλὰ
PA　NPA-YP CC AB VIFA--XS　AB CS VIPA--XS DANP NPG-YP CH

ὑμᾶς, οὐ γὰρ ὀφείλει τὰ　τέκνα τοῖς γονεῦσιν θησαυρίζειν, ἀλλὰ
NPA-YP AB CS VIPA--ZS DNNP N-NN-P DDMP N-DM-P　VNPA　CH

οἱ　γονεῖς τοῖς τέκνοις. 12.15 ἐγὼ δὲ ἥδιστα　δαπανήσω καὶ
DNMP N-NM-P DDNP N-DN-P　NPN-XS CC APSAN-P□ABS VIFA--XS　CC

ἐκδαπανηθήσομαι ὑπὲρ τῶν ψυχῶν ὑμῶν. εἰ περισσοτέρως ὑμᾶς
VIFP--XS　PG DGFP N-GF-P NPG-YP CS ABM　NPA-YP

ἀγαπῶ[ν],　ἧσσον　ἀγαπῶμαι; 12.16 ἔστω δέ, ἐγὼ οὐ
VPPANMXS/VIPA--XS APMAN-S□ABM VIPP--XS　VMPA--ZS CC NPN-XS AB

κατεβάρησα ὑμᾶς· ἀλλὰ ὑπάρχων πανοῦργος δόλῳ ὑμᾶς ἔλαβον.
VIAA--XS　NPA-YP CH VPPANMXS A--NM-S　N-DM-S NPA-YP VIAA--XS

12.17 μή τινα ὧν　　　ἀπέσταλκα πρὸς ὑμᾶς, δι᾽
QT APIAM-S APRGM-P□APDGM-P&APRAM-P VIRA--XS　PA　NPA-YP PG

αὐτοῦ ἐπλεονέκτησα ὑμᾶς; 12.18 παρεκάλεσα Τίτον καὶ
NPGMZS VIAA--XS　NPA-YP　VIAA--XS　N-AM-S CC

συναπέστειλα τὸν ἀδελφόν· μήτι ἐπλεονέκτησεν ὑμᾶς Τίτος; οὐ
VIAA--XS　DAMS N-AM-S QT VIAA--ZS　NPA-YP N-NM-S QT

τῷ　αὐτῷ πνεύματι περιεπατήσαμεν; οὐ τοῖς αὐτοῖς ἴχνεσιν;
DDNS A--DN-S N-DN-S　VIAA--XP　QT DDNP A--DN-P N-DN-P

12.19 Πάλαι δοκεῖτε ὅτι ὑμῖν ἀπολογούμεθα; κατέναντι θεοῦ
AB　VIPA--YP CC NPD-YP VIPN--XP　PG　N-GM-S

ἐν Χριστῷ λαλοῦμεν· τὰ　δὲ πάντα,　ἀγαπητοί, ὑπὲρ τῆς
PD N-DM-S　VIPA--XP DANP/DNNP CH AP-AN-P/AP-NN-P AP-VM-P　PG DGFS

ὑμῶν οἰκοδομῆς. 12.20 φοβοῦμαι γὰρ μή πως ἐλθὼν　οὐχ οἵους
NPG-YP N-GF-S　VIPN--XS　CS CC ABI VPAANMXS AB APRAMYP+

θέλω εὕρω ὑμᾶς, κἀγὼ　εὑρεθῶ ὑμῖν οἷον　οὐ θέλετε, μή πως
VIPA--XS VSAA--XS NPA-YP CC&NPN-XS VSAP--XS NPD-YP APRAMXS AB VIPA--YP CS ABI

ἔρις, ζῆλος,　θυμοί, ἐριθεῖαι, καταλαλιαί, ψιθυρισμοί, φυσιώσεις,
N-NF-S N-NM-S/N-NN-S N-NM-P　N-NF-P　N-NF-P　N-NM-P　N-NF-P

ἀκαταστασίαι· 12.21 μὴ πάλιν ἐλθόντος μου ταπεινώσῃ με
N-NF-P　CS AB VPAAGMXS NPG-XS VSAA--ZS NPA-XS

ὁ　θεός μου　πρὸς ὑμᾶς, καὶ　πενθήσω πολλοὺς
DNMS N-NM-S NPG-XS PA　NPA-YP CC　VSAA--XS AP-AM-P

τῶν　　　προημαρτηκότων καὶ μὴ μετανοησάντων ἐπὶ
DGMP□NPGMZP&APRNM-P VPRAGM-P　CC AB VPAAGM-P　PD

τῇ   ἀκαθαρσίᾳ καὶ πορνείᾳ καὶ ἀσελγείᾳ ᾗ   ἔπραξαν.
DDFS N-DF-S   CC N-DF-S   CC N-DF-S   APRDF-S□APRAF-S VIAA--ZP

13.1 Τρίτον τοῦτο ἔρχομαι πρὸς ὑμᾶς· ἐπὶ στόματος δύο
     APOAN-S A-DAN-S VIPN--XS PA   NPA-YP PG N-GN-S   A-CGM-P

μαρτύρων καὶ τριῶν σταθήσεται πᾶν ῥῆμα. 13.2 προείρηκα καὶ
N-GM-P   CC A-CGM-P VIFP--ZS□VMAP--ZS A--NN-S N-NN-S   VIRA--XS CC

προλέγω ὡς παρὼν   τὸ   δεύτερον καὶ ἀπὼν   νῦν
VIPA--XS CS VPPANMXS DANS APOAN-S CC VPPANMXS AB

τοῖς   προημαρτηκόσιν καὶ τοῖς λοιποῖς πᾶσιν, ὅτι
DDMP□NPDMZP&APRNM-P VPRADM-P   CC DDMP AP-DM-P A--DM-P CC

ἐὰν ἔλθω εἰς τὸ   πάλιν   οὐ φείσομαι, 13.3 ἐπεὶ δοκιμὴν ζητεῖτε
CS VSAA--XS PA DANS AB□AP-AN-S AB VIFD--XS   CS   N-AF-S   VIPA--YP

τοῦ   ἐν ἐμοὶ λαλοῦντος Χριστοῦ· ὃς   εἰς ὑμᾶς οὐκ
DGMS□APRNM-S+ PD NPD-XS VPPAGM-S N-GM-S   APRNM-S PA NPA-YP AB

ἀσθενεῖ ἀλλὰ δυνατεῖ ἐν ὑμῖν. 13.4 καὶ γὰρ ἐσταυρώθη ἐξ
VIPA--ZS CH VIPA--ZS PD NPD-YP   AB CS VIAP--ZS   PG

ἀσθενείας, ἀλλὰ ζῇ   ἐκ δυνάμεως θεοῦ. καὶ γὰρ ἡμεῖς
N-GF-S   CH   VIPA--ZS PG N-GF-S   N-GM-S AB CS NPN-XP

ἀσθενοῦμεν ἐν αὐτῷ, ἀλλὰ ζήσομεν σὺν αὐτῷ ἐκ δυνάμεως θεοῦ
VIPA--XP   PD NPDMZS CH VIFA--XP PD NPDMZS PG N-GF-S   N-GM-S

εἰς ὑμᾶς.
PA NPA-YP

13.5 Ἑαυτοὺς πειράζετε εἰ ἐστὲ   ἐν τῇ   πίστει, ἑαυτοὺς
     NPRAMYP VMPA--YP QT VIPA--YP PD DDFS N-DF-S NPRAMYP

δοκιμάζετε· ἢ οὐκ ἐπιγινώσκετε ἑαυτοὺς ὅτι Ἰησοῦς Χριστὸς ἐν
VMPA--YP   CC AB/QT VIPA--YP   NPRAMYP CC N-NM-S N-NM-S   PD

ὑμῖν; εἰ μήτι ἀδόκιμοί ἐστε. 13.6 ἐλπίζω δὲ ὅτι γνώσεσθε ὅτι
NPD-YP CS QT A--NM-P VIPA--YP   VIPA--XS CC CC VIFD--YP CH

ἡμεῖς οὐκ ἐσμὲν ἀδόκιμοι. 13.7 εὐχόμεθα δὲ πρὸς τὸν θεὸν μὴ
NPN-XP AB VIPA--XP A--NM-P   VIPN--XP CC PA   DAMS N-AM-S AB

ποιῆσαι ὑμᾶς κακὸν μηδέν, οὐχ ἵνα ἡμεῖς δόκιμοι φανῶμεν, ἀλλ᾽
VNAA   NPA-YP AP-AN-S A-CAN-S AB CS NPN-XP A--NM-P VSAP--XP CH

ἵνα ὑμεῖς τὸ   καλὸν ποιῆτε, ἡμεῖς δὲ ὡς ἀδόκιμοι ὦμεν. 13.8 οὐ
CS NPN-YP DANS AP-AN-S VSPA--YP NPN-XP CC CS A--NM-P VSPA--XP   AB

γὰρ δυνάμεθά τι   κατὰ τῆς ἀληθείας, ἀλλὰ ὑπὲρ τῆς ἀληθείας.
CS VIPN--XP APIAN-S PG DGFS N-GF-S   CH   PG DGFS N-GF-S

13.9 χαίρομεν γὰρ ὅταν ἡμεῖς ἀσθενῶμεν, ὑμεῖς δὲ δυνατοὶ ἦτε·
     VIPA--XP CS CS NPN-XP VSPA--XP   NPN-YP CH A--NM-P VSPA--YP

τοῦτο καὶ εὐχόμεθα, τὴν ὑμῶν κατάρτισιν. 13.10 διὰ τοῦτο ταῦτα
APDAN-S AB VIPN--XP DAFS NPG-YP N-AF-S   PA APDAN-S APDAN-P

ἀπὼν   γράφω, ἵνα παρὼν   μὴ ἀποτόμως χρήσωμαι κατὰ τὴν
VPPANMXS VIPA--XS CS VPPANMXS AB AB VSAD--XS PA   DAFS

ἐξουσίαν ἣν   ὁ   κύριος ἔδωκέν μοι, εἰς οἰκοδομὴν καὶ οὐκ εἰς
N-AF-S   APRAF-S DNMS N-NM-S VIAA--ZS NPD-XS PA N-AF-S   CC AB PA

καθαίρεσιν.
N-AF-S

13.11 Λοιπόν, ἀδελφοί, χαίρετε, καταρτίζεσθε, παρακαλεῖσθε,
AP-AN-S□AB N-VM-P VMPA--YP VMPP--YP VMPP--YP

τὸ αὐτὸ φρονεῖτε, εἰρηνεύετε, καὶ ὁ θεὸς τῆς ἀγάπης καὶ
DANS AP-AN-S VMPA--YP VMPA--YP CC DNMS N-NM-S DGFS N-GF-S CC

εἰρήνης ἔσται μεθ᾽ ὑμῶν. 13.12 ἀσπάσασθε ἀλλήλους ἐν ἁγίῳ
N-GF-S VIFD--ZS PG NPG-YP VMAD--YP NPAMYP PD A--DN-S

φιλήματι. ἀσπάζονται ὑμᾶς οἱ ἅγιοι πάντες.
N-DN-S VIPN--ZP NPA-YP DNMP AP-NM-P A--NM-P

13.13 Ἡ χάρις τοῦ κυρίου Ἰησοῦ Χριστοῦ καὶ ἡ ἀγάπη
DNFS N-NF-S DGMS N-GM-S N-GM-S N-GM-S CC DNFS N-NF-S

τοῦ θεοῦ καὶ ἡ κοινωνία τοῦ ἁγίου πνεύματος μετὰ πάντων
DGMS N-GM-S CC DNFS N-NF-S DGNS A--GN-S N-GN-S PG A--GM-P

ὑμῶν.
NPG-YP

ΠΡΟΣ ΓΑΛΑΤΑΣ

1.1 Παῦλος ἀπόστολος, οὐκ ἀπ' ἀνθρώπων οὐδὲ δι' ἀνθρώπου
N-NM-S   N-NM-S   AB   PG   N-GM-P   CC   PG   N-GM-S

ἀλλὰ διὰ Ἰησοῦ Χριστοῦ καὶ θεοῦ πατρὸς τοῦ ἐγείραντος
CH   PG   N-GM-S   N-GM-S   CC   N-GM-S   N-GM-S   DGMS□APRNM-S   VPAAGM-S

αὐτὸν ἐκ νεκρῶν, 1.2 καὶ οἱ σὺν ἐμοὶ πάντες ἀδελφοί, ταῖς
NPAMZS   PG   AP-GM-P   CC   DNMP   PD   NPD-XS   A--NM-P   N-NM-P   DDFP

ἐκκλησίαις τῆς Γαλατίας· 1.3 χάρις ὑμῖν καὶ εἰρήνη ἀπὸ θεοῦ
N-DF-P   DGFS   N-GF-S   N-NF-S   NPD-YP   CC   N-NF-S   PG   N-GM-S

πατρὸς ἡμῶν καὶ κυρίου Ἰησοῦ Χριστοῦ, 1.4 τοῦ δόντος
N-GM-S   NPG-XP   CC   N-GM-S   N-GM-S   N-GM-S   DGMS□APRNM-S   VPAAGM-S

ἑαυτὸν ὑπὲρ τῶν ἁμαρτιῶν ἡμῶν ὅπως ἐξέληται ἡμᾶς ἐκ τοῦ
NPRAMZS   PG   DGFP   N-GF-P   NPG-XP   CS   VSAM--ZS   NPA-XP   PG   DGMS

αἰῶνος τοῦ ἐνεστῶτος πονηροῦ κατὰ τὸ θέλημα τοῦ
N-GM-S   DGMS□APRNM-S   VPRAGM-S   A--GM-S   PA   DANS   N-AN-S   DGMS

θεοῦ καὶ πατρὸς ἡμῶν, 1.5 ᾧ ἡ δόξα εἰς τοὺς αἰῶνας τῶν
N-GM-S   CC   N-GM-S   NPG-XP   APRDM-S   DNFS   N-NF-S   PA   DAMP   N-AM-P   DGMP

αἰώνων· ἀμήν.
N-GM-P   QS

1.6 Θαυμάζω ὅτι οὕτως ταχέως μετατίθεσθε ἀπὸ
VIPA--XS   CC   AB   AB   VIPE--YP   PG

τοῦ καλέσαντος ὑμᾶς ἐν χάριτι [Χριστοῦ] εἰς ἕτερον
DGMS□NPGMZS&APRNM-S   VPAAGM-S   NPA-YP   PD   N-DF-S   N-GM-S   PA   A--AN-S

εὐαγγέλιον, 1.7 ὃ οὐκ ἔστιν ἄλλο· εἰ μὴ τινές εἰσιν
N-AN-S   APRNN-S   AB   VIPA--ZS   A--NN-S   CS   AB   APINM-P   VIPA--ZP

οἱ ταράσσοντες ὑμᾶς καὶ θέλοντες μεταστρέψαι τὸ
DNMP□APRNM-P   VPPANM-P   NPA-YP   CC   VPPANM-P   VNAA   DANS

εὐαγγέλιον τοῦ Χριστοῦ. 1.8 ἀλλὰ καὶ ἐὰν ἡμεῖς ἢ ἄγγελος ἐξ
N-AN-S   DGMS   N-GM-S   CC   AB   CS   NPN-XP   CC   N-NM-S   PG

οὐρανοῦ εὐαγγελίζηται [ὑμῖν] παρ' ὃ
N-GM-S   VSPM--ZS   NPD-YP   PA   APRAN-S□APDAN-S&APRAN-S

εὐηγγελισάμεθα ὑμῖν, ἀνάθεμα ἔστω. 1.9 ὡς προειρήκαμεν, καὶ
VIAM--XP   NPD-YP   N-NN-S   VMPA--ZS   CS   VIRA--XP   AB

ἄρτι πάλιν λέγω, εἴ τις ὑμᾶς εὐαγγελίζεται παρ'
AB   AB   VIPA--XS   CS   APINM-S   NPA-YP   VIPM--ZS   PA

ὃ παρελάβετε, ἀνάθεμα ἔστω.
APRAN-S□APDAN-S&APRAN-S   VIAA--YP   N-NN-S   VMPA--ZS

1.10 Ἄρτι γὰρ ἀνθρώπους πείθω ἢ τὸν θεόν; ἢ ζητῶ
AB   CS   N-AM-P   VIPA--XS   CC   DAMS   N-AM-S   CC   VIPA--XS

ἀνθρώποις ἀρέσκειν; εἰ ἔτι ἀνθρώποις ἤρεσκον, Χριστοῦ δοῦλος
N-DM-P VNPA CS AB N-DM-P VIIA--XS N-GM-S N-NM-S

οὐκ ἂν ἤμην.
AB QV VIIM--XS

1.11 Γνωρίζω γὰρ ὑμῖν, ἀδελφοί, τὸ εὐαγγέλιον τὸ
VIPA--XS CS NPD-YP N-VM-P DANS N-AN-S DANS□APRNN-S

εὐαγγελισθὲν ὑπ᾽ ἐμοῦ ὅτι οὐκ ἔστιν κατὰ ἄνθρωπον· 1.12 οὐδὲ
VRAPAN-S PG NPG-XS CC AB VIPA--ZS PA N-AM-S AB

γὰρ ἐγὼ παρὰ ἀνθρώπου παρέλαβον αὐτό, οὔτε ἐδιδάχθην, ἀλλὰ
CS NPN-XS PG N-GM-S VIAA--XS NPANZS CC VIAP--XS CH

δι᾽ ἀποκαλύψεως Ἰησοῦ Χριστοῦ.
PG N-GF-S N-GM-S N-GM-S

1.13 Ἠκούσατε γὰρ τὴν ἐμὴν ἀναστροφήν ποτε ἐν τῷ
VIAA--YP CS DAFS A--AFXS N-AF-S ABI PD DDMS

Ἰουδαϊσμῷ, ὅτι καθ᾽ ὑπερβολὴν ἐδίωκον τὴν ἐκκλησίαν τοῦ θεοῦ
N-DM-S ABR PA N-AF-S VIIA--XS DAFS N-AF-S DGMS N-GM-S

καὶ ἐπόρθουν αὐτήν, 1.14 καὶ προέκοπτον ἐν τῷ Ἰουδαϊσμῷ
CC VIIA--XS NPAFZS CC VIIA--XS PD DDMS N-DM-S

ὑπὲρ πολλοὺς συνηλικιώτας ἐν τῷ γένει μου, περισσοτέρως
PA A--AM-P N-AM-P PD DDNS N-DN-S NPG-XS ABM

ζηλωτὴς ὑπάρχων τῶν πατρικῶν μου παραδόσεων. 1.15 ὅτε δὲ
N-NM-S VPPANMXS DGFP A--GF-P NPG-XS N-GF-P CS CH

εὐδόκησεν [ὁ θεὸς] ὁ ἀφορίσας με ἐκ κοιλίας
VIAA--ZS DNMS N-NM-S DNMS□APRNM-S VPAANM-S NPA-XS PG N-GF-S

μητρός μου καὶ καλέσας διὰ τῆς χάριτος αὐτοῦ 1.16 ἀποκαλύψαι
N-GF-S NPG-XS CC VPAANM-S PG DGFS N-GF-S NPGMZS VNAA

τὸν υἱὸν αὐτοῦ ἐν ἐμοὶ ἵνα εὐαγγελίζωμαι αὐτὸν ἐν τοῖς ἔθνεσιν,
DAMS N-AM-S NPGMZS PD NPD-XS CS VSPM--XS NPAMZS PD DDNP N-DN-P

εὐθέως οὐ προσανεθέμην σαρκὶ καὶ αἵματι, 1.17 οὐδὲ ἀνῆλθον εἰς
AB AB VIAM--XS N-DF-S CC N-DN-S CC VIAA--XS PA

Ἱεροσόλυμα πρὸς τοὺς πρὸ ἐμοῦ ἀποστόλους, ἀλλὰ ἀπῆλθον εἰς
N-AN-P PA DAMP PG NPG-XS N-AM-P CH VIAA--XS PA

Ἀραβίαν, καὶ πάλιν ὑπέστρεψα εἰς Δαμασκόν.
N-AF-S CC AB VIAA--XS PA N-AF-S

1.18 Ἔπειτα μετὰ ἔτη τρία ἀνῆλθον εἰς Ἱεροσόλυμα
AB PA N-AN-P A-CAN-P VIAA--XS PA N-AN-P

ἱστορῆσαι Κηφᾶν, καὶ ἐπέμεινα πρὸς αὐτὸν ἡμέρας δεκαπέντε·
VNAA N-AM-S CC VIAA--XS PA NPAMZS N-AF-P A-CAF-P

1.19 ἕτερον δὲ τῶν ἀποστόλων οὐκ εἶδον, εἰ μὴ Ἰάκωβον τὸν
AP-AM-S CH DGMP N-GM-P AB VIAA--XS CS AB N-AM-S DAMS

ἀδελφὸν τοῦ κυρίου. 1.20 ἃ δὲ γράφω ὑμῖν, ἰδοὺ
N-AM-S DGMS N-GM-S APRAN-P□APDAN-P&APRAN-P CS VIPA--XS NPD-YP QS

ἐνώπιον τοῦ θεοῦ ὅτι οὐ ψεύδομαι. 1.21 ἔπειτα ἦλθον εἰς τὰ
PG DGMS N-GM-S CC AB VIPN--XS AB VIAA--XS PA DANP

κλίματα τῆς Συρίας καὶ τῆς Κιλικίας. 1.22 ἤμην δὲ ἀγνοούμενος
N-AN-P DGFS N-GF-S CC DGFS N-GF-S   VIIM--XS+ CC +VPPPNMXS

τῷ προσώπῳ ταῖς ἐκκλησίαις τῆς Ἰουδαίας ταῖς ἐν Χριστῷ,
DDNS N-DN-S DDFP N-DF-P DGFS N-GF-S DDFP PD N-DM-S

1.23 μόνον δὲ ἀκούοντες ἦσαν ὅτι Ὁ   διώκων
AP-AN-S□AB CC VPPANM-P+ +VIIA--ZP CC DNMS□NPNMZS&APRNM-S VPPANM-S

ἡμᾶς ποτε νῦν εὐαγγελίζεται τὴν πίστιν ἥν ποτε ἐπόρθει,
NPA-XP ABI AB VIPM--ZS   DAFS N-AF-S APRAF-S ABI VIIA--ZS

1.24 καὶ ἐδόξαζον ἐν ἐμοὶ τὸν θεόν.
CC VIIA--ZP PD NPD-XS DAMS N-AM-S

2.1 Ἔπειτα διὰ δεκατεσσάρων ἐτῶν πάλιν ἀνέβην εἰς
AB PG A-CGN-P N-GN-P AB VIAA--XS PA

Ἱεροσόλυμα μετὰ Βαρναβᾶ, συμπαραλαβὼν καὶ Τίτον·
N-AN-P PG N-GM-S VPAANMXS AB N-AM-S

2.2 ἀνέβην δὲ κατὰ ἀποκάλυψιν· καὶ ἀνεθέμην αὐτοῖς τὸ
VIAA--XS CC PA N-AF-S CC VIAM--XS NPDMZP DANS

εὐαγγέλιον ὃ κηρύσσω ἐν τοῖς ἔθνεσιν, κατ’ ἰδίαν δὲ
N-AN-S APRAN-S VIPA--XS PD DDNP N-DN-P PA AP-AF-S CH

τοῖς   δοκοῦσιν, μή πως εἰς κενὸν τρέχω ἢ ἔδραμον.
DDMP□NPDMZP&APRNM-P VPPADM-P CS ABI PA AP-AN-S VSPA--XS CC VIAA--XS

2.3 ἀλλ’ οὐδὲ Τίτος ὁ σὺν ἐμοί, Ἕλλην ὤν, ἠναγκάσθη
CC AB N-NM-S DNMS PD NPD-XS N-NM-S VPPANM-S VIAP--ZS

περιτμηθῆναι· 2.4 διὰ δὲ τοὺς παρεισάκτους ψευδαδέλφους,
VNAP PA CC DAMP A--AM-P N-AM-P

οἵτινες παρεισῆλθον κατασκοπῆσαι τὴν ἐλευθερίαν ἡμῶν ἣν
APRNM-P VIAA--ZP VNAA DAFS N-AF-S NPG-XP APRAF-S

ἔχομεν ἐν Χριστῷ Ἰησοῦ, ἵνα ἡμᾶς καταδουλώσουσιν· 2.5 οἷς
VIPA--XP PD N-DM-S N-DM-S CS NPA-XP VIFA--ZP APRDM-P

οὐδὲ πρὸς ὥραν εἴξαμεν τῇ ὑποταγῇ, ἵνα ἡ ἀλήθεια τοῦ
AB PA N-AF-S VIAA--XP DDFS N-DF-S CS DNFS N-NF-S DGNS

εὐαγγελίου διαμείνῃ πρὸς ὑμᾶς. 2.6 ἀπὸ δὲ τῶν
N-GN-S VSAA--ZS PA NPA-YP PG CC DGMP□NPGMZP&APRNM-P

δοκούντων εἶναί τι — ὁποῖοί ποτε ἦσαν οὐδέν μοι διαφέρει·
VPPAGM-P VNPA APIAN-S A-TNM-P ABI VIIA--ZP APCAN-S NPD-XS VIPA--ZS?

πρόσωπον [ὁ] θεὸς ἀνθρώπου οὐ λαμβάνει — ἐμοὶ γὰρ
N-AN-S DNMS N-NM-S N-GM-S AB VIPA--ZS NPD-XS CS

οἱ   δοκοῦντες οὐδὲν προσανέθεντο, 2.7 ἀλλὰ
DNMP□NPNMZS&APRNM-P VPPANM-P APCAN-S VIAM--ZP CH

τοὐναντίον ἰδόντες ὅτι πεπίστευμαι τὸ εὐαγγέλιον τῆς
DANS&AP-AN-S VPAANM-P CH VIRP--XS DANS N-AN-S DGFS

ἀκροβυστίας καθὼς Πέτρος τῆς περιτομῆς, 2.8 ὁ
N-GF-S CS N-NM-S DGFS N-GF-S DNMS□NPNMZS&APRNM-S

γὰρ ἐνεργήσας Πέτρῳ εἰς ἀποστολὴν τῆς περιτομῆς ἐνήργησεν
CS VPAANM-S N-DM-S PA N-AF-S DGFS N-GF-S VIAA--ZS

καὶ ἐμοὶ εἰς τὰ ἔθνη, 2.9 καὶ γνόντες τὴν χάριν τὴν
AB　NPD-XS　PA　DANP　N-AN-P　　　CC　VPAANM-P　DAFS　N-AF-S　DAFS□APRNF-S

δοθεῖσάν μοι, Ἰάκωβος καὶ Κηφᾶς καὶ Ἰωάννης, οἱ
VPAPAF-S　NPD-XS　N-NM-S　CC　N-NM-S　CC　N-NM-S　DNMP□APRNM-P

δοκοῦντες στῦλοι εἶναι, δεξιὰς ἔδωκαν ἐμοὶ καὶ Βαρναβᾷ
VPPANM-P　N-NM-P　VNPA　AP-AF-P　VIAA--ZP　NPD-XS　CC　N-DM-S

κοινωνίας, ἵνα ἡμεῖς εἰς τὰ ἔθνη, αὐτοὶ δὲ εἰς τὴν περιτομήν·
N-GF-S　CS　NPN-XP　PA　DANP　N-AN-P　NPNMZP　CC　PA　DAFS　N-AF-S

2.10 μόνον τῶν πτωχῶν ἵνα μνημονεύωμεν, ὃ καὶ
AP-AN-S□AB　DGMP　AP-GM-P　CH　VSPA--XP　A-RAN-S　AB

ἐσπούδασα αὐτὸ τοῦτο ποιῆσαι.
VIAA--XS　AP-AN-S　A-DAN-S　VNAA

2.11 Ὅτε δὲ ἦλθεν Κηφᾶς εἰς Ἀντιόχειαν, κατὰ πρόσωπον
CS　CC　VIAA--ZS　N-NM-S　PA　N-AF-S　PA　N-AN-S

αὐτῷ ἀντέστην, ὅτι κατεγνωσμένος ἦν. 2.12 πρὸ τοῦ γὰρ
NPDMZS　VIAA--XS　CS　VPRPNM-S+　+VIIA--ZS　PG　DGNS　CS

ἐλθεῖν τινας ἀπὸ Ἰακώβου μετὰ τῶν ἐθνῶν συνήσθιεν· ὅτε δὲ
VNAAG　APIAM-P　PG　N-GM-S　PG　DGNP　N-GN-P　VIIA--ZS　CS　CH

ἦλθον, ὑπέστελλεν καὶ ἀφώριζεν ἑαυτόν, φοβούμενος τοὺς ἐκ
VIAA--ZP　VIIA--ZS　CC　VIIA--ZS　NPAMZS　VPPNNM-S　DAMP　PG

περιτομῆς. 2.13 καὶ συνυπεκρίθησαν αὐτῷ [καὶ] οἱ λοιποὶ
N-GF-S　CC　VIAO--ZP　NPDMZS　AB　DNMP　A--NM-P

Ἰουδαῖοι, ὥστε καὶ Βαρναβᾶς συναπήχθη αὐτῶν τῇ ὑποκρίσει.
AP-NM-P　CH　AB　N-NM-S　VIAP--ZS　NPGMZP　DDFS　N-DF-S

2.14 ἀλλ᾽ ὅτε εἶδον ὅτι οὐκ ὀρθοποδοῦσιν πρὸς τὴν ἀλήθειαν τοῦ
CC　CS　VIAA--XS　CH　AB　VIPA--ZP　PA　DAFS　N-AF-S　DGNS

εὐαγγελίου, εἶπον τῷ Κηφᾷ ἔμπροσθεν πάντων, Εἰ σὺ
N-GN-S　VIAA--XS　DDMS　N-DM-S　PG　AP-GM-P　CS　NPN-YS

Ἰουδαῖος ὑπάρχων ἐθνικῶς καὶ οὐχὶ Ἰουδαϊκῶς ζῇς, πῶς τὰ
A--NM-S　VPPANMYS　AB　CC　AB　AB　VIPA--YS　ABT　DANP

ἔθνη ἀναγκάζεις Ἰουδαΐζειν;
N-AN-P　VIPA--YS　VNPA

2.15 Ἡμεῖς φύσει Ἰουδαῖοι καὶ οὐκ ἐξ ἐθνῶν ἁμαρτωλοί·
NPN-XP　N-DF-S　A--NM-P　CC　AB　PG　N-GN-P　A--NM-P

2.16 εἰδότες [δὲ] ὅτι οὐ δικαιοῦται ἄνθρωπος ἐξ ἔργων νόμου ἐὰν
VPRANMXP　CC　CH　AB　VIPP--ZS　N-NM-S　PG　N-GN-P　N-GM-S　CS

μὴ διὰ πίστεως Ἰησοῦ Χριστοῦ, καὶ ἡμεῖς εἰς Χριστὸν Ἰησοῦν
AB　PG　N-GF-S　N-GM-S　N-GM-S　AB　NPN-XP　PA　N-AM-S　N-AM-S

ἐπιστεύσαμεν, ἵνα δικαιωθῶμεν ἐκ πίστεως Χριστοῦ καὶ οὐκ ἐξ
VIAA--XP　CS　VSAP--XP　PG　N-GF-S　N-GM-S　CC　AB　PG

ἔργων νόμου, ὅτι ἐξ ἔργων νόμου οὐ δικαιωθήσεται πᾶσα σάρξ.
N-GN-P　N-GM-S　CS　PG　N-GN-P　N-GM-S　AB　VIFP--ZS　A--NF-S　N-NF-S

2.17 εἰ δὲ ζητοῦντες δικαιωθῆναι ἐν Χριστῷ εὑρέθημεν καὶ αὐτοὶ
CS　CC　VPPANMXP　VNAP　PD　N-DM-S　VIAP--XP　AB　NPNMXP

ἁμαρτωλοί, ἆρα Χριστὸς ἁμαρτίας διάκονος; μὴ γένοιτο. 2.18 εἰ
A--NM-P CH N-NM-S N-GF-S N-NM-S AB VOAD--ZS CS

γὰρ ἃ κατέλυσα ταῦτα πάλιν οἰκοδομῶ, παραβάτην
CS APRAN-P+ VIAA--XS APDAN-P AB VIPA--XS N-AM-S

ἐμαυτὸν συνιστάνω. 2.19 ἐγὼ γὰρ διὰ νόμου νόμῳ ἀπέθανον ἵνα
NPAMXS VIPA--XS NPN-XS CS PG N-GM-S N-DM-S VIAA--XS CS

θεῷ ζήσω. Χριστῷ συνεσταύρωμαι· 2.20 ζῶ δὲ οὐκέτι ἐγώ,
N-DM-S VSAA--XS N-DM-S VIRP--XS VIPA--XS CC AB NPN-XS

ζῇ δὲ ἐν ἐμοὶ Χριστός· ὃ δὲ νῦν ζῶ ἐν
VIPA--ZS CH PD NPD-XS N-NM-S APRAN-S□APDAN-S&APRAN-S CC AB VIPA--XS PD

σαρκί, ἐν πίστει ζῶ τῇ τοῦ υἱοῦ τοῦ θεοῦ τοῦ
N-DF-S PD N-DF-S VIPA--XS DDFS DGMS N-GM-S DGMS N-GM-S DGMS□APRNM-S

ἀγαπήσαντός με καὶ παραδόντος ἑαυτὸν ὑπὲρ ἐμοῦ. 2.21 οὐκ
VPAAGM-S NPA-XS CC VPAAGM-S NPAMZS PG NPG-XS AB

ἀθετῶ τὴν χάριν τοῦ θεοῦ· εἰ γὰρ διὰ νόμου δικαιοσύνη, ἄρα
VIPA--XS DAFS N-AF-S DGMS N-GM-S CS CS PG N-GM-S N-NF-S CH

Χριστὸς δωρεὰν ἀπέθανεν.
N-NM-S AB VIAA--ZS

3.1 Ὦ ἀνόητοι Γαλάται, τίς ὑμᾶς ἐβάσκανεν, οἷς κατ’
QS A--VM-P N-VM-P APTNM-S NPA-YP VIAA--ZS APRDMYP PA

ὀφθαλμοὺς Ἰησοῦς Χριστὸς προεγράφη ἐσταυρωμένος; 3.2 τοῦτο
N-AM-P N-NM-S N-NM-S VIAP--ZS VPRPNM-S APDAN-S

μόνον θέλω μαθεῖν ἀφ’ ὑμῶν, ἐξ ἔργων νόμου τὸ πνεῦμα
A--AN-S VIPA--XS VNAA PG NPG-YP PG N-GN-P N-GM-S DANS N-AN-S

ἐλάβετε ἢ ἐξ ἀκοῆς πίστεως; 3.3 οὕτως ἀνόητοί ἐστε;
VIAA--YP CC PG N-GF-S N-GF-S AB A--NM-P VIPA--YP

ἐναρξάμενοι πνεύματι νῦν σαρκὶ ἐπιτελεῖσθε; 3.4 τοσαῦτα
VPADNMYP N-DN-S AB N-DF-S VIPE--YP APDAN-P

ἐπάθετε εἰκῇ; εἴ γε καὶ εἰκῇ. 3.5 ὁ οὖν ἐπιχορηγῶν
VIAA--YP AB CS QS AB AB DNMS□NPNMZS&APRNM-S CC VPPANM-S

ὑμῖν τὸ πνεῦμα καὶ ἐνεργῶν δυνάμεις ἐν ὑμῖν ἐξ ἔργων νόμου
NPD-YP DANS N-AN-S CC VPPANM-S N-AF-P PD NPD-YP PG N-GN-P N-GM-S

ἢ ἐξ ἀκοῆς πίστεως; 3.6 καθὼς Ἀβραὰμ ἐπίστευσεν τῷ θεῷ,
CC PG N-GF-S N-GF-S CS N-NM-S VIAA--ZS DDMS N-DM-S

καὶ ἐλογίσθη αὐτῷ εἰς δικαιοσύνην.
CC VIAP--ZS NPDMZS PA N-AF-S

3.7 Γινώσκετε ἄρα ὅτι οἱ ἐκ πίστεως, οὗτοι υἱοί εἰσιν
VIPA--YP/VMPA--YP CH CH/CC DNMP PG N-GF-S APDNM-P N-NM-P VIPA--ZP

Ἀβραάμ. 3.8 προϊδοῦσα δὲ ἡ γραφὴ ὅτι ἐκ πίστεως δικαιοῖ τὰ
N-GM-S VPAANF-S CC DNFS N-NF-S CC PG N-GF-S VIPA--ZS DANP

ἔθνη ὁ θεὸς προευηγγελίσατο τῷ Ἀβραὰμ ὅτι
N-AN-P DNMS N-NM-S VIAD--ZS DDMS N-DM-S CC

Ἐνευλογηθήσονται ἐν σοὶ πάντα τὰ ἔθνη. 3.9 ὥστε οἱ ἐκ
VIFP--ZP PD NPD-YS A--NN-P DNNP N-NN-P CH DNMP PG

579

πίστεως εὐλογοῦνται σὺν τῷ πιστῷ Ἀβραάμ.
N-GF-S VIPP--ZP PD DDMS A--DM-S N-DM-S

3.10 ὅσοι γὰρ ἐξ ἔργων νόμου εἰσὶν ὑπὸ κατάραν
APRNM-P◻APDNM-P&APRNM-P CS PG N-GN-P N-GM-S VIPA--ZP PA N-AF-S

εἰσίν· γέγραπται γὰρ ὅτι Ἐπικατάρατος πᾶς ὃς οὐκ ἐμμένει
VIPA--ZP VIRP--ZS CS CC A--NM-S AP-NM-S APRNM-S AB VIPA--ZS

πᾶσιν τοῖς γεγραμμένοις ἐν τῷ βιβλίῳ τοῦ νόμου τοῦ
AP-DN-P DDNP◻APRNN-P VPRPDN-P PD DDNS N-DN-S DGMS N-GM-S DGNS

ποιῆσαι αὐτά. 3.11 ὅτι δὲ ἐν νόμῳ οὐδεὶς δικαιοῦται παρὰ τῷ
VNAAG NPANZP CC CC PD N-DM-S APCNM-S VIPP--ZS PD DDMS

θεῷ δῆλον, ὅτι Ὁ δίκαιος ἐκ πίστεως ζήσεται· 3.12 ὁ δὲ
N-DM-S A--NN-S CS DNMS AP-NM-S PG N-GF-S VIFM--ZS DNMS CC

νόμος οὐκ ἔστιν ἐκ πίστεως, ἀλλ᾽ Ὁ ποιήσας
N-NM-S AB VIPA--ZS PG N-GF-S CH DNMS◻NPNMZS&APRNM-S VPAANM-S

αὐτὰ ζήσεται ἐν αὐτοῖς. 3.13 Χριστὸς ἡμᾶς ἐξηγόρασεν ἐκ τῆς
NPANZP VIFM--ZS PD NPDNZP N-NM-S NPA-XP VIAA--ZS PG DGFS

κατάρας τοῦ νόμου γενόμενος ὑπὲρ ἡμῶν κατάρα, ὅτι γέγραπται,
N-GF-S DGMS N-GM-S VPADNM-S PG NPG-XP N-NF-S CS VIRP--ZS

Ἐπικατάρατος πᾶς ὁ κρεμάμενος ἐπὶ ξύλου, 3.14 ἵνα
A--NM-S AP-NM-S DNMS◻APRNM-S VPAMNM-S PG N-GN-S CS

εἰς τὰ ἔθνη ἡ εὐλογία τοῦ Ἀβραὰμ γένηται ἐν Χριστῷ
PA DANP N-AN-P DNFS N-NF-S DGMS N-GM-S VSAD--ZS PD N-DM-S

Ἰησοῦ, ἵνα τὴν ἐπαγγελίαν τοῦ πνεύματος λάβωμεν διὰ τῆς
N-DM-S CS DAFS N-AF-S DGNS N-GN-S VSAA--XP PG DGFS

πίστεως.
N-GF-S

3.15 Ἀδελφοί, κατὰ ἄνθρωπον λέγω· ὅμως ἀνθρώπου
N-VM-P PA N-AM-S VIPA--XS AB N-GM-S

κεκυρωμένην διαθήκην οὐδεὶς ἀθετεῖ ἢ ἐπιδιατάσσεται. 3.16 τῷ
VPRPAF-S N-AF-S APCNM-S VIPA--ZS CC VIPN--ZS DDMS

δὲ Ἀβραὰμ ἐρρέθησαν αἱ ἐπαγγελίαι καὶ τῷ σπέρματι αὐτοῦ.
CC N-DM-S VIAP--ZP DNFP N-NF-P CC DDNS N-DN-S NPGMZS

οὐ λέγει, Καὶ τοῖς σπέρμασιν, ὡς ἐπὶ πολλῶν, ἀλλ᾽ ὡς ἐφ᾽ ἑνός,
AB VIPA--ZS CC DDNP N-DN-P CS PG AP-GN-P CH CS PG APCGN-S

Καὶ τῷ σπέρματί σου, ὃς ἐστιν Χριστός. 3.17 τοῦτο δὲ λέγω·
CC DDNS N-DN-S NPG-YS APRNM-S VIPA--ZS N-NM-S APDAN-S CC VIPA--XS

διαθήκην προκεκυρωμένην ὑπὸ τοῦ θεοῦ ὁ μετὰ
N-AF-S VPRPAF-S PG DGMS N-GM-S DNMS◻APRNM-S+ PA

τετρακόσια καὶ τριάκοντα ἔτη γεγονὼς νόμος οὐκ ἀκυροῖ, εἰς
A-CAN-P CC A-CAN-P N-AN-P VPRANM-S N-NM-S AB VIPA--ZS PA

τὸ καταργῆσαι τὴν ἐπαγγελίαν. 3.18 εἰ γὰρ ἐκ νόμου ἡ
DANS VNAAA DAFS N-AF-S CS CS PG N-GM-S DNFS

κληρονομία, οὐκέτι ἐξ ἐπαγγελίας· τῷ δὲ Ἀβραὰμ δι᾽ ἐπαγγελίας
N-NF-S AB PG N-GF-S DDMS CC N-DM-S PG N-GF-S

κεχάρισται ὁ θεός. 3.19 Τί οὖν ὁ νόμος; τῶν
VIRN--ZS DNMS N-NM-S APTAN-S□ABT CH DNMS N-NM-S DGFP

παραβάσεων χάριν προσετέθη, ἄχρις οὗ ἔλθῃ
N-GF-P PG VIAP--ZS PG APRGM-S□APDGM-S&APRDM-S VSAA--ZS

τὸ σπέρμα ᾧ ἐπήγγελται, διαταγεὶς δι᾽ ἀγγέλων ἐν χειρὶ
DNNS N-NN-S APRDN-S VIRP--ZS VPAPNM-S PG N-GM-P PD N-DF-S

μεσίτου. 3.20 ὁ δὲ μεσίτης ἑνὸς οὐκ ἔστιν, ὁ δὲ θεὸς εἷς
N-GM-S DNMS CC N-NM-S APCGM-S AB VIPA--ZS DNMS CC N-NM-S APCNM-S

ἐστιν.
VIPA--ZS

3.21 Ὁ οὖν νόμος κατὰ τῶν ἐπαγγελιῶν [τοῦ θεοῦ]; μὴ
DNMS CH N-NM-S PG DGFP N-GF-P DGMS N-GM-S AB

γένοιτο· εἰ γὰρ ἐδόθη νόμος ὁ δυνάμενος ζῳοποιῆσαι,
VOAD--ZS CS CS VIAP--ZS N-NM-S DNMS□APRNM-S VPPNNM-S VNAA

ὄντως ἐκ νόμου ἂν ἦν ἡ δικαιοσύνη. 3.22 ἀλλὰ συνέκλεισεν
AB PG N-GM-S QV VIIA--ZS DNFS N-NF-S CC VIAA--ZS

ἡ γραφὴ τὰ πάντα ὑπὸ ἁμαρτίαν ἵνα ἡ ἐπαγγελία ἐκ
DNFS N-NF-S DANP AP-AN-P PA N-AF-S CS DNFS N-NF-S PG

πίστεως Ἰησοῦ Χριστοῦ δοθῇ τοῖς πιστεύουσιν.
N-GF-S N-GM-S N-GM-S VSAP--ZS DDMP□NPDMZP&APRNM-P VPPADM-P

3.23 Πρὸ τοῦ δὲ ἐλθεῖν τὴν πίστιν ὑπὸ νόμον ἐφρουρούμεθα
PG DGNS CC VNAAG DAFS N-AF-S PA N-AM-S VIIP--XP

συγκλειόμενοι εἰς τὴν μέλλουσαν πίστιν ἀποκαλυφθῆναι.
VPPPNMXP PA DAFS□APRNF-S+ VPPAAF-S+ N-AF-S +VNAP

3.24 ὥστε ὁ νόμος παιδαγωγὸς ἡμῶν γέγονεν εἰς Χριστόν, ἵνα
CH DNMS N-NM-S N-NM-S NPG-XP VIRA--ZS PA N-AM-S CS

ἐκ πίστεως δικαιωθῶμεν· 3.25 ἐλθούσης δὲ τῆς πίστεως οὐκέτι ὑπὸ
PG N-GF-S VSAP--XP VPAAGF-S CH DGFS N-GF-S AB PA

παιδαγωγόν ἐσμεν.
N-AM-S VIPA--XP

3.26 Πάντες γὰρ υἱοὶ θεοῦ ἐστε διὰ τῆς πίστεως ἐν Χριστῷ
AP-NM-P CS N-NM-P N-GM-S VIPA--YP PG DGFS N-GF-S PD N-DM-S

Ἰησοῦ. 3.27 ὅσοι γὰρ εἰς Χριστὸν ἐβαπτίσθητε,
N-DM-S APRNMYP□NPRNMYP&APRNMYP CS PA N-AM-S VIAP--YP

Χριστὸν ἐνεδύσασθε· 3.28 οὐκ ἔνι Ἰουδαῖος οὐδὲ Ἕλλην, οὐκ
N-AM-S VIAM--YP AB VIPA--ZS AP-NM-S CC N-NM-S AB

ἔνι δοῦλος οὐδὲ ἐλεύθερος, οὐκ ἔνι ἄρσεν καὶ θῆλυ· πάντες
VIPA--ZS N-NM-S CC AP-NM-S AB VIPA--ZS AP-NN-S CC AP-NN-S A--NM-P

γὰρ ὑμεῖς εἷς ἐστε ἐν Χριστῷ Ἰησοῦ. 3.29 εἰ δὲ ὑμεῖς
CS NPN-YP APCNM-S VIPA--YP PD N-DM-S N-DM-S CS CC NPN-YP

Χριστοῦ, ἄρα τοῦ Ἀβραὰμ σπέρμα ἐστέ, κατ᾽ ἐπαγγελίαν
N-GM-S CH DGMS N-GM-S N-NN-S VIPA--YP PA N-AF-S

κληρονόμοι.
N-NM-P

4.1 Λέγω δέ, ἐφ᾽ ὅσον χρόνον ὁ κληρονόμος νήπιός
   VIPA--XS CC PA APRAM-S+ N-AM-S DNMS N-NM-S A--NM-S

ἐστιν, οὐδὲν διαφέρει δούλου κύριος πάντων ὤν, 4.2 ἀλλὰ ὑπὸ
VIPA--ZS APCAN-S VIPA--ZS N-GM-S N-NM-S AP-GN-P VPPANM-S CH PA

ἐπιτρόπους ἐστὶν καὶ οἰκονόμους ἄχρι τῆς προθεσμίας τοῦ
N-AM-P VIPA--ZS CC N-AM-P PG DGFS N-GF-S DGMS

πατρός. 4.3 οὕτως καὶ ἡμεῖς, ὅτε ἦμεν νήπιοι, ὑπὸ τὰ στοιχεῖα
N-GM-S AB AB NPN-XP CS VIIA--XP A--NM-P PA DANP N-AN-P

τοῦ κόσμου ἤμεθα δεδουλωμένοι· 4.4 ὅτε δὲ ἦλθεν τὸ πλήρωμα
DGMS N-GM-S VIIM--XP+ +VPRPNMXP CS CH VIAA--ZS DNNS N-NN-S

τοῦ χρόνου, ἐξαπέστειλεν ὁ θεὸς τὸν υἱὸν αὐτοῦ, γενόμενον
DGMS N-GM-S VIAA--ZS DNMS N-NM-S DAMS N-AM-S NPGMZS VPADAM-S

ἐκ γυναικός, γενόμενον ὑπὸ νόμον, 4.5 ἵνα τοὺς ὑπὸ νόμον
PG N-GF-S VPADAM-S PA N-AM-S CS DAMP PA N-AM-S

ἐξαγοράσῃ, ἵνα τὴν υἱοθεσίαν ἀπολάβωμεν. 4.6 Ὅτι δέ ἐστε
VSAA--ZS CS DAFS N-AF-S VSAA--XP CS CC VIPA--YP

υἱοί, ἐξαπέστειλεν ὁ θεὸς τὸ πνεῦμα τοῦ υἱοῦ αὐτοῦ εἰς τὰς
N-NM-P VIAA--ZS DNMS N-NM-S DANS N-AN-S DGMS N-GM-S NPGMZS PA DAFP

καρδίας ἡμῶν, κρᾶζον, Αββα ὁ πατήρ. 4.7 ὥστε οὐκέτι
N-AF-P NPG-XP VPPAAN-S N-VM-S DVMS N-NM-S□N-VM-S CH AB

εἶ δοῦλος ἀλλὰ υἱός· εἰ δὲ υἱός, καὶ κληρονόμος διὰ θεοῦ.
VIPA--YS N-NM-S CH N-NM-S CS CC N-NM-S AB N-NM-S PG N-GM-S

4.8 Ἀλλὰ τότε μὲν οὐκ εἰδότες θεὸν ἐδουλεύσατε
   CC AB CS AB VPRANMYP N-AM-S VIAA--YP

τοῖς φύσει μὴ οὖσιν θεοῖς· 4.9 νῦν δὲ γνόντες θεόν,
DDMP□NPDMZP&APRNM-P N-DF-S AB VPPADM-P N-DM-P AB CH VPAANMYP N-AM-S

μᾶλλον δὲ γνωσθέντες ὑπὸ θεοῦ, πῶς ἐπιστρέφετε πάλιν ἐπὶ τὰ
ABM CC VPAPNMYP PG N-GM-S ABT VIPA--YP AB PA DANP

ἀσθενῆ καὶ πτωχὰ στοιχεῖα, οἷς πάλιν ἄνωθεν δουλεύειν
A--AN-P CC A--AN-P N-AN-P APRDN-P AB AB VNPA

θέλετε; 4.10 ἡμέρας παρατηρεῖσθε καὶ μῆνας καὶ καιροὺς καὶ
VIPA--YP N-AF-P VIPM--YP CC N-AM-P CC N-AM-P CC

ἐνιαυτούς. 4.11 φοβοῦμαι ὑμᾶς μή πως εἰκῇ κεκοπίακα εἰς ὑμᾶς.
N-AM-P VIPN--XS NPA-YP CC ABI AB VIRA--XS PA NPA-YP

4.12 Γίνεσθε ὡς ἐγώ, ὅτι κἀγὼ ὡς ὑμεῖς, ἀδελφοί, δέομαι
   VMPN--YP CS NPN-XS CS AB&NPN-XS CS NPN-YP N-VM-P VIPN--XS

ὑμῶν. οὐδέν με ἠδικήσατε· 4.13 οἴδατε δὲ ὅτι δι᾽ ἀσθένειαν τῆς
NPG-YP APCAN-S NPA-XS VIAA--YP VIRA--YP CC CH PA N-AF-S DGFS

σαρκὸς εὐηγγελισάμην ὑμῖν τὸ πρότερον, 4.14 καὶ τὸν
N-GF-S VIAM--XS NPD-YP DANS APMAN-S CC DAMS

πειρασμὸν ὑμῶν ἐν τῇ σαρκί μου οὐκ ἐξουθενήσατε οὐδὲ
N-AM-S NPG-YP PD DDFS N-DF-S NPG-XS AB VIAA--YP CC

ἐξεπτύσατε, ἀλλὰ ὡς ἄγγελον θεοῦ ἐδέξασθέ με, ὡς Χριστὸν
VIAA--YP CH CS N-AM-S N-GM-S VIAD--YP NPA-XS CS N-AM-S

Ἰησοῦν. 4.15 ποῦ οὖν ὁ μακαρισμὸς ὑμῶν; μαρτυρῶ γὰρ ὑμῖν
N-AM-S   ABT CH DNMS N-NM-S   NPG-YP VIPA--XS   CS   NPD-YP

ὅτι εἰ δυνατὸν τοὺς ὀφθαλμοὺς ὑμῶν ἐξορύξαντες ἐδώκατέ μοι.
CC CS A--NN-S   DAMP N-AM-P   NPG-YP VPAANMYP   VIAA--YP NPD-XS

4.16 ὥστε ἐχθρὸς ὑμῶν γέγονα ἀληθεύων ὑμῖν; 4.17 ζηλοῦσιν
CH   AP-NM-S NPG-YP VIRA--XS VPPANMXS NPD-YP   VIPA--ZP

ὑμᾶς οὐ καλῶς, ἀλλὰ ἐκκλεῖσαι ὑμᾶς θέλουσιν, ἵνα αὐτοὺς
NPA-YP AB AB   CH   VNAA   NPA-YP VIPA--ZP   CS   NPAMZP

ζηλοῦτε. 4.18 καλὸν δὲ ζηλοῦσθαι ἐν καλῷ πάντοτε, καὶ μὴ
VSPA--YP   A--NN-S CC VNPE   PD AP-DN-S AB   CC   AB

μόνον ἐν τῷ παρεῖναί με πρὸς ὑμᾶς, 4.19 τέκνα μου, οὓς
AP-AN-S□AB PD DDNS VNPAD   NPA-XS PA   NPA-YP   N-VN-P NPG-XS APRAMYP

πάλιν ὠδίνω μέχρις οὗ   μορφωθῇ Χριστὸς ἐν
AB   VIPA--XS PG   APRGM-S□APDGM-S&APRDM-S VSAP--ZS N-NM-S   PD

ὑμῖν· 4.20 ἤθελον δὲ παρεῖναι πρὸς ὑμᾶς ἄρτι, καὶ ἀλλάξαι τὴν
NPD-YP   VIIA--XS CC VNPA   PA   NPA-YP AB   CC VNAA   DAFS

φωνήν μου, ὅτι ἀπορούμαι ἐν ὑμῖν.
N-AF-S NPG-XS CS VIPM--XS   PD NPD-YP

4.21 Λέγετέ μοι, οἱ   ὑπὸ νόμον θέλοντες εἶναι,
VMPA--YP NPD-XS DVMP□NPVMYP&APRNMYP PA   N-AM-S   VPPAVMYP VNPA

τὸν νόμον οὐκ ἀκούετε; 4.22 γέγραπται γὰρ ὅτι Ἀβραὰμ δύο
DAMS N-AM-S AB/QT VIPA--YP   VIRP--ZS   CS CC N-NM-S   A-CAM-P

υἱοὺς ἔσχεν, ἕνα ἐκ τῆς παιδίσκης καὶ ἕνα ἐκ τῆς ἐλευθέρας.
N-AM-P VIAA--ZS APCAM-S PG DGFS N-GF-S   CC APCAM-S PG DGFS AP-GF-S

4.23 ἀλλ᾽ ὁ μὲν ἐκ τῆς παιδίσκης κατὰ σάρκα γεγέννηται, ὁ
CC   DNMS CS PG DGFS N-GF-S   PA   N-AF-S VIRP--ZS   DNMS

δὲ ἐκ τῆς ἐλευθέρας δι᾽ ἐπαγγελίας. 4.24 ἅτινά ἐστιν
CH PG DGFS AP-GF-S PG N-GF-S   APRNN-P□APDNN-P VIPA--ZS+

ἀλληγορούμενα· αὗται γὰρ εἰσιν δύο διαθῆκαι, μία μὲν ἀπὸ
+VPPPNN-P   APDNF-P CS VIPA--ZP A-CNF-P N-NF-P   APCNF-S CS PG

ὄρους Σινᾶ, εἰς δουλείαν γεννῶσα, ἥτις ἐστὶν Ἀγάρ. 4.25 τὸ δὲ
N-GN-S N-GN-S PA N-AF-S   VPPANF-S APRNF-S VIPA--ZS N-NF-S   DNNS CC

Ἀγὰρ Σινᾶ ὄρος ἐστὶν ἐν τῇ Ἀραβίᾳ, συστοιχεῖ δὲ τῇ νῦν
N-NF-S N-NN-S N-NN-S VIPA--ZS PD DDFS N-DF-S   VIPA--ZS   CC DDFS AB□A--DF-S

Ἰερουσαλήμ, δουλεύει γὰρ μετὰ τῶν τέκνων αὐτῆς. 4.26 ἡ δὲ
N-DF-S   VIPA--ZS   CS PG DGNP N-GN-P NPGFZS   DNFS CH

ἄνω Ἰερουσαλὴμ ἐλευθέρα ἐστίν, ἥτις ἐστὶν μήτηρ ἡμῶν·
AB□A--NF-S N-NF-S   A--NF-S VIPA--ZS APRNF-S VIPA--ZS N-NF-S   NPG-XP

4.27 γέγραπται γάρ,
VIRP--ZS   CS

     Εὐφράνθητι, στεῖρα ἡ   οὐ τίκτουσα·
     VMAP--YS   AP-VF-S DVFS□APRNFYS AB VPPAVFYS

     ῥῆξον καὶ βόησον, ἡ   οὐκ ὠδίνουσα·
     VMAA--YS CC VMAA--YS DVFS□NPVFYS&APRNFYS AB VPPAVFYS

ὅτι πολλὰ τὰ τέκνα τῆς ἐρήμου μᾶλλον ἢ
CS A--NN-P DNNP N-NN-P DGFS AP-GF-S ABM CS

τῆς ἐχούσης τὸν ἄνδρα.
DGFS□NPGFZS&APRNF-S VPPAGF-S DAMS N-AM-S

4.28 ὑμεῖς δέ, ἀδελφοί, κατὰ Ἰσαὰκ ἐπαγγελίας τέκνα ἐστέ.
NPN-YP CH N-VM-P PA N-AM-S N-GF-S N-NN-P VIPA--YP

4.29 ἀλλ' ὥσπερ τότε ὁ κατὰ σάρκα γεννηθεὶς
CC CS AB DNMS□NPNMZS&APRNM-S PA N-AF-S VPAPNM-S

ἐδίωκεν τὸν κατὰ πνεῦμα, οὕτως καὶ νῦν. 4.30 ἀλλὰ τί λέγει
VIIA--ZS DAMS PA N-AN-S AB AB AB CC APTAN-S VIPA--ZS

ἡ γραφή; Ἔκβαλε τὴν παιδίσκην καὶ τὸν υἱὸν αὐτῆς, οὐ γὰρ
DNFS N-NF-S VMAA--YS DAFS N-AF-S CC DAMS N-AM-S NPGFZS AB CS

μὴ κληρονομήσει ὁ υἱὸς τῆς παιδίσκης μετὰ τοῦ υἱοῦ τῆς
AB VIFA--ZS□VMAA--ZS DNMS N-NM-S DGFS N-GF-S PG DGMS N-GM-S DGFS

ἐλευθέρας. 4.31 διό, ἀδελφοί, οὐκ ἐσμὲν παιδίσκης τέκνα ἀλλὰ τῆς
AP-GF-S CH N-VM-P AB VIPA--XP N-GF-S N-NN-P CH DGFS

ἐλευθέρας. 5.1 τῇ ἐλευθερίᾳ ἡμᾶς Χριστὸς ἠλευθέρωσεν· στήκετε
AP-GF-S DDFS N-DF-S NPA-XP N-NM-S VIAA--ZS VMPA--YP

οὖν καὶ μὴ πάλιν ζυγῷ δουλείας ἐνέχεσθε.
CH CC AB AB N-DM-S N-GF-S VMPP--YP

5.2 Ἴδε ἐγὼ Παῦλος λέγω ὑμῖν ὅτι ἐὰν περιτέμνησθε
QS NPN-XS N-NM-S VIPA--XS NPD-YP CC CS VSPP--YP

Χριστὸς ὑμᾶς οὐδὲν ὠφελήσει. 5.3 μαρτύρομαι δὲ πάλιν παντὶ
N-NM-S NPA-YP APCAN-S VIFA--ZS VIPN--XS CC AB A--DM-S

ἀνθρώπῳ περιτεμνομένῳ ὅτι ὀφειλέτης ἐστὶν ὅλον τὸν νόμον
N-DM-S VPPPDM-S CC N-NM-S VIPA--ZS A--AM-S DAMS N-AM-S

ποιῆσαι. 5.4 κατηργήθητε ἀπὸ Χριστοῦ οἵτινες ἐν νόμῳ
VNAA VIAP--YP PG N-GM-S APRNMYP PD N-DM-S

δικαιοῦσθε, τῆς χάριτος ἐξεπέσατε. 5.5 ἡμεῖς γὰρ πνεύματι ἐκ
VIPP--YP DGFS N-GF-S VIAA--YP NPN-XP CS N-DN-S PG

πίστεως ἐλπίδα δικαιοσύνης ἀπεκδεχόμεθα. 5.6 ἐν γὰρ Χριστῷ
N-GF-S N-AF-S N-GF-S VIPN--XP PD CS N-DM-S

Ἰησοῦ οὔτε περιτομή τι ἰσχύει οὔτε ἀκροβυστία, ἀλλὰ πίστις
N-DM-S CC N-NF-S APIAN-S VIPA--ZS CC N-NF-S CH N-NF-S

δι' ἀγάπης ἐνεργουμένη.
PG N-GF-S VPPMNF-S

5.7 Ἐτρέχετε καλῶς· τίς ὑμᾶς ἐνέκοψεν [τῇ] ἀληθείᾳ μὴ
VIIA--YP AB APTNM-S NPA-YP VIAA--ZS DDFS N-DF-S AB

πείθεσθαι; 5.8 ἡ πεισμονὴ οὐκ ἐκ τοῦ
VNPP DNFS□A-DNF-S N-NF-S AB PG DGMS□NPGMZS&APRNM-S

καλοῦντος ὑμᾶς. 5.9 μικρὰ ζύμη ὅλον τὸ φύραμα ζυμοῖ.
VPPAGM-S NPA-YP A--NF-S N-NF-S A--AN-S DANS N-AN-S VIPA--ZS

5.10 ἐγὼ πέποιθα εἰς ὑμᾶς ἐν κυρίῳ ὅτι οὐδὲν ἄλλο φρονήσετε·
NPN-XS VIRA--XS PA NPA-YP PD N-DM-S CC APCAN-S A--AN-S VIFA--YP

ὁ δὲ ταράσσων ὑμᾶς βαστάσει τὸ κρίμα, ὅστις
DNMS□NPNMZS&APRNM-S CC VPPANM-S NPA-YP VIFA--ZS DANS N-AN-S APRNM-S

ἐὰν ᾖ. 5.11 ἐγὼ δέ, ἀδελφοί, εἰ περιτομὴν ἔτι κηρύσσω,
QV VSPA--ZS NPN-XS CC N-VM-P CS N-AF-S AB VIPA--XS

τί ἔτι διώκομαι; ἄρα κατήργηται τὸ σκάνδαλον τοῦ
APTAN-S□ABT AB VIPP--XS CH VIRP--ZS DNNS N-NN-S DGMS

σταυροῦ. 5.12 ὄφελον καὶ ἀποκόψονται οἱ
N-GM-S QV AB VIFM--ZP DNMP□NPNMZP&APRNM-P

ἀναστατοῦντες ὑμᾶς.
VPPANM-P NPA-YP

5.13 Ὑμεῖς γὰρ ἐπ᾽ ἐλευθερίᾳ ἐκλήθητε, ἀδελφοί· μόνον μὴ
NPN-YP CS PD N-DF-S VIAP--YP N-VM-P AP-AN-S□AB AB

τὴν ἐλευθερίαν εἰς ἀφορμὴν τῇ σαρκί, ἀλλὰ διὰ τῆς ἀγάπης
DAFS N-AF-S PA N-AF-S DDFS N-DF-S CH PG DGFS N-GF-S

δουλεύετε ἀλλήλοις. 5.14 ὁ γὰρ πᾶς νόμος ἐν ἑνὶ λόγῳ
VMPA--YP NPDMYP DNMS CS A--NM-S N-NM-S PD A-CDM-S N-DM-S

πεπλήρωται, ἐν τῷ Ἀγαπήσεις τὸν πλησίον σου ὡς σεαυτόν.
VIRP--ZS PD DDMS VIFA--YS□VMPA--YS DAMS AB□AP-AM-S NPG-YS CS NPAMYS

5.15 εἰ δὲ ἀλλήλους δάκνετε καὶ κατεσθίετε, βλέπετε μὴ ὑπ᾽
CS CC NPAMYP VIPA--YP CC VIPA--YP VMPA--YP CS PG

ἀλλήλων ἀναλωθῆτε.
NPGMYP VSAP--YP

5.16 Λέγω δέ, πνεύματι περιπατεῖτε καὶ ἐπιθυμίαν σαρκὸς οὐ
VIPA--XS CC N-DN-S VMPA--YP CC N-AF-S N-GF-S AB

μὴ τελέσητε. 5.17 ἡ γὰρ σὰρξ ἐπιθυμεῖ κατὰ τοῦ πνεύματος,
AB VSAA--YP DNFS CS N-NF-S VIPA--ZS PG DGNS N-GN-S

τὸ δὲ πνεῦμα κατὰ τῆς σαρκός· ταῦτα γὰρ ἀλλήλοις ἀντίκειται,
DNNS CC N-NN-S PG DGFS N-GF-S APDNN-P CS NPDNZP VIPN--ZS

ἵνα μὴ ἃ ἐὰν θέλητε ταῦτα ποιῆτε. 5.18 εἰ δὲ πνεύματι
CH AB APRAN-P+ QV VSPA--YP APDAN-P VSPA--YP CS CH N-DN-S

ἄγεσθε, οὐκ ἐστὲ ὑπὸ νόμον. 5.19 φανερὰ δέ ἐστιν τὰ ἔργα τῆς
VIPP--YP AB VIPA--YP PA N-AM-S A--NN-P CC VIPA--ZS DNNP N-NN-P DGFS

σαρκός, ἅτινά ἐστιν πορνεία, ἀκαθαρσία, ἀσέλγεια,
N-GF-S APRNN-P VIPA--ZS N-NF-S N-NF-S N-NF-S

5.20 εἰδωλολατρία, φαρμακεία, ἔχθραι, ἔρις, ζῆλος, θυμοί,
N-NF-S N-NF-S N-NF-P N-NF-S N-NM-S/N-NN-S N-NM-P

ἐριθείαι, διχοστασίαι, αἱρέσεις, 5.21 φθόνοι, μέθαι, κῶμοι, καὶ τὰ
N-NF-P N-NF-P N-NF-P N-NM-P N-NF-P N-NM-P CC DNNP

ὅμοια τούτοις, ἃ προλέγω ὑμῖν καθὼς προεῖπον ὅτι
AP-NN-P APDDN-P APRAN-P VIPA--XS NPD-YP CS VIAA--XS CC

οἱ τὰ τοιαῦτα πράσσοντες βασιλείαν θεοῦ οὐ
DNMP□NPNMZP&APRNM-P DANP APDAN-P VPPANM-P N-AF-S N-GM-S AB

κληρονομήσουσιν.
VIFA--ZP

5.22 Ὁ   δὲ καρπὸς τοῦ πνεύματός ἐστιν ἀγάπη, χαρά,
     DNMS CH N-NM-S DGNS N-GN-S   VIPA--ZS N-NF-S N-NF-S
εἰρήνη, μακροθυμία, χρηστότης, ἀγαθωσύνη, πίστις,
N-NF-S   N-NF-S   N-NF-S   N-NF-S   N-NF-S
5.23 πραΰτης, ἐγκράτεια· κατὰ τῶν τοιούτων οὐκ ἔστιν νόμος.
     N-NF-S   N-NF-S   PG   DGNP APDGN-P   AB   VIPA--ZS N-NM-S
5.24 οἱ   δὲ τοῦ Χριστοῦ [Ἰησοῦ] τὴν σάρκα ἐσταύρωσαν σὺν
     DNMP CC DGMS N-GM-S   N-GM-S   DAFS N-AF-S VIAA--ZP   PD
τοῖς παθήμασιν καὶ ταῖς ἐπιθυμίαις. 5.25 εἰ ζῶμεν πνεύματι,
DDNP N-DN-P   CC   DDFP N-DF-P   CS VIPA--XP N-DN-S
πνεύματι καὶ στοιχῶμεν. 5.26 μὴ γινώμεθα κενόδοξοι, ἀλλήλους
N-DN-S   AB   VSPA--XP   AB VSPN--XP A--NM-P   NPAMXP
προκαλούμενοι, ἀλλήλοις φθονοῦντες.
VPPMNMXP   NPDMXP   VPPANMXP
6.1 Ἀδελφοί, ἐὰν καὶ προλημφθῇ ἄνθρωπος ἔν τινι
    N-VM-P   CS   AB   VSAP--ZS   N-NM-S   PD A-IDN-S
παραπτώματι, ὑμεῖς οἱ   πνευματικοὶ καταρτίζετε τὸν τοιοῦτον
N-DN-S   NPN-YP DNMP A--NM-P   VMPA--YP   DAMS APDAM-S
ἐν πνεύματι πραΰτητος, σκοπῶν σεαυτόν, μὴ καὶ σὺ
PD N-DN-S   N-GF-S   VRPANMYS NPAMYS   CS AB   NPN-YS
πειρασθῇς. 6.2 Ἀλλήλων τὰ   βάρη βαστάζετε, καὶ οὕτως
VSAP--YS   NPGMYP   DANP N-AN-P VMPA--YP   CC   AB
ἀναπληρώσετε τὸν νόμον τοῦ Χριστοῦ. 6.3 εἰ γὰρ δοκεῖ τις
VIFA--YP   DAMS N-AM-S DGMS N-GM-S   CS CS   VIPA--ZS APINM-S
εἶναί τι   μηδὲν ὤν,   φρεναπατᾷ ἑαυτόν· 6.4 τὸ   δὲ ἔργον
VNPA   APINN-S APCNN-S VPPANM-S VIPA--ZS NPAMZS   DANS CH N-AN-S
ἑαυτοῦ δοκιμαζέτω ἕκαστος, καὶ τότε εἰς ἑαυτὸν μόνον τὸ
NPGMZS VMPA--ZS   AP-NM-S   CC   AB   PA   NPAMZS A--AM-S DANS
καύχημα ἕξει καὶ οὐκ εἰς τὸν ἕτερον· 6.5 ἕκαστος γὰρ τὸ   ἴδιον
N-AN-S   VIFA--ZS CC AB   PA   DAMS AP-AM-S   AP-NM-S CS   DANS A--AN-S
φορτίον βαστάσει.   6.6 Κοινωνείτω   δὲ ὁ
N-AN-S   VIFA--ZS□VMPA--ZS VMPA--ZS   CC DNMS□NPNMZS&APRNM-S
κατηχούμενος τὸν λόγον τῷ   κατηχοῦντι ἐν πᾶσιν
VPPPNM-S   DAMS N-AM-S DDMS□NPDMZS&APRNM-S VPPADM-S   PD A--DN-P
ἀγαθοῖς. 6.7 Μὴ πλανᾶσθε, θεὸς οὐ μυκτηρίζεται· ὃ   γὰρ ἐὰν
AP-DN-P   AB   VMPP--YP   N-NM-S AB VIPP--ZS   APRAN-S+ CS   QV
σπείρῃ   ἄνθρωπος, τοῦτο   καὶ θερίσει·   6.8 ὅτι
VSAA--ZS/VSPA--ZS N-NM-S APDAN-S   AB   VIFA--ZS   CS
ὁ   σπείρων εἰς τὴν σάρκα ἑαυτοῦ ἐκ τῆς σαρκὸς
DNMS□NPNMZS&APRNM-S VPPANM-S PA   DAFS N-AF-S NPGMZS PG DGFS N-GF-S
θερίσει φθοράν, ὁ   δὲ σπείρων εἰς τὸ   πνεῦμα ἐκ
VIFA--ZS N-AF-S   DNMS□NPNMZS&APRNM-S CC VPPANM-S PA   DANS N-AN-S PG
τοῦ πνεύματος θερίσει ζωὴν αἰώνιον. 6.9 τὸ   δὲ καλὸν ποιοῦντες
DGNS N-GN-S   VIFA--ZS N-AF-S A--AF-S   DANS CH AP-AN-S VPPANMXP

μὴ ἐγκακῶμεν, καιρῷ γὰρ ἰδίῳ θερίσομεν μὴ ἐκλυόμενοι.
AB VSPA--XP   N-DM-S CS A--DM-S VIFA--XP   AB VPPPNMXP

6.10 ἄρα οὖν ὡς καιρὸν ἔχομεν, ἐργαζώμεθα τὸ ἀγαθὸν πρὸς
CH CH CS N-AM-S VIPA--XP VSPN--XP   DANS AP-AN-S PA

πάντας, μάλιστα δὲ πρὸς τοὺς οἰκείους τῆς πίστεως.
AP-AM-P ABS   CC PA   DAMP AP-AM-P   DGFS N-GF-S

6.11 Ἴδετε πηλίκοις ὑμῖν γράμμασιν ἔγραψα τῇ ἐμῇ
VMAA--YP A-TDN-P NPD-YP N-DN-P   VIAA--XS DDFS A--DFXS

χειρί. 6.12 ὅσοι θέλουσιν εὐπροσωπῆσαι ἐν σαρκί, οὗτοι
N-DF-S   APRNM-P+ VIPA--ZP VNAA   PD N-DF-S   APDNM-P

ἀναγκάζουσιν ὑμᾶς περιτέμνεσθαι, μόνον ἵνα τῷ σταυρῷ τοῦ
VIPA--ZP   NPA-YP VNPP   AP-AN-S□AB CS DDMS N-DM-S   DGMS

Χριστοῦ μὴ διώκωνται· 6.13 οὐδὲ γὰρ οἱ
N-GM-S AB VSPP--ZP   AB CS DNMP□NPNMZP&APRNM-P

περιτεμνόμενοι αὐτοὶ νόμον φυλάσσουσιν, ἀλλὰ θέλουσιν ὑμᾶς
VPPPNM-P   NPNMZP N-AM-S VIPA--ZP   CH   VIPA--ZP NPA-YP

περιτέμνεσθαι ἵνα ἐν τῇ ὑμετέρᾳ σαρκὶ καυχήσωνται. 6.14 ἐμοὶ
VNPP   CS PD DDFS A--DFYS   N-DF-S VSAD--ZP   NPD-XS

δὲ μὴ γένοιτο καυχᾶσθαι εἰ μὴ ἐν τῷ σταυρῷ τοῦ κυρίου ἡμῶν
CH AB VOAD--ZS VNPN   CS AB PD DDMS N-DM-S DGMS N-GM-S NPG-XP

Ἰησοῦ Χριστοῦ, δι' οὗ ἐμοὶ κόσμος ἐσταύρωται κἀγὼ
N-GM-S N-GM-S   PG APRGM-S NPD-XS N-NM-S   VIRP--ZS   CC&NPN-XS

κόσμῳ. 6.15 οὔτε γὰρ περιτομή τί ἐστιν οὔτε ἀκροβυστία,
N-DM-S   CC   CS N-NF-S   APINN-S VIPA--ZS CC   N-NF-S

ἀλλὰ καινὴ κτίσις. 6.16 καὶ ὅσοι τῷ κανόνι τούτῳ
CH A--NF-S N-NF-S   CC APRNM-P+ DDMS N-DM-S A-DDM-S

στοιχήσουσιν, εἰρήνη ἐπ' αὐτοὺς καὶ ἔλεος, καὶ ἐπὶ τὸν Ἰσραὴλ
VIFA--ZP   N-NF-S PA NPAMZP CC N-NN-S CC PA DAMS N-AM-S

τοῦ θεοῦ.
DGMS N-GM-S

6.17 Τοῦ λοιποῦ κόπους μοι μηδεὶς παρεχέτω, ἐγὼ γὰρ τὰ
DGNS AP-GN-S N-AM-P NPD-XS APCNM-S VMPA--ZS   NPN-XS CS DANP

στίγματα τοῦ Ἰησοῦ ἐν τῷ σώματί μου βαστάζω.
N-AN-P   DGMS N-GM-S PD DDNS N-DN-S NPG-XS VIPA--XS

6.18 Ἡ χάρις τοῦ κυρίου ἡμῶν Ἰησοῦ Χριστοῦ μετὰ τοῦ
DNFS N-NF-S DGMS N-GM-S NPG-XP N-GM-S N-GM-S   PG   DGNS

πνεύματος ὑμῶν, ἀδελφοί· ἀμήν.
N-GN-S   NPG-YP N-VM-P   QS

ΠΡΟΣ ΕΦΕΣΙΟΥΣ

1.1 Παῦλος ἀπόστολος Χριστοῦ Ἰησοῦ διὰ θελήματος θεοῦ
N-NM-S · N-NM-S · N-GM-S · N-GM-S · PG · N-GN-S · N-GM-S

τοῖς ἁγίοις τοῖς οὖσιν [ἐν Ἐφέσῳ] καὶ πιστοῖς ἐν
DDMP · AP-DM-P · DDMP□APRNMYP · VPPADMYP · PD · N-DF-S · CC · A--DM-P · PD

Χριστῷ Ἰησοῦ· 1.2 χάρις ὑμῖν καὶ εἰρήνη ἀπὸ θεοῦ πατρὸς ἡμῶν
N-DM-S · N-DM-S · N-NF-S · NPD-YP · CC · N-NF-S · PG · N-GM-S · N-GM-S · NPG-XP

καὶ κυρίου Ἰησοῦ Χριστοῦ.
CC · N-GM-S · N-GM-S · N-GM-S

1.3 Εὐλογητὸς ὁ θεὸς καὶ πατὴρ τοῦ κυρίου ἡμῶν Ἰησοῦ
A--NM-S · DNMS · N-NM-S · CC · N-NM-S · DGMS · N-GM-S · NPG-XP · N-GM-S

Χριστοῦ, ὁ εὐλογήσας ἡμᾶς ἐν πάσῃ εὐλογίᾳ
N-GM-S · DNMS□APRNM-S · VPAANM-S · NPA-XP · PD · A--DF-S · N-DF-S

πνευματικῇ ἐν τοῖς ἐπουρανίοις ἐν Χριστῷ, 1.4 καθὼς ἐξελέξατο
A--DF-S · PD · DDNP · AP-DN-P · PD · N-DM-S · CS · VIAM--ZS

ἡμᾶς ἐν αὐτῷ πρὸ καταβολῆς κόσμου, εἶναι ἡμᾶς ἁγίους καὶ
NPA-XP · PD · NPDMZS · PG · N-GF-S · N-GM-S · VNPA · NPA-XP · A--AM-P · CC

ἀμώμους κατενώπιον αὐτοῦ ἐν ἀγάπῃ, 1.5 προορίσας ἡμᾶς εἰς
A--AM-P · PG · NPGMZS · PD · N-DF-S · VPAANM-S · NPA-XP · PA

υἱοθεσίαν διὰ Ἰησοῦ Χριστοῦ εἰς αὐτόν, κατὰ τὴν εὐδοκίαν τοῦ
N-AF-S · PG · N-GM-S · N-GM-S · PA · NPAMZS · PA · DAFS · N-AF-S · DGNS

θελήματος αὐτοῦ, 1.6 εἰς ἔπαινον δόξης τῆς χάριτος αὐτοῦ
N-GN-S · NPGMZS · PA · N-AM-S · N-GF-S · DGFS · N-GF-S · NPGMZS

ἧς ἐχαρίτωσεν ἡμᾶς ἐν τῷ ἠγαπημένῳ,
APRGF-S□APRDF-S · VIAA--ZS · NPA-XP · PD · DDMS□NPDMZS&APRNM-S · VPRPDM-S

1.7 ἐν ᾧ ἔχομεν τὴν ἀπολύτρωσιν διὰ τοῦ αἵματος αὐτοῦ,
PD · APRDM-S · VIPA--XP · DAFS · N-AF-S · PG · DGNS · N-GN-S · NPGMZS

τὴν ἄφεσιν τῶν παραπτωμάτων, κατὰ τὸ πλοῦτος τῆς χάριτος
DAFS · N-AF-S · DGNP · N-GN-P · PA · DANS · N-AN-S · DGFS · N-GF-S

αὐτοῦ, 1.8 ἧς ἐπερίσσευσεν εἰς ἡμᾶς ἐν πάσῃ σοφίᾳ καὶ
NPGMZS · APRGF-S□APRAF-S · VIAA--ZS · PA · NPA-XP · PD · A--DF-S · N-DF-S · CC

φρονήσει 1.9 γνωρίσας ἡμῖν τὸ μυστήριον τοῦ θελήματος
N-DF-S · VPAANM-S · NPD-XP · DANS · N-AN-S · DGNS · N-GN-S

αὐτοῦ, κατὰ τὴν εὐδοκίαν αὐτοῦ ἣν προέθετο ἐν αὐτῷ 1.10 εἰς
NPGMZS · PA · DAFS · N-AF-S · NPGMZS · APRAF-S · VIAM--ZS · PD · NPDMZS · PA

οἰκονομίαν τοῦ πληρώματος τῶν καιρῶν, ἀνακεφαλαιώσασθαι
N-AF-S · DGNS · N-GN-S · DGMP · N-GM-P · VNAD

τὰ πάντα ἐν τῷ Χριστῷ, τὰ ἐπὶ τοῖς οὐρανοῖς καὶ τὰ ἐπὶ τῆς
DANP · AP-AN-P · PD · DDMS · N-DM-S · DANP · PD · DDMP · N-DM-P · CC · DANP · PG · DGFS

γῆς· ἐν αὐτῷ, 1.11 ἐν ᾧ καὶ ἐκληρώθημεν προορισθέντες
N-GF-S PD NPDMZS PD APRDM-S AB VIAP--XP VPAPNMXP

κατὰ πρόθεσιν τοῦ τὰ πάντα ἐνεργοῦντος κατὰ
PA N-AF-S DGMS□NPGMZS&APRNM-S DANP AP-AN-P VPPAGM-S PA

τὴν βουλὴν τοῦ θελήματος αὐτοῦ, 1.12 εἰς τὸ εἶναι ἡμᾶς εἰς
DAFS N-AF-S DGNS N-GN-S NPGMZS PA DANS VNPAA NPA-XP PA

ἔπαινον δόξης αὐτοῦ τοὺς προηλπικότας ἐν τῷ Χριστῷ·
N-AM-S N-GF-S NPGMZS DAMP□APRNMXP VPRAAMXP PD DDMS N-DM-S

1.13 ἐν ᾧ καὶ ὑμεῖς ἀκούσαντες τὸν λόγον τῆς ἀληθείας, τὸ
PD APRDM-S AB NPN-YP VPAANMYP DAMS N-AM-S DGFS N-GF-S DANS

εὐαγγέλιον τῆς σωτηρίας ὑμῶν, ἐν ᾧ καὶ πιστεύσαντες
N-AN-S DGFS N-GF-S NPG-YP PD APRDM-S AB VPAANMYP

ἐσφραγίσθητε τῷ πνεύματι τῆς ἐπαγγελίας τῷ ἁγίῳ, 1.14 ὅ
VIAP--YP DDNS N-DN-S DGFS N-GF-S DDNS A--DN-S APRNN-S

ἐστιν ἀρραβὼν τῆς κληρονομίας ἡμῶν, εἰς ἀπολύτρωσιν τῆς
VIPA--ZS N-NM-S DGFS N-GF-S NPG-XP PA N-AF-S DGFS

περιποιήσεως, εἰς ἔπαινον τῆς δόξης αὐτοῦ.
N-GF-S PA N-AM-S DGFS N-GF-S NPGMZS

1.15 Διὰ τοῦτο κἀγώ, ἀκούσας τὴν καθ᾽ ὑμᾶς πίστιν ἐν τῷ
PA APDAN-S AB&NPN-XS VPAANMXS DAFS PA NPA-YP N-AF-S PD DDMS

κυρίῳ Ἰησοῦ καὶ τὴν ἀγάπην τὴν εἰς πάντας τοὺς ἁγίους, 1.16 οὐ
N-DM-S N-DM-S CC DAFS N-AF-S DAFS PA A--AM-P DAMP AP-AM-P AB

παύομαι εὐχαριστῶν ὑπὲρ ὑμῶν μνείαν ποιούμενος ἐπὶ τῶν
VIPM--XS VPPANMXS PG NPG-YP N-AF-S VPPMNMXS PG DGFP

προσευχῶν μου, 1.17 ἵνα ὁ θεὸς τοῦ κυρίου ἡμῶν Ἰησοῦ
N-GF-P NPG-XS CC DNMS N-NM-S DGMS N-GM-S NPG-XP N-GM-S

Χριστοῦ, ὁ πατὴρ τῆς δόξης, δώῃ ὑμῖν πνεῦμα σοφίας καὶ
N-GM-S DNMS N-NM-S DGFS N-GF-S VSAA--ZS NPD-YP N-AN-S N-GF-S CC

ἀποκαλύψεως ἐν ἐπιγνώσει αὐτοῦ, 1.18 πεφωτισμένους τοὺς
N-GF-S PD N-DF-S NPGMZS VPRPAM-P DAMP

ὀφθαλμοὺς τῆς καρδίας [ὑμῶν] εἰς τὸ εἰδέναι ὑμᾶς τίς ἐστιν
N-AM-P DGFS N-GF-S NPG-YP PA DANS VNRAA NPA-YP APTNF-S VIPA--ZS

ἡ ἐλπὶς τῆς κλήσεως αὐτοῦ, τίς ὁ πλοῦτος τῆς δόξης τῆς
DNFS N-NF-S DGFS N-GF-S NPGMZS APTNM-S DNMS N-NM-S DGFS N-GF-S DGFS

κληρονομίας αὐτοῦ ἐν τοῖς ἁγίοις, 1.19 καὶ τί τὸ
N-GF-S NPGMZS PD DDMP AP-DM-P CC APTNN-S DNNS□APRNN-S+

ὑπερβάλλον μέγεθος τῆς δυνάμεως αὐτοῦ εἰς ἡμᾶς τοὺς
VPPANN-S N-NN-S DGFS N-GF-S NPGMZS PA NPA-XP DAMP□APRNMXP

πιστεύοντας κατὰ τὴν ἐνέργειαν τοῦ κράτους τῆς ἰσχύος αὐτοῦ
VPPAAMXP PA DAFS N-AF-S DGNS N-GN-S DGFS N-GF-S NPGMZS

1.20 ἣν ἐνήργησεν ἐν τῷ Χριστῷ ἐγείρας αὐτὸν ἐκ νεκρῶν,
APRAF-S VIAA--ZS PD DDMS N-DM-S VPAANM-S NPAMZS PG AP-GM-P

καὶ καθίσας ἐν δεξιᾷ αὐτοῦ ἐν τοῖς ἐπουρανίοις 1.21 ὑπεράνω
CC VPAANM-S PD AP-DF-S NPGMZS PD DDNP AP-DN-P PG

πάσης ἀρχῆς καὶ ἐξουσίας καὶ δυνάμεως καὶ κυριότητος καὶ
A--GF-S N-GF-S CC N-GF-S CC N-GF-S CC N-GF-S CC

παντὸς ὀνόματος ὀνομαζομένου οὐ μόνον ἐν τῷ αἰῶνι τούτῳ
A--GN-S N-GN-S VPPPGN-S AB AP-AN-S□AB PD DDMS N-DM-S A-DDM-S

ἀλλὰ καὶ ἐν τῷ μέλλοντι· 1.22 καὶ πάντα ὑπέταξεν
CH AB PD DDMS□NPDMZS&APRNM-S VPPADM-S CC AP-AN-P VIAA--ZS

ὑπὸ τοὺς πόδας αὐτοῦ, καὶ αὐτὸν ἔδωκεν κεφαλὴν ὑπὲρ πάντα
PA DAMP N-AM-P NPGMZS CC NPAMZS VIAA--ZS N-AF-S PA AP-AN-P

τῇ ἐκκλησίᾳ, 1.23 ἥτις ἐστὶν τὸ σῶμα αὐτοῦ, τὸ πλήρωμα
DDFS N-DF-S APRNF-S VIPA--ZS DNNS N-NN-S NPGMZS DNNS N-NN-S

τοῦ τὰ πάντα ἐν πᾶσιν πληρουμένου.
DGMS□NPGMZS&APRNM-S DANP AP-AN-P PD AP-DN-P VPPMGM-S

2.1 Καὶ ὑμᾶς ὄντας νεκροὺς τοῖς παραπτώμασιν καὶ ταῖς
CC NPA-YP VPPAAMYP A--AM-P DDNP N-DN-P CC DDFP

ἁμαρτίαις ὑμῶν, 2.2 ἐν αἷς ποτε περιεπατήσατε κατὰ τὸν
N-DF-P NPG-YP PD APRDF-P ABI VIAA--YP PA DAMS

αἰῶνα τοῦ κόσμου τούτου, κατὰ τὸν ἄρχοντα τῆς ἐξουσίας τοῦ
N-AM-S DGMS N-GM-S A-DGM-S PA DAMS N-AM-S DGFS N-GF-S DGMS

ἀέρος, τοῦ πνεύματος τοῦ νῦν ἐνεργοῦντος ἐν τοῖς υἱοῖς
N-GM-S DGNS N-GN-S DGNS□APRNN-S AB VPPAGN-S PD DDMP N-DM-P

τῆς ἀπειθείας· 2.3 ἐν οἷς καὶ ἡμεῖς πάντες ἀνεστράφημέν ποτε
DGFS N-GF-S PD APRDM-P AB NPN-XP A--NM-P VIAP--XP ABI

ἐν ταῖς ἐπιθυμίαις τῆς σαρκὸς ἡμῶν, ποιοῦντες τὰ θελήματα τῆς
PD DDFP N-DF-P DGFS N-GF-S NPG-XP VPPANMXP DANP N-AN-P DGFS

σαρκὸς καὶ τῶν διανοιῶν, καὶ ἤμεθα τέκνα φύσει ὀργῆς ὡς καὶ
N-GF-S CC DGFP N-GF-P CC VIIM--XP N-NN-P N-DF-S N-GF-S CS AB

οἱ λοιποί· 2.4 ὁ δὲ θεὸς πλούσιος ὢν ἐν ἐλέει, διὰ τὴν
DNMP AP-NM-P DNMS CH N-NM-S A--NM-S VPPANM-S PD N-DN-S PA DAFS

πολλὴν ἀγάπην αὐτοῦ ἣν ἠγάπησεν ἡμᾶς, 2.5 καὶ ὄντας
A--AF-S N-AF-S NPGMZS APRAF-S VIAA--ZS NPA-XP AB VPPAAMXP

ἡμᾶς νεκροὺς τοῖς παραπτώμασιν συνεζωοποίησεν τῷ Χριστῷ
NPA-XP A--AM-P DDNP N-DN-P VIAA--ZS DDMS N-DM-S

— χάριτί ἐστε σεσωσμένοι — 2.6 καὶ συνήγειρεν καὶ
N-DF-S VIPA--YP+ +VPRPNMYP CC VIAA--ZS CC

συνεκάθισεν ἐν τοῖς ἐπουρανίοις ἐν Χριστῷ Ἰησοῦ, 2.7 ἵνα
VIAA--ZS PD DDNP AP-DN-P PD N-DM-S N-DM-S CS

ἐνδείξηται ἐν τοῖς αἰῶσιν τοῖς ἐπερχομένοις τὸ
VSAM--ZS PD DDMP N-DM-P DDMP□APRNM-P VPPNDM-P DANS□APRNN-S+

ὑπερβάλλον πλοῦτος τῆς χάριτος αὐτοῦ ἐν χρηστότητι ἐφ᾽ ἡμᾶς
VPPAAN-S N-AN-S DGFS N-GF-S NPGMZS PD N-DF-S PA NPA-XP

ἐν Χριστῷ Ἰησοῦ. 2.8 τῇ γὰρ χάριτί ἐστε σεσωσμένοι διὰ
PD N-DM-S N-DM-S DDFS CS N-DF-S VIPA--YP+ +VPRPNMYP PG

πίστεως· καὶ τοῦτο οὐκ ἐξ ὑμῶν, θεοῦ τὸ δῶρον· 2.9 οὐκ ἐξ
N-GF-S AB/CC APDNN-S AB PG NPG-YP N-GM-S DNNS N-NN-S AB PG

ἔργων, ἵνα μή τις καυχήσηται. 2.10 αὐτοῦ γάρ ἐσμεν ποίημα,
N-GN-P CS AB APINM-S VSAD--ZS NPGMZS CS VIPA--XP N-NN-S

κτισθέντες ἐν Χριστῷ Ἰησοῦ ἐπὶ ἔργοις ἀγαθοῖς οἷς
VPAPNMXP PD N-DM-S N-DM-S PD N-DN-P A--DN-P APRDN-P□APRAN-P

προητοίμασεν ὁ θεὸς ἵνα ἐν αὐτοῖς περιπατήσωμεν.
VIAA--ZS DNMS N-NM-S CS PD NPDNZP VSAA--XP

2.11 Διὸ μνημονεύετε ὅτι ποτὲ ὑμεῖς τὰ ἔθνη ἐν σαρκί,
CH VMPA--YP CC ABI NPN-YP DNNP N-NN-P PD N-DF-S

οἱ λεγόμενοι ἀκροβυστία ὑπὸ τῆς
DNMP□APRNMYP VPPPNMYP N-NF-S PG DGFS□NPGFZS&APRNF-S

λεγομένης περιτομῆς ἐν σαρκὶ χειροποιήτου, 2.12 ὅτι ἦτε τῷ
VPPPGF-S N-GF-S PD N-DF-S A--GF-S CC VIIA--YP DDMS

καιρῷ ἐκείνῳ χωρὶς Χριστοῦ, ἀπηλλοτριωμένοι τῆς πολιτείας τοῦ
N-DM-S A-DDM-S PG N-GM-S VPRPNMYP DGFS N-GF-S DGMS

Ἰσραὴλ καὶ ξένοι τῶν διαθηκῶν τῆς ἐπαγγελίας, ἐλπίδα μὴ
N-GM-S CC AP-NM-P DGFP N-GF-P DGFS N-GF-S N-AF-S AB

ἔχοντες καὶ ἄθεοι ἐν τῷ κόσμῳ. 2.13 νυνὶ δὲ ἐν Χριστῷ Ἰησοῦ
VPPANMYP CC A--NM-P PD DDMS N-DM-S AB CH PD N-DM-S N-DM-S

ὑμεῖς οἵ ποτε ὄντες μακρὰν ἐγενήθητε ἐγγὺς ἐν τῷ
NPN-YP DNMP□APRNMYP ABI VPPANMYP AP-AF-S□AB VIAO--YP AB PD DDNS

αἵματι τοῦ Χριστοῦ.
N-DN-S DGMS N-GM-S

2.14 Αὐτὸς γάρ ἐστιν ἡ εἰρήνη ἡμῶν, ὁ ποιήσας
NPNMZS CS VIPA--ZS DNFS N-NF-S NPG-XP DNMS□APRNM-S VPAANM-S

τὰ ἀμφότερα ἓν καὶ τὸ μεσότοιχον τοῦ φραγμοῦ λύσας,
DANP AP-AN-P APCAN-S CC DANS N-AN-S DGMS N-GM-S VPAANM-S

τὴν ἔχθραν, ἐν τῇ σαρκὶ αὐτοῦ, 2.15 τὸν νόμον τῶν ἐντολῶν ἐν
DAFS N-AF-S PD DDFS N-DF-S NPGMZS DAMS N-AM-S DGFP N-GF-P PD

δόγμασιν καταργήσας, ἵνα τοὺς δύο κτίσῃ ἐν αὐτῷ εἰς ἕνα
N-DN-P VPAANM-S CS DAMP APCAM-P VSAA--ZS PD NPDMZS PA A-CAM-S

καινὸν ἄνθρωπον ποιῶν εἰρήνην, 2.16 καὶ ἀποκαταλλάξῃ τοὺς
A--AM-S N-AM-S VPPANM-S N-AF-S CC VSAA--ZS DAMP

ἀμφοτέρους ἐν ἑνὶ σώματι τῷ θεῷ διὰ τοῦ σταυροῦ,
AP-AM-P PD A-CDN-S N-DN-S DDMS N-DM-S PG DGMS N-GM-S

ἀποκτείνας τὴν ἔχθραν ἐν αὐτῷ. 2.17 καὶ ἐλθὼν εὐηγγελίσατο
VPAANM-S DAFS N-AF-S PD NPDMZS CC VPAANM-S VIAM--ZS

εἰρήνην ὑμῖν τοῖς μακρὰν καὶ εἰρήνην τοῖς ἐγγύς· 2.18 ὅτι
N-AF-S NPD-YP DDMP AP-AF-S□AP-DM-P CC N-AF-S DDMP AB□AP-DM-P CS

δι᾽ αὐτοῦ ἔχομεν τὴν προσαγωγὴν οἱ ἀμφότεροι ἐν ἑνὶ
PG NPGMZS VIPA--XP DAFS N-AF-S DNMP AP-NM-P PD A-CDN-S

πνεύματι πρὸς τὸν πατέρα. 2.19 ἄρα οὖν οὐκέτι ἐστὲ ξένοι καὶ
N-DN-S PA DAMS N-AM-S CH CH AB VIPA--YP AP-NM-P CC

πάροικοι, ἀλλὰ ἐστὲ συμπολῖται τῶν ἁγίων καὶ οἰκεῖοι τοῦ θεοῦ,
AP-NM-P CH VIPA--YP N-NM-P DGMP AP-GM-P CC AP-NM-P DGMS N-GM-S

2.20 ἐποικοδομηθέντες ἐπὶ τῷ θεμελίῳ τῶν ἀποστόλων καὶ
VPAPNMYP PD DDNS N-DN-S DGMP N-GM-P CC

προφητῶν, ὄντος ἀκρογωνιαίου αὐτοῦ Χριστοῦ Ἰησοῦ, 2.21 ἐν
N-GM-P VPPAGM-S A--GM-S NPGMZS N-GM-S N-GM-S PD

ᾧ πᾶσα οἰκοδομὴ συναρμολογουμένη αὔξει εἰς ναὸν ἅγιον
APRDM-S A--NF-S N-NF-S VPPPNF-S VIPA--ZS PA N-AM-S A--AM-S

ἐν κυρίῳ, 2.22 ἐν ᾧ καὶ ὑμεῖς συνοικοδομεῖσθε εἰς
PD N-DM-S PD APRDM-S AB NPN-YP VIPP--YP PA

κατοικητήριον τοῦ θεοῦ ἐν πνεύματι.
N-AN-S DGMS N-GM-S PD N-DN-S

3.1 Τούτου χάριν ἐγὼ Παῦλος ὁ δέσμιος τοῦ Χριστοῦ
APDGN-S PG NPN-XS N-NM-S DNMS N-NM-S DGMS N-GM-S

[Ἰησοῦ] ὑπὲρ ὑμῶν τῶν ἐθνῶν — 3.2 εἴ γε ἠκούσατε τὴν
N-GM-S PG NPG-YP DGNP N-GN-P CS QS VIAA--YP DAFS

οἰκονομίαν τῆς χάριτος τοῦ θεοῦ τῆς δοθείσης μοι εἰς
N-AF-S DGFS N-GF-S DGMS N-GM-S DGFS□APRNF-S VPAPGF-S NPD-XS PA

ὑμᾶς, 3.3 [ὅτι] κατὰ ἀποκάλυψιν ἐγνωρίσθη μοι τὸ μυστήριον,
NPA-YP ABR PA N-AF-S VIAP--ZS NPD-XS DNNS N-NN-S

καθὼς προέγραψα ἐν ὀλίγῳ, 3.4 πρὸς ὃ δύνασθε
CS VIAA--XS PD AP-DN-S PA APRAN-S VIPN--YP

ἀναγινώσκοντες νοῆσαι τὴν σύνεσίν μου ἐν τῷ μυστηρίῳ τοῦ
VPPANMYP VNAA DAFS N-AF-S NPG-XS PD DDNS N-DN-S DGMS

Χριστοῦ, 3.5 ὃ ἑτέραις γενεαῖς οὐκ ἐγνωρίσθη τοῖς υἱοῖς τῶν
N-GM-S APRNN-S A--DF-P N-DF-P AB VIAP--ZS DDMP N-DM-P DGMP

ἀνθρώπων ὡς νῦν ἀπεκαλύφθη τοῖς ἁγίοις ἀποστόλοις αὐτοῦ καὶ
N-GM-P CS AB VIAP--ZS DDMP A--DM-P N-DM-P NPGMZS CC

προφήταις ἐν πνεύματι, 3.6 εἶναι τὰ ἔθνη συγκληρονόμα καὶ
N-DM-P PD N-DN-S VNPA DANP N-AN-P A--AN-P CC

σύσσωμα καὶ συμμέτοχα τῆς ἐπαγγελίας ἐν Χριστῷ Ἰησοῦ διὰ
A--AN-P CC A--AN-P DGFS N-GF-S PD N-DM-S N-DM-S PG

τοῦ εὐαγγελίου, 3.7 οὗ ἐγενήθην διάκονος κατὰ τὴν δωρεὰν
DGNS N-GN-S APRGN-S VIAO--XS N-NM-S PA DAFS N-AF-S

τῆς χάριτος τοῦ θεοῦ τῆς δοθείσης μοι κατὰ τὴν
DGFS N-GF-S DGMS N-GM-S DGFS□APRNF-S VPAPGF-S NPD-XS PA DAFS

ἐνέργειαν τῆς δυνάμεως αὐτοῦ. 3.8 ἐμοὶ τῷ ἐλαχιστοτέρῳ
N-AF-S DGFS N-GF-S NPGMZS NPD-XS DDMS A-MDM-S

πάντων ἁγίων ἐδόθη ἡ χάρις αὕτη, τοῖς ἔθνεσιν
A--GM-P AP-GM-P VIAP--ZS DNFS N-NF-S A-DNF-S DDNP N-DN-P

εὐαγγελίσασθαι τὸ ἀνεξιχνίαστον πλοῦτος τοῦ Χριστοῦ, 3.9 καὶ
VNAM DANS A--AN-S N-AN-S DGMS N-GM-S CC

φωτίσαι [πάντας] τίς ἡ οἰκονομία τοῦ μυστηρίου τοῦ
VNAA AP-AM-P APTNF-S DNFS N-NF-S DGNS N-GN-S DGNS□APRNN-S

ἀποκεκρυμμένου ἀπὸ τῶν αἰώνων ἐν τῷ θεῷ τῷ τὰ
VPRPGN-S PG DGMP N-GM-P PD DDMS N-DM-S DDMS□APRNM-S DANP

πάντα κτίσαντι, 3.10 ἵνα γνωρισθῇ νῦν ταῖς ἀρχαῖς καὶ ταῖς
AP-AN-P VPAADM-S CS VSAP--ZS AB DDFP N-DF-P CC DDFP

ἐξουσίαις ἐν τοῖς ἐπουρανίοις διὰ τῆς ἐκκλησίας ἡ πολυποίκιλος
N-DF-P PD DDNP AP-DN-P PG DGFS N-GF-S DNFS A--NF-S

σοφία τοῦ θεοῦ, 3.11 κατὰ πρόθεσιν τῶν αἰώνων ἣν ἐποίησεν
N-NF-S DGMS N-GM-S PA N-AF-S DGMP N-GM-P APRAF-S VIAA--ZS

ἐν τῷ Χριστῷ Ἰησοῦ τῷ κυρίῳ ἡμῶν, 3.12 ἐν ᾧ ἔχομεν τὴν
PD DDMS N-DM-S N-DM-S DDMS N-DM-S NPG-XP PD APRDM-S VIPA--XP DAFS

παρρησίαν καὶ προσαγωγὴν ἐν πεποιθήσει διὰ τῆς πίστεως
N-AF-S CC N-AF-S PD N-DF-S PG DGFS N-GF-S

αὐτοῦ. 3.13 διὸ αἰτοῦμαι μὴ ἐγκακεῖν ἐν ταῖς θλίψεσίν μου ὑπὲρ
NPGMZS CH VIPM--XS AB VNPA PD DDFP N-DF-P NPG-XS PG

ὑμῶν, ἥτις ἐστὶν δόξα ὑμῶν.
NPG-YP APRNF-S VIPA--ZS N-NF-S NPG-YP

3.14 Τούτου χάριν κάμπτω τὰ γόνατά μου πρὸς τὸν
APDGN-S PG VIPA--XS DANP N-AN-P NPG-XS PA DAMS

πατέρα, 3.15 ἐξ οὗ πᾶσα πατριὰ ἐν οὐρανοῖς καὶ ἐπὶ γῆς
N-AM-S PG APRGM-S A--NF-S N-NF-S PD N-DM-P CC PG N-GF-S

ὀνομάζεται, 3.16 ἵνα δῷ ὑμῖν κατὰ τὸ πλοῦτος τῆς δόξης
VIPP--ZS CC VSAA--ZS NPD-YP PA DANS N-AN-S DGFS N-GF-S

αὐτοῦ δυνάμει κραταιωθῆναι διὰ τοῦ πνεύματος αὐτοῦ εἰς τὸν
NPGMZS N-DF-S VNAP PG DGNS N-GN-S NPGMZS PA DAMS

ἔσω ἄνθρωπον, 3.17 κατοικῆσαι τὸν Χριστὸν διὰ τῆς
AB□A--AM-S N-AM-S VNAA DAMS N-AM-S PG DGFS

πίστεως ἐν ταῖς καρδίαις ὑμῶν, ἐν ἀγάπῃ ἐρριζωμένοι καὶ
N-GF-S PD DDFP N-DF-P NPG-YP PD N-DF-S VPRPNMYP CC

τεθεμελιωμένοι, 3.18 ἵνα ἐξισχύσητε καταλαβέσθαι σὺν πᾶσιν
VPRPNMYP CS VSAA--YP VNAM PD A--DM-P

τοῖς ἁγίοις τί τὸ πλάτος καὶ μῆκος καὶ ὕψος καὶ βάθος,
DDMP AP-DM-P APTNN-S DNNS N-NN-S CC N-NN-S CC N-NN-S CC N-NN-S

3.19 γνῶναί τε τὴν ὑπερβάλλουσαν τῆς γνώσεως ἀγάπην
VNAA CC DAFS□APRNF-S+ VPPAAF-S DGFS N-GF-S N-AF-S

τοῦ Χριστοῦ, ἵνα πληρωθῆτε εἰς πᾶν τὸ πλήρωμα τοῦ θεοῦ.
DGMS N-GM-S CS VSAP--YP PA A--AN-S DANS N-AN-S DGMS N-GM-S

3.20 Τῷ δὲ δυναμένῳ ὑπὲρ πάντα ποιῆσαι
DDMS□APRNM-S+ CC VPPNDM-S PA AP-AN-P VNAA

ὑπερεκπερισσοῦ ὧν αἰτούμεθα ἢ νοοῦμεν κατὰ
AB APRGN-P□APDGN-P&APRAN-P VIPM--XP CC VIPA--XP PA

τὴν δύναμιν τὴν ἐνεργουμένην ἐν ἡμῖν, 3.21 αὐτῷ ἡ
DAFS N-AF-S DAFS□APRNF-S VPPMAF-S PD NPD-XP NPDMZS DNFS

δόξα ἐν τῇ ἐκκλησίᾳ καὶ ἐν Χριστῷ Ἰησοῦ εἰς πάσας τὰς γενεὰς
N-NF-S PD DDFS N-DF-S CC PD N-DM-S N-DM-S PA A--AF-P DAFP N-AF-P

τοῦ αἰῶνος τῶν αἰώνων· ἀμήν.
DGMS N-GM-S DGMP N-GM-P QS

4.1 Παρακαλῶ οὖν ὑμᾶς ἐγὼ ὁ δέσμιος ἐν κυρίῳ ἀξίως
VIPA--XS　CH　NPA-YP　NPN-XS　DNMS　N-NM-S　PD　N-DM-S　AB

περιπατῆσαι τῆς κλήσεως ἧς ἐκλήθητε, 4.2 μετὰ πάσης
VNAA　DGFS N-GF-S　APRGF-S□APRDF-S　VIAP--YP　PG　A--GF-S

ταπεινοφροσύνης καὶ πραΰτητος, μετὰ μακροθυμίας, ἀνεχόμενοι
N-GF-S　CC　N-GF-S　PG　N-GF-S　VRPMNMYP

ἀλλήλων ἐν ἀγάπῃ, 4.3 σπουδάζοντες τηρεῖν τὴν ἑνότητα τοῦ
NPGMYP　PD　N-DF-S　VRPANMYP　VNPA　DAFS　N-AF-S　DGNS

πνεύματος ἐν τῷ συνδέσμῳ τῆς εἰρήνης· 4.4 ἓν σῶμα καὶ
N-GN-S　PD　DDMS N-DM-S　DGFS N-GF-S　A-CNN-S　N-NN-S　CC

ἓν πνεῦμα, καθὼς καὶ ἐκλήθητε ἐν μιᾷ ἐλπίδι τῆς κλήσεως
A-CNN-S　N-NN-S　CS　AB　VIAP--YP　PD　A-CDF-S　N-DF-S　DGFS N-GF-S

ὑμῶν· 4.5 εἷς κύριος, μία πίστις, ἓν βάπτισμα· 4.6 εἷς
NPG-YP　A-CNM-S　N-NM-S　A-CNF-S　N-NF-S　A-CNN-S　N-NN-S　A-CNM-S

θεὸς καὶ πατὴρ πάντων, ὁ ἐπὶ πάντων καὶ διὰ πάντων
N-NM-S　CC　N-NM-S　AP-GM-P　DNMS　PG　AP-GM-P/AP-GN-P　CC　PG　AP-GM-P/AP-GN-P

καὶ ἐν πᾶσιν.
CC　PD　AP-DM-P/AP-DN-P

4.7 Ἑνὶ δὲ ἑκάστῳ ἡμῶν ἐδόθη ἡ χάρις κατὰ τὸ μέτρον
APCDM-S　CC　A--DM-S　NPG-XP　VIAP--ZS　DNFS　N-NF-S　PA　DANS　N-AN-S

τῆς δωρεᾶς τοῦ Χριστοῦ. 4.8 διὸ λέγει,
DGFS N-GF-S　DGMS N-GM-S　CH　VIPA--ZS

Ἀναβὰς εἰς ὕψος ᾐχμαλώτευσεν αἰχμαλωσίαν,
VRPAANM-S　PA　N-AN-S　VIAA--ZS　N-AF-S

ἔδωκεν δόματα τοῖς ἀνθρώποις.
VIAA--ZS　N-AN-P　DDMP N-DM-P

(4.9 τὸ δὲ Ἀνέβη τί ἐστιν εἰ μὴ ὅτι καὶ κατέβη εἰς τὰ
DNNS　CS　VIAA--ZS　APTNN-S　VIPA--ZS　CS　AB　CC　AB　VIAA--ZS　PA　DANP

κατώτερα [μέρη] τῆς γῆς; 4.10 ὁ καταβὰς αὐτός
A-MAN-P　N-AN-P　DGFS N-GF-S　DNMS□NPNMZS&APRNM-S　VPAANM-S　NPNMZS

ἐστιν καὶ ὁ ἀναβὰς ὑπεράνω πάντων τῶν
VIPA--ZS　AB　DNMS□NPNMZS&APRNM-S　VPAANM-S　PG　A--GM-P　DGMP

οὐρανῶν, ἵνα πληρώσῃ τὰ πάντα.) 4.11 καὶ αὐτὸς ἔδωκεν
N-GM-P　CS　VSAA--ZS　DANP　AP-AN-P　CC　NPNMZS　VIAA--ZS

τοὺς μὲν ἀποστόλους, τοὺς δὲ προφήτας,
DAMP/DAMP□APDAM-P　CC　N-AM-P　DAMP/DAMP□APDAM-P　CC　N-AM-P

τοὺς δὲ εὐαγγελιστάς, τοὺς δὲ ποιμένας καὶ
DAMP/DAMP□APDAM-P　CC　N-AM-P　DAMP/DAMP□APDAM-P　CC　N-AM-P　CC

διδασκάλους, 4.12 πρὸς τὸν καταρτισμὸν τῶν ἁγίων εἰς ἔργον
N-AM-P　PA　DAMS　N-AM-S　DGMP　AP-GM-P　PA　N-AN-S

διακονίας, εἰς οἰκοδομὴν τοῦ σώματος τοῦ Χριστοῦ, 4.13 μέχρι
N-GF-S　PA　N-AF-S　DGNS　N-GN-S　DGMS N-GM-S　CS

καταντήσωμεν οἱ πάντες εἰς τὴν ἑνότητα τῆς πίστεως καὶ τῆς
VSAA--XP　DNMP　AP-NM-P　PA　DAFS　N-AF-S　DGFS N-GF-S　CC　DGFS

ἐπιγνώσεως τοῦ υἱοῦ τοῦ θεοῦ, εἰς ἄνδρα τέλειον, εἰς μέτρον
N-GF-S DGMS N-GM-S DGMS N-GM-S PA N-AM-S A--AM-S PA N-AN-S

ἡλικίας τοῦ πληρώματος τοῦ Χριστοῦ, 4.14 ἵνα μηκέτι ὦμεν
N-GF-S DGNS N-GN-S DGMS N-GM-S CS AB VSPA--XP

νήπιοι, κλυδωνιζόμενοι καὶ περιφερόμενοι παντὶ ἀνέμῳ τῆς
A--NM-P VPPNNMXP CC VPPPNMXP A--DM-S N-DM-S DGFS

διδασκαλίας ἐν τῇ κυβείᾳ τῶν ἀνθρώπων ἐν πανουργίᾳ πρὸς
N-GF-S PD DDFS N-DF-S DGMP N-GM-P PD N-DF-S PA

τὴν μεθοδείαν τῆς πλάνης, 4.15 ἀληθεύοντες δὲ ἐν ἀγάπῃ
DAFS N-AF-S DGFS N-GF-S VPPANMXP CH PD N-DF-S

αὐξήσωμεν εἰς αὐτὸν τὰ πάντα, ὅς ἐστιν ἡ κεφαλή,
VSAA--XP PA NPAMZS DANP AP-AN-P APRNM-S VIPA--ZS DNFS N-NF-S

Χριστός, 4.16 ἐξ οὗ πᾶν τὸ σῶμα συναρμολογούμενον καὶ
N-NM-S PG APRGM-S A--NN-S DNNS N-NN-S VPPPNN-S CC

συμβιβαζόμενον διὰ πάσης ἁφῆς τῆς ἐπιχορηγίας κατ'
VPPPNN-S PG A--GF-S N-GF-S DGFS N-GF-S PA

ἐνέργειαν ἐν μέτρῳ ἑνὸς ἑκάστου μέρους τὴν αὔξησιν τοῦ
N-AF-S PD N-DN-S A-CGN-S A--GN-S N-GN-S DAFS N-AF-S DGNS

σώματος ποιεῖται εἰς οἰκοδομὴν ἑαυτοῦ ἐν ἀγάπῃ.
N-GN-S VIPM--ZS PA N-AF-S NPGNZS PD N-DF-S

4.17 Τοῦτο οὖν λέγω καὶ μαρτύρομαι ἐν κυρίῳ, μηκέτι ὑμᾶς
APDAN-S CH VIPA--XS CC VIPN--XS PD N-DM-S AB NPA-YP

περιπατεῖν καθὼς καὶ τὰ ἔθνη περιπατεῖ ἐν ματαιότητι τοῦ
VNPA CS AB DNNP N-NN-P VIPA--ZS PD N-DF-S DGMS

νοὸς αὐτῶν, 4.18 ἐσκοτωμένοι τῇ διανοίᾳ ὄντες,
N-GM-S NPGNZP VPRPNM-P+ DDFS N-DF-S +VPPANM-P+

ἀπηλλοτριωμένοι τῆς ζωῆς τοῦ θεοῦ, διὰ τὴν ἄγνοιαν τὴν
+VPRPNM-P DGFS N-GF-S DGMS N-GM-S PA DAFS N-AF-S DAFS□APRNF-S

οὖσαν ἐν αὐτοῖς, διὰ τὴν πώρωσιν τῆς καρδίας αὐτῶν,
VPPAAF-S PD NPDNZP PA DAFS N-AF-S DGFS N-GF-S NPGNZP

4.19 οἵτινες ἀπηλγηκότες ἑαυτοὺς παρέδωκαν τῇ ἀσελγείᾳ εἰς
APRNM-P VPRANM-P NPAMZP VIAA--ZP DDFS N-DF-S PA

ἐργασίαν ἀκαθαρσίας πάσης ἐν πλεονεξίᾳ. 4.20 ὑμεῖς δὲ οὐχ
N-AF-S N-GF-S A--GF-S PD N-DF-S NPN-YP CH AB

οὕτως ἐμάθετε τὸν Χριστόν, 4.21 εἴ γε αὐτὸν ἠκούσατε καὶ ἐν
AB VIAA--YP DAMS N-AM-S CS QS NPAMZS VIAA--YP CC PD

αὐτῷ ἐδιδάχθητε, καθὼς ἐστιν ἀλήθεια ἐν τῷ Ἰησοῦ,
NPDMZS VIAP--YP CS VIPA--ZS N-NF-S PD DDMS N-DM-S

4.22 ἀποθέσθαι ὑμᾶς κατὰ τὴν προτέραν ἀναστροφὴν τὸν
VNAM NPA-YP PA DAFS A-MAF-S N-AF-S DAMS

παλαιὸν ἄνθρωπον τὸν φθειρόμενον κατὰ τὰς ἐπιθυμίας
A--AM-S N-AM-S DAMS□APRNM-S VPPPAM-S PA DAFP N-AF-P

τῆς ἀπάτης, 4.23 ἀνανεοῦσθαι δὲ τῷ πνεύματι τοῦ νοὸς ὑμῶν,
DGFS N-GF-S VNPP CH DDNS N-DN-S DGMS N-GM-S NPG-YP

4.24 καὶ ἐνδύσασθαι τὸν καινὸν ἄνθρωπον τὸν κατὰ θεὸν
CC VNAM DAMS A--AM-S N-AM-S DAMS□APRNM-S PA N-AM-S

κτισθέντα ἐν δικαιοσύνῃ καὶ ὁσιότητι τῆς ἀληθείας.
VPAPAM-S PD N-DF-S CC N-DF-S DGFS N-GF-S

4.25 Διὸ ἀποθέμενοι τὸ ψεῦδος λαλεῖτε ἀλήθειαν ἕκαστος
CH VRAMNMYP DANS N-AN-S VMPA--YP N-AF-S AP-NM-S

μετὰ τοῦ πλησίον αὐτοῦ, ὅτι ἐσμὲν ἀλλήλων μέλη.
PG DGMS AB□AP-GM-S NPGMZS CS VIPA--XP NPGMXP N-NN-P

4.26 ὀργίζεσθε καὶ μὴ ἁμαρτάνετε· ὁ ἥλιος μὴ ἐπιδυέτω ἐπὶ
VMPN--YP CC AB VMPA--YP DNMS N-NM-S AB VMPA--ZS PD

[τῷ] παροργισμῷ ὑμῶν, 4.27 μηδὲ δίδοτε τόπον τῷ διαβόλῳ.
DDMS N-DM-S NPG-YP CC VMPA--YP N-AM-S DDMS AP-DM-S

4.28 ὁ κλέπτων μηκέτι κλεπτέτω, μᾶλλον δὲ
DNMS□NPNMZS&APRNM-S VPPANM-S AB VMPA--ZS ABM CH

κοπιάτω ἐργαζόμενος ταῖς [ἰδίαις] χερσὶν τὸ ἀγαθόν, ἵνα ἔχῃ
VMPA--ZS VPPNNM-S DDFP A--DF-P N-DF-P DANS AP-AN-S CS VSPA--ZS

μεταδιδόναι τῷ χρείαν ἔχοντι. 4.29 πᾶς λόγος
VNPA DDMS□NPDMZS&APRNM-S N-AF-S VPPADM-S A--NM-S N-NM-S

σαπρὸς ἐκ τοῦ στόματος ὑμῶν μὴ ἐκπορευέσθω, ἀλλὰ εἴ τις
A--NM-S PG DGNS N-GN-S NPG-YP AB VMPN--ZS CH CS APINM-S

ἀγαθὸς πρὸς οἰκοδομὴν τῆς χρείας, ἵνα δῷ χάριν
A--NM-S PA N-AF-S DGFS N-GF-S CS VSAA--ZS N-AF-S

τοῖς ἀκούουσιν. 4.30 καὶ μὴ λυπεῖτε τὸ πνεῦμα τὸ
DDMP□NPDMZP&APRNM-P VPPADM-P CC AB VMPA--YP DANS N-AN-S DANS

ἅγιον τοῦ θεοῦ, ἐν ᾧ ἐσφραγίσθητε εἰς ἡμέραν
A--AN-S DGMS N-GM-S PD APRDN-S VIAP--YP PA N-AF-S

ἀπολυτρώσεως. 4.31 πᾶσα πικρία καὶ θυμὸς καὶ ὀργὴ καὶ κραυγὴ
N-GF-S A--NF-S N-NF-S CC N-NM-S CC N-NF-S CC N-NF-S

καὶ βλασφημία ἀρθήτω ἀφ᾽ ὑμῶν σὺν πάσῃ κακίᾳ. 4.32 γίνεσθε
CC N-NF-S VMAP--ZS PG NPG-YP PD A--DF-S N-DF-S VMPN--YP

[δὲ] εἰς ἀλλήλους χρηστοί, εὔσπλαγχνοι, χαριζόμενοι ἑαυτοῖς
CH PA NRAMYP A--NM-P A--NM-P VRPNNMYP NPDMYP

καθὼς καὶ ὁ θεὸς ἐν Χριστῷ ἐχαρίσατο ὑμῖν. 5.1 γίνεσθε οὖν
CS AB DNMS N-NM-S PD N-DM-S VIAD--ZS NPD-YP VMPN--YP CH

μιμηταὶ τοῦ θεοῦ, ὡς τέκνα ἀγαπητά, 5.2 καὶ περιπατεῖτε ἐν
N-NM-P DGMS N-GM-S CS N-NN-P A--NN-P CC VMPA--YP PD

ἀγάπῃ, καθὼς καὶ ὁ Χριστὸς ἠγάπησεν ἡμᾶς καὶ παρέδωκεν
N-DF-S CS AB DNMS N-NM-S VIAA--ZS NPA-XP CC VIAA--ZS

ἑαυτὸν ὑπὲρ ἡμῶν προσφορὰν καὶ θυσίαν τῷ θεῷ εἰς ὀσμὴν
NPRAMZS PG NPG-XP N-AF-S CC N-AF-S DDMS N-DM-S PA N-AF-S

εὐωδίας. 5.3 πορνεία δὲ καὶ ἀκαθαρσία πᾶσα ἢ πλεονεξία μηδὲ
N-GF-S N-NF-S CC CC N-NF-S A--NF-S CC N-NF-S AB

ὀνομαζέσθω ἐν ὑμῖν, καθὼς πρέπει ἁγίοις, 5.4 καὶ αἰσχρότης καὶ
VMPP--ZS PD NPD-YP CS VIPA--ZS AP-DM-P CC N-NF-S CC

μωρολογία ἢ εὐτραπελία, ἃ οὐκ ἀνῆκεν, ἀλλὰ μᾶλλον
N-NF-S CC N-NF-S APRNN-P AB VIIA--ZS CH ABM

εὐχαριστία. 5.5 τοῦτο γὰρ ἴστε γινώσκοντες ὅτι πᾶς
N-NF-S APDAN-S CS VIRA--YP/VMRA--YP VRPANMYP ABR A--NM-S

πόρνος ἢ ἀκάθαρτος ἢ πλεονέκτης, ὅ ἐστιν εἰδωλολάτρης, οὐκ
N-NM-S CC AP-NM-S CC N-NM-S APRNN-S VIPA--ZS N-NM-S AB

ἔχει κληρονομίαν ἐν τῇ βασιλείᾳ τοῦ Χριστοῦ καὶ θεοῦ.
VIPA--ZS N-AF-S PD DDFS N-DF-S DGMS N-GM-S CC N-GM-S

5.6 Μηδεὶς ὑμᾶς ἀπατάτω κενοῖς λόγοις, διὰ ταῦτα γὰρ
APCNM-S NPA-YP VMPA--ZS A--DM-P N-DM-P PA APDAN-P CS

ἔρχεται ἡ ὀργὴ τοῦ θεοῦ ἐπὶ τοὺς υἱοὺς τῆς ἀπειθείας. 5.7 μὴ
VIPN--ZS DNFS N-NF-S DGMS N-GM-S PA DAMP N-AM-P DGFS N-GF-S AB

οὖν γίνεσθε συμμέτοχοι αὐτῶν· 5.8 ἦτε γάρ ποτε σκότος, νῦν δὲ
CH VMPN--YP A--NM-P NPGMZP VIIA--YP CS ABI N-NN-S AB CH

φῶς ἐν κυρίῳ· ὡς τέκνα φωτὸς περιπατεῖτε 5.9 — ὁ γὰρ καρπὸς
N-NN-S PD N-DM-S CS N-NN-P N-GN-S VMPA--YP DNMS CS N-NM-S

τοῦ φωτὸς ἐν πάσῃ ἀγαθωσύνῃ καὶ δικαιοσύνῃ καὶ ἀληθείᾳ —
DGNS N-GN-S PD A--DF-S N-DF-S CC N-DF-S CC N-DF-S

5.10 δοκιμάζοντες τί ἐστιν εὐάρεστον τῷ κυρίῳ· 5.11 καὶ μὴ
VRPANMYP APTNN-S VIPA--ZS A--NN-S DDMS N-DM-S CC AB

συγκοινωνεῖτε τοῖς ἔργοις τοῖς ἀκάρποις τοῦ σκότους, μᾶλλον δὲ
VMPA--YP DDNP N-DN-P DDNP A--DN-P DGNS N-GN-S ABM CH

καὶ ἐλέγχετε, 5.12 τὰ γὰρ κρυφῇ γινόμενα ὑπ’
AB VMPA--YP DANP□NPANZP&APRNN-P CS AB VPPNAN-P PG

αὐτῶν αἰσχρόν ἐστιν καὶ λέγειν· 5.13 τὰ δὲ πάντα ἐλεγχόμενα
NPGMZP A--NN-S VIPA--ZS AB VNPA DNNP CH AP-NN-P VPPPNN-P

ὑπὸ τοῦ φωτὸς φανεροῦται, 5.14 πᾶν γὰρ τὸ
PG DGNS N-GN-S VIPP--ZS AP-NN-S CS DNNS□APRNN-S

φανερούμενον φῶς ἐστιν. διὸ λέγει,
VPPPNN-S N-NN-S VIPA--ZS CH VIPA--ZS

Ἔγειρε, ὁ καθεύδων,
VMPA--YS DVMS□NPVMYS&APRNMYS VPPAVMYS

καὶ ἀνάστα ἐκ τῶν νεκρῶν,
CC VMAA--YS PG DGMP AP-GM-P

καὶ ἐπιφαύσει σοι ὁ Χριστός.
CC VIFA--ZS NPD-YS DNMS N-NM-S

5.15 Βλέπετε οὖν ἀκριβῶς πῶς περιπατεῖτε, μὴ ὡς ἄσοφοι ἀλλ’
VMPA--YP CH AB ABT VIPA--YP AB CS A--NM-P CH

ὡς σοφοί, 5.16 ἐξαγοραζόμενοι τὸν καιρόν, ὅτι αἱ ἡμέραι
CS A--NM-P VRPMNMYP DAMS N-AM-S CS DNFP N-NF-P

πονηραί εἰσιν. 5.17 διὰ τοῦτο μὴ γίνεσθε ἄφρονες, ἀλλὰ συνίετε
A--NF-P VIPA--ZP PA APDAN-S AB VMPN--YP A--NM-P CH VMPA--YP

τί τὸ θέλημα τοῦ κυρίου. 5.18 καὶ μὴ μεθύσκεσθε οἴνῳ, ἐν
APTNN-S DNNS N-NN-S DGMS N-GM-S CC AB VMPP--YP N-DM-S PD

ᾧ   ἐστιν   ἀσωτία,   ἀλλὰ   πληροῦσθε   ἐν   πνεύματι,
APRDM-S VIPA--ZS N-NF-S   CH   VMPP--YP   PD   N-DN-S

5.19 λαλοῦντες ἑαυτοῖς [ἐν] ψαλμοῖς καὶ ὕμνοις καὶ ᾠδαῖς
VRPANMYP   NPDMYP   PD   N-DM-P   CC N-DM-P CC N-DF-P

πνευματικαῖς, ᾄδοντες καὶ ψάλλοντες τῇ καρδίᾳ ὑμῶν τῷ κυρίῳ,
A--DF-P   VRPANMYP CC VRPANMYP   DDFS N-DF-S NPG-YP DDMS N-DM-S

5.20 εὐχαριστοῦντες πάντοτε ὑπὲρ πάντων ἐν ὀνόματι τοῦ κυρίου
VRPANMYP   AB   PG   AP-GN-P PD N-DN-S DGMS N-GM-S

ἡμῶν Ἰησοῦ Χριστοῦ τῷ θεῷ καὶ πατρί, 5.21 ὑποτασσόμενοι
NPG-XP N-GM-S N-GM-S DDMS N-DM-S AB N-DM-S   VRPPNMYP

ἀλλήλοις ἐν φόβῳ Χριστοῦ.
NPDMYP   PD N-DM-S N-GM-S

5.22 Αἱ γυναῖκες τοῖς ἰδίοις ἀνδράσιν ὡς τῷ κυρίῳ, 5.23 ὅτι
DVFP N-VF-P DDMP A--DM-P N-DM-P   CS DDMS N-DM-S   CS

ἀνήρ ἐστιν κεφαλὴ τῆς γυναικὸς ὡς καὶ ὁ Χριστὸς κεφαλὴ τῆς
N-NM-S VIPA--ZS N-NF-S DGFS N-GF-S CS AB DNMS N-NM-S N-NF-S DGFS

ἐκκλησίας, αὐτὸς σωτὴρ τοῦ σώματος. 5.24 ἀλλὰ ὡς ἡ ἐκκλησία
N-GF-S   NPNMZS N-NM-S DGNS N-GN-S   CC   CS DNFS N-NF-S

ὑποτάσσεται τῷ Χριστῷ, οὕτως καὶ αἱ γυναῖκες τοῖς ἀνδράσιν
VIPP--ZS   DDMS N-DM-S AB   AB DVFP N-VF-P DDMP N-DM-P

ἐν παντί. 5.25 Οἱ ἄνδρες, ἀγαπᾶτε τὰς γυναῖκας, καθὼς καὶ ὁ
PD AP-DN-S DVMP N-VM-P VMPA--YP DAFP N-AF-P   CS   AB DNMS

Χριστὸς ἠγάπησεν τὴν ἐκκλησίαν καὶ ἑαυτὸν παρέδωκεν ὑπὲρ
N-NM-S   VIAA--ZS DAFS N-AF-S   CC NPAMZS VIAA--ZS   PG

αὐτῆς, 5.26 ἵνα αὐτὴν ἁγιάσῃ καθαρίσας τῷ λουτρῷ τοῦ ὕδατος
NPGFZS   CS NPAFZS VSAA--ZS VPAANM-S DDNS N-DN-S DGNS N-GN-S

ἐν ῥήματι, 5.27 ἵνα παραστήσῃ αὐτὸς ἑαυτῷ ἔνδοξον τὴν
PD N-DN-S   CS VSAA--ZS   NPNMZS NPDMZS A--AF-S DAFS

ἐκκλησίαν, μὴ ἔχουσαν σπίλον ἢ ῥυτίδα ἤ τι τῶν τοιούτων,
N-AF-S   AB VPPAAF-S N-AM-S CC N-AF-S CC APIAN-S DGNP APDGN-P

ἀλλ᾽ ἵνα ᾖ ἁγία καὶ ἄμωμος. 5.28 οὕτως ὀφείλουσιν [καὶ] οἱ
CH   CS VSPA--ZS A--NF-S CC A--NF-S   AB   VIPA--ZP   AB DNMP

ἄνδρες ἀγαπᾶν τὰς ἑαυτῶν γυναῖκας ὡς τὰ ἑαυτῶν σώματα.
N-NM-P VNPA   DAFP NPGMZP N-AF-P   CS DANP NPGMZP N-AN-P

ὁ   ἀγαπῶν τὴν ἑαυτοῦ γυναῖκα ἑαυτὸν ἀγαπᾷ,
DNMS□NPNMZS&APRNM-S VPPANM-S DAFS NPGMZS N-AF-S NPAMZS VIPA--ZS

5.29 οὐδεὶς γάρ ποτε τὴν ἑαυτοῦ σάρκα ἐμίσησεν, ἀλλὰ ἐκτρέφει
APCNM-S CS ABI DAFS NPGMZS N-AF-S VIAA--ZS CH VIPA--ZS

καὶ θάλπει αὐτήν, καθὼς καὶ ὁ Χριστὸς τὴν ἐκκλησίαν, 5.30 ὅτι
CC VIPA--ZS NPAFZS CS   AB DNMS N-NM-S DAFS N-AF-S   CS

μέλη ἐσμὲν τοῦ σώματος αὐτοῦ. 5.31 ἀντὶ τούτου καταλείψει
N-NN-P VIPA--XP DGNS N-GN-S NPGMZS   PG APDGN-S VIFA--ZS□VMAA--ZS

ἄνθρωπος [τὸν] πατέρα καὶ [τὴν] μητέρα καὶ προσκολληθήσεται
N-NM-S   DAMS N-AM-S CC DAFS N-AF-S CC VIFP--ZS□VMAP--ZS

πρὸς τὴν γυναῖκα αὐτοῦ, καὶ ἔσονται οἱ δύο εἰς σάρκα
PA DAFS N-AF-S NPGMZS CC VIFD--ZP☐VMPA--ZP DNMP APCNM-P PA N-AF-S

μίαν. 5.32 τὸ μυστήριον τοῦτο μέγα ἐστίν, ἐγὼ δὲ λέγω εἰς
A-CAF-S DNNS N-NN-S A-DNN-S A--NN-S VIPA--ZS NPN-XS CH VIPA--XS PA

Χριστὸν καὶ εἰς τὴν ἐκκλησίαν. 5.33 πλὴν καὶ ὑμεῖς οἱ καθ᾽
N-AM-S CC PA DAFS N-AF-S CH AB NPN-YP DNMP PA

ἕνα ἕκαστος τὴν ἑαυτοῦ γυναῖκα οὕτως ἀγαπάτω ὡς ἑαυτόν,
APCAM-S AP-NM-S DAFS NPGMZS N-AF-S AB VMPA--ZS CS NPAMZS

ἡ δὲ γυνὴ ἵνα φοβῆται τὸν ἄνδρα.
DNFS CC N-NF-S CH VSPN--ZS DAMS N-AM-S

6.1 Τὰ τέκνα, ὑπακούετε τοῖς γονεῦσιν ὑμῶν [ἐν κυρίῳ],
DVNP N-VN-P VMPA--YP DDMP N-DM-P NPG-YP PD N-DM-S

τοῦτο γάρ ἐστιν δίκαιον. 6.2 τίμα τὸν πατέρα σου καὶ τὴν
APDNN-S CS VIPA--ZS A--NN-S VMPA--YS DAMS N-AM-S NPG-YS CC DAFS

μητέρα, ἥτις ἐστὶν ἐντολὴ πρώτη ἐν ἐπαγγελίᾳ, 6.3 ἵνα εὖ σοι
N-AF-S APRNF-S VIPA--ZS N-NF-S A-ONF-S PD N-DF-S CS AB NPD-YS

γένηται καὶ ἔσῃ μακροχρόνιος ἐπὶ τῆς γῆς. 6.4 Καὶ οἱ
VSAD--ZS CC VIFD--YS A--NM-S PG DGFS N-GF-S CC DVMP

πατέρες, μὴ παροργίζετε τὰ τέκνα ὑμῶν, ἀλλὰ ἐκτρέφετε αὐτὰ
N-VM-P AB VMPA--YP DANP N-AN-P NPG-YP CH VMPA--YP NPANZP

ἐν παιδείᾳ καὶ νουθεσίᾳ κυρίου.
PD N-DF-S CC N-DF-S N-GM-S

6.5 Οἱ δοῦλοι, ὑπακούετε τοῖς κατὰ σάρκα κυρίοις μετὰ
DVMP N-VM-P VMPA--YP DDMP PA N-AF-S N-DM-P PG

φόβου καὶ τρόμου ἐν ἁπλότητι τῆς καρδίας ὑμῶν ὡς τῷ Χριστῷ,
N-GM-S CC N-GM-S PD N-DF-S DGFS N-GF-S NPG-YP CS DDMS N-DM-S

6.6 μὴ κατ᾽ ὀφθαλμοδουλίαν ὡς ἀνθρωπάρεσκοι ἀλλ᾽ ὡς δοῦλοι
AB PA N-AF-S CS AP-NM-P CH CS N-NM-P

Χριστοῦ ποιοῦντες τὸ θέλημα τοῦ θεοῦ ἐκ ψυχῆς, 6.7 μετ᾽
N-GM-S VRPANMYP DANS N-AN-S DGMS N-GM-S PG N-GF-S PG

εὐνοίας δουλεύοντες, ὡς τῷ κυρίῳ καὶ οὐκ ἀνθρώποις, 6.8 εἰδότες
N-GF-S VRPANMYP CS DDMS N-DM-S CC AB N-DM-P VRRANMYP

ὅτι ἕκαστος, ἐάν τι ποιήσῃ ἀγαθόν, τοῦτο κομίσεται παρὰ
CC AP-NM-S CS A-IAN-S VSAA--ZS AP-AN-S APDAN-S VIFM--ZS PG

κυρίου, εἴτε δοῦλος εἴτε ἐλεύθερος. 6.9 Καὶ οἱ κύριοι, τὰ αὐτὰ
N-GM-S CC N-NM-S CC AP-NM-S CC DVMP N-VM-P DANP AP-AN-P

ποιεῖτε πρὸς αὐτούς, ἀνιέντες τὴν ἀπειλήν, εἰδότες ὅτι καὶ αὐτῶν
VMPA--YP PA NPAMZP VRPANMYP DAFS -N-AF-S VRRANMYP CC CC NPGMZP

καὶ ὑμῶν ὁ κύριός ἐστιν ἐν οὐρανοῖς, καὶ προσωπολημψία οὐκ
CC NPG-YP DNMS N-NM-S VIPA--ZS PD N-DM-P CC N-NF-S AB

ἔστιν παρ᾽ αὐτῷ.
VIPA--ZS PD NPDMZS

6.10 Τοῦ λοιποῦ ἐνδυναμοῦσθε ἐν κυρίῳ καὶ ἐν τῷ κράτει τῆς
DGNS AP-GN-S VMPP--YP PD N-DM-S CC PD DDNS N-DN-S DGFS

ἰσχύος αὐτοῦ. 6.11 ἐνδύσασθε τὴν πανοπλίαν τοῦ θεοῦ πρὸς τὸ
N-GF-S NPGMZS   VMAM--YP   DAFS N-AF-S   DGMS N-GM-S PA   DANS

δύνασθαι ὑμᾶς στῆναι πρὸς τὰς μεθοδείας τοῦ διαβόλου· 6.12 ὅτι
VNPNA   NPA-YP VNAA PA DAFP N-AF-P   DGMS AP-GM-S   CS

οὐκ ἔστιν ἡμῖν ἡ πάλη πρὸς αἷμα καὶ σάρκα, ἀλλὰ πρὸς τὰς
AB VIPA--ZS NPD-XP DNFS N-NF-S PA N-AN-S CC N-AF-S CH PA DAFP

ἀρχάς, πρὸς τὰς ἐξουσίας, πρὸς τοὺς κοσμοκράτορας τοῦ σκότους
N-AF-P PA DAFP N-AF-P PA DAMP N-AM-P DGNS N-GN-S

τούτου, πρὸς τὰ πνευματικὰ τῆς πονηρίας ἐν τοῖς ἐπουρανίοις.
A-DGN-S PA DANP AP-AN-P DGFS N-GF-S PD DDNP AP-DN-P

6.13 διὰ τοῦτο ἀναλάβετε τὴν πανοπλίαν τοῦ θεοῦ, ἵνα δυνηθῆτε
PA APDAN-S VMAA--YP DAFS N-AF-S DGMS N-GM-S CS VSAO--YP

ἀντιστῆναι ἐν τῇ ἡμέρᾳ τῇ πονηρᾷ καὶ ἅπαντα
VNAA PD DDFS N-DF-S DDFS A--DF-S CC AP-AN-P

κατεργασάμενοι στῆναι. 6.14 στῆτε οὖν περιζωσάμενοι τὴν
VPADNMYP VNAA VMAA--YP CH VRAMNMYP DAFS

ὀσφὺν ὑμῶν ἐν ἀληθείᾳ, καὶ ἐνδυσάμενοι τὸν θώρακα τῆς
N-AF-S NPG-YP PD N-DF-S CC VRAMNMYP DAMS N-AM-S DGFS

δικαιοσύνης, 6.15 καὶ ὑποδησάμενοι τοὺς πόδας ἐν ἑτοιμασίᾳ τοῦ
N-GF-S CC VRAMNMYP DAMP N-AM-P PD N-DF-S DGNS

εὐαγγελίου τῆς εἰρήνης, 6.16 ἐν πᾶσιν ἀναλαβόντες τὸν θυρεὸν
N-GN-S DGFS N-GF-S PD AP-DN-P VRAANMYP DAMS N-AM-S

τῆς πίστεως, ἐν ᾧ δυνήσεσθε πάντα τὰ βέλη τοῦ πονηροῦ
DGFS N-GF-S PD APRDM-S VIFD--YP A--AN-P DANP N-AN-P DGMS AP-GM-S

[τὰ] πεπυρωμένα σβέσαι· 6.17 καὶ τὴν περικεφαλαίαν τοῦ
DANP☐APRNN-P VPRPAN-P VNAA CC DAFS N-AF-S DGNS

σωτηρίου δέξασθε, καὶ τὴν μάχαιραν τοῦ πνεύματος, ὅ ἐστιν
AP-GN-S VMAD--YP CC DAFS N-AF-S DGNS N-GN-S APRNN-S VIPA--ZS

ῥῆμα θεοῦ, 6.18 διὰ πάσης προσευχῆς καὶ δεήσεως
N-NN-S N-GM-S PG A--GF-S N-GF-S CC N-GF-S

προσευχόμενοι ἐν παντὶ καιρῷ ἐν πνεύματι, καὶ εἰς αὐτὸ
VRPNNMYP PD A--DM-S N-DM-S PD N-DN-S CC PA NPANZS

ἀγρυπνοῦντες ἐν πάσῃ προσκαρτερήσει καὶ δεήσει περὶ πάντων
VRPANMYP PD A--DF-S N-DF-S CC N-DF-S PG A--GM-P

τῶν ἁγίων, 6.19 καὶ ὑπὲρ ἐμοῦ, ἵνα μοι δοθῇ λόγος ἐν ἀνοίξει
DGMP AP-GM-P CC PG NPG-XS CC NPD-XS VSAP--ZS N-NM-S PD N-DF-S

τοῦ στόματός μου, ἐν παρρησίᾳ γνωρίσαι τὸ μυστήριον τοῦ
DGNS N-GN-S NPG-XS PD N-DF-S VNAA DANS N-AN-S DGNS

εὐαγγελίου 6.20 ὑπὲρ οὗ πρεσβεύω ἐν ἁλύσει, ἵνα ἐν αὐτῷ
N-GN-S PG APRGN-S VIPA--XS PD N-DF-S CS PD NPDNZS

παρρησιάσωμαι ὡς δεῖ με λαλῆσαι.
VSAD--XS CS VIPA--ZS NPA-XS VNAA

6.21 Ἵνα δὲ εἰδῆτε καὶ ὑμεῖς τὰ κατ᾿ ἐμέ, τί
CS CC VSRA--YP AB NPN-YP DANP PA NPA-XS APTAN-S/APTAN-S☐ABT

πράσσω, πάντα γνωρίσει ὑμῖν Τυχικὸς ὁ ἀγαπητὸς ἀδελφὸς
VIPA--XS AP-AN-P VIFA--ZS NPD-YP N-NM-S DNMS A--NM-S N-NM-S

καὶ πιστὸς διάκονος ἐν κυρίῳ, 6.22 ὃν ἔπεμψα πρὸς ὑμᾶς εἰς
CC A--NM-S N-NM-S PD N-DM-S APRAM-S VIAA--XS PA NPA-YP PA

αὐτὸ τοῦτο ἵνα γνῶτε τὰ περὶ ἡμῶν καὶ παρακαλέσῃ τὰς
AP-AN-S A-DAN-S CS VSAA--YP DANP PG NPG-XP CC VSPA--ZS DAFP

καρδίας ὑμῶν.
N-AF-P NPG-YP

6.23 Εἰρήνη τοῖς ἀδελφοῖς καὶ ἀγάπη μετὰ πίστεως ἀπὸ θεοῦ
N-NF-S DDMP N-DM-P CC N-NF-S PG N-GF-S PG N-GM-S

πατρὸς καὶ κυρίου Ἰησοῦ Χριστοῦ. 6.24 ἡ χάρις μετὰ πάντων
N-GM-S CC N-GM-S N-GM-S N-GM-S DNFS N-NF-S PG AP-GM-P

τῶν ἀγαπώντων τὸν κύριον ἡμῶν Ἰησοῦν Χριστὸν ἐν
DGMP□APRNM-P VPPAGM-P DAMS N-AM-S NPG-XP N-AM-S N-AM-S PD

ἀφθαρσίᾳ.
N-DF-S

ΠΡΟΣ ΦΙΛΙΠΠΗΣΙΟΥΣ

1.1 Παῦλος καὶ Τιμόθεος δοῦλοι Χριστοῦ Ἰησοῦ πᾶσιν τοῖς
N-NM-S CC N-NM-S N-NM-P N-GM-S N-GM-S A--DM-P DDMP

ἁγίοις ἐν Χριστῷ Ἰησοῦ τοῖς οὖσιν ἐν Φιλίπποις σὺν
AP-DM-P PD N-DM-S N-DM-S DDMP□APRNMYP VPPADMYP PD N-DM-P PD

ἐπισκόποις καὶ διακόνοις· 1.2 χάρις ὑμῖν καὶ εἰρήνη ἀπὸ θεοῦ
N-DM-P CC N-DM-P N-NF-S NPD-YP CC N-NF-S PG N-GM-S

πατρὸς ἡμῶν καὶ κυρίου Ἰησοῦ Χριστοῦ.
N-GM-S NPG-XP CC N-GM-S N-GM-S N-GM-S

1.3 Εὐχαριστῶ τῷ θεῷ μου ἐπὶ πάσῃ τῇ μνείᾳ ὑμῶν,
VIPA--XS DDMS N-DM-S NPG-XS PD A--DF-S DDFS N-DF-S NPG-YP

1.4 πάντοτε ἐν πάσῃ δεήσει μου ὑπὲρ πάντων ὑμῶν μετὰ χαρᾶς
AB PD A--DF-S N-DF-S NPG-XS PG A--GM-P NPG-YP PG N-GF-S

τὴν δέησιν ποιούμενος, 1.5 ἐπὶ τῇ κοινωνίᾳ ὑμῶν εἰς τὸ
DAFS N-AF-S VPPMNMXS PD DDFS N-DF-S NPG-YP PA DANS

εὐαγγέλιον ἀπὸ τῆς πρώτης ἡμέρας ἄχρι τοῦ νῦν,
N-AN-S PG DGFS A-OGF-S N-GF-S PG DGMS AB□AP-GM-S

1.6 πεποιθὼς αὐτὸ τοῦτο, ὅτι ὁ ἐναρξάμενος ἐν
VPRANMXS AP-AN-S A-DAN-S ABR DNMS□NPNMZS&APRNM-S VPADNM-S PD

ὑμῖν ἔργον ἀγαθὸν ἐπιτελέσει ἄχρι ἡμέρας Χριστοῦ Ἰησοῦ·
NPD-YP N-AN-S A--AN-S VIFA--ZS PG N-GF-S N-GM-S N-GM-S

1.7 καθώς ἐστιν δίκαιον ἐμοὶ τοῦτο φρονεῖν ὑπὲρ πάντων ὑμῶν,
CS VIPA--ZS A--NN-S NPD-XS APDAN-S VNPA PG A--GM-P NPG-YP

διὰ τὸ ἔχειν με ἐν τῇ καρδίᾳ ὑμᾶς, ἔν τε τοῖς δεσμοῖς μου
PA DANS VNPAA NPA-XS PD DDFS N-DF-S NPA-YP PD CC DDMP N-DM-P NPG-XS

καὶ ἐν τῇ ἀπολογίᾳ καὶ βεβαιώσει τοῦ εὐαγγελίου συγκοινωνούς
CC PD DDFS N-DF-S CC N-DF-S DGNS N-GN-S N-AM-P

μου τῆς χάριτος πάντας ὑμᾶς ὄντας. 1.8 μάρτυς γάρ μου ὁ
NPG-XS DGFS N-GF-S A--AM-P NPA-YP VPPAAMYP N-NM-S CS NPG-XS DNMS

θεός, ὡς ἐπιποθῶ πάντας ὑμᾶς ἐν σπλάγχνοις Χριστοῦ Ἰησοῦ.
N-NM-S AB/CC VIPA--XS A--AM-P NPA-YP PD N-DN-P N-GM-S N-GM-S

1.9 καὶ τοῦτο προσεύχομαι, ἵνα ἡ ἀγάπη ὑμῶν ἔτι μᾶλλον καὶ
CC APDAN-S VIPN--XS ABR DNFS N-NF-S NPG-YP AB ABM CC

μᾶλλον περισσεύῃ ἐν ἐπιγνώσει καὶ πάσῃ αἰσθήσει, 1.10 εἰς τὸ
ABM VSPA--ZS PD N-DF-S CC A--DF-S N-DF-S PA DANS

δοκιμάζειν ὑμᾶς τὰ διαφέροντα, ἵνα ἦτε
VNPAA NPA-YP DANP□NPANZP&APRNN-P VPPAAN-P CS VSPA--YP

εἰλικρινεῖς καὶ ἀπρόσκοποι εἰς ἡμέραν Χριστοῦ,
A--NM-P CC A--NM-P PA N-AF-S N-GM-S

1.11 πεπληρωμένοι καρπὸν δικαιοσύνης τὸν διὰ Ἰησοῦ Χριστοῦ
VPRPNMYP   N-AM-S   N-GF-S   DAMS PG N-GM-S N-GM-S

εἰς δόξαν καὶ ἔπαινον θεοῦ.
PA   N-AF-S CC   N-AM-S   N-GM-S

1.12 Γινώσκειν δὲ ὑμᾶς βούλομαι, ἀδελφοί, ὅτι τὰ κατ᾽ ἐμὲ
VNPA   CC NPA-YP VIPN--XS N-VM-P   CC DNNP PA NPA-XS

μᾶλλον εἰς προκοπὴν τοῦ εὐαγγελίου ἐλήλυθεν, 1.13 ὥστε τοὺς
ABM   PA N-AF-S   DGNS N-GN-S   VIRA--ZS   CH   DAMP

δεσμούς μου φανεροὺς ἐν Χριστῷ γενέσθαι ἐν ὅλῳ τῷ
N-AM-P NPG-XS A--AM-P PD N-DM-S VNAD   PD A--DN-S DDNS

πραιτωρίῳ καὶ τοῖς λοιποῖς πᾶσιν, 1.14 καὶ τοὺς πλείονας τῶν
N-DN-S   CC DDMP AP-DM-P A--DM-P   CC DAMP APMAM-P DGMP

ἀδελφῶν ἐν κυρίῳ πεποιθότας τοῖς δεσμοῖς μου περισσοτέρως
N-GM-P PD N-DM-S VPRAAM-P   DDMP N-DM-P NPG-XS ABM

τολμᾶν ἀφόβως τὸν λόγον λαλεῖν.
VNPA   AB   DAMS N-AM-S VNPA

1.15 Τινὲς μὲν καὶ διὰ φθόνον καὶ ἔριν, τινὲς δὲ καὶ δι᾽
APINM-P CC AB PA N-AM-S CC N-AF-S APINM-P CC AB PA

εὐδοκίαν τὸν Χριστὸν κηρύσσουσιν· 1.16 οἱ μὲν ἐξ
N-AF-S   DAMS N-AM-S VIPA--ZP   DNMP□APDNM-P CC PG

ἀγάπης, εἰδότες ὅτι εἰς ἀπολογίαν τοῦ εὐαγγελίου κεῖμαι,
N-GF-S VPRANM-P CH PA N-AF-S   DGNS N-GN-S   VIPN--XS

1.17 οἱ   δὲ ἐξ ἐριθείας τὸν Χριστὸν καταγγέλλουσιν, οὐχ
DNMP□APDNM-P CC PG N-GF-S   DAMS N-AM-S VIPA--ZP   AB

ἀγνῶς, οἰόμενοι θλῖψιν ἐγείρειν τοῖς δεσμοῖς μου. 1.18 τί γάρ;
AB   VPPNNM-P N-AF-S VNPA   DDMP N-DM-P NPG-XS   APTNN-S CS

πλὴν ὅτι παντὶ τρόπῳ, εἴτε προφάσει εἴτε ἀληθείᾳ, Χριστὸς
CH   CH A--DM-S N-DM-S CC N-DF-S   CC   N-DF-S   N-NM-S

καταγγέλλεται, καὶ ἐν τούτῳ χαίρω· ἀλλὰ καὶ χαρήσομαι,
VIPP--ZS   CC PD APDDN-S VIPA--XS CC AB VIFO--XS

1.19 οἶδα γὰρ ὅτι τοῦτό μοι ἀποβήσεται εἰς σωτηρίαν διὰ τῆς
VIRA--XS CS CH APDNN-S NPD-XS VIFD--ZS PA N-AF-S   PG DGFS

ὑμῶν δεήσεως καὶ ἐπιχορηγίας τοῦ πνεύματος Ἰησοῦ Χριστοῦ,
NPG-YP N-GF-S CC N-GF-S   DGNS N-GN-S   N-GM-S N-GM-S

1.20 κατὰ τὴν ἀποκαραδοκίαν καὶ ἐλπίδα μου ὅτι ἐν οὐδενὶ
PA   DAFS N-AF-S   CC N-AF-S NPG-XS ABR PD APCDN-S

αἰσχυνθήσομαι, ἀλλ᾽ ἐν πάσῃ παρρησίᾳ ὡς πάντοτε καὶ νῦν
VIFO--XS   CH PD A--DF-S N-DF-S CS AB   AB AB

μεγαλυνθήσεται Χριστὸς ἐν τῷ σώματί μου, εἴτε διὰ ζωῆς εἴτε
VIFP--ZS   N-NM-S PD DDNS N-DN-S NPG-XS CC PG N-GF-S CC

διὰ θανάτου. 1.21 ἐμοὶ γὰρ τὸ ζῆν Χριστὸς καὶ τὸ ἀποθανεῖν
PG N-GM-S   NPD-XS CS DNNS VNPAN N-NM-S CC DNNS VNAAN

κέρδος. 1.22 εἰ δὲ τὸ ζῆν ἐν σαρκί, τοῦτό μοι καρπὸς ἔργου·
N-NN-S   CS CC DNNS VNPAN PD N-DF-S APDNN-S NPD-XS N-NM-S N-GN-S

καὶ τί   αἱρήσομαι οὐ γνωρίζω. 1.23 συνέχομαι δὲ ἐκ τῶν δύο,
CC APTAN-S VIFM--XS AB VIPA--XS   VIPP--XS   CC PG DGNP APCGN-P

τὴν ἐπιθυμίαν ἔχων   εἰς τὸ   ἀναλῦσαι καὶ σὺν Χριστῷ εἶναι,
DAFS N-AF-S VPPANMXS PA DANS VNAAA   CC PD N-DM-S VNPAA

πολλῷ [γὰρ] μᾶλλον κρεῖσσον· 1.24 τὸ   δὲ ἐπιμένειν [ἐν] τῇ
AP-DN-S CS ABM   A-MNN-S   DNNS CH VNPAN   PD DDFS

σαρκὶ ἀναγκαιότερον δι᾽ ὑμᾶς. 1.25 καὶ τοῦτο πεποιθὼς οἶδα   ὅτι
N-DF-S A-MNN-S   PA NPA-YP   CC APDAN-S VPRANMXS VIRA--XS CC

μενῶ   καὶ παραμενῶ πᾶσιν ὑμῖν εἰς τὴν ὑμῶν προκοπὴν καὶ
VIFA--XS CC VIFA--XS A--DM-P NPD-YP PA DAFS NPG-YP N-AF-S CC

χαρὰν τῆς πίστεως, 1.26 ἵνα τὸ   καύχημα ὑμῶν περισσεύῃ ἐν
N-AF-S DGFS N-GF-S   CS DNNS N-NN-S NPG-YP VSPA--ZS PD

Χριστῷ Ἰησοῦ ἐν ἐμοὶ διὰ τῆς ἐμῆς παρουσίας πάλιν πρὸς
N-DM-S N-DM-S PD NPD-XS PG DGFS A--GFXS N-GF-S AB   PA

ὑμᾶς.
NPA-YP

1.27 Μόνον ἀξίως τοῦ εὐαγγελίου τοῦ Χριστοῦ πολιτεύεσθε,
     AP-AN-S□AB AB DGNS N-GN-S   DGMS N-GM-S VMPN--YP

ἵνα εἴτε ἐλθὼν   καὶ ἰδὼν   ὑμᾶς εἴτε ἀπὼν   ἀκούω τὰ   περὶ
CS CC   VPAANMXS CC VPAANMXS NPA-YP CC VPPANMXS VSPA--XS DANP PG

ὑμῶν, ὅτι στήκετε ἐν ἑνὶ   πνεύματι, μιᾷ   ψυχῇ συναθλοῦντες
NPG-YP ABR VIPA--YP PD A-CDN-S N-DN-S A-CDF-S N-DF-S VPPANMYP

τῇ πίστει τοῦ εὐαγγελίου, 1.28 καὶ μὴ πτυρόμενοι ἐν μηδενὶ ὑπὸ
DDFS N-DF-S DGNS N-GN-S   CC AB VPPPNMYP   PD APCDN-S PG

τῶν   ἀντικειμένων, ἥτις   ἐστὶν αὐτοῖς ἔνδειξις
DGMP□NPGMZP&APRNM-P VPPNGM-P APRNF-S VIPA--ZS NPDMZP N-NF-S

ἀπωλείας, ὑμῶν δὲ   σωτηρίας, καὶ τοῦτο ἀπὸ θεοῦ· 1.29 ὅτι ὑμῖν
N-GF-S   NPG-YP CC/CH N-GF-S   CC APDNN-S PG N-GM-S   CS NPD-YP

ἐχαρίσθη τὸ   ὑπὲρ Χριστοῦ, οὐ μόνον   τὸ   εἰς αὐτὸν
VIAP--ZS DNNS PG   N-GM-S   AB A--NN-S/AP-AN-S□AB DNNS PA NPAMZS

πιστεύειν ἀλλὰ καὶ τὸ   ὑπὲρ αὐτοῦ πάσχειν, 1.30 τὸν αὐτὸν
VNPAN   CH   AB DNNS PG   NPGMZS VNPAN   DAMS A--AM-S

ἀγῶνα ἔχοντες οἷον   εἴδετε ἐν ἐμοὶ καὶ νῦν ἀκούετε ἐν ἐμοί.
N-AM-S VPPANMYP APRAM-S VIAA--YP PD NPD-XS CC AB VIPA--YP PD NPD-XS

2.1 Εἴ τις   οὖν παράκλησις ἐν Χριστῷ, εἴ τι   παραμύθιον
    CS A-INF-S CH N-NF-S   PD N-DM-S CS A-INN-S N-NN-S

ἀγάπης, εἴ τις   κοινωνία πνεύματος, εἴ τις   σπλάγχνα καὶ
N-GF-S CS A-INF-S N-NF-S N-GN-S   CS A-INF-S/A-INM-S N-NN-P CC

οἰκτιρμοί, 2.2 πληρώσατέ μου τὴν χαρὰν ἵνα τὸ   αὐτὸ φρονῆτε,
N-NM-P   VMAA--YP NPG-XS DAFS N-AF-S CH DANS AP-AN-S VSPA--YP

τὴν αὐτὴν ἀγάπην ἔχοντες, σύμψυχοι, τὸ   ἓν   φρονοῦντες,
DAFS A--AF-S N-AF-S VPRANMYP A--NM-P DANS APCAN-S VRPANMYP

2.3 μηδὲν κατ᾽ ἐριθείαν μηδὲ κατὰ κενοδοξίαν, ἀλλὰ τῇ
    APCAN-S PA   N-AF-S   CC   PA   N-AF-S   CH   DDFS

ταπεινοφροσύνῃ   ἀλλήλους   ἡγούμενοι   ὑπερέχοντας   ἑαυτῶν,
N-DF-S   NPAMYP   VRPNNMYP   VPPAAMYP   NPGMYP

2.4 μὴ   τὰ   ἑαυτῶν   ἕκαστος   σκοποῦντες,   ἀλλὰ   [καὶ]   τὰ   ἑτέρων
    AB   DANP   NPGMYP   AP-NM-S   VRPANMYP   CH   AB   DANP AP-GM-P

ἕκαστοι.   2.5 τοῦτο   φρονεῖτε   ἐν   ὑμῖν   ὃ   καὶ   ἐν   Χριστῷ   Ἰησοῦ,
AP-NM-P   APDAN-S   VMPA--YP   PD   NPD-YP APRNN-S AB   PD   N-DM-S   N-DM-S

2.6 ὃς   ἐν   μορφῇ   θεοῦ   ὑπάρχων   οὐχ   ἁρπαγμὸν   ἡγήσατο   τὸ
    APRNM-S PD   N-DF-S   N-GM-S VPPANM-S   AB   N-AM-S   VIAD--ZS   DANS

εἶναι   ἴσα   θεῷ,   2.7 ἀλλὰ   ἑαυτὸν   ἐκένωσεν   μορφὴν   δούλου
VNPAA AP-AN-P□AB N-DM-S   CH   NPAMZS   VIAA--ZS   N-AF-S   N-GM-S

λαβών,   ἐν   ὁμοιώματι   ἀνθρώπων   γενόμενος·   καὶ   σχήματι   εὑρεθεὶς
VPAANM-S PD   N-DN-S   N-GM-P   VPADNM-S   CC   N-DN-S   VPAPNM-S

ὡς   ἄνθρωπος   2.8 ἐταπείνωσεν   ἑαυτὸν   γενόμενος   ὑπήκοος   μέχρι
CS   N-NM-S   VIAA--ZS   NPAMZS   VPADNM-S   A--NM-S   PG

θανάτου,   θανάτου   δὲ   σταυροῦ.   2.9 διὸ   καὶ   ὁ   θεὸς   αὐτὸν
N-GM-S   N-GM-S   CH   N-GM-S   CH   AB   DNMS N-NM-S NPAMZS

ὑπερύψωσεν   καὶ   ἐχαρίσατο   αὐτῷ   τὸ   ὄνομα   τὸ   ὑπὲρ   πᾶν
VIAA--ZS   CC   VIAD--ZS   NPDMZS DANS N-AN-S   DANS   PA   A--AN-S

ὄνομα,   2.10 ἵνα   ἐν   τῷ   ὀνόματι   Ἰησοῦ   πᾶν   γόνυ   κάμψῃ
N-AN-S   CS   PD   DDNS   N-DN-S   N-GM-S   A--NN-S N-NN-S VSAA--ZS

ἐπουρανίων   καὶ   ἐπιγείων   καὶ   καταχθονίων,   2.11 καὶ   πᾶσα
AP-GM-P   CC   AP-GM-P   CC   AP-GM-P   CC   A--NF-S

γλῶσσα   ἐξομολογήσηται   ὅτι   κύριος   Ἰησοῦς   Χριστὸς   εἰς   δόξαν
N-NF-S   VSAM--ZS   CC   N-NM-S   N-NM-S   N-NM-S   PA   N-AF-S

θεοῦ   πατρός.
N-GM-S N-GM-S

2.12 Ὥστε,   ἀγαπητοί   μου,   καθὼς   πάντοτε   ὑπηκούσατε,   μὴ
        CH   AP-VM-P   NPG-XS   CS   AB   VIAA--YP   AB

ὡς   ἐν   τῇ   παρουσίᾳ   μου   μόνον   ἀλλὰ   νῦν   πολλῷ   μᾶλλον   ἐν   τῇ
CS   PD   DDFS   N-DF-S   NPG-XS AP-AN-S□AB CH   AB   AP-DN-S   ABM   PD DDFS

ἀπουσίᾳ   μου,   μετὰ   φόβου   καὶ   τρόμου   τὴν   ἑαυτῶν   σωτηρίαν
N-DF-S   NPG-XS   PG   N-GM-S   CC   N-GM-S   DAFS   NPGMYP   N-AF-S

κατεργάζεσθε·   2.13 θεὸς   γάρ   ἐστιν   ὁ   ἐνεργῶν   ἐν
VMPN--YP   N-NM-S   CS   VIPA--ZS   DNMS□NPNMZS&APRNM-S VPPANM-S   PD

ὑμῖν   καὶ   τὸ   θέλειν   καὶ   τὸ   ἐνεργεῖν   ὑπὲρ   τῆς   εὐδοκίας.
NPD-YP CC   DANS VNPAA   CC   DANS VNPAA   PG   DGFS N-GF-S

2.14 πάντα   ποιεῖτε   χωρὶς   γογγυσμῶν   καὶ   διαλογισμῶν,   2.15 ἵνα
       AP-AN-P   VMPA--YP   PG   N-GM-P   CC   N-GM-P   CS

γένησθε   ἄμεμπτοι   καὶ   ἀκέραιοι,   τέκνα   θεοῦ   ἄμωμα   μέσον
VSAD--YP   A--NM-P   CC   A--NM-P   N-NN-P/N-VN-P N-GM-S A--NN-P   AP-AN-S□PG

γενεᾶς   σκολιᾶς   καὶ   διεστραμμένης,   ἐν   οἷς   φαίνεσθε   ὡς
N-GF-S   A--GF-S   CC   VPRPGF-S   PD   APRDM-P VIPE--YP/VMPE--YP CS

φωστῆρες   ἐν   κόσμῳ,   2.16 λόγον   ζωῆς   ἐπέχοντες,   εἰς   καύχημα
N-NM-P   PD   N-DM-S   N-AM-S   N-GF-S VRPANMYP   PA   N-AN-S

ἐμοὶ εἰς ἡμέραν Χριστοῦ, ὅτι οὐκ εἰς κενὸν ἔδραμον οὐδὲ εἰς
NPD-XS PA N-AF-S N-GM-S ABR AB PA AP-AN-S VIAA--XS CC PA

κενὸν ἐκοπίασα. 2.17 ἀλλὰ εἰ καὶ σπένδομαι ἐπὶ τῇ θυσίᾳ καὶ
AP-AN-S VIAA--XS CC CS AB VIPP--XS PD DDFS N-DF-S CC

λειτουργίᾳ τῆς πίστεως ὑμῶν, χαίρω καὶ συγχαίρω πᾶσιν ὑμῖν·
N-DF-S DGFS N-GF-S NPG-YP VIPA--XS CC VIPA--XS A--DM-P NPD-YP

2.18 τὸ δὲ αὐτὸ καὶ ὑμεῖς χαίρετε καὶ συγχαίρετέ μοι.
DANS CC AP-AN-S AB NPN-YP VMPA--YP CC VMPA--YP NPD-XS

2.19 Ἐλπίζω δὲ ἐν κυρίῳ Ἰησοῦ Τιμόθεον ταχέως πέμψαι
VIPA--XS CC PD N-DM-S N-DM-S N-AM-S AB VNAA

ὑμῖν, ἵνα κἀγὼ εὐψυχῶ γνοὺς τὰ περὶ ὑμῶν. 2.20 οὐδένα γὰρ
NPD-YP CS AB&NPN-XS VSPA--XS VPAANMXS DANP PG NPG-YP APCAM-S CS

ἔχω ἰσόψυχον ὅστις γνησίως τὰ περὶ ὑμῶν μεριμνήσει,
VIPA--XS A--AM-S APRNM-S AB DANP PG NPG-YP VIFA--ZS

2.21 οἱ πάντες γὰρ τὰ ἑαυτῶν ζητοῦσιν, οὐ τὰ Ἰησοῦ
DNMP AP-NM-P CS DANP NPGMZP VIPA--ZP AB DANP N-GM-S

Χριστοῦ. 2.22 τὴν δὲ δοκιμὴν αὐτοῦ γινώσκετε, ὅτι ὡς πατρὶ
N-GM-S DAFS CH N-AF-S NPGMZS VIPA--YP ABR CS N-DM-S

τέκνον σὺν ἐμοὶ ἐδούλευσεν εἰς τὸ εὐαγγέλιον. 2.23 τοῦτον μὲν
N-NN-S PD NPD-XS VIAA--ZS PA DANS N-AN-S APDAM-S CS

οὖν ἐλπίζω πέμψαι ὡς ἂν ἀφίδω τὰ περὶ ἐμὲ ἐξαυτῆς·
CH VIPA--XS VNAA CS QV VSAA--XS DANP PA NPA-XS AB

2.24 πέποιθα δὲ ἐν κυρίῳ ὅτι καὶ αὐτὸς ταχέως ἐλεύσομαι.
VIRA--XS CH PD N-DM-S CC AB NPNMXS AB VIFD--XS

2.25 Ἀναγκαῖον δὲ ἡγησάμην Ἐπαφρόδιτον τὸν ἀδελφὸν καὶ
A--NN-S CC VIAD--XS N-AM-S DAMS N-AM-S CC

συνεργὸν καὶ συστρατιώτην μου, ὑμῶν δὲ ἀπόστολον καὶ
AP-AM-S CC N-AM-S NPG-XS NPG-YP CC N-AM-S CC

λειτουργὸν τῆς χρείας μου, πέμψαι πρὸς ὑμᾶς, 2.26 ἐπειδὴ
N-AM-S DGFS N-GF-S NPG-XS VNAA PA NPA-YP CS

ἐπιποθῶν ἦν πάντας ὑμᾶς, καὶ ἀδημονῶν διότι ἠκούσατε ὅτι
VPPANM-S+ +VIIA--ZS+ A--AM-P NPA-YP CC +VPPANM-S CS VIAA--YP CH

ἠσθένησεν. 2.27 καὶ γὰρ ἠσθένησεν παραπλήσιον θανάτῳ· ἀλλὰ
VIAA--ZS AB CS VIAA--ZS AP-AN-S□AB N-DM-S CC

ὁ θεὸς ἠλέησεν αὐτόν, οὐκ αὐτὸν δὲ μόνον ἀλλὰ καὶ ἐμέ, ἵνα
DNMS N-NM-S VIAA--ZS NPAMZS AB NPAMZS CC A--AM-S CH AB NPA-XS CS

μὴ λύπην ἐπὶ λύπην σχῶ. 2.28 σπουδαιοτέρως οὖν ἔπεμψα
AB N-AF-S PA N-AF-S VSAA--XS ABM CH VIAA--XS

αὐτὸν ἵνα ἰδόντες αὐτὸν πάλιν χαρῆτε κἀγὼ ἀλυπότερος ὦ.
NPAMZS CS VPAANMYP NPAMZS AB VSAO--YP CC&NPN-XS A-MNM-S VSPA--XS

2.29 προσδέχεσθε οὖν αὐτὸν ἐν κυρίῳ μετὰ πάσης χαρᾶς, καὶ
VMPN-YP CH NPAMZS PD N-DM-S PG A--GF-S N-GF-S CC

τοὺς τοιούτους ἐντίμους ἔχετε, 2.30 ὅτι διὰ τὸ ἔργον Χριστοῦ
DAMP APDAM-P A--AM-P VMPA--YP CS PA DANS N-AN-S N-GM-S

μέχρι θανάτου ἤγγισεν, παραβολευσάμενος τῇ ψυχῇ ἵνα
PG   N-GM-S   VIAA--ZS   VPADNM-S   DDFS   N-DF-S   CS

ἀναπληρώσῃ τὸ ὑμῶν ὑστέρημα τῆς πρός με λειτουργίας.
VSAA--ZS   DANS   NPG-YP   N-AN-S   DGFS   PA   NPA-XS   N-GF-S

3.1 Τὸ λοιπόν, ἀδελφοί μου, χαίρετε ἐν κυρίῳ· τὰ αὐτὰ
DANS   AP-AN-S   N-VM-P   NPG-XS   VMPA--YP   PD   N-DM-S   DANP   AP-AN-P

γράφειν ὑμῖν ἐμοὶ μὲν οὐκ ὀκνηρόν, ὑμῖν δὲ ἀσφαλές.
VNPA   NPD-YP   NPD-XS   CC/CS   AB   A--NN-S   NPD-YP   CC/CH   A--NN-S

3.2 Βλέπετε τοὺς κύνας, βλέπετε τοὺς κακοὺς ἐργάτας, βλέπετε
VMPA--YP   DAMP   N-AM-P   VMPA--YP   DAMP   A--AM-P   N-AM-P   VMPA--YP

τὴν κατατομήν. 3.3 ἡμεῖς γάρ ἐσμεν ἡ περιτομή, οἱ
DAFS   N-AF-S   NPN-XP   CS   VIPA--XP   DNFS   N-NF-S   DNMP□APRNMXP

πνεύματι θεοῦ λατρεύοντες καὶ καυχώμενοι ἐν Χριστῷ Ἰησοῦ
N-DN-S   N-GM-S   VPPANMXP   CC   VPPNNMXP   PD   N-DM-S   N-DM-S

καὶ οὐκ ἐν σαρκὶ πεποιθότες, 3.4 καίπερ ἐγὼ ἔχων πεποίθησιν
CC   AB   PD   N-DF-S   VPRANMXP   CS   NPN-XS   VPPANMXS   N-AF-S

καὶ ἐν σαρκί. εἴ τις δοκεῖ ἄλλος πεποιθέναι ἐν σαρκί, ἐγὼ
AB   PD   N-DF-S   CS   A-INM-S   VIPA--ZS   AP-NM-S   VNRA   PD   N-DF-S   NPN-XS

μᾶλλον· 3.5 περιτομῇ ὀκταήμερος, ἐκ γένους Ἰσραήλ, φυλῆς
ABM   N-DF-S   AP-NM-S   PG   N-GN-S   N-GM-S   N-GF-S

Βενιαμίν, Ἑβραῖος ἐξ Ἑβραίων, κατὰ νόμον Φαρισαῖος, 3.6 κατὰ
N-GM-S   N-NM-S   PG   N-GM-P   PA   N-AM-S   N-NM-S   PA

ζῆλος διώκων τὴν ἐκκλησίαν, κατὰ δικαιοσύνην τὴν ἐν νόμῳ
N-AN-S   VPPANMXS   DAFS   N-AF-S   PA   N-AF-S   DAFS   PD   N-DM-S

γενόμενος ἄμεμπτος. 3.7 [ἀλλὰ] ἅτινα ἦν μοι κέρδη, ταῦτα
VPADNMXS   A--NM-S   CC   APRNN-P+   VIIA--ZS   NPD-XS   N-NN-P   APDAN-P

ἥγημαι διὰ τὸν Χριστὸν ζημίαν. 3.8 ἀλλὰ μενοῦνγε καὶ ἡγοῦμαι
VIRN--XS   PA   DAMS   N-AM-S   N-AF-S   CH   QS   AB   VIPN--XS

πάντα ζημίαν εἶναι διὰ τὸ ὑπερέχον τῆς γνώσεως
AP-AN-P   N-AF-S   VNPA   PA   DANS□NPANZS&APRNN-S   VPPAAN-S   DGFS   N-GF-S

Χριστοῦ Ἰησοῦ τοῦ κυρίου μου, δι᾽ ὃν τὰ πάντα ἐζημιώθην,
N-GM-S   N-GM-S   DGMS   N-GM-S   NPG-XS   PA   APRAM-S   DANP   AP-AN-P   VIAP--XS

καὶ ἡγοῦμαι σκύβαλα ἵνα Χριστὸν κερδήσω 3.9 καὶ εὑρεθῶ ἐν
CC   VIPN--XS   N-AN-P   CS   N-AM-S   VSAA--XS   CC   VSAP--XS   PD

αὐτῷ, μὴ ἔχων ἐμὴν δικαιοσύνην τὴν ἐκ νόμου ἀλλὰ τὴν διὰ
NPDMZS   AB   VPPANMXS   A--AFXS   N-AF-S   DAFS   PG   N-GM-S   CH   DAFS   PG

πίστεως Χριστοῦ, τὴν ἐκ θεοῦ δικαιοσύνην ἐπὶ τῇ πίστει,
N-GF-S   N-GM-S   DAFS   PG   N-GM-S   N-AF-S   PD   DDFS   N-DF-S

3.10 τοῦ γνῶναι αὐτὸν καὶ τὴν δύναμιν τῆς ἀναστάσεως αὐτοῦ
DGNS   VNAAG   NPAMZS   CC   DAFS   N-AF-S   DGFS   N-GF-S   NPGMZS

καὶ [τὴν] κοινωνίαν [τῶν] παθημάτων αὐτοῦ, συμμορφιζόμενος
CC   DAFS   N-AF-S   DGNP   N-GN-P   NPGMZS   VPPPNMXS

τῷ θανάτῳ αὐτοῦ, 3.11 εἴ πως καταντήσω εἰς τὴν ἐξανάστασιν
DDMS   N-DM-S   NPGMZS   QT   ABI   VSAA--XS   PA   DAFS   N-AF-S

τὴν ἐκ νεκρῶν.
DAFS PG AP-GM-P

3.12 Οὐχ ὅτι ἤδη ἔλαβον ἢ ἤδη τετελείωμαι, διώκω δὲ εἰ καὶ
AB CC AB VIAA--XS CC AB VIRP--XS VIPA--XS CH QT AB

καταλάβω, ἐφ᾽ ᾧ καὶ κατελήμφθην ὑπὸ Χριστοῦ
VSAA--XS PD APRDN-S□NPDNZS AB VIAP--XS PG N-GM-S

[Ἰησοῦ]. 3.13 ἀδελφοί, ἐγὼ ἐμαυτὸν οὐ λογίζομαι κατειληφέναι·
N-GM-S N-VM-P NPN-XS NPAMXS AB VIPN--XS VNRA

ἐν δέ, τὰ μὲν ὀπίσω ἐπιλανθανόμενος τοῖς δὲ ἔμπροσθεν
APCAN-S CH DANP CS AB□AP-AN-P VPPNNMXS DDNP CH AB□AP-DN-P

ἐπεκτεινόμενος, 3.14 κατὰ σκοπὸν διώκω εἰς τὸ βραβεῖον τῆς
VPPNNMXS PA N-AM-S VIPA--XS PA DANS N-AN-S DGFS

ἄνω κλήσεως τοῦ θεοῦ ἐν Χριστῷ Ἰησοῦ.
AB□A--GF-S N-GF-S DGMS N-GM-S PD N-DM-S N-DM-S

3.15 Ὅσοι οὖν τέλειοι, τοῦτο φρονῶμεν· καὶ εἴ
APRNMXP□NPNMXP&APRNMXP CH A--NM-P APDAN-S VSPA--XP CC CS

τι ἑτέρως φρονεῖτε, καὶ τοῦτο ὁ θεὸς ὑμῖν ἀποκαλύψει·
APIAN-S AB VIPA--YP AB APDAN-S DNMS N-NM-S NPD-YP VIFA--ZS

3.16 πλὴν εἰς ὃ ἐφθάσαμεν, τῷ αὐτῷ στοιχεῖν.
CC PA APRAN-S+ VIAA--XP DDNS AP-DN-S VNPA

3.17 Συμμιμηταί μου γίνεσθε, ἀδελφοί, καὶ σκοπεῖτε
N-NM-P NPG-XS VMPN--YP N-VM-P CC VMPA--YP

τοὺς οὕτω περιπατοῦντας καθὼς ἔχετε τύπον ἡμᾶς.
DAMP□NPAMZP&APRNM-P AB VPPAAM-P CS VIPA--YP N-AM-S NPA-XP

3.18 πολλοὶ γὰρ περιπατοῦσιν οὓς πολλάκις ἔλεγον ὑμῖν, νῦν
AP-NM-P CS VIPA--ZP APRAM-P AB VIIA--XS NPD-YP AB

δὲ καὶ κλαίων λέγω, τοὺς ἐχθροὺς τοῦ σταυροῦ τοῦ Χριστοῦ,
CC AB VPPANMXS VIPA--XS DAMP AP-AM-P DGMS N-GM-S DGMS N-GM-S

3.19 ὧν τὸ τέλος ἀπώλεια, ὧν ὁ θεὸς ἡ κοιλία καὶ ἡ
APRGM-P DNNS N-NN-S N-NF-S APRGM-P DNMS N-NM-S DNFS N-NF-S CC DNFS

δόξα ἐν τῇ αἰσχύνῃ αὐτῶν, οἱ τὰ ἐπίγεια φρονοῦντες.
N-NF-S PD DDFS N-DF-S NPGMZP DNMP□APRNM-P DANP AP-AN-P VPPANM-P

3.20 ἡμῶν γὰρ τὸ πολίτευμα ἐν οὐρανοῖς ὑπάρχει, ἐξ οὗ καὶ
NPG-XP CS DNNS N-NN-S PD N-DM-P VIPA--ZS PG APRGM-S AB

σωτῆρα ἀπεκδεχόμεθα κύριον Ἰησοῦν Χριστόν, 3.21 ὃς
N-AM-S VIPN--XP N-AM-S N-AM-S N-AM-S APRNM-S

μετασχηματίσει τὸ σῶμα τῆς ταπεινώσεως ἡμῶν σύμμορφον
VIFA--ZS DANS N-AN-S DGFS N-GF-S NPG-XP A--NM-S

τῷ σώματι τῆς δόξης αὐτοῦ κατὰ τὴν ἐνέργειαν τοῦ δύνασθαι
DDNS N-DN-S DGFS N-GF-S NPGMZS PA DAFS N-AF-S DGNS VNPNG

αὐτὸν καὶ ὑποτάξαι αὐτῷ τὰ πάντα.
NPAMZS AB VNAA NPDMZS DANP AP-AN-P

4.1 Ὥστε, ἀδελφοί μου ἀγαπητοὶ καὶ ἐπιπόθητοι, χαρὰ καὶ
CH N-VM-P NPG-XS A--VM-P CC A--VM-P N-VF-S CC

στέφανός μου, οὕτως στήκετε ἐν κυρίῳ, ἀγαπητοί.
N-VM-S   NPG-XS   AB   VMPA--YP   PD N-DM-S   AP-VM-P

4.2 Εὐοδίαν παρακαλῶ καὶ Συντύχην παρακαλῶ τὸ αὐτὸ
N-AF-S   VIPA--XS   CC N-AF-S   VIPA--XS   DANS AP-AN-S

φρονεῖν ἐν κυρίῳ. 4.3 ναὶ ἐρωτῶ καὶ σέ, γνήσιε σύζυγε,
VNPA   PD N-DM-S   QS VIPA--XS AB NPA-YS A--VM-S AP-VM-S

συλλαμβάνου αὐταῖς, αἵτινες ἐν τῷ εὐαγγελίῳ συνήθλησάν μοι
VMPM--YS   NPDFZP APRNF-P PD DDNS N-DN-S   VIAA--ZP   NPD-XS

μετὰ καὶ Κλήμεντος καὶ τῶν λοιπῶν συνεργῶν μου, ὧν τὰ
PG   CC N-GM-S   CC DGMP A--GM-P AP-GM-P NPG-XS APRGM-P DNNP

ὀνόματα ἐν βίβλῳ ζωῆς. 4.4 Χαίρετε ἐν κυρίῳ πάντοτε· πάλιν
N-NN-P PD N-DF-S N-GF-S   VMPA--YP PD N-DM-S AB   AB

ἐρῶ, χαίρετε. 4.5 τὸ ἐπιεικὲς ὑμῶν γνωσθήτω πᾶσιν ἀνθρώποις.
VIFA--XS VMPA--YP   DNNS AP-NN-S NPG-YP VMAP--ZS A--DM-P N-DM-P

ὁ κύριος ἐγγύς. 4.6 μηδὲν μεριμνᾶτε, ἀλλ᾽ ἐν παντὶ τῇ
DNMS N-NM-S AB   APCAN-S VMPA--YP   CH PD AP-DN-S DDFS

προσευχῇ καὶ τῇ δεήσει μετὰ εὐχαριστίας τὰ αἰτήματα ὑμῶν
N-DF-S   CC DDFS N-DF-S PA/PG N-AF-P/N-GF-S DNNP N-NN-P   NPG-YP

γνωριζέσθω πρὸς τὸν θεόν. 4.7 καὶ ἡ εἰρήνη τοῦ θεοῦ
VMPP--ZS   PA   DAMS N-AM-S   CC DNFS N-NF-S DGMS N-GM-S

ἡ ὑπερέχουσα πάντα νοῦν φρουρήσει τὰς καρδίας ὑμῶν
DNFS☐APRNF-S VPPANF-S A--AM-S N-AM-S VIFA--ZS DAFP N-AF-P NPG-YP

καὶ τὰ νοήματα ὑμῶν ἐν Χριστῷ Ἰησοῦ.
CC DANP N-AN-P NPG-YP PD N-DM-S   N-DM-S

4.8 Τὸ λοιπόν, ἀδελφοί, ὅσα ἐστὶν ἀληθῆ, ὅσα σεμνά,
DANS AP-AN-S N-VM-P   APRNN-P+ VIPA--ZS A--NN-P APRNN-P+ A--NN-P

ὅσα δίκαια, ὅσα ἁγνά, ὅσα προσφιλῆ, ὅσα εὔφημα, εἴ
APRNN-P+ A--NN-P APRNN-P+ A--NN-P APRNN-P+ A--NN-P APRNN-P+ A--NN-P CS

τις ἀρετὴ καὶ εἴ τις ἔπαινος, ταῦτα λογίζεσθε· 4.9 ἃ καὶ
A-INF-S N-NF-S CC CS A-INM-S N-NM-S APDAN-P VMPN--YP   APRAN-P+ CC

ἐμάθετε καὶ παρελάβετε καὶ ἠκούσατε καὶ εἴδετε ἐν ἐμοί, ταῦτα
VIAA--YP CC VIAA--YP   CC VIAA--YP CC VIAA--YP PD NPD-XS APDAN-P

πράσσετε· καὶ ὁ θεὸς τῆς εἰρήνης ἔσται μεθ᾽ ὑμῶν.
VMPA--YP CC DNMS N-NM-S DGFS N-GF-S VIFD--ZS PG NPG-YP

4.10 Ἐχάρην δὲ ἐν κυρίῳ μεγάλως ὅτι ἤδη ποτὲ ἀνεθάλετε
VIAO--XS CC PD N-DM-S AB   CC/CS AB ABI VIAA--YP

τὸ ὑπὲρ ἐμοῦ φρονεῖν, ἐφ᾽ ᾧ καὶ ἐφρονεῖτε ἠκαιρεῖσθε
DANS PG NPG-XS VNPAA   PD APRDN-S☐NPDNZS AB VIIA--YP VIIN--YP

δέ. 4.11 οὐχ ὅτι καθ᾽ ὑστέρησιν λέγω, ἐγὼ γὰρ ἔμαθον ἐν
CC   AB CC PA   N-AF-S   VIPA--XS NPN-XS CS VIAA--XS PD

οἷς εἰμι αὐτάρκης εἶναι. 4.12 οἶδα καὶ
APRDN-P☐APDDN-P&APRDN-P VIPA--XS A--NM-S VNPA   VIRA--XS CC

ταπεινοῦσθαι, οἶδα καὶ περισσεύειν· ἐν παντὶ καὶ ἐν πᾶσιν
VNPP   VIRA--XS CC VNPA   PD AP-DN-S CC PD AP-DN-P

μεμύημαι καὶ χορτάζεσθαι καὶ πεινᾶν, καὶ περισσεύειν καὶ
VIRP--XS　CC　VNPP　　　　CC　VNPA　　CC　VNPA　　　　CC

ὑστερεῖσθαι. 4.13 πάντα ἰσχύω ἐν τῷ　　　　　ἐνδυναμοῦντί
VNPP　　　　　　　AP-AN-P　VIPA--XS　PD　DDMS☐NPDMZS&APRNM-S　VPPADM-S

με. 4.14 πλὴν καλῶς ἐποιήσατε συγκοινωνήσαντές μου τῇ
NPA-XS　　CC　AB　　VIAA--YP　　VPAANMYP　　　　　　NPG-XS　DDFS

θλίψει.
N-DF-S

4.15 Οἴδατε δὲ καὶ ὑμεῖς, Φιλιππήσιοι, ὅτι ἐν ἀρχῇ τοῦ
VIRA--YP　CC　AB　NPN-YP　N-VM-P　　　　CC　PD　N-DF-S　DGNS

εὐαγγελίου, ὅτε ἐξῆλθον ἀπὸ Μακεδονίας, οὐδεμία μοι ἐκκλησία
N-GN-S　　　ABR　VIAA--XS　PG　N-GF-S　　　　A-CNF-S　NPD-XS　N-NF-S

ἐκοινώνησεν εἰς λόγον δόσεως καὶ λήμψεως εἰ μὴ ὑμεῖς μόνοι·
VIAA--ZS　　PA　N-AM-S　N-GF-S　CC　N-GF-S　　CS　AB　NPN-YP　A--NM-P

4.16 ὅτι καὶ ἐν Θεσσαλονίκῃ καὶ ἅπαξ καὶ δὶς εἰς τὴν χρείαν
CS　AB　PD　N-DF-S　　　　CC　AB　CC　AB　PA　DAFS　N-AF-S

μοι ἐπέμψατε. 4.17 οὐχ ὅτι ἐπιζητῶ τὸ δόμα, ἀλλὰ ἐπιζητῶ τὸν
NPD-XS　VIAA--YP　　AB　CC　VIPA--XS　DANS　N-AN-S　CH　VIPA--XS　DAMS

καρπὸν τὸν　　　　πλεονάζοντα εἰς λόγον ὑμῶν. 4.18 ἀπέχω δὲ
N-AM-S　DAMS☐APRNM-S　VPPAAM-S　　PA　N-AM-S　NPG-YP　　VIPA--XS　CC

πάντα καὶ περισσεύω· πεπλήρωμαι δεξάμενος παρὰ
AP-AN-P　CC　VIPA--XS　VIRP--XS　　VPADNMXS　PG

Ἐπαφροδίτου τὰ παρ᾽ ὑμῶν, ὀσμὴν εὐωδίας, θυσίαν δεκτήν,
N-GM-S　　DANP　PG　NPG-YP　N-AF-S　N-GF-S　　N-AF-S　A--AF-S

εὐάρεστον τῷ θεῷ. 4.19 ὁ δὲ θεός μου πληρώσει πᾶσαν
A--AF-S　　DDMS　N-DM-S　DNMS　CC　N-NM-S　NPG-XS　VIFA--ZS　A--AF-S

χρείαν ὑμῶν κατὰ τὸ πλοῦτος αὐτοῦ ἐν δόξῃ ἐν Χριστῷ Ἰησοῦ.
N-AF-S　NPG-YP　PA　DANS　N-AN-S　NPGMZS　PD　N-DF-S　PD　N-DM-S　N-DM-S

4.20 τῷ δὲ θεῷ καὶ πατρὶ ἡμῶν ἡ δόξα εἰς τοὺς αἰῶνας τῶν
DDMS　CC　N-DM-S　CC　N-DM-S　NPG-XP　DNFS　N-NF-S　PA　DAMP　N-AM-P　DGMP

αἰώνων· ἀμήν.
N-GM-P　QS

4.21 Ἀσπάσασθε πάντα ἅγιον ἐν Χριστῷ Ἰησοῦ. ἀσπάζονται
VMAD--YP　A--AM-S　AP-AM-S　PD　N-DM-S　N-DM-S　VIPN--ZP

ὑμᾶς οἱ σὺν ἐμοὶ ἀδελφοί. 4.22 ἀσπάζονται ὑμᾶς πάντες οἱ
NPA-YP　DNMP　PD　NPD-XS　N-NM-P　　VIPN--ZP　　NPA-YP　A--NM-P　DNMP

ἅγιοι, μάλιστα δὲ οἱ ἐκ τῆς Καίσαρος οἰκίας. 4.23 ἡ χάρις τοῦ
AP-NM-P　ABS　CC　DNMP　PG　DGFS　N-GM-S　　N-GF-S　　DNFS　N-NF-S　DGMS

κυρίου Ἰησοῦ Χριστοῦ μετὰ τοῦ πνεύματος ὑμῶν.
N-GM-S　N-GM-S　N-GM-S　PG　DGNS　N-GN-S　　NPG-YP

ΠΡΟΣ ΚΟΛΟΣΣΑΕΙΣ

1.1 Παῦλος ἀπόστολος Χριστοῦ Ἰησοῦ διὰ θελήματος θεοῦ
N-NM-S   N-NM-S   N-GM-S   N-GM-S   PG   N-GN-S   N-GM-S

καὶ Τιμόθεος ὁ ἀδελφὸς 1.2 τοῖς ἐν Κολοσσαῖς ἁγίοις καὶ
CC   N-NM-S   DNMS N-NM-S   DDMP PD N-DF-P   A--DM-P   CC

πιστοῖς ἀδελφοῖς ἐν Χριστῷ· χάρις ὑμῖν καὶ εἰρήνη ἀπὸ θεοῦ
A--DM-P   N-DM-P   PD N-DM-S   N-NF-S   NPD-YP CC   N-NF-S   PG   N-GM-S

πατρὸς ἡμῶν.
N-GM-S   NPG-XP

1.3 Εὐχαριστοῦμεν τῷ θεῷ πατρὶ τοῦ κυρίου ἡμῶν Ἰησοῦ
VIPA--XP   DDMS N-DM-S N-DM-S DGMS N-GM-S NPG-XP N-GM-S

Χριστοῦ πάντοτε περὶ ὑμῶν προσευχόμενοι, 1.4 ἀκούσαντες τὴν
N-GM-S   AB   PG   NPG-YP   VPPNNMXP   VPAANMXP   DAFS

πίστιν ὑμῶν ἐν Χριστῷ Ἰησοῦ καὶ τὴν ἀγάπην ἣν ἔχετε εἰς
N-AF-S   NPG-YP PD N-DM-S   N-DM-S CC DAFS N-AF-S   APRAF-S VIPA--YP PA

πάντας τοὺς ἁγίους 1.5 διὰ τὴν ἐλπίδα τὴν ἀποκειμένην
A--AM-P DAMP AP-AM-P   PA DAFS N-AF-S DAFS□APRNF-S VPPNAF-S

ὑμῖν ἐν τοῖς οὐρανοῖς, ἣν προηκούσατε ἐν τῷ λόγῳ τῆς
NPD-YP PD DDMP N-DM-P   APRAF-S VIAA--YP   PD DDMS N-DM-S DGFS

ἀληθείας τοῦ εὐαγγελίου 1.6 τοῦ παρόντος εἰς ὑμᾶς, καθὼς
N-GF-S   DGNS N-GN-S   DGNS□APRNN-S VPPAGN-S   PA   NPA-YP   CS

καὶ ἐν παντὶ τῷ κόσμῳ ἐστὶν καρποφορούμενον καὶ
AB   PD   A--DM-S DDMS N-DM-S   VIPA--ZS+   +VPPMNN-S   CC

αὐξανόμενον καθὼς καὶ ἐν ὑμῖν, ἀφ᾽ ἧς ἡμέρας
+VPPPNN-S   CS   AB   PD   NPD-YP   PG   APRGF-S+□APRDF-S   N-GF-S

ἠκούσατε καὶ ἐπέγνωτε τὴν χάριν τοῦ θεοῦ ἐν ἀληθείᾳ·
VIAA--YP   CC   VIAA--YP   DAFS N-AF-S DGMS N-GM-S PD N-DF-S

1.7 καθὼς ἐμάθετε ἀπὸ Ἐπαφρᾶ τοῦ ἀγαπητοῦ συνδούλου ἡμῶν,
CS   VIAA--YP   PG   N-GM-S   DGMS A--GM-S   N-GM-S   NPG-XP

ὅς ἐστιν πιστὸς ὑπὲρ ὑμῶν διάκονος τοῦ Χριστοῦ,
APRNM-S VIPA--ZS A--NM-S PG   NPG-YP N-NM-S   DGMS N-GM-S

1.8 ὁ καὶ δηλώσας ἡμῖν τὴν ὑμῶν ἀγάπην ἐν πνεύματι.
DNMS□APRNM-S AB VPAANM-S NPD-XP DAFS NPG-YP N-AF-S   PD N-DN-S

1.9 Διὰ τοῦτο καὶ ἡμεῖς, ἀφ᾽ ἧς ἡμέρας ἠκούσαμεν,
PA   APDAN-S AB   NPN-XP   PG   APRGF-S+□APRDF-S N-GF-S   VIAA--XP

οὐ παυόμεθα ὑπὲρ ὑμῶν προσευχόμενοι καὶ αἰτούμενοι ἵνα
AB   VIPM--XP   PG   NPG-YP   VPPNNMXP   CC   VPPMNMXP   CC

πληρωθῆτε τὴν ἐπίγνωσιν τοῦ θελήματος αὐτοῦ ἐν πάσῃ σοφίᾳ
VSAP--YP   DAFS N-AF-S   DGNS N-GN-S   NPGMZS PD A--DF-S N-DF-S

καὶ συνέσει πνευματικῇ, 1.10 περιπατῆσαι ἀξίως τοῦ κυρίου εἰς
CC N-DF-S A--DF-S   VNAA   AB   DGMS N-GM-S PA

πᾶσαν ἀρεσκείαν, ἐν παντὶ ἔργῳ ἀγαθῷ καρποφοροῦντες καὶ
A--AF-S N-AF-S   PD A--DN-S N-DN-S A--DN-S VPPANMYP   CC

αὐξανόμενοι τῇ ἐπιγνώσει τοῦ θεοῦ, 1.11 ἐν πάσῃ δυνάμει
VPPPNMYP DDFS N-DF-S   DGMS N-GM-S   PD A--DF-S N-DF-S

δυναμούμενοι κατὰ τὸ κράτος τῆς δόξης αὐτοῦ εἰς πᾶσαν
VPPPNMYP   PA DANS N-AN-S DGFS N-GF-S NPGMZS PA A--AF-S

ὑπομονὴν καὶ μακροθυμίαν, μετὰ χαρᾶς 1.12 εὐχαριστοῦντες τῷ
N-AF-S   CC   N-AF-S   PG   N-GF-S   VPPANMXP   DDMS

πατρὶ τῷ ἱκανώσαντι ὑμᾶς εἰς τὴν μερίδα τοῦ κλήρου
N-DM-S DDMS□APRNM-S VPAADM-S NPA-YP PA DAFS N-AF-S DGMS N-GM-S

τῶν ἁγίων ἐν τῷ φωτί· 1.13 ὃς ἐρρύσατο ἡμᾶς ἐκ τῆς
DGMP AP-GM-P PD DDNS N-DN-S APRNM-S VIAD--ZS NPA-XP PG DGFS

ἐξουσίας τοῦ σκότους καὶ μετέστησεν εἰς τὴν βασιλείαν τοῦ
N-GF-S DGNS N-GN-S CC   VIAA--ZS   PA DAFS N-AF-S   DGMS

υἱοῦ τῆς ἀγάπης αὐτοῦ, 1.14 ἐν ᾧ ἔχομεν τὴν ἀπολύτρωσιν,
N-GM-S DGFS N-GF-S NPGMZS PD APRDM-S VIPA--XP DAFS N-AF-S

τὴν ἄφεσιν τῶν ἁμαρτιῶν· 1.15 ὅς ἐστιν εἰκὼν τοῦ θεοῦ τοῦ
DAFS N-AF-S DGFP N-GF-P   APRNM-S VIPA--ZS N-NF-S DGMS N-GM-S DGMS

ἀοράτου, πρωτότοκος πάσης κτίσεως, 1.16 ὅτι ἐν αὐτῷ ἐκτίσθη
AP-GM-S AP-NM-S   A--GF-S N-GF-S   CS PD NPDMZS VIAP--ZS

τὰ πάντα ἐν τοῖς οὐρανοῖς καὶ ἐπὶ τῆς γῆς, τὰ ὁρατὰ καὶ τὰ
DNNP AP-NN-P PD DDMP N-DM-P CC PG DGFS N-GF-S DNNP AP-NN-P CC DNNP

ἀόρατα, εἴτε θρόνοι εἴτε κυριότητες εἴτε ἀρχαὶ εἴτε ἐξουσίαι· τὰ
AP-NN-P CC N-NM-S CC   N-NF-P   CC   N-NF-P CC   N-NF-P   DNNP

πάντα δι᾽ αὐτοῦ καὶ εἰς αὐτὸν ἔκτισται, 1.17 καὶ αὐτός ἐστιν πρὸ
AP-NN-P PG NPGMZS CC PA NPAMZS VIRP--ZS   CC NPNMZS VIPA--ZS PG

πάντων καὶ τὰ πάντα ἐν αὐτῷ συνέστηκεν. 1.18 καὶ αὐτός ἐστιν
AP-GN-P CC DNNP AP-NN-P PD NPDMZS VIRA--ZS   CC NPNMZS VIPA--ZS

ἡ κεφαλὴ τοῦ σώματος, τῆς ἐκκλησίας· ὅς ἐστιν ἀρχή,
DNFS N-NF-S DGNS N-GN-S DGFS N-GF-S   APRNM-S VIPA--ZS N-NF-S

πρωτότοκος ἐκ τῶν νεκρῶν, ἵνα γένηται ἐν πᾶσιν αὐτὸς
A--NM-S   PG DGMP AP-GM-P CS VSAD--ZS PD AP-DN-P NPNMZS

πρωτεύων, 1.19 ὅτι ἐν αὐτῷ εὐδόκησεν πᾶν τὸ πλήρωμα
VPPANM-S   CS PD NPDMZS VIAA--ZS A--AN-S DANS N-AN-S

κατοικῆσαι 1.20 καὶ δι᾽ αὐτοῦ ἀποκαταλλάξαι τὰ πάντα εἰς
VNAA   CC PG NPGMZS VNAA   DANP AP-AN-P PA

αὐτόν, εἰρηνοποιήσας διὰ τοῦ αἵματος τοῦ σταυροῦ αὐτοῦ, [δι᾽
NPAMZS VPAANM-S   PG DGNS N-GN-S DGMS N-GM-S NPGMZS PG

αὐτοῦ] εἴτε τὰ ἐπὶ τῆς γῆς εἴτε τὰ ἐν τοῖς οὐρανοῖς.
NPGMZS CC DANP PG DGFS N-GF-S CC DANP PD DDMP N-DM-P

1.21 Καὶ ὑμᾶς ποτε ὄντας ἀπηλλοτριωμένους καὶ ἐχθροὺς
     CC NPA-YP ABI VPPAAMYP VPRPAMYP   CC AP-AM-P

τῇ διανοίᾳ ἐν τοῖς ἔργοις τοῖς πονηροῖς, 1.22 νυνὶ δὲ
DDFS N-DF-S PD DDNP N-DN-P DDNP A--DN-P AB CH

ἀποκατήλλαξεν ἐν τῷ σώματι τῆς σαρκὸς αὐτοῦ διὰ τοῦ
VIAA--ZS PD DDNS N-DN-S DGFS N-GF-S NPGMZS PG DGMS

θανάτου, παραστῆσαι ὑμᾶς ἁγίους καὶ ἀμώμους καὶ ἀνεγκλήτους
N-GM-S VNAA NPA-YP A--AM-P CC A--AM-P CC A--AM-P

κατενώπιον αὐτοῦ, 1.23 εἴ γε ἐπιμένετε τῇ πίστει τεθεμελιωμένοι
PG NPGMZS CS QS VIPA--YP DDFS N-DF-S VPRPNMYP

καὶ ἑδραῖοι καὶ μὴ μετακινούμενοι ἀπὸ τῆς ἐλπίδος τοῦ
CC A--NM-P CC AB VPPPNMYP PG DGFS N-GF-S DGNS

εὐαγγελίου οὗ ἠκούσατε, τοῦ κηρυχθέντος ἐν πάσῃ
N-GN-S APRGN-S VIAA--YP DGNS□APRNN-S VPAPGN-S PD A--DF-S

κτίσει τῇ ὑπὸ τὸν οὐρανόν, οὗ ἐγενόμην ἐγὼ Παῦλος
N-DF-S DDFS PA DAMS N-AM-S APRGN-S VIAD--XS NPN-XS N-NM-S

διάκονος.
N-NM-S

1.24 Νῦν χαίρω ἐν τοῖς παθήμασιν ὑπὲρ ὑμῶν, καὶ
AB VIPA--XS PD DDNP N-DN-P PG NPG-YP CC

ἀνταναπληρῶ τὰ ὑστερήματα τῶν θλίψεων τοῦ Χριστοῦ ἐν τῇ
VIPA--XS DANP N-AN-P DGFP N-GF-P DGMS N-GM-S PD DDFS

σαρκί μου ὑπὲρ τοῦ σώματος αὐτοῦ, ὅ ἐστιν ἡ ἐκκλησία,
N-DF-S NPG-XS PG DGNS N-GN-S NPGMZS APRNN-S VIPA--ZS DNFS N-NF-S

1.25 ἧς ἐγενόμην ἐγὼ διάκονος κατὰ τὴν οἰκονομίαν τοῦ
APRGF-S VIAD--XS NPN-XS N-NM-S PA DAFS N-AF-S DGMS

θεοῦ τὴν δοθεῖσάν μοι εἰς ὑμᾶς πληρῶσαι τὸν λόγον τοῦ
N-GM-S DAFS□APRNF-S VPAPAF-S NPD-XS PA NPA-YP VNAA DAMS N-AM-S DGMS

θεοῦ, 1.26 τὸ μυστήριον τὸ ἀποκεκρυμμένον ἀπὸ τῶν
N-GM-S DANS N-AN-S DANS□APRNN-S VPRPAN-S PG DGMP

αἰώνων καὶ ἀπὸ τῶν γενεῶν — νῦν δὲ ἐφανερώθη τοῖς ἁγίοις
N-GM-P CC PG DGFP N-GF-P AB CH VIAP--ZS DDMP AP-DM-P

αὐτοῦ, 1.27 οἷς ἠθέλησεν ὁ θεὸς γνωρίσαι τί τὸ
NPGMZS APRDM-P VIAA--ZS DNMS N-NM-S VNAA APTNN-S DNNS

πλοῦτος τῆς δόξης τοῦ μυστηρίου τούτου ἐν τοῖς ἔθνεσιν, ὅ
N-NN-S DGFS N-GF-S DGNS N-GN-S A-DGN-S PD DDNP N-DN-P APRNN-S

ἐστιν Χριστὸς ἐν ὑμῖν, ἡ ἐλπὶς τῆς δόξης· 1.28 ὃν ἡμεῖς
VIPA--ZS N-NM-S PD NPD-YP DNFS N-NF-S DGFS N-GF-S APRAM-S NPN-XP

καταγγέλλομεν νουθετοῦντες πάντα ἄνθρωπον καὶ διδάσκοντες
VIPA--XP VPPANMXP A--AM-S N-AM-S CC VPPANMXP

πάντα ἄνθρωπον ἐν πάσῃ σοφίᾳ, ἵνα παραστήσωμεν πάντα
A--AM-S N-AM-S PD A--DF-S N-DF-S CS VSAA--XP A--AM-S

ἄνθρωπον τέλειον ἐν Χριστῷ· 1.29 εἰς ὃ καὶ κοπιῶ
N-AM-S A--AM-S PD N-DM-S PA APRAN-S AB VIPA--XS

ἀγωνιζόμενος κατὰ τὴν ἐνέργειαν αὐτοῦ τὴν ἐνεργουμένην
VPPNNMXS PA DAFS N-AF-S NPGMZS DAFS□APRNF-S VPPMAF-S

ἐν ἐμοὶ ἐν δυνάμει.
PD NPD-XS PD N-DF-S

2.1 Θέλω γὰρ ὑμᾶς εἰδέναι ἡλίκον ἀγῶνα ἔχω ὑπὲρ ὑμῶν καὶ
VIPA--XS CS NPA-YP VNRA A-TAM-S N-AM-S VIPA--XS PG NPG-YP CC

τῶν ἐν Λαοδικείᾳ καὶ ὅσοι οὐχ ἑόρακαν τὸ
DGMP PD N-DF-S CC APRNM-P□APDGM-P&APRNM-P AB VIRA--ZP DANS

πρόσωπόν μου ἐν σαρκί, 2.2 ἵνα παρακληθῶσιν αἱ καρδίαι
N-AN-S NPG-XS PD N-DF-S CS VSAP--ZP DNFP N-NF-P

αὐτῶν, συμβιβασθέντες ἐν ἀγάπῃ καὶ εἰς πᾶν πλοῦτος τῆς
NPGMZP VPAPNM-P PD N-DF-S CC PA A--AN-S N-AN-S DGFS

πληροφορίας τῆς συνέσεως, εἰς ἐπίγνωσιν τοῦ μυστηρίου τοῦ
N-GF-S DGFS N-GF-S PA N-AF-S DGNS N-GN-S DGMS

θεοῦ, Χριστοῦ, 2.3 ἐν ᾧ εἰσιν πάντες οἱ θησαυροὶ τῆς
N-GM-S N-GM-S PD APRDM-S VIPA--ZP A--NM-P DNMP N-NM-P DGFS

σοφίας καὶ γνώσεως ἀπόκρυφοι. 2.4 Τοῦτο λέγω ἵνα μηδεὶς ὑμᾶς
N-GF-S CC N-GF-S A--NM-P APDAN-S VIPA--XS CS APCNM-S NPA-YP

παραλογίζηται ἐν πιθανολογίᾳ. 2.5 εἰ γὰρ καὶ τῇ σαρκὶ ἄπειμι,
VSPN--ZS PD N-DF-S CS CS AB DDFS N-DF-S VIPA--XS

ἀλλὰ τῷ πνεύματι σὺν ὑμῖν εἰμι, χαίρων καὶ βλέπων ὑμῶν τὴν
CH DDNS N-DN-S PD NPD-YP VIPA--XS VPPANMXS CC VPPANMXS NPG-YP DAFS

τάξιν καὶ τὸ στερέωμα τῆς εἰς Χριστὸν πίστεως ὑμῶν.
N-AF-S CC DANS N-AN-S DGFS PA N-AM-S N-GF-S NPG-YP

2.6 Ὡς οὖν παρελάβετε τὸν Χριστὸν Ἰησοῦν τὸν κύριον, ἐν
CS CH VIAA--YP DAMS N-AM-S N-AM-S DAMS N-AM-S PD

αὐτῷ περιπατεῖτε, 2.7 ἐρριζωμένοι καὶ ἐποικοδομούμενοι ἐν αὐτῷ
NPDMZS VMPA--YP VRRPNMYP CC VRPPNMYP PD NPDMZS

καὶ βεβαιούμενοι τῇ πίστει καθὼς ἐδιδάχθητε, περισσεύοντες ἐν
CC VRPPNMYP DDFS N-DF-S CS VIAP--YP VRPANMYP PD

εὐχαριστίᾳ. 2.8 βλέπετε μή τις ὑμᾶς ἔσται ὁ
N-DF-S VMPA--YP CS APINM-S NPA-YP VIFD--ZS DNMS□APRNM-S

συλαγωγῶν διὰ τῆς φιλοσοφίας καὶ κενῆς ἀπάτης κατὰ τὴν
VPPANM-S PG DGFS N-GF-S CC A--GF-S N-GF-S PA DAFS

παράδοσιν τῶν ἀνθρώπων, κατὰ τὰ στοιχεῖα τοῦ κόσμου καὶ οὐ
N-AF-S DGMP N-GM-P PA DANP N-AN-P DGMS N-GM-S CC AB

κατὰ Χριστόν· 2.9 ὅτι ἐν αὐτῷ κατοικεῖ πᾶν τὸ πλήρωμα τῆς
PA N-AM-S CS PD NPDMZS VIPA--ZS A--NN-S DNNS N-NN-S DGFS

θεότητος σωματικῶς, 2.10 καὶ ἐστὲ ἐν αὐτῷ πεπληρωμένοι,
N-GF-S AB CC VIPA--YP+ PD NPDMZS +VPRPNMYP

ὅς ἐστιν ἡ κεφαλὴ πάσης ἀρχῆς καὶ ἐξουσίας, 2.11 ἐν
APRNM-S VIPA--ZS DNFS N-NF-S A--GF-S N-GF-S CC N-GF-S PD

ᾧ καὶ περιετμήθητε περιτομῇ ἀχειροποιήτῳ ἐν τῇ
APRDM-S AB VIAP--YP N-DF-S A--DF-S PD DDFS

ἀπεκδύσει τοῦ σώματος τῆς σαρκός, ἐν τῇ περιτομῇ τοῦ
N-DF-S DGNS N-GN-S DGFS N-GF-S PD DDFS N-DF-S DGMS

Χριστοῦ, 2.12 συνταφέντες αὐτῷ ἐν τῷ βαπτισμῷ, ἐν ᾧ καὶ
N-GM-S VPAPNMYP NPDMZS PD DDMS N-DM-S PD APRDM-S AB

συνηγέρθητε διὰ τῆς πίστεως τῆς ἐνεργείας τοῦ θεοῦ τοῦ
VIAP--YP PG DGFS N-GF-S DGFS N-GF-S DGMS N-GM-S DGMS□APRNM-S

ἐγείραντος αὐτὸν ἐκ νεκρῶν· 2.13 καὶ ὑμᾶς νεκροὺς ὄντας [ἐν]
VPAAGM-S NPAMZS PG AP-GM-P CC NPA-YP A--AM-P VPPAAMYP PD

τοῖς παραπτώμασιν καὶ τῇ ἀκροβυστίᾳ τῆς σαρκὸς ὑμῶν,
DDNP N-DN-P CC DDFS N-DF-S DGFS N-GF-S NPG-YP

συνεζωοποίησεν ὑμᾶς σὺν αὐτῷ, χαρισάμενος ἡμῖν πάντα τὰ
VIAA--ZS NPA-YP PD NPDMZS VPADNM-S NPD-XP A--AN-P DANP

παραπτώματα, 2.14 ἐξαλείψας τὸ καθ᾽ ἡμῶν χειρόγραφον τοῖς
N-AN-P VPAANM-S DANS PG NPG-XP N-AN-S DDNP

δόγμασιν ὃ ἦν ὑπεναντίον ἡμῖν, καὶ αὐτὸ ἦρκεν ἐκ τοῦ
N-DN-P APRNN-S VIIA--ZS A--NN-S NPD-XP CC NPANZS VIRA--ZS PG DGNS

μέσου προσηλώσας αὐτὸ τῷ σταυρῷ· 2.15 ἀπεκδυσάμενος τὰς
AP-GN-S VPAANM-S NPANZS DDMS N-DM-S VPADNM-S DAFP

ἀρχὰς καὶ τὰς ἐξουσίας ἐδειγμάτισεν ἐν παρρησίᾳ, θριαμβεύσας
N-AF-P CC DAFP N-AF-P VIAA--ZS PD N-DF-S VPAANM-S

αὐτοὺς ἐν αὐτῷ.
NPAMZP PD NPDMZS

2.16 Μὴ οὖν τις ὑμᾶς κρινέτω ἐν βρώσει καὶ ἐν πόσει ἢ ἐν
AB CH APINM-S NPA-YP VMPA--ZS PD N-DF-S CC PD N-DF-S CC PD

μέρει ἑορτῆς ἢ νεομηνίας ἢ σαββάτων, 2.17 ἅ ἐστιν σκιὰ
N-DN-S N-GF-S CC N-GF-S CC N-GN-P APRNN-P VIPA--ZS N-NF-S

τῶν μελλόντων, τὸ δὲ σῶμα τοῦ Χριστοῦ.
DGNP□NPGNZP&APRNN-P VPPAGN-P DNNS CH N-NN-S DGMS N-GM-S

2.18 μηδεὶς ὑμᾶς καταβραβευέτω θέλων ἐν ταπεινοφροσύνῃ καὶ
APCNM-S NPA-YP VMPA--ZS VPPANM-S PD N-DF-S CC

θρησκείᾳ τῶν ἀγγέλων, ἃ ἑόρακεν ἐμβατεύων,
N-DF-S DGMP N-GM-P APRAN-P□APDAN-P&APRAN-P VIRA--ZS VPPANM-S

εἰκῇ φυσιούμενος ὑπὸ τοῦ νοὸς τῆς σαρκὸς αὐτοῦ, 2.19 καὶ οὐ
AB VPPPNM-S PG DGMS N-GM-S DGFS N-GF-S NPGMZS CC AB

κρατῶν τὴν κεφαλήν, ἐξ οὗ πᾶν τὸ σῶμα διὰ τῶν ἁφῶν καὶ
VPPANM-S DAFS N-AF-S PG APRGM-S A--NN-S DNNS N-NN-S PG DGFP N-GF-P CC

συνδέσμων ἐπιχορηγούμενον καὶ συμβιβαζόμενον αὔξει τὴν
N-GM-P VPPPNN-S CC VPPPNN-S VIPA--ZS DAFS

αὔξησιν τοῦ θεοῦ.
N-AF-S DGMS N-GM-S

2.20 Εἰ ἀπεθάνετε σὺν Χριστῷ ἀπὸ τῶν στοιχείων τοῦ
CS VIAA--YP PD N-DM-S PG DGNP N-GN-P DGMS

κόσμου, τί ὡς ζῶντες ἐν κόσμῳ δογματίζεσθε, 2.21 Μὴ
N-GM-S APTAN-S□ABT CS VPPANMYP PD N-DM-S VIPP--YP AB

ἅψῃ μηδὲ γεύσῃ μηδὲ θίγῃς, 2.22 ἅ
VSAM--YS□VMAM--YS CC VSAD--YS□VMAD--YS CC VSAA--YS□VMAA--YS APRNN-P

615

ἐστιν πάντα εἰς φθορὰν τῇ ἀποχρήσει, κατὰ τὰ ἐντάλματα καὶ
VIPA--ZS A--NN-P PA N-AF-S DDFS N-DF-S PA DANP N-AN-P CC

διδασκαλίας τῶν ἀνθρώπων; 2.23 ἅτινά ἐστιν λόγον μὲν
N-AF-P DGMP N-GM-P APRNN-P VIPA--ZS+ N-AM-S QS

ἔχοντα σοφίας ἐν ἐθελοθρησκίᾳ καὶ ταπεινοφροσύνῃ [καὶ]
+VPPANN-P N-GF-S PD N-DF-S CC N-DF-S CC

ἀφειδίᾳ σώματος, οὐκ ἐν τιμῇ τινι πρὸς πλησμονὴν τῆς σαρκός.
N-DF-S N-GN-S AB PD N-DF-S A-IDF-S PA N-AF-S DGFS N-GF-S

3.1 Εἰ οὖν συνηγέρθητε τῷ Χριστῷ, τὰ ἄνω ζητεῖτε, οὗ
CS CH VIAP--YP DDMS N-DM-S DANP AB□AP-AN-P VMPA--YP ABR

ὁ Χριστός ἐστιν ἐν δεξιᾷ τοῦ θεοῦ καθήμενος· 3.2 τὰ
DNMS N-NM-S VIPA--ZS+ PD AP-DF-S DGMS N-GM-S +VPPNNM-S DANP

ἄνω φρονεῖτε, μὴ τὰ ἐπὶ τῆς γῆς· 3.3 ἀπεθάνετε γάρ, καὶ
AB□AP-AN-P VMPA--YP AB DANP PG DGFS N-GF-S VIAA--YP CS CC

ἡ ζωὴ ὑμῶν κέκρυπται σὺν τῷ Χριστῷ ἐν τῷ θεῷ. 3.4 ὅταν
DNFS N-NF-S NPG-YP VIRP--ZS PD DDMS N-DM-S PD DDMS N-DM-S CS

ὁ Χριστὸς φανερωθῇ, ἡ ζωὴ ὑμῶν, τότε καὶ ὑμεῖς σὺν αὐτῷ
DNMS N-NM-S VSAP--ZS DNFS N-NF-S NPG-YP AB AB NPN-YP PD NPDMZS

φανερωθήσεσθε ἐν δόξῃ.
VIFP--YP PD N-DF-S

3.5 Νεκρώσατε οὖν τὰ μέλη τὰ ἐπὶ τῆς γῆς, πορνείαν,
VMAA--YP CH DANP N-AN-P DANP PG DGFS N-GF-S N-AF-S

ἀκαθαρσίαν, πάθος, ἐπιθυμίαν κακήν, καὶ τὴν πλεονεξίαν ἥτις
N-AF-S N-AN-S N-AF-S A--AF-S CC DAFS N-AF-S APRNF-S

ἐστὶν εἰδωλολατρία, 3.6 δι᾽ ἃ ἔρχεται ἡ ὀργὴ τοῦ θεοῦ [ἐπὶ
VIPA--ZS N-NF-S PA APRAN-P VIPN--ZS DNFS N-NF-S DGMS N-GM-S PA

τοὺς υἱοὺς τῆς ἀπειθείας]· 3.7 ἐν οἷς καὶ ὑμεῖς περιεπατήσατε
DAMP N-AM-P DGFS N-GF-S PD APRDN-P AB NPN-YP VIAA--YP

ποτε ὅτε ἐζῆτε ἐν τούτοις. 3.8 νυνὶ δὲ ἀπόθεσθε καὶ ὑμεῖς τὰ
ABI ABR VIIA--YP PD APDDN-P AB CH VMAM--YP AB NPN-YP DANP

πάντα, ὀργήν, θυμόν, κακίαν, βλασφημίαν, αἰσχρολογίαν ἐκ τοῦ
AP-AN-P N-AF-S N-AM-S N-AF-S N-AF-S N-AF-S PG DGNS

στόματος ὑμῶν· 3.9 μὴ ψεύδεσθε εἰς ἀλλήλους, ἀπεκδυσάμενοι
N-GN-S NPG-YP AB VMPN--YP PA NRAMYP VPADNMYP

τὸν παλαιὸν ἄνθρωπον σὺν ταῖς πράξεσιν αὐτοῦ, 3.10 καὶ
DAMS A--AM-S N-AM-S PD DDFP N-DF-P NPGMZS CC

ἐνδυσάμενοι τὸν νέον τὸν ἀνακαινούμενον εἰς ἐπίγνωσιν
VPAMNMYP DAMS AP-AM-S DAMS□APRNM-S VPPPAM-S PA N-AF-S

κατ᾽ εἰκόνα τοῦ κτίσαντος αὐτόν, 3.11 ὅπου οὐκ
PA N-AF-S DGMS□NPGMZS&APRNM-S VPAAGM-S NPAMZS CS AB

ἔνι Ἕλλην καὶ Ἰουδαῖος, περιτομὴ καὶ ἀκροβυστία,
VIPA--ZS N-NM-S CC AP-NM-S N-NF-S CC N-NF-S

βάρβαρος, Σκύθης, δοῦλος, ἐλεύθερος, ἀλλὰ [τὰ] πάντα καὶ ἐν
AP-NM-S N-NM-S N-NM-S AP-NM-S CH DNNP AP-NN-P CC PD

πᾶσιν Χριστός.
AP-DN-P N-NM-S

3.12 Ἐνδύσασθε οὖν ὡς ἐκλεκτοὶ τοῦ θεοῦ, ἅγιοι καὶ
VMAM--YP CH CS AP-NM-P DGMS N-GM-S A--NM-P CC

ἠγαπημένοι, σπλάγχνα οἰκτιρμοῦ, χρηστότητα,
VPRPNMYP N-AN-P N-GM-S N-AF-S

ταπεινοφροσύνην, πραΰτητα, μακροθυμίαν, 3.13 ἀνεχόμενοι
N-AF-S N-AF-S N-AF-S VRPMNMYP

ἀλλήλων καὶ χαριζόμενοι ἑαυτοῖς ἐάν τις πρός τινα ἔχῃ
NPGMYP CC VRPNNMYP NPDMYP CS APINM-S PA APIAM-S VSPA--ZS

μομφήν· καθὼς καὶ ὁ κύριος ἐχαρίσατο ὑμῖν οὕτως καὶ ὑμεῖς·
N-AF-S CS AB DNMS N-NM-S VIAD--ZS NPD-YP AB AB NPN-YP

3.14 ἐπὶ πᾶσιν δὲ τούτοις τὴν ἀγάπην, ὅ ἐστιν σύνδεσμος
PD A--DN-P CC APDDN-P DAFS N-AF-S APRNN-S VIPA--ZS N-NM-S

τῆς τελειότητος. 3.15 καὶ ἡ εἰρήνη τοῦ Χριστοῦ βραβευέτω ἐν
DGFS N-GF-S CC DNFS N-NF-S DGMS N-GM-S VMPA--ZS PD

ταῖς καρδίαις ὑμῶν, εἰς ἣν καὶ ἐκλήθητε ἐν ἑνὶ σώματι· καὶ
DDFP N-DF-P NPG-YP PA APRAF-S AB VIAP--YP PD A-CDN-S N-DN-S CC

εὐχάριστοι γίνεσθε. 3.16 ὁ λόγος τοῦ Χριστοῦ ἐνοικείτω ἐν
A--NM-P VMPN--YP DNMS N-NM-S DGMS N-GM-S VMPA--ZS PD

ὑμῖν πλουσίως, ἐν πάσῃ σοφίᾳ διδάσκοντες καὶ νουθετοῦντες
NPD-YP AB PD A--DF-S N-DF-S VRPANMYP CC VRPANMYP

ἑαυτοὺς ψαλμοῖς, ὕμνοις, ᾠδαῖς πνευματικαῖς ἐν [τῇ] χάριτι
NPRAMYP N-DM-P N-DM-P N-DF-P A--DF-P PD DDFS N-DF-S

ᾄδοντες ἐν ταῖς καρδίαις ὑμῶν τῷ θεῷ· 3.17 καὶ πᾶν ὅ
VRPANMYP PD DDFP N-DF-P NPG-YP DDMS N-DM-S CC AP-AN-S APRAN-S

τι ἐὰν ποιῆτε ἐν λόγῳ ἢ ἐν ἔργῳ, πάντα ἐν ὀνόματι κυρίου
A-IAN-S QV VSPA--YP PD N-DM-S CC PD N-DN-S AP-AN-P PD N-DN-S N-GM-S

Ἰησοῦ, εὐχαριστοῦντες τῷ θεῷ πατρὶ δι᾽ αὐτοῦ.
N-GM-S VRPANMYP DDMS N-DM-S N-DM-S PG NPGMZS

3.18 Αἱ γυναῖκες, ὑποτάσσεσθε τοῖς ἀνδράσιν, ὡς ἀνῆκεν ἐν
DVFP N-VF-P VMPP--YP DDMP N-DM-P CS VIIA--ZS PD

κυρίῳ. 3.19 Οἱ ἄνδρες, ἀγαπᾶτε τὰς γυναῖκας καὶ μὴ
N-DM-S DVMP N-VM-P VMPA--YP DAFP N-AF-P CC AB

πικραίνεσθε πρὸς αὐτάς.
VMPP--YP PA NPAFZP

3.20 Τὰ τέκνα, ὑπακούετε τοῖς γονεῦσιν κατὰ πάντα, τοῦτο
DVNP N-VN-P VMPA--YP DDMP N-DM-P PA AP-AN-P APDNN-S

γὰρ εὐάρεστόν ἐστιν ἐν κυρίῳ. 3.21 Οἱ πατέρες, μὴ ἐρεθίζετε
CS A--NN-S VIPA--ZS PD N-DM-S DVMP N-VM-P AB VMPA--YP

τὰ τέκνα ὑμῶν, ἵνα μὴ ἀθυμῶσιν.
DANP N-AN-P NPG-YP CS AB VSPA--ZP

3.22 Οἱ δοῦλοι, ὑπακούετε κατὰ πάντα τοῖς κατὰ σάρκα
DVMP N-VM-P VMPA--YP PA AP-AN-P DDMP PA N-AF-S

κυρίοις, μὴ ἐν ὀφθαλμοδουλίᾳ ὡς ἀνθρωπάρεσκοι, ἀλλ᾽ ἐν
N-DM-P AB PD N-DF-S CS AP-NM-P CH PD

ἁπλότητι καρδίας, φοβούμενοι τὸν κύριον.
N-DF-S N-GF-S VRPNNMYP DAMS N-AM-S

3.23 ὃ ἐὰν ποιῆτε, ἐκ ψυχῆς ἐργάζεσθε, ὡς τῷ
APRAN-S□APDAN-S&APRAN-S QV VSPA--YP PG N-GF-S VMPN--YP CS DDMS

κυρίῳ καὶ οὐκ ἀνθρώποις, 3.24 εἰδότες ὅτι ἀπὸ κυρίου
N-DM-S CC AB N-DM-P VPRANMYP CH PG N-GM-S

ἀπολήμψεσθε τὴν ἀνταπόδοσιν τῆς κληρονομίας. τῷ κυρίῳ
VIFD--YP DAFS N-AF-S DGFS N-GF-S DDMS N-DM-S

Χριστῷ δουλεύετε· 3.25 ὁ γὰρ ἀδικῶν κομίσεται
N-DM-S VMPA--YP DNMS□NPNMZS&APRNM-S CS VPPANM-S VIFM--ZS

ὃ ἠδίκησεν, καὶ οὐκ ἔστιν προσωπολημψία.
APRAN-S□APDAN-S&APRAN-S VIAA--ZS CC AB VIPA--ZS N-NF-S

4.1 Οἱ κύριοι, τὸ δίκαιον καὶ τὴν ἰσότητα τοῖς δούλοις
DVMP N-VM-P DANS AP-AN-S CC DAFS N-AF-S DDMP N-DM-P

παρέχεσθε, εἰδότες ὅτι καὶ ὑμεῖς ἔχετε κύριον ἐν οὐρανῷ.
VMPM--YP VPRANMYP CH AB NPN-YP VIPA--YP N-AM-S PD N-DM-S

4.2 Τῇ προσευχῇ προσκαρτερεῖτε, γρηγοροῦντες ἐν αὐτῇ ἐν
DDFS N-DF-S VMPA--YP VRPANMYP PD NPDFZS PD

εὐχαριστίᾳ, 4.3 προσευχόμενοι ἅμα καὶ περὶ ἡμῶν, ἵνα ὁ θεὸς
N-DF-S VRPNNMYP AB AB PG NPG-XP CC DNMS N-NM-S

ἀνοίξῃ ἡμῖν θύραν τοῦ λόγου, λαλῆσαι τὸ μυστήριον τοῦ
VSAA--ZS NPD-XP N-AF-S DGMS N-GM-S VNAA DANS N-AN-S DGMS

Χριστοῦ, δι᾽ ὃ καὶ δέδεμαι, 4.4 ἵνα φανερώσω αὐτὸ ὡς δεῖ
N-GM-S PA APRAN-S AB VIRP--XS CS VSAA--XS NPANZS CS VIPA--ZS

με λαλῆσαι. 4.5 Ἐν σοφίᾳ περιπατεῖτε πρὸς τοὺς ἔξω, τὸν
NPA-XS VNAA PD N-DF-S VMPA--YP PA DAMP AB□AP-AM-P DAMS

καιρὸν ἐξαγοραζόμενοι. 4.6 ὁ λόγος ὑμῶν πάντοτε ἐν χάριτι,
N-AM-S VRPMNMYP DNMS N-NM-S NPG-YP AB PD N-DF-S

ἅλατι ἠρτυμένος, εἰδέναι πῶς δεῖ ὑμᾶς ἑνὶ ἑκάστῳ
N-DN-S VPRPNM-S VNRA ABT VIPA--ZS NPA-YP APCDM-S A--DM-S

ἀποκρίνεσθαι.
VNPN

4.7 Τὰ κατ᾽ ἐμὲ πάντα γνωρίσει ὑμῖν Τυχικὸς ὁ
DANP PA NPA-XS AP-AN-P VIFA--ZS NPD-YP N-NM-S DNMS

ἀγαπητὸς ἀδελφὸς καὶ πιστὸς διάκονος καὶ σύνδουλος ἐν κυρίῳ,
A--NM-S N-NM-S CC A--NM-S N-NM-S CC N-NM-S PD N-DM-S

4.8 ὃν ἔπεμψα πρὸς ὑμᾶς εἰς αὐτὸ τοῦτο, ἵνα γνῶτε τὰ περὶ
APRAM-S VIAA--XS PA NPA-YP PA AP-AN-S A-DAN-S CS VSAA--YP DANP PG

ἡμῶν καὶ παρακαλέσῃ τὰς καρδίας ὑμῶν, 4.9 σὺν Ὀνησίμῳ τῷ
NPG-XP CC VSPA--ZS DAFP N-AF-P NPG-YP PD N-DM-S DDMS

πιστῷ καὶ ἀγαπητῷ ἀδελφῷ, ὅς ἐστιν ἐξ ὑμῶν· πάντα ὑμῖν
A--DM-S CC A--DM-S N-DM-S APRNM-S VIPA--ZS PG NPG-YP A--AN-P NPD-YP

γνωρίσουσιν τὰ ὧδε.
VIFA--ZP□VMAA--ZP DANP AB□AP-AN-P

4.10 Ἀσπάζεται ὑμᾶς Ἀρίσταρχος ὁ συναιχμάλωτός μου,
VIPN--ZS NPA-YP N-NM-S DNMS N-NM-S NPG-XS

καὶ Μᾶρκος ὁ ἀνεψιὸς Βαρναβᾶ (περὶ οὗ ἐλάβετε ἐντολάς,
CC N-NM-S DNMS N-NM-S N-GM-S PG APRGM-S VIAA--YP N-AF-P

ἐὰν ἔλθῃ πρὸς ὑμᾶς δέξασθε αὐτόν), 4.11 καὶ Ἰησοῦς
CS VSAA--ZS PA NPA-YP VMAD--YP NPAMZS CC N-NM-S

ὁ λεγόμενος Ἰοῦστος, οἱ ὄντες ἐκ περιτομῆς
DNMS□APRNM-S VPPPNM-S N-NM-S DNMP□APRNM-P+ VPPANM-P PG N-GF-S

οὗτοι μόνοι συνεργοὶ εἰς τὴν βασιλείαν τοῦ θεοῦ, οἵτινες
APDNM-P A--NM-P AP-NM-P PA DAFS N-AF-S DGMS N-GM-S APRNM-P

ἐγενήθησάν μοι παρηγορία. 4.12 ἀσπάζεται ὑμᾶς Ἐπαφρᾶς
VIAO--ZP NPD-XS N-NF-S VIPN--ZS NPA-YP N-NM-S

ὁ ἐξ ὑμῶν, δοῦλος Χριστοῦ [Ἰησοῦ], πάντοτε ἀγωνιζόμενος
DNMS PG NPG-YP N-NM-S N-GM-S N-GM-S AB VPPNNM-S

ὑπὲρ ὑμῶν ἐν ταῖς προσευχαῖς, ἵνα σταθῆτε τέλειοι καὶ
PG NPG-YP PD DDFP N-DF-P ABR VSAP--YP A--NM-P CC

πεπληροφορημένοι ἐν παντὶ θελήματι τοῦ θεοῦ. 4.13 μαρτυρῶ
VPRPNMYP PD A--DN-S N-DN-S DGMS N-GM-S VIPA--XS

γὰρ αὐτῷ ὅτι ἔχει πολὺν πόνον ὑπὲρ ὑμῶν καὶ τῶν ἐν
CS NPDMZS CC VIPA--ZS A--AM-S N-AM-S PG NPG-YP CC DGMP PD

Λαοδικείᾳ καὶ τῶν ἐν Ἱεραπόλει. 4.14 ἀσπάζεται ὑμᾶς Λουκᾶς
N-DF-S CC DGMP PD N-DF-S VIPN--ZS NPA-YP N-NM-S

ὁ ἰατρὸς ὁ ἀγαπητὸς καὶ Δημᾶς. 4.15 Ἀσπάσασθε τοὺς ἐν
DNMS N-NM-S DNMS A--NM-S CC N-NM-S VMAD--YP DAMP PD

Λαοδικείᾳ ἀδελφοὺς καὶ Νύμφαν καὶ τὴν κατ' οἶκον αὐτῆς
N-DF-S N-AM-P CC N-AF-S CC DAFS PA N-AM-S NPGFZS

ἐκκλησίαν. 4.16 καὶ ὅταν ἀναγνωσθῇ παρ' ὑμῖν ἡ ἐπιστολή,
N-AF-S CC CS VSAP--ZS PD NPD-YP DNFS N-NF-S

ποιήσατε ἵνα καὶ ἐν τῇ Λαοδικέων ἐκκλησίᾳ ἀναγνωσθῇ, καὶ
VMAA--YP CC AB PD DDFS N-GM-P N-DF-S VSAP--ZS CC

τὴν ἐκ Λαοδικείας ἵνα καὶ ὑμεῖς ἀναγνῶτε. 4.17 καὶ εἴπατε
DAFS PG N-GF-S CC AB NPN-YP VSAA--YP CC VMAA--YP

Ἀρχίππῳ, Βλέπε τὴν διακονίαν ἣν παρέλαβες ἐν κυρίῳ, ἵνα
N-DM-S VMPA--YS DAFS N-AF-S APRAF-S VIAA--YS PD N-DM-S CC

αὐτὴν πληροῖς.
NPAFZS VSPA--YS

4.18 Ὁ ἀσπασμὸς τῇ ἐμῇ χειρὶ Παύλου. μνημονεύετέ
DNMS N-NM-S DDFS A--DFXS N-DF-S N-GM-S VMPA--YP

μου τῶν δεσμῶν. ἡ χάρις μεθ' ὑμῶν.
NPG-XS DGMP N-GM-P DNFS N-NF-S PG NPG-YP

619

ΠΡΟΣ ΘΕΣΣΑΛΟΝΙΚΕΙΣ Α

1.1 Παῦλος καὶ Σιλουανὸς καὶ Τιμόθεος τῇ ἐκκλησίᾳ
N-NM-S CC N-NM-S CC N-NM-S DDFS N-DF-S

Θεσσαλονικέων ἐν θεῷ πατρὶ καὶ κυρίῳ Ἰησοῦ Χριστῷ· χάρις
N-GM-P PD N-DM-S N-DM-S CC N-DM-S N-DM-S N-DM-S N-NF-S

ὑμῖν καὶ εἰρήνη.
NPD-YP CC N-NF-S

1.2 Εὐχαριστοῦμεν τῷ θεῷ πάντοτε περὶ πάντων ὑμῶν,
VIPA--XP DDMS N-DM-S AB PG A--GM-P NPG-YP

μνείαν ποιούμενοι ἐπὶ τῶν προσευχῶν ἡμῶν, ἀδιαλείπτως
N-AF-S VPPMNMXP PG DGFP N-GF-P NPG-XP AB

1.3 μνημονεύοντες ὑμῶν τοῦ ἔργου τῆς πίστεως καὶ τοῦ κόπου
VPPANMXP NPG-YP DGNS N-GN-S DGFS N-GF-S CC DGMS N-GM-S

τῆς ἀγάπης καὶ τῆς ὑπομονῆς τῆς ἐλπίδος τοῦ κυρίου ἡμῶν
DGFS N-GF-S CC DGFS N-GF-S DGFS N-GF-S DGMS N-GM-S NPG-XP

Ἰησοῦ Χριστοῦ ἔμπροσθεν τοῦ θεοῦ καὶ πατρὸς ἡμῶν,
N-GM-S N-GM-S PG DGMS N-GM-S CC N-GM-S NPG-XP

1.4 εἰδότες, ἀδελφοὶ ἠγαπημένοι ὑπὸ [τοῦ] θεοῦ, τὴν ἐκλογὴν
VPRANMXP N-VM-P VPRPVMYP PG DGMS N-GM-S DAFS N-AF-S

ὑμῶν, 1.5 ὅτι τὸ εὐαγγέλιον ἡμῶν οὐκ ἐγενήθη εἰς ὑμᾶς ἐν λόγῳ
NPG-YP CS DNNS N-NN-S NPG-XP AB VIAO--ZS PA NPA-YP PD N-DM-S

μόνον ἀλλὰ καὶ ἐν δυνάμει καὶ ἐν πνεύματι ἁγίῳ καὶ [ἐν]
AP-AN-S□AB CH AB PD N-DF-S CC PD N-DN-S A--DN-S CC PD

πληροφορίᾳ πολλῇ, καθὼς οἴδατε οἷοι
N-DF-S A--DF-S CS VIRA--YP APRNMXP□NPRAMXP&APRNMXP

ἐγενήθημεν [ἐν] ὑμῖν δι᾽ ὑμᾶς. 1.6 καὶ ὑμεῖς μιμηταὶ ἡμῶν
VIAO--XP PD NPD-YP PA NPA-YP CC NPN-YP N-NM-P NPG-XP

ἐγενήθητε καὶ τοῦ κυρίου, δεξάμενοι τὸν λόγον ἐν θλίψει πολλῇ
VIAO--YP CC DGMS N-GM-S VPADNMYP DAMS N-AM-S PD N-DF-S A--DF-S

μετὰ χαρᾶς πνεύματος ἁγίου, 1.7 ὥστε γενέσθαι ὑμᾶς τύπον
PG N-GF-S N-GN-S A--GN-S CH VNAD NPA-YP N-AM-S

πᾶσιν τοῖς πιστεύουσιν ἐν τῇ Μακεδονίᾳ καὶ ἐν τῇ
AP-DM-P DDMP□APRNM-P VPPADM-P PD DDFS N-DF-S CC PD DDFS

Ἀχαΐᾳ. 1.8 ἀφ᾽ ὑμῶν γὰρ ἐξήχηται ὁ λόγος τοῦ κυρίου οὐ
N-DF-S PG NPG-YP CS VIRP--ZS DNMS N-NM-S DGMS N-GM-S AB

μόνον ἐν τῇ Μακεδονίᾳ καὶ [ἐν τῇ] Ἀχαΐᾳ, ἀλλ᾽ ἐν παντὶ
AP-AN-S□AB PD DDFS N-DF-S CC PD DDFS N-DF-S CH PD A--DM-S

τόπῳ ἡ πίστις ὑμῶν ἡ πρὸς τὸν θεὸν ἐξελήλυθεν, ὥστε μὴ
N-DM-S DNFS N-NF-S NPG-YP DNFS PA DAMS N-AM-S VIRA--ZS CH AB

χρείαν ἔχειν ἡμᾶς λαλεῖν τι·   1.9 αὐτοὶ γὰρ περὶ ἡμῶν
N-AF-S   VNPA   NPA-XP   VNPA   APIAN-S   NPNMZP   CS   PG   NPG-XP

ἀπαγγέλλουσιν ὁποίαν εἴσοδον ἔσχομεν πρὸς ὑμᾶς, καὶ πῶς
VIPA--ZP   A-TAF-S   N-AF-S   VIAA--XP   PA   NPA-YP   CC   ABT/CC

ἐπεστρέψατε πρὸς τὸν θεὸν ἀπὸ τῶν εἰδώλων δουλεύειν θεῷ
VIAA--YP   PA   DAMS N-AM-S PG   DGNP   N-GN-P   VNPA   N-DM-S

ζῶντι καὶ ἀληθινῷ, 1.10 καὶ ἀναμένειν τὸν υἱὸν αὐτοῦ ἐκ τῶν
VPPADM-S CC A--DM-S   CC   VNPA   DAMS N-AM-S NPGMZS PG DGMP

οὐρανῶν, ὃν   ἤγειρεν ἐκ [τῶν] νεκρῶν, Ἰησοῦν τὸν
N-GM-P   APRAM-S VIAA--ZS PG   DGMP   AP-GM-P   N-AM-S DAMS□APRNM-S

ῥυόμενον ἡμᾶς ἐκ τῆς ὀργῆς τῆς   ἐρχομένης.
VPPNAM-S   NPA-XP PG DGFS N-GF-S   DGFS□APRNF-S VPPNGF-S

2.1 Αὐτοὶ γὰρ οἴδατε, ἀδελφοί, τὴν εἴσοδον ἡμῶν τὴν πρὸς
    NPNMYP CS   VIRA--YP   N-VM-P   DAFS N-AF-S   NPG-XP DAFS PA

ὑμᾶς ὅτι οὐ κενὴ γέγονεν, 2.2 ἀλλὰ προπαθόντες καὶ ὑβρισθέντες
NPA-YP CC AB A--NF-S VIRA--ZS   CH   VPRAANMXP   CC   VPRPNMXP

καθὼς οἴδατε ἐν Φιλίπποις ἐπαρρησιασάμεθα ἐν τῷ   θεῷ   ἡμῶν
CS   VIRA--YP PD   N-DM-P   VIAD--XP   PD DDMS N-DM-S NPG-XP

λαλῆσαι πρὸς ὑμᾶς τὸ   εὐαγγέλιον τοῦ θεοῦ ἐν πολλῷ ἀγῶνι.
VNAA   PA   NPA-YP DANS N-AN-S   DGMS N-GM-S PD A--DM-S N-DM-S

2.3 ἡ   γὰρ παράκλησις ἡμῶν οὐκ ἐκ πλάνης οὐδὲ ἐξ ἀκαθαρσίας
    DNFS CS   N-NF-S   NPG-XP AB   PG N-GF-S   CC   PG N-GF-S

οὐδὲ ἐν δόλῳ, 2.4 ἀλλὰ καθὼς δεδοκιμάσμεθα ὑπὸ τοῦ   θεοῦ
CC   PD N-DM-S   CH   CS   VIRP--XP   PG   DGMS N-GM-S

πιστευθῆναι τὸ   εὐαγγέλιον οὕτως λαλοῦμεν, οὐχ ὡς ἀνθρώποις
VNAP   DANS N-AN-S   AB   VIPA--XP   AB   CS N-DM-P

ἀρέσκοντες ἀλλὰ θεῷ τῷ   δοκιμάζοντι τὰς καρδίας ἡμῶν.
VPPANMXP   CH   N-DM-S DDMS□APRNM-S VPPADM-S   DAFP N-AF-P   NPG-XP

2.5 οὔτε γὰρ ποτε ἐν λόγῳ κολακείας ἐγενήθημεν, καθὼς οἴδατε,
    CC   CS   ABI   PD N-DM-S N-GF-S   VIAO--XP   CS   VIRA--YP

οὔτε ἐν προφάσει πλεονεξίας, θεὸς μάρτυς, 2.6 οὔτε ζητοῦντες ἐξ
CC   PD N-DF-S   N-GF-S   N-NM-S N-NM-S   CC   VPPANMXP   PG

ἀνθρώπων δόξαν, οὔτε ἀφ᾽ ὑμῶν οὔτε ἀπ᾽ ἄλλων, 2.7 δυνάμενοι
N-GM-P   N-AF-S   CC   PG   NPG-YP CC   PG   AP-GM-P   VPPNNMXP

ἐν βάρει εἶναι ὡς Χριστοῦ ἀπόστολοι, ἀλλὰ ἐγενήθημεν νήπιοι ἐν
PD N-DN-S VNPA CS   N-GM-S   N-NM-P   CH   VIAO--XP   AP-NM-P PD

μέσῳ ὑμῶν. ὡς ἐὰν τροφὸς θάλπῃ τὰ   ἑαυτῆς τέκνα, 2.8 οὕτως
AP-DN-S NPG-YP CS CS   N-NF-S   VSPA--ZS DANP NPGFZS   N-AN-P   AB

ὁμειρόμενοι ὑμῶν εὐδοκοῦμεν μεταδοῦναι ὑμῖν οὐ μόνον   τὸ
VPPNNMXP   NPG-YP VIIA--XP   VNAA   NPD-YP AB AP-AN-S□AB DANS

εὐαγγέλιον τοῦ θεοῦ ἀλλὰ καὶ τὰς ἑαυτῶν ψυχάς, διότι ἀγαπητοὶ
N-AN-S   DGMS N-GM-S CH   AB   DAFP NPGMXP   N-AF-P   CS   A--NM-P

ἡμῖν ἐγενήθητε. 2.9 μνημονεύετε γάρ, ἀδελφοί, τὸν κόπον ἡμῶν
NPD-XP VIAO--YP   VIPA--YP/VMPA--YP CS   N-VM-P   DAMS N-AM-S NPG-XP

καὶ τὸν μόχθον· νυκτὸς καὶ ἡμέρας ἐργαζόμενοι πρὸς τὸ μὴ
CC DAMS N-AM-S N-GF-S CC N-GF-S VPPNNMXP PA DANS AB

ἐπιβαρῆσαί τινα ὑμῶν ἐκηρύξαμεν εἰς ὑμᾶς τὸ εὐαγγέλιον τοῦ
VNAAA APIAM-S NPG-YP VIAA--XP PA NPA-YP DANS N-AN-S DGMS

θεοῦ. 2.10 ὑμεῖς μάρτυρες καὶ ὁ θεός, ὡς ὁσίως καὶ δικαίως καὶ
N-GM-S NPN-YP N-NM-P CC DNMS N-NM-S AB/CC AB CC AB CC

ἀμέμπτως ὑμῖν τοῖς πιστεύουσιν ἐγενήθημεν,
AB NPD-YP DDMP□APRNMYP VPPADMYP VIAO--XP

2.11 καθάπερ οἴδατε ὡς ἕνα ἕκαστον ὑμῶν ὡς πατὴρ τέκνα
CS VIRA--YP CH APCAM-S A--AM-S NPG-YP CS N-NM-S N-AN-P

ἑαυτοῦ 2.12 παρακαλοῦντες ὑμᾶς καὶ παραμυθούμενοι καὶ
NPGMZS VPPANMXP NPA-YP CC VPPNNMXP CC

μαρτυρόμενοι εἰς τὸ περιπατεῖν ὑμᾶς ἀξίως τοῦ θεοῦ τοῦ
VPPNNMXP PA DANS VNPAA NPA-YP AB DGMS N-GM-S DGMS□APRNM-S

καλοῦντος ὑμᾶς εἰς τὴν ἑαυτοῦ βασιλείαν καὶ δόξαν.
VPPAGM-S NPA-YP PA DAFS NPGMZS N-AF-S CC N-AF-S

2.13 Καὶ διὰ τοῦτο καὶ ἡμεῖς εὐχαριστοῦμεν τῷ θεῷ
CC PA APDAN-S AB NPN-XP VIPA--XP DDMS N-DM-S

ἀδιαλείπτως, ὅτι παραλαβόντες λόγον ἀκοῆς παρ' ἡμῶν τοῦ
AB CC/CS VPAANMYP N-AM-S N-GF-S PG NPG-XP DGMS

θεοῦ ἐδέξασθε οὐ λόγον ἀνθρώπων ἀλλὰ καθὼς ἐστιν ἀληθῶς
N-GM-S VIAD--YP AB N-AM-S N-GM-P CH CS VIPA--ZS AB

λόγον θεοῦ, ὃς καὶ ἐνεργεῖται ἐν ὑμῖν τοῖς
N-AM-S N-GM-S APRNM-S AB VIPM--ZS PD NPD-YP DDMP□APRNMYP

πιστεύουσιν. 2.14 ὑμεῖς γὰρ μιμηταὶ ἐγενήθητε, ἀδελφοί, τῶν
VPPADMYP NPN-YP CS N-NM-P VIAO--YP N-VM-P DGFP

ἐκκλησιῶν τοῦ θεοῦ τῶν οὐσῶν ἐν τῇ Ἰουδαίᾳ ἐν Χριστῷ
N-GF-P DGMS N-GM-S DGFP□APRNF-P VPPAGF-P PD DDFS N-DF-S PD N-DM-S

Ἰησοῦ, ὅτι τὰ αὐτὰ ἐπάθετε καὶ ὑμεῖς ὑπὸ τῶν ἰδίων
N-DM-S CS DANP AP-AN-P VIAA--YP CC NPN-YP PG DGMP A--GM-P

συμφυλετῶν καθὼς καὶ αὐτοὶ ὑπὸ τῶν Ἰουδαίων, 2.15 τῶν
N-GM-P CS AB NPNMZP PG DGMP AP-GM-P DGMP□APRNM-P

καὶ τὸν κύριον ἀποκτεινάντων Ἰησοῦν καὶ τοὺς προφήτας, καὶ
CC DAMS N-AM-S VPAAGM-P N-AM-S CC DAMP N-AM-P CC

ἡμᾶς ἐκδιωξάντων, καὶ θεῷ μὴ ἀρεσκόντων, καὶ πᾶσιν
NPA-XP VPAAGM-P CC N-DM-S AB VPPAGM-P CC A--DM-P

ἀνθρώποις ἐναντίων, 2.16 κωλυόντων ἡμᾶς τοῖς ἔθνεσιν λαλῆσαι
N-DM-P A--GM-P VPPAGM-P NPA-XP DDNP N-DN-P VNAA

ἵνα σωθῶσιν, εἰς τὸ ἀναπληρῶσαι αὐτῶν τὰς ἁμαρτίας πάντοτε.
CS VSAP--ZP PA DANS VNAAA NPGMZP DAFP N-AF-P AB

ἔφθασεν δὲ ἐπ' αὐτοὺς ἡ ὀργὴ εἰς τέλος.
VIAA--ZS CC PA NPAMZP DNFS N-NF-S PA N-AN-S

2.17 Ἡμεῖς δέ, ἀδελφοί, ἀπορφανισθέντες ἀφ' ὑμῶν πρὸς
NPN-XP CC N-VM-P VPAPNMXP PG NPG-YP PA

καιρὸν ὥρας, προσώπῳ οὐ καρδίᾳ, περισσοτέρως ἐσπουδάσαμεν
N-AM-S   N-GF-S   N-DN-S   AB   N-DF-S   ABM   VIAA--XP

τὸ πρόσωπον ὑμῶν ἰδεῖν ἐν πολλῇ ἐπιθυμίᾳ. 2.18 διότι
DANS   N-AN-S   NPG-YP   VNAA   PD   A--DF-S   N-DF-S   CS

ἠθελήσαμεν ἐλθεῖν πρὸς ὑμᾶς, ἐγὼ μὲν Παῦλος καὶ ἅπαξ καὶ δίς,
VIAA--XP   VNAA   PA   NPA-YP   NPN-XS   QS   N-NM-S   CC   AB   CC   AB

καὶ ἐνέκοψεν ἡμᾶς ὁ Σατανᾶς. 2.19 τίς γὰρ ἡμῶν ἐλπὶς ἢ
CC   VIAA--ZS   NPA-XP   DNMS   N-NM-S   APTNF-S   CS   NPG-XP   N-NF-S   CC

χαρὰ ἢ στέφανος καυχήσεως — ἢ οὐχὶ καὶ ὑμεῖς — ἔμπροσθεν
N-NF-S   CC   N-NM-S   N-GF-S   CC   QT   AB   NPN-YP   PG

τοῦ κυρίου ἡμῶν Ἰησοῦ ἐν τῇ αὐτοῦ παρουσίᾳ; 2.20 ὑμεῖς γάρ
DGMS   N-GM-S   NPG-XP   N-GM-S   PD   DDFS   NPGMZS   N-DF-S   NPN-YP   CS

ἐστε ἡ δόξα ἡμῶν καὶ ἡ χαρά.
VIPA--YP   DNFS   N-NF-S   NPG-XP   CC   DNFS   N-NF-S

3.1 Διὸ μηκέτι στέγοντες εὐδοκήσαμεν καταλειφθῆναι ἐν
    CH   AB   VPPANMXP   VIAA--XP   VNAP   PD

Ἀθήναις μόνοι, 3.2 καὶ ἐπέμψαμεν Τιμόθεον, τὸν ἀδελφὸν ἡμῶν
N-DF-P   A--NM-P   CC   VIAA--XP   N-AM-S   DAMS   N-AM-S   NPG-XP

καὶ συνεργὸν τοῦ θεοῦ ἐν τῷ εὐαγγελίῳ τοῦ Χριστοῦ, εἰς τὸ
CC   AP-AM-S   DGMS   N-GM-S   PD   DDNS   N-DN-S   DGMS   N-GM-S   PA   DANS

στηρίξαι ὑμᾶς καὶ παρακαλέσαι ὑπὲρ τῆς πίστεως ὑμῶν 3.3 τὸ
VNAAA   NPA-YP   CC   VNAAA   PG   DGFS   N-GF-S   NPG-YP   DANS

μηδένα σαίνεσθαι ἐν ταῖς θλίψεσιν ταύταις. αὐτοὶ γὰρ οἴδατε ὅτι
APCAM-S   VNPPA   PD   DDFP   N-DF-P   A-DDF-P   NPNMYP   CS   VIRA--YP   CC

εἰς τοῦτο κείμεθα· 3.4 καὶ γὰρ ὅτε πρὸς ὑμᾶς ἦμεν, προελέγομεν
PA   APDAN-S   VIPN--XP   AB   CS   CS   PA   NPA-YP   VIIA--XP   VIIA--XP

ὑμῖν ὅτι μέλλομεν θλίβεσθαι, καθὼς καὶ ἐγένετο καὶ οἴδατε.
NPD-YP   CC   VIPA--XP+   +VNPP   CS   AB   VIAD--ZS   CC   VIRA--YP

3.5 διὰ τοῦτο κἀγὼ μηκέτι στέγων ἔπεμψα εἰς τὸ γνῶναι τὴν
    PA   APDAN-S   AB&NPN-XS   AB   VPPANMXS   VIAA--XS   PA   DANS   VNAAA   DAFS

πίστιν ὑμῶν, μή πως ἐπείρασεν ὑμᾶς ὁ πειράζων
N-AF-S   NPG-YP   CS   ABI   VIAA--ZS   NPA-YP   DNMS□NPNMZS&APRNM-S   VPPANM-S

καὶ εἰς κενὸν γένηται ὁ κόπος ἡμῶν.
CC   PA   AP-AN-S   VSAD--ZS   DNMS   N-NM-S   NPG-XP

3.6 Ἄρτι δὲ ἐλθόντος Τιμοθέου πρὸς ἡμᾶς ἀφ᾽ ὑμῶν καὶ
    AB   CH   VPAAGM-S   N-GM-S   PA   NPA-XP   PG   NPG-YP   CC

εὐαγγελισαμένου ἡμῖν τὴν πίστιν καὶ τὴν ἀγάπην ὑμῶν, καὶ ὅτι
VPAMGM-S   NPD-XP   DAFS   N-AF-S   CC   DAFS   N-AF-S   NPG-YP   CC   CS

ἔχετε μνείαν ἡμῶν ἀγαθὴν πάντοτε, ἐπιποθοῦντες ἡμᾶς ἰδεῖν
VIPA--YP   N-AF-S   NPG-XP   A--AF-S   AB   VPPANMYP   NPA-XP   VNAA

καθάπερ καὶ ἡμεῖς ὑμᾶς, 3.7 διὰ τοῦτο παρεκλήθημεν, ἀδελφοί,
CS   AB   NPN-XP   NPA-YP   PA   APDAN-S   VIAP--XP   N-VM-P

ἐφ᾽ ὑμῖν ἐπὶ πάσῃ τῇ ἀνάγκῃ καὶ θλίψει ἡμῶν διὰ τῆς ὑμῶν
PD   NPD-YP   PD   A--DF-S   DDFS   N-DF-S   CC   N-DF-S   NPG-XP   PG   DGFS   NPG-YP

πίστεως, 3.8 ὅτι νῦν ζῶμεν ἐὰν ὑμεῖς στήκετε ἐν κυρίῳ. 3.9 τίνα
N-GF-S   CS   AB VIPA--XP CS NPN-YP VIPA--YP PD N-DM-S   A-TAF-S

γὰρ εὐχαριστίαν δυνάμεθα τῷ θεῷ ἀνταποδοῦναι περὶ ὑμῶν
CS N-AF-S   VIPN--XP DDMS N-DM-S VNAA   PG   NPG-YP

ἐπὶ πάσῃ τῇ χαρᾷ ᾗ χαίρομεν δι᾽ ὑμᾶς ἔμπροσθεν τοῦ θεοῦ
PD A--DF-S DDFS N-DF-S APRDF-S VIPA--XP PA NRA-YP PG   DGMS N-GM-S

ἡμῶν, 3.10 νυκτὸς καὶ ἡμέρας ὑπερεκπερισσοῦ δεόμενοι εἰς τὸ
NPG-XP   N-GF-S CC N-GF-S AB   VPPNNMXP PA DANS

ἰδεῖν ὑμῶν τὸ πρόσωπον καὶ καταρτίσαι τὰ ὑστερήματα τῆς
VNAAA NPG-YP DANS N-AN-S   CC VNAAA   DANP N-AN-P   DGFS

πίστεως ὑμῶν;
N-GF-S   NPG-YP

3.11 Αὐτὸς δὲ ὁ θεὸς καὶ πατὴρ ἡμῶν καὶ ὁ κύριος ἡμῶν
NPNMZS CC DNMS N-NM-S CC N-NM-S NPG-XP CC DNMS N-NM-S NPG-XP

Ἰησοῦς κατευθύναι τὴν ὁδὸν ἡμῶν πρὸς ὑμᾶς· 3.12 ὑμᾶς δὲ ὁ
N-NM-S VOAA--ZS   DAFS N-AF-S NPG-XP PA NPA-YP   NPA-YP CC DNMS

κύριος πλεονάσαι καὶ περισσεύσαι τῇ ἀγάπῃ εἰς ἀλλήλους καὶ
N-NM-S VOAA--ZS   CC VOAA--ZS   DDFS N-DF-S PA NPRAMYP   CC

εἰς πάντας, καθάπερ καὶ ἡμεῖς εἰς ὑμᾶς, 3.13 εἰς τὸ στηρίξαι
PA AP-AM-P   CS   AB NPN-XP PA NPA-YP   PA DANS VNAAA

ὑμῶν τὰς καρδίας ἀμέμπτους ἐν ἁγιωσύνῃ ἔμπροσθεν τοῦ θεοῦ
NPG-YP DAFP N-AF-P A--AF-P   PD N-DF-S   PG   DGMS N-GM-S

καὶ πατρὸς ἡμῶν ἐν τῇ παρουσίᾳ τοῦ κυρίου ἡμῶν Ἰησοῦ μετὰ
CC N-GM-S NPG-XP PD DDFS N-DF-S   DGMS N-GM-S NPG-XP N-GM-S PG

πάντων τῶν ἁγίων αὐτοῦ. [ἀμήν.]
A--GM-P DGMP AP-GM-P NPGMZS   QS

4.1 Λοιπὸν οὖν, ἀδελφοί, ἐρωτῶμεν ὑμᾶς καὶ παρακαλοῦμεν
AP-AN-S□AB CC   N-VM-P   VIPA--XP NPA-YP CC VIPA--XP

ἐν κυρίῳ Ἰησοῦ, ἵνα καθὼς παρελάβετε παρ᾽ ἡμῶν τὸ πῶς δεῖ
PD N-DM-S N-DM-S CC CS   VIAA--YP   PG   NPG-XP DANS ABT VIPA--ZS

ὑμᾶς περιπατεῖν καὶ ἀρέσκειν θεῷ, καθὼς καὶ περιπατεῖτε, ἵνα
NPA-YP VNPA   CC VNPA   N-DM-S CS AB VIPA--YP   CC

περισσεύητε μᾶλλον. 4.2 οἴδατε γὰρ τίνας παραγγελίας ἐδώκαμεν
VSPA--YP   ABM   VIRA--YP CS A-TAF-P N-AF-P   VIAA--XP

ὑμῖν διὰ τοῦ κυρίου Ἰησοῦ. 4.3 τοῦτο γάρ ἐστιν θέλημα τοῦ
NPD-YP PG DGMS N-GM-S N-GM-S   APDNN-S CS VIPA--ZS N-NN-S DGMS

θεοῦ, ὁ ἁγιασμὸς ὑμῶν, ἀπέχεσθαι ὑμᾶς ἀπὸ τῆς πορνείας,
N-GM-S DNMS N-NM-S NPG-YP VNPM   NPA-YP PG DGFS N-GF-S

4.4 εἰδέναι ἕκαστον ὑμῶν τὸ ἑαυτοῦ σκεῦος κτᾶσθαι ἐν ἁγιασμῷ
VNRA   AP-AM-S NPG-YP DANS NPGMZS N-AN-S VNPN   PD N-DM-S

καὶ τιμῇ, 4.5 μὴ ἐν πάθει ἐπιθυμίας καθάπερ καὶ τὰ ἔθνη
CC N-DF-S   AB PD N-DN-S N-GF-S   CS   AB DNNP N-NN-P

τὰ μὴ εἰδότα τὸν θεόν, 4.6 τὸ μὴ ὑπερβαίνειν καὶ
DNNP□APRNN-P AB VPRANN-P DAMS N-AM-S DANS AB VNPAA   CC

624

πλεονεκτεῖν ἐν τῷ πράγματι τὸν ἀδελφὸν αὐτοῦ, διότι ἔκδικος
VNPAA   PD DDNS N-DN-S   DAMS N-AM-S   NPGMZS CS AP-NM-S

κύριος περὶ πάντων τούτων, καθὼς καὶ προείπαμεν ὑμῖν καὶ
N-NM-S PG A--GN-P APDGN-P   CS   CC VIAA--XP   NPD-YP CC

διεμαρτυράμεθα. 4.7 οὐ γὰρ ἐκάλεσεν ἡμᾶς ὁ   θεὸς ἐπὶ
VIAD--XP   AB CS VIAA--ZS NPA-XP DNMS N-NM-S PD

ἀκαθαρσίᾳ ἀλλ᾽ ἐν ἁγιασμῷ. 4.8 τοιγαροῦν ὁ
N-DF-S   CH   PD N-DM-S   CH   DNMS◻NPNMZS&APRNM-S

ἀθετῶν οὐκ ἄνθρωπον ἀθετεῖ ἀλλὰ τὸν θεὸν τὸν   [καὶ]
VPPANM-S AB N-AM-S   VIPA--ZS CH   DAMS N-AM-S DAMS◻APRNM-S AB

διδόντα τὸ   πνεῦμα αὐτοῦ τὸ   ἅγιον εἰς ὑμᾶς.
VPPAAM-S DANS N-AN-S NPGMZS DANS A--AN-S PA NPA-YP

4.9 Περὶ δὲ τῆς φιλαδελφίας οὐ χρείαν ἔχετε γράφειν ὑμῖν,
        PG   CC DGFS N-GF-S   AB N-AF-S VIPA--YP VNPA   NPD-YP

αὐτοὶ γὰρ ὑμεῖς θεοδίδακτοί ἐστε   εἰς τὸ   ἀγαπᾶν ἀλλήλους·
NPNMYP CS NPN-YP A--NM-P   VIPA--YP PA DANS VNPAA   NPAMYP

4.10 καὶ γὰρ ποιεῖτε αὐτὸ εἰς πάντας τοὺς ἀδελφοὺς [τοὺς] ἐν
         AB CS VIPA--YP NPANZS PA A--AM-P DAMP N-AM-P   DAMP   PD

ὅλῃ   τῇ   Μακεδονίᾳ. παρακαλοῦμεν δὲ ὑμᾶς, ἀδελφοί,
A--DF-S DDFS N-DF-S   VIPA--XP   CH NPA-YP N-VM-P

περισσεύειν μᾶλλον, 4.11 καὶ φιλοτιμεῖσθαι ἡσυχάζειν καὶ
VNPA   ABM   CC VNPN   VNPA   CC

πράσσειν τὰ   ἴδια   καὶ ἐργάζεσθαι ταῖς [ἰδίαις] χερσὶν ὑμῶν,
VNPA   DANP AP-AN-P CC VNPN   DDFP A--DF-P N-DF-P NPG-YP

καθὼς ὑμῖν παρηγγείλαμεν, 4.12 ἵνα περιπατῆτε εὐσχημόνως
CS   NPD-YP VIAA--XP   CS VSPA--YP   AB

πρὸς τοὺς ἔξω   καὶ μηδενὸς χρείαν ἔχητε.
PA   DAMP AB◻AP-AM-P CC APCGN-S N-AF-S VSPA--YP

4.13 Οὐ θέλομεν δὲ ὑμᾶς ἀγνοεῖν, ἀδελφοί, περὶ
        AB VIPA--XP CC NPA-YP VNPA   N-VM-P   PG

τῶν   κοιμωμένων, ἵνα μὴ λυπῆσθε καθὼς καὶ οἱ
DGMP◻NPGMZP&APRNM-P VPPNGM-P   CS AB VSPP--YP CS   AB DNMP

λοιποὶ οἱ   μὴ ἔχοντες ἐλπίδα. 4.14 εἰ γὰρ πιστεύομεν ὅτι
AP-NM-P DNMP◻APRNM-P AB VPPANM-P N-AF-S   CS CS VIPA--XP   CC

Ἰησοῦς ἀπέθανεν καὶ ἀνέστη, οὕτως καὶ ὁ   θεὸς
N-NM-S VIAA--ZS CC VIAA--ZS AB   AB DNMS N-NM-S

τοὺς   κοιμηθέντας διὰ τοῦ Ἰησοῦ ἄξει   σὺν αὐτῷ.
DAMP◻NPAMZP&APRNM-P VPAOAM-P   PG DGMS N-GM-S VIFA--ZS PD NPDMZS

4.15 Τοῦτο   γὰρ ὑμῖν λέγομεν ἐν λόγῳ κυρίου, ὅτι ἡμεῖς
        APDAN-S CS NPD-YP VIPA--XP PD N-DM-S N-GM-S ABR NPN-XP

οἱ   ζῶντες οἱ   περιλειπόμενοι εἰς τὴν
DNMP◻APRNMXP VPPANMXP DNMP◻APRNMXP VPPPNMXP   PA DAFS

παρουσίαν τοῦ κυρίου οὐ μὴ φθάσωμεν τοὺς
N-AF-S   DGMS N-GM-S AB AB VSAA--XP DAMP◻NPAMZP&APRNM-P

κοιμηθέντας· 4.16 ὅτι αὐτὸς ὁ   κύριος ἐν κελεύσματι, ἐν φωνῇ
VPAOAM-P   CS   NPNMZS   DNMS   N-NM-S   PD   N-DN-S   PD   N-DF-S

ἀρχαγγέλου καὶ ἐν σάλπιγγι θεοῦ, καταβήσεται ἀπ' οὐρανοῦ, καὶ
N-GM-S   CC   PD   N-DF-S   N-GM-S   VIFD--ZS   PG   N-GM-S   CC

οἱ   νεκροὶ ἐν Χριστῷ ἀναστήσονται πρῶτον, 4.17 ἔπειτα ἡμεῖς
DNMP   AP-NM-P   PD   N-DM-S   VIFM--ZP   APOAN-S□AB   AB   NPN-XP

οἱ   ζῶντες οἱ   περιλειπόμενοι ἅμα σὺν αὐτοῖς
DNMP□APRNMXP   VPPANMXP   DNMP□APRNMXP   VPPPNMXP   AB   PD   NPDMZP

ἁρπαγησόμεθα ἐν νεφέλαις εἰς ἀπάντησιν τοῦ κυρίου εἰς ἀέρα·
VIFP--XP   PD   N-DF-P   PA   N-AF-S   DGMS   N-GM-S   PA   N-AM-S

καὶ οὕτως πάντοτε σὺν κυρίῳ ἐσόμεθα. 4.18 Ὥστε παρακαλεῖτε
CC   AB   AB   PD   N-DM-S   VIFD--XP   CH   VMPA--YP

ἀλλήλους ἐν τοῖς λόγοις τούτοις.
NPRAMYP   PD   DDMP   N-DM-P   A-DDM-P

     5.1 Περὶ δὲ τῶν χρόνων καὶ τῶν καιρῶν, ἀδελφοί, οὐ χρείαν
        PG   CC   DGMP   N-GM-P   CC   DGMP   N-GM-P   N-VM-P   AB   N-AF-S

ἔχετε ὑμῖν γράφεσθαι, 5.2 αὐτοὶ γὰρ ἀκριβῶς οἴδατε ὅτι ἡμέρα
VIPA--YP   NPD-YP   VNPP   NPNMYP   CS   AB   VIRA--YP   CC   N-NF-S

κυρίου ὡς κλέπτης ἐν νυκτὶ οὕτως ἔρχεται. 5.3 ὅταν λέγωσιν,
N-GM-S   CS   N-NM-S   PD   N-DF-S   AB   VIPN--ZS   CS   VSPA--ZP

Εἰρήνη καὶ ἀσφάλεια, τότε αἰφνίδιος αὐτοῖς ἐφίσταται ὄλεθρος
N-NF-S   CC   N-NF-S   AB   A--NM-S   NPDMZP   VIPM--ZS   N-NM-S

ὥσπερ ἡ   ὠδὶν τῇ   ἐν γαστρὶ ἐχούσῃ, καὶ οὐ μὴ
CS   DNFS   N-NF-S   DDFS□NPDFZS&APRNF-S   PD   N-DF-S   VPPADF-S   CC   AB   AB

ἐκφύγωσιν. 5.4 ὑμεῖς δέ,   ἀδελφοί, οὐκ ἐστὲ ἐν σκότει, ἵνα ἡ
VSAA--ZP   NPN-YP   CC/CH   N-VM-P   AB   VIPA--YP   PD   N-DN-S   CH   DNFS

ἡμέρα ὑμᾶς ὡς κλέπτης καταλάβῃ, 5.5 πάντες γὰρ ὑμεῖς υἱοὶ
N-NF-S   NPA-YP   CS   N-NM-S   VSAA--ZS   A--NM-P   CS   NPN-YP   N-NM-P

φωτός ἐστε   καὶ υἱοὶ   ἡμέρας. οὐκ ἐσμὲν νυκτὸς οὐδὲ σκότους·
N-GN-S   VIPA--YP   CC   N-NM-P   N-GF-S   AB   VIPA--XP   N-GF-S   CC   N-GN-S

5.6 ἄρα οὖν μὴ καθεύδωμεν ὡς οἱ   λοιποί, ἀλλὰ γρηγορῶμεν καὶ
     CH   CH   AB   VSPA--XP   CS   DNMP   AP-NM-P   CH   VSPA--XP   CC

νήφωμεν.   5.7 οἱ   γὰρ   καθεύδοντες νυκτὸς
VSPA--XP   DNMP□NPNMZP&APRNM-P   CS   VPPANM-P   N-GF-S

καθεύδουσιν,   καὶ οἱ   μεθυσκόμενοι νυκτὸς
VIPA--ZP   CC   DNMP□NPNMZP&APRNM-P   VPPPNM-P   N-GF-S

μεθύουσιν· 5.8 ἡμεῖς δὲ ἡμέρας ὄντες   νήφωμεν, ἐνδυσάμενοι
VIPA--ZP   NPN-XP   CH   N-GF-S   VPPANMXP   VSPA--XP   VPAMNMXP

θώρακα πίστεως καὶ ἀγάπης καὶ περικεφαλαίαν ἐλπίδα σωτηρίας·
N-AM-S   N-GF-S   CC   N-GF-S   CC   N-AF-S   N-AF-S   N-GF-S

5.9 ὅτι οὐκ ἔθετο ἡμᾶς ὁ   θεὸς εἰς ὀργὴν ἀλλὰ εἰς περιποίησιν
     CS   AB   VIAM--ZS   NPA-XP   DNMS   N-NM-S   PA   N-AF-S   CH   PA   N-AF-S

σωτηρίας διὰ τοῦ κυρίου ἡμῶν Ἰησοῦ Χριστοῦ, 5.10 τοῦ
N-GF-S   PG   DGMS   N-GM-S   NPG-XP   N-GM-S   N-GM-S   DGMS□APRNM-S

ἀποθανόντος ὑπὲρ ἡμῶν ἵνα εἴτε γρηγορῶμεν εἴτε καθεύδωμεν
VPAAGM-S   PG   NPG-XP CS CC   VSPA--XP   CC   VSPA--XP

ἅμα σὺν αὐτῷ ζήσωμεν. 5.11 Διὸ παρακαλεῖτε ἀλλήλους καὶ
AB PD NPDMZS VSAA--XP   CH   VMPA--YP   NPAMYP   CC

οἰκοδομεῖτε εἷς τὸν ἕνα, καθὼς καὶ ποιεῖτε.
VMPA--YP   APCNM-S DAMS APCAM-S CS AB VIPA--YP

5.12 Ἐρωτῶμεν δὲ ὑμᾶς, ἀδελφοί, εἰδέναι τοὺς
VIPA--XP   CC NPA-YP N-VM-P   VNRA   DAMP□NPAMZP&APRNM-P

κοπιῶντας ἐν ὑμῖν καὶ προϊσταμένους ὑμῶν ἐν κυρίῳ καὶ
VPPAAM-P PD NPD-YP CC VPPMAM-P   NPG-YP PD N-DM-S CC

νουθετοῦντας ὑμᾶς, 5.13 καὶ ἡγεῖσθαι αὐτοὺς ὑπερεκπερισσοῦ ἐν
VPPAAM-P   NPA-YP   CC VNPN   NPAMZP   AB   PD

ἀγάπῃ διὰ τὸ ἔργον αὐτῶν. εἰρηνεύετε ἐν ἑαυτοῖς.
N-DF-S PA DANS N-AN-S NPGMZP VMPA--YP   PD NPDMYP

5.14 παρακαλοῦμεν δὲ ὑμᾶς, ἀδελφοί, νουθετεῖτε τοὺς ἀτάκτους,
VIPA--XP   CC NPA-YP N-VM-P   VMPA--YP   DAMP AP-AM-P

παραμυθεῖσθε τοὺς ὀλιγοψύχους, ἀντέχεσθε τῶν ἀσθενῶν,
VMPN--YP   DAMP AP-AM-P   VMPM--YP DGMP AP-GM-P

μακροθυμεῖτε πρὸς πάντας. 5.15 ὁρᾶτε μή τις κακὸν ἀντὶ
VMPA--YP   PA AP-AM-P   VMPA--YP CS APINM-S AP-AN-S PG

κακοῦ τινι ἀποδῷ, ἀλλὰ πάντοτε τὸ ἀγαθὸν διώκετε [καὶ] εἰς
AP-GN-S APIDM-S VSAA--ZS CH AB   DANS AP-AN-S VMPA--YP CC PA

ἀλλήλους καὶ εἰς πάντας.
NPAMYP CC PA AP-AM-P

5.16 Πάντοτε χαίρετε, 5.17 ἀδιαλείπτως προσεύχεσθε, 5.18 ἐν
AB   VMPA--YP   AB   VMPN--YP   PD

παντὶ εὐχαριστεῖτε· τοῦτο γὰρ θέλημα θεοῦ ἐν Χριστῷ Ἰησοῦ εἰς
AP-DN-S VMPA--YP APDNN-S CS N-NN-S N-GM-S PD N-DM-S N-DM-S PA

ὑμᾶς. 5.19 τὸ πνεῦμα μὴ σβέννυτε, 5.20 προφητείας μὴ
NPA-YP   DANS N-AN-S AB VMPA--YP   N-AF-P   AB

ἐξουθενεῖτε· 5.21 πάντα δὲ δοκιμάζετε, τὸ καλὸν κατέχετε,
VMPA--YP   AP-AN-P CH VMPA--YP   DANS AP-AN-S VMPA--YP

5.22 ἀπὸ παντὸς εἴδους πονηροῦ ἀπέχεσθε.
PG A--GN-S N-GN-S AP-GN-S/A--GN-S VMPM--YP

5.23 Αὐτὸς δὲ ὁ θεὸς τῆς εἰρήνης ἁγιάσαι ὑμᾶς ὁλοτελεῖς,
NPNMZS CC DNMS N-NM-S DGFS N-GF-S VOAA--ZS NPA-YP A--AM-P

καὶ ὁλόκληρον ὑμῶν τὸ πνεῦμα καὶ ἡ ψυχὴ καὶ τὸ σῶμα
CC A--NN-S NPG-YP DNNS N-NN-S CC DNFS N-NF-S CC DNNS N-NN-S

ἀμέμπτως ἐν τῇ παρουσίᾳ τοῦ κυρίου ἡμῶν Ἰησοῦ Χριστοῦ
AB   PD DDFS N-DF-S DGMS N-GM-S NPG-XP N-GM-S N-GM-S

τηρηθείη. 5.24 πιστὸς ὁ καλῶν ὑμᾶς, ὃς καὶ
VOAP--ZS   A--NM-S DNMS□NPNMZS&APRNM-S VPPANM-S NPA-YP APRNM-S AB

ποιήσει.
VIFA--ZS

5.25 Ἀδελφοί, προσεύχεσθε [καὶ] περὶ ἡμῶν.
     N-VM-P   VMPN--YP   AB   PG   NPG-XP

5.26 Ἀσπάσασθε τοὺς ἀδελφοὺς πάντας ἐν φιλήματι ἁγίῳ.
     VMAD--YP   DAMP   N-AM-P   A--AM-P   PD   N-DN-S   A--DN-S

5.27 Ἐνορκίζω ὑμᾶς τὸν κύριον ἀναγνωσθῆναι τὴν ἐπιστολὴν
     VIPA--XS   NPA-YP   DAMS   N-AM-S   VNAP   DAFS   N-AF-S

πᾶσιν τοῖς ἀδελφοῖς.
A--DM-P   DDMP   N-DM-P

5.28 Ἡ χάρις τοῦ κυρίου ἡμῶν Ἰησοῦ Χριστοῦ μεθ᾽ ὑμῶν.
     DNFS   N-NF-S   DGMS   N-GM-S   NPG-XP   N-GM-S   N-GM-S   PG   NPG-YP

ΠΡΟΣ ΘΕΣΣΑΛΟΝΙΚΕΙΣ Β

1.1 Παῦλος καὶ Σιλουανὸς καὶ Τιμόθεος τῇ ἐκκλησίᾳ
N-NM-S CC N-NM-S CC N-NM-S DDFS N-DF-S

Θεσσαλονικέων ἐν θεῷ πατρὶ ἡμῶν καὶ κυρίῳ Ἰησοῦ Χριστῷ·
N-GM-P PD N-DM-S N-DM-S NPG-XP CC N-DM-S N-DM-S N-DM-S

1.2 χάρις ὑμῖν καὶ εἰρήνη ἀπὸ θεοῦ πατρὸς [ἡμῶν] καὶ κυρίου
N-NF-S NPD-YP CC N-NF-S PG N-GM-S N-GM-S NPG-XP CC N-GM-S

Ἰησοῦ Χριστοῦ.
N-GM-S N-GM-S

1.3 Εὐχαριστεῖν ὀφείλομεν τῷ θεῷ πάντοτε περὶ ὑμῶν,
VNPA VIPA--XP DDMS N-DM-S AB PG NPG-YP

ἀδελφοί, καθὼς ἄξιόν ἐστιν, ὅτι ὑπεραυξάνει ἡ πίστις ὑμῶν καὶ
N-VM-P CS A--NN-S VIPA--ZS VIPA--ZS DNFS N-NF-S NPG-YP CC

πλεονάζει ἡ ἀγάπη ἑνὸς ἑκάστου πάντων ὑμῶν εἰς ἀλλήλους,
VIPA--ZS DNFS N-NF-S APCGM-S A--GM-S A--GM-P NPG-YP PA NPAMYP

1.4 ὥστε αὐτοὺς ἡμᾶς ἐν ὑμῖν ἐγκαυχᾶσθαι ἐν ταῖς ἐκκλησίαις
CH NPAMXP NPA-XP PD NPD-YP VNPN PD DDFP N-DF-P

τοῦ θεοῦ ὑπὲρ τῆς ὑπομονῆς ὑμῶν καὶ πίστεως ἐν πᾶσιν τοῖς
DGMS N-GM-S PG DGFS N-GF-S NPG-YP CC N-GF-S PD A--DM-P DDMP

διωγμοῖς ὑμῶν καὶ ταῖς θλίψεσιν αἷς ἀνέχεσθε,
N-DM-P NPG-YP CC DDFP N-DF-P APRDF-P□APRAF-P/APRGF-P VIPM--YP

1.5 ἔνδειγμα τῆς δικαίας κρίσεως τοῦ θεοῦ, εἰς τὸ καταξιωθῆναι
N-NN-S DGFS A--GF-S N-GF-S DGMS N-GM-S PA DANS VNAPA

ὑμᾶς τῆς βασιλείας τοῦ θεοῦ, ὑπὲρ ἧς καὶ πάσχετε, 1.6 εἴπερ
NPA-YP DGFS N-GF-S DGMS N-GM-S PG APRGF-S AB VIPA--YP CS

δίκαιον παρὰ θεῷ ἀνταποδοῦναι τοῖς θλίβουσιν
A--NN-S PD N-DM-S VNAA DDMP□NPDMZP&APRNM-P VPPADM-P

ὑμᾶς θλῖψιν 1.7 καὶ ὑμῖν τοῖς θλιβομένοις ἄνεσιν μεθ᾽
NPA-YP N-AF-S CC NPD-YP DDMP□APRNMYP VPPPDMYP N-AF-S PG

ἡμῶν ἐν τῇ ἀποκαλύψει τοῦ κυρίου Ἰησοῦ ἀπ᾽ οὐρανοῦ μετ᾽
NPG-XP PD DDFS N-DF-S DGMS N-GM-S N-GM-S PG N-GM-S PG

ἀγγέλων δυνάμεως αὐτοῦ 1.8 ἐν πυρὶ φλογός, διδόντος ἐκδίκησιν
N-GM-P N-GF-S NPGMZS PD N-DN-S N-GF-S VPPAGM-S N-AF-S

τοῖς μὴ εἰδόσιν θεὸν καὶ τοῖς μὴ
DDMP□NPDMZP&APRNM-P AB VPRADM-P N-AM-S CC DDMP□NPDMZP&APRNM-P AB

ὑπακούουσιν τῷ εὐαγγελίῳ τοῦ κυρίου ἡμῶν Ἰησοῦ, 1.9 οἵτινες
VPPADM-P DDNS N-DN-S DGMS N-GM-S NPG-XP N-GM-S APRNM-P

δίκην τίσουσιν ὄλεθρον αἰώνιον ἀπὸ προσώπου τοῦ κυρίου καὶ
N-AF-S VIFA--ZP N-AM-S A--AM-S PG N-GN-S DGMS N-GM-S CC

ἀπὸ τῆς δόξης τῆς ἰσχύος αὐτοῦ, 1.10 ὅταν ἔλθῃ ἐνδοξασθῆναι
PG DGFS N-GF-S DGFS N-GF-S NPGMZS CS VSAA--ZS VNAO

ἐν τοῖς ἁγίοις αὐτοῦ καὶ θαυμασθῆναι ἐν πᾶσιν τοῖς
PD DDMP AP-DM-P NPGMZS CC VNAP PD AP-DM-P DDMP□APRNM-P

πιστεύσασιν, ὅτι ἐπιστεύθη τὸ μαρτύριον ἡμῶν ἐφ᾽ ὑμᾶς, ἐν
VPAADM-P CS VIAP--ZS DNNS N-NN-S NPG-XP PA NPA-YP PD

τῇ ἡμέρᾳ ἐκείνῃ. 1.11 εἰς ὃ καὶ προσευχόμεθα πάντοτε περὶ
DDFS N-DF-S A-DDF-S PA APRAN-S AB VIPN--XP AB PG

ὑμῶν, ἵνα ὑμᾶς ἀξιώσῃ τῆς κλήσεως ὁ θεὸς ἡμῶν καὶ
NPG-YP CC NPA-YP VSAA--ZS DGFS N-GF-S DNMS N-NM-S NPG-XP CC

πληρώσῃ πᾶσαν εὐδοκίαν ἀγαθωσύνης καὶ ἔργον πίστεως ἐν
VSAA--ZS A--AF-S N-AF-S N-GF-S CC N-AN-S N-GF-S PD

δυνάμει, 1.12 ὅπως ἐνδοξασθῇ τὸ ὄνομα τοῦ κυρίου ἡμῶν
N-DF-S CS VSAO--ZS DNNS N-NN-S DGMS N-GM-S NPG-XP

Ἰησοῦ ἐν ὑμῖν, καὶ ὑμεῖς ἐν αὐτῷ, κατὰ τὴν χάριν τοῦ θεοῦ
N-GM-S PD NPD-YP CC NPN-YP PD NPDMZS PA DAFS N-AF-S DGMS N-GM-S

ἡμῶν καὶ κυρίου Ἰησοῦ Χριστοῦ.
NPG-XP CC N-GM-S N-GM-S N-GM-S

2.1 Ἐρωτῶμεν δὲ ὑμᾶς, ἀδελφοί, ὑπὲρ τῆς παρουσίας τοῦ
VIPA--XP CC NPA-YP N-VM-P PG DGFS N-GF-S DGMS

κυρίου ἡμῶν Ἰησοῦ Χριστοῦ καὶ ἡμῶν ἐπισυναγωγῆς ἐπ᾽ αὐτόν,
N-GM-S NPG-XP N-GM-S N-GM-S CC NPG-XP N-GF-S PA NPAMZS

2.2 εἰς τὸ μὴ ταχέως σαλευθῆναι ὑμᾶς ἀπὸ τοῦ νοὸς μηδὲ
PA DANS AB AB VNAPA NPA-YP PG DGMS N-GM-S CC

θροεῖσθαι μήτε διὰ πνεύματος μήτε διὰ λόγου μήτε δι᾽ ἐπιστολῆς
VNPPA CC PG N-GN-S CC PG N-GM-S CC PG N-GF-S

ὡς δι᾽ ἡμῶν, ὡς ὅτι ἐνέστηκεν ἡ ἡμέρα τοῦ κυρίου. 2.3 μή
ABR PG NPG-XP CS CH VIRA--ZS DNFS N-NF-S DGMS N-GM-S AB

τις ὑμᾶς ἐξαπατήσῃ κατὰ μηδένα τρόπον· ὅτι ἐὰν μὴ ἔλθῃ
APINM-S NPA-YP VSAA--ZS□VMAA--ZS PA A-CAM-S N-AM-S CS CS AB VSAA--ZS

ἡ ἀποστασία πρῶτον καὶ ἀποκαλυφθῇ ὁ ἄνθρωπος τῆς
DNFS N-NF-S APOAN-S□AB CC VSAP--ZS DNMS N-NM-S DGFS

ἀνομίας, ὁ υἱὸς τῆς ἀπωλείας, 2.4 ὁ ἀντικείμενος καὶ
N-GF-S DNMS N-NM-S DGFS N-GF-S DNMS□APRNM-S VPPNNM-S CC

ὑπεραιρόμενος ἐπὶ πάντα λεγόμενον θεὸν ἢ σέβασμα, ὥστε
VPPMNM-S PA A--AM-S VPPPAM-S N-AM-S CC N-AN-S CH

αὐτὸν εἰς τὸν ναὸν τοῦ θεοῦ καθίσαι, ἀποδεικνύντα ἑαυτὸν ὅτι
NPAMZS PA DAMS N-AM-S DGMS N-GM-S VNAA VPPAAM-S NPAMZS CC

ἐστιν θεός. 2.5 Οὐ μνημονεύετε ὅτι ἔτι ὢν πρὸς ὑμᾶς ταῦτα
VIPA--ZS N-NM-S AB VIPA--YP CC AB VPPANMXS PA NPA-YP APDAN-P

ἔλεγον ὑμῖν; 2.6 καὶ νῦν τὸ κατέχον οἴδατε, εἰς τὸ
VIIA--XS NPD-YP CC AB DANS□NPANZS&APRNN-S VPPAAN-S VIRA--YP PA DANS

ἀποκαλυφθῆναι αὐτὸν ἐν τῷ ἑαυτοῦ καιρῷ. 2.7 τὸ γὰρ
VNAPA NPAMZS PD DDMS NPGMZS N-DM-S DNNS CS

μυστήριον ἤδη ἐνεργεῖται τῆς ἀνομίας· μόνον ὁ
N-NN-S   AB   VIPM--ZS   DGFS N-GF-S   AP-AN-S□AB DNMS□NPNMZS&APRNM-S

κατέχων ἄρτι ἕως ἐκ μέσου γένηται. 2.8 καὶ τότε
VPPANM-S AB   CS PG AP-GN-S VSAD--ZS   CC   AB

ἀποκαλυφθήσεται ὁ ἄνομος, ὃν ὁ κύριος ['Ιησοῦς]
VIFP--ZS   DNMS AP-NM-S APRAM-S DNMS N-NM-S N-NM-S

ἀνελεῖ τῷ πνεύματι τοῦ στόματος αὐτοῦ καὶ καταργήσει τῇ
VIFA--ZS DDNS N-DN-S DGNS N-GN-S NPGMZS CC VIFA--ZS DDFS

ἐπιφανείᾳ τῆς παρουσίας αὐτοῦ, 2.9 οὗ ἐστιν ἡ παρουσία
N-DF-S   DGFS N-GF-S   NPGMZS   APRGM-S VIPA--ZS DNFS N-NF-S

κατ᾽ ἐνέργειαν τοῦ Σατανᾶ ἐν πάσῃ δυνάμει καὶ σημείοις καὶ
PA   N-AF-S   DGMS N-GM-S PD A--DF-S N-DF-S CC N-DN-P CC

τέρασιν ψεύδους 2.10 καὶ ἐν πάσῃ ἀπάτῃ ἀδικίας
N-DN-P N-GN-S   CC PD A--DF-S N-DF-S N-GF-S

τοῖς ἀπολλυμένοις, ἀνθ᾽ ὧν τὴν ἀγάπην
DDMP□NPDMZP&APRNM-P VPPEDM-P PG APRGN-P□NPGNZP DAFS N-AF-S

τῆς ἀληθείας οὐκ ἐδέξαντο εἰς τὸ σωθῆναι αὐτούς. 2.11 καὶ διὰ
DGFS N-GF-S AB VIAD--ZP PA DANS VNAPA NPAMZP   CC PA

τοῦτο πέμπει αὐτοῖς ὁ θεὸς ἐνέργειαν πλάνης εἰς τὸ
APDAN-S VIPA--ZS NPDMZP DNMS N-NM-S N-AF-S N-GF-S PA DANS

πιστεῦσαι αὐτοὺς τῷ ψεύδει, 2.12 ἵνα κριθῶσιν πάντες
VNAAA   NPAMZP DDNS N-DN-S   CS VSAP--ZP AP-NM-P

οἱ μὴ πιστεύσαντες τῇ ἀληθείᾳ ἀλλὰ εὐδοκήσαντες τῇ
DNMP□APRNM-P AB VPAANM-P DDFS N-DF-S CH VPAANM-P DDFS

ἀδικίᾳ.
N-DF-S

2.13 Ἡμεῖς δὲ ὀφείλομεν εὐχαριστεῖν τῷ θεῷ πάντοτε περὶ
    NPN-XP CH VIPA--XP VNPA DDMS N-DM-S AB PG

ὑμῶν, ἀδελφοὶ ἠγαπημένοι ὑπὸ κυρίου, ὅτι εἵλατο ὑμᾶς ὁ θεὸς
NPG-YP N-VM-P VPRPVMYP PG N-GM-S CC/CS VIAM--ZS NPA-YP DNMS N-NM-S

ἀπαρχὴν εἰς σωτηρίαν ἐν ἁγιασμῷ πνεύματος καὶ πίστει
N-AF-S PA N-AF-S PD N-DM-S N-GN-S CC N-DF-S

ἀληθείας, 2.14 εἰς ὃ [καὶ] ἐκάλεσεν ὑμᾶς διὰ τοῦ εὐαγγελίου
N-GF-S   PA APRAN-S AB VIAA--ZS NPA-YP PG DGNS N-GN-S

ἡμῶν, εἰς περιποίησιν δόξης τοῦ κυρίου ἡμῶν Ἰησοῦ Χριστοῦ.
NPG-XP PA N-AF-S   N-GF-S DGMS N-GM-S NPG-XP N-GM-S N-GM-S

2.15 ἄρα οὖν, ἀδελφοί, στήκετε, καὶ κρατεῖτε τὰς παραδόσεις
    CH CH N-VM-P VMPA--YP CC VMPA--YP DAFP N-AF-P

ἃς ἐδιδάχθητε εἴτε διὰ λόγου εἴτε δι᾽ ἐπιστολῆς ἡμῶν.
APRAF-P VIAP--YP CC PG N-GM-S CC PG N-GF-S NPG-XP

2.16 Αὐτὸς δὲ ὁ κύριος ἡμῶν Ἰησοῦς Χριστὸς καὶ [ὁ] θεὸς
    NPNMZS CC DNMS N-NM-S NPG-XP N-NM-S N-NM-S CC DNMS N-NM-S

ὁ πατὴρ ἡμῶν, ὁ ἀγαπήσας ἡμᾶς καὶ δοὺς
DNMS N-NM-S NPG-XP DNMS□APRNM-S VPAANM-S NPA-XP CC VPAANM-S

παράκλησιν   αἰωνίαν   καὶ   ἐλπίδα   ἀγαθὴν   ἐν   χάριτι,
N-AF-S   A--AF-S   CC   N-AF-S   A--AF-S   PD   N-DF-S

2.17 παρακαλέσαι ὑμῶν τὰς καρδίας καὶ στηρίξαι ἐν παντὶ ἔργῳ
     VOAA--ZS   NPG-YP DAFP N-AF-P CC   VOAA--ZS PD A--DN-S N-DN-S

καὶ λόγῳ ἀγαθῷ.
CC N-DM-S A--DM-S

3.1 Τὸ   λοιπὸν προσεύχεσθε, ἀδελφοί, περὶ ἡμῶν, ἵνα ὁ
    DANS AP-AN-S VMPN--YP   N-VM-P   PG   NPG-XP CC DNMS

λόγος τοῦ κυρίου τρέχῃ καὶ δοξάζηται καθὼς καὶ πρὸς ὑμᾶς,
N-NM-S DGMS N-GM-S VSPA--ZS CC VSPP--ZS   CS   AB PA   NPA-YP

3.2 καὶ ἵνα ῥυσθῶμεν ἀπὸ τῶν ἀτόπων καὶ πονηρῶν ἀνθρώπων·
    CC CC VSAP--XP PG DGMP A--GM-P CC A--GM-P N-GM-P

οὐ γὰρ πάντων ἡ   πίστις. 3.3 πιστὸς δέ ἐστιν ὁ   κύριος, ὃς
AB CS AP-GM-P DNFS N-NF-S   A--NM-S CH VIPA--ZS DNMS N-NM-S APRNM-S

στηρίξει ὑμᾶς καὶ φυλάξει ἀπὸ τοῦ   πονηροῦ.
VIFA--ZS NPA-YP CC VIFA--ZS PG DGMS/DGNS AP-GM-S/AP-GN-S

3.4 πεποίθαμεν δὲ ἐν κυρίῳ ἐφ' ὑμᾶς, ὅτι ἃ
    VIRA--XP   CC PD N-DM-S PA NPA-YP CC APRAN-P□APDAN-P&APRAN-P

παραγγέλλομεν [καὶ] ποιεῖτε καὶ ποιήσετε. 3.5 Ὁ   δὲ κύριος
VIPA--XP   CC   VIPA--YP CC VIFA--YP   DNMS CC N-NM-S

κατευθύναι ὑμῶν τὰς καρδίας εἰς τὴν ἀγάπην τοῦ θεοῦ καὶ εἰς
VOAA--ZS   NPG-YP DAFP N-AF-P PA DAFS N-AF-S DGMS N-GM-S CC PA

τὴν ὑπομονὴν τοῦ Χριστοῦ.
DAFS N-AF-S   DGMS N-GM-S

3.6 Παραγγέλλομεν δὲ ὑμῖν, ἀδελφοί, ἐν ὀνόματι τοῦ κυρίου
    VIPA--XP   CC NPD-YP N-VM-P   PD N-DN-S DGMS N-GM-S

[ἡμῶν] Ἰησοῦ Χριστοῦ, στέλλεσθαι ὑμᾶς ἀπὸ παντὸς ἀδελφοῦ
NPG-XP N-GM-S N-GM-S   VNPM   NPA-YP PG A--GM-S N-GM-S

ἀτάκτως περιπατοῦντος καὶ μὴ κατὰ τὴν παράδοσιν ἣν
AB   VPPAGM-S   CC AB PA DAFS N-AF-S   APRAF-S

παρελάβοσαν παρ' ἡμῶν. 3.7 αὐτοὶ γὰρ οἴδατε πῶς δεῖ
VIAA--ZP   PG NPG-XP   NPNMYP CS VIRA--YP ABT/CC VIPA--ZS

μιμεῖσθαι ἡμᾶς, ὅτι οὐκ ἠτακτήσαμεν ἐν ὑμῖν 3.8 οὐδὲ δωρεὰν
VNPN   NPA-XP CS AB VIAA--XP   PD NPD-YP   CC   AB

ἄρτον ἐφάγομεν παρά τινος, ἀλλ' ἐν κόπῳ καὶ μόχθῳ νυκτὸς καὶ
N-AM-S VIAA--XP PG APIGM-S CH PD N-DM-S CC N-DM-S N-GF-S CC

ἡμέρας ἐργαζόμενοι πρὸς τὸ   μὴ ἐπιβαρῆσαί τινα   ὑμῶν·
N-GF-S VPPNNMXP   PA DANS AB VNAAA   APIAM-S NPG-YP

3.9 οὐχ ὅτι   οὐκ ἔχομεν ἐξουσίαν, ἀλλ' ἵνα ἑαυτοὺς τύπον δῶμεν
    AB CC/CS AB VIPA--XP N-AF-S   CH   CS NPAMXP N-AM-S VSAA--XP

ὑμῖν εἰς τὸ   μιμεῖσθαι ἡμᾶς. 3.10 καὶ γὰρ ὅτε ἦμεν πρὸς ὑμᾶς,
NPD-YP PA DANS VNPNA   NPA-XP   AB CS CS VIIA--XP PA NPA-YP

τοῦτο παρηγγέλλομεν ὑμῖν, ὅτι εἴ τις   οὐ θέλει   ἐργάζεσθαι
APDAN-S VIIA--XP   NPD-YP CS ABR CS APINM-S AB VIPA--ZS VNPN

μηδὲ ἐσθιέτω. 3.11 ἀκούομεν γάρ τινας περιπατοῦντας ἐν ὑμῖν
AB   VMPA--ZS   VIPA--XP   CS APIAM-P VPPAAM-P   PD NPD-YP

ἀτάκτως, μηδὲν ἐργαζομένους ἀλλὰ περιεργαζομένους· 3.12 τοῖς
AB   APCAN-S VPPNAM-P   CH   VPPNAM-P   DDMP

δὲ τοιούτοις παραγγέλλομεν καὶ παρακαλοῦμεν ἐν κυρίῳ Ἰησοῦ
CC APDDM-P   VIPA--XP   CC VIPA--XP   PD N-DM-S N-DM-S

Χριστῷ ἵνα μετὰ ἡσυχίας ἐργαζόμενοι τὸν ἑαυτῶν ἄρτον
N-DM-S CC PG   N-GF-S   VPPNNM-P   DAMS NPGMZP N-AM-S

ἐσθίωσιν. 3.13 Ὑμεῖς δέ, ἀδελφοί, μὴ ἐγκακήσητε
VSPA--ZP   NPN-YP CC N-VM-P   AB VSAA--YP□VMAA--YP

καλοποιοῦντες. 3.14 εἰ δέ τις οὐχ ὑπακούει τῷ λόγῳ ἡμῶν διὰ
VRPANMYP   CS CC APINM-S AB VIPA--ZS DDMS N-DM-S NPG-XP PG

τῆς ἐπιστολῆς, τοῦτον σημειοῦσθε, μὴ συναναμίγνυσθαι αὐτῷ,
DGFS N-GF-S   APDAM-S VMPM--YP   AB VNPN   NPDMZS

ἵνα ἐντραπῇ· 3.15 καὶ μὴ ὡς ἐχθρὸν ἡγεῖσθε, ἀλλὰ νουθετεῖτε ὡς
CS VSAP--ZS   CC AB CS AP-AM-S VMPN--YP CH   VMPA--YP CS

ἀδελφόν.
N-AM-S

3.16 Αὐτὸς δὲ ὁ κύριος τῆς εἰρήνης δῴη ὑμῖν τὴν
     NPNMZS CC DNMS N-NM-S DGFS N-GF-S VOAA--ZS NPD-YP DAFS

εἰρήνην διὰ παντὸς ἐν παντὶ τρόπῳ. ὁ κύριος μετὰ πάντων
N-AF-S PG AP-GM-S PD A--DM-S N-DM-S DNMS N-NM-S PG A--GM-P

ὑμῶν.
NPG-YP

3.17 Ὁ ἀσπασμὸς τῇ ἐμῇ χειρὶ Παύλου, ὃ ἐστιν
     DNMS N-NM-S DDFS A--DFXS N-DF-S N-GM-S APRNN-S VIPA--ZS

σημεῖον ἐν πάσῃ ἐπιστολῇ· οὕτως γράφω. 3.18 ἡ χάρις τοῦ
N-NN-S PD A--DF-S N-DF-S AB   VIPA--XS   DNFS N-NF-S DGMS

κυρίου ἡμῶν Ἰησοῦ Χριστοῦ μετὰ πάντων ὑμῶν.
N-GM-S NPG-XP N-GM-S N-GM-S PG A--GM-P NPG-YP

ΠΡΟΣ ΤΙΜΟΘΕΟΝ Α

1.1 Παῦλος ἀπόστολος Χριστοῦ Ἰησοῦ κατ᾽ ἐπιταγὴν θεοῦ
N-NM-S N-NM-S N-GM-S N-GM-S PA N-AF-S N-GM-S
σωτῆρος ἡμῶν καὶ Χριστοῦ Ἰησοῦ τῆς ἐλπίδος ἡμῶν 1.2 Τιμοθέῳ
N-GM-S NPG-XP CC N-GM-S N-GM-S DGFS N-GF-S NPG-XP N-DM-S
γνησίῳ τέκνῳ ἐν πίστει· χάρις, ἔλεος, εἰρήνη ἀπὸ θεοῦ πατρὸς καὶ
A--DN-S N-DN-S PD N-DF-S N-NF-S N-NN-S N-NF-S PG N-GM-S N-GM-S CC
Χριστοῦ Ἰησοῦ τοῦ κυρίου ἡμῶν.
N-GM-S N-GM-S DGMS N-GM-S NPG-XP

1.3 Καθὼς παρεκάλεσά σε προσμεῖναι ἐν Ἐφέσῳ
CS VIAA--XS NPA-YS VNAA PD N-DF-S
πορευόμενος εἰς Μακεδονίαν, ἵνα παραγγείλῃς τισὶν μὴ
VPPNNMXS PA N-AF-S CS VSAA--YS APIDM-P AB
ἑτεροδιδασκαλεῖν 1.4 μηδὲ προσέχειν μύθοις καὶ γενεαλογίαις
VNPA CC VNPA N-DM-P CC N-DF-P
ἀπεράντοις, αἵτινες ἐκζητήσεις παρέχουσιν μᾶλλον ἢ οἰκονομίαν
A--DF-P APRNF-P N-AF-P VIPA--ZP ABM CS N-AF-S
θεοῦ τὴν ἐν πίστει· 1.5 τὸ δὲ τέλος τῆς παραγγελίας ἐστὶν
N-GM-S DAFS PD N-DF-S DNNS CH N-NN-S DGFS N-GF-S VIPA--ZS
ἀγάπη ἐκ καθαρᾶς καρδίας καὶ συνειδήσεως ἀγαθῆς καὶ πίστεως
N-NF-S PG A--GF-S N-GF-S CC N-GF-S A--GF-S CC N-GF-S
ἀνυποκρίτου, 1.6 ὧν τινες ἀστοχήσαντες ἐξετράπησαν εἰς
A--GF-S APRGF-P APINM-P VPAANM-P VIAP--ZP PA
ματαιολογίαν, 1.7 θέλοντες εἶναι νομοδιδάσκαλοι, μὴ νοοῦντες
N-AF-S VPPANM-P VNPA N-NM-P AB VPPANM-P
μήτε ἃ λέγουσιν μήτε περὶ τίνων
CC APRAN-P□APDAN-P&APRAN-P VIPA--ZP CC PG APTGN-P
διαβεβαιοῦνται.
VIPN--ZP

1.8 Οἴδαμεν δὲ ὅτι καλὸς ὁ νόμος ἐάν τις αὐτῷ νομίμως
VIRA--XP CC CH A--NM-S DNMS N-NM-S CS APINM-S NPDMZS AB
χρῆται, 1.9 εἰδὼς τοῦτο, ὅτι δικαίῳ νόμος οὐ κεῖται, ἀνόμοις δὲ
VSPN--ZS VPRANM-S APDAN-S ABR AP-DM-S N-NM-S AB VIPN--ZS AP-DM-P CH
καὶ ἀνυποτάκτοις, ἀσεβέσι καὶ ἁμαρτωλοῖς, ἀνοσίοις καὶ
CC AP-DM-P AP-DM-P CC AP-DM-P AP-DM-P CC
βεβήλοις, πατρολῴαις καὶ μητρολῴαις, ἀνδροφόνοις, 1.10 πόρνοις,
AP-DM-P N-DM-P CC N-DM-P N-DM-P N-DM-P
ἀρσενοκοίταις, ἀνδραποδισταῖς, ψεύσταις, ἐπιόρκοις, καὶ εἴ τι
N-DM-P N-DM-P N-DM-P AP-DM-P CC CS A-INN-S

ἕτερον τῇ   ὑγιαινούσῃ διδασκαλίᾳ ἀντίκειται, 1.11 κατὰ
AP-NN-S   DDFS□APRNF-S+ VPPADF-S   N-DF-S   VIPN--ZS   PA

τὸ εὐαγγέλιον τῆς δόξης τοῦ μακαρίου θεοῦ, ὃ   ἐπιστεύθην
DANS N-AN-S   DGFS N-GF-S DGMS A--GM-S N-GM-S APRAN-S VIAP--XS

ἐγώ.
NPN-XS

    1.12 Χάριν ἔχω τῷ   ἐνδυναμώσαντί με   Χριστῷ
         N-AF-S VIPA--XS DDMS□APRNM-S+ VPAADM-S   NPA-XS N-DM-S

Ἰησοῦ τῷ κυρίῳ ἡμῶν, ὅτι πιστόν με   ἡγήσατο θέμενος εἰς
N-DM-S DDMS N-DM-S NPG-XP ABR/CS A--AM-S NPA-XS VIAD--ZS VPAMNM-S PA

διακονίαν, 1.13 τὸ   πρότερον ὄντα   βλάσφημον καὶ διώκτην καὶ
N-AF-S   DANS APMAN-S VPPAAMXS AP-AM-S   CC N-AM-S CC

ὑβριστήν· ἀλλὰ ἠλεήθην, ὅτι ἀγνοῶν ἐποίησα ἐν ἀπιστίᾳ,
N-AM-S   CC   VIAP--XS CS VPPANMXS VIAA--XS PD N-DF-S

1.14 ὑπερεπλεόνασεν δὲ ἡ   χάρις τοῦ κυρίου ἡμῶν μετὰ πίστεως
     VIAA--ZS   CH DNFS N-NF-S DGMS N-GM-S NPG-XP PG N-GF-S

καὶ ἀγάπης τῆς ἐν Χριστῷ Ἰησοῦ. 1.15 πιστὸς ὁ   λόγος καὶ
CC N-GF-S DGFS PD N-DM-S N-DM-S   A--NM-S DNMS N-NM-S CC

πάσης ἀποδοχῆς ἄξιος, ὅτι Χριστὸς Ἰησοῦς ἦλθεν εἰς τὸν
A--GF-S N-GF-S A--NM-S ABR N-NM-S N-NM-S VIAA--ZS PA DAMS

κόσμον ἁμαρτωλοὺς σῶσαι· ὧν   πρῶτός εἰμι   ἐγώ, 1.16 ἀλλὰ
N-AM-S AP-AM-P   VNAA   APRGM-P A-ONM-S VIPA--XS NPN-XS   CC

διὰ τοῦτο ἠλεήθην, ἵνα ἐν ἐμοὶ πρώτῳ ἐνδείξηται Χριστὸς
PA APDAN-S VIAP--XS CS PD NPD-XS A-ODM-S VSAM--ZS N-NM-S

Ἰησοῦς τὴν ἅπασαν μακροθυμίαν, πρὸς ὑποτύπωσιν
N-NM-S DAFS A--AF-S N-AF-S   PA   N-AF-S

τῶν   μελλόντων πιστεύειν ἐπ' αὐτῷ εἰς ζωὴν αἰώνιον.
DGMP□NPGMZP&APRNM-P VPPAGM-P+ +VNPA PD NPDMZS PA N-AF-S A--AF-S

1.17 τῷ δὲ βασιλεῖ τῶν αἰώνων, ἀφθάρτῳ, ἀοράτῳ, μόνῳ θεῷ,
     DDMS CH N-DM-S DGMP N-GM-P A--DM-S A--DM-S A--DM-S N-DM-S

τιμὴ καὶ δόξα εἰς τοὺς αἰῶνας τῶν αἰώνων· ἀμήν.
N-NF-S CC N-NF-S PA DAMP N-AM-P DGMP N-GM-P QS

1.18 Ταύτην τὴν παραγγελίαν παρατίθεμαί σοι,   τέκνον
     A-DAF-S DAFS N-AF-S   VIPM--XS   NPD-YS N-VN-S

Τιμόθεε, κατὰ τὰς   προαγούσας ἐπὶ σὲ προφητείας, ἵνα
N-VM-S   PA   DAFP□APRNF-P+ VPPAAF-P   PA NPA-YS N-AF-P   ABR

στρατεύῃ ἐν αὐταῖς τὴν καλὴν στρατείαν, 1.19 ἔχων   πίστιν καὶ
VSPM--YS PD NPDFZP DAFS A--AF-S N-AF-S   VRPANMYS N-AF-S CC

ἀγαθὴν συνείδησιν, ἥν   τινες ἀπωσάμενοι περὶ τὴν πίστιν
A--AF-S N-AF-S   APRAF-S APINM-P VPADNM-P PA DAFS N-AF-S

ἐναυάγησαν· 1.20 ὧν   ἐστιν Ὑμέναιος καὶ Ἀλέξανδρος, οὓς
VIAA--ZP   APRGM-P VIPA--ZS N-NM-S CC N-NM-S   APRAM-P

παρέδωκα τῷ Σατανᾷ ἵνα παιδευθῶσιν μὴ βλασφημεῖν.
VIAA--XS DDMS N-DM-S CS VSAP--ZP   AB VNPA

2.1 Παρακαλῶ οὖν πρῶτον πάντων ποιεῖσθαι δεήσεις,
VIPA--XS CC APOAN-S□AB AP-GN-P VNPP N-AF-P

προσευχάς, ἐντεύξεις, εὐχαριστίας, ὑπὲρ πάντων ἀνθρώπων,
N-AF-P N-AF-P N-AF-P PG A--GM-P N-GM-P

2.2 ὑπὲρ βασιλέων καὶ πάντων τῶν ἐν ὑπεροχῇ ὄντων, ἵνα
PG N-GM-P CC AP-GM-P DGMP□APRNM-P PD N-DF-S VPPAGM-P CS

ἤρεμον καὶ ἡσύχιον βίον διάγωμεν ἐν πάσῃ εὐσεβείᾳ καὶ
A--AM-S CC A--AM-S N-AM-S VSPA--XP PD A--DF-S N-DF-S CC

σεμνότητι. 2.3 τοῦτο καλὸν καὶ ἀπόδεκτον ἐνώπιον τοῦ σωτῆρος
N-DF-S APDNN-S A--NN-S CC A--NN-S PG DGMS N-GM-S

ἡμῶν θεοῦ, 2.4 ὃς πάντας ἀνθρώπους θέλει σωθῆναι καὶ εἰς
NPG-XP N-GM-S APRNM-S A--AM-P N-AM-P VIPA--ZS VNAP CC PA

ἐπίγνωσιν ἀληθείας ἐλθεῖν. 2.5 εἷς γὰρ θεός, εἷς καὶ μεσίτης
N-AF-S N-GF-S VNAA APCNM-S CS N-NM-S APCNM-S AB N-NM-S

θεοῦ καὶ ἀνθρώπων, ἄνθρωπος Χριστὸς Ἰησοῦς, 2.6 ὁ
N-GM-S CC N-GM-P N-NM-S N-NM-S N-NM-S DNMS□APRNM-S

δοὺς ἑαυτὸν ἀντίλυτρον ὑπὲρ πάντων, τὸ μαρτύριον καιροῖς
VPAANM-S NPAMZS N-AN-S PG AP-GM-P DNNS N-NN-S N-DM-P

ἰδίοις· 2.7 εἰς ὃ ἐτέθην ἐγὼ κῆρυξ καὶ ἀπόστολος — ἀλήθειαν
A--DM-P PA APRAN-S VIAP--XS NPN-XS N-NM-S CC N-NM-S N-AF-S

λέγω, οὐ ψεύδομαι — διδάσκαλος ἐθνῶν ἐν πίστει καὶ ἀληθείᾳ.
VIPA--XS AB VIPN--XS N-NM-S N-GN-P PD N-DF-S CC N-DF-S

2.8 Βούλομαι οὖν προσεύχεσθαι τοὺς ἄνδρας ἐν παντὶ τόπῳ,
VIPN--XS CH VNPN DAMP N-AM-P PD A--DM-S N-DM-S

ἐπαίροντας ὁσίους χεῖρας χωρὶς ὀργῆς καὶ διαλογισμοῦ·
VPPAAM-P A--AF-P N-AF-P PG N-GF-S CC N-GM-S

2.9 ὡσαύτως [καὶ] γυναῖκας ἐν καταστολῇ κοσμίῳ μετὰ αἰδοῦς καὶ
AB AB N-AF-P PD N-DF-S A--DF-S PG N-GF-S CC

σωφροσύνης κοσμεῖν ἑαυτάς, μὴ ἐν πλέγμασιν καὶ χρυσίῳ ἢ
N-GF-S VNPA NPAFZP AB PD N-DN-P CC N-DN-S CC

μαργαρίταις ἢ ἱματισμῷ πολυτελεῖ, 2.10 ἀλλ᾽ ὃ
N-DM-P CC N-DM-S A--DM-S CH APRNN-S□APDDN-S&APRNN-S

πρέπει γυναιξὶν ἐπαγγελλομέναις θεοσέβειαν, δι᾽ ἔργων ἀγαθῶν.
VIPA--ZS N-DF-P VPPNDF-P N-AF-S PG N-GN-P A--GN-P

2.11 γυνὴ ἐν ἡσυχίᾳ μανθανέτω ἐν πάσῃ ὑποταγῇ· 2.12 διδάσκειν
N-NF-S PD N-DF-S VMPA--ZS PD A--DF-S N-DF-S VNPA

δὲ γυναικὶ οὐκ ἐπιτρέπω, οὐδὲ αὐθεντεῖν ἀνδρός, ἀλλ᾽ εἶναι ἐν
CC N-DF-S AB VIPA--XS CC VNPA N-GM-S CH VNPA PD

ἡσυχίᾳ. 2.13 Ἀδὰμ γὰρ πρῶτος ἐπλάσθη, εἶτα Εὔα· 2.14 καὶ
N-DF-S N-NM-S CS A-ONM-S VIAP--ZS AB N-NF-S CC

Ἀδὰμ οὐκ ἠπατήθη, ἡ δὲ γυνὴ ἐξαπατηθεῖσα ἐν παραβάσει
N-NM-S AB VIAP--ZS DNFS CH N-NF-S VPAPNF-S PD N-DF-S

γέγονεν. 2.15 σωθήσεται δὲ διὰ τῆς τεκνογονίας, ἐὰν μείνωσιν ἐν
VIRA--ZS VIFP--ZS CH PG DGFS N-GF-S CS VSAA--ZP PD

πίστει καὶ ἀγάπῃ καὶ ἁγιασμῷ μετὰ σωφροσύνης.
N-DF-S   CC N-DF-S   CC   N-DM-S   PG   N-GF-S

3.1 Πιστὸς ὁ   λόγος· εἴ τις ἐπισκοπῆς ὀρέγεται, καλοῦ
A--NM-S DNMS N-NM-S CS APINM-S N-GF-S   VIPM--ZS A--GN-S

ἔργου ἐπιθυμεῖ. 3.2 δεῖ   οὖν τὸν ἐπίσκοπον ἀνεπίλημπτον εἶναι,
N-GN-S VIPA--ZS   VIPA--ZS CH DAMS N-AM-S   A--AM-S   VNPA

μιᾶς γυναικὸς ἄνδρα, νηφάλιον, σώφρονα, κόσμιον, φιλόξενον,
A-CGF-S N-GF-S N-AM-S A--AM-S   A--AM-S   A--AM-S A--AM-S

διδακτικόν, 3.3 μὴ πάροινον, μὴ πλήκτην, ἀλλὰ ἐπιεικῆ, ἄμαχον,
A--AM-S   AB A--AM-S   AB N-AM-S   CH   A--AM-S   A--AM-S

ἀφιλάργυρον, 3.4 τοῦ ἰδίου οἴκου καλῶς προϊστάμενον, τέκνα
A--AM-S   DGMS A--GM-S N-GM-S AB VPPMAM-S   N-AN-P

ἔχοντα ἐν ὑποταγῇ μετὰ πάσης σεμνότητος· (3.5 εἰ δέ τις   τοῦ
VPPAAM-S PD N-DF-S PG A--GF-S N-GF-S   CS CS APINM-S DGMS

ἰδίου οἴκου προστῆναι οὐκ οἶδεν, πῶς ἐκκλησίας θεοῦ
A--GM-S N-GM-S VNAA   AB VIRA--ZS ABT N-GF-S   N-GM-S

ἐπιμελήσεται;) 3.6 μὴ νεόφυτον, ἵνα μὴ τυφωθεὶς εἰς κρίμα
VIFO--ZS   AB A--AM-S   CS AB VPAPNM-S PA N-AN-S

ἐμπέσῃ τοῦ διαβόλου. 3.7 δεῖ   δὲ καὶ μαρτυρίαν καλὴν ἔχειν
VSAA--ZS DGMS AP-GM-S   VIPA--ZS CC AB N-AF-S   A--AF-S VNPA

ἀπὸ τῶν ἔξωθεν, ἵνα μὴ εἰς ὀνειδισμὸν ἐμπέσῃ καὶ παγίδα τοῦ
PG DGMP AB□AP-GM-P CS AB PA N-AM-S   VSAA--ZS CC N-AF-S DGMS

διαβόλου.
AP-GM-S

3.8 Διακόνους ὡσαύτως σεμνούς, μὴ διλόγους, μὴ οἴνῳ πολλῷ
N-AM-P   AB   A--AM-P   AB A--AM-P   AB N-DM-S A--DM-S

προσέχοντας, μὴ αἰσχροκερδεῖς, 3.9 ἔχοντας τὸ μυστήριον τῆς
VPPAAM-P   AB A--AM-P   VPPAAM-P DANS N-AN-S   DGFS

πίστεως ἐν καθαρᾷ συνειδήσει. 3.10 καὶ οὗτοι   δὲ
N-GF-S PD A--DF-S N-DF-S   AB APDNM-P   CC

δοκιμαζέσθωσαν πρῶτον, εἶτα διακονείτωσαν ἀνέγκλητοι ὄντες.
VMPP--ZP   APOAN-S□AB AB VMPA--ZP   A--NM-P   VPPANM-P

3.11 γυναῖκας ὡσαύτως σεμνάς, μὴ διαβόλους, νηφαλίους, πιστὰς
N-AF-P   AB   A--AF-P AB A--AF-P   A--AF-P   A--AF-P

ἐν πᾶσιν. 3.12 διάκονοι ἔστωσαν μιᾶς γυναικὸς ἄνδρες, τέκνων
PD AP-DN-P   N-NM-P   VMPA--ZP A-CGF-S N-GF-S N-NM-P N-GN-P

καλῶς προϊστάμενοι καὶ τῶν ἰδίων οἴκων· 3.13 οἱ
AB   VPPMNM-P   CC DGMP A--GM-P N-GM-P   DNMP□NPNMZP&APRNM-P

γὰρ καλῶς διακονήσαντες βαθμὸν ἑαυτοῖς καλὸν περιποιοῦνται
CS AB   VPAANM-P   N-AM-S NPDMZP A--AM-S VIPM--ZP

καὶ πολλὴν παρρησίαν ἐν πίστει τῇ ἐν Χριστῷ Ἰησοῦ.
CC A--AF-S N-AF-S   PD N-DF-S DDFS PD N-DM-S N-DM-S

3.14 Ταῦτά σοι   γράφω, ἐλπίζων ἐλθεῖν πρὸς σὲ   ἐν τάχει·
APDAN-P NPD-YS VIPA--XS VPPANMXS VNAA   PA NPA-YS PD N-DN-S

3.15 ἐὰν δὲ βραδύνω, ἵνα εἰδῇς πῶς δεῖ ἐν οἴκῳ θεοῦ
CS CH VSPA--XS CS VSRA--YS ABT VIPA--ZS PD N-DM-S N-GM-S

ἀναστρέφεσθαι, ἥτις ἐστὶν ἐκκλησία θεοῦ ζῶντος, στῦλος καὶ
VNPP APRNF-S VIPA--ZS N-NF-S N-GM-S VPPAGM-S N-NM-S CC

ἑδραίωμα τῆς ἀληθείας. 3.16 καὶ ὁμολογουμένως μέγα ἐστὶν τὸ
N-NN-S DGFS N-GF-S CC AB A--NN-S VIPA--ZS DNNS

τῆς εὐσεβείας μυστήριον·
DGFS N-GF-S N-NN-S

Ὃς ἐφανερώθη ἐν σαρκί,
APRNM-S□APDNM-S VIAP--ZS PD N-DF-S

ἐδικαιώθη ἐν πνεύματι,
VIAP--ZS PD N-DN-S

ὤφθη ἀγγέλοις,
VIAP--ZS N-DM-P

ἐκηρύχθη ἐν ἔθνεσιν,
VIAP--ZS PD N-DN-P

ἐπιστεύθη ἐν κόσμῳ,
VIAP--ZS PD N-DM-S

ἀνελήμφθη ἐν δόξῃ.
VIAP--ZS PD N-DF-S

4.1 Τὸ δὲ πνεῦμα ῥητῶς λέγει ὅτι ἐν ὑστέροις καιροῖς
DNNS CC/CH N-NN-S AB VIPA--ZS CC PD A-MDM-P N-DM-P

ἀποστήσονταί τινες τῆς πίστεως, προσέχοντες πνεύμασιν
VIFM--ZP APINM-P DGFS N-GF-S VPPANM-P N-DN-P

πλάνοις καὶ διδασκαλίαις δαιμονίων, 4.2 ἐν ὑποκρίσει
A--DN-P CC N-DF-P N-GN-P PD N-DF-S

ψευδολόγων, κεκαυστηριασμένων τὴν ἰδίαν συνείδησιν,
AP-GM-P VPRPGM-P DAFS A--AF-S N-AF-S

4.3 κωλυόντων γαμεῖν, ἀπέχεσθαι βρωμάτων ἃ ὁ θεὸς
VPPAGM-P VNPA VNPM N-GN-P APRAN-P DNMS N-NM-S

ἔκτισεν εἰς μετάλημψιν μετὰ εὐχαριστίας τοῖς
VIAA--ZS PA N-AF-S PG N-GF-S DDMP&DDMP□NPDMZP&APRNM-P

πιστοῖς καὶ ἐπεγνωκόσι τὴν ἀλήθειαν. 4.4 ὅτι πᾶν κτίσμα θεοῦ
AP-DM-P CC VPRADM-P DAFS N-AF-S ABR/CS A--NN-S N-NN-S N-GM-S

καλόν, καὶ οὐδὲν ἀπόβλητον μετὰ εὐχαριστίας λαμβανόμενον,
A--NN-S CC APCNN-S A--NN-S PG N-GF-S VPPPNN-S

4.5 ἁγιάζεται γὰρ διὰ λόγου θεοῦ καὶ ἐντεύξεως.
VIPP--ZS CS PG N-GM-S N-GM-S CC N-GF-S

4.6 Ταῦτα ὑποτιθέμενος τοῖς ἀδελφοῖς καλὸς ἔσῃ διάκονος
APDAN-P VPPMNMYS DDMP N-DM-P A--NM-S VIFD--YS N-NM-S

Χριστοῦ Ἰησοῦ, ἐντρεφόμενος τοῖς λόγοις τῆς πίστεως καὶ τῆς
N-GM-S N-GM-S VPPPNMYS DDMP N-DM-P DGFS N-GF-S CC DGFS

καλῆς διδασκαλίας ᾗ παρηκολούθηκας· 4.7 τοὺς δὲ βεβήλους
A--GF-S N-GF-S APRDF-S VIRA--YS DAMP CC A--AM-P

καὶ γραώδεις μύθους παραιτοῦ. γύμναζε δὲ σεαυτὸν πρὸς
CC A--AM-P N-AM-P VMPN--YS VMPA--YS CH NPAMYS PA

εὐσέβειαν· 4.8 ἡ γὰρ σωματικὴ γυμνασία πρὸς ὀλίγον ἐστὶν
N-AF-S DNFS CS A--NF-S N-NF-S PA AP-AM-S VIPA--ZS

ὠφέλιμος, ἡ δὲ εὐσέβεια πρὸς πάντα ὠφέλιμός ἐστιν,
A--NF-S DNFS CH N-NF-S PA AP-AN-P A--NF-S VIPA--ZS

ἐπαγγελίαν ἔχουσα ζωῆς τῆς νῦν καὶ τῆς
N-AF-S VPPANF-S N-GF-S DGFS AB□A--GF-S CC DGFS□NPGFZS&APRNF-S

μελλούσης. 4.9 πιστὸς ὁ λόγος καὶ πάσης ἀποδοχῆς ἄξιος·
VPPAGF-S A--NM-S DNMS N-NM-S CC A--GF-S N-GF-S A--NM-S

4.10 εἰς τοῦτο γὰρ κοπιῶμεν καὶ ἀγωνιζόμεθα, ὅτι ἠλπίκαμεν ἐπὶ
PA APDAN-S CS VIPA--XP CC VIPN--XP CS VIRA--XP PD

θεῷ ζῶντι, ὅς ἐστιν σωτὴρ πάντων ἀνθρώπων, μάλιστα
N-DM-S VPPADM-S APRNM-S VIPA--ZS N-NM-S A--GM-P N-GM-P ABS

πιστῶν.
AP-GM-P

4.11 Παράγγελλε ταῦτα καὶ δίδασκε. 4.12 μηδείς σου τῆς
VMPA--YS APDAN-P CC VMPA--YS APCNM-S NPG-YS DGFS

νεότητος καταφρονείτω, ἀλλὰ τύπος γίνου τῶν πιστῶν ἐν λόγῳ,
N-GF-S VMPA--ZS CH N-NM-S VMPN--YS DGMP AP-GM-P PD N-DM-S

ἐν ἀναστροφῇ, ἐν ἀγάπῃ, ἐν πίστει, ἐν ἁγνείᾳ. 4.13 ἕως ἔρχομαι
PD N-DF-S PD N-DF-S PD N-DF-S PD N-DF-S CS VIPN--XS

πρόσεχε τῇ ἀναγνώσει, τῇ παρακλήσει, τῇ διδασκαλίᾳ.
VMPA--YS DDFS N-DF-S DDFS N-DF-S DDFS N-DF-S

4.14 μὴ ἀμέλει τοῦ ἐν σοὶ χαρίσματος, ὃ ἐδόθη σοι διὰ
AB VMPA--YS DGNS PD NPD-YS N-GN-S APRNN-S VIAP--ZS NPD-YS PG

προφητείας μετὰ ἐπιθέσεως τῶν χειρῶν τοῦ πρεσβυτερίου.
N-GF-S PG N-GF-S DGFP N-GF-P DGNS N-GN-S

4.15 ταῦτα μελέτα, ἐν τούτοις ἴσθι, ἵνα σου ἡ προκοπὴ
APDAN-P VMPA--YS PD APDDN-P VMPA--YS CS NPG-YS DNFS N-NF-S

φανερὰ ᾖ πᾶσιν. 4.16 ἔπεχε σεαυτῷ καὶ τῇ διδασκαλίᾳ·
A--NF-S VSPA--ZS AP-DM-P VMPA--YS NPDMYS CC DDFS N-DF-S

ἐπίμενε αὐτοῖς· τοῦτο γὰρ ποιῶν καὶ σεαυτὸν σώσεις καὶ
VMPA--YS NPDNZP APDAN-S CS VPPANMYS CC NPAMYS VIFA--YS CC

τοὺς ἀκούοντάς σου.
DAMP□NPRAMZP&APRNM-P VPPAAM-P NPG-YS

5.1 Πρεσβυτέρῳ μὴ ἐπιπλήξῃς, ἀλλὰ παρακάλει ὡς πατέρα,
APMDM-S AB VSAA--YS□VMAA--YS CH VMPA--YS CS N-AM-S

νεωτέρους ὡς ἀδελφούς, 5.2 πρεσβυτέρας ὡς μητέρας, νεωτέρας ὡς
APMMAM-P CS N-AM-P APMAF-P CS N-AF-P APMAF-P CS

ἀδελφὰς ἐν πάσῃ ἁγνείᾳ.
N-AF-P PD A--DF-S N-DF-S

5.3 Χήρας τίμα τὰς ὄντως χήρας. 5.4 εἰ δέ τις χήρα τέκνα
AP-AF-P VMPA--YS DAFP AB□A--AF-P AP-AF-P CS CS A-INF-S AP-NF-S N-AN-P

ἢ ἔκγονα ἔχει, μανθανέτωσαν πρῶτον τὸν ἴδιον οἶκον
CC AP-AN-P VIPA--ZS VMPA--ZP A-OAM-S/APOAN-S□AB DAMS A--AM-S N-AM-S

εὐσεβεῖν καὶ ἀμοιβὰς ἀποδιδόναι τοῖς προγόνοις, τοῦτο γάρ ἐστιν
VNPA CC N-AF-P VNPA DDMP AP-DM-P APDNN-S CS VIPA--ZS

ἀπόδεκτον ἐνώπιον τοῦ θεοῦ. 5.5 ἡ δὲ ὄντως χήρα καὶ
A--NN-S PG DGMS N-GM-S DNFS CH AB□A--NF-S AP-NF-S CC

μεμονωμένη ἤλπικεν ἐπὶ θεὸν καὶ προσμένει ταῖς δεήσεσιν καὶ
VPRPNF-S VIRA--ZS PA N-AM-S CC VIPA--ZS DDFP N-DF-P CC

ταῖς προσευχαῖς νυκτὸς καὶ ἡμέρας· 5.6 ἡ δὲ
DDFP N-DF-P N-GF-S CC N-GF-S DNFS□NPNFZS&APRNF-S CC

σπαταλῶσα ζῶσα τέθνηκεν. 5.7 καὶ ταῦτα παράγγελλε, ἵνα
VPPANF-S VPPANF-S VIRA--ZS AB/CC APDAN-P VMPA--YS CS

ἀνεπίλημπτοι ὦσιν. 5.8 εἰ δέ τις τῶν ἰδίων καὶ μάλιστα οἰκείων
A--NM-P VSPA--ZP CS CC APINM-S DGMP AP-GM-P CC ABS AP-GM-P

οὐ προνοεῖ, τὴν πίστιν ἤρνηται καὶ ἔστιν ἀπίστου χείρων.
AB VIPA--ZS DAFS N-AF-S VIRN--ZS CC VIPA--ZS AP-GM-S A-MNM-S

5.9 Χήρα καταλεγέσθω μὴ ἔλαττον ἐτῶν ἑξήκοντα γεγονυῖα,
AP-NF-S VMPP--ZS AB APMAN-S□ABM N-GN-P A-CGN-P VPRANF-S

ἑνὸς ἀνδρὸς γυνή, 5.10 ἐν ἔργοις καλοῖς μαρτυρουμένη, εἰ
A-CGM-S N-GM-S N-NF-S PD N-DN-P A--DN-P VPPPNF-S CS

ἐτεκνοτρόφησεν, εἰ ἐξενοδόχησεν, εἰ ἁγίων πόδας ἔνιψεν, εἰ
VIAA--ZS CS VIAA--ZS CS AP-GM-P N-AM-P VIAA--ZS CS

θλιβομένοις ἐπήρκεσεν, εἰ παντὶ ἔργῳ ἀγαθῷ ἐπηκολούθησεν.
VPPPDM-P VIAA--ZS CS A--DN-S N-DN-S A--DN-S VIAA--ZS

5.11 νεωτέρας δὲ χήρας παραιτοῦ· ὅταν γὰρ καταστρηνιάσωσιν
A-MAF-P CC AP-AF-P VMPN--YS CS CS VSAA--ZP

τοῦ Χριστοῦ, γαμεῖν θέλουσιν, 5.12 ἔχουσαι κρίμα ὅτι τὴν
DGMS N-GM-S VNPA VIPA--ZP VPPANF-P N-AN-S CS DAFS

πρώτην πίστιν ἠθέτησαν· 5.13 ἅμα δὲ καὶ ἀργαὶ μανθάνουσιν,
A-OAF-S N-AF-S VIAA--ZP AB CC AB A--NF-P VIPA--ZP

περιερχόμεναι τὰς οἰκίας, οὐ μόνον δὲ ἀργαὶ ἀλλὰ καὶ φλύαροι
VPPNNF-P DAFP N-AF-P AB AP-AN-S□AB CC A--NF-P CH AB A--NF-P

καὶ περίεργοι, λαλοῦσαι τὰ μὴ δέοντα.
CC A--NF-P VPPANF-P DANP□NPANZP&APRNN-P AB VPPAAN-P

5.14 βούλομαι οὖν νεωτέρας γαμεῖν, τεκνογονεῖν, οἰκοδεσποτεῖν,
VIPN--XS CH APMAF-P VNPA VNPA VNPA

μηδεμίαν ἀφορμὴν διδόναι τῷ ἀντικειμένῳ
A-CAF-S N-AF-S VNPA DDMS□NPDMZS&APRNM-S VPPNDM-S

λοιδορίας χάριν· 5.15 ἤδη γάρ τινες ἐξετράπησαν ὀπίσω
N-GF-S PG AB CS APINF-P/APINM-P VIAP--ZP PG

τοῦ Σατανᾶ. 5.16 εἴ τις πιστὴ ἔχει χήρας, ἐπαρκείτω αὐταῖς,
DGMS N-GM-S CS A-INF-S AP-NF-S VIPA--ZS AP-AF-P VMPA--ZS NPDFZP

καὶ μὴ βαρείσθω ἡ ἐκκλησία, ἵνα ταῖς ὄντως χήραις
CC AB VMPP--ZS DNFS N-NF-S CS DDFP AB□A--DF-P AP-DF-P

ἐπαρκέσῃ.
VSAA--ZS

5.17 Οἱ   καλῶς προεστῶτες πρεσβύτεροι διπλῆς τιμῆς
DNMP□APRNM-P+ AB   VPRANM-P   AP-NM-P   A--GF-S N-GF-S

ἀξιούσθωσαν, μάλιστα οἱ   κοπιῶντες ἐν λόγῳ καὶ
VMPP--ZP   ABS   DNMP□NPNMZP&APRNM-P VPPANM-P PD N-DM-S CC

διδασκαλίᾳ· 5.18 λέγει γὰρ ἡ   γραφή, Βοῦν ἀλοῶντα οὐ
N-DF-S   VIPA--ZS CS   DNFS N-NF-S   N-AM-S VPPAAM-S AB

φιμώσεις·   καί, Ἄξιος ὁ   ἐργάτης τοῦ μισθοῦ αὐτοῦ.
VIFA--YS□VMAA--YS CC   A--NM-S DNMS N-NM-S DGMS N-GM-S NPGMZS

5.19 κατὰ πρεσβυτέρου κατηγορίαν μὴ παραδέχου, ἐκτὸς εἰ μὴ
PG   AP-GM-S   N-AF-S   AB VMPN--YS   AB   CS AB

ἐπὶ δύο   ἢ   τριῶν μαρτύρων. 5.20 τοὺς
PG A-CGM-P CC A-CGM-P N-GM-P   DAMP□NPAMZP&APRNM-P

ἁμαρτάνοντας ἐνώπιον πάντων ἔλεγχε, ἵνα καὶ οἱ   λοιποὶ φόβον
VPPAAM-P   PG   AP-GM-P VMPA--YS CS AB DNMP AP-NM-P N-AM-S

ἔχωσιν. 5.21 Διαμαρτύρομαι ἐνώπιον τοῦ θεοῦ καὶ Χριστοῦ
VSPA--ZP   VIPN--XS   PG   DGMS N-GM-S CC N-GM-S

Ἰησοῦ καὶ τῶν ἐκλεκτῶν ἀγγέλων, ἵνα ταῦτα φυλάξῃς χωρὶς
N-GM-S CC DGMP A--GM-P N-GM-P   CC APDAN-P VSAA--YS PG

προκρίματος, μηδὲν ποιῶν κατὰ πρόσκλισιν. 5.22 Χεῖρας ταχέως
N-GN-S   APCAN-S VRPANMYS PA N-AF-S   N-AF-P AB

μηδενὶ ἐπιτίθει, μηδὲ κοινώνει ἁμαρτίαις ἀλλοτρίαις· σεαυτὸν
APCDM-S VMPA--YS CC   VMPA--YS N-DF-P   A--DF-P   NPAMYS

ἁγνὸν τήρει. 5.23 Μηκέτι ὑδροπότει, ἀλλὰ οἴνῳ ὀλίγῳ χρῶ   διὰ
A--AM-S VMPA--YS   AB   VMPA--YS   CH   N-DM-S A--DM-S VMPN--YS PA

τὸν στόμαχον καὶ τὰς πυκνάς σου ἀσθενείας.
DAMS N-AM-S   CC DAFP A--AF-P NPG-YS N-AF-P

5.24 Τινῶν   ἀνθρώπων αἱ   ἁμαρτίαι πρόδηλοί εἰσιν,
A-IGM-P   N-GM-P   DNFP N-NF-P   A--NF-P VIPA--ZP

προάγουσαι εἰς κρίσιν, τισὶν δὲ   καὶ ἐπακολουθοῦσιν·
VPPANF-P   PA N-AF-S APIDM-P CC/CH AB VIPA--ZP

5.25 ὡσαύτως καὶ τὰ   ἔργα τὰ   καλὰ πρόδηλα, καὶ
AB   AB DNNP N-NN-P DNNP A--NN-P A--NN-P   CC

τὰ   ἄλλως ἔχοντα κρυβῆναι οὐ δύνανται.
DNNP□NPNNZP&APRNN-P AB VPPANN-P VNAP   AB VIPN--ZP

6.1 Ὅσοι   εἰσὶν ὑπὸ ζυγὸν δοῦλοι, τοὺς ἰδίους
APRNM-P□APDNM-P&APRNM-P VIPA--ZP PA N-AM-S N-NM-P DAMP A--AM-P

δεσπότας πάσης τιμῆς ἀξίους ἡγείσθωσαν, ἵνα μὴ τὸ   ὄνομα τοῦ
N-AM-P   A--GF-S N-GF-S A--AM-P VMPN--ZP   CS AB DNNS N-NN-S DGMS

θεοῦ καὶ ἡ   διδασκαλία βλασφημῆται. 6.2 οἱ   δὲ
N-GM-S CC DNFS N-NF-S   VSPP--ZS   DNMP□NPNMZP&APRNM-P CC

πιστοὺς ἔχοντες δεσπότας μὴ καταφρονείτωσαν, ὅτι ἀδελφοί
A--AM-P VPPANM-P N-AM-P   AB VMPA--ZP   CS N-NM-P

εἰσιν· ἀλλὰ μᾶλλον δουλευέτωσαν, ὅτι πιστοί εἰσιν καὶ ἀγαπητοὶ
VIPA--ZP CH   ABM   VMPA--ZP   CS A--NM-P VIPA--ZP CC   A--NM-P

οἱ   τῆς εὐεργεσίας ἀντιλαμβανόμενοι.
DNMP□NPNMZP&APRNM-P DGFS N-GF-S VPPNNM-P

Ταῦτα δίδασκε καὶ παρακάλει. 6.3 εἴ τις   ἑτεροδιδασκαλεῖ καὶ
APDAN-P VMPA--YS CC VMPA--YS   CS APINM-S VIPA--ZS   CC

μὴ προσέρχεται ὑγιαίνουσιν λόγοις, τοῖς τοῦ κυρίου ἡμῶν Ἰησοῦ
AB VIPN--ZS   VPPADM-P   N-DM-P DDMP DGMS N-GM-S NPG-XP N-GM-S

Χριστοῦ, καὶ τῇ κατ᾽ εὐσέβειαν διδασκαλίᾳ, 6.4 τετύφωται, μηδὲν
N-GM-S   CC DDFS PA N-AF-S   N-DF-S   VIRP--ZS   APCAN-S

ἐπιστάμενος, ἀλλὰ νοσῶν περὶ ζητήσεις καὶ λογομαχίας, ἐξ ὧν
VPPNNM-S   CH   VPPANM-S PA N-AF-P   CC N-AF-P   PG APRGF-P

γίνεται   φθόνος, ἔρις, βλασφημίαι, ὑπόνοιαι πονηραί,
VIPN--ZS N-NM-S   N-NF-S N-NF-P   N-NF-P   A--NF-P

6.5 διαπαρατριβαὶ διεφθαρμένων ἀνθρώπων τὸν νοῦν καὶ
    N-NF-P   VPRPGM-P   N-GM-P   DAMS N-AM-S CC

ἀπεστερημένων τῆς ἀληθείας, νομιζόντων πορισμὸν εἶναι τὴν
VPRPGM-P   DGFS N-GF-S   VPPAGM-P   N-AM-S   VNPA DAFS

εὐσέβειαν. 6.6 ἔστιν δὲ πορισμὸς μέγας ἡ   εὐσέβεια μετὰ
N-AF-S   VIPA--ZS CC N-NM-S A--NM-S DNFS N-NF-S   PG

αὐταρκείας· 6.7 οὐδὲν γὰρ εἰσηνέγκαμεν εἰς τὸν κόσμον, ὅτι οὐδὲ
N-GF-S   APCAN-S CS VIAA--XP   PA DAMS N-AM-S CS AB

ἐξενεγκεῖν τι   δυνάμεθα· 6.8 ἔχοντες δὲ διατροφὰς καὶ
VNAA   APIAN-S VIPN--XP   VPPANMXP CH N-AF-P   CC

σκεπάσματα, τούτοις ἀρκεσθησόμεθα. 6.9 οἱ   δὲ
N-AN-P   APDDN-P VIFP--XP   DNMP□NPNMZP&APRNM-P CS

βουλόμενοι πλουτεῖν ἐμπίπτουσιν εἰς πειρασμὸν καὶ παγίδα καὶ
VPPNNM-P   VNPA   VIPA--ZP   PA N-AM-S   CC N-AF-S CC

ἐπιθυμίας πολλὰς ἀνοήτους καὶ βλαβεράς, αἵτινες βυθίζουσιν τοὺς
N-AF-P   A--AF-P A--AF-P CC A--AF-P   APRNF-P VIPA--ZP   DAMP

ἀνθρώπους εἰς ὄλεθρον καὶ ἀπώλειαν· 6.10 ῥίζα γὰρ πάντων τῶν
N-AM-P   PA N-AM-S   CC N-AF-S   N-NF-S CS A--GN-P DGNP

κακῶν ἐστιν ἡ   φιλαργυρία, ἧς   τινες ὀρεγόμενοι
AP-GN-P VIPA--ZS DNFS N-NF-S APRGF-S□APDGN-S&APRGN-S APINM-P VPPMNM-P

ἀπεπλανήθησαν ἀπὸ τῆς πίστεως καὶ ἑαυτοὺς περιέπειραν
VIAP--ZP   PG DGFS N-GF-S   CC NPAMZP   VIAA--ZP

ὀδύναις πολλαῖς.
N-DF-P A--DF-P

6.11 Σὺ   δέ, ὦ ἄνθρωπε θεοῦ,   ταῦτα φεῦγε· δίωκε δὲ
     NPN-YS CH QS N-VM-S N-GM-S APDAN-P VMPA--YS VMPA--YS CH

δικαιοσύνην, εὐσέβειαν, πίστιν, ἀγάπην, ὑπομονήν, πραϋπαθίαν.
N-AF-S   N-AF-S   N-AF-S N-AF-S N-AF-S   N-AF-S

6.12 ἀγωνίζου τὸν καλὸν ἀγῶνα τῆς πίστεως, ἐπιλαβοῦ τῆς
     VMPN--YS DAMS A--AM-S N-AM-S DGFS N-GF-S VMAD--YS DGFS

αἰωνίου ζωῆς, εἰς ἣν ἐκλήθης καὶ ὡμολόγησας τὴν καλὴν
A--GF-S N-GF-S PA APRAF-S VIAP--YS CC VIAA--YS   DAFS A--AF-S

ὁμολογίαν ἐνώπιον πολλῶν μαρτύρων. 6.13 παραγγέλλω [σοι]
N-AF-S   PG   A--GM-P N-GM-P   VIPA--XS   NPD-YS

ἐνώπιον τοῦ θεοῦ τοῦ   ζωογονοῦντος τὰ πάντα καὶ
PG   DGMS N-GM-S DGMS□APRNM-S VPPAGM-S DANP AP-AN-P CC

Χριστοῦ Ἰησοῦ τοῦ   μαρτυρήσαντος ἐπὶ Ποντίου Πιλάτου
N-GM-S N-GM-S DGMS□APRNM-S VPAAGM-S   PG N-GM-S N-GM-S

τὴν καλὴν ὁμολογίαν, 6.14 τηρῆσαί σε τὴν ἐντολὴν ἄσπιλον
DAFS A--AF-S N-AF-S   VNAA   NPA-YS DAFS N-AF-S A--AF-S

ἀνεπίλημπτον μέχρι τῆς ἐπιφανείας τοῦ κυρίου ἡμῶν Ἰησοῦ
A--AF-S   PG   DGFS N-GF-S   DGMS N-GM-S NPG-XP N-GM-S

Χριστοῦ, 6.15 ἣν   καιροῖς ἰδίοις δείξει ὁ   μακάριος καὶ μόνος
N-GM-S   APRAF-S N-DM-P A--DM-P VIFA--ZS DNMS A--NM-S CC A--NM-S

δυνάστης, ὁ   βασιλεὺς τῶν   βασιλευόντων καὶ
N-NM-S   DNMS N-NM-S DGMP□NPGMZP&APRNM-P VPPAGM-P   CC

κύριος τῶν   κυριευόντων, 6.16 ὁ   μόνος ἔχων
N-NM-S DGMP□NPGMZP&APRNM-P VPPAGM-P   DNMS AP-NM-S VPPANM-S

ἀθανασίαν, φῶς οἰκῶν ἀπρόσιτον, ὃν   εἶδεν οὐδεὶς ἀνθρώπων
N-AF-S   N-AN-S VPPANM-S A--AN-S APRAM-S VIAA--ZS APCNM-S N-GM-P

οὐδὲ ἰδεῖν δύναται· ᾧ   τιμὴ καὶ κράτος αἰώνιον· ἀμήν.
CC   VNAA VIPN--ZS APRDM-S N-NF-S CC N-NN-S A--NN-S QS

6.17 Τοῖς πλουσίοις ἐν τῷ   νῦν   αἰῶνι παράγγελλε μὴ
     DDMP AP-DM-P   PD DDMS AB□A--DM-S N-DM-S VMPA--YS   AB

ὑψηλοφρονεῖν μηδὲ ἠλπικέναι ἐπὶ πλούτου ἀδηλότητι, ἀλλ᾽ ἐπὶ
VNPA   CC   VNRA   PD N-GM-S N-DF-S   CH   PD

θεῷ τῷ   παρέχοντι ἡμῖν πάντα πλουσίως εἰς ἀπόλαυσιν,
N-DM-S DDMS□APRNM-S VPPADM-S NPD-XP AP-AN-P AB   PA N-AF-S

6.18 ἀγαθοεργεῖν, πλουτεῖν ἐν ἔργοις καλοῖς, εὐμεταδότους εἶναι,
     VNPA   VNPA   PD N-DN-P A--DN-P A--AM-P   VNPA

κοινωνικούς, 6.19 ἀποθησαυρίζοντας ἑαυτοῖς θεμέλιον καλὸν εἰς
A--AM-P   VPPAAM-P   NPDMZP   N-AM-S A--AM-S PA

τὸ   μέλλον, ἵνα ἐπιλάβωνται τῆς ὄντως   ζωῆς.
DANS□NPANZS&APRNN-S VPPAAN-S CS VSAD--ZP   DGFS AB□A--GF-S N-GF-S

6.20 Ὦ Τιμόθεε, τὴν παραθήκην φύλαξον, ἐκτρεπόμενος τὰς
     QS N-VM-S   DAFS N-AF-S   VMAA--YS VRPMNMYS   DAFP

βεβήλους κενοφωνίας καὶ ἀντιθέσεις τῆς ψευδωνύμου γνώσεως,
A--AF-P N-AF-P   CC N-AF-P   DGFS A--GF-S   N-GF-S

6.21 ἥν   τινες ἐπαγγελλόμενοι περὶ τὴν πίστιν ἠστόχησαν.
     APRAF-S APINM-P VPPNNM-P   PA   DAFS N-AF-S VIAA--ZP

Ἡ   χάρις μεθ᾽ ὑμῶν.
DNFS N-NF-S PG   NPG-YP

ΠΡΟΣ ΤΙΜΟΘΕΟΝ Β

1.1 Παῦλος ἀπόστολος Χριστοῦ Ἰησοῦ διὰ θελήματος θεοῦ
N-NM-S N-NM-S N-GM-S N-GM-S PG N-GN-S N-GM-S

κατ᾽ ἐπαγγελίαν ζωῆς τῆς ἐν Χριστῷ Ἰησοῦ 1.2 Τιμοθέῳ
PA N-AF-S N-GF-S DGFS PD N-DM-S N-DM-S N-DM-S

ἀγαπητῷ τέκνῳ· χάρις, ἔλεος, εἰρήνη ἀπὸ θεοῦ πατρὸς καὶ
A--DN-S N-DN-S N-NF-S N-NN-S N-NF-S PG N-GM-S N-GM-S CC

Χριστοῦ Ἰησοῦ τοῦ κυρίου ἡμῶν.
N-GM-S N-GM-S DGMS N-GM-S NPG-XP

1.3 Χάριν ἔχω τῷ θεῷ, ᾧ λατρεύω ἀπὸ προγόνων ἐν
N-AF-S VIPA--XS DDMS N-DM-S APRDM-S VIPA--XS PG AP-GM-P PD

καθαρᾷ συνειδήσει, ὡς ἀδιάλειπτον ἔχω τὴν περὶ σοῦ μνείαν
A--DF-S N-DF-S AB/CS A--AF-S VIPA--XS DAFS PG NPG-YS N-AF-S

ἐν ταῖς δεήσεσίν μου νυκτὸς καὶ ἡμέρας, 1.4 ἐπιποθῶν σε
PD DDFP N-DF-P NPG-XS N-GF-S CC N-GF-S VPPANMXS NPA-YS

ἰδεῖν, μεμνημένος σου τῶν δακρύων, ἵνα χαρᾶς πληρωθῶ,
VNAA VPRNNMXS NPG-YS DGNP N-GN-P CS N-GF-S VSAP--XS

1.5 ὑπόμνησιν λαβὼν τῆς ἐν σοὶ ἀνυποκρίτου πίστεως, ἥτις
N-AF-S VPAANMXS DGFS PD NPD-YS A--GF-S N-GF-S APRNF-S

ἐνῴκησεν πρῶτον ἐν τῇ μάμμῃ σου Λωΐδι καὶ τῇ μητρί σου
VIAA--ZS APOAN-S□AB PD DDFS N-DF-S NPG-YS N-DF-S CC DDFS N-DF-S NPG-YS

Εὐνίκῃ, πέπεισμαι δὲ ὅτι καὶ ἐν σοί. 1.6 δι᾽ ἣν αἰτίαν
N-DF-S VIRP--XS CC CC AB PD NPD-YS PA A-RAF-S N-AF-S

ἀναμιμνῄσκω σε ἀναζωπυρεῖν τὸ χάρισμα τοῦ θεοῦ, ὅ
VIPA--XS NPA-YS VNPA DANS N-AN-S DGMS N-GM-S APRNN-S

ἐστιν ἐν σοὶ διὰ τῆς ἐπιθέσεως τῶν χειρῶν μου· 1.7 οὐ γὰρ
VIPA--ZS PD NPD-YS PG DGFS N-GF-S DGFP N-GF-P NPG-XS AB CS

ἔδωκεν ἡμῖν ὁ θεὸς πνεῦμα δειλίας, ἀλλὰ δυνάμεως καὶ
VIAA--ZS NPD-XP DNMS N-NM-S N-AN-S N-GF-S CH N-GF-S CC

ἀγάπης καὶ σωφρονισμοῦ. 1.8 μὴ οὖν ἐπαισχυνθῇς τὸ
N-GF-S CC N-GM-S AB CH VSAO--YS□VMAO--YS DANS

μαρτύριον τοῦ κυρίου ἡμῶν μηδὲ ἐμὲ τὸν δέσμιον αὐτοῦ, ἀλλὰ
N-AN-S DGMS N-GM-S NPG-XP CC NPA-XS DAMS N-AM-S NPGMZS CH

συγκακοπάθησον τῷ εὐαγγελίῳ κατὰ δύναμιν θεοῦ,
VMAA--YS DDNS N-DN-S PA N-AF-S N-GM-S

1.9 τοῦ σώσαντος ἡμᾶς καὶ καλέσαντος κλήσει ἁγίᾳ, οὐ
DGMS□APRNM-S VPAAGM-S NPA-XP CC VPAAGM-S N-DF-S A--DF-S AB

κατὰ τὰ ἔργα ἡμῶν ἀλλὰ κατὰ ἰδίαν πρόθεσιν καὶ χάριν,
PA DANP N-AN-P NPG-XP CH PA A--AF-S N-AF-S CC N-AF-S

τὴν δοθεῖσαν ἡμῖν ἐν Χριστῷ Ἰησοῦ πρὸ χρόνων αἰωνίων,
DAFS□APRNF-S VPAPAF-S NPD-XP PD N-DM-S N-DM-S PG N-GM-P A--GM-P

1.10 φανερωθεῖσαν δὲ νῦν διὰ τῆς ἐπιφανείας τοῦ σωτῆρος ἡμῶν
VPAPAF-S CC AB PG DGFS N-GF-S DGMS N-GM-S NPG-XP

Χριστοῦ Ἰησοῦ, καταργήσαντος μὲν τὸν θάνατον φωτίσαντος δὲ
N-GM-S N-GM-S VPAAGM-S CS DAMS N-AM-S VPAAGM-S CH

ζωὴν καὶ ἀφθαρσίαν διὰ τοῦ εὐαγγελίου, 1.11 εἰς ὃ ἐτέθην
N-AF-S CC N-AF-S PG DGNS N-GN-S PA APRAN-S VIAP--XS

ἐγὼ κῆρυξ καὶ ἀπόστολος καὶ διδάσκαλος. 1.12 δι’ ἣν αἰτίαν
NPN-XS N-NM-S CC N-NM-S CC N-NM-S PA A-RAF-S N-AF-S

καὶ ταῦτα πάσχω, ἀλλ’ οὐκ ἐπαισχύνομαι, οἶδα γὰρ
AB APDAN-P VIPA--XS CC AB VIPN--XS VIRA--XS CS

ᾧ πεπίστευκα, καὶ πέπεισμαι ὅτι δυνατός ἐστιν
APRDM-S□APDAM-S&APRDM-S VIRA--XS CC VIRP--XS CC A--NM-S VIPA--ZS

τὴν παραθήκην μου φυλάξαι εἰς ἐκείνην τὴν ἡμέραν.
DAFS N-AF-S NPG-XS VNAA PA A-DAF-S DAFS N-AF-S

1.13 ὑποτύπωσιν ἔχε ὑγιαινόντων λόγων ὧν παρ’ ἐμοῦ
N-AF-S VMPA--YS VPPAGM-P N-GM-P APRGM-P PG NPG-XS

ἤκουσας ἐν πίστει καὶ ἀγάπῃ τῇ ἐν Χριστῷ Ἰησοῦ· 1.14 τὴν
VIAA--YS PD N-DF-S CC N-DF-S DDFS PD N-DM-S N-DM-S DAFS

καλὴν παραθήκην φύλαξον διὰ πνεύματος ἁγίου τοῦ
A--AF-S N-AF-S VMAA--YS PG N-GN-S A--GN-S DGNS□APRNN-S

ἐνοικοῦντος ἐν ἡμῖν.
VPPAGN-S PD NPD-XP

1.15 Οἶδας τοῦτο, ὅτι ἀπεστράφησάν με πάντες οἱ ἐν τῇ
VIRA--YS APDAN-S ABR VIAP--ZP NPA-XS A--NM-P DNMP PD DDFS

Ἀσίᾳ, ὧν ἐστιν Φύγελος καὶ Ἑρμογένης. 1.16 δώῃ ἔλεος
N-DF-S APRGM-P VIPA--ZS N-NM-S CC N-NM-S VOAA--ZS N-AN-S

ὁ κύριος τῷ Ὀνησιφόρου οἴκῳ, ὅτι πολλάκις με ἀνέψυξεν
DNMS N-NM-S DDMS N-GM-S N-DM-S CS AB NPA-XS VIAA--ZS

καὶ τὴν ἅλυσίν μου οὐκ ἐπαισχύνθη, 1.17 ἀλλὰ γενόμενος ἐν
CC DAFS N-AF-S NPG-XS AB VIAO--ZS CH VPADNM-S PD

Ῥώμῃ σπουδαίως ἐζήτησέν με καὶ εὗρεν 1.18 — δώῃ αὐτῷ
N-DF-S AB VIAA--ZS NPA-XS CC VIAA--ZS VOAA--ZS NPDMZS

ὁ κύριος εὑρεῖν ἔλεος παρὰ κυρίου ἐν ἐκείνῃ τῇ ἡμέρᾳ — καὶ
DNMS N-NM-S VNAA N-AN-S PG N-GM-S PD A-DDF-S DDFS N-DF-S CC

ὅσα ἐν Ἐφέσῳ διηκόνησεν, βέλτιον σὺ
APRAN-P□APDAN-P&APRAN-P PD N-DF-S VIAA--ZS APMAN-S□ABM NPN-YS

γινώσκεις.
VIPA--YS

2.1 Σὺ οὖν, τέκνον μου, ἐνδυναμοῦ ἐν τῇ χάριτι τῇ ἐν
NPN-YS CH N-VN-S NPG-XS VMPP--YS PD DDFS N-DF-S DDFS PD

Χριστῷ Ἰησοῦ, 2.2 καὶ ἃ ἤκουσας παρ’ ἐμοῦ διὰ πολλῶν
N-DM-S N-DM-S CC APRAN-P+ VIAA--YS PG NPG-XS PG A--GM-P

μαρτύρων, ταῦτα παράθου πιστοῖς ἀνθρώποις, οἵτινες ἱκανοὶ
N-GM-P   APDAN-P   VMAM--YS   A--DM-P   N-DM-P   APRNM-P   A--NM-P

ἔσονται καὶ ἑτέρους διδάξαι. 2.3 συγκακοπάθησον ὡς καλὸς
VIFD--ZP   AB   AP-AM-P   VNAA   VMAA--YS   CS   A--NM-S

στρατιώτης Χριστοῦ Ἰησοῦ. 2.4 οὐδεὶς στρατευόμενος
N-NM-S   N-GM-S   N-GM-S   APCNM-S   VPPMNM-S

ἐμπλέκεται ταῖς τοῦ βίου πραγματείαις, ἵνα τῷ
VIPE--ZS   DDFP   DGMS   N-GM-S   N-DF-P   CS   DDMS□NPDMZS&APRNM-S

στρατολογήσαντι ἀρέσῃ· 2.5 ἐὰν δὲ καὶ ἀθλῇ τις, οὐ
VPAADM-S   VSAA--ZS   CS   CC   AB   VSPA--ZS   APINM-S   AB

στεφανοῦται ἐὰν μὴ νομίμως ἀθλήσῃ. 2.6 τὸν κοπιῶντα
VIPP--ZS   CS   AB   AB   VSAA--ZS   DAMS□APRNM-S+   VPPAAM-S

γεωργὸν δεῖ πρῶτον τῶν καρπῶν μεταλαμβάνειν. 2.7 νόει
N-AM-S   VIPA--ZS   APOAN-S□AB   DGMP   N-GM-P   VNPA   VMPA--YS

ὃ λέγω· δώσει γάρ σοι ὁ κύριος σύνεσιν ἐν
APRAN-S□APDAN-S&APRAN-S   VIPA--XS   VIFA--ZS   CS   NPD-YS   DNMS   N-NM-S   N-AF-S   PD

πᾶσιν.
AP-DN-P

     2.8 Μνημόνευε Ἰησοῦν Χριστὸν ἐγηγερμένον ἐκ νεκρῶν, ἐκ
        VMPA--YS   N-AM-S   N-AM-S   VPRPAM-S   PG   AP-GM-P   PG

σπέρματος Δαυίδ, κατὰ τὸ εὐαγγέλιόν μου· 2.9 ἐν ᾧ
N-GN-S   N-GM-S   PA   DANS   N-AN-S   NPG-XS   PD   APRDN-S

κακοπαθῶ μέχρι δεσμῶν ὡς κακοῦργος, ἀλλὰ ὁ λόγος τοῦ θεοῦ
VIPA--XS   PG   N-GM-P   CS   AP-NM-S   CC   DNMS   N-NM-S   DGMS   N-GM-S

οὐ δέδεται. 2.10 διὰ τοῦτο πάντα ὑπομένω διὰ τοὺς ἐκλεκτούς, ἵνα
AB   VIRP--ZS   PA   APDAN-S   AP-AN-P   VIPA--XS   PA   DAMP   AP-AM-P   CS

καὶ αὐτοὶ σωτηρίας τύχωσιν τῆς ἐν Χριστῷ Ἰησοῦ μετὰ δόξης
AB   NPNMZP   N-GF-S   VSAA--ZP   DGFS   PD   N-DM-S   N-DM-S   PG   N-GF-S

αἰωνίου. 2.11 πιστὸς ὁ λόγος·
A--GF-S   A--NM-S   DNMS   N-NM-S

     εἰ γὰρ συναπεθάνομεν, καὶ συζήσομεν·
     CS   CS   VIAA--XP   AB   VIFA--XP

2.12   εἰ ὑπομένομεν, καὶ συμβασιλεύσομεν·
       CS   VIPA--XP   AB   VIFA--XP

     εἰ ἀρνησόμεθα, κἀκεῖνος ἀρνήσεται ἡμᾶς·
     CS   VIFD--XP   AB&APDNM-S   VIFD--ZS   NPA-XP

2.13   εἰ ἀπιστοῦμεν, ἐκεῖνος πιστὸς μένει,
       CS   VIPA--XP   APDNM-S   A--NM-S   VIPA--ZS

     ἀρνήσασθαι γὰρ ἑαυτὸν οὐ δύναται.
     VNAD   CS   NPAMZS   AB   VIPN--ZS

     2.14 Ταῦτα ὑπομίμνῃσκε, διαμαρτυρόμενος ἐνώπιον τοῦ θεοῦ
        APDAN-P   VMPA--YS   VRPNNMYS   PG   DGMS   N-GM-S

μὴ λογομαχεῖν, ἐπ᾽ οὐδὲν χρήσιμον, ἐπὶ καταστροφῇ
AB   VNPA   PA   APCAN-S   A--AN-S   PD   N-DF-S

ΠΡΟΣ ΤΙΜΟΘΕΟΝ Β 2.14-25

τῶν ἀκουόντων. 2.15 σπούδασον σεαυτὸν δόκιμον
DGMP□NPGMZP&APRNM-P VPPAGM-P VMAA--YS NPAMYS A--AM-S

παραστῆσαι τῷ θεῷ, ἐργάτην ἀνεπαίσχυντον, ὀρθοτομοῦντα
VNAA DDMS N-DM-S N-AM-S A--AM-S VRPAAMYS

τὸν λόγον τῆς ἀληθείας. 2.16 τὰς δὲ βεβήλους κενοφωνίας
DAMS N-AM-S DGFS N-GF-S DAFP CC A--AF-P N-AF-P

περιΐστασο· ἐπὶ πλεῖον γὰρ προκόψουσιν ἀσεβείας, 2.17 καὶ ὁ
VMPM--YS PA APMAN-S CS VIFA--ZP N-GF-S CC DNMS

λόγος αὐτῶν ὡς γάγγραινα νομὴν ἕξει· ὧν ἐστιν Ὑμέναιος
N-NM-S NPGMZP CS N-NF-S N-AF-S VIFA--ZS APRGM-P VIPA--ZS N-NM-S

καὶ Φίλητος, 2.18 οἵτινες περὶ τὴν ἀλήθειαν ἠστόχησαν, λέγοντες
CC N-NM-S APRNM-P PA DAFS N-AF-S VIAA--ZP VPPANM-P

[τὴν] ἀνάστασιν ἤδη γεγονέναι, καὶ ἀνατρέπουσιν τὴν τινων
DAFS N-AF-S AB VNRA CC VIPA--ZP DAFS APIGM-P

πίστιν. 2.19 ὁ μέντοι στερεὸς θεμέλιος τοῦ θεοῦ ἕστηκεν,
N-AF-S DNMS CH A--NM-S N-NM-S DGMS N-GM-S VIRA--ZS

ἔχων τὴν σφραγῖδα ταύτην· Ἔγνω κύριος τοὺς
VPPANM-S DAFS N-AF-S A-DAF-S VIAA--ZS N-NM-S DAMP□NPAMZP&APRNM-P

ὄντας αὐτοῦ, καί, Ἀποστήτω ἀπὸ ἀδικίας πᾶς ὁ
VPPAAM-P NPGMZS CC VMAA--ZS PG N-GF-S AP-NM-S DNMS□APRNM-S

ὀνομάζων τὸ ὄνομα κυρίου. 2.20 Ἐν μεγάλῃ δὲ οἰκίᾳ οὐκ ἔστιν
VPPANM-S DANS N-AN-S N-GM-S PD A--DF-S CC N-DF-S AB VIPA--ZS

μόνον σκεύη χρυσᾶ καὶ ἀργυρᾶ ἀλλὰ καὶ ξύλινα καὶ
AP-AN-S□AB N-NN-P A--NN-P CC A--NN-P CH AB A--NN-P CC

ὀστράκινα, καὶ ἃ μὲν εἰς τιμὴν ἃ δὲ εἰς
A--NN-P CC APRNN-P□APDNN-P CC PA N-AF-S APRNN-P□APDNN-P CC PA

ἀτιμίαν· 2.21 ἐὰν οὖν τις ἐκκαθάρῃ ἑαυτὸν ἀπὸ τούτων, ἔσται
N-AF-S CS CH APINM-S VSAA--ZS NPAMZS PG APDGN-P VIFD--ZS

σκεῦος εἰς τιμήν, ἡγιασμένον, εὔχρηστον τῷ δεσπότῃ, εἰς πᾶν
N-NN-S PA N-AF-S VPRPNN-S A--NN-S DDMS N-DM-S PA A--AN-S

ἔργον ἀγαθὸν ἡτοιμασμένον. 2.22 τὰς δὲ νεωτερικὰς ἐπιθυμίας
N-AN-S A--AN-S VPRPNN-S DAFP CH A--AF-P N-AF-P

φεῦγε, δίωκε δὲ δικαιοσύνην, πίστιν, ἀγάπην, εἰρήνην μετὰ
VMPA--YS VMPA--YS CH N-AF-S N-AF-S N-AF-S N-AF-S PG

τῶν ἐπικαλουμένων τὸν κύριον ἐκ καθαρᾶς καρδίας.
DGMP□NPGMZP&APRNM-P VPPMGM-P DAMS N-AM-S PG A--GF-S N-GF-S

2.23 τὰς δὲ μωρὰς καὶ ἀπαιδεύτους ζητήσεις παραιτοῦ, εἰδὼς
DAFP CC A--AF-P CC A--AF-P N-AF-P VMPN--YS VPRANMYS

ὅτι γεννῶσιν μάχας· 2.24 δοῦλον δὲ κυρίου οὐ δεῖ μάχεσθαι,
CH VIPA--ZP N-AF-P N-AM-S CC N-GM-S AB VIPA--ZS VNPN

ἀλλὰ ἤπιον εἶναι πρὸς πάντας, διδακτικόν, ἀνεξίκακον, 2.25 ἐν
CH A--AM-S VNPA PA AP-AM-P A--AM-S A--AM-S PD

πραΰτητι παιδεύοντα τοὺς ἀντιδιατιθεμένους,
N-DF-S VPPAAM-S DAMP□NPAMZP&APRNM-P VPPMAM-P

647

μήποτε δώῃ   αὐτοῖς ὁ   θεὸς μετάνοιαν εἰς ἐπίγνωσιν ἀληθείας,
QT   VSAA--ZS NPDMZP DNMS N-NM-S N-AF-S   PA N-AF-S   N-GF-S

2.26 καὶ ἀνανήψωσιν ἐκ τῆς τοῦ διαβόλου παγίδος, ἐζωγρημένοι
     CC   VSAA--ZP   PG DGFS DGMS AP-GM-S N-GF-S   VPRPNM-P

ὑπ᾽ αὐτοῦ εἰς τὸ   ἐκείνου θέλημα.
PG NPGMZS PA DANS APDGM-S N-AN-S

3.1 Τοῦτο δὲ γίνωσκε, ὅτι ἐν ἐσχάταις ἡμέραις ἐνστήσονται
    APDAN-S CC VMPA--YS ABR PD A--DF-P N-DF-P VIFM--ZP

καιροὶ χαλεποί· 3.2 ἔσονται γὰρ οἱ   ἄνθρωποι φίλαυτοι,
N-NM-P A--NM-P   VIFD--ZP CS DNMP N-NM-P   A--NM-P

φιλάργυροι, ἀλαζόνες, ὑπερήφανοι, βλάσφημοι, γονεῦσιν
A--NM-P   N-NM-P   A--NM-P   A--NM-P   N-DM-P

ἀπειθεῖς, ἀχάριστοι, ἀνόσιοι, 3.3 ἄστοργοι, ἄσπονδοι, διάβολοι,
A--NM-P   A--NM-P   A--NM-P   A--NM-P   A--NM-P   A--NM-P

ἀκρατεῖς, ἀνήμεροι, ἀφιλάγαθοι, 3.4 προδόται, προπετεῖς,
A--NM-P   A--NM-P   A--NM-P   N-NM-P   A--NM-P

τετυφωμένοι, φιλήδονοι μᾶλλον ἢ φιλόθεοι, 3.5 ἔχοντες μόρφωσιν
VPRPNM-P   A--NM-P   ABM   CS A--NM-P   VPPANM-P N-AF-S

εὐσεβείας τὴν δὲ δύναμιν αὐτῆς ἠρνημένοι· καὶ τούτους
N-GF-S   DAFS CH N-AF-S   NPGFZS VPRNNM-P   CC APDAM-P

ἀποτρέπου. 3.6 ἐκ τούτων γὰρ εἰσιν οἱ   ἐνδύνοντες
VMPM--YS   PG APDGM-P CS VIPA--ZP DNMP☐NPNMZP&APRNM-P VPPANM-P

εἰς τὰς οἰκίας καὶ αἰχμαλωτίζοντες γυναικάρια σεσωρευμένα
PA DAFP N-AF-P CC VPPANM-P   N-AN-P   VPRPAN-P

ἁμαρτίαις, ἀγόμενα ἐπιθυμίαις ποικίλαις, 3.7 πάντοτε
N-DF-P   VPPPAN-P N-DF-P   A--DF-P   AB

μανθάνοντα καὶ μηδέποτε εἰς ἐπίγνωσιν ἀληθείας ἐλθεῖν
VPPAAN-P   CC AB   PA N-AF-S   N-GF-S   VNAA

δυνάμενα. 3.8 ὃν   τρόπον δὲ Ἰάννης καὶ Ἰαμβρῆς
VPPNAN-P   APRAM-S+ N-AM-S CC N-NM-S CC N-NM-S

ἀντέστησαν Μωϋσεῖ, οὕτως καὶ οὗτοι ἀνθίστανται τῇ   ἀληθείᾳ,
VIAA--ZP   N-DM-S   AB   AB APDNM-P VIPM--ZP   DDFS N-DF-S

ἄνθρωποι κατεφθαρμένοι τὸν νοῦν, ἀδόκιμοι περὶ τὴν πίστιν·
N-NM-P   VPRPNM-P   DAMS N-AM-S A--NM-P PA   DAFS N-AF-S

3.9 ἀλλ᾽ οὐ προκόψουσιν ἐπὶ πλεῖον, ἡ   γὰρ ἄνοια αὐτῶν
    CC   AB VIFA--ZP   PA APMAN-S DNFS CS N-NF-S NPGMZP

ἔκδηλος ἔσται πᾶσιν, ὡς καὶ ἡ   ἐκείνων ἐγένετο.
A--NF-S VIFD--ZS AP-DM-P CS AB DNFS☐APDNF-S APDGM-P VIAD--ZS

3.10 Σὺ   δὲ παρηκολούθησάς μου   τῇ   διδασκαλίᾳ, τῇ
     NPN-YS CC VIAA--YS   NPG-XS DDFS N-DF-S   DDFS

ἀγωγῇ, τῇ   προθέσει, τῇ   πίστει, τῇ   μακροθυμίᾳ, τῇ   ἀγάπῃ,
N-DF-S DDFS N-DF-S   DDFS N-DF-S DDFS N-DF-S   DDFS N-DF-S

τῇ   ὑπομονῇ, 3.11 τοῖς διωγμοῖς, τοῖς παθήμασιν, οἷά   μοι
DDFS N-DF-S   DDMP N-DM-P   DDNP N-DN-P   APRNN-P NPD-XS

ἐγένετο ἐν Ἀντιοχείᾳ, ἐν Ἰκονίῳ, ἐν Λύστροις, οἵους διωγμοὺς
VIAD--ZS PD N-DF-S PD N-DN-S PD N-DN-P A-RAM-P N-AM-P

ὑπήνεγκα· καὶ ἐκ πάντων με ἐρρύσατο ὁ κύριος. 3.12 καὶ
VIAA--XS CC PG AP-GN-P NPA-XS VIAD--ZS DNMS N-NM-S AB

πάντες δὲ οἱ θέλοντες εὐσεβῶς ζῆν ἐν Χριστῷ Ἰησοῦ
AP-NM-P CC DNMP□APRNM-P VPPANM-P AB VNPA PD N-DM-S N-DM-S

διωχθήσονται· 3.13 πονηροὶ δὲ ἄνθρωποι καὶ γόητες προκόψουσιν
VIFP--ZP A--NM-P CC N-NM-P CC N-NM-P VIFA--ZP

ἐπὶ τὸ χεῖρον, πλανῶντες καὶ πλανώμενοι. 3.14 σὺ δὲ μένε ἐν
PA DANS APMAN-S VPPANM-P CC VPPPNM-P NPN-YS CH VMPA--YS PD

οἷς ἔμαθες καὶ ἐπιστώθης, εἰδὼς παρὰ τίνων
APRDN-P□APDDN-P&APRAN-P VIAA--YS CC VIAP--YS VPRANMYS PG APTGM-P

ἔμαθες, 3.15 καὶ ὅτι ἀπὸ βρέφους [τὰ] ἱερὰ γράμματα οἶδας,
VIAA--YS CC CH PG N-GN-S DANP A--AN-P N-AN-P VIRA--YS

τὰ δυνάμενά σε σοφίσαι εἰς σωτηρίαν διὰ πίστεως τῆς
DANP□APRNN-P VPPNAN-P NPA-YS VNAA PA N-AF-S PG N-GF-S DGFS

ἐν Χριστῷ Ἰησοῦ. 3.16 πᾶσα γραφὴ θεόπνευστος καὶ ὠφέλιμος
PD N-DM-S N-DM-S A--NF-S N-NF-S A--NF-S CC A--NF-S

πρὸς διδασκαλίαν, πρὸς ἐλεγμόν, πρὸς ἐπανόρθωσιν, πρὸς
PA N-AF-S PA N-AM-S PA N-AF-S PA

παιδείαν τὴν ἐν δικαιοσύνῃ, 3.17 ἵνα ἄρτιος ᾖ ὁ τοῦ θεοῦ
N-AF-S DAFS PD N-DF-S CS A--NM-S VSPA--ZS DNMS DGMS N-GM-S

ἄνθρωπος, πρὸς πᾶν ἔργον ἀγαθὸν ἐξηρτισμένος.
N-NM-S PA A--AN-S N-AN-S A--AN-S VPRPNM-S

4.1 Διαμαρτύρομαι ἐνώπιον τοῦ θεοῦ καὶ Χριστοῦ Ἰησοῦ,
VIPN--XS PG DGMS N-GM-S CC N-GM-S N-GM-S

τοῦ μέλλοντος κρίνειν ζῶντας καὶ νεκρούς, καὶ τὴν
DGMS□APRNM-S VPPAGM-S+ +VNPA VPPAAM-P CC AP-AM-P CC DAFS

ἐπιφάνειαν αὐτοῦ καὶ τὴν βασιλείαν αὐτοῦ· 4.2 κήρυξον τὸν
N-AF-S NPGMZS CC DAFS N-AF-S NPGMZS VMAA--YS DAMS

λόγον, ἐπίστηθι εὐκαίρως ἀκαίρως, ἔλεγξον, ἐπιτίμησον,
N-AM-S VMAA--YS AB AB VMAA--YS VMAA--YS

παρακάλεσον, ἐν πάσῃ μακροθυμίᾳ καὶ διδαχῇ. 4.3 ἔσται γὰρ
VMAA--YS PD A--DF-S N-DF-S CC N-DF-S VIFD--ZS CS

καιρὸς ὅτε τῆς ὑγιαινούσης διδασκαλίας οὐκ ἀνέξονται,
N-NM-S ABR DGFS□APRNF-S+ VPPAGF-S N-GF-S AB VIFM--ZP

ἀλλὰ κατὰ τὰς ἰδίας ἐπιθυμίας ἑαυτοῖς ἐπισωρεύσουσιν
CH PA DAFP A--AF-P N-AF-P NPDMZP VIFA--ZP

διδασκάλους κνηθόμενοι τὴν ἀκοήν, 4.4 καὶ ἀπὸ μὲν τῆς
N-AM-P VPPPNM-P DAFS N-AF-S CC PG CC DGFS

ἀληθείας τὴν ἀκοὴν ἀποστρέψουσιν, ἐπὶ δὲ τοὺς μύθους
N-GF-S DAFS N-AF-S VIFA--ZP PA CC DAMP N-AM-P

ἐκτραπήσονται. 4.5 σὺ δὲ νῆφε ἐν πᾶσιν, κακοπάθησον,
VIFP--ZP NPN-YS CH VMPA--YS PD AP-DM-P/AP-DN-P VMAA--YS

ἔργον ποίησον εὐαγγελιστοῦ, τὴν διακονίαν σου πληροφόρησον.
N-AN-S VMAA--YS N-GM-S DAFS N-AF-S NPG-YS VMAA--YS

4.6 Ἐγὼ γὰρ ἤδη σπένδομαι, καὶ ὁ καιρὸς τῆς ἀναλύσεώς
NPN-XS CS AB VIPP--XS CC DNMS N-NM-S DGFS N-GF-S

μου ἐφέστηκεν. 4.7 τὸν καλὸν ἀγῶνα ἠγώνισμαι, τὸν δρόμον
NPG-XS VIRA--ZS DAMS A--AM-S N-AM-S VIRN--XS DAMS N-AM-S

τετέλεκα, τὴν πίστιν τετήρηκα· 4.8 λοιπὸν ἀπόκειταί μοι ὁ
VIRA--XS DAFS N-AF-S VIRA--XS AP-AN-S□AB VIPN--ZS NPD-XS DNMS

τῆς δικαιοσύνης στέφανος, ὃν ἀποδώσει μοι ὁ κύριος ἐν
DGFS N-GF-S N-NM-S APRAM-S VIFA--ZS NPD-XS DNMS N-NM-S PD

ἐκείνῃ τῇ ἡμέρᾳ, ὁ δίκαιος κριτής, οὐ μόνον δὲ ἐμοὶ ἀλλὰ
A-DDF-S DDFS N-DF-S DNMS A--NM-S N-NM-S AB AP-AN-S□AB CC NPD-XS CH

καὶ πᾶσι τοῖς ἠγαπηκόσι τὴν ἐπιφάνειαν αὐτοῦ.
AB AP-DM-P DDMP□APRNM-P VPRADM-P DAFS N-AF-S NPGMZS

4.9 Σπούδασον ἐλθεῖν πρός με ταχέως· 4.10 Δημᾶς γὰρ
VMAA--YS VNAA PA NPA-XS AB N-NM-S CS

με ἐγκατέλιπεν ἀγαπήσας τὸν νῦν αἰῶνα, καὶ ἐπορεύθη εἰς
NPA-XS VIAA--ZS VPRAANM-S DAMS AB□A--AM-S N-AM-S CC VIAO--ZS PA

Θεσσαλονίκην, Κρήσκης εἰς Γαλατίαν, Τίτος εἰς Δαλματίαν·
N-AF-S N-NM-S PA N-AF-S N-NM-S PA N-AF-S

4.11 Λουκᾶς ἐστιν μόνος μετ᾽ ἐμοῦ. Μᾶρκον ἀναλαβὼν ἄγε
N-NM-S VIPA--ZS A--NM-S PG NPG-XS N-AM-S VRAANMYS VMPA--YS

μετὰ σεαυτοῦ, ἔστιν γάρ μοι εὔχρηστος εἰς διακονίαν.
PG NPGMYS VIPA--ZS CS NPD-XS A--NM-S PA N-AF-S

4.12 Τυχικὸν δὲ ἀπέστειλα εἰς Ἔφεσον. 4.13 τὸν φαιλόνην
N-AM-S CC VIAA--XS PA N-AF-S DAMS N-AM-S

ὃν ἀπέλιπον ἐν Τρῳάδι παρὰ Κάρπῳ ἐρχόμενος φέρε, καὶ
APRAM-S VIAA--XS PD N-DF-S PD N-DM-S VPPNNMYS VMPA--YS CC

τὰ βιβλία, μάλιστα τὰς μεμβράνας. 4.14 Ἀλέξανδρος ὁ
DANP N-AN-P ABS DAFP N-AF-P N-NM-S DNMS

χαλκεὺς πολλά μοι κακὰ ἐνεδείξατο· ἀποδώσει αὐτῷ ὁ κύριος
N-NM-S A--AN-P NPD-XS AP-AN-P VIAM--ZS VIFA--ZS NPDMZS DNMS N-NM-S

κατὰ τὰ ἔργα αὐτοῦ· 4.15 ὃν καὶ σὺ φυλάσσου, λίαν γὰρ
PA DANP N-AN-P NPGMZS APRAM-S AB NPN-YS VMPM--YS AB CS

ἀντέστη τοῖς ἡμετέροις λόγοις.
VIAA--ZS DDMP A--DMXP N-DM-P

4.16 Ἐν τῇ πρώτῃ μου ἀπολογίᾳ οὐδείς μοι παρεγένετο,
PD DDFS A-ODF-S NPG-XS N-DF-S APCNM-S NPD-XS VIAD--ZS

ἀλλὰ πάντες με ἐγκατέλιπον· μὴ αὐτοῖς λογισθείη· 4.17 ὁ δὲ
CH AP-NM-P NPA-XS VIAA--ZP AB NPDMZP VOAP--ZS DNMS CH

κύριός μοι παρέστη καὶ ἐνεδυνάμωσέν με, ἵνα δι᾽ ἐμοῦ τὸ
N-NM-S NPD-XS VIAA--ZS CC VIAA--ZS NPA-XS CH/CS PG NPG-XS DNNS

κήρυγμα πληροφορηθῇ καὶ ἀκούσωσιν πάντα τὰ ἔθνη, καὶ
N-NN-S VSAP--ZS CC VSAA--ZP AP-AN-P/A--NN-P DNNP N-NN-P CC

ἐρρύσθην ἐκ στόματος λέοντος. 4.18 ῥύσεταί με ὁ κύριος
VIAP--XS   PG   N-GN-S   N-GM-S   VIFD--ZS NPA-XS DNMS N-NM-S

ἀπὸ παντὸς ἔργου πονηροῦ καὶ σώσει εἰς τὴν βασιλείαν αὐτοῦ
PG A--GN-S N-GN-S A--GN-S CC VIFA--ZS PA DAFS N-AF-S   NPGMZS

τὴν ἐπουράνιον, ᾧ   ἡ   δόξα εἰς τοὺς αἰῶνας τῶν αἰώνων·
DAFS A--AF-S   APRDM-S DNFS N-NF-S PA DAMP N-AM-P DGMP N-GM-P

ἀμήν.
QS

4.19 Ἄσπασαι Πρίσκαν καὶ Ἀκύλαν καὶ τὸν Ὀνησιφόρου
     VMAD--YS N-AF-S   CC N-AM-S CC DAMS N-GM-S

οἶκον. 4.20 Ἔραστος ἔμεινεν ἐν Κορίνθῳ, Τρόφιμον δὲ ἀπέλιπον
N-AM-S   N-NM-S   VIAA--ZS PD N-DF-S   N-AM-S   CC VIAA--XS

ἐν Μιλήτῳ ἀσθενοῦντα. 4.21 Σπούδασον πρὸ χειμῶνος ἐλθεῖν.
PD N-DF-S VPPAAM-S   VMAA--YS   PG N-GM-S   VNAA

Ἀσπάζεταί σε   Εὔβουλος καὶ Πούδης καὶ Λίνος καὶ Κλαυδία καὶ
VIPN--ZS NPA-YS N-NM-S   CC N-NM-S CC N-NM-S CC N-NF-S   CC

οἱ   ἀδελφοὶ πάντες. 4.22 Ὁ   κύριος μετὰ τοῦ πνεύματός σου.
DNMP N-NM-P   A--NM-P   DNMS N-NM-S PG DGNS N-GN-S   NPG-YS

ἡ   χάρις μεθ᾽ ὑμῶν.
DNFS N-NF-S PG NPG-YP

651

ΠΡΟΣ ΤΙΤΟΝ

1.1 Παῦλος δοῦλος θεοῦ, ἀπόστολος δὲ Ἰησοῦ Χριστοῦ κατὰ
N-NM-S N-NM-S N-GM-S N-NM-S CC N-GM-S N-GM-S PA

πίστιν ἐκλεκτῶν θεοῦ καὶ ἐπίγνωσιν ἀληθείας τῆς κατ᾽ εὐσέβειαν
N-AF-S AP-GM-P N-GM-S CC N-AF-S N-GF-S DGFS PA N-AF-S

1.2 ἐπ᾽ ἐλπίδι ζωῆς αἰωνίου, ἣν ἐπηγγείλατο ὁ ἀψευδὴς θεὸς
PD N-DF-S N-GF-S A--GF-S APRAF-S VIAD--ZS DNMS A--NM-S N-NM-S

πρὸ χρόνων αἰωνίων, **1.3** ἐφανέρωσεν δὲ καιροῖς ἰδίοις τὸν λόγον
PG N-GM-P A--GM-P VIAA--ZS CC N-DM-P A--DM-P DAMS N-AM-S

αὐτοῦ ἐν κηρύγματι ὃ ἐπιστεύθην ἐγὼ κατ᾽ ἐπιταγὴν τοῦ
NPGMZS PD N-DN-S APRAN-S VIAP--XS NPN-XS PA N-AF-S DGMS

σωτῆρος ἡμῶν θεοῦ, **1.4** Τίτῳ γνησίῳ τέκνῳ κατὰ κοινὴν πίστιν·
N-GM-S NPG-XP N-GM-S N-DM-S A--DN-S N-DN-S PA A--AF-S N-AF-S

χάρις καὶ εἰρήνη ἀπὸ θεοῦ πατρὸς καὶ Χριστοῦ Ἰησοῦ τοῦ
N-NF-S CC N-NF-S PG N-GM-S N-GM-S CC N-GM-S N-GM-S DGMS

σωτῆρος ἡμῶν.
N-GM-S NPG-XP

1.5 Τούτου χάριν ἀπέλιπόν σε ἐν Κρήτῃ, ἵνα
APDGN-S PG VIAA--XS NPA-YS PD N-DF-S CS

τὰ λείποντα ἐπιδιορθώσῃ καὶ καταστήσῃς κατὰ
DANP□NPANZP&APRNN-P VPPAAN-P VSAM--YS CC VSAA--YS PA

πόλιν πρεσβυτέρους, ὡς ἐγώ σοι διεταξάμην, **1.6** εἴ τίς ἐστιν
N-AF-S AP-AM-P CS NPN-XS NPD-YS VIAM--XS CS APINM-S VIPA--ZS

ἀνέγκλητος, μιᾶς γυναικὸς ἀνήρ, τέκνα ἔχων πιστά, μὴ ἐν
A--NM-S A-CGF-S N-GF-S N-NM-S N-AN-P VPPANM-S A--AN-P AB PD

κατηγορίᾳ ἀσωτίας ἢ ἀνυπότακτα. **1.7** δεῖ γὰρ τὸν ἐπίσκοπον
N-DF-S N-GF-S CC A--AN-P VIPA--ZS CS DAMS N-AM-S

ἀνέγκλητον εἶναι ὡς θεοῦ οἰκονόμον, μὴ αὐθάδη, μὴ ὀργίλον, μὴ
A--AM-S VNPA CS N-GM-S N-AM-S AB A--AM-S AB A--AM-S AB

πάροινον, μὴ πλήκτην, μὴ αἰσχροκερδῆ, **1.8** ἀλλὰ φιλόξενον,
A--AM-S AB N-AM-S AB A--AM-S CH A--AM-S

φιλάγαθον, σώφρονα, δίκαιον, ὅσιον, ἐγκρατῆ, **1.9** ἀντεχόμενον
A--AM-S A--AM-S A--AM-S A--AM-S A--AM-S VPPMAM-S

τοῦ κατὰ τὴν διδαχὴν πιστοῦ λόγου, ἵνα δυνατὸς ᾖ καὶ
DGMS PA DAFS N-AF-S A--GM-S N-GM-S CS A--NM-S VSPA--ZS CC

παρακαλεῖν ἐν τῇ διδασκαλίᾳ τῇ ὑγιαινούσῃ καὶ
VNPA PD DDFS N-DF-S DDFS□APRNF-S VPPADF-S CC

τοὺς ἀντιλέγοντας ἐλέγχειν.
DAMP□NPAMZP&APRNM-P VPPAAM-P VNPA

1.10 Εἰσὶν γὰρ πολλοὶ [καὶ] ἀνυπότακτοι, ματαιολόγοι καὶ
VIPA--ZP CS AP-NM-P AB A--NM-P AP-NM-P CC

φρεναπάται, μάλιστα οἱ ἐκ τῆς περιτομῆς, 1.11 οὓς δεῖ
N-NM-P ABS DNMP PG DGFS N-GF-S APRAM-P VIPA--ZS

ἐπιστομίζειν, οἵτινες ὅλους οἴκους ἀνατρέπουσιν διδάσκοντες
VNPA APRNM-P A--AM-P N-AM-P VIPA--ZP VPPANM-P

ἃ μὴ δεῖ αἰσχροῦ κέρδους χάριν. 1.12 εἶπέν
APRAN-P□APDAN-P&APRAN-P AB VIPA--ZS A--GN-S N-GN-S PG VIAA--ZS

τις ἐξ αὐτῶν, ἴδιος αὐτῶν προφήτης,
APINM-S PG NPGMZP A--NM-S NPGMZP N-NM-S

Κρῆτες ἀεὶ ψεῦσται, κακὰ θηρία, γαστέρες ἀργαί. 1.13 ἡ
N-NM-P AB N-NM-P A--NN-P N-NN-P N-NF-P A--NF-P DNFS

μαρτυρία αὕτη ἐστὶν ἀληθής. δι᾽ ἣν αἰτίαν ἔλεγχε αὐτοὺς
N-NF-S A-DNF-S VIPA--ZS A--NF-S PA A-RAF-S N-AF-S VMPA--YS NPAMZP

ἀποτόμως, ἵνα ὑγιαίνωσιν ἐν τῇ πίστει, 1.14 μὴ προσέχοντες
AB CS VSPA--ZP PD DDFS N-DF-S AB VPPANM-P

Ἰουδαϊκοῖς μύθοις καὶ ἐντολαῖς ἀνθρώπων ἀποστρεφομένων τὴν
A--DM-P N-DM-P CC N-DF-P N-GM-P VPPPGM-P DAFS

ἀλήθειαν. 1.15 πάντα καθαρὰ τοῖς καθαροῖς· τοῖς δὲ
N-AF-S AP-NN-P A--NN-P DDMP AP-DM-P DDMP□NPDMZP&APRNM-P CH

μεμιαμμένοις καὶ ἀπίστοις οὐδὲν καθαρόν, ἀλλὰ μεμίανται αὐτῶν
VPRPDM-P CC A--DM-P APCNN-S A--NN-S CH VIRP--ZS NPGMZP

καὶ ὁ νοῦς καὶ ἡ συνείδησις. 1.16 θεὸν ὁμολογοῦσιν εἰδέναι,
CC DNMS N-NM-S CC DNFS N-NF-S N-AM-S VIPA--ZP VNRA

τοῖς δὲ ἔργοις ἀρνοῦνται, βδελυκτοὶ ὄντες καὶ ἀπειθεῖς καὶ πρὸς
DDNP CH N-DN-P VIPN--ZP A--NM-P VPPANM-P CC A--NM-P CC PA

πᾶν ἔργον ἀγαθὸν ἀδόκιμοι.
A--AN-S N-AN-S A--AN-S A--NM-P

2.1 Σὺ δὲ λάλει ἃ πρέπει τῇ
NPN-YS CH VMPA--YS APRNN-P□APDAN-P&APRNN-P VIPA--ZS DDFS□APRNF-S+

ὑγιαινούσῃ διδασκαλίᾳ. 2.2 πρεσβύτας νηφαλίους εἶναι, σεμνούς,
VPPADF-S N-DF-S N-AM-P A--AM-P VNPA A--AM-P

σώφρονας, ὑγιαίνοντας τῇ πίστει, τῇ ἀγάπῃ, τῇ ὑπομονῇ.
A--AM-P VPPAAM-P DDFS N-DF-S DDFS N-DF-S DDFS N-DF-S

2.3 πρεσβύτιδας ὡσαύτως ἐν καταστήματι ἱεροπρεπεῖς, μὴ
N-AF-P AB PD N-DN-S A--AF-P AB

διαβόλους μηδὲ οἴνῳ πολλῷ δεδουλωμένας, καλοδιδασκάλους,
A--AF-P CC N-DM-S A--DM-S VPRPAF-P A--AF-P

2.4 ἵνα σωφρονίζωσιν τὰς νέας φιλάνδρους εἶναι, φιλοτέκνους,
CS VSPA--ZP DAFP AP-AF-P A--AF-P VNPA A--AF-P

2.5 σώφρονας, ἁγνάς, οἰκουργούς ἀγαθάς, ὑποτασσομένας τοῖς
A--AF-P A--AF-P AP-AF-P/A--AF-P A--AF-P VPPPAF-P DDMP

ἰδίοις ἀνδράσιν, ἵνα μὴ ὁ λόγος τοῦ θεοῦ βλασφημῆται.
A--DM-P N-DM-P CS AB DNMS N-NM-S DGMS N-GM-S VSPP--ZS

2.6 τοὺς νεωτέρους ὡσαύτως παρακάλει σωφρονεῖν· 2.7 περὶ
DAMP APMAM-P AB VMPA--YS VNPA PA

πάντα σεαυτὸν παρεχόμενος τύπον καλῶν ἔργων, ἐν τῇ
AP-AN-P NPAMYS VRPMNMYS N-AM-S A--GN-P N-GN-P PD DDFS

διδασκαλίᾳ ἀφθορίαν, σεμνότητα, 2.8 λόγον ὑγιῆ ἀκατάγνωστον,
N-DF-S N-AF-S N-AF-S N-AM-S A--AM-S A--AM-S

ἵνα ὁ ἐξ ἐναντίας ἐντραπῇ μηδὲν ἔχων λέγειν περὶ ἡμῶν
CS DNMS PG AP-GF-S VSAP--ZS A-CAN-S VPPANM-S VNPA PG NPG-XP

φαῦλον. 2.9 δούλους ἰδίοις δεσπόταις ὑποτάσσεσθαι ἐν πᾶσιν,
AP-AN-S N-AM-P A--DM-P N-DM-P VNPP PD AP-DN-P

εὐαρέστους εἶναι, μὴ ἀντιλέγοντας, 2.10 μὴ νοσφιζομένους, ἀλλὰ
A--AM-P VNPA AB VPPAAM-P AB VPPMAM-P CH

πᾶσαν πίστιν ἐνδεικνυμένους ἀγαθήν, ἵνα τὴν διδασκαλίαν τὴν
A--AF-S N-AF-S VPPMAM-P A--AF-S CS DAFS N-AF-S DAFS

τοῦ σωτῆρος ἡμῶν θεοῦ κοσμῶσιν ἐν πᾶσιν.
DGMS N-GM-S NPG-XP N-GM-S VSPA--ZP PD AP-DM-P/AP-DN-P

2.11 Ἐπεφάνη γὰρ ἡ χάρις τοῦ θεοῦ σωτήριος πᾶσιν
VIAP--ZS CS DNFS N-NF-S DGMS N-GM-S A--NF-S A--DM-P

ἀνθρώποις, 2.12 παιδεύουσα ἡμᾶς ἵνα ἀρνησάμενοι τὴν
N-DM-P VPPANF-S NPA-XP CS VPADNMXP DAFS

ἀσέβειαν καὶ τὰς κοσμικὰς ἐπιθυμίας σωφρόνως καὶ δικαίως καὶ
N-AF-S CC DAFP A--AF-P N-AF-P AB CC AB CC

εὐσεβῶς ζήσωμεν ἐν τῷ νῦν αἰῶνι, 2.13 προσδεχόμενοι τὴν
AB VSAA--XP PD DDMS AB☐A--DM-S N-DM-S VPPNNMXP DAFS

μακαρίαν ἐλπίδα καὶ ἐπιφάνειαν τῆς δόξης τοῦ μεγάλου θεοῦ καὶ
A--AF-S N-AF-S CC N-AF-S DGFS N-GF-S DGMS A--GM-S N-GM-S CC

σωτῆρος ἡμῶν Ἰησοῦ Χριστοῦ, 2.14 ὃς ἔδωκεν ἑαυτὸν ὑπὲρ
N-GM-S NPG-XP N-GM-S N-GM-S APRNM-S VIAA--ZS NPAMZS PG

ἡμῶν ἵνα λυτρώσηται ἡμᾶς ἀπὸ πάσης ἀνομίας καὶ καθαρίσῃ
NPG-XP CS VSAM--ZS NPA-XP PG A--GF-S N-GF-S CC VSAA--ZS

ἑαυτῷ λαὸν περιούσιον, ζηλωτὴν καλῶν ἔργων. 2.15 Ταῦτα λάλει
NPDMZS N-AM-S A--AM-S N-AM-S A--GN-P N-GN-P APDAN-P VMPA--YS

καὶ παρακάλει καὶ ἔλεγχε μετὰ πάσης ἐπιταγῆς· μηδείς σου
CC VMPA--YS CC VMPA--YS PG A--GF-S N-GF-S APCNM-S NPG-YS

περιφρονείτω.
VMPA--ZS

3.1 Ὑπομίμνῃσκε αὐτοὺς ἀρχαῖς ἐξουσίαις ὑποτάσσεσθαι,
VMPA--YS NPAMZP N-DF-P N-DF-P VNPP

πειθαρχεῖν, πρὸς πᾶν ἔργον ἀγαθὸν ἑτοίμους εἶναι, 3.2 μηδένα
VNPA PA A--AN-S N-AN-S A--AN-S A--AM-P VNPA APCAM-S

βλασφημεῖν, ἀμάχους εἶναι, ἐπιεικεῖς, πᾶσαν ἐνδεικνυμένους
VNPA A--AM-P VNPA A--AM-P A--AF-S VPPMAM-P

πραΰτητα πρὸς πάντας ἀνθρώπους. 3.3 Ἦμεν γάρ ποτε καὶ
N-AF-S PA A--AM-P N-AM-P VIIA--XP CS ABI AB

ἡμεῖς ἀνόητοι, ἀπειθεῖς, πλανώμενοι, δουλεύοντες ἐπιθυμίαις καὶ
NPN-XP A--NM-P   A--NM-P   VPPPNMXP   VPPANMXP   N-DF-P   CC

ἡδοναῖς ποικίλαις, ἐν κακίᾳ καὶ φθόνῳ διάγοντες, στυγητοί,
N-DF-P   A--DF-P   PD N-DF-S CC N-DM-S VPPANMXP   A--NM-P

μισοῦντες ἀλλήλους. 3.4 ὅτε δὲ ἡ χρηστότης καὶ ἡ
VPPANMXP   NPAMXP   CS CH DNFS N-NF-S   CC DNFS

φιλανθρωπία ἐπεφάνη τοῦ σωτῆρος ἡμῶν θεοῦ, 3.5 οὐκ ἐξ ἔργων
N-NF-S   VIAP--ZS DGMS N-GM-S NPG-XP N-GM-S   AB PG N-GN-P

τῶν ἐν δικαιοσύνῃ ἃ ἐποιήσαμεν ἡμεῖς ἀλλὰ κατὰ τὸ αὐτοῦ
DGNP PD N-DF-S   APRAN-P VIAA--XP NPN-XP CH   PA DANS NPGMZS

ἔλεος ἔσωσεν ἡμᾶς διὰ λουτροῦ παλιγγενεσίας καὶ ἀνακαινώσεως
N-AN-S VIAA--ZS NPA-XP PG N-GN-S   N-GF-S   CC N-GF-S

πνεύματος ἁγίου, 3.6 οὗ ἐξέχεεν ἐφ᾽ ἡμᾶς πλουσίως διὰ
N-GN-S   A--GN-S   APRGN-S□APRAN-S VIAA--ZS PA NPA-XP AB   PG

Ἰησοῦ Χριστοῦ τοῦ σωτῆρος ἡμῶν, 3.7 ἵνα δικαιωθέντες τῇ
N-GM-S N-GM-S DGMS N-GM-S NPG-XP   CS VPAPNMXP   DDFS

ἐκείνου χάριτι κληρονόμοι γενηθῶμεν κατ᾽ ἐλπίδα ζωῆς αἰωνίου.
APDGM-S N-DF-S N-NM-P   VSAO--XP   PA N-AF-S N-GF-S A--GF-S

3.8 Πιστὸς ὁ λόγος, καὶ περὶ τούτων βούλομαί σε
    A--NM-S DNMS N-NM-S CC PG APDGN-P VIPN--XS NPA-YS

διαβεβαιοῦσθαι, ἵνα φροντίζωσιν καλῶν ἔργων προΐστασθαι
VNPN   CC/CS VSPA--ZP   A--GN-P N-GN-P VNPM

οἱ πεπιστευκότες θεῷ. ταῦτά ἐστιν καλὰ καὶ
DNMP□NPNMZP&APRNM-P VPRANM-P N-DM-S APDNN-P VIPA--ZS A--NN-P CC

ὠφέλιμα τοῖς ἀνθρώποις· 3.9 μωρὰς δὲ ζητήσεις καὶ γενεαλογίας
A--NN-P DDMP N-DM-P   A--AF-P CC N-AF-P   CC N-AF-P

καὶ ἔρεις καὶ μάχας νομικὰς περιΐστασο, εἰσὶν γὰρ ἀνωφελεῖς καὶ
CC N-AF-P CC N-AF-P A--AF-P VMPM--YS   VIPA--ZP CS A--NF-P   CC

μάταιοι. 3.10 αἱρετικὸν ἄνθρωπον μετὰ μίαν καὶ δευτέραν
A--NF-P   A--AM-S   N-AM-S   PA A-CAF-S CC A-OAF-S

νουθεσίαν παραιτοῦ, 3.11 εἰδὼς ὅτι ἐξέστραπται ὁ τοιοῦτος
N-AF-S   VMPN--YS   VPRANMYS CH VIRP--ZS   DNMS APDNM-S

καὶ ἁμαρτάνει, ὢν αὐτοκατάκριτος.
CC VIPA--ZS VPPANM-S A--NM-S

3.12 Ὅταν πέμψω Ἀρτεμᾶν πρὸς σὲ ἢ Τυχικόν,
     CS VSAA--XS N-AM-S   PA NPA-YS CC N-AM-S

σπούδασον ἐλθεῖν πρός με εἰς Νικόπολιν, ἐκεῖ γὰρ κέκρικα
VMAA--YS VNAA   PA NPA-XS PA N-AF-S   AB CS VIRA--XS

παραχειμάσαι. 3.13 Ζηνᾶν τὸν νομικὸν καὶ Ἀπολλῶν σπουδαίως
VNAA   N-AM-S DAMS AP-AM-S CC N-AM-S   AB

πρόπεμψον, ἵνα μηδὲν αὐτοῖς λείπῃ. 3.14 μανθανέτωσαν δὲ καὶ
VMAA--YS   CS APCNN-S NPDMZP VSPA--ZS   VMPA--ZP   CC AB

οἱ ἡμέτεροι καλῶν ἔργων προΐστασθαι εἰς τὰς ἀναγκαίας
DNMP AP-NMXP A--GN-P N-GN-P VNPM   PA DAFP A--AF-P

χρείας, ἵνα μὴ ὧσιν ἄκαρποι.
N-AF-P　　CS　　AB　　VSPA--ZP　A--NM-P

　　3.15 Ἀσπάζονταί σε　　οἱ　μετ᾽ ἐμοῦ πάντες. Ἄσπασαι
　　　　　　VIPN--ZP　　　　NPA-YS DNMP　PG　　NPG-XS AP-NM-P　　VMAD--YS

τοὺς　　　　　　　φιλοῦντας ἡμᾶς ἐν πίστει. ἡ　χάρις μετὰ
DAMP□NPAMZP&APRNM-P VPPAAM-P　NPA-XP　PD　N-DF-S　DNFS N-NF-S　PG

πάντων ὑμῶν.
A--GM-P　　NPG-YP

ΠΡΟΣ ΦΙΛΗΜΟΝΑ

1.1 Παῦλος δέσμιος Χριστοῦ Ἰησοῦ καὶ Τιμόθεος ὁ ἀδελφὸς
N-NM-S N-NM-S N-GM-S N-GM-S CC N-NM-S DNMS N-NM-S

Φιλήμονι τῷ ἀγαπητῷ καὶ συνεργῷ ἡμῶν 1.2 καὶ Ἀπφίᾳ τῇ
N-DM-S DDMS A--DM-S CC A--DM-S NPG-XP CC N-DF-S DDFS

ἀδελφῇ καὶ Ἀρχίππῳ τῷ συστρατιώτῃ ἡμῶν καὶ τῇ κατ᾽ οἶκόν
N-DF-S CC N-DM-S DDMS N-DM-S NPG-XP CC DDFS PA N-AM-S

σου ἐκκλησίᾳ· 1.3 χάρις ὑμῖν καὶ εἰρήνη ἀπὸ θεοῦ πατρὸς ἡμῶν
NPG-YS N-DF-S N-NF-S NPD-YP CC N-NF-S PG N-GM-S N-GM-S NPG-XP

καὶ κυρίου Ἰησοῦ Χριστοῦ.
CC N-GM-S N-GM-S N-GM-S

1.4 Εὐχαριστῶ τῷ θεῷ μου πάντοτε μνείαν σου ποιούμενος
VIPA--XS DDMS N-DM-S NPG-XS AB N-AF-S NPG-YS VPPMNMXS

ἐπὶ τῶν προσευχῶν μου, 1.5 ἀκούων σου τὴν ἀγάπην καὶ τὴν
PG DGFP N-GF-P NPG-XS VPPANMXS NPG-YS DAFS N-AF-S CC DAFS

πίστιν ἣν ἔχεις πρὸς τὸν κύριον Ἰησοῦν καὶ εἰς πάντας τοὺς
N-AF-S APRAF-S VIPA--YS PA DAMS N-AM-S N-AM-S CC PA A--AM-P DAMP

ἁγίους, 1.6 ὅπως ἡ κοινωνία τῆς πίστεώς σου ἐνεργὴς γένηται
AP-AM-P ABR/CH DNFS N-NF-S DGFS N-GF-S NPG-YS A--NF-S VSAD--ZS

ἐν ἐπιγνώσει παντὸς ἀγαθοῦ τοῦ ἐν ἡμῖν εἰς Χριστόν· 1.7 χαρὰν
PD N-DF-S A--GN-S AP-GN-S DGNS PD NPD-XP PA N-AM-S N-AF-S

γὰρ πολλὴν ἔσχον καὶ παράκλησιν ἐπὶ τῇ ἀγάπῃ σου, ὅτι τὰ
CS A--AF-S VIAA--XS CC N-AF-S PD DDFS N-DF-S NPG-YS CS DNNP

σπλάγχνα τῶν ἁγίων ἀναπέπαυται διὰ σοῦ, ἀδελφέ.
N-NN-P DGMP AP-GM-P VIRP--ZS PG NPG-YS N-VM-S

1.8 Διό, πολλὴν ἐν Χριστῷ παρρησίαν ἔχων ἐπιτάσσειν σοι
CH A--AF-S PD N-DM-S N-AF-S VPPANMXS VNPA NPD-YS

τὸ ἀνῆκον, 1.9 διὰ τὴν ἀγάπην μᾶλλον παρακαλῶ,
DANS□NPANZS&APRNN-S VPPAAN-S PA DAFS N-AF-S ABM VIPA--XS

τοιοῦτος ὢν ὡς Παῦλος πρεσβύτης, νυνὶ δὲ καὶ δέσμιος
A-DNM-S VPPANMXS CS N-NM-S N-NM-S AB CC AB N-NM-S

Χριστοῦ Ἰησοῦ — 1.10 παρακαλῶ σε περὶ τοῦ ἐμοῦ τέκνου,
N-GM-S N-GM-S VIPA--XS NPA-YS PG DGNS A--GNXS N-GN-S

ὃν ἐγέννησα ἐν τοῖς δεσμοῖς Ὀνήσιμον, 1.11 τόν ποτέ σοι
APRAM-S VIAA--XS PD DDMP N-DM-P N-AM-S DAMS ABI NPD-YS

ἄχρηστον νυνὶ δὲ [καὶ] σοὶ καὶ ἐμοὶ εὔχρηστον, 1.12 ὃν
A--AM-S AB CH CC NPD-YS CC NPD-XS A--AM-S APRAM-S

ἀνέπεμψά σοι, αὐτόν, τοῦτ᾽ ἔστιν τὰ ἐμὰ σπλάγχνα·
VIAA--XS NPD-YS NPAMZS APDNN-S VIPA--ZS DANP A--ANXP N-AN-P

1.13 ὃν   ἐγὼ ἐβουλόμην πρὸς ἐμαυτὸν κατέχειν, ἵνα ὑπὲρ σοῦ
APRAM-S NPN-XS VIIN--XS   PA   NPAMXS   VNPA   CS   PG NPG-YS

μοι   διακονῇ ἐν τοῖς δεσμοῖς τοῦ εὐαγγελίου, 1.14 χωρὶς δὲ τῆς
NPD-XS VSPA--ZS PD DDMP N-DM-P   DGNS N-GN-S   PG   CH DGFS

σῆς   γνώμης οὐδὲν   ἠθέλησα ποιῆσαι, ἵνα μὴ ὡς κατὰ ἀνάγκην
A--GFYS N-GF-S APCAN-S VIAA--XS VNAA   CS AB CS PA   N-AF-S

τὸ   ἀγαθόν σου ᾖ   ἀλλὰ κατὰ ἑκούσιον. 1.15 τάχα γὰρ διὰ
DNNS AP-NN-S NPG-YS VSPA--ZS CH PA   AP-AN-S   AB   CS PA

τοῦτο   ἐχωρίσθη πρὸς ὥραν ἵνα αἰώνιον   αὐτὸν ἀπέχῃς,
APDAN-S VIAP--ZS PA   N-AF-S CS A--AM-S/AP-AN-S□AB NPAMZS VSAA--YS

1.16 οὐκέτι ὡς δοῦλον ἀλλὰ ὑπὲρ δοῦλον, ἀδελφὸν ἀγαπητόν,
     AB   CS N-AM-S CH   PA   N-AM-S N-AM-S   A--AM-S

μάλιστα ἐμοί, πόσῳ δὲ μᾶλλον σοὶ   καὶ ἐν σαρκὶ καὶ ἐν κυρίῳ.
ABS   NPD-XS APTDN-S CH ABM   NPD-YS CC PD N-DF-S CC PD N-DM-S

1.17 Εἰ οὖν με   ἔχεις κοινωνόν, προσλαβοῦ αὐτὸν ὡς ἐμέ.
     CS CH NPA-XS VIPA--YS N-AM-S   VMAM--YS   NPAMZS CS NPA-XS

1.18 εἰ δέ τι   ἠδίκησέν σε   ἢ ὀφείλει, τοῦτο   ἐμοὶ   ἐλλόγα·
     CS CC APIAN-S VIAA--ZS NPA-YS CC VIPA--ZS APDAN-S NPD-XS VMPA--YS

1.19 ἐγὼ Παῦλος ἔγραψα τῇ   ἐμῇ   χειρί, ἐγὼ   ἀποτίσω· ἵνα μὴ
     NPN-XS N-NM-S VIAA--XS DDFS A--DFXS N-DF-S NPN-XS VIFA--XS CS AB

λέγω   σοι   ὅτι καὶ σεαυτόν μοι   προσοφείλεις. 1.20 ναί, ἀδελφέ,
VSPA--XS NPD-YS CC AB NPAMYS NPD-XS VIPA--YS   QS   N-VM-S

ἐγώ   σου   ὀναίμην ἐν κυρίῳ· ἀνάπαυσόν μου   τὰ   σπλάγχνα ἐν
NPN-XS NPG-YS VOAD--XS PD N-DM-S VMAA--YS   NPG-XS DANP N-AN-P   PD

Χριστῷ.
N-DM-S

1.21 Πεποιθὼς τῇ   ὑπακοῇ σου   ἔγραψά σοι,   εἰδὼς   ὅτι καὶ
     VPRANMXS DDFS N-DF-S NPG-YS VIAA--XS NPD-YS VPRANMXS CH AB

ὑπὲρ ἃ   λέγω   ποιήσεις. 1.22 ἅμα δὲ καὶ ἑτοίμαζέ
PA   APRAN-P□APDAN-P&APRAN-P VIPA--XS VIFA--YS   AB CC AB VMPA--YS

μοι   ξενίαν, ἐλπίζω γὰρ ὅτι διὰ τῶν προσευχῶν ὑμῶν
NPD-XS N-AF-S VIPA--XS CS CC PG DGFP N-GF-P   NPG-YP

χαρισθήσομαι ὑμῖν.
VIFP--XS   NPD-YP

1.23 Ἀσπάζεταί σε   Ἐπαφρᾶς ὁ   συναιχμάλωτός μου   ἐν
     VIPN--ZS   NPA-YS N-NM-S DNMS N-NM-S   NPG-XS PD

Χριστῷ Ἰησοῦ, 1.24 Μᾶρκος, Ἀρίσταρχος, Δημᾶς, Λουκᾶς, οἱ
N-DM-S N-DM-S   N-NM-S N-NM-S   N-NM-S N-NM-S DNMP

συνεργοί μου. 1.25 Ἡ   χάρις τοῦ κυρίου Ἰησοῦ Χριστοῦ μετὰ
AP-NM-P NPG-XS   DNFS N-NF-S DGMS N-GM-S N-GM-S N-GM-S   PG

τοῦ πνεύματος ὑμῶν.
DGNS N-GN-S   NPG-YP

ΠΡΟΣ ΕΒΡΑΙΟΥΣ

1.1 Πολυμερῶς καὶ πολυτρόπως πάλαι ὁ   θεὸς λαλήσας τοῖς
AB   CC   AB   AB   DNMS N-NM-S VPAANM-S   DDMP

πατράσιν ἐν τοῖς προφήταις 1.2 ἐπ' ἐσχάτου τῶν ἡμερῶν τούτων
N-DM-P   PD DDMP N-DM-P   PG   AP-GN-S   DGFP N-GF-P   A-DGF-P

ἐλάλησεν ἡμῖν ἐν υἱῷ, ὃν   ἔθηκεν κληρονόμον πάντων, δι'
VIAA--ZS   NPD-XP PD N-DM-S APRAM-S VIAA--ZS   N-AM-S   AP-GN-P   PG

οὗ   καὶ ἐποίησεν τοὺς αἰῶνας· 1.3 ὃς   ὢν   ἀπαύγασμα
APRGM-S AB   VIAA--ZS   DAMP N-AM-P   APRNM-S VPPANM-S N-NN-S

τῆς δόξης καὶ χαρακτὴρ τῆς ὑποστάσεως αὐτοῦ, φέρων τε τὰ
DGFS N-GF-S CC   N-NM-S   DGFS N-GF-S   NPGMZS VPPANM-S CC DANP

πάντα τῷ   ῥήματι τῆς δυνάμεως αὐτοῦ, καθαρισμὸν τῶν
AP-AN-P DDNS   N-DN-S   DGFS N-GF-S   NPGMZS   N-AM-S   DGFP

ἁμαρτιῶν ποιησάμενος ἐκάθισεν ἐν δεξιᾷ τῆς μεγαλωσύνης ἐν
N-GF-P   VPAMNM-S   VIAA--ZS   PD AP-DF-S DGFS N-GF-S   PD

ὑψηλοῖς, 1.4 τοσούτῳ κρείττων γενόμενος τῶν ἀγγέλων ὅσῳ
AP-DM-P   APDDN-S   A-MNM-S   VPADNM-S   DGMP N-GM-P   APRDN-S

διαφορώτερον παρ' αὐτοὺς κεκληρονόμηκεν ὄνομα.
A-MAN-S   PA   NPAMZP   VIRA--ZS   N-AN-S

1.5 Τίνι   γὰρ εἶπέν ποτε τῶν ἀγγέλων,
APTDM-S CS   VIAA--ZS ABI   DGMP N-GM-P

      Υἱός μου εἶ   σύ,
      N-NM-S NPG-XS VIPA--YS NPN-YS

      ἐγὼ   σήμερον γεγέννηκά σε;
      NPN-XS AB   VIRA--XS   NPA-YS

καὶ πάλιν,
CC   AB

      Ἐγὼ ἔσομαι αὐτῷ εἰς πατέρα,
      NPN-XS VIFD--XS NPDMZS PA N-AM-S

      καὶ αὐτὸς ἔσται μοι   εἰς υἱόν;
      CC   NPNMZS VIFD--ZS NPD-XS PA   N-AM-S

1.6 ὅταν δὲ πάλιν εἰσαγάγῃ τὸν πρωτότοκον εἰς τὴν οἰκουμένην,
CS   CC AB   VSAA--ZS   DAMS AP-AM-S   PA   DAFS N-AF-S

λέγει,
VIPA--ZS

      Καὶ προσκυνησάτωσαν αὐτῷ πάντες ἄγγελοι θεοῦ.
      CC   VMAA--ZP   NPDMZS A--NM-P   N-NM-P   N-GM-S

1.7 καὶ πρὸς μὲν τοὺς ἀγγέλους λέγει,
CC   PA   CS   DAMP N-AM-P   VIPA--ZS

Ὁ   ποιῶν τοὺς ἀγγέλους αὐτοῦ πνεύματα,
DNMS☐NPNMZS&APRNM-S VPPANM-S DAMP N-AM-P   NPGMZS N-AN-P

καὶ τοὺς λειτουργοὺς αὐτοῦ πυρὸς φλόγα·
CC   DAMP N-AM-P   NPGMZS N-GN-S   N-AF-S

1.8 πρὸς δὲ τὸν υἱόν,
PA   CH DAMS N-AM-S

Ὁ   θρόνος σου, ὁ   θεός,   εἰς τὸν αἰῶνα τοῦ
DNMS N-NM-S   NPG-YS DVMS N-NM-S☐N-VM-S PA   DAMS N-AM-S   DGMS

αἰῶνος,
N-GM-S

καὶ ἡ   ῥάβδος τῆς εὐθύτητος ῥάβδος τῆς βασιλείας
CC   DNFS N-NF-S   DGFS N-GF-S   N-NF-S   DGFS N-GF-S

σου.
NPG-YS

1.9 ἠγάπησας δικαιοσύνην καὶ ἐμίσησας ἀνομίαν·
VIAA--YS   N-AF-S   CC   VIAA--YS   N-AF-S

διὰ τοῦτο ἔχρισέν σε ὁ   θεός,   ὁ   θεός
PA   APDAN-S VIAA--ZS   NPA-YS DNMS/DVMS N-NM-S/N-NM-S☐N-VM-S DNMS N-NM-S

σου,
NPG-YS

ἔλαιον ἀγαλλιάσεως παρὰ τοὺς μετόχους σου·
N-AN-S N-GF-S   PA   DAMP AP-AM-P   NPG-YS

1.10 καί,
CC

Σὺ   κατ᾿ ἀρχάς, κύριε, τὴν γῆν ἐθεμελίωσας,
NPN-YS PA   N-AF-P   N-VM-S DAFS N-AF-S VIAA--YS

καὶ ἔργα τῶν χειρῶν σού εἰσιν οἱ   οὐρανοί·
CC   N-NN-P DGFP N-GF-P   NPG-YS VIPA--ZP DNMP N-NM-P

1.11 αὐτοὶ ἀπολοῦνται, σὺ   δὲ διαμένεις·
NPNMZP VIFM--ZP   NPN-YS CH VIPA--YS

καὶ πάντες ὡς ἱμάτιον παλαιωθήσονται,
CC   AP-NM-P CS   N-NN-S   VIFP--ZP

1.12 καὶ ὡσεὶ περιβόλαιον ἑλίξεις αὐτούς,
CC   CS   N-AN-S   VIFA--YS NPAMZP

ὡς ἱμάτιον καὶ ἀλλαγήσονται·
CS   N-AN-S   AB   VIFP--ZP

σὺ   δὲ ὁ   αὐτὸς εἶ
NPN-YS CH DNMS AP-NM-S VIPA--YS

καὶ τὰ   ἔτη   σου   οὐκ ἐκλείψουσιν.
CC   DNNP N-NN-P NPG-YS AB   VIFA--ZP

1.13 πρὸς τίνα   δὲ τῶν ἀγγέλων εἴρηκέν ποτε,
PA   APTAM-S CC DGMP N-GM-P   VIRA--ZS   ABI

Κάθου ἐκ δεξιῶν μου
VMPN--YS PG AP-GN-P NPG-XS

ἕως ἂν θῶ τοὺς ἐχθρούς σου ὑποπόδιον τῶν ποδῶν
CS QV VSAA--XS DAMP AP-AM-P NPG-YS N-AN-S DGMP N-GM-P

σου;
NPG-YS

1.14 οὐχὶ πάντες εἰσὶν λειτουργικὰ πνεύματα εἰς διακονίαν
QT AP-NM-P VIPA--ZP A--NN-P N-NN-P PA N-AF-S

ἀποστελλόμενα διὰ τοὺς μέλλοντας κληρονομεῖν
VPPPNN-P PA DAMP□NPAMZP&APRNM-P VPPAAM-P+ +VNPA

σωτηρίαν;
N-AF-S

2.1 Διὰ τοῦτο δεῖ περισσοτέρως προσέχειν ἡμᾶς
PA APDAN-S VIPA--ZS ABM VNPA NPA-XP

τοῖς ἀκουσθεῖσιν, μήποτε παραρυῶμεν. 2.2 εἰ γὰρ
DDNP□NPDNZP&APRNN-P VPAPDN-P CS VSAA--XP CS CS

ὁ δι᾽ ἀγγέλων λαληθεὶς λόγος ἐγένετο βέβαιος, καὶ
DNMS□APRNM-S+ PG N-GM-P VPAPNM-S N-NM-S VIAD--ZS A--NM-S CC

πᾶσα παράβασις καὶ παρακοὴ ἔλαβεν ἔνδικον μισθαποδοσίαν,
A--NF-S N-NF-S CC N-NF-S VIAA--ZS A--AF-S N-AF-S

2.3 πῶς ἡμεῖς ἐκφευξόμεθα τηλικαύτης ἀμελήσαντες σωτηρίας;
ABT NPN-XP VIFD--XP A-DGF-S VPAANMXP N-GF-S

ἥτις, ἀρχὴν λαβοῦσα λαλεῖσθαι διὰ τοῦ κυρίου, ὑπὸ
APRNF-S N-AF-S VPAANF-S VNPP PG DGMS N-GM-S PG

τῶν ἀκουσάντων εἰς ἡμᾶς ἐβεβαιώθη,
DGMP□NPGMZP&APRNM-P VPAAGM-P PA NPA-XP VIAP--ZS

2.4 συνεπιμαρτυροῦντος τοῦ θεοῦ σημείοις τε καὶ τέρασιν καὶ
VPPAGM-S DGMS N-GM-S N-DN-P CC CC N-DN-P CC

ποικίλαις δυνάμεσιν καὶ πνεύματος ἁγίου μερισμοῖς κατὰ τὴν
A--DF-P N-DF-P CC N-GN-S A--GN-S N-DM-P PA DAFS

αὐτοῦ θέλησιν.
NPGMZS N-AF-S

2.5 Οὐ γὰρ ἀγγέλοις ὑπέταξεν τὴν οἰκουμένην τὴν
AB CS N-DM-P VIAA--ZS DAFS N-AF-S DAFS□APRNF-S

μέλλουσαν, περὶ ἧς λαλοῦμεν. 2.6 διεμαρτύρατο δέ πού τις
VPPAAF-S PG APRGF-S VIPA--XP VIAD--ZS CH ABI APINM-S

λέγων,
VPPANM-S

Τί ἐστιν ἄνθρωπος ὅτι μιμνῄσκῃ αὐτοῦ,
APTNN-S VIPA--ZS N-NM-S CH VIPN--YS NPGMZS

ἢ υἱὸς ἀνθρώπου ὅτι ἐπισκέπτῃ αὐτόν;
CC N-NM-S N-GM-S CH VIPN--YS NPAMZS

2.7 ἠλάττωσας αὐτὸν βραχύ τι παρ᾽
VIAA--YS NPAMZS AP-AN-S/AP-AN-S□AB A-IAN-S/APIAN-S PA

ἀγγέλους,
N-AM-P

δόξῃ καὶ τιμῇ ἐστεφάνωσας αὐτόν,
N-DF-S CC N-DF-S VIAA--YS   NPAMZS

2.8   πάντα ὑπέταξας ὑποκάτω τῶν ποδῶν αὐτοῦ.
      AP-AN-P VIAA--YS   PG   DGMP N-GM-P NPGMZS

ἐν τῷ γὰρ ὑποτάξαι [αὐτῷ] τὰ πάντα οὐδὲν ἀφῆκεν αὐτῷ
PD DDNS CS   VNAA   NPDMZS DANP AP-AN-P APCAN-S VIAA--ZS NPDMZS

ἀνυπότακτον. νῦν δὲ οὔπω ὁρῶμεν αὐτῷ τὰ πάντα
A--AN-S   AB   CC   AB   VIPA--XP NPDMZS DANP AP-AN-P

ὑποτεταγμένα· 2.9 τὸν   δὲ βραχύ   τι   παρ'
VPRPAN-P   DAMS□APRNM-S+ CH AP-AN-S/AP-AN-S□AB A-IAN-S/APIAN-S PA

ἀγγέλους ἠλαττωμένον βλέπομεν Ἰησοῦν διὰ τὸ πάθημα τοῦ
N-AM-P   VPRPAM-S   VIPA--XP   N-AM-S PA DANS N-AN-S DGMS

θανάτου δόξῃ καὶ τιμῇ ἐστεφανωμένον, ὅπως χάριτι θεοῦ ὑπὲρ
N-GM-S   N-DF-S CC N-DF-S VPRPAM-S   CS   N-DF-S   N-GM-S PG

παντὸς   γεύσηται θανάτου.
AP-GM-S/AP-GN-S VSAD--ZS   N-GM-S

2.10 Ἔπρεπεν γὰρ αὐτῷ, δι' ὃν τὰ πάντα καὶ δι' οὗ
     VIIA--ZS   CS   NPDMZS PA APRAM-S DNNP AP-NN-P CC PG APRGM-S

τὰ πάντα, πολλοὺς υἱοὺς εἰς δόξαν ἀγαγόντα τὸν ἀρχηγὸν τῆς
DNNP AP-NN-P A--AM-P N-AM-P PA N-AF-S VPAAAM-S DAMS N-AM-S DGFS

σωτηρίας αὐτῶν διὰ παθημάτων τελειῶσαι. 2.11 ὁ
N-GF-S   NPGMZP PG N-GN-P   VNAA   DNMS□NPNMZS&APRNM-S

τε γὰρ ἁγιάζων καὶ οἱ   ἁγιαζόμενοι ἐξ ἑνὸς
CC CS   VPPANM-S CC DNMP□NPNMZP&APRNM-P VPPPNM-P   PG APCGM-S

πάντες· δι' ἣν   αἰτίαν οὐκ ἐπαισχύνεται ἀδελφοὺς αὐτοὺς
AP-NM-P PA A-RAF-S N-AF-S AB   VIPN--ZS   N-AM-P   NPAMZP

καλεῖν, 2.12 λέγων,
VNPA   VPPANM-S

     Ἀπαγγελῶ τὸ ὄνομά σου τοῖς ἀδελφοῖς μου,
     VIFA--XS   DANS N-AN-S NPG-YS DDMP N-DM-P   NPG-XS

     ἐν μέσῳ ἐκκλησίας ὑμνήσω σε·
     PD AP-DN-S N-GF-S   VIFA--XS NPA-YS

2.13 καὶ πάλιν,
    CC AB

     Ἐγὼ ἔσομαι πεποιθὼς ἐπ' αὐτῷ·
     NPN-XS VIFD--XS+ +VPRANMXS PD NPDMZS

καὶ πάλιν,
CC AB

     Ἰδοὺ ἐγὼ καὶ τὰ παιδία ἅ μοι ἔδωκεν ὁ θεός.
     QS   NPN-XS CC DNNP N-NN-P APRAN-P NPD-XS VIAA--ZS DNMS N-NM-S

2.14 ἐπεὶ οὖν τὰ παιδία κεκοινώνηκεν αἵματος καὶ σαρκός, καὶ
     CS CH DNNP N-NN-P VIRA--ZS   N-GN-S   CC N-GF-S   AB

αὐτὸς παραπλησίως μετέσχεν τῶν αὐτῶν, ἵνα διὰ τοῦ θανάτου
NPNMZS AB   VIAA--ZS   DGNP AP-GN-P CS PG DGMS N-GM-S

καταργήσῃ τὸν τὸ κράτος ἔχοντα τοῦ θανάτου,
VSAA--ZS DAMS□NPAMZS&APRNM-S DANS N-AN-S VPPAAM-S DGMS N-GM-S

τοῦτ᾽ ἔστιν τὸν διάβολον, 2.15 καὶ ἀπαλλάξῃ τούτους, ὅσοι
APDNN-S VIPA--ZS DAMS AP-AM-S CC VSAA--ZS APDAM-P APRNM-P

φόβῳ θανάτου διὰ παντὸς τοῦ ζῆν ἔνοχοι ἦσαν δουλείας.
N-DM-S N-GM-S PG AP-GM-S/A--GN-S DGNS VNPAG A--NM-P VIIA--ZP N-GF-S

2.16 οὐ γὰρ δήπου ἀγγέλων ἐπιλαμβάνεται, ἀλλὰ σπέρματος
AB CS QS N-GM-P VIPN--ZS CH N-GN-S

Ἀβραὰμ ἐπιλαμβάνεται.., 2.17 ὅθεν ὤφειλεν κατὰ πάντα τοῖς
N-GM-S VIPN--ZS CH VIIA--ZS PA AP-AN-P DDMP

ἀδελφοῖς ὁμοιωθῆναι, ἵνα ἐλεήμων γένηται καὶ πιστὸς ἀρχιερεὺς
N-DM-P VNAP CS A--NM-S VSAD--ZS CC A--NM-S N-NM-S

τὰ πρὸς τὸν θεόν, εἰς τὸ ἱλάσκεσθαι τὰς ἁμαρτίας τοῦ λαοῦ·
DANP PA DAMS N-AM-S PA DANS VNPPA DAFP N-AF-P DGMS N-GM-S

2.18 ἐν ᾧ γὰρ πέπονθεν αὐτὸς πειρασθείς, δύναται
PD APRDN-S□NPDNZS CS VIRA--ZS NPNMZS VPAPNM-S VIPN--ZS

τοῖς πειραζομένοις βοηθῆσαι.
DDMP□NPDMZP&APRNM-P VPPPDM-P VNAA

3.1 Ὅθεν, ἀδελφοὶ ἅγιοι, κλήσεως ἐπουρανίου μέτοχοι,
CH N-VM-P A--VM-P N-GF-S A--GF-S AP-VM-P

κατανοήσατε τὸν ἀπόστολον καὶ ἀρχιερέα τῆς ὁμολογίας ἡμῶν
VMAA--YP DAMS N-AM-S CC N-AM-S DGFS N-GF-S NPG-XP

Ἰησοῦν, 3.2 πιστὸν ὄντα τῷ ποιήσαντι αὐτὸν ὡς
N-AM-S A--AM-S VPPAAM-S DDMS□NPDMZS&APRNM-S VPAADM-S NPRAMZS CS

καὶ Μωϋσῆς ἐν [ὅλῳ] τῷ οἴκῳ αὐτοῦ. 3.3 πλείονος γὰρ οὗτος
AB N-NM-S PD A--DM-S DDMS N-DM-S NPGMZS A-MGF-S CS APDNM-S

δόξης παρὰ Μωϋσῆν ἠξίωται καθ᾽ ὅσον πλείονα
N-GF-S PA N-AM-S VIRP--ZS PA APRAN-S□APDAN-S&APRAN-S A-MAF-S

τιμὴν ἔχει τοῦ οἴκου ὁ κατασκευάσας αὐτόν.
N-AF-S VIPA--ZS DGMS N-GM-S DNMS□NPNMZS&APRNM-S VPAANM-S NPRAMZS

3.4 πᾶς γὰρ οἶκος κατασκευάζεται ὑπό τινος, ὁ
A--NM-S CS N-NM-S VIPP--ZS PG APIGM-S DNMS□NPNMZS&APRNM-S

δὲ πάντα κατασκευάσας θεός. 3.5 καὶ Μωϋσῆς μὲν πιστὸς ἐν
CC AP-AN-P VPAANM-S N-NM-S CC N-NM-S CS A--NM-S PD

ὅλῳ τῷ οἴκῳ αὐτοῦ ὡς θεράπων εἰς μαρτύριον τῶν
A--DM-S DDMS N-DM-S NPGMZS CS N-NM-S PA N-AN-S DGNP□NPGNZP&APRNN-P

λαληθησομένων, 3.6 Χριστὸς δὲ ὡς υἱὸς ἐπὶ τὸν οἶκον αὐτοῦ·
VPFPGN-P N-NM-S CH CS N-NM-S PA DAMS N-AM-S NPGMZS

οὗ οἶκός ἐσμεν ἡμεῖς, ἐάν[περ] τὴν παρρησίαν καὶ τὸ
APRGM-S N-NM-S VIPA--XP NPN-XP CS DAFS N-AF-S CC DANS

καύχημα τῆς ἐλπίδος κατάσχωμεν.
N-AN-S DGFS N-GF-S VSAA--XP

3.7 Διό, καθὼς λέγει τὸ πνεῦμα τὸ ἅγιον,
CH CS VIPA--ZS DNNS N-NN-S DNNS A--NN-S

Σήμερον ἐὰν τῆς φωνῆς αὐτοῦ ἀκούσητε,
AB   CS   DGFS N-GF-S   NPGMZS VSAA--YP

3.8   μὴ   σκληρύνητε   τὰς   καρδίας   ὑμῶν   ὡς   ἐν   τῷ
AB   VSAA--YP□VMAA--YP   DAFP N-AF-P   NPG-YP CS   PD   DDMS

παραπικρασμῷ,
N-DM-S

κατὰ   τὴν   ἡμέραν   τοῦ   πειρασμοῦ ἐν   τῇ   ἐρήμῳ,
PA   DAFS N-AF-S   DGMS N-GM-S   PD   DDFS AP-DF-S

3.9   οὗ   ἐπείρασαν οἱ   πατέρες   ὑμῶν ἐν   δοκιμασίᾳ
ABR VIAA--ZP DNMP N-NM-P   NPG-YP PD   N-DF-S

καὶ εἶδον   τὰ   ἔργα   μου   3.10 τεσσεράκοντα ἔτη·
CC   VIAA--ZP DANP N-AN-P NPG-XS   A-CAN-P   N-AN-P

διὸ προσώχθισα τῇ   γενεᾷ ταύτῃ
CH   VIAA--XS   DDFS N-DF-S A-DDF-S

καὶ εἶπον, Ἀεὶ πλανῶνται τῇ   καρδίᾳ·
CC   VIAA--XS AB VIPP--ZP   DDFS N-DF-S

αὐτοὶ δὲ οὐκ ἔγνωσαν τὰς   ὁδούς μου·
NPNMZP CC AB VIAA--ZP   DAFP N-AF-P NPG-XS

3.11 ὡς ὤμοσα ἐν   τῇ   ὀργῇ μου,
CS VIAA--XS PD   DDFS N-DF-S NPG-XS

Εἰ εἰσελεύσονται εἰς τὴν   κατάπαυσίν μου.
CS VIFD--ZP   PA   DAFS N-AF-S   NPG-XS

3.12 Βλέπετε,   ἀδελφοί,   μήποτε ἔσται ἔν   τινι   ὑμῶν καρδία
VMPA--YP   N-VM-P   CS   VIFD--ZS PD   APIDM-S NPG-YP N-NF-S

πονηρὰ ἀπιστίας ἐν   τῷ   ἀποστῆναι ἀπὸ θεοῦ ζῶντος, 3.13 ἀλλὰ
A--NF-S N-GF-S   PD   DDNS VNAAD   PG   N-GM-S VPPAGM-S   CH

παρακαλεῖτε   ἑαυτοὺς   καθ'   ἑκάστην   ἡμέραν,   ἄχρις
VMPA--YP   NPAMYP   PA   A--AF-S   N-AF-S   PG

οὗ   τὸ   Σήμερον καλεῖται, ἵνα μὴ σκληρυνθῇ
APRGM-S□APDGM-S&APRAM-S DNNS AB□AP-NN-S VIPP--ZS CS AB VSAP--ZS

τις   ἐξ ὑμῶν ἀπάτη τῆς   ἁμαρτίας· 3.14 μέτοχοι γὰρ τοῦ
APINM-S PG NPG-YP N-DF-S DGFS N-GF-S   AP-NM-P CS DGMS

Χριστοῦ γεγόναμεν, ἐάνπερ τὴν   ἀρχὴν τῆς   ὑποστάσεως μέχρι
N-GM-S   VIRA--XP   CS   DAFS N-AF-S DGFS N-GF-S   PG

τέλους βεβαίαν κατάσχωμεν, 3.15 ἐν   τῷ   λέγεσθαι,
N-GN-S A--AF-S VSAA--XP   PD   DDNS VNPPD

Σήμερον ἐὰν τῆς φωνῆς αὐτοῦ ἀκούσητε,
AB   CS   DGFS N-GF-S NPGMZS VSAA--YP

Μὴ   σκληρύνητε   τὰς   καρδίας   ὑμῶν   ὡς   ἐν   τῷ
AB   VSAA--YP□VMAA--YP   DAFP N-AF-P   NPG-YP CS   PD   DDMS

παραπικρασμῷ.
N-DM-S

3.16 τίνες   γὰρ ἀκούσαντες παρεπίκραναν; ἀλλ' οὐ πάντες
APTNM-P CS VPAANM-P   VIAA--ZP   CC   QT AP-NM-P

οἱ ἐξελθόντες ἐξ Αἰγύπτου διὰ Μωϋσέως; 3.17 τίσιν δὲ
DNMP□APRNM-P VPAANM-P PG N-GF-S PG N-GM-S APTDM-P CC

προσώχθισεν τεσσεράκοντα ἔτη; οὐχὶ τοῖς
VIAA--ZS A-CAN-P N-AN-P QT DDMP□NPDMZP&APRNM-P

ἁμαρτήσασιν, ὧν τὰ κῶλα ἔπεσεν ἐν τῇ ἐρήμῳ; 3.18 τίσιν
VPAADM-P APRGM-P DNNP N-NN-P VIAA--ZS PD DDFS AP-DF-S APTDM-P

δὲ ὤμοσεν μὴ εἰσελεύσεσθαι εἰς τὴν κατάπαυσιν αὐτοῦ εἰ μὴ
CC VIAA--ZS AB VNFD PA DAFS N-AF-S NPGMZS CS AB

τοῖς ἀπειθήσασιν; 3.19 καὶ βλέπομεν ὅτι οὐκ
DDMP□NPDMZP&APRNM-P VPAADM-P CC VIPA--XP CC AB

ἠδυνήθησαν εἰσελθεῖν δι᾽ ἀπιστίαν.
VIAO--ZP VNAA PA N-AF-S

4.1 Φοβηθῶμεν οὖν μήποτε καταλειπομένης ἐπαγγελίας
VSAO--XP CH CC VPPPGF-S N-GF-S

εἰσελθεῖν εἰς τὴν κατάπαυσιν αὐτοῦ δοκῇ τις ἐξ ὑμῶν
VNAA PA DAFS N-AF-S NPGMZS VSPA--ZS APINM-S PG NPG-YP

ὑστερηκέναι· 4.2 καὶ γὰρ ἐσμεν εὐηγγελισμένοι καθάπερ
VNRA AB CS VIPA--XP+ +VPRPNMXP CS

κἀκεῖνοι, ἀλλ᾽ οὐκ ὠφέλησεν ὁ λόγος τῆς ἀκοῆς ἐκείνους, μὴ
AB&APDNM-P CC AB VIAA--ZS DNMS N-NM-S DGFS N-GF-S APDAM-P AB

συγκεκερασμένους τῇ πίστει τοῖς ἀκούσασιν.
VPRPAM-P DDFS N-DF-S DDMP□NPDMZP&APRNM-P VPAADM-P

4.3 εἰσερχόμεθα γὰρ εἰς [τὴν] κατάπαυσιν οἱ
VIPN--XP CS PA DAFS N-AF-S DNMP□NPNMXP&APRNMXP

πιστεύσαντες, καθὼς εἴρηκεν,
VPAANMXP CS VIRA--ZS

Ὡς ὤμοσα ἐν τῇ ὀργῇ μου,
CS VIAA--XS PD DDFS N-DF-S NPG-XS

Εἰ εἰσελεύσονται εἰς τὴν κατάπαυσίν μου,
CS VIFD--ZP PA DAFS N-AF-S NPG-XS

καίτοι τῶν ἔργων ἀπὸ καταβολῆς κόσμου γενηθέντων.
CS DGNP N-GN-P PG N-GF-S N-GM-S VPAOGN-P

4.4 εἴρηκεν γάρ που περὶ τῆς ἑβδόμης οὕτως, Καὶ κατέπαυσεν
VIRA--ZS CS ABI PG DGFS APOGF-S AB CC VIAA--ZS

ὁ θεὸς ἐν τῇ ἡμέρᾳ τῇ ἑβδόμῃ ἀπὸ πάντων τῶν ἔργων
DNMS N-NM-S PD DDFS N-DF-S DDFS A-ODF-S PG A--GN-P DGNP N-GN-P

αὐτοῦ· 4.5 καὶ ἐν τούτῳ πάλιν, Εἰ εἰσελεύσονται εἰς τὴν
NPGMZS CC PD APDDM-S AB CS VIFD--ZP PA DAFS

κατάπαυσίν μου. 4.6 ἐπεὶ οὖν ἀπολείπεται τινὰς εἰσελθεῖν εἰς
N-AF-S NPG-XS CS CH VIPP--ZS APIAM-P VNAA PA

αὐτήν, καὶ οἱ πρότερον εὐαγγελισθέντες οὐκ
NPAFZS CC DNMP□NPNMZP&APRNM-P APMAN-S□ABM VPAPNM-P AB

εἰσῆλθον δι᾽ ἀπείθειαν, 4.7 πάλιν τινὰ ὁρίζει ἡμέραν, Σήμερον,
VIAA--ZP PA N-AF-S AB A-IAF-S VIPA--ZS N-AF-S AB

ἐν Δαυὶδ λέγων μετὰ τοσοῦτον χρόνον, καθὼς προείρηται,
PD N-DM-S VPPANM-S PA A-DAM-S N-AM-S CS VIRP--ZS

Σήμερον ἐὰν τῆς φωνῆς αὐτοῦ ἀκούσητε,
AB CS DGFS N-GF-S NPGMZS VSAA--YP

μὴ σκληρύνητε τὰς καρδίας ὑμῶν.
AB VSAA--YP□VMAA--YP DAFP N-AF-P NPG-YP

4.8 εἰ γὰρ αὐτοὺς Ἰησοῦς κατέπαυσεν, οὐκ ἂν περὶ ἄλλης ἐλάλει
CS CS NPAMZP N-NM-S VIAA--ZS AB QV PG A--GF-S VIIA--ZS

μετὰ ταῦτα ἡμέρας. 4.9 ἄρα ἀπολείπεται σαββατισμὸς τῷ λαῷ
PA APDAN-P N-GF-S CH VIPP--ZS N-NM-S DDMS N-DM-S

τοῦ θεοῦ· 4.10 ὁ γὰρ εἰσελθὼν εἰς τὴν
DGMS N-GM-S DNMS□NPNMZS&APRNM-S CS VPAANM-S PA DAFS

κατάπαυσιν αὐτοῦ καὶ αὐτὸς κατέπαυσεν ἀπὸ τῶν ἔργων αὐτοῦ
N-AF-S NPGMZS AB NPNMZS VIAA--ZS PG DGNP N-GN-P NPGMZS

ὥσπερ ἀπὸ τῶν ἰδίων ὁ θεός. 4.11 σπουδάσωμεν οὖν εἰσελθεῖν
CS PG DGNP AP-GN-P DNMS N-NM-S VSAA--XP CH VNAA

εἰς ἐκείνην τὴν κατάπαυσιν, ἵνα μὴ ἐν τῷ αὐτῷ τις
PA A-DAF-S DAFS N-AF-S CS AB PD DDNS A--DN-S APINM-S

ὑποδείγματι πέσῃ τῆς ἀπειθείας.
N-DN-S VSAA--ZS DGFS N-GF-S

4.12 Ζῶν γὰρ ὁ λόγος τοῦ θεοῦ καὶ ἐνεργὴς καὶ
VPPANM-S CS DNMS N-NM-S DGMS N-GM-S CC A--NM-S CC

τομώτερος ὑπὲρ πᾶσαν μάχαιραν δίστομον καὶ διϊκνούμενος
A-MNM-S PA A--AF-S N-AF-S A--AF-S AB/CC VPPNNM-S

ἄχρι μερισμοῦ ψυχῆς καὶ πνεύματος, ἁρμῶν τε καὶ μυελῶν, καὶ
PG N-GM-S N-GF-S CC N-GN-S N-GM-P CC CC N-GM-P CC

κριτικὸς ἐνθυμήσεων καὶ ἐννοιῶν καρδίας· 4.13 καὶ οὐκ ἔστιν
A--NM-S N-GF-P CC N-GF-P N-GF-S CC AB VIPA--ZS

κτίσις ἀφανὴς ἐνώπιον αὐτοῦ, πάντα δὲ γυμνὰ καὶ
N-NF-S A--NF-S PG NPGMZS AP-NN-P CH A--NN-P CC

τετραχηλισμένα τοῖς ὀφθαλμοῖς αὐτοῦ, πρὸς ὃν ἡμῖν ὁ
VPRPNN-P DDMP N-DM-P NPGMZS PA APRAM-S NPD-XP DNMS

λόγος.
N-NM-S

4.14 Ἔχοντες οὖν ἀρχιερέα μέγαν διεληλυθότα τοὺς
VPPANMXP CH N-AM-S A--AM-S VPRAAM-S DAMP

οὐρανούς, Ἰησοῦν τὸν υἱὸν τοῦ θεοῦ, κρατῶμεν τῆς ὁμολογίας·
N-AM-P N-AM-S DAMS N-AM-S DGMS N-GM-S VSPA--XP DGFS N-GF-S

4.15 οὐ γὰρ ἔχομεν ἀρχιερέα μὴ δυνάμενον συμπαθῆσαι ταῖς
AB CS VIPA--XP N-AM-S AB VPPNAM-S VNAA DDFP

ἀσθενείαις ἡμῶν, πεπειρασμένον δὲ κατὰ πάντα καθ᾽ ὁμοιότητα
N-DF-P NPG-XP VPRPAM-S CH PA AP-AN-P PA N-AF-S

χωρὶς ἁμαρτίας. 4.16 προσερχώμεθα οὖν μετὰ παρρησίας τῷ
PG N-GF-S VSPN--XP CH PG N-GF-S DDMS

θρόνῳ τῆς χάριτος, ἵνα λάβωμεν ἔλεος καὶ χάριν εὕρωμεν εἰς
N-DM-S DGFS N-GF-S CS VSAA--XP N-AN-S CC N-AF-S VSAA--XP PA

εὔκαιρον βοήθειαν.
A--AF-S N-AF-S

5.1 Πᾶς γὰρ ἀρχιερεὺς ἐξ ἀνθρώπων λαμβανόμενος ὑπὲρ
A--NM-S CS N-NM-S PG N-GM-P VPPPNM-S PG

ἀνθρώπων καθίσταται τὰ πρὸς τὸν θεόν, ἵνα προσφέρῃ δῶρά τε
N-GM-P VIPP--ZS DANP PA DAMS N-AM-S CS VSPA--ZS N-AN-P CC

καὶ θυσίας ὑπὲρ ἁμαρτιῶν, 5.2 μετριοπαθεῖν δυνάμενος
CC N-AF-P PG N-GF-P VNPA VPPNM-S

τοῖς ἀγνοοῦσιν καὶ πλανωμένοις, ἐπεὶ καὶ αὐτὸς
DDMP□NPDMZP&APRNM-P VPPADM-P CC VPPPDM-P CS AB NPNMZS

περίκειται ἀσθένειαν, 5.3 καὶ δι᾽ αὐτὴν ὀφείλει καθὼς περὶ τοῦ
VIPP--ZS N-AF-S CC PA NPAFZS VIPA--ZS CS PG DGMS

λαοῦ οὕτως καὶ περὶ αὐτοῦ προσφέρειν περὶ ἁμαρτιῶν. 5.4 καὶ
N-GM-S AB AB PG NPGMZS VNPA PG N-GF-P CC

οὐχ ἑαυτῷ τις λαμβάνει τὴν τιμήν, ἀλλὰ καλούμενος ὑπὸ τοῦ
AB NPDMZS APINM-S VIPA--ZS DAFS N-AF-S CH VPPPNM-S PG DGMS

θεοῦ, καθώσπερ καὶ Ἀαρών.
N-GM-S CS AB N-NM-S

5.5 Οὕτως καὶ ὁ Χριστὸς οὐχ ἑαυτὸν ἐδόξασεν γενηθῆναι
AB AB DNMS N-NM-S AB NPAMZS VIAA--ZS VNAO

ἀρχιερέα, ἀλλ᾽ ὁ λαλήσας πρὸς αὐτόν,
N-AM-S CH DNMS□NPNMZS&APRNM-S VPAANM-S PA NPAMZS

Υἱός μου εἶ σύ,
N-NM-S NPG-XS VIPA--YS NPN-YS

ἐγὼ σήμερον γεγέννηκά σε·
NPN-XS AB VIRA--XS NPA-YS

5.6 καθὼς καὶ ἐν ἑτέρῳ λέγει,
CS AB PD AP-DM-S VIPA--ZS

Σὺ ἱερεὺς εἰς τὸν αἰῶνα
NPN-YS N-NM-S PA DAMS N-AM-S

κατὰ τὴν τάξιν Μελχισέδεκ.
PA DAFS N-AF-S N-GM-S

5.7 ὃς ἐν ταῖς ἡμέραις τῆς σαρκὸς αὐτοῦ, δεήσεις τε καὶ
APRNM-S PD DDFP N-DF-P DGFS N-GF-S NPGMZS N-AF-P CC CC

ἱκετηρίας πρὸς τὸν δυνάμενον σῴζειν αὐτὸν ἐκ
N-AF-P PA DAMS□NPAMZS&APRNM-S VPPNAM-S VNPA NPAMZS PG

θανάτου μετὰ κραυγῆς ἰσχυρᾶς καὶ δακρύων προσενέγκας καὶ
N-GM-S PG N-GF-S A--GF-S CC N-GN-P VPAANM-S CC

εἰσακουσθεὶς ἀπὸ τῆς εὐλαβείας, 5.8 καίπερ ὢν υἱὸς ἔμαθεν
VPAPNM-S PG DGFS N-GF-S CS VPPANM-S N-NM-S VIAA--ZS

ἀφ᾽ ὧν ἔπαθεν τὴν ὑπακοήν· 5.9 καὶ τελειωθεὶς
PG APRGN-P□APDGN-P&APRAN-P VIAA--ZS DAFS N-AF-S CC VPAPNM-S

667

ἐγένετο πᾶσιν τοῖς ὑπακούουσιν αὐτῷ αἴτιος σωτηρίας
VIAD--ZS AP-DM-P DDMP□APRNM-P VPPADM-P NPDMZS AP-NM-S N-GF-S

αἰωνίου, 5.10 προσαγορευθεὶς ὑπὸ τοῦ θεοῦ ἀρχιερεὺς κατὰ τὴν
A--GF-S VPAPNM-S PG DGMS N-GM-S N-NM-S PA DAFS

τάξιν Μελχισέδεκ.
N-AF-S N-GM-S

5.11 Περὶ οὗ πολὺς ἡμῖν ὁ λόγος καὶ δυσερμήνευτος
PG APRGM-S A--NM-S NPD-XP DNMS N-NM-S CC A--NM-S

λέγειν, ἐπεὶ νωθροὶ γεγόνατε ταῖς ἀκοαῖς. 5.12 καὶ γὰρ ὀφείλοντες
VNPA CS A--NM-P VIRA--YP DDFP N-DF-P AB CS VPPANMYP

εἶναι διδάσκαλοι διὰ τὸν χρόνον, πάλιν χρείαν ἔχετε τοῦ
VNPA N-NM-P PA DAMS N-AM-S AB N-AF-S VIPA--YP DGNS

διδάσκειν ὑμᾶς τινὰ τὰ στοιχεῖα τῆς ἀρχῆς τῶν λογίων τοῦ
VNPAG NPA-YP APIAM-S DANP N-AN-P DGFS N-GF-S DGNP N-GN-P DGMS

θεοῦ, καὶ γεγόνατε χρείαν ἔχοντες γάλακτος, [καὶ] οὐ στερεᾶς
N-GM-S CC VIRA--YP N-AF-S VPPANMYP N-GN-S CC AB A--GF-S

τροφῆς. 5.13 πᾶς γὰρ ὁ μετέχων γάλακτος ἄπειρος
N-GF-S AP-NM-S CS DNMS□APRNM-S VPPANM-S N-GN-S A--NM-S

λόγου δικαιοσύνης, νήπιος γάρ ἐστιν· 5.14 τελείων δέ ἐστιν ἡ
N-GM-S N-GF-S AP-NM-S CS VIPA--ZS AP-GM-P CC/CH VIPA--ZS DNFS

στερεὰ τροφή, τῶν διὰ τὴν ἕξιν τὰ αἰσθητήρια
A--NF-S N-NF-S DGMP□APRNM-P PA DAFS N-AF-S DANP N-AN-P

γεγυμνασμένα ἐχόντων πρὸς διάκρισιν καλοῦ τε καὶ κακοῦ.
VPRPAN-P VPPAGM-P PA N-AF-S AP-GN-S CC CC AP-GN-S

6.1 Διὸ ἀφέντες τὸν τῆς ἀρχῆς τοῦ Χριστοῦ λόγον ἐπὶ τὴν
CH VPAANMXP DAMS DGFS N-GF-S DGMS N-GM-S N-AM-S PA DAFS

τελειότητα φερώμεθα, μὴ πάλιν θεμέλιον καταβαλλόμενοι
N-AF-S VSPP--XP AB AB N-AM-S VPPMNMXP

μετανοίας ἀπὸ νεκρῶν ἔργων, καὶ πίστεως ἐπὶ θεόν,
N-GF-S PG A--GN-P N-GN-P CC N-GF-S PA N-AM-S

6.2 βαπτισμῶν διδαχῆς, ἐπιθέσεώς τε χειρῶν, ἀναστάσεώς τε
N-GM-P N-GF-S N-GF-S CC N-GF-P N-GF-S CC

νεκρῶν, καὶ κρίματος αἰωνίου. 6.3 καὶ τοῦτο ποιήσομεν ἐάνπερ
AP-GM-P CC N-GN-S A--GN-S CC APDAN-S VIFA--XP CS

ἐπιτρέπῃ ὁ θεός. 6.4 Ἀδύνατον γὰρ τοὺς ἅπαξ
VSPA--ZS DNMS N-NM-S A--NN-S CS DAMP□NPAMZP&APRNM-P AB

φωτισθέντας, γευσαμένους τε τῆς δωρεᾶς τῆς ἐπουρανίου καὶ
VPAPAM-P VPADAM-P CC DGFS N-GF-S DGFS A--GF-S CC

μετόχους γενηθέντας πνεύματος ἁγίου 6.5 καὶ καλὸν
AP-AM-P VPAOAM-P N-GN-S A--GN-S CC A--AN-S

γευσαμένους θεοῦ ῥῆμα δυνάμεις τε μέλλοντος αἰῶνος, 6.6 καὶ
VPADAM-P N-GM-S N-AN-S N-AF-S CC VPPAGM-S N-GM-S CC

παραπεσόντας, πάλιν ἀνακαινίζειν εἰς μετάνοιαν,
VPAAAM-P AB VNPA PA N-AF-S

ἀνασταυροῦντας   ἑαυτοῖς   τὸν   υἱὸν   τοῦ   θεοῦ   καὶ
VPPAAM-P   NPDMZP   DAMS   N-AM-S   DGMS   N-GM-S   CC

παραδειγματίζοντας. 6.7 γῇ   γὰρ ἡ   πιοῦσα τὸν
VPPAAM-P   N-NF-S CS DNFS□APRNF-S VPAANF-S DAMS□APRNM-S+

ἐπ᾽ αὐτῆς ἐρχόμενον πολλάκις ὑετόν, καὶ τίκτουσα βοτάνην
PG NPGFZS VPPNAM-S AB   N-AM-S CC VPPANF-S N-AF-S

εὔθετον ἐκείνοις δι᾽ οὓς   καὶ γεωργεῖται, μεταλαμβάνει εὐλογίας
A--AF-S APDDM-P PA APRAM-P AB VIPP--ZS   VIPA--ZS   N-GF-S

ἀπὸ τοῦ θεοῦ· 6.8 ἐκφέρουσα δὲ ἀκάνθας καὶ τριβόλους ἀδόκιμος
PG DGMS N-GM-S   VPPANF-S CH N-AF-P   CC N-AM-P   A--NF-S

καὶ κατάρας ἐγγύς, ἧς   τὸ   τέλος εἰς καῦσιν.
CC N-GF-S PG   APRGF-S DNNS N-NN-S PA N-AF-S

    6.9 Πεπείσμεθα δὲ περὶ ὑμῶν, ἀγαπητοί, τὰ   κρείσσονα καὶ
        VIRP--XP   CH PG   NPG-YP AP-VM-P   DANP APMAN-P   CC

ἐχόμενα σωτηρίας, εἰ καὶ οὕτως λαλοῦμεν· 6.10 οὐ γὰρ ἄδικος ὁ
VPPMAN-P N-GF-S   CS AB AB   VIPA--XP   AB CS A--NM-S DNMS

θεὸς ἐπιλαθέσθαι τοῦ ἔργου ὑμῶν καὶ τῆς ἀγάπης ἧς
N-NM-S VNAD   DGNS N-GN-S NPG-YP CC DGFS N-GF-S APRGF-S□APRAF-S

ἐνεδείξασθε εἰς τὸ   ὄνομα αὐτοῦ, διακονήσαντες τοῖς ἁγίοις καὶ
VIAM--YP   PA DANS N-AN-S NPGMZS VPAANMYP   DDMP AP-DM-P CC

διακονοῦντες. 6.11 ἐπιθυμοῦμεν δὲ ἕκαστον ὑμῶν τὴν αὐτὴν
VPPANM-P   VIPA--XP   CH AP-AM-S NPG-YP DAFS A--AF-S

ἐνδείκνυσθαι σπουδὴν πρὸς τὴν πληροφορίαν τῆς ἐλπίδος ἄχρι
VNPM   N-AF-S   PA DAFS N-AF-S   DGFS N-GF-S   PG

τέλους, 6.12 ἵνα μὴ νωθροὶ γένησθε, μιμηταὶ δὲ τῶν
N-GN-S   CS AB A--NM-P VSAD--YP N-NM-P   CH DGMP□NPGMZP&APRNM-P

διὰ πίστεως καὶ μακροθυμίας κληρονομούντων τὰς ἐπαγγελίας.
PG N-GF-S   CC N-GF-S   VPPAGM-P   DAFP N-AF-P

    6.13 Τῷ   γὰρ Ἀβραὰμ ἐπαγγειλάμενος ὁ   θεός, ἐπεὶ κατ᾽
         DDMS CS N-DM-S VPADNM-S   DNMS N-NM-S CS   PG

οὐδενὸς εἶχεν μείζονος ὀμόσαι, ὤμοσεν καθ᾽ ἑαυτοῦ, 6.14 λέγων,
APCGM-S VIIA--ZS A-MGM-S VNAA VIAA--ZS PG   NPGMZS   VPPANM-S

Εἰ μὴν εὐλογῶν εὐλογήσω σε   καὶ πληθύνων πληθυνῶ σε·
CS QS VPPANMXS VIFA--XS NPA-YS CC VPPANMXS VIFA--XS NPA-YS

6.15 καὶ οὕτως μακροθυμήσας ἐπέτυχεν τῆς ἐπαγγελίας.
     CC AB   VPAANM-S   VIAA--ZS DGFS N-GF-S

6.16 ἄνθρωποι γὰρ κατὰ τοῦ μείζονος ὀμνύουσιν, καὶ πάσης
     N-NM-P   CS PG   DGMS APMGM-S VIPA--ZP   CC A--GF-S

αὐτοῖς ἀντιλογίας πέρας εἰς βεβαίωσιν ὁ   ὅρκος· 6.17 ἐν
NPDMZP N-GF-S   N-NN-S PA N-AF-S   DNMS N-NM-S   PD

ᾧ   περισσότερον βουλόμενος ὁ   θεὸς ἐπιδεῖξαι
APRDN-S+/APRDN-S□NPDNZS APMAN-S□ABM VPPNNM-S   DNMS N-NM-S VNAA

τοῖς κληρονόμοις τῆς ἐπαγγελίας τὸ   ἀμετάθετον τῆς βουλῆς
DDMP N-DM-P   DGFS N-GF-S   DANS AP-AN-S   DGFS N-GF-S

αὐτοῦ ἐμεσίτευσεν ὅρκῳ, 6.18 ἵνα διὰ δύο πραγμάτων
NPGMZS VIAA--ZS N-DM-S CS PG A-CGN-P N-GN-P

ἀμεταθέτων, ἐν οἷς ἀδύνατον ψεύσασθαι [τὸν] θεόν, ἰσχυρὰν
A--GN-P PD APRDN-P A--NN-S VNAD DAMS N-AM-S A--AF-S

παράκλησιν ἔχωμεν οἱ καταφυγόντες κρατῆσαι
N-AF-S VSPA--XP DNMP□NPNMXP&APRNMXP VPAANMXP VNAA

τῆς προκειμένης ἐλπίδος· 6.19 ἣν ὡς ἄγκυραν ἔχομεν
DGFS□APRNF-S+ VPPNGF-S N-GF-S APRAF-S CS N-AF-S VIPA--XP

τῆς ψυχῆς, ἀσφαλῆ τε καὶ βεβαίαν καὶ εἰσερχομένην εἰς τὸ
DGFS N-GF-S A--AF-S CC CC A--AF-S CC VPPNAF-S PA DANS

ἐσώτερον τοῦ καταπετάσματος, 6.20 ὅπου πρόδρομος ὑπὲρ ἡμῶν
APMAN-S DGNS N-GN-S ABR AP-NM-S PG NPG-XP

εἰσῆλθεν Ἰησοῦς, κατὰ τὴν τάξιν Μελχισέδεκ ἀρχιερεὺς
VIAA--ZS N-NM-S PA DAFS N-AF-S N-GM-S N-NM-S

γενόμενος εἰς τὸν αἰῶνα.
VPADNM-S PA DAMS N-AM-S

7.1 Οὗτος γὰρ ὁ Μελχισέδεκ, βασιλεὺς Σαλήμ, ἱερεὺς τοῦ
A-DNM-S CS DNMS N-NM-S N-NM-S N-GF-S N-NM-S DGMS

θεοῦ τοῦ ὑψίστου, ὁ συναντήσας Ἀβραὰμ
N-GM-S DGMS A-SGM-S DNMS□APRNM-S VPAANM-S N-DM-S

ὑποστρέφοντι ἀπὸ τῆς κοπῆς τῶν βασιλέων καὶ εὐλογήσας
VPPADM-S PG DGFS N-GF-S DGMP N-GM-P CC VPAANM-S

αὐτόν, 7.2 ᾧ καὶ δεκάτην ἀπὸ πάντων ἐμέρισεν Ἀβραάμ,
NPAMZS APRDM-S AB APOAF-S PG AP-GN-P VIAA--ZS N-NM-S

πρῶτον μὲν ἑρμηνευόμενος βασιλεὺς δικαιοσύνης ἔπειτα δὲ καὶ
APOAN-S□AB CC VPPPNM-S N-NM-S N-GF-S AB CC AB

βασιλεὺς Σαλήμ, ὅ ἐστιν βασιλεὺς εἰρήνης, 7.3 ἀπάτωρ,
N-NM-S N-GF-S APRNN-S VIPA--ZS N-NM-S N-GF-S A--NM-S

ἀμήτωρ, ἀγενεαλόγητος, μήτε ἀρχὴν ἡμερῶν μήτε ζωῆς τέλος
A--NM-S A--NM-S CC N-AF-S N-GF-P CC N-GF-S N-AN-S

ἔχων, ἀφωμοιωμένος δὲ τῷ υἱῷ τοῦ θεοῦ, μένει ἱερεὺς εἰς τὸ
VPPANM-S VPRPNM-S CH DDMS N-DM-S DGMS N-GM-S VIPA--ZS N-NM-S PA DANS

διηνεκές.
AP-AN-S

7.4 Θεωρεῖτε δὲ πηλίκος οὗτος ᾧ [καὶ] δεκάτην
VIPA--YP/VMPA--YP CC A-TNM-S APDNM-S APRDM-S AB APOAF-S

Ἀβραὰμ ἔδωκεν ἐκ τῶν ἀκροθινίων ὁ πατριάρχης. 7.5 καὶ
N-NM-S VIAA--ZS PG DGNP N-GN-P DNMS N-NM-S CC

οἱ μὲν ἐκ τῶν υἱῶν Λευὶ τὴν ἱερατείαν
DNMP□NPNMZP&APRNM-P CS PG DGMP N-GM-P N-GM-S DAFS N-AF-S

λαμβάνοντες ἐντολὴν ἔχουσιν ἀποδεκατοῦν τὸν λαὸν κατὰ τὸν
VPPANM-P N-AF-S VIPA--ZP VNPA DAMS N-AM-S PA DAMS

νόμον, τοῦτ' ἔστιν τοὺς ἀδελφοὺς αὐτῶν, καίπερ ἐξεληλυθότας ἐκ
N-AM-S APDNN-S VIPA--ZS DAMP N-AM-P NPGMZP CS VPRAAM-P PG

τῆς   ὀσφύος   Ἀβραάμ·   7.6 ὁ   δὲ   μὴ
DGFS   N-GF-S   N-GM-S   DNMS□NPNMZS&APRNM-S   CH   AB

γενεαλογούμενος   ἐξ   αὐτῶν   δεδεκάτωκεν   Ἀβραάμ,   καὶ
VPPPNM-S   PG   NPGMZP   VIRA--ZS   N-AM-S   CC

τὸν   ἔχοντα   τὰς   ἐπαγγελίας   εὐλόγηκεν.   7.7 χωρὶς δὲ
DAMS□NPAMZS&APRNM-S   VPPAAM-S DAFP   N-AF-P   VIRA--ZS   PG   CC

πάσης   ἀντιλογίας   τὸ   ἔλαττον   ὑπὸ   τοῦ   κρείττονος
A--GF-S   N-GF-S   DNNS   APMNN-S   PG   DGMS/DGNS APMGM-S/APMGN-S

εὐλογεῖται.   7.8 καὶ   ὧδε   μὲν   δεκάτας   ἀποθνῄσκοντες   ἄνθρωποι
VIPP--ZS   CC   AB   CS   APOAF-P   VPPANM-P   N-NM-P

λαμβάνουσιν,   ἐκεῖ   δὲ   μαρτυρούμενος   ὅτι   ζῇ.   7.9 καὶ   ὡς   ἔπος
VIPA--ZP   AB   CH   VPPPNM-S   CC   VIPA--ZS   CC   CS   N-AN-S

εἰπεῖν,   δι’   Ἀβραὰμ   καὶ   Λευὶ   ὁ   δεκάτας   λαμβάνων
VNAA   PG   N-GM-S   AB   N-NM-S DNMS□APRNM-S   APOAF-P   VPPANM-S

δεδεκάτωται,   7.10 ἔτι   γὰρ   ἐν   τῇ   ὀσφύϊ   τοῦ   πατρὸς   ἦν   ὅτε
VIRP--ZS   AB   CS   PD   DDFS   N-DF-S   DGMS   N-GM-S   VIIA--ZS CS

συνήντησεν αὐτῷ Μελχισέδεκ.
VIAA--ZS   NPDMZS N-NM-S

7.11 Εἰ   μὲν   οὖν   τελείωσις   διὰ   τῆς   Λευιτικῆς   ἱερωσύνης   ἦν,
     CS   CS   CC   N-NF-S   PG   DGFS   A--GF-S   N-GF-S   VIIA--ZS

ὁ   λαὸς   γὰρ   ἐπ’   αὐτῆς   νενομοθέτηται,   τίς   ἔτι   χρεία   κατὰ   τὴν
DNMS   N-NM-S CS   PG   NPGFZS VIRP--ZS   A-TNF-S AB   N-NF-S PA   DAFS

τάξιν   Μελχισέδεκ   ἕτερον   ἀνίστασθαι   ἱερέα   καὶ   οὐ   κατὰ   τὴν   τάξιν
N-AF-S N-GM-S   A--AM-S VNPM   N-AM-S   CC   AB   PA   DAFS N-AF-S

Ἀαρὼν   λέγεσθαι;   7.12 μετατιθεμένης   γὰρ   τῆς   ἱερωσύνης   ἐξ
N-GM-S   VNPP   VPPPGF-S   CS   DGFS   N-GF-S   PG

ἀνάγκης   καὶ   νόμου   μετάθεσις   γίνεται.   7.13 ἐφ’
N-GF-S   AB   N-GM-S   N-NF-S   VIPN--ZS   PA

ὃν   γὰρ   λέγεται   ταῦτα   φυλῆς   ἑτέρας   μετέσχηκεν,
APRAM-S□APRAM-S&APDNM-S   CS   VIPP--ZS   APDNN-P N-GF-S A--GF-S   VIRA--ZS

ἀφ’   ἧς   οὐδεὶς   προσέσχηκεν   τῷ   θυσιαστηρίῳ·   7.14 πρόδηλον
PG   APRGF-S APCNM-S   VIRA--ZS   DDNS   N-DN-S   A--NN-S

γὰρ   ὅτι   ἐξ   Ἰούδα   ἀνατέταλκεν   ὁ   κύριος   ἡμῶν,   εἰς   ἣν   φυλὴν
CS   CC   PG   N-GM-S   VIRA--ZS   DNMS   N-NM-S   NPG-XP PA   A-RAF-S N-AF-S

περὶ   ἱερέων   οὐδὲν   Μωϋσῆς   ἐλάλησεν.   7.15 καὶ   περισσότερον   ἔτι
PG   N-GM-P   APCAN-S   N-NM-S   VIAA--ZS   CC   APMAN-S□ABM   AB

κατάδηλόν   ἐστιν,   εἰ   κατὰ   τὴν   ὁμοιότητα   Μελχισέδεκ   ἀνίσταται
A--NN-S   VIPA--ZS CC   PA   DAFS   N-AF-S   N-GM-S   VIPM--ZS

ἱερεὺς   ἕτερος,   7.16 ὃς   οὐ   κατὰ   νόμον   ἐντολῆς   σαρκίνης
N-NM-S   A--NM-S   APRNM-S   AB   PA   N-AM-S   N-GF-S   A--GF-S

γέγονεν   ἀλλὰ   κατὰ   δύναμιν   ζωῆς   ἀκαταλύτου,   7.17 μαρτυρεῖται
VIRA--ZS CH   PA   N-AF-S   N-GF-S A--GF-S   VIPP--ZS

γὰρ   ὅτι
CS   CC

671

Σὺ ἱερεὺς εἰς τὸν αἰῶνα
NPN-YS N-NM-S PA DAMS N-AM-S

κατὰ τὴν τάξιν Μελχισέδεκ.
PA   DAFS N-AF-S N-GM-S

7.18 ἀθέτησις μὲν γὰρ γίνεται προαγούσης ἐντολῆς διὰ τὸ
N-NF-S   CS CS VIPN--ZS VPPAGF-S   N-GF-S PA DANS

αὐτῆς ἀσθενὲς καὶ ἀνωφελές, 7.19 οὐδὲν γὰρ ἐτελείωσεν ὁ
NPGFZS AP-AN-S CC AP-AN-S   APCAN-S CS VIAA--ZS   DNMS

νόμος, ἐπεισαγωγὴ δὲ κρείττονος ἐλπίδος, δι᾽ ἧς ἐγγίζομεν τῷ
N-NM-S N-NF-S   CH A-MGF-S   N-GF-S PG APRGF-S VIPA--XP DDMS

θεῷ.
N-DM-S

7.20 Καὶ καθ᾽ ὅσον οὐ χωρὶς ὁρκωμοσίας, οἱ   μὲν
CC PA   APRAN-S+ AB PG N-GF-S   DNMP□NPNMZP CS

γὰρ χωρὶς ὁρκωμοσίας εἰσὶν ἱερεῖς γεγονότες, 7.21 ὁ   δὲ
CS PG   N-GF-S   VIPA--ZP+ N-NM-P +VPRANM-P   DNMS□NPNMZS CH

μετὰ ὁρκωμοσίας διὰ τοῦ   λέγοντος πρὸς αὐτόν,
PG   N-GF-S   PG DGMS□NPGMZS&APRNM-S VPPAGM-S PA NPAMZS

Ὤμοσεν κύριος,
VIAA--ZS N-NM-S

καὶ οὐ μεταμεληθήσεται,
CC AB VIFO--ZS

Σὺ ἱερεὺς εἰς τὸν αἰῶνα,
NPN-YS N-NM-S PA DAMS N-AM-S

7.22 κατὰ τοσοῦτο [καὶ] κρείττονος διαθήκης γέγονεν ἔγγυος
PA   APDAN-S AB   A-MGF-S   N-GF-S VIRA--ZS AP-NM-S

Ἰησοῦς. 7.23 καὶ οἱ   μὲν πλείονές εἰσιν γεγονότες ἱερεῖς
N-NM-S   CC DNMP□NPNMZP CS APMNM-P VIPA--ZP+ +VPRANM-P N-NM-P

διὰ τὸ θανάτῳ κωλύεσθαι παραμένειν· 7.24 ὁ   δὲ διὰ
PA DANS N-DM-S VNPPA   VNPA   DNMS□NPNMZS CH PA

τὸ μένειν αὐτὸν εἰς τὸν αἰῶνα ἀπαράβατον ἔχει τὴν
DANS VNPAA NPAMZS PA DAMS N-AM-S A--AF-S   VIPA--ZS DAFS

ἱερωσύνην· 7.25 ὅθεν καὶ σῴζειν εἰς τὸ παντελὲς δύναται
N-AF-S   CH AB VNPA   PA DANS AP-AN-S VIPN--ZS

τοὺς   προσερχομένους δι᾽ αὐτοῦ τῷ θεῷ, πάντοτε
DAMP□NPAMZP&APRNM-P VPPNAM-P   PG NPGMZS DDMS N-DM-S AB

ζῶν   εἰς τὸ ἐντυγχάνειν ὑπὲρ αὐτῶν.
VPPANM-S PA DANS VNPAA   PG NPGMZP

7.26 Τοιοῦτος γὰρ ἡμῖν καὶ ἔπρεπεν ἀρχιερεύς, ὅσιος, ἄκακος,
A-DNM-S CS NPD-XP AB VIIA--ZS N-NM-S   A--NM-S A--NM-S

ἀμίαντος, κεχωρισμένος ἀπὸ τῶν ἁμαρτωλῶν, καὶ ὑψηλότερος
A--NM-S VPRPNM-S   PG DGMP AP-GM-P   CC A-MNM-S

τῶν οὐρανῶν γενόμενος· 7.27 ὃς   οὐκ ἔχει   καθ᾽ ἡμέραν
DGMP N-GM-P VPADNM-S   APRNM-S AB VIPA--ZS PA N-AF-S

672

ἀνάγκην, ὥσπερ οἱ ἀρχιερεῖς, πρότερον ὑπὲρ τῶν ἰδίων
N-AF-S CS DNMP N-NM-P APMAN-S□ABM PG DGFP A--GF-P

ἁμαρτιῶν θυσίας ἀναφέρειν, ἔπειτα τῶν τοῦ λαοῦ· τοῦτο γὰρ
N-GF-P N-AF-P VNPA AB DGFP DGMS N-GM-S APDAN-S CS

ἐποίησεν ἐφάπαξ ἑαυτὸν ἀνενέγκας. 7.28 ὁ νόμος γὰρ
VIAA--ZS AB NPAMZS VPAANM-S DNMS N-NM-S CS

ἀνθρώπους καθίστησιν ἀρχιερεῖς ἔχοντας ἀσθένειαν, ὁ λόγος
N-AM-P VIPA--ZS N-AM-P VPPAAM-P N-AF-S DNMS N-NM-S

δὲ τῆς ὁρκωμοσίας τῆς μετὰ τὸν νόμον υἱὸν εἰς τὸν αἰῶνα
CH DGFS N-GF-S DGFS PA DAMS N-AM-S N-AM-S PA DAMS N-AM-S

τετελειωμένον.
VPRPAM-S

8.1 Κεφάλαιον δὲ ἐπὶ τοῖς λεγομένοις, τοιοῦτον
N-NN-S CH PD DDNP□NPDNZP&APRNN-P VPPPDN-P A-DAM-S

ἔχομεν ἀρχιερέα, ὃς ἐκάθισεν ἐν δεξιᾷ τοῦ θρόνου τῆς
VIPA--XP N-AM-S APRNM-S VIAA--ZS PD AP-DF-S DGMS N-GM-S DGFS

μεγαλωσύνης ἐν τοῖς οὐρανοῖς, 8.2 τῶν ἁγίων λειτουργὸς καὶ τῆς
N-GF-S PD DDMP N-DM-P DGNP AP-GN-P N-NM-S CC DGFS

σκηνῆς τῆς ἀληθινῆς, ἣν ἔπηξεν ὁ κύριος, οὐκ ἄνθρωπος.
N-GF-S DGFS A--GF-S APRAF-S VIAA--ZS DNMS N-NM-S AB N-NM-S

8.3 πᾶς γὰρ ἀρχιερεὺς εἰς τὸ προσφέρειν δῶρά τε καὶ θυσίας
A--NM-S CS N-NM-S PA DANS VNPAA N-AN-P CC CC N-AF-P

καθίσταται· ὅθεν ἀναγκαῖον ἔχειν τι καὶ τοῦτον ὃ
VIPP--ZS CH A--NN-S VNPA APIAN-S AB APDAM-S APRAN-S

προσενέγκῃ. 8.4 εἰ μὲν οὖν ἦν ἐπὶ γῆς, οὐδ᾽ ἂν ἦν ἱερεύς,
VSAA--ZS CS CS CC VIIA--ZS PG N-GF-S AB QV VIIA--ZS N-NM-S

ὄντων τῶν προσφερόντων κατὰ νόμον τὰ δῶρα·
VPPAGM-P DGMP□NPGMZP&APRNM-P VPPAGM-P PA N-AM-S DANP N-AN-P

8.5 οἵτινες ὑποδείγματι καὶ σκιᾷ λατρεύουσιν τῶν ἐπουρανίων,
APRNM-P N-DN-S CC N-DF-S VIPA--ZP DGNP AP-GN-P

καθὼς κεχρημάτισται Μωϋσῆς μέλλων ἐπιτελεῖν τὴν σκηνήν,
CS VIRP--ZS N-NM-S VPPANM-S+ +VNPA DAFS N-AF-S

Ὅρα γάρ, φησίν, ποιήσεις πάντα κατὰ τὸν τύπον
VMPA--YS CS VIPA--ZS VIFA--YS□VMAA--YS AP-AN-P PA DAMS N-AM-S

τὸν δειχθέντα σοι ἐν τῷ ὄρει· 8.6 νυν[ὶ] δὲ
DAMS□APRNM-S VPAPAM-S NPD-YS PD DDNS N-DN-S AB CH

διαφορωτέρας τέτυχεν λειτουργίας, ὅσῳ καὶ κρείττονός ἐστιν
A-MGF-S VIRA--ZS N-GF-S APRDN-S AB A-MGF-S VIPA--ZS

διαθήκης μεσίτης, ἥτις ἐπὶ κρείττοσιν ἐπαγγελίαις
N-GF-S N-NM-S APRNF-S PD A-MDF-P N-DF-P

νενομοθέτηται.
VIRP--ZS

8.7 Εἰ γὰρ ἡ πρώτη ἐκείνη ἦν ἄμεμπτος, οὐκ ἂν δευτέρας
CS CS DNFS APONF-S A-DNF-S VIIA--ZS A--NF-S AB QV APOGF-S

673

ἐζητεῖτο τόπος· 8.8 μεμφόμενος γὰρ αὐτοὺς λέγει,
VIIP--ZS N-NM-S   VPPNNM-S   CS   NPAMZP   VIPA--ZS

Ἰδοὺ ἡμέραι ἔρχονται, λέγει κύριος,
QS   N-NF-P   VIPN--ZP   VIPA--ZS N-NM-S

καὶ συντελέσω ἐπὶ τὸν οἶκον Ἰσραὴλ
CC   VIFA--XS   PA DAMS N-AM-S N-GM-S

καὶ ἐπὶ τὸν οἶκον Ἰούδα διαθήκην καινήν,
CC PA DAMS N-AM-S N-GM-S N-AF-S   A--AF-S

8.9   οὐ κατὰ τὴν διαθήκην ἣν ἐποίησα τοῖς πατράσιν
      AB PA DAFS N-AF-S APRAF-S VIAA--XS DDMP N-DM-P

αὐτῶν
NPGMZP

ἐν ἡμέρᾳ ἐπιλαβομένου μου τῆς χειρὸς αὐτῶν
PD N-DF-S   VPADGMXS   NPG-XS DGFS N-GF-S NPGMZP

ἐξαγαγεῖν αὐτοὺς ἐκ γῆς Αἰγύπτου,
VNAA   NPAMZP PG N-GF-S N-GF-S

ὅτι αὐτοὶ οὐκ ἐνέμειναν ἐν τῇ διαθήκῃ μου,
CS NPNMZP AB VIAA--ZP PD DDFS N-DF-S NPG-XS

κἀγὼ ἠμέλησα αὐτῶν, λέγει κύριος.
CC&NPN-XS VIAA--XS NPGMZP VIPA--ZS N-NM-S

8.10 ὅτι αὕτη ἡ διαθήκη ἣν διαθήσομαι τῷ οἴκῳ
      CS APDNF-S DNFS N-NF-S APRAF-S VIFM--XS DDMS N-DM-S

Ἰσραὴλ
N-GM-S

μετὰ τὰς ἡμέρας ἐκείνας, λέγει κύριος,
PA DAFP N-AF-P A-DAF-P   VIPA--ZS N-NM-S

διδοὺς νόμους μου εἰς τὴν διάνοιαν αὐτῶν,
VPPANMXS N-AM-P NPG-XS PA DAFS N-AF-S NPGMZP

καὶ ἐπὶ καρδίας αὐτῶν ἐπιγράψω αὐτούς,
AB PA N-AF-P NPGMZP VIFA--XS NPAMZP

καὶ ἔσομαι αὐτοῖς εἰς θεὸν
CC VIFD--XS NPDMZP PA N-AM-S

καὶ αὐτοὶ ἔσονταί μοι εἰς λαόν.
CC NPNMZP VIFD--ZP NPD-XS PA N-AM-S

8.11 καὶ οὐ μὴ διδάξωσιν ἕκαστος τὸν πολίτην αὐτοῦ
      CC AB AB VSAA--ZP AP-NM-S DAMS N-AM-S NPGMZS

καὶ ἕκαστος τὸν ἀδελφὸν αὐτοῦ, λέγων, Γνῶθι τὸν
CC AP-NM-S DAMS N-AM-S NPGMZS VPPANM-S VMAA--YS DAMS

κύριον,
N-AM-S

ὅτι πάντες εἰδήσουσίν με
CS AP-NM-P VIFA--ZP NPA-XS

ἀπὸ μικροῦ ἕως μεγάλου αὐτῶν.
PG AP-GM-S PG AP-GM-S NPGMZP

8.12 ὅτι ἵλεως ἔσομαι ταῖς ἀδικίαις αὐτῶν,
CS A--NM-S VIFD--XS DDFP N-DF-P NPGMZP

καὶ τῶν ἁμαρτιῶν αὐτῶν οὐ μὴ μνησθῶ ἔτι.
CC DGFP N-GF-P NPGMZP AB AB VSAO--XS AB

8.13 ἐν τῷ λέγειν Καινὴν πεπαλαίωκεν τὴν πρώτην·
PD DDNS VNPAD AP-AF-S VIRA--ZS DAFS APOAF-S

τὸ δὲ παλαιούμενον καὶ γηράσκον ἐγγὺς
DNNS□NPNNZS&APRNN-S CC VPPPNN-S CC VPPANN-S PG

ἀφανισμοῦ.
N-GM-S

9.1 Εἶχε μὲν οὖν [καὶ] ἡ πρώτη δικαιώματα λατρείας τό τε
VIIA--ZS CS CC AB DNFS APONF-S N-AN-P N-GF-S DANS CC

ἅγιον κοσμικόν. 9.2 σκηνὴ γὰρ κατεσκευάσθη ἡ πρώτη ἐν
AP-AN-S A--AN-S N-NF-S CS VIAP--ZS DNFS A-ONF-S PD

ᾗ ἥ τε λυχνία καὶ ἡ τράπεζα καὶ ἡ πρόθεσις τῶν
APRDF-S DNFS CC N-NF-S CC DNFS N-NF-S CC DNFS N-NF-S DGMP

ἄρτων, ἥτις λέγεται Ἅγια· 9.3 μετὰ δὲ τὸ δεύτερον
N-GM-P APRNF-S VIPP--ZS AP-NN-P PA CC DANS A-OAN-S

καταπέτασμα σκηνὴ ἡ λεγομένη Ἅγια Ἁγίων,
N-AN-S N-NF-S DNFS□APRNF-S VPPPNF-S AP-NN-P AP-GN-P

9.4 χρυσοῦν ἔχουσα θυμιατήριον καὶ τὴν κιβωτὸν τῆς διαθήκης
A--AN-S VPPANF-S N-AN-S CC DAFS N-AF-S DGFS N-GF-S

περικεκαλυμμένην πάντοθεν χρυσίῳ, ἐν ᾗ στάμνος χρυσῆ
VPRPAF-S AB N-DN-S PD APRDF-S N-NF-S A--NF-S

ἔχουσα τὸ μάννα καὶ ἡ ῥάβδος Ἀαρὼν ἡ
VPPANF-S DANS N-AN-S CC DNFS N-NF-S N-GM-S DNFS□APRNF-S

βλαστήσασα καὶ αἱ πλάκες τῆς διαθήκης, 9.5 ὑπεράνω δὲ αὐτῆς
VPAANF-S CC DNFP N-NF-P DGFS N-GF-S PG CC NPGFZS

Χερουβὶν δόξης κατασκιάζοντα τὸ ἱλαστήριον· περὶ ὧν οὐκ
N-NN-P N-GF-S VPPANN-P DANS AP-AN-S PG APRGN-P AB

ἔστιν νῦν λέγειν κατὰ μέρος.
VIPA--ZS AB VNPA PA N-AN-S

9.6 Τούτων δὲ οὕτως κατεσκευασμένων, εἰς μὲν τὴν πρώτην
APDGN-P CC AB VPRPGN-P PA CS DAFS A-OAF-S

σκηνὴν διὰ παντὸς εἰσίασιν οἱ ἱερεῖς τὰς λατρείας
N-AF-S PG AP-GM-S VIPA--ZP DNMP N-NM-P DAFP N-AF-P

ἐπιτελοῦντες, 9.7 εἰς δὲ τὴν δευτέραν ἅπαξ τοῦ ἐνιαυτοῦ μόνος
VPPANM-P PA CH DAFS APOAF-S AB DGMS N-GM-S A--NM-S

ὁ ἀρχιερεύς, οὐ χωρὶς αἵματος, ὃ προσφέρει ὑπὲρ ἑαυτοῦ
DNMS N-NM-S AB PG N-GN-S APRAN-S VIPA--ZS PG NPGMZS

καὶ τῶν τοῦ λαοῦ ἀγνοημάτων, 9.8 τοῦτο δηλοῦντος τοῦ
CC DGNP DGMS N-GM-S N-GN-P APDAN-S VPPAGN-S DGNS

πνεύματος τοῦ ἁγίου, μήπω πεφανερῶσθαι τὴν τῶν ἁγίων ὁδὸν
N-GN-S DGNS A--GN-S AB VNRP DAFS DGNP AP-GN-P N-AF-S

ἔτι τῆς πρώτης σκηνῆς ἐχούσης στάσιν, 9.9 ἥτις παραβολὴ εἰς
AB DGFS A-OGF-S N-GF-S VPPAGF-S N-AF-S APRNF-S N-NF-S PA

τὸν καιρὸν τὸν ἐνεστηκότα, καθ᾽ ἣν δῶρά τε καὶ
DAMS N-AM-S DAMS□APRNM-S VPRAAM-S PA APRAF-S N-NN-P CC CC

θυσίαι προσφέρονται μὴ δυνάμεναι κατὰ συνείδησιν τελειῶσαι
N-NF-P VIPP--ZP AB VPPNNF-P PA N-AF-S VNAA

τὸν λατρεύοντα, 9.10 μόνον ἐπὶ βρώμασιν καὶ
DAMS□NPAMZS&APRNM-S VPPAAM-S AP-AN-S□AB PD N-DN-P CC

πόμασιν καὶ διαφόροις βαπτισμοῖς, δικαιώματα σαρκὸς μέχρι
N-DN-P CC A--DM-P N-DM-P N-NN-P N-GF-S PG

καιροῦ διορθώσεως ἐπικείμενα.
N-GM-S N-GF-S VPPNNN-P

9.11 Χριστὸς δὲ παραγενόμενος ἀρχιερεὺς τῶν
N-NM-S CH VPADNM-S N-NM-S DGNP□APRNN-P+

γενομένων ἀγαθῶν διὰ τῆς μείζονος καὶ τελειοτέρας σκηνῆς οὐ
VPADGN-P AP-GN-P PG DGFS A-MGF-S CC A-MGF-S N-GF-S AB

χειροποιήτου, τοῦτ᾽ ἔστιν οὐ ταύτης τῆς κτίσεως, 9.12 οὐδὲ δι᾽
A--GF-S APDNN-S VIPA--ZS AB A-DGF-S DGFS N-GF-S CC PG

αἵματος τράγων καὶ μόσχων διὰ δὲ τοῦ ἰδίου αἵματος, εἰσῆλθεν
N-GN-S N-GM-P CC N-GM-P PG CH DGNS A--GN-S N-GN-S VIAA--ZS

ἐφάπαξ εἰς τὰ ἅγια, αἰωνίαν λύτρωσιν εὑράμενος. 9.13 εἰ γὰρ
AB PA DANP AP-AN-P A--AF-S N-AF-S VPAMNM-S CS CS

τὸ αἷμα τράγων καὶ ταύρων καὶ σποδὸς δαμάλεως ῥαντίζουσα
DNNS N-NN-S N-GM-P CC N-GM-P CC N-NF-S N-GF-S VPPANF-S

τοὺς κεκοινωμένους ἁγιάζει πρὸς τὴν τῆς σαρκὸς
DAMP□NPAMZP&APRNM-P VPRPAM-P VIPA--ZS PA DAFS DGFS N-GF-S

καθαρότητα, 9.14 πόσῳ μᾶλλον τὸ αἷμα τοῦ Χριστοῦ, ὃς διὰ
N-AF-S APTDN-S ABM DNNS N-NN-S DGMS N-GM-S APRNM-S PG

πνεύματος αἰωνίου ἑαυτὸν προσήνεγκεν ἄμωμον τῷ θεῷ,
N-GN-S A--GN-S NPAMZS VIAA--ZS A--AM-S DDMS N-DM-S

καθαριεῖ τὴν συνείδησιν ἡμῶν ἀπὸ νεκρῶν ἔργων εἰς τὸ
VIFA--ZS DAFS N-AF-S NPG-XP PG A--GN-P N-GN-P PA DANS

λατρεύειν θεῷ ζῶντι.
VNPAA N-DM-S VPPADM-S

9.15 Καὶ διὰ τοῦτο διαθήκης καινῆς μεσίτης ἐστίν, ὅπως
CC PA APDAN-S N-GF-S A--GF-S N-NM-S VIPA--ZS CS

θανάτου γενομένου εἰς ἀπολύτρωσιν τῶν ἐπὶ τῇ πρώτῃ διαθήκῃ
N-GM-S VPADGM-S PA N-AF-S DGFP PD DDFS A-ODF-S N-DF-S

παραβάσεων τὴν ἐπαγγελίαν λάβωσιν οἱ
N-GF-P DAFS N-AF-S VSAA--ZP DNMP□NPNMZP&APRNM-P

κεκλημένοι τῆς αἰωνίου κληρονομίας. 9.16 ὅπου γὰρ διαθήκη,
VPRPNM-P DGFS A--GF-S N-GF-S CS CS N-NF-S

θάνατον ἀνάγκη φέρεσθαι τοῦ διαθεμένου·
N-AM-S N-NF-S VNPP DGMS□NPGMZS&APRNM-S VPAMGM-S

9.17 διαθήκη γὰρ ἐπὶ νεκροῖς βεβαία, ἐπεὶ μήποτε ἰσχύει ὅτε
N-NF-S CS PD AP-DM-P A--NF-S CS AB VIPA--ZS CS

ζῆ ὁ διαθέμενος. 9.18 ὅθεν οὐδὲ ἡ πρώτη
VIPA--ZS DNMS□NPNMZS&APRNM-S VPAMNM-S CH AB DNFS APONF-S

χωρὶς αἵματος ἐγκεκαίνισται· 9.19 λαληθείσης γὰρ πάσης
PG N-GN-S VIRP--ZS VPAPGF-S CS A--GF-S

ἐντολῆς κατὰ τὸν νόμον ὑπὸ Μωϋσέως παντὶ τῷ λαῷ, λαβὼν
N-GF-S PA DAMS N-AM-S PG N-GM-S A--DM-S DDMS N-DM-S VPAANM-S

τὸ αἷμα τῶν μόσχων [καὶ τῶν τράγων] μετὰ ὕδατος καὶ ἐρίου
DANS N-AN-S DGMP N-GM-P CC DGMP N-GM-P PG N-GN-S CC N-GN-S

κοκκίνου καὶ ὑσσώπου αὐτό τε τὸ βιβλίον καὶ πάντα τὸν λαὸν
A--GN-S CC N-GF-S/N-GM-S NPANZS CC DANS N-AN-S CC A--AM-S DAMS N-AM-S

ἐράντισεν, 9.20 λέγων, Τοῦτο τὸ αἷμα τῆς διαθήκης ἧς
VIAA--ZS VPPANM-S APDNN-S DNNS N-NN-S DGFS N-GF-S APRGF-S□APRAF-S

ἐνετείλατο πρὸς ὑμᾶς ὁ θεός· 9.21 καὶ τὴν σκηνὴν δὲ καὶ
VIAD--ZS PA NPA-YP DNMS N-NM-S CC DAFS N-AF-S CC CC

πάντα τὰ σκεύη τῆς λειτουργίας τῷ αἵματι ὁμοίως ἐράντισεν.
A--AN-P DANP N-AN-P DGFS N-GF-S DDNS N-DN-S AB VIAA--ZS

9.22 καὶ σχεδὸν ἐν αἵματι πάντα καθαρίζεται κατὰ τὸν νόμον,
CC AB PD N-DN-S AP-NN-P VIPP--ZS PA DAMS N-AM-S

καὶ χωρὶς αἱματεκχυσίας οὐ γίνεται ἄφεσις.
CC PG N-GF-S AB VIPN--ZS N-NF-S

9.23 Ἀνάγκη οὖν τὰ μὲν ὑποδείγματα τῶν ἐν τοῖς οὐρανοῖς
N-NF-S CH DANP N-AN-P DGNP PD DDMP N-DM-P

τούτοις καθαρίζεσθαι, αὐτὰ δὲ τὰ ἐπουράνια κρείττοσιν θυσίαις
APDDN-P VNPP NPANZP CH DANP AP-AN-P A-MDF-P N-DF-P

παρὰ ταύτας. 9.24 οὐ γὰρ εἰς χειροποίητα εἰσῆλθεν ἅγια
PA APDAF-P AB CS PA A--AN-P VIAA--ZS AP-AN-P

Χριστός, ἀντίτυπα τῶν ἀληθινῶν, ἀλλ᾽ εἰς αὐτὸν τὸν οὐρανόν,
N-NM-S AP-AN-P DGNP AP-GN-P CH PA NPAMZS DAMS N-AM-S

νῦν ἐμφανισθῆναι τῷ προσώπῳ τοῦ θεοῦ ὑπὲρ ἡμῶν· 9.25 οὐδ᾽
AB VNAP DDNS N-DN-S DGMS N-GM-S PG NPG-XP CC

ἵνα πολλάκις προσφέρῃ ἑαυτόν, ὥσπερ ὁ ἀρχιερεὺς εἰσέρχεται
CS AB VSPA--ZS NPAMZS CS DNMS N-NM-S VIPN--ZS

εἰς τὰ ἅγια κατ᾽ ἐνιαυτὸν ἐν αἵματι ἀλλοτρίῳ, 9.26 ἐπεὶ ἔδει
PA DANP AP-AN-P PA N-AM-S PD N-DN-S A--DN-S CS VIIA--ZS

αὐτὸν πολλάκις παθεῖν ἀπὸ καταβολῆς κόσμου· νυνὶ δὲ ἅπαξ ἐπὶ
NPAMZS AB VNAA PG N-GF-S N-GM-S AB CH AB PD

συντελείᾳ τῶν αἰώνων εἰς ἀθέτησιν [τῆς] ἁμαρτίας διὰ τῆς
N-DF-S DGMP N-GM-P PA N-AF-S DGFS N-GF-S PG DGFS

θυσίας αὐτοῦ πεφανέρωται. 9.27 καὶ καθ᾽ ὅσον
N-GF-S NPGMZS VIRP--ZS CC PA APRAN-S□APDAN-S&APRAN-S

ἀπόκειται τοῖς ἀνθρώποις ἅπαξ ἀποθανεῖν, μετὰ δὲ τοῦτο κρίσις,
VIPN--ZS DDMP N-DM-P AB VNAA PA CS APDAN-S N-NF-S

9.28 οὕτως καὶ ὁ　Χριστός, ἅπαξ προσενεχθεὶς εἰς τὸ πολλῶν
AB　　AB　DNMS N-NM-S　AB　VPAPNM-S　　PA DANS AP-GM-P

ἀνενεγκεῖν ἁμαρτίας, ἐκ δευτέρου χωρὶς ἁμαρτίας ὀφθήσεται
VNAAA　　N-AF-P　PG APOGM-S　PG　N-GF-S　VIFP--ZS

τοῖς　　　αὐτὸν ἀπεκδεχομένοις εἰς σωτηρίαν.
DDMP□NPDMZP&APRNM-P NPAMZS VPPNDM-P　　　PA N-AF-S

10.1 Σκιὰν γὰρ ἔχων ὁ　νόμος τῶν　　μελλόντων
N-AF-S　CS　VPPANM-S DNMS N-NM-S DGNP□APRNN-P+ VPPAGN-P

ἀγαθῶν, οὐκ αὐτὴν τὴν εἰκόνα τῶν πραγμάτων, κατ' ἐνιαυτὸν
AP-GN-P　AB　NPAFZS DAFS N-AF-S DGNP N-GN-P　PA　N-AM-S

ταῖς αὐταῖς θυσίαις ἃς　　προσφέρουσιν εἰς τὸ διηνεκὲς
DDFP　A--DF-P　N-DF-P　APRAF-P　VIPA--ZP　PA DANS AP-AN-S

οὐδέποτε δύναται τοὺς　　　　προσερχομένους τελειῶσαι·
AB　　VIPN--ZS DAMP□NPAMZP&APRNM-P VPPNAM-P　　VNAA

10.2 ἐπεὶ οὐκ ἂν ἐπαύσαντο προσφερόμεναι, διὰ τὸ μηδεμίαν
CS　QT　QV VIAM--ZP　VPPPNF-P　　PA DANS A-CAF-S

ἔχειν ἔτι συνείδησιν ἁμαρτιῶν τοὺς　　　λατρεύοντας
VNPAA AB　N-AF-S　　N-GF-P　DAMP□NPAMZP&APRNM-P VPPAAM-P

ἅπαξ κεκαθαρισμένους; 10.3 ἀλλ' ἐν αὐταῖς ἀνάμνησις ἁμαρτιῶν
AB　VPRPAM-P　　　CC　PD NPDFZP N-NF-S　N-GF-P

κατ' ἐνιαυτόν, 10.4 ἀδύνατον γὰρ αἷμα ταύρων καὶ τράγων
PA　N-AM-S　　A--NN-S　CS　N-AN-S N-GM-P CC　N-GM-P

ἀφαιρεῖν ἁμαρτίας.
VNPA　　N-AF-P

10.5 Διὸ εἰσερχόμενος εἰς τὸν κόσμον λέγει,
CH　VPPNNM-S　PA DAMS N-AM-S VIPA--ZS

Θυσίαν καὶ προσφορὰν οὐκ ἠθέλησας,
N-AF-S CC N-AF-S　AB　VIAA--YS

σῶμα δὲ κατηρτίσω μοι·
N-AN-S CH VIAM--YS　NPD-XS

10.6　ὁλοκαυτώματα καὶ περὶ ἁμαρτίας
N-AN-P　　CC PG　N-GF-S

οὐκ εὐδόκησας.
AB　VIAA--YS

10.7 τότε εἶπον,
AB　VIAA--XS

Ἰδοὺ ἥκω,
QS　VIPA--XS

ἐν κεφαλίδι βιβλίου γέγραπται περὶ ἐμοῦ,
PD N-DF-S　N-GN-S　VIRP--ZS　PG NPG-XS

τοῦ ποιῆσαι, ὁ　θεός,　　τὸ θέλημά σου.
DGNS VNAAG　DVMS N-NM-S□N-VM-S DANS N-AN-S　NPG-YS

10.8 ἀνώτερον λέγων ὅτι Θυσίας καὶ προσφορὰς καὶ
APRMAN-S□ABM VPPANM-S CC　N-AF-P　CC　N-AF-P　CC

ὁλοκαυτώματα καὶ περὶ ἁμαρτίας οὐκ ἠθέλησας οὐδὲ εὐδόκησας,
N-AN-P CC PG N-GF-S AB VIAA--YS CC VIAA--YS

αἵτινες κατὰ νόμον προσφέρονται, 10.9 τότε εἴρηκεν, Ἰδοὺ ἥκω
APRNF-P PA N-AM-S VIPP--ZP AB VIRA--ZS QS VIPA--XS

τοῦ ποιῆσαι τὸ θέλημά σου. ἀναιρεῖ τὸ πρῶτον ἵνα τὸ
DGNS VNAAG DANS N-AN-S NPG-YS VIPA--ZS DANS APOAN-S CS DANS

δεύτερον στήσῃ· 10.10 ἐν ᾧ θελήματι ἡγιασμένοι ἐσμὲν διὰ
APOAN-S VSAA--ZS PD A-RDN-S N-DN-S VPRPNMXP+ +VIPA--XP PG

τῆς προσφορᾶς τοῦ σώματος Ἰησοῦ Χριστοῦ ἐφάπαξ.
DGFS N-GF-S DGNS N-GN-S N-GM-S N-GM-S AB

10.11 Καὶ πᾶς μὲν ἱερεὺς ἕστηκεν καθ᾽ ἡμέραν λειτουργῶν
CC A--NM-S CS N-NM-S VIRA--ZS PA N-AF-S VPPANM-S

καὶ τὰς αὐτὰς πολλάκις προσφέρων θυσίας, αἵτινες οὐδέποτε
CC DAFP A--AF-P AB VPPANM-S N-AF-P APRNF-P AB

δύνανται περιελεῖν ἁμαρτίας. 10.12 οὗτος δὲ μίαν ὑπὲρ
VIPN--ZP VNAA N-AF-P APDNM-S CH A-CAF-S PG

ἁμαρτιῶν προσενέγκας θυσίαν εἰς τὸ διηνεκὲς ἐκάθισεν ἐν δεξιᾷ
N-GF-P VPAANM-S N-AF-S PA DANS AP-AN-S VIAA--ZS PD AP-DF-S

τοῦ θεοῦ, 10.13 τὸ λοιπὸν ἐκδεχόμενος ἕως τεθῶσιν οἱ ἐχθροὶ
DGMS N-GM-S DANS AP-AN-S VPPNNM-S CS VSAP--ZP DNMP AP-NM-P

αὐτοῦ ὑποπόδιον τῶν ποδῶν αὐτοῦ· 10.14 μιᾷ γὰρ προσφορᾷ
NPGMZS N-NN-S DGMP N-GM-P NPGMZS A-CDF-S CS N-DF-S

τετελείωκεν εἰς τὸ διηνεκὲς τοὺς ἁγιαζομένους.
VIRA--ZS PA DANS AP-AN-S DAMP□NPAMZP&APRNM-P VPPPAM-P

10.15 Μαρτυρεῖ δὲ ἡμῖν καὶ τὸ πνεῦμα τὸ ἅγιον· μετὰ γὰρ
VIPA--ZS CC NPD-XP AB DNNS N-NN-S DNNS A--NN-S PA CS

τὸ εἰρηκέναι,
DANS VNRAA

10.16 Αὕτη ἡ διαθήκη ἣν διαθήσομαι πρὸς αὐτοὺς
APDNF-S DNFS N-NF-S APRAF-S VIFM--XS PA NPAMZP

μετὰ τὰς ἡμέρας ἐκείνας, λέγει κύριος,
PA DAFP N-AF-P A-DAF-P VIPA--ZS N-NM-S

διδοὺς νόμους μου ἐπὶ καρδίας αὐτῶν,
VPPANMXS N-AM-P NPG-XS PA N-AF-P NPGMZP

καὶ ἐπὶ τὴν διάνοιαν αὐτῶν ἐπιγράψω αὐτούς,
AB/CC PA DAFS N-AF-S NPGMZP VIFA--XS NPAMZP

10.17 καὶ τῶν ἁμαρτιῶν αὐτῶν καὶ τῶν ἀνομιῶν αὐτῶν
CC DGFP N-GF-P NPGMZP CC DGFP N-GF-P NPGMZP

οὐ μὴ μνησθήσομαι ἔτι.
AB AB VIFO--XS AB

10.18 ὅπου δὲ ἄφεσις τούτων, οὐκέτι προσφορὰ περὶ ἁμαρτίας.
CS CC N-NF-S APDGF-P AB N-NF-S PG N-GF-S

10.19 Ἔχοντες οὖν, ἀδελφοί, παρρησίαν εἰς τὴν εἴσοδον τῶν
VPPANMXP CH N-VM-P N-AF-S PA DAFS N-AF-S DGNP

ἁγίων ἐν τῷ αἵματι Ἰησοῦ, 10.20 ἦν ἐνεκαίνισεν ἡμῖν ὁδὸν
AP-GN-P PD DDNS N-DN-S N-GM-S APRAF-S VIAA--ZS NPD-XP N-AF-S

πρόσφατον καὶ ζῶσαν διὰ τοῦ καταπετάσματος, τοῦτ᾽ ἔστιν τῆς
A--AF-S CC VPPAAF-S PG DGNS N-GN-S APDNN-S VIPA--ZS DGFS

σαρκὸς αὐτοῦ, 10.21 καὶ ἱερέα μέγαν ἐπὶ τὸν οἶκον τοῦ θεοῦ,
N-GF-S NPGMZS CC N-AM-S A--AM-S PA DAMS N-AM-S DGMS N-GM-S

10.22 προσερχώμεθα μετὰ ἀληθινῆς καρδίας ἐν πληροφορίᾳ
VSPN--XP PG A--GF-S N-GF-S PD N-DF-S

πίστεως, ῥεραντισμένοι τὰς καρδίας ἀπὸ συνειδήσεως πονηρᾶς
N-GF-S VPRPNMXP DAFP N-AF-P PG N-GF-S A--GF-S

καὶ λελουσμένοι τὸ σῶμα ὕδατι καθαρῷ· 10.23 κατέχωμεν τὴν
CC VPRENMXP DANS N-AN-S N-DN-S A--DN-S VSPA--XP DAFS

ὁμολογίαν τῆς ἐλπίδος ἀκλινῆ, πιστὸς γὰρ ὁ
N-AF-S DGFS N-GF-S A--AF-S A--NM-S CS DNMS□NPNMZS&APRNM-S

ἐπαγγειλάμενος· 10.24 καὶ κατανοῶμεν ἀλλήλους εἰς παροξυσμὸν
VPADNM-S CC VSPA--XP NPRAMXP PA N-AM-S

ἀγάπης καὶ καλῶν ἔργων, 10.25 μὴ ἐγκαταλείποντες τὴν
N-GF-S CC A--GN-P N-GN-P AB VPPANMXP DAFS

ἐπισυναγωγὴν ἑαυτῶν, καθὼς ἔθος τισίν, ἀλλὰ παρακαλοῦντες,
N-AF-S NPGMXP CS N-NN-S APIDM-P CH VPPANMXP

καὶ τοσούτῳ μᾶλλον ὅσῳ βλέπετε ἐγγίζουσαν τὴν ἡμέραν.
AB/CC APDDN-S ABM APRDN-S VIPA--YP VPPAAF-S DAFS N-AF-S

10.26 Ἑκουσίως γὰρ ἁμαρτανόντων ἡμῶν μετὰ τὸ λαβεῖν
AB CS VPPAGMXP NPG-XP PA DANS VNAAA

τὴν ἐπίγνωσιν τῆς ἀληθείας, οὐκέτι περὶ ἁμαρτιῶν ἀπολείπεται
DAFS N-AF-S DGFS N-GF-S AB PG N-GF-P VIPP--ZS

θυσία, 10.27 φοβερὰ δέ τις ἐκδοχὴ κρίσεως καὶ πυρὸς ζῆλος
N-NF-S A--NF-S CH A-INF-S N-NF-S N-GF-S CC N-GN-S N-NM-S/N-NN-S

ἐσθίειν μέλλοντος τοὺς ὑπεναντίους. 10.28 ἀθετήσας τις νόμον
VNPA+ +VPPAGN-S DAMP AP-AM-P VPAANM-S APINM-S N-AM-S

Μωϋσέως χωρὶς οἰκτιρμῶν ἐπὶ δυσὶν ἢ τρισὶν μάρτυσιν
N-GM-S PG N-GM-P PD A-CDM-P CC A-CDM-P N-DM-P

ἀποθνῄσκει· 10.29 πόσῳ δοκεῖτε χείρονος ἀξιωθήσεται τιμωρίας
VIPA--ZS APTDN-S VIPA--YP A-MGF-S VIFP--ZS N-GF-S

ὁ τὸν υἱὸν τοῦ θεοῦ καταπατήσας, καὶ τὸ αἷμα
DNMS□NPNMZS&APRNM-S DAMS N-AM-S DGMS N-GM-S VPAANM-S CC DANS N-AN-S

τῆς διαθήκης κοινὸν ἡγησάμενος ἐν ᾧ ἡγιάσθη, καὶ τὸ
DGFS N-GF-S A--AN-S VPADNM-S PD APRDN-S VIAP--ZS CC DANS

πνεῦμα τῆς χάριτος ἐνυβρίσας; 10.30 οἴδαμεν γὰρ
N-AN-S DGFS N-GF-S VPAANM-S VIRA--XP CS

τὸν εἰπόντα,
DAMS□NPRAMZS&APRNM-S VPAAAM-S

Ἐμοὶ ἐκδίκησις, ἐγὼ ἀνταποδώσω·
NPD-XS N-NF-S NPN-XS VIFA--XS

καὶ πάλιν,
CC AB

Κρινεῖ κύριος τὸν λαὸν αὐτοῦ.
VIFA--ZS N-NM-S DAMS N-AM-S NPGMZS

10.31 φοβερὸν τὸ ἐμπεσεῖν εἰς χεῖρας θεοῦ ζῶντος.
A--NN-S DNNS VNAAN PA N-AF-P N-GM-S VPPAGM-S

10.32 Ἀναμιμνῄσκεσθε δὲ τὰς πρότερον ἡμέρας, ἐν αἷς
VMPP--YP CC DAFP A-MAN-S□A-MAF-P N-AF-P PD APRDF-P

φωτισθέντες πολλὴν ἄθλησιν ὑπεμείνατε παθημάτων,
VPAPNMYP A--AF-S N-AF-S VIAA--YP N-GN-P

10.33 τοῦτο μὲν ὀνειδισμοῖς τε καὶ θλίψεσιν θεατριζόμενοι, τοῦτο
APDAN-S CC N-DM-P CC CC N-DF-P VPPPNMYP APDAN-S

δὲ κοινωνοὶ τῶν οὕτως ἀναστρεφομένων γενηθέντες·
CC N-NM-P DGMP□NPGMZP&APRNM-P AB VPPPGM-P VPAONMYP

10.34 καὶ γὰρ τοῖς δεσμίοις συνεπαθήσατε, καὶ τὴν ἁρπαγὴν
AB CS DDMP N-DM-P VIAA--YP CC DAFS N-AF-S

τῶν ὑπαρχόντων ὑμῶν μετὰ χαρᾶς προσεδέξασθε,
DGNP□NPGNZP&APRNN-P VPPAGN-P NPG-YP PG N-GF-S VIAD--YP

γινώσκοντες ἔχειν ἑαυτοὺς κρείττονα ὕπαρξιν καὶ μένουσαν.
VPPANMYP VNPA NPAMYP A-MAF-S N-AF-S CC VPPAAF-S

10.35 μὴ ἀποβάλητε οὖν τὴν παρρησίαν ὑμῶν, ἥτις ἔχει
AB VSAA--YP□VMAA--YP CH DAFS N-AF-S NPG-YP APRNF-S VIPA--ZS

μεγάλην μισθαποδοσίαν, 10.36 ὑπομονῆς γὰρ ἔχετε χρείαν ἵνα
A--AF-S N-AF-S N-GF-S CS VIPA--YP N-AF-S CS

τὸ θέλημα τοῦ θεοῦ ποιήσαντες κομίσησθε τὴν ἐπαγγελίαν.
DANS N-AN-S DGMS N-GM-S VPAANMYP VSAM--YP DAFS N-AF-S

10.37 ἔτι γὰρ μικρὸν ὅσον ὅσον,
AB CS AP-AM-S APRAM-S APRAM-S

ὁ ἐρχόμενος ἥξει καὶ οὐ χρονίσει·
DNMS□NPNMZS&APRNM-S VPPNNM-S VIFA--ZS CC AB VIFA--ZS

10.38 ὁ δὲ δίκαιός μου ἐκ πίστεως ζήσεται,
DNMS CH AP-NM-S NPG-XS PG N-GF-S VIFM--ZS

καὶ ἐὰν ὑποστείληται,
CC CS VSAM--ZS

οὐκ εὐδοκεῖ ἡ ψυχή μου ἐν αὐτῷ.
AB VIPA--ZS DNFS N-NF-S NPG-XS PD NPDMZS

10.39 ἡμεῖς δὲ οὐκ ἐσμὲν ὑποστολῆς εἰς ἀπώλειαν, ἀλλὰ πίστεως
NPN-XP CH AB VIPA--XP N-GF-S PA N-AF-S CH N-GF-S

εἰς περιποίησιν ψυχῆς.
PA N-AF-S N-GF-S

11.1 Ἔστιν δὲ πίστις ἐλπιζομένων ὑπόστασις, πραγμάτων
VIPA--ZS CC N-NF-S VPPPGN-P N-NF-S N-GN-P

ἔλεγχος οὐ βλεπομένων. 11.2 ἐν ταύτῃ γὰρ ἐμαρτυρήθησαν οἱ
N-NM-S AB VPPPGN-P PD APDDF-S CS VIAP--ZP DNMP

πρεσβύτεροι.
AP-NM-P

11.3 Πίστει νοοῦμεν κατηρτίσθαι τοὺς αἰῶνας ῥήματι θεοῦ, εἰς
　　　N-DF-S　VIPA--XP　VNRP　　　　DAMP N-AM-P　N-DN-S　N-GM-S PA

τὸ μὴ ἐκ φαινομένων τὸ　　　　　βλεπόμενον γεγονέναι.
DANS AB PG VPPEGN-P　　DANS□NPANZS&APRNN-S VPPPAN-S　　VNRAA

11.4 Πίστει πλείονα θυσίαν ῞Αβελ παρὰ Κάϊν προσήνεγκεν
　　　N-DF-S　A-MAF-S　N-AF-S　N-NM-S PA　N-AM-S VIAA--ZS

τῷ θεῷ, δι᾽ ἧς ἐμαρτυρήθη εἶναι δίκαιος, μαρτυροῦντος ἐπὶ
DDMS N-DM-S PG APRGF-S VIAP--ZS　VNPA A--NM-S　VPPAGM-S　　PD

τοῖς δώροις αὐτοῦ τοῦ θεοῦ, καὶ δι᾽ αὐτῆς ἀποθανὼν ἔτι λαλεῖ.
DDNP N-DN-P　NPGMZS DGMS N-GM-S CC　PG NPGFZS VPAANM-S　AB VIPA--ZS

11.5 Πίστει ῾Ενὼχ μετετέθη τοῦ μὴ ἰδεῖν θάνατον, καὶ οὐχ
　　　N-DF-S　N-NM-S VIAP--ZS DGNS AB VNAAG N-AM-S　　CC　AB

ηὑρίσκετο διότι μετέθηκεν αὐτὸν ὁ θεός· πρὸ γὰρ τῆς
VIIP--ZS　CS　VIAA--ZS　NPAMZS DNMS N-NM-S PG　CS　DGFS

μεταθέσεως μεμαρτύρηται εὐαρεστηκέναι τῷ θεῷ, 11.6 χωρὶς δὲ
N-GF-S　　VIRP--ZS　　VNRA　　DDMS N-DM-S　　PG　CC

πίστεως ἀδύνατον εὐαρεστῆσαι, πιστεῦσαι γὰρ δεῖ
N-GF-S　A--NN-S　VNAA　　　VNAA　　CS VIPA--ZS

τὸν　　　　　προσερχόμενον τῷ θεῷ ὅτι ἔστιν καὶ
DAMS□NPAMZS&APRNM-S VPPNAM-S　　DDMS N-DM-S CC VIPA--ZS CC

τοῖς　　　　　ἐκζητοῦσιν αὐτὸν μισθαποδότης γίνεται.
DDMP□NPDMZP&APRNM-P VPPADM-P　NPAMZS N-NM-S　　VIPN--ZS

11.7 Πίστει χρηματισθεὶς Νῶε περὶ τῶν　　　　μηδέπω
　　　N-DF-S　VPAPNM-S　N-NM-S PG DGNP□NPGNZP&APRNN-P AB

βλεπομένων εὐλαβηθεὶς κατεσκεύασεν κιβωτὸν εἰς σωτηρίαν τοῦ
VPPPGN-P　VPAONM-S　VIAA--ZS　　N-AF-S　PA N-AF-S　DGMS

οἴκου αὐτοῦ, δι᾽ ἧς κατέκρινεν τὸν κόσμον, καὶ τῆς κατὰ
N-GM-S NPGMZS PG APRGF-S VIAA--ZS DAMS N-AM-S　CC DGFS PA

πίστιν δικαιοσύνης ἐγένετο κληρονόμος.
N-AF-S　N-GF-S　VIAD--ZS N-NM-S

11.8 Πίστει καλούμενος ᾽Αβραὰμ ὑπήκουσεν ἐξελθεῖν εἰς
　　　N-DF-S　VPPPNM-S　N-NM-S　VIAA--ZS　VNAA　　PA

τόπον ὃν ἤμελλεν λαμβάνειν εἰς κληρονομίαν, καὶ ἐξῆλθεν
N-AM-S APRAM-S VIIA--ZS+ +VNPA　PA N-AF-S　　CC VIAA--ZS

μὴ ἐπιστάμενος ποῦ ἔρχεται. 11.9 Πίστει παρῴκησεν εἰς γῆν τῆς
AB VPPNNM-S　ABT VIPN--ZS　　N-DF-S　VIAA--ZS　PA N-AF-S DGFS

ἐπαγγελίας ὡς ἀλλοτρίαν, ἐν σκηναῖς κατοικήσας μετὰ ᾽Ισαὰκ
N-GF-S　CS AP-AF-S　PD N-DF-P VPAANM-S　PG N-GM-S

καὶ ᾽Ιακὼβ τῶν συγκληρονόμων τῆς ἐπαγγελίας τῆς αὐτῆς·
CC N-GM-S DGMP AP-GM-P　DGFS N-GF-S　　DGFS A--GF-S

11.10 ἐξεδέχετο γὰρ τὴν　　　τοὺς θεμελίους ἔχουσαν πόλιν,
　　　VIIN--ZS　CS DAFS□APRNF-S+ DAMP N-AM-P　VPPAAF-S　N-AF-S

ἧς τεχνίτης καὶ δημιουργὸς ὁ θεός. 11.11 Πίστει — καὶ
APRGF-S N-NM-S CC N-NM-S DNMS N-NM-S N-DF-S AB/CC

αὐτὴ Σάρρα στεῖρα — δύναμιν εἰς καταβολὴν σπέρματος ἔλαβεν
NPNFZS N-NF-S A--NF-S N-AF-S PA N-AF-S N-GN-S VIAA--ZS

καὶ παρὰ καιρὸν ἡλικίας, ἐπεὶ πιστὸν ἡγήσατο τὸν
AB PA N-AM-S N-GF-S CS A--AM-S VIAD--ZS DAMS□NPAMZS&APRNM-S

ἐπαγγειλάμενον· 11.12 διὸ καὶ ἀφ᾽ ἑνὸς ἐγεννήθησαν, καὶ ταῦτα
VPADAM-S CH AB PG APCGM-S VIAP--ZP CC APDAN-P

νενεκρωμένου, καθὼς τὰ ἄστρα τοῦ οὐρανοῦ τῷ πλήθει καὶ ὡς
VPRPGM-S CS DNNP N-NN-P DGMS N-GM-S DDNS N-DN-S CC CS

ἡ ἄμμος ἡ παρὰ τὸ χεῖλος τῆς θαλάσσης ἡ ἀναρίθμητος.
DNFS N-NF-S DNFS PA DANS N-AN-S DGFS N-GF-S DNFS A--NF-S

11.13 Κατὰ πίστιν ἀπέθανον οὗτοι πάντες, μὴ λαβόντες τὰς
PA N-AF-S VIAA--ZP APDNM-P A--NM-P AB VPAANM-P DAFP

ἐπαγγελίας, ἀλλὰ πόρρωθεν αὐτὰς ἰδόντες καὶ ἀσπασάμενοι, καὶ
N-AF-P CH AB NPAFZP VPAANM-P CC VPADNM-P CC

ὁμολογήσαντες ὅτι ξένοι καὶ παρεπίδημοί εἰσιν ἐπὶ τῆς γῆς·
VPAANM-P CC AP-NM-P CC AP-NM-P VIPA--ZP PG DGFS N-GF-S

11.14 οἱ γὰρ τοιαῦτα λέγοντες ἐμφανίζουσιν ὅτι
DNMP□NPNMZP&APRNM-P CS APDAN-P VPPANM-P VIPA--ZP CC

πατρίδα ἐπιζητοῦσιν. 11.15 καὶ εἰ μὲν ἐκείνης ἐμνημόνευον ἀφ᾽
N-AF-S VIPA--ZP CC CS CS APDGF-S VIIA--ZP PG

ἧς ἐξέβησαν, εἶχον ἂν καιρὸν ἀνακάμψαι· 11.16 νῦν δὲ
APRGF-S VIAA--ZP VIIA--ZP QV N-AM-S VNAA AB CH

κρείττονος ὀρέγονται, τοῦτ᾽ ἔστιν ἐπουρανίου. διὸ οὐκ
APMGF-S VIPM--ZP APDNN-S VIPA--ZS A--GF-S CH AB

ἐπαισχύνεται αὐτοὺς ὁ θεὸς θεὸς ἐπικαλεῖσθαι αὐτῶν,
VIPN--ZS NPAMZP DNMS N-NM-S N-NM-S VNPP NPGMZP

ἡτοίμασεν γὰρ αὐτοῖς πόλιν.
VIAA--ZS CS NPDMZP N-AF-S

11.17 Πίστει προσενήνοχεν Ἀβραὰμ τὸν Ἰσαὰκ
N-DF-S VIRA--ZS N-NM-S DAMS N-AM-S

πειραζόμενος, καὶ τὸν μονογενῆ προσέφερεν ὁ
VPPPNM-S CC DAMS AP-AM-S VIIA--ZS DNMS□NPNMZS&APRNM-S

τὰς ἐπαγγελίας ἀναδεξάμενος, 11.18 πρὸς ὃν ἐλαλήθη ὅτι Ἐν
DAFP N-AF-P VPADNM-S PA APRAM-S VIAP--ZS CC PD

Ἰσαὰκ κληθήσεταί σοι σπέρμα, 11.19 λογισάμενος ὅτι καὶ ἐκ
N-DM-S VIFP--ZS□VMPP--ZS NPD-YS N-NN-S VPADNM-S CC AB PG

νεκρῶν ἐγείρειν δυνατὸς ὁ θεός· ὅθεν αὐτὸν καὶ ἐν παραβολῇ
AP-GM-P VNPA A--NM-S DNMS N-NM-S ABR NPAMZS AB PD N-DF-S

ἐκομίσατο. 11.20 Πίστει καὶ περὶ μελλόντων εὐλόγησεν Ἰσαὰκ
VIAM--ZS N-DF-S AB PG VPPAGN-P VIAA--ZS N-NM-S

τὸν Ἰακὼβ καὶ τὸν Ἠσαῦ. 11.21 Πίστει Ἰακὼβ ἀποθνήσκων
DAMS N-AM-S CC DAMS N-AM-S N-DF-S N-NM-S VPPANM-S

ἕκαστον τῶν υἱῶν Ἰωσὴφ εὐλόγησεν, καὶ **προσεκύνησεν ἐπὶ τὸ**
AP-AM-S DGMP N-GM-P N-GM-S VIAA--ZS CC VIAA--ZS PA DANS

ἄκρον τῆς ῥάβδου αὐτοῦ. 11.22 Πίστει Ἰωσὴφ τελευτῶν περὶ τῆς
N-AN-S DGFS N-GF-S NPGMZS N-DF-S N-NM-S VPPANM-S PG DGFS

ἐξόδου τῶν υἱῶν Ἰσραὴλ ἐμνημόνευσεν, καὶ περὶ τῶν ὀστέων
N-GF-S DGMP N-GM-P N-GM-S VIAA--ZS CC PG DGNP N-GN-P

αὐτοῦ ἐνετείλατο.
NPGMZS VIAD--ZS

11.23 Πίστει Μωϋσῆς γεννηθεὶς ἐκρύβη τρίμηνον ὑπὸ τῶν
N-DF-S N-NM-S VPAPNM-S VIAP--ZS AP-AN-S PG DGMP

πατέρων αὐτοῦ, διότι εἶδον ἀστεῖον τὸ παιδίον, καὶ οὐκ
N-GM-P NPGMZS CS VIAA--ZP A--AN-S DANS N-AN-S CC AB

ἐφοβήθησαν τὸ διάταγμα τοῦ βασιλέως. 11.24 Πίστει Μωϋσῆς
VIAO--ZP DANS N-AN-S DGMS N-GM-S N-DF-S N-NM-S

μέγας γενόμενος ἠρνήσατο λέγεσθαι υἱὸς θυγατρὸς Φαραώ,
A--NM-S VPADNM-S VIAD--ZS VNPP N-NM-S N-GF-S N-GM-S

11.25 μᾶλλον ἑλόμενος συγκακουχεῖσθαι τῷ λαῷ τοῦ θεοῦ ἢ
ABM VPAMNM-S VNPN DDMS N-DM-S DGMS N-GM-S CS

πρόσκαιρον ἔχειν ἁμαρτίας ἀπόλαυσιν, 11.26 μείζονα πλοῦτον
A--AF-S VNPA N-GF-S N-AF-S A-MAM-S N-AM-S

ἡγησάμενος τῶν Αἰγύπτου θησαυρῶν τὸν ὀνειδισμὸν τοῦ
VPADNM-S DGMP N-GF-S N-GM-P DAMS N-AM-S DGMS

Χριστοῦ, ἀπέβλεπεν γὰρ εἰς τὴν μισθαποδοσίαν. 11.27 Πίστει
N-GM-S VIIA--ZS CS PA DAFS N-AF-S N-DF-S

κατέλιπεν Αἴγυπτον, μὴ φοβηθεὶς τὸν θυμὸν τοῦ βασιλέως, τὸν
VIAA--ZS N-AF-S AB VPAONM-S DAMS N-AM-S DGMS N-GM-S DAMS

γὰρ ἀόρατον ὡς ὁρῶν ἐκαρτέρησεν. 11.28 Πίστει πεποίηκεν τὸ
CS AP-AM-S CS VPPANM-S VIAA--ZS N-DF-S VIRA--ZS DANS

πάσχα καὶ τὴν πρόσχυσιν τοῦ αἵματος, ἵνα μὴ ὁ
N-AN-S CC DAFS N-AF-S DGNS N-GN-S CS AB DNMS□NPNMZS&APRNM-S

ὀλοθρεύων τὰ πρωτότοκα θίγῃ αὐτῶν. 11.29 Πίστει διέβησαν
VPPANM-S DANP AP-AN-P VSAA--ZS NPGMZP N-DF-S VIAA--ZP

τὴν Ἐρυθρὰν Θάλασσαν ὡς διὰ ξηρᾶς γῆς, ἧς πεῖραν
DAFS A--AF-S N-AF-S CS PG A--GF-S N-GF-S APRGF-S N-AF-S

λαβόντες οἱ Αἰγύπτιοι κατεπόθησαν. 11.30 Πίστει τὰ τείχη
VPAANM-P DNMP AP-NM-P VIAP--ZP N-DF-S DNNP N-NN-S

Ἰεριχὼ ἔπεσαν κυκλωθέντα ἐπὶ ἑπτὰ ἡμέρας. 11.31 Πίστει Ῥαὰβ
N-GF-S VIAA--ZP VPAPNN-P PA A-CAF-P N-AF-P N-DF-S N-NF-S

ἡ πόρνη οὐ συναπώλετο τοῖς ἀπειθήσασιν,
DNFS N-NF-S AB VIAM--ZS DDMP□NPDMZP&APRNM-P VPAADM-P

δεξαμένη τοὺς κατασκόπους μετ᾽ εἰρήνης.
VPADNF-S DAMP N-AM-P PG N-GF-S

11.32 Καὶ τί ἔτι λέγω; ἐπιλείψει με γὰρ διηγούμενον
CC APTAN-S AB VSPA--XS VIFA--ZS NPA-XS CS VPPNAMXS

ὁ χρόνος περὶ Γεδεών, Βαράκ, Σαμψών, Ἰεφθάε, Δαυίδ τε καὶ
DNMS N-NM-S PG N-GM-S N-GM-S N-GM-S N-GM-S N-GM-S CC CC

Σαμουὴλ καὶ τῶν προφητῶν, 11.33 οἳ διὰ πίστεως
N-GM-S CC DGMP N-GM-P APRNM-P PG N-GF-S

κατηγωνίσαντο βασιλείας, εἰργάσαντο δικαιοσύνην, ἐπέτυχον
VIAD--ZP N-AF-P VIAD--ZP N-AF-S VIAA--ZP

ἐπαγγελιῶν, ἔφραξαν στόματα λεόντων, 11.34 ἔσβεσαν δύναμιν
N-GF-P VIAA--ZP N-AN-P N-GM-P VIAA--ZP N-AF-S

πυρός, ἔφυγον στόματα μαχαίρης, ἐδυναμώθησαν ἀπὸ ἀσθενείας,
N-GN-S VIAA--ZP N-AN-P N-GF-S VIAP--ZP PG N-GF-S

ἐγενήθησαν ἰσχυροὶ ἐν πολέμῳ, παρεμβολὰς ἔκλιναν ἀλλοτρίων·
VIAO--ZP A--NM-P PD N-DM-S N-AF-P VIAA--ZP AP-GM-P

11.35 ἔλαβον γυναῖκες ἐξ ἀναστάσεως τοὺς νεκροὺς αὐτῶν· ἄλλοι
VIAA--ZP N-NF-P PG N-GF-S DAMP AP-AM-P NPGFZP AP-NM-P

δὲ ἐτυμπανίσθησαν, οὐ προσδεξάμενοι τὴν ἀπολύτρωσιν, ἵνα
CC VIAP--ZP AB VPADNM-P DAFS N-AF-S CS

κρείττονος ἀναστάσεως τύχωσιν· 11.36 ἕτεροι δὲ ἐμπαιγμῶν καὶ
A-MGF-S N-GF-S VSAA--ZP AP-NM-P CC N-GM-P CC

μαστίγων πεῖραν ἔλαβον, ἔτι δὲ δεσμῶν καὶ φυλακῆς·
N-GF-P N-AF-S VIAA--ZP AB CC N-GM-P CC N-GF-S

11.37 ἐλιθάσθησαν, ἐπρίσθησαν, ἐν φόνῳ μαχαίρης ἀπέθανον,
VIAP--ZP VIAP--ZP PD N-DM-S N-GF-S VIAA--ZP

περιῆλθον ἐν μηλωταῖς, ἐν αἰγείοις δέρμασιν, ὑστερούμενοι
VIAA--ZP PD N-DF-P PD A--DN-P N-DN-P VPPPNM-P

θλιβόμενοι, κακουχούμενοι, 11.38 ὧν οὐκ ἦν ἄξιος ὁ
VPPPNM-P VPPPNM-P APRGM-P AB VIIA--ZS A--NM-S DNMS

κόσμος, ἐπὶ ἐρημίαις πλανώμενοι καὶ ὄρεσιν καὶ σπηλαίοις καὶ
N-NM-S PD N-DF-P VPPPNM-P CC N-DN-P CC N-DN-P CC

ταῖς ὀπαῖς τῆς γῆς.
DDFP N-DF-P DGFS N-GF-S

11.39 Καὶ οὗτοι πάντες μαρτυρηθέντες διὰ τῆς πίστεως οὐκ
CC APDNM-P A--NM-P VPAPNM-P PG DGFS N-GF-S AB

ἐκομίσαντο τὴν ἐπαγγελίαν, 11.40 τοῦ θεοῦ περὶ ἡμῶν κρεῖττόν
VIAM--ZP DAFS N-AF-S DGMS N-GM-S PG NPG-XP APMAN-S

τι προβλεψαμένου, ἵνα μὴ χωρὶς ἡμῶν τελειωθῶσιν.
A-IAN-S VPAMGM-S CS AB PG NPG-XP VSAP--ZP

12.1 Τοιγαροῦν καὶ ἡμεῖς, τοσοῦτον ἔχοντες περικείμενον
CH AB NPN-XP A-DAN-S VPPANMXP VPPNAN-S

ἡμῖν νέφος μαρτύρων, ὄγκον ἀποθέμενοι πάντα καὶ τὴν
NPD-XP N-AN-S N-GM-P N-AM-S VPAMNMXP A--AM-S CC DAFS

εὐπερίστατον ἁμαρτίαν, δι᾽ ὑπομονῆς τρέχωμεν τὸν
A--AF-S N-AF-S PG N-GF-S VSPA--XP DAMS□APRNM-S+

προκείμενον ἡμῖν ἀγῶνα, 12.2 ἀφορῶντες εἰς τὸν τῆς πίστεως
VPPNAM-S NPD-XP N-AM-S VPPANMXP PA DAMS DGFS N-GF-S

ἀρχηγὸν καὶ τελειωτὴν Ἰησοῦν, ὃς ἀντὶ τῆς
N-AM-S CC N-AM-S N-AM-S APRNM-S PG DGFS□APRNF-S+

προκειμένης αὐτῷ χαρᾶς ὑπέμεινεν σταυρὸν αἰσχύνης
VPPNGF-S NPDMZS N-GF-S VIAA--ZS N-AM-S N-GF-S

καταφρονήσας, ἐν δεξιᾷ τε τοῦ θρόνου τοῦ θεοῦ κεκάθικεν.
VPRAANM-S PD AP-DF-S CC DGMS N-GM-S DGMS N-GM-S VIRA--ZS

12.3 ἀναλογίσασθε γὰρ τὸν τοιαύτην
VMAD--YP CS DAMS□NPAMZS&APRNM-S A-DAF-S

ὑπομεμενηκότα ὑπὸ τῶν ἁμαρτωλῶν εἰς ἑαυτὸν ἀντιλογίαν, ἵνα
VPRAAM-S PG DGMP AP-GM-P PA NPAMZS N-AF-S CS

μὴ κάμητε ταῖς ψυχαῖς ὑμῶν ἐκλυόμενοι.
AB VSAA--YP DDFP N-DF-P NPG-YP VPPPNMYP

12.4 Οὔπω μέχρις αἵματος ἀντικατέστητε πρὸς τὴν ἁμαρτίαν
AB PG N-GN-S VIAA--YP PA DAFS N-AF-S

ἀνταγωνιζόμενοι, 12.5 καὶ ἐκλέλησθε τῆς παρακλήσεως, ἥτις
VPPNNMYP CC VIRN--YP DGFS N-GF-S APRNF-S

ὑμῖν ὡς υἱοῖς διαλέγεται,
NPD-YP CS N-DM-P VIPN--ZS

Υἱέ μου, μὴ ὀλιγώρει παιδείας κυρίου,
N-VM-S NPG-XS AB VMPA--YS N-GF-S N-GM-S

μηδὲ ἐκλύου ὑπ᾽ αὐτοῦ ἐλεγχόμενος·
CC VMPP--YS PG NPGMZS VPPPNMYS

12.6 ὃν γὰρ ἀγαπᾷ κύριος παιδεύει,
APRAM-S□APDAM-S&APRAM-S CS VIPA--ZS N-NM-S VIPA--ZS

μαστιγοῖ δὲ πάντα υἱὸν ὃν παραδέχεται.
VIPA--ZS CC A--AM-S N-AM-S APRAM-S VIPN--ZS

12.7 εἰς παιδείαν ὑπομένετε· ὡς υἱοῖς ὑμῖν προσφέρεται ὁ
PA N-AF-S VIPA--YP/VMPA--YP CS N-DM-P NPD-YP VIPP--ZS DNMS

θεός· τίς γὰρ υἱὸς ὃν οὐ παιδεύει πατήρ; 12.8 εἰ δὲ χωρίς
N-NM-S A-TNM-S CS N-NM-S APRAM-S AB VIPA--ZS N-NM-S CS CC PG

ἐστε παιδείας ἧς μέτοχοι γεγόνασιν πάντες, ἄρα νόθοι καὶ
VIPA--YP N-GF-S APRGF-S AP-NM-P VIRA--ZP AP-NM-P CH AP-NM-P CC

οὐχ υἱοί ἐστε. 12.9 εἶτα τοὺς μὲν τῆς σαρκὸς ἡμῶν πατέρας
AB N-NM-P VIPA--YP AB DAMP CS DGFS N-GF-S NPG-XP N-AM-P

εἴχομεν παιδευτὰς καὶ ἐνετρεπόμεθα· οὐ πολὺ [δὲ] μᾶλλον
VIIA--XP N-AM-P CC VIIP--XP AB AP-AN-S□AB CH ABM

ὑποταγησόμεθα τῷ πατρὶ τῶν πνευμάτων καὶ ζήσομεν;
VIFP--XP DDMS N-DM-S DGNP N-GN-P CC VIFA--XP

12.10 οἱ μὲν γὰρ πρὸς ὀλίγας ἡμέρας κατὰ
DNMP□APDNM-P CS CS PA A--AF-P N-AF-P PA

τὸ δοκοῦν αὐτοῖς ἐπαίδευον, ὁ δὲ ἐπὶ
DANS□NPANZS&APRNN-S VPPAAN-S NPDMZP VIIA--ZP DNMS□APDNM-S CH PA

τὸ συμφέρον εἰς τὸ μεταλαβεῖν τῆς ἁγιότητος
DANS□NPANZS&APRNN-S VPPAAN-S PA DANS VNAAA DGFS N-GF-S

αὐτοῦ. 12.11 πᾶσα δὲ παιδεία πρὸς μὲν τὸ παρὸν
NPGMZS A--NF-S CC N-NF-S PA CS DANS□NPANZS&APRNN-S VPPAAN-S

οὐ δοκεῖ χαρᾶς εἶναι ἀλλὰ λύπης, ὕστερον δὲ καρπὸν εἰρηνικὸν
AB VIPA--ZS N-GF-S VNPA CH N-GF-S APMAN-S□ABM CH N-AM-S A--AM-S

τοῖς δι᾽ αὐτῆς γεγυμνασμένοις ἀποδίδωσιν
DDMP□NPDMZP&APRNM-P PG NPGFZS VPRPDM-P VIPA--ZS

δικαιοσύνης.
N-GF-S

12.12 Διὸ τὰς παρειμένας χεῖρας καὶ τὰ
CH DAFP□APRNF-P+ VPRPAF-P N-AF-P CC DANP□APRNN-P+

παραλελυμένα γόνατα ἀνορθώσατε, 12.13 καὶ τροχιὰς ὀρθὰς
VPRPAN-P N-AN-P VMAA--YP CC N-AF-P A--AF-P

ποιεῖτε τοῖς ποσὶν ὑμῶν, ἵνα μὴ τὸ χωλὸν ἐκτραπῇ, ἰαθῇ δὲ
VMPA--YP DDMP N-DM-P NPG-YP CS AB DNNS AP-NN-S VSAP--ZS VSAP--ZS CH

μᾶλλον.
ABM

12.14 Εἰρήνην διώκετε μετὰ πάντων, καὶ τὸν ἁγιασμόν, οὗ
N-AF-S VMPA--YP PG AP-GM-P CC DAMS N-AM-S APRGM-S

χωρὶς οὐδεὶς ὄψεται τὸν κύριον, 12.15 ἐπισκοποῦντες μή τις
PG APCNM-S VIFD--ZS DAMS N-AM-S VRPANMYP CS APINM-S

ὑστερῶν ἀπὸ τῆς χάριτος τοῦ θεοῦ, μή τις ῥίζα πικρίας ἄνω
VPPANM-S PG DGFS N-GF-S DGMS N-GM-S CS A-INF-S N-NF-S N-GF-S AB

φύουσα ἐνοχλῇ καὶ δι᾽ αὐτῆς μιανθῶσιν πολλοί, 12.16 μή τις
VPPANF-S VSPA--ZS CC PG NPGFZS VSAP--ZP AP-NM-P CS A-INM-S

πόρνος ἢ βέβηλος ὡς Ἠσαῦ, ὃς ἀντὶ βρώσεως μιᾶς ἀπέδετο
N-NM-S CC AP-NM-S CS N-NM-S APRNM-S PG N-GF-S A-CGF-S VIAM--ZS

τὰ πρωτοτόκια ἑαυτοῦ. 12.17 ἴστε γὰρ ὅτι καὶ
DANP N-AN-P NPGMZS VIRA--YP/VMRA--YP CS CH/CC AB

μετέπειτα θέλων κληρονομῆσαι τὴν εὐλογίαν ἀπεδοκιμάσθη,
AB VPPANM-S VNAA DAFS N-AF-S VIAP--ZS

μετανοίας γὰρ τόπον οὐχ εὗρεν, καίπερ μετὰ δακρύων ἐκζητήσας
N-GF-S CS N-AM-S AB VIAA--ZS CS PG N-GN-P VPAANM-S

αὐτήν.
NPAFZS

12.18 Οὐ γὰρ προσεληλύθατε ψηλαφωμένῳ καὶ κεκαυμένῳ
AB CS VIRA--YP VPPPDN-S CC VPRPDN-S

πυρὶ καὶ γνόφῳ καὶ ζόφῳ καὶ θυέλλῃ 12.19 καὶ σάλπιγγος ἤχῳ
N-DN-S CC N-DM-S CC N-DM-S CC N-DF-S CC N-GF-S N-DM-S

καὶ φωνῇ ῥημάτων, ἧς οἱ ἀκούσαντες
CC N-DF-S N-GN-P APRGF-S DNMP□NPNMZP&APRNM-P VPAANM-P

παρῃτήσαντο μὴ προστεθῆναι αὐτοῖς λόγον· 12.20 οὐκ ἔφερον
VIAD--ZP AB VNAP NPDMZP N-AM-S AB VIIA--ZP

γὰρ τὸ διαστελλόμενον, Κἂν θηρίον θίγῃ τοῦ
CS DANS□NPANZS&APRNN-S VPPPAN-S AB&CS N-NN-S VSAA--ZS DGNS

687

ὄρους, λιθοβοληθήσεται· 12.21 καί, οὕτω φοβερὸν ἦν
N-GN-S VIFP--ZS□VMAP--ZS CC AB A--NN-S VIIA--ZS

τὸ φανταζόμενον, Μωϋσῆς εἶπεν, Ἔκφοβός εἰμι
DNNS□NPNNZS&APRNN-S VPPPNN-S N-NM-S VIAA--ZS A--NM-S VIPA--XS

καὶ ἔντρομος. 12.22 ἀλλὰ προσεληλύθατε Σιὼν ὄρει καὶ πόλει
CC A--NM-S CH VIRA--YP N-DF-S N-DN-S CC N-DF-S

θεοῦ ζῶντος, Ἰερουσαλὴμ ἐπουρανίῳ, καὶ μυριάσιν ἀγγέλων,
N-GM-S VPPAGM-S N-DF-S A--DF-S CC N-DF-P N-GM-P

πανηγύρει 12.23 καὶ ἐκκλησίᾳ πρωτοτόκων ἀπογεγραμμένων ἐν
N-DF-S CC N-DF-S AP-GM-P VPRPGM-P PD

οὐρανοῖς, καὶ κριτῇ θεῷ πάντων, καὶ πνεύμασι δικαίων
N-DM-P CC N-DM-S N-DM-S AP-GM-P CC N-DN-P AP-GM-P

τετελειωμένων, 12.24 καὶ διαθήκης νέας μεσίτῃ Ἰησοῦ, καὶ
VPRPGM-P CC N-GF-S A--GF-S N-DM-S N-DM-S CC

αἵματι ῥαντισμοῦ κρεῖττον λαλοῦντι παρὰ τὸν Ἄβελ.
N-DN-S N-GM-S APMAN-S/APMAN-S□ABM VPPADM-S PA DAMS N-AM-S

12.25 Βλέπετε μὴ παραιτήσησθε τὸν λαλοῦντα·
VMPA--YP CS VSAD--YP DAMS□NPAMZS&APRNM-S VPPAAM-S

εἰ γὰρ ἐκεῖνοι οὐκ ἐξέφυγον ἐπὶ γῆς παραιτησάμενοι
CS CS APDNM-P AB VIAA--ZP PG N-GF-S VPADNM-P

τὸν χρηματίζοντα, πολὺ μᾶλλον ἡμεῖς
DAMS□NPAMZS&APRNM-S VPPAAM-S AP-AN-S□AB ABM NPN-XP

οἱ τὸν ἀπ᾽ οὐρανῶν ἀποστρεφόμενοι· 12.26 οὗ ἡ
DNMP□APRNMXP DAMS PG N-GM-P VPPPNMXP APRGM-S DNFS

φωνὴ τὴν γῆν ἐσάλευσεν τότε, νῦν δὲ ἐπήγγελται λέγων, Ἔτι
N-NF-S DAFS N-AF-S VIAA--ZS AB AB CH VIRN--ZS VPPANM-S AB

ἅπαξ ἐγὼ σείσω οὐ μόνον τὴν γῆν ἀλλὰ καὶ τὸν οὐρανόν.
AB NPN-XS VIFA--XS AB AP-AN-S□AB DAFS N-AF-S CH AB DAMS N-AM-S

12.27 τὸ δέ, Ἔτι ἅπαξ δηλοῖ [τὴν] τῶν
DNNS CC AB AB VIPA--ZS DAFS DGNP□NPGNZP&APRNN-P

σαλευομένων μετάθεσιν ὡς πεποιημένων, ἵνα μείνῃ
VPPPGN-P N-AF-S CS VPRPGN-P CS VSAA--ZS

τὰ μὴ σαλευόμενα. 12.28 Διὸ βασιλείαν ἀσάλευτον
DNNP□NPNNZP&APRNN-P AB VPPPNN-P CH N-AF-S A--AF-S

παραλαμβάνοντες ἔχωμεν χάριν, δι᾽ ἧς λατρεύωμεν
VPPANMXP VSPA--XP N-AF-S PG APRGF-S VSPA--XP

εὐαρέστως τῷ θεῷ μετὰ εὐλαβείας καὶ δέους· 12.29 καὶ γὰρ ὁ
AB DDMS N-DM-S PG N-GF-S CC N-GN-S AB CS DNMS

θεὸς ἡμῶν πῦρ καταναλίσκον.
N-NM-S NPG-XP N-NN-S VPPANN-S

13.1 Ἡ φιλαδελφία μενέτω. 13.2 τῆς φιλοξενίας μὴ
DNFS N-NF-S VMPA--ZS DGFS N-GF-S AB

ἐπιλανθάνεσθε, διὰ ταύτης γὰρ ἔλαθόν τινες ξενίσαντες
VMPN--YP PG APDGF-S CS VIAA--ZP APINM-P VPAANM-P

ἀγγέλους. 13.3 μιμνῄσκεσθε τῶν δεσμίων ὡς συνδεδεμένοι,
N-AM-P VMPN--YP DGMP N-GM-P CS VPRPNMYP

τῶν κακουχουμένων ὡς καὶ αὐτοὶ ὄντες ἐν σώματι.
DGMP□NPGMZP&APRNM-P VPPPGM-P CS AB NPNMYP VPPANMYP PD N-DN-S

13.4 Τίμιος ὁ γάμος ἐν πᾶσιν καὶ ἡ κοίτη ἀμίαντος, πόρνους
A--NM-S DNMS N-NM-S PD AP-DM-P CC DNFS N-NF-S A--NF-S N-AM-P

γὰρ καὶ μοιχοὺς κρινεῖ ὁ θεός. 13.5 Ἀφιλάργυρος ὁ τρόπος·
CS CC N-AM-P VIFA--ZS DNMS N-NM-S A--NM-S DNMS N-NM-S

ἀρκούμενοι τοῖς παροῦσιν· αὐτὸς γὰρ εἴρηκεν, Οὐ μή
VRPPNMYP DDNP□NPDNZP&APRNN-P VPPADN-P NPNMZS CS VIRA--ZS AB AB

σε ἀνῶ οὐδ᾽ οὐ μή σε ἐγκαταλίπω· 13.6 ὥστε θαρροῦντας
NPA-YS VSAA--XS CC AB AB NPA-YS VSAA--XS CH VPPAAMXP

ἡμᾶς λέγειν,
NPA-XP VNPA

Κύριος ἐμοὶ βοηθός,
N-NM-S NPD-XS AP-NM-S

[καὶ] οὐ φοβηθήσομαι·
CC AB VIFO--XS

τί ποιήσει μοι ἄνθρωπος;
APTAN-S VIFA--ZS NPD-XS N-NM-S

13.7 Μνημονεύετε τῶν ἡγουμένων ὑμῶν, οἵτινες
VMPA--YP DGMP□NPGMZP&APRNM-P VPPNGM-P NPG-YP APRNM-P

ἐλάλησαν ὑμῖν τὸν λόγον τοῦ θεοῦ, ὧν ἀναθεωροῦντες τὴν
VIAA--ZP NPD-YP DAMS N-AM-S DGMS N-GM-S APRGM-P VRPANMYP DAFS

ἔκβασιν τῆς ἀναστροφῆς μιμεῖσθε τὴν πίστιν. 13.8 Ἰησοῦς
N-AF-S DGFS N-GF-S VMPN--YP DAFS N-AF-S N-NM-S

Χριστὸς ἐχθὲς καὶ σήμερον ὁ αὐτός, καὶ εἰς τοὺς αἰῶνας.
N-NM-S AB CC AB DNMS AP-NM-S CC PA DAMP N-AM-P

13.9 διδαχαῖς ποικίλαις καὶ ξέναις μὴ παραφέρεσθε· καλὸν γὰρ
N-DF-P A--DF-P CC A--DF-P AB VMPP--YP A--NN-S CS

χάριτι βεβαιοῦσθαι τὴν καρδίαν, οὐ βρώμασιν, ἐν οἷς οὐκ
N-DF-S VNPP DAFS N-AF-S AB N-DN-P PD APRDN-P AB

ὠφελήθησαν οἱ περιπατοῦντες. 13.10 ἔχομεν
VIAP--ZP DNMP□NPNMZP&APRNM-P VPPANM-P VIPA--XP

θυσιαστήριον ἐξ οὗ φαγεῖν οὐκ ἔχουσιν ἐξουσίαν
N-AN-S PG APRGN-S VNAA AB VIPA--ZP N-AF-S

οἱ τῇ σκηνῇ λατρεύοντες. 13.11 ὧν γὰρ
DNMP□NPNMZP&APRNM-P DDFS N-DF-S VPPANM-P A-RGN-P CS

εἰσφέρεται ζῴων τὸ αἷμα περὶ ἁμαρτίας εἰς τὰ ἅγια διὰ τοῦ
VIPP--ZS N-GN-P DNNS N-NN-S PG N-GF-S PA DANP AP-AN-P PG DGMS

ἀρχιερέως, τούτων τὰ σώματα κατακαίεται ἔξω τῆς παρεμβολῆς.
N-GM-S APDGN-P DNNP N-NN-P VIPP--ZS PG DGFS N-GF-S

13.12 διὸ καὶ Ἰησοῦς, ἵνα ἁγιάσῃ διὰ τοῦ ἰδίου αἵματος τὸν
CH AB N-NM-S CS VSAA--ZS PG DGNS A--GN-S N-GN-S DAMS

λαόν, ἔξω τῆς πύλης ἔπαθεν. 13.13 τοίνυν ἐξερχώμεθα πρὸς αὐτὸν
N-AM-S PG DGFS N-GF-S VIAA--ZS CH VSPN--XP PA NPAMZS

ἔξω τῆς παρεμβολῆς, τὸν ὀνειδισμὸν αὐτοῦ φέροντες· 13.14 οὐ
PG DGFS N-GF-S DAMS N-AM-S NPGMZS VPPANMXP AB

γὰρ ἔχομεν ὧδε μένουσαν πόλιν, ἀλλὰ τὴν
CS VIPA--XP AB VPPAAF-S N-AF-S CH DAFS□NPAFZS&APRNF-S

μέλλουσαν ἐπιζητοῦμεν. 13.15 δι' αὐτοῦ [οὖν] ἀναφέρωμεν
VPPAAF-S VIPA--XP PG NPGMZS CH VSPA--XP

θυσίαν αἰνέσεως διὰ παντὸς τῷ θεῷ, τοῦτ' ἔστιν καρπὸν
N-AF-S N-GF-S PG AP-GM-S DDMS N-DM-S APDNN-S VIPA--ZS N-AM-S

χειλέων ὁμολογούντων τῷ ὀνόματι αὐτοῦ. 13.16 τῆς δὲ εὐποιΐας
N-GN-P VPPAGM-P DDNS N-DN-S NPGMZS DGFS CC N-GF-S

καὶ κοινωνίας μὴ ἐπιλανθάνεσθε, τοιαύταις γὰρ θυσίαις
CC N-GF-S AB VMPN--YP A-DDF-P CS N-DF-P

εὐαρεστεῖται ὁ θεός.
VIPP--ZS DNMS N-NM-S

13.17 Πείθεσθε τοῖς ἡγουμένοις ὑμῶν καὶ
VMPP--YP DDMP□NPDMZP&APRNM-P VPPNDM-P NPG-YP CC

ὑπείκετε, αὐτοὶ γὰρ ἀγρυπνοῦσιν ὑπὲρ τῶν ψυχῶν ὑμῶν ὡς λόγον
VMPA--YP NPNMZP CS VIPA--ZP PG DGFP N-GF-P NPG-YP CS N-AM-S

ἀποδώσοντες, ἵνα μετὰ χαρᾶς τοῦτο ποιῶσιν καὶ μὴ στενάζοντες,
VPFANM-P CS PG N-GF-S APDAN-S VSPA--ZP CC AB VPPANM-P

ἀλυσιτελὲς γὰρ ὑμῖν τοῦτο.
A--NN-S CS NPD-YP APDNN-S

13.18 Προσεύχεσθε περὶ ἡμῶν, πειθόμεθα γὰρ ὅτι καλὴν
VMPN--YP PG NPG-XP VIPP--XP CS CC A--AF-S

συνείδησιν ἔχομεν, ἐν πᾶσιν καλῶς θέλοντες ἀναστρέφεσθαι.
N-AF-S VIPA--XP PD AP-DN-P AB VPPANMXP VNPP

13.19 περισσοτέρως δὲ παρακαλῶ τοῦτο ποιῆσαι ἵνα τάχιον
ABM CC VIPA--XS APDAN-S VNAA CS APRMAN-S□ABM

ἀποκατασταθῶ ὑμῖν.
VSAP--XS NPD-YP

13.20 Ὁ δὲ θεὸς τῆς εἰρήνης, ὁ ἀναγαγὼν ἐκ
DNMS CC N-NM-S DGFS N-GF-S DNMS□APRNM-S VPAANM-S PG

νεκρῶν τὸν ποιμένα τῶν προβάτων τὸν μέγαν ἐν αἵματι
AP-GM-P DAMS N-AM-S DGNP N-GN-P DAMS A--AM-S PD N-DN-S

διαθήκης αἰωνίου, τὸν κύριον ἡμῶν Ἰησοῦν, 13.21 καταρτίσαι
N-GF-S A--GF-S DAMS N-AM-S NPG-XP N-AM-S VOAA--ZS

ὑμᾶς ἐν παντὶ ἀγαθῷ εἰς τὸ ποιῆσαι τὸ θέλημα αὐτοῦ, ποιῶν
NPA-YP PD A--DN-S AP-DN-S PA DANS VNAAA DANS N-AN-S NPGMZS VPPANM-S

ἐν ἡμῖν τὸ εὐάρεστον ἐνώπιον αὐτοῦ διὰ Ἰησοῦ Χριστοῦ, ᾧ
PD NPD-XP DANS AP-AN-S PG NPGMZS PG N-GM-S N-GM-S APRDM-S

ἡ δόξα εἰς τοὺς αἰῶνας [τῶν αἰώνων]· ἀμήν.
DNFS N-NF-S PA DAMP N-AM-P DGMP N-GM-P QS

13.22 Παρακαλῶ δὲ ὑμᾶς, ἀδελφοί, ἀνέχεσθε τοῦ λόγου τῆς
VIPA--XS CC NPA-YP N-VM-P VMPM--YP DGMS N-GM-S DGFS

παρακλήσεως, καὶ γὰρ διὰ βραχέων ἐπέστειλα ὑμῖν.
N-GF-S AB CS PG AP-GM-P/AP-GN-P VIAA--XS NPD-YP

13.23 Γινώσκετε τὸν ἀδελφὸν ἡμῶν Τιμόθεον ἀπολελυμένον,
VIPA--YP/VMPA--YP DAMS N-AM-S NPG-XP N-AM-S VPRPAM-S

μεθ' οὗ ἐὰν τάχιον ἔρχηται ὄψομαι ὑμᾶς.
PG APRGM-S CS APMAN-S□ABM VSPN--ZS VIFD--XS NPA-YP

13.24 Ἀσπάσασθε πάντας τοὺς ἡγουμένους ὑμῶν καὶ
VMAD--YP AP-AM-P DAMP□APRNM-P VPPNAM-P NPG-YP CC

πάντας τοὺς ἁγίους. ἀσπάζονται ὑμᾶς οἱ ἀπὸ τῆς Ἰταλίας.
A--AM-P DAMP AP-AM-P VIPN--ZP NPA-YP DNMP PG DGFS N-GF-S

13.25 ἡ χάρις μετὰ πάντων ὑμῶν.
DNFS N-NF-S PG A--GM-P NPG-YP

691

ΙΑΚΩΒΟΥ

1.1 Ἰάκωβος θεοῦ καὶ κυρίου Ἰησοῦ Χριστοῦ δοῦλος ταῖς
N-NM-S N-GM-S CC N-GM-S N-GM-S N-GM-S N-NM-S DDFP

δώδεκα φυλαῖς ταῖς ἐν τῇ διασπορᾷ χαίρειν.
A-CDF-P N-DF-P DDFP PD DDFS N-DF-S VNPA□QS

1.2 Πᾶσαν χαρὰν ἡγήσασθε, ἀδελφοί μου, ὅταν πειρασμοῖς
A--AF-S N-AF-S VMAD--YP N-VM-P NPG-XS CS N-DM-P

περιπέσητε ποικίλοις, 1.3 γινώσκοντες ὅτι τὸ δοκίμιον ὑμῶν τῆς
VSAA--YP A--DM-P VPPANMYP CH DNNS N-NN-S NPG-YP DGFS

πίστεως κατεργάζεται ὑπομονήν· 1.4 ἡ δὲ ὑπομονὴ ἔργον
N-GF-S VIPN--ZS N-AF-S DNFS CC N-NF-S N-AN-S

τέλειον ἐχέτω, ἵνα ἦτε τέλειοι καὶ ὁλόκληροι, ἐν μηδενὶ
A--AN-S VMPA--ZS CS VSPA--YP A--NM-P CC A--NM-P PD APCDN-S

λειπόμενοι. 1.5 Εἰ δέ τις ὑμῶν λείπεται σοφίας, αἰτείτω παρὰ
VPPENMYP CS CC APINM-S NPG-YP VIPM--ZS N-GF-S VMPA--ZS PG

τοῦ διδόντος θεοῦ πᾶσιν ἁπλῶς καὶ μὴ ὀνειδίζοντος, καὶ
DGMS□APRNM-S+ VPPAGM-S N-GM-S AP-DM-P AB CC AB VPPAGM-S CC

δοθήσεται αὐτῷ. 1.6 αἰτείτω δὲ ἐν πίστει, μηδὲν διακρινόμενος,
VIFP--ZS NPDMZS VMPA--ZS CC PD N-DF-S APCAN-S VPPMNM-S

ὁ γὰρ διακρινόμενος ἔοικεν κλύδωνι θαλάσσης
DNMS□NPNMZS&APRNM-S CS VPPMNM-S VIRA--ZS N-DM-S N-GF-S

ἀνεμιζομένῳ καὶ ῥιπιζομένῳ· 1.7 μὴ γὰρ οἰέσθω ὁ ἄνθρωπος
VPPPDM-S CC VPPPDM-S AB CS VMPN--ZS DNMS N-NM-S

ἐκεῖνος ὅτι λήμψεταί τι παρὰ τοῦ κυρίου, 1.8 ἀνὴρ δίψυχος,
A-DNM-S CC VIFD--ZS APIAN-S PG DGMS N-GM-S N-NM-S A--NM-S

ἀκατάστατος ἐν πάσαις ταῖς ὁδοῖς αὐτοῦ.
A--NM-S PD A--DF-P DDFP N-DF-P NPGMZS

1.9 Καυχάσθω δὲ ὁ ἀδελφὸς ὁ ταπεινὸς ἐν τῷ ὕψει
VMPN--ZS CC DNMS N-NM-S DNMS A--NM-S PD DDNS N-DN-S

αὐτοῦ, 1.10 ὁ δὲ πλούσιος ἐν τῇ ταπεινώσει αὐτοῦ, ὅτι ὡς
NPGMZS DNMS CC AP-NM-S PD DDFS N-DF-S NPGMZS CS CS

ἄνθος χόρτου παρελεύσεται. 1.11 ἀνέτειλεν γὰρ ὁ ἥλιος σὺν
N-NN-S N-GM-S VIFD--ZS VIAA--ZS CS DNMS N-NM-S PD

τῷ καύσωνι καὶ ἐξήρανεν τὸν χόρτον, καὶ τὸ ἄνθος αὐτοῦ
DDMS N-DM-S CC VIAA--ZS DAMS N-AM-S CC DNNS N-NN-S NPGMZS

ἐξέπεσεν καὶ ἡ εὐπρέπεια τοῦ προσώπου αὐτοῦ ἀπώλετο· οὕτως
VIAA--ZS CC DNFS N-NF-S DGNS N-GN-S NPGNZS VIAM--ZS AB

καὶ ὁ πλούσιος ἐν ταῖς πορείαις αὐτοῦ μαρανθήσεται.
AB DNMS AP-NM-S PD DDFP N-DF-P NPGMZS VIFP--ZS

1.12 Μακάριος ἀνὴρ ὃς ὑπομένει πειρασμόν, ὅτι δόκιμος
A--NM-S N-NM-S APRNM-S VIPA--ZS N-AM-S CS A--NM-S

γενόμενος λήμψεται τὸν στέφανον τῆς ζωῆς, ὃν ἐπηγγείλατο
VPADNM-S VIFD--ZS DAMS N-AM-S DGFS N-GF-S APRAM-S VIAD--ZS

τοῖς ἀγαπῶσιν αὐτόν. 1.13 μηδεὶς πειραζόμενος
DDMP□NPDMZP&APRNM-P VPPADM-P NPAMZS APCNM-S VPPPNM-S

λεγέτω ὅτι Ἀπὸ θεοῦ πειράζομαι· ὁ γὰρ θεὸς ἀπείραστός ἐστιν
VMPA--ZS CC PG N-GM-S VIPP--XS DNMS CS N-NM-S A--NM-S VIPA--ZS

κακῶν, πειράζει δὲ αὐτὸς οὐδένα. 1.14 ἕκαστος δὲ πειράζεται
AP-GM-P/AP-GN-P VIPA--ZS CC NPNMZS APCAM-S AP-NM-S CH VIPP--ZS

ὑπὸ τῆς ἰδίας ἐπιθυμίας ἐξελκόμενος καὶ δελεαζόμενος· 1.15 εἶτα
PG DGFS A--GF-S N-GF-S VPPPNM-S CC VPPPNM-S AB

ἡ ἐπιθυμία συλλαβοῦσα τίκτει ἁμαρτίαν, ἡ δὲ ἁμαρτία
DNFS N-NF-S VPAANF-S VIPA--ZS N-AF-S DNFS CC N-NF-S

ἀποτελεσθεῖσα ἀποκύει θάνατον.
VPAPNF-S VIPA--ZS N-AM-S

1.16 Μὴ πλανᾶσθε, ἀδελφοί μου ἀγαπητοί. 1.17 πᾶσα δόσις
AB VMPP--YP N-VM-P NPG-XS A--VM-P A--NF-S N-NF-S

ἀγαθὴ καὶ πᾶν δώρημα τέλειον ἄνωθέν ἐστιν, καταβαῖνον ἀπὸ
A--NF-S CC A--NN-S N-NN-S A--NN-S AB VIPA--ZS VPPANN-S PG

τοῦ πατρὸς τῶν φώτων, παρ’ ᾧ οὐκ ἔνι παραλλαγὴ ἢ
DGMS N-GM-S DGNP N-GN-P PD APRDM-S AB VIPA--ZS N-NF-S CC

τροπῆς ἀποσκίασμα. 1.18 βουληθεὶς ἀπεκύησεν ἡμᾶς λόγῳ
N-GF-S N-NN-S VPAONM-S VIAA--ZS NPA-XP N-DM-S

ἀληθείας, εἰς τὸ εἶναι ἡμᾶς ἀπαρχήν τινα τῶν αὐτοῦ
N-GF-S PA DANS VNPAA NPA-XP N-AF-S A-IAF-S DGNP NPGMZS

κτισμάτων.
N-GN-P

1.19 Ἴστε, ἀδελφοί μου ἀγαπητοί. ἔστω δὲ πᾶς
VIRA--YP/VMRA--YP N-VM-P NPG-XS A--VM-P VMPA--ZS CC A--NM-S

ἄνθρωπος ταχὺς εἰς τὸ ἀκοῦσαι, βραδὺς εἰς τὸ λαλῆσαι,
N-NM-S A--NM-S PA DANS VNAAA A--NM-S PA DANS VNAAA

βραδὺς εἰς ὀργήν· 1.20 ὀργὴ γὰρ ἀνδρὸς δικαιοσύνην θεοῦ οὐκ
A--NM-S PA N-AF-S N-NF-S CS N-GM-S N-AF-S N-GM-S AB

ἐργάζεται. 1.21 διὸ ἀποθέμενοι πᾶσαν ῥυπαρίαν καὶ περισσείαν
VIPN--ZS CH)VRAMNMYP A--AF-S N-AF-S CC N-AF-S

κακίας ἐν πραΰτητι δέξασθε τὸν ἔμφυτον λόγον τὸν
N-GF-S PD N-DF-S VMAD--YP DAMS A--AM-S N-AM-S DAMS□APRNM-S

δυνάμενον σῶσαι τὰς ψυχὰς ὑμῶν.
VPPNAM-S VNAA DAFP N-AF-P NPG-YP

1.22 Γίνεσθε δὲ ποιηταὶ λόγου καὶ μὴ μόνον ἀκροαταὶ
VMPN--YP CC N-NM-P N-GM-S CC AB AP-AN-S□AB N-NM-P

παραλογιζόμενοι ἑαυτούς. 1.23 ὅτι εἴ τις ἀκροατὴς λόγου ἐστὶν
VRPNNMYP NPAMYP CS CS APINM-S N-NM-S N-GM-S VIPA--ZS

καὶ οὐ ποιητής, οὗτος ἔοικεν ἀνδρὶ κατανοοῦντι τὸ πρόσωπον
CC AB N-NM-S APDNM-S VIRA--ZS N-DM-S VPPADM-S DANS N-AN-S

τῆς γενέσεως αὐτοῦ ἐν ἐσόπτρῳ· 1.24 κατενόησεν γὰρ ἑαυτὸν καὶ
DGFS N-GF-S NPGMZS PD N-DN-S VIAA--ZS CS NPAMZS CC

ἀπελήλυθεν καὶ εὐθέως ἐπελάθετο ὁποῖος ἦν. 1.25 ὁ
VIRA--ZS CC AB VIAD--ZS A-TNM-S VIIA--ZS DNMS□APRNM-S+

δὲ παρακύψας εἰς νόμον τέλειον τὸν τῆς ἐλευθερίας καὶ
CH VPAANM-S PA N-AM-S A--AM-S DAMS DGFS N-GF-S CC

παραμείνας, οὐκ ἀκροατὴς ἐπιλησμονῆς γενόμενος ἀλλὰ ποιητὴς
VPAANM-S AB N-NM-S N-GF-S VPADNM-S CH N-NM-S

ἔργου, οὗτος μακάριος ἐν τῇ ποιήσει αὐτοῦ ἔσται.
N-GN-S APDNM-S A--NM-S PD DDFS N-DF-S NPGMZS VIFD--ZS

1.26 Εἴ τις δοκεῖ θρησκὸς εἶναι, μὴ χαλιναγωγῶν γλῶσσαν
CS APINM-S VIPA--ZS A--NM-S VNPA AB VPPANM-S N-AF-S

αὐτοῦ ἀλλὰ ἀπατῶν καρδίαν αὐτοῦ, τούτου μάταιος ἡ θρησκεία.
NPGMZS CH VPPANM-S N-AF-S NPGMZS APDGM-S A--NF-S DNFS N-NF-S

1.27 θρησκεία καθαρὰ καὶ ἀμίαντος παρὰ τῷ θεῷ καὶ πατρὶ
N-NF-S A--NF-S CC A--NF-S PD DDMS N-DM-S CC N-DM-S

αὕτη ἐστίν, ἐπισκέπτεσθαι ὀρφανοὺς καὶ χήρας ἐν τῇ θλίψει
APDNF-S VIPA--ZS VNPN AP-AM-P CC AP-AF-P PD DDFS N-DF-S

αὐτῶν, ἄσπιλον ἑαυτὸν τηρεῖν ἀπὸ τοῦ κόσμου.
NPGMZP A--AM-S NPAMZS VNPA PG DGMS N-GM-S

2.1 Ἀδελφοί μου, μὴ ἐν προσωπολημψίαις ἔχετε τὴν πίστιν
N-VM-P NPG-XS AB PD N-DF-P VMPA--YP DAFS N-AF-S

τοῦ κυρίου ἡμῶν Ἰησοῦ Χριστοῦ τῆς δόξης. 2.2 ἐὰν γὰρ εἰσέλθῃ
DGMS N-GM-S NPG-XP N-GM-S N-GM-S DGFS N-GF-S CS CS VSAA--ZS

εἰς συναγωγὴν ὑμῶν ἀνὴρ χρυσοδακτύλιος ἐν ἐσθῆτι λαμπρᾷ,
PA N-AF-S NPG-YP N-NM-S A--NM-S PD N-DF-S A--DF-S

εἰσέλθῃ δὲ καὶ πτωχὸς ἐν ῥυπαρᾷ ἐσθῆτι, 2.3 ἐπιβλέψητε δὲ ἐπὶ
VSAA--ZS CC AB AP-NM-S PD A--DF-S N-DF-S VSAA--YP CC PA

τὸν φοροῦντα τὴν ἐσθῆτα τὴν λαμπρὰν καὶ εἴπητε,
DAMS□NPAMZS&APRNM-S VPPAAM-S DAFS N-AF-S DAFS A--AF-S CC VSAA--YP

Σὺ κάθου ὧδε καλῶς, καὶ τῷ πτωχῷ εἴπητε, Σὺ στῆθι ἐκεῖ ἢ
NPN-YS VMPN--YS AB AB CC DDMS AP-DM-S VSAA--YP NPN-YS VMAA--YS AB CC

κάθου ὑπὸ τὸ ὑποπόδιόν μου, 2.4 οὐ διεκρίθητε ἐν ἑαυτοῖς καὶ
VMPN--YS PA DANS N-AN-S NPG-XS QT VIAP--YP PD NPDMYP CC

ἐγένεσθε κριταὶ διαλογισμῶν πονηρῶν;
VIAD--YP N-NM-P N-GM-P A--GM-P

2.5 Ἀκούσατε, ἀδελφοί μου ἀγαπητοί. οὐχ ὁ θεὸς
VMAA--YP N-VM-P NPG-XS A--VM-P QT DNMS N-NM-S

ἐξελέξατο τοὺς πτωχοὺς τῷ κόσμῳ πλουσίους ἐν πίστει καὶ
VIAM--ZS DAMP AP-AM-P DDMS N-DM-S A--AM-P PD N-DF-S CC

κληρονόμους τῆς βασιλείας ἧς ἐπηγγείλατο
N-AM-P DGFS N-GF-S APRGF-S□APRAF-S VIAD--ZS

τοῖς ἀγαπῶσιν αὐτόν· 2.6 ὑμεῖς δὲ ἠτιμάσατε τὸν
DDMP□NPDMZP&APRNM-P VPPADM-P NPAMZS NPN-YP CH VIAA--YP DAMS

πτωχόν. οὐχ οἱ πλούσιοι καταδυναστεύουσιν ὑμῶν, καὶ αὐτοὶ
AP-AM-S QT DNMP AP-NM-P VIPA--ZP NPG-YP CC NPNMZP

ἕλκουσιν ὑμᾶς εἰς κριτήρια; 2.7 οὐκ αὐτοὶ βλασφημοῦσιν τὸ
VIPA--ZP NPA-YP PA N-AN-P QT NPNMZP VIPA--ZP DANS

καλὸν ὄνομα τὸ ἐπικληθὲν ἐφ᾽ ὑμᾶς; 2.8 εἰ μέντοι νόμον
A--AN-S N-AN-S DANS□APRNN-S VPAPAN-S PA NPA-YP CS CH N-AM-S

τελεῖτε βασιλικὸν κατὰ τὴν γραφήν, Ἀγαπήσεις τὸν πλησίον
VIPA--YP A--AM-S PA DAFS N-AF-S VIFA--YS□VMPA--YS DAMS AB□AP-AM-S

σου ὡς σεαυτόν, καλῶς ποιεῖτε· 2.9 εἰ δὲ προσωπολημπτεῖτε,
NPG-YS CS NPAMYS AB VIPA--YP CS CC VIPA--YP

ἁμαρτίαν ἐργάζεσθε, ἐλεγχόμενοι ὑπὸ τοῦ νόμου ὡς παραβάται.
N-AF-S VIPN--YP VPPPNMYP PG DGMS N-GM-S CS N-NM-P

2.10 ὅστις γὰρ ὅλον τὸν νόμον τηρήσῃ, πταίσῃ δὲ
APRNM-S□APDNM-S&APRNM-S CS A--AM-S DAMS N-AM-S VSAA--ZS VSAA--ZS CH

ἐν ἑνί, γέγονεν πάντων ἔνοχος. 2.11 ὁ γὰρ
PD APCDN-S VIRA--ZS AP-GN-P A--NM-S DNMS□NPNMZS&APRNM-S CS

εἰπών, Μὴ μοιχεύσῃς, εἶπεν καί, Μὴ φονεύσῃς· εἰ δὲ οὐ
VPAANM-S AB VSAA--YS□VMAA--YS VIAA--ZS AB AB VSAA--YS□VMAA--YS CS CH AB

μοιχεύεις, φονεύεις δέ, γέγονας παραβάτης νόμου. 2.12 οὕτως
VIPA--YS VIPA--YS CH VIRA--YS N-NM-S N-GM-S AB

λαλεῖτε καὶ οὕτως ποιεῖτε ὡς διὰ νόμου ἐλευθερίας μέλλοντες
VMPA--YP CC AB VMPA--YP CS PG N-GM-S N-GF-S VPPANMYP+

κρίνεσθαι. 2.13 ἡ γὰρ κρίσις ἀνέλεος τῷ μὴ
+VNPP DNFS CS N-NF-S A--NF-S DDMS□NPDMZS&APRNM-S AB

ποιήσαντι ἔλεος· κατακαυχᾶται ἔλεος κρίσεως.
VPAADM-S N-AN-S VIPN--ZS N-NN-S N-GF-S

2.14 Τί τὸ ὄφελος, ἀδελφοί μου, ἐὰν πίστιν λέγῃ τις
APTNN-S DNNS N-NN-S N-VM-P NPG-XS CS N-AF-S VSPA--ZS APINM-S

ἔχειν, ἔργα δὲ μὴ ἔχῃ; μὴ δύναται ἡ πίστις σῶσαι αὐτόν;
VNPA N-AN-P CH AB VSPA--ZS QT VIPN--ZS DNFS N-NF-S VNAA NPAMZS

2.15 ἐὰν ἀδελφὸς ἢ ἀδελφὴ γυμνοὶ ὑπάρχωσιν καὶ λειπόμενοι
CS N-NM-S CC N-NF-S A--NM-P VSPA--ZP CC VPPMNM-P

τῆς ἐφημέρου τροφῆς, 2.16 εἴπῃ δέ τις αὐτοῖς ἐξ ὑμῶν,
DGFS A--GF-S N-GF-S VSAA--ZS CC APINM-S NPDMZP PG NPG-YP

Ὑπάγετε ἐν εἰρήνῃ, θερμαίνεσθε καὶ χορτάζεσθε, μὴ δῶτε δὲ
VMPA--YP PD N-DF-S VMPN--YP CC VMPM--YP AB VSAA--YP CC

αὐτοῖς τὰ ἐπιτήδεια τοῦ σώματος, τί τὸ ὄφελος; 2.17 οὕτως
NPDMZP DANP AP-AN-P DGNS N-GN-S APTNN-S DNNS N-NN-S AB

καὶ ἡ πίστις, ἐὰν μὴ ἔχῃ ἔργα, νεκρά ἐστιν καθ᾽ ἑαυτήν.
AB DNFS N-NF-S CS AB VSPA--ZS N-AN-P A--NF-S VIPA--ZS PA NPAFZS

2.18 Ἀλλ᾽ ἐρεῖ τις, Σὺ πίστιν ἔχεις κἀγὼ ἔργα ἔχω.
CC VIFA--ZS APINM-S NPN-YS N-AF-S VIPA--YS CC&NPN-XS N-AN-P VIPA--XS

δεῖξόν μοι τὴν πίστιν σου χωρὶς τῶν ἔργων, κἀγώ σοι
VMAA--YS NPD-XS DAFS N-AF-S NPG-YS PG DGNP N-GN-P CC&NPN-XS NPD-YS

δείξω ἐκ τῶν ἔργων μου τὴν πίστιν. 2.19 σὺ πιστεύεις ὅτι
VIFA--XS PG DGNP N-GN-P NPG-XS DAFS N-AF-S NPN-YS VIPA--YS CC

εἷς ἐστιν ὁ θεός; καλῶς ποιεῖς· καὶ τὰ δαιμόνια
APCNM-S VIPA--ZS DNMS N-NM-S AB VIPA--YS AB DNNP N-NN-P

πιστεύουσιν καὶ φρίσσουσιν. 2.20 θέλεις δὲ γνῶναι, ὦ ἄνθρωπε
VIPA--ZP CC VIPA--ZP VIPA--YS CC VNAA QS N-VM-S

κενέ, ὅτι ἡ πίστις χωρὶς τῶν ἔργων ἀργή ἐστιν; 2.21 Ἀβραὰμ
A--VM-S CC DNFS N-NF-S PG DGNP N-GN-P A--NF-S VIPA--ZS N-NM-S

ὁ πατὴρ ἡμῶν οὐκ ἐξ ἔργων ἐδικαιώθη, ἀνενέγκας Ἰσαὰκ τὸν
DNMS N-NM-S NPG-XP QT PG N-GN-P VIAP--ZS VPAANM-S N-AM-S DAMS

υἱὸν αὐτοῦ ἐπὶ τὸ θυσιαστήριον; 2.22 βλέπεις ὅτι ἡ πίστις
N-AM-S NPGMZS PA DANS N-AN-S VIPA--YS CC DNFS N-NF-S

συνήργει τοῖς ἔργοις αὐτοῦ καὶ ἐκ τῶν ἔργων ἡ πίστις
VIIA--ZS DDNP N-DN-P NPGMZS CC PG DGNP N-GN-P DNFS N-NF-S

ἐτελειώθη, 2.23 καὶ ἐπληρώθη ἡ γραφὴ ἡ λέγουσα,
VIAP--ZS CC VIAP--ZS DNFS N-NF-S DNFS□APRNF-S VPPANF-S

Ἐπίστευσεν δὲ Ἀβραὰμ τῷ θεῷ, καὶ ἐλογίσθη αὐτῷ εἰς
VIAA--ZS CC N-NM-S DDMS N-DM-S CC VIAP--ZS NPDMZS PA

δικαιοσύνην, καὶ φίλος θεοῦ ἐκλήθη. 2.24 ὁρᾶτε ὅτι ἐξ
N-AF-S CC AP-NM-S N-GM-S VIAP--ZS VIPA--YP/VMPA--YP CH/CC PG

ἔργων δικαιοῦται ἄνθρωπος καὶ οὐκ ἐκ πίστεως μόνον.
N-GN-P VIPP--ZS N-NM-S CC AB PG N-GF-S AP-AN-S□AB

2.25 ὁμοίως δὲ καὶ Ῥαὰβ ἡ πόρνη οὐκ ἐξ ἔργων ἐδικαιώθη,
AB CC AB N-NF-S DNFS N-NF-S QT PG N-GN-P VIAP--ZS

ὑποδεξαμένη τοὺς ἀγγέλους καὶ ἑτέρα ὁδῷ ἐκβαλοῦσα;
VPADNF-S DAMP N-AM-P CC A--DF-S N-DF-S VPAANF-S

2.26 ὥσπερ γὰρ τὸ σῶμα χωρὶς πνεύματος νεκρόν ἐστιν, οὕτως
CS CS DNNS N-NN-S PG N-GN-S A--NN-S VIPA--ZS AB

καὶ ἡ πίστις χωρὶς ἔργων νεκρά ἐστιν.
AB DNFS N-NF-S PG N-GN-P A--NF-S VIPA--ZS

3.1 Μὴ πολλοὶ διδάσκαλοι γίνεσθε, ἀδελφοί μου, εἰδότες ὅτι
AB AP-NM-P N-NM-P VMPN--YP N-VM-P NPG-XS VPRANMYP CH

μεῖζον κρίμα λημψόμεθα. 3.2 πολλὰ γὰρ πταίομεν
A-MAN-S N-AN-S VIFD--XP AP-AN-P/AP-AN-P□AB CS VIPA--XP

ἅπαντες. εἴ τις ἐν λόγῳ οὐ πταίει, οὗτος τέλειος ἀνήρ, δυνατὸς
AP-NM-P CS APINM-S PD N-DM-S AB VIPA--ZS APDNM-S A--NM-S N-NM-S A--NM-S

χαλιναγωγῆσαι καὶ ὅλον τὸ σῶμα. 3.3 εἰ δὲ τῶν ἵππων τοὺς
VNAA AB A--AN-S DANS N-AN-S CS CC DGMP N-GM-P DAMP

χαλινοὺς εἰς τὰ στόματα βάλλομεν εἰς τὸ πείθεσθαι αὐτοὺς
N-AM-P PA DANP N-AN-P VIPA--XP PA DANS VNPPA NPAMZP

ἡμῖν, καὶ ὅλον τὸ σῶμα αὐτῶν μετάγομεν. 3.4 ἰδοὺ καὶ τὰ
NPD-XP AB A--AN-S DANS N-AN-S NPGMZP VIPA--XP QS AB DNNP

πλοῖα, τηλικαῦτα ὄντα καὶ ὑπὸ ἀνέμων σκληρῶν ἐλαυνόμενα,
N-NN-P A-DNN-P VPPANN-P CC PG N-GM-P A--GM-P VPPPNN-P

μετάγεται ὑπὸ ἐλαχίστου πηδαλίου ὅπου ἡ ὁρμὴ
VIPP--ZS PG A-SGN-S N-GN-S CS DNFS N-NF-S

τοῦ εὐθύνοντος βούλεται· 3.5 οὕτως καὶ ἡ γλῶσσα
DGMS□NPGMZS&APRNM-S VPPAGM-S VIPN--ZS AB AB DNFS N-NF-S

μικρὸν μέλος ἐστὶν καὶ μεγάλα αὐχεῖ.
A--NN-S N-NN-S VIPA--ZS CC AP-AN-P VIPA--ZS

Ἰδοὺ ἡλίκον πῦρ ἡλίκην ὕλην ἀνάπτει· 3.6 καὶ ἡ γλῶσσα
QS A-TNN-S N-NN-S A-TAF-S N-AF-S VIPA--ZS CC DNFS N-NF-S

πῦρ, ὁ κόσμος τῆς ἀδικίας, ἡ γλῶσσα καθίσταται ἐν τοῖς
N-NN-S DNMS N-NM-S DGFS N-GF-S DNFS N-NF-S VIPP--ZS PD DDNP

μέλεσιν ἡμῶν, ἡ σπιλοῦσα ὅλον τὸ σῶμα καὶ
N-DN-P NPG-XP DNFS□APRNF-S VPPANF-S A--AN-S DANS N-AN-S CC

φλογίζουσα τὸν τροχὸν τῆς γενέσεως καὶ φλογιζομένη ὑπὸ τῆς
VPPANF-S DAMS N-AM-S DGFS N-GF-S CC VPPPNF-S PG DGFS

γεέννης. 3.7 πᾶσα γὰρ φύσις θηρίων τε καὶ πετεινῶν ἑρπετῶν τε
N-GF-S A--NF-S CS N-NF-S N-GN-P CC CC AP-GN-P N-GN-P CC

καὶ ἐναλίων δαμάζεται καὶ δεδάμασται τῇ φύσει τῇ ἀνθρωπίνῃ·
CC AP-GN-P VIPP--ZS CC VIRP--ZS DDFS N-DF-S DDFS A--DF-S

3.8 τὴν δὲ γλῶσσαν οὐδεὶς δαμάσαι δύναται ἀνθρώπων·
DAFS CH N-AF-S APCNM-S VNAA VIPN--ZS N-GM-P

ἀκατάστατον κακόν, μεστὴ ἰοῦ θανατηφόρου. 3.9 ἐν αὐτῇ
A--NN-S AP-NN-S A--NF-S N-GM-S A--GM-S PD NPDFZS

εὐλογοῦμεν τὸν κύριον καὶ πατέρα, καὶ ἐν αὐτῇ καταρώμεθα τοὺς
VIPA--XP DAMS N-AM-S CC N-AM-S CC PD NPDFZS VIPN--XP DAMP

ἀνθρώπους τοὺς καθ᾽ ὁμοίωσιν θεοῦ γεγονότας· 3.10 ἐκ τοῦ
N-AM-P DAMP□APRNM-P PA N-AF-S N-GM-S VPRAAM-P PG DGNS

αὐτοῦ στόματος ἐξέρχεται εὐλογία καὶ κατάρα. οὐ χρή, ἀδελφοί
A--GN-S N-GN-S VIPN--ZS N-NF-S CC N-NF-S AB VIPA--ZS N-VM-P

μου, ταῦτα οὕτως γίνεσθαι. 3.11 μήτι ἡ πηγὴ ἐκ τῆς αὐτῆς
NPG-XS APDNN-P AB VNPN QT DNFS N-NF-S PG DGFS A--GF-S

ὀπῆς βρύει τὸ γλυκὺ καὶ τὸ πικρόν; 3.12 μὴ δύναται, ἀδελφοί
N-GF-S VIPA--ZS DANS AP-AN-S CC DANS AP-AN-S QT VIPN--ZS N-VM-P

μου, συκῆ ἐλαίας ποιῆσαι ἢ ἄμπελος σῦκα; οὔτε ἁλυκὸν
NPG-XS N-NF-S N-AF-P VNAA CC N-NF-S N-AN-P CC AP-NN-S/A--NN-S

γλυκὺ ποιῆσαι ὕδωρ.
A--AN-S/AP-AN-S VNAA N-AN-S/N-NN-S

3.13 Τίς σοφὸς καὶ ἐπιστήμων ἐν ὑμῖν; δειξάτω ἐκ τῆς
APTNM-S A--NM-S CC A--NM-S PD NPD-YP VMAA--ZS PG DGFS

καλῆς ἀναστροφῆς τὰ ἔργα αὐτοῦ ἐν πραΰτητι σοφίας. 3.14 εἰ
A--GF-S N-GF-S DANP N-AN-P NPGMZS PD N-DF-S N-GF-S CS

δὲ ζῆλον πικρὸν ἔχετε καὶ ἐριθείαν ἐν τῇ καρδίᾳ ὑμῶν, μὴ
CC N-AM-S A--AM-S VIPA--YP CC N-AF-S PD DDFS N-DF-S NPG-YP AB

κατακαυχᾶσθε καὶ ψεύδεσθε κατὰ τῆς ἀληθείας. 3.15 οὐκ ἔστιν
VMPN--YP   CC   VMPN--YP   PG   DGFS N-GF-S   AB   VIPA--ZS+

αὕτη ἡ σοφία ἄνωθεν κατερχομένη, ἀλλὰ ἐπίγειος, ψυχική,
A-DNF-S DNFS N-NF-S   AB   +VPPNNF-S   CH   A--NF-S   A--NF-S

δαιμονιώδης· 3.16 ὅπου γὰρ ζῆλος καὶ ἐριθεία, ἐκεῖ ἀκαταστασία
A--NF-S   CS   CS   N-NM-S   CC   N-NF-S   AB   N-NF-S

καὶ πᾶν φαῦλον πρᾶγμα. 3.17 ἡ δὲ ἄνωθεν σοφία πρῶτον μὲν
CC   A--NN-S A--NN-S   N-NN-S   DNFS CH AB□A--NF-S N-NF-S   APOAN-S□AB CC

ἁγνή ἐστιν, ἔπειτα εἰρηνική, ἐπιεικής, εὐπειθής, μεστὴ ἐλέους καὶ
A--NF-S VIPA--ZS   AB   A--NF-S   A--NF-S   A--NF-S   A--NF-S   N-GN-S   CC

καρπῶν ἀγαθῶν, ἀδιάκριτος, ἀνυπόκριτος· 3.18 καρπὸς δὲ
N-GM-P   A--GM-P   A--NF-S   A--NF-S   N-NM-S   CC

δικαιοσύνης ἐν εἰρήνῃ σπείρεται τοῖς   ποιοῦσιν
N-GF-S   PD   N-DF-S   VIPP--ZS   DDMP□NPDMZP&APRNM-P   VPPADM-P

εἰρήνην.
N-AF-S

4.1 Πόθεν πόλεμοι καὶ πόθεν μάχαι ἐν ὑμῖν; οὐκ ἐντεῦθεν, ἐκ
    ABT   N-NM-P   CC   ABT   N-NF-P   PD   NPD-YP   QT   AB   PG

τῶν ἡδονῶν ὑμῶν τῶν   στρατευομένων ἐν τοῖς μέλεσιν
DGFP N-GF-P   NPG-YP DGFP□APRNF-P   VPPMGF-P   PD   DDNP   N-DN-P

ὑμῶν; 4.2 ἐπιθυμεῖτε, καὶ οὐκ ἔχετε· φονεύετε καὶ ζηλοῦτε, καὶ οὐ
NPG-YP   VIPA--YP   CC   AB   VIPA--YP VIPA--YP   CC   VIPA--YP   CC   AB

δύνασθε ἐπιτυχεῖν· μάχεσθε καὶ πολεμεῖτε. οὐκ ἔχετε διὰ τὸ μὴ
VIPN--YP   VNAA   VIPN--YP   CC   VIPA--YP   AB   VIPA--YP PA   DANS AB

αἰτεῖσθαι ὑμᾶς· 4.3 αἰτεῖτε καὶ οὐ λαμβάνετε, διότι κακῶς
VNPMA   NPA-YP   VIPA--YP   CC   AB   VIPA--YP   CS   AB

αἰτεῖσθε, ἵνα ἐν ταῖς ἡδοναῖς ὑμῶν δαπανήσητε. 4.4 μοιχαλίδες,
VIPM--YP   CS   PD   DDFP   N-DF-P   NPG-YP   VSAA--YP   AP-VF-P

οὐκ οἴδατε ὅτι ἡ φιλία τοῦ κόσμου ἔχθρα τοῦ θεοῦ ἐστιν;
QT   VIRA--YP   CC   DNFS N-NF-S   DGMS N-GM-S   N-NF-S   DGMS N-GM-S VIPA--ZS;

ὃς   ἐὰν οὖν βουληθῇ φίλος εἶναι τοῦ κόσμου,
APRNM-S□APDNM-S&APRNM-S QV   CH   VSAO--ZS   AP-NM-S VNPA   DGMS N-GM-S

ἐχθρὸς τοῦ θεοῦ καθίσταται. 4.5 ἢ δοκεῖτε ὅτι κενῶς ἡ γραφὴ
AP-NM-S   DGMS N-GM-S VIPP--ZS   CC VIPA--YP   CC   AB   DNFS N-NF-S

λέγει, Πρὸς φθόνον ἐπιποθεῖ τὸ   πνεῦμα ὃ   κατῴκισεν
VIPA--ZS PA   N-AM-S   VIPA--ZS   DANS/DNNS N-AN-S/N-NN-S APRAN-S VIAA--ZS

ἐν ἡμῖν; 4.6 μείζονα δὲ δίδωσιν χάριν· διὸ λέγει,
PD   NPD-XP   A-MAF-S   CC VIPA--ZS   N-AF-S   CH   VIPA--ZS

      Ὁ θεὸς ὑπερηφάνοις ἀντιτάσσεται,
      DNMS N-NM-S AP-DM-P   VIPM--ZS

      ταπεινοῖς δὲ δίδωσιν χάριν.
      AP-DM-P   CC/CH VIPA--ZS   N-AF-S

4.7 ὑποτάγητε οὖν τῷ θεῷ· ἀντίστητε δὲ τῷ διαβόλῳ, καὶ
    VMAP--YP   CH   DDMS N-DM-S VMAA--YP   CC   DDMS AP-DM-S   CC

φεύξεται ἀφ' ὑμῶν· 4.8 ἐγγίσατε τῷ θεῷ, καὶ ἐγγιεῖ ὑμῖν.
VIFD--ZS PG NPG-YP VMAA--YP DDMS N-DM-S CC VIFA--ZS NPD-YP

καθαρίσατε χεῖρας, ἁμαρτωλοί, καὶ ἁγνίσατε καρδίας, δίψυχοι.
VMAA--YP N-AF-P AP-VM-P CC VMAA--YP N-AF-P AP-VM-P

4.9 ταλαιπωρήσατε καὶ πενθήσατε καὶ κλαύσατε· ὁ γέλως
VMAA--YP CC VMAA--YP CC VMAA--YP DNMS N-NM-S

ὑμῶν εἰς πένθος μετατραπήτω καὶ ἡ χαρὰ εἰς κατήφειαν.
NPG-YP PA N-AN-S VMAP--ZS CC DNFS N-NF-S PA N-AF-S

4.10 ταπεινώθητε ἐνώπιον κυρίου, καὶ ὑψώσει ὑμᾶς.
VMAP--YP PG N-GM-S CC VIFA--ZS NPA-YP

4.11 Μὴ καταλαλεῖτε ἀλλήλων, ἀδελφοί· ὁ
AB VMPA--YP NPGMYP N-VM-P DNMS□NPNMZS&APRNM-S

καταλαλῶν ἀδελφοῦ ἢ κρίνων τὸν ἀδελφὸν αὐτοῦ καταλαλεῖ
VPPANM-S N-GM-S CC VPPANM-S DAMS N-AM-S NPGMZS VIPA--ZS

νόμου καὶ κρίνει νόμον· εἰ δὲ νόμον κρίνεις, οὐκ εἶ ποιητὴς
N-GM-S CC VIPA--ZS N-AM-S CS CC N-AM-S VIPA--YS AB VIPA--YS N-NM-S

νόμου ἀλλὰ κριτής. 4.12 εἷς ἐστιν [ὁ] νομοθέτης καὶ κριτής,
N-GM-S CH N-NM-S APCNM-S VIPA--ZS DNMS N-NM-S CC N-NM-S

ὁ δυνάμενος σῶσαι καὶ ἀπολέσαι· σὺ δὲ τίς εἶ,
DNMS□APRNM-S VPPNNM-S VNAA CC VNAA NPN-YS CH APTNMYS VIPA--YS

ὁ κρίνων τὸν πλησίον;
DVMS□NPVMYS&APRNMYS VPPAVMYS DAMS AB□AP-AM-S

4.13 Ἄγε νῦν οἱ λέγοντες, Σήμερον ἢ
VMPA--YS□QS AB DVMP□NPVMYP&APRNMYP VPPAVMYP AB CC

αὔριον πορευσόμεθα εἰς τήνδε τὴν πόλιν καὶ ποιήσομεν ἐκεῖ
AB VIFD--XP PA A-DAF-S DAFS N-AF-S CC VIFA--XP AB

ἐνιαυτὸν καὶ ἐμπορευσόμεθα καὶ κερδήσομεν· 4.14 οἵτινες οὐκ
N-AM-S CC VIFD--XP CC VIFA--XP APRNMYP AB

ἐπίστασθε τὸ τῆς αὔριον ποία ἡ ζωὴ ὑμῶν. ἀτμὶς γάρ ἐστε
VIPN--YP DANS DGFS AB□AP-GF-S A-TNF-S DNFS N-NF-S NPG-YP N-NF-S CS VIPA--YP

ἡ πρὸς ὀλίγον φαινομένη, ἔπειτα καὶ ἀφανιζομένη·
DNFS□APRNF-S PA AP-AN-S VPPENF-S AB AB VPPPNF-S

4.15 ἀντὶ τοῦ λέγειν ὑμᾶς, Ἐὰν ὁ κύριος θελήσῃ, καὶ ζήσομεν
PG DGNS VNPAG NPA-YP CS DNMS N-NM-S VSAA--ZS CC VIFA--XP

καὶ ποιήσομεν τοῦτο ἢ ἐκεῖνο. 4.16 νῦν δὲ καυχᾶσθε ἐν ταῖς
CC VIFA--XP APDAN-S CC APDAN-S AB CH VIPN--YP PD DDFP

ἀλαζονείαις ὑμῶν· πᾶσα καύχησις τοιαύτη πονηρά ἐστιν.
N-DF-P NPG-YP A--NF-S N-NF-S A-DNF-S A--NF-S VIPA--ZS

4.17 εἰδότι οὖν καλὸν ποιεῖν καὶ μὴ ποιοῦντι, ἁμαρτία αὐτῷ
VPRADM-S CH AP-AN-S VNPA CC AB VPPADM-S N-NF-S NPDMZS

ἐστιν.
VIPA--ZS

5.1 Ἄγε νῦν οἱ πλούσιοι, κλαύσατε ὀλολύζοντες ἐπὶ
VMPA--YS□QS AB DVMP AP-VM-P VMAA--YP VRPANMYP PD

699

ταῖς ταλαιπωρίαις ὑμῶν ταῖς ἐπερχομέναις. 5.2 ὁ πλοῦτος
DDFP N-DF-P NPG-YP DDFP□APRNF-P VPPNDF-P DNMS N-NM-S

ὑμῶν σέσηπεν καὶ τὰ ἱμάτια ὑμῶν σητόβρωτα γέγονεν, 5.3 ὁ
NPG-YP VIRA--ZS CC DNNP N-NN-P NPG-YP A--NN-P VIRA--ZS DNMS

χρυσὸς ὑμῶν καὶ ὁ ἄργυρος κατίωται, καὶ ὁ ἰὸς αὐτῶν εἰς
N-NM-S NPG-YP CC DNMS N-NM-S VIRP--ZS CC DNMS N-NM-S NPGMZP PA

μαρτύριον ὑμῖν ἔσται καὶ φάγεται τὰς σάρκας ὑμῶν ὡς πῦρ·
N-AN-S NPD-YP VIFD--ZS CC VIFD--ZS DAFP N-AF-P NPG-YP CS N-NN-S

ἐθησαυρίσατε ἐν ἐσχάταις ἡμέραις. 5.4 ἰδοὺ ὁ μισθὸς τῶν
VIAA--YP PD A--DF-P N-DF-P QS DNMS N-NM-S DGMP

ἐργατῶν τῶν ἀμησάντων τὰς χώρας ὑμῶν ὁ
N-GM-P DGMP□APRNM-P VPAAGM-P DAFP N-AF-P NPG-YP DNMS□APRNM-S

ἀπεστερημένος ἀφ᾽ ὑμῶν κράζει, καὶ αἱ βοαὶ τῶν
VPRPNM-S PG NPG-YP VIPA--ZS CC DNFP N-NF-P DGMP□NPGMZP&APRNM-P

θερισάντων εἰς τὰ ὦτα κυρίου Σαβαὼθ εἰσεληλύθασιν.
VPAAGM-P PA DANP N-AN-P N-GM-S N-GM-P VIRA--ZP

5.5 ἐτρυφήσατε ἐπὶ τῆς γῆς καὶ ἐσπαταλήσατε, ἐθρέψατε τὰς
VIAA--YP PG DGFS N-GF-S CC VIAA--YP VIAA--YP DAFP

καρδίας ὑμῶν ἐν ἡμέρᾳ σφαγῆς. 5.6 κατεδικάσατε, ἐφονεύσατε
N-AF-P NPG-YP PD N-DF-S N-GF-S VIAA--YP VIAA--YP

τὸν δίκαιον. οὐκ ἀντιτάσσεται ὑμῖν.
DAMS AP-AM-S AB VIPM--ZS NPD-YP

5.7 Μακροθυμήσατε οὖν, ἀδελφοί, ἕως τῆς παρουσίας τοῦ
VMAA--YP CC N-VM-P PG DGFS N-GF-S DGMS

κυρίου. ἰδοὺ ὁ γεωργὸς ἐκδέχεται τὸν τίμιον καρπὸν τῆς γῆς,
N-GM-S QS DNMS N-NM-S VIPN--ZS DAMS A--AM-S N-AM-S DGFS N-GF-S

μακροθυμῶν ἐπ᾽ αὐτῷ ἕως λάβῃ πρόϊμον καὶ ὄψιμον.
VPPANM-S PD NPDMZS CS VSAA--ZS AP-AM-S CC AP-AM-S

5.8 μακροθυμήσατε καὶ ὑμεῖς, στηρίξατε τὰς καρδίας ὑμῶν, ὅτι
VMAA--YP AB NPN-YP VMAA--YP DAFP N-AF-P NPG-YP CS

ἡ παρουσία τοῦ κυρίου ἤγγικεν. 5.9 μὴ στενάζετε, ἀδελφοί,
DNFS N-NF-S DGMS N-GM-S VIRA--ZS AB VMPA--YP N-VM-P

κατ᾽ ἀλλήλων, ἵνα μὴ κριθῆτε· ἰδοὺ ὁ κριτὴς πρὸ τῶν θυρῶν
PG NPGMYP CS AB VSAP--YP QS DNMS N-NM-S PG DGFP N-GF-P

ἔστηκεν. 5.10 ὑπόδειγμα λάβετε, ἀδελφοί, τῆς κακοπαθείας καὶ
VIRA--ZS N-AN-S VMAA--YP N-VM-P DGFS N-GF-S CC

τῆς μακροθυμίας τοὺς προφήτας, οἳ ἐλάλησαν ἐν τῷ
DGFS N-GF-S DAMP N-AM-P APRNM-P VIAA--ZP PD DDNS

ὀνόματι κυρίου. 5.11 ἰδοὺ μακαρίζομεν τοὺς
N-DN-S N-GM-S QS VIPA--XP DAMP□NPAMZP&APRNM-P

ὑπομείναντας· τὴν ὑπομονὴν Ἰὼβ ἠκούσατε, καὶ τὸ τέλος
VPAAAM-P DAFS N-AF-S N-GM-S VIAA--YP CC DANS N-AN-S

κυρίου εἴδετε, ὅτι πολύσπλαγχνός ἐστιν ὁ κύριος καὶ οἰκτίρμων.
N-GM-S VIAA--YP ABR A--NM-S VIPA--ZS DNMS N-NM-S CC A--NM-S

5.12 Πρὸ πάντων δέ, ἀδελφοί μου, μὴ ὀμνύετε, μήτε τὸν
PG   AP-GN-P   CC   N-VM-P   NPG-XS   AB   VMPA--YP   CC   DAMS

οὐρανὸν μήτε τὴν γῆν μήτε ἄλλον τινὰ ὅρκον· ἤτω δὲ ὑμῶν
N-AM-S   CC   DAFS N-AF-S CC   A--AM-S A-IAM-S N-AM-S VMPA--ZS CH NPG-YP

τὸ Ναὶ   ναὶ καὶ τὸ Οὔ   οὔ, ἵνα μὴ ὑπὸ κρίσιν πέσητε.
DNNS QS□AP-NN-S QS   CC   DNNS QS□AP-NN-S QS   CS   AB   PA   N-AF-S   VSAA--YP

5.13 Κακοπαθεῖ τις   ἐν ὑμῖν; προσευχέσθω· εὐθυμεῖ τις;
     VIPA--ZS   APINM-S PD NPD-YP VMPN--ZS   VIPA--ZS APINM-S

ψαλλέτω. 5.14 ἀσθενεῖ τις   ἐν ὑμῖν; προσκαλεσάσθω τοὺς
VMPA--ZS   VIPA--ZS APINM-S PD NPD-YP VMAD--ZS   DAMP

πρεσβυτέρους τῆς ἐκκλησίας, καὶ προσευξάσθωσαν ἐπ᾽ αὐτὸν
AP-AM-P   DGFS N-GF-S   CC VMAD--ZP   PA   NPRAMZS

ἀλείψαντες [αὐτὸν] ἐλαίῳ ἐν τῷ ὀνόματι τοῦ κυρίου· 5.15 καὶ
VPAANM-P   NPRAMZS N-DN-S PD DDNS N-DN-S DGMS N-GM-S   CC

ἡ   εὐχὴ τῆς πίστεως σώσει τὸν   κάμνοντα, καὶ
DNFS N-NF-S DGFS N-GF-S VIFA--ZS DAMS□NPRAMZS&APRNM-S VPPAAM-S CC

ἐγερεῖ αὐτὸν ὁ κύριος· κἂν ἁμαρτίας ᾖ   πεποιηκώς,
VIFA--ZS NPRAMZS DNMS N-NM-S CC&CS N-AF-P VSPA--ZS+ +VPRANM-S

ἀφεθήσεται αὐτῷ. 5.16 ἐξομολογεῖσθε οὖν ἀλλήλοις τὰς ἁμαρτίας
VIFP--ZS   NPDMZS   VMPM--YP   CH NPDMYP   DAFP N-AF-P

καὶ εὔχεσθε ὑπὲρ ἀλλήλων, ὅπως ἰαθῆτε. πολὺ   ἰσχύει δέησις
CC VMPN--YP PG   NPGMYP   CC   VSAP--YP AP-AN-S□AB VIPA--ZS N-NF-S

δικαίου ἐνεργουμένη. 5.17 Ἡλίας ἄνθρωπος ἦν   ὁμοιοπαθὴς
AP-GM-S VPPMNF-S   N-NM-S N-NM-S   VIIA--ZS A--NM-S

ἡμῖν, καὶ προσευχῇ προσηύξατο τοῦ μὴ βρέξαι, καὶ οὐκ ἔβρεξεν
NPD-XP CC N-DF-S   VIAD--ZS   DGNS AB VNAAG CC AB VIAA--ZS

ἐπὶ τῆς γῆς ἐνιαυτοὺς τρεῖς καὶ μῆνας ἕξ·   5.18 καὶ πάλιν
PG DGFS N-GF-S N-AM-P   A-CAM-P CC N-AM-P A-CAM-P   CC AB

προσηύξατο, καὶ ὁ   οὐρανὸς ὑετὸν ἔδωκεν καὶ ἡ   γῆ
VIAD--ZS   CC DNMS N-NM-S N-AM-S VIAA--ZS CC DNFS N-NF-S

ἐβλάστησεν τὸν καρπὸν αὐτῆς.
VIAA--ZS   DAMS N-AM-S NPGFZS

5.19 Ἀδελφοί μου, ἐάν τις   ἐν ὑμῖν πλανηθῇ ἀπὸ τῆς
     N-VM-P NPG-XS CS APINM-S PD NPD-YP VSAP--ZS PG DGFS

ἀληθείας καὶ ἐπιστρέψῃ τις   αὐτόν, 5.20 γινωσκέτω ὅτι
N-GF-S   CC VSAA--ZS   APINM-S NPRAMZS   VMPA--ZS CC

ὁ   ἐπιστρέψας ἁμαρτωλὸν ἐκ πλάνης ὁδοῦ αὐτοῦ
DNMS□NPNMZS&APRNM-S VPAANM-S AP-AM-S PG N-GF-S N-GF-S NPGMZS

σώσει ψυχὴν αὐτοῦ ἐκ θανάτου καὶ καλύψει πλῆθος ἁμαρτιῶν.
VIFA--ZS N-AF-S NPGMZS PG N-GM-S CC VIFA--ZS N-AN-S N-GF-P

ΠΕΤΡΟΥ Α

1.1 Πέτρος ἀπόστολος Ἰησοῦ Χριστοῦ ἐκλεκτοῖς
N-NM-S · N-NM-S · N-GM-S · N-GM-S · AP-DM-P/A--DM-P

παρεπιδήμοις διασπορᾶς Πόντου, Γαλατίας, Καππαδοκίας,
AP-DM-P · N-GF-S · N-GM-S · N-GF-S · N-GF-S

Ἀσίας, καὶ Βιθυνίας, **1.2** κατὰ πρόγνωσιν θεοῦ πατρός, ἐν
N-GF-S · CC · N-GF-S · PA · N-AF-S · N-GM-S · N-GM-S · PD

ἁγιασμῷ πνεύματος, εἰς ὑπακοὴν καὶ ῥαντισμὸν αἵματος Ἰησοῦ
N-DM-S · N-GN-S · PA · N-AF-S · CC · N-AM-S · N-GN-S · N-GM-S

Χριστοῦ· χάρις ὑμῖν καὶ εἰρήνη πληθυνθείη.
N-GM-S · N-NF-S · NPD-YP · CC · N-NF-S · VOAP--ZS

1.3 Εὐλογητὸς ὁ θεὸς καὶ πατὴρ τοῦ κυρίου ἡμῶν Ἰησοῦ
A--NM-S · DNMS · N-NM-S · CC · N-NM-S · DGMS · N-GM-S · NPG-XP · N-GM-S

Χριστοῦ, ὁ κατὰ τὸ πολὺ αὐτοῦ ἔλεος ἀναγεννήσας
N-GM-S · DNMS□APRNM-S · PA · DANS · A--AN-S · NPGMZS · N-AN-S · VPAANM-S

ἡμᾶς εἰς ἐλπίδα ζῶσαν δι' ἀναστάσεως Ἰησοῦ Χριστοῦ ἐκ
NPA-XP · PA · N-AF-S · VPPAAF-S · PG · N-GF-S · N-GM-S · N-GM-S · PG

νεκρῶν, **1.4** εἰς κληρονομίαν ἄφθαρτον καὶ ἀμίαντον καὶ
AP-GM-P · PA · N-AF-S · A--AF-S · CC · A--AF-S · CC

ἀμάραντον, τετηρημένην ἐν οὐρανοῖς εἰς ὑμᾶς **1.5** τοὺς ἐν
A--AF-S · VPRPAF-S · PD · N-DM-P · PA · NPA-YP · DAMP□APRNMYP · PD

δυνάμει θεοῦ φρουρουμένους διὰ πίστεως εἰς σωτηρίαν ἑτοίμην
N-DF-S · N-GM-S · VPPPAMYP · PG · N-GF-S · PA · N-AF-S · A--AF-S

ἀποκαλυφθῆναι ἐν καιρῷ ἐσχάτῳ. **1.6** ἐν ᾧ ἀγαλλιᾶσθε,
VNAP · PD · N-DM-S · A--DM-S · PD · APRDM-S/APRDN-S · VIPM--YP

ὀλίγον ἄρτι εἰ δέον [ἐστὶν] λυπηθέντες ἐν ποικίλοις
AP-AN-S□AB · AB · CS · VPPANN-S+ · +VIPA--ZS · VPAPNMYP · PD · A--DM-P

πειρασμοῖς, **1.7** ἵνα τὸ δοκίμιον ὑμῶν τῆς πίστεως
N-DM-P · CS · DNNS · N-NN-S · NPG-YP · DGFS · N-GF-S

πολυτιμότερον χρυσίου τοῦ ἀπολλυμένου, διὰ πυρὸς δὲ
A-MNN-S · N-GN-S · DGNS□APRNN-S · VPPMGN-S · PG · N-GN-S · CS

δοκιμαζομένου, εὑρεθῇ εἰς ἔπαινον καὶ δόξαν καὶ τιμὴν ἐν
VPPPGN-S · VSAP--ZS · PA · N-AM-S · CC · N-AF-S · CC · N-AF-S · PD

ἀποκαλύψει Ἰησοῦ Χριστοῦ. **1.8** ὃν οὐκ ἰδόντες ἀγαπᾶτε, εἰς
N-DF-S · N-GM-S · N-GM-S · APRAM-S · AB · VPAANMYP · VIPA--YP · PA

ὃν ἄρτι μὴ ὁρῶντες πιστεύοντες δὲ ἀγαλλιᾶσθε χαρᾷ
APRAM-S · AB · AB · VPPANMYP · VPPANMYP · CH · VIPM--YP · N-DF-S

ἀνεκλαλήτῳ καὶ δεδοξασμένῃ, **1.9** κομιζόμενοι τὸ τέλος τῆς
A--DF-S · CC · VPRPDF-S · VPPMNMYP · DANS · N-AN-S · DGFS

πίστεως [ὑμῶν] σωτηρίαν ψυχῶν.
N-GF-S   NPG-YP N-AF-S   N-GF-P

1.10 Περὶ ἧς   σωτηρίας ἐξεζήτησαν καὶ ἐξηραύνησαν
     PG A-RGF-S N-GF-S   VIAA--ZP   CC VIAA--ZP

προφῆται οἱ   περὶ τῆς εἰς ὑμᾶς χάριτος προφητεύσαντες,
N-NM-P   DNMP□APRNM-P PG DGFS PA NPA-YP N-GF-S VPAANM-P

1.11 ἐραυνῶντες εἰς τίνα ἢ ποῖον καιρὸν ἐδήλου τὸ ἐν αὐτοῖς
     VPPANM-P   PA A-TAM-S CC A-TAM-S N-AM-S N-AM-S VIIA--ZS DNNS PD NPDMZP

πνεῦμα Χριστοῦ προμαρτυρόμενον τὰ   εἰς Χριστὸν παθήματα
N-NN-S N-GM-S VPPNNN-S   DANP PA N-AM-S   N-AN-P

καὶ τὰς μετὰ ταῦτα δόξας· 1.12 οἷς   ἀπεκαλύφθη ὅτι οὐχ ἑαυτοῖς
CC DAFP PA APDAN-P N-AF-P   APRDM-P VIAP--ZS   CC AB NPDMZP

ὑμῖν δὲ διηκόνουν αὐτά, ἃ   νῦν ἀνηγγέλη ὑμῖν διὰ
NPD-YP CC VIIA--ZP NPANZP APRNN-P AB VIAP--ZS NPD-YP PG

τῶν   εὐαγγελισαμένων ὑμᾶς [ἐν] πνεύματι ἁγίῳ
DGMP□NPGMZP&APRNM-P   VPAMGM-P   NPA-YP PD N-DN-S A--DN-S

ἀποσταλέντι ἀπ᾽ οὐρανοῦ, εἰς ἃ   ἐπιθυμοῦσιν ἄγγελοι
VPAPDN-S   PG N-GM-S   PA APRAN-P VIPA--ZP   N-NM-P

παρακύψαι.
VNAA

1.13 Διὸ ἀναζωσάμενοι τὰς ὀσφύας τῆς διανοίας ὑμῶν,
     CH VRAMNMYP   DAFP N-AF-P DGFS N-GF-S   NPG-YP

νήφοντες, τελείως ἐλπίσατε ἐπὶ τὴν   φερομένην ὑμῖν χάριν
VRPANMYP AB   VMAA--YP PA DAFS□APRNF-S+ VPPPAF-S NPD-YP N-AF-S

ἐν ἀποκαλύψει Ἰησοῦ Χριστοῦ. 1.14 ὡς τέκνα ὑπακοῆς, μὴ
PD N-DF-S   N-GM-S N-GM-S   CS N-NN-P N-GF-S   AB

συσχηματιζόμενοι ταῖς πρότερον   ἐν τῇ   ἀγνοίᾳ ὑμῶν
VRPENMYP   DDFP APRMAN-S□A-MDF-P PD DDFS N-DF-S NPG-YP

ἐπιθυμίαις, 1.15 ἀλλὰ κατὰ τὸν   καλέσαντα ὑμᾶς
N-DF-P   CH   PA   DAMS□NPAMZS&APRNM-S VPAAAM-S NPA-YP

ἅγιον καὶ αὐτοὶ ἅγιοι ἐν πάσῃ ἀναστροφῇ γενήθητε, 1.16 διότι
A--AM-S AB NPNMYP A--NM-P PD A--DF-S N-DF-S VMAO--YP   CS

γέγραπται [ὅτι] Ἅγιοι ἔσεσθε,   ὅτι ἐγὼ ἅγιός [εἰμι].
VIRP--ZS   CC   A--NM-P VIFD--YP□VMPA--YP CS NPN-XS A--NM-S VIPA--XS

1.17 Καὶ εἰ πατέρα ἐπικαλεῖσθε τὸν   ἀπροσωπολήμπτως
     CC CS N-AM-S VIPM--YP   DAMS□APRNM-S AB

κρίνοντα κατὰ τὸ ἑκάστου ἔργον, ἐν φόβῳ τὸν τῆς παροικίας
VPPAAM-S PA   DANS AP-GM-S N-AN-S PD N-DM-S DAMS DGFS N-GF-S

ὑμῶν χρόνον ἀναστράφητε, 1.18 εἰδότες ὅτι οὐ φθαρτοῖς, ἀργυρίῳ
NPG-YP N-AM-S VMAP--YP   VPRANMYP CH AB AP-DN-P   N-DN-S

ἢ χρυσίῳ ἐλυτρώθητε ἐκ τῆς ματαίας ὑμῶν ἀναστροφῆς
CC N-DN-S VIAP--YP   PG DGFS A--GF-S NPG-YP N-GF-S

πατροπαραδότου, 1.19 ἀλλὰ τιμίῳ αἵματι ὡς ἀμνοῦ ἀμώμου καὶ
A--GF-S   CH   A--DN-S N-DN-S CS N-GM-S A--GM-S CC

ἀσπίλου Χριστοῦ, 1.20 προεγνωσμένου μὲν πρὸ καταβολῆς
A--GM-S N-GM-S VPRPGM-S CC PG N-GF-S

κόσμου, φανερωθέντος δὲ ἐπ᾽ ἐσχάτου τῶν χρόνων δι᾽ ὑμᾶς
N-GM-S VPAPGM-S CC PG AP-GM-S DGMP N-GM-P PA NPA-YP

1.21 τοὺς δι᾽ αὐτοῦ πιστοὺς εἰς θεὸν τὸν ἐγείραντα αὐτὸν
DAMP PG NPGMZS AP-AM-P PA N-AM-S DAMS□APRNM-S VPAAAM-S NPAMZS

ἐκ νεκρῶν καὶ δόξαν αὐτῷ δόντα, ὥστε τὴν πίστιν ὑμῶν καὶ
PG AP-GM-P CC N-AF-S NPDMZS VPAAAM-S CH DAFS N-AF-S NPG-YP CC

ἐλπίδα εἶναι εἰς θεόν.
N-AF-S VNPA PA N-AM-S

1.22 Τὰς ψυχὰς ὑμῶν ἡγνικότες ἐν τῇ ὑπακοῇ τῆς ἀληθείας
DAFP N-AF-P NPG-YP VPRANMYP PD DDFS N-DF-S DGFS N-GF-S

εἰς φιλαδελφίαν ἀνυπόκριτον, ἐκ [καθαρᾶς] καρδίας ἀλλήλους
PA N-AF-S A--AF-S PG A--GF-S N-GF-S NPRAMYP

ἀγαπήσατε ἐκτενῶς, 1.23 ἀναγεγεννημένοι οὐκ ἐκ σπορᾶς
VMAA--YP AB VPRPNMYP AB PG N-GF-S

φθαρτῆς ἀλλὰ ἀφθάρτου, διὰ λόγου ζῶντος θεοῦ καὶ μένοντος·
A--GF-S CH A--GF-S PG N-GM-S VPPAGM-S N-GM-S CC VPPAGM-S

1.24 διότι
CS

πᾶσα σὰρξ ὡς χόρτος,
A--NF-S N-NF-S CS N-NM-S

καὶ πᾶσα δόξα αὐτῆς ὡς ἄνθος χόρτου·
CC A--NF-S N-NF-S NPGFZS CS N-NN-S N-GM-S

ἐξηράνθη ὁ χόρτος,
VIAP--ZS DNMS N-NM-S

καὶ τὸ ἄνθος ἐξέπεσεν·
CC DNNS N-NN-S VIAA--ZS

1.25 τὸ δὲ ῥῆμα κυρίου μένει εἰς τὸν αἰῶνα.
DNNS CH N-NN-S N-GM-S VIPA--ZS PA DAMS N-AM-S

τοῦτο δέ ἐστιν τὸ ῥῆμα τὸ εὐαγγελισθὲν εἰς ὑμᾶς.
APDNN-S CC VIPA--ZS DNNS N-NN-S DNNS□APRNN-S VPAPNN-S PA NPA-YP

2.1 Ἀποθέμενοι οὖν πᾶσαν κακίαν καὶ πάντα δόλον καὶ
VRAMNMYP CH A--AF-S N-AF-S CC A--AM-S N-AM-S CC

ὑποκρίσεις καὶ φθόνους καὶ πάσας καταλαλιάς, 2.2 ὡς
N-AF-P CC N-AM-P CC A--AF-P N-AF-P CS

ἀρτιγέννητα βρέφη τὸ λογικὸν ἄδολον γάλα ἐπιποθήσατε, ἵνα
A--NN-P N-NN-P DANS A--AN-S A--AN-S N-AN-S VMAA--YP CS

ἐν αὐτῷ αὐξηθῆτε εἰς σωτηρίαν, 2.3 εἰ ἐγεύσασθε ὅτι χρηστὸς
PD NPDNZS VSAP--YP PA N-AF-S CS VIAD--YP CC A--NM-S

ὁ κύριος. 2.4 πρὸς ὃν προσερχόμενοι, λίθον ζῶντα, ὑπὸ
DNMS N-NM-S PA APRAM-S VPPNNMYP N-AM-S VPPAAM-S PG

ἀνθρώπων μὲν ἀποδεδοκιμασμένον παρὰ δὲ θεῷ ἐκλεκτὸν
N-GM-P CS VPRPAM-S PD CH N-DM-S A--AM-S

ἔντιμον, 2.5 καὶ αὐτοὶ ὡς λίθοι ζῶντες οἰκοδομεῖσθε οἶκος
A--AM-S   AB   NPNMYP   CS   N-NM-P   VPPANMYP   VIPP--YP/VMPP--YP   N-NM-S

πνευματικὸς εἰς ἱεράτευμα ἅγιον, ἀνενέγκαι πνευματικὰς θυσίας
A--NM-S   PA   N-AN-S   A--AN-S   VNAA   A--AF-P   N-AF-P

εὐπροσδέκτους [τῷ] θεῷ διὰ Ἰησοῦ Χριστοῦ. 2.6 διότι περιέχει
A--AF-P   DDMS   N-DM-S   PG   N-GM-S   N-GM-S   CS   VIPA--ZS

ἐν γραφῇ,
PD   N-DF-S

     Ἰδοὺ τίθημι ἐν Σιὼν λίθον
     QS   VIPA--XS   PD   N-DF-S   N-AM-S

        ἀκρογωνιαῖον ἐκλεκτὸν ἔντιμον,
        A--AM-S   A--AM-S   A--AM-S

    καὶ ὁ   πιστεύων ἐπ' αὐτῷ οὐ μὴ
    CC   DNMS□NPNMZS&APRNM-S   VPPANM-S   PD   NPDMZS   AB   AB

      καταισχυνθῇ.
      VSAP--ZS

2.7 ὑμῖν οὖν ἡ τιμὴ τοῖς   πιστεύουσιν· ἀπιστοῦσιν δὲ
NPD-YP   CH   DNFS   N-NF-S   DDMP□APRNMYP   VPPADMYP   VPPADM-P   CC

   λίθος ὃν   ἀπεδοκίμασαν οἱ
   N-NM-S   APRAM-S   VIAA--ZP   DNMP□NPNMZP&APRNM-P

     οἰκοδομοῦντες
     VPPANM-P

    οὗτος ἐγενήθη εἰς κεφαλὴν γωνίας
    APDNM-S   VIAO--ZS   PA   N-AF-S   N-GF-S

2.8 καὶ
   CC

   λίθος προσκόμματος
   N-NM-S   N-GN-S

     καὶ πέτρα σκανδάλου·
     CC   N-NF-S   N-GN-S

οἳ   προσκόπτουσιν τῷ λόγῳ ἀπειθοῦντες, εἰς ὃ   καὶ
APRNM-P   VIPA--ZP   DDMS   N-DM-S   VPPANM-P   PA   APRAN-S   AB

ἐτέθησαν.
VIAP--ZP

2.9 Ὑμεῖς δὲ γένος ἐκλεκτόν, βασίλειον ἱεράτευμα, ἔθνος
   NPN-YP   CH   N-NN-S   A--NN-S   A--NN-S   N-NN-S   N-NN-S

ἅγιον, λαὸς εἰς περιποίησιν, ὅπως τὰς ἀρετὰς ἐξαγγείλητε
A--NN-S   N-NM-S   PA   N-AF-S   CS   DAFP   N-AF-P   VSAA--YP

τοῦ   ἐκ σκότους ὑμᾶς καλέσαντος εἰς τὸ θαυμαστὸν
DGMS□NPGMZS&APRNM-S   PG   N-GN-S   NPA-YP   VPAAGM-S   PA   DANS   A--AN-S

αὐτοῦ φῶς·
NPGMZS   N-AN-S

2.10 οἵ   ποτε οὐ λαὸς
   APRNMYP   ABI   AB   N-NM-S

νῦν δὲ λαὸς θεοῦ,
AB CH N-NM-S N-GM-S

οἱ οὐκ ἠλεημένοι
DNMP□NPNMYP&APRNMYP AB VPRPNMYP

νῦν δὲ ἐλεηθέντες.
AB CH VPAPNMYP

2.11 Ἀγαπητοί, παρακαλῶ ὡς παροίκους καὶ παρεπιδήμους
AP-VM-P VIPA--XS CS AP-AM-P CC AP-AM-P

ἀπέχεσθαι τῶν σαρκικῶν ἐπιθυμιῶν, αἵτινες στρατεύονται κατὰ
VNPM DGFP A--GF-P N-GF-P APRNF-P VIPM--ZP PG

τῆς ψυχῆς· 2.12 τὴν ἀναστροφὴν ὑμῶν ἐν τοῖς ἔθνεσιν ἔχοντες
DGFS N-GF-S DAFS N-AF-S NPG-YP PD DDNP N-DN-P VRPANMYP

καλήν, ἵνα, ἐν ᾧ καταλαλοῦσιν ὑμῶν ὡς
A--AF-S CS PD APRDN-S□APDDN-S&APRDN-S VIPA--ZP NPG-YP CS

κακοποιῶν, ἐκ τῶν καλῶν ἔργων ἐποπτεύοντες δοξάσωσιν τὸν
AP-GM-P PG DGNP A--GN-P N-GN-P VPPANM-P VSAA--ZP DAMS

θεὸν ἐν ἡμέρᾳ ἐπισκοπῆς.
N-AM-S PD N-DF-S N-GF-S

2.13 Ὑποτάγητε πάσῃ ἀνθρωπίνῃ κτίσει διὰ τὸν κύριον· εἴτε
VMAP--YP A--DF-S A--DF-S N-DF-S PA DAMS N-AM-S CC

βασιλεῖ ὡς ὑπερέχοντι, 2.14 εἴτε ἡγεμόσιν ὡς δι’ αὐτοῦ
N-DM-S CS VPPADM-S CC N-DM-P CS PG NPGMZS

πεμπομένοις εἰς ἐκδίκησιν κακοποιῶν ἔπαινον δὲ ἀγαθοποιῶν·
VPPPDM-P PA N-AF-S AP-GM-P N-AM-S CC/CH AP-GM-P

2.15 ὅτι οὕτως ἐστὶν τὸ θέλημα τοῦ θεοῦ, ἀγαθοποιοῦντας
CS AB VIPA--ZS DNNS N-NN-S DGMS N-GM-S VPPAAMYP

φιμοῦν τὴν τῶν ἀφρόνων ἀνθρώπων ἀγνωσίαν· 2.16 ὡς ἐλεύθεροι,
VNPA DAFS DGMP A--GM-P N-GM-P N-AF-S CS AP-NM-P

καὶ μὴ ὡς ἐπικάλυμμα ἔχοντες τῆς κακίας τὴν ἐλευθερίαν, ἀλλ’ ὡς
CC AB CS N-AN-S VRPANMYP DGFS N-GF-S DAFS N-AF-S CH CS

θεοῦ δοῦλοι. 2.17 πάντας τιμήσατε, τὴν ἀδελφότητα ἀγαπᾶτε,
N-GM-S N-NM-P AP-AM-P VMAA--YP DAFS N-AF-S VMPA--YP

τὸν θεὸν φοβεῖσθε, τὸν βασιλέα τιμᾶτε.
DAMS N-AM-S VMPN--YP DAMS N-AM-S VMPA--YP

2.18 Οἱ οἰκέται ὑποτασσόμενοι ἐν παντὶ φόβῳ τοῖς
DVMP N-VM-P VRPPNMYP PD A--DM-S N-DM-S DDMP

δεσπόταις, οὐ μόνον τοῖς ἀγαθοῖς καὶ ἐπιεικέσιν ἀλλὰ καὶ τοῖς
N-DM-P AB AP-AN-S□AB DDMP AP-DM-P CC AP-DM-P CH AB DDMP

σκολιοῖς. 2.19 τοῦτο γὰρ χάρις εἰ διὰ συνείδησιν θεοῦ ὑποφέρει
AP-DM-P APDNN-S CS N-NF-S ABR PA N-AF-S N-GM-S VIPA--ZS

τις λύπας πάσχων ἀδίκως. 2.20 ποῖον γὰρ κλέος εἰ
APINM-S N-AF-P VPPANM-S AB A-TNN-S CS N-NN-S ABR

ἁμαρτάνοντες καὶ κολαφιζόμενοι ὑπομενεῖτε; ἀλλ’ εἰ
VPPANMYP CC VPPPNMYP VIFA--YP CH CS

ἀγαθοποιοῦντες καὶ πάσχοντες ὑπομενεῖτε, τοῦτο χάρις παρὰ
VPPANMYP CC VPPANMYP VIFA--YP APDNN-S N-NF-S PD

θεῷ. 2.21 εἰς τοῦτο γὰρ ἐκλήθητε, ὅτι καὶ Χριστὸς ἔπαθεν ὑπὲρ
N-DM-S PA APDAN-S CS VIAP--YP CS AB N-NM-S VIAA--ZS PG

ὑμῶν, ὑμῖν ὑπολιμπάνων ὑπογραμμὸν ἵνα ἐπακολουθήσητε τοῖς
NPG-YP NPD-YP VPPANM-S N-AM-S CS VSAA--YP DDNP

ἴχνεσιν αὐτοῦ·
N-DN-P NPGMZS

2.22 ὃς ἁμαρτίαν οὐκ ἐποίησεν
APRNM-S N-AF-S AB VIAA--ZS

   οὐδὲ εὑρέθη δόλος ἐν τῷ στόματι αὐτοῦ·
   CC VIAP--ZS N-NM-S PD DDNS N-DN-S NPGMZS

2.23 ὃς λοιδορούμενος οὐκ ἀντελοιδόρει, πάσχων οὐκ ἠπείλει,
APRNM-S VPPPNM-S AB VIIA--ZS VPPANM-S AB VIIA--ZS

παρεδίδου δὲ τῷ   κρίνοντι δικαίως· 2.24 ὃς τὰς
VIIA--ZS CH DDMS□NPDMZS&APRNM-S VPPADM-S AB APRNM-S DAFP

ἁμαρτίας ἡμῶν αὐτὸς ἀνήνεγκεν ἐν τῷ σώματι αὐτοῦ ἐπὶ τὸ
N-AF-P NPG-XP NPNMZS VIAA--ZS PD DDNS N-DN-S NPGMZS PA DANS

ξύλον, ἵνα ταῖς ἁμαρτίαις ἀπογενόμενοι τῇ δικαιοσύνῃ ζήσωμεν·
N-AN-S CS DDFP N-DF-P VPADNMXP DDFS N-DF-S VSAA--XP

οὗ τῷ μώλωπι ἰάθητε. 2.25 ἦτε γὰρ ὡς πρόβατα
APRGM-S DDMS N-DM-S VIAP--YP VIIA--YP+ CS CS N-NN-P

πλανώμενοι, ἀλλὰ ἐπεστράφητε νῦν ἐπὶ τὸν ποιμένα καὶ
+VPPPNMYP CH VIAP--YP AB PA DAMS N-AM-S CC

ἐπίσκοπον τῶν ψυχῶν ὑμῶν.
N-AM-S DGFP N-GF-P NPG-YP

3.1 Ὁμοίως [αἱ] γυναῖκες ὑποτασσόμεναι τοῖς ἰδίοις
AB DVFP N-VF-P VRPPNFYP DDMP A--DM-P

ἀνδράσιν, ἵνα καὶ εἴ τινες ἀπειθοῦσιν τῷ λόγῳ διὰ τῆς τῶν
N-DM-P CS AB CS APINM-P VIPA--ZP DDMS N-DM-S PG DGFS DGFP

γυναικῶν ἀναστροφῆς ἄνευ λόγου κερδηθήσονται
N-GF-P N-GF-S PG N-GM-S VIFP--ZP

3.2 ἐποπτεύσαντες τὴν ἐν φόβῳ ἁγνὴν ἀναστροφὴν ὑμῶν.
VPAANM-P DAFS PD N-DM-S A--AF-S N-AF-S NPG-YP

3.3 ὧν ἔστω οὐχ ὁ ἔξωθεν ἐμπλοκῆς τριχῶν καὶ
APRGFYP VMPA--ZS AB DNMS AB□A--NM-S N-GF-S N-GF-P CC

περιθέσεως χρυσίων ἢ ἐνδύσεως ἱματίων κόσμος, 3.4 ἀλλ᾽ ὁ
N-GF-S N-GN-P CC N-GF-S N-GN-P N-NM-S CH DNMS

κρυπτὸς τῆς καρδίας ἄνθρωπος ἐν τῷ ἀφθάρτῳ τοῦ πραέως καὶ
A--NM-S DGFS N-GF-S N-NM-S PD DDMS AP-DM-S DGNS A--GN-S CC

ἡσυχίου πνεύματος, ὅ ἐστιν ἐνώπιον τοῦ θεοῦ πολυτελές.
A--GN-S N-GN-S APRNN-S VIPA--ZS PG DGMS N-GM-S A--NN-S

3.5 οὕτως γάρ ποτε καὶ αἱ ἅγιαι γυναῖκες αἱ ἐλπίζουσαι
AB CS ABI AB DNFP A--NF-P N-NF-P DNFP□APRNF-P VPPANF-P

εἰς θεὸν ἐκόσμουν ἑαυτάς, ὑποτασσόμεναι τοῖς ἰδίοις ἀνδράσιν,
PA N-AM-S VIIA--ZP NPAFZP VPPPNF-P DDMP A--DM-P N-DM-P

3.6 ὡς Σάρρα ὑπήκουσεν τῷ Ἀβραάμ, κύριον αὐτὸν καλοῦσα·
CS N-NF-S VIAA--ZS DDMS N-DM-S N-AM-S NPAMZS VPPANF-S

ἧς ἐγενήθητε τέκνα ἀγαθοποιοῦσαι καὶ μὴ φοβούμεναι
APRGF-S VIAO--YP N-NN-P VPPANFYP CC AB VPPNNFYP

μηδεμίαν πτόησιν.
A-CAF-S N-AF-S

3.7 Οἱ ἄνδρες ὁμοίως συνοικοῦντες κατὰ γνῶσιν, ὡς
DVMP N-VM-P AB VRPANMYP PA N-AF-S CS

ἀσθενεστέρῳ σκεύει τῷ γυναικείῳ ἀπονέμοντες τιμήν, ὡς καὶ
A-MDN-S N-DN-S DDNS A--DN-S VRPANMYP N-AF-S CS AB

συγκληρονόμοις χάριτος ζωῆς, εἰς τὸ μὴ ἐγκόπτεσθαι τὰς
AP-DM-P N-GF-S N-GF-S PA DANS AB VNPPA DAFP

προσευχὰς ὑμῶν.
N-AF-P NPG-YP

3.8 Τὸ δὲ τέλος πάντες ὁμόφρονες, συμπαθεῖς, φιλάδελφοι,
DANS CC N-AN-S AP-VM-P A--NM-P A--NM-P A--NM-P

εὔσπλαγχνοι, ταπεινόφρονες, 3.9 μὴ ἀποδιδόντες κακὸν ἀντὶ
A--NM-P A--NM-P AB VRPANMYP AP-AN-S PG

κακοῦ ἢ λοιδορίαν ἀντὶ λοιδορίας, τοὐναντίον δὲ εὐλογοῦντες, ὅτι
AP-GN-S CC N-AF-S PG N-GF-S DANS&AP-AN-S CC VRPANMYP CS

εἰς τοῦτο ἐκλήθητε ἵνα εὐλογίαν κληρονομήσητε.
PA APDAN-S VIAP--YP CS N-AF-S VSAA--YP

3.10 ὁ γὰρ θέλων ζωὴν ἀγαπᾶν
DNMS□NPNMZS&APRNM-S CS VPPANM-S N-AF-S VNPA

καὶ ἰδεῖν ἡμέρας ἀγαθὰς
CC VNAA N-AF-P A--AF-P

παυσάτω τὴν γλῶσσαν ἀπὸ κακοῦ
VMAA--ZS DAFS N-AF-S PG AP-GN-S

καὶ χείλη τοῦ μὴ λαλῆσαι δόλον,
CC N-AN-P DGNS AB VNAAG N-AM-S

3.11 ἐκκλινάτω δὲ ἀπὸ κακοῦ καὶ ποιησάτω ἀγαθόν,
VMAA--ZS CC PG AP-GN-S CC VMAA--ZS AP-AN-S

ζητησάτω εἰρήνην καὶ διωξάτω αὐτήν.
VMAA--ZS N-AF-S CC VMAA--ZS NPAFZS

3.12 ὅτι ὀφθαλμοὶ κυρίου ἐπὶ δικαίους
CS N-NM-P N-GM-S PA AP-AM-P

καὶ ὦτα αὐτοῦ εἰς δέησιν αὐτῶν,
CC N-NN-P NPGMZS PA N-AF-S NPGMZP

πρόσωπον δὲ κυρίου ἐπὶ ποιοῦντας κακά.
N-NN-S CC N-GM-S PA VPPAAM-P AP-AN-P

3.13 Καὶ τίς ὁ κακώσων ὑμᾶς ἐὰν τοῦ
CC APTNM-S DNMS□NPNMZS&APRNM-S VPFANM-S NPA-YP CS DGNS

ἀγαθοῦ ζηλωταὶ γένησθε; 3.14 ἀλλ’ εἰ καὶ πάσχοιτε διὰ
AP-GN-S N-NM-P VSAD--YP CH CS AB VOPA--YP PA

δικαιοσύνην, μακάριοι. τὸν δὲ φόβον αὐτῶν μὴ φοβηθῆτε
N-AF-S A--NM-P DAMS CH N-AM-S NPGMZP AB VSAO--YP□VMAO--YP

μηδὲ ταραχθῆτε, 3.15 κύριον δὲ τὸν Χριστὸν ἁγιάσατε ἐν ταῖς
CC VSAP--YP□VMAP--YP N-AM-S CH DAMS N-AM-S VMAA--YP PD DDFP

καρδίαις ὑμῶν, ἕτοιμοι ἀεὶ πρὸς ἀπολογίαν παντὶ τῷ
N-DF-P NPG-YP A--NM-P AB PA N-AF-S AP-DM-S DDMS□APRNM-S

αἰτοῦντι ὑμᾶς λόγον περὶ τῆς ἐν ὑμῖν ἐλπίδος, 3.16 ἀλλὰ μετὰ
VPPADM-S NPA-YP N-AM-S PG DGFS PD NPD-YP N-GF-S CC PG

πραΰτητος καὶ φόβου, συνείδησιν ἔχοντες ἀγαθήν, ἵνα ἐν
N-GF-S CC N-GM-S N-AF-S VRPANMYP A--AF-S CS PD

ᾧ καταλαλεῖσθε καταισχυνθῶσιν
APRDN-S□APDDN-S&APRDN-S VIPP--YP VSAP--ZP

οἱ ἐπηρεάζοντες ὑμῶν τὴν ἀγαθὴν ἐν Χριστῷ
DNMP□NPNMZP&APRNM-P VPPANM-P NPG-YP DAFS A--AF-S PD N-DM-S

ἀναστροφήν. 3.17 κρεῖττον γὰρ ἀγαθοποιοῦντας, εἰ θέλοι τὸ
N-AF-S A-MNN-S CS VPPAAMYP CS VOPA--ZS DNNS

θέλημα τοῦ θεοῦ, πάσχειν ἢ κακοποιοῦντας. 3.18 ὅτι καὶ Χριστὸς
N-NN-S DGMS N-GM-S VNPA CS VPPAAMYP CS AB N-NM-S

ἅπαξ περὶ ἁμαρτιῶν ἔπαθεν, δίκαιος ὑπὲρ ἀδίκων, ἵνα ὑμᾶς
AB PG N-GF-P VIAA--ZS AP-NM-S PG AP-GM-P CS NPA-YP

προσαγάγῃ τῷ θεῷ, θανατωθεὶς μὲν σαρκὶ ζῳοποιηθεὶς δὲ
VSAA--ZS DDMS N-DM-S VPAPNM-S CS N-DF-S VPAPNM-S CH

πνεύματι· 3.19 ἐν ᾧ καὶ τοῖς ἐν φυλακῇ πνεύμασιν πορευθεὶς
N-DN-S PD APRDN-S AB DDNP PD N-DF-S N-DN-P VPAONM-S

ἐκήρυξεν, 3.20 ἀπειθήσασίν ποτε ὅτε ἀπεξεδέχετο ἡ τοῦ θεοῦ
VIAA--ZS VPAADM-P ABI ABR VIIN--ZS DNFS DGMS N-GM-S

μακροθυμία ἐν ἡμέραις Νῶε κατασκευαζομένης κιβωτοῦ, εἰς
N-NF-S PD N-DF-P N-GM-S VPPPGF-S N-GF-S PA

ἣν ὀλίγοι, τοῦτ’ ἔστιν ὀκτὼ ψυχαί, διεσώθησαν δι’ ὕδατος.
APRAF-S AP-NM-P APDNN-S VIPA--ZS A-CNF-P N-NF-P VIAP--ZP PG N-GN-S

3.21 ὃ καὶ ὑμᾶς ἀντίτυπον νῦν σῴζει βάπτισμα, οὐ σαρκὸς
APRNN-S AB NPA-YP A--NN-S/AP-AN-S□AB AB VIPA--ZS N-NN-S AB N-GF-S

ἀπόθεσις ῥύπου ἀλλὰ συνειδήσεως ἀγαθῆς ἐπερώτημα εἰς θεόν,
N-NF-S N-GM-S CH N-GF-S A--GF-S N-NN-S PA N-AM-S

δι’ ἀναστάσεως Ἰησοῦ Χριστοῦ, 3.22 ὃς ἐστιν ἐν δεξιᾷ [τοῦ]
PG N-GF-S N-GM-S N-GM-S APRNM-S VIPA--ZS PD AP-DF-S DGMS

θεοῦ, πορευθεὶς εἰς οὐρανόν, ὑποταγέντων αὐτῷ ἀγγέλων καὶ
N-GM-S VPAONM-S PA N-AM-S VPAPGM-P NPDMZS N-GM-P CC

ἐξουσιῶν καὶ δυνάμεων.
N-GF-P CC N-GF-P

4.1 Χριστοῦ οὖν παθόντος σαρκὶ καὶ ὑμεῖς τὴν αὐτὴν ἔννοιαν
N-GM-S CH VPAAGM-S N-DF-S AB NPN-YP DAFS A--AF-S N-AF-S

ὁπλίσασθε, ὅτι ὁ παθὼν σαρκὶ πέπαυται
VMAM--YP CS DNMS□NPNMZS&APRNM-S VPAANM-S N-DF-S VIRM--ZS

ἁμαρτίας, 4.2 εἰς τὸ μηκέτι ἀνθρώπων ἐπιθυμίαις ἀλλὰ θελήματι
N-GF-S PA DANS AB N-GM-P N-DF-P CH N-DN-S

θεοῦ τὸν ἐπίλοιπον ἐν σαρκὶ βιῶσαι χρόνον. 4.3 ἀρκετὸς γὰρ
N-GM-S DAMS A--AM-S PD N-DF-S VNAAA N-AM-S A--NM-S CS

ὁ παρεληλυθὼς χρόνος τὸ βούλημα τῶν ἐθνῶν
DNMS□APRNM-S+ VPRANM-S N-NM-S DANS N-AN-S DGNP N-GN-P

κατειργάσθαι, πεπορευμένους ἐν ἀσελγείαις, ἐπιθυμίαις,
VNRN VPRNAM-P PD N-DF-P N-DF-P

οἰνοφλυγίαις, κώμοις, πότοις, καὶ ἀθεμίτοις εἰδωλολατρίαις. 4.4 ἐν
N-DF-P N-DM-P N-DM-P CC A--DF-P N-DF-P PD

ᾧ ξενίζονται μὴ συντρεχόντων ὑμῶν εἰς τὴν αὐτὴν τῆς
APRDN-S VIPP--ZP AB VPPAGMYP NPG-YP PA DAFS A--AF-S DGFS

ἀσωτίας ἀνάχυσιν, βλασφημοῦντες· 4.5 οἳ ἀποδώσουσιν
N-GF-S N-AF-S VPPANM-P APRNM-P VIFA--ZP

λόγον τῷ ἑτοίμως ἔχοντι κρῖναι ζῶντας καὶ νεκρούς.
N-AM-S DDMS□NPDMZS&APRNM-S AB VPPADM-S VNAA VPPAAM-P CC AP-AM-P

4.6 εἰς τοῦτο γὰρ καὶ νεκροῖς εὐηγγελίσθη ἵνα κριθῶσι μὲν κατὰ
PA APDAN-S CS AB AP-DM-P VIAP--ZS CS VSAP--ZP CS PA

ἀνθρώπους σαρκὶ ζῶσι δὲ κατὰ θεὸν πνεύματι.
N-AM-P N-DF-S VSPA--ZP CH PA N-AM-S N-DN-S

4.7 Πάντων δὲ τὸ τέλος ἤγγικεν. σωφρονήσατε οὖν καὶ
AP-GN-P CC DNNS N-NN-S VIRA--ZS VMAA--YP CH CC

νήψατε εἰς προσευχάς· 4.8 πρὸ πάντων τὴν εἰς ἑαυτοὺς ἀγάπην
VMAA--YP PA N-AF-P PG AP-GN-P DAFS PA NRAMYP N-AF-S

ἐκτενῆ ἔχοντες, ὅτι ἀγάπη καλύπτει πλῆθος ἁμαρτιῶν·
A--AF-S VRPANMYP CS N-NF-S VIPA--ZS N-AN-S N-GF-P

4.9 φιλόξενοι εἰς ἀλλήλους ἄνευ γογγυσμοῦ· 4.10 ἕκαστος καθὼς
A--NM-P PA NRAMYP PG N-GM-S AP-NM-S CS

ἔλαβεν χάρισμα, εἰς ἑαυτοὺς αὐτὸ διακονοῦντες ὡς καλοὶ
VIAA--ZS N-AN-S PA NRAMYP NPANZS VRPANMYP CS A--NM-P

οἰκονόμοι ποικίλης χάριτος θεοῦ. 4.11 εἴ τις λαλεῖ, ὡς λόγια
N-NM-P A--GF-S N-GF-S N-GM-S CS APINM-S VIPA--ZS CS N-AN-P

θεοῦ· εἴ τις διακονεῖ, ὡς ἐξ ἰσχύος ἧς χορηγεῖ ὁ
N-GM-S CS APINM-S VIPA--ZS CS PG N-GF-S APRGF-S□APRAF-S VIPA--ZS DNMS

θεός· ἵνα ἐν πᾶσιν δοξάζηται ὁ θεὸς διὰ Ἰησοῦ Χριστοῦ, ᾧ
N-NM-S CS PD AP-DN-P VSPP--ZS DNMS N-NM-S PG N-GM-S N-GM-S APRDM-S

ἐστιν ἡ δόξα καὶ τὸ κράτος εἰς τοὺς αἰῶνας τῶν αἰώνων· ἀμήν.
VIPA--ZS DNFS N-NF-S CC DNNS N-NN-S PA DAMP N-AM-P DGMP N-GM-P QS

4.12 Ἀγαπητοί, μὴ ξενίζεσθε τῇ ἐν ὑμῖν πυρώσει πρὸς
AP-VM-P AB VMPP--YP DDFS PD NPD-YP N-DF-S PA

πειρασμὸν ὑμῖν γινομένῃ ὡς ξένου ὑμῖν συμβαίνοντος, 4.13 ἀλλὰ
N-AM-S NPD-YP VPPNDF-S CS AP-GN-S NPD-YP VPPAGN-S CH

καθὸ κοινωνεῖτε τοῖς τοῦ Χριστοῦ παθήμασιν χαίρετε, ἵνα καὶ ἐν
CS   VIPA--YP   DDNP DGMS N-GM-S N-DN-P   VMPA--YP CS AB PD

τῇ ἀποκαλύψει τῆς δόξης αὐτοῦ χαρῆτε ἀγαλλιώμενοι. 4.14 εἰ
DDFS N-DF-S   DGFS N-GF-S NPGMZS VSAO--YP VPPMNMYP   CS

ὀνειδίζεσθε ἐν ὀνόματι Χριστοῦ, μακάριοι, ὅτι τὸ τῆς δόξης καὶ
VIPP--YP   PD N-DN-S   N-GM-S   A--NM-P   CS DNNS DGFS N-GF-S CC

τὸ τοῦ θεοῦ πνεῦμα ἐφ' ὑμᾶς ἀναπαύεται. 4.15 μὴ γάρ τις
DNNS DGMS N-GM-S N-NN-S PA NPA-YP VIPM--ZS   AB CS APINM-S

ὑμῶν πασχέτω ὡς φονεὺς ἢ κλέπτης ἢ κακοποιὸς ἢ ὡς
NPG-YP VMPA--ZS CS N-NM-S CC N-NM-S CC AP-NM-S CC CS

ἀλλοτριεπίσκοπος· 4.16 εἰ δὲ ὡς Χριστιανός, μὴ αἰσχυνέσθω,
N-NM-S   CS CH CS N-NM-S   AB VMPM--ZS

δοξαζέτω δὲ τὸν θεὸν ἐν τῷ ὀνόματι τούτῳ. 4.17 ὅτι [ὁ] καιρὸς
VMPA--ZS CH DAMS N-AM-S PD DDNS N-DN-S A-DDN-S   CS DNMS N-NM-S

τοῦ ἄρξασθαι τὸ κρίμα ἀπὸ τοῦ οἴκου τοῦ θεοῦ· εἰ δὲ πρῶτον
DGNS VNAMG   DANS N-AN-S PG DGMS N-GM-S DGMS N-GM-S CS CC APOAN-S□AB

ἀφ' ἡμῶν, τί τὸ τέλος τῶν   ἀπειθούντων τῷ
PG NPG-XP APTNN-S DNNS N-NN-S DGMP□NPGMZP&APRNM-P VPPAGM-P DDNS

τοῦ θεοῦ εὐαγγελίῳ;
DGMS N-GM-S N-DN-S

4.18 καὶ εἰ ὁ δίκαιος μόλις σῴζεται,
      CC CS DNMS AP-NM-S AB VIPP--ZS

      ὁ ἀσεβὴς καὶ ἁμαρτωλὸς ποῦ φανεῖται;
      DNMS AP-NM-S CC AP-NM-S ABT VIFM--ZS

4.19 ὥστε καὶ οἱ   πάσχοντες κατὰ τὸ θέλημα τοῦ
     CH AB DNMP□NPNMZP&APRNM-P VPPANM-P PA DANS N-AN-S DGMS

θεοῦ πιστῷ κτίστῃ παρατιθέσθωσαν τὰς ψυχὰς αὐτῶν ἐν
N-GM-S A--DM-S N-DM-S VMPM--ZP   DAFP N-AF-P NPGMZP PD

ἀγαθοποιΐᾳ.
N-DF-S

5.1 Πρεσβυτέρους οὖν ἐν ὑμῖν παρακαλῶ ὁ
    AP-AM-P   CC PD NPD-YP VIPA--XS DNMS

συμπρεσβύτερος καὶ μάρτυς τῶν τοῦ Χριστοῦ παθημάτων, ὁ
N-NM-S   CC N-NM-S DGNP DGMS N-GM-S N-GN-P   DNMS

καὶ τῆς   μελλούσης ἀποκαλύπτεσθαι δόξης κοινωνός·
AB DGFS□APRNF-S+ VPPAGF-S+ +VNPP   N-GF-S N-NM-S

5.2 ποιμάνατε τὸ ἐν ὑμῖν ποίμνιον τοῦ θεοῦ[, ἐπισκοποῦντες]
    VMAA--YP DANS PD NPD-YP N-AN-S DGMS N-GM-S VRPANMYP

μὴ ἀναγκαστῶς ἀλλὰ ἑκουσίως κατὰ θεόν, μηδὲ αἰσχροκερδῶς
AB AB   CH   AB   PA N-AM-S CC AB

ἀλλὰ προθύμως, 5.3 μηδ' ὡς κατακυριεύοντες τῶν κλήρων ἀλλὰ
CH   AB   CC CS VRPANMYP   DGMP N-GM-P CH

τύποι γινόμενοι τοῦ ποιμνίου· 5.4 καὶ φανερωθέντος τοῦ
N-NM-P VRPNNMYP DGNS N-GN-S   CC VPAPGM-S   DGMS

ἀρχιποίμενος κομιεῖσθε τὸν ἀμαράντινον τῆς δόξης στέφανον.
N-GM-S · · · · · · VIFM--YP · · · DAMS A--AM-S · · · DGFS N-GF-S · N-AM-S

5.5 Ὁμοίως, νεώτεροι, ὑποτάγητε πρεσβυτέροις. πάντες δὲ
· · · AB · · · · APMVM-P · · VMAP--YP · · · APMDM-P · · · · · · AP-VM-P · CC

ἀλλήλοις τὴν ταπεινοφροσύνην ἐγκομβώσασθε, ὅτι
NPDMYP · · DAFS · · N-AF-S · · · · · · · · VMAD--YP · · · CS

[Ὁ] θεὸς ὑπερηφάνοις ἀντιτάσσεται,
DNMS N-NM-S AP-DM-P · · · · VIPM--ZS

ταπεινοῖς δὲ δίδωσιν χάριν.
AP-DM-P · · CC VIPA--ZS · N-AF-S

5.6 Ταπεινώθητε οὖν ὑπὸ τὴν κραταιὰν χεῖρα τοῦ θεοῦ, ἵνα
· · · VMAP--YP · · CH · PA · DAFS A--AF-S · · N-AF-S DGMS N-GM-S CS

ὑμᾶς ὑψώσῃ ἐν καιρῷ, 5.7 πᾶσαν τὴν μέριμναν ὑμῶν ἐπιρίψαντες
NPA-YP VSAA--ZS PD N-DM-S · · · · A--AF-S DAFS N-AF-S · NPG-YP VRAANMYP

ἐπ᾽ αὐτόν, ὅτι αὐτῷ μέλει περὶ ὑμῶν.
PA · NPAMZS CS NPDMZS VIPA--ZS PG · · NPG-YP

5.8 Νήψατε, γρηγορήσατε. ὁ ἀντίδικος ὑμῶν διάβολος ὡς
· · VMAA--YP · · VMAA--YP · DNMS N-NM-S · · NPG-YP AP-NM-S · CS

λέων ὠρυόμενος περιπατεῖ ζητῶν [τινα] καταπιεῖν· 5.9 ᾧ
N-NM-S VPPNNM-S · VIPA--ZS VPPANM-S APIAM-S VNAA · · · · APRDM-S

ἀντίστητε στερεοὶ τῇ πίστει, εἰδότες τὰ αὐτὰ τῶν παθημάτων
VMAA--YP A--NM-P DDFS N-DF-S VPRANMYP DANP AP-AN-P DGNP N-GN-P

τῇ ἐν [τῷ] κόσμῳ ὑμῶν ἀδελφότητι ἐπιτελεῖσθαι. 5.10 Ὁ δὲ
DDFS PD DDMS N-DM-S NPG-YP N-DF-S · · VNPP · · · · · · DNMS CC

θεὸς πάσης χάριτος, ὁ καλέσας ὑμᾶς εἰς τὴν αἰώνιον
N-NM-S A--GF-S N-GF-S DNMS☐APRNM-S VPAANM-S NPA-YP PA DAFS A--AF-S

αὐτοῦ δόξαν ἐν Χριστῷ [Ἰησοῦ], ὀλίγον παθόντας αὐτὸς
NPGMZS N-AF-S PD N-DM-S · N-DM-S · AP-AN-S☐AB VPAAAMYP NPNMZS

καταρτίσει, στηρίξει, σθενώσει, θεμελιώσει. 5.11 αὐτῷ τὸ κράτος
VIFA--ZS VIFA--ZS VIFA--ZS VIFA--ZS · · NPDMZS DNNS N-NN-S

εἰς τοὺς αἰῶνας· ἀμήν.
PA DAMP N-AM-P · QS

5.12 Διὰ Σιλουανοῦ ὑμῖν τοῦ πιστοῦ ἀδελφοῦ, ὡς λογίζομαι,
· · PG N-GM-S · NPD-YP DGMS A--GM-S N-GM-S · CS VIPN--XS

δι᾽ ὀλίγων ἔγραψα, παρακαλῶν καὶ ἐπιμαρτυρῶν ταύτην εἶναι
PG AP-GM-P VIAA--XS VPPANMXS CC VPPANMXS APDAF-S VNPA

ἀληθῆ χάριν τοῦ θεοῦ· εἰς ἣν στῆτε. 5.13 Ἀσπάζεται ὑμᾶς ἡ
A--AF-S N-AF-S DGMS N-GM-S PA APRAF-S VMAA--YP · VIPN--ZS NPA-YP DNFS

ἐν Βαβυλῶνι συνεκλεκτὴ καὶ Μᾶρκος ὁ υἱός μου.
PD N-DF-S AP-NF-S CC N-NM-S DNMS N-NM-S NPG-XS

5.14 ἀσπάσασθε ἀλλήλους ἐν φιλήματι ἀγάπης. εἰρήνη ὑμῖν
· · VMAD--YP NPAMYP PD N-DN-S N-GF-S N-NF-S NPD-YP

πᾶσιν τοῖς ἐν Χριστῷ.
A--DM-P DDMP PD N-DM-S

ΠΕΤΡΟΥ Β

1.1 Συμεὼν Πέτρος δοῦλος καὶ ἀπόστολος Ἰησοῦ Χριστοῦ
N-NM-S N-NM-S N-NM-S CC N-NM-S N-GM-S N-GM-S

τοῖς ἰσότιμον ἡμῖν λαχοῦσιν πίστιν ἐν δικαιοσύνῃ
DDMP□NPDMYP&APRNMYP A--AF-S NPD-XP VPAADMYP N-AF-S PD N-DF-S

τοῦ θεοῦ ἡμῶν καὶ σωτῆρος Ἰησοῦ Χριστοῦ· **1.2** χάρις ὑμῖν καὶ
DGMS N-GM-S NPG-XP CC N-GM-S N-GM-S N-GM-S N-NF-S NPD-YP CC

εἰρήνη πληθυνθείη ἐν ἐπιγνώσει τοῦ θεοῦ καὶ Ἰησοῦ τοῦ κυρίου
N-NF-S VOAP--ZS PD N-DF-S DGMS N-GM-S CC N-GM-S DGMS N-GM-S

ἡμῶν.
NPG-XP

1.3 Ὡς πάντα ἡμῖν τῆς θείας δυνάμεως αὐτοῦ τὰ πρὸς ζωὴν
CS AP-AN-P NPD-XP DGFS A--GF-S N-GF-S NPGMZS DANP PA N-AF-S

καὶ εὐσέβειαν δεδωρημένης διὰ τῆς ἐπιγνώσεως τοῦ
CC N-AF-S VPRNGF-S PG DGFS N-GF-S DGMS□NPGMZS&APRNM-S

καλέσαντος ἡμᾶς ἰδίᾳ δόξῃ καὶ ἀρετῇ, **1.4** δι’ ὧν τὰ τίμια
VPAAGM-S NPA-XP A--DF-S N-DF-S CC N-DF-S PG APRGN-P DANP A--AN-P

καὶ μέγιστα ἡμῖν ἐπαγγέλματα δεδώρηται, ἵνα διὰ τούτων
CC A-SAN-P NPD-XP N-AN-P VIRN--ZS CS PG APDGN-P

γένησθε θείας κοινωνοὶ φύσεως, ἀποφυγόντες τῆς ἐν τῷ κόσμῳ
VSAD--YP A--GF-S N-NM-P N-GF-S VPAANMYP DGFS PD DDMS N-DM-S

ἐν ἐπιθυμίᾳ φθορᾶς. **1.5** καὶ αὐτὸ τοῦτο δὲ σπουδὴν
PD N-DF-S N-GF-S AB/CC AP-AN-S/AP-NN-S A-DAN-S/A-DNN-S CC N-AF-S

πᾶσαν παρεισενέγκαντες ἐπιχορηγήσατε ἐν τῇ πίστει ὑμῶν τὴν
A--AF-S VRAANMYP VMAA--YP PD DDFS N-DF-S NPG-YP DAFS

ἀρετήν, ἐν δὲ τῇ ἀρετῇ τὴν γνῶσιν, **1.6** ἐν δὲ τῇ γνώσει τὴν
N-AF-S PD CC DDFS N-DF-S DAFS N-AF-S PD CC DDFS N-DF-S DAFS

ἐγκράτειαν, ἐν δὲ τῇ ἐγκρατείᾳ τὴν ὑπομονήν, ἐν δὲ τῇ
N-AF-S PD CC DDFS N-DF-S DAFS N-AF-S PD CC DDFS

ὑπομονῇ τὴν εὐσέβειαν, **1.7** ἐν δὲ τῇ εὐσεβείᾳ τὴν φιλαδελφίαν,
N-DF-S DAFS N-AF-S PD CC DDFS N-DF-S DAFS N-AF-S

ἐν δὲ τῇ φιλαδελφίᾳ τὴν ἀγάπην. **1.8** ταῦτα γὰρ ὑμῖν
PD CC DDFS N-DF-S DAFS N-AF-S APDNN-P CS NPD-YP

ὑπάρχοντα καὶ πλεονάζοντα οὐκ ἀργοὺς οὐδὲ ἀκάρπους
VPPANN-P CC VPPANN-P AB A--AM-P CC A--AM-P

καθίστησιν εἰς τὴν τοῦ κυρίου ἡμῶν Ἰησοῦ Χριστοῦ ἐπίγνωσιν·
VIPA--ZS PA DAFS DGMS N-GM-S NPG-XP N-GM-S N-GM-S N-AF-S

1.9 ᾧ γὰρ μὴ πάρεστιν ταῦτα, τυφλός ἐστιν
APRDM-S□APDNM-S&APRDM-S CS AB VIPA--ZS APDNN-P A--NM-S VIPA--ZS

μυωπάζων, λήθην λαβὼν τοῦ καθαρισμοῦ τῶν πάλαι αὐτοῦ
VPPANM-S N-AF-S VPAANM-S DGMS N-GM-S DGFP AB□A--GF-P NPGMZS

ἁμαρτιῶν. 1.10 διὸ μᾶλλον, ἀδελφοί, σπουδάσατε βεβαίαν ὑμῶν
N-GF-P CH ABM N-VM-P VMAA--YP A--AF-S NPG-YP

τὴν κλῆσιν καὶ ἐκλογὴν ποιεῖσθαι· ταῦτα γὰρ ποιοῦντες οὐ μὴ
DAFS N-AF-S CC N-AF-S VNPM APDAN-P CS VPPANMYP AB AB

πταίσητέ ποτε· 1.11 οὕτως γὰρ πλουσίως ἐπιχορηγηθήσεται ὑμῖν
VSAA--YP ABI AB CS AB VIFP--ZS NPD-YP

ἡ εἴσοδος εἰς τὴν αἰώνιον βασιλείαν τοῦ κυρίου ἡμῶν καὶ
DNFS N-NF-S PA DAFS A--AF-S N-AF-S DGMS N-GM-S NPG-XP CC

σωτῆρος Ἰησοῦ Χριστοῦ.
N-GM-S N-GM-S N-GM-S

1.12 Διὸ μελλήσω ἀεὶ ὑμᾶς ὑπομιμνῄσκειν περὶ τούτων,
CH VIFA--XS+ AB NPA-YP +VNPA PG APDGN-P

καίπερ εἰδότας καὶ ἐστηριγμένους ἐν τῇ παρούσῃ
CS VPRAAMYP CC VPRPAMYP PD DDFS□APRNF-S+ VPPADF-S

ἀληθείᾳ. 1.13 δίκαιον δὲ ἡγοῦμαι, ἐφ᾿ ὅσον εἰμὶ
N-DF-S AP-AN-S CH VIPN--XS PA APRAM-S□APDAM-S&APRAM-S VIPA--XS

ἐν τούτῳ τῷ σκηνώματι, διεγείρειν ὑμᾶς ἐν ὑπομνήσει,
PD A-DDN-S DDNS N-DN-S VNPA NPA-YP PD N-DF-S

1.14 εἰδὼς ὅτι ταχινή ἐστιν ἡ ἀπόθεσις τοῦ σκηνώματός
VPRANMXS CH A--NF-S VIPA--ZS DNFS N-NF-S DGNS N-GN-S

μου, καθὼς καὶ ὁ κύριος ἡμῶν Ἰησοῦς Χριστὸς ἐδήλωσέν
NPG-XS CS AB DNMS N-NM-S NPG-XP N-NM-S N-NM-S VIAA--ZS

μοι· 1.15 σπουδάσω δὲ καὶ ἑκάστοτε ἔχειν ὑμᾶς μετὰ τὴν ἐμὴν
NPD-XS VIFA--XS CH AB AB VNPA NPA-YP PA DAFS A--AFXS

ἔξοδον τὴν τούτων μνήμην ποιεῖσθαι.
N-AF-S DAFS APDGN-P N-AF-S VNPM

1.16 Οὐ γὰρ σεσοφισμένοις μύθοις ἐξακολουθήσαντες
AB CS VPRPDM-P N-DM-P VPAANMXP

ἐγνωρίσαμεν ὑμῖν τὴν τοῦ κυρίου ἡμῶν Ἰησοῦ Χριστοῦ δύναμιν
VIAA--XP NPD-YP DAFS DGMS N-GM-S NPG-XP N-GM-S N-GM-S N-AF-S

καὶ παρουσίαν, ἀλλ᾿ ἐπόπται γενηθέντες τῆς ἐκείνου
CC N-AF-S CH N-NM-P VPAONMXP DGFS APDGM-S

μεγαλειότητος. 1.17 λαβὼν γὰρ παρὰ θεοῦ πατρὸς τιμὴν καὶ
N-GF-S VPAANM-S CS PG N-GM-S N-GM-S N-AF-S CC

δόξαν φωνῆς ἐνεχθείσης αὐτῷ τοιᾶσδε ὑπὸ τῆς μεγαλοπρεποῦς
N-AF-S N-GF-S VPAPGF-S NPDMZS A-DGF-S PG DGFS A--GF-S

δόξης, Ὁ υἱός μου ὁ ἀγαπητός μου οὗτός ἐστιν, εἰς ὃν
N-GF-S DNMS N-NM-S NPG-XS DNMS A--NM-S NPG-XS APDNM-S VIPA--ZS PA APRAM-S

ἐγὼ εὐδόκησα — 1.18 καὶ ταύτην τὴν φωνὴν ἡμεῖς ἠκούσαμεν
NPN-XS VIAA--XS CC A-DAF-S DAFS N-AF-S NPN-XP VIAA--XP

ἐξ οὐρανοῦ ἐνεχθεῖσαν σὺν αὐτῷ ὄντες ἐν τῷ ἁγίῳ ὄρει.
PG N-GM-S VPAPAF-S PD NPDMZS VPPANMXP PD DDNS A--DN-S N-DN-S

1.19 καὶ ἔχομεν βεβαιότερον τὸν προφητικὸν λόγον, ᾧ καλῶς
CC VIPA--XP A-MAM-S DAMS A--AM-S N-AM-S APRDM-S AB

ποιεῖτε προσέχοντες ὡς λύχνῳ φαίνοντι ἐν αὐχμηρῷ τόπῳ, ἕως
VIPA--YP VPPANMYP CS N-DM-S VPPADM-S PD A--DM-S N-DM-S PG

οὗ ἡμέρα διαυγάσῃ καὶ φωσφόρος ἀνατείλῃ ἐν
APRGM-S□APDGM-S&APRDM-S N-NF-S VSAA--ZS CC AP-NM-S VSAA--ZS PD

ταῖς καρδίαις ὑμῶν· 1.20 τοῦτο πρῶτον γινώσκοντες, ὅτι πᾶσα
DDFP N-DF-P NPG-YP APDAN-S APOAN-S□AB VPPANMYP ABR A--NF-S

προφητεία γραφῆς ἰδίας ἐπιλύσεως οὐ γίνεται· 1.21 οὐ γὰρ
N-NF-S N-GF-S A--GF-S N-GF-S AB VIPN--ZS AB CS

θελήματι ἀνθρώπου ἠνέχθη προφητεία ποτέ, ἀλλὰ ὑπὸ
N-DN-S N-GM-S VIAP--ZS N-NF-S ABI CH PG

πνεύματος ἁγίου φερόμενοι ἐλάλησαν ἀπὸ θεοῦ ἄνθρωποι.
N-GN-S A--GN-S VPPPNM-P VIAA--ZP PG N-GM-S N-NM-P

2.1 Ἐγένοντο δὲ καὶ ψευδοπροφῆται ἐν τῷ λαῷ, ὡς καὶ ἐν
VIAD--ZP CC AB N-NM-P PD DDMS N-DM-S CS AB PD

ὑμῖν ἔσονται ψευδοδιδάσκαλοι, οἵτινες παρεισάξουσιν αἱρέσεις
NPD-YP VIFD--ZP N-NM-P APRNM-P VIFA--ZP N-AF-P

ἀπωλείας, καὶ τὸν ἀγοράσαντα αὐτοὺς δεσπότην
N-GF-S AB DAMS□APRNM-S+ VPAAAM-S NPAMZP N-AM-S

ἀρνούμενοι, ἐπάγοντες ἑαυτοῖς ταχινὴν ἀπώλειαν. 2.2 καὶ πολλοὶ
VPPNNM-P VPPANM-P NPDMZP A--AF-S N-AF-S CC AP-NM-P

ἐξακολουθήσουσιν αὐτῶν ταῖς ἀσελγείαις, δι’ οὓς ἡ ὁδὸς τῆς
VIFA--ZP NPGMZP DDFP N-DF-P PA APRAM-P DNFS N-NF-S DGFS

ἀληθείας βλασφημηθήσεται· 2.3 καὶ ἐν πλεονεξίᾳ πλαστοῖς
N-GF-S VIFP--ZS CC PD N-DF-S A--DM-P

λόγοις ὑμᾶς ἐμπορεύσονται· οἷς τὸ κρίμα ἔκπαλαι οὐκ ἀργεῖ,
N-DM-P NPA-YP VIFD--ZP APRDM-P DNNS N-NN-S AB AB VIPA--ZS

καὶ ἡ ἀπώλεια αὐτῶν οὐ νυστάζει.
CC DNFS N-NF-S NPGMZP AB VIPA--ZS

2.4 Εἰ γὰρ ὁ θεὸς ἀγγέλων ἁμαρτησάντων οὐκ ἐφείσατο,
CS CS DNMS N-NM-S N-GM-P VPAAGM-P AB VIAD--ZS

ἀλλὰ σειραῖς ζόφου ταρταρώσας παρέδωκεν εἰς κρίσιν
CH N-DF-P N-GM-S VPAANM-S VIAA--ZS PA N-AF-S

τηρουμένους, 2.5 καὶ ἀρχαίου κόσμου οὐκ ἐφείσατο, ἀλλὰ ὄγδοον
VPPPAM-P CC A--GM-S N-GM-S AB VIAD--ZS CH A-OAM-S

Νῶε δικαιοσύνης κήρυκα ἐφύλαξεν, κατακλυσμὸν κόσμῳ ἀσεβῶν
N-AM-S N-GF-S N-AM-S VIAA--ZS N-AM-S N-DM-S AP-GM-P

ἐπάξας, 2.6 καὶ πόλεις Σοδόμων καὶ Γομόρρας τεφρώσας
VPAANM-S CC N-AF-P N-GN-P CC N-GF-S VPAANM-S

[καταστροφῇ] κατέκρινεν, ὑπόδειγμα μελλόντων ἀσεβέ[σ]ιν
N-DF-S VIAA--ZS N-AN-S VPPAGN-P/VPPAGM-P+ AP-DM-P/+VNPA

τεθεικώς, 2.7 καὶ δίκαιον Λὼτ καταπονούμενον ὑπὸ τῆς τῶν
VPRANM-S CC A--AM-S N-AM-S VPPPAM-S PG DGFS DGMP

ἀθέσμων ἐν ἀσελγείᾳ ἀναστροφῆς ἐρρύσατο· 2.8 βλέμματι γὰρ
AP-GM-P PD N-DF-S N-GF-S VIAD--ZS N-DN-S CS

καὶ ἀκοῇ ὁ δίκαιος ἐγκατοικῶν ἐν αὐτοῖς ἡμέραν ἐξ ἡμέρας
CC N-DF-S DNMS AP-NM-S VPPANM-S PD NPDMZP N-AF-S PG N-GF-S

ψυχὴν δικαίαν ἀνόμοις ἔργοις ἐβασάνιζεν· 2.9 οἶδεν κύριος
N-AF-S A--AF-S A--DN-P N-DN-P VIIA--ZS VIRA--ZS N-NM-S

εὐσεβεῖς ἐκ πειρασμοῦ ῥύεσθαι, ἀδίκους δὲ εἰς ἡμέραν κρίσεως
AP-AM-P PG N-GM-S VNPN AP-AM-P CC PA N-AF-S N-GF-S

κολαζομένους τηρεῖν, 2.10 μάλιστα δὲ τοὺς ὀπίσω
VPPPAM-P VNPA ABS CC DAMP□NPAMZP&APRNM-P PG

σαρκὸς ἐν ἐπιθυμίᾳ μιασμοῦ πορευομένους καὶ κυριότητος
N-GF-S PD N-DF-S N-GM-S VPPNAM-P CC N-GF-S

καταφρονοῦντας.
VPPAAM-P

Τολμηταί, αὐθάδεις, δόξας οὐ τρέμουσιν βλασφημοῦντες,
N-NM-P A--NM-P N-AF-P AB VIPA--ZP VPPANM-P

2.11 ὅπου ἄγγελοι ἰσχύϊ καὶ δυνάμει μείζονες ὄντες οὐ φέρουσιν
CS N-NM-P N-DF-S CC N-DF-S A-MNM-P VPPANM-P AB VIPA--ZP

κατ᾽ αὐτῶν παρὰ κυρίου βλάσφημον κρίσιν. 2.12 οὗτοι δέ, ὡς
PG NPGMZP PG N-GM-S A--AF-S N-AF-S APDNM-P CH CS

ἄλογα ζῷα γεγεννημένα φυσικὰ εἰς ἅλωσιν καὶ φθοράν, ἐν
A--NN-P N-NN-P VPRPNN-P A--NN-P PA N-AF-S CC N-AF-S PD

οἷς ἀγνοοῦσιν βλασφημοῦντες, ἐν τῇ φθορᾷ
APRDN-P□APRDN-P&APDAN-P VIPA--ZP VPPANM-P PD DDFS N-DF-S

αὐτῶν καὶ φθαρήσονται, 2.13 ἀδικούμενοι μισθὸν ἀδικίας· ἡδονὴν
NPGMZP AB VIFP--ZP VPPENM-P N-AM-S N-GF-S N-AF-S

ἡγούμενοι τὴν ἐν ἡμέρᾳ τρυφήν, σπίλοι καὶ μῶμοι ἐντρυφῶντες
VPPNNM-P DAFS PD N-DF-S N-AF-S N-NM-P CC N-NM-P VPPANM-P

ἐν ταῖς ἀπάταις αὐτῶν συνευωχούμενοι ὑμῖν, 2.14 ὀφθαλμοὺς
PD DDFP N-DF-P NPGMZP VPPNNM-P NPD-YP N-AM-P

ἔχοντες μεστοὺς μοιχαλίδος καὶ ἀκαταπαύστους ἁμαρτίας,
VPPANM-P A--AM-P AP-GF-S CC A--AM-P N-GF-S

δελεάζοντες ψυχὰς ἀστηρίκτους, καρδίαν γεγυμνασμένην
VPPANM-P N-AF-P A--AF-P N-AF-S VPRPAF-S

πλεονεξίας ἔχοντες, κατάρας τέκνα, 2.15 καταλείποντες εὐθεῖαν
N-GF-S VPPANM-P N-GF-S N-NN-P VPPANM-P A--AF-S

ὁδὸν ἐπλανήθησαν, ἐξακολουθήσαντες τῇ ὁδῷ τοῦ Βαλαὰμ τοῦ
N-AF-S VIAP--ZP VPAANM-P DDFS N-DF-S DGMS N-GM-S DGMS

Βοσόρ, ὃς μισθὸν ἀδικίας ἠγάπησεν 2.16 ἔλεγξιν δὲ ἔσχεν
N-GM-S APRNM-S N-AM-S N-GF-S VIAA--ZS N-AF-S CC VIAA--ZS

ἰδίας παρανομίας· ὑποζύγιον ἄφωνον ἐν ἀνθρώπου φωνῇ
A--GF-S N-GF-S N-NN-S A--NN-S PD N-GM-S N-DF-S

φθεγξάμενον ἐκώλυσεν τὴν τοῦ προφήτου παραφρονίαν.
VPADNN-S VIAA--ZS DAFS DGMS N-GM-S N-AF-S

2.17 Οὗτοί εἰσιν πηγαὶ ἄνυδροι καὶ ὁμίχλαι ὑπὸ λαίλαπος
APDNM-P VIPA--ZP N-NF-P A--NF-P CC N-NF-P PG N-GF-S

ἐλαυνόμεναι, οἷς ὁ ζόφος τοῦ σκότους τετήρηται.
VPPPNF-P APRDM-P DNMS N-NM-S DGNS N-GN-S VIRP--ZS

2.18 ὑπέρογκα γὰρ ματαιότητος φθεγγόμενοι δελεάζουσιν ἐν
AP-AN-P CS N-GF-S VPPNNM-P VIPA--ZP PD

ἐπιθυμίαις σαρκὸς ἀσελγείαις τοὺς ὀλίγως
N-DF-P N-GF-S N-DF-P DAMP☐NPAMZP&APRNM-P AB

ἀποφεύγοντας τοὺς ἐν πλάνη ἀναστρεφομένους,
VPPAAM-P DAMP☐APRNM-P PD N-DF-S VPPPAM-P

2.19 ἐλευθερίαν αὐτοῖς ἐπαγγελλόμενοι, αὐτοὶ δοῦλοι ὑπάρχοντες
N-AF-S NPDMZP VPPNNM-P NPNMZP N-NM-P VPPANM-P

τῆς φθορᾶς· ᾧ γάρ τις ἥττηται, τούτω δεδούλωται. 2.20 εἰ
DGFS N-GF-S APRDM-S+ CS APINM-S VIRN--ZS APDDM-S VIRP--ZS CS

γὰρ ἀποφυγόντες τὰ μιάσματα τοῦ κόσμου ἐν ἐπιγνώσει τοῦ
CS VPAANM-P DANP N-AN-P DGMS N-GM-S PD N-DF-S DGMS

κυρίου [ἡμῶν] καὶ σωτῆρος Ἰησοῦ Χριστοῦ τούτοις δὲ πάλιν
N-GM-S NPG-XP CC N-GM-S N-GM-S N-GM-S APDDN-P CH AB

ἐμπλακέντες ἡττῶνται, γέγονεν αὐτοῖς τὰ ἔσχατα χείρονα τῶν
VPAPNM-P VIRN--ZP VIRA--ZS NPDMZP DNNP AP-NN-P A-MNN-P DGNP

πρώτων. 2.21 κρεῖττον γὰρ ἦν αὐτοῖς μὴ ἐπεγνωκέναι τὴν ὁδὸν
APOGN-P A-MNN-S CS VIIA--ZS NPDMZP AB VNRA DAFS N-AF-S

τῆς δικαιοσύνης ἢ ἐπιγνοῦσιν ὑποστρέψαι ἐκ τῆς
DGFS N-GF-S CS VPAADM-P VNAA PG DGFS☐APRNF-S+

παραδοθείσης αὐτοῖς ἁγίας ἐντολῆς. 2.22 συμβέβηκεν αὐτοῖς τὸ
VPAPGF-S NPDMZP A--GF-S N-GF-S VIRA--ZS NPDMZP DNNS

τῆς ἀληθοῦς παροιμίας,
DGFS A--GF-S N-GF-S

   Κύων ἐπιστρέψας ἐπὶ τὸ ἴδιον ἐξέραμα,
   N-NM-S VPAANM-S PA DANS A--AN-S N-AN-S

καί,
CC

   Ὗς λουσαμένη εἰς κυλισμὸν βορβόρου.
   N-NF-S VPAMNF-S PA N-AM-S N-GM-S

3.1 Ταύτην ἤδη, ἀγαπητοί, δευτέραν ὑμῖν γράφω
APDAF-S/A-DAF-S AB AP-VM-P A-OAF-S NPD-YP VIPA--XS

ἐπιστολήν, ἐν αἷς διεγείρω ὑμῶν ἐν ὑπομνήσει τὴν εἰλικρινῆ
N-AF-S PD APRDF-P VIPA--XS NPG-YP PD N-DF-S DAFS A--AF-S

διάνοιαν, 3.2 μνησθῆναι τῶν προειρημένων ῥημάτων ὑπὸ
N-AF-S VNAO DGNP☐APRNN-P+ VPRPGN-P N-GN-P PG

τῶν ἁγίων προφητῶν καὶ τῆς τῶν ἀποστόλων ὑμῶν ἐντολῆς τοῦ
DGMP A--GM-P N-GM-P CC DGFS DGMP N-GM-P NPG-YP N-GF-S DGMS

κυρίου καὶ σωτῆρος· 3.3 τοῦτο πρῶτον γινώσκοντες, ὅτι
N-GM-S CC N-GM-S APDAN-S APOAN-S☐AB VPPANMYP ABR

717

ἐλεύσονται ἐπ' ἐσχάτων τῶν ἡμερῶν [ἐν] ἐμπαιγμονῇ
VIFD--ZP PG AP-GF-P/A--GF-P DGFP N-GF-P PD N-DF-S

ἐμπαῖκται κατὰ τὰς ἰδίας ἐπιθυμίας αὐτῶν πορευόμενοι 3.4 καὶ
N-NM-P PA DAFP A--AF-P N-AF-P NPGMZP VPPNNM-P CC

λέγοντες, Ποῦ ἐστιν ἡ ἐπαγγελία τῆς παρουσίας αὐτοῦ; ἀφ'
VPPANM-P ABT VIPA--ZS DNFS N-NF-S DGFS N-GF-S NPGMZS PG

ἧς γὰρ οἱ πατέρες ἐκοιμήθησαν, πάντα οὕτως
APRGF-S□APDGF-S&APRDF-S CS DNMP N-NM-P VIAO--ZP AP-NN-P AB

διαμένει ἀπ' ἀρχῆς κτίσεως. 3.5 λανθάνει γὰρ αὐτοὺς τοῦτο
VIPA--ZS PG N-GF-S N-GF-S VIPA--ZS CS NPAMZP APDNN-S

θέλοντας, ὅτι οὐρανοὶ ἦσαν ἔκπαλαι καὶ γῆ ἐξ ὕδατος καὶ δι'
VPPAAM-P ABR N-NM-P VIIA--ZP AB CC N-NF-S PG N-GN-S CC PG

ὕδατος συνεστῶσα τῷ τοῦ θεοῦ λόγῳ, 3.6 δι' ὧν ὁ τότε
N-GN-S VPRANF-S DDMS DGMS N-GM-S N-DM-S PG APRGN-P DNMS AB□A--NM-S

κόσμος ὕδατι κατακλυσθεὶς ἀπώλετο· 3.7 οἱ δὲ νῦν οὐρανοὶ καὶ
N-NM-S N-DN-S VPAPNM-S VIAM--ZS DNMP CC AB N-NM-P CC

ἡ γῆ τῷ αὐτῷ λόγῳ τεθησαυρισμένοι εἰσὶν πυρί,
DNFS N-NF-S DDMS A--DM-S N-DM-S VPRPNM-P+ +VIPA--ZP N-DN-S

τηρούμενοι εἰς ἡμέραν κρίσεως καὶ ἀπωλείας τῶν ἀσεβῶν
VPPPNM-P PA N-AF-S N-GF-S CC N-GF-S DGMP A--GM-P

ἀνθρώπων.
N-GM-P

3.8 Ἓν δὲ τοῦτο μὴ λανθανέτω ὑμᾶς, ἀγαπητοί, ὅτι μία
APCNN-S CC A-DNN-S AB VMPA--ZS NPA-YP AP-VM-P ABR A-CNF-S

ἡμέρα παρὰ κυρίῳ ὡς χίλια ἔτη καὶ χίλια ἔτη ὡς ἡμέρα μία.
N-NF-S PD N-DM-S CS A-CNN-P N-NN-P CC A-CNN-P N-NN-P CS N-NF-S A-CNF-S

3.9 οὐ βραδύνει κύριος τῆς ἐπαγγελίας, ὥς τινες βραδύτητα
AB VIPA--ZS N-NM-S DGFS N-GF-S CS APINM-P N-AF-S

ἡγοῦνται, ἀλλὰ μακροθυμεῖ εἰς ὑμᾶς, μὴ βουλόμενός τινας
VIPN--ZP CH VIPA--ZS PA NPA-YP AB VPPNNM-S APIAM-P

ἀπολέσθαι ἀλλὰ πάντας εἰς μετάνοιαν χωρῆσαι. 3.10 Ἥξει δὲ
VNAM CH AP-AM-P PA N-AF-S VNAA VIFA--ZS CH

ἡμέρα κυρίου ὡς κλέπτης, ἐν ᾗ οἱ οὐρανοὶ ῥοιζηδὸν
N-NF-S N-GM-S CS N-NM-S PD APRDF-S DNMP N-NM-P AB

παρελεύσονται, στοιχεῖα δὲ καυσούμενα λυθήσεται, καὶ γῆ καὶ
VIFD--ZP N-NN-P CC VPPPNN-P VIFP--ZS CC N-NF-S CC

τὰ ἐν αὐτῇ ἔργα εὑρεθήσεται. 3.11 τούτων οὕτως πάντων
DNNP PD NPDFZS N-NN-P VIFP--ZS APDGN-P AB A--GN-P

λυομένων ποταποὺς δεῖ ὑπάρχειν [ὑμᾶς] ἐν ἁγίαις
VPPPGN-P APTAM-P VIPA--ZS VNPA NPA-YP PD A--DF-P

ἀναστροφαῖς καὶ εὐσεβείαις, 3.12 προσδοκῶντας καὶ σπεύδοντας
N-DF-P CC N-DF-P VPPAAMYP CC VPPAAMYP

τὴν παρουσίαν τῆς τοῦ θεοῦ ἡμέρας, δι' ἣν οὐρανοὶ
DAFS N-AF-S DGFS DGMS N-GM-S N-GF-S PA APRAF-S N-NM-P

πυρούμενοι λυθήσονται καὶ στοιχεῖα καυσούμενα τήκεται.
VPPPNM-P VIFP--ZP CC N-NN-P VPPPNN-P VIPP--ZS

3.13 καινοὺς δὲ οὐρανοὺς καὶ γῆν καινὴν κατὰ τὸ ἐπάγγελμα
A--AM-P CC N-AM-P CC N-AF-S A--AF-S PA DANS N-AN-S

αὐτοῦ προσδοκῶμεν, ἐν οἷς δικαιοσύνη κατοικεῖ.
NPGMZS VIPA--XP PD APRDM-P N-NF-S VIPA--ZS

3.14 Διό, ἀγαπητοί, ταῦτα προσδοκῶντες σπουδάσατε ἄσπιλοι
CH AP-VM-P APDAN-P VPPANMYP VMAA--YP A--NM-P

καὶ ἀμώμητοι αὐτῷ εὑρεθῆναι ἐν εἰρήνῃ, 3.15 καὶ τὴν τοῦ κυρίου
CC A--NM-P NPDMZS VNAP PD N-DF-S CC DAFS DGMS N-GM-S

ἡμῶν μακροθυμίαν σωτηρίαν ἡγεῖσθε, καθὼς καὶ ὁ ἀγαπητὸς
NPG-XP N-AF-S N-AF-S VMPN--YP CS AB DNMS A--NM-S

ἡμῶν ἀδελφὸς Παῦλος κατὰ τὴν δοθεῖσαν αὐτῷ σοφίαν
NPG-XP N-NM-S N-NM-S PA DAFS□APRNF-S+ VPAPAF-S NPDMZS N-AF-S

ἔγραψεν ὑμῖν, 3.16 ὡς καὶ ἐν πάσαις ἐπιστολαῖς λαλῶν ἐν αὐταῖς
VIAA--ZS NPD-YP CS AB PD A--DF-P N-DF-P VPPANM-S PD NPDFZP

περὶ τούτων, ἐν αἷς ἐστιν δυσνόητά τινα, ἃ οἱ ἀμαθεῖς
PG APDGN-P PD APRDF-P VIPA--ZS AP-NN-P A-INN-P APRAN-P DNMP AP-NM-P

καὶ ἀστήρικτοι στρεβλοῦσιν ὡς καὶ τὰς λοιπὰς γραφὰς πρὸς τὴν
CC AP-NM-P VIPA--ZP CS AB DAFP A--AF-P N-AF-P PA DAFS

ἰδίαν αὐτῶν ἀπώλειαν. 3.17 Ὑμεῖς οὖν, ἀγαπητοί,
A--AF-S NPGMZP N-AF-S NPN-YP CH AP-VM-P

προγινώσκοντες φυλάσσεσθε ἵνα μὴ τῇ τῶν ἀθέσμων πλάνῃ
VPPANMYP VMPM--YP CS AB DDFS DGMP AP-GM-P N-DF-S

συναπαχθέντες ἐκπέσητε τοῦ ἰδίου στηριγμοῦ, 3.18 αὐξάνετε δὲ
VPAPNMYP VSAA--YP DGMS A--GM-S N-GM-S VMPA--YP CH

ἐν χάριτι καὶ γνώσει τοῦ κυρίου ἡμῶν καὶ σωτῆρος Ἰησοῦ
PD N-DF-S CC N-DF-S DGMS N-GM-S NPG-XP CC N-GM-S N-GM-S

Χριστοῦ. αὐτῷ ἡ δόξα καὶ νῦν καὶ εἰς ἡμέραν αἰῶνος. [ἀμήν.]
N-GM-S NPDMZS DNFS N-NF-S CC AB CC PA N-AF-S N-GM-S QS

ΙΩΑΝΝΟΥ Α

1.1 Ὃ ἦν ἀπ᾽ ἀρχῆς, ὃ ἀκηκόαμεν,
APRNN-S□APDAN-S&APRNN-S VIIA--ZS PG N-GF-S APRAN-S VIRA--XP

ὃ ἑωράκαμεν τοῖς ὀφθαλμοῖς ἡμῶν, ὃ ἐθεασάμεθα καὶ
APRAN-S VIRA--XP DDMP N-DM-P NPG-XP APRAN-S VIAD--XP CC

αἱ χεῖρες ἡμῶν ἐψηλάφησαν, περὶ τοῦ λόγου τῆς ζωῆς —
DNFP N-NF-P NPG-XP VIAA--ZP PG DGMS N-GM-S DGFS N-GF-S

1.2 καὶ ἡ ζωὴ ἐφανερώθη, καὶ ἑωράκαμεν καὶ μαρτυροῦμεν καὶ
CC DNFS N-NF-S VIAP--ZS CC VIRA--XP CC VIPA--XP CC

ἀπαγγέλλομεν ὑμῖν τὴν ζωὴν τὴν αἰώνιον ἥτις ἦν πρὸς τὸν
VIPA--XP NPD-YP DAFS N-AF-S DAFS A--AF-S APRNF-S VIIA--ZS PA DAMS

πατέρα καὶ ἐφανερώθη ἡμῖν — 1.3 ὃ
N-AM-S CC VIAP--ZS NPD-XP APRAN-S□APDAN-S&APRAN-S

ἑωράκαμεν καὶ ἀκηκόαμεν ἀπαγγέλλομεν καὶ ὑμῖν, ἵνα καὶ ὑμεῖς
VIRA--XP CC VIRA--XP VIPA--XP AB NPD-YP CS AB NPN-YP

κοινωνίαν ἔχητε μεθ᾽ ἡμῶν. καὶ ἡ κοινωνία δὲ ἡ ἡμετέρα
N-AF-S VSPA--YP PG NPG-XP AB DNFS N-NF-S CC DNFS A--NFXS

μετὰ τοῦ πατρὸς καὶ μετὰ τοῦ υἱοῦ αὐτοῦ Ἰησοῦ Χριστοῦ.
PG DGMS N-GM-S CC PG DGMS N-GM-S NPGMZS N-GM-S N-GM-S

1.4 καὶ ταῦτα γράφομεν ἡμεῖς ἵνα ἡ χαρὰ ἡμῶν ᾖ
CC APDAN-P VIPA--XP NPN-XP CS DNFS N-NF-S NPG-XP VSPA--ZS+

πεπληρωμένη.
+VPRPNF-S

1.5 Καὶ ἔστιν αὕτη ἡ ἀγγελία ἣν ἀκηκόαμεν ἀπ᾽ αὐτοῦ
CC VIPA--ZS APDNF-S DNFS N-NF-S APRAF-S VIRA--XP PG NPGMZS

καὶ ἀναγγέλλομεν ὑμῖν, ὅτι ὁ θεὸς φῶς ἐστιν καὶ σκοτία ἐν
CC VIPA--XP NPD-YP ABR DNMS N-NM-S N-NN-S VIPA--ZS CC N-NF-S PD

αὐτῷ οὐκ ἔστιν οὐδεμία. 1.6 Ἐὰν εἴπωμεν ὅτι κοινωνίαν ἔχομεν
NPDMZS AB VIPA--ZS A-CNF-S CS VSAA--XP CC N-AF-S VIPA--XP

μετ᾽ αὐτοῦ καὶ ἐν τῷ σκότει περιπατῶμεν, ψευδόμεθα καὶ οὐ
PG NPGMZS CC PD DDNS N-DN-S VSPA--XP VIPN--XP CC AB

ποιοῦμεν τὴν ἀλήθειαν· 1.7 ἐὰν δὲ ἐν τῷ φωτὶ περιπατῶμεν ὡς
VIPA--XP DAFS N-AF-S CS CH PD DDNS N-DN-S VSPA--XP CS

αὐτός ἐστιν ἐν τῷ φωτί, κοινωνίαν ἔχομεν μετ᾽ ἀλλήλων καὶ τὸ
NPNMZS VIPA--ZS PD DDNS N-DN-S N-AF-S VIPA--XP PG NPGMXP CC DNNS

αἷμα Ἰησοῦ τοῦ υἱοῦ αὐτοῦ καθαρίζει ἡμᾶς ἀπὸ πάσης
N-NN-S N-GM-S DGMS N-GM-S NPGMZS VIPA--ZS NPA-XP PG A--GF-S

ἁμαρτίας. 1.8 ἐὰν εἴπωμεν ὅτι ἁμαρτίαν οὐκ ἔχομεν, ἑαυτοὺς
N-GF-S CS VSAA--XP CC N-AF-S AB VIPA--XP NPAMXP

πλανῶμεν καὶ ἡ ἀλήθεια οὐκ ἔστιν ἐν ἡμῖν. 1.9 ἐὰν
VIPA--XP CC DNFS N-NF-S AB VIPA--ZS PD NPD-XP CS

ὁμολογῶμεν τὰς ἁμαρτίας ἡμῶν, πιστός ἐστιν καὶ δίκαιος ἵνα
VSPA--XP DAFP N-AF-P NPG-XP A--NM-S VIPA--ZS CC A--NM-S CH

ἀφῇ ἡμῖν τὰς ἁμαρτίας καὶ καθαρίσῃ ἡμᾶς ἀπὸ πάσης ἀδικίας.
VSAA--ZS NPD-XP DAFP N-AF-P CC VSAA--ZS NPA-XP PG A--GF-S N-GF-S

1.10 ἐὰν εἴπωμεν ὅτι οὐχ ἡμαρτήκαμεν, ψεύστην ποιοῦμεν αὐτὸν
CS VSAA--XP CC AB VIRA--XP N-AM-S VIPA--XP NPAMZS

καὶ ὁ λόγος αὐτοῦ οὐκ ἔστιν ἐν ἡμῖν.
CC DNMS N-NM-S NPGMZS AB VIPA--ZS PD NPD-XP

2.1 Τεκνία μου, ταῦτα γράφω ὑμῖν ἵνα μὴ ἁμάρτητε. καὶ ἐάν
N-VN-P NPG-XS APDAN-P VIPA--XS NPD-YP CS AB VSAA--YP CC CS

τις ἁμάρτῃ, παράκλητον ἔχομεν πρὸς τὸν πατέρα, Ἰησοῦν
APINM-S VSAA--ZS N-AM-S VIPA--XP PA DAMS N-AM-S N-AM-S

Χριστὸν δίκαιον· 2.2 καὶ αὐτὸς ἱλασμός ἐστιν περὶ τῶν
N-AM-S AP-AM-S/A--AM-S CC NPNMZS N-NM-S VIPA--ZS PG DGFP

ἁμαρτιῶν ἡμῶν, οὐ περὶ τῶν ἡμετέρων δὲ μόνον ἀλλὰ καὶ περὶ
N-GF-P NPG-XP AB PG DGFP AP-GFXP CH AP-AN-S□AB CH AB PG

ὅλου τοῦ κόσμου. 2.3 Καὶ ἐν τούτῳ γινώσκομεν ὅτι ἐγνώκαμεν
A--GM-S DGMS N-GM-S CC PD APDDN-S VIPA--XP CC VIRA--XP

αὐτόν, ἐὰν τὰς ἐντολὰς αὐτοῦ τηρῶμεν. 2.4 ὁ
NPAMZS CS DAFP N-AF-P NPGMZS VSPA--XP DNMS□NPNMZS&APRNM-S

λέγων ὅτι Ἔγνωκα αὐτόν, καὶ τὰς ἐντολὰς αὐτοῦ μὴ τηρῶν,
VPPANM-S CC VIRA--XS NPAMZS CC DAFP N-AF-P NPGMZS AB VPPANM-S

ψεύστης ἐστίν, καὶ ἐν τούτῳ ἡ ἀλήθεια οὐκ ἔστιν· 2.5 ὃς δ᾽
N-NM-S VIPA--ZS CC PD APDDM-S DNFS N-NF-S AB VIPA--ZS APRNM-S+ CH

ἂν τηρῇ αὐτοῦ τὸν λόγον, ἀληθῶς ἐν τούτῳ ἡ ἀγάπη τοῦ θεοῦ
QV VSPA--ZS NPGMZS DAMS N-AM-S AB PD APDDM-S DNFS N-NF-S DGMS N-GM-S

τετελείωται. ἐν τούτῳ γινώσκομεν ὅτι ἐν αὐτῷ ἐσμεν·
VIRP--ZS PD APDDN-S VIPA--XP CC PD NPDMZS VIPA--XP

2.6 ὁ λέγων ἐν αὐτῷ μένειν ὀφείλει καθὼς ἐκεῖνος
DNMS□NPNMZS&APRNM-S VPPANM-S PD NPDMZS VNPA VIPA--ZS CS APDNM-S

περιεπάτησεν καὶ αὐτὸς [οὕτως] περιπατεῖν.
VIAA--ZS AB NPNMZS AB VNPA

2.7 Ἀγαπητοί, οὐκ ἐντολὴν καινὴν γράφω ὑμῖν, ἀλλ᾽ ἐντολὴν
AP-VM-P AB N-AF-S A--AF-S VIPA--XS NPD-YP CH N-AF-S

παλαιὰν ἣν εἴχετε ἀπ᾽ ἀρχῆς· ἡ ἐντολὴ ἡ παλαιά ἐστιν
A--AF-S APRAF-S VIIA--YP PG N-GF-S DNFS N-NF-S DNFS A--NF-S VIPA--ZS

ὁ λόγος ὃν ἠκούσατε. 2.8 πάλιν ἐντολὴν καινὴν γράφω
DNMS N-NM-S APRAM-S VIAA--YP AB N-AF-S A--AF-S VIPA--XS

ὑμῖν, ὅ ἐστιν ἀληθὲς ἐν αὐτῷ καὶ ἐν ὑμῖν, ὅτι ἡ
NPD-YP APRNN-S VIPA--ZS A--NN-S PD NPDMZS/NPDNZS CC PD NPD-YP CS DNFS

σκοτία παράγεται καὶ τὸ φῶς τὸ ἀληθινὸν ἤδη φαίνει.
N-NF-S VIPP--ZS CC DNNS N-NN-S DNNS A--NN-S AB VIPA--ZS

2.9 ὁ   λέγων ἐν τῷ φωτὶ εἶναι καὶ τὸν ἀδελφὸν
DNMS□NPNMZS&APRNM-S VPPANM-S PD DDNS N-DN-S VNPA CC DAMS N-AM-S

αὐτοῦ μισῶν ἐν τῇ σκοτίᾳ ἐστὶν ἕως ἄρτι.
NPGMZS VPPANM-S PD DDFS N-DF-S VIPA--ZS PG AB□AP-GM-S

2.10 ὁ   ἀγαπῶν τὸν ἀδελφὸν αὐτοῦ ἐν τῷ φωτὶ
DNMS□NPNMZS&APRNM-S VPPANM-S DAMS N-AM-S NPGMZS PD DDNS N-DN-S

μένει, καὶ σκάνδαλον ἐν αὐτῷ οὐκ ἔστιν· **2.11** ὁ   δὲ
VIPA--ZS CC N-NN-S PD NPDMZS AB VIPA--ZS DNMS□NPNMZS&APRNM-S CC

μισῶν τὸν ἀδελφὸν αὐτοῦ ἐν τῇ σκοτίᾳ ἐστὶν καὶ ἐν τῇ σκοτίᾳ
VPPANM-S DAMS N-AM-S NPGMZS PD DDFS N-DF-S VIPA--ZS CC PD DDFS N-DF-S

περιπατεῖ, καὶ οὐκ οἶδεν ποῦ ὑπάγει, ὅτι ἡ σκοτία ἐτύφλωσεν
VIPA--ZS CC AB VIRA--ZS ABT VIPA--ZS CS DNFS N-NF-S VIAA--ZS

τοὺς ὀφθαλμοὺς αὐτοῦ.
DAMP N-AM-P NPGMZS

2.12 Γράφω ὑμῖν, τεκνία,
VIPA--XS NPD-YP N-VN-P

ὅτι ἀφέωνται ὑμῖν αἱ ἁμαρτίαι διὰ τὸ ὄνομα αὐτοῦ.
CS VIRP--ZP NPD-YP DNFP N-NF-P PA DANS N-AN-S NPGMZS

2.13 γράφω ὑμῖν, πατέρες,
VIPA--XS NPD-YP N-VM-P

ὅτι ἐγνώκατε τὸν ἀπ᾽ ἀρχῆς.
CS VIRA--YP DAMS PG N-GF-S

γράφω ὑμῖν, νεανίσκοι,
VIPA--XS NPD-YP N-VM-P

ὅτι νενικήκατε τὸν πονηρόν.
CS VIRA--YP DAMS AP-AM-S

2.14 ἔγραψα ὑμῖν, παιδία,
VIAA--XS NPD-YP N-VN-P

ὅτι ἐγνώκατε τὸν πατέρα.
CS VIRA--YP DAMS N-AM-S

ἔγραψα ὑμῖν, πατέρες,
VIAA--XS NPD-YP N-VM-P

ὅτι ἐγνώκατε τὸν ἀπ᾽ ἀρχῆς.
CS VIRA--YP DAMS PG N-GF-S

ἔγραψα ὑμῖν, νεανίσκοι,
VIAA--XS NPD-YP N-VM-P

ὅτι ἰσχυροί ἐστε
CS A--NM-P VIPA--YP

καὶ ὁ λόγος τοῦ θεοῦ ἐν ὑμῖν μένει
CC DNMS N-NM-S DGMS N-GM-S PD NPD-YP VIPA--ZS

καὶ νενικήκατε τὸν πονηρόν.
CC VIRA--YP DAMS AP-AM-S

2.15 Μὴ ἀγαπᾶτε τὸν κόσμον μηδὲ τὰ ἐν τῷ κόσμῳ. ἐὰν
AB VMPA--YP DAMS N-AM-S CC DANP PD DDMS N-DM-S CS

τις ἀγαπᾷ τὸν κόσμον, οὐκ ἔστιν ἡ ἀγάπη τοῦ πατρὸς ἐν
APINM-S VSPA--ZS DAMS N-AM-S AB VIPA--ZS DNFS N-NF-S DGMS N-GM-S PD

αὐτῷ· 2.16 ὅτι πᾶν τὸ ἐν τῷ κόσμῳ, ἡ ἐπιθυμία τῆς σαρκὸς
NPDMZS CS A--NN-S DNNS PD DDMS N-DM-S DNFS N-NF-S DGFS N-GF-S

καὶ ἡ ἐπιθυμία τῶν ὀφθαλμῶν καὶ ἡ ἀλαζονεία τοῦ βίου, οὐκ
CC DNFS N-NF-S DGMP N-GM-P CC DNFS N-NF-S DGMS N-GM-S AB

ἔστιν ἐκ τοῦ πατρὸς ἀλλ᾽ ἐκ τοῦ κόσμου ἐστίν. 2.17 καὶ ὁ
VIPA--ZS PG DGMS N-GM-S CH PG DGMS N-GM-S VIPA--ZS CC DNMS

κόσμος παράγεται καὶ ἡ ἐπιθυμία αὐτοῦ, ὁ δὲ
N-NM-S VIPP--ZS CC DNFS N-NF-S NPGMZS DNMS□NPNMZS&APRNM-S CH

ποιῶν τὸ θέλημα τοῦ θεοῦ μένει εἰς τὸν αἰῶνα.
VPPANM-S DANS N-AN-S DGMS N-GM-S VIPA--ZS PA DAMS N-AM-S

2.18 Παιδία, ἐσχάτη ὥρα ἐστίν, καὶ καθὼς ἠκούσατε ὅτι
N-VN-P A--NF-S N-NF-S VIPA--ZS CC CS VIAA--YP CH

ἀντίχριστος ἔρχεται, καὶ νῦν ἀντίχριστοι πολλοὶ γεγόνασιν· ὅθεν
N-NM-S VIPN--ZS AB AB N-NM-P A--NM-P VIRA--ZP CH

γινώσκομεν ὅτι ἐσχάτη ὥρα ἐστίν. 2.19 ἐξ ἡμῶν ἐξῆλθαν, ἀλλ᾽
VIPA--XP CH A--NF-S N-NF-S VIPA--ZS PG NPG-XP VIAA--ZP CH

οὐκ ἦσαν ἐξ ἡμῶν· εἰ γὰρ ἐξ ἡμῶν ἦσαν, μεμενήκεισαν ἂν μεθ᾽
AB VIIA--ZP PG NPG-XP CS CS PG NPG-XP VIIA--ZP VILA--ZP QV PG

ἡμῶν· ἀλλ᾽ ἵνα φανερωθῶσιν ὅτι οὐκ εἰσὶν πάντες ἐξ ἡμῶν.
NPG-XP CH CS VSAP--ZP CC AB VIPA--ZP AP-NM-P PG NPG-XP

2.20 καὶ ὑμεῖς χρῖσμα ἔχετε ἀπὸ τοῦ ἁγίου, καὶ οἴδατε πάντες.
CC NPN-YP N-AN-S VIPA--YP PG DGMS AP-GM-S CC VIRA--YP AP-NM-P

2.21 οὐκ ἔγραψα ὑμῖν ὅτι οὐκ οἴδατε τὴν ἀλήθειαν, ἀλλ᾽ ὅτι
AB VIAA--XS NPD-YP CS AB VIRA--YP DAFS N-AF-S CH CS

οἴδατε αὐτήν, καὶ ὅτι πᾶν ψεῦδος ἐκ τῆς ἀληθείας οὐκ ἔστιν.
VIRA--YP NPAFZS CC CS A--NN-S N-NN-S PG DGFS N-GF-S AB VIPA--ZS

2.22 Τίς ἐστιν ὁ ψεύστης εἰ μὴ ὁ
APRTNM-S VIPA--ZS DNMS N-NM-S CS AB DNMS□NPNMZS&APRNM-S

ἀρνούμενος ὅτι Ἰησοῦς οὐκ ἔστιν ὁ Χριστός; οὗτός ἐστιν ὁ
VPPNNM-S CS N-NM-S AB VIPA--ZS DNMS N-NM-S APDNM-S VIPA--ZS DNMS

ἀντίχριστος, ὁ ἀρνούμενος τὸν πατέρα καὶ τὸν υἱόν.
N-NM-S DNMS□APRNM-S VPPNNM-S DAMS N-AM-S CC DAMS N-AM-S

2.23 πᾶς ὁ ἀρνούμενος τὸν υἱὸν οὐδὲ τὸν πατέρα
AP-NM-S DNMS□APRNM-S VPPNNM-S DAMS N-AM-S AB DAMS N-AM-S

ἔχει· ὁ ὁμολογῶν τὸν υἱὸν καὶ τὸν πατέρα ἔχει.
VIPA--ZS DNMS□NPNMZS&APRNM-S VPPANM-S DAMS N-AM-S AB DAMS N-AM-S VIPA--ZS

2.24 ὑμεῖς ὃ ἠκούσατε ἀπ᾽ ἀρχῆς ἐν ὑμῖν
NPN-YP APRAN-S□APDNN-S&APRAN-S VIAA--YP PG N-GF-S PD NPD-YP

μενέτω· ἐὰν ἐν ὑμῖν μείνῃ ὃ ἀπ᾽ ἀρχῆς
VMPA--ZS CS PD NPD-YP VSAA--ZS APRAN-S□APDNN-S&APRAN-S PG N-GF-S

ἠκούσατε, καὶ ὑμεῖς ἐν τῷ υἱῷ καὶ ἐν τῷ πατρὶ μενεῖτε.
VIAA--YP AB NPN-YP PD DDMS N-DM-S CC PD DDMS N-DM-S VIFA--YP

2.25 καὶ αὕτη ἐστὶν ἡ ἐπαγγελία ἣν αὐτὸς ἐπηγγείλατο
CC APDNF-S VIPA--ZS DNFS N-NF-S APRAF-S NPNMZS VIAD--ZS

ἡμῖν, τὴν ζωὴν τὴν αἰώνιον.
NPD-XP DAFS N-AF-S DAFS A--AF-S

2.26 Ταῦτα ἔγραψα ὑμῖν περὶ τῶν πλανώντων
APDAN-P VIAA--XS NPD-YP PG DGMP□NPGMZP&APRNM-P VPPAGM-P

ὑμᾶς. 2.27 καὶ ὑμεῖς τὸ χρῖσμα ὃ ἐλάβετε ἀπ᾽ αὐτοῦ μένει
NPA-YP CC NPN-YP DNNS N-NN-S APRAN-S VIAA--YP PG NPGMZS VIPA--ZS

ἐν ὑμῖν, καὶ οὐ χρείαν ἔχετε ἵνα τις διδάσκῃ ὑμᾶς· ἀλλ᾽ ὡς τὸ
PD NPD-YP CC AB N-AF-S VIPA--YP CC APINM-S VSPA--ZS NPA-YP CH CS DNNS

αὐτοῦ χρῖσμα διδάσκει ὑμᾶς περὶ πάντων, καὶ ἀληθές ἐστιν
NPGMZS N-NN-S VIPA--ZS NPA-YP PG AP-GM-P/AP-GN-P CC A--NN-S VIPA--ZS

καὶ οὐκ ἔστιν ψεῦδος, καὶ καθὼς ἐδίδαξεν ὑμᾶς, μένετε ἐν
CC AB VIPA--ZS N-NN-S CC CS VIAA--ZS NPA-YP VIPA--YP/VMPA--YP PD

αὐτῷ.
NPDMZS/NPDNZS

2.28 Καὶ νῦν, τεκνία, μένετε ἐν αὐτῷ, ἵνα ἐὰν φανερωθῇ
CC AB N-VN-P VMPA--YP PD NPDMZS CS CS VSAP--ZS

σχῶμεν παρρησίαν καὶ μὴ αἰσχυνθῶμεν ἀπ᾽ αὐτοῦ ἐν τῇ
VSAA--XP N-AF-S CC AB VSAO--XP PG NPGMZS PD DDFS

παρουσίᾳ αὐτοῦ. 2.29 ἐὰν εἰδῆτε ὅτι δίκαιός ἐστιν, γινώσκετε
N-DF-S NPGMZS CS VSRA--YP CC A--NM-S VIPA--ZS VIPA--YP/VMPA--YP

ὅτι καὶ πᾶς ὁ ποιῶν τὴν δικαιοσύνην ἐξ αὐτοῦ
CH/CC AB AP-NM-S DNMS□APRNM-S VPPANM-S DAFS N-AF-S PG NPGMZS

γεγέννηται. 3.1 ἴδετε ποταπὴν ἀγάπην δέδωκεν ἡμῖν ὁ
VIRP--ZS VMAA--YP A-TAF-S N-AF-S VIRA--ZS NPD-XP DNMS

πατὴρ ἵνα τέκνα θεοῦ κληθῶμεν· καὶ ἐσμέν. διὰ τοῦτο ὁ
N-NM-S CH N-NN-P N-GM-S VSAP--XP CC VIPA--XP PA APDAN-S DNMS

κόσμος οὐ γινώσκει ἡμᾶς ὅτι οὐκ ἔγνω αὐτόν. 3.2 Ἀγαπητοί, νῦν
N-NM-S AB VIPA--ZS NPA-XP CS AB VIAA--ZS NPAMZS AP-VM-P AB

τέκνα θεοῦ ἐσμεν, καὶ οὔπω ἐφανερώθη τί ἐσόμεθα. οἴδαμεν
N-NN-P N-GM-S VIPA--XP CC AB VIAP--ZS APTNN-S VIFD--XP VIRA--XP

ὅτι ἐὰν φανερωθῇ ὅμοιοι αὐτῷ ἐσόμεθα, ὅτι ὀψόμεθα αὐτὸν
CH CS VSAP--ZS A--NM-P NPDMZS VIFD--XP CS VIFD--XP NPAMZS

καθώς ἐστιν. 3.3 καὶ πᾶς ὁ ἔχων τὴν ἐλπίδα ταύτην
CS VIPA--ZS CC AP-NM-S DNMS□APRNM-S VPPANM-S DAFS N-AF-S A-DAF-S

ἐπ᾽ αὐτῷ ἁγνίζει ἑαυτὸν καθὼς ἐκεῖνος ἁγνός ἐστιν.
PD NPDMZS VIPA--ZS NPAMZS CS APDNM-S A--NM-S VIPA--ZS

3.4 Πᾶς ὁ ποιῶν τὴν ἁμαρτίαν καὶ τὴν ἀνομίαν
AP-NM-S DNMS□APRNM-S VPPANM-S DAFS N-AF-S AB DAFS N-AF-S

ποιεῖ, καὶ ἡ ἁμαρτία ἐστὶν ἡ ἀνομία. 3.5 καὶ οἴδατε ὅτι
VIPA--ZS CC DNFS N-NF-S VIPA--ZS DNFS N-NF-S CC VIRA--YP CH

ἐκεῖνος ἐφανερώθη ἵνα τὰς ἁμαρτίας ἄρῃ, καὶ ἁμαρτία ἐν αὐτῷ
APDNM-S VIAP--ZS CS DAFP N-AF-P VSAA--ZS CC N-NF-S PD NPDMZS

οὐκ ἔστιν. 3.6 πᾶς ὁ ἐν αὐτῷ μένων οὐχ ἁμαρτάνει·
AB VIPA--ZS AP-NM-S DNMS□APRNM-S PD NPDMZS VPPANM-S AB VIPA--ZS

πᾶς ὁ ἁμαρτάνων οὐχ ἑώρακεν αὐτὸν οὐδὲ ἔγνωκεν
AP-NM-S DNMS□APRNM-S VPPANM-S AB VIRA--ZS NPAMZS CC VIRA--ZS

αὐτόν. 3.7 Τεκνία, μηδεὶς πλανάτω ὑμᾶς· ὁ ποιῶν
NPAMZS N-VN-P APCNM-S VMPA--ZS NPA-YP DNMS□NPNMZS&APRNM-S VPPANM-S

τὴν δικαιοσύνην δίκαιός ἐστιν, καθὼς ἐκεῖνος δίκαιός ἐστιν·
DAFS N-AF-S A--NM-S VIPA--ZS CS APDNM-S A--NM-S VIPA--ZS

3.8 ὁ ποιῶν τὴν ἁμαρτίαν ἐκ τοῦ διαβόλου ἐστίν,
DNMS□NPNMZS&APRNM-S VPPANM-S DAFS N-AF-S PG DGMS AP-GM-S VIPA--ZS

ὅτι ἀπ᾽ ἀρχῆς ὁ διάβολος ἁμαρτάνει. εἰς τοῦτο ἐφανερώθη ὁ
CS PG N-GF-S DNMS AP-NM-S VIPA--ZS PA APDAN-S VIAP--ZS DNMS

υἱὸς τοῦ θεοῦ, ἵνα λύσῃ τὰ ἔργα τοῦ διαβόλου. 3.9 Πᾶς
N-NM-S DGMS N-GM-S CS VSAA--ZS DANP N-AN-P DGMS AP-GM-S AP-NM-S

ὁ γεγεννημένος ἐκ τοῦ θεοῦ ἁμαρτίαν οὐ ποιεῖ, ὅτι
DNMS□APRNM-S VPRPNM-S PG DGMS N-GM-S N-AF-S AB VIPA--ZS CS

σπέρμα αὐτοῦ ἐν αὐτῷ μένει· καὶ οὐ δύναται ἁμαρτάνειν, ὅτι ἐκ
N-NN-S NPGMZS PD NPDMZS VIPA--ZS CC AB VIPN--ZS VNPA CS PG

τοῦ θεοῦ γεγέννηται. 3.10 ἐν τούτῳ φανερά ἐστιν τὰ τέκνα τοῦ
DGMS N-GM-S VIRP--ZS PD APDDN-S A--NN-P VIPA--ZS DNNP N-NN-P DGMS

θεοῦ καὶ τὰ τέκνα τοῦ διαβόλου· πᾶς ὁ μὴ ποιῶν
N-GM-S CC DNNP N-NN-P DGMS AP-GM-S AP-NM-S DNMS□APRNM-S AB VPPANM-S

δικαιοσύνην οὐκ ἔστιν ἐκ τοῦ θεοῦ, καὶ ὁ μὴ
N-AF-S AB VIPA--ZS PG DGMS N-GM-S CC DNMS□NPNMZS&APRNM-S AB

ἀγαπῶν τὸν ἀδελφὸν αὐτοῦ.
VPPANM-S DAMS N-AM-S NPGMZS

3.11 Ὅτι αὕτη ἐστὶν ἡ ἀγγελία ἣν ἠκούσατε ἀπ᾽ ἀρχῆς,
CS APDNF-S VIPA--ZS DNFS N-NF-S APRAF-S VIAA--YP PG N-GF-S

ἵνα ἀγαπῶμεν ἀλλήλους· 3.12 οὐ καθὼς Κάϊν ἐκ τοῦ πονηροῦ
ABR VSPA--XP NPAMXP AB CS N-NM-S PG DGMS AP-GM-S

ἦν καὶ ἔσφαξεν τὸν ἀδελφὸν αὐτοῦ· καὶ χάριν τίνος ἔσφαξεν
VIIA--ZS CC VIAA--ZS DAMS N-AM-S NPGMZS CC PG APTGN-S VIAA--ZS

αὐτόν; ὅτι τὰ ἔργα αὐτοῦ πονηρὰ ἦν, τὰ δὲ τοῦ ἀδελφοῦ
NPAMZS CS DNNP N-NN-P NPGMZS A--NN-P VIIA--ZS DNNP CC DGMS N-GM-S

αὐτοῦ δίκαια. 3.13 [καὶ] μὴ θαυμάζετε, ἀδελφοί, εἰ μισεῖ ὑμᾶς ὁ
NPGMZS A--NN-P CC AB VMPA--YP N-VM-P CS VIPA--ZS NPA-YP DNMS

κόσμος. 3.14 ἡμεῖς οἴδαμεν ὅτι μεταβεβήκαμεν ἐκ τοῦ θανάτου
N-NM-S NPN-XP VIRA--XP CC VIRA--XP PG DGMS N-GM-S

εἰς τὴν ζωήν, ὅτι ἀγαπῶμεν τοὺς ἀδελφούς· ὁ μὴ
PA DAFS N-AF-S CS VIPA--XP DAMP N-AM-P DNMS□NPNMZS&APRNM-S AB

ἀγαπῶν μένει ἐν τῷ θανάτῳ. 3.15 πᾶς ὁ μισῶν τὸν
VPPANM-S VIPA--ZS PD DDMS N-DM-S AP-NM-S DNMS□APRNM-S VPPANM-S DAMS

ἀδελφὸν αὐτοῦ ἀνθρωποκτόνος ἐστίν, καὶ οἴδατε ὅτι πᾶς
N-AM-S NPGMZS N-NM-S VIPA--ZS CC VIRA--YP CH A--NM-S

ἀνθρωποκτόνος οὐκ ἔχει ζωὴν αἰώνιον ἐν αὐτῷ μένουσαν.
N-NM-S AB VIPA--ZS N-AF-S A--AF-S PD NPDMZS VPPAAF-S

3.16 ἐν τούτῳ ἐγνώκαμεν τὴν ἀγάπην, ὅτι ἐκεῖνος ὑπὲρ ἡμῶν τὴν
PD APDDN-S VIRA--XP DAFS N-AF-S CS APDNM-S PG NPG-XP DAFS

ψυχὴν αὐτοῦ ἔθηκεν· καὶ ἡμεῖς ὀφείλομεν ὑπὲρ τῶν ἀδελφῶν τὰς
N-AF-S NPGMZS VIAA--ZS CC NPN-XP VIPA--XP PG DGMP N-GM-P DAFP

ψυχὰς θεῖναι. 3.17 ὃς δ' ἂν ἔχῃ τὸν βίον τοῦ κόσμου καὶ
N-AF-P VNAA APRNM-S+ CC QV VSPA--ZS DAMS N-AM-S DGMS N-GM-S CC

θεωρῇ τὸν ἀδελφὸν αὐτοῦ χρείαν ἔχοντα καὶ κλείσῃ τὰ
VSPA--ZS DAMS N-AM-S NPGMZS N-AF-S VPPAAM-S CC VSAA--ZS DANP

σπλάγχνα αὐτοῦ ἀπ' αὐτοῦ, πῶς ἡ ἀγάπη τοῦ θεοῦ μένει ἐν
N-AN-P NPGMZS PG NPGMZS ABT DNFS N-NF-S DGMS N-GM-S VIPA--ZS PD

αὐτῷ; 3.18 Τεκνία, μὴ ἀγαπῶμεν λόγῳ μηδὲ τῇ γλώσσῃ ἀλλὰ ἐν
NPDMZS N-VN-P AB VSPA--XP N-DM-S CC DDFS N-DF-S CH PD

ἔργῳ καὶ ἀληθείᾳ.
N-DN-S CC N-DF-S

3.19 [Καὶ] ἐν τούτῳ γνωσόμεθα ὅτι ἐκ τῆς ἀληθείας ἐσμέν, καὶ
CC PD APDDN-S VIFD--XP CC PG DGFS N-GF-S VIPA--XP CC

ἔμπροσθεν αὐτοῦ πείσομεν τὴν καρδίαν ἡμῶν
PG NPGMZS VIFA--XP DAFS N-AF-S NPG-XP

3.20 ὅτι ἐὰν καταγινώσκῃ ἡμῶν ἡ καρδία,
CS†APRAN-S☐APDAN-S&APRAN-S CS†QV VSPA--ZS NPG-XP DNFS N-NF-S

ὅτι μείζων ἐστὶν ὁ θεὸς τῆς καρδίας ἡμῶν καὶ γινώσκει πάντα.
CS A-MNM-S VIPA--ZS DNMS N-NM-S DGFS N-GF-S NPG-XP CC VIPA--ZS AP-AN-P

3.21 Ἀγαπητοί, ἐὰν ἡ καρδία [ἡμῶν] μὴ καταγινώσκῃ,
AP-VM-P CS DNFS N-NF-S NPG-XP AB VSPA--ZS

παρρησίαν ἔχομεν πρὸς τὸν θεόν, 3.22 καὶ ὃ
N-AF-S VIPA--XP PA DAMS N-AM-S CC APRAN-S☐APDAN-S&APRAN-S

ἐὰν αἰτῶμεν λαμβάνομεν ἀπ' αὐτοῦ, ὅτι τὰς ἐντολὰς αὐτοῦ
QV VSPA--XP VIPA--XP PG NPGMZS CS DAFP N-AF-P NPGMZS

τηροῦμεν καὶ τὰ ἀρεστὰ ἐνώπιον αὐτοῦ ποιοῦμεν. 3.23 καὶ
VIPA--XP CC DANP AP-AN-P PG NPGMZS VIPA--XP CC

αὕτη ἐστὶν ἡ ἐντολὴ αὐτοῦ, ἵνα πιστεύσωμεν τῷ ὀνόματι τοῦ
APDNF-S VIPA--ZS DNFS N-NF-S NPGMZS ABR VSAA--XP DDNS N-DN-S DGMS

υἱοῦ αὐτοῦ Ἰησοῦ Χριστοῦ καὶ ἀγαπῶμεν ἀλλήλους, καθὼς
N-GM-S NPGMZS N-GM-S N-GM-S CC VSPA--XP NPAMXP CS

ἔδωκεν ἐντολὴν ἡμῖν. 3.24 καὶ ὁ τηρῶν τὰς
VIAA--ZS N-AF-S NPD-XP CC DNMS☐NPNMZS&APRNM-S VPPANM-S DAFP

ἐντολὰς αὐτοῦ ἐν αὐτῷ μένει καὶ αὐτὸς ἐν αὐτῷ· καὶ ἐν τούτῳ
N-AF-P NPGMZS PD NPDMZS VIPA--ZS CC NPNMZS PD NPDMZS CC PD APDDN-S

γινώσκομεν ὅτι μένει ἐν ἡμῖν, ἐκ τοῦ πνεύματος οὗ
VIPA--XP CC VIPA--ZS PD NPD-XP PG DGNS N-GN-S APRGN-S☐APRAN-S

ἡμῖν ἔδωκεν.
NPD-XP VIAA--ZS

4.1 Ἀγαπητοί, μὴ παντὶ πνεύματι πιστεύετε, ἀλλὰ δοκιμάζετε
AP-VM-P   AB   A--DN-S N-DN-S   VMPA--YP   CH   VMPA--YP

τὰ πνεύματα εἰ ἐκ τοῦ θεοῦ ἐστιν, ὅτι πολλοὶ ψευδοπροφῆται
DANP N-AN-P   QT PG DGMS N-GM-S VIPA--ZS CS A--NM-P N-NM-P

ἐξεληλύθασιν εἰς τὸν κόσμον. 4.2 ἐν τούτῳ γινώσκετε τὸ
VIRA--ZP   PA DAMS N-AM-S   PD APDDN-S VIPA--YP/VMPA--YP DANS

πνεῦμα τοῦ θεοῦ· πᾶν πνεῦμα ὃ   ὁμολογεῖ Ἰησοῦν Χριστὸν
N-AN-S DGMS N-GM-S A--NN-S N-NN-S APRNN-S VIPA--ZS N-AM-S N-AM-S

ἐν σαρκὶ ἐληλυθότα ἐκ τοῦ θεοῦ ἐστιν, 4.3 καὶ πᾶν πνεῦμα
PD N-DF-S VPRAAM-S PG DGMS N-GM-S VIPA--ZS   CC A--NN-S N-NN-S

ὃ   μὴ ὁμολογεῖ τὸν Ἰησοῦν ἐκ τοῦ θεοῦ οὐκ ἔστιν· καὶ τοῦτό
APRNN-S AB VIPA--ZS DAMS N-AM-S PG DGMS N-GM-S AB VIPA--ZS CC APDNN-S

ἐστιν τὸ τοῦ ἀντιχρίστου, ὃ   ἀκηκόατε ὅτι ἔρχεται, καὶ νῦν
VIPA--ZS DNNS DGMS N-GM-S   APRAN-S VIRA--YP CC VIPN--ZS CC AB

ἐν τῷ κόσμῳ ἐστὶν ἤδη. 4.4 ὑμεῖς ἐκ τοῦ θεοῦ ἐστε, τεκνία, καὶ
PD DDMS N-DM-S VIPA--ZS AB   NPN-YP PG DGMS N-GM-S VIPA--YP N-VN-P CC

νενικήκατε αὐτούς, ὅτι μείζων ἐστὶν ὁ   ἐν ὑμῖν ἢ ὁ   ἐν τῷ
VIRA--YP   NPAMZP CS A-MNM-S VIPA--ZS DNMS PD NPD-YP CS DNMS PD DDMS

κόσμῳ. 4.5 αὐτοὶ ἐκ τοῦ κόσμου εἰσίν· διὰ τοῦτο ἐκ τοῦ κόσμου
N-DM-S   NPNMZP PG DGMS N-GM-S VIPA--ZP PA APDAN-S PG DGMS N-GM-S

λαλοῦσιν καὶ ὁ   κόσμος αὐτῶν ἀκούει. 4.6 ἡμεῖς ἐκ τοῦ θεοῦ
VIPA--ZP CC DNMS N-NM-S NPGMZP VIPA--ZS   NPN-XP PG DGMS N-GM-S

ἐσμεν· ὁ   γινώσκων τὸν θεὸν ἀκούει ἡμῶν,
VIPA--XP DNMS□NPNMZS&APRNM-S VPPANM-S DAMS N-AM-S VIPA--ZS NPG-XP

ὃς   οὐκ ἔστιν ἐκ τοῦ θεοῦ οὐκ ἀκούει ἡμῶν. ἐκ
APRNM-S□APDNM-S&APRNM-S AB VIPA--ZS PG DGMS N-GM-S AB VIPA--ZS NPG-XP PG

τούτου γινώσκομεν τὸ πνεῦμα τῆς ἀληθείας καὶ τὸ πνεῦμα τῆς
APDGN-S VIPA--XP   DANS N-AN-S DGFS N-GF-S   CC DANS N-AN-S DGFS

πλάνης.
N-GF-S

4.7 Ἀγαπητοί, ἀγαπῶμεν ἀλλήλους, ὅτι ἡ   ἀγάπη ἐκ τοῦ
AP-VM-P   VSPA--XP NPAMXP   CS DNFS N-NF-S PG DGMS

θεοῦ ἐστιν, καὶ πᾶς ὁ   ἀγαπῶν ἐκ τοῦ θεοῦ γεγέννηται
N-GM-S VIPA--ZS CC AP-NM-S DNMS□APRNM-S VPPANM-S PG DGMS N-GM-S VIRP--ZS

καὶ γινώσκει τὸν θεόν. 4.8 ὁ   μὴ ἀγαπῶν οὐκ
CC VIPA--ZS DAMS N-AM-S   DNMS□NPNMZS&APRNM-S AB VPPANM-S AB

ἔγνω τὸν θεόν, ὅτι ὁ   θεὸς ἀγάπη ἐστίν. 4.9 ἐν τούτῳ
VIAA--ZS DAMS N-AM-S CS DNMS N-NM-S N-NF-S VIPA--ZS   PD APDDN-S

ἐφανερώθη ἡ   ἀγάπη τοῦ θεοῦ ἐν ἡμῖν, ὅτι τὸν υἱὸν αὐτοῦ τὸν
VIAP--ZS DNFS N-NF-S DGMS N-GM-S PD NPD-XP CS DAMS N-AM-S NPGMZS DAMS

μονογενῆ ἀπέσταλκεν ὁ   θεὸς εἰς τὸν κόσμον ἵνα ζήσωμεν δι᾽
A--AM-S   VIRA--ZS   DNMS N-NM-S PA DAMS N-AM-S CS VSAA--XP PG

αὐτοῦ. 4.10 ἐν τούτῳ ἐστὶν ἡ   ἀγάπη, οὐχ ὅτι ἡμεῖς ἠγαπήκαμεν
NPGMZS   PD APDDN-S VIPA--ZS DNFS N-NF-S AB ABR NPN-XP VIRA--XP

τὸν θεόν, ἀλλ᾽ ὅτι αὐτὸς ἠγάπησεν ἡμᾶς καὶ ἀπέστειλεν τὸν
DAMS N-AM-S CH ABR NPNMZS VIAA--ZS NPA-XP CC VIAA--ZS DAMS

υἱὸν αὐτοῦ ἱλασμὸν περὶ τῶν ἁμαρτιῶν ἡμῶν. 4.11 Ἀγαπητοί, εἰ
N-AM-S NPGMZS N-AM-S PG DGFP N-GF-P NPG-XP AP-VM-P CS

οὕτως ὁ θεὸς ἠγάπησεν ἡμᾶς, καὶ ἡμεῖς ὀφείλομεν ἀλλήλους
AB DNMS N-NM-S VIAA--ZS NPA-XP AB NPN-XP VIPA--XP NPAMXP

ἀγαπᾶν. 4.12 θεὸν οὐδεὶς πώποτε τεθέαται· ἐὰν ἀγαπῶμεν
VNPA N-AM-S APCNM-S ABI VIRN--ZS CS VSPA--XP

ἀλλήλους, ὁ θεὸς ἐν ἡμῖν μένει καὶ ἡ ἀγάπη αὐτοῦ ἐν ἡμῖν
NPAMXP DNMS N-NM-S PD NPD-XP VIPA--ZS CC DNFS N-NF-S NPGMZS PD NPD-XP

τετελειωμένη ἐστίν.
VPRPNF-S+ +VIPA--ZS

4.13 Ἐν τούτῳ γινώσκομεν ὅτι ἐν αὐτῷ μένομεν καὶ αὐτὸς ἐν
PD APDDN-S VIPA--XP CC PD NPDMZS VIPA--XP CC NPNMZS PD

ἡμῖν, ὅτι ἐκ τοῦ πνεύματος αὐτοῦ δέδωκεν ἡμῖν. 4.14 καὶ ἡμεῖς
NPD-XP ABR/CS PG DGNS N-GN-S NPGMZS VIRA--ZS NPD-XP CC NPN-XP

τεθεάμεθα καὶ μαρτυροῦμεν ὅτι ὁ πατὴρ ἀπέσταλκεν τὸν υἱὸν
VIRN--XP CC VIPA--XP CC DNMS N-NM-S VIRA--ZS DAMS N-AM-S

σωτῆρα τοῦ κόσμου. 4.15 ὃς ἐὰν ὁμολογήσῃ ὅτι Ἰησοῦς
N-AM-S DGMS N-GM-S APRNM-S+ QV VSAA--ZS CC N-NM-S

ἐστιν ὁ υἱὸς τοῦ θεοῦ, ὁ θεὸς ἐν αὐτῷ μένει καὶ αὐτὸς ἐν
VIPA--ZS DNMS N-NM-S DGMS N-GM-S DNMS N-NM-S PD NPDMZS VIPA--ZS CC NPNMZS PD

τῷ θεῷ. 4.16 καὶ ἡμεῖς ἐγνώκαμεν καὶ πεπιστεύκαμεν τὴν
DDMS N-DM-S CC NPN-XP VIRA--XP CC VIRA--XP DAFS

ἀγάπην ἣν ἔχει ὁ θεὸς ἐν ἡμῖν.
N-AF-S APRAF-S VIPA--ZS DNMS N-NM-S PD NPD-XP

Ὁ θεὸς ἀγάπη ἐστίν, καὶ ὁ μένων ἐν τῇ
DNMS N-NM-S N-NF-S VIPA--ZS CC DNMS□NPNMZS&APRNM-S VPPANM-S PD DDFS

ἀγάπῃ ἐν τῷ θεῷ μένει καὶ ὁ θεὸς ἐν αὐτῷ μένει. 4.17 ἐν
N-DF-S PD DDMS N-DM-S VIPA--ZS CC DNMS N-NM-S PD NPDMZS VIPA--ZS PD

τούτῳ τετελείωται ἡ ἀγάπη μεθ᾽ ἡμῶν, ἵνα παρρησίαν ἔχωμεν
APDDN-S VIRP--ZS DNFS N-NF-S PG NPG-XP CH N-AF-S VSPA--XP

ἐν τῇ ἡμέρᾳ τῆς κρίσεως, ὅτι καθὼς ἐκεῖνός ἐστιν καὶ ἡμεῖς
PD DDFS N-DF-S DGFS N-GF-S CS CS APDNM-S VIPA--ZS AB NPN-XP

ἐσμεν ἐν τῷ κόσμῳ τούτῳ. 4.18 φόβος οὐκ ἔστιν ἐν τῇ ἀγάπῃ,
VIPA--XP PD DDMS N-DM-S A-DDM-S N-NM-S AB VIPA--ZS PD DDFS N-DF-S

ἀλλ᾽ ἡ τελεία ἀγάπη ἔξω βάλλει τὸν φόβον, ὅτι ὁ φόβος
CH DNFS A--NF-S N-NF-S AB VIPA--ZS DAMS N-AM-S CS DNMS N-NM-S

κόλασιν ἔχει, ὁ δὲ φοβούμενος οὐ τετελείωται ἐν
N-AF-S VIPA--ZS DNMS□NPNMZS&APRNM-S CC VPPNNM-S AB VIRP--ZS PD

τῇ ἀγάπῃ. 4.19 ἡμεῖς ἀγαπῶμεν, ὅτι αὐτὸς πρῶτος ἠγάπησεν
DDFS N-DF-S NPN-XP VIPA--XP CS NPNMZS A-ONM-S VIAA--ZS

ἡμᾶς. 4.20 ἐάν τις εἴπῃ ὅτι Ἀγαπῶ τὸν θεόν, καὶ τὸν
NPA-XP CS APINM-S VSAA--ZS CC VIPA--XS DAMS N-AM-S CC DAMS

ἀδελφὸν αὐτοῦ μισῇ, ψεύστης ἐστίν· ὁ   γὰρ μὴ
N-AM-S   NPGMZS   VSPA--ZS   N-NM-S   VIPA--ZS   DNMS□NPNMZS&APRNM-S   CS   AB

ἀγαπῶν τὸν ἀδελφὸν αὐτοῦ ὃν   ἑώρακεν, τὸν θεὸν ὃν   οὐχ
VPPANM-S   DAMS   N-AM-S   NPGMZS   APRAM-S   VIRA--ZS   DAMS   N-AM-S   APRAM-S   AB

ἑώρακεν οὐ δύναται ἀγαπᾶν. 4.21 καὶ ταύτην τὴν ἐντολὴν ἔχομεν
VIRA--ZS   AB   VIPN--ZS   VNPA   CC   A-DAF-S   DAFS   N-AF-S   VIPA--XP

ἀπ᾽ αὐτοῦ, ἵνα ὁ   ἀγαπῶν τὸν θεὸν ἀγαπᾷ καὶ
PG   NPGMZS   ABR   DNMS□NPNMZS&APRNM-S   VPPANM-S   DAMS   N-AM-S   VSPA--ZS   AB

τὸν ἀδελφὸν αὐτοῦ.
DAMS N-AM-S   NPGMZS

5.1 Πᾶς ὁ   πιστεύων ὅτι Ἰησοῦς ἐστιν ὁ   Χριστὸς
     AP-NM-S   DNMS□APRNM-S   VPPANM-S   CC   N-NM-S   VIPA--ZS   DNMS   N-NM-S

ἐκ τοῦ θεοῦ γεγέννηται, καὶ πᾶς ὁ   ἀγαπῶν
PG   DGMS   N-GM-S   VIRP--ZS   CC   AP-NM-S   DNMS□APRNM-S   VPPANM-S

τὸν   γεννήσαντα ἀγαπᾷ [καὶ] τὸν
DAMS□NPRAMZS&APRNM-S   VPAAAM-S   VIPA--ZS   AB   DAMS□NPAMZS&APRNM-S

γεγεννημένον ἐξ αὐτοῦ. 5.2 ἐν τούτῳ γινώσκομεν ὅτι ἀγαπῶμεν
VPRPAM-S   PG   NPGMZS   PD   APDDN-S   VIPA--XP   CC   VIPA--XP

τὰ   τέκνα τοῦ θεοῦ, ὅταν τὸν θεὸν ἀγαπῶμεν καὶ τὰς ἐντολὰς
DANP   N-AN-P   DGMS   N-GM-S   CS   DAMS   N-AM-S   VSPA--XP   CC   DAFP   N-AF-P

αὐτοῦ ποιῶμεν. 5.3 αὕτη γάρ ἐστιν ἡ   ἀγάπη τοῦ θεοῦ, ἵνα τὰς
NPGMZS   VSPA--XP   APDNF-S   CS   VIPA--ZS   DNFS   N-NF-S   DGMS   N-GM-S   ABR   DAFP

ἐντολὰς αὐτοῦ τηρῶμεν· καὶ αἱ   ἐντολαὶ αὐτοῦ βαρεῖαι οὐκ εἰσίν,
N-AF-P   NPGMZS   VSPA--XP   CC   DNFP   N-NF-P   NPGMZS   A--NF-P   AB   VIPA--ZP

5.4 ὅτι πᾶν τὸ   γεγεννημένον ἐκ τοῦ θεοῦ νικᾷ τὸν
     CS   AP-NN-S   DNNS□APRNN-S   VPRPNN-S   PG   DGMS   N-GM-S   VIPA--ZS   DAMS

κόσμον· καὶ αὕτη ἐστὶν ἡ   νίκη ἡ   νικήσασα τὸν
N-AM-S   CC   APDNF-S   VIPA--ZS   DNFS   N-NF-S   DNFS□APRNF-S   VPAANF-S   DAMS

κόσμον, ἡ   πίστις ἡμῶν. 5.5 τίς   [δέ] ἐστιν ὁ
N-AM-S   DNFS   N-NF-S   NPG-XP   APTNM-S   CC   VIPA--ZS   DNMS□NPNMZS&APRNM-S

νικῶν τὸν κόσμον εἰ μὴ ὁ   πιστεύων ὅτι Ἰησοῦς
VPPANM-S   DAMS   N-AM-S   CS   AB   DNMS□NPNMZS&APRNM-S   VPPANM-S   CC   N-NM-S

ἐστιν ὁ   υἱὸς τοῦ θεοῦ;
VIPA--ZS   DNMS   N-NM-S   DGMS   N-GM-S

5.6 Οὗτός ἐστιν ὁ   ἐλθὼν δι᾽ ὕδατος καὶ
     APDNM-S   VIPA--ZS   DNMS□NPNMZS&APRNM-S   VPAANM-S   PG   N-GN-S   CC

αἵματος, Ἰησοῦς Χριστός· οὐκ ἐν τῷ   ὕδατι μόνον ἀλλ᾽ ἐν τῷ
N-GN-S   N-NM-S   N-NM-S   AB   PD   DDNS   N-DN-S   AP-AN-S□AB   CH   PD   DDNS

ὕδατι καὶ ἐν τῷ   αἵματι· καὶ τὸ   πνεῦμά ἐστιν τὸ
N-DN-S   CC   PD   DDNS   N-DN-S   CC   DNNS   N-NN-S   VIPA--ZS   DNNS□NPNNZS&APRNN-S

μαρτυροῦν, ὅτι τὸ   πνεῦμά ἐστιν ἡ   ἀλήθεια. 5.7 ὅτι τρεῖς
VPPANN-S   CS   DNNS   N-NN-S   VIPA--ZS   DNFS   N-NF-S   CS   APCNM-P

εἰσιν οἱ   μαρτυροῦντες, 5.8 τὸ   πνεῦμα καὶ τὸ   ὕδωρ καὶ
VIPA--ZP   DNMP□APRNM-P   VPPANM-P   DNNS   N-NN-S   CC   DNNS   N-NN-S   CC

τὸ αἷμα, καὶ οἱ τρεῖς εἰς τὸ ἕν εἰσιν. 5.9 εἰ τὴν
DNNS N-NN-S CC DNMP APCNM-P PA DANS APCAN-S VIPA--ZP CS DAFS

μαρτυρίαν τῶν ἀνθρώπων λαμβάνομεν, ἡ μαρτυρία τοῦ θεοῦ
N-AF-S DGMP N-GM-P VIPA--XP DNFS N-NF-S DGMS N-GM-S

μείζων ἐστίν, ὅτι αὕτη ἐστὶν ἡ μαρτυρία τοῦ θεοῦ, ὅτι
A-MNF-S VIPA--ZS CS APDNF-S VIPA--ZS DNFS N-NF-S DGMS N-GM-S CS†APRAN-S

μεμαρτύρηκεν περὶ τοῦ υἱοῦ αὐτοῦ. 5.10 ὁ
VIRA--ZS PG DGMS N-GM-S NPGMZS DNMS□NPNMZS&APRNM-S

πιστεύων εἰς τὸν υἱὸν τοῦ θεοῦ ἔχει τὴν μαρτυρίαν ἐν ἑαυτῷ·
VPPANM-S PA DAMS N-AM-S DGMS N-GM-S VIPA--ZS DAFS N-AF-S PD NPDMZS

ὁ μὴ πιστεύων τῷ θεῷ ψεύστην πεποίηκεν
DNMS□NPNMZS&APRNM-S AB VPPANM-S DDMS N-DM-S N-AM-S VIRA--ZS

αὐτόν, ὅτι οὐ πεπίστευκεν εἰς τὴν μαρτυρίαν ἣν
NPAMZS CS AB VIRA--ZS PA DAFS N-AF-S APRAF-S

μεμαρτύρηκεν ὁ θεὸς περὶ τοῦ υἱοῦ αὐτοῦ. 5.11 καὶ αὕτη
VIRA--ZS DNMS N-NM-S PG DGMS N-GM-S NPGMZS CC APDNF-S

ἐστὶν ἡ μαρτυρία, ὅτι ζωὴν αἰώνιον ἔδωκεν ἡμῖν ὁ θεός, καὶ
VIPA--ZS DNFS N-NF-S ABR N-AF-S A--AF-S VIAA--ZS NPD-XP DNMS N-NM-S CC

αὕτη ἡ ζωὴ ἐν τῷ υἱῷ αὐτοῦ ἐστιν. 5.12 ὁ
A-DNF-S DNFS N-NF-S PD DDMS N-DM-S NPGMZS VIPA--ZS DNMS□NPNMZS&APRNM-S

ἔχων τὸν υἱὸν ἔχει τὴν ζωήν· ὁ μὴ ἔχων
VPPANM-S DAMS N-AM-S VIPA--ZS DAFS N-AF-S DNMS□NPNMZS&APRNM-S AB VPPANM-S

τὸν υἱὸν τοῦ θεοῦ τὴν ζωὴν οὐκ ἔχει.
DAMS N-AM-S DGMS N-GM-S DAFS N-AF-S AB VIPA--ZS

5.13 Ταῦτα ἔγραψα ὑμῖν ἵνα εἰδῆτε ὅτι ζωὴν ἔχετε αἰώνιον,
APDAN-P VIAA--XS NPD-YP CS VSRA--YP CC N-AF-S VIPA--YP A--AF-S

τοῖς πιστεύουσιν εἰς τὸ ὄνομα τοῦ υἱοῦ τοῦ θεοῦ.
DDMP□APRNMYP VPPADMYP PA DANS N-AN-S DGMS N-GM-S DGMS N-GM-S

5.14 καὶ αὕτη ἐστὶν ἡ παρρησία ἣν ἔχομεν πρὸς αὐτόν, ὅτι
CC APDNF-S VIPA--ZS DNFS N-NF-S APRAF-S VIPA--XP PA NPAMZS ABR

ἐάν τι αἰτώμεθα κατὰ τὸ θέλημα αὐτοῦ ἀκούει ἡμῶν.
CS APIAN-S VSPM--XP PA DANS N-AN-S NPGMZS VIPA--ZS NPG-XP

5.15 καὶ ἐὰν οἴδαμεν ὅτι ἀκούει ἡμῶν ὃ ἐὰν
CC CS VIRA--XP CC VIPA--ZS NPG-XP APRAN-S□APDAN-S&APRAN-S QV

αἰτώμεθα, οἴδαμεν ὅτι ἔχομεν τὰ αἰτήματα ἃ ᾐτήκαμεν ἀπ᾽
VSPM--XP VIRA--XP CH VIPA--XP DANP N-AN-P APRAN-P VIRA--XP PG

αὐτοῦ.
NPGMZS

5.16 Ἐάν τις ἴδῃ τὸν ἀδελφὸν αὐτοῦ ἁμαρτάνοντα
CS APINM-S VSAA--ZS DAMS N-AM-S NPGMZS VPPAAM-S

ἁμαρτίαν μὴ πρὸς θάνατον, αἰτήσει, καὶ δώσει αὐτῷ ζωήν,
N-AF-S AB PA N-AM-S VIFA--ZS□VMAA--ZS CC VIFA--ZS NPDMZS N-AF-S

τοῖς ἁμαρτάνουσιν μὴ πρὸς θάνατον. ἔστιν ἁμαρτία
DDMP□NPDMZP&APRNM-P VPPADM-P AB PA N-AM-S VIPA--ZS N-NF-S

πρὸς θάνατον· οὐ περὶ ἐκείνης λέγω ἵνα ἐρωτήσῃ. 5.17 πᾶσα
PA   N-AM-S   AB PG APDGF-S   VIPA--XS CC VSAA--ZS   A--NF-S

ἀδικία ἁμαρτία ἐστίν, καὶ ἔστιν ἁμαρτία οὐ πρὸς θάνατον.
N-NF-S N-NF-S VIPA--ZS CC VIPA--ZS N-NF-S AB PA   N-AM-S

5.18 Οἴδαμεν ὅτι πᾶς ὁ   γεγεννημένος ἐκ τοῦ θεοῦ
     VIRA--XP CH AP-NM-S DNMS□APRNM-S VPRPNM-S   PG DGMS N-GM-S

οὐχ ἁμαρτάνει, ἀλλ' ὁ   γεννηθεὶς ἐκ τοῦ θεοῦ
AB VIPA--ZS   CH DNMS□NPNMZS&APRNM-S VPAPNM-S PG DGMS N-GM-S

τηρεῖ αὐτόν, καὶ ὁ   πονηρὸς οὐχ ἅπτεται αὐτοῦ. 5.19 οἴδαμεν
VIPA--ZS NPAMZS CC DNMS AP-NM-S AB VIPM--ZS NPGMZS   VIRA--XP

ὅτι ἐκ τοῦ θεοῦ ἐσμεν, καὶ ὁ   κόσμος ὅλος ἐν τῷ   πονηρῷ
CH PG DGMS N-GM-S VIPA--XP CC DNMS N-NM-S A--NM-S PD DDMS AP-DM-S

κεῖται. 5.20 οἴδαμεν δὲ ὅτι ὁ   υἱὸς τοῦ θεοῦ ἥκει, καὶ δέδωκεν
VIPN--ZS   VIRA--XP CC CH DNMS N-NM-S DGMS N-GM-S VIPA--ZS CC VIRA--ZS

ἡμῖν διάνοιαν ἵνα γινώσκωμεν τὸν ἀληθινόν· καὶ ἐσμὲν ἐν τῷ
NPD-XP N-AF-S CS VSPA--XP   DAMS AP-AM-S   CC VIPA--XP PD DDMS

ἀληθινῷ, ἐν τῷ   υἱῷ   αὐτοῦ Ἰησοῦ Χριστῷ. οὗτός ἐστιν ὁ
AP-DM-S PD DDMS N-DM-S NPGMZS N-DM-S N-DM-S APDNM-S VIPA--ZS DNMS

ἀληθινὸς θεὸς καὶ ζωὴ αἰώνιος. 5.21 Τεκνία, φυλάξατε ἑαυτὰ ἀπὸ
A--NM-S N-NM-S CC N-NF-S A--NF-S   N-VN-P   VMAA--YP NPANYP PG

τῶν εἰδώλων.
DGNP N-GN-P

ΙΩΑΝΝΟΥ Β

1.1 Ὁ   πρεσβύτερος ἐκλεκτῇ κυρίᾳ καὶ τοῖς τέκνοις αὐτῆς,
DNMS AP-NM-S   A--DF-S   N-DF-S CC DDNP N-DN-P NPGFZS

οὓς   ἐγὼ ἀγαπῶ ἐν ἀληθείᾳ, καὶ οὐκ ἐγὼ μόνος ἀλλὰ καὶ
APRAMYP NPN-XS VIPA--XS PD N-DF-S CC AB NPN-XS A--NM-S CH   AB

πάντες οἱ   ἐγνωκότες τὴν ἀλήθειαν, **1.2** διὰ τὴν ἀλήθειαν
AP-NM-P DNMP□APRNM-P VPRANM-P DAFS N-AF-S   PA DAFS N-AF-S

τὴν   μένουσαν ἐν ἡμῖν, καὶ μεθ' ἡμῶν ἔσται εἰς τὸν αἰῶνα.
DAFS□APRNF-S VPPAAF-S   PD NPD-XP CC PG   NPG-XP VIFD--ZS PA DAMS N-AM-S.

1.3 ἔσται μεθ' ἡμῶν χάρις ἔλεος εἰρήνη παρὰ θεοῦ πατρός, καὶ
VIFD--ZS PG   NPG-XP N-NF-S N-NN-S N-NF-S PG   N-GM-S N-GM-S CC

παρὰ Ἰησοῦ Χριστοῦ τοῦ υἱοῦ τοῦ πατρός, ἐν ἀληθείᾳ καὶ
PG   N-GM-S N-GM-S   DGMS N-GM-S DGMS N-GM-S PD N-DF-S   CC

ἀγάπῃ.
N-DF-S

1.4 Ἐχάρην λίαν ὅτι   εὕρηκα ἐκ τῶν τέκνων σου
VIAO--XS AB CC/CS VIRA--XS PG DGNP N-GN-P NPG-YS

περιπατοῦντας ἐν ἀληθείᾳ, καθὼς ἐντολὴν ἐλάβομεν παρὰ τοῦ
VPPAAM-P   PD N-DF-S   CS   N-AF-S   VIAA--XP PG   DGMS

πατρός. **1.5** καὶ νῦν ἐρωτῶ σε,   κυρία, οὐχ ὡς ἐντολὴν   καινὴν
N-GM-S   CC AB VIPA--XS NPA-YS N-VF-S AB CS N-AF-S   A--AF-S

γράφων σοι   ἀλλὰ ἣν   εἴχομεν ἀπ' ἀρχῆς, ἵνα
VPPANMXS NPD-YS CH   APRAF-S□APDAF-S&APRAF-S VIIA--XP PG N-GF-S CC

ἀγαπῶμεν ἀλλήλους. **1.6** καὶ αὕτη   ἐστὶν ἡ   ἀγάπη, ἵνα
VSPA--XP NPAMXP   CC   APDNF-S VIPA--ZS DNFS N-NF-S   ABR

περιπατῶμεν κατὰ τὰς ἐντολὰς αὐτοῦ· αὕτη ἡ   ἐντολή ἐστιν,
VSPA--XP   PA   DAFP N-AF-P NPGMZS APDNF-S DNFS N-NF-S VIPA--ZS

καθὼς ἠκούσατε ἀπ' ἀρχῆς, ἵνα ἐν αὐτῇ   περιπατῆτε. **1.7** ὅτι
CS   VIAA--YP PG N-GF-S ABR PD NPDFZS VSPA--YP   CS

πολλοὶ πλάνοι ἐξῆλθον εἰς τὸν κόσμον, οἱ   μὴ
A--NM-P AP-NM-P VIAA--ZP PA DAMS N-AM-S DNMP□APRNM-P AB

ὁμολογοῦντες Ἰησοῦν Χριστὸν ἐρχόμενον ἐν σαρκί· οὗτός ἐστιν
VPPANM-P   N-AM-S N-AM-S   VPPNAM-S PD N-DF-S APDNM-S VIPA--ZS

ὁ   πλάνος καὶ ὁ   ἀντίχριστος. **1.8** βλέπετε ἑαυτούς, ἵνα μὴ
DNMS AP-NM-S CC DNMS N-NM-S   VMPA--YP NPAMYP CS AB

ἀπολέσητε ἃ   εἰργασάμεθα ἀλλὰ μισθὸν πλήρη
VSAA--YP APRAN-P□APDAN-P&APRAN-P VIAD--XP   CH   N-AM-S A--AM-S

ἀπολάβητε. **1.9** πᾶς ὁ   προάγων καὶ μὴ μένων ἐν τῇ
VSAA--YP   AP-NM-S DNMS□APRNM-S VPPANM-S CC AB VPPANM-S PD DDFS

διδαχῇ τοῦ Χριστοῦ θεὸν οὐκ ἔχει· ὁ   μένων ἐν τῇ
N-DF-S DGMS N-GM-S N-AM-S AB VIPA--ZS DNMS□APRNM-S+ VPPANM-S PD DDFS

διδαχῇ, οὗτος καὶ τὸν πατέρα καὶ τὸν υἱὸν ἔχει. 1.10 εἴ τις
N-DF-S APDNM-S CC DAMS N-AM-S CC DAMS N-AM-S VIPA--ZS   CS APINM-S

ἔρχεται πρὸς ὑμᾶς καὶ ταύτην τὴν διδαχὴν οὐ φέρει, μὴ
VIPN--ZS PA NPA-YP CC A-DAF-S DAFS N-AF-S AB VIPA--ZS AB

λαμβάνετε αὐτὸν εἰς οἰκίαν καὶ χαίρειν αὐτῷ μὴ λέγετε·
VMPA--YP   NPAMZS PA N-AF-S CC VNPA□QS NPDMZS AB VMPA--YP

1.11 ὁ   λέγων γὰρ αὐτῷ χαίρειν κοινωνεῖ τοῖς
    DNMS□NPNMZS&APRNM-S VPPANM-S CS NPDMZS VNPA□QS VIPA--ZS DDNP

ἔργοις αὐτοῦ τοῖς πονηροῖς.
N-DN-P NPGMZS DDNP A--DN-P

1.12 Πολλὰ ἔχων   ὑμῖν γράφειν οὐκ ἐβουλήθην διὰ χάρτου
    AP-AN-P VPPANMXS NPD-YP VNPA AB VIAO--XS PG N-GM-S

καὶ μέλανος, ἀλλὰ ἐλπίζω γενέσθαι πρὸς ὑμᾶς καὶ στόμα   πρὸς
CC AP-GN-S CH VIPA--XS VNAD PA NPA-YP CC N-AN-S/N-NN-S PA

στόμα λαλῆσαι, ἵνα ἡ   χαρὰ ἡμῶν πεπληρωμένη ᾖ.
N-AN-S VNAA CH/CS DNFS N-NF-S NPG-XP VPRPNF-S+ +VSPA--ZS

1.13 Ἀσπάζεταί σε   τὰ τέκνα τῆς ἀδελφῆς σου τῆς ἐκλεκτῆς.
    VIPN--ZS NPA-YS DNNP N-NN-P DGFS N-GF-S NPG-YS DGFS A--GF-S

ΙΩΑΝΝΟΥ Γ

1.1 Ὁ   πρεσβύτερος Γαΐῳ τῷ   ἀγαπητῷ, ὃν   ἐγὼ
DNMS AP-NM-S   N-DM-S DDMS A--DM-S   APRAMYS NPN-XS

ἀγαπῶ ἐν ἀληθείᾳ.
VIPA--XS PD N-DF-S

1.2 Ἀγαπητέ, περὶ πάντων εὔχομαί σε   εὐοδοῦσθαι καὶ
AP-VM-S   PG   AP-GN-P VIPN--XS NPA-YS VNPP   CC

ὑγιαίνειν, καθὼς εὐοδοῦταί σου   ἡ   ψυχή. 1.3 ἐχάρην γὰρ λίαν
VNPA   CS   VIPP--ZS NPG-YS DNFS N-NF-S   VIAO--XS CS AB

ἐρχομένων ἀδελφῶν καὶ μαρτυρούντων σου   τῇ   ἀληθείᾳ, καθὼς
VPPNGM-P N-GM-P   CC VPPAGM-P   NPG-YS DDFS N-DF-S   CS

σὺ   ἐν ἀληθείᾳ περιπατεῖς. 1.4 μειζοτέραν τούτων οὐκ ἔχω
NPN-YS PD N-DF-S   VIPA--YS   A-MAF-S   APDGN-P AB VIPA--XS

χαράν, ἵνα ἀκούω τὰ   ἐμὰ   τέκνα ἐν τῇ   ἀληθείᾳ περιπατοῦντα.
N-AF-S ABR VSPA--XS DANP A--ANXP N-AN-P PD DDFS N-DF-S   VPPAAN-P

1.5 Ἀγαπητέ, πιστὸν ποιεῖς ὃ   ἐὰν ἐργάσῃ εἰς τοὺς
AP-VM-S   AP-AN-S VIPA--YS APRAN-S QV VSAD--YS PA DAMP

ἀδελφοὺς καὶ τοῦτο   ξένους, 1.6 οἳ   ἐμαρτύρησάν σου   τῇ
N-AM-P   CC APDAN-S AP-AM-P   APRNM-P VIAA--ZP   NPG-YS DDFS

ἀγάπῃ ἐνώπιον ἐκκλησίας, οὓς   καλῶς ποιήσεις προπέμψας
N-DF-S PG   N-GF-S   APRAM-P AB   VIFA--YS VPAANMYS

ἀξίως τοῦ θεοῦ· 1.7 ὑπὲρ γὰρ τοῦ ὀνόματος ἐξῆλθον μηδὲν
AB   DGMS N-GM-S   PG   CS DGNS N-GN-S   VIAA--ZP APCAN-S

λαμβάνοντες ἀπὸ τῶν ἐθνικῶν. 1.8 ἡμεῖς οὖν ὀφείλομεν
VPPANM-P   PG DGMP AP-GM-P   NPN-XP CH VIPA--XP

ὑπολαμβάνειν τοὺς τοιούτους, ἵνα συνεργοὶ γινώμεθα τῇ
VNPA   DAMP APDAM-P   CS AP-NM-P VSPN--XP DDFS

ἀληθείᾳ.
N-DF-S

1.9 Ἔγραψά τι   τῇ   ἐκκλησίᾳ· ἀλλ' ὁ
VIAA--XS APIAN-S DDFS N-DF-S   CC   DNMS□APRNM-S+

φιλοπρωτεύων αὐτῶν Διοτρέφης οὐκ ἐπιδέχεται ἡμᾶς. 1.10 διὰ
VPPANM-S   NPGMZP N-NM-S   AB VIPN--ZS   NPA-XP   PA

τοῦτο, ἐὰν ἔλθω,   ὑπομνήσω αὐτοῦ τὰ   ἔργα ἃ   ποιεῖ, λόγοις
APDAN-S CS VSAA--XS VIFA--XS NPGMZS DANP N-AN-P APRAN-P VIPA--ZS N-DM-P

πονηροῖς φλυαρῶν ἡμᾶς· καὶ μὴ ἀρκούμενος ἐπὶ τούτοις
A--DM-P VPPANM-S NPA-XP CC AB VPPPNM-S   PD APDDM-P/APDDN-P

οὔτε αὐτὸς ἐπιδέχεται τοὺς ἀδελφοὺς καὶ τοὺς
CC   NPNMZS VIPN--ZS   DAMP N-AM-P   CC DAMP□NPAMZP&APRNM-P

βουλομένους κωλύει καὶ ἐκ τῆς ἐκκλησίας ἐκβάλλει.
VPPNAM-P   VIPA--ZS   CC   PG   DGFS   N-GF-S   VIPA--ZS

1.11 Ἀγαπητέ, μὴ μιμοῦ τὸ κακὸν ἀλλὰ τὸ ἀγαθόν.
    AP-VM-S   AB   VMPN--YS   DANS   AP-AN-S   CH   DANS   AP-AN-S

ὁ   ἀγαθοποιῶν ἐκ τοῦ θεοῦ ἐστιν·
DNMS□NPNMZS&APRNM-S   VPPANM-S   PG   DGMS   N-GM-S   VIPA--ZS

ὁ   κακοποιῶν οὐχ ἑώρακεν τὸν θεόν.
DNMS□NPNMZS&APRNM-S   VPPANM-S   AB   VIRA--ZS   DAMS   N-AM-S

1.12 Δημητρίῳ μεμαρτύρηται ὑπὸ πάντων καὶ ὑπὸ αὐτῆς τῆς
    N-DM-S   VIRP--ZS   PG   AP-GM-P   CC   PG   NPGFZS   DGFS

ἀληθείας· καὶ ἡμεῖς δὲ μαρτυροῦμεν, καὶ οἶδας ὅτι ἡ μαρτυρία
N-GF-S   AB   NPN-XP   CC   VIPA--XP   CC   VIRA--YS   CH   DNFS   N-NF-S

ἡμῶν ἀληθής ἐστιν.
NPG-XP   A--NF-S   VIPA--ZS

1.13 Πολλὰ εἶχον γράψαι σοι, ἀλλ᾽ οὐ θέλω διὰ μέλανος καὶ
    AP-AN-P   VIIA--XS   VNAA   NPD-YS   CC   AB   VIPA--XS   PG   AP-GN-S   CC

καλάμου σοι γράφειν· 1.14 ἐλπίζω δὲ εὐθέως σε ἰδεῖν, καὶ
N-GM-S   NPD-YS   VNPA   VIPA--XS   CH   AB   NPA-YS   VNAA   CC

στόμα πρὸς στόμα λαλήσομεν. 1.15 εἰρήνη σοι. ἀσπάζονταί
N-AN-S/N-NN-S   PA   N-AN-S   VIFA--XP   N-NF-S   NPD-YS   VIPN--ZP

σε οἱ φίλοι. ἀσπάζου τοὺς φίλους κατ᾽ ὄνομα.
NPA-YS   DNMP   AP-NM-P   VMPN--YS   DAMP   AP-AM-P   PA   N-AN-S

ΙΟΥΔΑ

1.1 Ἰούδας Ἰησοῦ Χριστοῦ δοῦλος, ἀδελφὸς δὲ Ἰακώβου,
N-NM-S   N-GM-S   N-GM-S   N-NM-S   N-NM-S   CC   N-GM-S

τοῖς   ἐν θεῷ   πατρὶ   ἠγαπημένοις   καὶ   Ἰησοῦ Χριστῷ
DDMP□APRNM-P+ PD N-DM-S N-DM-S   VPRPDM-P   CC   N-DM-S N-DM-S

τετηρημένοις κλητοῖς· 1.2 ἔλεος   ὑμῖν   καὶ   εἰρήνη   καὶ   ἀγάπη
VPRPDM-P   AP-DM-P   N-NN-S   NPD-YP   CC   N-NF-S   CC   N-NF-S

πληθυνθείη.
VOAP--ZS

1.3 Ἀγαπητοί, πᾶσαν σπουδὴν ποιούμενος γράφειν ὑμῖν περὶ
AP-VM-P   A--AF-S   N-AF-S   VPPMNMXS   VNPA   NPD-YP PG

τῆς κοινῆς ἡμῶν σωτηρίας ἀνάγκην ἔσχον γράψαι ὑμῖν
DGFS A--GF-S NPG-XP N-GF-S   N-AF-S   VIAA--XS VNAA NPD-YP

παρακαλῶν ἐπαγωνίζεσθαι τῇ   ἅπαξ παραδοθείσῃ τοῖς
VPPANMXS   VNPN   DDFS□APRNF-S+ AB   VPAPDF-S   DDMP

ἁγίοις πίστει. 1.4 παρεισέδυσαν γάρ τινες ἄνθρωποι, οἱ
AP-DM-P N-DF-S   VIAA--ZP   CS A-INM-P N-NM-P   DNMP□APRNM-P

πάλαι προγεγραμμένοι εἰς τοῦτο τὸ   κρίμα, ἀσεβεῖς, τὴν τοῦ
AB   VPRPNM-P   PA A-DAN-S DANS N-AN-S A--NM-P DAFS DGMS

θεοῦ ἡμῶν χάριτα μετατιθέντες εἰς ἀσέλγειαν καὶ τὸν μόνον
N-GM-S NPG-XP N-AF-S   VPPANM-P   PA N-AF-S   CC DAMS A--AM-S

δεσπότην καὶ κύριον ἡμῶν Ἰησοῦν Χριστὸν ἀρνούμενοι.
N-AM-S   CC N-AM-S NPG-XP N-AM-S   N-AM-S   VPPNNM-P

1.5 Ὑπομνῆσαι δὲ ὑμᾶς βούλομαι, εἰδότας ὑμᾶς πάντα, ὅτι
VNAA   CC NPA-YP VIPN--XS   VPRAAMYP NPA-YP AP-AN-P CC

[ὁ]   κύριος ἅπαξ λαὸν ἐκ γῆς Αἰγύπτου σώσας τὸ   δεύτερον
DNMS N-NM-S   AB   N-AM-S PG N-GF-S N-GF-S   VPAANM-S DANS APOAN-S

τοὺς   μὴ πιστεύσαντας ἀπώλεσεν, 1.6 ἀγγέλους τε
DAMP□NPAMZP&APRNM-P AB VPAAAM-P   VIAA--ZS   N-AM-P   CC

τοὺς   μὴ τηρήσαντας τὴν ἑαυτῶν ἀρχὴν ἀλλὰ ἀπολιπόντας
DAMP□APRNM-P AB VPAAAM-P   DAFS NPGMZP N-AF-S CH   VPAAAM-P

τὸ   ἴδιον οἰκητήριον εἰς κρίσιν μεγάλης ἡμέρας δεσμοῖς ἀϊδίοις
DANS A--AN-S N-AN-S   PA N-AF-S A--GF-S   N-GF-S   N-DM-P   A--DM-P

ὑπὸ ζόφον τετήρηκεν· 1.7 ὡς Σόδομα καὶ Γόμορρα καὶ αἱ   περὶ
PA   N-AM-S VIRA--ZS   CS N-NN-P CC   N-NF-S/N-NN-P CC DNFP PA

αὐτὰς πόλεις, τὸν ὅμοιον τρόπον τούτοις ἐκπορνεύσασαι καὶ
NPAFZP N-NF-P   DAMS A--AM-S N-AM-S APDDM-P   VPAANF-P   CC

ἀπελθοῦσαι ὀπίσω σαρκὸς ἑτέρας, πρόκεινται δεῖγμα πυρὸς
VPAANF-P   PG   N-GF-S A--GF-S   VIPN--ZP   N-AN-S   N-GN-S

αἰωνίου δίκην ὑπέχουσαι.
A--GN-S　N-AF-S　VPPANF-P

1.8 Ὁμοίως μέντοι καὶ οὗτοι ἐνυπνιαζόμενοι σάρκα μὲν
　　　AB　　CH　　AB　APDNM-P　VPPNNM-P　　　　N-AF-S　CC

μαίνουσιν, κυριότητα δὲ ἀθετοῦσιν, δόξας δὲ βλασφημοῦσιν.
VIPA--ZP　N-AF-S　CC　VIPA--ZP　N-AF-P　CC　VIPA--ZP

1.9 ὁ δὲ Μιχαὴλ ὁ ἀρχάγγελος, ὅτε τῷ διαβόλῳ
　　DNMS　CC　N-NM-S　DNMS　N-NM-S　　CS　DDMS　AP-DM-S

διακρινόμενος διελέγετο περὶ τοῦ Μωϋσέως σώματος, οὐκ
VPPMNM-S　VIIN--ZS　PG　DGNS　N-GM-S　N-GN-S　AB

ἐτόλμησεν κρίσιν ἐπενεγκεῖν βλασφημίας, ἀλλὰ εἶπεν,
VIAA--ZS　N-AF-S　VNAA　N-GF-S　CH　VIAA--ZS

Ἐπιτιμήσαι σοι κύριος. 1.10 οὗτοι δὲ ὅσα μὲν
VOAA--ZS　NPD-YS　N-NM-S　APDNM-P　CH　APRAN-P◻APDAN-P&APRAN-P　CC/CS

οὐκ οἴδασιν βλασφημοῦσιν, ὅσα δὲ φυσικῶς ὡς
AB　VIRA--ZP　VIPA--ZP　APRAN-P◻APDAN-P&APRAN-P　CC/CH　AB　　CS

τὰ ἄλογα ζῷα ἐπίστανται, ἐν τούτοις φθείρονται. 1.11 οὐαὶ
DNNP　A--NN-P　N-NN-P　VIPN--ZP　PD　APDDN-P　VIPP--ZP　　QS

αὐτοῖς, ὅτι τῇ ὁδῷ τοῦ Κάϊν ἐπορεύθησαν, καὶ τῇ πλάνῃ τοῦ
NPDMZP　CS　DDFS　N-DF-S　DGMS　N-GM-S　VIAO--ZP　CC　DDFS　N-DF-S　DGMS

Βαλαὰμ μισθοῦ ἐξεχύθησαν, καὶ τῇ ἀντιλογίᾳ τοῦ Κόρε
N-GM-S　N-GM-S　VIAP--ZP　CC　DDFS　N-DF-S　DGMS　N-GM-S

ἀπώλοντο. 1.12 οὗτοί εἰσιν οἱ ἐν ταῖς ἀγάπαις ὑμῶν σπιλάδες
VIAM--ZP　APDNM-P　VIPA--ZP　DNMP　PD　DDFP　N-DF-P　NPG-YP　N-NF-P

συνευωχούμενοι ἀφόβως, ἑαυτοὺς ποιμαίνοντες, νεφέλαι ἄνυδροι
VPPNNM-P　AB　NPAMZP　VPPANM-P　N-NF-P　A--NF-P

ὑπὸ ἀνέμων παραφερόμεναι, δένδρα φθινοπωρινὰ ἄκαρπα δὶς
PG　N-GM-P　VPPPNF-P　N-NN-P　A--NN-P　A--NN-P　AB

ἀποθανόντα ἐκριζωθέντα, 1.13 κύματα ἄγρια θαλάσσης
VPAANN-P　VPAPNN-P　N-NN-P　A--NN-P　N-GF-S

ἐπαφρίζοντα τὰς ἑαυτῶν αἰσχύνας, ἀστέρες πλανῆται οἷς ὁ
VPPANN-P　DAFP　NPGNZP　N-AF-P　N-NM-P　A--NM-P　APRDM-P　DNMS

ζόφος τοῦ σκότους εἰς αἰῶνα τετήρηται.
N-NM-S　DGNS　N-GN-S　PA　N-AM-S　VIRP--ZS

1.14 Προεφήτευσεν δὲ καὶ τούτοις ἕβδομος ἀπὸ Ἀδὰμ Ἑνὼχ
　　　VIAA--ZS　CC　AB　APDDM-P　A-ONM-S　PG　N-GM-S　N-NM-S

λέγων, Ἰδοὺ ἦλθεν κύριος ἐν ἁγίαις μυριάσιν αὐτοῦ, 1.15 ποιῆσαι
VPPANM-S　QS　VIAA--ZS　N-NM-S　PD　A--DF-P　N-DF-P　NPGMZS　　VNAA

κρίσιν κατὰ πάντων καὶ ἐλέγξαι πᾶσαν ψυχὴν περὶ πάντων
N-AF-S　PG　AP-GM-P/AP-GN-P　CC　VNAA　A--AF-S　N-AF-S　PG　A--GN-P

τῶν ἔργων ἀσεβείας αὐτῶν ὧν ἠσέβησαν καὶ περὶ
DGNP　N-GN-P　N-GF-S　NPGMZP　APRGN-P◻APRAN-P　VIAA--ZP　CC　PG

πάντων τῶν σκληρῶν ὧν ἐλάλησαν κατ᾽ αὐτοῦ
A--GN-P　DGNP　AP-GN-P　APRGN-P◻APRAN-P　VIAA--ZP　PG　NPGMZS

ἁμαρτωλοὶ ἀσεβεῖς. 1.16 Οὗτοί εἰσιν γογγυσταί, μεμψίμοιροι,
AP-NM-P A--NM-P APDNM-P VIPA--ZP N-NM-P AP-NM-P

κατὰ τὰς ἐπιθυμίας ἑαυτῶν πορευόμενοι, καὶ τὸ στόμα αὐτῶν
PA DAFP N-AF-P NPGMZP VPPNNM-P CC DNNS N-NN-S NPGMZP

λαλεῖ ὑπέρογκα, θαυμάζοντες πρόσωπα ὠφελείας χάριν.
VIPA--ZS AP-AN-P VPPANM-P N-AN-P N-GF-S PG

1.17 Ὑμεῖς δέ, ἀγαπητοί, μνήσθητε τῶν ῥημάτων τῶν
NPN-YP CH AP-VM-P VMAO--YP DGNP N-GN-P DGNP□APRNN-P

προειρημένων ὑπὸ τῶν ἀποστόλων τοῦ κυρίου ἡμῶν Ἰησοῦ
VPRPGN-P PG DGMP N-GM-P DGMS N-GM-S NPG-XP N-GM-S

Χριστοῦ· 1.18 ὅτι ἔλεγον ὑμῖν ὅτι Ἐπ᾽ ἐσχάτου [τοῦ] χρόνου
N-GM-S ABR/CS VIIA--ZP NPD-YP CH PG AP-GM-S/A--GM-S DGMS N-GM-S

ἔσονται ἐμπαῖκται κατὰ τὰς ἑαυτῶν ἐπιθυμίας πορευόμενοι τῶν
VIFD--ZP N-NM-P PA DAFP NPGMZP N-AF-P VPPNNM-P DGFP

ἀσεβειῶν. 1.19 Οὗτοί εἰσιν οἱ ἀποδιορίζοντες,
N-GF-P APDNM-P VIPA--ZP DNMP□NPNMZP&APRNM-P VPPANM-P

ψυχικοί, πνεῦμα μὴ ἔχοντες. 1.20 ὑμεῖς δέ, ἀγαπητοί,
A--NM-P N-AN-S AB VPPANM-P NPN-YP CH AP-VM-P

ἐποικοδομοῦντες ἑαυτοὺς τῇ ἁγιωτάτῃ ὑμῶν πίστει, ἐν πνεύματι
VRPANMYP NPAMYP DDFS A-SDF-S NPG-YP N-DF-S PD N-DN-S

ἁγίῳ προσευχόμενοι, 1.21 ἑαυτοὺς ἐν ἀγάπῃ θεοῦ τηρήσατε,
A--DN-S VRPNNMYP NPAMYP PD N-DF-S N-GM-S VMAA--YP

προσδεχόμενοι τὸ ἔλεος τοῦ κυρίου ἡμῶν Ἰησοῦ Χριστοῦ εἰς
VRPNNMYP DANS N-AN-S DGMS N-GM-S NPG-XP N-GM-S N-GM-S PA

ζωὴν αἰώνιον. 1.22 καὶ οὓς μὲν ἐλεᾶτε διακρινομένους,
N-AF-S A--AF-S CC APRAM-P□APDAM-P CC VMPA--YP VPPMAM-P

1.23 οὓς δὲ σῴζετε ἐκ πυρὸς ἁρπάζοντες, οὓς
APRAM-P□APDAM-P CC VMPA--YP PG N-GN-S VRPANMYP APRAM-P□APDAM-P

δὲ ἐλεᾶτε ἐν φόβῳ, μισοῦντες καὶ τὸν ἀπὸ τῆς σαρκὸς
CC VMPA--YP PD N-DM-S VRPANMYP AB DAMS□APRNM-S+ PG DGFS N-GF-S

ἐσπιλωμένον χιτῶνα.
VRPRPAM-S N-AM-S

1.24 Τῷ δὲ δυναμένῳ φυλάξαι ὑμᾶς ἀπταίστους καὶ
DDMS□APRNM-S+ CC VPPNDM-S VNAA NPA-YP A--AM-P CC

στῆσαι κατενώπιον τῆς δόξης αὐτοῦ ἀμώμους ἐν ἀγαλλιάσει,
VNAA PG DGFS N-GF-S NPGMZS A--AM-P PD N-DF-S

1.25 μόνῳ θεῷ σωτῆρι ἡμῶν διὰ Ἰησοῦ Χριστοῦ τοῦ κυρίου
A--DM-S N-DM-S N-DM-S NPG-XP PG N-GM-S N-GM-S DGMS N-GM-S

ἡμῶν δόξα μεγαλωσύνη κράτος καὶ ἐξουσία πρὸ παντὸς τοῦ
NPG-XP N-NF-S N-NF-S N-NN-S CC N-NF-S PG A--GM-S DGMS

αἰῶνος καὶ νῦν καὶ εἰς πάντας τοὺς αἰῶνας· ἀμήν.
N-GM-S CC AB CC PA A--AM-P DAMP N-AM-P QS

ΑΠΟΚΑΛΥΨΙΣ ΙΩΑΝΝΟΥ

1.1 Ἀποκάλυψις Ἰησοῦ Χριστοῦ, ἣν ἔδωκεν αὐτῷ ὁ
N-NF-S   N-GM-S   N-GM-S   APRAF-S   VIAA--ZS   NPDMZS   DNMS

θεός, δεῖξαι τοῖς δούλοις αὐτοῦ ἃ   δεῖ γενέσθαι
N-NM-S   VNAA   DDMP   N-DM-P   NPGMZS   APRAN-P□APDAN-P&APRAN-P   VIPA--ZS   VNAD

ἐν τάχει, καὶ ἐσήμανεν ἀποστείλας διὰ τοῦ ἀγγέλου αὐτοῦ τῷ
PD   N-DN-S   CC   VIAA--ZS   VPRAANM-S   PG   DGMS   N-GM-S   NPGMZS   DDMS

δούλῳ αὐτοῦ Ἰωάννῃ, 1.2 ὃς ἐμαρτύρησεν τὸν λόγον τοῦ
N-DM-S   NPGMZS   N-DM-S   APRNM-S   VIAA--ZS   DAMS   N-AM-S   DGMS

θεοῦ καὶ τὴν μαρτυρίαν Ἰησοῦ Χριστοῦ, ὅσα
N-GM-S   CC   DAFS   N-AF-S   N-GM-S   N-GM-S   APRAN-P□APDAN-P&APRAN-P

εἶδεν. 1.3 μακάριος ὁ   ἀναγινώσκων καὶ
VIAA--ZS   A--NM-S   DNMS□NPNMZS&APRNM-S   VPPANM-S   CC

οἱ   ἀκούοντες τοὺς λόγους τῆς προφητείας καὶ
DNMP□NPNMZP&APRNM-P   VPPANM-P   DAMP   N-AM-P   DGFS   N-GF-S   CC

τηροῦντες τὰ   ἐν αὐτῇ γεγραμμένα, ὁ γὰρ καιρὸς
VPPANM-P   DANP□NPANZP&APRNN-P   PD   NPDFZS   VPRPAN-P   DNMS   CS   N-NM-S

ἐγγύς.
AB

1.4 Ἰωάννης ταῖς ἑπτὰ ἐκκλησίαις ταῖς ἐν τῇ Ἀσίᾳ· χάρις
N-NM-S   DDFP   A-CDF-P   N-DF-P   DDFP   PD   DDFS   N-DF-S   N-NF-S

ὑμῖν καὶ εἰρήνη ἀπὸ ὁ   ὢν καὶ
NPD-YP   CC   N-NF-S   PG   DNMS□NPGMZS&APRNM-S   VPPANM-S   CC

ὁ   ἦν καὶ ὁ   ἐρχόμενος, καὶ ἀπὸ
DNMS□NPGMZS&APRNM-S   VIIA--ZS   CC   DNMS□NPGMZS&APRNM-S   VPPNNM-S   CC   PG

τῶν ἑπτὰ πνευμάτων ἃ   ἐνώπιον τοῦ θρόνου αὐτοῦ, 1.5 καὶ
DGNP   A-CGN-P   N-GN-P   APRNN-P   PG   DGMS   N-GM-S   NPGMZS   CC

ἀπὸ Ἰησοῦ Χριστοῦ, ὁ μάρτυς ὁ πιστός, ὁ πρωτότοκος
PG   N-GM-S   N-GM-S   DNMS   N-NM-S   DNMS   A--NM-S   DNMS   AP-NM-S

τῶν νεκρῶν καὶ ὁ ἄρχων τῶν βασιλέων τῆς γῆς.
DGMP   AP-GM-P   CC   DNMS   N-NM-S   DGMP   N-GM-P   DGFS   N-GF-S

Τῷ   ἀγαπῶντι ἡμᾶς καὶ λύσαντι ἡμᾶς ἐκ τῶν
DDMS□APRNM-S+   VPPADM-S   NPA-XP   CC   VPAADM-S   NPA-XP   PG   DGFP

ἁμαρτιῶν ἡμῶν ἐν τῷ αἵματι αὐτοῦ — 1.6 καὶ ἐποίησεν ἡμᾶς
N-GF-P   NPG-XP   PD   DDNS   N-DN-S   NPGMZS   CC   VIAA--ZS   NPA-XP

βασιλείαν, ἱερεῖς τῷ θεῷ καὶ πατρὶ αὐτοῦ — αὐτῷ ἡ δόξα καὶ
N-AF-S   N-AM-P   DDMS   N-DM-S   CC   N-DM-S   NPGMZS   NPDMZS   DNFS   N-NF-S   CC

τὸ κράτος εἰς τοὺς αἰῶνας [τῶν αἰώνων]· ἀμήν.
DNNS   N-NN-S   PA   DAMP   N-AM-P   DGMP   N-GM-P   QS

1.7 Ἰδοὺ ἔρχεται μετὰ τῶν νεφελῶν,
QS   VIPN--ZS PG   DGFP N-GF-P

καὶ ὄψεται αὐτὸν πᾶς ὀφθαλμὸς
CC VIFD--ZS NPAMZS A--NM-S N-NM-S

καὶ οἵτινες   αὐτὸν ἐξεκέντησαν,
CC APRNM-P□APDNM-P&APRNM-P NPAMZS VIAA--ZP

καὶ κόψονται ἐπ᾽ αὐτὸν πᾶσαι αἱ φυλαὶ τῆς γῆς.
CC VIFM--ZP PA NPAMZS A--NF-P DNFP N-NF-P DGFS N-GF-S

ναί, ἀμήν.
QS QS

1.8 Ἐγώ εἰμι τὸ Ἄλφα καὶ τὸ Ὦ, λέγει κύριος ὁ
NPN-XS VIPA--XS DNNS N-NN-S CC DNNS N-NN-S VIPA--ZS N-NM-S DNMS

θεός, ὁ   ὢν   καὶ ὁ
N-NM-S DNMS□APRNMXS/APRNM-S VPPANMXS/VPPANM-S CC DNMS□APRNMXS/APRNM-S

ἦν   καὶ ὁ   ἐρχόμενος,   ὁ
VIIA--XS/VIIA--ZS CC DNMS□APRNMXS/APRNM-S VPPNNMXS/VPPNNM-S DNMS

παντοκράτωρ.
N-NM-S

1.9 Ἐγὼ Ἰωάννης, ὁ ἀδελφὸς ὑμῶν καὶ συγκοινωνὸς ἐν
NPN-XS N-NM-S DNMS N-NM-S NPG-YP CC N-NM-S PD

τῇ θλίψει καὶ βασιλείᾳ καὶ ὑπομονῇ ἐν Ἰησοῦ, ἐγενόμην ἐν τῇ
DDFS N-DF-S CC N-DF-S CC N-DF-S PD N-DM-S VIAD--XS PD DDFS

νήσῳ τῇ   καλουμένῃ Πάτμῳ διὰ τὸν λόγον τοῦ θεοῦ καὶ
N-DF-S DDFS□APRNF-S VPPPDF-S N-DF-S PA DAMS N-AM-S DGMS N-GM-S CC

τὴν μαρτυρίαν Ἰησοῦ. 1.10 ἐγενόμην ἐν πνεύματι ἐν τῇ
DAFS N-AF-S N-GM-S   VIAD--XS PD N-DN-S PD DDFS

κυριακῇ ἡμέρᾳ, καὶ ἤκουσα ὀπίσω μου φωνὴν μεγάλην ὡς
A--DF-S N-DF-S CC VIAA--XS PG NPG-XS N-AF-S A--AF-S CS

σάλπιγγος 1.11 λεγούσης, Ὃ   βλέπεις γράψον
N-GF-S VPPAGF-S APRAN-S□APDAN-S&APRAN-S VIPA--YS VMAA--YS

εἰς βιβλίον καὶ πέμψον ταῖς ἑπτὰ ἐκκλησίαις, εἰς Ἔφεσον καὶ εἰς
PA N-AN-S CC VMAA--YS DDFP A-CDF-P N-DF-P PA N-AF-S CC PA

Σμύρναν καὶ εἰς Πέργαμον καὶ εἰς Θυάτειρα καὶ εἰς Σάρδεις καὶ
N-AF-S CC PA N-AF-S/N-AN-S CC PA N-AN-P CC PA N-AF-P CC

εἰς Φιλαδέλφειαν καὶ εἰς Λαοδίκειαν.
PA N-AF-S CC PA N-AF-S

1.12 Καὶ ἐπέστρεψα βλέπειν τὴν φωνὴν ἥτις ἐλάλει μετ᾽
CC VIAA--XS VNPA DAFS N-AF-S APRNF-S VIIA--ZS PG

ἐμοῦ· καὶ ἐπιστρέψας εἶδον ἑπτὰ λυχνίας χρυσᾶς, 1.13 καὶ ἐν
NPG-XS CC VPAANMXS VIAA--XS A-CAF-P N-AF-P A--AF-P CC PD

μέσῳ τῶν λυχνιῶν ὅμοιον υἱὸν ἀνθρώπου, ἐνδεδυμένον ποδήρη
AP-DN-S DGFP N-GF-P A--AM-S N-AM-S N-GM-S VPRMAM-S AP-AM-S

καὶ περιεζωσμένον πρὸς τοῖς μαστοῖς ζώνην χρυσᾶν· 1.14 ἡ δὲ
CC VPRMAM-S PD DDMP N-DM-P N-AF-S A--AF-S DNFS CC

κεφαλὴ αὐτοῦ καὶ αἱ τρίχες λευκαὶ ὡς ἔριον λευκόν, ὡς χιών, καὶ
N-NF-S NPGMZS CC DNFP N-NF-P A--NF-P CS N-NN-S A--NN-S CS N-NF-S CC

οἱ ὀφθαλμοὶ αὐτοῦ ὡς φλὸξ πυρός, 1.15 καὶ οἱ πόδες αὐτοῦ
DNMP N-NM-P NPGMZS CS N-NF-S N-GN-S CC DNMP N-NM-P NPGMZS

ὅμοιοι χαλκολιβάνῳ ὡς ἐν καμίνῳ πεπυρωμένης, καὶ ἡ φωνὴ
A--NM-P N-DM-S/N-DN-S CS PD N-DF-S VPRPGF-S CC DNFS N-NF-S

αὐτοῦ ὡς φωνὴ ὑδάτων πολλῶν, 1.16 καὶ ἔχων ἐν τῇ δεξιᾷ χειρὶ
NPGMZS CS N-NF-S N-GN-P A--GN-P CC VPPANM-S PD DDFS A--DF-S N-DF-S

αὐτοῦ ἀστέρας ἑπτά, καὶ ἐκ τοῦ στόματος αὐτοῦ ῥομφαία
NPGMZS N-AM-P A-CAM-P CC PG DGNS N-GN-S NPGMZS N-NF-S

δίστομος ὀξεῖα ἐκπορευομένη, καὶ ἡ ὄψις αὐτοῦ ὡς ὁ ἥλιος
A--NF-S A--NF-S VPPNNF-S CC DNFS N-NF-S NPGMZS CS DNMS N-NM-S

φαίνει ἐν τῇ δυνάμει αὐτοῦ.
VIPA--ZS PD DDFS N-DF-S NPGMZS

1.17 Καὶ ὅτε εἶδον αὐτόν, ἔπεσα πρὸς τοὺς πόδας αὐτοῦ ὡς
CC CS VIAA--XS NPAMZS VIAA--XS PA DAMP N-AM-P NPGMZS CS

νεκρός· καὶ ἔθηκεν τὴν δεξιὰν αὐτοῦ ἐπ᾽ ἐμὲ λέγων, Μὴ φοβοῦ·
A--NM-S CC VIAA--ZS DAFS AP-AF-S NPGMZS PA NPA-XS VPPANM-S AB VMPN--YS

ἐγώ εἰμι ὁ πρῶτος καὶ ὁ ἔσχατος, 1.18 καὶ
NPN-XS VIPA--XS DNMS APONM-S CC DNMS AP-NM-S CC

ὁ ζῶν, καὶ ἐγενόμην νεκρὸς καὶ ἰδοὺ ζῶν
DNMS□NPNMXS&APRNMXS VPPANMXS CC VIAD--XS A--NM-S CC QS VPPANMXS+

εἰμι εἰς τοὺς αἰῶνας τῶν αἰώνων, καὶ ἔχω τὰς κλεῖς τοῦ
+VIPA--XS PA DAMP N-AM-P DGMP N-GM-P CC VIPA--XS DAFP N-AF-P DGMS

θανάτου καὶ τοῦ ᾅδου. 1.19 γράψον οὖν ἃ
N-GM-S CC DGMS N-GM-S VMAA--YS CC/CH APRAN-P□APDAN-P&APRAN-P

εἶδες καὶ ἃ εἰσὶν καὶ ἃ
VIAA--YS CC APRNN-P□APDAN-P&APRNN-P VIPA--ZP CC APRNN-P□APDAN-P&APRNN-P

μέλλει γενέσθαι μετὰ ταῦτα. 1.20 τὸ μυστήριον τῶν ἑπτὰ
VIPA--ZS+ +VNAD PA APDAN-P DNNS N-NN-S DGMP A-CGM-P

ἀστέρων οὓς εἶδες ἐπὶ τῆς δεξιᾶς μου, καὶ τὰς ἑπτὰ λυχνίας
N-GM-P APRAM-P VIAA--YS PG DGFS AP-GF-S NPG-XS CC DAFP A-CAF-P N-AF-P

τὰς χρυσᾶς· οἱ ἑπτὰ ἀστέρες ἄγγελοι τῶν ἑπτὰ ἐκκλησιῶν
DAFP A--AF-P DNMP A-CNM-P N-NM-P N-NM-P DGFP A-CGF-P N-GF-P

εἰσιν, καὶ αἱ λυχνίαι αἱ ἑπτὰ ἑπτὰ ἐκκλησίαι εἰσίν.
VIPA--ZP CC DNFP N-NF-P DNFP A-CNF-P A-CNF-P N-NF-P VIPA--ZP

2.1 Τῷ ἀγγέλῳ τῆς ἐν Ἐφέσῳ ἐκκλησίας γράψον·
DDMS N-DM-S DGFS PD N-DF-S N-GF-S VMAA--YS

Τάδε λέγει ὁ κρατῶν τοὺς ἑπτὰ ἀστέρας ἐν
APDAN-P VIPA--ZS DNMS□NPNMZS&APRNM-S VPPANM-S DAMP A-CAM-P N-AM-P PD

τῇ δεξιᾷ αὐτοῦ, ὁ περιπατῶν ἐν μέσῳ τῶν ἑπτὰ
DDFS AP-DF-S NPGMZS DNMS□APRNM-S VPPANM-S PD AP-DN-S DGFP A-CGF-P

λυχνιῶν τῶν χρυσῶν· 2.2 Οἶδα τὰ ἔργα σου καὶ τὸν κόπον καὶ
N-GF-P DGFP A--GF-P VIRA--XS DANP N-AN-P NPG-YS CC DAMS N-AM-S CC

τὴν ὑπομονήν σου, καὶ ὅτι οὐ δύνῃ βαστάσαι κακούς, καὶ
DAFS N-AF-S NPG-YS CC CH AB VIPN--YS VNAA AP-AM-P CC

ἐπείρασας τοὺς λέγοντας ἑαυτοὺς ἀποστόλους καὶ
VIAA--YS DAMP□NPAMZP&APRNM-P VPPAAM-P NPAMZP N-AM-P CC

οὐκ εἰσίν, καὶ εὗρες αὐτοὺς ψευδεῖς· 2.3 καὶ ὑπομονὴν ἔχεις, καὶ
AB VIPA--ZP CC VIAA--YS NPAMZP AP-AM-P CC N-AF-S VIPA--YS CC

ἐβάστασας διὰ τὸ ὄνομά μου, καὶ οὐ κεκοπίακες. 2.4 ἀλλὰ
VIAA--YS PA DANS N-AN-S NPG-XS CC AB VIRA--YS CH

ἔχω κατὰ σοῦ ὅτι τὴν ἀγάπην σου τὴν πρώτην ἀφῆκες.
VIPA--XS PG NPG-YS CS DAFS N-AF-S NPG-YS DAFS A-OAF-S VIAA--YS

2.5 μνημόνευε οὖν πόθεν πέπτωκας, καὶ μετανόησον καὶ τὰ
VMPA--YS CH ABT VIRA--YS CC VMAA--YS CC DANP

πρῶτα ἔργα ποίησον· εἰ δὲ μή, ἔρχομαί σοι καὶ κινήσω τὴν
A-OAN-P N-AN-P VMAA--YS CS CS AB VIPN--XS NPD-YS CC VIFA--XS DAFS

λυχνίαν σου ἐκ τοῦ τόπου αὐτῆς, ἐὰν μὴ μετανοήσῃς. 2.6 ἀλλὰ
N-AF-S NPG-YS PG DGMS N-GM-S NPGFZS CS AB VSAA--YS CC

τοῦτο ἔχεις, ὅτι μισεῖς τὰ ἔργα τῶν Νικολαϊτῶν, ἃ κἀγὼ
APDAN-S VIPA--YS ABR VIPA--YS DANP N-AN-P DGMP N-GM-P APRAN-P AB&NPN-XS

μισῶ. 2.7 ὁ ἔχων οὖς ἀκουσάτω τί τὸ
VIPA--XS DNMS□NPNMZS&APRNM-S VPPANM-S N-AN-S VMAA--ZS APTAN-S DNNS

πνεῦμα λέγει ταῖς ἐκκλησίαις. τῷ νικῶντι δώσω αὐτῷ
N-NN-S VIPA--ZS DDFP N-DF-P DDMS□APRNM-S+ VPPADM-S VIFA--XS NPDMZS

φαγεῖν ἐκ τοῦ ξύλου τῆς ζωῆς, ὅ ἐστιν ἐν τῷ παραδείσῳ
VNAA PG DGNS N-GN-S DGFS N-GF-S APRNN-S VIPA--ZS PD DDMS N-DM-S

τοῦ θεοῦ.
DGMS N-GM-S

2.8 Καὶ τῷ ἀγγέλῳ τῆς ἐν Σμύρνῃ ἐκκλησίας γράψον·
CC DDMS N-DM-S DGFS PD N-DF-S N-GF-S VMAA--YS

Τάδε λέγει ὁ πρῶτος καὶ ὁ ἔσχατος, ὃς ἐγένετο
APDAN-P VIPA--ZS DNMS APONM-S CC DNMS AP-NM-S APRNM-S VIAD--ZS

νεκρὸς καὶ ἔζησεν· 2.9 Οἶδά σου τὴν θλῖψιν καὶ τὴν πτωχείαν,
A--NM-S CC VIAA--ZS VIRA--XS NPG-YS DAFS N-AF-S CC DAFS N-AF-S

ἀλλὰ πλούσιος εἶ, καὶ τὴν βλασφημίαν ἐκ τῶν
CH A--NM-S VIPA--YS CC DAFS N-AF-S PG DGMP□NPGMZP&APRNM-P

λεγόντων Ἰουδαίους εἶναι ἑαυτούς, καὶ οὐκ εἰσὶν ἀλλὰ συναγωγὴ
VPPAGM-P AP-AM-P VNPA NRAMZP CC AB VIPA--ZP CH N-NF-S

τοῦ Σατανᾶ. 2.10 μηδὲν φοβοῦ ἃ μέλλεις
DGMS N-GM-S APCAN-S VMPN--YS APRAN-P□APDGN-P&APRAN-P VIPA--YS+

πάσχειν. ἰδοὺ μέλλει βάλλειν ὁ διάβολος ἐξ ὑμῶν εἰς φυλακὴν
+VNPA QS VIPA--ZS+ +VNPA DNMS AP-NM-S PG NPG-YP PA N-AF-S

ἵνα πειρασθῆτε, καὶ ἕξετε θλῖψιν ἡμερῶν δέκα. γίνου πιστὸς
CS VSAP--YP CC VIFA--YP N-AF-S N-GF-P A-CGF-P VMPN--YS A--NM-S

ἄχρι θανάτου, καὶ δώσω σοι τὸν στέφανον τῆς ζωῆς.
PG N-GM-S CC VIFA--XS NPD-YS DAMS N-AM-S DGFS N-GF-S

2.11 ὁ   ἔχων   οὖς   ἀκουσάτω τί   τὸ   πνεῦμα
DNMS□NPNMZS&APRNM-S VPPANM-S N-AN-S VMAA--ZS APTAN-S DNNS N-NN-S

λέγει ταῖς ἐκκλησίαις. ὁ   νικῶν   οὐ μὴ ἀδικηθῇ ἐκ
VIPA--ZS DDFP N-DF-P   DNMS□NPNMZS&APRNM-S VPPANM-S AB AB VSAP--ZS PG

τοῦ θανάτου τοῦ δευτέρου.
DGMS N-GM-S DGMS A-OGM-S

2.12 Καὶ τῷ   ἀγγέλῳ τῆς ἐν Περγάμῳ ἐκκλησίας γράψον·
CC DDMS N-DM-S DGFS PD N-DF-S/N-DN-S N-GF-S VMAA--YS

Τάδε   λέγει ὁ   ἔχων   τὴν ῥομφαίαν τὴν
APDAN-P VIPA--ZS DNMS□NPNMZS&APRNM-S VPPANM-S DAFS N-AF-S DAFS

δίστομον τὴν ὀξεῖαν· 2.13 Οἶδα ποῦ κατοικεῖς, ὅπου ὁ   θρόνος
A--AF-S DAFS A--AF-S   VIRA--XS ABT VIPA--YS   ABR DNMS N-NM-S

τοῦ Σατανᾶ, καὶ κρατεῖς τὸ   ὄνομά μου, καὶ οὐκ ἠρνήσω τὴν
DGMS N-GM-S CC VIPA--YS DANS N-AN-S NPG-XS CC AB VIAD--YS DAFS

πίστιν μου καὶ ἐν ταῖς ἡμέραις Ἀντιπᾶς ὁ   μάρτυς μου ὁ
N-AF-S NPG-XS AB PD DDFP N-DF-P N-NM-S DNMS N-NM-S NPG-XS DNMS

πιστός μου, ὃς   ἀπεκτάνθη παρ᾽ ὑμῖν, ὅπου ὁ   Σατανᾶς
A--NM-S NPG-XS APRNM-S VIAP--ZS PD   NPD-YP ABR DNMS N-NM-S

κατοικεῖ. 2.14 ἀλλ᾽ ἔχω   κατὰ σοῦ ὀλίγα, ὅτι ἔχεις ἐκεῖ
VIPA--ZS   CC   VIPA--XS PG NPG-YS AP-AN-P CS VIPA--YS AB

κρατοῦντας τὴν διδαχὴν Βαλαάμ, ὃς   ἐδίδασκεν τῷ   Βαλὰκ
VPPAAM-P   DAFS N-AF-S N-GM-S APRNM-S VIIA--ZS DDMS N-DM-S

βαλεῖν σκάνδαλον ἐνώπιον τῶν υἱῶν Ἰσραήλ, φαγεῖν εἰδωλόθυτα
VNAA   N-AN-S   PG   DGMP N-GM-P N-GM-S VNAA   AP-AN-P

καὶ πορνεῦσαι· 2.15 οὕτως ἔχεις καὶ σὺ   κρατοῦντας τὴν
CC VNAA   AB   VIPA--YS AB NPN-YS VPPAAM-P   DAFS

διδαχὴν [τῶν] Νικολαϊτῶν ὁμοίως. 2.16 μετανόησον οὖν· εἰ δὲ μή,
N-AF-S   DGMP N-GM-P   AB   VMAA--YS   CH CS CS AB

ἔρχομαί σοι ταχύ,   καὶ πολεμήσω μετ᾽ αὐτῶν ἐν τῇ   ῥομφαίᾳ
VIPN--XS NPD-YS AP-AN-S□AB CC VIFA--XS PG NPGMZP PD DDFS N-DF-S

τοῦ στόματός μου. 2.17 ὁ   ἔχων   οὖς   ἀκουσάτω
DGNS N-GN-S NPG-XS   DNMS□NPNMZS&APRNM-S VPPANM-S N-AN-S VMAA--ZS

τί   τὸ   πνεῦμα λέγει ταῖς ἐκκλησίαις. τῷ   νικῶντι
APTAN-S DNNS N-NN-S VIPA--ZS DDFP N-DF-P   DDMS□APRNM-S+ VPPADM-S

δώσω   αὐτῷ τοῦ μάννα τοῦ   κεκρυμμένου, καὶ δώσω   αὐτῷ
VIFA--XS NPDMZS DGNS N-GN-S DGNS□APRNN-S VPRPGN-S   CC VIFA--XS NPDMZS

ψῆφον λευκὴν καὶ ἐπὶ τὴν ψῆφον ὄνομα καινὸν γεγραμμένον
N-AF-S A--AF-S CC PA DAFS N-AF-S N-AN-S A--AN-S VPRPAN-S

ὃ   οὐδεὶς οἶδεν εἰ μὴ ὁ   λαμβάνων.
APRAN-S APCNM-S VIRA--ZS CS AB DNMS□NPNMZS&APRNM-S VPPANM-S

2.18 Καὶ τῷ   ἀγγέλῳ τῆς ἐν Θυατείροις ἐκκλησίας γράψον·
CC DDMS N-DM-S DGFS PD N-DN-P   N-GF-S VMAA--YS

Τάδε   λέγει ὁ   υἱὸς τοῦ θεοῦ, ὁ   ἔχων   τοὺς
APDAN-P VIPA--ZS DNMS N-NM-S DGMS N-GM-S DNMS□APRNM-S VPPANM-S DAMP

743

ὀφθαλμοὺς αὐτοῦ ὡς φλόγα πυρός, καὶ οἱ πόδες αὐτοῦ ὅμοιοι
N-AM-P NPGMZS CS N-AF-S N-GN-S CC DNMP N-NM-P NPGMZS A--NM-P

χαλκολιβάνῳ· 2.19 Οἶδά σου τὰ ἔργα καὶ τὴν ἀγάπην καὶ τὴν
N-DM-S/N-DN-S VIRA--XS NPG-YS DANP N-AN-P CC DAFS N-AF-S CC DAFS

πίστιν καὶ τὴν διακονίαν καὶ τὴν ὑπομονήν σου, καὶ τὰ ἔργα
N-AF-S CC DAFS N-AF-S CC DAFS N-AF-S NPG-YS CC DANP N-AN-P

σου τὰ ἔσχατα πλείονα τῶν πρώτων. 2.20 ἀλλὰ ἔχω κατὰ
NPG-YS DANP A--AN-P A-MAN-P DGNP APOGN-P CC VIPA--XS PG

σοῦ ὅτι ἀφεῖς τὴν γυναῖκα Ἰεζάβελ, ἡ λέγουσα ἑαυτὴν
NPG-YS CS VIPA--YS DAFS N-AF-S N-AF-S DNFS□APRNF-S VPPANF-S NPAFZS

προφῆτιν, καὶ διδάσκει καὶ πλανᾷ τοὺς ἐμοὺς δούλους πορνεῦσαι
N-AF-S CC VIPA--ZS CC VIPA--ZS DAMP A--AMXP N-AM-P VNAA

καὶ φαγεῖν εἰδωλόθυτα. 2.21 καὶ ἔδωκα αὐτῇ χρόνον ἵνα
CC VNAA AP-AN-P CC VIAA--XS NPDFZS N-AM-S CS

μετανοήσῃ, καὶ οὐ θέλει μετανοῆσαι ἐκ τῆς πορνείας αὐτῆς.
VSAA--ZS CC AB VIPA--ZS VNAA PG DGFS N-GF-S NPGFZS

2.22 ἰδοὺ βάλλω αὐτὴν εἰς κλίνην, καὶ τοὺς
QS VIPA--XS NPAFZS PA N-AF-S CC DAMP□NPAMZP&APRNM-P

μοιχεύοντας μετ᾽ αὐτῆς εἰς θλῖψιν μεγάλην, ἐὰν μὴ
VPPAAM-P PG NPGFZS PA N-AF-S A--AF-S CS AB

μετανοήσωσιν ἐκ τῶν ἔργων αὐτῆς· 2.23 καὶ τὰ τέκνα αὐτῆς
VSAA--ZP PG DGNP N-GN-P NPGFZS CC DANP N-AN-P NPGFZS

ἀποκτενῶ ἐν θανάτῳ· καὶ γνώσονται πᾶσαι αἱ ἐκκλησίαι ὅτι
VIFA--XS PD N-DM-S CC VIFD--ZP A--NF-P DNFP N-NF-P CC

ἐγώ εἰμι ὁ ἐραυνῶν νεφροὺς καὶ καρδίας, καὶ
NPN-XS VIPA--XS DNMS□NPNMXS&APRNMXS VPPANMXS N-AM-P CC N-AF-P CC

δώσω ὑμῖν ἑκάστῳ κατὰ τὰ ἔργα ὑμῶν. 2.24 ὑμῖν δὲ λέγω τοῖς
VIFA--XS NPD-YP AP-DM-S PA DANP N-AN-P NPG-YP NPD-YP CC VIPA--XS DDMP

λοιποῖς τοῖς ἐν Θυατείροις, ὅσοι οὐκ ἔχουσιν τὴν διδαχὴν
AP-DM-P DDMP PD N-DN-P APRNM-P AB VIPA--ZP DAFS N-AF-S

ταύτην, οἵτινες οὐκ ἔγνωσαν τὰ βαθέα τοῦ Σατανᾶ, ὡς
A-DAF-S APRNM-P AB VIAA--ZP DANP AP-AN-P DGMS N-GM-S ABR/CS

λέγουσιν, οὐ βάλλω ἐφ᾽ ὑμᾶς ἄλλο βάρος· 2.25 πλὴν
VIPA--ZP AB VIPA--XS PA NPA-YP A--AN-S N-AN-S CC

ὃ ἔχετε κρατήσατε ἄχρι[ς] οὗ
APRAN-S□APDAN-S&APRAN-S VIPA--YP VMAA--YP PG APRGM-S□APDGM-S&APRDM-S

ἂν ἥξω. 2.26 καὶ ὁ νικῶν καὶ ὁ τηρῶν
QV VSAA--XS CC DNMS□APRNM-S+ VPPANM-S CC DNMS□APRNM-S+ VPPANM-S

ἄχρι τέλους τὰ ἔργα μου,
PG N-GN-S DANP N-AN-P NPG-XS

δώσω αὐτῷ ἐξουσίαν ἐπὶ τῶν ἐθνῶν,
VIFA--XS NPDMZS N-AF-S PG DGNP N-GN-P

2.27 καὶ ποιμανεῖ αὐτοὺς ἐν ῥάβδῳ σιδηρᾷ,
CC VIFA--ZS NPAMZP PD N-DF-S A--DF-S

ὡς τὰ σκεύη τὰ κεραμικὰ συντρίβεται,
CS DNNP N-NN-P DNNP A--NN-P VIPP--ZS

2.28 ὡς κἀγὼ εἴληφα παρὰ τοῦ πατρός μου, καὶ δώσω αὐτῷ
ABR AB&NPN-XS VIRA--XS PG DGMS N-GM-S NPG-XS CC VIFA--XS NPDMZS

τὸν ἀστέρα τὸν πρωϊνόν. 2.29 ὁ ἔχων οὖς
DAMS N-AM-S DAMS A--AM-S DNMS□NPNMZS&APRNM-S VPPANM-S N-AN-S

ἀκουσάτω τί τὸ πνεῦμα λέγει ταῖς ἐκκλησίαις.
VMAA--ZS APTAN-S DNNS N-NN-S VIPA--ZS DDFP N-DF-P

3.1 Καὶ τῷ ἀγγέλῳ τῆς ἐν Σάρδεσιν ἐκκλησίας γράψον·
CC DDMS N-DM-S DGFS PD N-DF-P N-GF-S VMAA--YS

Τάδε λέγει ὁ ἔχων τὰ ἑπτὰ πνεύματα τοῦ
APDAN-P VIPA--ZS DNMS□NPNMZS&APRNM-S VPPANM-S DANP A-CAN-P N-AN-P DGMS

θεοῦ καὶ τοὺς ἑπτὰ ἀστέρας· Οἶδά σου τὰ ἔργα, ὅτι ὄνομα
N-GM-S CC DAMP A-CAM-P N-AM-P VIRA--XS NPG-YS DANP N-AN-P ABR N-AN-S

ἔχεις ὅτι ζῇς, καὶ νεκρὸς εἶ. 3.2 γίνου γρηγορῶν, καὶ
VIPA--YS ABR VIPA--YS CC A--NM-S VIPA--YS VMPN--YS VPPANMYS CC

στήρισον τὰ λοιπὰ ἃ ἔμελλον ἀποθανεῖν, οὐ γὰρ εὕρηκά
VMAA--YS DANP AP-AN-P APRNN-P VIIA--ZP+ +VNAA AB CS VIRA--XS

σου τὰ ἔργα πεπληρωμένα ἐνώπιον τοῦ θεοῦ μου·
NPG-YS DANP N-AN-P VPRPAN-P PG DGMS N-GM-S NPG-XS

3.3 μνημόνευε οὖν πῶς εἴληφας καὶ ἤκουσας, καὶ τήρει, καὶ
VMPA--YS CH ABT VIRA--YS CC VIAA--YS CC VMPA--YS CC

μετανόησον. ἐὰν οὖν μὴ γρηγορήσῃς, ἥξω ὡς κλέπτης, καὶ οὐ
VMAA--YS CS CH AB VSAA--YS VIFA--XS CS N-NM-S CC AB

μὴ γνῷς ποίαν ὥραν ἥξω ἐπὶ σέ. 3.4 ἀλλὰ ἔχεις ὀλίγα
AB VSAA--YS A-TAF-S N-AF-S VIFA--XS PA NPA-YS CC VIPA--YS A--AN-P

ὀνόματα ἐν Σάρδεσιν ἃ οὐκ ἐμόλυναν τὰ ἱμάτια αὐτῶν,
N-AN-P PD N-DF-P APRNN-P AB VIAA--ZP DANP N-AN-P NPGMZP/NPGNZP

καὶ περιπατήσουσιν μετ᾽ ἐμοῦ ἐν λευκοῖς, ὅτι ἄξιοί εἰσιν.
CC VIFA--ZP PG NPG-XS PD AP-DN-P CS A--NM-P VIPA--ZP

3.5 ὁ νικῶν οὕτως περιβαλεῖται ἐν ἱματίοις
DNMS□NPNMZS&APRNM-S VPPANM-S AB VIFM--ZS PD N-DN-P

λευκοῖς, καὶ οὐ μὴ ἐξαλείψω τὸ ὄνομα αὐτοῦ ἐκ τῆς βίβλου τῆς
A--DN-P CC AB AB VIFA--XS DANS N-AN-S NPGMZS PG DGFS N-GF-S DGFS

ζωῆς, καὶ ὁμολογήσω τὸ ὄνομα αὐτοῦ ἐνώπιον τοῦ πατρός μου
N-GF-S CC VIFA--XS DANS N-AN-S NPGMZS PG DGMS N-GM-S NPG-XS

καὶ ἐνώπιον τῶν ἀγγέλων αὐτοῦ. 3.6 ὁ ἔχων
CC PG DGMP N-GM-P NPGMZS DNMS□NPNMZS&APRNM-S VPPANM-S

οὖς ἀκουσάτω τί τὸ πνεῦμα λέγει ταῖς ἐκκλησίαις.
N-AN-S VMAA--ZS APTAN-S DNNS N-NN-S VIPA--ZS DDFP N-DF-P

3.7 Καὶ τῷ ἀγγέλῳ τῆς ἐν Φιλαδελφείᾳ ἐκκλησίας γράψον·
CC DDMS N-DM-S DGFS PD N-DF-S N-GF-S VMAA--YS

Τάδε λέγει ὁ ἅγιος, ὁ ἀληθινός,
APDAN-P VIPA--ZS DNMS AP-NM-S DNMS AP-NM-S

ὁ   ἔχων   τὴν κλεῖν Δαυίδ,
DNMS□APRNM-S   VPPANM-S   DAFS   N-AF-S   N-GM-S

ὁ   ἀνοίγων καὶ οὐδεὶς κλείσει,
DNMS□APRNM-S   VPPANM-S   CC   APCNM-S   VIFA--ZS

καὶ κλείων καὶ οὐδεὶς ἀνοίγει·
CC   VPPANM-S   CC   APCNM-S   VIPA--ZS

3.8 Οἶδά σου τὰ ἔργα — ἰδοὺ δέδωκα ἐνώπιόν σου θύραν
VIRA--XS   NPG-YS   DANP   N-AN-P   QS   VIRA--XS   PG   NPG-YS   N-AF-S

ἠνεῳγμένην, ἣν οὐδεὶς δύναται κλεῖσαι αὐτήν — ὅτι μικρὰν
VPRPAF-S   APRAF-S   APCNM-S   VIPN--ZS   VNAA   NPAFZS   CS   A--AF-S

ἔχεις δύναμιν, καὶ ἐτήρησάς μου τὸν λόγον, καὶ οὐκ ἠρνήσω
VIPA--YS   N-AF-S   CC   VIAA--YS   NPG-XS   DAMS   N-AM-S   CC   AB   VIAD--YS

τὸ ὄνομά μου. 3.9 ἰδοὺ διδῶ ἐκ τῆς συναγωγῆς τοῦ Σατανᾶ,
DANS   N-AN-S   NPG-XS   QS   VSPA--XS   PG   DGFS   N-GF-S   DGMS   N-GM-S

τῶν   λεγόντων ἑαυτοὺς Ἰουδαίους εἶναι, καὶ οὐκ
DGMP□NPGMZP&APRNM-P   VPPAGM-P   NPAMZP   AP-AM-P   VNPA   CC   AB

εἰσὶν ἀλλὰ ψεύδονται· ἰδοὺ ποιήσω αὐτοὺς ἵνα ἥξουσιν καὶ
VIPA--ZP   CH   VIPN--ZP   QS   VIFA--XS   NPAMZP   CC   VIFA--ZP   CC

προσκυνήσουσιν ἐνώπιον τῶν ποδῶν σου, καὶ γνῶσιν ὅτι ἐγὼ
VIFA--ZP   PG   DGMP   N-GM-P   NPG-YS   CC   VSAA--ZP   CC   NPN-XS

ἠγάπησά σε. 3.10 ὅτι ἐτήρησας τὸν λόγον τῆς ὑπομονῆς μου,
VIAA--XS   NPA-YS   CS   VIAA--YS   DAMS   N-AM-S   DGFS   N-GF-S   NPG-XS

κἀγώ σε τηρήσω ἐκ τῆς ὥρας τοῦ πειρασμοῦ τῆς
AB&NPN-XS   NPA-YS   VIFA--XS   PG   DGFS   N-GF-S   DGMS   N-GM-S   DGFS□APRNF-S

μελλούσης ἔρχεσθαι ἐπὶ τῆς οἰκουμένης ὅλης πειράσαι
VPPAGF-S+   +VNPN   PG   DGFS   N-GF-S   A--GF-S   VNAA

τοὺς   κατοικοῦντας ἐπὶ τῆς γῆς. 3.11 ἔρχομαι
DAMP□NPAMZP&APRNM-P   VPPAAM-P   PG   DGFS   N-GF-S   VIPN--XS

ταχύ· κράτει ὃ   ἔχεις, ἵνα μηδεὶς λάβῃ τὸν
AP-AN-S□AB   VMPA--YS   APRAN-S□APDAN-S&APRAN-S   VIPA--YS   CS   APCNM-S   VSAA--ZS   DAMS

στέφανόν σου. 3.12 ὁ   νικῶν ποιήσω αὐτὸν στῦλον ἐν
N-AM-S   NPG-YS   DNMS□APRNM-S+   VPPANM-S   VIFA--XS   NPAMZS   N-AM-S   PD

τῷ ναῷ τοῦ θεοῦ μου, καὶ ἔξω οὐ μὴ ἐξέλθῃ ἔτι, καὶ γράψω ἐπ᾽
DDMS   N-DM-S   DGMS   N-GM-S   NPG-XS   CC   AB   AB   AB   VSAA--ZS   AB   CC   VIFA--XS   PA

αὐτὸν τὸ ὄνομα τοῦ θεοῦ μου καὶ τὸ ὄνομα τῆς πόλεως τοῦ
NPAMZS   DANS   N-AN-S   DGMS   N-GM-S   NPG-XS   CC   DANS   N-AN-S   DGFS   N-GF-S   DGMS

θεοῦ μου, τῆς καινῆς Ἰερουσαλήμ, ἡ   καταβαίνουσα ἐκ
N-GM-S   NPG-XS   DGFS   A--GF-S   N-GF-S   DNFS□APRNF-S   VPPANF-S   PG

τοῦ οὐρανοῦ ἀπὸ τοῦ θεοῦ μου, καὶ τὸ ὄνομά μου τὸ καινόν.
DGMS   N-GM-S   PG   DGMS   N-GM-S   NPG-XS   CC   DANS   N-AN-S   NPG-XS   DANS   A--AN-S

3.13 ὁ   ἔχων οὖς ἀκουσάτω τί τὸ πνεῦμα
DNMS□NPNMZS&APRNM-S   VPPANM-S   N-AN-S   VMAA--ZS   APTAN-S   DNNS   N-NN-S

λέγει ταῖς ἐκκλησίαις.
VIPA--ZS   DDFP   N-DF-P

3.14 Καὶ τῷ ἀγγέλῳ τῆς ἐν Λαοδικείᾳ ἐκκλησίας γράψον·
CC DDMS N-DM-S DGFS PD N-DF-S N-GF-S VMAA--YS

Τάδε λέγει ὁ Ἀμήν, ὁ μάρτυς ὁ πιστὸς καὶ
APDAN-P VIPA--ZS DNMS QS□AP-NM-S DNMS N-NM-S DNMS A--NM-S CC

ἀληθινός, ἡ ἀρχὴ τῆς κτίσεως τοῦ θεοῦ· 3.15 Οἶδά σου τὰ
A--NM-S DNFS N-NF-S DGFS N-GF-S DGMS N-GM-S VIRA--XS NPG-YS DANP

ἔργα, ὅτι οὔτε ψυχρὸς εἶ οὔτε ζεστός. ὄφελον ψυχρὸς ἦς ἢ
N-AN-P ABR CC A--NM-S VIPA--YS CC A--NM-S QV A--NM-S VIIA--YS CC

ζεστός. 3.16 οὕτως, ὅτι χλιαρὸς εἶ καὶ οὔτε ζεστὸς οὔτε
A--NM-S AB CS A--NM-S VIPA--YS CC CC A--NM-S CC

ψυχρός, μέλλω σε ἐμέσαι ἐκ τοῦ στόματός μου. 3.17 ὅτι λέγεις
A--NM-S VIPA--XS+ NPA-YS +VNAA PG DGNS N-GN-S NPG-XS CS VIPA--YS

ὅτι Πλούσιός εἰμι καὶ πεπλούτηκα καὶ οὐδὲν χρείαν ἔχω, καὶ
CH A--NM-S VIPA--XS CC VIRA--XS CC A-CAN-S N-AF-S VIPA--XS CC

οὐκ οἶδας ὅτι σὺ εἶ ὁ ταλαίπωρος καὶ ἐλεεινὸς καὶ
AB VIRA--YS CC NPN-YS VIPA--YS DNMS AP-NM-S CC AP-NM-S CC

πτωχὸς καὶ τυφλὸς καὶ γυμνός, 3.18 συμβουλεύω σοι ἀγοράσαι
AP-NM-S CC AP-NM-S CC AP-NM-S VIPA--XS NPD-YS VNAA

παρ᾽ ἐμοῦ χρυσίον πεπυρωμένον ἐκ πυρὸς ἵνα πλουτήσῃς, καὶ
PG NPG-XS N-AN-S VPRPAN-S PG N-GN-S CS VSAA--YS CC

ἱμάτια λευκὰ ἵνα περιβάλῃ καὶ μὴ φανερωθῇ ἡ αἰσχύνη τῆς
N-AN-P A--AN-P CS VSAM--YS CC AB VSAP--ZS DNFS N-NF-S DGFS

γυμνότητός σου, καὶ κολλ[ο]ύριον ἐγχρῖσαι τοὺς ὀφθαλμούς σου
N-GF-S NPG-YS CC N-AN-S VNAA DAMP N-AM-P NPG-YS

ἵνα βλέπῃς. 3.19 ἐγὼ ὅσους ἐὰν φιλῶ ἐλέγχω καὶ
CS VSPA--YS NPN-XS APRAM-P□APDAM-P&APRAM-P QV VSPA--XS VIPA--XS CC

παιδεύω· ζήλευε οὖν καὶ μετανόησον. 3.20 ἰδοὺ ἔστηκα ἐπὶ τὴν
VIPA--XS VMPA--YS CH CC VMAA--YS QS VIRA--XS PA DAFS

θύραν καὶ κρούω· ἐάν τις ἀκούσῃ τῆς φωνῆς μου καὶ ἀνοίξῃ
N-AF-S CC VIPA--XS CS APINM-S VSAA--ZS DGFS N-GF-S NPG-XS CC VSAA--ZS

τὴν θύραν, [καὶ] εἰσελεύσομαι πρὸς αὐτὸν καὶ δειπνήσω μετ᾽
DAFS N-AF-S AB VIFD--XS PA NPAMZS CC VIFA--XS PG

αὐτοῦ καὶ αὐτὸς μετ᾽ ἐμοῦ. 3.21 ὁ νικῶν δώσω αὐτῷ
NPGMZS CC NPNMZS PG NPG-XS DNMS□APRNM-S+ VPPANM-S VIFA--XS NPDMZS

καθίσαι μετ᾽ ἐμοῦ ἐν τῷ θρόνῳ μου, ὡς κἀγὼ ἐνίκησα καὶ
VNAA PG NPG-XS PD DDMS N-DM-S NPG-XS CS AB&NPN-XS VIAA--XS CC

ἐκάθισα μετὰ τοῦ πατρός μου ἐν τῷ θρόνῳ αὐτοῦ.
VIAA--XS PG DGMS N-GM-S NPG-XS PD DDMS N-DM-S NPGMZS

3.22 ὁ ἔχων οὖς ἀκουσάτω τί τὸ πνεῦμα
DNMS□NPNMZS&APRNM-S VPPANM-S N-AN-S VMAA--ZS APTAN-S DNNS N-NN-S

λέγει ταῖς ἐκκλησίαις.
VIPA--ZS DDFP N-DF-P

4.1 Μετὰ ταῦτα εἶδον, καὶ ἰδοὺ θύρα ἠνεῳγμένη ἐν τῷ
PA APDAN-P VIAA--XS CC QS N-NF-S VPRPNF-S PD DDMS

οὐρανῷ, καὶ ἡ φωνὴ ἡ πρώτη ἣν ἤκουσα ὡς σάλπιγγος
N-DM-S CC DNFS N-NF-S DNFS A-ONF-S APRAF-S VIAA--XS CS N-GF-S

λαλούσης μετ᾽ ἐμοῦ λέγων, Ἀνάβα ὧδε, καὶ δείξω σοι
VPPAGF-S PG NPG-XS VPPANM-S VMAA--YS AB CC VIFA--XS NPD-YS

ἃ δεῖ γενέσθαι μετὰ ταῦτα. 4.2 εὐθέως
APRAN-P☐APDAN-P&APRAN-P VIPA--ZS VNAD PA APDAN-P AB

ἐγενόμην ἐν πνεύματι· καὶ ἰδοὺ θρόνος ἔκειτο ἐν τῷ οὐρανῷ, καὶ
VIAD--XS PD N-DN-S CC QS N-NM-S VIIN--ZS PD DDMS N-DM-S CC

ἐπὶ τὸν θρόνον καθήμενος, 4.3 καὶ ὁ καθήμενος
PA DAMS N-AM-S VPPNNM-S CC DNMS☐NPNMZS&APRNM-S VPPNNM-S

ὅμοιος ὁράσει λίθῳ ἰάσπιδι καὶ σαρδίῳ, καὶ ἶρις κυκλόθεν τοῦ
A--NM-S N-DF-S N-DM-S N-DF-S CC N-DN-S CC N-NF-S PG DGMS

θρόνου ὅμοιος ὁράσει σμαραγδίνῳ. 4.4 καὶ κυκλόθεν τοῦ θρόνου
N-GM-S A--NM-S N-DF-S A--DM-S CC PG DGMS N-GM-S

θρόνους εἴκοσι τέσσαρες, καὶ ἐπὶ τοὺς θρόνους εἴκοσι
N-AM-P A-CAM-P A-CNM-P☐A-CAM-P CC PA DAMP N-AM-P A-CAM-P

τέσσαρας πρεσβυτέρους καθημένους περιβεβλημένους ἐν
A-CAM-P AP-AM-P VPPNAM-P VPRMAM-P PD

ἱματίοις λευκοῖς, καὶ ἐπὶ τὰς κεφαλὰς αὐτῶν στεφάνους χρυσοῦς.
N-DN-P A--DN-P CC PA DAFP N-AF-P NPGMZP N-AM-P A--AM-P

4.5 καὶ ἐκ τοῦ θρόνου ἐκπορεύονται ἀστραπαὶ καὶ φωναὶ καὶ
CC PG DGMS N-GM-S VIPN--ZP N-NF-P CC N-NF-P CC

βρονταί· καὶ ἑπτὰ λαμπάδες πυρὸς καιόμεναι ἐνώπιον τοῦ
N-NF-P CC A-CNF-P N-NF-P N-GN-S VPPPNF-P PG DGMS

θρόνου, ἅ εἰσιν τὰ ἑπτὰ πνεύματα τοῦ θεοῦ, 4.6 καὶ
N-GM-S APRNN-P VIPA--ZP DNNP A-CNN-P N-NN-P DGMS N-GM-S CC

ἐνώπιον τοῦ θρόνου ὡς θάλασσα ὑαλίνη ὁμοία κρυστάλλῳ.
PG DGMS N-GM-S CS N-NF-S A--NF-S A--NF-S N-DM-S

Καὶ ἐν μέσῳ τοῦ θρόνου καὶ κύκλῳ τοῦ θρόνου τέσσαρα ζῷα
CC PD AP-DN-S DGMS N-GM-S CC PG DGMS N-GM-S A-CNN-P N-NN-P

γέμοντα ὀφθαλμῶν ἔμπροσθεν καὶ ὄπισθεν· 4.7 καὶ τὸ ζῷον τὸ
VPPANN-P N-GM-P AB CC AB CC DNNS N-NN-S DNNS

πρῶτον ὅμοιον λέοντι, καὶ τὸ δεύτερον ζῷον ὅμοιον μόσχῳ, καὶ
A-ONN-S A--NN-S N-DM-S CC DNNS A-ONN-S N-NN-S A--NN-S N-DM-S CC

τὸ τρίτον ζῷον ἔχων τὸ πρόσωπον ὡς ἀνθρώπου, καὶ τὸ
DNNS A-ONN-S N-NN-S VPPANM-S DANS N-AN-S CS N-GM-S CC DNNS

τέταρτον ζῷον ὅμοιον ἀετῷ πετομένῳ. 4.8 καὶ τὰ τέσσαρα ζῷα,
A-ONN-S N-NN-S A--NN-S N-DM-S VPPNDM-S CC DNNP A-CNN-P N-NN-P

ἓν καθ᾽ ἓν αὐτῶν ἔχων ἀνὰ πτέρυγας ἕξ, κυκλόθεν καὶ
APCNN-S PA APCAN-S NPGNZP VPPANM-S AB N-AF-P A-CAF-P AB CC

ἔσωθεν γέμουσιν ὀφθαλμῶν· καὶ ἀνάπαυσιν οὐκ ἔχουσιν ἡμέρας
AB VIPA--ZP N-GM-P CC N-AF-S AB VIPA--ZP N-GF-S

καὶ νυκτὸς λέγοντες,
CC N-GF-S VPPANM-P

Ἅγιος ἅγιος ἅγιος
A--NM-S A--NM-S A--NM-S

κύριος ὁ θεὸς ὁ παντοκράτωρ,
N-NM-S DNMS N-NM-S DNMS N-NM-S

ὁ ἦν καὶ ὁ ὢν καὶ ὁ
DNMS☐APRNM-S VIIA--ZS CC DNMS☐APRNM-S VPPANM-S CC DNMS☐APRNM-S

ἐρχόμενος.
VPPNNM-S

4.9 καὶ ὅταν δώσουσιν τὰ ζῷα δόξαν καὶ τιμὴν καὶ εὐχαριστίαν
CC CS VIFA--ZP DNNP N-NN-P N-AF-S CC N-AF-S CC N-AF-S

τῷ καθημένῳ ἐπὶ τῷ θρόνῳ, τῷ ζῶντι εἰς
DDMS☐NPDMZS&APRNM-S VPPNDM-S PD DDMS N-DM-S DDMS☐APRNM-S VPPADM-S PA

τοὺς αἰῶνας τῶν αἰώνων, 4.10 πεσοῦνται οἱ εἴκοσι τέσσαρες
DAMP N-AM-P DGMP N-GM-P VIFD--ZP DNMP A-CNM-P A-CNM-P

πρεσβύτεροι ἐνώπιον τοῦ καθημένου ἐπὶ τοῦ
AP-NM-P PG DGMS☐NPGMZS&APRNM-S VPPNGM-S PG DGMS

θρόνου καὶ προσκυνήσουσιν τῷ ζῶντι εἰς τοὺς
N-GM-S CC VIFA--ZP DDMS☐NPDMZS&APRNM-S VPPADM-S PA DAMP

αἰῶνας τῶν αἰώνων, καὶ βαλοῦσιν τοὺς στεφάνους αὐτῶν ἐνώπιον
N-AM-P DGMP N-GM-P CC VIFA--ZP DAMP N-AM-P NPGMZP PG

τοῦ θρόνου λέγοντες,
DGMS N-GM-S VPPANM-P

4.11 Ἄξιος εἶ, ὁ κύριος καὶ ὁ θεὸς ἡμῶν,
A--NM-S VIPA--YS DVMS N-NM-S☐N-VM-S CC DVMS N-NM-S☐N-VM-S NPG-XP

λαβεῖν τὴν δόξαν καὶ τὴν τιμὴν καὶ τὴν δύναμιν,
VNAA DAFS N-AF-S CC DAFS N-AF-S CC DAFS N-AF-S

ὅτι σὺ ἔκτισας τὰ πάντα,
CS NPN-YS VIAA--YS DANP AP-AN-P

καὶ διὰ τὸ θέλημά σου ἦσαν καὶ ἐκτίσθησαν.
CC PA DANS N-AN-S NPG-YS VIIA--ZP CC VIAP--ZP

5.1 Καὶ εἶδον ἐπὶ τὴν δεξιὰν τοῦ καθημένου ἐπὶ
CC VIAA--XS PA DAFS AP-AF-S DGMS☐NPGMZS&APRNM-S VPPNGM-S PG

τοῦ θρόνου βιβλίον γεγραμμένον ἔσωθεν καὶ ὄπισθεν,
DGMS N-GM-S N-AN-S VPRPAN-S AB CC AB

κατεσφραγισμένον σφραγῖσιν ἑπτά. 5.2 καὶ εἶδον ἄγγελον
VPRPAN-S N-DF-P A-CDF-P CC VIAA--XS N-AM-S

ἰσχυρὸν κηρύσσοντα ἐν φωνῇ μεγάλῃ, Τίς ἄξιος ἀνοῖξαι τὸ
A--AM-S VPPAAM-S PD N-DF-S A--DF-S APTNM-S A--NM-S VNAA DANS

βιβλίον καὶ λῦσαι τὰς σφραγῖδας αὐτοῦ; 5.3 καὶ οὐδεὶς ἐδύνατο
N-AN-S CC VNAA DAFP N-AF-P NPGNZS CC APCNM-S VIIN--ZS

ἐν τῷ οὐρανῷ οὐδὲ ἐπὶ τῆς γῆς οὐδὲ ὑποκάτω τῆς γῆς ἀνοῖξαι
PD DDMS N-DM-S CC PG DGFS N-GF-S CC PG DGFS N-GF-S VNAA

τὸ βιβλίον οὔτε βλέπειν αὐτό. 5.4 καὶ ἔκλαιον πολὺ ὅτι οὐδεὶς
DANS N-AN-S CC VNPA NPANZS CC VIIA--XS AP-AN-S☐AB CS APCNM-S

ἄξιος εὑρέθη ἀνοῖξαι τὸ βιβλίον οὔτε βλέπειν αὐτό. 5.5 καὶ
A--NM-S VIAP--ZS VNAA DANS N-AN-S CC VNPA NPANZS CC

εἷς ἐκ τῶν πρεσβυτέρων λέγει μοι, Μὴ κλαῖε· ἰδοὺ ἐνίκησεν
APCNM-S PG DGMP AP-GM-P VIPA--ZS NPD-XS AB VMPA--YS QS VIAA--ZS

ὁ λέων ὁ ἐκ τῆς φυλῆς Ἰούδα, ἡ ῥίζα Δαυίδ, ἀνοῖξαι τὸ
DNMS N-NM-S DNMS PG DGFS N-GF-S N-GM-S DNFS N-NF-S N-GM-S VNAA DANS

βιβλίον καὶ τὰς ἑπτὰ σφραγῖδας αὐτοῦ.
N-AN-S CC DAFP A-CAF-P N-AF-P NPGNZS

5.6 Καὶ εἶδον ἐν μέσῳ τοῦ θρόνου καὶ τῶν τεσσάρων ζῴων
CC VIAA--XS PD AP-DN-S DGMS N-GM-S CC DGNP A-CGN-P N-GN-P

καὶ ἐν μέσῳ τῶν πρεσβυτέρων ἀρνίον ἑστηκὸς ὡς ἐσφαγμένον,
CC PD AP-DN-S DGMP AP-GM-P N-NN-S VPRANN-S CS VPRPNN-S

ἔχων κέρατα ἑπτὰ καὶ ὀφθαλμοὺς ἑπτά, οἵ εἰσιν τὰ
VPPANM-S N-AN-P A-CAN-P CC N-AM-P A-CAM-P APRNM-P VIPA--ZP DNNP

[ἑπτὰ] πνεύματα τοῦ θεοῦ ἀπεσταλμένοι εἰς πᾶσαν τὴν γῆν.
A-CNN-P N-NN-P DGMS N-GM-S VPRPNM-P PA A--AF-S DAFS N-AF-S

5.7 καὶ ἦλθεν καὶ εἴληφεν ἐκ τῆς δεξιᾶς τοῦ
CC VIAA--ZS CC VIRA--ZS PG DGFS AP-GF-S DGMS□NPGMZS&APRNM-S

καθημένου ἐπὶ τοῦ θρόνου. 5.8 καὶ ὅτε ἔλαβεν τὸ βιβλίον, τὰ
VPPNGM-S PG DGMS N-GM-S CC CS VIAA--ZS DANS N-AN-S DNNP

τέσσαρα ζῷα καὶ οἱ εἴκοσι τέσσαρες πρεσβύτεροι ἔπεσαν
A-CNN-P N-NN-P CC DNMP A-CNM-P A-CNM-P AP-NM-P VIAA--ZP

ἐνώπιον τοῦ ἀρνίου, ἔχοντες ἕκαστος κιθάραν καὶ φιάλας χρυσᾶς
PG DGNS N-GN-S VPPANM-P AP-NM-S N-AF-S CC N-AF-P A--AF-P

γεμούσας θυμιαμάτων, αἵ εἰσιν αἱ προσευχαὶ τῶν ἁγίων.
VPPAAF-P N-GN-P APRNF-P VIPA--ZP DNFP N-NF-P DGMP AP-GM-P

5.9 καὶ ᾄδουσιν ᾠδὴν καινὴν λέγοντες,
CC VIPA--ZP N-AF-S A--AF-S VPPANM-P

Ἄξιος εἶ λαβεῖν τὸ βιβλίον
A--NM-S VIPA--YS VNAA DANS N-AN-S

καὶ ἀνοῖξαι τὰς σφραγῖδας αὐτοῦ,
CC VNAA DAFP N-AF-P NPGNZS

ὅτι ἐσφάγης καὶ ἠγόρασας τῷ θεῷ ἐν τῷ αἵματί σου
CS VIAP--YS CC VIAA--YS DDMS N-DM-S PD DDNS N-DN-S NPG-YS

ἐκ πάσης φυλῆς καὶ γλώσσης καὶ λαοῦ καὶ ἔθνους,
PG A--GF-S N-GF-S CC N-GF-S CC N-GM-S CC N-GN-S

5.10 καὶ ἐποίησας αὐτοὺς τῷ θεῷ ἡμῶν βασιλείαν καὶ
CC VIAA--YS NPAMZP DDMS N-DM-S NPG-XP N-AF-S CC

ἱερεῖς,
N-AM-P

καὶ βασιλεύσουσιν ἐπὶ τῆς γῆς.
CC VIFA--ZP PG DGFS N-GF-S

5.11 Καὶ εἶδον, καὶ ἤκουσα φωνὴν ἀγγέλων πολλῶν κύκλῳ
CC VIAA--XS CC VIAA--XS N-AF-S N-GM-P A--GM-P PG

τοῦ θρόνου καὶ τῶν ζῴων καὶ τῶν πρεσβυτέρων, καὶ ἦν ὁ
DGMS N-GM-S CC DGNP N-GN-P CC DGMP AP-GM-P CC VIIA--ZS DNMS

ἀριθμὸς αὐτῶν μυριάδες μυριάδων καὶ χιλιάδες χιλιάδων,
N-NM-S NPGMZP N-NF-P N-GF-P CC N-NF-P N-GF-P

5.12 λέγοντες φωνῇ μεγάλῃ,
VPPANM-P N-DF-S A--DF-S

Ἄξιόν ἐστιν τὸ ἀρνίον τὸ ἐσφαγμένον λαβεῖν
A--NN-S VIPA--ZS DNNS N-NN-S DNNS□APRNN-S VPRPNN-S VNAA

τὴν δύναμιν καὶ πλοῦτον καὶ σοφίαν καὶ ἰσχὺν καὶ τιμὴν
DAFS N-AF-S CC N-AM-S CC N-AF-S CC N-AF-S CC N-AF-S

καὶ δόξαν καὶ εὐλογίαν.
CC N-AF-S CC N-AF-S

5.13 καὶ πᾶν κτίσμα ὃ ἐν τῷ οὐρανῷ καὶ ἐπὶ τῆς γῆς καὶ
CC A--AN-S N-AN-S APRNN-S PD DDMS N-DM-S CC PG DGFS N-GF-S CC

ὑποκάτω τῆς γῆς καὶ ἐπὶ τῆς θαλάσσης, καὶ τὰ ἐν αὐτοῖς
PG DGFS N-GF-S CC PG DGFS N-GF-S CC DANP PD NPDMZP

πάντα, ἤκουσα λέγοντας,
AP-AN-P VIAA--XS VPPAAM-P

Τῷ καθημένῳ ἐπὶ τῷ θρόνῳ καὶ τῷ ἀρνίῳ
DDMS□NPDMZS&APRNM-S VPPNDM-S PD DDMS N-DM-S CC DDNS N-DN-S

ἡ εὐλογία καὶ ἡ τιμὴ καὶ ἡ δόξα καὶ τὸ κράτος εἰς
DNFS N-NF-S CC DNFS N-NF-S CC DNFS N-NF-S CC DNNS N-NN-S PA

τοὺς αἰῶνας τῶν αἰώνων.
DAMP N-AM-P DGMP N-GM-P

5.14 καὶ τὰ τέσσαρα ζῷα ἔλεγον, Ἀμήν· καὶ οἱ πρεσβύτεροι
CC DNNP A-CNN-P N-NN-P VIIA--ZP QS CC DNMP AP-NM-P

ἔπεσαν καὶ προσεκύνησαν.
VIAA--ZP CC VIAA--ZP

6.1 Καὶ εἶδον ὅτε ἤνοιξεν τὸ ἀρνίον μίαν ἐκ τῶν ἑπτὰ
CC VIAA--XS CS VIAA--ZS DNNS N-NN-S APCAF-S PG DGFP A-CGF-P

σφραγίδων, καὶ ἤκουσα ἑνὸς ἐκ τῶν τεσσάρων ζῴων λέγοντος
N-GF-P CC VIAA--XS APCGN-S PG DGNP A-CGN-P N-GN-P VPPAGN-S

ὡς φωνῇ βροντῆς, Ἔρχου. 6.2 καὶ εἶδον, καὶ ἰδοὺ ἵππος λευκός,
CS N-NF-S N-GF-S VMPN--YS CC VIAA--XS CC QS N-NM-S A--NM-S

καὶ ὁ καθήμενος ἐπ᾽ αὐτὸν ἔχων τόξον, καὶ
CC DNMS□NPNMZS&APRNM-S VPPNNM-S PA NPAMZS VPPANM-S N-AN-S CC

ἐδόθη αὐτῷ στέφανος, καὶ ἐξῆλθεν νικῶν καὶ ἵνα νικήσῃ.
VIAP--ZS NPDMZS N-NM-S CC VIAA--ZS VPPANM-S CC CS VSAA--ZS

6.3 Καὶ ὅτε ἤνοιξεν τὴν σφραγῖδα τὴν δευτέραν, ἤκουσα τοῦ
CC CS VIAA--ZS DAFS N-AF-S DAFS A-OAF-S VIAA--XS DGNS

δευτέρου ζῴου λέγοντος, Ἔρχου. 6.4 καὶ ἐξῆλθεν ἄλλος ἵππος
A-OGN-S N-GN-S VPPAGN-S VMPN--YS CC VIAA--ZS A--NM-S N-NM-S

πυρρός, καὶ τῷ καθημένῳ ἐπ᾽ αὐτὸν ἐδόθη αὐτῷ λαβεῖν
A--NM-S CC DDMS□APRNM-S+ VPPNDM-S PA NPAMZS VIAP--ZS NPDMZS VNAA

751

τὴν εἰρήνην ἐκ τῆς γῆς καὶ ἵνα ἀλλήλους σφάξουσιν, καὶ ἐδόθη
DAFS N-AF-S PG DGFS N-GF-S CC CC NPAMZP VIFA--ZP CC VIAP--ZS

αὐτῷ μάχαιρα μεγάλη.
NPDMZS N-NF-S A--NF-S

6.5 Καὶ ὅτε ἤνοιξεν τὴν σφραγῖδα τὴν τρίτην, ἤκουσα τοῦ
CC CS VIAA--ZS DAFS N-AF-S DAFS A-OAF-S VIAA--XS DGNS

τρίτου ζῴου λέγοντος, Ἔρχου. καὶ εἶδον, καὶ ἰδοὺ ἵππος μέλας,
A-OGN-S N-GN-S VPPAGN-S VMPN--YS CC VIAA--XS CC QS N-NM-S A--NM-S

καὶ ὁ καθήμενος ἐπ᾽ αὐτὸν ἔχων ζυγὸν ἐν τῇ
CC DNMS□NPNMZS&APRNM-S VPPNNM-S PA NPAMZS VPPANM-S N-AM-S PD DDFS

χειρὶ αὐτοῦ. 6.6 καὶ ἤκουσα ὡς φωνὴν ἐν μέσῳ τῶν τεσσάρων
N-DF-S NPGMZS CC VIAA--XS CS N-AF-S PD AP-DN-S DGNP A-CGN-P

ζῴων λέγουσαν, Χοῖνιξ σίτου δηναρίου, καὶ τρεῖς χοίνικες κριθῶν
N-GN-P VPPAAF-S N-NF-S N-GM-S N-GN-S CC A-CNF-P N-NF-P N-GF-P

δηναρίου· καὶ τὸ ἔλαιον καὶ τὸν οἶνον μὴ ἀδικήσῃς.
N-GN-S CC DANS N-AN-S CC DAMS N-AM-S AB VSAA--YS□VMAA--YS

6.7 Καὶ ὅτε ἤνοιξεν τὴν σφραγῖδα τὴν τετάρτην, ἤκουσα
CC CS VIAA--ZS DAFS N-AF-S DAFS A-OAF-S VIAA--XS

φωνὴν τοῦ τετάρτου ζῴου λέγοντος, Ἔρχου. 6.8 καὶ εἶδον, καὶ
N-AF-S DGNS A-OGN-S N-GN-S VPPAGN-S VMPN--YS CC VIAA--XS CC

ἰδοὺ ἵππος χλωρός, καὶ ὁ καθήμενος ἐπάνω αὐτοῦ
QS N-NM-S A--NM-S CC DNMS□NPNMZS&APRNM-S VPPNNM-S PG NPGMZS

ὄνομα αὐτῷ [ὁ] Θάνατος, καὶ ὁ ᾅδης ἠκολούθει μετ᾽ αὐτοῦ·
N-NN-S NPDMZS DNMS N-NM-S CC DNMS N-NM-S VIIA--ZS PG NPGMZS

καὶ ἐδόθη αὐτοῖς ἐξουσία ἐπὶ τὸ τέταρτον τῆς γῆς, ἀποκτεῖναι
CC VIAP--ZS NPDMZP N-NF-S PA DANS APOAN-S DGFS N-GF-S VNAA

ἐν ῥομφαίᾳ καὶ ἐν λιμῷ καὶ ἐν θανάτῳ καὶ ὑπὸ τῶν θηρίων
PD N-DF-S CC PD N-DF-S/N-DM-S CC PD N-DM-S CC PG DGNP N-GN-P

τῆς γῆς.
DGFS N-GF-S

6.9 Καὶ ὅτε ἤνοιξεν τὴν πέμπτην σφραγῖδα, εἶδον ὑποκάτω
CC CS VIAA--ZS DAFS A-OAF-S N-AF-S VIAA--XS PG

τοῦ θυσιαστηρίου τὰς ψυχὰς τῶν ἐσφαγμένων διὰ
DGNS N-GN-S DAFP N-AF-P DGMP□NPGMZP&APRNM-P VPRPGM-P PA

τὸν λόγον τοῦ θεοῦ καὶ διὰ τὴν μαρτυρίαν ἣν εἶχον. 6.10 καὶ
DAMS N-AM-S DGMS N-GM-S CC PA DAFS N-AF-S APRAF-S VIIA--ZP CC

ἔκραξαν φωνῇ μεγάλῃ λέγοντες, Ἕως πότε, ὁ δεσπότης
VIAA--ZP N-DF-S A--DF-S VPPANM-P PG ABT□APTGM-S DVMS N-NM-S□N-VM-S

ὁ ἅγιος καὶ ἀληθινός, οὐ κρίνεις καὶ ἐκδικεῖς τὸ αἷμα ἡμῶν ἐκ
DVMS A--VM-S CC A--VM-S AB VIPA--YS CC VIPA--YS DANS N-AN-S NPG-XP PG

τῶν κατοικούντων ἐπὶ τῆς γῆς; 6.11 καὶ ἐδόθη
DGMP□NPGMZP&APRNM-P VPPAGM-P PG DGFS N-GF-S CC VIAP--ZS

αὐτοῖς ἑκάστῳ στολὴ λευκή, καὶ ἐρρέθη αὐτοῖς ἵνα ἀναπαύσονται
NPDMZP AP-DM-S N-NF-S A--NF-S CC VIAP--ZS NPDMZP CC VIFM--ZP

ἔτι χρόνον μικρόν, ἕως πληρωθῶσιν καὶ οἱ σύνδουλοι αὐτῶν καὶ
AB N-AM-S A--AM-S CS VSAP--ZP AB DNMP N-NM-P NPGMZP CC

οἱ ἀδελφοὶ αὐτῶν οἱ μέλλοντες ἀποκτέννεσθαι ὡς καὶ
DNMP N-NM-P NPGMZP DNMP☐APRNM-P VPPANM-P+ +VNPP CS AB

αὐτοί.
NPNMZP

6.12 Καὶ εἶδον ὅτε ἤνοιξεν τὴν σφραγῖδα τὴν ἕκτην, καὶ
CC VIAA--XS CS VIAA--ZS DAFS N-AF-S DAFS A-OAF-S CC

σεισμὸς μέγας ἐγένετο, καὶ ὁ ἥλιος ἐγένετο μέλας ὡς σάκκος
N-NM-S A--NM-S VIAD--ZS CC DNMS N-NM-S VIAD--ZS A--NM-S CS N-NM-S

τρίχινος, καὶ ἡ σελήνη ὅλη ἐγένετο ὡς αἷμα, 6.13 καὶ οἱ
A--NM-S CC DNFS N-NF-S A--NF-S VIAD--ZS CS N-NN-S CC DNMP

ἀστέρες τοῦ οὐρανοῦ ἔπεσαν εἰς τὴν γῆν, ὡς συκῆ βάλλει τοὺς
N-NM-P DGMS N-GM-S VIAA--ZP PA DAFS N-AF-S CS N-NF-S VIPA--ZS DAMP

ὀλύνθους αὐτῆς ὑπὸ ἀνέμου μεγάλου σειομένη, 6.14 καὶ ὁ
N-AM-P NPGFZS PG N-GM-S A--GM-S VPPPNF-S CC DNMS

οὐρανὸς ἀπεχωρίσθη ὡς βιβλίον ἑλισσόμενον, καὶ πᾶν ὄρος καὶ
N-NM-S VIAP--ZS CS N-NN-S VPPPNN-S CC A--NN-S N-NN-S CC

νῆσος ἐκ τῶν τόπων αὐτῶν ἐκινήθησαν. 6.15 καὶ οἱ βασιλεῖς
N-NF-S PG DGMP N-GM-P NPGNZP VIAP--ZP CC DNMP N-NM-P

τῆς γῆς καὶ οἱ μεγιστᾶνες καὶ οἱ χιλίαρχοι καὶ οἱ πλούσιοι
DGFS N-GF-S CC DNMP N-NM-P CC DNMP N-NM-P CC DNMP AP-NM-P

καὶ οἱ ἰσχυροὶ καὶ πᾶς δοῦλος καὶ ἐλεύθερος ἔκρυψαν ἑαυτοὺς
CC DNMP AP-NM-P CC A--NM-S N-NM-S CC AP-NM-S VIAA--ZP NPAMZP

εἰς τὰ σπήλαια καὶ εἰς τὰς πέτρας τῶν ὀρέων· 6.16 καὶ λέγουσιν
PA DANP N-AN-P CC PA DAFP N-AF-P DGNP N-GN-P CC VIPA--ZP

τοῖς ὄρεσιν καὶ ταῖς πέτραις, Πέσετε ἐφ᾽ ἡμᾶς καὶ κρύψατε ἡμᾶς
DDNP N-DN-P CC DDFP N-DF-P VMAA--YP PA NPA-XP CC VMAA--YP NPA-XP

ἀπὸ προσώπου τοῦ καθημένου ἐπὶ τοῦ θρόνου καὶ
PG N-GN-S DGMS☐NPGMZS&APRNM-S VPPNGM-S PG DGMS N-GM-S CC

ἀπὸ τῆς ὀργῆς τοῦ ἀρνίου, 6.17 ὅτι ἦλθεν ἡ ἡμέρα ἡ μεγάλη
PG DGFS N-GF-S DGNS N-GN-S CS VIAA--ZS DNFS N-NF-S DNFS A--NF-S

τῆς ὀργῆς αὐτῶν, καὶ τίς δύναται σταθῆναι;
DGFS N-GF-S NPGMZP CC APTNM-S VIPN--ZS VNAP

7.1 Μετὰ τοῦτο εἶδον τέσσαρας ἀγγέλους ἑστῶτας ἐπὶ τὰς
PA APDAN-S VIAA--XS A-CAM-P N-AM-P VPRAAM-P PA DAFP

τέσσαρας γωνίας τῆς γῆς, κρατοῦντας τοὺς τέσσαρας ἀνέμους
A-CAF-P N-AF-P DGFS N-GF-S VPPAAM-P DAMP A-CAM-P N-AM-P

τῆς γῆς, ἵνα μὴ πνέῃ ἄνεμος ἐπὶ τῆς γῆς μήτε ἐπὶ τῆς
DGFS N-GF-S CS AB VSPA--ZS N-NM-S PG DGFS N-GF-S CC PG DGFS

θαλάσσης μήτε ἐπὶ πᾶν δένδρον. 7.2 καὶ εἶδον ἄλλον ἄγγελον
N-GF-S CC PA A--AN-S N-AN-S CC VIAA--XS A--AM-S N-AM-S

ἀναβαίνοντα ἀπὸ ἀνατολῆς ἡλίου, ἔχοντα σφραγῖδα θεοῦ ζῶντος,
VPPAAM-S PG N-GF-S N-GM-S VPPAAM-S N-AF-S N-GM-S VPPAGM-S

καὶ ἔκραξεν φωνῇ μεγάλῃ τοῖς τέσσαρσιν ἀγγέλοις οἷς ἐδόθη
CC   VIAA--ZS   N-DF-S A--DF-S   DDMP A-CDM-P   N-DM-P   APRDM-P VIAP--ZS

αὐτοῖς ἀδικῆσαι τὴν γῆν καὶ τὴν θάλασσαν, 7.3 λέγων, Μὴ
NPDMZP VNAA   DAFS N-AF-S CC   DAFS N-AF-S   VPPANM-S AB

ἀδικήσητε τὴν γῆν μήτε τὴν θάλασσαν μήτε τὰ δένδρα
VSAA--YP▯VMAA--YP DAFS N-AF-S CC   DAFS N-AF-S   CC   DANP N-AN-P

ἄχρι σφραγίσωμεν τοὺς δούλους τοῦ θεοῦ ἡμῶν ἐπὶ τῶν
CS   VSAA--XP   DAMP N-AM-P   DGMS N-GM-S NPG-XP PG   DGNP

μετώπων αὐτῶν. 7.4 καὶ ἤκουσα τὸν ἀριθμὸν τῶν
N-GN-P   NPGMZP   CC VIAA--XS   DAMS N-AM-S   DGMP▯NPGMZP&APRNM-P

ἐσφραγισμένων, ἑκατὸν τεσσεράκοντα τέσσαρες χιλιάδες,
VPRPGM-P   A-CNF-P A-CNF-P   A-CNF-P   N-NF-P

ἐσφραγισμένοι ἐκ πάσης φυλῆς υἱῶν Ἰσραήλ·
VPRPNM-P   PG A--GF-S N-GF-S N-GM-P N-GM-S

7.5   ἐκ φυλῆς Ἰούδα δώδεκα χιλιάδες ἐσφραγισμένοι,
       PG N-GF-S N-GM-S A-CNF-P N-NF-P   VPRPNM-P

      ἐκ φυλῆς Ῥουβὴν δώδεκα χιλιάδες,
       PG N-GF-S N-GM-S   A-CNF-P N-NF-P

      ἐκ φυλῆς Γὰδ δώδεκα χιλιάδες,
       PG N-GF-S N-GM-S A-CNF-P N-NF-P

7.6   ἐκ φυλῆς Ἀσὴρ δώδεκα χιλιάδες,
       PG N-GF-S N-GM-S A-CNF-P N-NF-P

      ἐκ φυλῆς Νεφθαλὶμ δώδεκα χιλιάδες,
       PG N-GF-S N-GM-S   A-CNF-P N-NF-P

      ἐκ φυλῆς Μανασσῆ δώδεκα χιλιάδες,
       PG N-GF-S N-GM-S   A-CNF-P N-NF-P

7.7   ἐκ φυλῆς Συμεὼν δώδεκα χιλιάδες,
       PG N-GF-S N-GM-S A-CNF-P N-NF-P

      ἐκ φυλῆς Λευὶ δώδεκα χιλιάδες,
       PG N-GF-S N-GM-S A-CNF-P   N-NF-P

      ἐκ φυλῆς Ἰσσαχὰρ δώδεκα χιλιάδες,
       PG N-GF-S N-GM-S   A-CNF-P N-NF-P

7.8   ἐκ φυλῆς Ζαβουλὼν δώδεκα χιλιάδες,
       PG N-GF-S N-GM-S   A-CNF-P N-NF-P

      ἐκ φυλῆς Ἰωσὴφ δώδεκα χιλιάδες,
       PG N-GF-S N-GM-S A-CNF-P N-NF-P

      ἐκ φυλῆς Βενιαμὶν δώδεκα χιλιάδες ἐσφραγισμένοι.
       PG N-GF-S N-GM-S   A-CNF-P N-NF-P   VPRPNM-P

7.9 Μετὰ ταῦτα εἶδον, καὶ ἰδοὺ ὄχλος πολύς, ὃν ἀριθμῆσαι
   PA   APDAN-P VIAA--XS CC QS   N-NM-S A--NM-S APRAM-S VNAA

αὐτὸν οὐδεὶς ἐδύνατο, ἐκ παντὸς ἔθνους καὶ φυλῶν καὶ λαῶν καὶ
NPAMZS APCNM-S VIIN--ZS   PG A--GN-S N-GN-S CC N-GF-P CC N-GM-P CC

γλωσσῶν, ἑστῶτες ἐνώπιον τοῦ θρόνου καὶ ἐνώπιον τοῦ ἀρνίου,
N-GF-P   VPRANM-P PG   DGMS N-GM-S CC PG   DGNS N-GN-S

περιβεβλημένους στολὰς λευκάς, καὶ φοίνικες ἐν ταῖς χερσὶν
VPRMAM-P N-AF-P A--AF-P CC N-NM-P PD DDFP N-DF-P

αὐτῶν· 7.10 καὶ κράζουσιν φωνῇ μεγάλῃ λέγοντες,
NPGMZP CC VIPA--ZP N-DF-S A--DF-S VPPANM-P

Ἡ σωτηρία τῷ θεῷ ἡμῶν τῷ καθημένῳ ἐπὶ
DNFS N-NF-S DDMS N-DM-S NPG-XP DDMS□APRNM-S VPPNDM-S PD

τῷ θρόνῳ καὶ τῷ ἀρνίῳ.
DDMS N-DM-S CC DDNS N-DN-S

7.11 καὶ πάντες οἱ ἄγγελοι εἱστήκεισαν κύκλῳ τοῦ θρόνου καὶ
CC A--NM-P DNMP N-NM-P VILA--ZP PG DGMS N-GM-S CC

τῶν πρεσβυτέρων καὶ τῶν τεσσάρων ζῴων, καὶ ἔπεσαν ἐνώπιον
DGMP AP-GM-P CC DGNP A-CGN-P N-GN-P CC VIAA--ZP PG

τοῦ θρόνου ἐπὶ τὰ πρόσωπα αὐτῶν καὶ προσεκύνησαν τῷ
DGMS N-GM-S PA DANP N-AN-P NPGMZP CC VIAA--ZP DDMS

θεῷ, 7.12 λέγοντες,
N-DM-S VPPANM-P

Ἀμήν· ἡ εὐλογία καὶ ἡ δόξα καὶ ἡ σοφία καὶ ἡ
QS DNFS N-NF-S CC DNFS N-NF-S CC DNFS N-NF-S CC DNFS

εὐχαριστία καὶ ἡ τιμὴ καὶ ἡ δύναμις καὶ ἡ ἰσχὺς
N-NF-S CC DNFS N-NF-S CC DNFS N-NF-S CC DNFS N-NF-S

τῷ θεῷ ἡμῶν εἰς τοὺς αἰῶνας τῶν αἰώνων· ἀμήν.
DDMS N-DM-S NPG-XP PA DAMP N-AM-P DGMP N-GM-P QS

7.13 Καὶ ἀπεκρίθη εἷς ἐκ τῶν πρεσβυτέρων λέγων μοι,
CC VIAO--ZS APCNM-S PG DGMP AP-GM-P VPPANM-S NPD-XS

Οὗτοι οἱ περιβεβλημένοι τὰς στολὰς τὰς λευκὰς τίνες
APDNM-P DNMP□APRNM-P VPRMNM-P DAFP N-AF-P DAFP A--AF-P APTNM-P

εἰσὶν καὶ πόθεν ἦλθον; 7.14 καὶ εἴρηκα αὐτῷ, Κύριέ μου, σὺ
VIPA--ZP CC ABT VIAA--ZP CC VIRA--XS NPDMZS N-VM-S NPG-XS NPN-YS

οἶδας. καὶ εἶπέν μοι, Οὗτοί εἰσιν οἱ ἐρχόμενοι ἐκ
VIRA--YS CC VIAA--ZS NPD-XS APDNM-P VIPA--ZP DNMP□NPNMZP&APRNM-P VPPNNM-P PG

τῆς θλίψεως τῆς μεγάλης, καὶ ἔπλυναν τὰς στολὰς αὐτῶν καὶ
DGFS N-GF-S DGFS A--GF-S CC VIAA--ZP DAFP N-AF-P NPGMZP CC

ἐλεύκαναν αὐτὰς ἐν τῷ αἵματι τοῦ ἀρνίου.
VIAA--ZP NPAFZP PD DDNS N-DN-S DGNS N-GN-S

7.15 διὰ τοῦτό εἰσιν ἐνώπιον τοῦ θρόνου τοῦ θεοῦ,
PA APDAN-S VIPA--ZP PG DGMS N-GM-S DGMS N-GM-S

καὶ λατρεύουσιν αὐτῷ ἡμέρας καὶ νυκτὸς ἐν τῷ ναῷ
CC VIPA--ZP NPDMZS N-GF-S CC N-GF-S PD DDMS N-DM-S

αὐτοῦ,
NPGMZS

καὶ ὁ καθήμενος ἐπὶ τοῦ θρόνου
CC DNMS□NPNMZS&APRNM-S VPPNNM-S PG DGMS N-GM-S

σκηνώσει ἐπ᾿ αὐτούς.
VIFA--ZS PA NPAMZP

7.16 οὐ πεινάσουσιν ἔτι οὐδὲ διψήσουσιν ἔτι,
AB VIFA--ZP   AB   CC   VIFA--ZP   AB

οὐδὲ μὴ πέσῃ ἐπ᾽ αὐτοὺς ὁ ἥλιος
CC   AB   VSAA--ZS   PA   NPAMZP   DNMS   N-NM-S

οὐδὲ πᾶν καῦμα,
CC   A--NN-S   N-NN-S

7.17 ὅτι τὸ ἀρνίον τὸ ἀνὰ μέσον τοῦ θρόνου ποιμανεῖ
CS   DNNS   N-NN-S   DNNS   PA   AP-AN-S   DGMS   N-GM-S   VIFA--ZS

αὐτούς,
NPAMZP

καὶ ὁδηγήσει αὐτοὺς ἐπὶ ζωῆς πηγὰς ὑδάτων·
CC   VIFA--ZS   NPAMZP   PA   N-GF-S   N-AF-P   N-GN-P

καὶ ἐξαλείψει ὁ θεὸς πᾶν δάκρυον ἐκ τῶν ὀφθαλμῶν
CC   VIFA--ZS   DNMS   N-NM-S   A--AN-S   N-AN-S   PG   DGMP   N-GM-P

αὐτῶν.
NPGMZP

8.1 Καὶ ὅταν ἤνοιξεν τὴν σφραγῖδα τὴν ἑβδόμην, ἐγένετο
CC   CS   VIAA--ZS   DAFS   N-AF-S   DAFS   A-OAF-S   VIAD--ZS

σιγὴ ἐν τῷ οὐρανῷ ὡς ἡμιώριον. **8.2** καὶ εἶδον τοὺς ἑπτὰ
N-NF-S   PD   DDMS   N-DM-S   AB   N-AN-S   CC   VIAA--XS   DAMP   A-CAM-P

ἀγγέλους οἳ ἐνώπιον τοῦ θεοῦ ἑστήκασιν, καὶ ἐδόθησαν
N-AM-P   APRNM-P   PG   DGMS   N-GM-S   VIRA--ZP   CC   VIAP--ZP

αὐτοῖς ἑπτὰ σάλπιγγες.
NPDMZP   A-CNF-P   N-NF-P

8.3 Καὶ ἄλλος ἄγγελος ἦλθεν καὶ ἐστάθη ἐπὶ τοῦ
CC   A--NM-S   N-NM-S   VIAA--ZS   CC   VIAP--ZS   PG   DGNS

θυσιαστηρίου ἔχων λιβανωτὸν χρυσοῦν, καὶ ἐδόθη αὐτῷ
N-GN-S   VPPANM-S   N-AM-S   A--AM-S   CC   VIAP--ZS   NPDMZS

θυμιάματα πολλὰ ἵνα δώσει ταῖς προσευχαῖς τῶν ἁγίων πάντων
N-NN-P   A--NN-P   CC   VIFA--ZS   DDFP   N-DF-P   DGMP   AP-GM-P   A--GM-P

ἐπὶ τὸ θυσιαστήριον τὸ χρυσοῦν τὸ ἐνώπιον τοῦ θρόνου.
PA   DANS   N-AN-S   DANS   A--AN-S   DANS   PG   DGMS   N-GM-S

8.4 καὶ ἀνέβη ὁ καπνὸς τῶν θυμιαμάτων ταῖς προσευχαῖς τῶν
CC   VIAA--ZS   DNMS   N-NM-S   DGNP   N-GN-P   DDFP   N-DF-P   DGMP

ἁγίων ἐκ χειρὸς τοῦ ἀγγέλου ἐνώπιον τοῦ θεοῦ. **8.5** καὶ εἴληφεν
AP-GM-P   PG   N-GF-S   DGMS   N-GM-S   PG   DGMS   N-GM-S   CC   VIRA--ZS

ὁ ἄγγελος τὸν λιβανωτόν, καὶ ἐγέμισεν αὐτὸν ἐκ τοῦ πυρὸς
DNMS   N-NM-S   DAMS   N-AM-S   CC   VIAA--ZS   NPAMZS   PG   DGNS   N-GN-S

τοῦ θυσιαστηρίου καὶ ἔβαλεν εἰς τὴν γῆν· καὶ ἐγένοντο βρονταὶ
DGNS   N-GN-S   CC   VIAA--ZS   PA   DAFS   N-AF-S   CC   VIAD--ZP   N-NF-P

καὶ φωναὶ καὶ ἀστραπαὶ καὶ σεισμός.
CC   N-NF-P   CC   N-NF-P   CC   N-NM-S

8.6 Καὶ οἱ ἑπτὰ ἄγγελοι οἱ ἔχοντες τὰς ἑπτὰ
CC   DNMP   A-CNM-P   N-NM-P   DNMP☐APRNM-P   VPPANM-P   DAFP   A-CAF-P

σάλπιγγας ἡτοίμασαν αὐτοὺς ἵνα σαλπίσωσιν.
N-AF-P   VIAA--ZP   NPRAMZP   CS   VSAA--ZP

8.7 Καὶ ὁ   πρῶτος ἐσάλπισεν· καὶ ἐγένετο χάλαζα καὶ πῦρ
    CC   DNMS APONM-S VIAA--ZS   CC VIAD--ZS N-NF-S CC N-NN-S

μεμιγμένα ἐν αἵματι, καὶ ἐβλήθη εἰς τὴν γῆν· καὶ τὸ   τρίτον τῆς
VPRPNN-P PD N-DN-S CC VIAP--ZS PA DAFS N-AF-S CC DNNS APONN-S DGFS

γῆς   κατεκάη, καὶ τὸ   τρίτον τῶν δένδρων κατεκάη, καὶ πᾶς
N-GF-S VIAP--ZS CC DNNS APONN-S DGNP N-GN-P   VIAP--ZS CC A--NM-S

χόρτος χλωρὸς κατεκάη.
N-NM-S A--NM-S VIAP--ZS

8.8 Καὶ ὁ   δεύτερος ἄγγελος ἐσάλπισεν· καὶ ὡς ὄρος μέγα
    CC   DNMS A-ONM-S   N-NM-S VIAA--ZS   CC CS N-NN-S A--NN-S

πυρὶ   καιόμενον ἐβλήθη εἰς τὴν θάλασσαν· καὶ ἐγένετο τὸ
N-DN-S VPPPNN-S   VIAP--ZS PA DAFS N-AF-S   CC VIAD--ZS DNNS

τρίτον τῆς θαλάσσης αἷμα, 8.9 καὶ ἀπέθανεν τὸ   τρίτον τῶν
APONN-S DGFS N-GF-S   N-NN-S   CC VIAA--ZS DNNS APONN-S DGNP

κτισμάτων τῶν ἐν τῇ θαλάσσῃ, τὰ   ἔχοντα ψυχάς, καὶ
N-GN-P   DGNP PD DDFS N-DF-S   DNNP□APRNN-P VPPANN-P N-AF-P CC

τὸ   τρίτον τῶν πλοίων διεφθάρησαν.
DNNS APONN-S DGNP N-GN-P VIAP--ZP

8.10 Καὶ ὁ   τρίτος ἄγγελος ἐσάλπισεν· καὶ ἔπεσεν ἐκ τοῦ
     CC   DNMS A-ONM-S N-NM-S VIAA--ZS   CC VIAA--ZS PG DGMS

οὐρανοῦ ἀστὴρ μέγας καιόμενος ὡς λαμπάς, καὶ ἔπεσεν ἐπὶ τὸ
N-GM-S N-NM-S A--NM-S VPPPNM-S   CS N-NF-S   CC VIAA--ZS PA DANS

τρίτον τῶν ποταμῶν καὶ ἐπὶ τὰς πηγὰς τῶν ὑδάτων. 8.11 καὶ τὸ
APOAN-S DGMP N-GM-P CC PA DAFP N-AF-P DGNP N-GN-P   CC DNNS

ὄνομα τοῦ ἀστέρος λέγεται ὁ   Ἄψινθος. καὶ ἐγένετο τὸ   τρίτον
N-NN-S DGMS N-GM-S VIPP--ZS DNMS N-NM-S CC VIAD--ZS DNNS APONN-S

τῶν ὑδάτων εἰς ἄψινθον, καὶ πολλοὶ τῶν ἀνθρώπων ἀπέθανον ἐκ
DGNP N-GN-P PA N-AF-S   CC AP-NM-P DGMP N-GM-P   VIAA--ZP PG

τῶν ὑδάτων, ὅτι ἐπικράνθησαν.
DGNP N-GN-P CS VIAP--ZP

8.12 Καὶ ὁ   τέταρτος ἄγγελος ἐσάλπισεν· καὶ ἐπλήγη τὸ
     CC   DNMS A-ONM-S   N-NM-S VIAA--ZS   CC VIAP--ZS DNNS

τρίτον τοῦ ἡλίου καὶ τὸ   τρίτον τῆς σελήνης καὶ τὸ   τρίτον τῶν
APONN-S DGMS N-GM-S CC DNNS APONN-S DGFS N-GF-S CC DNNS APONN-S DGMP

ἀστέρων, ἵνα σκοτισθῇ τὸ   τρίτον αὐτῶν καὶ ἡ   ἡμέρα μὴ
N-GM-P   CS VSAP--ZS DNNS APONN-S NPGMZP CC DNFS N-NF-S AB

φάνῃ τὸ   τρίτον αὐτῆς, καὶ ἡ   νὺξ ὁμοίως.
VSAA--ZS DNNS APONN-S NPGFZS CC DNFS N-NF-S AB

8.13 Καὶ εἶδον,   καὶ ἤκουσα ἑνὸς   ἀετοῦ πετομένου ἐν
     CC VIAA--XS CC VIAA--XS A-CGM-S N-GM-S VPPNGM-S   PD

μεσουρανήματι λέγοντος φωνῇ μεγάλῃ, Οὐαὶ οὐαὶ οὐαὶ
N-DN-S   VPPAGM-S N-DF-S A--DF-S QS   QS   QS

τοὺς   κατοικοῦντας ἐπὶ τῆς γῆς ἐκ τῶν λοιπῶν
DAMP□NPAMZP&APRNM-P   VPPAAM-P   PG   DGFS   N-GF-S   PG   DGFP   A--GF-P

φωνῶν τῆς σάλπιγγος τῶν τριῶν ἀγγέλων τῶν   μελλόντων
N-GF-P   DGFS N-GF-S   DGMP A-CGM-P N-GM-P   DGMP□APRNM-P VPPAGM-P+

σαλπίζειν.
+VNPA

9.1 Καὶ ὁ   πέμπτος ἄγγελος ἐσάλπισεν· καὶ εἶδον ἀστέρα ἐκ
      CC   DNMS   A-ONM-S   N-NM-S   VIAA--ZS   CC   VIAA--XS   N-AM-S   PG

τοῦ οὐρανοῦ πεπτωκότα εἰς τὴν γῆν, καὶ ἐδόθη αὐτῷ ἡ   κλεὶς
DGMS N-GM-S   VPRAAM-S   PA   DAFS N-AF-S CC   VIAP--ZS   NPDMZS DNFS N-NF-S

τοῦ φρέατος τῆς ἀβύσσου. 9.2 καὶ ἤνοιξεν τὸ   φρέαρ τῆς
DGNS N-GN-S   DGFS N-GF-S   CC   VIAA--ZS   DANS N-AN-S   DGFS

ἀβύσσου, καὶ ἀνέβη καπνὸς ἐκ τοῦ φρέατος ὡς καπνὸς καμίνου
N-GF-S   CC   VIAA--ZS   N-NM-S   PG   DGNS N-GN-S   CS   N-NM-S   N-GF-S

μεγάλης, καὶ ἐσκοτώθη ὁ   ἥλιος καὶ ὁ   ἀὴρ ἐκ τοῦ καπνοῦ
A--GF-S   CC   VIAP--ZS   DNMS N-NM-S   CC   DNMS N-NM-S PG   DGMS N-GM-S

τοῦ φρέατος. 9.3 καὶ ἐκ τοῦ   καπνοῦ ἐξῆλθον ἀκρίδες εἰς τὴν γῆν,
DGNS N-GN-S   CC   PG   DGMS N-GM-S   VIAA--ZP   N-NF-P   PA   DAFS N-AF-S

καὶ ἐδόθη αὐταῖς ἐξουσία ὡς ἔχουσιν ἐξουσίαν οἱ   σκορπίοι τῆς
CC   VIAP--ZS   NPDFZP   N-NF-S   CS   VIPA--ZP   N-AF-S   DNMP N-NM-P   DGFS

γῆς. 9.4 καὶ ἐρρέθη αὐταῖς ἵνα μὴ ἀδικήσουσιν τὸν χόρτον τῆς
N-GF-S   CC   VIAP--ZS   NPDFZP   CC   AB   VIFA--ZP   DAMS N-AM-S   DGFS

γῆς οὐδὲ πᾶν χλωρὸν οὐδὲ πᾶν δένδρον, εἰ μὴ τοὺς ἀνθρώπους
N-GF-S CC   A--AN-S AP-AN-S   CC   A--AN-S N-AN-S   CS   AB   DAMP N-AM-P

οἵτινες οὐκ ἔχουσι τὴν σφραγῖδα τοῦ θεοῦ ἐπὶ τῶν μετώπων.
APRNM-P   AB   VIPA--ZP   DAFS N-AF-S   DGMS N-GM-S PG   DGNP N-GN-P

9.5 καὶ ἐδόθη αὐτοῖς ἵνα μὴ ἀποκτείνωσιν αὐτούς, ἀλλ᾽ ἵνα
   CC   VIAP--ZS   NPDMZP   CC   AB   VSAA--ZP   NPAMZP   CH   CC

βασανισθήσονται μῆνας πέντε· καὶ ὁ   βασανισμὸς αὐτῶν ὡς
VIFP--ZP   N-AM-P   A-CAM-P CC   DNMS N-NM-S   NPGFZP   CS

βασανισμὸς σκορπίου, ὅταν παίσῃ ἄνθρωπον. 9.6 καὶ ἐν ταῖς
N-NM-S   N-GM-S   CS   VSAA--ZS   N-AM-S   CC   PD   DDFP

ἡμέραις ἐκείναις ζητήσουσιν οἱ   ἄνθρωποι τὸν θάνατον καὶ οὐ
N-DF-P   A-DDF-P   VIFA--ZP   DNMP N-NM-P   DAMS N-AM-S   CC   AB

μὴ εὑρήσουσιν αὐτόν, καὶ ἐπιθυμήσουσιν ἀποθανεῖν καὶ φεύγει
AB   VIFA--ZP   NPAMZS   CC   VIFA--ZP   VNAA   CC   VIPA--ZS

ὁ   θάνατος ἀπ᾽ αὐτῶν.
DNMS N-NM-S   PG   NPGMZP

9.7 Καὶ τὰ   ὁμοιώματα τῶν ἀκρίδων ὅμοια ἵπποις
   CC   DNNP   N-NN-P   DGFP   N-GF-P   A--NN-P   N-DM-P

ἡτοιμασμένοις εἰς πόλεμον, καὶ ἐπὶ τὰς κεφαλὰς αὐτῶν ὡς
VPRPDM-P   PA   N-AM-S   CC   PA   DAFP N-AF-P   NPGFZP   CS

στέφανοι ὅμοιοι χρυσῷ, καὶ τὰ   πρόσωπα αὐτῶν ὡς πρόσωπα
N-NM-P   A--NM-P   N-DM-S   CC   DNNP N-NN-P   NPGFZP   CS   N-NN-P

ἀνθρώπων, 9.8 καὶ εἶχον τρίχας ὡς τρίχας γυναικῶν, καὶ οἱ
N-GM-P   CC   VIIA--ZP N-AF-P   CS   N-AF-P   N-GF-P   CC   DNMP

ὀδόντες αὐτῶν ὡς λεόντων ἦσαν, 9.9 καὶ εἶχον θώρακας ὡς
N-NM-P   NPGFZP   CS   N-GM-P   VIIA--ZP   CC   VIIA--ZP N-AM-P   CS

θώρακας σιδηροῦς, καὶ ἡ   φωνὴ τῶν πτερύγων αὐτῶν ὡς φωνὴ
N-AM-P   A--AM-P   CC   DNFS N-NF-S   DGFP N-GF-P   NPGFZP   CS   N-NF-S

ἁρμάτων ἵππων πολλῶν τρεχόντων εἰς πόλεμον. 9.10 καὶ
N-GN-P   N-GM-P   A--GM-P/A--GN-P   VPPAGM-P   PA   N-AM-S   CC

ἔχουσιν οὐρὰς ὁμοίας σκορπίοις καὶ κέντρα, καὶ ἐν ταῖς οὐραῖς
VIPA--ZP   N-AF-P   A--AF-P   N-DM-P   CC   N-AN-P   CC   PD   DDFP   N-DF-P

αὐτῶν ἡ   ἐξουσία αὐτῶν ἀδικῆσαι τοὺς ἀνθρώπους μῆνας πέντε.
NPGFZP DNFS N-NF-S   NPGFZP   VNAA   DAMP N-AM-P   N-AM-P   A-CAM-P

9.11 ἔχουσιν ἐπ᾿ αὐτῶν βασιλέα τὸν ἄγγελον τῆς ἀβύσσου·
     VIPA--ZP   PG   NPGFZP   N-AM-S   DAMS N-AM-S   DGFS   N-GF-S

ὄνομα αὐτῷ Ἑβραϊστὶ Ἀβαδδὼν καὶ ἐν τῇ   Ἑλληνικῇ ὄνομα
N-NN-S   NPDMZS   AB   N-NM-S   CC   PD   DDFS   AP-DF-S   N-AN-S

ἔχει Ἀπολλύων.
VIPA--ZS N-NM-S

9.12 Ἡ   οὐαὶ   ἡ   μία   ἀπῆλθεν· ἰδοὺ ἔρχεται ἔτι δύο
     DNFS QS□AP-NF-S DNFS A-CNF-S VIAA--ZS   QS   VIPN--ZS   AB   A-CNF-P

οὐαὶ   μετὰ ταῦτα.
QS□AP-NF-P PA   APDAN-P

9.13 Καὶ ὁ   ἕκτος ἄγγελος ἐσάλπισεν· καὶ ἤκουσα φωνὴν
     CC   DNMS A-ONM-S N-NM-S   VIAA--ZS   CC   VIAA--XS   N-AF-S

μίαν ἐκ τῶν [τεσσάρων] κεράτων τοῦ θυσιαστηρίου τοῦ χρυσοῦ
A-CAF-S PG DGNP A-CGN-P   N-GN-P   DGNS N-GN-S   DGNS A--GN-S

τοῦ ἐνώπιον τοῦ θεοῦ, 9.14 λέγοντα τῷ   ἕκτῳ ἀγγέλῳ,
DGNS PG   DGMS N-GM-S   VPPAAM-S DDMS A-ODM-S N-DM-S

ὁ   ἔχων τὴν σάλπιγγα, Λῦσον τοὺς τέσσαρας ἀγγέλους
DNMS□APRNM-S VPPANM-S DAFS N-AF-S   VMAA--YS DAMP A-CAM-P   N-AM-P

τοὺς   δεδεμένους ἐπὶ τῷ   ποταμῷ τῷ   μεγάλῳ Εὐφράτῃ.
DAMP□APRNM-P VPRPAM-P   PD   DDMS N-DM-S   DDMS A--DM-S N-DM-S

9.15 καὶ ἐλύθησαν οἱ   τέσσαρες ἄγγελοι οἱ
     CC   VIAP--ZP   DNMP   A-CNM-P   N-NM-P   DNMP□APRNM-P

ἡτοιμασμένοι εἰς τὴν ὥραν καὶ ἡμέραν καὶ μῆνα καὶ ἐνιαυτόν,
VPRPNM-P   PA   DAFS N-AF-S   CC   N-AF-S   CC   N-AM-S CC   N-AM-S

ἵνα ἀποκτείνωσιν τὸ   τρίτον τῶν ἀνθρώπων. 9.16 καὶ ὁ
CS   VSAA--ZP   DANS APOAN-S DGMP N-GM-P   CC   DNMS

ἀριθμὸς τῶν στρατευμάτων τοῦ ἱππικοῦ δισμυριάδες μυριάδων·
N-NM-S   DGNP N-GN-P   DGNS AP-GN-S   N-NF-P   N-GF-P

ἤκουσα τὸν ἀριθμὸν αὐτῶν. 9.17 καὶ οὕτως εἶδον τοὺς ἵππους ἐν
VIAA--XS DAMS N-AM-S   NPGNZP   CC   AB   VIAA--XS DAMP N-AM-P   PD

τῇ ὁράσει καὶ τοὺς   καθημένους ἐπ᾿ αὐτῶν, ἔχοντας
DDFS N-DF-S   CC   DAMP□NPAMZP&APRNM-P VPPNAM-P   PG   NPGMZP   VPPAAM-P

θώρακας πυρίνους καὶ ὑακινθίνους καὶ θειώδεις· καὶ αἱ κεφαλαὶ
N-AM-P   A--AM-P   CC   A--AM-P   CC   A--AM-P   CC   DNFP N-NF-P

τῶν ἵππων ὡς κεφαλαὶ λεόντων, καὶ ἐκ τῶν στομάτων αὐτῶν
DGMP N-GM-P CS N-NF-P N-GM-P   CC PG DGNP N-GN-P NPGMZP

ἐκπορεύεται πῦρ καὶ καπνὸς καὶ θεῖον. 9.18 ἀπὸ τῶν τριῶν
VIPN--ZS   N-NN-S CC N-NM-S CC N-NN-S   PG DGFP A-CGF-P

πληγῶν τούτων ἀπεκτάνθησαν τὸ τρίτον τῶν ἀνθρώπων, ἐκ τοῦ
N-GF-P A-DGF-P VIAP--ZP   DNNS APONN-S DGMP N-GM-P   PG DGNS

πυρὸς καὶ τοῦ καπνοῦ καὶ τοῦ θείου τοῦ   ἐκπορευομένου ἐκ
N-GN-S CC DGMS N-GM-S CC DGNS N-GN-S DGNS□APRNN-S VPPNGN-S   PG

τῶν στομάτων αὐτῶν. 9.19 ἡ   γὰρ ἐξουσία τῶν ἵππων ἐν τῷ
DGNP N-GN-P NPGMZP   DNFS CS N-NF-S DGMP N-GM-P PD DDNS

στόματι αὐτῶν ἐστιν καὶ ἐν ταῖς οὐραῖς αὐτῶν· αἱ   γὰρ οὐραὶ
N-DN-S NPGMZP VIPA--ZS CC PD DDFP N-DF-P NPGMZP DNFP CS N-NF-P

αὐτῶν ὅμοιαι ὄφεσιν, ἔχουσαι κεφαλάς, καὶ ἐν αὐταῖς ἀδικοῦσιν.
NPGMZP A--NF-P N-DM-P VPPANF-P N-AF-P CC PD NPDFZP VIPA--ZP

9.20 Καὶ οἱ   λοιποὶ τῶν ἀνθρώπων, οἳ   οὐκ ἀπεκτάνθησαν
    CC DNMP AP-NM-P DGMP N-GM-P   APRNM-P AB VIAP--ZP

ἐν ταῖς πληγαῖς ταύταις, οὐδὲ μετενόησαν ἐκ τῶν ἔργων τῶν
PD DDFP N-DF-P A-DDF-P CC   VIAA--ZP   PG DGNP N-GN-P DGFP

χειρῶν αὐτῶν, ἵνα μὴ προσκυνήσουσιν τὰ   δαιμόνια καὶ τὰ
N-GF-P NPGMZP CH AB VIFA--ZP   DANP N-AN-P CC DANP

εἴδωλα τὰ   χρυσᾶ καὶ τὰ   ἀργυρᾶ καὶ τὰ   χαλκᾶ καὶ τὰ   λίθινα
N-AN-P DANP A--AN-P CC DANP A--AN-P CC DANP A--AN-P CC DANP A--AN-P

καὶ τὰ   ξύλινα, ἃ   οὔτε βλέπειν δύνανται οὔτε ἀκούειν οὔτε
CC DANP A--AN-P APRNN-P CC   VNPA   VIPN--ZP CC   VNPA   CC

περιπατεῖν, 9.21 καὶ οὐ μετενόησαν ἐκ τῶν φόνων αὐτῶν οὔτε ἐκ
VNPA   CC AB VIAA--ZP   PG DGMP N-GM-P NPGMZP CC PG

τῶν φαρμάκων αὐτῶν οὔτε ἐκ τῆς πορνείας αὐτῶν οὔτε ἐκ τῶν
DGNP N-GN-P NPGMZP CC PG DGFS N-GF-S NPGMZP CC PG DGNP

κλεμμάτων αὐτῶν.
N-GN-P   NPGMZP

10.1 Καὶ εἶδον ἄλλον ἄγγελον ἰσχυρὸν καταβαίνοντα ἐκ τοῦ
    CC VIAA--XS A--AM-S N-AM-S A--AM-S VPPAAM-S   PG DGMS

οὐρανοῦ, περιβεβλημένον νεφέλην, καὶ ἡ   ἶρις ἐπὶ τῆς κεφαλῆς
N-GM-S   VPRMAM-S   N-AF-S CC DNFS N-NF-S PG DGFS N-GF-S

αὐτοῦ, καὶ τὸ   πρόσωπον αὐτοῦ ὡς ὁ   ἥλιος, καὶ οἱ   πόδες
NPGMZS CC DNNS N-NN-S   NPGMZS CS DNMS N-NM-S CC DNMP N-NM-P

αὐτοῦ ὡς στῦλοι πυρός, 10.2 καὶ ἔχων ἐν τῇ   χειρὶ αὐτοῦ
NPGMZS CS N-NM-P N-GN-S   CC VPPANM-S PD DDFS N-DF-S NPGMZS

βιβλαρίδιον ἠνεῳγμένον. καὶ ἔθηκεν τὸν πόδα αὐτοῦ τὸν δεξιὸν
N-AN-S   VPRPAN-S   CC VIAA--ZS DAMS N-AM-S NPGMZS DAMS A--AM-S

ἐπὶ τῆς θαλάσσης, τὸν δὲ εὐώνυμον ἐπὶ τῆς γῆς, 10.3 καὶ
PG DGFS N-GF-S   DAMS CC AP-AM-S PG DGFS N-GF-S   CC

ἔκραξεν φωνῇ μεγάλῃ ὥσπερ λέων μυκᾶται. καὶ ὅτε ἔκραξεν,
VIAA--ZS N-DF-S A--DF-S CS N-NM-S VIPN--ZS CC CS VIAA--ZS

ἐλάλησαν αἱ ἑπτὰ βρονταὶ τὰς ἑαυτῶν φωνάς. 10.4 καὶ ὅτε
VIAA--ZP DNFP A-CNF-P N-NF-P DAFP NPGFZP N-AF-P CC CS

ἐλάλησαν αἱ ἑπτὰ βρονταί, ἤμελλον γράφειν· καὶ ἤκουσα
VIAA--ZP DNFP A-CNF-P N-NF-P VIIA--XS+ +VNPA CC VIAA--XS

φωνὴν ἐκ τοῦ οὐρανοῦ λέγουσαν, Σφράγισον ἃ
N-AF-S PG DGMS N-GM-S VPPAAF-S VMAA--YS APRAN-P□APDAN-P&APRAN-P

ἐλάλησαν αἱ ἑπτὰ βρονταί, καὶ μὴ αὐτὰ γράψῃς. 10.5 Καὶ
VIAA--ZP DNFP A-CNF-P N-NF-P CC AB NPANZP VSAA--YS□VMAA--YS CC

ὁ ἄγγελος ὃν εἶδον ἑστῶτα ἐπὶ τῆς θαλάσσης καὶ ἐπὶ τῆς
DNMS N-NM-S APRAM-S VIAA--XS VPRAAM-S PG DGFS N-GF-S CC PG DGFS

γῆς
N-GF-S

ἦρεν τὴν χεῖρα αὐτοῦ τὴν δεξιὰν εἰς τὸν οὐρανὸν
VIAA--ZS DAFS N-AF-S NPGMZS DAFS A--AF-S PA DAMS N-AM-S

10.6 καὶ ὤμοσεν ἐν τῷ ζῶντι εἰς τοὺς
CC VIAA--ZS PD DDMS□NPDMZS&APRNM-S VPPADM-S PA DAMP

αἰῶνας τῶν αἰώνων,
N-AM-P DGMP N-GM-P

ὃς ἔκτισεν τὸν οὐρανὸν καὶ τὰ ἐν αὐτῷ καὶ τὴν γῆν καὶ
APRNM-S VIAA--ZS DAMS N-AM-S CC DANP PD NPDMZS CC DAFS N-AF-S CC

τὰ ἐν αὐτῇ καὶ τὴν θάλασσαν καὶ τὰ ἐν αὐτῇ, ὅτι χρόνος
DANP PD NPDFZS CC DAFS N-AF-S CC DANP PD NPDFZS CC N-NM-S

οὐκέτι ἔσται, 10.7 ἀλλ’ ἐν ταῖς ἡμέραις τῆς φωνῆς τοῦ ἑβδόμου
AB VIFD--ZS CC PD DDFP N-DF-P DGFS N-GF-S DGMS A-OGM-S

ἀγγέλου, ὅταν μέλλῃ σαλπίζειν, καὶ ἐτελέσθη τὸ μυστήριον
N-GM-S ABR VSPA--ZS+ +VNPA AB VIAP--ZS DNNS N-NN-S

τοῦ θεοῦ, ὡς εὐηγγέλισεν τοὺς ἑαυτοῦ δούλους τοὺς προφήτας.
DGMS N-GM-S CS VIAA--ZS DAMP NPGMZS N-AM-P DAMP N-AM-P

10.8 Καὶ ἡ φωνὴ ἣν ἤκουσα ἐκ τοῦ οὐρανοῦ, πάλιν
CC DNFS N-NF-S APRAF-S VIAA--XS PG DGMS N-GM-S AB

λαλοῦσαν μετ’ ἐμοῦ καὶ λέγουσαν, Ὕπαγε λάβε τὸ βιβλίον
VPPAAF-S PG NPG-XS CC VPPAAF-S VMPA--YS VMAA--YS DANS N-AN-S

τὸ ἠνεῳγμένον ἐν τῇ χειρὶ τοῦ ἀγγέλου τοῦ
DANS□APRNN-S VPRPAN-S PD DDFS N-DF-S DGMS N-GM-S DGMS□APRNM-S

ἑστῶτος ἐπὶ τῆς θαλάσσης καὶ ἐπὶ τῆς γῆς. 10.9 καὶ ἀπῆλθα
VPRAGM-S PG DGFS N-GF-S CC PG DGFS N-GF-S CC VIAA--XS

πρὸς τὸν ἄγγελον λέγων αὐτῷ δοῦναί μοι τὸ βιβλαρίδιον. καὶ
PA DAMS N-AM-S VPPANMXS NPDMZS VNAA NPD-XS DANS N-AN-S CC

λέγει μοι, Λάβε καὶ κατάφαγε αὐτό, καὶ πικρανεῖ σου τὴν
VIPA--ZS NPD-XS VMAA--YS CC VMAA--YS NPANZS CC VIFA--ZS NPG-YS DAFS

κοιλίαν, ἀλλ’ ἐν τῷ στόματί σου ἔσται γλυκὺ ὡς μέλι. 10.10 καὶ
N-AF-S CC PD DDNS N-DN-S NPG-YS VIFD--ZS A--NN-S CS N-NN-S CC

ἔλαβον τὸ βιβλαρίδιον ἐκ τῆς χειρὸς τοῦ ἀγγέλου καὶ
VIAA--XS DANS N-AN-S PG DGFS N-GF-S DGMS N-GM-S CC

κατέφαγον αὐτό, καὶ ἦν ἐν τῷ στόματί μου ὡς μέλι γλυκύ·
VIAA--XS NPANZS CC VIIA--ZS PD DDNS N-DN-S NPG-XS CS N-NN-S A--NN-S

καὶ ὅτε ἔφαγον αὐτό, ἐπικράνθη ἡ κοιλία μου. 10.11 καὶ
CC CS VIAA--XS NPANZS VIAP--ZS DNFS N-NF-S NPG-XS CC

λέγουσίν μοι, Δεῖ σε πάλιν προφητεῦσαι ἐπὶ λαοῖς καὶ
VIPA--ZP NPD-XS VIPA--ZS NPA-YS AB VNAA PD N-DM-P CC

ἔθνεσιν καὶ γλώσσαις καὶ βασιλεῦσιν πολλοῖς.
N-DN-P CC N-DF-P CC N-DM-P A--DM-P

11.1 Καὶ ἐδόθη μοι κάλαμος ὅμοιος ῥάβδῳ, λέγων, Ἔγειρε
CC VIAP--ZS NPD-XS N-NM-S A--NM-S N-DF-S VPPANM-S VMPA--YS

καὶ μέτρησον τὸν ναὸν τοῦ θεοῦ καὶ τὸ θυσιαστήριον καὶ
CC VMAA--YS DAMS N-AM-S DGMS N-GM-S CC DANS N-AN-S CC

τοὺς προσκυνοῦντας ἐν αὐτῷ. 11.2 καὶ τὴν αὐλὴν
DAMP□NPAMZP&APRNM-P VPPAAM-P PD NPDMZS CC DAFS N-AF-S

τὴν ἔξωθεν τοῦ ναοῦ ἔκβαλε ἔξωθεν καὶ μὴ αὐτὴν μετρήσῃς,
DAFS AB□A--AF-S DGMS N-GM-S VMAA--YS AB CC AB NPAFZS VSAA--YS□VMAA--YS

ὅτι ἐδόθη τοῖς ἔθνεσιν, καὶ τὴν πόλιν τὴν ἁγίαν πατήσουσιν
CS VIAP--ZS DDNP N-DN-P CC DAFS N-AF-S DAFS A--AF-S VIFA--ZP

μῆνας τεσσεράκοντα [καὶ] δύο. 11.3 καὶ δώσω τοῖς δυσὶν
N-AM-P A-CAM-P CC A-CAM-P CC VIFA--XS DDMP A-CDM-P

μάρτυσίν μου, καὶ προφητεύσουσιν ἡμέρας χιλίας διακοσίας
N-DM-P NPG-XS CC VIFA--ZP N-AF-P A-CAF-P A-CAF-P

ἑξήκοντα περιβεβλημένοι σάκκους. 11.4 οὗτοί εἰσιν αἱ δύο
A-CAF-P VPRMNM-P N-AM-P APDNM-P VIPA--ZP DNFP A-CNF-P

ἐλαῖαι καὶ αἱ δύο λυχνίαι αἱ ἐνώπιον τοῦ κυρίου τῆς
N-NF-P CC DNFP A-CNF-P N-NF-P DNFP□APRNF-P PG DGMS N-GM-S DGFS

γῆς ἑστῶτες. 11.5 καὶ εἴ τις αὐτοὺς θέλει ἀδικῆσαι, πῦρ
N-GF-S VPRANM-P CC CS APINM-S NPAMZP VIPA--ZS VNAA N-NN-S

ἐκπορεύεται ἐκ τοῦ στόματος αὐτῶν καὶ κατεσθίει τοὺς ἐχθροὺς
VIPN--ZS PG DGNS N-GN-S NPGMZP CC VIPA--ZS DAMP AP-AM-P

αὐτῶν· καὶ εἴ τις θελήσῃ αὐτοὺς ἀδικῆσαι, οὕτως δεῖ αὐτὸν
NPGMZP CC CS APINM-S VSAA--ZS NPAMZP VNAA AB VIPA--ZS NPAMZS

ἀποκτανθῆναι. 11.6 οὗτοι ἔχουσιν τὴν ἐξουσίαν κλεῖσαι τὸν
VNAP APDNM-P VIPA--ZP DAFS N-AF-S VNAA DAMS

οὐρανόν, ἵνα μὴ ὑετὸς βρέχῃ τὰς ἡμέρας τῆς προφητείας αὐτῶν,
N-AM-S CS AB N-NM-S VSPA--ZS DAFP N-AF-P DGFS N-GF-S NPGMZP

καὶ ἐξουσίαν ἔχουσιν ἐπὶ τῶν ὑδάτων στρέφειν αὐτὰ εἰς αἷμα καὶ
CC N-AF-S VIPA--ZP PG DGNP N-GN-P VNPA NPANZP PA N-AN-S CC

πατάξαι τὴν γῆν ἐν πάσῃ πληγῇ ὁσάκις ἐὰν θελήσωσιν.
VNAA DAFS N-AF-S PD A--DF-S N-DF-S CS QV VSAA--ZP

11.7 καὶ ὅταν τελέσωσιν τὴν μαρτυρίαν αὐτῶν, τὸ θηρίον
CC CS VSAA--ZP DAFS N-AF-S NPGMZP DNNS N-NN-S

τὸ ἀναβαῖνον ἐκ τῆς ἀβύσσου ποιήσει μετ᾽ αὐτῶν
DNNS⊡APRNN-S VPPANN-S PG DGFS N-GF-S VIFA--ZS PG NPGMZP

πόλεμον καὶ νικήσει αὐτοὺς καὶ ἀποκτενεῖ αὐτούς. 11.8 καὶ τὸ
N-AM-S CC VIFA--ZS NPAMZP CC VIFA--ZS NPAMZP CC DNNS

πτῶμα αὐτῶν ἐπὶ τῆς πλατείας τῆς πόλεως τῆς μεγάλης, ἥτις
N-NN-S NPGMZP PG DGFS AP-GF-S DGFS N-GF-S DGFS A--GF-S APRNF-S

καλεῖται πνευματικῶς Σόδομα καὶ Αἴγυπτος, ὅπου καὶ ὁ κύριος
VIPP--ZS AB N-NN-P CC N-NF-S ABR AB DNMS N-NM-S

αὐτῶν ἐσταυρώθη. 11.9 καὶ βλέπουσιν ἐκ τῶν λαῶν καὶ φυλῶν
NPGMZP VIAP--ZS CC VIPA--ZP PG DGMP N-GM-P CC N-GF-P

καὶ γλωσσῶν καὶ ἐθνῶν τὸ πτῶμα αὐτῶν ἡμέρας τρεῖς καὶ
CC N-GF-P CC N-GN-P DANS N-AN-S NPGMZP N-AF-P A-CAF-P CC

ἥμισυ, καὶ τὰ πτώματα αὐτῶν οὐκ ἀφίουσιν τεθῆναι εἰς μνῆμα.
AP-AN-S CC DANP N-AN-P NPGMZP AB VIPA--ZP VNAP PA N-AN-S

11.10 καὶ οἱ κατοικοῦντες ἐπὶ τῆς γῆς χαίρουσιν
CC DNMP⊡NPNMZP&APRNM-P VPPANM-P PG DGFS N-GF-S VIPA--ZP

ἐπ᾽ αὐτοῖς καὶ εὐφραίνονται, καὶ δῶρα πέμψουσιν ἀλλήλοις, ὅτι
PD NPDMZP CC VIPP--ZP CC N-AN-P VIFA--ZP NPDMZP CS

οὗτοι οἱ δύο προφῆται ἐβασάνισαν τοὺς
A-DNM-P DNMP A-CNM-P N-NM-P VIAA--ZP DAMP⊡NPAMZP&APRNM-P

κατοικοῦντας ἐπὶ τῆς γῆς. 11.11 καὶ μετὰ τὰς τρεῖς ἡμέρας καὶ
VPPAAM-P PG DGFS N-GF-S CC PA DAFP A-CAF-P N-AF-P CC

ἥμισυ πνεῦμα ζωῆς ἐκ τοῦ θεοῦ εἰσῆλθεν ἐν αὐτοῖς, καὶ ἔστησαν
AP-AN-S N-NN-S N-GF-S PG DGMS N-GM-S VIAA--ZS PD NPDMZP CC VIAA--ZP

ἐπὶ τοὺς πόδας αὐτῶν, καὶ φόβος μέγας ἐπέπεσεν ἐπὶ
PA DAMP N-AM-P NPGMZP CC N-NM-S A--NM-S VIAA--ZS PA

τοὺς θεωροῦντας αὐτούς. 11.12 καὶ ἤκουσαν φωνῆς
DAMP⊡NPAMZP&APRNM-P VPPAAM-P NPAMZP CC VIAA--ZP N-GF-S

μεγάλης ἐκ τοῦ οὐρανοῦ λεγούσης αὐτοῖς, Ἀνάβατε ὧδε· καὶ
A--GF-S PG DGMS N-GM-S VPPAGF-S NPDMZP VMAA--YP AB CC

ἀνέβησαν εἰς τὸν οὐρανὸν ἐν τῇ νεφέλῃ, καὶ ἐθεώρησαν αὐτοὺς
VIAA--ZP PA DAMS N-AM-S PD DDFS N-DF-S CC VIAA--ZP NPAMZP

οἱ ἐχθροὶ αὐτῶν. 11.13 Καὶ ἐν ἐκείνῃ τῇ ὥρᾳ ἐγένετο σεισμὸς
DNMP AP-NM-P NPGMZP CC PD A-DDF-S DDFS N-DF-S VIAD--ZS N-NM-S

μέγας, καὶ τὸ δέκατον τῆς πόλεως ἔπεσεν, καὶ ἀπεκτάνθησαν ἐν
A--NM-S CC DNNS APONN-S DGFS N-GF-S VIAA--ZS CC VIAP--ZP PD

τῷ σεισμῷ ὀνόματα ἀνθρώπων χιλιάδες ἑπτά, καὶ οἱ λοιποὶ
DDMS N-DM-S N-NN-P N-GM-P N-NF-P A-CNF-P CC DNMP AP-NM-P

ἔμφοβοι ἐγένοντο καὶ ἔδωκαν δόξαν τῷ θεῷ τοῦ οὐρανοῦ.
A--NM-P VIAD--ZP CC VIAA--ZP N-AF-S DDMS N-DM-S DGMS N-GM-S

11.14 Ἡ οὐαὶ ἡ δευτέρα ἀπῆλθεν· ἰδοὺ ἡ οὐαὶ ἡ
DNFS QS⊡AP-NF-S DNFS A-ONF-S VIAA--ZS QS DNFS QS⊡AP-NF-S DNFS

τρίτη ἔρχεται ταχύ.
A-ONF-S VIPN--ZS AP-AN-S⊡AB

11.15 Καὶ ὁ ἕβδομος ἄγγελος ἐσάλπισεν· καὶ ἐγένοντο
CC DNMS A-ONM-S N-NM-S VIAA--ZS CC VIAD--ZP

φωναὶ μεγάλαι ἐν τῷ οὐρανῷ λέγοντες,
N-NF-P A--NF-P PD DDMS N-DM-S VPPANM-P

Ἐγένετο ἡ βασιλεία τοῦ κόσμου τοῦ κυρίου ἡμῶν
VIAD--ZS DNFS N-NF-S DGMS N-GM-S DGMS N-GM-S NPG-XP

καὶ τοῦ Χριστοῦ αὐτοῦ,
CC DGMS N-GM-S NPGMZS

καὶ βασιλεύσει εἰς τοὺς αἰῶνας τῶν αἰώνων.
CC VIFA--ZS PA DAMP N-AM-P DGMP N-GM-P

11.16 καὶ οἱ εἴκοσι τέσσαρες πρεσβύτεροι [οἱ] ἐνώπιον
CC DNMP A-CNM-P A-CNM-P AP-NM-P DNMP□APRNM-P PG

τοῦ θεοῦ καθήμενοι ἐπὶ τοὺς θρόνους αὐτῶν ἔπεσαν ἐπὶ τὰ
DGMS N-GM-S VPPNNM-P PA DAMP N-AM-P NPGMZP VIAA--ZP PA DANP

πρόσωπα αὐτῶν καὶ προσεκύνησαν τῷ θεῷ **11.17** λέγοντες,
N-AN-P NPGMZP CC VIAA--ZP DDMS N-DM-S VPPANM-P

Εὐχαριστοῦμέν σοι, κύριε ὁ θεὸς ὁ
VIPA--XP NPD-YS N-VM-S DVMS N-NM-S□N-VM-S DVMS

παντοκράτωρ,
N-VM-S

ὁ ὢν καὶ ὁ ἦν,
DVMS□APRNMYS VPPAVMYS CC DVMS□APRNMYS VIIA--ZS

ὅτι εἴληφας τὴν δύναμίν σου τὴν μεγάλην
CC/CS VIRA--YS DAFS N-AF-S NPG-YS DAFS A--AF-S

καὶ ἐβασίλευσας·
CC VIAA--YS

11.18 καὶ τὰ ἔθνη ὠργίσθησαν,
CC DNNP N-NN-P VIAO--ZP

καὶ ἦλθεν ἡ ὀργή σου
CC VIAA--ZS DNFS N-NF-S NPG-YS

καὶ ὁ καιρὸς τῶν νεκρῶν κριθῆναι
CC DNMS N-NM-S DGMP AP-GM-P VNAP

καὶ δοῦναι τὸν μισθὸν τοῖς δούλοις σου τοῖς προφήταις
CC VNAA DAMS N-AM-S DDMP N-DM-P NPG-YS DDMP N-DM-P

καὶ τοῖς ἁγίοις καὶ τοῖς φοβουμένοις τὸ
CC DDMP AP-DM-P CC DDMP□NPDMZP&APRNM-P VPPNDM-P DANS

ὄνομά σου,
N-AN-S NPG-YS

τοὺς μικροὺς καὶ τοὺς μεγάλους,
DAMP AP-AM-P CC DAMP AP-AM-P

καὶ διαφθεῖραι τοὺς διαφθείροντας τὴν γῆν.
CC VNAA DAMP□NPRAMZP&APRNM-P VPPAAM-P DAFS N-AF-S

11.19 καὶ ἠνοίγη ὁ ναὸς τοῦ θεοῦ ὁ ἐν τῷ οὐρανῷ, καὶ
CC VIAP--ZS DNMS N-NM-S DGMS N-GM-S DNMS PD DDMS N-DM-S CC

ὤφθη ἡ κιβωτὸς τῆς διαθήκης αὐτοῦ ἐν τῷ ναῷ αὐτοῦ· καὶ
VIAP--ZS DNFS N-NF-S DGFS N-GF-S NPGMZS PD DDMS N-DM-S NPGMZS CC

ἐγένοντο ἀστραπαὶ καὶ φωναὶ καὶ βρονταὶ καὶ σεισμὸς καὶ
VIAD--ZP N-NF-P CC N-NF-P CC N-NF-P CC N-NM-S CC

χάλαζα μεγάλη.
N-NF-S A--NF-S

12.1 Καὶ σημεῖον μέγα ὤφθη ἐν τῷ οὐρανῷ, γυνὴ
CC N-NN-S A--NN-S VIAP--ZS PD DDMS N-DM-S N-NF-S

περιβεβλημένη τὸν ἥλιον, καὶ ἡ σελήνη ὑποκάτω τῶν ποδῶν
VPRMNF-S DAMS N-AM-S CC DNFS N-NF-S PG DGMP N-GM-P

αὐτῆς, καὶ ἐπὶ τῆς κεφαλῆς αὐτῆς στέφανος ἀστέρων δώδεκα,
NPGFZS CC PG DGFS N-GF-S NPGFZS N-NM-S N-GM-P A-CGM-P

12.2 καὶ ἐν γαστρὶ ἔχουσα, καὶ κράζει ὠδίνουσα καὶ
CC PD N-DF-S VPPANF-S CC VIPA--ZS VPPANF-S CC

βασανιζομένη τεκεῖν. 12.3 καὶ ὤφθη ἄλλο σημεῖον ἐν τῷ
VPPPNF-S VNAA CC VIAP--ZS A--NN-S N-NN-S PD DDMS

οὐρανῷ, καὶ ἰδοὺ δράκων μέγας πυρρός, ἔχων κεφαλὰς ἑπτὰ καὶ
N-DM-S CC QS N-NM-S A--NM-S A--NM-S VPPANM-S N-AF-P A-CAF-P CC

κέρατα δέκα καὶ ἐπὶ τὰς κεφαλὰς αὐτοῦ ἑπτὰ διαδήματα,
N-AN-P A-CAN-P CC PA DAFP N-AF-P NPGMZS A-CAN-P N-AN-P

12.4 καὶ ἡ οὐρὰ αὐτοῦ σύρει τὸ τρίτον τῶν ἀστέρων τοῦ
CC DNFS N-NF-S NPGMZS VIPA--ZS DANS APOAN-S DGMP N-GM-P DGMS

οὐρανοῦ καὶ ἔβαλεν αὐτοὺς εἰς τὴν γῆν. καὶ ὁ δράκων
N-GM-S CC VIAA--ZS NPAMZP PA DAFS N-AF-S CC DNMS N-NM-S

ἕστηκεν ἐνώπιον τῆς γυναικὸς τῆς μελλούσης τεκεῖν,
VIRA--ZS†VIIA--ZS PG DGFS N-GF-S DGFS□APRNF-S VPPAGF-S+ +VNAA

ἵνα ὅταν τέκῃ τὸ τέκνον αὐτῆς καταφάγῃ. 12.5 καὶ ἔτεκεν υἱόν,
CS CS VSAA--ZS DANS N-AN-S NPGFZS VSAA--ZS CC VIAA--ZS N-AM-S

ἄρσεν, ὃς μέλλει ποιμαίνειν πάντα τὰ ἔθνη ἐν ῥάβδῳ
AP-AN-S APRNM-S VIPA--ZS+ +VNPA A--AN-P DANP N-AN-P PD N-DF-S

σιδηρᾷ· καὶ ἡρπάσθη τὸ τέκνον αὐτῆς πρὸς τὸν θεὸν καὶ πρὸς
A--DF-S CC VIAP--ZS DNNS N-NN-S NPGFZS PA DAMS N-AM-S CC PA

τὸν θρόνον αὐτοῦ. 12.6 καὶ ἡ γυνὴ ἔφυγεν εἰς τὴν ἔρημον,
DAMS N-AM-S NPGMZS CC DNFS N-NF-S VIAA--ZS PA DAFS AP-AF-S

ὅπου ἔχει ἐκεῖ τόπον ἡτοιμασμένον ἀπὸ τοῦ θεοῦ, ἵνα ἐκεῖ
ABR VIPA--ZS AB N-AM-S VPRPAM-S PG DGMS N-GM-S CS AB

τρέφωσιν αὐτὴν ἡμέρας χιλίας διακοσίας ἑξήκοντα.
VSPA--ZP NPAFZS N-AF-P A-CAF-P A-CAF-P A-CAF-P

12.7 Καὶ ἐγένετο πόλεμος ἐν τῷ οὐρανῷ, ὁ Μιχαὴλ καὶ
CC VIAD--ZS N-NM-S PD DDMS N-DM-S DNMS N-NM-S CC

οἱ ἄγγελοι αὐτοῦ τοῦ πολεμῆσαι μετὰ τοῦ δράκοντος. καὶ ὁ
DNMP N-NM-P NPGMZS DGNS VNAAG PG DGMS N-GM-S CC DNMS

δράκων ἐπολέμησεν καὶ οἱ ἄγγελοι αὐτοῦ, 12.8 καὶ οὐκ ἴσχυσεν,
N-NM-S VIAA--ZS CC DNMP N-NM-P NPGMZS CC AB VIAA--ZS

οὐδὲ τόπος εὑρέθη αὐτῶν ἔτι ἐν τῷ οὐρανῷ. 12.9 καὶ ἐβλήθη ὁ
CC   N-NM-S   VIAP--ZS   NPGMZP   AB   PD   DDMS   N-DM-S   CC   VIAP--ZS   DNMS

δράκων ὁ μέγας, ὁ ὄφις ὁ ἀρχαῖος, ὁ
N-NM-S   DNMS   A--NM-S   DNMS   N-NM-S   DNMS   A--NM-S   DNMS□APRNM-S

καλούμενος Διάβολος καὶ ὁ Σατανᾶς, ὁ πλανῶν τὴν
VPPPNM-S   AP-NM-S   CC   DNMS   N-NM-S   DNMS□APRNM-S   VPPANM-S   DAFS

οἰκουμένην ὅλην — ἐβλήθη εἰς τὴν γῆν, καὶ οἱ ἄγγελοι αὐτοῦ
N-AF-S   A--AF-S   VIAP--ZS   PA   DAFS   N-AF-S   CC   DNMP   N-NM-P   NPGMZS

μετ᾽ αὐτοῦ ἐβλήθησαν. 12.10 καὶ ἤκουσα φωνὴν μεγάλην ἐν τῷ
PG   NPGMZS   VIAP--ZP   CC   VIAA--XS   N-AF-S   A--AF-S   PD   DDMS

οὐρανῷ λέγουσαν,
N-DM-S   VPPAAF-S

     Ἄρτι ἐγένετο ἡ σωτηρία καὶ ἡ δύναμις
     AB   VIAD--ZS   DNFS   N-NF-S   CC   DNFS   N-NF-S

        καὶ ἡ βασιλεία τοῦ θεοῦ ἡμῶν
        CC   DNFS   N-NF-S   DGMS   N-GM-S   NPG-XP

        καὶ ἡ ἐξουσία τοῦ Χριστοῦ αὐτοῦ,
        CC   DNFS   N-NF-S   DGMS   N-GM-S   NPGMZS

     ὅτι ἐβλήθη ὁ κατήγωρ τῶν ἀδελφῶν ἡμῶν,
     CS   VIAP--ZS   DNMS   N-NM-S   DGMP   N-GM-P   NPG-XP

        ὁ κατηγορῶν αὐτοὺς ἐνώπιον τοῦ θεοῦ ἡμῶν
        DNMS□APRNM-S   VPPANM-S   NRAMZP   PG   DGMS   N-GM-S   NPG-XP

        ἡμέρας καὶ νυκτός.
        N-GF-S   CC   N-GF-S

12.11 καὶ αὐτοὶ ἐνίκησαν αὐτὸν διὰ τὸ αἷμα τοῦ ἀρνίου
        CC   NPNMZP   VIAA--ZP   NPAMZS   PA   DANS   N-AN-S   DGNS   N-GN-S

        καὶ διὰ τὸν λόγον τῆς μαρτυρίας αὐτῶν,
        CC   PA   DAMS   N-AM-S   DGFS   N-GF-S   NPGMZP

        καὶ οὐκ ἠγάπησαν τὴν ψυχὴν αὐτῶν ἄχρι θανάτου.
        CC   AB   VIAA--ZP   DAFS   N-AF-S   NPGMZP   PG   N-GM-S

12.12 διὰ τοῦτο εὐφραίνεσθε, [οἱ] οὐρανοὶ
        PA   APDAN-S   VMPP--YP   DVMP   N-VM-P

        καὶ οἱ ἐν αὐτοῖς σκηνοῦντες·
        CC   DVMP□NPVMYP&AP RNMYP   PD   NPDMZP   VPPAVMYP

οὐαὶ τὴν γῆν καὶ τὴν θάλασσαν,
QS   DAFS   N-AF-S   CC   DAFS   N-AF-S

        ὅτι κατέβη ὁ διάβολος πρὸς ὑμᾶς
        CS   VIAA--ZS   DNMS   AP-NM-S   PA   NPA-YP

ἔχων θυμὸν μέγαν,
VPPANM-S   N-AM-S   A--AM-S

        εἰδὼς ὅτι ὀλίγον καιρὸν ἔχει.
        VPRANM-S   CH   A--AM-S   N-AM-S   VIPA--ZS

12.13 Καὶ ὅτε εἶδεν ὁ δράκων ὅτι ἐβλήθη εἰς τὴν γῆν,
        CC   CS   VIAA--ZS   DNMS   N-NM-S   CC   VIAP--ZS   PA   DAFS   N-AF-S

ἐδίωξεν τὴν γυναῖκα ἥτις ἔτεκεν τὸν ἄρσενα. 12.14 καὶ
VIAA--ZS DAFS N-AF-S APRNF-S VIAA--ZS DAMS AP-AM-S   CC

ἐδόθησαν τῇ γυναικὶ αἱ δύο πτέρυγες τοῦ ἀετοῦ τοῦ
VIAP--ZP DDFS N-DF-S DNFP A-CNF-P N-NF-P DGMS N-GM-S DGMS

μεγάλου, ἵνα πέτηται εἰς τὴν ἔρημον εἰς τὸν τόπον αὐτῆς, ὅπου
A--GM-S CS VSPN--ZS PA DAFS AP-AF-S PA DAMS N-AM-S NPGFZS ABR

τρέφεται ἐκεῖ καιρὸν καὶ καιροὺς καὶ ἥμισυ καιροῦ ἀπὸ
VIPP--ZS AB N-AM-S CC N-AM-P CC AP-AN-S N-GM-S PG

προσώπου τοῦ ὄφεως. 12.15 καὶ ἔβαλεν ὁ ὄφις ἐκ τοῦ
N-GN-S DGMS N-GM-S   CC VIAA--ZS DNMS N-NM-S PG DGNS

στόματος αὐτοῦ ὀπίσω τῆς γυναικὸς ὕδωρ ὡς ποταμόν, ἵνα αὐτὴν
N-GN-S NPGMZS PG DGFS N-GF-S N-AN-S CS N-AM-S CS NPAFZS

ποταμοφόρητον ποιήσῃ. 12.16 καὶ ἐβοήθησεν ἡ γῆ τῇ
A--AF-S VSAA--ZS   CC VIAA--ZS DNFS N-NF-S DDFS

γυναικί, καὶ ἤνοιξεν ἡ γῆ τὸ στόμα αὐτῆς καὶ κατέπιεν τὸν
N-DF-S CC VIAA--ZS DNFS N-NF-S DANS N-AN-S NPGFZS CC VIAA--ZS DAMS

ποταμὸν ὃν ἔβαλεν ὁ δράκων ἐκ τοῦ στόματος αὐτοῦ.
N-AM-S APRAM-S VIAA--ZS DNMS N-NM-S PG DGNS N-GN-S NPGMZS

12.17 καὶ ὠργίσθη ὁ δράκων ἐπὶ τῇ γυναικί, καὶ ἀπῆλθεν
CC VIAO--ZS DNMS N-NM-S PD DDFS N-DF-S CC VIAA--ZS

ποιῆσαι πόλεμον μετὰ τῶν λοιπῶν τοῦ σπέρματος αὐτῆς,
VNAA N-AM-S PG DGMP AP-GM-P DGNS N-GN-S NPGFZS

τῶν τηρούντων τὰς ἐντολὰς τοῦ θεοῦ καὶ ἐχόντων τὴν
DGMP☐APRNM-P VPPAGM-P DAFP N-AF-P DGMS N-GM-S CC VPPAGM-P DAFS

μαρτυρίαν Ἰησοῦ· 12.18 καὶ ἐστάθη ἐπὶ τὴν ἄμμον τῆς
N-AF-S N-GM-S   CC VIAP--ZS PA DAFS N-AF-S DGFS

θαλάσσης.
N-GF-S

13.1 Καὶ εἶδον ἐκ τῆς θαλάσσης θηρίον ἀναβαῖνον, ἔχον
CC VIAA--XS PG DGFS N-GF-S N-AN-S VPPAAN-S VPPAAN-S

κέρατα δέκα καὶ κεφαλὰς ἑπτά, καὶ ἐπὶ τῶν κεράτων αὐτοῦ δέκα
N-AN-P A-CAN-P CC N-AF-P A-CAF-P CC PG DGNP N-GN-P NPGNZS A-CAN-P

διαδήματα, καὶ ἐπὶ τὰς κεφαλὰς αὐτοῦ ὀνόμα[τα] βλασφημίας.
N-AN-P CC PA DAFP N-AF-P NPGNZS N-AN-P/N-AN-S N-GF-S

13.2 καὶ τὸ θηρίον ὃ εἶδον ἦν ὅμοιον παρδάλει, καὶ οἱ
CC DNNS N-NN-S APRAN-S VIAA--XS VIIA--ZS A--NN-S N-DF-S CC DNMP

πόδες αὐτοῦ ὡς ἄρκου, καὶ τὸ στόμα αὐτοῦ ὡς στόμα λέοντος.
N-NM-P NPGNZS CS N-GF-S CC DNNS N-NN-S NPGNZS CS N-NN-S N-GM-S

καὶ ἔδωκεν αὐτῷ ὁ δράκων τὴν δύναμιν αὐτοῦ καὶ τὸν
CC VIAA--ZS NPDNZS DNMS N-NM-S DAFS N-AF-S NPGMZS/NPGNZS CC DAMS

θρόνον αὐτοῦ καὶ ἐξουσίαν μεγάλην. 13.3 καὶ μίαν ἐκ τῶν
N-AM-S NPGMZS/NPGNZS CC N-AF-S A--AF-S   CC APCAF-S PG DGFP

κεφαλῶν αὐτοῦ ὡς ἐσφαγμένην εἰς θάνατον, καὶ ἡ πληγὴ τοῦ
N-GF-P NPGNZS CS VPRPAF-S PA N-AM-S CC DNFS N-NF-S DGMS

θανάτου αὐτοῦ ἐθεραπεύθη. καὶ ἐθαυμάσθη ὅλη ἡ γῆ ὀπίσω
N-GM-S NPGNZS VIAP--ZS CC VIAP--ZS A--NF-S DNFS N-NF-S PG

τοῦ θηρίου, 13.4 καὶ προσεκύνησαν τῷ δράκοντι ὅτι ἔδωκεν τὴν
DGNS N-GN-S CC VIAA--ZP DDMS N-DM-S CS VIAA--ZS DAFS

ἐξουσίαν τῷ θηρίῳ, καὶ προσεκύνησαν τῷ θηρίῳ λέγοντες,
N-AF-S DDNS N-DN-S CC VIAA--ZP DDNS N-DN-S VPPANM-P

Τίς ὅμοιος τῷ θηρίῳ, καὶ τίς δύναται πολεμῆσαι μετ᾽
APTNM-S A--NM-S DDNS N-DN-S CC APTNM-S VIPN--ZS VNAA PG

αὐτοῦ;
NPGNZS

13.5 Καὶ ἐδόθη αὐτῷ στόμα λαλοῦν μεγάλα καὶ βλασφημίας,
CC VIAP--ZS NPDNZS N-NN-S VPPANN-S AP-AN-P CC N-AF-P

καὶ ἐδόθη αὐτῷ ἐξουσία ποιῆσαι μῆνας τεσσεράκοντα [καὶ]
CC VIAP--ZS NPDNZS N-NF-S VNAA N-AM-P A-CAM-P CC

δύο. 13.6 καὶ ἤνοιξεν τὸ στόμα αὐτοῦ εἰς βλασφημίας πρὸς
A-CAM-P CC VIAA--ZS DANS N-AN-S NPGNZS PA N-AF-P PA

τὸν θεόν, βλασφημῆσαι τὸ ὄνομα αὐτοῦ καὶ τὴν σκηνὴν
DAMS N-AM-S VNAA DANS N-AN-S NPGMZS CC DAFS N-AF-S

αὐτοῦ, τοὺς ἐν τῷ οὐρανῷ σκηνοῦντας. 13.7 καὶ
NPGMZS DAMP□NPAMZP&APRNM-P PD DDMS N-DM-S VPPAAM-P CC

ἐδόθη αὐτῷ ποιῆσαι πόλεμον μετὰ τῶν ἁγίων καὶ νικῆσαι
VIAP--ZS NPDNZS VNAA N-AM-S PG DGMP AP-GM-P CC VNAA

αὐτούς, καὶ ἐδόθη αὐτῷ ἐξουσία ἐπὶ πᾶσαν φυλὴν καὶ λαὸν καὶ
NPRAMZP CC VIAP--ZS NPDNZS N-NF-S PA A--AF-S N-AF-S CC N-AM-S CC

γλῶσσαν καὶ ἔθνος. 13.8 καὶ προσκυνήσουσιν αὐτὸν πάντες
N-AF-S CC N-AN-S CC VIFA--ZP NPAMZS AP-NM-P

οἱ κατοικοῦντες ἐπὶ τῆς γῆς, οὗ οὐ γέγραπται τὸ
DNMP□APRNM-P VPPANM-P PG DGFS N-GF-S APRGM-S AB VIRP--ZS DNNS

ὄνομα αὐτοῦ ἐν τῷ βιβλίῳ τῆς ζωῆς τοῦ ἀρνίου τοῦ
N-NN-S NPGMZS PD DDNS N-DN-S DGFS N-GF-S DGNS N-GN-S DGNS□APRNN-S

ἐσφαγμένου ἀπὸ καταβολῆς κόσμου.
VPRPGN-S PG N-GF-S N-GM-S

13.9 Εἴ τις ἔχει οὖς ἀκουσάτω.
CS APINM-S VIPA--ZS N-AN-S VMAA--ZS

13.10 εἴ τις εἰς αἰχμαλωσίαν,
CS APINM-S PA N-AF-S

εἰς αἰχμαλωσίαν ὑπάγει·
PA N-AF-S VIPA--ZS

εἴ τις ἐν μαχαίρῃ ἀποκτανθῆναι,
CS APINM-S PD N-DF-S VNAP

αὐτὸν ἐν μαχαίρῃ ἀποκτανθῆναι.
NPAMZS PD N-DF-S VNAP

Ὧδέ ἐστιν ἡ ὑπομονὴ καὶ ἡ πίστις τῶν ἁγίων.
AB VIPA--ZS DNFS N-NF-S CC DNFS N-NF-S DGMP AP-GM-P

13.11 Καὶ εἶδον ἄλλο θηρίον ἀναβαῖνον ἐκ τῆς γῆς, καὶ εἶχεν
CC VIAA--XS A--AN-S N-AN-S VPPAAN-S PG DGFS N-GF-S CC VIIA--ZS

κέρατα δύο ὅμοια ἀρνίῳ, καὶ ἐλάλει ὡς δράκων. 13.12 καὶ τὴν
N-AN-P A-CAN-P A--NN-P N-DN-S CC VIIA--ZS CS N-NM-S CC DAFS

ἐξουσίαν τοῦ πρώτου θηρίου πᾶσαν ποιεῖ ἐνώπιον αὐτοῦ. καὶ
N-AF-S DGNS A-OGN-S N-GN-S A--AF-S VIPA--ZS PG NPGNZS CC

ποιεῖ τὴν γῆν καὶ τοὺς ἐν αὐτῇ κατοικοῦντας ἵνα
VIPA--ZS DAFS N-AF-S CC DAMP□NPAMZP&APRNM-P PD NPDFZS VPPAAM-P CC

προσκυνήσουσιν τὸ θηρίον τὸ πρῶτον, οὗ ἐθεραπεύθη ἡ
VIFA--ZP DANS N-AN-S DANS A-OAN-S APRGN-S VIAP--ZS DNFS

πληγὴ τοῦ θανάτου αὐτοῦ. 13.13 καὶ ποιεῖ σημεῖα μεγάλα, ἵνα
N-NF-S DGMS N-GM-S NPGNZS CC VIPA--ZS N-AN-P A--AN-P CC

καὶ πῦρ ποιῇ ἐκ τοῦ οὐρανοῦ καταβαίνειν εἰς τὴν γῆν ἐνώπιον
AB N-AN-S VSPA--ZS PG DGMS N-GM-S VNPA PA DAFS N-AF-S PG

τῶν ἀνθρώπων. 13.14 καὶ πλανᾷ τοὺς κατοικοῦντας
DGMP N-GM-P CC VIPA--ZS DAMP□NPAMZP&APRNM-P VPPAAM-P

ἐπὶ τῆς γῆς διὰ τὰ σημεῖα ἃ ἐδόθη αὐτῷ ποιῆσαι ἐνώπιον
PG DGFS N-GF-S PA DANP N-AN-P APRNN-P VIAP--ZS NPDNZS VNAA PG

τοῦ θηρίου, λέγων τοῖς κατοικοῦσιν ἐπὶ τῆς γῆς
DGNS N-GN-S VPPANM-S DDMP□NPDMZP&APRNM-P VPPADM-P PG DGFS N-GF-S

ποιῆσαι εἰκόνα τῷ θηρίῳ ὃς ἔχει τὴν πληγὴν τῆς μαχαίρης
VNAA N-AF-S DDNS N-DN-S APRNM-S VIPA--ZS DAFS N-AF-S DGFS N-GF-S

καὶ ἔζησεν. 13.15 καὶ ἐδόθη αὐτῷ δοῦναι πνεῦμα τῇ εἰκόνι τοῦ
CC VIAA--ZS CC VIAP--ZS NPDNZS VNAA N-AN-S DDFS N-DF-S DGNS

θηρίου, ἵνα καὶ λαλήσῃ ἡ εἰκὼν τοῦ θηρίου καὶ ποιήσῃ [ἵνα]
N-GN-S CH CC VSAA--ZS DNFS N-NF-S DGNS N-GN-S CC VSAA--ZS CC

ὅσοι ἐὰν μὴ προσκυνήσωσιν τῇ εἰκόνι τοῦ
APRNM-P□APDNM-P&APRNM-P QV AB VSAA--ZP DDFS N-DF-S DGNS

θηρίου ἀποκτανθῶσιν. 13.16 καὶ ποιεῖ πάντας, τοὺς μικροὺς καὶ
N-GN-S VSAP--ZP CC VIPA--ZS AP-AM-P DAMP AP-AM-P CC

τοὺς μεγάλους, καὶ τοὺς πλουσίους καὶ τοὺς πτωχούς, καὶ τοὺς
DAMP AP-AM-P CC DAMP AP-AM-P CC DAMP AP-AM-P CC DAMP

ἐλευθέρους καὶ τοὺς δούλους, ἵνα δῶσιν αὐτοῖς χάραγμα ἐπὶ τῆς
AP-AM-P CC DAMP N-AM-P CC VSAA--ZP NPDMZP N-AN-S PG DGFS

χειρὸς αὐτῶν τῆς δεξιᾶς ἢ ἐπὶ τὸ μέτωπον αὐτῶν, 13.17 καὶ ἵνα
N-GF-S NPGMZP DGFS A--GF-S CC PA DANS N-AN-S NPGMZP CC CC

μή τις δύνηται ἀγοράσαι ἢ πωλῆσαι εἰ μὴ ὁ
AB APINM-S VSPN--ZS VNAA CC VNAA CS AB DNMS□NPNMZS&APRNM-S

ἔχων τὸ χάραγμα, τὸ ὄνομα τοῦ θηρίου ἢ τὸν ἀριθμὸν τοῦ
VPPANM-S DANS N-AN-S DANS N-AN-S DGNS N-GN-S CC DAMS N-AM-S DGNS

ὀνόματος αὐτοῦ. 13.18 Ὧδε ἡ σοφία ἐστίν· ὁ
N-GN-S NPGNZS AB DNFS N-NF-S VIPA--ZS DNMS□NPNMZS&APRNM-S

ἔχων νοῦν ψηφισάτω τὸν ἀριθμὸν τοῦ θηρίου, ἀριθμὸς γὰρ
VPPANM-S N-AM-S VMAA--ZS DAMS N-AM-S DGNS N-GN-S N-NM-S CS

ἀνθρώπου ἐστίν· καὶ ὁ ἀριθμὸς αὐτοῦ ἑξακόσιοι ἑξήκοντα
N-GM-S VIPA--ZS CC DNMS N-NM-S NPGNZS APCNM-P APCNM-P

ἕξ.
APCNM-P

14.1 Καὶ εἶδον, καὶ ἰδοὺ τὸ ἀρνίον ἑστὸς ἐπὶ τὸ ὄρος Σιών,
CC VIAA--XS CC QS DNNS N-NN-S VPRANN-S PA DANS N-AN-S N-GF-S

καὶ μετ᾽ αὐτοῦ ἑκατὸν τεσσεράκοντα τέσσαρες χιλιάδες ἔχουσαι
CC PG NPGMZS A-CNF-P A-CNF-P A-CNF-P N-NF-P VPPANF-P

τὸ ὄνομα αὐτοῦ καὶ τὸ ὄνομα τοῦ πατρὸς αὐτοῦ γεγραμμένον
DANS N-AN-S NPGMZS CC DANS N-AN-S DGMS N-GM-S NPGMZS VPRPAN-S

ἐπὶ τῶν μετώπων αὐτῶν. 14.2 καὶ ἤκουσα φωνὴν ἐκ τοῦ οὐρανοῦ
PG DGNP N-GN-P NPGMZP CC VIAA--XS N-AF-S PG DGMS N-GM-S

ὡς φωνὴν ὑδάτων πολλῶν καὶ ὡς φωνὴν βροντῆς μεγάλης, καὶ
CS N-AF-S N-GN-P A--GN-P CC CS N-AF-S N-GF-S A--GF-S CC

ἡ φωνὴ ἣν ἤκουσα ὡς κιθαρῳδῶν κιθαριζόντων ἐν ταῖς
DNFS N-NF-S APRAF-S VIAA--XS CS N-GM-P VPPAGM-P PD DDFP

κιθάραις αὐτῶν. 14.3 καὶ ᾄδουσιν [ὡς] ᾠδὴν καινὴν ἐνώπιον τοῦ
N-DF-P NPGMZP CC VIPA--ZP CS N-AF-S A--AF-S PG DGMS

θρόνου καὶ ἐνώπιον τῶν τεσσάρων ζῴων καὶ τῶν πρεσβυτέρων·
N-GM-S CC PG DGNP A-CGN-P N-GN-P CC DGMP AP-GM-P

καὶ οὐδεὶς ἐδύνατο μαθεῖν τὴν ᾠδὴν εἰ μὴ αἱ ἑκατὸν
CC APCNM-S VIIN--ZS VNAA DAFS N-AF-S CS AB DNFP A-CNF-P

τεσσεράκοντα τέσσαρες χιλιάδες, οἱ ἠγορασμένοι ἀπὸ
A-CNF-P A-CNF-P N-NF-P DNMP□APRNM-P VPRPNM-P PG

τῆς γῆς. 14.4 οὗτοί εἰσιν οἳ μετὰ γυναικῶν
DGFS N-GF-S APDNM-P VIPA--ZP APRNM-P□APDNM-P&APRNM-P PG N-GF-P

οὐκ ἐμολύνθησαν, παρθένοι γάρ εἰσιν. οὗτοι οἱ
AB VIAP--ZP N-NM-P CS VIPA--ZP APDNM-P DNMP□NPNMZP&APRNM-P

ἀκολουθοῦντες τῷ ἀρνίῳ ὅπου ἂν ὑπάγῃ. οὗτοι ἠγοράσθησαν
VPPANM-P DDNS N-DN-S CS QV VSPA--ZS APDNM-P VIAP--ZP

ἀπὸ τῶν ἀνθρώπων ἀπαρχὴ τῷ θεῷ καὶ τῷ ἀρνίῳ, 14.5 καὶ ἐν
PG DGMP N-GM-P N-NF-S DDMS N-DM-S CC DDNS N-DN-S CC PD

τῷ στόματι αὐτῶν οὐχ εὑρέθη ψεῦδος· ἄμωμοί εἰσιν.
DDNS N-DN-S NPGMZP AB VIAP--ZS N-NN-S A--NM-P VIPA--ZP

14.6 Καὶ εἶδον ἄλλον ἄγγελον πετόμενον ἐν μεσουρανήματι,
CC VIAA--XS A--AM-S N-AM-S VPPNAM-S PD N-DN-S

ἔχοντα εὐαγγέλιον αἰώνιον εὐαγγελίσαι ἐπὶ τοὺς
VPPAAM-S N-AN-S A--AN-S VNAA PA DAMP□NPAMZP&APRNM-P

καθημένους ἐπὶ τῆς γῆς καὶ ἐπὶ πᾶν ἔθνος καὶ φυλὴν καὶ
VPPNAM-P PG DGFS N-GF-S CC PA A--AN-S N-AN-S CC N-AF-S CC

γλῶσσαν καὶ λαόν, 14.7 λέγων ἐν φωνῇ μεγάλῃ, Φοβήθητε τὸν
N-AF-S CC N-AM-S VPPANM-S PD N-DF-S A--DF-S VMAO--YP DAMS

θεὸν καὶ δότε αὐτῷ δόξαν, ὅτι ἦλθεν ἡ ὥρα τῆς κρίσεως
N-AM-S CC VMAA--YP NPDMZS N-AF-S CS VIAA--ZS DNFS N-NF-S DGFS N-GF-S

αὐτοῦ, καὶ προσκυνήσατε τῷ ποιήσαντι τὸν
NPGMZS CC VMAA--YP DDMS□NPDMZS&APRNM-S VPAADM-S DAMS

οὐρανὸν καὶ τὴν γῆν καὶ θάλασσαν καὶ πηγὰς ὑδάτων.
N-AM-S CC DAFS N-AF-S CC N-AF-S CC N-AF-P N-GN-P

14.8 Καὶ ἄλλος ἄγγελος δεύτερος ἠκολούθησεν λέγων,
CC A--NM-S N-NM-S A-ONM-S VIAA--ZS VPPANM-S

Ἔπεσεν, ἔπεσεν Βαβυλὼν ἡ μεγάλη, ἣ ἐκ τοῦ οἴνου τοῦ
VIAA--ZS VIAA--ZS N-NF-S DNFS A--NF-S APRNF-S PG DGMS N-GM-S DGMS

θυμοῦ τῆς πορνείας αὐτῆς πεπότικεν πάντα τὰ ἔθνη.
N-GM-S DGFS N-GF-S NPGFZS VIRA--ZS A--AN-P DANP N-AN-P

14.9 Καὶ ἄλλος ἄγγελος τρίτος ἠκολούθησεν αὐτοῖς λέγων ἐν
CC A--NM-S N-NM-S A-ONM-S VIAA--ZS NPDMZP VPPANM-S PD

φωνῇ μεγάλῃ, Εἴ τις προσκυνεῖ τὸ θηρίον καὶ τὴν εἰκόνα
N-DF-S A--DF-S CS APINM-S VIPA--ZS DANS N-AN-S CC DAFS N-AF-S

αὐτοῦ, καὶ λαμβάνει χάραγμα ἐπὶ τοῦ μετώπου αὐτοῦ ἢ ἐπὶ τὴν
NPGNZS CC VIPA--ZS N-AN-S PG DGNS N-GN-S NPGMZS CC PA DAFS

χεῖρα αὐτοῦ, 14.10 καὶ αὐτὸς πίεται ἐκ τοῦ οἴνου τοῦ θυμοῦ τοῦ
N-AF-S NPGMZS AB NPNMZS VIFD--ZS PG DGMS N-GM-S DGMS N-GM-S DGMS

θεοῦ τοῦ κεκερασμένου ἀκράτου ἐν τῷ ποτηρίῳ τῆς
N-GM-S DGMS□APRNM-S VPRPGM-S A--GM-S PD DDNS N-DN-S DGFS

ὀργῆς αὐτοῦ, καὶ βασανισθήσεται ἐν πυρὶ καὶ θείῳ ἐνώπιον
N-GF-S NPGMZS CC VIFP--ZS PD N-DN-S CC N-DN-S PG

ἀγγέλων ἁγίων καὶ ἐνώπιον τοῦ ἀρνίου. 14.11 καὶ ὁ καπνὸς
N-GM-P A--GM-P CC PG DGNS N-GN-S CC DNMS N-NM-S

τοῦ βασανισμοῦ αὐτῶν εἰς αἰῶνας αἰώνων ἀναβαίνει, καὶ οὐκ
DGMS N-GM-S NPGMZP PA N-AM-P N-GM-P VIPA--ZS CC AB

ἔχουσιν ἀνάπαυσιν ἡμέρας καὶ νυκτός, οἱ
VIPA--ZP N-AF-S N-GF-S CC N-GF-S DNMP□NPNMZP&APRNM-P

προσκυνοῦντες τὸ θηρίον καὶ τὴν εἰκόνα αὐτοῦ, καὶ εἴ τις
VPPANM-P DANS N-AN-S CC DAFS N-AF-S NPGNZS CC CS APINM-S

λαμβάνει τὸ χάραγμα τοῦ ὀνόματος αὐτοῦ. 14.12 Ὧδε ἡ
VIPA--ZS DANS N-AN-S DGNS N-GN-S NPGNZS AB DNFS

ὑπομονὴ τῶν ἁγίων ἐστίν, οἱ τηροῦντες τὰς ἐντολὰς
N-NF-S DGMP AP-GM-P VIPA--ZS DNMP□APRNM-P VPPANM-P DAFP N-AF-P

τοῦ θεοῦ καὶ τὴν πίστιν Ἰησοῦ.
DGMS N-GM-S CC DAFS N-AF-S N-GM-S

14.13 Καὶ ἤκουσα φωνῆς ἐκ τοῦ οὐρανοῦ λεγούσης, Γράψον·
CC VIAA--XS N-GF-S PG DGMS N-GM-S VPPAGF-S VMAA--YS

Μακάριοι οἱ νεκροὶ οἱ ἐν κυρίῳ ἀποθνῄσκοντες ἀπ'
A--NM-P DNMP AP-NM-P DNMP□APRNM-P PD N-DM-S VPPANM-P PG

ἄρτι. ναί, λέγει τὸ πνεῦμα, ἵνα ἀναπαήσονται ἐκ τῶν κόπων
AB□AP-GM-S QS VIPA--ZS DNNS N-NN-S CC VIFP--ZP PG DGMP N-GM-P

αὐτῶν· τὰ γὰρ ἔργα αὐτῶν ἀκολουθεῖ μετ' αὐτῶν.
NPGMZP DNNP CS N-NN-P NPGMZP VIPA--ZS PG NPGMZP

14.14 Καὶ εἶδον, καὶ ἰδοὺ νεφέλη λευκή, καὶ ἐπὶ τὴν νεφέλην
CC VIAA--XS CC QS N-NF-S A--NF-S CC PA DAFS N-AF-S

καθήμενον ὅμοιον υἱὸν ἀνθρώπου, ἔχων ἐπὶ τῆς κεφαλῆς αὐτοῦ
VPPNAM-S A--AM-S N-AM-S N-GM-S VPPANM-S PG DGFS N-GF-S NPGMZS

στέφανον χρυσοῦν καὶ ἐν τῇ χειρὶ αὐτοῦ δρέπανον ὀξύ.
N-AM-S A--AM-S CC PD DDFS N-DF-S NPGMZS N-AN-S A--AN-S

14.15 καὶ ἄλλος ἄγγελος ἐξῆλθεν ἐκ τοῦ ναοῦ, κράζων ἐν φωνῇ
CC A--NM-S N-NM-S VIAA--ZS PG DGMS N-GM-S VPPANM-S PD N-DF-S

μεγάλῃ τῷ καθημένῳ ἐπὶ τῆς νεφέλης, Πέμψον τὸ
A--DF-S DDMS□NPDMZS&APRNM-S VPPNDM-S PG DGFS N-GF-S VMAA--YS DANS

δρέπανόν σου καὶ θέρισον, ὅτι ἦλθεν ἡ ὥρα θερίσαι, ὅτι
N-AN-S NPG-YS CC VMAA--YS CS VIAA--ZS DNFS N-NF-S VNAA CS

ἐξηράνθη ὁ θερισμὸς τῆς γῆς. **14.16** καὶ ἔβαλεν
VIAP--ZS DNMS N-NM-S DGFS N-GF-S CC VIAA--ZS

ὁ καθήμενος ἐπὶ τῆς νεφέλης τὸ δρέπανον
DNMS□NPNMZS&APRNM-S VPPNNM-S PG DGFS N-GF-S DANS N-AN-S

αὐτοῦ ἐπὶ τὴν γῆν, καὶ ἐθερίσθη ἡ γῆ.
NPGMZS PA DAFS N-AF-S CC VIAP--ZS DNFS N-NF-S

14.17 Καὶ ἄλλος ἄγγελος ἐξῆλθεν ἐκ τοῦ ναοῦ τοῦ ἐν τῷ
CC A--NM-S N-NM-S VIAA--ZS PG DGMS N-GM-S DGMS PD DDMS

οὐρανῷ, ἔχων καὶ αὐτὸς δρέπανον ὀξύ. **14.18** Καὶ ἄλλος
N-DM-S VPPANM-S AB NPNMZS N-AN-S A--AN-S CC A--NM-S

ἄγγελος [ἐξῆλθεν] ἐκ τοῦ θυσιαστηρίου, [ὁ] ἔχων
N-NM-S VIAA--ZS PG DGNS N-GN-S DNMS□APRNM-S VPPANM-S

ἐξουσίαν ἐπὶ τοῦ πυρός, καὶ ἐφώνησεν φωνῇ μεγάλῃ
N-AF-S PG DGNS N-GN-S CC VIAA--ZS N-DF-S A--DF-S

τῷ ἔχοντι τὸ δρέπανον τὸ ὀξὺ λέγων, Πέμψον
DDMS□NPDMZS&APRNM-S VPPADM-S DANS N-AN-S DANS A--AN-S VPPANM-S VMAA--YS

σου τὸ δρέπανον τὸ ὀξὺ καὶ τρύγησον τοὺς βότρυας τῆς
NPG-YS DANS N-AN-S DANS A--AN-S CC VMAA--YS DAMP N-AM-P DGFS

ἀμπέλου τῆς γῆς, ὅτι ἤκμασαν αἱ σταφυλαὶ αὐτῆς. **14.19** καὶ
N-GF-S DGFS N-GF-S CS VIAA--ZP DNFP N-NF-P NPGFZS CC

ἔβαλεν ὁ ἄγγελος τὸ δρέπανον αὐτοῦ εἰς τὴν γῆν, καὶ
VIAA--ZS DNMS N-NM-S DANS N-AN-S NPGMZS PA DAFS N-AF-S CC

ἐτρύγησεν τὴν ἄμπελον τῆς γῆς καὶ ἔβαλεν εἰς τὴν ληνὸν
VIAA--ZS DAFS N-AF-S DGFS N-GF-S CC VIAA--ZS PA DAFS N-AF-S&N-AM-S

τοῦ θυμοῦ τοῦ θεοῦ τὸν μέγαν. **14.20** καὶ ἐπατήθη ἡ ληνὸς
DGMS N-GM-S DGMS N-GM-S DAMS A--AM-S CC VIAP--ZS DNFS N-NF-S

ἔξωθεν τῆς πόλεως, καὶ ἐξῆλθεν αἷμα ἐκ τῆς ληνοῦ ἄχρι τῶν
PG DGFS N-GF-S CC VIAA--ZS N-NN-S PG DGFS N-GF-S PG DGMP

χαλινῶν τῶν ἵππων ἀπὸ σταδίων χιλίων ἑξακοσίων.
N-GM-P DGMP N-GM-P PG N-GM-P A-CGM-P A-CGM-P

15.1 Καὶ εἶδον ἄλλο σημεῖον ἐν τῷ οὐρανῷ μέγα καὶ
CC VIAA--XS A--AN-S N-AN-S PD DDMS N-DM-S A--AN-S CC

θαυμαστόν, ἀγγέλους ἑπτὰ ἔχοντας πληγὰς ἑπτὰ τὰς ἐσχάτας,
A--AN-S N-AM-P A-CAM-P VPPAAM-P N-AF-P A-CAF-P DAFP A--AF-P

ὅτι ἐν αὐταῖς ἐτελέσθη ὁ θυμὸς τοῦ θεοῦ.
CS PD NPDFZP VIAP--ZS DNMS N-NM-S DGMS N-GM-S

15.2 Καὶ εἶδον ὡς θάλασσαν ὑαλίνην μεμιγμένην πυρί, καὶ
CC VIAA--XS CS N-AF-S A--AF-S VPRPAF-S N-DN-S CC

τοὺς νικῶντας ἐκ τοῦ θηρίου καὶ ἐκ τῆς εἰκόνος
DAMP□NPAMZP&APRNM-P VPPAAM-P PG DGNS N-GN-S CC PG DGFS N-GF-S

αὐτοῦ καὶ ἐκ τοῦ ἀριθμοῦ τοῦ ὀνόματος αὐτοῦ ἑστῶτας ἐπὶ τὴν
NPGNZS CC PG DGMS N-GM-S DGNS N-GN-S NPGNZS VPRAAM-P PA DAFS

θάλασσαν τὴν ὑαλίνην, ἔχοντας κιθάρας τοῦ θεοῦ. 15.3 καὶ
N-AF-S DAFS A--AF-S VPPAAM-P N-AF-P DGMS N-GM-S CC

ᾄδουσιν τὴν ᾠδὴν Μωϋσέως τοῦ δούλου τοῦ θεοῦ καὶ τὴν ᾠδὴν
VIPA--ZP DAFS N-AF-S N-GM-S DGMS N-GM-S DGMS N-GM-S CC DAFS N-AF-S

τοῦ ἀρνίου λέγοντες,
DGNS N-GN-S VPPANM-P

Μεγάλα καὶ θαυμαστὰ τὰ ἔργα σου,
A--NN-P CC A--NN-P DNNP N-NN-P NPG-YS

κύριε ὁ θεὸς ὁ παντοκράτωρ·
N-VM-S DVMS N-NM-S□N-VM-S DVMS N-VM-S

δίκαιαι καὶ ἀληθιναὶ αἱ ὁδοί σου,
A--NF-P CC A--NF-P DNFP N-NF-P NPG-YS

ὁ βασιλεὺς τῶν ἐθνῶν.
DVMS N-NM-S□N-VM-S DGNP N-GN-P

15.4 τίς οὐ μὴ φοβηθῇ, κύριε,
APTNM-S AB AB VSAO--ZS N-VM-S

καὶ δοξάσει τὸ ὄνομά σου;
CC VIFA--ZS DANS N-AN-S NPG-YS

ὅτι μόνος ὅσιος,
CS A--NM-S A--NM-S

ὅτι πάντα τὰ ἔθνη ἥξουσιν
CS A--NN-P DNNP N-NN-P VIFA--ZP

καὶ προσκυνήσουσιν ἐνώπιόν σου,
CC VIFA--ZP PG NPG-YS

ὅτι τὰ δικαιώματά σου ἐφανερώθησαν.
CS DNNP N-NN-P NPG-YS VIAP--ZP

15.5 Καὶ μετὰ ταῦτα εἶδον, καὶ ἠνοίγη ὁ ναὸς τῆς σκηνῆς
CC PA APDAN-P VIAA--XS CC VIAP--ZS DNMS N-NM-S DGFS N-GF-S

τοῦ μαρτυρίου ἐν τῷ οὐρανῷ, 15.6 καὶ ἐξῆλθον οἱ ἑπτὰ
DGNS N-GN-S PD DDMS N-DM-S CC VIAA--ZP DNMP A-CNM-P

ἄγγελοι [οἱ] ἔχοντες τὰς ἑπτὰ πληγὰς ἐκ τοῦ ναοῦ,
N-NM-P DNMP□APRNM-P VPPANM-P DAFP A-CAF-P N-AF-P PG DGMS N-GM-S

ἐνδεδυμένοι λίνον καθαρὸν λαμπρὸν καὶ περιεζωσμένοι περὶ τὰ
VPRMNM-P N-AN-S A--AN-S A--AN-S CC VPRMNM-P PA DANP

στήθη ζώνας χρυσᾶς. 15.7 καὶ ἓν ἐκ τῶν τεσσάρων ζώων
N-AN-P N-AF-P A--AF-P CC APCNN-S PG DGNP A-CGN-P N-GN-P

ἔδωκεν τοῖς ἑπτὰ ἀγγέλοις ἑπτὰ φιάλας χρυσᾶς γεμούσας τοῦ
VIAA--ZS DDMP A-CDM-P N-DM-P A-CAF-P N-AF-P A--AF-P VPPAAF-P DGMS

θυμοῦ τοῦ θεοῦ τοῦ   ζῶντος εἰς τοὺς αἰῶνας τῶν αἰώνων.
N-GM-S DGMS N-GM-S DGMS□APRNM-S VPPAGM-S PA DAMP N-AM-P DGMP N-GM-P

15.8 καὶ ἐγεμίσθη ὁ   ναὸς καπνοῦ ἐκ τῆς δόξης τοῦ θεοῦ καὶ ἐκ
CC VIAP--ZS DNMS N-NM-S N-GM-S PG DGFS N-GF-S DGMS N-GM-S CC PG

τῆς δυνάμεως αὐτοῦ, καὶ οὐδεὶς ἐδύνατο εἰσελθεῖν εἰς τὸν ναὸν
DGFS N-GF-S NPGMZS CC APCNM-S VIIN--ZS VNAA PA DAMS N-AM-S

ἄχρι τελεσθῶσιν αἱ ἑπτὰ πληγαὶ τῶν ἑπτὰ ἀγγέλων.
CS VSAP--ZP DNFP A-CNF-P N-NF-P DGMP A-CGM-P N-GM-P

16.1 Καὶ ἤκουσα μεγάλης φωνῆς ἐκ τοῦ ναοῦ λεγούσης τοῖς
CC VIAA--XS A--GF-S N-GF-S PG DGMS N-GM-S VPPAGF-S DDMP

ἑπτὰ ἀγγέλοις, Ὑπάγετε καὶ ἐκχέετε τὰς ἑπτὰ φιάλας τοῦ
A-CDM-P N-DM-P VMPA--YP CC VMPA--YP DAFP A-CAF-P N-AF-P DGMS

θυμοῦ τοῦ θεοῦ εἰς τὴν γῆν.
N-GM-S DGMS N-GM-S PA DAFS N-AF-S

16.2 Καὶ ἀπῆλθεν ὁ   πρῶτος καὶ ἐξέχεεν τὴν φιάλην αὐτοῦ
CC VIAA--ZS DNMS APONM-S CC VIAA--ZS DAFS N-AF-S NPGMZS

εἰς τὴν γῆν· καὶ ἐγένετο ἕλκος κακὸν καὶ πονηρὸν ἐπὶ τοὺς
PA DAFS N-AF-S CC VIAD--ZS N-NN-S A--NN-S CC A--NN-S PA DAMP

ἀνθρώπους τοὺς   ἔχοντας τὸ χάραγμα τοῦ θηρίου καὶ
N-AM-P DAMP□APRNM-P VPPAAM-P DANS N-AN-S DGNS N-GN-S CC

τοὺς   προσκυνοῦντας τῇ εἰκόνι αὐτοῦ.
DAMP□APRNM-P VPPAAM-P DDFS N-DF-S NPGNZS

16.3 Καὶ ὁ   δεύτερος ἐξέχεεν τὴν φιάλην αὐτοῦ εἰς τὴν
CC DNMS APONM-S VIAA--ZS DAFS N-AF-S NPGMZS PA DAFS

θάλασσαν· καὶ ἐγένετο αἷμα ὡς νεκροῦ, καὶ πᾶσα ψυχὴ ζωῆς
N-AF-S CC VIAD--ZS N-NN-S CS AP-GM-S CC A--NF-S N-NF-S N-GF-S

ἀπέθανεν, τὰ ἐν τῇ θαλάσσῃ.
VIAA--ZS DNNP PD DDFS N-DF-S

16.4 Καὶ ὁ   τρίτος ἐξέχεεν τὴν φιάλην αὐτοῦ εἰς τοὺς
CC DNMS APONM-S VIAA--ZS DAFS N-AF-S NPGMZS PA DAMP

ποταμοὺς καὶ τὰς πηγὰς τῶν ὑδάτων· καὶ ἐγένετο αἷμα. 16.5 καὶ
N-AM-P CC DAFP N-AF-P DGNP N-GN-P CC VIAD--ZS N-NN-S CC

ἤκουσα τοῦ ἀγγέλου τῶν ὑδάτων λέγοντος,
VIAA--XS DGMS N-GM-S DGNP N-GN-P VPPAGM-S

Δίκαιος εἶ, ὁ   ὢν   καὶ ὁ
A--NM-S VIPA--YS DVMS□NPVMYS&APRNMYS VPPAVMYS CC DVMS□APRNMYS

ἦν, ὁ ὅσιος,
VIIA--ZS DVMS AP-VM-S

ὅτι ταῦτα ἔκρινας,
CS APDAN-P VIAA--YS

16.6 ὅτι αἷμα ἁγίων καὶ προφητῶν ἐξέχεαν,
CS   N-AN-S AP-GM-P CC N-GM-P   VIAA--ZP

καὶ αἷμα αὐτοῖς [δ]έδωκας πιεῖν·
CC N-AN-S NPDMZP VIRA--YS/VIAA--YS VNAA

ἄξιοί εἰσιν.
A--NM-P VIPA--ZP

16.7 καὶ ἤκουσα τοῦ θυσιαστηρίου λέγοντος,
CC VIAA--XS DGNS N-GN-S   VPPAGN-S

Ναί, κύριε ὁ θεὸς ὁ παντοκράτωρ,
QS   N-VM-S DVMS N-NM-S□N-VM-S DVMS N-VM-S

ἀληθιναὶ καὶ δίκαιαι αἱ κρίσεις σου.
A--NF-P   CC A--NF-P DNFP N-NF-P NPG-YS

16.8 Καὶ ὁ τέταρτος ἐξέχεεν τὴν φιάλην αὐτοῦ ἐπὶ τὸν
CC DNMS APONM-S VIAA--ZS DAFS N-AF-S NPGMZS PA DAMS

ἥλιον· καὶ ἐδόθη αὐτῷ καυματίσαι τοὺς ἀνθρώπους ἐν πυρί.
N-AM-S CC VIAP--ZS NPDMZS VNAA   DAMP N-AM-P   PD N-DN-S

16.9 καὶ ἐκαυματίσθησαν οἱ ἄνθρωποι καῦμα μέγα, καὶ
CC VIAP--ZP   DNMP N-NM-P   N-AN-S A--AN-S CC

ἐβλασφήμησαν τὸ ὄνομα τοῦ θεοῦ τοῦ ἔχοντος τὴν
VIAA--ZP   DANS N-AN-S DGMS N-GM-S DGMS□APRNM-S VPPAGM-S DAFS

ἐξουσίαν ἐπὶ τὰς πληγὰς ταύτας, καὶ οὐ μετενόησαν δοῦναι αὐτῷ
N-AF-S PA DAFP N-AF-P A-DAF-P CC AB VIAA--ZP   VNAA NPDMZS

δόξαν.
N-AF-S

16.10 Καὶ ὁ πέμπτος ἐξέχεεν τὴν φιάλην αὐτοῦ ἐπὶ τὸν
CC DNMS APONM-S VIAA--ZS DAFS N-AF-S NPGMZS PA DAMS

θρόνον τοῦ θηρίου· καὶ ἐγένετο ἡ βασιλεία αὐτοῦ ἐσκοτωμένη,
N-AM-S DGNS N-GN-S CC VIAD--ZS DNFS N-NF-S NPGNZS VPRPNF-S

καὶ ἐμασῶντο τὰς γλώσσας αὐτῶν ἐκ τοῦ πόνου, 16.11 καὶ
CC VIIN--ZP DAFP N-AF-P NPGMZP PG DGMS N-GM-S   CC

ἐβλασφήμησαν τὸν θεὸν τοῦ οὐρανοῦ ἐκ τῶν πόνων αὐτῶν καὶ
VIAA--ZP   DAMS N-AM-S DGMS N-GM-S PG DGMP N-GM-P NPGMZP CC

ἐκ τῶν ἑλκῶν αὐτῶν, καὶ οὐ μετενόησαν ἐκ τῶν ἔργων αὐτῶν.
PG DGNP N-GN-P NPGMZP CC AB VIAA--ZP   PG DGNP N-GN-P NPGMZP

16.12 Καὶ ὁ ἕκτος ἐξέχεεν τὴν φιάλην αὐτοῦ ἐπὶ τὸν
CC DNMS APONM-S VIAA--ZS DAFS N-AF-S NPGMZS PA DAMS

ποταμὸν τὸν μέγαν τὸν Εὐφράτην· καὶ ἐξηράνθη τὸ ὕδωρ
N-AM-S DAMS A--AM-S DAMS N-AM-S CC VIAP--ZS DNNS N-NN-S

αὐτοῦ, ἵνα ἑτοιμασθῇ ἡ ὁδὸς τῶν βασιλέων τῶν ἀπὸ ἀνατολῆς
NPGMZS CS VSAP--ZS DNFS N-NF-S DGMP N-GM-P DGMP PG N-GF-S

ἡλίου. 16.13 Καὶ εἶδον ἐκ τοῦ στόματος τοῦ δράκοντος καὶ ἐκ
N-GM-S   CC VIAA--XS PG DGNS N-GN-S DGMS N-GM-S CC PG

τοῦ στόματος τοῦ θηρίου καὶ ἐκ τοῦ στόματος τοῦ
DGNS N-GN-S DGNS N-GN-S CC PG DGNS N-GN-S DGMS

ψευδοπροφήτου πνεύματα τρία ἀκάθαρτα ὡς βάτραχοι·
N-GM-S   N-AN-P   A-CAN-P A--AN-P   CS N-NM-P

16.14 εἰσὶν γὰρ πνεύματα δαιμονίων ποιοῦντα σημεῖα, ἃ
       VIPA--ZP CS N-NN-P   N-GN-P   VPPANN-P N-AN-P APRNN-P

ἐκπορεύεται ἐπὶ τοὺς βασιλεῖς τῆς οἰκουμένης ὅλης, συναγαγεῖν
VIPN--ZS   PA DAMP N-AM-P   DGFS N-GF-S   A--GF-S VNAA

αὐτοὺς εἰς τὸν πόλεμον τῆς ἡμέρας τῆς μεγάλης τοῦ θεοῦ τοῦ
NPRAMZP PA DAMS N-AM-S DGFS N-GF-S DGFS A--GF-S DGMS N-GM-S DGMS

παντοκράτορος. 16.15 Ἰδοὺ ἔρχομαι ὡς κλέπτης. μακάριος
N-GM-S   QS   VIPN--XS CS N-NM-S   A--NM-S

ὁ   γρηγορῶν καὶ τηρῶν τὰ ἱμάτια αὐτοῦ, ἵνα μὴ
DNMS□NPNMZS&APRNM-S VPPANM-S CC VPPANM-S DANP N-AN-P NPGMZS CS AB

γυμνὸς περιπατῇ καὶ βλέπωσιν τὴν ἀσχημοσύνην αὐτοῦ.
A--NM-S VSPA--ZS CC VSPA--ZP DAFS N-AF-S   NPGMZS

16.16 καὶ συνήγαγεν αὐτοὺς εἰς τὸν τόπον τὸν
       CC VIAA--ZS   NPRAMZP PA DAMS N-AM-S DAMS□APRNM-S

καλούμενον Ἑβραϊστὶ Ἁρμαγεδών.
VPPPAM-S   AB   N-AN-S

16.17 Καὶ ὁ ἕβδομος ἐξέχεεν τὴν φιάλην αὐτοῦ ἐπὶ τὸν
       CC DNMS APONM-S VIAA--ZS DAFS N-AF-S NPGMZS PA DAMS

ἀέρα· καὶ ἐξῆλθεν φωνὴ μεγάλη ἐκ τοῦ ναοῦ ἀπὸ τοῦ θρόνου
N-AM-S CC VIAA--ZS N-NF-S A--NF-S PG DGMS N-GM-S PG DGMS N-GM-S

λέγουσα, Γέγονεν. 16.18 καὶ ἐγένοντο ἀστραπαὶ καὶ φωναὶ καὶ
VPPANF-S VIRA--ZS   CC VIAD--ZP N-NF-P   CC N-NF-P CC

βρονταί, καὶ σεισμὸς ἐγένετο μέγας οἷος   οὐκ ἐγένετο
N-NF-P   CC N-NM-S   VIAD--ZS A--NM-S APRNM-S/APRNM-S+ AB VIAD--ZS

ἀφ’ οὗ   ἄνθρωπος ἐγένετο ἐπὶ τῆς γῆς
PG APRGM-S□APDGM-S&APRDM-S N-NM-S VIAD--ZS PG DGFS N-GF-S

τηλικοῦτος σεισμὸς οὕτω μέγας. 16.19 καὶ ἐγένετο ἡ πόλις ἡ
A-DNM-S   N-NM-S AB   A--NM-S   CC VIAD--ZS DNFS N-NF-S DNFS

μεγάλη εἰς τρία μέρη, καὶ αἱ πόλεις τῶν ἐθνῶν ἔπεσαν. καὶ
A--NF-S PA A-CAN-P N-AN-P CC DNFP N-NF-P DGNP N-GN-P VIAA--ZP CC

Βαβυλὼν ἡ μεγάλη ἐμνήσθη ἐνώπιον τοῦ θεοῦ δοῦναι αὐτῇ
N-NF-S   DNFS A--NF-S VIAP--ZS PG   DGMS N-GM-S VNAA NPDFZS

τὸ ποτήριον τοῦ οἴνου τοῦ θυμοῦ τῆς ὀργῆς αὐτοῦ. 16.20 καὶ
DANS N-AN-S DGMS N-GM-S DGMS N-GM-S DGFS N-GF-S NPGMZS   CC

πᾶσα νῆσος ἔφυγεν, καὶ ὄρη οὐχ εὑρέθησαν. 16.21 καὶ χάλαζα
A--NF-S N-NF-S VIAA--ZS CC N-NN-P AB VIAP--ZP   CC N-NF-S

μεγάλη ὡς ταλαντιαία καταβαίνει ἐκ τοῦ οὐρανοῦ ἐπὶ τοὺς
A--NF-S AB/CS A--NF-S VIPA--ZS   PG DGMS N-GM-S PA DAMP

ἀνθρώπους· καὶ ἐβλασφήμησαν οἱ ἄνθρωποι τὸν θεὸν ἐκ τῆς
N-AM-P   CC VIAA--ZP   DNMP N-NM-P DAMS N-AM-S PG DGFS

πληγῆς τῆς χαλάζης, ὅτι μεγάλη ἐστὶν ἡ πληγὴ αὐτῆς σφόδρα.
N-GF-S DGFS N-GF-S   CS A--NF-S VIPA--ZS DNFS N-NF-S NPGFZS AB

17.1 Καὶ ἦλθεν εἷς ἐκ τῶν ἑπτὰ ἀγγέλων τῶν
CC VIAA--ZS APCNM-S PG DGMP A-CGM-P N-GM-P DGMP□APRNM-P

ἐχόντων τὰς ἑπτὰ φιάλας, καὶ ἐλάλησεν μετ᾽ ἐμοῦ λέγων,
VPPAGM-P DAFP A-CAF-P N-AF-P CC VIAA--ZS PG NPG-XS VPPANM-S

Δεῦρο, δείξω σοι τὸ κρίμα τῆς πόρνης τῆς μεγάλης
AB□VMAA--YS VIFA--XS NPD-YS DANS N-AN-S DGFS N-GF-S DGFS A--GF-S

τῆς καθημένης ἐπὶ ὑδάτων πολλῶν, 17.2 μεθ᾽ ἧς
DGFS□APRNF-S VPPNGF-S PG N-GN-P A--GN-P PG APRGF-S

ἐπόρνευσαν οἱ βασιλεῖς τῆς γῆς, καὶ ἐμεθύσθησαν
VIAA--ZP DNMP N-NM-P DGFS N-GF-S CC VIAP--ZP

οἱ κατοικοῦντες τὴν γῆν ἐκ τοῦ οἴνου τῆς
DNMP□NPNMZP&APRNM-P VPPANM-P DAFS N-AF-S PG DGMS N-GM-S DGFS

πορνείας αὐτῆς. 17.3 καὶ ἀπήνεγκέν με εἰς ἔρημον ἐν πνεύματι.
N-GF-S NPGFZS CC VIAA--ZS NPA-XS PA AP-AF-S PD N-DN-S

καὶ εἶδον γυναῖκα καθημένην ἐπὶ θηρίον κόκκινον, γέμον[τα]
CC VIAA--XS N-AF-S VPPNAF-S PA N-AN-S A--AN-S VPPAAN-P/VPPAAN-S

ὀνόματα βλασφημίας, ἔχων κεφαλὰς ἑπτὰ καὶ κέρατα δέκα.
N-AN-P N-GF-S VPPANM-S N-AF-P A-CAF-P CC N-AN-P A-CAN-P

17.4 καὶ ἡ γυνὴ ἦν περιβεβλημένη πορφυροῦν καὶ
CC DNFS N-NF-S VIIA--ZS+ +VPRMNF-S AP-AN-S CC

κόκκινον, καὶ κεχρυσωμένη χρυσίῳ καὶ λίθῳ τιμίῳ καὶ
AP-AN-S CC +VPRNF-S N-DN-S CC N-DM-S A--DM-S CC

μαργαρίταις, ἔχουσα ποτήριον χρυσοῦν ἐν τῇ χειρὶ αὐτῆς
N-DM-P +VPPANF-S N-AN-S A--AN-S PD DDFS N-DF-S NPGFZS

γέμον βδελυγμάτων καὶ τὰ ἀκάθαρτα τῆς πορνείας αὐτῆς,
VPPAAN-S N-GN-P CC DANP AP-AN-P DGFS N-GF-S NPGFZS

17.5 καὶ ἐπὶ τὸ μέτωπον αὐτῆς ὄνομα γεγραμμένον, μυστήριον,
CC PA DANS N-AN-S NPGFZS N-NN-S VPRPNN-S N-NN-S

Βαβυλὼν ἡ μεγάλη, ἡ μήτηρ τῶν πορνῶν καὶ τῶν
N-NF-S DNFS A--NF-S DNFS N-NF-S DGFP N-GF-P CC DGNP

βδελυγμάτων τῆς γῆς. 17.6 καὶ εἶδον τὴν γυναῖκα μεθύουσαν ἐκ
N-GN-P DGFS N-GF-S CC VIAA--XS DAFS N-AF-S VPPAAF-S PG

τοῦ αἵματος τῶν ἁγίων καὶ ἐκ τοῦ αἵματος τῶν μαρτύρων
DGNS N-GN-S DGMP AP-GM-P CC PG DGNS N-GN-S DGMP N-GM-P

Ἰησοῦ.
N-GM-S

Καὶ ἐθαύμασα ἰδὼν αὐτὴν θαῦμα μέγα. 17.7 καὶ εἶπέν
CC VIAA--XS VPAANMXS NPAFZS N-AN-S A--AN-S CC VIAA--ZS

μοι ὁ ἄγγελος, Διὰ τί ἐθαύμασας; ἐγὼ ἐρῶ σοι τὸ
NPD-XS DNMS N-NM-S PA APTAN-S VIAA--YS NPN-XS VIFA--XS NPD-YS DANS

μυστήριον τῆς γυναικὸς καὶ τοῦ θηρίου τοῦ βαστάζοντος
N-AN-S DGFS N-GF-S CC DGNS N-GN-S DGNS□APRNN-S VPPAGN-S

αὐτήν, τοῦ ἔχοντος τὰς ἑπτὰ κεφαλὰς καὶ τὰ δέκα
NPAFZS DGNS□APRNN-S VPPAGN-S DAFP A-CAF-P N-AF-P CC DANP A-CAN-P

κέρατα· 17.8 τὸ θηρίον ὃ εἶδες ἦν καὶ οὐκ ἔστιν, καὶ
N-AN-P DNNS N-NN-S APRAN-S VIAA--YS VIIA--ZS CC AB VIPA--ZS CC

μέλλει ἀναβαίνειν ἐκ τῆς ἀβύσσου, καὶ εἰς ἀπώλειαν ὑπάγει· καὶ
VIPA--ZS+ +VNPA PG DGFS N-GF-S CC PA N-AF-S VIPA--ZS CC

θαυμασθήσονται οἱ κατοικοῦντες ἐπὶ τῆς γῆς,
VIFP--ZP DNMP□NPNMZP&APRNM-P VPPANM-P PG DGFS N-GF-S

ὧν οὐ γέγραπται τὸ ὄνομα ἐπὶ τὸ βιβλίον τῆς ζωῆς ἀπὸ
APRGM-P AB VIRP--ZS DNNS N-NN-S PA DANS N-AN-S DGFS N-GF-S PG

καταβολῆς κόσμου, βλεπόντων τὸ θηρίον ὅτι ἦν καὶ οὐκ
N-GF-S N-GM-S VPPAGM-P DANS N-AN-S CC VIIA--ZS CC AB

ἔστιν καὶ παρέσται. 17.9 ὧδε ὁ νοῦς ὁ ἔχων σοφίαν.
VIPA--ZS CC VIFD--ZS AB DNMS N-NM-S DNMS□APRNM-S VPPANM-S N-AF-S

αἱ ἑπτὰ κεφαλαὶ ἑπτὰ ὄρη εἰσίν, ὅπου ἡ γυνὴ κάθηται ἐπ᾽
DNFP A-CNF-P N-NF-P A-CNN-P N-NN-P VIPA--ZP ABR DNFS N-NF-S VIPN--ZS PG

αὐτῶν. καὶ βασιλεῖς ἑπτά εἰσιν· 17.10 οἱ πέντε ἔπεσαν, ὁ
NPGNZP CC N-NM-P A-CNM-P VIPA--ZP DNMP APCNM-P VIAA--ZP DNMS

εἷς ἔστιν, ὁ ἄλλος οὔπω ἦλθεν, καὶ ὅταν ἔλθῃ ὀλίγον
APCNM-S VIPA--ZS DNMS AP-NM-S AB VIAA--ZS CC CS VSAA--ZS AP-AN-S□AB

αὐτὸν δεῖ μεῖναι. 17.11 καὶ τὸ θηρίον ὃ ἦν καὶ οὐκ
NPRAMZS VIPA--ZS VNAA CC DNNS N-NN-S APRNN-S VIIA--ZS CC AB

ἔστιν, καὶ αὐτὸς ὄγδοός ἐστιν καὶ ἐκ τῶν ἑπτά ἐστιν, καὶ εἰς
VIPA--ZS AB NPNMZS A-ONM-S VIPA--ZS CC PG DGMP APCGM-P VIPA--ZS CC PA

ἀπώλειαν ὑπάγει. 17.12 καὶ τὰ δέκα κέρατα ἃ εἶδες δέκα
N-AF-S VIPA--ZS CC DNNP A-CNN-P N-NN-P APRAN-P VIAA--YS A-CNM-P

βασιλεῖς εἰσιν, οἵτινες βασιλείαν οὔπω ἔλαβον, ἀλλὰ ἐξουσίαν ὡς
N-NM-P VIPA--ZP APRNM-P N-AF-S AB VIAA--ZP CH N-AF-S CS

βασιλεῖς μίαν ὥραν λαμβάνουσιν μετὰ τοῦ θηρίου. 17.13 οὗτοι
N-NM-P A-CAF-S N-AF-S VIPA--ZP PG DGNS N-GN-S APDNM-P

μίαν γνώμην ἔχουσιν, καὶ τὴν δύναμιν καὶ ἐξουσίαν αὐτῶν τῷ
A-CAF-S N-AF-S VIPA--ZP CC DAFS N-AF-S CC N-AF-S NPGMZP DDNS

θηρίῳ διδόασιν. 17.14 οὗτοι μετὰ τοῦ ἀρνίου πολεμήσουσιν, καὶ
N-DN-S VIPA--ZP APDNM-P PG DGNS N-GN-S VIFA--ZP CC

τὸ ἀρνίον νικήσει αὐτούς, ὅτι κύριος κυρίων ἐστὶν καὶ βασιλεὺς
DNNS N-NN-S VIFA--ZS NPRAMZP CS N-NM-S N-GM-P VIPA--ZS CC N-NM-S

βασιλέων, καὶ οἱ μετ᾽ αὐτοῦ κλητοὶ καὶ ἐκλεκτοὶ καὶ πιστοί.
N-GM-P CC DNMP PG NPGMZS A--NM-P CC A--NM-P CC A--NM-P

17.15 Καὶ λέγει μοι, Τὰ ὕδατα ἃ εἶδες, οὗ ἡ πόρνη
CC VIPA--ZS NPD-XS DNNP N-NN-P APRAN-P VIAA--YS ABR DNFS N-NF-S

κάθηται, λαοὶ καὶ ὄχλοι εἰσὶν καὶ ἔθνη καὶ γλῶσσαι. 17.16 καὶ
VIPN--ZS N-NM-P CC N-NM-P VIPA--ZP CC N-NN-P CC N-NF-P CC

τὰ δέκα κέρατα ἃ εἶδες καὶ τὸ θηρίον, οὗτοι μισήσουσιν
DNNP A-CNN-P N-NN-P APRAN-P VIAA--YS CC DNNS N-NN-S APDNM-P VIFA--ZP

τὴν πόρνην, καὶ ἠρημωμένην ποιήσουσιν αὐτὴν καὶ γυμνήν, καὶ
DAFS N-AF-S CC VPRPAF-S VIFA--ZP NPRAFZS CC A--AF-S CC

τὰς σάρκας αὐτῆς φάγονται, καὶ αὐτὴν κατακαύσουσιν ἐν πυρί·
DAFP N-AF-P NPGFZS VIFD--ZP CC NPAFZS VIFA--ZP PD N-DN-S

17.17 ὁ   γὰρ θεὸς ἔδωκεν εἰς τὰς καρδίας αὐτῶν ποιῆσαι τὴν
DNMS CS   N-NM-S VIAA--ZS PA DAFP N-AF-P NPGMZP VNAA DAFS

γνώμην αὐτοῦ, καὶ ποιῆσαι μίαν γνώμην καὶ δοῦναι τὴν
N-AF-S NPGMZS CC VNAA A-CAF-S N-AF-S CC VNAA DAFS

βασιλείαν αὐτῶν τῷ θηρίῳ, ἄχρι τελεσθήσονται οἱ λόγοι τοῦ
N-AF-S NPGMZP DDNS N-DN-S CS VIFP--ZP DNMP N-NM-P DGMS

θεοῦ. 17.18 καὶ ἡ γυνὴ ἣν εἶδες ἔστιν ἡ πόλις ἡ μεγάλη
N-GM-S CC DNFS N-NF-S APRAF-S VIAA--YS VIPA--ZS DNFS N-NF-S DNFS A--NF-S

ἡ   ἔχουσα βασιλείαν ἐπὶ τῶν βασιλέων τῆς γῆς.
DNFS□APRNF-S VPPANF-S N-AF-S PG DGMP N-GM-P DGFS N-GF-S

18.1 Μετὰ ταῦτα εἶδον ἄλλον ἄγγελον καταβαίνοντα ἐκ τοῦ
PA APDAN-P VIAA--XS A--AM-S N-AM-S VPPAAM-S PG DGMS

οὐρανοῦ, ἔχοντα ἐξουσίαν μεγάλην, καὶ ἡ γῆ ἐφωτίσθη ἐκ τῆς
N-GM-S VPPAAM-S N-AF-S A--AF-S CC DNFS N-NF-S VIAP--ZS PG DGFS

δόξης αὐτοῦ. 18.2 καὶ ἔκραξεν ἐν ἰσχυρᾷ φωνῇ λέγων,
N-GF-S NPGMZS CC VIAA--ZS PD A--DF-S N-DF-S VPPANM-S

      Ἔπεσεν, ἔπεσεν Βαβυλὼν ἡ   μεγάλη,
      VIAA--ZS VIAA--ZS N-NF-S DNFS A--NF-S

      καὶ ἐγένετο κατοικητήριον δαιμονίων
      CC VIAD--ZS N-NN-S   N-GN-P

   καὶ φυλακὴ παντὸς πνεύματος ἀκαθάρτου
   CC N-NF-S A--GN-S N-GN-S   A--GN-S

      καὶ φυλακὴ παντὸς ὀρνέου ἀκαθάρτου
      CC N-NF-S A--GN-S N-GN-S A--GN-S

      [καὶ φυλακὴ   παντὸς   θηρίου   ἀκαθάρτου] καὶ
      CC   N-NF-S   A--GN-S   N-GN-S   A--GN-S   CC

      μεμισημένου,
      VPRPGN-S

18.3   ὅτι ἐκ τοῦ οἴνου τοῦ θυμοῦ τῆς πορνείας αὐτῆς
        CS PG DGMS N-GM-S DGMS N-GM-S DGFS N-GF-S NPGFZS

      πέπωκαν πάντα τὰ ἔθνη,
      VIRA--ZP A--NN-P DNNP N-NN-P

   καὶ οἱ βασιλεῖς τῆς γῆς μετ᾽ αὐτῆς ἐπόρνευσαν,
   CC DNMP N-NM-P DGFS N-GF-S PG NPGFZS VIAA--ZP

      καὶ οἱ ἔμποροι τῆς γῆς ἐκ τῆς δυνάμεως τοῦ
      CC DNMP N-NM-P DGFS N-GF-S PG DGFS N-GF-S DGNS

   στρήνους αὐτῆς ἐπλούτησαν.
   N-GN-S NPGFZS VIAA--ZP

18.4 Καὶ ἤκουσα ἄλλην φωνὴν ἐκ τοῦ οὐρανοῦ λέγουσαν,
CC VIAA--XS A--AF-S N-AF-S PG DGMS N-GM-S VPPAAF-S

   Ἐξέλθατε, ὁ λαός μου, ἐξ αὐτῆς,
   VMAA--YP DVMS N-VM-S NPG-XS PG NPGFZS

ἵνα μὴ συγκοινωνήσητε ταῖς ἁμαρτίαις αὐτῆς,
CS AB VSAA--YP DDFP N-DF-P NPGFZS

καὶ ἐκ τῶν πληγῶν αὐτῆς
CC PG DGFP N-GF-P NPGFZS

ἵνα μὴ λάβητε·
CS AB VSAA--YP

18.5 ὅτι ἐκολλήθησαν αὐτῆς αἱ ἁμαρτίαι ἄχρι τοῦ οὐρανοῦ,
CS VIAP--ZP NPGFZS DNFP N-NF-P PG DGMS N-GM-S

καὶ ἐμνημόνευσεν ὁ θεὸς τὰ ἀδικήματα αὐτῆς.
CC VIAA--ZS DNMS N-NM-S DANP N-AN-P NPGFZS

18.6 ἀπόδοτε αὐτῇ ὡς καὶ αὐτὴ ἀπέδωκεν,
VMAA--YP NPDFZS CS AB NPNFZS VIAA--ZS

καὶ διπλώσατε τὰ διπλᾶ κατὰ τὰ ἔργα αὐτῆς·
CC VMAA--YP DANP AP-AN-P PA DANP N-AN-P NPGFZS

ἐν τῷ ποτηρίῳ ᾧ ἐκέρασεν κεράσατε αὐτῇ
PD DDNS N-DN-S APRDN-S VIAA--ZS VMAA--YP NPDFZS

διπλοῦν·
AP-AN-S

18.7 ὅσα ἐδόξασεν αὐτὴν καὶ ἐστρηνίασεν,
APRAN-P+ VIAA--ZS NPAFZS CC VIAA--ZS

τοσοῦτον δότε αὐτῇ βασανισμὸν καὶ πένθος.
A-DAM-S VMAA--YP NPDFZS N-AM-S CC N-AN-S

ὅτι ἐν τῇ καρδίᾳ αὐτῆς λέγει ὅτι
CS PD DDFS N-DF-S NPGFZS VIPA--ZS CC

Κάθημαι βασίλισσα,
VIPN--XS N-NF-S

καὶ χήρα οὐκ εἰμί,
CC A--NF-S AB VIPA--XS

καὶ πένθος οὐ μὴ ἴδω·
CC N-AN-S AB AB VSAA--XS

18.8 διὰ τοῦτο ἐν μιᾷ ἡμέρᾳ ἥξουσιν αἱ πληγαὶ αὐτῆς,
PA APDAN-S PD A-CDF-S N-DF-S VIFA--ZP DNFP N-NF-P NPGFZS

θάνατος καὶ πένθος καὶ λιμός,
N-NM-S CC N-NN-S CC N-NF-S/N-NM-S

καὶ ἐν πυρὶ κατακαυθήσεται·
CC PD N-DN-S VIFP--ZS

ὅτι ἰσχυρὸς κύριος ὁ θεὸς ὁ κρίνας αὐτήν.
CS A--NM-S N-NM-S DNMS N-NM-S DNMS☐APRNM-S VPAANM-S NPAFZS

18.9 Καὶ κλαύσουσιν καὶ κόψονται ἐπ᾽ αὐτὴν οἱ βασιλεῖς
CC VIFA--ZP CC VIFM--ZP PA NPAFZS DNMP N-NM-P

τῆς γῆς οἱ μετ᾽ αὐτῆς πορνεύσαντες καὶ
DGFS N-GF-S DNMP☐APRNM-P PG NPGFZS VPAANM-P CC

στρηνιάσαντες, ὅταν βλέπωσιν τὸν καπνὸν τῆς πυρώσεως
VPAANM-P CS VSPA--ZP DAMS N-AM-S DGFS N-GF-S

αὐτῆς,   18.10 ἀπὸ   μακρόθεν   ἑστηκότες   διὰ   τὸν   φόβον   τοῦ
NPGFZS   PG   AB□AP-GN-S   VPRANM-P   PA   DAMS   N-AM-S   DGMS

βασανισμοῦ αὐτῆς, λέγοντες,
N-GM-S   NPGFZS   VPPANM-P

    Οὐαὶ οὐαί, ἡ   πόλις ἡ   μεγάλη,
    QS   QS   DVFS N-VF-S DVFS A--VF-S

      Βαβυλὼν ἡ   πόλις ἡ   ἰσχυρά,
      N-VF-S   DVFS N-VF-S DVFS A--VF-S

    ὅτι μιᾷ   ὥρᾳ ἦλθεν ἡ   κρίσις σου.
    CS A-CDF-S N-DF-S VIAA--ZS DNFS N-NF-S NPG-YS

18.11 Καὶ οἱ   ἔμποροι τῆς γῆς   κλαίουσιν καὶ πενθοῦσιν ἐπ᾽
    CC DNMP N-NM-P   DGFS N-GF-S VIPA--ZP   CC   VIPA--ZP   PA

αὐτήν, ὅτι τὸν   γόμον αὐτῶν οὐδεὶς ἀγοράζει οὐκέτι, 18.12 γόμον
NPAFZS CS DAMS N-AM-S NPGMZP APCNM-S VIPA--ZS   AB   N-AM-S

χρυσοῦ καὶ ἀργύρου καὶ λίθου τιμίου καὶ μαργαριτῶν καὶ
N-GM-S CC N-GM-S   CC N-GM-S A--GM-S CC N-GM-P   CC

βυσσίνου καὶ πορφύρας καὶ σιρικοῦ καὶ κοκκίνου, καὶ πᾶν   ξύλον
AP-GN-S CC N-GF-S   CC AP-GN-S CC AP-GN-S   CC A--AN-S N-AN-S

θύινον καὶ πᾶν   σκεῦος ἐλεφάντινον καὶ πᾶν   σκεῦος ἐκ ξύλου
A--AN-S CC A--AN-S N-AN-S A--AN-S   CC A--AN-S N-AN-S PG N-GN-S

τιμιωτάτου καὶ χαλκοῦ καὶ σιδήρου καὶ μαρμάρου, 18.13 καὶ
A-SGN-S   CC N-GM-S CC N-GM-S   CC N-GM-S   CC

κιννάμωμον καὶ ἄμωμον καὶ θυμιάματα καὶ μύρον καὶ λίβανον
N-AN-S   CC N-AN-S CC N-AN-P   CC N-AN-S CC N-AM-S

καὶ οἶνον καὶ ἔλαιον καὶ σεμίδαλιν καὶ σῖτον καὶ κτήνη καὶ
CC N-AM-S CC N-AN-S CC N-AF-S   CC N-AM-S CC N-AN-P CC

πρόβατα, καὶ ἵππων καὶ ῥεδῶν καὶ σωμάτων, καὶ ψυχὰς
N-AN-P   CC N-GM-P CC N-GF-P CC N-GN-P   CC N-AF-P.

ἀνθρώπων.
N-GM-P

18.14   καὶ ἡ   ὀπώρα σου   τῆς ἐπιθυμίας τῆς ψυχῆς
    CC DNFS N-NF-S NPG-YS DGFS N-GF-S   DGFS N-GF-S

      ἀπῆλθεν ἀπὸ σοῦ,
      VIAA--ZS PG NPG-YS

    καὶ πάντα τὰ   λιπαρὰ καὶ τὰ   λαμπρὰ
    CC A--NN-P DNNP AP-NN-P CC DNNP AP-NN-P

      ἀπώλετο ἀπὸ σοῦ,
      VIAM--ZS PG NPG-YS

    καὶ οὐκέτι οὐ μὴ αὐτὰ εὑρήσουσιν.
    CC AB   AB AB NPANZP VIFA--ZP

18.15 οἱ   ἔμποροι τούτων, οἱ   πλουτήσαντες ἀπ᾽ αὐτῆς,
    DNMP N-NM-P   APDGN-P DNMP□APRNM-P VPAANM-P   PG NPGFZS

ἀπὸ μακρόθεν στήσονται διὰ τὸν   φόβον τοῦ   βασανισμοῦ αὐτῆς,
PG AB□AP-GN-S VIFM--ZP PA DAMS N-AM-S DGMS N-GM-S   NPGFZS

κλαίοντες καὶ πενθοῦντες, 18.16 λέγοντες,
VPPANM-P CC VPPANM-P VPPANM-P

Οὐαὶ οὐαί, ἡ πόλις ἡ μεγάλη,
QS QS DVFS N-VF-S DVFS A--VF-S

ἡ περιβεβλημένη βύσσινον
DVFS□APRNFYS VPRMVFYS AP-AN-S

καὶ πορφυροῦν καὶ κόκκινον,
CC AP-AN-S CC AP-AN-S

καὶ κεχρυσωμένη [ἐν] χρυσίῳ
CC. VPRPVFYS PD N-DN-S

καὶ λίθῳ τιμίῳ καὶ μαργαρίτῃ,
CC N-DM-S A--DM-S CC N-DM-S

18.17 ὅτι μιᾷ ὥρᾳ ἠρημώθη ὁ τοσοῦτος πλοῦτος.
CS A-CDF-S N-DF-S VIAP--ZS DNMS A-DNM-S N-NM-S

Καὶ πᾶς κυβερνήτης καὶ πᾶς ὁ ἐπὶ τόπον πλέων
CC A--NM-S N-NM-S CC AP-NM-S DNMS□APRNM-S PA N-AM-S VPPANM-S

καὶ ναῦται καὶ ὅσοι τὴν θάλασσαν ἐργάζονται
CC N-NM-S CC APRNM-P□APDNM-P&APRNM-P DAFS N-AF-S VIPN--ZP

ἀπὸ μακρόθεν ἔστησαν 18.18 καὶ ἔκραζον βλέποντες τὸν καπνὸν
PG AB□AP-GN-S VIAA--ZP CC VIIA--ZP VPPANM-P DAMS N-AM-S

τῆς πυρώσεως αὐτῆς λέγοντες, Τίς ὁμοία τῇ πόλει τῇ
DGFS N-GF-S NPGFZS VPPANM-P APTNF-S A--NF-S DDFS N-DF-S DDFS

μεγάλῃ; 18.19 καὶ ἔβαλον χοῦν ἐπὶ τὰς κεφαλὰς αὐτῶν καὶ
A--DF-S CC VIAA--ZP N-AM-S PA DAFP N-AF-P NPGMZP CC

ἔκραζον κλαίοντες καὶ πενθοῦντες, λέγοντες,
VIIA--ZP VPPANM-P CC VPPANM-P VPPANM-P

Οὐαὶ οὐαί, ἡ πόλις ἡ μεγάλη,
QS QS DNFS N-NF-S DNFS A--NF-S

ἐν ᾗ ἐπλούτησαν πάντες οἱ ἔχοντες τὰ
PD APRDF-S VIAA--ZP AP-NM-P DNMP□APRNM-P VPPANM-P DANP

πλοῖα
N-AN-P

ἐν τῇ θαλάσσῃ ἐκ τῆς τιμιότητος αὐτῆς,
PD DDFS N-DF-S PG DGFS N-GF-S NPGFZS

ὅτι μιᾷ ὥρᾳ ἠρημώθη.
CS A-CDF-S N-DF-S VIAP--ZS

18.20 Εὐφραίνου ἐπ᾽ αὐτῇ, οὐρανέ,
VMPP--YS PD NPDFZS N-VM-S

καὶ οἱ ἅγιοι καὶ οἱ ἀπόστολοι καὶ οἱ προφῆται,
CC DVMP AP-VM-P CC DVMP N-VM-P CC DVMP N-VM-P

ὅτι ἔκρινεν ὁ θεὸς τὸ κρίμα ὑμῶν ἐξ αὐτῆς.
CS VIAA--ZS DNMS N-NM-S DANS N-AN-S NPG-YP PG NPGFZS

18.21 Καὶ ἦρεν εἷς ἄγγελος ἰσχυρὸς λίθον ὡς μύλινον
CC VIAA--ZS A-CNM-S N-NM-S A--NM-S N-AM-S CS AP-AM-S

μέγαν καὶ ἔβαλεν εἰς τὴν θάλασσαν λέγων,
A--AM-S CC VIAA--ZS PA DAFS N-AF-S   VPPANM-S

Οὕτως ὁρμήματι βληθήσεται
AB   N-DN-S   VIFP--ZS

Βαβυλὼν ἡ   μεγάλη πόλις,
N-NF-S   DNFS A--NF-S N-NF-S

καὶ οὐ μὴ εὑρεθῇ ἔτι.
CC AB AB VSAP--ZS AB

18.22 καὶ φωνὴ κιθαρῳδῶν καὶ μουσικῶν
CC N-NF-S N-GM-P   CC   AP-GM-P

καὶ αὐλητῶν καὶ σαλπιστῶν
CC N-GM-P   CC   N-GM-P

οὐ μὴ ἀκουσθῇ ἐν σοὶ ἔτι,
AB AB VSAP--ZS PD NPD-YS AB

καὶ πᾶς τεχνίτης πάσης τέχνης
CC A--NM-S N-NM-S   A--GF-S N-GF-S

οὐ μὴ εὑρεθῇ ἐν σοὶ ἔτι,
AB AB VSAP--ZS PD NPD-YS AB

καὶ φωνὴ μύλου
CC N-NF-S N-GM-S

οὐ μὴ ἀκουσθῇ ἐν σοὶ ἔτι,
AB AB VSAP--ZS PD NPD-YS AB

18.23 καὶ φῶς λύχνου
CC N-NN-S N-GM-S

οὐ μὴ φάνῃ ἐν σοὶ ἔτι,
AB AB VSAA--ZS PD NPD-YS AB

καὶ φωνὴ νυμφίου καὶ νύμφης
CC N-NF-S N-GM-S   CC   N-GF-S

οὐ μὴ ἀκουσθῇ ἐν σοὶ ἔτι·
AB AB VSAP--ZS PD NPD-YS AB

ὅτι οἱ ἔμποροί σου ἦσαν οἱ   μεγιστᾶνες τῆς γῆς,
CS DNMP N-NM-P   NPG-YS VIIA--ZP DNMP N-NM-P   DGFS N-GF-S

ὅτι ἐν τῇ φαρμακείᾳ σου ἐπλανήθησαν πάντα τὰ
CS PD DDFS N-DF-S   NPG-YS VIAP--ZP   A--NN-P DNNP

ἔθνη,
N-NN-P

18.24 καὶ ἐν αὐτῇ αἷμα προφητῶν καὶ ἁγίων εὑρέθη
CC PD NPDFZS N-NN-S N-GM-P   CC   AP-GM-P VIAP--ZS

καὶ πάντων τῶν   ἐσφαγμένων ἐπὶ τῆς γῆς.
CC AP-GM-P DGMP□APRNM-P VPRPGM-P   PG DGFS N-GF-S

19.1 Μετὰ ταῦτα ἤκουσα ὡς φωνὴν μεγάλην ὄχλου πολλοῦ ἐν
PA   APDAN-P VIAA--XS CS N-AF-S A--AF-S N-GM-S A--GM-S PD

τῷ   οὐρανῷ λεγόντων,
DDMS N-DM-S VPPAGM-P

Ἀλληλουϊά·
QS

ἡ   σωτηρία καὶ ἡ   δόξα καὶ ἡ   δύναμις τοῦ   θεοῦ
DNFS N-NF-S   CC DNFS N-NF-S CC DNFS N-NF-S   DGMS N-GM-S

ἡμῶν,
NPG-XP

19.2 ὅτι ἀληθιναὶ καὶ δίκαιαι αἱ   κρίσεις αὐτοῦ·
CS A--NF-P   CC A--NF-P DNFP N-NF-P NPGMZS

ὅτι ἔκρινεν τὴν   πόρνην τὴν   μεγάλην
CS VIAA--ZS DAFS N-AF-S DAFS A--AF-S

ἥτις   ἔφθειρεν τὴν   γῆν ἐν τῇ   πορνείᾳ αὐτῆς,
APRNF-S VIIA--ZS DAFS N-AF-S PD DDFS N-DF-S NPGFZS

καὶ ἐξεδίκησεν τὸ   αἷμα τῶν   δούλων αὐτοῦ
CC VIAA--ZS   DANS N-AN-S DGMP N-GM-P NPGMZS

ἐκ χειρὸς αὐτῆς.
PG N-GF-S NPGFZS

19.3 καὶ δεύτερον εἴρηκαν,
CC APOAN-S☐AB VIRA--ZP

Ἀλληλουϊά·
QS

καὶ ὁ   καπνὸς αὐτῆς ἀναβαίνει εἰς τοὺς αἰῶνας τῶν
CC DNMS N-NM-S NPGFZS VIPA--ZS PA DAMP N-AM-P DGMP

αἰώνων.
N-GM-P

19.4 καὶ ἔπεσαν οἱ   πρεσβύτεροι οἱ   εἴκοσι τέσσαρες καὶ τὰ
CC VIAA--ZP DNMP AP-NM-P   DNMP A-CNM-P A-CNM-P CC DNNP

τέσσαρα ζῷα, καὶ προσεκύνησαν τῷ   θεῷ   τῷ   καθημένῳ
A-CNN-P N-NN-P CC VIAA--ZP   DDMS N-DM-S DDMS☐APRNM-S VPPNDM-S

ἐπὶ τῷ   θρόνῳ, λέγοντες,
PD DDMS N-DM-S VPPANM-P

Ἀμήν, Ἀλληλουϊά.
QS   QS

19.5 Καὶ φωνὴ ἀπὸ τοῦ   θρόνου ἐξῆλθεν λέγουσα,
CC N-NF-S PG DGMS N-GM-S VIAA--ZS VPPANF-S

Αἰνεῖτε τῷ   θεῷ   ἡμῶν,
VMPA--YP DDMS N-DM-S NPG-XP

πάντες οἱ   δοῦλοι αὐτοῦ,
A--VM-P DVMP N-VM-P NPGMZS

[καὶ] οἱ   φοβούμενοι αὐτόν,
CC   DVMP☐APRNMYP VPPNVMYP   NPAMZS

οἱ   μικροὶ καὶ οἱ   μεγάλοι.
DVMP AP-VM-P CC DVMP AP-VM-P

19.6 καὶ ἤκουσα ὡς φωνὴν ὄχλου πολλοῦ καὶ ὡς φωνὴν ὑδάτων
CC VIAA--XS CS N-AF-S N-GM-S A--GM-S CC CS N-AF-S N-GN-P

πολλῶν καὶ ὡς φωνὴν βροντῶν ἰσχυρῶν λεγόντων,
A--GN-P CC CS N-AF-S N-GF-P A--GF-P VPPAGM-P

Ἁλληλουϊά,
QS

ὅτι ἐβασίλευσεν κύριος
CS VIAA--ZS N-NM-S

ὁ θεὸς [ἡμῶν] ὁ παντοκράτωρ.
DNMS N-NM-S NPG-XP DNMS N-NM-S

19.7 χαίρωμεν καὶ ἀγαλλιῶμεν,
VSPA--XP CC VSPA--XP

καὶ δώσωμεν τὴν δόξαν αὐτῷ,
CC VSAA--XP DAFS N-AF-S NPDMZS

ὅτι ἦλθεν ὁ γάμος τοῦ ἀρνίου,
CS VIAA--ZS DNMS N-NM-S DGNS N-GN-S

καὶ ἡ γυνὴ αὐτοῦ ἡτοίμασεν ἑαυτήν·
CC DNFS N-NF-S NPGMZS VIAA--ZS NPAFZS

19.8 καὶ ἐδόθη αὐτῇ ἵνα περιβάληται
CC VIAP--ZS NPDFZS CC VSAM--ZS

βύσσινον λαμπρὸν καθαρόν,
AP-AN-S A--AN-S A--AN-S

τὸ γὰρ βύσσινον τὰ δικαιώματα τῶν ἁγίων ἐστίν.
DNNS CS AP-NN-S DNNP N-NN-P DGMP AP-GM-P VIPA--ZS

19.9 Καὶ λέγει μοι, Γράψον· Μακάριοι οἱ εἰς
CC VIPA--ZS NPD-XS VMAA--YS A--NM-P DNMP□NPNMZP&APRNM-P PA

τὸ δεῖπνον τοῦ γάμου τοῦ ἀρνίου κεκλημένοι. καὶ λέγει μοι,
DANS N-AN-S DGMS N-GM-S DGNS N-GN-S VPRPNM-P CC VIPA--ZS NPD-XS

Οὗτοι οἱ λόγοι ἀληθινοὶ τοῦ θεοῦ εἰσιν. 19.10 καὶ ἔπεσα
A-DNM-P DNMP N-NM-P A--NM-P DGMS N-GM-S VIPA--ZP CC VIAA--XS

ἔμπροσθεν τῶν ποδῶν αὐτοῦ προσκυνῆσαι αὐτῷ. καὶ λέγει μοι,
PG DGMP N-GM-P NPGMZS VNAA NPDMZS CC VIPA--ZS NPD-XS

Ὅρα μή· σύνδουλός σού εἰμι καὶ τῶν ἀδελφῶν σου
VMPA--YS AB N-NM-S NPG-YS VIPA--XS CC DGMP N-GM-P NPG-YS

τῶν ἐχόντων τὴν μαρτυρίαν Ἰησοῦ· τῷ θεῷ
DGMP□APRNM-P VPPAGM-P DAFS N-AF-S N-GM-S DDMS N-DM-S

προσκύνησον. ἡ γὰρ μαρτυρία Ἰησοῦ ἐστιν τὸ πνεῦμα τῆς
VMAA--YS DNFS CS N-NF-S N-GM-S VIPA--ZS DNNS N-NN-S DGFS

προφητείας.
N-GF-S

19.11 Καὶ εἶδον τὸν οὐρανὸν ἠνεῳγμένον, καὶ ἰδοὺ ἵππος
CC VIAA--XS DAMS N-AM-S VPRPAM-S CC QS N-NM-S

λευκός, καὶ ὁ καθήμενος ἐπ᾽ αὐτὸν [καλούμενος]
A--NM-S CC DNMS□NPNMZS&APRNM-S VPPNNM-S PA NPAMZS VPPPNM-S

πιστὸς καὶ ἀληθινός, καὶ ἐν δικαιοσύνῃ κρίνει καὶ πολεμεῖ.
A--NM-S CC A--NM-S CC PD N-DF-S VIPA--ZS CC VIPA--ZS

19.12 οἱ δὲ ὀφθαλμοὶ αὐτοῦ [ὡς] φλὸξ πυρός, καὶ ἐπὶ τὴν
DNMP CC N-NM-P NPGMZS CS N-NF-S N-GN-S CC PA DAFS

κεφαλὴν αὐτοῦ διαδήματα πολλά, ἔχων ὄνομα γεγραμμένον
N-AF-S NPGMZS N-NN-P A--NN-P VPPANM-S N-AN-S VPRPAN-S

ὃ οὐδεὶς οἶδεν εἰ μὴ αὐτός, 19.13 καὶ περιβεβλημένος
APRAN-S APCNM-S VIRA--ZS CS AB NPNMZS CC VPRMNM-S

ἱμάτιον βεβαμμένον αἵματι, καὶ κέκληται τὸ ὄνομα αὐτοῦ ὁ
N-AN-S VPRPAN-S N-DN-S CC VIRP--ZS DNNS N-NN-S NPGMZS DNMS

λόγος τοῦ θεοῦ. 19.14 καὶ τὰ στρατεύματα [τὰ] ἐν τῷ οὐρανῷ
N-NM-S DGMS N-GM-S CC DNNP N-NN-P DNNP PD DDMS N-DM-S

ἠκολούθει αὐτῷ ἐφ᾽ ἵπποις λευκοῖς, ἐνδεδυμένοι βύσσινον λευκὸν
VIIA--ZS NPDMZS PD N-DM-P A--DM-P VPRMNM-P AP-AN-S A--AN-S

καθαρόν. 19.15 καὶ ἐκ τοῦ στόματος αὐτοῦ ἐκπορεύεται ῥομφαία
A--AN-S CC PG DGNS N-GN-S NPGMZS VIPN--ZS N-NF-S

ὀξεῖα, ἵνα ἐν αὐτῇ πατάξῃ τὰ ἔθνη, καὶ αὐτὸς ποιμανεῖ αὐτοὺς
A--NF-S CS PD NPDFZS VSAA--ZS DANP N-AN-P CC NPNMZS VIFA--ZS NPAMZP

ἐν ῥάβδῳ σιδηρᾷ· καὶ αὐτὸς πατεῖ τὴν ληνὸν τοῦ οἴνου τοῦ
PD N-DF-S A--DF-S CC NPNMZS VIPA--ZS DAFS N-AF-S DGMS N-GM-S DGMS

θυμοῦ τῆς ὀργῆς τοῦ θεοῦ τοῦ παντοκράτορος. 19.16 καὶ ἔχει
N-GM-S DGFS N-GF-S DGMS N-GM-S DGMS N-GM-S CC VIPA--ZS

ἐπὶ τὸ ἱμάτιον καὶ ἐπὶ τὸν μηρὸν αὐτοῦ ὄνομα γεγραμμένον·
PA DANS N-AN-S CC PA DAMS N-AM-S NPGMZS N-AN-S VPRPAN-S

Βασιλεὺς βασιλέων καὶ κύριος κυρίων.
N-NM-S N-GM-P CC N-NM-S N-GM-P

19.17 Καὶ εἶδον ἕνα ἄγγελον ἑστῶτα ἐν τῷ ἡλίῳ, καὶ
CC VIAA--XS A-CAM-S N-AM-S VPRAAM-S PD DDMS N-DM-S CC

ἔκραξεν [ἐν] φωνῇ μεγάλῃ λέγων πᾶσιν τοῖς ὀρνέοις τοῖς
VIAA--ZS PD N-DF-S A--DF-S VPPANM-S A--DN-P DDNP N-DN-P DDNP□APRNN-P

πετομένοις ἐν μεσουρανήματι, Δεῦτε συνάχθητε εἰς τὸ
VPPNDN-P PD N-DN-S AB□VMAA--YP VMAP--YP PA DANS

δεῖπνον τὸ μέγα τοῦ θεοῦ, 19.18 ἵνα φάγητε σάρκας βασιλέων
N-AN-S DANS A--AN-S DGMS N-GM-S CS VSAA--YP N-AF-P N-GM-P

καὶ σάρκας χιλιάρχων καὶ σάρκας ἰσχυρῶν καὶ σάρκας ἵππων καὶ
CC N-AF-P N-GM-P CC N-AF-P AP-GM-P CC N-AF-P N-GM-P CC

τῶν καθημένων ἐπ᾽ αὐτῶν καὶ σάρκας πάντων
DGMP□NPGMZP&APRNM-P VPPNGM-P PG NPGMZP CC N-AF-P A--GM-P

ἐλευθέρων τε καὶ δούλων καὶ μικρῶν καὶ μεγάλων. 19.19 Καὶ
AP-GM-P CC CC N-GM-P CC AP-GM-P CC AP-GM-P CC

εἶδον τὸ θηρίον καὶ τοὺς βασιλεῖς τῆς γῆς καὶ τὰ
VIAA--XS DANS N-AN-S CC DAMP N-AM-P DGFS N-GF-S CC DANP

στρατεύματα αὐτῶν συνηγμένα ποιῆσαι τὸν πόλεμον μετὰ
N-AN-P NPGMZP VPRPAN-P VNAA DAMS N-AM-S PG

τοῦ καθημένου ἐπὶ τοῦ ἵππου καὶ μετὰ τοῦ
DGMS□NPGMZS&APRNM-S VPPNGM-S PG DGMS N-GM-S CC PG DGNS

στρατεύματος αὐτοῦ. 19.20 καὶ ἐπιάσθη τὸ θηρίον καὶ μετ᾿
N-GN-S NPGMZS CC VIAP--ZS DNNS N-NN-S CC PG

αὐτοῦ ὁ ψευδοπροφήτης ὁ ποιήσας τὰ σημεῖα
NPGNZS DNMS N-NM-S DNMS□APRNM-S VPAANM-S DANP N-AN-P

ἐνώπιον αὐτοῦ, ἐν οἷς ἐπλάνησεν τοὺς λαβόντας
PG NPGNZS PD APRDN-P VIAA--ZS DAMP□NPAMZP&APRNM-P VPAAAM-P

τὸ χάραγμα τοῦ θηρίου καὶ τοὺς προσκυνοῦντας
DANS N-AN-S DGNS N-GN-S CC DAMP□NPAMZP&APRNM-P VPPAAM-P

τῇ εἰκόνι αὐτοῦ· ζῶντες ἐβλήθησαν οἱ δύο εἰς τὴν λίμνην
DDFS N-DF-S NPGNZS VPPANM-P VIAP--ZP DNMP APCNM-P PA DAFS N-AF-S

τοῦ πυρὸς τῆς καιομένης ἐν θείῳ. 19.21 καὶ οἱ λοιποὶ
DGNS N-GN-S DGFS□APRNF-S VPPPGF-S PD N-DN-S CC DNMP AP-NM-P

ἀπεκτάνθησαν ἐν τῇ ρομφαίᾳ τοῦ καθημένου ἐπὶ
VIAP--ZP PD DDFS N-DF-S DGMS□NPGMZS&APRNM-S VPPNGM-S PG

τοῦ ἵππου τῇ ἐξελθούσῃ ἐκ τοῦ στόματος αὐτοῦ, καὶ
DGMS N-GM-S DDFS□APRNF-S VPAADF-S PG DGNS N-GN-S NPGMZS CC

πάντα τὰ ὄρνεα ἐχορτάσθησαν ἐκ τῶν σαρκῶν αὐτῶν.
A--NN-P DNNP N-NN-P VIAP--ZP PG DGFP N-GF-P NPGMZP

20.1 Καὶ εἶδον ἄγγελον καταβαίνοντα ἐκ τοῦ οὐρανοῦ,
CC VIAA--XS N-AM-S VPPAAM-S PG DGMS N-GM-S

ἔχοντα τὴν κλεῖν τῆς ἀβύσσου καὶ ἅλυσιν μεγάλην ἐπὶ τὴν
VPPAAM-S DAFS N-AF-S DGFS N-GF-S CC N-AF-S A--AF-S PA DAFS

χεῖρα αὐτοῦ. 20.2 καὶ ἐκράτησεν τὸν δράκοντα, ὁ ὄφις ὁ
N-AF-S NPGMZS CC VIAA--ZS DAMS N-AM-S DNMS N-NM-S DNMS

ἀρχαῖος, ὅς ἐστιν Διάβολος καὶ ὁ Σατανᾶς, καὶ ἔδησεν
A--NM-S APRNM-S VIPA--ZS AP-NM-S CC DNMS N-NM-S CC VIAA--ZS

αὐτὸν χίλια ἔτη, 20.3 καὶ ἔβαλεν αὐτὸν εἰς τὴν ἄβυσσον καὶ
NPAMZS A-CAN-P N-AN-P CC VIAA--ZS NPAMZS PA DAFS N-AF-S CC

ἔκλεισεν καὶ ἐσφράγισεν ἐπάνω αὐτοῦ ἵνα μὴ πλανήσῃ ἔτι τὰ
VIAA--ZS CC VIAA--ZS PG NPGMZS CS AB VSAA--ZS AB DANP

ἔθνη ἄχρι τελεσθῇ τὰ χίλια ἔτη· μετὰ ταῦτα δεῖ λυθῆναι
N-AN-P CS VSAP--ZS DNNP A-CNN-P N-NN-P PA APDAN-P VIPA--ZS VNAP

αὐτὸν μικρὸν χρόνον.
NPAMZS A--AM-S N-AM-S

20.4 Καὶ εἶδον θρόνους, καὶ ἐκάθισαν ἐπ᾿ αὐτούς, καὶ κρίμα
CC VIAA--XS N-AM-P CC VIAA--ZP PA NPAMZP CC N-NN-S

ἐδόθη αὐτοῖς, καὶ τὰς ψυχὰς τῶν πεπελεκισμένων
VIAP--ZS NPDMZP CC DAFP N-AF-P DGMP□NPGMZP&APRNM-P VPRPGM-P

διὰ τὴν μαρτυρίαν Ἰησοῦ καὶ διὰ τὸν λόγον τοῦ θεοῦ, καὶ
PA DAFS N-AF-S N-GM-S CC PA DAMS N-AM-S DGMS N-GM-S CC

οἵτινες οὐ προσεκύνησαν τὸ θηρίον οὐδὲ τὴν εἰκόνα αὐτοῦ καὶ
APRNM-P AB VIAA--ZP DANS N-AN-S CC DAFS N-AF-S NPGNZS CC

οὐκ ἔλαβον τὸ χάραγμα ἐπὶ τὸ μέτωπον καὶ ἐπὶ τὴν χεῖρα
AB VIAA--ZP DANS N-AN-S PA DANS N-AN-S CC PA DAFS N-AF-S

αὐτῶν· καὶ ἔζησαν καὶ ἐβασίλευσαν μετὰ τοῦ Χριστοῦ χίλια
NPGMZP CC VIAA--ZP CC VIAA--ZP PG DGMS N-GM-S A-CAN-P

ἔτη. 20.5 οἱ λοιποὶ τῶν νεκρῶν οὐκ ἔζησαν ἄχρι τελεσθῇ τὰ
N-AN-P DNMP AP-NM-P DGMP AP-GM-P AB VIAA--ZP CS VSAP--ZS DNNP

χίλια ἔτη. αὕτη ἡ ἀνάστασις ἡ πρώτη. 20.6 μακάριος
A-CNN-P N-NN-P APDNF-S/A-DNF-S DNFS N-NF-S DNFS A-ONF-S A--NM-S

καὶ ἅγιος ὁ ἔχων μέρος ἐν τῇ ἀναστάσει τῇ
CC A--NM-S DNMS☐NPNMZS&APRNM-S VPPANM-S N-AN-S PD DDFS N-DF-S DDFS

πρώτῃ· ἐπὶ τούτων ὁ δεύτερος θάνατος οὐκ ἔχει ἐξουσίαν,
A-ODF-S PG APDGM-P DNMS A-ONM-S N-NM-S AB VIPA--ZS N-AF-S

ἀλλ' ἔσονται ἱερεῖς τοῦ θεοῦ καὶ τοῦ Χριστοῦ, καὶ
CH VIFD--ZP N-NM-P DGMS N-GM-S CC DGMS N-GM-S CC

βασιλεύσουσιν μετ' αὐτοῦ [τὰ] χίλια ἔτη.
VIFA--ZP PG NPGMZS DANP A-CAN-P N-AN-P

20.7 Καὶ ὅταν τελεσθῇ τὰ χίλια ἔτη, λυθήσεται ὁ
CC CS VSAP--ZS DNNP A-CNN-P N-NN-P VIFP--ZS DNMS

Σατανᾶς ἐκ τῆς φυλακῆς αὐτοῦ, 20.8 καὶ ἐξελεύσεται πλανῆσαι
N-NM-S PG DGFS N-GF-S NPGMZS CC VIFD--ZS VNAA

τὰ ἔθνη τὰ ἐν ταῖς τέσσαρσιν γωνίαις τῆς γῆς, τὸν Γὼγ καὶ
DANP N-AN-P DANP PD DDFP A-CDF-P N-DF-P DGFS N-GF-S DAMS N-AM-S CC

Μαγώγ, συναγαγεῖν αὐτοὺς εἰς τὸν πόλεμον, ὧν ὁ ἀριθμὸς
N-AM-S VNAA NPRAMZP PA DAMS N-AM-S APRGM-P DNMS N-NM-S

αὐτῶν ὡς ἡ ἄμμος τῆς θαλάσσης. 20.9 καὶ ἀνέβησαν ἐπὶ τὸ
NPGMZP CS DNFS N-NF-S DGFS N-GF-S CC VIAA--ZP PA DANS

πλάτος τῆς γῆς καὶ ἐκύκλευσαν τὴν παρεμβολὴν τῶν ἁγίων καὶ
N-AN-S DGFS N-GF-S CC VIAA--ZP DAFS N-AF-S DGMP AP-GM-P CC

τὴν πόλιν τὴν ἠγαπημένην. καὶ κατέβη πῦρ ἐκ τοῦ
DAFS N-AF-S DAFS☐APRNF-S VPRPAF-S CC VIAA--ZS N-NN-S PG DGMS

οὐρανοῦ καὶ κατέφαγεν αὐτούς· 20.10 καὶ ὁ διάβολος
N-GM-S CC VIAA--ZS NPRAMZP CC DNMS AP-NM-S

ὁ πλανῶν αὐτοὺς ἐβλήθη εἰς τὴν λίμνην τοῦ πυρὸς καὶ
DNMS☐APRNM-S VPPANM-S NPRAMZP VIAP--ZS PA DAFS N-AF-S DGNS N-GN-S CC

θείου, ὅπου καὶ τὸ θηρίον καὶ ὁ ψευδοπροφήτης, καὶ
N-GN-S ABR AB DNNS N-NN-S CC DNMS N-NM-S CC

βασανισθήσονται ἡμέρας καὶ νυκτὸς εἰς τοὺς αἰῶνας τῶν
VIFP--ZP N-GF-S CC N-GF-S PA DAMP N-AM-P DGMP

αἰώνων.
N-GM-P

20.11 Καὶ εἶδον θρόνον μέγαν λευκὸν καὶ τὸν
CC VIAA--XS N-AM-S A--AM-S A--AM-S CC DAMS☐NPRAMZS&APRNM-S

καθήμενον ἐπ' αὐτόν, οὗ ἀπὸ τοῦ προσώπου ἔφυγεν ἡ γῆ
VPPNAM-S PA NPRAMZS APRGM-S PG DGNS N-GN-S VIAA--ZS DNFS N-NF-S

καὶ ὁ οὐρανός, καὶ τόπος οὐχ εὑρέθη αὐτοῖς. 20.12 καὶ εἶδον
CC DNMS N-NM-S CC N-NM-S AB VIAP--ZS NPDMZP CC VIAA--XS

τοὺς νεκρούς, τοὺς μεγάλους καὶ τοὺς μικρούς, ἑστῶτας ἐνώπιον
DAMP AP-AM-P   DAMP A--AM-P   CC DAMP A--AM-P   VPRAAM-P PG

τοῦ θρόνου, καὶ βιβλία ἠνοίχθησαν· καὶ ἄλλο βιβλίον ἠνοίχθη,
DGMS N-GM-S CC N-NN-P VIAP--ZP   CC A--NN-S N-NN-S VIAP--ZS

ὃ   ἔστιν τῆς ζωῆς· καὶ ἐκρίθησαν οἱ   νεκροὶ ἐκ
APRNN-S VIPA--ZS DGFS N-GF-S CC VIAP--ZP DNMP AP-NM-P PG

τῶν   γεγραμμένων ἐν τοῖς βιβλίοις κατὰ τὰ   ἔργα
DGNP□NPGNZP&APRNN-P VPRPGN-P PD DDNP N-DN-P   PA   DANP N-AN-P

αὐτῶν. 20.13 καὶ ἔδωκεν ἡ   θάλασσα τοὺς νεκροὺς τοὺς ἐν αὐτῇ,
NPGMZP   CC VIAA--ZS DNFS N-NF-S DAMP AP-AM-P DAMP PD NPDFZS

καὶ ὁ   θάνατος καὶ ὁ   ᾅδης ἔδωκαν τοὺς νεκροὺς τοὺς ἐν
CC DNMS N-NM-S CC DNMS N-NM-S VIAA--ZP DAMP AP-AM-P DAMP PD

αὐτοῖς, καὶ ἐκρίθησαν ἕκαστος κατὰ τὰ   ἔργα αὐτῶν. 20.14 καὶ
NPDMZP CC VIAP--ZP AP-NM-S PA DANP N-AN-P NPGMZP   CC

ὁ   θάνατος καὶ ὁ   ᾅδης ἐβλήθησαν εἰς τὴν λίμνην τοῦ πυρός.
DNMS N-NM-S CC DNMS N-NM-S VIAP--ZP PA DAFS N-AF-S DGNS N-GN-S

οὗτος ὁ   θάνατος ὁ   δεύτερός ἐστιν, ἡ   λίμνη τοῦ πυρός.
APDNM-S DNMS N-NM-S DNMS A-ONM-S VIPA--ZS DNFS N-NF-S DGNS N-GN-S

20.15 καὶ εἴ τις   οὐχ εὑρέθη ἐν τῇ   βίβλῳ τῆς ζωῆς
      CC CS APINM-S AB VIAP--ZS PD DDFS N-DF-S DGFS N-GF-S

γεγραμμένος ἐβλήθη εἰς τὴν λίμνην τοῦ πυρός.
VPRPNM-S   VIAP--ZS PA DAFS N-AF-S DGNS N-GN-S

21.1 Καὶ εἶδον ουρανὸν καινὸν καὶ γῆν καινήν· ὁ   γὰρ
     CC VIAA--XS N-AM-S A--AM-S CC N-AF-S A--AF-S DNMS CS

πρῶτος ουρανὸς καὶ ἡ   πρώτη γῆ   ἀπῆλθαν, καὶ ἡ   θάλασσα
A-ONM-S N-NM-S CC DNFS A-ONF-S N-NF-S VIAA--ZP CC DNFS N-NF-S

οὐκ ἔστιν ἔτι. 21.2 καὶ τὴν πόλιν τὴν ἁγίαν Ἰερουσαλὴμ καινὴν
AB VIPA--ZS AB   CC DAFS N-AF-S DAFS A--AF-S N-AF-S   A--AF-S

εἶδον   καταβαίνουσαν ἐκ τοῦ οὐρανοῦ ἀπὸ τοῦ θεοῦ,
VIAA--XS VPPAAF-S   PG DGMS N-GM-S PG DGMS N-GM-S

ἡτοιμασμένην ὡς νύμφην κεκοσμημένην τῷ   ἀνδρὶ αὐτῆς.
VPRPAF-S   CS N-AF-S VPRPAF-S   DDMS N-DM-S NPGFZS

21.3 καὶ ἤκουσα φωνῆς μεγάλης ἐκ τοῦ θρόνου λεγούσης, Ἰδοὺ
     CC VIAA--XS N-GF-S A--GF-S PG DGMS N-GM-S VPPAGF-S QS

ἡ   σκηνὴ τοῦ θεοῦ μετὰ τῶν ἀνθρώπων, καὶ σκηνώσει μετ'
DNFS N-NF-S DGMS N-GM-S PG DGMP N-GM-P   CC VIFA--ZS PG

αὐτῶν, καὶ αὐτοὶ λαοὶ αὐτοῦ ἔσονται, καὶ αὐτὸς ὁ   θεὸς μετ'
NPGMZP CC NPNMZP N-NM-P NPGMZS VIFD--ZP CC NPNMZS DNMS N-NM-S PG

αὐτῶν ἔσται, [αὐτῶν θεός,] 21.4 καὶ ἐξαλείψει πᾶν δάκρυον ἐκ
NPGMZP VIFD--ZS NPGMZP N-NM-S   CC VIFA--ZS A--AN-S N-AN-S PG

τῶν ὀφθαλμῶν αὐτῶν, καὶ ὁ   θάνατος οὐκ ἔσται ἔτι, οὔτε πένθος
DGMP N-GM-P NPGMZP CC DNMS N-NM-S AB VIFD--ZS AB CC N-NN-S

οὔτε κραυγὴ οὔτε πόνος οὐκ ἔσται ἔτι· [ὅτι] τὰ   πρῶτα ἀπῆλθαν.
CC N-NF-S CC N-NM-S AB VIFD--ZS AB CS DNNP APONN-P VIAA--ZP

21.5 Καὶ εἶπεν ὁ καθήμενος ἐπὶ τῷ θρόνῳ,
CC VIAA--ZS DNMS□NPNMZS&APRNM-S VPPNNM-S PD DDMS N-DM-S

Ἰδοὺ καινὰ ποιῶ πάντα. καὶ λέγει, Γράψον, ὅτι οὗτοι οἱ λόγοι
QS A--AN-P VIPA--XS AP-AN-P CC VIPA--ZS VMAA--YS CS A-DNM-P DNMP N-NM-P

πιστοὶ καὶ ἀληθινοί εἰσιν. **21.6** καὶ εἶπέν μοι, Γέγοναν. ἐγώ
A--NM-P CC A--NM-P VIPA--ZP CC VIAA--ZS NPD-XS VIRA--ZP NPN-XS

[εἰμι] τὸ Ἄλφα καὶ τὸ Ὦ, ἡ ἀρχὴ καὶ τὸ τέλος. ἐγὼ
VIPA--XS DNNS N-NN-S CC DNNS N-NN-S DNFS N-NF-S CC DNNS N-NN-S NPN-XS

τῷ διψῶντι δώσω ἐκ τῆς πηγῆς τοῦ ὕδατος τῆς
DDMS□NPDMZS&APRNM-S VPPADM-S VIFA--XS PG DGFS N-GF-S DGNS N-GN-S DGFS

ζωῆς δωρεάν. **21.7** ὁ νικῶν κληρονομήσει ταῦτα,
N-GF-S AB DNMS□NPNMZS&APRNM-S VPPANM-S VIFA--ZS APDAN-P

καὶ ἔσομαι αὐτῷ θεὸς καὶ αὐτὸς ἔσται μοι υἱός. **21.8** τοῖς δὲ
CC VIFD--XS NPDMZS N-NM-S CC NPNMZS VIFD--ZS NPD-XS N-NM-S DDMP CC

δειλοῖς καὶ ἀπίστοις καὶ ἐβδελυγμένοις καὶ φονεῦσιν καὶ πόρνοις
AP-DM-P CC AP-DM-P CC VPRNDM-P CC N-DM-P CC N-DM-P

καὶ φαρμάκοις καὶ εἰδωλολάτραις καὶ πᾶσιν τοῖς ψευδέσιν τὸ
CC N-DM-P CC N-DM-P CC A--DM-P DDMP AP-DM-P DNNS

μέρος αὐτῶν ἐν τῇ λίμνῃ τῇ καιομένῃ πυρὶ καὶ θείῳ,
N-NN-S NPGMZP PD DDFS N-DF-S DDFS□APRNF-S VPPPDF-S N-DN-S CC N-DN-S

ὅ ἐστιν ὁ θάνατος ὁ δεύτερος.
APRNN-S VIPA--ZS DNMS N-NM-S DNMS A-ONM-S

21.9 Καὶ ἦλθεν εἷς ἐκ τῶν ἑπτὰ ἀγγέλων τῶν
CC VIAA--ZS APCNM-S PG DGMP A-CGM-P N-GM-P DGMP□APRNM-P

ἐχόντων τὰς ἑπτὰ φιάλας, τῶν γεμόντων τῶν ἑπτὰ
VPPAGM-P DAFP A-CAF-P N-AF-P DGNP□APRNN-P VPPAGN-P DGFP A-CGF-P

πληγῶν τῶν ἐσχάτων, καὶ ἐλάλησεν μετ' ἐμοῦ λέγων, Δεῦρο,
N-GF-P DGFP A--GF-P CC VIAA--ZS PG NPG-XS VPPANM-S AB□VMAA--YS

δείξω σοι τὴν νύμφην τὴν γυναῖκα τοῦ ἀρνίου. **21.10** καὶ
VIFA--XS NPD-YS DAFS N-AF-S DAFS N-AF-S DGNS N-GN-S CC

ἀπήνεγκέν με ἐν πνεύματι ἐπὶ ὄρος μέγα καὶ ὑψηλόν, καὶ
VIAA--ZS NPA-XS PD N-DN-S PA N-AN-S A--AN-S CC A--AN-S CC

ἔδειξέν μοι τὴν πόλιν τὴν ἁγίαν Ἰερουσαλὴμ καταβαίνουσαν
VIAA--ZS NPD-XS DAFS N-AF-S DAFS A--AF-S N-AF-S VPPAAF-S

ἐκ τοῦ οὐρανοῦ ἀπὸ τοῦ θεοῦ, **21.11** ἔχουσαν τὴν δόξαν τοῦ
PG DGMS N-GM-S PG DGMS N-GM-S VPPAAF-S DAFS N-AF-S DGMS

θεοῦ· ὁ φωστὴρ αὐτῆς ὅμοιος λίθῳ τιμιωτάτῳ, ὡς λίθῳ ἰάσπιδι
N-GM-S DNMS N-NM-S NPGFZS A--NM-S N-DM-S A-SDM-S CS N-DM-S N-DF-S

κρυσταλλίζοντι· **21.12** ἔχουσα τεῖχος μέγα καὶ ὑψηλόν, ἔχουσα
VPPADM-S VPPANF-S N-AN-S A--AN-S CC A--AN-S VPPANF-S

πυλῶνας δώδεκα, καὶ ἐπὶ τοῖς πυλῶσιν ἀγγέλους δώδεκα, καὶ
N-AM-P A-CAM-P CC PD DDMP N-DM-P N-AM-P A-CAM-P CC

ὀνόματα ἐπιγεγραμμένα ἅ ἐστιν [τὰ ὀνόματα] τῶν δώδεκα
N-AN-P VPRPAN-P APRNN-P VIPA--ZS DNNP N-NN-S DGFP A-CGF-P

790

φυλῶν υἱῶν Ἰσραήλ· 21.13 ἀπὸ ἀνατολῆς πυλῶνες τρεῖς, καὶ ἀπὸ
N-GF-P N-GM-P N-GM-S PG N-GF-S N-NM-P A-CNM-P CC PG

βορρᾶ πυλῶνες τρεῖς, καὶ ἀπὸ νότου πυλῶνες τρεῖς, καὶ ἀπὸ
N-GM-S N-NM-P A-CNM-P CC PG N-GM-S N-NM-P A-CNM-P CC PG

δυσμῶν πυλῶνες τρεῖς· 21.14 καὶ τὸ τεῖχος τῆς πόλεως ἔχων
N-GF-P N-NM-P A-CNM-P CC DNNS N-NN-S DGFS N-GF-S VPPANM-S

θεμελίους δώδεκα, καὶ ἐπ᾽ αὐτῶν δώδεκα ὀνόματα τῶν δώδεκα
N-AM-P A-CAM-P CC PG NPGMZP A-CAN-P N-AN-P DGMP A-CGM-P

ἀποστόλων τοῦ ἀρνίου.
N-GM-P DGNS N-GN-S

21.15 Καὶ ὁ λαλῶν μετ᾽ ἐμοῦ εἶχεν μέτρον
CC DNMS□NPNMZS&APRNM-S VPPANM-S PG NPG-XS VIIA--ZS N-AN-S

κάλαμον χρυσοῦν, ἵνα μετρήσῃ τὴν πόλιν καὶ τοὺς πυλῶνας
N-AM-S A--AN-S CS VSAA--ZS DAFS N-AF-S CC DAMP N-AM-P

αὐτῆς καὶ τὸ τεῖχος αὐτῆς. 21.16 καὶ ἡ πόλις τετράγωνος
NPGFZS CC DANS N-AN-S NPGFZS CC DNFS N-NF-S A--NF-S

κεῖται, καὶ τὸ μῆκος αὐτῆς ὅσον [καὶ] τὸ πλάτος. καὶ
VIPN--ZS CC DNNS N-NN-S NPGFZS APRNN-S CC DNNS N-NN-S CC

ἐμέτρησεν τὴν πόλιν τῷ καλάμῳ ἐπὶ σταδίων δώδεκα χιλιάδων·
VIAA--ZS DAFS N-AF-S DDMS N-DM-S PG N-GM-P A-CGN-P N-GF-P

τὸ μῆκος καὶ τὸ πλάτος καὶ τὸ ὕψος αὐτῆς ἴσα ἐστίν.
DNNS N-NN-S CC DNNS N-NN-S CC DNNS N-NN-S NPGFZS A--NN-P VIPA--ZS

21.17 καὶ ἐμέτρησεν τὸ τεῖχος αὐτῆς ἑκατὸν τεσσεράκοντα
CC VIAA--ZS DANS N-AN-S NPGFZS A-CGM-P A-CGM-P

τεσσάρων πηχῶν, μέτρον ἀνθρώπου, ὅ ἐστιν ἀγγέλου.
A-CGM-P N-GM-P N-AN-S N-GM-S APRNN-S VIPA--ZS N-GM-S

21.18 καὶ ἡ ἐνδώμησις τοῦ τείχους αὐτῆς ἴασπις, καὶ ἡ πόλις
CC DNFS N-NF-S DGNS N-GN-S NPGFZS N-NF-S CC DNFS N-NF-S

χρυσίον καθαρὸν ὅμοιον ὑάλῳ καθαρῷ. 21.19 οἱ θεμέλιοι τοῦ
N-NN-S A--NN-S A--NN-S N-DM-S A--DM-S DNMP N-NM-P DGNS

τείχους τῆς πόλεως παντὶ λίθῳ τιμίῳ κεκοσμημένοι· ὁ θεμέλιος
N-GN-S DGFS N-GF-S A--DM-S N-DM-S A--DM-S VPRPNM-P DNMS N-NM-S

ὁ πρῶτος ἴασπις, ὁ δεύτερος σάπφιρος, ὁ τρίτος
DNMS A-ONM-S N-NF-S DNMS APONM-S N-NF-S DNMS APONM-S

χαλκηδών, ὁ τέταρτος σμάραγδος, 21.20 ὁ πέμπτος
N-NM-S DNMS APONM-S N-NM-S DNMS APONM-S

σαρδόνυξ, ὁ ἕκτος σάρδιον, ὁ ἕβδομος χρυσόλιθος, ὁ
N-NM-S DNMS APONM-S N-NN-S DNMS APONM-S N-NM-S DNMS

ὄγδοος βήρυλλος, ὁ ἔνατος τοπάζιον, ὁ δέκατος
APONM-S N-NM-S DNMS APONM-S N-NN-S DNMS APONM-S

χρυσόπρασος, ὁ ἑνδέκατος ὑάκινθος, ὁ δωδέκατος
N-NM-S DNMS APONM-S N-NM-S DNMS APONM-S

ἀμέθυστος. 21.21 καὶ οἱ δώδεκα πυλῶνες δώδεκα μαργαρῖται,
N-NF-S CC DNMP A-CNM-P N-NM-P A-CNM-P N-NM-P

ἀνὰ εἷς ἕκαστος τῶν πυλώνων ἦν ἐξ ἑνὸς μαργαρίτου. καὶ
AB APCNM-S A--NM-S DGMP N-GM-P VIIA--ZS PG A-CGM-S N-GM-S CC

ἡ πλατεῖα τῆς πόλεως χρυσίον καθαρὸν ὡς ὕαλος διαυγής.
DNFS AP-NF-S DGFS N-GF-S N-NN-S A--NN-S CS N-NM-S A--NM-S

21.22 Καὶ ναὸν οὐκ εἶδον ἐν αὐτῇ, ὁ γὰρ κύριος ὁ θεὸς
CC N-AM-S AB VIAA--XS PD NPDFZS DNMS CS N-NM-S DNMS N-NM-S

ὁ παντοκράτωρ ναός αὐτῆς ἐστιν, καὶ τὸ ἀρνίον. 21.23 καὶ
DNMS N-NM-S N-NM-S NPGFZS VIPA--ZS CC DNNS N-NN-S CC

ἡ πόλις οὐ χρείαν ἔχει τοῦ ἡλίου οὐδὲ τῆς σελήνης, ἵνα
DNFS N-NF-S AB N-AF-S VIPA--ZS DGMS N-GM-S CC DGFS N-GF-S CS

φαίνωσιν αὐτῇ, ἡ γὰρ δόξα τοῦ θεοῦ ἐφώτισεν αὐτήν, καὶ ὁ
VSPA--ZP NPDFZS DNFS CS N-NF-S DGMS N-GM-S VIAA--ZS NPAFZS CC DNMS

λύχνος αὐτῆς τὸ ἀρνίον. 21.24 καὶ περιπατήσουσιν τὰ ἔθνη
N-NM-S NPGFZS DNNS N-NN-S CC VIFA--ZP DNNP N-NN-P

διὰ τοῦ φωτὸς αὐτῆς· καὶ οἱ βασιλεῖς τῆς γῆς φέρουσιν τὴν
PG DGNS N-GN-S NPGFZS CC DNMP N-NM-P DGFS N-GF-S VIPA--ZP DAFS

δόξαν αὐτῶν εἰς αὐτήν· 21.25 καὶ οἱ πυλῶνες αὐτῆς οὐ μὴ
N-AF-S NPGMZP PA NPAFZS CC DNMP N-NM-P NPGFZS AB AB

κλεισθῶσιν ἡμέρας, νὺξ γὰρ οὐκ ἔσται ἐκεῖ· 21.26 καὶ οἴσουσιν
VSAP--ZP N-GF-S N-NF-S CS AB VIFD--ZS AB CC VIFA--ZP

τὴν δόξαν καὶ τὴν τιμὴν τῶν ἐθνῶν εἰς αὐτήν. 21.27 καὶ οὐ μὴ
DAFS N-AF-S CC DAFS N-AF-S DGNP N-GN-P PA NPAFZS CC AB AB

εἰσέλθῃ εἰς αὐτήν πᾶν κοινὸν καὶ [ὁ] ποιῶν
VSAA--ZS PA NPAFZS A--NN-S AP-NN-S CC DNMS□NPNMZS&APRNM-S VPPANM-S

βδέλυγμα καὶ ψεῦδος, εἰ μὴ οἱ γεγραμμένοι ἐν τῷ
N-AN-S CC N-AN-S CS AB DNMP□NPNMZP&APRNM-P VPRPNM-P PD DDNS

βιβλίῳ τῆς ζωῆς τοῦ ἀρνίου.
N-DN-S DGFS N-GF-S DGNS N-GN-S

22.1 Καὶ ἔδειξέν μοι ποταμὸν ὕδατος ζωῆς λαμπρὸν ὡς
CC VIAA--ZS NPD-XS N-AM-S N-GN-S N-GF-S A--AM-S CS

κρύσταλλον, ἐκπορευόμενον ἐκ τοῦ θρόνου τοῦ θεοῦ καὶ τοῦ
N-AM-S VPPNAM-S PG DGMS N-GM-S DGMS N-GM-S CC DGNS

ἀρνίου. 22.2 ἐν μέσῳ τῆς πλατείας αὐτῆς καὶ τοῦ ποταμοῦ
N-GN-S PD AP-DN-S DGFS AP-GF-S NPGFZS CC DGMS N-GM-S

ἐντεῦθεν καὶ ἐκεῖθεν ξύλον ζωῆς ποιοῦν καρποὺς δώδεκα, κατὰ
AB CC AB N-NN-S N-GF-S VPPANN-S N-AM-P A-CAM-P PA

μῆνα ἕκαστον ἀποδιδοῦν τὸν καρπὸν αὐτοῦ, καὶ τὰ φύλλα τοῦ
N-AM-S A--AM-S VPPANN-S DAMS N-AM-S NPGNZS CC DNNP N-NN-P DGNS

ξύλου εἰς θεραπείαν τῶν ἐθνῶν. 22.3 καὶ πᾶν κατάθεμα οὐκ
N-GN-S PA N-AF-S DGNP N-GN-P CC A--NN-S N-NN-S AB

ἔσται ἔτι. καὶ ὁ θρόνος τοῦ θεοῦ καὶ τοῦ ἀρνίου ἐν αὐτῇ ἔσται,
VIFD--ZS AB CC DNMS N-NM-S DGMS N-GM-S CC DGNS N-GN-S PD NPDFZS VIFD--ZS

καὶ οἱ δοῦλοι αὐτοῦ λατρεύσουσιν αὐτῷ, 22.4 καὶ ὄψονται τὸ
CC DNMP N-NM-P NPGMZS VIFA--ZP NPDMZS CC VIFD--ZP DANS

πρόσωπον αὐτοῦ, καὶ τὸ ὄνομα αὐτοῦ ἐπὶ τῶν μετώπων αὐτῶν.
N-AN-S NPGMZS CC DNNS N-NN-S NPGMZS PG DGNP N-GN-P NPGMZP

22.5 καὶ νὺξ οὐκ ἔσται ἔτι, καὶ οὐκ ἔχουσιν χρείαν φωτὸς λύχνου
CC N-NF-S AB VIFD--ZS AB CC AB VIPA--ZP N-AF-S N-GN-S N-GM-S

καὶ φωτὸς ἡλίου, ὅτι κύριος ὁ θεὸς φωτίσει ἐπ᾽ αὐτούς, καὶ
CC N-GN-S N-GM-S CS N-NM-S DNMS N-NM-S VIFA--ZS PA NPAMZP CC

βασιλεύσουσιν εἰς τοὺς αἰῶνας τῶν αἰώνων.
VIFA--ZP PA DAMP N-AM-P DGMP N-GM-P

22.6 Καὶ εἶπέν μοι, Οὗτοι οἱ λόγοι πιστοὶ καὶ ἀληθινοί, καὶ
CC VIAA--ZS NPD-XS A-DNM-P DNMP N-NM-P A--NM-P CC A--NM-P CC

ὁ κύριος, ὁ θεὸς τῶν πνευμάτων τῶν προφητῶν, ἀπέστειλεν
DNMS N-NM-S DNMS N-NM-S DGNP N-GN-P DGMP N-GM-P VIAA--ZS

τὸν ἄγγελον αὐτοῦ δεῖξαι τοῖς δούλοις αὐτοῦ ἃ
DAMS N-AM-S NPGMZS VNAA DDMP N-DM-P NPGMZS APRAN-P□APDAN-P&APRAN-P

δεῖ γενέσθαι ἐν τάχει. 22.7 καὶ ἰδοὺ ἔρχομαι ταχύ. μακάριος
VIPA--ZS VNAD PD N-DN-S CC QS VIPN--XS AP-AN-S□AB A--NM-S

ὁ τηρῶν τοὺς λόγους τῆς προφητείας τοῦ βιβλίου
DNMS□NPNMZS&APRNM-S VPPANM-S DAMP N-AM-P DGFS N-GF-S DGNS N-GN-S

τούτου.
A-DGN-S

22.8 Κἀγὼ Ἰωάννης ὁ ἀκούων καὶ βλέπων ταῦτα.
CC&NPN-XS N-NM-S DNMS□APRNMXS VPPANMXS CC VPPANMXS APDAN-P

καὶ ὅτε ἤκουσα καὶ ἔβλεψα, ἔπεσα προσκυνῆσαι ἔμπροσθεν τῶν
CC CS VIAA--XS CC VIAA--XS VIAA--XS VNAA PG DGMP

ποδῶν τοῦ ἀγγέλου τοῦ δεικνύοντός μοι ταῦτα. 22.9 καὶ
N-GM-P DGMS N-GM-S DGMS□APRNM-S VPPAGM-S NPD-XS APDAN-P CC

λέγει μοι, Ὅρα μή· σύνδουλός σού εἰμι καὶ τῶν ἀδελφῶν
VIPA--ZS NPD-XS VMPA--YS AB N-NM-S NPG-YS VIPA--XS CC DGMP N-GM-P

σου τῶν προφητῶν καὶ τῶν τηρούντων τοὺς λόγους
NPG-YS DGMP N-GM-P CC DGMP□NPGMZP&APRNM-P VPPAGM-P DAMP N-AM-P

τοῦ βιβλίου τούτου· τῷ θεῷ προσκύνησον. 22.10 καὶ λέγει μοι,
DGNS N-GN-S A-DGN-S DDMS N-DM-S VMAA--YS CC VIPA--ZS NPD-XS

Μὴ σφραγίσῃς τοὺς λόγους τῆς προφητείας τοῦ βιβλίου
AB · VSAA--YS□VMAA--YS DAMP N-AM-P DGFS N-GF-S DGNS N-GN-S

τούτου, ὁ καιρὸς γὰρ ἐγγύς ἐστιν. 22.11 ὁ
A-DGN-S DNMS N-NM-S CS AB VIPA--ZS DNMS□NPNMZS&APRNM-S

ἀδικῶν ἀδικησάτω ἔτι, καὶ ὁ ῥυπαρὸς ῥυπανθήτω ἔτι, καὶ ὁ
VPPANM-S VMAA--ZS AB CC DNMS AP-NM-S VMAP--ZS AB CC DNMS

δίκαιος δικαιοσύνην ποιησάτω ἔτι, καὶ ὁ ἅγιος ἁγιασθήτω ἔτι.
AP-NM-S N-AF-S VMAA--ZS AB CC DNMS AP-NM-S VMAP--ZS AB

22.12 Ἰδοὺ ἔρχομαι ταχύ, καὶ ὁ μισθός μου μετ᾽ ἐμοῦ,
QS VIPN--XS AP-AN-S□AB CC DNMS N-NM-S NPG-XS PG NPG-XS

ἀποδοῦναι ἑκάστῳ ὡς τὸ ἔργον ἐστὶν αὐτοῦ. 22.13 ἐγὼ τὸ
VNAA AP-DM-S CS DNNS N-NN-S VIPA--ZS NPGMZS NPN-XS DNNS

Ἄλφα καὶ τὸ Ὦ, ὁ πρῶτος καὶ ὁ ἔσχατος, ἡ ἀρχὴ καὶ
N-NN-S CC DNNS N-NN-S DNMS APONM-S CC DNMS AP-NM-S DNFS N-NF-S CC

τὸ τέλος.
DNNS N-NN-S

22.14 Μακάριοι οἱ πλύνοντες τὰς στολὰς
A--NM-P DNMP□NPNMZP&APRNM-P VPPANM-P DAFP N-AF-P

αὐτῶν, ἵνα ἔσται ἡ ἐξουσία αὐτῶν ἐπὶ τὸ ξύλον τῆς ζωῆς καὶ
NPGMZP CS VIFD--ZS DNFS N-NF-S NPGMZP PA DANS N-AN-S DGFS N-GF-S CC

τοῖς πυλῶσιν εἰσέλθωσιν εἰς τὴν πόλιν. 22.15 ἔξω οἱ κύνες καὶ
DDMP N-DM-P VSAA--ZP PA DAFS N-AF-S AB DNMP N-NM-P CC

οἱ φάρμακοι καὶ οἱ πόρνοι καὶ οἱ φονεῖς καὶ οἱ
DNMP N-NM-P CC DNMP N-NM-P CC DNMP N-NM-P CC DNMP

εἰδωλολάτραι καὶ πᾶς φιλῶν καὶ ποιῶν ψεῦδος.
N-NM-P CC AP-NM-S VPPANM-S CC VPPANM-S N-AN-S

22.16 Ἐγὼ Ἰησοῦς ἔπεμψα τὸν ἄγγελόν μου μαρτυρῆσαι
NPN-XS N-NM-S VIAA--XS DAMS N-AM-S NPG-XS VNAA

ὑμῖν ταῦτα ἐπὶ ταῖς ἐκκλησίαις. ἐγώ εἰμι ἡ ῥίζα καὶ τὸ
NPD-YP APDAN-P PD DDFP N-DF-P NPN-XS VIPA--XS DNFS N-NF-S CC DNNS

γένος Δαυίδ, ὁ ἀστὴρ ὁ λαμπρὸς ὁ πρωϊνός. 22.17 Καὶ
N-NN-S N-GM-S DNMS N-NM-S DNMS A--NM-S DNMS A--NM-S CC

τὸ πνεῦμα καὶ ἡ νύμφη λέγουσιν, Ἔρχου. καὶ
DNNS N-NN-S CC DNFS N-NF-S VIPA--ZP VMPN--YS CC

ὁ ἀκούων εἰπάτω, Ἔρχου. καὶ ὁ
DNMS□NPNMZS&APRNM-S VPPANM-S VMAA--ZS VMPN--YS CC DNMS□NPNMZS&APRNM-S

διψῶν ἐρχέσθω, ὁ θέλων λαβέτω ὕδωρ ζωῆς
VPPANM-S VMPN--ZS DNMS□NPNMZS&APRNM-S VPPANM-S VMAA--ZS N-AN-S N-GF-S

δωρεάν.
AB

22.18 Μαρτυρῶ ἐγὼ παντὶ τῷ ἀκούοντι τοὺς λόγους
VIPA--XS NPN-XS AP-DM-S DDMS□APRNM-S VPPADM-S DAMP N-AM-P

τῆς προφητείας τοῦ βιβλίου τούτου· ἐάν τις ἐπιθῇ ἐπ᾽ αὐτά,
DGFS N-GF-S DGNS N-GN-S A-DGN-S CS APINM-S VSAA--ZS PA NPANZP

ἐπιθήσει ὁ θεὸς ἐπ᾽ αὐτὸν τὰς πληγὰς τὰς γεγραμμένας
VIFA--ZS DNMS N-NM-S PA NPAMZS DAFP N-AF-P DAFP□APRNF-P VPRPAF-P

ἐν τῷ βιβλίῳ τούτῳ· 22.19 καὶ ἐάν τις ἀφέλῃ ἀπὸ τῶν λόγων
PD DDNS N-DN-S A-DDN-S CC CS APINM-S VSAA--ZS PG DGMP N-GM-P

τοῦ βιβλίου τῆς προφητείας ταύτης, ἀφελεῖ ὁ θεὸς τὸ μέρος
DGNS N-GN-S DGFS N-GF-S A-DGF-S VIFA--ZS DNMS N-NM-S DANS N-AN-S

αὐτοῦ ἀπὸ τοῦ ξύλου τῆς ζωῆς καὶ ἐκ τῆς πόλεως τῆς ἁγίας,
NPGMZS PG DGNS N-GN-S DGFS N-GF-S CC PG DGFS N-GF-S DGFS A--GF-S

τῶν γεγραμμένων ἐν τῷ βιβλίῳ τούτῳ.
DGMP□APRNM-P VPRPGM-P PD DDNS N-DN-S A-DDN-S

22.20 Λέγει ὁ μαρτυρῶν ταῦτα, Ναί, ἔρχομαι
VIPA--ZS DNMS□NPNMZS&APRNM-S VPPANM-S APDAN-P QS VIPN--XS

ταχύ.   Ἀμήν, ἔρχου, κύριε Ἰησοῦ.
AP-AN-S□AB QS   VMPN--YS N-VM-S   N-VM-S

22.21 Ἡ χάρις τοῦ κυρίου Ἰησοῦ μετὰ πάντων.
      DNFS N-NF-S DGMS N-GM-S N-GM-S PG   AP-GM-P

APPENDIX
THE GRAMMATICAL ANALYSIS

APPENDIX

Epilogue 12

Lists

The grammatical analysis in the *Analytical Greek New Testament* is both traditional and innovative, both transparent and opaque. The explanatory comments that follow, intended to open for scrutiny the very assumptions that underlie the analysis, are as valuable as the analysis itself. One need only know as much Greek grammar as is taught in an introductory course in order to understand this discussion. The material has been thoroughly outlined, and this outline appears separately above, to enable the reader to locate and consult a specific point as quickly as possible.

Those who contributed to the initial analysis, as well as those who helped to check it, are scholars in their own right, whose work reflects years of experience with the Greek text. In the course of their work on this analysis, they have drawn on such standard scholarly works as the following: *Concordance to the Greek Testament* by Moulton, Geden, and Moulton; *Greek Grammar of the New Testament* by Blass, Debrunner, and Funk; *A Grammar of the Greek New Testament* by Robertson; *Greek Grammar* by Smyth; *Greek-English Lexicon* by Liddell, Scott, and Jones; *A Greek-English Lexicon of the New Testament* by Bauer, Arndt, Gingrich, and Danker; and *The Vocabulary of the Greek New Testament* by Moulton and Milligan.[1] References will be made to some of these volumes below.

1 Scope of the Analysis

1.1 Morphological Information

The grammatical analysis represents considerations at a number of levels. The first and most basic is the morphological, which information is found within the word itself. This includes information which is distinctive for a given form when viewed from the whole of a

---

1. W. F. Moulton, A. S. Geden, and H. K. Moulton, eds., *A Concordance to the Greek Testament,* 5th ed. (Edinburgh: T. & T. Clark, 1978); F. W. Blass, A. Debrunner, and Robert W. Funk, *A Greek Grammar of the New Testament* (Chicago: University of Chicago, 1961); A. T. Robertson, *A Grammar of the Greek New Testament,* 2d ed. (Nashville: Broadman, 1934); Herbert Weir Smyth, *Greek Grammar* (Cambridge, Mass.: Harvard University, 1956); Henry George Liddell, Robert Scott, and Henry Stuart Jones, *A Greek-English Lexicon,* 9th ed. (New York: Oxford University, 1940); Walter Bauer, William F. Arndt, F. Wilbur Gingrich, and Frederick W. Danker, *A Greek-English Lexicon of the New Testament and Other Early Christian Literature,* 2d ed. (Chicago: University of Chicago, 1979); and J. H. Moulton and G. Milligan, *The Vocabulary of the Greek Testament Illustrated from the Papyri* (Grand Rapids: Eerdmans, 1952).

paradigm. For example, ἀγαθός is distinctively nominative in case and singular in number. This morphological information is usually straightforward and noncontroversial.

1.2 Sentence-Level Information

The analysis goes beyond the word itself to take into account sentence-level information. An unusually large number of Greek words are ambiguous with respect to certain information when taken by themselves, but perfectly distinct when their position and function within the sentence are considered. For example, ἑαυτῶν is distinctively genitive and plural even in isolation, but its gender remains ambiguous until it is viewed as part of a sentence. Similarly λέγετε in isolation can be identified as present tense, active voice, second-person plural, but whether it is indicative or imperative depends on its use in the sentence.

1.3 Discourse-Level Information

But not even sentences are the upper limit of the necessary context. The entire discourse gives meaning to its constituent parts. For example, the following sentence is ambiguous apart from the larger context: "David was too far away to see." It may mean that David was too far away "for anyone to see him" or "for him to see anyone." The larger context settles the matter. "Martha scanned the area in vain. David was too far away to see." So context of the wider sort (discourse) affects meaning as crucially as does that of the narrower sort (sentence). The analysis in this work is sensitive to discourse.

The idea that we speak not only words and sentences but also whole discourses has been demonstrated by recent studies. These discourses, whether an exchange over the back fence about the weather or a formal, lengthy New Testament letter, have discernible structure. As speakers and writers we are largely unconscious of this structure and of the principles of structuring meaning that operate in our language. As hearers and readers we are equally unconscious of these principles that we, like the speaker and writer, have internalized; we need not consciously analyze their discourse because this process is second nature to us.

A problem arises, however, when communication is across languages. A number of universal principles of discourse structure do exist, applicable here or there and now or then. But each language has its own particular set of communication principles, which work perfectly for that language but which may confuse or frustrate interlanguage communication.

As English-speaking students of New Testament Greek texts, we must be aware of the differences between the organizing principles of our language and those of the New Testament writers. They include the time-honored observations gathered together in our grammars and lexicons. They also include principles operating over wider spans of discourse, which have only more recently come under scrutiny. This volume reflects discourse principles, especially in its analysis of conjunctions and particles, as becomes apparent in the discussion below.

Those interested in pursuing discourse analysis further would do well to refer to two books coauthored by John Beekman and John Callow: *Translating the Word of God* and *The Semantic Structure of Written Communication.*[2] The former approaches principles of communication through English translations of Scripture, though it draws illustrations from many of the world's languages. The latter deals with general discourse principles and those

---

2. *Translating the Word of God* (Grand Rapids: Zondervan, 1974). *The Semantic Structure of Written Communication* is available from the Summer Institute of Linguistics, Dallas, Texas.

principles specific to Koine Greek. Though handling some theoretical questions, it is primarily a practical manual.

1.4 Semantic Structure

In the explanations that follow we maintain a distinction between grammatical structure (surface structure, or the Greek sentence) on the one hand, and semantic structure (underlying structure, or the Greek proposition) on the other. What we read on the page of our Greek texts is the visible (alternately, audible) code of some particular message. These sentences, grammatical or surface structures, merely encode a message. They are not, properly speaking, the message itself, though there is no message apart from them. Units of this surface code are used to carry the author's message or meaning. The contents carried by the code are variously called the meaning or semantic structure. Because there is not always a one-to-one correspondence between what we have to say and how we say it, we need to speak about both.

Consider this illustration: Four people—a husband and wife, their son, and a guest—are sitting in a very hot room. The guest says to his hostess, "It's a little warm in here." Grammatically this is a statement or declaration; semantically it is a request for some cool air. The hostess turns to her husband and asks, "Would you open the window?" Grammatically her utterance is a question, semantically a request. The husband in turn says to his son, "Open the window!" This is both grammatically and semantically a request. The same request, then, is expressed by three grammatical structures, each socially appropriate to the speaker-hearer pair.

2 Simple Tags in the Analysis

Everything we wish to say about each Greek word is condensed in an identification "tag." The abbreviations and symbols appearing in the tags are interpreted in the chart on page xvi. A given letter does not by itself uniquely represent some given information. It is the combination of a given letter and a given place in the tag, taken together with the initial letter in the tag, that uniquely represents a particular piece of information. For example, an A in the third position of a tag beginning with N (noun) represents *accusative case* while an A in the third position of a tag beginning with V (verb) represents *aorist tense*.

Every tag is one or another of seven major grammatical categories: noun, verb, adjective, determiner (definite article), preposition, conjunction, and particle. Whereas given tags must be uniquely one or another of these grammatical categories, Greek *words* may be now this and now that. For example, καί may be either of two types of conjunction, CC (coordinating) or CH (superordinating), or it may be an adverb, AB. Similarly ᾧ may be a verb, VSPA--XS; a particle, QS; or a noun, N-NN-S. This latter example is, of course, a case of homonymy.

Within each of the seven categories, left-to-right order is significant. We surveyed a sampling of Greek professors to determine a standard or traditional parsing order, but we found no consensus whatever. The order we chose reflects (from left to right) descending significance for grammatical studies. The verb, for example, is more likely to be studied for its divisions of mood and tense than for its divisions into person and number.

The hyphen (-) is significant as a place holder. Hyphens at the end of a tag are dropped off. Thus a simple adverb, fully tagged AB-----, appears simply as AB. A verb tag with potentially eight slots may, if it represents an infinitive, have only the first four (e.g., VNAA for VNAA----).

3 Complex Tags in the Analysis

Some Greek words are described not with a simple tag but with a combination of simple tags that we call complex tags. These can best be introduced by the symbols that join their constituent simple parts.

3.1 Complex Tags with a Slash (/)

The slash (/) is to be read "or." It joins alternatives between which the reader must choose for himself. Even when resorting to the larger discourse, one finds that a number of ambiguities persist. In a number of cases, for example, καί must be tagged AB/CC; the context allows one to interpret καί as either an adverb ("even, also, indeed") or a conjunction ("and").

The slash is also used when editorial bracketing within a word results in differing tags. The tag for the full word (including the bracketed letters) is given first, followed by the tag for the word excluding the bracketed letters; that is, full form first, then partial form. Examples follow: [δ]έδωκας, VIRA--YS/VIAA-YS; ἀνοιγ[ησ]εται, VIFP--ZS/VIPP--ZS; and αὐτό[ν], NPAMZS/NPANZS.

3.2 Complex Tags with a Dagger (†)

The dagger, also to be read "or," is used in that very small number of cases where a difference of *accent* would produce another contextually acceptable tag or where a change of *punctuation* calls for a different tag. In both cases the tag that goes with the accenting or punctuation as supplied by the editors occurs first, followed by the dagger and then the tag permitted by the change of accent or punctuation. As an example of the former, some contexts would permit κρινω to be either present (κρίνω) or future tense (κρινῶ). If κρίνω is the editors' choice, the tag reads VIPA--XS†VIFA--XS. An example of the latter case is ἀναπαύεσθε in Matthew 26.45. The editorial choice of question punctuation makes one tag appropriate (VIPM--YP); statement punctuation would make another tag appropriate (VMPM--YP). One other situation in which the dagger belongs involves the few cases where convention has the word written together when taken as a conjunction (e.g., ὅτι) but separated when taken as a relative pronoun (ὅ τι). Should both be possible in a given context, the editors' choice again precedes the dagger.

3.3 Complex Tags with a Box (□)

A square or box symbol is to be read "used as" or "functions as." It is the most frequent connector in complex tags. Some grammarians may say that any word must always be used as only one part of speech, but speakers of natural languages do otherwise, whether they know it or not. This symbol allows for an analysis of these cases. Some may question why, if grammatical form X functions as grammatical form Y, we do not simply call it Y? The reason is this: others argue that form is more important than function. In solving this problem we have not imposed one solution on all Greek New Testament vocabulary, nor have we generally decided the matter item by item. We have instead made most of our choices class by class. If there is any rule of thumb, it is this: if a use is exceptional, it receives a complex tag with the box symbol (X□Y); if regular, a simple tag. The examples that follow will clarify this point.

A number of Greek words sometimes serve to relate a noun phrase to the rest of the sentence, at other times seem to stand alone as modifiers of the verb. In the former case they are traditionally called *prepositions;* in the latter, *adverbs.* We accept this distinction. When ἔξω is followed by τῆς πόλεως, it is a preposition and therefore tagged PG; when it stands alone, it is an adverb of place (as in Acts 5.34) and is tagged AB. This is a systematic difference and thus receives systematic treatment. Either AB□PG or PG□AB would be inappropriate. There are other times, however, when ἔξω acts as an adjective: e.g., τὰς ἔξω πόλεις (Acts 26.11). In this case it receives a functional analysis: AB□A--AF-P.

The box symbol may infrequently be read as "irregularly used as." One example is when εἰς is used indeclinably following κατά, a preposition governing the accusative case. In this situation καθ' is tagged PA, εἰς APCNM-S□APCAM-S.

As the analysis of each part of speech is introduced below, the most important instances of the box symbol will be explained and illustrated.

3.4 Complex Tags with an Ampersand (&)

The ampersand joins simple tags in cases of crasis and analogous instances requiring two simple tags. Κἀγώ (for καί and ἐγώ) can be analyzed as AB&NPN-XS if the καί element is taken as an adverb, or as CC&NPN-XS if taken as a conjunction. Τοὐναντίον similarly is tagged DANS&AP-AN-S. In some cases analogous to crasis a single Greek word is best described by two simple tags: οὐδέ is usually either CC ("neither, nor") or AB ("not even"). In a few cases it is given the tag CC&AB to represent "nor [CC] even [AB]."

3.5 Complex Tags of More Than Two Simple Tags

In addition to complex tags consisting of two simple tags, there are analyses consisting of more than two. Two examples follow: (1) Μόνον (Matthew 10.42) may be taken as modifying ἕνα ("only one"), ποτήριον ("only a cup"), or the verb ποτίσῃ ("only gives to drink"). Thus the tag A--AM-S/A--AN-S/AP-AN-S□AB. (2) In Mark 4.28 πλήρη[ς], the final letter bracketed by editors of *The Greek New Testament*, has been tagged A--NM-S□A--AM-S/A--AM-S. That is, πλήρης is analyzed as A--NM-S□A--AM-S (a nominative-case adjective functioning to modify an accusative-case noun, σῖτον); πλήρη as A--AM-S.

3.6 Order Within Complex Tags

The order of complex tags with □ is fixed: the analysis of form precedes that of function. Tags with & reflect the order either of the Greek words joined by crasis or of the tags themselves. Tags with † begin with the form represented in the text, then proceed to the variant. The general rule for tags with / is to alphabetize the tags. (The hyphen [-] used as a place marker is alphabetized following Z.)

There are, however, exceptions to this order. If two words each permit two analyses, and if alternative A for word 1 agrees only with alternative X for word 2, and alternative B only with alternative Y, then the analyses are paired accordingly, the alphabetical rule notwithstanding. For example, the tag for γλυκὺ in James 3.12 is A--AN-S/AP-AN-S. The context, with tags, is: ἁλυκὸν (AP-NN-S/A--NN-S) γλυκὺ (A--AN-S/AP-AN-S) ποιῆσαι (VNAA) ὕδωρ (N-AN-S/ N-NN-S). Either ἁλυκὸν stands alone as a nominative substantive and γλυκὺ modifies ὕδωρ, or ἁλυκὸν modifies ὕδωρ and γλυκὺ stands alone as an accusative substantive.

The alphabetical order is also broken when a simple choice X stands as an alternate to a complex choice Y□Z. In such cases the simple, single tag is given first. For example, this tag for μόνον, A--AM-S/AP-AN-S□AB, gives the simple, accusative-modifying analysis before the complex adjective-used-as-adverb analysis.

3.7 Tags with an Implied Choice

In four situations a slash is warranted in the tag but is only implied; that is, X□Y when X/X□Y might be expected.

3.71 Future Used as Imperative. The first of these situations is when the future form of a verb is used as an imperative. Probably the least controversial of these is in the frequent command, "Love your neighbor as yourself." The verb is ἀγαπήσεις, VIFA--XS□VMPA--YS. Few would argue that this is a simple future, predicting that you will love your neighbor at some future time. It is a command the mood and tense of which reflect Hebrew influence. We have analyzed scores of second- and third-person future verbs as having an imperatival function. If these verbs were placed in a continuum from those most certain to have imperatival force (ἀγαπήσεις above) to those least certain to have such force (possibly "You will say [ἐρεῖτε] to this mountain . . ."), each reader would undoubtedly draw the dividing line between acceptable and unacceptable cases at a different point. Rather than add the future alternative (e.g., VIFA--YS/VIFA--YS□VMPA--YS), we announce our practice and urge the reader to make his own judgments. (See the discussion below on verbs for further comments.)

3.72 Negative Subjunctive Used as Imperative. A second situation in which a slash is implied in the tag is the negative subjunctive used as an imperative. The aorist subjunctive following μή is widely taken as the aorist imperative of prohibition. A few of these can be taken as simple subjunctives. We have left the ambiguous cases as subjunctive used as imperative, leaving the slash implicit (e.g., VSAA--YS□VMAA--YS). The many negative subjunctives that cannot be taken as direct prohibitions, including many indirect prohibitions following ἵνα, we have left as subjunctives. In addition to the aorist subjunctive following μή is the subjunctive that follows οὐ μή. These are usually taken as strong future denials. In a number of instances (e.g., Luke 1.15), we analyze the construction as an imperative and leave the slash implicit.

3.73 Participle Used as Imperative. There is also a continuum of acceptance for "imperatival participles," the tags for which begin with VR. Few disagree that Acts 22.10 should be read as two commands, "Get up and go," even though the first word is a participle. But there are less certain cases that we leave to the reader to find and evaluate. Many VR tags may be read VP/VR. Imperative participles are discussed further in 5.13 below.

3.74 Periphrastics. The last kind of construction that we do not mark with an overt slash but with which we urge the reader to infer a slash according to his understanding of the construction, is the periphrastic. There is little doubt that Koine Greek used a colorless finite verb plus participle to express meanings that formerly had been expressed only by a single finite verb carrying its own content. Again it is the degree of acceptance of this or that construction as periphrastic that has guided us in presenting such constructions here as implied choices. We leave the reader to draw his own line between acceptable and unacceptable cases. (See the discussion in 5.6 below for more on periphrastics.)

We must include a few comments on some things we *do not* include. First, we do not allow expression of intermediate function, which would require a tag of this sort: X□Y□Z. Πρότερον, tagged A-MAN-S□A-MAF-P in Hebrews 10.32, would otherwise have been APMAN-S□ABM□A-MAF-P, the first unit representing the word's form, the second its general function, and the third its particular function here. Second, we do not try to improve an author's grammar. Except for the few types noted above, we do not try to say how it should have been. With relative pronouns, however, we do show the case before attraction takes place. This is limited to case and does not include gender or number attraction or anticipation.

The limitation of our analysis to individual words (with a few phrase exceptions to be noted below) may leave the impression of inconsistent analyses of recurring forms. But the impression is false. For instance, $\pi\rho\hat{\omega}\tau o\nu$ as a neuter, singular adjective is very frequently used adverbially, which use we analyze as APOAN-S□AB. A few times it appears with a preceding $\tau\acute{o}$, with the words together functioning adverbially (as in John 10.40). The tags, however, are given to individual words, neither of which functions, by itself, as an adverb: $\tau\grave{o}$ (DANS) $\pi\rho\hat{\omega}\tau o\nu$ (APOAN-S).

3.8 Related Tags: The Plus Sign (+)

The plus symbol is used, not to connect simple tags for individual words, but to show a close relationship between words in a sentence. The first of these cases involves verbal periphrastics, an example of which is $\mathring{\eta}\nu$ (VIIA--ZS+) $\beta\alpha\pi\tau\acute{\iota}\zeta\omega\nu$ (+VPPANM-S). The pluses are placed on the side of the tag on which the pairing occurs.

The plus sign is also used to indicate the unexpected location (always the right side) of an antecedent incorporated into a relative phrase, as in this example from Luke 1.4: $\pi\epsilon\rho\grave{\iota}$ (PG) $\mathring{\omega}\nu$ (APRGM-P+□APRAM-P) $\kappa\alpha\tau\eta\chi\acute{\eta}\theta\eta s$ (VIAP--YS) $\lambda\acute{o}\gamma\omega\nu$ (N-GM-P). The plus is placed on the right side of the tag for the basic relative pronoun to show the location of the antecedent, $\lambda\acute{o}\gamma\omega\nu$. This will be elaborated in 7.6 below on relative pronouns. (The functional tag APRAM-P on the relative pronoun shows that the expected accusative-case object of the verb has been attracted to the case governed by the preposition.)

Finally, the plus sign is used to show that two adjacent words may also be taken as a single word analyzed by a single tag, as in this example from Romans 11.13: $\mu\grave{\epsilon}\nu$ (QS†QS+) $o\mathring{\upsilon}\nu$ (CC†+QS). This indicates that the adjacent words may be taken as separate words—analyzed QS and CC, respectively—or that they may be regarded as a single word, $\mu\epsilon\nu o\mathring{\upsilon}\nu$, analyzed QS.

After analyzing each word of the Greek New Testament in its own right, according to its use in context and according to our underlying assumptions, we checked parallel passages against each other. The high degree of consistency that we found, demonstrated that the analysis had been based on principle rather than changing intuitions. Parallels found to be inconsistent were harmonized, a process that impressed on us the important conclusion that parallel passages differing in just one or two words may require different analyses. One illustration is the four quotations of Isaiah 6.9 in Matthew 13.13, Mark 4.12, Luke 8.10, and Acts 28.26. Mark and Luke begin with $\mathring{\iota}\nu\alpha$, which throws the quotation into an altogether different light from that in Matthew and Acts. The accompanying analyses reflect these differences.

4 The Analysis of Nouns and Pronouns

All noun tags consist of six places, some of which may be place-holding hyphens. The major division within nouns is between regular nouns (N-) and pronouns (NP).

4.1 Nouns

Regular nouns are those traditionally so recognized, appearing as headings or lemmas in lexicons with genitive singular inflection and nominative singular article (e.g., $\mathring{\alpha}\nu\theta\rho\omega\pi os$,

-ου, ὁ). If an expected noun ever appears as an adjective in the literature cited by Bauer, Arndt, Gingrich, and Danker in their Greek lexicon (hereafter BAGD), or if it is used as an adjective according to our analysis, its tag begins with A instead of N. For example, μοιχαλίς, though recognized as a noun in BAGD, is often used as an adjective (as in, e.g., Matthew 12.39). Its true noun uses are accordingly analyzed as AP, that is, an adjective used substantively. This situation, however, is rare. Many other nouns appear in apposition to preceding nouns. Though they usually modify the preceding noun in some sense, they are nouns, not adjectives, in our analysis. On the other hand, a few adjectives have become nouns, no longer standing in attributive position modifying nouns. We have analyzed these as nouns (N-), not as adjectives used as substantives (AP). For example, ἄκρος seems to have ceased functioning as an adjective in the extant literature of the time. We thus analyze it as a neuter noun, ἄκρον, -ου, τό, a decision supported by BAGD.

Usually in a passage giving a list, but specifically interwoven with predicate adjectives, it is clear that nouns do act as predicate adjectives. Rather than call them such by simple A- tags or by complex function tags (□A-), we mark them simply as nouns.

An indeclinable noun is analyzed in light of its use in the sentence. The gender and number of a noun are often taken from Hebrew when that is the source (thus Σαβαώθ is determined to be plural). Ἀβραάμ is at different times each of the five cases due to its use within the sentence. Transliterated and then translated words are given the tags of their translation (see, e.g., Matthew 27.46).

4.2 Pronouns

Pronouns are a limited variety in our analysis. They include personal pronouns (ἐγώ, σύ, αὐτός); reflexives (ἐμαυτοῦ); reciprocals (ἀλλήλων); and certain derived functions. Αὐτός in its intensifying meaning "self" is part of the noun system (NP); in its meaning "same," part of the adjective system (A-). Because a traditionally recognized noun is analyzed an adjective (either A- or AP) if and when it functions as an adjective, the following "pronouns" are considered adjectives in our analysis: numbers, whether cardinal (e.g., εἷς) or ordinal (e.g., πρῶτος); relative pronouns (e.g., ὅς); indefinite pronouns (e.g., τὶ); interrogative pronouns (e.g., τίς); and demonstrative pronouns (e.g., οὗτος). These are tagged A- when modifiers, whether attributive or predicate; AP when standing alone as substantives, that is, pronouns.

4.3 Case

We have followed the five-case rather than the eight-case system. This is to say that our analysis is based on the five distinct case forms rather than eight (or more) case functions. The ablative of the eight-case system is here part of the genitive case; the instrumental and locative, of the dative.

Some nouns possess distinct forms for the vocative and nominative cases. In this case the vocative form is regularly labeled vocative. When the nominative form is used as a vocative (e.g., θεός), it is so labeled (N-NM-S□N-VM-S). In a number of instances, the vocative and nominative interpretations are equally appropriate; except in a few cases, we have chosen one over the other, often on the basis of editorial punctuation.

Our analysis does not allow for vocative pronouns. Nominative pronouns are themselves emphatic, calling attention to the referent. Why then allow for a vocative pronoun, especially since the few possible cases are ambiguous and can simply be identified as nominative pronouns? One instance of an ambiguous pronoun occurs in Acts 4.24: "Lord, you who . . ." (vocative interpretation); or "Lord, you are the one who . . ." (nominative interpretation, supplying εἰ). We prefer the latter. Furthermore, we do not identify what some would call semantic vocatives, e.g., the dative pronoun in the phrase, οὐαὶ ὑμῖν.

4.4 Gender

Each noun is assigned one of three genders, with but one class of exceptions. Some noun forms are, according to BAGD and other lexicons, ambiguous with respect to gender. When there is no contextual or other way to remove the ambiguity, we indicate both (e.g., λιμοί, N-NF-P/N-NM-P). If an author uses only one gender of a noun in unambiguous cases, we have usually assigned that gender to the author's otherwise ambiguous uses of it. Or even if an author mixes genders but uses the same noun nearby in an unambiguous way, then that gender is assigned to the adjacent ambiguous instance. Or if BAGD says a noun may be now this gender and now that, but one gender is to be expected, we assign that gender to the word. Ὁ πλοῦτος, for example, one may expect to be masculine, so all ambiguous forms are labeled masculine. BAGD does, however, identify eight instances in Paul's letters in which the word is unambiguously neuter; so they appear thus in our analysis. As in English we call dogs "he" and cats "she" until we know otherwise, Greek had unmarked genders for many animals. In those ambiguous forms where the unmarked gender is known, we have indicated that gender. For example, ambiguous ἄρκος in Revelation 13.2 is tagged feminine. In the case of στάδιον (the singular of which is always unambiguously neuter), the plural, when unambiguous, is always masculine. We have marked the ambiguous plural forms masculine, following one scholar's hypothesis that masculine plural means "stade," neuter "stadium."

As for pronouns, the gender is indicated in the case of unambiguous forms (e.g., αὐτός). Ambiguous forms (e.g., αὐτῶν, which may be masculine, feminine, or neuter) rendered unambiguous by context are assigned a gender; exceptions are ἐγώ and σύ and their plural counterparts, which are never marked for gender.

4.5 Person

Although true nouns are third person, the person is indicated in the tag by a hyphen (N-NM-S) instead of a Z (N-NMZS). Although true nouns in the vocative case are predictably second person, the tag is handled similarly (N-VM-S rather than N-VMYS).

All pronouns are marked for person, X, Y, or Z. Ἐγώ and σύ, ἡμεῖς and ὑμεῖς are invariable as to person. With αὐτός, reflexives, reciprocals, and various derived functions of NP, we have marked the person according to context. This means that ἑαυτῶν may be tagged NPGMXP (Hebrews 10.25), NPGMYP (1 Corinthians 6.7), or NPGMZP (Mark 9.8).

4.6 Complex Noun Tags

Examples of simple alternates have already been noted, especially choices between genders in ambiguous instances. In Revelation 14.19 ληνὸν is given the unusual analysis N-AF-S&N-AM-S due to preceding τὴν and following τὸν.[3]

Pronoun tags occur as derived functions in four situations. When an article and δέ (or μέν) occur together, they frequently function as a pronoun. The article, however, must be nominative in case and either masculine or feminine in gender. An example is this: ὁ (DNMS□NPNMZS) δέ (CC).

The second situation involves articular participles, which are discussed more fully in 8.3 below. When an articular participle occurs without antecedent, its determiner (or article) is

---

3. See Blass, Debrunner, and Funk, *A Greek Grammar*, for comment.

APPENDIX

analyzed as a determiner functioning as a pronoun (or noun substitute, that is, the antecedent) and a relative pronoun. Ὁ πιστεύων without antecedent would be analyzed DNMS□NPNMZS&APRNM-S and VPPANM-S. This may be read: DNMS used as NPNMZS ("the one") and APRNM-S ("who") VPPANM-S ("believes"), though this represents the semantic structure, not a translation.

The third and fourth derived functions are based, not on articles, but on relative pronouns. The third is the relative used as a pronoun, which is also discussed more fully below (in 7.62). An example is this: ἀνθ' (PG) ὧν (APRGN-P□NPGNZP) (Luke 1.20).

The last case of pronoun-derived function is a first- or second-person relative pronoun without antecedent. Again, full discussion appears in 7.62 below. Here let it suffice to offer an example: οἵτινες (APRNMXP□NPNMXP&APRNMXP) ἀπεθάνομεν (VIAA--XP) . . . πῶς (ABT) ἔτι (AB) ζήσομεν (VIFA--XP) (Romans 6.2). This may be read: APRNMXP used as NPNMXP ("we") and APRNMXP ("who"). NPNMXP is the subject of ζήσομεν, APRNMXP of ἀπεθάνομεν. This represents a guide to semantic structure, not a translation.

One final complex analysis involving pronouns may be noted. We have already introduced the difference between αὐτός (intensifying, NP) and αὐτός ("same," A- or AP). The former is outside the scope of the definite article, the latter within. In a number of places in Luke and Acts, αὐτός meaning "same" has the position of αὐτός meaning "self," which we have analyzed as NP used as A-. An example is this: αὐτῇ (NPDFZS□A--DF-S) τῇ (DDFS) ὥρᾳ (N-DF-S) (Luke 2.38).

5 The Analysis of Verbs

Verb tags usually consist of eight symbols. Due to the deletion of final hyphens, tags for regular infinitives have four symbols; those for articular infinitives, five.

5.1 Mood

The first division among verbs is that of mood (mode). Since the first-level analysis is according to form rather than function, the moods as well as all other verbal distinctions are determined by form apart from context. If a given form permits more than one analysis, then the proper analysis is determined from the context. An analysis will not be in contradiction to the context.

5.11 Subjunctives. Subjunctive verbs preceded by μή often function as the aorist imperative of prohibition. They are tagged as in this example: . . . μὴ (AB) φοβηθῆτε (VSAO--YP□VMAO--YP) μηδὲ (CC) ταραχθῆτε (VSAP--YP□VMAP--YP) (I Peter 3.14). As noted earlier, ambiguous cases that may be read as either "subjunctive" or "subjunctive used as an imperative" are given only the latter analysis. Indirect commands following ἵνα (or a conjunction acting similarly) are left as simple subjunctives. No indication of the imperatival force of indirect commands is given. Hortatory subjunctives are not differentiated from other first-person plural subjunctives.

Optatives and simple imperatives are straightforward and need no comment.

5.12 Infinitives. Simple infinitives are analyzed as VN followed by tense and voice symbols; for example, ποιῆσαι (VNAA). Articular infinitives have an additional symbol to show case, as does ποιῆσαι in this phrase: εἰς (PA) τὸ (DANS) ποιῆσαι (VNAA). It seemed less complicated to indicate the articular infinitive by giving the infinitive analysis a case symbol than to indicate the construction on the tag for the preceding article, already marked for case. This is advantageous because, when two or three infinitives follow a single article in this construction, every infinitive is marked. (Note that this convention is unlike that for the articular participle, in which the construction is noted on the tag for the article; see 8.3 below for reasons.)

Articular infinitives, appearing as they do in construction only with neuter singular articles, must themselves be neuter and singular. Because gender and number are predictable, they are not included in the infinitive tag. All cases except vocative are included in this construction. In at least one instance (Luke 17.1) a genitive article determines the case of the following infinitive to be genitive even though the construction is used where a nominative case would be expected grammatically.

We chose to analyze each occurrence of the articular infinitive for two reasons. First, the construction is not always obvious because the article and infinitive are often separated by intervening material. Second, we wanted articular infinitives to be grouped separately in the concordance volumes.

Infinitives, whether articular or not, figure in grammatical constructions. The most frequent has the infinitive serving as the *object* (complement) of a finite verb or even of another infinitive. Clear examples of both occur in Luke 5.34: Μὴ (QT) δύνασθε (VIPN--YP) . . . ποιῆσαι (VNAA) νηστεῦσαι (VNAA). Infinitives also serve as *subject* complements of other verbs. The impersonal verbs δεῖ and ἔξεστιν usually have infinitive clauses as their subjects: "To do such and such is necessary," "To do this or that is not lawful." (This is best translated into English as: "It is necessary to do such and such," "It is not lawful to do this or that.")

In Greek δεῖ is frequently tied to a preceding clause by way of a relative clause headed by ἅ. This relative pronoun is not nominative and the subject of δεῖ, but is the accusative subject (as in, e.g., Revelation 4.1) or object (as in Luke 12.12) of the accompanying infinitive. Then the whole infinitive clause is the subject of δεῖ. In Acts 3.21 the relative pronoun is unambiguously accusative and thus not to be mistaken as the subject of δεῖ. In cases where the infinitive is present in the semantic structure but lacking in the surface grammatical structure, we analyze the former subject or object of the infinitive as the subject of the impersonal verb. For example, πάντα (AP-NN-P) μοι (NPD-XS) ἔξεστιν (VIPA--ZS) (I Corinthians 6.12). The semantic structure is "For me to do all things is lawful," with the infinitive subject complement of δεῖ intact. At the surface level, however, it is optionally missing. In its absence πάντα becomes the surface subject and is appropriately given the nominative case tag. One example, however, still awaits resolution: . . . ἃ (APRAN-P□APDAN-P&APRAN-P) μὴ (AB) δεῖ (VIPA--ZS) (Titus 1.11). Though the infinitive is missing, we have still analyzed the relative pronoun as an accusative object due to the presence of μή. (See 7.62 below for details on the complex tag of ἅ.)

Μή and an infinitive can sometimes be taken as a prohibition, standing alone as a stylistic alternate to the morphological imperative. Neither this nor any infinitive following as the object complement to a verb of commanding, whether its function is simple or derived, is analyzed here as an imperative.

5.13 Participles. Participles receive a straightforward analysis. We have added an X or Y to the otherwise irrelevant person place in participle tags to show first- or second-person linkage, respectively. Our clue for this semantic information is either the personal ending on a finite verb or the person of a pronoun. For example, ἤμεθα (VIIM--XP+) δεδουλωμένοι (+VPRPNMXP) (Galatians 4.3). The participle tag includes an X for first person on the basis of its (periphrastic) link to the first-person finite verb. Another example comes from Mark 13.36: μὴ ἐλθὼν ἐξαίφνης εὕρη ὑμᾶς (NPA-YP) καθεύδοντας (VPPAAMYP). The participle tag contains a Y for second person because of its semantic tie-in with ὑμᾶς. When a hyphen appears in the person position of participle tags, it indicates what might, except for visual crowding, have been indicated by Z.

Our analysis of participles includes all those that have not been frozen as nouns. Among those analyzed by us and BAGD as nouns are ἄρχων and οἰκουμένη. But participles themselves, even without articles, can function as nouns. Since these represent such a continuum, from those that clearly act in particular contexts as nouns to those that may also have some verbal interpretation attendant to the governing verb, we have left all participles, whatever their function, as simply participles. Πεινῶντας and πλουτοῦντας in Luke 1.53 are examples of participles that function as nouns. Articular participles are discussed in 8.3 below.

A special class of participles has been designated by second-position R rather than P. These appear in conjunction with imperatives and themselves have an imperatival sense. Not every adjacent imperative activates this imperatival sense. Sometimes, as Matthew 6.17 shows, the relationship between the imperative and the adjacent participle is that of contingency: "*When* you fast, anoint your head. . . ." On the other hand, the participle is sometimes imperatival in concert with a morphological imperative (which usually follows the participle). Matthew 10.14 illustrates this case. Anticipating some inhospitable receptions for his disciples, whom he is about to send, Jesus does not say, "*When* you leave a house or town that has rejected you, however long after the inhabitants have become hostile, shake the dust off your feet as a sign against them. . . ." Instead he seems to say, "Leave that house or town *and* shake. . . ." In view of this, we tag the participle ἐξερχόμενοι as VRPNNMYP. An R participle should be read as containing a potential choice: some instances may be interpreted either imperatively or otherwise, and the reader may opt for the latter.

The imperatival participles bear certain relations to the main imperative verb, of which we shall list several. A very common interpretation of an imperatival participle is *commanded means*. In Acts 22.10 ἀναστὰς (VRAANMYS) is the means to obey the finite command πορεύου (VMPN--YS). First one gets up off the ground and then he goes. *Commanded attitudes* are frequent, especially in the letters. Colossians 3.17 has εὐχαριστοῦντες (VRPANMYP) as the attitude that should accompany the implied doing of all things. The imperatival participles in Romans 12.9–13 are the *commanded specifics* of the lead command or statement that love must be sincere. And as the initial example from Matthew 10.14 shows, there may be only a *coordinate command,* for it is possible to shake dust and not leave. As expected, these imperatival participles are in the nominative case. II Timothy 2.15, however, is an instance of an oblique case having this imperatival sense. There ὀρθοτομοῦντα (VRPAAMYS) has taken on the case of the reflexive pronoun σεαυτόν.

Observe that the examples given are all second-person imperatives and thus take a Y in the participle tag to show the second-person link between the two verbs. I Corinthians 16.2 illustrates a third-person imperative with the expected third-person (-) imperatival participle.

5.2   *Tense*

The six possible tenses are: present, imperfect, future, aorist, perfect, and pluperfect. Future perfects appear only in periphrastic constructions, as in Matthew 16.19: ἔσται (VIFD--ZS+) δεδεμένον (+VPRPNN-S). We have analyzed tense on the basis of form, not meaning; thus οἶδα is perfect rather than present.

The future, like the subjunctive, is frequently used as imperative. This is limited to second- and third-person forms of the future and thus corresponds with the imperative forms. While the subjunctive used as imperative shows a correspondence between tenses, the future indicative used as imperative does not. So for every future used imperatively, we had to determine the tense of the imperative function. We did this item by item, deciding in each case the aspectual sense (punctiliar action, durative action, etc.) of the command. For example, οὐ (AB) μοιχεύσεις (VIFA--YS□VMAA-YS) (Matthew 5.27) has the aspect associated with aorist tense, while ἀγαπήσεις (VIFA--YS□VMPA--YS) τὸν πλησίον (Matthew 5.43) has the aspect associated with present tense.

Several short comments remain. Tense for periphrastics is assigned to each half of the construction, leaving the reader to determine for himself the tense of the construction. Tense is the parameter most affected by changes in accent (as opposed to the form itself), which requires the use of the dagger symbol; for example, κρίνω (VIPA--XS†VIFA--XS). In the few cases where alternate tenses possess identical form and accentuation and where we have been unable to determine the correct tense from the context, we have used a slash (/) and left the choice to others. All forty-three instances of ἔφη, for example, we have tagged VIIA--ZS/ VIAA-ZS (we have not found a treatment of the imperfect, especially in narrative, sufficiently satisfying to decide in even one instance). In John 8.44 and Revelation 12.4 the choice presented in our analysis is not between tenses only, but between tenses of different verbs, στήκω and ἵστημι.

5.3 Voice: Deponency

The problem of voice has received substantial attention in our analysis largely due to the problem of deponency. The three-way voice distinction itself is no problem; where middle and passive voices coincide in form in some tenses, considerations of meaning are usually sufficient to permit a choice between middle and passive. Deponency itself is the challenge. It is easy enough to say that deponency occurs when a middle or passive form of a verb takes on an active meaning, whether in all tenses, several tenses, or just one tense. It is more difficult to decide if deponency arises to fill the place of a missing active form with active meaning, or if verbs can have deponent forms (whether middle or passive) *alongside* active forms. Using our symbols (A = active, M = middle, P = passive, D = middle-form deponent, O = passive-form deponent), we can state the issue with more precision. Which of the following situations may represent deponency for a given verb: (1) A, M, P; (2) A, D, P; (3) A, M, O; (4) -, D, P; (5) -, D, O? The first is clearly not deponent, being the ideal, full-blown transitive verb. Some would answer, only 4 and 5; others, 2–5 and perhaps other situations as well. Before giving our answer, we will first briefly discuss the passive voice.

5.31 Passives as Intransitivizers. Passive voice is a grammatical construction that enables the speaker or writer to focus or topicalize the object of a transitive construction. If developing a discourse about the Book of Acts, in which the book is the topic of discussion, we are more likely to say (1) Acts was written by Luke or (2) It was written by Luke. In a discourse about the author, we will probably say instead (3) Luke wrote Acts. This is true of both English and Greek. But language, tool for communication that it is, is not bound to grammatical purity. Languages in general change the function or meaning of grammatical constructions to suit communication goals. A language may add meanings to grammatical constructions to suit its needs. In particular, the passive-voice verb in Koine Greek has more than one meaning or function: it may serve, as in English, to topicalize an object for purposes of discourse, but it may also function to "intransitivize" a transitive verb. Said another way (which may not be exactly equivalent), it may focus on the effect or result of an action while its active counterpart focuses on the causing of that action.

For example, ἐγείρω is an active, transitive verb. The aorist active is used of Jesus' disciples rousing him from sleep (Matthew 8.25) and of Jesus lifting to his feet a boy whom he has just healed (Mark 9.27). All of these instances show the causing of an action. Let us now look at instances of ἐγείρω that are aorist passive. In Matthew 9.19 there is a construction that recurs elsewhere often: "Getting up or rising, Jesus followed Jairus." The emphasis is on the effect or result of an action; it is intransitive. How this passive meaning of the active may have developed can be shown by contriving the agent that raised Jesus: "Having been raised to his feet by the action of his leg muscles, Jesus followed. . . ." The focus, however, is intransitive: "Jesus rose." (The passive of ἐγείρω can at least ambiguously mean "be raised by someone." John 2.22, for instance, can be understood as "when Jesus rose from the dead" if the focus is on the intransitive result, or as "when Jesus was raised from the dead" if the focus is on the transitive action of causing Jesus to transfer from being dead to being alive.)

This digression has shown that active meanings ("rise") of nonactive forms can coexist with active meanings ("raise") of active forms of the same verb. This lays the groundwork for our claim that such conditions do not constitute a middle or passive deponent of such verbs. Our analysis, then, excludes from the category of deponent verbs many forms frequently called deponent by others. But we believe that the definition of deponency that follows, results in a better and more consistent treatment of this controversial phenomenon: a verb (or tense of a verb) is deponent only if it lacks an active counterpart. Before elaborating our application of this definition, we will list and explain the voice symbols.

5.32 The Voice Symbols.   The first four of the voice symbols are A for active, M for middle, P for passive, and E for either middle or passive. (See the chart on page xvi for mnemonic help.) A verb is marked A only if it is active in form. Several verbs that, semantically, are stative rather than active are thus marked active: for example, εἰμί and active forms of γίνομαι such as the perfect, γέγονα. To be marked M a verb must have a corresponding active counterpart, be middle in form, and not be passive in meaning. Verbs marked P must have a corresponding active counterpart, be passive in form, and not be middle in meaning. Verbs tagged E are those whose form can be either middle or passive (in the present, imperfect, perfect, and pluperfect tenses only), which have an active counterpart, and whose meaning, in context, does not allow a clear-cut choice between the two.

The primary considerations for these symbols, then, are a verb's form rather than its meanings and, for M, P, and E, the existence of an active counterpart. The requirements that a middle not be passive in meaning and that a passive not be middle in meaning, mean that for ambiguous forms (i.e., other than future and aorist tenses), lexical and contextual meanings have been consulted. One must remember that, for cases like ἐγείρω (see 5.31 above), not all passive forms carry strictly passive meanings. In the overwhelming majority of cases, forms that are ambiguously middle or passive are clearly one or the other in context. Only about thirty times did we have to use the symbol E.

The other three voice symbols are D for middle deponent, O for passive deponent, and N for either middle or passive deponent. A verb is marked D only if it has no active counterpart and is unambiguously middle in form (that is, in future or aorist tenses). To be marked O a verb must have no active counterpart and be unambiguously passive in form (that is, future or aorist). A verb is tagged N if it has no active counterpart and is ambiguously middle and passive in form (that is, present, imperfect, perfect, or pluperfect).

A verb as a whole is frequently designated in the literature a middle deponent verb if its aorist form is middle and a passive deponent if its aorist form is passive. Thus $\pi\nu\nu\theta\acute{a}\nu\rho\mu\alpha\iota$ is a middle deponent because its aorist is middle in form: $\dot{\epsilon}\pi\nu\theta\acute{o}\mu\eta\nu$. And $\delta\acute{\nu}\nu\alpha\mu\alpha\iota$ is a passive deponent because its aorist is passive in form: $\dot{\eta}\delta\nu\nu\acute{\eta}\theta\eta\nu$. Occasionally a verb is called a middle and passive deponent because in the aorist it has both middle and passive forms (and the aorist passive form is not a true passive). One example is $\gamma\acute{\iota}\nu\rho\mu\alpha\iota$, which has both an aorist middle ($\dot{\epsilon}\gamma\epsilon\nu\acute{o}\mu\eta\nu$) and an aorist passive ($\dot{\epsilon}\gamma\epsilon\nu\acute{\eta}\theta\eta\nu$). This practice of describing a verb *as a whole* as a middle deponent, passive deponent, or middle and passive deponent, although traditional, has not been followed here. Each individual word is analyzed according to its form.

Let us illustrate the difference between calling a verb as a whole a certain kind of deponent and calling a particular form of that verb a deponent. $\Delta\acute{\nu}\nu\alpha\mu\alpha\iota$, usually or traditionally called a passive deponent, has one form that is not passive in form but middle: $\delta\nu\nu\acute{\eta}\sigma\rho\nu\tau\alpha\iota$ (future tense). Since it has no active counterpart, it is analyzed as D. $\H{E}\rho\chi\rho\mu\alpha\iota$ has been called a middle deponent. It has been so labeled not on the basis of an aorist middle form (for the aorist is active), but presumably on the basis of the future form, $\dot{\epsilon}\lambda\epsilon\acute{\nu}\sigma\rho\mu\alpha\iota$. In present and imperfect forms, however, we analyze this verb as N (middle or passive deponent).

Whereas there is a certain correspondence between M and D, P and O, and E and N, it is not complete. The differences between the first and second parts of the three pairs are greater than merely that the first is nondeponent and the second deponent. With the first set, M, P, and E, one does refer to meaning in deciding among ambiguous forms; with the second set, one does not. Though E occurs in the New Testament only a few times, N occurs nearly 2,000 times. The former symbol says, "We cannot be certain, even after consulting the context, whether to call this word M or P as to meaning"; the latter, "The words so marked are ambiguously middle or passive in form." Why refer to meaning in the first case and not in the second? There is usually a systematic difference between middle and passive forms when there is an active counterpart to consult. When with deponent forms there is no active counterpart, the deponent forms themselves seem active in meaning. In the case of an ambiguous deponent form, one can do nothing but label it N. The verb $\delta\acute{\nu}\nu\alpha\mu\alpha\iota$ illustrates the pitfalls of trying to decide what the "whole verb" might be.

5.33   The Rules for Judging Deponency.   Certain rules for determining deponency have emerged in the course of this analysis. These ten rules, with commentary, follow:

Rule 1. If any active form of a verb is found in first-century Greek, or if it can be inferred for it (because it is found in both earlier Greek and later Koine), then any middle or passive present, imperfect, perfect, or pluperfect forms of that verb are middle or passive, not deponent.

By way of explanation for this rule, we must first explain why some of our rules are formulated in terms of "first-century Greek." Diagram 1 shows us the alternatives. Because it is well established that language changes, we should not allow classical usage, four hundred or more years removed from the New Testament, to determine whether a verb is deponent. It is possible that during the intervening years an active dropped out of use and thus established

Diagram 1

Usage in the classical era	Usage contemporaneous to the New Testament (i.e., in about the first century)	Usage in the New Testament alone

deponency for a given verb (or tense of that verb). Or a deponent verb may have developed active counterparts and ceased to be deponent. For the same reasons we should not rest our judgments concerning deponency on Christian-influenced Byzantine Greek. But neither should we say that a verb with no active counterpart in the Greek New Testament must be a deponent. The Greek of the New Testament was the Greek of the New Testament world. Just as the papyri have thrown new light on New Testament vocabulary, so can they aid greatly in the matter of determining deponency. Rhetorical choices laid aside, we have settled for the Greek contemporaneous with the New Testament, roughly that of the first century of the Christian era.

Lexicons cited earlier have proved invaluable in tracking down this contemporaneous usage. The lexicon of Liddell, Scott, and Jones, while supposedly giving lemmas on the basis of classical or even Homeric Greek alone, has been an excellent resource. BAGD, in our opinion the finest lexicon available for New Testament Greek, has one disturbing short-coming: It does not explain in the introduction the criteria employed for selecting lemmas (i.e., the citation form of words). Do they date from the classical period, the Septuagint era, or that of the New Testament and early church? Using BAGD, we have examined every active lemma in the light of contemporaneous usage. We have similarly tested every *non*active BAGD lemma that contrasts with a corresponding *active* lemma in Liddell, Scott, and Jones. The results of those searches furnish the basis for our deponency judgments.

Rule 1 states that *any* tense of an active counterpart serves to establish the nondeponency of just those tenses in which middle and passive coincide with respect to form. An aorist active serves to establish the nondeponency of a middle or passive present, for example, but a present active does nothing to establish nondeponency for an aorist middle.

Rule 2. If an active form exists in either the future or the aorist tense, active forms are assumed to exist for all other tenses.

Deponency of one or more tenses, but not every tense, is semideponency or partial deponency. Deponency of the future and aorist tenses is, then, semideponency. (There are a few exceptions, usually involving a change of root; for example, ἔρχομαι, ἐλεύσομαι, ἦλθον.) Rule 2, therefore, states that an active form in either the future or aorist tense (the domain of semideponency), assures active forms in every tense and hence rules out any deponency, full or partial.

Rule 3. If any active future form of a verb is found in first-century Greek, or if it can be inferred for it, then middle or passive future forms of that verb are middle or passive, not deponent.

Rule 4. If any active aorist form of a verb is found in first-century Greek, or if it can be inferred for it, then any middle or passive aorist forms of that verb are middle or passive, not deponent.

Rule 5. If the future passive of a verb is known to be either deponent or nondeponent, then the aorist passive of the verb is the same.

Rule 6. If the aorist passive of a verb is known to be either deponent or nondeponent, then the future passive of that verb is the same.

Rule 7. If a simple verb is deponent or semideponent, then its compounds are also deponent or at least semideponent in the same tenses.[4]

This last rule says, for instance, that since γίνομαι is deponent, παραγίνομαι will also be deponent. The converse of this rule does not hold. That is, although παραγίνομαι is

---

4. A simple verb with a prepositional prefix (e.g., συν-, ἐπι-) is called a compound verb.

deponent, it does not necessarily follow that γίνομαι is deponent, though in fact it is. Ἐπιλαμβάνομαι is deponent; but λαμβάνομαι is middle or passive, depending on the context, for there is an active counterpart, λαμβάνω.

Rule 8. If a compound verb is nondeponent in all or some tenses, then its simple equivalent is also nondeponent in at least the same tenses.

This rule states, for example, that since ἀναιρέω is nondeponent in all its tenses, then so is αἱρέω. Again, the converse of this rule fails to hold. That is, though σπάω is nondeponent, it does not necessarily follow that περισπάω will be, though in fact it is. Ἐπισπάομαι, on the other hand, is deponent. Rules 7 and 8 are compared in diagram 2. An arrow indicates an "implied" relationship in the direction it points. A slash through an arrow indicates a denial of the relationship. The diagram shows the four possible implications.

We have found one exception to rules 7 and 8. While μιμνήσκομαι is deponent, ἀναμιμνήσκω and ὑπομιμνήσκω are not; alternatively, the compounds are nondeponent, the simple verb deponent. Before we even guess why this pair is an exception, we should first ask why the pair of rules, 7 and 8, form a generalization. A compound verb, though a separate word, would naturally *tend* to follow suit if the simple verb on which it is based becomes a deponent. If a compound verb becomes a deponent and the simple verb does not, we might guess that the compound is so divergent in meaning that it was no longer perceived to be closely related to its simple counterpart. By way of analogy, it is easier to imagine that what a parent is, his child will be too, than to imagine parents changing to reflect the directions of their children. In the case of μιμνήσκομαι, ἀναμιμνήσκω, and ὑπομιμνήσκω the frequency with which each occurs lends credence to our surmise that the meanings of each, though demonstrably related, were sufficiently distinct that either could go its own way without influencing the other. Indeed we are happier to see rules 7 and 8 broken by very common words than by rare ones. There is a late occurrence of μιμνήσκω that may be taken either as a regularizing (whether Atticistic or natural) or as slim evidence that an active occurred all along, in which case μιμνήσκομαι is not deponent.

Rule 9. If a verb is deponent or semideponent, and if there are unambiguously passive forms but no unambiguously middle, then all forms are passive deponent. If, however, at least one ambiguous form (middle or passive) or one middle form occurs with a direct object, and if all passive forms lack direct objects, then the ambiguous or middle form(s) with direct object(s) is middle deponent and the passive forms are passives of the middle deponent; any other ambiguous forms must be judged individually.

Diagram 2

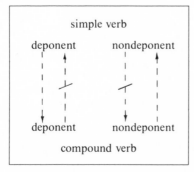

The first sentence of this rule is not one of our rules for determining deponency but is used by some to determine the label for a verb as a whole (middle deponent or passive deponent). We note it here because of the exception to it contained in the second sentence. We analyze individual verbal deponents by their form: D if unambiguously middle, O if unambiguously passive, N if ambiguous. In a number of cases a passive form of a deponent verb is a true passive. It is marked P (an example of the fourth of five instances listed in 5.3 above). By "true passive" we mean that construction in which the object of an active verb becomes the subject of the passive verb and the subject of the active verb, if retained at all, becomes the agent (expressed in a *by* phrase in English, usually a ὑπό phrase in Greek). "Acts was written by Luke," was our illustration in 5.31 above. It seems quite appropriate that if a middle or passive deponent has an active meaning, then that deponent, if transitive, can be passivized.[5]

Rule 10. Except with a few individual verbs, a ὑπό agent phrase implies that a passive form is nondeponent.

One exception is γίνομαι, which, though deponent, can take a ὑπό agent phrase.

A rule that some scholars consider important in determining deponency is this: If a verb has both active forms and middle and/or passive forms, and if the semantic meaning of the former forms is radically different from that of at least some of the latter, then the latter are deponent. For us to accept this rule would mean that we would introduce a number of homonyms. Φαίνω would mean "shine" and φαίνομαι "appear." We do not deny that homonymy is a common linguistic phenomenon, but we thought it better to allow the reader to determine when meanings are radically different. Two meanings that seem radically different to us may not have seemed so to a first-century Greek-speaking person, who, after all, perceived the world quite differently. A Greek speaker may have agreed that φαίνομαι meaning "appear" and φαίνομαι meaning "be shined on" are homonyms, but he may instead have argued that the verb is unified, that something "appears" when it "is shined on" by something. When BAGD identifies a homonym by giving two or more separate entries (e.g., σύνειμι and σύνειμι), we accept that judgment. When it gives a single lemma and includes in the definition the different senses (e.g., φαίνω, ἀνάγω, κρεμάννυμι), we treat the meaning of passive forms as P and not a separate meaning O.

The application of these rules was rather straightforward. In a few cases there was too little evidence by which to decide. In those few, if the BAGD lemma was active, we called nonactive forms M, P, or E, as relevant; if the lemma was nonactive, then D, O, or N. In a few cases we concluded that some supposedly contemporary evidence was in fact Atticistic; these few we discounted in deciding deponency.

5.34　A Categorization of Verbs. List 1 at the end of the appendix contains five sections. The first consists of those verbs in the Greek New Testament only the future of which is (middle) deponent. In the case of a verb such as ἀκούω or ζάω, whose future middle varies with a future active, the middle forms are analyzed as M.

The second section of this list consists of verbs that, though they have active lemmas in BAGD, are, according to our analysis, truly deponent in first-century times. We give them here with nonactive lemmas. When the letter P follows a lemma on this list, it means that *some* forms of this verb occur as true passives. Where these would normally be marked N or O in our analysis, they have been marked P instead.

---

5. There are a handful of instances in which a verb marked P actually takes a direct object. The form is marked P because it has an active counterpart; it takes an object because its meaning is no longer the passive meaning of the active counterpart.

Section 3 consists of verbs that have active lemmas in BAGD but that are semideponents. These are all future/aorist semideponents and therefore have an active lemma. Again P means that a passive form may act as a true passive of the deponent.

The next section lists verbs for which BAGD gives nonactive lemmas but for which we find evidence of active forms contemporaneous with the New Testament. Thus we cite the verbs with active lemmas.

The more than two hundred remaining verbs cited in BAGD with nonactive lemmas we have accepted as deponents. Seventeen of these we have found to have *some* instances of true passives (P), and these comprise the final section of the list. All are middle deponents except μιμνῄσκομαι, the only passive deponent verb with some instances of true passives.

5.4 Case, Gender, Person, and Number in Verbs

Only participles and articular infinitives exhibit case. Both case and gender positions are empty (-) with finite verbs and nonarticular infinitives. With finite verbs person is indicated by X, Y, and Z; with participles (the person of which is supplied from context) by X, Y, and -. A vocative participle is redundantly marked Y.

5.5 Transliterated Verbs

Verbs that are transliterated have been analyzed on the basis of their translation equivalent. Εφφαθα is tagged VMAP--YS, based on its translation Διανοίχθητι (Mark 7.34). Θα (I Corinthians 16.22) is analyzed as VMAA--YS.

5.6 Periphrastic Constructions

Periphrastic constructions (identified by a plus sign in the direction of the other member of the pair, V+ +V) have a base verb whose only purpose is to give grammatical information; it has no semantic content. In our analysis there are two kinds of periphrastic constructions. The first is an empty verb and a participle. The common empty verb is εἰμί, though in several instances in Luke's writings ὑπάρχω and προϋπάρχω perform this function (Luke 23.12; Acts 8.9, 16; 19.36). We examined possible instances of ἔρχομαι and γίνομαι as the empty verb but found in each case that the potential base added some lexical content. The second kind of periphrastic construction is μέλλω and an infinitive. This construction indicates some sense of futurity (. . . was/is going to . . .). In both kinds of constructions the base may be either initial (VIIA--ZS+ . . . +VPPPNM-S) or final (VPPPNM-S+ . . . +VIAA--ZS). Periphrastics range from moderately to highly certain. All constructions analyzed here as periphrastics may be read as having an implied choice. In one case, John 1.9, the choice is spelled out: the participle is either nonperiphrastic (in which case it is accusative and masculine) or periphrastic (nominative and neuter).

5.7 Complex Verb Tags

A few verbs require complex tags, some of which have already been noted. Having discussed voice, we may note that in cases of a future deponent used as an imperative, not only must the tense/aspect of the imperative be determined, but also the voice of the derived imperative. Ἔσται is tagged VIFD--ZS. But when it is used as an imperative, the voice is active, for there is no deponency in present-tense εἰμί reflexes. Thus the tag reads VIFD--YS□VMPA--YS. Πορεύσονται (I Corinthians 16.4) is analyzed as VIFD--ZP□ VMAD--ZP, with deponency indicated in both tags because the verb is consistently deponent.

With a number of instances of χαίρω and one of ἔρρωσθε (Acts 15.29) we have added to the tags a functional □QS on the grounds that the verb is used as a formula of greeting or of taking leave.

I Corinthians 16.6 has an instance of rare accusative absolute (τυχὸν). It seems to function adverbially, but it is not given a functional analysis any more than is a reduced genitive absolute.

In a couple of places the imperatival force of ἄγε seems diluted and so the verb is tagged VMPA--YS□QS. With ἴδε the analysis is either VMAA-YS or QS, whichever is appropriate. The difference between the analyses of ἄγε and ἴδε lies in the former's being exceptional and the latter's being regular. Further, ἴδε pairs with ἰδού, which is entirely QS.

Finally, both δεῦρο and δεῦτε are tagged AB□VM in all but one instance (δεῦρο in Romans 1.13—AB□AP-GM-S). Had the verbal function been exceptionless, we would have tagged them all as simply verbs. Desiring to relate the lone substantival instance to the regular usage, we chose AB. This seemed to be the historically sensible base because there is no precedent in our analysis for a verb to be tagged overtly as functioning as a substantive.

6 The Analysis of Adverbs

Adverbs take the analysis tag AB. Adverbs with the ending -ως or other formal adverbial characteristics are analyzed AB. So are those that are formally other parts of speech but that are *always* used as adverbs. Κύκλῳ, for example, though properly a dative noun, has been frozen in form and function as an adverb (much as χάριν is used as a genitive preposition). It differs from νυκτός in that it can, as an adverb, be used as an adjective (as in Luke 9.12, where it is tagged AB□A--AF-P) or be a preposition (Revelation 4.6). The adverbial uses of nouns (genitive, dative, accusative) are left to the reader to supply. Νυκτός is analyzed simply as N-GF-S. Whereas anarthrous nouns used adverbially are not given the functional tag □AB, their near cousins, adjectives, are. Thus μόνον is tagged AP-AN-S□AB when used adverbially. It is analyzed as accusative rather than the morphologically possible nominative, because it seems to be an extension of the accusative of specification among nouns. It is tagged P for pronominal/substantival rather than - for attributive/predicate because the former more nearly approximates the form of a noun, from which the accusative of specification derives. The nominative forms of a few adjectives are used adverbially, which is reflected in the tag (e.g., εὐθύς, AP-NM-S□AB).

6.1 Adverbs Functioning like Adjectives

Adverbs sometimes function like adjectives, whether attributive or substantival, an example being κύκλῳ (see paragraph above). Adverbs are always analyzed as functioning substantivally when they stand in the place of objects of prepositions; for example, ἕως (PG) ἄρτι (AB□AP-GM-S) (I John 2.9). Πρίν, when it stands alone, is tagged AB□CS; when followed by ἤ (CS), simply AB. Δεῦρο and δεῦτε are either AB□VM or AB□AP-GM-S. Improper prepositions are properly adverbs. Rather than AB□PG, we tag them simply PG. See list 2 below for a list of these. Though the basic distinction between PG and AB is that, with a PG a noun (phrase) follows, it is quite possible for an AB to be followed by a noun; for example, ἀξίως τοῦ κυρίου (Colossians 1.10).

6.2 Subtypes of Adverbs

In addition to the simple adverbs just presented, we recognize the following more finely tuned subtypes: relative adverbs (ABR), indefinite adverbs (ABI), interrogative adverbs (ABT), comparative adverbs (ABM), and superlative adverbs (ABS). Relative adverbs are really a special subtype of conjunctions and are explained below in 10.3. Indefinite adverbs (ποτέ, πού, πώποτε, and πώς) may be used as adjectives; for example, ποτε (ABI□A-IAM-S) (John 9.13). Interrogative adverbs include ἱνατί, λεμά, ὅτι, πόθεν, ποσάκις, πότε, πότερον, ποῦ, and πῶς. One of the most frequent is an interrogative adverb only by function: τί (APTAN-S□ ABT). Interrogative adverbs may function as interrogative substantival adjectives following a preposition; for example, ἕως (PG) πότε (ABT□APTGM-S) (Matthew 17.17). Comparative adverbs are tagged ABM (e.g., μᾶλλον) unless a word that is properly a comparative adjective (e.g., ὕστερον) functions like an adverb, in which case it receives a complex tag (e.g., APMAN-S□ABM). Superlative adverbs are limited to three: μάλιστα (ABS), and ἥδιστα and τάχιστα (both APSAN-P□ABS). ABM and ABS are employed even when the word might be used elatively rather than as a comparison.

As we said at the outset, our analysis is primarily one of individual words rather than phrases. Πρῶτον is frequently used adverbially in some contexts, in which cases it is analyzed AP-AN-S□AB. Τὸ πρῶτον, on the other hand, though adverbial, does not receive a functional tag because it consists of two words.

7   The Analysis of Adjectives

Adjectives are doubtless the most complicated part of our analysis. The tags consist of seven positions. Adjectives may be substantive (AP), attributive to some substantive (A-), or in a predicate position (either AP or A-). The second-position P stands for "pronominal," meaning "standing for a noun." Compare the phrase τὸν (DAMS) ἀγαθὸν (A--AM-S) ἄνθρωπον (N-AM-S) with the phrase τὸν (DAMS) ἀγαθόν (AP-AM-S). In the latter ἀγαθόν stands for the noun, so the first two letters in the tag are appropriately AP. (We use *substantive* of anything that is or acts like a noun, whether it be tagged N-, NP, or AP.)

In the analysis we only allow that an adjective modifies a substantive in its own clause, not in a clause some distance away. For example, Paul wrote in I Corinthians 15.39: οὐ πᾶσα σὰρξ ἡ αὐτὴ σάρξ, ἀλλὰ ἄλλη (AP-NF-S) μὲν ἀνθρώπων. . . . The adjective ἄλλη is tagged as it is because in its clause it stands for a substantive ("one [flesh] is of men"). Note that F and N in the fifth position of the adjective tag do not necessarily stand for woman/women and thing(s), respectively, any more than M stands for man/men. The combination of AP and gender indicates only that a substantive is missing and is replaced by the adjective, whether σάρξ or γυνή, ῥῆμα or παιδίον, κόσμος or ἀνήρ, for example.

An adjective in predicate position may be either AP or A-. According to II Corinthians 13 are we ἀδόκιμοι ("disqualified"), A-; or ("counterfeits"), AP? In Luke 7 is the woman "sinful" (ἁμαρτωλός), A-; or "a sinner," AP? Our criterion for choosing between the two (only rarely do we say AP/A-) is this: choose A- unless the context indicates that the predicate adjective is somehow being quantified. That this does not accord with English translations of particular sentences is not our concern. Our purpose is to analyze Greek sentences. A few words, such as numbers, are regularly analyzed in predicate position as AP on the ground that they delimit quantity, not quality.

7.1   Two Adjectives Standing Together

Where two adjectives stand together with the same number, gender, and case and are accompanied by no noun, there may be confusion as to which is modifier and which is modified. No rule of thumb based on order has been established. Our procedure has been to determine according to sense when both words are plain descriptive adjectives, which are tagged with a hyphen in the third position. A letter in the third place of an adjective's tag usually means that it is the modifier and has in the second position of its tag a hyphen. Τί and εἶς are examples of adjectives analyzed as modifying; for example, τι (A-INN-S) ἀγαθόν (AP-NN-S), "some good thing" rather than "a good something." The few exceptions and the reasons for them will be evident as the reader encounters them.

7.2   Two- and Three-Termination Adjectives

Adjectives are usually either two- or three-termination adjectives. Two-termination adjectives put masculine and feminine together in one set of morphological endings and neuter in the other set. Three-termination adjectives, of course, have one morphological set of endings per gender. We mention this as introductory to observing that some three-termination adjectives sometimes behave as two-termination adjectives. For example, see Titus 3.9, where μάταιοι is given the analysis A--NF-P. The particular ending used by Paul can be explained either by the fact that it is immediately preceded by ἀνωφελεῖς, an unambiguous two-termination adjective, which predisposes him to using -οι, or by the fact that μάταιος is occasionally used as if it were of two terminations, a fact noted by BAGD. (Of course, the two explanations are not unrelated.)

7.3   Adjectives Functioning like Nouns

A few comments given in section 4 above should be reviewed here. Αὐτός is analyzed as two homonyms, one tagged NPNMZS and meaning "self" (an intensifier), the other A--NM-S and meaning "same." When a construction has the order of NP but the meaning of A-, it receives a functional tag, NP□A-. A few words like ἄκρον, perhaps expected to be adjectives but having apparently lost their adjectival sense, are tagged N-. Others, like μοιχαλίς, although properly nouns, are analyzed as AP or A- due to their activity as adjectives. A number of words, properly adjectives in contemporaneous Greek, are left as N- due to their overriding importance, among them κύριος and its feminine, κυρία.

7.4   Adjectives Followed by Nouns

Adjectives, like adverbs, need not be considered prepositions or even simply pronominal adjectives for them to be followed by a noun. In English we can say "I am happy with him" or "I am angry about that." The prepositional phrases "with him" and "about that" modify the adjective. So it is in Greek: ὁ δὲ . . . ὅμοιός (A--NM-S) ἐστιν ἀνθρώπῳ (N-DM-S) (Luke 6.49). The appropriate analysis of ὅμοιός, modifying ὁ ἀκούσας . . . ποιήσας, is A--NM-S rather than AP-NM-S or AP-NM-S□PD. A similar example is this: ἄξιον (A--AN-S) θανάτου (N-GM-S) (Acts 23.29).[6]

7.5   Cardinals and Ordinals

The subdivision of adjectives indicated by the third-place symbol is important because it includes so much: cardinal numbers, ordinals, relatives, indefinites, interrogatives, demonstratives, comparatives, superlatives, and descriptive adjectives. By putting these all in one column we say in effect that they are mutually exclusive. This has worked well as long as we consider πρῶτος and δεύτερος to be ordinals and not also superlative and comparative, respectively. They have these additional meanings in form, and it can be argued that these are

---

6. In this example a preceding μηδέν is, exceptionally, considered AP.

semantic components as well. Ὁποῖος is analyzed instance by instance as either interrogative or relative.

Cardinals and ordinals are clear cut. Δευτεραῖος and τεσσερακονταετής are, for our purposes, not numbers, but descriptive adjectives and thus -. The indeclinable numbers are assigned case, gender, and person according to their use in context.

7.6 Relatives

7.61 The Adjectival Function of Relatives. Relatives function as part of the adjective system in our analysis for two reasons. First, whole relative clauses usually function to modify a noun in the same way an adjective does. Second, a few relatives are simple modifiers (A-R instead of APR) of *following* nouns. Because relatives work analogously to adjectives, they are appropriately placed in the same category. Before discussing relatives, we must make an important digression.

We said in 1.4 above that we distinguish between the grammatical, surface structure of language and its semantic, underlying structure. The grammatical structure is observable, the written or spoken message; the semantic structure represents the meaning of the message. We posit this theoretical construct because there is, as we have already illustrated, a skewing between meaning and grammar. Because human communication is redundant by nature, information can be missing at the surface level of speech or writing but demonstrably present at the level of meaning.

In the following discussion the term *antecedent* will frequently appear, meaning the substantive that the relative clause modifies. The antecedent is part of the main or "upper" clause to which the relative clause is subordinate. Normally there is an overt antecedent that the relative clause modifies. Frequently, however, the grammatical (or surface) structure contains no antecedent, in which case we supply one as part of the relative pronoun tag because it is demonstrably part of the semantic structure. When we do this, the antecedent will be part of the upper clause semantically, though absent grammatically.

We label the supplied antecedent APD, that is, a demonstrative pronoun. (The one exception is noted below.) When it comes to translation, we can sometimes even name the antecedent because it is so clearly identified in the context ("write the things/events/scenes that you saw"). But for purposes of the analysis, we use APD ("that [one]/those [things]"). At other times the focus is much less definite. Often this is indicated by an overt marker such as ἐάν or ἄν. But equally often it must be determined from semantics alone without help from grammar. Thus in the sentence καὶ ὃς οὐ λαμβάνει . . . οὐκ ἔστιν μου ἄξιος (Matthew 10.38), our analysis of ὅς is APRNM-S□APDNM-S&APRNM-S: "That one [supplied antecedent] who [relative] does not take (his cross) . . . is not worthy of me." Semantically the intent is indefinite, "Anyone who . . ." Rather than replace relevant APD tags with API, we have marked all supplied antecedents APD (except first- and second-person relatives, which are NP and for which see below). One reason for this is simplicity. API tags would complicate the tagging formula for those ambiguous cases that would then require API/APD tags. Also BAGD refers to implied demonstratives even where it is clearly an indefinite identity.[7] We leave it to the reader to supply, after considering the context, the indefinite reading.

The relatives in the New Testament include ὅς, ὅστις, οἷος, ὅσος, and ὁποῖος. Though ὅστις had historically been an indefinite relative, by New Testament times it had become parallel in a number of usages with ὅς. (As just noted, definite ὅς occasionally has indefinite

7. P. 583.

ὅστις usage.) We take all New Testament relatives as definite and leave it to the reader to identify the indefinite ones. The one exception to this is ὅτι. As a relative it is conventionally written as two words, ὅ τι. Since our analysis is word by word, the separated τι is tagged A-IAN-S (or A-INN-S).

7.62   The Kinds of Relatives.   Following are illustrations of the various kinds of relatives and our analysis of them:

a. . . . ἐπιγνῶναι τὴν αἰτίαν δι᾽ ἥν (APRAF-S) ἐνεκάλουν . . . (Acts 23.28). Since this construction is the normal one, it hardly needs to be given. And yet it is so parallel to the following example that it is instructive. The upper clause has a verb and an object that is relativized. The relative has for its antecedent "the *reason* for which," and the tag APRAF-S.

b. . . . ἐπιγνῷ δι᾽ ἥν (APRAF-S+) αἰτίαν . . . (Acts 22.24). In this example the commander wants to know "the reason (αἰτίαν) for (δι᾽) which (ἥν)" the people are yelling at Paul. The "reason" is clearly contained in the main clause as the object of the verb "to know," and it is elaborated in the relative clause. What is the "reason"? The one for which the people are yelling at him. For one of several reasons that we will not discuss here, the antecedent is incorporated into the relative clause. The relative is not an adjective modifying "reason" (which reason), but a clause, headed by a relative pronoun, the whole of which modifies "reason" (reason which). The upper clause demands the antecedent for its own sake. The tag includes a right-side plus (+) to indicate the unexpected location of the antecedent (following rather than preceding the relative pronoun).

The above example is an instance of the antecedent being incorporated into (rarely, following) the relative clause. For whatever reasons, this incorporation means that the antecedent is taken out of the upper clause, where it has a grammatical function to fulfill, and placed in the subordinate relative clause. (Note that incorporated antecedents, unlike the antecedent in example *a,* consistently appear alone, without any article or modifier they might otherwise have had. See Luke 3.19 as an example of a modifying adjective being left behind in the upper clause.)

c. . . . ἐλπίδι . . . περὶ ἧς (A-RGF-S) ἐλπίδος . . . (Acts 26.6–7). Here the antecedent precedes the relative, which it should semantically. (We say nothing about where an antecedent may or must be in the surface, grammatical structure.) The antecedent is ἐλπίδι in verse 6. An intervening antecedent and relative clause (ἐπαγγελίας . . . εἰς ἥν) momentarily distract attention from ἐλπίδι, so when Paul gets to its relative clause, he reestablishes the antecedent. Ἐλπίδος is not being incorporated into the relative clause from the upper clause; it is copied or repeated for emphasis. (We do not deny the possibility that the incorporation of example *b* might be for emphasis, though there are others.) The relative in example *c* is an adjective modifying the following "hope" and so is tagged A-RGF-S. There is no plus sign because there is no incorporated antecedent (there is no place in the upper clause for the second ἐλπίς).

d. Δι᾽ ἥν (A-RAF-S) αἰτίαν (II Timothy 1.6). Here there is no prior, upper clause, though αἰτίαν does distill an idea from the earlier discourse. We analyze the relative as an adjective modifying *reason*. There is no plus sign because no incorporation has occurred. In this example the would-be relative has no internal verb. We might say that it acts like a conjunction introducing the following clause, though a number of A-R relatives do contain their own verb; for example, εἰς ἥν (A-RAF-S) ἂν πόλιν εἰσέρχησθε (Luke 10.8), which is then followed by the upper clause. This relative clause sets the location for the action of the main clause. The main clause has no antecedent, nor even a place for one semantically. Thus the relative pronoun is tagged A-R, modifying the following πόλιν.

Before proceeding with our presentation and analysis of relatives, we must illustrate the importance of correctly identifying the surface markers that relate the propositions of a discourse. At the surface level of language there is a series of sentences, simple or complex, strung together and corporately forming a discourse. At the underlying semantic level there is a series of propositions, central to each of which is a verb (event or state). The propositions are related to each other in definite ways.

"I sing because I am happy" consists of two propositions, "I sing" and "I am happy." The second is the cause of or reason for the first. At the grammatical level, the relations between propositions are usually expressed by either conjunctions or relative pronouns, though other grammatical devices do exist. Here the relation is articulated by the conjunction *because,* a surface relator that joins a reason and a result.

"I like the song that you are singing" also expresses two propositions, "I like the song" and "You are singing the song." The second proposition identifies the object, "song," of the first. How propositions are related can determine the message or meaning of that set of propositions. If these two propositions are related in the same way (that is, one identifies a noun in the other) but in opposite order, they convey quite a different meaning. "You are singing the song that I like." Before the message was that I am pleased by something (identified); now it is that you are doing something (identified).

Now we may return to the different kinds of relatives. So far we have looked at cases in which: (a) an upper clause (proposition) contains a noun that is relativized (the normal case); (b) the noun from the upper clause is incorporated into the relative clause, for whatever reason; (c) the antecedent is repeated or copied in the relative clause; and (d) in the absence of an upper clause, what would be the antecedent is in the relative clause and the relative pronoun relates to it as an adjective. The next kind is quite frequent: (e) the relative pronoun acts as both antecedent of the upper clause and relative pronoun to its own clause.

e. . . . ἰδεῖν ἃ (APRAN-P☐APDAN-P&APRAN-P) βλέπετε . . . (Matthew 13.17). In the upper clause we have people longing to see something; in the relative, the identity of that something. Semantically ἃ relates both ways, which the tag reflects. It is a relative pronoun (APRAN-P) used as (☐) its own antecedent (APDAN-P) and (&) as a relative pronoun (APRAN-P). Though the complex tag contains three simple tags, it is a one-unit formal analysis (to the left of ☐) and a two-unit functional analysis. The case assignment is entirely accusative because the two sides joined by ἃ both need an object in the relative pronoun. Compare Revelation 1.19. Here the first pronoun is entirely accusative in its analysis (objects of "write" and "see"). The second ἃ, however, is APRNN-P☐APDAN-P&APRNN-P because the relative pronoun itself is the nominative subject of εἰσὶν while the supplied antecedent is the accusative object of "write." With rare exceptions (e.g., ἕως οὗ constructions through assimilation), the formal analysis is identical with at least one unit of the functional analysis.

f. In a significant number of cases, the relative phrase begins the sentence. Some have said that in this situation the relative clause itself functions as a substantive, and we would not argue. We have chosen, however, to supply in the complex tag of the appropriate relative pronouns both the expected "relative tag" (which relates to the verb in the subordinate, relative clause) and an "antecedent tag" (which relates to the verb in the upper clause). We have done this because our analysis is of words rather than phrases (or clauses) and because, at the semantic level of propositions, two events and/or states need to be related. The upperclause connection for these relative clauses at the beginning of sentences follows the relative clause. There are several subtypes:

f¹. . . . ὅς (APRNM-S☐APDNM-S&APRNM-S) οὐ λαμβάνει . . . οὐκ ἔστιν μου ἄξιος (Matthew 10.38). This clause was given in 7.61 above as an example of a semantically indefinite relative clause. The relative clause in this subtype acts like the subject of the sentence, though it could take any number of noun functions. It differs from other subtypes in that no overt word in the following upper clause can be identified as the semantic antecedent for the relative clause.

f². . . . ᾧ (APRDM-S+) παρέθεντο πολύ, περισσότερον αἰτήσουσιν αὐτόν (Luke 12.48). In this subtype the semantic antecedent (alternately, the grammatical resumer) of the relative clause is contained overtly within the upper clause. "They will demand more of him" is the main clause; the relative clause identifies "him." Thus, "They will demand more of him to whom much has been entrusted." Since the antecedent (or resumer) of the relative is present but is not preceding it as expected, a plus sign follows the tag. That a pronoun can be relativized is clear (see Acts 19.27; John 10.35; Hebrews 2.10; 4.13).

f³. . . . ἃ (APRAN-P+) ἤκουσας . . . ταῦτα παράθου . . . (II Timothy 2.2). In this correlative construction the needed semantic antecedent for ἃ is ταῦτα. Semantically, then, it reads, "Entrust these things that you have heard. . . ." Again a plus sign shows the antecedent's direction, which, while unexpected for antecedents in general, is expected for a correlative construction. The extended analysis APRAN-P☐APDAN-P&APRAN-P could have been used in place of the simple APRAN-P+. In the complex tag the antecedent supplied in the analysis is *repeated* (hence, resumer as an alternate expression in f² and f³) in ταῦτα. We chose the simpler analysis, wanting to supply as few missing pieces of the semantic structure as possible. But there is support for the repetition of the antecedent (see Luke 12.8, 10, 48a).

Grammatically the subcases of f are relative clauses acting like substantives. The pronoun in the following upper clause (f² and f³) identifies the grammatical tie-in of each substantive. The following pronouns may be viewed as resumers. Semantically the subcases of f are relative clauses that comment on or identify further the following semantic antecedent in the upper or main clause. They play no semantic function apart from tying in with the main proposition.

In looking for antecedents to which to relate relative pronouns, remember that anything substantive in the *preceding* context qualifies without regard to how far back it appears or how the words are punctuated. Compare Luke 23.18–19, where Barabbas, whose name the angry mob is crying, is the antecedent for the author's comment immediately following. Sometimes the antecedent is a preceding thought or phrase; in Ephesians 6.2 it is the quoted commandment. If the antecedent is in the *following* context, any substantive is acceptable that relates directly to the main verb. This includes subjects, objects, indirect objects, and objects of prepositions. The last-named possibility is illustrated in Matthew 5.41: "Go two miles with *him* [antecedent] *who* forces you to go one." We have disallowed one case of following antecedent: when a pronoun or noun relates not to the main verb of the upper clause, but to another noun that in turn relates to the main verb. For example, in Matthew 10.42 the only overt substantive in the upper clause to which the relative phrase might be tied is the pronoun αὐτοῦ, which modifies τὸν μισθόν. It makes no sense to call that pronoun the antecedent: "He will never lose the reward of him (= his) who gives one of these little ones a cup of cold water to drink." The relative clause relates to the subject of the sentence, which Greek need not supply, rather than to the overt second-level pronoun αὐτοῦ. Therefore our analysis supplies the necessary semantic antecedent, APRNM-S☐APDNM-S&APRNM-S, rather than erroneously tying the relative clause to the overt pronoun αὐτοῦ, APRNM-S+.

Although a number of interesting antecedents could be cited, we will mention only one. In I Timothy 6.10 φιλαργυρία is an apparent antecedent to the following relative clause. Actually, only a component of the word is antecedent, ἀργύριον. To indicate this we have given the relative pronoun ἧς the tag APRGF-S☐APDGN-S&APRGN-S to indicate that φιλαργυρία and the semantic antecedent ἀργύριον are different. Note the change in gender represented in the complex tag. Very rarely do we indicate gender assimilation.

g. Relative pronouns may function quite differently from the ways already presented. In some cases (e.g., ἀνθ' ὧν and ἐφ' ᾧ) the relative pronoun, together with the preceding preposition, acts as a conjunction of sorts. Because this involves two words, we do not indicate conjunction status for the relative pronoun. We do, however, mark it as a pronoun (e.g., APRGN-P☐NPGNZP). Then as the object of a preposition, it and the preposition together conjoin two clauses.

A related case is phrases like ὅσον χρόνον, which join two clauses (e.g., Mark 2.19) and express extent or duration. Semantically χρόνον has been incorporated into the relative clause. Χρόνον is accusative of time during which; ὅσον identifies the time that is meant. The relative is tagged APRAM-S+.

h. Relative pronouns may also function as demonstrative pronouns: for example, οὓς (APRAM-P☐APDAM-P) δέ . . . (Acts 27.44). With few exceptions the relative pronoun is in this case followed by μέν or δέ. The exceptions are not translated in the usual way, "some this . . . some that," but, as in I Timothy 3.16, "he." In this verse Paul may be quoting an early Christian hymn, an earlier stanza of which referred to Christ.

Our tags for relatives without antecedents usually consist of three simple tags, as noted above. When a relative pronoun is without an antecedent and is immediately preceded by a preposition, either the antecedent to be supplied is the object of the preposition or it is not. In the first case, the order of the tags is as already indicated; in the second, it differs.

As for the first case, two subtypes exist. In subtype a, illustrated by I Corinthians 10.30, the preposition governs both the supplied antecedent and the relative pronoun: ". . . *because of* that *for* which. . . ." A full surface structure reflecting the semantic structure might have been, . . . βλασφημοῦμαι ὑπὲρ ἐκείνου ὑπὲρ οὗ ἐγὼ εὐχαριστῶ.[8] Not repeating an identical (or even a related) preposition is common in language, if not required. In subtype b the preposition governs only the supplied antecedent, not the relative. For example, the frequent ἕως οὗ receives the relative tag APRGM-S☐APDGM-S&APRDM-S, representing the semantic structure "until that time at which. . . ." Ἕως governs only the supplied antecedent, "that time." The relative pronoun is not governed by ἕως, though it is attracted to it in case. Semantically its case is dative, "time at which."[9]

The antecedent to be supplied is sometimes, as noted above, not the object of the

---

8. Ibid.

9. Ἕως οὗ and similar constructions act as conjunctions, say, "until." We have analyzed them as preposition and relative both because we analyze each word and because in many examples the antecedent does *not* get lost in the surface grammatical structure. This says to us that the parts had not yet lost all identity to the whole. With respect to the case of the relative, which seems regularly to be attracted to the case of the preposition, we examined each of the thirty-five New Testament instances to see if it was genitive (at some time within which), accusative (all during that period), or dative (at that time). As nearly as we could tell, one was accusative, the rest dative.

preposition. It is not governed by the preposition. A good example is: οὗτός ἐστιν ὑπὲρ οὗ . . . (John 1.30). The semantic structure, then, is: "This is *that one* concerning whom. . . ." To indicate that the antecedent is not governed by ὑπέρ, we have in these relatively few cases *inverted* the functional tags, putting the relative tag first, the antecedent tag second: APRGM-S□APRGM-S&APDNM-S (notice the nominative case in the antecedent tag). This puts the antecedent tag farther, if anything, from the left of the preposition, where it should be. We do this simply to make a distinction. Let us offer a preposterous explanation for this order: The missing antecedent was incorporated into the relative clause and then deleted. The order reflects a situation in which an antecedent has been incorporated. We use no plus sign because there is no real antecedent.

Compare carefully the tags for I Corinthians 10.30 and John 1.30. In the former the antecedent is governed by the preposition: ὑπὲρ οὗ, APRGN-S□*APDGN-S*&APRGN-S. In the latter the antecedent is outside the preposition: ὑπὲρ οὗ, APRGM-S□APRGM-S&*APDNM-S*. The antecedent tag is, in each case, italicized.

After referring to John 1.30 it is appropriate to say that there is a semantic distinction between the nearly identical cases of needing to supply an antecedent in the tag and already having an overt antecedent. These cases occur with εἰμί. John 1.30 seems to say *"This one is that one* concerning whom I said, . . ." not "There exists this one concerning whom I said. . . ." In Luke 13.30, however, no antecedent other than ἔσχατοι is needed; none is supplied. It says "There are last ones who will be first," not "The ones who will be first are [now] last." The analysis of relatives must reflect this difference. One is a statement of equivalence ("X is Y," "X equals Y"), the other of existence ("X is," "X exists").

Relatives are often attracted to the antecedent (even if it is missing) in case, gender, and number. Our analysis reflects this for case, but not necessarily for number and gender. In the phrase λόγου οὗ . . . εἶπον (John 15.20), the relative is attracted to the case of its antecedent and is tagged APRGM-S□APRAM-S. We have not indicated "discrepancies" for number and gender, whether they involve attraction, anticipation, or some other explanation, because there is a high degree of correlation between the grammatical discrepancy and the semantic meaning. For example, grammatical gender is frequently overridden by natural gender, as in τέκνα (neuter) μου, οὓς (masculine) . . . (Galatians 4.19).

The relatives of our analysis show person, though no morphological distinction is involved. Since relatives as nouns are third person, which among adjectives is indicated by -, we only need to add X for first person and Y for second where relevant. In the example cited immediately above, οὓς is tagged APRAMYP. We supply a demonstrative-class tag when the relative pronoun functions as an antecedent. The exceptions are first- and second-person relatives, for which the antecedent we supply is NP to accord with the tags of regular pronouns: for example, ὅσοι, APRNMYP□NPNMYP&APRNMYP (Galatians 3.27).

To what may the supplied antecedent in the tag relate? In many cases, after some intervening material it relates to an upper clause that follows. Ὃς ἂν in Matthew 15.5 relates through the supplied antecedent to the beginning of verse 6, with the extended relative clause intervening. Ὃ ἐὰν (also in verse 5), with its supplied antecedent, relates by equivalence to δῶρον. It is not δῶρον ὃ (APRAN-S), but rather "That thing [supplied antecedent] which you might have gained (is) a gift."

In other cases an antecedent is supplied that is consistent with the meaning of the verse, but that is never tied in with the sentence itself. For example, Matthew 23.16 quotes the blind guides as saying ὃς ἂν. . . . There is clearly no antecedent, preceding or following, but this relative clause sets up an identity. That identity is never tied down, however, for the sentence then comments on the action of swearing rather than on the one who swears. The antecedent is left hanging. Thus the tag APRNM-S☐APDNM-S&APRNM-S rather than the simple relative tag, which implies an antecedent and a tie-in with the sentence.

Let us conclude by summarizing our analyses of relatives: 1 (a). Simple relative tag, e.g., APRAN-S. This says there is a preceding antecedent. 2 (b, f², f³). Simple relative tag with plus sign, e.g., APRAN-S+. This says that there is an antecedent but that it is to the right of the relative pronoun. 3 (c, d). Simple relative adjective, e.g., A-RAN-S. This says that the following word is either without upper clause and (therefore) antecedent or that there is a preceding antecedent of which the following word is a copy or repetition. 4 (e, f¹). Complex relative tag, e.g., APRAN-S☐APDAN-S&APRAN-S. This says that an antecedent is missing grammatically but is supplied in the tag. 5 (g). Relative used as pronoun, e.g., APRAN-S☐ NPANZS. This says either that the relative serves as a pronoun in one clause and does not relate two clauses, or that with a preceding preposition the relative acts as a conjunction. 6 (h). Relative used as a demonstrative, e.g., APRAN-S☐APDAN-S. This is usually a "some this . . . some that" construction. 7. Another kind of relative, one not yet mentioned, is the totally reduced relative that is being used adverbially (see, e.g., Hebrews 10.37). Since it has an antecedent, it has the simple relative tag.

Let us also review the three situations in which the tag of the relative pronoun has a plus sign: 1 (b), that in which the upper clause is preceding and out of which the antecedent is incorporated into the relative clause; 2 (f¹), that in which the upper clause follows the relative clause and contains the semantic antecedent of the relative; 3 (f³), that which is correlative, in which τοῦτο or an equivalent follows the relative clause either to be the antecedent (by one analysis) or to focus and emphasize a preceding and supplied antecedent (by another analysis).

7.7 Indefinite Adjectives

Much less complex than relative adjectives are indefinite adjectives. These are limited to reflexes of τὶς and τὶ, and a single use of the indefinite adverb ποτέ as an attributive adjective.

An indefinite can either stand alone as its own pronoun or it can modify some substantive as A-I. Though our text follows the third edition of *The Greek New Testament,* in matters of accenting we have analyzed an occasional indefinite or interrogative as either. Indefinites, by their very meaning, cannot be first or second person, so each one is marked - to indicate third person.

7.8 Interrogative Adjectives

Interrogatives are included in the adjective system because they can modify substantives in the same way that other members of the adjective system can. This category is populated by τίς and τί, as well as any adjective that asks a question. Our analysis puts interrogatives (when τίς) with relatives in that they may be first or second person in addition to unmarked third person. In σὺ τίς εἶ (Romans 9.20; 14.4), τίς is tagged APTNMYS. Of course there is no morphological reason to do this. And in a sense interrogatives are, like indefinites, unspecified. As indefinites leave identity to some degree unspecified, so do interrogatives, which is the very reason that question is asked. We chose to include the person analysis (X, Y, -), however, in order to distinguish the person subtypes in the concordance based on this text.

The interrogative versus indefinite status of πον and πως, like that of τις and τι, is determined by accent. When the context supports either interpretation rather than only one, we have indicated this.

7.9 Demonstrative Adjectives

Demonstratives include both the usual, explicit demonstratives and those that are only functionally so (like antecedents of relatives). A demonstrative may be a modifier or a substantive. If it modifies a substantive, it must be tagged A-D. If it stands alone, whether as subject, predicate, or anything else, it must have the tag APD, that is, "this/that/such a (thing/person/one)." Demonstratives are only marked as third person. Though from an English point of view they sometimes function adverbially, they receive no functional tags. In this respect they are *unlike* regular adjectives which, when used adverbially, are marked □AB; and they are *like* regular nouns which, when used adverbially, are *not* marked □AB.

7.10 Comparative and Superlative Adjectives

Comparatives and superlatives must be that by form, and they must be comparative, superlative, or elative by meaning. Some adjectives are comparative in meaning but not in form (e.g., $\pi\epsilon\rho\iota\sigma\sigma\delta\varsigma$). The third position in their tags is left in the positive degree (-). And some adjectives are comparative in form but not in meaning (e.g., $\pi\rho\epsilon\sigma\beta\dot{\upsilon}\tau\epsilon\rho\varsigma$ when used as an official title, "elder"). These also are left in the positive degree. $\Pi\rho\hat{\omega}\tau\varsigma$ is not tagged superlative, nor $\delta\epsilon\dot{\upsilon}\tau\epsilon\rho\varsigma$ comparative.

7.11 Regular Adjectives

All adjectives that are not numbers and are not relative, indefinite, interrogative, demonstrative, comparative, or superlative are regular, descriptive adjectives. They receive in the third place of their tag a hyphen. All receive the same in the sixth (person) place of the tag, except possessive adjectives, whose *meaning* is itself first or second person. We have given them person designations according to their meaning in order to group them separately in the concordance. For example, $\dot{\epsilon}\mu\hat{\omega}$ is tagged A--DMXS in John 8.31. The X follows from the first-person meaning of the form. Other adjectives are *not* analyzed with X or Y where appropriate, though they might have been. For example, $\pi\dot{\alpha}\nu\tau\epsilon\varsigma$ (1 Corinthians 8.1) might be expected to be AP-NMXP in our analysis, but is instead AP-NM-P.

When a particular form of an adjective gives us leeway as to gender, we select the gender of the substantive to be supplied. Thus where $\nu\hat{\upsilon}\nu$ serves as an adjective, we usually tag it masculine because we assume the missing substantive to be $\chi\rho\delta\nu\varsigma$ or $\kappa\alpha\iota\rho\delta\varsigma$; for example, $\tau\hat{\upsilon}$ (DGMS) $\nu\hat{\upsilon}\nu$ (AB□AP-GM-S).

8 The Analysis of Determiners

In its regular analysis a determiner, or definite article, is not complicated. It may be any of five cases, three genders, and two numbers. We consider $\hat{\omega}$ a particle, not a vocative article. For us the vocative article is the corresponding nominative article when used vocatively. In this case the article is simply DV rather than DN□DV. Determiners serve infrequently as demonstratives, as does $\tau\hat{\upsilon}$ (DGMS□APDGM-S) in Paul's quotation of classical poetry in Acts 17.28. In the nominative case this is always followed by $\delta\acute{\epsilon}$ or $\mu\acute{\epsilon}\nu$.

8.1 Determiners Followed by Nouns of Different Gender, Number, and Case

Occasionally an article is followed by a noun of different gender, number, or case. This occurs in three distinct situations or constructions, each deserving comment. The first is exemplified in Mark 12.17: τὰ (DANP) Καίσαρος (N-GM-S). Clearly "things" or some equivalent might be supplied to give the necessary sense, "the things of Caesar" or "Caesar's things." We chose *not* to indicate this in the tags, neither in the determiner tag as DANP□DANP&N-AN-P nor in the noun tag as N-AN-P&N-GM-S.

In the second construction the article is followed by a phrase. This is usually a prepositional phrase, as in Mark 13.16: ὁ εἰς τὸν ἀγρὸν. Here the article is simply marked DNMS; we do not represent "man" or "one" in the determiner tag or anywhere else.

In the third construction the article is followed by a single word, usually an adverb. Here we do represent the missing noun in the tag. For example, τοῖς ἐγγύς in Ephesians 2.17. Here the adverb is tagged AB□AP-DM-P, the "near ones." The degree of difference between this third type and the first is slight, but it does exist. In the third type adverbs function as adjectives, something they regularly do (cf. Acts 26.11: εἰς τὰς ἔξω [AB□A--AF-P] πόλεις). In the first, either a noun would have to function as another noun (N-GM-S□N-AN-P) or it would be both itself and something else (N-GM-S&N-AN-P); no independent motivation exists for either of these analyses.

8.2 Determiners as Pronouns

Determiners can also be used like pronouns. This function is limited to nominative-case determiners and must be followed by μέν or δέ. It is a narrative device to reintroduce a participant into the role of actor (hence the nominative case). These determiners, when functioning like pronouns (e.g., ὁ, DNMS□NPNMZS) and followed by participles, look very much like articular participles, introduced in 8.3 below. A determiner functioning like a pronoun serves to reintroduce someone who has already been identified; an articular participle, by means of the participle, serves to point out someone. Ὁ δὲ ἀκούσας εἶπεν is ambiguous apart from context. It can mean "But when he heard (this) he said . . ." or "The one who heard (this) said . . ." In the first case the speaker is a definite individual identified earlier in the context. In the second, the speaker is being introduced, for the first time, at this point. The former is marked with derived pronoun function, the latter with the conventions introduced next.

8.3 Determiners as Relative Pronouns (Articular Participles)

Our analysis allows determiners to serve as relative pronouns in a derived manner, but only when they are followed by a participle. These articular participles are very much parallel to relative pronouns, and our analysis of them reflects this parallelism. Strong evidence of both a semantic and a grammatical nature supports this approach to articular participles. Rather than giving the evidence, we will simply explain our analysis.

Articular participles, like relative pronouns, are a grammatical device for relating two clauses through a noun. Take, for example, this sentence: ὁ ἀγαπῶν τὸν ἀδελφὸν αὐτοῦ ἐν τῷ φωτὶ μένει (I John 2.10). It has two verbs and therefore two clauses that need to be related. The main verb is μένει. It makes a statement so that the main clause reads, "(someone) remains in the light." The articular participle serves to identify that someone: "he who loves his brother." The tags we give to the words in this sentence are all predictable except for the tag for the first article, in which we relate the clauses: DNMS□NPNMZS&APRNM-S. The complex tag is to be read: the article functions like a noun substitute (the antecedent, if we may say so) and a relative pronoun. The chief difference between this derived relative pronoun and a real one is that the former takes a participle as its verb form, the latter a finite verb.

Approximately sixty percent of the articular participles in the Greek New Testament are of the kind just presented, with the semantic antecedent supplied in the tag. Though the overwhelming majority of them are nominative case, they can be any of the five cases. For example: ὁ θεωρῶν ἐμὲ θεωρεῖ τὸν πέμψαντά με (John 12.45). Though this sentence has two articular participles, we are interested here only in the second, "sees someone," which is accusative. Who is that "someone"? "It is the one who sent me." The analysis of τὸν is DAMS□NPAMZS&APRNM-S, which means that the article functions like a noun substitute (the object of θεωρεῖ) and a relative pronoun (the subject of πέμψαντά). It is very interesting that derived relative pronouns always act like the subject of the following participle, for which reason they receive a nominative-case tag, here APRNM-S. Whereas a real relative pronoun may stand in any relationship to the verb of the clause, an article followed by a participle may only function like the participle's subject. If the participle is passive, then the article used as a relative is that participle's subject.

Another thirty-five percent of the articular participles have their own antecedents preceding them in the Greek text. For example, in this sentence, . . . τῆς χάριτος τοῦ θεοῦ τῆς (DGFS□APRNF-S) δοθείσης μοι . . . (Ephesians 3.7), "grace" is the antecedent. Because the antecedent is overt, the repeated genitive feminine article is analyzed only as an article used as a relative. Notice again that the case of the functional relative is nominative, the subject of the passive participle. This example is normal in that the case of the repeated article is the same as that of its antecedent. The case need not be the same, however, as numerous instances in Revelation confirm. An instance from Colossians might be more convincing: ἀπὸ Ἐπαφρᾶ (N-GM-S) . . . ὁ (DNMS□APRNM-S) καὶ δηλώσας (1.7-8). (The intervening relative clause might have conditioned the case of the article. Notice, incidentally, the two comments about Epaphras, one in a real relative clause, the other in a functional one.) Articular-participle derived relative clauses may have pronouns as their antecedents: αὐτῇ τῇ καλουμένῃ στείρᾳ (Luke 1.36).

Another similarity with relative clauses is that articular participles may have their antecedents following (rather than preceding) them. Constructions of this type constitute the remaining five percent. Most readers will quickly recognize this as a case of the participle being used as an attributive adjective, that is, article–participle-as-adjective–noun. At the very least this is a relative construction when viewed semantically. And there are also grammatical indications that it is. For example, several words that can fill the position of the noun would not qualify if the participle were replaced with an adjective. Among these are ἐμοί (τῷ θέλοντι ἐμοί, Romans 7.21) and τοῦτο (τὸ γεγραμμένον τοῦτο, Luke 20.17). In all these cases of a following noun, we have given the article a functional tag with a plus sign. Thus τὸ in Luke 20.17 is tagged DNNS□APRNN-S+. One recurring instance of a following noun is the correlative-like construction in which the identity of a person or thing is expressed in an articular participle, which in a following reflex of οὗτος or a similar demonstrative is made to join a main clause. For example, ὁ (DNMS□APRNM-S+) πιστεύων εἰς ἐμὲ . . . κἀκεῖνος ποιήσει (John 14.12).

In analyzing articular participles the way we do, we are making no claims about how they should be translated. Our only claim is that semantically these constructions parallel real relative constructions. We have so analyzed all articular participles, no matter how reduced they are; for example, τοῦ θεοῦ τοῦ (DGMS□APRNM-S) ζῶντος (Matthew 26.63). Let us look at three nearly identical constructions and the implications they raise. Hebrews 10.34 reads:

τῶν (DGNP☐NPGNZP&APRNN-P) ὑπαρχόντων ὑμῶν. "Your possessions" is a translation that would probably be widely accepted, and yet our analysis seems to force the translation, "the things that exist of yours." Ὑμῶν, rather than ὑμῖν, follows the participle, and this seems to tip the scales toward taking the participle as a substantive and forgetting any relative construction. (See Luke 12.1, however, where the antecedent is possessed by a phrase, τῶν Φαρισαίων, that is interrupted by a real relative clause.) Luke 19.8 is similar, but with the possessor preceding the participial construction: μου τῶν (DGNP☐NPGNZP&APRNN-P) ὑπαρχόντων. Finally, Luke 8.3 gives a more convincing relative construction, with a dative pronoun replacing the genitive: τῶν (DGNP☐NPGNZP&APRNN-P) ὑπαρχόντων αὐταῖς. Here the possessor is within the participial construction, as seen in clauses with finite ὑπάρχω. The examples we have just inspected show the range and variability of these constructions, being possessed within or without, and relating to the participle as verb or to the antecedent implicit within the article. One must be alert to these articular participles, remembering that our analysis is based on semantic function, not grammatical form.

Observe the three following constructions: (1) πᾶς ὁ ἄνθρωπος ποιεῖ, (2) πᾶς ὃς ποιεῖ, and (3) πᾶς ὁ ποιῶν. In the first, πᾶς is tagged A--NM-S; in the second, AP-NM-S. How should it be tagged in the third? The most typical response, because this construction is parallel with the first, is A--NM-S. This analysis is possible, and in keeping with it our relative analysis of adjoining articular participles would then be DNMS☐NPNMZS&APRNM-S, "every-one-who." We have chosen, however, to analyze it as AP-NM-S. This has the advantage of shortening our article tag to DNMS☐APRNM-S ("everyone-who"). But more importantly it maintains the extensive parallel between true relatives and articular participles, because πᾶς cannot reasonably be A--NM-S in the middle construction.

In Luke 1.35 and Matthew 2.2 we had to decide whether the articular participle contains in the article the antecedent to the construction and ἅγιον and βασιλεὺς, respectively, are complements to the participles; or whether these last named are the (following) semantic antecedents such constructions require. Our usual rule of thumb is to take καλέω and λέγω, and especially passive instances, as requiring a complement and so, where an antecedent is lacking, to supply it in the tag. Other cases are analyzed individually. In both Luke 1.35 and Matthew 2.2, we decided in favor of the first choice.

Articular participles, like real relatives, can be left hanging. See, for example, Hebrews 1.7, where ὁ (DNMS☐NPNMZS&APRNM-S) ποιῶν has no main clause to which to relate. In the original context for this phrase (Psalm 104), nothing is left hanging.

In two places our relative analysis of articular participles runs into apparent trouble: 1 Timothy 4.3 and Romans 2.8. In these passages a single article governs a set of one adjective (or prepositional phrase) joined by καὶ to one participle. The complex tag DDMP&DDMP☐ NPDMZS&APRNM-P is our solution to the problem of an article that works two ways. These examples raise the general question, Do not adjectives work the same way articular participles work? And if they do, should they not receive similar treatment? At the very deepest, most abstract level of language, adjectives are viewed as parts of relative clauses. "The happy child" is viewed as "the child who is happy." From this same viewpoint the relative and the "to be" verb are lost and the adjective is transposed into attributive position. How this might work in practice is not our concern. It is enough to note that copula verbs are often missing in Greek; other verbs are missing much less often. This accords with what we find concerning adjectives and articular participles. Adjectives in attributive position can be viewed as abstract relative clauses with εἰμί or even as articular-participle derived relatives with ὤν. The verb of being is lost and an adjective results. When the copula is not deleted, we have either a true relative clause with $\epsilon\iota\mu\iota$ (1 John 2.8) or an articular participle with $\omega\nu$ (II Corinthians 11.31). (Note, incidentally, that these immediately foregoing examples have some adjunct information. For example, ". . . true *in him.*" A lone adjective, it seems, must lose its relative-clause trappings. They may be retained with adjunct material or with an indication of time other than present. For example, see John 9.24.) Real and derived relative clauses with verbs other than $\epsilon\iota\mu\iota$ cannot have their verbs deleted without losing their meaning. Thus their verbs are retained. Therefore, we hold that there is a difference between attributive adjectives and articular participles that warrants different treatment. Titus 1.15 is the only other example of this type. It is different in that the participle comes first. We have not expanded the tag here as in the above examples. Let an understood $\delta\nu\tau o\iota\varsigma$ make the adjective parallel with the participle through the same derived-relative-pronoun tag.

Articular participles can be first- or second-person constructions in the same way as can real relatives. When a first- or second-person personal pronoun is on one side of an equivalence statement ($\epsilon\iota\mu\iota$) and an articular participle is on the other, we have extended the first or second person of the pronoun across the equivalence to the derived relative construction. Thus in John 6.51 Jesus claims to be the living bread that came down from heaven. The two relevant articles in this verse, $\acute{o}$, are tagged DNMS☐APRNMXS. This analysis is given in the case of either claimed or denied identity, but not of questioned identity ("Are you . . . ?"). The reason why such an articular participle can be marked X or Y when complement (predicate) to a personal pronoun and a form of $\epsilon\iota\mu\iota$ is seen in John 8.18. The reflexive pronoun $\epsilon\mu\alpha\upsilon\tau o\upsilon$, rather than $\epsilon\mu o\upsilon$, gives strong evidence that $\acute{o}$ $\mu\alpha\rho\tau\upsilon\rho\omega\nu$ should be considered first person. In many of these constructions, it is as if the first- or second-person reflex of $\epsilon\iota\mu\iota$ should be read "It is I/you" and the articular participle is a simple functioning relative with the overt personal pronoun as antecedent.

As with providing antecedents for true relatives that involve $\epsilon\iota\mu\iota$, so with derived relatives: one must ask whether the writer is predicating equivalence or existence. In Galatians 1.7 Paul predicates only existence. He is not saying that "some are the ones who . . ." or that "the ones who . . . are some." Rather he is saying that some ones exist; the articular participle identifies the "some ones." Because the antecedent is overt, the article is tagged DNMP☐APRNM-P. In Mark 4.16 Jesus asserts equivalence rather than existence: "These are equivalent to the ones who . . ." Here the article is tagged DNMP☐NPNMZP&APRNM-P because no antecedent is available. In those cases where either existence or equivalence is possible, we have picked one based on our judgment of the discourse requirements.

Our analysis of derived relative pronouns stops with participles that have the definite article. Many participles have no governing article, and these too must bear some relation to finite verbs. We have not analyzed these. Some, even though they lack an article, may be related as relatives to the main verb. Many of these are not related to the main verb through the noun, but bear to the verb instead an adverbial relationship. These remain untouched except for the analysis of the form itself.

9   The Analysis of Prepositions

Prepositions are an uncontroversial lot. When a preposition is not followed by a noun or noun phrase, it is an adverb, which usually relates to the verb. When a preposition by form acts like an adjective (whether substantive or not), we consider it an adverb used as an adjective rather than a preposition used as an adjective. Because prepositions may function as adverbs and adjectives when not followed by a noun, one might think that adverbs and adjectives should be considered prepositions when they relate a following noun to the rest of the sentence. As was shown in the discussions of adverbs and adjectives, this is not the case. A preposition implies an adverb (which in turn implies an adjective) in the right circumstances; the converse is not true. The adjective μέσον is the only word that has its own analysis and that sometimes also functions as a preposition.

The list of prepositions at the end of the appendix (list 2) shows at a glance what words we accept as prepositions. It also reveals the distribution of prepositions with respect to case governance and shows the other analyses of any given form. Whether etymologically related or not, parenthesized tags show other forms that happen to coincide (apart from accentuation) with a preposition. Notice that four prepositions may also serve as conjunctions.

10 The Analysis of Conjunctions

Our analysis of conjunctions and particles probably diverges farthest from traditional expectations. Some words commonly considered conjunctions and particles should be, by one reckoning or another, adverbs, prepositions, interjections, interrogatives, adjectives, and verbs. To further complicate matters, a given word may function now in one respect and now in another. List 3 below summarizes the words we count as conjunctions and particles, showing their other possible uses and their distribution in our system. For a word to be included on the list it must occur at least once as a particle or conjunction, and not just derivatively.

The propositions of language do not all carry the same weight. Because we have differing messages to convey and because not everything we have to say is of equal importance, some of our statements are more central to our message, others more peripheral. Some are more prominent, others less prominent. The structure of language is quite discoverable, allowing us to separate the irreducible core from the nonprimary information. Propositions are related to one another, X to Y, Y to Z, and so forth. One means for relating them is grammatical conjunctions, and this is a very important means in a language like Koine Greek. Keep in mind that two propositions can be related in the same way either by a conjunction or by nothing: (a) "It's going to be a good year for farmers. The spring rains were abundant." (b) "It's going to be a good year for farmers *because* the spring rains were abundant." Also remember that one conjunction can signal more than one relationship: (a) "He died *that* I might live"; (b) "He said *that* I should go." In *a* the conjunction denotes purpose, in *b* simply the content of the verb *say*.

10.1 Coordinate, Subordinate, and Superordinate Conjunctions

There is a finite set of interpropositional relations, which Beekman and Callow discuss in *The Semantic Structure of Written Communication*. Instead of working with all the propositional relations in our analysis, we have limited ourselves to those expressed by conjunctions. Rather than name each relevant relation as encountered, we have instead identified each conjunction by its clause's level of prominence relative to the adjacent clause. Traditionally grammar has recognized just two relationships: a structure coordinate with another and a structure subordinate to another. Our analysis differs in two significant respects. First, we complete the logical possibilities by adding a third relationship, a structure superordinate to another. (Because subordination is indicated in the tags by S, superordination is represented by H, for hyperordination; coordination is indicated by C.) A conjunction tagged superordinate introduces a clause that is more prominent than the one to which it relates. The latter, then, is subordinate to the clause headed by the superordinating conjunction. Because a subordinate clause may not have a conjunction to label CS, our policy of tagging the conjunction of superordinate clauses CH insures that the relationship is specified wherever possible. Second, the relationships indicated by our conjunction analyses are semantic, not grammatical. This means that the tags for some conjunctions will signal relationships that have nothing to do with traditional grammatical considerations. For example, γάρ has usually been considered a coordinating conjunction. However, semantically the clause that supplies a cause or reason is subordinate to the clause it explains. Therefore we have always and everywhere marked γάρ CS. Δέ is also traditionally held to be a coordinating conjunction (or sometimes just a particle). We have given it varying tags (CC, CH, and CS), depending on its use in particular contexts.

10.2 An Overview of Conjunctions and Contrasting Definitions

After giving an overview of conjunctions, we will discuss some subregularities and then give definitions for each conjunction in each possible analysis. List 4 contains every Greek word we have analyzed as a conjunction. This list allows one to see at a glance which conjunctions have which relational possibilities. Some conjunctions can signal any of the three relationships, others two. They can be compared to a "purple stoplight," which would alert us in a general way but would force us to stop and look right and left in order to know for sure the meaning of the signal. Conjunctions that signal multiple relationships do little more than direct us to the context for the meaning of the signal. Our analysis of each such conjunction helps one understand the contextual semantics. The list of conjunctions also supplies any other nonconjunction analyses these words may have, which is also important information. Parentheses here merely call attention to forms that happen to coincide with the form in question, regardless of accentuation or etymology. At the end of the list are words that contain conjunction analyses but are instances of crasis. Parentheses here indicate either a possible but nonoccurring analysis or an occurring analysis irrelevant to conjunctions. Also given is the lone example of a derived conjunction, πρίν.

10.3 A Subregularity of Conjunctions: Conjunctions That Are Also ABR

One of the subregularities of conjunctions is the rather large subset of them that may have, as an alternate analysis, the tag ABR. The original motivation for this tag came from two kinds of constructions in which οὗ and ὅτε figure. When the entire clause is a temporal adverbial clause to a main clause, it sometimes has no particular word in the main clause with which to tie in. For example, in Galatians 2.11 Paul says, "*When* Peter came to Antioch, I opposed him to his face." The "when" clause relates directly to the main verb *oppose* as the time when this action took place. But sometimes there is a particular noun in the main clause to which ὅτε or οὗ relates. In Romans 2.16 Paul says certain things will happen "in the *day when* God judges." Here ὅτε has a specific antecedent, *day*. In the first construction ὅτε is analyzed as CS because the temporal clause is subordinate semantically to the main clause. In the second construction it is tagged ABR because it relates one clause to another through a nominal antecedent, and because, being temporal, it is adverbial.

Having noticed this regularity where we could have expected to find it, we noticed it in many other places as well. One example is John 20.9 involving ὅτι: "They [the disciples] did not yet know the *scripture that* it was necessary for him [Jesus] to rise from the dead." The sentence could have concluded with *scripture;* the thought would have been complete. But more identification was needed, so John quoted the particular scripture he had in mind. Ὅτι is to John 20.9, then, what ὅτε is to Romans 2.16.

A number of objections might be raised to this conclusion. First, time and place are well considered adverbial, but can ὅτι be so considered? We make two comments in reply. First, the analogical patterning is much more important to us than exact correspondence. In focus here is a relationship with antecedents, not one without. Second, though adverbs usually modify verbs (hence the name *ad-verbs*), they can also modify nouns. Adverbial καί does so often; for example, "Saul, even Paul, said . . ." (Acts 13.9).

A second objection is that the antecedent can usually be deleted with no loss to the meaning of the sentence because the ὅτι clause can move into its place. The antecedent "scripture" is secondary, then, the ὅτι clause primary. We have no quarrel with that analysis, though the two appear to us to be equivalent. The ABR tag shows that two items are nearly if not always equivalent. Indeed, when ὅτι is ABR it might be defined "namely, that is, I mean to say."

A further comment about the CS (or CH or CC) and ABR pairing is needed. For a conjunction to be tagged ABR as well, it must follow its antecedent. This eliminates cases like these: "Where (οὗ) the Spirit of the Lord is, there (———) is freedom" (II Corinthians 3.17). "Where (ὅπου) there is a dead body, there (ἐκεῖ) the vultures will gather" (Luke 17.37). Only once when no overt antecedent exists have we allowed ABR rather than CS: in Matthew 2.9, where the preposition in the phrase ἐπάνω οὗ demands an object. We analyze οὗ as ABR□APDGM-S&ABR. We could have analyzed it instead as APRGM-S□APDGM-S& APRGM-S.

10.4 Other Subregularities of Conjunctions

Another regularity of conjunctions is that ἄχρι, ἕως, and μέχρι may also be prepositions. They are prepositions when they are followed by a noun or relative, conjunctions when they relate to the following verb.

Other relational regularities will emerge as the definitions are compared. For example, result (regardless of which conjunction expresses it) is always CH; whether the relationship is means-result or reason-result, the result half of the relation is more prominent. Similarly purpose is always CS, being subordinate to the action it describes.

Now it is time to inspect list 5 for definitions of those words with a minimum of two different tags, at least one of which is a conjunction by analysis. The words are organized alphabetically, as are the several possible tags for each word. For any conjunction needing expanded comment, a note follows the list of definitions, which keeps the latter as concise as possible.

10.5 The Conjunction δέ

Some questions are raised by these conjunctions and their definitions. We will deal with these by giving extensive examples of δέ, the discussion of which should serve to contrast our three designations, superordinating, coordinating, and subordinating.

Traditionally δέ has been called a coordinating conjunction, and it often is. It occurs, for example, between items in lists: "And it was he who appointed μὲν (CC) some as apostles, δὲ (CC) some as prophets, δὲ (CC) some as evangelists, δὲ (CC) some as pastors and teachers" (Ephesians 4.11). It occurs at the beginning of new incidents in narrative: "From then on Jesus began to preach, 'Repent! The kingdom of the heavens is near.' Δὲ (CC) as he was walking by the Sea of Galilee, he saw two brothers" (Matthew 4.17–18). It occurs between arguments that lead to the same conclusion: "You approve of what your fathers did, since μὲν (CC) they killed them δὲ (CC) you build [their tombs]" (Luke 11.48). And so forth throughout the New Testament.

But δέ also occurs many times between members, the preceding one of which is subordinate to the following one, and in such occurrences we say δέ is superordinating. It occurs, for example, between a reason and its result: "Each of them heard them speaking in his own language. Δὲ (CH) they were amazed" (Acts 2.6–7). It occurs between a concession and its contraexpectation: "All discipline, at the time it is administered, seems to produce sorrow, not joy; δὲ (CH) it later yields the wholesome crop of righteousness" (Hebrews 12.11). It occurs between a ground and the exhortation it supports: "If anyone washes himself clean from these things, he will be an implement to be proud of, set apart, useful to the owner, readied for any good work. Δὲ (CH) run away from the desires that tempt young people" (II Timothy 2.21–22). It occurs between a negative statement and the positive statement it emphasizes: "There is no created thing that escapes his notice, δὲ (CH) all things are naked and exposed to his eyes" (Hebrews 4.13). It occurs between an event or utterance and an utterance that responds to it: "He said to them, 'And you, who do you say I am?' Δὲ (CH) Simon Peter replied, 'You are the Messiah, the Son of the living God'" (Matthew 16.15–16). Among larger units of discourse, it occurs at the beginning of a summary: "Δὲ (CH) the summary of what is being said: . . ." (Hebrews 8.1). And it occurs in many instances of contrast in which the first member obviously serves to emphasize the second: "Μὲν (CS) Moses was faithful in all God's house for a testimony of what was going to be said, δὲ (CH) Christ as a son over his house" (Hebrews 3.5–6).

Δέ even occurs a few times between members, the succeeding one of which supports the preceding one, and in these instances we say δέ is subordinating. It occurs between a result and a reason for that result: "I am willing for all of you to speak in tongues, but I prefer that you prophesy; δὲ (CS) a person who prophesies is more helpful than one who speaks in tongues, unless he translates" (I Corinthians 14.5). It occurs between a statement and a ground for that statement: "[An overseer must be] one who leads his own family well, with children who obey him with full dignity; δὲ (CS) if someone doesn't know how to lead his own family, how will he take care of God's church?" (I Timothy 3.4–5). It occurs between an exhortation and a ground for it: "Repent! Δὲ (CS) if you don't, I will come to you suddenly and make war against them" (Revelation 2.16). It occurs between a negative and a positive statement, the negative of which is obviously more important to the context: "They prayed for them to receive the Holy Spirit, since he had not yet fallen on any of them: δὲ (CS) they had only been baptized into the name of the Lord Jesus" (Acts 8.15–16). It occurs at the beginning of a brief mention of minor participants: "Δὲ (CS) the men who were walking the road with him stood speechless, hearing the voice but seeing no one" (Acts 9.7). It occurs at the beginning of a parenthetical remark: "(δὲ [CS] what does 'He ascended' mean except . . . ?)" (Ephesians 4.9–10). It occurs at the beginning of an author's aside: "Δὲ (CS) what I'm writing to you, look, before God, I'm not lying" (Galatians 1.20). It occurs at the beginning of a clause that mentions the number of people present at an event: "Δὲ (CS) there were about five thousand men who ate, besides women and children" (Matthew 14.21). It occurs (especially in John's Gospel) at the beginning of background information inserted within a narrative: "Δὲ (CS) there were six stone waterpots that had been placed there . . ." (John 2.6). It occurs at the beginning of something the author has inserted to avoid misinterpretation of what he has just said: "For he set all things under his feet. Δὲ (CS) it is clear that when he says that he set all things under him, that leaves out the one who subjected all things to him" (I Corinthians

15.27). It occurs at the beginning of a clarification: "They found me purified in the temple, . . . δὲ (CS) some Jews from the province of Asia did, and they should have appeared before you and accused me if they had anything against me" (Acts 24.18–19). And it occurs between members of a contrast, the more important of which comes first: "Love never becomes irrelevant. Δὲ (CS) as for prophecies, they will be shelved; as for tongues . . ." (I Corinthians 13.8).

In some instances we have tagged δέ either CC/CH or CC/CS, either because there are different interpretations of the passage or because we ourselves are unsure which of the two members of a contrast is more prominent. One instance of the former case is I Corinthians 1.12, in which different parties are listed: Ἐγὼ μέν (CC) εἰμι Παύλου, Ἐγὼ δὲ (CC) Ἀπολλῶ, Ἐγὼ δὲ (CC) Κηφᾶ, Ἐγὼ δὲ (CC/CH) Χριστοῦ. The coordinating interpretation sees four parties, equal choices. The superordinating interpretation sees three parties upstaged by the fourth, "Christ's party," implying that everyone else should, like Paul, be in that party.

10.6 Conjunctions with Sentential Noun Clauses

Sentential noun clauses are sentences that function as particular grammatical parts of other sentences. In the sentence "I want to go," the sentence "I go" is the object of the verb "want." (Certain rules delete the equivalent pronoun and infinitize the verb.) In "To live in the tropics is not easy," the sentence "Someone lives in the tropics" is the subject of "is not easy." Greek has similar constructions with infinitives and with conjunctions. Here we are interested only in those constructions in which the sentential noun clause is marked by a conjunction. Our definitions of conjunctions and the accompanying examples show that the following can serve to relate sentential noun clauses to the host or "upper" sentence: εἰ, ἵνα, καί, μή, μήποτε, ὅπως, ὅτι, πῶς, and ὡς. Many of these apparently became sentential-noun-clause conjunctions by serving as speech orienters. Questions, commands, and statements (direct and indirect) can serve as the content, or object, of a verb of saying. It seems obvious that these were then extended to be sentential-noun-clause conjunctions of a wider sort by grammatical analogy with their content functions. As conjunctions of this type, it seems clear that they are not fully interchangeable. Each contributes its own narrower grammatical (if not lexical) meaning to the sentence in which it connects a sentential noun clause.

Semantically the verb is the nucleus of the sentence. Nouns and other grammatical parts of speech are important only as they relate to the verb. Nouns, then, are in a subordinate relationship to the verb. But if that is true, why do we call sentential noun clauses coordinate by so analyzing their head conjunction? Simply because the sentential noun clause itself contains a verb. As a sentence in itself, it is as prominent as the rest of its upper sentence. Hence such noun clauses are analyzed as CC.

There are some exceptions to this, however. In the καὶ ἐγένετο καί construction, the main verb ἐγένετο is so colorless, contributes so little (see the corresponding construction in Hebrew of which this is presumed to be a translation), that we have analyzed the connecting καί as CH. A clause that identifies either place or time, though by one argument a sentential noun clause, retains the CS analysis on the ground that an adverbial temporal or locative clause is more peripheral, less prominent, than the more nuclear sentential subjects or objects.

Nor is a sentential noun clause analyzed as CC with discourse verbs (e.g., "say, hear, ask") and their first cousins, "think, see, believe." These verbs are the orienters of their content, and they are important only insofar as they relate their content to the rest of the discourse. The content is naturally more prominent than its orienter, so there are many instances of

". . . ὅτι (CH)." A number of factors, however, can raise the orienter to a level of prominence equal to that of its content, the effect of which is to tag the conjunction CC. We discuss these now.

One factor is the presence of ἀμήν, ἀληθῶς, or πάντως, or any other adverb in the orienter: "Truly I say to you that (CC) . . ." An adverbial phrase, especially a prepositional phrase, will do the same: "Therefore (διὰ τοῦτο) I say to you that (CC) . . ." However, an object put periphrastically in a prepositional phrase does not give the orienter a prominence equal to that of its content: "He said *to him* (= he told him) that (CH) . . ." Oath-formulas in the orienter raise its semantic prominence: "But God is faithful that (CC) . . ." (II Corinthians 1.18; see also v. 23).

Verbs can be considered semantically strong or weak. Weak verbs are those that are so regular and expected as to draw no attention to the orienter. They include λέγω/εἶπον, ὁράω, ἀκούω, γινώσκω, and οἶδα. If nothing else raises the orienter, the content clauses will be analyzed as CH. All other verbs are considered strong, calling attention to themselves and thus to the orienter; the content-clause conjunction is tagged CC. Ἐπιγινώσκω, a compound of γινώσκω, is a strong verb. Negation also raises the orienter in prominence: "They did *not* know (ἠγνόουν, a strong verb) that (CC) . . ."

The mention of Scripture, prophet, etc., gives an orienter prominence. Any overt subject, whether a simple pronoun or a noun expanded by a string of modifiers, will give prominence to the orienter, on the ground that the unmarked, neutral orienter will be marked for person only on the verb: "*Jesus* said to them that (CC) . . ." This also applies to the agent phrase if the verb is passive: "It was said *by some* that (CC) . . ." Because participles have no overt subjects, the overt subject of the main clause located between a participle and its content raises the prominence of the participial orienter clause. Only the second of the following two examples qualifies by this rule: "Jesus knowing that (CH) . . ." and "Knowing Jesus that (CC) . . ."

Further, the orienter is raised in prominence if the semantic meaning is other than a declaration. This includes questions based on an indicative verb as well as all nonindicative moods. The infinitive is included because we take the main finite verb as adverbial. Thus, "He began to speak to them. . . ."

An object, whether noun or pronoun, does not affect the orienter's status. Neither does the case of an indirect object as long as it is a pronoun. The naming or identification of the indirect object by a noun, however, does increase the orienter's prominence.

In the few cases when the content is in apposition to something in the orienter clause, the orienter is raised in prominence. This cannot be ascertained only by looking at a conjunction's tag, however, because in these cases where there is a wide variety of kinds of apposition, the conjunction tag is ABR. The orienter item to which the content is in apposition is the antecedent; thus the tag ABR. These include apposition to τοῦτο, ἔν, λόγος, ῥῆμα, νόμος, δικαίωμα, ὠφέλεια, φωνή. "He was telling them a *parable that* (ABR) . . ."; this example might also be termed genre identification.

A split clause gives prominence to an orienter: "Concerning the dead that (CC) they are raised, have you not read . . .?" Here the orienter verb follows the sentential object while part of the orienter clause precedes it. One very special type of split clause, called raising, takes a noun phrase out of the lower, content clause and makes it part of the upper, orienter clause: "For I made known to you, brothers, *the gospel I preached* that *it* is not of human type" (Galatians 1.11). Here "the gospel I preached" is semantically the subject of the content clause. It has been raised for emphasis and becomes the object of the orienter-clause verb.

This phenomenon, quite common in both Greek and English, serves to give the orienter equal prominence with the content. It should be noted that a raised noun phrase cannot be an antecedent for the following clause. The tag is CC, not ABR.

Μή as CS is understood to be a negative-purpose conjunction: "Watch out that you don't [or lest you] fall." In a few places μή can instead be understood as AB, with the verb that follows being taken as a subjunctive used as an imperative. Luke 21.8 can be read either as "Watch out that you are not led astray" (μή as CS) or as "Watch out! Don't be led astray!" (μή as AB). We have uniformly analyzed μή in these ambiguous cases as CS.

For comments on rhetorical questions, see the definitions of particles that follow.

11 The Analysis of Particles

11.1 An Overview of Particles and Contrasting Definitions

Particles may be considered a cover term for words that in other systems of analysis might be described as adverbs, interjections, interrogative particles, and verbal particles. Whereas the three-way division of conjunctions is meant to be exhaustive, that of particles is not. In fact QS and QV may overlap. At least no word has both tags.

List 6 enables the reader to see at a glance which words we consider particles, and it shows what nonparticle analyses these words may have. Words in parentheses are properly alike at most in form, excluding accents.

List 7 gives definitions for those Greek words that have a minimum of two different tags, at least one of which is a particle. The particles occur in alphabetical order, as do the analysis tags for each word. Following the definitions of some words is a note containing additional comments.

11.2 Rhetorical Questions

Rhetorical questions are well known, though perhaps less well understood. The major point we wish to make is that a rhetorical question is signified by the tag QT. A real, nonrhetorical question can be asked with a negative particle. The difference is clear. A real question: "Have you never read that . . .?" A rhetorical question: "You have read, haven't you, that . . .?" A negative marked AB may be part of a question.

12 Epilogue

We value your insight and are open to receiving correspondence about general assumptions or specific analyses. Direct correspondence to:

> Analytical Greek New Testament Project
> Translation Department
> International Linguistics Center
> 7500 West Camp Wisdom Road
> Dallas, TX 75236
> U.S.A.

List 1

Deponent and Nondeponent Verbs

1. Verbs of Which Only the Future Is (Middle) Deponent in the First Century

ἀναβαίνω	ἐκφεύγω	πάρειμι
ἀποβαίνω	ἐμπίπτω	παραλαμβάνω
ἀποθνῄσκω	ἐπιγινώσκω	πίνω
ἀπολαμβάνω	ἐσθίω	πίπτω
γινώσκω	καταβαίνω	συλλαμβάνω
διαγινώσκω	κατεσθίω	τίκτω
διακούω	λαμβάνω	φεύγω
εἰμί	μεταβαίνω	
εἰσακούω	ὁράω	

2. Verbs That Have Active Lemmas in BAGD but That Are Deponent in the First Century

ἀναγνωρίζομαι	P	κοιμάομαι		προσκαλέομαι	
ἀντιλαμβάνομαι		μεταπέμπομαι	P	προχειρίζομαι	
ἀπωθέομαι		μοιχάομαι		ῥώννυμαι	
ἀσφαλίζομαι	P	ξυράομαι	P	συλλυπέομαι	
βιάζομαι		ὀδυνάομαι		συναλίζομαι	
βουλεύομαι		ὀνίνημι		συναναμίγνυμαι	
ἐντέλλομαι		πειράομαι		φοβέομαι	
ἐξαπορέομαι		πορεύομαι			
θερμαίνομαι		προεπαγγέλλομαι			

3. Verbs That Have Active Lemmas in BAGD but That Are Semideponent in the First Century

αἰσχύνω	ἀνακεφαλαιόω P	χαίρω

4. Verbs That Have Nonactive Lemmas in BAGD but That Have Active Forms in the First Century

ἀντιστρατεύω	ἐκλέγω	κατεφίστημι
διαλλάσσω	ἐπενδύω	

5. Verbs That Have Nonactive Lemmas in BAGD, That Are Deponent in the First Century, and That Have Some Instances of True Passives

ἀπαρνέομαι	P	καταράομαι	P	παραιτέομαι	P
ἐπαγγέλλομαι	P	κατεργάζομαι	P	περίκειμαι	P
ἐπιλανθάνομαι	P	λογίζομαι	P	ῥύομαι	P
θεάομαι	P	μιμνῄσκομαι	P	συγκαταψηφίζομαι	P
ἰάομαι	P	μωμάομαι	P	χαρίζομαι	P
ἱλάσκομαι	P	παραδέχομαι	P		

P means that *some* forms of this verb occur as true passives.

Prepositions

PA	PD	PG	Other Tags
	ἅμα		AB
ἀνά			AB, AB□A- . . .
		ἄνευ	
		ἀντί	
		ἄντικρυς	
		ἀντιπέρα	
		ἀπέναντι	
		ἀπό	AB
		ἄτερ	
		ἄχρι(ς)	CS
διά		διά	(N-AN-S)
	ἐγγύς	ἐγγύς	AB, AB□AP . . .
		εἵνεκεν	
εἰς			
		ἐκ	
		ἐκτός	AB, AB□AP . . .
		ἔμπροσθεν	AB, AB□AP . . .
	ἐν		
		ἔναντι	
		ἐναντίον	A- . . .
		ἔνεκα	
		ἔνεκεν	
		ἐντός	AB□AP . . .
		ἐνώπιον	
		ἔξω	AB, AB□AP . . . , AB□A- . . .
		ἔξωθεν	AB, AB□AP . . . , AB□A- . . .
		ἐπάνω	AB
		ἐπέκεινα	
ἐπί	ἐπί	ἐπί	
		ἕως	CS
κατά		κατά	
		κατέναντι	AB□A- . . .
		κατενώπιον	
		κυκλόθεν	AB
		κύκλῳ	AB, AB□A- . . .
μετά		μετά	
		μεταξύ	AB□AP . . . , AB□A- . . .
		μέχρι(ς)	CS
		ὄπισθεν	AB
		ὀπίσω	AB, AB□AP . . .
		ὀψέ	AB
παρά	παρά	παρά	
		παρεκτός	AB□AP . . .
		πέραν	AB□AP . . .
περί		περί	
		πλήν	CC, CH
		πλησίον	AB□AP . . .
		πρό	
πρός	πρός	πρός	
	σύν		
ὑπέρ		ὑπέρ	AB

APPENDIX

Prepositions (continued)

PA	PD	PG	Other Tags
		ὑπεράνω	
		ὑπερέκεινα	
ὑπό		ὑπό	
		ὑποκάτω	
		χάριν	(N-AF-S)
		χωρίς	AB

Derived Function: μέσον   AP . . . □PG (AP . . . □AB)

Distribution of Conjunctions and Particles

Word	CC	CH	CS	QS	QT	QV	PA	PD	PG	AB	ABI	ABR	ABT
ἀλλά	CC	CH											
ἀλληλουϊά				QS									
ἀμήν				QS									
ἄν						QV							
ἄρα, ἆρα		CH			QT								
ἄχρι(ς)			CS						PG				
γάρ			CS										
γέ				QS									
δέ	CC	CH	CS										
δή				QS									
δήπου				QS									
διό		CH											
διόπερ		CH											
διότι			CS										
ἔα				QS									
ἐάν			CS			QV							
ἐάνπερ			CS										
εἰ	CC		CS		QT							ABR	
εἴπερ			CS										
εἴτε	CC												
ἐπάν			CS										
ἐπεί			CS										
ἐπειδή			CS										
ἐπειδήπερ			CS										
εὖγε				QS									
ἕως			CS						PG				
ἤ	CC		CS										
ἡνίκα			CS										
ἤπερ			CS										
ἤτοι	CC												
ἴδε				QS									
ἰδού				QS									
ἵνα	CC	CH	CS									ABR	
καθά			CS										
καθάπερ			CS										
καθό			CS										
καθότι			CS										
καθώς			CS										
καθώσπερ			CS										
καί	CC	CH								AB			
καίπερ			CS										
καίτοι			CS										
καίτοιγε			CS										
μέν	CC		CS	QS									
μενοῦν				QS									
μενοῦνγε				QS									
μέντοι		CH											
μέχρι(ς)			CS						PG				
μή	CC		CS		QT					AB			
μηδέ	CC									AB			
μήν				QS									

843

Distribution of Conjunctions and Particles (continued)

Word	CC	CH	CS	QS	QT	QV	PA	PD	PG	AB	ABl	ABR	ABT
μήποτε	CC		CS		QT					AB			
μήτε	CC												
μήτι					QT								
ναί				QS									
νή				QS									
ὅθεν		CH	CS									ABR	
ὅπου			CS									ABR	
ὅπως	CC	CH	CS									ABR	
ὁσάκις			CS										
ὅταν			CS									ABR	
ὅτε			CS									ABR	
ὅτι	CC	CH	CS									ABR	ABT
οὗ			CS									ABR	
οὐ				QS	QT					AB			
οὐά				QS									
οὐαί				QS									
οὐδέ	CC				QT					AB			
οὐκοῦν		CH											
οὖν	CC	CH											
οὔτε	CC												
οὐχί				QS	QT					AB			
ὄφελον						QV							
πλήν	CC	CH							PG				
πῶς/πως	CC									AB	ABl		ABT
τέ	CC												
τοιγαροῦν		CH											
τοίνυν		CH											
ὦ				QS									
ὡς	CC	CH	CS							AB		ABR	
ὡσαννά				QS									
ὡσεί			CS							AB			
ὥσπερ			CS										
ὡσπερεί			CS										
ὥστε		CH	CS										

List 4

Conjunctions

CC	CH	CS	Other Tags
ἀλλά	ἀλλά		(AP . . . , A- . . .)
	ἄρα, ἆρα		QT
		ἄχρι(ς)	PG
		γάρ	
δέ	δέ	δέ	
	διό		
	διόπερ		
		διότι	
		ἐάν	QV
		ἐάνπερ	
εἰ		εἰ	ABR, QT (VIPA--YS)
		εἴπερ	
εἴτε			
		ἐπάν	
		ἐπεί	
		ἐπειδή	
		ἐπειδήπερ	
		ἕως	PG
ἤ		ἤ	
		ἡνίκα	
		ἤπερ	
ἤτοι			
ἵνα	ἵνα	ἵνα	ABR
		καθά	
		καθάπερ	
		καθό	
		καθότι	
		καθώς	
		καθώσπερ	
καί	καί		AB
		καίπερ	
		καίτοι	
		καίτοιγε	
μέν		μέν	QS
	μέντοι		
		μέχρι(ς)	PG
μή		μή	AB, QT
μηδέ			AB
μήποτε		μήποτε	AB, QT
μήτε			
	ὅθεν	ὅθεν	ABR
		ὅπου	ABR
ὅπως	ὅπως	ὅπως	ABR
		ὁσάκις	
		ὅταν	ABR
		ὅτε	ABR
ὅτι	ὅτι	ὅτι	ABR, ABT (APR . . .)
		οὐ	ABR (APR . . .)
οὐδέ			AB, CC&AB, QT
	οὐκοῦν		
οὖν	οὖν		

845

APPENDIX

Conjunctions (continued)

CC	CH	CS	Other Tags
οὔτε			
πλήν	πλήν		PG
πῶς			AB, ABI, ABR
τέ			
	τοιγαροῦν		
	τοίνυν		
ὡς	ὡς	ὡς	AB, ABR
		ὡσεί	AB
		ὥσπερ	
		ὡσπερεί	
	ὥστε	ὥστε	

Crasis:

κἀγώ	CC&NP . . . (AB&NP . . .)
κἀκεῖ	CC&AB (AB&AB)
κἀκεῖθεν	CC&AB
κἀκεῖνος	CC&APD . . . (AB&APD . . .)
κἄν	CC&CS, AB&CS (AB&QV, CC&QV)

Derived Function:

πρίν	AB□CS

List 5

Conjunctions and Contrasting Definitions

ἀλλά   CC when simply adversatively coordinate with preceding clause. "I have much to write to you, *but* I don't want to do so with pen and ink" (III John 13).

    CH 1. when preceding clause/phrase is negative, on the principle that the negative is subordinate to the positive in a -/+ contrast. "You are*n't* thinking about the things of God, *but* the things of men" (Mark 8.33).

    CH 2. when it heads the contraexpectation clause of a concession-contraexpectation construction. "I may be untrained in speech, *but* I do have knowledge" (II Corinthians 11.6).

ἄρα,   CH inferential, drawing a conclusion. "*Consequently,* you are Abraham's offspring" (Galatians 3.29).

ἄρα   QT in questions as improbable possibility. "Will he find faith then?" (Luke 18.8).

    Note Our analysis of ἄρα is made without reference to the accenting in *The Greek New Testament*.

ἄχρι   CS when introducing a clause. "He should not deceive the nations any longer *until* the thousand years are up" (Revelation 20.3).

    PG when followed by an object, including οὗ. "Jerusalem will be trampled by the nations *until* their times are finished" (Luke 21.24). (ἄχρι οὗ = until [the time in] which)

    Note Ἄχρι, ἀπό, ἕως, and μέχρι, when followed by a relative pronoun, form a construction that acts like a conjunction.

δέ   CC equal prominence with preceding clause

    CH greater prominence than preceding clause

    CS lesser prominence than preceding clause

    Note See discussion and extensive examples in 10.5 above.

ἐάν   CS when conditional; corresponds to εἰ. "*If* anyone serves me, he must follow me" (John 12.26).

    QV when contingent; equivalent to ἄν. "I will follow you wher*ever* you go" (Matthew 8.19).

εἰ   ABR equivalent to CC but with specific antecedent present. "*This* is commendable, *that* a man bears up under the pain of unjust suffering" (I Peter 2.19).

    CC sentential noun clause. "It would be better for him *that* he had not been born" (Matthew 26.24).

    CS regular conditional. "*If* Christ has not been raised, our preaching is useless" (I Corinthians 15.14).

    QT "whether," both in direct and indirect questions. "I asked *whether* he would be willing to go to Jerusalem" (Acts 25.20).

    Note See discussion in 10.6 above about noun clauses (εἰ, ABR and CC).

ἕως   CS when introducing a clause. "*Until* I come, attend to the reading" (I Timothy 4.13).

    PG when followed by an object, including οὗ. ". . . who will also keep you *until* the end" (I Corinthians 1.8). (ἕως οὗ = until [the time in] which)

    Note See note on ἄχρι above.

ἤ   CC disjunctive "or." ". . . with whom there is no change *or* turning shadow" (James 1.17).

    CS comparative "than." "The one in you is greater *than* the one in the world" (I John 4.4).

ἵνα   ABR 1. equivalent to CC *1* but with specific antecedent present. "How did *this* happen to me, *that* the mother of my Lord should come to me?" (Luke 1.43).

    ABR 2. equivalent to CC *2* but with specific antecedent present. "We have *this commandment* from him, *that* the one who loves God should also love his brother" (I John 4.21).

    CC 1. sentential noun clause. "You have no need *of* anyone teaching you" (I John 2.27).

    CC 2. indirect command, where the orienter and indirect command seem equally prominent. "We ask and urge you in the Lord Jesus *that* you walk more and more in the way we instructed you and in the way you are in fact walking" (I Thessalonians 4.1).

847

APPENDIX

Conjunctions and Contrasting Definitions (continued)

CS purpose. ". . . good works, which God previously prepared *in order that* we should walk in them" (Ephesians 2.10).

CH 1. indirect command, where the command seems more prominent than its orienter (the orienter is usually virtually missing). "Come, lay your hands on her" (Mark 5.23, first ἵνα).

CH 2. result. "If we confess our sins, he is faithful and just *with the result that* he will forgive our sins and cleanse us from all unrighteousness" (I John 1.9).

CH 3. fulfillment of Scripture. "This all happened (*with the result*) *that* the word spoken by the Lord through the prophet was fulfilled" (Matthew 1.22).

Note See discussion in 10.6 above about noun clauses (ἵνα ABR and CC) and orienters.

καί AB adverb, "also, even, indeed, too." "Today salvation has come to this house, because *even* he is a son of Abraham" (Luke 19.9).

CC connective "and." Also used in καί . . . καί . . . (both . . . and . . .) constructions, where the first καί is often felt to be an adverb. "Take his mina *and* give it to the one having ten minas" (Luke 19.24).

CH second καί in καὶ ἐγένετο καί constructions in which the following noun clause is prominent compared to insipid ἐγένετο. "It happened *that* . . . many tax collectors and sinners came and reclined with Jesus at table" (Matthew 9.10).

Note Καί as a connective can relate its (following) clause to what precedes it as more prominent (CH), equally prominent (CC), or less prominent (CS) in the same way that δέ can. Except for words that accord with the definition above of καί as CH, all nonadverbial καί's are analyzed in this volume simply as CC.

μέν CC when item and response (or item and pair) bear equal prominence with respect to each other. Following pair need not be overtly marked with a conjunction (δέ or otherwise). "He will put the μὲν sheep on the right and the δὲ goats on the left" (Matthew 25.33).

CS when item is less prominent than response (or pair). "The μὲν spirit is willing, but δὲ the flesh is weak" (Mark 14.38).

QS when there is no pair in following structure. This may be an intentional intensifier, or it may occur when the author was apparently distracted from continuing with the response. "I made the first account, Theophilus, about everything . . ." (Acts 1.1).

μέχρι CS when introducing a clause. ". . . *until* we all arrive at unity in the faith . . ." (Ephesians 4.13).

PG when followed by an object, including οὗ. "This generation will certainly not pass away *until* all these things happen" (Mark 13.30). (μέχρις οὗ = until [the time in] which)

Note See note on ἄχρι above.

μή AB "not." "For it would have been better for them *not* to have known the way of righteousness than to have known it and . . ." (II Peter 2.21).

CC sentential noun clause. "I am afraid *that* somehow I have labored over you in vain" (Galatians 4.11).

CS negative purpose, "in order that not." "Watch out *in order that* you do *not* refuse the one speaking" (Hebrews 12.25).

QT rhetorical-question particle. "You're *not* greater than our father Jacob, *are you?*" (John 4.12).

Note See discussion in 10.6 above about noun clauses (μή, CC) and rhetorical questions.

μηδέ AB "not even." "Many were gathered, so that there was no longer any room, *not even* at the door" (Mark 2.2).

CC "neither, nor." "Take along *neither* gold *nor* silver . . ." (Matthew 10.9).

μήποτε AB "never." "A will is in force only when someone has died, for it *never* takes effect while the one who made it is living" (Hebrews 9.17).

CC sentential noun clause. "Let us be afraid *that* . . . any of you be found to have fallen short of it" (Hebrews 4.1).

APPENDIX

Conjunctions and Contrasting Definitions (continued)

CS negative purpose, "in order that not." "No. *So that* you do *not* uproot the wheat while gathering the tares" (Matthew 13.29).

QT rhetorical-question particle, possibly improbable possibility. "The people were debating in their hearts about John *whether* he might *perhaps* be the Christ" (Luke 3.15).

Note See discussion in 10.6 above about noun clauses ($\mu\acute{\eta}\pi\sigma\tau\epsilon$, CC).

ὅθεν ABR equivalent to CS, but with a specific antecedent present. "We landed at *Syracuse* and remained three days *from where* having set sail, we arrived at Rhegium" (Acts 28.12–13).

CH inferential, drawing a conclusion. *"So then,* King Agrippa, I didn't disobey the heavenly vision" (Acts 26.19).

CS where there is no antecedent. "You reap *where* you don't sow" (Matthew 25.24).

ὅπου ABR equivalent to CS, but with a specific antecedent present. "And these are the ones along the *way where* the word was sown" (Mark 4.15).

CS where there is no antecedent. "I will follow you *where*ver you go" (Luke 9.57).

ὅπως ABR 1. equivalent to CC *1* but with specific antecedent. ". . . asking a *favor* of him, *that* he might call him to Jerusalem" (Acts 25.3).

ABR 2. equivalent to CC *2* but with specific antecedent. "The *things* about Jesus of Nazareth . . . *that* . . ." (Luke 24.19–20).

CC 1. indirect command of equal prominence with orienter. "While he was speaking, a Pharisee asked him to come eat with him" (Luke 11.37).

CC 2. sentential noun clause. The only example, Luke 24.19–20 in ABR *2* above, has an antecedent.

CS purpose. ". . . who gave himself up for us *in order that* he might deliver us from this present evil age" (Galatians 1.4).

CH result. "Therefore I am sending you prophets and wise men and teachers. Some of them you will kill and crucify . . . *with the result that* all the righteous blood shed on earth will come on you" (Matthew 23.34–35).

ὅταν ABR equivalent to CS, but with a specific antecedent. "Then the *end* will come *when* he delivers the kingdom to God" (I Corinthians 15.24).

CS when there is no antecedent. "But *when* he, the Spirit of truth, comes, he will guide you into all truth" (John 16.13).

ὅτε ABR equivalent to CS, but with a specific antecedent. "For there will be a *time when* they will not put up with sound teaching" (II Timothy 4.3).

CS when there is no antecedent. "And *when* I heard and saw these things, I fell to worship" (Revelation 22.8).

ὅτι ABR equivalent to CC, but with a specific antecedent. "You know *this, that* all in Asia deserted me" (II Timothy 1.15).

ABT "why?" "His disciples questioned him privately, *'Why* weren't we able to drive it out?'" (Mark 9.28).

CC content clause having equal prominence with orienter. This is really just a special case of sentential noun clause. "Therefore, when the Lord knew *that* the Pharisees had heard *that* he was making and baptizing more disciples than John, . . . he left Judea" (John 4.1, 3).

CH 1. content clause having greater prominence than its orienter. "Then Herod, seeing *that* he had been outwitted by the Magi, became very angry" (Matthew 2.16).

CH 2. result. "Then the Jews said to themselves, 'Where will this fellow go *that* we cannot find him?'" (John 7.35).

CS cause, ground. "Many of the Jews read this sign, *for* the place where he was crucified was near the city" (John 19.20).

Note See discussion in 10.6 above about noun clauses (ὅτι as ABR, CC, CH).

849

APPENDIX

Conjunctions and Contrasting Definitions (continued)

οὖ   ABR equivalent to CS except that there is a specific antecedent. "The eleven disciples went to Galilee to the *mountain where* Jesus had told them to go" (Matthew 28.16).

     CS where adverbial (versus, relative clause), with no antecedent. *"Where* sin increased, grace increased more" (Romans 5.20).

οὐδέ   AB "not even." "I have *not even* come by myself, but that one sent me" (John 8.42).

     CC "neither, nor." ". . . I did not run in vain *nor* did I labor in vain" (Philippians 2.16).

     CC&AB "nor even." "Don't you understand *nor even* remember . . .?" (Matthew 16.9).

     QT rhetorical-question particle. "You have read this scripture, *haven't you?"* (Mark 12.10).

οὖν   CC resumptive, continuative, introducing a new topic. *"So* the sisters sent word to him, saying . . ." (John 11.3).

     CH inferential, drawing a conclusion, expectable consequence, result. *"Therefore,* whether you eat or drink or whatever you do, do everything to God's glory" (I Corinthians 10.31).

πλήν   CC "except, but." *"But* it is necessary for me to continue today, tomorrow, and the day after" (Luke 13.33).

     CH "except, but" (with prominence over preceding clause). *"But* I tell you, it will be more tolerable for Tyre and Sidon . . ." (Matthew 11.22).

     PG with noun object. ". . . there is no one else *but* him" (Mark 12.32).

πῶς   AB adverbial, "how." *"How* difficult it will be for the rich to enter the kingdom of God!" (Mark 10.23).

     ABI "somehow, in some way" (unaccented). ". . . if *somehow* I may reach the resurrection of the dead" (Philippians 3.11).

     ABT "how, in what way, how is it possible." ". . . that you may know *how* to answer everyone" (Colossians 4.6).

     CC sentential noun clause. "And he reported to us *that* he saw an angel in his house" (Acts 11.13).

ὡς   AB 1. "approximately," usually followed by a numeral. "There was an interval of *about* three hours" (Acts 5.7).

     AB 2. "how" in exclamations. *"How* unsearchable his judgments and his ways beyond searching out!" (Romans 11.33).

     AB 3. with comparatives and superlatives. "I see *how* very religious you are in everything" (Acts 17.22).

     ABR 1. equivalent to CC but with specific antecedent. ". . . and who gave us the ministry of *reconciliation, which* (is) that God was in Christ . . ." (II Corinthians 5.18–19).

     ABR 2. equivalent to CS 2 but with specific antecedent. "What was the *time when* this happened?" (Mark 9.21).

     CC 1. sentential noun clause. ". . . he did *what* the angel of the Lord had commanded him" (Matthew 1.24).

     CC 2. content clause having equal prominence with orienter. This is really just a special case of sentential noun clause. "They related the things that happened on the way and *that* he became known to them as he broke the bread" (Luke 24.35).

     CH content clause having greater prominence than orienter. "Just as you know *that* we exhorted each one of you . . ." (I Thessalonians 2.11).

     CS 1. purpose. "They entered a village of the Samaritans *in order to* prepare for him" (Luke 9.52).

     CS 2. temporal: "when, while, as." *"When* he stopped speaking, he said to Simon . . ." (Luke 5.4).

     CS 3. comparison, "like, as." The clause need not have an overt verb present. "Love your neighbor as (you love) yourself" (Matthew 22.39).

ὡσεί   AB "about," usually with a numeral. "There were *about* twelve men" (Acts 19.7).

     CS comparison, "like, as." "He saw the Spirit of God coming down *like* a dove" (Matthew 3.16).

APPENDIX

Conjunctions and Contrasting Definitions (continued)

ὥστε   CH 1. inferential, drawing a conclusion, "for this reason, therefore." "*Therefore*, . . . work out your own salvation . . ." (Philippians 2.12).

CH 2. result, "with the result that." "A crowd came together again *with the result that* they were not able to eat" (Mark 3.20).

CS purpose, "so that, in order that." "They sent spies . . . *in order to* deliver him over to . . . the governor" (Luke 20.20).

Particles

QS	QT	QV	Other Tags
ἀλληλουϊά			
ἀμήν			QS□AP . . .
		ἄν	
	ἄρα, ἆρα		CH
γέ			
δή			
δήπου			
ἔα			
		ἐάν	CS
	εἰ		ABR, CC, CS (VIPA--YS)
εὖγε			
ἴδε			VMAA--YS
ἰδού			
μέν			CC, CS
μενοῦν			
μενοῦνγε			
	μή		AB, CC, CS
μήν			(N-NM-S)
	μήποτε		AB, CC, CS
	μήτι		
ναί			QS□AP . . .
νή			
οὐ	οὐ		AB, AB□A- . . . , QS□AP . . .
οὐά			
οὐαί			QS□AP . . .
	οὐδέ		AB, CC, CC&AB
οὐχί	οὐχί		AB
		ὄφελον	
ὦ			(N-NN-S, VSPA--XS)
ὡσαννά			

Derived Function: ἄγε   VMPA--YS□QS

List 7

Particles and Contrasting Definitions

ἄρα,   CH inferential, drawing a conclusion. "For if righteousness comes through the law, *then* Christ died
ἄρα   uselessly" (Galatians 2.21).

          QT in questions as improbable possibility. "Ask the Lord *if perhaps* he will forgive . . ." (Acts 8.22).

        Note Our analysis of ἄρα is made without reference to the accenting in *The Greek New Testament*.

ἐάν   CS when conditional; corresponds to εἰ. "And *if* a kingdom is divided against itself, that kingdom
            cannot stand" (Mark 3.24).

          QV when contingent; equivalent to ἄν. "But when*ever* anyone turns to the Lord, the veil is taken away"
            (II Corinthians 3.16).

εἰ   ABR equivalent to CC but with specific antecedent present. "I wrote in order to know your *character, that*
            you are obedient in everything" (II Corinthians 2.9). (This may also be interpreted as QT,
            "whether.")

          CC sentential noun clause. "Why is it judged incredible by you *that* God raises the dead?" (Acts 26.8).

          CS regular conditional. *"If* you show favoritism, you're sinning" (James 2.9).

          QT "whether," both in direct and indirect questions. "Is it all right for me to say something to you?" (Acts
            21.37).

        Note See discussion in 10.6 above about noun clauses (εἰ, ABR and CC).

ἴδε   QS attention getter. *"Look!* I earned five more talents." (Matthew 25.20)

  VMAA--YS always coordinated with another imperative. "Philip said to him, 'Come and *see!*'" (John 1.46).

μέν   CC when item and response (or item and pair) bear equal prominence with respect to each other.
            Following pair need not be overtly marked with a conjunction (δέ or otherwise). Μὲν there are many
            members, δὲ one body" (I Corinthians 12.20).

          CS when item is less prominent than response (or pair). "The priests regularly enter the μὲν first
            tabernacle, . . . the second δὲ room only the high priest enters once a year" (Hebrews 9.6–7).

          QS when no pair in following structure. This may be an intentional intensifier, or it may occur when the
            author was apparently distracted from continuing with the response. ". . . whom heaven must
            receive until everything is restored . . ." (Acts 3.21).

μή   AB "not." ". . . just as the nations who do *not* know God" (I Thessalonians 4.5).

          CC sentential noun clause. "I fear *that* somehow when I come I may not find you as I wish"
            (II Corinthians 12.20).

          CS negative purpose, "in order that not." "Watch out *that* your freedom does *not* become a stumbling
            block to the weak" (I Corinthians 8.9).

          QT rhetorical-question particle. "You are *not* one of his disciples, *are you?"* (John 18.25).

        Note See discussion in 10.6 above about noun clauses (μή, CC) and discussion in 11.2 about rhetorical
            questions.

μήποτε AB "never." "A will is in force only when someone has died, for it *never* takes effect while the one who
            made it is living" (Hebrews 9.17).

          CC sentential noun clause. "Let us be afraid *that* . . . any of you be found to have fallen short of it"
            (Hebrews 4.1).

          CS negative purpose. "And watch yourselves *in order that* your hearts *not* be weighed down with . . ."
            (Luke 21.34).

          QT rhetorical-question particle, perhaps improbable possibility. "Could it possibly be that the rulers
            know that this is the Christ?" (John 7.26).

        Note See discussion in 10.6 above about noun clauses (μήποτε, CC).

APPENDIX

Particles and Contrasting Definitions (continued)

οὐ (and   AB   "not." ". . . we lie and are *not* doing the truth" (1 John 1.6).
οὐχί)

               QS   contrasted with ναί, negative-response particle. "And he answered, *'No'*" (John 1.21).

               QT   rhetorical-question particle. "You understand, *don't you*, that everything entering the mouth . . .?" (Matthew 15.17).

οὐδέ   AB   "not even." "I do *not* think that *even* the world itself would be able to hold the books that would be written" (John 21.25).

               CC   "neither, nor." "I will never leave you *nor* forsake you" (Hebrews 13.5).

   CC&AB   "nor even." "He did not give him an inheritance in it, *nor even* a square foot of it" (Acts 7.5).

               QT   rhetorical-question particle. "For even nature teaches, *doesn't it*, that . . ." (1 Corinthians 11.14).